40周年
改革开放1978-2018

枣庄市改革开放实录

ZAOZHUANGSHI GAIGEKAIFANGSHILU

第四辑

中共枣庄市委党史研究室 编

方志出版社
Publishing House of Local Records

目 录

Contents

第四辑 区市篇

滕州市改革开放探索与发展综述

中共滕州市委

中共十一届三中全会以来，滕州市在省、市委的正确领导下，始终坚持发展第一要务，不断解放思想、更新观念、改革开放，社会主义现代化建设取得了令人瞩目的辉煌成就。

一、改革开放历程

（一）改革开放起步，基本解决温饱问题（1978年12月—1982年8月）

滕州认真贯彻中共十一届三中全会精神，在思想路线上拨乱反正，及时把工作重点转移到以经济建设为中心上来，实现了战略转轨，拉开了改革开放的序幕。1978年5月27日滕县第八届人民代表大会召开，提出决战三年，大力发展农业，争取1980年基本实现农业机械化，建成高标准的“大寨县”的奋斗目标。1982年国内生产总值达到5.9亿元，较1978年的3.9亿元，增长51.2%。

1. 在农业发展方面，按照“以粮为纲、全面发展、因地制宜、适当集中”的原则，认真贯彻落实中共中央、国务院关于发展农业的一系列重要指示，调整优化内部结构，绝不放松粮食生产，实行各种形式的生产责任制，进一步落实“各尽所能、按劳分配”的政策，有力调动了农民生产积极性，农业生产有了很大发展，1982年粮食单产、总产、农业总收入分别达到642斤、49万吨、3.1亿元，较1978年分别增长37%、29%、158%，均创滕州历史最好水平，农村出现了多年来少有的五业兴旺、群情振奋、欣欣向荣的大好景象。

2. 在工业建设方面，认真贯彻执行“调整、改革、整顿、提高”的方针，采取关、停、并、转的方法，努力调整轻重工业比例。1979年6月滕县啤酒厂筹建，1982年正式投产；1980年，滕县卷烟厂生产的“普滕”牌香烟，获全国轻工业优质产品称号。狠抓以提高质量为中心的企业整顿和管理，开展以优质、高产、多品种、低消耗和安全生产、文明生产为中心内容的增产节约活动，1980年全县工业产值、产量、利润和能源消耗出现了“三超一降”的好局面。1982年，全县工业总产值达到4.8亿元，较1978年增长37%。

3. 在商贸方面，商业、供销部门通过深化体制机制改革，不断改进企业管理，逐步打破行政区划，减少不必要流通环节，并在国营商业占绝对优势的情况下，恢复和发展了集体商业和个体经济，1980年底达到5000余户，社会商品纯销售额达到1.7亿元，较上年增长10.9%。随着工农业生产的发展和各项政策的落实，农村集市贸易更加活跃。

4. 在科教文卫方面，1978年8月20日，召开全县第一次科学技术大会，恢复和建立了群众性的科研组织，出现了群众性的学科学、学技术、学文化的热潮，十八项成果受到全国科技大会和省有关部门奖励。进一步贯彻党的教育方针，加强了普通中小学教育，整顿了教学秩序，学校工作基本走上了以教学为主的轨道。卫生工作把重点转移到了防病治病方面，开展了妇幼保健和爱国卫生运动。

（二）改革开放全面展开，治理整顿工作基本完成（1982年9月—1988年3月）

落实党的十二大精神，逐步实行承包经营责任制，全面推动社会主义现代化建设。1983年5月，滕县第九届三次人民代表会议召开，要求全县上下坚持改革，深入调整，全面整顿，切实把经济工作转到以提高经济效益为中心的轨道上来，继续解放思想，扎实工作，实事求是地解决改革中出现的新问题，圆满完成各项任务。

1. 在工农业方面，按照党中央的战略决策，加快推进多种形式的生产（经营）承包责任制，促进了全县经济建设稳步健康发展，农业、工业都创历史最高水平。1983年全县工农业总产值达到了8.7亿，比十一届三中全会前的1978年增长49%；粮食总产值11亿斤，比1978年增长44.6%；农民人均纯收入381元，比1978年增长2.8倍。至1983年底，全县普遍实行了农业联产承包生产责任制。1984年12月26日至28日，中共滕县第六次代表大会召开，大会确定了到1996年，全县工农业总产值由1980年的6.7139亿元发展到26.85亿元，每年平均递增9.04%的目标。以目标为定位，重点项目建设加快推进。1985年4月1日，滕县郭庄煤矿正式投产，年设计能力为21万吨；4月5日，山东省鲁南水泥厂在滕县界河镇马山头开始兴建；1987年1月，滕县棉纺织厂第一期工程竣工投产，该厂设计年产棉纱7000吨、棉布1230万米。重点项目的建设进一步夯实了滕县工农业基础，推动了滕县的建设发展。

2. 在商贸方面，1984年，认真贯彻执行中央和国务院关于简政放权、扩大企业自主权的一系列指示和规定，初步进行了城市经济体制改革。商业系统的改革走在了前面，1987年10月5日，县政府召开第一批企业承包经营签字大会，至11月份，全县有33家企业实行了招标承包。1988年3月16日，滕县全县工商企业实行承包（租赁）经营责任制，取得了明显的经济效果。随着农村家庭联产承包责任制的实行，部分农民从土地上解放出来，随机性的民间交易行为解禁和周期性集市贸易活动的恢复，催生出一批个体从业者，一些从事修理、服务和手工业的小商贩和小手工业者逐渐消除疑虑，放下包袱，放心放胆经营，个体经济得到快速发展。但随着党内和一部分干部群众对个体私营经济的发展产生了片面认识，甚至出现了姓“资”姓“社”的争论。因此，国家对个体私营经济开展了清理整顿和税收大检查。在这种限制政策下，滕州也出现了歧视、刁难、打击个体工商户，侵害个体经济合法权益的现象，造成一些个体工商户停业观望，私营企业争戴集体企业“红帽子”，个体私营经济发展速度放缓。

3. 在科教文卫方面，1982 年 3 月，全县开展以“五讲（讲文明、讲礼貌、讲卫生、讲秩序、讲道德）、四美（心灵美、语言美、行为美、环境美）”为内容的文明礼貌月活动，推动全县人民道德水平的提升。大力发展科学文化教育，1982 年 6 月 27 日，滕县科协第一届委员会成立；截至 1987 年，全县图书馆（室）达到 714 个，是 1982 年的 31 倍。大力发展医疗卫生事业，1983 年 12 月，滕县东郭卫生院被国家卫生部评为全国卫生先进集体；截至 1987 年，全县医院床位数达到 2456 张，卫生技术人员达到 2693 人，分别较 1982 年增长 21%、26%。1985 年 1 月 12 日，全省第一所镇办法制学校——滕县官桥镇农民法制学校正式开学，掀起了农民法制学习的新高潮。1985 年 12 月 5 日，滕县电视台一期工程正式完工并开播，充分发挥了广播电视在四化建设中的宣传作用，同时进一步丰富了人民生活，促进社会健康发展。

（三）撤县设市，增强城市整体功能，开始全面建设小康社会（1988 年 3 月—2001 年 11 月）

确立市场经济体制，不断深化各项改革，加快经济发展和城市建设。1988 年 5 月 1 日，根据国务院国函〔1988〕43 号文件和山东省政府鲁政函〔1988〕24 号文件关于“撤销滕县，设立滕州市”的批复精神，滕州市经过积极筹备正式成立，为促进滕州市社会经济发展创造良好的先决条件。

1. 在农业方面，1988 年 5 月，滕州市被列入黄淮海平原农业开发区。“七五”后三年（1988—1990 年）上级农业开发部门共安排滕州市 12 个开发项目，总投资 605 万元，经过全市上下共同的努力，1990 年底全部超额完成各项目计划指标。1991 年，滕州市首次被评为中国农村综合经济实力百强县（市）。1992 年初，制定了《奔小康总体实施方案》，各镇街、村按照市场需求，立足资源条件，集中力量打优势仗，唱拿手戏，走出了格局特色的农村奔小康之路。积极贯彻落实党的十四大报告精神，大力实施科技兴农，提高生产力水平；1994 年，滕州市被山东省科委列为农业科技成果推广试验示范区。据国家统计局公布，1994 年滕州市粮、油、肉三种产品跻身全国产量百强县行列；同年 7 月 19 日，滕州市被国家计委列入全国粮食大县项目区。

1994 年，滕州提出坚持以抓“两化”促“两增”为总抓手，以奔小康为总目标，围绕提高农业综合生产能力、全面繁荣农村经济、大幅度增加农民收入三项基本任务，按照“纵抓产业、横抓区域、规模开发、整体推进”的总体思路，坚持抓改革促发展、抓调整促开发，抓科技促提高，推动农业和农村经济持续快速发展。认真实施支柱产业带动战略，把粮食、油料、畜牧、果品、蔬菜、水利水产作为六大支柱产业，坚持“稳增粮棉油、主攻牧果菜”的思路，以种子产业化为突破口，全面推进农业产业化，提高了农业的组织化程度。1996 年，全市主要农作物良种覆盖率达到 100%，粮食总产实现 79.9 万吨；全省种子产业化工作会议和 2000 年粮食增产 50 亿公斤研讨会在滕召开，滕州种子产业化的经验在全省进行了推广。大力开展农田水利工程建设，1996 年度，全面完成了以“三渠一河”为重点的八大水利工程，治理小流域面积 20 平方公里，恢复和改善有效灌溉面积 8 万亩。1998 年进行了第二轮土地延包，极大调动了农民的生产积极性，生产力水平大大提高。

在 1998 年全市农村工作会议上，提出要以“两化”“两增”和实现农业现代化为目标，以财源建设年为主线，以实施“三五”富民工程为重点，以干部作风建设年为组织保证，坚持“理论导农、政策稳农、改革促农、法制护农、典型带农、服务帮农、科技兴农、责任富农”的工作方针，巩固和加强农业的基础地位，加快农村经济结构优化升级。1999 年，全市农业总产值达到 29.5 亿元，是 1987 年的 5.5 倍。2000 年，成功创建了“中国马铃薯之乡”，在农业发展上闯出了优势，叫响了品牌。

2. 在工业方面，正确处理改革、发展、稳定的关系，按照“工业立市、农商建市、科技强市”的总体思路，围绕大力推进经济体制和经济增长方式两个根本性转变，坚持“三改一加强”配套推进，全面提高素质，增强整体活力。1990 年 8 月 24 日，省委办公厅、省政府办公厅以鲁办发〔1990〕20 号文件，转发省体改委、省总工会《关于推行滕州市在企业内部实行分配公开制度的做法的报告》，向全省推广了滕州在企业内部实行分配公开制度的做法和经验。经山东省人民政府批准，1992 年成立了省级经济开发区滕州经济开发区，成为全市工业发展的重要承载平台。1994 年，滕州坚持以技改求发展，向管理要效益，围绕加快产业结构的优化升级，实施了支柱产业和龙头企业带动战略，重点打造机电仪、煤焦化、建筑、建材、轻纺、食品六大支柱产业，下决心解决滕州工业资源型、初加工型等低度化产业所占比重大、主导产业和产品优势不明显等问题，推动工业发展由速度效益型向效益速度型转变。1994 年至 1996

年上半年，全市先后投资15.7亿元，实施大中型技术改造项目110个，其中有73项被列入国家、省和枣庄市重点。通过大规模的技术改造，使一批工业企业得到了“脱胎换骨”，形成了企业发展的梯次结构。1995年，年产值过5000万元的企业达到14家，过亿元的4家，有15家企业被认定为省级高新技术产业。到2000年全市规模以上工业企业完成工业增加值14.4亿元，完成销售收入42亿元，实现利税3.5亿元，利润1.3亿元。积极培育名牌拳头产品，1994年，滕州市“富光牌”平板玻璃先后荣获“全国知名品牌”和“中国公认名牌”等称号。

3. 在商贸方面，邓小平南方谈话及党的十四大之后，滕州及时出台了关于推进个体私营经济快速发展的二十四条措施，提出了“八个不限制、两个保护、一个引导”的扶持政策，打消了对私人从事工商经营的思想顾虑，一大批机关干部、国有集体企业职工“下海”经商办企业，掀起了个体私营经济发展的热潮。同时，把“建设大市场、搞活大流通”作为带动个体私营经济的突破口来抓，采取国家、集体、个人联合入股等多种形式，大力推进各类市场建设。1988年10月25日，滕州市小商品批发市场开业；1989年12月5日，滕州市蔬菜批发市场开业;1991年8月20日，滕州市百货批发市场开业；同年11月7日，滕州市瓜果批发市场开业，至此，形成了“一城六群”市场格局，有力促进了商贸业的快速发展。到1997年底，全市市场总数发展到155个，其中专业批发市场25个，市场交易额突破30亿元。个体工商户（含农村专业户）发展到4.5万户，私营企业发展到629家，从业人员15.1万人，个体私营企业年纳税额5213万元，占全市财政收入的21%。1990年11月20日，由市百货公司组建的滕州市第一家工商企业集团——滕州市百货企业集团正式成立。牢固树立滕州以外都是外的观念，不断拓宽招商引资渠道，积极壮大出口队伍，大力开拓国际市场，对外贸易工作呈现出全面增长的良好局面。2000年累计引进各类投资项目329个，合同利用外资18.3亿元，实际到位外资11.8亿元。

4. 在科教文卫方面，1989年7月1日，滕州市加入联合国信息网，设立联合国技术信息促进系统中国国家分部山东中心站鲁南分站，该站的建成对促进滕州市经济、技术的发展，加强对外合作和交流产生了积极的推动作用。1990年5月7日，滕州市被国家科委确定为全国科技工作重点联系市。1991年6月4日，首届墨子学术研讨会暨墨子学会成立大会在滕州召开，进一步加深了墨子文化的研究传承，提升了滕州知名度。1994年1月1日，中共滕州市委机关报《滕州日报》正式创刊；1月上旬滕州市被国家文化部命名为“中国书画艺术之乡”，成为全省首家获得此项殊荣的县级市；同年12月滕州市图书馆被评为国家一级图书馆。高度重视精神文明建设，1994年，滕州提出以创文明城、建文明市、树文明风、做文明人为目标，全方位加强精神文明建设，有重点、有针对性地开展了“树形象工程”、思想道德建设年等活动，制定出台了《滕州市“九五”期间社会主义精神文明建设规划》。着力发展技术密集型产业，1995年5月，滕州市被山东省人民政府确定为“星火技术密集试验示范区”；11月，滕州市被国家科委评为科技实力百强市。重视教育事业发展，积极创建各类院校，提高教育水平。1988年11月，国家教委授予滕州市“扫除文盲先进市”称号；1994年8月31日，新建改建的墨子中学、滕北小学以及育才中学，即日同时开学；以“普九”为契机，累计投资1.76亿元，新建校舍面积23万多平方米，新建教学楼195座。滕州体育中心不断承接各类赛事活动，滕州运动健儿踊跃参加各类赛事，取得可喜成绩。1999年3月12日，总投资750万元的滕州市龙泉广场奠基，大大地丰富了市民的文化生活。

（四）坚持科学发展，构建和谐滕州，加快迈进全面小康社会（2002—2012年）

积极招商引资，调整产业结构，关注“三农”问题，实施惠民工程，人民群众得到更多实惠。始终抓住产业结构调整这一战略任务不动摇、不放松，通过不断深化调整，形成了具有滕州特色的现代产业体系，到2011年底，三次产业比例调整到8.5:53:38.5。

1. 在农业发展方面，农业特色化、产业化、规模化、标准化、设施化水平不断提高。2002年，全面推行了以“三取消两调整一改革”为主要内容的农村税费改革，同步推进撤乡并村、乡镇机构改革、财政体制改革等多项配套改革。在2003年全市经济工作会议上，指出农业产业化是在家庭承包经营基础上实现农业现代化的必由之路，是增加农民收入的现实途径；要紧紧围绕农民增收，以结构调整为主线，实施龙头、科技、市场带动，积极推进农业产业化；大力发展农产品加工与销售，提高农业整体素质和效益。2004年粮食总产、单产同比分别增长34.3%和13.8%，均达到近年来最高水平，被评为“全国十大粮食生产先进县（市）”，在全省农村工作会议上作了经验介绍。2005年，全国春季麦田管理现场会、全省水利综合执法现场会在滕州先后召开；在全省县市区中率先取消了农业税，村级四职干部工资由市财政统筹拨付，进一步调动了农民发展生产的积极性。积极推进以农村信用社为重点的金融改革，2005年创建了全省首家新农村建设金融服务中心，经营管理水平不断提高。

在2006年全市经济工作会议上，提出要紧紧围绕农民增收、农业增效、财政增长，提高粮食综合生产能力，进一步调整优化农业经济结构，大力发展高产、高效、优质、生态、安全农业，加大农村富余劳动力培训转移力度，积极发展农村合作经济组织，加快推进农业市场化、产业化和标准化。2006年，以西岗镇为试点，率先在全国建立了农村土地流转有形市场，为农村土地由分散经营转变为集约经营探索出了一条成功路子。在2007年滕州市第十一次党代会上，提出要把解决“三农”问题作为全党工作的重中之重，按照“生产发展、生活宽裕、乡风文明、村容整洁、管理民主”的要求，切实把新农村建设的各项任务落到实处，加快农村现代化建设步伐。2007年东谷面粉荣获中国名牌产品称号，实现了枣庄市中国名牌零的突破；滕州被评为全国水利综合执法示范县、全国农业机械化示范区。2008年，农村土地承包经营权流转面积达11.6万亩，全国农村土地承包经营权流转工作座谈会在滕州市召开，土地流转“滕州模式”在全国推广。2009年，粮食生产喜获丰收，总产、单产均创新高，小麦最高亩产789.9公斤，打破了保持十年的全国冬小麦亩产最高纪录；“滕州马铃薯”获国家地理标志认证，被评为首届中国农产品公用品牌价值百强，被确定为上海世博会指定用品，成为畅销国内外市场的知名品牌；2010年，滕州被确定为首批国家现代农业示范区，列入全国新增千亿斤粮食生产能力规划。至2011年底，全部农田均建成了“旱能浇、涝能排”的高产稳产田，粮食生产保持全国领先水平。

2. 在工业建设方面，坚定不移实施“工业强市”战略，新型工业化快速推进。2003年，提出开展“工业振兴计划”和“加快工业发展年”活动，以改革开放为动力，以市场为导向，以效益为中心，努力走出一条科技含量高、经济效益好、资源消耗低、环境污染少、人才资源优势得到充分发挥的新型工业化路子。2003年5月28日，印发《关于开展“四强”竞赛活动的实施意见》，在全市范围内开展“四强”（强镇街、强村居、强企业、强工业园区）竞赛活动，评选出10个强镇街、100个强村居、60个强企业、6个强园区，大力培育增长点，努力增强竞争力，全面提升综合实力，实现全市经济的赶超式前进、跳跃式发展。2004年，全市规模以上工业增加值、利税、利润分别实现55.8亿元、28.9亿元、17.1亿元，同比分别增长38.6%、63%、78%；新增销售收入过亿元企业37家，新增利税过千万元企业8家、过亿元企业3家，工业经济保持健康快速发展态势。

2005至2010年间，针对国有集体企业普遍经营不善、亏损严重的情况，以建立现代企业制度为方向，坚持因企制宜，一企一策，能股则股、能卖则卖、能转让的转让、能租赁的租赁、能托管的托管，多形式推进企业产权制度改革，其中对雄师集团、琦盟机械、鑫立塑料、手帕厂、造纸厂、圣泰电缆、保温瓶厂等企业实行了破产终结；对衡达集团、奥力塑胶、化肥厂、焦化厂、标件厂、平板玻璃厂等企业实施了以产权制度改革为主要内容的企业改制工作，有效地盘活了国有资产。同时，加大招商引资力度，先后引进青岛啤酒、金六福集团、香港联成收购了啤酒厂、荆河酒业和翔鹰织布的破产资产，实施了资产重组。特别是金六福集团收购白酒厂后，在2007年一年之内实现了恢复生产、新产品开发、新项目开工建设三步跨越，使一个破产企业恢复了发展生机。

在2007年滕州市第十一次党代会上，提出要牢固树立全党抓经济、重点抓工业的观念，按照“发展优势产业，打造核心企业，延伸产业链条，培育产业集群”的思路，加快推进新型工业化；重点培植发展能源、煤化工、机械制造、食品医药、建材、轻纺等六大支柱产业，打造能源、煤化工、机械制造三大优势产业基地。2008年11月2日，提出关于实施振兴工业经济“1511”工程的意见，着力培植壮大机械制造、煤化工、新型建材、食品医药、能源、轻纺六大支柱产业，培育发展电子信息、太阳能、汽车配套三大新兴产业，到2012年，培植主营业务收入过100亿元企业2家、过50亿元企业8家、过10亿元企业23家、过亿元科技成长型企业28家；中小机床产业集群列入全省装备制造业调整振兴规划。2006年，投资27.5亿元的新源电厂二期工程两台机组顺利竣工，实现“一年双投”目标，总装机容量进入百万千瓦的大电厂行列，有效缓解了滕州市用电压力。2009年被中国机械工业联合会授予“中国中小机床之都”称号，实现了打造国家级产业品牌零的突破。同年，滕州中小机床制造产业集群被列入山东省重点培育的4个特色产业集群，中小机床生产基地被列入山东省重点建设的十大装备制造业基地。2009年，煤化工产业集群列入全省化学工业调整振兴规划，鲁南机床有限公司的“T”商标被认定为“中国驰名商标”。2010年，鲁南高科技化工园区列入山东省新型工业化产业示范基地，成为全国煤化工行业的一面旗帜。现代玻璃产业集群列入全省建材工业调整振兴指导意见，2010年，成为全省五大玻璃生产基地之一、全省最大的玻璃深加工基地，滕州市被确定为省级产业集群、全省新型工业化产业示范基地。滕州经济开发区规模层次全面提高，2012年在全省140个省级经济开发区发展综合评价中名列第13位，被评为全省科学发展园区、全省对外开放先进园区、全省节能环保产业基地。

3. 在城市建设方面，在2003年滕州市第十次党代会上，提出要围绕建设“花园式、生态型、现代化历史文化名城”目标，以法律法规和城市规划为依据，积极发挥政府宏观调控作用，强化市场机制和资本运营，改造旧城、建设新城、优化全城，争创全国“环保模范城”；组建了城市国有资产经营公司，共筹集城市建设资金2.35亿元；成立了市城市管理行政执法局，深入开展环境卫生综合整治活动，城市环境面貌明显改善。

在2007年滕州市第十一次党代会上，提出要遵循“规划先行、建管并重、城乡协调、加快发展”的原则，把滕州建设成为特色鲜明、功能完善、适宜人居的现代化城市；按照“北进、南整、西控、中优、东延”的城市发展策略，优化城市功能分区布局，拓展城市发展空间，提高城市规模档次。为进一步发挥城市对经济的拉动作用，增强城市竞争力，提升城市品质，2007年滕州提出全力推进省级文明城市、中国优秀旅游城市、国家历史文化名城、国家园林城市、国家卫生城市、国家环保模范城市"六城同创"；打通了多年来一直倍受全市人民关注的新兴北路和解放中路，首座大规模跨铁路公路立交桥——解放路高架桥奠基开工。2009年成功创建省级文明城市、省级历史文化名城、省级园林城市、省级环保模范城。在2008年全市城乡建设会上，提出城市规划、建设和管理工作的标准为"平、明、绿、美、净、齐"，即：道路平整顺畅、夜景流光溢彩、绿化生机盎然、面貌优美舒适、环境清洁卫生、市容整齐划一，努力把滕州建设成为具有较大规模和较强影响力、辐射力的区域中心城市。2009年8月29日，工程总造价1.337亿元的京沪高速铁路滕州东站开工奠基，2011年建成投入运营，标志着滕州进入高铁时代。2009年，104国道改线、京台高速滕州互通立交等工程开工建设，枣木高速木石立交桥竣工通车。这些重大工程建设，大大增强了滕州市的综合交通运输能力、经济辐射带动能力，对于加快滕州在鲁南经济带中的崛起，起到巨大的带动作用。

4. 在招商引资项目建设方面，2003年提出继续坚持把招商引资作为经济工作的龙头和中心，适应新形势，按照"大动作、新招数、求实效"，"盯紧、抓实、见效"的要求，着力提高招商引资的规模、质量和水平；强调要进一步强化"抓经济主要是抓项目，各级主要领导要集中精力抓大项目"的观念，深入开展"重点项目建设年"活动，在盯紧、跟上、抓死、办成上下功夫，续建一批、开工一批、储备一批，为经济发展提供持续动力。全年共开工建设投资过千万元以上的重点项目91个，其中过亿元的项目18个。坚持把环境建设作为搞好招商引资、加快经济发展的生命线来抓，组织开展了经济环境调查月、集中治理月、"三无"月和执法服务评议活动，营造了安全、宽松、规范、公平、高效的投资环境。强力推进外经外贸，坚持"走出去"和"引进来"相结合，积极扶持培育机电、轻纺、化工、工艺品、农副产品加工等出口骨干企业和优势产业，2004年进出口总额4719万美元，同比增长66.6%，其中出口增长72%。

在2006年全市经济工作会议上，提出要把环境建设作为经济发展的生命线来抓，牢固树立"投资者是上帝加朋友""外商只管投资建设，其他一切由我们来办""发展成果人人受益，发展环境人人有责"的理念，努力为加快发展提供优质高效快捷的服务。在2007年滕州市第十一次党代会上，提出要牢固树立"环境就是资源、环境就是竞争力、环境就是生产力"的观念，深入开展"树优良作风、创优质环境"活动，以环境的大改善促进经济的大发展。2009年，积极组织开展招商引资"九个月攻坚"行动，提前3个月完成全年任务目标，滕州连续两年被评为"中国最佳投资环境城市"。2010年，大力实施"项目带动"战略，继续强化"大发展要有好项目、快发展要有大项目"的理念，坚持一二三产业项目一起抓、经济社会民生项目一起上、增总量强质量提效益的项目一起要"三个一起"，狠抓项目招引、落地、推进三个关键环节，切实增强发展的后劲和活力。2007至2011年累计引进世界500强企业6家、国内500强企业9家，实际利用市外资金863亿元；累计实施过亿元重点项目272个，完成投资667亿元，分别是"十五"时期的3.3倍、3.8倍。

5. 在服务业方面，在2006年全市经济工作会议上，提出要把发展服务业作为经济工作的"重中之重"，改造提升传统服务业，加快发展现代服务业，积极培育新兴服务业，努力把服务业培植成为支柱产业、特色产业、富民产业。着力打造北部山水生态游、西部湿地温泉游、中南部历史文化游三大旅游板块，2008年成功注册了全国最大的国家级湿地公园——微山湖湿地公园，被评为国家4A级景区、全国十大生态文明教育基地；同年5月，开工建设了国防科技教育基地，成为广大市民瞻仰祭悼先烈、接受国防科技教育、传承革命精神的爱国主义教育基地和鲁南地区重要的红色旅游基地。2009年，莲青山生态旅游区、柴胡店万亩梨园被评为国家3A级景区。滕州被评为2006年度山东县域旅游品牌十强县、2010年度中国最具影响力文化旅游百强县市。积极发展金融业，2009年全市首家小额贷款公司成功运作，信贷担保机构发展到25家；至11月底，全市金融机构贷款余额达271.79亿元，贷款余额首次超过存款余额，居全省县级首位。

微山湖湿地公园

6. 在科教文卫方面，大力实施“科教兴市”战略，全面提高教学质量。2003年高考，升入本科院校1782人，是2000年的2.4倍，总升学率达到73.2%。2005年成功创建了枣庄科技职业学院，成为滕州有史以来第一所大学。2006年，全市所有高中学校均达到省级规范化学校标准。在2007年滕州市第十一次党代会上，提出要按照“民主法治、公平正义、诚信友爱、充满活力、安定有序、人与自然和谐相处”的总要求，加快建设民生滕州、法治滕州、文化滕州、诚信滕州、生态滕州、平安滕州，加快构建社会主义和谐社会。2007年，在全省县级市中率先启动了城镇居民医疗保险全覆盖工程，惠及广大农民群众。文化事业更加繁荣，截至2007年，市财政累计投资2600余万元，完成汉画像石馆、王学仲艺术馆、墨子纪念馆和墨砚馆的新建、扩建改造。2008年5月成功举办了中国·滕州首届国际墨子文化节，有力弘扬了墨子、鲁班文化，提升了文化软实力。2009年，在全省县级市率先推行了全民医疗保险和全民养老保险，省委《山东信息》以《滕州市在全省县级率先启动“全民养老”》为题推广了滕州经验；钱文忠教授主讲的《班墨传奇》在央视百家讲坛播出，班墨文化得到进一步弘扬；圆满完成十一运会跆拳道和女子足球比赛承办任务。

（五）全面深化改革，全面建成小康社会的决胜时期（2012年至今）

各方面改革不断深化，为建成更高水平小康社会奋力开启现代化建设新征程。在错综复杂的困难和压力面前，滕州主动适应经济发展新常态，准确把握发展的阶段性特征。2012年，提出了新型工业化、全域城镇化、服务业专业化、农业现代化、镇域经济差异化五大发展战略，有力推动了经济转型升级、跨越发展。2017年，在滕州市第十三次党代会上，提出着力推动工业经济、城市经济、农业经济、生态经济、民生经济转型发展，有力推动了滕州经济走在全省县域经济发展前列。三次产业比例由2011年底的8.5:53:38.5调整到2017年底的6.6:50.3:43.1。

1. 在工业建设方面，滕州坚持“工业强市，产业立市”不动摇，积极应对后金融危机影响，深入贯彻发展新理念，改革创新，抢抓机遇，敢于突破，主动作为。在2012年滕州市第十二次党代会上，提出要加快推进新型工业化，把培育发展骨干企业作为首要任务，把壮大产业集群作为主攻方向，把发展高新技术产业作为战略重点。根据滕州市经济发展阶段性特征，在2014年《政府工作报告》提出，深入实施“265”产业培育工程，加快培育煤化工及精细化工、机械机床产业“两大支柱产业”；玻璃深加工、食品加工、纺织服装、家居装饰、汽车配套、不锈钢制品“六个优势产业”；生物医药、新材料、新能源、电子信息、节能环保“五个战略性新兴产业”。2017年，机械机床、煤化工两大产业集群主营业务收入分别实现702亿元、608亿元；六大产业板块累计完成主营业务收入392亿元；五个新兴产业累计完成主营业务收入190亿元。2014年，“中小机床之都”顺利通过复审，被评为“中国制镜业基地”“全国机械工业产业集群先进地区”，中小数控机床基地成功入选国家火炬计划特色产业基地；全市拥有中小机床、煤化工、玻璃深加工、新能源（太阳能）四个产业的省级新型工业化产业示范基地，是全省拥有示范基地最多的县（市）。2015年，在滕州市委十二届八次全体会议上提出了支持工业转型升级的13条意见；同年5月8日，建成启用滕州市中小企业公共服务平台，为中小企业提供了一站式、综合性服务，为加快中小企业发展产生重要的推动作用。2015年，总投资73亿元的联想控股滕州化工基地一期工程投产运营，一次试车成功，当年满负荷生产，在整个煤化工行业低迷的情况下实现盈利，新增用电量3.6亿度，拉动工业用电量增长8个百分点，拉动煤化工高端产品占比提高7.2个百分点。总投资13.5亿元实施了瑞达聚丁烯项目，成为我国首个聚丁烯生产项目，填补了国内产品空白。2016年，总投资33亿元的富源2x35万千瓦煤矸石发电项目通过省发改委立项核准。

2. 在农业发展方面，以“两区一试点”建设统领农业农村工作，连续八年被评为“全国粮食生产先进单位”。在2013年全市农村工作会议上，提出要按照“保供增收惠民生、改革创新添活力”的工作目标，大力实施农业现代化战略，突出国家现代农业示范区、国家农村改革试验区建设，抓好现代农业发展、农村综合改革、农民收入递增、城乡统筹发展四个重点，进一步增创农业农村发展新优势。2013年，全市农业总产值实现120.6亿元，增长4.5%；农民人均纯收入12020元，增长13%，增幅连续五年超过城镇居民收入；“刘村酥梨”获得国家地理标志认证，盈泰集团肉鸡地下立体智能生态养殖技术填补了国内空白，滕州入选国家现代农业改革与建设试点县。2015年，滕州马铃薯农业科技园区入选全省首批农业科技园区；截至2017年，滕州市农业综合机械化水平达到90%。全面完成农村土地承包经营权确权登记，在全省率先开展农村房屋抵押贷款。2015年8月4日，全省供销社农民专业合作社信用互助业务规范工作现场观摩座谈会在滕州召开，农民专业合作社信用互助“四四八”滕州模式在全省推广；滕州在2014年度国家现代农业示范区改革与建设试点绩效评价中列全国第3位。

3. 在城市建设方面，2012年后，滕州坚持“规划先行、精品城市、民生城建、城乡统筹、生态优先”的理念，立足实际提出全域城镇化发展理念，把滕州全域作为一个整体来谋划，构建了以中心城区为核心，高铁新区和微山湖古镇为两翼，秀美荆河为主轴，滨湖大坞片区，西岗级索片区，张汪官桥柴胡店片区，东郭片区为4个副中心城区，界河、龙阳、木石、羊庄、姜屯、鲍沟6个镇为节点的“一体两翼、以河为轴、四副六点”的发展格局。2012年，全面启动高铁新区建设，与中铁置业合作，投资51.1亿元实施起步区基础设施建设，是山东省首家与央企合作实施的土地一级开发合作项目；与山东高速集团合作，实施6条跨京台高速公路道路桥梁规划建设，尽快实现新老城区快速连通。抓住南水北调工程建设的机遇，创造性地推动总占地4000多亩的南水北调调蓄水库（墨子湖）在高铁新区开工建设；实施了平安路、飞龙大道等7条道路和桥梁建设，完成宫河路、站前南北街等8条次干道路建设，初步形成“四纵四横”的骨干路网体系；光大环保能源发电一期等项目已投入使用；六合安置社区、山东化工技师学院新校区、奥特莱斯生态购物小镇等项目进展顺利，高铁新区获评“全国十佳最具活力新区”。2014年，滕州按照“东跨、西改、南延、北拓、中疏”的发展思路，着力提升中心城区的规模和品质。2015年2月，启动“多规合一”试点工作，委托省城乡规划设计研究院编制了全域城镇化总体规划、“多规合一”暨城乡总体规划，为城乡科学发展绘制了“一本规划、一张蓝图”。积极对上争取棚改贷款，加大棚户区和老旧小区改造力度，群众居住环境明显改善。2012年，滕州提出并实施镇街差异化考核、特色化发展战略，引导各镇街因地制宜，找准着力点，选好突破口，不断提升镇域经济综合实力。西岗镇被列入全省新型城镇化综合试点镇，西岗、级索、北辛、龙泉4个镇街获评全国千强镇，西岗、级索、滨湖3个镇被列入国家级重点镇和山东省新型城镇化示范镇，滨湖镇被列入省级行政管理体制改革试点镇。重大基础设施项目扎实推进，庄里水库项目顺利实施，枣菏高速公路、省道343北留线、省道345枣济线一级路升级改造、滕州新港、滕州至枣庄新城快速公交等项目陆续实施，为滕州今后长远发展奠定了坚实基础。

4. 在服务业发展方面，在滕州市第十二次党代会上，提出要大力繁荣发展服务业，抓住滕州被确定为全省服务业综合改革试点区的机遇，瞄准成为枣庄市文化旅游发展的龙头、鲁南专业市场群建设的排头兵的目标定位，搞好规划布局，加大扶持力度，促进服务业发展提速、质量提高、结构提升。2013年，滕州充分依托良好的人口、区位、交通优势，全力做好“大旅游、大市场、大物流、大商贸”四篇文章，加大知名品牌招引力度，2014年，总投资30亿元的红星美凯龙全球家居生活广场建成使用，成为全国县级市中规模最大、档次最高、品牌最全的家居生活广场。2015年1月，总投资110亿元的义乌真爱商城项目一期投入运营，成为近年来全国为数不多的满铺开业、开业即旺的市场。2013年，总投资100亿元的微山湖古镇项目一期展示区建成运营，微山湖湿地风景区被省旅服委列为创建国家5A级景区名录并上报国家旅游局；2014年，墨子森林公园晋升国家级森林公园，莲青山、龙山龙湖、盈泰温泉等景区景点建设实现新发展。

5. 在科教文卫方面，2012年滕州市第十二次党代会提出要大力推动文化事业繁荣发展，加快实施文化品牌塑造、文化惠民利民、文化产业振兴、思想道德建设四大工程，努力建设文化滕州；要着力保障和改善民生，从群众最关心、最直接、最现实的利益问题入手，完善就业服务、社会保障、住房保障、教育服务、人民健康五大服务体系，提升社会公共服务水平。2012年，市级财政对民生社会事业投入达到36.9亿元，同比增长19.4%；城乡居民养老保险在全省县级率先实现全覆盖，启动农民工纳入城镇职工养老保险，城乡低保应保尽保，新农合保障能力显著提升。2014年，枣庄科技职业学院被省政府确认为公办院校，2015年就业率位居鲁南地区职业院校首位。2014年，市中心人民医院成功创建“三级甲等综合医院”，在全国县级医院综合排名中列第6位；总投资4.7亿元的新妇幼保健院于2017年投入使用，成为全国一流的县级妇幼保健院，滕州被评为全国妇幼健康示范县。体育事业蓬勃开展，2012—2017年，先后举办了两届微山湖湿地国际马拉松比赛，承办国家级、省级赛事35项，创新开展全国首个县级家风家教文化节和最美乡贤、最美村官评选等活动，滕州被评为全国科普示范市。

二、改革开放取得的主要成就

改革开放以来，滕州按照中央和省市委部署要求，充分发挥滕州百万人民的聪明才智，不断深化改革、扩大开放，聚精会神搞建设、一心一意谋发展。尤其是近年来面对严峻复杂的经济政治形势，全市上下聚焦发展第一要务，主动适应经济发展新常态，妥善应对重大风险挑战，经济社会走过了不平凡的历程，实现了历史性跨越。全市生产总值从1978年的3.9亿元扩大到2017年的1150.37亿元，增长294倍，年均递增15.7%；地方财政收入从0.83亿元扩大到70.36亿元，增长83.8倍，年均递增12.0%；全社会固定资产投资从0.18亿元增加到667亿元，增长3705倍，年均递增23.5%；城镇居民人均可支配收入从347元提高到33116元，增长94.4倍，年均递增12.4%；农民人均纯收入从131元提高到15229元，增长115.3倍，年均递增12.9%。滕州在全国县域经济基本竞争力百强县排行榜中位居上游。

（一）始终坚持发展第一要务，经济转型迈上大台阶

1. 工业转型升级迈出新步伐。截至2017年底，全市规模以上工业企业达到428家，规模以上工业企业主营业务收入、利税、利润分别实现1250亿元、103亿元、65亿元，分别是1978年的1087倍、132倍、295.5倍。产业集群化水平明显提升。两大支柱产业集群日益壮大。滕州机械制造企业发展到752家，拥有鲁南机床、威达重工、大地机床、三合机械等一批龙头骨干企业，拥有金切机床、锻压机床、旋转接头等1000余个品种，拥有“T”字牌、

“愚公移山”2件中国驰名商标；年产各类机床近20万台套，机床产值数控化率提高到44.7%，产品配套率提高到62%。全市煤化工企业发展到100多家，其中规模以上49家，全市已建在建煤化工项目总投资达600亿元，投资超过30亿元的煤化工企业和项目达到6个。滕州被中国石化协会领导誉为“中国新型煤化工的摇篮”，被评为山东省首批“新型工业化产业示范基地”。六个优势产业板块持续发力。玻璃深加工产业产品由原来单一的玻璃原片发展到钢化、中空、镀膜、低辐射等60多个品种、2000多种规格，深加工企业发展到316家。滕州市被评为中国制镜业基地，入选国家火炬计划特色产业基地，中国玻璃城创业园入选省智慧园区建设试点。食品加工产业成为产业增长的亮点，实施了总投资13.67亿元的滕州卷烟厂40万大箱技改、总投资15亿元的今缘春万吨原酒生态酿酒园、总投资6亿元的青岛啤酒滕州公司等项目，滕州已成为全国食品工业门类最齐全的县市。家居装饰产业已累计发展现代家居生产企业100余家，鑫迪家美、三迪、新美华3个品牌成功获评中国驰名商标，滕州成为全省最大的家居装饰产业基地。五个战略性新兴产业蓬勃发展。生物医药产业实施了总投资10亿元的威智医药项目，引进国家千人计划学者魏延君博士，形成了“一个人才带动一个企业，一个企业带动一个园区”的效应。新材料新能源产业从无到有实现快速发展，与全国500强企业中材科技公司合作，先后实施了总投资15亿元的中材科技新材料产业园项目以及总投资40亿元的中材科技锂膜材料项目。骨干企业规模实力明显提升。2017年，主营业务收入过10亿元的企业增加到9家。全市“新三板”及区域性股权托管交易市场挂牌企业由2010年的1家，发展到19家。企业创新能力明显提升。全市院士工作站达到7家，省级企业技术中心达到31家，国家高新技术企业发展到57家，滕州被评为全国科普示范市、全省首批创新驱动示范区和全省小微企业创业创新示范基地。实施工业产品质量提升行动计划，滕州拥有中国驰名商标11件、山东名牌产品56件。园区建设水平明显提升。2017年入园企业达到1395家，其中规模以上企业216家，滕州经济开发区在全省131家省级经济开发区中列第3位，成为我省三年来唯一一家被省政府推荐创建国家级经济技术开发区的备选单位。

2. 服务业规模层次实现新突破。滕州连续五年被山东省政府授予山东省服务业发展先进县市，纳入全省全域化旅游改革试点，荣获“好客山东最美风景县”称号。围绕构建大旅游，实施了总投资30亿元的微山湖湿地公园及周边景观综合开发等项目，A级以上景区发展到18处，成为山东省首批首个优秀旅游城市。围绕构建大商贸，先后引进了保利、红星美凯龙、大润发、奥特莱斯等一批国内外知名品牌，滕州成为鲁南地区服务业知名品牌最多、最集中的县市，辐射半径超过100公里。围绕构建大市场，实施了总投资110亿元的义乌真爱商城等项目，全市过亿元专业批发市场发展到47处，干杂海货、装饰建材等专业市场群达到8个。全省首家互联网小镇落户龙园，嘉誉干杂海货市场电商创业园和鲁华、伦达、美铭等创业孵化基地建成运营，促进了传统市场向现代市场的转变。围绕构建大物流，积极推进农副产品物流中心、滕州新港、盛隆公司铁水联运码头、铁路货场易地扩建等项目建设，各类现代物流企业发展到48家，构筑了公铁水联运的大物流格局，在福布斯排行榜中，滕州货运总量连续4年位居全国县级第一位。

3. 农业发展取得新成效。全市农业增加值由1979年的2.2亿元增加到2017年的58.98亿元，增长25.8倍。2017年粮食总产量达到85.53万吨，是1979年的1.8倍；蔬菜面积稳定在95万亩，其中马铃薯65万亩，是全国最大的二季作马铃薯产区，“三品一标”认证达到208个。新型农业经营主体达到2142家，适度规模经营比重达到57%；农业综合机械化水平达到90%，较1978年提高46.4个百分点，在全省率先实现粮食生产全程机械化。滕州被确定为首批国家现代农业示范区、全国农村综合改革试验区，在国家现代农业示范区改革与建设试点绩效评价中列全国第3位。

（二）始终坚持城乡统筹，城市品质迈上大台阶。滕州城市建成区面积达到70平方公里，是1984年城区面积的10.4倍，城镇人口达到83.91万人，常住人口城镇化率达到60.32%，被评为国家园林城市、全国绿化模范市、省级新型城镇化综合试点城市和全省“多规合一”试点城市。

1. 城乡规划体系日益完善。委托省城乡规划设计研究院编制了全域城镇化总体规划、“多规合一”暨城乡总体规划，为城乡科学发展绘制了“一本规划、一张蓝图”。累计编制城市总体规划、镇村规划和综合交通、商业网点、中小学布局等各类专项规划1000余项，建立了全覆盖的城乡规划体系。

2. 城市品质档次明显提升。围绕完善城市基础设施，近年来累计投资28亿元，先后实施了100余条道路新建改建、13座桥梁、90条背街小巷、23处交叉路口渠化和52处林荫停车场建设，目前城区道路总长达586.27公里，是1984年的44.7倍；在全省县级率先实施了燃气、供热等“五大下地”工程，城市地下基础设施建设投资相当于前30年的总和；目前城市供水管道达1000余公里，是1984年的33.8倍；各类排水管网528.49公里，是1984年的24倍；污水管道267公里，是1984年的20.5倍；滕州被确定为全省唯一的县级地下空间规划建设和管理工作试点。围绕改善群众居住条件，累计争取政策性棚改贷款120亿元，加大对67个区域的棚改安置房建设力度，回迁上房率由2012年前的4.8%提高到96%；近年来又实施了22个棚户区征收、续建工程，完成67个老旧小区综合整治工程，群众居住环境明显改善。围绕建设宜居城市，加大公园、绿地建设力度，目前城区绿化覆盖总面积达到20.82平方公里，建成区绿化覆盖率达到45.7%，比1984年提高32.88个百分点，人均占有公共绿地面积达到12.03平方米，是1984年的24倍，滕州被评为全国绿化模范市、国家园林城市。

3. 城乡一体化步伐明显加快。重点推进城乡道路、公交、供水、燃气、环卫、污水处理六个一体化，城乡公交、城际公交从无到有，分别发展到33条、3条，实现了城乡公交“全覆盖”，滕州被确定为全省城乡公交一体化示范县；城乡一体化集中供水人口达到126万人，是1978年的78.8倍；城乡生活垃圾无害化处理率达到100%，滕州被评为全国农村生活污水治理示范县。

4. 城市精细管理水平大幅提升。整合市政园林环卫职能，构建了大城管格局；建设数字城管指挥中心，建立网格化精细管理机制，提升了管理效能。滕州公共自行车交通系统列入住建部示范项目，持卡人数近5万人，方便了群众出行；广泛开展城乡环境综合整治，在城区主干道全面推行道路机械深度保洁；累计新建改建便民夜市6处，实施道路、河渠、桥梁、景观和楼宇等亮化工程200余项，扮靓城市夜景，营造了干净美丽、整洁有序的市容环境。

（三）始终坚持务实创新，改革开放迈上大台阶

1. 重点领域改革持续深化。先后成功赢得了全国供销综合改革试点县等33项国家或省级改革试点，成为全省获得国家和省级改革试点最多的县市区，截至2017年底已完成21项。着力提高行政服务效能，积极构建“四张清单一个平台”；在全省县级率先开展“电视问政”“电视问效”活动，建立了全省一流的政务服务中心，实行行政审批“三集中、三到位”和工商营业执照、组织机构代码和税务登记“三证合一”制度，行政效能大幅提高。深化农村改革，全面完成农村土地承包经营权确权登记，在全省率先开展农村房屋抵押贷款。深化金融改革，全市银行业金融机构发展到13家，保险机构发展到37家，小额贷款公司3家，融资性担保机构3家。

2. 招商引资力度持续增强。积极转变招商理念，依托优势产业，突出招大引强，重点围绕央企、大企业大集团，实行小分队精准招商，提高投资效益，累计落户世界500强、国内500强企业17家。

3. 外经外贸水平持续提升。深入开展“外贸企业服务年”、零业绩企业“唤醒行动”、外贸业绩回归服务等活动，提升外经外贸水平，2017年新招引并开工建设项目192个，实际利用境外资金3365万美元。

（四）始终坚持以人民为中心，民生保障和社会治理迈上大台阶

1. 加强社会保障体系建设。城乡一体的居民养老、医疗保障制度全面建立，各类社保应保尽保，截至2017年底，参加居民医疗保险人数达到127万；企业退休人员养老金实现“十连涨”；社会福利事业稳步推进，各类社会养老服务机构达18个；城镇登记失业率控制在3%以内。

2. 优先发展教育事业。统筹发展各级各类教育，截至2017年底，全市拥有各级各类学校494所，专任教师15259人。初中入学率达到100%，义务教育巩固率达99.1%，学龄前儿童入园率超过88%，本科录取率高出全省平均水平10.6个百分点。滕州高分通过全国义务教育发展基本均衡县验收，先后被评为全国教育发展综合实力百强县、全国素质教育示范市、全国文明礼仪教育示范市等荣誉称号。

3. 大力发展卫生事业。截至2017年底，全市卫生机构达到1020个，拥有床位8588张，卫生技术人员12434人，滕州被评为全国妇幼健康示范县。

4. 积极发展文化体育事业。全市共有镇街综合文化中心21个，村居文化大院、农家书屋实现全覆盖，城乡公共文化服务体系基本形成；累计争取国家省市专项资金近亿元，实施了薛国故城、北辛文化遗址、官桥汉墓群等文物保护工程，成功举办了11届国际墨子鲁班学术研讨会、6届墨子文化节，滕州先后被评为全国文化先进县、山东文化强省建设先进市。跳水游泳馆建设加快推进，滕州被评为全国群众体育先进市。

5. 加强和创新社会治理。扎实推进“平安滕州”“法治滕州”建设，大力实施“411”法治惠民工程，探索建立“网格化巡逻防控”机制，治安秩序更加平稳可控。健全安全生产责任体系，生产安全事故起数、死亡人数连年实现“双下降”。积极探索建立矛盾纠纷多元化解机制，在全省率先推行了“一村居一法治副主任”，基本实现了“小事不出村居，大事不出镇街，矛盾不上交”的目标，法制日报、大众日报等媒体进行了专题报道，在全省矛盾纠纷多元化解工作现场会议上，滕州作了典型经验介绍。

（五）始终坚持党建引领，党的建设迈上大台阶。牢固树立“抓党建是本职、抓不好党建是失职、不抓党建是渎职”的理念，把抓好党建作为最大的政绩，把落实主体责任作为重大政治任务，狠抓党建工作责任制的落实，使党的建设成为推动改革开放进程的重要推动力量。

1. 加强思想政治建设。先后深入组织开展了“三讲”教育、党员先进性教育、学习实践科学发展观活动、党的群众路线教育实践活动、“三严三实”专题教育活动、“两学一做”学习教育，利用专题讲座、研讨会等形式，深入学习邓小平理论、“三个代表”重要思想、科学发展观、习近平总书记系列重要讲话等一系列重大理论创新成果，党员干部思想政治素质明显提高。

2. 加强基层党组织建设。大力实施村党组织带头人队伍建设“铸核强心”工程、村级党组织“三规范一保障”工程和薄弱村提升“双百双带”工程，累计从市直机关选派400余名优秀机关干部到薄弱村担任“第一书记”，充分发挥了基层党组织在脱贫攻坚中的引领作

用。全面推行城市社区“五位一体”管理模式，先进做法被省政府主要领导批示。

3. 加强干部队伍建设。在干部职数非常紧张的情况下，积极运筹，牢牢把握“20字”好干部标准，坚持凭德才、看实绩、重公论，分批次稳妥推进干部调整，配强配顺班子，激发了干部队伍的活力。围绕确保县乡党委换届风清气正，推行领导干部离任交接，开展干部档案专项审核，探索实行领导班子和领导干部“二次考察”“一函三书”预警告诫办法，防止干部“带病提拔”。

4. 加强党风廉政建设和反腐败工作。市委认真履行党风廉政建设主体责任，支持纪委履行监督责任，层层传导压力、压实责任。以钉钉子精神抓好“四风”整治，依纪依法严惩腐败分子，维护了党和政府在群众中的形象和威信。

三、经验与启示

改革开放以来，滕州发生了翻天覆地的变化，取得了令人瞩目的成就。总结改革开放以来的基本经验，主要体现在以下几个方面：

（一）坚持把发展作为第一要务。千道理万道理，发展是硬道理。改革开放以来，面对宏观环境新变化、区域竞争新格局，我们始终站在全局和战略的高度，以开阔的视野研判形势，以清醒的头脑审视自身，以前瞻的举措应对挑战，不断创造出全面协调可持续发展的新业绩。实践证明，只有坚持把发展放在突出位置，因地制宜，扬长避短，才能开辟发展新路、彰显发展特色、增创发展优势。

（二）坚持把改革作为第一动力。改革出动力、增活力，是推动各项事业不断前行的重要法宝，也是滕州弥足珍贵的金字招牌。改革开放以来，我们始终把改革创新作为做好一切工作的总动力，以金融创新破解发展难题，以服务创新优化投资环境，以制度创新激发“三农”活力，以管理创新深化社会治理，以党建创新筑牢基层基础，一大批改革举措落地生根、结出硕果。实践证明，发展无止境，创新不停步。只有坚持解放思想、与时俱进，才能走出一条具有滕州特色的发展之路。

（三）坚持把民生作为第一追求。悠悠万事，民生为大。改革开放以来，我们坚持把为民造福作为最高追求，把促进群众增收作为最大任务，把赢得百姓口碑作为最大满足，从民思、民盼、民需入手，科学决策关注民生，加大投入改善民生，创新管理服务民生，惠民投入逐年攀升，利民政策只增不减，为民举措件件暖心，努力让人民群众充分共享改革发展成果。实践证明，只有把民生福祉始终放在心头、牢牢抓在手上，才能得到广大群众的真心拥护与有力支持。

（四）坚持把稳定作为第一保障。改革发展，稳定为先。改革开放以来，我们始终牢记“发展是硬道理、稳定是硬任务”，坚持一手抓改革发展，一手抓社会稳定，突出重点问题、重点群体、重点环节，深化源头治理、系统治理、依法治理，平安法治建设持续深化，信访维稳形势总体平稳，人民群众满意度不断提高。实践证明，只有正确处理好改革、发展、稳定的关系，发展才能行稳致远，社会才能长治久安。

（五）坚持把党建作为第一政绩。事业兴衰，关键在党。改革开放以来，我们突出党建引领，把抓好党建作为最大政绩，保持久久为功的韧劲、驰而不息的精神、抓铁有痕的力度、正风肃纪的态势，直面矛盾不回避，迎难而上不退缩，持之以恒转作风、提效能，扎扎实实干工作、求突破，齐心协力抓党建、促发展，切实做到真管真严、敢管敢严、常管常严。实践证明，党的领导是各项事业取得胜利的根本保证。各级领导班子坚强有力，基层组织开拓进取，广大党员奋发有为，已经成为滕州又好又快发展的宝贵资源。

回顾改革开放以来的成就，我们倍感自豪。展望未来发展，我们深感责任重大。在迈向全面建成小康社会的伟大征程中，既面临着严峻的挑战，也蕴藏着巨大的机遇。我们将继续发扬改革开放积累下来的好的经验和传统，在坚持中完善，在继承中创新，团结一致，齐心协力，爬坡越坎，着力谋求滕州经济社会发展新跨越，加快建设宜居宜业、富裕美丽文明新滕州！

审稿人：孙作怀

撰稿人：赵钺栋

联泓新材料公司

滕州市交通运输事业改革发展综述

滕州市位于山东省南部，东与山亭区毗邻，南与薛城区交界，西与济宁市微山县相连，北和济宁邹城市接壤。地理位置优越，交通发达，素有“九省通衢”之说。全市总土地面积1495平方公里，境内东西宽45公里，南北长46公里。截至2017年底，下辖17个镇，4个街道办事处，1250个行政村，总人口170万人。改革开放后，滕州交通运输事业取得了长足的发展，境内京台高速、104国道、京沪铁路和京沪高速铁路纵贯南北，省级干线横穿东西，县乡公路纵横交错，沿湖港口直通京杭运河，形成了以公路、铁路为主，以内河航运为辅的交通网络体系，为促进经济社会发展、提高人民生活水平发挥了重要作用。

一、发展历程

（一）探索起步阶段（1978—1991年）

1. 交通基础设施建设开始起步

改革开放之初，滕州道路通车总里程为391.79公里（晴雨通车里程296.29公里），其中干线公路只有6条，分别为：济宁—枣庄、济南—微山、滕县—平邑、济宁—微山、木石—曲坊、山家林—官桥，总里程181.55公里；县级公路13条169.24公里；乡镇公路6条28公里；厂矿部队专用线3条13公里，道路等级低、里程少，交通不便。

1985年，建成了南环路立交桥。1989年，国庆节荆河路立交桥竣工通车。1991年，新修了沥青路面东郭至界河公路龙阳西段5.6公里；界河至岗头朱村公路峄庄、岗头段12.8公里；党山至滕州公路龙阳、城郊段路基改线加宽8.8公里；新建了西新线韩桥3孔10米石拱桥1座；党滕线七里沟桥2孔10米石拱桥1座。1990年8月，界河立交桥建成使用，界河立交桥位于滕州市界河镇、104国道上，跨越鲁南水泥厂专用铁路线，由铁道部第二设计院第三勘探总队设计，市公路局和鲁南水泥厂共同修建。

2. 运输市场逐渐升温

1984年12月，根据国家有关部委的文件精神，滕县交通局成立了“滕县运输管理所”，在22个乡镇分别设立交通运输管理站。

改革开放之初，滕州汽车站仅有建筑面积1705平方米，职工43人，1977年完成客运量100万人次，客运周转量3028万人公里。此后，滕州市道路客运业发展迅猛，客运线路不断增加，客运站点相继建立，以城区为中心，辐射乡镇，延伸乡村的道路客运网络体系初现雏形。改革开放之后，滕州市客运出租业也从无到有，不断发展壮大。1989年交通部门将客运出租车管理纳入行业管理。出租车的出现弥补了城市公共交通的不足，方便了人民群众的工作和生活。

【滕州汽车站】1951年，建于府前西路（原大同街）西端，火车站货场（原火车站）东侧。1968年迁至滕县火车站南侧、荆河中路24号，占地15亩，建筑面积1705平方米。在全县客流较集中的岗头（现滨湖镇）、大坞、东郭、西岗、木石5镇设有汽车站，其中，木石汽车站设有停车场，为三级汽车站。

改革开放后，货运车辆急剧增加，运量大幅度上升，运输结构也在不断调整。改革开放之初，为规范交通运输秩序，组织货源，协调运力，征收规费，滕州市交通局在大型厂（矿）企业派驻源头管理机构，实施源头管理。

3. 港航运输孕育启动

京杭运河在我国内河航运体系中占有非常重要的地位。“八五”期间，京杭运河被交通部确定为全国水运南北通道之一，京杭运河山东段全长483公里，其中枣庄段68.5公里，滕州市位于微山湖东岸，湖岸线长3公里，紧靠京杭运河，发展水上交通运输有着得天独厚的优势。

改革开放之初，滕州市仅有向阳港、辛安港两处码头，设计年吞吐量分别为30万吨和15万吨，并在两港设有航运管理站。主要往江苏、上海、杭州及安徽等地运送沙石、水泥等建筑材料和农副产品。滕州市分别于1994年、1996年建立了岗头港（交通港）、宏大港，扩建后的码头年设计吞吐量分别达到200万吨、50万吨。随着境内大中型煤矿的陆续建成以及南方企业对资源的不断需求，运输物质转向了煤炭等资源性产品。

4. 公共交通应运而生

20世纪70年代初，一批大型厂矿企业相继在城市郊区兴起，往返城区和厂矿之间的人流迅速增多，城乡路网基本完成，发展公共交通的条件已成熟，经县委研究决定，将原建筑工程队代管的公共汽车分出，单独成立滕县公共汽车公司，于1977年4月1日正式办公，为事业单位，纳入财政预算管理，隶属滕县革命委员会基本建设局。经县人事、劳动部门批准，由城市基本建设局从有关单位抽调干部职工22人，仅有汽车3辆，经营滕县至木石线路。1988年，滕县公共汽车公司更名为滕州市公共汽车公司。改革开放之初，城市公交在困境中求发展，重点放在站点基础设施建设和车辆更新方面。

（二）纵深推进阶段（1992—2002年）

1. 交通基础设施建设步伐加快

改革开放后，修建了特大桥—城郭河特大桥、荆河幸福坝大桥、柴胡店大庙大桥、东沙河前梁大桥、大坞牟庄大桥等23座大桥，南沙河桥、马庄桥、郭河桥等29座中桥和大量小桥涵，以及荆河铁路立交桥、荆河路立交桥、界河立交桥、滕州市内立交桥（又称铁路货场立交桥、平行路立交桥）、官木公铁立交桥5座立交桥。1992年，104国道滕州段路基加宽45.9公里；新建南荆河桥，全长121.6米。1993年，新建104国道滕州段界河石拱桥、柳泉石拱桥、小黑河简支板桥、夏楼石拱桥、皇甫石拱桥。1994年，104国道滕州北段铺筑水泥混凝土路面17公里，新建北沙河空心板桥、鲍沟吕坡空心板桥、种寨石拱桥、休城河空心板桥、岗子河简支板桥，改建龙阳中水位漫水桥。1995年，104国道滕州南段铺筑水泥混凝土路面22.9公里；铺筑济枣公路五里屯至洪山口段水泥混凝土路面21.3公里；新建池头集石拱桥、柴胡店至张汪公路十字河中水位漫水桥。1995年，枣木汽车专用公路建成通车。1995年12月28日，济枣公路滕州西段建成通车。其中重点工程有：

【京福高速公路枣庄段工程】京福高速公路枣庄段自滕州市界河镇入境，经龙阳、城郊、东沙河、南沙河、木石、官桥、柴胡店至台儿庄区张山子出境，与省道北留公路、枣济公路、枣曹公路、枣薛公路、郯薛公路相交。全长83.8公里，其中滕州市43.1公里，于1998年9月17日开工，2000年11月22日建成通车，总投资22.33亿元，是山东“三纵三横一环”高速公路网的重要组成部分，也是枣庄市公路建设史上里程最长、标准最高、投资最大的工程项目。共有特大桥2座，互通立交桥4座，大桥11座，分离立交桥17座；同时建成滕州至木石连接线3.7公里，均由山东省高速公路公司鲁西分公司管养。

【北（庄）留（庄）公路枣树岭至五里屯段工程】北留路东起山亭区北庄镇，西止微山县留庄，全长77.952公里，是枣庄市公路规划“三纵三横一连”主框架中最北部的一条交通干线和山亭至滕州的主要交通要道，也是山亭连接京福高速公路的主要出入口。全线有大桥2座。1998年8月1日开工，1999年10月30日建成通车。

【济（南）微（山）公路滕州段改建工程】济微公路滕州段始建于1973年，北起岗头镇（现滨湖镇）向阳站，南至级索镇王晁村，全长23.8公里，按二级公路标准建设。全线有大桥2座，1998年10月10日开工，1999年12月10日建成通车。

【枣（庄）木（石）一级汽车专用线高速化改造工程】枣木高速东起枣庄城区北转盘，西止滕州市木石镇，与木石至南沙河高速公路连接，全长27.92公里。按高速公路标准改造，沥青砼路面，设计时速100公里，省交通厅全额投资1.23亿元。2000年3月开工，于12月初建成通车。该工程是鲁南高科技化工园区内投资最大的交通基础设施建设项目，也是集国道、省道、铁路“三位一体”通盘考虑、同时设计的重点工程。它的建设标志着枣木线真正并入全国高速公路网，对于完善路网结构，带动鲁南高科技化工园区的发展具有决定性意义。

【北（庄）留（庄）公路五里屯至王晁段改建工程】北留路改建东起滕州城西郊五里屯，经大彦、庄里、级索，西止王晁，长17.3公里。按二级公路标准施工。1999年11月开工，2000年12月建成通车。

2. 运输市场不断壮大

1992年省交通厅、枣庄市交通局和枣庄汽运总公司投资1000万元扩建滕州汽车站。1999年，原属枣庄汽运公司管理的滕州汽车站移交滕州市管理。2002年，滕州汽车站与滕州市顺达客运公司、顺发货运公司、顺安客运公司合并成立国运长途汽车运输公司。2007年，滕州汽车总站投入运营。新站按照国家一级客运站标准建设，总投资1.56亿元，占地268亩，总建设面积51000平方米，候车大厅建筑面积2万平方米，设有50个发车位，可日发送班次1500个，日发送旅客3万余人，班车通往全国10余个省份116个城市。滕州汽车总站为全省仅有的两家县级“国家一级站”之一，各项指标均居全省县级公路客运站第一位。

1994年，滕西汽车站建成使用。该站位于104国道西侧、荆河西路北侧的汽运总公司院内，由滕州市交通局负责管理，汽运总公司提供服务。2001年，滕西汽车站正式更名为滕州市汽车西站。2014年金道市场拆迁，汽车西站搬迁至真爱商城和兴盟国际两个发车区。

1995年3月，经铁道部批准，将原滕县火车站更名为滕州火车站。

1999年5月，经省政府鲁政字〔1998〕343号文件批准，104国道滕州收费站（设在滕州市鲍沟镇皇甫）投入使用。

2002年，全年组织完成公路客运量1279万人，货运量1342万吨。出租车市场不断发展，1999年10月26日，举行了客运出租汽车经营权首次招标拍卖会，40辆客运出租汽车中标。同年11月19日，薛城区、滕州市交通部门相继举行招标拍卖会，共拍卖客运出租汽车经营权190辆。

货运车辆急剧增加，运量大幅度上升，运输结构也在不断调整。截至2002年，全市共有营运货车（含农用车）9774部，30208.5个吨位；危险品运输车辆153部；全市各种专业批发市场及综合性货运站场开始发展。在全市20多处大型货运现场设立管理机构，派驻专职人员，维护运输秩序，监督服务质量，运输市场实现了安全有序运行。

3. 港航运输初步发展

（1）港航管理。1992年，滕州市航运管理所成立，隶属滕州市交通局。1995年10月18日，岗头港建成投入使用。该港位于岗头镇（现滨湖镇）下王庄，1993年经省航运局批准立项，隶属于滕州市交通局，为事业编制，对其实行企业管理。1994年底至1995年岗头港全部建成并投入使用，年吞吐量30万吨。2001年3月10日，滕港港业有限公司挂牌成立，滕州港工程奠基。2002年8月，枣庄市清理整顿中小港口，向阳港和辛安港被取缔。2002年3月滕州港开工，2003年4月滕州港完成一期工程，扩建后的码头年设计吞吐量达到150万吨，是京杭运河续建工程的一个单项工程，是山东省内河港口的重要组成部分。

（2）航道。20世纪90年代初，滕州市岗头镇（现滨湖镇）建有宏大港、交通港，均无进港航道，仅靠引湖农灌渠维持通航。1997年4月两港不能通航。1997年7月，枣庄市航管局对该进港航道进行疏浚开挖，1998年8月竣工。该航道为临时进港航道，全长11公里。2001年12月31日，滕州港进港航道竣工投入使用，该工程是滕州港工程的一部分，并为原岗头港区服务。

4. 公共交通初具规模

到“八五”末，全市公共交通拥有车辆52辆，万人拥有率2.9辆，营运线路7条，年营运里程为176公里，年客运总量达650余万人次，车辆完好率和车辆合格率均保持在95%以上。

（三）繁荣发展阶段（2002年至今）

1. 交通基础设施建设全面推进

2002年之后，全市交通基础设施建设进入到蓬勃发展的阶段。至2008年，全市拥有各级公路2191.7公里，公路密度达到147.6公里/百平方公里，高出枣庄市和全省平均水平。市区与各镇驻地全部实现了二级公路相连接。全市21个镇（街），基本实现了“村村通”硬化路，初步形成了“八纵五横三环一连”的公路交通网络。2008年之后，一大批重点路桥工程相继开工建设。其中，2008—2009年，京福路南出入口道路升级改造工程、级西路城河大桥、龙山旅游路、东郭至滨湖朱村公路、京福路滕州北立交至宏大港公路、级索至西岗公路、莲青山旅游路、东沙河至程堂路、东沙河大桥、滕国故城旅游路、级西路城河大桥建成通车。2010—2013年，104国道城区段改线及红荷路立交桥工程、山东高速滕州收费站迁建工程、北辛路升级改造工程、枣济线种寨至洪山口段老路改造工程、济微路改建工程、枣庄连接线高速木石出口改造（木曲路加宽改造）工程以及高铁滕州东站站前广场配套设施建设等工程建设全面完成。2014-2017年，省道343北留线山亭枣树岭至滕州前王兆段改建工程、省道343北留线上跨京沪高铁立交桥大修工程、省道343北留线与龙泉路交叉口改造等工程建成通车。交通工程的加快推进，使全市“对外连接周边城市、对内畅通城乡”的现代化交通网络和方便快捷的区域“大交通”格局初步形成。

其中重点工程有：

【山（家林）官（桥）公路及木（石）曲（坊）公路改建工程】山官公路起于薛城区陶庄镇，止于滕州市官桥镇，全长20.159公里。木曲公路起于滕州市木石镇，经官桥、张汪、南宋庄，经微山县界，全长17.064公里。两项工程按照二级公路标准改建，有大桥2座，2001年6月开工，2002年10月建成通车。

【104国道滕州段路面改造工程】该工程是104国道山东段一次性改线路线最长的项目，道路全长21.6公里。该工程把滕州市机械制造工业园、盈泰食品工业园、盈泰生态家园和荆西市场全部纳入城市建设发展范围，同时，把荆河街道全部、姜屯镇半部、洪绪镇大部也都纳入了城市建设发展范围，对于进一步拓展城市发展空间、加快城乡一体化发展进程都具有重要的战略意义。2002年3月开工，9月建成通车。

【京福高速公路与滕州港连接线工程】工程全长36公里，分南部、北部两个路段，南部路段东起滕州市木石镇笃山口，西止西岗镇段庄；北部路段东起滕州市滨湖镇，西止滕州港。按二级公路标准改建，路基宽18米，路面宽15米。有特大桥1座，总投资1.22亿元。2002年1月开工，11月建成通车。

【官（桥）木（石）公铁立交桥】官木公铁立交位于滕州市官桥镇、京福高速公路上，跨越官桥至鲁南化肥厂专用铁路、山家林至木石公路。主桥上部结构T形梁，多柱式墩，多排桩基础，桥跨总长582米，全长756.6米，宽24米，高9.5米。2000年11月建成。由山东省高速公路公司鲁西分公司枣庄管理处管养。

【京台高速滕州互通立交桥工程】该工程是我省第一例高速路出入口迁建项目、第一处所有匝道全部为双车道设计的高速路互通立交，2011年建成通车。同年建成的还有北留路跨高铁立交、东沙河高铁立交、龙阳高铁立交。2012年，104国道改线南段及北环路立交桥建成。2013年，红荷路立交桥工程、北辛东路升级改造工程、济微路改建工程、枣庄连接线高速木石出口改造工程、104国道全线升级改造工程相继完工。

【京沪高速铁路滕州段工程】京沪高铁滕州段全长约46公里。北起滕州市龙阳镇的张山口村、南至柴胡店镇的沙庄村，途经滕州市龙阳镇、东郭镇、东沙河镇、木石镇、羊庄镇、官桥镇、柴胡店镇7个镇61个村。京沪高速铁路滕州段，工程永久用地2114亩，包括火车站1处，位于东沙河镇境内；隧道2处，龙山隧道长度354.2米、滕州隧道长度1574米，桥梁15座，涵洞65座。

【省道343北留线山亭枣树岭至滕州前王兆段改建工程】该工程是连接滕州与山亭两个区域板块的重要干线公路，也是实现滕州市北部、西部地区与京沪高铁、京台高速无缝衔接的一条快速通道。该工程全长63公里，其中滕州段东起滕山交界处，西至省道104济微线，长39.5公里，途经东沙河镇、龙泉街道、北辛街道、荆河街道、姜屯镇、级索镇6个镇街，分4个标段实施。项目全线按照双向四车道一级公路标准建设，路基宽24.5米，路面宽23米，建设工期24个月。工程预算投资9.01

亿元，其中滕州段预算投资4.8亿元。该工程自2014年10月启动建设，2016年10月建成通车。

【省道343北留线上跨京沪高铁立交桥大修工程】立交桥全长1000米，桥面宽18米，分为东引桥、主桥和西引桥，其中东引桥205米，主桥512米，西引桥283米，预算投资216万元。该工程于2017年6月开工，2017年7月完工通车。

【省道343北留线与龙泉路交叉口改造工程】交叉口以北顺接京台高速滕州出口匝道，以西顺接红荷路，以东连接北留线上跨京台高速立交桥，设计桥两侧南、北辅道以便与规划中的落凤山大道衔接，以南改建现状龙泉路，按照城市主干道路52米红线控制，将龙泉路向西改线112米，新建道路489米与北留线、京台高速滕州北出口垂直交叉，预算投资790万元。该工程于2016年9月开工，2017年4月完工。

2. 农村公路建管养持续推进

滕州市农村公路管理处始建于1971年，原定名为“滕县公路工程指挥部”，业务范围主要是承担滕县境内国、省道和县乡公路的新建、改扩建以及道路的测量、设计及施工任务。1993年9月由滕州市编委批准，更名为“滕州市公路工程管理处”；2008年7月由滕州市编委批准，更名为“滕州市农村公路管理处”。依托农村公路管理处实施了农村公路管养体制改革，形成了市、镇、村三级农村公路管理养护体系。2011年，在全省率先成立路政大队，在各交管所成立路政中队，配备了执法车辆和执法设备；同年，查处各类路政事案153起。2013年成功创建“全省村级公路网化示范县”。截至2017年底，全市农村公路总里程达2980.1公里，极大地改善了农村交通条件，促进了农村经济社会的和谐发展。

农村公路管理养护得到有效加强。构建了法规制度体系。在《山东省农村公路条例》和枣庄市相关法规的基础上，先后出台了《滕州市农村公路管理养护实施细则》及农村公路养护巡查、桥梁养护、安全管理等制度和《滕州市农村公路养护工程管理实施办法》等规章制度和规范性文件，为农村公路管理养护工作提供了法律保障和政策支持。构建了组织机构体系。将公路工程管理处升格为正科级农村公路管理处，各镇街成立了农村公路管理站，落实专职人员，选定办公场所，交管所所长兼任副站长，形成了“市、镇、村”三级管养体系。构建了财政资金保障体系。按照市、镇、村6：3：1的资金比例，落实养护专项资金，将农村公路管养列入公共财政正常支出范围，搞好镇村配套资金的筹措，确保农村公路“建一条、管一条、养一条、畅通一条”，更好地服务农村经济社会发展。构建了道路路政管理体系。成立了农村公路路政执法大队，在各交管所成立了路政执法中队，并配备了执法车辆、专业执法人员，依法严厉打击毁坏、侵犯路产路权的违法行为，加大超限超载治理力度，弥补了农村公路路政管理工作上的欠缺，为管好道路提供了强有力的组织保障。

3. 道路运输市场繁荣发达

场站建设是道路运输市场的枢纽性工程，改革开放以来，滕州市陆续建成了高铁滕州东站、滕州汽车总站等一大批重点客货运站场，成为滕州地标性工程。

2008年，建设了沥青拌和站等养护设施，配齐了养护机械，建成了全省一流的农村公路片区养护站，大大提高了农村公路管养能力。

2011年，建成国家Ⅰ类治超检测站。

2009年8月29日，京沪高速铁路滕州东站奠基，2011年4月，京沪高铁站房主体工程竣工，2011年7月1日高铁滕州东站正式投入运营。车站南北总长162.8米，东西宽43.1米，高23.95米，建筑面积8000平方米。站房整体由天津铁三院设计，京沪高速铁路股份有限公司负责配套设施的统一规划、统一建设和经营管理。2012年，高铁站配套设施客运换乘中心和公铁联运中心建设完成。

2013年6月15日，山东高速滕州收费站开通运营。该收费站位于红荷路与龙泉路交叉点处，与京台高速T型交叉，由市政府和山东高速股份有限公司共同投资建设，是省内第一个高速公路互通立交迁建工程、第一个所有匝道全部为双车道设计的高速公路互通立交、第一个建有高标准迎宾站台的高速公路入口。

2002年开始，滕州进行了几次较大规模的道路运输市场整顿活动。经过整顿，全市道路运输市场达到了统一、规范、竞争、有序。同时，为适应社会主义市场经济的要求，促进道路运输市场持续快速健康发展，滕州市道路运政工作实现了由管理专业运输企业向管理全社会、全行业转变。

从2003年开始，将源头治超列入源头管理职能的一项重要内容，对治理超限超载起到了很好的作用。至2007年，滕州市对26家大型厂（矿）企业实施了源头派驻，成立了货运源头管理办公室，在货场源头把好车辆的进、装、放“三关”，寓管理于服务之中，遏制违法经营，实施源头治超，组织货源，协调运力，解决装运矛盾纠纷，维护承托双方利益，使厂矿专心生产、货主放心托运、车主安心运营。近年来，随着煤炭市场行情下滑，至2015年源头派驻管理办公室缩减至19家。

4. 港航运输迅速崛起

2007年规划建设滕州临港物流园区，成立了滕州市临港物流园区管理委员会。润通港业有限公司（交通港）港口于2006年实施升级扩建，2007年10月工程竣工。2015年规划建设滕州新港，同年8月25日，滕州市与山东水运发展有限公司签订了《滕州新港建设战略合作框架协议》，明确了滕州新港建设主体和内容。截至“十二五”期末，全市境内共有滕州作业区、润通作业区和宏大作业区三大港口作业区，全部位于滨湖镇，主要以运输煤炭、建材、粮食等为主。航道岸线长27.8公里，其中港口岸线长3.4公里。至“十二五”末，港口码头泊位25个，最大靠泊吨级为1000吨级。货物吞吐能力800万吨，吞吐量500万吨。港口周边资源开发、旅游休闲、商贸运输服务等行业快速发展，港航经济的带动作用十分明显，以滕州港区为龙头的沿运经济带已初具雏形。

5. 公共交通蓬勃发展

公交事业迎来突破。自2010年9月市公共汽车公司划归交通运输局管理以来，滕州稳步实施“公交优先”发展战略，并以创建“山东省城乡公交一体化示范县”为契机，全面整合优化城乡客运资源，大力发展城乡公交，按照“统一经营主体、统一调度管理、统一服务标准、统一车体外观、统一形象仪表、统一车型、统一站点班次、统一票价”的“八统一”运营模式，统筹推进城际、城市、城乡、镇村公交一体化建设，全市公交事业在多个方面都有了突破性成绩。

繁忙的滕州货运码头

不断完善公共交通设施。仅“十二五”时期，就新开辟了25条公交线路，调整优化了9条线路。线路总数增加到目前的66条，长度增加至1576公里。市区基本做到“有路就有公交车”，承担了全市21个镇街客运、21个主要矿区及企（事）单位通勤和公交客运业务。公交场站基础设施建设速度加快，停车场地增至18座，停车面积增至14.54万平方米。公交车停靠站点已增至1300余个，其中港湾式站点200余个。在大坞、龙阳、木石、羊庄分别建设了城乡镇村公交换乘中心。车辆档次和科技水平也得到逐步提升，1996—2006年间先后购置了一批双层车、空调车，2010年之后逐步开始更新新能源公交车。公交车全部安装了GPS智能调度系统和3G视频监控系统，对公交车正班正点、安全运营等实现了实时监控管理，并引进国内成熟的IC卡技术、软件和平台，实现了公交IC卡“一卡畅通”。

坚持城乡一体化发展战略。2012年6月3日开通了38公里的滕州至山亭城际公交K109路，这是滕州开通的第一条城际公交专线。2013年3月29日开通了23公里的滕州至龙山龙湖景区城乡公交K208路，标志着滕州城乡公交一体化步入了发展的快车道；2013年8月11日开通了33公里的滕州至微山湖湿地红荷景区旅游公交K207路和44公里的滕州高铁东站至微山湖湿地红荷景区旅游公交K209路，标志着滕州城乡公交一体化工作取得了阶段性成果。2014年9月29日开通了60公里的滕枣城际公交和4条滕州至木石、羊庄区域的城乡公交，这是滕州一次性开通里程最长、开通线路最多的公交化改造。2015年12月28日，开通了滕州至西岗、东郭区域的城乡公交。2016年8月29日，开通了滕州至级索、滨湖、大坞区域的城乡公交。2017年5月12日，开通了滕州至界河、张汪、柴胡店、官桥区域的城乡公交。截至2017年底，全市平稳收回了45条、273部线路班车的道路客运经营权；新开通公交线路20条，其中城际公交1条、城乡公交19条，全市公交一体化覆盖率达到100%，实现了城际、城市和城乡公交车的有效衔接和无缝接驳。

二、交通改革发展的主要成就

（一）交通路桥工程建设硕果累累。改革开放以来，历届交通运输局班子都紧紧抓住重点交通工程这一主线，相继开工建设了一大批重点路桥工程，为全市交通运输事业发展打下坚实基础。至2017年底，全市公路通车里程达到3345.5公里，公路密度达到每百平方公里223.6公里。等级公路达到3330.4公里，其中高速公路59.9公里，一级公路114.4公里，二级公路251.4公里，三级公路223.8公里，四级公路2680.8公里，等外公路15.1公里，基本建成了以1条高速公路、1条国道、7条省道为骨干，多条农村公路为支线的连接城乡的干支相连的公路网络。

（二）农村公路建管养成绩显著。改革开放以来，滕州市农村公路建设一直走在全省前列。在全省率先实施了“村村通”工程，2010年，在彻底解决了全市最后79个山区、库区、湖区等偏远村庄不通硬化道路的问题后，滕州实现100%的行政村通硬化路、100%的行政村通客车。“十二五”时期是滕州农村公路发展最快的五年，驳官公路羊庄段、农业结构调整示范路、青龙山绿道、秀美荆河道路、东木公路、柴胡店大桥等一大批交通重点工程和农村公路项目相继开工并完成建设，农村公路路网结构日趋完善。其中2012年一年的建设里程，就达到了2003年以来实施“村村通”建设总里程的近三分之一。2016年，滕州启动“户户通”工程建设，计划三年完成3800公里建设任务，其中2016—2017两年新建“户户通”村居868个、2378公里。截至2017年，滕州农村公路总里程达2980.1公里，其中县道176.1公里、乡道183.8公里、村道2620.2公里、专用道路46.5公里，行政村通畅率达到100%，农村公路网络化程度得到进一步提高。全市21个镇（街）基本上都规划、建设了1个或多个高标准的村级道路闭合线路，以线带面，串联、覆盖所有村居，有效满足了经济发展和百姓出行的需要。滕州被山东省政府授予“全省农村公路建设养护示范县”，农村公路实现了建养并重、科学发展。

（三）道路运输市场全面发展。管理体制不断创新。改革开放以来，随着运输市场的蓬勃发展，滕州市交通运输管理机构和管理体系逐步建立和完善。2002年8月14日，经滕州市政府批准滕州市交通局进行职能配置、内设机构和人员编制，局机关下设办公室、政工科、财务审计科、运输管理科、政策法规科五个职能科室。2003年8月7日，经滕州市机构编制委员会批准，成立滕州市交通战备办公室。2003年10月29日，成立货场管理办公室、审计科。2001年，随着滕州市行政区划的重新划分，原有的22个乡镇交管所进行了一系列的撤销、合并和组建。至2007年，滕州市形成了以市交通局运管所为中心，辐射21个镇街16个交管所的道路运政管理体系。2008年，增设羊庄交管所；2010年，增设东沙河交管所。客运出租市场也得到全面发展。到2008年初，全市客运出租车达406辆，出租汽车公司3家。2009年出租车行业结构调整，滕州市406部出租车全部调整为新型捷达、红旗轿车，提高了出租车结构档次。2013年9月1日新增300辆现代出租汽车，全部采取“公司化经营、员工制管理”的公车公营模式，即车辆产权、经营权归出租汽车公司所有，出租汽车公司负责招聘并培训驾驶员。此次新增运力投放后，全市客运出租汽车公司达到5家，出租车辆总数达到706辆。货运市场走向全面繁荣。截至2017年，全市共有营运货车10506辆，其中挂车1969辆；危险品运输车辆178辆，其中挂车169辆。货运源头派驻管理工作得到巩固和发展，全市货运总量稳居全国县级第一位。截至2017年，全市共建成等级客运站3个，其中一级站1个、四级站1个、五级站1个。建设换乘枢纽3处，城乡公交换乘场站21个、港湾式站亭181个、充电桩480个、站点牌2017个，实现镇镇有站、村村有牌。建成货运站（物流中心）2个，共有仓储面积34400平方米，停车面积49100平方米，仓储能力331万吨/年。维修和驾培市场也取得长足发展。2004年11月，滕州市首家综合类一级驾校——中通驾校成立。至2017年，驾驶员培训学校已达到7所。全市道路运输维修企业达到62家。

（四）公共交通事业初具规模。随着经济社会发展，人民群众对公共交通的需求不断增加。滕州市公共交通设施逐步完善，公交事业快速发展。公交车辆数不断增加，公交线路数持续扩张，线网不断优化。2002—2009年，城市公共交通运营车辆已增至520辆，运营线路长度677公里，客运总量4098万人次，每万人拥有公共交通车辆14.96标台。增设了GPS卫星定位语音报站、IC卡自动收费、车辆安全监控和智能化调度系统。“十二五”期间，启动实施滕州城乡公交整体规划，陆续开通滕州至山亭城际公交专线、滕州至龙山龙湖、滕州城区至微山湖湿地红荷景区、滕州至枣庄等多条城际、城乡、镇村公交，实现城乡公交车和镇（村）公交车的无缝接驳。实施了公交IC卡“一卡通”工程，实现“公交出行、一卡畅通”。截至2017年，全市共有公交车1118辆，营运线路62条，公交车运营总里程1550公里，日发送班次6132个，年运输乘客能力达1.5亿人次，公共交通基础设施建设日趋完善，公交事业持续快速发展。滕州市被山东省交通运输厅和山东省财政厅确定为全省第一批“城乡公交一体化示范县”建设试点县，并于2017年12月13日顺利通过省交通运输厅验收。

（五）交通执法严格规范。滕州市交通运输监察大队是滕州市交通运输局实施交通运输行政执法的专职机构，于1996年10月根据山东省人民政府鲁政发〔1996〕106号文件批准成立，由山东省第28号交通稽查站转建而成，2011年3月经滕州市机构编制委员会批准，更名为滕州市交通运输监察大队。

2008年之前，围绕交通规费征收目标，搞好征管查联合执法。各交管所对辖区实行划片管理、将营运车辆征收任务分解到人，从源头把好征收关口；稽查大队实行稽查中队分片责任制，有力地促进了规费征收。2008年国务院实施成品油价格和税费改革，取消了公路养路费、航道养护费、公路运输管理费、公路客货运附加费、水路运输管理费、水运客货运附加费等六项收费，交通执法工作重点转移至治理超限超载、规范运输市场秩序。一是开展城区环境综合整治。会同有关部门开展城市环境综合整治活动，严查“黑”出租；不定期开展道路客运市场秩序集中整治活动，查处各类违法违规经营车辆。二是大力实施“绿色通道”建设。积极探索交通执法的有效形式，大力实施“绿色通道”建设。建立健全了走访调研、运输申报等机制，对鲜活农产品、抗震救灾、电煤运输等重点运输物资，重点骨干企业的原料、设备运入和产品外输给予免查放行，努力营造经济社会发展的良好交通环境。三是治超工作成效显著。2012年，在全省率先建成了交通运输监察指挥中心，安装车载GPS定位系统，及时调度执法车辆和人员；成立了市公安局驻交通运输局治安办公室，为交通管理保驾护航。在张汪、界河、滨湖、东沙河和木石等重点镇成立5个片区执法中队，建成了以国家Ⅰ类治超检测站为综合执法平台、片区中队为驻点管理、巡查中队为流动延伸、视频监控网络为辅助的全方位、综合化、立体型的交通执法网络。2013年，滕州代表枣庄市迎接省厅治超工作考核，获得了第一名的好成绩。交通运输监察大队被评为全省“十佳文明交通运输监察站（队）”第一名。

三、交通改革发展的经验和启示

改革开放以来，交通运输事业改革发展的经验告诉我们：

1. 党委政府的重视支持是交通运输事业改革发展的根本保证。交通事业和老百姓生活是密不可分的，交通是国民经济的命脉，是社会经济发展的基础。历年来，滕州市委、市政府在发展过程中，都把交通作为经济发展的基础性产业，坚持交通先行发展的地位不动摇，全力推动交通重点工程建设，为交通事业发展提供了政策支持和资金保障。例如，对每项交通重点工程都成立专门的工程建设领导小组，由市领导挂帅指导，并通过经常召开座谈会和现场会的形式，召集相关部门及涉地镇街解决工程建设过程中遇到的困难和问题，为工程建设营造良好的施工环境。市财政持续加大对交通基础设施建设投入力度，在用好上级奖补政策的基础上，采取多种办法，多层次、多形式筹集项目资金，让工程建设没有后顾之忧。近年来，在交通重点工程、农村公路建设和公交化改造领域投入逐年增加，为交通运输事业发展提供了坚实的资金保障。同时，对各项交通工程严格实行“一岗双责”，认真督查督办，确保把每项交通重点工程都打造成精品工程、样板工程。同时，沿线百姓大力支持和拥护公路建设的热情，也为工程建设提供优良的施工环境。

2. 为民服务是交通运输事业改革发展的根本目标。为民服务是交通事业发展的根本目标和任务。无论是农村公路建设，还是公共交通服务，惠民工程一直是交通运输事业发展的重中之重。在公路建设中，滕州每年都把农村公路建设作为工作重点，连续实施了“村村通”、村级公路“网化”“户户通”和农村公路安全生命防护等一系列工程，提高农村公路网化程度及通畅水平，为全市农业发展、农村建设、农民增收，提供坚实的交通保障。可以说，农村公路是为民路，也是民心路，得到了人民群众的真心拥护。例如，在2012年“村村通”项目施工过程中，滕州市羊庄镇百岁老人李景文夫妇捐资修路的故事被

“户户通”道路

广为流传。同时，认真做好春运等重点节假日运输保障任务，为群众提供安全、优质、便捷、高效的运输服务。大力发展公共交通，按照便民、利民的要求，不断改进公共交通服务水平，加强公交车、出租车、长途客运班线等交通窗口单位和运输行业的职业道德教育，强化政策法规、业务知识、岗位技能等方面培训，服务水平不断提高。多年来，在城市公交、客运出租车行业出现了一大批见义勇为、助人为乐、拾金不昧的感人事迹，树立了交通行业良好形象。

3. 队伍建设是交通运输事业改革发展的根本保障。交通事业发展，队伍建设是保障。历届滕州市交通运输局党委班子都把队伍建设放在重要位置，通过开展"交通队伍建设年""作风整顿年"等活动，强化学习培训提高，积极转作风提效能，系统上下各司其职，各负其责，凝心聚力，共谋发展，打造了一支作风优秀、素质过硬、服务文明、业绩一流的交通运输队伍。通过每年在全系统组织不同形式的学习培训，深入学习国家的大政方针和各级文件精神，学业务、学法律、学管理，不断更新思想观念，切实提高业务技能、政策水平和执法水平。严格制定并落实考勤、财务、廉政、奖惩等系列管理制度，让每一名交通职工充分认识制度建设的重要性，切实维护制度的严肃性。持续改进作风，在全系统推行规范化管理，严格落实"首问负责制""限时办结制"和"一次性告知制"，规范机关和执法单位的行政行为，提高行政效能。加强党风廉政建设，深入开展党风党纪教育，以优良的党风促政风带行风，切实强化廉洁自律，打造清正廉洁的交通队伍。同时，积极开展"工人先锋号"创建和文明单位创建活动，多家单位被省、枣庄市、滕州市评为文明单位，滕州交通连年保持"省级文明行业""省级文明单位"荣誉称号。注重培树典型，在公路工程建设、交通运输执法、客运公交服务等多个领域树立旗帜，涌现出了爱岗敬业模范彭香玲、朱思敬、刘阿朋、"焦同仁"等交通先进模范人物，展示了交通系统良好形象，为实现交通科学、和谐、率先发展营造了良好的人文氛围。

4. 规划创新是交通运输事业改革发展的根本动力。改革开放以来，科学技术作为交通运输发展的第一生产力，在交通运输事业改革发展中发挥了巨大作用。在交通工程建设中，不断提高基础设施和技术装备的现代化水平和运营效能。及时适应现代服务业的发展要求，做好公交车、出租车的更新换代，提升交通运输服务能力。特别是在淘汰老旧车辆，坚持每年更新一批新能源公交车，提升车辆档次，提倡节能环保。积极发展综合运输体系，推进公路、铁路、高铁、水运等各种运输方式的有效衔接，实现了交通运输资源优化配置。加强城区综合交通运输规划建设，综合考虑市内交通的方便和进出城区的快捷，通过合理规划和建设客运换乘中心，使各种运输方式之间和某种运输方式有机衔接，做到长途客运和市内公交"零距离换乘"，货运"无缝衔接"，实现"人便于行、货畅其流"。同时，加强城乡公交一体化建设，统筹规划，合理布局，建设了统一协调的区域和城乡交通运输网络。

交通是经济发展的"先行官"。回顾改革开放以来滕州交通运输事业发展历程，总结交通建设发展经验，将更加深刻地认识改革开放的历史必然性，更加努力地抓好滕州交通运输事业发展的战略机遇，更加坚定地肩负起深化滕州交通事业改革、建设综合大交通的重大责任。滕州交通人也将与时俱进，开拓进取，努力让交通运输发展成果惠及城乡、人民共享，适应全面建成小康社会的需要，为建设幸福滕州做出应有贡献！

审稿人：张　涛

撰稿人：王　军　史腾飞

彭方雨

全省一级客运站——滕州汽车总站

滕州城乡建设发展情况及成就

改革开放以来，在省、枣庄、滕州各级党委政府领导下，滕州城市建设和发展进入了一个新的时期，基础设施建设、房地产开发、村镇建设、住房保障等各方面取得了令人瞩目的成就。近40年来，滕州城区面积从20世纪80年代初的约3—5平方公里，发展到2017年底70平方公里，常住人口城镇化率达到60%，滕州被列入省新型城镇化综合试点、省“多规合一”试点、省中等城市试点，成功创建国家园林城市、全国绿化模范市，滕州城市建设事业实现了飞速发展，城乡面貌发生了翻天覆地的变化，人民群众居住条件显著改善，为推动经济社会又好又快发展发挥了重要作用。

一、发展历程

（一）探索起步阶段（1978—1985年）

中华人民共和国成立后，随着经济社会的发展，滕州城乡建设项目逐年增多，建设水平也相应提高。中华人民共和国成立后，城市建设有了一定发展，20世纪60年代至70年代，在县城先后建起了滕县宾馆、滕县游泳池、灯光球场和滕县百货大楼、邮电大楼、工艺大楼等大型建筑，使县城面貌得到改观。但受宏观经济基础较薄弱影响，由于资金缺乏、思想保守、制约因素较多等多方面限制，1978年之前，滕州城市建设发展缓慢，特别是“文化大革命”期间，城建事业受影响较大。1978年后，随着改革开放，滕州城市建设逐步发展，思想逐步开放，但面临的资金、技术等方面的困难和问题较多，仍然处于探索起步阶段。

进入80年代，城市建设总体思想是：遵照党中央关于加强城市工作的重要指示，根据滕县国民经济发展计划，结合滕县的特点，本着“有利生产，方便生活”的方针，依托旧城，发展新区，适当调整，合理布局，逐步把县城建设成现代化中小城市。党的十一届三中全会以后，在改革、开放、搞活的方针指引下，围绕资金、技术等制约问题，县委、县政府不断解放思想，积极学习外地先进经验，滕州城乡建设开始起步，充满了勃勃生机，跨入了一个空前兴旺的新阶段。1980年至1984年，滕州建筑设计、施工技术、楼房结构、立面造型都提高到一个新水平，先后在城区建起了大楼200余座，其中有滕县贸易中心大楼、供销商业大楼、五金交化大楼、新型商业大楼、荆河商业大楼、荆河百货大楼等商业建筑，还兴建了全国县级第一流的文化娱乐中心、体育中心等公共设施，规模大、造型新、质量高。滕县县城从1984年开始，由旧城转向新区，城区建设面积由中华人民共和国成立前的0.6平方公里扩展到6.7平方公里（1984年）；城区主要道路由新中国成立前的不足4公里，发展到13公里（1984年）。建设的善国路，红线宽42米，是当时一条设施完善的道路。1986年建成的南环路，全长7.35公里，像一条银带环绕旧新城区，使古老的县城呈现出崭新的风貌。到1985年底，县城区先后建起了三个住宅小区（赵王河、马号街、东北坦），小区内为4至5层单元式住宅楼，建筑面积共10万平方米，住宅面积由新中国成立之初的每人平均不足5平方米，增加到10平方米。

城区建设方面，城市的性质和规模：发展轻工业和机械工业为宜，到80年代中后期，人口已近10万人，城区面积12平方公里。

规划：改革开放前，受历史条件等多种因素制约，滕州城乡规划水平偏低，机构不健全，城乡规划体系不完善。新中国成立后农村建设三十年仍无规划，绝大多数乡镇，街不成街，巷不成巷，道路崎岖不平。特别是在“文化大革命”期间，乱占乱建成风，土地失控，致使可耕地面积由新中国成立前的人均2.67亩下降到1.16亩。1978年后，滕州高度重视城市规划工作，曾于当年8月对县城进行广泛调查，为制定县城总体规划奠定了基础。1980年9月修订了城市总体规划。1984年，山东省政府下发了《关于对滕县县城总体规划的批复》，从此，城市建设有了科学的依据。县建委为逐步实施县城总体规划，又分别制订了工业区、文化区、住宅小区、道路和园林等各项专业规划。新工业规划区位于北郊教场村西北角，占地约1平方公里，建成一处占地82000平方米、建筑面积达29510平方米的棉纱厂。污染较严重的工厂分布在县城东南17公里处的木石镇一带，建有鲁南化肥厂、落凤山水泥厂等单位。工业区在东西郊，原则上控制其发展。仓库用地在西郊小黑河南岸。文化区设置在城区善国路北端的新区中心地带，文化娱乐中心占地31亩，1986年已完成首期工程，建成了面积为4853平方米的滕县剧院，逐年增建音乐厅、图书馆、旅游部等五大建筑，总面积为12700平方米。与文化中心毗邻的是体育活动中心，1986年建成综合训练馆和游泳训练馆、田径运动场。已建成广播台、电视台，安装了卫星转播地面接收站。

城区道路：改革开放前，滕州仅有一条贯穿县城南北的大街一“新街”，群众称之为“洋街”，改革开放初期，更名为“新兴路”。1978年至1986年，滕州先后建成了善国路、南环路等道路，城区主要道路有了一定发展。按照总体规划布局，规划道路12条。其中主干道两条，即善国路（南北走向）红线宽度42米；中心大街（东西走向）红线宽度50米。次干道10条，红线宽度分别为20米至30米。完成新兴路（步行商业街）、杏坛路、龙泉路、平行路南环城路、中心大街和善国中路、北路的修筑工程，并于1985年在善国路和杏坛路接壤地段，拆除杂乱建筑物5000平方米，建成直径为80米的转盘路，中间直径38米的街心花园。

供水：以荆泉为水源，供水开采量在10万立方米/日以上，除老城区供水外，又铺设管网5公里向新区供水。

园林绿化：改革开放以前，滕州城市发展多重视规模建设，园林绿化发展不足，绿化覆盖率和城市绿地率较低，绿化质量不高。1978年以来，滕州转变传统绿化观念，将城市绿地作为一个独立性、配套性的系统，不断促进园林绿化发展。1981年在荆河南岸开辟花木苗圃一处，占地31.7亩，有苗木32种，约7万余株。1985年在荆河北岸建成140.7亩的荆河公园。

农村建设方面：20世纪五六十年代，随着经济建设的恢复，农民生活逐渐好转，住房条件不断改善，农村建设迅速发展。70年代，村内开始实行统一规划，街道进行调整，农户建房由大队统一安排。党的十一届三中全会后，建立了农村建房领导小组，下设专门的办事机构，加强了指导和管理，农村建设快速推进。1981年县农房办公室，依据上级“有利生产，方便生活”的原则，本着“全面规划、正确引导、依靠群众、自力更生、因地制宜、逐步建设”的方针，实行乡镇规划管理，建立了乡镇农房办公室，先后培训267名规划人员。1984年建委抽调15名专业技术骨干，组成县农村规划测绘小组，按照“两图一说明”（现状图、规划图、说明书）的要求，对全县各乡镇驻地及规模较大集镇和村庄的现状进行测绘。22个乡镇农房办公室也分别对全县1275个自然村进行现状测绘，绘制了规划图，并根据乡镇、村庄情况，规划为“行列式、兵营式、自由式”等各种组合式，各村均写出远、近期规划说明书。截至1985年底，全县完成了乡、镇、村的总体规划和详细的小区规划，已落实规划的村庄204个，占全县村庄总数的16%。规划的全部实施，不仅改变了全县农村落后面貌，极大的方便群众生活，节约土地23450亩。

农村住房建设：中华人民共和国成立前，生产落后，经济贫困。中华人民共和国成立后，虽然经济有较大发展，但由于乡镇工业不发达，农民收入不高，仍处于贫困落后状态，到1963年人均收入仅91元，农村仍多是泥墙草屋。中共十一届三中全会后，农村收入不断增加，到1985年人均收入达450元，农村出现了建房热。截至1985年，按农村规划建设新居的有11603户，再加上按原址翻旧建新，原址插建的农户，已占全县总农户70%以上。新房屋一般为砖混结构平房，部分为二层楼房，宽敞明亮、舒适大方，并出现了闻名全国的黄庄、耿楼、北池等村庄，跨入了全国社会主义文明新村建设的先进行列。

集镇建设：为加快小集镇建设步伐，除要求城关、城郊两乡镇外，其他20个乡镇驻地，都要完成各项建设的详细规划。通过落实规划，使大坞、东戈、鲍沟、官桥、界河形成六个区域性商品交流、科技、信息服务中心。

公用设施：到1985年，全县乡村共建水塔、压力罐396座，敞口井16471口，已有108万余人用上地下水，占全县农村人口的99.4%。

70年代，农村照明多用油灯，到1985年，22个乡镇中通电的自然村达1199个，用电农户占总农户的98%，年用电量达到10144.2万度。

1985年，全县铺筑乡村道路已达3274公里，形成村村相连的道路网，部分铺筑了水泥或沥青路面。植树达到人均5棵以上，绿化覆盖率占48.7%，为1983年的3.5倍，县、乡、村三级道路两旁全部栽上了树木。

土地管理：农村建房本着节约用地的原则，积极贯彻执行土地法，严格村镇建设用地审批手续，依法管好、用好土地，狠抓规划落实，实现节约耕地面积23450亩，以确保农业生产的稳步发展。

（二）纵深推进阶段（1986—2004年）

1986年以来，在各级党委政府领导下，滕州经济持续快速发展，经济大环境较好，全社会各行各业均取得长足发展。受经济大环境影响，建设事业飞速发展，基础设施建设、公用事业、城区开发、经营城市、小城镇建设和城市管理等各项工作均取得了较大成绩，城市建设和发展进入了一个新的时期。1984年底，城市建成区面积为6.7平方公里；到1988年城市建成区面积达12平方公里，城区人口10万人；到1994年城市建成区面积达到16平方公里，人口增至19万人；到2003年，滕州城市规划区总面积已达169.5平方公里，其中城区规划面积149.5平方公里，荆泉水源地保护区面积20平方公里，城市建成区面积25.69平方公里，城区人口达28.96万人，城市化水平达39%。20年中，城市建设日新月异，环境不断改善，现代化中等城市的框架已基本形成，滕州的城市建设呈现出勃勃生机。

为加快推进城市建设事业发展，滕州认真贯彻落实中央、省、枣庄各级决策部署，按照全面建成小康社会要求，坚持快速、协调和持续发展，注重经济发展与资源、环境和人口协调，从城市规划、市政设施、公用事业、房地产业、小城镇建设等方面着手，采取有效措施，促进了城市建设事业又好又快发展。

突出规划引领。城市规划是城市建设的龙头，1986年以来，为了适应经济建设和城市建设的需要，几次制订、修改城市规划。到1995年，委托山东省城乡规划设计研究院，开始编制新一轮《滕州市城市总体规划》。1999年，新一轮城市总体规划修编完成，确定了城市的性质、规模和发展方向，并经山东省人民政府批准实施。而后，又及时地开展了城市控制性规划、专业规划和城市近期建设规划的编制，较好地发挥了指导城市建设的作用。同时，加强了城市规划管理，进入90年代后，围绕城市规划如何适应市场经济机制，构筑现代化中等城市框架，在确定城市发展目标、完善城市功能、引进价值观念、优化用地布局、提高环境质量等方面都进行了新的探索，并成立了城市规划委员会和规划监督委员会，通过推行“阳光规划”和加大执法监督，增强了城市规划的科学性、法制性和可操作性。

完善市政设施。1986年以前，滕州城区道路少，道路功能低，随着城市建设的加快，已成为制约城市发展和经济建设的瓶颈。1986年底，市政府加大了对城市道路建设的投入，掀起了城区道路建设的一个高潮。1986年相继修建了龙山东路、安乐街、南环路，打通了善国路，修建了善国桥，在一定程度上缓解了城市内部交通压力。1990年，为发展城市东部地区，修建了龙山东路。为发展城北市场，1992年建设了新兴北路。1993年修建了塔寺路，成为连接南北的重要道路；1995年，为缓解东西交通，对杏坛路升级改造；建设了善国北路，使善国路贯穿城区南北，成为交通大干道；修建龙山西路，使龙山路成为贯穿城区东西的交通干道。为加快火车站地区发展步伐，1996年高标准修建了大同南路、北路，打通了荆河路与龙山路之间的交通，使大同路成为城区最繁荣的街道之一。为打造城市景观，提升城市形象，实施建设了南河宾路和北河滨路；修建了府前东路，打通了善国路和龙泉广场，为开发龙泉广场景观和城东区奠定了基础。截至1998年底，城市道路已发展到42.12公里，基本上满足了城市发展的需要。1999—2004年，随着城市化进程的不断加快，城市道路得到快速发展。1999年修建北辛路，该路修建通车，为缓解城北区交通、开发城北区奠定了坚实的基础。2001年修建了益康大道，从南环路至南沙河，全长4.2公里，该路连接京沪高速公路，贯穿滕州市经济开发区，同时修建了横穿经济开发区的中心大道，此两条经济开发区交通干道的修建，为发展经济开发区与繁荣城市经济起到了重要的作用。2002年，城市道路建设再掀高潮，相继修建了塔寺北路和经济园区西支路、北支路、南支路，使城市道路形成了七纵七横的路网格局。截至2004年，城市道路已达256公里。随着城市道路的建设，城市桥梁也迅速发展，不仅建设数量有了较大幅度的提高，在建设规模、结构、造型等方面也都有了巨大的进步。2004年底滕州共建有城市桥梁23座。城市照明逐步发展，全面实施完成了“五路一场”城市亮化工程，到2004年滕州已拥有路灯5950盏，基本覆盖了城区的主次干道。城市排水系统得到相应发展，自1986年以后，随着城市的改建、新建和道路拓宽升级改造等，从设计到施工都高度重视排水设施建设，按照城市区域功能确定排水走向，进行合理布局，先后修建了龙山路、府前路等道路的排水管道27条，设置检查井、水箅子等1万余处，切实做到路成渠通，滕州市城区排水设施得到飞速发展。截至2004年，排水管渠到达176公里，遍布整个城区，基本上满足城市排水和城市防汛的需要。

加快发展城市公用事业。滕州坚持为生产、生活提供优质服务的方针，因地制宜，积极扶持，不断发展。1986年，公用事业投资大幅度增加，建设速度大大加快，效益明显提高。城市供水通过采取多种措施，延伸管网，提高了自来水普及率。城市燃气从无到有，于1990年5月正式供气，成为全省县级市第一家用上管道煤气的城市，填补了城市基础设施建设的一项空白。煤气事业得到了突飞猛进的发展，2004年底已敷设中低压管网274.5公里，建成区域调压站26座，人工供气总量为711.7万立方米，液化气供气总量为3250万立方米，煤气覆盖面积扩大到19平方公里，煤气普及率62.6%，城区用气总户数3.2万户。城市集中供热逐步实施，已建设供热管网11.4公里。城市园林绿化向深度发展，形成了以道路绿化、公共绿化为主体，以庭院绿化、小区绿化为依托，以外围大环境绿化为补充的点、线、面有机结合、协调统一的绿化格局。2000年实施了城市大绿化工程，通过充实内容，增加设施，提高了滕州绿化的整体水平。到2004年城区绿化覆盖总面积达862公顷，公共绿地面积146公顷；现代化雕塑5座；城市绿化覆盖率提高到37.17%，人均占有公共绿地面积达到8.22平方米。建有综合性公园和城市广场各1处，即荆河公园（面积15公顷）、龙泉广场（面积4公顷）；建成开放式游园绿地5处，即三角花园、憩园、升腾绿地、河滨游园及火车站广场绿地，总面积673公顷。城市环境卫生水平得到大大提高，到2004年城市环卫保洁总面积达380余万平方米，保洁率100%。滕州拥有各类公共厕所达120座，水冲式公厕比率为82%。城区建有垃圾转运站（台）19处、粪便转运站2处，设有垃圾转运斗100个、垃圾桶22个、废物箱228个；还建有一处占地20亩的粪便处理场；垃圾处理场占地50亩。城市公共交通本着“以社会效益为前提，以经济效益为中心，为人民生产、生活服务”的经营宗旨，积极扩建城市公交设施，使城市公交事业得到迅猛发展。到2004年城市公交共开通营运线路15条，拥有营运车辆166台；营运线网长度达220公里；年行驶里程为1100多万公里，年客运总量达2300多万人次。滕州共有景点式候车亭29个，站牌300个（其中不锈钢站牌160个），玻璃钢候车座椅116个；停车场地30亩。

城区开发提速。从1986年至2004年，滕州坚持“统一规划、合理布局、综合开发、配套建设”的原则，按照以开发带城建的方针，全面推行城市建设综合开发。近20年间，通过综合开发累计建设住宅小区（组团）48个，其中 10 万平方米以上的小区 11 个；竣工房屋面积 331.4 万平方米，开发工作量达 23 亿元，其中用于城市基础设施配套资金近 3 亿元，公建面积 9.34 万平方米。上交各项税费 1.8 亿元；年均完成投资额占滕州国民生产总值的 2.57%，占固定资产投资的 14.2%。房地产管理达到全国先进水平。1989 年，滕州市作为山东省房改试点城市开始了售房起步，提租不补的探索，创造了“售房起步、先卖后租、不发补贴、合理提租”的小城市早期房改模式，并在全省较早推行了住房货币化分配，安居工程和经济适用住房建设也曾被列入国家安居工程实施计划。滕州市房改起步早，政策配套，成效显著，多次在国家及省重要房改会议上介绍经验做法，得到了国家及省有关领导和部门的肯定。房地产产权产籍管理和房地产交易管理日趋规范，2000 年被国家建设部授予房地产产权产籍管理和房地产交易管理两项全国先进标兵单位，成为全国县级市首家同时获得两项殊荣的单位，并填补了省内同行业的空白，房地产档案管理达到国家一级标准。房地产市场日趋活跃，1986 年至 2004 年期间，连续举办了多届大规模的房地产交易大会，走在了全国县级市的前列。通过房地产综合开发建设了火车站广场、文化广场等社会公共设施以及解放路、杏坛路、大同路、塔寺街、沿河路等一大批城市道路，为滕州的城市建设和经济发展做出了突出贡献。

城市房屋拆迁管理工作规范。1991 年 3 月，滕州市政府成立“滕州市城市建设房屋拆迁办公室”，着力规范城市房屋拆迁工作，对城区住房简陋、环境较差的区域进行过一些改造。至 2004 年，滕州大型拆迁工程有：火车站一、二、三期，春秋阁一、二、三期，杏坛东区，杏坛西区，市委小区，馍馍庄一、二期，西门里小区，奎文南北区，供销公寓，龙泉苑小区，亿丰花园，铁路宿舍，新兴路步行街等，城区居民的住房条件进一步改善。

小城镇建设步伐加快。1995 年界河、东沙河、鲍沟、羊庄 4 个镇率先聘请山东省城乡规划设计院编制镇驻地规划，并当年通过专家评审。截至 1999 年底滕州除城区内两乡、镇驻地外，其余 20 个乡、镇的驻地均请城乡规划设计院或省城镇规划设计院做出了新的规划，明确了性质、规模、功能分区，合理指导各乡镇的建设。至 2003 年 11 月，东郭、官桥、西岗、大坞四个中心镇新一轮总体规划的修编工作已全部完成。村镇基础设施建设发展迅速，截至 1998 年，滕州约有三分之一实施原规划较晚的村进行了修改村庄规划，多为村内主干道 16—20 米，次干道 10—12 米，巷道多为 5 米，且公建项目均在规划之中，同时对排水、供水、电力、电讯等基础设施均做出规划。1995 年底，龙阳镇史村组织农民拆除瓦房，建成五层单元式农民公寓。2000 年以后，涌现出张汪大宗村、西岗曹庄居委、洪绪西赵沟村、东沙河前荆沟村等功能齐全的单元式小康屋。村镇建设管理水平不断提高，2000 年 10 月，撤销党山、峄庄、望庄三个乡，分别合并入东郭镇、大坞镇、滨湖镇；2001 年 6 月，在城市规划区内又设立了善南、荆河、龙泉、北辛四个街道办事处，并将其建设纳入城市规划进行管理。2000 年 7 月，东郭、西岗、大坞、官桥被省政府命名为中心镇；2001 年 6 月，木石、界河、级索、滨湖四镇被枣庄市政府命名为重点镇。

（三）繁荣发展阶段（2005 年至今）

1.“十一五”时期发展情况

2005 年以来，滕州经济社会发展取得辉煌成就，滕州城市建设进入繁荣发展阶段。市委、市政府围绕加快城镇化和城市现代化进程，提高城市综合竞争力，切实加强领导，思路非常清晰。“十一五”时期（2006—2010 年），滕州市城乡建设以邓小平理论和“三个代表”重要思想为指导，以科学发展观统领全局，以建设特色鲜明、环境优美、功能完善、秩序井然、适宜人居的现代化城市为主题，以道路及重大基础设施建设为重点，以生态环境建设为中心，以创建省级文明城市、国家园林城市、国家卫生城市为阶段目标，科学谋划，统筹实施，五年累计投入 290 亿元，城市发展空间进一步拓展，城乡环境进一步改善，城乡建设管理水平进一步提高，为滕州城乡建设实现跨越式发展打下了坚实基础。五年来，滕州先后荣获全国首批绿色小康县、中国特色魅力城市 200 强、中国文化旅游名城、省级文明城市、省级历史文化名城、省级园林城市、省级环保模范城等荣誉称号。

大力实施城镇化战略。2006 年至 2010 年，滕州城乡建设不断加快，城市发展框架初步拉开。城市建成区面积由 39.5 平方公里发展到 50.86 平方公里；城镇化水平由 39% 提高到 47%；城镇人口由 34 万人增加到 60 万人。城镇化进程的快速推进，促进了城市规模扩张、产业集聚和人口集中，增强了城市发展后劲和活力。

全面加强城市基础建设。围绕完善城市路网，先后实施了京沪高铁滕州东站建设工程、104 国道改线、京台高速滕州互通立交、解放路立交桥等重大交通设施建设，枣木高速木石立交桥、解放路立交桥竣工通车，滕州火车站动车组站台建成并成功实现动车组停靠；新建、改建了龙泉路、北辛路、西环路、北环路、解放路、新兴北路和经济开发区道路等一批城市主干道，每年实施 20 余条城市主次干道和 40 余条背街小巷的升级配套改造工程。2010 年底，滕州城市道路里程达 449 公里，比“十五”末增加 109 公里；人均城市道路面积达 16.23 平方米，比“十五”末增加 0.81 平方米；狠抓城市亮化建设，城区道路路灯达 19850 盏，比“十五”末增加 4550 盏。城市排水、防汛设施建设不断加快，城区各类排水、排污管渠达 641 公里，各类检查井、水箅子 8500 个，较“十五”末分别增加了 435 公里和 4300 个；城区现有 7 处立交桥泵房，基本消除了露天排水沟渠，建立了比较完善的防汛泄洪设施。

全力推进城市绿化美化。2006 年

至2010年，投资2.4亿元，先后对善国路、龙泉路、解放路等10余条道路进行了大规模的绿化改造和建设，城区道路绿地面积达160公顷，道路绿地率达35.5%，绿化覆盖率42%，达标率87%。全面加强公园、广场等城市公共绿化，建设了龙泉公园、沿河公园、植物园、万春公园等，实施了龙泉广场、荆河公园、三角花园、河滨游园、升腾绿地、龙岭在望等公共绿地和广场的改造治理，荆河公园向市民免费开放，城市广场绿地率达75%以上。坚持“以水引绿”，突出抓好了荆河、小清河两岸生态休闲长廊建设工程，沿河新建绿地面积32万平方米。加快生态湿地森林建设，开工建设了荆泉、白腊湾、龙泉、九村、市南等5处湿地公园。积极开展“花园式单位”“花园式小区”创建活动，滕州市创建省、市级花园式单位89个，省、市级花园式小区37个。大力开展全民绿化，组织55个单位开展绿地认建认养活动，60个单位实施立体绿化，80个单位实施拆墙建绿。五年间，滕州市共新增绿化面积392万平方米，城市绿化覆盖率提高到35.3%，绿地率提高到30.6%，人均公园绿地面积提高到8.1平方米。

积极发展城市公用事业。积极推进公用事业行业改革，增强了公用事业的活力。城市供水。管网发展到710公里，日供水能力达16万立方米，城区供水面积61.9平方公里，城市用水普及率97.51%。城市燃气。成功引进天然气，完成了7.2万户居民天然气置换。建设天然气加气站2座，燃气高中压主管网75公里。城区燃气普及率达78%。城市公交。运营线路发展到37条，比“十五”末增加19条；营运车辆470标台，比“十五”末增加256标台；建设公交停车场2处；建设港湾式公交站点80余处；在全省县级市率先启用GPS智能化调度系统。城市供热。集中供热管网发展到63.8公里，供热面积达216万平方米，供热能力达300万平方米，集中供热普及率34.6%。城市环卫。新建、改建各类公厕300座，新增垃圾压缩车5部、机械化扫路车19部。投资9580万元，完成了生活垃圾综合处理厂一期工程建设。城市生活垃圾处理率达91.3%。城市污水处理。建设了第一、第二污水处理厂，城市污水处理率达85%，日处理污水能力11万吨。

加快城市旧城改造。2006年至2010年，滕州市共实施旧城改造项目30余个，同时实施了6个区域27个村的“城中村”改造项目，拆迁面积700余万平方米，搬迁居民及单位约2万户，是滕州城市拆迁量最大的5年。房地产业持续快速健康发展，房地产开发量和投资额年年攀高，5年间房地产开发累计竣工面积370万平方米，完成投资110亿元。小高层、高层施工面积174.63万平方米，共487栋。住房保障力度不断加大，5年间办理各项住房保障手续1万余件，建设经济适用住房近16万平方米、1798套；207户低收入居民家庭纳入廉租住房保障，发放廉租住房租金补贴近100万元；争取中央廉租住房投资资金740万元，落实地方财政配套资金5180万元，建设廉租住房740套。房地产交易市场日趋活跃，完成各类房屋登记11.7万件，实现房地产交易额33.68亿元。不断加大公房管理力度，公房完好率达99%。物业管理行为进一步规范，物业服务企业从“十五”末的14家发展到56家，从业人员从500多人发展到3000多人，物业管理规模从270万平方米扩大到1000万平方米，物业专项维修资金归集总额从900万元增长到1.2亿元。先后实施了21个老旧小区的综合整治，整治面积200余万平方米。在部分物业小区建立了社区党支部领导下的居委会、业主委员会、物业服务企业“四位一体”物业管理模式。

全面实施科学精细管理。根据“平、明、绿、美、净、齐”的精细化管理标准，围绕城市环境卫生、公用行业、市政设施、生态与人居环境建设、城市公共交通、建筑工地、住宅小区、建设行政执法等方面，制定了严格的精细化管理考核标准，将城市管理工作标准由一般的工作纪律要求、工作定性要求转向责任落实、行为规范、服务质量、工作效率和执法效果的要求，做到城市管理范围的全覆盖和管理方式的精细化。同时，以整治“脏、乱、差、丑”为重点，连续开展城乡环境综合整治活动，城乡面貌明显改观。

强化城市基本建设管理。工程质量监督监理水平不断提高，2006年至2010年，培育市优工程115项、泰山杯工程12项，其中，滕州市北辛商务组团工程被评为中国建筑最高奖“鲁班奖”。建筑工程图纸审查工作成效显著，图纸审查合格率达100%。建立健全了工程造价行业《执业手册》审计制度，规范了建筑市场秩序。城建档案管理和利用效果明显，五年共整理档案7000余卷，移交进馆工程档案6560卷。大力发展新型墙材和节能技术产品，在全省县级市中率先实施了建筑节能检测，滕州市拥有新型墙材企业19家，年产量达10亿标块，城市规划区内新型墙材推广应用率达100%，建筑节能普及率达100%。建设领域安全生产工作取得新成效，无重特大安全生产事故的发

20世纪90年代的城区旧貌

生。坚持依法行政，加大普法执法力度，通过创新管理体制机制、推动行政机关职能转变、规范行政执法行为，实现了职能到位、行为规范、运转协调、公正透明、廉洁高效的建设行政管理体制。加大建设执法力度，深入开展工程执法大检查，严肃查处违法行为，有效净化了滕州建筑市场。大力压缩行政审批事项，将原35项行政审批项目压缩到24项，并纳入市行政审批服务中心建设窗口办理。全面清理规范收费项目和行为，对依法保留的收费项目，全部按最低标准收取。同时，不断简化办事程序，全面推行限时办结制，行政效率明显提高。

不断加强村镇建设管理。坚持城乡统筹，全面加快镇村基础设施建设，2006年至2010年投资35亿元，实施了村镇道路、绿化、供排水、环卫、电力、通讯、燃气、热力、垃圾处理等基础设施建设。抓住国家实行土地增减挂钩政策的机遇，加快实施村庄搬迁整合和新型农村社区建设，扎实推进农村住房集中建设和危房改造，引导农民居住向社区集中，五年开工建设新型农村社区42个，对75个村实施了村庄整合，完成拆迁160万平方米，开工建设面积190万平方米，镇村面貌焕然一新。

2.“十二五”时期发展情况

“十二五”期间（2011—2015年），滕州市委、市政府紧紧围绕推进全域城镇化的总体思路，牢固树立规划先行、精品城市、民生城建、城乡统筹、生态优先、精细管理六大理念，励精图治、攻坚克难，强力推进中心城区扩容提质，拉开城市框架，提升城市内涵，全面增强城市的集聚辐射带动功能，实现了城乡建设的跨越发展。五年来，滕州城市面貌发生了翻天覆地的变化，城镇化质量显著提升，人民群众的幸福感明显增强。2011年至2015年底，滕州共实施各类城建工程约600个，累计完成投资约580亿元。城市建成区面积由“十一五”末的43.63平方公里发展到54平方公里，城市人口由“十一五”末的60万人增加到70万人，城镇化水平由“十一五”末的45%提高到55%。滕州成为全省唯一跨入新四线城市的县级市，被确定为全省新型城镇化综合试点城市。

提出推进全域城镇化的理论体系。“十二五”期间，滕州市委、市政府高度重视城乡建设，结合滕州实际，在全省率先提出了加快推进全域城镇化的基本思路和发展方向。即积极构建以北辛、荆河、龙泉、善南4个街道和东沙河、南沙河、洪绪3个镇融合发展的中心城区为核心，以高铁新区和微山湖综合旅游区为两翼；以滨湖大坞片区、西岗级索片区、张汪官桥柴胡店片区、东郭片区为4个副中心城区，界河、龙阳、木石、羊庄、姜屯、鲍沟6个镇为节点；以秀美荆河为主轴，打造北部旅游及生态农业、中部都市产业、南部历史文化和生态旅游三大功能区的“一体两翼、四副六点、一轴三区”的发展格局，全面加快全域城镇化进程。

进一步加快推进城市基础建设。（1）加快实施城市畅通工程。为解决城区“行路难、停车难”等人民群众反映强烈的突出问题，滕州按照打通断头路、活化微循环的思路，加快实施城市畅通工程，切实提高了城区道路通行能力。一是打通主干道。2011年至2015年底，先后实施了解放西路、大同南路、龙泉南路、红荷大道、鲁班大道等100余条道路新建改造工程，实施了善国路荆河路环形天桥等11座桥梁工程，累计新增道路里程约35公里，新增道路面积80万平方米，改造道路面积59万平方米，城市路网密度进一步提高。二是活化微循环。五年来，先后实施了中心城区77条背街小巷的整治改造，切实活化了背街小巷的微循环功能。三是建设林荫停车场。按照既增加绿化面积，又解决停车问题的思路，五年来实施了52处林荫停车场建设，新增林荫停车位2000余个。同时，实施了23处道路交叉口渠化改造工程，初步缓解了城区“行路难、停车难”等问题。（2）全面加强公共服务配套设施建设。坚持打基础、利长远，集中实施还历史欠账的五大“下地工程”：①市政府投资3.85亿元，实施了备受滕州人民关注的南线高温热水工程，三年工程一年完工，开创了滕州基础设施建设的全新速度，实现了城区小区供热全覆盖，供热规模位居全省县级首位；②投资2亿元实施了城区雨污分流工程，建设了城区第三污水处理厂，新建改造管网80余公里，基本解决了城区雨污混流问题。③投资5000余万元，实施了城市防汛工程建设，通过连续三年的防汛工程，城市主干道汛期瞬时排水量达到国家标准。④投资5000余万元，实施了燃气管网改造工程，对滕州近30公里的灰口铸铁燃气管网全部更换为新材料PE管，从根本上解决了供气安全问题。⑤由中石化公司投资近3亿元，实施了西部城区石油输油管道改线工程，既彻底解决了安全隐患，又为滕州发展打开了空间。（3）积极推进城市绿化美化工程。牢固树立精品意识，全面加快绿化工程建设，2011年至2015年底，每年新增城市绿化面积100万平方米以上。先后高标准实施了小清河休闲长廊、杏坛广场、秀美荆河、龙泉路、红荷路、新104国道、北辛植物园、龙泉植物园、弘道公园、政务中心西广场等一批绿化精品工程，真正做到干一项工程、成一件精品，多留遗产，不留遗憾。同时，加快推进亮化工程建设，2011年至2015年底先后实施城区主次干道亮化、背街小巷亮化、小区景观亮化等亮化工程约80项，新增路灯3600余盏，城市夜景更加靓丽。

进一步加快推进保障性安居工程建设。（1）棚户区改造步伐不断加快。“十二五”期间共实施了荆西商贸城区域、滕文中学区域、振兴南路区域等26个棚户区改造项目，改造户数11697户，征收面积318.66万平方米。通过棚户区改造，推进了中心城区扩容提质，切实改善了滕州棚户区居民的居住条件和生活环境，进一步提升了城市美誉度和竞争力。（2）保障性住房建设扎实推进。2011年至2015年底，滕州围绕保障改善民生，扎实推进保障性住房建设，累计建设了2131套经济适用房、110套廉租房、2978套公共租赁住房，配售、配租经济适用房3214套、廉租房483套、公共租赁住房890套，有效解决了4782户中低收入家庭的住房困难问题。同时，滕州率先在枣庄市实现了公共租赁住房和廉租住房并轨运行，取消了城乡户籍、本地与外地户籍的限制，降低了保障准入门槛，基本实现了住房保障全覆盖。建立并完善了“市街居三级审核两级公示”和市级有关职能部门申请资格联审的住房保障工作机制，设立了全省县级城市第一家住房保障综合服务大厅，为困难群众提供更加便捷的住房保障公共服务，滕州市保障性住房建设规模已位居枣庄各区（市）首位，并走在了全省县级城市前列。(3)老旧小区整治效果显著。老旧小区脏乱差问题是群众反映强烈的热点焦点问题之一。为切实改善老旧小区居民居住条件，对2000年之前建设的42个存有“污水流、路不平、环境差”等突出问题的老旧小区进行了分期分批整治，整治面积达358万平方米，受益居民约2.5万户。截至2015年底，2000年之前建设需要整治的老旧小区已全部整治完毕。

进一步规范房地产市场秩序。2011年以来，滕州商品房累计竣工面积约1090万平方米，完成投资约440亿元，是“十一五”期间的4倍。截至2015年底，滕州房地产开发企业达71家。一是大力推进建设条件意见书制度。2012年之前，滕州在房地产开发市场管理方面存在着一定的制度缺陷，法律法规规定的建设条件意见书制度一直未得到执行，造成了房地产开发管理被动、问题扎堆，政府、群众均有较大意见。2012年，滕州出台了滕州市房地产开发项目规划建设条件意见书制度，将《建设条件意见书》与《规划条件意见书》一并作为房地产开发项目用地出让或划拨的前置条件，并作为土地出让文件的组成部分和项目建设的依据。自该制度实施以来，至2015年底，共出具建设条件意见书111份，涉及项目80多个，从源头上强化了房地产开发项目监管，有效规范了房地产开发市场行为。二是严格履行竣工综合验收及备案制度。近年来，围绕加强房地产开发项目的竣工验收管理，报请滕州市政府出台了《关于进一步规范房地产开发项目竣工综合验收备案工作的通知》。截至2015年底，滕州已累计完成竣工综合验收备案项目56个，切实扭转了多年来小区存在的配套不到位、设施不完善、不能确权等问题，有效保障了购房人的合法权益。三是高品质开发建设住宅项目。在房地产开发建设过程中，鼓励企业汲取外地先进的开发、经营管理理念，对具备发展潜力和升级条件的企业给予重点扶持，开展有针对性的业务指导，帮助企业做大做强，形成优势品牌。特别是国有企业主动作为，敢于担当，全面承担促进房地产业发展的各项政治责任和社会责任，着力打造精品工程，建设高品质楼盘，用心为百姓建好房子，国企开发的楼盘实现了从“土八路”到“高大上”的完美转变。至2015年底，滕州已有和家园、缇香郡、大同天下等12个开发项目通过了住建部A级住宅性能认定，银钟里等13个项目获得了枣庄市绿色生态小区称号，翔宇经典项目获评代表中国房地产行业最高水平的综合性大奖“广厦奖”。滕州房地产开发项目的整体品质显著提升。

进一步提升村镇建设水平。2011年至2015年底，滕州坚持以全域城镇化为统领，统筹城乡一体发展，镇村面貌实现了大提升。西岗、级索和滨湖镇被确定为国家重点镇和省级示范镇，木石镇被确定为枣庄市级示范镇，城镇面貌焕然一新。重点实施了西岗香舍里、滨湖荷塘月色、级索韩庄、木石凤凰城社区等35项村镇建设工程，整合50余处村庄，完成回迁3.8万余户，改造农村危房2584户，农村基础设施进一步完善，居民居住条件进一步改善。

3.2016年以来发展情况

2016年，滕州市委、市政府提出坚持创新、协调、绿色、开放、共享五大发展理念，以建设区域性副中心城市为目标，以提高经济发展质量和效益为中心，深化实施工业集群化、服务业专业化、农业现代化、全域城镇化、镇域特色化五大发展战略，努力保持经济平稳健康发展和社会和谐稳定。在城乡建设方面，继续紧紧围绕推进全域城镇化，牢牢把握规划先行、精品城市、民生城建、城乡统筹、生态优先、精细管理的六大城建原则，强力推进各项城建工程，取得明显成效。全年共开工建设城建项目149个，完成投资约125亿元，滕州城乡建设持续保持良好发展态势。2016年，滕州市共开工建设各类城建项目149个，完成投资约125亿元。城市基础设施建设方面，实施了振兴南路等12条道路桥梁工程，完成了馍馍庄小区西侧南北路等14条背街小巷整治工程。实施了市民公园、荆河公园东大门升级改造、清水湾公园等城区公园建设。实施城区奎文东北区、农行小区等7个老旧小区综合整治工程。棚户区改造方面，新实施7个区域的棚改项目，计划改造居民房屋3640户，征收居民房屋约56.8万平方米。截至2016年10月，完成27个区域的回迁上房工作，完成回迁安置房27350套，完成回迁面积约325.8万平方米，完成应回迁面积的90%。房地产业方面，1—12月份，滕州市在建房地产开发项目39个，累计房地产开发施工面积850万平方米，同比增长10.7%，累计完成投资60亿元，同比增加10%。全力抓好去库存工作，商品房（现房）空置面积150万平方米，同比减少29%，去化周期14.6个月，处在合理区间。在涉及的67个历史遗留问题房地产项目中，已有32个项目具备了房屋初始登记条件，约3万户居民具备了办理房产证条件，其中有6000户居民拿到了房产证，累计催收契税、土地出让金、物业维修资金等各类税费3.4亿元。村镇建设方面，完成小城镇开发建设面积约29万平方米，在滕州市实施的35个农村社区建设项目中，已有29个社区回迁上房，入住总户数逾4万户。全面开展了农村无害化卫生厕所改造工作，年底完成40207户年度改造任务。抓住被列为全国农村生活污水治理示范市的机遇，编制了《滕州市农村生活污水治理专项规划》，4个试点村已启动实施。加快推进城乡燃气一体化工程，截至2016年底，累计完成投资1.5亿元，铺设天然气管网121公里，18个农村社区、7000余农户用上新能源，天然气"镇镇通"工作走在了全省县域前列。

2017年，滕州市委、市政府按照新型城镇化发展要求，围绕建设宜居宜业城市，着眼于提升城市功能和品质，增强城市集聚力和辐射力，大力推动城市经济转型发展，加快内涵式增长的新型城市发展步伐，全年开工建设城建项目130个，完成投资115亿元，滕州市城乡建设持续保持良好发展态势。一是实施基础设施建设。围绕打通断头路，实施了科圣北路北延、滨河东路、荆河东路、振兴路跨荆河桥、文化中路等城市新建改建道路32条、总里程120余公里；体北二巷、安居东街、安居西街等10条城区背街小巷升级改造工程已全面完工；围绕补齐城市短板，加快公共设施建设，积极推进城区供热设施及城区北线高温热水复线管网建设工程，新建、改造天然气管网90公里，完成游泳馆主体工程；围绕塑造城市特色，实施了总投资5000万元的清水湾公园一期续建工程，公园西区已竣工。启动实施中轴线区域景观绿化工程。二是实施棚户区改造。2017年共有12个项目纳入省棚改计划，改造户数约9682户。按照年初滕州与枣庄市政府签订的目标责任书要求，滕州市安置房新开工任务完成率为100%，基本建成任务完成率为293.48%。同时，坚持抢抓机遇，全力破解融资难题，根据上级政策要求，经筛选论证，多数棚改项目拟由国企担当，作为实施主体，承担改造任务。三是实施村镇建设。加快推进农村无害化卫生厕所改造，年初印发了《关于全面做好2017年度农村无害化卫生厕所改造工作的通知》，进一步明确了各镇任务，截至2017年底，已完成年度改厕任务6.9万户。推进城市基础设施向农村延伸，完成《滕州市农村生活污水处理专项规划（2016—2030年）》《滕州市农村供暖专项规划（2017—2030年）》编制工作，并通过评审、批复。建设完成四个试点村生活污水治理项目及西岗镇供暖试点建设任务。积极探索质优价廉的污水处理模式，在滕州龙阳镇焦庄村就零耗电生态过滤床污水处理系统进行整村试点，农村人居环境明显改善。引导镇域特色化发展，西岗镇成功纳入省级新生小城市试点，西岗科技新材料小镇成功入选国家级特色小镇创建名单，滨湖微山湖湿地古镇、鲍沟工艺玻璃小镇先后被列入省级特色小镇创建名单，洪绪温泉生态养生小镇、官桥古薛历史文化小镇、姜屯古滕善国花卉小镇被纳入枣庄市级特色小镇创建名单。扎实推进农村危房改造工作，完成327户危房改造任务。四是强化房地产业管理。2017年全市在建房地产开发项目41个，完成投资76.66亿元，同比增长18.08%；累计商品房销售面积181.15万平方米，同比增加14%。商品房期房、现房库存总面积203.6万平方米，同比减少27.3%，商品住宅去化周期约5个月，房地产业继续保持健康平稳发展态势。同时，扎实开展物业管理提升年活动，重点围绕配套公共服务设施建设、电梯管理、卫生保洁、二次供水、车位建设管理、违法违规行为查处等六个重点环节开展专项治理。

二、城乡建设取得的成就

（一）坚持高点规划，精品特色城市效果显现

改革开放以来，滕州城市规划水平显著提高，城市发展更科学、更快速，城市特色进一步彰显，城市品牌进一步树立，城市知名度和美誉度进一步提

高，特别是近几年，城市规划取得显著成果。2011年以来，滕州在全省率先提出全域城镇化的发展理念，把整个县域作为一个城市来谋划；优化城乡区域布局，坚持以中心城区为龙头，以副中心城区为带动，以小城镇为节点，着力构建“一体两翼、四副六点、一轴三区”的新型城镇化发展格局，促进城乡融合发展、均衡发展、一体发展。2012年，市财政拿出1000万元，对高铁新区概念性规划实行国际招标；全面启动了全域城镇化发展总体规划编制工作；编制完善了综合交通、城乡绿道、商业网点等11项专项规划，形成了比较健全的规划体系。2013年，聘请中国城市规划设计院、深圳城市规划设计院、清华大学等单位，先后高标准编制了全域城镇化发展总体规划、高铁新区概念性规划和总体规划以及滕州市城市综合交通、城市亮化、城市色彩、商业网点等各类规划76项，规划体系进一步完善。2014年，在编制全省第一个全域城镇化规划的基础上，又高标准编制了城市交通、绿地、农贸市场、商业网点等各类规划144项，同时注重规划体系之间相互衔接，滕州被列入全省“多规合一”试点城市。2015年，委托省城乡规划设计研究院编制了“多规合一”暨城乡总体规划，为城乡科学发展绘制了“一本规划、一张蓝图”。编制完成了城乡公交一体化、城市综合交通、城市绿地系统等11个专项规划和10个镇村规划，城乡建设的思路方向更加明确。

（二）基础建设不断完善，城市承载能力明显增强

改革开放以来，在各级党委政府领导下，滕州基础设施建设实现了大提速、大发展，城市功能不断完善。改革开放前，滕州仅有一条贯穿县城南北的大街—“新街”，群众称之为“洋街”，改革开放初期，更名为“新兴路”。1978年至1986年，滕州先后建成了善国路、南环路等道路，城区主要道路有了一定发展。经过20年的发展，到2004年，城区道路构成了主次干道“六纵六横”的网络，城区交通框架已现雏形。特别是近五年来，先后实施了100余条道路新建改造工程、11座桥梁工程，累计新增道路里程约35公里，新增道路面积80万平方米，改造道路面积59万平方米，城市路网密度进一步提高。实施了中心城区80余条背街小巷的整治改造，切实活化了背街小巷的微循环功能。2017年，结合创建国家卫生城市，实施了32条道路、总里程120余公里的城市基础设施大提升工程，城区道路进一步通畅。实施了52处林荫停车场建设，新增林荫停车位2000余个。同时，实施了23处道路交叉口渠化改造工程，初步缓解了城区“行路难、停车难”等问题。全面加强公共服务配套设施建设，坚持打基础、利长远，累计投入近10亿元，集中实施还历史欠账的城区南线高温热水工程、城区雨污分流工程、城市防汛工程、燃气管网改造工程、西部城区石油输油管道改线、地下管线普查等六大“下地工程”，城市承载能力日益增强。

（三）城市绿化美化迅速推进，城市品位档次显著提升

改革开放以前，滕州城市发展多重视规模建设，园林绿化发展不足，绿化覆盖率和城市绿地率较低，绿化质量不高。1978年以来，滕州转变传统绿化观念，将城市绿地作为一个独立性、配套性的系统，不断促进园林绿化发展。先后对善国路、龙泉路、解放路、红荷路、新104国道等10余条道路进行了大规模的绿化改造和建设，全面加强公园、广场等城市公共绿化，建设了龙泉公园、沿河公园、植物园、万春公园、杏坛广场、北辛植物园、龙泉植物园、弘道公园、政务中心西广场等，实施了龙泉广场、荆河公园、三角花园、河滨游园、升腾绿地、龙岭在望、小清河休闲长廊、秀美荆河等公共绿地和广场的改造治理。2011—2016年，每年新增

城市绿化面积100万平方米以上，真正做到干一项工程、成一件精品，多留遗产，不留遗憾，提升了城市的档次和品位。

（四）棚户区（旧城）改造不断提速，城市人居环境不断优化

棚户区改造既是重大民生工程，也是重大发展工程。改革开放后，滕州着力改善居民的住房条件，对城区住房简陋、环境较差的区域进行过一些改造，成效显著。2007—2017年，滕州紧紧围绕上级决策部署，精心谋划，主动作为，全面发力，各项工作取得了显著成效。累计实施各类棚户区改造项目67个，拆迁（征收）户数3万余户，拆迁（征收）总面积1050余万平方米（拆迁总面积占老城区面积的近50%），累计完成回迁面积约350万平方米，实现了大拆大建的“软着陆”。滕州市棚改工作在全省县级市位列前茅，通过连续10年高密度、高强度的棚户区改造，居民居住环境和居住品质得到极大改善，城市面貌实现了质的飞跃。

（五）科学引导推进，滕州房地产业实现健康有序发展

滕州市房地产开发自1984年起步以来，迅速发展成为滕州市的重要产业，30多年来，累计建设商住小区（组团）221个，10万平方米以上小区85个，竣工总面积达2368万平方米，其中住宅面积1726万平方米，大大改善了城市形象和环境，提高了市民的居住条件。为加快推进房地产业去库存，结合滕州房地产市场实际情况，出台了《关于促进全市房地产市场平稳健康发展的意见》，从政策上予以保障。加大货币化安置力度，将符合条件的商品住房作为棚改安置房和公共租赁住房房源，加快回迁安置进度，促进住房消费。保障性住房建设取得重大进展，到2016年底，滕州累计建设保障性住房8769套，其中，经适房4962套、公租房3807套，财政投入公租房建设资金3.8亿元，滕州住房保障覆盖面已经超过了20%，各项工作均走在了枣庄乃至全省同级城市前列。

（六）老旧小区整治成果显现，群众居住环境进一步优化

老旧小区脏乱差问题是群众反映强烈的热点焦点问题之一，近年来，通过连续开展老旧小区改造，老旧小区居民居住条件显著提升。2007年，滕州对新兴北区、新兴南区、馍馍庄小区二期、奎文北区、荆河小区等5个老旧住宅小区开展综合整治试点工作取得圆满成功。在此基础上，自2007年以来，滕州对2000年之前竣工交付、建筑面积1.5万平方米以上的老旧小区全部整治完毕。特别是2012年至2014年三年间，累计投入资金4亿余元，整治老旧小区36个，惠及居民2.3万余户、10万余人。为实现老旧小区综合整治全覆盖，为群众提供更加优越的居住环境，2015—2016年，滕州对城区17个建筑面积1.5万平方米以下的老旧小区实施了综合整治工程，累计投入资金2290余万元，整治面积50多万平方米，受益居民4890余户。2017年，实施了10个老旧小区改造工程，整治面积约26万平方米，受益居民2006户。为彻底解决老旧小区无人管理问题，滕州市委、市政府印发了《关于深化“四位一体”工作机制加强城市社区建设的意见》。在老旧小区综合整治工程结束后，由街道办事处组织社区党组织和居委会全面接管小区的管理事务，建立社区党组织领导下的居委会、业主委员会、物业服务企业的“四位一体”社区管理服务模式。通过“四位一体”社区管理服务模式建设，让广大业主在享受小区改造带来便利的同时，更享受到党和政府实施惠民工程对老旧小区居民的关爱。

（七）城乡统筹发展，村镇建设水平实现大提升

近年来，滕州紧紧围绕加快新型城镇化，全面推进示范镇建设，在西岗、级索和滨湖镇先后被确定为第一、二批省级示范镇，木石镇被确定为枣庄市级示范镇的基础上，将东郭、大坞和官桥等镇列入滕州市级示范镇进行打造，通过明确规划引领，加大扶持力度，7个示范镇已初步形成了示范带动效应。经过积极争取，滕州被列入全省新型城镇化综合试点市，西岗镇被列入全省新型城镇化综合试点地区。先后实施了西岗香舍里、滨湖荷塘月色、级索韩庄、木石凤凰城等35项农村社区建设工程，整合村庄50余处，完成小城镇开发建设面积约330万平方米，改造农村危房2960户。同时，坚持把加强基础设施建设作为推进全域城镇化的重要引擎，加快推进城乡道路、供水、环卫、燃气、污水处理、公交“六个一体化”，滕州农村公路达到3000余公里；镇街公交覆盖率达到90%；城乡一体化集中供水人口达到120万人，规模位居全省县级首位；天然气“镇镇通”工程进展顺利，累计铺设管网121公里，18个农村社区实现供气，2016年底前所有镇实现全部通上天然气管道；城乡环卫一体化实现全覆盖，城乡生活垃圾无害化处理率达到100%；污水日处理能力达到27万吨，位居全国县级前列。

三、城乡建设的经验和启示

（一）各级领导高度重视，为城乡建设奠定了坚实基础

城乡建设任务重，工期紧，环节多，建设内容涉及方方面面。一直以来，各级领导高度重视城乡建设工作，经常深入一线检查指导城建工作，多次召开专题会议研究城建工作，及时帮助解决工程建设中遇到的新情况、新问题，形成了一个领导重视、保障有序的组织体系，通过领导挂帅、目标分工、责任明确等做法形成了“一级抓一级、层层抓落实”的责任网络，为城乡建设顺利发展奠定了坚实基础。近年来，滕州市委、市政府定期召开市委常委会、市长办公会，专门听取城乡建设工作情况汇报，每年都要召开滕州市建设工作会议，对城市规划建设管理工作进行全面安排部署；市党政领导经常深入城乡建设一线检查、指导工作；市人大、市政协经常组织人大代表和政协委员视察城乡建设，每年开展多次专题调研活动，针对城乡建设

工作中存在的问题提出了许多宝贵建议，为城乡建设和发展提供了强有力的支持，促进了城乡建设事业又好又快发展。

（二）积极争取各类资金，为城乡建设注入了发展活力

近年来，随着城镇化进程不断加快、城市规模不断扩大，城乡建设工作需要大量资金，同时，地方政府债务增长较快、风险敞口的扩大，融资难度越来越大。滕州抓住国家支持棚户区改造的政策机遇，2012—2016年，累计争取国家无偿专项扶持棚改资金约2.4亿元；累计争取国开行、农发行棚改专项贷款64.42亿元（2014年争取贷款20亿元；2015年争取贷款18.95亿元；2016年争取第一批贷款25.47亿元）；2016年又分两批成功申请了国家发改委专项基金2.97亿元，已拨付到位。组织国有企业抢抓政策机遇，申请发行公司债额度45亿元，已成功发行24.4亿元。2017年，申请棚改专项贷款59亿元；争取中央、省、市三级财政专项奖补资金和安居工程基础配套中央预算内资金2.8亿元。这些“真金白银”为滕州棚改工作增添了强劲动力，有效破解了国企资金难题。

（三）社会各界大力支持，为城乡建设创造了良好环境

城乡建设与百姓生活息息相关，一方面城建成果会给城乡发展、百姓安居带来便利和实惠，另一方面城建拆迁、工程施工也会给城市交通、市民生活造成干扰和影响。多年来，城乡建设通过创建宣传平台、完善信访和服务承诺制度等，主动化解矛盾、寻求理解、赢得支持，为城乡建设的顺利推进营造了良好的发展环境。同时，在财政资金十分紧张的情况下，市财政想方设法拨付各类建设资金；各镇街、各相关单位、城建各部门讲大局、识大体，积极支持和全力配合城建工作，形成了合力抓城建的良好氛围。

（四）城建理念不断提升，为城乡建设提供了符合实际、利于发展的思路

城市是一个具有一定规模、社会经济活动密集的人口集中区域，其区域空间规模、结构布局、功能定位都直接关系到城市建设的开展。近几年，滕州城市建设的跨越式发展就直接得益于各级党委政府正确领导，利益于滕州城市空间规模的扩张和城市战略思维的调整。“一体两翼、四副六点、一轴三区”等发展战略的提出为城市跨越式发展奠定了坚实基础。同时，坚持以市场理念经营城市，积极创新城市建设投融资方式。2016年新成立了地景建设投资公司、兴滕置业公司、天行健置业公司等三家国有融资平台，累计融资5亿元，进一步活化了城建投融资机制，有效破解了城市建设资金瓶颈制约。

（五）干部队伍战斗力不断提升，为城乡建设发展抓住机遇、乘势发展提供了保障

城建事业要发展，基础在队伍，关键在干部。多年来，始终以抓班子、带队伍、促发展作为干部队伍建设的主线，把打造无杂音的领导班子，建设硬邦邦的干部队伍，发扬“特别能吃苦、特别能战斗、特别能奉献”的城建精神，作为住建系统干部队伍建设的总要求，进一步提高干部队伍政治敏锐性，增强敢于担当的自觉性和主动性，干部队伍的工作作风明显转变，执行力明显提升，为城乡建设发展提供了强有力的组织保证。

审稿人：周永启

撰稿人：陈　强　朱开校

北辛植物园

滕州市创建山东省首批首个省优秀旅游城市综述

滕州市把创建山东省优秀旅游城市作为提升旅游产业发展水平、增强城市竞争力的总抓手，强化领导，完善机制，扎实推进，创建山东省优秀旅游城市取得圆满成功，成为山东省首批首个省优秀旅游城市，实现了全市七城同创开门红。

一、创建山东省优秀旅游城市历程

（一）创建申报阶段（2007 年 3 月—2012 年 11 月）

1. 积极主动，努力做好创建准备工作

按照国家旅游局《创建中国优秀旅游城市标准》，滕州市于 2007 年 3 月启动了创建中国优秀旅游城市工作。滕州市积极准备，主动超前，于 2007 年 1 月对照《中国优秀旅游城市检查标准实施细则》内容进行创城调研，撰写了调研报告。2007 年 1 月 30 日至 31 日，滕州市组织考察组一行 8 人赴邹城、章丘学习创建中国优秀旅游城市的经验和做法。2007 年 2 月 12 日，滕州市旅游局向滕州市政府报送了《关于启动创建中国优秀旅游城市工作的报告》；2007 年 3 月 8 日，滕州市政府向枣庄旅服委报送了《关于滕州市申请创建中国优秀旅游城市的函》，做好创城前期准备工作。2007 年 6 月 22 日，滕州市政府印发了《关于印发滕州市创建中国优秀旅游城市活动实施方案的通知》，并于 6 月 28 日向省旅游局报送了创城申报相关材料，随后省旅游局向国家旅游局正式提报，将滕州市列入创建名录。2007 年 7 月 12—13 日，滕州市政府再次组织考察组，由分管市领导带队，赴连云港、宿迁学习创建中国优秀旅游城市的经验和做法。2007 年 7 月 24 日，全市“六城同创”工作动员大会，创建中国优秀旅游城市工作全面启动。根据《创建中国优秀旅游城市工作管理暂行办法》相关规定，2010 年是滕州市创建中国优秀旅游城市的验收年。2009 年，中国优秀旅游城市进行最后一次评审，2010 年国家旅游局改革优秀旅游城市创建机制，不再开展创建工作。滕州市仍一如既往按照创建标准，着力完善旅游景区及各项配套设施建设，整个城市面貌和景区景点实现质的飞跃，入境游人数和旅游总收入增长势头强劲。2010 年 2 月 20 日，山东省旅游局下发了《山东省旅游局关于组织开展“好客山东”旅游目的地建设年活动的通知》，广泛开展中国优秀旅游城市目的地建设工作。根据创城方式变化，滕州市委、市政府决定在 2007 年申报创建中国优秀旅游城市的基础上，积极开展“好客山东”旅游目的地建设年活动，并于 2010 年成功创建中国优秀旅游城市目的地。2012 年 11 月，山东省旅游局为全面推进全省县域旅游经济发展，提升旅游产业整体素质，在全省县级城市开展创建山东省优秀旅游城市工作。根据新的形势，2012 年 11 月，滕州市政府向山东省旅游局提出申请，滕州市被列入首个参创山东省优秀旅游城市名录。

2. 突出特色，精心开发旅游资源

立足滕州独具特色的自然景观和历史文化资源，聘请专家编制了《滕州市旅游业发展总体规划》《微山湖湿地红荷旅游风景区总体规划》《莲青山地质公园修建性详细规划》《山东洪山口旅游区修建性详细规划》《滕州市乡村旅游产品开发策划》《滕州市乡村旅游发展总体规划》等，进一步完善了旅游规划体系，为滕州旅游业发展奠定了坚实基础。围绕构建“大旅游”，按照“重特色、建精品、有看点、有卖点”的要求，不断加大旅游开发投入，积极扶持重点景区景点加快发展，一批发展前景好、投资大的旅游项目相继实施，着力培植了一批旅游业亮点。微山湖湿地红荷旅游风景区总面积 90 平方公里，建成了荷花精品园、水生植物园、湿地漂流园、野生红荷观赏园、水泊林海、湿地博物馆、盘龙岛、小李庄等 50 余处景点，形成了水陆精品荷花游、湖上自然生态岛屿游、湿地森林氧吧游三大板块，集中展现了“微湖、湿地、红荷、林海”四大亮点，被评为国家 4A 级景区、国家湿地公园、国家水利风景区、国家生态文明教育基地、全国旅游标准化示范单位等，年接待国内外游客 150 万人次。盈泰生态温泉度假村集生态餐饮、洗浴住宿、休闲娱乐、体育健身、会议会展等功能于一体，是国家 4A 级景区、全国农业旅游示范点。莲青山生态旅游区，既有皇陵、玉女城等历史文化遗址，又有 2 万多亩保存完好的原始森林，更有 8000 亩被称为旱海奇观的地质地貌景观，是国家 3A 级旅游景区、国家森林公园、省级地质公园。刘村梨园突出“幸福滕州 • 魅力梨乡”主题，全力打造“春赏花、夏避暑、秋采摘、冬观灯”万亩梨园品牌。龙阳旅游区以独特的龙文化、水文化、农业生态文化、民俗文化，按照“古滕正脉、善国田园”定位，着力打造鲁南地区具有古滕文化特色的生态民俗旅游区。规划建设了鲁南人民抗日武装起义纪念馆、纪念碑、国防科技教育城和大型兵器广场，成为全国重要的爱国主义教育、国防知识教育和红色旅游基地。大力弘扬墨子、鲁班文化，规划建设了龙泉塔、墨子纪念馆、鲁班纪念馆、汉画像石馆、博物馆、墨砚馆、王学仲艺术馆等“一塔六馆”，成为全国县级最大的历史文化广场。充分挖掘微山湖湿地旅游资源优势，总投资100亿元的微山湖古镇重点建设以齐鲁和滕州历史文化为主题的文化、体验、休闲、度假等各要素叠加的文化旅游复合型景区，打造微山湖湿地游和历史文化游综合配套的国际级知名旅游目的地。深入挖掘文化精髓，大力推进北辛文化大遗址公园、薛国故城、滕国故城等古文化遗址的规划和保护性修复，弘扬古滕善国悠久灿烂的历史文化。加快葫芦套影视文化创意产业园、洪山口文化创意产业园、龙腾水街文化产业园建设，形成产业发展的新亮点。

3. 加快城市建设，提升综合承载功能

始终坚持精品城市理念，围绕提高城市品位档次、完善城市功能，努力打造让本地人为之自豪、外地人为之向往的现代化宜居之城、创业之城。打通了龙泉南路、大同南路、北辛东路、解放路等6条城市主干道，建成了大同桥、解放大桥、红荷路立交桥3座桥梁，提高了道路通行能力。高标准实施了小清河治理工程，打造集生态、休闲、运动于一体的景观长廊，建成了小清河欧式风情一条街；按照“绕山、环湖、穿城”的思路，规划建设以龙泉文化广场为起止点、沿荆河两岸延伸城区环形路网，形成“穿城”绿道；规划建设红荷大道连接微山湖湿地红荷旅游风景区的“环湖”绿道和滕平路、滕龙路连接龙山风景区和莲青山风景区的“绕山”绿道；实施了龙泉路、北辛东路、红荷路、104国道新线等绿化项目；建设了龙泉路、红荷路的骑游健身大道；开通了省内第一条两县之间的公交线路—滕州至山亭城际公交专线。将老啤酒厂区域100亩黄金地段用于建设市民休闲广场。提升城市管理水平，积极实施城市亮化工程，城区道路灯亮率达到99%，城市夜景更加靓丽；加大城市管理执法力度，查处违规建设行为，拆除违法建设，整治户外广告，市容环境更加有序；按照星级厕所标准，新建改建城区公厕，明确专人管理，新增服务监督台，公布卫生标准、监督电话；实施了善国路、龙泉路、清河路等道路的环境综合整治，城乡环卫一体化启动实施，城乡环境明显改观。

4. 完善旅游功能，提高旅游城市内涵

加大景区通游道路建设，先后建成开通了微山湖湿地红荷旅游路、莲青山旅游路、龙山旅游路、滕国故城旅游路、湖东大堤旅游路等，使县乡公路、“村村通”工程与旅游区间道路建设结合起来，形成了畅通快捷的旅游交通网络。在城区主要道路、高速公路及通往景区道路，设置了100余块旅游标识牌，城市主干道新增中英文对照街牌、路牌、交通指示牌，方便了广大游客来滕自驾游。高标准建设了新兴路商业步行街、鲁南美食城、古玩一条街等特色街区，引进了红星美凯龙、大润发、肯德基等著名品牌，“吃、住、行、游、购、娱”旅游消费链更趋完备。提升城市文化品位，中华情·情系滕州、欢乐中国行、刘老根大舞台等大型文艺晚会在滕州激情上演，并筹办了消夏晚会、民俗表演、焰火晚会等极富特色的专场文艺演出和丰富的晚间娱乐活动，满足不同游客的文化需求。开通了至微山湖湿地旅游区、莲青山、龙山等景区公交专线，全市所有镇街通行公交车，形成了畅通快捷的旅游交通网络。开展出租车市场专项整顿，统一座套，清洁卫生，按里程表计价，坚决杜绝拒载、欺诈等行为。

5. 强化宣传，提高滕州旅游知名度和美誉度

宣传促销重拳出击，全市上下实施了行之有效的宣传组合拳、促销攻坚战，实现了团队旅游和高端游客市场的新突破。加强网络宣传，开通了滕州旅游网站及各旅游行业单位网站，直观反映滕州旅游状况，旅游信息传播驶上快车道；开设新浪微博、腾讯微博，每周在新浪论坛、新浪博客、腾讯博客、新华网论坛、大众社区等论坛、贴吧发布旅游信息。加强媒体宣传，每年在中央电视台《朝闻天下》栏目进行“大美滕州”城市形象宣传，持续打造“墨子鲁班故里·湿地红荷之都”旅游品牌；先后在《中国旅游报》《北京晚报》《京华时报》《人民政协报》《河北青年报》《齐鲁晚报》《汽车自驾游》等媒体刊登旅游广告和软文。加强户外宣传，在北京西站、北京站、北京南站、石家庄火车站、北京首都国际机场、滕州东站等投放旅游广告；在京台高速公路沿线发布高炮广告。印制宣传资料，拍摄制作了《大美滕州》宣传片，出版了滕州市旅游交通图，编印了滕州旅游手册，创办了《滕州旅游服务业》杂志，向全市酒店宾馆、旅行社、旅游景区以及商贸流通企业免费发放。走出去开拓市场，由市委、市政府主要负责人带队赴北京、石家庄、沈阳等客源城市举行旅游推介会；积极参加国内、国际旅游交易会，宣传滕州旅游资源。加强同旅行社合作，邀请客源地旅行社来滕州考察线路，并积极促成各大旅行社和景区间的合作，加大旅行社对滕州的送团力度，实现互惠共赢。打好节庆牌，积极参加好客山东贺年会、国民休闲汇活动，每年举办微山湖湿地红荷节、墨子文化节、温泉节、马铃薯节、梨花节、干杂海货调味品博览会等节会活动，形成了会展与旅游互动发展的模式，被评为“中国优秀节庆城市”，荣获“最佳节庆旅游目的地”年度大奖。

6. 强化监管，提升旅游行业整体水平

抓市场监管。成立市旅游行政执法大队，与工商、公安等部门开展联合执法，加强旅游行业管理。对从事旅行社业务的主体资格进行严格审核，严厉打击非法旅行社。督促全市旅行社认真贯彻《旅行社条例》，普遍推行行业标准，与旅游团（者）签订规范的合同，与导游员签订劳动合同，及时、认真地处理游客投诉。在旅行社、旅游饭店、旅游景区、旅游餐馆及旅游购物等场所公布旅游咨询投诉电话5512301，旅游投诉结案率100%。抓旅游安全。加大旅游

安全监管力度，建立巡警制度，健全旅游安全应急预案，实行静态监控和动态跟踪相结合，重点加大对森林防火、食品卫生、消防安全、水上安全、设备安全等领域的安全检查，保证了游客的人身财产安全。旅游经营单位普遍建立健全安全教育、防范制度。近年来，全市未发生旅游安全责任事故。促进旅游企业提档升级，引导各旅游企业推行行业标准化，以创建A级景区、星级饭店、工农业旅游示范点为目标，加大续建投入。景区以厕所改造、游客中心建设、公共信息图形符号规范设置为重点，不断完善景区配套功能。微山湖湿地红荷旅游区、盈泰生态温泉度假村等景区建设了星级厕所，其他景区也改建了高档水冲式厕所；规范设置了中英文对照的景点说明牌、导向牌、警示牌等；制定了卫生、安全等各种管理制度，景区整体形象明显提升。微山湖湿地红荷旅游风景区成为首批全国旅游标准化试点单位。抓精神文明建设。积极开展创建文明行业、青年文明号、文明示范窗口、巾帼文明岗、文明风景旅游区以及诚信旅游企业建设、旅游细微服务活动，推进精神文明建设，提高服务技能，规范服务行为。强化行业培训，先后举办了全市导游员（讲解员）培训班、酒店管理培训班、乡村旅游培训班、A级景区培训班，旅游企业从业人员95%以上经过各种专业培训。枣庄百事通天马国际旅行社、滕州宾馆有限公司、微山湖湿地集团有限公司3家旅游企业被省旅游局授予“全省诚信旅游示范单位”荣誉称号，多家行业单位受到省市级表彰。

（二）组织启动阶段（2012年12月）

完善领导机制。为加强对创建山东省优秀旅游城市活动的组织领导，市委、市政府成立了由市委书记任第一组长，市长任组长，市直有关部门和镇街主要负责人为成员的滕州市创建山东省优秀旅游城市工作领导小组。领导小组定期对创城工作进行检查调度，及时协调解决工作中出现的问题。市领导带头深入创城工作现场，检查督促工作落实，有力推动了创城工作的顺利进行。完善协调配合机制。根据《山东省优秀旅游城市标准》，制定了《市委市政府关于印发〈滕州市创建山东省优秀旅游城市工作实施方案〉的通知》，把各项创城指标进行细化分解，落实到责任单位。全市形成政府主导、部门负责、全民动员、齐抓共管的工作格局。滕州市旅游和服务业发展局召开了全市旅游行业创建山东省优秀旅游城市工作会议，下发了《关于对照〈山东省优秀旅游城市标准〉开展旅游行业自查的通知》，要求各旅游企业对照创城标准进行自查，确保达到创城标准。各旅游企业均按照通知要求进行了自查，并进行了整改，按时上报了自查报告。

（三）集中攻坚阶段（2013年1—2月）

1. 召开动员会议安排部署

2013年2月5日，市委、市政府召开了高规格、大规模的全市服务业发展提升暨创建省优秀旅游城市动员大会，对省优秀旅游城市创建工作进行安排部署。为落实好创建省优秀旅游城市工作，市创建山东省优秀旅游城市工作领导小组办公室、市旅游和服务业发展局专门成立了综合协调组、档案整理组、宣传督导组、现场准备组，各工作组按照职责分工认真开展工作。各责任部门按照责任分工逐项抓好落实，对创建工作的重点、难点问题和薄弱环节，采取有力措施，进行专项治理，按期完成任务。2013年3月21日，市委、市政府召开全市解放思想科学发展暨七城同创工作会议，下发了《市委办公室市政府办公室关于印发滕州市“七城同创”工作实施方案的通知》《市委办公室市政府办公室关于印发滕州市“七城同创”工作职责分工的通知》，对创建省优秀旅游城市工作进行了再次安排部署。

2. 对省旅游局暗访反馈创城问题进行整改

为进一步帮助滕州市查找旅游发展薄弱环节，改进提升旅游接待服务水平，2013年1月25—27日，省旅游局组织人员对滕州市创建省优秀旅游城市工作进行暗访检查，先后检查了火车站、汽车站、公交车、旅游专线车、出租车、公共厕所等城市基础设施，并随机抽查了部分星级饭店、社会宾馆、旅行社、旅游景区、社会餐馆等涉旅企业，以及步行街、美食街、城市广场、市容市貌等城市公共区域状况，反馈一些问题和薄弱环节，并提出整改意见和建议。市创城办公室联合市委市政府督查局下发了《关于对省旅游局暗访反馈创城问题整改情况进行督查的通知》，要求各责任单位认真对照省旅游局暗访反馈的意

2013年2月5日，全市服务业发展提升暨创建省优秀旅游城市动员大会在滕州市政务中心召开

见和建议，严格按照《滕州市创建山东省优秀旅游城市工作实施方案》，制定切实可行的整改方案并进行整改。2013年2月16—17日，市委市政府督查局会同市创城办公室到各创城现场进行实地督查，并查阅了相关资料。各责任单位按照整改方案进行了整改，取得了显著成效。

3. 营造创建省优秀旅游城市的浓厚氛围

为让广大市民更加全面地了解创城、支持创城、参与创城，市创城办制定下发了《滕州市创建山东省优秀旅游城市宣传方案》，明确了宣传形式和宣传标语。市创城办对各有关单位创城社会宣传工作进行调度、检查，确保宣传工作落到实处。在城市主要道路设立了一批创城大型宣传牌；在高铁滕州东站、滕州火车站、长途汽车站等人员密集场所滚动屏幕上连续播放宣传标语；发动城市主要街区、重点旅游景区、旅行社、酒店宾馆、商场超市等场所在显著位置悬挂宣传标语条幅，并在出入口、大厅电子显示屏播放宣传标语。力求通过宣传，使得创城工作达到家喻户晓、人人皆知，形成人人“了解创城、关心创城、支持创城”的浓厚氛围，使得每一位市民都成为创城的主角。

4. 完善监督机制

采取跟踪督查、重点督查和全面督查等多种方式，对创城任务的落实情况和工作进展情况进行专项督查，下发督查通报，了解情况，发现问题，及时解决，推动了各项工作的落实。对取得突出成绩的单位和个人，予以表彰奖励；对领导不重视、措施不得力、任务不落实、严重影响创建工作的，严肃追究相关责任人的责任。

（四）核查验收阶段（2013年3—4月）

规范档案整理工作，制定并印发了档案整理职责分工表，严格按照创城建档要求，与创城各责任单位开展无缝对接，扎实推进资料的收集、整理、审查和归档工作，逐条逐类建立了300多万字的资料档案，形成了比较全面、完整的创城资料库。对照《山东省优秀旅游城市标准》，滕州市进行了自查，在达到山东省优秀旅游城市标准的基础上，加强对上协调，多次赴枣庄市旅游和服务业发展委员会、省旅游局汇报创城工作，向枣庄市旅服委上报了《关于滕州市创建山东省优秀旅游城市工作的自检报告》，向省旅游局上报了《关于申请验收滕州市创建山东省优秀旅游城市工作的报告》，积极争取尽快来滕验收。枣庄旅服委组织人员对滕州创城工作进行了初审，初审打分857分，认为滕州市已达到山东省优秀旅游城市的标准，并向省旅游局上报了《关于滕州市创建山东省优秀旅游城市工作的初审报告》，申请省旅游局对滕州创城工作进行验收。同时，枣庄旅服委对滕州创城工作在政府主导机制、旅游生态环境与市容市貌、旅游资源与项目开发、旅游公共服务功能、旅游住宿、旅游餐饮、旅游购物、旅游质量监督和监管、旅游教育培训、加大创城宣传力度等方面提出了整改意见。滕州市按照整改意见，认真制定了整改方案，明确了责任单位和完成时间，并每天进行督导检查，按时完成了整改任务。2013年4月22日，省旅游局对滕州创建山东省优秀旅游城市工作进行检查验收，验收组听取了滕州创城工作情况汇报，查阅了创城档案资料，并进行了现场检查。验收组对滕州创城工作给予了充分肯定。2013年5月7日，山东省旅游局下发《关于命名滕州市为“山东省优秀旅游城市”的决定》，命名滕州市为山东省优秀旅游城市。

二、取得的主要成就

（一）旅游经济发展水平明显提升

创建山东省优秀旅游城市工作的开展，为滕州旅游业发展注入了强大活力，旅游业快速发展，一年一个大台阶，旅游产业作为新的经济增长点和国民经济的战略性支柱产业的地位得到进一步巩固，旅游资源优势向经济优势和产业优势转化进程明显加快，为做大做强旅游产业奠定了坚实基础。2012年，全市接待国内外游客997万人次，增长23.3%；实现旅游收入51.7亿元，增长30.6%。2013年，全市接待国内外游客1059.3万人次，增长13.5%；实现旅游收入60.3亿元，增长16.7%。团队旅游增长迅速，外地旅游团队所占比重逐渐上升，成为拉动旅游经济增长的重要力量；旅游带动作用日益明显，游客在购物、餐饮、住宿、娱乐等方面的支出明显增加，旅游消费结构日趋合理。在旅游业的带动下，全市第三产业得到蓬勃发展。2012年，全市第三产业增加值完成312.3亿元，增长11.5%，占GDP的比重达到37.6%。2013年，全市第三产业增加值完成349.3亿元，增长8.5%，占GDP的比重达到38.7%。

（二）旅游行业管理逐步规范

结合创建山东省优秀旅游城市，滕州先后制定出台了一系列旅游行业管理规章制度，为行业管理提供了强有力的政策保证。加大旅游执法力度，对旅游市场秩序、服务质量、安全保障等进行经常性检查，对发现的问题按照创城要求进行认真整改。全市旅游市场环境进一步净化，违法违规现象明显减少，行业整体形象进一步提升。各旅游景点和涉旅服务单位在治安环境、卫生环境、饭菜质量、服务水平等方面都有了较大提高，旅游投诉满意率一直保持较高水平。旅游人才队伍建设得到进一步加强，旅游从业人员的素质有了新的提高，旅游行业管理逐步走向法制化、规范化和标准化轨道。

（三）城市服务功能明显提升

创建山东省优秀旅游城市工作的开展，加快了城市现代化建设，旅游服务功能日趋完善。目前，全市共有国家4A级旅游景区2处，国家3A级旅游景区9处，国家2A级旅游景区7处，全国农业旅游示范点1处，省农业旅游示范点14处；省精品采摘园11处；省旅游强乡镇10处、特色村20处、星级农家乐43家，三星级以上酒店5家，旅行社18家，特色旅游购物商店29家，高档休闲娱乐场所200余家，接待服务能力进一步增强。新兴路商业步行街、古玩一条街、赐宴街、接官巷等特色商业街区以及新型出租车、旅游标识牌、旅游专线车等设施全面提升，公共自行车系统建成使用，满足了国内外游客需求。保利、红星美凯龙、大润发、奥特莱斯、全聚德、肯德基、两岸咖啡等60余个国内外知名品牌落户滕州，滕州成为鲁南地区服务业知名品牌最多、最集中的县市，提升了“商贸名城、购物天堂”品牌形象

（四）城市对外形象和吸引力明显提升

通过创建山东省优秀旅游城市，城市基础设施日臻完善，城市管理水平全面提高，推动了城市文明程度和市民素质的同步提高，创优秀城市、建诚信机关、做文明市民逐步成为全市干部群众的自觉行动。市区乱摆乱放、乱搭乱建、乱扔乱倒等不文明现象明显减少，市容市貌显著改观，道路交通秩序明显改善，关心城市形象、爱护城市卫生、保护城市公共设施的行为大量涌现，各行业、各领域出现了一批创城先进典型。同时，创建山东省优秀旅游城市工作的全面开展，有效促进了滕州市全国文明城市、国家园林城市、国家卫生城市、国家环保模范城市、国家历史文化名城、全国双拥模范城市创建活动的开展。完善的城市功能，优良的发展环境，提升了城市的对外形象，不仅到滕州旅游的游客迅速增加，而且吸引了国内外众多客商到滕州投资兴业。2012年，全市引进各类外来投资项目395个，其中过亿元项目89个。2013年，全市引进各类外来投资项目396个，其中，过亿元项目91个。

三、经验和启示

（一）坚持加强组织领导，是创城成功的重要前提

创建山东省优秀旅游城市，必须建立强有力的政府主导机制。创城工作必须由市委市政府出面，完全按照《山东省优秀旅游城市标准》实施，不允许各有关部门讲任何条件和困难。为确保创城各项工作协调有序开展，成立由市委书记任第一组长，市长任组长，市直有关部门和镇街主要负责人为成员的滕州市创建山东省优秀旅游城市工作领导小组。市委、市政府多次召开市委常委会、市政务常务会议，专题研究部署创城工作。督查和考评严格按与责任单位签订的责任书进行，并将创城任务列入各有关部门的年度考核任务之中，作为评先树优的重要依据之一，从而在根本上保证了全市创城工作“一个声音，步调一致，督查有力，成效明显”。坚强的组织领导，为统筹调度、联动协作、克难攻坚、保质保量完成创城各项工作任务提供了强有力的组织保障。

（二）坚持依靠群众、创建为民，是创城成功的坚实基础

创城工作的推进是在政府的主导下，要靠全社会、全体市民共同参与，不能仅仅依靠旅服部门的力量。优秀旅游城市的创建对于城市的交通、住宿、文化娱乐、环境等都有明确的要求，涉及多个部门，整个滕州的城乡都是旅游的大背景，所有的市民都是创城的主人，是优秀旅游城市的真正创建主体。在创城期间，广大市民当主人，不当客人，努力做到人人都是旅游形象、处处都是旅游风景，全面展现滕州人诚实、热情、好客的民风，让外来游客切实体验到宾至如归的感觉。市委、市政府始终坚持以关注和解决民生问题为出发点，不断解决老百姓反映最强烈、最具体、最直接的身边事，许多干部深入基层，转变作风，扑下身子解决群众关心的问题，使一大批长期困扰城市发展、民生改善的难题得到有效解决，创建成果惠及广大市民。将创城宣传工作纳入新闻宣传部门和单位的重要工作内容中，真正做到“报纸有文、电视有影、电台有声”；制作创城宣传标语及宣传牌，并在城区主要出入口、车站、广场等场所悬挂。通过广泛宣传和深入发动，不断扩大创城工作的影响力和渗透力，从而在全社会形成“人人是滕州形象，处处是旅游环境”的共识。在创建山东省优秀旅游

城市的同时，滕州市开展了“七城同创”活动。通过一系列的城市创建活动，进一步完善了城市功能，提升了城市文明程度，改善了城市人居环境和旅游环境。 正因为坚持走群众路线，紧紧依靠群众，创建工作才能深受群众的拥护和支持，才能凝聚起干部群众的合力，才能调动起广大市民参与创城的积极性和主动性，最终打赢创城攻坚战。

（三）坚持齐抓共管、团结协作，是创城成功的有效手段

市创建山东省优秀旅游城市工作领导小组成员单位都成立了领导机构和工作机构，确定了一名分管负责人和一个科室，专门负责创城工作。创城工作得到了全市各级各部门和全市人民的大力支持、广泛参与，创优秀城市、建诚信机关、做文明市民逐步成为全市干部群众的自觉行动。各部门、各单位积极行动，团结协作，攻坚克难，使创城活动步步推进、不断深入。全市上下形成了全面启动、上下联动、左右互动的工作格局和横向到边、纵向到底的工作网络，形成创城工作的强大合力，确保了各项创城工作的顺利推进。特别是在验收中，各责任单位紧密配合，统一行动，大到创城项目的具体落实，小到接待工作的细微安排，做到细之又细、精之又精，确保万无一失。广大市民充分发扬主人翁精神，在创城中争做贡献，确保了创城的一举成功。

（四）坚持健全制度、完善机制，是创城成功的有力保证

根据《山东省优秀旅游城市标准》，结合实际，制定了一套完整的具有指导性和可操作性的工作方案，把各项创城指标进行细化分解，落实到有关部门和单位，做到责任到位、任务到人，一级抓一级，层层抓落实，推进了创城工作的顺利开展。各责任单位和有关部门在领导小组的统一领导、指挥下，形成了各司其职、各负其责、层层抓落实的工作机制，结合各自的工作实际和行业特点，制定了切实可行的创城工作实施方案和支持配合旅游产业发展的相关措施，严格细化任务目标，确保了创城工作的顺利进行。创城工作面大量广，要不断加大督查力度，建立工作督查机制，对创城任务的落实情况和工作进展情况进行专项督查，及时掌握动态，及时发现问题，及时予以解决，推动各项工作的落实。

（五）坚持真抓实干、精益求精，是创城成功的关键举措

各责任单位充分发扬奋力拼搏、精益求精的作风，对每一项工作、每一个细节都周密计划、精心组织、认真实施，及时整改工作中的不足，不放过任何一个可能影响创城的细枝末节，保证创城顺利通过验收。尤其是各创城成员单位加大了资金投入力度，弥补创城缺项，着力在改善城市旅游功能和完善城市各项设施上下足了功夫。市城市管理局重点治理了城市背街小巷和城乡接合部的脏乱差现象，改建了城区高标准星级厕所；市住房和城乡建设局加大城市绿化，新建林荫停车场20处，建成杏坛广场，实施了秀美荆河和小清河市民休闲长廊建设，拓展了群众健身休闲活动空间；市交通运输局开通了城区到微山湖湿地、龙山等公交线路，并对旅游道路沿线环境进行整治。市旅游和服务业发展局、市城市管理局、市公安局按照创城的标准设立和完善了交通指示牌、旅游指示牌、各类公共信息图形符号；市公安局优化交通、治安环境，维护景区景点、酒店、旅行社的经营治安环境；市环境保护局主动在各项环保工作中引入旅游理念，为微山湖湿地等提供了环境生态支持；有关街道建设提升了新兴路步行街、鲁南美食城等。市文化广播电视和新闻出版局、市卫生局、市质量技术监督局、市安全生产监督管理局、市工商行政管理局、市民政局、市体育局等单位为创城工作，强化各自功能，为创城献计出力。

审稿人：贾福军
撰稿人：张　众

滕州龙泉文化广场

民办教育的“滕州现象”

——滕州市民办教育的起步与发展

中共十一届三中全会后，在改革开放新形势下兴起和发展起来的社会力量办学，是中国教育体制改革的新突破。这一新的办学形式是指企事业组织、社会团体及其他社会组织和公民个人利用非国家财政性教育经费，面向社会举办的学校。它是教育事业的重要组成部分，是对政府举办的各类学校的有效补充，对提高民族素质、适应社会对教育多样化的需求，具有不可缺少、不可替代的作用。

私人办学，历史久远。清朝以前，为适应科举考试，民间私人举办的学校称私塾。清末科举制度废除后，现代各类学校逐步取代了私塾等旧的办学形式。这类新学初称学堂，辛亥革命后改称学校。私人创办的学校，民国时期称“私立”，中华人民共和国成立后，称“民办”，1980 年以后称社会力量办学（也称“私立”或“民办”），2003 年 9 月 1 日《中华人民共和国民办教育促进法》正式颁布实施，社会力量办学遂通称“民办教育”。

一、滕州市民办教育发展的历史背景

中华人民共和国成立后，滕县少数农村自发办起了小学和初级中学，他们自聘教师，自筹经费，按照国家规定的教学计划和统一教材进行教学。后来，这些学校发展较快，并逐渐归类于社队集体办学校，成为农村教育的重要部分。而在城镇，主要以政府举办的公办学校为主。

1978 年，中共十一届三中全会后，全社会尊师重教的风气日渐浓厚，对教育特别是城镇教育提出了新的期望和更高要求。面对新的形势和任务，城镇学校却面临着空前的压力和困难。一是由于“文化大革命”的破坏，私人办学几乎绝迹，现有公办、集体办学校的教学设施损坏严重，学校短缺，无法满足社会需求。虽然政府对教育的拨款逐年有所增加，但因历史欠账太多，很难在短时间内解决多年所积压的问题。二是生源逐年增加，由于当时已逐渐进入生源高峰期，再加上“农转非”、进城务工经商的原因，要求进城求学的群体人数骤增。城关镇从 1982—1992 年的十多年间，初中、小学生源均增加了 50%，但学校规模、新校建设却没有大的改变。三是随着城区的不断扩大，城建规划滞后于教育的发展，使城区学校普遍出现了大班额及二部制的局面。

为缓解学校压力，政府和教育主管部门也曾多方采取措施，如将开始于 1984 年小学学制由五年制改为六年制的工作，从 1987 年起暂停；将在建的国际墨子研究中心同时设立墨子中学；将市青少年宫的部分房舍暂设小学等。

政府部门和学校的多方努力，虽然在一定程度上缓解了入学压力，但入学难的局面并未从根本上解决。按照山东省人民政府的规划要求，滕州市应在 1995 年实现普及九年义务教育，但由于上述原因，这一任务未能如期完成。

二、滕州市民办教育的发展历程

（一）职业技术培训班的兴起（1978—1992 年）

中共十一届三中全会后，在党的改革开放政策的鼓励和引导下，滕县一部分人率先走上自谋职业、独立经营的创业之路。他们开作坊、设店铺，面向群众，服务于社会。他们招助手、带徒弟，通过言传身教来满足业务发展需要。随着更多行业的不断兴起，社会出现了更大的人才缺口，于是各种短期职业技术培训机构应运而生。1980 年滕县旭升被服培训学校创办招生；1981 年县文化馆开办缝纫学校；1984 年职工科技艺术学校在工人文化宫开办。随后，文化娱乐中心缝纫培训学校、联想计算机培训中心、龙泉摩托车维修技术培训学校相继开办。培训机构的举办者或为单位或为个人，培训内容有裁剪缝纫、美容美发、微机及汽车、摩托车维修等，培训时间为一个月或数月不等。培训班的出现不仅顺应了社会的需求，为学员提供了就业机会，更重要的是使人脑洞大开，提高了对改革开放政策的深度理解和认识，引发了教育界有识之士的关注和深思。

（二）民办教育的初始起步（1992—1996 年）

在中国旧有的计划经济体制下，整个教育在办学体制上形成了由政府主揽的格局，即“计划教育”。随着改革开放的到来，中国确立了要以公有制为主体，多种所有制经济共同发展的方向。要适应这一重大变革，改革传统的教育办学体制势在必行。1985 年 5 月 27 日颁布的《中共中央关于教育体制改革的决定》明确指出：“基础教育管理权属于地方”。“地方要鼓励和指导国营企业、社会团体和个人办学”。在这一政策引导下，全国各地相继开展了对传统

公办学校办学体制改革的大胆试验。中国旧有的教育体制开始受到冲击，发生变革，办学体制初步呈现出日益多元化的趋势。

早在职业技术培训在社会上兴起时，时任滕县一中党总支书记的吕逸昆就对如何解决生源猛增而学校难以招架的问题有所思考。他在与滕县境内一些大型企业的接触交往中，了解到他们的需求，即希望借助一中的名望，由他们提供财力物力，联合办学，既能减轻一中招生压力，又能解决企业职工子女入学问题。虽然当时社会上对联合办学有不同看法，甚至存有非议，但经过一番酝酿、调研、论证后，学校和企业还是形成共识，决定筹集地方资金扩建校舍，走联合办学的路子，并正式向教育主管部门提交了办学申请。这样滕州育才初级中学、滕州一中新校分别在1994年、1995年相继创办。这些学校陆续开办，表明滕州市的社会力量办学开始由职业技术培训正式向学历教育发展，掀开了滕州市教育体制改革新的一页。

1. 敢为人先，艰难创业

由于长期受“左”的思想影响，即使进入了改革开放时期，社会上不少人仍然对“民办”“私营”等字眼很敏感。20世纪90年代初，赵王河小区建了一个幼儿园，建成两年地方政府及有关部门都不接手，怕成为经济负担，怕收费承担政治风险，周围群众议论纷纷，反映强烈。吕逸昆感受到了群众的需求，想利用这个幼儿园作为试验田，尝试创办民办教育机构。他联系几个人，以社会力量的名义创办民办幼儿园。虽然当时已过最佳招生期，只招了11个孩子，但他们精心管理，合理收费，得到群众信任，第二年招了110多人，扩大了10倍。

这小小的成功，使吕逸昆他们真正感受到了市场的潜力，从而进一步坚定了创办民办中学的信心。

1994年夏天，以滕州华夏文化促进会的名义，吕逸昆带领一帮由年轻人组成的班子，用多方筹集的12万元，租用已倒闭的一家企业闲置厂房为校舍，创办了育才中学，并于9月1日正式开学。短短一年，育才中学就以良好的形象立住了脚。第二年，山东省岱庄劳改矿领导慕名来校，提出联合办学并把矿子弟学校中学部并入育才的要求，两家达成共识。这样租用的场地已不能满足办学需要，育才中学随即搬入刚建成的一中新校，并从枣庄师专招聘了部分应届毕业生充实教师队伍。此时已形成初一、初二两个年级共24个班的规模，虽然教室及师资的问题解决了，但学生就餐、住宿又成了大问题，下一年再招生怎么办？几经思考，他们决定将已接管的与一中老校相邻的市农业局办公大楼，改建为能容纳1000人的学生公寓，又建了餐厅、礼堂。于是1996年，学校由一中新校又迁往一中老校。直到1999年艺术中学被育才中学接管，学校再迁往艺术中学才算真正奠定了根基，并在艺术中学校址上几次扩建，得到蓬勃发展，最终形成后来的96个班的规模。育才中学白手起家，历经数次搬迁，可谓时时紧张，步步艰辛。

滕州一中新校的创建同样面临资金和场地的难题，但吕逸昆本着“发展是硬道理”的理念，决定想方设法建成一所新的高级中学，既满足社会需求，又适应国家“多出人才，快出人才”的发展形势。他们与周边十几家企业联手，解决了办学资金问题，租用后洪村的土地解决了建校用地问题。根据协议，学校向企业发放一定数量的绿卡，适当降分录取其子女；向农民支付土地租金，保证了农民收入。几经周折，多方运筹，滕州一中新校建成，社会各界皆大欢喜。

从1992年至1996年，这一时期先后创办的学校还有：

少林武术学校

1992年3月，由赵曰平筹资租房创办，招收初中、小学班。1995年在杏坛路东首新建教学区。

青年艺术学校

1993年由费耀个人筹资创办，开设财会、营销、文秘、装潢工艺等专业。（1998年改办为普通中小学，定名滕文学校。）

学良职业中等专业学校

1993年2月由枣庄第二卫生学校职工刘念泉等创办。

艺术中学

1995年创办。（1999年更名为新华中学，并移交给育才中学）

2. 依据政策，归口管理

滕州市由社会力量举办的多所民办学校或系个人独资，或是股份制合作，或属于国有民办。如何管理并引导这些学校健康发展，被提到教育主管部门的工作日程。

1985年12月颁布的《山东省社会力量办学的暂行办法》指出：“社会力量办学，应坚持为社会主义现代化建设服务的方向，执行国家的教育方针、政策，遵守政府法令，接受教育行政部门的领导和检查监督，执行教学计划，保证教学质量。”按照这一规定，滕州市教育局于1992年2月成立了社会力量办学管理办公室，确立了专人负责，使社会力量办学开始纳入教育行政部门管理的范畴。将这些学校同公办学校一样对待，为他们提供服务，帮助其解决困难，在教学上给予指导，使学校由初创时的散乱逐步走向正轨。

3. 出台意见，营造良好开局

按照《山东省社会力量办学的暂行办法》“各级人民政府和教育行政部门应当鼓励、支持社会力量以多种形式、多种层次、多种规格举办适应四化建设需要的各类教育事业”的规定，1992年11月，滕州市教育局、工商局、公安局、财政局、中国人民银行滕州支行联合发出了《关于对我市社会力量办学进行清查登记的实施意见》。将社会力量办学分为三类：（1）法人学校：由单位、团体（含民主党派）举办，有必要的财产或经费，财务活动独立，有相应组织机构和固定的办学场所，能独立承担民事责任的；（2）组织培训：即由单位、团体部门举办，不具备法人资格，组织培训作为其主办单位的下属职能机构，没有独立的名称（名称冠以主办单位），其财务活动由主办单位设专项管理；(3) 民办学校：即由公民个人或合伙举办的各类私人学校(班)。同时规定，具备办学资格的单位、团体及公民个人要向市教育局提交办学申请，经审核或报上一级教育主管部门进行全面资格审查，对符合办学条件的办理批准登记手续，同时颁发《办学许可证》。各单位各司其职，依法管理，为滕州市民办教育的有序发展开了个好头。

（三）民办教育的快速发展（1997—2005 年）

1. 贯彻《社会力量办学条例》，引导民办教育步入依法办学轨道

1997 年 7 月，国务院颁布《社会力量办学条例》，确定了社会力量办学的法律地位，使社会力量办学进入依法办学、依法管理、依法行政的新的发展阶段。

1998 年 5 月，根据《社会力量办学条例》的精神，滕州市教育委员会发出《关于加强对社会力量办学工作领导和管理的意见》。《意见》提出，对社会力量办学要认真执行“积极鼓励，大力支持，正确引导，加强管理”的方针，认真研究和解决社会力量办学中存在的问题和困难。《意见》对社会力量办学的审批权限和程序又作了进一步明确。指出在“审批过程中，除按各类学校的设置标准和校舍、师资等条件外，还要特别注意审查办学者的政治素质，办学目的和管理能力，重视考察学校领导班子是否懂得教育规律，能否依法办学”。明确要求各举办学校应全面贯彻国家的教育方针，严格执行教学计划和学籍管理制度，执行国家规定的课程计划，教学大纲，开全课程，开足课时。明确学校举办者、校长和教职工的权利与责任，实行民主管理。学校校长应具备高尚的思想品质，五年以上从事教育教学工作的经历，以及与学校层次相适应的学历水平。

1999 年 6 月 2 日，滕州市人民政府印发了《滕州市鼓励社会力量办学加快教育事业发展的意见》，要求全社会要提高对发展社会力量办学重要意义的认识，落实有关政策，为社会力量办学创造宽松环境。在宽松良好的政策环境下，又一批民办学校先后涌现出来：

1997 年

善国中学，由民营企业家邵泽誉独资创办的寄宿制民办中学。

1998 年

奥林武术学校，由市体委领导下试办的九年制民办学校。

新世纪中学，股份制民办学校（2002 年由滕州二中接管，称二中新校）。

华美高级中学，由朱卫华、牛家俊等筹资创办。

育英公学，依托滕州师范创办，按国有民办运行。（2002 年 4 月滕州师范改为博文中学，育英公学遂改为育英学校。2010 年育英学校的办学资质被滕州市第四实验小学所用，租用善国中学多余教室，新建育英学校，其校址被市实验小学接用）

1999 年

英才学校，租赁鲁寨部队营房为校舍，由王恩大（山东省教委原副主任）、王裕安（枣庄师专原校长）、吕逸昆（滕州一中原党总支书记）、王牧天（滕州市教委教研室原主任）、王振喜（育才中学原校长）等发起创办的全日制寄宿式学校。

山东鲁南职业专修学院，与英才学校同址，王恩大任名誉院长，王裕安任院长，吕逸昆、王牧天任副院长。当年冬招收职业进修班两个，学制二年，学员 70 名，均为在职乡镇中学英语教师。

2001 年

尚贤中学，由北辛教委办原主任陈家一、滕北中学原校长李广群依托滕北中学创建，是一所按国有民办性质运行的初级中学。

华澳小学，由周晓光举办的设有小学部和幼教部的小班额学校。

2002 年

华晨育才学校，校址位于东郭镇邵疃村，由李华晨创办。

科技职业高中，由邢树东独资创办，以培养实用技术人才为主的中等职业学校，同时设有一个高中部。

根据上级要求，2002 年 11 月，原属市教育行政部门管理的 21 所非学历民办教育机构（培训班）交由劳动部门管理。

2003 年

实验高级中学，由滕州一中原校长崔继忠等筹资，按照省规范化学校标准建立的股份制民办完全中学。

2004 年

实验小学新校，由滕州市实验小学租赁停办的原少林武术学校校舍所建。时为实验小学新校东校区，后更名为实验小学新校科圣路校区。（2007 年，实验小学又接管滕文学校，举办了实验小学新校北校区。因城建开发，2010 年学校迁往永昌路原育英学校校址，更名为实验小学新校永昌校区）

宏港学校，校址位于西岗镇驻地，由杜长亮独资创办，学生学文习武，武术为办学特色。

2005 年

枣庄科技职业学院，经山东省人民政府批准，在原山东鲁南职业专修学院的基础上创建，为民办专科层次的全日制普通高等学校。

这些学校相继举办，标志着滕州市民办教育进入了快速发展的新时期。

2. 政府部门的领导与管理

(1) 强化组织领导

1997 年国务院《社会力量办学条例》颁布后，滕州市教委在原“社会力量办学管理办公室”的基础上，又设了滕州市社会力量办学领导小组，切实把社会力量办学纳入滕州市教育事业发展规划和教育部门的管理范围。2001 年滕州市进一步提高了社会力量办学领导小组的层次规格，成立了由分管市长任组长，市政府办公室、市教委负责人任副组长，市计委、建委、财政局、土管局、物价局、人事局、卫生局、地税局、工商局、劳动和社会保障局、监察局、民政局和各街道办事处主要负责人为成员的新的

社会力量办学领导小组，具体研究和解决社会力量办学中存在的困难和问题。

（2）组建民办教育协会

为了更好地贯彻《社会力量办学条例》，团结组织广大民办教育工作者为发展滕州市教育事业贡献力量，加强民办学校的自我管理和互助协作，总结交流办学经验，开展教育科学研究，提高办学水平，协助教育行政部门对社会力量办学进行有效管理和检查指导，滕州市在1998年10月建立了民办教育协会，由时任市教委副主任的王艳任会长。民办教育协会在政府和社会力量办学间充当桥梁和纽带，对下传达政府的意图，对上反映社会力量办学的呼声和要求，以维护社会力量办学的合法权益，推动社会力量办学的健康发展。民办教育协会成员包括市委、市人大、市政府、市政协，教育行政部门及各社会力量办学单位，同时制定了协会章程和协会自律公约。协会除每两年召开一次理事会外，还定期就社会力量办学发展中的问题进行调查研究。

在社会力量办学领导小组和民办教育协会的共同努力运作下，1999年6月，滕州市人民政府召开了社会力量办学工作会议，印发了《滕州市鼓励社会力量办学，加快教育事业发展的意见》。2001年，市委、市政府又召开了社会力量办学表彰大会，对育才中学、善国中学、英才学校、滕文学校等4个先进单位和吕逸昆等29名先进个人予以表彰，并先后出台了《关于加快社会力量办学的若干政策规定》《关于加快社会力量办学的实施意见》等文件。民办教育协会还先后在善国中学举行了“民办教育的发展”座谈会，在英才学校召开了学校后勤管理工作现场会议，加强了学校间的经验交流和相互协作，促使各学校的办学条件，特别是学校后勤设施不断得到改善。协会还根据政策导向及事业发展需要，举办了由各校董事长、校长、业务副校长参加的法律培训班，参加了枣庄市举办的学校管理培训，使他们提高了政策、理论水平，强化了依法治教的观念，增强了科学决策和学校管理能力。

（3）注重党的组织建设

中国共产党是中国各项事业的领导核心。加强社会力量举办学校党的组织建设，是坚持党的基本路线，贯彻执行党的教育方针和国家的法律法规，坚持社会主义办学方向，培养德、智、体、美等方面全面发展的社会主义事业建设者和接班人的根本保证。

社会力量办学纳入地方教育行政部门管理后，滕州市就要求社会力量举办学校和全市公办学校一样，组建坚强的学校领导班子，注重思想政治工作和德育工作，要求各学校全心全意依靠教职工特别是党员教职工，紧紧围绕党的中心工作和学校改革发展献计献策，充分发挥党员干部和党员教师的先锋模范作用。

2001年9月，根据《中国共产党章程》和中共中央组织部、中共教育部党组《关于加强社会力量举办学校党的建设工作的意见》，市委组织部和市教委党委联合下发了《关于加强社会力量举办学校党的建设工作的试行意见》，对全市社会力量举办学校的党建工作提出新的具体明确要求。强调各学校要把建立健全党组织作为一项重要而迫切的任务放到首位，要求凡具备建立党组织条件的都要建立党组织。明确社会力量举办学校党组织的主要职责，充分发挥其在教职工和学生中的政治核心作用。

为加强领导，帮助指导社会力量举办学校党组织开展工作，滕州市成立了社会力量举办学校党建工作联席会议。由市委副书记、组织部长任组长，市委组织部、市委宣传部、市教委、市总工会、团市委、市妇联、市民政局、市劳动局等有关部门负责人为成员。在市委组织部设立办公室，形成协调配合、齐抓共管的工作机制，促使社会力量举办学校的党建工作一步步走向规范，迈上新台阶。2001年，在山东省民办学校党建工作现场会上，滕州市作了典型发言。2002年3月，枣庄市召开了民办学校党建工作现场会，与会代表参观了滕州市的英才学校、善国中学、华美高级中学、新世纪中学等党建活动现场。

（4）加强督导检查

《社会力量办学条例》规定：“教育行政部门、劳动行政部门和其他有关部门应当加强对社会力量办学工作的监督管理。县级以上地方各级人民政府应当加强对本行政区内教育机构的办学水平、教育质量的督导评估。”滕州市人民政府教育督导室成立于1996年3月，代表市政府履行教育督导职能，对滕州市公办学校和社会力量办学机构（包括义务教育学校和各种职业技术培训机构、学前教育机构）进行督导评估。对社会力量办学不仅要督促、指导各办学单位贯彻执行有关教育的法律、法规和方针政策，加强学校管理，全面实施素质教育，提高办学水平，还要引导社会、家长用正确的观点和标准，认识和评价社会力量办学，关心支持学校工作，促进社会力量办学更快更好的发展。为此，市政府教育督导室依据《社会力量办学条例》和《教育督导暂行规定》等教育规章，制定了《滕州市社会力量办学督导评估方案》，将评估结果分为优秀、良好、合格、不合格四个等级。

督导评估结束后，按评估得分，分出档次。并根据督导评估中反映出的普遍经验，发现的共性问题及个别学校中不可忽视的问题倾向，形成完整的书面报告。督导评估报告除报送各有关部门及领导外，在下发给各学校时，还要求他们针对问题限期整改，接受复查，并作为下年度督导评估时的检查重点。

督导评估对各学校的办学状况的评价力求客观、公正、准确。如1999年督导时对育才中学的宿舍管理经验，艺术中学第二课堂活动都给以充分肯定；对个别学校在招生宣传、伙食管理上存在的问题也实事求是地提出整改意见。如在督导检查中曾对3处存在问题的文化教育培训机构予以整改，对两处年检不合格的培训机构取消了办学资格。

督导评估过程中，遇有重大问题，

督导人员也都及时提出中肯意见。善国中学创办两年后，发展势头很好，学校举办者就决定增办高中，且已着手运作。督导组针对这一问题，坦率地表明看法。建议他们不要操之过急，还是先把初中办好，积累办学经验，扩大办学影响，加大财力储备，充实高中教学设施，对招聘的高中师资先“养”起来，待条件成熟后再开办。学校经认真论证分析后，接受了督导建议，到2001年创办了高中，其后学校初中、高中逐渐办得红火起来。

（5）组织外出考察学习

滕州市的社会力量办学虽然取得了可喜的成绩，但事业的创办者并没有沉浸在成功的喜悦中盲目乐观，他们深知在创业中还存有许多矛盾没有解决好，还将遇到一些意想不到的困难和问题。同时自身的眼界和办学理念还跟不上改革开放的发展形势，有必要走出自己的小天地，到外边走一走，看一看，到南方去体验民办教育发展的氛围，学习其先进的办学思想，增长见识，努力把初现成效的滕州民办教育事业继续做强做大。

应各民办学校的请求和建议，滕州市民办教育协会先后两次组织各民办学校主要负责人去江苏、浙江、上海、福建、广东、海南的民办学校进行考察学习。

南方民办学校虽然自身条件各不相同，但他们都能充分发挥各自优势，形成自己的办学特点和办学风格，特别是他们前瞻性的发展思路和超前的办学理念，将发展视觉由本地扩大到全国，更伸向世界；他们充分利用政府的宽松政策和自身的优越条件，以政策的“放”，求学校发展的“活”。这些都令考察人员赞叹不已。用他们的话说，就是开阔了眼界，提高了境界，看到了畛界（公与私，国内与国际），找到了努力方向，明确了奋斗目标，坚定了创办一流民办学校的信念。当然也清楚地看到滕州民办学校发展中的差距。一是办学单一。过于模式化，未能多元化发展。二是财力底气不足。只把有限的资金放在校舍建设上，教学现代化设施投入乏力。三是人才老化。以退休教师为主力的师资队伍不能适应需求。四是办学理念落后。必须创建新的管理制度，学校管理人员应掌握现代化的教育科学手段，要引导不同学校根据各自特点和优势，向不同方向发展，使办出的学校各具特色。

考察结束后，民办教育协会形成了南行考察报告，建议市委、市政府及有关部门领导应给民办教育创设更加宽松的办学环境，促使滕州市民办教育向更高层次发展。根据建议，滕州市委、市政府“人才的引进和培养”“生源的开发”“财源的开发”“费税的优惠”“收费的调节和自主”“征地建房的协调”“稳定教师队伍”等关乎民办教育发展的一系列政策相继出台，给滕州市民办教育发展开辟出了绿色通道。

为提高教学质量和办学水平，善国中学、华美中学、育英学校、育才中学、尚贤中学等都积极为教师提供外出听课学习机会，分别组织教师去北京、江苏、河南、上海等地参观学习，以接收新的教学信息，开阔视野、活跃思维、增强创新意识。省内外的一些民办学校也来滕州参观考察，交流经验。1999年滕州市接待外地参观学习的达1400余人次，2001年达到3000多人次。

（四）规范办学行为，促使民办教育健康有序发展（2006—2017年）

改革开放以来，滕州市的民办教育从重新起步到再度兴盛，形成了从短期培训、幼儿教育、基础教育、中高等职业教育等较为完备的民办教育办学体系，为教育事业的发展注入了活力。

但随着改革的不断深入，民办教育发展中突出的矛盾和问题也逐渐显现出来。主要表现在教师队伍不稳定、生源下降、部分学校招生困难，在招生宣传、学校收费、财务管理上欠规范，在追求经济利益最大和社会公益间面临矛盾，在办学体制转制上存有某种程度的跑偏倾向，公办学校与民办学校界限模糊不清，出现了“校中校”“校中班”现象，引起了社会的高度关注。

针对这种种问题与倾向，滕州市认真学习贯彻2003年颁布的《民办教育促进法》，依据国家的法律法规，坚持正确导向，用足用好一系列优惠政策，帮助民办学校克服困难，摆脱困境。同时亦严格国家规定，坚决纠正办学中的违规行为，引导民办教育继续沿着健康有序的轨道向前发展。

1. 建立健全民办教育管理制度，用足用好优惠政策

根据上级文件精神和民办教育发展实际，滕州市人民政府制定了《关于进一步加强民办学校规范化管理的意见》。随后市教育局先后下发了《关于进一步规范全市民办教育机构管理的意见》《关于进一步做好民办教育工作的通知》，并就贯彻《山东省教育厅关于严格规范民办学校办学秩序的通知》提出了具体意见和要求。重申了民办学校审查备案制度、招生广告审查制度、财务管理制度、督导评估年检制度。组织协调各民办学校创设激励机制，重视教师培训，下大气力吸引优秀骨干教师，尽可能地为教师增加工资，稳定教师队伍。联合公安、司法、工商、行政执法等政府部门，就校园安全保卫、周边环境治理、学生饮食卫生、收费退费管理等热点难点问题进行调查研究，采取治理措施。2011年联合审计局对学校财务状况进行调研，摸清了各校资产、负债财务状况，加强了学校办学风险监管。2012年针对物价上涨，人员工资增加，民办学校发展资金短缺的实际情况，协调物价部门对民办学校收费状况进行调研，对培养费和住宿费等进行了调整，一定程度上缓解了民办学校的资金压力。

为扶持鼓励民办教育发展，滕州市在经费、师资、招生诸方面提供了优惠政策。1999年7月滕州市人事局、教育委员会联合下发了《关于社会力量办学人事管理的暂行办法》。2005年滕州市人民政府办公室下发了《关于解决在编公办教师在民办学校任教有关问题的通知》。2008年，滕州市教育局、劳动和社会保障局联合下发了《关于民办学

校教职工办理社会保险的操作方案》，解决了公办教师在民办学校任教期间的编制、养老保险和自愿返回公办学校任教的问题。滕州市教育局还设立了民办学校教师人才代理办公室，为民办学校教师办理人事代理手续，解除了教师们的后顾之忧。2007年，滕州市在山东省率先落实了民办学校学生"两免一补"政策，当年为全市所有民办中小学22317名义务教育阶段学生免除杂费618万元。2011年积极为3处民办学校申请减免了取暖配套费近200万元。在招生问题上也提供了优惠政策，民办学校可以比公办学校提前半个月开始招生，在严格限制公办学校划片招生，控制班额人数的基础上，允许民办学校可以面向全市招生等。正是这一系列优惠政策，进一步促进了全市民办教育的健康有序发展，这期间又有几所民办学校相继开办：2008年，科圣中等职业学校；2013年，善国小学；2014年，第四实验小学英才校区；2016年，第二实验小学华晨校区；2017年，北辛中学善国校区。

2. 界定学校性质，清理规范改制学校

随着修订后的《义务教育法》和《民办教育促进法》及其实施细则的贯彻落实，国家对公办中小学办学体制改革的有关政策进行了调整。教育部、国家发展和改革委员会对义务教育阶段改制学校和普通高中改制学校提出了清理规范的具体意见和要求。滕州市根据上级精神，结合本市实际，广泛听取有关方面的意见，坚持因地制宜、因校制宜、宜公则公、宜民则民的原则，确定了改制学校的走向。

(1)"四独立"的民办学校

按照清理规范原则，凡按照民办机制运行且已完全达到"独立法人、独立校园校舍、独立核算、独立办学"（即"四独立"）要求的学校应明确为民办学校。滕州市义务教育阶段国有民办学校共5处，分别为育才中学、尚贤中学、育英学校、实验小学新校（分科圣路校区和文昌路校区两处）。这5处学校办学资金来源于自筹，自聘教师多，民办学校特征明显，而且办学条件优越，办学质量较高，社会声誉好，深受家长和学生的欢迎。在征求社会各界意见的基础上，经市政府研究，决定将上述5校按照民办学校设置要求，由国有民办学校改制为民办学校。截至2017年底，滕州市独资或股份制创办的符合"四独立"的民办学校共17处。除上述5处外，其余为善国中学、实验高级中学、华晨育才小学、宏港学校、华澳小学、科技职业高中、科圣职业中专、善国小学、第四实验小学英才校区、第二实验小学华晨校区、北辛中学善国校区及暂时按民办学校运行的滕州二中新校。

(2) 拟（已）回归公办的学校

山东省《关于进一步做好普通高中改制学校清理规范工作的通知》指出："对于财政性资金比例大，公办教师多等公办学校特征明显，但是按民办学校机制运行的普通高中学校应将其规范为公办学校。"根据这一要求，滕州市决定拟将滕州一中新校和滕州二中新校转为公办学校。

滕州一中新校位于学院东路，于1995年租用后洪村土地270亩（后学校又自征130亩，现实际占地400亩）所建。采取"公办民助，集资办学"的路子，用办学收费扩大自身发展和支付土地租金。滕州市执行国家规定要求，拟将其转为公办学校，改变原民办学校运行机制，执行本地同类普通高中学校招生收费政策，此项工作已于2017年完成。

滕州二中新校位于市益康大道东侧，其前身为办学陷于困境、濒临倒闭的滕州新世纪中学。受市政府委托，在政府没有任何投资的情况下，由滕州二中予以接管，并于2003年4月经枣庄市教育局批准，将学校更名为"滕州二中新校"。更名后的学校仍保持民办性质。滕州二中新校现符合"四独立"民办学校要求，但按照滕州市2010年出台的《滕州市城区中小学布局规划》，拟将滕州二中新校作为远期规划的公办学校，计划约十年左右的时间收为国有。

依托山东鲁南职业专修学院，以民办名义创办的枣庄科技职业学院顺利运行十年后，经省政府批准，于2014年转为公办性质学校。

(3) 停办或转办的学校

有些民办学校在发展过程中出于多种原因，如因受生源所困，学校管理不善或城市开发需要拆迁等不得不停办或转办。

先后停办的学校有：学良职业中专、少林武术学校、华美高级中学、奥林武术学校。

转办的有：滕文学校，转办为滕州实验小学新校。滕州新世纪中学由滕州二中接办为二中新校。育英学校、英才

滕州二中新校名人园

学校均由第四实验小学接办。

值得一提的是，1995年由离休老教育工作者马昭航（曾任滕县一中党支部书记）依托第三建筑公司筹建的艺术中学，经几年发展，于1999年更名为新华中学。当年身为学校董事长的马昭航鉴于年事渐高，且离休后再为滕州教育事业作些贡献的心愿已偿，遂将学校移交给育才中学。

（4）归口管理的短期培训机构

滕州市民办学校中21所技术类非学历教育机构（培训班）已按上级要求于2002年划归市劳动部门管理，其余短期教育类培训机构则仍由教育行政部门管理。经教育局批准且管理的这类机构主要以书法、外语、儿童绘画、作文等内容为培训重点。

3. 对民办学前教育的管理

滕州市的幼儿教育工作原由市妇联主管（市机关幼儿园则由市政府办公室主管）。1991年5月，市政府决定幼教工作由市妇联移交给市教育局主管。第二年5月，又将市机关幼儿园（后改为市实验幼儿园）移交给市教育局管理。市教育局接管后，成立了托幼领导小组，充实调整了领导力量，并专设办公室。自此全市公办幼儿园、乡镇中心幼儿园、街道村和工厂企业及公民个人办幼儿园均纳入了教育行政部门的管理范畴。

滕州市最早个人办幼儿园于1983年由东沙河乡磨坑村胡延玲夫妇利用自家房舍创办，后转为村办。1991年后，个人办园大都在城里。1991年1处，1994年4处，1999年发展到10处。

自贯彻省政府《关于学前教育改革和发展意见的通知》后，经几年努力，滕州市学前教育有了较快发展，逐步形成了以政府举办幼儿园为骨干和示范，以社会力量举办幼儿园为主体，公办和民办学前教育相结合的发展格局。

山东省教育厅、公安厅、卫生厅《关于印发山东省学前教育机构审批注册管理办法（试行）》发布后，滕州市学前教育机构登记、审批、注册实行“属地管理，分级负责”的政策，并一直坚持年检制度。

2009年3月，《滕州市清理整顿非法民办学前教育机构工作方案》发布实施，当年对全市非法幼儿园进行了为期一月的实地检查。对虽未登记但基本符合办园条件的下达暂缓注册、限期整改通知书，整改合格后，按程序申办登记注册。对办园条件差，管理混乱，达不到办园要求的幼儿园，一律予以取缔关闭。清理整顿后，在城区逐步建立以社区为基础，以实验（示范）性幼儿园为中心，灵活多样的学前教育服务网络。在农村形成以市实验幼儿园为示范，以镇街中心园为骨干，以村级办园为主体、个人办园为补充的学前教育发展格局。

为加强对民办幼儿园的管理，引导民办幼儿园向社会提供普惠性服务，增强学前教育的公益性和普惠性，2012年滕州市教育局、财政局、物价局对全市9处申请普惠性民办幼儿园进行了评估认定，其中5处合格，予以确认。

2012年5月18日，山东省民办教育协会学前教育专业委员会成立大会在滕州市举行。大会建立了学前教育专业委员会组织机构，通过了《山东省民办教育协会学前教育专业委员会章程》。2013年6月，学前教育专业委员会又在滕州召开了全省民办学前教育调研工作会议，就全省民办学前教育的发展问题进行了深入的交流和研究。

在省民办教育协会和学前教育专业委员会的领导关怀下，经滕州市广大幼教工作者的共同努力，滕州市的学前教育得到迅速健康发展，至2017年，全市共有注册民办幼儿园25处，其中省示范园5处。

三、民办教育成为滕州的闪光点

（一）“滕州民校现象”

滕州市民办教育的兴起及发展引起了社会的广泛关注，同时也得到各级领导的热切关怀。

1996年6月5日，山东省教委副主任、省民办教育协会会长吕可英等来滕州视察了滕州一中新校、育才中学和艺术中学。

1997年4月，山东省民办教育研讨会在滕州举行，滕州市有6个单位作了典型发言。

1998年9月，山东省教育督导组来滕州市调查了解民办教育发展情况。11月，枣庄市人民政府社会力量办学经验交流会在滕州市召开。

1999年11月，山东省成人教育工作会议暨民办教育研讨会在滕州举行。教育部计划发展司副司长瞿延东、山东省教委副主任齐涛、省教育督导室主任马钊及各地市教育部门领导出席会议。与会人员参观了新世纪中学、英才学校。

2002年6月，山东省人大常委会教科文卫委副主任滕昭庆，省高校工委副书记、中国高等教育管理研究会副理事长、教育部专家咨询委员会委员田建国先后来滕州视察、调研民办教育工作。

2004年3月，出席山东省民办教育工作现场会的全体代表来滕州参观指导民办教育工作。

2008年10月，全国第二届中小学人文教育研讨会暨山东省人文教育实验现场观摩会在滕州召开。与会人员参观了滕州一中新校、育才中学、实验小学等8处人文教育实验现场。教育部关工委副主任李蒙恩在会上高度评价了滕州市的人文教育，称赞“滕州教育在山东乃至全国都有一定影响，为经济社会发展作出了巨大贡献”。

滕州市作为一个县级市，创办如此众多的民办学校，且能民校之间，公办、民办之间相安共存，协调发展，在全省乃至全国产生了较大影响，山东省教育厅职业教育与成人教育处张处长称之为“滕州民校现象”。省内外的教育专家和教育新闻媒体也给予充分肯定和高度评价。2003年10月9日，《财富时报》发表了《一个城市和他的民校运营》的长篇报道。文章把滕州作为中国中等城市民办教育的一个缩影，指出了滕州市民办教育市场的魅力所在，并加以肯定。文章还指出，受教育部委托，对“滕州民校现象”进行解读的北京大学教育学院副教授阎凤娇认为，滕州市民办学校

滕州育才中学

发展特色，正集中反映了中国改革开放后，特别是市场经济之后，教育市场的巨大潜力，像滕州众多民校共存的现象，在全国也是不多见的。

（二）民办学校的骄人荣誉

滕州市的民办学校虽然在创建起步时间和办学层次上有所不同，但在发展过程中，大都能经过积极努力和不断创新，逐步形成各自的办学优势和鲜明的办学特色。

滕州一中新校创办后，提出打造“省内一流，全国知名”品牌高中的奋斗目标，倡导“和谐理校、质量立校、科研兴校、特色强校”的办学理念，强化名牌重点意识和质量目标意识。学校被确定为全国重点学校教育科研联合体山东分部理事学校，中央教科所教育创新试点（英语改革）学校等，承担了多项新课改的课题研究项目。中国航天英雄团体中的杨利伟、费俊龙、聂海胜、翟志刚、张晓光、王亚平、刘伯明、景海鹏、刘旺、刘洋都曾来校与师生互动，极大激发了师生的爱国热情。

1997 年 6 月，学校代表国家基层队赴法国瑟堡参加国际中学生田径运动会，获团体总分第一名，为祖国赢得了荣誉。2004 年成功承办了山东省第九届中学生运动会；2009 年承办了第十一届全国运动会女足比赛；此后又多次承担全国女足和中国足球协会乙级联赛任务。学校名牌战略年年有突破，2008 年考入北京大学、清华大学 11 人，2013 年、2014 年山东省高考理科状元均出自该校。

由滕州华夏文化促进会创办，委托滕州一中管理的育才中学，借助一中的管理经验，很快形成了自己的一套行之有效的管理模式。学校的“问题导学——合作探究——训练反馈”的三段式教学模式被山东省教育厅纳入“十一五”教研课题规划，省教育厅领导称赞“滕州育才中学的校本课程建设为我们提供了一个成功的范例”。

为加强国际化教育交流，学校与美国的柯伊勒卡希帝中学、澳大利亚的坎贝尔中学结成了姊妹学校。学校还承接了国家重点项目——“孔子学堂”，被省教育厅授予对外传播中华文明文化学校。

1997 年山东省首届社会力量办学现场会在育才中学召开。2008 年学校作为实验基地和主会场之一，成功承办了全国人文素质教育现场会，进一步扩大了学校影响。

学校自创办以来，教学成绩一直在全市遥遥领先，每年升入滕州一中的学生均占一中招生总人数的三分之一左右。据建校 20 周年校庆统计，曾在该校初中就读后考入北大、清华的达 36 人之多。学校先后被评为“山东省民办教育三十佳品牌学校”“全国民办教育先进单位”“全国民办教育改革与创新示范学校”。

善国中学初创时就定下了“一年打基础，两年上水平，三年见成效”的奋斗目标，学校先后投入 2 亿元建起了高标准的教学楼、科技楼、公寓楼、多媒体教室、电子监控、远程教育等现代化教学设施。引进山东师范大学二附中、附小及附小幼儿园进驻本校，形成了幼儿园、小学、初中、高中协调发展的教育集团。学校先后荣获“山东省花园式单位”“山东省规范化学校”“全国先进民办中学”等称号。

华晨育才学校是所农村寄宿制学校，学校的创办吸引了附近及山亭区西部村庄的学生来校就读。特别是该校根据当地外出务工家庭的实际，开办了“留守儿童托管班”，被山东省妇联确定为“留守流动儿童快乐活动站”。2015 年 7 月，学校被中共上海市委党校和山东青年政治学院分别定为社会实践基地。

以民办名义申办的枣庄科技职业学院建校后，按照国家规定，面向山东、江苏、河南、内蒙古、辽宁、黑龙江、甘肃、湖北、江西、四川、云南、贵州等省（区）招收普通专科（高职）生，年年超额完成招生任务，且生源质量逐年提高。

学院设有机械工程系、电气工程系、信息工程系、建筑工程系、医学技术系，高中技工部等 6 个教学系（部）。相继与山东大学、中国海洋大学等国内著名高校建立了联合办学关系，形成了具有研究生课程班、本科、专科三个层次的学历教育。成立了江南、胶东、鲁南等就业办事处，加入南方、上海、北京等人才市场，多方组织参加省内外技能人才推介会，学生就业率稳居 96% 以上。荣获“山东省教学示范学校”“山东省就业明星学校”和“就业服务先进集体”等称号。

2008 年 12 月，山东省高等教育管理科学研究会年会在滕州召开，与会专家领导对学院建设、管理和办学成就给予高度评价。建院十年来，完备的教学设施，高质量的办学水平在社会上产生了广泛影响。为适应职业教育发展的新形势，山东省人民政府于2014年批准将学院由民办转为公办。

英才学校在创办发展过程中，逐渐形成了英语和体育两大特色。2001年5月，山东省《欢乐英语》教学现场观摩会暨山东省民办学校英语教学研讨会在该校举行。2002年6月，该校学生刘青在法国举行的第二十七届中学生运动会上为中国队夺得一枚田径金牌。2017年，由第四实验小学接办的英才校区被教育部认定为“中小学国防教育示范学校”。另外实验高中、尚贤中学、实验小学新校也都始终注重学校管理，取得了良好的办学效益，受到了社会的广泛好评。

（三）民办教育的社会贡献

1. 缓解了公办学校的压力

自20世纪八九十年代起，滕州市进入生源高峰期。恰在此时，民办学校开始陆续兴办，相当一部分学生进入民办学校，这大大缓解了公办学校的招生压力。统计显示，2001年滕州民办高中招生3295人，占当年全市高中招生总数的近50%，民办初中招收6017人，占城区初中招生总数的66%。2015年，根据国家政策对民办教育进行依法依规整顿后，滕州市的民办学校招生仍占很大比例，民办初中招生占城区的40%，民办高中段（含普通高中、职业高中、职业中专学校）招收9063人，占36.4%。可以说，民办教育撑起了滕州城区教育的半壁江山。

2. 减轻了财政负担

“无论是白手起家的育才中学，还是靠租地兴建的一中新校，从初建到形成如今规模，全靠学校自筹资金，没要政府一分钱投资。”当年的学校创始人吕逸昆在谈及滕州民办教育的发展时十分感慨。事实正是这样，滕州市各民办学校漂亮的教学楼、完备的教学实验设施、宽敞的操场，全靠各自的努力，并形成一个个闪亮的滕州名片。不仅如此，民办学校还每年为滕州市的财政节省一大批支出，滕州市在2005年《关于解决在编公办教师在民办学校任教有关问题的通知》中指出：“民办学校教师工资每年为市财政节省达3100万元”。此后这个数字逐年有所增加，2010年为市财政节省6065万元，2017年增加到1.44亿元。

3. 带动了第三产业发展

民办教育不仅是对政府举办的各类学校的重要补充，而且形成了一个大产业，在改革开放中起到了特殊的重要作用。经济的增长拉动了教育需求，而民办教育的兴起壮大又对经济的发展起到了积极的刺激作用。对启动内需，促进地方各项事业的同步发展有着重大的现实意义。民办教育的发展拓宽了社会就业渠道，增加了就业岗位，拉动了建筑、物流、交通、餐饮、种植、养殖等相关产业，直接对当地的经济社会提供服务。

4. 满足了社会需求

滕州市民办教育的发展满足了社会多样化、多层次的学习需求，扩大了教育供给，无论是中小学教育还是职业技术教育，均为社会提供了广阔的选择空间。特别是一些寄宿制学校，对学生提供学习、食宿、活动等全方位的优质服务，既保证了学生的学习和身心健康，又解除了家长的后顾之忧。

滕州市各类民办学校为社会培养了大批各方面人才。除向高一级学校年年输送优秀生源外，还为社会各行业如工矿机械、商贸、医疗卫生、农林、安保等提供了一批又一批高中初级所需技术人才，为滕州市的社会经济发展和文化教育事业的繁荣作出了重大贡献。

5. 公办民办学校形成良好的竞争格局

民办学校所显现出来的独特的办学优势和广阔的发展前景，以及在社会上所产生的深远影响，既为滕州的教育事业增添了光彩，也进而激发了公办学校的内部活力和办学效率。随着国民经济的不断发展壮大，滕州市教育的投入也逐年增加。市财政教育投入从1996年的7858.3万元增至2015年的18.4亿元，20年间增长了23倍。教育投入的加大，促使各级各类公办学校的教学设施、师资队伍和办学实力的普遍提高，全市公办学校的发展驶入了快车道。滕州市公办学校和民办学校由最初的生源竞争、师资竞争，逐步形成如今的教学管理、教育质量、社会评价的竞争。滕州市公办民办教育协调发展，同步前进的良好格局已呈现在广大人民面前。

四、滕州市民办教育发展的经验启示

（一）地方政府的关心支持至关重要

国家一系列关于民办教育的方针政策为滕州市民办教育的发展提供了法律保障。而政策法规的落地生根，则取决于市委、市政府的贯彻力度。纵观滕州市民办教育发展的每一步，都与地方领导的关怀支持分不开。育才中学创办开学，市四大班子主要领导都亲临现场为学校揭牌。滕州一中新校在建设过程中，市主要领导多次前往施工现场视察，并在滕州一中召开市委常委会，现场办公，就地解决办学中的问题。市委、市政府多次召开民办教育工作会议，制定了多项鼓励支持民办教育发展的地方性意见，并表彰办学中的优秀个人和学校。对上级领导所提出的意见，市里都及时拿出跟进整改措施。对公办教师到民校任教的进出问题、涉及民办学校教师养老保险等社会保障的切身利益问题都给予圆满解决。可以说，滕州市委、市政府在滕州民办教育的发展中，既是掌舵者，又是各部门间的组织协调者，更是民办学校健康有序发展的积极推动者。

（二）教育专家的创业示范作用不可低估

民办教育虽然在历史上的不同时期都出现过，并都发挥过重要作用，但在改革开放初期，在政府包揽教育的旧体制面前，社会力量举办学校仍被人们视为新生事物。在涉足改革、触动旧体制时，并不是所有的人都能充分理解，积极参与，更少有人勇立潮头，敢为人先。虽然国家有政策，社会有需求，地方有闲散资金支持，但诸事具备，还欠东风。而在民办教育兴起的关键时刻，能起到“煽风点火”的人正是吕逸昆。在这位山东省专业技术拔尖人才、受国务院表彰、享受政府特殊津贴的滕州知名教育专家的运作下，育才中学、一中新校、新世纪中学、英才学校、实验高级中学相继创办成功。他还将这把火引发到周边地区甚至海南，催发了鲁南地区民办教育的蓬勃兴起。虽然滕州民办教育的发展在一定程度上依附于名校（滕州一中），挂靠于像他这样的专家名人，但他并不十分看重自己的名人效应，而是扎扎实实、认认真真地为滕州的教育事业深谋远虑。初创时，缺钱缺物缺地点，他亲自出马，四处筹措资金，联系临时校舍，落实建校租地；学校创办成功，积累了一定资金后，他却在经济财物面前洁身自律，经受住了改革大潮的严峻考验。为滕州民办教育的兴起和发展作出突出贡献的还有王裕安。这位曾先后任滕州一中校长、滕州市人民政府市长、枣庄师专校长的山东省中学特级教师，积极参与了新世纪中学、英才学校的创办，可以说他把一生的大部分心血都倾注在了教育事业上。另一位受国务院表彰、享受政府特殊津贴、在省内外享有声望的中学特级教师王牧天也同样为滕州民办学校创建、发展、教学研究，引进和推介南方民办学校先进的办学理念等都发挥了重要作用。滕州一中原校长崔继忠，不仅把滕州一中新校、育才中学继续做大做强，而且筹集社会资金，创办了股份制滕州民办实验高级中学，被评为山东省民办教育十佳校长。滕州一中原政教主任、山东省中学特级教师王振喜，受命参与创办育才中学、英才学校并先后担任校长，在学校创建、学校管理、学校发展上均做出一定贡献。回顾滕州民办教育的发展历程，从艰辛走向成功，滕州的教育专家贡献巨大，功不可没。

（三）办学者的综合素质不可忽视

教育的发展需要庞大的资金投入。滕州市一些热心教育的民营企业家把个人经商、办企业赚到的钱拿来办教育，从最初的租赁社会闲置房舍办学，到后来征地建高标准的学校，投入了大量的资金，推动了滕州市民办教育的发展壮大。善国中学、华美中学、滕文学校、华澳小学、华晨育才学校、科技职业高中、宏港学校等都是由企业家独资创办的，他们为提高滕州教育整体水平和办学档次同样作出了突出贡献。

经过 30 余年的发展，滕州市民办学校出现了两极分化的现象，从中透视出举办者综合素质的重要性。

在民办学校发展过程中，一些举办者不正确的指导思想逐渐暴露出来。他们过重考虑学校营利，不尊重人才，忽视学校正常管理，对教学人员的工资待遇过于苛刻，失去了社会信誉，将学校很快引上短命之路。还有一些举办者在学校初显成效时，头脑过热，没有充分考虑自身的经济实力，缺乏前瞻性和学校发展中可能存在风险的意识，借贷投资，盲目扩建，以至负债严重，银行还贷成沉重包袱。这些学校后来招生困难，收费锐减，陷入困境，难以正常运转，最终不得不将学校转办或停办。

（四）教育主管部门的管理必须到位

在滕州民办教育发展的 30 多年历程中，滕州市教育主管部门的历任领导解放思想，大胆作为，始终把民办教育视为教育事业的重要组成部分，严格管理。除对上积极争取政策及市领导的支持，对外积极协调相关部门解决民办学校的征地、建房、水电供应等实际问题外，对内则依据国家法律法规，规范办学行为，形成一套完整有效的民办学校管理模式。

一是必须引导民办学校端正办学目的，依法办学。要求各学校严格收费制度，遵守招生规定，规范广告宣传，防止虚假招生广告欺骗误导群众，扰乱民办教育发展秩序。

二是必须加强学校内部管理。在政治上加强党团及工会组织建设，充分发挥党团员先锋模范作用，调动广大教职工的工作积极性。在教学上建立质量评价、监测和成绩考核机制，和公办学校同评价、考核、奖惩。在教师队伍建设上，不断完善人事代理制度，使教师进出顺畅、自由，并能安心工作。

三是必须严格后勤财务管理。民办学校要按规定设置后勤机构，建立严格的财务管理、审计制度，对校产投入、债权债务进行评估审计，防止转移、挪用、侵吞学校资产行为。

四是必须注重学校的安全管理。各学校要加强安全教育，增强安全防范意识，建立严格的安全保卫制度，做到制度到位，责任到人。

五是必须坚持正常的督导年检制度。检查督导不仅要注重督查效果，更要注重督查的全过程，确保年检督查行之有效。

习近平总书记在党的十九大报告中指出：“建设教育强国是中华民族伟大复兴的基础工程，必须把教育事业放在优先位置，深化教育改革，加快教育现代化，办好人民满意的教育。”“支持和规范社会力量兴办教育。”教育包括民办教育属社会公益性事业，惠及千家万户，关系民族未来，学校包括民办学校都肩负着传承人类文明，传播文化知识，培养祖国建设人才的神圣使命。在改革开放的大潮中，滕州市民办教育沐浴在党的教育方针下再度兴起、健康发展，伴随着国家改革开放的步伐不断前行壮大。滕州市民办教育的长足发展，得益于国家法规政策所提供的保证，得益于各级领导的支持关怀，得益于广大教育工作者特别是民办教育工作者的辛勤努力和不懈探索。民办教育已成为滕州市教育事业的重要组成部分，是新时期滕州改革开放的一项标志性成果。民办教育所呈现的成长性和生动活力，展示了滕州市教育事业广阔的发展空间和美好的发展前景。

审稿人：朱成民

撰稿人：陈允立　柳春生

滕州林业改革发展情况及成就

滕州林业发展与全国林业发展历程一样，只是在不同时期的林业发展进程中，按照党和国家发布的林业建设指导方针和基本政策，结合滕州实际，做出相应的科学决策。

一、发展历程

（一）改革发展起步阶段（1978—1988年）

1978—1980年，滕县林业生产的精力主要集中在对林地资源保护上，严厉处置了数起恶性毁林案件，有力维护了林业生产基础。1980年以后，随着农村经济政策的放宽落实，各种形式的林业生产责任制在全县各地逐步建立起来。为了进一步稳定山权林权，划定自留山，确定林业生产责任制，1981年10月，滕县人民政府根据山东省人民政府《关于保护林木发展林业的若干规定》精神，组织抽调县直有关部门干部和各乡镇林业干部40余人，在东沙河乡堌堆管区颜吉山大队进行了林木确权发证试点，12月全县林业“三定”工作基本结束。通过林业“三定”工作，进一步划清了国家、集体和社员个人的山林权属，普遍颁发了山林权证书，改变了过去山林权属不稳、界限不清、责任不明的混乱状况，调动了广大群众造林营林的积极性。在此基础上，1984年8月，滕县人民政府认真贯彻山东省人民政府《关于进一步放宽林业政策的若干问题》的精神，进一步放宽林业政策，普遍推行林业生产责任制。1984年11月，中共滕县县委批转了滕县林业局《关于党山乡荒山承包情况的报告》后，全县各地各种不同形式的林业生产责任制迅速发展起来，到1985年底，全县共涌现出林业专业户1918户，承包经营面积86225亩，占全县宜林荒山总面积的70%。林业生产责任制的建立，不仅有效地保护了现有林业资源，而且为广大林业专用户兴林致富开拓了广阔的前景，为加速绿化、发展多种经营提供了新的经验，有力地推动了全县植树造林运动的新发展。

1980年11月，按照《山东省县级林业资源清查和林业区划工作方法》的要求，结合全县具体情况，滕县林业局组织了45人参加的林业调查队，对全县林业资源进行了全面清查，初步把全县划分为两个大区4个亚区，即滕西平原农田林网、用材林基地（本区也是一个亚区）和滕东山地丘陵水土保持林、经济林区以及莲青山水土保持林、枣（条）粮间作亚区；滕东南丘陵水土保持林、木本粮油林亚区；高山水源区、木本粮油亚区。林亚区划，为全县林业建设的发展提供了科学的依据、正确的方向和实施绿化造林总体规划的关键措施，对加速四个现代化建设，尽快实现平原和山区两个绿化体系，振兴滕县林业经济都具有很大的指导意义。

1981年12月13日，全国人大通过了《关于开展全民义务植树运动的决议》，规定：“凡是条件具备的地方，年满十一岁的中华人民共和国公民除老弱多病残者外，因地制宜，每人每年义务植树3—5棵，或完成相应劳动量的育苗、管护和其他绿化任务”。早在1980年2月，中共滕县县委、县政府就开始着手“植树节”的准备工作，2月22日，滕县总工会、共青团县委、县妇联、县教育局、县林业局联合下达了《关于在“植树节”期间开展植树造林突击活动的联合通知》，规定从3月10日到4月15日，突击半月，掀起植树造林新高潮，迎接80年代第一个“植树节”。3月12日，县委县政府机关干部近千人，参加了国营木石林场植树活动，营造刺槐、榆树丰产林近百亩。1981年12月，随着《关于开展全民义务植树运动的决议》的颁布，各级党委和政府普遍建立了绿化机构，加强了全民义务植树运动的领导。滕县县委、县革委确定每年3月12日“植树节”为全县义务植树日。1982年3月7日，滕县人大常委会第六次会议起草并通过了《滕县人民政府关于开展全民义务植树造林运动实施方案》，1983年滕县人民政府成立了“滕县绿化委员会”，各公社（镇）也都普遍建立了绿化领导小组。从1982年到1988年，各级绿化委员会协助党、政、军领导机关广泛发动工人、农民、青少年、妇女、科技人员、干部、居民和人民解放军指战员，组成浩浩荡荡的造林绿化大军。从山区到平原，从城市到农村，到处可以看到人民群众为绿化祖国而战天斗地的动人场面。

1980年前，滕县林业建设的重点主要放在东部和北部山区。1978年3月，中共滕县县委统一规划，组织界河、龙阳、东郭等6社，建立了红枣基地，大枣发展到94.7万株。1982年10月，中共滕县县委成立了“山区建设指挥部”，加强了山区建设领导。1984年中共滕县县委确定了决不放松粮食生产，以发展乡镇企业、畜牧业和林果业作为农村产业结构调整的突破口，在搞好粮食生产的同时积极发展多种经营、实现“翻番”的正确方针，全县桐粮间作和用材林基地建设掀起了一个新的高潮。桐粮间作面积达12504亩，共营造用材林基地7474亩。1985年2月5日，滕县人民政府印发了《关于实现八十万亩农田林网化的意见》要求各地把实现

80万亩农田林网化当作1985年春节过后“农田基本建设的第一个硬仗来打”。高质量、高标准地完成了789条，长达2000公里的林网绿化任务，共植树244万株。1985年11月，中共滕县县委提出“向罗汉山进军”的口号，要求“统一规划、分期治理、由下而上、由点到面、先易后难、三年完成”。经过近半年时间的艰苦奋战，栽植大金星、大货、敞口、黑红等优良品种山楂98万株，总造林面积6000亩，建成了中华人民共和国成立以来全县第一个比较集中成片的山楂生产基地。1986年3月12日，由县委、县政府、县人大、县政协、县绿化委员会和各部、委、办、局组织全县64万余人开展了“绿化县城”行动，引领全县人民开展造林绿化，发展林业。1987年2月28日，中共滕县县委下发《关于领导干部分包乡镇绿化工程的通知》。3月1日，中共滕县县委、滕县人民政府下发《关于大力发展林业实现绿化县的意见》，进一步强化了组织领导，加快了全县造林绿化步伐。

（二）林业快速与科学发展阶段（1989—2016年）

1. 林业生态建设步伐加快

1989年以来，滕州林业生态建设步入了飞速发展的轨道。为切实提高全市林业生态建设水平，滕州市委、市政府主要领导定期听取林业工作汇报，长期坚持现场办公，帮助林业部门拿规划、定措施、解难题；把造林绿化工作列为全市重点工程，实行领导任期绿化目标责任制，层层签订造林绿化目标责任状，采取市级领导帮包镇，镇级领导包村、村干部包山头责任制，推进造林绿化工作的开展。

1989年2月14日，滕州市政府召开滕州市农田水利基本建设和绿化签状现场会，市长与各乡镇签订了为期5年的领导任期绿化目标责任状。1991年，滕州市人大常委会通过了《关于加快林业发展的决议》，号召全民动手，着眼“八五”，因地制宜制定林业发展规划，努力搞好山（丘）区、平原两个绿化体系和丰产林、经济林两个基地建设，奋战一年实现平原绿化达标，五年实现荒山面貌大改观。1991年滕州市委、市政府出台文件，提出了“两年消灭荒山，五年绿化滕州”的奋斗目标。1994年，滕州市人民政府下发了《关于加快林业发展强化林木管护的通告》，提出造林绿化工作的重点是建设“三个体系”“两个基地”。三个体系是：“山区绿化体系、平原农田防护林体系、城市绿化体系”；两个基地是：“用材林基地和经济林基地”。实行“山水林田路”综合治理，积极开展封山育林，实行封、留、造、管并举，增加植被覆盖率。

1996年以来，滕州市把发展林业作为调整优化产业结构，促进经济和社会快速健康发展的一项战略措施来抓，以提高林业效益为目标，以依法治林、科技兴林为手段，以实施高标准农田林网、绿色通道、经济林、封山育林四大工程为重点，抓住黄淮海、世行农业综合开发的机遇，先后实施了平原绿化、荒山绿化，黄淮海农业综合开发、世行贷款项目建设、淮河太湖流域防护林工程建设等重点造林工程，林业工作实现了新的突破。2003年底，全市有林地面积达到22.3万亩，其中经济林面积达到11万亩，林木覆盖率达到20.1%，林木蓄积量达到150万立方米，果品总产量达到10万吨。

2002年，滕州市着手实施绿色通道建设工程，对京福（现为京台）高速公路滕州段进行全线绿化，单侧绿化宽度50—100米，形成了纵贯滕州南北的绿色长廊。2006年，山东省创绿色家园、建富裕新村行动现场会在滕州召开，拉开了滕州市创绿建富的序幕，滕州市被评为全国首批绿色小康县，五户家庭被评为全国绿色小康户。

2006年，滕州市委、市政府颁发了《关于加快林业发展建设绿色滕州的决定》，将滨湖湿地保护列为全市重点工程之一。2006年7月，编制完成了《山东滕州滨湖国家湿地公园总体规划》并通过初审。2006年11月，国家林业局专家考察评估组对滨湖湿地申报国家湿地公园进行评审，2007年1月，山东滕州滨湖国家湿地公园获国家林业局批准开展山东滕州滨湖国家湿地公园试点工作，成为山东第一处国家级湿地公园。2007年3月，滕州市成立了山东滕州滨湖国家湿地公园管理委员会，负责滨湖国家湿地公园的保护与开发工作，在确保湿地公园生态功能完整的基础上，先后建成了红荷广场、红荷精品园、湿地游憩园、休闲度假园、水上娱乐园、百荷诗廊、水上观光、湖岛探幽、《铁道游击队》外景拍摄地、小渔村、盘龙岛、钓鱼岛等工程。与中科院武汉植物园合作开发了水生植物园，新培育各类水生植物240多种，成为中国最大的水生植物基因库之一；与南京林业大学合作建成了微山湖湿地博物馆，成为微山湖湿地文化和运河文化的载体、湿地科普宣传教育基地。2010年2月，枣庄市政府批准成立“滕州微山湖湿地管理委员会”。2012年5月，滨湖国家湿地公园试点工作通过了国家林业局湿地管理中心验收，正式获批首批国家级湿地公园。

2010年，林业局向市委、市政府提出了在东部山区打造国家级森林公园的战略思想，并得到了市委、市政府的大力支持，于2011年4月成立了森林公园管理委员会，推进国家级森林公园创建工作。为满足创建国家森林公园面积需求，经多次考察论证，市委、市政府决定将墨子故里省级森林公园、柴胡店省级森林公园、莲青山省级地质公园三个片区进行整合，作为滕州墨子国家森林公园进行申报。2011年10月，滕州国家墨子森林公园申报工作通过初审，并编制完成了《拟设立滕州墨子国家级森林公园可行性研究报告》。2012年，制作完成了《墨子森林公园风光图片集》和《墨子故里·林海仙境风光片》，集中展示了墨子森林公园的森林资源、地貌景观、天象景观、水文景观、人文景观、基础设施和滕州景区景点。2012年12月，滕州墨子国家森林公园通过国家林业局专家评审。2013年1月，国家林业局准予设立山东滕州墨子国家级森林公园；3月，国家林业局颁发国家森林公园铜牌；4月，分别在墨子故里片区、柴胡店片区（梨花节）、莲青山片分别举办了挂牌仪式。

2012年以来，滕州市接连启动了省级森林城市、全国绿化模范市和国家森林城市创建工作，承担了枣庄市创建国家森林城市的主要任务。创建过程中，滕州市围绕山丘、平原、通道、水系、城市、镇村六大平台，重点实施了秀美荆河绿色长廊建设、青龙山系北麓骨干绿道建设、中心城区东南部生态长廊建设工程、重点区域荒山绿化、京台高速公路绿色通道提升完善、城市绿化和环城绿带建设等重点林业生态工程，以点带面推进全国绿化模范市创建工作。

2012年，滕州市启动了首批“山东省森林城市”创建活动，积极构建“一环、两城、三网、四廊、多组团”的城市森林体系，集中组织实施“八大绿化重点工程”，全面加快了“六大森林体系”建设。滕州市委、市政府成立了创森工作领导机构，先后制定出台了重点森林绿化工程、绿色生态建设、创森工作考核等系列政策措施，加强组织领导，广泛宣传发动，不断强化措施，加大投入。全市共完成成片造林5.8万亩，新发展花卉苗木6700亩，新建完善农田林网6万亩，初步呈现城区、近郊、镇村绿化交相辉映，水网、路网、林网绿化纵横交错，生态林、产业林、景观林三林共建的全市造林绿化新格局。2013年，滕州市正式通过省级森林城市验收组检查验收，被列入首批“山东省森林城市”，为滕州市进一步争创“全国绿化模范市”奠定了坚实基础。

2013年，滕州市委、市政府在成功创建省级森林城市后，提出启动全国绿化模范市创建工作，按照“绿水文结合、点线面突破、造管用并举”的工作思路，强化生态建设，破解制约瓶颈，弘扬生态文化，实现了经济效益、社会效益和生态效益的协调发展。滕州市委、市政府专门成立了创建工作领导小组，累计投入1300万元，聘请国家林业局调查规划设计院制订了确立了总体规划，确立了“一城一环三网三区十廊多组团”创建总体框架，努力构建点上绿色成景、线上绿色成荫、面上绿色成片的绿化规划体系。

2012年，创建全国绿化模范市工作会议

创建期间，围绕山丘、平原、通道、水系、城市、镇村六大平台，重点实施秀美荆河绿色长廊建设、青龙山系北麓骨干绿道建设、重点区域荒山绿化等29项重点林业生态工程，以点带面推进全国绿化模范市创建工作开展。完成荒山造林10万亩，新增平原绿化5.01万亩，高标准建设农田防护林网24.3万亩。创建省、市级花园式单位和小区122个，新增城区绿化面积300万平方米。实施了青龙山绿道、秀美荆河两岸坝堤绿道、京台高速公路、红荷大道、新104国道、龙泉路、东木路等20余条道路的绿化提档升级，完成城乡道路绿化697.8公里，打造特色休闲旅游绿道168公里。全市镇村森林完成造林8670亩，新建围镇围村林16处，新发展美丽乡村215个；累计建设市级绿化模范村373个，其中2个村被评为全国生态文化村，64个村被评为省级绿化示范村，5个镇被评为省级绿化模范镇。滕州市林地面积达到46.6万亩，林木覆盖率达到34%；城市建成区绿化覆盖率达到40.1%，绿地率达到38.5%。2015年11月，滕州市正式通过全国绿化模范市核查验收组核查，2016年2月29日，全国绿化委员会正式授予滕州“全国绿化模范城市”荣誉称号。

2. 林业产业实现跨越发展

2010年，滕州市出台了《关于加快林业产业发展的意见》，实施林业产业“3458”发展战略，即：培育30家龙头企业（年产值1000万元以上），做强4大生态旅游主体，建设5大产业基地，培植8个林业产业强镇街（年产值5000万元以上），实现林业总产值达到24亿元，增长率12%以上。经济林面积达到16万亩；种苗花卉生产面积达到3.5万亩；速生用材林面积达到13万亩；年森林旅游、湿地观光人数达到100万人次以上。2011年3月，滕州市委、市政府出台了《关于进一步加强林业产业化建设的意见》，任务是全市新发展经济林6万亩，景区景点绿化4.3万亩，苗木花卉3万亩，湿地植被恢复3万亩，退耕还湿0.3万亩，培植林产品加工龙头企业30家，创建国家森林公园1处。力争在全市建成一批产出能力强、示范作用大、生态改善明显、以林业产业化建设综合提升为主体的高标准林业产业基地和生态旅游景区景点，林业产值年增长率12%以上，实现林业总产值24亿万元。2011年，初步形成了森林、湿地旅游业、种苗花卉业、经济林产业、林产品加工业和林下经济六大林业产业体系。2013年，制定了《滕州市林业产业实施方案》，主要任务是到2013年底，在东郭镇建设中药材基地1000亩；在龙阳镇培育名稀苗木、花卉1000亩；在滨湖镇发展林下渔5000亩；在柴胡店镇发展经济林下养鸡300亩。新增5000万产值的木材加工企业5个；林产品深加工企业5个。

滕州市委、市政府将林业专业合作社作为林业产业发展的重要经营主体，2010年出台了《关于加快农民林业专业合作社发展的实施方案》，鼓励大力发展林业专业合作社，切实加强对林业专业合作社的指导、规范、扶持和服务，每年列支资金用于支持林业专业合作社开展信息、培训、林业生产基础设施建设、市场营销和技术推广等，并在税收、注册登记等方面实行税费减免政策，扶持壮大了一批林业专业合作社。

在推动合作社发展过程中，总结出了“市场+合作社+林农”和“公司+合作社+基地+林农”两种主要运作模式，重点帮助林业专业合作社健全完善了民主管理、生产经营管理和利益分配三方面机制，并选择发展潜力大、示范带动作用强、运作规范的农民林业专业合作社，作为示范进行重点培育。

2012年，滕州市承担了第五届山东省花卉博览会的筹办工作，是滕州近年来组织实施的规格最高、规模最大的林业综合性展会。第五届山东省花卉博览会是2012年以省政府名义主办的36个活动之一，由省政府主办，省林业厅、枣庄市政府共同承办，滕州市具体实施。滕州市委、市政府明确提出要举全市之力办好花博会，成立了筹备工作领导小组，由市级领导干部牵头成立了7个筹备工作组。2012年9月28日至10月8日，以“花开齐鲁·幸福滕州”为主题的第五届山东省花卉博览会在滕州成功举办，成为举办以来展区总体规模最大、展示作品范围最广、品种最多、质量最高的一次全省花博会。省林业厅批准在滕州建立山东省鲁南花卉交易中心，这也是目前鲁南地区唯一的省级花卉交易中心，对于加快滕州乃至鲁南区域的花卉产业发展具有十分重要而深远的意义。

3. 深化集体林权制度改革

2009年，滕州市被省政府确定为全省集体林权制度改革试点县，市委、市政府出台了关于进一步加强集体林权制度改革工作的意见，始终坚持因地制宜、以人为本、公平公开的原则，科学确定林改模式，充分发动群众，积极稳妥地推进集体林权制度改革，圆满完成了主体改革任务。全市38.4万亩集体林地全部纳入林改范围，共发放林权证32511份、股权证31284份，真正做到了“树定根、山定权、人定心”。

在改革过程中，积极推进改革内容、程序、方法、结果“四公开”，实行全程“阳光操作”，切实维护了群众的知情权、参与权和监督权。特别是对于群众最为关注的勘界和确权发证工作，全面推行“村组干部、五老人员、申请人、四邻到场，村主任、林业站长、勘界工作组长、当事人及四邻签字”的“四到场、四签字”制度，对适宜家庭承包的林地，按照群众意愿采取“均分”模式，实行家庭承包和自愿联合承包，做到了“均山（林）到户，人人有份”，有效保证了农民的初始分配权力。对于已经进行旅游开发和具备开发条件的大面积的森林资源，采取“均股”模式，进行整体开发，实现了资源、利益共享。对于不适宜均分到户、具备规模经营条件的，采取“均利”模式，按照“大户承包、群众均利”的原则进行林改，实现了村集体与农户的双赢。

2010年，滕州市参加全国林改典型县座谈会，滕州市委书记代表滕州出席会议并作了典型发言。10月19日至22日，全省集体林权制度改革业务培训班在滕州市举办，来自全省17个地市134个县的200余名业务骨干参加了培训，推广了滕州市林权制度改革取得的成果。2012年，市政府组织召开了全市金融支持林权制度改革推进会议，下发了《关于转发中国人民银行滕州市支行滕州市林业局关于开展林权抵押贷款工作的意见的通知》、林权抵押贷款业务简介和操作指南，启动推广了林权抵押贷款金融支持创新模式。

2013年，在完成集体林权制度主体改革的基础上，滕州市积极探索集体林权制度配套改革，探索出了“五个抵押条件、四个权利保障证明、三项优惠措施、二项组织保障机制、一个贷款合同”的“五四三二一”林权抵押贷款操作模式；2014年，建立了集信息发布、林权登记、交易管理等功能于一体的林权流转管理服务中心和森林资源评估中心；鼓励农民按照“依法、自愿、有偿”的原则，在不改变林地所有权、承包权性质的前提下，通过转让、出租、转包、抵押等形式，加快推进林地经营权流转，提高林业生产经营的规模化、集约化水平。滕州市跻身全国林改百强县，先后在全国、全省集体林权制度改革经验交流会和全省农村工作会议上作了典型发言。

2015年，滕州被确定为全省首批林地经营权流转改革试点县。为此，滕州市委、市政府高度重视，广泛开展了调研论证，并组织了技术人员前往浙江龙泉、江西贵溪等地学习外地先进经验，出台了《滕州市林地经营权流转证试点方案》和《滕州市林地经营权流转证登记管理办法》，制作了林地经营权流转证、流转合同范本，将集体林权和个人承包经营的林木所有权、使用权、经营权进行公开流转，明确了办证所需的7个方面的申请材料和“申请、受理、审核、勘验、公示、发证”6道程序，依托滕州土地产权交易平台，及时对林地经营权的转让、受让、交易等相关信息进行发布和交易，建立完善了公开透明的市场规则和流转保障制度。

同年，滕州市启动了政策性森林保险试点，采取政府财政补贴80%，林农自行承担20%的做法，将全市公益林纳入保险范围，并逐步探索商品林保险模式，进一步提高了林农抵御风险的能力。

4. 林业资源得到有效保护

2012年，滕州市根据《山东省人民政府办公厅关于编制林地保护利用规划的通知》文件精神，编制完成了《滕州市林地保护利用规划（2010—2020年）》。规划编制后，滕州市严格按照该规划发展林业生产，净增加林地面积3707.07公顷；建设开发项目5个，依法使用林地9.614公顷；限额采伐林木3.2万立方米。圆满完成了阶段性规划任务目标。2015年，滕州市按照国家、省、市林业部门对林地变更调查工作的部署和安排，在分析林地资源消长动态以及林业建设工程对林地保护利用规划影响的基础上，对滕州市林地保护利用规划进行修订了完善。滕州市林业用地总面积为23695.39公顷，占土地总面积的15.85%。根据林地区位及用途，将滕州市林地质量等级规划为3个保护等级。Ⅱ等林地15423.22公顷，占林业用地总面积的65.09%；Ⅲ等林地5793.85公顷，占林业用地总面积的24.45%；Ⅳ等林地2478.32公顷，占林业用地总面积的10.46%。通过科学分区，合理布局，明确不同保护等级林地的主要保护利用方向及发展重点，实施差别管理，提高林地利用效率，最大限度地发挥了林地的生态、经济和社会功能。

2012年，全国第二次湿地资源调查数据结果显示，滕州市共有各类湿地面积6809.3公顷，分为滨湖、河流、塌陷地、库塘4个类型。其中河流湿地4407.23公顷，水库、塘坝、采煤塌陷地湿地177.85公顷，湖泊湿地2224.22公顷。

滕州市委、市政府坚持湿地资源可持续发展的基本原则，积极建设湿地公园，全面维护湿地生态系统的生态特性和基本功能。滕州滨湖国家湿地公园于2007年开始创建，2012年通过国家林业局验收，成为我国首批国家级湿地公园；滕州城郭河湿地公园、薛河湿地公园于2013年11月，荆河湿地公园于2015年11月，鲁班湿地公园于2016年12月被批准为山东省级湿地公园；同时建成白龙湾湿地公园、七星湖湿地公园、城河湿地公园、墨子湿地公园等5处市级公园，建成鲁班生态文化园、北沙河湿地公园、九村湿地公园等11处县级湿地公园；2015年，滕州市委、市政府抓住南水北调工程建设的机遇，创造性地推动南水北调调蓄水库（凤凰湖）在高铁新区开工建设，建成后将成为城市发展的生态核心、景观核心、动力核心。

为加强湿地保护与管理，滕州市设立副县级管理机构1处，副科级管理机构3处，镇管理机构11处。2010年2月，枣庄市政府批准成立"滕州微山湖湿地管理委员会"，为副县级市财政拨款单位，隶属滕州市委、市政府领导，拥有10个部门、226名员工。2013年，滕州市分别设立滕州市薛河、城郭河湿地公园管理办公室，2015年设立滕州市荆河湿地公园管理办公室，均为副科级财政全额拨款事业单位，每处办公室定编10人，其中管理人员4人，专业技术人员6人，具体负责三处省级湿地公园的保护管理工作。此外，滨湖镇、官桥镇、西岗镇等镇分别设立了镇级管理机构，对湿地资源的保护修复与开发利用活动进行监管。

截至2015年底，滕州市新增湿地面积1225.62公顷，湿地面积增长率达到18%，主要为塌陷地湿地和人工湿地。新增受保护湿地面积1294公顷，受保护湿地面积达到4609.9公顷，湿地保护率达到67.7%。

1975年至2016年，滕州市先后进行了八次森林资源清查、一次林木种质资源调查。1982年全市树种资源普查和优树调查结果，全市乡土树种和外来引进主要树种共计46科144种或变种。2000年二类资源连续清查结果，全市树种资源共计52科92属186种；2012年滕州市进行了山东省林木种质资源调查，范围涵盖全市21个镇街、1226个行政村以及辖区内山头、道路、城区公园广场等。结果显示全市林木种质资源共84科181属323种（包含亚种、变种、变型），345个品种。截至目前，滕州市林木种质资源共91科192属399种，439个品种。

根据滕州市鸟类普查及野生动物调查、湿地资源调查资料显示，滕州全市有各种脊椎动物325种，其中鱼类85种、两栖类8种、爬行类9种、鸟类196种、兽类16种、有害昆虫504种、昆虫天敌91种。脊椎动物中有国家一级保护动物2种，二级保护动物22种，山东省重点保护动物43种。列入《濒危野生动植物国际贸易公约》中的野生动物

滕州微山湖国家湿地公园

有31种；《中国日本保护候鸟及其栖息环境协定》227种中有109种，占48%;《中国与澳大利亚保护候鸟极其栖息环境协定》81种中有25种，占31%。国家一级保护鸟类有东方白鹳、大鸨2种，国家二级保护鸟类有白枕鹤、大天鹅、鸳鸯、长耳鸮、红隼、白尾鹞、白头鹞、燕隼、纵纹腹小鸮、红角鸮等22种，山东省重点保护鸟类35种。

1985年，在滕州市林业局设立了森林公安科，负责涉林案件、护林防火和林木管护工作。1994年，更名为滕州市公安局林业公安科，定编为9人。2010年，更名为滕州市森林公安局，主要职责为维护滕州市林区的治安、打击毁林犯罪、组织森林防火和林木管护工作。近年来，随着森林资源不断积蓄，森林防火逐渐从森林公安职能中剥离，呈现网格化、专业化趋势。2010年，滕州市利用电信、移动等运营商投资20余万元给全市护林员配备GPS定位管理系统，加强了护林员管理。2013年8月，启动了森林重点火险区综合治理工程项目建设，建成了远程林火视频监控系统。滕州市现有市级森林消防专业队50人，森林防火专业队营房和训练场400平方米，全市森林防火专兼职队伍达1200人，并与滕州武装部、预备役四团和公安消防大队制定了联动机制，先后举办森林防火培训班120期，举行森林防火实战演习30次，切实提高了扑救森林火灾的实战能力。

为加强森林病虫害防治工作，1984年6月，在滕州市林业局成立了“滕州市森林保护站”。1989年，滕州市进行了全国第一次林业有害生物普查工作，并荣获枣庄市科技进步三等奖。1990—1992年，推广了干基打孔注射内吸剂防治林木食叶害虫技术；1994—1996年，针对桑天牛、光肩星天牛、桃红颈天牛等林业害虫推广了毒签防治林木蛀干害虫技术，针对侧柏毒蛾、杨扇舟蛾等林业害虫推广了6HY－25型烟雾机防治害虫、频振式杀虫灯诱杀成虫新技术，基本解决了山区侧柏毒蛾防治难题。2000年与2001年分别引进了20万头管氏肿腿蜂对双条杉天牛进行生物防治，有效地控制了该虫的危害。2001年，滕州市森保站被国家林业局确定为“国家级森林病虫害中心测报点”，配备了连续变倍体视显微镜、频振式杀虫灯、弥雾喷粉机、卫星定位仪等仪器设备。2006年，滕州市获准建成了国家级陆生野生动物疫源疫病监测站，扎实有效地开展了野生动物疫源疫病监测各项工作。2011年，首次采取飞机防治美国白蛾工作，制定了《滕州市飞机防治林业有害生物计划》。2013年，滕州市森保站成功申报林业有害生物区域预警站项目，配套建设了标准病虫观测场。2015年，完成了滕州市林业有害生物检疫测报标准站建设。2015年至2016年，滕州市完成了第二次全国林业有害生物普查工作，为今后滕州市森林病虫害防治工作提供了目标和方向。

2012年之前，各类涉林审批事项分别由林政科、种苗站、木材检查站等相关业务科室负责。2012年，滕州市委、市政府坚持以“简政放权、依法治理、服务行政”为理念，按照各级行政审批制度改革要求，全面深化行政审批制度改革，科学设置审批事项，简化制定审批程序，逐渐缩短审批时限，进一步发展和完善了行政审批制度。滕州市林业局在市行政审批服务大厅设立了审批办理窗口，将林业行政许可事项向一个机构、一个平台集中，确保各部门向窗口授权到位，所有行政许可事项（含年检事项）在大厅办理到位，所有行政许可事项办理过程电子监察到位，极大提高了林业审批事项的办事效率，缩短了办事流程。在集中审批的基础上，为更好地服务群众，实行了“5+2”“8+x”和“AB”岗等工作制定，实现了窗口服务全年无休，延时服务保证办结，窗口人员随时到岗，大大方便了群众的办事需求。2014年，对林业审批事项进行了排查清理，进一步梳理了现有行政许可事项（特别是行政许可事项子项）、非行政许可审批事项及其子项，经过合并、减少后，加上在此期间省级市级下放的9项审批项目，最终明确了19项林业审批项目，取消了2个收费项目，审批费用一律按照最低标准执行，将所有审批事项的审批时限缩减了近三分之一个工作日，并编制完了《行政审批事项业务手册》和《行政审批事项服务指南》，使业务手册成为审批工作人员的工具书，服务指南成为行政相对人的明白纸。

按照关于相对集中行政处罚权，实行综合行政执法指示精神的政策要求，滕州市林业局根据巩固林政执法地位，转变行政职能的需要，积极向市委、市政府汇报争取，实行了林业综合行政执法改革，并于2014年成立了林业综合行政执法大队，将森林公安局、林政科、竹木检查站、森保检疫站、种苗花卉站的林业行政处罚职能统一划归到林业综合行政执法大队，制定、完善了19项管理制度，进一步理顺了林业执法机制，提高了林业行政执法水平，从根本上解决了过去长期得不到解决的林业系统内部执法机构重权轻责、职能交叉、滥用职权、执法不力等弊端，实现了违法违纪现象和复议败诉案件的“零发生”。

5. 场圃建设

（1）滕州市国有木石林场。国有木石林场地处滕州市东南部木石镇驻地，始建于1959年10月，是目前滕州市唯一的一处国有林场。1986年3月，对苗圃地、经济林实行分组联产承包经营责任制；1999年3月，对苗圃地、经济林实行个人承包经营责任制，实现了从“大锅饭分配”“岗位定产承包”到“联产计酬”到“岗位长期承包经营”和“岗位目标管理”的转变。1993年被批准为墨子故里省级森林公园，1998年12月，枣庄市政府批准将滕州市国有木石林场划定为生态公益型林场。1999年4月，山东省林业厅批准滕州市国有木石林场划定为生态公益型林场。2009年3月，露天矿林区952亩苗圃地和用材林地纳入滕州市政府储备用地，职工工资由市财政全额拨付，林场工作重点转入生态公益林管护，主要进行防护林建设、森林抚育、护林防火、林业科技攻关、森林资源综合开发等工作。2013年，被国家林业局批准为国家级森林公园。总面积12198亩（其中有林地面积9850亩），活立木蓄积40211立方米，森林覆盖率97%。

（2）滕州市国有西岗苗圃。国有西岗苗圃地处滕州市西南部西岗镇境内，始建于1976年10月，总面积605亩，是滕州市规模最大的一处国有苗圃。1985年，实行了新的承包责任制，将苗圃经营划分为果苗组、苗木组、经济林组，进行分组管理。1991年，实行“两田制”，干部职工承包经营与工资水平相当的土地作为工资田，剩余土地由苗圃集体经营管理。1998年12月，西岗苗圃被枣庄市政府划定为生态公益型苗圃，被滕州市政府列为差额财政拨款单位。2001年被省林业局确定为省级林业科技示范园。2005年12月，西岗苗圃注册成立了滕州市丰源绿化工程有限公司，以承揽绿化工程带动苗木销售和苗木种植结构调整，以质优价廉种苗供应促进工程承揽，取得了显著效益。2006年被评为山东省十佳苗圃和山东省无检疫对象苗圃，2013年被国家林业局列为中央林木良种补贴单位。2016年5月，建设了3680平方米高标准智能化温室和标准化组培室1座。2016年7月11日，西岗苗圃成功挂牌山东省林科院滕州科研示范基地和林木良种科研所，全面提升了苗圃的科技支撑能力，苗圃发展进入了新的阶段。

（3）滕州市国有实验苗圃。实验苗圃（原双庙苗圃）位于现龙泉街道办事处（原城郊乡）双庙村西，1984年经滕州市政府批准，将双庙苗圃改为实验苗圃，1990年滕州市人民政府确权发证，面积为57.4亩，其中包括武装部占用的21.4亩。1998年被枣庄市政府划为实验苗圃生态公益型苗圃，1999年纳入差额补贴事业单位。发展至今，实验苗圃累计培育以侧柏、黑松、火炬松为主的荒山造林苗木600万株，满足了造林绿化对优质种苗的大量需求。

（三）林业攻坚与转型发展阶段（2016年至今）

成功创建全国绿化模范市后，2016年初，滕州市林业局全面摸清了林业发展现状，进一步认清了林业发展形势，理清了林业发展思路，并积极向市委、市政府提出了林业“攻坚”与“转型”发展的建议。同时，按照习近平总书记在2016年1月26日主持召开中央财经领导小组第十二次会议时提出要着力开展森林城市建设的要求，于3月8日正式向国家林业局提出创建国家森林城市的申请，5月25日获得国家林业局批复备案，成为全省第3家、全国第4家申请创建国家森林城市的县级城市；7月22日，市委、市政府分管领导主持召开了全市创森总体规划编制座谈会议，9月21日，时任市委书记董沂峰、市长刘文强专题听取了创森总体规划的汇报，并提出了修改要求；9月25日，滕州的创森总体规划正式通过国家林业局组织的专家评审；9月27日，市政府批准实施创森总体规划的文件正式上报至国家林业局。同时，全面启动了森林镇村创建活动，下发了实施方案，已有官桥、姜屯等8个镇14个村完成了申报工作。

在此期间，滕州市委、市政府高度重视，专门成立了滕州市创建国家森林城市工作领导小组，并采取招投标的形式聘请国家林业局林产工业规划设计院科学编制了创森总体规划。同时，滕州市超前谋划，突出重点，强化措施，全力做好造林绿化、产业发展、有害生物防治、湿地保护与恢复、森林防火、森林镇村创建、森林抚育、林地经营权流转证试点改革、森林保险投保等工作，全市新增成片造林面积4.2万亩，完成年初下达任务的105%。目前全市林地面积达47.5万亩，新发展经济林1.8万亩，花卉苗木6000亩，林下渔、林下藕7000亩，林下禽3000亩；全市经济林面积达19万亩，花卉苗木面积达6.5万亩，林下经济面积达10万亩，为国家森林城市创建工作打下了坚实的基础。

同年，滕州市按照“政府引导、政策支持、市场运作、自主自愿、协同推进”的原则，全面启动开展了政策性森林保险工作，全市106646.25亩的生态公益林全部完成了投保工作。继续深化林权配套改革，召开了全市林地经营权流转试点改革启动会议，下发了实施方案和管理办法，制作了林地经营权流转证、合同、申请书样本，规范了林地经营权证申报程序，鼓励林农开展林地和经营权流转，共发布林地经营权流转交易信息9起，流转3起，流转面积2100亩。

按照中央和省、市关于国有林场改革的要求，结合滕州实际，积极推行“场圃一体化”改革，先后开展调研座谈7次，完成了改革方案（草案）的编制工作。明确界定国有场圃的生态公益型事业单位属性和森林资源管护生态公益责任，制定出台了林地保护制度、森林保护制度、森林经营制度、监督制度和考核制度，将造林、抚育、管护以及其他经营性活动推向社会进行公开招投标，科学开展培育管护。

2017年，滕州市委、市政府提出了“五大经济转型发展”的任务目标，将生态经济列入“五大经济”之一，围绕创建国家森林城市这一主线，大力实施绿色城镇、绿色乡村、绿色青山、绿色交通干线“四绿”工程。全市新增成片造林3.2万亩，新建完善农田林网3.35万亩，新发展花卉苗木6000亩。滕州市林业局被评为2017年度全国集体林权制度改革先进集体。

围绕绿色城镇，高标准实施了清水湾公园建设、中轴线区域景观工程等12项城市绿化工程和大坞、西岗等12个镇街驻地绿化。围绕绿色乡村，实行国家级森林城市、省级森林镇村、市级森林镇村“三级同创”，全市共有12个镇街、117个村居开展了森林镇村创建工作；界河镇和沙东、龙庄等8个村成功创建了省级森林镇和省级森林村。围绕绿色交通干线，投资500余万元，重点实施了京台高速、京沪高铁沿线林带补植提升，抓好了红荷路、笃西路等道路绿化提升；实施了龙山龙湖绿道、灵泉山绿道和青龙山绿道建设提升，全市新建提升绿色通道300余公里，形成了“四横六纵”十大绿色通道。围绕绿色青山，利用国家长防林项目投资650万元，重点实施了灵泉山、莲青山、狐山、罗汉山、青龙山等重点区域荒山绿化，争取了280万元的重点区域生态修复项目，新增荒山造林面积1.3万亩，完善提升了莲青山、灵泉山、龙山、善山等十大森林公园。

充分利用中央和省项目资金，投资600万元在滕州滨湖国家湿地公园、荆河省级湿地公园、郭河省级湿地公园、鲁班省级湿地公园、薛河省级湿地公园、北沙河省级湿地公园和墨子湿地公园、范蠡湖湿地、龙湖湿地等实施了湿地保护与恢复建设，新建水源涵养林5000余亩，共栽植杞柳、芦苇等5万余株，建成了荆河、郭河、鲁班、墨子等十大湿地。进一步提升了湿地保护与恢复能力，维护了湿地生态功能和生物多样性。全市湿地保护与恢复面积达到11.5万亩，湿地保护率达80%以上。

争取了省级每年300万元的现代农业苗木产业项目，建成了全市首家林业组培实验室，进一步推广了轻基质容器育苗、空气切根、幼化处理等先进技术，全市新发展花卉苗木6000亩。省林木种苗协会到滕州市考察学习苗木产业发展经验。

按照中央、省、市关于国有林场改革的要求，积极推进“场圃一体化”国有林场改革。2017年12月，滕州市政府印发了《滕州市国有林场改革实施方案》，明确国有木石林场和国有西岗苗圃、实验苗圃的生态公益责任，科学确定了国有场圃的人员编制和资金保障，形成了资源整合、优势互补的发展格局。

全民植树护绿活动进一步深入开展，2017年，先后组织120余家单位参与认建认养等义务植树活动，建成“党群共建林”“同心林”等义务植树基地70余处。举办了“森林城市·绿色家园”摄影大赛，开展了古树名木保护和树木科普挂牌等活动，加快了国家森林城市创建步伐。

二、林业改革开放取得的主要成就

近年来，滕州市先后被评为全国林改典型县、首批全国林业合作社示范县、全国林下经济发展示范县、首批“山东省森林城市”和全省林地经营权流转试点县，2015年成功创建全国绿化模范城市；林业局被评为全国保护森林和野生动植物资源先进集体、山东省种质资源调查先进集体，连续多年在枣庄市科学发展林业综合考核中获得第一名。先后创建了滨湖国家湿地公园和墨子国家森林公园2处国家级公园，郭河、薛河、荆河、鲁班、北沙河5处省级湿地公园和灵泉山省级森林公园，红荷湿地被评为“中国慢生活休闲体验区”，鑫迪门业被评为国家林业重点龙头企业，张汪镇融合花木种植专业合作社被评为国家级林业专业示范社，元宝枫基地被评为省级元宝枫苗木繁育基地，被中国林学会评为元宝枫示范基地。先后成功承办了全省水系造林现场会、第五届山东省花卉博览会、全省林改现场会、全省森林植物检疫员培训班和国家湿地公园建设管理培训班。滕州市林业生态建设的经验做法于2015年被省政府《决策参阅》刊发并在全省范围内推广。

（一）坚持以生态建设为中心，增加森林资源总量

森林覆盖率逐年提高。改革开放以来，滕州市认真贯彻执行《中华人民共和国森林法》等各项林业法律法规和中央、省、市关于加快林业发展的《决定》，把发展林业作为生态建设的重要组成部分，作为解决“三农”问题的重要手段，真抓实干，突出抓好了速生丰产林、退耕还林、绿色通道、平原大绿化、村镇四旁植树、荒山绿化等生态林业工程建设，使全市造林绿化工作呈现出建设快、质量高、效益好、后劲足的良好势头。截至2017年底，滕州市森林覆盖率达到31%。

为创造良好的城市人居环境，滕州市加强城市园林绿化，建设了一大批绿化水平较高的城市道路、公园、广场等园林景观，每年新增城市绿化面积100万平方米以上。根据2017年城市绿地遥感数据报告，滕州市城市建成区面积51.2平方公里，绿化覆盖面积为2092.76万平方米，公园绿地面积462.7万平方米，绿化覆盖率为40.87%，绿地率45%，人均公园绿地面积为11.5平方米。滕州市自2011年全面实施拆墙透绿、拆墙建绿，先后有68家沿街单位还绿于民，占沿街单位的97.14%。城区共有绿化主干道23条，次干道22条，其中主干道绿地率达26.2%，次干道绿地率达22.3%，基本形成了以国槐、银杏、法桐、白蜡、大叶女贞等为主的行道树系统。

截至2017年底，滕州市除4个城区街道外，另有17个镇，驻地总面积1753公顷，已绿化覆盖面积648公顷，平均林木绿化率为38.2%，共有村居1049个，已建休闲公园986个，平均林木绿化率为33.8%，进村道路、水系绿化率分别达到99.85%、97.7%。全市农田面积88467公顷，宜林网面积77851公顷，已林网面积73818公顷，林网控制率达到83.3%，宜林农田林网化率达到94.8%。

（二）构建林业产业发展体系，促进林农增收致富

1. 六大产业体系逐步建成

按照生态建设产业化、产业发展生态化的理念，滕州市探索完善了森林旅游、湿地旅游、花卉苗木、林产品加工、经济林和林下经济六大林业产业，不断拓宽林农增收致富的渠道。

（1）森林旅游业。依托东部山系森林资源优势，整合墨子省级森林公园、柴胡店省级森林公园和莲青山省级地质公园等旅游资源，投资5亿元推进景区景点建设，成功创建了墨子国家森林公园，在城区北部建成了灵泉山省级森林公园和龙山风景区，年接待游客120万人次。

（2）湿地旅游业。结合打造“墨子

鲁班故里•湿地红荷之都”的旅游品牌，先后投资7.8亿元，实施了滨湖涝洼地治理、退田还湿、湿地修复等保护工程，建成滕州滨湖湿地公园，被评为首批国家湿地公园、国家4A级景区、全国生态文明教育基地，中国慢生活休闲体验区。同步建成了荆河、薛河、郭河、鲁班、北沙河5处省级湿地公园和墨子湿地等十大重要湿地，全市湿地公园达到21处，年接待游客300万人次。

（3）种苗花卉业。抓住承办第五届山东省花卉博览会的机遇，依托董村花卉交易市场建设了鲁南地区规模最大的省级花卉交易中心，年交易额达5.7亿元；建设了北方珍稀苗木基地、融和花卉苗木产业园等18处大型苗木生产基地，新引进彩叶豆梨、北美海棠、元宝枫等名优花卉苗木19种。目前，滕州大型花卉市场发展到2处，苗木繁育基地发展到252处，花卉苗木种植经营户达到1500余家，花卉苗木面积达10.2万亩，年产值达23.2亿元，带动就业11.5万人，滕州成为江北地区重要的花卉苗木繁育基地、南北花卉苗木物流中转站和驯化基地。滕州市荣获“全省花卉产业重点县”称号。

（4）林产品加工业。依托鑫迪门业、美华装饰材料、威诺意尔家具公司等龙头企业，大力发展室内门、家具橱柜等高附加值产品。依托锦旺核桃乳、大宗集团元宝枫产品、福康果脯、强盛坚果等企业，示范带动全市林副产品加工产业发展。截至2017年底，滕州市各类林产品加工企业总数达到347家，其中国家级林业龙头企业1家，省级林业龙头企业12家。

（5）经济林产业。结合农业种植结构调整，因地制宜推进经济林建设。大力发展优质核桃、花椒元宝枫等特色经济林，建成了国家级优质核桃示范基地、省级元宝枫繁育示范基地等林业产业示范园26处，全市经济林面积达12万亩。

（6）林下经济产业。推广“林下荷”“林下渔”“林下禽”“林下菌”“林下游”“林下药”6种林下经济模式，建设了3.5万亩的微山湖生态鱼养殖场，年产值达到2700万元；培育了盛世红荷藕业公司“湿地红荷”、太和香菇种植专业合作社等一批林下经济龙头企业和知名品牌，林下经济发展面积达8.5万亩，产值达6.7亿元。

2. 林业合作社迅速壮大

积极培育林业合作社、林业龙头企业等新型林业经营主体，全市林业合作社发展到136家，国家级林业专业合作社1家，省级林业专业合作社16家、市级林业专业合作社20家，加入农民林业专业合作社人数达到1.6万，全市各类农民林业专业合作社资产总额达到2.83亿元。其中，融和花木种植专业合作社被评为国家级林业专业示范社。

3. 林业服务体系不断完善

建立了森林资源评估中心和林地流转服务中心，为广大林农提供信息咨询、林权登记、交易管理、森林资源评估等全方位的优质服务，全市累计流转林地11.2万亩；组织技术服务小组，分片包户、定期下乡进行林业技术培训，编写技术手册8000余册，提供全方位技术指导服务，不断提高农民技术骨干和示范户的专业技术、技能水平；在人民银行、邮政储蓄银行、滕州农商银行（农村信用联社）等金融机构开展了林权抵押贷款业务，探索了林地经营权抵押贷款、林业合作社社员小额贷款、林业企业经营性抵押贷款、林业龙头企业+农户贷款等贷款模式，盘活了森林资源资产，有效破解了林农融资难题。截至2017年底，全市累计办理林权抵押贷款1.5亿元，激发了林业发展活力。

4. 林业投资主体呈现多元化趋势

滕州市坚持把招商引资作为加快滕州林业发展的重要平台，通过强化政策引导，提高服务意识和服务质量，进一步优化了林业投资环境，林业招商引资工作取得了明显成效。截至2017年底，共有121家企业落户滕州投资林业发展，累计投资86亿元，建成面积共约12万亩。

（三）加快森林管理能力建设，巩固林业建设成果

1. 森林防火能力持续提高

近年来，滕州市认真贯彻落实上级森林防火工作会议精神，按照“预防为主，积极消灭”的森林防火工作思路，加强组织领导，加大资金投入，强化宣传教育，落实防火措施，取得了无重大森林火灾的好成绩。

滕州市委、市政府制订了《关于加强森林防火能力建设的实施意见》，实行市森防指帮包防火单位责任制，完善了毗邻区县森林防火联动机制，修订了《森林火灾事故应急救援预案》和《公益林护林员管理办法》。储备风力灭火机100部，灭火头盔80个，新式高压细水雾（柱）灭火水枪4部，防火水炮、水枪50余套，防火运兵车5辆，防火指挥车3辆，消防水罐车1辆，二、三号工具1000套。修建防火通道达300余公里，累计开设防火隔离带22公里。在国有木石林场、柴胡店镇、龙阳镇和东郭镇等重点林区修建瞭望台12座，瞭望面积达12万亩；投资490余万元新建森林防火远程视频监控预警指挥中心2处，新设置监控前端21个，全市重点防护林视频监控率达到85%以上。同时，编制了森林重点火险区水灭火示范工程项目可行性报告，进一步加强和完善了滕州市森林防火体系建设。

2. 森林病虫害防治及检疫水平不断提升

近五年来，滕州市、镇两级财政及社会各界累计投入林业有害生物防治经费2760万元，建立健全了市、镇、村三级防控网络，滕州市林业有害生物防治作业面积累计达到287.6万亩次，监测面积达到50万亩，完成苗木产地检疫面积4.2万余亩。滕州市完成林业有害生物防治“四率”指标由2008年的成灾率2.7‰，无公害防治率71%，测报准确率90%，种苗产地检疫率98%，提高为成灾率控制在2.0‰以下，无公害防治率达到100%，测报准确率达到97%以上，种苗产地检疫率达到100%。“四率”指标有大幅度提高。

3. 野生动植物保护力度不断加大

每年"三夏""三秋"以及"森林日""爱鸟周""野生动物保护宣传月"等林业节日期间，利用宣传车、发放宣传资料、制作标语等方式，宣传野生动植物保护法规，介绍有关野生动植物的知识，群众爱护、保护野生动物的意识不断提高，在全社会形成了一个爱护、保护野生动植物的良好社会风气。各类野生动物的数量明显增加，野生植物群落得到明显修复，群众自觉救助受伤、中毒野生动物事件时有发生，共收到群众送交的受伤、中毒的国家一级重点野生动物白鹳1只，二级保护动物白枕鹤5只，其他保护野生动物、鸟类260只。加大对保护野生动植物行政执法检查，严格查处各类违法案件，共查处侵占用林地、非法盗伐等涉林案件53起，行政处罚违法人员20余人，移送涉嫌犯罪人员35人，涉林案件查处率达到98%，有力震慑了违法犯罪分子，保护了滕州市森林资源安全。

同时，不断加强森林执法水平建设，投资50余万元，对森林公安办案区进行了升级改造，新增询问、讯问、调解、涉案物品保管、信息采集、候问、辨认、检测、留置等11个安全规范的执法办案功能室，新设立8个高清探头，对执法工作流程、时限，涉案人员的权利义务等法定应当公开的执法规范实行公开上墙，实现了公安干警的阳光执法，切实提高了林业执法的安全系数和公信力。

4. 林业科技不断实现突破

滕州市高度重视林业科技工作，坚定不移地实施科教兴林战略，充分发挥林业科技引领发展、支撑建设、服务全局的能力，对科技的投入不断增加，对科技的支持不断增强。通过整合林业科技资源、强化项目实施管理、构建林业科技创新平台、加强林业科技成果推广应用等多种举措，努力提升林业科技创新和支撑能力，全面推进林业科技和交流合作，各项工作取得了明显成效。

全市共有新品种栾树品种选育、林下经济种植模式技术研究等30多项林业科技成果通过鉴（认）定，并进行了成功推广应用。积极开展了优质核桃品种集约化经营管理技术推广，筛选出"辽核4号"等优质品种，辐射带动农民种植面积2000余亩。建立了组培实验室和智能温室大棚，推广了轻基质容器育苗、空气切根、幼化处理等先进技术，培育生产黑松、五角枫等轻基质容器良种苗木30万株，培育繁殖萨米托樱桃、突尼斯石榴、金手指葡萄等果树新品种11万株。广泛开展了各类林业技术的试验推广和培训工作，举办林业科技下乡活动数十次，为林农提供良种培育、果树定型、虫害防治等技术支撑，并为"万人就业"项目林业养护类别进行上岗培训和技术指导，累计培训上岗8000人次；进一步拓展了林业交流合作渠道，多次组织工作人员赴青岛、潍坊、泰安、济宁等地学习先进的育苗技术和造林经验等林业科技知识，加强与林业科技部门和林业高校的交流与合作，促进了滕州市与林业先进地区在林业科研、生态保护、森林培育等领域的合作交流。

5. 国有场圃一体化改革圆满完成

按照《山东省国有林场改革实施方案》要求，积极整合现有国有木石林场、国有西岗苗圃和国有实验苗圃资源，充分发挥技术互补优势，实施"场圃一体化"改革，下发了《滕州市人民政府关于印发〈滕州市国有林场改革实施方案〉的通知》。2017年底国有林场"场圃一体化"改革全面完成，相关配套改革稳步实施。

将木石林场、实验苗圃和西岗苗圃进行整合，组建新的国有木石林场，为公益一类事业单位，西岗苗圃挂滕州市国有木石林场西岗苗圃牌子，实验苗圃挂滕州市国有木石林场实验苗圃牌子。主要职责是保护培育森林资源、维护生态安全，承担森林防火、森林抚育、病虫害防治、苗木培育和技术推广等任务。核定事业编制34人，其中，场长1人（副科级），办公室3人，防火办公室6人，森林资源保护与管理办公室9人，生产技术部15人。木石林场人员工资、办公经费等由市财政予以保障。实验苗圃和西岗苗圃的职工工资由市财政统筹发放，每年分别按照工资标准的50%、40%进行补贴。

（四）繁荣发展森林生态文化，营造绿色发展氛围

1. 森林文化基础设施建设不断加强

市委、市政府高度重视森林生态文化发展，充分利用湿地、森林生态资源

滕州市秀美荆河水系绿化

优势，创新生态文明宣传模式，加大生态文明宣传力度，加强生态文明传播载体建设，吸引广大群众参与各类科普活动，群众爱绿、护绿意识不断提升。

重点依托微山湖国家湿地公园，建成了核心保护区、缓冲区和开发区，开发出观光、科普、宣教等多项功能，投资5500万元建成了微山湿地博物馆，定期播放湿地知识教育影片，集中展示湿地植物自然生态群落景观和湿地文化、运河文化。同时，建成了2000米环境科普教育长廊和万亩森林氧吧，每年受科普教育人次达到100万人以上，先后获得“全国科普教育基地”“山东省科普教育基地”“山东省环境教育基地”“枣庄市科普教育基地”等称号。在城区龙泉植物园、北辛植物园、养德公园等各公园绿地对树木进行挂牌，设立生态文明宣传点，并于2016年成功申报枣庄市生态文明示范教育基地，形成了生态文明与生态建设相辅相成的格局，成为促进保护自然资源、推进区域经济发展、弘扬生态文化的坚强阵地。

2. 森林文化读物、刊物蓬勃发展

2010年，林业局根据工作需要，编辑出版《滕州林业》杂志，并定位为季度发行刊。2012年，依托成功举办第五届山东省花卉博览会平台，编纂了花卉摄影大赛作品展《一花一世界》。依托《滕州日报》成功举办了生态滕州建设征文活动，汇编成了《绿色畅想》；《滕州墨子国家森林公园探秘》已于2018年7月出版；《滕州市古树名木》正在编辑完善中。同时，先后制作了滕州市创建省级森林城市宣传画册和《绿满滕州——滕州市创建全国绿化模范市工作巡礼》，拍摄了创建省级森林城市和创建全国绿化模范市专题片并在各级电视台播放，受教育人次突破百万人次。

3. 涉林展会、节会大放异彩

近年来，滕州林业部门积极组织涉林企业参加国家级、省级各类林业展会，对外展示滕州林业发展成就的同时，积极承办各类涉林展会、节会。截至2017年底，共举办了十四届“微山湖湿地红荷节”、九届柴胡店镇梨花节、五届莲青山登山节、四届墨子湿地油菜花节，当年，又新举办界河镇槐花节、官桥镇银杏音乐节、龙阳镇锦天牡丹文化节。各类涉林展会、节会的举办，为滕州林业的发展提供了新机遇，展示了滕州生态文明建设的新形象和新魅力。

4. 义务植树活动掀起全民绿化热潮

近年来，滕州市先后下发了《滕州市全民义务植树管理办法》《全民义务植树技术规程》《全民义务植树检查验收办法》《滕州市绿化委员会关于建立义务植树登记考核制度的意见》《滕州市创建国家森林城市工作领导小组办公室关于开展认建、认养义务植树基地活动的通知》等义务植树文件，全面提高了各层次义务植树尽责率。先后组织开展了“种树如种德，情系母亲河”“植树龙山头，绿我后花园”“踏青莲青山，绿化伴我行”“参与义务植树，认建荒山绿化”“绿满滕州、花拥荆河”万人植树等大型义务植树活动，义务植树尽责率达到95.4%。

三、林业改革发展的经验和启示

纵观滕州林业改革发展历史，滕州林业在生态滕州建设方面取得显著成效。这主要取决于滕州市委、市政府的高度重视，始终牢固树立绿色发展的理念，把林业生态建设当作整个生态文明建设的主战场和突破口，紧紧围绕如何破解“建设周期长、效益差、资金缺、土地少”等一系列制约林业生态建设的难题，进行了积极的探索和实践，走出了一条“城市乡村规划发展一体，生态效益经济效益并举”的林业生态建设可持续发展之路，对改善城乡环境面貌、提升群众福祉、建设美丽滕州发挥了重要的作用。

（一）把绿色发展的理念融入加快城市深度转型的宏伟蓝图中，明确林业生态建设的目标定位和实施路径。滕州作为全省人口最多的县级市，生态环境压力巨大，转型发展任务繁重。对此，滕州市委、市政府高扬生态立市大旗，及时调整思路，提出了打造“绿之城、水之乡、文之邦”的生态建设目标定位，制定了城乡绿化总体规划，完善了生态文明建设顶层设计和战略部署，引领城市深度转型发展。实践证明，走绿色发展道路，建设生态文明，既是实现可持续发展的前提和保障，也是加快建设宜居宜业富裕美丽文明新滕州的本质要求。

（二）把绿色发展的理念融入延长林业产业链发展生态经济的具体实践中，扎实推动林业生态效益与经济效益的有机统一。传统林业发展周期长、成本高、效益差，产品链条短，难以成为带动其他各产业发展的新引擎，唯有坚持兴林富民，破除思维定式，突破工作惯性，延长产业产品链条，努力实现生态建设与关联产业的互动发展，让生态建设成果“无限放大”并惠及多方主体，才能实现林业产业持续健康发展。六大林业产业的快速发展，拓宽了林业生态建设的新思路，理顺了生态建设与经济效益、社会效益的关系，实现了农村富余劳动力的就地转化，有力带动了农民致富增收，实现了生态优势向经济优势的有效转化，切实推动了城市经济的转型发展。

（三）把绿色发展的理念融入林业发展要素制约的破解攻坚中，充分激发林业生态建设的潜能和活力。滕州人多地少，山地比重较小，保林地与保发展的双重压力突出，还面临着林业生产前期投入较大，生产经营集约化水平不高等问题。对此，滕州解放思想，开阔思路，将改革作为林业发展的动力和源泉。实践证明，通过创新造林模式、深入推进林权制度配套改革、实施行政审批及执法改革等一系列改革创新，破除了造林地块、资金、经营等多方面难题，为滕州市林业发展增强了后劲。

（四）把绿色发展的理念融入创新完善林业治理体系的大胆探索中，不断完善服务林业生态建设的体制机制。新常态下，林业发展承担着改善生态建设的重任，面临着发展生态经济的载体。实现新常态下林业的转型发展，必须适应新的形势和要求，创新林业治理体系，完善服务体制机制，突出抓好依法治林能、科技支撑和灾害防控能力建设，不断推进林业治理体系和治理能力现代化，全面提升生态林业和民生林业发展水平，让广大人民群众在林业中感受到更多“获得感”。

（五）把绿色发展理念融入加快推进乡村振兴战略的实际工作中，以林业行业优势助力精准脱贫和乡村经济繁荣。乡村要振兴首先生态环境要改善、经济要发展，发展林业产业是将两者完美结合的优选途径。近年来，滕州市积极引导林农由林果、种苗种植业向林产品加工业、生态旅游业延伸，将绿化和美化相结合，提升美丽乡村建设水平；将林业的一二三产业融合发展，逐步实现乡村美、产业兴、百姓富的目标。

审稿人：俞　涛

撰稿人：李　慧　裴忠孝

滕州墨子国家森林公园莲青山景区

滕州市工业经济的崛起与发展

中共十一届三中全会胜利召开后，滕州的国民经济同全国一样进入了新的历史时期。以联产承包责任制为主的农村经济体制改革取得突破性进展；以“抓大放小”，搞活国有大中型企业为重要内容的城市体制改革逐步推开。改革为滕州增添了生机和活力，经济发展速度明显加快，农村经济全面发展，乡镇企业迅速崛起，第三产业蓬勃兴起，工业生产持续增长，对外开放不断扩大，城乡面貌日新月异，人民生活水平明显提高，综合经济实力进一步增强。近年来，滕州认真贯彻执行国家和省、枣庄市各项决策部署，大力实施“265”产业培育和“62131”企业梯次培育工程，着力推进工业经济转型升级，不断加快产业结构战略性调整和转型升级步伐，形成了以煤化工、机械机床、建材等支柱产业为主导的具有地方经济特色的工业体系。2017 年，全市生产总值实现 1150.37 亿元，其中，第一产业实现增加值 75.45 亿元，第二产业实现增加值 578.56 亿元，第三产业实现增加值 496.36 亿元，地方财政收入完成 70.36 亿元，全市人均地区生产总值 68779 元。

一、滕州工业经济发展历程

（一）乡镇企业异军突起，转换企业经营机制阶段（1978—1993 年）

1. 滕县工业改革发展启动时期

改革开放前的 30 年，全国工业化沿着重点在城市发展工业，特别是重工业的方式进行，试图通过城市工业化带动农业和轻工业发展。但由于发展重工业需要大量投资，所以农业和轻工业的投资一直受到挤压。按照产业结构由低到高演化的一般规律，经济发展的重点应该是有序地从农业到轻工业再到重工业，然而我们跨越了有序发展阶段，从农业直接跃到重工业。这样带来的后果是重工业发展所需要的资金主要来自农业的积累，极大地限制了农业再生产扩大，致使农业经济的绝大部分仍然是建立在落后的生产方式和生产技术的基础上低效率和低收入的经济，并长期发展停滞。1978 年前后，滕县经济情况处于缓慢发展和停滞状态，国民经济到了崩溃的边缘，生产能力不足，国民经济主要由卖方市场主导，大部分商品处于短缺状态。

十一届三中全会以后，滕县不断清除“左”的错误影响，逐步端正经济发展的方向，实现了工作重点的转移，产业结构调整成为工业发展的主题，经济体制改革首先从农村兴起，继而以搞活国有大中型企业为中心环节的城市经济体制改革浪潮蓬勃掀起，乡镇企业异军突起。从扩大企业经营自主权到企业经营承包制的实施，不少企业开始自觉解放思想，初步建立了企业市场观念和竞争意识，工业企业在解放思想中前进在改革创新中发展，较早地走上了市场经济的道路。在这一阶段，滕县产业结构开始发生变化，三次产业结构比重由 1978 年的 38.4：47.6：14 变为 1993 年的 20：51.6：28.4；工业总产值从 1978 年的 3.5 亿元扩大到 1993 年的 61.3 亿元，净增 57.8 亿元，具体增长率见图 1；鲁南化工仪器厂研制成的双焰光度检验器，荣获全国科技大会三等奖；滕县卷烟厂生产的“普滕”牌香烟，经轻工部检验，获全国轻工业优质产品称号。

2. 滕县（滕州市）工业改革发展加快时期

1978—1984 年，我国从微观激励机制方面入手，对工业进行改革，以此激励企业职工和管理者的积极性。1984 年—1988 年，滕县县委、县政府以“简政放权”为主要内容，在乡镇企业管理上实施了改革，即实行经营承包责任制、企业干部聘用制、工人合同制、工资浮动制、报酬惩罚制、干部退休保养制等，较好解决了企业吃大锅饭的弊端，助推了乡镇企业异军突起；在所有制改革方面，既鼓励属于公有制的集体企业的发展，也鼓励非公有制工业企业发展。至 1993 年，全市共有工业企业 34344 家（其中个体、私营、合营工业企业 32478 家）；乡及乡以上独立核算工业企业固定资产原值 20.8 亿元，固定资产净值 17.1 亿元，产品实现销售收入 24.8 亿元、实现利税 2.7 亿元。

从 1986 年 9 月开始，滕县县委、县政府在全民所有制企业中全面推行厂长（经理）负责制，贯彻落实中央、国务院《厂长负责工作条例》《企业党组织工作条例》《企业工会工作条例》（即三个条例），到 1987 年 5 月，全县 149 户县属企业全部实行承包、租赁经营责任制，市政府与企业签订承包经营合同。1988 年 4 月，全县 151 户县属企业有 149 户实现了承包经营责任制，其中有 12 户企业公开选聘了经营者，有 22 户企业民主选举了厂长、经理。随后进行了两轮为期三年的承包经营责任制，至 1993 年 12 月第二轮企业承包结束。1989 年后，市经委为了给企业创造良好的外部条件，建立了经济协调办公制度，按照“分级负责、突出重点，令行禁止”的原则，协调和解决全市生产经营中的重大问题，加强对生产经营的检查监督，通报生产情况；逐渐淡化产值观念，强调效益观念。

1992 年 12 月，滕州市召开全市股

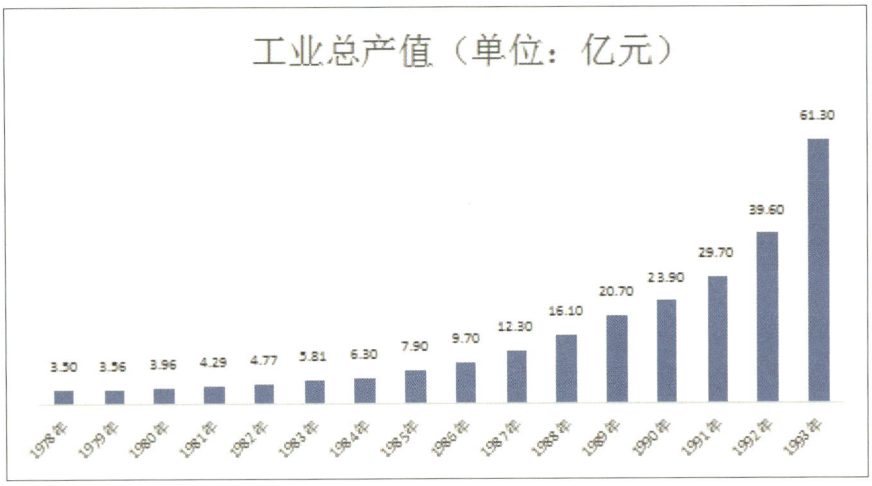

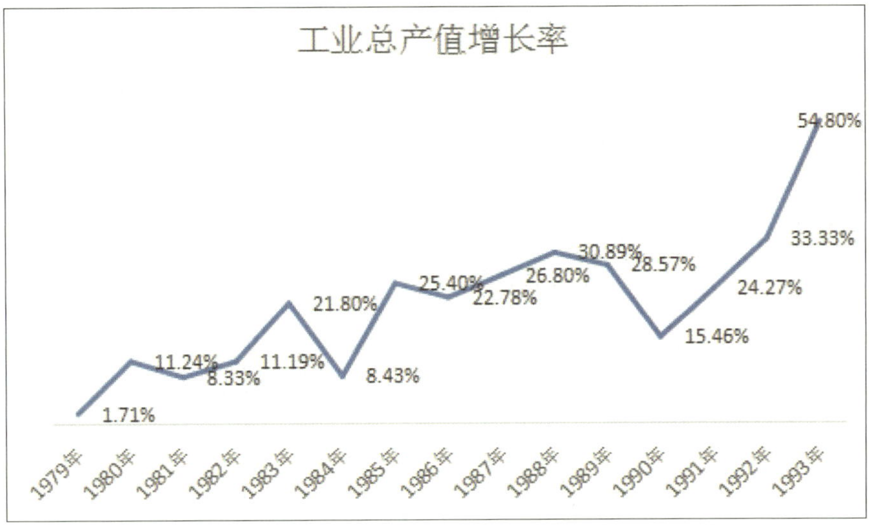

图1：1978—1993年工业总产值及增长率

份制工作会议，重点推进法人持股和内部职工持股的股份试点。1993年初，山东鲁南衡达集团核心企业滕州市衡器厂改制为滕州市衡达有限责任公司，成为市直工业企业第一家股份制企业。到1995年底，全市市直企业有12家改制为股份制，乡镇股份合作制企业千余家，国有集体企业经营机制得到转换，为实现“产权清晰、权责明确、政企分开、管理科学”的现代企业制度奠定了基础。

1992年，为加强产业的地区集聚性，滕州市规划建设了滕州经济开发区，积极吸引项目入区建设；6月，滕州科林电动工具有限公司建成投产，该公司由城郊乡电动工具厂与德国科林公司合资建成，主要产品有清扫车、曲线锯系列产品，1994年通过国际安全认证，成为全国机电行业唯一获得自营出口权的厂家；9月，全省著名商标评选揭晓，滕州市钢窗厂“雄狮”牌商标、滕州市机电设备厂“彤晖”牌商标、滕州市益康食品厂“洁晶”牌商标，获全省著名商标称号；11月，滕州市胶轴厂生产的工业胶棍、市合金铸造厂生产的铝制扁管散热器两项产品在“第四十一届布鲁塞尔尤利卡世界发明博览会”上，荣获金奖；12月，鲁南化工仪器厂研制成功的“SP－502型气相色谱仪”，获国家科技进步三等奖。1993年5月17日，首次由农业部乡镇企业司组织在全国范围内按照1992年县（市）乡镇企业总产值排列名次的活动在北京揭晓，100个总产值超过31亿元的县成为百强县，滕州市以总产值366244万元名列企业百强县第79位。

在这一阶段，滕县工业系统依托城市工业基础，掀起农村工业化浪潮，大办乡镇企业，带动制造业迅猛发展。充分利用农村剩余劳动力、土地、集体经济积累，大力发展乡镇企业，铸就了“说尽千言万语、踏尽千山万水、吃尽千辛万苦、历尽千难万险”的创业精神，形成了大中小企业并举、高中低技术并存、门类比较齐全的制造业基础，煤炭、机械机床、化工、玻璃等产业迅速壮大，其中煤炭行业水平在全国名列前茅。

（二）国有企业改革改制，私营企业发展壮大，接轨国际迅速发展阶段（1994—2004年）

1984年和1987年我国工业经济运行和国民经济发生了两次过热，经济被迫进行调整，国有工业企业的效益出现明显下滑，企业资金利税率由1984年的24.2%降至1992年的9.7%。这些情况表明，微观经营机制层面进行改革还不够，需要在宏观经济体制上进行更深层次的改革。1992年，十四大正式提出中国经济体制改革的目标是建立“社会主义市场经济”。1993年十四届三中全会通过的《中共中央关于建立社会主义市场经济体制若干问题的决定》，确立了社会主义市场经济体制的基本框架，工业经济体制改革的主线是国有企业改革，国企改革的目标是建立现代企业制度。

该阶段，为增强企业活力，滕州立足本市工业实际，按照“三个有利于”的标准和中央省市有关文件精神，以建立“产权明晰、权责分明、政企分开、管理科学”的现代企业制度为目标，正确处理改革、发展、稳定的关系，围绕“两个转变”，以国有企业改革为中心环节，把企业改革、改组、改造和加强管理结合起来，同步进行配套改革，深化流通、农村体制改革，促进滕州经济持续、快速、健康发展。国有、集体企业可改为国家、法人、外资和职工参股的股份制企业；国有集体小企业可将评估后的生产经营性资产出售给本企业职工，组建股份合作制企业；流通企业，特别是困难大的企业，其门店可实行国有民营；扭亏无望，严重资不抵债的企业，依据《破产法》实施破产；个别长期困难企业，通过分立，实行裂变组合，分离出有活力的部分，成立子公司。

1995 年，滕州在轻纺、建材系统推行“两厂一长”制，1996 年，在二轻等系统推行“两厂一长”“多厂一长”，全市实行“两厂一长”的企业多达 15 家。“两厂一长”或“多厂一长”的经营者，除享受本厂的福利待遇外，还可享受所兼职厂平均工资。实行“两厂一长”，不仅发挥了能人治厂治企的作用，也带动弱小企业走出了生产经营低谷；好企业为弱小企业有偿注入生产资金或提供贷款担保，缓解了生产资金紧张的状况；是滕州深化企业结构改革的成功尝试，为企业的改制打下了良好的基础。

1990 年—1995 年，滕州先后开展了“质量、品种、效益年”“工业安全生产年”，以“双增双节，扭亏增盈”为主要内容的社会主义劳动竞赛等活动，市经济运行调度室按照总体要求，制定计划，下达任务目标，强化调度手段。对重点企业、重点产品从能源、电力、原材料、资金等生产要素上定向倾斜，对双增双节、扭亏增盈效益好的企业通报表彰。对效益持续下滑、扭亏不力企业跟踪帮扶，限期扭亏。这期间全市的工业经济总收入每年以 12%的幅度递增。有 4 家企业晋升为国家二级企业，8 家企业晋升为省级先进企业。全员劳动生产率增长 16.3%，销售利税率增长 3.4%，资金利税率增长 31.5%。1993 年初，滕州先后组建山东彤辉集团和山东荆泉啤酒集团，两个企业集团均晋升中型一类企业。1995 年 3 月，滕州市共计组建企业集团 24 家，包括山东盈泰食品集团、山东彤辉集团、中国雄狮集团、滕州煤炭集团、山东万事达酒业集团、滕州市水泥集团、滕州市橡塑集团、手帕集团、山东益康集团、滕州衡达集团；在生产经营和经济效益等方面，均起到规模带动作用，成为全市经济发展的主力军。

1997 年 12 月，企业产权制度改革成为滕州市企业改制的热点。以产权制度改革为突破口，采取股份制、股份合作制、产权转让、破产重组、兼并联合等多种形式进行。1998 年，市委、市政府下发了《关于加快企业改革的实施意见》，企业改制工作全面铺开，绝大部分企业根据实际情况，采取多种形式进行改制。1998 年底，130 家国有、集体企业参与了改制，123 家企业完成改制任务，其中实行产权转让的 30 家，股份制改造的 12 家，股份制合作经营的 9 家，租赁经营、顾租结合经营的 47 家，年薪制的 11 家，实行整体划转、兼并等形式的 14 家。

1999 年初，市委、市政府对企业产权制度改革采取了跟踪落实、重点突破。先后四次召开工作会议，分七个系统进行现场办公，督促指导企业改制工作，及时解决企业改制中出现的问题。随着工作的深入，资产评估工作全面完成；一部分企业的问题暴露出来，出现了部分资不抵债企业；滕州市啤酒厂、酿酒总厂、造纸厂、钢窗厂、标准件总厂、锻压机床厂、第一机床厂等一批企业相继破产。对管理较好、有净资产的企业进行产权转让或其他形式的改制，如市化工仪器厂、实验药厂、面粉厂、郭庄煤矿等。

1999 年末，147 家市直企业改制工作已基本完成，并进入法人治理结构阶段，企业逐步走上了良性发展轨道。有效地盘活了存量资产，极大地调动了广大干部职工的劳动积极性和创造性，有力地促进了滕州经济健康有序快速发展。1999 年底，全市市属工业企业 9764 个，并初步形成了以信诚化工股份有限公司、益康集团、东谷面粉有限公司为代表的一批规模大、效益好、水平高的企业集团；2004 年三次产业比重达 12.1:55.8:32.1，规模以上工业企业 291 家（含 22 家破产企业），实现工业总产值 314.5 亿元（按当年价格计算）。这期间，滕州工业经济结构发生了深刻变化，逐步呈现出以公有制经济为主体，多种经济成分并存的发展态势。

1996—1999 年，滕州市工业经济运行调度室建立了生产要素供给，经济信息发布，实行生产日调度制度。提出了“一、二、三”的总体部署（一是一策，即推进技术进步的倾斜政策；二是二案，即制定全市工业结构调整方案，深入开展“学邯钢、学海尔”方案；三是三条战线，即工业结构调整战线，“增收节支”战线，深化企业改革战线）。期间，组织大规模调研活动 9 次，现场办公 200 余次，分别为企业解决了资金、原材料、运输等制约生产的突出问题。同时，将原按月分析预算内工业企业效益变化，改为对全市工业企业的效益分析制度。

2000 年 3 月，滕州市提出了“全党抓经济，重点抓工业，关键抓改革，突出抓效益”的总体思路，开展工业发展年活动，引导企业着重抓好改制、招商引资和技术改造三篇文章，把企业改制放在了突出位置。到 2000 年底，全市 425 户镇（街）及以上工业企业，422 户完成了企业改制阶段性任务。其中市属企业产权转让 30 户，股份制改造 18 户，股份合作制 11 户，破产 53 户，租赁承包等形式 14 户。市属工业企业通过改制重组资产 16.3 亿元，盘活资产 9.8 亿元，启动困难企业 38 户，分流安置职工 12000 人。多数改制企业通过产权转让、体制创新和技术改造，经济运行质量明显好转。2001 年 3 月，滕州张汪镇大宗村村办集体企业发起成立了山东大宗生物股份有限公司，是滕州市第一家由村办集体企业规范改制的股份有限公司。

2001 年初至 2003 年底，滕州市企业改制进入了规范完善阶段，对改制企业采取了“回头看”。各企业及其主管部门对照回头看方案，按照企业改制不同形式要求，边查边改，缺什么，补什么。尽快完善各项手续，规范了改制行为。2001 年 7 月，为扩大改制成果，培养规模经济，推进企业上市工作，对已设立的山东信诚化工股份有限公司、山东大宗生物股份有限公司纳入拟上市公司；对净资产 1000 万元以上，年利税 500 万元以上企业进行政策性指导。作为企业上市资源，金州玻璃、瑞达焦化、盈泰食品、益康集团、瑞达化工、华闻纸业、威达机床等列入企业上市后备库，为企业上市打下基础。2002 年 3 月，为巩固改制成果，把企业改制推向深入，滕州在全市开展了企业改制延伸年活动，即：改制观念和认识的延伸、改制工作方法的延伸、改制面的延伸、向改制规范化方向延伸、向资产重组工作延伸、向国有资产运营延伸、向民营企业延伸、向三项制度改革延伸、向投资主体多元化延伸。

这一阶段，滕州工业以市场为导向，以效益为中心，以国有大中型企业为重点，转换企业经营机制，大力推进公有制企业改制转制；以乡镇企业二次创业为目标，以产权制度改革为重点，以产权出售、资产出让等不同方式加速乡镇中小企业改制转制。所有制结构调整取得新突破，滕州工业基本完成了从政企不分的乡镇企业模式向多种所有制并存的现代企业制度转型，非公有制经济发展成为全市工业经济的新推动力，以煤化工、机械机床、玻璃深加工等产业为代表的资金密集型和技术密集型产业迅速发展。工业发展的速度、协调性和可持续性显著增强，是滕州工业化的高速发展时期。该阶段，全市工业经济主要经济指标见图 2、图 3。

（三）大规模国有企业破产重组，工业经济转型发展阶段(2005—2015 年)

1. 国有企业破产重组，通过招商引资等手段盘活国有资产阶段（2005—2010 年）

改革开放后的相当一段时间内，不少国有企业走上了多元化发展的道路，大量进入国有经济不具优势的一般性竞争领域。长期以来，国有企业只生不死，加上投资决策失误、经营管理不善等原因，形成了一大批需要关闭破产、退出市场竞争的企业。2005 年 12 月国务院发布了《促进产业结构调整暂行规定》，2005 年 6 月国务院又发布《关于促进煤炭工业健康发展的若干意见》，国家发改委于 2004 年 5 月和 2005 年 7 月分别发布了《汽车产业发展政策》和《钢铁产业发展政策》，都明确提出要提高企业规模经济水平和产业集中度，加快大型企业发展。

为优化经济布局和结构、提升规模经济水平、加快劣势企业退出市场步伐，这一阶段滕州对国有、集体企业进行了改制工作，其中对雄师集团、琦盟机械、鑫立塑料、手帕厂、造纸厂、圣泰电缆、服装厂、鞋厂、印刷厂、珠宝玉器、链条厂、经编厂、保温瓶厂等企业实行了破产终结；对衡达集团、奥力塑胶、化肥厂、焦化厂、标件厂、平板玻璃厂等企业实施了以产权制度改革为主要内容的企业改制工作；同时，积极开展招商引资，先后引进青岛啤酒、金六福集团、香港联成收购了啤酒厂、荆河酒业和翔鹰织布的破产资产，实施了资产重组，特别是金六福集团收购白酒厂后，在 2007 年一年之内实现了恢复生产、新产品开发、新项目开工建设三步跨越，使一个破产企业恢复了发展生机。

滕州市市属企业在依法破产的过程中，注重了破产终结，职工安置，资产重组三个环节，企业破产后通过整体拍卖、职工集体购买破产资产并吸收其他资金入股或外来资金控股组建新的企业等形式，实现企业重组。先后出台了《关于解决国有企业破产终结工作问题的意见》《关于完善破产企业职工社会保险手续的意见》《关于进一步明确破产企业职工安置和社会保险有关问题的意见》等一系列文件，推动了企业破产重

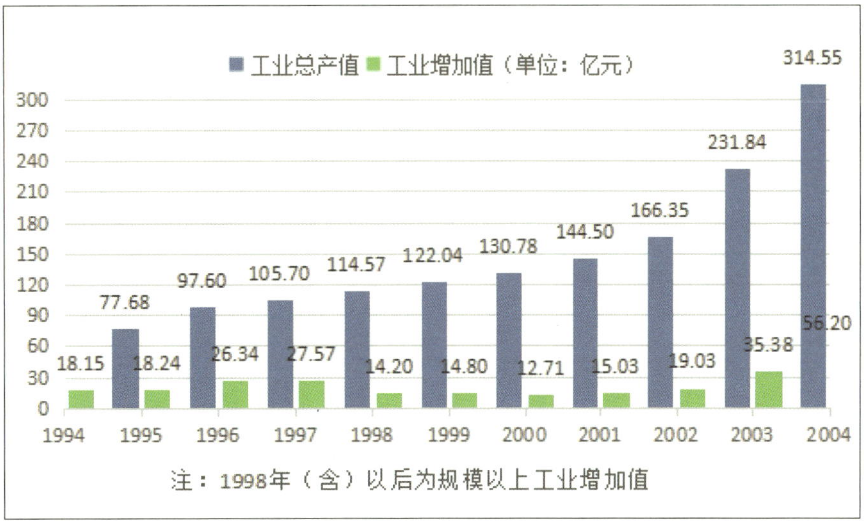

图2：1994—2004年全市规上工业总产值和规上工业增加值

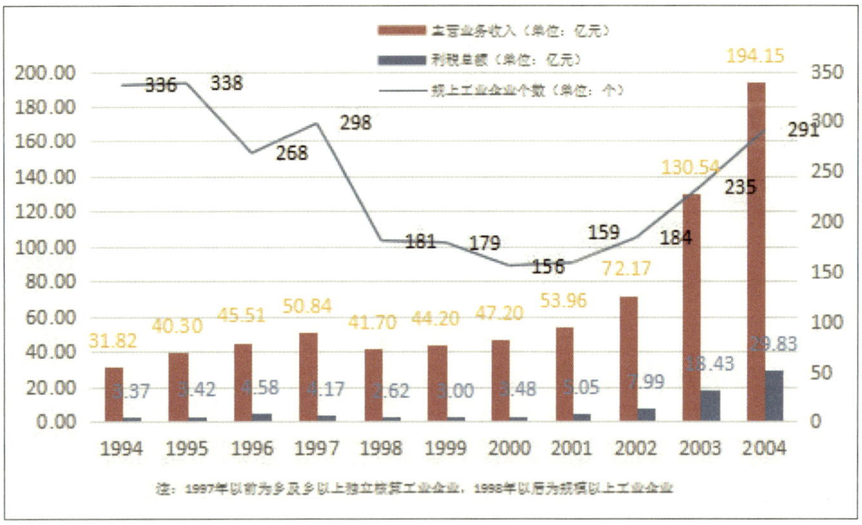

图3：1994—2004年全市规模以上企业个数、主营业务收入、利税总额

组工作的进程。2003 年底，滕州市属 179 户企业完成改制任务，其中破产 60 户，转让产权 5 户，股份制、股份合作制 24 户，租赁及其他形式 44 户，通过改制组建有限责任公司 65 户，股份有限公司 2 户。经过不懈努力，2007 年，全市改制工作已基本完成，并进入到法人治理结构阶段，企业逐步走上了良性发展轨道。该阶段全市工业经济主要经济指标见图 4、图 5。

2. 工业经济转型升级快速发展阶段（2011—2015 年）

该阶段，滕州工业产量规模达到前所未有的高度，工业主要经济指标见图 6、图 7，然而工业规模扩张已近发展极限，制约工业转型升级的创新与技术能力依然薄弱，距离“工业强市”还有较大差距。而且，随着内外部条件的深刻变化，工业增长潜力开始下降，这种下降不仅是周期性的变化，而且具有发展阶段转换带来的趋势性减速特征。在短期因素与长期因素、内生变化与外部环境的叠加影响下，制约滕州工业发展的结构性矛盾日益凸显，工业由高速增长转换为中高速增长与结构调整并行阶段，提质增效和创新升级成为工业发展最紧迫的问题。

这一时期，滕州深入贯彻落实科学发展观，认真贯彻执行国家和省、枣庄市各项决策部署，大力实施“265”产业培育和“5633”企业培植工程，着力推进工业经济转型升级，不断加快产业结构战略性调整和转型升级步伐，形成了以煤化工、机械机床、建材等支柱产业为主导的具有地方经济特色的工业体系，工业经济规模实力和质量效益同步提升。

坚持规划引领。该阶段，每年从财政列支 200 万元用于修编产业规划，委托专业机构先后编制了机械机床、煤化工、玻璃深加工等产业发展规划，同时指导鲁南化工、盛隆化工、辰龙集团、鲁南机床、威达重工、大地机床等骨干企业根据产业规划编制企业的中长期发展规划，形成了“产业－企业”较为完善的规划体系，引导特色产业做大做强，形成集群。

有序推进“265”产业培育。2015 年，机械机床、煤化工两大产业集群主营业务收入分别实现 710 亿元、560 亿元，“十二五”期间累计完成产值 2950 亿元、2290 亿元；六大产业板块累计完成产值 1980 亿元；五个新兴产业累计完成产值 430 亿元。滕州是全国唯一的“中小机床之都”，2014 年顺利通过复审，被评为“中国制镜业基地”“全国机械工业产业集群先进地区”，中小数控机床基地成功入选国家火炬计划特色产业基地，拥有中小机床、煤化工、玻璃深加工、新能源（太阳能）四个产业的省级新型工业化产业示范基地，是全省拥有示范基地最多的县（市）。

纵深推进“5633”企业培植工程。该阶段，市委、市政府出台《中共滕州市委滕州市人民政府关于推进工业经济转型升级的有关政策》等 7 个文件，帮助企业累计争取上级各类扶持 6 亿元。共培育主营业务收入过 10 亿元企业 12 家，纳税过亿元企业 7 家，纳税过千万元企业 27 家，累计实现税收总额 130 亿元；共完成 20 家企业兼并重组；组织企业参加德国汉诺威国际机床展、印度国际玻璃工业展等国内外专业展会 40 余次；借助“好品山东”网络营销管理服务平台，帮助企业创新营销方式、完善营销网络、开拓新兴市场，目前上线企业达到 300 家。东沙河童车童床等 4 个创业基地被认定为省级小企业创业辅导基地。

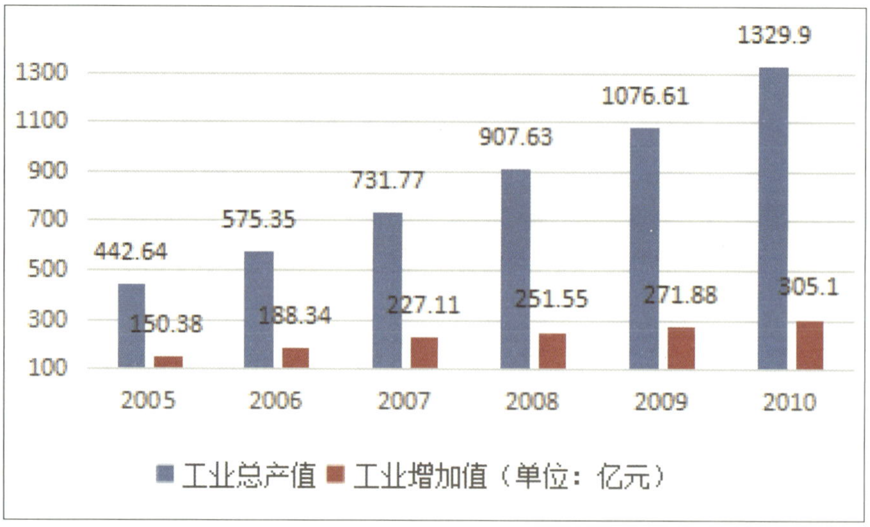

图4：2005—2010年全市工业增加值和规上工业总产值

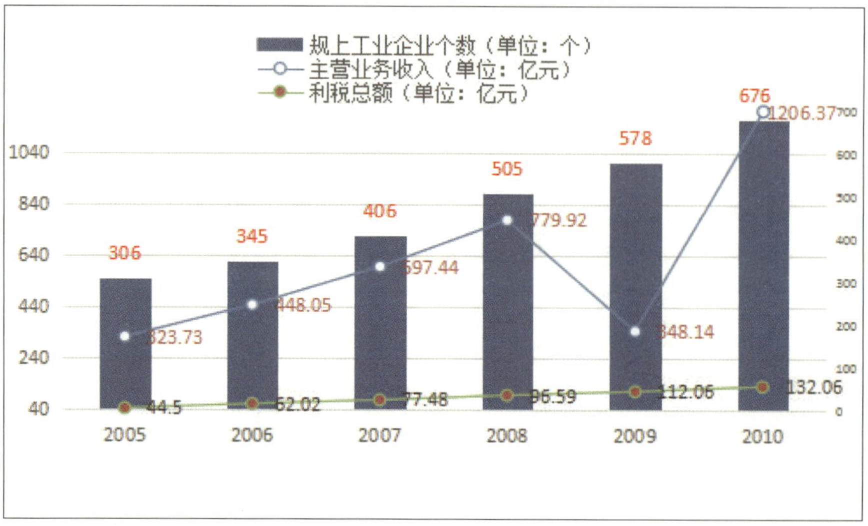

图5：2005—2010年全市规模以上工业企业个数、主营业务收入、利税总额

加快技改创新步伐。该阶段，滕州技改投资累计达到766.9亿元，山东益康药业有限公司口服固体制剂升级改造等163个项目列入省重点技术改造导向计划。实施完成各类技术创新项目1065项，其中，列入各批次山东省技术创新项目计划335项，20项产品列入省重点领域首台（套）技术装备，威达重工的“立式加工中心批量配套国产数控系统应用工程”项目列入国家数控机床重大专项，是枣庄地区首个国家重大专项，获扶持资金2912.4万元。全市拥有院士工作站7家，国家级博士后科研工作站2家，省首批博士后创新实践基地1家，省级行业技术中心1家，省级企业技术中心29家。高新技术企业发展到46家，高新技术产业产值299.3亿元，占规上工业总产值22.4%。

不断优化产业结构。该阶段，工业固定资产投资完成1013.9亿元。实施了威达重工4万吨铸造中心等一批重点项目，引导“龙头企业做品牌、中小企业做配套”，推动机床产业不断向高档数控、柔性加工中心等高端产品发展，促进了利润链由低端向高端攀升。成功引入上海燕龙基再生资源利用有限公司在鲍沟建设分公司，把产业链延伸至资源回收利用环节，进一步提高资源的利用率，促进了玻璃深加工产业更加绿色环保、节约能源。2015年，滕州制造业增加值占比达89.3%，比2011年提高7.8个百分点；非煤产业总产值占比达98.8%，比2011年提高9.6个百分点；高新技术产业产值占比达24.46%，比2011年提高4.5个百分点。

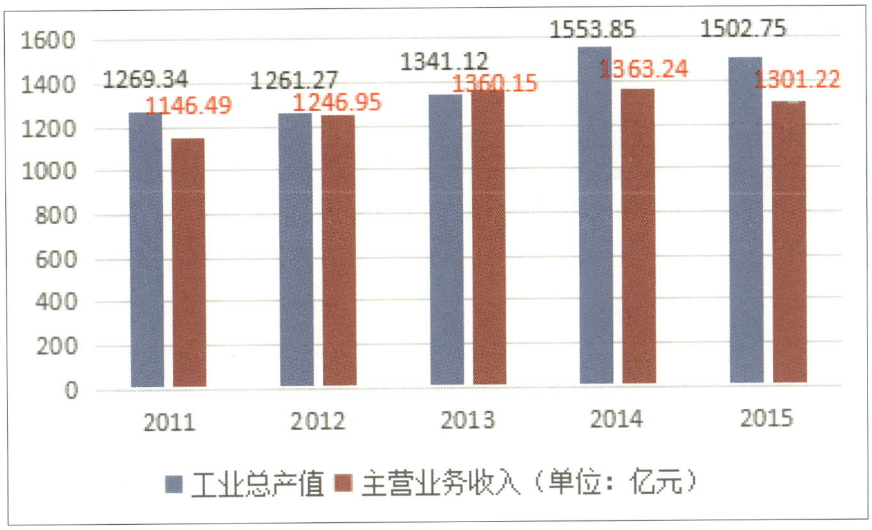

图6：2011—2015年全市规上工业总产值和主营业务收入

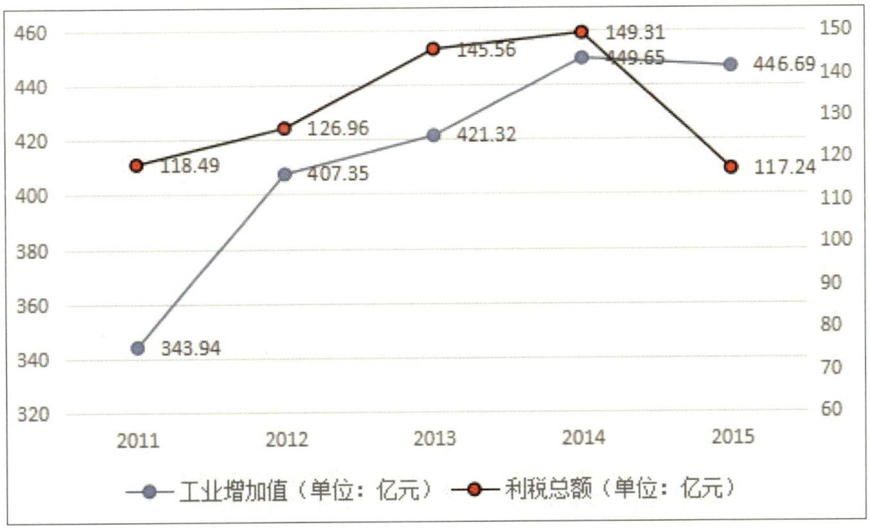

图7：2011—2015年全市工业增加值和规上企业利税总额

深入推进两化融合。制定了《滕州市信息化和工业化深度融合专项行动计划（2014—2018）》和《滕州市企业信息化公共服务平台建设实施方案》，搭建了市—镇街—企业三级协同办公系统，建立了高效快捷的企业公共信息网络服务平台，全市408家企业开通使用，占全市规上工业企业的90%。滕州被列入首批省信息消费试点县（市、区）。腾达不锈钢被列入国家两化融合管理体系贯标试点企业名单。

狠抓节能降耗。该阶段，滕州淘汰关闭瑞达焦化、瑞翔玻璃等28家高耗能企业，腾出用能空间131.79万吨标准煤，年减少CO_2排放350.6万吨、SO_2排放1.12万吨。实施重点节能项目46个，争取各级节能资金8600万元，带动企业节能投资11.3亿元。组织学校、养老院等37家单位实施太阳能集热系统工程，日产热水1914吨。推广节能灯23.1万只。推进节能低碳行动，滕州“国家万家”企业全部通过能源管理体系认证，全省能源管理体系建设现场会在滕州成功召开。青岛啤酒（滕州）等65家企业通过清洁生产审核验收，鲁南机床被评为山东省循环经济示范单位。东郭水泥等12家企业获得资源综合利用认定，工业固体废弃物综合利用率达95%。2015年滕州万元GDP能耗下降20.3%（比2010年），超任务数3.3个百分点，实现了经济发展和社会环境的双赢。

不断健全发展载体。按照“产城互动、协同发展”的思路，规划建设了40平方公里的鲁南高科技化工园区、8平方公里的西岗苯制品基地、8平方公里的机械制造工业园、4平方公里的玻璃深加工产业基地，绝大多数骨干企业进入园区，实现了企业集中布局、产业集群发展、资源集约利用。建设了全国唯一设在县级的国家机床监督检验中心；正在加紧建设省级玻璃监督检验中心，积极争取建设国家级玻璃监督检验中心；与省机械设计研究院合作建设了机械工业生产力促进中心；引导联想控股在滕州建设煤化工研究院；引进实施了总投资26.8亿元的国际机床市场，一期工程于2013年投入使用；引进实施了投资36亿元的中国玻璃城项目，推动玻璃深加工产业上档次、上规模、集群化发展。

强化精准帮扶。开展了“大走访、大调研、大服务”等一系列活动，积极为企业送政策、送管理、理思路、拓市场、提信心、解难题。对重点发展的产业和重点企业、项目，实施“一个项目、一名领导、一套班子、一抓到底”的帮包、帮扶机制，市主要领导对重点工业项目亲自洽谈对接，定期召开调度会议，深入现场召开办公会，帮包单位各负其责、靠上服务，及时解决产业、企业遇到的困难和问题。认真研究各级出台的政策，积极帮助企业凝练、包装项目，做好与上级部门的对接沟通，帮助企业获得更多的资金、政策扶持，助推企业快速发展。该阶段，仅通过经信系统就帮助威达重工、新能凤凰、新源热电等220余家企业、单位的380余个项目争取各级扶持资金6亿元以上。建立并完善市中小企业公共服务平台服务功能，与企业签订服务协议316个，提供各类服务2200余次，举办了72期预约式专家私聊下午茶，培训中层以上管理人员3600人次。“助保贷”累计担保141笔、总额突破5.6亿元。

（四）工业经济逐步迈向高质量发展阶段（2016年至今）

这一阶段，新一轮科技革命和产业变革风起云涌，全球范围内新的生产方式、产业形态、商业模式和经济增长点正在形成。党的十九大报告指出，我国经济已由高速增长阶段转向高质量发展阶段，正处在转变发展方式、优化经济结构、转换增长动力的攻关期。走中国特色新型工业化道路，推进高质量工业化，是新时代决胜全面建成小康社会、全面建设社会主义现代化强国的必然要求。

这一时期，滕州围绕供给侧结构性改革，纵深推进“265”产业培育和“62131”企业梯次培植工程，立足存量变革与增量培育，全力抓项目、关键抓技改、突出增实力，精心谋划和推动新旧动能转换，工业经济保持了稳中有进、稳中向好、稳中提质的发展态势。2016年，全市规上工业增加值同比增长6.2%；规上工业企业实现主营业务收入1280亿元，同比增长5.1%；生物医药、新能源、电子信息、新材料产业主营业务收入分别同比增长7.2%、7.3%、6.9%、7%，增速明显快于规模以上工业，新兴产业正在成为拉动工业增长的重要动能。

突出招大引强、项目带动，构筑产业发展新格局。围绕打造煤化工、机械机床两大千亿产业集群，集中优势资源建链、强链、延链、补链，推动产业向中高端迈进。国科控股新材料中试基地项目成功落地，腾龙不锈钢智能制造产业园正式开工，装备制造（机床）获评国家新型工业化产业示范基地。2017年，两大产业集群分别实现主营业务收入608亿元、702亿元。围绕打造玻璃深加工、食品轻工、家居装饰、纺织服装、儿童用品、汽车配套六大百亿板块，进一步做优产品、做强产业。2017年，六大百亿板块实现主营业务收入392亿元。围绕培植生物医药、新材料、新能源、电子信息、节能环保五大新兴产业，开展精准招商，大力引培龙头企业，加速产业集聚。目前，正在积极推进航天七院气凝胶、电力复合材料、特种树脂等项目落地建设。2017年五大新兴产业实现主营业务收入190.1亿元。

突出梯次培育、机制保障，开创企业成长新模式。出台了《关于全面推进“62131”企业梯次培育工程的实施意见》，成立工作领导小组，制定实施细则，落实责任分工，建立小升规、上市挂牌等后备企业资源库，实行“一对一”精准帮扶，及时帮助企业解决发展中遇到的问题，推进“个转企、小升规、规改股、股上市”。2017年，全市新增规上企业39家，20家企业主营业务收入超过5亿元；市场主体总数突破13万个，企业总量突破1.8万家，位列全省县级首位；各级“专精特新”企业达到200余家。

突出合作共建、科技支撑，打造创新驱动新引擎。设立1000万元科技创新专项资金，大力提升企业自主创新、集成创新能力，努力将创新优势转化为竞争优势。2016-2017年，全市实施各类技术创新项目542项，117个项目列入省技术创新项目计划。积极构建“政产学研金服用”技术联盟创新体系，建成了市人才创新驱动中心暨科技创新创业基地，分别与北理工、北航合作成立了北理工鲁南研究院、北航机床创新研究院，并规划建设了智能制造军民融合和高端功能性材料军地融合两个产业化基地，为高端装备制造产业发展奠定了良好基础。

突出技术改造、跨界融合，抢占智能制造新高地。出台了《关于加快推进工业企业三年技术改造工作的实施意见（2017-2019年）》，每年设立1000万元技改专项资金，引导企业围绕设备改造、智能装备等五大方面开展技改。2017年，全市工业技改投资完成248亿元，同比增长17%；实施过千万元重点技改项目170个，20个项目列入省技改项目目录，132个项目竣工投产，年新增主营业务收入70亿元以上、利税14亿元以上。加快推进制造业和“互联网+”融合，箭波通讯北斗车联网服务平台列入首批山东省物联网示范平台；山森数控5个产品完成软件产品认定；山东威智信息技术有限公司完成软件企业认定。

二、滕州工业经济取得的成就

改革开放以来，滕州工业在“一穷二白”的基础上起步奋进，在不断满足人民生产生活需要中谋求发展，在探索科学发展中推进跨越。如今，滕州工业发生了翻天覆地的变化，取得了巨大的成就。

（一）工业总量持续增长，经济实力不断增强解放初期，滕州市工业基础极为薄弱，仅有一户全民小厂（滕县酿酒厂）、五户私营工厂及一些个体手工业户，经过80多年的发展，2017年全市工业企业数已达到136739家，是1949年的2278倍。改革开放后，党和政府采取了一系列措施，加强企业经营管理，推行经济责任制，大搞技术改造，工业企业迅速发展，工业经济的实力得到不断壮大，一、二、三产业的比重由1978年的38.4:47.6:14调整为调整为2017年的6.6:50.3:43.1，工业主导型经济格局初步形成，2017年全市工业总产值占地区生产总值的50.2%。尤其是近年来，滕州市委、市政府大力推动县域经济发展，2017年全市地区生产总值达到1150.37亿元，在2017年全国综合竞争力百强县排行榜中，滕州排在第56位。改革开放以来滕州工业发展经济指标见下表。

改革开放以来滕州市（滕县）工业发展经济指标一览表

单位：亿元（按当年价格计算）

年份	工业增加值	规上工业总产值	规上工业企业个数（个）	规上企业主营业务收入	规上企业利润总额	规上企业利税总额
1978	1.73	3.03	203	—	0.22	0.78
1980	1.90	3.41	236	3.03	0.24	0.96
1985	3.36	5.13	274	5.40	0.29	1.48
1988	5.85	12.84	301	9.57	0.57	2.22
1989	7.28	17.45	305	11.04	0.65	1.78
1990	7.71	20.82	310	10.96	0.59	1.66
1991	8.91	25.88	313	13.40	0.65	1.75
1992	10.96	34.01	300	18.52	0.79	2.45
1993	14.78	53.48	343	24.77	0.01	2.27
1994	19.19	75.01	336	31.82	0.40	3.37
1995	25.96	77.68	338	40.30	0.27	3.42
1996	29.78	97.60	268	45.51	0.62	4.58
1997	35.12	105.68	298	50.84	-0.05	4.17
1998	37.81	114.57	181	41.70	0.69	2.62
1999	41.07	122.04	179	44.20	1.02	3.00
2000	43.85	130.78	156	47.20	1.31	3.48
2001	50.11	144.50	159	53.96	2.07	5.05
2002	58.89	166.35	184	72.17	3.93	7.99
2003	79.08	231.84	235	130.54	10.06	18.43
2004	108.40	314.55	291	194.15	17.15	29.83
2005	150.38	442.64	306	323.73	25.84	44.50
2006	188.34	575.35	345	448.05	35.38	62.02
2007	227.11	731.77	406	597.44	44.24	77.48
2008	251.55	907.63	505	779.92	55.32	96.59
2009	271.88	1076.61	578	948.14	64.17	112.06
2010	305.10	1329.90	676	1206.37	75.14	132.06
2011	343.94	1269.38	432	1146.49	64.67	118.49
2012	407.35	1261.27	450	1246.95	65.23	126.96
2013	421.32	1341.13	484	1360.16	78.48	145.56
2014	449.65	1553.85	478	1363.25	79.73	149.31

续表

年份	工业增加值	规上工业总产值	规上工业企业个数（个）	规上企业主营业务收入	规上企业利润总额	规上企业利税总额
2015	446.69	1502.75	477	1301.22	65.34	117.24
2016	462.68	1507.03	445	1296.84	62.65	98.04
2017	—	—	428	1250	65	103

说明：1997年以前为乡及乡以上独立核算工业企业，1998年以后为滕州市属规模以上工业企业

（二）优势产业集聚发展，集团优势不断显现

改革开放初期，滕州只有为数很少的食品、棉纺、缝纫、造纸和机械修理工业，生产非常落后。在长期的摸索实践中，滕州市委、市政府逐渐明确了“发展优势产业，打造核心企业，延伸产业链条，培育产业集群”的发展思路，纵深推进“265”产业培育和“5633”企业培植工程，着力打造机械机床、煤化工及精细化工两大千亿产业集群，玻璃深加工、食品加工、纺织服装、家具装饰、汽车配套、不锈钢制品六大百亿板块，生物医药、新能源、电子信息、新材料、节能环保五大新兴产业。2006年滕州市被命名为“山东省中小机床制造业基地”，2008年滕州中小机床制造产业集群又跻身“中国产业集群品牌50强”，2014滕州市中小数控机床基地成功入选国家火炬计划特色产业基地，2014年被中国机械工业联合会授予“中国中小机床之都”称号，2015年“中国中小机床之都”通过复审，2016年获得“全国产业集聚区域品牌建设先进地区（机械产业）”荣誉称号。拥有水煤浆气化及煤化工国家研究中心、山东省煤气化及煤化工工程技术研究中心、山东省氨基模塑料工程技术研究中心等1家国家级、2家省级工程技术研究中心。滕州被中国石化协会领导誉为“中国新型煤化工的摇篮”。2015年被授予全省助力创新驱动发展工程示范区，2016年童车童床产业基地服务平台被评为全国轻工业中小企业公共服务示范平台。滕州市于1992年规划建设了滕州经济开发区，积极吸引项目入区建设，目前，开发区内规模以上工业企业121家，累计投入基础设施建设资金6.9亿元，建成了“五纵五横”的路网格局，基本实现了区内道路、给水、排水、电力、电信、供热、煤气的“七通一平”。同时，全市各镇街依托自身特色产业，逐渐形成了级索太阳能、西岗苯制品、鲍沟玻璃深加工、田陈煤电、张汪板材加工、大坞精细化工、东沙河童车童床、龙泉中小机床、滨湖禽蛋加工等“一区九大基地”的发展格局。2017年，全市规模以上工业企业达428家，实现主营业务收入1250亿元，实现利润65亿元。

（三）项目支撑作用明显，规模企业不断增加

项目建设是经济工作的重中之重，没有项目的落地建设就没有投资的增长、产业的升级、后劲的增强，实施跨越式发展、转变经济发展方式也就无从谈起。长期以来，滕州市委、市政府坚持把项目建设作为加快工业经济发展，促进企业规模扩张的重要举措，牢固树立“快发展要有大项目、大发展要有好项目”的理念。1981—1985年，滕州企业技术改造范围、规模比较小，大部分为小型的挖潜、革新、改造项目，资金的来源主要以国家及地方财政拨款和企业自筹为主，后改拨款为贷款，也都为小型技术项目，共完成投资1.1亿元。1986—1990年，企业技术改造项目的范围、规模扩大，技改资金的需求也随之增大。专业银行贷款逐渐成为技术改造资金来源的主渠道；技术改造在经济发展中的重要作用越来越突出；市政府出台了鼓励技术改造的优惠政策，如税前还贷、减税让利等，增强了技术改造自筹资金的能力；共完成投资4.6亿元。1991—1995年，全市技术改造工作注重了产品结构优化，实行了重点改造、开发式改造、成龙配套改造，使一批骨干企业扩大了生产能力，提高了装备水平，共完成投资20.3亿元。1996—2000年，全市技改工作明显加快，技术改造资金除自筹、贷款之外，利用外资嫁接改造成为新亮点，期间，全市技术改造资金利用外资就达12.2亿元。2001—2005年，滕州把加快工业发展作为立市之基，强市之本，提出工业强市的战略；不断加大工业投入，坚持不懈抓好技术改造工作，促进了企业规模快速膨胀；完成过百万元技改项目380个、技改投入107.3亿元；新源热电二期工程、金州玻璃二期工程、瑞达化工合成氨联产甲醇、拓博塑料制品公司氨基膜塑料制品项目、腾达不锈钢公司的不锈钢紧固件、微细丝生产线、盈泰食品城二、三期工程、春藤食品公司的120万头生猪宰杀生产线、益康集团公司的GMP技术改造和盐酸托司琼原料及制剂项目、东谷面粉公司的日处理300吨面粉生产线、东大煤矿、锦丘煤矿、力源煤炭公司的扩能改造、华能线缆公司的综防电缆生产线、野马工程轮胎生产线等一批项目的建成投产，提升了滕州市工业企业的技术装备水平。2006—2010年，滕州坚持不懈抓项目、坚定不移抓技改，积极实施大项目带动战略，总投资131亿元的新能凤凰（滕州）能源水煤浆加压气化多联产、总投资30亿元的中盛化工、总投资27.5亿元的新源热电2×31.5万千瓦发电机组、总投资20亿元的滕州东方钢帘线及金属制品基地、总投资16亿元的盛隆煤焦化等173个项目竣工或部分竣工投产，成为新的经济增长点；完成技改投入426.5亿元。2011—

2015年，全市技改投资累计达到766.9亿元，其中实施过千万元重点技改项目426个，完成投资591.7亿元；163个项目列入省重点技术改造导向计划。2016年山东省第三季度技术改造推进会在滕州召开，省、枣庄市对滕州技术改造工作给予充分肯定。2017年，9家企业主营业务收入超10亿元，16家工业企业纳税超3000万元。

（四）创新能力不断提升，发展后劲不断增强

改革开放以来，“推陈出新”成为提升企业核心竞争力，增强企业发展后劲的重要手段。滕州市通过政策扶持和市场引导相结合，编制了《滕州市高新技术产业发展规划》，围绕机械机床、生物医药、新材料、精细化工四个重点产业，鼓励企业加大研发投入，提高企业自主创新能力和核心竞争力，高新技术产业得到迅猛发展。2017年，全市工业企业已建立各类科研机构近200余家，全市接近80%的规模以上工业企业相继开展了产学研联合活动，与省内外大专院校、科研院所建立了长期的科技合作关系。成功与北京理工大学签约，合作建设北理工鲁南研究院，成为北京理工大学在全国县级设立的唯一一家高科技企业孵化载体；成功与北京航空航天大学签约，合作建设枣庄市北航创新研究院。截至2017年底，滕州国家高新技术企业发展到57家，高新技术产业产值占规模以上工业总产值的比重达到28%；拥有中国名牌产品1个、中国驰名商标11个、山东著名商标23个、山东名牌52个，院士工作站等省级创新平台49个。

三、滕州发展工业经济得到的经验启示

中共十一届三中全会以来，滕州工业在改革开放的大潮中乘风破浪，为推进新型工业化打下了坚实的基础，走过了极不平凡的发展历程，积累了宝贵的财富，经验弥足珍贵。

（一）必须坚持解放思想，大胆改革

解放思想是正确行动的先导。改革开放来所经历的几次思想大解放，每一次都推动了工业的大发展。伴随着思想的不断解放，改革的深入推进，体制机制的不断创新，滕州民营经济、中小企业蓬勃发展，形成了多种所有制经济竞相发展的格局，成为工业发展极具潜力的新的经济增长点，工业经济发展的内在活力与动力不断增强。实践证明，思想的不断解放，改革的深入推进，是推动工业经济发展的强大动力。在新的形势下，推动滕州工业经济又好又快发展，必须按照科学发展观的要求，进一步解放思想，向解放思想要生产力。

（二）必须坚持工业优先发展战略

工业化是经济社会发展不可逾越的历史阶段，是现代经济发展最强大的推动力量。改革开放以来，滕州工业在全市经济社会发展中的地位与作用日益凸现。进入新世纪以来，滕州市委、市政府从实际出发，总结历史的经验教训，提出了“工业强市”战略，要求将工业化作为全市经济工作的“牛鼻子”来抓，出台并实施了《关于促进工业经济又好又快发展的意见》《关于实施“三大工程”推进民营经济又好又快发展的意见》《关于实施发展工业经济“1511”工程的意见》《关于实施“六百六促”工程的意见》《关于全面推进“62131”企业梯次培育工程的实施意见》《关于加快推进工业企业三年技术改造工作的实施意见（2017-2019年）》，围绕做大做强支柱产业和特色产业，大力推进产业结构战略性调整，实施“265”产业培育、“5633”企业梯次培育工程、“62131”企业梯次培育工程。滕州发展的实践证明，“工业兴，则经济兴；工业活，则经济活”。加快滕州发展，必须坚持工业优先发展战略，把抓发展的主要精力向工业集中，保障发展的资源向工业汇集，促进发展的政策向工业倾斜，加快推进滕州新型工业化进程，走集约化、内涵式的发展道路，实现可持续发展，用工业化来带动滕州的城市化和现代化。在发展工业的过程中，要切实改善和加强对工业的领导，强化经信部门的突出地位，加强部门配合，形成整体合力。要进一步理清思路，突出重点，在抓好机械机床、煤化工、玻璃深加工等支柱产业的同时，牢固树立“零资源”意识，大力发展“两头在外”的外向型企业，努力培育新的主导产业。要按照“抓大放小”“择优扶强”的方针，重点扶持几家龙头企业，切实增强市场竞争力。要加快企业技术创新和管理创新，推动产业优化升级，切实提高工业总体水平。

（三）必须致力营造良好的发展环境

环境是生产力，是地方经济发展的软实力，它直接影响工业发展的快慢，影响企业和产业的竞争力。滕州工业发展的成绩，一个重要方面就是得益于环境的不断改善。滕州市委、市政府认真贯彻上级政府的决策部署，转变政府职能，推进行政审批制度改革，着力营造工业经济发展的良好环境，为工业发展提供了有力的支撑与保障。促进工业经济又好又快发展，必须进一步在营造环境上下功夫，努力营造安全稳定的法制环境、高效快捷的政务环境、开明开放的政策环境、诚实守信的人文环境、共生融合的产业生态。因此，在发展工业过程中，一定要积极为企业发展提供优惠的政策，营造优良的环境。

（四）必须抓好产业和企业培育

产业和企业是工业发展的基础。改革开放以来，滕州工业的不断发展壮大，得益于企业和产业的发展，得益于市委、市政府坚持不懈地抓“打基础、管长远”的工作，通过不断培育产业、壮大企业来推动工业经济发展。发挥滕州的特色和优势，积极培育支柱主导产业，大力实施“5633”企业培育工程，市场主体培育成效显著。实施开放先导战略，努力抢抓国际资本和沿海产业转移的机遇，中材集团、联想控股、新奥能源等中央直属企业和民营上市企业相继落户滕州。坚持对外开放与对内开放相结合，围绕重点产业、重点行业、重点项目加大招商引资力度，壮大了优势产业，推

动了结构调整和产业升级，增强了工业经济实力。产业和企业要发展，必须要有投入，没有投入就没有产出。从滕州工业发展的实践来看，凡是发展得比较快的时期，都是工业投入比较大的时期。由此，必须进一步加大工业投入，不断做大产业和企业规模总量。

（五）必须坚持推进科技创新

科技进步与创新是推动工业发展，增强工业经济竞争力的重要途径。市委、市政府高度重视科技创新对经济社会发展的巨大推动作用，提出“科教强市”战略，作出增强自主创新能力、建设创新型滕州的战略举措，充分发挥滕州科教资源优势，推动科技成果转化和产业化，推动创新要素与生产要素良性互动，提升工业经济核心竞争力。2017年，滕州科技进步贡献率达到59%，科技成果转化率达到90%以上；申请专利1400件，其中发明专利240件；专利授权697件，其中发明专利授权66件，有效发明专利累计总量274件。

（六）必须高效利用资源环境

工业化是一个大规模开发和高效率利用自然资源和人力资源的过程，同时工业化对环境造成的影响也比传统农业要大得多。如果处理不当，工业生产活动以及工业品的消费，确实可能导致突出的资源和环境问题。但是，对于工业化与资源环境的关系，必须有科学的认识。地球上的物质之所以区分为“资源”和“废物”，取决于工业技术和工业需求。工业技术水平越高，工业经济体系越发达，地球上的“资源”就越多，即更多的物质可以成为“资源”，甚至连垃圾都可以变为资源。从科学的彻底意义上说，只要有发达的工业，所有的物质都是资源。可见，工业化在本质上是一个不断创造“资源”的过程。所以，只有用发展工业而不是停止工业发展的方式，才能解决资源约束问题。同样，工业化能够使得地球上更多的地方具有适合人类居住生活的环境，工业化的本质是可以使得环境与人类更友好和更亲近。当然，实现工业化与资源环境之间的良性关系是有条件的，那就是工业技术的发展方向必须更倾向于高效利用资源和优化环境，在体制和机制上更倾向于激励节约资源和优化环境的工业技术进步。

展望未来，任重道远。滕州工业已站在新的历史起点上，正处于工业化加快发展和爬坡升级的关键阶段。全市工业战线将把握和引领经济发展新常态，自觉践行五大发展新理念，坚持走新型工业化道路，坚定不移地推进“工业强市、产业立市”战略，以分类推进促传统产业转型，构筑发展新优势；以项目建设促新兴产业壮大，积聚发展新动能；以梯次培植促企业膨胀提升，打造发展新引擎；以创新驱动促企业提质增效，激发发展新活力；以两化融合促制造高端突破，开创发展新高地；以节能降耗促绿色循环发展，践行发展新模式；加快培育发展新动能，打造发展新引擎，进一步推动工业经济提质增效升级，争做全省县域经济的领头雁、排头兵。我们期待，滕州工业在科学发展的道路上，实现新的跨越，取得新的成就，作出新的贡献！

审稿人：谢经雷

撰稿人：杨国桢　胡修鑫

滕州医疗卫生事业在改革创新中蓬勃发展

改革开放以来，是滕州医疗卫生事业不断深化改革，实现长足发展的关键历史时期。十一届三中全会以后，随着党的工作重心的转移，卫生事业迎来难得的发展契机，滕州市医疗卫生工作坚持以邓小平理论、“三个代表”重要思想和科学发展观为统领，以实现人人享有基本医疗卫生服务为目标，着力推进医药卫生体制改革，解放思想、实事求是、开拓创新、锐意进取，各项重点卫生工作成绩斐然，人民群众健康水平发生翻天覆地的可喜变化。

一、发展历程

（一）改革初期阶段（1978—1985年）

1. 管理体制改革

“文化大革命”期间，干部靠边站，撤销了原有的局、院、站建制，成立“六、二六”公社，尽管大多数医务人员坚守岗位、防病治病，但仍给滕县卫生事业带来灾难性破坏。党的十一届三中全会后，逐步进行管理体制改革。

（1）实行院（站、所、校）长负责制。在经过认真研究和论证的基础上，1985年初，中心医院先行试点，然后各医疗卫生事业单位相继实行院、站、所、校长负责制，使长期形成的党政不分、职责分离的局面得到改善，单位行政领导决策、经营、机构设置、人事任免、财务支配等的实施得到保证。1985年5月，中心医院院长首先对原有机构进行调整，建立了技术咨询指导委员会，增设了办公室、急症科、麻醉科，充实加强了门诊部、预防保健科和家庭病房科。对科室科长、主任及护士长实行聘任制。健全了行政指挥系统，推动了医院管理制度的改革和各项工作的开展。到1985年底，中医院、防疫站、妇保站、皮防站、药检所、结防所、县卫校以及22个乡镇医院都实行了行政首长负责制。

（2）卫生院下放乡镇管理。随着经济体制、财政体制改革的深入发展，现有卫生事业体制的弊端日益显现。为贯彻多层次、多渠道、多形式办医的改革方针，借鉴外地经验，经过调查研究和试点，根据各乡镇和卫生院的不同情况，报请县政府批准，1985年底开始分批将乡镇卫生院下放到乡镇政府管理。1985年12月，分别在龙阳、峄庄、东沙河举行卫生院下放协议签字仪式。协议规定：乡镇卫生院的人事管理权、财产管理权、行政管理权移交给乡镇政府。卫生院需要的基本建设投资，卫生局和乡镇政府按照1:3的比例分别承担，大型医疗器械购置费按照1:1的比例分别承担。同时明确下放后卫生院的性质、功能任务不变，国家干部和职工原有身份不变，晋升提级、退休离休等方面享受国家规定的待遇不变。

（3）批准个体行医。根据卫生部关于多层次多渠道办医的精神和省卫生厅的有关规定，滕县于1985年开始，陆续批准中西医生个体开业行医。滕南于1985年开办新康医院，聘请安徽省军区离休军医，与本地医务人员配合，开展痔瘘诊疗。

2. 劳动人事制度改革

1985年上半年，在推行院、站、所、校长负责制的基础上，各医疗卫生单位的主要负责人，普遍对中层负责人实行聘任。中心医院实行聘任后，43名科室负责人平均年龄由48.9岁下降到42.6岁，具有大专学历及中级以上技术职称的占62.5%。同时，科室负责人按照科室任务要求，对所需的专业技术人员进行聘任，并以合同方式确认双方的权利义务关系以及聘任期，有效地解决了干部终身制引起的弊端。中心医院率先实施聘任制，全院411名医、药、护、技专业技术人员，分别向所在科室提出聘任申请，其中407名被聘任，有效保持了卫生技术队伍的稳定性。1985年6月，中心医院对工勤人员实行合同制试点，全院60名工人，先向所在科室提交个人申请，然后由科室负责人按照岗位设置、编制定额及其他需要，结合申请人的擅长专业、日常表现进行审查优选，再由聘任双方谈判议定合同内容，明确双方的权利义务，确认违约的处理及任期，从而对改变大锅饭、铁饭碗所形成的弊端，起了积极的作用。随后，县直其他医疗卫生单位及部分乡镇卫生院，工人数量较多的，也实行了工人合同制改革。

3. 管理制度改革

（1）推行百分计奖竞赛。1979年，为了克服长期以来工作不计效率、劳动不计定额、干与不干一个样、干多干少一个样、干好干坏一个样对事业发展造成的消极影响，开始把经济手段引入医院管理。1979年至1985年，改变了工资全拨的平均主义弊端，每年拟定百分计奖竞赛检查评比提纲，组织3到5个检查组，进行大检查。全年经费计算分值，留一定数量经费奖优罚劣。实施后推动了《医院管理条例》的贯彻，加强技术岗位责任制，全面提高了医护质量。1979年第一年百分计奖竞赛，促使25处医院改变落后管理方法，实行了金额管理、数量统计、实耗实销。百分计奖竞赛坚持7年，使医、护、药品管理质量普遍提升，促进了医院的全面发展。1980年1月，中心医院实行与乡镇驻地医院稍有差别的百分计奖法。该院首先对各科室医疗医技活动的效率、质量、消耗和收入情况进行了前三年调查分析，在此基础上，依据社会效益为最高标准的原则，侧重于服务态度，医疗质量，制定了各科室医疗、医技活动的任务、质量、支出消耗和收入的定量指标，月末考核统计，按各项指标完成程度，实行百分计奖。对于经济收支方面的分配比例，主要是激发“应收原则”和“堵塞漏洞”达到增收节支的目的，力求社会效益、技术效益、经济效益的有机结合。试行两年，收效明显。

（2）实行技术经济责任制。1979年开始的运用经济手段加强医院管理，通过总结提高，形成了一个任务、效率、质量指标和消耗、收入指标以及相对合理的卫生技术经济责任制。城乡医院增加了收入，使医院得到自我发展。中心医院1979年至1987年实行技术经济责任制，自我发展能力显著增强，医疗水平显著提高。

（3）试行个人承包。在运用经济手段加强医院管理的进程中，吸取农村经济体制改革和外地医院的经验，县内不少医疗单位也试行过不同形式的个人承包。1980年，羊庄镇卫生院以前三年的任务、质量和收支情况为基础，号召院内职工投标，中标者与院长签定承包合同，确立双方权利义务关系。然后由中标者按照其决策方案聘用、组合医务人员。未被聘用者，另由院方安排到村队开设医疗点和药品销售部。这种个人承包方式，无论是在职工聘用过程中，还是在重新组合后的经营过程中，都赋予承包人以择优淘劣或奖优罚劣、奖勤罚懒的权利和机会，促进了工作的开展。实行个人承包后，服务态度明显改善，医疗质量和经济效益显著提高。1984年，城郊乡卫生院对中药房试行承包责任制，院长与中药房负责人签订合同，合同规定人员定额、收支指标、药品质量及其他技术指标，在保证质量的前提下，超收部分按1%提成作为奖金。此后，城郊乡卫生院各科室都实行了责任承包。

4. 疾病防治

（1）丝虫病防治。新中国成立前后，滕县是班氏丝虫病高流行区，给人民健康和工农业生产造成严重影响。为此，1970年滕县县委召开全县丝虫病防治动员大会，县革委印发《立即动员起来，打一场消灭丝虫病的人民战争》的致全县人民号召书2万余份，随后全县连续三年开展普查普治，累计普查360万人次。在山东省寄生虫病研究所的指导下，用“海群生”掺拌食盐食用的方法，动员群众从点到面开展防治。1979年卫生部来滕验收，颁发“基本消灭丝虫病合格证书”；同年，滕县在全国卫生防疫工作会议上就丝虫病防治取得的成绩作了汇报。

（2）疟疾防治。中华人民共和国成立后，疟疾病在滕县出现两次暴发流行。1974年12月，国家在疟疾多发的黄淮平原发动五省疟疾联防会战，滕县成立疟防会战指挥部，广泛开展宣传发动，实行休止期全民服药，流行季节全民预防服药。随着疟防深入发展，病人逐年减少。但是全民服药造成了一定的浪费和不必要的不良反应。1980年起，开始设立疟疾镜检站，针对初诊疟疾、疑似疟疾、感冒、不明原因发热等“四热”病人，开展疟原虫镜检工作。到1983年，滕县疟疾发病率由会战前的3.43%降至0.04%以下，1984年，被卫生部评为疟疾联防会战先进单位。

（3）开展形式多样的健康教育。新中国成立初，滕县卫生宣传以口头宣传为主，逐步发展为大幅标语、黑板报、宣传单、宣传牌、广播、演节目等多种宣传方式。加强典型培养，以防疫站健康教育科为标兵单位，以点带面组织参观，推动卫生宣教工作。加强骨干培训，1978年，由防疫站负责举办卫生通讯员学习班，培训30处公社医院、工人医院、财贸医院及县直属卫生单位的宣传员40人，主要学习通讯报道的写作、题材的选择以及卫生科普文稿的章法。1984年，滕县防疫站健康教育宣传牌赴北京故宫参加全国卫生科普宣传牌展览，荣获三等奖。

（二）全面推进阶段（1986—2005年）

1986年至2005年的20年，是滕州市改革开放不断深化，经济建设和社会事业蓬勃发展的20年，也是全市卫生事业快速发展的20年。期间，全市医疗机构建设不断加强，卫生专业技术队伍不断壮大，医疗、预防、保健服务功能日益增强，城乡卫生面貌日益改观，人民健康水平显著提升，卫生事业取得了和经济建设同步发展的显著成绩。

1. 医疗卫生单位管理体制改革

1986年起，滕州市逐步实施乡镇卫生院管理体制改革，乡镇卫生院的干部人事任免，以卫生局为主。院长由卫生局组织考察，征求乡镇政府意见，卫生局党委研究决定，卫生局公布任免，送组织部门备案。1988年底，20处乡镇卫生院全部下放到乡镇，实行市卫生行政部门与乡镇政府双重领导的以市卫生行政部门为主的管理体制。普遍推行了院（站、所、校）长负责制。1988年和1989年在羊庄卫生院、党山卫生院和市中医医院，实行公开竞争，招聘院长，通过投标演讲、答辩、民主评议，乡镇政府、人事部门和卫生局综合考评，招聘了3名院长。树立“科技兴院，人才为本”的思想，坚持“任人唯贤，唯才是举”的原则。1993年，打破干部、工人身份界限，在职工中选拔了年富力强，具有开拓精神，有一定的领导能力、组织能力和德才兼备的工人身份的同志走向领导岗位，拓宽了干部选拔领域，促进了干部制度的改革。1995年，卫生局下发了“关于副局级以上单位的中层机构设置和中层干部规范化管理”的通知，上述单位的中层干部任免，由卫生局统一管理，统一任免。1996年，卫生局下发了“关于驻乡镇医院、卫生院的防疫股长实行统一管理”的通知，防疫股长列入副股级干部管理。任免程序，先由院长提名，卫生局考察，局党委研究决定，卫生局公布。2004年7月，卫生局决定：各医疗卫生单位的财务科科长列入卫生局统一管理，其任免程序与防疫股长相同。对市委管理的干部任免，卫生局积极协助组织部门考察。在内部运行机制的改革方面，各医疗卫生单位普遍实行了竞争上岗、人员聘任和综合目标责任制管理办法。农村基层卫生组织实行了乡（镇）村一体化管理。

2. 医政管理

（1）中医医政管理。从1985年起，根据山东省人民政府《关于加强中医工作的决定》以及枣庄市人民政府《关于加强中医工作的意见》，重点完善了市中医医院和市级综合医院、乡镇医院中医科的配套建设。1989年市政府对中医事业经费实行了单列。同年，市政府主持召开了振兴滕州中医大会，全面总结了中医工作取得的成绩，提出了今后的任务；强调了对中医药人员要做到政治上关心，生活上照顾，工作上支持；结合发挥地方名医的优势，带动中医专科的建设。同时建立了滕州市中医药研究所，设在市中医医院。定期召开中医药人员座谈会和学术交流会，全面继承中医学术经验。1990年拨专款用于中医配套建设，先后扩建了市中医医院的门诊楼和病房楼。1997年初，市政府根据《山东省中医医院重点科室和农村中医工作试点县建设方案》，制订了《滕州市创建全省农村中医先进县（市）实施方案》。同年6月，向省中医管理局申报参评全省农村中医工作试点县（市）。1998年2月，经省中医管理局组织评审，滕州市列为全省6个农村中医工作先进县（市）创建单位之一。随后，市卫生局根据全省农村中医工作先进县（市）建设标准与评审细则要求，制定了《滕州市创建全省中医工作先进县（市）年度计划》和《滕州市中医事业发展规划》。1999年初，经省中医管理局对滕州市年度计划完成情况进行评审给予肯定，并提出了指导性意见。为此，市卫生局又在“优、特、新、活”上大做文章，将人员培养、科技教育、专科专病建设作为重点，全面推进农村中医试点县（市）建设。

（2）西医医政管理。西医医政管理，主要是对辖区内医疗机构管理和执业活动的检查指导，组织开展对医疗机构的评比活动。推行医院的科学化、规范化及全面质量管理，提高医疗护理质量，加强急诊急救的管理和建设。做好医疗事故、差错的防范工作，处理好医疗纠纷。全面落实卫生事业发展规划。做好基层卫生组织和个体开业医生的审批、执业登记和校验等管理。1988年，经省卫生厅批准，确定东郭、鲍沟、级索3处镇卫生院为中心卫生院重点建设单位。1995年又确定了西岗、张汪、姜屯、羊庄、岗头5处乡镇卫生院为中心卫生院重点配套建设单位。根据“标准”要求，市卫生局结合医院改貌工作，狠抓了乡镇卫生院的房屋、设备、技术、管理的配套建设和卫生技术人才的培训、引进工作。1992年12月，经枣庄市卫生局的验收，东郭、鲍沟、级索、木石、城郊、张汪、西岗等7处卫生院、中心卫生院达到“合格乡镇卫生院”标准。医院分级管理，1992年4月召开会议，建立领导班子，制订《医院分级管理实施意见》，明确工作目标、方法和步骤。遵循“积极稳妥、循序渐进、因地制宜、由点到面”的原则，先把鲍沟、级索、东郭、张汪、西岗等5处卫生院和中医医院作为试点单位。对照分级标准要求，找差距，加快整顿步伐，全面推动医院建设。1993年8月，在鲍沟中心卫生院召开了现场会议，交流了经验。会后，各医疗单位认真组织学习，广泛宣传，制订各自的行动计划，医政管理部门分类指导。1994年10月至1998年10月，枣庄市卫生局和省卫生厅医院分级管理评委会，先后对全市进行评审。评审结果是鲍沟、东郭、级索、张汪、西岗等5处中心卫生院达到“一级甲等”医院标准，市中心人民医院达到“三级乙等”医院标准。1994年元月，开始实施国务院颁发的《医疗机构管理条例》及《实施细则》，成立了滕州市医疗机构整顿领导小组，下设办公室具体实施。同时制订了《滕州市整顿医疗市场的若干规定》。2月，市卫生局抽调部分人员组成工作组，对全市医疗机构实行执法监督管理。对厂矿企事业卫生室、村级卫生室及个体开业诊所1500多个单位进行依法管理。5月，对行政村卫生室和个体开业诊所静脉输液管理，凡已具备“三证”，达到“甲室”标准的可申请办理“大输液许可证”，开展静脉输液。对验收合格的卫生室（所）发给《大输液许可证》。同时，对合格的医疗机构颁发了《中华人民共和国医疗机构执业许可证》；对不合格的卫生室（所）停业整顿。1996年，市逐步实行乡镇村卫生组织“一体化”管理。1999年底，共建立中心卫生所440个。中心卫生所全部实行“四室”分开，均达到“甲级卫生室”的标准要求。根据《枣庄市乡村医疗机构“一体化”管理暂行办法》要求，卫生局统一制订了各项规章制度，如“中心卫生所工作制度”与“人员职责”“乡镇村卫生组织‘一体化’管理风险金抵押管理和使用办法”“乡村中心卫生所建设标准”“乡（镇）村‘一体化’人员工资发放管理试行办法”“乡镇村‘一体化’收费票证统一管理办法”等。为巩固和提高“一体化”管理水平，在市、乡（镇）两级政府领导下，各乡（镇）成立了由医院、公安、工商组成的稽查工作队，做到经常执法监督，依法管理，严厉打击游医、野医，结合查处和没收药贩出售假、劣药品。

3. 爱国卫生与初级卫生保健

自1990年起，滕州市委、市政府把创建卫生城市列入了重要的议事日程，成立了以市长任总指挥的创建迎检指挥部，由市爱卫办具体组织协调，把创建工作任务目标分解到每一个单位、部门，明确规定各部门的职责任务和奖惩措施，签订了目标责任状。市委、市政府建立了市六大班子领导帮包路段、小区责任制，将城区的所有主次干道和居民小区分别由市领导牵头帮包，督促检查。卫生、城建、工商、公安、交通、环保等职能部门，既分工负责，又相互配合，共同抓好环境卫生综合治理。在创建卫生城市突击活动中，全市机关干部、职工和广大人民群众自发地走上创建活动的第一线，清理垃圾，铲除杂草，整治街巷，清理小区的卫生死角；用花草、树木绿化地面。临街的机关、单位推倒围墙，建立透明铁棂，硬化地面，美化环境。1992年，滕州市获得“省级卫生城市”称号。1995年又顺利通过了省级卫生城市的复验。1996至1998年连续三年保持省级卫生城称号。1998年，市委、市政府提出了“创建不停步，管理迈大步，措施再加强”的工作思路。同年，在全国第四次城市卫生检查中，以出色的成绩被检查团推荐参加全国卫生城市评审。为改善城乡环境卫生质量，自2000年起，市委、市政府将每年的四五月份定为全市城乡环境卫生治理月。在每年的活动月期间，市委、市政府均召开会议，成立组织，制定方案，全民动员，集中开展城乡环境卫生治理，全面提升了城乡环境卫生水平和质量。按照山东省《卫生先进单位评比标准》，开展了创建卫生先进单位活动。

1990年，滕州市政府下发了开展初级卫生保健工作的通知和印发滕州市实现2000年人人享有卫生保健规划目标的通知，成立了滕州市初级卫生保健委员会。3月，从市直各医疗卫生单位抽调了47名卫生干部，与枣庄市下派工作队一起下派到乡镇，协助当地政府开展初保工作。5月起，对全市村级卫生室进行了整顿，首先取缔了无证行医，改个体办医为集体办医。村卫生室的房屋、设施，由村委会负责，人员达不到要求的，一律配齐，一村多室的进行合并，没有卫生室的村要抓紧建立。积极创建甲级卫生室，加强对乡医的培训工作，提高业务素质和政治素质，使他们能够胜任初保工作中的各项卫生工作任务。1992年1月，首次通过山东省政府组织的验收。4月，经国家卫生部、农业部全面验收评审，滕州市为全国初保达标县（市）之一。1993年后，连续3年派遣工作队到基层开展工作。到1996年，有组织地试行乡镇村卫生组织“一体化”管理，1997年全面推广，1998年全市共建立385个中心卫生所，均达到甲级标准。乡医报酬得到妥善解决，稳定了农村卫生队伍，巩固了农村三级卫生网络。

2002年8月，开展了社区卫生服务工作。市卫生局制订《滕州市社区卫生服务区域设置规划》和《滕州市城市社区卫生服务试点工作实施方案》，开始试点，总结经验。经市政府同意下发了《滕州市城市社区卫生服务实施方案》，随之，制订了《社区卫生服务工作制度、人员职责和操作规范》。2003年11月4日，召开由中医院、妇保院、鲁化医院、财贸医院、王开医院和城区、荆河卫生院参加的专题会议，部署社区卫生服务工作，要求有条件的医疗单位到社区设立社区卫生服务站。本着“资源共享、就近设站、合理布局、全面覆盖”的原则，采取公立医院延伸门诊、门诊部转型等方式，开始建站开展社区服务。

4. 疾病预防控制

（1）重大疾病预防控制。贯彻落实《传染病防治法》，完善医疗单位内部的疫情报告系统，健全村、镇（街）、市三级报告网络。严格疫情报告时限，健全疫情报告制度。各医疗单位对所发现的甲、乙、丙三类传染病疫情，均按照《传染病防治法》规定的时限，及时向市卫生防疫站报告。疫情管理员、报告员均实行培训合格上岗制度，每年对所辖医疗单位疫情管理员进行一次业务培训，不断提高业务水平。及时掌握疫情动态，做好全市疫情的预测分析。市站疫情室每月对全市疫情进行一次分析，每季度编发一期疫情简报，以指导全市传染病防治工作的开展。1985年共报告法定传染病12种，计3916例，发病率为320.63/10万，2005年报告2140例，发病率为134.61/10万，较1985年下降82.86%。2003年，“非典”爆发，市委、市政府按照中央、省、枣庄市的要求，把防治“非典”工作作为重中之重。2003年4月25日，滕州市委召开第18次常委会议，研究“非典”防治工作，并成立了防治“非典”工作领导小组，将领导小组办公室设在市政府。市委、市政府两办和有关部门签订防治工作目标责任书，各级各部门抽调精干人员集中办公。各镇街和市直有关部门迅速建立了相应组织机构，各级各部门把防治工作的责任层层分解落实，保证人员到位、责任到位、措施到位，规范有序地开展防治工作。市政府制订下发了突发公共卫生事件应急办法，防治“非典”预案等大量技术性文件；建立了疫情监测网络；组成了强有力的专业流调队伍，加强交通道口检查，全面排查疫区的返乡人员；各级做到统筹卫生资源，储备防护物品，加强定点医院和发热门诊规范化建设和管理，对医务人员和流调人员进行集中培训和模拟演练。4月28日，“非典”防治工作全面铺开，在104国道滕州出入口，京福高速公路南、北出入口及火车站，设立检疫站五处，对来往车辆进行消毒，对乘客进行测量体温；30日又增设东郭、大坞两处检疫站。至5月25日共检查车辆16466辆，流动人口54393人，劝返车辆52辆，146人。在监测中，共发现75名发热人员进行了隔离观察。7月底，防治“非典”取得了阶段性的胜利，全市没有发生1例“非典”病例和“非典”疑似病例。从1991年至2005年，全市无脊灰野毒株病例的发生。碘缺乏病防治，1995年，在全省首批达到消除标准。布氏杆菌病的防治，1997年，经确认已达到部颁“稳定控制区”标准。疟疾达到基本消灭标准，1992—2005年全市无1例内源性疟疾病例发生。1995年，市卫生防疫站被卫生部命名为“县级一等”防疫站。麻风病防治，1994年4月经国家卫生部专家验收，已符合国家制定的基本消灭麻风病的标准（患病率控制在1/10万以下）。到1998年，结核病治疗覆盖率达98.2%，治愈率达98.5%。2005年12月，被命名为山东省首批结核病防治示范县（市）。

（2）计划免疫。1986年12月，计划免疫冷链运转启动。市政府成立了由分管市长任组长，卫生局长任副组长，有关部门负责人为成员的计划免疫协调小组。各乡镇成立了相应组织。1992年，市卫生局又成立了计划免疫相应传染病诊断小组，成员由业务局长、专业技术人员和临床专家组成，负责计免相应传染病的诊断处理工作。1989年3月，联合国儿童年基金会、世界卫生组织及国家卫生部联合对山东省第一个85%审评，滕州市代表枣庄市接受了联合检查团的评审。规范化接种门诊建设。从1986年起，实行两月一运转模式。到1998年，通过考核，此种模式，在提高接种率和接种质量方面发挥了积极作用，但也存在许多问题和不足。例如：接种质量差；及时接种率低、链线长、疫苗浪费严重等。为此，卫生局决定在全市范围内建立规范化接种门诊。1999年4月，在鲍沟试点后，17个镇4个办事处投资近40万元建立了规范化接种门诊，实行按月定点定时接种。2001年5月，枣庄市卫生局在滕州召开接种门诊建设现场会。10月，经省考核组验收，北辛街道办事处和羊庄镇二处接种门诊，达到了省级示范接种门诊标准。

5. 妇幼保健

市妇幼保健院设有妇女保健科、儿童保健科、健康教育科，负责全市妇幼保健业务技术指导，驻城各医疗单位妇产科、儿科有专人负责保健业务。镇（街）卫生院设有专（兼）职人员负责妇幼保健工作，村卫生室有女乡医承担本村的妇幼保健服务，初步形成了市、镇（街）、村三级妇幼保健网络。市卫生局每年制定“妇幼卫生工作计划”，每年进行两次全市妇幼保健工作检查，召开两次妇幼卫生工作会议。市妇幼保健院建立了例会制度，对镇（街）妇幼保健人员进行指导和管理。

（1）婚前医学检查。1989年，婚前医学检查在城关镇搞试点。1995年，市民政局、卫生局、计生委联合下发《关于对全市结婚当事人进行婚前医学检查的通知》后，市妇幼保健院开设了婚前医学检查门诊。至2003年国务院新的《婚姻登记条例》颁布止，全市婚前医学检查人数每年达2万余人次。

（2）孕产妇系统化管理。1985年11月，省卫生厅在荣城召开妇幼卫生工作现场会，重点布置开展孕产妇系统化管理工作。1986年初，滕县开始试点。其管理方法是：对育龄妇女从结婚到分娩后（分为孕前期、孕早期、孕中期、孕晚期、分娩期、产褥期），产前检查7次，产后访视5次，产妇住院分娩、采取新法接生等。同年10月底，全县共建试点24处，管理孕产妇551人。各试点村把《孕产妇系统化管理一览表》上墙。县妇保站印制了孕妇，儿童头像挂牌，为各乡镇医院配备了人体磅、婴儿磅及《母子保健手册》；能接生的试点村实行了新生儿出生报告卡，按月上报乡镇卫生院；由乡镇卫生院汇总后上报妇保站。市妇保站在烟厂、酒厂建立试点，管理孕产妇98名。1987年，这项工作逐渐推广。1991年落实国家卫生部“关于推行妇幼保偿责任制的意见”。市政府召开妇幼卫生工作会议，布置保偿制工作。当年投保率达64.49%。1995年起，市妇保院主要负责乡镇孕产妇系统化管理的督导工作，接受乡镇医院转来的高危妊娠孕产妇。乡镇妇幼人员在负责孕产妇的产前检查、产后访视、高危妊娠的转诊管理，及时上报系统化管理报表等。2005年，全市系统化管理率达95.8%。1999年，市妇保院为搞好产时保健，增添了妇产科监护工作站。2004年4月，市妇幼保健院在门诊开展孕妇产前筛查工作，对35周岁以下、孕14—22周的妇女进行检查，主要是诊断唐氏综合症和神经管缺陷，预防先天性愚型、先天痴呆症、无脑儿、开放性脊柱裂等疾病。2005年，按照省、枣庄市卫生行政部门的要求，滕州市卫生局、市计划生育局、市民政局、市妇联、市总工会联合印发《滕州市孕产妇及儿童系统保健管理实施细则》，进一步强化了孕产妇系统保健管理工作，在全市加强了产后访视工作，同时加强了产科建设，由市妇幼保健院负责全市产科建设的业务指导及督导检查工作。

（3）儿童保健系统化管理。儿童保健系统化管理即将学龄前儿童分为新生儿期、婴儿期、幼儿期、学龄前期；根据不同阶段儿童生长发育特点，实施相应的保健措施。按照“四、二、一”（即周岁以下新生儿每3个月健康查体一次，每年4次；1—3岁幼儿每6个月一次，每年2次；3—5岁幼儿每年一次）查体要求标准，定期对儿童进行健康查体，每次健康查体结果详细记录在学龄前儿童系统化管理表中，并进行相应的营养评价。通过系统化管理筛查出体弱儿建卡专案管理。此项工作在1987年开展试点11处，检查儿童1052人，然后在试点的基础上全市推广。城区由市妇幼保健院负责，农村由乡镇医院和乡医负责。至2005年，进行系统化管理的婴幼儿8万余人，筛查出体弱儿6000余人，均予以及时治疗和保健指导。至2005年，全市婴儿死亡率由1991年的25.0‰下降到15.05‰。

（4）《出生医学证明》的管理。1996年，依据《母婴保健法》，加强了《出生医学证明》的发放管理。枣庄市卫生局、公安局转发了省卫生厅、公安厅转发国家卫生部、公安部“关于统一规范《出生医学证明》的发放管理的通知”。通知要求：凡经县级以上卫生行政部门经过注册、同意接生的医疗保健单位，均可持同级卫生行政部门出具的证明信，到指定的妇幼保健机构领取全国统一的《出生医学证明》。从婴儿出生登记，到“证明”的填写、发放、记录、盖章，均有严格的管理制度和程序。各级户口登记机关，凭《出生医学证明》认真做好新生儿申报出生户口登记工作。自此，《出生医学证明》的发放管理工作走上法制化轨道。

（5）创建“爱婴医院”。1994年，为贯彻落实《九十年代中国儿童发展规划》，市妇幼保健院按照省、市卫生行政部门的安排，开展了创建爱婴医院工作。经过宣传发动、业务培训、完善产科制度、落实母乳喂养措施等工作，顺利通过国家卫生部、省卫生厅的评估验收，成为滕州市第一家爱婴医院。1995年，全市开展创建“爱婴市”工作。市政府多次召开调度会督导创建工作，市卫生局举办创建“爱婴市”业务培训班，妇幼保健院加强技术指导。到1997年底，先后有市中心人民医院、市中医医院、工人医院及张汪、鲍沟、东郭、西岗、级索5处中心卫生院被国家卫生部、联合国儿童基金会、世界卫生组织命名为“爱婴医院”。1998年，全市顺利通过了省政府组织的“爱婴市”检查验收。

6. 新型农村合作医疗

2003年底和2004年初，市委、市政府先后下发了《关于建立新型农村合作医疗制度的意见》《滕州市新型农村合作医疗管理办法》《滕州市新型农村合作医疗实施方案》，确定在西岗镇、级索镇和柴胡店镇开展新型农村合作医疗制度试点工作。新型农村合作医疗管理以县办县管。市成立新型农村合作医疗管理委员会，由市长任主任委员，下设办公室设在市卫生局，成立新型农村合作医疗监督委员会，由市人大常委会副主任任主任委员。各试点镇建立相应组织。2005年3月修订的《管理办法》费用报销比例又有所提高。市财政局、市卫生局联合制定了“滕州市新型农村合作医疗基金管理办法”，管理的原则是：政府组织、自愿参加、多方筹资、以收定支、量入为出、逐步调整、保障适度。2004年3月，省政府确定滕州市为全省新型农村合作医疗试点县（市）之一。为此，市政府决定在试点的基础上于2004年下半年和2005年上半年分两批在全市实施新型农村合作医疗工作。第一批，大坞、姜屯、鲍沟、张汪、木石、东郭、洪绪、界河、羊庄、滨湖10个镇和善南街道办事处；第二批，官桥、龙阳、南沙河、东沙河4个镇和荆河、龙泉、北辛3个街道办事处。2005年10月，全市21个镇（街），共有19.6万户、62.5万余人参加了新型农村合作医疗，参加人数占64.61%。

（三）深化发展阶段（2006年至今）

2006年以来，是滕州市全面建设小康社会、构建“幸福滕州”的重要时期，也是深化医药卫生体制改革和实施“十一五”“十二五”卫生事业发展规划的关键阶段。全市卫生工作坚持以科学发展观为统领，以实现人人享有基本医疗卫生服务为目标，着力推进医药卫生体制改革，解放思想，锐意进取，各项重点卫生工作取得新的成绩，人民群众健康水平明显提高。

1. 医药卫生体制改革有序推进

2009年，根据《中共中央、国务院关于深化医药卫生体制改革的意见》，市委、市政府成立深化医改工作领导小组，围绕五项改革重点，统筹推进，重点突破，取得显著成效。加强医疗卫生服务体系建设。积极争取省“360工程”“1127工程”、重点卫生院建设和国债项目以及扩大内需等政策，完成医疗卫生基本建设项目28个，总投资7.73亿元，总建筑面积27.5万平方米，市中心人民医院内、外科大楼，市妇幼保健院病房楼建成使用。在全面整修镇街卫生院（社区卫生服务中心）业务用房的基础上，整体迁建卫生院（社区卫生服务中心）6处，新建门诊、病房楼27座。新建标准化村卫生室683处。完成了4处社区卫生服务中心和35处社区卫生服务站建设。推进疾病预防控制和卫生监督体系建设。2010年6月，撤销市卫生防疫站，组建成立市卫生局卫生监督所和市疾病预防控制中心，界定了各自职能，理顺了工作关系。农村医疗保障水平不断提高，新型农村合作医疗制度不断完善，参合率稳步提升。人均筹资标准由2006年的28元提高到2014年的400元。随着筹资标准的不断提高，多次调整完善新农合补偿方案，门诊和住院医药费报销比例大幅度提高，最高报销额从8000元提高到15万元，报销医药费从2006年的2480万元提高到2014年的4.39亿元，累计报销医药费18.43亿元，极大缓解了农民群众“因病致贫、因病返贫”的问题。实施国家基本药物制度列入省级试点，基层医疗卫生机构全部实行药品零差率销售，核定编制、财政补助、绩效工资等综合配套改革同步推进。在镇街卫生院实施了以“医药分离、药品共管”为核心的药房管理模式改革，基本药物采购、配送、使用等环节管理规范统一。促进基本公共卫生服务均等化。市级公共卫生服务机构配套建设水平明显提高，建设镇街公共卫生服务管理站21处。制定了实施方案、服务规范、绩效考核、资金管理“四位一体”的公共卫生服务工作机制，累计投入300余万元，为21处镇街公共卫生服务站统一配备了“健康直通车”，专项用于基本公共卫生服务工作的开展，进村入户为群众免费进行健康查体、健康教育、健康指导和健康管理。12类基本公共卫生服务项目和农村妇女“两癌”筛查、贫困白内障患者复明等多项重大公共卫生服务项目得到有效落实。深化公立医院综合改革。自2014年10月1日起，在市中心人民医院、中医医院正式启动了以破除“以药养医”为关键环节的综合改革，所有药品实行零差率销售。突出加强医院内涵管理，医疗质量持续改进，杜绝了重大医疗事故的发生。加强医患纠纷预防和调处机制建设，2013年成立了独立的第三方全市医患纠纷调处中心。组建了出院病人回访中心，开展出院病人满意度调查。优质护理服务、临床路径、预约诊疗、先诊疗后付费、志愿者服务在医院等惠民措施不断巩固，信息化建设持续加强，人民群众看病就医感受得到明显改善。

2. 城乡基层卫生工作

城乡基层卫生工作按照国家“保基本、强基层、建机制”的工作思路，不断完善和健全农村三级医疗卫生服务网络和城市社区卫生服务体系。

（1）村卫生室建设。2006年，以村级卫生所改造、创建甲级卫生所和依法监督管理为重点，完善“二证（医疗机构执业许可证、输液许可证）、四制（聘任制、工资制、风险抵押金制、退休养老保险制)、四统一(行政、业务、财务、药品)”管理内容，提高了村级卫生所的建设和管理水平。市卫生局下发了《关于实行村级卫生所分级管理开展创建甲级卫生所活动的通知》，在全市实行村级卫生所分级管理，开展创建甲级卫生所活动。2006年创建甲级卫生所546处，2007年创建甲级卫生所372处。2008年以后，按照“服务半径为步行10—15分钟距离，服务人口2000—3000人设置一所村卫生室；镇(街)卫生院所在地原则上不设置村卫生室，相应职能由镇(街)卫生院承担；对湖区、民族村及偏远地区，可根据实际合理设置”的原则，开始建设山东省标准化村卫生室。滕州市人民政府办公室先后下发《关于印发〈滕州市村卫生室标准化建设实施方案〉的通知》和《关于调整滕州市2008—2010年村卫生室标准化建设规划的通知》，市卫生局、市财政局印发了《关于〈滕州市2008—2011年村卫生室标准化建设规划方案〉的通知》。按照要求共建设标准化村卫生室683处，并分别通过了上级部门的验收。2014年增设9家，截至年底，全市共有标准化卫生室692家。2014年，为切实提高村级卫生室的建设水平，巩固、完善和发展卫生组织一体化管理，滕州市卫生局下发了《关于开展创建甲级卫生室活动的通知》，在全市实行村级卫生室分级管理，开展创建甲级卫生室活动。利用3年的时间，对全市村卫生室进行提档升级。2014年，全市共有249家标准化卫生室通过了验收，获得甲级卫生室称号。

依托健康直通车活动开展免费义诊

(2)镇村卫生组织一体化管理。2006年，为严格规范村级医疗机构的执业行为，整顿卫生组织一体化管理工作中存在的突出问题，滕州市卫生局下发了《关于进一步规范农村医疗市场秩序完善卫生组织一体化管理的通知》，进一步完善了“二证、四制、四统一”管理内容，巩固和发展镇(街)村卫生组织一体化管理。2008年，开始建设山东省标准化村卫生室，逐步巩固和完善三级医疗、预防、保健网的网底。重点以加强人员管理，实行聘任制和备案制；加强财务管理，村卫生室建立固定资产账、收入账、拨款账、药品账、日记账等；加强药品管理，实行基本药物制度，统一进药渠道；规范执业行为，每月考核，实行绩效考核管理制度。

(3)城市社区卫生服务。2006年，在试点的基础上，继续完善社区卫生服务的政策措施，不断推进社区卫生服务体系建设，提升社区卫生服务机构能力。2008年，市政府下发了《关于印发〈滕州市发展城市社区卫生服务实施方案〉的通知》，市卫生局先后下发《关于转发卫生部〈社区卫生工作管理制度〉(试行稿)的通知》《关于明确城市社区卫生服务机构责任服务区域的通知》《关于下发2009年度城市社区卫生服务机构能力建设项目规划方案的通知》，对社区卫生服务工作从计划、制度和职责范围等方面进行了明确和完善，有力地保障了社区卫生服务工作的有序开展。2009年3月，市政府办公室下发了《关于印发〈滕州市改善城市社区卫生服务机构基本药物使用与管理工作实施方案〉的通知》，对全市城市社区卫生服务机构药品实行统一管理，建立城市社区卫生服务机构基本药物目录，实行药品集中招标采购、统一配送的社区卫生服务药品供应体系；形成政府集中招标，统一采购配送，低(零)加价销售，信息化监管药品的新机制。2011年5月，为切实做好标准化村卫生室和社区卫生服务站实施国家基本药物制度工作，保证城乡居民得到安全、有效、方便、快捷的基本医疗卫生服务，市卫生局下发《关于做好标准化村卫生室和社区卫生服务站实施国家基本药物制度工作的通知》，标志着全市所有社区卫生服务机构全面实行国家基本药物制度，实行零差率销售。

3. 妇幼保健服务

市卫生局为全市妇幼保健工作主管部门，市妇幼保健院为妇幼保健业务指导中心，市直各综合医院妇产科兼管妇幼保健工作。各镇街卫生院2010年前设妇幼保健组，2010年后，在新成立的公共卫生服务站内，设妇女保健科和儿童保健科。2014年6月21日，原市计划生育服务站及生殖保健和不孕不育治疗中心，划入市妇幼保健院，加挂“滕州市妇幼保健计划生育服务中心”牌子。7月起，各镇街计划生育服务站与镇街卫生院整合，挂牌成立了妇幼保健计划生育服务站，负责本辖区的妇幼保健；计划生育政策法规、优生优育、生殖保健知识的宣传教育；开展避孕节育优质服务、计生妇幼卫生监测与信息管理、避孕节具管理发放等职责。2006年，市卫生、人口和计划生育、民政、工会、妇联五部门联合下发的《滕州市孕产妇及儿童系统保健管理实施方案（试行）》，加强了产后访视工作。持续加强产科建设，至2007年，各接产单位从建筑规模、科室布局、仪器设备、人员配备等方面基本达到了标准要求。同年，开展了产前筛查工作。2009年重点加强了妇产科软件建设和医护质量的管理，举办了全市产科急诊急救知识培训班、“十项适宜技术”培训班。近年来，由于通讯与交通的便利，多数农村孕妇到市直医院分娩。至2014年，还有2家镇街卫生院接产，其余镇街卫生院妇产科以开展孕产妇保健为主，不再从事接产工作。

2006年至2014年，全市儿童保健系统管理工作持续开展。2010年，按照山东省公共卫生项目要求，将0—3岁儿童保健系统管理纳入基本公共卫生服务管理，实行政府出资，各镇街卫生院为本辖区儿童免费提供保健服务。2006—2009年，每年组织对年内死亡的5岁以下儿童进行评审。2011年9月，省卫生厅下发了《新生儿死亡评审规范（试行）》，将新生儿死亡评审改为每季度一次。坚持开展学龄前儿童健康查体工作。群体儿童健康查体以幼儿园为单位，市属幼儿园由市妇幼保健院负责，镇街及村居幼儿园由各镇街卫生院负责，散居儿童通知家长到所属镇街卫生院健康查体。2011年3月，枣庄市卫生局印发了《枣庄市新生儿遗传代谢病筛查工作实施方案》，在原有两病筛查的基础上，开始了四种遗传代谢病的筛查。2014年12月，枣庄市卫生局印发《关于在全市运用串联质谱技术开展新生儿遗传代谢性疾病筛查工作的通知》，滕州市积极宣传“25项筛查”的重要意义，动员家长知情自愿接受新增的“25项筛查”。2006年以来，按照市卫生局《滕州市新生儿听力筛查工作实施方案》，采用耳声发射（OAE）和自动听性脑干反应（AABR）相结合的筛查模式，持续做好新生儿听力筛查工作。2010年4月，市妇幼保健院成立儿童口腔保健门诊，为城区幼儿园入园及在园儿童提供口腔保健。坚持做好托幼机构卫生保健管理。2006年以后，市妇幼保健院陆续开展了儿童水育训练，儿童视力筛查、新生儿20项神经行为测定、儿童智力、注意力测试及注意力障碍矫治、学龄前儿童50项智能筛查。2011年，开展儿童早教，与北京爱尔惠母总部同步开设全新的早教课程，包括全脑开发课程、多元音乐课程、3—6岁的口语课程、杜曼闪卡课程。2006年3月，滕州市脑瘫康复技术指导站在市妇幼保健院挂牌成立。经过数年发展，2012年达到了山东省脑瘫儿童康复三级及孤独症、智障儿童康复一级标准，晋升为国家级和省级贫困残疾儿童救助基地。开展了脑瘫、孤独症、多动症、学习障碍、智能障碍、脑炎后遗症、语言发育迟缓、各种脑损伤的康复以及高危儿早期干预和婴幼儿早期教育。

市妇幼保健院新生儿监护病房

4. 疾病预防控制

2006年以来，疾病预防控制工作以确保不发生传染病的暴发流行为目标，突出工作重点，全面提升应急能力和服务能力，科学、系统、周密地落实各项疾病预防控制措施，取得显著成效。各类传染病得到有效控制，免疫规划、消毒杀虫、艾滋病防制、职业病防治工作多次受到省卫生厅表彰，地方病、慢性病防治成果得到巩固和发展，整体疾病预防控制工作走在了全省前列。以贯彻落实《传染病防治法》《突发公共卫生事件应急条例》等法律法规为重点，紧紧围绕“一个确保”目标，不断加强传染病监测、预警、处置、救治能力建设。扎实有效地开展了霍乱、艾滋病、结核病、人感染H7N9禽流感、麻疹、手足口病、麻风病、布氏杆菌病等重点传染病防控，坚持落实综合性防控措施，较好地控制了重点传染病。建立了突发公共卫生事件与重大传染病疫情应急报告制度，完善了网络直报系统建设，加强了疫情报告管理，坚持24小时疫情值班制度，狠抓传染病报告工作质量，提高传染病疫情报告管理水平，做到了疫情网络直报工作及时、准确，按要求完成数据上报。2013年3月31日，滕州市通报首例人感染H7N9禽流感病例，市卫生局高度重视，成立了防控工作领导组织和医疗救治、疫情防控专家组，制定了《滕州市人感染H7N9禽流感防控应急预案》和《滕州市人感染H7N9禽流感防控工作方案》，组建了应急机动队。着重加强病例发现、报告和救治，加强不明原因肺炎病例、流感样病例等疫情监测和分析研判，确保第一时间掌握疫情。进一步加强了传染病疫情网络直报的管理，确保40个网络直报系统单位正常运行，并加强全市50个公共卫生综合监测点的管理，多渠道、多方式收集疫情信息。4月19日起，应急队员开始轮流值班，并实行了网络疫情零报告制度，做好了应急技术、物资准备。举办了全市人感染H7N9禽流感防控应急演练，确保一旦发生疫情，能够有效控制。严格职业暴露人群的追踪、随访和管理，按照“通俗易懂、宣传有度”的原则，积极开展健康宣传工作。在《滕州日报》连续4期刊登禽流感防治知识，通过印发宣传单、更新健康教育栏等形式，开展了适宜、适度的健康宣传，提高群众防病意识，宣传人感染H7N9禽流感防控知识，引导公众正确认识人感染H7N9禽流感可防、可控，提高自我防护意识和能力，促进健康行为。

5. 新型农村合作医疗

2006年，制定实施了《住院医药费报销公示制度》《住院病人调查制度》和《滕州市新型农村合作医疗违规行为举报奖励办法（试行）》，对每个住院病人实行身份核实和住院原因调查。并同时开发启用了新型农村合作医疗报销管理信息系统。2008年，进一步修订了《滕州市新型农村合作医疗管理办法》，取消家庭账户制度，实行门诊统筹模式，每年报销的门诊医药费总额以该户农民个人缴费总额的3倍为限。2009年，在滕州市中心人民医院实行了住院即时结报制度试点工作。枣庄市卫生局公布确立了9家三级医院、18家二级医院及65家一级医院作为枣庄市定点医疗机构，实行全市互认。2012年较上年又大幅提高参合农民住院封顶线，每人每年累计最高补偿额为15万元。参合农民在本市二级以上定点医疗机构门诊就诊，做完诊断性检查后3天内回镇卫生院、社区卫生服务中心住院治疗的，与其疾病诊断直接相关的二级、三级定点医疗机构门诊检查费用，纳入新农合住院报销范围，同该病人在镇级定点医疗机构发生的住院医药费累加，按规定的比例报销。2013年12月，山东省人民政府下发《关于建立居民基本医疗保险制度的意见》：确定从2014年1月1日起将城镇居民基本医疗保险和新型农村合作医疗制度进行整合，建立全省统一、城乡一体的居民基本医疗保险制度。滕州市人民政府办公室《关于印发〈滕州市整合城乡居民基本医疗保险工作实施方案〉的通知》要求：按照机构、编制、人员随职能走的原则，将2013年11月22日前在市新农合管理办公室在职在编和借调人员划入市人力资源和社会保障局；镇（街）从事新农合工作的在编和聘用人员，实行人社、卫生部门双重管理，在镇（街）党委、政府的领导下，继续在镇（街）从事医保工作，隶属关系不变，工资福利待遇按原渠道解决。2014年4月25日，新农合职能、编制、人员、基金、资产等整体移交到人力资源和社会保障部门。

6. 卫生城市创建

2007年，市委、市政府提出“创建国家卫生城市”目标，制定了《滕州市创建国家卫生城市的意见》《滕州市创建国家卫生城市工作职责分工》，健全各项创建工作机制，召开了全市创建国家卫生城市动员大会，制定了具体工作方案，对目标任务进行了细化分解，成立了市创建国家卫生城市领导小组办公室，加大督查调度，督促各项工作任务落实。2008年，坚持“以人为本、实事求是、全面推进、分步达标”的原则，各街道、各职能部门按照《国家卫生城市标准》，以“清洁家园、美化环境、远离疾病”为主题，以改善市容市貌为重点，以集中整治和“周末卫生日”为手段，大力开展市容环境卫生整治活动，改善旧城区、城中村和城乡接合部的卫生环境，完善市政配套工程，加大投资力度，重点做好了垃圾处理场、公共厕所、环卫设施和城市污水处理厂等硬件建设，健全了城市长效管理机制。2009年，开展了迎“全运会”城市环境卫生综合整治活动，发动近2万人次义务劳动，对3000多处卫生死角、2000多方垃圾予以清理，清运杂物、废土1150车。2010—2012年，坚持按照国家卫生城市标准，严格落实各项创卫工作，开展各项爱国卫生运动。2013年，以迎接省级卫生城市复审为契机，动员全市上下奋力拼搏，克难攻坚，全面打响创卫攻坚战，健全完善组织体系，成立了创卫迎检工作指挥部，统一指挥、部署、协调全市创卫迎检工作，先后召开了创卫推进会、形势分析会、调度会等各类会议，进一步细化工作目标，明确工作责任，完善工作机制，加大创卫宣传力度，营造了良好的创建氛围，加大市容环境卫生的整治力度，强化基础设施建设，加强对背街小巷、市场秩序、老旧小区和城中村、城乡接合部、建筑工地等创卫薄弱环节整治。推行区域网格管理，将城区4个街道划分成12个网格，采取市级领导帮包，实施城市精细化管理，开展以“人人动手、美化家园、创卫迎检、共享健康”为主题的爱国卫生活动，不断加大对各部门、各街道、各单位的督导力度和频次，市容环境卫生大为改观。特别是对集贸市场和城中村、背街小巷、城乡接合部、老旧小区等卫生整治问题紧盯不放、跟踪督办，对一批影响创卫迎检的问题及时予以协调解决。通过全市上下的共同努力，2013年12月25日，山东省爱卫会下发《关于2013年省级卫生城市、县城复审结果的通报》，认为滕州市达到了省级卫生城市标准，保持了“山东省卫生城市”荣誉称号，创建工作取得了阶段性成效。2014年继续巩固省级卫生城市成果，积极创建国家卫生城市。根据新的《国家卫生城市标准》，对照承担创建任务的部门单位，进一步完善创建工作机制，加大督促创建成果的巩固工作。特别是加快了新型城镇化进程，全面实施城区开发、旧城改造等一系列重大工程，加大城市道路、供热、污水处理、垃圾处理等城市基础设施建设力度，提高了城市的档次和水平，为创建国家卫生城市奠定了基础。2017年，强力推进国家卫生城市创建工作，突出重点，对标发力，坚持强化网格帮包与重点工作专线相结合的推进机制，突出问题导向，相继实施了城市基础设施提升行动、城市品质提升行动、实施重点领域提升行动和其他便民惠民项目，着力抓重点、补短板，强弱项、促规范，公共服务设施日益完善，城市承载能力不断增强，管理秩序和卫生环境明显改善，群众的卫生意识和健康水平显著提升。先后顺利通过了国家暗访、技术评估和专家评审，成功创建国家卫生城市。

二、主要举措和成就

（一）卫生计生综合改革不断深化。全省率先实现卫生计生融合，成立滕州市卫生和计划生育局，组建了市妇幼保健计划生育服务中心，成立了21处镇街妇幼保健计划生育服务站。顺利完成餐饮服务食品安全、保健食品、化妆品卫生和职业卫生监督以及新型农村合作医疗管理职能移交。在基层医疗卫生机构全面实施基本药物制度，顺利开展基本药物网上集中招标采购，实现基本药物使用的“六个统一”。探索完善基层医疗卫生事业单位绩效工资制度。全面启动乡村医生、家庭医生签约服务，为居民提供契约式的全程全面健康管理。启动县级公立医院综合改革，实行药品零差率销售；强化学科建设和医院内涵建设，市级质量控制中心达到16个，确保医疗质量和就医安全。稳步实施人口健康信息化建设，24处一级医疗机构电子病历和医院管理信息系统上线运行，覆盖政府办基层医疗机构的信息化管理网络基本形成。

（二）人民群众健康水平明显提高。婴儿死亡率下降至2017年的2.17‰，5岁以下儿童死亡率控制在4.24‰以内，孕产妇死亡率控制在10.68/10万以内，“三项死亡率”明显低于全国、全省平均水平。

（三）医疗卫生资源总量大幅增加。全市共有各级各类医疗卫生机构981个。其中，市直综合医院3家，中医医院1家，疾病预防控制中心、卫生监督所、妇幼保健院、精神卫生中心、皮防站、结防所、卫生职业中专各1处，镇卫生院17处，城市社区卫生服务中心4处，社区卫生服务站43个，村卫生室719个、企事业单位卫生室（所）34个；省、市驻滕医院6处。实际开放床位7312张，每千人拥有床位4.3张。共有各类专业技术人员9251人。医疗卫生机构总资产31.51亿元，万元以上医疗设备4362台件。2017年滕州市完成门急诊991万人次，出院病人30万人次。

（四）医院综合技术实力切实增强。围绕建设“区域性医疗卫生中心”，各级医疗机构以医院管理年、“三好一满意”和能力提升年活动为载体，以实施规范化管理为主线，不断加强行政、业务、经济管理，“人才、技术、设备、环境、管理”等配套建设不断完善，医疗条件显著改观，综合技术实力、服务水平和服务质量大幅提升，社会效益和经济效益持续增长，软硬件条件达到全省县级一流水平。市中心人民医院、市中医院分别成功创建“三级甲等综合医院”和“三级乙等中医医院”，市妇幼保健院评定为全省首批“二级甲等妇幼保健院”；羊庄卫生院被评为“全国群众满意的乡镇卫生院”。中医药服务能力进一步提升。2012年成功创建“全国农村中医药工作先进单位”。加强中医药重点专科、特色专科建设，市中医医院中风病科为“国家级中医特色专科”，创建省级重点专科2个、枣庄市级重点专科4个、名老中医工作室2个。建成“山东省中医药特色乡镇卫生院”3处、“山东省中医药特色社区卫生服务中心”3处。

（五）公共卫生服务和综合监督水平不断提升。加强麻疹、结核病、艾滋病等重大传染病防控，有效应对人感染H7N9禽流感、埃博拉疫情等重大突发传染病疫情，成功创建山东省卫生应急示范县和结核病防控工作规范县。积极推进MSM人群扩大监测、扩大治疗工作，保持艾滋病低流行态势，成功入围国家级艾滋病综合防治示范区。创新慢病管理模式，强化高危人群干预，成功创建山东省慢性病综合防控示范区。全面实施国家扩大免疫规划，建成数字化预防接种门诊18处，常规免疫接种率保持在95%以上。完善市、镇、村三级公共卫生服务网络。制定了实施方案、服务规范、绩效考核、资金管理“四位一体”的公共卫生服务工作机制，14项基本公共卫生服务项目和6项重大公共卫生服务项目得到有效落实。加强妇幼卫生保健，孕产妇和儿童系统化管理率始终保持在95%以上。职业卫生、学校卫生、公共场所卫生、饮用水卫生监督管理不断深化，杜绝了公共卫生危害事件的发生。

（六）爱国卫生工作和卫生城市创建不断深入。认真贯彻落实国务院《关于进一步加强新时期爱国卫生工作的意见》，大力开展爱国卫生运动，组织开展城乡环境卫生整洁行动，推进卫生村镇、单位和城市建设，成功创建国家卫生城市。全面做好农村改厕项目，全市卫生厕所普及率达95%以上，无害化卫生厕所普及率也得到明显提高。全面实施健康山东行动，建成龙泉路、龙泉广场、荆河公园、弘道公园4条健康游步道。

三、经验与启示

（一）党委政府的重视支持是医疗卫生事业改革发展的根本保证。政府的职能在于提供公共产品和公共服务。对于处于转型期的我国来说，在加快工业化、城市化和对外开放的同时，更应该在为广大人民群众提供包括医疗卫生服务在内的公共产品和服务方面发挥作用。改革开放以来，滕州市各级党委政府高度重视医疗卫生事业发展，不断加大对卫生事业的投入，坚持统筹兼顾，把卫生改革发展纳入经济社会发展大局谋划和实施，协调推进医药卫生体制改革、基本医疗服务和医疗保障体系建设，为医疗卫生事业改革发展提供了坚实保障。

（二）群众满意是医疗卫生事业改革发展的根本目标。党的十八大围绕全面建成小康社会，就卫生改革发展提出了总布局和总思路，提出要坚持为人民健康服务的方向，健全基本医疗卫生制度，保障人民群众身心健康。在新时期，人民群众对改善医疗卫生服务提出了更高的要求。滕州市始终坚持把群众利益放在首位，连续多年将卫生工作作为政府为民办的“十件实事”之一，着力解决了一批涉及人民群众最关心、最直接、最现实的问题，切实让广大人民群众享受到了改革发展成果，感受到了党和政府的温暖。

（三）以人为本是医疗卫生事业改革发展的基石。医疗卫生行业是知识密集、技术含量高的行业。打造高素质的卫生人才队伍对于医疗卫生事业发展起着决定性作用。改革开放初期，一大批知识分子重新投入到医疗卫生行业中来，推动了卫生事业的苏醒和发展。40年来，在以人为本理念指引下，人才管理体制几经改革与完善，公开选聘、合同管理、以岗定薪、择优录用等一系列措施将优秀的卫生专业技术人才不断吸引并充实到医疗服务岗位上，为滕州市卫生事业发展奠定了坚实基础。

（四）创新是推动医疗卫生事业改革发展的动力源泉。创新是引领发展的第一动力。改革开放以来，无论是医疗市场化的大胆尝试，还是医院管理体制和医疗技术的不断革新，无不给卫生事业的发展注入了强劲的动力。尤其是近年来，信息化技术在医疗卫生领域的广泛应用、公立医院改革的不断深化、医养结合的积极探索，极大地满足了不同层次、多样化的医疗卫生保健服务需求，带动了行业水平和经济社会快速发展。

审稿人：孟祥磊

撰稿人：王　勇　陈立伟　董洪梅

张汪中心卫生院门诊楼

薛城区改革开放探索与发展综述

中共薛城区委

薛城区位于山东省南部，地处鲁南低山丘陵和江淮平原地带，东临泰沂山脉，西濒临微山湖畔，京沪铁路、京沪高铁和京台高速穿境而过，地理位置十分重要，故有鲁南门户之称。薛城区是枣庄政治、文化中心，是造车鼻祖奚仲故里，是闻名中外的铁道游击队的故乡。全区总面积404平方公里，下辖7个镇街，246个村居，总人口47万人。

1978年12月，具有划时代意义的中共十一届三中全会胜利召开。从此，中国进入了一个新的历史时期。薛城区在党的基本方针政策的指引下，始终坚持以中国特色社会主义理论为指导，以经济建设为中心，以改革开放为动力，结合薛城区情，科学谋划，积极改革，不断探索，稳步推进，创新工作思路和方法，全区干部群众积极投身于波澜壮阔的改革开放大潮中，以革命老区艰苦奋斗的进取精神和创新创业的生动实践，谱写了经济社会快速发展的辉煌篇章，描绘了城乡面貌巨大变化的壮丽景色。尤其是十八大以来，深入学习贯彻习近平新时代中国特色社会主义思想，统筹推进“五位一体”总体布局，协调推进“四个全面”战略布局，认真践行发展新理念，攻坚克难，砥砺奋进，开创了转型发展、科学发展的新局面。

薛城区政治经济与社会各项事业发展亮点纷呈，逐步形成了政治经济社会建设相互支撑共同发展的良好格局。如今的薛城，发展成为一个进入新型工业化、以现代高效农业为基础、综合实力倍增的新兴城市，人民生活从贫困、温饱不足发展到总体小康，政治建设、文化建设、社会建设和生态文明建设都取得了前所未有的成就。新时期薛城的辉煌历程，无疑是党领导的改革开放和现代化建设伟大历史进程的一个缩影。近年来，薛城区先后获得国家森林城、国家园林城、省级卫生城、全国科技先进区科普示范县、体育工作先进区、平安山东建设先进区、省双拥模范区、省计划生育服务先进区、省级农产品安全质量示范县、山东省“四德工程”示范区等多个荣誉称号。

一、发展历程

中共十一届三中全会胜利召开后，改革开放的春风迅速吹遍了古薛大地，给薛城的发展注入了前所未有的活力。薛城区自此开启了改革开放快速发展的崭新历程，进入到社会主义建设的新阶段，取得了令世人瞩目的成就。回顾近40年的改革发展历程，大致分为五个发展阶段。

（一）改革开放起步阶段（1978年12月—1982年8月）

十一届三中全会以后，薛城区认真贯彻十一届三中全会精神，实现了政治路线的拨乱反正，把工作重点转移到社会主义建设上来，并对国民经济进行了调整、改革、整顿、提高，工农业迅速发展，党的建设和各项社会主义事业稳步推进。

1. 开展拨乱反正工作，政治局面安定团结。1978年在全区通过开展真理标准问题的讨论，批判“两个凡是”的错误观点，清除十年内乱的恶劣影响，使党内外思想空前活跃，意志空前统一。1979年平反纠正了冤假错案，妥善解决了一批历史遗留问题，先后给2866人落实了政策，有力地调动了各方面的积极性。同时还在全区范围内进行了法制教育，整顿了社会治安，打击了刑事犯罪分子，全区社会秩序、工作秩序、生产秩序和人民群众的生活秩序日趋安定，党的组织和党员队伍不断发展壮大，促进了工农业生产和各项事业的发展。1979年全区已有基层党支部497个，党员6867名。全区各基层党支部具有较强的战斗力，党员政治觉悟有所提高，党性有所加强，党的优良传统和作风得到恢复和发展。

2. 推行家庭联产承包责任制，积极推进农村体制改革。根据中央的精神，十一届三中全会以后，薛城区推行了以家庭联产承包责任制为主的经济体制改革，打破了原来的“大集体”“大锅饭”现象，实行大包干，促进了农业飞速发展。1980年9月，制定《薛城区1981—1985年国民经济发展纲要》，指出要集中力量把农业搞上去，针对种植业单一抓粮食的倾向在作物布局上提出合理调整，大力发展经济作物，争取农林牧副渔全面发展。1981年7月，区委推行周营公社农业生产责任制的经验，对周营公社的定额管理、分组作业、联产计酬和包产到户先进做法在全区内推广，极大地调动了干部群众的生产积极性，促进了农业的发展。1982年，根据农民温饱问题已经解决的情况，在农业发展重点上，提出了大力发展多种经营和乡镇企业。1982年，全区农业总产值由1978年的3755.12万元增长到8411万元，是1978年的2.24倍。粮食总产量由1978年的18394万公斤达到25315万公斤，是1978年的1.37倍。农民人均收入302.49元，比1978年增长3.12倍，平均每年递增78%。

3. 工业稳步调整。深入贯彻中央“调整、改革、整顿、提高”的方针，改革工业管理体制，加快工业发展步伐，在革新挖潜上下功夫，坚持以煤炭生产为骨干，以建筑建材、农副产品加工为重点，抓住重点企业，努力把煤焦建材和加工业搞上去。1979年7月，区委召开全区计划工作会议，指出工业坚决贯彻“三就四为”的方针，走“一种二筹三加工四采矿”的路子，重视发展煤焦、化工、农机、制修以及小水泥小五金等工业。几年间共完成基建投资802万元，新建扩建煤矿8处，年生产能力20.3万吨。工业在整顿调整中保持了一定发展速度，经济效益逐步提高。1982年，全区工业总产值由1978年的3716.08万元增长到5127.54万元，比1978年增长38%。实现利税848.88万元，利润609.28万元。区属厂矿企业发展到19个，主要产品由18种发展到38种。其中，纺机、塑料、轧钢等项目填补了全市空白。社办企业和村办企业有了飞速发展。

4. 社会事业稳步发展。1979年5月，区委区政府召开全区科学技术大会，贯彻中央、省、市科技工作会议精神，围绕科技工作如何适应转移进行了认真讨论，研究制定了发展薛城区科学技术工作的意见和措施，调整充实了科研机构和科技人员，在全区范围内开展了群众性的科研活动。三年时间，完成科研和“双革”项目200多项。教育战线深入批判了江青反革命集团炮制的“两个估计”，全面贯彻党的教育方针，正确处理普及和提高的关系，1979年，全区中小学发展到276处，在校学生56500多人，适龄儿童入学率84%，业余教育达到中华人民共和国成立以来最好水平。1982年10月，全区中小学推广六课型单元教学法，前后有16个省、地的教育参观团来学习，大众日报作了报道。1982年全区农村中小学校舍改貌工作全面展开，全区集资863万元，新建、改建校舍3750间。文化战线业余创作队伍不断发展，出现了一批业余文艺骨干，创作和演出了不少好节目。有了专业剧团和电影队，剧院、影院等基础设施有所增加。全区农村电影队达到35个，图书室263处，青年之家289个，文化中心6处，整个农村文化生活空前活跃。卫生战线通过狠抓“普遍整顿、全面提高、重点建设”，医疗技术和管理水平有所提高，农村合作医疗进一步巩固，群众性的除害灭病活动初步开展起来。体育工作大力抓了业余训练，开展了群众性的业余体育活动。青年、妇女、工会、民兵、政法等工作都取得很大成绩，走上了健康发展的轨道。

（二）改革开放全面展开阶段（1982年8月—1992年1月）

在全面推行改革开放的过程中，薛城区进一步加快和深化经济体制改革，以改革开放为动力，以科技进步为重点，以提高效益为中心，加快经济建设步伐，积极进行城市经济体制改革，落实厂长经理负责制，扩大企业自主权。继续抓好农村改革，大力发展商品生产和乡镇企业，加快建立和培育市场体系。积极稳妥地进行政治体制改革，加快发展教育文化卫生等各项事业。通过系列改革，各项事业得到快速发展。1992年全区国民生产总值达到195315万元，财政收入达到4791万元，银行存款余额52509万元。

1. 深化经济体制改革，工业稳定协调发展。薛城区以改革开放为动力，以科技进步为重点，以提高效益为中心，加快经济建设步伐，积极进行城市经济体制改革，落实厂长经理负责制，扩大企业自主权，工业得到快速发展。1983年1月全区企业推行经营承包责任制，实现了全区企业责权利的有机结合，加强了企业管理，克服了大锅饭的现象，促进了企业发展，提高了经营效益。1984年，区政府制定区直工业放开搞活的规定，指出企业要加快改革步伐，灵活安排经营活动，自负盈亏等措施，促进了企业的活力，进一步促进了企业的发展。1984年11月，全国铸造焦科研攻关验收会在薛城召开，薛城焦化厂研制成功铸造焦填补我国工业生产一项空白。1985年1月薛城区三次党代会根据工业坚持走符合实际的工业发展路子，确立了以挤公共汽车的精神上工业的思想，先后投资1.2亿元，先后新建和扩建砌块厂、造纸厂、棉纺厂、毛纺厂、钛白粉厂、水泥厂、啤酒厂、洪村煤矿等50多个项目，技术改造项目100多个，工业企业逐年稳步发展。1987年大刀阔斧地对工商企业进行了改革，突出抓了企业承包经营责任制的推行、配套、完善，积极推行了招标承包、风险抵押承包和租赁经营，使企业焕发了新的生机和活力。企业承包完成之后，又适时地引导企业在深化内部改革上下功夫。在建立内部包保体系、改革分配制度、优化企业管理系统和搞活固定工资制度等方面进行了有益探索，取得了初步成效。所有这些改革都对生产和建设起到了很好的作用。10个企业达到省、市先进企业标准，15项产品荣获部、省、市优质产品称号。1992年全区工业总产值达到129306万元。三资企业发展到8家，合同利用外资总额4341.65万美元，实际利用外资723.77万美元。

2. 开展以家庭经营改革为突破口的农村第二步改革。薛城区积极进行产业结构的调整，开展深化农村第二步改革，努力改善农业生产条件，大力推广应用农业科技成果，打破传统小农经济意识，树立商品经济新观念，农林牧渔业得到全面发展。1984年1月召开全区农村工作会议，贯彻了中央1984年1号文件精神，要求继续抓好农业结构调整、责任制的完善，大力促进“两户”的发展、梳理流通渠道、搞好科技服务等几个方面的工作。1984年5月，根据中央和省、市规定，改变农村政社合一体制，建立乡镇政权和大队改村，薛城区建立5个镇8个乡359个村委会，新建经济合作社127个。1984年7月，针对农村卖粮难的问题，在产业结构上提出了搞好粮食转化，大力发展畜牧业和农副产品加工业。1987年按照中央“充实、配套、巩固、提高”的方针，以家庭经营为突破口的全区农村第二步改革，开始向更深的层次、更广阔的领域推进。在建立服务机制、合同机制、积累机制和实行适度规模经营方面，也出现了有生命力、有指导意义的典型。1988年8月开始了黄淮海平原农业综合开发一期项目，至1989年5月，完成投资260万元，完成10万亩小麦高产培植技术开发。1991年8月，区委区政府做出消灭荒山绿化薛城的决定，制定了消灭荒山、三年栽满树、五年绿化薛城的目标，完成造林4.6万亩，改善林网化农田8万亩，退耕还林还果2万亩，开发梯田堰坝3万亩等。1992年农业总产值达到38272万元，农民人均纯收入1293.03元，粮食总产量达到208438万公斤。

3. 城乡建设迈出新步伐。薛城区按照控制京沪铁路以西发展，城市建设向东发展，向南北展开的建设思路，加大旧城改造、加快新区开发的思路，以完善基础设施为重点，积极加快城市建设步伐。1988年组织力量进行了分区规划的勘探设计，完成50.22平方公里的各类小区，合理配置的城区总体布局方案和乡村建设规划方案。1989年新建了福泉小区，开展了清泉居民小区的改造，先后新修了永兴路、临山路、永福路、燕山路、松江路等城区道路，新建了24条约两万米的下水道。特别是金河水源的开发和火车站下的拆迁，给区驻地建设和居民生活创造了十分有利的条件。1989年8月投资300万元，全区2000门城乡电话实现了直拨。1990年7月完成临山公园、黄河路西段临山商业街的规划设计。确立临山公园为纪念铁道游击队，进行革命传统教育的综合性市级公园。新修了泰山路、辽河路，进行了黄河路拆迁拓宽工程，拆除房屋46000平方米，先后新建生产性用房和住宅55.37万平方米。

4. 社会事业取得新进展。1986年，薛城区实施跨世纪的教育工程，以城乡校舍改造、改革教育结构、提高教育质量为三大突破口，拉开教育兴薛大潮的序幕，薛城区教育事业的经费逐年增加，到1991年先后筹集资金3000多万元，新建了薛城区实验小学和改造全区193所城乡中小学，办学条件有了很大的改善，“黑屋子、土台子”现象已基本消除，农村中小学改貌任务完成，普及九年制义务教育已全面展开，儿童入学率由46.7%上升到89.7%。同时动员社会力量，大办职业教育，先后举办了职业中专、技工学校、农业广播学校、商校等专业技术学校，成人教育逐步形成体系。1983年12月底，全区13处乡镇已经全部办起了农业技术学校，共有126个班级，3422人。1984年7月，全面落实知识分子政策，连续三年薛城区被省政府命名为尊师重教先进单位。1985年12月，全国国办中小学校舍改貌工作现场会在薛城召开。1986年4月，薛城区实验小学建成。1990年通过省政府验收，成为省首批达标的16个县（市）之一。科技推广普及和科研工作取得了较好的成绩。1986年区委区政府制定关于科学技术体制改革的实施意见，就改革科技拨款、开拓技术市场、改革农业科技体制、增强企业技术吸引和开发能力、改革人才管理体制等方面做出了要求，先后推广应用科技成果13项，列入国家和省级星火计划各1项。完成各类科研项目50项，有1项填补国内空白，5项填补了省内空白，12项达到国内先进水平。卫生工作做出初步改革，将乡镇卫生院下放到乡镇管理，省卫生厅充分肯定薛城区卫生改革的新举措，把薛城区定为卫生改革试点先进区。新建了区中医院，同时大力加强村卫生室的建设，区、乡、村三级卫生网络形成。

5. 开展生产力标准大讨论，党的建设进一步加强。在全区范围内开展了生产力标准大讨论，进一步统一了全党的思想认识。1988年9月，区委区政府制定了《关于保持党政机关廉洁的规定》，对廉政建设提出了明确要求，同时对全区党员干部进行了为政清廉教育。1989年实行民主评议党员干部制度，妥善处理不合格党员，纯洁了党员队伍，增强了党组织的战斗力。1990年10月，开展了农村社会主义思想教育活动，基层干部的思想作风有了新的转变。战斗堡垒作用有了明显增强，基层组织建设更加完善。按照干部四化和德才兼备的标准，通过选拔调整干部，各级领导班子的素质和群体结构有了新的改善。在党的组织建设上，大力加强了农村基层党支部班子建设。

（三）改革开放深入推进阶段（1992年1月—2002年11月）

1992年邓小平南方谈话为薛城区的发展指明了方向，提供了活力和动力，薛城区做出了建立加快发展社会主义市场经济体制，加快改革开放，全面实施外向带动，城乡一体科教兴薛，可持续发展四大战略，突出抓好农业调整，深化企业改革，推进科技进步，转变干部作风，确保社会稳定五个重点，提高国民经济整体素质，推进政治体制改革，积极稳妥地将改革开放向纵深推进。

1. 农业改革稳步推进。巩固完善家庭承包责任制，推进土地适度规模经营，农村土地延包全面完成。通过农村税费改革，进一步规范了农民负担。按照市场农业的发展方向和要求，认真解决农业农村农民问题，不断完善农村社会化服务体系，产业化生产、系列化服务格局正逐步形成。高产优质高效农业逐步形成，种植业结构不断优化，林果业发展步伐加快，粮经比例达到52：48。2001年底，农业生产总值为42131万元。1992年8月，薛城区决定进一步做好稳定和完善土地承包制度的工作，巩固完善了家庭承包责任制，积极稳妥地推进了土地适度规模经营。1993年7月，薛城区实施为期两年的“科技兴农”战略，推动农业和农村经济发展，通过农业科技推广体系的健全，先进技术的推广应用，科技人才的培养等措施的实施，取得显著成效。两年间聘请国家和省级专家教授20多人，共举办培训班300余期，受训人数4万余次，培养村级技术人员250多人，立项研究课题70余项，获市级以上奖励11项，重点推广20项实用技术和5个高新技术。

1993年通过实施“畜牧富民”工程，畜牧业迅速发展，畜牧业产值占农业总产值的比重达到47%；1994年在全区开展争三强奔小康竞赛活动，按照抓两化促两增的要求，实施强乡镇强村强企推动农村经济发展，加快奔小康步伐的战略。1995年6月，区委区政府做出了采取“五严”措施减轻农民负担的决定，通过严格执行标准、严格执行政策、严格执行粮食订购议购计划、严禁向农民打白条、严肃纪律，农民负担得到进一步减轻。1995年9月，制定实施薛城区农村产业化三年规划，指出增强规模基地的联动力，强化龙头企业的带动力，进一步优化产业结构，加大二、三产业比重，通过农村产业化185规划的实施，农村经济实现了飞跃，形成粮油、瓜果茶、畜禽“龙形”体系和社会化服务化四大产业化体系，农业产业化经营取得新突破。1996年1月，实施强乡富民工程，历时三年时间，到1998年底，年收入在一万元的专业户达到5.2万户。2001年4月，制定了薛城区农村税费改革实施方案，减轻了农民负担，促进农业发展。同时加大农业基础设施投入，农业生产条件进一步改善，1996年开展水利建设年活动，重点实施五五三一规划和农村饮水工程，总投资2980万元，完成各类水利工程1080处。之后开展完成了黄淮海农业综合开发二三四期项目、一期二期世行项目、潘庄灌区配套、薛城大沙河治理等一批骨干水利工程，结束农业靠天吃饭的历史。

2. 深化企业改革和开放。按照工业兴区的发展思路和建设工业强区的奋斗目标，薛城区进一步调整和优化产业结构、全面实施规模带动战略，通过重点抓好骨干项目建设、加快企业技术改造，全力抓好企业管理和企业改制、全方位推进对外开放几个方面，打造了煤炭、造纸、啤酒、玻璃等支柱产业，工业得到快速发展，工业运行质量和效益逐年提高。2001年底，工业产值达到124757万元，规模以上工业88家。1992年6月，薛城区提出“扩大对外开放，加快发展外向型经济”的意见，通过实施全区经济战略的转移，由内向型经济转入内贸外贸并举的经济发展方式，以区直工业和乡镇工业为两翼，以开发区为前沿阵地，推动全区外向型经济跳跃式发展。1992年7月，与中国外贸纸张包装进出口有限公司和香港合众股份有限公司三方合资的华众纸业股份有限公司建立。一次性引进外资1.5亿美元的区板纸厂三期工程、94薛城对外经贸洽谈会和98薛城·台湾桃园县工业会经贸洽谈会标志着薛城区改革开放进入了新的发展阶段。1997年底，全区累计批准三资企业28家；实际利用外资1.65亿美元；1997年完成出口商品交货值3.65亿元。1998—2002年累计实际利用外来资金21.3亿元，引进投资过千万元的大项目95个。累计利用境外资金3955万美元，2002年进出口创汇910万美元。1994年7月，区委区政府制定工业发展三年（1995—1997年）规划实施意见，指出以国家产业政策和国内外市场为导向，依托现有行业和企业，集中投入重点突破，全面发展，形成以煤炭、造纸、钢铁、水泥、啤酒、玻璃、化工等十大产业为支柱的结构合理、规模适度、效益较高、技术先进的工业体系。1998年5月制定关于深化企业产权改革的实施方案，指出以建立现代企业制度为目的，以产权制度改革为中心，以盘活存量资产为突破口，坚持以产权制度改革为主线，以资本经营为重点，以股份制股份合作制和拍卖为主要形式，因企制宜，统筹规划，整体推进，改变国有企业和集体企业单一模式，实现产权主体多元化。通过上述措施，全面深化企业改革企业改革成效显著，全区乡及乡以上企业已有194家完成了改制任务，企业改制面达到65%，累计重组资产12亿元。原啤酒厂、轧钢厂、纺机厂、徐庄矿等一批困难企业通过改制，焕发了新的生机和活力。2000年4月，召开全区全民发展民营经济动员大会，指出要解放思想大胆创新放开搞活，加快发展争创一流，建设经济强区。在工作中要突出一个中心，抓好四个重点，强化两个保证，从而促使民营经济得到飞速发展。2001年区民营园区开工建设。

3. 大力发展第三产业。按照大市场、大流通、大服务的发展方向，充分发挥国有商业企业优势，抓住一批骨干流通企业，着力推进工商联合和农商联合组建产加销一体的工贸集团和农贸集团，重点抓好商贸流通和各类市场建设。1994年7月，制定下发关于促进个体私营经济发展的若干规定，制定了相关规定、优惠政策和若干措施。1997年8月，召开个体民营经济会议，指出要进一步解放思想，开拓经营门路，寻找发展突破口，向规模化、集团化、多元化高科技外向型发展。先后完善了北城批发市场和清泉市场，建设了鲁南兔毛专业批发市场、常庄蔬菜市场、周营畜禽交易市场、南石瓜果市场。

4. 城乡建设进程加快。以建设现代化新薛城为目标，实施东扩南移的城市发展战略，坚持新老城区并重、开发改造并举的原则，增强城市承载服务功能，加快城市现代化、城乡一体化、乡村城镇化进程。1994年9月，薛城区制定加快小城镇建设的实施意见和实施道路建设年活动，根据大中小城镇的发展思路，重点发展小城镇的构想，推行全区城镇体系建设。1997年11月，商讨制定薛城区1997—2010年城市总体规划，按照局部与全局相结合、宏观与微观相结合、眼前与长远相结合、农村与城市相结合，把薛城建设成为经济发达、设施完善、环境优美、交通便捷、独具特色的新型城市。1998年9月，京福高速公路开工建设。2001年2月，做出薛城区旧城控制性详细规划，邀请清华大学、天津大学、东南大学以及省市规划部门有关专家进行了审阅论证，并获得通过。高标准完成了城区20平方公里的分区规划和旧城区3平方公里的控制性详规。按照五纵七横一环城区道路建设规划，先后新建、改造了山官路、前薛路、泰山路、沿河路、南环路、长江路、泰山南路、店韩路、永福南路、临山路、郯薛路等骨干道路。按照城区发展规划，从拓宽城市发展空间，增强城市承载能力和服务功能入手，建设开发了高标准住宅小区八一小区、怡苑小区，城区面积达到15平方公里，区驻地人口达到12万人。不断加大公益设施建设力度，1994年2月枣庄八中完成搬迁，1995年8月完成了临山公园、铁道游击队纪念碑的建设，1996年12月完成区人民医院新院建设和搬迁、沿河公园、区污水处理厂等一批重点工程项目。同时，坚持建设和管理并重的原则，开展了城市集中整治活动，创建和巩固了省级卫生城成果。按照小城镇建设发展规划，以旧村改造小康屋和村内道路建设为重点，加快社会主义新农村建设，先后共开发农村商贸房面积52万平方米。1995年10月，全区341个行政村实现了村村通柏油路目标，新修乡村道路360公里，全区形成了城乡贯通、村村相通、四通八达的交通网络，方便了群众的生产生活，促进了经济和社会事业快速健康发展。1995年12月，全区农话总数达到2100部，实现了村村通电话。1997年7月，薛城区被国家电业部授予“全国农村电气化区”荣誉称号。

5. 实施科教兴薛战略，科技教育卫生工作不断加强。1995年10月，制定创建全国科技先进县（市、区）的实施意见，指出牢固树立科学技术是第一生产力的思想，坚持科技兴农兴工，加速实施新兴产业工程，优化科技运行机制，依靠科技进步推动社会事业发展，培养优秀科技队伍，提高全民科技素质，加大科技投入。1997年，根据党中央、国务院关于加快科学进步的决定精神，制定关于科技兴区年活动实施方案，积极引进和开发性技术，大力发展高新产业，共引进和开发科技成果300余项。1997年11月，投资155万元的区科技服务中心建成使用。教育事业飞速发展。薛城区把教育事业摆在优先发展的战略位置，深化教育体制改革，优化教育结构，全面推进素质教育，多渠道筹措资金，扩大办学规模，教育事业蓬勃发展，1994年枣庄八中新校建成。新建了实验中学、双语实小，扩建了枣庄八中、舜耕中学，社会力量办学机构发展到14处。1995年根据中国教育和改革发展纲要，制定1995年实现“两基”的实施意见，在全区基本普及中等义务教育，基本扫除青壮年文盲的目标。

6. 积极稳妥地推进机构改革。1993年12月，薛城区做出关于机构改革的实施意见，通过转变政府职能，实行政企分开、精简机构、分流人员，建立办事高效、运转协调、职责分明行为规范的管理体系。改革后，区委工作部门5个，政府工作部门24个，区直机关人员450人，乡镇机关374人，全区精简1015人，全每年减少开支181.9万元。同时深化人事改革制度，完善公务员制度，形成竞争上岗、能上能下、能进能出的新机制。

7. 党的建设全面加强。坚持把党的思想建设放在首位，在全区党员干部中深入开展学习邓小平理论、学党章、学十五大精神等活动，党员干部的思想政治素质有了明显提高。大力加强组织建设，一批优秀年轻干部走上领导岗位。1994年10月，从区直机关抽调104名机关干部，组建工作队，到乡镇开展帮包工作。1995年11月，开展农村基层建设年活动。1998年5月，全区第一个私营党支部在沙沟镇的薛城区锻造厂成立。1999年以来，广泛开展了以“五民主、两公开”为主要内容的农村制度建设，促进农村各项事务的管理走上了民主化、法制化轨道，农村基层民主政治建设得到加强。2000年4月，开展学习“三讲”活动。2000年12月，在全区开展“三个代表”重要思想学习教育活动，通过活动的实施，提高了各级干部的思想政治素质，扎实地解决了问题。实施干部形象工程，狠抓机关思想纪律作风整顿，党风、政风有了好转，干部作风明显转变。坚持不懈地抓好党风廉政建设，领导干部廉洁自律意识不断增强，认真查处了一批大案要案，纯洁了党的队伍，维护了党的形象

（四）科学发展，建设小康社会阶段（2002—2012年）

薛城区围绕“建设市驻地，打造新薛城”这个宏伟目标，实施“四大战略”（新型工业化、城乡一体化、农业产业化、服务业现代化），推动物质文明、政治文明、精神文明协调发展，着力构建和谐社会，全面加强党的建设。2012年实现生产总值246.52亿元、地方财政收入10.67亿元、固定资产投资104.62亿元、金融机构存款余额226.05. 亿元。

1. 深化农村综合改革，加快社会主义新农村建设。按照工业反哺农业、城市支持农村和多予少取放活的方针，全面深化农村改革，以建设现代农产业化为目标，坚持以工促农、以城带乡，走出一条政府引导、农民参与、社会支持、合力推进新农村建设的新路子。按照产业化的发展方向，紧紧围绕农民增收，以增强农产品竞争力为目标，坚持科技先导、体制创新，重点发展农产品精深加工。通过市场引导、龙头带动、中介连结、农民参与、政策扶持、社会服务，大力培育壮大农业龙头企业，建设集约化、专业化和标准化生产基地，发展农村合作经济组织，农业产业化经营得到了快速发展。2005年8月，枣庄金虹食品有限公司和山东鲁南种猪繁育有限公司被命名为省级农业产业化“重点龙头企业”。到2008年，全区各类农业产业化经营组织达到78家，其中省级2家、市级6家；年销售额在500万以上的龙头企业达24家，交易额亿元以上的批发市场5家。全区农业龙头企业吸纳工人4000余人，带动农户总数10万余户，带动农民增收总额达1.8亿元。2005年，薛城区全面取消了农业税，粮食直补、农机补贴等多项补贴直接发放到群众手中，农民群众得到了很多实惠，农村剩余劳动力外出务工，进一步拓宽了增收渠道，广大农民的生产积极性空前高涨，广大农村呈现出一派前所未有的欣欣向

荣景象。2006年6月，根据中央、省、市关于加快社会主义新农村建设的指示精神，薛城区作出加快社会主义新农村建设的实施意见，通过采取调整农业结构、发展农村二、三产业，加快农村公共事业发展、加强农村基础建设、加强基层民主建设等几个方面措施，全区农村逐步达到五新目标。2008年，兑现农民种粮直补、农资直补2234万元，小麦、玉米良种补贴和农机具购置补贴320万元，完成农村劳动力转移培训1000人，新型农民培训1000人。2009年3月，区委作出《贯彻落实党的十七届三中全会决定推进全区农村改革发展的意见》，指出要加快农业产业结构调整，提高农业产业化标准化和组织化水平，培育和完善农村市场，加大农业投入，改善农民生产生活条件，保障农民权益，促进农村和谐，形成现代农业产业体系。先后投入农业基础设施投资近5亿元，实施了林业工程建设、土地整理复垦、大沙河治理、三期世行项目等重点工程，农业综合生产能力显著提高，全区发展经济作物近20万亩、龙头企业62家、合作经济组织150个。

2. 大力实施“工业强区”战略，加快推进新型工业化。牢固树立“工业强区”的理念，按照“全党抓经济，重点抓工业，关键抓招商，核心抓项目”的思路，新上一批大项目，培育一批大企业，努力壮大工业经济实力。2003年8月，区委区政府做出了进一步加快民营经济发展的意见，通过加快民营园区的建设与发展，扶持壮大民营企业规模，加快民营企业技术创新步伐，拓宽民营经济融资渠道，落实好相关财税政策，加强对民营企业的保护服务和管理等几项措施，民营经济发展迅猛。截至2004年12月，全区民营经济发展到8000户，注册资金8.5亿元，从业人员4.5万人，实现税收1.8亿元。2005年薛城区作出进一步加快高新技术产业发展全面推进科学进步的决定，通过实施信息化带动工业化战略，突出高新技术重点领域的自主创新，培育新的经济增长点，加快科技园区建设，扶持发展民营科技企业，健全完善以企业为主体的创新机制，鼓励企业加大对技术创新的投入等几项措施，做大做强支柱产业和骨干企业，煤炭、水泥、机械制造等传统产业焕发出新的优势，青啤（薛城）公司、联兴玻璃、顺兴水泥等骨干企业规模不断膨胀，凌顿空调、锦辉高速镦锻、铅晶电池等高新技术企业快速崛起。薛城经济开发区和张范经济园区累计入区企业144家，完成项目投资35.8亿元，成为新的经济增长点。2007年7月，薛城区下发《关于实施工业经济振兴计划再创薛城经济辉煌的意见》，按照着力恢复壮大造纸业、突出发展煤炭产业、大力培植精细化工产业，大力发展电子产品制造业、加快发展机械加工业、壮大食品加工业、提升玻璃制品行业、调整发展建材行业、加快发展服装加工业、扶持农副产品加工业的思路，大力实施工业振兴计划，进一步调整产业结构，提升产品层次培植一批支柱产业，全面提升工业经济和综合竞争实力，全区基本形成造纸、煤炭、精细化工、电子机械、食品、玻璃、建材、服装、农副产品加工等十大优势产业的现代工业经济格局。2012年底，薛城区工业增加值增长到72亿元，高新技术产业产值占工业总产值的比重由12.5%提至19.3%；实施了总投资118亿元的226个技改项目，水泥产业基本退出，造纸、机械制造、玻璃、啤酒等传统产业均实现脱胎换骨式的发展；新上过5000万元工业项目123个，其中过10亿元项目6个，煤化工产业成为全市新亮点。

3. 充分发挥区位和文化优势，大力发展第三产业。充分发挥独特的区位交通和特色文化优势，加强规划，突出重点，快速发展，提升了传统服务业，培育了新兴服务业，做大做强了文化旅游业。提高了第三产业在经济总量中的比重。2004年7月，根据省市加快旅游业发展的要求，区委区政府作出了加快发展旅游业的意见，指出坚持政府主导、社会参与、市场运作的原则，围绕发展大旅游、开发大市场、建设大产业，全面实施大投入、大开发、大建设战略，做大做强旅游业，按照突出特色、科学开发、配套完善的要求，经过3—5年，使旅游业逐步形成食住行游购娱完整的配套服务体系。以红色旅游为突破口，全面整合旅游资源，加快铁道游击队纪念园、民国影视城、杨峪风景区等旅游景点开发。加强对古薛文化、奚仲文化的研究与开发，加快城市文化产业化发展，打造城市文化标志和文化品牌。铁道游击队纪念园被纳入全国100个红色旅游经典景区，年接待游客达20万人次。2007年，薛城区委区政府做出关于进一步促进服务业发展的若干意见，采取放宽市场准入实施税费优惠、加大财政金融价格支持、优先安排土地供应、加大人才引进培养、优化发展环境深化改革和扩大开放等几项措施。2010年区委区政府做出加快经济发展方式转变的实施意见，指出要发挥优势，重点

民国文化影视城夜景

突破推动服务业跨越发展，重点做好优化服务业发展环境，全力发展现代物流业，提档升级生活性服务业，加快发展文化旅游业，聚拢金融保险业等几个方面。通过积极培育各类专业市场，大力发展连锁超市、配送中心，完善农村商贸流通网络，打造枣庄新的商贸物流中心，大力发展现代物流业等措施。城市综合体、星级酒店、现代物流等高端项目纷纷涌入，商贸流通业渐趋繁荣，先后新建了财富大世界、铁鹰建材装饰城等大型专业市场，全区新建服务业项目150个，完成投资134亿元，限上商贸企业由20家发展到200家。加快枣庄(薛城）港建设，形成以枣庄港为龙头，集加工、贸易和仓储为一体的现代物流基地。2011年全区实现社会消费品零售总额50.1亿元、服务业税收3.1亿元。

4. 坚持“三高”标准，加快建设市驻地。2007年2月，区第八次党代会指出：按照城市东扩南移西进的思路，始终以市驻地的标准规划、建设、管理城市，努力把薛城建成独具特色、生态园林型、最有利于投资、最适合人类居住的现代化城市。高起点修编城区详细规划，高标准建设城市。集中精力实施，加快与枣庄新城对接。大力发展城市经济，把城市作为最大的资产来经营，以市场化的手段盘活城市资产，多渠道筹集城建资金。加强城市生态环境建设，做好城市山、水文章，使薛城既有北方城市的大气，又有南方城市的秀气。2007年5月，聘请澳大利亚BHI公司、苏州空间规划设计院、同济大学等一流团队，对城区进行了高标准规划设计，科学编制了8大类、45个城建规划。2007年区委区政府做出关于开展社会主义新农村建设试点工作的实施意见，以农村经济增加农民收入为核心，改善农村基础设施和村民居住条件为突破口，坚持以民为本、科学规划、有序推进，完成城镇建设投资近10亿元，修建农村公路近300公里，农村“四通”工程成效显著；大力整治农村环境，创建市级文明生态村30个，实施农村主干道两侧建筑“金镶边”改造近10万平方米，完成农村住房建设与危房改造155万平方米，启动建设18个农村社区，推动了城乡一体化发展。2008年2月，区委区政府制定关于加快城中村改造的实施意见，按照规划先行一步到位的原则，立足实际因村制宜的原则，依法规范积极稳妥的原则，先急后缓先易后难的原则，让利于民以人为本的原则，对新一轮城市规划内的常庄镇6个村庄进行改造，在3—5年内，完成改造任务，通过改造做到基础设施和公共设施健全，生态环境、市容市貌和交通状况和环境质量明显改善，绿地面积和公共开放空间显著增加，城市发展空间进一步拓宽，群众居住生活水平明显提高。拆迁改造城南4个城中村，建设12条道路、16处居民小区，配套了市民健身广场、集中供热、文体中心、邻里中心等基础设施，规划了一批特色街区、商圈片区，12平方公里的生态新区已具雏形。2010年1月，结合薛城区经济社会发展实际，制订下发了《关于加快推进全区棚户区改造工作的实施意见》，按照以人为本、民生为重、科学规划、有序推进、政策扶持、市场运作、依法改造、阳光操作、统一领导、上下联动的原则，对火车站广场、燕山路两侧片区以及城中村等进行改造，顺利完成5处、150万平方米棚户区拆迁，13000多户居民、近千名企业职工从中受益，创造了和谐拆迁的“薛城速度”。同时积极开展了大绿化、文明城市创建、城市管理竞赛等系列活动，配套完善了铁道游击队纪念园、沿河公园，城区绿化率由19%提高到40%，城市日益生态秀美、整洁有序。先后累计完成城建投资117亿元，实施各类开发437万平方米，拆迁265万平方米，城区面积由15.5平方公里扩大到27.5平方公里，城市化率由38%提升至45%。

5. 社会事业全面发展。坚持民生优先的理念，累计投入274亿元，实施了124项重大民生工程，使发展成果普惠于民。一是社会保障更加完善。2004年5月，薛城区制定关于做好劳务输出工作的意见，通过健全劳务信息网络，拓宽劳务输出渠道，建立稳固的劳务输出基地，强化劳务人员的素质培训，规范劳务服务与市场管理等措施，就业规模持续扩大，累计实现就业再就业4.5万人。2012年劳务输出1.1万人次，实现“双零家庭”动态消零，薛城区被评为全省农村劳动力转移示范区、创业促就业试点区。城乡五大类基本社会保险覆盖率均达到96%以上，救助体系不断完善，社会保障水平逐年提高。二是公共服务更加均衡。大力实施科教兴区战略，教育现代化整体推进，教育品牌形成聚集效应；人口协调发展，计生工作由全省重点关注变为全市领先；2005年12月，薛城区做出加快乡镇卫生院改革与建设的意见，深化乡镇卫生院改革，优化农村卫生资源配置，加大农村卫生投入力度，用三年时间逐步建立起适应农民健康需求的卫生体系。2012

年基本建成覆盖城乡的社区卫生服务网络，医药卫生体制改革平稳、到位，缓解了群众就医难、看病贵难题。公共文化设施覆盖城乡，以奚仲文化为代表的历史文化开发成果丰硕，薛城区荣获“中国民间文化艺术之乡”“中国赛车新兴城市”称号。科技、体育、广电等各项事业都有新发展。

6. 党的建设富有成效。坚持以党建为根本，大力加强执政能力和先进性建设，为发展提供了坚强保障。2003年4月，薛城区开展了建设学习型城区活动，努力增强党员干部群众学习能力、创新能力、执政能力。同月在全区农村开展了争先创优活动，充分发挥了农村党员先锋模范作用，提高了基层党组织的创造力凝聚力和战斗力，出现了一批干事创业的好班子、吃苦奉献的好干部、发挥模范带头作用的好党员。2006年薛城区做出了进一步加强农村基层党组织的建设意见。2009年7月，区委做出关于深入开展学习实践科学发展观活动的实施意见，通过学习活动的开展，构建了科学发展的体制机制，把科学发展观贯彻到全区经济社会发展的各个方面。加强干部教育培训，提升了干部素质能力。坚持正确的用人导向，选拔启用了一批德才兼备的优秀干部，提高了干部选任工作满意度。注重加强干部作风建设，连年开展作风整顿，探索建立了动态考核、综合督查等十大体制机制，形成了争先创优、竞相发展的良好氛围。村务民主管理、社区网格化管理、离岗和退休干部到村任职等工作成为全省亮点，薛城区多次荣获全市组织工作创新奖。加强党风廉政建设，强化对权力的制约和监督，严查重处各类违纪案件，营造了风清气正的政治生态。

（五）全面深化社会改革，全面建成小康社会的发展决胜阶段（2012年至今）

2012年至今，薛城区全面贯彻党的十八大和十九大精神，以习近平新时代中国特色社会主义思想为指引，统筹推进“五位一体”总体布局，协调推进“四个全面”战略布局，认真践行发展新理念，按照创新、协调、绿色、开放、共享发展理念，以改革统领全局，以提高质量效益为中心，以“建设市驻地，打造新薛城”为目标，立足建设区域性中心城市核心区、现代服务业聚集区、产业转型升级示范区、文明生态模范区，全力推动“六位一体，产城融合”发展，统筹推进经济建设、政治建设、文化建设、社会建设、生态文明建设和党的建设，全面建成小康社会，努力打造自然生态、宜居宜业新薛城。几年间，实施重点项目近500个，纳入省、市重点项目70多个，累计完成固定资产投资1040亿元。

1. 打好转型升级攻坚战，厚植现代产业新优势

着眼建设产业转型升级示范区，以供给侧结构性改革为主线，以提高质量和核心竞争力为中心，加快构建以新型工业为支撑、现代服务业为主导、现代农业为基础的产业新体系。

（1）坚持做优做强，加快发展新型工业。牢固树立“工业强区”理念，积极接轨“中国制造2025”，壮大工业优势，推动产业转型升级，创造薛城工业发展新辉煌。2012年区委区政府做出了进一步优化发展环境的意见，着力打造优质高效的服务环境、公平公正的法治环境、和谐奋进的人文环境，推动县域经济的发展。2012年10月，总投资25亿元的鲁南装备制造公司第一期工程建成投产。2013年4月，开展落后产能清理工作。到2016年底全面关停30万吨以下煤矿，淘汰水泥、采石行业，累计取缔高耗能、高污染及“土小”企业360家，具有50年历史的薛城焦化全面“退城进园”，“一灰一黑”基本退出历史舞台。初步摆脱对资源的过度依赖，实现经济的快速转型。煤化工产业迅速膨胀，培植了总投资65.2亿元的薛城能源和总投资35.8亿元的热电联产两大百亿产业园，发展煤化工企业19家，年产值达到106亿元，成为全省重要的煤化工产业基地。2013年10月，投资1.95亿元的50万吨煤焦油深加工项目开工建设。2014年上半年新增民企636家。2014年11月，由世界500强日本JFE株式会社和潍焦集团投资兴建的50万吨煤焦油深加工项目建成投产。世界煤焦油生产企业前三强的JFE、OCI都落户薛城。2015年山东薛城·杭州产业合作洽谈会在杭州召开。2016年9月，由韩国OCI和枣庄矿业集团合资的山东奥瑟亚建阳炭黑有限公司项目投产。第一期投资9800万美元。2017年1月，区委第十次党代会指出：进一步推动产业升级。坚持以信息化为引领，实施新一轮技改工程，推动煤化工、机械制造、造纸、玻璃、食品等传统优势产业改造升级。培植发展新能源、新材料、电子

薛城化工产业园

信息等新兴产业，形成新的产业支撑，壮大企业集群。实施骨干企业培育、中小企业成长计划。发挥驻地区优势，打造转型工业园，实现转型、裂变发展。筑牢发展平台。坚持“多园一规”，推进薛城经济开发区体制机制改革，深化“管委会+公司”运作模式，努力打造体制机制创新先行区。着力培育孵化器2.0科技创新产业公园，建成国内一流的科技孵化中试基地。推动邹坞精细化工园、陶庄产业转型示范园“镇园合一”发展，打造成为新的转型主阵地。2017年5月，区委区政府作出关于深入推进供给侧结构性改革的实施意见，意见指出：认真落实去产能、去库存、去杠杆、降成本、补短板五大任务，提高供给体系质量水平，推动经济转型发展、提质增效。做好六个方面的工作：一是分类施策化解过剩产能，二是多措并举减少库存，三是合理管控杠杆水平，四是综合施策降低成本，五是突出重点补齐短板，六是强化保障抓好落实。2017年，薛城区坚持以创新增添发展动力，强化产学研合作，新建院（博）士工作站3家、企业技术中心8家。依托薛城焦化老厂区，与清华大学合作建设的孵化器2.0科技创新产业公园一期已建成；与中科院上海有机所合作建设的中科绿碳化工中试基地进展顺利，挂牌了院士工作站，将打造成国内重要的有机化工科技成果转化平台。2017年实施总投资66.8亿元的32个工业技改项目，建成投产25个。薛城循环经济产业园完成10.5平方公里总规编制，被评为省级循环经济示范园，2018年6月薛城化工产业园（原薛城循环经济产业园）被认定为首批省级化工园区。煤化工产业裂变升级，40万吨煤焦油馏分轻质化、4万吨超高功率电极材料等项目加快建设，4万吨超高功率电极材料等3个项目落地建设，5万吨醋酐一期建成运营，累计聚集项目28个、投产15个，税收达到1.33亿元。截至2017年底，全区煤化工企业发展到19家、产品达105个，年产值达110亿元，煤化工产业实现了由初级产品到煤基新材料的迈进。全区机械制造、食品加工、造纸产业主营业务收入分别达到23.5亿元、17.1亿元、12.3亿元。2017年底全区规上工业企业发展到129家，纳税过百万元企业47家、过千万元企业9家，规上工业增加值、主营业务收入、利税、利润增幅均居全市第一。2018年3月，薛城区召开全区加快新旧动能转换暨重点项目招商引资大会，部署新旧动能转换、招商引资工作任务。会议指出：要从全区实际出发，抓住重点、突出特色，以“四新”“四化”为引领，坚持增量崛起和存量变革并举，培育壮大新兴产业，改造提升传统优势产业，构建具有薛城特色的现代化产业体系。2018年，4万吨超高功率电极材料入选省新旧动能转换重大项目库第一批优选项目。截至2017年底，实施工业技改工程256项，完成投资284.7亿元，造纸、机械制造、食品等传统产业焕发新活力；培植壮大化工产业园，累计建设项目31个，总投资170亿元，实现了集群发展、循环发展。

（2）做大做活服务业。以高端高质化发展为方向，坚持做大做活，加快聚集现代服务业。推动生产性服务业扩容升级。立足打造区域性物流中心，促进现代物流、仓储配送、专业市场深度融合发展。初步形成“立足鲁西南，辐射苏鲁豫皖”的现代物流格局。2012年10月，投资30亿元占地1000亩的浙江国际商贸物流广场开工建设。2013年7月，引进建设了投资56亿元的万洲浙商城，规划建设了铁水联运物流园，聚集8个物流项目。2017年，总投资150亿元的枣庄铁路物流园已完成用地涉及村庄拆迁，正协调铁路专运线尽快开工建设；与青岛港合作设立内陆港，开通集装箱班列，实现进出货物“直通直入”，全面形成公铁水多式联运格局；潍焦铁路物流工程投入运营，枣庄粮食仓储物流中心一期已建成，全区累计发展物流企业136家，货运物流中心地位日益巩固。依托新城中心商务区、城南生态商务区，大力发展总部经济、楼宇经济，形成“立体经济”新亮点。引进20多个重点文化产业项目，规划建设了珠江路金融商务区。2014年成为枣庄市首个获批国家“智慧城市”试点的城市。目前，万洲浙商城、天衢物流港建成运营，枣庄铁路物流园列为国家二级区域性物流枢纽，邹坞铁路物流中心建成运营。促进生活性服务业提质增效。立足打造高端商贸中心，重点培育万达广场、元丰国际广场、万洲第一街等块状商业体，繁荣火车站、燕山路等商圈，全面提升中心城区商业品质。2013年2月，投资4.8亿元的银座商城开工建设，2018年2月投入运营。2015年5月，区委区政府作出了《关于加快电子商务发展的实施意见》，以建设国家智慧城市示范区、打造鲁南苏北电子商务强区、大力发展平台经济为目标，以大平台大企业引领、商业模式与业态创新、电子商务服务业发展、农村电子商务推广应用为路径，大力推进政策创新、管理创新和服务创新，加速推进经济结构战略调整，实现区域经济转型升级。实施电子商务三年培训计划，实现电子商务裂变发展，加快建设区域性电子商务中心，推动经济社会转型发展深入实施电商培育计划，做大鲁南网络经济产业园、齐家网枣庄站等平台。2015年6月，鲁南网络经济产业园正式开园。2015年10月，投资18亿元的万达广场投资兴建，2017年正式运营，成为全市商业新地标。实现文化旅游业突破发展。充分挖掘古薛文化、红色文化等特色资源，大力发展文化产业。高标准实施奚公山—蟠龙河文化旅游综合开发，2017年规划实施了铁道游击队纪念馆和党性教育基地，天穹影视文化基地列入省重点文化产业项目。催生一批古薛文化游、城市生态游、近郊乡村游热点，2017年新开发旅游线路5条。发挥中心城区优势，完善综合服务配套，吸引周边游客在薛城吃住购娱、休闲消费，打造区域性旅游中转站、集散地。

（3）坚持做精做特，加快推进现代农业。深入推进农业供给侧结构性改革，坚持重农固本不动摇，大力发展特色、高效、生态农业，加快传统农业向现代农业转型。2012年1月，区第九次党代会提出一要提升农业产业化水平。坚持突出特色、错位发展，大力发展城郊型农业，大力发展无公害、绿色、有机农业。扶持发展农业龙头企业和农村合作经济组织，提高农业产业化、市场化水平。二要加强农业基础建设。加大农业综合开发力度，加快推进中低产田改造，加强农田水利建设，提高农业综合生产能力。三要强化农业发展支撑。认真落实各项惠农政策，健全财政支农资金稳定增长机制，为农业发展提供有力保障。2012初步形成了以周营为主的品牌蔬菜优势农产品产业区；以沙沟主的优质石榴、草莓、蓝莓、食用菌等优势农产品产业区；以邹坞为主的核桃、园铃枣、金银花等优势农产品产业区；全区具有相当规模的国家或省级特色农产品商品生产专业化基地3个。2014年，全区农业龙头企业总数达到62家，其中省级龙头企业3家、市级37家，基本涵盖全区粮食、林业、畜牧、水产等各类主导产业；企业总资产14.36亿元，实现年销售收入29.51亿元、利税7600万元，带动农民增收总额达2.63亿元。2014年，全区累计完成新扩经济作物20520亩，新创建现代农业示范乡镇1个、省级蔬菜标准园1处、市级蔬菜标准园3处、市级果品标准园1处。全区农产品获“三品认证”42个。通过这些名牌农产品的带动作用，在全区范围内形成了优势农产品的区域布局，使全区农业产业化水平得到了显著提升。2015年编制完成生态休闲农业发展规划，积极构建“观光旅游、文化休闲”多位一体的现代化生态农业长廊，重点培育了绿之园、龙润生态园等精品示范园区12家，其中绿之园、龙润生态园、舜耕庄园已通过市级休闲农业与乡村旅游示范点认证。深入推进国家现代农业示范区、农村改革试验区建设，累计投入21亿元，实施重点水利项目12个，建成高标准农田6.8万亩，创建高产万亩示范方21个，粮食生产实现“十三连增”。深化农村产权制度改革，在全市率先建成区镇两级农村产权交易平台，基本完成农村土地承包经营权确权登记颁证，经验做法在央视报道。2017年完成51个村集体产权股份制改革，薛城区经验做法在全市推广。累计流转土地11.49万亩，农村土地流转率达到43.3%。发展新型农业经营主体679个，农民专业合作社实现“一村一社”全覆盖。建成果蔬生态园13处，获得“三品一标”认证58个，成功创建省级农产品质量安全示范县。全区发展经济作物近20万亩、龙头企业62家，大棚种植面积扩大到3.5万亩。

2. 坚持城乡一体发展，建设绿色山水宜居新薛城

2012年区第九次党代会提出：立足打造区域性中心城市和现代化市驻地，积极融入“三区合一”的整体布局，拓展城市发展空间。加快城市开发改造。按照“老城做减法，新城做加法”的思路，组团开发，完善功能，提升城市建设品质。做好“补绿、活水、留白”的文章，打造独具魅力的“山水薛城”。推动城乡联动发展。发挥小城镇统筹城乡发展的节点作用，完善城镇集聚功能，增强人口和产业聚集能力。扎实推进新农村建设，建成一批新型农村社区，推动农村向城镇转化、农民向市民转型。2012年开展创建国家森林城市的工作。2012年4月天山路棚户区改造开始。2012年9月，区委区政府制定开展幸福文明乡村建设活动的实施方案，指出以建设产业生态高效、环境优美宜居、生活文明健康的美好家园为目标，发展生态经济，改善生态环境，建设宜居乡村，加快美丽乡村建设，大力实施农村公路网化、旱厕改造等工程，改善农村饮水质量。2013年7月，开展城乡环卫一体化工作，在全区推行“户集、村收、镇运、区处理”的方式，构建城乡环卫工作一体化网络。2013年投资3亿元，建成启用奚仲文化广场、锦阳河文化休闲中心广场，大力实施“碧水绕城”工程，拓展提升城市森林公园、绿地绿道等生态屏障，打造独具魅力的山水园林城市。治理了锦阳河、小沙河，建成开放绿化面积12万平方米的龙潭公园。2014年1月，连接新城区、薛城区、高新区的5条公交线路开通。2014年6月，启动了投资7.8亿元、占地2291亩的城南森林公园建设。2016年完成了蟠龙河湿地公园建设。2017年1月，区第十次党代会提出按照“六位一体，产城融合”发展定位，推动城市“东融、西跨、南延、北进、中疏”，拓展城市空间。优化发展布局，力争到2021年，城市建成区面积达到70平方公里，户籍人口城镇化率达60%左右。2017年薛城区加快新旧棚改同步推进。加快推进新华街、西巨山一期等安置工程建设，新完成托前二期、徐沃回迁，上殷庄二期即将回迁，2018将全面完成上一轮棚改收尾。抢抓国家支持棚改政策延长机遇，启动实施来东、学院、潘庄等新的“五大片区”改造，进一步拓展市驻地发展空间。围绕现代化市驻地建设，主动担当抓配套、强功能，重管理、提形象，城乡面貌焕然一新。投资3.24亿元实施新城14条道路和市政广场改造提升工程，积极推进世纪大道、民生南路等城南路网建设，高铁换乘枢纽、S345枣济线薛城段等工程。铺设各类管线31.6公里，完成新城污水处理厂改造提升、新老城区供热并网工程，新增城市集中供热面积140万平方米，新建疏林停车位、施划机动车停车位1500个，城市更具承载力。开展城市违法建设治理行动，计划三年拆除整治违法建设100万平方米，完成拆除24.7万平方米、整改41.7万平方米。推进城市精细化管理，开展交通秩序、市容环境等专项整治，改造背街小巷26条，整治老旧小区97个，提升街头游园绿地7处，新增绿化面积21万平方米，城市更加生态靓丽。大力推进城乡一体发展，实施全省村级公路网化示范县创建，新修农村公路126公里，开通区内城乡公交、跨市县际公交4条，特别是投资7000万元实施人饮提升工程，积极推进沙沟、周营供水城市化，将使两镇11.6万村

民用上自来水。深入开展美丽乡村建设，改造农村旱厕1.56万户，城乡环卫一体化实现保洁网格化，农村硬化道路“户户通”基本实现全覆盖，43.5%的村达到省级美丽乡村标准，农村人居环境大为改善。

3. 坚持以人民为中心发展思想，开创共建共享新局面

推进健康薛城建设。创新实施基本公共卫生网格化服务，加快推进医联体建设及分级诊疗改革。全面建立居民健康档案，优化医疗卫生布局，完善医疗服务体系，全方位、全周期保障人民健康。2013年，薛城区被列为全省公立医院综合改革试点县，在全省率先实施公立医院改革。区人民医院新病房楼、区中医院、北京中医药大学枣庄医院、市妇幼保健院新院建成启用，群众享受到更高水平的医疗服务。提高社会治理水平。发挥社区基础“细胞”作用，完善网格化管理模式，全面推行“3+X”服务机制，让社区成为群众安居乐业的幸福家园。2013年9月，区委区政府做出深入推进“法治薛城”建设的意见，推进依法治区、依法执政、依法行政。深化“平安薛城”建设，2013年视频监控实现城乡全覆盖，基本形成数字化、立体化治安防控体系，努力把打造和谐首善之区。2017年实现一村（社区）一法律顾问全覆盖。几年来，全区获评省级以上文明单位51个，涌现出中国好人6名、全国见义勇为好司机1名、山东好人22名、省市级道德模范20名。提高民生保障水平。把就业作为民生之本，以项目扩大就业、创业带动就业、政策扶持就业。2015年大力开展脱贫工作，力争2018年前完成整体脱贫目标。通过产业扶贫、转移就业、生态补偿扶贫、兜底性保障等措施，实施精准扶贫，实现脱贫15434人，占总任务的98.5%。实施全民参保计划，完善社会救助体系，加快发展慈善、助残等社会福利事业，切实织密民生保障网。2017年，全面完成全民参保登记，医疗保险实现全国联网即时结算，养老保险实现政策全覆盖，城乡低保标准、居民基础养老金实现“五连增”。坚持教育优先发展，2016年深入解决中小学“大班额”“择校热”等难题，化解成效明显。完成龙潭实验学校、北临城中学等21所学校新建、改建。2017年，高标准通过国家义务教育均衡县评估认定。加快普及高中教育，积极化解教育债务，推动北京中医药大学和枣庄学院在薛城建校，办好人民满意的教育，高考指标连年全市领先，枣庄学院薛城分校完成选址，教育品牌越擦越亮。着力培育和践行社会主义核心价值观，深入推进“四德工程”建设，2017年获评山东省“四德工程”示范区。实施文化惠民工程，全面推进区文化中心、档案馆、图书馆建设，完善基层公共文化服务体系，更好地满足群众精神文化需求。公共文化设施覆盖城乡，邻里文化节系列活动丰富多彩，薛城区被命名为中国民间文化艺术之乡。

4. 探索绿色发展新路径，打造生态文明新家园

2012年3月，区委区政府做出关于加强生态薛城建设的意见，主要要求是，以建设幸福薛城为主题，以城市转型为主线，以提升生态环境质量为核心，坚持以人为本，生态优先，发展生态经济，改善生态环境，培育生态文化，努力建设富裕宜居活力文明和谐的幸福新薛城。突出绿色发展，加强环境保护，补好生态短板，努力实现青山与绿水常在、美丽与发展共赢。推动绿色低碳发展。大力发展绿色产业，构建绿色产业体系。积极发展循环经济，促进企业循环式生产、产业循环式组合、园区循环式改造，辖区企业废水全部达标排放，污水处理厂进行升级改造，实施中水回用工程，再造城市建设和工业第二水源。实施全民节能行动，倡导绿色低碳生活方式，全民共建生态文明家园。加强生态环境保护。加强大气污染防治，持续开展城乡大绿化，扎实推进水污染防治，开展多领域协同并治，使青山、绿水、碧空成为薛城主色调。2015年召开生态薛城建设暨大气污染防治工作会议，围绕“天蓝、水清、地绿、洁净”这一目标，综合施治，全面取缔城区燃煤小锅炉，秸秆禁烧连年保持“零火情”，蓝天白云天数逐年递增。水污染防治成效显著，为枣庄市代表山东省实现迎淮核查“七连冠”再立新功。2017年3月薛城区委区政府做出关于加快推进生态文明建设的实施方案，指出：按照创新、协调、绿色、开放、共享发展的要求，坚持节约资源和保护环境的基本国策，把节约优先、保护优先、自然恢复为主作为基本方针，把绿色发展、循环发展、低碳发展作为基本途径，把深化改革和创新驱动作为基本动力，把培育生态文化作为重要支撑，把重点突破和整体推进作为工作方式，协同推进新型工业化、信息化、城镇化、农业现代化和绿色化，加快建设优良生态生活环境，加快完善生态文明制度体系，全面推进生态文明建设。主要目标到2020年，发展方式实现重大转变，资源节约型和环境友好型社会建设取得重大进展，主体功能区建设顺利推进，转型升级提质增效成效显著，创新驱动生态文明建设的能力大幅提高，生态文明主流价值观更加深入人心，创建成为省级生态文明区。实施大绿化、大水系建设，全面治理城乡水域，修复破损山体，绿色生态成为薛城新名片。

5. 坚定不移地推进全面从严治党

坚持把抓好党建作为最大政绩，切实担当主责，用心抓好主业，纵深推进全面从严治党，以管党治党新成效推动事业新发展。突出思想引领。坚持把思想建党放在首位，实施“思想引领”工程，深入学习党章党规和十八大、十九大重要精神，凝聚思想共识，汇聚发展合力。突出选贤任能。树立正确用人导向，坚持重德才、重实绩、重公论。制定《区管干部选拔任用工作流程》，干部选任工作代表山东省通过中组部抽查。重视年轻干部、女干部、党外干部的选拔使用，实施“临山新秀”梯队培养计划，加强后备干部培养锻炼，培养造就特色本土人才，形成人才辈出、人

尽其才、才尽其用的良好局面。突出强基固本。落实村级组织运转、社区服务群众专项经费，推行村民议事会、社区“3+X”服务机制和基层党建考核机制，基层组织的凝聚力、战斗力大大提升。2012年3月，在全区内实施双百工程。2013年9月，在全区开展为期三年的“双包双联”为民服务活动，通过深入一线开展调查研究，帮助解决实际问题，指导基层组织建设，做到了抓党建、破难题、促发展、惠民生、保稳定。突出从严从实。落实推动整治“四风”常态化。健全作风建设长效机制，持续推动中央八项规定精神。着力拓宽联系群众渠道，严格落实领导干部调查研究、定点联系、驻村走访等制度。先后开展党的群众路线教育实践活动、“走百村进万户访民情”活动、落实中央八项规定加强作风建设的活动、联系服务群众“百千万”活动，开通“4412340”为民服务热线，干群关系进一步密切，全区呈现出风清气正、干事创业的良好生态。认真落实党风廉政建设“两个责任”，着力构建不敢腐、不能腐、不想腐的长效机制。筑牢思想防线，扎紧制度笼子，保持高压态势。坚持无禁区、全覆盖、零容忍，做到有腐必反、有贪必肃，切实以反腐倡廉的实际成效取信于民。

二、取得的重要成就

改革开放以来，薛城区取得了伟大的发展成就。2017年生产总值326.53亿元，地方财政收入14.45亿元，固定资产投资270.9亿元。城镇居民人均纯收入达到27784元，农民人均纯收入达到13640元。经济结构得到优化，三次产业比调整为4.6:56.3:39.1。

（一）构建了富裕新薛城

1. 加快了现代农业产业化发展

自全区普遍实行了农村家庭联产承包责任制起，极大地调动了积极性和主动性，随着农业的深入改革，惠农政策的落实，农业结构的调整优化，充分发挥地域优势和区域特色，实现了由种植业为主向种养加多种经营并举，由注重量的增加向质的提高的市场型、效益型、规模型方向转变。薛城农业告别了传统的小生产模式，逐步向商品化、产业化和社会化大格局迈进。现代农业体系逐步形成，农业生产基础更加稳固，强农惠农政策全面落实，农业产业化水平显著提升，呈现出传统农业向新型农业、农业生产向农业产业转变的良好发展态势。2017年底，农村土地流转率达到43.30%，全区发展经济作物近20万亩、龙头企业62家、大棚种植面积扩大到3.5万亩。全区实现农业总产值14.94亿元，是1978年的39.8倍；农村居民人均可支配收入达到13640元，是1978年的140.8倍。

2. 加快了新型工业化发展

薛城工业经济经历了由计划经济向市场经济体制的转轨，实现了由单一国有集体所有制经济向多种所有制经济全面发展的重大转变，推动了传统优势产业改造升级和新兴产业的发展，工业经济步入了良性发展的快车道，步入了新型工业化发展阶段。一黑一灰退出历史舞台，造纸、机械制造、食品等传统产业焕发新活力，煤化工产业的发展实现脱胎换骨。机械制造、造纸、煤化工“三大主导产业”通过规模扩张和链条延伸，实现集约化、高端化、品牌化发展。培育发展了新能源、新材料、新医药、节能环保、电子信息等“五大新兴产业”，成为全区新的经济增长点。组建了薛城经济开发区，培植了薛城化工产业园、陶庄产业转型示范园，薛城经济开发区被省政府批准为省级经济开发区，薛城化工产业园列入省级智慧园区试点。2017年，全区规模以上工业企业达到129家，完成增加值184.08亿元、实现利润60亿元、利税82.5亿元，工业经济占生产总会的比重由1978年的49.7%提高到56.3%。2017年底，全区私营经济单位总数发展到5459户，注册资金147.85亿元，从业人员3.427万人，成为全区经济发展的主要支撑。实现进出口总额3.4079亿元，实际利用外资2036万美元。

3. 加快了服务业现代化发展

薛城第三产业发展起点低，规模小，基础比较薄弱。改革开放以来，以高端高质化发展为方向，聚集业态、壮大规模、提升档次，加快了现代服务业的发展，打造了现代服务业聚集区。以商贸流通为主导的传统服务业得到全面提升，流通网络日趋完善。特别是近年来，以着力打造商贸中心和物流中心为目标，大力发展连锁经营、物流配送、电子商务等新型业态。先后引进建设了万达广场、银座旗舰店、万洲浙商城等一批高端项目和鲁南铁水联运物流区、张范现代物流区，全区限上贸易企业、品牌名店分别发展到292家、650家，物流企业136家，总部型企业368家，电商平台、电商业户分别发展到14个、4120家，形成了覆盖城乡的现代商贸流通服务网络。此外，打造以铁道游击队红色文化和特色先祖文化为主导的新

枣庄万达广场

兴服务业。规划建设了铁道游击队纪念园，成为集爱国主义教育、浏览观光、休闲娱乐为一体的综合性市级公园。其中，总投资1.5亿元的铁道游击队影视城，成为全国最大的民国时期影视城。铁道游击队纪念园被列入全国100个红色旅游经典景区之一，纳入了全国30条红色旅游经典线路，被命名为全国第三批爱国主义教育示范基地，年接待游客达20万人次。规划建设铁道游击队党性教育基地，将其打造成为立足枣庄、面向山东、辐射全国的一流党性教育基地。积极搞好古薛文化和奚仲造车、邹坞汉墓群遗址以及张庄石榴山庄、杨峪自然风景区被评为省级森林公园，张庄石榴山庄被评为省级农业旅游示范点。2017年底，全区第三产业增加值达到127.51亿元。

（二）加快了城乡一体化进程，构建了美丽宜居的现代化新薛城

按照区域性中心城市核心区定位，立足打造现代化市驻地，强力推进基础设施建设，加快市驻地建设，推进全域城镇化，城乡面貌在统筹推进中实现新跨越，整体面貌焕然一新，城市功能显著提升，一个美丽宜居的山水园林现代化城市在鲁南建立。

1. 优化了城市空间布局。立足打造区域性中心城市和现代化市驻地，按照“六位一体，产城融合”发展定位，推动城市“东融、西跨、南延、北进、中疏”，拓展城市空间，优化发展布局。基本建成13平方公里城南新区，承接了新城建设管理职能，建成区面积由27.5平方公里扩大到54平方公里，人口城镇化率由46.5%提升到54.5%，全面拉开了130平方公里发展框架。

2. 完善了城市功能配套。新建、扩建了京福高速公路、光明路、枣曹路、店韩路、郯薛路、前薛路等国道、省道和城际等级公路，形成了四通八达、城乡一体的道路交通网络，公路密度百平方公里达176.4公里。先后完成了“两站”（枣庄火车站、长途汽车站）、“两园”（铁道游击队纪念园、沿河公园）、“两网”（供排水管网、燃气管网）、“五桥”（永福南路大桥、黄河路大桥、泰山北路大桥、嵩山路大桥和黄洪路大桥）建设和枣庄（薛城）港建设。实施道路畅通工程，推动城区路网扩容升级，修建城市道路65条，铺设各类管线205.6公里，完成城市集中供热980万平方米、基本实现全覆盖。新建提升街头游园28处，配套完善教育、医疗等设施83处，开通BRT、“三区合一”公交线路14条，形成了10分钟休闲健身圈、15分钟公共服务圈。

3. 提升了城市建设品质。城市形象持续改善。结合“六城同创”，实施“三改一拆”，全面整治老旧小区和城市“六乱”；顺利完成实施28处、539.1万平方米棚户区和城中村改造。创造了和谐拆迁的“薛城速度”。新增绿地361万平方米，建设环城绿道40公里，森林公园建成开放，城区绿化覆盖率提升到41%，成功创建国家森林城市、国家园林城市、省级卫生城市。大力实施“碧水绕城”工程，高标准建设蟠龙河、凤翔湖等水系景观，拓展提升城市森林公园、绿地绿道等生态屏障，打造独具魅力的山水园林城市。注重保护北一天主教堂、孙家大院等古迹，留住城市记忆，传承城市文脉。大力弘扬“崇礼尚义、包容创新”的城市精神，提高城市的包容性、开放性，使城市更具亲和力。

4. 推进了区域协调发展。围绕打造区域性中心城市，积极推进与枣庄高新区融合发展，与市中区一体发展，与微山县同城发展。围绕服务大新城，推进各镇街差异化、特色化发展，陶庄镇被命名为“全国小城镇建设示范镇”。邹坞镇成为省级历史文化名镇，周营镇获评市级现代农业示范镇。加快美丽乡村建设，大力实施农村公路网化、旱厕改造等工程，改善农村饮水质量，城乡环卫一体化实现全覆盖，城乡公交实现“镇镇通”，在全市率先实现全覆盖。自然村实现硬化道路“户户通”，43.5%的村达到省级美丽乡村标准，农村变得更加生态宜居。让更多的农民享受城市化的服务，过上“城里人”的生活。

（三）构建了幸福新薛城

改革开放以来，是薛城区人民生活水平提高最快的时期，实现了由温饱到小康的跨越，衣、食、住、行等方面都发生了深刻的变化。生活方式由解决温饱问题转向休闲幸福的生活。人民生活丰衣足食，正向全面小康大踏步前进。居住条件显著改善。城乡居民住房结构、层次逐步提高，由注重实用性向安全、实用、美观和舒适性相结合转变，几代人共居一室的现象已基本消失，取而代之的是舒适、温馨的小康之家。消费能力显著增强。改革和发展使薛城人的钱袋子逐渐鼓起来，家底子逐渐厚实起来。全区城镇居民人均可支配收入、农民人均纯收入由1978年的280元、96元，分别达到27784元、13640元，分别增长了99.2倍和142倍。在收入快速增长的同时，消费支出也同步增长。据统计，1978年社会商品零售总额4703.9万元，2017年社会商品零售总额112.28亿元。生活质量显著提高。城乡居民的生活水平实现了从数量扩张型向质量提高型转变。冰箱、空调、电脑、小汽车等高档消费品普及寻常百姓家庭，文化娱乐保健消费快速增长。居民家庭恩格尔系数大幅下降，幸福指数越来越高，呈现出“收入越来越高，生活越过越好”的发展趋势。

（四）构建了和谐共享的新薛城

改革开放以来，薛城区始终坚持社会主义政治文明、物质文明、生态文明和精神文明一起抓的方针，始终秉持发展为民理念，统筹发展各项社会事业。近几年，区财政每年用于民生支出的比重均在86%以上，科技、教育、文化、卫生等社会各项事业取得了新的成就。民生福祉在共建共享中得到新提升。

1. 教育现代化整体推进，教育品牌形成聚集效应。坚持教育优先发展战略，不断加大教育投入，深化教育体制改革，全面推进素质教育，全面普及了九年义务教育，基本普及了高中教育；教育“改薄”“大班额”化解成效明显，高考指

标连年全市领先，通过实施“名校扩张”战略，新建扩建了枣庄八中、舜耕中学、枣庄二十九中、双语实小、临山小学等现代化学校，省级规范化学校达到11所，枣庄学院薛城分校完成选址，教育事业得到了前所未有的发展。教育品牌越擦越亮，打响了“薛城教育”品牌。

2. 医疗卫生事业在改革中不断发展。医疗卫生面貌发生了巨大变化，医疗条件和技术水平大为改善，公共卫生和重大疾病防控体系进一步健全，基本建成覆盖城乡的社区卫生服务网络，医药卫生体制改革平稳、到位。在全省率先实施公立医院改革，区人民医院新病房楼、区中医院、北京中医药大学枣庄医院、市妇幼保健院新院建成启用，群众享受到更高水平的医疗服务。积极推进农村新型合作医疗，被确定为全省新型农村合作医疗示范区，城乡居民医疗实现政策全覆盖。

3. 科技文化事业成效显著。科技体制改革日益深入，科技人才队伍不断壮大，技术研发推广组织网络不断完善，加速了新技术、新成果的转化应用。改革开放以来，全区共获得科技成果500多项。文化事业繁荣发展，群众文化活动丰富多彩。打造了独具特色的铁道游击队红色文化和奚仲文化品牌，建设了铁道游击队纪念园。大力发展民俗文化，规模开发剪纸、泥塑、石雕等非物质文化遗产，培育一批特色文化产品。洛房泥塑等民间工艺被列为省级非物质文化遗产，中陈郝瓷窑遗址被列为国家级重点文物保护单位。

4. 社会保障体系逐步完善。始终坚持以人为本、民生优先，切实为群众解难题、办实事、做好事，不断提高群众的满意度和幸福感。建立健全就业服务体系和社会保障体系2017年，薛城区民生支出18.46亿元。2016—2017年，新增城镇就业3.87万人，转移农村劳动力3.81万人。先后被省政府授予“全省劳务输出先进县（区）”和“全省农村劳动力转移先进集体”、全省农村劳动力转移示范区、创业促就业试点区荣誉称号。

5. 社会持续稳定和谐。深化“平安薛城”“法治薛城”建设，视频监控实现城乡全覆盖，基本形成数字化、立体化治安防控体系；创新实施矛盾纠纷多元化解、群众反映问题协调处理等机制，全面推行安全生产网格化监管和风险管控，群众安全感、满意度逐年提升。

（五）构建了全方位对外开放的活力新薛城

十一届三中全会后，薛城区迅速迈开了改革的步伐，从商品经济到市场经济，从自给自足的小农意识到市场经济意识，从大政府到大服务，由工农业改革延伸到全区各个行业，改革由点到面，由浅到深，不断深化。十八大以来，深入推进供给侧结构性改革，深化放管服改革。同时将改革引领与创新驱动紧密结合，推进创新，扩大开放，构建了全方位、多层次、宽领域的良好发展格局，把薛城打造成服务“高地”、创业“福地”、发展“宝地”。改革开放为薛城区推动经济社会的发展提供了源源不断的动力，激发了薛城干群无私奉献、干事创业的活力，呈现出欣欣向荣飞速发展的崭新景象，薛城区探索出了一条适合自己发展的具有特色的发展之路，留下了在全省率先实施公立医院改革，设立全市首个工商改革试验区，在全省率先推行工商注册零收费，在全市率先公开“四张清单”，推行“两集中、两到位”，行政许可事项压减91项，调整区级行政权力67项，取消41类证明盖章项目，首批公布281项“零跑腿”和“只跑一次”事项，服务效能显著提升等一系列闪光的足迹。薛城能源循环经济产业园列入省级智慧园区试点，区大学生创业园、农民工返乡创业园获评省级创业示范园。

（六）党的建设不断加强

改革开放以来，薛城区在党的建设方面取得了巨大成就，薛城区委带领全区各级党组织和人民共同努力，战胜了各种困难，克服了各种障碍，实现了经济和社会发展的历史性飞跃。实践证明，党的建设是薛城区经济和社会实现跨越式发展的前提和根本保证，是源源不断的发展动力所在。

1. 凝聚了团结奋进的精神动力。坚持把思想政治建设放在首位，深化理论学习培训，始终用党的最新理论武装头脑。先后深入组织开展了“三讲”教育、党员先进性教育、学习实践科学发展观活动、党的群众路线教育实践活动、“三严三实”专题教育活动、“两学一做”学习教育等活动，坚持学以致用，凝聚思想共识，汇聚发展合力，不断提高谋划发展、推动工作的能力，增强服务群众、维护稳定的本领。

2. 打造了担当有为的干部队伍。树立了正确的用人导向，重实干、重实绩、重公论，让实绩突出、群众认可的干部脱颖而出。优化领导班子配备，增强班子整体功能和工作合力，营造一个“风正、气顺、人和、劲足”的干事环境。深入推进干部人事制度改革，公开、公平、公正选任干部，做到群众欢迎、干部服气。加大竞争性选拔干部和干部交流力度，重视选拔培养优秀年轻干部、妇女干部和党外干部，进一步激发干部队伍活力。

3. 构筑了坚强有力的基层堡垒。大力加强村级班子建设，完善村务民主管理制度，真正将农村基层党组织建成“群众顺心、班子齐心、上级放心”的坚强堡垒。加强社区党组织建设，完善社区组织阵地，配齐配强社区干部队伍，切实提高服务群众的能力。充分发挥了党在社会建设和管理中的领导带头作用和服务能力。村务民主管理、社区网格化管理、离岗和退休干部到村任职等工作成为全省亮点。

4. 锤炼了务实过硬的干部作风。连年开展作风整顿，探索建立了动态考核、综合督查等十大体制机制，形成了争先创优、竞相发展的良好氛围。推动整治“四风”常态化。健全作风建设长效机制，持续推动中央八项规定精神落实。着力拓宽联系群众渠道，党群干群关系进一步密切，推动联系服务群众常态化、制度化。推动效能建设长效化。

大兴求真务实之风，深入持久地开展效能建设，加大“庸懒散”治理力度，促进工作全面提速增效。

5. 营造了风清气正的政治生态。落实中央八项规定精神和党风廉政建设“两个责任”，构建不敢腐、不能腐、不想腐的长效机制。深入开展党风党纪教育、警示教育，推进廉政文化建设，严格落实廉洁自律准则、问责条例和纪律处分条例。严格落实党内监督条例，推进权力公开透明运行。加强派驻监督，实现派驻监督和巡察监督全覆盖。坚持无禁区、全覆盖、零容忍，查处了一批领导干部违纪违法案件，营造了风清气正的政治生态。

三、改革开放的重要启示

改革开放以来，薛城区发生了辉煌巨变，实现了历史性的跨越。纵观薛城区的改革开放历程，历史告诉我们，只有坚持党的领导才能救中国，只有坚持改革开放才能发展中国。总结改革开放以来的成功经验，主要有以下几点：

（一）要始终坚持党的领导

改革开放是一项庞大的系统工程，推进这个工程，没有一个强有力的领导核心是根本不可能的。在当代中国，这个领导核心只能是中国共产党，只有共产党才能把13亿人的思想和力量统一和凝聚起来。为了加强党的领导，必须改善党的领导，从新的实际出发推进党的自身建设。在改革开放过程中，中国共产党认识到，只有始终代表中国先进生产力的发展要求、代表中国先进文化的前进方向、代表中国最广大人民的根本利益，才能始终保持党的先进性，提高党的执政能力。

（二）要始终坚持以民为本

改革开放的实践还告诉我们，人民群众是改革开放的主体。人民群众既是改革开放的受益者，也是改革开放的实践者和推动者，更是中国改革开放奇迹的创造者，广大群众赞成不赞成、拥护不拥护、高兴不高兴、支持不支持，决定了改革开放事业的前途命运。无数事实证明，只要人民群众团结一致、齐心向上，我们的事业就会兴旺发达。在改革开放过程中，我们坚持紧紧依靠人民，从人民群众中凝聚力量、吸取智慧，要始终坚持以人为本，把实现好、维护好、发展好最广大人民的根本利益作为推进改革开放的出发点和落脚点，切实做到改革开放为了人民、依靠人民，改革开放成果由人民共享，继续充分发挥广大人民群众参与改革开放的积极性、主动性、创造性，尊重人民群众推动改革开放的首创精神，依靠人民群众的巨大力量和集中起来的无穷智慧，夺取深化改革、扩大开放、持续发展的新成就。

（三）要始终坚持解放思想、改革开放、创新发展

解放思想是党的思想路线的本质要求。改革开放的历程，就是以思想大解放促进生产力大发展的历程。改革开放的思想启动，把实践这个检验真理的唯一标准，鲜明地集中到全党工作重点由阶级斗争到经济建设的战略转移上来，鲜明地集中到生产力的进一步解放和发展要求上来。改革开放的40年，是在实践与理论的互动中不断前进的40年，实践创新推动理论创新，理论创新指导实践创新。中国特色社会主义理论体系是我们党进行理论创新的最新成果，它是在改革开放的伟大实践中逐渐形成和发展起来的，又促进改革开放不断深入发展。回顾40年的历程，在改革开放的每个重要历史关头，我们党都始终坚持解放思想、实事求是的思想路线，把马克思主义的基本原理与我国的具体实际相结合，提出新理论，指导新实践，既有效地推动了全党全国人民进一步解放思想，又保证了改革开放的正确方向，推动改革开放事业不断前进。这是我们党领导改革开放的一个重要经验。

（四）要始终坚持五位一体的发展方针，促进经济、政治、文化和社会和生态建设全面发展

目前，国际形势错综复杂，我国正处在深化改革的进程中，这就要求我们要积极适应经济新常态，按照中央的“五位一体”总体布局和“四个全面”战略布局，深入贯彻落实创新、协调、绿色、开放、共享的发展理念，发扬敢为人先的精神，敢于做一些领跑的事情，在加快发展中创先争优，在转型升级中弯道超车，在改革创新中脱颖而出，奋力走在鲁南崛起前列。一要扎实推进供给侧结构性改革，牢固树立五大发展理念，全面落实“三去一降一补”五大任务，按照薛城区第十届党代会的发展要求，高度重视生态环境保护。二是扎实推进现代农业建设，以市场需求为导向调整农业生产结构和产品结构，以科技和农田水利为支撑提高农业全要素生产率，以增加农民收入和实现可持续发展为目标不断拓展农业多功能性，以深化农村土地制度改革为主线积极稳妥推进农村改革。三是扎实增进人民群众获得感，落实民生工作，履行好保基本、保底线、保民生的兜底责任，坚决打赢脱贫攻坚战。四是扎实推进改革开放，努力探索和创造改革新经验，深入实施创新驱动战略，搭建科技创新服务平台，促进快速发展。五是扎实学习和贯彻党章，切实增强“四个意识”，全面加强党的思想、组织、作风、反腐倡廉和制度建设，推动管党治党从严紧从实。

40年的改革开放令人瞩目，40年的发展成就令人振奋。如今的薛城，已经站在了与发达地区同场竞技、争先实现又好又快发展的新的历史起点上。这就要求薛城区广大党员干部群众紧紧团结在以习近平总书记为核心的党中央周围，全面贯彻党的十九大精神，汲取改革开放发展的经验，不断增强进取意识、机遇意识、使命意识，创新工作思路和方式，进一步开创改革开放和社会主义建设新局面，紧紧围绕全面建成小康社会这一宏伟目标，为民族复兴，实现中国梦努力拼搏奋进，我们相信一个充满朝气、生机盎然的新薛城必定会走向更加辉煌灿烂的明天。

审稿人：马　骞
撰稿人：种法印　褚洪浩
刘福春　张泽恩

陶庄镇经济转型发展的实践与启示

陶庄镇位于枣庄市薛城区北部，地处枣（庄）薛（城）滕（州）经济带腹地，是造车鼻祖奚仲的故里、车神文化发祥地。2001年3月，原夏庄乡与陶庄镇合并，称陶庄镇，到目前辖区总面积64.3平方公里，总人口8.2万人，耕地面积3.78万亩，辖30个行政村、6个社区。党的十一届三中全会以来，陶庄镇在历史岁月的洗礼和改革开放春风的沐浴下，把经济转型、加快发展作为着力点和主攻方向，以极大的热情投身于改革开放和现代化建设的伟大实践，不断加大工业结构调整力度，加快新型城镇化、农业现代化建设步伐，加速培育新的经济增长点，逐步优化三次产业结构，着力提升经济运行质量，全面加强社会治理，不断改善民生。经济建设和各项社会事业取得了令人瞩目的辉煌成就。连续多年获得枣庄市“十强镇”称号，先后被评为“全国千强镇”“全国文明镇”“全国重点镇”“山东省百强镇”。

一、经济转型发展历程

（一）工业经济转型之路。陶庄镇地处枣陶煤田，是枣庄市优质肥煤主产地之一，北依泰沂山脉，石灰石储量巨大。中共十一届三中全会以后，党和政府鼓励发展个体工业，制定落实了一系列有利于发展个体工业的政策规定，促进了个体工业的发展。党的十四大确立了社会主义市场经济体制后，打开了工业经济发展的总开关。陶庄通过招商引资、扶持民营企业发展，加快工业经济发展转型，全镇工业从无到有，由弱变强，逐步发展壮大。

一是镇办企业革新之路。中共十一届三中全会后，在“无农不稳，无工不富”政策的指引下，镇办企业得到迅猛发展。到1998年镇办企业已发展到14家，共有职工5000多人，工业年产值近3亿元，实现工业利润2000多万元，成为经济发展的主力军。随着市场经济体制的全面建立，乡镇企业因多方面的原因，出现了前所未有的困难和问题，部分企业经营困难，面临倒闭。陶庄人民进一步解放思想，冲破姓“社”、姓“资”的束缚，巩固集体所有制，实行多种所有制经济共同发展，全面进行了企业产权制度改革，除5对煤矿、建安公司、铁路货场和枣庄电线厂属集体所有，其余集体企业全部转制为民营，重新激发了生机和活力。陶庄镇办企业的成长壮大是在整个经济体制改革的宏观背景下进行的，在长期的艰难探索中，通过反复实践和改进，逐步形成了一套有效地运行机制，为今后的发展提供了许多宝贵经验。

镇办企业的发展过程就是思想不断解放的过程。解放思想，更新观念是做好经济工作的前提。改革开放以来所取得的每一个进步，无不是思想解放的结果。在陶庄镇办企业的发展过程中，大致经历了三次思想和观念的更新转变。第一次转变是由单纯抓粮食转变为抓工副业。改革开放前，由于受小农经济思想和传统观念的束缚，全镇基本上是单打一的抓粮食作物生产。那时，全镇上下劲用在粮食生产上，汗流在粮食生产上，心操在粮食生产上，结果粮食生产没有什么突破，即使有些搞得较好的，也是高产穷队，农业没有发展后劲，广大人民群众都在温饱线下苦苦地挣扎、徘徊。出路在哪里？十一届三中全会似一声春雷，劈开了阴霾的乌云，改革开放的政策像一盏引航的明灯，指引广大干部群众迈开禁锢的双腿向前进。通过学习借鉴外地的先进经验，镇党委、政府认识到：单纯抓粮食生产是很难富裕起来的。穷则思变，为改变贫穷落后的状况，镇党委、政府重新确立了经济工作的指导思想，从最接近、最熟悉的农副产品加工入手，围绕“农”字做文章，因为发展农副产品加工，原料有保障，市场有余地，风险小，见效快。先后办起了为农业服务的农机配件、面粉加工等项目，于是陶庄综合厂、陶庄农机厂、陶庄木器厂、陶庄面粉厂等加工企业应运而生，使工农业有了发展，初步尝到了抓工、副业的甜头。摸着石头过河，发展“农”字号加工业，使陶庄工业出师告捷，这一成功又为陶庄工业向纵深发展积累了资金，锻炼了人才，树立了信心。第二次转变是由围绕农业办工业，转变为围绕资源、市场办工业。由于刚开始办的项目都是围绕农业生产服务，工艺简单，技术革新未跟上，产品档次低，结果路子越走越窄，效益越来越低。陶庄镇的工业走在了十字路口，路该怎样走？人们都知道，陶庄大地煤炭、石灰石等资源丰富，靠着金山、银山去讨饭的日子应该改变了。在这种情况下，镇党委、政府根据陶庄煤炭、石灰石资源丰富，国内市场对建材产品需求量大的实际，采取政府投、群众集、银行贷等多种办法，投资7000多万元，先后建设了215煤矿、夏庄煤矿、防备煤矿、镇西煤矿、六号煤矿5对煤矿；投资9000多万元建设陶庄水泥二厂、陶庄水泥厂、夏庄水泥厂3个水泥企业；2001年又成功地收购薛城区新大水泥厂，组建了顺兴水泥集团；投资2000多万元，建设了鲁南电缆厂、陶庄洗煤厂、与徐州铁路分局合建了铁路货场。到1999年，全镇可年产原煤50万吨、水泥 100 万吨，工业经济总量大大增加，成为撑起了陶庄经济发展的“擎天柱”，成为全市有名的工业强镇。第三次转变，是由单一的集体所有制转变为多种所有制结构并存。1992 年邓小平南方谈话后，人们逐步冲破“姓资”“姓社”的束缚，经济体制改革进入了一个新的阶段，以公有制为主体、多种所有制经济共同发展的格局基本形成，市场竞争更加激烈。在这样的经济背景下，陶庄的一些镇办企业因规模小、产品档次低、管理混乱等原因，增长速度明显趋缓，经济效益大幅下滑，陶庄水泥厂、夏庄水泥厂、鲁南电缆厂等一批企业甚至严重亏损，有的资不抵债，面临倒闭，成为经济发展的包袱，企业发展又一次陷入困境。为轻装上阵，加快发展，镇党委、政府带领群众进一步解放思想，果断改革，以建立现代企业制度为突破口，将产权制度改革与企业制度创新同步推进，改体制、活机制。通过攀“高亲”输血，找“靠山”支持，成功地完成了三个水泥厂、电缆厂、夏庄建筑公司等 15 家镇办企业的公转民营，并很快显现出了生机和活力，使陶庄的工业由一个发育不良的“瘦小子”变成了青春焕发的“棒小伙”。实践充分证明，经济要不断发展，思想观念必须不断更新。思想不解放，观念不更新，就不能在改革开放中开拓前进，就不能在发展市场经济的道路上不断迈出新的步伐。

不断创新是陶庄镇办企业逐步发展壮大的助推器。中共十一届三中全会后，陶庄以发展镇办企业作为振兴经济的起点，一大批能工巧匠、经营能手在改革政策中如鱼得水，渐露身手，镇办企业如雨后春笋般发展起来。进入 20 世纪 80 年代中后期，镇党委、政府因势利导，采取了一系列政策措施，变外延发展为提高素质、档次的内涵发展，增加技改投入，注重科技进步，以市场为导向，加快产品结构调整和产业升级步伐，使工业保持了较快发展势头。从 1999 年起，全镇在加大投入、强化管理的基础上，优化资本结构，加快经营机制转换，推行以资产重组为主的企业转制，使企业的运行机制更趋规范。同时，积极实施“扶优培强、抓大放小”的战略，培植新的经济增长点，使陶庄的工业结构更趋合理，发展前景更加广阔。可以说，创新贯穿了陶庄工业发展的全过程，成为陶庄工业日益壮大的原动力、活化剂。在企业的投资渠道上，最初是立足本地资源优势，土法上马，粗放起步，逐步积累资金，为以后发展奠定基础，采用“滚雪球”的办法，小厂变大厂，一厂变多厂，既节省了资金，又解决了干部和技术人员不足的问题。如 1982 年建立水泥西厂时，全部资金不足 100 万元，通过 10 多年的发展，依靠自身积累，到 1998 年，拥有固定资产 1000 多万元，并带动了水泥东厂、编织袋厂、水泥构件厂、水泥预制品厂等 6 家相关企业的发展。对看准了、有发展前途的项目，在资金不足的情况下，通过新招工人带资入厂、企业职工集资等办法，筹措资金，尽快上马。用这种形式，共集资 3000 多万元新上夏庄水泥厂、陶庄水泥厂等 5 个项目。对投资大、一时筹不到资金的，大胆地向银行贷款建设，先当“债主”，后当“财主”。近年来，又积极地招商引资，组建股份制合作企业，走外引内联的路子，增加企业投入，壮大企业规模。在企业管理上，设立了镇经委，由一名副镇长专门负责管理镇办工业的财务、企业管理、对外经贸、信息搜集和劳动保护。实行了厂长（经理）负责制、厂长任期目标责任制，1999 年又创立了厂长（经理）年薪制，完成年度任务的给予重奖。严格控制各种非生产性开支，连续深入开展“企业管理年”活动，堵塞跑、冒、滴、漏现象；2003 年又推行了企业会计、出纳委派交流制，对各企业的会计、出纳由镇经委统一委派，两年内交流，较好地规范了企业财务管理行为。坚持招商引资“天字号工程”，积极引导企业向园区聚

中华车祖苑——奚仲山景区

集，全镇合并初规划了夏庄工业园，引进圣火焦化、宏伟玻璃、凯瑞化工三家规上企业，以及多家饲料企业；2007—2016年，规划建设了通晟机械制造产业园、北部循环经济产业园。近两年，适应国家产业政策调整和经济发展新常态的要求，规划建设了北部转型循环经济产业园，引进中科生活垃圾焚烧发电项目、完全降解水溶性PVA/淀粉高分子材料应用项目、农林生物质热电联产项目。投资1.2亿元的金源环保建材项目已完成选址。总投资10亿元的野生动物园和海洋水族世界综合体项目已签约。坚定不移地与驻陶企业同向推进工业转型，供电工程处投资建设了安运电力项目，2018年加强与联创公司合作，投资5亿元的环嘉循环经济产业园入驻企业已完成公司注册。把安全生产作为事关全局的重大工作来看待，时刻警惕，不断加大安全投入，在全市率先成立安全生产办公室，严格督查，及时整改。在人才管理上，注意选贤任能，多层次、多渠道、全方位挖掘人才，推行了厂长（经理）竞争上岗制，各企业法人竞争上岗，由镇党委、政府任命，企业副职和其他管理人员由厂长组阁。对企业管理人员通过“学、配、带”的形式精心培养，增长才干。“学”就是组织企业干部职工外出参观学，通过培训学；“配”就是为企业配“军师”，请“高参”，配专业技术人员当助手，发挥智囊团作用，同时，给各企业配备微机，给企业干部安上“顺风耳”、戴上“千里眼”；“带”就是把年轻有为，但缺乏实践经验的基层干部调到先进单位培养锻炼，提高水平。通过“学、配、带”使绝大多数企业干部改了“型”、换了“貌”，成为领导企业发展的“帅才”和“将才”，成为企业发展的一支生力军，促进了企业的快速发展。

二是民营经济的明珠灿烂辉煌。陶庄群众历来有从事个体手工业的传统，传统工艺辈辈相传。中华人民共和国成立后，境内的个体工业有了一定发展。1953年，陶庄地区开始了对个体手工业进行社会主义改造，随之陶庄工商联合会成立，当时有会员360人。到1956年，社会主义改造完成之后，绝大多数个体工业转为集体所有制企业。中共十一届三中全会以后，党和政府鼓励发展个体工业。制定落实了一系列有利于发展个体工业的政策规定，促进了个体工业的发展。党的十四大确立了社会主义市场经济体制后，给广大农村干部群众最直觉的感受是：搞个体、私营、合资企业，千方百计勤劳致富，不用再“犹抱琵琶半遮面”，可以挺直腰杆、放开手脚大干了。于是，立足陶庄是矿区大镇、驻地有矿务局中心医院的优势，一批夫妻店、父子厂、家庭小企业应运而生。2001年，陶庄镇建设了全市最大的民营商贸园。近年来，随着企业产权制度的改革和招商引资政策的实施，一批集体企业转制为民营，一些外地客商来陶庄投资置业，民营企业迅猛发展。2016年以来，克服经济持续下行和煤炭、水泥产业退出的不利因素，引导扶持民资投资加工业、流通业，大力发展合作社，新建了中小微企业孵化园，民营企业成为陶庄经济发展的新的增长点和支撑点。到2017年，全镇民营企业和个体工商企业总量达1032家，民营企业纳税占财政收入的52%，支撑了陶庄经济的半壁江山，促进了陶庄经济的转型振兴。

解放思想是个体民营经济发展的总开关。陶庄的个体民营经济在短短几年内，大落大起，日益丰满，其中的奥秘是解放思想的滚滚春潮，推动了新一轮大开放，促进了新一轮的大发展。1998年，向来号称“工业强镇”的陶庄，门类齐全、起步较早的工业，利税出现负增长。个体私营经济虽有一定数量，可对地方经济的贡献率低得可怜。事实让人们震撼，每个陶庄人心里都明白，凭陶庄的基础条件和优势，陶庄完全可以发展得更好、更快一些。可谁也说不清楚，陶庄发展的列车是怎么慢下来的。1998年12月，新一届镇党政班子面对日益低迷的陶庄经济，经过深入调查研究，深刻剖析，找到了陶庄经济陷入低谷的深层次原因：计划经济的土层太厚，在干部群众中普遍存在着一种满足现状的思想，总抱着已有的成绩自我陶醉，沾沾自喜。思想上的“满”导致了行动上的“慢”，行动上的“慢”，又导致了措施上的“软”。思想观念上的“闸门”成为陶庄前进途中看不见、摸不着，但又无处不在的障碍。找准症结所在，经过充分酝酿，一场声势浩大的解放思想大讨论展开了。2003年6月，省委工作会议召开，陶庄上下又掀起了一次解放思想、加快发展的热潮。镇党委、政府引导干部群众走出陶庄看陶庄，站在全省、全国看陶庄，先后组织干部群众1000多人次，北上南下，参观学习，解放思想，面对被发达地区继续拉大的差距，面对被原来欠发达地区赶超的态势，陶庄干部群众再也坐不住了，“横下一条心，拼命抓发展”“全民招商引资、发展民营经济”成为共识。2017—2018年上半年，陶庄经济惯性下行、转型压力骤增，面对复杂困难局面和繁重发展任务，全镇上下认真学习贯彻党的十八大、十八届历次全会和十九大精神，紧紧围绕“建设中心城区卫星城，打造生态宜居新陶庄”奋斗目标，立足“产业转型、山水相宜、乐活新区”发展定位，主动担当，迎难而上，自我加压，抬高经济发展的标杆，把陶庄发展的目标锁定在“全国重点镇，山水新陶庄”上，顺时应势，积聚力量，带领群众想大的，干大的，在困境中闯出了一条生路，杀出了一条活路，在落后中赢得了主动。

近年来，立足资源优势和产业基础，大力发展精细化工、新材料、新能源、新型制造产业，规划建设了陶庄转型产业园，入驻亿元以上项目15个，预计到2020年将成为百亿产业园区。现有规模以上工业企业54家，全额纳税过30万元企业达到41家、过百万元20家。

（二）农业、农村经济崛起之路。陶庄是粮食生产大镇，西部素有“薛城粮仓”的美誉。1982年，陶庄镇公社根据中央〔1982〕1号文件精神，落实了联产到户的生产责任制。到1983年底，全社14个大队普遍实行了农村家庭联产承包责任制。1990年，全镇农村家庭联产承包责任制得到进一步巩固和完善。1998年8月，按照中央关于土地延包30年不变的指示精神，镇政府组织实施了土地第二轮承包，至2000年全部结束。大力调优农业结构，鼓励实施土地流转，激活土地增值潜力，农业综合效益稳步提高。

陶庄镇的原夏庄乡区域，自古就有“薛国粮仓美誉”，土地肥沃，耐旱耐涝，村民有良好的种植习惯。2001年乡镇合并后，陶庄镇加大了对西部地区的财力倾斜力度，加快了农业基础设施建设。2003年和2004年，西部2万多亩耕地和村庄全部完成了道路硬化。2004年底，包括前西村、井亭村、西桥村等多个村的1.5万亩耕地被列入世界银行第三期土地治理项目，到2009年底全部结束，累计完成投资600多万元，达到了田成方、林成网、沟渠桥涵闸配套齐全的标准。2010年，还在其1万亩的核心区实施了优质粮高产创建，并通过了省级验收。陶庄镇的东部区域多属于荒山荒坡和采煤塌陷地。为了改善耕作和灌溉条件，1991年以来，每年都开展冬季农田水利建设和小流域治理，修建了左村、刘胡庄、天齐庙等拦水坝或中小库塘14处。2005—2006年，争取上级专项资金427万元，实施了包括天齐庙、唐庄、西防备、小官庄等村近1万亩的荒山土地治理项目。2006—2009年，争取上级专项资金，分别实施了总投资4000多万元的国家级采煤塌陷地复垦项目和投资1200多万元的省级土地复垦项目。到2009年底，全镇基本农田良田率达到了95%以上。到2010年底，陶庄镇农业区划为西部2万亩的优质粮高产区和东部1.8万亩的优质粮稳产区，每年以玉米、小麦为主，占到了耕地面积的98.5%，其余的则以大豆、棉花等为主。

1991—1998年，陶庄镇受举全镇之力发展工业的影响，农业结构调整的力度不大。1998—2001年，陶庄镇提出了“农业稳镇”的战略口号，加大了农业内部结构调整的力度，主要侧重在大棚蔬菜、花卉和养殖上，一度建成了齐湖的蔬菜大棚基地、前后院山的大棚花卉基地、上武穴的肉鸡养殖基地和左村的生猪养殖基地等。2001年乡镇合并之后，陶庄镇提出了“龙头企业+基地”的产业化发展思路，在每年初制定出台的农业农村工作意见文件中，都明确了对结构调整的奖补政策，调动了农民群众主动调整种植结构的积极性。2003年，在吴村一带推广了黄金梨，并注册了“富美牌”商标;2005年，在夏庄村、马公村涝洼地实施了池田藕种植，到2009年底，规模已发展到600亩；2008年，枣庄宏大园林公司利用前院山村西的涝洼地，建设了稀有花木驯化基地，一期100余亩，到2010年底已发展到270亩；2004年，后院山村民胡乐星外出学习金针菇种植技术，在他的带动下，到2018年，已发展金针菇大棚80多个，是本地区唯一能反季节种植金针菇的村。为了推进农业产业化进程，陶庄镇还采取招商引资、政府引导、大户牵头等办法，促进农业龙头企业、农民专业合作组织的成立与发展。2001—2006年，先后成立了陶庄农机协会、尚马运输协会、齐湖运输协会、尚马经济合作组织、永诚养猪协会等，2004年，招商引资新上了雪园食品项目，后被评为枣庄市市级农业龙头企业；2008年4月，成立了巧姐柳编协会，2010年，该专业合作社组织已申报省级农民专业合作社组织；2010年初，成立了恒大和安大两家市级土地合作社。截至2018年上半年，陶庄镇共成立农民专业合作组织累计达59个，其中市级农民专业合作组织6个，省级农民专业合作组织2个。

（三）城镇建设复兴之路。从城镇规划入手，通过多渠道筹资、多元化投入，拓宽了投融资渠道，加快了城镇建设步伐，大力推进棚户区改造步伐，加快拆旧建新，逐步完善基础设施配套，城镇规模逐年膨胀。

1978年，陶庄镇政府成立了规划设计小组，并委托省建筑工程学院协助规划，完成了镇驻地和山家林矿区及周围12个自然村的总体规划和详细分区规划，编制了“五图一书”。1990年，结合本镇实际，对总体规划进行了修改、补充，制定出详细规划，在用地布局上，人均占地控制在64平方米，规划布局中安排了镇行政管理、经济、教育、医疗、卫生、文化、娱乐、商业、饮食服务、工业企业、社会福利、供水、供电、邮电、集贸市场和其他公共建筑。1994年陶庄镇被省政府命名为“百新工程试点镇”后，特别是1999年以来，面对城镇发展的新形势，陶庄镇又掀起了新一轮城镇规划建设热潮，按照“规划科学化、布局合理化、设施现代化、功能多样化”的要求，本着“科学性、超前性、可操作性，起点高、标准高、质量高”的原则，聘请了省建筑科学设计院的专家及市、区建委的技术人员来镇实地考察，就全镇的区位特点、产业资源状况、人文基础及发展潜力等各个方面因素进行认真审视和综合分析，对城镇总体布局、分区功能进行了修订和完善，将城区面积由原来的4平方公里扩展到12平方公里。镇区总体布局东部为商贸区，中部为工业区，西部为农业综合开发区。根据这一布局，按照绿化、生态、效能的要求，先后完成了城市道路、园林绿化、商贸区、住宅区、专业市场等详细规划，2003年，又把薛城（陶庄）工业园区纳入了城镇的总体规划，规划总面积达1000公顷，镇区详细规划覆盖率达50%。同时，按照“五图一书”的标准要求，又先后对所辖的30个行政村的规划建设进行调整，调整完善率达70%。在规划过程中，健全了民主决策及监督机制，强化了规划工作的组织领导，做到了规划一张图，建设一盘棋，审批一支笔。对每次规划的修改制定都通过举行座谈会、汇报会、评审会等方式，邀请有关专家、社会人士以及群众代表参与，将规划方案进行公开展示和咨询，广泛收集意见，有效地提高了规划决策的科学性、民主性和可操作性。在每次的城镇规划付诸实施前都把方案提交镇人民代表大会上进行审查，通过后方才实施，逐步把城镇规划建设纳入了法制化的轨道。

1991年以来，陶庄镇进行了2次城乡规划，1998年聘请枣庄市城乡规划设计院进行一次，2010年聘请山东省城乡规划设计院进行一次，所辖村居多数没有进行规划。在2004—2008年全市开展文明生态村建设期间，徐村、前院山、东仓、左村、种庄等村制订了村庄规划。1991—2001年，除城镇驻地的村和东仓村外，多数村道路都没有硬化，村里也没有通自来水。1998年，招商引资上海客商建设了镇自来水公司，城区和周边极个别村实现了集中供水。2001年以来，陶庄镇党委、政府加大了农村基础设施建设方面的投入，连续开展了道路、自来水、农用电等“村村通”工程，每年用于农村基础设施建设方面的奖补资金都达到100万元以上。到2006年底，全镇100%的村庄实现了道路村村通，其中近一半的村实现了村内道路硬化户户通。2008年，在西部西桥、井亭等村实施了千户万民饮水工程。2010年，前西村和后院山村完成通水工程。到2018年，全镇34个村（社区）全部通上了自来水。自2006年开始，全镇开始实施农电改造工程，到2018年，已完成30个村（社区）的改造及自来水管网改造。

近年来，结合陶庄实际，研究确定了城镇建设带动经济转型的发展战略。坚持规划先行，按照“两轴、四区、五园”的思路，高标准编制了城镇总体规划，完成了排水等专项规划编制。城镇功能明显增强，投资2000余万元，完成了长白山北路及B5线配套。配合实施了B6线陶庄路段建设，实施了泰山路、山官路及驻地道路破损路面修铺，已实施完成25村道路网化工程，并高标准进行了绿化。投资3600余万元的陶庄镇污水处理厂及配套管网工程已建成投入使用。总投资6.1亿元的四大片区改造有序推进，开发面积40余万平方米。实施了复兴路、陶山路北延、岚山路等道路改造，城镇道路格局更加合理。

（四）第三产业发展之路。中华人民共和国成立前，陶庄百业萧条，民不聊生，第三产业基础相当薄弱。改革开放前，在传统的计划经济体制影响下，形成了各单位自我封闭的生产、服务和管理模式，束缚了第三产业的发展。中共十一届三中全会以后，在改革开放的推动下，商业、饮食、物资、外贸、运输、邮电等流通部门发展很快，第三产业由封闭式内向型向开放式外向型转变，在过去较低的基数上迅速增长，占国内生产总值的比重也逐年提高。第三产业的增加值由1979年的260万元增加到1992年的2100元，年均递增16%，超过同期国内生产总值年均递增12%的速度，占国内生产总值的比重由8%提高到17%。1992年以后，在邓小平南方谈话和中共十四大以及中共中央、国务院《关于加快发展第三产业的决定》精神指引下，陶庄上下抓住机遇，深化改革，扩大开放，积极扶持和引导第三产业加快发展。特别是近年来，镇党委、政府加大改革力度，大力实施“三产活镇”战略，使以批发零售贸易、餐饮业、交通运输、仓储及邮电业为代表的传统第三产业和以金融保险业、房地产业、通讯业、信息产业为代表的新兴第三产业迅速崛起，蓬勃发展，而且在结构、水平和机制等方面发生了质的变化，技术应用得到加强，不仅行业规模、就业规模迅速扩大，而且在国民经济中的地位也发生了质的变化。截至2018年上半年，依托陶庄“一山、一水、一车祖”优势条件，立足中心城区北部休闲区定位，积极推进特色小镇建设，龙润生态园被命名为省级开心农场。蟠龙河生态农业观光长廊正在规划，成功承办了全市首届“百合文化节”，提高了陶庄知名度。涉及鲁桥、千山、后湾等8个村的辣子鸡特色小镇已完成总体规划编制；“蟠龙新天地”婚庆家园项目正在建设。大力推进电子商务发展，新建电商服务站5个，新增经营户8家、示范户47家。从1998年起，第三产业生产总值的比重超过一产，2003年达到40%，打破了“二、一、三”的格局，形成了符合陶庄发展的“二、三、一”的产业格局，改变了原来由第二产业为主推动经济增长的状况，形成了第二、三产业共同推动经济增长的新局面，使陶庄呈现出了一派生机勃勃的繁荣盛世景象。

二、经济转型发展取得的主要成就

（一）工业经济日益壮大。全镇工业从弱小到规模、从封闭到开放、从单一到多元、从传统到现代不断持续发展，逐步发展壮大。

（二）城镇建设日新月异。镇区面积已发展到6.5平方公里，镇区人口达6万人，城镇化率达到70%。基础设施进一步完善，城镇服务功能大大增强，基本实现了道路网络化、给排水、供电自动化、通讯现代化、环境优美化、市场规范化的“五化”目标。

（三）农村发展亮点纷呈。农业结构调整取得大突破。新农村建设得到启动和发展。全镇呈现出了一派科学、文明、富裕的现代农村新景象。

（四）服务业水平逐步提升。批发零售贸易购销两旺，餐饮食宿火爆诱人。交通运输能力增强，邮电通讯迅猛增长。建筑产业蒸蒸日上，金融保险规范发展。文化旅游业发展迅速，建设了奚仲文化产业园、蟠龙河生态湿地公园，加快发展农家乐，群众收入不断增加。

三、经济转型发展的经验和启示

陶庄经济社会的发展历程，可以说历尽曲折和艰难，但总的趋势是不断前进，特别是改革开放以后，经济社会的发展步伐越来越快，发展水平节节攀高，人民生活质量日益改善，城乡面貌焕然一新，基层组织建设更加成熟，全镇呈现出了政治安定、社会稳定、经济繁荣、人民群众安居乐业的可喜局面。陶庄人民在不断的探索和实践中，积累了许多宝贵经验。

（一）思想解放促发展。新时期的改革开放是解放思想的产物，解放思想是改革成功的一大法宝。解放思想要把握好与实事求是、以人为本、科学发展的统一。陶庄镇通过解放思想，审时度势，及时修改和提出了一些新的工作任务和奋斗目标，使全镇干部群众热情更高，劲头更足，思路更宽，办法更多，从而加大了改革开放的力度，加快了经济社会发展的速度。

（二）扭住中心不放松。经济建设是一切事业的基础，发展是党执政兴国的第一要务，陶庄镇党委、政府牢牢抓住经济建设这个中心，不管东西南北风，咬住发展不放松，把经济工作作为首要的和最重要的工作安排部署，抢抓机遇，迎难而上，始终保持了良好的发展势头。

（三）充分尊重农民的首创精神。依靠农民群众的力量推进社会主义新农村建设。农民是农业和农村发展的主体，也是最富于创造性的力量。改革开放以来，农民所具有的首创精神为陶庄镇经济发展做出了重要贡献。在建设社会主义新农村过程中，要继续尊重农民的首创精神，发挥农民群众的主动性、积极性和创造性，这是新农村建设能否取得胜利的决定性因素。要坚持从群众中来、到群众中去的根本工作路线，以“三个有利于”为标准，鼓励试、允许看，及时总结经验，加强指导，对的就坚持，不对的就改正，把社会主义新农村建设不断引向深入。

（四）恪守执政为民理念。始终按照一切为了群众、一切依靠群众的工作思路，认真处理工农关系、干群关系，始终把群众利益摆在突出位置。实现好、维护好、发展好人民群众的根本利益是一切工作的出发点和落脚点。改革实践表明，实行家庭承包经营制度极大地调动了农民的主动性、积极性和创造性，有力地促进了农业和农村经济发展。近年来，减免农业税、农村教育、卫生事业和村民自治等关系人民利益的相关改革，也激发了农民从事新农村建设的热情。因此，经济上保证农民的物质利益，政治上保障农民的民主权利，努力实现好、维护好、发展好人民群众的根本利益是农村改革在任何时候都必须始终遵循的一条基本原则。

（五）高度重视党的建设。按照“围绕经济抓党建，抓好党建促发展”的工作思路，加强党政班子建设、村级组织建设，深入开展党员先进性教育、“三级联创”等活动，不断深化村干部职业化管理，为经济转型发展提供坚强有力的组织保障。始终以党的执政能力建设为重点，努力保持党的先进性，不断巩固执政基础，深化干部人事制度改革，认真搞好乡镇机构改革，加强村党支部整顿转化，大力实施规范村级干部管理、规范财务村务公开等为核心的制度化管理，使党组织的凝聚力、创造力、执行力显著增强，有力地促进社会各项事业和谐发展。

回顾陶庄改革开放以来的奋斗历程，今日的奚仲故里，山欢水笑，万象生辉。在希望的田野上，麦浪滚滚，鱼欢畜旺；在重点建设工地，车流穿梭，机器轰鸣，一座座现代化的厂房拔地而起，一条条宽阔的柏油公路铺就在青山翠绿之中，一个日益繁荣昌盛的新陶庄，正阔步向前奋进。

审稿人：田传洋

撰稿人：李广义

国家级湿地公园—蟠龙河湿地公园新景

薛城现代农业发展之路

改革开放以来，薛城区坚持改革、开拓、发展、务实的路子，突破原有农业种植结构方式，与市场经济接轨，按照标准化、品牌化、产业化的发展方向，坚持发展特色农业，农业生产全面快速发展。

一、发展历程

（一）由计划经济向市场经济转变阶段（1978年12月—1982年8月）

农业生产以计划经济为主导，向市场经济转变，从“以粮为纲”，向农业结构调整转变。同时，十分重视良种推广工作与化肥使用，大大提高了农作物产量。

1978年中共十一届三中全会召开后，薛城区根据中共十一届三中全会制定的路线、方针和政策，境内农村经济体制改革开始起步，有的村、队开始实行承包到组，责任到人；有的生产队实行口粮田包产到户。自1980年以后，农村经济政策落到了实处，在坚持土地等生产资料集体所有制的前提下，由生产队土质优劣、水利条件好坏等因素，分等级将土地承包给农民。薛城区按照中央有关改革的精神，首先从农村进行改革。农村改革的第一步主要是推行定地块、定产量、定劳动力、定牲畜农具、定成本，超产奖励的“五定一奖”联系产量计算报酬的生产责任制。本区推行最早的有南常公社的后北常大队、兴仁公社的西托后大队、周营公社的牛山大队等。到1981年春，全区1089个基本核算单位已有924个实行和正在准备实行这种管理办法，并且取得了一定的效果。1983年，境内改为包干到户形式的家庭联产承包责任制，废除了“大锅饭”。农民以户经营，自负盈亏，全年收获交足国家的任务，剩余部分全归自己。农民生产积极性普遍高涨，充分发挥各自的一技之长，粮食产量显著增长。1984年后，贯彻《中共中央关于一九八四年农村工作的通知》，继续稳定和完善家庭联产承包责任制，由土地统一划片分包，调为每户3—5块，土地承包一般延长为15年，并颁发《土地使用证》，进一步调动了群众积极性，促进了生产力的发展。通过对农业种植结构的大为调整，由原来的单一种植粮食作物调整为大力发展经济作物，种植蔬菜，搞粮林间作，同时大搞多种形式的工副业生产，涌现出了不少专业户、万元户。在短短几年的时间内，全区农村经济发生了巨大变化，1978年，全区小麦种植面积22.53万亩，单产达到137公斤，总产达到30890吨。全区玉米种植面积10.23万亩，单产达202公斤，总产达到20730吨；1981年，全区小麦种植面积23.93万亩，单产达到168公斤，总产达到40040吨；全区玉米种植面积10.88万亩，单产达到268公斤，总产达到19175吨。粮食产量有了大幅提高，农民基本解决了温饱问题，农民生活有了很大改善。

（二）改革开放不断深入阶段（1982年9月—1992年1月）

这一时期，薛城区实行了农业联产承包责任制。完成了第二次土壤普查，系统划分了土壤类型，为以后农业生产奠定了基础。不断加大结构调整力度，优化农业结构布局，改良土壤，培肥地力，良种繁育与引进推广，重视植物保护与综合防治，农业生产取得了快速发展。

1. 实行农业联产承包责任制

随着农村改革进一步深入发展，1983年10月，中共中央、国务院发出实行政、社分设，建立乡政府的通知。乘着改革开放的东风，1983年底，薛城区积极响应上级号召，普遍实行了农业联产承包责任制，广大农村从“以粮为纲”的单一经营模式中解放出来，农、林、牧、副全面发展，全区对农业的投入不断加大，农业抗灾能力逐步加强，一些新品种、新技术的引进推广，极大地提高了粮食产量，农村面貌和群众生产生活发生了巨大变化。1984年5月，经枣庄市人民政府批准，薛城区将13处人民公社改为五镇八乡，并分别成立了乡、镇人民政府，原公社下辖生产大队全部改为行政村。至此，人民公社解体。到1990年，全区农业联产承包责任制得到进一步巩固和完善。

2. 完成了第二次土壤普查

1982年，进行了第二次土壤普查，调查总面积760075亩（含兴城、兴仁），挖取901个剖面，2128个定界钻孔，取629个农化分析土样，取得化验数据4814项次，系统地划分了土壤类型，详细地分析了各种土壤类型的形成原因、存在问题及改良利用方向，摸清了当时土壤养分状况，总结了高产田的土壤条件，编制了土壤、土地利用现状、地貌、耕层质地积土体构型、土地评级、土壤改良利用分区及有机质、氮、磷、钾、PH等各种土壤养分图。为其后的配方施肥、土壤改良、黄淮海开发及世界银行贷款农业开发提供了依据，推动了磷肥的广泛利用，实现了农产品产量的第二次飞跃。

1985年，完成第二次土壤普查后，土壤普查成果应用开始进行了小面积的配方施肥试验、示范，利用所掌握的测试数据和图件资料，按土壤基层分类单元和不同作物，定点连续布置大田科学施肥试验，积累了大量的土壤养分动态变化资料。应用土壤肥力差减法、多水平试验选优法、养分丰缺指标法等方法制定了不同的因土因作物施肥的技术方案。

3. 注重土地的合理开发和利用，粮食播种面积逐年增加

薛城区主要种植小麦、玉米、花生、大豆、蔬菜等作物，典型种植制度为小麦—玉米一年两熟制。随着生产力的发展和科学技术水平的不断提高，农业生产条件逐步得到改善，在耕地及粮田面积不断减少的情况下，主要农作物的产量逐年增加，生产成本亦逐渐降低，农业生产条件不断改善。随着耕地面积的不断减少和生产力的发展，人们越来越注意土地的合理开发和利用，1983年底，全区的垦殖指数是63.2%。

1982年以前，全区农业基本上粗放式经营，农民靠传统的技术经营农业。随着农业科技的发展与不断推广，农业开始从粗放型向科技型转变，农业生产水平有了快速提升。全区农作物播种面积、单产、总产迅速提高。

1982年，全区农作物播种面积62.36万亩。其中，粮食作物播种面积54.39万亩，占总播种面积的87.22%；全区小麦种植面积24.15万亩，单产138公斤，总产达到33345吨；玉米种植面积11.04万亩，单产300公斤，总产达到33155吨。

1991年，全区农作物播种面积66.72万亩。其中，粮食作物播种面积57.55万亩，占总播种面积的86.26%；全区小麦种植面积30.04万亩，单产265公斤，总产达到79619吨；玉米种植面积15.68万亩，单产420公斤，总产达到65904吨。

4. 加大结构调整力度，优化农业结构

全区不断加大农业结构调整力度、优化农业结构布局，结构调整取得了快速发展。1982年，高粱种植面积1.82万亩，单产216公斤；花生种植面积1.79万亩，单产达103公斤，总产达1855吨。经济作物总播种面积6.76万亩；蔬菜、瓜类等其他农作物种植面积1.19万亩，占总播种面积的1.9%。1985年，政府号召扩种瓜菜，全区瓜菜面积迅速增加到2.97万亩，占总耕地面积的4.6%，为历史上种植面积最大的一年。1990年，蔬菜及瓜类种植面积2.26万亩，总产量达3106.6万公斤。其中，蔬菜播种面积1.64万亩，总产2199.4万公斤。1991年，高粱种植面积1.3万亩，单产231公斤；花生种植面积3.43万亩，单产达218公斤，总产达6301吨。经济作物总播种面积6.98万亩；蔬菜、瓜类等其他农作物种植面积2.19万亩，占总播种面积的3.13%。1991年以后，全区蔬菜、瓜类种植面积与产量不断增加，蔬菜塑料大棚兴起，蔬菜新品种不断增加，主要有马铃薯、辣椒、毛豆、芹菜等。

5. 改良土壤，培肥地力

农村实行了联产承包责任制以后，土地由农民经营使用。农民群众改良土壤、培肥地力的积极性迅速提高。许多农户因地制宜，合理种植各种作物，大力增施各种肥料，加深耕作，熟化土壤。20世纪80年代以来，施用化学肥料已成为本地各种作物增产的一项重要措施。80年代初，开始对因长期重氮轻磷施用化肥而导致土壤氮、磷、钾比例失调的地块，实行合理施用肥料，推广化肥与有机肥配合、基肥与追肥并举的施肥方法，农田施肥坚持有机肥为主，化肥为辅，基肥为主，追肥为辅，氮、磷、钾合理施用。1982年，本区开始施用钾肥，主要有硫酸钾、氧化钾等，多用于块根、块茎及瓜菜等作物。1983年，高效精量复合肥磷酸二氢钾开始应用于小麦生产，多用作叶面喷肥或拌种，一直到80年代末，化肥在农业生产中仍占首要地位。同时，农村通过各种措施改良土壤面积达21万亩，占总耕地面积的43%以上。1985年以来，全区大搞农田水利基本建设，山、水、林、田、路综合治理，取得明显成效。

6. 良种繁育与引进推广

薛城区种子管理由种子管理站负责，薛城区种子公司隶属于薛城区农业局，具体负责全区的种子供应工作。公司注重总结群众选育良种及使用优良品种取得高产的经验，试验、推广适合本区种植的各种作物的优良品种，并负责组织、调换和经营本区需要的作物良种。80年代，本区玉米引进推广了鲁宁1号、中单2号、鲁原单4号、掖单2号、烟单14、聊玉5号等新品种。1990年，引进推广了掖单2号、烟单14、丹玉11、鲁丹38、聊玉5号等主要品种。1983年，良种繁育基地扩大到乔庙、获庄、袁河等队，制种面积达3500亩。1984年，繁育基地缩小，只保留郭洼、袁河两处，面积共850亩。在沙沟公社西介沟、董庄建立起花生良种繁育基地200亩。在金河公社付庄、周营公社铁佛村、南常公社八队建立起棉花良种繁育基地200亩。良种繁育基地的建立，改变了原来良种全靠外调的被动局面，提高了种子质量，为农业生产作出了贡献。1990年以后，本地农户已经注重良种的选择，农民在长期的生产实践中积累起丰富的用种谚语，如“种田选好种，一垄赶两垄”“好种出好苗，好秧多打粮”等等。1991年以来，种子公司将沙沟镇郭洼村、潘庄村、西杨庄村作为薛城区的制种基地。制种面积达2000余亩，每年繁育玉米良种近40万公斤，品种以掖单2号为主，1996年，开始繁育掖单19号。

小麦良种推广。90年代初，大部分农户种植小麦仍然是去杂以后自家留种，少部分购买更换新品种，经营种子也是以区种子公司和乡镇农技站为主，并且经营的数量很少，品种主要有小红芒、济南17等。品种沿用多年，加之耕作粗放，产量基本较低。

玉米良种推广。90年代以来，本地种植的玉米种子几乎全部选用了杂交种，产量明显提高，开始以掖单2号为主，陆续推广种植了掖单13、掖单19，但是由于抗病性差，掖单19种植的时间并不很长。

7. 植物保护与综合防治

1983年以后，区、社两级建立植保服务公司，开展技术咨询和技术承包，为更好地开展综合防治打下了基础。在这一防治阶段中，农药先后增加了锌硫磷、托布津、乙磷铝、粉锈宁、二溴氯丙烷、磷胺、多菌灵、呋喃丹久效磷、氯化乐果等高效低毒农药。药械方面，在普及压缩喷雾器和手摇喷粉器的同时，从1982年开始，推广应用机动喷雾机。到1985年，全区共有泰山18型机动喷雾机256部。1990年以后，始终执行“预防为主，综合防治”的植保方针，强调在综合防治中要以农业防治为基础，因地制宜地使用化学防治、生物防治等措施，达到经济、安全、有效地控制病、虫害危害的目的

（三）农业生产快速发展阶段（1992年1月—2002年11月）

实施了粮食高产创建，粮食生产得到迅速提高。按照产业化、区域化的发展方向，制定发展规划，农业结构调整取得了快速发展。同时，进行了机构改革，进一步规范和优化农业系统机构设置。

1. 高产创建，进一步增强粮食综合生产能力

紧紧围绕农业增效、农民增收和农村发展目标，不断解放思想，抢抓机遇，加快发展，通过实施项目带动战略、科教兴农战略、可持续发展战略，大力推进农业标准化、信息化、产业化进程，增强农产品市场竞争力，推动农业朝着高产、优质、高效、生态、安全的现代农业发展，全区现代农业快速发展。

1991年以后，全区粮食作物主要有小麦、玉米、地瓜、大豆、绿豆、高粱、谷子等;经济作物主要有棉花、花生、油菜、芝麻等。1992年，全区粮食播种面积37832公顷，总产量208438吨，占全区农作物总播种面积的87.3%。夏粮播种面积26009公顷，总产量97844吨，其中小麦播种面积19966公顷，总产97765吨，杂豆播种面积43公顷，总产79吨；秋粮播种面积17823公顷，总产量110594吨，其中玉米播种面积10631公顷、总产68614吨，谷子播种面积706公顷、总产2333吨，高粱播种面积652公顷、总产2161吨，地瓜播种面积4121公顷、总产33977吨，大豆播种面积1220公顷、总产2382吨，杂豆播种面积63公顷、总产103吨，其他粮食播种面积430公顷、总产1024吨。经济作物播种面积3934公顷，其中棉花播种面积2000公顷、总产1758吨，花生播种面积1587公顷、总产4646吨，芝麻播种面积341公顷、总产383吨，其他经济作物6公顷。

小麦、玉米是薛城区两大主要粮食作物，近年来，为进一步增强全区粮食综合生产能力，提高种粮科技含量，促进粮食稳步发展和农民持续增收，全区按照省、市的统一部署和工作要求，在稳定面积的前提下，大力实施粮食高产创建工作，坚持政策驱动、科技推动、示范带动，狠抓关键增产技术的普及应用，努力提高单产、增加总产，充分发挥示范方在粮食增产中的示范带动作用。

小麦。小麦是本区第一大粮食作物，长期以来，全区通过大力改善小麦种植条件，不断扩大小麦种植面积，小麦产量逐年稳步提高。1992年，全区小麦种植面积29.9万亩，占粮食作物种植面积的52.8%，单产326公斤，总产达到97765吨。2000年，全区小麦种植面积26.6万亩，占粮食作物种植面积的56.4%，单产245公斤，总产达到65268吨。

玉米。1992年，全区玉米种植面积15.9万亩，占粮食作物种植面积的28.1%，单产430公斤，总产达到68614吨。2000年，全区玉米种植面积14.6万亩，占粮食作物种植面积的31%，单产447公斤，总产达到65294吨。

大豆。1992年，全区大豆种植面积1.8万亩，占粮食作物种植面积的3.2%，单产达到130公斤，总产2382吨。2000年，全区大豆种植面积2.4万亩，占粮食作物种植面积的5%，单产270公斤，总产6445吨。单产是1992年的2.08倍。

1996年，开展了耕层土壤养分普查，对土壤丰缺指标进行了研究，优化了配方施肥，推广了秸秆还田技术和复合化肥，为农业生产的快速发展做出了贡献。

2000年，全区粮食播种面积31488公顷、总产量155157吨，占全区农作物总播种面积的71%。夏粮播种面积17825公顷、总产量65340吨，其中小麦播种面积17764公顷、总产65268吨，夏杂豆播种面积61公顷、总产72吨；秋粮播种面积13623公顷、总产量89817吨，其中玉米播种面积9745公顷、总产65294吨，谷子播种面积162公顷、总产640吨，高粱播种面积142公顷、总产570吨，地瓜播种面积1737公顷、总产16117吨，大豆播种面积1589公顷、总产6445吨，绿豆播种面积206公顷、总产548吨，其他粮食播种面积42公顷、总产203吨。油料作物播种面积6736公顷、总产23450吨，其中，花生播种面积6318公顷、总产22919吨，油菜籽播种面积307公顷、总产418吨，芝麻播种面积111公顷、总产113吨。棉花播种面积186公顷、总产217吨。全区的蔬菜面积迅速扩大，蔬菜种植面积7.428万亩，瓜果种植面积1.1055万亩；2001年，蔬菜种植面积扩大到14.037万亩，瓜果种植面积1.644万亩。

2. 按照产业化、区域化发展方向，结构调整快速发展

2000年以前，农业缺乏系统的规划，各镇以种植粮食作物为主，其他经济作物、粮食作物的种植基本上按照农民的种植习惯，分散种植，形不成大的规模。2000年后，全区按照产业化、区域化的发展方向，制定了发展规划，基本上按照周营镇重点发展蔬菜生产，打响“周赢”品牌，逐步建成蔬菜产销专业镇；沙沟镇重点发展林果业和设施蔬菜，逐步建成林果产销专业镇。常庄镇重点发展畜牧业和食用菌栽培，加快实现养殖从庭院到田间的转变；临城街道重点发展蔬菜和花卉生产，尽快实现无粮化种

植目标；陶庄、邹坞两镇北部山区重点发展优质林果生产，店韩路两侧重点发展食用菌高效栽培生产基地；沿光明路、店韩路两侧和山区进行科学布局和规模开发，逐步建成生态旅游和观光农业。每个镇街重点培育1—2个“一村一品”的示范园，按照以点带面，有序推进，专业化、规模化的发展思路，重点培育“一村一品”“一镇一业”“示范园”。随着农业科技的发展，薛城区对科技兴农的重视程度不断提高，全区大力实施科教兴农战略，不断加大对农业的科技投入，提高农业科技含量，促进了农业的增产增效。

3. 机构改革，使农业系统机构设置从整体上得到进一步规范和优化，内部体制机制得到进一步完善，为农业生产提供支持

1993年11月，区政府机关改革，设区农业服务中心，撤农业局。1996年3月，经区机构编制研究，报区委、区政府批准，设立区农业局，与区农业委员会一个机构，两块牌子，为区政府组成部门，区农业局是主管全区农业与农村经济发展工作的区政府工作机构。1999年，撤销“薛城区多种经营服务中心”“薛城区棉麻服务中心”“薛城区蔬菜办公室”，合并设立“薛城区多种经营管理局”，为科级事业单位，归口农业委员会。2000年，成立枣庄市薛城区农业监察大队。2000年12月，设立区农业环境保护监测站，为局所属股级事业单位，与区植保站一个机构，两块牌子。2002年4月，根据区委、区政府党政机构改革的实施意见，撤销农委，将农村环境保护的职能移交区环境保护局，区农委归口管理的几个中心和多管局、经管局归农业局管理，局机关编制总额18人，行政编制14人，退管编制2人，工勤人员2人，农业局下设办公室、政策法规与发展计划办、市场与产业化办公室、科教调研办公室、生产办公室5个职能科室，有植保站、土肥站、种子管理站、农技站4个事业站室。通过此次改革，农业系统机构设置从整体上得到进一步规范和优化，内部体制机制得到进一步完善，为农业生产提供支持。

（四）发展农业现代化（2002年11月—2012年11月）

2004年以来，中央连续出台了关于“三农”问题的五个“一号文件”。陆续把农民增收、提高农业综合生产能力、建设社会主义新农村、发展现代农业、加强农业基础建设作为突出工作来抓。尤其是2007年，中央明确提出，发展现代农业是社会主义新农村建设的首要任务，要用现代物质条件装备农业，用培养新型农民发展农业。薛城区通过认真贯彻中央、省、市以及区委、区政府关于加快现代农业发展的一系列重大政策和工作部署，以现代农业为发展目标，不断加大农业科技的推广力度，坚持标准化、品牌化、产业化的发展方向，落实惠农政策，开展测土配方施肥、植物保护、农业执法，为农业生产提供支持与保护，农业生产全面快速发展。同时，不断强化措施，落实政策，开拓创新，求真务实，奋发进取，农业发展取得了重大突破。农业法律保障和政策扶持体系得到全面贯彻，农资综合直补、良种补贴、农机补贴、一喷三防等支农惠农政策全面落实，农民利益得以较大改善，农业基础设施得到进一步加强，科技推广应用水平大幅提高，农业发展的速度、质量和效益同步增长，农业增长方式实现较大转变，农业劳动生产率和农业综合生产能力有了较大提高，农业现代化全面推进。

1. 落实惠农政策，激发农民的积极性

2004年至2008年，中央连续出台下发了5个1号文件，各项惠农政策得到贯彻落实。2005年，薛城区全面取消了农业税，粮食直补、农机补贴等多项补贴直接发放到群众手中，农民群众得到了很多实惠，农村剩余劳动力外出

草莓生产基地

务工，进一步拓宽了增收渠道，广大农民的生产积极性空前高涨，广大农村呈现出一派前所未有的欣欣向荣景象。2008年，兑现农民种粮直补、农资直补2234万元，小麦、玉米良种补贴和农机具购置补贴320万元，完成农村劳动力转移培训1000人，新型农民培训1000人。

2. 农业科技的发展与不断推广，发展科技型农业，农业发生了翻天覆地的变化

2002年以后，随着农业科技的发展与不断推广，全区开始发展科技型农业，全区农业发生了翻天覆地的变化。2004年，薛城区辖管六镇一办，乡村人口23.35万人，6.97万户，乡村劳动力15.97万人。总土地面积420.51平方公里，农业可利用面积56.7万亩，耕地面积37.2万亩，主要以种植小麦、玉米、花生、大豆、蔬菜等作物为主，农民人均纯收入4451元，人均耕地1.47亩。农作物总播种面积67.08万亩，其中粮食作物面积43.31万亩，总产17.12万吨，单产395.2公斤／亩，人均占有粮食674.8公斤。2005年，全区粮食播种面积28876公顷、总产量171181吨，占全区农作物总播种面积的65%，其中小麦播种面积17070公顷、总产102976吨；秋粮播种面积11806公顷、总产量68205吨，其中玉米播种面积10488公顷、总产61308吨，谷子播种面积11公顷、总产51吨，高粱播种面积107公顷、总产300吨，地瓜播种面积503公顷、总产4251吨，大豆播种面积648公顷、总产2132吨，绿豆播种面积49公顷、总产163吨。油料作物播种面积4281公顷、总产14594吨，其中，花生播种面积3755公顷、总产13818吨，油菜籽播种面积293公顷、总产510吨，芝麻播种面积233公顷、总产266吨。棉花播种面积86公顷，总产121吨。

2007年，以小麦“20＋40”和垄作高效栽培模式为重点，全年累计推广各类农业新技术15项，立体种植技术5万亩，保护地栽培12万亩，农业节本增效技术8万亩，平衡施肥技术20万亩，秸秆还田技术25万亩，农作物病虫害规范化防治技术35万亩，挽回经济损失3000多万元。加大科技培训和技术服务力度。以劳动力转移、测土配方施肥、新型农民科技培训为重点，全年举办各类培训班30多场次，培训人数达5000余人次，印发各类技术资料2万余份；同时，开通农技110服务热线，全年接待咨询电话136个，较好地解决了农民在生产中遇到的困难和问题。

2008年，全区粮食总产达到20万吨，单产416公斤，油料总产达到1.5万吨以上，农民人均纯收入达到5877元。全区新扩经济作物1.53万亩，新增蔬菜大棚2630个、食用菌大棚260亩、池田藕490亩，瓜菜总产达到60万吨；2008年，瓜菜果食用菌总面积16万亩，其中：瓜菜面积10.24万亩，果品面积5.46万亩，食用菌面积0.3万亩。

2009年后，随着科技推广应用水平大幅提高，农业法律保障和政策扶持体系的全面落实，农业基础设施的进一步加强，农业发展的速度、质量和效益同步增长，农业增长方式实现了较大转变，产业化、现代化进程有效推进，农业劳动生产率和农业综合生产能力有了较大提高，全区农业和农村经济持续健康发展。2010年，全区粮食播种面积35488公顷、总产量223270吨，占全区农作物总播种面积的80.1%。其中，小麦播种面积18739公顷、总产量119697吨；秋粮播种面积16749公顷、总产量103573吨，其中玉米播种面积15411公顷、总产97859吨，地瓜播种面积250公顷、总产2227吨，大豆播种面积991公顷、总产3206吨，绿豆播种面积48公顷、总产130吨。油料作物播种面积2616公顷、总产10307吨，其中，花生播种面积2367公顷、总产8770吨，油菜籽播种面积248公顷、总产505吨。棉花播种面积297公顷，总产495吨。

2010年，深入开展送科技下乡入户活动，进一步健全和完善了区、镇、村三级科技服务体系，着重推广农业标准化生产、保护地栽培、农作物病虫害综合防治、有机、绿色、无公害农产品生产、农机使用、测土配方施肥、沼气使用等10多项实用技术，举办各类技术培训班10余期，培训农民3000人次，深入田间技术指导1600人次。推广各类农作物新品种10多个，完成立体种植技术8万亩次，保护地栽培技术20余万亩次，农业节本增效技术8万亩次，秸秆还田技术20余万亩次，农作物病虫害防治技术35余万亩次，化学除草技术35万亩次，推广配方施肥面积已达到35万亩次，总节本增效1145万元。开展农村劳动力转移培训和新型农民培训，成立了34人的专家讲师团，深入到各镇、村，进行蔬菜大棚高产栽培技术、家禽饲养与疾病防治、果树栽培等技术培训，共完成了10个村1000多余名农民的培训任务，积极联系就业企业，跟踪服务，完成农村劳动力转移培训750人，安排就业500人。

3. 标准化、品牌化发展，提高了农业产品质量

把标准化、品牌化作为发展农业现代化的重要内容。切实加大各类农产品品牌培育申报力度，全区不断加大农业结构调整力度、优化农业结构布局，结构调整取得了快速发展。

2005年以来，“三品一标”认证数量不断增加。

2006年，新扩经济作物及瓜菜种植面积共计2.5万亩，其中新开发池藕600余亩，新建大棚1700个，培育无公害生产基地7处；组织申报认证农产品品牌7个，其中有机食品品牌2个，绿色食品品牌2个，无公害农产品品牌3个。

2007年以后，大力发展标准化种植，完成新扩经济作物面积1.5万亩；新建钢架无立柱蔬菜大棚2000个；新开发池田藕面积500亩，全区优质绿色池田藕规模发展到1200亩；新建食用菌生

产基地两处；全区标准化生产基地面积达到 12.8 万亩，瓜菜种植总面积达到了 15 万余亩，总产 56 万余吨。2007 年，获得认证的农产品品牌 6 个（其中：有机食品 4 个，绿色食品 2 个）。

2008 年，全区建成瓜菜、果、食用菌标准化基地 10 处，其中省级一处、市级 4 处、区级 5 处，总面积 12.8 万亩。取得常庄“常生源”油桃、沙沟“千寿槐”石榴、周营“周赢”马铃薯、大白菜等“三品”认证的农产品 38 个，其中认证为无公害农产品 21 个、绿色食品 11 个、有机食品 6 个，认证总面积达到 10.5 万亩，其中：瓜菜认证面积 5.48 万亩，果品认证面积 4.72 万亩，食用菌认证面积 0.3 万亩。周营镇铁佛村现已建成省级无公害标准化生产示范基地，全年种植各类瓜菜面积 4000 亩，建设一处蔬菜批发市场，500 吨蔬菜冷藏库一处，四个蔬菜品种获得农业部农产品质量检测中心无公害农产品、绿色食品认证，产品畅销上海、广州等地。金虹食品厂的“金虹牌五香猪蹄”等 3 个农产品获国家级名牌新产品称号。通过这些名牌农产品的带动作用，初步形成了优势农产品的区域布局，大大提高了农产品的市场竞争力。2011 年，新申报 3 处标准化基地：薛城区张范镇小香城无公害番茄标准化生产基地、薛城区常庄镇王庄蔬菜无公害标准化基地、薛城区周营镇张场村标准化生产基地。新认证“三品”3 个：其中无公害品牌 2 个，即枣庄市薛城区核之缘果品种植专业合作社的核桃、枣庄市薛城区瑞丰长隆蔬菜种植专业合作社的奚仲牌西红柿。绿色食品 1 个，即枣庄金穗制粉有限公司的小麦粉。

4. 产业化发展，农业龙头企业快速发展

按照产业化的发展方向，紧紧围绕农民增收，以增强农产品竞争力为目标，坚持科技先导、体制创新，重点发展农产品精深加工。通过市场引导、龙头带动、中介连结、农民参与、政策扶持、社会服务，大力培育壮大农业龙头企业，建设集约化、专业化和标准化生产基地，发展农村合作经济组织，全面提高全区农业产业化水平，农业产业化经营得到了快速发展，各类农业产业化经营组织规模不断扩大，辐射带动能力不断增强。2005 年 8 月，枣庄金虹食品有限公司和山东鲁南种猪繁育有限公司被命名为省级农业产业化“重点龙头企业”。2006 年，全区有 8 家企业被命名为市级农业龙头企业：枣庄金虹食品有限公司、枣庄市捷利木业有限公司、山东鲁南种猪繁育有限公司、枣庄市天顺木业有限公司、枣庄东兴工贸有限公司、枣庄市金穗制粉有限公司、枣庄市犇牛乳业有限公司、枣庄市海河食品有限公司。2007 年，全区有 2 家企业被命名为市级农业龙头企业：枣庄市银牛面业有限公司、薛城区厚磨面粉厂。2008 年，全区各类农业产业化经营组织达到 78 家，其中省级 2 家，市级 6 家；年销售额在 500 万以上的龙头企业达 24 家，交易额亿元以上的批发市场 5 家。全区农业龙头企业吸纳工人 4000 余人，员工年工资总额达 2000 余万元，龙头企业农产品原料采购量达 56 万余吨，采购值达 2.6 亿元，带动农户总数 10 万余户，带动农民增收总额达 1.8 亿元。新上、技改和扩建农业龙头企业 6 个，新发展农民专业合作经济组织 6 个。全区有 2 家企业被命名为市级农业龙头企业：枣庄广超肉牛养殖加工有限公司、枣庄夫宇食品有限公司。2009 年，全区有 4 家企业被命名为市级农业龙头企业：枣庄甘霖园林工程有限公司、枣庄市农家盛圆面粉有限公司、枣庄市盛大畜禽养殖有限公司、枣庄市薛城区天方面粉厂。2010 年 6 月，枣庄金穗制粉有限公司被命名为省级农业产业化“重点龙头企业”。5 家企业被命名为市级农业龙头企业：枣庄海友食品有限公司、枣庄海润蔬菜冷藏加工有限公司、枣庄展英通畜牧科技有限公司、枣庄市桂源成猪业良种繁育有限公司、枣庄市金玉食品有限公司。2011 年，全区有 6 家企业被命名为市级农业龙头企业：枣庄恒大良种猪繁育有限公司、枣庄市立博畜牧养殖有限公司、枣庄市腾辉禽业有限公司、枣庄润康畜禽养殖有限公司、枣庄佳润食品有限公司、枣庄翰伟畜牧生态养殖有限公司。

5. 测土配方施肥，节本增效

测土配方施肥。2001 至 2003 年，在全区开展土壤速测与配方施肥研究，玉米、小麦和蔬菜等作物推广应用配方施肥技术 5 万余亩。方法简便易行，农民便于接受，区乡农技人员便于操作。2004 年 12 月 31 日，《中共中央国务院关于进一步加强农村工作提高农业综合生产能力若干政策的意见》提出：中央和省级财政要较大幅度增加农业综合开发投入，新增资金主要安排在粮食主产区集中用于中低产田改造，建设高标准基本农田。搞好“沃土工程”建设，增加投入，加大土壤肥力调查和监测工作力度，尽快建立全国耕地质量动态监测和预警系统，为农民科学种田提供指导和服务。改革传统耕作方法，发展保护性耕作。推广测土配方施肥，推行有机肥综合利用与无害化处理，引导农民多施农家肥，增加土壤有机质。测土配方施肥以肥料田间试验、土壤测试为基础，根据作物需肥规律、土壤供肥性能和肥料效应，在合理施用有机肥料的基础上，提出氮、磷、钾及中、微量元素等肥料的施用品种、数量、施肥时期和施用方法。技术基础就是为配方所进行的取土、化验、养分状况分析及耕地地力评价等基础工作。2005 年 9 月，薛城区农业局作为测土配方施肥补贴资金项目全国 200 个首批试点县之一，承担了农业部测土配方施肥项目，自项目实施以来，按照省《2005 年测土配方施肥试点补贴资金项目实施意见》的要求，结合本区实际，坚持“均衡布点，突出重点，示范带动，稳步推进”的原则，因地制宜制定方案，广泛深入宣传发动，埋头苦干，狠抓落实，扎扎实实地开展工作，测土配方施肥试点工作取得了显著成效，得到了农业厅的充分肯定。四年的测土配方施肥中，对全区耕地有机质、氮、磷、钾、微量元素及相关属性进行了调查、化验和分析，取得了大量调查化验分析数据。其中，对土样pH值、有机质、碱解氮、有效磷、速效钾进行全量化验，对460个土样的缓效钾、全氮进行了化验，对2006个土样的有效硼、有效锌、有效铁、有效锰、有效铜、有效钼、150个全磷、全钾、阳离子交换进行了化验，取得了57545个化验数据，为薛城区测土配肥提供了科学依据。在全面的野外调查和室内化验分析，获取大量耕地地力相关信息的基础上，进行全区耕地地力的综合评价，评价结果对于摸清全市耕地地力的现状及问题，为耕地资源的高效和可持续利用提供了重要的科学依据。通过测土配方施肥项目的实施，免费为农户提供测土配方施肥服务，配方施肥建议卡和施肥技术指导入户率达到100%，项目区肥料利用率提高3%—5%，亩节本增效50元以上，让农民施肥更简单。

6. 重视植物保护，科学预测防治病虫害

植物保护。2007年，按照市农业局文件要求，在全区确定了市级基层测报点5个，区级基层测报点6个，并对每个基层测报点明确了测报范围。科学开展病虫预报和信息发布。每年下发《病虫情报》12—20期。及时向部、省、市上报旬报、月报、季报及病虫抗性监测等40多期（次），实现预测预报准确率90%以上，发报率100%。病、虫总防面积80万亩次以上，草害总防面积30万亩次以上，鼠害总防面积2.5万亩次左右。防治覆盖率100%，有效控制各种病虫害的危害。自2012年开始，每年根据山东省农业厅、山东省财政厅《关于印发全省小麦“一喷三防”项目实施方案的通知》和枣庄市农业局、枣庄市财政局《关于印发枣庄市小麦“一喷三防”项目工作实施方案的通知》要求，积极做好全区小麦“一喷三防”工作，实现“一喷三防”全覆盖，及时研究制定了《薛城区小麦“一喷三防”项目工作实施方案》。通过电视、短信、技术培训、明白纸、科技下乡、现场会等形式，加强补助政策宣传，确保一户一张技术明白纸，共计发放明白纸6万余份，让农民充分了解小麦“一喷三防”意义和施用技术，为指导小麦后期田间管理起到有力的促进作用。

7. 开展农业执法，为农业生产保驾护航

开展农业执法，从源头保障农业生产安全。依照《农业法》等法律法规的规定和上级关于在县（区）级大力推行农业综合执法的要求，整合财力、物力、人力，理顺内部关系，2004年，农业综合执法大队成立，具体承担种子、农药、肥料登记管理等职能。执法大队现有行政执法人员6名，设有种子管理站、稽查科、案件处理科，配备了执法车辆、执法服装和电脑、照相机等设施。执法大队成立后，区农业局依法进行委托授权，使农业综合执法大队集三权于一身（行政许可权、质量监督检测权、行政处罚权），直接代表农业局行使农业行政执法权利。2004年，共举办农资经营人员法律法规和业务技能培训班8期，农资市场管理工作座谈会4次，培训农资经营人员2000余人次，全区农资经营人员接受培训率达100%，累计为农资经营户印发各种法律法规宣传材料12000余份、法律法规和业务知识读本500余本，基本达到全区每个农资经营人员手中有1套工具书和法律法规学习材料。开展好面向全社会的普法宣传，利用法律法规宣传日和送放心农资下乡进村宣传周活动，出动宣传车50余辆次，播放宣传磁带12盒，悬挂、张贴标语200余条，印发明白纸等宣传材料近3万份。同时，充分利用新闻媒体加强对农业执法工作的宣传，薛城电视台、《枣庄日报》和《薛城周讯》等先后16次对全区农业执法工作和农资打假活动进行采访报道，在社会上引起了广泛反响。强化市场整治，深入开展打假维权。市场经济的发展和农资经营的逐步放开，全区农资市场迅速膨胀，农资经营网点由20世纪90年代初的40余个猛增到现在的230余个，遍布全区7个镇街80余个村庄。农资经营网点多而规模小，经营人员素质参差不齐。为防止假冒伪劣农资坑农害农，确保农民用上放心农资，区农业局行政执法人员以种子、农药、肥料等主要农资产品为重点，每年的农资销售、使用旺季都定期对全区200多个农资经营网点组织开展拉网式检查活动，重点查处无证经营、经营假劣种子、农药、化肥、未经审定的种子、国家明令禁止的农药和包装、标签、标识不合法等严重违法行为。同时，向社会公布了农资打假举报电话。2004—2012年，共开展农资市场拉网式检查活动24次，专项整治活动12次，农资质量抽检140余批次，累计查处各类农资违法案件90余起，（其中立案查处农资案件32余起），没收假劣种子3200多公斤，查封假劣、冒用登记证及国家禁用农药7.6吨，登记不合法及假劣化肥42.4吨，依法取缔无证经营网点30余个，为农民挽回直接或间接经济损失约420万元。

（五）农业现代化快速推进（2012年11月至今）

按照农业现代化的要求，切实转变农业发展方式，促进农业产业化、标准化、规模化发展，提高农业综合生产能力，做好扶贫，全区农业和农村经济持续健康发展。

1. 按照产业化、标准化的发展方向，发展精品农业，提高农业现代化水平

2012年以来，薛城区按照推进农业现代化的要求，以转变农业发展方式为主线，以农业增效、农民增收为目标，以提高农业综合生产能力、抗风险能力和市场竞争能力为主攻方向，着力促进农业产业化、标准化、市场化、规模化、高效化发展，着力强化政策、科技、设施装备、人才和体制支撑，完善现代农业服务体系，提高农业现代化水平和农民生活水平，加快发展现代生态环保精品农业，确保农产品质量安全，促进全区农业和农村经济持续健康发展。

2012年，全区有7家企业被命名

为市级农业龙头企业：山东北斗生物科技有限公司、枣庄市农家乐蛋禽养殖有限公司、枣庄宸泰农业科技发展有限公司、枣庄昌隆蔬菜种植有限公司、山东浩宇实业有限公司、枣庄凯铭实业有限公司、枣庄市盛泓畜禽养殖有限公司。2012年12月，枣庄金虹食品有限公司被枣庄市人民政府命名为枣庄市农业产业化经营“十佳龙头企业”。枣庄海友食品有限公司被枣庄市人民政府命名为枣庄市农业产业化经营“十佳最具发展潜力龙头企业”。

2012年，全区累计完成新扩经济作物22993亩，其中新建瓜、菜、菌各类大棚8206个，新扩花卉、苗圃、金银花、草莓、葡萄、林果等14787亩。其中仅三秋完成新扩经济作物13663亩，新建瓜、菜、菌各类大棚3500个。初步形成了以周营为主的品牌蔬菜优势农产品产业区；以沙沟为主的优质石榴、草莓、蓝莓、食用菌等优势农产品产业区；以邹坞为主的核桃、园铃枣、金银花等优势农产品产业区；全区具有相当规模的国家或省级特色农产品商品生产专业化基地3个。

2013年，全区有7家企业被命名为市级农业龙头企业：山东颐田园商贸有限公司、枣庄市世纪种业有限公司、枣庄农夫食品有限公司、枣庄市永乐牛羊养殖有限公司、枣庄市金瑞丰食品有限公司、薛城亿隆饲料厂、山东昊森木业有限公司。2013年7月，陶庄镇农家盛园公司小麦粉获得农业部绿色食品发展中心绿色食品认证许可。2013年9月，金穗公司小麦粉、挂面获得农业部绿色食品发展中心绿色食品认证许可。2013年11月，周营镇沙河崖青萝卜种植专业合作社无公害萝卜、西红柿获得农业部无公害农产品复查换证；枣庄宸泰农业科技发展有限公司马铃薯、大葱、大白菜和花生获得农业部无公害农产品复查换证；绿之园果蔬种植合作社大白菜、西瓜、甜油桃获得农业部无公害农产品复查换证；邹坞镇清泉山果蔬种植合作社萝卜、樱桃、大枣获得农业部无公害农产品复查换证；沙沟镇张庄石榴专业合作社石榴、柿子获得农业部无公害农产品复查换证。2013年11月，周营镇小巩湖村马铃薯；铁佛村马铃薯、辣椒；大孙庄村万顺合作社马铃薯、辣椒；沙沟镇金鑫合作社马铃薯、豇豆、大葱、菜用大豆获得农业部无公害农产品认证许可。周营镇小巩湖村马铃薯生产基地被命名为枣庄市市级标准化生产基地。2013年11月，组织2家市级以上农业龙头企业第二届中国山东（济南）国际农产品交易会，薛城区参展的“金虹”牌五香猪蹄和“壮冠”牌铁板烤肠荣获畅销产品奖。2013年，开始实施农业保险，2013年全区农业保费收入93.3万元。

把发展农业龙头企业作为提升农业产业化水平、促进农村经济转型的重要引擎来抓，按照“抓龙头、带基地、兴产业、促发展”的思路，以项目建设为载体，加大投入力度，强化工作措施，全区农业龙头企业规模不断膨胀，档次不断提升，辐射带动能力不断增强。2014年，全区农业龙头企业总数达到62家，其中省级龙头企业3家、市级37家，基本涵盖全区粮食、林业、畜牧、水产等各类主导产业；企业总资产14.36亿元，实现年销售收入29.51亿元、利税7600万元，带动农民增收总额达2.63亿元。2014年，全区有5家企业被命名为市级农业龙头企业：山东善利元商贸有限公司、枣庄龟山生猪养殖有限公司、枣庄市薛城区富康挂面厂、枣庄市天润牛业有限公司、山东姚锦记食品有限公司。

2014年，完成农业结构调整20520亩，新扩经济作物5500余亩，拥有无公害生产基地18处，获得认证的国家级无公害、绿色食品32个，其中，无公害食品18个、绿色食品14个。无公害农产品基地14万亩，主要生产石榴、油桃、草莓等干鲜果品，张庄石榴被评为奥运会推荐果品。全区共有农业龙头企业62个。2014年，全区累计完成新扩经济作物20520亩，新建大棚1500余个，食用菌投料8000余吨，瓜菜面积达到13.73万亩。新创建现代农业示范乡镇1个，省级蔬菜标准园1处，市级蔬菜标准园3处，市级果品标准园1处。全区农产品获“三品认证”42个，其中绿色食品15个、无公害农产品27个，面积14.2万亩，批准产量17.2万吨。通过这些名牌农产品的带动作用，在全区范围内形成了优势农产品的区域布局，使全区农业产业化水平得到了显著提升，也提高了农产品的市场竞争力和农业综合效益，提升了农产品的知名度，增加了农民收入。2014年1月，沙沟镇北斗生物科技有限公司杏鲍菇获得农业部绿色食品发展中心绿色食品认证许可。2014年2月，周营镇宸泰科技发展有限公司芦笋、菜花、菠菜、毛豆、马铃薯获得农业部绿色食品发展中心绿色食品认证许可。2014年7月，常庄镇绿之园果蔬合作社草莓、葡萄获得农业部绿色食品发展中心绿色食品认证许可。2014年8月，陶庄镇立博畜牧养殖有限公司贵妃鸡、贵妃鸡蛋获得农业部绿色食品发展中心绿色食品认证许可。2014年11月，善利园种植合作社辣椒、西红柿获得农业部绿色食品发展中心绿色食品认证许可。2014年11月，周营镇被命名为枣庄市首批一村一品（果菜）示范镇。2014年，常庄镇绿之园果蔬生产基地被命名为枣庄市市级标准化生产基地。2014年，周营镇铁佛村被省农业厅命名为山东省一村一品示范村。2014年，沙沟镇张庄村被命名为枣庄市首批一村一品（石榴）示范村。2014年，组织4家市级以上农业龙头企业参加第十二届中国（青岛）国际农产品交易会暨第三届中国山东国际农产品交易会和第十五届中国（上海）绿色食品博览会。枣庄市金瑞丰食品有限公司“果荷”牌咸鸭蛋和山东凯铭实业有限公司“壮冠”牌熏香肉同时荣获“畅销产品奖”，枣庄宸泰农业科技发展有限公司蔬菜获绿博会“金奖”。2014年，农业保费收入是109.5万元。

2. 做好扶贫开发，确保完成脱贫

任务

扶贫开发。薛城区认真贯彻落实中央、省、市关于农村扶贫开发的重要精神和各项部署，按照省、市要求，薛城区于2011年向省扶贫办申报省级贫困村30个，2012年给予批复，全区扶贫开发精准识别197个行政村，贫困户13624户，28228人。其中省定贫困村30个，沙沟镇、周营镇各15个，贫困户6721户，贫困人口17081人；市定贫困村6个，陶庄镇3个，邹坞镇2个，常庄镇1个。2013年下达第一批中央和省财政专项扶贫资金150万元，完成周营五村田间道路整修2500米、大口井清淤开挖3口及700余米的低压线路建设等基础设施项目、后金马村基础设施与种植业项目、邵楼村实施蔬菜种植项目、沙沟镇张庄村基础设施建设及石榴种植项目、沙沟西村良种推广补贴配方肥项目。2014年实施项目扶贫，涉及25个省定贫困村，其中周营镇12个，沙沟镇13个。完成实施了侯许庄村大樱桃种植500亩、投资15万元的刘桥村玩具加工厂项目、沙沟镇狄庄、岩湖、殷庄、楼沃、南常东等5个村为核桃种植项目、曹沃村实施花生良种补贴2万斤、潘庄实施良种推广补贴配方肥97吨，龚庄村实施樱桃种植。2014年通过产业项目扶持脱贫人口为3310人。2015年，农村扶贫开发工作。认真贯彻落实省、市关于农村扶贫开发的重要精神和各项部署，编制完成财政专项扶贫资金项目实施方案，积极采取措施，扶贫工作取得了明显成效。30个省定贫困村安排驻村帮扶工作队（组）30个，派驻率100%。市扶贫办给区扶贫办下达的减贫计划为5400人，已完成脱贫任务。

3. 项目带动，提高粮食综合生产能力

2012年以来，本区小麦生产通过大力实施高产创建项目，全区主要推广了济麦22、烟农19、鲁原502、泰农18等优质高产稳产小麦品种；重点推广了小麦宽幅精播、规范化播种、深耕深松、播后镇压、氮肥后移、“一喷三防”、秸秆还田技术、种子包衣、病虫草害综合防治技术等关键技术。为优化品种布局、提高单产、增加总产，起到了重要的推动作用。

随着强农惠农政策的不断出台，在区委、区政府对粮食实行规模化、产业化、集约化生产鼓励扶持下，使一部分进城务工的农民把土地流转给种粮大户种植经营，产生了种粮大户。2013年底，全区500亩以上粮食专业合作社有8户，50亩以上种粮大户26户，总面积8600余亩，其中50—100亩7户，100亩以上11户，500亩以上8户。主要分布在周营镇、沙沟镇、陶庄镇、邹坞镇和常庄镇等五镇。

2014年，全区粮食总产20.95万吨，其中小麦平均亩产430公斤，单产较上年增产12.3公斤，玉米单产442.5公斤，单产较上年增产12公斤，总产10.54万吨；农林牧渔增加值9.6亿元，增长3.5%，全区农民人均现金收入达到10419元，增长18.1%。

2014年，薛城区建成常庄镇3.8万亩整建制省级粮食高产创建示范方1个，沙沟镇、周营镇万亩省级粮食高产创建示范方各1个。2014年，全区玉米种植面积22.6万亩，占粮食作物种植面积的46%，单产445公斤，总产达到100488吨。玉米已完全成为本区第二大粮食作物。全区玉米种植品种逐步向适合机械化作业、耐密植、抗倒伏、适应性强、熟期适宜、高产潜力大的品种发展，主要推广郑单958、登海605、浚单20、金海5号、天泰33号、鲁单9066等品种；重点推广了玉米一增四改、一防双减、适时晚收、秸秆还田技术、种子包衣、病虫草害综合防治技术等关键技术。2014年5月28日，山东省农业厅组织审查复核组对常庄镇3.8万亩整建制粮食高产创建示范方小麦产量进行审查复核，确定示范方小麦平均亩产达到653.6公斤；常庄镇3.8万亩整建制省级粮食高产创建示范方玉米产量，顺利通过省农业厅组织审查复核组考核验收，玉米平均亩产量达到583.4公斤。

4. 严格把好农产品进入市场质量安全关，保障农产品质量安全

加强农产品基地准出与市场准入的产销对接，严格把好农产品进入市场质量安全关。2015年，加强农产品监管力度。抽检果蔬农药残留167个，合格率100%。全面推行农业标准化。获得省级“一村一品”示范镇1个，市级“一

工厂化杏鲍菇养殖基地——沙沟镇东界沟村

村一品”示范村2个；获得市级农业产业化龙头企业5家；申报省级标准化生产基地2个；申报绿色食品7个认证面积4100亩，获绿色食品博览会金奖1个。规范农资市场，加大农资执法力度。全年对全区220个农资经营网点开展拉网式检查，出动执法人员400人次，查处违法经营高毒农药2起，实行农资经营备案经营，农资市场准入备案率达到100%。对农民反映的16起问题及时妥善处理，为农民挽回经济损失30万元。加强农产品监管力度。完成部、省厅农产品监督抽查工作，抽检果蔬农药残留167个，配合市局完成果蔬农药残留抽检25个样品，合格率100%。

5. 加快发展进程，现代农业全面发展

2015年，全区围绕“转变农业发展方式，加快发展进程，促进现代农业全面发展”这条主线，贯彻落实各项支农惠农政策，全区农村经济呈现又好又快发展态势。大力推广小麦规范化播种、测土配方施肥、小麦“一喷三防”、粮食高产创建等关键技术6项，累计推广面积60万亩次，带动了粮食生产综合能力的不断提高。全区粮食总产4.45亿斤，增长0.44%，农林牧渔增加值6.16亿元，增长3.5%，瓜菜果总产量达到92.56万吨，全区粮食补贴资金达3141.25万元，组织实施农业部小麦、玉米高产创建万亩示范方3个；省级粮食高产创建万亩示范方2个，其中周营镇万亩省级粮食高产创建示范方1个，陶庄镇为整建制镇1个，面积3.8万亩。2015年5月29日，山东省农业厅组织审查复核组对陶庄镇3.8万亩整建制粮食高产创建示范方小麦产量进行审查复核。省农业厅审查复核组专家分别对陶庄镇皇殿、井亭、后湾等村小麦高产创建示范田进行严格的实地复核，经复核确定示范方小麦平均亩产为607.54公斤，小麦产量达到省粮食高产创建示范方建设考核验收要求，顺利通过市级专家组复测验收。农业保险面积不断扩大，农业保险收入达到163.77万元。优化农业结构调整。完成了农业结构调整2万亩，新扩经济作物1.23万亩，新建大棚1000个。推进生态农业区建设。规划了全区“一带六路”生态农业发展规划，区政府出台了扶持蟠龙河生态农业带、设施农业发展奖补办法。推进农业规模化和标准化生产。大力推进和发展农业科技示范园区作为提升农业产业档次、提高农业产业效率、扩大农业科技成果转化、促进农业综合生产能力提高。编制完成生态休闲农业发展规划，重点培育了绿之园、龙润生态园、舜耕庄园、界沟蓝莓基地、薛城世纪庄园5家休闲农业示范点，其中绿之园、龙润生态园、舜耕庄园、已通过市级休闲农业与乡村旅游示范点认证。全年累计推广配方施肥面积52万亩次。全面推行农业标准化。获得省级“一村一品”示范镇1个，市级“一村一品”示范村2个；获得市级农业产业化龙头企业5家；申报省级标准化生产基地2个；申报绿色食品7个认证面积4100亩，获绿色食品博览会金奖1个。不断加大农业技术人才的培养力度，注重“土专家”“土秀才”“科技致富带头人”的培养。山东金穗农业发展有限公司总经理，2012年度评为山东省第二届乡村之星。枣庄展英通畜牧科技有限公司董事长刘裕金，2013年度评为首届枣庄市乡村之星。枣庄市薛城区巧姐柳编专业合作社理事长赵秀梅被评为2013年度首届枣庄市乡村之星。薛城区周营镇铁佛村党支部书记张建峰被评为2014年度山东省第三届乡村之星。2015年，全区共有农业正高级职称1人，副高级职称7人，中级职称18人，初级职称6人。

2016年，全区小麦25.1万亩，单产439公斤，总产11.02万吨；玉米22.5万亩，单产455公斤，总产10.23万吨。农业结构调整1.5万亩，全区新调整经济作物1.2万余亩，新建蔬菜大棚3000余个，建成马铃薯、辣椒等蔬菜标准化生产基地5万亩，其中蔬菜大棚3.5万亩，创建了市级休闲农业和乡村旅游示范点3家，认证了2016年枣庄市国家现代农业示范区生态园、标准园4家。完成新扩经济作物1万余亩，新建大棚3000余个，食用菌投料8000余吨，瓜菜总面积14万余亩。获市级龙头企业6家、市级农产品质量安全监管示范镇1个、市级电商村1个，申报无公害农产品10个，培训无公害农产品企业内部检查员15名，申报省级标准化基地2家。完成了2015年生态农业示范县项目建设，新建生态循环农业示范园区3处，秸秆反应堆项目示范基地2处。实施了“互联网+现代农业”行动，培训新型农民320人次。开展了农资市场监管年暨送放心农资下乡进村宣传周活动，出动执法人员260人次，查处违法经营散种子2起、标签不规范农药3起、无登记证肥料3起。立案查处各类违法违规农资经营案件4起，为农民挽回经济损失85万余元。全区已备案农资经营单位220家，农资市场准入备案率达到100%。完成部、省厅农产品监督抽查工作，抽检果蔬农药残留120个，合格率100%。

2017年，全区粮食种植面积稳定在48万亩以上，粮食总产达到21.1万吨。绿色高产示范方项目通过市级专家验收，平均单产达到617.2公斤。积极落实农业保险，全区完成小麦、玉米投保面积9.49万亩，保险费总额142.4万元。全区共发展各类蔬菜等设施农业（温室大棚、钢架春秋大棚）5万余亩，新建蔬菜大棚3000余个，总量达到3.5万余个，总产80万吨。全区建立农业科技示范点10个，引进示范推广新品种新技术20个，开展新技术试验16项次，示范面积达到20万亩。以蟠龙河为轴线，积极构建集“观光旅游、文化休闲”多位一体的现代生态农业长廊，建成以龙润生态园、盛农家庭农场、绿之园采摘园为代表的精品示范园区12家，在沙沟、周营等重点区域，大力发展石榴、蓝莓、核桃等特色农产品种植基地，新培育勤丰生态园、舜耕庄园、润田科技园等精品示范园6家。坚持把发展壮大农业龙头企业作为加快现代农业示范区建设、培育新型经营主体的重要引擎来抓，新发展农本、龚老头、致正等7家市级龙头企业，全区共培植银牛面业、夫宇食品等企业53家，其中省级2家，市级51家。深入开展新型职业农民培育工程，加大对各类新型经营主体从业人员的培训力度，先后举办各类培训班30场（次），累计培训新型职业农民2300人次。2名新型经营主体带头人获省第五届“乡村之星”称号。累计检查农资经销店680家次，各类种植基地、农民合作社、家庭农场120家次，立案查处农业违法案件19起；积极开展农产品品牌创建和“三品一标”认证，2017年新获得无公害、绿色食品等产品认证7个，全“三品一标”数量达58个。启动省级农产品安全县创建工作，完成了项目申报和工作方案制定等工作。

二、主要成就

1978年，实行的家庭联产承包责任制极大地调动了农民的生产积极性，解放了农业生产力，使农业得到空前发展，贫困人口大量减少，农村面貌发生深刻变化。随着改革开放的深入，特别是中央出台一系列优惠政策措施后，薛城区委、区政府紧紧抓住机遇，综合施策、持续发力，始终把解决好“三农”问题作为重中之重进行谋划部署，以农业现代化为主攻方向，把改善农业设施装备条件和提升农业科技水平作为着力点，有序推进农业标准化、规模化、组织化、产业化、信息化、专业化。薛城种植业内部结构不断优化，优质、特色、绿色农产品比重明显上升，产业化水平不断提升，加快了传统农业加速向现代农业转变，农业现代化建设取得显著成效，推动全区农业农村发展实现新突破。改革开放以来，薛城区农业和农村经济发生了翻天覆地的巨大变化，农产品产量稳步增加，农村基础设施明显加强，生产条件大大改善，农村居民生活水平和质量实现了跨越式提高，农业和农村经济的快速发展。

三、经验启示

发展现代农业，必须以解放思想为先导。发展现代农业，就要根据政策要求，创新思想观念，突破传统思维定式，跳出农业看农业的发展理念、发展模式、运行机制，在发展现代农业中体现创新精神，积极适应现代农业发展的新形势、新要求，紧密结合当前当地实际，科学规划，准确定位，制定发展现代农业的规划，进一步明晰发展思路和举措，加快推进农业现代化进程。

发展现代农业，必须以科技为支撑。科技技术是发展现代农业的动力源泉，薛城区坚持使用新品种、新技术、新方法，进一步建立完善科技创新体系，加快科技技术的培训与推广力度，把新技术、新成果渗透到产前、产中、产后的每一个环节，全方位提高全区的科技含量，用科技化带动现代农业发展，有效提升特色优势产业发展水平。

发展现代农业，必须以农民增收为根本。以推进品牌创优为支撑，提高农产品市场竞争力。就是要以农民增收为根本，以“经营规模化、生产标准化、产品品牌化”为目标，培大扶强农业龙头企业，带动农民扩大基地，引导农民发展生态农业、绿色农业、特色农业，打造精品农业，实施品牌战略，推进品牌化经营，积极培育新业态，做强一产、做优二产、做活三产，实现农业增效、农民增收。

审稿人：褚福刚

撰稿人：张存英

薛城蔬菜标准化基地——周营镇铁佛村

薛城区棚户区改造的回顾与思考

加快棚户区改造，是中央作出的重大决策部署，是一项重大民生和发展工程，也是资源型城市转型的重要抓手。2009年11月有关统计数据表明，薛城区存量棚户区总计有9处、140万平方米。枣庄市棚户区改造动员大会召开后，薛城区委、区政府高度重视，将其作为一项严肃的政治任务，列入政府工作重要议事日程，坚持科学规划，精心组织，分类实施，创新方式，全力推进，计划用两年的时间完成三年的改造任务。几年来，薛城区各级各界同心协力，在棚户区改造方面做了一些有益的实践与探索。2012年9月28日《人民日报》、2012年12月26日《大众日报》等权威媒体对薛城区的棚户区改造工作进行了专题报道。国家有关部委和山东省委、省政府主要领导先后到薛城区视察指导工作，其中薛城区燕山路棚户区改造项目回迁安置工程项目，还被中华全国总工会授予“工人先锋号”荣誉称号。

一、棚户区改造工作的回顾

改革开放以来，特别是近20年来，薛城的城市建设速度空前加快，拓展新建了城南生态新区，形成了“六位一体，产城融合”的发展模式，城市规模、品位、功能、面貌等方面都有大幅度提升，城市人居环境发生了深刻变化。但是，由于历史形成的原因，薛城老城区人居环境的发展不均衡，部分城市居民还居住在棚户区内，没有充分享受到改革开放和发展的成果。这些棚户区多是低矮潮湿的危房简屋，基础设施条件极差，环境十分恶劣。有的一家4口挤在不到10平方米的小瓦屋；有的“集体宿舍”单间挤住着一家人。居民生活十分不便：吃水难、排污难、取暖难、如厕难；“晴天一身土，雨天两脚泥；外面下大雨，屋里下小雨；冬天冰窟窿，夏天火炉子”。在经济快速发展、城市建设步伐不断加快的今天，一面是高楼大厦，一面是简陋的棚户区，两者形成巨大反差。居民对改善居住环境的期盼和呼声日益高涨。

2009年12月24日，住房和城乡建设部等五部委印发了《关于推进城市和国有工矿棚户区改造工作的指导意见》，就全面落实全国保障性安居工程工作会议、推进城市和国有工矿棚户区改造工作座谈会的部署，扎实推进城市和国有工矿棚户区改造提出了具体意见。按照中央部署，山东省政府也连续召开会议部署棚户区改造工作，2010年山东省《政府工作报告》明确提出：加大资金投入，用3年时间基本完成全省棚户区改造任务。要求从2010年起用三年时间，基本完成棚户区改造任务，切实让广大人民群众共享发展成果。薛城区委、区政府按照枣庄市委、市政府“决不将棚户区带入到下一个50年城市发展之中”的工作目标，坚持把改善群众住房条件作为头号民心工程，通过实施棚户区改造，加快解决城镇居民特别是中低收入家庭的住房困难，实现住有所居。

2009—2017年，薛城区棚户区改造工作大致可以分为以下5个阶段：

（一）调查摸底，拟定计划阶段（2009年2月—2009年11月）

作为棚改基础的第一阶段，薛城区按照国家住房和城乡建设部的界定，对城市规划区内国有土地上建设、建筑面积3000平方米以上、简易结构房较多、建筑密度较大、房屋使用年限较长、房屋质量较差、房屋使用功能不全、基础设施简陋的集中连片居住区域作为城市棚户区进行了摸底。为摸清底数，按照薛城区委、区政府的工作安排，薛城区住建局组织专门班子，全面调查，反复核实，按照国家界定的范围进行调查摸底，至2009年11月完成调查数据：薛城区共有棚户区9处，主要分布在火车站周边、燕山路两侧、古路街、新华街及陶庄镇等区域，涉及住户15706户，总计占地面积约2400余亩，建筑面积合计140万平方米。在充分调查、反复论证的基础上，结合薛城区的经济社会发展实际，薛城区委、区政府计划自2010年起，力争用2年时间完成3年的棚户区改造计划任务。其中，2010年，计划拆迁改造4个项目、拆迁5132户、47.62万平方米。2011年，计划拆迁3个项目、5300户、安置房建设面积118万平方米。2012年，按照枣庄市政府要求，薛城区又将城区12个零星棚户区片区列入了年度棚改计划，共计划征收29.8万平方米、2353户。

（二）研究政策，精心准备阶段（2009年11月—2010年2月）

一是坚持“惠民利民”原则，制定棚改政策。为按照年度计划扎实推进棚改工作开展，薛城区委、区政府按照枣庄市委、市政府的工作部署安排，遵循枣庄市委、市政府《关于进一步加快推进棚户区改造的意见》文件有关规定，结合薛城区经济社会发展实际，制定下发了《关于加快推进全区棚户区改造工作的实施意见》，确立了“政府主导、市场运作、依法实施、阳光操作”的工作思路，制定了“以人为本、让利于民”的政策措施，明确了棚户区改造的任务目标、政策措施、工作标准和完成时限。

政府主导，就是由政府主导规划、拆迁、安置房建设、基础设施配套和城市经济发展，高标准编制回迁安置工程、商圈片区等各类规划，由薛城区住建部门作为主体组织拆迁，选择最好的区域用于回迁安置，面向全国选择一级资质的建筑公司进行建设，并统一进行绿化、道路、水电气暖等基础设施配套。市场运作，就是政府先期投入资金进行拆迁和过渡安置，将安置用地和基础配套以外的土地，带着规划对外拍卖。通过融资平台贷款、土地储备抵押、拆迁土地净地出让等方式，融筹信贷资金，吸引社会资金投入。以人为本，就是将制定政策的着力点倾向于绝大多数中低收入群体，通过优惠、奖励、补助等措施，使其少拿钱甚至不拿钱住新房。同时，对生活困难群众实行了提供廉租房、大病救助、纳入低保等帮扶救助措施，解决生活难题。依法操作，就是严格按照“公开、公平、公正”的原则，邀请人大代表、政协委员和被征收户代表全程参与政策制定，对调查摸底、补偿安置、资金兑付等情况全面公示，使拆迁工作充分体现民情民意。

二是精心编制棚改规划。按照“旧房变新房”“旧区”变“新区”“城市建设”变“城市经济”的棚户区改造总体要求，着眼于打造全省乃至全国一流的棚改样板工程和精品工程，结合《枣庄市中心城区棚户区改造规划》，薛城区在棚改规划中引入城市综合体、邻里中心等新概念，与建设低碳城市、完善住房保障体系、发展现代服务业、保护历史文化有机结合起来，统筹考虑楼宇经济、城市综合体、城市业态等要素，聘请同济大学、苏州空间规划设计院、天津大学等一流设计团队，对重点棚户区改造项目统一规划设计，编制棚改地块控制性规划，严格控制开发强度、退让红线等指标容量，确保规划的高标准，凸显城市特色。

三是认真做好人员组织准备。为确保棚户区改造工作顺利开展实施，成立了由区长任组长、分管区长任副组长、区直有关部门和镇街主要负责人为成员的棚改领导小组。针对具体改造项目，研究制定了《薛城区燕山路棚户区改造房屋征收补偿安置方案》《薛城区火车站广场棚户区改造房屋征收补偿安置方案》等棚改项目征收补偿方案；进一步健全完善分线作战、领导帮包的工作机制，由区委书记任总指挥，区长任指挥，有关区级领导任常务副指挥，并从全区范围内抽调了政治素质高、业务能力强、群众工作经验丰富的骨干人员300余人，成立10个工作组，与原单位脱钩，在棚户区改造指挥部集中培训、集中办公。同时将抽调人员的工作业绩与年度考核相挂钩，同时按照《枣庄市棚户区改造工作考核办法》，对组织机构设置运转、城市规划编制、年度计划实施、信访稳定四个方面落实情况进行考核，分为优秀、良好、一般、较差四个等次。

（三）全力施为，扎实开展工作阶段（2010年2月至2012年12月）

一是精心做好房屋拆迁工作。为做好棚户区改造的房屋拆迁工作，全面提升工作人员的拆迁政策规定知识水平，2010年2月9日，薛城区召开了“燕山路棚户区改造工作培训会议”，对拆迁政策、工作流程、工作方法等方面的知识开展了培训；2月24日，召开了“燕山路棚户区改造动员大会”，燕山路棚户区改造工作正式启动改造；3月2日，召开了“燕山路棚户区改造党员干部大会”，就全区党员干部在棚户区改造工作中应发挥的作用进行了安排部署和强调。在拆迁改造工作开展中，薛城区严格按照有关法律法规和文件规定操作实施。改造前，按照法定程序办理了《房屋拆迁许可证》等各项手续，组织征收区域居民召开听证会、民情恳谈会，邀请人大代表、政协委员、被征收户代表共同商讨征收安置政策，聘请专门机构进行社会稳定风险评估，并发布征收决定和公告。在拆迁过程中，坚持做到政策标准执行的一致性、稳定性、严肃性，坚持征收拆迁一个标准、一个程序、一套制度，做到一把尺子量到底，最大限度维护群众合法权益。具体实施中公开拆迁政策依据、公开拆迁补偿方案、公开工作流程、公开入户丈量结果、公开评估机构、公开新旧房屋补偿标准、公开奖励标准、公开安置房屋建设标准、公开救助救济条件、公开举报电话，邀请被拆迁户群众代表全程参与，全程接受社会监督，确保拆迁的公开公平公正。

2011年1月19日，国务院发布《国有土地上房屋征收与补偿条例》，房屋由拆迁变为征收，征收主体、征收程序、征收条件、补偿范围都发生了深刻变化。薛城区按照《枣庄市人民政府关于进一步规范国有土地上房屋征收与补偿工作的意见》文件精神，及时做出了调整，为棚改征收工作衔接和政策延续争取了主动。由于棚改安置补偿政策到位、搬迁（拆迁）措施得力、群众工作方法对头，薛城区分别用46天完成了燕山路棚户区21万平方米、1241户居民和12家企事业单位的征收搬迁；24天完成了火车站棚户区25万平方米、1233户和25家企事业单位的征收搬迁；新华街棚户区改造项目作为2011年全省单体最大的棚户区改造项目，50天完成了55万平方米、4000余户和16家涉及单位的征收搬迁工作。薛城区的棚户区改造工作没有一户出现强拆现象，实现了和谐征收。

二是高标准推进安置工程建设。薛城区在安置工程建设中坚持高强度投入、高标准建设、高效率管理的“三高战略”，严把工程质量安全和设施配套建设关，加强对工程建设全过程、各环节的管理，切实建成让群众满意的精品工程和放心工程。在工程建设手续办理方面，薛城区发改、财政、国土、住建、环保等部门，建立并实行棚户区改造项目行政审批绿色快速通道，简化审批程序，提高工作效率，改善服务方式，对符合相关规定的项目，限期完成项目立项、可研环评、规划许可、土地使用、施工许可等审批手续，为棚改安置房建设顺利实施创造宽松的客观条件。

在施工队伍选择和工程建设方面，严把工程施工单位招标投标，在全国范围内公开招标施工总承包企业，同时实行“一个项目一个指挥部”负责制，每个回迁项目均明确一名区级领导牵头，从监察、财政、住建等部门抽调专人，集中办公、倒排工期、挂图作战，做到“项目未建成、居民回迁安置未完成、安置小区物业管理未移交、指挥部不解散”，全力靠上保障项目建设。在工程质量管理方面，实施建设、勘察、设计、施工、监理、监督等综合管理，科学编制建设计划，严格按照标准施工。同时，充分发挥建设单位、施工企业、业主代表、监理人员的作用，重点监管工程现场、重点部位和关键环节，严把关口、堵塞漏洞，确保建成放心工程。经过近三年的攻坚克难，强力推进，薛城区全面完成三年棚改预定计划。2010年，省、市政府下达薛城区棚户区改造任务计划拆迁5132户、58.92万平方米，当年完成拆迁69.7万平方米，完成年度任务计划的118.2%，建设回迁安置工程58万平方米、建成11万平方米；2011年，省、市政府下达薛城区棚户区改造任务计划拆迁6785户、45.5万平方米，当年实际完成拆迁7400户、80万平方米，分别完成省、市下达任务的109%和176%，开工建设安置房118万平方米；2012年，省、市政府下达薛城区棚户区改造任务计划征收29.8万平方米、搬迁2353户，该年度实际完成征收148.7万平方米、搬迁5028户，开工建设安置房4002套。其中燕山路棚户区安置工程成为枣庄市棚改安置工程建设的典范，国家有关部委和省、市主要领导多次进行视察。

三是多措并举解决资金瓶颈制约。资金是制约棚户区改造最大的瓶颈。为加快推进征收搬迁和安置工程建设，薛城区积极创新运作模式，多渠道筹集棚改资金。棚户区改造初期，在充分利用好中央、省、市棚改奖补资金和配套资金的基础上，依托区锦阳国有资产经营有限公司，通过资产划转方式，将区直行政事业单位土地、房产等资产进行整合，以包装的土地整理开发项目为载体、以项目未来收益为还款来源，以金融机构认可的抵押物为担保，通过先期投入部分资金，作为拆迁户的拆迁费、搬家费和过渡费，将拆迁腾空的净地收储后办理抵押贷款，将拍卖资金作为回迁安置房建设资金。通过这一模式，薛城区前两年通过先期投资2.4亿元的动态资金，撬动了79亿元的静态资金，带动了300多亿元的综合投入。2010年至2012年，共获得中央和省各类棚户区改造奖补资金21038万元，市级财政列支奖补资金4057万元。其中2010年获得中央和省奖补资金合计733万元，市级列支奖补资金1224万元；2011年获得中央奖补资金7921万元，获得省级奖补资金1046万元，市级列支奖补资金1646万元；2012年获得中央奖补资金10627万元，获得省级奖补资金711万元，市级列支奖补资金1187万元；2013年获得中央奖补资金2543万元，获得省级奖补资金227万元，市级列支奖补资金918万元。

（四）敢于担当，棚户区改造平稳推进阶段（2012—2015年）

2012年5月，市委、市政府作出了“三区合一”的战略部署，薛城区承接了中心城区城中村的回迁安置工程建设工作，工程建设共涉及托一、托二、托三、托前、托后、徐沃6个村的安置工程，总建筑面积约75万平方米。由于托一等6个社区的拆迁安置项目工程交接前已处于停工状态，为及时启动工程建设，让拆迁群众及时回迁，区里成

燕山国际安置小区

立了专门的开发建设单位薛城区城市建设综合开发公司新城分公司（后更名为“枣庄市锦泰置业有限公司”），全力靠上实施工程建设。通过多渠道筹集工程建设资金，强力推进实施，2013年9月完成了811套、9.95万平方米的托后回迁安置住宅楼工程建设，并于当年顺利回迁分房；2015年3月完成了托一社区782套、13.13万平方米的安置房工程建设并回迁安置；2015年12月完成了托二社区605套、10.1万平方米安置工程建设并实现分房回迁。

薛城区回迁安置主要有三种形式：第一种是实物安置。依法签订征收安置协议后，边拆边建设安置用房，这是薛城区棚改安置的主要方式。由于棚户区改造的回迁小区大多为高层建筑，建设周期一般在36个月以上，量大面广线长，这一类安置需要做大量工作。第二种是货币化安置，由被征收拆迁居民持补偿货币自行购房，并按政策规定享受相应的优惠。由于货币化安置具有多方面优势，比如可以提高棚改效率、增加居民选房自由度、减少施工周期长影响及时回迁前置等有利因素，在安置方式中的比例逐年提高。第三种是由政府统购社会商品房进行回迁安置。就是由政府委托专门的开发企业，通过社会招标公开采购“四证齐全”的房地产开发项目，并要求住宅小区位于城市建成区内，公用设施配套齐全，确保被搬迁居民回迁安置后生活条件和居住环境质量得到全面改观，就学、就医、购物、出行等方便快捷。使用三类安置方式，2013—2015年累计回迁安置1.91万户居民。其中作为棚改典范的薛城区燕山路小区，2013年就全面完成1241户、建筑面积32万平方米的回迁安置工作。

为彻底改善回迁安置居民的居住生活条件，对每处回迁安置工程均统一进行绿化、道路等基础设施建设，配套水、电、燃气等管线，铺设雨污水、供热等专用管涵，完善网络、通讯、有线电视等管线设施；同时积极打造“智慧社区”，全面提升管理水平。通过社会公开招标选聘物业管理公司，组建成立业主委员会，由社区党支部牵头建立居民议事会，制定环境卫生、治安防范、公益建设、设施管护等“一事一约”“一事一议”公约，赋予广大居民对社区管理事项的知情权、参与权和监督权。设立了社区邻里守望站，推行“单元工作法”，建立“居民五色台账”，填写“近邻情况一览表”，统一制作成“邻里守望联络卡”，做到“一家有难，大家帮忙”。借助移动网络、互联网平台，搭建“智慧党建”“智慧民生”“智慧医疗”“智慧计生”四大系统，建设了电子阅览室、智慧健康、三维地图、二维码信息标识、双向互动数字电视、门禁停车系统网、智慧社区手机终端、事事为民呼叫中心等服务平台。通过提供远程低保申报、党员分类数据库、居民信息二维码标识、健康远程监控、三维便民地图等功能，形成全覆盖、立体型、智能化的智慧社区服务网络体系。结合回迁安置工程建设，规划建设休闲购物商圈、城市综合体街区、邻里中心、金融商务区等高端商业业态，引进高档服务业项目，为居民改善生活质量创造就业机会，搭建创业平台。

（五）与时俱进，掀起新一轮棚户区改造高潮（2015年至今）

按照中央和省、市对棚户区改造工作的新部署、新要求，结合薛城棚户区改造工作实际，薛城区委、区政府认真分析研判棚改形势和制约因素，积极推动棚户区改造工作进入深化阶段，掀起了新一轮棚改高潮。

2015年3月21日，国务院召开全国棚户区改造工作电视电话会议，对进一步做好今年及今后几年棚户区改造工作作出了安排部署。中央和省政府要求2015年棚改早安排、早开工、早见效；努力提高棚改货币化安置比例；抓紧落实国务院已同意的国开行棚改贷款政策，切实加强资金监管，确保资金安全，提高资金使用效率；确保棚户区改造工程质量，加强配套基础设施建设。薛城区委、区政府领导班子按照枣庄市委、市政府对棚户区改造工程的部署，将棚户区改造范围调整为城市棚户区、危旧房，城边村、城中村以及建制镇，并在棚户区改造项目回迁安置上积极探索货币化安置模式。2016年3月30日，枣庄市棚户区改造工作推进会议召开后，薛城区积极行动，认真编制棚户区改造“三年行动计划”（2016—2018年），确定了三年改造8个项目、4031户的任务目标。

2015年以来，按照省、市“打通社会存量商品住房与棚改项目回迁安置通道”的工作要求，薛城区采取政府统购社会商品住房进行安置的方式，2015年底成功实施了种庄二期棚改项目首批326户被搬迁居民的回迁安置。2016年5月和10月分别完成了托三、托前两个社区总计2391套、35.1万平方米安置工程建设，两个社区搬迁居民全部回迁安置。2016年，结合国家“去库存”任务要求和省、市对棚改安置工作的部署，对列入“三年行动计划”的8个棚改项目、4031户居民，在拆迁原址上不再新建回迁房，全部采取政府统购社会存量商品住房房源和居民货币安置的方式进行回迁安置，货币化安置比例为100%。为确保采购到优质的安置房源，又积极解开被搬迁群众“离故土”的心结，薛城区政府在统购社会商品住房房源确定中，采用社会公开招投标等方式，要求预采购的房地产开发项目“四证齐全”并位于城市建成区内，交通便利，房屋质量合格或优良，水、电、气、暖、有线电视、通讯等生活公用设施配套齐全，安置区周边公园、学校、幼儿园、医疗机构、公交设施、商业等公共设施配套完备，确保被搬迁居民回迁安置后生活条件和居住环境质量得到全面改观，就学、就医、购物、出行等方便快捷。2017年，薛城区抢抓上级支持棚改政策机遇，积极推动实施来东、学院、何庄、潘庄等“五大片区”改造，共涉及居民5396户、16613人，计划征收房屋7131套，建设回迁安置房9350套、101.7万平方米，估算征收搬迁和安置房建设总投资约36亿元。目前，潘庄片区完成征收搬迁，正在进行基础施工，其他片区的棚改工作正在积极推进。

二、棚户区改造的主要成效

2009年以来，通过实施棚户区改造，薛城区拆迁了老城区面积的51%，改造城中村14个，建设各类回迁安置工程377.1万平方米，带动市场开发602万平方米，泉兴华庭、四季菁华等一批高品质小区拔地而起，优美的环境、完善的设施，为市民提供了更多的住房选择空间，人居环境和城市面貌实现了大幅度改善提升。

一是改善了群众居住条件。绝大多数拆迁群众人均住房面积由棚改前的不足15平方米提高到30平方米，户均最低住房面积达到80平方米以上，同时解决了234户双困家庭的住房问题。

二是城市承载服务能力全面提升。新建了城市森林公园、锦阳河湿地、珠江路线性森林公园等城市绿化提升工程，完成裸露地块治理303.5万平方米，建成区绿化覆盖率达到41%，成功创建国家森林城市、国家园林城市。新建、提升城市道路24条、159公里，完成交通渠划改造13处，城市路网更加便捷。新建中小学、托幼、医疗机构16处，城市公用设施进一步完善。投资3.2亿元建成调峰热源厂，强力推进热源并网和供热管网延伸工程建设，城市集中供热面积达900万平方米，集中供热率达78%；实施了区污水处理厂扩建、人工湿地水质净化工程等项目建设，铺设污水管网和中水回用管道45公里，城市污水集中处理率达96%以上。新建垃圾中转站7座，新建提升公厕65个，取缔地埋式垃圾池46处；购置环卫保洁、城管执法、除霾降尘等车辆设施300余台套，增加道路扫洒频次，实现全天候保洁，树立了鲁南门户城市新形象。

三是城市发展框架全面拉开。结合棚户区改造工程，西部老城完善了水电气暖路基础设施，丰富了燕山路、火车站商圈业态，万达广场、银座商城鲁南旗舰店等国内一流商家建成营业。东部新城启动实施了黄河路东段、长江路东段等11条新建道路工程建设，并对光明大道城区段、和谐路等12条道路进行了提升改造。市文体中心、市中医院新院、新城实验小学、龙潭公园等一批大型公共设施项目投入使用，带动了新城小区入住率快速提高，整体入住率现已达到35%以上。城南新区，借鉴新加坡城建经验，对住宅、绿地、水系、道路、商业、教育医疗等公共设施高标准规划，累计建设安置小区、大型商住小区28个、315.6万平方米，规划建设了占地2291亩的森林公园。珠江路生态商务区SOHO珠江已建成启用，在建楼宇13座、入驻创业团队162家，大学生创业园被评为省级大学生创业示范园区。同时新建改造公办学校5所，形成了从幼教到高中完整的教育体系。全区建成区面积现已拓展到54平方公里，比2008年增加13平方公里，城镇化率达到54.5%。

四是城市经济全面提速。坚持“造城”与“造市”相结合，大力发展城市经济，规划了珠江路金融商务区、火车站城市综合体街区等城市综合体、商业片区和专业市场群14处，商业及公共服务面积由拆迁前的39万平方米增加到260多万平方米，引进总部经济、楼宇经济等业态22个，新发展品牌名店近400家，线上商贸企业达到180多家，市场主体由拆迁改造前的8800多户发展到2.5万户，城市经济对全区经济增长贡献率达到78%，城市人口发展到25万。

三、棚户区改造的思考

自2009年以来，薛城区的棚户区改造工作不但拆迁速度快、规模大，而且规范有序，真正实现了“和谐”拆迁；回迁安置工程建设，攻坚克难，千方百计加快推进工程建设，实现了平稳回迁。棚户区改造作为重要的民生工程和发展工程，总结几年来的工作，得到如下启示：

1. 贯彻党的政策是做好工作的根本基石。棚户区改造是党和政府为改善困难家庭住房条件而推出的一项民心工程，其宗旨是让广大群众共享改革开放和经济社会发展的成果。在棚户区改造过程中，薛城区委、区政府始终把群众的利益放在首位，坚持立党为公、执政为民，真正做到权为民所用、情为民所系、利为民所谋，千方百计地为困难群众办实事、做好事，使广大棚户区居民感受到了党和政府的温暖，感受到了社会的关爱，发自内心支持棚改工作，为棚改工作的顺利推进实施打下了坚实基础，同时进一步密切了党群关系。在棚改实践中，广大党员干部深入棚户区居民家中，登门服务、现场办公等工作方式，办事效率和服务质量明显提高，促进了良好社会风气的形成，进一步密切了干群关系。实践证明，棚改工程使党群、干群关系更加密切，形成了群众得实惠、城市增形象、投资有回报的多赢局面，进一步提升了党委、政府的凝聚力和公信力。

2. 强有力地组织领导是做好工作的坚强保障。在棚户区改造过程中，制定了“一项工程、一套班子”负责制的工作推进机制，区主要领导全力靠上，区四大家有关领导牵头帮包，聘请有资质的专业技术力量全程监督。充分发挥政府的组织优势，抽调1000余名机关干部做征收工作，并将安置工程建设交给国有开发企业开发建设，为棚改项目征收搬迁和安置房建设工作顺利推进实施奠定了基础。如在燕山路棚改项目实施中，从2009年4月开始，区委、区政府就开始谋划拆迁，并进行了深入调研论证。同时由一名区级领导牵头，组织驻地街道和区直有关部门先后开展两次调查摸底，反复研究拆迁政策，积极办理拆迁手续，认真培训工作人员。区委常委会、区长办公会专门进行研究部署，从区直部门抽调精干力量，成立了改造工程指挥部。2010年2月，区委、区政府召开大规模动员会议，对拆迁工作进行了详细部署。拆迁过程中，区委、区政府主要领导，指挥部负责同志与各工作组的同志们一起，夜以继日，靠前指挥，加强调度，及时掌握情况，研究解决具体问题，保证了该项目征收搬迁的顺利实施。安置工程建设由区城市建设综合开发公司负责，从全国公开招标了 2 个国家特级和 1 个国家一级施工总承包企业进行施工建设，为优良的工程质量打下了坚实基础。

3. 践行群众路线是做好工作的重要支撑。对于棚改征收改造，群众最关心的是能够得到应得利益，最担心的是能否做到公平公正。为此，薛城区在棚改实施过程中，始终把群众利益放在第一位，既坚持以人为本，又做到依法操作，全面提升群众满意度。工作中，严格按照“公开、公平、公正”的原则，阳光、透明实施运作，全程接受社会监督。征收改造前，通过召开听证会、民情恳谈会等形式，充分征求群众意见；政策制定时，邀请人大代表、政协委员、被征收户代表共同参与商讨，科学确定房屋征收价格和补偿标准，对于绝大多数中低收入群体，通过优惠、奖励、补助等措施，使其少拿钱甚至不拿钱就可以住上新房，特别对历史原因形成的事实营业房、无证房等，本着“尊重事实、有情操作”的原则进行合理补偿；实施过程中，对调查摸底、补偿安置、资金兑付、回迁安置等情况全面公示。回迁安置工程建设全国公开招标，选取一流企业施工，并严格工程监理、全程跟踪监管，并主动邀请回迁户代表作为义务工程质量监督员，确保工程质量。同时积极为生活困难群众，实行提供廉租房、大病救助、纳入低保、为零就业家庭提供就业岗位等帮扶救助措施，广大搬迁居民用主动签订搬迁协议、积极帮助做工作等实际行动来回报党委和政府的真诚付出。从薛城区的棚改实践来看，任何时候、任何工作，只要坚持从群众利益出发，以真挚的感情去宣传引导群众，以开拓的思维去组织发动群众，以扎实的作风去联系影响群众，党和政府的工作就会获得取之不尽、用之不竭的力量源泉。

4. 担当负责是做好工作的强大动力。在棚户区征收搬迁和回迁安置工程建设中，薛城区参与棚改工作的全体人员勇于担当，能始终以强烈的责任心和事业心积极投身搬迁改造工作，体现了较强的党性觉悟和德才素质，赢得了群众的信任和支持。征收搬迁工作中，广大党员干部认真负责，冒酷暑、顶严寒，逐户测量，逐户评估，有的中暑，有的冻伤了手脚。为了不让群众带着问号动迁，入户宣传时不厌其烦地向群众解释政策，说干了喉咙、喊哑了嗓子，有的被居民拒之门外，有的被责难辱骂甚至恐吓，但没有一名同志有怨言和退缩。安置工程建设中，工程建设指挥部和开发建设单位的负责同志为克服工程资金不足的巨大压力，从商业银行和国家政策性支持棚改项目贷款银行积极筹措资金，跟进靠上解决工程施工中存在的困难和问题。同时进一步深化施工方案，强化施工组织设计，采取倒排工期、压茬推进、挂图作战的方法，加班加点，全力加快工程施工进度，力争尽早完成工程建设。

审稿人：王　磊

撰稿人：靳宪娣　刘　洋

锦阳河上游湿地

薛城区生态水利建设的回顾与启示

水是“生命之源、生产之基、生态之要”，兴水利、除水害，事关人类生存、社会发展、经济进步，历来是治国安邦的大事。中共中央国务院以〔2011〕1号文发布《中共中央国务院发布关于加快水利改革发展的决定》，将水利发展提升到事关经济安全、生态安全、国家安全的高度，下决心动员全社会加快水利发展，切实增强水利支撑保障能力，实现水资源可持续利用。

薛城区紧紧围绕党中央、国务院“创新、协调、绿色、开放、共享”五大发展理念，高度重视山东省委、省政府作出加快水利发展，建设“生态山东”的决策部署，切实按照枣庄市委、市政府“自然生态、宜居宜业”目标，严格遵循生态建设、水利先行基础规律，精心打造水生态系统完整、水安全制度完善、水资源可持续利用的保障体系，自觉践行以生态水系为推动的生态文明建设，把水利建设作为“生态文明薛城”建设的资源基础和重要载体，水系生态环境支撑经济社会发展能力得到持续提升。实现城乡水域治理全覆盖，目前全区水生态、水安全、水保障水平不断提高，水系生态环境良性循环的格局已初步显现。

一、全区水利改革发展历程回眸

（一）水利建设初级阶段（1979—1990年）

存在多部门治水，水资源管理较为混乱，水利基础设施较薄弱特点，水利部门管理职责局限于农村水利。正逐步进行水利改革探索，强化全区水资源统一管理，推进水利基础设施建设。

1. 机构变迁。1962年7月6日，薛城区办事处农业科内设水利组，共5人分管水利建设工作。1972年5月，区成立农林水电局；1975年8月，农林水电局分出水电局，同年成立水电局打井队。1980年撤销水电局，建立水利局。到1990年底，区水利局机关内设政工股、计财股、工程股、工程管理股、经营股、水政股、水保办公室、测绘办公室、抗旱防汛办公室。经批准区水利局直属单位有：水资源管理办公室、打井队、工程队、潘庄提水站、石庙提水站和水利服务公司。13个乡镇分别设水利水保站。

2. 改革探索。1990年前，薛城水利发展局限在农田水利灌溉和防汛工程建设上，工程建设以解决农业灌溉和防洪除涝为主，受条件限制，水利工程标准低，主要以人工会战为主兴修了数以万计的水利基础设施，为经济社会发展提供了雄厚的物质基础。自改革开放以来，区委、区政府对水利产权改革进行初步探索，1980年全区农田水利工程实行以奖代补制，并对全区所有水利工程设施签定承包管理合同书681份，开始逐步把水利工作的重点转到管理上来。1985年，到省先进区县学习水利综合经营经验，结合本区实际对水利改革进行调查，多种经营已全面起步。1988年底，区委、区政府提出全区水资源统一管理，1989年1月，成立区水资源管理办公室，10月，区水利局内设水政股和河道管理所，水利管理范围开始从农村向城乡转变。

3. 水利发展。1980年，全区共有机井1023眼，能用机井887眼，实际井灌面积8.7万亩。1987年，以水利改革为中心，进行山水林田路综合治理，完成水利工程581项，扩大灌溉面积5400亩，改善灌溉面积13000亩，治理除涝面积1000亩。1988年，区政府在周营召开三秋现场会，提出二年实现农业喷灌化设想，得到了市政府大力支持，当年购置喷灌机2000多台套。同年，对夏庄乡、南石乡、金河乡、常庄乡和陶庄镇7万亩机井灌区进行改造，分五年内实施，省计委、省水利厅批准潘庄提水站投资1700万元建站立项。1990年，由市、区科委对张庄石榴园滴灌溉工程进行验收通过，被评为区三等奖。

（二）资源型水利发展阶段（1990—2002年）

这一阶段是随着全区工农业用水大幅度增加，全区出现水位下降、水源地沉陷，河道断流、水面萎缩、水体污染等现象，全区用水出现缺水现象。为解决水资源不足，采取综合治理主要河道，加强河道水库管理等措施，达到水资源可持续发展。

1. 机构变迁。1993年3月26日，经市中级人民法院批准，区人民法院在区水利局设立巡回法庭，是全市第一家水利巡回法庭。1996年2月，成立薛城区潘庄灌区管理处，编制30人，正科级事业单位，隶属区水利局。1997年，区水政监察大队成立，全区发展专职水政监察员16名，水管员400余名，基本形成区、镇、村三级水利执法网络，当年立案查处水事违法案件13起，申请法院强制执行3起。2002年2月，设立盘龙湖管理所，隶属水利局编制5人，股级事业单位。同年3月，区水利局调整为区水务局。4月，在宜林地区以植树、种草等生物措施防治水土流失行政职能交给林业局，测绘管理职能交给国土资源局，区建设局承担的指导城市防洪、排涝管理职能以及城市供水、节约用水及污水处理管理职能纳入区水务局管理。8月，区水产管理职能移交区水务局，移交人员6人，水务一体化管理逐渐形成。

2. 改革探索。1993年10月25日，市政府向薛城区水利局颁发国有土地使用证24个，标志着薛城区国有水利工程确权划界工作结束。1994年6月15日，区政府发布实行《薛城区河道管理办法》，共6章31条，是薛城区对地表水资源制度化管理的开始。1995年11月19日，山东省委书记赵志浩视察薛城区潘庄二级站建设工地，要求“今后水利工程要走科技含量高，自动化水平先进的路子，要大搞节水型农业”，标志着薛城水利实现资源的优化配置和措施的优化组合。区委、区政府加大对水利的投资，下大力气调整水利发展思路，把高科技水利和河库水资源管理放在同等重要位置。为拦蓄薛城大沙河河水回灌补给金河水源地地下水，与清华大学联合对金河水源地回灌补源工程进行回灌试验，充分掌握各项参数，形成专题报告。同时，区委、区政府逐步调整水利部门机构，合并新建职能部门，不断强化地面地下水资源管理，逐步形成从天上到水龙头的一龙治水格局。从2001年起，国家和省市、逐步加强水资源管理，由资源利用到生态保护。2011年1月1日，山东省政府颁布227号令《山东省用水总量控制管理办法》；4月1日，山东省水利厅下发《山东省建设项目水资源论证实施细则》，全省生态水资源保护拉开帷幕。根据国务院第460号令《取水许可和水资源费征收管理条例》，2002年4月1日，山东省政府颁布《山东省水资源费征收使用管理办法》，2002年5月1日水利部、国家计委15号令《建设项目水资源论证管理办法》，枣庄市下发《枣庄市用水总量控制管理办法》，薛城区出台相关配套文件，区主要领导多次召开现场会，协调各镇街和相关部门，解决工作中的困难和问题，稳步推进工作开展，不断解决水资源短缺、水污染严重、水生态环境恶化等日益突出问题。

3. 水利发展。1991年薛城区第一座橡胶坝张桥橡胶坝竣工，一次拦蓄水55万立方米，是薛城区尝试把水留住、减少农业使用地下水灌溉的开始。1993年11月，薛城小沙河第一期治理工程从泰山路大桥至区人大西，全长1.2公里，开挖河宽25米，加深1.5米，大堤块石砌护，防洪标准达到20年一遇。1996年1月1日，潘庄灌区二级泵站的建成，是全区发展节水农业的开始，1996年开始对小沙河城区段泰山路大桥至长江路大桥段进行河道疏浚、两岸砌护及沿河公园的开发建设，完成土方8万立方米，浆砌石6000余方，砼1000余方，总投资240万元。1998年下半年，区委、区政府提出在水资源优化配置基础上，加快实施蟠龙河湿地建设，加快全区17条主要河道的综合治理，加强对城乡河道的管理，掀起水利建设的序曲。截至2002年，共完成灌区水利配套、节水工程、井灌区等各类农田水利工程设施1186项，其中维修改造568项，配套618项，实施以蟠龙河生态湿地为主轴的全区生态水利建设。新打灌溉机井196眼，扩大与改善灌溉面积12万亩，治理易涝面积2.5万亩，增加节水灌溉面积6.2万亩，完成全区一座小Ⅰ型水库、17座小Ⅱ型病险水库除险加固任务，建设13公里河道湿地走廊。同时，区委、区政府，坚持“农村供水城市化，城乡供水一体化”战略，建设规模联村集中供水，形成一镇一网或一镇多网的供水格局，建设了8处水源地，成立6个农村供水公司，解决274个自然村、23.68万人饮水安全问题，为社会主义新农村建设提供有力支撑和保障。

（三）生态水系治理阶段（2002—2018年）

1. 水资源开发利用转型历程。区委、区政府不断深化生态水利发展，薛城区水利不断转型，打造出蟠龙河国家级湿地、杨峪省级水利风景区、蟠龙河、锦阳河等景观河道等一批生态水利工程。2008年迎淮核查，国家环保部部长周生贤，视察薛城入湖水质情况，对薛城区的水污染防治工作给予了充分肯定，他从建设生态文明的高度，提出了殷切期望：“环境问题说到底是一个发展的道路问题，毛泽东主席向全国发出了要把淮河的事情做好，激励了几代人。总书记又提出让淮河休养生息，再现生机，这必然极大地推动淮河流域的污染治理。大家一定要借这个东风，把我们孔子家乡，在现在取得的成绩的基础上，再大大向前推进一步。因为你们有这个条件，这是一块神奇的、人杰地灵的地方”。经过不懈的治理，蟠龙河成为全省水质改善最好的河流之一。2009年，区委、区政府大力发展城南新区水生态景观，区水利局和建设局相互配合，完成小庄河奚仲湖至泰山路段综合治理，建橡胶坝4座，铺设调水管道6.5公里，实现了从蟠龙河向城南新区的区域间调水。2011年，中央水利工作会议出台《中共中央国务院关于加快水利改革发展的决定》，枣庄市严格执行《山东省用水总量控制管理办法》。2012年，国家对水资源进行最严格管理，制定《关于实行最严格水资源管理制度的意见》，薛城区制定《全区水利改革发展意见》及考核规定，明确全区各级各部门任务目标和职责，每年进行严格考核，划定了地下水位、工程可用水量及水功能区限制纳污“三条警戒线”，初步形成了“以供定需”“一控双促”的用水机制。2011—2012年，区委、区政府位更好地打造蟠龙河、锦阳河生态水系，分别召开5次专项生态水系规划调度会，区委、区政府和区纪委主要领导参加会议，提出以自然景观为主，人工经典为辅打造蟠龙河绿色走廊，并聘请北京土人景观设计公司、上海同济大学等设计单位进行景观设计，为全区生态水系建设打下良好的基础。2016年10月，习近平总书记在中央深改组第28次会议上提出了明确要求，强调“要全面推行河长制，构建责任明确、协调有序、监管严格、保护有力的河湖管理保护机制，为维护河湖健康生命、实现河湖功能永续利用提供制度保障”。薛城区迅速贯彻落实中央和省市《关于全面推行河长制的意见》精神，将河长制建设作为重要政治任务，明确提出要通过全面实行河长制，对损害生态环境的发展模式和做法形成倒逼，促进新旧动能的转换，变绿水青山为金山银山，变生态环境优势为可持续发展优势。及时考察南方先进经验，健全机制、科学谋划，精心安排部署，稳步推进全区河长制建设。2017年，党的十九大强调，生态文明建设功在当代、利在千秋，要推动形成人与自然和谐发展的现代化建设新格局。薛城区在全面推行河长制的基础上，针对全区湖库特点，进一步完善河长制湖长制建设，形成整体性、系统性和协同性的河湖生态保护体系。

2. 生态水系建设过程。薛城区牢牢坚持“创新、协调、绿色、开放、共享”发展理念，把生态建设作为“建设市驻地、打造新薛城”，提升枣庄中心城区集聚辐射功能的重要举措和有力抓手，高标准规划，大力度投入，新建扩挖水库，综合治理河流，连通乡村沟渠，全力打造“库塘相连、河渠相通、路畅岸绿”的大生态水系，先后投入资金20亿元，实施了蟠龙河、小沙河综合治理，何庄水库开挖、黑峪水库除渗扩容等重点水利项目12个，治理河流7条、53公里，有效改善了全区生态环境，提升了市驻地城市形象，广大群众在生态建设中得到了更多实惠。

一是全面铺开。依托蟠龙河国家湿地公园的建设，将“薛城母亲河”打造成“新城后花园”。先后投资6亿余元，建设了湿地科普馆、水上游览区、宣教展示区等主体工程；安置各类科普宣教牌200余个；加宽、加固两岸大堤70余公里；实施景观绿化5000余亩，栽植各类树木80余万株、水生植物200余万株，绿化湖心岛23万平方米；建设生态苗圃12个，面积3000余亩；建设高标准水杉大道25公里，栽植水杉3万余株；形成了水域面积7000亩，总控制面积1万亩的生态湿地。治理后的蟠龙河，水质稳定达到Ⅲ类地表水标准，成为全省出境水质最好的河流之一。把蟠龙河综合治理作为全区水生态的轴线的同时，城南以“奚仲湖”为结点，把蟠龙河、小沙河、薛城小沙河故道、小庄河、何庄河为大环境组成“环城水系”，达到河湖相通、河库相济、河河相连，形成“一山城中秀，五河绕城流”为一体独具特色的城市湿地和滨水环境。2004年，永福橡胶坝开始施工，回水至黄河路大桥上游，拦调水总量60万立方米，完成投资180万元；同时实施小沙河永福橡胶坝上游河道扩容复堤工程，投资36万元，对坝上游河道扩容复堤600米。2006年，天安橡胶坝开工建设，投资60万元，是年完工。2008年，投资1400万元，对京沪铁路桥下游3.6公里进行治理，动用土方34万立方米，完成朱桥橡胶坝和朱桥跨河大桥建设。2007年，治理薛城小沙河故道全长8公里，上游至燕山路，动用土石方59万立方米，城区段进行挡土墙砌护，完成投资2157万元，建设橡胶坝1座、建溢流坝8座，总蓄水量40万立方米；堤内坡栽植速生林5.5万株，绿化树种1.5万株，堤顶路面硬化5.8公里，浸水线栽植簸箕柳，水下种植莲藕、菱角等水生植物21.3万平方米。通过综合治理，薛城小沙河故道水质达到入湖排放标准，下游小沙河流入微山湖水COD浓度由100毫克每升降到40毫克每升左右。2009年按区政府安排，区水利局和建设局相互配合，对奚仲湖至泰山路段进行综合治理，区水利和渔业局负责河道开挖、橡胶坝建设和调水工程，完成投资1200万元，动用土石方3万立方米，建橡胶坝4座，铺设调水管道6.5公里，区建设局投资2亿元完成溪仲湖和小庄河生态驳岸和护坡等景观建设。

为解决灌溉水源和扩大生态水面，2001—2015年，累计建设橡胶坝15座，分别为华众橡胶坝、泰山橡胶坝、永福橡胶坝、西丁橡胶坝、西仓橡胶坝、挪庄橡胶坝、朱桥橡胶坝、小庄河四座橡胶坝、奚仲橡胶坝、天安橡胶坝、张场橡胶坝，总投资3600万元，蓄水1250万立方米，为水系生态景观和农田灌溉用水打下坚实基础。

二是重点打造。2015年底，为切实巩固治水成果，对乡村河道沟渠进行整治，区委、区政府制定下发《开展美丽乡村大水系建设实施方案》，启动实施了全区大水系建设工程，计划利用三年时间加快构建现代水网，投资2.1亿元实现城乡水域治理全覆盖，成立区主要领导任组长的工程建设领导小组，建立动态考核机制、河长负责制，一周一调度，一季一考核，一年一奖励。分为主干河流、支干河道、村庄沟渠3个层次，完成对全区132公里生态河流（沟渠）、54处水库（坑塘）、1260亩滩涂的治理任务，恢复103个滨水村水系生态，完成水系连通9.8公里，增加拦蓄量502.7万立方米，形成水面面积3459亩，构建“村中有水、水域有景”的乡村水系生态景观。截至2018年7月，全区大水系建设超期完成任务目标，累计完成投资2.7亿元，整治城乡河道（沟渠）156公里，治理水库、坑塘99座，配套桥梁352座，增加拦蓄量630万立方米。并通过提取废弃矿排水，实施蟠龙河生态补水工程，每日补水2万立方米，确保蟠龙河保持充足水量。水域面貌发生较大变化。为解决地表水替代地下水的置换工作，薛城区持续推进金河水源地回灌工程建设和南水北调续建配套工程建设。金河回灌工程多年来动工开挖回灌沟渠河道2万余米，其中开挖主干渠长1500米，底宽6米，顶宽10米，南北支渠长分别为2250米、5100米，为天然河道与人工开挖相结合，宽度5—10米不等，开挖6条支渠系越9500米。同时还治理了东西泥河建成蓄排两用渠，在各渠首均建有节制分水闸，起着回灌和排涝双层作用，回灌渠道、节制闸、迷宫堰等水利设施为回灌补源发挥了很好的作用，年引薛城大沙河水量400余万立方米，既回补了金河水源地，抬高了地下水位，又保证了西部常庄、临城境内2万亩农田300眼机井的灌溉用水，同时恢复了东、西泥河11公里河道水系生态。

三是节水利用。党中央、国务院要求从观念、意识、措施等各方面都要把节水放在优先发展位置，薛城区按照全面建设节水型社会的要求，在大力发展农业高效节水、加强工业循环水利用、加快生活废水回用上做了大量的工作；努力提高水利用率，大幅减少生产生活废水排放量，确保用水总量和废水污染控制在可控范围。（1）在农业节水上全面普及管道灌溉，替代原有的渠道灌溉，2011 年完成工程投资 2759 万元，建设完成小型水源工程 18 处，面积 23696 亩，其中管道输水灌溉工程 17 处，面积 22401 亩。建设小型拦河坝 2 座。铺设 PE 管道 156 千米，建设桥涵 255 座，开挖排水沟 138 千米。2012 年完成工程总投资 3038 万元，建设小型提水灌区 12 处，面积 35512 亩，建设小型水源工程 3 处。铺设 PE 管道 204 千米，建设桥涵 211 座，开挖排水沟 84 千米。2013 年完成工程投资 2984.8 万元，建设小型水源工程 13 处，建设小型拦河坝 2 座、闸 1 座。建设小型提水灌区 11 处，铺设 PE 管道 150 千米，开挖排水沟 174 千米，新建维修桥涵等建筑物 184 座。从 2010—2015 年，完成投资 1 亿多元，铺设高标准 PE 管道 600 公里，发展高效节水灌溉面积 10.8 万亩，农业灌溉渠系水利用系数由 0.4 提高至 0.6，年节约农业灌溉用水 1000 余万立方米。为进一步提升农田水利建设水平，加快推进农业结构调整，自 2017 年起启动实施薛城区农田水利项目县工程，投资 7305 万元，分三年在周营镇建设 6 万亩高效节水农田，计划 2019 年底前建成使用。2017 年底，完成 2017 年度工程投资 2430 万元，发展高效节水农田 2 万亩，建设泵站 16 座、年新增节水能力 185 万立方米，新增供水能力 600 万立方米，项目区人均增收 370 元，被评为省级优质工程。截至 2018 年 7 月，完成 2018 年度工程投资 2428 万元，项目区进入扫尾阶段，发展高效节水农田 2 万亩，建设泵站工程 9 座、拦河坝 9 座、分水闸 6 座，治理河道 11.5 公里，生态护坡 5.73 万平方米，受益群众 1.33 万人，正等待省市验收。同年，启动农村水价改革，出台农业水价综合改革实施方案，计划用 8 年时间完成 20.88 万亩农业水价综合改革任务，达到基础建设完备、计量设施完善，实行计量收费，建立健全农业水价形成机制，推动农业水价总体达到运行维护成本水平，用水效率和效益稳步提升，本年度完成 5.48 万亩水价改革。（2）全区工业万元增加值取水量降至 8.93 立方米，工业用水重复利用率达到 75%。（3）污水处理能力大幅增加，年处理污水能力达 900 万立方米，年均中水回用量达 300 万立方米；确保污水得到及时处理，避免污染源的扩大；四是核定排污水功能区纳污能力，制定水域纳污能力调控对策，实施纳污总量控制制度，合并和关停了部分排污口，加强监测、杜绝超标超量排放，防止水生态环境恶化。以上举措从根本上促进了水生态环境的改善。

四是科学调水。2012 年 12 月 18 日，枣庄市发展和改革委员会批复《南水北调东线一期工程枣庄续建配套工程（枣庄市区供水单元）可行性研究报告》。为保证南水北调续建配套工程的顺利实施，2013 年 1 月 14 日，区成立薛城区南水北调工程建设管理局，具体负责薛城区境内的南水北调续建配套工程关系协调及移民迁占工作，区主要领导多次召开现场会，解决施工过程中的问题和困难。2013 年 4 月 26 日，枣庄市水利和渔业局批复《南水北调东线一期工程枣庄续建配套工程（枣庄市区供水单元）初步设计报告》，投资 5.58 亿元。建设何庄泵站和黑峪泵站两座泵站，维修改造潘庄一级站和潘庄二级站两座泵站，新建何庄水库、扩建黑峪水库及供水管线铺设。区内西线工程（潘庄一级站至薛城城区），对现有潘庄一级站进行更新改造，向西输水至山东金板建材科技有限公司、薛城远通纸业（山东）有限公司等企业。薛城区境内主要涉及沙沟镇、常庄镇、临城街道办事处等三镇街，2013 年 12 月 10 日成功通水。区内东线工程，对潘庄二级引渠进行清淤及潘庄二级泵站进行改造，利用潘庄二级站提水，向东输水至新建何庄水库，在何庄水库东新建何庄泵站，提水加压后向黑峪水库（调蓄水库）、邹坞工业园、市中区供水。管道设计采用单管敷设，管线全长 45.043 公里，涉及薛城区 13.086 公里，高新区 13.857 公里。枣庄市薛城供水单元利用潘庄引渠自微山湖下级湖引水，通过输水、调蓄、供水等工程措施向受水区供水，年向薛城城区供水 1200 万立方米。按“先节水后调水”的要求，在抓好节约、集约用水的基础上，南水北调续建配套工程促进了全区水资源进行统一调配，稳步开展工业挤占农业、生态用水和超采地下水的置换工作。截至 2018 年上半年，全区完成建阳热电、经济循环园区等 5 家用水企业水资源论证审查，办理置换取水许可企业 4 家，置换南水北调水 400 万立方米，全区地表用水总量均控制在下达的指标范围内。开挖了占地 606.23 亩、库容 156 万方何庄水库，改建了占地 600 余亩、库容 170 万方黑峪水库，并通过潘庄一级、二级泵站调引微山湖水，满足了新城区域用水需求，增加了主要河流水源，提升了中心城市生态环境。

3. 生态水系管理制度建设。在开展水环境生态综合治理工程建设的同时，薛城区实行最严格的水资源管理制度，严格按指标控制供水，加强建设、管理和保护工作同步开展，充分发挥综合效益，努力构建人与自然和谐发展的水环境。

一是严把取水许可审批。对未获取用水许可的，一律不予批准立项，禁止新上高耗水项目，严格控制地下水开采总量，从源头上减少乱取水现象。

二是根据承载能力和社会发展需求，统筹安排生活、生产和生态用水，加强监测，严守地下水红线，构建高效用水模式。

三是强化饮用水源地保护和管理。

划定水源地保护范围，设置警示牌，制定饮用水源地安全保障措施，全面提高饮用水源地水量、水质保障水平。

四是对水源地保护区及重要生态功能水域禁止设置排污口；对老排污口调整、合并，进行生态净化工程整治；扩大污水处理厂规模进行集中处理开展中水回用。

五是控制面源污染，对农村生活垃圾、污水和人畜粪便等废弃物集中处理利用，开展河道污染巡查常态化。

六是科学调度控制性水利工程，稳步开展河道生态基流恢复和水生态修复。

七是严格划定地下水禁采区，清理不合理抽水设施，采取措施防治补给区污染，加大地下水回补，防止超采地下水。

八是推广节水型社会建设，增强全社会水忧患意识和水资源节约保护意识。

九是加快雨洪资源集蓄工程和南水北调续建配套工程建设，稳步开展地表水替代地下水置换工作。

2011 年 8 月，中共中央国务院发布《关于加快水利发展的决定》，区委、区政府及时出台《关于加快全区水利改革发展的意见》，明确加快建设文明富裕和谐新薛城的社会目标，大力发展生态水利、和谐水利、民生水利。根据薛发〔2010〕13 号文，区水务局调整为薛城区水利和渔业局，在保障防汛的基础上，开始对全区河道进行生态治理。2012—2015 年，根据《薛城区人民政府办公室关于封停城区非法自备井的通知》，开展城区取缔非法自备井、水源地污染源等专项整治活动，依法封填城区非法自备井 367 眼。2013 年，薛城区调整区水土保持委员会成员单位，完善委员会和委员会办公室职能，出台《薛城区实施〈中华人民共和国水土保持法〉细则》，制定《薛城区生产建设项目水土保持方案编报审批管理规定》，加强封山固土、育林育草，因地制宜栽植各种林木，有效防止了水土流失。2013 年 2 月，依据区政府出台的《关于印发〈薛城区开发建设项目水土保持方案编报管理集中检查活动实施方案〉的通知》要求，对 2013 年 1 月 1 日以后所有新建、在建、改（扩）建开发建设项目进行检查，每年至少开展 2 次监督检查，发现问题及时处理。2015 年，制定《薛城区河道水库管理办法》，划定了全区河道管理范围及保护范围，将河道堤防两侧 30 米划定为水域保护范围，明确部门、镇街管理责任分工，落实专人每周巡查，严格控制生产、生活废污水排入河道、库塘，有效避免了水体污染。

4. 全面推进河长制建设。中央部署河长制工作以来，按照省、市决策部署，区委、区政府全力推动全区河长制建设，截至目前取得了阶段性成果。

一是深化研究部署。早在 2014 年，薛城区就对河长制进行了探索，研究出台《薛城区河道（水库）管理办法》，划定全区河道管理及保护范围，明确各部门管理责任分工，并实施全区生态水系建设，为全面推行河长制奠定基础。2017 年，薛城区将河长制作为重要政治任务，认真学习研究，考察南方先进经验，精心安排部署，成立了局河长制工作领导小组和办公室，先后召开 6 次专题会议，研究河长制实施方案。为加快河长制工作进展，多次向区委、区政府汇报工作进度，区委、区政府主要领导高度重视，组织水利部门专业人员调查摸底，起草河长制通知和工作实施方案、组织体系、河库名录、河长设置。坚持每天调度工作进展情况，每周汇总分析工作情况 2 次，研究解决工作中遇到的问题，推进河长制工作顺利开展。2017 年 5 月 19 日，区委、区政府下发了《关于建立薛城区河长制的通知》。

二是推进河长制开展。（1）健全组织体系。2017 年 5 月 22 日，区委、区政府召开河长制建设启动会，出台《薛城区全面实行河长制工作实施方案》，分层次建立区、镇街、村居三级河长制组织体系。各镇街结合本辖区内河库情况，陆续出台河长制工作实施方案，明确党委、政府负责同志担任镇级河长，完善镇级河长制办事机构。按照河库分布，全区共明确区级总河长、河长 10 人，镇级河长 64 人，村级河长 122 人。（2）河库问题调查摸底。6 月 6 日，市河长制办公室召开河湖问题排查摸底推进会。6 月 7 日，区河长制办公室组织召开了薛城区河长制工作推进会，组织各镇街和相关单位对全区 8 条市级河道、11 条区级河道进行问题调查摸底，并于 7 月底按市河长制办公室统一要求，形成图文结合的一河一档报告，上报市河长制办公室。（3）河长公示牌的制作安装。8 月 3 日，市河长制办公室在滕州市召开了河长公示牌制作安装现场推进会，区河长制办公室按照省、市规定标准，完成安装区级河长公示牌 12 块、镇级河长公示牌 41 块。（4）责任河道认领。9 位区级河长以实地巡河调研、召开河长会议等不同形式认领了责任河道。配合市河长制办公室召开蟠龙河、薛城小沙河、蟠龙河南支、新薛河、十字河分洪道（官庄分洪道）、小沙河故道、周营沙河等 7 条市级河道的河长（薛城段）现场推进会。完成全区河长手册的制作，并统计上报区、镇街、村居河长人数、姓名、联络方式等。（5）完善河长规章制度。认真学习省、市河长制各项制度，结合薛城区河库实际，出台《薛城区基层河长巡查工作细则》等文件，制定河长制区级部门联动工作制度、督察督办制度、信息报关制度、河长制工作区级考核办法、河长制工作考核评分标准、河长制年度考核方案等 6 项制度。（6）清河行动有序推进。对已在省、市河长制办公室挂号的 72 处“八乱”问题开展专项整治，按上级要求 11 月底前完成整治。截至 2017 年 9 月 30 日，已开具各类停止违法行为通知书 18 份、责令整改通知书 17 份，完成 21 处问题整治，占任务清单的 30%。对全区排查出的 37 处(规模以上 9 处)入河排污口，按照“一口一策”的要求，各镇街按照时间节点挂单销号。

目前全区上下围绕“现代气息，绿

色和谐”的工作思路，严格落实“绿水青山，就是金山银山”理念，水生态环境明显改善，水质日趋好转。水清、岸绿、河畅、景美良性循环的格局已初步显现，群众满意度不断提高。

二、生态水系建设成效

通过生态水利建设，不断夯实水生态发展基础，采取节、蓄、引、纳、保、管、滞的综合措施，有效提高了水资源利用率，改善了全区水生态环境，提升了市驻地城市形象，做到了“水系治理到哪里，路就修到哪里，绿化就跟到哪里，农业结构调整哪里”，广大群众在水利建设中得到了更多实惠。

（一）防汛抗旱减灾能力不断增强。以蟠龙河生态湿地建设为主轴，全面治理蟠龙河北支邹坞段、陶庄段、临城段及周营大沙河、邵楼沙河、锦阳河、小沙河、小沙河故道、东泥河等河道进行综合整治，全区堤防长度达到129公里，主要河道的防洪标准达到50年一遇，一般河道除涝标准达到5—10年一遇。实施重点平原洼地治理，治理东泥河2.2公里，3.3万亩农田抗灾能力得到提升，为生态水系发展创造良好的条件。

（二）农村水利基础设施条件持续改善。为保障水系生态，薛城区下大力气抓节水工程建设，建成万亩以上的灌区4处，有效灌溉面积18.3万亩，旱涝保收高标准农田8.9万亩，高效节水灌溉面积达12.8万亩，年节约农业灌溉用水1200万立方米，除涝面积3.3万亩；固定机电排灌站213处，总装机3.1万KW，机电井2930眼，形成了一大批现代化、配套完善的灌排体系，配备了IC卡等先进控制设备，农田灌溉的自动化、现代化程度大幅度提升，为确保粮食安全、实现粮食“九连增”发挥了重要的保障作用。同时，改善25.8万农村人口饮水安全问题，其中集中式供水人口23.68万人，农村自来水普及率达到91.79%，有力地推进了社会主义新农村建设。

（三）水利服务经济社会发展能力显著提升。全区工业万元增加值取水量降至8.93立方米，工业用水重复利用率达到75%以上；全区农业节水灌溉面积达55%，农田灌溉水有效利用系数达到0.63，综合节水水平位居全省前列。每年对主要水功能区—蟠龙河薛城生活饮用水源区进行6次断面监测，水质常年达标，均为地表Ⅲ类水水质。

（四）城乡水系生态得到显著改善。薛城区结合城市景观建设，以“三横两纵”水域治理为依托，实施锦阳河、小沙河、何庄河、小沙河故道、黑峪溢洪道治理工程，提升龙潭公园、奚仲广场、沿河公园等城市水文景观，打造亲水平台，成为市民休闲娱乐的好去处。主要河道，按照“一河一景”的原则，对蟠龙河、曲水河、十字河、杨庄大沙河、周营大沙河等17条河流区位、走势，科学定位，制定专项整治规划，综合施治。在“遵循自然，因势利导”的理念下，以恢复河流生态为重点，根据河道、滩涂现状，清淤、复堤、拦蓄河道，砌筑、连通、硬化沿河道路，并在河道两侧4米内高标准建设绿化带，种植白蜡、水杉等经济苗木，做到河道治理、道路整修、绿化补植同步实施，兼顾泄洪、生态、景观效应，实现了全区河道全面生态治理，形成城郊“库塘相连、河渠相通、路畅岸绿”的大生态水系，实现了“山清水秀、绿水绕乡”的乡村水系生态景观，城区河道、水库的水文景观得到提升，成为市民休闲娱乐的好去处。2007年9月，薛城区杨峪水库水利风景区经省水利风景区评审委员会评审通

周营侯许村农户通上自来水

过，批准为第四批“山东省水利风景区”。2009 年 10 月，薛城区黑峪水利风景区、蟠龙河湿地公园经省水利风景区评审委员会评审通过，批准为第六批“山东省水利风景区”。2015 年 12 月 31 日，蟠龙河湿地公园被国家林业局正式批准为国家湿地公园。

（五）水利体制机制改革迈出新步伐。水利科技创新能力显著提升，有 4 项水利科研成果获省级奖励，通过租赁、承包等方式对小型农田水利工程进行产权改革，管理主体明确，责权利分明，落实村水利员对小型水库、塘坝、机电井、泵站、村级河沟渠和饮用水工程管网等村级公共水利设施的管护责任，小型水利工程管理体制改革达到 35%，保证了工程长久发挥效益。成立各类涉水合作组织 47 个，其中 10 个镇级农民用水合作组织，覆盖率达 95%；村集体管理的灌溉面积 2.4 万亩（周营铁佛蔬菜基地、沙沟张庄石榴协会），承包租赁管理的面积 0.5 万亩（张范生态园、邹坞生态园、常庄生态园），基本做到建一片、成一片、管好一片。

三、生态水系建设的经验与启示

（一）政府主导、部门联动。坚持水生态发展战略不动摇，牢固树立“守住绿水青山，挣来金山银山”的发展理念，关系到城乡规划布局、产业结构调整、市政交通建设、土地开发利用、环境改善保护和城市管理等方方面面，是一项十分复杂的系统工程，因此必须做好顶层设计。要做好顶层设计，就必须得到各级党委、政府的高度重视，调动政府的积极性和主动性，发挥地方政府的主导作用。为确保生态水利工程顺利实施，区委、区政府成立工作领导小组，区主要领导任组长，成员包括各镇街和区直职能部门主要负责人，如发改、财政局、国土、环保、规划、水利、林业等责任单位。领导小组下设办公室，办公室设在区水利部门，领导小组主要负责督促和指导工程的实施，研究解决项目实施中的重大问题，协调镇街各部门有关工作等，领导小组办公室负责具体的调度协调，形成了政府主导、部门联动、齐抓共创、规范有序的工作格局和建设合力。

（二）系统治理、永续发展。充分将自然界本身蕴含的修复、调蓄等功能运用于水利工程建设，实现水利工程与水生态文明建设的有机结合，真正把人水和谐思想和水生态文明理念很好的贯彻到水利工程规划、设计、建设、管理各环节，必须做好长远规划，摸准脉络，深度挖掘地表水、地下水、上下游、左右岸的纵横联系，充分发挥和遵循大自然客观规律。工程不仅涉及坝、闸、堤、渠道等水工建筑物，同时充分认识自然界本身蕴含的巨大潜力，考虑工程效益的同时，更重视对自然生态系统的修复和建设。比如，薛城区生态水系建设本身是一个河、库、湿地联通工程，力图把自然界的自我调蓄和修复等功能与水利工程建设相结合，协同解决城市洪涝灾害、环境破坏等问题，减少灾害防治工程量，降低了对生态环境的破坏程度。

（三）充分论证、科学规划。生态水系建设的关键是水从哪里来、能否及时排出去。薛城区生态水利建设建立在全区水利坚实的基础上，是经过数十年水利建设循序渐进的成果。工程建设之时，全区 17 条主要河流、17 座小型水库基本上经过综合治理，规模以上塘坝 260 余座，总库容 1300 万立方米，并有一批重点水利项目已经实施，生态水环境日益改善，水资源供需基本平衡。生态水利建设和以往水利工程最大的区别在于，将工程作为一个整体来规划，尽最大可能提高水的使用效率，一水多用，坚持把拦蓄工程作为生态水利发展的根本，一切以增加和开发拦蓄和利用量为出发点和落脚点。对于排水，首先利用紧靠微山湖的优势，疏通串联干支河道，形成一个有进有出的大水系。同时，积极响应并贯彻中央提出的“海绵城市”的新理念，即城市能够像海绵一样，在适应环境变化和应对自然灾害等方面具有良好的“弹性”，下雨时吸水、蓄水、渗水、净水，需要时将蓄存的水“释放”并加以利用，将传统的单一“快排”模式转变为“渗、滞、蓄、净、用、排”的城市排水新模式，提高城市防洪防涝能力、削减城市径流污染。

（四）紧抓机遇，惠及民生。水生态建设是长远的惠民工程，环境不存，何以立足，需要深刻认识其内涵和影响，必须尽快走出一条符合自然规律的发展路子，需要大面积扩建人工湿地、绿岛、绿洲，努力增强河道生机和活力，大幅度提升水体自净能力，才能最终实现污染回归自然的良性循环。生态水系治理是一项长远的系统工程，是促进经济社会发展的基础，是人民幸福安康的基础，福及子孙后代，关系到防洪安全、供水安全、粮食安全，关系到经济安全、生态安全、社会安全，具有很强的公益性、基础性、战略性，是人类迈入“生态文明社会”发展的必由之路，需要持续不断发展补充其科学依据和内容，必须下决心加快治理。

审稿人：邵长军

撰稿人：王　龙

蟠龙河湿地公园

山亭区改革开放探索与发展综述

中共山亭区委

自1983年11月15日建区以来，山亭区人民在历届党委、政府的领导下，坚持以经济建设为中心，解放思想、锐意创新，一切从实际出发，不断深化对区情的认识，在改革开放中探索符合山亭区发展的路子。面对根基不稳、交通闭塞、文化落后、经济贫困的局面，区委、区政府带领全区人民，居弱图强、负重奋进，拉开了山亭改革开放大发展的序幕。

一、改革开放历程

（一）改革开放起步阶段，以全新面貌奋进（1983年12月—1992年1月）

坚定不移的贯彻执行中共十一届三中全会以来的路线、方针、政策，坚持“农业为基础，以林果畜牧业为重点，以区乡工业为主导，全面发展商品经济”的经济建设方针，发挥山区优势，挖掘资源潜力，工农并举，农林牧结合，确保经济迅速发展。

1. 确立山区工作的指导方针。山区基础条件差，交通不发达，荒山面积大，林业收入低和其他区县相比差距还很大，针对上述种种劣势，结合山区特点，确定了“以林为主，农林牧结合，区乡（镇）企业迈大步”的建设方针，制定了开发山区的战略措施，全区人民明确了发展的方向。

2. 改革行政机构，加强新城建设。按照“四化标准”选拔起用中青年干部，调整领导班子，改变机构臃肿、党政不分、行政职数偏多、年龄偏大、文化偏低的状况，逐级建立了工作责任制和岗位责任制。召开区乡人代会，建立各级人民政府，进行了民主建村。1984年10月26日，山亭举行新城奠基仪式。1988年7月1日，区机关单位开始搬迁入驻。在一无计划、二无资金的条件下，新城建设动员各方面力量、多渠道筹措资金，平地建起了独具山区特色的山亭新城，政治、经济、文化中心逐步形成。完成新城基建投资2亿多元，竣工项目293个，建筑面积达33.1万平方米，新城居住人口发展到1.5万人。立足城乡一体化的思想，通过集资入股、先建后卖、出让土地、放活户籍、引进开发等多种形式，大搞小城镇开发，建起了一批新型城镇，加快了全区城乡一体化进程。小城镇面积达到20.4平方公里，城镇人口达到3.1万人。交通、供电、通讯等基础设施建设迈出较大步伐，投资1.6亿元，相继完成了桑冯、山徐、0九等公路的拓宽改造和硬化工程。投资9000多万元，新建了9处变电所、山亭新城医院、邮电大楼、山亭电视台和山亭人民广播电台。

3. 积极进行经济体制改革。认真贯彻中央文件，狠抓农业产业结构调整。全区山林普遍实行了以专业户为主的开发性承包，延长了承包期，颁发了《山林承包使用证》。根据群众意愿，适当调整土地资源，延长土地承包期，颁发《土地承包使用证》。工业上，简政放权，实行了厂长（经理）负责制；建立企业内部经济责任制，打破了两个“大锅饭”。改革了建筑业和基础建设管理体制，实行了招标制和投资包干责任制。深入改革流通领域，多种经济成分、多种经营方式、多种流通渠道，开放式的流通体制初步形成。

4. 发挥资源优势，实行总体开发。立足资源优势，按照“工农并举、综合发展、内外接应、立体推进”的思路，以劳动密集型创汇产业为重点，以农产品加工出口为突破口，形成创汇基地和企业群体，加强与开放口岸的联系，不断拓宽出口创汇的新门路。利用外资和国外先进技术设备，改造和装备现有企业，通过发展外向型经济，积极参与国际竞争，走向国际大市场。一是农业开发，大力强化农业基础，增强经济和社会发展后劲。根据党中央提出的三靠思路，确保向农业的倾斜，打破农业生产的徘徊局面。稳定和完善农村多种形式的承包责任制，建立健全服务体系，完善双层经营机制。积极推广先进农业适用技术，有计划地组织农业区域开发。建设高产、高值田，加速农业机械化进程，提高农村生产力水平。二是林果业开发，向荒山进军，重点搞好坝堰果树的开发。完善林业生产承包责任制，调动群众治山植树的积极性，坚持栽管并重的原则，以管为主。调整林业内部机构，发展名优稀特品种，搞好荒山绿化。三是畜牧水产业开发，从体制改革入手，按照商品经济要求，建立产供销一体化、牧工商一条龙的新体制。结合区域实际情况，坚持稳鸡猪、上牛羊、狠抓鹅、开发兔鱼蜂的指导方针，突出“三羊”和白鹅两大重点，畜牧业结构日趋合理。四是工企业开发，提高企业管理水平，挖掘内部潜力，增强企业活力。在此基础上稳步发展新城工业，重点发展能起龙头作用、高起点的骨干企业。按照中央规定，将乡镇企业的发展，立足于农副产品和当地原材料加工。发挥劳动密集和传统工艺优势，积极发展出口创汇产品，重点发展资源型、外向型、集团型、系列型企业。改变村以下三个层次的薄弱状况，从兴办密集型手工加工业起步，走资本积累型，由小到大，由土到洋滚动式发展的路子。

5. 坚持治理整顿，千方百计提高经济效益。十三届五中全会通过了《中共中央关于进一步治理整顿和深化改革的决定》，明确提出了要继续坚定不移执行治理整顿和深化改革的方针。山亭区顺应治理整顿新形势，把困难变成动力，提高科技水平，讲求经济效益，走投入少、产出多、效益高的经济发展路子。加强政府对企业的管理，适应企业改革和以计划经济为主、市场调节为辅的新形势，研究实施管理和宏观调控的方式、方法，使企业的经营管理沿着社会主义的方向和正确的轨道发展。改善企业外部环境，依法治理好企业的社会环境，制止乱摊派、乱收费、乱罚款等一切干扰企业生产经营和侵犯企业利益的行为。改变农民不计成本、不讲核算的状态，讲求投资效益，把农业生产引向提高经济效益的轨道上来。人民生活水平明显提高，开始由温饱型向富裕型转变。

6. 依靠科技教育，振兴经济。坚持科技教育先行的战略指导思想，实行经济、科技、教育“三位一体”，依靠科技进步和提高劳动者素质促进经济发展。加强“三网合一”的科技网络建设，以乡镇政府牵头，以科技示范户为主体，以乡镇农机站为依托，“技、物、政”三位一体，形成科技示范、推广、咨询服务新体系。推广农业先进适用技术，加速科技成果向生产力的转移。充分利用新技术、新工艺、新材料、新成果生产新产品，提高工业生产科技水平。调整教育结构，建立一个以商品生产和经济发展需要为载体，以基础义务教育为依托，以职业教育为主体，以科技普及教育为重点，与农村科技推广示范点、示范户、示范村等协调配套的农村教育新模式，形成农村义务教育、中学教育、职业教育、科普教育和单项技术培训相结合的多层次、多种方式、全方位、大覆盖面、大容量、分工明确、各有侧重、互相促进的农村科技文化教育新机制，迅速提高农村人力资源的智能水平和广大劳动者的科技文化素质。大力提倡鼓励集资办学，逐年增加教育经费，不断改善办学条件，动员全社会的力量，把教育办好。

7. 抓农业结构调整，深化农村改革。继续实行家庭联产经营责任制，进一步发挥承包制的威力。从激发农村内部活力，促进农村商品经济发展出发，建立和完善双层经营机制、服务机制、合同机制，促进家庭经济向企业化、规模化、专业化、区域化发展，逐步形成城乡一体化、农工商一体化的新格局。完善土地承包制度，巩固和发展家庭联产承包责任制。在不改变家庭经营的基础上，把竞争机制引入土地经营，逐步推行抵押承包、有偿转让、投标竞争、租赁经营等多种形式，使土地使用权获得商品属性，实现自身价值。变福利性的平均有偿使用为竞争有偿经营，促使土地内部形成自我积累、自我补偿、科学留转和自动调节机制，使农民从吃土地大锅饭的“惰圈”中跳出来，增强经营土地的危机感和紧迫感。

8. 强化党的领导和党的建设。中国共产党是中国社会主义事业的领导核心，这种地位是历史形成的，也是中国人民的历史抉择，是任何力量也不能动摇的。应对艰巨而复杂的改革和建设任务，山亭区切实加强党的领导，搞好党的自身建设。一是改善和加强党的领导，充分发挥政治核心作用。无论在什么情况下，党的执政地位丝毫不能动摇，党的坚强领导丝毫不能削弱。必须坚定不移地贯彻执行党的路线、方针、政策，同党中央在政治上保持高度一致；必须严格党的政治纪律和组织纪律，不能上有政策，下有对策；必须有效地克服本位主义、分散主义、无政府主义；必须充分发挥各级党组织的战斗堡垒作用和党员的先锋模范作用，当前要特别注意发挥党员在治理整顿和发扬山亭精神中的先锋模范作用。二是加强思想建设，提高党员素质。组织党员学习十三届四中、五中全会精神，学习邓小平、江泽民等中央领导同志的重要讲话，把思想统一到党中央精神上来，从机关抓起，组织党员系统学习马克思主义基本原理。主管部门着手编写党课教程，把系统性与针对性结合起来，本着循序渐进的原则，针对不同层次党员特点，分别提出三年所要达到的标准和要求，并严格考核，对合格者颁发证书。充分发挥区、乡（镇）两级党校主阵地的作用，组织好党员分期分批的轮训。三是加强领导班子建设，发挥战斗堡垒作用。针对基层领导班子年龄结构老化、知识结构偏低、后备力量薄弱的问题，山亭区把领导班子建设作为党的组织建设中最重要的环节，进一步搞好，以适应山区开发建设的需要。按照“提高素质，完善结构，适当调整，相对稳定”的原则，坚持任人唯贤，搞五湖四海，全面贯彻干部“四化”方针，坚持把政绩大小作为决定干部升降去留的主要依据，大胆启用那些德才兼备、勇于改革、成绩卓著的中青年干部，进一步做好选拔后备干部工作。

（二）明确任务，重点突破，实现经济和社会发展的第二次跳跃（1992 年 1 月—2002 年 11 月）

经过十年的艰苦努力，山亭区实现了经济和社会事业发展的第一次跳跃。艰难创业，新建年轻的山亭区历经十年沧桑，迈出了十分可喜的第一步。与其初建时期相比，发生了翻天覆地的变化，成就令人瞩目，已经进入了一个新的历史发展时期。汲取过去成功的经验，继续高扬加速发展的主旋律，加快推进经济和社会发展的第二次跳跃，是摆在山亭区人民面前的历史重任。必须坚持以邓小平同志建设有中国特色社会主义理论为指导，瞄准国际国内一流水平，坚持高起点、大跨度、超常规、高效益地发展，坚定不移地走“工业立区、乡企立富、工农结合、城乡一体”的路子，逐步实现农业产业化、农村工业化、乡村城镇化、社会文明化，把山亭区建成富裕文明、繁荣昌盛的经济强区，形成林海果园城市化的发展模式。

1. 强化农业基础地位，发展“两

高一优”农业。把强化农业放在首位，全面贯彻中共十五届三中全会精神，加速农业的市场化、产业化进程，确保实现农业增效、农民增收、农村稳定。进一步稳定党在农村的基本政策。坚持家庭承包责任制长期不变，完善统分结合的双层经营体制，积极探索并建立土地合理流转的有效机制。尊重农民的生产经营自主权，制定和落实各项优惠政策，鼓励农民加大对农业的投入。按照市委提出的抓“两化”促“两增”的要求，以发展“两高一优”农业为重点。坚持“稳一块、活一块”的思路，加速完成从传统农业向现代农业的历史性跨越，建设山亭特色农业。在高度重视粮食生产、稳定增加总产的前提下，下大力气调整农产品品种结构，按区域、成规模地大搞“双千田、万元田、吨粮田、高值田”建设，大力发展花生、蔬菜、黄烟、药材等高值、高效经济作物，建立弹性农业结构。坚持扩大规模，形成区域，创出名牌的原则，以“高产、优质、粮、高效”为目标，充分利用山多草多的优势，坚持大规、大群体，引进稀有品种，改良现有品种，发展养殖大户和专业村，大办集体养殖场，形成规模效益。以粮油、蔬菜、品、渔业等具有较强地方特色和竞争力的骨干产品为重点，统筹规划，系列开发，培植“龙头”企业，促进农副产品加工业的发展，延长产业链，提高附加值，逐步将传统的原料型农业向商品型农业转变，推进产供销一条龙、贸工农一体化建设。农业经济基础地位得到巩固，全区农业总产值2002年完成6.05亿元。退耕还林、还果力度加大，小流域综合开发成效明显。农业产业结构得到优化，优质林果面积达40多万亩，粮经比调整到5.5:4.5。果品生产、畜禽饲养、淡水养殖、蔬菜种植的规模逐步扩大，特色日趋明显，收益逐年提高。

2. 以改革开放为动力，突出工业的主导地位，加速发展工业。以建立社会主义市场经济体制为总目标，以改革开放为动力，以“三个有利于”为标准，积极探索公有制多种实现形式，大胆借鉴和利用一切反映社会化生产规律的经营方式和组织形式，全方位扩大对外开放，积极吸引利用外资，扩大对外贸易，不断壮大山亭区工业经济的总体实力。一是深化区乡企业改革。继续把产权度改革作为企业改革的关键环节，实现资产的有效配置。针对相当一部分企业特别是水泥企业一次性卖断的少、转让的少、租赁多的实际情况，设法逐步或一次性变更产权；对尚未完成改制的企业，继续坚持因企制宜的方针，加大改制力度，采取多种形式推进，加快改制步伐，实现企业制度的创新。二是进一步扩大开放。增强开放意识，大力实施外向带动战略。积极、稳妥、有效地引进利用外资，采取多种形式，通过各种渠道，搞好招商引资，做好以产权换资金，以资源换项目，以存量换增量的文章，吸引海外大公司、大财团投资。推动企业资产结构、产品结构的优化，促进企业素质的全面提高。加强外经外贸工作，加快发展出口创汇企业，搞好基地建设，把更多的工农业产品推向国际大市场。三是加强企业管理。继续在全区深入开展“管理效益年”和“学邯钢、学海尔”活动，逐步建立适应市场经济、以效益为中心的新型企业管理体制。按照产业政策和市场需求，加快企业技术改造步伐，全面提高区乡工业经济的运行质量。四是抓好新上项目建设，增强经济发展后劲。搞好银企联手，并坚持双向选择，充分发挥各层次各投资主体的积极，采取股份制、股份合作制或独资等多种有效的形式，在认真搞好规划和考察论证的基础上，重点抓好一批投资少、见效快、科技含量高、带动能力强、有一定规模的重点骨干项目。通过努力，建立起了山亭区结构合理、产品质量档次高、市场竞争力强的工业体系。2002年山亭区限额以上工业企业增加值完成4.1亿元，实现利税1.17亿元。工业企业累计增加投资8.86亿元，完成新上技改项目220多个。华润纸业、华峰纸业、新丰煤矿、左村煤矿、海扬服装、银光化工、北庄40万吨水泥生产线、徐庄30万吨水泥生产线、金城10万吨淀粉生产线、亨元6万吨变性淀粉生产线和冯卯、店子恒温库等一批重点骨干项目相继开工建设或建成投产。造纸、煤炭和水泥企业迅速崛起，成为工业经济的三大支柱。

3. 加快城镇建设步伐，推进城乡一体化进程。按照“工农结合、城乡一体”的发展战略，坚持“统一规划、合理布局、量力而行”的原则，切实加强道路、供水、通讯、电力等基础设施和城镇乡村的综合开发建设，加快城乡一体化的进程。实施了城市“五化”工程，改造扩建了太清湖广场，加强了商贸园区、工业园区和部分居民小区的开发建设，小城镇面积扩展53万平方米。改造扩建境内北滕线、店徐线、木冯线、新枣线等干线公路300多公里，开通了7条省际、省内客运线路。完成了农村电网一、二期改建工程。全区输变电容量达24.3万千伏安，全社会用电量增幅连续三年居全市首位。电讯事业发展迅速，五年新增固定电话3.6万部，移动通讯基本实现了无缝覆盖。可持续发展能力明显增强。落实人口与计划生育控制目标，逐步稳定了低生育水平。土地和矿产资源管理得到加强，逐步规范。重视和加强了环境保护，重点污染源得到有效治理。山清水秀的自然环境成为山亭可持续发展的资本和骄傲。

4. 大力实施科教兴区战略，促进社会事业健康协调发展。加大科技投入，切实把经济增长转到依靠科技进步和提高劳动者素质上来。突出抓好果树良种引进和嫁接改造，大力推广农业高新技术；强化工业新产品开发，大幅度提高工业生产效益。把教育摆在优先发展的战略地位，巩固“普九”成果，加强薄弱学校建设，发展成人教育和职业教育，全面提高劳动者素质。不断增加教育投入，依法多渠道筹措教育经费，改善办学条件，提高办学质量和效益。保证教师待遇的落实，强化对教师的教育和管理，提高教师的政治业务素质。深化教育体制改革，积极推行社会办学、联合办学，多层次、多形式地培养人才。大力培养引进人才，制定优惠政策，吸引外地有真才实学的高层次人才到山亭区工作，并发挥现有人才的作用，充分调动其工作积极性，在全社会形成尊重知识、尊重人才的良好氛围。大力发展山区文化事业，加强基层文化设施建设，发展健康文明向上的社区文化，丰富城乡群众的文化生活。健全山区无线、有线相结合的广播电视网络，提高自办节目质量和整体收视水平。大力发展医疗卫生事业，增加投入，提高医疗水平和服务质量，不断改善山区人民的医疗卫生条件。加强体育设施建设，继续推行全民健身计划，增强人民体质。依法加强环境监督管理，治理重点污染，控制新污染源的产生。坚持“三不变”，实现“三为主”，推行“三结合”，继续强化计划生育基层基础工作，坚持和完善目标管理责任制，实行齐抓共管，综合治理。把计划生育放在与经济建设同等重要的位置，毫不放松地抓紧抓好。有效开发利用旅游资源，加快抱犊崮省级风景区的规划建设。依法保护并合理开发利用土地、水、林木、矿产及其他自然资源。统筹兼顾，全面抓好人事、劳动、计划、统计、审计、监察、党史、档案、史志、民政、外事、兵役等各项工作，推动经济和各项社会事业的协调发展。科技进步对经济增长的贡献率明显提高，达到52%。

5. 加强民主法制建设，提高依法治区水平。坚持人民代表大会制度和共产党领导的多党合作与政治协商制度，保证各级人大依法履行国家权力机关的职能，充分发挥人民政协政治协商、民主监督和参政议政的作用。坚定不移地贯彻依法治国方略，努力提高依法治区水平。广泛深入地开展普法教育，增强法律意识，牢固树立依法办事的观念。全面推进民主选举、民主决策、民主管理和民主监督，努力做到决策讲民主、办事重民意。认真完善落实村务公开制度，凡是涉及群众切身利益、群众关心的重大问题，都及时、真实地向群众公开，逐步推进农村工作的经常化、制度化、规范化。切实加强政法和行政执法队伍建设，提高执法人员素质和执法水平，严惩执法犯法、徇私枉法的腐败分子。开展“严打”斗争和专项治理活动，严厉打击各类经济和刑事犯罪分子，坚决扫除黄、赌、毒等社会丑恶现象。坚持打防并举，标本兼治，认真落实社会治安综合治理责任制，加大防控措施，努力消除各种不安定因素。坚持党管武装的制度，深入开展国防教育，加强民兵预备役建设，广泛开展拥军优属、拥政爱民活动，增强了军政、军民团结。

（三）解放思想、科学发展，全面建设山亭小康社会（2002年11月—2012年11月）

全面建设小康社会，加快推进社会主义现代化建设，是党的十六大向全党发出的庄严号召。为实现山亭区经济跨越式发展，全面建设小康山亭，山亭区党委、政府勇挑历史重任，带领人民群众艰苦奋斗、继往开来，开创了山亭区经济快速发展、社会建设成效显著、城乡面貌变化巨大、人民群众广泛受益的新局面。

1. 开拓创新，实现经济实力新跨越。

一是狠抓重点项目，推动工业经济发展。树立“全党抓经济、重点抓工业、核心抓招商、关键抓投入”的思想，切实把重点骨干项目建设作为抓经济工作的重点和亮点。累计实施过千万元重点项目184个，总投资298.8亿元。培育了华邦、汉诺、莺歌等企业集团，其中华邦、汉诺两大集团总资产均超过20亿元，年均缴纳税金和国有资产收益7600万元，成为拉动经济发展的强力引擎。规模以上工业企业发展到120家，其中销售收入过亿元企业13家，纳税过百万元企业36家。

二是突出抓好招商引资，加快发展民营经济。把招商引资作为加快发展的必由之路，提高“招”的质量、“落”的水平。依托基础产业和现有资源，承接国内外有关产业和资本转移，做好招商项目策划，引进高科技、高附加值、高就业、低能耗、低污染的招商项目，促进经济结构优化升级。改进招商方式，开展专业招商、小分队招商、产业链招商、委托招商和以商招商，降低招商成本，提高招商引资的成功率。搞好招商项目的跟踪服务，加大招商引资责任落实力度，建立科学的招商绩效考评制度，确保招商引资取得实效。进一步扩大对外贸易，突抓好纸品、建材、服装、玩具、农副产品等优势产品出口，提高出口创汇的能力和水平。加快发展民营经济，加强对民营企业的保护扶持，给予民营业外商投资的政策和待遇。健全企业信用机制，密切银企合作关系，用足用活金融政策，切实解决中小民营企业融资难问题。

三是突出抓好旅游开发，发展壮大第三产业。创新旅游开发和管理体制，整合旅游资源，整体开发建设，整体宣传推介。发展现代物流、商贸流通、餐饮娱乐、金融房产等第三产业。运作资本在新城建设大商场、星级酒店和度假村，改善提升城市吃、住、购、娱的条件和档次，更好地聚集城市发展的人气、商气和财气。创建了国家AAAA、AAA级景区4处，国家级水利风景区、湿地公园3处，省级以上工农业旅游示范点8处，山亭区被评为山东县域旅游十强、山东最佳旅游生态示范县。商贸流通、房地产业发展迅速，培育了翼云房产开发集团和骐骥交通运输集团，被列为省级农村物流试点区，规模以上服务业企业达120家。

四是调整优化结构，推动现代农业高效发展。坚持“多予、少取、放活”的方针，大力发展现代农业，推进农业特色化，加快新农村建设步伐。培植一批带动力强的加工型、贸易型农产品加工企业，农业龙头企业发展到77家，其中市级以上32家，莺歌集团被评为国家级农业龙头企业。建设农产品标准化生产基地，实施农业集约化、标准化生产，建成特色林果基地46万亩、市级以上农业标准化示范基地36万亩、国家级绿色产品原料标准化生产基地16万亩，城头豆制品加工基地被评为全国农产品加工创业基地。完善农业发展基础设施建设，完成50处中小型水库除险加固，治理水土流失面积100平方公里，解决了26.8万人饮水安全问题，农业机械化综合水平达65%，农村生产生活条件明显改善。

2. 统筹城乡发展，加快城市化进程。把建设清洁秀丽、环境优美的生态园林型山城，作为新城建设发展的基本定位，按照东城区为文化休闲区，北城区为住宅办公区，西城区为工业经济区，南城区为商贸购物区的基本布局，高标准规划、高水平建设、高效能管理，加快城市建设步伐。重点抓城区北京路、府前东路、黄河东路和双山公园、富安生态园等重点工程建设，推进城市的美化、亮化、硬化和绿化。大力实施“安居工程”，加快建设一批经济适用房，解决了城区集中供热、供气问题。按照科学规划、合理定位、体现特色的原则，加快小城镇、特别是中心村镇的规划建设，逐步改善道路、供水、供电、通信、金融等基础设施条件，促进劳动力、资金、技术向小城镇集中，切实发挥小城镇的辐射带动作用。累计完成投资66亿元，实施城市建设工程160多项。新建改建北京路、新源路、抱犊崮路等城市道路46公里，形成“八纵八横”路网框架，城市规模达到14平方公里。城市供水、供电、供暖、供气和污水处理、垃圾处理等功能设施逐步健全，汉诺庄园等一批欧式建筑特色明显，府前路拆墙透绿工程荣获山东人居环境范例奖。老城资产清理搬迁成效明显，共搬迁机关事业单位17家，处置资产1.5亿元。

3. 建设和谐山亭，协调发展各项社会事业。坚持以人为本，不断改善民生，发展社会事业，维护公平正义，确保社会安定有序。

一是切实关心民生，加强社会保障。把就业作为民生之本，把创业作为富民之源。依托区职业中专抓好就业培训，提高劳动者素质，更好地转移农民、富裕农民。全面落实税费减免、小额担保贷款、财政补贴等就业扶持政策，健全完善再就业援助制度，逐步建立具有普惠性、长效性的就业保障体制。加快完善社会保障体系。扩大城镇社会保障覆盖面，确保企业离退休人员养老金、失业人员失业金按时足额发放。完善城镇职工基本医疗保险和失业、工伤、生育保险制度，规范企业、个体从业人员和进城务工人员的参保管理。严格落实最低工资标准，解决好拖欠职工、农民工工资问题。加大劳动保障执法力度，维护劳动者合法权益。抓好对困难弱势群体的救助。切实解决困难群众的生产、生活、医疗和子女就学等问题。继续抓好农村敬老院建设和管理，发展城乡老年人、残疾人服务事业。加大扶贫开发力度，积极争取各扶贫政策资金，实施产业、技能、项目扶贫。将民生支出控制在财政支出的60%以上，办成了一批群众看得见、得实惠的好事实事。9处乡镇街敬老院达到省一级标准，城乡低保实现动态管理下的应保尽保，社保基金余额提高到1.5亿元；城乡医疗保险、养老保险实现全覆盖，新农保被列为国家级试点。建设新型农村社区49处、棚户区改造项目15个、保障性住房725套。实施53个贫困村扶贫开发，惠及群众5.8万人。城乡教师工资实现统一标准发放，连续增加教师和机关干部工资，人均月增资2187元。城镇居民人均可支配收入达1.97万元，年均增长12.4%;农民人均纯收入达6502元，年均增长12.3%。

二是加大投入，优先发展教育事业。建立完善农村义务教育经费保障机制，免除农村公办学校义务教育阶段学生杂费，消除D级危房。继续深化“以县为主”的教育管理体制改革，统筹发展职业教育、成人教育和学前教育，普及高中段教育。调整优化学校布局，科学整合、配置城乡教育资源，实施“三名工程”，新建改建小学、初中、高中每个学段校舍，打造出一批高水平学校，逐步解决了山亭的孩子舍近求远到外地就读、上学更难更贵的问题。

三是深化改革，加快发展医疗卫生事业。抓好新城院的建设管理，加快乡镇卫生院的建设改造，新建改造10处乡镇街卫生院和258处农村标准化卫生室，建成二级甲等标准的新山亭区人民医院。推行新型农村合作医疗制度，健全覆盖城乡的疾病预防控制、医疗救治和卫生监督体系，建立突发公共卫生事件应急机制，为群众提供安全、优质、方便的公共医疗服务，切实解决群众看病远、看病难、看病贵的问题。切实抓好人口和计划生育工作，突出抓好出生人口性别比综合治理，人口自然增长率下降到5.4‰，低生育水平持续稳定。

四是注重创新，繁荣发展科技文化事业。不断促进科技创新和科技成果的推广应用，增强科技对经济社会发展的推动力。建成科技型企业32家、市级研发中心和技术中心30家，科技对经济增长的贡献份额达到56%，山亭经济开发区被评为省级知识产权示范园区。

4. 突出改革创新，注入发展新活力。坚持以改革破解发展之难，以创新消除发展之困，实施了一系列行之有效的改革措施。农村土地使用产权制度改革，颁发了全国第一个农村土地使用产权证，破解了农村融资、农业规模化经营的难题，“一证一社一所”的经验做法被《新华社内参》刊发，回良玉副总理作了重要批示。乡镇纪委改革，推动乡镇党委建立起决策、执行、监督“三位一体”运行新模式，改革经验纳入省委决策。行政权力公开透明运行模式改革，提高了行政执法的规范化和透明度，成为全省典型。群众工作体制改革，成立了区委群工部，建立了“三个一”群众工作新机制，做法被中央联席会议办公室专门刊发，在全国推广。扩权强镇改革，将21个区直部门的60余项权限下放到乡镇，增强了镇域发展的主动性和创造性。考核机制、资源整合、机构合并等改革，都得到了上级领导和社会各界的高度评价。

5. 全面加强党的建设，夯实最坚

强的根基。深入开展学习实践科学发展观活动和创先争优活动，扎实推进学习型党组织建设，全区各级党组织的思想、组织、作风建设水平全面提升，区委理论学习中心组被评为山东省党委中心组学习先进单位。深化干部人事制度改革，采取“两公开四差额”方式选拔乡镇党政正职和区直单位正职，公开考选科级干部，选人用人公信度明显提高。作为全省三个试点区（县）之一，顺利完成村“两委”换届选举工作，以“三高三强三满意”为标准选配村班子等多项做法被纳入省市村“两委”换届工作方案。建立“大学生村官创业服务中心”和“大学生村官正常退出机制”的做法得到中组部部长李源潮的两次批示。《建立选派机关离岗退休干部到村任职长效机制》项目成为全省基层党建创新“书记项目”之一。实施离岗退休干部和大学生村官“蓝青组合工程”，成为以基层党建为主题的电影《榴花正红》的鲜活题材。建立镇村党员参事会、实行村级工作个性化目标管理、选聘政府雇员制等创新做法，得到省委组织部的充分肯定。山亭区被评为山东省基层党建工作先进区。深入推进党风廉政建设，开展反腐倡廉教育活动，创新实施廉洁风险管控机制，始终保持了严惩腐败的高压态势，各级干部遵纪守法和廉洁自律意识明显增强，实现了党风政风的根本好转。

（四）展望美好未来，科学规划蓝图，开启建设更加富裕秀美和谐“幸福新山亭”的新征程（2012年11月至今）

认清新形势，把握新要求，确立新目标，不断加速转方式、调结构，提升综合实力，实现山亭全面脱贫、建成小康社会。

1. 突出大城建，建设大交通，打造生态宜居佳区。山亭区把新型城镇化作为主导战略，按照“鲁南欧情山城、生态休闲家园”的发展定位，加强城镇基础设施建设，完善畅通交通网络，保护绿色生态环境，大力提升宜居宜业水平。

一是突出战略重点，优化区域布局。抓好城区、乡镇和村庄规划编制工作，实现规划编制全覆盖。构建以“一核两轴一圈”为主体的城乡布局体系。“一核”就是中心城区，统筹和集中布局教育、卫生、科技、文化、体育等公共资源和基础设施，立足鲁南实际，突出欧情山城的品味和特色，中学为体、西学为用，建设山亭区政治经济文化中心。“两轴”就是境内十字交叉的店韩路和北留路两条省道，以两条中心轴为依托，借助天时、地利、人和的有利机遇，向南融入枣庄新城，向西对接“两高”和滕州，承接其经济辐射和产业转移，同时重点建设精品小城镇、特色项目区和生态文明村，打造城乡统筹示范带、工业经济隆起带和区域发展增长极。“一圈”就是以山亭区驻地为核心，贯通乡镇、辐射全域的“半小时经济生活圈”，形成城乡一体、统筹发展的新格局。

二是加快城市建设，聚集发展人气。以新一轮城市总体规划为指导，按照承载20万人口的目标，推进城市“东扩、西进、南拓、北控、中改”步伐。东部以汉诺庄园、市民中心、紫云湖、翼云湖为依托，建设文化娱乐、休闲居住等功能设施，实施引水入城、绿化硬化亮化等工程，打造文化休闲旅游区。西部以经济开发区为依托，沿北京路、青屏路向西拓展延伸，融合沿线乡镇项目区，实施城中村、城郊村改造搬迁，迅速拉开框架，提高承载能力。南部庄里水库移民安置房主体工程全部建成，海子村完成回迁上房；进一步将十字河开发与棚户区改造、河道治理、城市道路建设相结合，积极打造南部新区。北部以自然山体为依托，打造绿色生态屏障，规划建设北外环，在城区形成“十纵十横一环”的道路网络。中部以完善功能设施为重点，加快道路升级改造，提升供热供气能力，繁荣发展商贸服务，强化城市精细管理，打造成为人流、物流、资金流、信息流集聚的商贸居住区。

三是完善交通网络，畅通发展大道。建成山亭至枣庄新城BRT，完成店韩公路、济枣公路、枣徐公路山亭段改建，创造融入枣庄中心城区的有利条件。完成山滕一级路、山亭至京台高速连接线工程的建设，改造山亭至滕州客运线路，实现与京沪高铁、京台高速的快捷畅通。扎实推进“网化示范县”建设，基本实现“村村通硬化路”全覆盖和行政村公交客运全覆盖，山亭区被评为全省城乡交通运输一体化建设工程示范区。

四是实施“三位一体”，推进城乡统筹。按照“土地向合作社集中、农民向社区集中、社区向城镇集中”的思路，借助枣庄市被批准为国家农村改革实验区的契机，实施农村土地使用产权制度改革、新型农村社区建设和小城镇建设“三位一体”发展模式。建设区级农村土地使用产权交易平台，扩大农村土地合作社规模，加大信贷支持力度，推进农村土地规模化经营。完善农村社区设施配套，建设社区综合服务中心，让更多的农民住得进、住得好。牢固树立绿色发展理念，既要金山银山、又要绿水青山，既要当前效益、又要长远发展。推进小城镇基础设施建设，完善功能、提升品位、塑造形象，增强城镇产业和人口聚集能力。

2. 实施大招商，主攻大项目，打造集群经济强区。坚持“工业强区”不动摇，按照“振兴山亭靠工业、工业发展靠项目、项目承载靠园区”的工作思路，以新旧动能转换为抓手，全力推动高质量发展。

一是聚焦双招双引，不断扩大对外开放。紧盯山亭经济发展短板，把开发区建设和招商引资作为推动经济发展的关键。研究制定了“1+5”改革方案，启动编制开发区产业发展规划，山亭经济开发区在全省排名逐年前移。在招商引资上，紧盯高质量发展要求，坚持质量效益为先，研究制定了《山亭区招商引资项目准入若干规定》和项目审核准入流程图，创新实施“3+16”工作机制，招引了一批财税贡献大、科技含量高、节能环保好、辐射带动强的项目落户山亭。坚持引资引智并重，制定出台柔性引才10条政策，主动对接中国农科院、上海交大、武汉大学、山东农业大学、华中农业大学等高校院所，柔性引进“千人计划”“万人计划”高端人才5名，获评泰山产业领军人才3人、齐鲁友谊奖1人、枣庄英才5人。

二是聚焦动能转换，着力推动产业升级。紧紧抓住实体经济不放松，编制新旧动能转换重大工程《实施规划》和《行动方案》，确立“5+X”产业体系，建立了“3个3”保障机制，重点培植壮大文化旅游、食品加工、现代高效农业、新能源、新型建材、医疗康养、智能装备、新材料等优势产业。庄里水库、枣庄机场建设项目入选省新旧动能转换项目库。大力发展民营经济，继续实施中小企业成长计划，启动实施“双二十”企业培育工程，扶持企业建立研发和技术中心，推广应用先进适用技术，淘汰落后产能，改造提升传统产业，发展高新技术企业，争创知名品牌和著名商标。

三是强化帮扶推进，合力保障项目建设。以“抓发展就是抓项目、抓大项目就是谋大发展”的观念，做好项目建设。强化一线督查和节点考核，使重点项目推进成为一项常态化、制度化、责任化的工作。整治清理闲置土地，重点保障重大项目用地，把供地与项目投资强度、形象进度挂钩，实行分期供地，提倡多层厂房，促进土地集约节约利用。强化资金保障，把争取上级项目资金、盘活自有资金、调动银行资金、吸纳社会资金相结合，引导企业进入资本市场融资，有效破解资金制约瓶颈。

四是培育新型政商关系，优化营商环境。大力优化营商环境，积极推进“放管服”“一次办好”改革，进一步精简审批流程、提高办事实效，打通服务企业发展的“绿色通道”，培育了“亲”“清”新型政商关系，打造了“审批事项少、办事效率高、服务质量优、群众获得感强”的一流营商环境，在全省率先建成全覆盖电子证照系统。

3. 提升大农业，促进大增收，打造特色农业大区。坚持用工业理念谋划农业、工业成果反哺农业、现代科技提升农业，加快推进农业产业化进程，促进农业增产、农民增收、农村发展，实现山亭区由传统农业产区向特色农业大区的转变。

一是建设特色基地，壮大龙头企业。按照“优质、高效、生态、安全”的要求，深化农业结构调整，发展特色主导产业，推进区域化布局、规模化经营，建设优质林果基地、航空食品基地、出口农产品基地、观光农业基地。发挥优势，招大引强，吸引国内外知名食品、果品、饮料加工企业落户山亭；突出政策资金、信贷支持的导向作用，培植壮大莺歌食品、长红果品、润品源食品、春福盈豆制品等一批农产品加工企业，推进精深加工，提高产品附加值。

二是强化质量标准，拓展市场空间。抓住山亭区被评为省级出口农产品质量安全示范区的机遇，强化农产品质量检测监管，加大“三品一标”认证力度，提高农业标准化程度。引进优质高产良种，保持粮食稳定增产。培育农产品流通企业，采取农超对接、农批对接、农贸对接等模式，拓宽农产品销售渠道，提高农产品供给保障能力和市场竞争力。

三是加强基础建设，改善农村面貌。按照“全域建设美丽乡村，全域发展乡村旅游”的思路，大力实施“1+2+6”总体规划，生态文明乡村、乡村文明行动加速推进，城乡环卫一体化实现全覆盖，建成美丽乡村120个。落实国家各项强农惠农政策，确保专项资金及时足额到位。强化以水利为重点的农村基础设施建设，推进农业科技进步，优化农机装备结构，增强农业综合生产能力。

4. 发展大旅游，繁荣大文化，努力打造文化旅游名区。依托自然生态和人文历史两大资源优势，抓好生态、文化旅游，带动全区服务业快速发展。

一是做大品牌，强势推进精品旅游。按照“亭台古韵、欧情山城、灵山秀水、林海果园”的旅游形象定位，推动旅游业发展上水平、上档次，努力把山亭建成全省乃至全国知名的休闲度假旅游胜地。编制完成《山亭区全域旅游发展与提升规划》，重点开发以抱犊崮、熊耳山、莲青山、白莽峪、岩马湖、月亮湾湿地为龙头的生态山水游，以革命老区、郳国故都为内涵的红色、历史文化游，以火樱桃、长红枣、葡萄采摘节等节会活动为主体的休闲采摘游，以石板房、红山峪为依托的民俗风情游。做大做靓龙头景区，做活做特旅游节点，打造全域旅游品牌，开发特色旅游产品，拉长旅

国家级湿地公园—月亮湾湿地

游产业链条。山亭区荣登“2017 中国全域旅游魅力指数排行榜第九名”。

二是做活市场，突破发展文化产业。以建设“文化山亭”为目标，制定政策，搭建平台，成立文化产业发展有限公司，推进文化产业市场化运作，促进文化事业大发展大繁荣。银光文创园等 8 家企业纳入省级重点文化企业项目库，八路军抱犊崮抗日根据地遗址入选全国红色旅游经典景区名录。

三是做优结构，实现三产全面发展。培植壮大生活性服务业，建设超市、商贸中心，繁荣发展精品商业街、欧情步行街，引进星级酒店、商务宾馆，提高城市消费水平和档次。实施“万村千乡市场工程”，搭建农民生活服务平台。发展金融保险、商贸流通等服务业态，推进股份制银行、村镇银行和小额贷款公司在山亭设点布网。建设担保、评估等机构，建立多元化、多层次中介服务体系。做大做强翼云、骐骥集团，带动房产开发、物流运输等行业快速发展。

5. 改善大民生，确保大稳定，打造文明和谐靓区。牢固树立执政为民的理念，高度关注民情、改善民生、维护民安，全面提升人民群众的幸福感、安全感和满意度。

一是实施“富民型”民生工程。实施一批民生工程，拿出“真金白银”投向民生领域，确保民生支出占财政支出的比重持续增加，2017 年，民生事业投入 18.68 亿元，占财政支出的 85.2%。千方百计扩大就业，鼓励群众自主创业，支持发展劳动密集型产业和小型微型企业，多渠道开发就业岗位和创业机会。建立职工工资每年正常增长机制和支付保障机制，确保职工收入水平稳步提高，切实让老百姓就业机会多、创业门路广、工资收入高。

二是发展“普惠型”社会事业。完善城乡公共服务体系，加快实现公共服务均等化。坚持教育优质优先发展，在全市率先完成大班额化解工作，成功创建国家义务教育均衡县。深化医药卫生体制改革，在全市率先实施公立医院法人治理结构改革，不断提高人民医院管理和服务水平，满足群众高质量医疗服务需求。实施卫计基层基础提升三年计划，积极推进人民医院综合病房楼和妇保院新建改造。扩大社会保险覆盖范围，逐步提高城乡居民养老和医疗保险补助标准。加大经济适用房等保障性住房建设力度，逐步解决城镇低收入群众、新就业职工住房困难。

三是推进“服务型”社会管理。继续落实县级领导开门接访、机关干部定期下访制度，预防和化解各类社会矛盾。深化平安山亭建设，强化安全生产和食品药品安全监管，推进社会治安综合治理。加强精神文明建设，学习宣传“山亭精神”，广泛开展社会公德、职业道德、家庭美德、个人品德“四德”教育活动。加强对宣传舆论和思想文化阵地的管理，坚持以正面宣传和典型教育为主，注重网络舆情监测和引导，营造风正气顺、诚信文明、和谐稳定的社会环境。

6. 加强党的建设，引领科学发展。深入贯彻落实全面从严治党要求，扎实开展党的群众路线教育实践活动、“三严三实”专题教育和“两学一做”学习教育，引导党员干部切实增强“四个意识”，认真践行“两个维护”，为推动中央和省市委决策部署落地落实、加快山亭发展提供坚强保障。

一是加强自身建设。建设学习型领导班子，完善中心组学习制度，建立“山亭周末大讲堂”，定期邀请省内外领导、专家、学者来我区作辅导报告和讲座，增强理论学习的针对性、实用性和前瞻性，达到学以致用、指导工作的效果，区委中心组被评为全省先进县级党委中心组。健全完善区委常委会决策程序和议事规则，严肃两会一课、党内政治生活制度，增强班子的整体合力。严格落实意识形态责任制，建立联席会议制度，将落实意识形态责任制情况纳入区委巡察范围，形成党委领导、分级负责、齐抓共管意识形态工作的格局。提高党委统揽全局、协调各方的能力，积极支持人大、政府、政协依法履行职能，巩固壮大新时期爱国统一战线，加强人民武装、民族宗教、党校、党史、老干部等工作，充分发挥工青妇、工商联等群团组织桥梁纽带作用，形成团结一致干事业、齐心协力谋发展的良好局面。

二是加强干部和人才队伍建设。坚持“20 字”好干部标准选班子、配干部，推行公开选拔、轮岗交流等制度，认真落实激励干部担当作为的政策措施，完善容错纠错机制，切实让想干事的有机会、能干事的有舞台、干成事的有地位，营造了风清气正、干事创业的良好政治生态。

三是加强基层组织建设。认真落实基层党建工作责任制，深入开展创先争优活动，以“三创三促”（创群众满意窗口、创优质服务品牌、创优秀服务标兵，促问题解决、促科学发展、促形象提升）活动为载体，加大先进典型的表彰宣传力度，在基层党组织形成岗位创先、行业争优的良好氛围。实施“贫困后进村帮扶转化”和“以镇带村、镇村联动”工程，发展村级集体经济，促进后进村转化升级。健全完善党员参事会、村务监督委员会，推进党务、政务、村务“三公开”。聚焦重点区域、重点产业、新兴业态，建立“两新”组织党务工作人才库，全区非公企业和社会组织党组织覆盖率分别达到 99% 和 93%。

四是加强党风廉政建设。严格落实党风廉政建设责任制，大力开展警示教育和廉政教育，引导党员干部对待权力要有谨慎之心、对待名利要有平常之心、对待监督要有坦荡之心，筑牢拒腐防变的思想防线。强化巡察、审计工作，严肃查处各类违法违纪案件，坚决纠正损害群众利益的不正之风。组织开展了 5 轮区级巡察，先后巡察镇街、区直单位和国企 45 个，反馈问题 514 个、移交干部问题线索 174 条，进一步压紧压实了全面从严治党的政治责任。

二、改革开放取得的主要成就

改革开放以来，山亭区历届领导班子带领人民群众扎根山区、自强不息、艰苦创业，闯出了一条从无到有、从贫困落后走向繁荣富裕的发展道路，这块古老而又年轻的土地发生了翻天覆地的变化。

（一）*逐步摆脱“一穷二白”的落后面貌，国民经济实现历史性跨越*。建区之初，山亭区是一个典型的农业区，工业经济几乎空白，全区工农业生产总值仅有1.58亿元、地方财政收入430万元，经济基础十分薄弱，1985年被列为全国和全省的重点扶贫县，2003年被列为全省30个经济欠发达县之一。在改革开放30多年的历程中，山亭区经济实现了由农业主导向一二三产业协调发展的重大转变。工业经济形成了食品加工、新能源、机械制造、纺织服装等特色产业集群，培育了华邦、翼云等国企集团，建成华润纸业、北新建材、银光精纺、莺歌食品等规模以上工业企业148家；省级经济开发区规模扩大到26平方公里，落地企业58家，成为招商引资和产业聚集的重要载体。

农业实现了由传统粗放型向特色高效型的转变，被列为国家农村改革试验区。第三产业由单一匮乏的传统服务业膨胀升级为丰富多元的现代服务业。2017年，地区生产总值达到145亿元，固定资产投资达到121亿元，地方财政收入达到5.0亿元，分别是区划时的79倍、610倍、116倍。全区经济总量迅速膨胀，综合实力明显提升，发展的底气和信心越来越足。

（二）*基础设施日臻完善，城乡面貌日新月异*。建区以来，山亭区不断加强对基础设施和基础产业的投资。加快了城镇化进程，社会治安、道路、供水、排水、供气、集中供热、垃圾处理、地下管网改造等基础设施显著改善，第三产业服务功能明显提升，区容大环境和居民生活小环境都有明显改观。为进一步加快新型城镇化进程，按照“鲁南欧情山城、生态休闲家园”的城市定位和“西工、中商、东文”的功能分区，连续开展了“城市建设年”“城建提升年”“城市管理年”活动，重点实施道路畅通、碧水绕城、设施提升、园林绿化、住房保障、环境整治、建筑改造、镇村建设“八大工程”、100余个城建项目建设，构建了“八纵八横”的城市路网，城区框架进一步拉开。城乡道路畅通便捷，通车里程达到1396公里，是建区之初的15倍。建成新汽车站，开通山亭至枣庄新城BRT、山滕城际公交等公交线路17条，镇街公交通达率100%。繁荣发展文化旅游和商贸服务业，“两山、两镇、一区、一园、一湿地”龙头景区建设成效明显，抱犊崮－熊耳山5A级景区提升项目加快推进，翼云石头部落、柜族部落、小邾国故城遗址公园、八路军抱犊崮抗日纪念园和王家湾－峄县抗日民主政府旧址正式运营，国家4A、3A级景区发展到9家。创建省级乡村旅游特色村28个、好客人家星级农家乐104家，乡村旅游改革试点经验全省推广。大力发展商贸、养老、金融、电子商务等业态，贵诚购物中心、山亭商贸城、格林豪泰商务酒店运营良好，银光福源养老中心即将建成启用，枣庄银行山亭支行、工商银行山亭支行、山东产权交易中心鲁南（山亭）分中心、山东文化产权交易所枣庄分中心落户我区。建成区镇村三级电子商务服务网络，发展电商企业450家、网上店铺1130家。山亭从建区之初的“孤零零几座楼、一条土路望到头”的山区小镇，正在逐步发展成为特色鲜明、功能完善、环境优美的幸福家园，亭台古韵、欧情山城的大好美景展现在世人面前。

（三）*农业农村发展实现历史性突破，走出了一条农民持续增收的新路子*。建区之初，全区农民人均纯收入仅为143元，76%的农户、28万人不得温饱，15万人缺水吃，1/3的村水、电、路不通。为改善恶劣的农村生产生活条件，全区干部群众“甘吃天下苦”，打响了扶贫开发攻坚战，年复一年大搞山水林田路综合治理，到1989年胜利完成了42个山顶村搬迁，到1996年实现整体脱贫。目前基本实现村村通电、自来水、柏油路、电话、广播电视，全区森林覆盖率达到51.1%，位居全省前列。昔日的“穷山恶水”已变成“灵山秀水”“林海果园”。以“敢为天下先”的气魄，探索实施农村改革。1993年敲响了全国荒山拍卖的第一锣，掀起了一场林权改革；2008年，实施农村土地使用产权制度改革，在工商部门注册了全省第一家农村土地合作社，颁发了全国农村土地使用产权第一证。截止2017年底，农民合作社（家庭农场）发展到1112家，规模经营土地面积27.6万亩，“三位一体”的改革模式在全市推广。2014年以来，“五级联动、百村突破”活动扎实有效，省市区三级515名“第一书记”帮扶全区102个薄弱村，协调实施各类项目1840

山亭城区全景

个，累计争取资金、物资折款4.83亿元。全区农村面貌发生巨大变化，广大农民走上了增收致富的康庄大道。

（四）群众生活实现历史性改善，开创了和谐社会建设的新局面。山亭人民对幸福生活的追求始终不渝，各级党政对民生的关注倾斜始终不变，人民生活实现了由贫困到温饱再到总体小康的根本跨越，学有所教、劳有所得、病有所医、老有所养、住有所居的幸福生活，正从老百姓的期待一步步变成现实。2017年全区城镇居民人均可支配收入达到20606元、农村居民人均可支配收入12061元，分别是建区时的43倍、84倍。创新实施“3+3+X”精准扶贫模式，全力打好脱贫攻坚战，全区累计脱贫18677户、31579人，全国旅游扶贫培训会议、全省就业扶贫推进会议、全市产业扶贫暨项目提升推进会议先后在山亭召开。实施“教育设施提升三年计划”，化解大班额工作走在全市前列，改建学校36所、建成标准化学校89所，区实验二小、实验四小、新纪元小学建成使用。完成“两通一改三年计划”，实现所有行政村通硬化路、通自来水和电网升级。稳步提高社会保障水平，城镇登记失业率控制在2.6%以内，城乡居民基础养老金、城乡低保标准和“五保”供养标准进一步提升。医药卫生体制改革稳步推进，区人民医院晋升为二级甲等医院。深入开展食品药品安全监管，保障了人民群众“舌尖上的安全”。人口自然增长率控制在7.6‰以内。深入开展“四四五”文化惠民工程，群众精神文化生活日益丰富。加强和创新社会治理，社会治安防控体系不断完善，视频监控实现全覆盖。狠抓安全生产和信访维稳，巩固和保持了和谐稳定的社会环境。全市群众满意度调查实现考核以来的“七连冠”。

三、经验与启示

（一）坚持“发展才是硬道理”。致力于区域经济繁荣和发展，是区委和各级党组织始终不渝的政治信念。各级各行各业各单位始终坚持排除各种干扰，牢牢扭住经济建设这个中心，高扬发展这个主旋律，不管东西南北风，咬住发展不放松。在治理整顿和宏观调控期间，不盲目追风赶浪，而是面对实际，积极寻求最佳结合点，在经济发展面临诸多困难的情况下，全区上下，精诚一致，咬紧牙关攻难点，下定决心抓发展，新城平地而起，工业迅速壮大，农业迅猛发展，国民生产总值、工业产值、财政收入都以翻番的速度增长。30多年的实践使我们深深体会到，千道理万道理，只有发展才是硬道理，经济发展是兴业安邦的根本。

（二）坚持培育和弘扬山亭精神。山亭精神是兴区之魂，从建区之初的“扎根山区、艰苦奋斗、无私奉献、开拓创新”，到“开放包容、诚实守信、团结务实、敢为人先”，再到今天的“敢为天下先、甘吃天下苦”，山亭精神一脉相承、与时俱进、薪火相传，激励了一代又一代山亭人攻坚克难、奋勇向前。山亭精神已经成为全区人民宝贵的精神财富和维系全区人民团结奋斗的强大精神支柱和思想动力。加快改革开放的步伐，创造文明富裕的未来，仍然需要继续弘扬山亭精神，激励我们以更高的热情，更大的气魄，投身到改革开放和经济建设之中，加快实现经济强区的宏伟目标。

（三）突出山亭特色，创造性地开展工作。坚持把党的方针政策和上级党委政府的指示、决议创造性地贯彻执行，谱好自己的“曲”，唱好地方“戏”，创造性地开展工作。为了尽快改变全区贫穷落后的面貌，缩短与先进地区的差距，响亮地提出了“高标准起步、跳跃式发展”的战略方针，揭示了具有普遍意义的经济和社会事业发展的捷径。继而又提出了“工业立区、乡企立富、工农结合、城乡一体”的新思路，丰富和强化了跳跃式发展的内涵。由此，冲破了山区人民封闭保守的陈旧观念，山区经济和社会发展发生了奇迹般的变化，成为全国、全省扶贫区县的先进典型。实践证明，不唯书，不唯上，只唯实，务实求实，创造性地开展工作是马克思主义的认识论和方法论，是做好工作，开创新业的真谛，是不可违背的客观规律。

（四）走可持续发展的道路，既要“金山银山”又要“绿水青山”。要坚持生态立区、绿色发展不动摇，坚持在保护中发展、在发展中保护，不断促进山亭经济社会健康协调可持续发展。做好环境生态的文章。要像保护眼睛一样保护生态环境，像对待生命一样对待生态环境，大搞植树造林和荒山绿化，不断提升森林覆盖率和空气质量优良率，让山川遍染绿色，让天空湛蓝清新，让居民健康长寿。做好产业生态的文章。继续叫响“美丽山亭，拒绝污染”的口号，坚决守住发展底线和生态红线，决不上高污染、高耗能的项目，下大力气“治水”“治气”、狠抓节能减排，切实保护好这片青山绿水。做好生活方式生态的文章。统筹推进生态文明乡村建设、乡村文明行动、城乡环卫一体化、乡村连片治理和小城镇改貌工程，稳步实施“四德”工程建设，积极倡导勤俭节约、绿色低碳、文明健康的生活方式，进一步培育良好的社会风尚。

（五）强化党的建设，做好各项事业发展的根本保障。事业成败，核心在党，关键在干部。要贯彻落实全面从严治党要求，切实加强和改进新时期党的建设，提高党的建设科学化水平，增强各级党组织的创造力、凝聚力和战斗力，打造一支为民、务实、清廉的党员干部队伍，形成全区上下干事创业的强大合力。

审稿人：毕志伟
撰稿人：甘　毅

生态山亭建设历程及启示

枣庄市山亭区自1983年建区以来，在市委、市政府的正确领导下，立足山亭实际，坚持走“生态立区、绿色发展”之路。让生态优势转变为经济优势，把生态资源转化为发展资本，走出了一条生态宜居、群众幸福、绿富共赢的崛起之路。生态山亭建设的历程，既是山区人民不屈不挠与命运抗争、向穷山恶水开战的历程，也是干部群众思想不断解放的历程，更是全区人民对生态建设认识不断深化，机制不断健全，制度化、法制化、科学化不断建立的历程。经过30多年不懈奋斗，生态山亭建设取得骄人成就，山亭区成为鲁南重要生态屏障，山亭知名度、美誉度不断提高，山区人民幸福指数不断提升。

一、山亭生态建设的历程

（一）生态建设起步阶段(1983年12月—1987年)

1983年12月，经山东省政府批准，枣庄市原齐村区北部6处公社和滕县东部8处公社组合成立山亭区。山亭区既是新划区，又是纯山区，也是国家级贫困区。“山多草木稀、地薄产量低、沟壑到处有、水过扒地皮”，就是区划时自然状况的真实写照。山亭区总面积1018平方公里，山地丘陵面积88.6%，区内大小山头5000多个。建区之初，由于生态观念不强、缺乏长期治理，森林覆盖率只有19%，生态环境恶劣，水土流失严重，全区38万人口中将近28万人处在温饱线以下，15万人缺水吃，541个行政村中有三分之一的村水电路不通，农民人均收入只有143元，人民生活极度困难。面对贫穷落后的城乡面貌和脆弱的生态环境，区委、区政府向全区人民发出了向穷山恶水开战的宣言，把发展林业、畜牧业、高产高效农业和庭院经济作为生态建设的优势产业，大力开展水土保持工作，拉开了山亭区生态建设的序幕。

1. 大力发展林业。面对山亭区贫困状况和恶劣的生态环境，区委、区政府带领全区人民从山亭实际出发，把发展林果业作为富民兴区的战略任务，把林业建设同发展地方经济、增加群众收入、改善生态环境相结合，不断掀起植树造林的高潮。1986年，山亭区试点在林业生产中实行党委书记、乡镇长、分管乡镇长、农委主任、林业站长五位责任人制度。1986年，水泉率先在辖区内实施五位责任人制度。这一制度的实施，对林业发展发挥了重要作用，水泉一跃成为全区绿化先进乡镇。1986年7月，区委、区政府总结水泉的成熟做法，制定了在全区实行林业生产五位责任人制度实施方案，明确了五位责任人，建立了奖惩和考核制度，对五位责任人实行考评机制。1986年7月15日，区委、区政府召开了现场会，全面部署推行五位责任人制度，并与全区70位五位责任人签订了目标责任书。为总结绿化工作经验、制定一个时期林业工作总体规划，1987年7月3日，区委、区政府召开全区林业现场工作会议。会议总结了建区近四年的林业工作经验，确定了林业工作重点，要求大力发展林果业，抓好果树管理，充分利用雨季大好时节，掀起雨季造林高潮；大力发展林果业，改变山区面貌，提高山区人民生活水平。

在造林绿化工作中，山亭区坚持“四种形式”、落实“三个结合”、完善“三项开放政策”，即“四三三”造林绿化工程。四种形式：一是统一开发，集体经营。对规模较大、一家一户难以治理的“骨头山”、成片荒山由乡镇统一组织，协同会战以工换工，逐年找平。转圈推磨，滚动治理、一治一座山、一治一个流域。统一规划，统一施工，统一质量标准，统一供应苗木，统一检查验收。定地段、定任务、定质量、定奖惩和包整地挖穴、包栽树、包成活。二是集体开发，对已承包到户、面积较大、治理困难、无力经营的承包山，改农户分散治山造林为集中会战造林，由乡镇、村统一组织实施，原承包经营权不变。三是以肥补瘦，以山下带山上。由集体划给承包户一定面积的二坡地、山边地用于果树扩大积累，增加荒山投入，以经济林促防护林。四是以户为主开发，对于距村较远的荒山，支持鼓励有能力的农民上山定居承包治理，集体给予一定补助。三个结合：按照“开发规模化、治理综合化、造林科学化、发展整体化”的要求，一是坚持绿化同小流域治理的结合；二是坚持造林绿化同经济效益的结合；三是坚持造林与扶贫开发相结合。三项政策：一是承包政策。本着长期稳定、适当调整、逐步完善的原则，完善承包制度，让农民吃上定心丸，促进林业持续发展。二是投入政策。每年全区用于林业生产的资金不低于500万元，投工不低于600万个。三是奖励政策。规定山林承包户5年不交承包金，承包期不少于20年，严格履行合同，确保农民合法权益不受侵犯。通过实施“四三三”造林工程，山亭区林业发展突飞猛进。1984年至1987年，森林覆盖率每年提升5个百分点。

2. 大力发展畜牧业。畜牧业是山亭区传统产业，是农村经济的重要增长点，也是山亭农民增收的重要手段。为调动农民发展畜牧养殖的积极性，建区之初，区委、区政府就出台了鼓励农民从事养殖业的各项优惠政策，如提供畜牧良种，办理小额贷款，优先使用土地，奖励农药、化肥等。建区之后，区委、区政府立足山区资源优势，积极探索发展畜牧业的路子，1986 年 8 月制定了《山亭区畜牧业发展十年规划》，制定了 10 年发展目标，明确了畜牧业发展的措施。其基本方针是立足实际，稳步发展，多措并举，力求实现产业化、规模化。20 世纪 80 年代的山亭区广大农村，文化落后、信息闭塞，畜牧养殖还处于传统阶段，品种老化、观念落后、思想固化、科技意识差、市场观念不强、经营方式单一，很难有大的发展。针对这种局面，1987 年，区委、区政府提出了“科技兴牧”的发展战略。山亭区面向社会招聘畜牧专业人才，建立健全畜牧兽医服务体系，逐步形成以区畜牧局为中枢、以乡镇兽医站为骨干，以村级科技示范户为基础，以各种协会、研究会为补充的“科技兴牧”战略格局。以大力发展食草家畜为重点，形成牛、羊、禽、兔全面发展的新格局，逐步建立起十大养殖基地。多措并举推动畜牧业向产业化、规模化发展，并引进外资先后建成了肉联厂、羽绒厂、毛纺厂、乳制品厂、皮革厂等一批骨干企业，带动了山区经济的发展，畜牧业占全区经济总量的比重逐年增长。

3. 大力发展庭院经济。庭院经济是利用农民自己庭院及房前屋后的零星地块，以发展种植、养殖和农副产品加工业等的统称。大力发展庭院经济、鼓励农民在房前屋后种植经济作物，既美化了环境，又发展了经济，同时也增加了农民收入，促进了生态的良性发展。山亭区农家庭院普遍较大，且大多闲置，总面积达 5000 万平方米，利用潜力巨大。20 世纪 80 年代至 90 年代初，山亭区立足山区实际，积极鼓励农民发展庭院经济，主要包括以种植樱桃、花椒、核桃、大枣、板栗、葡萄为主的种植业和以养兔、养牛、养羊为主的养殖业，以及以地瓜枣加工为代表的农副产品加工业。1989 年，区委、区政府出台了《关于加快发展农村庭院经济的意见》，对全区农村庭院经济开发的指导思想、任务目标、示范村户标准、扶持政策、保障措施等作出了明确的规定和部署。《意见》制定了五条措施：一是明确乡镇长为第一责任人；二是把发展庭院经济纳入年度考核范围；三是按照庭院发展规模给予一定额度的贷款扶持；四是根据年度考评给予奖惩；五是对荒废庭院收取使用费或收回。《意见》出台后，各乡镇都根据各自实际制定了实施措施。各项措施的实施，充分调动了广大群众发展庭院经济的积极性，全区 60% 以上的庭院被利用起来。在庭院的利用上，做到宜果则果、宜畜则畜、宜工则工。山亭镇庭院经济发展以栽植花椒、加工地瓜枣为突破口；水泉镇、冯卯镇以种植大樱桃为龙头；店子镇以发展种植大枣和长红枣深加工为重点；半湖乡以种植葡萄、丝瓜为重点；徐庄、辛召则以养牛、养羊发展畜牧养殖为主攻方向。全区形成了各具特色，种植、养殖、农副产品加工等全面发展的庭院经济格局。1988 年底，全区庭院经济规模户达 5000 多家。庭院经济的发展增加了农民收入，加快了山区脱贫致富步伐，也改善了农村的生态环境，促进了美丽乡村建设。随着社会的进步和经济的发展，山亭区的庭院经济向产业化、规模化发展。

4. 大力治山治水。改革开放之前，党发动群众进行了农田水利基本建设，群众生产生活条件得到一定改善，但山区人民行路难、吃水难、用电难、通讯难的问题没有得到根本解决，水土流失严重、生态环境日益恶化的局面没有得到根本遏制，严重制约了经济的发展。面对这种局面，1987 年 6 月，区委、区政府发出了“宁可苦干、不可苦熬，向穷山恶水开战”的总动员，从小流域治理起步，以增强农业后劲，改善生态环境、生产条件为目标，开展治山、治水工程。根据区委、区政府的部署，从 1987 年起，每当“三秋”生产结束，就全面转战组织人员开展农田会战，立足改变山区交通条件、通信条件、灌溉引水条件和生态环境。一是治山。以小流域为单元，按流域连片开发山水林田路综合治理。二是兴水。坚持以小型为主、配套为主、当年见效为主、解决群众吃水为主，大搞渠系配套，发展节水灌溉，挖掘地下水源，增加有效灌溉面积，对贫水区乡镇实行蓄、挖、截、提并举，大搞小塘坝、落水池等拦河、蓄水工程。部分贫水村庄实行借地打井、联村供水。截至 1987 年底，全区累计投资 1.3 亿元，投工 6200 万个，打深井 1100 眼，新增改善扩大灌溉面积 1.2 万亩，解决 230 个村、1.5 万人的吃水困难。三是修路。打开山门，畅通人流、物流及信息流。山亭区把道路建设作为改善生态环境的重要举措，坚持劳务投入和资金投入相结合，以拓宽改造干线分路为重点，加快村乡林公路建设。1984 年至 1987 年的 3 年间，投入资金 5000 多万元，新修及拓宽公路 500 多公里，硬化路面 100 多公里，形成了内外相连、四通八达、村村通机动车的公路网络，大大改善了山区生产生活条件。

（二）生态建设全面开展 (1988—1994 年)

全区生态环境大改善为今后各项事业的发展及山亭生态全面建设奠定了坚实的基础。经过四年的努力，山亭的经济和各项事业有了长足的发展，但经济基础薄弱、生态环境脆弱、群众生活困难的局面并未彻底改变。面对严峻的形势，1988 年，区委提出“高标准起步、跳跃式发展”的发展思路和“扎根山区、艰苦奋斗、无私奉献、开拓进取”的山亭精神，掀起了兴修农田水利、大搞山区综合开发的高潮，生态建设也由此全面展开。

1. 开展大规模山水林田路综合治理。山亭区委、区政府在总结前几年农田水利基本建设和荒山绿化的基础上，1989 年 6 月，制定新一轮治山治水总体规划，向全区人民发出了“向贫困开战，向穷山恶水开战，宁可苦干，不可苦熬”的总动员，要求把治山治水，改善生态环境、生态条件作为一项长期任务常抓不懈。区委、区政府制定的总体规划要求每个乡镇管理区、村都要制定治山治水详细规划；八九月份开始规划，十月份转战，冬季大干，对重点工程坚持长年不断；以小流域为单元，山水林田路统一规划设计，统一组织施工；植物措施和工程措施相结合，以坡改梯、拉河坎、水保林、蓄水池为主要建设内容，一治一座山、一治一个流域。为贯彻落实区委、区政府的安排部署，1989年10月，全区14个乡镇全部成立了农田水利基本建设指挥部，组织专业队伍，吃住在山上，歇人不歇马，日夜奋战，形成了全民参与、上下联动、集中会战、突出重点的局面。按照山顶侧柏、山腰林果、平地良田的治理模式，对重点工程重点流域采取区级或乡镇会战的方式集中力量“啃硬骨头”。冯卯镇英雄岭附近流域、山亭镇岩底流域、水泉镇围泉流域等是治理的难点重点，区乡（镇）两级集中力量规模治理，坚持不懈，连片开发，生态面貌得到彻底改变。从1988年10月至1994年10月间，全区通过努力，累计投工21.5亿个，投资2.5亿元，完成各类工程5000多项，建设高标准梯田15万亩，治理小流域600多平方公里，新建经济林15万亩、绿化林10万亩，森林覆盖率提高了10个百分点，生态环境得到彻底改善。

2. 探索农村土地经营权改革。土地实行大包干，充分调动了农民的种田积极性，但一家一户种庄稼，土地不能流动，一些问题和矛盾也逐渐显露出来，在山区生态治理上很难发挥政府的主导作用，连片治理阻力重重。1993年，山亭区徐庄镇探索实行的荒山拍卖，对农村土地经营权改革作了有益尝试。敲响全国荒山拍卖第一锣的是徐庄镇湖沟村，这一“锣”，打破了荒山土地使用权分配制度上的平均主义，最大限度地调动农民开发荒山的积极性、主动性。荒山拍卖第一锣的敲响也标志着山亭区林权制度改革的开始，加快了生态建设的步伐。湖沟村第一批中标的79户农民承包了该村1350亩荒山，并与村委会签订15年的荒山承包使用权合同。承包户吃住在山上，全家老小总动员，不分昼夜拼命干，不到5年的时间，昔日的荒山已变成板栗、花椒、核桃满山坡的花果山。湖沟村荒山承包户仅林果业收入都在4万元左右。《农民日报》、中央电视台焦点访谈节目先后对荒山拍卖作了报道，在全国引起强烈反响。1994年初，山亭区农业、林业等部门总结了徐庄镇的做法，对荒山拍卖程序、合同签订进行进一步规范，明确了权利、义务和法律责任。1994年，区委、区政府在徐庄镇召开土地经营权改革现场会，在全区推广徐庄镇的做法。会后，各乡（镇）根据各自实际，选择一个村进行试点，于年底全面铺开。“荒山拍卖使山定权、树定根、人定心，让荒山披绿，包袱变财富，把大山唤醒，使荒山巨变。”据统计，仅徐庄镇就拍卖荒山8000多宗土地。通过拍卖，全区荒山均找到了主人，焕发生机，改变了模样。荒山拍卖开发对生态山亭建设具有里程碑意义。

水泉镇朱山流域

3. 实施中德粮援项目。中德合作山东粮援项目是由德国政府提供无偿援助，由中德双方合作实施的营养保障项目，重点解决山区饮水、发展节水灌溉、治理水土流失及修路、架电等基础设施建设。中德粮援项目实施之前，山亭区农村生产生活基础设施建设全靠自己的力量，缺乏资金、技术、人才，工程标准低、效益差。1994年，山亭区争取到中德粮援项目，立即成立有多个部门参加的领导小组，并成立“中德粮援项目指挥部”着手进行规划设计。严格按照中德双方专家的要求，结合山亭实际以便于管理，能充分发挥效益；以切实做到项目带动一片、辐射全区的潜在作用为出发点，力争做成精品工程，示范带动全区治山、治水工程开展。为真正使粮援项目落地生根开花结果，1994年3月，区里成立了中德粮援项目办公室，配全配齐专业技术人员，全力以赴抓好项目实施。该项目主要集中在东部青山山区，水资源条件差，制约因素多。在项目实施过程中，资金配套难是工程实施的一大难题。项目办通过向上争取一点、向下集资一点、社会捐助一点等措施，保证配套资金到位，另外还有用地、技术等困难一一得到解决。中德粮援项目进展快、质量高，得到中外专家的一致好评。

中德粮援项目主要解决的是地质地貌条件最差、工程难度最大的硬骨头工程，主要集中在山亭东部项目区。项目内容主要是：建蓄水工程、扩大灌溉面积，打深眼井、架设自来水管道，解决群众吃水难；实施水保工程、治理水土流失，修建生产路改善生产条件，栽植绿化林及经济林，改善生态。工程技术人员坚持高标准、高质量、严要求，科学论证、统一规划。严格工作程序，把好设计关、选址关、施工关、验收关。项目实施6年，总投资4800万元，解决了10万人吃水难题，惠及100多个村庄，扩大灌溉面积5000余亩，100多平方公里的水土流失得到彻底治理和控制，栽植各类树苗2000万株，修建环山路362公里。中德粮援项目在山亭区的成功实施，积累了大量水利工程建设、流域治理和荒山绿化的工作经验。与此同时，在工程实施过程中，山亭也学到了德国先进的生态建设理念和环境保护意识。这种经验在当时是十分先进的，也是十分宝贵的。实施中德粮援项目为生态山亭建设作出了重要贡献。

4. 大力开展小流域治理。水土保持是生态建设的基础和关键，治理生态环境必须先治理水土流失。1986年，区委、区政府按照“预防为主、全面规划、因地制宜、加强管理、注重效益”的水土保持工作方针，制定出台了《山亭区水土保持实施方案》。《方案》明确了指导思想、总体思路、治理目标、技术措施和奖惩意见。《方案》指出，要立足山亭实际，以改变穷山恶水为目标，以实行山水林田综合治理为重点，彻底遏制水土流失的状况。根据《方案》要求，水土保持和农田水利基本建设结合起来，同土地开发整理结合起来，共同推进，全面开展水土流失治理。水土保持以小流域治理为单元，山水林田路统一规划设计，植物措施和工程措施相结合，以坡改梯、建拦河坝为主要建设内容，采取大规模综合治理、连续治理和集中治理的措施。积极向中央、省、市争取资金，带动水土保持全面发展。经过十几年的努力，截至1994年底，山亭区治理小流域30多条，治理水土流失350平方公里，其中坡改梯20万亩，建拦河坝380座、蓄水池600座，修建环山路250公里，生态环境不断得到改善。

（三）生态建设向纵深发展（1995—2007年）

经过10多年的努力奋斗，山亭区城乡生态面貌发生了彻底改变。全区林木覆盖率达到54.6%，水土保持取得很大成效，林果业发展迈入良性发展的轨道，生态农业走出了坚实的一步。区委、区政府审时度势，在林业生产、发展现代农业、环境保护及城市建设上制定更高目标，全面启动生态乡镇建设和创建省级生态示范区活动，生态建设向纵深发展。

1. 调整林业生产结构。建区10年后，通过全区上下共同努力，山亭区基本实现消灭荒山的目标。如何使林业再上一个台阶，使林业生产适应市场经济的转变，发展高产、优质、高效林业，1997年3月，区委、区政府进行了认真的规划和布局，确立了立足山区资源优势，顺应市场需求，以经济效益促林业发展，以科技进步为先导，大力发展林果业的指导思想。1997年3月，按照宜林则林、宜果则果的原则，进一步调整林业生产结构，大力发展综合林业。实施科技兴林战略，提高林业科技含量，在大力加强林业科技成果推广的同时，把成果推动与建基地、办产业化结合起来，与发展优质高效林业结合起来，力争用10到15年的时间，形成“山上侧柏戴帽、山腰刺槐花椒、山下苹果梨桃、坝堰板栗大枣”的林果业格局。

为此，1997年6月，区委、区政府制定了《山亭区林业发展十年规划》。《规划》提出在10年内实现绿化率再增加5%的目标。按照区委、区政府提出的实施“林海果园”的发展战略，全区上下在进一步巩固绿化成果的基础上，进一步调整林业生产结构，林业生产内涵得到进一步丰富，绿化林业向产业林业、致富林业、经济林业转型。全区各乡镇立足自然条件，发展特色林业。水泉大力发展冬桃、火樱桃；徐庄大力发展板栗、核桃；店子大力发展长红枣；半湖大力发展葡萄；山亭徐庄等乡镇大力发展花椒。各乡镇有各自的种植产业基地，各村有自己的种植特色。通过四年的努力，1999年全区果树面积发展到38万亩，比1984年翻了一番，果品总产量达到9.8万吨，果品总产值达1.68亿元，初步形成了以苹果、梨、板栗、柿子、冬桃、大枣、油桃、核桃、花椒为主的十大名优干鲜果品生产基地。

为巩固造林绿化发展成果，实现可持续林业发展目标，山亭区高度重视依法治林，切实加强了森林资源的保护和管理。从1998年3月起，建立健全了林业执法机构，坚持严格执法，加强林政管理。全区木材采伐、林地征用、占用、林业政策宣传等走上了法制化、规范化轨道。为保护绿化成果，划定封山育林区，持之以恒地抓好封山育林，根据国家、省、市封山育林规定，1995年，区政府发布《封山育林布告》《封山育林令》。《封山育林令》要求，严禁非法放牧，严禁乱砍伐，严禁非法开荒，严禁非法建设。《封山育林令》的实施，有效地保护了林地，保证了植树造林的成活率。乡镇村制定了乡规民约，全区制定了封山育林规划，对封山育林区实行划界定桩、建立健全封山育林管理体系，做到区里有督查队、乡里有护林队、村里有护林员。实施科学的森林防火和病虫害防治，全区森林得到有效保护。

2. 加强环境保护工作。为适应环境保护和生态建设的需要，区委、区政府对环保工作体制机制进行了加强和完善。1997年8月，区环境保护局与区建委脱钩，成立一级局。环保局成立后，随后成立了执法监察大队，各乡（镇）成立了环保所，形成了执法网络。开展环境执法，实行建设项目审批，查处违法排放，进行环境整治。关停一批污染严重的小企业，淘汰部分生态工艺落后的企业，采取综合措施综合利用煤矿高碳石，减少工业废弃物污染。取缔、关停小煤井、小水泥等污染严重企业，对水泥企业的废气进行治理。全面落实科学发展观，紧紧围绕生态区建设这一目标，突出水和大气污染防治两个重点，严格落实环境影响评价制度、污染物排放总量控制制度和环境目标考核制度。到1997年底，全区58家重点工业、企业污染物全部实现达标排放，化学需氧量、二氧化硫排放量分别下降18.5%和19.6%，出境河流断面水质全部达标，空气质量连年优良率达100%，山亭区

府前路

成为枣庄市空气质量最好的城区，被誉为枣庄市的“后花园”。2004年，山亭区被国家环境保护局批准为第九批生态示范区建设试点单位，被生态省建设领导小组批准为第一批14个生态县建设示范县之一。

3. 城市建设上坚持突出山区特色。由于山亭区是新成立的区，又是国家级贫困区，山亭城市建设起步晚、标准低、欠账多，基础设施配套不完善，城市绿地少，绿化不达标。2002年，区政府确立了“生态、山水、休闲、宜居”的城市发展定位，全面开展园林城市创建活动，下大力气加大城区道路绿化建设，加快实施世纪大道、长江西路扩宽改造和绿化、美化、亮化，先后建成太清湖、凤鸣湖和双山公园，建设城市绿化苗木花卉培训基地，加大城市和小城镇绿化力度，城镇绿化率达36%。实施城市美化亮化工程，积极开展省级卫生城市创建。在实施省级卫生城市创建过程中，区委成立了由建设、土地、环保、卫生、爱卫等部门组成的领导小组，实行领导包片、责任追究的创卫机制。同时加大对城市法规的宣传和执法力度，对市容市貌进行综合整治，进一步完善了城区保洁责任制，落实了门前“三包”责任制，城市主次干道、居民小区实行全日保洁，垃圾日产日清，无害化处理达到100%。为不断完善基础设施，提升城市功能，2006年，投资1600多万元实施拆墙透绿工程。该工程全长2100米，拆除42家单位围墙，腾出空间进行绿化。实施城市道路硬化、绿化、亮化，加强配套设施建设。

4. 全面启动生态文明镇村和生态文明区建设。2004年，根据省市要求，山亭区全面开展了生态文明镇创建活动，店子、水泉、徐庄、北庄等乡镇被率先列入枣庄市试点。各创建镇以建设美丽乡村、共享美好生活为目标，确立了“典型示范、特色争创、整体推动”的工作思路；根据镇、村实际，制定切实可行的创建计划。按照“硬化、净化、美化、绿化、亮化”的要求，认真制定和严格实施村镇规划，彻底进行村镇卫生整治，实施村庄改制，推行使用新能源，发展沼气，因地制宜进行绿化美化。店子镇立足砂石山土地资源优势，大力发展长红枣、优质花生、冬桃等生态高效农业；徐庄积极探索土地产权改革，兴办土地合作社，积极发展乡村旅游；水泉做大做强火樱桃产业探索，通过举办火樱桃采摘节等系列活动，推动乡村游，带动生态建设；北庄积极利用旅游资源优势，发展以洪门葡萄为代表的特色农业；城头在创建生态乡镇的过程中，坚持做大做强豆制品产业，投资6000多万元打造月亮湾湿地，提升生态功能和旅游品位。这些乡镇在生态乡镇、生态村创建上立足实际，大胆创新体现特色，积累了可贵经验，为全区生态乡镇建设树立了标杆。

随后，山亭区积极创造条件，全力开展省级生态示范区创建活动，下大力气以创建为契机，推进全区生态文明建设再上新台阶，2007年，成功申报了全国生态试验区。为抓住全区生态发展难得机遇，进一步加强对生态山亭建设的领导，2007年12月，山亭区成立了生态山亭建设领导小组，制定了《山亭区生态区建设实施方案》。《方案》的主要内容是紧紧围绕全区经济社会发展中心工作，以巩固和提升生态建设的水平为目的，围绕改善环境质量，确保环境安全服务科学发展，强化工作建设、环境综合整治措施，保证环境质量大改善。山亭区明确了工作思路和保障措施，确定了工作重点，建立了创建工作考核奖惩和责任追究制度，与各乡镇政府和相关部门签订了目标责任书。全区上下统筹协调、上下联动，生态区建设如火如荼地开展起来。财政、林业、环保、水利、经贸等重要相关部门，按照各自分工，积极查找生态建设薄弱地带，找准问题症结，大打生态攻坚战，夯实生态基础。这一时期是山亭生态建设基础最牢、成效最显著的时期。

（四）生态建设向制度化、科学化迈进(2008—2012年)

24年持续不断的奋斗，使山亭区城乡生态环境发生了翻天覆地的变化。在经济和各项社会事业取得巨大成就的

拆墙透绿

同时，生态建设也取得令人瞩目的成就，生态效益逐步得到凸显。区委、区政府充分认识到生态建设的巨大潜力和优势、人民群众也在生态建设中尝到甜头，全区上下生态建设的主动性和积极性空前高涨。2008年，新一届区委、区政府上任伊始就把生态建设列入重要议事日程。2008年底，省级生态示范区顺利通过专家组验收，4月又代表枣庄市接受省政府对枣庄市生态市建设验收现场的考核，受到了省政府考核组的高度评价。2011年，山亭区被评为国家级生态示范区。

1. 着力农村生态建设。山亭区强化责任、加强领导、提升标准，生态区、生态乡镇创建向纵深发展。2008年底，山亭区被评定为省级生态区。多处乡镇也被评为省级生态乡镇，水泉镇积极向国家级生态乡镇冲刺。2009年2月，区委、区政府对前期创建工作进行了认真总结，肯定了成绩，指出了存在问题和不足，研究制定了全区创建国家级生态区的方案，调整了生态建设领导小组。方案制定的主要措施是启动柴林、西山腰、双山后等城中村改造；改造提升郲国路、长江路、香港街，打通硬化新源路、玄武路、汇丰路；抓好南部城区十字河水系开发，加快紫云湖建设；完成北留公路东段、枣徐公路山亭段绿化、美化；实施污水管网配套中水回用、企业污水处理等环保工程；加强市容市貌管理，营造优美舒适城市环境。围绕农村土地使用产权制度改革、特色农业发展、农田水利基本建设、生态文明乡村建设四条主线，加快由传统农业产区向特色农业大区转变。立足优势主导产业，着力建设林果基地、观光农业基地；培植农业龙头企业，推进精深加工，提高产品附加值。市级以上农业龙头企业达100家，投入17亿元实施防洪减灾、民生水利、水系生态修复。进一步加大绿化力度，实施全方位绿化。实施城乡环境综合整治，开展秀美村庄建设，大力改善农民居住、生活环境，农村生态面貌得到很大提升。

2. 加强城市生态建设，补齐生态短板。由于山亭区建区晚，经济条件差，城市建设先天不足、基础设施欠账多，城市生态基础薄弱，是全区生态建设的短板。2008年以来，区委、区政府一方面抓住乡村生态建设不放松，另一方面把工作重点放在城市生态建设上，查不足、补短板、还旧账。

实施“欧情特色、道路畅通、生态绿化、碧水绕城、城市宜居、设施提升”六大工程。从2008年起，进行了北京路、世纪大道、府前路、抱犊崮路、新源路、玄武路、汇丰路、汉诺路8条城市道路的延伸、改造、升级，总长度达到40公里，形成“八纵八横”的路网框架。打造建设汉诺庄园、市民服务中心，欧情特色初步形成。建设改造高标准生态小区12处、80万平方米。投资2.7亿元完成城市绿化、亮化、美化工程80多项，实施环城植绿、顺街铺绿、拆墙透绿，城市绿化覆盖率达47.3%，拆墙透绿工程获山东省人居环境范例奖；改造太清湖、建设紫云湖、治理十字河，“碧水绕城”扎实推进，建设污水处理厂、生活垃圾处理厂，城市功能日趋完善。

城市生态建设两大亮点是紫云湖和翼云广场建设。为打造生态宜居佳区、提升山亭形象，按照“鲁南欧情山城、生态休闲家园”的城市定位，2013年10月，山亭投资1.2亿元建成了山亭文化休闲广场。该广场集形象展、文化博览、宣传教育、休闲娱乐、体育运动于一体，具有生态园林、文化深厚、功能齐全的特点，是山亭的“会客厅”和“新地标”，与紫云湖浑然一体，充分展示了生态山亭的形象。

紫云湖是生态山亭建设的另一亮点。2013年1月，总投资300多万元建成紫云湖公园。该公园坐落在翼云山脚下，总面积300多亩，水面面积120余亩，设计新颖、设施齐全、环境优美，是城市建设又一生态风景区。同时，

城市绿化亮点纷呈。2013年底，投资2000多万元实施了店韩路、北留路等11条道路绿化和环城森林公园等山岳绿化以及紫云湖、青屏路等绿化。

3. 坚决清除污染源。山亭区坚决落实环保第一审批制度，严格执行“四不批”、“八不准”、“三同时”规定。2008年开始建立节能减排监测责任体系和污染付费制度，淘汰落后产能510万吨，万元GDP能耗下降23%，消减化学需氧量2400吨、氧化硫3200吨，提前两年超额完成二氧化硫减排任务，空气质量优良率85%，出境河流断面水质达标率100%，在全国首创“四退四还”做法，实现重大生态修复工程，巩固“四退四还”。完善生态资源回收体系和垃圾分类回收制度，推进资源再生利用产业化，发展循环经济。严格控制高耗能、高污染、资源型产业。2008年至2012年间，全区着力实施治污减排工程16项，建设城市、华润、城头三处污水处理厂。加大退渔还水力度，完成岩马水库网箱清理4.8万架，创造了全省同类水库清理网箱最多、速度最快纪录；投入巨资打造新薛河、城河、漷河等人工湿地水质净化景观。2014年，城头镇月亮湾湿地和店子镇莲青湖被评为省级湿地公园。

依靠山水资源优势，以流域水系为单元、以改善生态环境为目标，做山水文章，实施灵山秀水、林海果园战略，建设生态清洁型小流域，着力打造绿色山亭、打造水土保持生态示范区。推动山亭区生态建设，做好水利生态工程，构建绿色生态屏障。2012年至2013年，山亭区重点治理十字河、城郭河、西迦河，新建顺河堰1000米、拦河坝6座，绿化长度210公里，绿化宽度150米，开发建设以抱犊崮、岩马湖、月亮湾为主的水利风景区6处。抓好岩马水库、石嘴子水库水利风景区的绿化，绿化水库流域35处、实现了水系生态修复，使水系达到天蓝、岸绿、水清的境地。

4. 实施城乡环卫一体化。山亭区城乡环卫一体化工程始于2013年9月。由于历史原因，广大农村环境卫生意识差，生活习惯落后，“柴草到处堆、猪羊满街跑、垃圾随处倒、污水遍地流、蚊蝇满天飞”是农村卫生脏、乱、差的真实写照。2013年9月，山亭区开展环卫一体化试点。每个乡镇都选择了两个村进行，区环卫一体化领导小组制定了试点实施意见。每个试点村都先召开了党员、群众代表大会，宣传城乡环卫一体化工作的目的、意义，征求党员群众对工作的意见建议，然后稳步开展。在总结试点经验的基础上，在全区全面铺开，到2014年7月不到一年的时间，环卫一体化惠及山亭的各乡村角落。区财政列支500万元用于城乡环卫一体化专项奖补，各街镇积极行动，相继建成垃圾中转站、公厕等多功能于一体的环卫设施综合体。各村居按照每10户配一个垃圾桶，每100户设1名保洁员，每300—400户配一辆垃圾收集车，标准配置垃圾箱（桶）近2万个、环卫保洁员1500人、人力三轮收集车近900辆。截至2014年12月，逐步建立“户集中、村收集、镇运输、区处理”的四级处理体系，676个村庄开始享受城市保洁待遇，近4万村民逐步告别垃圾脏乱之苦。

在全力推行城乡环卫一体化全覆盖的过程中，2015年初，在总结前段工作的基础上，山亭区注重完善各项管理制度、监督考核机制建设，把城乡环卫一体化工作列为对镇街年终考核重要内容，实行周检查、月考评、年终考评的考核制度，政府主导、部门配合、镇街负责、群众参与的大环卫格局正在形成。城乡环卫一体化是山亭区生态建设的一项重大举措，为山亭区乡村面貌带来了看得见、摸得着的变化。山亭的乡村变得越来越干净、越来越美丽。

5. 强力打破制度壁垒。2008年以来，山亭区以盘活土地资本为突破口，从解决制约农村土地规模经营的关键问题入手，开展农村土地使用产权制度改

革，建立农村土地合作社，开展土地适度规模经营的探索。通过不断深入探索，形成了确认农村土地使用产权，向农户颁发《农村土地使用产权证》的土地使用权改革思路。在不改变农村土地所有权、农户土地承包权和农村土地性质的基础上，把现行农村土地家庭承包经营合同所赋的承包经营权固化、物化给农民，向农户颁发《农村土地使用产权证》，通过对农村土地经营价值的折价评估，以农村土地使用产权的形式，确认农户占有、使用、收益、有限处分的权利，实行土地转包、出租、互换、入股、转让或从事股份经营、抵押担保，实现土地使用权的资本化。2012年，山亭区成立农村土地使用产权交易服务中心，乡镇（街道）建立农村土地使用产权服务所，明确职责、任务和交易流程。有土地流转意向的农户持有关证件，可到土地使用产权交易服务机构申请交易土地使用产权，实现抵押担保功能。发展农村土地合作社，2008年，山亭区成立全国首家土地合作社——徐庄土地合作社。网易、《法制日报》、《大众日报》、《枣庄日报》、山东电视台、齐鲁电视台、枣庄电视台等全国各地上百家新闻媒体纷纷予以报道和转载。2008年底，全区建立土地合作社4家，入社农户503户，入社土地面积3670.3亩。到2012年底，全区共成立各类土地合作社130家，入户农民达5200余户，土地产权制度改革成为生态山亭建设的助推器。

（五）生态山亭建设的新阶段(2013年至今)

“绿水青山就是金山银山。”党的十八大以来，以习近平同志为核心的党中央高度重视生态文明建设。山亭区委、区政府更加充分认识到生态建设的重要性，更加注重生态建设的制度建设，更加注重规划编制修改完善和全面实施，更加注重多措并举，动员全社会力量，形成合力，扎实推进生态文明建设，更加注重充分利用生态建设的成果，推进经济和各项事业的发展。2013年，山亭区被省政府确定为省重点生态功能区，成为全省20个重点生态功能区之一。以此为契机，区委、区政府把生态山亭建设作为优先发展战略，下发了《关于加快推进绿色生态区建设的通知》。《通知》明确生态建设的主要任务目标：一是大力发展特色农业；二是加大生态文明乡村建设力度；三是提高城乡环卫一体化水平，推行“户清扫、村收集、镇转运、区处理”的农村生活垃圾处理机制；四是实施国家森林城市创建；五是加大水利建设力度。《通知》提出建设生态山亭的基本要求是“天蓝、地绿、水清、城美”，山亭生态建设向高层次、高水准、全方位、制度化、科学化迈进。

1. 实施更加严格的环境保护制度。山亭区在新项目上严把准入关，环评不过关、环境容量超标、对环境有污染的项目一律不审批、不上马。从2013年起，山亭制定和严格执行矿山利用规划，把矿山生态环境保护、损毁山体修复治理及矿山开发利用纳入法制化、制度化轨道。严格按照标准，关闭露天矿山，深入开展露天开采矿山和矿山生态环境专项整治，全区36处省级以下发证开采矿山全部关闭，设立禁采标志。加强损毁山体生态性恢复治理，积极争取省级以上矿山地质环境治理项目16个，到位资金8000多万元，完成治理34.58公顷，全面进行绿化，种植经济林。

坚持防控结合，建立健全完善管理机制防止矿山整治问题反弹，建立健全动态巡查机制和考核奖惩机制。落实区、镇街、村（居）三级监管责任，全面发动群众，积极举报私采滥挖的违法行为，偷采盗采矿产资源的行为被有效遏制，山体生态得到有效保护。

对水排放实现严格管理，对水排放企业环保设施进行提升。从2013年起至2017年底，实施人工湿地净化工程，运用生物手段，不断净化河流水质，取缔“散乱污”中小企业498家。2013年至2016年，山亭区总投资2.3亿元，建设水利设施32个，完成城河治理7公里、重点小Ⅱ型水库除险加固工程3座、山洪地质灾害非工程措施治理项目26个。2017年，累计完成工程建设投资1.1亿元，开工建成水利工程92处，发展高标准管理灌溉面积1.95万亩。实施高效节水试点县项目、农村饮水工程、西伽河治理工程、革命老区水质监测站，对8项参数进行监测，加强境内河流入河排污口和河流枯水期断面水质的监管，坚持日检查制度，确保全区出境断面水质稳定达标。

实行节能减排改造。对水泥、造纸行业的大气排放实施脱硝治理工程、每年减少氢氧化物排放2700吨。积极倡导正在建设的企业使用天然气。淘汰污染企业、落后企业。到2016年底，山亭区共关停51条立窑水泥生产线。坚决打好大气污染防治组合拳，打赢“蓝天”保卫战。2017年，城市建成区内10蒸吨以下燃煤锅炉全面取缔，实现“清零”，镇街完成生物质锅炉替代19台，同时加大餐饮业油烟的治理力度，积极推广农村使用新能源。

2. 实施重点区域绿化。从2011年开始、山亭区积极探索林业绿化工作机制改革，改变过去群众一哄而上造林的做法，对荒山绿化全部实行招投标制度或分段制度规划、分段组织招标施工、分段实施工程质量监督验收，按完成质量拨付工程款，确保了绿化质量。

2013年，新一届区委、区政府在认真抓好荒山绿化和林果基地建设的同时，提出了全方位绿化的理念，重点抓好社区、学校、企业、村居的绿化。为让绿化成为山亭最大亮点，从2013年起，山亭区重点实施了道路绿化、山丘绿化、水系绿化、城市绿化、平原绿化等六大森林体系建设，实现“山、水、城、路、村”全方位绿化，实现“出行见绿、抬头看果”的效果。2013年至2017年，累计完成造林2.3万亩，其中山丘森林16100亩，通道森林820亩，水系森林100亩，镇村森林210亩，新建田林网65000亩，新建绿色生态“长廊”220公里。至2017年，全区有林面积稳定在84.3万亩。2013年6月，山亭区完成了抱犊崮、熊耳山旅游大道和店韩、北留、枣新、白土、洪马等12条省县级道路绿化。2016年6月，山亭区完成了城市主要道路以及北留公路绿化工作。2017年完成了郗国路改造提升工程，完成管网铺设16.8公里。山亭区全面实施全方位绿化，绿化治理20万平方米。新增经济林4.5万亩，获得全国绿化模范县和中国经济林之乡的荣誉称号。至2017年，山亭区城市绿化覆盖面积达到572万平方米，城市绿化率达到48.3%。

3. 建立生态建设长效机制。在制度建设方面，建立健全城建、环保、林业、水利、农业等部门联动机制，形成执法合力，共同推动生态建设，整治生态建设秩序。山亭建立责任考核追究机制，实行半年一考核一通报，切实加强生态建设的质量。建立生态补偿机制，健全区土地开发、资源节约利用机制，合理确定城镇空间、产业空间和生态空间，科学安排开发时序、开发重点和开发方式，以修复生态、保护环境、提供生态产品为首要任务，积极争取在国家生态功能区试点示范建设中走在前列、创出经验，争创省级生态文明区和国家主体功能区，坚决禁止无序开发、盲目开发、过度开发，真正实现了山清水秀不污染、山水风貌不破坏、人文环境不走样。

城市规划突出生态特点。山亭区在城市规划编制中，注重城市公园、文化休闲广场等景观规划，注重保存历史遗址。城市建设中提升生态功能，实施碧水绕城工程，对城区内5个湖面、5条河道引水入城，形成"城中有湖、绕城有河"的优美景观。提升城市基础设施，对生活垃圾、污水、雨污等处理设施进行生态化处理。加大违章建筑、环境卫生整治力度，控制占道经营、规范流动摊点，清理取缔马路市场，逐步实现了城镇面貌通畅、整洁、美观。实施镇村建设工程，实施城乡环卫一体化，投入资金加大城乡环卫一体化生活垃圾处理体系建设，实现垃圾处理减量化、无害化和资源化，努力营造整洁、优美、和谐的人居环境。2013年底，实现城区和镇街驻地垃圾日产日清，城乡环卫一体化覆盖全区5%的行政村居。2014年底，全区实现行政村（居）环卫一体化全覆盖。2017年，城区主次干道的保洁面积由2016年的186万平方米扩展到209万平方米，清扫保洁率为100%。

4. 大力发展生态产业。2015年，山亭国民经济发展"十三五"规划把生态建设确定为全区"六个重点工作"之一，着力打造生态发展示范区、文化旅游示范区、新能源建设示范区、生态宜居典范之城、健康养老长寿之乡"五个品牌"。

山亭区把生态产业作为支柱产业重点突破。突出新能源、食品加工、旅游服务、电子商务四大产业的培育发展。让生态优势转变为经济新的增长点，发挥未利用土地优势，大力发展光伏产业，打造国家新能源产业基地建设示范。大力发展食品加工业，进一步完善食品产业园规划建设，重点扶持莺歌等龙头企业延长链条、做大做强。2014年至2017年，积极争创山东省休闲食品产业基地。提升旅游服务产业，创建国家全域旅游示范区，加快打造"两山、两镇、一区、一园、一湿地"龙头景区，提高景区知名度、美誉度和市场号召力。加快翼云旅游景区建设，使石头部落、柜族部落、滨水度假、崖头民俗和葫芦套综合开发串点成线。积极推进城头月亮湾湿地公园、八路军抱犊崮抗日纪念园和王家湾峄县抗日民主政府旧址建设。大力发展乡村农家乐，培育一批乡村旅游特色镇、特色村。充分利用媒体整合资源宣传营销，打响"生态山亭、养生福地"旅游品牌，大力发展以养老产业为龙头的服务业，依托生态资源引进新的服务业。

5. 推进美丽乡村建设。提升水泉火樱桃、店子长红枣、北庄洪门葡萄、汉诺庄园葡萄等现有项目观光农业档次，开始规划建设投资2.1亿元的九老泉农博休闲园项目、投资1.2亿元的东航伊人二期扩建工程、投资1050万元的城头龙潭花卉苗木蔬菜高效示范园项目。推进农业特色化发展，进一步做大做强山亭特色农业品牌。新建农业化标准示范基地5处、2万亩，增加马铃薯、火樱桃、长红枣生态高效经济作物5万亩。突出标准化养殖示范场，创建肉羊产业化发展，建设农业标准化养殖场100家，创建省级畜禽标准化养殖示范场3家。大力推动美丽乡村建设，促进农村全面发展，实施农村危房改造项目，加快农村联户用沼气项目建设，每年平均建设联户沼气池5个、村级服务网点9个，新增改厨、改厕各8000余户。2017年，全区打造美丽乡村200余个，其中已建成省级美丽乡村示范村22个，省级美丽乡村B类村庄98个，美丽乡村覆盖率达47.6%。

6. 全面落实耕地保护和基本农田保护工作。每年初，区政府主要领导和各镇（街）主要负责人签订年度耕地保护责任状，确保将全区耕地保有量控制在58.33万亩，基本农田保护50.95万亩，将任务层层分解到镇（街）村。每年都要对设立的基本农田保护碑进行更新，建立健全基本农田档案资料，积极向中央、省、市争取土地整理项目，先后实施凫城、冯卯、店子、桑村、城头等镇的土地整理项目，其中争取到国家投资的项目有桑村镇土地整理项目和城头镇基本农田土地整理项目。在实施土地整理过程中，高度重视土地生态保护，实现了经济、生态与社会效益相结合，积极重视保护和改善生态环境，提高了环境的容纳能力与自我调节能力。

整治非法开采，保护生态。山亭区组织国土、公安、供电安监等部门成立联合执法队伍，对全区无证开采，越界开采、偷采盗采矿产资源等非法行为进行整治，到2016年底关停了36家矿山企业。

治理地质环境，恢复自然生态。2008年以来，实施各类矿山治理项目11个。2012年底，山亭进行了桑村镇玉子山山体、付庄北山崩塌、双山公园已毁的山体治理和北庄牡丹庵地质遗迹保护等4个项目的治理。2013年，山亭区西集镇常山地区矿山环境治理项目、徐庄镇苇湖村石门岭后泥石流地质灾害治理项目、山城街道北官庄矿山地质环境治理项目、西集镇黑风口矿山地质环境治理项目和常山灰岩矿区治理项目完成设计评审，徐庄龙门道343省道滑坡地质灾害治理项目完成设计招标，2014年底上述工程全面完成。

二、生态山亭建设取得的辉煌成就

1983年以来，全区上下牢固树立尊重自然、保护自然的生态文明理念，坚持走生态发展之路。建区30多年来，特别是党的十八大以来，山亭区以绿色引领生态家园和美丽乡村建设，大力发展生态产业，加快企业绿色转型，狠抓环境污染防治和城乡环境卫生整治，实施全方位生态建设，生态面貌发生了翻天覆地的变化，走出了一条生态宜居、群众幸福、绿富共赢的崛起新路。山亭区荣获国家级生态示范区、国家可持续发展试验区、国家重点生态功能区建设试点示范区、国家森林城市、中国经济林之乡、全国休闲农业与乡村旅游示范县、山东省乡村旅游示范区、山东省生态示范区、山东省长寿之乡等称号，全市群众满意度调查实现“七连冠”，2016年山亭实现了生态文明乡镇全覆盖，2017年山亭区顺利通过省级生态文明区验收，成功创建国家重点生态功能区。

1. 空气质量大幅提升，水质实现全达标

截至2016年底，累计投资4.6亿元，实施治污减排工程16项，城市、华润、城头三处污水处理厂及月亮湾湿地成为全市迎淮核查亮点工程。加大退渔还水力度，完成岩马水库网箱清理4.8万架，创造了全省同类水库清理网箱最多、速度最快纪录。打造新河、城河、漷河等人工湿地景观，主要出境河流断面水质优于地表水三类水质标准，城市集中饮用水质达标率100%，全面完成节能减排任务，淘汰落后产能40万吨。严格环境执法，关停非法开采矿山36处、沙场25个，取缔中小企业400多家。划定城市高污染禁燃区，做好秸秆禁燃和煤气改气工作，全区环境空气质量优良率达到67%，“蓝天白云、群星闪烁”优良天数达292天。截至2016年底，完成重要湿地保护修复6万亩，实施城头月亮湾等6处水质净化工程，境内主要河流全部恢复鱼类生长，出境河流水质达标率全市第一。

2. 绿化工作取得重大成效

实现道路绿化、山丘绿化、城市绿化、镇村绿化、水系绿化全方位绿化，有林地面积达到84.3万亩，森林覆盖率达58.1%，城市绿化率达48.3%，位居全省前列。六大森林体系建设、环城森林公园建设、“中国经济林”创建、森林资源保护、林权制度改革和森林生态文化建设取得重大成效。“抓创森、促发展、建生态、惠民生”的理念深入人心。2017年，凫城镇被评为“省级森林乡镇”。通过森林城市建设，提升了山亭城市形象、城市品位和城市竞争力，山亭被誉为枣庄后花园、齐鲁大地上的天然公园。

3. 城乡环卫一体化已经形成，美丽乡村建设卓有成效

到2017年底，10处镇街均已成立环卫所，建立垃圾中转站，镇街垃圾运输车辆全部安装GPS监控，组建1500人的环卫保洁队伍，建立了“户收集、村集中、镇运转、区处理”的四级处理体系，全区676个自然村（居）实行全覆盖，彻底改变以往农村卫生脏乱差的局面，大大提升了农村居民的幸福指数。美丽乡村建设积极推进。以改善农村人居环境、提高农民生活水平为着力点，依托农村自然生态田园风光和人文历史资源，突出美丽乡村建设的风格和品位是生态文明建设的重要举措和组成部分，科学规划、稳步推进，取得重大成果。坚持生态、民俗、山水相融合的规划理念，突出休闲、观光、旅游，凸显鲁南乡村风貌，形成诸如北庄镇洪门村、务后村，徐庄镇湖沟村、藤花峪村，冯卯镇独孤城村等一大批特色农业发展、环境整洁、文化底蕴深厚、自然生态良好、生活富裕的美丽乡村。截至2017年底，山亭区独具特色的美丽乡村有200多个，葫芦套、独孤城村等一批美丽乡村成为全市示范样板和亮点，其中北庄镇洪门村被评为“中国最美乡村”。

4. 生态产业发展异军突起

生态山亭建设产生的生态优势成为发展现代农业的重要资本，为发展绿色农业、观光农业、循环农业奠定了坚实基础，山亭的生态特色农业异军突起。

十大名特优干鲜果经济林基地建成。到2016年底，建立果品生产基地46.5亩，年产干鲜果15万吨，产值8.5亿，建成长红枣、火樱桃、花椒等十大林果产业基地，即以水泉镇、城头镇、冯卯镇、北庄镇等为重点的火樱桃生产基地，以山城街道、凫城镇、西集镇、徐庄镇为重点的花椒生产基地，以店子镇、冯卯镇为重点的长红枣生产基地，以徐庄镇、北庄镇为重点的板栗、柿子生产基地，以山城街道、桑村镇、冯卯镇、水泉镇为重点的优质桃生产基地，以徐庄镇、北庄镇、凫城镇、山城街道、冯卯镇、西集镇、桑村镇为重点的薄壳核桃生产基地，以北庄镇、山城街道、西集镇为重点的葡萄生产基地，以水泉镇、桑村镇为重点的冬桃生产基地，以水泉镇、北庄镇、冯卯镇为重点的果品设施栽培生产基地。至2017年，全区形成水泉火樱桃、冯卯甜桃、店子长红枣等47.26万亩名优果品一镇一品格局，干鲜果品年总产量13.1万吨。农产品加工企业发展到200家，国家级龙头企业1家、省级5家。山亭区十大经济林基地的建立，大大彰显了生态建设的巨大效益，老百姓得到了很大实惠。

绿色农产品加工业规模大、效益好。到2016年底，山亭区规模以上食品加工企业达到200家，农业龙头企业达到84家，年销售收入突破20多亿元。近年来，又引进嫁禾植物秸秆清洁化综合利用、德合绿色农产品物流、航润食品、东粮生物科技、丰盛果蔬等一大批农产品加工企业。

特色农业发展迅猛。到2017年，

火樱桃、长红枣、板栗等特色林果生产基地47万余亩，店子镇枣林被认定为第三批中国重要农业文化遗产，创建国家级标准化养殖示范场2家、省级12家、市级22家；“三品一标”认证105个；“莺歌”商标被评为中国驰名商标；山亭区被评为山东省现代农业示范园区。

农业观光项目异彩纷呈。先后建成福源现代农业观光园、鲁台现代农业示范园、泰山1532循环农业科技项目，建设月亮湾湿地、莲青湖湿地、岩马湖湿地、抱犊崮水利景观等一批水利景观。店子、北庄被评为全国特色旅游名镇，兴隆庄村入选国家级传统村落。2017年，月亮湾湿地和岩马湖湿地被评为“山东省最美湿地”。

循环农业取得突破。山亭区突出“绿色”，大力调整农业结构，大力推广生物治虫、发展节水农业，大力推进秸秆还田和沼气，大力发展畜牧业，大力发展绿色食品、无公害食品和有机食品生产，循环农业得到稳步发展。

生态产业快速发展。“美丽山亭拒绝污染”底气大增，新上项目“绿色通道”已经形成，促进绿色项目早开工、快建设，拒绝污染项目的体制机制已建立。大力发展新能源产业作为转方式、调结构、促减排的重大举措，先后吸引中广核、亿兆能源、阳光电源等大型新能源企业入驻。高标准规划建设了食品产业园，到2016年，山亭区食品加工企业已发展到45家，关联企业400余家，其中国家级重点龙头企业1家、省级5家，农产品加工总产值50亿。另外，服装加工、纺织塑编、养老企业也得到长足发展。

5. 生态建设带动山亭旅游服务业快速发展

优美的生态和厚重的历史文化底蕴，为山亭旅游服务业提供了强有力的支撑，“亭台古韵、欧情山城、灵山秀水、林海果园”成为一张响当当的旅游名片。依靠生态基础，山亭旅游业发展迈入快车道。

生态带来旅游大提升。生态优势转化为产业优势，良好的生态环境，蓝天碧水、清新的空气使山亭旅游品牌得以提升。到2017年，山亭区4A级景区发展到5处，3A级景区5处。八路军抱犊崮抗日根据地纪念园入选全国红色旅游经典景区名录。山亭翼云石头部落旅游区被评为国家4A级景区，还被列入省重点保护村落、省级重点项目和全国优选旅游项目名录，被纳入全省四个“山东省乡村旅游综合改革试点区”之一，荣获“山东省乡村旅游示范区”、“好客山东最美风景区”称号。

“全景山亭、全域旅游”成为山亭乡村游的一大特色。到2017年，山亭创建国家级水利风景区3个、国家省级湿地公园1处，发展国家级农业旅游示范点3处、省级农业旅游示范点11个、省级旅游强镇8个、山东最美湿地2处、省级湿地公园1处、旅游特色村20个、“好客山东”最美乡镇（村）9个、省级历史文化名镇2个、特色小镇2个、国家和省市级休闲农业与乡村游示范点9个。培育出枣园人家、樱园人家、翼云人家、抱犊人家等十大乡村品牌，年旅游人数达50万人以上，旅游综合收入达10亿元。全区有9个省级旅游强镇、23个省级旅游特色村，农家乐户数达500多家，其中省级好客人家农家乐70家、中国乡村旅游金牌农家乐9家，徐庄镇湖沟村、山城街道兴隆庄村被评为中国乡村旅游模范村。

6. 生态水利建设成果显著

依托水利项目建设进行生态治理，夯实生态基础。按照“上游水土保持综合治理，中游水库调蓄、河道拦蓄，下河口生态湿地”的思路，2016年，山亭区60多公里4条河道得到综合治理，治理水土流失面积达800多平方公里，恢复了水系生态，涵养了水源。建设了一大批塘坝、拦河闸坝，建设了岩马湖、龟蛇湖2处国家级水利景观风景区和石嘴子水库、龙门观水库、龙床水库、章庄水库、城河、十字河南支等6处省级水利风景区，形成风光旖旎、山环水绕、水映青山、渔舟点点的景象。独特的“山区水乡”地理风貌，成为山区旅游的特色和亮点。

7. 城市更加生态宜居

1983年以来，以生态宜居为目标，相继开展“城市建设年”、“城市提升年”、“城市管理年”活动，大力实施道路畅通、园林绿化、环境整治等八大工程，到2017年，城市规模扩大到40平方公里，城镇化率达到49.8%。积极创建国家级森林城市卫生城市，城市人均公园绿地面积达到10.07平方米，城市绿化覆盖率达到48.3%。文化休闲广场、紫云湖公园、丰泽湖公园建成开放。一座特色鲜明、功能完善、环境优美、生态宜居的美丽山城正崛起在鲁南大地上。同时，不断提升城市文化品位，相继建成小邾国故城遗址公园、小邾国历史文化展馆和城市规划馆，彰显历史文化底蕴，在市民文化中心建成文化馆、图书馆、党史馆、文化艺术博物馆。浓厚的文化氛围和生态绿色环境相得益彰，形成山城的独特魅力。

三、经验启示

建区30多年来，山亭区坚持生态战略不动摇，把生态山亭建设作为优先发展战略，作为改善群众生活的根本出发点和落脚点。让生态优势转变为经济优势，把生态资源转化为发展资本，走出一条生态宜居、群众幸福、绿富共赢的生态建设之路。

（一）坚持生态立区不动摇，牢固树立“绿水青山就是金山银山”的发展理念，是抓好生态建设的重要前提

30多年来，区委、区政府领导班子换了一届又一届，可坚持绿色发展的思路始终未曾动摇。治山治水、绿化荒山、涵养水土，一届接着一届干，坚持绿色发展不动摇。建设生态山亭，让山区人民过上好日子，始终是广大干部群众的自觉行动和力量之源，山区老百姓通过生态建设尝到了甜头、看到了希望，也使山亭的生态文明建设扎扎实实、一步一个脚印。

（二）坚持政府主导，强化顶层设计，引导全民参与，加强机制建设是生态建

设的有力保障

历届区委、区政府始终把生态建设摆在重要议事日程，强化组织领导和监督实施，建立健全生态建设的监督考核机制。强化顶层设计，制定生态建设总体规划和实施方案。严格奖惩措施，建立项目准入会审制度等一系列机制建设，形成了政府决策主导、部门齐抓共管、全民积极参与的生态建设机制。无论是大力发展林业、发展生态农业、进行水土保持，还是开展荒山荒坡的治理，无论是大力改善生态条件，还是全面实施生态立区战略，山亭区都坚持科学谋划，全区一盘棋。

（三）严把项目准入，是生态建设的重要环节

勇于向污染项目说“不”。对新上项目严把审批关，对环境污染项目一律不审批不上马，对污染企业落后企业进行淘汰，对中小企业坚决取缔。近几年来，实施重点监管项目 12 个，减排项目 10 个，取缔中小企业近 500 家，将 50 余个化工、造纸、炼铁等高污染、高耗能项目拒之门外。严把项目准入关，虽然减少了一部分财政收入，但守住了绿水青山，换来的是长足的发展。

（四）大力发展生态产业，让生态释放红利，实现特色发展是生态建设的必由之路

山亭区在生态山亭建设中，注重绿色发展，挖掘生态带来的潜力，大力发展旅游服务业、食品加工业以及新能源、新医药、高端装备制造等新兴产业，实现经济健康持续发展。建立无公害蔬菜、水果基地和食品加工基地，发挥龙头食品加工企业带动作用，促进绿色经济发展，使老百姓得到了切切实实的利益，使生态建设得到持续健康发展。生态也是生产力，生态建设的后发之势正逐步显现。人民群众也在生态发展中得到了实实在在的利益和获得感。

（五）实行土地流转和土地产权制度改革，吸收社会资金进行生态建设是生态建设的重要举措

自 1992 年起，山亭区积极探索农村土地产权制度改革，引入竞争机制，实行“四荒”拍卖和林权改革，在全国敲响荒山拍卖第一锣，全区“四荒土地”被群众承包绿化，进行生态开发。近几年来，又积极探索土地流转的新模式，通过创办合作社等形式吸引企业上亿资金从事生态产业。土地产权制度改革，打破了制度壁垒，充分调动了农民生态建设的积极性、创造性，使土地产出最大化。

（六）在生态建设上舍得投入，是抓好生态建设的基础

生态建设是一项系统工程，而生态建设的效益很难马上显现，需长期的奋斗和坚守。大量的人力、物力、财力的投入是不可或缺的。30 多年来，山亭区委、区政府在生态建设上不疼钱，不惜力。每年投入大量人力、财力进行生态建设。据不完全统计，30 多年来，山亭区在荒山绿化、流域开发、水土保持、土地整理、环境保护、水域治理等方面财政投入达 100 亿以上。民间资本和群众投工、投劳更是巨大的。就是由于全区上下大量资金投入，才使得山亭区的生态建设能够做到标本兼治、扎实推进成效显著；也正是由于舍得投入，使得生态经济不断发展，生态效益日益凸显。

生态山亭建设历经 30 多年，在历届区委、区政府的坚强领导下，全区上下目标一致，齐心协力，创新机制，抓住生态建设不放松，取得了很大成就。生态建设提高了山亭的知名度、美誉度，促进了现代农业、现代工业和旅游服务业的发展，提高了山区人民的生活水平和幸福感。生态山亭建设的路还很长，前进道路上还会遇到不少困难和问题。党的十九大对生态文明建设提出了新的更高要求。山亭区将以习近平新时代中国特色社会主义思想为指导，牢固树立社会主义生态文明观，牢固树立“绿水青山就是金山银山”的绿色发展理念，立足生态资源优势，做大做强生态产业，坚持走生态发展之路，进一步开拓创新，进一步完善体制机制，生态山亭建设会取得更大的成就，山亭的明天会更加美好。

审稿人：朱道来

撰稿人：王立忠　杨　梅

农村产权制度改革实践研究

2008年，山东省枣庄市山亭区徐庄镇创办了由工商注册的全国首家土地流转合作社——徐庄土地合作社，同时成立了全国首家农村土地使用产权交易服务所，为农民、土地合作社及金融部门搭建交易平台。农村土地流转合作社是由享有农村土地承包经营权的农户和从事农业生产经营的集体组织，以土地的经营权入股、委托代耕等流转方式进行集中统一规划、统一经营的农村互助性合作经济组织。推行农村土地使用产权交易，实现了农村土地使用产权的资本化，为金融服务拓展了空间。山东枣庄市徐庄这一探索，主要解决家庭承包经营中的劳动力转移、土地零星分散、效益不高、市场信息不灵、解决劳动力不足的问题，实现传统农业向现代农业转变及推进农村经济跨越发展，建设和谐新农村必将起到积极推动示范作用。自2008年下半年开始，枣庄市在全国率先探索开展了以“三位一体”为核心的农村土地使用产权制度改革，突出做好扩面、提质、增效的文章，赋予土地完整的使用权、转让权和抵押权。山东省枣庄市山亭区徐庄镇的农村土地使用产权制度改革，其动因源自破解“三农”发展资金、土地等瓶颈难题的迫切需要。自2008年5月开始，枣庄市政府组织开展了对农村土地流转、农业规模经营等一系列“三农”问题的“百日大调研”活动。通过调研发现：土地、资金问题是农业农村发展的基本问题和主要制约瓶颈。在充分论证的基础上，市委、市政府在土地所有权、农民承包权、农地性质“三不变”和保障持证农民对土地的转让、收益、抵押权“三保障”的原则下，推行了以发放农地使用产权证、成立农地使用产权交易所、发展土地合作社等“一证一所一社”为核心的“三位一体”的农村土地使用产权制度改革，赋予农村土地使用权财产化权能，并允许其抵押贷款融资，盘活农村土地资本，解决农业规模经营的资金瓶颈难题。

近年来，全国人大常委会副委员长周铁农，全国政协副主席厉无畏，中央党校经济学部主任王东京教授，中国人民大学农业与农村发展学院副院长曾寅初教授，中国老区建设促进会副会长、北京军区政治部副主任、少将郤万增，全国政协常委胡德平、国家农业部、国家发改委及全国人大农业与农村委员会委员、国家玉米技术研究中心主任李登海，山东省政府调研室、市政府、区政府研究室及相关部门、金融机构、涉农部门座谈，深入徐庄镇农村土地使用产权交易服务所、徐庄土地合作社调研，详细了解土地流转、土地使用产权交易、金融部门支持的现状，分析农村土地使用产权制度改革中亟待解决的突出问题，提出了相关的政策建议。同时2012年被国务院批准为国家农村改革试验区。现将改革工作的具体做法以及对相关问题的实践研究阐述如下：

一、改革背景

山东省枣庄市山亭区徐庄镇农村土地使用产权制度的改革，不是孤立的创新，而是城乡统筹和现代农业发展应运而生的产物，有其深厚的经济社会背景。一是建设现代农业的客观需要。随着工业化、城市化的推进，农业生产力水平的提高和农业综合生产能力的增强，就农业内部而言，关键是实行规模经营，发展现代农业。而现行的农村土地承包制度不完全适应当前农业生产发展的需要，迫切需要改革现行的土地使用制度。二是农民土地流转的期望和农业规模经营发展的现实需要。据调查，随着劳动力转换的步伐不断加快，加之部分农村老、弱、残、幼、妇人群无力耕种土地，农村中的部分人群有转出土地的愿望。同时，由于一些种田能手、农民专业合作社经营组织掌握规模经营、高效农业的种植及管理技术，有转入土地，实行规模经营、集约经营的强烈愿望。需要和可能的存在，一方面，要求搭建土地流转交易平台，满足农民流转期望收益，转出土地；另一方面，需要引导转出的土地实行规模经营，满足规模经营发展现实需要。同时需要解决好规模经营发展中资金不足的根本问题。所有这些都需要对现行农村土地使用制度进行改革。三是基层的创造催生了改革。枣庄市早在2000年就开展了农村土地流转试点，2006年率先在滕州市西岗镇创办了全国首家农村土地流转有形市场，实现了农村土地上市交易流转机制。目前全市农村土地试点合作社发展到了800多家，入社土地面积139.6万亩，除生产经营和服务性的合作社外，股份制的合作社也应运而生。2008年5月，山亭区徐庄镇土山村会计张凯华等8位农民牵头，周边4个村的农民积极响应，在徐庄镇经管站指导下，办起了通过工商注册的全国首家农村土地合作社，目前已发展入社农民394户，入社土地面积3540.3亩。合作社发展中都遇到土地使用权量化入股和融资困难等问题。为此，枣庄市政府乘势推动，在农民自主自愿的基础上，进行了农村土地使用产权改革的有益探索。四是解决农村资金供给不足的现实需要。长期以来，由于地方财力有限，财政资金对农业的投入杯水车薪，农民自有资金少，国有银行资金日益向城市、工业集中，农村信用社“一农”难支“三农”。同时，对农村唯一具有抵押价值的土地受土地制度制约，不允许抵押贷款。通过土地使用产权改革，拓展了农村商业性金融发展空间，有助于解决县域信贷资金投入不足问题。

二、农村土地使用产权资本化的发展历程

在深入实地调研分析基础上，枣庄市政府、山亭区政府按照“尊重农民意愿，坚持‘三不’原则，还原农村土地使用权财产权权能，允许农村土地使用权抵押担保，引导发展土地适度规模经营，建设现代农业”整体思路，积极推行以“三位一体”为主要内容的农村土地使用权制度改革，形成了土地流转的“徐庄模式”（如图1所示）。其核心内容是：发放农村土地使用产权证，建立农村土地使用权交易市场，发展农村土地合作社。

（一）发放土地使用权产权证。枣庄市政府选择山亭区徐庄镇进行土地使用产权制度改革试点。2008年9月14日，山亭区政府在为入社农民换补发《农村土地承包经营权证》的同时，还给合作社的280户农民每户发了《农村土地使用产权证》，这是全国首批农村土地使用产权证。持证人在产权期限内，按规定用途，可依法使用、经营、流转、转让土地使用权，也可以作价、折股作为资本从事股份经营、合作经营或抵押担保。土地合作社、种植大户受让土地使用权后，可用全体成员土地使用产权证，向县级政府申办统一的土地使用产权证。土地合作社、种植大户办理的土地使用产权证，可向银行业机构抵押贷款、融资，从而突破性解决农业规模经营资金瓶颈问题，“死地”变成了“活钱”。目前，枣庄滕州市、山亭区等已核发土地使用产权证16868个，涉及土地13万亩。

（二）建立农村土地使用权交易市场。农民有了土地使用产权，对土地的转让、收益、抵押三种权利只是法律意义上的设定，要使其变为现实还必须有配套制度，尤其是抵押权的实现。为解决这一问题，同时也为了避免土地民间私下流转带来的风险，枣庄建立了市、区（市）、乡镇三级农村土地使用权有形市场交易网络（如图2所示），其中：市级建“三农”服务中心，区（市）建农村土地使用权交易服务中心，乡镇建农村土地使用权交易服务所。农民、合作社或银行拿到土地使用产权证，可以到土地交易所进行交易；同时土地交易所对土地进行客观公正的评估，给交易双方提供参考价格，这样就形成了农村土地产权交易的有形市场，提供了土地使用产权交易的平台，解决了制约农地流转的市场缺位问题。

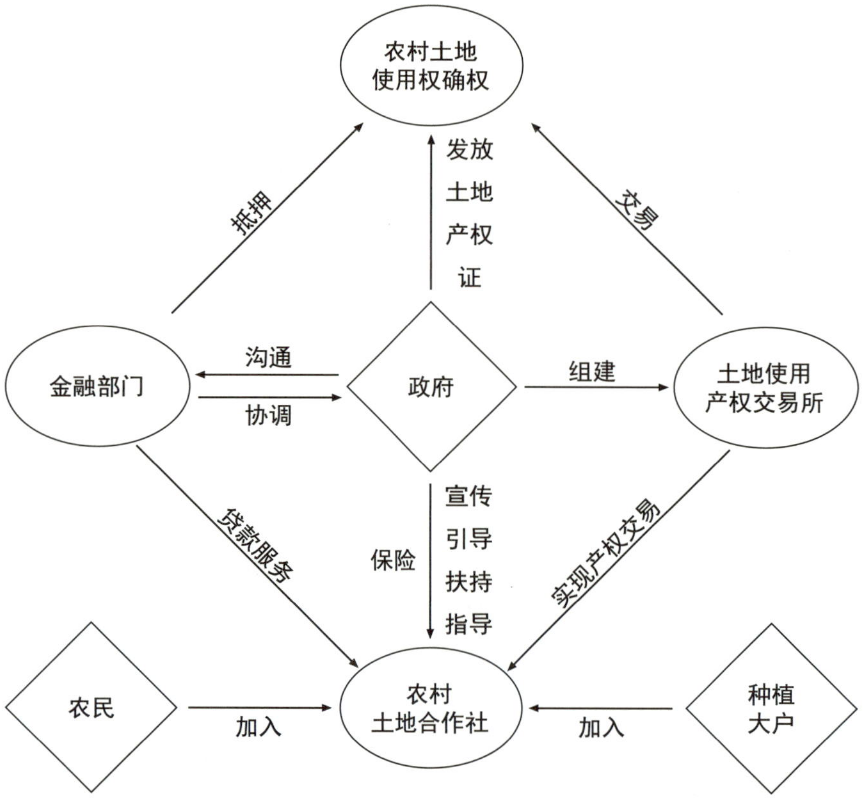

图1　土地流转“三位一体”运作示意图

（三）发展农村土地合作社。通过土地确权，建立产权交易的有形市场，解决了土地流转和合作化发展中的一些问题。一是农民把土地流转给合作社，而不是给企业，有效地规避了农民的失地风险。二是使合作社经营更加规范，由过去的松散型组织变成紧密型的经济联合体，形成了以土地为纽带的土地合作社。三是对土地使用产权进行客观公正的评估，并公开交易，保障了交易双方的利益。四是凭借土地使用产权证可以抵押贷款，为合作化生产扫清了障碍。目前，该市已成立168家农村土地合作社，利用土地使用产权办理抵押贷款5228万元。土地合作社的运作模式（如图3所示）：一是用农民的地折算股份。农户以所承包的粮田或果园（果树）作为资本，申请加入土地合作社。合作社与农户签订《土地承包经营权委托经营协议书》，镇经管站与合作社对入社农户的承包土地登记造册，土地合作社发给入社农民《合作社成员证》予以确认，合作社成员凭《合作社成员证》获得土地收益。二是合作社的地用两种办法来种。一部分承包给专业生产大户，以纯粹的租金方式获取收益，合作社提供统一的有偿服务，只收取成本费；另一部分由合作社统一耕种、管理、经营，合作社以劳务用工的形式雇用人员从事日常的生产活动，用工支出从土地收益中提取。三是合作社按股分红。合作社对

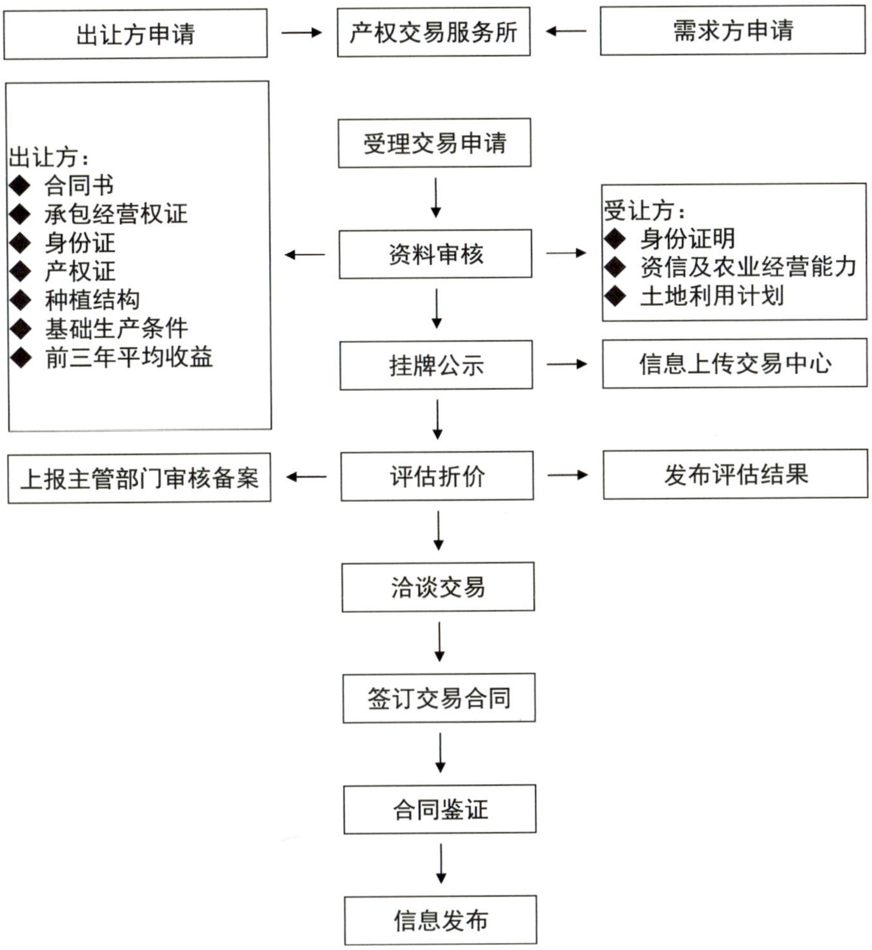

图2　农村土地使用产权交易服务流程图

所有入社土地产出收益实行统一管理和分配，每个园区一本账，除劳务用工、生产资料等生产性开支外，剩余部分为纯收益。合作社将纯收益的大部分按照农民入社的土地面积、地级、果树产出能力等进行控股分红；然后再从剩余部分中提取合作社发展公积金和风险积金，风险积金用于购买农业财产保险及抵抗因自然灾害带来的损失等。四是合作社依法运作。合作社依照《中华人民共和国农民专业合作社法》在工商部门登记注册，取得了法人资格。

（四）金融配套服务顺势跟进。为适应农村土地使用产权的改革和适度规模经营发展要求，该市金融部门进行了积极有益的探索。一是统一思想认识。中央已对农村土地流转改革作出决议，全市金融机构进一步解放思想，更新观念，及时把思想认识统一到顺应改革，促进改革上来。同时，在金融支持上，坚持科学发展、规避风险、实现多赢原则，而且积极稳妥地开展土地使用权抵押贷款试点，在试点的基础上逐步推广。二是研究制定了农村土地使用权抵押贷款的业务流程。（1）确定具体的贷款规则。贷款性质为公司类贷款，贷款对象为土地合作社，贷款期限一般为2年，贷款利率实行基准利率上浮10%，明显低于同期限农业贷款利率水平，体现了土地使用权抵押贷款的比较优势。（2）制定完善的审贷程序。主要流程是（如图4所示）：土地合作社提出贷款申请并提交土地产权证，经银行信用评级、政府指定的机构对土地经营使用权价值进行评估，到土地使用产权交易服务所办理登记后，银行、土地合作社签证贷款合同。手续相对简单，审批效率提高，并且约定在合同期限和最高额度内信贷资金可循环使用。（3）合理确定授信额度。对能够抵押的土地进行评估，抵押贷款授信额度为评估价值的30%—50%。（4）实行一证多贷。按照“多行进入、分类抵押、一证多贷”的运作方式操作，较好满足了不同规模生产者的资金需求。(5)跟踪管理，保证专款专用。贷款办理后，转入土地合作社在信用社开立的存款账户，信用社按期进行贷后检查，保证专款专用，使信贷资金真正发挥作用。三是实施政策性保险跟进。

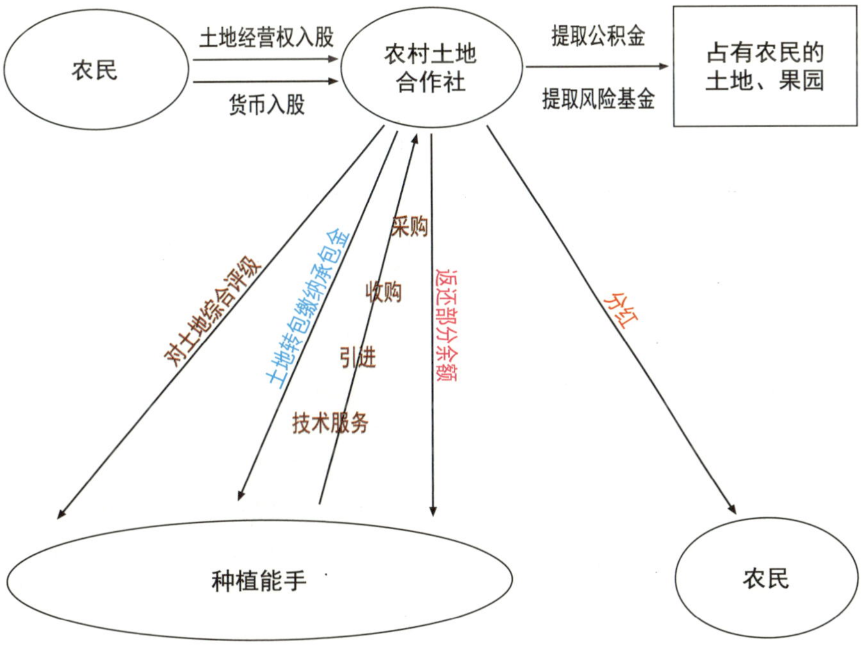

图3　土地合作社运作图

为保护和推动土地流转合作社的健康发展，增强其抗风险能力，分散入社农户的经营风险，促进金融机构信贷投放，枣庄市出台了支持土地流转合作社参加政策性农业保险的政策措施。主要内容是：由市人保财险公司承办，对土地流转合作社内的农作物（包括林果、经济作物、粮食作物等）实施农业保险，所需保费财政补贴 80%〔市财政补贴 60%、区（市）财政补贴 20%〕，其余 20% 由土地合作社承担。四是强化政策引导。人行济南分行及枣庄中支领导多次深入农村土地流转改革一线，进行调研论证，枣庄中支及时出台了《关于金融支持农村土地合作社发展的指导意见》，明确金融支持目标、重点，并探索创新了土地产权证抵押贷款、林权证抵押贷款、合作社创业带头人贷款等 7 种信贷支持模式，引导涉农金融机构加大对土地流转及“三农”经济的信贷支持。各涉农银行机构积极跟进，市农发行、农行和农村信用社分别出台了农村土地合作社贷款实施办法，创新信贷产品，除开办土地合作社贷款业务外，农村信用社累计向土地合作社社员或理事发放联户联保贷款 294 万元，市农行向徐庄土地合作社社员开办了“惠农卡”透支业务。

（五）改革的风险防范。在改革进程中，必然伴随着各种风险。枣庄市在改革试验伊始就高度重视风险化解问题，坚持既要用好政策、先行先试，又要小心求证、审慎稳妥，在深入调研的基础上，从完善顶层制度设计入手，着力规避可能出现的风险。第一，合作社的两个“80%”，保障了农民对土地的有效控制权，规避了失地风险。规定土地使用产权只能入股土地合作社，合作社基本成员中农民不低于 80%，农民表决权不低于 80%。这两个 80%，确保了合作社的事情农民自己说了算，从而避免了农民的失地风险。第二，“1/3”和“三年”的抵押限制，使农民土地使用权只是短期和部分拍卖，规避了金融风险。规定用于抵押的土地最多不超过入社土地的 1/3，向银行抵押贷款的期限不超过 3 年。这样，即使到期还不上贷款，土地使用产权被银行拍卖，也不影响农民的正常生产生活，经营期限一到，土地又回到了农民手里，既不会引起社会不稳定，同时也规避了银行的金融风险。第三，农业保险机制的引入，较好地保障了土地经营收益，规避了自然灾害风险。枣庄市在土地合作社中引入了农业保险机制，合作社在享受国家出台的小麦、玉米农业政策性保险之外，还扩大了保险范围，实施了市级试点合作社高标准大棚和马铃薯保险，市财政专列资金，仍然按 80% 给予保费补贴。这一机制的引入，提高了合作社抵御自然灾害风险的能力，保障了生产经营的稳定。

（六）改革的深化拓展。枣庄市把土地合作社数量、规模经营土地面积、农地抵押贷款数额等“三个数量”作为衡量改革成效的标准，在先行试点取得经验的基础上，在全市范围全面推开。重点探索抓好了“四个延伸”：一是产权抵押范围由基本农田向农村宅基地、建设用地、林权、水权及其他方式承包地延伸。全市利用农地使用产权抵押贷款达到 5.04 亿元，农村林权、水权、畜禽活体、农机具及宅基地、建设用地抵押贷款已启动实施。二是规模经营主体由土地合作社向种养大户、家庭农场延伸。对具备家庭农场基本要素的规模经营主体进行重点引导和培植，2012 年将 20 家种植大户列为首批市级家庭农场试点，目前全市家庭农场发展到 1209 家；市级 227 家改革试点合作社及家庭农场，规模经营超 1000 亩的达 86 家。三是产业发展由单一种养生产向深加工等现代农业产业体系延伸。全市形成了畜禽、粮油、果蔬、食用菌、乳品等五大优势农产品生产加工群，规模以上农业龙头企业达到 288 家，其中市级龙头企业 238 家、省级 33 家、国家级 2 家；农产品抽检合格率 98.4%，“三品一标”累计 401 个。四是“三农”资本注入由土地抵押融资向吸纳社会资本延伸。2012 年，滕州市北张庄蔬菜种植合作社新增工商资本投资 8000 万元；市中区冠宇农业吸纳工商资本 6000 万元兴办食用菌基地；杨宁超市投资 3000 万元注入合作社，发展“都市农业”，为现代农业发展注入了有力的资金支持。目前，全市各类经营主体累计吸引社会资本 25 亿元以上。

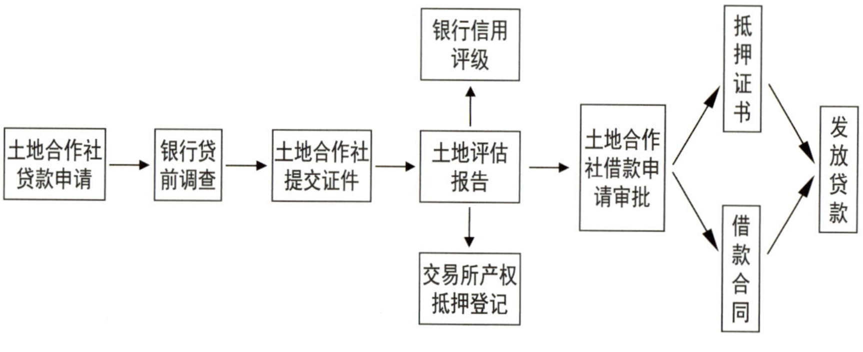

图4　农村土地使用产权抵押贷款流程

（七）农村各项改革的加快建设与纵深推进。枣庄市在全面推进农村土地使用产权制度主体改革的基础上，还积极探索推进了六项试点改革和三项配套改革，纵深推进农村各项产权制度改革。

1. 建立农民土地财产权益保障机制，开展农村土地承包关系长久不变试验。土地是农民的“命根子”。土地承包经营权、宅基地使用权、集体收益分配权等，是法律赋予农民的财产权利。借鉴林地承包期及国有建设用地使用期为 70 年的规定，选择一个乡镇的部分村将农村土地承包期由 30 年延长为 70 年，把“长久不变”的承包期限具体化；选择部分村试点，将土地承包期限由 30 年延长为长久不变，把“长久不变”的承包期限模糊化。探索建立符合长久不变要求的土地承包经营权权能设置、人地矛盾化解、土地承包经营权登记、农村土地承包经营纠纷调解仲裁等相关制度，把土地承包关系长久不变落到实处，给农民吃下一颗“定心丸”。目前，枣庄市山亭区徐庄镇、冯卯镇等乡镇已选择3—5个村先行先试，并发放收回问卷调查表2370余份，在尊重农民意愿的基础上，将对农村土地进行确权、登记，颁发承包期限70年的《农村土地承包经营权证》。市、区（市）两级建成7个农村土地承包经营纠纷仲裁庭，累计调处土地纠纷752件，有效化解了农村土地承包纠纷。选择滕州市洪绪镇承担“土地承包经营权确权登记试点”，形成了“两书、一表、一图、一合同、一证”农村土地承包经营权登记管理办法，已完成34个村、3.26万亩土地的空间位置图绘制，并进行了登记。今年，全市计划完成16万户、总任务20%的承包经营土地确权登记。

2. 建立农村资产盘活共享机制，开展农村集体资产产权化改革试验。枣庄市率先开展的农村土地使用产权制度改革，就是将土地承包经营权中的使用权剥离出来。一方面，通过颁发《农村土地使用产权证》予以确认，农民通过土地承包经营权流转交易，从事股份经营或合伙合作经营、建立土地合作社，开展农村土地承包经营权产权化改革试验。另一方面，围绕激活农村资产资源要素，开展农村集体资产产权化改革试验。2012年，全市共清理核实农村村级资产34.84亿元、集体资源433万亩、资金价款13.28亿元。在清产核资的基础上，将农村资产进行产权化评估、作价、量化、股份化，做到归属具体、权责明晰，盘活农村资产资源。山亭区山城街道东山亭社区股份合作社经过组织准备、清产核资、清人分类、配置股份、组建社区股份合作社、建章立制等6个阶段，成立了全市首家社区股份合作社。实现了集体资产的资本化运营，推进了农村变资产为资本，变农村为社区，变农民为股民，初步形成了农村资产成员持股共有、民主管理、风险共担、利益共享的新机制。

3. 建立农业社会化服务供给机制，开展新型社会化服务体制创新试验。积极构建集约化、专业化、组织化、社会化相结合的新型农业经营体系和多元化服务主体，在峄城区开展了“大部委制”的为农服务机制创新，建立村级为民服务代办点342处、连锁超市216个；建立健全从市到村的“四级”三农网络服务体系，实施“农社对接”项目，在76个大型社区建立了合作社产品直销点。2011年，枣庄市创建了全国首家农村土地资产专业评估机构——枣庄市普惠农村土地资产评估事务所，对农村土地使用产权价值、土地收益价值及各类农村资产进行专业评估。2015年底，该评估事务所拥有职业评估师10名，聘任兼业评估师73名，先后对320余家市、区（市）级改革试点合作社的土地收益和使用产权价值进行了免费评估，累计评估总价值29.3亿元，规范了农地抵押贷款和交易行为。

三、农村土地使用产权资本化实践中的经验启示

（一）改革的成就

从设计农村土地使用产权制度改革伊始，枣庄市委、市政府就将改革的主旨定位为：追求土地的适度规模效益，发展现代农业。枣庄市以农村土地使用产权制度改革为突破口的国家农村改革试验区建设，与我国其他一些地方实行土地制度改革有着不同特征。在顺应农民土地规模经营意愿的基础上，一方面放手让农民探索，另一方面给予规范性的引导和帮助。不是大面积铺开，而是在一些有条件的合作社逐步推开；重点不是在城市近郊区，而是初始在纯农业区和山区，对全国农村具有普遍的现实意义和推广价值；目的不是为了追求农地转变为建设用地的增值效益，而是为了追求土地的规模效益；主要是通过土地使用权财产化、资本化来实现土地规模经营，并不涉及土地所有权和承包权的变更，保障了农民对土地的控制权；通过土地产权有形市场的建立，优化生产要素配置，创新经营体制机制，最大限度提高农业农村生产力。近年来的实践证明，枣庄市的改革试验区建设贴紧了农村经济发展实际，牵住了农村改革的“牛鼻子”，充分释放改革的最大红利；得到了各级领导的充分肯定，充分尊重农民意愿，有着深厚的根基，受到基层干部群众的一致拥护和支持。枣庄市的农村土地产权制度改革与国家现行的土地制度没有冲突，是顺应城乡统筹、新型城镇化和现代农业发展的应运而生的产物，完全符合中央一直以来“三农”工作的政策方针，为推进“四化同步”和城乡一体化发展提供了强大动力和不竭源泉，已逐步形成独具枣庄特色的农村产权改革制度基础和理论体系。

从农地改革推进层面上看，一是呈现“量”的迅猛增长。2017年底，全市农民合作社累计达到6213家，其中土地合作社5465家，土地流转面积72.48万亩，实现抵押贷款5.04亿元，较2012年底分别增长35.3%、68.6%、37.4%和62.6%。二是体现“质”的飞跃提升。全市土地流转面积74.28万亩，土地流转比例26.8%，流转入社比例74.1%；土地合作社经营面积平均为444.2亩，资产平均236.2万元，入社农户数平均88.8户。三是彰显三次产业的融合发展。土地合作社发展在“质”“量”突变的同时，会进一步追求现代农业产业链延长和增值，进而促进二、三产业内生动力的集聚和增长，三次产业得到高度融合发展，形成推动城乡一体化发展的产业支撑和重要基础。

全市农村产权制度改革的主要成效是：一是破解了资金瓶颈难题，为现代农业建设提供了有效的“血液”供给管道。改革以来，已对11万农户72.5万亩农地颁发了《农村土地使用产权证》，占全市承包土地的27%。平均每个合作社利用农村土地使用产权抵押贷款40万元，更多的金融机构参与到了农业农村发展。山亭区月亮湾农家乐旅游专业合作社今年贷款1000万元，建设高标

准、高效观光农业示范园区、采摘区，完善旅游区服务功能，实现了由特色农业向高效观光农业的发展。二是找到了规模经营的有效途径，提升了发展现代农业的内生动力。通过组建土地合作社，架起了分散经营向规模经营，传统农业向现代农业发展的桥梁，解决了农业生产没人干、农业比较效益不高的问题。滕州市滨湖镇庄稼人有机蔬菜专业合作社，依托微山湖特有的地理资源优势，开发出了藕粉、荷叶茶、莲子、鸡头米、小杂粮等产品，藕粉达12个品种，荷叶茶6个品种，其产品通过了绿色食品认证，已进入沃尔玛、家乐福、银座、贵诚等大型超市，年销售藕粉500余吨、荷叶茶10万吨，实现了从生产加工到包装销售的全程产业化经营。三是提升了农业的组织化程度，强化农村资源要素集约。通过紧密型股份制土地合作社组织运营和资金、技术、人才、管理等要素集约，改善了农业的物资技术装备及管理运营方式，提升了农业的现代化水平。山亭区万恒土地合作社，规模经营土地1800亩，实行化肥、种子、农药统一采购，降低了生产成本，通过统一喷施农药，每年可少施农药2次，平均每亩可节约成本100余元。2012年，该社实打小麦最高亩产745.1公斤，位居全市第一、全省第四，合作社发起人魏洪光2009年、2010年连续两年被农业部授予“全国粮食生产大户”称号。四是激活了农村劳动力资源，带动农民收入快速增加。2013年，枣庄市农民人均纯收入10878元，分别高于全国、全省1982元和258元；增长13.2%，连续4年高于城镇居民收入增幅；参与改革的农民近50万人，人均纯收入高于全市平均30%以上。近年来农民工资性收入逐年大幅提高，与家庭经营性收入两项占比达到90%以上。山亭区桑村镇的民生蔬菜种植专业合作社，规模经营土地2678亩。2012年该社入股农户通过领取保底金、盈余分红及务工收入，实现了“三项增收”，户均增收7200元。滕州市张汪镇太和香菇养殖专业合作社解决了流转出土地农民的后顾之忧，流转出土地的农民可以全年在外务工，夏忙、秋种时节无需回乡，从而减少务工损失、节省了路费和回家务农的开销；同时流转出的土地还有稳定的保底金，且大大高于自己种田收益，使得流转出土地的农民放心离开土地务工经商。随着一些土地合作社规模的不断扩大，效益十分可观，农民入社愿望强烈。五是促进了城乡一体化，释放“三农”发展潜力。通过改革，大量土地转入合作社经营，大批农村劳动力转移到城镇居住，从事二、三产业，这些地方顺势组建新型农村社区，形成了土地集中入社、资本集中下乡、公共服务集中推进、社办企业集中小城镇的发展新格局。农民不过多地依赖纯农业，转移出去务工增收，这既为新型城镇化建设提供了产业、人力、资金等基础，也通过实现土地集约利用，保障城镇建设充足的土地资源。山亭区城头镇先后成立9家土地合作社，累计流转土地15000亩，该镇将新型农村社区建设与旧村改造相结合，拆迁复垦土地300余亩，建成居民楼23栋，房屋600多套，容纳居民2400人，并规划建设了豆制品工业园区，让摆脱土地束缚的农村劳动力在园区创业就业。

（二）改革的经验启示

枣庄市土地使用产权改革试点运作以来，初步找到了现行土地制度下实现土地规模经营的有效途径，解决了长期困扰土地流转实现规模化经营的资金问题、市场缺位问题，实现了农村土地使用权的资本化，为加大金融支持服务拓展了空间。

1. 必须尊重农民的意愿，才能赢得农民的支持。枣庄市农村土地使用权改革原动力来自农民，主要诱因是拥有土地使用权的农民有较强的土地使用权流转意愿；政府推动的主要目的是追求土地规模经营效益，而不是分享农地转变为建设用地的增值效益，只有进行土地流转才能实现规模经营；金融跟进的目的是拓宽贷款渠道，通过土地流转培育新的贷款有效增长点。因此，在农民有较强土地使用权流转意愿情况下，政府顺势推进，通过及时搭建高效率服务平台，规范合作社运作机制，农村土地使用权改革的经营主体变成了土地合作社或种植大户，为实现农业规模经营打下基础，并避免出现工商业资本通过公司控股方式，集中大量土地，使农民失去土地控制权。

2. 必须坚持“三不”原则，才能切实避免政策风险

家庭联产承包制是农村政策的基石和农村稳定的根本，枣庄市农村土地使用权改革的具体操作过程中，坚持“不改变农村土地所有权性质，不改变农民土地承包权，不改变土地农业用途”的“三不变”原则，尽可能地规避农民的失地风险和政策风险。一是规定合作社基本成员中农民不得低于80%，出资获得的附加表决权总票数不得超过本社成员基本表决权总票数的20%。这两个“80%”，保证了工商业资本不能在土地合作社中占有主导地位，从而保障了农民对土地的长期控制权。二是在土地合作社中引入了农业保险机制，并且政府对农业保险给予保费补贴，大大降低了农村土地合作社土地使用权的抵押风险。三是规定土地合作社只有最多不超过1/3的部分可以抵押贷款，土地使用权抵押的年限不能超过3年。“1/3”和“3年”的抵押限制，保证了农民不会长期全部失地。四是与一家一户的分散经营相比，土地合作社规模经营的经济效益好，抵押资产多，还款能力强，担保户数多，贷款风险进一步降低。

3. 必须规避与法律的直接对抗性风险，才能解决土地使用权抵押担保有效性。根据现行法律规定，以家庭承包方式取得的土地承包经营权抵押无效。这是因为，土地抵押权的预期法律后果是土地使用权的转移，该承包地对农户来说是具有社会保障功能的，土地承包经营权抵押可能使农民丧失土地，失去生活保障，引起新的社会问题。但枣庄市推行的《农村土地使用产权证》抵押借款，不会导致原承包方丧失土地，本

质上没有违反法律的禁止性规定。以徐庄土地合作社为例，徐庄土地合作社持有的《农村土地使用产权证》有效期为3年，该产权证明的是徐庄土地合作社在3年有效期内，对产权证中记载的土地享有土地承包经营权。这项权利实际为原承包户转让给徐庄土地合作社而由区政府登记颁证予以确认。当前，《农村土地承包经营权证》有效期为30年，表明徐庄土地合作社享有的3年土地承包经营权期限届满后，该土地的承包经营权又回复到原承包户享有，这与土地承包经营权经转包方式流转期限届满后的法律效果无异。徐庄土地合作社以持有的《农村土地使用产权证》抵押借款，实际是以该产权证记载的期限内的土地承包经营权进行抵押借款。当借款人不能清偿到期借款而由抵押权人实现抵押权时，是以产权证记载的期限内土地承包经营权的变价款优先受偿。即该抵押的预期法律后果是：可能出现在产权证的有效期限内土地承包经营权流转至其他承包方，但在产权证记载的期限届满后，该土地的承包经营权仍回复为原承包方所有，不会发生原承包方永久失去土地承包经营权的后果，抵押后果与法律允许的转包后果相同。对这一做法，枣庄市政府组织法院、国土、金融等部门进行了深入研究，市中级人民法院出具了法律意见书，认为该类抵押经过适当规范是可以认定有效的。

4. 必须实现农村土地使用权资本化，才能更好地突破融资担保瓶颈制约。枣庄市农村土地使用权改革并不涉及土地所有权，而是在保证农村土地集体所有权和农民承包权不变的前提下，本着活化土地使用权原则，还原农民土地使用权权能，凭着土地使用产权证，土地合作社可合法、有效地到银行办抵押贷款，真正实现土地使用权价值和融资担保效能。如果贷款逾期还不上，贷款银行可以对抵押期间内的土地收益权进行拍卖处理。农村土地使用产权的抵押，拓展了金融支持空间。枣庄市共有耕地276.1万亩，假设每亩地1年可抵押贷款200元，每年将可融得5.5亿元信贷支农资金。

5. 必须坚持因地制宜、先试点后推广，稳步推进土地流转改革。枣庄的改革不是大面积铺开，而是集中在农业地区改革试点，在一些有条件的土地合作社中逐步推开，设计完善相互配套的机制，鼓励和引导那些有条件流转的土地集中起来，进行更高效率的规模经营。农地的性质没有变化，农业生产的效益进一步提高，粮食安全得到了保证，在我国广大农业地区具有普遍的意义。农地流转过程应该是一个循序渐进的过程，随着工业化、城镇化进程加快，农村有条件规模经营、愿意拿出来流转土地的农民会越来越多，土地使用产权制度改革的土壤和空间也会越来越广阔。

审稿人：颜世鹏

撰稿人：高崇銮

抱犊秋色

城头豆制品产业发展历程与启示

城头镇位于枣庄市山亭区最西部，面积48平方公里，辖6个服务区、21个行政村、36个自然村，5.2万人，其中回族群众近1000余人，是全国最大的豆制品加工生产专业镇，素有“中国豆制品第一镇”“中国豆制品之乡”“中国豆谷”的美誉。城头豆制品产业是枣庄市山亭区城头镇特色产业和支柱产业，经过40年的艰辛历程和发展，走出了一条镇域经济可持续发展、群众发家致富的发展之路。

一、城头豆制品产业发展历程

城头豆制品产业发展历程是城头人民“敢为天下先、甘吃天下苦”精神的重要体现，也是城头干部群众思想解放、努力奋斗的光辉历程，更是城头豆制品产业历经千辛万苦、艰难险阻的不断成长的历史，可以说是山亭区城头镇改革开放的一个缩影。城头豆制品从无到有，从小到大，从乱到治，产业逐步实现了标准化、规范化、规模化和集群化，豆制品产业的知名度得到不断提升。

发展历程大致可分为开始起步阶段、稳步发展阶段、整改提升阶段、多元化发展阶段等四个阶段。

（一）开始起步阶段，城头豆制品从无到有（1978—1988年）

城头镇人文历史悠久，文化底蕴深厚，早在2500多年前春秋时期，城头就出现在《论语·述而》载：互乡难与言，童子见，门人惑。当时被称作互乡，汉朝时设合乡县，后汉时立为合阳侯国。据滕县志记载，合乡距滕县今滕州东23里，就是现在城头镇所在位置。城头之名，意为城之一端，遗迹方正，其形状如城之一角。城头过去常有水患，经历代河水常年冲刷所致，陆续演变为古合乡城之一头，头在其东，一说为城角，俗称“城头”，一直沿用至今。中华人民共和国成立后设城头公社，后改为城头乡，1983年之前隶属于滕州市。1983年12月，经山东省人民政府批准，枣庄市原齐村区北部6处公社和滕县东部8处公社组合成立山亭区，区划后由滕州划归山亭区。20世纪80年代，城头镇地处交通要塞，从临沂到滕州火车站，这里是必经之处，这里老百姓思想较为活跃。

1. 实行土地承包，分田到户。1982年1月1日，中国共产党历史上第一个关于农村工作的一号文件正式出台，明确指出包产到户、包干到户都是社会主义集体经济的生产责任制。随着农村经济体制改革的深入发展，由“大锅饭”到“分田到户”成为历史的必然趋势。城头镇作为山亭为数不多的平原乡镇，人多地少，特别是驻地村西城头村人均不足半亩地，仅靠土地的收入根本不能解决温饱问题。伴随着改革开放的脚步，20世纪80年代初，城头镇各地陆续开始实行土地承包，分田到户，西城头村原来的生产队小队长一下子“待岗”在家，各干各的。随着改革开放形势的不断变化，农村实行土地承包后，农民不再吃大锅饭，有了更多的时间，不愿贫穷落后的城头人，他们内心开始“蠢蠢欲动”，萌生“摆脱贫困、解决温饱”的念头。

2. “人造肉”诞生，改变了城头人的命运。家庭联产承包责任制改变了我国农村旧的经营管理体制，解放了农村生产力，开创了我国农业发展史上的第二个黄金时代。不甘落后的城头人急于改变贫穷的面貌。1982年3月，西城头村农民张永河看到一张玉米膨化机（酥果机）的宣传单，张永河、张永文等5家村民，集资贷款1800元远赴河南辉县购买了第一台酥果机，当时0.18元每斤的玉米经过加工后，可以卖到0.6元每斤，当年效益即实现了回本，他们成为第一批创业的城头人。1983年家住西城头村的尹凤山从外地分两次带来了几十斤“人造肉”，从此改变了城头人的命运。当时农村生活条件和生活水平很低，农民一年难得吃几回肉。“人造肉”经过烹饪后的口味与肉的味道十分相识，不少人吃过后，一直念念不忘，原料是用大豆加工而成。用大豆作为原料生产出来的“人造肉”，可以成为百姓生活上可口的菜肴，农民吃“肉”不再是天方夜谭。这时的张永河再一次看到发家致富的商机，果断放弃了酥果生意。别人能用机械生产出来，我们也能做成。于是他联合张永文、张士超、曹景平等8人，再次贷款筹集5500元远赴河南商丘拖拉机配件厂，购买了城头历史上第一台“人造肉”加工设备，从此豆制品膨化机械在城头镇诞生，这个不产大豆的小镇开始了漫长的豆制品加工历史。

3. 创业之初，各种困难不断。改革开放后，我国实现了从高度集中的计划经济体制到充满活力的社会主义市场经济体制的伟大历史转折。不愿受穷的城头人，在改变贫穷命运的道路上遇到的困难接踵而至。首先，面临的是资金难题。从吃大锅饭到分田到户，农民家中基本没有什么积蓄，买设备基本都是靠几家集资贷款凑成，那时一个人年工资38元，银行贷款一次批500元，80年代花5500元买设备对普通老百姓来说是天文数字，可以说每一次创业都是历经千辛万苦。其次，面临的是技术难题。生产酥果和“人造肉”都是新生事物，用电控制温度生产产品技术掌握不准，技术设备买来不会用，经过多次尝试才生产出产品，设备坏了不会修，只能跑去河南商丘请专家、买配件，一次往返需要七八天的时间，仅机械维修需要的轴承就要1800元，价格十分昂贵。最后，面临的销售问题。起初城头镇生产出来的豆制品基本上是通过自产自销，最初几家入股生产的“人造肉”靠蹬自行车赶集出售，全部零售，销往的区域也仅仅在桑村、东郭、山亭、滕州周边的集市，这种自产自销的方式决定了生产的规模偏小，销售的人群为周边的农民，全村乃至城头镇仅一台机械，目的仅仅是为了养家糊口，能吃一口饱饭。

4. 初尝甜头，群众纷纷效仿。改革开放首先是思想的解放，就是要敢为人先，敢闯敢干。张永河、曹景平等这批思想活跃的农民造“人造肉”的举动，在西城头村邻里周边引起了不小的轰动，周边的群众看到了“人造肉”加工能够发家致富，邻里和亲朋好友之间也想从事“人造肉”加工。起初，张永河、曹景平等8户之间签订了口头协议，谁也不能把技术和工艺传给外人，但是邻里之间通过各种渠道和关系，偷偷学到了生产工艺和技术。于是，更多一些想摆脱贫困的西城头村人，通过几家联合入股的形式，集资贷款购买“人造肉”设备和原料，开始从事“人造肉”的加工生意。还有一些人不愿意来回往返河南、济南等地购买配件和机械，开始钻研和尝试，从事豆制品机械及相关配件加工。1986年3月，城头镇出现了第一家生产机械的车床厂——张永河机械配件厂。同时，随着时间的推移，城头镇不断出现了从事豆面、豆油加工的小作坊。截至80年代后期，城头镇西城头村从事豆制品生产加工的作坊发展到20余户。

（二）稳步发展阶段，城头豆制品从小到大（1988—1998年）

经过近10年的艰苦创业，城头豆制品实现了从无到有“零”的突破。创业艰难起步，玉汝于成。城头豆制品经过近十年的发展，迈出了十分可喜的第一步，尽管产业块头和规模普遍偏小，但与其发展初期却发生了天翻地覆的变化，成绩令人瞩目，城头豆制品产业已经进入的一个新的稳步发展阶段，已成为群众发家致富、当地经济社会发展的新兴产业。1992年1月18日至2月21日，邓小平先后到武昌、深圳、珠海、上海等地视察，并发表了一系列重要讲话，讲话针对人们思想中普遍存在的疑虑，重申了深化改革、加速发展的必要性和重要性，标志着中国改革开放第二次浪潮的掀起。邓小平南方谈话对中国20世纪90年代的经济改革与社会进步起到了关键性的推动作用。勤劳的城头人从事“人造肉”加工不再提心吊胆，不再偷偷摸摸，不再束手束脚，在市场经济的引领下，城头人的开放思维和创新意识得到充分展示，“人造肉”加工作坊不断增多，从事“人造肉”生产农民逐渐增多，西城头村成了山亭区远近闻名的“人造肉”加工村，城头镇也成了枣庄市内闻名的“人造肉”加工镇。

1. 加工作坊不断增多。随着“人造肉”加工技术日臻成熟，城头“人造肉”加工设备从开始阶段的模仿，到简单生产配件、独立生产整套机械，几乎不再用到外地购买任何设备和机械，可以说，城头人敢闯敢干、创新意识在市场经济的浪潮中逐渐显现出来。同时，西城头村生产“人造肉”不再是“秘密”行为，通过邻里和街坊之间“一传十、十传百”，越来越多的城头人开始将自己庭院和住房变成加工作坊，城头镇西城头村从事“人造肉”的加工作坊变得日益增多。90年代初期，全村发展豆制品加工作坊达到了200余家，由于受到生产环境的限制，因此而产生的加工作坊规模普遍偏小，基本上一个作坊内一台机械，多者两台三台机械。时间追溯到1994—1996年，“人造肉”加工作坊在西城头村达到高峰。随着城头镇新市场（城头镇驻地原金城淀粉厂附近）两排门市房建设投入使用，一批先期在旧房子生产加工生产的西城头村人，纷纷将设备和机械转入新市场，从事“人造肉”生产的区域也从西城头村拓展到东城头村、荒沟村，城头镇驻地沿线主要几条街道加工作坊达到了400余家，可以说，家家户户几乎从事的都是豆制品相关生意，家家户户门前在晾晒“人造肉”，拉货的车辆是络绎不绝。

2. 产品销量不断扩大。从90年代的市场角度讲，销售市场比较容易开拓，毕竟百废待兴，人们的需求旺盛，产品基本上不愁卖。据不完全统计，90年代中期，一台“人造肉”豆花机生产设备一天能生产1万斤，毛利润在3000—5000元左右，净赚2000元左右，机械是一天24小时连轴转，“歇人不歇机”。城头镇“人造肉”生产加工经过10多年的发展，在枣庄、临沂和济宁等周边地区的知名度不断提升，很多销售商慕名而来，主动联系城头“人造肉”生产作坊，通过各种渠道销往各地。据城头老人讲，销售商来城头订购“人造肉”必须先付定金，不付定金根本买不到产品。同时，一些人为了做豆制品生意，四处借钱买机械和产品，只要是产品有销路，不出半年就能回本，可以想象，当时城头豆制品销量是多么红火，很多城头人通过从事豆制品生意挣到了人生第一桶金，可以说，90年代的城头街，随便一家生产豆制品的个体户都是“万元户”，甚至是“百万元户”。90年代中期，城头镇西城头村一个月光电费近160万元，是全市范围内用电量最多的一个村。

3. 产业链条逐渐完善。城头人头脑灵活、创新意识强，不仅体现在产品创新上，更体现在大豆产业链条的完善上。俗话说得好，一个和尚有水喝，两个和尚挑水喝，三个和尚没水喝。城头人都在生产豆制品，行业之间竞争在逐渐显现出来。在产品研发上，经过10多年的摸索和创业，根据市场和客户的需求，城头镇所生产豆制品不再是单一的“人造肉”，不再是“皮带”样式的产品，产品的种类在不断增多，经过不断的研发，逐步开发出豆花、素鸡翅、素牛排等干法豆制品20多个品种，产品的形状和口味在发生着变化，“人造肉”这个名字也逐渐被“蛋白肉”取代。在蛋白肉上下链条的配套上，上游大豆供应有了专门人员前往东北购销大豆，提供大豆原材料，不需要再一家一户外地购买。产品如豆油、豆面生产加工作坊应运而生，这些生产作坊专门为蛋白肉生产作坊提供豆面原料，豆油作为附属品销往外地。蛋白肉生产机械加工作坊专门为提供加工设备配套，可以直接在城头镇本地购买到相关机械，另外机械厂还不断研发创新，加工制造了压钢筋机械、粉条生产机械。同时，豆制品机械更新换代很快，城头人根据市场变化先后引进氩弧焊新工艺，改进电加热，使用环保新型设备，专业生产机械加工作坊达到30余家。

4. 管理机构开始设立。城头豆制品产业经过10多年的快速发展，这个“两头在外”的产业（即大豆原料产地和蛋白肉销售全部在外地）生产规模不断发展壮大。据不完全统计，1994年城头豆制品从业人数近4000人，占地200亩。城头镇政府认识到城头豆制品产业需要设立一个机构进行管理。1996年4月，城头镇政府根据豆制品产业发展需要，设立了豆制品市场管理办公室，专门负责豆制品市场电费收缴、管理服务，外地销售商可以通过市场办公室与业户联系，这个自发形成的豆制品产业有了专门机构进行管理。至此，城头镇人民政府开始将豆制品产业作为一项重要产业来监管，城头豆制品产业纳入城头镇政府工作报告，当地政府开始对豆制品这一产业重视起来。

（三）整改提升阶段，城头豆制品两次被《焦点访谈》曝光（1999—2008年）

“城头人赚钱海了，赚钱像撸豆叶子一样容易。”这是20世纪90年代周边人对城头人的评价。城头豆制品产业成了群众发家致富的支柱产业，赚钱效应开始蔓延。随着豆制品产业不断发展壮大，带来的经济效益十分可观，个别不法业户在豆制品生产过程中掺杂使假，豆制品生产管理不够规范，生产场所也不达标，1999年11月和2006年12月，城头豆制品被中央电视台《焦点访谈》栏目先后两次曝光，一时间，人们谈“豆”色变，城头豆制品产业也进入了发展低谷。这一事件，当时在当地引起了轰动效应，国家和民众对食品安全问题越来越重视，以当时的生产条件和监管方式来说，继续发展豆制品产业犹如身上绑着定时炸弹，随时都有爆炸的危险，给当地经济和社会发展带来不必要的威胁。城头豆制品生产条件及工艺落后，多为家庭加工作坊式生产，已明显不适应新的市场形势发展需要。这一时期，城头镇的豆制品被曝光加工条件恶劣、使用工业色素等问题，这让城头镇陷入了信任危机，城头豆制品产业面临着被关停的危险。城头豆制品产业发展到这一阶段，是历史前进道路上又一重要阶段。对此，省、市、区、镇各级政府高度重视，对豆制品产业进行整改提升。

1. 关作坊抓整改，规划建设豆制品标准化生产基地。2006年12月《焦点访谈》曝光后，城头镇党委、政府按照省市质监部门的要求，立即对全镇所有豆制品加工作坊进行关停，全部进行整改，同时，把打击豆制品非法生产业户作为促进豆制品产业健康发展、维护合法业户利益和消费者权益的重要举措，组织人员、车辆组成打假应急分队，针对城头境内和境外豆制品生产经营实行专业打假。开展联合执法，印制了有奖举报打击豆制品非法生产业户的公告广泛张贴、散发，并及时在区、镇政府网站等网络平台上公开发布，对枣庄市范围内出现的非法生产业户联合市、区质监部门严厉打击。2007年1月，城头镇按照高起点规划、高标准建设的要求，规划建设了320亩的标准化生产基地，一期工程占地50亩、投资1.6亿元，建设了10个标准龙头企业和4个钢结构标准化大厂房，配套了豆制品研发中心、检测中心，所有厂房安装了远程在线监控设施，首批100家企业和业户入驻生产。2007年9月，参与起草《膨化豆制品行业标准》并通过中国豆制品协会通过，从此城头膨化豆制品有了行业标准。2007年12月，全国第一个乡镇级膨化豆制品质量检测中心投入使用，成立了豆制品工程技术研发中心，开发应用豆制品加工及成型设备专利20余项，开发出“全豆宴”系列菜肴，种类不断丰富，产品质量和产业发展水平明显提升。2008年1月食品设备制造园区开工建设，10家企业签订了入驻合同，其中7家投资过千万项目竣工投产。为有效破解豆制品产业发展用地难题，舍弃眼前利益，依法关停了4家高耗能企业，腾出130余亩土地引来3家投资过5000万元豆制品深加工项目，实现了产业的科学发展。为增强基地吸引力，投资近1000万元加强基地配套设施建设，对迎宾大道、隆达路进行了高标准硬化、亮化、绿化，建设了中国豆制品第一镇地标碑及彩虹桥，大豆文化广场规划建设，基地实现了“五通一平”。投资8600万元建设的豆制品专业批发市场一期工程投入运营，业务涉及全国20余个省市；投资1380万元建成了全国第一家豆制品电子交易市场和豆制品交易网，使产业发展平台优势更加突出。

2. 实施全民创业工程，打造豆制品产业发展人文环境。将营造豆制品产业发展的政治、社会、文化环境，推动全民创业、促进豆制品产业发展壮大作为全镇的中心工作。2007年1月，城头镇党委、政府专门出台了《招商引资及民营经济发展优惠政策》和《关于扶持鼓励中小企业创新发展的意见》，在全镇大力实施了全民创业工程，营造支持创业、保护创业的环境气候，扶持鼓励外来、本地投资者及返乡农民工上项目、办企业。全民创业为豆制品产业发展提供了配套服务，全镇创业人数达到1万余人，全镇家家户户都与豆制品产业有联系。积极创新探索，撤销了重管理轻服务的农村管理区，结合全镇村域产业分布实际，设立了六大服务区，转变行政职能，前移服务关口，在为群众办实事、做好事、解难事的同时，重点培植壮大以豆制品加工为主的产业集群，在六大产业集群上设立了服务区党总支。在服务区班子配备上，突出按产业发展需要设岗用人，突出发展主导产业，豆制品加工及机械制造产业主要分布在镇驻地，就由驻地村的支部书记担任服务区党总支负责人，其他豆制品加工专业村的负责人及协会负责人在服务区兼职，形成了发展特色产业的合力。2007年10月，山亭区委、区政府在城头豆制品基地设立正科级豆制品基地管理服务办公室，明确专门编制人员和工作人员加强对豆制品基地的管理和服务。

3. 实施老板培育工程，打造卓越的产业发展人才队伍。积极实施“老板培育”工程，镇财政当年列出30万元专项资金，2007年先后邀请国内著名策划专家张良、民营经济研究专家袁青鹏、市招商顾问崇岩等专家、教授来城头为全镇民营业主实地讲课10次，组织400多名企业老板和业户分赴日本，珠三角的东莞、深圳，长三角的苏州、昆山、上海、萧山、华西及湖南长沙、河南郑州及省内的临沂、日照、东营、烟台、青岛等地学习产业集群发展成功经验，有力促进了企业老板思想解放、观念更新。2007年，城头镇出台扶持中小企业发展的实施意见，镇财政预算每年安排以定数量的专项资金扶持中小企业发展；对利用闲置土地、厂房及倒闭破产企业新创办中小企业的，享受最低土地出让价格，并在全市首先提出一宅基地换厂房最新理念。新上项目三年内税收镇级留成部分全额返还，老项目新增税收全额返还；对新注册公司及成为规模以上企业的予以重奖，对开发新产品、研发新技术的企业予以重奖，对取得著名商标、驰名商标、绿色认证、进出口自营权的企业予以重奖；对豆制品基地大厂房实行一年零租金、三年零税收、零证照、零摊位费入驻；扶持无业者创业、有业者做大企业，在全镇形成了鼓励创业、创新、创优和做大、做强、做精的良好发展氛围。

4. 创新招商引资模式，打造豆制品产业发展宝地。总结产业招商、以商招商、上门招商和闲置土地招商经验，实行定点招商，增强了招商针对性和命中率。深入排查豆制品及相关产业集聚地，设立长沙、深圳招商联络处，加强与东北、上海、河南等地的联系，锁定重点招商区域，利用外地产业转移和中国豆制品第一镇平台，打比较优势牌，招豆制品产业商。将招商项目重点确定为豆制品及相关产业，围绕拉长加粗产业链条，突出招引豆油豆面深加工、休闲豆制品、大豆蛋白及大豆卵磷脂、异黄酮等高科技、高附加值大项目，兼顾豆制品机械制造、仓储物流、大豆工业观光旅游等配套项目。2008年，城头镇政府先后在滕州、郑州等地举行产业推介招商会，与有投资意向的30余家境内外企业和客商进行了对接洽谈，并及时对项目进展情况进行了跟踪服务，先后吸引了湖南、吉林、四川、重庆等地一批环境友好型、资源节约型豆制品加工及大豆设备制造项目在园区投资创业。其中由湖南客商投资6000万元建设的山东平芝食品有限公司和重庆客商投资5000万元建设的枣庄兴奥食品有限公司已经进入生产运营阶段，休闲豆制品品种不断丰富；吉林客商投资7000万元的山东春福盈食品有限公司一期工程投入生产，春福盈项目对全镇大豆加工的副产品——豆油进行精深加工；投资1200万元的枣庄金山大豆有限公司依托在东北建立的10万吨绿色大豆基地，成为全市最大的大豆蛋白粉生产企业；投资5000万元的山东誉亚大豆设备制造公司生产的不锈钢数控设备除供应本地及全国市场外，还远销俄罗斯、越南、老挝等国家。2008年6月，全镇麻辣休闲豆制品企业已发展到32家，机械制造企业34家，豆油精加工企业3家，全镇形成了从大豆营销、豆制品机械制造、大豆工业旅游观光到大豆蛋白粉、膨化豆制品、休闲豆制食品及豆油精加工制造的产业链条，完善的产业配套，发挥出“商不招自来、资不引自来”的集聚效应。

5. 建立健全合作组织，打造豆制品产业集群。按照“一镇一业、一村一品”的农村经济发展新路子，把成立产业协会和经济合作组织作为提高产业自我发展能力、竞争能力，加快区域经济发展的重要形式。注重政策引导，支持中小企业建立企业家协会、商会和专业协会等组织，走集群化发展的路子，鼓励支持行业协会制订行业规范和发展规划，维护行业公平竞争，发挥行业自律、服务、沟通功能，共同维护行业信誉和整体形象。针对全镇主导产业，成立了枣庄市豆制品协会。随着休闲麻辣豆制品企业的增加，设立了山亭区休闲食品协会，使休闲食品成为豆制品产业中的生力军。为降低豆制品业户的生产成本、提高专业化生产经营水平、提高抵御市场风险能力，组建了诚豆豆制品产销合作社和山东城头豆制品基地有限公司。

为规范豆制品机械行业，成立了城头机械制造协会。为解决企业发展融资难题，帮助企业成立城头民营企业信用担保协会，协调金融部门贷款6000余万元。

6. 注重监督管理，不断提升产品质量。民以食为天，食以安为先，安全是豆制品产业发展的生命线。抓好监督是食品安全的重要保障，城头镇政府从政府、行业内部、媒体三个角度构筑监督网络，确保监督的触角延伸到企业生产经营的每个环节。一是政府监督。保障食品安全是政府义不容辞的责任。充分发挥服务和管理两方面的职能和质量监控、检测中心作用，对食品企业的进料、加工、储存、销售等整个环节实施了全程有效监测。目前城头多家企业获得了食品工业协会豆制品专业委员会质量示范奖和绿色食品认证，进一步树立了城头豆制品的良好形象。二是行业监督。成立豆制品协会、豆制品机械协会、休闲豆制食品协会等行业协会，参与制定了全国豆制品行业标准，制订了全省豆制品行业首个企业联盟标准—风味豆制品生产企业联盟标准和豆制品机械联盟标准，入会企业、业户实行“六户质量联保”，全部签订《质量安全承诺书》，自觉规范生产经营行为，维护豆制品市场秩序，形成业户自我约束、互相监督的质量保证机制。同时加强了政府、协会、企业之间的沟通协调，使协会在指导企业经营、提供管理服务方面的作用得到充分发挥。三是媒体监督。不断加强与电视、报纸等新闻媒体的联系，加大对豆制品产业发展的规模、效益以及食品安全监管工作成效的宣传力度；同时，向媒体公布了城头豆制品监督举报电话，设置了食品安全监督信箱，及时回应媒体质疑、消除群众顾虑，让社会公众参与到食品安全监督中来，形成“人人关注食品安全、人人重视食品安全”的良好社会氛围，进一步增强了食品安全监督力量。

（四）多元化发展阶段，城头豆制品实现涅槃重生（2009年至今）

城头豆制品产业经过30多年的发展，目前已形成了豆油、豆制品加工、休闲食品、豆制品机械等一套完整的产业链条，拥有占地6平方公里的全国最大的豆制品加工园区和豆制品生产基地，其中春福盈食品、宏仔食品豆制品企业已成长为豆制品行业龙头企业，全镇干法豆制品产量和豆制品机械产量分别占全国的65%和70%，全镇从事豆制品产业相关工作的1.2万人，每年消耗东北非转基因大豆60万吨，拥有直达北京、西安、郑州等20多个大中小城市的物流企业达到30余家，被授予国家小型微型企业创业示范基地、中国特色产业基地、全国农产品加工创业基地、山东省特色产业镇、省级创业示范园区、省级双创示范基地、山东省食品机械产业基地、山东省中小企业创业辅导基地等荣誉称号。

1. 发挥产业集聚优势，打造高标准豆制品加工园区。一是科学规划、合理布局。坚持把豆制品特色产业发展作为全镇主导特色产业，按照“产业化、标准化、组织化、企业化、市场化”的发展要求，加快推进3平方公里的豆制品标准化园区建设，加强豆制品基地管理服务办公室，健全了产业集聚发展管理服务机构。目前已拓展到6平方公里，实现了豆制品产业与城镇建设的互动融合发展。2016年投资600余万元，对豆制品基地进行升级改造，达到省级放心食品生产基地的建设要求，顺利通过省级放心食品生产基地验收，并成功创成山东省双创示范基地。2017年，依托豆制品产业优势，豆制品基地创成省级专利导航项目和省级双创示范基地，获上级奖励资金800万元。2018年，城头镇与北京汇龙森孵化公司开展产学研和创业创新服务合作，目前正在进行内部装修。积极为企业和园区提供创业培训、信息化咨询、产品研发，不断提升豆制品企业孵化能力和创业创新水平。二是不断提高设施配套水平。2013年以来，城头镇结合园区发展规划，对园区内隆达路、迎宾大道进行了高标准硬化、绿化和亮化，完成了豆制品电子交易市场、豆文化展览中心、检测中心和研发培训中心建

全国优质豆制品基地

设，基础设施配套不断完善，形成了支持产业发展的完整配套体系。三是培植壮大龙头企业。按照“扶持龙头企业就是扶持产业”的思想，发挥豆制品龙头企业的示范引领作用，推行龙头企业干部帮包服务机制，春福盈新上肉制品生产线，宏仔新上自动化机械手，产品销量稳步攀升，春福盈、宏仔、嘉利丰等食品企业已成长为中国豆制品50强企业。在龙头企业的带动引领下，全镇年产豆制品30余万吨，豆制品机械4万台套，豆油1万吨，在全国同类产品中，干法豆制品产量和豆制品机械产量分别占全国的65%和70%。

第二届中国（城头）豆制品文化节开幕式

2. 强化政策扶持带动，全面推进大众创业、万众创新。一是加大资金扶持力度。制定出台了豆制品产业集群加快发展的意见，专门设立产业发展专项资金，在土地、税收、培训、技术创新等方面加大扶持力度，2016年累计协调办理各类贷款8000万元，申请小额贷款300余万元，发放各类资金200余万元。同时，园区厂房实行租金减免政策，优惠减免150余万元。2018年，结合新旧动能转换，制定出台《鼓励支持豆制品企业转型升级的意见》，积极破解产品同质化竞争，着力提高企业产品附加值和高科技含量。二是强化创业就业培训。借助高校优势开展专业技术培训，与山东农业大学、枣庄学院合作设立了就业实践基地和培训中心，实现创业就业工作“双赢”。2012年，城头镇组织8名企业老板到浙江大学、上海交通大学开展培训学习，不断提升企业的经营方式和管理理念。2015年，城头镇开办了“互联网+”专业培训班，实施开展了“十百千”（即十名企业家、百名小老板，千名豆制品工艺师）创业培训及技能培训工程，累计开展技能培训36次、3890余人。2016年，城头镇结合精准扶贫工作，深入推进豆制品产业就业扶贫，设立了就业扶贫车间，全镇268人实现就业脱贫。三是实施品牌化创建。鼓励支持豆制品企业申报名优产品、绿色产品、有机食品、驰名（著名）商标，并给予1万—10万元不等奖励。截至2017年12月，宏仔食品、誉亚机械、雅利洁食品、嘉利丰食品、春福盈豆制品5家企业已获得山东省著名商标，全区数量最多。

3. 优化服务和宣传推介，助推豆制品特色产业健康发展。一是发挥协会自律作用。在豆制品基地管理办公室和食品药品监管所监督管理的基础上，为做好豆制品企业的管理工作，城头镇着力加强城头豆制品加工和休闲食品协会建设，不断探索完善协会管理的方式方法，设立专门办公室、会员单位，真正把协会建成豆制品行业从业者之家；其中休闲食品协会入会企业达到56家，豆制品加工协会企业和业户达到160余家。通过豆制品行业自律，实行抱团发展，维护消费者利益，促进城头豆制品行业健康有序发展。二是发挥“互联网+”推动作用。2015年以来，城头镇借助与中小企业山东网并网契机，建设豆制品电子交易中远期项目和豆制品电子交易平台，带动交易额近1.5亿元。宏仔、春福盈、誉亚等企业纷纷建立网上销售平台，发展豆制品天猫和淘宝直营店，建成了“鳌然飘香”和“好客山东”电子商务示范点，实现网上销售额达8000万元。三是发挥宣传推介作用。宏仔、春福盈、嘉利丰食品等企业自发参加各类糖酒会和展销会，不断拓展销售渠道和范围。从2008年至今，成功举办了三届中国（城头）豆制品文化节，每三年一届，吸引全国各地豆制品经销商共商豆制品产业发展大事。同时，举办了“赏梨花、品豆花”休闲游、豆制品形象代言人、城头豆制品全国经销商联谊会、城头豆制品台儿庄古城推介、豆制品美食节、全豆宴、大豆运动会及摄影、征文大赛等多项节会活动，进一步提升了城头豆制品的知名度和影响力。

二、城头豆制品产业发展的主要成就

改革开放以来，勤劳善良的城头镇人自强不息，艰苦创业，创出了一条从无到有，从小到大，从贫穷落后到发家致富的发展道路，城头镇历届党委政府坚持把豆制品产业作为城头发展的特色产业和支柱产业，倾入大量的精力、物力和财力，制定产业发展规划，不断完善基础设施投入，培植壮大豆制品产业做大做强，膨胀规模，强化豆制品生产企业管理服务，城头豆制品产业已成为山东省重要产业集群、全国小型微型创业创新示范基地，城头豆制品产业发生了翻天覆地的变化。

（一）实现了城头豆制品产业从无到有、从小到大、从乱到治，推动了豆制品特色产业的不断蓬勃发展。改革开放之初，城头镇没有豆制品产业，不产大豆，也不生产豆制品机械，更没有豆制品产业。从“人造肉”、蛋白肉、膨化豆制品、干法豆制品到休闲豆制品、组织蛋白、拉丝蛋白，走出了一条不断创新发展、绿色发展的道路。时代在变迁，产业在发展，产品在进步。历经改革开放40年的沧海桑田，目前，城头镇成为一个靠生产豆制品而闻名全国的产业基地，在大豆原料和销售市场两头在外的情况下，凭借鲜明特色的传统农副产品加工产业闯出了一条“买全国卖全国”的发展之路，成为全国小型微型创业创新示范基地、中国豆制品特色产业基地及产业集群。截至2017年底，城头镇豆制品产业入驻企业400余家，带动就业1.2万人，年产豆制品50余万吨，配套机械1万台套，豆油5万吨，豆制品包装箱50万吨，干法豆制品和豆制品机械产量分别占全国的65%和70%，总产值达到了60亿元，成为名副其实的“中国豆制品第一镇”“中国豆谷”。

（二）展示了勤劳朴实、不甘落后的城头人形象，不断探索创新、敢为人先，镇域经济得到了不断发展壮大。创新发展和敢为人先是续写城头豆制品产业历史的唯一笔墨。面对贫穷，城头人没有被困难吓倒，没有逆来顺受，没有牢骚抱怨，没有停止不前，他们下河南、闯东北，买设备、跑市场，足迹踏遍了祖国的大江南北，产品销到了韩国、津巴布韦等世界各地。从刚开始的模仿、改造，到后来的创造、创新，每一步都是踏着坚实的脚步前进，每一次的尝试都是“摸着石头过河”，经历过各种失败和尝试，他们没有气馁、没有放弃，经过不懈努力，城头豆制品抛弃了传统工艺，发明了干法加工技术，实现工艺蜕变，极大提高了产量和质量，豆制品产业的孵化能力、创新能力和服务能力得到不断提升，豆制品基地的市场占有率和影响力不断扩大；力争2020年基地内小微企业突破1000家，新增创业实体超过70家，就业人数达到15000人，产值突破500亿元；2030年实现产值突破1000亿元，建成全国乃至世界上有影响力的豆制品特色产业基地。城头镇以促创业、带就业为目标，将扩园区、建平台、强服务作为加快推进豆制品产业发展的重要举措，深入开展中小企业创业辅导工作，全力构筑中小企业多点支撑、多元发展新格局，形成了做强主导产业、做大新兴产业、做新传统产业的科学发展新局面，中小企业和镇域经济发展水平进一步提升，使之真正成为小企业创业孵化成长的摇篮，有力地扩大农民创业、农民就业的市场空间，有力推动了“实力、美丽、文明”新城头建设进程。

（三）开创了城头豆制品独特生产工艺，形成了干法豆制品、豆制品机械和休闲豆制品一整套产业链条，产业知名度和影响力不断提升。城头镇是我国干法豆制品的发源地，豆制品生产工艺独特，属于环保无污染、绿色无添加朝阳产业，豆制品需求不断增大，逐渐成为国际主流消费食品，发展前景十分广阔。城头豆制品产业的发展，带动了大豆物流、干法豆制品加工、机械制造、包装材料、电子商务、餐饮娱乐等相关产业的发展，拥有豆油、大豆蛋白、干法豆制品、休闲豆制品4大系列50余个品种，形成了干法豆制品、豆制品机械和休闲豆制品一整套产业链条。城头豆制品产业促进了镇域经济蓬勃发展，带动了农民就业创业，实现农村经济稳步提升与城镇一体化建设，成为农村镇域经济发展与创业就业的新样本。城头镇的豆制品加工销售产业正逐步迈入“产业化、标准化、组织化、企业化、市场化”的发展格局，并已举办了三次“中国豆制品文化节”，成功地塑造了城头镇的豆制品文化品牌，完善了以城头为代表的豆制品的经营发展理念，产业知名度和影响力不断提升。

三、城头豆制品产业发展的经验和启示

城头豆制品产业经过近40年的发展，实现了传统工艺和现代科技的完美结合，推动了城头豆制品由单一到多元，实现了生产设备从粗糙到精细，生产环境从简陋到标准，销售市场从低端到高端的成功转变。城头豆制品食用方便，口感醇香，且含有丰富的维生素、卵磷脂和钙、铁、镁、锌等矿物质，以及独特的生物活性物质大

豆制品加工车间

豆异黄酮、植物酸等，是高蛋白、低脂肪、零胆固醇的营养保健食品，被誉为“素中之肉”，具有益智养颜、防心脑血管疾病等作用，成为21世纪的绿色“生命素”。城头豆制品产业近40年的发展，取得了一些成绩，但是豆制品产业优势有待于进一步集聚。目前城头镇豆制品产业发展小，小而散，集中度低，技术含量低。现有企业大都停留在资源的初加工阶段，整个技术创新能力不强，缺乏带动力强的龙头企业和深加工、高附加值产品，这些问题亟需着力解决。

（一）坚持市场引导，遵守市场规律，尊重广大劳动群众的创造、创新精神。产业的发展要按照市场规律办事，尊重市场和消费者的选择。20世纪80年代，城头镇主要生产人造肉，品种单一；到90年代已开发出豆花、素鸡翅、素牛排等20多个品种；目前休闲豆制品达到20多种，干法豆制品30多种，并开发出精包装压榨豆油和调料油等多种产品，同时生产豆制品加工设备60余个种类，生产品种实现了从单一到多元的变化。80年代生产豆制品的设备主要以焦炭加热为主，生产设备较为原始；2007年以来，生产设备工艺更加先进，采用自动化设备生产、烘干和包装产品，生产设备实现了从粗糙到精细的变化。80年代初，主要家庭作坊式生产，卫生条件差；2007年新规划建设了占地3平方公里的豆制品加工及设备制造基地，实现了标准化生产，生产环境明显改善，生产环境现了从简陋到标准的变化。80年代产品主要销往省内滕州、枣庄、临沂等周边地区的农贸市场；2007年以来，城头豆制品逐渐进入北京、上海、杭州、西安、深圳等全国40多个大中城市的超市及航空、航海领域，销往韩国、日本、俄罗斯及东南亚、非洲等国际市场，销售市场实现了从低端到高端的变化。40年的变化使我们深深体会到，每一次变革都是市场引导的结果，每一次更新换代都离不开广大劳动群众的创造、创新精神，千道理万道理，改革创新，要坚持尊重市场、按市场规律办事，才能推动产业持续健康发展。

（二）坚持解放思想，注重科学发展，促进产业由粗放型向集约型转变。面对发展环境、发展阶段的新变化，城头镇坚持把解放思想作为重大任务提到全镇人民面前。在新一轮发展中，城头镇鲜明提出，要实现“由低到高、由大到强”历史性转变的关键时期，以“杀开一条血路”的气魄继续解放思想，以新一轮思想大解放推动新一轮大发展，争当实践科学发展观的排头兵。一是综合实力大幅提升。国内生产总值实现18.6亿元，年均增长14.9%，模以上工业累计完成18.3亿元，农民人均纯收达到12421元。二是发展质量显著提高。坚持把产业发展和项目建设摆在突出位置，举全镇之力不断加快豆制品标准化基地和银山工业园区建设，经济效益大幅提高。连银山新型环保建材、同泰维润化工等项目顺利落地，并投入生产，多元化经济发展格局基本形成。三是城乡面貌日新月异。深入开展了城市建设年、城建提升年、城市管理年活动，实施了道路畅通、设施提升、社区建设、城镇开发和美丽乡村等“七大工程”，金城花苑、月亮湾花苑、银城花苑和春福盈社区建成投入使用，城镇污水处理厂、垃圾中转站正常运行，城乡环卫一体化实现服务外包，城镇推行精细化、规范化管理，宜居环境明显改善。四是人民生活水平不断改善。农民人均纯收入不断提高。教育、卫生、文化、体育等事业蓬勃发展，和谐城头建设成效明显。这些都得益于，城头一直坚持思想解放、敢为人先，从而赢得了发展先机，形成了先发优势。

（三）坚持规划指导，不断加强管理，推动特色产业与城镇互动融合发展。近年来，城头镇结合豆制品产业和城镇发展实际，立足打造宜居宜业现代新型城镇建设，通过实施“产城互动、城乡统筹”这一“城头模式”，促进了产业与新型城镇建设的互动融合发展，先后被评为全国重点镇、山东省宜居小镇、山东省特色小镇等荣誉称号。列入山亭区经济开发区“一区三园”规划。坚持规划引领，着力优化城镇发展布局。坚持把规划作为建设的龙头、发展的指南，始终以宜居的理念、城市的标准规划城镇，统筹规划经济与社会发展、产业园区与社区开发、城镇化与新农村建设，做到相互衔接、相互支撑、有机融合、互动发展。委托山东省城乡规划设计院对城镇进行了城镇总体规划修编，以“产城融合”为依托，实施了城镇控详规编制和核心区城市设计，形成了“一城三区”“园在城中、城在园中”城镇发展布局，其中核心区为“产城一体中心区”、面积达到6平方公里，构建起了布局合理、特色突出、经济繁荣、功能配套的现代新型城镇体系。按照“拓展中心区、做旺工业园区、做靓月亮湾风景区”的城镇空间发展布局，围绕“拓展、做美、完善”的要求，以产城一体中心区、湿地观光农业区、高铁商贸物流区为主要内容的“一城三区”发展战略为重点，将豆制品园区、银山工业园等重点片区与中心城区规划相融合，尽快实现城镇外延拓展和内涵提升同步发展。这些都得益于产业发展与城镇建设互动融合发展。

审稿人：王希荣

撰稿人：王　鹏　朱道峰

于为永

改革开放　走向辉煌

——岩马水库建设纪实

岩马水库位于枣庄市山亭区冯卯镇，城河上游，属淮河流域南四湖水系。兴建于1959年11月，1960年5月竣工蓄水。流域面积357平方公里，总库容2.031亿立方米，兴利库容1.132亿立方米。百年一遇洪水设计，万年一遇洪水校核，现状防洪标准达到二百年一遇。保护下游滕州市、山亭区、微山县13个乡镇、294个自然村、50余万人、40余万亩耕地，滕州城区及京沪铁路、104国道、京福高速公路、湖东煤田的安全，是一座以防洪为主，结合灌溉、养殖、发电、工业供水等综合效益的大型水库。水库枢纽工程由主坝、副坝、溢洪道（闸）、放水洞、水电站五部分组成。

岩马水库为国家大（2）型水利工程、枣庄市最大的水库，兼有防洪、灌溉、养殖、发电、工业供水、旅游等六大功能。水库建成后，属于枣庄市水利局管理，在冯卯镇山东村设岩马水库管理处，为枣庄市水利局直属的正科级单位。

一、岩马水库发展历程

岩马水库发展历程集中展现了冯卯人民战天斗地、改造山河的拼搏精神和顽强意志，彰显着冯卯的山水之美、人文之美、创业之美。对激励和教育广大青少年弘扬祖国传统文化、践行社会主义核心价值观具有重要意义。岩马水库顺应时代发展，不断开拓创新，先后被评为国家水利风景区、山东省级湿地公园、山东最美湿地等荣誉称号。冯卯镇连续三届成功举办“风情岩马湖·美丽乡村游”文化旅游节，先后4次走进央视，极大提高了岩马湖美誉度。

岩马水库发展历程大致可分为四个阶段，分别为群众自发养鱼实验阶段、保护生态清理整顿阶段、发展生态渔业养殖阶段、休闲旅游发展阶段。

（一）群众自发养鱼实验阶段（1978—2012年）

岩马水库的建成，淹占了冯卯镇及北侧相邻的店子镇2万多亩农田、果园和苇塘，周边冯卯镇境内14个库区村和店子镇境内5个库区村，失去土地的农户达3168户、12029人。库区村群众陷入赤贫状态。

1. 镇级集体大水面养殖。靠水终究要吃水。岩马水库网箱养殖从20世纪70年代开始，迄今已历时40多年。为解决库区村群众的生产生活问题，特别是1985年以后，上级把岩马水库的养殖和捕鱼权利下放到冯卯镇和店子镇，号召库区群众搞“生产自救”。先是镇级集体大水面养殖，冯卯镇成立了“冯卯渔业公司”，集体养殖、管理、捕捞。但是，由于库面面积广大，周边库区村较多，管理难度极大，后期一度陷入混乱状态，电鱼、炸鱼等灭绝性捕捞方式泛滥，集体无收益，库区村渔民各自捕捞。

2. 推广库面网箱养鱼。1988年开始，上级为进一步解决库区群众脱贫致富问题，开始试验库面网箱养鱼。先是由岩马水库管理处开始试验，在试验成功的基础上，在库区村山东村、冯卯村、岩马村等村庄逐步推广。其后，网箱养鱼迅速扩张，效益显著，成为鲁南地区较大的网箱养鱼基地。截至2013年初，有网箱近4万架，年产淡水鱼1万多吨，主要品种有花白鲢、白鲢、鲤鱼、罗非鱼、草鱼等。网箱养鱼一度成为库区村脱贫致富的主导产业，不少农户靠网箱养鱼成了万元户、上百万元户。

3. 成立全区首家渔业村民合作组织。库区村代表——岩马村立足本村实际，适应市场需要，在市政府办公室驻村帮包干部的帮助下，于2006年7月21日成立了“岩马渔业合作社”，进一步提高了库区村民网箱养鱼的整体收入。岩马渔业合作社以家庭养殖为基础，由岩马村、山东村、庙岭村90余户网箱养鱼专业户，按照自愿、民主、平等、互利的原则组成，总股本600万元。该合作社是养鱼户自己的组织，合作社的成立，把一家一户的分散经营适度集中起来，实现了一家一户小生产与大市场的有效对接，能更好地保护广大养鱼户的利益，最大限度地实现了养鱼户的增产增收。对于实现渔业养殖的规模化、标准化，沟通一家一户与大市场的联系，起到重要的桥梁和纽带作用，同时也推动了冯卯淡水水产养殖更快更好地发展。

4. 村民恶性发展，生态环境遭到破坏。库区村民高密度超量放养对水库水域造成严重污染，特殊天气条件下，还一度出现死鱼现象，破坏了当地良好的生态环境。岩马水库2万亩大水面，共有5万多架网箱，几乎有水面的地方就有网箱，同时，村民为追求效益最大化，大量使用饲料、化肥、农药（渔用药）等投入品，部分水域出现了水体污染，给水产品质量安全带来隐患，也危及人民群众饮用水安全，生态保护迫在眉睫。

（二）保护生态清理整顿阶段（2013年）

岩马水库网箱养鱼从1990年开始兴盛，一直处于自发、无序发展状态，村民们自发地放置网箱，岩马渔业合作社无法控制沿库村民放置网箱的数量，后期合作社也名存实亡。网箱养鱼给沿库村民带了巨大的收益，因此养殖规模越来越大，库中网箱越放越多，高峰时达到50000多架，出现放置网箱密度过大的现象。由于网箱养鱼是投饵性喂养，因此往库中投放的鱼饲料也越来越多，加上鱼的粪便，使岩马水库的水质变得富营养化，对水体造成了巨大污染，水库水质已由过去的Ⅱ类、Ⅲ类水质下降为Ⅲ类、Ⅳ类。养殖户一年比一年多，一天要投放几千斤饲料，水体污染越来越严重。

岩马水库的水几乎属于死水不流动，加上养殖自身污染，养殖水域氮、磷含量严重超标，高温季节，有害浮游生物大量繁殖，有时候天气突然变化，就导致水环境急剧恶化，从而致使网箱内的成鱼窒息死亡，从水库边经过都能闻到腥臭味。自2005年起，岩马水库开始出现大量死鱼，有时死鱼过百万斤，经济损失达四五百万元。

鉴于网箱养鱼对水面的污染越来越严重，市、区、镇三级积极引导渔民放弃网箱养鱼这种高污染方式，转而进行大水面生态放养。2013年底，借助岩马水库除险加固工程，借鉴周边水库清理网箱的经验，枣庄市、山亭区及冯卯镇三级政府下定决心，多措并举，积极推进，对库中5万余架网箱进行了稳妥清理。

2013年10月，冯卯镇连续召开党政联席会议和16个库区村两委成员会议，传达市、区会议精神，并与各养鱼村签订网箱清理承诺书；成立网箱清理指挥部，全面开展网箱清理工作。冯卯镇党委、政府积极配合山亭区网箱清理指挥部，合理制定补偿方案。同时，广泛宣传动员，做好养殖户的思想工作。组织网箱清理工作组入库进行现场调查，对网箱的数量、规格、位置登记造册。经过清点，共确认投饵性网箱4万多架，滤食性网箱1万多架，拦网等养（捕）鱼设备、设施1000多个。为帮助养鱼户集中销售成鱼，冯卯镇党委、政府党员干部一齐发动，联系全国各地的购鱼客商，仅仅用了20多天的时间就提前完成了成鱼销售任务，11月22日网箱全面清理完毕。岩马水库网箱清理，创造了同类水库清理最快、过程最平稳的省内记录。

（三）发展生态渔业养殖阶段（2014—2016年）

2013年底岩马水库网箱全部清理后，转入大水面养鱼模式。2015年初，沿库19个库区村联合成立了枣庄市山亭区洪旺水产养殖专业合作社，对大水面进行集中管理，由合作社和岩马水库管理处共同投放鱼苗，实施生态水产养殖，在净化水质的同时，还提升了水产品质。

山亭区洪旺水产养殖专业合作社成立于2015年2月，由沿水库库区村村民自愿入股，选举理事、监事组建而成。共有股份23078股，股金346.17万元，其中冯卯镇17273股，259.095万元。合作社成立以来，已投资400余万元，购买花鲢、白鲢等200多万尾，增殖放流投放花白鲢60万尾，进行大水面放养。为保护库面，合作社购置了冲锋舟、摩托车等，组成33人的巡查管护队伍，昼夜值班，切实做到人水和谐、周边稳定、经营良好。合作社同时积极实施精准扶贫工作，冯卯镇14个库区村贫困户已全部加入合作社，实现了每一户贫困户都有合作社股份，以享受大水面养鱼分红，达到一次投入长期收益的目的。与此同时，合作社积极争取有关政策和资金，不断加强新品种引进、新技术指导等，适时更新养殖品种，提高渔业养殖水平，依靠科技提质增效，为库区脱贫提供支持。

为保证每位库民都能享受到库面养殖收益，合作社规定，只有冯卯镇和店子镇19个沿库村村民才有资格加入合作社，按人计股。按每股150元的标准，合作社吸纳股金300万元。沿库村民股民每年终可按股分红，增加村民收入。该合作保障了库区群众的人均收益，兼顾水库水质净化和库面保护，有力地保障了库区的和谐稳定。

目前，该合作社主要养殖花鲢鱼、白鲢鱼两个品种，养殖方式为大水面自然散养方式，每年由岩马水库管理处根据水库管理规定，并聘请相关专家，制定科学的养殖计划，每季度有计划地分批分次投放白鲢、花白鲢等多种净水鱼品种，最大限度地净化水质。

合作社理事长张兆伦介绍说，2017年底，岩马水库散养鱼进入捕捞期，山亭区洪旺水产养殖专业合作社聘请临沂专业的捕捞队伍，平均每天捕捞约8万斤，捕捞期为期30天，捕捞成鱼100余万斤，主要销往北京、徐州、杭州等大中城市。

合作社成立以来，岩马库区水域秩序井然，鱼苗长势良好，将实现社员增收致富，促进经济效益、社会效益双丰收。截至2017年底，23000多名库区股民已获得两次合作社分红，合作社实

岩马库区移民文化博物馆

现总收益1000余万元。

（四）休闲旅游发展阶段阶段（2016年至今）

1. 打造最美湿地。岩马湖湿地具有江北水乡的独特湿地景观，山水相依的自然风景，底蕴深厚的人文历史，风韵浓郁的田园风情，同时在枣庄市绿地生态系统结构中具有其独特的地位及作用。

岩马水库湿地的美是自然的，同时又是人文的。自然之美，胜在山水之间。岩马水库湿地公园内自然景观独特，生物多样性丰富。驻驾山岛亭台古韵，唐王驻驾流传千古；九龙溶洞曲径幽深，美轮美奂；旱海石林奇石遍布，千姿百态……据调查，规划区内共有野生脊椎动物有29目58科183种；公园共有维管植物种类约71科151属214种，其中国家Ⅱ级保护植物3种，分别是中华结缕草、莲、野大豆等。丰富的动物资源是岩马湖湿地生物多样性、典型性的重要体现。于2015年被评为省级湿地公园，2017年被评为山东最美湿地。

2. 绽放人文魅力。岩马湖的人文历史，源远流长。冯卯镇历史悠久，有春秋时期鬼谷子登山望母（望母山）、冯卯向善、尚诏放粮等历史典故，两汉画像石墓、两晋时期古泉庵、隋唐独孤王城等遗址、唐王李世民驻驾山庄、明清徽派贾家大院等古建筑。为省级历史文化名镇、省级美丽宜居小镇、山东省旅游强镇、山东省最美旅游风情小镇、山东十大最适合拍摄影视剧的地方。位于岩马湖西岸的独孤城村，已有千年历史。该村拥有众多的历史故事、民间传说和文化古迹，村内鲁南特色民居保存完好，柳琴戏、条编、铁匠铺等各类传统文化和习俗得到保护和传承，2016年被评为国家传统村落。湖中山岛——驻驾山，像一颗璀璨的明珠镶嵌在岩马湖面上，相传唐朝初年，李世民东征，途中驻驾冯卯，因此将驻驾之地朱山村定名“驻驾山”，后简称“朱山”，现已开发成著名的旅游胜地——“驻驾山庄”。冯卯镇于2017年被评为省级历史文化名镇。

3. 树立特色农产品品牌。冯卯镇依托良好的发展环境，鼓励引导广大村民发展高效种植业，全镇林果面积达3万亩，鲜果年产量5万余吨，被农业部认定为全国一村一品示范村镇。冯卯回乡创业园成为全区首家全国农村创业创新园区。着力推进农业供给侧结构性改革，推动农村一二三产业深度融合，万庄村被评为省级农村一二三产业融合发展试点村。投资300余万元实施金山田园生态农业观光园项目，打造休闲农业新样板。萬璘庄园先后荣获省级家庭农场示范场、省级精品采摘园。

4. 建设环湖最美乡村。突出乡土特色，将沿湖、沿线16个重点村庄按照“五化”标准进行美丽乡村建设；同时，深入挖掘每个村的文化基因和乡愁记忆，注重特色打造，逐步形成了醉桃源型、渔家傲型、古村居型、民俗游型等七种主题突出的美丽乡村模式，成功创立了“冯卯品牌”。冯卯镇在2016年全省农村综合改革会议上，作为美丽乡村连片治理代表进行了典型发言，形成了美丽乡村品牌效应。

5. 叫响“风情岩马湖•美丽乡村游”文化旅游节品牌。在水库大水面生态养鱼的基础上，岩马水库所在的冯卯镇近年来大力发展了以水库为特色的生态山水旅游业。为此，近年来“岩马湖”成为人们对岩马水库的普遍称谓。

每年阳春三月，万亩桃花在一湖碧水间争相开放，呈现出“十里桃花果飘香，万顷碧波白鹭飞”的环湖美景，赏花踏青的游人络绎不绝，采风摄影、民俗体验、环湖骑行、休闲垂钓等多种乡村旅游活动丰富多彩，形成了集观光游、民俗游、采摘游为一体的全域乡村旅游业态。

冯卯镇“风情岩马湖•美丽乡村游”文化旅游节是响应山亭区创建国家全域旅游示范区的一个重要载体。文化旅游节现已成为对外宣传冯卯形象的一张靓丽名片，冯卯镇成功举办了三届“风情岩马湖•美丽乡村游”文化旅游节，先后四次走进央视，极大提高了岩马湖美誉度。

冯卯镇将依托丰富的生态资源优势，持续打造环湖美丽乡村、沿河美丽乡村、特色美丽乡村，集中开发农家乐、体验游，让村民在享受美丽乡村的同时，增加旅游收益。以岩马湖为核心，打造环湖风情旅游圈，发展水上休闲运动，健康养生、湖畔风情游、湿地景观游、古村民俗游、美丽乡村游、观光农业游为一体的全域乡村旅游。

6. 环湖重点文化景观。

岩马水库周边拥有多处独具特色的景点。

（1）驻驾山庄。“朱山”本来叫作“驻驾山”，相传唐太宗文皇帝李世民东征驻跸处（见清道光二十六年《滕县志•艺文志》），当地百姓有“前安

营、后安营、驻驾山、独孤城”之说。山上依托地形地貌及原有建筑物，投资1000余万元，以“康体颐园”为主题，打造湖心养老休闲中心，现山上雕龙塑凤，塑18米高观音像，底座圆空，圆空游览室里塑有观音像，周壁为彩画，画30个不同观音转世图。山顶南部建有百龙亭，柱子上雕刻百龙，栩栩如生。百龙亭北建有怡园，五间房，中设门厅，上题“龙驻山庄”横额，边联为：“山沾灵气鸟成凤、水得圣光鱼化龙”。怡园北建6间大殿，门匾题“大唐遗风”。殿内供奉如来佛祖、观音菩萨等神像。大殿东西各建厢房，规模整齐，古香古色。同时山下配套建设了游客宾馆、豪华浴池、旅游餐厅、百鸟园、停车场，旅游发展态势良好，成为山亭区著名的旅游景点，每年都吸引着大量的游客前来旅游。

（2）九龙溶洞。九龙溶洞在冯卯镇嶂山西南脚下，该洞是距今已有1亿年历史的溶洞，是典型的喀斯特地貌，现为县级文保单位，枣庄市最大的天然溶洞。20世纪村民开山采石时发掘，洞内有各式各样钟乳石，面积1100平方米，洞内蜿蜒曲折近1.5公里，犹如巨龙之形，因名“九龙洞”。洞内景观有“听泉观云”“五指山”“王母宫”“小迷宫”“千佛洞”等60多个景点，各类钟乳石发育齐全，各类石花、石笋、石柱洁白如玉，形象逼真，惟妙惟肖。洞内温度、湿度适宜，空气清爽。目前，以驻驾山为主体，以溶洞为支撑，集水上娱乐、度假疗养、休闲垂钓于一体的岩马湖旅游区主体构架已经形成。

（3）最美乡村。2015年开始，冯卯镇争取实施了省财政“一事一议”奖补项目——乡村连片治理，将岩马湖周边的冯卯村、南赵庄村、张宅村、独古城村、大温庄村、小温庄村、北赵庄村、姚沃村8个村庄进行连片整治，打造美丽乡村。按照生活宜居、环境优美、设施完善的要求，以推进农村生态文明建设、提升农民生活品质为核心，投资1560万元，重点开展乡村环境改造、道路硬化、水利设施建设、绿化、亮化、美化工程，建成首批基础设施便利、产业特色明显、生态环境优美、社会安定和谐、宜居宜业宜游的美丽乡村。完成道路硬化42000平方米，毛石路面8300平方米，新建乡村文化博物馆1座，新建仿古屋、迎宾门、凉亭等工程14处，配备垃圾收集设备566套，安装太阳能路灯149盏，清理“三堆五垛”2万方，粉刷墙壁8万平方米，绘制墙体画4000余平方米，栽植女贞、青竹、红叶石楠、黑松等苗木27万株，建设文化广场9处，垃圾中转站1处，全面完成乡村连片治理建设任务，8个连片村面貌焕然一新，得到市、区领导和全镇群众的一致好评，成为2015年度全市农村改革发展现场观摩会观摩点之一，为岩马湖旅游开发打下了更加坚实的基础。

2016年，冯卯镇在全区率先启动美丽乡村“三年计划”建设，力争在2018年全面完成环湖美丽乡村建设，2019年开始实施沿河美丽乡村，2020年实现美丽乡村全覆盖，打造村村有特色、村村有品位、村村有产业，实现村庄布局美、生态环境美、村民生活美。截至2017年，已投资3200余万元，实施了环岩马湖美丽乡村、沿河（城漷河）美丽乡村建设工程，连片打造了18个村庄。国家传统村落、省级美丽宜居村独孤城村，国家传统村落冯卯村，国家绿色村庄、省级美丽宜居村温庄村，省级历史文化名村水山村，省级传统村落竹园村，省级农村一二三产业融合发展试点村、省级美丽宜居村庄万庄村，省级旅游扶贫村南赵庄村，省级美丽宜居村庄张山头村等一大批美丽乡村脱颖而出，群众生活面貌显著改善，镇村环境焕然一新，来到冯卯，仿佛置身在一幅“看得见山、望得见水、记得住乡愁”的“美丽乡村”画卷中。

（4）冯卯库区移民文化博物馆。冯卯镇历史悠久、文化底蕴深厚，为省级历史文化名镇。冯卯（人名）浪子回头，名扬千秋；唐王李世民东征驻驾等美丽的传说；1939年，八路军115师在冯卯镇对头沟村伏击日寇运输队，取得对头沟伏击战大捷；1958年，原滕县6万民工战天斗地、改造山河，建成国家大型水利工程——岩马水库，6000多冯卯人为此异地搬迁安置……这些厚重的历史文化都是冯卯镇的瑰宝，也是冯卯精神的最佳体现，理应得到保护和传承。2015年，冯卯镇借助“第一书记”帮扶、库区移民扶持政策，筹集资金500余万元，盘活原冯卯公社大礼堂，组织人员去滕州、辽宁等地，采访大量库区移民，收集相关实物、史料，修缮加固原公社礼堂，建设了全省首家移民文化主题博物馆。该馆集镇史馆、库区移民文化馆、青少年爱国主义教育基地多功能于一体，集中展示了冯卯悠久的历史文化和冯卯人民战天斗地的豪情壮

国家水利风景区、山东最美湿地——岩马湖

志。博物馆以岩马水库工程建设为背景，以弘扬战天斗地、艰苦奋斗的移民精神为主题，彰显了冯卯的山水之美、人文之美、创业之美，是集党性教育、美丽乡村旅游、历史文化为一体的综合性博物馆，现为全省县及县以下历史文化展示“十百千”示范点、山东省第十批社会科学普及教育基地。一是党员干部党性教育基地。1958 年，广大山区人民经过 2 年的艰苦奋斗，在群山中修建起了一座集防洪、灌溉、发电于一体的岩马水库，孕育形成了以“艰苦奋斗、团结协作、担当奉献”为主要内容的“岩马水库精神”，成为山亭精神的重要组成部分。在水库建设过程中，“以工地当课堂，以工程当教材”，培养锻炼了一大批优秀党员干部，成为国家和省级模范代表，丰富了“两学一做”学习教育内容。2016 年，被命名为山亭区党员干部党性教育基地，目前累计接待党员干部 3.7 万人次。二是美丽乡村旅游基地。依托镇老礼堂原有建筑，保留原有建筑风貌，修旧如旧，凸显乡村文化元素，展现浓厚时代印记。博物馆的建成，打造了“望得见山，看得见水，记得住乡愁”新地标，成为全区美丽乡村建设和乡村记忆工程典范，是全区全域旅游新的游览目的地。三是历史文化纪念基地。馆中展品丰富多彩，民俗制品栩栩如生，文字图片真实详细，人文历史与自然景观融为一体，原汁原味地体现了当时村民的生产生活场景。博物馆展示的一件件藏品、一张张老照片，对激励和教育广大青少年弘扬爱国主义、践行社会主义核心价值观具有重要意义。

二、岩马水库发展的主要成就

改革开放以来，5.8 万冯卯人发扬传承“艰苦奋斗、团结协作、担当奉献”为主要内容的“岩马精神”，立足实际，突出特色，不忘初心，苦干实干，不断开创岩马湖发展新篇章。冯卯镇历届党委、政府始终把发展保护岩马湖生态资源作为冯卯镇发展核心来抓，倾入了大量的人力、物力、财力，制定了岩马湖发展规划，加大基础设施配套，放大生态效应，岩马湖先后被评为国家水利风景区、山东省湿地公园、山东最美湿地。

1. 围绕岩马湖，打响了岩马湖旅游品牌。（1）生态旅游环境持续改善。关闭奥林水泥厂 30 万吨立窑生产线、取缔涝坡村及周边塑料加工作坊 200 余家，关停金卯石材和邦联化工等污染型企业。借助岩马湖除险加固工程，投资 9200 余万元，打造 5 处水利景观节点。开展大气污染综合防治，工业废气和扬尘治理，生态旅游环境持续改善。（2）旅游发展框架初具雏形。委托省城乡规划设计院，编制了《全镇生态旅游总体规划》。独孤城、冯卯村成功列入第四批国家传统村落名录，全市 4 个，冯卯镇占 2 个，每个村有 300 万的奖补资金；投资 500 余万元，建成全省首家库区移民文化博物馆，在社会上产生强烈反响。岩马湖湿地正式获批省级湿地公园，争取国家专项建设基金 4600 万元，以岩马湖和上下游河道为主，科学种植湿地植被，增强净水效果和景观效果；做好上下游河道治理、培育，增设沿河驿站和景观节点，为游客提供观赏、休憩和体验活动，启动实施国家级湿地的争创目标。（3）乡村旅游活力彰显。成功举办了“风情岩马湖。美丽乡村游”文化旅游节，开展了花海巡游旗袍秀、摄影大赛、自行车环湖骑行、民俗文化表演等系列活动，中央电视台《新闻联播》栏目进行了报道，冯卯镇旅游美誉度大幅提升。

2. 围绕岩马湖，树立了岩马湖农业品牌。（1）特色农业初具规模。全镇林果面积达 2.8 万余亩，鲜果年产量 5 万余吨，甜桃产量占全区半数以上，为全国一村一品示范村镇。特色农业发展已初步形成“一园（岩马湖生态园）两基地（枣庄市山亭区泰山 1532 生态循环农业专业合作社、山亭区万璘家庭农场）”的农业循环经济示范效应。万璘家庭农场在 2016 年获得省级示范场、省级精品采摘园等荣誉称号，泰山 1532 生态循环农业基地为市级休闲农业与乡村旅游示范点，岩马湖生态农业专业合作社联合社为首批枣庄市新型职业农民培育实训基地。糯果果生态大樱桃特色农场发展共享农业，通过线上订单式销售实现年产值 500 多万。冯卯回乡创业园先后被评为市级创业示范园区、省级中小企业创业辅导基地、全国农村创业创新园区（基地）。（2）生态养殖初显成效。投资 5300 余万元，建成

 岩马湖畔桃园

睿展生态养殖示范基地，实现规模化饲养、产业化经营；清理岩马湖网箱4万余架，成立洪旺水产养殖专业合作社，实施生态水产养殖，在净化水质的同时，提升了水产品质。(3)农业品牌效应凸显。以泰山1532生态循环示范基地为试点，探索创新了工商资本进入农业领域监管的“135”模式，在全市推广。成功注册张山空山小米、井桃、寺沟地瓜等农产品商标5个，成功认证“泰山1532”绿色蔬菜、“万璘”葡萄、无公害春雪桃等“三品一标”5个，市级农业龙头企业6家，新建欧峪、岩马、万庄3处果品批发市场，果品畅销大江南北。

3. 围绕岩马湖，打造美丽宜居村镇。冯卯镇围绕岩马湖，致力于打造美丽宜居村镇，2017年冯卯镇成功创建省级美丽宜居小镇。(1)小城镇发展格局拉开新框架。委托山东省规划建筑设计院，编制了《全镇总体规划》；开辟连接滕平路和店韩路两条省道的冯卯新干线，成为冯卯经济发展门户通道；新修府前路、欧情商贸街，拉开小城镇发展框架。(2)小城镇综合承载能力不断增强。投资600余万元，对镇驻地集中实施“平改坡、立改貌”欧式风貌改造。先后投资7000余万元，完成韩河旧村改造、“滨湖茗苑”湖景房小区建设，建成为民服务中心、新派出所、新农商银行、健身广场，城镇公共服务功能日益完善。(3)美丽乡村建设亮点纷呈。投资1600余万元，对冯卯、南赵庄等8个村庄实施乡村连片治理，得到市主要领导的高度赞扬，成为冯卯镇的一大品牌。在此基础上，滚动实施万庄、岩马、山东等村的“美丽乡村”建设，工作始终走在全市前列，在全省财政农村综合改革会议上，冯卯镇作乡村连片治理唯一典型发言。

4. 围绕岩马湖，民生事业不断改善。(1)人居环境不断优化。投资1000余万元，完善环卫基础设施建设，实现城乡环卫一体化全覆盖；实施“两通一改”工程，硬化村内外道路179公里；解决13个村，23600人的饮水问题；高低压电网整改29个村、89个台区。投资60余万元，实施福利院改造提升工程；完成农村危房改造300户，旱厕改造3107户。(2)文化生活日益丰富。投资800余万元，新扩建11个村级活动场所、35个农家书屋、27处村级文体广场、3处精神家园主题广场；成立全市第一家留守儿童关爱中心，山东电视台、大众日报、齐鲁晚报等多家新闻媒体进行了专题报道；成功举办了“山亭区群众文化艺术节暨冯卯镇庄户剧团大比武”活动和“好山、好水、好乡村”消夏晚会，丰富了群众文化生活。

三、岩马水库发展的经验和启示

岩马水库自改革开放以来，不断发展，岩马水库生态环境得到良好保护，生态旅游魅力突显。近年来，冯卯镇突出林果业特色，以岩马湖农业旅游为重点，坚持走山、水、林、田综合生态旅游的发展路子，大力抓好产业结构调整，积极培育旅游资源，不断加快岩马湖沿岸农业旅游区建设进程，取得了明显的经济效益、社会效益和生态效益。

1. 坚持生态保护，守住绿水青山。改革开放以来，中国的粗放型经济发展使得生态环境出现大量的问题。对此，党的十八大将生态文明建设放在突出地位，多次对生态文明建设和环境保护工作做出指示，习近平总书记说过：“我们既要绿水青山，也要金山银山。宁要绿水青山，不要金山银山，而且绿水青山就是金山银山。”由此看出党和政府大力推进生态文明建设的鲜明态度和坚定决心。近些年，冯卯镇大力推进生态文明建设，把绿水青山变成金山银山，实现保护生态环境与经济发展的均衡协调。绿水青山是冯卯根本，是冯卯发展的底色，只有顺应自然才能拥有金山银山，只有牢牢守住“生态环保”这一底线，才能真正将冯卯打造成为天蓝地绿、山清水秀、生态宜居的美丽宜居家园。

2. 坚持规划引领，确保一张蓝图绘到底。改革开放以来，从岩马水库的发展历程来看，一方资源能否实现保护利用，规划是前提，没有规划布局、没有产业发展方向，势必会恶性发展，造成生态环境的破坏，阻碍经济社会的发展。岩马湖的生态是冯卯最大的资源，只有在保护生态的前提下，才能保证今后发展不走弯路。委托国内知名规划设计单位对岩马湖生态旅游进行规划设计。先后组织专家、群众代表多次召开专题旅游规划论证会，因为岩马湖的生态旅游规划既需要专家科学规划的高度，也需要融合当地群众对生态旅游的理解，坚持因地制宜，不贪大求洋，注重落地。形成岩马湖生态旅游总体规划，按年度计划分部分项具体实施。确保规划实施不走样，有实效，一张蓝图绘到底。

3. 坚持开放发展，实现岩马湖跨越发展。开放是国家繁荣发展的必由之路，封闭只会窒息自己的生机。以世界眼光审时度势、在全球范围谋篇布局，是走上世界舞台的中国必然的选择。中共十八届五中全会提出“开放发展”的理念，着力实现合作共赢，注重的是解决发展内外联动的问题，必将丰富对外开放内涵、提升对外开放水平，为发展注入新动力、增添新活力、拓展新空间。同样岩马湖的跨越发展也离不开开放发展，离不开全社会的参与。实施岩马湖乡村旅游风景区基础设施建设项目、岩马水库湿地保护工程项目、独孤城传统古村落修复与旅游设施建设项目，编制招商指南，在省产权交易中心挂牌招商，依托岩马湖生态资源集中对外招商，解决资金难题。

站在新时代，展现新作为。冯卯镇将全面贯彻落实党的十九大精神，以习近平新时代中国特色社会主义思想为指导，突出乡村振兴和新旧动能转换两个关键，依托岩马湖生态资源优势，打造岩马湖旅游综合体，推动乡村振兴战略的实施，笃定信心，持续发力，努力给群众更多的幸福感和获得感。

审稿人：赵志国
撰稿人：韩顺立　孟庆有
赵培洋

市中区改革开放探索与发展综述

中共市中区委

中共十一届三中全会以来，在历届市中区委、区政府的正确领导下，全区上下始终坚持以经济建设为中心，按照中央和省、市委的部署和要求，不断解放思想，深化改革，坚持对外开放，适应新形势发展的需要，努力推动区域经济和社会各项事业全面发展，人民群众生活水平得到显著提高，各方面都发生了翻天覆地的变化。

一、改革开放发展历程

枣庄市中区建于1976年7月，地处枣庄市中部偏东，是枣庄市委、市政府的原驻地区，是枣庄中心城区的东部核心区、全市商业中心区、城市转型示范区。目前辖5个镇、6个街道，111个行政村、52个社区，人口58.33万人，总面积375平方公里。中共十一届三中全会以来，伴随着全国改革开放的步伐，枣庄市中区在省委、省政府和市委、市政府的正确领导下，不断解放思想、更新观念、深化改革、大胆创新、放开搞活、加快发展，实施了具有地方特色的区域经济发展战略。

（一）拨乱反正，改革开放起步阶段（1978年6月—1982年8月）

1976年7月，经山东省革命委员会批准，建立枣庄市市中区，当时正是全国人民同“四人帮”反革命阴谋集团斗争最激烈、最尖锐、最复杂的阶段。林彪、“四人帮”十年横行给党和国家造成了重大灾难。中共十一届三中全会后，市中区政治、经济形势开始出现了新局面，认真落实会议精神，进行拨乱反正，集中治理整顿，顺利实现党的工作重心的转移，成为经济社会发展的重中之重。在经济建设方面，贯彻国民经济“调整、改革、整顿、提高”的八字方针，各条战线取得了显著成绩。

批判左倾路线，澄清冤假错案。在贯彻中共十一届三中全会精神的过程中，市中区坚持实事求是的思想路线，打破林彪和“四人帮”设置的种种禁区和精神枷锁，把广大干部群众从极“左”路线的禁锢中解放出来，使毛主席长期倡导的党的优良传统和作风得到恢复和发扬。在政策落实方面，对在极“左”路线影响下造成的大批冤、假、错案，集中力量进行了认真的平反工作，实事求是地复查处理了历史遗留问题，对在“文化大革命”中受审查的191名脱产干部和群众做了全部复议，改正了其中的错案，对历次运动中受审查的干部和群众604人进行复议，对错划的8名右派，全部作了改正，并根据不同情况都做了适当安排，四类分子摘帽达225人，占原监管人数的85%，其中纠正错划错管33人。四类分子子女鉴定成分的工作也按规定落实了党的政策，解决了历史遗留问题，广大党员干部和人民群众的心情比较舒畅，各方面的积极因素进一步调动起来。同时，认真学习《中共中央关于整党的决定》，整顿党纪，端正党风，结合彻底否定“文化大革命”的教育，清除“文化大革命”遗风。针对市中区实际，狠刹了派风、闹风、整人风，并认真严肃地处理了一些以权谋私等典型违纪案件，使党员队伍的素质有所提高，党风有了明显好转。各级党组织在人民群众中的威望提高了，人民群众对党组织的信赖程度不断上升，党群关系更加密切。

实行农村体制改革，稳定农业发展。中共十一届三中全会以来，市中区认真贯彻《中共中央关于加快农业发展若干问题的决定（草案）》和《农村人民公社工作条例（试行草案）》，进一步落实经济政策和经营管理制度，充分调动广大干部群众的劳动积极性，大搞农业基本建设，改善生产条件，发展农业机械化，提高劳动生产率，增强抗御自然灾害的能力。农村实行经济体制改革，把过去集中经营的方式改为集体经营与个体分散经营相结合的方式。1979年春，市中区内部分社队在生产队统一核算和分配的前提下，包工到作业组，联系产量计算报酬，实行超产奖励，有的联产到组，有的联产到劳力。1982年春，贯彻《全国农村工作会议纪要》精神，解决部分干部群众认为土地联产承包是“走回头路”的思想问题，区内农业联产制进一步发展和完善，由部分大田作物联产发展到全部农作物联产，由种植业联产发展到林、牧、副、渔业联产，由联产到组、到人、到户发展到以大包干为主要形式。

贯彻“八字方针”，加快工业发展。市中区是以煤炭、电力、建材为主体的重工业城市，工业在工农业生产中的比重日趋增强，1976年建区时，工业总产值仅占工农业总产值的35.2%。中共十一届三中全会后，贯彻国民经济调整方针，进行经济体制改革，扩大企业自主权，落实经济责任制，工业生产发展迅速。自贯彻落实国民经济“调整、改革、整顿、提高”的八字方针以来，工业比例关系失调的状况逐步得到解决，注重加强企业整顿和经营管理，在企业中开展群众性的增产节约运动和“双革”活动，在提高生产效率、降低生产成本方面下功夫，增加了利润，加快了全区工业的发展速度。1976年全区工业产值只有1050万元，1979年达到1801.77

万元，比 1976 年增长 71.6%，四年时间平均每年递增 14.5%。

商贸业、科教文卫等工作稳定发展。中共十一届三中全会后，商业经营实行多成分、多渠道、少环节的流通体制，生活消费趋向高档化、营养化，消费者由持币抢购到持币选购，食品、服装、家用电器等零售量成倍增长。1980 年，全区商品纯购进总额达到 257.3 万元，商品销售总额达到 1534.6 万元。1985 年，取消长期实行的农副产品统购、派购制度，主要副食品、日用工业品敞开供应，部分生产资料投入市场调节。国营、集体、个体商业零售额比重分别为 68.2%、24.1%、7.7%。财贸、工商等战线认真贯彻执行“发展经济，保障供给”的总方针，增设大量服务网点和流动服务车，使商品购销两旺，市场活跃。在科教文卫事业等方面，市中区加强对科技工作的领导，建立了科研机构，普遍开展了“学科学、用科学”群众性的科技活动。教育战线，深入批判了“四人帮”炮制的两个估计，有力地促进了全区教育事业的发展，较完整地恢复了正常的教学秩序。1979—1982 年，区、公社、大队三级实行扫盲“五定”，定包教单位、定包教对象、定教学点、定教材、定脱盲人数，到 1985 年共扫盲 9642 人。对高等学校和中等专业学校招生制度进行改革，普遍受到欢迎，学生勤奋学习的积极性很高，尊师爱生的风尚得到发扬。在卫生战线，通过组织城乡居民大搞爱国卫生运动，环境卫生有了很大改变，人民健康水平有了新的提高；计划生育工作也不断进展，人口自然增长率逐年下降，广大干群大大提高了用计划控制人口增长的自觉性，计划生育率有显著变化，由多胎转向一胎生育。工商行政管理工作，也进一步解放了思想，放宽了政策，逐步改变了限制过死，管理过严的现象，为支持工农业生产，方便群众生活，促进商品流通做了大量工作，行业面貌有了很大改变。交通运输业、建筑业等开始有了较大的发展。同时，燃料、建材、轻纺、钢制家具等主要产品产量都大幅度增长。

（二）改革开放全面展开阶段（1982 年 9 月—1992 年 1 月）

这一时期，全区各级党组织团结带领广大党员干部群众，坚持以邓小平建设有中国特色社会主义理论为指导，落实党的十二大精神，紧紧围绕“抓住机遇，深化改革，扩大开放，促进发展，保持稳定”的方针，深化经济体制改革，大力发展多种经济成分，改革的重心由农村逐渐向城市转移，全面推动社会主义现代化建设。全区政治稳定，经济繁荣，事业兴旺，社会进步，人民安居乐业，呈现出欣欣向荣、蓬勃发展的大好局面。

推广家庭联产责任制，深化农业改革。1983 年，全区 95% 以上的生产大队推行大包干联产承包责任制，取消繁琐的统一分配形式，废除工分制，一包到底。农户按照计划安排种植农作物，完成交售国家征购的粮、油、棉和上交集体的提留部分后，其余农产物全部归己。承包土地按人口分配，并固定到户，长期使用，一定五年、十年或十五年不变。1983 年，全年粮食总产 114.22 万斤，集体副业总产量 32 万元，人均占有粮食 1171 斤，分配现金 262 元，比 1980 年翻了将近一番。1983—1985 年，农村经济改革向纵深发展，农民对农业生产的注意力，由大田生产转向家庭经济，从粮食生产转向多种经营，越来越多地涌现出专业户、联合户和村级合作企业，形成多层次的农村合作经济。1985 年，全区农村专业户发展到 3782 户，比 1984 年增长 3 倍，专业户家庭全年总收入 2450.3 万元，全区农村新经济联合体发展到 464 个；全区承包经营收入 7379.6 万元，占农业总收入的 49%，全区农业总收入 1.5 亿元，比 1978 年增长 3.6 倍。1986 年起，全区调整优化农业产业结构，建立健全农村社会化服务和农产品市场体系，种植、林果、畜牧、水利与渔业、农业机械等得到均衡发展。90 年代以后种植业结构调整的总体思路主要以“品种调良、结构调优、规模调大”为主，在稳定粮食面积确保粮食安全的基础上，紧紧围绕农业增产、农民增收、农业增效这一中心任务，坚持面向市场依靠科技，以“两园”建设、“四化”（产业化、标准化、科技化、市场化）生产为重点，大力实施优质专用粮基地、精细高档瓜菜基地、无公害绿色农产品基地建设，促进全区农作物生产向着品种优良、质量优化、产业升级的方向发展。1991 年，市中区成为全国、全省平原绿化达标县（市、区），随后又先后被评为全省工程造林先进县（市、区）、全省“八五”绿化标准先进县（市、区）。1992 年，市中区获得全国水土保持先进县（市、区）称号。

优化产业结构，推进工业改革。调整、优化工业产业结构，是工业生产提高经济效益，实现经济良性循环的有效途径。长期以来，市中区主要是以煤焦、建材为主，带动了运输、建筑业的发展，形成了四大经济支柱，这是主导产业。结合这一实际，市中区坚持从实际出发，正视煤炭资源逐年萎缩的现实，逐步由资源开发型向资源开发加工型转变，发展了一批轻纺、化工、机械、选矿、冶化、农副产品加工等项目，并逐步成为主导产业。在调整优化产业结构过程中，有步骤、分层次地加快外向型经济的发展步伐。

深化企业改革，增强企业活力。1984 年 10 月，中共十二届三中全会通过了《中共中央关于经济体制改革的决定》，《决定》中明确指出，增强企业活力是这次经济体制改革的中心环节。1987 年，枣庄市委、市政府下发了《关于深化企业改革，进一步增强企业活力的意见》，市中区在增强企业活力方面，主要突出抓了以下三点：一是政企分开，政府部门简政放权。企业主管部门搞好两个转变，即在性质上要由行政性转变为企业性，在管理上要由命令型转变为服务型，使他们由行政上的上下级变为经济上的伙伴。政府各部门精减工作人员，提高工作效率，更好地为基层服务。二是企业扩权。把中央《决定》给企业的权利一条一条地落到实处。针对市中区实际情况，交给企业相应的权利，包括企业安排生产活动的自主权、自留资金的支配权、用工办法的决定权、工资奖金分配权、产品价格权等。三是落实经济承包责任制，提高职工的积极性。坚决克服平均主义，保障承包者的合法权益，支持企业承包者大胆行使自己的权力。党的十三大依据社会主义初级阶段的理论，提出“在公有制为主体的前提下，发展多种经济成分。”市中区更新观念，因势利导，坚决克服重视国营和集体、轻视个体的思想，积极发展多种经济成分，做到国营、集体、个体一齐上。积极制订有关政策性措施，发挥区位优势，借助于大企业的实力、科研单位的智力、金融部门的财力和城区的吸引力、辐射力，积极引进人才、技术、设备、资金等，发展多种形式的横向联合；打破地域观念和所有制观念，提倡优胜劣汰，鼓励先进企业承包、租赁、兼并落后企业；允许改变隶属关系，进入企业集团；一些小型企业可以公开拍卖，拍卖的资金由主管部门安排用于其他生产开发项目，使多种经济成分不断发展壮大，把经济搞得更活。

商贸业、文教卫生等方面不断发展。在商业方面，80年代中后期，随着国民经济的发展、国家一系列调控措施的实施、改革的深入，全区商业经历上升期，计划经济体制向市场经济过渡，卖方市场仍十分明显，区商业系统开始加大固定资产投入，销售额持续稳定增长；1980—1985年，境内社会商品零售总额年平均递增率为26%。20世纪80年代末90年代初，商业发展进入膨胀期，社会需求过热，物价上涨，出现“抢购风”，刺激了商业的快速发展，营业网点比1986年增加了31%，销售额增长了近4倍。在教育改革方面，1987年8月，区人大常委会审议批准《市中区实施义务教育法方案》，全区教育走上依法治教的轨道。是年，区政府下发《关于征收农村教育附加费的补充规定》。1989年，制定《市中区实施农村九年义务教育年度规划》，教育工作在改革中迈出了较大的步伐，基础教育得到加强，初中教育基本普及，各类职业教育、成人教育逐步形成体系，学校管理“四制改革”（校长负责制、教师聘任制、岗位目标责任制、结构工资制）的探索和试行，制订了《市中区教育教学工作督导评估方案》，创立了教师培养的“三五”工程。科技工作方面，1988—1995年，有39项成果获得市级以上科技进步奖，科技进步在经济增长中的比重由1988年的27%提高到38%。

（三）确立社会主义市场经济体制，开始全面建设小康社会（1992年1月—2002年11月）

这一时期，在市委的正确领导下，全区各级党组织团结带领广大党员干部群众，坚持以邓小平建设有中国特色社会主义理论为指导，坚定不移地走市场经济发展的道路，紧紧围绕“抓住机遇，深化改革，扩大开放，促进发展，保持稳定”的方针，确立社会主义市场经济体制，抓住机制转换和体制创新等多种形式进行改制，加快经济发展和城市建设。积极推进改革开放和现代化建设，大力发展社会主义物质文明和精神文明，各个领域的工作都在原来的基础上取得了新的重大进展。

加快对外开放步伐，继续深化企业改革。根据全国第九个五年计划和中央提出的稳中求进的要求，市中区认真贯彻落实《企业法》和《全民所有制工业企业转换经营机制条例》，首先突出抓了政府职能转变和企业机制转变。在搞好第一轮和第二轮企业承包的同时，区属企业全面推行了“劳动、人事、分配”三项制度改革，92家工业企业实行了全员劳动合同制，189家乡镇企业进行了股份制或股份合作制改造。对28家微利、亏损乡镇企业进行了联合、兼并，对资不抵债的区二毛厂、工贸公司依法进行破产，对区沙发厂等少数企业实行租赁经营，在区直企业进行了现代企业制度改革试点。流通企业全面推行“经营、价格、分配、用工”的“四放开”改革，部分商业企业实行了“公有民营”体制改革，激发了企业活力。1999年，区政府下发《1999年全区企业改革工作意见》，明确指出：坚持以邓小平同志提出的“三个有利于”为标准，按照“产权清晰，权责明确，政企分开”的要求，以产权制度改革为重点，采取改组、联合、兼并、出售、租赁、股份等形式，抓住机制转换和体制创新，多种形式进行改制，激发企业活力。对区水泥厂、六棉厂、生化制药厂等大型企业进行改革，对一些中小企业，采取出售、分立、承包、外资嫁接、联合、兼并、破产等多种形式放开放活放彻底，实施资产重组，优势互补。到1998年，全区应改制企业完成94.7%，重组资产4.6亿元，筹集生产资金8000多万元，启动停产、半停产企业14家。对卓山铁矿、金属镁厂、六棉厂等长期停产又扭亏无望的企业，依法实施破产。同时，化工、食品饮料、纸箱包装、机械加工、电子等新兴产业发展较快，形成了全区新的经济增长点。

继续深化农业改革。1998年3月，根据《中共中央办公厅、国务院办公厅关于进一步稳定和完善农村土地承包关系的通知》精神，在齐村镇银庄村开展土地延包试点工作，并取得成功。5月，区政府下发《市中区农村集体土地承包期延长30年工作实施方案》，并成立农村集体经济承包合同管理仲裁委员会，设立仲裁庭。各乡镇、村也都相继建立农村集体经济承包合同调解委员会和合同管理小组。年底，全区全年延包188个村，占应延包村96.4%。全区应延包耕地面积8467公顷，完成延包面积7880公顷，占应延包面积93.1%。与农户签订30年土地承包经营合同42782份，占应签订合同农户96.2%。全区土地承包经营合同管理工作，先后被中央、省、市媒体进行报道，在市委、市政府组织的土地延包验收中名列区（市）第一。1999年后，顺利完成农村土地承包合同续签工作，积极做好“四荒”、林网、水利设施使用权拍卖等工作。在粮食种植方面，先后实施了精播、良种产业化工程、“沃土计划”工程、“一减双保”工程、测土配方施肥工程、间作套种等科技项目，推广应用了小麦精播、半精播高产配套技术，平衡施肥技术，间作套种技术；农作物病虫草害综合防治技术，设施综合栽培技术等十大农业技术，全区农业科技贡献达到2%。在粮食生产上，大力发展了优质专用小麦、饲料玉米、特色玉米、订单农业的生产，调整粮食品种结构。大力实施优质粮食产业工程，搞好高产开发，粮食生产能力得到恢复性增长，实现了面积、单产、总产、效益“四增”。以推进农业产业化、标准化、市场化、科技化进程为抓手，不断加大农业龙头企业、市场和中介组织建设力度，着力提升农业产业化经营水平，形成了“农业龙头企业+合作经济组织+基地（专业村）+农户”的农业产业化经营格局。实施农业龙头企业集群化发展战略。重点发展畜禽、粮油、果蔬和花卉四大农业龙头企业集群。

鼓励民营经济，促进乡镇企业发展。20世纪80年代中后期，市中区乡镇企业得到较快发展。1995年起，全区乡镇企业通过股份制、租赁、兼并或拍卖等形式，逐渐转成民营企业，民营经济在改革开放中得到快速发展。1998年以后，区委、区政府出台多项鼓励民营经济发展的政策措施，民营经济伴随大规模集体企业改制、国有企业改制、国外资本投资增长，得以全面迅速发展。2003年，区委、区政府下发《关于鼓励机关事业单位工作人员积极参与民营经济发展的试行意见》。随后连续三年区委出台《民营经济发展工作意见》。到2005年，全区民营经济增加值35.82亿元，民营经济占全区国民生产总值的56.55%，纳税额3.17亿元，分别比2000年增长3.41倍、9.39%、4.56倍。一、二、三产业民营经济增加值依次为1.31亿元、32.44亿元和2.07亿元，第二产业所占比重最大，是民营经济主力军，民营经济增加值的产业特征仍呈“二、三、一”格局。

商贸业、科教文卫等其他改革不断推进。商贸业发展方面，为适应市场经济的需求，1992年全区进行了三项制度改革，即人事制度、工资制度、社会保险制度改革，并在商业系统试点，经过运转取得成功，把企业推向市场，使其转换了经营机制，真正成为自主经营、自负盈亏、独立核算的法人组织。1993年10月，区商业系统在朝阳商场推行国有民营改革试点，随后在全区11家直属企业进行推广，至此原国营企业一统天下的经营格局被取代，国有商业企业由经营管理型体制转变为管理服务型体制。同年11月，区商业局改名为商业总公司，其职能和性质由纯管理型机关改革为融管理、经营、服务为一体的企业主管部门。1994年以后，区商业系统受到市场经济体制冲击和挑战，国有商业逐渐萎缩，商业网点逐步减少，1998年全区商业系统有经营网点38处，到2003年，有经营网点23处，营业面积1.2万平方米。1999年后，商品销售中计划管理商品除食盐外全部取消。科技方面，随着全区“科教兴区”战略的顺利实施，1995年根据《国家科委关于在全国开展县（市、区）科技工作达标的意见》，全区“开展争创全国科技进步先进区”活动，制定出具体考核指标和措施，1996年3月被国家授予全国科技工作先进县（市）称号，并于2000年3月通过复验。2001年，全区高科技合同成交额6013万元；2002年，在年销售收入100万元以上的132家工业企业中，有省级高科技企业2家、民营科技企业27家、省、市专利明星企业3家。在教育方面，1993年，市中区率先通过省政府“两基”验收，进入全省首批实现“双基”工作先进县（市、区）行列。1994年，全区用于基础教育建设总投资3800余万元，增加学校占地面积23.35公顷，首批通过全国“两基”工作验收，成为全国“两基”工作先进县（市、区）。1996年，全区幼儿园教育依照《幼儿园工作规程》，步入法制化、规范化道路；4所区直小学被评为全省首批电化教育示范学校；高中教育不断发展，华夏中学、卓山高中等民办学校应运而生，2002年，全区提前两年完成普及高中阶段教育目标。计划生育工作步入“三为主”轨道，1994年计划生育率达到99.7%，人口自然增长率控制在4.39‰以内，保持全市先进水平。1993年，市中区确立实施科教兴区战略，“科教强工”“科教兴农”措施实施于经济运行之中，有力地推动了全区两个文明建设，加快智力的开发和人才的培养，科技工作取得了新的成绩。城市建设方面，在改革中由过去的以卫生保洁为主，转变为参与规划、综合开发、建设管理；以开发商品房为突破口，大力进行旧城改造和新区开发，新建了一批文化、体育、卫生设施；城市的绿化、净化、美化水平逐年提高，为创建文明城市打下了良好基础，提高了市中区在城市工作中的地位和声誉，较好地发挥了城区的综合服务功能，获得了较好的经济、社会和环境效益；乡村建设发展迅速，乡镇驻地的规划建设有了明显的进步，全区城乡面貌呈现出新的景象。

加强民主法制和精神文明建设，大力发展社会事业。贯彻省委、省政府“关于加强社会主义精神文明建设，推进改革开放和经济发展的意见”，市中区坚持依法治区，深入进行全民普法教育，增强广大干部群众的法制观念。加强社会治安综合治理工作，严厉打击各种犯罪活动。不断完善人民代表大会制度，加快民主法制建设进程；加强人民政协的作用，积极发挥工、青、妇等群团组织的作用；认真贯彻党的民族、宗教、侨务政策，进一步发展新时期的爱国统一战线。加强爱国主义、集体主义和社会主义思想教育，着重宣传“三个代表”重要思想。高度重视人民来信来访，积极化解不稳定因素，着力解决群众关注的热点、难点问题。强化社会治安综合治理，深入开展“严打”整治斗争，依法坚决取缔“法轮功”邪教组织，保持了社会政治稳定。市中区先后获得全国科技先进区、全国“爱心献功臣行动”

先进区、全国“婚育新风进万家”先进区、全省精神文明先进区、全省“双拥”模范区、全省社会治安综合治理先进区、全省“两基”工作先进区、全省计划生育优质服务先进区、全省信访工作先进区、全省民族工作先进区和全省社区建设示范区等多项荣誉称号。

（四）坚持科学发展，进入全面建设小康社会新阶段，全面建设富裕、文明、生态、和谐的新市中（2002 年 11 月—2012 年 11 月）

这一时期，区委、区政府团结和依靠全区人民，深入贯彻落实科学发展观，加快转方式调结构，实施项目带动稳增长，注重民生促和谐，团结拼搏，务实奋进，积极招商引资，调整产业结构，关注“三农”问题，实施惠民工程，人民群众得到更多实惠。

加大招商引资力度，构筑对外开放新格局。全区坚持科学发展观为指导，紧紧围绕“一二三四”的总体思路，即坚持一个战略（工业强区），把握两个关键（以招商引资为龙头、以结构调整为主线），注重三个加强（城市建设、新农村建设、党的建设），突出四个重点（重点项目、民营经济、服务业、外经外贸），大力实施工业强区和工业振兴计划，以招商引资、调整产业结构为总抓手，以推动经济转型为重要举措，使工业布局不断优化、产业升级与集团建设明显加快，主导产业形成规模，新兴产业加速发展，形成以煤焦电、建材、纺织三大产业为支柱，以中泰、中翔、中联、中安、泉头、沙特纺织六大集团为依托，拥有机械、电子、化工、橡胶、食品加工等门类齐全的工业体系。为促进各行业的继续快速发展，市中区加大了招商引资力度。2000 年 2 月，市中区委、区政府召开全民招商引资动员大会，随即在《人民日报·海外版》和香港《大公报》等各新闻媒体上发布优惠政策和投资环境等招商信息。注重舆论宣传，优化政策法制环境，实行全民招商及利用专业节会招商等举措，充分利用国际、国内两个市场、两种资源，拓宽领域，调整优化出口产品结构，着力培育新型外贸主体，实现了出口市场多元化、外贸主体多元化和贸易方式多元化。随后，逐步完善投资审批的一条龙服务、项目建设中的全方位服务和投产后的经常性服务，努力营造诚实守信、法制规范、公平安全的投资环境，拓展新的发展空间，出台一系列招商引资优惠政策，对优势企业实行境外加工贸易、劳务合作、资源开发、承包工程等多种形式。到 2006 年，全区形成以全民招商为主线、专业招商为主导、节会招商为主体、企业招商为主角，全方位、多层次、宽领域的招商引资新格局。2009 年，市中区紧紧围绕“转方式调结构促转型”的战略主线，充分依托“百项工程”项目资源，大力开展招商引资攻坚年活动，进一步深化利用境外资金方式和手段，不断优化外贸进出口发展环境，招商引资、外经贸工作呈现出良好的发展态势。2009 年二手车交易量突破 6 万辆，荣获“全国二手车交易示范基地”称号。

关注“三农”问题，实施惠民工程。以科学发展观统揽全局，认真贯彻落实中央、省、市一系列支农惠农政策，以新农村建设为核心，统筹城乡经济和谐发展，突出龙头企业培育、实用技术推广、农业基础设施建设、新型农民培育、循环经济发展、农业品牌创建和农业服务体系建设，积极推进现代农业又好又快发展。全区粮食增产、农业增效、农民增收，农村产业结构趋向合理，农业产业化、标准化、品牌化水平进一步提高。不断加大农业龙头企业、市场和中介组织建设力度，进一步提升农业发展档次和水平。按照“生产发展、生活宽裕、乡风文明、村容整洁、管理民主”的总体要求，进一步落实各项惠农政策，加大支农投入，以“六大行动”助推市中城乡一体化进程。加快农业产业化进程，构筑现代农业发展新格局。全面建设小康社会的重点、难点在农村，必须紧紧围绕增加农民收入这个中心，继续加大农业结构调整力度，大力发展牧、菜、果、渔、花卉、良种六大主导产业，加快农村二、三产业发展，转移农民，富裕农民。突出抓统筹促转型，全力推进城乡一体互动发展。坚持以工促农，以城带乡，加大统筹城乡发展力度，深化农村综合改革，促进农业增效和农民增收。2012 年，全区流转土地面积 3.11 万亩，占耕地总面积的 20.7%；发展农民专业合作社 194 家，其中土地合作社 46 家；发放农村土地承包经营权证 4.1 万份、农村土地使用产权证 900 余份，市、区级改革试点合作社发展到 26 家，土地评估价值过亿元，实现土地产权抵押贷款 1180 万元。全区形成以“肉鸭、果菜菌、生态观光旅游”为主的三大特色产业体系，有力促进了全区农业的快速发展。

社会事业各方面蓬勃发展。深入开展文化、科技、卫生“三下乡”和全民健身活动，丰富了群众生活。加大投资，实施农村中小学危房改造工程，基础教育水平稳步提高，建成区人才市场，促进了人才资源的合理配置。加强城乡医疗卫生管理，强化预防保健，各种传染病、地方病得到有效控制。坚持不懈地抓好农村“路、水、电、医、学、视”建设，2006 年全区 99 个行政村全部通上了柏油路，实现了村村通客车；启动村村通自来水工程，解决了农民的饮水

枣庄中联远景图

困难，农村通自来水普及率逐年增加。投资1.19亿元，高标准完成城乡电网改造，城乡居民生活用电实现同网同价。稳步推进新型农村合作医疗试点，深化农村税费改革，2006年，市中区在全市率先免征农业税，并在全市率先实行农村低保和城乡医疗补助、大病救助制度。大力发展农村教育、技能培训和文化事业，培养造就有文化、懂技术、会经营的新型农民。扎实做好社会保障工作，启动实施城镇居民基本医疗保险，2009年被评为省级城乡低保规范化建设先进单位，2012年市中区成为首批全国新型农村社会养老保险、全国城镇居民社会养老保险试点县，城镇居民基本医疗保险、城乡社会养老保险和新型农村合作医疗基本实现了“三个全覆盖”。大力实施政务公开和机关效能监察，深入开展“四强”竞赛和“五型”机关创建活动，推动了机关作风的转变和工作的落实。

（五）坚定不移地实施城市转型战略，奋力开启幸福市中建设伟大征程（2012年11月—2017年12月）

2012年以来，全区上下深入贯彻落实中央、省、市一系列安排部署，坚持打基础、利长远、惠民生，全力打好实体经济发展、城市基础设施改造、城乡环境提升“三大攻坚战”，把推进“六个市中”建设（学在市中、医在市中、住在市中、食在市中、购在市中、游在市中）作为提升城市核心竞争力的重要抓手，依托原市驻地的教育、医疗、交通等资源，坚持融合、整合、联合、结合、配合，实现借力发展、错位发展、协调发展、共赢发展，培育特色品牌，增强市中区的“虹吸效应”，全区经济社会保持了稳中向好、稳中有进的发展态势。

实施项目带动，培育转型发展新动力。集中精力抓招商，以企招商、产业招商，全区招商引资实际到位资金24.1亿元，新上5000万元以上项目34个，其中过亿元项目17个。进出口总额实现25.6亿元，出口创汇过5000万美元企业发展到2家，过100万美元企业达到37家。全力以赴抓好新建项目，牢固树立“项目兴区”理念，对全区确定的100个区级重点项目，强化建设管理和服务。同时，抓好园区载体建设。统筹枣庄经济开发区、市南工业区产业布局，加快道路等基础设施建设，完善功能配套，引导资金、技术、项目向园区聚集。枣庄经济开发区规划控制面积达到32平方公里，入园项目达到200个，科技创新孵化中心、海之杰纺织服装等一批园区重点项目建设进展顺利。

狠抓实体经济发展，推动产业提档升级。加快工业提质增效，坚持“工业强区”不动摇，实施“百项技改”工程，全区规模以上工业企业发展到192家，高新技术企业产值占规模以上工业总产值的比重达到27.6%，做强传统和现代服务业。全区限上服务业企业、商贸服务业企业分别发展到18家和85家。成功举办采茶节、桃花节等节会活动，甘泉养老、颐源养生养老中心等一批项目建成，全区各类养老服务机构发展到40家。大力发展生态观光农业，孟庄茶乡小镇、永安九顶莲花山生态观光园初具规模，以永安南部山区、仙坛山系列景区、龟山系列景区及北郊农家乐为主的城郊型生态观光农业影响力得到提升。

多措并举，全力推进市南工业区改革发展。紧紧围绕“改制、棚改、发展”三位一体的工作思路，举全区之力加快推进市属工业企业改革改制、棚户区改造、道路等基础设施建设。坚决维护职工权益，针对61家市属工业企业改制时间跨度长，大多数职工的工资、社保费、集资款等拖欠多年，长期无法得到兑现，经过反复细致研究，区政府出台了《关于进一步明确国有企业破产终结有关问题的意见》，采取破产清算、宣告解散、股权转让、授权经营等方式，全力破解在土地、资产、债权抵押等方面制约企业改制的瓶颈。完善基础设施、改善生活环境。聘请同济大学规划院完成了市南工业区整体城市设计方案，“两纵三横”路网建设正在加快推进，全部管网下地，绿化亮化按高标准设计建设。同时，与中国政企PPP基金达成合作协议，对市南工业区整体实施搬迁改造工作，全力以赴抓发展。成立专门资产运营公司，开展资产打包回购、土地运作收储，吸引大企业集团入股投资，集聚人气，打造宜居宜商宜游的智慧园区。2015年9月，省政府批准并在国家发改委备案，以市南工业区为核心的6平方公里被确认为“城市老工业区搬迁改造试点”，市南工业区的发展上升到省、市发展战略。

突出基础设施改造提升，打造优美舒适宜居环境。完善城市功能配套。加快城乡统筹发展，积极推进城市基础设施改造建设，城市建成区面积拓展到52平方公里，人口城镇化率达到68.4%。枣木高速东延、新西环北延、十电运煤专线迁建等工程顺利推进，火车东站重新启动运营。实施城区环境集中整治，以创建国家卫生城市为抓手，深入开展城区环境集中整治，累计拆除乱搭乱建1.2万处，粉刷墙面30余万平方米，规范各类经营业户摊点7500余个。加快生态市中建设，全面启动大气污染综合治理百日攻坚行动，初步实现了空气环境质量四项污染物全面改善的目标。加快国家矿山地质环境治理二期工程，创森十大提升工程进展顺利，增植乔木200万棵，新增城市绿地136万平方米，完成成片造林2.61万亩。

全面提升群众素质，精神文明建设形式多样。围绕“四德工程示范市”创建，全面开展文明礼仪养成、爱国卫生运动、群众文化展示、法律法规常识普及等全民素质提升系列主题活动，进一步加强城市精神培育，增强市民的归属感、认同感、荣誉感。结合“乡村文明行动”，大力弘扬“四德”风尚，全区80%的村（社区）、60%的企业、机关和所有学校都建立了“善行义举四德榜”。大力推进乡镇综合文化站、文化大院、农家书屋建设，广泛开展广场舞大赛、戏曲大赛、庄户剧团巡演等活动，进一步丰富城乡群众精神文化生活。深化文化体制改革，鼓励社会力量、社会资本参与公共文化体系建设，大力扶持中兴国家矿山公园、老枣庄党建党史馆、铁道游击队展览馆、永安影视等文化产业基地发展，抢占西部经济隆起带经济文化融合发展高地。

二、改革开放取得的成就

（一）毫不动摇地抓好经济建设，县域经济又好又快发展

改革开放以来，市中区牢固树立发展是硬道理的思想，紧紧抓住发展这个第一要务不放松，创新发展思路，强化发展措施，经济总量快速膨胀，综合实力大幅提升，已迈入科学发展跨越发展的新阶段。

综合发展实力显著提升。2017 年，全区生产总值完成 241.69 亿元（规模以上），固定资产投资完成 219.47 亿元，社会消费品零售总额完成 143.4 亿元，进出口总额达到 22.09 亿元，金融机构贷款余额达到 276.85 亿元，地方财政收入完成 22.2 亿元。城乡居民可支配收入、城镇化率、税收收入及财政收入占 GDP 比重、服务业占 GDP 比重、高新技术产业产值占规模以上工业总产值比重、第一和第二产业增加值增幅、实际到账外资增幅、工业利润、工业利税及国税收入增幅等 11 项主要指标在全市名列前茅。与 1978 年相比，地方财政收支、税收收入、社会消费品零售总额、非公有制经济纳税额、房地产投资等指标总量均实现质的飞跃。区域性经济中心地位不断得到巩固和发展。

发展后劲显著增强。强化工业经济的主导地位，大力实施工业强区战略，培育骨干企业群体，提高工业整体素质。40 年来累计建设亿元以上项目 120 个，十里泉电厂“上大压小”扩建等一批大项目顺利推进。累计引进外来投资项目 2620 个，实际利用外来资金 477.31 亿元、境外资金 17025.54 万美元。市南工业区被列入国家老工业区搬迁改造试点。雅百特科技成功“借壳”上市，市中区荣获“山东省金融生态建设模范奖”。市中区业已形成集纺织服装、橡胶管带轮胎、建材、煤电等传统产业，与生物科技、环保水处理、装备制造、医药医疗器械、新能源等新兴产业于一体的多门类的工业体系。

发展质量显著提高。改革开放以来，市中区致力于在经济发展中优化调整产业结构，投资结构实现了由“二三一”向“三二一”的历史性转变。三次产业比例调整到 4.5:53.4:42.1。工业经济迈上新台阶。规模以上工业企业发展到 196 家，纺织服装、橡胶管带轮胎、环保水处理、医药医疗器械等特色产业占规模以上工业增加值的比重达到 31.1%，累计实施省级技术创新项目 120 个，国家高新技术企业达到 15 家，市级以上企业技术中心 32 家、工程技术研究中心发展到 20 家。全面实施品牌和标准化战略，拥有中国驰名商标 1 个、省著名商标 16 个、省名牌产品 13 个，申请专利 3571 件，授权专利 2208 件。雅百特科技实现全市企业上市零的突破，正凯新材料成功在“新三板”挂牌。先后荣获中国针织文化衫名城、全国二手车交易示范基地、山东省最佳投资城市、山东省产业集群十大典范经济区、山东省重点服务业城区等称号。大力实施“育苗扶壮”工程，泰和水处理、杰诺生物酶等一批“专精特新”企业发展成为全省乃至全国的小行业大龙头。全面结束立窑水泥生产历史，节能减排指标全面完成。服务业发展跨入新阶段。2015 年服务业投资完成 96.55 亿元，占固定资产投资比重达到 46.8%。限上服务业企业发展到 111 家，155 万平方米。中兴公司工业遗址被命名为“国家矿山公园”，仙坛山温泉小镇成为国家 AAAA 级旅游景区。现代农业取得新进展。市级以上农业龙头企业发展到 53 家，农民专业合作社及家庭农场发展到 491 家。国家级有机食品、绿色食品、无公害农产品品牌达到 42 个，成功创建省级农产品质量安全示范县。创建省级粮食高产示范田 3 万亩，建设生态循环农业基地 4000 亩。旺达国家级蔬菜标准园、永安食用菌等 10 个特色产业基地加快建设，基本形成了以永安南部山区、仙坛山系列景区、龟山系列景区及北郊农家乐为核心的城郊型现代农业新格局。完成土地承包经营权确权登记，区、镇两级产权交易平台建成启用。实施“小农水”重点县、农村土地综合治理、农村饮水安全工程，发展管道灌溉 10 万亩，6.9 万人实现饮水安全。

（二）坚定不移地推进改革开放，着力增强经济社会发展动力和活力

改革开放以来，市中区同全国各地一样，从农村到城市、从经济领域到其他各个领域，全面改革的进程扎实推进，极大地调动了人民群众的积极性，成功地实现了从高度集中的计划经济体制到充满活力的社会主义市场经济体制、从封闭半封闭到全方位开放的历史转折。特别是近年来，市中区面对经济全球化进程加快的新形势，全方位高水平推进改革开放，积极完善市场经济体制机制，经济社会发展的活力和动力不断增强。

重点项目建设成效显著。改革开放 40 年来，加快枣庄经济开发区基础设施建设，创新招才引智平台，推动要素向园区聚集，入区项目达到 200 个，市南工业区被列入国家第三批老工业区搬迁改造试点。发挥企业主体作用，务实举办招商活动，开展精准招商，拓展利用外资领域。创新项目建设经营模式，成功运作中兴大道、胜利西路、峀山路等项目 PPP 模式。突出枣庄经济开发区招商引资龙头载体作用，明确园区发展定位，引入公共服务投资领域公私合营（PPP）模式，完善基础设施配套，引导资金、技术、项目向园区聚集。依托中泰科创孵化中心建设，加强与山东大学、青岛科技大学、南京大学等高校院所的战略合作，推进产业协同创新平台发展。

民营经济蓬勃发展。认真落实鼓励支持民营经济发展的政策措施，消除体制性障碍和隐形壁垒，优化营商环境。加快“个转企、小升规、规改股、股上市”步伐，膨胀市场主体总量。深入实施“育苗扶壮”工程，加大重点企业培植力度，支持正凯纺织、华派制衣、龙翔针织、大工橡胶、天一实业等企业健康发展，鼓励康力医疗、赛诺康生化等

企业靠大联强，培育一批“专、精、特、新”成长型企业。加强鲁南信息产业园、税郭镇纺织服装产业公共服务平台网络建设，为中小微企业发展提供服务保障。支持民营企业建立现代企业管理制度，实施股份制改造，加快企业股改上市，推动特色产业集群发展，纺织服装、橡胶管带轮胎、环保水处理、医疗器械等产业主营业务收入分别增长14.8%、17.1%、34.7%、14.3%，市中区被中国纺织协会授予“中国针织服装名城”称号。强化科技创新和品牌建设，40年来全区工业技改项目完成投资近800亿元，高新技术产业产值占规模以上工业总产值比重达到25.27%，提高1.21个百分点；深入推进节能降耗，全面完成各级下达的万元GDP能耗指标任务。服务业稳步发展。中央广场、1878民国风情街、九洲快运物流扩建、贵诚物流二期等项目投入运营，全区新增商贸物流面积20万平方米，总量达到140万平方米。大力发展电子商务产业，扶持电子商务平台建设，建成单品交易平台13个。2015年服务业投资完成96.55亿元，占固定资产投资总额的46.8%。

招商引资成效显著。市中区始终把招商引资作为增加投入、促进发展的战略举措，坚持以招商引资为龙头，创新方式，拓宽渠道，扩大成果，以大招商、大引资促进经济的大发展。积极寻求与大企业、大集团的战略合作，新上招商引资项目2620个，其中过5000万元以上项目259个，过亿元以上项目120个，诚鑫达弹簧板、德宏食品变性淀粉、超越针织等项目已投产，银座购物广场三角花园店、荣盛光伏发电站、恒信机械铸造等一批项目相继开工建设。截至2017年，全区合同利用外资827.93亿元，实际到位资金477.31亿元，实际利用境外资金17025.54万美元。大力开展“外贸企业服务年”活动，建立重点外贸企业联系制度，全程靠上，跟踪服务，全区出口创汇过亿美元、5000万美元、1000万美元、500万美元、100万美元企业分别达到1家、1家、6家、4家和28家。

各项改革扎实推进。1978年以来，市中区一贯坚持党的改革开放基本路线，以改革促开放、促发展、促稳定。在企业产权制度改革、农村土地制度改革、农村税费改革、行政管理体制改革、乡镇机构改革、财政体制改革以及科教文卫等社会综合改革方面进行了大胆地探索和实践，取得了显著成效。通过改革，逐步清除了束缚生产力发展的体制性障碍，增强了经济社会发展的内在动力。深化市属工业企业改革改制。61家市属工业企业改革改制主体任务基本完成，近4万名职工遗留问题基本得到解决。其中25家企业依法破产终结，15家企业进入破产清算程序，5家企业开展“退城进园”，16家企业完成了社会化管理。加快市南工业区建设发展，大运河国际艺术双年展会展中心、彩虹坊等6个项目落地建设，新启动复兴路建设，在建职工回迁安置区24万平方米。推动国家农村改革试验区建设，土地承包经营权确权登记工作基本完成。深化行政审批制度改革，取消行政审批事项99项，保留100项。改革工商登记制度，新增市场主体5594家。稳步推进金融体制改革，区农联社成功改组为农村商业银行，蓝海股权托管交易中心枣庄业务拓展中心挂牌启用，济宁银行、青岛银行、日照银行枣庄分行落户，市中区被省政府授予“山东省金融生态环境建设模范区”称号。积极推进“先照后证”“三证合一”“一照一码”等商事制度改革，强化工商登记后置许可事项“双告知”“双随机”抽查等机制建设，按照“培优、扶强、助小”的思路，制定下发《关于培育100家“个转企”样板企业的实施意见》，在帮扶、登记注册、税收、金融、创业等方面出台了一系列有力政策。截至2017年底，全区累计完成个体工商户转型升级企业1335家，培育“个转企”样板104家。

（三）加强城市建设管理和服务，城市面貌发生巨大变化

改革开放以来，市中区始终坚持为城服务、靠城致富、依城发展的路子，借助外力加快城市建设，不断完善城市功能，美化城市环境，提高城市品位，推进城市化进程。40年来，市中区城市建设得到了突飞猛进的发展，城市面貌焕然一新，1978年的城区面积不足7平方公里，发展到今天的52平方公里，是1978年的7.4倍，人口城镇化率达到68.4%。

推动城市发展上台阶上水平。更多地承担起城市建设管理服务的责任和义务，积极搭建融资平台，加大城市基础设施建设投入，努力把城区做靓、做新，惠及驻地居民群众。累计实施城建项目142个，完成投资141.5亿元，城市建成区面积拓展到52平方公里，人口城镇化率达到68.4%。顺利实施青檀小区、道南里等23个棚改项目，13个项目实现回迁上房。新建经适房、廉租房、公租房1623套。东、西沙河治理工程全面竣工，昔日的臭水沟变成了靓丽的景观河。解放路、胜利路等公铁立交建成通车，新建改造348线、西昌南路、人民东路、建设南路等道路47条，农村道路安防工程全面完成。新改建城区旱厕418座，铺设供热管网143.5公里、燃气管网168.53公里、供水管网65.2公里。完成206国道等47条道路环境综合整治，改造提升背街小巷180条，城乡环卫一体化全覆盖通过省级认定，

远眺市中城区

成功创建省级卫生城市、省级文明区、省级乡村文明行动示范区。实施省级以上矿山地质环境治理项目7个，关闭露天开采矿山26处。水污染防治通过国家迎准核查验收。顺利完成国家森林城市、国家园林城市创建任务。坚持“把城区当景区建设”，建成幸福社区游园等5个精品景园，提升广济花苑、东方花园、君华园等40处小区和广济路、君华巷等20条背街小巷绿化。围绕“四环”沿线村居、入村入乡道路、水系，打造环城绿道生态绿带。综合治理大气污染，加强生态修复，强力推进大气污染综合整治百日攻坚行动。整治多孔砖厂19家、非法石子厂18个、储煤场16家、燃煤锅炉99台；24家建筑工地基本落实了6个100%抑尘措施；69家加油站全部完成油气回收治理。对城区餐饮油烟、露天烧烤开展专项整治，累计责令安装油烟净化装置及规范进店经营102家。

探索建立城市管理长效机制。根据“规划法制化、建设市场化、管理属地化”的要求，积极探索加快城市发展的新举措，切实做好经营城市的文章。创新城市建设管理体制，探索建立政府统筹、政府管理与社会化管理相结合的城市土地、空间、基础设施和公共设施等城市资源管理体制。坚持依法管理城市，推进城市管理重心下移，建立完善城市管理综合执法体系，加强执法队伍建设，高效能管理城市，城市发展水平不断提升。扎实开展文明城市创建，集中组织开展了城乡环境综合整治活动，有效提升城市形象和品位。在全市率先推行网格化社会管理联系服务群众工作，整合区长公开电话和区长信箱、“96361”民生热线等信息资源，建立三级平台、五级网格的社会管理服务运行体系，实现了联系服务群众的“零距离”。深入开展党员干部直接联系服务群众大走访活动，至2015年9月，网格化社会管理累计登记群众诉求48224件，办结48208件，结案率达99.97%，群众满意率为97.21%。

（四）坚持以人为本，着力构建和谐社会

改革开放以来，市中区历届区委、区政府高度重视社会建设，着力保障和改善民生，推进社会体制改革，扩大公共服务，完善社会管理。特别是近年来，市中区按照“民主法治、公平正义、诚信友爱、充满活力、安定有序、人与自然和谐相处”的要求，以人为本，富民优先，统筹兼顾，扎实推进和谐社会建设，着力建设产业富强、城乡富庶、百姓富裕的新市中，社会和谐、文教繁荣、山川秀美的新市中，让全区人民感到幸福、充满活力、引以为豪的新市中。

精神文明建设和民主法制建设扎实推进。深入持久地开展爱国主义、集体主义、社会主义教育，开展“八荣八耻”、荣辱观教育和社会主义核心价值体系教育，夯实筑牢了社会建设的思想基础。大力加强社会公德、职业道德、家庭美德建设，全面贯彻《公民道德建设实施纲要》，科学、健康、文明的生活方式已成为人民的自觉行动。不断完善民主选举、民主监督、民主决策、民主管理的各项制度，推行政务公开、厂务公开、村务公开，基层民主政治建设水平不断提高。提升市民文明素质，广泛开展理想信念和中国梦的宣传教育活动，加强思想宣传和舆论引导，全面培育践行社会主义核心价值观。巩固提升省级文明城市创建成果，继续开展全民素质提升活动，深入实施“四德”工程，办好公民道德大讲堂、市民学校，广泛开展“美丽家庭”、志愿者服务等群众性精神文明创建活动，增强广大人民群众的归属感、认同感、荣誉感。

社会事业繁荣发展。坚持优先发展教育，小学和初中入学率、“两基”巩固率均达到100%，城乡教师工资实现统一标准发放。健全完善公共卫生服务体系，着力构建城乡卫生服务网络，打造了“十五分钟就医圈”。农村富余劳动力和城镇新增劳动力基本实现充分就业。先后启动实施城镇职工、城镇居民基本医疗保险、新型农村社会养老保险、城镇居民社会养老保险，初步构建起覆盖城乡居民的社会保障体系。坚持优先发展教育，小学和初中入学率、“两基”巩固率均达到100%，城乡教师工资实现统一标准发放。自实施校舍安全工程以来，建设标准校舍15.7万平方米。顺利实施了《全区学前教育三年提升工程》（一期），新改建幼儿园39所，省市级规范化学校56所，成功创建全国义务教育发展基本均衡区和山东省教育工作示范区。区文化馆东湖新馆建成启用，升级改造农家书屋36个。大力实施文化惠民工程，举办文艺会演、送戏下乡、放映公益电影19308场次。国家基本药物制度顺利实施，公共卫生服务基本实现均等化。健全城乡公共卫生服务体系，实施白内障复明等免费惠民项目，落实“三增一禁”、千医义诊等便民措施。区医院肿瘤放疗中心、血液透析中心和新生儿ICU监护中心投入使用，建成全省首家区级脑瘫康复中心。强力推进养老服务体系建设。坚持政府主导、社会参与、市场运作，推行“以医助养、医养结合”养老服务新模式。先后实施了区中心敬老院、东郊老年公寓、仁慈老年托养康复中心、甘泉养老康复中心、市立二院老年康复中心二期、枣矿医院医养中心等项目新改建，6个镇、街敬老院全部达到省级规范化敬老院标准。全区各类养老服务机构发展到40家，位居全市前列，初步构建了以居家养老为基础、社区养老为依托、机构养老为支撑的社会养老服务体系。低生育水平保持稳定，人口自然增长率控制在7‰以内。在全市率先推行网格化社会管理服务，群众满意度不断提升。扎实推进平安建设，社会治安进一步好转。强化食品药品安全监管，群众饮食用药安全得到有效保障。引进海内外高层次人才28名，其中“泰山学者”2名。永安乡、西王庄乡顺利实现乡改镇。国防教育、双拥共建、民兵预备役工作不断加强。广播电视、妇女儿童、外事侨务、人民防空、对台事务、国税、地税、审计、物价、史志、档案、老龄、邮政、通信、保险等各项事业取得新成绩。市中区先后荣获全国平安建设先进区、全国科技进步先进区、全国残疾人辅具服务示范区、全省安全生产基层基础工作先进区、全省民族团结进步示范区、全省群众体育工作先进区、全省社会组织建设创新示范区称号。

人民生活持续改善。坚持每年办好一批惠民实事，全区累计民生支出74.6亿元，占公共财政支出的60.6%。2017年城镇和农村居民人均可支配收入分别达到30366元、14785元。累计新增城镇就业119158人次，农村劳动力转移就业71640人次，城镇登记失业率控制在3.5%以内。大力推进就业创业。加强与枣庄学院等高等院校合作，建设了零工劳务市场，成立了市中创业学院。全力加快新昌商贸创业园、聚艺谷文化创业创意产业园、盛北大学生创业园、华派电子商务创业园建设，着力打造创业孵化平台。区级人力资源和社会保障综合服务中心启用。居民基本医疗保险、基本养老保险实现城乡并轨，各类养老服务机构发展到40家。城乡低保标准逐年提高。全区97%的农村人口吃上了自来水，98.7%的自然村通上了有线电视，农村公路通车总里程达到548.5公里，所有行政村实现了通油路、通客车。市中区成为全省首批7个新农村电气化县之一。大力发展社会福利事业和慈善事业，城乡低保实现应保尽保。积极推进农村各项改革，在全市率先取消农业税。扎实推进新农村建设，大力实施村村通油路、村村通自来水、村村通有线电视、农村沼气等利民工程建设，群众生产生活条件得到极大改善。全区市场繁荣，物价稳定，商品丰富，人民群众消费领域拓宽，生活质量提高，正在向更加富裕的小康生活迈进。

三、改革开放的经验和启示

建区以来特别是改革开放以来，市中区发生了翻天覆地的变化，取得了令人瞩目的成就，总结回顾市中区改革开放发展的历程，有经验教训，也有许多启示，这对今后继续推进改革开放的伟大事业具有重要意义。

（一）坚持解放思想才能推动改革开放

思想是行动的先声，思想解放是社会变革的先导。我国改革开放的成功，首先归功于思想解放的强大威力。中共十一届三中全会是社会主义建设过程中一次极其重要的会议，邓小平领导和支持的“实践是检验真理的唯一标准”大讨论，将人们的思想从僵化的教条中解放出来，重新确立了解放思想、实事求是的思想路线，确定了以经济建设为中心，坚持改革开放、坚持四项基本原则的正确路线，为实行改革开放、建设中国特色社会主义指明了航向，开辟了一条崭新的道路。40年来，解放思想贯穿于改革开放的全过程，我国发展中国特色社会主义的过程就是改革开放的过程，改革开放的过程就是思想解放的过程。改革开放40年的历史就是一部不断解放思想、实事求是、开拓创新、与时俱进、谋求发展的历史。自1978年以来，我国又经历过多次思想解放的高潮，例如从邓小平南方谈话到社会主义市场经济体制的确立；非公有制经济地位的确立到正式加入世贸组织。而每一次都能够引领市中区的发展加速，发展速度由一位数上升到两位数，甚至翻番，其动力都保持在5—7年。特别是在2008年后发展的动力开始减弱之际，中央高瞻远瞩把解放思想上升为发展中国特色社会主义的一大法宝，再次提出要在全党全国开展思想大解放，以中国特色社会主义理论为指导，通过思想大解放，形成强大的精神动力，推动理论创新、制度创新，促进又好又快发展。2009年3月，枣庄市被国家列入第二批资源枯竭型转型城市，市中区作为枣庄市委、市政府原驻地区、老煤矿区，被枣庄市委、市政府定位为枣庄市中心城区的东部核心区、枣庄市商业的中心区、枣庄市城市转型的示范区，承担着资源枯竭型城市转型的主要任务。市中区抓住这一重大历史机遇，坚持继续运用这一法宝，始终解放思想，牢固树立创新进取、包容合作的新理念，先后大力发展旋窑水泥、煤化工、纺织服装、环保水处理、医药医疗器械、新能源、新材料等产业，推动城市转型发展、跨越发展。40年的经验告诉我们，解放思想的程度和力度，决定着改革开放的效能和发展的质量与速度。只有不断地解放思想，深化改革，扩大开放，才能使我们的国家和我们的事业，永远充满勃勃生机。

（二）坚持以人为本才能促进改革开放

为民造福是核心。坚持以人为本的基本理念，就是改革开放要为了人民、依靠人民、成果由人民共享，需要人民的大力支持，需要人民群众的广泛参与，需要人民群众共同享有成果。无数事实证明，只要人民群众团结一致、齐心向上，我们的事业就会兴旺发达。为此，中央明确提出了“促进人的全面发展”，把以人为本作为科学发展观的核心，把改善民生作为社会和谐的重点，力求通过推动科学发展、促进社会和谐，努力使全体人民学有所教、劳有所得、病有所医、老有所养、住有所居。市中区围绕中央和省、市的决策部署，坚持“打基础、利长远、惠民生”的执政理念，从基础设施改造提升、加快生态文明建设、强化教育卫生等社会事业建设入手，落实惠民实事，强化民生保障，打造人民群众幸福生活的平安环境。可以说，改革开放的40年，人民群众是改革开放的主体，更是中国40年改革开放奇迹的创造者，是推动经济社会发展的决定力量。在实际工作中，市中区突出把握了三个环节：首先是坚持从实际出发，遵循经济社会发展的客观规律，以最广大群众的根本利益作为改革开放的基点和决策的依据，真正得到广大群众的拥护和支持；其次是充分地调动广大群众的积极性、主动性、创造性，最大限度地集中群众的智慧和力量，最广泛地动员和组织群众投身到改革开放的事业中来；第三是坚持从最广大群众的根本利益出发谋发展、促发展，坚持发展为了人民、发展依靠人民、发展成果由人民共享，不断实现好、维护好、发展好最广大群众的根本利益。

（三）坚持市场经济才能加快改革开放

市场经济是关键。改革开放催生了社会主义市场经济，市场经济又促进了改革开放的发展。这40年是改革开放和市场经济相伴共生的40年、走向成熟的40年。市中区的经济发展并非一帆风顺，建区之初，尽管依托煤炭、水泥等资源优势形成了以煤焦、建材为主体的工业体系，但经济总量很小，产业结构单一，煤炭、水泥产业对全区财税的贡献率一度占到60%以上，成为重要的经济支柱。但是市场完全放开后，煤炭、水泥产业受市场波动的影响越来越大，市中区经济面临着因为结构单一而带来的巨大风险。从1998年开始，全区以“三个有利于”为标准，实施产权制度改革，运用多种形式进行机制转换和体制创新，激发了企业活力。近20年来，市中区积极调整产业结构，在做大做强煤炭的同时，根据市场化导向，扶持发展了一批煤化工、新医药、新能源、新材料等产业，服务业固定投资连年增长，使得市中区的经济不再完全依赖煤炭、水泥产业，免受了市场波动带来的过多影响，经济发展连续几年呈现出速度快、质量好、后劲足的特点。当前经济社会发展正经历着一个爬坡过坎的关键时期，建立规范有序的市场经济秩序就显得更加重要。必须继续坚持市场化改革方向，研究探索市场经济发展规律，不断促进市场的进步与成熟，特别是在金融业、服务业、人才交流等方面做足文章，为经济主体的培育和发展创造良好的环境。始终坚持诚实守信原则，政府保证政策层面的诚实守信，企业保证经营层面的诚实守信，做到言必行、行必果；始终坚持公平公正原则，对国有经济、民营经济、外资经济以及所有经济合法成分，严格实行国民统一待遇，充分发挥市场配置资源的基础性作用，保障市场经济主体公平竞争、健康发展；始终坚持法治有序原则，严厉打击各种不法经营，制止各类不正当竞争，促进市场经济规范有序；始终坚持服务效率原则，配套实施财税金融和投资体制改革，推进服务型政府建设，营造宽松高效的服务型政府。

（四）坚持科学发展才能深化改革开放

科学发展是方向。科学发展观是改革开放40年取得的重要理论成果，是我们党对发展规律认识上的升华，是执政兴国的基本思想，也是确保改革开放正确方向的根本保障。建区以来，市中区经历了多个发展阶段，也遇到了很多困难和问题，但历届区委、区政府始终坚持党的“一个中心、两个基本点”基本路线，并把这一路线始终贯穿到市中的社会主义实践中去。在指导思想上牢固树立以经济建设为中心的思想，紧紧抓住经济建设这个中心不放松，无论在经济高速发展时期，还是治理整顿时期，都始终坚持发展是硬道理，始终把解放和发展生产力，深化改革开放和发展经济作为首要任务，积极探索经济社会发展的内在规律，不断发现问题、解决问题，创新发展理念，调整发展思路，使全区的发展稳步向着正确的方向前进。从加速发展、争先发展“好”字优先、又好又快，再到科学发展、和谐发展，现在市中区进入了全新的转型发展、跨越发展时期。当前我们正在实施的“百项技改”“育苗扶壮”等工程，以及投资结构由“二三一”向“三二一”的转变，主要就是基于科学发展观的理论指导，用科学发展观来统一全区人民的思想，凝聚全区人民的力量，使市中的发展真正按照科学发展观的要求得到全面推进。可以说，在科学发展观的指引下，市中经济发展保持持续稳定的增长，发展速度稳步加快，发展质量不断提高，实现了速度、结构、质量、效益的统一，在全市实行新的考评体系后，市中区在全市的排名稳步提升。实践证明，只有坚持并落实科学发展观，切实统筹好城市与乡村、经济与社会、人类与自然的全面发展，事业才能协调前进，社会才能协调发展，我们才能在日趋激烈的竞争中立于不败之地。

（五）坚持党的领导才能保障改革开放

改革开放是一项庞大的系统工程，涉及权力和利益的重新分配，关系到国家和民族的发展前途，必须始终坚持党的领导、加强党的领导、改善党的领导，正如十八大报告指出的：形势的发展、事业的开拓、人民的期待，都要求我们以改革创新精神全面推进党的建设新的伟大工程，全面提高党的建设科学化水平。这里强调的核心就是坚持、加强和改善党的领导，如果偏离了党的领导，不仅改革会遭受挫折，国家也会出现动荡。这是国内外长期奋斗实践中得到的一条真理。坚持、加强和改善党的领导就是要把思想统一到中央和省、市委的决策部署上来，坚决贯彻执行党的路线方针政策，坚持用科学发展观指导经济社会发展全局；就是要坚持用中国特色社会主义理论武装头脑，提高驾驭市场经济的能力，不断用改革的办法解决前进中的问题，化解发展过程中的矛盾；就是要坚持立党为公、执政为民，加强各级党组织建设，增强公信力、凝聚力、战斗力。市中区始终把加强和改善党的领导作为重要任务来抓，牢固树立抓好党建是最大政绩的理念，严格落实全面从严治党主体责任，通过扎实开展“三个代表”、群众路线教育实践活动和“三严三实”“两学一做”专题教育等活动，大力实施村干部素质提升工程，加快基层党建示范点创建，推动软弱涣散党组织转化升级，着力提高广大党员特别是党员领导干部的思想政治水平，引导党员干部坚定理想信念，严守政治纪律规矩，更好地充当改革发展稳定的组织者、实践者。

审稿人：戴　军

撰稿人：高焕勤　高玉龙

于殿亮　曹厚芹

市中区法院审判执行工作的历程、成效及经验

市中区人民法院始建于1976年12月，受“文化大革命”人治思维、法律虚无主义的影响以及体制机制束缚，自建立以来一直是政治的附庸和阶级斗争的工具，人民法院执法办案、明断是非、定分止争、惩恶扬善、维护正义的职能作用受到了严重限制和弱化。1978年12月，中共十一届三中全会召开，拉开了中国改革开放的序幕，开启了中国历史的新篇章。市中区人民法院紧跟时代的步伐，锐意进取，开拓创新，全院整体工作驶入了快车道，刑事审判、民商事审判、行政审判和执行工作发生了巨大而深刻的变化。

一、审判执行工作发展历程

从改革开放历程看，市中区人民法院的审判执行工作大致分为四个阶段：

（一）拨乱反正、人民法院工作恢复正常阶段（1978年12月—1982年）

1. 组织机构的变革。1976年12月，中共市中区委，决定建立市中区人民法院，内设刑事审判庭、民事审判庭、办公室和垎塔埠人民法庭，次年1月开始收案办公。1978年10月，在市中区建设路筹建市中区人民法院办公楼，1979年9月入驻办公。1981年，市中区人民法院成立党组。同年，市中区人民法院增设经济审判庭。1982年，安城人民法庭从齐村区人民法院划归市中区后，当年成立安城人民法庭。

2. 刑事审判工作。在此期间，共审结各类刑事案件239件，处理刑事申诉488起。改革开放初期根据党中央和最高法院的指示精神，对“文化大革命”期间判处的“三类”案件、“文化大革命”期间判处的冤假错案进行了复查纠正。根据这一精神，1978年4月，市中区委成立了平反冤假错案领导小组市中区人民法院审判人员不断解放思想，排除来自各方面的干扰和阻力，坚定不移地进行复查纠正冤假错案的工作，在工作中坚持了“有错必纠”的原则，全错全纠，部分错部分纠，不错不纠，不抓辫子，不留尾巴，实事求是地给予改判纠正，平反了孙福沅反革命案、张清广反革命案等一批冤假错案，使一批被告人得以昭雪。1978年5月至1981年4月期间，共复查处理申诉案件488件。其中在“文化大革命”中判处的各类刑事案件353件388人，改判纠正的97件101人，占复查案件总数的27.4%；内有反革命案件85件94人，复查改判的58件67人，改判纠正率为68%，因刘少奇同志冤案爱株连的5件，全部改判纠正，普通刑事案件268件294人，复查改判了39件40人，改判纠正率为14.2%。此外，还对“文化大革命”以前，直到新中国成立初期的历史申诉案件135件148人进行了全面复查；其中改判纠正了36件36人，改判纠正率为32%。刑事审判工作把认真贯彻中央2号文件及21号文件精神当作重要任务，认真执行依法从重从快的方针，严厉打击杀人犯、抢劫犯、强奸犯、放火犯、爆炸犯及其他严重破坏社会秩序的犯罪分子，在不同时期的不同情况下，选择不同类型典型案犯，先后召开了大、小型公判大会近百场，大张旗鼓地进行了处理。通过印发通告、布告，发动群众批斗犯罪，公判处理，发挥犯罪分子的反面教员作用，震慑了敌人，教育了群众，宣传了法制，扩大了办案的政治效果，对于实现安定团结、稳定社会秩序起到了积极作用。

3. 民事审判工作。这段时期，共审结各类民事案件431件。市中区人民法院通过揭批“四人帮”的反革命修正主义谬论，进一步端正审判人员的思想路线，提高政策水平，改变工作作风，全面贯彻执行“调查研究，调解为主，就地解决”的审判方针，继续推广大赛大队党支部处理群众纠纷的经验，继续贯彻文登现场会议精神，把立足点放在基层，在弄清事实、找出原因的前提下，本着有利于社会主义革命和建设的精神，进行党的基本路线教育和政策教育，支持社会主义正气，批判资产阶级的封建残余，批判资本主义倾向，抵制剥削阶级的旧道德、旧习惯、旧风俗。1977年全年共受理民事案件50起。随着第五届全国人民代表大会第三次会议通过的《中华人民共和国婚姻法》的颁布实施及国民经济的调整，1981年民事案件急剧上升，全年共受理各类民事案件163件，表现比较突出的离婚案件急剧上升，有些案件处理不及时就会引起矛盾激化，转民事案件为刑事案件。市中区人民法院审判人员，努力克服事多人少的矛盾，深刻理解婚姻法及有关民事政策的精神实质，克服左右干扰，解放思想，振奋精神，努力工作。在婚姻问题上，尽量做好调解工作，严格掌握感情是否破裂，正确区分离与不离的界限。对于包办买卖或变相买卖婚姻、干涉婚姻自由的坚决予以制止，情节严重的依法制裁。支持正当婚姻，保护女合法权益。

（二）改革开放全面展开，人民法院不断充实提高，进一步发挥审判职能，努力为改革开放和现代化建设服务阶段（1983—1991年）

1. 组织机构从机构单一走向功能健全完善转变。1983年12月，成立齐

村人民法庭。1984年，市中区人民法院机关增设政工科、刑二庭，同年成立郭里集人民法庭，垎塔埠人民法庭也于同年改名为市郊人民法庭。1986年8月，增设枣矿人民法庭、渴口人民法庭。1988年3月成立永安人民法庭。同年11月20日，周村、孟庄、税郭、西王庄、黄庄等5处人民法庭成立。1989年3月，院机关增设纪检组、监察室。同年7月1日撤销刑二庭、信访科，成立告诉申诉审判庭。10月3日成立行政执行庭。1990年9月，撤销行政执行庭，成立行政审判庭和执行庭。1990年底，成立少年审判庭。

2. 刑事审判工作职能从阶级斗争向维护社会稳定转变。1983年8月25日，中共中央发出《关于严厉打击刑事犯罪的决定》，提出从1983年起，在3年内组织3个战役。这次“严打”是第一次在全国开展的严厉打击严重刑事犯罪的斗争。这段时期共审结各类刑事案件1304件，判决发生法律效力的人犯1997人。“严打”斗争开展以来，市中区人民法院在区委的统一领导下，与兄弟部门密切配合，坚决贯彻执行中央确定的方针政策和省、市委的指示，按照依法“从重从快，一网打尽”的精神和市委的统一部署，集中力量，统一领导，统一行动，有声势地对犯罪分子进行了集中打击，及时审结了一大批刑事案件，严厉打击了一批刑事犯罪分子的嚣张气焰，维护了人民群众的生命财产安全。据统计，自1983年集中打击统一行动开始到1984年2月，7个月内共受理各类刑事案件166件，被告241名，为1981—1983年三年结案总数的60%。在审判工作中，遵照中央决定，重点打击了对社会危害较大的流氓团伙、流窜作案分子以及杀人犯、放火犯、爆炸犯、投毒犯、强奸犯、抢劫犯和重大盗窃犯，残害妇女儿童的犯罪分子，劳改逃跑犯、重新犯罪的劳改释放分子和解除劳教人员。7个月内审结的166案241犯中，强奸、流氓101起，占60%，盗窃34起，占20%，其他案件占20%。其中被判无期徒刑的12人，10年以上20年以下有期徒刑47人，5年以上10年以下有期徒刑96人，5年以下有期徒刑86人，扭转了以往对严重刑事犯罪分子打击不力的状况。在依法办案过程中，市中区人民法院还认真执行了党的惩办与宽大相结合、区别对待的一贯政策，坚持对七类重点打击对象依法“从重从快”惩处。对有法定从轻、减轻情节的，如投案自首、未成年人犯罪、犯罪未遂等，都依法法律规定予以从轻或减轻处罚。对于不属于重点打击的一般刑事犯罪，按照《刑法》规定的量刑幅度予以处理。对主动投案自首并有立功表现的，依法从宽判处。1988年，在坚持继续贯彻“两打”方针的同时，根据市中区社会治安的实际深入开展了反盗窃专项斗争。在盗窃作案多发地区、城乡接合部，先后到安城、税郭、郭里集等11个乡镇召开宣判大会，对一大批盗窃分子集中宣判，集中打击，并动员广大群众加强防范措施，向盗窃犯罪行为作斗争，收到良好效果。根据市中区曾一度发生的严重扰乱市场秩序、强买强卖、欺行霸市、哄抬物价、制造销售伪劣商品、投机倒把犯罪活动猖獗、严重损害消费者利益的犯罪行为，市中区人民法院在枣庄煤矿召开宣判大会，对周庆启等九案十五犯进行公开宣判，并有针对性地召集商业、粮食、供销和工商个体户参加旁听，审判一案，教育一片，扩大审判社会效果，维护了市场秩序和消费者利益。

3. 民事审判工作从依照民俗习惯办案转向有法可依转变。这段时期，随着改革开放商品经济的发展、法制的不断健全，纳入法律调整的民事关系越来越多，民事纠纷案件大幅度上升而且难度增大。1983年市中区人民法院民事案件收案数441件，1988年增加到901件，1989年激增到1416件。这段时期共收民事案件7273件，婚姻家庭、财产纠纷、民事赔偿等案件类型增加明显。1987年《中华人民共和国民法通则》颁布实施以来，市中区人民法院审判人员在具体工作中，坚持贯彻以“民法通则”为中心，努力克服任务重、困难大、人员少的实际困难，首先在保证案件质量的前提下努力提高办案效率，并严格执行“诉讼法”的法定程序，严格收案时间和立案标准，做到该收案的一定收案，不该收案的也要给当事人讲明道理、指出门路，使其告状有门，为群众诉讼提供方便。为了减少当事人因诉讼来回往返耽误工作和生产，缩短结案时间，提高办案效率，市中区人民法院根据人民法院组织法的有关规定，采取了简化程序，下放权力，扩大合议庭职权，决定民庭为业务指导庭，并充分发挥业务指导作用，一般案件均由合议庭决定，民庭进行业务指导，发现问题及时纠正，改变过去那种事无巨细都向审判委员会汇报研究的传统方法。审判委员会研究重大疑难案件，合议庭就能自主安排时间处理案件，从而提高了办案效率。为了进一步提高办案质量，市中区人民法院提出了“远学青岛”“近学苍山”的口号，两次派人去苍山县法院学习，并结合市中区的实际情况和特点，在自身改革方面做出了一些有益探索，推行了“一个公开，三个为主”的审判改革，确定在民庭、矿区法庭先行试点，然后取得经验后全面展开。为顺利开展“一个公开，三个为主”活动，市中区人民法院以消除积案入手，对个别积存三年之久的3起疑难案件进行了突击审理，为开展这项工作扫除了障碍。如许某诉周某离婚一案，于1986年诉至市中区人民法院。原被告婚姻基础不好，婚后生一女，常因家庭琐事发生纠葛，后分居，又发展至相互攻击。当原告起诉法院后，被告周某多次向市区人大、妇联控告原告重男轻女，虐待妻女。而原告许某又将被告周某在针织厂盗窃的物品拍成照片到纺织局控告，为此被告周某患神经病住院。原告不尽扶助义务，夫妻矛盾日益尖锐。被告周某为整垮原告始终不离婚。此后又为子女抚养问题也常发生矛盾。此案难度大、干扰大，虽经法院多次做细致的思想政治工作，但由于原被告互相顶牛，此案一直拖了三年之久不能解决。为了顺利开展审判方式的改革，市中区人民法院经过研究决心消除积案，具体研究了案情，经过反复再三地工作，终于使这起拖了近三年的老大难案件用调解方式结案，解决了双方的痛苦。

4. 行政审判工作和执行工作从“零”向与刑事审判、民事审判并重的法院重要工作内容转变。我国《行政诉讼法》制定于 1989 年，其时正处于改革开放初期，社会各方面计划经济色彩依然较为强烈。政府的社会管理方式较为单一，多带有强制色彩，所涉及的行政行为的种类也极为有限。在缺乏经验、存在困难的情况下，市中区人民法院十分重视并切实加强了这项工作的研究和指导。确立在没有建立行政执行庭之前暂由民庭、经济庭办理行政和执行案件。本着积极慎重稳妥的原则边收案边办案，做出了一些有益的工作，迈出了可喜的第一步。1990 年春，为了迎接行政诉讼法的实施，山东省高级人民法院把市中区人民法院列为全省 37 个试点单位之一，并经上级批准，正式成立了行政审判庭和执行庭。行政、执行工作逐渐步入正轨。1991 年底，市中区人民法院开展了突击执行工作。从全院抽调 19 名精兵强将，集中 56 天时间，执行案件 110 余起，标的额 120 余万元，收到了非常好的法律效果和社会效果。枣庄市中级人民法院及时帮助市中区人民法院总结了经验，并在市中区人民法院召开了全市法院系统执行工作现场会。

（三）初步确立社会主义市场经济体制，人民法院进一步解放思想，为改革发展稳定大局提供有力服务的阶段（1992—1997 年）

1. 积极适应现代审判需要，推进组织机构变革。1993 年 5 月，成立龙山人民法庭；同年 9 月，成立法警中队；同年 11 月成立经济调解中心。1995 年 1 月，撤销经济调解中心，成立涉外经济审判庭。1996 年 1 月，院机关增设立案处、法医室。1997 年，增设法警大队。

2. 认真落实“宽严相济”的刑事政策。六年来，特别是 1996 年积极参与第二次“严打”整治斗争以来，严厉制裁严重危害社会治安的刑事案件。市中区人民法院把严厉打击严重犯罪活动作为重中之重，摆在各项工作的首位，坚定不移地贯彻执行依法“从重从快”和依法“从严”的方针，严厉打击了严重危害社会治安的刑事犯罪分子。共受理刑事案件 1162 件，共判决发生法律效力的人犯 1662 人。有力地打击了犯罪分子的嚣张气焰。在刑事审判工作中，一是明确打击重点，强化专政职能。刑事审判工作的重点是打击那些危害社会、危及人们生命财产安全的杀人、放火、爆炸、抢劫、强奸、重大盗窃和受贿等严重刑事犯罪，以维护社会的稳定。二是坚持经常打击与集中打击、专项斗争相结合，狠狠打击严重危害社会治安的犯罪分子，与公安、检察机关密切配合，深入开展了反盗窃、抢劫、破坏电力设备犯罪等专项治理和集中打击活动。对影响大的案件提前介入，从重从快，严厉打击。三是严格执行政策，注重社会效果。在严厉打击各类刑事犯罪中，认真执行惩办与宽大相结合的基本刑事政策，严格掌握处罚手段和量刑适度，做到该重则重，该轻则轻，能实则实，能缓则缓，既维护法律尊严，又注重社会效果。四是深入开展整治农村社会治安的斗争，对横行乡里、危害社会的流氓恶势力和犯罪团伙给予了严厉的打击。共判处危害农村社会治安的犯罪分子 794 件 1137 人，其中判处 5 年以上有期徒刑 702 人。五是切实做好少年犯的教育挽救工作。自 1990 年底至 1993 年初，共审理不满 18 周岁的少年犯 64 名，对其中 23 名判处有期徒刑缓期执行。对缓刑和刑满释放的少年犯，实行建档立卡、定期汇报、认真询访、跟踪教育，先后五次到王村和武所屯监狱，对服刑的少年犯进行面对面教育，得到了家长、社会和上级的肯定，市中区人民法院在全省法院首次少年审判经验交流会上介绍了经验。

3. 探索审判管理方式改革提升审判质量。1991 年，成立以民事审判庭为主的民事审判业务指导小组。1992 年，全年共受理民事案件 1483 件，审结 1377 件。在审结的案件中，财产纠纷、婚姻家庭两类案件分别占 43.26% 和 29.64%。赴法庭指导工作 156 人次，协助法庭审判疑难案件 28 起，两次组织对法庭的业务培训和案件评查工作，发挥法庭办案主力军作用，渴口、西王庄 2 处法庭先后在市、区召开的会议上介绍经验。年终民事审判评查，取得全市法院第二名。1993—1997 年，共受理民事案件 11919 件，审结 11709 件，结案率为 98.23%，调处简易纠纷 4000 余件。婚姻家庭、债务、伤害、赡养、名誉权、著作权、劳动争议、侵害消费者权益、损害赔偿案件为审理重点，共审结 11265 件，占民事案件总数的 94.51%。债务案件和损害赔偿案件数量在受理的民事案件中分别占第一位和第三位。民事审判出现一些新情况：一是由原来主要用于生活的民间借贷纠纷发展为涉及生产流通领域的借用、买卖、承揽加工与合伙财产纠纷逐渐增多，产品质量、工伤、医疗事故、交通肇事等与生产经营活动相关的纠纷也明显上升。二是诉讼标的金额增大，有的多达几十万元。婚姻家庭案件的数量在受理的民事案件中占第二位。随着国家宏观政策和住房制度的改革，涉及房地产方面的纠纷增多。

4. 全面开展行政诉讼和非诉执行工作。1993—1997 年，深入开展《行政诉讼法》宣传活动，印发《行政诉讼法》宣传提纲 6000 份，结合《行政处罚法》的实施，举办 3 期学习班。审结行政案件 92 件，执结行政机关委托执行案件 619 件，执结标的额 410 余万元。1997 年 4 月，区法院荣获省高级人民法院“行政审判目标管理信得过法院”称号。

5. 充分发挥执行庭独立作战的作用。1992 年，按照全国执行大会战工作部署，市中区法院积极组织力量清理未执行案件，采取统一组织集中赴省执行、集中力量分散在本省本地执行和组织各审判庭、法庭对自办案件进行突击执行。实行执行大包干，充分发挥执行庭独立作战的作用。规定审判庭对已审结的经济纠纷案件在法律文书生效后20日内没有执行的，一律交由执行庭执行，办案单位不准进入执行程序，不准收取执行费。在执行环境差、难度大的情况下，为执行庭充实了办案力量，加强了物资装备。随后，以贯彻执行中共中央关于解决人民法院“执行难”问题和〔1999〕11号文件精神为契机，研究制定了《案件执行目标管理责任制》《重大案件专人办理责任制》《重大案件汇报、通报制度》《与经济管理部门联系制度》等规定，集中开展了大规模的集中清理未执结执行案件统一行动，有力维护了法律权威。

（四）改革开放和经济建设取得辉煌成就，人民法院沿着中国特色社会主义道路胜利前进、实现跨越式发展的关键阶段（1998—2011年）

1. 围绕充分发挥审判职能作用，进一步优化审判资源配置。1998年，法庭由原来的13个合并为5个中心法庭，分别是市郊中心法庭、黄庄中心法庭、渴口中心法庭、齐村中心法庭和安城中心法庭，另将告诉申诉庭更名为审判监督庭，全院共设科、室、庭、队19个。2000年5月，实行“大立案”改革，撤销市郊、黄庄2处人民法庭，将原来的立案处改为立案庭，将原刑庭改为刑一庭，增设刑二庭，将原民庭改为民一庭，增设民二庭。2001年3月，撤销渴口法庭，增设民事审判三庭，下设18个庭、室、科、队、局和齐村、安城2处人民法庭。2002年12月，撤销执行庭，成立执行局，下设执行一、二、三庭。2002年6月，撤销经济审判庭、刑事审判二庭、民事审判三庭，增设机关服务中心和孟庄、永安2处人民法庭。将政工科改为政治处，下设组织人事科和教育培训科。将原刑事审判一庭改为刑事审判庭。2005年，市中区人民法院内设11个庭室处局和4处人民法庭。2007年，增设青少年法庭、信访科为内设机构，执行局增设执四庭、执行综合科两个二级内设机构。2009年将孟庄法庭更名为民三庭。2012年，增设破产清算庭、行政装备科、审管办、信息中心4个内设机构，将安城法庭更名为税郭法庭。2013年5月，成立工会。

2. 刑事审判工作坚持“严打”方针不动摇，全力维护社会稳定。坚持“严打”方针，依法严厉打击严重危害社会治安的各种犯罪活动，共审结抢劫、抢夺、盗窃、重伤害等严重危害人民群众安全的多发性犯罪，维护了社会治安秩序，推动了“平安市中”建设。严格执行刑事法律政策，办案中严把事实关、证据关、程序关和法律适用关，坚持罪刑法定、罪责刑相适应、无罪推定、疑罪从无等原则，既严惩严重刑事犯罪，又坚持对具有法定从轻、减轻处罚情节的被告人依法从轻、减轻处罚，对罪行较轻、确实不致再危害社会的被告人依法判处缓刑，收到了较好的刑罚效果。刑事自诉案件的审理，坚持以最大限度的化解矛盾为切入点，调解撤诉结案占80%以上。积极参与社会治安综合治理，认真贯彻“打防结合，预防为主”的方针，立足审判，开展法制宣传教育，召开公判大会，举办普法教育讲座、法律法规宣传，散发宣传材料，现场解答群众咨询，增强了群众的遵法守法意识。对“管、缓、免”人员开展回访帮教，促进罪犯的改造。全面贯彻《未成年人保护法》，积极参与少年犯社区矫正工作，有效预防和减少了青少年犯罪。配合公安、检察和司法机关，相继开展了打击“两抢一盗”及“三强五霸”等系列专项斗争，有力地震慑了犯罪分子。积极参与社会治安综合治理，自刑法修正案（八）实施以来，严厉打击危险驾驶机动车犯罪，全部判处监禁刑，有效遏制了交通违法现象的高发势头，充分发挥了刑事审判在社会行为规范中的指导作用。认真落实宽严相济的刑事政策，对情节轻微的初犯、偶犯和过失犯，依法从轻、减轻或免除处罚，削减了社会对立面。加强青少年审判工作，在判决书中附加法官寄语，推行未成年人犯罪记录封存保密制度，对监外执行人员跟踪回访帮教，联合有关部门积极推进社区矫正，力促失足青少年悔罪自新，最大限度地减少了不和谐因素。推进刑事量刑规范化改革，将量刑纳入庭审程序，使量刑过程更加公开，量刑标准更加统一，量刑结果更加均衡。

3. 民商事审判工作坚持“能调则调、当判则判、调判结合、案结事了”原则，全力维护社会和谐。1998—2002年，共受理民商事案件23668件，审结

2016年12月20日，市中区人民法院破产清算庭法官主持召开山东佳程橡胶工业有限公司重整一案第二次债权人会议

23917件，分别比前五年增长23.32%和27.29%。2003年，审结婚姻家庭案件805件、损害赔偿案件1246件、劳动争议案件61件，成立“涉军案件法庭”，制定《关于审理涉军案件的意见》，共审结涉军案件17件。2004年，审理婚姻家庭、相邻关系、劳动争议等事关人民群众切身利益的案件2037件。2005年，加强对与群众切身利益密切相关案件的审理工作，审结婚姻家庭、继承等纠纷案件577件。2003—2007年，共审结民商事案件18712件，标的额1.85亿元，制定了《为解放思想、干事创业、加快发展提供法律服务和司法保障的意见》等一系列文件，对涉及地方政策、重大招商引资等方面的案件，坚持优先立案、优先审理、优先执行，营造了干事创业的良好氛围。依法保障民权，坚持快立、快审、快结、快执的“四快”原则，妥善土地承包、拖欠农民工工资等权属纠纷案件，促进农业结构调整和农村稳定。制定了《关于认真审理涉军案件的意见》，促进了军政军民团结。2008—2011年，共审结各类民商事案件21985件，标的额6.03亿元。助推企业发展，综合运用破产、重整、和解等手段，妥善处理了永安水泥厂、市商业总公司等一批有较大影响的企业破产和改制案件，依法平衡各种利益关系，实现了案件处理无震荡。坚持能调则调、当判则判、调判结合、案结事了的原则，加大案件调解力度，并将“圆桌审判”模式引入民商事审判领域，案件调解、撤诉率达76%，较好地实现了法律效果与社会效果的有机统一。

4. 行政审判工作突出化解“官民”矛盾，服务全区中心工作。1998—2002年，结合政府宏观调控和管理中出现的新问题，共审结行政诉讼案件272件，比前五年增长196%，执结行政机关申请执行的非诉讼案件378件，标的额1200万元。2003—2007年，共审结各类行政案件807件，依法维护了行政相对人的合法权益。加大非诉行政案件的执行力度，共执结各类非诉案件377件，标的额650余万元，有力地支持了行政机关依法行政。在此期间，以行政诉讼法颁布15周年、国家赔偿法颁布10周年和行政许可法颁布实施为契机，开展了不同形式的法制宣传活动，增强了人民群众依法维权和行政机关依法行政意识。2008—2011年，审结行政诉讼和非诉行政执行案件878件，确立了“全程、多元、互动”三位一体的协调机制，行政案件协调结案率为78%，增进了“官民”和谐。定期召开行政执法联席会议，并在行政机关中举办法律培训班，促进了依法行政水平的提高。全力推动棚户区改造等重点项目建设，调配精干力量全程跟踪服务，成功化解了东湖公园、青檀小区、枣临铁路等工程中的部分拆迁纠纷，为保障全区重大部署的顺利实施做出了积极贡献。

5. 执行工作全力维护当事人合法权益，彰显司法权威。1998—2002年，通过采取召开被执行人大会、公开拍卖被执行人的房产和其他财产，抓住农忙季节、三大节日，利用早晚时间，集中寻找当事人，执结各类案件6352件，执结标的额1.92亿元，分别比前5年增长108%和28%。2003—2007年，共执结各类案件7268件，执结标的额2.05亿元，制定完善了执行案件流程管理、执行风险告知、异议审查听证、执行和解等“阳光执行”制度，推出了债权转股权、发放债权凭证等有效执行措施。开展了五次清理执行积案活动，利用清早、深夜、节假日突击执行，依法采取查封、扣押、冻结等强制措施1600件次，拘传460余人，拘留380余人，追究刑事责任12件12人，构建破解“执行难”威慑机制的经验做法得到了省高级法院的肯定。为维护市中区企业债权，加大对区外资金回收力度，共组织开展跨省、市执行活动200余次，执结案件866件，标的额2000余万元，为企业的持续健康发展注入了活力。2008—2011年，共执结各类案件8136件，标的额4.26亿元，采取公告督促、财产申报和限制被执行人高消费等措施，力促被执行人履行生效判决，推动了社会信用机制建设。亮剑规避执行行为，大力开展反规避执行专项活动，严厉打击利用不正当手段规避法院执行的违法犯罪行为，共司法拘留214人，查封房产104套，扣押机器设备867台，依法追究了陈某捏造事实虚假诉讼、刘某举家外逃躲债、李某非法处置查封财产等27起29名规避执行行为人的刑事责任，切实维护了法律权威，受到了省法院的通报表彰，被评为“全国执行工作先进法院”。

（五）在全面深化改革、全面建成小康社会的决胜阶段，市中区法院向着“努力让人民群众在每一个司法案件中都感受到公平正义”的目标迈进（2012年至今）

1. 推进以审判为中心的刑事诉讼制度改革。严格落实罪刑法定、疑罪从无、证据裁判、非法证据排除等法律原则和制度。2012以来，共审结各类刑事案件1943件，判处犯罪分子2172人。审结非法吸收公众存款、集资诈骗等案件67件，促进了市场经济安全和社会政治稳定。“易尔易”非法吸收公众存款一案，涉案金额3.46亿元、涉及储户822名，市中区人民法院在依法惩处被告人的同时，奔赴北京、广西等地全力追缴涉案资产，及时维护了集资群众的切身利益。审结了公安部重点督办的组织、领导传销犯罪案件2件，判处罪犯13人。深入推进打黑除恶专项斗争，市中级人民法院指定市中区人民法院审理的以王传洋为首的涉嫌领导、组织、参加黑社会性质组织罪一案，涉案被告人12名，该涉黑组织以“利国公司”为名，实质开展非法带车业务，有组织地进行寻衅滋事、故意伤害、非法拘禁、妨害公务等违法犯罪活动，为非作恶，称霸一方，严重破坏经济、社会生活秩序；市中区人民法院制定了周密的审理预案，确保了审判活动顺利进行。积极回应社会关切的民生问题，卓山景观陵园有限责任公司以抵押墓穴为名，向218名群众非法吸收存款1300余万元，单位主要负责人黄斌一审被判处有期徒刑5年。坚持罪刑法定和宽严相济的刑事政策，对不构成犯罪以及达成刑事和解、罪行较轻、确实不致再危害社会的被告人，依法宣告无罪或从轻、减轻处罚，最大限度地化解了社会矛盾。

2. 坚持以审判工作推进社会主义核心价值观建设。2012年以来，全院共审结各类民商事案件23710件，标的额26.3亿元。审结工伤损害、医疗赔偿、交通事故等人身损害赔偿纠纷案件1876件，采取先予执行医疗费、诉前保全等措施，维护了受害人的合法权益。针对民间借贷市场泛滥无序的现状，严厉制裁以合法形式掩盖的非法金融活动，依法保护合法借贷行为，共审结民间借贷案件2530件，标的额4.6亿元，切实规范了民间资本流通。审结房地产案件236件，其中圆满审结了涉及“广府一号”“东湖龙城”等小区200多户业主诉开发商房屋买卖纠纷案，规范了房地产市场。对资金链断裂、债务人“跑路”的案件，引导当事人依法维权，加大送达、保全和财产线索查询力度。大力推行案件恳谈缓情制度，对婚姻家庭、相邻关系等传统民事纠纷，引入“和为贵”的传统道德理念，认真做好说服教育和思想疏导工作，服判息诉率同比提高了8个百分点。加强破产审判工作。自2013年以来，市中区法院共受理破产案件22件（其中国有企业19家），9家已经破产终结，13家进入资产变现阶段，为加快新旧动能转换，促进全区经济转型升级提供了有力支撑。枣城置业破产重整案，全额兑付了220余名购房户债权2.1亿元，顺利进入投资人执行重整计划阶段，“东湖龙城”项目已于2018年5月重新开盘。佳程橡胶破产案于2018年8月成功实现重整，挽救了企业，化解了金融风险，实现了债权人利益的最大化，保留了600余名职工的工作岗位。枣庄万泰等4家企业，涉及国企员工5000余名，历史遗留问题较多、社会影响较大，于2018年6月26日、27日成功召开了债权人会议，6月28日对该4家企业宣告破产清算。今年4月份，市中区法院总结的破产审判五项工作机制，在全省政法机关服务保障新旧动能转换重大工程动员部署会议上做了经验交流。

3. 深入推进行政诉讼管辖试点改革。2012年以来，共审结案件694件。2013年，市中区法院被最高院确定为行政诉讼案件相对集中管辖试点法院。按照上级法院统一部署，集中管辖市中、峄城和台儿庄三个区的行政诉讼案件。为此，市中区人民法院进行了周密安排部署、充分宣传发动、不断落实为民举措，为试点工作做出了积极有益的探索。仅2013年一年，就审结行政诉讼案件122件，有效破解了行政诉讼案件的立案难、判决难，受到了省高院领导的高度评价。市中区人民法院圆满审结了首起异地起诉的行政诉讼案件，被作为行政审判摆脱地方干预的典型案例登上凤凰网、新华网头条。2014年共审结市中、峄城、台儿庄及中院指定管辖滕州市的行政诉讼案件177件，为解决行政诉讼立案难、审理难、执行难问题做出了积极探索。畅通行政诉讼渠道，开通立案咨询电话，确定专人负责解答群众咨询、提供立案指导，一次性立案率达100%。坚持协调和判决并重，引导行政机关和相对人有效沟通，行政案件协调撤诉率达79.7%。建立与行政机关的良性互动，举行行政诉讼集中管辖座谈会，提出了预防和化解行政案件的司法建议，推进了政府依法行政。打造试点工作亮点，法院审理的23名村民诉滕州市人民政府不履行信息公开法定职责一案，被新华社等媒体跟踪报道，为行政审判改革提供了实践样板。

4. 向“基本解决执行难”全面宣战。2012年以来，共执结各类案件13571件，标的额20.2亿元。开展了涉民生、涉金融等专项执行活动，司法拘留523人，查封银行存款4.5亿元、不动产1557处，扣押机动车1572辆。“易尔易”“广府一号”等涉稳、涉众型执行案件，涉及群众1000余户、涉案金额6亿余元，加大执行和兑付力度，及时维护了群众切身利益。办结执行异议和案外人异议703件，畅通执行救济渠道，有效维护了当事人和案外人的合法权益。建立执行指挥中心，完善司法查控网络，进一步提高了执行效率。加大对失信行为惩戒力度，曝光失信被执行人4063名，使“老赖”在申请贷款、市场准入、高消费和乘坐飞机、高铁等各个方面受到限制。推动召开全区打击拒执犯罪联席会议，争取党委支持出台了《打击拒执犯罪会议纪要》。共移交公安机关对56名抗拒执行人进行了网上追逃，依法追究拒执罪21件25人，判处拒执罪人数位居全省基层法院前列。被执行人鹿其峰为抗拒执行，串通他人伪造证据，进行虚假诉讼，被一审判处有期徒刑二年零六个月。2016年，最高人民法院院长周强在十二届全国人大四次会议上明确提出“用两到三年时间，基本解决执行难问题”。区法院研究制定了《关于实行执行团队管理的意见》和《关于执行团队职权层级配置暂行规定》等文件，开展了“攻坚2017百日执行风暴”集中执行专项活动，坚决打赢“基本解决执行难”攻坚战。

二、审判执行工作取得的主要成就

（一）司法职能实现由限制弱化迈向全面发展。40年来，市中区人民法院坚持实事求是的思想路线，认真贯彻执行党的路线、方针、政策和国家的法律法规，围绕党在各个不同历史时期的中心任务，结合具体实际，紧紧依靠党和人民群众，充分运用法律武器，创造性开展法院工作，出色地完成了党和人民赋予的审判使命，取得了骄人的审判业绩。据统计，1978—2015年市中区人民法院共审结各类诉讼案件111528件。其中，民商事案件10万件，刑事案件8944件，行政案件2584件；市中区人民法院共依法执结案件31839件，执行到位标的额21.61亿元。尤其是近6年来，市中区人民法院就受理一审刑事、民事、行政和执行案件53611件，审执结52501件，结案率为97.7%。

（二）队伍建设由“泛公务员化”

迈向专业化、职业化。1979年，市中区人民法院共有干警18人，其中法官11人。在11名法官中，初中以下文化7人，占总人数的63.6%。39年后的今天，市中区人民法院共有干警138人，其中法官93人。与39年前相比，市中区人民法院干警人数增加了近7倍，法官人数增加了7倍多。队伍的壮大，不仅仅是人数的增加，更重要的是干警素质显著提高。现有的法官大专以上文化为100%，本科以上文化为98%。随着法官队伍的不断壮大，法官的职业化也向纵深推进。1995年7月1日，法官法的颁布实施，不仅使我国法官的称谓正式化、法律化，为法官的职业化奠定了法律基础，使法官这个职业得到了前所未有的稳定和发展。近年来，市中区人民法院始终坚持“以人为本”的理念，在全面加强思想政治建设的同时，大力实施“人才强院”战略。采取形式多样的教育培训方式，先后培训法官35861人次；广泛开展了以法律知识竞赛、庭审观摩、裁判文书评比、书记员速录、法警技能训练为主要内容的岗位大练兵活动，积极鼓励和支持法官参加更高的法学学历和学位教育，使具有相当本科学历的法官比例从2001年的47.6%提高到2010年的92.6%，队伍的业务技能和学历层次明显提升。市中区人民法院加强与党委组织部门、政府人事部门的配合协调，普遍推行干部人事制度改革，广泛开展了法官录用、职位竞争、交流轮岗、逐级遴选、挂职锻炼等人事制度改革，逐步建立了公开、平等、民主、竞争、择优的选人用人机制，既充分调动广大干警工作积极性，也使法官职级待遇得到较好解决；以加强廉政文化在内的法院文化建设为载体，广泛开展了法官论坛、岗位演讲、文艺会演等活动，营造了勤于学习、勇于创新、廉洁奉公的工作氛围，涌现出了以税郭人民法庭以及优秀法官张涛等为代表的一批公正司法、勤政为民的先进集体和先进个人。

（三）审判质量管理由粗放型管理迈向精细化管理。40年来，市中区人民法院始终坚持“依章治院”的理念，以促进审判质量和效率为核心，以推进审判规范化建设为手段，不断强化审判工作的职能作用。先后制定了《为构建和谐市中提供司法保障的意见》《服务重点项目建设的意见》《关于服务和保障实体经济发展的实施意见》等规范性文件，进一步增强为大局服务的积极性和主动性；同时针对一些案件审判质量和效率不够高的实际，建立健全审判管理机制，全面推行审判流程管理、案件质量评查和目标责任考核制度；针对人民群众打官司难的问题，进一步落实司法为民要求，探索实施了巡回审判制度、案件速裁制度、判后答疑制度、司法救助制度、司法公开制度、立案登记制改革制度；针对涉诉上访案件和人数较多的现状，制定了“涉诉信访案件处理暂行规定”，认真落实“四定一包”措施，进一步做好了服判息诉工作。同时，认真贯彻“宽严相济”的刑事政策和“调判结合，案结事了”民事审判原则，积极探索行政诉讼“和解”制度，呈现出服判息诉率、调解撤诉率、审执期限内结案率明显提高，申诉申请再审率、改判发回率、超审执期限率明显降低的良好局面。由此先后制定了数本《制度汇编》，将每年的司法服务、队伍建设、审判管理、行政管理、人事管理等规范性文件纳入汇编，为依章建院奠定了坚实的理论基础。

（四）基层基础建设由简陋匮乏迈向标准化、信息化。40年过去了，市中区人民法院在改革开放、社会主义现代化的发展进程中，审判功能不断扩大、内设机构不断完善，各项建设进入前所未有、数质并举的全面发展时期，成为维护社会稳定、促进社会发展的一支坚强司法力量。“文化大革命”初期，法院工作移交军管组。当时法院的基础建设薄弱，物资装备简陋，法律的威严根本无法体现。20世纪90年代以来，市中区人民法院相继新建了审判综合楼，高大壮观的综合大楼、宽敞明亮的立案大厅、庄严肃穆的审判法庭，使群众直观体会到法律的神圣与威严。市中区人民法院坚持把加强基层基础建设作为持续发展的重要保障。按照“科学设置、整合资源、降低成本、发挥功能”的思路，全面整合了法庭资源，将人民法庭数量从原来的13个撤并为4个。目前已建成并投入使用2，还有2个人民法庭正在快速建设中，基本形成了“设置中心法庭，辐射周边地区”的法庭建设模式。按照“办公楼房化，办案手段现代化”的思路，市中区人民法院在2012年年底对审判办公大楼进行了重新装修，改善了办案条件，配置了近百辆办案警车，

市中区人民法院新任法官向国旗宣誓的图片被收入纪念中国工农红军长征胜利80周年主题展

基本满足了审判工作的需要。遵循“科技兴院”的思路，全面加强了信息化建设，使法院走上了审判工作正规化、现代化的轨道，取得了跨越式发展。截至目前，市中区人民法院法官微机配备率达到100%，法院局域网建设达到100%，完成了法院广域网和视频会议系统的三级联网，实现了统计数据、案件信息、法律法规等网上资源共享，信息化水平步入全市法院先进行列。

（五）司法改革由“破冰”走向权能、资源与责任之新的均衡。40年来，市中区人民法院坚持不懈地进行了创新工作思路的法院改革，以公正与效率为宗旨，探索现代司法体制创新的道路。市中区人民法院认真贯彻落实第一、第二、第三、第四个《人民法院五年改革纲要》，全面推行以公开举证、质证、认证为主要内容的审判方式改革，使庭审成为案件审判的中心；逐级下放审判权，不断强化独任法官和合议庭审判职责，促进了办案质量的提高；进一步改革和规范裁判文书，增强了审判工作的公信力；着力推行执行裁决权、实施权相分离，强化了内部分权制衡；全面改革完善审判流程管理制度、判后答疑制度、差错案件责任追究制度等措施，充分运用网络等科技手段，实现对案件质量和效率全过程的科学管理和监督；积极推行刑事案件普通程序简化审理，扩大民事案件适用简易程序的范围；认真贯彻实施人民陪审员制度，发挥了人民群众参与司法的优势；大力推进行政诉讼案件相对集中管辖试点工作，有效解决了行政案件立案难、审判难、执行难问题；积极推进立案登记制改革，对依法应当受理的案件，坚持有案必立、有诉必理，切实保障当事人诉权；提倡院、庭长亲自办案和旁听庭审，努力克服“审与判”相分离的弊端。全面推行《案件审判流程管理规定》《案件执行流程管理规定》，在立案、审判、执行的各个环节实施审判监督，同时实行审判监督庭、案件质量评查，强化审判质量的管理和监督，有效地规范了审判工作的监督管理，为法院开辟了一条制度建院、管理强院之路。

（六）人民群众对法院工作由猜测怀疑走向满意、信任和充满期待。40年来，市中区人民法院始终贯彻司法为民的宗旨，使法院的全部工作体现于为人民服务。早在改革开放的初期，法院的审判工作坚持“情系人民”的宗旨，谱写了不少为民排难解忧，热心为民办案的动人篇章。40年来，市中区人民法院将这种爱民为民的司法优良传统发扬光大。成立诉讼服务中心，实现了导诉、立案、查询、保全“一站式”服务。推进立案审查制向立案登记制转变，切实解决群众立案难问题。认真落实《司法为民三十六条措施》，推行假日立案，预约上门立案，随案发送诉讼指南，设立诉讼便民点等措施，切实方便群众诉讼。在立案前向当事人发放、讲解，此项举措被《大众日报》形象地称为“诉讼风险早提示，明明白白打官司”。自2008年连续三年开展了“推进和谐司法、创建公信法院”建设年活动、“加强作风建设、争做亲民法官”建设年活动和“审判质量与效率”建设年活动，不断深化“以当事人为本”理念，引导法官换位思考，真正像对待自己的亲人一样对待当事人。启动以接受当事人全程监督为内容的“互信行动”，向当事人随案发放《致当事人的一封信》和《征求意见表》，主动接受人民群众对审判作风、庭审礼仪等方面的评议，搭建了法官与当事人沟通互动的桥梁，增进了与人民群众的感情。加大繁简分流，提高办案效率，加大巡回审判力度，方便群众诉讼，加大司法救助力度，扩大普法宣传效果，提高群众满意度。6年来，市中区人民法院适用简易程序审结的一审刑事案件达42.9%，民事案件达54.1%；直接到当事人所在地或案发地巡回审结的民事案件达32.6%；对经济上确有困难的当事人及时提供司法救助，为485起案件的当事人减免缓交诉讼费182万元，彰显了司法的人文关怀。

三、改革开放以来审判执行工作取得的经验和启示

回顾40年的发展和近10年的司法改革历程，有不少经验值得认真总结，并在今后工作中继续坚持。

（一）必须坚持党的领导和人大监督。党领导司法工作并影响司法权的运作过程既是客观事实，又有宪法依据，能够有效弥补法律救济和司法运行中存在的弊端，显示社会主义法治国家的优越性。监督权是宪法赋予人大及其常委会的一项重要职权，人大及其常委会的监督，是国家权力机关对行政机关、司法机关最高层次的监督。改革开放以来，特别是监督法颁布实施以来，各级人大及其常委会为推进审判执行工作发展发挥了重要作用。40年来，人民法院取得长足进步的关键在于能够正确处理好与党的领导、人大监督之间的关系，自觉地把法院审判和执行工作置于党的领导和人大及其常委会的法律监督和工作监督之下，坚持重大事项、重大问题报告制度，坚持在党的领导和人大监督下依法独立行使审判权，把执行党的政策与执行国家法律统一起来。同时，还认真办理人大常委会交办的事项和督办的案件。积极邀请人大代表视察法院，旁听案件庭审，收集、采纳人大代表的反馈意见，加强与改进审判和执行工作，推进了审判和执行工作卓有成效地开展。

（二）必须服务和服从于工作大局。全面建成小康社会是人民群众孜孜不倦地追求，法院既是全面建成小康社会的建设力量，更是全面建成小康社会的保障力量。全面建成小康社会与司法制度建设在指导思想、基本原则和目标要求的一致性，要求法院的审判和执行工作必须经得起保障全面建成小康社会的实践检验，不断强化大局观念和全局意识，正确处理好服务大局与立足本职的关系，以此全面提升保障社会和谐的整体水平。若脱离全面建成小康社会这个大局，审判和执行工作就会偏离方向，最终影响司法职能作用的发挥。40年来，市中区人民法院始终把工作目标锁定在

服从服务于党的中心工作和国家大局，不断强化政治意识、大局意识和保障意识，充分发挥审判职能作用，有效地打击犯罪，保障人权，化解社会矛盾，最大限度地消除不和谐因素，最大限度地增加和谐因素，有力地促进社会和谐、稳定和发展，为全面建成小康社会营造了良好的法治环境。

（三）必须牢固树立质效意识。审判质效是法院工作的生命线，没有过硬的审判质效，法院的工作就会失去社会公信力。40年来，市中区人民法院立足党和国家的工作大局，立足“公平与效率”主题，从严格规则到接近正义、寻求和谐司法，不断加强和改进审判和执行工作，审判职能进一步强化，审判领域进一步拓宽，审判质量和效率进一步提高。为使当事人尽快获得公平裁判的结果，各级法院采取立审分立、审监分离、审执分离等一系列举措，加强了科学高效的案件流程管理，适用刑事普通程序简化审理被告人认罪案件的做法，建立和完善民事案件繁简分流机制，依法扩大简易程序的适用范围等，均取得一定实效。特别是在刑事审判中，坚持依法从重从快原则，把惩罚犯罪与保障人权有机结合起来，确保社会安定有序。在民事审判中，依法调节各种社会关系，保障经济社会又好又快发展。在行政审判中，监督和支持行政机关依法行政，切实维护行政相对人合法权益。在执行中，采取有力措施，最大限度地实现债权人的合法权益。在审判监督工作中，坚持“依法纠错”，维护生效裁判既判力。市中区人民法院在审判执行工作中，真正做到了把客观事实与法律事实、实体公正与程序公正以及法律效果与社会效果有机统一起来。

（四）必须深化改革与时俱进。改革创新是司法进步的不竭动力。40年来，市中区法院为适应形势发展的客观需要，因地制宜地进行改革创新，推动了审判和执行工作的深入开展。刑事审判职能，由过去的阶级斗争工具转变为坚持“严打”方针维护社会稳定的利器，再到目前的尊重和保障人权与打击犯罪并重，充分显示了刑事司法理念的进步。在民商事审判中积极构建矛盾纠纷多元化解机制，既体现了对“和为贵”传统理念的继承，又整合司法资源体现了建设和谐社会的核心价值观。行政审判工作实现了从无到有，并成为监督制约公权力、促进法治政府建设的重要力量。积极推进执行立法和执行制度改革，通过建立财产报告和立即执行制度，对不履行法律文书确定义务的被执行人可以立即采取强制措施，建立执行联动威慑机制，采取限制被执行人出境、在征信系统记录被执行人不履行义务、媒体公布不履行义务人的信息等措施，迫使被执行人履行义务。事实表明，市中区法院审判和执行工作发展的40年就是法院改革创新40年，法院的工作在发展中改革，在改革中创新，并通过改革的稳步推进，既解决了一些实际问题，又适应经济社会发展的需要。

（五）必须立足群众路线、践行群众宗旨。完善和落实司法为民措施是司法工作赢得民众信任支持的前提和基础。40年来，市中区法院牢牢坚持“司法为民、公正司法”工作主题，建立健全了一系列便民利民护民具体措施并狠抓落实。认真推行立案登记制，建立诉讼服务中心，为群众免费提供诉讼指南，告知诉讼风险，引导民众依法正确表达利益诉求，实行网上立案、巡回审判、预约开庭等，方便群众诉讼。不断拓宽司法救济范围，保障经济确有困难的群众平等参与诉讼。同时，进一步提高了调解的地位和作用，明确规定法官尽量创造条件进行调解，加大以诉讼调解方式解决纠纷的力度，引导当事人在平等自愿、互谅互让的基础上依法达成调解协议，积极推动社会多元化纠纷解决机制的建立和完善。在实行繁简分流的基础上，建立简易速裁机制，减轻当事人诉讼负担，使当事人尽快从诉累中解脱出来等。这些举措的实行既得到了民众的肯定和赞扬，又赢得了民众的理解、信任和支持。

（六）必须全面加强自身建设。“打铁还需自身硬”，加强基层基础和提高队伍素质是推进法院工作的关键性因素。40年来，市中区法院紧紧扭住这两项工作，使其不断得到加强。完成了审判法庭和审判功能用房建设任务，新建、改建了3处人民法庭，所有审判庭均建成了科技法庭，审判法庭和人民法庭建设步入“快车道”。同时，市中区法院准确把握队伍建设的方向和职能作用定位，既突出法官职业特点，又充分考虑国情和体制现状，把法官职业化建设作为法院固本强基、自我完善、夯实基础的重要途径，确保法官队伍思想上始终清醒、政治上始终坚定、作风上始终务实。且在知识结构、学历层次和整体素质方面得到一定程度的优化。此外，还按照中央改革的统一部署，全面推开员额制改革，严格条件、程序，并报省遴选委员会和省法院审核确定员额法官43名，合理配置审判资源，推进司法行政人员分类管理，逐步建立起身份明确、职责清楚、管理规范、保障到位的法院人员管理格局，完善职业保障制度，公正司法外部环境进一步好转。在全面建成小康社会的征程中，市中区法院将深入推进自身各项建设，充分发挥审判职能作用，更好维护社会大局稳定，促进社会公平正义，保障人民安居乐业，为建设自然生态、宜居宜业的美丽市中，提前全面建成小康社会作出新的更大的贡献！

审稿人：王家利

撰稿人：孙艳楼　牛德宝

枣庄市公安局市中分局执法规范化建设实践与探索

古往今来，以怎样的方式治国理政，是人类社会发展面临的共同课题。新中国成立后，在一穷二白、百废待兴的废墟上，中国共产党领导人民开始建设社会主义的艰辛探索。改革开放40年来，我们党在法治建设正反两方面经验基础上开辟的中国特色社会主义道路，既遵循法治普遍规律，又符合国情实际，为完善和发展中国特色社会主义制度提供了有力法治保障。依法治国，是坚持和发展中国特色社会主义的本质要求和重要保障，是实现国家治理体系和治理能力现代化的必然要求。近年来，枣庄市公安局市中分局积极适应国家民主法治发展大势，切实贯彻依法治国方略，在市中区委、区政府和市公安局的正确领导下，以严格规范公正文明执法为总要求，大力推进执法规范化建设，不断提升执法素质、健全执法制度、规范执法行为、强化执法监督，依法履职能力得到了明显提升。党的十九大以来，分局在新一届党委班子带领下，深入贯彻依法治国方略，持续推进执法规范化建设，带动执法管理工作实现从量变到质变的飞跃，2018年以来，全区“两抢一盗”案件数量同比大幅下降35%，人民群众安全感满意度达到历史新高，为全区经济社会快速平稳发展和人民群众安居乐业创造了良好的社会治安环境。

一、执法规范化建设的历程

（一）执法规范化建设启动阶段（2009—2011年）

1. 执法规范化建设的背景和启动

2007年，全国政法会议在京召开。时任中共中央总书记、国家主席胡锦涛同志指出：“政法机关的执政能力，集中体现在执法公信力上。执法公信力来源于严格、公正、文明执法，来源于全心全意为人民服务的良好形象”。2008年，时任公安部部长孟建柱在全国公安厅局长会议上指出，要严格、公正、文明执法，必须首先做到规范执法。2009年3月，公安部提出《全国公安机关执法规范化建设总体安排》，山东省公安厅将2009年确定为我省公安机关“执法规范化建设推进年”，在全省部署开展执法规范化建设工作。根据省厅的三年规划实施意见和上级部署要求，2009年初，市中分局党委先后多次召开会议，专题研究执法规范化建设工作，并在广泛调研、充分酝酿的基础上出台了《执法规范化建设实施方案》《执法规范化建设推进年实施方案》，从执法思想、执法体系、执法培训、执法信息化、执法监督五个方面，明确目标，强化措施，全力推进活动深入开展。同年7月，市中分局各单位全部完成办案区及功能分区建设。

2. 扎实推进执法软硬件建设，执法办案区建设升级

2009年，分局各部门警种结合自身工作实际，纷纷出台了相关工作机制规范，有力推动了执法规范化建设整体进度。治安大队针对户籍工作的实际，对有关户籍管理规定进行了汇编整理，制定了《户政工作管理规范》，对户籍民警的服务用语、户籍办理机制等作出了详细规定，确保户籍民警执法行为的规范。交警大队针对路面执法执勤形象不佳、用语不文明、方式方法不当、业务办理中态度不亲和、事故处理不规范等问题，制定了《路面执勤执法管理规定》《驾管业务管理规定》《交通事故处理管理规定》，确保了民警执法文明，方法得当，处置规范，减少了不规范的行为，实现了执法效果与社会效果的统一，构建了和谐的警民关系。刑侦大队针对办理刑事案件存在的突出问题，大胆创新，结合实际办案经验，编写了《刑事办案实用操作手册》，受到基层办案民警的欢迎，使刑事案件在初始办理阶段就得到规范。该书被全市公安系统推广，并作为枣庄市公安局内部出版物获得山东省公安厅科学进步奖。期间，中国法制出版社发现该书具有很强的实用性和可操作性，主动与分局取得联系，愿意无偿提供书号和出版费用。在此后一年多的时间里，分局相关同志利用业余时间又对该书进行了全面修订，于2009年6月由中国法制出版社正式出版发行。刑侦大队编写的“当场盘问检查笔录”被公安部制定的《公安机关适用继续盘问规定》借鉴使用，接收证据的概念和《接受证据清单》被公安部制定《公安机关执法细则》时予以吸纳。拘留所对有关监管工作规范进行了细化，制定出台了《拘留所工作规范》，在巡查看管、谈话教育、会见、财物保管、预警机制等方面作出了详细规定。拘留所根据新制定的规范，采取提前预警机制，成功预防了两起自杀、自残事件，确保拘留执行期间的安全。法制大队针对容易引发信访、投诉的案件，制定了《常见刑事、行政案件取证规则》，对常见的13类刑事、行政案件证据标准进行了详细列举，为民警收集证据提供了参考。纪委针对涉案财物管理的薄弱环节，制定出台了《涉案财物管理规定》，对涉案财物的扣

押、发还、处置等作出详细规定，制定下发《枣庄市公安局市中分局关于取保候审案件办理和保证金管理的规定》等系列文件，进一步完善了相关制度体系，形成了既具强制性、合法性，更具实效性、可操作性的“规定动作”“规范步骤”和“必走程序”，并全部固化为执法标准，从言行举止、方式方法上规范民警具体的执法行为，促进了执法规范化建设的深入开展。

同年，针对新入警民警和各个岗位不同警种的执法需求，分局在广泛调研的基础上，有针对性地开展小课堂订单式专项培训。先后开展了110接处警、笔录制作、讯问询问方法技巧等专题培训8次，组织收听收看公安部、省厅、市局各类法律知识讲座15次，培训执法办案民警800余人次。组织执法办案民警法律能力测试4次，到一线执法办案单位现场指导授课10次。通过各类讲座和培训，一线办案民警依法履职的能力显著增强，执法过错和瑕疵明显减少，全体执法民警的执法能力和执法水平得到提升。分局同时建立了包括党委成员在内的全员培训制度，先后组织了四次规模较大的实战练兵，参训人员达1500余人次。培训中，突出三个重点，一是突出对单位主要负责人的培训，使其做到全面掌握基本的法律知识，指导本单位规范执法，带动了执法规范化建设；二是突出对业务骨干的培训，使其在工作中充分发挥骨干带头作用，从而影响带动了一大批民警。三是突出对办案水平不高民警的培训，把存在问题较多，容易发生问题的重点岗位、环节的民警和在日常考评中发现的业务水平不高、责任心不强的民警，对其进行集中培训，强行灌输，使其执法水平显著提高。通过重点培训，大大提高了全局民警执法水平，形成了一支高素质执法队伍。开展专兼职法制员选拔。下发了《考核选拔法制员工作实施方案》，在全局执法办案民警中公开选拔专职法制员，调动了广大执法民警学法、用法和规范执法的工作热情。组织56名民警参加专职法制员选拔考试，评选出28名专职法制员候选人，并代表分局参加全市公安机关专职法制员的统一选拔考试。强化执法素质教育。除了参加市局组织的各项培训外，还举办了派出所所长和教导员信息化应用技能培训班、110接处警人员技能训练班，提高了岗位技能水平，促进了业务素质的提升。2009年，分局启用网上执法监督系统，建立网上办案“季查”制度，每季度由纪委、法制大队组成联合检查组，从市局指挥中心调取各派出所110接处警情况，采取随机抽查的形式，核对如实立案、案件上网情况，对存有问题的在全局进行督察通报，避免了案件的“体外循环”“网外循环”。同时，专门为一线单位购置了28台出警记录仪，一方面通过记录仪对民警处警、搜查、扣押物品等情况进行记录，时刻提醒民警要文明执法、规范执法，有效减少了执法随意性，提高了执法效率和执法水平；另一方面通过记录仪对一些现场证据、不法行为进行固定、记录，提高了有关证据的效力，维护了民警的合法权益。2009年，全局共处置各类警情1.4万余起，单个警情处置效率提升15%，大部分出警单位实现了“零投诉”，群众满意率持续保持在98%以上。探索执法考评新机制，改变以往以年终考评为主、平时考评为辅的考评方式，把执法考评从年度考评向日常考评转变，从静态考评向动态考评转变，实行“日审、月查、季评、年考”的执法考评新机制。“日审”即每日由法制室对当天的案件审核情况进行梳理归类，并通报办案单位和主办民警，确保办案民警能够在第一时间掌握办案中存在的问题，以及时进行整改。“月查”即每月对全局办理的案件进行一次集中复核，对发现的问题在分局网页上进行通报，防止一些普遍性的执法问题再次出现。“季评”即每季度召开一次各单位分管执法负责人及兼职法制员会议，对各单位季度执法情况进行总结、点评，对执法质量连续3个月排名靠后的，由局领导对单位主要负责人进行诫勉谈话。“年考”即每半年度在全局开展一次执法质量考评，通过办案单位自查、自纠、自改和分局执法质量考核组的考核、查找、发现执法工作中存在的薄弱环节和漏洞，纠正执法中存在的问题，改掉执法的陋习，确保了执法规范化建设取得实效。

同年，启动并全面完成执法办案区建设。按照外观标识、功能分区、内部设施“三统一”和安全实用的原则，各基层单位合理划分办公区、办案区、接待区、生活区四大功能区，利用门禁系统实施物理隔离。办案区统一设置在一楼，安装了必要的防护设备，设立了专门的信息采集室，提高了执法办案的安全性和工作效率。同时，在办案区、办公区、接待区安装高标准的监控探头，

2011年9月，分局开展专题执法培训活动

在纪委安装终端监控设备，对讯问、询问、接待群众全过程录音录像，一方面有利于督察部门实时监控督导，规范约束民警执法行为，另一方面维护民警执法权益，保证执法办案的绝对安全。完成涉案财物管理中心建设。设立了涉案车辆集中保管场所、涉案物品集中保管室和涉案钱款管理专用账户。实行专人管理、专人登记、专人监督，实现涉案财物的办案与保管分离。真正做到物随案走、案结物清、依法处置，杜绝了涉案财物管理环节的执法不规范现象。公安部督察组来分局检查工作时对涉案财物管理中心予以充分肯定。

3. 扎实推进执法信息化建设，执法办案系统更新

2010 年，分局重点强化执法信息化制度建设，着力建立完善执法素质评估体系、执法执勤规范体系、网上监督考评体系、执法绩效考核体系，完备各类执法依据、标准。随着执法规范化进程的深入推进，旧执法办案系统不支持案件扫描上传，引起的执法效率低下等不规范问题日益凸显，建设新的执法办案系统成了迫切需要。2010 年下半年，“山东省公安机关警综平台”开始试运行，由老系统“执法监督管理系统”升级为“警务综合应用平台”，不仅为实战民警提供了更为便利的查询模块，更促进了案件质量的大幅度提升，规范了案件程序，实现了案件文书的全卷扫描上传。依托警务综合应用平台，利用“执法与监督信息系统”，使每个执法民警严格按照系统设定的流程、环节执法办案，按照法定期限运作，实现立案网上核实、证据网上展示、监督网上进行、审批网上办理、结果网上公开，实行执法过程网上实时监督。法制、预审民警在审核案件结束时，在网上对执法办案民警进行即时打分，系统定期对民警得分情况汇总排名，作为资格认证和评先创优的依据。民警通过授权信息进入执法办案系统后，可以查阅案件的相关现场、案卷资料，实现网上办案与分局“一网通”平台的资源共享，在“前科”查询、执法数据统计、治安形势分析、执法环境评估、执法考评等领域，进一步整合了多方资源，实现了信息数据共享，有效提高了执法效率和水平。2011 年，分局在公安信息内网设立由执法基础、法制动态、考评监督、基础数据等方面的信息平台，将执法档案纳入该管理平台，实现档案信息发布、浏览、分析以及点评、签收、反馈等基本功能，使执法档案管理工作更加规范。建立完善民警终身电子执法档案系统，全面记录单位和民警的执法情况、教育培训情况，动态记录、考核民警执法工作情况，将其作为评先创优和提拔晋升的重要依据。

2011年11月，分局自主研发的办案区管理信息系统上线运行

4. 扎实推进执法思想建设，民警执法意识提升完善

2010 至 2011 年，分局提出在加强执法软硬件建设及信息化建设的同时，进一步强化执法主体自身思想建设，通过业务培训、跟班学习等方式全面提升民警规范执法意识，使严格规范执法逐渐成为一线执法民警的主观自觉。组织跟班学习，提升法制意识。分局每季度抽调各执法办案单位民警到法制大队跟班学习 1—2 个月，跟班期间，跟班人员完全脱离原单位工作，由法制部门负责帮带，以跟班方式讲解、点评、分析等方法，实施直接的传帮带，快速熟悉办案程序和证据规则，掌握案件审核质量标准、方式、文书制作规范、执法档案建立，不断增强法治意识、人权意识、证据意识、程序意识、时效意识，进而提高办案能力。开展最优最差案件评比，提升竞争意识。为切实增强公安民警执法办案的责任心和使命感，分局通过开展最优最差案件评比活动，在全局中形成执法办案竞争对比氛围，以此提升执法能力。分局从各执法办案单位选取部分法制员，参与每季度的最优最差案件评比，抽查案件限于本季度办理的刑事、行政案件。考评人员依据《山东省公安机关执法质量考核评议操作标准》对每起案件进行评分，后由法制大队汇总通报。对考评优秀的案件实行通报表扬，考评结果较差的案件，对办案单位和民警实行“一对一辅导”，全年两个季度被评为办案质量最差案件的，办案单位取消评先晋优资格；全年三个季度被评为办案质量最差案件的，部门负责人向局党委检讨，办案民警进行培训。对于所办理的案件中存在严重执法问题，并被媒体炒作或引发进京赴省上访的，除对该办案单位的执法质量一票否决外，由局党委对该单位一把手进行诫勉谈话，并建议免去该办案单位负责人职务，违纪民警依规依纪严肃处理。参加庭审旁听，提升证据意识。分局通过与法院、检察院两部门协调，建立案件主办民警参加庭审旁听联系联络机制。分局根据法院提供的开庭时间、地点，案件主办民警可以在开庭时到审判庭旁听。庭审中，法庭对案件证据收集是否充分、违法犯罪事实是否清楚、程序是否合法等方面进行审查和认定，双方当事人及代理人围绕案件的定性、证据进行质证和辩论。通过旁听庭审，使民警深刻、直观地体会规范无误的执法程序和环环相扣的证据材料在庭审过程中所起到的决定性作用，有效提高了办案民警证据收集、甄别以及证据链形成等方面能力。

强化实时监督，提升规范意识。一是对现场执法实时监督。一线执法民警逐步使用执法记录仪接处警，用语规范文明，着装整洁，行为得体，实现镜头下执法，在监督下执法，逐步规范执法规定动作，文明用语，程序合法，保障涉案人员的合法权益，同时保障执法人员的安全。二是对受立案实时监督。在改革完善受立案工作之初，将派出所案件受理室设置在各所的值班室，方便群众亲临报案。为更好监督派出所对亲临报案受理，分局引入“视频监督系统”，对派出所案件受理室实时监督，规范了受立案工作。三是对办案区使用实时监督。深入推广“办案区管理信息系统”，实时对局办案中心和各派出所办案区的监督，及时发现办案区使用特别是询问、讯问嫌疑人时的不规范行为，及时指出并监督整改。四是消除执法监督盲点。在传统的执法监督中，不能对户政、外事、车管执法进行有效的执法监督。分局将“视频监督系统”的应用拓展至各个窗口单位，努力消除执法监督的盲区，实现对户政、外事、车管等执法行为的实时有效监督。

（二）执法规范化建设创新发展阶段（2012—2014年）

1. 顶层设计，确立建设“法治中国”新目标

中共十八大召开后，2013年1月，习近平总书记在做好新形势下政法工作的重要指示中，首次提出了建设法治中国的宏伟目标。2013年11月，中共十八届三中全会通过的《中共中央关于全面深化改革若干重大问题的决定》，明确将“推进法治中国建设”确立为我国新时期法治建设的新目标，而公正、规范执法则是法治中国的重要内容。中央确立建设“法治中国”思路后，公安部迅速行动，制定下发了《公安机关深化执法规范化建设工作任务和阶段目标》，积极推动公安机关执法规范化建设深入开展，要求各地公安机关对已有的执法规范化建设成果，推动执法规范化建设深入开展。

同年，为切实规范执法办案场所办案区的使用管理，防止执法安全事故发生，公安部下发《公安机关执法办案场所办案区使用管理规定》，要求各级公安机关充分加强执法办案场所办案区使用管理，杜绝执法安全事故发生。

2. 积极响应，探索实行刑事诉讼新模式

2013年，分局新一届党委班子始终把执法工作作为公安工作的生命线，紧紧抓在手上，在全区公安机关响亮地提出“牢固树立证据首位意识，将每一起案件办成铁案，经得住历史检验”的执法理念。同时由分局领导牵头，进一步健全完善了《执法过错追究考核规定》等一系列执法细则，配齐配强了执法软硬件设施。当年5月，全市公安机关法制工作会议结束后，分局立即围绕刑事案件提捕移诉统一归口工作，组织专人进行可行性调研论证。2013年5月，分局召开党委会专题研究，决定按照省厅、市局部署要求，将刑警大队预审中队整建制并入法制部门，实现刑事案件从立案到移送起诉“一个班子管理、一条龙审核、一套办案流程、一个出口对外”的诉讼新模式，进一步深化了执法规范化建设，有力提升了执法工作质效。2013年5月17日，分局提捕、移诉统一归口工作顺利完成，成为在全市率先完成这一工作的分（市）局。

政策推动到位。分局党委结合市中区实际，特别是针对以往“多口对一口”所引起的逮捕、移诉案件数量和质量下降较突出的问题，经过充分调研论证，在法制大队原有职能基础上，对刑事执法又赋予了提前介入、主证复核、统一提捕、统一移诉、全程监督等五大项基本职能，明确规定凡是分局办理的提捕和移诉案件一律由法制大队统一审核移送，凡是按照刑事管辖职能分工需要移交到分局的案件一律由法制大队接受，进一步从政策层面上保障了刑事案件的提捕、移诉和接受工作统一归口机制的运行。保障措施到位。针对刑事案件提捕移诉工作统一归口法制后，法制大队工作量成倍增加的实际，分局党委先抽调2名通过司法考试的优秀民警到法制大队工作，而后又从各警种选调5名年轻的业务骨干充实到法制大队。同时，分局党委还将法制大队作为培养人才的基地和摇篮。为改善法制大队的工作环境，分局将北四楼21间办公用房统一调配给法制大队使用，并投入20余万元进行装修改造，购置了全新的办公桌椅及办公用品。高标准地建设了法制视频监督信息中心和案件视频审核中心，安装了指纹识别系统、视频监控系统及案件汇报专用电话，实现了与省厅、市局的联网运行。为保证日常工作的开展，分局每月拨付法制大队两万元办案经费，同时车辆维修、燃油和其他办公支出分局予以全额保障，对于复杂疑难案件的办理，分局则拨付专门办案经费，从根本上解决了后顾之忧。内部整合到位。归口后的法制大队内设一室三队，即办公室、行政案件审核中队、刑事案件审核中队和预审中队，共有民警14名（其中研究生学历1名，本科学历13名），平均年龄35岁。行政案件审核中队负责分局所有行政案件的审核、网上评查以及复议应诉等工作；刑事案件审核中队负责对复杂疑难案件的立案审核、强制措施的审核、提请逮捕审核以及网上评查等工作；预审中队负责移诉案件的诉前主证复核、程序审查以及案卷装订等工作；办公室负责上传下达、文字材料以及分局所有对外单位的接收、移送案卷等工作。法制、预审工作相互促进、共同提高，归口工作实现了“一个机构、多种功能”的目标。职能转变到位。统一归口后，分局所有刑事案件，从立案到起诉，全程由法制大队审核把关。特别是预审归口法制后的“队建制”改革，实现了法制部门由传统文审单位到实战单位的转变，赋予法制大队侦查职能，做到了“三个复核”。一是对起诉、量刑有影响力的证据进行复核，二是对八大类犯罪案件的主证进行复核，三是对介于罪与非罪的案件、敏感案件进行复核。“三个复核”工作大大地提升了刑事案件的质量，有效地

避免了错案，防止漏犯漏罪情况的发生。建章立制到位。为确保刑事案件归口统一后诉讼流程的顺利运转，分局制定出台了《刑事案件审核评查规定》，对各办案单位和法制大队在刑事案件办理的各阶段、各自的职责任务以及案件移送审查的时间、条件予以明确界定，并设计了《刑事案件审核流程图》进行解释和说明，使整个刑事案件办理流程一目了然，清晰明白，便于操作。法制大队还实行了对刑事案件的“交叉监督审核”机制，即在采取强制措施和移诉阶段，分别由两名法制民警审核阅卷，进一步避免了一名民警因思维定式导致的疏漏和错误，确保了案件质量。协调服务到位。整合后的法制大队负责全局所有刑事案件的流转，大队固定专人负责，通过“三个统一”实现“一个进、出口对外”，确保各类案件线索的进出口畅通，方便了服务协调。法制大队对于外转来的案件和线索先进行审查，符合办理条件的，再分流到相关部门进行办理，并跟踪督导，促进了案件依法及时高质量办理。

2013 年，分局开展取保候审突出问题专项督察工作，紧紧围绕公安部、省厅部署要求，因地制宜，多措并举，全面推进取保候审突出问题专项督察工作深入开展。强化组织领导。成立由局长任组长，分管法制、督察的党委成员分别任副组长，有关警种和部门主要负责人为成员的领导小组，专门设立领导小组办公室，由督察负责同志任办公室主任，形成了一把手负总责，分管班子成员敢抓善管，警种部门通力合作的“一盘棋”工作格局。按照职责分工，局长挂帅抓全面、抓整体，分管法制、督察的党委成员抓具体、抓落实，其他党委成员与挂钩所队形成责任捆绑；专项办统筹专项督察的组织部署、协调督促、工作指导、情况掌握等工作；法制部门负责业务审核，并做好与检察院、法院的协调工作；各执法办案单位按照专项督察工作各阶段任务要求，采取针对性措施，全力开展排查整改工作。主要负责人多次召开党委会、办公会、推进会、研判会听取工作汇报，通报任务完成进度，分析存在问题，找准工作重点。同时，按照落实“一名分片领导、一套工作方案、一份登记表、一个查纠小组、一项保障机制”的“五个一”要求，由全体党委成员分别带队，采取逐所、逐队一一上门督导形式，强化对面上工作的督查指导，对取保候审台账建立、问题案件整改情况进行逐单位检查，及时下发检查通报，跟进工作措施。全面深入查摆。为切实做到案件、人员、保证金“三清”，全面梳理全局 14 个派出所、4 个业务大队取保候审案件，将被取保候审人员数、案件数、取保方式及处理情况形成汇总表后逐案清查取保候审人员身份、案由、保证金去向等情况，并建立“一人一档”，同时录入“专项督察信息管理系统”，及时查漏补缺，更新完善，形成基础性资料。分局从督察、审计、法制、刑侦、治安、经侦、交警等部门抽调 7 名业务骨干成立案件核查工作专班，实行“一案五查”工作机制(即查案卷质量、审查保证金管理、筛查信访投诉、检查执行监管、倒查执法纪律)，逐案逐卷核查案件实体和程序，将存在问题逐一填写《取保候审案件专项督察工作案卷审核表》，提出整改措施和工作建议。对办案单位自查中遇到的普遍性问题，及时通过电话沟通、书面汇报、召开联席会议等形式，剖析成因，研究整改；对“疑难杂症”，提请上级业务主管和法制部门介入，及时派出工作组帮助整改，采取会办集中攻坚、会商检法机关和提请当地党委政法委协调等方式，务求整改率达到百分百，取得了良好的社会效果。跟进督导问责。分局按照“边排查、边整改、边总结”的思路，及时提炼做法和经验，先后制定下发了《规范取保候审保证金退还工作五项规定》《专项工作督察提示》《取保候审人员“一人一档”工作规范》等规定，做到总结提高，形成规定，指导工作。同时，为了营造宣传氛围，推进专项督察工作向纵深发展，分局专项办还编发了“专项督察工作集中宣传短信”，受到全体民警的广泛称赞与认可。落实考核奖惩制和刚性问责制，将取保候审专项督察行动纳入全局绩效考核、执法质量考评内容，明确奖惩标准，对工作不力、行动迟缓、顶风违纪、弄虚作假，在专项督察行动中造成重大失误的单位和个人进行刚性问责，严格追究责任。专项办和各执法单位从动员部署、清理排查、自查自纠到检查验收、建章立制各个环节设计了统一的台账和归档目录，建立了完善的取保工作台账，形成规范化管理，巩固专项督察工作成果，保障专项工作稳步推进。

3. 率先执行，达到执法办案区使用新标准

2013 年 11 月，全国公安机关深化执法规范化建设推进会召开。公安部常务副部长杨焕宁明确提出要坚决做到执法场所“四个一律”。“四个一律”即：1. 违法犯罪嫌疑人被带至公安机关后，一律直接带入办案区，严禁违反规定带出办案区讯问询问；2. 进入办案区后，一律先进行人身检查和信息采集；3. 违法犯罪嫌疑人在办案区内，一律要有人负责看管；4. 在办案区内开展执法活动，一律要有视频监控并记录。

公安部作出部署后，省厅立即深入研究贯彻，对全省公安机关全面推进执法场所“四个一律”提出了明确要求，强调全省各级公安机关要切实加强组织领导，精心筹划、周密部署，确保取得实效，坚决杜绝执法安全问题的发生。市公安局专门召开会议，对照省厅要求在全市全面开展执法场所“四个一律”整改，要求各分（市）局对照关于办案区设置、使用、管理等七个方面的检查标准逐项排查，切实防止因忽略细节问题发生安全隐患。要在全面排查的基础上，对存在的薄弱环节，尽快组织整改、完善。对问题比较集中、整改任务比较重的单位，要加大工作力度，集中开展帮扶整改，确保不留死角，实现全部达标。对于工作流于形式，排查不清、整改不力，在专项活动期间发生重大执法问题的，将依法依纪严肃追究责任。

分局党委高度重视“四个一律”专项整治工作，专门召开会议研究部署推进工作，要求各单位切实强化主要领导和部门警种主要负责人两个“第一责任主体”责任，实行部门警种责任捆绑，切实发挥相关主体作用。2014年上半年，分局先后投资100余万元对各办案区进行升级改造，将各办案区所有标清监控探头换成高清探头，更换了大容量存储设备，确保硬盘存储设备保存录音录像三个月以上，同时对办案区的其他硬件设施进行了更新维护，提档升级。高质量、高标准的硬件设施为“四个一律”工作的开展提供物资保障。为切实规范办案区的使用和管理，严格落实规范使用办案区“四个一律”的工作要求，分局安排法制大队牵头，历时两个多月，研发了办案区管理信息系统，强化对办案区的动态监管。系统要求办案民警全面及时录入进入办案区的违法犯罪嫌疑人和证人、被害人全部活动轨迹，法制民警在审核案件时首先通过系统查看台账登记情况和视频对照，对不规范的情况及时反馈整改。分局通过该系统对各办案区动态使用情况一目了然，是否规范填写台账全面掌握，既方便监督管理，又有效地减少了基层办案民警的工作负担，也最大限度地保障了民警的执法安全。在省厅检查验收中，该系统被省厅检查组给予高度评价。健全完善《刑事案件审核评查规定》《行政案件审核评查规定》《关于取保候审案件办理和保证金管理的规定》等一系列执法细则，为规范执法奠定了制度基础。加大网上巡查力度，扩大评查范围，评查内容从执法办案网上扫描扩展到“四个一律”的执行和办案区台账的使用，定期组织开展“优秀案卷”和“最差案卷”评选活动，督促民警责任意识和整体执法水平显著提高。

2014年7月，分局各执法单位全面实现办案区“四个一律”。

（三）执法规范化建设新阶段（2014年至今）

1. 顺应呼声，中央高规格研究部署推进

2014年，随着媒体公众对公安执法工作的监督力度加大，全国多地多起公安机关执法问题事件被曝光。期间，先后出现内蒙古“呼格吉勒图案”、太原“周秀云案”、北京“雷洋案”等多起涉警负面舆情，公安机关整体执法权威和形象严重受损。随着上述系列问题的连续出现，公安部连续下发文件对公安机关的执法办案工作提出了相关要求。2015年11月，公安部下发《公安部关于改革完善受案立案制度的意见》，就进一步规范公安机关受案、立案、执法等问题提出了明确要求。2016年5月20日，中央全面深化改革领导小组第24次会议审议通过了《关于深化公安执法规范化建设的意见》，并于9月由中共中央办公厅、国务院办公厅联合印发，要求建立健全执法全流程记录机制。

2. 无缝监督，改良完善执法信息化平台

为积极贯彻落实上级要求，2016年，山东省公安厅组织研发的新型执法办案工作平台“执法办案闭环管理系统”正式运行，与“警务综合应用平台”双轨运行。

省厅、市局部署启动后，分局积极作为，强化措施，强力推进闭环管理系统深入应用。系统运行前期，法制大队全力做好系统初始化配置工作，安排专人将分局全体办案民警账号逐一登陆闭环管理系统测试版，并进行执法办案流程操作，全面检查民警个人的电子签名、单位的公文印章等基础信息是否存在错误或缺失，发现问题及时与市局法制支队联系更正。同时，根据分局机构设置、部门职责任务、审核审批内容和程序等工作实际，再次认真确认执法办案审核审批流程，确保各单位在应用系统时流程顺畅，工作顺利。为尽快推广应用，法制大队在全局范围内举办执法办案闭环管理系统应用培训班，对分局各单位全体办案民警集中培训，确保熟练掌握案件办理各个环节。培训中，相关人员详细介绍了执法办案闭环管理系统的整体功能、模块设置等情况，并分别以一起行政案件和刑事案件为例，操作演示了警情分流、案件办理流程，仔细讲解了各个环节需要注意的问题，确保“人人受培训，个个会操作”。为进一步确保闭环系统落地见效，法制大队强化工作指导，加强情况调度，不定期深入基层单位听取意见，对于闭环系统推广应用工作情况，每日调度通报实时网上巡查。同时，法制大队对全体办案单位实行24小时全程指导支持，确保办案单位及民警有任何系统应用问题，随时随地得到解答，最大程度保证系统推广应用扎实有效。

3. 以人为本，受案立案新机制改革探索

2015年11月，公安部下发《公安部关于改革完善受案立案制度的意见》，标志着公安机关受案立案制度改革工作正式启动。

2016年，分局按照省厅、市局受案立案制度改革部署，积极探索受案立案工作新模式，在全市率先启动受案立案改革，成功建设分局案管中心和基层所队案管室，受案立案制度改革工作取得显著成效。保障“三个到位”。组织保障到位。成立了由局长任组长的领导小组，先后组织人员多次调研、反复论证，三易其址，在主办公楼建成独立的案管中心办公区域。规划建设到位。局政委亲自带队赴外地学习考察，借鉴先进经验。在全局选取五个派出所先试先行，确保了派出所案管室同步建设。人员资金保障到位。从法制大队和相关业务单位抽调1名副大队长和2名民警、9名警务辅助人员专职从事案管工作。各基层所队案管工作由所队负责人负责，法制员牵头管理，配备1—2名专职警辅人员协助开展工作。投资120余万元用于场所装修、硬件配置和软件研发，实现了外观标识、硬件配置、软件应用的“三个统一”。健全“三项机制”。健全日常工作机制。先后制定《案件管理中心职责》《受案室工作职责》等日常工作制度，明确“分局、派出所”两级案管运行机制，要求分局案管中心必须有2名民警在案件受理厅值班，派出所值班领导到案管室坐班。细化案件流转机制。出台《关于受案立案制度改革的实施方案》和《受立案工作规程》，确立以“首接责任制”为基础，各执法单位与案管中心协作联动的案件流转机制，有效解决管辖权争议、报案不受、受案不立、案件流转不畅等问题。严格跟踪督办机制。在分局网页设立“执法监督每日提示”专栏，定期通报工作情况，建立案管“日巡查、周复核、月督办”制度，全流程实时监督，起到了良好的监督作用。突出“三项职能”。便民职能。案管中心及各派出所案管室均设在办公场所显要位置，统一标识，方便群众前往报案。采用开放式受理前台，配备立式自助查询机、《报案须知》宣传材料等相关服务设备，便于群众一站式办理。对于亲临报案群众，案管中心受理分流后，业务大队或派出所民警可直接在案管中心询问室询问，当场登记受理，极大提升工作效率。监督职能。依托执法办案闭环管理系统，严查警情不分流、分流不受理、受理不立案等问题，跟踪警情处置情况，特别关注闹事、打架等容易引发信访的警情。依托执法视音频电子证据管理系统，实时巡查110接处警工作情况，将执法监督触角延伸至最前沿。通过视频监控平台实时查看办案场所管理使用情况，定期上网通报。服务职能。定期召开法制员巡回例会，案管中心民警参会听取110接处警及日常执法的疑难问题并统一解答。分流解决纪委督察部门转办的执法问题投诉，将上访群众及时引导至信访部门。每月将巡查相关情况呈送局领导，为领导决策提供客观、准确的参考依据。实现“三个提升”。群众满意度显著提升。案管中心（室）运行以来，有效解决报案难、初查慢、立案拖等突出问题，全局涉案信访显著下降，群众满意度明显提升。办案质效显著提升。通过规范受案立案工作流程，促使执法办案民警依法如实受案立案，杜绝了隐瞒案件、网下循环等突出问题，推动民警改变“推、拖、慢”的不良执法习惯，执法效率得到提升。整体执法显著提升。案管中心对接处警、受案立案、看押询问、案卷保管等各个环节开展实时巡查，建立监督通报机制，问题发现及时、通知及时、整改及时，增强了办案单位和民警的责任心，自觉规范、主动规范成为工作常态。2016年8月，分局案管中心建设完成，并全面投入使用。当月，全市公安机关受案立案制度改革现场会在分局成功召开。

2016年，分局主动研发有市中特色的执法记录仪采集系统和采集终端，按照市局要求推广应用执法办案闭环管理系统，对一线执法民警开展多期业务培训，闭环系统前期数据采集和系统设置全部完成。按照市局部署，分局组织相关部门深入调研，积极谋划，先后投入资金100余万元，委托高水平软件公司合作开发，配备高标准高要求机器设备，建成视音频电子证据管理平台。平台由执法记录仪终端、采集站、视图库和电子证据管理系统组成。执法记录仪终端用于执法现场的视音频采集，采集站部署在派出所等一线执法单位。现场执法人员回到一线执法单位后通过采集站将执法记录仪内的现场视音频导出到采集站中存储。分局管理部门通过电子证据管理系统管理一线执法单位的采集站，可以对采集站中的视音频进行浏览、下载、归档等操作。当需要将重要的视音频进行长期或永久保存时，可以通过电子证据管理系统将采集站中的资料抽取到视图库中保存及管理。该平台以实现从“视频流”到“文件流”的管理模式转变为开发理念，用文件管理的方法管理繁杂的视音频，提高执法效率、提升执法能力、完善电子证据、保护当事人及执法民警的合法权益。该平台与现有110接处警平台实现对接，执法人员可手动选择关联110报警事件视音频，也可手动创建录入自接警视音频。平台以接处警编号为轴点，能够一警情多视音频关联和多段视音频关联不同警情，最大化实现执法全流程覆盖、无死角监督和证据的连续性、完整性。系统建成后，实现了视音频“分级”管理。根据现有平台架构设计，视音频存储级别分三级，执法人员在关联警情时可根据警情分级规定手动选择。视音频分级关联后，三级警情视音频在一线执法单位采集站中保存，一、二级警情视音频自动上传至分局后台存储设备中。一线执法单位采集站采用19寸触屏电脑，配置6T的存储空间，最大支持21台执法终端同时接入，预计三级警情视音频的存储时间能达到至少六个月。分局后台存储设备高达96T，支持远程调阅管理采集站视音频，支持与视音频图像信息库对接，实现执法视音频资料集中存储管理与全部检索，实现对二级警情视音频保存一年，一级警情视音频保存两年。平台中的电子证据管理系统根据110警情事件监督警情处置后是否关联视音频，使用不同颜色对未关联警情、关联不及时警情等多种情况进行标注。电子证据管理系统具备对视图库的视音频进行七天到期提示功能，依照不同颜色标注，根据视频存储级别，后台管理员能够及时联系执法人员，确定最终处理方式。

二、执法规范化建设取得的主要成效

（一）以标准化为依托，形成了约束之手，促进执法制度完备

1. 立足实际，建立完善了各项相关制度

每一次执法活动背后，都似有一只无形的约束之手，那就是规范。立规定矩，成了规范执法的切入点。为使一线执法民警规范化执法，分局先后制定《枣庄市公安局市中分局行政案卷审核评查规定》《枣庄市公安局市中分局刑事案卷审核评查规定》《枣庄市公安局市中分局关于取保候审案件办理和保证金管理的规定》《市中公安分局办案区使用管理规定》《枣庄市公安局市中分局受立案工作规程》《枣庄市公安局市中分

局治安调解工作规范（试行）》等大量执法规范性文件，进一步从制度上规范了执法办案。为进一步推动相关制度落实，分局纪委、法制等部门联合开展督导评查，实行“日评查、周复核、月督办”，严格依照各类规定要求，统一考评模式和扣分标准，使执法民警做到有规可依，全面实现规范执法。

2. 立竿见影，新的机制取得了显著成果

一系列制度规范的逐步建立，立足于执法的所有环节，实行精细化管理，注重发挥相互间的衔接、协调、监督作用，形成了严密科学的体系。从执法主体、岗位职责到岗位技能明确标准，从立案、对嫌疑人采取措施到结案裁决直至案卷包装归档严格要求，从单位外观标识、功能区划分到执法场所安全强化措施，从执法培训、执法流程到执法监督等形成制度链条，使每名民警都能找准定位，明白自己该干什么、不能干什么、怎么干、标准是什么，确保统一规范，实现全方位、全过程的精细化管理。把执法办案中的问题解决在源头，解决在一线。实现动态考评，由事后的结果性考评向事前、事中的过程性考评转变。对受理、立案、调查取证、采取强制措施、审核、审批、作出处理决定、执行等每个执法环节进行全流程考评，发现问题，及时督促整改；案卷考评，按照省厅和市局相关规定，分警种单位出台了常见刑事案件和行政案件标准化案卷，对民警办案的法律文书逐一考评，提高民警办案质量。在全市公安机关执法质量考核中，分局连续十二年被评为优秀并排名第一，先后获评“全省县级公安机关执法示范单位”“全省执法规范化建设先进集体”等多项荣誉称号。法制大队、刑侦大队、永安派出所等多个基层单位先后荣获“全省公安执法示范单位”“全省公安机关执法规范化建设先进单位”等多项荣誉称号。2007—2017年，分局所办理的各类案件中，未发生一起移送起诉后被退查或要求增捕、增诉等执法质量问题，行政复议、行政诉讼连续十年零变更、零撤销、零败诉，未发生一起国家赔偿案件。

（二）以精细化为手段，扶正了思想之舵，助力执法观念转变

1. 一线民警执法思想日趋规范

过去有的民警把执法看成是一种特权，因而出现个别该管不管、不该管乱管、办事刁难拖沓，甚至出现了公权私用、乱执法等现象。市中公安分局虽然未发生过重大执法过错或问题，但在实际执法过程中，办人情案、关系案、吃拿卡要等情况也有个别发生。近年来，分局在执法规范化建设中，大力加强执法思想建设，牢固树立执法为民理念。通过大规模开展业务培训等方式，着力提高民警执法素质和执法能力。从细节入手，以民心为重，通过不断引导民警深入思考和认识“权从何来、为谁执法、靠谁执法”等问题，分局逐步实现从管人到服务人、从被动转为主动的执法主体意识转变，“理性、平和、文明、规范”已深印在民警的头脑中，成为日常执法工作的指导思想和基本准则。

2. 规范执法有效提升了工作质效

通过不断规范完善执法思想，进一步提升了一线执法民警的执法水平和效能，不仅解决了执法不规范、案件久拖不决等引发涉法信访、投诉的主要问题，而且对执法办案民警和群众双方都形成了潜移默化的影响，提高了群众对民警的信任度。2015年3月，分局在市局有关部门支持下，经过7个月艰苦鏖战，成功破获公安部和最高人民检察院联合挂牌督办的郝飞等人黑社会性质组织犯罪案件，抓获郝飞（男，31岁，市中区人）等组织成员15名，破获各类案件51起，首犯郝飞被判处有期徒刑二十四年，其他14名团伙成员分别被判处十八年至缓刑不等刑罚。该案是《刑事诉讼法》修改生效后枣庄市公安机关办理的第一起黑社会性质组织犯罪案件。侦办中，专案组高度重视执法规范化，从第一次讯问即全程录音录像，强化外围证据搜集固定，使该起涉案嫌疑人多、案情复杂、侦办困难的重大案件最终成为铁案，未出现任何工作瑕疵和执法问题。民警不断强化的规范执法意识带来了显著效果。2010年来，分局侦办的“11·11”销售假冒伪劣产品案等多起案件被省公安厅评为“精品案例”进行收录。全局涉警投诉和涉法信访案件持续大幅下降，在省厅组织的群众满意度调查中，分局满意率始终位居全市各分（市）局前列。

（三）以信息化为支撑，丰满了科技之翼，推动执法效能提升

1. 执法过程全流程监督确保了执法严格公正

在推进执法规范化建设过程中，信息化手段的充分运用，给执法全程打上了现代科技的深深烙印。分局全面推行“执法信息网上录入、执法流程网上管理、执法活动网上监督、执法质量网上考核”的执法办案和监督管理新模式，建立运行了统一的执法办案和监督信息系统，启用了电子笔录、电子印章，建立了电子执法档案，实现了对执法办案的网上管理。为一线执法人员佩带执法记录仪，执法场所严格划分“办事、办公、办案、生活”区域，其中办案区科学划分人身安全检查室、讯（询）问室、候问室、信息采集室等多个区域。办案区域专门设置了等候室或等候区，并配备相应的饮食、休息、饮水设备，保障了犯罪嫌疑人的饮食和必要的休息时间；讯问室配备同步录音录像设备，将侦查讯问全程置于有效监督之下，既有利于规范民警的讯问活动，也有利于保障当事人的合法权益；讯问室墙上悬挂着嫌疑人的权利义务告知书，让犯罪嫌疑人直观地了解在讯问过程中所拥有的权利和义务。讯（询）问室、候问室、监管场所、窗口服务单位安装监控和录音录像设备，并接入公安网，全面实现执法同程录音录像监督，既提高了获取证据的能力，又有效规范了民警的执法行为。从110接警开始，受案、立案、采取强制措施、侦查措施到结案的各个环节，都要在网上录入相关信息、制作法律文书。网上呈请审批、法制部门网上审核、

县级公安机关负责人网上批准，案件证据材料、办理流程都在网上实时呈现，违反法定程序自动预警，从而既提高了办案效率，又拓展了监督空间。通过推进受理立案改革，分局接处警工作质效显著提升，24小时内完成接处警登记、网上分流受案，简单案情3日内调查立案，较复杂案件可7日内立案，经领导审批可30日内做出是否立案决定。全局警情分流率达100%，未出现警情及案件处置超期问题。

2. 执法记录设备确保了民警人身、执法“两个安全”

如今，更多的监督保障措施在执法过程中得到使用。民警胸前的执法记录仪，能够对办案环节实施同步录音录像，并实现了远程网上监督。近年来，分局一线执法民警渐渐习惯了在被监督状态下工作。在所有执法过程中，胸前的执法记录仪记录下执法全过程，传回法制部门入档。“起初，被‘监视’是不适应，但慢慢发现，被‘监视’的好处远远大于这种不适应。”一名派出所民警说。这种监督是双向的，民警必须严格按照执法流程办案，保障当事人合法权益，同时，也更利于民警规范化执法。目前，市中分局各一线执法单位共有执法记录仪500台，真正实现每一起警情都有执法视频记录，每一起案件都有视频监督，从源头监督民警执法行为。近年来，未发生一起因民警执法行为不当导致的执法过错案例，没有被媒体曝光的不当执法行为。

三、执法规范化建设的经验和启示

（一）要站在执法为民的高度，更加重视和突出抓好公安执法规范化建设

思想是行动的先导。当前执法规范化建设要解决的重大问题，是公安机关在社会民主化、法治化进程不断加快的形势下，既要确保严格、公正执法，又要做到理性、平和、文明、规范执法，以执法规范化促进和保证社会公平正义，带动并实现公安工作和队伍建设正规化。只有充分认识执法规范化建设的重要意义，才能把执法规范化建设作为打基础、利长远的重大举措，作为提高公安执法权威和执法公信力的基础工程。

1. 执法规范化建设是社会大势所趋

随着经济发展和时代的转变，中国大踏步迈进了一个多元化诉求的社会。一方面，群众对公平正义和个人权益的维护有了更高的追求；另一方面，处于转型期的中国社会，各种矛盾冲突频发、刑事犯罪高发。摆在公安机关面前的，是深刻变化了的执法环境。随着依法治国方略的深入实施，“公平正义”“保障人权”等现代法治思想逐步深入人心，人民群众的法律意识、权利意识日益增强，对涉及切身利益的公安执法工作的标准和期待越来越高，不仅要求公安机关履行好“打击犯罪、保护人民”的基本职能，还要求公安机关严格依照法律，以规范、透明、公正的方式行使职责、完成使命。这就需要公安机关不断增强执法工作的科学性，减少执法行为的随意性，提高执法效果的终局性，从而使执法工作和执法行为符合法律规定、遵循法定要求、体现法治精神，为社会大众所信服和认可。因此，加强执法规范化建设是维护人民群众合法权益、实现社会公平正义的关键环节，是最大限度地减少不和谐因素、增加和谐因素的重要举措，是大势所趋、民心所向，不抓必被动、早抓早受益。从“一元价值”向“多元价值”转型，“严格公正规范、理性平和文明”成为民警执法准绳。为了以高质量的执法回应人民群众的期待，公安部提出了理性、平和、文明、规范的执法理念，力求做到执法的法律效果与社会效果的统一。经过公安机关在一次次执法活动中的实践和完善，“严格公正规范、理性平和文明”12字执法观在探索实践中定型，成为指导新形势下民警执法的准绳。这意味着公安民警从打击犯罪的“一元价值”向打击犯罪、保障人权等“多元价值”的转型，公安执法理念经历了一次震撼人心的转变。伴随着执法理念转变而来的，是一系列执法规范的跟进和调整。公安部大力强化执法制度建设，健全执法程序，细化执法标准。各地、各警种结合执法实际，陆续制定了有关接处警、刑事案件取证、治安案件裁量标准等重点执法环节的操作规范。从凭经验执法到按标准操作，在刚柔并举、宽严相济中，民警树立了执法新形象，自身也在执法中感受到了公平正义的力量。

2. 执法规范化建设是推进工作所需

公安工作千头万绪，抓住主线才能事半功倍。在推进执法规范化建设中，应当寻找实现公安工作由被动向主动转变的突破口。当前基层公安机关普遍存在忙于应急、苦于应对、疲于应付，广大一线民警拼体力、拼健康、拼消耗、拼安全，无心、无暇、无力去解决源头性、根本性、基础性问题的状况。因此，在推进执法规范化建设的实践过程中，治本之策、关键之举就是做到规范执法。加强执法规范化建设，优化执法管理，最大限度减少因执法不规范引起的无效劳动、重复作业和额外负担，就能向执法效能要警力。加强执法规范化建设，提升执法主体素质，增强依法履职能力，就能向执法素质要警力。加强执法规范化建设，有效防范和整治突出执法问题，减少不必要的麻烦和心理负担，就能向执法效果要警力。同时，推动执法规范化建设，可以从源头上减少因执法问题引发的社会矛盾和涉法涉诉信访案件，即使已经出现的矛盾纠纷和涉法涉诉案件，最终也要通过规范执法的理念和途径去化解。推动执法规范化建设，可以带动公安机关打防管控各个环节的思路创新、机制创新、方法创新，进一步增强依法服务管理流动人口、帮教管理特殊人群、综合治理治安乱点、管理网络虚拟社会和社会组织等方面的能力。推动执法规范化建设，可以有针对性地整改突出问题，严格执法监督，加强执法主体教育培训，提高基层一线民警“把握运用法律政策能力、群众工作能力、信息化实战应用能力、突发事

件处置能力、舆论引导能力”，为公正、廉洁执法提供重要保障。

3. 执法规范化建设是队伍建设所急

当前，我国正处于人民内部矛盾凸显、刑事犯罪高发、对敌斗争复杂的时期，公安机关既是打击违法犯罪、管理社会的主力军，又是定纷止争、维护稳定的重要部门，经常处在矛盾纠纷的一线和风口。公安机关的执法行为，往往是公众格外关注的焦点，任何不规范的行为，都有可能引起广泛关注，有的甚至形成放大、热炒效应，产生严重的社会影响，损害公安机关乃至党委、政府的形象。应当清醒看到，从当前的新形势、新任务和人民群众的新要求、新期待上看，公安机关无论在执法理念还是工作机制、无论是执法能力还是执法手段，都存在一些差距和不适应。公安队伍整体素质参差不齐，执法水平不高、执法能力不强的民警还为数不少，执法不公、执法不严、执法不文明、不规范和不作为、乱作为甚至滥用权力的情况还时有发生。这些问题的破解之道和治本之策，就是要抓住当前正在深入开展的公安“三项建设”的重要机遇，在加强公安执法规范化建设上下大功夫、真功夫，从执法主体、执法制度建设、执法监督机制、执法行为管理等方面入手，进一步规范公安机关及各类执法人员的规范化执法水平，不断增强公安机关依法履行职责的能力。而执法规范化建设，为深入推进公安队伍正规化建设提供了重要载体。公安队伍正规化建设有六项主要任务，及内务管理正规化、思想政治工作正规化、组织机构正规化、教育训练正规化、执法执勤正规化、监督制约正规化，其中执法执勤正规化是基础，更是核心。公安队伍正规化建设必须紧扣执法执勤的特点，必须体现执法规范化的要求。从我们的初步实践来看，派出所的功能区域改造，就延伸了统一外观标识的内涵，更加符合基层单位的实战需求和正规化建设的发展方向。我们切身感到，抓队伍正规化建设，首先要抓执法规范化建设；只有抓好执法规范化建设，队伍正规化建设才会有强大的生命力。

（二）要以不断提高执法公信力为目标，认真落实公安执法规范化建设的各项工作

严格、公正、文明执法是公安工作的生命线，也是公安机关和公安民警最基本的履职要求。而执法规范化是严格、公正、文明执法的必然要求和根本保证。当前和今后一个时期，公安执法规范化建设的思路、目标、任务、重点和措施等都已经很明确，重点和难点在于如何狠抓工作落实，并在工作中敢于突破、争先创优。

1. 加强领导合力联动，形成执法规范化建设的持续推力

执法规范化建设事关公安工作根本、涉及公安工作全局，既是当前十分重要而紧迫的任务，也是需要持续推进的长期任务。各级公安机关特别是领导干部要牢固树立“严格、公正、文明执法是公安工作生命线”的意识，切实把执法规范化建设摆在公安工作的突出位置，严格落实领导责任制和分工负责制，“一把手”对全局负责，分管领导和部门领导各司其职、各负其责，一级抓一级、层层抓落实。法制部门要充分履行组织、规划、规范、监督、指导、协调、参谋等执法管理职能，统筹安排和推进执法规范化建设。纪检、监察、督察、信访等部门要充分发挥执法监督职能，与法制部门分工合作、分责合力，从不同角度推动执法规范化建设不断深化。政工、装财、信通、科技等部门要着力解决妨碍、制约执法规范化建设的体制性、机制性、保障性问题，做公安执法规范化建设的后盾。

2. 突出重点，突破难点，形成执法规范化建设的持久活力

执法规范化建设涉及执法思想、执法主体、执法制度、执法监督机制、执法行为管理、执法工作保障等各个方面。各级公安机关必须遵循法治建设和公安工作的客观规律，既坚定不移持续推进，又稳扎稳打循序渐进，防止因立、改、废造成工作混乱或造成新的不规范。要选准突破口，找准着力点，力争有亮点、有创新、有实效。如要在强化执法制度建设并狠抓落实上求实效。制度建设是执法规范化建设的基础性工程。当前和今后一个时期要切实从一线执法执勤实际出发，以常见警情和执法热点难点为重点，尽快编制通俗易懂、便于操作的执法手册，帮助和指导民警更好地开展执法活动。从长远看，要建立健全一套科学、系统、有效的执法管理体系，对执法办案实行全流程、全过程管理，以保证每一起案件、每一个执法行为都合法、公正。又如要在加快执法信息化进程上求创新。充分运用科技手段和网络信息技术，积极推行网上执法练兵、网上执法审批流转、网上执法质量评查、网上执法监督等，逐步实现执法办案网上流转和考评监督。再如要在加强执法示范单位建设求亮点。广泛运用“标杆理论”，积极培养、树立、推广执法规范化建设工作典型，做到树一个、带一批、亮一片，形成争先创优、比学赶超的良好氛围。

3. 落实责任严明奖惩，形成执法规范化建设的长效动力

完备的执法责任体系是规范执法的前提和保证，责任倒查和责任追究是最有效的落实责任。要按照“谁主管谁负责、谁审批（核）谁负责、谁办理谁负责”的原则，切实加大执法过错责任追究力度。特别是要严格落实各级领导的执法责任，形成从上到下、严密无间、环环相扣的问责体系。按照“领导干部拿职务担保，民警拿岗位担保”的工作要求，对因执法不公、执法不廉、执法随意等导致严重后果的，相关领导应当免职、降职、降衔或予以相应的纪律处分；责任民警应当予以开除、辞退、调离或处分；构成犯罪的依法追究刑事责任。要把执法规范化建设列入绩效考评，加强检查考核，及时整改问题，严格兑现奖惩，形成不断推进执法规范化建设的有效压力和长效动力。

（三）要进一步明确法制部门在公安执法规范化建设中的主导地位，切实加强公安法制部门和执法队伍建设

在全部公安工作中，队伍建设是根本，也是保证。执法规范化建设是一个系统工程，涉及方方面面，多种因素相互作用。为确保工作取得实效，亟需专门的机构发挥主导作用，履行好统筹、规划、推进、督促等职责，也需要在公安机关内部各相关部门、警种建设一支强有力的执法队伍，使其有足够能力切实承担起执法规范化建设的责任。而法制部门在公安法制工作中承担着组织、规划、协调和推动等职能，汇集了公安机关熟悉法律事务和执法工作的专业人才，在执法活动中比较权威、相对超脱。由法制部门承担公安执法规范化建设的统筹职责，符合公安机关执法实际，也适应公安机构设置实情。因此，要进一步明确法制部门在执法规范化建设中的主导地位，切实建强用好法制部门，大力提高执法队伍素质。

1. 要进一步提升强化公安法制部门职能意识

当前，随着依法治国方略的全面推进，公安执法环境发生了深刻变化，公安法制工作的内涵和外延不断拓展，由对执法活动的事后监督审核变为事前主动谋划，由对执法工作的事后干预变为牵头推进，由静态的、事后的质量考评变为动态的、全程的质量检查，法制部门由执法监督的主管部门变为执法规范化建设的牵头部门，由综合管理部门变为执法勤务类机构，职能不断拓展，工作任务倍增，工作难度加大，工作标准提高，公安法制部门已经成为集组织规划、执法培训、制度建设、监督审核、执法管理、执法信息化、服务保障等于一体的执法勤务类单位。进一步提升公安法制队伍辅助决策能力建设。建立党委定期听取法制工作汇报制度。分局党委每年至少听取一次公安法制工作专题汇报，研究、解决法制工作中存在的体制性、机制性、保障性问题。结合实际，研究制定科学合理的法制建设年度计划和中长期规划，明确各阶段工作重点，有计划地组织推动，不断提高公安法制建设科学化、系统化水平。健全落实重大行政事项合法性审查评估制度。分局作出重大行政决策、出台重大执法制度、部署开展专项执法行动、处置重大敏感案事件等事项，事先由法制部门进行合法性审查，把听取法制部门的法律意见作为必经程序，从源头上预防和控制执法过错风险。进一步加强公安法制队伍执法管理能力建设。健全法制部门牵头的执法管理机制。建立健全由法制部门统一组织协调、部门警种分工负责，相互衔接、相互配合、运转高效的执法管理机制，确立法制部门负责执法监督管理的主导地位。健全网上执法办案流程管理机制。依托执法办案系统，从受理立案、现场处置、调查取证、量裁处理等执法环节入手，全面落实网上办案、网上审核、网上监督、网上考评、案件主要证据网上传输，实现执法办案全过程、各环节按法定程序在网上流转。同时，借助音视频监控系统等信息化手段，实现对全部执法活动的即时、动态、全程监督，实现执法管理的流程化、常态化、信息化。健全执法场所建设、管理、使用机制。按照实用、够用、安全的原则，科学规划布局，因地制宜建设，全面完成应建执法办案场所建设、改造任务，规范设置硬件，标准配置软件。明确专门机构和人员对执法办案场所管理、维护和使用的责任，加强对执法办案场所及录音录像设备的日常使用、维护、管理，落实违法犯罪嫌疑人在办案区讯问询问、人身检查和信息采集、专人负责看管、视频监控等“四个一律”的要求，有效防止刑讯逼供、非法取证等执法问题和犯罪嫌疑人自伤、自残、逃跑、非正常死亡等安全事故的发生。健全案件层级审核把关机制。落实案件层级审核把关制度，按照办案民警、法制员、所队领导、法制民警、局领导的流程，加强对案件“入口”“出口”等重点环节的法律审核。对新型案件、涉众型案件以及有争议的重大、疑难、复杂、敏感案件，法制部门提前介入、全程参与，在第一时间掌握情况，引导办案方向，及时发现和纠正执法问题。对于案件定性有争议的，应经集体讨论研究，或者提交案件审核委员会研究，或者征求检察机关意见，或者提请上级公安机关研究，确保案件事实清楚、证据确实充分、办案程序合法、法律适用正确。健全个案监督机制。落实由法制部门牵头，有关警种参与的个案监督制度。对可能存在执法问题的案件，及时启动个案监督程序，组织开展核查，提出整改意见，通报执法问题，认定执法过错。需要追究执法责任的，按照相关规定追究执法过错责任。健全执法巡查机制。法制大队对执法问题突出的基层单位，采取听取汇报、明察暗访、案件评查、驻点指导、核查案卷、开展谈话等形式开展网上、网下的执法巡查，并对巡查情况进行通报，督促办案单位纠错追责到位。健全执法考评机制。不断深化和完善以民意为导向的执法考评机制，坚持日常考评与年度考评相结合，网上考评与网下考评相结合，不断增强考评标准的科学性和公信力。加大执法考评结果运用力度，将考评结果与执法单位及民警的评先评优、晋职晋级、记功奖励、经济待遇等挂钩，切实发挥执法考评的导向、激励、监督、管理作用。进一步加强公安法制队伍法制服务保障能力建设，切实提高指导执法实践的能力。以“一法两规定”为重点，紧贴公安执法实践，及时研究解决基层一线执法民警遇到的法律问题，通过法制大讲堂、法制在线、执法指引、案例点评、执法问题通报等多种形式，为基层执法提供及时、高效的指导服务。切实提高执法制度建设的能力。积极适应维稳处突、社会管理创新、矛盾纠纷排查化解和专项整治等需要，根据基层执法需求，加强制度建设顶层设计，制定、完善相关执法制度。分期分批制定执法规范性文件，健全完善执法裁量标准体系，确保各项执法活动纳入标准化、制度化、规范化轨道。健全落实执法制度备案、推广机制和执

行效果评估机制，不断提升公安执法制度建设质量。切实提高执法教育培训能力。充分发挥法制部门的专业优势，以深入开展人民警察执法资格等级考试为抓手，以贯彻实施“一法两规定”为重点，加强执法培训教官、教材、教法和培训基地建设，根据实战需求，组织旁听庭审，积极探索“菜单式”“订单式”培训模式，不断提高执法培训的针对性和实效性。

2. 要把加强法制工作的要求落到实处

在各项公安工作中，法制既管局部又管全局，既管一时又管长远，既管业务又管队伍，是一项战略性、全局性、基础性、保障性的工作。没有法律的支撑和保障，公安工作就没有立足点和正当性。抓法制建设也就抓住了公安工作的主线。执法规范化是公安法制建设的核心和要义，在公安机关“四项建设”中，既与公安信息化、和谐警民关系建设互为依托、相得益彰，又是信息化建设、和谐警民关系建设的重要保证。抓好执法规范化建设，是增强公安机关执行力和公信力、树立公安民警良好形象的根本出路。必将对推进全局工作产生倍增的效果，对公安事业长远发展产生重大影响。加强执法规范化建设、提高公安执法水平涉及方方面面，单靠法制部门远远不够，解决执法问题，更需要各部门、各单位的积极参与和密切配合。因此，要充分认识法制工作的战略性、全局性、基础性、保障性和特殊性地位，善于从全局和整体高度看待法制工作，形成从上到下重视法制工作的良好氛围。一方面，按照公安部《公安机关法制部门工作规范》的规定和执法勤务类机构的设置要求，进一步加强法制机构的“硬件”和“软件”建设，在人员、经费、办公设施和通讯交通工具等方面给予有力保障，并积极督促和推动各部门、各警种支持法制工作、配合法制部门，使法制部门力量与日益繁重的公安法制工作任务相适应，与推进执法规范化建设的要求相适应。另一方面，充分信任法制部门，重视并积极采纳法制专业人员的意见，支持法制部门放手开展工作，切实把法制部门的组织、规划、协调、推动作用发挥好。

3. 要努力打造一流的法制人员和过硬的执法队伍

无论做什么工作，人的因素始终都是第一位、起主导作用的。当前公安工作任务特别繁重，执法难题时有出现，对执法队伍的要求也非比寻常。因此，要根据形势任务的要求和公安执法工作的特点，采取有效措施，加强队伍建设，努力打造一流的法制人员和过硬的执法队伍。要选调精通法律、熟悉业务、有大局意识、原则性强的民警充实到法制部门，充分发挥专门人才的特殊作用，为执法规范化建设打造中坚力量，为公安法制工作的长远发展提供法制人才支持；要适应执法规范化建设的迫切需要，按照专业化标准，不断拓宽法律人才引进、发现、培养渠道，在执法实践中造就大批法律业务骨干；要坚持正确的用人导向，把优秀的法制和执法民警选拔到领导岗位，让大家看到人才吃香、多干能干不吃亏，营造拴心留人的良好环境；要坚持不懈地开展全员执法培训，完善执法质量考核制度、案件主办民警责任制、个案监督和执法过错责任追究制以及“一案一评”等行之有效的方法和机制，着力提高执法队伍的整体素质；要进一步激发广大公安民警奋发有为、争创一流业绩的强烈意识和工作热情，从而更好地推进执法规范化建设取得新突破，推动公安执法水平上新台阶。

审稿人：侯　伟

撰稿人：张清哲　李成刚

张　欢

2015年12月，分局有关部门会商研究受案立案改革工作

市中区文化体制改革历程、成果及启示

1978年，在中共十一届三中全会之后，市中区开启了改革开放的历史新时期。在改革开放中经济体制改革的率先推进，为经济发展注入了强大活力，市中区经济建设取得了巨大成就。伴随着经济领域改革的不断深入，文化体制的改革也被提上重要议程。随着经济社会的不断发展，全区文化事业也得到了相应的发展，在此过程中，文化体制不断进行改革，以适应文化事业蓬勃发展的需要，而正是不断改革的文化体制，使市中区的文化事业呈现出一片繁荣的景象。

一、枣庄市市中区文化体制改革的历史背景

中共十一届三中全会之后，市中区文化艺术事业迎来发展繁荣的春天。1979年10月30日，邓小平同志提出了新时期我国文化艺术事业发展的一系列指导方针。在这一正确方针的指引下，市中区文化战线工作者坚决落实党的文化工作政策，坚持“二为”方向和“双百”方针，解放思想，开拓创新，使市中区文学艺术、新闻出版、广播影视、文化产业等各项事业蓬勃发展，惠及全民的公共文化服务体系逐渐完善，群众文化活动日益丰富多彩。然而，当时市中区整体文化事业发展的水平同人民群众日益增长的精神文化生活需求相比，依然显得很不适应，很不匹配；文化职能部门自身存在的体制、机制等方面的缺陷，也严重地制约着文化事业的发展。

随着经济社会的深入发展和对外开放交流的不断扩大，市中区文化生存和发展的经济基础、体制环境、社会条件等都在发生着深刻的变化。原有的文化体制与新时期全区人民群众日益增长的在精神文化方面的新需求新期待、与推进全区经济社会发展的新目标新任务、与深化改革和扩大开放的新形势新要求都不相适应。在新的历史时期下，全面贯彻落实科学发展观、构建社会主义和谐社会的需要，完善社会主义市场经济体制、增强国家软实力的需要，推动文化事业发展、满足人民群众精神文化需求的需要，适应对外开放新形势，通过文化输出让外界看到市中的形象、听到市中的声音，展示市中的魅力的迫切要求，都把不断深化文化体制改革的战略任务，改革完善文化体制和管理制度的战略任务，提到了市中区委、区政府及文化职能管理部门的面前。

二、枣庄市市中区文化体制改革的发展历程

（一）80年代文化体制改革的起步

在20世纪80年代初期，市中区文化艺术界贯彻中共十一届三中全会确定的路线方针和政策，胜利完成了拨乱反正的历史性任务，各项工作步入正轨。为适应全区工作重心进入社会主义现代化建设新时期的需要，文化艺术界肩负着“发展高尚的丰富多彩的文化生活，建设高度的社会主义精神文明”的光荣任务。为此，从1983年开始，市中区有计划、有步骤地拉开了文化体制改革的序幕。首先针对文化部门的艺术表演团体。市中区文化部门在对全区艺术表演团体的历史和现状进行调查研究的基础上，以1985年4月中共中央办公厅、国务院办公厅正式批准《文化部关于艺术表演团体的改革意见》为指导，提出了改革的具体步骤和计划，合理地调整艺术表演团体的布局，改革艺术表演团体的领导体制，扩大艺术表演团体的自主权，改革完善管理制度等方面，提出改革的方案；同时也采取有力措施加速培养艺术人才，鼓励艺术创作。全区各艺术院团普遍进行了承包经营责任制等形式的艺术表演团体体制改革试验，取得了一定的成效。

从20世纪80年代起，随着经济的不断壮大，全区文化事业得到发展。1984年，为完善全区文化工作管理体制，推动全区文化事业的发展，市中区文化局、教育局合并成立区文教局，下辖文化馆（包括电影队）和图书馆两个事业单位。至1989年区文教局分设区文化局、教育局；区文化局设群文股负责群众文化工作，下辖文化馆、图书馆、电影公司3个事业单位。同时，为适应当时刚刚出现的文化市场管理工作，1989年成立区文化市场管理办公室，由文化、广播、工商、公安4部门进行联合执法，办公地点设在区文化局。

为满足群众需要，市中区于20世纪70年代末开始筹建区文化馆和区图书馆，此举成了市中区基层公共文化服务体系建设的开端。1976年，市中区建立文化馆，至1979年，文化馆馆址由中心街迁至君山路荣华里，开展文艺辅导，文艺创作，及美术摄影书法等业务活动；1984年，根据群众需要服务项目又增加了戏剧、音乐、舞蹈、摄影、美术文学创作文物管理等内容，1985年，文化馆迁至兴安街新建办公楼。1977年，市中区建立图书馆，初建时有藏书7500余册；1979年图书馆迁至荣华里，其时有藏书近2万册；1984年根据群众需要，设立儿童借阅室。图书馆自创立之初至1985年共购置图书2万余册。1986年后，设借阅室、阅览室、特藏室、少儿阅览室等对外服务部室，藏书达到26000册。在此基础上街道办事处、人民公社、自然村陆续建立了图书室，初

步形成了以图书馆为中心的全区图书借阅网络。

1986年前后，11个乡镇和5个街道文化站相继成立，并建立起图书借阅室、报刊阅览室、游艺室、棋牌室、电视播放室等，但是规模普遍较小，图书藏量普遍较少。永安乡和郭里集乡建成乡村电影院和剧院，组织开展电影放映和戏剧演出等文化活动。是时，全区212个村(居)建设文化室,有的冠名“文化大院”“文化活动室”,有的冠之以“青年之家”“党员干部活动室”之名，全区基层公共文化服务体系初步形成，但是在管理体制上存在着各自为战，不能形成合力的问题。

80年代,市中区文艺创作初露锋芒，在市级以上报刊发表各类小说78篇。其中张东诚的《黄海上的隐形舰》、倪景祥的《调令》、李诗范的《三楼三十号房间》、王春光的《啊，白云》、生昌义的《带白尼龙丝手套的人》等小说在省、市文学作品评奖中获奖。1987年潘梦石书法作品获全国银河书法大赛铜奖，危学莉编导的舞蹈《台湾飞来一只鸟》获得山东省首届“小飞天”少儿舞蹈比赛三等奖。1989年倪景祥长篇小说《黑魂》、李向春长篇小说《卧龙镇》分别获得全国首届乌金奖。毕四海长篇小说《东方商人》被拍摄成为23集同名电视连续剧。

（二）90年代文化体制改革在探索中不断前进

1996年10月，党的十四届六中全会分析了社会主义精神文明建设面临的形势，专题讨论了思想道德和文化建设方面的问题，做出了《中共中央关于加强社会主义精神文明建设若干重要问题的决议》，指出："改革文化体制是文化事业繁荣和发展的根本出路”。第一次以中央全会重要决议的形式，提出文化体制改革的任务。市中区这一时期的文化体制改革根据《决议》的精神，在实践中不断探索，不断前进，将文化体制改革的目的放在增强文化事业的活力上，以期充分调动文化工作者的积极性，多出优秀作品，多出优秀人才。同时，按照精神文明建设的要求，遵循文化发展的内在规律，在坚持把社会效益放在首位的前提下，发挥市场机制的积极作用，力求实现社会效益和经济效益的最佳结合。为此，市中区在改革过程中坚持区别情况、分类指导，理顺国家、单位、个人之间的关系，深化文化企事业单位改革，加强管理，建立健全既有竞争激励又有责任约束的机制，逐步形成了政府保证重点、鼓励社会兴办文化事业的发展格局。

1993年，全区实行机构改革，区文化局与区体委、老年体协合并为区文体委，区文体委内设文化科，下辖文化馆、图书馆等4个文化部门和16个乡镇（街道）文化站。其时，文化市场管理办公室由临时性机构变为常设机构，并于2000年成立区文化市场稽查队，与区文化市场管理办公室合署办公。区文化馆馆址调拨区审计局和统计局使用，区文化馆借用区图书馆二楼办公，设立书法、美术、摄影3个服务项目。区图书馆因需将二楼给文化馆借用，故将少儿阅览室关闭，仍然保留借阅室、阅览室和特藏室。

此时，全区的基层公共文化设施也在不断完善，并且向着高端化方向发展。1992年垎塔埠街道建成集娱乐、休闲于一体的“雅丽宫”歌舞厅，文化路街道兴建的社区服务中心和孟庄乡兴建的“孟庄乡文化中心”（与成教中心合为一体）分别成为市中区第一个社区服务中心和乡镇文化中心。其中“孟庄乡文化中心”主体建筑1560平方米，设有图书室、歌舞排练室、游艺室、书画创作室、艺术培训室等，院内建有灯光篮球场，主楼后面建成拥有400余个座位的影剧院。1996年渴口乡兴建市中区首个高标准、功能齐全的文化娱乐中心，中心包括影剧院、图书借阅中心、报刊阅览室、文字调研室、游艺室、书画展览大厅等。

90年代市中区文艺创作日渐繁荣。1990年徐化芳长篇小说《骚动的湖》获山东省新时期农村题材小说优秀奖。张思勉获山东省首届书画装裱技艺大赛三等奖。毛成山摄影作品《九天揽月》等在全国首届盆景摄影展中获得优秀奖。危学莉编导舞蹈《农丫乐》《钟与妞》获山东省第二届“小飞天”少儿舞蹈比赛二等奖和全国部分城市“泉城杯”少儿舞蹈邀请赛三等奖。1992年李向春短篇小说《操人别传》获全国第二届乌鸡奖。潘梦石的篆刻作品“西泠印社第二届全国篆评展”。刘月菊等表演的《运河花鼓》获文化部优秀表演奖，编导的舞蹈《黄河岸边的小姑娘们》和大型团体操《花儿朵朵开》分获山东省文化厅、山东省第五届运动会组委会颁发的优秀创作奖。马梅歌演唱的河南坠子《十个鸡子》在全省文化馆（站）业务技能比赛中获表演三等奖。1993年马梅歌表演的小品《主任下乡》获全国曲协表演一等奖。1994年马梅歌表演的戏曲小品《甜苹果，酸苹果》在全省戏曲小品比赛中获得表演二等奖。1995年，倪景祥长篇小说《龙凤旗》获省委宣传部第四届“精品工程奖”。李向春长篇小说《鳏夫与寡妇们》获山东省新时期工业题材小说二等奖。马梅歌创作表演的小品《山乡情话》获山东省表演二等奖。1996年刘月菊创作的少儿舞蹈《黄土地钻出一群土娃娃》获山东省舞蹈协会创作二等奖。1997年，邵杰的摄影作品《中国龙》、梁海军摄影作品《突击队》分获山东省摄影艺术新人新作展银奖和铜奖。刘月菊创作的小品《俺家出了个女乡长》获山东省文化厅颁发的全省农村题材文艺作品优秀奖。1998年李向春散文《我和矿灯》获吴伯箫首届散文大赛一等奖。刘月菊创作的小品《精品屋》获得山东省戏剧艺术家协会颁发二等奖。1999年《毕四海小说自选集》出版后，《文艺报》整版篇幅予以高度评价。张星斗创作的山水画《齐云华月图》在中国美协举办的“牡丹杯金彩奖”全国画展中获得二等奖。王德震国画《傲雪图》获首届孔圣杯国际书画大赛优秀奖。

（三）新世纪之后文化体制改革全

面推进，纵深拓展

中共十六大在阐述“文化建设和文化体制改革”时强调：要根据社会主义精神文明建设的特点和规律，适应社会主义市场经济发展的要求，推进文化体制改革。随后，党的十七届六中全会通过的《中共中央关于深化文化体制改革推动社会主义文化大发展大繁荣若干重大问题的决定》，加快要求建立健全党委领导、政府管理、行业自律、社会监督、企事业单位依法运营的文化管理体制和富有活力的文化产品生产经营机制，发挥市场在文化资源配置中的积极作用，为文化繁荣发展提供强大动力，全力推进文化体制改革。为此，市中区对加强文化建设、推进文化体制改革作出了新的部署，提出了新的要求，制定了文化体制改革的总体方案，明确提出要深化文化企事业单位内部改革，逐步建立有利于调动文化工作者积极性，推动文化创新，多出精品、多出人才的文化管理体制和运行机制。同时，按照一手抓繁荣、一手抓管理的方针，健全文化市场体系，完善文化市场管理机制。与80年代、90年代的文化体制改革比较，市中区在新世纪后的文化体制改革是一场全方位、宽领域、多层面的真正意义上的文化体制改革。它突破了过去主要在体制外围进行改革的格局，将改革推向宣传文化领域的各个部门、各个单位；突破了过去更多的是从机制层面进行改革的做法，牵住了从体制上进行改革的“牛鼻子”。

2002年市中区文化局恢复设立，为全额事业单位，内设文艺股，下辖区文化馆、图书馆、电影公司、文化市场管理办公室（与区文化市场稽查队合署办公）4个部门，以及11个乡镇（街道）文化站。2005年，区文化局内设办公室、文艺股。2010年，按照《中共市中区委、市中区人民政府关于市中区人民政府机构改革的实施意见》和《市中区人民政府办公室关于印发市中区文化广电新闻出版局主要职责内设机构和人员编制规定的通知》文件要求，组建区文化广电新闻出版局。将区文化局（区新闻出版局）、区广播电视局的职责，整合划入区文化广电新闻出版局。不再保留区文化局（区新闻出版局）、区广播电视局。成立区文化市场综合执法大队，承担原广电、新闻出版、文化等单位的文化市场行政执法以及相关的行政强制、监督检查职能。区文化市场综合执法大队为区文化广电新闻出版局管理的正科级事业单位，实现了全区文化市场的统一综合执法。自2012年区文化市场综合执法大队成立以来，年均查处各类文化市场违法违规经营行为200余件。通过加强管理，提高服务质量和效益改制区图书馆和文化馆等公益性文化单位。区“两馆”为财政全额拨款事业单位，无营利性收入，于2011年免费向社会开放，承担群众文化工作职能。目前，区“两馆”已建立起完善的法人治理结构，正逐步探索推进总分馆制运营模式。对于可以进行市场经营或完全可以通过市场运作生存的区电影公司进行企业化改制，遵照现代企业制度要求，建立科学有效的内部运营机制。将区电影公司改制为国有企业，属区文广新局管理，拥有企业法人工商营业执照，单位职工签订劳动合同，按照企业办法参加社会保险，承担电影发行放映管理职能，包括电影发行放映的市场监管和发行放映单位的市场准入，农村和社区等电影公共服务、农村电影放映工程的实施，电影专项资金的收缴和管理等行政职责。将广电网络整合交接进入中广有线网络，将相关人员由市中区转为该网络人员。

新世纪的文化体制改革，市中区适应社会主义市场经济和文化事业发展的要求，把文化区分为“文化事业”和“文化产业”两个方面，为文化事业和文化产业的同步发展、又好又快发展注入了强大生机活力。市中区文化产业兴起于20世纪90年代初，大多由国营文化商店经营，之后随着市场经济体制的逐渐建立，个体民营经济蓬勃发展，个体工商户纷纷投资文化市场领域，文化经营者出现国营、集体和个体并存的多元化格局。文化商品越来越丰富，群众的文化消费水平明显提高，文化产业市场日趋繁荣，是时文化市场经营种类包括印刷、书刊、音像制品和录像放映等行业。到21世纪，市中区文化市场出现繁荣昌盛的新局面，文化经营种类包括复印打字、电子游戏、歌舞娱乐场所（KTV）、互联网上网服务（网吧）、私营文艺演出和艺术培训等。文化产业市场的兴起、发展与繁荣打破了文化服务仅由国家供给的单一模式，丰富了群众的文化娱乐生活，是社会主义市场经济体制在文化行业和领域的突出体现。

新世纪头十年，市中区文艺创作百花齐放。2000年李长存长篇小说《圣域》获全国“乌金奖”；毕四海反腐力作《财富与人生》发表后，《人民日报》《光明日报》《文艺报》《文学报》开辟专栏予以高度评价，引起巨大的社会反响。马梅歌表演的柳琴戏《时来运转喜气扬》在全省舞蹈比赛中获得一等奖。2002年高培琴编导舞蹈《雪花飞舞》获山东省第六届“小飞天”儿童舞蹈比赛一等奖。2003年周飞创作的《鹏程万里》获中国书画委员会举办的《四海名人》书画会银奖，并入选中国书画篆刻展。危学莉编导的舞蹈《娃娃打花棍》获国际民间舞蹈比赛一等奖。2004年潘梦石篆刻作品获首届“泰山艺术奖”银奖。危学莉编导舞蹈《小猫咪咪》获全国少儿舞蹈大赛一等奖。2005年舞蹈《梅花盛开》《微湖情》分获山东省社区文艺展演一等奖、山东省新创戏曲汇演导演奖。市中区广播电视播出机构生产的《小小飞虎队》《红灯记》《铁道游击队》等，先后荣获全国“五个一”工程奖、中国广播电视新闻、文艺奖、全国电视文艺“星光奖”、全国电视剧“飞天奖”等奖项，创作生产了《鲁南一家人》等重点影视作品。2007年以后，全区共有5个艺术门类的9部文艺作品荣获省精神文明建设“文艺精品工程”奖。

（四）党的十八大以后文化体制改革成果丰硕

党的十八大以后，特别是党的十九

大以来，市中区深入贯彻习近平新时代中国特色社会主义思想要求，以高度的文化自觉和文化自信，大力推进文化的改革发展。对文化建设的极端重要性的认识达到新的高度，对文化改革发展的科学规律的把握达到新的水平，推进文化改革发展的总体要求和重大举措比任何时候都更加明确、更加有力，深化文化体制改革的各项政策措施也比任何时候都更加配套、更加完善。

市中区按照公益性、基本性、均等性和便利性原则，通过文化体制改革构建起了覆盖城乡、结构合理、功能健全、实用高效的公共文化服务体系。把公共文化服务设施建设纳入到了市中地方经济社会发展的整体规划当中，本着高起点规划、高水平设计、多渠道投入和产业化运作的方式，先后投入4个亿建设了集文化广场区、体育运动区、文化休闲区等为一体的枣庄全民健身中心——东湖公园，并规划设计完成了市中区文化中心。市中区历届党委政府不断努力充实、完善城市公共文化设施，对区图书馆、区文化馆进行书籍充实和公共设施更新。目前，区文化馆为国家一级文化馆，区图书馆为国家二级图书馆。恢复重建了“同春堂药店”“广仁医院”“铁道游击队展览馆”，形成了系列党性教育和爱国主义教育基地。实现了农村公共文化服务体系全覆盖。目前，全区11个镇街综合文化站均达到国家三级标准，并设立了电子阅览室和儒家讲堂。村、社区综合性文化服务中心均按照一厅、一场、两栏、多功能活动室标准建设。开展了“三下乡”“四进社区”“一年一村一台戏”活动，全区成立了以枣庄老年艺术家协会为代表的群众文化团队100余家。此外，全区基层综合性文化服务中心140个，农家书屋111个；青少年宫1个；老年大学1个；老年活动中心1个；电影公司2个（含市电影公司），电影院4个，均为高档3D影院，电影放映单位6个；人民公园1个；广播电视台1个，自办广播节目1套和电视节目3套；农村有线电视覆盖了全区全部的111个行政村，架设光缆2232公里，全区广播电视人口综合覆盖率达到96.86%以上，广播电视有线覆盖率达到100%以上。形成了以图书馆、文化馆、博物馆为骨干，以基层综合文化站和基层综合性文化服务中心为基地，以文化广场、农家文化大院为补充的公共文化服务设施网络体系，有效地满足了群众日益增长的精神文化需求。

市中区日益完善公共文化服务机制，提高公共文化服务水平，在有条件的地方逐步形成15—20分钟城乡公共文化服务圈。一是注重公益性文化场馆免费或者优惠向群众开放。截至2012年底，全区文化部门归口管理的各级公共文化馆（艺术馆）、图书馆、美术馆、文化艺术馆、纪念馆、文化站全部实现免费开放。现正在争取开放更多的窗口，打造新型服务项目。建立扶贫机制，推行农民工等困难群体免费看电影等政策。二是大胆创新公共文化服务运行机制。公共图书馆运用现代化手段，积极推行电子阅览室建设，初步形成了资源共享的服务模式。鼓励公共文化服务资源下移，鼓励各级艺术馆和文化馆人员投身基层公共文化辅导工程。积极推广总分馆制，在广大城乡工厂、部队、企业和农村建设了一批图书馆分馆、图书流通点，开展流动服务，援建基层图书室，从根本上改变了公共图书馆传统工作方式。积极探索基层文化设施的合作联办、委托管理等，使广大群众能够享受就近、便捷的公共文化服务。三是积极创新文化服务供给机制。坚持政府主导、社会参与、市场化运作的基本思路，建立健全政府投入为主、社会力量共同参与的公共文化事业投入机制。通过政府采购、项目补贴、定向资助等形式，加大公共财政对文化事业的投入，开展文企联姻、公益文化项目推介等活动，积极吸纳社会资本兴办公益性文化事业，不断提高公共文化服务能力，提高公共文化产品质量。

2017年春节文艺晚会

市中区深入推进重点文化建设工程，全力抓好乡镇综合文化站和乡村文化阵地建设工程，全区有线电视信号全面通达自然村。农村电影放映工程完成放映设备数字化改造工程，覆盖率达到100%。实施文化信息资源共享工程，使有线电视信号、文化和科技信息资源实现了村村通。各镇、村立足实际，突出特色，努力加强文化设施建设，特色文化广场、文化长廊、农家书屋、非遗展厅、文化共享工程示范站点形成体系，极大地方便了广大农民就近便利学习各项科学文化知识。加强全区基层公共文化辅导工程建设，明确了各级文化（艺术）馆和文化站等公共文化单位开展辅导培训的职责、任务、目标和措施。

市中区不断壮大公共文化服务队伍，创新引进机制，通过引进、考录、聘用，着力吸收社会人才资源，吸收文化志愿者，壮大公共文化服务队伍，提升公共文化服务专业队伍素质。大力推进基层“三个一”文化队伍建设工程。每个村和社区明确一名专职干部分管文化工作，聘请一名文艺骨干担任文化协管员，培养一支文艺队伍，有效解决了城乡基层公共文化服务“没人管事”的问题。加强培训辅导，建立基层文化辅导制度，在区文化馆常年设立基层文化辅导点，定期开展各种文化培训辅导活动。

市中区牢牢把握“保护为主，抢救第一，合理利用，加强管理”的方针，努力实现由文物大区向文物强区的新跨越。着力构建起保障有力的文物工作支撑体系、惠及民众的公共文化服务体系、较为完善的文物保护法规体系和监管到位的文物安全防范体系，努力把市中建设成为全国、全省重要的文物保护利用示范区。大力加强文物保护基础工作，积极做好文物资源调查，切实加强文物保护管理，全面提升文物安全防范能力，不断提高文物科研水平。大力实施文物重点项目带动战略，着力推进文物保护重点工程。认真开展非物质文化遗产普查工作，建立健全省、市、县三级非遗名录体系。通过项目扶持、传承人动态保护、文化生态区建设，使非遗保护与城市转型结合，不断推动非物质文化遗产保护工作迈上新台阶。在文化部大力支持下，配合市委、市政府成功举办第二届中国非物质文化遗产博览会，枣庄砂陶烧制技艺、古陶窑建造技艺、吴氏八极拳、厉家中药治疗烧伤术、枣庄辣子鸡烹饪技艺、青铜失蜡法铸造技艺等一批非遗项目传承所落户区文化馆东湖新馆。

市中区广泛联合，资源共享，拓宽开展活动的思路和领域，以各级各类文化广场为核心，以政府为主导，以主题示范活动为特色，大力推进群众性文化活动，使活动的开展常态化、规范化。以导向性、示范性、带动性、可持续性为原则，以文化进社区、文化下乡、广场文化活动等品牌活动为抓手，以公共文化信息资源共享、公共电子阅览室和农家书屋、数字电影放映、广播电视为主要载体，坚持重大活动组织与长效机制建设并重，每年组织大型文化活动20余项，全区每年开展各类业余性文化活动近3万场。一是充分发挥城区文化广场、社区文化广场、企业文化广场、农村文化广场的作用，积极开展文艺演出、电影放映、文体比赛、艺术展览等群众喜闻乐见的多种类型广场文化活动，每年定期举办市中春晚、广场舞大赛、庄户剧团调演、“光明之夏”“三下乡”“四进社区”和“邻里节”等群众文化活动。每年放映公益电影1300余场，做到“一年一村一场电影”。极大地丰富了广大人民群众的精神文化生活。二是坚持“政府买单、群众看戏”，建立文化下乡活动长效机制，每年送戏下乡、进乡村，演出111场，做到“一年一村一场戏”。开展科技、文化、卫生“三下乡活动”。三是坚持因地制宜的原则，举办枣庄市桃花节、枣庄旅游美食文化、枣庄（青岛）啤酒美食文化节、中国（枣庄）二手车博览会、中国（枣庄）家居文化艺术节、中国（枣庄）纺织文化衫交易会、中国（枣庄）户外广告技术和产品交易会、“百年中兴·幸福市中”贺年会、枣庄市年货大集展销会等地方性节庆文化活动。在全区形成了以会展节庆活动蓬勃开展带动经济社会发展，扩大地区影响力的良好格局。四是民俗活动常年开展，春节文艺会演、民间游艺大拜年、民间游艺“踩街”巡游、元宵灯展、端午龙舟赛等民俗活动为群众送上节日文化大餐。五是积极举办“市民大讲堂”“流动书籍百里行”“读书小状元”等读书系列活动，“全民读书月”“一百千”读书扶持工程、“图书共享工程”等读书活动已形成品牌。举办道德大讲堂、传统文化大讲堂和国学讲堂，弘扬传统国学和传统美德。

党的十八大以来，市中区文艺创作成绩喜人，文艺精品创作生产全面繁荣，充分挖掘优秀传统文化和地域文化资源，全方位、多层次地开展文学艺术创作，推进艺术创新，涌现出一批具有市中特色、深受群众喜爱、反映时代特色的精品力作，目前全区有三件群文作品正在冲击国家“群星奖”。同时，加强对柳琴戏等传统地方戏曲种类的保护扶持工作，对传统剧目整理保护并加大创新，策划推出了《一代廉吏王鼎铭》《打洋行》《谁不说咱市中好》等，以及小品剧《新年佳话》《化妆》、山东快书《续走四方》、歌曲《指点江山》等一大批精品力作。

为激发文化产业发展的内在活力，不断优化文化市场发展环境，加快地方经济发展方式的转变，市中区紧紧抓住《文化产业振兴规划》出台和建设文化强省的发展机遇，结合全区经济社会发展实际和传统文化资源优势，委托北京大学文化产业研究院副院长陈少峰对文化产业发展进行了详细规划，编成了《市中区文化产业发展规划（2012—2020）》，并配套出台了一系列与之配套的政策文件，在用地、税收、财政补贴、人事等方面予以扶持，促进了文化与旅游、文化与科技、文化与金融、文化创意和设计服务与相关产业融合发展。近年来，市中区文化产业发展速度和总量有了明显提高，在广告制作、演艺娱乐、包装印刷、文化产品研发制造等产业，形成了聚艺谷文化创意运营公司、洪海光电集团、尚播传媒、兴安彩印、圣德青铜等一批自主创新能力强、成长性好的骨干文化企业，其中洪海光电、兴安彩印、尚播传媒、新韩乐器、兄弟包装等年销售收入逾2000万元。2015年，市中区文化及相关产业实现增加值9.17亿元，占GDP比重为4.37%，文化服务单位达到763家，占本地企业的12.8%，实现税收收入895万元。

市中区境内现有广告设备企业26余家，以洪海、三立、立升等企业为重点的广告设备制造产业已经形成了一定的产业规模和集聚效应。其中洪海光电集团是我国最大的三面翻广告牌设计和生产基地，拥有44项国家专利，产品销往国内90%以上的大中城市并出口至美国、印度、土耳其、越南等多个国家和地区。大观园文化市场是目前鲁南乃至周边苏、鲁、豫、皖地区经营规模最大，经营门类最全，市场机制最活，经营环境最佳，配套设施齐全，集多功能综合服务于一体的专业性市场。大观园文化市场和洪海光电集团已跻身省级文化产业示范基地。市南工业区“聚艺谷”文化产业项目建设从规划建设、招商引资和项目包装都秉持高起点、高标准推进；

目前市南记忆展览馆、葫芦文化馆现已正式运营，大运河国际艺术双年展、上海大世界吉尼斯枣庄发布、神奇城堡等项目正在有序推进中。下一步，市南工业区“聚艺谷”项目将成为市中区文化创意产业的聚集区和全区财源建设新的增长点。2016年6月，在深圳文交所文创专板全国合作大会上，通过区委区政府牵头，市中区两家文化企业聚艺谷文化创意运营公司、梦之翼文化传媒公司挂牌，标志着该区文化企业在连接市场、对接资本、规范经营上，日益向高端化、标准化和集团化发展。同时，市中区还积极鼓励引导社会力量兴办传统文化博物馆、艺术馆，先后涌现了铁道游击队展览馆、千山美术馆等特色鲜明、效益显著的民办专业展馆，大力弘扬优秀传统文化。

同时，服务于经济社会转型发展的总体要求，市中区积极推进文化与旅游产业的融合发展。依托铁道游击队发祥地的有利条件，建设铁道游击队展览馆，修缮国际洋行、日军炮楼、电光楼，重建义和炭场等铁道游击队遗址遗迹，形成完整的历史景观群，展示当年铁道游击队生活、战斗场景，打造“铁道游击队”为主体的红色文化品牌。按照“经营城市记忆”的理念，加快中兴博物馆的布展、中兴矿山公园及1878年历史文化街区等景观的建设，规划建设中兴国家工业遗产公园，申报中兴文物遗址群为国保单位，擦亮“百年中兴”文化名片。市中区齐村镇夹谷山，根据考证是公元前500年孔子主持的齐鲁夹谷会盟址，山东贵和实业公司以夹谷山为依托，实施开发“齐鲁夹谷会盟文化”。建设的齐鲁会盟台、孔子胜迹园、世界第一悬空道观（聚仙宫）、养生道馆，配套满足游客“吃、住、行、游、购、娱”六要素所需的各种旅游设施，打造“鲁南地区最好的商务会馆和度假胜地”。依托荀子文化，充分利用荀卿祠纪念堂（全国唯一一座为纪念中国古代思想家、文学家和教育家荀况所建的纪念堂），神龙庙、关帝庙、文慈塔、碑亭等景点，打造荀子文化公园主体工程。利用十里泉现有资源，整合开发水上人家餐饮楼、综合服务楼、标准游泳池、垂钓中心、停车场等配套工程，完善旅游服务功能。建成市区南部一处集旅游观光、休闲餐饮、生态民俗、历史名胜、赏泉垂钓、购物休闲为一体的人文景观，推动抱犊崮、石榴园等旅游景点的相互衔接与融合。对所在地马场村进行整体规划和包装，对影视基地、岳飞放马场的亮马台、杨二郎担山遗址和村内的水库等每个景点进行道路硬化，使每个景点联结起来，将永安乡马场影视基地打造成为融影视拍摄、旅游观光与一体的红色旅游基地，使之成为全市乃至全省最佳影视制作和人文自然景观旅游基地。以齐村甘泉寺为中心，推进泉水花乡和谷山生态园，永安南部山区休闲度假中心、以仙坛山温泉小镇为依托，整合姑嫂山、护君山、白马泉等名山名泉，以龟山风景区开发建设为依托，加大对孟庄万亩桃园、百子庙、十里画廊、周村水库景区等资源开发，开发高端会议游、休闲自驾游，搞活农家乐、乡村采摘游，策划节庆、演艺、体验等文化旅游项目。

三、文化体制改革推动文化事业发展所取得的主要成果

市中区通过不断深化文化体制改革极大地解放了文化事业发展的生产力和创造力，有力地促进了文化事业和文化产业的快速发展。2018年3月，市中区被评为第三届文化强省建设先进县。

（一）牢固树立了新的文化发展理念，对新时期文化建设规律的认识不断深化。市中区文化体制改革在区委区政府的坚强领导下，紧紧跟随党中央的步伐，深入贯彻落实科学发展观，解放思想，与时俱进，将党中央各项决议精神和工作部署因地制宜地融入政策法规、规章制度和国民教育和文化创作生产之中，贯穿于社会生活方方面面，发挥了榜样作用，强化了对广大群众的教育引导，创新方式方法，健全制度保障，逐步形成了具有市中特色的文化发展理念；提出区分公益性文化事业和经营性文化产业的思路，明确了在这两种不同类型文化建设中如何发挥市场作用的路径和方针；深刻反映了我们对新的历史条件下文化发展规律的认识和把握，为深化文化体制改革、加快文化事业发展，促进文化市场繁荣提供了基本遵循。

（二）覆盖城乡的公共文化服务体系基本形成，公共文化服务水平明显提高。市中区按照公益性、基本性、均等性、便利性的要求，坚持以政府为主导、以公共财政为支撑、以基层特别是广大农村为重点，大力发展公益性文化事业，覆盖城乡的公共文化服务体系框架基本建立。文化体制改革的过程中，市中区不断坚持重心下移，着力加强基层，特别是农村的公共文化服务体系建设。建立完善了公共文化服务体系建设的投入保障机制，创新公共文化服务运行机制，实施文化惠民工程建设，取得显著效果。初步形成了以大型公共文化设施为骨干、以社区和乡镇基层文化设施为基础的城乡公共文化服务网络。在基本实现公共文化服务均等化的同时，随着经济社会的不断发展，群众文化生活需要也在日益增长，为此市中区不断提升完善公共文化设施建设标准，加强文化基础设施建设，推进基层公共文化设施、资源的整合，实现共建共享、互联互通，最终形成了一个可以满足不同经济水平、不同年龄段、不同受教育程度群众需求、全方位、全覆盖的公共文化服务网络；广播电视村村通工程正从“村村通”向“户户通”推进；文化信息资源共享工程基本覆盖所有行政村；农村公益电影年放映1300余场，基本实现一村一月放映一场免费电影；年组织各类群众性文艺演出活动千场以上，做到一年一村一场戏。公共文化服务能力和水平明显提高，有效解决了广大群众特别是农村群众看书难、看电影难、收听收看广播电视难等问题。在科学发展满意度调查中，群众对于文化生活的满意度始终处于前列，成为体现全区经济社会整体发展水平的“加分项”。

（三）文化产业规模迅速壮大，呈

现蓬勃发展态势。按照“政府主导、企业主体、市场运作、社会参与”的要求，市中区委区政府积极探索市场化、专业化运作方式，通过市场机制和政策引导，积极推动文化与旅游、创意、高新技术等产业的融合，大力发展新兴文化产业和特色文化产业，做大做强了一批骨干文化企业，文化及相关产业的增加值占国民生产总值的比重不断提高，占到近5%左右。文化产业政策体系逐步完善，为促进文化产业发展提供了强有力的制度保障。在文化体制改革的有力推动下，近年来，市中区文化产业从无到有、从小到大，规模实力不断增强，推动文化与科技、商贸、旅游、金融等深度融合，促进文化业态更新和产业转型升级。文化产业已成为满足人民群众精神文化需求、促进文化繁荣发展的重要途径，成为转变经济发展方式、推动科学发展的重要力量。文化产业在国民经济中的比重不断增加，日益成为经济发展新的增长点。文化产品创作生产蓬勃发展，涌现出一大批思想性艺术性观赏性相统一的精品力作。

（四）转变政府管理职能，宏观管理体制不断得到完善。文化行政管理职能部门职能进一步转变，逐步实现由办文化为主向管文化为主转变，由管微观向管宏观转变，由主要面向直属单位转为面向全社会。深化文化事业单位人事、收入分配、社会保障、经费保障等制度改革。市中区新闻出版系统和广电部门实现了局社分开、局台分开，整合文化广电新闻出版机构，实行了“三局合并”，成立了文化广电新闻出版局。文化市场综合执法改革继续推进，通过改革建立了科学的文化市场管理体制，在执法力量、执法保障、执法效率以及市场监管等方面普遍得到加强，理顺了文化市场管理体制。完成了区电影公司的公司制和股份制改造，完善了法人治理结构，建立起了现代企业制度，确保把社会效益放在首位、实现社会效益和经济效益相统一的体制机制。按规定确立公共图书馆、博物馆、文化馆等公益类事业单位类型，建立了法人治理结构，强化服务功能，改革成效明显。

（五）筑好高层建筑，相关政策法规日臻健全。在文化体制改革过程中，市中区逐步探索建立起了完善文化经济政策体系，有力地推进文化领域宏观调控目标和政策手段的机制化建设，支持和引导文化改革发展。强完善化了文化管理体制、公共文化服务保障、文化产品促进、知识产权保护、非物质文化遗产保护、文化市场和互联网等方面法律、法规和政策的建设，对文化企业特别是转企改制的国有文化单位给予财税、金融、用地、贸易等方面给予了多方面的激励，对文化演艺、新闻出版、广播电影电视、互联网信息服务等重点行业落实了特殊扶持政策。逐步健全了文化投入稳定增长机制，设立了文化产业专项发展基金。

（六）催生内在动力，培育文化人才。市中区在文化体制改革过程中，强力完善文化人才政策，健全培养开发、评价发现、选拔任用、流动配置、激励保障机制，推进文化体制改革的科学化、制度化、规范化。按照党管人才的根本原则，构建起了宣传部门牵头抓总、有关部门各司其职、社会力量积极参与的协同推进人才工作格局。目前作为全区文化工作职能部门——市中区文广新局现有在编人员25人，其中：管理人员6人、文化高层次人才（副高职称及以上）2人、文化普通人才（中级职称及以下）17人，高、中级专业技术人员比例基本合理。在全区11个镇街文化站均设有专职文化站长1到2人。此外，目前全区还有各类非物质文化遗产传承人员25人，其中省级传承人1人，市级传承人8人，区级传承人16人。各类文化领域自由职业者约4600人，各类民间文艺表演人员约12000人。这些民间文艺人才生活和创作于广大群众中间，积极参与到企业文化、乡镇文化、校园文化、社区文化、广场文化和其他公益文化活动，在文化建设的“主战场”上大显身手，日渐成为基层文化事业建设的“主力军”。

市中区文化馆

四、深化文化体制改革的启示

市中区文化体制改革是在没有现成的模式和经验可以借鉴的情况下进行的，“摸着石头过河”。在实践中提出改革的任务，在实践中探索改革的路子，在实践中积累改革的经验，这是市中区文化体制改革近30年走过的历程。回顾这一历程，研究党在这一时期领导文化改革发展的历史经验，会给我们留下许多宝贵的启示。

（一）必须坚持文化体制改革的正确方向

文化建设是中国特色社会主义事业的重要组成部分。党领导的文化体制改革，必须高举中国特色社会主义伟大旗帜，坚持马克思主义在意识形态领域的指导地位，坚持社会主义先进文化的前进方向，坚持为人民服务、为社会主义服务和百花齐放、百家争鸣。文化属于社会主义精神文明的范畴，深化文化体制改革，要根据社会主义精神文明建设的特点和规律，适应社会主义市场经济的要求，弘扬主旋律，提倡多样化，大力发展先进文化，支持健康有益文化，努力改造落后文化，坚决抵制腐朽文化。为此，必须要正确处理文化产品的意识形态属性和商品属性的关系、社会效益和经济效益的关系，任何时候都把社会效益放在首位，努力实现社会效益和经济效益的有机统一。在不断深化文化体制改革的全过程中，党委政府始终强调这些政治上、原则上的根本要求，这就为文化体制改革指明了正确的前进方向，也在整个文化系统乃至全社会形成了统一的指导思想、共同的奋斗目标和行为准则。

（二）必须明确文化体制改革的根本目的

习总书记一贯强调，我们一切工作都是为了人民群众，要遵循党的群众路线，实现好、维护好、发展好广大人民群众的根本利益。人民群众创造了文化，文化事业的发展成果也属于人民群众。文化体制的改革和发展，根本目的是为了满足人民群众日益增长的精神文化需求，切实保障好人民群众的基本文化权益。因此，文化体制改革坚持以群众基本文化需求为导向，不断强化基本公共文化服务标准化建设。在深入推进文化体制改革的过程中，要不断从实际出发，科学界定公共文化服务的范围、内容，明确各个部门的事权责任，明确相应的保障、技术和评价标准，提供相应的公共文化服务标准和内容。统筹公共文化政策制定、设施网络和重点文化惠民工程建设，努力提升公共文化资源配置的综合效益。通过促进文化事业的发展繁荣，推动了精神文化产品的极大丰富，为广大人民群众提供更多更好的精神食粮。

（三）必须处理好文化体制改革的关系

文化体制改革顾名思义其中心点是要改革体制，这是改革的战略重点、主攻方向。建立这种新的文化体制，会遇到多方面矛盾，必须坚持解放思想、实事求是、与时俱进，坚持统筹兼顾，尽可能地消除各种矛盾，正确处理好三个关系：一是发展文化产业和文化事业的关系。公益性的文化事业和营利性的文化产业必须统筹协调发展，并在此思路为指导制定了发展政策，一手抓文化事业的繁荣，一手抓文化产业的发展。在社会主义市场经济条件下，文化事业的发展必须要借助市场手段，鼓励多元化的资本形式参与文化事业发展中来，在市场中通过竞争优化资源配置，促进产业升级，逐步培育起有活力、有规模、有前途的文化企业、壮大文化市场主体、增强微观活力。在做大做强文化产业的同时，政府也要大力发展公益性的文化生产和文化服务事业，为广大群众提供公共文化服务，在保障人们的文化权益、促进人的素质全面提高方面具有重要的作用。二是社会效益和经济效益的关系。在社会主义市场经济条件下，文化产品的意识形态属性和商品属性，决定了发展各类文化产业和文化事业都须坚持正确导向，把社会效益放在首位，坚持经济效益与社会效益的统一，把文化发展的着力点放在满足人民群众精神文化需求和促进人的全面发展上。因此在发展文化产品和文化服务时必须坚持社会主义精神文明的基本原则。在经济效益与社会效益发生矛盾时，要把社会效益放在首位，绝不能为了片面追求经济效益而损害社会效益。三是市场手段和行政手段的关系。市场手段和行政手段都是解放和发展文化生产力、促进文化市场健康发展的必要手段。党委政府要坚持市场手段调节为主，行政手段调节为辅的方式，尊重并遵循市场规律，通过文化生产遵循价值规律的要求，适应供求关系的变化，通过价格杠杆和竞争机制的功能，调节文化产品和文化服务的生产、流通和消费，实现文化生产资源的合理配置。在这个过程中，给文化企业以压力和动力，实现优胜劣汰，促进文化的产业化、社会化，从而推动文化生产力的发展。但是市场存在盲目性、滞后性、逐利性等缺点，这时在运用市场手段的同时，文化产业的发展也需要运用行政手段。将市场手段与行政手段相结合，以实现优势互补。为更好地运用这两种手段，需要不断转变文化行政管理部门的职能，按照社会主义精神文明建设的特点和规律，适应社会主义市场经济发展的要求，逐步建立起党委领导、政府管理、行业自律、企事业单位依法运营的文化管理体制，确保文化建设为社会主义精神文明建设服务，更好地坚持了先进文化的前进方向。

（四）必须激发文化体制改革的内在活力

文化体制改革能否顺利推进，能否取得切实成效，关键要看能否最大限度地调动广大文化行业从业者的积极性、主动性和创造性，激发改革的内在活力。文化体制改革最强的内在活力在市场。过往文化体制改革的成功经验表明，凡是内在改革动力强劲的工作，改革进展就顺利，改革效果就明显。党委政府在文化体制改革过程中要不断完善文化市场准入和退出机制，鼓励各类市场主体公平竞争、优胜劣汰。优化文化产业结构和布局，推进重点文化企业、重点文化产业项目和重点文化产业园区建设。在此基础上，鼓励和引导非公有制文化企业发展，在国家规定范围内，鼓励社会资本多以多种形式投资文化产业，参与国有经营性文化单位转企改制，保护其合法权益。在这一过程中培育出来多层次文化产品和要素市场，促进文化资源在更大范围内流动。同时，鼓励金融资本、社会资本、文化资源相融合，也搭建起了多元化的文化市场投融资平台。

（五）必须完善文化体制改革的政策措施

文化体制改革，实施改革的是文化单位，但改革中涉及的机构、编制、人员、资产、财税、社会保障等问题，与政府许多主管部门密切相关。改革必须依靠强有力的政策支持。为此，在文化体制改革的过程中，特别是党的十六大之后，国务院和国家有关部门都及时颁布有关政策规定，支持文化的改革发展。党委政府需要适时出台相关指导性文件和配套政策，这些指导性文件可以像“灯塔”一样，为文化体制改革指引方向，确保改革规范到位，而相关配套政策也能够像“及时雨”一样，为文化体制改革提供强大的内生动力和强有力的保障。

（六）必须强化文化体制改革的组织领导

文化体制改革是保持文化活力和创造力的根本途径，关系文化事业、文化产业的长远发展，关系广大干部群众的切身利益。同时，文化体制改革还不可避免地会遇到意识形态领域的敏感、复杂问题。为了保障改革的顺利进行，为了坚守党的思想文化阵地，在文化体制改革中，必须始终坚持加强和改进党的领导，以有力的政治组织保障，推动文化体制改革的健康发展。在部署文化体制改革工作的过程当中，必须要不断加强党的领导，加强组织协调，坚持党管宣传、党管媒体、党管干部，健全坚持正确舆论导向的体制机制，为改革发展稳定提供有力舆论支持。加强主流媒体传播力和舆论引导能力建设，推动党报、广播电视台、一般时政类报刊社进一步完善管理和运行机制。重视新型媒介运用和管理，健全互联网管理体制和工作机制，形成了正面引导和依法管理相结合的网络舆论工作格局。形成了统筹社会舆情、媒体舆情、网络舆情、建立集舆情收集、分析研判和引导处置于一体的大舆情工作格局。推动了新闻发布制度化，推进党务政务信息公开常态化、规范化。加强和改进党的领导，除把握好改革的政治方向之外，还有两项重要的工作：一是用好干部，着力培养选拔一批政治上坚强可靠、改革意识强、熟悉宣传文化工作、清正廉洁的高素质领导人才。“火车跑得快，全靠车头带”。改革的实践证明，选好了改革的带头人，配好了强有力的领导班子，改革才会强有力地推进下去，在改革过程中所遇到的各种问题和险阻才会克服，而通过文化体制改革带给文化事业的发展才会有新局面、新气象、新成果。二是做好深入细致的群众工作，用中央关于文化体制改革的精神武装干部职工头脑，统一思想，凝聚力量，树立改革的信念，增强改革的信心。

深化文化行政管理体制改革，在另一个方面也不容忽视的是政府职能的转变。在文化体制改革过程中，政府和文化职能部门更好地发挥了自身的政策调节、市场监管、社会管理和公共服务职能。按照政企分开、政事分开原则，推动政府部门由办文化向管文化转变，推动党政部门与其所属文化企事业单位进一步理顺关系，赋予企事业单位更多法人自主权。同时探索建立新型国有文化资产管理体制，建立健全党委和政府监管国有文化资产的管理机构，探索有效管理模式，完善工作机制，推动实现管人管事管资产管导向相统一，确保了对重大事项的决策权、资产配置的控制权、宣传文化内容的终审权、主要领导干部的任免权。

在改革开放以来，市中区文化体制改革坚持观点创新与实践创新相促进、典型引路与面上推开相衔接、重点突破与全面深化相结合，走过了不平凡的历程，实现了历史性的突破，取得了阶段性成果，文化生产力不断解放，文化创造活力充分焕发，文化事业文化产业协调发展、全面繁荣。但是我们必须清醒地认识到，这并不意味着文化体制改革任务已经全面完成，可以万事大吉了；只能说是文化体制改革刚刚迈出坚实的万里长征的第一步，发展中的新问题、新情况不断涌现，深化文化体制改革的任务依然十分艰巨。实践证明，文化领域取得的一切进步的最根本原因是改革创新，今后文化建设要实现更大的发展，归根到底还要靠改革创新。深化文化体制改革是全面深化改革的一个重要组成部分，如何与经济体制、政治体制、社会体制、生态文明体制和党的建设制度改革相衔接，着力深化文化体制改革，推进文化体制机制创新，破解制约文化建设深层次矛盾和问题，打牢文化繁荣发展的体制机制基础，是我们必须认真研究、切实解决的重大课题。为此，今后无论在什么时候我们必须要继续坚决深入学习和贯彻党中央关于深化文化体制改的一切精神和部署，在思想和行动上与党中保持高度一致，坚持走文化体制改革发展之路，推动文化事业又快又好的发展，这样我们一定会迎来社会主义文化建设的新高潮，实现人民群众对美好生活的新期待。

审稿人：赵丽华

撰稿人：倪亚磊

“816管理法”的探索与实践

在职党员参与社区建设与服务，是新形势下拓宽党员服务群众渠道，创新党员教育管理方式，发挥党员先锋模范作用的重要途径。从2012年起，枣庄市市中区探索推行区直单位在职党员“816管理法”，鼓励引导区直单位在职党员8小时工作在岗位，16小时奉献在社区，让在职党员在居住地社区公开党员身份，参与社区党组织活动，发挥先锋模范作用，实现“党员身份进社区、作用发挥进社区、监督管理进社区”，初步形成了“工作在单位、活动在社区、奉献双岗位”的党员管理激励机制，为党员干部直接联系服务群众提供了新载体，激发了城市社区党建活力。经过近几年的探索与实践，“816管理法”已成为市中区基层党建的一个品牌，得到了山东省委组织部、枣庄市委组织部的充分肯定；新华社、中央电视台、新华网、人民网以及《中国组织人事报》《党员干部之友》《枣庄日报》等20多家新闻媒体给予刊发报道；日照市东港区委组织部、淄博市周村区委组织部等多家单位，专门赴市中区实地观摩学习“816管理法”活动开展情况；在2014年7月全省在职党员到社区报到工作现场会上，光明路街道东盛社区作为唯一社区代表作了典型发言。

一、背景与动因

推行“816管理法”主要基于以下两方面考虑：

一方面，相当一部分在职党员参与社区党建活动的积极性不高。在职党员身份、工作和组织关系在单位，虽然住在社区，但却没有隶属关系，绝大多数党员回到社区后，不参与社区活动，不主动服务群众，成了“隐形党员”或者“党员不党”，极个别人甚至“两张面孔”，在单位名声很好，在社区口碑很差。推行“816管理法”，把党员干部8小时以外监督管理权交给社区、交给群众，建立起单位党组织和社区党组织双重管理机制，使在职党员的业余活动和表现，由屏蔽状态下的“盲点”变为公开环境下的“亮点”，这样既为党员干部8小时以外监督提供了一种更为有效的手段和载体，也有利于增强党员宗旨观念和党性意识。

另一方面，社区党建主体力量严重缺位。随着经济社会的不断发展，城市化快速推进，居民服务需求更趋多样化、个性化，社区服务正日益成为社区党组织工作的重中之重，而社区工作面广量大，工作人员不足、社区志愿服务力量偏弱，一定程度上影响了社区党组织服务群众效果。“816管理法”充分发挥区直单位在职党员文化程度高、了解政策多、综合素质强、社会资源丰富等优势，实现人才向一线配置，政策向一线倾斜，资源向一线聚集，真正让党建资源重心沉下去，社区服务水平提上来，切实提升群众满意度。

二、工作流程

在职党员“816管理法”的工作流程概括来说，主要就是“七步工作法”。

第一步，党员报到，领岗编组。区直单位在职党员持《市中区区直单位在职党员到社区报到登记表》一式3份，加盖单位党组织公章后到所住社区报到。经社区党组织审核情况属实后，在报到登记表上加盖社区党组织公章，社区留存1份，剩余2份由在职党员交回所属单位党组织。各社区党组织填写好《市中区区直单位在职党员到社区报到情况汇总表》一式3份，社区党组织留存1份，报街道党委2份。各街道党委对社区党组织报送的《汇总表》认真把关，由党委书记签字并加盖党委公章后，报区委组织部组织工作室备案。在职党员到社区报到后，社区党组织根据党员所领岗位进行编组，组织各组推荐小组长，确定联络员，并从小组长中推选出召集人和联络人各1名。

第二步，联席会议，征求意见。各社区党组织书记要召集“第一书记”、“两委”成员、在职党员各小组组长、党员群众代表召开联席会议，广泛征求社区居民意见建议，全面梳理汇总各类需求，以便活动开展得更有针对性和实效性。

第三步，小组会议，制定计划。各小组组长召集本小组在职党员根据社区群众需求，结合各自特长，制定各组活动计划并报召集人。

第四步，小组长会议，商定方案。由召集人召集各小组组长召开会议，汇总各小组活动计划，形成社区年度活动方案，方案要合理安排活动时间，确保每月至少有1次活动，并在社区显著位置公开，接受群众监督。每半年，根据形势变化和社区群众的新需求，各小组可按第二、三、四步程序对活动计划进行补充完善。

第五步，开展活动，服务群众。按照社区年度活动方案，各小组按时组织开展活动。活动前，各小组联络员要与社区搞好衔接，由社区提供场地、办公桌椅等支持，并通过社区广播、微信群、QQ群、短信、电话等方式告知辖区居民。活动结束后，各小组联络员要负责做好活动记录及档案归档工作，交社区党组织书记或党员网格员统一管理。

第六步，半年评议，反馈表现。各小组长每半年组织在职党员向社区党组织和所在单位党组织上报一份参加社区活动总结。社区党组织要记好《在职党员参加社区活动情况台账》，认真填写《在职党员在社区表现情况反馈卡》，加盖公章后，及时向在职党员所在单位党组织反馈情况。

第七步，年度总结，表彰先进。每年底，社区党组织根据在职党员进社区表现情况，填写《在职党员进社区活动年度综合评价汇总表》，反馈给在职党员所在单位。各街道每年要对在职党员进社区情况进行总结，表彰先进，查找不足，改进措施，推进活动常态化、长效化。区里将结合七一表彰，对表现优秀、成绩突出、群众公认的在职党员进行隆重命名表彰，并在干部选拔使用中优先考虑。

三、主要做法

（一）报到登记作承诺，让在职党员亮身份。针对“党员不党”、在职党员不参与社区活动、不主动服务群众问题，鼓励引导在职党员到居住地社区党组织报到，亮明党员身份。一是区直在职党员到所在社区报到。在各社区设立在职党员报到服务处，明确专人负责咨询、报到、领岗事宜，并错时上下班，双休日安排专人值班，确保在职党员随时报到，即刻编岗。二是推行“一信一表一卡一册”。印发《致社区在职党员的一封信》，并在各社区公开栏张贴，号召在职党员积极到社区报到;填写《社区在职党员登记表》，对在职党员姓名、单位职务、兴趣特长、认领岗位等进行登记，亮出身份；印制《社区在职党员联系服务卡》，将在职党员姓名、服务承诺、联系方式注明在卡上，分发给社区居民，方便随时联系；制作《社区在职党员活动手册》，用于登记每名在职党员参加社区公益活动、联系服务群众、听取群众意见等情况。三是公开服务承诺。各社区党支部为每名在职党员制作了“我公开我承诺”公示牌，设计成流动党旗的样式，将在职党员的姓名、单位、职务、联系方式以及岗位承诺在小区楼栋显著位置公开，主动接受邻里监督，激发每名党员都成为一面红色的旗帜。同时，在社区党员活动室悬挂在职党员户况显示网络图，在楼栋公开党员基本信息和认领岗位，通过网络图和公示栏，强化监督力度，促进了模范作用的发挥。自2012年6月“816管理法”正式实施以来，区级领导和部门负责人带头到社区报道，带头参加在职党员“816管理法”活动，全区区直单位3326名在职党员到社区报到，其中区级领导38人，部门主要负责人92人。“在职党员到社区报到能够让平时不参与社区活动、不主动服务群众、混同于一般群众的‘隐形党员’亮出来，接受工作之外的监督，真正发挥模范带头作用。”原区机关党工委书记蔡洪明如是说。

（二）整合资源聚合力，让在职党员亮职责。本着组织安排与自愿服务相结合的原则，让在职党员在社区人尽其才，人尽其责。一是科学设定岗位。根据全区在职党员从事职业、兴趣爱好、技能特长、个人意愿和社区需求，设立政治理论教育、科教文卫讲座、劳动政策咨询、公民道德教育、社会治安巡逻、流动人口管理、民事纠纷调解、维权帮教救助、文化知识传播、群众文艺表演、文学艺术指导、体育技能辅导、环境卫生保洁、公共设施维护、绿化美化养护、医疗卫生保健、帮困助残解难、劳动就业培训、沟通交流谈心、家用电器维修等8大类20个服务岗位，每个岗位都设定了具体职责，让岗位量化、实化、具体化。二是组织党员认岗。社区党支部根据在职党员报到情况，建立在职党员档案，全面、准确掌握本社区内在职党员人数、特长、服务意向和联系方式。每名在职党员根据兴趣爱好、自身特长，主动认领1—2个服务岗位，每年以志愿服务的形式参与不少于3次的社区公益活动。三是合理编定小组。为方便组织活动，对在职党员进行合理编组，推选了组长、副组长，制定了活动计划，向社区党员群众公开，以组为单位，每月定期开展党员责任区、党员联系户、党员为民服务日、我为社区提建议、帮扶困难群众等主题活动。“通过区直机关党员到社区报到，既充实了社区党建队伍力量，又能激发党员在社区的责任感，更好地融入社区工作中，为社区建设献一份力。”原中心街街道中兴社区第一书记陈岩如是说。

（三）多方评议强约束，让在职党员亮形象。为确保活动的有效开展，探索建立了“党员自评、群众测试、社区参评”的三评议制度。一是党员自评。在职党员每半年将参加社区服务活动和履行承诺情况，向社区党组织提交书面述职报告，并通过民主生活会、组织生活会开展自评和互评，进一步增强在职党员自我管理、自愿服务意识。二是群众测评。社区党组织每半年通过居民代表评议、走访群众评议、问卷调查评议等多元化评议方式，由群众对在职党员的服务作评价、提意见，评议结果在社区公示，并向在职党员所在单位党组织反馈。三是社区参评。社区党组织对每名在职党员参与活动情况进行百分制量化积分，年底按积分高低分为优秀、良好、一般和差四个档次，实行“五星级”考核。区直单位党组织对社区党组织的意见反馈和考评结果进行综合运用，把在职党员进社区表现情况作为评先树优的重要依据，初步形成了“工作在单位、活动在社区、奉献双岗位”的党员管理激励机制。中心街街道铁西社区党组织根据在职党员职业特点和个人专长，将24名到社区报到的区直在职党员分成6支服务队，端午节前夕6支服务队共同组织包粽子送温暖活动，为社区20余户特困家庭送去了他们凑钱买原料并亲手包制的粽子；中心街街道河滨花园在职党员张明艳根据个人特长选择了绿化美化养护岗，她利用周末时间定期为小区花园义务修剪花草；龙山路街道荣华里社区在职党员李抒桐选择的是群众文艺表演岗，她每天晚上都到社区活动中心义务辅导居民跳健身舞；中心街街道大观园社区的在职党员董凯选择的是医疗卫生保健岗，他充分利用自己的专业知识，牺牲个人休息时间为社区的居民义诊，提供咨询服务。

四、发展历程

市中区在职党员“816管理法”自推行以来，大致经历了三个阶段的发展历程。

（一）全面深入推进，使“816管理法”逐渐深入人心。2012年5月，市中区委组织部牵头，组织区机关党工委等单位，赴外地就社区党建工作进行专题学习。在学习借鉴外地成功经验的基础上，结合本地实际，探索推行市中区在职党员“816管理法”，制定了《关于推行区直单位在职党员“816管理法”的实施方案》，下发了《关于做好组织区直单位在职党员到社区报到工作的通知》，制作了区直单位在职党员“816管理法”流程图、区直单位在职党员双向联系双向反馈流程图，制定完善了相关制度，建立了相关台账。6月正式在全区推行。经过一年多的探索推进，由区委组织部牵头，对“816管理法”工作开展情况进行专题调研，形成了翔实的调研报告，并专题召开座谈会征求意见建议，研究存在的问题，进行进一步充实、调整、完善，成为党员干部直接联系群众的有效载体，并在枣庄市进行推广。2014年底，枣庄市委组织部推行市直单位在职党员到社区报到工作，市中区积极对接，扎实推进，共接收市直单位在职党员2936人到社区报到并开展活动。

（二）抓好“三个延伸”，推动“816管理法”纵深发展。在“816管理法”活动深入扎实开展的基础上，为进一步促进在职党员进社区活动规范化、常态化、长效化，2015年2月，市中区进一步完善“816管理法”体制机制，重点做好“三个延伸”。

一是构筑新体系，活动机制由单向联系向双向互动延伸。在原有活动的基础上，由社区党组织单向联系在职党员向各级党组织和在职党员双向互动推进。进一步明确了各级党组织和在职党员在活动中所承担的职责，推选出102名威信高、组织协调能力强的同志作为召集人和联络人，推选出325名专业技能突出、热心公益事业的同志为小组长，由他们负责社区在职党员活动的统筹、谋划、协调等事项。召集人和小组长通过参加街道党建联席会、列席社区重要会议、走访群众等，主动征求各级党组织的意见，收集群众需求，掌握群众迫切需要解决的热点难点等问题，结合各自社区实际合理设立服务项目20余项，科学制定各小组年度活动计划267项，涵盖了政策宣讲、困难帮扶、医疗服务等八个大类，最大限度地满足了群众的需求。所有活动计划在社区显要位置进行公示，便于群众对计划落实情况进行全面监督。二是激发新活力，活动主体由在职党员向入党积极分子延伸。创新推行区直单位入党积极分子进社区报到、积分管理制度。全区区直机关、事业单位、专业公司入党积极分子根据个人爱好特长，选择1—2个社区服务岗位，并持报到登记表到所在社区报到，社区党组织根据申报的工作岗位，将他们编入在职党员活动组，由活动组负责召集开展社区志愿服务活动。为每一名入党积极分子建立积分档案，作为开展社区志愿服务活动的唯一有效凭证，每服务1次，积20分，100分为合格，积分不设上限。预备党员预备期间积分达到100分以上，方可按期转正；入党积极分子年度积分达到100分以上，在本支部入党积极分子中排名靠前的，经支部评议和党内外群众民主测评，可列为发展对象。截至2017年底，区直机关、事业单位、专业公司已有416名入党积极分子到社区报到，认领工作岗位，参加志愿活动，且均建立了入党积极分子积分档案，为在职党员活动注入新的活力。三是展现新成效，活动开展由临时化向常态化延伸。不断探索活动形式，创新活动载体。探索建立了法律工作室、爱心交换空间、“七彩虹”志愿者服务站等日常化活动模式，推动由定期集中开展向日常化转变，每天都有党员在岗，每周都有小组服务，每月都有集中活动，成为在职党员直接联系服务群众“直通车”。建立评价反馈、调度通报、考核评比三项制度，推动在职党员进社区活动常态化、制度化。实行评价反馈制度，社区党组织每季度对在职党员在社区表现情况进行一次评价公示，每半年向在职党员所在单位党组织进行一次反馈，及时协调沟通，强化在职党员责任意识。实行调度通报制度，社区每季度召开一次由召集人、小组长、社区“两委”成员、党员群众代表参加的专题会议，通报情况、听取建议、商讨计划，形成互动。召集人每月调度一次各小组活动情况，及时向区“816管理法”办公室上

党员李抒桐辅导居民跳健身舞

报调度结果，并交社区党组织书记或“第一书记”备案。区“816 管理法”办公室每季度通报一次全区在职党员进社区活动开展情况。实行考核评比制度，区“816 管理法”办公室和各街道对在职党员进社区活动每年进行一次考核评比表彰，结果纳入个人年度考核，与评先树优、提拔使用挂钩，进一步激发广大党员参与社区建设的积极性和创造性。

（三）推进“两网融合”，网格化管理服务全覆盖。为进一步深化拓展在职党员进社区，把“816 管理法”与市中区网格化社会管理服务体系有机结合，实行在职党员服务网格与党员网格员服务网格“双网融合”，促进区直单位在职党员在网格中了解社情民意、为居民群众办实事，有效解决联系服务群众“最后一公里”的问题。2015 年 5 月，区委组织部下发《关于深化拓展“816 管理法”开展区直单位在职党员进网格工作的通知》，将到社区报到的区直单位在职党员、入党积极分子，全部编入 228 个社区基础网格，编织起一张密切联系服务群众的“连心网”，实现了“三大转变”，将为民服务“最后一公里”缩减为“零距离”。一是从“下”到“上”的转变。让干部沉下去、工作促上来，让党员沉下去、群众满意度提上来。推行党员干部联系服务群众制度，在职党员、街道机关党员、社区“两委”成员与党员网格员一起，上门问寒问暖，征求意见建议，开展“红色代办”服务，打造一支党员为民服务队，让党徽在网格中闪光，让党旗在网格中飘扬。二是从“堵”到“疏”的转变。秉持“民事不可缓”理念，在党建网格中倾听民声、问需基层，畅通百姓反映诉求渠道，一些社会纠纷和矛盾在萌芽状态得到化解。截至 2017 年底，累计登记群众诉求 191548 件，办结 189902 件，办结率 99.14%，群众满意率 98.52%。三是从“分”到“合”的转变。整合区长公开电话、“96361”热线等近 10 个信息平台，建设了“市中区 96361 网格化社会管理服务平台”，集中设立了社区党建、信访维稳、环境卫生等 17 项共驻共建共享内容，实现了服务群众一体化。推行“四色单”交办督查机制，首次督查下发“绿色通知单”，根据办理情况下发“黄色办理单”“橙色催办单”进行跟踪督促，对收到“红色警示单”的单位进行问责处理，着力做到“督”有权威、“查”有手段、“考”有依据。

“一加十十加百百加千千万，你加我我加你大家心相连”，市中区在职党员进社区已逐渐成为一种常态，在 8 小时上班时间之外，在职党员奉献社区的身影已经随处可见，他们的行动就是对“816 管理法”的最好诠释。群众普遍反映身边的党员多了，从发现到了解、从了解到信任、从信任到依赖是一个渐进的过程，在这一过程中留住的是居民群众对党员形象的认可，对基层党组织的信赖与拥护。

五、主要成效

“816 管理法”推行以来，取得了显著成效。

一是密切了党群干群关系。广大在职党员从群众普遍关心的重点、热点、难点问题入手，开展讲座宣传、环境清理、义诊咨询、沟通交流、法律援助等各类活动 2100 余场次，参与党员 49900 余人次，服务群众 97000 余人次，办实事、好事 3600 余件，让社区群众深切感受到了党组织的关怀和温暖，用真情和实际行动进一步密切党群干群关系。龙山路街道党工委书记靳勇说：“原来一般的街道居委会只有五六名工作人员，面对着两三千户、上万名居民，90% 以上的精力忙于承担政府部门下派的管理职能，至于为民服务则有心无力、被动应付。”一些街道社区居委会的工作人员反映说，在传统的管理体制下，找政府部门给群众办事太难了。街道通常要把群众的诉求往上打报告或到部门反映，部门或答应派人下来调查或扯皮推诿，即使按程序列计划把事办了，与反映问题的群众也是脱离的。久而久之，群众的怨气越来越大，主要是干部作风不实、群众诉求渠道不畅、部门办理群众诉求不到位等问题。如今，通过“816 管理法”的推行特别是在职党员服务网格与党员网格员服务网格“双网融合”，多年来难以解决的老旧小区取暖、村内道路等民生问题，得到了快速高效务实的解决。2015 年 5 月至 2017 年底，已解决 21000 余户的家庭取暖问题，安装路灯 8100 余盏，修补路面 23 万余平方，新修村内道路 400 余条，老百姓的生活条件得到了明显改善，群众的不满情绪也在党员的务实工作中逐步化解，树立起了党的亲民形象。“这些在职党员在我们社区真实发挥了先锋带头作用，他们根据个人职业特长和个人专业，适时适度参加社区建设，帮助我们社区和居民解决实际难题，使左邻右舍的社区居民看得到在职党员的一言一行，感受到党员就在我身边，以党风带动民风和社区风气的好转。”文化路街道龙头社区党总支书记薛伟如是说。

二是转变了党员干部工作作风。通过建立单位党组织与社区党组织的双向互动机制，打开了党员管理的新渠道，不论是作为“单位人”还是“社会人”，都时刻处于党组织和人民群众的有效监督之下，时刻提醒广大党员发挥党员先锋模范作用，调动广大党员参与社区建设的积极性，促进了党员干部作风转变。在职党员下沉到网格内，发放连心卡，架起连心桥，主动上门问寒问暖，征求意见建议，真正在联系群众中转变作风，在服务群众中展现风采，树立了“为民务实清廉”的良好形象，党员干部在群众中的形象也明显改善。70 多岁的孙奶奶和老伴住在龙山路街道荣华里社区纺织站宿舍，家里固定电话突然没了声音，不知怎么修好，也不知找谁来修，好几天心急火燎。再加上担心远在广西打工的儿子一家人，老两口简直是度日如年，在职党员张刚家访时得知这一情况，马上联系联通公司技术员上门维修，孙奶奶拿起电话听到儿子的声音，激动得流下眼泪，半天说不出话来。居住在矿区街道北山社区 17 排的 81 岁老人侯医兰说：“咱们的在职党员和网格员端午节登门送粽子，夏天来了又上门帮着换纱窗帘，平常没事也过来问寒问暖。现在，为民服务的党员又回来了！”

三是助推了重点工作落实。通过推行区直单位在职党员“816 管理法”，最大限度地凝聚党员的智慧和力量，在棚户区改造、市南工业区规划建设、创建省级卫生城和全国卫生城中“夺标、创城、争名次、出经验”。针对市南工业区破产企业职工大部分居住在社区的实际，广大在职党员主动靠上做好所在社区职工特别是比较熟悉职工的工作，宣传政策，答疑释惑，帮助解决实际困难，加快了职工签订协议步伐。全区在职党员共配合协助完成了 780 余名职工协议的签订。市强源化工厂通过在职党员与职工顺利签订合同的超过三分之一，工作组第一组长、区民政局局长、党委书记刘小龙带领 9 名在职党员从身边的、熟悉的职工入手，很快打开工作局面。市水泥厂下岗职工多、签约难度大、工作进展比较慢，住在矿区街道北马路社区的下岗职工张建斌夫妇一直有顾虑，在职党员王亚敏多次登门讲政策、做工作，了解到老两口生活比较困难的实际后，又主动帮助跑腿办理了低保，热心耐心细心暖心的工作让老两口深受感动，终于在协议上签了字。中心街街道大观园社区在职党员、区卫计局王涛家住三角花园棚改片区，棚改工作开始后，他不但带头拆迁，还主动宣讲政策，带动同楼栋的 4 户居民签订了拆迁协议。中心街街道中兴社区在职党员、区第五纪工委书记王庆法家住太平街棚改片区，棚改进行伊始，他便率先签订了拆迁协议，充分发挥了党员的先锋模范作用。在创建国家卫生城市期间，广大在职党员深入服务网格，争作先锋，勇挑重担，连续两个多月放弃双休日、节假日，战斗在创卫第一线，工作在创卫最前沿，哪里有任务，哪里就有在职党员服务岗；哪里有拆违“硬骨头”，哪里就有在职党员干部冲锋在前；哪里有卫生死角，哪里就有在职党员挥锹清运的身影，用实际成效赢取了群众的信任和拥护。

四是促进了文明和谐社区建设。通过推行区直单位在职党员“816 管理法”，引导在职党员充分利用个人职业特点和个人专长，适时、适度参与社区建设，最大限度地凝聚了党员的智慧和力量，在促发展、增和谐、维稳定方面发挥了重要作用，成为社区建设上的一道亮丽风景线。垎塔埠街道官庄社区在职党员、市中区卫计局计生服务站站长杨凤玲和垎塔埠街道计生服务站站长赵德红创建的“计生服务谈心室”已投入使用，得到群众一致好评。中心街街道铁西社区在职党员成立了义务巡逻队，维护一方平安，成为社区一道靓丽的风景线。截至 2017 年底，全区各党员小组已组织开展讲座宣传、环境清理、义诊咨询、沟通交流、法律援助等各类活动 814 场次，直接参与党员达 10516 人次。

五是夯实了基层党建工作基础。社区党组织是党在城市社区全部工作和战斗力的基础，任何时候都不能放松。推行“816 管理法”让在职党员进社区参与社区党建工作，有利于推动社区党建规范化建设，提升社区党组织服务群众水平，增强社区党组织统筹协调和整合资源能力，加快构建社区大党建工作格局。在职党员到社区报到，不仅仅是基层的党员数量增加了，更重要的是基层党组织的战斗力也在成倍地增加，区直、市直在职党员了解政策多、思维方式新、组织能力强，让他们结合自身优势和工作特点，认领社区志愿服务岗位，加入社区党员志愿服务队伍，通过他们智力、人脉、资源优势的发挥，一改社区党建工作的单一和单调，逐渐形成了形式多样、内容丰富的社区党建工作新模式。

六、经验启示

（一）加强基层党建工作必须强化问题导向。党的工作最坚实的力量在基层，突出的矛盾和问题也在基层，加强基层党建工作，必须强化问题意识，对重点难点问题不回避、不松手，找准症结所在，立足基层实际，以“钉钉子”的精神，抓住不放，下大气力解决，才能在解决实际问题中补短板、抓创新，提水平。这就要求基层党组织必须增强抓好基层党建工作的政治自觉和行动自觉，聚精会神抓基层党建，不断夯实基层基础，提高基层党建工作水平。

（二）推动基层党建工作需要找准着力点。推行“816 管理法”的实践，整合资源向社区聚力，充分激发了基层党建活力。实践证明，推动基层党建工作，要善于抓住重点，找准着力点，立足实践，精心设计载体，开展工作有具体抓手。搞好社区党的建设这一中心工作，达到“推动发展、服务群众、凝

在职党员、医生薛源为居民分析X光片

聚人心、促进和谐”的目标，除了抓好直管党员这一基本面外，还应该抓好在职党员这个基本面。在职党员不仅要在各自的工作单位各岗位上发挥模范、带动和示范作用，也应该在社区彰显党员的作用，做出党员的表率，亮出党员的风采。实践证明，“816 管理法”是凝聚在职党员推动社区党的建设的有效载体，是落实党的群众路线教育实践活动的一种长效机制，是保持共产党员先进性的一个重要抓手。

（三）基层党建工作必须根植群众才有生命力。根植于群众的党建特色之举，总是最具生命力和持久力。干工作要学会换位思考，换位才不会缺位。推进基层党建工作，最终落脚点在于让群众满意。如果谋划推进工作不从群众出发，即使发再多的文件，开展再多的活动，自顾自唱，搞体内循环，群众感受不到什么，就不会从内心深处去配合、去支持、去拥护。只有坚持围绕服务群众来开展工作，基层党建工作才会保持鲜活的生命力，才能把群众凝聚在党组织周围，夯实党的执政基础。

（四）基层党建工作必须要有完善的制度做保障。在职党员进社区，是在新形势下贯彻落实党的群众路线，推进城市基层党建工作创新发展的有益探索。“816 管理法”之所以能够常态化、长效化开展，关键是有完善的制度作保障，需要从制度、技术、组织等方面入手，建立报到登记、服务记实、沟通反馈、评价激励、调研督查等一系列相配套的制度体系，构建长效机制，将在职党员进社区服务情况作为各级党组织书记党建述职评议的重要内容，作为各单位文明创建、绩效管理和党建目标管理考评，党员评优评先、晋级晋职和推选“两代表一委员”的重要依据，让在职党员进社区工作可持续，从而进一步加强和改进在职党员教育管理服务，真管真严、敢管敢严、长管长严，从而更好地发挥党员先锋模范作用，保持和发展党的先进性和纯洁性。

审稿人：李　军

撰稿人：赵奎东　宋　名

光明路街道东盛社区在职党员到社区认领岗位

峄城区改革开放实践综述

中共峄城区委

峄城区位于枣庄市南部，旧称峄县，自西汉设县以来，在历代兴替沿革中一直是州县治所。1962年建制为市辖区，总面积636.8平方公里，现辖5个镇2个街道、344个行政村（居），总人口42.8万。中共十一届三中全会以来，峄城区在市委、市政府的正确领导下，始终坚持以经济建设为中心，不断解放思想、深化改革，艰苦奋斗、拼搏进取，经济和社会各项事业均取得了令人瞩目的巨大成就，两千年古城重新焕发出勃勃生机。

一、峄城区改革开放发展历程

1978年，中共十一届三中全会召开，一股改革开放的清风吹遍神舟大地，开启了一个崭新的历史进程。峄城区也和全国其他地方一样，以改革推动发展，以开放引领前行，进入了社会主义现代化建设的新阶段，到如今已走过了不平凡的40年。回首改革开放之路，大致可以分为5个阶段。

（一）改革开放拉开序幕，经济社会发展秩序逐步恢复正常（1978年12月—1982年8月）

这一时期，是改革的初步探索和思想准备阶段，主要是根据中共十一届三中全会精神，围绕恢复经济和“拨乱反正”为主要内容的政治整顿，把工作重心由阶级斗争转移到经济建设上来。

1. 贯彻“调整、改革、整顿、提高”八字方针，积极推动工作重心转移。1978年2月，峄城区委召开“一批两打”动员誓师大会，为下一步推动国民经济全面跃进，促进工农业生产高速发展创造了有利条件；7月区委对农村经济政策进行普遍调查；8月根据峄城区《1978—1985国民经济发展规划》，提出了多种经营发展规划。1979年，按照“调整、改革、整顿、提高”的八字方针，围绕国民经济调整，对农业生产、工厂企业管理等工作进行优化部署，提出依据经济规律办事，集中力量抓经济工作，切实实现了工作重心转移。是年峄城区农业获得空前丰收，粮食总产量达到1.85亿斤，平均亩产比上年增加46斤；油菜籽总产量达到100多万斤，比上年增加30多倍；每个农业人口平均增收22元；多种经营收入实现2400万元，比上年增长33%；全区90%以上的农户增加了收入，得到实惠，广大社员称心如意，情绪高涨。到1982年，全区工农业总产值实现15532万元，比1978年增长91%，财政收入达到760.4万元，比1978年增长105%。

2. 实行家庭联产承包责任制改革，全面解放农村生产力。1980年前后，开始实行以农村家庭联产承包责任制为主的经济体制改革，打破了原来的“大集体”“大锅饭”现象，克服了经营管理过程中集中和分配上的严重平均主义。1981年，峄城区农业联产制进一步发展和完善，由农业联产到林牧渔业联产；由比较困难单位包干到经济发达的单位包干；由“光屁股”大包干到几统一下的大包干。到1982年底，全区实行大包干责任制的生产队共有1322个，达到98%。农业生产变为分户经营、自负盈亏，做到了有统有分，统分结合，既发挥了集体经济的优越性，又激发了农民个体经营的积极性，受到农民的普遍欢迎，这一年人均占有粮食首次突破500公斤，农民人均纯收入由1978年的50元，上升到252元。

3. 通过“真理标准”大讨论，有序恢复政治和社会秩序。1979年9月，峄城区委、区政府通过“真理标准”的讨论，摒弃了以阶级斗争为纲的错误理论，确立了实践是检验真理的唯一标准。坚持解放思想，开动脑筋，实事求是，团结一致向前看的指导方针，教育大批干部正确对待过去的人和事，平反了历史上遗留下来的冤假错案。同年，区委人民武装委员会得到恢复。1980年，区委对历次运动，特别是“文化大革命”中受审查处理的4830名干部群众进行了复议，对冤假错案予以平反纠正，为2628名劳动守法的地主富农分子摘掉帽子，属于错划错管的作了纠正。通过一系列的举措澄清了重大政治是非，恢复发扬了党的实事求是的优良传统和作风，增强了党的团结，密切了干群之间的关系，巩固和发展了安定团结的大好形势，调动了各方面的积极因素。在这一背景下，峄城区的科教文卫等社会事业也开始逐步得到恢复发展。1980年5月，峄城区革委发出《关于改善民办教师待遇和减轻其负担的通知》，决定按照国家规定，每月拨给民办小学教师补助费13元，中学教师补助费16元，规定生产队不要向民办教师另外摊派集体农业生产任务；9月，成立峄城区城市建设规划领导小组，统筹负责城市建设相关工作；11月，峄城区委、区革委就劳动就业工作提出工作意见，决定成立劳动服务公司，具体做好全区的劳动就业工作，提出在前两年安置待业人员1000人的基础上，今后5年再安置就业人员2000人；11月，峄城区教育局作出《关于大力发展农民教育的意见》，要求逐步扫除全区36000多名文盲，切实做到“一堵、二扫、三提高”。1982

年 12 月，科协第一次代表大会召开，对提升公民科学素质，推动全区工农业生产发展起到了重要作用。

4. 开展思想政治教育，大力纠正党员干部作风问题。“文化大革命”期间，党的优良传统和作风遭到了严重破坏，纪律废弛，个人主义、无政府主义思想泛滥，一些干部中还滋生了腐败现象。1979 年，峄城区委提出转变作风的 7 条规定。1980 年，以五中全会精神、《关于党内政治生活的若干原则》和党章修改为主要内容，围绕做合格党员，开展了一次全区思想政治路线教育，进行了一次“小整风”，为加速峄城各项事业的向前发展提供了良好作风保障。1982 年对部分干部中存在的贪污受贿，把国家财产窃为己有的违法犯罪行为进行了严查狠打，维护了党的威信。是年，峄城区精神文明建设领导小组成立，广泛深入组织了“五讲四美”活动，社会主义精神文明建设蓬勃开展。

（二）改革开放全面展开，由农村向城市以及整个经济领域全面推进（1982 年 9 月—1992 年 1 月）

1984 年 4 月，峄城区 15 处人民公社改为乡镇，生产大队改为行政村，其职能也进行了重新定位，至此人民公社解体。同期，国有企业、商品流通、财税金融等重大改革也相继启动，改革由农村向城市以及整个经济领域全面推进。

1. 完善农村生产责任制，进一步深化农业农村改革。1984 年，峄城区委、区政府作出《关于大力扶持发展“两户一体”的决定》，大力扶持专业户、重点户和联合体，以此带动了整个农村经济的繁荣发展。农村生产责任制从过去单纯的大包干开始注重多种经营，越来越多地涌现出专业户、联合体和村级合作企业，形成了多层次的农村合作经济。农村产业结构得到调整，在稳定粮食生产的同时，扩种棉花、桑蚕、林果、瓜果、蔬菜等经济作物，形成了峄城、肖桥、萝藤、曹庄等蔬菜生产基地。这一时期，商品经济发展开始起步，种植业结构、农林牧渔业结构和整个农村经济结构发生了显著变化，经济作物播种面积占农作物总面积的比重大幅提升。1989 年峄城区被国家定为商品粮生产基地，1990 年成为全国粮食生产先进单位，初步改变了靠天农业的落后状况。

2. 启动国有企业改革，推动改革向城市和经济领域延伸。改革的重点是把原先作为政府附属物和计划经济指标被动执行者的国营企业，改革为独立核算、自主经营、自负盈亏的经济主体，从增加工资、允许发放奖金开始，逐步引入经济奖励机制，极大地激发了国有企业潜在的活力和动力。1986 年，峄城区全面推广王庄乡承包经营的经验，通过推行经营承包制、厂长负责制等对企业进行改革，引入竞争机制，及时纠正了企业干部长期吃大锅饭的问题。1990 年按照“稳定政策、兴利除弊、分类指导、多做贡献”的指导思想，对企业承包经营责任制进行了完善和发展，开展了新一轮承包，同时对承包期限和范围作了 12 条规定，促进了峄城工业生产的稳步增长。

3. 立足自身资源禀赋，全力提升经济综合实力。工业体系初步建立。这个时期开始有计划地开发煤炭、建材等资源，初步形成了以煤炭为依托，以石膏、水泥、化工、轻纺、玩具为骨干，以农副产品加工为辅助，以外向型经济为主导的工业体系。1992 年底，峄城区工业总产值达到 13985 万元，工业产品共有 24 个门类、120 多种产品；其中石膏产量占全国产量的五分之一，远销东北及江浙各省，长毛绒玩具占全省产量的三分之一，出口 20 多个国家和地区。1991 年，峄城区委、区政府制定发展横向联合，鼓励外商投资来峄城开发农业资源新办法，共 24 条，吸引了大批外商，新建 3 家三资企业，15 个乡镇均建有出口创汇企业，出口产品 7 大项 300 多个品种，远销欧美及亚洲等十几个国家和地区。旅游开发大步向前。1984 年，按照“六点一线一日游”（开辟 18 公里的榴园旅游区路线，建设青檀寺、一望亭、园中园、三近书院、匡衡墓、娘娘坟六个景点）的格局，峄城区委、区政府向市委、市政府提出了开发峄城万亩榴园旅游区的建议。1985 年，经市政府正式批准，开始组织实施。1986 年，建设成效显著，被省旅游局定为旅游区。据统计，自 1985 年峄城万亩榴园旅游区开放到 1992 年，共接待中外宾客 80 多万人次，其中来自美国、英国、德国、苏联、意大利、西班牙、日本、朝鲜、韩国、新加坡等 30 多个国家和地区的友人近千人次。同时，在万亩榴园旅游区还成功举办了枣庄榴花会、青檀古庙会、榴园商贸促谈会、榴园散文笔会、枣庄石榴节等节会。1986 年峄城区政府成立了峄城区旅游事业管理处，先后制定了《景区管理规则》《关于加速开发建设旅游区的决定》和《榴园景区管理的规定》等，有力促进了峄城旅游业的发展。第三产业应运而兴。随着经济的快速发展和国民收入的大幅度增加，第三产业得到了长足的发展。“行路难”“通讯难”“购物难”“吃饭难”“住宿难”“娱乐难”等诸多问题逐步得到解决，在繁荣城乡经济、服务人民生活、推动社会进步等方面发挥了重要的作用。城乡建设拉开框架。城市建成区面积大幅拓展，各种基础设施基本齐全，具有较强的吸引力和承载力。特别是 1991 年，开展了全方位目标管理和“齐鲁杯”竞赛活动，大大加快了城乡建设步伐。坚持新区开发与旧城改造并举的方针，制定了《峄城区解决城镇住房特别困难户目标规划》《峄城区解决城镇住房特别困难户的实施办法》，修缮房屋 3.05 万平方米。各乡镇驻地的集镇建设也取得显著成效，具有较强的带动和辐射功能。底阁镇加快文明村镇建设，跨入全市小城镇建设的先进行列，被省电视台拍摄成电视新闻在全省播放，受到省市领导好评，在全省小城镇建设会议上作了经验介绍。

4. 紧跟时代步伐，大力发展科教文卫等社会事业。响应国家大力发展科教文卫事业的号召，实行“科教兴峄”

的方针，大力发展教育事业。1985年完成农村中小学校貌改造，结束了“黑屋子、土台子”的历史，被评为全省先进单位；9月10日，峄城区召开庆祝第一个教师节大会，表彰了教育系统先进集体和先进个人。医疗卫生事业成绩显著，地方病和传染病得到全面控制，各级医疗机构健全，设施配套逐步完善。1985年12月，峄城区人民医院门诊大楼建成，建筑面积3700平方米，总投资70万元，到1992年底，共有医疗卫生机构21个，其中医院18处。群众文化悄然兴起，工人文化宫、老干部活动中心、剧场、舞厅、音乐厅、游艺厅等丰富着人们的业余文化生活。实行治安联防、民间调解、普法教育“三位一体”的社会治安综合治理。从1983年8月，全国统一开展三年严打，到1986年，共进行3个战役10次打击活动，刑事案件发案率控制在万分之一以内。1990年黑龙江、河南等省和山东省的十几个市县政法部门代表到峄城区参观取经，新华社对此进行了报道。

5. 加强党的建设，持续密切与人民群众的血肉联系。1983年，出台党员“十带头”，制定《关于端正党风的八条规定》，切实发挥党员在社会主义现代化建设中的模范作用。1990年，峄城区委、区政府作出《关于组织党政机关干部下基层工作的决定》，组织党政机关干部到基层去，改善党群关系和干群关系，加强党同人民群众联系，提高干部素质，加速机关革命化建设。自4月开始，区直76个单位共164人到基层帮助工作，为基层调整充实村级班子25个，完成村庄规划6个，修渠5000米，打井配套8眼，兴建工副业项目6个，发展科技养殖户200余个，取得了显著成效。

（三）改革开放持续深入，经济体制由计划经济开始向市场经济转型（1992年1月—2002年11月）

1992年初，邓小平南方谈话深刻回答了长期困扰和束缚人们思想的许多重要思想理论问题，特别是社会主义与市场经济的关系问题。是年10月党的十四大召开，明确提出我国经济体制改革的目标是建立社会主义市场经济体制，改革开放由此进入了以创立社会主义市场经济体制基本框架为核心内容的综合改革阶段。

1. 贯彻中央决策部署，加快社会主义市场经济体制建立步伐。以邓小平同志南方谈话为契机，带来了一次新的思想大解放。1993年中共十四届三中全会通过《中共中央关于建立社会主义市场经济体制若干问题的决定》，彻底消除了个体私营业主的顾虑，给民营经济发展以极大鼓舞。1994年，峄城区委、区政府作出关于加快发展农村社会主义市场经济的决定，按照市场需求和资源条件确定农业产业发展具体道路，实行区域化布局、专业化生产、一体化经营、社会化服务、企业化管理，逐步形成种养加、供销产、农工商、内外贸、农科教一体化的生产经营体系。采取宣传引导、政策激励、服务驱动的办法，积极引导和大力发展个体私营经济。2002年，峄城个体工商户达到 2332 户，私营企业发展到 225 家。

2. 激发发展活力动力，深入推进各项综合改革。1994年国地税机构分设，教育、医疗、保障、住房改革也逐步推进。同年，峄城区企业产权制度进行改革。采取股份制、折股出售、转让拍卖、企业兼并、委托经营、改造、嫁接、破产等10种形式对企业产权制度进行改革，并把先出售后改制，折股出售作为改制重点。是年国务院下发《关于深化城镇住房制度改革的决定》，峄城区的住房制度改革开始向前推进，逐步实现住房商品化、社会化。由此，峄城区的房地产市场开始迅速升温，逐步成为推动投资增长的一大亮点。1996年确立分税制财政体制，增强了财政的宏观调控能力，财政收入2002年达到8226万元，比1978年增长20倍。为减员增效，1998年进行乡镇机构改革，清退临时工572人，年节约开支600余万元。率先在全市把企业改革的着力点放到明晰产权和搞活机制上，通过租赁、出售、兼并、破产等形式进行改制，于1999年底完成企业改制，盘活资产4.48亿元，募集股金1.22亿元，安置下岗职工2761人。2002年3月，进行了以“精简机构，提高效率”为目的的区乡两级党政机构改革，峄城区各级党政机关办事效率和服务水平明显提升。

3. 加快经济发展步伐，促进社会全面进步。随着社会主义市场经济体制逐步建立，峄城区经济建设进入高速发展阶段，社会建设进入新阶段。确立农村经济主攻方向。1992年，峄城区委、区政府通过学习中共十三届八中全会的决定，从实际出发，确立了抓好中低产田开发、“三万一稳”（建成一万亩大棚蔬菜、扩种万亩土豆、建成万亩桑园、稳定棉花面积）和乡村工副业的峄城农村经济主攻方向，农村经济发展步伐加快。2012年，峄城区农业增加值达到6.21亿元，相比1992年实现翻番。全面提升综合实力。大胆完善优惠政策，优化人才环境，全方位、多形式的引进国内外的精兵强将，推动峄城改革和建设超常规、跨越式发展。2002年，峄城区GDP、固定资产投资、限额以上工业增加值、社会消费品零售总额分别达到25.9亿元、5.5亿元、6.9亿元、6.6亿元，分别是1992年的3.7倍、4.5倍、3.7倍、2.9倍。强化城市规划建设。完成《峄城区总体规划》，并在总体规划的指导下完成了给排水、防洪、环卫、绿化、消防等专业规划的编制，为城市建设提供了科学的依据。实施了榴园路、丰源路、承水路、坛山路、宏学路、峄山路的修建改造以及红旗渠的清淤和老城区文昌街、文明街、明德街的疏通等工作，强化城市下水道等管网以及路灯、绿化等基础设施建设，城市基本功能日渐完善。1998年，以两路（坛山路、桃花路）、一园（承水公园）、一点（桃花转盘）为重点，开展全民造绿工程，城区绿化明显改善。2001年初峄城区实行了乡镇合并，新的行政区划调整后，峄城区辖3镇2乡2个办事处。是年调整了阴平镇的小城镇规划，全部小城镇商贸房开发6.4万平方米。积极扩大对外贸易。依托外向型企业和创汇农业基地，出口玩具、毛笔、工艺品、服装等20多个系列、80多个品种的产品和有关农副产品。1992年毛绒玩具出口占全省出口总量的二分之一。1994年峄城区三资企业达到48家，已经初步形成玩具、礼品、工艺品、针纺织品、土畜产品等8大创汇集团。同时把选拔培养外向型经济人才作为扩大对外开放、振兴外向型经济的根本性措施来抓，全面实施“人才带动战略”，促进了峄城区外向型经济的迅猛发展。到1994年共从科研单位、大专院校、大中型企业引进外向型经济人才1200多名，在发展外向型经济中发挥了骨干作用。1997年有两家企业被外经部授予“自营出品权”企业，2002年峄城区外贸进出口总额突破亿元大关。本阶段旅游经济开始快速发展，成为扩大开放的重要手段。2002年，共接待游客42万人次，实现门票收入100万元。大力发展社会事业。抓好基础教育和职业教育，多渠道筹措资金，扩大办学规模，完成农村中小学标准化建设。高度重视科技发展和人才建设，1994年，峄城区委、区政府作出《关于选拔、管理专业技术拔尖人才的试行意见》，积极改善拔尖人才的工作、学习和生活条件，极大激励了广大知识分子献身四化的热情，形成了“尊重知识、尊重人才”的社会风气。1994年，峄城区电视台、有线电视台正式开播，标志着峄城区广播电视事业又跨上一个新台阶。

4. 提升党员干部素质能力，大力夯实党的基层基础。继续实行干部下派包村制度，抽调50名区直机关干部到左庄和甘露沟两个乡的20个先进和落后村工作，使农村的党组织建设得到明显加强。开展“学党章、讲奉献，做合格共产党员”和“学雷锋、创十佳”活动，组织基层党员干部到市区两级党校和外地学习交流培训，广大党员干部的素质普遍得到提高，推动发展的能力得到增强。加强企业党的建设，提高了企业党组织的战斗力。1994年峄城区领导干部帮包企业工作全面展开，区、乡两级分别成立了帮包领导小组，帮包干部全部深入到帮包厂、矿，通过加强企业管理、新上项目扩大再生产，积极帮助困难企业争取资金、协调难题，实现扭亏为盈。同时，强化从严治党，突出党的纪律建设，对违反政治、经济及组织纪律的人严加查处，为峄城区发展建设营造了良好的环境。

台湾工业园项目开工奠基仪式

（四）加快推进社会主义现代化，全面小康社会建设迈入新阶段（2002年11月—2012年11月）

2002年11月，党的十六大召开，确立了“三个代表”思想的指导地位，同时提出用20年时间全面建设小康社会的具体目标。在党中央的号召和带领下，峄城区进入了全面建设小康社会，加快推进社会主义现代化的新发展阶段。

1. 探索建立现代企业制度，推进改革进一步挺向纵深。2003年中央提出要使股份制成为公有制的主要实现形式。为此，峄城区企业改革在租赁破产、联合兼并等多种尝试的基础上，转向建立“产权清晰、权责明确、政企分开、管理科学”的现代企业制度为主，丰源和福兴等企业迅速壮大为企业集团。2006年，在国有企业中推行企业经营者年薪制，制定了国有资产监督管理办法，规范了国有企业管理行为。广开融资渠道，建立了城市投资公司、宏通企业信用担保公司和旅游投资公司，实施贷款周转金制度，丰源集团成功发行短期融资券4亿元。加大银企合作力度，推行钢结构资产抵押贷款新模式，工商银行峄城支行正式成立，初步形成了多元化的投融资机制。进一步改革完善镇街财政管理体制，理顺了区镇两级财政分配关系。对各镇（街）、各部门的工作实行月调度通报，使政府工作进一步规范化、制度化和科学化。2009年相继对区福利厂、毛巾厂等企业依法实施破产后，全力做好职工安置、低保争取、“三拖”资金兑现等相关善后工作。同时开始着手进行部分企业的上市筹划工作，12家企业纳入上市资源后备库。同时，农村改革不断深化。2008年，在全市率先成立农村工作指导委员会，设立了三农服务中心，在镇（街）、村（居）成立了为农服务超市和行政代办点，这一经验和做法被新华社《内参选编》刊发。

2. 搭建招商引资平台，提高对外开放水平。随着2001年国家加入WTO，峄城区的对外贸易也进一步得到迅猛发展。2002年峄城经济开发区开始建设，2006年被命名为省级开发区。同时规划建设了台湾工业园、机械装备工业园和浙江工业园，形成了“一区三园”的园区格局，对外开放和招商引资的平台作用更加显著。天龙针织、北钛河陶瓷、珀默珀尼卡果汁、丰源轮胎制造、神工集团、瑞兴鞋业等一批优良项目相继落户。2008年受金融危机影响，峄城区外贸进出口和招商引资工作受到很大冲击，峄城区委、区政府立足峄城实际，审时度势，树立全民招商和招大招强的战略思想，建立招商引资长效机制，圆满完成了上级下达的各项任务目标。2008年，共签订合资合作项目95个，实际到位外来资金32亿元，同比增长20%；外来固定资产投资25.5亿元，占年度任务目标的106.4%，同比增长18%。2010年10月，设立峄城区商务局，将原峄城区对外贸易经济合作局职责及原峄城区服务业办公室的内贸职责划入商务局，以加强内外贸结合，统筹两个市场，促进统一、开放、竞争、有序的现代市场体系的建立和完善。2011年，共举行2次招商项目集中奠基活动，奠基项目17个，总投资额17.1亿元。

3. 加快三次产业协调发展，促进经济又好又快增长。扎实推进农业农村建设。按照“多予、少取、放活”和“工业反哺农业、城市支持农村”的方针，大力发展农村经济、改善农村面貌、培育新型农民，扎实推进新农村建设。2006年免除了农业税，结束了峄城人民交公粮的历史。同时，随着粮食直补、良种补贴、农机具购置补贴、农资综合直补等一系列惠农政策的实施，促进了农业的大发展。2010年峄城区委出台了《关于大力培育特色产业加快发展镇域经济的意见》，加快发展石榴、桑蚕、肉牛、大枣、浅池藕等特色产业，逐步形成一镇一业、一村一品的格局。2010年，峄城区政府印发《关于推进农村土地承包经营权流转的意见》，出台对土地规模集中流转的财政补助政策。2011年，制定《关于促进农民专业合作社规范化建设的意见》，组织开展农民专业合作社规范化创建活动。至2011年底，累计发展农民专业合作社200余个，入社农民5200余户，辐射带动农民16000余户，流转土地44161万亩，占耕地总面积的10.4%，农业发展活力逐步增强。大力实施工业转型振兴。大力发展特色产业，形成了石膏建材、石榴开发、临港物流、玩具加工、机械加工等7大特色产业集群。2007年，把大企业、大集团建设摆在工业经济的首位，全面启动了以“培植百亿龙头、推进十亿板块、发展亿元群体”为主要内容的工业振兴计划。丰源集团逐步成为集煤炭、水泥、热电、物流、医疗保健等于一体的现代化企业。2011年成为全市地方企业上缴税金第一大户，位居全国煤炭百强企业第69位，中国水泥50强。福兴煤矿成功组建福兴集团，实现了优化组合。同时，强势推进峄州大酒店、矿山机械设备、冠世榴园风景区开发等项目建设，走出了一条资源型企业成功转型之路。2011年底，规模以上工业企业发展到197家，其中，过亿元企业102家。积极开展“全民创业”活动，大力实施“2231”工程和中小企业成长计划，鼓励民营企业在发展中提高，在提高中发展。出台了《民营经济优惠政策》和《加快服务业发展的实施意见》等文件，民营经济和第三产业得到快速发展。民营企业达到2869家，营业收入310亿元。纳米高岭土、布莱特辉煌新能源、地平线建筑节能材料等民营企业茁壮成长。全面提升旅游服务业发展水平。以打造“冠世榴园、匡衡故里”城市旅游品牌为目标，按照“政府主导、市场运作、多元投入、放开经营”的工作思路，大力实施中华石榴文化博览园、仙山温泉、仙山疗养院、古运荷乡生态园等景点扩建工程和酒店餐饮配套设施建设，完成冠世榴园景区企业化改制，初步形成了“三大板块同抓并举，一线三区一日游”的格局。坚持文化与旅游相结合，主动融入“江北水乡·运河古城”旅游大格局，深入挖掘石榴文化、运河文化、匡衡文化、荀子文化、金瓶梅文化等内涵，紧紧抓住“二日游”机遇，成功举办了榴花节、石榴采摘节、畅游京杭大运河等节会活动，汇聚了更多的人流、物流、资金流和信息流。2007年冠世榴园获批国家AAAA级景区，成为枣庄市第一家。2011年，峄城区旅游局和服务业办进行整合，成立峄城区旅游和服务业发展局。组建了冠世榴园旅游开发公司，初步实现了旅游开发和经营的市场化运作。2012年峄城外来游客162万人次，实现旅游综合收入1.1亿元，三产服务业实现增加值7.23亿元，占GDP比重达到27.9%，对经济社会发展的贡献率不断提升。

4. 科学编制城乡规划，提升城市建设质量和水平。确立了“以水为轴、东西拓展、向北靠拢”的城市建设总体布局，按照“两个三年规划”的目标定位，聘高手，请专家，完成三片新区6平方公里的控规、详规，2012年城区面积扩大到13平方公里，峄城人民有了自己的公园、广场、汽车站、星级宾馆和新型住宅小区。随着一大批重点城建工程的实施，逐步拉开了城市发展新框架。在全市率先实施了“先建后拆、拆建结合、以建促拆”的棚户区改造模式，2010年，全面启动孔村、候桥、岳庄、徐楼岳台、凤鸣山庄等7个片区棚改工程，全年完成拆迁60万平方米，新建房屋76万平方米。研究制定了加快推进镇域经济发展规划，提出了“5年两步走”的发展思路，镇域经济全面壮大。古邵镇发挥沿运优势，突出临港物流特色，确立了“新型城镇—港航物流—产业园区”融合发展战略。榴园镇发挥地缘优势，以服务冠世榴园景区为依托，确立了“生态旅游小镇”的发展定位。其他镇街也依据各自基础和特色，高质量地完成了小城镇建设总体规划。这一时期，由于城乡建设带动，房地产业迅速发展膨胀，房地产市场火爆繁荣，施工面积、竣工面积、销售面积持续攀升，成为拉动经济增长的重要引擎。2011年，峄城区房地产开发投资2.7亿元，全部为住宅开发投资。开发建设的住宅项目有明珠花园、凤鸣山庄、仙坛名居、金牛三期、贵泉明珠。至年底，峄城区房屋施工面积为90.66万平方米，销售面积13.2万平方米，销售额3.6亿元。

5. 坚持保障改善民生，着力增进人民群众福祉。坚持把改善民生作为一切工作的出发点和落脚点，以增加社会就业、强化社会保障、提高人民收入水平为重点，以弱势群体和特殊群体为关注点，努力让发展成果更多惠及人民群众。集中财力解决群众最关心的上学、就医、养老等难题。城乡低保实现应保尽保，高龄老人补贴全市最高，农村五保老人集中供养规模达到80%，所有敬老院实现集中供暖。在全市率先成功创建山东省教育工作示范县，区直机关、事业单位人员和教师全额兑现“阳光工资”。新建区中医院综合楼和134个村级标准化卫生室，全面推行国家基本药物制度，所有镇街卫生院及村卫生室实行药品“零差价”，新农合参合率达99%以上。城镇登记失业率控制在3.1%以内，174个行政村建设了农民健身广场，80%的行政村通上了有线电视。全面实施城乡绿化“八大工程”，逐步形成“三山、一水、四湖、四系”的山水园林绿化体系，成功创建省级园林城市。广泛开展四德工程，开展了丰富多彩的群众性文化活动以及群众性文明创建评选活动，城市的文明程度和市民的文明素质显著提升。开通峄城汽车站至枣庄联通换乘中心BRT，21路公交延伸至仙人洞风景区，居民出行更加方便快捷。2012年底，峄城区城镇居民人均可支配收入和农民人均纯收入分别达到6493元、3080元。

6. 全面加强党的建设，增强各级党组织的战斗力、凝聚力和创造力。先后开展了解放思想大讨论、干部思想作风整顿、“勇于创新求突破、转变作风抓落实”以及“创先争优”等一系列学习实践活动，深入抓好党风廉政建设。健全完善了领导责任分层推进机制，全面推行党务公开，各级领导干部驾驭全局的能力、科学发展的能力、依法行政的能力、狠抓落实的能力明显提高。创新基层组织建设，对村居支部书记实行星级化管理。机关、企业等基层党组织建设进一步加强，战斗堡垒作用得到充分发挥。严格按照“标本兼治、综合治理、惩防并举、注重预防”的工作方针，紧贴中心、服务大局，反腐倡廉工作取得明显成效，为维护改革发展稳定大局，促进经济和各项社会事业发展发挥了重要作用。

（五）“幸福新峄城”建设稳步向前推进，全面小康社会进入决胜阶段（2012年11月至今）

2012年党的十八大召开，党中央提出了实现国家富强、民族振兴、人民幸福的中国梦。2017年党的十九大召开，提出不忘初心，牢记使命，高举中国特色社会主义伟大旗帜，决胜全面建成小康社会，夺取新时代中国特色社会主义伟大胜利，为实现中华民族伟大复兴的中国梦不懈奋斗。全国各地区和广大人民群众在中国梦的引领下、鼓舞下，积极投身社会主义现代化建设新的伟大征程之中，掀起了一个推动经济社会各项事业全面发展的崭新高潮。2012年1月，峄城区第九次党代会召开，确立了“一三五七”的总体工作思路，提出了建设富庶、生态、文化、活力、安康的“幸福新峄城”的目标。2017年1月，峄城区第十次党代会，号召全区广大党员干部群众忠诚担当、拼搏实干，为决胜全面小康建设宜居宜业新峄城而努力奋斗。围绕这一目标，峄城区上下砥砺奋进、拼搏进取，经济社会发展进入全面建成小康的崭新阶段。

1. 强化主要领域四梁八柱性质的改革，推动发展活力持续释放。十八届三中全会后，中央成立全面深化改革领导小组，习近平总书记担任组长，对改革路上的“硬骨头”开始进行重点突破。改革涉及方方面面，对我国经济发展和民生改善产生了巨大的推动作用和深远的社会影响。峄城区成立了深化改革领导小组，设立区委改革办，全面负责峄城区的改革相关事宜，改革进入了一个新的阶段。深化“放管服”改革。进一步简政放权，给市场让出更大空间，持续释放市场活力。推行权力清单制度，厘清了行政权力和责任边界。全面推开落实营改增，切实为企业减轻负担。加强区级融资担保体系建设，为企业发展提供资金担保，农村改革步伐加快。2012年，作为国家农村改革试验区和全省农村金融改革试点区，峄城区开展了以农村土地使用权产权化并允许其抵押担保融资为突破特征的农村土地使用产权制度改革，规范土地有序流转，开

2012年1月，峄城区第九次党代会召开

展农村集体经济组织产权制度改革和农村宅基地有偿流转机制，全面实施农村承包土地确权登记颁证。2017年，新发展农民合作社54家、家庭农场38家，流转土地13.21万亩，建成为农服务中心5个，农村集体产权制度改革稳步推进，农村土地承包经营权确权登记基本完成。大力深化国企改革，组建成立宇兴公司，丰源集团现代企业制度逐步健全，顺利完成董事会换届。2016年中央提出供给侧结构性改革后，按照中央“三去一降一补”的要求，全力化解过剩产能，降本增效，坚决关停小煤窑、小炼钢、小化工等土小企业，煤炭、水泥等行业在峄城经济社会发展中的占比不断降低。稳妥推进峄城经济开发区体制机制改革。完善公共服务配套，提升承载能力，产业集中度和竞争力得到增强。加大金融改革力度，引导福临门家居、至驰信息技术、天柱五金鞋材3家企业顺利完成股份制改制。

2. 坚持引资与引智有机结合，推动对外开放迈向更高层次。围绕国家“一带一路”和省西部经济隆起带战略，不断加快对外开放步伐。2012年出台《关于进一步加强对外开放招商引资工作的意见》，坚持把招商引资作为“天”字号和“一把手”工程不动摇，在积极引进资金、技术、人才的同时，走向区外，获取能源资源，开拓市场，积极在更大范围、更广领域和更高层次上参与区域经济合作和竞争。2015年制定《关于进一步深化新形势下招商引资工作的实施意见》，围绕“项目兴区”，以“招大引强、招高引新、招群引链、招才引智”为导向，大力开展点（项目）、线（产业链）、面（产业集群）立体式“产业战略招商”，先后引进中联集团、山东能源、华电国际、山东海投等国内大型企业到峄城投资兴业，一批事关发展、事关长远、事关民生的大项目、好项目相继落户峄城，为经济社会发展注入强劲动力。强化引智工作，共引进高端技术人才200余人次，形成了丰源集团清华科研工作站、汉旗北大科研工作站、石榴研究院博士后创新基地等一批科研创新平台。2014年出台优化营商环境的20条规定，压缩审批时限、提升办事效率，规范检查行为，严禁干扰企业经营秩序，为招商引资营造了良好环境。2016年，全区外贸进出口总额达到1.8亿美元，市政府专门发来贺信，外贸企业达到120多家，形成了以山东丰源轮胎为龙头，普鲁斯皮革、南洋服装等十余家企业为骨干的“一超多强”进出口格局。2017年，高规格成立区产业招商促进中心，组建专业产业招商组17个，列支专项经费300万元，外出招商310余次，引进中国电建、杭萧钢构、浙江申联等央企名企到峄城投资兴业。与上市企业青岛海联金汇达成合作，成功盘活汽车模具资源。促成淮安港务与巴西沃特兰亭签约，华沃水泥重启经营。投资2.2亿元的超福钻石饰品项目实现出口9440万元，投资7000万元的盈纳电子项目落地建设，可年产电源适配器1500万只。

3. 不断加快“转调创”步伐，推动产业转型升级。峄城作为资源型城市，长期以来对“一黑一灰一白”（煤炭、水泥、石膏）等资源开发过度依赖，导致初级产品和传统产业占比过大。随着经济社会的发展、资源的枯竭、环保准入标准的提高，低成本资源和要素投入形成的驱动力明显减弱，依靠传统资源型产业发展的老路逐渐走到了尽头。为此，峄城区委、区政府积极进行调整，主动适应经济发展新常态，紧紧围绕“转调创”和深化供给侧结构性改革要求，不断加快产业转型升级步伐，先后提出了“一化引领、三业并举、产业集聚、保障民生”和打造石榴、橡胶、煤炭建材、港航物流“四个百亿产业”的目标，围绕支柱特色产业，全力抓转型调整，依靠科技、人才等要素，大力发展高新技术产业，走上了转型发展的新型工业化道路。调整优化传统产业。丰源集团顺应市场需求，积极推进水泥整合、橡胶重组，规划建设了总投资46亿元的丰源产业园，产业结构进一步优化。2015年4月2日，山东丰源生物质发电股份公司在新三板成功挂牌上市，这标志着丰源集团的发展掀开了新的一页。同时，也实现了枣庄上市企业的零突破，为峄城乃至全市中小企业拓宽融资渠道树立了成功典范。按照全市统一部署，完成申丰水泥与泉兴中联整合重组。华沃水泥完成股权转让，宏图特种水泥、阴平水泥骨料建成投产。扶持引导纺织服装、机械制造等产业，加快技改扩建，促进传统产业提档升级。纺织服装创新基地规模不断扩大，锦海伦、宇豪、艾美、唐帛等企业加快发展，纺织、印染、面料、成衣链条不断拉长，集群效应进一步凸显。鼓励扶持新兴产业。丰源轮胎坚持高端定位，突出技术优势，低温一次法炼胶、碳纳米管利用技术国际先进，“远路”品牌被评为中国橡胶工业协会2017年度推荐品牌产品，年产轮胎650万条，成功配套华晨、众泰、长安等主机厂，销售网络覆盖到全球100多个国家和地区，实现销售收入10亿元。汉旗科技安装先进生产线6条，拥有专利23项，年产IC器件12亿只。投资6亿元的枣矿中兴钢结构基地项目建成试生产，达产后年可生产钢管束构件6万吨，可满足100万平方米建筑用材需求，将成为鲁南地区最大的现代化建筑钢构产业基地。培育壮大特色产业。引进选育石榴良种16个，石榴系列产品达到10余种，石榴加工、销售相关企业发展到77家。培育农业“新六产”项目28个，石榴、大枣、核桃等特色产业迅速发展，“峄城石榴”被评为山东省知名农产品区域公用品牌。2013年、2015年先后召开第一届、第二届世界石榴大会，来自全世界16个国家和地区的石榴产业发展相关人士参加了盛会，极大提升了峄城的知名度和影响力。

4. 大力实施新型城镇化，推动城乡统筹发展。统筹推进中心城区、城镇和美丽乡村建设。2013年，按照中央要求部署，加速推进新型城镇化建设，制定出台了《关于推进新型城镇化加快小城镇建设的实施意见》。启动实施了

"一桥六路"建设。福兴桥、滨河东路、福兴东路、仙坛南路建设有序推进，滨河西路、凤凰东路、峄州东路基本达到通行条件，城区路网框架全面拉开，居民出行更加便捷。抢抓国家棚改政策难得机遇，积极稳妥推进棚户区改造，改造桃花源、牌坊街等棚改片区，一大批居民迁入新居。文体中心等一批城市综合体顺利完成主体建设，明德花园、通盛御河园等一批新型小区建成使用，城市居住条件显著提高。实施精细化、网格化管理，深入开展市容市貌环境综合整治，城区市容秩序逐年好转。坚持特色引领、产业带动、差异发展、整体推进，实施垃圾中转站、自来水厂、污水处理厂等"八个一"工程和天然气"镇镇通"工程，小城镇载体功能进一步完善。在充分遵循农村经济社会发展规律和尊重农民意愿的前提下，选择经济条件较好的镇驻地村、近郊村和较大的中心村，稳步推进新型农村社区建设。2012 年以来，累计投资 15 亿元建设新型农村社区 20 个，改造农村危房 2275 户、旱厕 2.3 万个，306 个村居实现农村道路"户户通"。积极开展"乡村文明行动"和"美在农家"活动，106 个行政村达到美丽乡村创建标准。

5. 始终坚持共建共享，推动社会事业全面进步。持续打造峄城"八件实事"民生品牌，群众满意度连续多年稳居全市前列。大力发展教育事业，全力化解教育"大班额"，先后荣获全国"两基"工作先进地区、国家义务教育发展基本均衡区和省教育工作示范区、学前教育工作先进区称号。人民医院东院区投入运营，新中医院建成使用。2015 年，按照国家到 2020 年全面建成小康社会目标，开始全力实施精准扶贫、精准脱贫，仅 2016 年就投入各类扶贫资金 5000 多万元，脱贫 1.3 万人，完成任务的 78%。枣临高速公路、枣临铁路峄城段建成通车，郯薛路、蒙台路、枣台路等 7 条公路大中修工程顺利完成，新开通城乡公交线路 16 条，镇街公交通达率实现 100%。深入推进平安峄城建设，创新实施多警联勤，扎实做好食品药品、安全生产监管和信访维稳等工作，群众安全感和治安满意度持续提升。按照中央五位一体的总体部署，全力推动生态建设。先后实施了国家森林城市、国家园林城市、省级卫生城市创建，开展路域环境综合整治、农村环境连片整治、美丽乡村、生态文明乡村创建，实现城乡环卫一体化全覆盖。全面落实河长制，关闭搬迁禁养区畜禽养殖场 94 家。深入开展大气污染综合治理，停产整顿非法排污企业，拆除取缔非法港口、土小企业，整治储煤场，实施矿山复绿和破损山体治理工程，空气质量逐步改善，人居环境得到优化。

6. 严格落实管党治党责任，推动全面从严治党落地见效。党的十八大以来，以习近平同志为总书记的党中央以"八项规定"为突破口，以党的群众路线教育实践活动为抓手，以及时顺应人民的要求为动力，开创了党的建设新的伟大工程的时代篇章。紧跟中央要求，峄城区党的思想作风、基层组织和干部队伍建设也迈出了新步伐。积极开展党的群众路线教育实践活动、"三严三实"专题教育、"两学一做"学习教育等思想教育活动。特别是党的十九大召开之后，在全区范围内开展了广泛深入持久的学习活动，以习近平新时代中国特色社会主义思想为指引，自觉树牢"四个意识"，坚定"四个自信"，做到"四个服从"。深入推进社会主义核心价值体系建设，善行义举四德榜建榜率 100%。强化基层党组织建设，2014 年深入实施开展了服务型党组织建设年活动，严格落实村级组织运转经费，每年投入 1600 万元，用于村居运转。在全市率先开展支部书记任期管理，并作为市委书记党建项目上报省委组织部。探索开展区级巡察和区纪委常委同党政正职廉政谈话制度，率先在全市开展区级党政领导班子成员向区纪委全委会述廉试点工作。严格落实中央"八项规定"精神，认真履行全面从严治党主体责任，支持纪检监察机关聚焦主业，推进"三转"。始终强化案件查处，2012 年以来，共立查案件 432 起，给予党政纪处分 432 人，移送司法机关 5 人，营造了风清气正、干事创业的良好政治生态。

二、改革开放取得的主要成就

改革开放以来，峄城区高举中国特色社会主义旗帜，坚定不移地走改革开放之路，一以贯之地推动经济发展，团结带领峄城人民深入改革、大胆开放、励精图治、艰苦创业，经济社会各项事业均取得了翻天覆地的变化，人民生活实现了由缺衣少食到温饱小康的历史性转变。

（一）综合实力节节攀升。经济总量不断扩大。1978 年，峄城区生产总值为 6200 万元，1980 年突破亿元，1994 年突破 10 亿元，2006 年突破 50 亿元，2016 年实现 167 亿元，2017 年实现 179 亿元。人均生产总值从 1978 年的 234 元，连续跨越 500 元、1000 元、5000 元、10000 元、20000 元、40000 元六个台阶，2017 年达到 46358 元，比改革开放之初增长了 198 倍。财政收入由改革开放初的 370 万元增长到 87915 万元，对保证政府职能实现、促进经济社会快速发展发挥了重要作用。产业结构不断优化。1978 年三次产业比例为 60∶29∶11，到 1985 年产业比例为 66.4∶19∶14.6。随后工业经济发展不断加快，1993 年超过农业，产业比例调整为 37.8∶42.2∶20，开始呈现"213"的产业格局，从而使峄城区进入了前工业化时期。2000 年第三产业超越农业位居第二，产业比例是 26.9∶45.8∶27.3，2003 年工业经济开始占据半壁江山，2017 年三次产业比例为 11.2∶45.8∶40.07，工业经济比重稳中有升，第三产业占比增速加快。发展后劲不断增强。规模以上工业企业达到 175 家，实现利税 25.6 亿元。实施 61 个区级重点项目，10 个项目列入市级重点，累计完成投资 46 亿元。亿利清洁能源、5 万千瓦通达电力技改、丰源 30 兆瓦光伏发电、普照能源 30 兆瓦光伏发电、18 万吨高档包装纸等项目投产达效，投资2.1亿元的铭肯机械二期、1.2亿元的利丰服饰、1.1亿元的一开电气等项目建成试生产，投资18.7亿元的城市配套设施提升项目、5.4亿元的60万立方米定向板项目、1.3亿元的丰源轮胎智能立体仓储中心项目等加快建设，为经济社会持续健康发展注入了强劲动力。

（二）改革开放持续深入。改革开放以来，峄城区以改革创新和对外开放总揽经济社会发展大局，不断冲破妨碍发展的思想观念，破除束缚发展的陈规旧习，革除影响发展的体制弊端。改革步伐稳步推进。从农业打破大锅饭，实施大包干，到实施企业改制、国企改革，大力发展民营经济，积极建立社会主义市场经济体制，到行政审批制度改革，转变政府职能，实施“放管服”，再到实施供给侧结构性改革，大力推进“三去一降一补”，改革从无到有，从少到多，从单一到全面，不断深入，为推动经济社会发展提供了不竭持久动力。对外开放持续扩大。从第一家三资企业建设生产，全市被国务院批准为对外开放城市，到峄城经济开发区建成，出台各类优惠政策，打造良好投资环境，积极招引各类外商，再到现在坚持“引进来与走出去”相结合，对外开放步伐一步步深入扩大，经济外向型程度不断提升，全方位、宽领域、多层次的对外开放格局基本形成，有效推动了峄城经济社会的发展。2017年，全区新开工固定资产投资5000万元以上项目22个，合同利用外来资金55.8亿元，出口增幅连续多年居全市首位。

（三）城乡面貌发生巨变。改革开放以来，峄城区的城乡面貌发生了巨大变化，广大群众的居住环境有了明显改善。城市形象大幅提升。城市建成区面积达到20平方公里，常住人口城镇化率达到46.8%，城区绿化覆盖率达到35.7%，道路畅通美丽，公交方便，购物、医疗、供暖、排水等设施较为健全，公园、广场已投入使用，成为人们休闲娱乐的好去处，一个山中有城、城中有水、山水相依、田园相连的美丽城市已然成型。小城镇建设特色凸显。把加强小城镇建设作为连接城区、辐射农村社区、促进城乡一体化发展的重要战略支撑，各镇街发展特色逐步凸显。底阁镇加快种植结构调整，农业特色日益凸显；峨山镇依托东部工业园，全力打造工业强镇；吴林街道全力做好招商引资和项目建设文章，产业集聚化发展态势初步形成；坛山街道依托城区驻地优势，商贸物流、餐饮居住等三产服务业发展后劲十足；榴园镇主打“景区牌”，逐步拉开了旅游特色镇发展框架；阴平镇发挥台湾工业园优势，招商引资力度持续加大；古邵镇主打“运河牌”，沿运物流产业快速发展。古邵、榴园、阴平顺利通过省级示范镇验收，古邵、榴园成功跻身全国重点镇。小城镇燃气普及率、污水处理率、生活垃圾处理率分别达90%、80%、100%。农村变化翻天覆地。改革开放之初，峄城区26.5万人口25.4万在农村，46.8万亩土地年产粮食8.33万吨，农民人均纯收入仅有50元，相当一部分农民连基本的温饱问题尚未解决。改革开放之后通过土地改革，发展生产，农村生产力逐步得到恢复，农村经济逐步走向繁荣。尤其是近年来，区委、区政府大力发展农村经济，不断推进农村面貌改善，“路、水、电、医、学、视、气、保、厕、能”等各项基础设施建设全面展开，农民人均纯收入由1978年的50元增加到2017年的14317元。农业生产实现由铁犁牛耕、靠天吃饭到基本现代化的转变；农民生活实现由缺衣少食、茅草土屋到总体小康的转变；农村发展实现由贫穷落后、封闭保守到繁荣美丽的转变。

（四）民生保障水平大幅提高。改革开放以来，峄城在经济增长、收入增加的基础上，各项社会事业蓬勃发展，社会环境安定和谐，人民物质文化生活更加丰富多彩。教育事业全面发展。峄城区的教育风气一直较为浓厚，特别是近年来，党和政府把教育事业列为经济和社会发展的战略重点，不断加大资金投入，各类教育实现协调发展。2017年财政教育支出达到49735万元。九年义务教育全面普及，素质教育全面推进，适龄儿童入学率达到100%，小学升初中升学率达到100%。新建改扩建一中新校、二十八中、榴园镇中心小学附设园等学校，区职业中专成功创建省级规范化中等职业学校。保障水平持续提升。中华人民共和国成立前，劳动人民地位

美丽乡村建设

低下，非农就业机会少，劳动安全、医疗、养老等权益无保障，社会福利机构少而无力。改革开放后，劳动者的权利有了根本保障，就业岗位和用工方式多样化，人们享受的各种保险、福利日益健全。2017年，峄城区民生支出达到18.6亿元，占财政支出的77.4%。新增城镇就业3925人，转移农村劳动力5109人。老龄事业全面发展，被评为全市老龄工作先进区。脱贫攻坚卓有成效。认真贯彻落实中央和省、市委的部署，坚持“抓党建、促脱贫，强项目、助增收，弘孝善、惠长远，搭众筹、聚合力”，聚力精准、尽锐出战，取得了初步成效。目前，全区有8325户18396人完成了脱贫，10个省定扶贫工作重点村摘帽退出，扶贫专干、孝善扶贫、扶贫慈善众筹平台等经验做法在全省推广。社会环境更加和谐。牢固树立安全发展理念，持续开展安全生产大检查和隐患排查治理，严厉打击各类犯罪，社会治安满意度调查全市第一，十九大安保维稳全面胜利。

（五）党的建设全面加强。改革开放以来，围绕经济发展、民生幸福，峄城区各级党委不断提升自身能力水平，党的建设得到全面加强，党建工作呈现勃勃生机。党员干部的理想信念更加坚定。先后组织开展了整党、“三讲”教育、保持共产党员先进性教育、学习实践科学发展观、党的群众路线教育实践活动、“三严三实”专题教育、“两学一做”学习教育等重大活动，党员干部理想信念更加坚定。特别是党的十八大以来，组织广大党员干部认真学习相关会议精神及习近平总书记系列重要讲话精神，始终牢记“四个意识”，在思想上、政治上、行动上同以习近平同志为核心的党中央保持高度一致。党组织的凝聚力、战斗力、向心力持续增强。持续强化基层党组织建设，在全市率先开展了村支部书记任期管理，累计完成承诺事项6600余件，表彰优秀村支部书记130余人次，发放星级津贴、晋星奖励63万元，极大提升了群众满意度和村干部工作积极性。积极开展“五化”服务型党组织建设，70%的基层党组织达到了“五化”服务型标准。在上级补助220万元的基础上，峄城区财政配套219万元，对156个集体收入在3万元以下的村补齐3万元。对13个城市社区拨付了130万元的为民服务专项经费，保障了村级运转。截至2016年底，峄城区共有基层党组织924个，党员17264人。党同人民群众的血肉联系日益密切。多次组织开展机关党员下基层活动，干部包村包户。特别是近年来，大力实施“常态化联系服务群众”，深入开展“走百村访万户”和“户户到大走访”活动，一批群众关切的农低保办理、孩子上户等问题得到解答解决。先后选派第一书记415人次到村任职，累计争取资金4500余万元，有效解决了一批村支部建设、党员培养、村集体发展等基层党建问题。作风建设的长效机制和刚性约束初步形成。始终坚持从严管党治党，特别是党的十八大以来，严格执行中央“八项规定”，出台了公务接待、公务用车、办公用房、党员干部兼职清理等有关管理规定。全面落实党风廉政建设“两个责任”，以零容忍的态度正风反腐，查处了一批领导干部违纪违法案件，不敢腐的震慑作用得到有效发挥，不能腐、不想腐的效应逐步显现，峄城上下逐步形成了山清水秀的良好政治生态。

三、改革开放经验与启示

改革开放以来，峄城区经济社会各项事业均取得了巨大辉煌的成就，总结发展规律与经验，有以下五个方面的启示。

（一）必须坚持解放思想不动摇，以思想的大解放推动经济社会全面发展。解放思想是总阀门，是永恒的主题。改革开放实践充分证明，每次思想的解放和观念的更新，都会对经济社会发展起到重要推动作用。特别是现在，峄城区发展到今天，无论是啃下改革“硬骨头”、打好城市建设“翻身仗”，还是拿下精准脱贫“攻坚战”等等，都更加需要广大党员干部勇于解放思想、敢于创新突破，唯有如此，峄城区才能在经济下行的环境中立于不败，才能在新一轮激烈的地区竞争中异军突起，才能实现由落后贫穷到后发赶超的华美蝶变。

（二）必须坚持以经济建设为中心不动摇，用发展的办法来解决发展中出现的问题。发展是硬道理，是解决一切问题的金钥匙。改革开放实践充分证明，无论是改革开放之初从以阶级斗争为纲转移到以经济建设为中心上来，实施家庭联产承包责任制，发展社会主义市场经济，有效解决了峄城广大人民的生活温饱问题；还是进入新世纪、新时期加快经济结构转型升级，推进新型城镇化，夯实民生保障，继续带领峄城人民建成全面小康社会等，都必须依赖经济综合实力的增强和可用财力的不断增长。特别是贫穷落后地区唯有坚持“以发展的眼光看待问题、以发展的思维审视困难、以发展的措施破解难题”，牢牢抓住以经济建设为中心这个牛鼻子才能在改革开放中走出困境、重获“新生”。

（三）必须坚持对外开放不动摇，全力做好走出去和引进来相结合的文章。开放是国家繁荣发展的必由之路，封闭只会窒息自己的生机。改革开放实践充分证明，关起门来搞建设是不可能成功的。一方面，峄城过去40年取得的巨大成就其中很关键的一点就是始终坚持对外开放的基本国策不动摇，不封闭、不僵化，打开大门搞建设、办事业。尤其是过去5年来，大力开展招商引资引智，争取了一大批各类资金，引进了一大批大项目、好项目，培养了一大批优秀人才，为经济社会发展注入了强劲动力。另一方面，虽然发展取得了一定的成就，但我们国家仍是一个发展中国家，仍然面临一系列严峻挑战，峄城区仍然是相对贫穷落后，还有许多需要面对和解决的问题。唯有继续坚定不移的实施对外开放，坚持引进来和走出去并重、引资和引智并举，不断提高开放型经济发展水平，才能实现新的更大发展。

（四）必须坚持民生为本不动摇，把保障改善民生作为一切工作的出发点和落脚点。天地之大、黎庶为本。改革开放实践充分证明，党的事业发展的根源在人民，经济社会实现长久发展的源泉在人民，发展只有为了人民、依靠人民、由人民共享才是真正有意义的发展，才能得到广大人民群众的真心拥护，实现可持续发展。特别是从近年来峄城的发展轨迹明显可以看出，正是因为及时呼应了百姓最迫切的需求，解决了群众最关心的难题，峄城的经济社会发展才得以保持了整体和谐稳定的良好局面。同时，在棚户区改造、大气污染治理、卫生城市创建、群众满意度调查等各项工作中，我们才赢得了群众的肯定和点赞，反过来又有力支持推动了峄城各项事业的向前发展。

（五）必须坚持党的领导不动摇，全面深化推进党的建设。办好中国的事情关键在党。改革开放实践充分证明，坚持党的绝对领导是我们各项事业取得前进的根本保障。每当我们走到历史性的关口，是党带领我们选择了正确的方向；每当我们面临发展中的各种障碍，是党带领我们实现了突破跨越，取得了一个又一个经济建设和社会发展的成功。2017年，峄城区召开了区第十次党代会，提出了忠诚担当、拼搏实干，为决胜全面小康，建设“宜居宜业新峄城”而努力奋斗的目标。要实现这一目标，必须坚持和加强党的领导，以党建工作的大提升推动峄城经济社会各项事业实现大发展。

以史为鉴，可知兴替。改革开放的40年为我们创造了坚实的物质基础，也为峄城积累了宝贵的精神财富，同时也雄辩地证明了改革开放是决定当代中国命运的关键一招。面向未来，任重道远。在新的时代、新的环境下，肩负实现“两个一百年”奋斗目标和中华民族伟大复兴的光荣使命，峄城区委、区政府必将继续秉持改革开放的基本理念，顺应浩浩荡荡的历史潮流，以更大的政治勇气和智慧，更有力的务实举措和办法，忠诚担当、拼搏实干，不忘初心、继续前进，带领峄城人民为决胜全面小康社会，建设“自然生态宜居宜业新峄城”而不懈奋斗。

审稿人：张开华

撰稿人：褚福瑞

峄城区纪检监察事业发展历程、成就和经验

中共十一届三中全会以来，随着经济社会的持续发展以及党风廉政建设和反腐败斗争的不断深入，峄城区纪检监察机关在全面履行党的纪律检查和行政监察职责的同时，不断发展壮大，求真务实、解放思想、围绕中心、服务大局，全面推进纪检监察工作，为全区经济社会发展提供了坚强的纪律保障。

一、发展历程

根据中央和省、市纪委在不同时段的工作安排部署，区纪委不断调整工作思路和方式方法，从改革开放历程看，大致可分为以下四个时期。

（一）全面展开阶段（1979—1991年）

这一时期，党中央作出了一系列反腐倡廉重大决策和部署：一是恢复、重建党的纪律检查机构，这是一项具有历史意义的重大举措，为推进反腐倡廉工作提供了组织保障；二是认真纠正群众反映强烈的不正之风；三是开展了以打击走私、套汇、投机倒把、贪污受贿等严重经济犯罪活动为重点的专项斗争；四是用三年的时间对党的作风和组织进行全面整顿，推动全党动手抓党风。经过全党的努力，开辟了在不搞群众性政治运动的情况下健康有序地开展反腐败的新途径，为探索中国特色反腐倡廉道路打下了基础。围绕党的十二大提出的总目标、总任务，峄城区纪检监察机关认真加强党的纪检队伍建设，使党的纪律检查工作进一步加强，在全区初步形成一支党性强、作风正、能战斗的纪检队伍。区委从车辆、办公室、经费等方面予以大力支持，为纪委开展工作提供有利条件。区委主要领导带头参加区纪委重要会议；办案中的困难和阻力，区委领导全力帮助解决，全体纪检干部深受鼓舞和教育，进一步增强了做好本职工作的信心，在保证经济体制改革和协助区委端正党风工作中发挥了积极作用。

1. 组织机构发展变化

1979年6月，中共峄城区委纪律检查委员会（简称区纪委）成立。1983年6月，中共峄城区委纪律检查委员会改称中共枣庄市峄城区纪律检查委员会（简称区纪委）。1986年4月，区纪委升格为副县级单位。1988年4月30日，中共峄城区第四次代表大会选举产生中共峄城区纪律检查委员会，并在第一次全委会上，选举产生区纪委常委5人、书记1人、副书记1人。1988年1月，峄城区监察局成立。1989年9月，区委决定在乡镇建立纪律检查委员会，逐步在区直部门建立了纪律检查机构。1989年4月，区纪委设立办公室、案件检查室、案件审理室、信访室，均为二级部门，有工作人员11人。

2. 工作开展情况

（1）认真平反冤假错案，落实党的政策。纪委恢复建立后，根据中央纠正冤假错案、落实各项政策的指示，会同有关部门对“文化大革命”期间审查处理的脱产干部171名，全部进行了复查，纠正93人。“文化大革命”和四清运动中审查处理农村基层干部、党员、群众共3554名，复议纠正1734人，其中恢复党籍60人。历史遗留案件复议588起，纠正161起。通过落实政策，消除了不良影响，增强了党的团结，密切了干群关系，巩固和发展了安定团结的大好形势，调动了各方面积极因素。

（2）抓好党风廉政建设，狠刹不正之风。1980年2月，中共十一届五中全会正式通过《关于党内政治生活的若干准则》，为贯彻执行好《关于党内政治生活的若干准则》，1980年，区委制定了《关于转变作风的若干规定》；先后组织专题学习班、党训班86期，参加学习共17672人次，其中党员11666名。各级党委恢复和建立“三会一课”制度，严格党的组织生活，定期召开民主生活会。在贯彻执行《准则》的同时，及时传达了中纪委下达的《关于严防干部侵占农村社员劳动所得，用来大吃大喝、请客送礼的不正之风的通告》，使不正之风大有收敛。1985年，区纪委把整顿党风工作当作中心任务，刹借占公款公物歪风，查处借欠公款和公务折款140余万元；刹违纪建房风，共查处没收104间违纪建造房屋；刹新的不正之风，查处违反物价政策案件40余起，没收罚款近20万元；查处滥发奖金、补贴和实物的单位45个，发现现金和实物折款25万余元。1986年成立了以区委书记为组长，区委副书记、纪委书记为副组长，组织部、宣传部、机关党委、计划委员会、经委等单位领导同志为成员的端正党风领导小组。8月，区委抽调30余人成立了整顿工作办公室，针对前一个时期一些机关单位、党员干部中存在的“三个主义”（政治上自由主义、作风上官僚主义、生活上个人主义）进行专门督促整顿，对区直部门、乡镇及村庄中的33个单位进行了党风党纪情况的调查，发现并解决了一些单位和个人中存在的突出问题，效果良好。

（3）深化反腐倡廉宣传，狠抓党风党纪。认真组织区直机关党员干部学习《党章》《准则》，通过专题讨论、办学习班、观看录像、党纪知识竞赛活动等形式，加强了对党员干部的党风党纪教育。1985年根据中央、中纪委的有关指示，狠抓党员党性党风党纪教育，在

各乡镇建立了党校，区纪委组织编印了6万多字的党课教育材料，供基层党委讲党课作参考。1988年协助区委开展了“整顿纪律，加强团结”的活动，重点对党政群机关及党员领导干部进行了纪律和加强团结的教育，集中解决机关中纪律松弛和闹不团结的问题，全年发通报、简报12期，编写《谈谈加强党的纪律》《党风建设与经济工作》等6万字党课教材，进行党课教育，开展纪检信访“五比五看”竞赛活动。1990年组织全区纪检干部认真学习贯彻中共十三届六中全会《决定》和省、市、区委《实施意见》，紧紧围绕党的中心工作，突出查处党内违纪案件，全面履行“保护、惩处、监督、教育”职能，协助区委抓好党风廉政建设，深入开展了“学党章、正党风”教育活动。

（4）严肃查处违纪案件，坚决惩治腐败。对机关的党风情况进行了深入调查，狠抓了对违纪案件的查处工作。1988年认真贯彻中纪委制定颁发的《关于处理检举、控告和申诉的若干规定》《案件检查工作条例》《案件审理工作条例》《纪检信访工作条例》和《党员领导干部犯严重官僚主义失职错误党纪处分的暂行规定》等规章制度，按照省纪委案卷装订“模式”材料要求，装订整理了历年来纪委所保存的380余卷处理案卷，并举办了3期纪检业务培训班，使纪检工作开始走上规范化、制度化的轨道。1990年开展了案件审理“六看六比”活动，坚持按《条例》办事，按照“事实清楚、证据确凿、定性准确、处理恰当、手续完备”的要求，严把案件质量关，进一步加快了案件审理工作规范化、制度化的进程。

（二）系统推进阶段（1992—2003年）

这一时期，峄城区不断加大党风廉政建设和反腐败斗争，逐步建立健全反腐败领导体制和工作机制，为深入推进党风廉政建设和反腐败提供了组织保证。建立党风廉政建设责任制，逐步建立和完善反腐败工作格局，为深入开展反腐败工作提供了有力载体。

1. 组织机构发展变化

1993年3月27日，区纪委与区监察局合署办公。5月，对两机关原有的职能部门进行调整，设办公室、案件检查室、案件审理室、信访室、研究教育室、纪检监察一室，有工作人员22人。1998年12月6日，中共峄城区第六次代表大会选举产生中共峄城区纪律委员会，常委9人、书记1人、副书记3人。是时，下设办公室、案件检查室、案件审理室、信访室、纪检监察一室、宣传教育室，有工作人员21人。2003年3月8日，中共峄城区第七次代表大会选举产生中共峄城区纪律委员会，常委9人、书记1人、副书记2人。是时下设办公室、纪检检查一室、纪检检查二室、案件审理室、信访室、党风廉政室、宣传教育室、执法监察室、监察综合室、机关效能经济环境投诉中心办公室，有工作人员32人。

2. 工作开展情况

（1）领导干部廉洁自律工作不断深化，从政行为进一步规范。全区纪检监察机关坚持“立足于教育、着眼于防范”的工作方针，加强了对党员干部的教育、管理和监督工作。在领导干部中开展了以“三讲”为主要内容的党风党性教育，以成克杰、胡长清及部分典型案件为反面教材的警示教育，以党纪政纪为主要内客的专项教育；在农村党员干部中广泛开展了“三个代表”重要思想学习教育活动；面向广大干部群众开展了纪检监察政策法规宣传普及活动。通过教育，使广大党员干部树立了正确的世界观、人生观、价值观和权力观、地位观、利益观，廉洁自律意识和拒腐防变能力普遍增强，严格执行了党风廉政建设方面的规章、制度和要求。集中开展了清理领导干部收受现金、有价证券和支付凭证活动，在枣庄市峄城区工商银行设立了“510”廉政专用账户，开展了专项举报活动。1992—2003年，先后组织开展“反腐败、防演变”“学党章，讲奉献，争做优秀党员”“学条规、守纪律、作表率”等各类教育活动5次，组织观看《新中国第一大案》《大浪淘沙》《生死抉择》《胡长清案件警示录》等警示教育片，组织《春寒惊雷》话剧演出20余场次，在区电视台开辟“廉政经纬”和“承诺监督台”专栏，在区电台开辟“廉政之声”专栏，创办《峄城通讯——廉政教育专刊》。峄城区开展的政府承诺、践诺，建造诚信政府活动在省电视台《新闻联播》节目中播出。对全区领导干部配偶子女从业情况、因私出国护照及本人和配偶办理的港澳通行证、外国居留证等方面进行了全面清理，对区级以上领导干部调动工作中的有关问题作出了新规定，对国有企业领导人员的廉洁自律工作等进行了有益探索。不断强化机关作风建设。开展集中整治活动，领导干部上下班车接车送、公车钓鱼、公款吃喝、公款旅游等歪风得到了有效遏制，带动了社会风气的进一步好转。公款吃喝风整治。1994年，狠刹公款吃喝风，全年各乡镇、部门的招待费数额平均下降35%。1995年，对群众反映强烈的6起公款吃喝案件进行立案查处。1997年，对用公款大吃大喝、挥霍浪费的4个单位进行调查，对其主要负责人分别给予党纪政纪处分。1998年，加强对票据的管理，狠刹公款吃喝玩乐歪风，制止铺张浪费行为，机关招待费比上一年减少35%。党政机关干部企业兼职治理。1993年，清理党政机关经商办实体和领导干部在实体、企业中兼职，45人中有35人辞去企业职务，规定尚在兼职的不得领取企业的任何报酬。违控小汽车治理。1993年，清理违控购买的小汽车12辆，责令补办手续的8辆，没收4辆。同时，制定配车的有关规定，明确配车应具备的条件、标准和审批程序，由此刹住党政机关违控购换轿车的歪风。1995年，清理超标准小汽车8辆，违反规定换车、带车、乱挂车牌7辆，调换为符合规定用车8辆，改安地方车户7辆。公款出国（境）游治理。1995年，清理公款出国（境）人员的活动费用，收缴制装费、伙食费、零用费10万余元。公款购买移动电话治理。1998

年，抓移动电话的清理，全区澄清移动电话底数1159部，其中外区市和个人购买692部，公费购买467部，符合规定批准留用295部，对172部不符合规定的手机分别作变卖、封存处理。2008年5月，对公款支付“小灵通”话费清理，共清出违规小灵通291部。公款购买商业保险清理。2003年，按照中央和省、市纪委统一部署，对全区党政机关、企事业单位和农村违反规定用公款为个人购买商业保险问题进行专项清理，涉及单位101家，清理违规人数233人，纠正210人，违规金额23.5万元，退保17.9万元，收缴财政5.6万元。乱发有价证券的查处。2003年初，区纪委向全区党员领导干部发出公开信，要求各级各部门严格执行省、市纠风办《关于严禁发放和使用各种变相代币购物券（卡）的通知》精神，并在电视台进行播放，公布举报电话。是时，清理违规资金3.8万元。春节和中秋两大节日期间，对各大超市等较为集中的购物商场进行专项检查，查处违纪资金13万元，收缴财政2.5万元。全年共查处群众举报领导干部收受现金、有价证券的信件6起，处分9人。5月下发通知，印制个人收入申报、收入礼品登记和重大事项报告表格，7个镇（街道）及61个区直部门主要负责人填写上报，80个单位建立礼品登记簿，登记领导干部退回现金及物品（折价）13万余元。

（2）查办违纪违法案件工作力度加大，严肃党纪国法。全区各级纪检监察机关坚持把查办各类违纪违法案件作为深入开展反腐败工作，维护改革、发展、稳定大局的重要手段，严肃查处各类违纪违法案件，处结率均在98%以上，突出大案要案，严肃查处了一批违法违纪案件，把查处违法违纪案件作为惩治腐败的中心环节来抓，尤其是1997年查处的区凯悦公司和区交通局大案、窝案，先后控制被调查人31人（次），集中查账765宗，秘密调查50余个单位，260人次，一举挖出20名违法违纪分子，逐一进行了突破，在群众中产生了强烈反响。坚持严格执行事实清楚、证据确凿、定性准确、处理恰当、手续完备、程序合法“二十四字”方针的要求，正确处理严肃执纪和宽严相济、区别对待的关系，办案工作质量明显提高。通过查办违纪违法案件，进一步严肃了党纪国法，有力地震慑了腐败分子，教育警示了党员干部，进一步增强了人民群众同腐败现象作斗争的信心。

（3）认真纠正部门和行业不正之风，有效地解决群众反映强烈的一些突出问题。全区纪检监察机关坚持“标本兼治、纠建并举”的方针和“谁主管、谁负责”的原则，针对群众反映强烈的不正之风认真进行了专项治理。公路“三乱”治理。1995年，开展公路“三乱”专项治理，成立专项治理办公室，制定路查人员规约，规范检查行为，对各检查站所进行民主评议。是时，全区8处检查点合并为3处，取消流动拦车检查的做法，收费罚款严格实行收支两条线管理，防止坐收坐支。对公安、交通路收路罚情况进行检查审计，取消公路收费项目8个，纠正超标准收费2项，没收违纪金额0.6万元。1996年，制定治理公路“三乱”的实施意见，纪检部门会同交通、公安进行检查两次，遏制在公路上乱设卡、乱收费、乱罚款现象。2003年，查实案件1起，2名交警队临时工被辞退。涉农涉企“三乱”治理。1991年，废止一批乱收费、乱罚款、乱摊派项目，对社会团体进行清理整顿。制止“三乱”初见成效。1993年，澄清45个系统243个单位行政事业性收费的底子，废止82项乱罚款、46项乱收费项目。实行“收支两条线”，对全区有罚没收入的19个部门进行监督检查，上交罚没款119.7万元。当年，中纪委研究室到峄城区检查给予较高评价。1994年5月，下发《对芸豆销售开展执法监察的通知》，对扰乱市场秩序、阻碍销售、坑农害农等事件进行重点检查，促进销售的顺利进行。6月，会同粮食、经管、农业等部门对15处乡镇执行夏粮征购政策及提留情况进行监督检查，对有无白条、负担卡的发放、有无重复提留、强行以资代劳、搭车代扣、乱集资、乱摊派、多提超提等现象开展专项整治。当年，在对“不执行收费标准、巧立名目收费”38个单位进行重点检查中，座谈了解192人（次），发现违纪线索26个，查处违规金额16.5万元，提出整改意见64条，帮助建章立制78项，减轻农民负担394.2万元，吊销收费许可证32个。纪委配合经委对向企业的“新三乱”（乱检查、乱评比、乱培训）进行专项检查，并将清理工作延伸到乡镇企业，全区清理资金42.82万元，其中公益事业集资38.52万元，教育赞助3.9万元，其他0.4万元。1995年，对“负担卡”和“农民负担五项基本制度”执行情况进行两次重点抽查，并坚持一年“三查”（春季审计划，夏、秋查征购，跟踪查兑现），清理出合同外负担32项，不合理集资、收费60万元，取消农民不合理负担项目23项，责令清退金额39.3万元。当年农民合同内负担控制在上年人均纯收入的3.3%。1997，区纪委组成5个检查组，对全区15处土矿所、建房办的各种收费进行检查，查处违纪金额165万元，其中乱收费89万元，乱罚款9万元，乱摊派41万元，“小金库”金额26万元。发现案件线索16起，制止乱收费4项、乱罚款3项、超标准收费3项，返还农民金额32万元，立查违纪案件8起，提出整改意见51条，帮助建章立制31项。1998年，狠抓涉企“三乱”治理，对5家国有和个体私营企业实行挂牌保护。2000年，查处“三乱”违纪金额262万元，收缴财政41万元，立查案件5起，处分5人，提出整改措施36条。其中有区城建纠察大队粗暴执法违规收取瓜农费金、阴平镇土管所向农民乱收宅基费等等。2003年，在全区推行“涉农价格和收费公示”制度，清理和审核涉及农民负担的文件9个（涉及23项），减轻农民负担125万元。组织粮食局、农业局、经管局等部门开展夏秋粮收购情况专项检查，保护农民合法权益。农民“减负”。1993年，开展对《农民负担管理条例》和市委、市政府印发的《关于切实减轻农民负担的决定》贯彻执行情况的监督检查，并制定《农民承担费用和劳务限额表》，清理违规增加农民负担的文件21份，取消不合理项目42个，查处加重农民负担案件22起。在15个村庄设立农民负担监察点，把农民负担严格控制在上年人均纯收入的5%以内，全区共减轻农民负担765万元。1994年，峄城区在全市率先实行农民负担法制化管理，提出五项基本制度，立查违规增加农民负担案件6起。1997年，查处违规增加农民负担案件8起，对违规收取区委明令取消的18项收费项目、11种强制性行政干预性摊派和搭车收费等8种错误做法进行不定期的检查，确保减负措施落到实处。学校乱收费治理。1994年，对枣庄二十一中的乱收费问题进行立案调查。11月，对教育费附加征收重点抽查，废止乱收费文件9份，调低收费标准20个，取消收费项目6个。1995年年初，对中小学收费情况进行调查，印发“收费检查学生问卷调查表”1000余份，对照国家教委提出的“五个不准”查找存在的问题。对全区40余所中小学近两年的收费情况进行全面审计，共取消收费项目17个，调低收费标准2个，收缴违纪资金5.5万元，减轻学生负担108.5万元。立查乱收费案件11起，处理8人。提出整改建议64条，协助建章立制96项。在全区实行学生收费明白卡制度，做到“项目、标准、用途”三公开，乱收费歪风得到收敛。1996年，区教委制定《关于治理中小学乱收费的意见》，开展专项检查2次，处理中小学乱收费案件3起。2000年，肖桥中学私立名目向学生乱收费，私设“小金库”18万元，其校长被免职，并移送司法机关处理。2003年，区教育局与各中小学校长就收费问题签订责任书。在当年收费检查中，共查出违纪资金11万元。医药购销专项检查。2003年，全区各医疗卫生单位建立纪检监督小组，负责对本单位药品购销、财务收支、服务质量等7个方面的监督。开展医药购销专项检查，查处违纪资金16万元，取缔非法药品生产、经营户54家，销毁伪劣过期药品标值1.24万元。区人民医院、中医院和妇保站通过招标采购药品，让利于患者113.6万元。“行风”评议活动。对涉及群众利益的窗口单位和行政执法部门，每年都组织社会各界代表开展民主评议，先后开展了行风民主评议和“服务经济转变职能大家评”等活动，有力地推动了部门行业作风的转变。

为保证中央和省、市委各项重大决策的贯彻落实，全区纪检监察机关充分发挥职能作用，积极开展了专项行政执法监察。1993年7月，重点对区委、区政府制定的重大决策、措施，特别是城市发展、人才工作、社会发公平等19项重点工作任务落实情况进行督查。1994年，对部分企业和有行政性收费的事业单位执行国家价格法规政策情况执法监察，在检查的164个单位中，查出违价金额12.37万元，退还用户11.8万元，处以罚款1.44万元，处理违纪问题24件。1995年，加强对行政性事业性收费、罚款及私设“小金库”的清理，对各类培训班、研讨班的执法监察。检查单位526个，涉及资金4297.5万元，查处违纪和使用不当资金707.5万元，收缴入库105万元，向被查单位提出改进建议125条，协助建章立制96项，取消不合理收费项目45个，调低收费标准28项。1996年，贯彻中央有关规定，在全区开展礼品登记、收入申报制度，全区有30余名县级干部和737名科级干部按规定申报收入情况。同时开展领导干部超标准住房清理工作，先后印发表格10余种、文件6个。1997年，对65个单位的预算外资金检查，查处违纪金额260万元，立查违纪案件16起，清理账户138个，存折28个，取消违法违纪账户65个，追缴第二预算收入360万元，清理坐支120万元，清理小金库5万元，制止乱收费180万元。清房工作中，对超标准面积的156套全部按规定交足款项，12名科级干部多占12套公房全部退出，17名科级干部多占的住房，按照清房有关规定办理了过户手续。1998年，开展执法监察15项，监察中发现案件线索36个，立查违法违纪案件32起，帮助建章立制30项，为国家集体挽回经济损失541.5万元，向群众返还“三乱”资金52万元。在对206国道拆迁补偿费执法监察中，对4乡镇32个行政村补偿费的落实情况进行调账和户款核查，查处违纪资金43万元，立查违纪案件6起，向农民兑现补偿费10万元。2000年，区纪委对税费和罚没收入实行两条线管理，对38个部门和单位进行调账检查，查处违纪金额219万元，收缴财政专户160万元。首次成立经济责任审计办公室，对经济责任实行干部离任审计，全年共进行经济责任审计项目38个，查处违规金额3828万元，决定处理处罚553万元，应交财政109万元。2003年，开展执法监察30项，监察涉及单位479个（次），查处违纪金额2584.46万元，挽回经济损失502万元，纠正退还违法违纪金额452.40万元，避免经济损失2018万元，提出建议239条。协助部门建章立制65项，立查案件42起，处分44人。在安全生产执法监察中，查处安全隐患119处、管理制度方面问题77项，对27名安全生产负责人进行处分，推动防范措施的落实。对群众反映强烈的经营性土地使用权出让情况、事业保障金发放情况、教育系统招生、卫生系统考录人员、行政事业性收费、建筑系统的工程招标、供销系统财务收支及资金管理使用、企业效能检查、政府采购、农村信用社系统执行金融法规政策情况、烟草品专卖局落实《烟草专卖法》情况进行执法监察。

（4）实施体制机制和制度创新，从源头上预防和治理腐败工作取得明显成效。区委、区政府和全区纪检监察机关重点针对“权、钱、人”管理中存在的薄弱环节，以防范权力滥用为重点，加大改革力度，积极推进体制机制创新，初步建立了结构合理、配置科学、程序严密、相互制约的权力运行监督制约机制，逐步解决了诱发腐败的深层次问题，从源头上预防和治理腐败工作又有新突破。一是财政制度改革迈出了坚实的步伐。落实“收支两条线”工作进一步规范，会计委派制度不断健全完善，政府采购规模进一步扩大，乡镇财政管理制度改革全面推进。二是人事制度改革全面推开，效果越来越明显。以扩大干部人事工作中的民主和群众参与程度为着力点，落实群众对干部选拔任用工作的知情权、参与权、选择权和监督权，加强了对干部工作中的群众推荐、任前公示、公开选拔、年度考核等制度执行情况的监督检查。三是积极推行规范、监督、追究“三位一体”的村级党风廉政建设新机制。有效地遏制了村干部失职渎职和严重违纪违法问题，对农村经济发展和社会稳定起到了有力的促进作用。四是“三务”公开工作继续向纵深推进。主要抓了政务公开内容的深化和程序的完善，加大了对村务和厂务公开的检查指导力度，及时解决和纠正公开中存在的问题，总结典型经验，使“三务”公开工作不断趋于程序化、规范化。

(5)全面落实党风廉政建设责任制，反腐倡廉的整体合力进一步形成。把严格实行党风廉政建设责任制作为反腐倡廉工作的总抓手，狠抓落实，收到明显效果。峄城区委、区政府根据党中共中央、国务院《关于实行党风廉政建设责任制的规定》，先后制定了《关于印发〈关于科级领导班子、领导干部执行党风廉政建设责任制情况的考核和责任追究办法〉的通知》等文件。通过明确任务、健全规章制度、强化监督检查、通报考核结果、严格责任追究等措施保证了各级党委、政府把反腐倡廉责任分解到领导班子和每个成员，主要领导同志带头做、亲自抓、负总责，进一步把党风廉政建设责任制工作落到了实处。一些职能部门抓党风廉政建设责任制的责任感不断增强，把党风廉政建设融合于经济工作和其他业务工作之中，做到一起部署、一起落实、一起检查、一起考核，形成了党政齐抓共管、一级抓一级、层层抓落实的良好局面。

(6) 不断强化机关自身建设，纪检监察队伍整体素质进一步提高。为适应新形势新任务的要求，全区纪检监察机关把抓好班子、带好队伍，提高纪检监察队伍的整体素质，作为开创纪检监察工作新局面的基础性工作和重要环节来抓。按照建设政治上强、纪律上严、作风上正、业务上精、形象上好的高素质纪检监察队伍的目标要求，着力在全区纪检监察系统强化“四种意识”(政治意识、大局意识、责任意识、创新意识)；提倡“六种风气”(认真学习、调查研究、求真务实、团结协调、争先创优、清正廉洁)，制定目标责任制，进行严格考核，并将考核结果进行通报。通过开展一系列的活动，使纪检监察队伍在思想、纪律和作风等方面都发生了深刻的变化，涌现出了一大批优秀的纪检监察干部；在区委的重视、支持下，区级和乡镇两级纪委书记全部实现了由同级党委副书记担任，对区直部门纪检组织进行了充实、调整和交流，使干部队伍结构更趋合理，综合素质进一步提高，为深入开展党风廉政建设和反腐败工作提供了有力的组织保证。

（三）全面建设小康社会的迈进阶段（2004—2011 年）

这一时期，为适应改革开放新形势的需要，区纪委、监察局在坚持原有重点工作的基础上，反腐败斗争逐步从侧重遏制转到标本兼治、加大治本力度的轨道上来，按照“纪检工作要成为促进改革的重要力量”的指导方针，把支持促进改革作为重要任务，旗帜鲜明地支持保护改革，使新形势下纪检工作的路子越走越宽。

1. 组织机构发展变化

2007 年 2 月 6 日，中国共产党峄城区第八次代表大会选举产生了中共峄城区纪律检查委员会，有常委 7 人、书记 1 人、副书记 2 人。2010 年 1 月，区纪委决定成立派驻机构，共设 6 个纪工委（监察分局），并按要求配齐配强人员 40 人，落实办公场所，配备车辆、微机等相关设施，并于 4 月 16 日挂牌运作。当年，区纪委获全省纪检系统审理工作先进集体称号，并在全省审理工作会议上作典型发言。

2. 工作开展情况

（1）领导干部廉洁自律工作不断深化。坚持“立足于教育、着眼于防范”的原则，不断创新教育形式，提升教育效果。在开展省纪委提出的“艰苦奋斗、廉洁从政”“为民、务实、清廉”等主

便民服务　马上就办

题教育活动的同时，结合峄城实际，从2004年起，在全区领导干部中先后开展了树立正确的权力观、地位观和利益观集中教育活动，产生了较好的教育效果。加大反腐倡廉理论教育和警示教育载体建设，充分发挥广播、电视、网络等新闻媒体的作用，“大宣教”工作格局初步形成。2006年，在区电视台开办“廉政经纬”专栏，在《峄城通讯》开辟“廉政教育专版”，创办内部刊物《榴园清风》，每月一期，全区建设廉政文化示范机关65个，廉政文化一条街14个，示范村10个，廉政文化展室15个；设立廉政文化宣传栏47个，文化长廊7条，社区文化角3处。2007年，由区纪委起草编印的《乡案县审制度创新体系建设与研究》被评为枣庄市2007年度科学技术进步二等奖。2008，区纪委开展廉政文化“进机关、进社区、进学校、进农村、进企业、进家庭”“六进”活动，区地税局、区廉政文化一条街被省纪委确定为省级廉政文化建设示范点，成为峄城区廉政文化建设的品牌，区纪委被省纪委评为反腐倡廉宣传教育工作先进集体。

严格执行“四大纪律、八项要求”和“五个不许”的规定，针对领导干部廉洁自律方面存在的问题，认真开展检查清理。2007年起，对落实党风廉政建设责任制、推进惩防体系建设和贯彻《廉政准则》情况进行检查，严格执行领导干部述职述廉和报告个人有关事项制度，健全完善区纪委常委对镇（街）和区直部门主要负责人廉政谈话制度，加强对配偶子女均已移居国（境）外国家工作人员的管理。2008年，开展领导干部在工程建设项目中领取奖金和福利补贴清理专项活动，共查出违规资金120余万元。严格控制党政机关、企事业单位购买办公用车行为，审批党政机关事业单位购车32辆，全部按标准要求配备。对公款支付“小灵通”话费清理，共清出违规小灵通291部。

（2）对中央和省、市、区重大决策部署落实情况的监督检查扎实推进。重点对区委、区政府制定的重大决策、措施特别是城市发展、人才工作、社会发公平等重点工作任务落实情况进行督查。2006年，开展治理商业贿赂工作，自查自纠单位105个，查出问题单位16个，立案查处6起，收缴罚没款10万元，入库3.4万元，上报商业贿赂信息20多条。2007年，开展执法监察19项。在对国有土地使用权出让情况专项检查中，共查出2005—2007年上半年国有土地招标14宗，出让金11502.78万元，全部上缴区财政；在对新增建设用地变化情况执法监察中，查出违法用地13宗373.3亩，下达“行政处罚决定书”13份，收缴罚款464万；在对非税收入落实“收支两条线”管理情况专项检查中，查出应缴未缴非税收入13132.6万元，坐支1313.06万元。2008年，开展执法监察13项。在农村土地专项执法活动中，查出违法违规用地891宗，计2851.5亩，遏制非法占地的势头；在国有土地使用权出让情况专项清理中，检查各类建设用地37宗，出让金额25869.95万元，发现问题6类；在工程建设项目招标投标监督检查中，涉及26个单位的230个工程项目，查出应招标而未招标工程52个，对存在的4类问题进行整改。同时，对上一年非税收入“收支两条线”问题较为严重的单位进行回访。2010年，开展执法监察13项，涉及单位86个（次），提监察建议38条，协助有关部门建章立制16项。2011年，共开展执法监察工作18项，其中，中央、省、市安排执法监察工作3项，自主立项开展执法监察工作4项，协助有关部门开展日常监督工作11项，各项检查共涉及单位356个（次），提监察建议176条，被采纳176条，协助有关部门建章立制54项。会同有关部门开展对严肃换届纪律情况的监督检查，认真执行“5个严禁、17个不准和5个一律”规定，积极营造了风清气正的换届环境。

（3）优化经济发展环境工作成效显著。区委、区政府高度重视治理和优化经济发展环境工作，全区纪检监察机关充分发挥职能作用，标本兼治，综合治理，认真解决影响和阻碍经济发展的突出问题。2006年，对全区医院、药店医药购销情况专项检查，查出违纪金额68万元，其中违反收支两条线规定27万元，假伪药品3万元，乱收费2.5万元，违规列支35.5万元。全区各医疗单位集中招标采购1369万元，占医院总金额的82%，让利患者475万元。查处非法行医、违规行医和假劣药品等问题55个。2007年，对全区医药药店、医药购销情况的专项检查，查出非法行医、假劣药品、违规广告等问题40个。2010年，区纪委联合区经管局、财政局对全区粮食直补进行专项检查，粮食直补资金3598.86万元和“8·26”风灾补偿农民玉米款1500万元，全部落实到位。2011年，对公路“三乱”进行了深化治理，共开展公路“三乱”明察暗访21次，发现并纠正公路“三乱”问题6项，查处群众举报公路“三乱”信件1起，处理1人。结合医改实际，与各医疗单位签订行风建设责任书。继续推行网上药品集中采购和住院病人费用“一日清单制”及“病人选择医生制”，切实加大了透明度，保障了病人的选择权和知情权。2007年开始，先后在全区组织开展了“经济环境建设年”“马上就办限时办结”和“转作风、提效能”等活动，着力解决全区经济发展环境中存在的“中梗阻”、作风拖沓、效率低下等突出问题。开展“经济环境万人评”“涉企窗口（科室）评议”和“重点科室（岗位）社会评议”活动，邀请社会各界人士对与企业和群众生产生活关系密切的重点科室（岗位）进行现场评议，在社会上引起了较大反响。

（4）查处违纪违法案件工作继续保持力度。深入开展“信访举报质量年”活动，努力提高接访处访成效。坚持完善区纪委常委轮流接访制度，一些疑难访、重复访、集体访问题得到较好解决。全区纪检监察机关把查处党员干部违纪违法案件，特别是大案要案，作为从严治党、惩治腐败的重要环节来抓，毫不动摇地做到了两个“坚定不移”（一是支持解放思想、鼓励放开搞活坚定不移，一是加大反腐倡廉、查处违纪违法案件坚定不移），并把二者有机结合，放在发展稳定的大局中来把握。突出查处了企业改制、损害群众利益、影响社会稳定等社会反映强烈的案件。2004—2011年，全区纪检监察机关共受理群众信访举报1632件（次），立查案件746件，给予党纪处分717人，给予政纪处分198人。

（5）从源头上防治腐败工作扎实推进。加大改革创新力度，积极推进了惩治和预防腐败体系建设。根据中央、省、市委关于惩治和预防腐败体系建设的要求，结合峄城实际，提出了2010年前全区反腐倡廉的任务目标。继续深化改革，在行政审批、政府采购等方面建立了一系列规章制度。认真执行《党政干部选拔任用工作条例》，普遍推行了考察预告、任前公示、公开选拔、全委会票决等制度。认真贯彻落实《中国共产党党内监督条例（试行）》，镇（街）和区直部门主要领导作出廉政承诺，自觉接受监督。认真落实了区纪委常委同下级党委、部门主要负责人谈话制度，全区县级以上领导干部全部进行了述职述廉。深化政务、厂务、村务“三务”公开工作，在有关部门和单位建立完善了办事程序、办事结果公开制度，开展了党务公开试点工作，全区党的基层组织全面实行党务公开，政务、司法、厂务和公共企事业单位办事公开进一步深化。全面落实中共中央《建立健全惩治和预防腐败体系2008—2012年工作规划》和省、市委《实施办法》，从源头上防治腐败工作取得新进展。着力推进重点领域和关键环节改革，开展行政权力公开透明运行试点工作，利用网络信息技术实现权力公开透明运行；

（6）纪检监察队伍建设进一步加强。2004年起，全区纪检监察机关以“内强素质、外树形象”为主线，加强纪检监察队伍自身建设。开展了“建一流队伍、树一流形象、创一流业绩”集中学习教育、“队伍建设回头看”“队伍建设年”“提高业务素质年”等系列活动。2006年，结合保持共产党员先进性教育活动，在全区纪检监察系统开展了“做党的忠诚卫士、当群众的贴心人”等主题实践活动。区纪委常委会始终坚持民主集中制原则，带头执行廉洁自律各项规定，不断提高领导班子的凝聚力和战斗力。开展深入学习实践科学发展观活动和“做党的忠诚卫士、当群众的贴心人”主题实践活动，举办业务知识讲座，实行全员轮流接访，提高了纪检监察干部队伍的整体素质和工作水平。全面实行纪检监察派驻机构统一管理，进一步加强纪检监察机关建设。加强内部管理和制度建设，强化政治纪律、工作纪律、办案纪律、保密纪律和廉政纪律，主动接受社会各界监督，树立了纪检监察干部的良好形象。

（四）全面深化改革，全面建设小康社会的决胜阶段（2012年至今）

1. 组织机构发展变化

2013年11月12日，中国共产党第十八届中央委员会第三次全体会议审议通过了《中共中央关于全面深化改革若干重大问题的决定》，对深化纪律检查体制改革提出要求。明确提出：落实党风廉政建设责任制，党委负主体责任，纪委负监督责任。推动党的纪律检查工作双重领导体制具体化、程序化、制度化，强化上级纪委对下级纪委的领导。查办腐败案件以上级纪委领导为主，线索处置和案件查办在向同级党委报告的同时必须向上级纪委报告。各级纪委书记、副书记的提名和考察以上级纪委会同组织部门为主。中国共产党峄城区第九次代表大会2012年1月7日选举产生了中共峄城区纪律检查委员会。选举出了第九届区纪委委员25名、常委7名、书记1名、副书记2名。区纪委和区监察局继续合署办公。中国共产党峄城区第十次代表大会2017年1月18日选举产生了中共峄城区纪律检查委员会。选举出了第十届区纪委委员25名、常委7名、书记1名、副书记2名。区纪委和区监察局继续合署办公。2016年4月，《镇（街道）纪委书记、副书记提名考察办法（试行）》《区纪委派驻纪工委书记、副书记提名考察办法（试行）》《区管企业纪委书记、副书记提名考察办法（试行）》经区委同意正式印发，实行纪委书记、副书记的提名和考察以上级纪委会同组织部门为主，强化上级纪委对下级纪委的领导。2017年12月15日，中共峄城区委印发《枣庄市峄城区深化国家监察体制改革试点工作实施方案》，整合反腐败资源力量，组建区监察委员会，建立党统一领导下的国家反腐败工作机构，构建集中统一、权威高效的监察体系，实现对所有行使公权力的公职人员监察全覆盖。峄城区第十二届人民代表大会第二次会议2018年1月18日选举产生峄城区监察委员会，选举区监委主任1名、副主任2名、监委委员4名。

2. 工作开展情况

（1）“两个责任”压力层层传导。区委认真履行全面从严治党主体责任，区纪委认真履行监督责任，积极推动“两个责任”落实到位。协助区委制定《建立健全惩治和预防腐败体系2013—2017年实施方案》，把主体责任和监督责任进行分解细化。成立区委反腐败协调小组，明确各成员单位工作任务，定期召开联席会议。把党风廉政建设责任制落实情况列入经济社会发展综合考核体系，将考核结果作为对领导班子总体评价和领导干部业绩评定、奖惩、选拔任用的重要参考。2013年率先在全市组织开展区级党政领导班子成员向区纪委全委会述廉试点工作，充分发挥了纪委委员的监督职责。探索实行区纪委常委同党政正职廉政谈话制度，区委书记对14名县级领导干部和丰源、福兴两大集团负责人，区纪委书记、副书记、常委对7个镇（街）书记、镇长（主任）、纪委书记和区直部门主要负责人进行廉政谈话，主体责任落实情况作为谈话重要内容。2015年继续深化和启动以“守纪律、讲规矩、明责任”作为主要内容的廉政谈话工作，进一步强化了党委（党组）及班子成员的主体责任意识。2016年组织区级党政领导班子成员15人向区纪委全委会述廉述责，切实加强对领导班子成员主体责任、监督责任落实情况的监督。2017年组织开展区纪委常委与新提拔的49名部门“一把手”廉政谈话，聚焦“廉”、“责”两大主题对领导干部实行“廉洁体检”，进一步增强了党政“一把手”履行全面从严治党的主体责任意识。2018年对全区41名镇（街道）和区直部门“一把手”进行廉政谈话，营造廉洁从政浓厚氛围。

（2）中央和省委巡视组反馈问题整改落到实处。2015年7月20日至8月20日省委第三巡视组专项巡视峄城，峄城区把中央和省委巡视组巡视反馈问题整改落实作为一项重要政治任务来抓，对省委巡视组巡视反馈关于党风廉政建设和反腐败工作方面的问题，及时召开会议研究整改方案，逐级明确任务，层层分解责任，推动整改落实。巡视期间巡视组共反馈问题22个，整改完成（含长期任务取得阶段性成效）20个，继续整改2个；巡视组移交问题线索4件，已全部办结；巡视组移交信访件171件，全部办结，共立案19件，给予党政纪处分21人（科级5人，其他人员16人），组织处理3人，诫勉谈话6人，移送司法机关2人。2016年，峄城区高度重视中央巡视组和省委巡视组“回头看”巡视工作，对中央巡视组转来信访件16件全部进行办理，给予党政纪处分6人，组织处理1人；对省委第一巡视组转来信访件22件完成办理，给予党政纪处分8人，组织处理4人，移送司法机关1人，确保“件件有着落、事事有回音”。2018年上半年共收到中央第七巡视组交办要结果信访件18件，全部办结，办结率100%，查实10件，查实率56%。收到省委第九巡视组分三批次转来要结果信访举报9件，全部办结，办结率100%，查实7件，查实率78%，一大批矛盾隐患得以消除。

（3）纠正“四风”在坚持中深化。围绕落实中央八项规定精神和省委实施办法，制定《关于改进工作作风密切联系群众的通知》《关于严格落实厉行勤俭节约反对铺张浪费有关规定的通知》《工作日中午禁酒的通知》和《峄城区党政机关公务用车配备使用管理实施办法》等制度，规范干部行为，推动作风转变。狠抓领导干部操办婚丧喜庆报备事宜，累计受理科级以上领导干部婚丧喜庆事宜报备400余人次。相继开展了“干部作风建设年”“为民、务实、清廉”主题教育活动。改进监督检查方式，既坚持逢节必查，又增加暗访频率，持续加压用力。加大查处力度，对信访、执纪审查发现的“四风”问题线索深挖细查、绝不放过，对规避监督、顶风违纪的从严查处，对构成违纪的坚决给予党纪政纪处分。全区先后组织了290个明察暗访检查组，发现问题线索100余条，查处违反中央八项规定精神问题61起，处理81人，给予党纪政纪处分66人，分17期对42起违反中央八项规定精神的典型问题进行了通报。

质监局窗口亮岗位　微笑服务

（4）惩治腐败保持高压态势。五年来，全区纪检监察机关不断加大纪律审查力度，严肃查办十八大后不收敛、不收手、问题线索反映集中、群众反映强烈、在重要岗位且可能还要提拔使用的领导干部。全区纪检监察机关共接受信访举报1344件（次），其中区纪委接受信访举报413件（次），立案800起，其中区纪委自办案件428起，占立案总数的53.5%，给予党纪政纪处分752人，其中乡科级70人，一般干部93人，其他人员589人。把握运用监督执纪“四种形态”，把纪律和规矩挺在前面，发现苗头马上管，触犯纪律及时处理，做到动辄则咎。强化问题线索管理。2015年制定了《中共峄城区纪委、监察局区管干部问题和重要线索管理处置办法》，所有问题线索由区纪委案管室统一登记管理，并按照五类处置办法进行处理，线索处置工作更加安全、规范、高效。狠抓纪律审查安全保障。2012年投入资金80余万元建成200余平方米区级办案谈话点，高标准配备了相关设备，安装了数字监控、指纹识别及语音采集系统，制定完善了《办案点安全文明办案规定》等办案场所管理制度，纪律审查的安全文明措施进一步增强。2016年又对区纪委谈话场所投入10余万元进行改造升级。2017年严把执纪安全，明确纪律审查各项制度，健全完善“走读式”谈话工作规范，强化全程监督和现场检查，组织安全隐患排查12次，实施陪护演练和培训活动4次，确保执纪审查“零事故”。全面完成谈话场所改造提升任务，新建5处谈话场所，形成1个区级和5个镇级共6处标准谈话场所。深化信访举报管理处置。2014年探索实行了“三双三访”（双基便民、双公透明、双向承诺；信访排查、信访督办、信访反馈）信访机制，进一步提升了信访举报处置效率，信访量同比下降40%以上。该机制被中纪委《党风廉政建设》第11期和中纪委网站“党风廉政建设创新成果展示平台”刊发。2015年制定了《峄城区纪委、监察局信访举报信件管理办法》，成立信访举报件“会审”工作小组，提高了信访举报处置效率。深化“统管派驻”监督。2012年创新实行了“一拖四”监督机制，即：制定《纪检监察统管派驻机构监督规程》及“三重一大”、重点派驻、巡查监督和考核问责四项制度，统称“一拖四”机制。该项机制切实加强对区直部门党风廉政建设工作的监督指导，被市纪委评为2013年纪检监察创新成果，《中国纪检监察报》、中纪委网站等权威媒体先后进行了报道。巡察监督。区委于2015年6月29日印发了《中共峄城区委巡查办法（试行）》，2014年对区经信局等12个单位开展了巡查，发现并责令部门整改问题26个。2015年，对区交通局等17个部门开展了巡查，共发现问题68个，提出整改建议75条，全面督促整改落实。2016年成立6个巡察组分2批次对12个区直单位开展巡察，累计发现班子建设、队伍建设、工作作风等方面问题60个，提出整改意见和建议49条。2017年率先在全市成立区委巡察机构，健全完善16项配套制度，汇总形成《区委巡察工作制度规范汇编》、《工作操作手册》，为巡察工作提供了制度遵循。2018年制定巡察工作五年规划(2017-2021年)，明确工作遵循和路线图，推进巡察工作向纵深发展。2017年至2018年6月，区委开展5轮对26个区直部门单位的常规巡察和7个镇（街道）20个行政村扶贫领域的专项巡察，共开展个别谈话692人次，受理信访举报36件次，查阅资料4393卷本，入户走访853户，发现问题369个，移交问题线索88件，涉及科级干部问题线索34个。巡察“利剑”“尖兵”作用充分彰显，有力地促进了全面从严治党向基层延伸。取得了发现一批问题、完善一套制度、化解一些矛盾、教育一批干部的实际效果，巡察的探头作用和利器作用日益凸显。取得了发现一批问题、完善一套制度、化解一些矛盾、教育一批干部的实际效果，巡察的探头作用和利器作用日益凸显。

（5）整治和查处侵害群众利益的不正之风和腐败问题深入推进。把整治和查处侵害群众利益的不正之风和腐败问题，作为工作的重中之重，推动全面从严治党向基层延伸，不断增强群众的获得感。强化重点督导，制定《关于开展重点督导镇（街）集中整治和查处侵害群众利益的不正之风和腐败问题的工作方案》，实行区纪委常委联系帮包制度，靠上督促指导，层层传导压力，推动工作深入开展。突出查办重点，把村（居）“两委”成员、镇（街）干部、区（市）直部门干部作为重点人员，紧盯城郊接合部的镇村、执法监管部门、基层管钱管物管项目的岗位，对土地征收、村级“三资”管理、惠农补贴、扶贫救济等方面侵害群众利益的问题，以及吃拿卡要、欺压群众等行为，坚决依规依纪处理。2016年，全区共查处侵害群众利益的不正之风和腐败问题案件54起，给予党纪政纪处分54人，先后对8起侵害群众利益的不正之风和腐败典型问题进行了通报。2017年开展为期3个月的扶贫领域腐败和作风突出问题专项治理，对2015年以来扶贫领域腐败和作风突出问题进行全面排查。共查处扶贫领域违纪问题24件，给予党纪政纪处分16人，组织处理14人，移送司法机关1人，对7起典型案件予以公开通报曝光，震慑效果明显。2018年上半年从派驻纪检监察组抽调精干力量成立6个察访组，对全区7个镇（街道）和30个区直部门开展为期1个月的脱贫攻坚专项督察活动，摸排梳理问题16条，全部督促整改。全区共查处侵害群众利益的不正之风和腐败问题42起，处理47人，给予党纪政务处分43人，其中涉及扶贫领域违纪问题20起，处理25人，给予党纪政务处分21人，分3批对7起典型案件予以公开通报曝光。

（6）责任追究力度持续加大。把问责作为推动全面从严治党的重要举措来抓，坚持用好问责这个利器，铁面执纪，严肃问责。将问责条例纳入“两学一做”学习教育必学内容，带头认真学习，进一步明确问责的对象，进一步明确问责的情形，真正使问责条例入脑入心，做到明追究。突出问责重点，找准问责的突破口，在落实党风廉政建设责任制、落实中央八项规定精神、侵害群众利益的不正之风和腐败问题、执纪审查等四个方面加大追究力度，做到善追究。强化责任担当，对党风廉政建设出了问题，特别是出了区域性、系统性问题的，坚持严字当头，失责必问，问责必严，做到真追究。加强督导检查，严明党的纪律。加强了对镇、村换届工作纪律的督导检查，开展了农村“三资”清理、惠农资金落实及环保、水利专项资金的使用等专项检查27项。围绕区委、区政府重大事项开展专项监察，共涉及项目127个、涉及资金13亿元，11人被追究责任，保证了区委、区政府重大决策部署的有效落实。

（7）自身建设进一步加强。按照打铁还需自身硬的要求，持续转职能、转方式、转作风，努力建设一支忠诚、干净、担当的纪检监察队伍。强化学习教育培训，认真开展党的群众路线教育实践活动、“三严三实”专题教育、“两学一做”学习教育，选派纪检监察干部参加各级政治理论学习和业务培训班25班（次）402人（次），不断提高业务素质和工作能力。扎实推进纪律检查体制改革，清理议事协调机构，推进内设机构调整，把力量聚焦到监督执纪问责上。将牵头或参与的议事协调机构由原来的78个精简至9个，坚决把不该管的工作交还给主责部门。2015年，区纪检监察派驻机构30个编制全部落实。2016年，积极稳妥推进内设机构调整工作，调整后内设机构由原来的13个减少到目前的9个，内设机构人员编制由18名增加到32名；人员编制向监督执纪一线倾斜，监督执纪人员占比71.9%，纪检监察室人员占比31.3%，把力量聚焦到监督执纪问责上。加强镇（街）纪检组织建设，使镇（街）纪委在人员配备上均有一名书记、至少两名专职副书记、三名专职工作人员，并做到“场所、设施、车辆、经费”四到位，并全部实现纪检干部专职化。建立健全了区丰源、福兴两大集团纪检监察组织。342个行政村均选出了村级纪检员和村务监督委员会。区纪检监察派驻机构30个编制全部落实。建立健全纪检监察干部人才库，已纳入161人。从严规范纪检监察干部行为，加强内部监督管理，修订完善了《机关内部工作规范和规章制度》等内控制度9项，强化岗位廉政风险防控，带头改进作风。在全区纪检监察系统率先开展会员卡专项清退活动，全区98名纪检监察干部全部签订承诺书，做到“零持有、零报告”；开展“拜把子、搞小圈子”集中整治活动，全区纪检监察干部全部签订承诺书。2017年实施“5432”干部素质提升年活动，开展常态化集中政治业务学习和专题培训15场次，组织能力自测考试12次。勇于刀刃向内，严防“灯下黑”，对1名纪检监察干部给予党内警告处分，并调离纪检监察岗位。2018年深化监察体制改革，划拨政法专项编制17个，转隶人员10名，执纪监督部门总数达到10个，监督执纪机构编制由23名增加到37名，监督执纪一线人员占比达到72.54%。新增宣传部和2个纪检监察室。成立机关党委，开创了机关党建工作的新局面。先后制定完善请销假等8项制度，明确纪检监察干部日常行为规范。建立区纪委常委会会议议定事项督办制度，督办42项，办结32项，促进了工作有效落实。上半年共受理反映纪检干部问题线索7件，函询了结4件，提醒谈话2人，给予党内警告处分1人。

二、主要成就

改革开放40年来，峄城区纪检监察事业紧紧围绕中心，服务大局，强化监督执纪问责，注重机制制度建设，切实维护群众利益，为全区经济社会发展提供了坚强的政治保障，各项工作都取得了巨大成就。

1. 监督力度不断加大，制度建设不断加强

改革开放以来，峄城区纪检监察机关按照中央和省、市统一部署，把党风廉政建设纳入对各级各部门的年终考核，组织协调党委、政府部门认真落实党风廉政建设责任制，坚持党要管党，从严治党，强化党内监督，严格执行民主集中制，建立健全党内议事和决策的具体制度。坚持纪委领导同下级党政主要领导的谈话制度，实行领导干部述职述廉制度和党政一把手党风廉政建设报告制度，及时发现问题、解决问题，不断加大党风政风监督力度，深入推进党内监督工作顺利开展，党员干部廉洁从政的自觉性普遍提高。

2. 信访举报得到群众认可，纪律审查力度不断加强

峄城区纪检监察不断完善领导接访制度，扩大信访案件的覆盖面，使信访案件达到“件件有着落，事实有回音”，有效地控制了重复信访和越级信访。继续保持高压态势，坚决减少腐败存量，重点遏制增量，形成持续威慑，努力实现不敢腐的目标；标本兼治，深化改革，完善制度，强化不能腐；坚定理想信念宗旨教育，严把选人用人政治关、廉洁关，防止干部“带病提拔”“带病上岗”，强化不想腐，执纪审查工作成绩巨大，显示了党反腐决心、意志和力量，让群众看到了希望。

3. 干部队伍和组织建设逐步得到加强

区纪委监察局机关设办公室、组织部、党风政风监督室、信访室、第一至第三纪检监察室、案件审理室9个副科级科室，区纪委廉政教育中心1个正科级事业单位，6个正科级派驻纪工委（监察分局）。各镇（街道）纪检组织健全，人员配备齐全，专职专用，专岗专用，村级配有专职纪检员。全区纪检监察机关形成了纵横交错的监督体系。纵的方面有区、镇两级内设机构系统；横的方面有区级派驻机构系统及未统管单位的纪检机构和工作人员，落实机构建设成绩巨大。

三、经验和启示

改革开放以来，全区各级纪检监察组织在加强党风廉政建设和反腐败工作中，大胆创新，勇于实践，探索了一些有效的工作方法，积累了一些基本经验，主要有：

1. 必须坚决贯彻落实中央和省市区委决策部署，统一思想意志，坚定正确方向

习近平总书记关于党风廉政建设和反腐败斗争的一系列重要论述，是新的历史条件下做好工作的思想武器和行动指南，党中央的坚定立场、坚决态度和有力领导，是推进党风廉政建设和反腐败斗争的根本保证。只有坚决贯彻落实中央决策部署，深入学习贯彻习近平总书记系列重要讲话精神，紧跟中央和省、市纪委步伐，在区委的领导下，统一思想和行动，才能始终沿着正确的方向前进。

2. 必须认真落实主体责任，传导压力，压实责任

主体责任是管党治党的“牛鼻子”，牵一发而动全身。只有抓紧抓牢抓实全面从严治党主体责任，督促各级党组织担当负责，以上率下、传导压力，失责必问、问必从严，才能保证管党治党责任落地生根。

3. 必须坚持把纪律和规矩挺在前面，全面从严，动辄则咎

全面从严治党，关键在“治”、要害在“严”，纪律建设是治本之策，党的“六大纪律”是衡量行为的尺子，监督执纪“四种形态”是实现严明纪律的路径。只有坚持纪严于法、纪在法前，铁面执纪、越往后执纪越严，才能真正把纪律立起来、严起来，管住管好大多数。

4. 必须严肃查处发生在群众身边的“四风”和腐败问题，赢得人心，提振信心

基层存在的“四风”和腐败问题，严重损害群众切身利益，侵蚀干群关系，动摇党的执政之基，人民群众深恶痛绝。只有严肃查处发生在群众身边的“四风”和腐败问题，切实维护群众的切身利益，才能增强群众的获得感，厚植群众基础。

审稿人：耿道鹏

撰稿人：孙启海

峄城区实行村党支部书记任期管理的实践与探索

峄城区辖5镇2街道，共344个村级行政单位。2011年，峄城区在村“两委”换届后，在农村和社区党组织中，探索实施以目标承诺、民主决策、群众监督为主要内容的村党支部书记任期管理，形成了村党支部书记积极干事创业、村级组织议事规范、干群关系和谐发展的良好局面。

一、实施背景

近些年来，在中央“以经济建设为中心”的号召下，省、市各级地方大力开展招商、建设，经济社会得到迅猛发展。与此相对应，随着社会结构的变化和农村经济和政治体制的改革，村级党组织可以控制和支配的经济与政治资源减少，村民对村级党组织的依赖性和服从性明显降低，村级党组织权力受到限制，威信遭遇挑战，影响力有所减弱。一些村党组织和党组织书记服务群众意识减弱，干事创业劲头不足，甚至出现侵害群众利益的行为。例如，在服务群众上，一些村党支部书记存在的“在其位不干事；作风霸道办事不公，让老百姓受气吃亏；利用职权为家族和个人谋取私利”等行为，老百姓有怨言、有想法，对村居工作不支持、不配合，严重影响了群众工作的效果；在干事激情上，村党支部书记由镇党委直接管理，区级组织部门只是指导党建工作，缺少有效的制约手段，个别村书记不想为、不愿为，拖拉懈怠，干事激情下降，有的支部书记私心偏重，“无利不起早，有利盼鸡啼”，服务群众的意识淡化；在制度建设上，基层基础还很薄弱，距离一直以来强调的规范化管理，还存在着很大差距，村级决策随意性强，不按章办事的现象普遍存在。这些现象直接影响了党的路线、方针、政策在农村的全面落实，影响了党的凝聚力和战斗力的形成，影响了农村经济的发展。因此，在新形势下加强对农村党支部书记队伍的管理，增强农村基层党组织影响力，成为目前农村基层党组织建设迫切需要解决的重大问题。

二、村党支部书记任期管理的主要做法

（一）实践探索阶段（2011年5月—2013年5月）

1. 探索实行任期管理，激发村干部干事创业活力。2011年5月，峄城区第十届村“两委”换届完成，新一批农村（社区）干部走到工作岗位。为了进一步加强对新一轮村干部的管理，激发他们的干事创业热情，经过区委研究，峄城区委组织部下发了《关于加强村党支部书记任期管理的意见》，在全区范围内，加强了对村居、社区党支部书记的任期目标管理。确立了“健全完善村党支部书记管理机制”，“把群众满意作为改进工作的方向”，“进一步推进村级组织规范化建设”的总体目标方向。具体措施有：（1）实行“镇审核、村公示、区备案”，规范目标承诺，解决不干事的问题。要求村党支部书记在村“两委”换届竞职承诺的基础上，围绕村庄发展和服务群众，坚持量力而行、尽力而为原则，突出办实事，采取条目式，提出三年任期目标和本年度目标承诺。将群众满意度走访梳理的群众意愿和区社情民意调查办公室日常掌握的问题，与村党支部书记目标承诺有效衔接起来，不让群众“被做主”，“干什么真正让群众定”。承诺内容由镇党委把关后，在村务公开栏上公示，并拍照形成图片记录，报区委组织部备案。（2）实行“两会议、两公开，双记录、双签字”，规范民主决策，解决办事不公的问题。规定凡涉及集体资产的发包、救助对象的确定、大额收支等，都要经村“两委”成员会审议、党群议事会决议。党群议事会参加人员为全体党员、村民代表、村务监督委员会成员，到会人员应达到三分之二以上方可开会，所做决定

表彰七、八星级优秀村居党支部书记

应当经到会人员过半数同意。决议通过的事项、事项办理结果，一律在村务公开栏上公开。议事过程和公示内容既要有文字记录，又要有图片记录；既要经包村干部现场签字，又要经包片党政成员审核签字。区委组织部统一印制了《村“两委”成员会议记录簿》和《村党群议事会议记录簿》，编号固定，逐村对应，年底由镇党委集中回收存档。同时优化党群议事队伍，除村“两委”成员和村务监督委员会成员外，再按照“热心、有时间和精力参与村级事务”的标准推选部分党员和村民代表，建立一支相对固定的专业议事队伍，真正让在家人议好家里的事。(3)实行“民情连线、督导办理、限时反馈”，规范群众监督，解决谋私利的问题。区委组织部和镇组织室各常设一部电话为民情连线，电话号码在村务公开栏上公开；建立《民情台账》，民情连线接到的民情反映，在《民情台账》上记录，作为年度考评备查资料，或作为抽查暗访的方向；对实名反映、问题突出的，组织部以函询等方式督促，镇党委以明确责任人方式落实，办理结果限定在1周内向有关群众反馈。

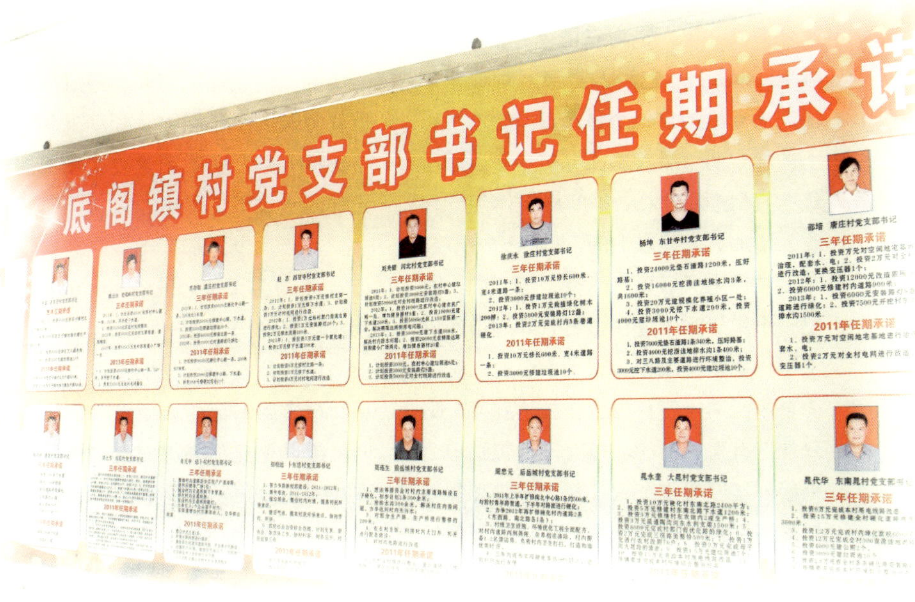

村支书任期管理目标承诺公开栏

2. 强化督导落实，压实任期管理工作责任。(1)开展网格化督导服务。任期管理工作开展后，“逼”着支部书记去主动干事，很多村庄改变了“多年一个样”的面貌，村居群众对镇村干部的满意度得到了大幅提升。为了进一步增强任期管理工作的推进力度，峄城区委对村党支部书记任期管理实行网格化督导，按照相对集中、就近便利的原则，划分督导网格。区委组织部副部长每人联系1—2个镇（街），结合地域分布，每13—15个村划分一个网格，每名部机关干部联系一个网格，覆盖全区344个村（居）。坚持“帮忙不添乱、服务不干扰”的原则，督导人员利用周末等工作以外的时间，每月至少入村一次，重点督促任期管理及党建工作开展。(2)搭建信息管理化平台。以村为单位，建立村书记任期管理信息化台账，公开村居简介、“两委”成员、党员队伍现状、党建工作典型做法及任期管理进展情况，有文字、有图片，让组工干部时时掌握各村村情。台账信息由镇（街）上报基础数据，组工干部下村调研了解情况，拍照记录进行实时更新。针对存在问题，各分管部长和镇（街）包片责任人每月召开一次例会，分析运作情况及时研究解决。(3)推广典型经验。选取承诺落实、议事规范、公开公示有代表性的村（居），整理总结，形成案例，印发交流。区委组织部和各镇（街）定期组织专业人员举办现场观摩会，集中观摩、现场参观、现场点评，推广先进经验，改进存在问题，确保工作实效。(4)跟进考评激励。每年春节前后，区委组织部组成7个考评组到每个镇街进行“一述两评三看”村村到考评。“一述”：召集村“两委”成员和党群议事会成员参加考评会，会上村党支部书记作述职报告，重点报告年度目标承诺完成、公议公开和廉洁自律等情况，并提出下年度目标承诺。“两评”：村党支部书记述职完毕后，由参会人员对村党支部书记进行满意度测评，即“村评”；另外，结合干部年度考察，在镇街党政成员、机关人员、双管单位负责人、企业负责人的范围内，对村党支部书记进行满意度测评，即“镇评”。“三看”：任期管理考核组查看村里的议事记录，看民情台账，看干事成效。考评工作结束后，还随机挑选2—3个村进行复检，确保考评公正。

3. 实行星级化管理，激励村干部干事创业热情。为了更好地激励支部书记干事创业，以先进带后进，2011年11月，峄城区委组织部出台了《峄城区村党支部书记星级评定办法》。对村支部书记设置一至八星八个级别，按照“镇街党委初评——区委组织部审定——区委命名表彰”的评定程序，依据工作年限、学历为村书记定星，制定以工作实绩、经济发展为核心的20条奖星、降星、撤星的评定标准。对“干事绩效、议事规范、民情满意”好的，进行奖星；差的，实行重点管理，评先树优“一票否决”。对连续三年跳不出重点管理圈的，建议免职。对四星级以上的支部书记，实行发放星级津贴、组织健康体检、开展高端培训等激励措施，真正让干得好的得好处，干的差的有压力。(1)定星（基本星级）。评定标准为：鼓励村党支部书记打基础、谋长远、多干事，连续任职满3年，定为一星级；连续任职满6年，定为二星级；连续任职满9年，定为三星级；连续任职满12年以上，定为四星级；对原始学历为大专的加定一个星级，原始本科以上的加定两个星级。（2）奖星（奖励星级）。评定标准为：年度村集体经营性收入增加5万元以上的，奖励一个星级；年度被评为区级以上党建示范点的，奖励一个星级；年度在该村召开过市级以上工作现场会或作为现场参观的，奖励一个星级；年度村内合作社达到“一诺双挂三有”标准的，每有一个奖励一个星级；年度村或个人工作获得荣誉称号按最高级别不重复计算，获得区级荣誉称号的，奖励一个星级；获得市级荣誉称号的，奖励两个星级；获得省级荣誉称号的，奖励三个星级；获得中央级荣誉称号的，奖励四个星级；任期管理年度考评打分达到90分以上的，奖励一个星级；达到95分以上的，奖励两个星级；任期管理年度考评综合成绩，排在镇前5名的，奖励一个星级；连续任职期间，最近三年没有市级以上越级访的，奖励一个星级。（3）降星（减少星级）。评定标准为：年度有违规违纪现象，受党内警告处分的，降一个星级；受党内严重警告处分的，降两个星级；任期管理年度考评“两评”满意度有一项低于80分的，降一个星级；满意度有一项低于70分的，降两个星级；年度本村有到市上访的，降一个星级；赴省上访的，降两个星级；进京上访的，降三个星级；镇对村年度目标责任制考核排在镇最后三名的，降一个星级；对超过八星级的按照八星级认定，同时对八星级村党支部书记的评定，还要一并具有连续任职满4年；年度村集体经营性收入超过10万元；任期管理年度考评综合成绩位列本镇前5名；“两评”满意度均达到90分以上这些条件，否则降一个星级。（4）撤星（取消星级）。评定标准为：被纳入任期管理重点管理村的；年度被“一票否决”的，如在安全生产、社会治安综合治理和计划生育等方面主抓不力，出现重大问题的；年度出现重大群体性事件，引发严重后果，负有领导责任的；年度目标承诺全都未落实的；连续任职期间，最近三年不发展新党员的；思想上、行动上和镇党委不保持一致，落实镇党委决策部署打折走样，造成不良影响的。

每年，全区都有1/3左右的支部书记被评为四星级以上。至2015年，连续四年召开庆“七一”表彰大会，村支部书记全体参加，任期管理抓得好的镇街和村支部书记作典型发言。先后组织四星级以上支部书记健康体检、高端培训343人次，发放星级津贴、晋星奖励45万元，缴纳养老保险48万元，表彰优秀村党支部书记69名、优秀村级共产党员22名。

4. 严格结果运用。（1）对村支部书记。区委组织部结合干部年度考察结果反馈工作，一并向区有关领导、镇街党委书记反馈考评结果。镇街党委针对反馈指出的问题，积极制定落实整改措施；同时对反馈的村党支部书记考评结果，合理运用到村级年度考核评定中。对“干事绩效好、议事规范好、民情满意好”的村党支部书记，积极推荐作为各级表彰奖励以及党代表、人大代表、政协委员人选，激发他们的荣誉感和使命感。对“干事绩效差、议事规范差、民情满意差”的村支部书记，建立重点管理台账，实行评先树优“一票否决”。对本年度考评纳入重点管理的，给予通报预警提醒；连续两年纳入重点管理的，给予黄牌警告批评；连续三年跳不出重点管理圈的，建议镇街党委免去其职务，一般不再作为下届村党支部书记提名人选。（2）对区镇督导人员。区委组织部把村党支部书记任期管理工作，纳入镇党委书记年度考核述职报告的重要内容，纳入组织委员、包片党政成员年度考核的重要内容。同时，结合各村任期管理信息化台账，考评组工干部调研、督导工作。每年由包村干部和村党支部书记对组工干部督导服务情况开展测评，作为组工干部评先树优的重要依据。

（二）改进完善阶段（2013年5月—2015年5月）

自任期管理工作开展以来，峄城区委组织部结合实际操作中发现的新情况、新问题，不断结合实际完善和改进任期管理工作，设计出一套规范决策的管理架构，有效提高了村级组织规范化建设水平。

1. 继续完善目标承诺。（1）探索实行“难度系数法”。鉴于以往支部书记承诺事项难易不均，不易具体评判干事成效。2013年起，区委组织部出台办法，对支部书记承诺事项进行难度评定，按难度赋予相应分值。比如，给修建文体广场、铺设路、水电改造、引进驻村企业等一些难度较大、惠及村民较多的事项赋予较高分值，对村内绿化、安装路灯、监控等相对较容易实现的事项减少赋予分值。对一些由于客观原因无法完成的目标承诺内容进行及时调整，原则上调整的承诺难度不应低于原承诺。（2）规范承诺事项。2014年7月，峄城区设立社情民意调查办公室，组织全区第一书记派出单位开展群众满意度“户户到”大走访。把“户户到”大走访梳理的群众意愿和区社情民意调查办公室日常掌握的问题，与村党支部书记目标承诺有效衔接起来，不让群众“被做主”，“干什么真正让群众定”。将目标承诺分为“3+X”的模式，即重点从党建（党员教育、发展党员、培养入党积极分子和后备干部）、为民实事和增加村集体经济收入三个方面，“X”为该村的自选和特色项目。（3）严格审核评比。承诺除严格按照“镇审核、村公示”两个程序，还要经过督导组审核，报区委组织部备案。把议事制度作为评判党员的标准之一，对无故不到会或长期请假的党员进行公示、通报，并作为不合格党员评定的重要依据。搞好集中亮诺亮星和村级巡回观摩，让干事的有面子，不干事的坐不住，形成比学赶超局面。

2. 不断规范民主决策。（1）建立网络信息平台，简化会议记录。2012年至2015年，区委组织部先后投入30

万元，为全区所有村居开通了网络，预交了3年网费；投入40余万元购置205台电脑，安装了摄像头和视频录制软件，建成了覆盖全区344个行政村的信息网络，实现了村级远教设备及视频记录系统全覆盖。议事过程由视频全程录像，保存在电脑中，并上传至区级终端，可随时调取查看，代替文字记录，简化了会议记录。（2）优化党群议事队伍，设立专职组织员。利用2014年村“两委”换届的时机，除村“两委”成员和村务监督委员会成员外，再按照“热心、有时间和精力参与村级事务”的标准推选部分党员和村民代表，建立一支相对固定的专业议事队伍，真正让在家人议好家里的事。同时，按照每村1名的标准，配齐了344名村级组织员，每人每年给予1200元补助，落实“完善户情信息、收集社情民意、配合满意度调查、搞好任期管理视频和文字记录和采集发布就业信息”五项职责。

3. 进一步加强民主监督。（1）开通民情连线电话。2014年7月，设立区社情民意调查办公室，开通0632—7712340民情连线，并将电话号码在各村公开。区社情民意调查办公室接到的民情反映，在《民情台账》上记录，并填写《民情交办单》，转交相关镇党委或部门办理，办理结果作为年度考评备查资料，或作为抽查暗访的方向。采用问题“即知即改”机制。与群众满意度工作有效衔接，对群众反映的问题“即知即改”，建立问题整改台账，实行销号管理。（2）第一书记联系到片。2015年5月，结合新一轮第一书记到村任职，将“落实任期管理”明确为第一书记五项工作职责之一，每名第一书记联系4—6个村居，每季度梳理所联系村“目标承诺”完成情况，将任期管理同群众满意度相结合，对全区每个行政村抽取一定样本进行满意度测评，得到各个村的满意度进行差异化排名，并将目标承诺完成情况与满意度排名上报镇街党委进行汇总，作为镇街党委和第一书记的考核内容之一。

4. 不断规范督导考评。2015年3月，峄城区委组织部印发了《关于进一步加强村党支部书记任期管理的意见》和《峄城区村党支部书记星级评定办法》，更新完善了任期管理考核办法。在对村考核的同时，转向重点对镇街党委的考核，突出“镇街党委重视程度、有效推进措施和村评满意度”三个方面。同时，将任期管理纳入镇街党委书记基层党建述职和包片党政成员年度考核的重要内容，通过“一述、两评、三看”督促镇街党委抓好任期管理工作。（1）“一述”：在每年的岁末年初，除党群议事会成员参加外，还要召集全体党员和村民代表，召开党群议事会扩大会议，会上村党支部书记作述职报告，并提出下年度目标承诺。（2）“两评”：“村评”改由区社情民意调查办公室采取电话随访的方式，结合群众满意度工作六项内容，随机成功拨打20个村民的电话，确定村评满意度。“镇评”和原来的方式一样。（3）“三看”：看议事记录，看干事成效，看民情台账。现在的主要变化是除了看本子记录，还要看视频记录，对照议事时群众讨论情况开展倒查。加大群众满意考核分值。利用区社情民意调查系统，逐村选取固定数量样本，测评群众满意度，作为任期管理考评“群众评”的分值，并把分值占比提升到40%，真正让群众在评价干部上有话语权，让村干部自觉把群众满意作为工作的出发点和落脚点。通过新措施进行“村村到”考评，视频记录运用较好，村级逐渐养成了民主议事的习惯。通过电话抽查确定任期管理群众满意度的结果来看，和平时掌握的六项满意度情况基本一致，更体现了结果的真实性。

（三）巩固发展阶段（2015年5月至今）

1. 实行“一学一议一通报”，规范必议事项。2016年6月，结合“两学一做”学习教育，区委组织部制定下发了《关于在农村“28日党员活动日”实行“一学一议一通报”制度的通知》。要求各村居在学习研讨的基础上开展民主议事，规定村集体收支、1000元以上大额支出、低保对象确定、困难党员救助等重要事项，必须通过村“两委”会审议、党群议事会决议。对大额支出、集体资产发包、特定对象确定、目标承诺事项等重要事项进行讨论决议，进一步增强了民主决策的规范性。利用峄城民情连线、远程教育等平台，实时传输会议视频记录，实行组工干部在线考核，每月一督查一通报，年底时重点抽查，变年底一次性督查为日常性督查。2018年，新一届村“两委”换届完成后，继续推行党组织目标管理，组织村党组织和支部书记开展任期目标承诺和年度目标承诺。经镇审核、村公示、区备案，确定任期目标承诺2386项，年度目标承诺2274条，任期管理工作已形成常态。

召开党群议事会

2. 搭建"峄城民情连线"微信平台。2016年6月，结合智慧党建的创建工作，峄城区开通了"峄城民情连线"微信平台，将村支部书记任期管理工作引入"峄城民情连线"平台，将全区344个村居的目标承诺、民主决策等录入微信平台，进行公开公示，用手机就可以查看各村居承诺事项和议事过程，由原有的村内公示向更大范围公示转变，推着支部书记干成事、不出事。

3. 进一步加强结果运用。(1)纳入党建责任体系。把任期管理纳入镇街基层党建绩效考核，在党建总分值的占比达五分之一。把任期管理考核后进村，纳入区级领导"五联系"帮包。2018年2月，区委出台了《关于开展"五好"村居创建工作的通知》，把任期管理作为"党的建设好"评价的重要内容。(2)抓星级待遇兑现。修订了《峄城区村党支部书记星级评定办法(2016年修订)》，结合任期管理考核，对村支部书记进行八星级评定，落实好命名表彰、星级津贴、养老保险、健康体检、高端培训和晋星奖励"六项待遇"，切实强化激励措施，凝聚正能量。(3)抓好重点管理村的帮促。修订了《村党支部书记任期管理"村村到"百分考评办法》，根据"村村到"考评结果，按照镇街村数10%的比例，确定重点管理的村，建立重点管理台账，进行通报提醒，落实帮包措施，实行评先树优"一票否决"，让任期管理成为"拖拉机"，拖着村干部办实事，拉着群众向前跑。

4. 经验推广。2011年10月，中组部《党建研究内参》上刊发了《对村党支部书记实行任期管理的探索》一文，详细介绍峄城区实行村党支部书记任期管理的做法及初步成效。2012年，这项制度被枣庄市委组织部作为典型经验在全市范围内推广。2018年，市委将村级组织任期目标管理列为基层组织力提升的重要内容之一。

三、取得的成效

通过任期管理，将基层党建和群众的切身利益紧密联系起来，基层党建不再是一项务虚的工作，而是一项可以让区、镇街党委可以切实抓在手中的品牌工作。7年来，峄城区多次迎接省、市各级领导，周边市、县区兄弟单位的观摩指导。

1. 区、镇党委找到了加强村级基层组织建设的强力抓手。一是基层党建工作由虚变实。在以前的实际工作中，基层党建比较虚，区镇抓党建无从下手。区、镇党委也曾出台加强村干部管理的文件，由于过于繁琐不易操作，最后流于形式未达到预期效果。对村党支部书记实行任期管理，采取年度考评、网格化督导等措施，让区、镇党委找到了抓手，有效推动了党支部由管理型向服务型转变，村级事务由干部管理型向村民自治型转变。包村机关干部切实体会到：大家经常与村党支部书记打交道，镇里安排的工作，与村党支部书记关系处得好的就落实快，关系处得差的就"撂挑子"，感到很头疼。有了任期管理，可以形成良好的引导和约束机制，有利于抓好村级组织规范化建设，对管好用好村干部，尤其是村党支部书记，起到了非常积极的作用。

2. 畅通了群众参与村务工作的渠道。通过推进民主决策，让普通群众知晓、参与、评议、监督村务管理，凡是涉及群众利益的事必须公开，必须经过村民同意，村书记的承诺接受群众监督；对于关乎集体经济、村居发展、村域建设、民生保障的大事，普通群众也有了评议、发言的平台；倒逼态度粗暴、作风恶劣、让老百姓受气吃亏、惯于独断专行的村党支部书记"改头换面"，有效推动了村党支部由管理型向服务型转变，村级事务由干部管理型向村民自治型转变。民情连线的设立，群众满意度的测评，让镇级、区级实时掌握村情动态，对苗头性、倾向性的矛盾也能够早发现、早介入、早解决。自2013年以来，峄城区群众满意度持续位居全市第二，2017年获得全市第一的好成绩。在全区344个村（居）党支部书记形成任期承诺、年度承诺过程中，广大党员群众通过村"两委"成员会、党群议事会，提出大量合理化意见建议，许多村党支部书记的承诺事项反复修改、数易其稿才决议通过，保证了村支部书记想干的和村民迫切需要的有机统一。

3. 村党支部书记找到了干事创业、为民服务的正确方向。自任期管理开展以来，村书记们积极为本村谋发展，议村域建设，解民生难题。全区344个村党支部书记仅2011年度就为群众承诺事项1700件，涉及村级公共设施、村庄绿化、农田水利项目、农民致富、发展党员等5大项12小项，完成1635件，完成率96%。至2018年，共承诺事项13000余件，完结11000余件，一大批群众期盼的事项得到了关注、办理。例如，古邵镇大刘庄村高标准地修缮北湖渠是该村书记在任期管理工作中向百姓承诺的四件实事之一；汛期里，修缮的2000多米水渠发挥较好排涝作用，实现了3000余亩农田旱能浇涝能排。底阁镇河湾村创建的集体增收"河湾模式"，带动周边6个村实现集体收入跨越式增长。坛山街道邵楼居党支部书记通过招商引资成功引进一个主要从事汽车胎圈钢丝的生产制造的重点项目，带动社居80余人就业，超额完成"对零就业家庭、困难家庭推荐10个就业岗位"的承诺。

4. 普通群众找到了发扬民主、参与监督的有效途径。任期管理借助网络载体，通过"目标承诺""民主决策"和"群众监督"体系，畅通了农村群众监督渠道，通过改变了以往村级事务"办事不公开、决策不民主、群众不知情、监督不有效"等问题，有效提高了农村群众对村级事务的知情权、参与权、决策权和监督权。通过强化"民主决策"，不仅让监督的主体更加广泛，而且能更加及时地发现问题，推动村干部干事。正像一名农村党员说的那样"大事小情都公开透明，谁还能对村干部挑出点嘛？"公生明，廉生威，任期管理把"投票器"交到了群众手中，让群众少了质疑，让村干部增强了威信，提升了村级班子的能力。凡是涉及群众利益的事必须公开，必须经过村民同意。古邵镇落选村干部的同志有感而发：没选上村支书，开始心里空落落的。有了这个任期管理，又能发挥作用了，你干我监督，只要对老百姓有好处，台上台下一个样。党员群众普遍感到：自己对村里的大事小事都能说上话了，也不疑心了，村党支部书记办什么事也不能乱来了，这是实行任期管理以来一大变化。

四、经验启示

任期管理就是让村党支部书记多干好事、不乱干事，实际上也是组织对他们的关怀和保护。榴园镇一名支部书记说："老百姓不怕穷，不怕苦，就怕干部把他唬，现在村党支部书记谁也不能唬人了，混日子也混不下去了，不拿老百姓当回事更不成了，摆在我们面前的只有华山一条路，就得想着为大伙儿办点事、办好事。"

（一）必须着眼于推动村级事业发展。在我国，有近70万个行政村，6亿农村常住人口，没有农村的现代化就没有国家的现代化。"树高千尺在于根深"，只有强本固基，才能全面实现建成小康社会的宏伟目标。在充分认识到农村工作重要性的基础上，峄城区以村书记任期管理为抓手，建立村书记年度"目标承诺"机制，引导村党支部书记结合本村实际，以"实事求是，量力而行"为原则，围绕促进本村经济发展、服务民生，提出年度和任期目标，并在镇村两级公示，接受党员群众监督。通过建立区镇两级民情连线，对践诺中的问题及时向区镇党委反馈，督促村干部干事创业，健全的机制是推动事业发展的有力保障。任期管理工作推行以来，其实施办法并非一成不变，而是随着实践进行了深化，变得更接地气、更简便易行。例如，任期管理"村村到"考评由最初的"一述两评三看"到如今的"一张表"考评，在实践的过程中发现弊端，再到解决问题，尽可能删繁就简，将工作制度梳理得简明扼要、务实管用、便于把握、符合自身特色，便于上下都能迅速明白、明确目标、抓好落实。

（二）必须着眼于改善基层政治生态。当前，少部分村书记私心偏重，服务群众意识淡化，无为、专治、蛮横，导致基层党群关系从鱼水之情到隐藏的紧张再到出现明显裂痕。有的村书记惯于"一言堂"不愿开会，群众参政意识低开不起会，村"两委"唱"独角戏"不会开会，使得基层政治生态出现不良倾向。召开村"两委"会、党群议事会，严格会议制度，建立科学、民主、规范的议事决策机制，使峄城区找到了深化基层民主的"金钥匙"。通过引导群众主动参政议政，赋予群众评议监督的"尚方宝剑"，在群策群力、和谐发展的氛围中，赢得群众的满意与支持，让民主的阳光为基层政治生态环境带来新的生机。党建就是做"民心"工作的。抓住了民心，就抓住了干事创业的凝聚力、改革发展的力量源。如今，农村基层党组织以往的强迫命令式和行政化的管理，势必加剧党群关系紧张，只有向服务型党组织转变才是大势所趋，真正将工作重点向为群众办事、解决群众难题转移，把盯数字向给老百姓办实事转变，推动干部眼睛向下看，真正盯着老百姓的脸色，转变我们的从政理念。通过我们实实在在地帮助老百姓解决问题，来获得群众点赞。

（三）必须着眼于造就一支高素质村支部书记队伍。村党支部书记是农村基层政治领导的核心，是党联系凝聚服务群众的"主心骨"，是新农村经济建设发展的"领头羊"，是维护基层社会发展稳定的"顶梁柱"。加强村党支部书记队伍建设就是抓住了农村基层组织建设的"牛鼻子"。峄城区任期管理工作规范村支部书记的行为，辅以星级化管理考核激励，吸引有知识、有能力、想干事、会干事的党员群众积极竞选村干部职位，着力建设一支守信念、讲奉献、有本领、重品行的农村党支部书记队伍，为推动村级发展、凝聚人心、服务群众、促进和谐发挥先锋模范作用。任期管理的实施，规范了基层党组织议事决策程序，凡涉及集体资产发包、基础设施建设、各类补贴发放、农村低保等重要事项，都要和党员群众开会商量，倒逼态度粗暴、独断专行的村干部"改头换面"，村干部规矩意识切实增强，不敢乱办事了。遇事和群众商量成了实际行动，民主决策的水平显著提高。造就一支高素质村支部书记队伍，既要靠教育引导，也需要监督的倒逼压力。我们必须从制度入手，健全监督机制，有效扩大监督面，自觉接受群众的监督，才能从根本上转变作风、提升服务能力。

（四）必须着眼于推进基层党建工作全覆盖。以往，各级在抓基层党建工作中的常用做法是"以点带面"，注重培养个别先进典型，忽略整体推进，导致党建工作不够深入扎实。"为政贵在行，以实则治，以文则不治"。围绕扎实推进基层党建工作全覆盖，峄城区结合任期管理工作，建立了组工干部网格化督导机制。责任到人的督导机制增强了每名组工干部的责任意识、竞争意识、创新意识，激励组工干部踊跃为所包村的党建工作提供有针对性的业务指导、为基层党建探索创新提供跟踪服务、对存在的不足逐一督导改进，同步推动党建工作在各村各镇全面落实，不断推动基层党建工作责任全覆盖管理无缝隙，促进各村各镇党建工作均衡发展。自峄城区2011年首提任期管理以来，历经七年，基层党建工作覆盖面不断扩大，从"三有"打基础，到"四推"抓关键，再到"五化"强服务，是由最初的探索到逐步的成熟，由党支部书记排斥到拥护，由群众的观望态度变为热烈欢迎，由峄城区首创到在全市进行推广，任期管理工作建立起了科学、民主、规范、全面的基层政治生态运行机制，在群策群力、和谐发展的氛围中，赢得群众的满意与支持。

审稿人：侯　磊

撰稿人：王　祥

峄城区新型城镇化探索与实践

城镇化是现代化发展的必由之路，是新型工业化、信息化和农业现代化的重要载体和依托。这十年来，特别是十二五期间，峄城区委、区政府认真贯彻中央及省、市有关部署要求，大力实施城镇化战略，主动作为、敢于担当，取得明显成效。峄城区住房城乡建设部门通过积极对接省西部经济隆起带发展机遇，在抓产业创特色中加快推进示范镇建设，用好用活支持政策，做大做强发展优势，发挥辐射带动作用，掀起了以港航物流—产业聚集—生态旅游为重点的建设高潮。当前，中心城区、小城镇驻地规模不断扩大，综合经济实力不断提升，基础设施不断改善，居民生活水平不断提高，呈现出强劲发展势头。整体看，峄城区推进新型城镇化的创新实践，不仅产生了积极显著的经济社会效应，而且也带给了我们一些新时期科学推进新型城镇化的认识与思考。

一、新型城镇化工作历程

（一）积蓄后劲，夯实发展基础（2007—2011 年）

1. 政策与机遇

2007 年 2 月 2 日，山东省建设厅一行带队到枣庄调研全省建设工作会议贯彻落实情况。结合枣庄的实际，就下一步工作提出了要求：认真学习贯彻全国建设工作会议精神，按照“新城建设、老城提升、整体推进、和谐发展”的总要求，深入研究旧城改造和环境整治的体制、机制，制定切实可行的方案，坚持以规划为龙头，加快鲁苏边界地区的整治，改善村镇面貌。

2008 年 5 月 4 日，枣庄市建设工作会议在市政大厦二楼会议厅召开。各区（市）、各乡镇、市直各部门主要负责人和全市建设系统科级以上干部共计 340 余人参加了会议。指出，枣庄作为一座资源枯竭型城市，要实现可持续发展，出路在于转型。加快城市转型是今后一个时期经济社会发展的核心任务。会议要求，进一步加大城乡规划编制力度，加快中心城区建设，高度关注民生，狠抓节能减排，强化市场调控和行业监管，深入开展村镇环境综合整治，加强党风政风和精神文明建设，全力推动全市建设事业实现又好又快发展。

2009 年 12 月 10 日，枣庄市召开全市棚户区改造工作调度会议。会议讨论了棚户区改造项目房屋拆迁工作指导意见，下发了《关于下达 2010 年第一批棚户区改造拆迁项目计划的通知》和《关于加强棚户区改造规划工作的通知》，并就当前棚户区改造拆迁、规划等几项工作进行了安排部署。按照市委、市政府提出的用三年时间基本完成全市棚户区改造的工作目标。全市棚户区项目总体计划安排是 2010—2012 年计划改造棚户区 140 个，总拆迁房屋建筑面积 545 万平方米，涉及居民 7.5 万余户。本次下达全市第一批棚户区改造拆迁项目 55 个，拆迁建筑面积 312 万平方米，拆迁户数 32243 户。改造面积占三年改造计划的 57%，改造户数占总改造户数的 43%。

2010 年 1 月 31 日，中共中央、国务院印发《关于加大统筹城乡发展力度进一步夯实农业农村发展基础的若干意见（2009 年 12 月 31 日）》。文件指出，要把统筹城乡发展作为全面建设小康社会的根本要求，把改善农村民生作为调整国民收入分配格局的重要内容，把扩大农村需求作为拉动内需的关键举措，把发展现代农业作为转变经济发展方式的重大任务，把建设社会主义新农村和推进城镇化作为保持经济平稳较快发展的持久动力，按照稳粮保供给、增收惠民生、改革促统筹、强基增后劲的基本思路，毫不松懈地抓好农业农村工作，继续为改革发展稳定大局作出新的贡献。

2010 年 4 月 1 日上午，为表彰先进、鼓舞干劲，峄城区城市建设管理工作暨“三年大变样”总结表彰大会在峄州大酒店多功能厅召开，区全体在职县级领导出席会议。会议强调，城镇建设是当前摆在我们面前的一项紧迫而又光荣的艰巨任务。加快城市化步伐、积极推进城市现代化进程是抢占经济制高点、赢得发展主动权的战略性举措。今年是完成“十一五”计划的最后一年，是为“十二五”发展奠定坚实基础的关键一年，也是峄城区加快城市化步伐，再塑魅力峄城新形象、实现富民兴区新跨越目标的重要一年，形势喜人又逼人，任务光荣而艰巨。会议还就棚户区改造、农村住房建设与危房改造等有关情况作了重点安排和部署。

2. 举措与成效

敢于担当，思路清晰。2007 年 4 月 16 日，峄城区建设局党委在会议室举行解放思想大讨论专题报告会，邀请党校讲师赵文家为全系统干部职工上课。通过思想解放、观念更新，牢固树立市场意识、机遇意识、竞争意识和开拓意识。以城市建设年为契机，以区委、区政府提出的一年打基础，两年有变化，三年大变样的城市建设总体思路为目标，狠抓“一规五化”工作（一规即城市规划，五化即城市硬化、绿化、亮化、净化和美化），不断提高城市化水平。随后，提请区政府印发了《峄城区创建省级园林城市实施方案》，提出主要目标：到2009年4月底，29项考核指标全部达到或超过省级园林城市标准，跨入省级园林城市行列。

规划引领，打造精品。2009年8月29日，枣庄市规划局峄城分局揭牌仪式在峄城隆重举行。峄城规划分局的成立，是峄城区加快城市化进程中的一件大事、喜事。

加强督导，稳步推进。2010年3月31日，峄城区为抓好2010年各项重点工作的落实，推动全区各项工作扎实有效地开展，确保全年任务目标的实现，按照区政府常务会议安排，区政府办公室将对2010年政府系统重点工作及八件实事进展情况进行定期专项督查，每季度调度一次，并印发督查通报。印发了《峄城区人民政府办公室关于开展2010年政府系统重点工作及八件实事进展情况督查的通知》文件，其中建设局职责范围内包括7个棚改项目、6个城建重点工程及农村住房与危房改造。

五年来，峄城区的城市建设步伐持续加快，城市形象明显改观。在基本实现“三年大变样”的基础上，实施了“一年巩固提升，两年打造形象，三年形成品位”的新三年规划，城市面貌发生巨大变化。

城区规模不断扩大。紧紧围绕打造“生态旅游城市”的目标，牢固树立城市建设的“生态意识、特色意识、精品意识”，坚持“以水为轴、东西拓展、向北靠拢”的总体布局，高标准建设，高水平管理，完成三片新区6平方公里的控规、详规，城区面积扩大到13平方公里，比2006年翻了一番。大力推进旧城改造，投资15.7亿元，启动11个棚改项目和4个保障房项目。

人居环境日益改善。累计投资3亿多元，实施承水河公园、仙坛苑广场、承水湖公园等重点城市绿化工程，城市建成区绿化覆盖率达到39.9%，人均公共绿地面积达到12.3平方米，逐步形成“三山、一水、四湖、四系”的山水园林绿化体系。集中开展专项拆违行动720次，累计拆除各类违章建筑1890处，面积19万平方米。狠抓建筑垃圾、渣土运输、扬尘污染专项治理，城市卫生状况越来越好。投资1600万元，积极开展夜景示范街创建活动，连续3年荣获全市第一，“白天看景，晚上赏灯”已变成现实。

承载功能逐步提升。累计投资26.8亿元，实施仙坛苑广场、承水河公园、承水湖公园、峄城汽车站、枣台复线峄城段BRT工程、峄州大酒店、鹭鸣山庄、区中医院、实验二小、东郊水厂、垃圾处理场和集中供气、供热、供水等城建工程110多项，结束了峄城区无广场、无公园、无高档节能小区、无星级酒店、无国家Ⅱ级汽车站、无BRT公交的历史。投资3亿多元，实施峄州路、建设路、承水路、丰源大道、沿河北路、峄山北路、科达西路、跃进西路及峄州桥、南外环大桥等20多项城市交通工程的建设和改造，整治背街小巷30多条，进一步健全了城市路网格局。成功创建省级园林城市、省级卫生城市。

科达路罩面升级施工

3. 亮点与特色

棚户区改造全面推进。2009年以来，峄城区委、区政府坚持以人为本、民生为先，把棚户区改造列为全区各项工作的重中之重，将棚户区改造与加快城市转型、打造生态宜居城市、建设保障性住房体系结合起来，坚持政府主导、政策扶持、市场运作、有序推进的原则，在全市率先探索实施了“先建后拆、拆建结合、以建促拆”的棚户区改造模式，使棚户区改造工作高效、平稳、扎实地向前推进，成效显著。目前，启动11个棚改项目，全区已投资23.5亿元，共征收房屋71.23万平方米，搬迁5648户；开工建设房屋43.6万平方米3649套，其中新建回迁安置房40.3万平方米，3413套，已回迁安置368户。

农村住房建设与危房改造取得了阶段性成果。为使农村社区建设扎实推进，根据“土地增减挂钩”政策，结合峄城区实际，出台了《关于峄城区农村住房建设与危房改造工作扶持资金使用管理办法》，对镇（街）腾出的建设用地指标，区政府每亩给予18万元的资金扶持。为全面推广使用秸秆气，出台了《峄城区人民政府关于峄城区农村社区建设秸秆气化工程的实施意见》，每个秸秆气化项目实施后，经验收合格，峄城区政府给予招标合同金额50%的财政扶持资金。峄城区六个镇（街）拆旧区面积3082亩，建新区占地面积619亩，腾出净地2463亩，建设中形成了“四四二一四”的峄城农村住房建设新模式，得到了省、市的重视，在2010年度综合考评中取得了全市第一、全省第七的好成绩。现12个社区主体及装饰工程基本结束，部分社区已搬迁入住。

（二）攻坚克难，加快发展步伐（2012至2015年）

1. 政策与机遇

2012年1月，峄城区印发了《中共峄城区委、峄城区人民政府关于调整全区重点工作分线作战成员和任务分工的通知》，对今年峄城区重点工作分线作战成员和任务分工进行调整，根据工作需要设工业发展线、城市建设线、文化旅游线、新农村建设线、计划生育线、民生事业线、路域环境综合整治线、党建工作线。2012年5月，印发了《中共峄城区委、峄城区人民政府关于成立峄城区推进新型城镇化工作领导小组的通知》，领导小组下设城区、古邵镇、榴园镇三个推进新型城镇化工作指挥部，分别由副县级领导挂帅。

2012年12月5日至7日，全省城镇化工作会议召开。会议贯彻落实党的十八大和省第十次党代会精神，总结交流我省城镇化工作进展情况，推动我省城镇化转变发展方式、提高发展质量，努力走出一条具有山东特色的城镇化发展路子。

2013年1月，省政府印发《关于印发山东省城镇化发展纲要（2012—2020年）的通知》。提出，打造鲁南城镇带。依托人口和资源优势，创新发展形式，积极引导劳动密集型、资金密集型产业向区内延伸转移，加快集聚高端要素，使其发展成为我国重要的能源化工产业基地和临港产业基地；以城乡基础设施和公共服务设施建设为重点，全面提升城镇综合承载能力，重点培育日照、临沂、济宁、枣庄、菏泽等5个中心城市，增强辐射带动功能，建设成为空间布局合理、城镇职能协调的城镇带。

2015年8月10日，为做好2015年度科学发展综合考核工作，根据《中共枣庄市委枣庄市人民政府关于印发＜2015年度各区（市）枣庄高新区科学发展综合考核工作实施细则＞的通知》及相关文件精神，结合峄城区实际，制定了《2015年度科学发展综合考核工作实施细则》。

2. 举措与成效

起步稳、措施硬。2012年4月6日，全区"城市建设线"工作调度会在峄州大酒店召开。会议指出，城市建设线是八条重点工作线任务较重的工作线，各有关单位特别是指挥长要按照分工要求，积极发挥职能作用，积极调动各方面积极性，形成整体推进工作大步前进的合力，全力推进各项工程进度；下一步工作中，要重点做好棚户区改造、城市供排水、十电引热、西沙河治理等工作，要克服等、靠思想，主要负责人要深入一线，深入最基层了解新情况，掌握工程进展新动态，为组织、协调、调度工作提供科学依据。

抓产业，促发展。2014年9月25日上午，峄城区"四大百亿"产业调度会在峄州大酒店第一会议室召开会议指出，峄城区"四个百亿"产业保持了良好的发展势头。一是调整了四个百亿产业指挥部，四大家主要领导分别担任四个指挥部的指挥长，进一步充实了领导力量。二是加强了督查调度，区督查局一月一调度，一月一通报，传递了压力，增强了动力。三是四个产业都有了新的进展和突破。特别是5月7日重点工作调度会后，四个指挥部全力开展工作，取得了一定的成效。具体来说，石榴产业方面，与穆拉德的合作进一步深化，石榴种植、石榴科技平台建设、国家森林公园申报、文化旅游等工作扎实推进。橡胶产业方面，新引进成型机、硫化机等先进设备，产能不断扩大，单日三班产量突破1.8万条，已具备年产600万条生产能力。煤炭建材方面，以"1122"龙头项目为抓手（一院—鲁南建材研究院，一会—石膏产品协会，两园—鲁南建材产业园和石膏产业园，两骨料—阴平和峨山水泥骨料项目），积极洽谈合作，新上了一批项目。港航物流方面，魏家沟航道完成工程总量的60%，与山东海投、山东圣润等集团合作继续深化。可以说，四个产业都有序向前推进。但是也要清醒地看到，四大产业距离百亿的目标还有很长的路要走，仍有不少的困难，仍需再下功夫。

后劲足，前景广。2015年2月17日，市委书记一行到峄城区调研经济社会发展情况先后深入到区文体中心、区中医院、山东穆拉德生物医药科技有限公司、山东丰源轮胎制造股份有限公司等地进行了实地查看，听取了有关工作情况汇报，对峄城区经济社会发展取得的成绩给予肯定。同时要求，一要坚持以质量和效益为中心，坚决打好转方式调结构这场硬仗。二要坚持问题导向，深化重点领域改革。三要坚持以人为本，建设自然生态宜居城市。四要坚持把人民对美好生活的向往作为奋斗目标，着力保障改善民生。

这几年来，峄城区始终坚持城乡统筹，着力优化人居环境、推进生态建设，城乡面貌显著改善。

城市形象不断提升。科学修编城市规划，实现建成区控规全覆盖。城市建成区面积达到20平方公里，常住人口城镇化率达到46.8%。累计投资26亿元，实施重点城建项目53个，新修改造主次干道12条，新铺设燃热管网106千米、供排水管网72千米，供气供水、污水处理、道路亮化等市政基础设施进一步完善。引入社会资本建设低温循环水集中供热项目，走出了用市场化途径解决民生难题的新路子。文体中心、茂源国际商贸城等城市综合体完成主体工程建设。投资28.6亿元，审慎稳妥推进牌坊街、桃花源、檀翠御都等10余个棚改项目，5000余户居民入住新居。新建金都花园、明德花园、通盛御河园、峄州仙坛苑等新型小区14个，完成老旧小区节能改造26万平方米，城市居住条件显著提高。

新型城镇扩容提质。坚持特色引领、产业带动、差异发展、整体推进，实施垃圾中转站、自来水厂、污水处理厂等"八个一"工程和天然气"镇镇通"工程，小城镇载体功能进一步完善。古邵、榴园、阴平顺利通过省级新型城镇化考核验收，古邵、榴园成功跻身国家重点镇。稳步推进新农村建设，投资11亿元，建设新型农村社区12个，改造农村危房1834户。投资1.5亿元，新建改建村级公路396公里，成功创建全省村级公路网化示范县。推进城乡公交一体化，新开通城乡公交线路7条，新上新能源汽车50辆，群众出行更加便捷。

生态文明纵深推进。投资3.8亿元，完成国家森林城市、国家园林城市、省级卫生城市创建任务。投资1.6亿元，开展路域环境综合整治、农村环境连片整治、美丽乡村、生态文明乡村创建，整治交通干道6条，建成环境连片整治示范村140个、美丽乡村13个、生态文明村41个。投资9500余万元，实现城乡环卫一体化全覆盖，全面推行市场化运作模式，连续三年走在枣庄市前列。强力推进“五小”企业、露天采石场、矿石开采加工等专项整治活动，清理取缔土小企业128家、露天采石场84个、矿石加工点72处。大力开展损毁山体、石膏塌陷地修复治理，修复损毁山体9处，治理塌陷地430亩。深入实施“净水净气”工程，完成沙河湿地一期工程建设，顺利通过迎淮核查验收，大气污染综合治理取得明显成效。

3. 亮点与特色

新型城镇化推进举措扎实有力。这几年，在枣庄市委、市政府的正确领导下，峄城区认真贯彻全市组团发展战略，立足中心城区重要一极的定位，抢抓全省西部经济隆起带建设历史机遇，围绕“生态立区”目标，以新型城镇化为引领，拉开城市发展框架，完善城市基础设施、引导重点镇、示范镇率先发展，推进产城融合，建设宜居家园，全力打造中国石榴城。特别是2012年以来，峄城区认真学习领会中央、省、市关于城镇化工作会议精神，将城市转型写入政府工作报告。先后开展了城市建设年、新型城镇化推进年、产业集聚突破年等活动，出台了《关于推进新型城镇化加快小城镇建设的实施意见》和《关于印发〈峄城区关于扩权强镇的若干规定（试行）〉的通知》等文件，成功创建省级文明城市、国家森林城市、国家园林城市，城市品位得到提升，辐射带动作用增强，小城镇发展活力进一步显现。

突出做大做强城镇产业支撑。以简政放权为主线，支持各镇（街）依托区位和资源优势，抢抓发展机遇，立足特色引领、产业带动、差异发展、整体推进。古邵镇主打“运河牌”，加快推进“五路一航道、两园两片区”建设，沿运物流产业快速发展。榴园镇主打“景区牌”，启动冠世榴园客服中心建设，初步拉开旅游特色镇发展框架；阴平镇主打“产业牌”，发挥园区（台湾工业园）优势，加大招商引资力度；坛山街道、吴林街道作为驻城镇街，建设成集旅游、休闲、居住于一体的开放型现代化城镇；底阁镇发挥资源优势，发展成产业结构合理、特色鲜明的石膏重镇；峨山镇依托东部工业园区，全力打造设施建设完善、功能齐全的工业强镇。今年，古邵、榴园、阴平顺利通过省级示范镇年度验收，古邵、榴园成功跻身全国重点镇行列。

重点做细做实农村社区和危房改造。峄城区的新型农村社区建设，形成了“四四二一四”工作模式（即建设城镇聚集型、区位优势型、资源占压型、“农家乐”旅游型四型社区，完善秸秆气化站、污水处理设施、垃圾清运处理、社区服务体系四项配套，加大政策、资金两个扶持，围绕社区居民增收一个目标，强化宣传、规划、监管、安全四项保障），在山东省、枣庄市考核中位居前列。这几年，新建、续建12个项目，涉及30个村居、10202户，累计投资11亿元，净腾出土地2457.5亩。自2012年以来，切实改善困难群众居住条件，峄城区农村危房改造任务共计1834户，其中2012年300户、2013年300户、2014年290户、2015年944户。此外，已完成5个社区污水处理项目建设，开工5个小城镇污水处理项目，申报1个特色风貌社区项目。

（三）持续发力，谋求发展新成效（2016年至今）

1. 政策与机遇

2016年3月7日，为加强对农村改厕工作的组织领导，切实改善农村人居环境，提升农村生产生活条件，推动生态峄城建设，经研究决定成立了峄城区农村无害化卫生厕所改造工作领导小组。

2016年5月17—18日，山东省城市工作会议在济南召开，深入贯彻落实习近平总书记在中央城市工作会议上的重要讲话精神和中央关于城市工作的决策部署，分析了山东城市发展面临的新形势，明确了当前及今后一个时期全省城市工作总体要求和重点任务。

2016年6月23日上午，枣庄市新型城镇化暨城市工作会议在市政大厦召开。会议要求，要把握城镇化和城市工作的系统性，坚持以人民为中心的发展思想，坚持人民城市为人民，着力增强

鹭鸣湖畔风景秀美

做好城市工作的科学性、精准性、实效性。各级党委、政府要把做好城市工作、推进城镇化列入重要议事日程，加强组织领导，强化督导考核；各相关部门要牢固树立“一盘棋”思想，各司其职，各负其责，协同作战，形成推动城镇化工作的强大合力。

2. 举措与成效

城市功能更加完善。城乡规划体系不断健全，建成区面积达到 20 平方公里。投资 10 亿元，实施重点城建项目 53 个，新修改造主次干道 12 条，新铺设燃热管网 67.5 千米、供排水管网 43.2 千米。引入社会资本建设低温循环水集中供热项目，走出了用市场化途径解决民生难题的新路子。数字化城市管理系统投入试运行，城市管理取得新突破。有序推进牌坊街、桃花源等 17 个片区棚户区改造，新建保障性住房 510 套，5000 余户居民入住新居。建成金都花园、明德花园、通盛御河园、峄州仙坛苑等新型小区 19 个，完成老旧小区改造 8.9 万平方米、节能改造 21 万平方米。从低矮民房到高层建筑，从老旧小区到现代社区，峄城正向清洁卫生、环境优美的“宜居之城”加快迈进。

城乡建设统筹推进。镇街总规编制全部完成，古邵、榴园、阴平顺利通过省级新型城镇化验收，古邵、榴园成功跻身国家重点镇。镇街垃圾中转站、污水处理厂和“镇镇通”天然气工程全部建成使用。城乡环卫一体化工作连续四年走在省市前列。建成新型农村社区 20 个，改造农村危房 2275 户、旱厕 2.3 万个。完成郯薛路东段、萝甘路等 7 条公路大中修工程，枣临高速、枣临铁路峄城段建成通车，成功创建“全省村级公路网化示范县”，全面实施农村道路“户户通”，新开通城乡公交线路 16 条，公路密度和万人拥有公路里程居全市第一，交通基础设施不断完善。

生态环境日益改善。成功创建国家森林城市、国家园林城市、省级卫生城市，森林覆盖率、城市绿地率分别达到 35%、33%。大力开展工业点源、城市扬尘、秸秆禁烧等重点领域大气污染综合防治，空气质量持续改善，2016 年、2017 年改善率位居全市第一。实施 8 个破损山体治理修复项目，拆除取缔 157 个非法露天采石场、铁石粉加工点，完成 140 个村环境连片整治和枣台线、台韩线等 6 条道路绿化升级，人居环境不断优化。

3. 亮点与特色

敢于创新，勇于探索，城市发展基础持续夯实。始终把发展作为第一要务，以新型城镇化建设和品质提升为重点，探索 PPP 模式解决资金瓶颈，引入实力国企中电建，规划实施“一桥六路”、承水中路升级等 10 项城建工程，累计完成投资 1.45 亿元。其中，峄州东路在 2018 年初已顺利通车。凤凰东路、福兴桥项目预计 18 年下半年具备通车条件。福兴东路（配套建设地下综合管廊）、仙坛路及滨河东路、滨河西路升级改造正加快进行施工。项目竣工投用后，将进一步改善城市道路路网结构，有效地解决城市道路拥堵问题，形成东西贯通、南北通达的城市框架，为全面提升我区城市形象打下坚实基础。始终坚持“住有所居、居有所安”这一目标，紧密结合当前我区棚户区改造现状，强势推进棚改攻坚行动，“模拟征收”“峄城速度”等多项经验做法得到市级领导肯定，并在峄城召开了全市现场观摩会。

超前谋划，科学实施，装配式建筑推广应用开局良好。大力发展预制混凝土结构、钢结构等多种形式的装配式建筑。加大新墙材产品在新农村建设、棚户区改造等建设领域的推广力度。2017 年争取“山东省装配式建筑示范城市”称号，推进装配式建筑在峄城的发展，目前正在建设装配式钢结构绿色建筑产业化基地一处，山东枣矿中兴钢构有限公司。已于 12 月投入生产。绿色装配式建筑建设：区人民医院钢管束装配式建筑建筑面积 15550 平方米，总投资 4960 万元，已获评山东省装配式建筑示范工程。政府投资的四所学校全部采用绿色建筑二星和装配式设计，目前实验学校采用钢管束式装配建筑设计施工在紧锣密鼓建设中，实验学校建筑面积 4 万平方米，其余学校正在图纸设计。此外，2017 年 10 月峄城区坛山办事处办公楼节能改造项目获得枣庄市公共建筑节能改造示范项目；古邵镇获得绿色生态镇示范，古邵镇润河水苑项目被省住建厅认定为低能耗被动式房屋试点项目。

4. 新的工作思路

2017 年 2 月 4 日上午，峄城区凝心聚力、加油实干动员会议在峄州大酒店第一会议室召开。会上，各镇街和有关部门、企业分别作了交流发言和书面发言。会议就狠抓落实、转变作风、凝聚合力等，提出了要求：统一思想，砥砺前行；干在当下，成在实处；敢于担当，善于担当；上下齐心，群策群力；心存敬畏，严守规矩。

随后，峄城区住建系统紧紧围绕区委、区政府中心工作，明确了新的发展思路和打算，提出了更高的目标和追求，努力打造阳光住建、民生住建、和谐住建。一是抢机遇，全力建设新峄城。牢牢抓住 2017 棚改建设年这一重大契机，全力提升城市建设档次和品位。重点抓好“一桥六路”，努力打造福兴东路、滨河东路、滨河西路、峄州东路、仙坛南路、凤凰东路、福兴大桥为格局，南北贯通、东西展翅的新框架；重点抓好月亮湾湿地公园，提升承水河公园、仙坛山公园，前湾学校、徐楼学校，前湾片区、徐楼片区、栅门巷片区，“三园两校三区”沿河城市新高地。二是转理念，做好经营城市大文章。加强与“中建政研”的联系，包装峄城区基础设施与公用事业领域的 PPP 项目，树立经营城市的理念。协助有关部门顺利实施前湾、徐楼片区及宏学路、坛山影院片区的 PPP 项目落地建设，形成经营城市新成果。在机制上创新，改变“三城美膳”脏乱毁死的现象；协助调整整治沿白马山、裴山、坛山、运河经济带“三山一带”的存量土地，储备城市和经济发展的良好空间。大力支持教育、卫生事业建设，增强城市竞争软实力。以装配式建筑为龙头，力促新材料产业园建设，构建峄城建筑产业链，培植新的经济增长点。三是转职能，铺就服务镇街快车道。围绕农村环境、村镇建设，构建住房城乡建设政策服务中心、项目咨询包装服务平台，明确专人抓好对上对接、对下指导，让乡建政策惠及千家万户。加快推进农厕改造、污水处理和通燃气工程，力争走在全市前列，在住建局形成人人学政策、人人研究政策、人人挖掘政策的良好氛围。四是精细化，点滴做起惠民生。聘请城市建设监督员，广泛听取吸纳他们的意见、建议，倾听群众呼声，从群众最想干的、最现实的地方抓起，从群众最不满意的地方改起，从广场公园等休闲聚集区做起，解决灯光、卫生、护栏、公共厕所等问题，确保监督到位、管理到位、维护到位。下发致全体公民城市建设公开信，形成文明新地标。切实做好水源地保护，积极寻找新的水源地。加强与公安的联系配合，加大对毁坏公共设施等违法违规行为的打击力度。坚持体验式管建模式，遛街逛园、走街串巷，洞察分析治理城建小问题，汇集惠民大河流。五是抓安全，咬定机制盯落实。坚持“抓工作必须抓安全、管行业必须管安全”的要求，理清建筑领域的任务清单、责任清单，成立建设安全生产办公室。明确专人靠上抓，研究制定日常管理、工作网络、监督检查、责任追究、应急处理等十项制度。搭框架、建机制、规范管理，做到工作有场所、干事有人员、管理有制度。形成建管、燃气、热力三阵地，城、镇、村、户工地全覆盖，高空、高温、高压，地面、屋面、操作面、地下、脚下、手下无死角。

二、新型城镇化建设过程中的薄弱环节

实事求是地讲，由于历史、体制和发展阶段等多种原因，虽然峄城区在推进新型城镇化建设过程中取得了一定成绩，但与其他先进区、市相比还有一定差距，存在一些现实的困难和问题。如下：

1. 基础设施建设滞后，综合服务功能不强。

个别小城镇基础设施重视道路、给水、环卫保洁等设施建设，忽视排水、垃圾处理、污水处理等设施配套，导致城镇基础设施综合服务功能不强、效率低下。有的镇驻地建设基础设施协调性差，重建轻管现象还较为普遍。加上教育、卫生、文化等公共服务的相对不足，小城镇在现阶段仍然缺乏一定的吸引力，辐射带动能力更是难以得到充分发挥。

2. 土地供应不足仍是制约城乡一体化发展的瓶颈。

尽管提出了土地置换流转、增减挂钩等新机制，但整体而言仍然遭遇建设用地匮乏的难题。由于新增建设用地受规划指标的限制，用地空间已非常有限，土地后备资源缺乏，土地制约与项目建设之间的矛盾日益尖锐。同时，相关保障跟进不到位，对失地农民补偿标准低，城镇周边村庄拆迁难，从而影响了一些重点项目的快速落地与建设。

3. 资金投入不足难以产生城镇的集聚效应。

当前，经济下行压力加大，峄城区区级财政和镇街财政基本上都是“吃饭”财政，财力有限，拿不出足够的资金用于城镇基础设施建设，特别是小城镇的基础设施建设，也暴露出偏软、有欠缺等问题。资金筹措渠道不畅，向上争取奖补资金有限，市场运作的机制不完善，企业参与城镇化建设的积极性不高，社会融资难度较大，还缺乏有效的措施。

4. 产业支撑不足是阻碍城乡一体化发展的关键。

产业发展单一、支撑力量不足，非农产业扩张乏力，对周边的辐射带动能力有限。现有企业规模偏小，布局分散，缺乏实力强、带动能力强的大企业和大项目。城乡商贸业市场体系没有真正建立起来，当前市场发展规模小、层次低，在城镇快速发展中规划和建设跟进不够。招商引资力度和精准度有待加强，适合镇街特色的产业链条尚未形成。

三、新型城镇化发展的启示

短短的十年间，峄城区新型城镇化的成功实践，看似偶然，实则必然。从最初的摸索，到集中发力，包括之后的顺利推进，这得益于始终秉持以人为本、规划先行、政府引导、产城一体的科学理念，来源于着力维护人民群众的根本利益、以科学规划引领科学发展、破解城镇化发展现实难题和促进产城互动、融合发展的创新举措。

（一）民生为先，推动城市各项基础设施配套向城镇延伸。

峄城区的实践显示，在科学推进新型城镇化的进程中，要坚持人本理念，始终坚持把维护群众的根本利益放在最高位置，只有心里想着群众，充分依靠群众，切实服务群众，让群众在新型城镇化建设中长期得实惠、长期有保障，才能取得群众的信任、理解和支持，才能更好促进新型城镇化的发展。一是加强城镇路网建设。将中心城区道路向周边镇街、旅游景点延伸，将镇街道路向各中心村、新型社区延伸。建议对旧城

区的道路进行升级改造，对背街小巷加快治理，提高城市路网密度；开通完善城市公交线路，逐步向周边乡镇和旅游景点延伸。二是建设完善的城镇水、电、气、暖供应系统。加大中心城区自来水厂和供水管网的建设力度，加快供暖、供气管网建设，逐步向镇街驻地、新型农村社区延伸；大力实施太阳能、沼气等清洁能源工程。三是高度重视小城镇和新型农村社区生态环境保护，搞好污水和垃圾收集及处理设施建设。提高污水收集和处理能力；增加街道和农贸市场垃圾箱的数量，巩固环卫一体化建设成果。四是统筹建设城镇社会公共服务设施。在城市新区建设、老城区改造和小城镇、新型农村社区建设中重视中小学、幼儿园的规划。完善医疗卫生设施，加强镇街医院、卫生所建设，加快广播、电视、网络和农家书屋等文化设施建设。

（二）规划引领，创新思路，利用占补平衡解决土地制约。

科学推进新型城镇化，要充分认识和遵循城镇化发展规律，坚持科学规划先行，只有这样才能在推进新型城镇化实践中不走错路、少走弯路、少犯错误。峄城区在推进新型城镇化的过程中，坚持从全区实际和居民需要出发，遵循城镇化发展规律，聘请国内知名规划设计单位和专家对新型城镇化发展、产业集聚区建设以及城镇体系进行了规划，并请专家给予充分论证，多次予以修改完善，坚持一张蓝图绘到底。一是围绕优化空间发展布局、在编制规划中，注重新型城镇化建设规划与经济社会发展总体规划、土地综合利用规划的衔接。二是用活土地政策，争取更多的新型城镇化建设用地指标。积极开展土地增减挂钩，满足城镇建设、工业发展和新型农村社区建设的用地需求。三是要结合土地确权，进一步完善政策措施，解决好土地产权界定不明确、进社区农民与失地农民安置补偿政策存在差异等问题，提高土地调控能力。

（三）加大投入，发挥城市集聚效应，促进小城镇蓬勃发展。

科学推进新型城镇化，要正确处理好政府和市场的关系，合理界定政府和市场在新型城镇化中的作用，着力形成政府和市场的协调配合良性互动，只有这样才能保证新型城镇化的持续推进，才能促进新型城镇化的长期持续发展。一是进一步完善各级财政对新型城镇化建设的投入增长机制，逐年增加对住房、基础设施建设和各种社会保障的投入。二是推动市场化运作，探索PPP模式，通过出让公共设施经营权、无形资产商品化、公益性基础设施建设与商业开发相结合、吸纳社会资本建设基础设施等形式筹措城镇建设资金。三是积极整合使用国家、省、市投入的专项资金，把涉农资金、城市基础设施建设资金、环境保护资金集中使用，解决重点难点问题。四是针对峄城区本地民企以及不少农民长期在外务工，积累有雄厚资金的实际，制定优惠政策，鼓励他们捐资、投资城镇和农村社区基础设施建设。

（四）突出重点，凸显地方特色经济，完善产业支撑。

科学推进新型城镇化，要坚持把产业发展与新型城镇化建设结合起来，把产业发展与实现就业联系起来，以产兴城，依城促产，实现产城互动融合发展，只有这样产业发展才有生命力，新型城镇化建设才能健康蓬勃绽放。一是坚持做大产业集聚文章。在进一步完善道路、水电、污水处理设施的同时，搭建融资平台，完善银企合作机制，支持大项目和大企业生产经营，加快中小型企业融资性担保和小额贷款机构的建立与发展。二是坚持做强特色产业园区。坚持“一化引领、三业并举、产业集聚、保障民生”的总体思路，把“石榴做深、水泥做强、橡胶做大、运河做长”作为重中之重。依托劳动力资源、农产品资源优势和产业发展基础，搞好招商引资，实现上下游产业衔接。三是坚持培大扶强重点企业，推进产业转型升级。加快发展新能源、电子设备等战略性新兴产业。建议在持续推动教育医疗、旅游、房地产业发展的同时，加快发展服务业。科学规划农村产业发展，解决农民就业问题。

（五）保障有力，健全长效机制，提升城镇管理水平。

科学推进新型城镇化，要强化组织保障，积极发挥党员干部的示范带动作用和基层党组织的协调推动作用，把推进新型城镇化作为“一把手工程”和“民生工程”，形成推进新型城镇化发展的强大合力。一是必须建立完善现代城镇管理的长效机制。进一步规范城镇管理职能，明确各级各部门的责任，下大力解决职能交叉、责任不明、合力不强的问题。二是必须确立经营城市的理念。推行精细化管理模式，下大力解决好管理粗放的问题。注重常态化管理，从苗头抓起、从源头抓起，特别对一些城镇管理中存在的交通秩序不正规、经营秩序混乱、卫生环境差等重点难点问题要常抓不懈。三是必须坚持建管并举。把城市硬件设施建设管理纳入城镇管理的范畴，以提高硬件设施建设水平促进城镇管理。加大对城镇居民政策法规、公民道德和文明常识的宣传力度，增强公民文明观念，不断提升城市建设文明素质。

潮平两岸阔，风正一帆悬。新型城镇化是一项国家发展战略，峄城区既是新型城镇化的受益者，也是新型城镇化的参与者和具体实施者之一。在新型城镇化的推进过程中，峄城区应当吸取其他区市的先进发展经验，同时认真总结本地区制定的一系列发展举措的经验得失，探索出符合本地区情的新思路，以适应峄城在枣庄市组团发展、山东省西部经济隆起带实现跨越发展的要求。

审稿人：张伟昌

撰稿人：张　赛　李　娟

峄城区国税局纳税服务发展纪实

纳税服务，是税务机关根据税收法律、行政法规的规定，在纳税人依法履行纳税义务和行使权利的过程中，为纳税人提供的规范、全面、便捷、经济的各项服务措施的总称。它的主要内容有税法宣传和纳税咨询辅导、申报纳税和涉税事项办理、个性化服务、投诉和反馈结果等。

一、峄城区国税局纳税服务发展历程

（一）纳税服务工作初始阶段（1994—1998年）

1994年，国地税分设，峄城区国税局把优化服务、树立行业新风作为树立国税部门形象的突破口，开展“行风万人评”“全心全意为纳税人服务大讨论”等活动，推行服务承诺、“文明办税八公开”等制度。

1995年，推行公开办税制度，公开税法、征管、处罚、纪律、税款减免、责任人办事程序等。

1996年，开展税收工作文明用语、禁用语活动，把文明用语40条、禁用语30条规定印刷给全体税务人员。当年，建立便利、快捷、多功能的征收大厅4个，每个服务厅设置税务登记、发票管理、申报征收、银行专柜、咨询服务窗口，进行全方位服务。

1997年，改进征收大厅职能转变，使纳税人应办理的各项涉税事宜能在征收大厅内一次性完成，达到新征管模式“自行申报，集中征收”的要求。

1998年，制订《峄城区国税局税收服务规范》，明确税收服务的基本操作原则和开展税收服务的方向。

（二）纳税服务工作起步阶段(2000—2005年)

2000年,开展“国税提速,从我做起”活动，对涉税业务办理时限做出更加严格的要求，实行限时服务、无障碍服务和一窗式服务，实施税收业务重组，简化办税程序。9月，实行网上申报、银行网点申报、电话申报三种税款征收方式，使电子化、网络化申报纳税方式逐步成为税收征收方式的主体模式，同时，落实首问负责制、限时服务、无障碍服务、一窗式服务等措施，解决征管过程较多、审批项目偏多、审批程序复杂、征管各环节效率低的问题。

自2001年始，推行纳税信誉等级管理，建立依法纳税信誉评价机制。对纳税信誉好的企业，实行差别化服务，在办理出口退税等方面给予一定的优惠。

2002年，在办税大厅实行站立式微笑服务，做到来有迎声，走有送声。分局及时印制导税卡、明白纸，实行全天候服务。

2003年，推行“零距离”服务，严格落实服务承诺制度、首问责任制、限时办结制，取消报备制，简化办税手续，规范执法程序，把原来30日办结的税务登记缩短为1天办结，30日办结一般纳税人认定缩短为10日办结。

2004年，通过功能到位、服务到位、宣传到位、奖惩到位的“四个到位”，擦亮纳税服务的窗口。当年申报率达到98%，入库率、违章处罚率、滞纳金加收率均达到100%。

2005年，推行公开办税，简化办税流程，完善税法公告制度，推行纳税信用等级管理，不断健全“峄城国税网站”税法查询和政策咨询功能，逐步构建以“四零五感服务”为主体、“两个服务转变”为内容、十项制度为保障、具有峄城国税特色的服务体系，税收服务不断迈上新台阶。

（三）纳税服务工作逐步发展阶段（2006—2009年）

2006年，更新服务观念，在严格执法的基础上，牢固树立“一切为了纳税人、一切方便纳税人、一切服务纳税人”的意识，按照“资源配置合理、管理方式优化、服务简约高效”的要求，根据《行政许可法》的规定，在全面规范行政审批的程序和手续的基础上，进一步规范办税程序，优化税收业务和征管流程，不断提高纳税人满意度和税法遵从度。同时，采取多种方式宣传税收法律法规和政策规定，创新宣传形式，进一步增强税收宣传的影响力和渗透力。

2007年，认真落实《纳税服务工作规范》，切实履行文明办税承诺，全心全意为纳税人服好务。加强办税服务厅管理，全面推行全职能窗口，深化“一窗式”管理和“一站式”服务，进一步提高办税效率。全面落实出口退税、促进就业再就业、支农惠农、扶持循环经济和高科技产业发展等各项税收优惠政策，兑现各类税收优惠7814万元。

2008年，减负增效服务纳税人。进一步提升办税服务厅建设水平，完善自助服务区，建立咨询导税台、预约和延时服务、免费培训、电子评价等服务措施，营造纳税人满意的办税场所；集中整合网上申报、认证、抄税、发票识别查询、表证单书下载、车购税网上申报资料传递和咨询互动等业务功能，打造网上办税服务厅；利用短信平台开展提醒服务和税法宣传，提高纳税人的办税效率，节约纳税人的办税成本，提升纳税人的满意度；严格使用总局的67种规范文书，实行报表扎口管理，尽量减少纳税人“多次报送、多头报送”的现象；进一步加强金税工程技术服务单位的监督管理，提高纳税人对技术服务工作的满意度；全面启用纳税服务电子评价系统，纳税人税法遵从度显著提升。

2009年，一方面，整合办税服务资源，提高办税服务效能。将各类办税服务资源整合到办税服务厅，实行集中管理，形成以办税服务厅为终端，内部各部门各环节紧密协作的纳税服务运行机制，强化办税服务厅作为纳税服务中心的功能作用，界定办税服务流程各环节之间的职责，规范业务流程，做到凡是由纳税人提起的各种办税事项一律由办税服务厅集中受理，内部各环节对办税服务厅传递的各类办税事项，进一步压缩办理时限，提高办税服务效能。充分发挥服务资源集中聚合效应，拓展网上办税服务功能，全方位支持网上咨询、受理、预警和各类涉税表单下载提交服务，拓展短信平台服务的覆盖范围和内容。另一方面，加强纳税服务监督考评，提高服务质量和层次。逐步建立纳税人服务需求、维权诉求跟踪督办制度、各类征管措施对纳税人的影响评估机制，纳税服务质量第三方调查评价机制。畅通纳税服务沟通反馈渠道，建立企业办税人员情况反馈制度，定期向企业法人通报办税人员办税情况，增进征纳双方信赖合作关系。建立纳税人及社会各界对国税机关纳税服务的评价评议制度，形成以纳税人满意和社会满意为标准的考核评价体系。

（四）纳税服务工作逐步完善阶段：2010年至今

2010年，按照“始于纳税人需求，基于纳税人满意、终于纳税人遵从”的工作要求，遵循“尊重、规范、效率、简便、沟通、发展”的纳税服务理念，深入开展“做一回纳税人”的主题实践活动，全员换位思考，树立真心真情服务意识，积极开展“真心服务、公正执法”活动，积极服务地方经济发展，服务广大纳税人。建立起包括办税服务区、自助服务区、休息区等多功能高标准办税服务厅，并配置了显示屏；建立领导接待日、首问责任制度，推行“全职能一窗式”服务，提供网上办税服务，建立绿色办税通道，开展国地税联合办税服务，探索菜单式、订单式办税方法，为纳税人提供更快捷、方便的服务。

2011年，按照省市局关于纳税服务体系建设的工作部署，大力推进“真心服务、征纳共进”服务品牌创建工作，积极构建资源集约化、方式人性化、模式多元化、手段信息化的纳税服务工作格局。一是立足效能优先，促进服务资源集约化。对业务进行重组，制定了《峄城区国家税务局一窗通办工作流程》，实现集中受理，在办税服务厅设立税收管理员值班台，实现集中审核，设置“行政审批直通车”窗口，初步实现了集中审批，使办税流程更加简便快捷。二是围绕纳税需求，促进服务方式人性化。通过拓展服务渠道，提供个性化、保障性、增值性服务，积极打造人性化服务环境。全面关注个性需求，全年发放纳税需求调查问卷251份，收回191份，全面掌握纳税人的个性需求；将“做一回纳税人”实践活动常态化，税前纳税辅导、税中落实减负、税后接受监督，全程突出权益保障，把网上评议和评价器的统计结果作为评选“纳税服务明星”的重要依据，对纳税人权益保障的做法受到了区“两会”代表和委员的充分肯定和高度评价；设置导税咨询台，增添叫号系统，开展纳税服务志愿者活动，为纳税人提供更细致贴心的服务。三是坚持多措并举，促进服务模式多元化。构建了管理与服务双轮驱动的多元化纳税服务模式，实施以税收风

2016年4月12日，区国税局与区财政局、区地税分局联合组织召开了峄城区“营改增”政策解读会

险管理为导向的差别服务，建立重点项目挂钩联系制度，推行以税源专业化管理要素为特征的分类服务和以改善民生为主题的专项服务，将真心服务渗透到边角和底层。2011年办理残疾人就业退税194万元，减免农产品税收57万元，促进了和谐社会建设。四是发挥支撑作用，促进服务手段信息化。运用信息技术，建立以全程服务、同城服务、一窗通办、自助办税、网上办税及短信平台为载体的纳税人综合服务信息平台。今年以来，已累计发送涉税信息3950条，其中，通知各项办税事宜610条，政策宣传540条，提醒事宜2800条。在"综合办公平台"上设置业务工作流程，实现了"内部流转、限时办结、窗口出件"，有效解决了纳税人多次跑、多头找的现象，提高了纳税服务工作效率。

2012年5月，车辆购置税从地税划转到国税部门，全年办理车辆购置税2001辆次，合计税款1937万元，极大地方便了纳税人就近缴税。进一步深化"真心服务、征纳共进"的服务品牌，积极落实优惠政策，办理各项税收优惠减免退税1.31亿元，其中：抵扣固定资产进项税7356.5万元，办理"三废"资源综合利用退税369.2万元，办理促进残疾人再就业退税260.7万元，审核免抵退税3800万元，税收职能作用得到了充分体现和有效发挥。一是完善岗责，优化服务职能。以纳税人合理需求为导向，以做一回纳税人活动为蓝本，借助九要素技能培训系统建立从办证到完税整个流程的业务模板，强化纳税服务技能，努力实现纳税服务规范化、标准化和专业化，提升"真心服务，征纳共进"品牌影响力；优化完善税收管理员值班台、行政审批直通车等措施，在集中受理的基础上深化集中办理和集中审批，发挥资源集中的优势，进一步夯实纳税服务基础，将税源管理一科所辖企业依申请的事项全部由办税大厅受理的做法进行了拓展，各分局按照专业化管理的要求进行了职能转变。二是进一步创新办税方式，提升服务效能。深化以税收风险管理为导向的差别服务，完善管理与服务双轮驱动的多元化纳税服务模式，体现服务层次，促进纳税遵从；推行纳税服务标准化建设，在坚持多元申报和自助办税的基础上，逐步扩大同城通办的业务范围，拓展网上办税功能，深化应用网上申报、网上认证等服务功能，提高为纳税人服务的效能。三是以信息化为支撑，完善服务评价考核机制。以提高服务质量和效率为目的，依托绩效管理系统，借助区局外部网站、办税服务厅触摸屏和评价器，以量化考核为主要方式，建立和完善纳税服务绩效考核指标体系，加强面向为纳税人提供服务环节的过程考核，维护好纳税人合法权益。

2013年，征纳共进，纳税服务持续优化。一是围绕纳税需求，拓宽服务方式。利用网络、问卷、走访、座谈会等多种形式，开展了三次纳税人服务需求调查。根据调查结果，拓展服务渠道，全面推行假日服务、延时服务、预约服务等各项服务措施，得到了广大纳税人的认可。同时，做好营改增申报工作，在办税服务厅开辟"营改增"绿色通道、增设"营改增"专门咨询岗，为"营改增"试点纳税人提供优质周到的服务。二是立足服务效能，增强办税便利。通过集中受理，简化流程，认真落实"免填单"服务，推行国地税联合办税，在办税服务厅设立地税征收窗口征收地方税，利用POS机收缴车购税税款，方便纳税人，把提升服务效能作为实现征纳双方共同意愿的有效途径，社会满意度进一步提升。三是深化信息化应用，提升服务水平。积极推广使用远程报税系统，努力消除办税服务的时空限制，建立以全程服务、一窗通办、网上办税及短信平台为载体的纳税人综合服务信息平台，提高了办税服务的效率；在纳税提醒方面，由人工提醒提升为短信提醒，利用信息资源对纳税人进行涉税风险提醒。今年以来，已累计发送涉税信息2100多条，《纳税遵从风险提示书》217份，确保了纳税遵从风险提示的及时性、准确性和权威性，指导帮助纳税人提高税法遵从意识和遵从能力。

2014年，创新形式、丰富内涵，服务水平全面提升。一是完善高效的办税服务渠道。借力"便民办税春风行动"，按照《纳税服务规范》要求，进一步优化办税流程，减少审批事项和审批环节，提升了办税效率。全面推行"负面清单"管理，对总局87项审批清单，按照精简实用的原则，梳理列明10项审批事项，负面清单以外的事项，受理申请即时办结，提高了办税效能。二是建设多元的税务服务咨询。建立以网站为主，微信、QQ群等移动平台为辅的征纳交流平台，实现即时沟通互动答疑，让纳税人快速全面地掌握税收政策，进一步提高纳税遵从度。在办税服务区随时更新政务公开栏、宣传栏、电子显示屏、触摸屏等内容，让纳税人交明白税。在自主办税区设立《税法》活页查询台，以信息化手段便捷高效地服务纳税人。2014年通过区局外网网站公开工作动态及更新各项政府信息36条，通知公告5条；通过微信群、QQ群公布涉税信息35条，服务咨询作用得到有效发挥。三是加大税收政策宣传力度。在区政府政务网开辟"便民办税春风行动"专栏，建立常态化税收服务机制，扩大税收政策特别是优惠政策受众面；加强调研走访，上门为企业提供政策解读和操作帮助，打造"零距离"宣传模式，提高纳税人满意度，营造诚信纳税的社会氛围。2014年通过区政务门户网站公开工作动态及更新各项政府信息28条，提升了峄城国税社会形象。

2015年，坚持征纳共进，便民春风深入人心。一是丰富办税服务方式。借力"便民办税春风行动"，深化"做一回纳税人"活动，扎实开展纳税人满意度调查，税情联络员和税情观察员座谈会及网上在线访谈等活动，打造"零距离"服务模式；全面推行"负面清单"管理，积极开展国税委托邮政代开普通发票工作，落实车购税减半征收政策，最大限度的方便和服务纳税人。二是深化信用管理。深化纳税信用评价结果运用，对不同信用等级纳税人实施分类管理。深化税银互动，推行“税易贷”服务，为“唐帛公司”“仙磊石材”两户企业办理230万元贷款，切实解决了企业融资难问题，助推企业发展。三是拓展办税咨询渠道。推进“互联网+税务”行动计划，深化“共享窗”系统应用，开通“峄城国税”官方微信公众号，实现即时沟通互动答疑，扩大税收政策特别是优惠政策受众面。联合开展“纳税人学堂”业务培训，加强调研走访，上门为企业提供政策解读和操作帮助，提高纳税人满意度，营造诚信纳税的社会氛围。四是国地税合作纵深发展。召开峄城区国地税税务合作联席会议，对进一步拓展合作领域、创新协作方式等问题达成共识，并联合下发《峄城区国税局峄城区地税分局关于加强国地税合作办税实施方案》，统筹全区资源。8月底，国、地税办税服务厅共同进驻区行政审批中心，合署办公，进一步推进国地税在税源监控、征收管理、纳税服务等方面的深入合作，努力构建零散税收社会化管理新模式。

2016年，继续秉持服务理念，将纳税服务做深做细。一是便民春风深入人心。推行预约服务、延时服务、错峰服务，举办企业法人和办税人培训班，推行“银税互动”守信激励措施，帮助7户纳税人从银行办理贷款2300万元，落实小微企业所得税优惠政策411户，共计减免企业所得税178.76万元，全年累计兑现各类优惠20266万元，为企业发展注入了新鲜活力，倾心扶助广大纳税人做大做强，有力推动了全区经济社会健康协调发展。《中国经济时报》等核心期刊刊发了国税局相关经验做法。二是推进“营改增”全面扩围。5月1日，新一轮“营改增”全面推开，峄城区国税局开通绿色办税通道，在办税厅设立“预约服务”专区，增设应急业务绿色窗口，为A级纳税人、预约纳税人、残疾人等优先办理涉税事宜。同时，在电话里一次性告知纳税人办理涉税事项所需的资料，并提前约定办理时间，确保各项工作合理有序。经过两个月左右的时间，高质量完成了纳税人登记确认、分类培训、税控发行、发票发售、纳税申报等工作，实现了辖区内所有试点纳税人平稳过渡。三是推进国地税深入合作。按照“办公同署、服务同心、管理同力”的“三同”工作理念，在全区所有网点国地税通办的基础上，实现了稽查局、榴园分局、峨山分局和阴平分局的国地税同址办公，构建了“前台全面融合，后台集中支持，资源互补共享，管理统分结合”的国地税合作新格局，推动国地税合作向纵深发展。

2017年，全面深化征管改革、放管服改革，搭建现代纳税服务架构，全面提速降负，增强纳税人满意度。一是设置一体化服务机构。以征管体制改革为契机，打破原有机构设置，成立纳税服务局，将全部依纳税人申请业务前移至纳税服务局集中受理、核实、审批、办结。其中：前台以业务受理职能为主，负责涉税业务受理、流转和出件；后台以审核审批职能为主，对前台转来的业务事项进行调查核实、审核审批，实现“窗口受理—内部流转—限时办结—窗口出件”的办税服务闭环，有力提升涉税业务办结效率。二是铺设办税网点，延伸服务触角。针对边远乡镇和其他临时经营纳税人到办税服务厅代开发票费时、费力、办税成本高的情况，在税源相对集中的镇办驻地设立了办税延伸点2处；加强税邮合作，在邮政网点设立委托代征点15处；进一步改造升级自主办税设备，在农商行大厅设立了自助办税服务点，切实形成“一厅多点”的实体服务网格，更好地解决了服务纳税人“最后一公里”问题。三是加强国地税合作。加强国地税联合办税服务厅建设，运行“一人一窗一机双系统”办税模式，真正实现“两家业务、一次办结，两家税款、一次征收”。编制《联合治税信息登记表》，定期交换征管信息，减轻纳税人重复登记、资料报送负担，不断提升联合办税效能。四是降低企业办税成本。对新办纳税人，采用“一表集成、一次采集”模式，实行“套餐式”服务，一次申请，一次办结，有效降低新办纳税人办税门槛，实现税企双减负。全面推行实名办税，对于已进行实名采集且申请代开时实名认证通过的，企业类纳税人申请代开增值税专用发票、增值税普通发票不再提供税务登记证件、经办人身份证明复印件，自然人申请代开增值税普通发票不再提供身份证明复印件；不断推广网上办税，进一步降低办税成本，2017年，区局网上申报率上升至99.5%以上，居全市第一位。

二、纳税服务工作取得的主要成就

（一）在服务税户方面，促进了征纳共进

峄城区国税局以“始于纳税人需求，基于纳税人满意，终于纳税人遵从”为出发点和落脚点，不断优化纳税服务举措，持续提升纳税服务水平。一是关注纳税需求，搭建沟通联系桥梁。充分利用网络、问卷、走访、座谈会等多种形式，广泛征求纳税人需求意见，积极开展对税法宣传、纳税咨询、税收辅导、办事效率等20余项工作的需求调查；充分发挥办税服务厅的载体功能，积极开展增值业务服务，全面推行假日服务、延时服务、预约服务、限时办结、首问负责制等各项服务措施，最大限度方便了纳税人。二是强化服务效能，提升纳税满意度。以纳税人合理需求为导向，归并分散在各个职能部门的业务事项，统一在办税服务厅集中受理，内部流转，限时办结，窗口出件，形成了“一门进一门出”的工作模式，简化办理税务登记、税种核定、一般纳税人资格认定等涉业务流程，把可审批的事项简并为一个流程、一套资料、一次审批，使办税流程更加简便快捷，有效解决了因流程衔接不畅导致的办税时间长、效率低、受理资料多、手续繁琐等问题，节省了纳税人的时间和办税成本，服务质效显著提升。三是拓宽服务渠道，推进纳税遵从。以强化思想教育为抓手，着力解决国税干部职工为纳税人真心、真情、

真诚服务的问题，牢固树立"服务优先、服务引导遵从、遵从促进管理"的理念，指导帮助纳税人全面熟悉掌握税收法律和行政法规，提高税法遵从意识和遵从能力；针对不同行业、不同区域的纳税人在税收分析、税收监控、纳税评估、税务稽查等过程中的涉税风险，以《涉税风险提醒函》的形式一对一送达纳税人，详细分析和提醒企业在生产经营、会计核算等环节可能涉及的税收风险、相应的管控措施及适用的税收政策等，引导企业自查自纠，规避风险，确保了涉税风险提示的及时性、准确性和权威性。

（二）在服务基层方面，激发了干部队伍活力

峄城区国税局下设城区、榴园、峨山、阴平四个基层征收分局，基层税务分局是税收收入任务的主要承担者，也是联系税户和广大人民群众的桥梁与纽带，更是全部税收工作和战斗力的基础。为进一步做好纳税服务工作，峄城区国税局切实做到了服务基层，为税收事业固本强基。

一是统筹协调，减轻基层负担。大力减少会议次数，大力压缩文件，对内部发布的布置性、告知性、事务性公文，只通过内部办公平台，不另行下发纸质文件；精简各种内部报表，对同类业务报表进行整合，统一口径，实现资源共享；严格控制检查考核，对基层单位开展专项检查实行年初计划安排，未纳入计划的不准实施，能够整合开展的检查，采取统一组织，分头实施的办法；通过系统软件可以查询有关数据和资料的，不再组织实地核查。二是强化考核，激发基层生机活力。建立责任管理考核机制，将国税工作总体目标与各级人员的具体工作目标联系起来，经过层层分解，把目标逐级落实到每个单位和个人，充分考虑基层国税干部工作的艰苦性和重要性，通过考核来衡量、评价干部的工作成果，充分调动了干部积极性，激发了队伍正能量，让踏实工作、实绩突出的基层税务干部有干劲、有出路、有发展。近年来，先后30人次荣获市级及以上荣誉50余项。三是文化引领，增强基层干部归属感。注重发挥党团组织的优势，广泛利用谈心、主题党日、举办专题讲座等多种形式，深入了解基层干部工作生活情况，营造务实向上的氛围和文化，激励基层干部干事创业；通过举办先进人物事迹报告会，用身边的故事激励、影响、带动大家，积极营造岗位尽责的良好风尚，极大增强了干部的责任感、荣誉感和归属感。

（三）在服务大局方面，促进了税收经济协调发展

一是发挥职能作用，保证资金促发展。坚持"为国聚财、为民收税"的工作理念，面对不同时期经济大环境低迷，水泥、煤炭价格下行，特殊性减收因素较多等不利因素影响，坚持组织收入原则，提早筹划，科学调度，全面实施综合治税，加大评估稽查力度，强化收入分析，科学运用免抵调库资源，深化商贸服务和零散税收管理，用好各种强化收入措施，确保税款及时足额入库。九五期间（1996—2000年），全区国税部门累计组织税收收入1.1亿元；十五期间（2001—2005年），全区国税部门累计组织税收收入2.3亿元；十一五期间（2006—2010年），全区国税部门累计组织税收收入13.86亿元；十二五期间（2011—2015年），全区国税部门累计组织税收收入22.18亿元。从1994—2017年，全区国税部门共组织税收收入52.6亿元，为地方经济发展提供了财力保障。二是"营改增"扩围全面落地，推动改革促创新。"营改增"打通了增值税抵扣链条，减少了重复征税问题，对于促进市场细化和分工协作，实现经济发展的创新推动，推进峄城现代服务业和传统制造业的深度融合，具有十分重要的意义。峄城区国税局严格按照省局、市局统一部署，积极做好"营改增"试点推广、全面扩围的各项准备和实施工作，"营改增"税制改革试点工作运行成绩显著。2012年1月1日，从上海试点1+6（交通运输业和部分现代服务业）开始拉开了"营改增"的大幕；2012年8月1日开始依次扩大到北京、天津、江苏、安徽、浙江、福建、湖北、广东等8省市；2013年8月1日开始试点扩大到全国，增加了广播影视服务。峄城区第一轮营改增试点于2013年8月1日开始实施，当年累计实现改征增

2016年5月1日0时5分，顺利开出峄城区首份住宿业增值税发票

值税 587.8 万元；随后，2014 年 1 月 1 日起开始对邮政业和铁路运输业、2014 年 6 月 1 日起开始对电信业实施营改增，峄城区 2014 年全年累计实现改征增值税 5298 万元；2016 年 5 月 1 日开始，营改增试点在全国范围内全面推开，金融业、建筑业、房地产业、生活服务面全面改征增值税，实现了增值税对货物和服务的全覆盖，营业税正式告别历史舞台。2016 年 5—12 月，全区四大试点行业累计入库增值税 4217 万元，与去年同期营业税相比下降 75.77%，减收 13184 万元，减税效果明显，圆满完成了各项试点工作，得到了省局和市局的充分肯定，获得了地方党政和纳税人的一致好评。三是落实税收优惠政策，注入活力惠民生。峄城区国税局始终坚持以服务全区经济发展为己任，在贯彻落实区委区政府的各项工作部署中，主动当好向导，积极落实结构性减税、“三废综合利用”、鼓励下岗失业人员再就业、高新技术企业发展、出口退税、小微企业所得税减免、固定资产加速折旧等税收优惠政策，2000—2017 年，累计办理各项减免退税近 9 亿元，为企业可持续发展注入新鲜活力，有力推动了全区经济社会发展。四是坚持依法治税，优化环境促和谐。进一步深化和完善队伍管理机制，按照“依法治税，从严治队”的工作方针，健全落实岗责体系；严格落实各项制度，切实改进工作作风，不断加强“两个责任”建设，加大追究问责力度；在办税程序、审批权限等多环节上推出了一系列举措，极大地优化了纳税人的办税环境，为地方经济建设、招商引资工作创造了良好的外部环境。

近年来，在区委、区政府和市国税局的正确领导下，峄城区国税局始终坚持以发挥税收职能、服务转型发展为中心，团结奋进、务实创新，各项工作都取得了长足的进步，得到了各级领导和社会各界的一致认可。峄城区国税局创新的“三色预警”机制在 2008 年得到了时任中央政治局常委、中央纪委书记贺国强同志和时任中央书记处书记何勇同志等领导的肯定批示。2013 年峄城区国税局被省委宣传部批准为首批“德耀齐鲁道德示范基地”，2014 年被授予“山东省富民兴鲁劳动奖状”，区局机关和阴平、峨山分局保持了三个“省级文明单位”的荣誉称号，办税服务厅被评为国家级巾帼文明岗，城区分局被评为省级巾帼文明岗，区局连续三年在区纪委行风评议活动中，获得综合成绩第一名，树立了良好的峄城国税形象。

三、经验启示

（一）打造高素质纳税服务团队

优质高效的纳税服务，需要税务机关工作人员在最短时间内为纳税人办理好涉税事宜，及时告知纳税人相关税收政策，为纳税人解决涉税难题。近年来，峄城区国税局按照各级国税机关部署，深入开展便民办税春风行动，不断加强税收业务技能学习与培训，不断加大税收宣传的宽度、广度与深度，获得了辖区内纳税人的一致认可，提高了纳税遵从。

一是提高干部素质，提供专业服务。广泛开展业务辅导及文明执法教育等业务培训，鼓励自学，制定相关激励办法，引导干部积极参加注册会计师、注册税务师等专业技术考试，培养复合型的全能人才，打造一支有先进服务理念、懂业务、善管理、具有较强协调能力的纳税服务队伍。同时，以绩效管理为抓手，建立健全考评机制，从上到下建立起一套科学完善、可量化、可操作、可考核的具体指标，开展岗位练兵、业务竞赛，营造争先创优氛围，提高全员的业务素质、工作技能和服务水平。

二是完善服务机制，提高服务效率。全面落实《全国税务机关纳税服务规范》，规范各项服务标准，完善服务制度。同时，狠抓全员优质服务培训，增强做好纳税服务的主动性，使纳税人享受到全方位、立体化的服务。通过开展“明星服务窗口”评比、“岗位大练兵、业务大比武”等活动，激励前台工作人员不断提升综合能力和服务水平，拓宽与纳税人的沟通渠道，及时并多方聆听纳税人的需求，随时解决纳税人最关心、最现实、最迫切的利益问题，用税务人的“辛苦指数”换来纳税人的“满意指数”，实现双方共赢。

三是开展税收宣传，提高纳税遵从。围绕每年的税收宣传主题和新出台的税收政策，充分利用办税服务厅的宣传栏、电子显示屏、触摸屏等进行税收宣传，并利用青檀庙会等机会，走上街头开展税收宣传。同时，建立以网站为主，微信公众号、QQ 群等移动平台为辅的征纳交流平台，实现即时沟通互动答疑，用信息化手段便捷高效地服务纳税人，建立常态化税收服务机制，扩大税收政策特别是优惠政策受众面，进一步提高纳税遵从度。

（二）推进国地税深入融合

自 2010 年国地税联合办税试点工作开展以来，峄城区国地税不断深入探索联合办税的有效方法，进一步整合国地税优势资源，统筹规划全区办税服务厅，以国地税联合入驻行政审批中心的办税服务厅为主厅，峨山、阴平 2 个联合办税服务厅为辅厅，打造了功能齐全，国地税业务一窗通办、同城通办的“大服务”办税大厅，解决了纳税人两头跑、多头找的难题。同时，认真落实总局《纳税服务规范》，以金税三期信息流为基准，建立规范化、标准化操作模板和文书模板，将工作流最大限度地与金税三期节点对应，同业务同流程、同文书同标准、同资料同要求。加强前台人员管理，对办税服务厅国地税人员统一编号、统一管理、统一设置金税三期操作用户、统一受理国地税业务、统一办税流程和服务标准，实现“一窗一人一机两系统”，达到“一次受理，业务通办”，构建了前台全面融合、后台集中支持、资源互补共享、管理统分结合的国地税合作新格局，有效促进了税收征管工作的开展。

（三）构建现代化纳税服务体系

没有纳税服务的现代化就没有税收管理的现代化。要把纳税服务的现代化将其置于税收管理现代化的总体框架中，与税收征管现代化、税收法治现代化等税收管理各领域的现代化统筹起来，一同筹划、整体设计、同步推进，才能真正实现税收现代化这一目标。

一是转变服务理念，强化服务意识。要牢固树立征纳双方法律地位平等理念，真正把为纳税人服务落实在思想上，体现在实际工作中。树立全员服务意识，各级各部门应当加强协调配合，形成既各司其职又相互配合的纳税服务合力，通过简化办税程序，优化办税手段，不断提高税收服务质量和水平；树立主动服务意识，及时掌握纳税人需求，有针对性地开展纳税服务，不断完善和丰富纳税服务内涵。

二是创新服务方式，优化服务质量。加快“互联网 + 纳税服务”步伐，进一步扩大自助办税设备应用范围，加快网上税务局建设，积极构建“网、厅、点”互补的多元化、智能化、社会化纳税服务新格局；认真落实纳税服务规范 3.0 版，为纳税人提供更加易懂、好用、快捷的办税指南，让办税更顺心；构建以纳税人需求为导向的分类纳税服务模式，为纳税人提供兼顾群体共性和个体个性的纳税服务，比如对大企业特别是纳税信誉好的重点税源企业，要以户为单位，对企业实行贴近式管理、全方位服务，面对面进行管理和对话，优化纳税服务，以促进重点税源税收收入迅速增长和依法诚信纳税环境的优化；严格落实“放管服”改革要求，全面深化税务行政审批制度改革，积极拓宽便利办税渠道，不断提高纳税服务效率。

三是建立健全纳税服务监管制度。对外，建立纳税人及社会各界对税务机关工作质量的评议评价制度。定期发放信函、调查问卷，开展纳税人评税活动，调查、征询纳税人和社会各界对税务机关纳税服务的满意度、意见和建议。对内，建立内部纳税服务质量监督与考核机制，将纳税服务工作纳入征管质量和目标管理体系进行考核，加强对纳税服务行为效能监察，做到定量考核和定性考核、定期考核与日常监督相结合。将考核结果与工作业绩结合起来，采取必要的奖惩措施，严格实施奖惩，做到赏罚分明。此外，应搭建纳税人维权的组织平台、制度平台和责任平台，全面保护纳税人合法权益，主动接受纳税人监督，实现纳税人“投诉有应答”，税务机关“问责有下家”。

自 1994 年国地税机构分设到现在，峄城区国税局已经走过了 23 个年头。忆往昔，峥嵘岁月稠，看今朝，风华当正茂。过去 23 年的纳税服务历程，将指引和激励一代代峄城国税人不忘初心、牢记使命，以昂扬向上的朝气、奋勇争先的锐气、负重致远的勇气，躬于实干、敢于担当、勇于开拓，推动峄城国税事业持续健康科学和谐发展。

审稿人：曹士岩
撰稿人：赵　健　李延续
　　　　聂娟娟

税收宣传月活动

扶持发展庄户剧团繁荣群众文化生活

庄户剧团是指镇村基层群众自发自办的经营性和业余文艺演出团体，其演出内容多以原生态、地方特色曲种为主，演出形式包括戏剧、民乐、歌舞、小品、快板等，或老戏新唱，或自编自演，因其贴近百姓生活，反映农村现实，深受基层群众喜爱。近年来，峄城区以文化便民、文化乐民、文化富民为基本要求，坚持把庄户剧团作为丰富群众精神文化生活、提高基层文化服务水平的有效载体，探索出了一条经济欠发达地区繁荣群众文化之路，全区庄户剧团呈现出扎实推进、持续发展、亮点纷呈的良好态势。经过连续多年的不懈努力，全区发展庄户剧团68家，年均开展演出3000余场次，打造了"峄城庄户剧团"文化品牌。《新华社内参》、中宣部《时事报告》、《人民日报》等主流媒体对峄城区扶持发展庄户剧团、繁荣城乡群众文化的做法进行了宣传报道。

一、峄城区发展庄户剧团的有利条件

峄城区位于山东省枣庄市中南部，地处鲁苏豫皖四省交界地带，辖7个镇（街），342个行政村，总面积635平方公里，人口42万。峄城区有着深厚的历史文化底蕴和丰富的特色文化资源，发展庄户剧团具有一定的文化、群众和组织基础。

（一）地域戏文化资源丰富

峄城旧称峄县，是枣庄市文化的发源地。自夏朝在此建鄫国后的4000多年里，一直是州县治所，有着深厚的历史文化底蕴和多姿多彩的民俗文化。境内有18万亩的冠世榴园、18.1公里的京杭大运河、3.2万亩的枣林等得天独厚的自然人文景观，孕育了石榴文化、古峄县文化、运河文化等特色文化。据统计，全区民俗文化主要有日常生活习俗、岁时节庆习俗、生产劳动、工商贸易、民间工艺、民间文学、传统舞蹈、传统曲艺等类别，其中包括以石榴文化、运河文化、峄县文化等为代表的地域文化，四月初十会、青檀庙会、元宵灯会、峄县社火等100余项民间习俗，清官独杆轿、峄县评词、古邵渔鼓、运河号子、柳琴戏、鲁南渔鼓等40余项民间艺术文化，石榴盆景、峄县宫灯、峄县剪纸、运河黑陶等200余项传统手工技艺。目前，全区有106项民间艺术文化被列入省、市、区级非物质文化遗产项目，其中女娲神话、峄县独杆轿等6项被列为省级非物质文化遗产名录；省级非遗项目代表性传承人1人，市级非遗项目代表性传承人11人，区级非遗项目代表性传承人20人；市级非物质文化遗产生产性保护示范基地3处，市级非物质文化遗产传习所1处。这些被当地文化干部形容为"抓一把泥土就有文化的芬芳"，为峄城区庄户剧团的发展提供了肥沃的文化土壤和浓烈的文化氛围。

（二）发展地方文化的热情高涨

峄城区当地的党政领导、文化工作者、老干部、民间艺人，对发展文化的呼声很高，在广大干部群众中蕴藏着极大的文化发展热情和积极性。近年来，峄城区委、区政府以"文化搭台、经济唱戏"的方式，举办了世界石榴大会、民俗文化节、农民艺术节等文化活动，宣传文化部门也积极组织文化工作者和文化企业参加国家非物质文化遗产博览会、深圳文博会、山东文博会等展会活动，取得了一定的经济和社会效益。各镇街和广大群众在参与文化发展的过程中萌发出市场意识，成立了石榴盆景艺术协会、根雕艺术协会、书法协会等各类协会组织，尝试变文化为产品，将文化资源转化为发展优势。2013年起，峄城区提出并大力实施了石榴做深、建设中国石榴城的发展之路，从城市品牌建设的高度，认真谋划和推进文化事业、文化产业发展，提升城市综合实力。

（三）民间剧团具有一定的基础和规模

据《峄县志》记载："秧歌、竹马、诸戏、金鼓喧闹，唐代尤盛，历代沿而为之，浸以成俗……"。峄城区发展庄户剧团前，当地民间世代相传豫剧、柳琴戏、表演唱、三句半、山东琴书、运河大鼓、峄县渔鼓等40多项传统表演技艺，有说书、唱戏、踩高跷、跑旱船、舞龙舞狮的文化传统，剪纸、扎花、制作花轿的民间艺人层出不穷。20世纪30年代，峄城境内有多家民间文艺团体，其中具有代表性的有"王家戏班"等。"王家戏班"最红火的时候拥有门徒和演员数十人，白天在沙滩练功，晚上在戏楼演出，尤其擅长武功戏，代表作是京剧《孙悟空三打白骨精》。六七十年代，峄城境内的部分公社组建了业余文艺队、宣传队，自编自演文艺节目，为群众演出。其中，徐楼村的高跷队在全市首屈一指，泥垛子和文武花鞭也享誉一时。原峄城豫剧团组建于1977年，前身为山东枣庄市峄城区文工团，初期立足本区试演，艺术水平依次渐进，古装戏开放后，逐步转向外县、外省演出。八十年代初期，为剧团黄金时代，演职员发展至80人，固定资产40万元。随着经济社会发展，人们物质生活越来越富足，精神文化生活需求不断加大，峄城区基层文艺骨干和文艺爱好者带头组织参与，充分利用传统文化资源，组织各种类型的小演出队、小剧团，以新的组织形式、创作方式和演出模式，常年活跃在农民群众中，深受到群众喜爱。活跃在民间的这些小剧团为峄城区发展庄户剧团建设奠定了组织和人才基础。

二、峄城区庄户剧团发展历程

（一）启动阶段（2011 年）

2011 年，峄城区委宣传部在多次基层文化建设工作调研中发现，随着人们生活水平的提高，基层的文化条件好了，但仍不能满足群众日益增长的文化需求，主要表现为“村村通”节目多，但鲜活程度不够，群众感觉“不过瘾”；“一村一场戏”数量少，消费又偏高，群众用不起，感觉“不解渴”；基层群众文化水平较低，部分农家书屋的刊物群众看不懂、用不上。

2011 年 3 月，峄城区吴林街道乱沟村村支书孙晋常组织村民成立了乱沟中老年艺术团，利用闲暇时间，组织村民聚在一起吹拉弹唱，自娱自乐。艺术团成立后，村民的业余生活丰富起来，不文明的现象逐渐减少，乱沟不乱了。

乱沟村的变化引起了峄城区委宣传部的注意，围绕“群众文化该如何发展”，峄城区委宣传部组织了一场座谈讨论活动。经过调查研究和认真分析，峄城区委宣传部得出了一个肯定的结论：庄户剧团因村制宜，先把村民变成观众，再把部分村民变成演员，忙时劳动，闲时演出，演员演得轻松，观众看得亲切，无论精力还是财力的投入都是可大可小，而且都深受百姓欢迎。发展庄户剧团符合峄城经济实际，符合群众文化情况和文化意愿，是一个繁荣群众文化的好路子，决定大力扶持发展庄户剧团。

（二）推进阶段（2012 年）

这一时期，峄城区在发展庄户剧团上进行了一系列探索，制定出台了一系列政策文件，为日后全区庄户剧团发展壮大打下了良好基础。

1. 出台扶持政策。在对全区庄户剧团日常管理、人才培养、资金投入、节目创作、市场化经营等方面进行专题调研的基础上，2012 年 6 月制定出台了《关于大力培育庄户剧团的实施方案》，成立了全区庄户剧团领导小组，建立了扶持、考核、评比、奖励等一系列工作机制。同时，把庄户剧团的发展纳入镇（街）文化工作年度目标考核重要内容，作为评先树优、奖励惩罚的重要标准，并与“一年一村一场戏”等上级文化任务结合起来，强化落实。

2. 制定发展规划。根据峄城区庄户剧团发展实际和群众文化需求，制定了 2012—2014 年庄户剧团发展三年规划，明确了庄户剧团的六个发展目标：一是发展 100 个庄户剧团。2012 年至 2014 年，全区拟发展 100 个庄户剧团，达到每个社区有一个庄户剧团。二是培养 1000 名骨干演艺人才。重点培养文艺表演、经营、创作、传承等方面的骨干演艺人才。三是打造一系列演艺品牌。着力打造一批精品剧团、精品剧目，培养一批演艺名家，建立品牌体系，形成群众演艺“峄城经验”“峄城模式”。四是组建一个演艺联盟。鼓励全区剧团之间自发建立各种形式的交流合作关系，形成不同形式、各种规模的演艺联盟。每个镇（街）要建立一个演艺联盟，全区建立一个总联盟，实现资源共享，促进良性发展。五是形成一条演艺产业链。积极培育演艺市场，鼓励市场化运作，推进产业化经营，形成一条涵盖乐器、音响、舞台、服装道具等生产销售和租赁，演艺中介服务，市场演出、演艺人才培训，剧目创作，广告宣传，演艺产品（书刊、音频、视频等）制作销售等方面的演艺产业链。六是建设一系列演艺设施。镇（街道）、社区（居委会）要积极完善和利用综合文化站、文化广场、文化大院等现有文化设施，各镇（街）要适应庄户剧团的发展，新建一批满足排练和演出需要的文化场所。

峄城徐楼社区艺术团编排的大型情景歌舞剧《盼天下劳苦大众得解放》在全市巡回演出

3. 营造发展环境。区里积极争取和落实上级有关庄户剧团的优惠扶持政策。对 2012 年已建的剧团适时予以表彰，对以后新建的剧团，在建成后也采取以奖代补的方式予以资金或物资上的扶持。将庄户剧团工作考核纳入全区宣传思想文化工作重要考核内容，每年评选表彰 10 个优秀剧团、10 台优秀演出、10 个优秀剧目、10 名先进个人。区镇两级加大资金扶持力度，区财政列支专项资金，鼓励镇街拿出配套资金，以更大力度支持剧团发展。区里在人才培养、文艺创作、文艺演出、交流合作等方面提供必要的支持和服务。充分利用镇村综合文化站、文化广场、文化大院等现有文化设施，为庄户剧团排练、演出提供免费场所支持。允许庄户剧团优先参加上级组织开展的“一村一年一场戏”等演艺活动及区、镇（街）开展的各类文化活动，并给予一定的经济补偿。印制了《散发泥土的芬芳——峄城区庄户剧团发展采撷》，对全区庄户剧团进行集中宣传推介。

（三）提高阶段（2012 年底—2013 年）

1. 注重人才培养，帮助庄户剧团提升演艺水平。综合运用专业培训、艺术交流、表彰奖励等多种手段，逐步建立了一支扎根基层、数量充足、技艺精湛的乡土文化人才队伍。区文广新局和文化馆建立了庄户剧团培训辅导机制，加强业务指导，每年培训辅导文艺骨干 100 余人次。2012 年 11 月，峄城成立了庄户剧团创作协会。创作协会以剧团内老教师、老干部、老文艺工作者为主要成员，吸收本区部分文化人士，主要职责是创作编排文艺节目、指导剧团的节目。2013 年 4 月，举办了首届峄城民俗文化节戏曲擂台赛，引导专业剧团与庄户剧团同台演出、切磋技艺，创新开展了“峄城文化之星”“十佳庄户剧团”和“十佳庄户剧团工作者”评选活动，营造了民间文艺人才得荣誉、有地位的良好社会氛围。

2. 巧做结合文章，引导庄户剧团成为基层文化建设的生力军。一是引导庄户剧团传承保护地方文化。充分发挥庄户剧团在活态传承优秀传统文化方面的独特作用，常年演出柳琴戏、峄县评词等一批非遗剧目，使传统文化重新焕发时代活力，走进普通百姓。开展优秀传统文化和非遗技艺进校园活动，既促进了文化的交流展示，又增强了非遗项目的影响力和认知度，许多青年学生培养了爱好和兴趣，成为濒危非遗项目的接班人。二是引导庄户剧团参与文艺精品创作生产。庄户剧团剧目素材大多取自民间，原创性强、鲜活度高，贴合农村实际，但质量参差不齐。为确保作品质量，区委宣传部多次组织专题协调会、调度会及研讨会，及时督导庄户剧团创作排演情况，协调解决创作困难和问题。区文广新局选派优秀主创人员，对情节设计、角色塑造、舞美道具等环节进行精心策划、反复打磨。在宣传文化部门的通力合作下，峄城庄户剧团依托地方丰厚的地域文化资源，先后推出了石榴题材、运河题材、红色题材以及陈毅、匡衡、二疏等历史名人题材的优秀作品，形成了品牌效应。三是引导庄户剧团参与农村精神文明建设。目前，很多庄户剧团除了表演传统曲目外，还根据新农村建设、乡村文明行动、“四德”工程建设中涌现出的新人新事新风尚创作了一批新鲜剧目，既丰富了农民文化生活，又倡树了文明新风。很多村民看了演出以后说：“小剧团演的就是发生在我们身边的事，比电影、电视里的故事还吸引人，我们爱看。”同时，将其与文化惠民工程结合起来，推动农村文化设施更加完善。特别是随着市场经济机制的介入，借文化的种子衍生出特色文化产业，探索出了一条农村文化建设“政府主导、群众主体、社会参与、市场运作”的新路子。

3. 深化市场拓展，增强庄户剧团“造血”能力。坚持以互利谋共赢，积极探索与企事业单位合作、联姻的新途径，推动庄户剧团走向市场、走进市场，真正走出一条市场化运作、可持续发展的新路子。在实践中，峄城区有意识地扶持打造一批名牌剧团，引导鼓励他们先试先行。经过调研和讨论，峄城区成立了以庄户剧团为主、广告公司和婚庆公司等为辅的演艺联盟，逐步形成了要节目有人创作，要演出有人表演，要活动有人组织的良好格局。联盟会长孙振敏创办了榴娃舞蹈艺术学校，年营业额达 500 余万元，现已成为全市规模最大的艺术培训机构。演艺联盟先后承办了第二届全国非物质文化遗产博览会、全市计划生育宣传、“第一书记”慰问等文艺演出 120 余场。在演艺联盟的带动下，全区庄户剧团经常性参与商业演出活动，年创收突破 1000 万元，带动租赁、中介、婚庆、道具等相关产业产值达到 5000 余万元。

（四）达标阶段（2014 年）

在区级层面，峄城区根据经济文化实际，将发展 100 个庄户剧团的目标调整为在现有基础上打造精品剧团。通过举办首届民俗文化节、首届农民艺术节等活动，对全区各类文艺人才进行了全面普查摸底，建立了一个完整的文艺人才库。在此基础上，组织参与了“齐鲁文化之星”“峄城文化之星”等评选活动，进行了隆重的表彰奖励，并将他们的事迹和艺术成就编辑成册、广泛宣传。同时，针对各类文艺人才的不同特长，每年组织座谈、专家指导、外出培训、参与演出等方式进行重点培养，实现了每个庄户剧团都能做到“五有两能”，即：有正式名称，有固定活动场所，有固定演艺人员 20 人以上，有必要的乐器及服装、道具等，有成熟剧目 10 个以上；

峄城庄户剧团表演省级非物质文化遗产项目清官独杆轿

能独立组织演出，每年能为群众义务演出不低于12场次。

在市级层面，根据枣庄市2013年出台的《枣庄市庄户剧团认定管理办法》，峄城区于2014年参加了全市庄户剧团评估定级。2014年年初，峄城区上报了全区庄户剧团初审情况，市文广新局根据队伍数量、演出剧目、演艺水平、演出设备以及参与公益性活动等情况进行了复核。2014年6月，在枣庄市庄户剧团等级认定中，峄城区坛山街道仙坛社区艺术团、吴林街道贵堂民间艺术团、峨山镇马寨社区庄户剧团、榴园镇朱村庄户剧团、阴平镇“乡音”柳琴庄户剧团、古邵镇大运河剧社、底阁镇圈里村夕阳红庄户剧团等18家庄户剧团获A级认定，34家获B级认定，13家获C级认定。

（五）繁荣阶段（2015年至今）

2015年以来，庄户剧团广泛参与到各类文化活动中，先后参与了“欢乐峄城”广场文化系列演出、“三个一百”文化惠民、“共筑中国梦，欢庆幸福年”“纪念抗日战争胜利70周年”、全市广场舞大赛等群众性文化活动5000余场，直接服务群众20余万人次。在2015年全省群众满意度测评中，峄城区群众文化生活满意度位列全市第二名。随着剧团影响力的扩大，不少党政部门开始主动上门、寻求合作，先后与纪检、团委、妇联、民政、计生、司法、农业、科技、文化、卫生、人社等部门合作，开展反腐倡廉、未成年人思想道德建设、妇女权益保护、农民工权益保护、计生政策、普法宣传、惠农工程、文化科技卫生下乡等各类政策宣传专场演出活动近2500场。2017年，为贯彻落实上级扶贫开发政策，切实做好文化扶贫工作，峄城区文广新局制定了文化扶贫下乡演出活动方案，选派4家优秀庄户剧团组成4支演出小分队，对全区40个省定贫困村进行送戏进村演出，每场演出补助参演庄户剧团2000元。演出节目以歌曲、舞蹈、戏剧等表演形式为主，节目内容贴近群众、贴近生活、贴近基层，深受贫困村群众欢迎。

三、峄城区扶持发展庄户剧团取得的成就

（一）庄户剧团呈现井喷式发展之势

据统计，峄城区发展庄户剧团68家，吸纳民间艺人2000余人，全年举办各类演出3000余场。其中，全市首家社区艺术团——徐楼社区艺术团，全市首家镇级文化艺术联合会——阴平文化艺术联合会，全省首家文化志愿者服务队——古邵镇文化志愿者服务队等一批特色鲜明、运作良好、影响广泛的优秀庄户剧团，人员多、规模大、水平高，成为全区庄户剧团的明星品牌。目前，峄城区庄户剧团已是“群星荟萃、明星闪耀”，种类数量还在增加，特色品牌不断出现。

（二）民俗文化品牌愈发闪亮

立足地方特色文化资源，深入挖掘一批具有表演性质的非遗项目，一些备受冷落的民俗曲艺从低迷走向兴旺，显露出新的生机和活力。峄城区通过组织庄户剧团演出，整理涉及非遗的戏剧、民乐、歌舞等表演形式80余项。其中，独杆轿、峄县评词、峄县甩花等民俗曲艺已列入省、市级非遗保护名录，狮子、龙灯、旱船、运河大鼓等成为地方特色文化品牌。徐楼社区艺术团的戏曲演员丁杨柳荣获第十三届中国少儿戏曲“小梅花”金奖；坛山街道立新街庄户剧团的独杆轿节目，已入选省非物质文化遗产名录，一年要演出数十场，家喻户晓、经久不衰；阴平夕阳红剧团自编自演的《喜看阴平新面貌》在全区庆祝建党90周年广场文艺晚会上演唱表演，《女娲宫词》首次在中国·峄城首届始祖女娲文化节上表演，庄户戏登上了大舞台，唱出了大文化；古邵大运河剧社搜集运河传说、俚语10万多字，整理出运河大鼓、船工号子、鲁南鱼鼓、拉魂腔、民间曲调、儿歌民谣等艺术表现形式，彰显了本土特色，传承了运河文化。

（三）和谐文化氛围日渐浓厚

峄城区庄户剧团坚持常规主题活动年年有和不定期演出活动不断线的原则，形成了演出活动经常举办、受众范围不断扩大、文化魅力日益凸显的良好氛围。按照“一年一个主题活动”的思路，峄城区庄户剧团先后开展了走进“三区一院”（校区、社区、厂区和敬老院）、一年一村一场戏等主题活动；平时巧借逢年过节、农村赶集、老人祝寿等机会，利用农村文化大院和文体小广场，长期活跃在乡村，贴近百姓生活，反映群众心声，以生动活泼、亲切感人的演出风格，为广大群众送上一道道带着泥土芬芳的文化“大餐”，成为农村文化建设的一道靓丽的风景线。庄户剧团的节目大多是自编、自导、自演的，演员就是身边的人，演的就是现实的事，群众看了亲切，听着欢喜。节目内容主要是体现峄城本土文化、农村新变化、好人好事和致富典型等，表演形式主要有柳琴戏、豫剧、山东琴书、小品、表演唱、三句半、舞蹈、歌曲、器乐演奏、舞狮、运河大鼓、鲁南渔鼓等。近年来，各庄户剧团加大挖掘、编排力度，不断推出节目精品，有的节目已成为峄城的代表，实现了草根文化向城市名片的华丽转身。庄户剧团的节目通俗易懂，通过内容丰富、贴近生活、寓教于乐的演出，把党的政策宣传到群众之间，悄悄地影响和改变了人民群众的思想认识、精神状态和生活方式，消除了干群间的隔阂，化解了邻里间的宿怨，摒弃了陈规陋习，为构建和谐社会做出了积极贡献。峄城区繁荣发展庄户剧团的经验做法引起了社会的高度关注，新华社内参、中宣部《时事报告》、人民日报、新华网、人民网、大众日报、山东电视台等数十家主流媒体进行宣传报道，庄户剧团已成为峄城文化建设的响亮品牌，在全市乃至全省都产生了积极影响。

四、峄城区扶持发展庄户剧团的经验启示

峄城区繁荣发展庄户剧团的做法，为基层文化建设特别是农村文化建设探索了新的路子，提供了一些有益的启示。

（一）农村文化建设的关键是了解农民群众需求

文化建设服务人民群众、惠及基层百姓，是社会主义文化的本质要求。但是长期以来，由于基层文化建设尤其是农村文化建设欠账较多，文化服务能力相对滞后，与农民群众日益增长的精神文化需求之间矛盾日益突出。受经济发展节奏加快、外出务工人员增多的影响，农民业余文化生活贫乏，文化活动单调，部分村民一年中仅仅听广播看电视、打打牌搓麻将而已。同时，一些文化垃圾、文化泡沫和非法宗教趁机渗入，导致一些村民道德观念发生蜕变，荣辱观、是非观混乱，正义感、责任感淡化，影响了农村社会的和谐稳定。针对上述情况，近年来，中央和省、市、区高度重视加强农村文化基础设施和服务体系建设，不断加大政策扶持和资金投入力度，开展了一系列文化下乡活动，受到了基层群众的普遍欢迎和喜爱。但是，这些活动一般集中在周末、节假期间，时间相对固定，难以满足群众全天候的文化需求。不少村民表示“热闹三天、冷落一年”，“一顿饱不如顿顿好”，普遍反映文化下乡活动时间短、不过瘾，期盼能够常下乡、长在乡。因此，如何建设一支扎根基层、常年不走的文化队伍，使群众在主动参与过程中充分享受文化改革发展带来的真正实惠，成为基层文化建设亟需破解的一大课题。同时，在广大农村，还活跃着数量众多的民间演艺团体和业余文艺爱好者队伍。他们来自群众、根植农村，熟知当地民众的文化心理和习惯，演的是身边人、说的是身边事、拉的是家常理，生活气息浓，群众观看起来毫无疏离感。其中，一些文艺积极分子往往自发组成“草台班子”，为农村红白喜事、节会庆典展演助兴，但由于演职人员水平不高、管理运营不规范、市场开拓能力不足等原因，普遍面临着不景气甚至濒临解散的无奈。因此，以庄户剧团为代表的农村演艺队伍是基层一支不可小视的文化力量。引导好、扶持好庄户剧团，既能够充分激发农民群众参与文化建设的积极性和主动性，变“送文化”为“种文化”，又能够有效弥补当前党委政府在农村公共文化服务体系建设方面的短板和不足，培育和活跃民间演艺市场。峄城区的实践证明，农村文化建设必须贴近群众，才能吸引群众、有为有位。饕餮盛宴未必是农民所爱，一些源于农村、来自基层的“农家小菜”更能引起农民共鸣。峄城庄户剧团由于平实化的大众风格，降低了文化活动的门槛，找准了群众的兴趣点，打破了“你演我看”的文化输送模式，让群众主动参与到文化活动中去，有效扩大了影响力和受益面。对于一些经济欠发达的基层地区来说，因地制宜，抓好庄户剧团这件“小事”，也能够收到推动文化走进基层、惠及群众的实效。

（二）农村文化建设必须突出农民群众的主体地位

广大农民群众不仅仅是农村文化建设的受众，更是重要力量。因此，“送文化”不如“种文化”，要避免“牛不喝水强按头”的做法，而要把主动权交给农民。峄城区在繁荣发展庄户剧团的过程中，极大地唤醒了农民参与文化建设的主体意识，激发了其积极性、主动性和创造性。众人拾柴火焰高，农村文化建设因为有了广泛的群众主体而空前活跃。但是，从目前来看，庄户剧团的骨干力量年龄偏大，多以家庭负担较轻、空余时间较多的中老年人为主，年轻人或者缺乏参与热情和参与时间，剧团普遍面临人员老化、后继乏人的困境。同时，多数民间艺人文化素质和专业水平有限，演出多以地方戏曲和传统剧目为主，创作创新的意愿和能力不强，剧团缺少一定艺术水准的节目来支撑。此外，一些优秀传统曲艺形式的影响力日渐衰微，传承乏人，多数剧团在可持续发展方面后劲不足。解决这个问题，就必须将人才培养作为扶持壮大庄户剧团的重中之重，真正建设一支植根农村、充满活力的农村文化队伍。

（三）庄户剧团在推动宣传工作走进基层和保护传承地方优秀传统文化方面作用巨大

庄户剧团往往依村而建，参加演出活动的大多是普通农民，虽然其艺术水准与专业团体相比还存在一定差距，但它们常年活跃于农村，非常适应农民群众的“口味”。随着庄户剧团的发展壮大，越来越多的农民投身其中，“忙时种地、闲时演戏”，有效弥补了农村文化生活的不足。目前，峄城区很多镇村，晚上在广场、大院看演出已成为当地农民必不可少的休闲安排。庄户剧团通过生动活泼的方式宣传党的政策，倡树文明新风，广大群众在欢声笑语中了解政策、接受教育，在深化农村精神文明建设和思想道德建设等方面发挥着重要作用。同时，庄户剧团将地方优秀传统文化与群众娱乐有机结合起来，引导广大群众自发成为传统文化保护传承的主力军，有效破解了传统文化的生存土壤和发展空间不足的难题，一批民俗曲艺在展演展示中得到挖掘整理、推陈出新，实现了活态传承。

（四）庄户剧团更需政府主导和市场化运作相结合

庄户剧团作为民间演艺团体，存在着“小、散、乱”的特点，演出形式单调、内容重复的现象较为普遍，多数剧团还停留在“草台戏班”的低层次发展阶段。从实践看，多数庄户剧团在发展过程中往往受到资金、人才等因素的制约，生存和发展空间有了较大限制。为此，峄城区一方面发挥政府的主导作用，加大政策扶持和资金投入力度，特别是将农村文化设施建设和人才队伍建设摆到更加突出的位置，通过建机立制，努力创造鼓励和推进农村文化繁荣发展的良好环境。另一方面，充分调动社会力量，广泛吸引社会资金参与其中，努力形成政府主导、部门帮扶、多元投入的经费保障体系。“只要功夫深，铁杵磨成针。”繁荣发展庄户剧团不能靠一时之功，只有坚持不懈，才能迎来基层文化百花齐放的春天。

审稿人：张宏祥

撰稿人：张　翔

台儿庄改革开放发展综述

中共台儿庄区委

1978年，中共十一届三中全会召开，开启了改革开放历史新时期。台儿庄区委、区政府在党的正确方针指导下和省、市的正确领导下，团结带领全区人民，解放思想，锐意改革，攻坚克难，奋勇拼搏，取得了政治、经济、文化、社会发展的巨大成就，台儿庄大地发生了翻天覆地的历史性巨变。

一、改革开放历程

台儿庄1962年建区，为枣庄市辖区，总面积538.5平方公里，是全市面积最小、人口最少的区。1978年，全区粮食平均亩产121公斤，农民人均分配口粮160公斤；工业企业仅有52家，总产值2857万元，全年地方财政收入384万元，居民人均可支配收入347元，经济社会整体发展水平较低。党的十一届三中全会胜利召开后，改革开放的春风吹遍神州，台儿庄大地焕发勃勃生机，进入了一个日新月异快速发展的历史新时期。台儿庄40年的改革历程大致可分为以下五个阶段：

（一）改革开放的启动阶段（1978年12月—1982年8月）

中共十一届三中全会后，全国工作重点转移到以经济建设为中心上来，台儿庄改革开放的大幕由此开启，迅速实施了农村经济体制改革、工商企业整顿调整，各项事业蓬勃发展。

1. 农村改革

农村经济体制改革。中共十一届三中全会以来，台儿庄区认真贯彻落实党在农村的一系列方针、政策，从调整生产关系入手，全面推行农村家庭联产承包责任制，解放了生产力，促进农村经济的迅速发展，农村第一步改革取得了巨大成就。1979年春，台儿庄区委、区革委贯彻中央《关于加快农业发展若干问题的决定（草案）》，决定对农村进行经济体制改革，试行在生产队统一核算、统一分配的前提下，包工到作业组，实行五定（定劳力、地块、产量、成本、报酬）、一奖（超产奖励）的联产计酬责任制。是年全区953个生产队中，实行联产计酬责任制的782个，占82%，也有少数贫困队试行了户承包的责任制，都获得了丰收。是年12月，区革委会根据上级精神，全面调整农村经济政策，决定提高猪肉、牛羊肉、蛋、禽、鱼、菜、牛奶等8类副食品销售价格，允许户养大牲畜，开放粮油贸易市场，发展农村经济。1980年1月，台儿庄区委根据《中共中央印发〈进一步加强和完善农业生产责任制的几个问题〉的通知》精神，出台了《关于1980年发展农业生产的意见》，对农业生产全面实行联产计酬责任制，各社队对农、林、牧、副、渔业，逐步实行联产到组、到户；12月，区委、区革委印发《关于进一步加强和完善农业生产责任制的意见》，是年，全区90%以上的生产队实行了各种形式的联产计酬责任制。1981年8月，下发《完善农业生产责任制的若干办法》，截至8月21日，全区1015个生产队全面实行大包干生产责任制。1982年1月，下发《关于加强和完善农业大包干生产责任制的意见》，进一步巩固和完善家庭联产承包责任制和大包干责任制，从而革除了“大锅饭”的弊病，促进了农业生产的快速发展；5月，区委、区政府召开农业科技工作会议，强调要提高依靠科技发展农业的认识，认真开展农业科技的普及、推广和应用工作。首先以小麦、玉米、水稻、大豆、棉花、花生、油菜等八大作物的单产和多种经营为主攻方向，以健全科技组织为保证，以改造低产田为重点，促进农业生产的全面发展。1982年，全区农业总产值达到5705万元，粮食产量达到121940吨，农民人均纯收入385元，分别是1978年的2.21倍、1.67倍、1.46倍。

农村基层政权体制改革。1981年12月，区委对农村基层组织进行整顿，到1982年1月，全区324个村支部有316个进行改选；324个大队、1015个生产队，有315个大队、999个生产队选出新的大队管委会和生产队长；团支部、妇代会、民兵、治保、调解等通过整顿建立健全起来。大队、生产队原有7150名干部，减少到2117人，减少了70.4%，对精简的干部进行妥善安排，对在职干部解决了报酬。

2. 工商改革

工业企业改革。1979年全区全民所有制工业企业仅4家，总产值312.8万元，占全区工业总产值的5.8%。1980年以后，台儿庄区属集体所有制企业积极整顿企业管理，落实经济责任制，调整产品结构，生产得到较快发展；社队企业经过整顿，普遍推行各种形式的经济责任制，发挥市场的调节作用和本区资源优势，发展种植、养殖、农副产品加工业和为大工业服务的能源、建材业，社队企业出现蓬勃发展的局面。1979年3月，区革委会重设商业局，台儿庄区印刷厂建成。1980年2月，实施张山子煤矿、化肥厂、水泥厂、酒厂等扩建工程，开始新一轮工业项目大建设；3月，区革委设立区经济委员会、区煤炭局、区多种经营办公室，进一步加强和改进经济建设管理工作。1981年2月，台儿庄区棉花加工厂建成；10月，台儿庄区开始降低涤棉布价格，并提高烟酒价格。1982年2月，台儿庄区石膏矿建成投产，是年开采石膏6.34万吨。1982年全区工业总产值达到2778万元，是1978年的2.28倍。

商业改革。1979年台儿庄区商业部门对工业品实行统购、计划收购、订购和选购。1981年8月，区委、区政府印发《转发〈区财委关于基层商业单位全面推行经济责任制的请示报告〉的通知》，全区基层商业单位的零售业务实行以销计酬，工资全浮动；饮食服务业和加工厂实行利润分成，工资全浮动；小型微利亏损企业，实行定额包干、亏损不补、超收留利的办法；基层商店、基层供销社、行政业务管理人员，实行纯利润超收分成，工资部分浮动，激发了基层商业单位的积极性和主动性。1982年，全区社会消费品零售总额达到3513万元，是1978年的1.26倍。

3. 城市变革

台儿庄旧城区面积仅1.5平方公里，规模小，房舍简陋，街道弯曲狭窄，交通不便。中共十一届三中全会后，区委、区政府为适应经济建设需要，根据台儿庄地理位置、内河航运方便以及闻名中外的有利条件，决定把台儿庄建成以轻工业、航运业和商业为主的小城镇。1980年制定城区发展规划，重点向西、向北扩展。西扩至叶港路，国家行政管理机关和商业中心逐步移至西城区；北扩至三支渠，连同东北部为工业发展区；南扩至韩庄运河北岸，为港航事业发展区；东扩至台东路，连同旧城区为城镇居民生活区，城区总面积3.3平方公里。1982年，城镇居民人均可支配收入446元，是1978年的1.29倍。

4. 其他改革

行政机构和体制改革。1978年先后成立区工资改革委员会、区科学技术协会；撤销区文教局，设立区教育局、区文化局。1979年6月，进行机构调整和体制改革，恢复重建区委纪律检查委员会，撤销财金局改为区财税局。1980年，区委设立统战部，进一步加强统一战线工作；撤销区水电局，设立区水利局、区供电局，设立区人事局、农业银行台儿庄支行。1981年4月，市革委批准台儿庄镇公社改为台儿庄镇政府；区农林局分为区农业局、区林业局。1982年，相继设立区司法局、区统计局、区职工教育办公室、区能源办公室、区委档案局、区委老干部科、区侨务办公室。

计划生育工作。1978年9月，区革委会召开计划生育和卫生工作会议，要求各单位一把手要抓计划生育工作，重点是抓好人口计划落实。当月区革委会设立计划生育办公室。1982年3月，区委、区政府公布《中共台儿庄区委、台儿庄区人民政府关于计划生育若干问题的试行规定》，进一步加强和规范计划生育工作。

（二）改革开放全面展开阶段（1982年9月—1992年1月）

这一阶段是台儿庄区产品经济向有计划的商品经济体制转轨的关键时期，改革由农村向城市以及整个经济领域全面推进，在农村大力发展乡镇企业，在城市给企业放权，增强活力。

1. 农村改革

农村经济体制改革。1983年，全区农业总产值达到19727万元，比上年增长135.38%，跃进全国50个农业翻番县的行列。1985年初，台儿庄区贯彻落实中共中央〔1985〕1号文件，实施农村第二步改革，主要是第一步改革的后续、配套工作，建立健全服务体系，优化农村经济组合，增强农业内部活力，促进农村经济新体制的发育成长和商品经济的全面发展。在巩固联产承包责任制的基础上，进行农产品合同定购制度的改革和农村产业结构的调整，在农村改革上迈出重大一步。农民的商品经济观念增强，发展商品生产的积极性提高，农村经济更活了。全区种植业比重由1984年的82%下降到1985年的70%；林、牧、副、渔比重由1984年的18%上升到1985年的30%。台儿庄区被确定为全省商品粮生产基地县。1985年7月，全区开展扶贫工作，区委、区政府组织专人赴各乡镇调查摸底，确定了22个贫困村，分别研究制定脱贫规划，对一些特困户落实救济和扶贫措施。到1986年底，全区有1647户、7224人脱贫致富，占贫困户总数的78.7%。1987年之后，实施土地有偿使用，建立土地流转制度，有条件的村在坚持土地集体所有制、稳定家庭承包的前提下，允许有偿转让，允许实行代耕代营，积极稳妥推进农业适度规模经营，促进土地向种田能手集中；继续完善粮棉油合同定购制度，减少粮食定购任务，取消委托代购，合同定购以外的粮食实行议价收购，农民有了更多的自主权和收入。同时，实行粮食和化肥、柴油挂钩，农民从国家供应的平价生产资料中得到好处，进一步增强了农民的合同观念和商品观念，巩固了农业承包责任制。1988年，全面推行土地承包收费办法，强化农村双层经营，大力发展集体经济，增强集体“统”的功能；组建乡镇农村合作基金会，把农村沉淀的集体资金聚集起来，实行保本增值，保息分红，增加集体积累，促进农村商品经济发展。是年台儿庄区被山东省人民政府确定为全国黄淮海平原开发第一批开发重点区，开发重点以改造中低产田、增产粮食为主，推动农、林、牧、副、渔全面发展，整个过程历时约3年。到1990年，在农村逐步建立了土地承包金制度、合作基金制度、劳动积累制度、合同定购制度、三挂钩兑现制度等，农村经济活力日益增强。1991年，全区农业总产值达到17977万元，粮食产量达到186993吨，农民人均纯收入785元，分别是1978年的6.95倍、2.57倍、2.98倍。

农村基层政权体制改革。1983年5月，泥沟公社进行社队体制改革试点结束，公社改称镇，大队改称行政村。镇设立人民政府，行政村设村民委员会。1984年4月，全区基层党委和政权组织进行体制改革，撤销了10个公社党委，建立了6个乡党委和4个镇党委。

同时，公社管理委员会更名为乡（镇）人民代表大会，选举了乡（镇）长、副乡（镇）长。全区336个生产大队全部改为行政村。

2. 工商改革

工业企业改革。1983年3月，区政府召开工业改革会议，区委、区政府印发《台儿庄区关于工业、企业改革的试行方案的通知》，对区办工业、企业实行利润包干分成，对合作性质的工业、企业实行定额计税、超额减税；对企业承包实行原负责人承包和集体承包两种形式；5月，区委成立了全区企业整顿领导小组，对全区企业进行领导班子整顿、劳动纪律整顿，建立健全规章制度，提高了企业劳动生产率和经济效益。1984年国有企业个数由1981年的77家发展到103家，集体企业个数由上一年的13家减少到3家。1985年3月，区委批准《台儿庄区工业企业改革意见》，重点从以下几个方面推进改革：一是给企业放权、增强活力；二是实行厂长负责制；三是正确处理国家、集体和个人三者之间的利益关系；四是完善企业内部经营责任制；五是改革劳动用工制度，全面推行合同制；六是实行灵活多样的经营方式；七是开展技术联合，鼓励技术进步；八是改革劳动福利制度；九是加强民主管理，加强党组织的监督保证作用；十是企业主管部门转变作风，搞好服务等。同时，把发展乡镇企业作为工业发展的重要内容。这些改革措施全面激发了企业活力，掀起了工业改革的新篇章。1987年下半年，开始在2个企业开展企业承包经营责任制试点。1988年，开始贯彻执行《企业法》，实施以转变职能为核心的经济管理体制和管理方法的改革，理顺政企关系。在企业引入竞争机制，推行集体承包制、租赁制、股份制，鼓励企业承包企业；在企业内部开展配套改革，推行全员风险抵押金制度和企业干部聘任制度，把企业的承包任务层层分解落实，改革企业分配制度，打破分配上“封顶”“保底”的框框，实行工资总额与经济效益挂钩浮动的办法，推行计件、定额等工资形式，职工贡献与报酬同起同落，体现按劳分配，充分调动了职工的积极性，增强了企业内部活力。1990年10月，区委、区政府出台《关于搞好企业新一轮承包工作的意见》，继续完善“双向”承包制度和工效挂钩办法，建立完善企业风险机制和负亏机制，强化企业内部配套改革，加强企业管理。1991年全区工业总产值达到24134万元，是1978年的19.81倍。

商业改革。流通领域改革重点是减少中间环节和培育市场体系，继续深化供销体制改革，大力建设农村商品基地，在农村增设乡镇物资供应站，为农民开展购销活动提供方便。1983年12月，全区取消棉布票证，敞开销售。1985年4月，全区粮食系统开始改革粮油收购制度，取消粮食统购制，实行合同定购。1991年全区社会消费品零售总额14988万元，是1978年的5.36倍。

3. 整党工作

1985年7月，区委研究决定，从7月1日起，全区开始整党，分三批进行，主要任务是统一思想、整顿作风、加强纪律、纯洁组织。参加整党的共19个党委，20个党组，7个党总支，520个党支部，7351名党员。同年12月5日起至1986年1月5日，全区进行党风大检查。1986年5月至11月，区整党办公室组织人员对农村村级财务进行清理。全区共清理314个村民委员会的财务，占总数的98.13%，查出贪污和挪用公款149.33万元，受党纪处分6人，其中开除党籍2人，受刑事处分的2人。1989年从2月开始集中一个半月的时间，在全区党组织中全面开展民主评议和处置不合格党员工作。在开展一系列整党活动的同时，区委、区政府从制度入手，于1989年先后制定出台了《关于严禁春节期间用公款请客送礼的紧急通知》《关于做好廉政工作的通知》《台儿庄区副科级以上领导干部廉洁从政守则》，批转了区纪委、区监察局《关于公开办事制度和办事结果的报告》。到1987年5月底，台儿庄区整党工作基本结束，共处理有问题的党员213人；在党员登记中，不予登记的70人，其中开除党籍56人，除名14人，进一步肃清了“左”的影响，加强了各级班子建设，密切了党群关系。

1989年8月，区委、区政府根据省委〔1989〕12号文件和市委〔1989〕8号文件精神，下发《关于坚决搞好清查、清理工作的意见》，清查范围和重点是：重点事件，如游行、罢工、罢课、绝食事件；聚众打、砸、抢、烧等事件；重点对象，如参与北京反革命动乱分子，参与策划、煽动、组织的动乱分子，非法组织的头头和骨干分子等。内部清理范围是各级党政机关和企事业单位，重点是各级领导班子和要害部门，清查内部工作不搞人人过关。清查工作共安排四个月时间。

4. 城市变革

城乡建设发生巨大变化。1983年规划了长6000米、宽20米的环城路和旅游区，在西区老运河西段划分了公园区。1984年在西城区西南部重新规划了工业区，在陵园东路（今文化东路）两侧划分了文化区。至1985年，北已扩至三里庄，城区面积达到4.2平方公里。新城区内扩修、新修繁荣街、华兴路、兴中路、金光路等10余条主要街道，各类建筑井然有序，台儿庄已成为初具规模的小城镇。1986年，农村通电工程有较大发展，通电村达293个，占全区自然村总数的87.2%；全区港口发展到27个，轮船总吨位达3万吨，港口吞吐量112万吨，年总收入647万元。1990年5月，“七五”期间全省公路建设重点工程之一的台儿庄运河公路大桥开工兴建，大桥位于原运河老桥西800米处，全长753米，于1991年9月竣工通车。到1991年，城区新建了街心花园、运河公园，新增了供水能力，区驻地用水供需矛盾得到解决，区税务局、工商管理局、交通局、体委、保险公司、煤炭公司等一批办公楼建成；城区新开辟了沿河路等一批道路，完成了林运路、金光路、新华路等柏油路修铺，城乡公路交通网基本形成。1991 年，城镇居民人均可支配收入 1408 元，是 1978 年的 4.06 倍。

5. 教育改革

1983 年 11 月，区委成立农村中小学改貌工作领导小组，区委、区政府下发了《关于全区学校改貌工作的意见》。自此，全区按照分级办学的原则，投资 900 多万元，调整学校布局，新建改造校舍及配套设施，全区中小学尤其是农村中小学达到了教室、桌凳、校墙大门、厕所、护校室和活动场地六配套；12 月下发《关于加强教育改革工作的意见》，要求全区 1985 年普及小学教育，扫除 16—40 岁文盲，改革中学教育结构，公社办农民技术学校，厂矿企业办职工培训班，搞好教师队伍建设和学校改貌。1984 年 1 月，台儿庄公社中、小学生全部免费入学，并对考取初中以上的学生分别给予奖励，其费用从公社、大队和街道办事处工副业收入中解决；11 月，区委、区政府作出《关于开创教育工作新局面若干问题的决定》，进一步推进教育体制改革，建立区、乡（镇）、村三级办学责任制，发展业余技术中学，落实知识分子政策，加强教师队伍建设，改善教师住房、工作和生活条件。至 1984 年，全区有设备较完好的小学 187 所、初中 12 所、普通高中 2 所，在校中小学生 42407 人；同时还办有教师进修、农业和职工等专业学校，各类函授、电大、广播等业余教育也有较快发展，参加学习的人数逐年增多。1986 年实行教育体制改革，把农村中小学下放给乡镇管理，实行分级办学、分级管理负责制，调动了各级办学的积极性。1991 年 3 月，全区城镇中小学校舍改造工作全面铺开，投资近 1100 万元，重点对枣庄二中、枣庄六中、枣庄三十九中、区职业中专和区实验小学进行改造新建。

6. 其他改革

政治体制改革。1988 年实行党政分开，首先从区委和企事业单位摸索做起，乡镇暂未涉及。党政分开，首先是职能分开，区委作为一级地方党组织，主要是从直接执政向通过政权机关管理行政事务转变，从“一元化”“一把手”向总揽全局抓大事转变，从党政群“一揽子”式的领导向发挥各类组织的职能转变。改革党的组织机构，区委常委分管的属于政府职责范围内的工作，逐步由政府统管，逐步调整和撤销同政府部门相对应的工作机构。企业通过推行厂长（经理）负责制，理顺企业内部党政工之间的关系。事业单位逐步实行行政首长负责制。

机构改革。这一时期机构改革不断深化，权力进一步下放。1982 年 10 月，区计划生育办公室改为区计划生育局，计划生育工作得到进一步加强。1983 年区政府设立区史志办公室，区供销合作社改为区供销合作联社。1984 年 4 月，市委批准台儿庄区建立政协台儿庄区委员会，当月政协台儿庄区第一届委员会第一次会议召开，政协工作全面开启。是年，区政府撤销区工业局、多种经营办公室、区基本建设局、区财税局、区林业局、区农业局、区教育局、区文化局，设立区工业公司、区城乡建设委员会、区环境保护办公室、区审计局、区财政局、区税务局、区农林局、区文教局；区社队企业局改为区乡镇企业局，区档案局改为区档案科，区煤炭局改为区煤炭公司，区农机管理局改为区农机服务管理公司。1985 年，成立了对台工作领导小组，设立了区人民广播电台、区烟草专卖局，区物价科改为区物价局，撤销区档案科恢复区档案局。区人武部改地方建制。实施工资改革，6 月起开始执行国家机关和事业单位工资改革方案，将原来单一的职务等级工资制改为以职务为主的结构工资制。1986 年，进行财政管理下放，实行财政包干，十个乡镇全部建立了财政所，完善了乡镇政府的体制，加强了乡镇政府的职能作用。1987 年成立了区编制委员会、精神文明委员会、老龄委员会。1988 年除政府系统管理的少数部门外，把区直部门派驻乡镇的一些机构和人员，全部下放给乡镇管理，增强了乡镇一级政府的权限。

卫生改革。1989 年，台儿庄区人民政府印发了《关于深化我区卫生改革的若干意见》，改革经费的分配和使用，打破长期存在的“大锅饭”和“国家包”的弊端；实行院（站、所）长负责制，引进承包机制，全面实行不同形式的承包责任制；坚持国家、集体、个人一起上的方针，实行多形式、多渠道办医；允许卫生技术人员有条件利用业余时间和节假日有组织地开展诊疗、手术、体检等各项医疗服务；改革医疗收费制度，实行优质优价、高进高出合理收费，进一步调动了医疗卫生工作人员的积极性，增强了卫生工作的生机与活力。

（三）改革开放系统推进阶段（1992 年 1 月—2002 年 11 月）

1992 年初，邓小平在南方谈话中提出“计划经济不等于社会主义，资本主义也有计划，市场经济不等于资本主义，社会主义也有市场。计划和市场都是经济手段。”1992 年 10 月，党的十四大报告明确指出，中国经济体制改革的目标是建立社会主义市场经济体制。1993 年，中共十四届三中全会通过了《中共中央关于建立社会主义市场经济体制若干问题的决定》，从而把建立社会主义市场经济体制的目标具体化、系统化，在建立社会主义市场经济体制精神的指引下，台儿庄区的经济体制改革进入了新阶段。

1. 农村改革

1992 年 2 月，台儿庄区召开全区农村工作会议，提出注重效益，调整结构，大力发展高产高效农业。是年，全区新扩种棉花面积 13 万亩，新扩种水稻 1.3 万亩、总面积达 3.3 万亩，新扩桑园 6000 亩、总面积突破万亩大关。1993 年 2 月，中国共产党台儿庄区第五次代表大会提出，要加大农村改革力度，进一步稳定完善家庭联产承包责任制，在完成定购任务的前提下，有计划、有领导、有步骤地放开种植、放开经营、放开价格，让农民真正成为独立的商品生产者和经营者。巩固完善双层经营体制，按照自愿互利原则和市场经济要求，建立健全各种形式的合作经济组织，重点健全和发展社区性和专业性相结合的社会化服务体系。强化集体专业承包经营，积极开展“统分结合”式的规模经营，逐步实现传统农业向现代农业转变。1994年3月，台儿庄区第七届人民代表大会第二次会议提出，立足于培育市场主体、健全市场体系、加强宏观指导和对农业的保护，建立适应社会主义市场经济要求的农村经济运行机制和管理体制，提出原定的耕地承包期到期之后再延长30年不变，对粮食征购实行“保量放价”。有条件的乡、村实行适度规模经营，培育和发展种养加、产销供一体化的经济实体，完善农村社会化服务体系。1995年，在稳定和完善家庭联产承包制的基础上，实行荒山拍卖，推行“两田制”，发展股份制、合作制。1998年，实施“四荒”和宜林地使用权拍卖、租赁和承包经营，基本完成了土地承包期延长30年工作。2002年底，全区新扩桑园3万亩、果园2.2万亩、各类大棚1.8万个，初步形成了桑蚕、林果、瓜菜、“三水”农业、食用菌、畜牧六大农业主导产业；全区农业总产值达到54784万元，粮食产量达到153908吨，农民人均纯收入3120元，分别是1978年的6.95倍、2.57倍、11.86倍，是1991年的3.05倍、0.82倍、3.97倍；城镇居民人均可支配收入6493元，是1991年的4.61倍。

2. 国企改革

1993年2月，中国共产党台儿庄区第五次代表大会提出，加快经营机制转换，使企业真正成为市场主体，力争在改革企业干部人事、劳动用工、分配制度上实现新突破，在落实企业自主权上实现突破，在发展企业联合、组建企业集团上实现突破，在推行股份制上实现突破。1994年3月，台儿庄区第七届人民代表大会第二次会议提出，要把建立产权清晰、权责明确、政企分开、管理科学的现代企业制度作为重点来抓，力求取得突破性进展。1994年底，全区已有60家国有、集体企业推行了股份制和股份合作制，对9家企业优化组合实行兼并，对13家企业实行了公有民营，对1家企业依法实行破产。1995年1月，区委五届四次全体（扩大）会议提出，要在建立产权明晰、权责明确、政企分开、管理科学的现代企业制度上取得明显进展。继续贯彻《中华人民共和国城镇集体所有制企业条例》和《中华人民共和国乡村集体所有制企业条例》，落实企业经营自主权，让企业走向市场。对长期扭亏无望、资不抵债的中小企业实行转让、兼并、拍卖直至实行破产，大力推行股份合作制和集团规模经营。1998年1月，台儿庄区第八届人民代表大会第一次会议提出，企业改革坚持以建立现代企业制度为方向，以产权制度改革为核心，通过抓好大的，放活小的，加快资本的流动和重组，彻底转换经营机制，从整体上搞活企业。王晁煤电、华阳、万通三大集团走集团化、股份制的路子，其他区属企业、流通企业、乡镇企业走股份制、股份合作制、拍卖出售、租赁、无偿转让、挂靠联合、委托经营、公有民营等路子，争取1998年基本完成各类企业改制任务，逐步建立适应社会主义市场经济体制要求比较科学的企业运行机制。到1998年底，全区共有144家企业基本完成改制任务。其中，实行股份制和股份合作制50家、租赁经营14家、产权转让19家、依法破产16家、其他形式45家，改制面积达到80%以上。2002年3月，中国共产党台儿庄区第七次代表大会提出，加大对王晁煤电、万通集团、水泥公司等重点企业改制力度，加快国有资本退出步伐，逐步实现投资主体多元化、建立现代企业制度。对一些停产、半停产企业因症施治，做好改制完善工作。到2002年底，全区144家国有、集体企业全部进行多形式改制，对麦芽厂、五棉厂等15家企业依法实施了破产，盘活资产10.4亿元，冲销债务4.6亿元，重新安置职工5700人。2002年，全区工业总产值达到148215万元，分别是1978年、1991年的121.69倍、6.14倍。

3. 对外开放

1993年2月，中国共产党台儿庄区第五次代表大会提出，要进一步扩大对外开放，加快台儿庄经济由内向型向外向型的转变，加速与市场经济的对接进程，力争到1997年底，全区有60%以上的区属企业和相当一部分乡镇企业完成嫁接改造，成为外向型企业。1995年1月，区委五届四次全体（扩大）会议指出，扩大出口创汇，加大招商引资力度，力争全年出口创汇商品交货值完成2.18亿元。截至1997年底，全区五年累计利用外资427万美元，完成出口商品交货值11.79亿元，创汇2763万美元。1998年1月，台儿庄区第八届人民代表大会第一次会议提出，坚定不移扩大对外开放，到2002年全区实际利用外资达到2800万美元，出口交货值达到4亿元，出口创汇额达到2000万美元；坚持直接招商与间接招商并重，变被动招商为主动招商，努力增加利用外资。是年，成功举办了台儿庄大战胜利60周年纪念暨经贸洽谈会，先后组团参加了“青交会”“98上海枣庄商品展洽会”等对外经贸活动。1999年1月，台儿庄区第八届人民代表大会第二次会议提出，把利用外资的重点放在农业、旅游、港航开发和工业嫁接改造上，利用现代手段，建立招商引资项目库和对外联络信息网，继续探索上网招商、委托招商、上市招商等招商方式。2000年，开展全民招商引资暨经济发展环境治理年活动，规划建设了台儿庄经济技术开发区，完成基础设施投资1.4亿元。2001年1月，区委六届六次全体（扩大）会议提出“台儿庄以外都是外，借助外力发展台儿庄”的理念，努力实现引进资金、项目、技术、人才和出口创汇的新突破。2002年，招商引资成效显著，全区新签项目82个，实际到位区外资金66.84亿元。对外经济贸易取得新突破，进出口总额完成431万美元，实际利用外资352万美元，分别是1991年的23.94倍、39.11倍，其中出口总额385万美元，是2001年的3.56倍。

4. 其他改革

机构改革。围绕落实党的十四大精神，1993年2月，中国共产党台儿庄区第五次代表大会提出，实施新一轮行政管理体制和党政机构改革，以精兵简政为中心，以人员分流为重点，以转变职能、强化服务，适应社会主义市场经济发展需要为目的，平稳过渡，减少震动，分步实施，逐步到位，争取用三年时间，机构人员精减三分之一到二分之一。截至1993年底，区、乡两级机构改革基本结束，区直机关精简机构48个，机关工作人员减少777人，精简率分别为53.3%和52.2%；乡镇机关减少625人，精简率为66.5%，为推行公务员制度奠定了基础。2001年2月28日，区委下发《关于印发台儿庄区乡镇规模调整实施方案的通知》，撤销兰城店乡，将其行政区域并入泥沟镇；撤销彭楼镇、马兰屯乡，以原彭楼镇和马兰屯乡的行政区域设立马兰屯镇；撤销薛庄乡，将其行政区域并入涧头集镇；撤销侯孟乡，将其行政区域并入张山子镇；撤销台儿庄镇，以原台儿庄镇的行政区域设立运河街道办事处。是年3月20日调整结束，至此全区共设立1个街道办事处、5个镇，减少了4个乡镇，减少比例为40%。

住房改革。1994年3月，台儿庄区第七届人民代表大会第二次会议提出实施住房制度改革，由“提租补贴”转移到公有住房销售上，实行售房建房并举，加快实现住房商品化。到1997年底，全区出售公有住房16万平方米，参加住房公积金住房制度职工达到4491人。1998年，全区住房制度改革共出售公房1138套，参加房改职工4900人。2000年8月，在全区开展清房工作，截至2001年3月，全区共清理科级以上单位126个、科以下单位125个，房改800多套，清理出住房有问题的442人，其中县级25人，共退出多占住房311套，收缴清房资金159万元。

社会保障制度改革。1995年1月，区委五届四次全体（扩大）会议提出，建立完善住房、医疗、保险等社会保障体系，研究制定与上级接轨的配套改革。1997年底初步建立了城市居民最低生活保障制度，2001年底实现了全额预算管理单位离退休人员养老金的社会化发放，顺利实施了医疗保险制度改革。

（四）全面建设小康社会的迈进阶段（2002年11月—2012年11月）

进入新世纪，台儿庄发展迈向新阶段。这一时期，区委、区政府深入贯彻落实科学发展观，实现了经济发展指导思想的根本性转变，从粗放型增长方式逐步转向全面协调可持续发展的轨道。这一时期，台儿庄总体发展速度快、经济增长质量高、城乡面貌变化大，人民生活状况得到很大改善。

1992年，经中宣部批准兴建台儿庄大战纪念馆

1. 农村改革

1998年3月，在全区范围开展了农村土地第二轮延包，到2003年底，全区总耕地面积37.76万亩，延包面积36.6万亩，占应延包面积的97%。其中，51个村（居）的土地由村委会发包，156个村（居）由村民小组发包。发放土地承包合同书和土地经营权证书6.2万户，占应发证总数的98%。2002年12月21日，台儿庄区在全市率先成立了区农业综合执法大队，集中开展了整顿和规范农资市场秩序及打假护农活动，农业执法走上正轨。2004年8月，在全省农业法制工作会议上，全省两个区县作了典型发言，台儿庄区是其中之一。2004年4月，按照山东省政府《关于对种粮农民实行直接补贴的通知》要求，台儿庄区对种粮农民实行直接补贴，补贴品种为小麦。2006年1月1日，国家废止了《中华人民共和国农业税条例》，台儿庄区全面取消了农业税，仅此一项全区共减轻农民负担328万元、人均负担14.35元。自此，台儿庄区22.1万农民彻底告别延续了2600年的“皇粮国税”。2006年7月，区委、区政府印发《台儿庄区进一步稳定和完善农村二轮土地承包工作实施方案》，在完善二轮土地承包政策的基础上，建立健全土地流转工作制度，坚持“依法、有偿、自愿”原则进行土地流转。各镇街指导土地流转当事人依法签订流转合同，建立土地流转合同管理台账，及时办理流转合同的变更、解除和重新签订等工作，切实保障流转双方的合法权益。2011年，农村土地使用产权、集体林权等制度改革稳步推进，流转土地3.53万亩，培育农民合作社203个，林地确权14万亩。2012年，全区新发展土地合作社37家，流转土地2.34万亩，累计流转土地6.5万亩，利用土地产权抵押贷款1400万元，土地资本化迈出坚实步伐。是年，全区农业总产值达到144497万元，农民人均纯收入8099元，分别是2002年的2.64倍、2.6倍；城镇居民人均可支配收入6493元，是1991年的3.54倍。台儿庄区先后被评为全国粮食生产先进县、全国秸秆养牛示范县、全国测土配方施肥示范县、全国平安农机示范县。

2. 工业企业改革

2002年，对区缫丝厂等5家企业依法实施破产，冲销债务2.1亿元，区化肥厂等3家企业完成资产重组。是年，王晁煤电集团实现税收3156万元，比1998年增长170%；水泥公司实现税收2000万元，比1998年增长153%；万通公司实现税收895万元，比1998年增长234%；张山子煤业公司实现税收693万元，比1998年增长836%，骨干企业带动作用不断增强。2003年，鲁棉公司精梳纱项目、新宏煤矿、万通公司3万吨牛卡纸和1万吨特种纸、一方膏业控股10万吨膏粉等项目建成投产。是年12月，全区经济工作会议提出，继续实施"工业强区"战略，把骨干企业做大、特色产业做强、重点产品产业链拉长，推进工业产业的不断升级改造。并首次提出水泥、煤炭、石膏、造纸、编织是台儿庄区工业经济的主导产业。到2006年底，先后建成了联合王晁水泥、泉兴水泥、东源水泥、丰元化工草酸、海扬王朝纺织等一批骨干项目，全区规模以上工业企业发展到128家，比2002年净增41家，重点行业支撑拉动作用明显增强。全区限额以上工业完成增加值31.1亿元，实现利税15亿元，分别比2002年增长2.3倍、3.4倍，年均分别增长34.3%、44.5%。是年，全区煤炭、水泥、化工产量分别达到177.3万吨、492万吨、6.1万吨，是2002年的1.6倍、2.9倍、5倍。2007年2月，中国共产党台儿庄区第八次代表大会提出，始终不渝地实施"工业强区"，按照"上大、改中、关小"的思路，改造煤炭、水泥、造纸、纺织、化工、机械制造等传统产业，提升产业规模和档次，推动传统产业新型化。截至2009年底，全区旋窑水泥年生产能力达到1000万吨，三年翻了一番；化工产品年生产能力达到42万吨，三年增长了5倍；织布年生产能力达到8300万米，三年翻了一番；造纸生产能力达到45万吨，三年增长2倍。2011年2月，枣庄市华亿矿业集团成立，拥有闫布煤矿、南石煤矿、枣庄沃德利不锈钢制品有限公司等子公司，总资产2.5亿，员工1500人。2012年1月，中国共产党台儿庄区第九次代表大会提出：以区域集中、产业集聚、企业集群为重点，走符合台儿庄实际的新型工业化道路。当年，台儿庄区软件与服务外包产业园成立，填补了全市空白。2012年底，全区工业总产值达到823168万元，规模以上工业增加值完成735671万元，分别是2002年的5.56倍、7.71倍。

3. 对外开放

2003年1月，区委六届十次全体（扩大）会议提出，搞好招商引资，扩大对外开放，是振兴台儿庄的必由之路和现实选择。3月，中国共产党台儿庄区第七次代表大会提出，把招商引资作为经济发展的重中之重，努力扩大对外贸易。是年，台儿庄区成功举办了温州招商引资洽谈会、台儿庄大战胜利65周年暨经贸洽谈会等一系列招商活动。开发区建设不断加快，形成了"三纵五横"道路框架，5平方公里原起步区基本实现了"六通一平"，承载能力不断增强。2006年完成外贸进出口总额2866万美元，是2002年的5.6倍。2007年2月，中国共产党台儿庄区第八次代表大会提出，坚定不移地把招商引资作为第一责任、第一要事，并首次提出强化选择性招商，严格执行国家产业政策，按照"三不招"原则（即生产非法产品的不招、有重大安全隐患的不招、有重大环保隐患的不招），积极推动招商引资向招商选资转变。2009年，全区新上续建重点项目56个，实际到位资金29.6亿元，新建厂房面积128.32万平方米；新上过5000万元项目27个，是上一年同等标准项目的2.7倍。是年，台儿庄经济开发区被评为省级"科学发展园区"。2011年1月，区委八届十三次全体（扩大）会议暨经济工作会议提出，牢固树立"规则下求发展"理念，在"三不招"的前提下，把税收和安置就业作为前置条件，更加注重引进大项目，更加注重考核投产达效项目，更加注重把握用地、节能、环保等综合效益，以项目集约发展拉动经济持续向好。2012年，全区新签工业项目22个，实际到位区外资金15.78亿元；进出口总额完成6377万美元，实际利用外资587万美元，分别是2002年的14.8倍、1.67倍。

4. 台儿庄古城重建

2006年，枣庄市委、市政府动议实施台儿庄古城重建工程；2007年9月，台儿庄区成立运河古城恢复建设领导小组和指挥部，组织实施古城项目区房屋拆迁。

2008年4月8日，枣庄市政府正式宣布重建台儿庄古城；5月，古城一期拆迁基本完成，拆迁1700户、22万平方米；11月，枣庄市鲁南经济开发投资有限公司、中泰煤业、丰源公司、金庄煤矿、泉兴集团等5家国有企业各拿出10万吨原煤，以4亿元的资本金组建枣庄市台儿庄运河古城投资股份有限公司，作为古城重建的市场主体。2009年12月，经中央台办批准，在台儿庄古城设立全国首家海峡两岸交流基地；2010年2月，组建枣庄市台儿庄古城旅游发展有限公司；是年5月1日，台儿庄古城正式开城；5月4日，台湾国民党前主席连战参加了台儿庄古城复兴楼奠基仪式。2011年5月12日，台湾国民党前主席吴伯雄参加台儿庄古城开埠仪式；6月19日，时任中共中央政治局常委李长春同志视察台儿庄古城，并给予高度评价，指出台儿庄古城重建"是大思路，大手笔，很了不起，看了以后很震撼""留下了深刻美好的印象"。9月，国家非物质文化遗产博览园落户台儿庄古城。12月，台儿庄古城被国家文物局列为全国首个国家文化遗产公园。2012年8月，国家版权局决定在山东省枣庄市台儿庄建设国家版权贸易基地；9月16日，时任中共中央政治局常委、全国政协主席贾庆林莅临台儿庄古城视察，并给予高度评价，强调"重建台儿庄古城，符合全球中华儿女的心愿，对于促进海峡两岸交流、增强台湾同胞对中华民族和中华文化的认同，具有重要意义。""要把台儿庄古

重建前的台儿庄古城

重建后的台儿庄古城

城保护好、管理好、利用好，切实发挥好作用。”11 月 22 日，经全国旅游景区质量等级评定委员会正式批准，台儿庄古城成为国家 AAAAA 级旅游景区。

5. 城乡建设

高标准推进城市“五化”建设，新建、改造各级各类公路 1100 余公里，运河复线大桥、涛沟河大桥建成通车；新建了园区中心路、北二环路等城市道路，配套建设了古运公园、长捷广场、金光广场、街心公园和城区北入口景观；完成了汽车站搬迁，建成新大桥停车场，安装枣台路路灯，开通运营 BRT，加快了同城化进程；建成圾处理厂、4 万吨污水处理厂及污水管网，集中供热达 70 万平方米；新增城市绿地 71 万平方米，城市绿化覆盖率达到 40%，被评为省级园林城市；拆迁棚户区、城中村 108.3 万平方米，动迁群众 8068 户，新建住宅小区 110 万平方米，小城镇开发竣工面积 25.2 万平方米；实施古城通道建筑立面改造，开展城乡环境综合整治，城乡面貌有发生巨大变化，被评为省级创建文明城市工作先进区。实施城乡土地增减挂钩试点项目 5 个，整合村庄 16 个，复垦耕地 2280 亩。生态保护不断加强，新增植树造林面积 18.7 万亩；积极推进节能减排，淘汰关闭落后工业生产线 44 条，顺利通过国家淮河流域水污染防治核查。

6. 综合配套改革

纪委派驻机构改革。2009 年 10 月，台儿庄区出台《关于对区纪委区监察局派驻机构实行统一管理的实施意见》，按照“职能相近、归口设置、整合力量、一步到位”和“工作量大小相配”的原则，根据实际工作需要和部门、行业特点，组建 6 个纪工委、监察分局，作为区纪委、区监察局的派驻机构，负责对区直 69 个部门（单位）及所属系统进行监督检查。

农村富余劳动力就业计划。2008 年初，在全区实施了“农村富余劳动力就业计划”，确立了“力争每户农民家中至少有一人外出打工或者在当地实现就业”的目标。2009 年在浙江义乌设立了来料加工联络处，是年转移农村富余劳动力 36700 余人，4604 户农村“零就业”家庭基本实现动态“消零”。2010 年 3 月，国务院发展研究中心专门到台儿庄区对这项工作进行调研，给予很高评价，并在第九届全国“创业之星”经验交流表彰大会上推广这一做法。

社会保障制度改革。2009 年 3 月，台儿庄区政府印发《新型农村合作医疗管理办法（试行）》，实施由政府组织、引导、支持，农民自愿参加，个人、集体和政府多方筹资，以大病统筹为主的农民医疗互助共济制度。2010 年，在全区推行新型农村社会养老保险试点。2012 年城乡养老保险实现全覆盖，居民养老保险纳入国家试点；现役军人优待金提高到 6300 多元。

教育卫生事业改革。实施中小学布局调整，新建校舍 12 万平方米，调减农村小学 27 所，搬迁整合区驻地学校 4 所，城乡教师工资统一标准发放，代课教师和学校债务等遗留问题得到妥善解决。医疗卫生改革逐步深入，全面推行新型农村合作医疗和基本药物制度，城乡医保实现全覆盖，实施了区直医院门诊楼、病房楼以及镇街卫生院和村级标准化卫生室改造，新建农村标准化卫生室 110 处，“新农合”参合率达到 99.8%。

（五）全面深化改革，全面建成小康社会的决胜阶段（2012 年 11 月至今）

2012 年 11 月，党的十八大胜利召开，开启了全面建成小康社会、实现中华民族伟大复兴中国梦的新的伟大历史征程。这一时期，台儿庄区委、区政府认真贯彻落实党的十八大和十八届三中、四中、五中、六中全会精神，团结带领全区广大干部群众主动适应经济新常态，自觉践行发展新理念，紧紧围绕“古城重建引领城市转型”战略和建设“活力之城、魅力之城、文明之城、幸福之城”奋斗目标，全面深化改革，锐意创新进取，全区经济实力稳步增强，城市竞争力显著提升，人民生活不断改善。

1. 农村改革进入新阶段

农村土地使用产权制度改革。2012 年 12 月，区委、区政府印发《关于印发〈台儿庄区国家农村改革试验区建设工作实施方案〉的通知》，提出国家农村改革试验区建设工作思路，即全面推开和深化农村土地使用产权制度改革，创新农业经营体制机制。一方面，在不改变农村土地家庭承包经营基本经营制度的基础上，以土地使用权资本化为突破口，以提高农业的组织化程度为手段，发展农业规模经营，建设现代农业；另一方面，主要是开展农地承包经营权登记、承包关系长久不变等制度机制创新，配套开展农村资产产权化改革和新型农业社会化服务机制创新。2013 年 3 月，区委、区政府印发《关于深入推进农村改革加快现代农业发展的意见》，提出深化农村土地使用产权制度改革、开展农村土地确权登记颁证工作、推进农村集体资产产权制度改革、探寻农村土地承包关系长久不变改革。同时，文件要求，依托“三线两区”（枣台线、台韩线、206 国道和文化产业园区、高效节水灌溉项目区）高效农业示范区建设，巩固发展苗木花卉、食用菌、瓜菜、林果等特色产业，着力培育八大万亩现代农业示范基地，促进特色种植向标准化、基地化方向发展，逐步形成“一镇一品、一镇多品”发展格局。2014 年 3 月 12 日，区委、区政府出台《关于全面深化农村改革加快推进农业现代化的实施意见》，提出以深化改革为动力，以八大万亩现代农业示范基地建设为抓手，积极发展现代农业。2014 年 6 月，区镇两级农村产权交易平台建成运营；2015 年底，全区 46.4 万亩农村承包土地全部完成确权登记，为 7.3 万户农民颁发了《农村土地承包经营权证》，确权率和颁证率均达 100%，进一步明确了农民的财产权利，为广大农民吃上了定心丸。2017 年，全区新增土地流转面积达 8236 亩，累计达到 19.5 万亩，全区农地适度规模经营比例达到 46.4%；获批成为全省 34 个农村集体产权制度改革试点县之一，完成了 50 个村（社区）的产权制度改革任务，全区共界定配股人员 33418 人，评估经营性资产达 9430 余万元，资源性资产 14753 亩。

农业经营模式变革。随着农业机械化水平的提高和农村劳动力逐步向城镇转移，新型农业经营主体成为农业现代化发展的典型特色和重要推动力量。2013 年 6 月，马兰屯镇月河坝村成立了全区第一家家庭农场——枣庄市台儿庄区黎明家庭农场。2014 年 7 月，全区首家资金互助社——福源资金互助专业合作社成立。2015 年 7 月，马兰屯镇坝子村融资担保基金成立，成为全省首家村级融资担保基金。2016 年 3 月，台儿庄区被国务院确定为全国农村承包土地经营权抵押贷款试点县，创新推出“结对融”信贷模式。2017 年，新发展家庭农场、合作社 70 家；新增各类农村产权抵押贷款 5697 万元，累计达 3.22 亿；累计办理产权交易 542 宗，总交易额达 4.83 亿元。大力发展生态农业和观光农业，推进农业与旅游、教育、文化、康养等产业融合发展，重点打造了运河湿地公园、古城祥和庄园、山东憩园、“涛沟人家”等乡村旅游综合体。截至 2017 年底，全区新型经营主体累计达到 1007 家。全区特色种植达到 8.1 万亩，规模经营比例达到 49%。先后获批山东省首批农产品质量安全县、全省农村土地承包经营权确权登记颁证先进集体、山东省农村集体产权制度改革示范县称号，被授予“山东省休闲农业和乡村旅游示范县”，古城祥和庄园景区被确定为“山东省生态休闲农业示范园区”。

农田水利设施产权制度改革。2014 年，台儿庄区被确定为省级农田水利设施产权制度改革和创新运行管护机制试点县，以农业灌溉用水、工业供水、农村饮水为主要内容的“三水”改革取得积极成效。农业灌溉用水方面，成立了枣庄润禹水务供水有限公司，对重点水源工程拥有产权；镇街成立用水者协会，明确小型农田水利设施产权并发放产权证书和使用权证，区水务部门负责监督指导，形成“区、镇、村、协会”四级管理网络，按照“谁受益谁负担”原则，计量征收工程灌溉水费，探索“政府引导、公司经营、协会管理、群众参与”为主要内容的农业灌溉工程以水养水之路。到 2014 年底，完成了张山子、涧头集、马兰屯 3 镇项目区农田水利设施产权确权，发放产权证书和使用权证 294 套，签订协议书 441 份。农村饮水方面，以“农村供水城市化、城乡供水一体化”为目标，2015 年 10 月建成规模化集中供水工程秦庄水厂和水质检测中心，2016 年底涧头集水厂建成运营，运河两岸 15 万农村居民吃上放心水。2017 年新增张山子镇高效节水灌溉面积 1.84 万亩，被评为国家高效节水灌溉示范县。以健全完善农田水利灌溉工程管护机制为主，在“三水”改革建立“公司 + 协会”新模式的基础上，完成 2011-2016 年高效节水灌溉工程的产权移交，由润禹公司实行专业队伍、市场

2016年7月7日，山东丰元化学股份有限公司成功上市

化运作、统一管理，实现了水利工程的专业化、规范化、高效化管理。

2. 企业改革创新不断深入

2013年4月，区委、区政府召开全区纵深推进工业转型振兴工作会议，区政府印发了《关于纵深推进工业转型振兴的意见》，成立传统工业产业改造升级领导小组，设立产业转型办公室和新型纺织、造纸、机械制造、新型建材四个产业推进组，合力推进传统工业产业改造升级，水泥企业重组、控股、托管等工作顺利完成。这一时期，大力淘汰落后产能，先后关闭南石煤矿、闫埠煤矿、张山子煤矿、新宏煤矿等小煤矿，在全市率先完成30万吨以下矿井关闭任务，资源型产业比重由28%下降到11%；投入102.6亿元，实施重大技改项目72个，占工业投入的58.2%。扎实推进国有企业改革，进一步完善了国有企业负责人业绩考核及薪酬管理，积极发展混合所有制经济。推动企业上市、挂牌、托管，引导企业进入资本市场，2016年7月7日，山东丰元化学股份有限公司在深交所主板上市，实现全市主板上市企业零的突破。截至2017年底，古城旅游集团公司已与东兴证券签订保密协议，消防验收、资产整合等工作正稳步推进；尧程新材料完成企业股份制改制工作，祥和乳业、海扬王朝等企业股改工作正在有序进行。

3. 旅游服务业实现跨越发展

2012年12月7日，时任中宣部副部长、文化部部长蔡武与时任山东省省委常委、宣传部部长孙守刚共同为台儿庄古城国家级文化产业试验园区揭牌。到2012年底古城2平方公里核心景区基本建成。2013年8月5日，台儿庄古城重建全面竣工；11月，山东省人大常委会第五次会议审议通过《山东省台儿庄古城管理条例》，标志台儿庄古城获得立法保护。2014年4月，古城游客服务中心启用并开通月河船游，极大改善了服务水平；7月，大运河中河台儿庄段入选世界文化遗产。2016年“五一”期间古城实现全面开放。2016年4月，在枣庄市台儿庄古城旅游发展有限公司的基础上成立山东省台儿庄古城旅游集团有限公司，负责古城运营管理。会展经济进入高速发展阶段，先后培育发展中国非物质文化遗产博览会、全国河钓大赛、国际冬泳节、古城贺年会等一系列展会赛事品牌。在2016年6月召开的全省品牌建设大会上，台儿庄古城作典型发言，时任省长郭树清在讲话中对台儿庄发展旅游服务业经验做法给予充分肯定。2017年8月，在第三届全国全域旅游推进会上，《全域旅游“台儿庄模式”》入编《全域旅游大有可为》创建经验一书，成为全国全域旅游示范区创建标杆和发展样板。在古城的引领下，一批服务业大项目先后开工建设。2011年，启动港航物流产业园项目。2012年底规划建设了台儿庄区软件服务外包产业园，2013年完成主营业务收入3103万元，实现全市服务外包零的突破；2016年底实现主营业务收入2.2亿元。2017年底，全区A级以上景区发展到8家，三产增加值占全区生产总值比重提高到39.8%。台儿庄古城、运河国家湿地公园等7处景区实现“一票通”，台儿庄古城荣获“中国大运河文化带经典案例奖”，台儿庄古城文化产业园跻身首批10家国家级文化产业示范园区创建单位。

4. 城镇化进程不断加快

区九次党代会之后，区委、区政府坚持把新型城镇化带动城乡统筹发展作为“一大战略、两翼带动”的重要一翼，作为稳增长、调结构的重要抓手，城乡建设进入新阶段。坚持规划先行，围绕培育“古城、水城、绿城、慢城”特色，完成了城市总体规划修编和城区电力、供热等专项规划编制，城镇控制性详规实现全覆盖。2012年5月，台儿庄区成立城乡规划委员会，重大规划项目未经规划委员会审批不得实施。8月，区委、区政府印发《关于纵深推进新型城镇化的意见》。在城市建设上，按照“东进北上”发展思路，北部文教新区车道道路基础、慢行道道路基础已填筑完成，综合管廊工程已全部竣工。古城学校校内道路、围墙已建设完毕，教学楼、宿舍楼、图书馆等建筑正在进行二层施工，将于2018年9月1日交付使用。万庄东三里棚改、市民中心项目、档案馆等项目也正加快建设。文化产业园基础设施不断完善，拉开了“东进北上”发展框架。在小城镇建设上，提出了“一区一镇两组团”（一区即中心城区，一镇即涧头集镇，两组团即张山子、泥沟组团）思路，着力打造特色城镇，涧头集镇被列入国家重点镇、省级示范镇。在新农村建设上，以美丽乡村建设为抓手，截至2017年，共创建美丽乡村79个，完成农村危房改造1247户，农村旱厕改造17470户。全区城乡客运一体化建设步伐加快，2012年6月，1路和2路两条城市公交线路开通试运营，基本覆盖了城区主干道，台儿庄自此告别没有城市公交的历史；2015年12月，台儿庄至抗埠9路公交、台儿庄至底阁10路公交开通运营，在全市率先实现镇街公共交通全覆盖。坚持生态立区，2012年3月，区委、区政府印发《关于加强生态台儿庄建设的意见》，明确要逐步实现生态经济日趋发达、生态环境明显改善、城乡环境宜居水平显著提高、生态文化日益繁荣的目标，大力实施治山、治水、治气、植绿，生态环境质量不断提升，2016年9月，台儿庄区纳入国家重点生态功能区。

5. 综合配套改革持续深化

财税金融体制改革。2015年“全口径”政府预算体系全面建立，“营改增”平稳推开，政府投资项目法人制全面实施，财政管理效能持续提升。金融体制发生深刻变化，形成了以多种金融机构分工协作的金融组织体系，银行、保险、证券、担保公司等金融机构发展到38家。政府和社会资本合作模式成效初显，华厦建筑恒信嘉小贷公司挂牌运营。2017年底全区各类金融机构存贷款余额达到106.12亿元、67.17亿元，分别是1978年的2693倍、449倍。

教育教学改革。强力推进“教育振

兴五年（2013—2017年）行动计划”，全区办学水平和教育质量大幅提升，高考一本上线在2014年、2015年、2016年、2017年连续4年保持50%左右增幅，中考合格率在2015年、2016年、2017年连续3年居五区一市之首。台儿庄区被中国教育学会确定为“十二五”全国第25个教育改革实验区。教育基础设施建设进入快速发展阶段，化解城镇大班额工作扎实推进。2012年建设黄口小学等教学楼6座，建筑面积16300平方米。2013年9月，投资2.86亿元，建筑面积7.2万平方米的枣庄二中新校建成使用。2013至2014年投资4.6亿元，建设泥沟镇中心小学等学校11所，占地7.3万平方米的枣庄职业学院台儿庄古城校区建成使用。2015年建设枣庄市第39中学等教学用房项目20个，建筑面积24540平方米，建设餐厅18个、水冲厕所20座。2016年区职业中专新校投入使用；8月新建台儿庄区实验小学西校区，总投资1.2亿元，总建筑面积31811.83平方米；自9月开始，又陆续建设枣庄市第二十三中学等学校12个，累计建筑面积25837平方米。2017年，全区化解大班额学校项目交付11个，在建项目4个，竣工面积187663.5平方米，新增学位1.9万个，新增班级413个，增加教师编制352人，累计完成投资4亿元。实施学前教育三年行动计划（2011—2013年），建设幼儿园36所，建筑面积53115平方米。2016年11月，顺利通过国家义务教育基本均衡县验收。

医疗卫生改革。新型农村合作医疗制度覆盖农村所有居民，筹资标准逐年提高，运营管理制度更加规范健全。2011年1月1日，国家基本药物制度全面落实，群众医药费用负担明显下降，2012—2017年，基层医疗机构销售基本药物共计1.79亿元、药品惠民9272万元；基本公共卫生项目服务经费由每年15元/人提高到50元/人。2012年，12000余平方米的门诊大楼建成使用；全区建成13处省级标准化数字预防接种门诊；5镇卫生院全部通过省、市标准化考核验收。2014年在全市率先启动“免费新生儿四病筛查”项目。2015年5月，撤销区卫生局、区人口和计划生育局，组建区卫生和计划生育局（挂区中医药局牌子）。是年11月，区人民医院被授予“全国爱婴医院”。2012—2017年，全区卫生事业经费投入平均年增长7.69%，万元以上医疗设备增加153台（件），病床位增加286张，千人口拥有医护人员数增长1.07。

行政体制改革。2013年12月，根据国家新一轮机构改革精神，区工商局、区质量技术监督局正式划归地方管理；2014年9月，撤销区工商局、区质量技术监督局，组建台儿庄区市场监督管理局。2015年10月8日，区市场监督管理局为非遗传承人刘建飞颁发台儿庄区首张“三证合一”营业执照，标志商事制度改革正式启动，有效激活了市场主体活力。截至2017年底，台儿庄区共有各类市场主体19617户，6年增长13562户，比2011年增长223%。2012年11月，按照市政府办公室《关于卫生行政主管部门有关职能向食品药品监管部门移交的通知》要求，区食品药品监督管理局承接原卫生局移交的餐饮服务监督管理职能；2014年5月，按照市政府《关于改革完善市、区（市）食品药品工商质监管理体制的实施意见》，在全市率先完成食品药品监管体制改革，整合区食安办、食品药品监督管理、工商、质量监督等部门的食品安全监管和药品管理职能，组建新的台儿庄区食品药品监督管理局（挂区食品安全委员会办公室牌子）。行政审批改革持续深化，“四清单一平台”运行体系基本建立，截至2017年底，编制公布了区级32家部门的行政审批事项目录清单，分四批取消行政审批事项28项，保留行政审批事项226项；编制公布了45家部门的区级行政权力清单，保留行政权力事项3888项；编制政府部门责任清单，公布了全区40家部门主要职责342项，具体责任事项1459项，追责情形6302项，部门职责边界134项，事中事后监管制度384项，公共服务事项597项。2016年6月，区委办公室印发《台儿庄区公务用车改革实施方案》，年底全面完成公车改革。财税体制改革不断完善，创新政府投资项目法人制模式，“全口径”政府预算体系全面建立。

社会保障体系改革。社会保险持续提标扩面，企业退休职工工资自2012年以来，实现6连增。居民养老保险提高到118元/人/月。失业保险金连续6次提高发放标准，2017年底为1030元/人/月，年发放额446万余元，失业职工失业期间的基本生活得到保障。2014年3月，城镇居民医疗保险和新型农村合作医疗整合为城乡居民医疗保险。截至2017年底，共报销居民医疗保险费用5.3亿余元。扎实推进就业。2012—2017年，全区城镇新增就业26767人，新增农村劳动力转移就业31157人，城镇登记失业率控制在3.5%以内，被评为全省创业先进城市。实施精准扶贫工程，2016年5月，区委、区政府印发《关于全面推进精准扶贫攻坚的实施意见》，通过分类施策、结对帮扶、产业脱贫等措施，大力推进精准扶贫，截至2017年底，全区实现脱贫3350户、7461人，超额完成脱贫任务。

创新社会管理。2012年4月，区委、区政府印发《关于加强和创新社会管理的意见》，深入推进法治台儿庄、平安台儿庄建设，全面实施视频监控全覆盖、城乡社区网格化管理、法律服务全覆盖三大工程；建立了鲁苏边界协作、社会稳定风险评估、矛盾纠纷排查化解等工作联动机制；深化司法体制改革，推行人民陪审员工作模式，被评为全省法治创建先进区。强化安全监管体系建设，2014年7月，区委办公室印发《台儿庄区安全生产网格化监管工作实施方案》，全区安全生产形势保持长期持续平稳。2016年，区委出台《关于完善矛盾纠纷多元化解机制的实施意见》，成立矛盾纠纷多元化解领导小组，确立了“信访登记受理、中心分流派送、部门镇（街）办理、综治督办考核”的工作格局。2017 年区委、区政府为加强重点领域矛盾纠纷排查化解，创新治理模式，成立了全市首家镇级社会矛盾调解中心，全区矛盾调解成功率达到 98% 以上，获评全省优秀人民调解委员会和调解员荣誉各 1 项。

二、台儿庄区改革开放取得的主要成就

改革开放以来，在党的正确方针指导下和省、市的正确领导下，全区人民紧紧扭住发展不放松，解放思想、抢抓机遇，凝心聚力，攻坚克难，坚定不移深化改革开放，取得了经济社会发展的巨大成就。

（一）综合实力大幅提升

改革开放以来，全区国民经济运行逐步跨入快车道。1978 年全区地区生产总值 4315 万元，2007 年达到 74.6 亿元，年均增 17.2%；2010 年突破 100 亿元大关，2017 年达到 179.76 亿元，是 1978 年的 417 倍，期间共有 30 年保持两位数的增长速度。1978 年地方财政收入 384 万元，2007 年达到 2.5 亿元，是 1978 年的 65 倍；2017 年达到 7.85 亿元，是 1978 年的 204 倍。全社会固定资产投资 2007 年完成 32.84 亿元，比 1978 年增长 3648 倍，年均增长 32.7%；2017 年达到 151.5 亿元，是 2011 年的 2.4 倍。产业结构调整取得明显成效，自 1993 年开始三次产业呈现出“二三一”格局，第一产业从业人数呈现回落态势，劳动力逐步向二三产业转移。2010 年以来第三产业优势逐步显现，呈现出结构更加优化的良好趋势。2017 年，三次产业增加值比重从 1978 年的 59.93∶28.23∶11.84 调整为 9.8∶50.4∶39.8。

（二）农业经济持续繁荣

台儿庄区是传统农业区，改革开放以来农业获得了长足发展，取得了令人瞩目的成就，成为全国第一批农业翻番县之一，有“鲁南粮仓”和“鱼米之乡”的美称。2017 年，全区农林牧渔业总产值达 36.24 亿元，是 1978 年的 72.7 倍。

1. 农业产出水平稳步提高。台儿庄区小麦、水稻、玉米等粮食生产具有传统优势，由于受农业生产设施、技术以及政策制约，农业生产长期没有走出困境。1978 年全区粮食平均亩产只有 121 公斤，农民人均分配口粮 160 公斤。改革开放之后，台儿庄区认真落实家庭联产承包责任制，突破了“以粮为纲”的单一生产结构，农业和农村经济迈上快速发展的轨道。2017 年，全区粮食产量达 6.52 亿斤，人均粮食占有量 981.9 公斤，稳居省、市前列，被评为全国粮食生产先进县。农业生产结构进一步优化，养殖业和优质高效种植业成为农业经济主体。2017 年养殖业占农业总产值的比重达到 21.6%，被确定为全国奶牛产业项目县；种植业中粮食比重下降，经济作物比重上升，2017 年经济作物占农作物总播种面积的比重上升为 19.4%，蔬菜、瓜果、油料产量达到 65.94 万吨。农业生产效率进一步提升，高效节水灌溉面积达到 16.57 万亩，农业综合机械化水平达到 87%，主要农作物基本实现耕种收一条龙服务。

2. 特色农业亮点突出。改革开放以来，台儿庄区以提高农业效益，促进农民增收为核心，不断调整优化农业产业结构，休闲观光农业、莲藕水产品、食用菌、设施蔬菜、苗木花卉、干鲜果、甜桃、黑小麦等“八大万亩现代农业示范基地”快速发展，特色种植面积达到 8.1 万亩，规模经营比例达到 46.4%，质量效益显著提高，获批全省苗木产业项目建设区、全省食用菌行业先进县、省级现代渔业示范园区、省级食用菌生产先进县，运河莲藕基地获批国家级农业标准化示范区。在全市率先推行农业标准化，大力发展无公害农产品，成功创建全省农产品质量安全区。截至 2017 年底，全区共发展各类新型农业经营主体 1007 家，市级以上示范社 69 家，其中国家级示范社 4 家。创建省、市级标准化示范基地 15 处，市级农产品质量安全示范镇 5 处，无公害农产品生产基地达到 39 万亩，20 个农产品被认证为国家级无公害农产品，23 个绿色食品获得省级产地认证。

3. 农民收入大幅提高。积极推动农村富余劳动力转移，多渠道增加农民收入。对接义乌小商品基地，大力发展来料加工业，截至 2017 年底，创建特色加工专业村（居）139 个，培养经纪人 659 名，发展加工点 662 个，来料加

城乡公交实现全覆盖

工覆盖全区所有村居，年发放加工费3.5亿元，人均年加工费收入达6500元，带动就业5.4万人。“互联网+来料加工”精准扶贫模式在全省推广，带动1.4万贫困群众脱贫，来料加工业脱贫贡献率达66%以上，“不离土，不离乡，在家创业奔小康”成为贫困群众就业脱贫的真实写照。2017年全区农业龙头企业44家，省级重点农业龙头企业3家，市级以上41家，年实现销售收入27亿元，带动农户3.75万户，增加农民收入1.6亿元。2007年农民人均纯收入4752元，2017年农村居民人均纯收入达到12436元，增长速度快于城镇，全区农民实现出温饱不足到小康水平的巨大跨越。

（三）工业经济质效双增

建区伊始，台儿庄区的工业几乎是一张白纸，仅有的4家集体企业，全是铁业、木业、鞋业等手工作坊。到1978年，全区工业总产值仅为1218万元，占GDP的比重仅为28.23%。改革开放后，特别是“十二五”以来，深入实施“工业强区”战略，工业经济快速发展带动了全区整体经济的跃升。

1. 工业经济总量不断壮大。2017年底，全区规模以上工业企业达138个，实现主营业务收入270.89亿元，利润14.77亿元、利税23.68亿元。全区培植王晁煤电集团、丰元化学、华亿集团等纳税过千万元工业企业13家，形成了以煤电、建材、造纸、纺织、化工、机械制造等六大产业为支柱的工业体系。与1978年相比，原煤产能由17.64万吨增加到68.7万吨，水泥产能由1.48万吨增加到1000万吨；造纸产能达到85万吨，纺纱产能达到35万锭，织布产能达到3000万米，草酸产能达到10.5万吨，机械制造企业发展到36家。

2. 传统产业改造升级快速推进。“十二五”以来，台儿庄区深入推进传统产业改造升级，纺织、造纸、化工、机械制造、建材、煤电等产业逐步向高端化迈进。造纸产业由传统包装纸向滤芯纸、高档装饰纸等特种纸转变，山东荣华纸业有限公司20万吨涂布白板纸、枣庄市恒宇纸业有限公司30万吨特种羊皮包装纸项目相继开工，特种纸占造纸总产能比重达60%。纺织产业向多组份、差别化、功能性纺织品发展，青纺联（枣庄）纤维科技有限公司11万锭、山东联润新材料有限公司10万锭精梳纱项目建成投产，高端纱线产能达到35万锭，获批省级高端纺织产业示范基地和全国纺织产业结构调整突出贡献奖。化工产业向工业级—医药级—电子级跨越，草酸产能达到10.5万吨，精制草酸占比25%，磷酸铁锂等草酸盐产品突破发展。煤炭、水泥等资源型产业加速转型，累计关闭30万吨以下小煤矿5处85万吨，淘汰落后生产线45条；淘汰水泥产能200万吨，形成了1000万吨旋窑水泥生产能力；石膏企业全部关停。2011年以来资源型产业比重由26.8%下降到12.3%，提前一年完成“十二五”节能减排任务。污泥发电、生物质发电、风光发电能力达到65兆瓦。

3. 技术创新成效显著。“十二五”期间，实施重大技改项目72个，累计完成技改投资102.6亿元，较2011年增长20%，技改新上过亿元项目32个。国家高新技术企业继2012年实现零突破后，发展到12家，高新技术产业产值比重达到11%；18家企业被认定为市级以上“一企一技术”研发中心和创新企业，17家企业被认定为市级以上“专精特新”企业；建成省级工程技术研究中心2家，国家级新产品开发基地1家，15家企业与中国工程院、天津工业大学等25家高等院校或科研院所建立技术协作关系，8项关键技术达到国际国内领先水平。山东联润新材料科技有限公司获批国家纺织新材料纱线产品开发基地，台儿庄区荣获全国科技进步考核先进区。

4. 经济开发区建设扎实推进。省级经济技术开发区基础设施日趋完善，王晁工业园、机械工业园、纺织工业园等特色产业园区不断壮大，开发区企业总数达到136家，形成了纺织服装、精细化工、机械制造等一批优势产业，产业集聚效应和规模效应逐步显现，2006年被批准为省级开发区、省级科学发展园区。2017年，开发区实现主营业务收入20.6亿元，税收总额6.81亿元，进出口总额5.48亿元，主导产业产值占开发区总产值比重达到80.2%，成为全区改革开放的重要载体和经济发展的重要增长点。

（四）旅游服务业蓬勃发展

改革开放初期，台儿庄区基本上没有旅游业，1978年全区第三产业产值仅有511万元，是2017年的1/1400，占GDP比重仅为11.84%。2008年古城重建启动之后，区委、区政府坚定不移实施“古城重建引领城市转型”战略，立足转型升级和经济文化融合发展“两大高地”定位，把服务业作为主攻方向，努力培育新的经济增长点，推动经济结构战略性调整。台儿庄古城成功创建国家AAAAA级景区、国家文化产业试验园、国家版权贸易基地，创新推出台儿庄古城、运河国家湿地公园等七大景区“一卡通、一票通”政策，旅游市场持续升温。截至2017年底，落户商家452家，安置就业5000人，累计接待游客3000万人次，实现综合收入11.48亿元，年均分别增长17.27%、47.11%，成为全区转型跨越的引擎、全市文化产业发展的高地、全省旅游品牌的亮点、全国海峡两岸交流的重要平台，被美国CNN推荐为“中国最美水乡”。在古城的带动下，乡村旅游渐入佳境，创建省级旅游强乡镇4个，省级乡村旅游示范镇1个，省级特色村、精品采摘园、星级农家乐等80余家，被评为山东省生态休闲农业示范园区，被列入国家全域旅游示范区创建单位，全域旅游“台儿庄”模式在全国推广。港航物流业加快发展，总投资30亿元的港航物流园项目正在建设，建成后将成为全省内河最大的区域物流枢纽和第三方物流平台。枣庄职业学校古城校区建成使用，软件与服务外包园入驻企业52家，被评为省级创业示范园区。累计举办全国智运会、年博会、非博会等展会890余场次。传统服务业持续升级，苏鲁家居城、银座超市、古运建材城、新农联合商业中心、和顺老街、台大新天地、清御园酒店等一批专业市场、特色街区、品牌酒店相继建成，环古城精品商圈初步形成，规模以上宾馆酒店发展到120家，标准床位突破1.3万张，个体工商户达到13809户，旅游餐饮服务从业人员3.4万人。现代服务业健康发展，金融市场日益活跃，信用台儿庄建设扎实推进，实现由资金流出地向资金流入地转变。2017年，全区三产增加值完成71.46亿元，占GDP比重达到39.8%，较1978年提高27.9个百分点，“十二五”期间提高幅度居全市第一；社会消费品零售总额完成81.29亿元，是1978年的290倍。

（五）城乡发展更加协调

改革开放以来，台儿庄区始终坚持规划引领、统筹发展，大力推进城乡一体化建设。特别是区九次党代会以来，区委明确了打造“活力之城、魅力之城、文明之城、幸福之城”的发展思路，新型城镇化步伐不断加快，城乡建设逐步由粗放型向精致化，由单一的注重配套建设向综合配套和功能提升转变，城乡布局、基础设施、公共服务等载体功能都获得了巨大提升。

1. 城市面貌日新月异。坚持规划引领，立足“江北传统滨水小城”定位，科学编制城市发展总体规划、城市风貌规划、控制性详规和专项规划。2008年台儿庄古城恢复重建，区委、区政府提出把城市作为景区来规划建设，大力完善基础设施，改造生态环境，提升城市功能，城市建设进入快速发展阶段。区九次党代会以来，区委、区政府提出培育“古城、水城、绿城、慢城”特色，打造“二战名城、运河古城、中华水城、国际慢城”城市品牌的总体思路，加快推进城市“东进北上”，持续扩大城市规模，加强水、电、暖、道路等基础设施配套，城市功能日趋完善，城市形象明显改善，城市宜居指数大幅提升。到2017年底，城市建成区面积由1978年的不足2平方公里扩展到11.75平方公里，城市人口由1978年的1.4万人发展到10万人，城市化水平提高到41%以上。城区供水实现双水源保障，集中供热覆盖率达到64%，天然气覆盖率达到40%，城市地下管控率达到70%，污水集中处理率达到93%，BRT快速公交、城市公交和公共自行车系统投入运营，成功创建了国家森林城市、国家园林城市、省级文明城市、省级卫生城市，城市核心竞争力明显增强。

2. 镇村建设成绩显著。随着城乡改革的深入和农业现代化的推进，镇村建设得到了前所未有的发展。遵循农村实际，尊重农民意愿，兼顾未来发展，先后开展了小城镇建设、经济薄弱村帮扶、文明生态村建设等一系列活动，规划实施供水、供电、沼气、垃圾收储和排污、路桥、广场、文化娱乐等公共设施，农村基础设施不断完善。2012年以来，以新型城镇化建设为抓手，完成6处镇街、13个村庄规划编制，开展了农村集中连片住房建设、美丽乡村建设、村庄环境综合整治等活动，通过了省级生态文明乡村示范县验收，新建改造农村住房53125户，完成危房改造1433户，完成旱厕改造31189户。建设农村新型社区11处，小城镇规模增加了373.4万平方米，小城镇与农村人均住宅面积分别达到32.4平方米和39.6平方米；全区农村实现了硬化道路村村通，有线电视、无线网络、城乡环卫一体化全覆盖，人居环境质量发生了翻天覆地的变化。

3. 生态建设持续加强。加强水生态建设，城区水系不断完善，城区水面扩大到1439亩，全区湿地面积7.6万亩，运河出境断面常年保持三类水质标准，连续四年取得淮河流域和全国九大流域核查两个第一，“绿水绕城、城水相依”的水乡底蕴日益彰显。运河国家湿地公园荣获“山东最美湿地”称号。加强造林绿化工作，2007年以来新增造林20.7万亩，建设环城生态走廊57公里；建成省级生态镇4个、生态文明村16个、绿化示范村22个，森林覆盖率、建成区绿化覆盖率达到36.8%和40.3%，成功创建国家森林城市、国家园林城市。以铁的手腕开展寻源治污，全面完成企业脱硫脱硝、城区锅炉“煤改气”和黄标车淘汰任务，先后关停露天采石场29家，拆除沿运非法港口码头40处，空气质量持续改善，被纳入国家重点生态功能区，“生态古城、低碳水乡”魅力日益凸显。

（六）社会事业全面进步

40年来，随着全区国民经济的快速发展，经济实力大幅增强，教育、文化、体育、卫生等各项社会事业全面进步，人民生活水平和文明程度大幅提升。

1. 人民生活水平显著提高。截至2017年底，城镇、农村常住居民人均可支配收入分别达到25090元、12436元（达到小康标准），人均储蓄余额达到2.07万元，城乡人均住房建筑面积达到38.2平方米。城镇登记失业率控制在3.5%以内。社会保障体系更加健全，养老、医疗保障覆盖率分别达到93.8%、98.7%，城乡居民最低生活保障标准分别达到440元/月、3900元/年，基本实现了劳有所得、病有所医、老有所养、住有所居。法治台儿庄、平安台儿庄、食安台儿庄建设深入推进，社会治安防控体系、信访维稳机制不断健全，社会管理创新得到加强，社会大局保持和谐稳定，广大群众的社会满意度和获得感显著提高。

2. 教育卫生事业快速发展。始终把教育放在优先发展的战略地位，办学水平和质量均得到大幅提升。1996年全面扫除文盲；2008年全部免除义务教育阶段学杂费。全区适龄儿童入学率由1978年的80%提高到100%，普通高中升学率达到96%。2012—2017年，投资10亿元新建学校10所、幼儿园8所，新增校舍建筑面积13万平方米，是前10年的总和，生均拥有校舍建筑面积达到8.4平方米，比2007年提高13%。

在全市率先完成中小学“全面改薄”、省级办学条件标准化建设，跻身全国教改实验区、国家义务教育发展基本均衡县。卫生服务水平大幅提升，2007年新型农村合作医疗制度全面推开，2011年实施了国家基本药物制度，群众看病难、看病贵问题得到缓解。截至2017年底，全区共有医疗卫生机构167个，其中，综合医院、中医院、疾控中心、妇幼保健院、专科疾病防治所各1处，乡镇卫生院、城市社区卫生服务中心6处，农村标准化卫生室及社区卫生服务站114处；各类卫生技术人员1876人、医疗床位842张，千人拥有医护人员和床位数分别为3.9人、2.7张，分别比2007年提高90%、62%。人均基本公共卫生服务经费达到50元/年，公共卫生服务走在全省前列。

3. 文化体育事业日益繁荣。注重开发保护优秀传统文化，全区非物质文化遗产名录260项，鲁南皮影戏入选联合国教科文组织非物质文化遗产，鲁南花鼓、运河船号、运河梁氏石刻脸谱入选省级非物质文化遗产名录，大运河中河台儿庄段列入世界文化遗产名录。公共文化服务体系更加完善，先后建成台儿庄区图书馆、台儿庄大战纪念馆、李宗仁史料馆、贺敬之文学馆、战史陈列馆等公益性文化展馆，基本实现文化书屋、文化大院行政村全覆盖，广播、电视综合人口覆盖率达100%。依托国家级文化产业试验园，大力发展文化创意产业，成功入选山东省第一批“文化创意集市”创建单位，荣获“全省文化强省建设先进区”称号。体育事业蓬勃发展，大力实施体育惠民工程、农民健身工程，扎实开展全民健身运动。到2017年底，全区共有综合体育场3个、运动场35个、各类体育健身场地515处，全区人均活动场地面积1.55平方米，全民健身器材覆盖率达到85%，全民健身运动参加人数达到10.8万人，占总人口的36%。先后承办和举办了亚洲国际象棋锦标赛、第三届全国智力运动会、首届山东省武术大会等一系列国际国内大型赛事，打造了运河龙舟赛、全国河钓大赛等多个体育赛事品牌，被评为全国第一批“武术之乡”“体育先进县”“全国全民健身先进单位”。

（七）党的建设持续加强

改革开放以来，全区各级党组织紧紧围绕服务经济建设、改善民生福祉这个使命，持续加强党的思想建设、组织建设、作风建设和制度建设，党建工作迈上科学化、制度化新台阶。40年来，全区各级党组织始终坚持以毛泽东思想、邓小平理论、“三个代表”重要思想、科学发展观和习近平新时代中国特色社会主义思想为指导，始终在政治上、思想上、行动上与党中央保持高度一致。扎实开展了整党、清理清查、作风纪律整顿、“三讲”教育、保持共产党员先进性教育、学习实践科学发展观教育、党的群众路线教育实践以及“三严三实”“两学一做”学习教育等重大活动，持之以恒增强党员干部的党性观念和“四个意识”，密切了党同人民群众的血肉联系。40年来，全区党员队伍不断壮大，结构不断优化。截至2017年底，全区共有30个党（工）委，其中派出工委4个；基层党组织790个，其中基层党委26个、党总支71个、党支部693个，党员15496人。党风廉政建设不断加强，全面落实党风廉政建设“两个责任”，认真贯彻落实中央“八项规定”精神，抓好省委巡视反馈意见整改，下大力解决损害群众利益的突出问题；扎实开展区级党政班子成员向区纪委全委会述廉试点工作，健全谈心提醒、诫勉谈话预防机制，化解了一批廉政风险；持之以恒纠正“四风”，坚决查处各类违法违纪案件，全区党风政风持续好转，为经济社会发展营造了风清气正、干事创业的良好政治生态。

三、经验与启示

改革开放以来，台儿庄区发生了翻天覆地的深刻变化。经济发展突飞猛进，城乡面貌日新月异，社会事业蒸蒸日上，人民生活幸福安康。改革之路无坦途，40年来，历届区领导班子团结带领全区广大干部群众摸着石头过河，披荆斩棘，步履维艰，积累了十分宝贵的历史经验，主要体现在以下六个方面。

（一）必须始终坚持和改善党的领导，牢牢把握改革发展的正确方向。改革开放以来，区委始终认真贯彻落实中央和省、市一系列重大决策和工作部署，充分发挥党委总揽全局、协调各方的领导核心作用，团结带领全区各级党组织和广大党员干部群众，贯彻为民务实清廉的要求，充分发挥基层党组织的战斗堡垒作用和党员的先锋模范作用，在应对挑战中提升执政能力，在推动发展中体现先进性，在服务群众中改进作风，永葆了生机和活力。40年来，全区各级党组织的创造力、凝聚力、战斗力不断增强，为改革开放事业提供了坚强的政治和组织保证。

（二）必须始终坚持解放思想与时俱进，不断探索符合实际的发展道路。解放思想是解放和发展生产力的前提，是一个永无止境的过程，只有不断地解放思想，才会有开阔的思路、改革的勇气、创新的胆魄。改革开放以来，无论外部环境怎样变化，台儿庄区都始终牢牢把握发展第一要务，始终坚持以“三个有利于”为标准，不断解放思想，抢抓机遇，敢于创新，勇于实践；在体现时代要求中，丰富和完善符合台儿庄实际的发展思路；在创新创造中，实现了又好又快发展。40年来，历届区领导班子在准确把握形势和民意的基础上，敢于破除陈旧观念的思想禁锢，不自满，不僵化，审时度势，因地制宜，先后提出并实施了“打造以轻工业、航运业和商业为主的小城镇”“工业强区、旅游兴区、人才立区、开放活区”“古城重建引领城市转型”“建设活力之城、魅力之城、文明之城、幸福之城”等发展思路，带领全区人民走出了一条符合台儿庄实际、具有台儿庄特色的改革发展之路。实践证明，解放思想是推动社会前进的不竭动力，是必须遵循的行动指南。

（三）必须始终坚持以人为本，维

护好发展好广大群众的根本利益。改革开放以来，全区各级党组织始终把实现好、维护好、发展好最广大人民群众的根本利益作为党委、政府工作的出发点和落脚点，努力维护群众的利益，认真解决群众最关心、最直接、最现实的问题，让广大群众得到更多的实惠，共享经济和社会发展的成果。改革开放以来的40年，是全区历史上群众得到实惠最多、生活水平提高最快的40年。40年来全区每项重大改革措施的出台，都经过充分酝酿和讨论，努力将党委、政府改革决策变为广大群众的意愿和要求。实践证明，只有把涉及人民群众的事情办好，着力改善民生，促进社会和谐，才能最大限度地集中民智，凝聚民心，不断把经济社会发展推向前进。

（四）必须始终坚持党的群众路线，最大限度地调动群众积极性创造性。人民群众是历史的创造者。改革开放40年来取得的一切成就，归根结底是调动了广大人民群众的积极性、主动性、创造性。在台儿庄改革开放各个时期，各行各业都涌现了一批带头人，他们头脑灵活，思路开阔，有胆识，有魄力，在改革开放大潮中搏击风浪、砥砺奋进，对广大群众起到了极大的示范引导作用。对于人民群众的创举，对各行各业的带头人，区领导班子始终给予支持、引导和推动，主动为基层改革者撑腰，保护好改革者及其合法权益，敢于为基层所付出的改革成本埋单，营造了改革开放良好的舆论环境、政策环境、社会环境，充分调动了人民群众参与改革的积极性和创造性，台儿庄的改革开放因此拥有了深厚的群众基础，形成了推动改革的强大合力。

（五）必须始终坚持两手抓、两手硬，推动经济社会协调发展。改革开放以来，台儿庄区始终坚持一手抓物质文明建设，一手抓精神文明和民主法制建设，大力发展文化事业，扎实开展精神文明创建活动，深入推进依法治区，狠抓社会治安综合治理，树正气，祛邪气，保稳定，人民群众的思想道德文化素质和法治意识不断提高，为经济和社会发展提供了强大的精神动力、智力支持和思想保证。实践证明，只有坚持两手抓、两手硬，才能在满足人民群众物质生活需求的同时，更好地满足群众日益增长的精神文化生活需求，才能保证经济社会健康协调发展。

（六）必须始终坚持求真务实，以优良作风保障各项工作落实。改革开放以来，历届区领导班子始终坚持和发扬求真务实的作风，努力把中央的路线、方针、政策同台儿庄实际紧密结合，在学习和借鉴先进地区经验的基础上，始终从台儿庄的具体实际出发，研究确定工作思路和措施；始终坚持干字当头，切实把一项项战略转化为工作实践，把一个个思路转变为具体行动，通过扎实苦干把美好蓝图变成现实。实践证明，事业成败关键在人，关键在干，只有心无旁骛谋发展，脚踏实地干事业，全力以赴抓落实，才能把改革发展各项事业不断推向前进。

回顾历史，是为了更好地开创未来。改革开放以来的40年，是台儿庄区人民开拓创新、奋勇拼搏取得伟大历史成就的40年，是台儿庄经济社会快速发展、各项事业取得长足发展的40年。展望未来，台儿庄人民将在区委的坚强领导下，紧密团结在以习近平同志为核心的党中央周围，汲取40年改革开放进程中积淀的智慧和力量，解放思想，锐意进取，不忘初心，负重前行，奋力开启自然生态宜居宜业台儿庄建设新征程，为实现中华民族伟大复兴的中国梦而努力奋斗！

审稿人：孙殿镇

撰稿人：黄　浩　邓　斌　黄　威　王　路　梁峪涛　刘　瑞　张洪洋

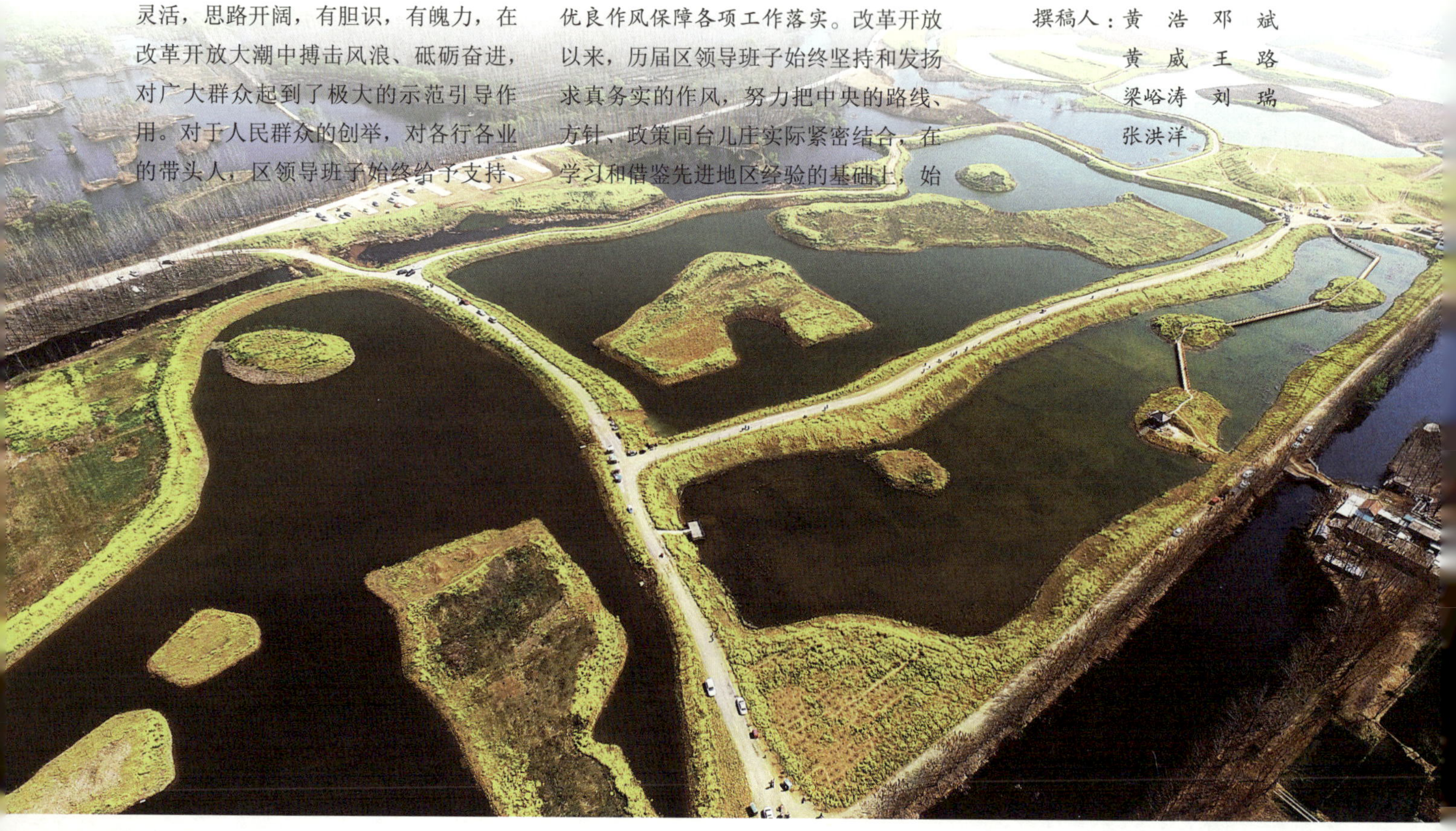

台儿庄涛沟河湿地

深化农村改革持续激发农村发展活力

台儿庄，1962年建区，地处山东省最南部、鲁苏两省交界，辖5镇1街，211个行政村（居），总人口31.4万人，总面积538.5平方公里，其中农业人口23万人，耕地面积49.47万亩，人均耕地2.2亩，是典型的农业区。1978年改革开放以来，台儿庄区农村改革大致经历了第一轮家庭联产承包阶段（1983—1998年）、第二轮家庭承包到取消农业税阶段（1998—2006年）、新时期农业跨越式发展阶段(2006年至今）三个阶段。改革开放40年以来，台儿庄区根据中央部署，逐步确立了以家庭承包经营为基础、统分结合的双层经营体制，并紧紧围绕这一体制展开了一系列农村土地制度改革，有效地推动着台儿庄区农村改革的历史性变迁，从而极大地促进了农村生产力的发展，维护了农村社会的长治久安和和谐稳定，不断释放出中国特色农村发展活力。

一、农村改革的基本工作历程

（一）第一轮家庭联产承包阶段（1983—1998年）

“文化大革命”结束后，中国国内社会动荡，生产力始终没有得到恢复。由于“文化大革命”时期的土地制度严重影响农业生产，安徽省凤阳县小岗村18位农民签下“生死状”，将村内土地分开承包，开创了家庭联产承包责任制的先河。

1982年1月1日，中共中央批转的全国农村工作会议纪要中指出，目前农村实行的各种责任制，包括小段包工定额计酬，专业承包联产计酬，联产到劳，包产到户、到组，包干到户、到组等等，都是社会主义集体经济的生产责任制。这是改革开放以来中共中央发出的第一个“一号文件”，肯定了包产到户的做法，打破了多年来形成的包产和包干到户等于分田单干，等于资本主义的僵化观念。1983年1月初，第二个“三农”问题一号文件《当前农村经济政策的若干问题》从理论上肯定了家庭联产承包责任制，使包产和包干到户的家庭生产责任制迅猛发展起来。同全国其他县区一样，按照文件精神，台儿庄区全面实施家庭联产承包责任制，将土地所有权与经营权分离开来，所有权归集体，农民享有经营权。这种制度并没有从根本上改变土地的集体所有的性质，但却充分调动了农民的生产积极性，解放了农村生产力。当年全区农业总产值达到9325万元，跃居全国农业翻番县的行列。到1984年，中央第三个“一号文件”《关于一九八四年农村工作的通知》强调，要继续稳定和完善家庭联产承包责任制，并做出土地承包期一般应在十五年以上的规定，家庭联产承包责任制在全区范围内才初步稳定和确立下来。

家庭联产承包责任制，它既不同于“大锅饭”的模式，又区别于小私有的个体经济，使集体的优越性和个人的积极性同时得到发挥，促进了劳动生产率的提高以及农村经济的全面发展，提高了广大农民的生活水平，促使农业生产和农村经济得以蓬勃发展，开创了一条具有中国特色的社会主义农村发展道路，由此引发了全区农村经济社会的一场历史性的大变革、大跨越。到1985年，台儿庄区粮食亩产达1036斤，总产达到3.1亿斤，人均占有粮食1371斤，向国家贡献粮食8393万斤，农业总产值达到1.22亿元，人均现金支配494元。

随着家庭联产承包责任制的确立和农村多种经营的开展，在这一阶段，农民对农业生产产前、产后社会化服务需求不断增加。但是，由于长期以来受“左”倾错误的影响，农业产前、产后环节的合作遭到排斥，导致农业社会化服务发展十分滞后。虽然全区农业生产结构开始调整，但农业产业结构实质性的调整仍非常艰难，一直到80年代中期，农产品“卖难”问题依旧十分突出。为了进一步促进生产的专业分工和多样化的经济联合，中央政府提倡开展社会化服务，以适应商品生产的需要。在1983年的中央“一号文件”中，政府就提出“各项生产的产前产后的社会化服务，诸如供销、加工、储藏、运输、技术、信息、信贷等各方面的服务，已逐渐成为广大农业生产者的迫切需要”。1984年“一号文件”《关于一九八四年农村工作的通知》，又明确指出：“必须动员和组织各方面的力量，逐步建立起比较完备的商品生产服务体系，满足农民对技术、资金、供销、储藏、加工、运输和市场信息、经营辅导等方面的要求”。在这一阶段，台儿庄区农业社会化服务开始萌芽，政府也已经认识到农业社会化服务的重要性。为适应改革的需要，台儿庄区供销社率先开展改革，以官办恢复民办为核心，加强了组织上的群众性、管理上的民主性和经营上的灵活性，改善了同农民的联系，在完善改革开放初期农业社会服务体系方面取得了较大的进展。

1984年1月29日，台儿庄区泥沟镇大北洛村科技专业队队长李祥苓，应国家科协邀请，赴北京参加全国农村科协座谈会。4月，李祥苓创办了全省第一个“农作物研究会”，同时，他把试验田由18亩扩大到80亩，成为枣庄市第一个科技户，被称为“作物大王”。在他的倡议下，台儿庄区各乡镇相继成立了“农作物研究会”，发展会员1200余人，为全区的农业科技发展奠定了坚实基础。自此，全区农业科技专员为各镇、村的农业科技进步和农业新技术推广起到了十分重要的作用，培养了一大批扎根基层的农业科技人才。

在改革开放起始时期，正赶上台儿庄区进行轰轰烈烈的稻改运动。台儿庄素有“洪水走廊”之称，地势低洼。而以涛沟河畔，赵村为中心的涛沟桥一带是全市最洼的地方，海拔仅有24.5米，故形成黑土涝洼地，土地贫瘠，长年洪水泛滥，水土流失严重。就在这严峻的形势下，涛沟桥大队却创出了奇迹，他们试种的水稻获得大面积丰收，平均亩产260公斤，为在黑土涝洼之地夺取高产、闯出了道路，大队支部书记仲伟岭同志因此荣获“华东地区农业劳动模范”称号，从此，涛沟桥大米便有了名。到70年代，涛沟桥大米亩产已超过400公斤，被称为跨“黄河”（亩产250公斤），过“长江”（亩产400公斤）。涛沟桥大队不仅粮食自给，而且还敲锣打鼓向国家交售爱国粮，成了“农业学大寨标兵”，并一度成为全省农业战线的一面红旗。从此，涛沟桥大队名声大振，成了枣庄地区的一颗明珠。于是，台儿庄区决心大力推广涛沟桥的经验，1976年1月，中共枣庄市委召开稻改工作会议，落实全市种植20万亩水稻任务，成立了台儿庄区稻改指挥部，在全区范围实施稻改。省委、省农办的领导6次来到台儿庄指导工作，市委领导坐镇指挥，并抽200多名机关干部组成工作队，深入稻区帮助工作，鱼台县也派出150多名技术员作指导。周围区的公社也给予大力支持，市直部门和矿务局派出5000多名干部、工人、师生支援台儿庄的稻改。自此，全区水稻自60年代在邳庄、台儿庄、彭楼3公社的零星种植，平均亩产203斤，发展到70年代的12万亩以上。1976年和1977年两年全区种植面积分别达到12.2万亩和13.87万亩，平均亩产分别达到394斤和330斤。1978年后，因水源不足，受机械和技术的制约，加之投资大，造成丰产不丰收，遂采取扶持有条件的社队种植，面积逐年减少。据统计，1978—1984年，全区平均每年种植3.35万亩，平均亩产589斤。1985年总产1145万斤，平均亩产780斤，为单产最高年份。1986年1月初，按照中共中央、国务院发出的第五个“三农”问题一号文件《关于1986年农村工作的部署》精神，全区农业开始走上有计划发展商品经济的轨道，“涛沟桥大米”也成为远近闻名的农产品知名品牌。现在,涛沟桥人将“涛沟桥大米”注册了商标，成为地方名牌产品。每到水稻收获季节，青岛、济南、北京等地的大米收购商都慕名而来，络绎不绝。

（二）第二轮家庭承包到取消农业税阶段（1998—2006年）

1. 开展二轮延包

1998年3月16日，枣庄市农村工作会议召开，传达贯彻了中央和全省农村工作会议精神，分析了当前全市农村面临的新形势，研究了做好1998年农业和农村工作的思路和措施。台儿庄区在全区范围开展了农村土地第二轮延包。

在此之前，农村土地二轮延包已经酝酿了多年。由于对第一轮承包期后，是否还要实行家庭承包经营缺乏明确规定。为了保持农村土地承包关系的稳定，1993年11月中共中央、国务院出台的《关于当前农业和农村经济发展的若干政策措施》，提出将土地承包期再延长30年不变，并针对先前土地承包过程中出现的问题提出了相应的对策措施，从而引发了第二轮土地承包。同年,《宪法修正案》将第六条修改为:“农村中的家庭联产承包为主的责任制和生产、供销、信用、消费等各种形式的合作经济，是社会主义劳动群众集体所有制经济”，将家庭联产承包责任制写入宪法。1997年8月，中共中央办公厅、国务院办公厅发出《关于进一步稳定和完善农村土地承包关系》的通知，要求各地在第二轮土地延包时一定要按中央规定执行，并且明确指出，家庭土地承包经营的期限，在第一轮土地承包的基础上，再延长30年。上述政策的出台增强了农民对土地投资的信心，极大地调动了农民生产的积极性和主动性。

按照政策规定，台儿庄区在认真调查研究的基础上，制定了适合全区实际、便于操作的二轮延包实施方案，组织人员在彭楼镇进行试点。通过试点，总结了延包过程中应坚持的“两个原则”和“四个关键”。由于领导重视，指导及时，措施得力，全区土地二轮延包工作进展较为平稳，年底通过了枣庄市政府组织的验收。经过一年多的努力，1999年上半年，完成二轮延包的扫尾工作。至此，全区40余万亩土地的延包工作基本结束。

2. 实施《农村土地承包法》

2002年8月29日，第九届全国人民代表大会常务委员会第二十九次会议通过了《中华人民共和国农村土地承包法》（以下简称《农村土地承包法》），并于2003年3月1日起实施，从法律上明确了农村土地发包方和承包方的权利义务、承包原则和程序、承包期限和承包合同、争议的解决和法律责任，为稳定和完善以家庭承包经营为基础、统分结合的双层经营体制，赋予农民长期而有保障的土地使用权，维护农村土地承包当事人的合法权益，促进农业、农村经济发展和农村社会稳定具有十分重要的意义。

《农村土地承包法》实施以来，台儿庄区委、区政府高度重视，作为农村工作的重中之重来抓，并纳入对各镇（街）效能考核的主要目标。一是深入开展学习宣传。把3月定为《农村土地承包法》宣传月，通过组织宣传车、悬挂过街横幅、印发宣传挂图、下发《农村土地承包法》、张贴宣传标语等形式进行宣传；组织宣讲团进行巡回宣讲；电视台开辟了《农村土地承包法》知识讲座；举办了多期培训班，邀请市业务部门前来授课。二是排查摸底，认真整改。区政府组织监察、财政、农业、经管、物价等部门组成3个工作组，到村入户进行排查，发现违法收回外嫁女、去世老人土地等问题及时解决，并限期整改。三是开展土地承包合同纠纷仲裁工作。成立了“台儿庄区农村土地承包合同仲裁委员会”（即枣庄市台儿庄区农村土地承包仲裁委员会），聘任了6名仲裁员，各镇（街）也成立了调解委员会，当年就查处13起土地调整案件，维护了农民合法权益。

到2003年12月，全区所辖5个镇、1个街道办事处，共213个行政村（居），农业分配人口22.83万人，6.3万农户，总耕地面积37.76万亩，已延包面积36.6万亩，占应延包面积的97%。其中，51个村（居）的土地由村委会发包、156个村（居）由村民小组发包。发放土地承包合同书和土地经营权证书6.2万户，占应发证总数的98%。由于当时206国道占地、村级班子不健全等原因，未延包的村4个。

据统计，自1998年以来，全区调整土地的村达23个，面积20135亩，其中小调整的村12个、大调整的村11个。2003年3月1日《中华人民共和国农村土地承包法》实施以来，特别是2004年10月1日《山东省实施〈中华人民共和国农村土地承包法〉办法》的颁布实施，为农村土地承包经营及合同管理制定了符合实际情况的方法措施，对解放军现役军人、外嫁女、刑满释放人员等情形进行明确规定，全区绝大部分村不再根据村规民约连年调整承包土地，农民的承包土地趋于稳定。

3. 实行粮食直接补贴

2004年4月，按照山东省政府《关于对种粮农民实行直接补贴的通知》要求，台儿庄区对种粮农民实行直接补贴，补贴品种为小麦。通过组织财政、农业（经管）部门工作人员和镇村干部到田入户调查的方式和村镇两级公示的程序，核定台儿庄区小麦种植面积334311.16亩，按照每亩小麦13元的标准，全区补贴总额为435万元。为确保资金通过专户及时划拨，区农业发展银行“粮食风险资金”科目下开设“直补粮农资金”专户，各镇（街）财政所在所在的农村信用社开设专户，由各镇（街）财政所承担补贴资金兑付工作。

（三）新时期农村改革跨越式发展阶段（2006年至今）

2006年1月1日，国家废止了《中华人民共和国农业税条例》。按照中央、省、市要求，台儿庄区全面取消了农业税，仅此一项全区每年共减轻农民负担328万元，人均负担14.35元。自此，台儿庄区22.1万农民彻底告别延续了2600年的“皇粮国税”。2011年11月，农业部正式批复枣庄市列入国家农村改革试验区，承担“农业经营体制机制改革”任务。枣庄市成为全国首批24个农村改革试验区之一，也是全省唯一的农村改革试验区，台儿庄区作为全市国家农村改革实验区的一部分，肩负着深化农村综合改革，提升“三农”工作水平，推进新型城镇化的重任。2013年9月4日，全国农村改革试验区创新农业经营体制机制座谈交流会在枣庄市召开。2015年1月进一步把握新常态下农业农村改革发展新形势，挖掘新潜力、培育新优势、拓展新空间，全面提升全市国家农村改革试验区工作水平，切实做好国家农村改革试验区各项差异型改革试验任务，结合实际，制定了《台儿庄区国家农村改革试验区差异性改革试验项目实施方案》。按照农村改革“三延伸一创新”的总体工作思路，以台儿庄区承担的国家农村改革试验任务为重点，共性试验项目（即原有已全面开展的改革内容）和差异化试验项目同步推进。目前，我国大部分地区农村承包地处于第二轮承包期。2017年10月，十九大报告中明确提出，保持土地承包关系稳定并长久不变，第二轮土地承包到期后再延长30年。

1. 全面推进农村土地承包经营权确权登记颁证工作

2013年“中央一号文件”《中共中央国务院关于加快发展现代农业进一步增强农村发展活力的若干意见》提出“健全农村土地承包经营权登记制度，强化对农村耕地、林地等各类土地承包经营权的物权保护。”“用5年时间基本完成农村土地承包经营权确权登记颁证工作，妥善解决农户承包地块面积不准、四至不清等问题。”山东省委、省政府印发了《中共山东省委山东省人民政府关于认真贯彻落实中发〔2013〕1号文件精神深入推进农村改革发展的意见》，并根据山东农业农村实际，经过深入调研，于2013年初出台了《关于开展农村土地承包经营权确权登记颁证工作的意见》，提出扩大试点，稳步推进，用三年时间基本完成承包土地颁证。2013年3月27日，枣庄市召开国家农村改革实验区工作领导小组成员（扩大）会议安排部署全市农村土地承包经营权确权登记颁证工作，从此确权登记颁证工作在枣庄拉开帷幕。台儿庄区按照省、市整体工作部署，高度重视确权登记颁证工作，成立了以区长为组长的确权登记颁证工作领导小组，建立了部门联席会议制度，定期召开会议，研究解决确权登记颁证工作中的重大问题。制定出台了《台儿庄区农村土地承包经营权确权登记颁证工作实施方案》，坚持“先点后面、梯次推进、全面铺开、搁置争议”的工作思路，严格按照动员宣传、调查摸底、测量勘测、张榜公示、农户确认等“八个工作程序”。与六镇（街）签订了责任书，逐级分解任务，逐项落实责任，实现了任务到村、责任到人、分片包干。工作中严把“六道关口”，确保确实权颁铁证。一是严把调查摸底关。扎实开展入户调查，查清每块土地的坐标、面积、四至、权属性质、土地种类和经营方式等，做到不遗不漏、不假不虚，让农户签字认可。二是严把指界测绘关。根据调查登记表内容和基础工作底图，对村组土地承包关系、农户承包耕地的地块、面积、空间位置进行实地指界确认，形成承包土地地籍草图，确保地块面积精准、四至明确。三是严把公示审核关。农户承包信息表和农户承包土地地籍草图由村、镇（街）和区指导组三级层层把关审核后，张榜公示，公示期间农户有异议的，及时进行核实修正，并再次进行公示。待公示无误后，由农户签字确认，制作地块分布图，形成规范的确权登记数据。四是严把纠纷处理关。对在工作中遇到的问题，我们按照“保持稳定、尊重历史、一村一策、分类处置”的原则，依法妥善解决，切实维护群众的合法权益，全区没有发生一起因确权引发的上访事件。五是严把农户“签字关”。签字是农民确认确权登记成果的主要凭证，本着对历史负责的态度，始终坚持由承包户主本人在确权结果上签字，确保签字确认合法有效。六是严把档案管理关。投资60余万元，建立了全区土地承包经营权管理信息系统，实行土地承包经营权管理信息化，并按照“一户一档”的要求，对资料进行分类整理归纳，装订成册，专柜存放，永久保存。

（1）试点阶段

2013年3月，在深入调研的基础上，坚持“先行先试、规范运作”的原则，全区选择邳庄镇燕井村、秦庄村，马兰屯镇顿庄村、任楼村4个村，依托两家测绘公司，创新先入村调绘、招标后享受招标价的工作方法，积极开展确权登记试点工作。到当年9月，4个试点村、1122户、8343亩土地确权试点工作顺利完成，并建立了档案。2013年底，完成了全区20%农村土地承包经营权确权登记颁证工作试点任务。

（2）适度推开

在试点的基础上，全区开展农村土地承包经营权确权登记颁证宣传工作。通过电台、明白纸、宣传车队、召开动员大会等途径宣传该项工作的重要性。区经管局组织编写了《台儿庄区农村土地承包经营权确权登记颁证工作手册》《农村土地承包经营权确权登记颁证工作20问》等资料600余套。2013年10月，公开招标北京东方道迩信息技术股份有限公司和山东省国土测绘院，为全区64个行政村、99个自然村的19251户、12.4万亩土地开展确权登记颁证试点工作，经过认真探索，进一步明确了动员宣传、调查摸底、入村测量与勘测、村民议事与公示、打印证簿、登记颁证存档、总结验收等8个工作阶段，确立了“两表、一图、一合同、一证、一薄”的确权登记办法，形成了规范的工作流程，为全面开展确权登记颁证工作奠定了坚实基础。

（3）全面部署

台儿庄区国家农村改革试验区工作领导小组印发《台儿庄区2014年农村土地承包经营权确权登记颁证工作实施方案》，采取开辟电视专栏、印发明白纸、组织宣传车等方式，对确权登记颁证工作进行了广泛的宣传发动；利用2天时间对各镇（街）工作人员进行了业务培训；制定了区农改办、测绘公司、镇（街）干部包村制度；2014年春节前夕，全区利用农民工返乡过年的有利时机，全面开展余下80%的确权登记工作，明确确权登记颁证工作时间进度，实行挂牌作战。

结合台儿庄区实际，坚持积极稳妥、不留后患的原则，主动联系相关镇（街）或经管部门予以协调，按农业部要求暂时搁置，先从较易确权登记的镇、村做起，把难解决的问题放在最后，召集各村当年分地的老书记、老会计、老党员，和村民一起共同寻找解决办法，采取“一村一策”集中解决，保证了全区承包地确权登记颁证工作稳步推进。同时，区经管局安排专人，每周定期调度各镇（街）确权登记进度，深入了解实际工作中出现的具体问题，多次组织两家测绘公司一起交流经验。根据相关法律法规，按照尊重历史和现实的原则，实行民主协商、村民决议，共同探讨解决问题的新思路、新方法。各测绘公司也投入大量人力、物力、财力，确保台儿庄区确权登记颁证工作稳步推进。

按照《山东省农村土地承包经营权确权登记颁证档案整理规则》要求，对在农村土地承包经营权确权登记颁证工作中形成的具体保存价值的文字、图表、声像、电子数据等各种形式和载体的历史记录进行分类整理，对土地确权登记文件分为综合管理类、确权登记类、特殊载体类3大类进行了存档。投资60余万元，建立了全区土地承包经营权管理信息系统，实行土地承包经营权管理信息化，并按照“一户一档”的要求，对资料进行分类整理归纳，装订成册，专柜存放，永久保存。

全区201个行政村，39.8万亩土

2014年台儿庄区泥沟镇南黄庄村村民喜领土地承包经营权确权登记证书

地确权颁证任务已全部完成，颁发《农村土地承包经营权证》61878本，顺利通过省、市级验收，均评为优秀。2016年9月，荣获枣庄市委、市政府授予的全市农村土地承包经营权确权登记颁证工作先进集体荣誉。江苏省农委、新疆阿勒泰等地到台儿庄区交流学习土地确权工作，并给予很高评价。

（4）验收

2015年开始面临扫尾、验收等关键性工作，区确权登记工作领导小组本着高标准、严要求等原则，根据农业部《农村土地承包经营权确权登记颁证成果检查验收办法（试行）》《山东省农村土地承包经营权确权登记颁证成果检查验收实施办法》和《枣庄市农村土地承包经营权确权登记颁证成果检查验收实施方案》的有关规定，制定下发了《台儿庄区农村土地承包经营权确权登记颁证成果检查验收实施方案》，成立了由区委农工办、农业局、财政局、国土资源局、法制办、档案局等相关部门专业人员组成了内业验收组，并通过公开招标，确定山东省地质测绘院作为确权登记颁证成果外业验收的第三方社会机构，自查验收组于2016年1月12—1月19日，通过内业与外业检查验收相结合的方法，开展了全区农村土地承包经营权确权登记颁证成果自查验收工作。根据《枣庄市农村土地承包经营权确权登记颁证成果检查验收实施方案》的有关规定，覆盖全区6个镇（街）共抽取了33个村组、165户和830个地块。采取内业查看档案资料和外业野外抽测地块的形式，对工作保障落实情况、农村土地承包经营权调查成果完成情况、农村土地承包经营权登记成果完成情况、农村土地承包管理信息化建设成果完成情况开展了自查验收工作。

2. 深入开展农村产权制度改革

2009年以来，台儿庄区开展了以“一证一所一社”为核心内容的“三位一体”农村土地使用产权制度改革。“一证”即发放《农村土地使用产权证》，“一所”即建立市、区（市）、镇（街）三级农村土地使用产权交易所，“一社”即发展农村土地合作社，让土地可以在交易所对其经营权进行交易。台儿庄区在坚持农村土地集体所有权、农户承包权和土地用途性质不变的前提下，将土地使用权相对独立化，使农民承包土地的权利结构由所有权——承包经营权的“两权分置”，演变为了“所有权——承包权——经营权（使用权）”的“三权分置”，将土地使用产权从承包经营权中独立出来，并赋予了土地使用权的抵押担保功能，使土地使用产权抵押贷款从可能变成现实。

2012年8月根据《中共枣庄市委、枣庄市人民政府关于深化农村土地使用产权制度改革做好国家农村改革试验区工作的意见（试行）》要求，结合实际，区委区政府制定了《中共台儿庄区委台儿庄区人民政府关于深化农村土地使用产权制度改革做好国家农村改革试验区工作的意见（试行）》。

把农村土地使用权从土地的集体所有权、农户承包权、土地经营权三项权能中单独分离出来，强化土地使用权的产权地位，对其予以确认，并由区级人民政府颁发《农村土地使用产权证》。农户或合作组织承包的集体土地、荒地、林地等通过使用权交易获得的土地，均可向区人民政府申办不同类型的《农村土地使用产权证》。在产权期限内，持证人可以按规定用途依法使用、转让土地的使用权，也可以作价、折股成为资本从事股份经营、抵押担保或向金融部门申请贷款。这是台儿庄区在中央未提出农村土地“三权分置”理论创新之前，根据物权法的相关规定，探索活化农村土地的具体实践。土地使用权的合理有序流转，使农业资本得以在农业内部产生，实现了土地资源优化配置，促进了农业规模化经营，从而实现了农村土地经营权的资本化，解决了台儿庄区农村经济发展的“瓶颈”问题。自2010年至2013年，全区颁发《农村土地使用产权证》133个，利用土地使用产权抵押贷款累计达到1.45亿元。

这次改革是以党的十七大精神和科学发展观为指导，以实现农业的规模化、集约化和建设现代农业为目标，顺应农业生产力发展的要求，充分尊重广大农民的首创精神，在稳定家庭承包经营制度的基础上，坚持不改变农村土地农业用地用途的原则，进一步明晰农村土地使用权产权的性质，还农村土地使用权财产化、资本化权能，允许其作价、折股作为资本从事股份经营、合作经营、合伙经营或抵押担保。从根本上解决农业发展资金不足的问题，为有效解决制约“三农”发展的土地问题，找出一条新的途径。

2014年初，出台了《台儿庄区农村产权交易平台建设实施意见（试行）》，并配合市产权交易中心，建立起区、镇（街）两级农村产权交易网络平台。2014年6月，枣庄市农村产权交易中心有限公司台儿庄分公司，审核办理《枣庄市农村产权交易鉴证书》。制定完善运行制度和具体管理办法，开展农村产权流转交易、资产评估、招投标、交易鉴证书抵押贷款、农业信息发布等服务。对农村各类产权的评估、竞价、拍卖、抵押、交易等进行规范。探索将更有潜力的农村房屋、闲置宅基地、项目招投标、大型农机具和农村集体资产等进场交易，切实盘活农村资源，推动农村产权交易公开、公平、规范运行。做好《枣庄市农村产权交易鉴证书》发放工作，赋予在金融部门抵押担保的权能，引导农商行、邮政储蓄银行等金融机构开展涉农贷款业务。拓宽农村融资渠道，形成具有普遍推广价值的农业经营体制机制。

为加快推进农村产权制度改革成果转化，确保产权交易规范有序进行，有效盘活农村资源资产，在枣庄市制定的六项交易规则基础上，结合本区实际，探索出“八八六”管理模式，在7处区、镇产权交易中心（所）增设评估、担保等专业服务窗口。为有效化解土地流转可能出现的纠纷，维护流转双方的正当权益，成立了农村土地承包仲裁委员会，设立了仲裁委员会办公室，建立了仲裁庭、合议调解室、案件受理室，通过开展法律宣传、提供法律咨询，调解、仲裁农村土地承包和流转交易纠纷。区、镇两级调解仲裁机构7个，调解小组209个，共有仲裁调解人员355人。2016年，区、镇两级共依法调解仲裁土地承包纠纷案件27起，调处纠纷案件27起，案件处结率100%，有力维护了农民的合法权益。

3. 稳妥推进新型农业经营体系建设

随着《中华人民共和国农民专业合作社法》的颁布实施，全区在2007年就开始发展农民专业合作社，逐步明晰了农业经营主体的范围。2012年底的中央农村工作会议正式提出培育新型农业经营主体。新型农业经营主体，是指具有相对较大的经营规模、较好的物资装备条件和经营管理能力，劳动生产、资源利用和土地产出率较高，以商品化生产为主要目标的农业经营组织。2006年以来，农产品加工企业、农村合作经济组织、专业大户等已作为农业产业化经营的载体在不断发展，以此来调节龙头、基地和农户三者之间的利益分配关系。而在新的发展阶段，这几类经营主体逐渐明确了各自的组织形式、生产特点、经营范围，成为“新型农业经营主体”的主力军，与新型农民、农业服务组织共同构建新型农业经营体系。

（1）引导适度规模经营

经过近几年的努力，大部分龙头企业、合作社和家庭农场不再片面追求流转面积、规模大小，而是量力而行，更加注重效率，流入土地更加理性，经营规模更加适度，经济效益明显提高。如三分地蔬菜种植专业合作社成立于2012年5月，总投资1200余万元，建设高标准生态循环基地338亩，其中生态养殖泥鳅基地180亩，生态种植基地158亩，年产各类绿色蔬菜水果200余吨，年产泥鳅等水产品120吨，年供应泥鳅苗10亿尾。合作社借助现代农业科技，以基地为依托，以品牌为引领，以物流配送为纽带，以互联网在线销售平台和社区服务店为终端，采取“合作社＋基地＋品牌＋市场终端”的模式，将生产者、供应商和消费者紧密地结合在一起。2016年实现纯利润200余万元，安置农村劳动力50余人，为农民增加工资收入100余万元，并于2016年被评定为省级示范合作社。

（2）引导工商资本稳健注入

一是开展产业招商，为新型经营主体发展培育龙头。积极鼓励和支持工商资本向优势产业集中，特别是鼓励一些在外经商的能人、富人返乡投资，兴办农业企业或合作社。截至2016年，全区已引进工商资本注入农业6.2亿元，培育祥和循环农业示范园、康来苑苗木种植合作社、晨轩水产养殖合作社等规模经营典型49家，培育省、市级农业产业化龙头企业38家，32家合作社和家庭农场转型升级为农业企业，促进了一、二、三产业的融合发展。二是加大工商资本注入监管力度，防范侵害农民权益的行为。出台《台儿庄区社会工商资本租赁农用地准入监管试行办法》，严格准入门槛，明确工商企业长时间、大面积租赁农户承包地的上限控制，建立健全资格审查、项目审核、风险保障金和动态监管制度。对工商资本企业流转土地从事粮食作物种植的原则上不超过2000亩，从事设施种植的不超过500亩；对工商企业流转土地300亩以下的由镇（街）人民政府监管，流转土地300亩以上的由区、镇联合监管。三是引导社会化服务与农业生产紧密结合。把农业生产与社会化服务摆在同等重要的位置，下大力气发展农业社会化服务组织。截至2016年，全区土地全托管面积2.2万亩、半托管16万亩，打造了60余家拥有大型农机具，可以根据成熟时差进行跨区作业的“现代麦客”，衍生出为社会化服务组织服务的气象、机修、油料供应等20余家二级服务组织，大力推进传统服务方式向现代服务方式转变，探索出以扩大社会化服务的规模，来弥补耕地规模不足的新模式。四是引导农商行、农行、邮政银行等金融机构把新型农业经营主体作为信贷支持重点，积极办理产权抵押贷款，并给予利率优惠。业务一开展就受到家庭农场、农民专业合作社等新型主体的欢迎。累计为新型农业经营主体办理抵押贷款3.06亿元。

（3）配套政策激励

区财政每年列支300万元专项资金，重点用于扶持家庭农场、农民专业合作社等新型农业经营主体建设，在“贷、奖、扶、贴”四个方面给予扶持，用于改造农田水利、晾晒、仓储设施，购置农业机械设备、农业生产资料等；对新获得国家资质机构认证的“三品一标”农产品，分别奖励1万—4万元；对创建成省级和国家级农业龙头企业的，分别给予5万元和10万元一次性奖励。

（4）配套项目扶持

整合各项涉农项目资金，纳入统一建设规划，优先向合作社、家庭农场和农业社会化服务组织等新型主体倾斜。先后为55个新型主体申请基础设施建设资金2200万元，先后将36个项目、6800万元资金，整合用于新型经营主体发展，以示范典型“照亮道路，引领方向”。

4. 审慎推进农村合作金融改革

在区、镇两级农业部门监督管理下，合作社内部成员共同出资入股，坚持“对内不对外，吸股不吸储，分红不分息”的原则，成立了福源互助种植专业合作社等6家农村合作金融组织，福源互助种植专业合作社已经拿到金融监管部门颁发的《信用互助业务资格认定书》。

2015年7月，马兰屯镇坝子村融资担保基金成立，这是全省首家村级融资担保基金，为本村村民贷款提供担保。该基金由人民银行台儿庄区支行联合区农业局等相关部门，结合信用村、信用户评定工作，引导农商行在坝子村开展试点的。融资担保基金缓解了当前农村可抵（质）押资产匮乏，农民创业致富融资担保难等问题。2016年底，坝子村融资担保基金共 10.5 万元，其中，村集体出资 4 万元，村民信用户出资 6.5 万元。马兰屯镇坝子村融资担保基金理事会成立后，严格按照《台儿庄区村级融资担保基金管理暂行办法》，完善了规章制度，制定了业务流程，探索形成了担保基金“456”坝子模式，即融资担保基金按照“自愿、互助、诚信、普惠”的四项原则，“信用分级管理、业务专营专管、风险严格管控、欠款联合追偿、失信惩罚退出”的五项机制、“借款申请、基金初审、银行受理、两方核批、发放借款、贷后管理”的六步流程开展业务。共为 6 户村民担保贷款 30 万元，探索出农村金融创新的新模式。2016 年 4 月，在全国农经类核心期刊《农村经营管理》杂志对坝子村融资担保基金进行了经验介绍。

2016 年初，由于农村土地确权工作扎实，台儿庄区成为全国农村承包土地经营权抵押贷款试点县。台儿庄区以“一库一系统 + 村民自评”模式为信用支撑，以政银“双惠”为激励机制，扎实推进农村承包土地经营权抵押贷款试点，推出农地“结对融”等产品，累计发放贷款 107 笔、9940 万元，试点经验在全省推广。

5. 推进农村集体产权制度改革

为深入贯彻党的十八大和十八届三中全会精神，积极发展农民股份合作，赋予农民更多财产权利，激发农业农村发展的内生活力，发展壮大农村集体经济，加快城乡发展一体化的进程，山东省稳妥推进农村集体经济组织产权制度改革试点，并于 2008 年开始在潍坊等地试点农村集体产权制度改革点。2009 年 12 月 14 日，山东省人民政府办公厅转发了《山东省农业厅关于进一步加强农村集体资金资产资源管理的意见的通知》。2013 年 6 月，山东省工商行政管理局印发了《农村经济（社区）股份合作社办理工商登记有关问题意见》，规范了全省农村经济（社区）股份合作社登记行为。2013 年 4 月，区委、区政府印发《台儿庄区农村集体产权股份制改革试点工作实施方案》，明确了开展试点工作的指导思想、工作原则、试点内容、实施步骤等。召开了试点动员大会，对试点工作作了全面安排部署。各镇（街）也召开了动员大会，让每一位农民都充分了解了此次农村集体产权股份制改革工作的目的、意义、内容和原则。在区政府网站、电台、电视台、台儿庄周讯社等媒体开辟改革专栏，印刷宣传提纲 5000 余份，粉刷墙体标语 40 余幅，充分利用会议、广播，大张旗鼓地宣传农村改革的有关政策，真正达到家喻户晓。

2015 年 1 月，台儿庄区获批国家改革试验区第二批试点，区委区政府出台了《台儿庄区国家农村改革试验区差异性改革试验项目实施方案》，差异型改革试验项目试验周期为 5 年，从 2015 年开始至 2019 年结束，农村集体产权股份制改造试点就是其中之一。2015 年选择马兰屯镇开展农村集体产权股份制改造试点，通过各种形式，广泛宣传有关政策，营造良好的社会氛围。结合以往工作经验，选择基础条件较好的 2 到 3 个村开展试点，成立试点村股份制领导小组，召开试点村动员大会，广泛宣传发动动员村民积极参与。要充分考虑不同群体的利益，在广泛征求意见的基础上，依法合理界定享受股份的成员，确定折股量化的计算方法。将农村集体的机动地、四荒地、农田基础设施等所有的资产资源作股量化到村集体经济组织成员身上。召开股份经济合作社股东（代表）大会，讨论通过《股份经济合作社章程》，产生理事会和监事会，成立股份经济合作社，在工商行政部门依法登记。按照《股份经济合作社章程》，建立股份经济合作社财务和资产管理、收益分配、股权管理、经济责任等制度，最大程度地维护全体股东的合法权益。2017 年，台儿庄区被确定为 34 个农村集体产权制度改革省级试点区县之一，自全区农村集体产权制度改革动员会议以来，按照中央、省、市安排部署，积极探索扎实推进，围绕村级积累相对薄弱村、经济相对发达村、城镇社区、农村社区四种类型，采取“3399”的工作方法（改革过程分为准备实施、运行三个阶段，重点抓好三次村民大会的民主决策，明确九个步骤，选取九种村集体经济发展路径），在资产保护、资源开发、资产盘活、合作经营四个方面探索了集体产权改革试点模式。2017 年底，50 个试点村（社区）已全部成立了股份经济合作社，并完成登记注册备案，共界定配股人员 13768 户、47673 人，经营性资产达 2137 余万元，资源性资产 14753.01 亩，按照个人股不低于 70%，集体股不高于 30% 的比例全部进行了折股量化。

采取“先易后难、逐步推进”的方法进行试点，在确权登记工作中坚持“试点先行，规范运作，依法依规，公开、公平、公正，实事求是，确保稳定”的原则，采取“十六步走”的工作步骤：

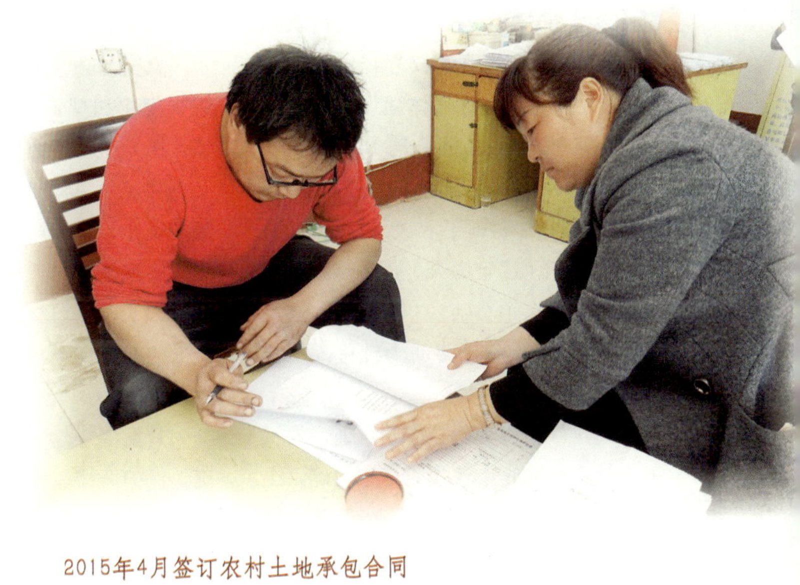
2015年4月签订农村土地承包合同

先后两次对试点业务人员进行培训，使参与试点的工作人员能够扎实掌握相关政策、法规、业务知识以及工作操作规程和技能，明确试点任务。通过召开试点动员会、村民座谈会、现场答疑会，真正让每个村民了解改革、参与改革、支持改革，切实做好群众工作，妥善解决可能影响试点工作顺利开展的突出问题。凡是法律法规和现行政策有明确规定的，严格按照规定处理；凡是法律法规和现行政策没有明确规定的，依照法律法规和现行政策的基本精神，结合实际妥善处理。认真开展信访稳定风险评估，制订切实可行的应急处置预案，实行全面参与、全程监控，对信访等不稳定的问题按照属地化解原则，确保把矛盾解决在萌芽状态，解决在基层。引导当事人依法理性反映和解决土地承包经营纠纷，通过协商、调解、仲裁、诉讼等渠道化解矛盾。

二、农村改革取得的成就

（一）农村土地承包经营权确权登记颁证情况

目前，全区已完成确权登记颁证村居 201 个，占有耕地村居总数的 100%，确权登记面积 39.8 万亩，占家庭承包耕地总面积的 100%，颁发农村土地承包经营权证书 61878 份，确权档案归档工作已整理完毕，电子数据已全部入库。2016 年 2 月通过市级验收，评定为优秀。

在开展农村土地承包经营权确权登记颁证的同时，还开展了农村集体建设用地和宅基地确权登记颁证，截至 2017 年底，农村集体建设用地确权发证 616 宗，占总任务的 100%；农村宅基地确权发证完成 5.86 万宗，完成任务的 100%；明晰了农民的财产权利，给农民吃上了“定心丸”为各项改革的纵深推进奠定了基础。

1. 促进了农村劳动力转移，加快推进城镇化进程

通过农村土地确权登记颁证，农民的土地界限清晰，权属进一步明确，土地承包经营权益更有保障。一部分农民彻底从土地上解放出来，进城务工或从事二、三产业，加快城镇化建设步伐。

2. 盘活了农村资源，赋予农民更多的财产性权利

通过产权交易所的积极运作，由原来土地流转信息不对称到现在每亩 1000 多元的价格流转，有效盘活了农村资源。同时，农民以经营权抵押到有关银行办理经营权抵押贷款，切实解决农民生产经营中资金短缺问题。

3. 加快土地流转步伐，增加了农民收入

通过农村土地承包经营权确权登记颁证，激活了农村土地生产要素，促进了土地生产要素的自由流转，农民不仅有稳定的土地流转租金收入，还有外出打工的工资性收入，实现“双进账”，收入大幅度提高。

（二）农村产权制度改革情况

台儿庄区投资 600 余万元，建成区农村产权交易中心 1 个、镇（街）交易所 6 个。同时创建了区级农村产权交易中心网站，区、镇（街）两级实现了农村土地产权流转“网络咨询、中心交易”。通过对农村资产、资源进行分类界定，明确了当前可开展农村土地经营权、养殖水面经营权、农村集体资产股权、农业类知识产权等 11 项交易内容，将交易事项由土地使用权拓展为农村产权交易、集体资产采购、集体工程竞标 3 大类。建立了农村产权交易“八八六”管理模式，明确了农村产权交易流程，规范了转入、转出双方的书面材料，制定了产权交易项目编码规则，确保了交易的制度化和规范化。为方便农民群众，镇（街）交易所主要承担交易工作，区交易中心主要负责网络平台建设，收集、发布、反馈产权供求信息和监督管理，实现了农村产权供需双方公正公平对接，明明白白交易，形成了农村产权交易的有形市场，产权交易的市场活力逐步显现。

紧紧围绕建立“归属清晰、权责明确、保护严格、流转顺畅”的现代产权制度为目标，着力推进农村产权交易市场建设，取得了明显成效。全区共成立 7 处区、镇产权交易中心（所），并增设评估、担保等专业服务窗口，共接受群众交易咨询 1.6 万人次，发布土地流转供求信息 1.1 万余条，办理产权鉴证书 153 份，总交易额达 4.83 亿元，增强了新型农业经营主体的发展活力。新型经营主体发展到 1007 家，办理各类农村产权抵押贷款达 3.06 亿元，有力促进了农业增效，农民增收。

1. 促进了产权明晰化

通过农村产权交易，促进了农村土地、林地、房屋所有权确权登记颁证工作，使农村产权由模糊化状态进入明晰化阶段，使农民真正享有产权收益、分配、处置权利。通过开展农村集体产权股份制改革，使农村集体资产变成人人共享、共管、共支配的产权，盘活了农村闲置资产，保证了集体资产的保值增值。

2. 促进了生产规模化

通过农村产权交易，土地统一流转至合作社、家庭农场等新型农业经营主体，促进农业规模化生产，八大万亩现代农业示范基地建设也得到快速发展。如马兰屯镇楼叉子村在没成立产权交易中心前，流转价格 800 元 / 亩，2013 年马兰屯镇成立产权交易所后，该村 210 余户村民委托村委会将 1248 亩土地承包经营权进场交易，经镇产权交易所组织公开招投标，青岛海霸能源集团最终以 1100 元 / 亩价格成交，建设马兰植物博览园，为农民直接增加收入 37.4 万元。

3. 促进了资源资本化

通过农村产权交易，促进土地资源有效配置优化、高效利用及土地使用效益最大化，改变了农村资源长期闲置、浪费的状态。如泥沟镇冯湖村石膏矿塌陷地 104.44 亩，一直闲置无法耕种，泥沟镇农村产权交易所以每亩 1000 元的价格流转给台儿庄区宏图莲藕种植专业合作社和友富淡水鱼养殖专业合作社，进行莲藕和水产养殖，有效促进塌陷地资源增值。再如张山子镇城西村 400 亩荒山由于水、电、路等基础条件差，

村民开发效益低，400亩荒山等于零收益。经张山子镇农村产权交易所积极运作，以每年每亩300元的价格流转给驮龙山家庭农场，合同期限14年，村集体增收168万元。

4. 促进了农业产业化

农村产权交易体系直接推进土地流转和规模经营，提高了土地产出率，增强了农产品生产能力，优化了农业产业结构，带动了农业产业化，提升了农业综合竞争力。如莲藕水产品基地的天水有机藕种植专业合作社，主要经营水生蔬菜生产、销售与技术研发，2010年流转土地1760亩，引进籽莲、花莲等观赏品种300余个，建设了有机藕示范园、水生蔬菜种植园、自由采摘园等区域。目前已发展1.2万亩，形成了“十里荷花廊”景观，使运河湿地公园成为4A级景区，合作社注册了“运荷天水”牌商标，并获得有机食品认证，开发了荷叶茶、莲藕汁、湿地四珍等旅游产品，取得了良好的经济效益和社会效益，合作社被评为“国家级示范社”。

5. 促进了农民收入多元化

农村产权交易使得农民的收入结构出现变化，土地规模大了，种植结构更好了，单位土地产出效益大幅提升。大量的农村劳动力从土地上解放出来，可以腾出更多的精力从事二、三产业。由以前的种粮、种菜和外出打工，转变为“流转金+务工收入+来料加工”的多元化收入模式。比如，泥沟镇姚庄村全村土地已流转给合作社，绝大部分村民外出务工经商、就近就业和从事来料加工，实现了农民多元化收入。

6. 促进了城乡发展一体化

大量土地转入合作社经营，甚至整村土地入社，大大降低了农民对土地的依赖性，大批农村劳动力转移到城镇从事二、三产业，推进了城乡一体化发展。马兰屯镇利用农村改革机遇，以“人口集中、土地集约、功能集成、产业集群”为建设理念，对任楼、黄口、贾口等3个行政村进行连片改造，按照“确权—规划—招商—流转—建设”的模式，流转土地4200亩，实现土地全流转，发展龙氏、智源等各类专业合作社5家，发展来料加工点11家，培育职业农民180名，常年吸纳“农业工人”360名。形成了土地集中入社、资本集中下乡、公共服务集中推进、社办企业集中小城镇的发展格局，推动城乡一体化发展。

（三）新型经营主体建设情况

新型农业经营主体的类型主要包括专业大户、家庭农场、农民专业合作社、农业产业化龙头企业和农业服务组织。近十年来，全区按照中央要求，把培育新型农业经营主体当成建设现代农业的重要抓手，各类新型经营主体迅速发展。截至2017年底，全区农地适度规模经营面积19.5万亩，适度规模经营比例达到47.3%，累计实现农村产权抵押贷款达3.06亿元，发展农民专业合作社754家，家庭农场118家，专业大户184家，市级以上农业产业化龙头企业34家，农业社会化服务组织200余家。

1. 农业产业化龙头企业健康发展

2006年，马兰屯镇祥和乳业3000头奶牛养殖加工项目、瑞安200万只畜禽养殖加工项目、金牌饲料、翔宇淀粉等项目相继开工建设；发展枣庄翔宇淀粉有限公司为省级农业龙头企业，枣庄馋神食品有限公司、山佳乳业为市级农业龙头企业。在2006年青岛国际农产品交易会上，山佳乳业生产的山佳牌奶王、酸奶，翔宇淀粉有限公司生产的翔宇牌小麦面粉获得“畅销农产品”称号。自此，全区一直按照“抓龙头、带基地、兴产业、促发展”的思路，把培植龙头企业作为加快现代农业发展的重要举措来抓，鼓励和吸引各类投资主体大力兴办农业龙头项目，构建“政府引导、市场运作、龙头带动、农民参与”的现代农业发展新格局。目前，全区发展农业龙头企业86家，发展了祥和乳业、厚磨面粉、超越淀粉、神州翔宇科技等省级重点农业龙头企业4家，发展了中信牧业、新天地园林绿化、台儿庄种子有限公司等市级以上龙头企业34家，年实现销售收入10.2亿元，带动农户3.6万户，安排农村富余劳动力5600余人，增加农民收入2.89亿元。

2. 农民合作社蓬勃发展

随着2007年7月《农民专业合作社法》的颁布实施和中央及各级政府一系列扶持政策的出台，农民合作社从无到有、快速发展。2007年以来，台儿庄区的农民专业合作社数量呈现逐年增长的趋势，特别是2012年以来，每年以100家的数量递增。在2007年至2013年间，合作社还是以同类农产品的种植、经营等合作发展为主。后来，农民合作社逐渐淡化了“专业”二字，其经营范围逐渐渗透到产前、产中、产后各个环节，涵盖了生产、加工、流通、金融等多个领域。农民合作社已经从过去单一的生产资料供应、生产技术服务等内容，向组织标准化生产、产品质量认证、品牌营销等纵深推进。特别是合作社联合社的快速发展，使合作内容纵向加深，服务领域迅速扩展。目前，全区的合作社数量达754家，全部在工商部门登记注册，具有法人资格。按照产业划分，种植业397家（其中苗木花卉49家、林特业4家），养殖业200家（其中水产养殖业14家），农机合作社93家，沼气、植保等其他类型的44家。到2017年底，4家农民专业合作社被列为国家级示范社、7家被列为省级示范社、47家被列为市级示范社，为全区农民合作社的发展起到良好的示范带动作用。

3. 家庭农场初具规模

2013年5月《山东省家庭农场登记试行办法》颁布以来，台儿庄区家庭农场开始迅速发展。2014年9月，枣庄市人民政府出台《关于鼓励支持家庭农场发展的实施意见》，家庭农场成为当前重点培育的新型经营主体。截至2017年底，全区家庭农场共有118家，其中种植类96家，养殖类10家，种养综合类12家。家庭农场由于其生产灵活度高、经营成本低等特点，正在成为新兴的农业经营主体。

4. 农业服务组织不断发展

土地的规模化、集约化生产，农业社会化服务是关键。农业社会化服务组织一方面解决了“谁来种地”“怎么种地”的问题，大大提高了农业科学技术水平，减轻了农业劳动强度，另一方面指导和解决农户从事农业生产过程中所遇到的难题，大大提高了农业科学技术水平，促进了现代农业发展。

台儿庄区在突出抓好基层公益性服务机构建设的同时，大力发展经营性农业服务组织，培育多元化服务主体，农业社会化服务体系建设已经取得了显著成效，初步建立起“以公共服务机构为依托、以合作组织为基础、以龙头企业和专业服务公司为骨干、其他社会组织为补充的新型农业社会化服务体系”。一方面，全区公益性农业服务组织得到迅速恢复和发展，区、镇、村三级农技推广服务体系体系不断完善。区农业、林业、水利部门下属的农技站、经管站、林业站、水利站等站所，是承担公益性农业社会化服务的主体。到2015年底，全区公益性农技服务组织共计38个，从业人员280人。另一方面，农业社会化服务组织迅速发展。截至目前，全区共成立农业社会化服务组织286家，其中，农机服务组织87家，拥有各式型号插秧机、收割机、起畦机等1980台（套）；植保服务组织11家，拥有自走型喷雾机等设备330台（套）；土地托管（半托管）服务组织65家，服务面积27.3万亩；农资销售服务组织36家，年销售农资7万余吨；农技服务组织46家；资金互助服务组织6家，服务农户数178户，入股互助资金129.96万元。另外还有在民政部门注册成立的其他农业社会化服务组织，如涧头集镇农民用水者协会已成为国家级示范用水协会。

此外，全区共发展专业大户184家，受政策激励引导，目前有部分已注册成为农民合作社或家庭农场。

（四）农村合作金融改革情况

台儿庄区为破解农村产权抵押融资瓶颈，探索了产权抵押融资和信用机制并行操作模式，创立了一套程序简洁、风险可控、运行高效的农村产权抵押融资机制，极大地拓宽了农民增收致富的融资渠道。人民银行台儿庄支行、区农改办积极引导枣庄农商银行，以马兰屯镇坝子村为试点，成功创建全省首支村级担保基金。基金采取农户自愿入股为主，结合信用村、信用户评定，为本村村民贷款融资提供担保服务。贷款由农商行和村级担保基金理事会两方同审，最高可按照出资额10倍给予授信贷款，对评定的AAA级、AA级、A级分别享受20%、15%、10%利率优惠，有效解决了农村“担保难”“融资贵”问题。同时，资金存储在农商行，入股农户可享受定期存款利息。目前，坝子村担保基金共10.5万元，其中，村集体出资4万元，个人出资6.5万元。规范发展6家农村资金互助社，资金互助社认股资金达150.2万元，共向59名社员发放贷款153.3万元，用于发展特色养殖、种植、蔬菜等产业，有效解决了农村“担保难”“融资贵”问题。

认真开展目标价格保险保险试点工作，共签订生猪目标价格保险合同211份，投保生猪41700头，总保险费500400元。马兰屯镇、涧头集镇认定为市级农村差异化改革示范镇。

（五）农村集体资产股份制改革情况

农村集体产权股份制改革，是深化农村改革的重要内容，也是加快城乡统筹发展的必然要求。自2013年正式启动此项试点工作以来，加强领导，积极探索，努力研究，取得了明显成效。截至2017年底，已累计完成红东村、顿庄村等61个村的股份制改革工作，共有61441人界定为配股人员，经营性资产2137.56万元，资源性资产14844.85亩，按照个人股70%，集体股30%的比例全部折股量化，并已全部完成工商登记注册，初步建成了“归属清晰、责权明确、利益共享、风险共担、保护严格、流转规范、监管有力”的农村集体经济组织产权制度，全区共有8个村累计分红150余万元。

1. 理清了长期形成的集体资产

通过清产核资，摸清了集体的家底，明确了股东的权利与责任。通过资产量化，股权到人，确立了股东在集体资产中的份额，使权利与责任较好地统一，改变了以往“权利人人享受，责任无人承担”的现象。

2. 完善了集体资产管理体系

实施股份制改革，引入现代企业法人治理结构，初步形成了“三会”（股东大会或股东代表大会、董事会、监事会）运作机制。社员和干部参与管理村集体经济积极性不断增强。通过股份制改革，将村级集体资产量化到人，农民实现按股分红，使得集体经济的管理、运行、发展与农民的利益直接挂钩，产权关系真正得到了明晰，农民的主人翁地位进一步得到确立，农民真正得到了实惠。

3. 促进了集体资产保值增值

通过清产核资，明晰了集体经济组织的资产及债权、债务情况，对应收款进行了追缴，处理了呆坏账和不良资产，有效防止了集体资产流失，有利于集体经济长期可持续发展。同时，实施股份制改革后，董事会面临着集体资产增值和股份分红的压力，必须在投资决策、经营管理等方面科学决策，规范运作，从而有利于保障集体资产的安全。如马兰屯镇林桥村股份合作社。2015年4月林桥村股份合作社成立以来，以保障和发展好群众的根本利益为出发点和落脚点，实行公司化经营，规范化运作，根据实际和市场需求制定长远规划、发展战略，把土地资源和人力资源重新整合，由集体统一进行规划，集约化经营，加快项目建设，壮大了集体经济实力，促进了农村发展。2015年，该村集体收入共计45万余元，较股改前大幅上涨。

4. 促进了农村社会和谐稳定

股份制改革中，清产核资向群众亮“家底”，量化股份明确个人在集体资产中所占份额，股份合作社严格按章程运作等一系列措施，增强了集体资产管理的透明度，有效避免了集体资产在城镇化过程中被侵占、遭流失的问题，有效预防了农村干部违法违纪行为的发生，同时，消除了群众的疑虑与误解，促进了农村社会的和谐稳定。

三、农村改革的经验与启示

（一）必须坚持实事求是

在农村土地制度改革的进程中，一定要继续解放思想、实事求是，要牢牢抓住“一切从实际出发”这个基础和前提。坚持从实际出发，而不因循守旧、故步自封，就必须创造性地开展工作。要牢牢抓住“理论联系实际”这个根本途径和方法，既要用理论指导实践，又要尊重实践，在改革开放的实践中，看准了就要大胆地试，大胆地闯，不断总结经验教训，对的就坚持，不对的就赶快改，新问题出来就抓紧解决。要牢牢抓住“实践是检验真理的唯一标准”这个必然要求，坚持实践是检验的标准，就是要有解放思想的精神和勇气，当原有理论中的某些结论同新的实践产生了矛盾的时候，决不能以原有理论中某些结论来裁剪新的实践，而要由新的实践来赋予原有理论以新的生命力，敢于抛弃不合时宜的旧观念，以实践的发展来推进理论的发展。

（二）必须坚持党的领导

农村改革是我们党的伟大创举，改革必须在党的领导下进行。我们的全面深化改革是在中国共产党的领导下，以解放和发展社会生产力为目的，充分调动一切积极因素，通过进一步革除束缚生产力的体制机制弊端，并对与此相适应的其他领域进行改革，从而更好地发挥人民群众的主动性和创造性，进一步强化创新驱动，解放和增强农村经济发展活力。我们的农村土地改革必须坚持四项基本原则，坚定理想信念，既不走封闭僵化的老路，更不走改旗易帜的邪路，要坚定在中国特色社会主义道路上，大胆探索，勇于开拓，提高改革决策的科学性，增强改革措施的协调性，在实践中开创新路，在实践中始终确保改革正确方向。

（三）必须尊重农民的意愿

要从根本上改变农业、农村、农民面貌，最根本最关键的是提高农民素质，不断提高农民的自我发展能力。台儿庄区委、区政府始终坚持以人为本，充分尊重农民意见，着力提升农民素质，充分发挥农民的自主性和创造力。台儿庄区明确农村土地流转，实现规模化、集约化经营的主要动力源于农民，遵循合作经济规律，不强制扩大流转面积、不盲目建设农业项目，不草率安排经营范围，鼓励以当地优势产业为基础，尊重农民意愿，引进工商资本投入农业，带动当地农民发展适度规模经营，推动现代农业更加稳步、高效地提档升级，激发台儿庄区农业发展的新活力。

（四）勇于改革创新

改革是农业发展的不竭动力。然而，我们没有现成的经验可循，也没有成熟范例可鉴。台儿庄区历届区委、区政府始终坚持把改革创新贯穿农业发展的各个环节，从传统发展观念的束缚中解放出来，从已有经验模式的局限中解放出来，从过时的条条框框阻碍中解放出来，敢为人先、勇于担当，走出了一条适合台儿庄实际的农业发展路子。从20世纪70年代的稻改运动，到1984年成立全省第一个“农作物研究会”，到2006年成为国家级测土配方施肥示范县，2012年成为国家级农村改革试验区，2015年成为国家级现代农业示示范区，2017年成为国家农业可持续发展试验港区，台儿庄区农业的改革创新很多都走在全省、甚至全国的前头，无一不凸显着全区农业工作者的创新意识、担当意识，无一不凝聚着全区农民群众的敢想敢干的精神和吃苦耐劳的品质。正是这种敢于改革创新、勇于攻坚克难的胆识魄力，为推进全区农业发展提供了不竭动力。

审稿人：提文凡

撰稿人：李宗豫　宦万明

台儿庄区九妹种植专业合作社收获土豆

台儿庄区城市基础设施建设的情况及经验启示

中华人民共和国成立初期，台儿庄区经济基础比较薄弱，为了响应中央实现城市工业现代化为工作重心的要求，有限的资金投入到工农业建设中去，城市基础设施建设都是一些零散小活，大型建设基本没有。中共十一届三中全会以来，改革开放的春风唤醒了台儿庄这片沉睡的大地，城市基础设施建设开始焕发出勃勃生机，城乡面貌焕然一新。1983年以来，区委、区政府采取了一系列措施，特别是随着统筹城乡发展战略、城乡一体化战略的提出和实施，城市面貌明显改善，城市基本公共服务能力进一步增强，城市规模不断扩大，城市基础设施日臻完善，城市品位大幅提升，城镇特色更加鲜明，居民幸福感显著提升。城市基础设施建设实现了从单一到系统、从零散到集中、从粗放到精细的科学发展。40年来，台儿庄住建局广大干部职工认真贯彻落实党的各项方针、政策、路线，全面推进市政公用事业改革，大力实施城市基础设施建设，在建立适应市场经济条件要求的城市建设新思路、新机制上进行了许多有益的探索实践，逐步形成了一套适合台儿庄区自身发展的新路子。

一、台儿庄区城市基础设施建设发展历程

二十世纪六七十年代，台儿庄区城市基础设施建设基本处于停滞状态，城市建设投入严重不足，市政配套设施严重滞后，城市管理几乎处于放任自流的状态。1975年9月，台儿庄区城乡基本建设局成立，1976年5月15日，区革委会成立街道房管领导小组，负责规划管理街道两侧建设情况。1984年4月撤销台儿庄区城乡基本建设局，改称台儿庄区环境保护城乡建设委员会。1996年12月撤销台儿庄区环境保护城乡建设委员会，恢复台儿庄区城乡建设委员会。2002年3月台儿庄区城乡建设委员会更名为台儿庄区建设局，2010年11月更名为台儿庄区住房和城乡建设局。1958年前，镇内多数居民用水主要靠人挑车拉运河水。1964年仅有北水井一眼，日供水量600—700立方米。城区人口仅有1.6万，建成区面积不足3平方公里，城市道路长度不到10公里，且道路红线宽度大多在8米以内。城区主干道主要有繁荣街、顺河街、箭道街、后大路、车大路、华兴路、兴中路、金光路、沿河路林运路、叶港路、陵园路、运河路、台东路，多以砂石路和土路为主，仅繁荣街一条道路中西段为沥青路面。整个城区只有繁荣街于1965年安装路灯23盏，照明功率60—100瓦，照明路段全长1350米。没有一座广场，城市集中供热、供气、排水、污水处理等公用设施为零。

回顾改革开放40年来台儿庄区城市基础设施建设发展，大致可分为恢复启动、全面展开、提升发展和宜居宜业发展四个阶段。

（一）恢复启动阶段（1978年6月—1985年12月）

中共十一届三中全会后，台儿庄区城市建设恢复正常，步入发展的正确轨道。这一阶段由于经济基础的制约，发展比较缓慢。城市建设方面，1984年3月，区政府决定重建清真寺礼拜堂，共投资6万余元。8月，台儿庄区实验小学在金光路中段北侧建成，当年招收10个教学班。1985年8月，台儿庄区教师进修学校建成，招收两个教学班。9月，台儿庄区人民广播电台建成。1985年12月16日，为配合广西电影制片厂拍摄影片《血战台儿庄》，区政府和广西电影制片厂投资6万元，在原址依旧原貌重建中正门，成为台儿庄区旅游景点之一。在基础设施建设方面，1982年，华兴路全路拓宽至30米，主道宽14米，东段铺为柏油路，西段为砂石路。将金光路中段铺成柏油路面；将后大路西门桥至箭道街拓宽至8—10米，修成水泥路面。1984年将箭道路小北门至金光路段拓宽至8米，修成水泥路面。1985年，箭道街至清真寺段拓宽至10米，修成水泥路面；将兴中路拓宽至24—38米，主道宽14—18米。老城区道路框架基本成形。供水方面，1980年11月，建成南水井，井深24米，井口直径60厘米，安装13千瓦机组一套，水泵上水量为每小时72立方米。1984年11月建成东水井，井深23米，井口直径60厘米，安装7.5千瓦机组一套，水泵上水量为每小时32.4立方米。截至1985年底，镇内共建成主送水管道3560米，建成排水管道7条，总长度5040米，总投资33.4万元，有效地解决了雨污水顺着路面排入河道的问题。1985年底，金光路、新华路、箭道路、兴中路、市场路均安装路灯，全长6250米，有高压水银灯20盏，白炽灯65盏，照明线路5条。1989年底，城区东起台东路，西至叶港巷，南至运河路，北至三里庄，面积4.2平方公里，人口20875人。市区老城区“5纵6横”的道路框架基本形成，城市建设发展迈

上一个新的台阶。

（二）全面展开阶段（1986年1月—1998年6月）

随着改革开放和经济体制改革的逐步深入，台儿庄区进入城市健康有序发展的轨道。本阶段的城市建设和管理，从市政工程、景观园林建设、供热、供气到居民居住条件改善等方面创造性引深改革，为城市建设和经济发展注入强劲活力。

1989年11月，由区建委设计，投资12万元，在台儿庄月河公园处修建连接两岸景点且带有游乐特色的弓形大桥，桥长88米，中间高出水面7米，1990年7月30日竣工使用，拉开了台儿庄景观园林建设的序幕。同时，位于台儿庄西关小学南月河上的步云桥开工建设，桥长154米，宽4米，高出地面1米，钢筋混凝土结构，总投资50万元。这为台儿庄的景观又增添了一道彩虹般的风景线。1994年10月3日，由原台儿庄运河大桥改建的人行吊桥竣工，主桥长93米，桥面宽3.5米，工程投资180万元。1995年3月，台儿庄运河南岸的森林公园绿化方案开始实施。公园东西长870米，面积200亩，植松柏、垂柳、银杏、江南槐等6个树种，近2000株，以后逐步完善绿化。

市政道路建设也全面铺开。1990年5月16日，“七五”期间全省公路建设重点工程之一的台儿庄运河大桥正式开工兴建，大桥位于原运河老桥西800米处，全长753米，整体桥面宽15米，共有31个桥墩，桥下净高7米，大桥于1991年9月30日全面竣工。1991年11月，区政府投资1129万元，开挖环城河，1993年底完工，工期历时2年。环城河全长6970米，口宽30米，底宽20米，开挖土方24.7万立方米，护坡用石5.4万立方米，河上共建8座桥。1992年11月6日，枣庄航运管理处投资63万元，建成台儿庄南环路，总长980米，宽9米。1995年9月10日，台儿庄东环路工程竣工，水泥路面，厚度22厘米，全长2040米，宽9米，总投资158.88万元。同月，区政府和市航管局召开韩庄运河南堤新旧大桥之间修筑水泥路协调会，修建运河南岸路，共投资52.5万元，15日开工，11月15日竣工。

1993年1月，区政府拨款100万元，重修清真寺。1995年9月1日，台儿庄大战纪念馆全景馆建成并交付使用，画馆高28米，直径43米，全景画面面积为120平方米，画面采用传统油画技法和现代雕塑相结合，集声光电于一体，展现壮观的中日台儿庄大战场面。1996年10月8日，投资100万元建设贺敬之文学馆，设计建筑面积为1800平方米，为砖混结构的仿古建筑。一座以水为依托，以景观园林为背景，以抗日战争题材为主线的旅游城镇的雏形已经基本形成。

1991年5月29日，区委区政府做出《关于清理整顿城镇规划控制区内干部职工住房建设的有关处理规定》，标志着住房制度改革全面展开。与之相适应的工作相继推行。1994年6月8日，台儿庄区建工集团总公司集规划、设计、施工和管理于一体的新型建筑企业成立。1994年4月，台儿庄沿河小区8栋住宅楼开始施工，年底竣工，总投资400万元，总建筑面积1.2万平方米。1994年5月，台儿庄区新华书店投资100万元，建筑面积2000平方米。5月5日，台儿庄区政府筹资100万元，在台儿庄区医院内兴建老干部康复楼，主体工程占地1560平方米，1995年元旦交付使用。1995年5月26日，中国银行台儿庄支行办公楼开工兴建，该楼占地面积3000多平方米，主楼高8层，建筑面积3800平方米，总投资370余万元。1993年8月2日，区成立创建省级卫生城指挥部。1994年8月，台儿庄区创建省级卫生城市正式拉开序幕，区委区政府领导深入一线，区驻地100多名单位的万余名干部职工分赴13个路段和窗口地区进行清理整顿。经过三个月的紧张努力，11月得到省市创建省级卫生城检查团的充分肯定。

20世纪80年代的水上公园凉亭

伴随改革开放的不断深入，台儿庄城市建设和各项经济建设迅速发展，新城区建设面积不断扩大，但城区供水基础设施发展缓慢，市区供水不足，严重制约了工商业的发展，影响了人民的正常生活。城市供水由于长期找不到地下水，居民一直饮用地表水，水质得不到保障。1985年后，政协、人大代表多次提出议案，要求政府解决群众生活用水问题，1992年区政府下决心在运河南岸找水源，在省水利基础工程处和省城乡勘察院大力帮助下，终于找到张庄地下水源。1992年5月，打成两眼深水井，张庄水源地1#、2#井，造价21.2万元，经鉴定为台儿庄最佳水源。1995年3月，台儿庄区政府批复同意对城区内的自来水用户和厂矿企业等自备水源用户按每吨0.2元收取应急供水工程建设基金，全部用于城市水源开发和管网改造工程，专款专用，以尽快解决城区供水不足问题。1994年8月，自来水公司筹建新水厂；1995年，区政府投资370万元，建成张庄水源地和纪念馆二级加压水厂，同年5月8日正式投产供水，初步形成日供水1.5万立方米能力。截至1995年底，已铺设DM100mm及DM100mm以上的供水管道4.7公里。但是，城区供水紧张矛盾仍未得到有效缓解。由于城区管网不匹配，新建城区无供水管网，加之老城区管网偏细和老化，实际供水能力受限，多数居民生活区无自来水，绝大多数市区二层楼供不上水，要求改造、新建城区供水管网的呼声越来越高。根据实际供水情况，台儿庄区政府投资改造老城区管网配套、建设新城区管网，并把工程列入1997年重点城市建设项目。1996年8月，全区投资165万元，覆盖全部城区的自来水管网建设工程竣工。1998年全区自来水供水工程进展顺利，全年实现安全供水215万立方米，敷设供水主管1900米，新增自来水用户450户，自来水普及率已达90%，比1997年同期增长8%。

城市建设由单一发展迈入全面发展阶段。

（三）提升发展阶段（1998年7月—2010年6月）

这一时期，城市工作的重点转移到城市化建设上来，坚持把城市作为资源开发、作为资本运作、作为资产经营，抓“高起点规划、高标准建设、高效能管理”三个关键，建设完善城市基础设计，加快推进城市化进程。坚持新城开发与老城改造并举，城市基础设施建设与综合服务功能配套完善，全区城市化水平有了新提高。把推进城市化作为带动经济发展的战略重点，下大力气改善基础设施。城市建成区面积达到10平方公里，城市人口增加到8万人，城镇化水平由“十五”末的35%提高到41%。

1. 高起点规划设计城市发展空间，城市发展理念不断提升

本着规划先行的原则，首先完成城市规划，做好沿路沿河景观、重要景点、重点区域的控制性详规和修建性详规编制，完成城市风貌规划设计，为精致建设城市、精细管理城市提供科学依据。精心搞好城市设计，坚持以水兴城、以绿美城、以文立城，凸显大战文化和水乡特色，丰富城市文化内涵，提高城市文化品位。1998—2002年间，着眼于跨世纪发展战略，围绕新一轮城市总规，开始启动西部新区开发，城市框架进一步拉大。高质量地完成了华阳路、沿河南路、车站街的改造规划及华兴路、林运路等市场规划，高标准地设计了华阳路、长捷路环形交叉口规划、运河北堤绿化规划，详细规划和专业规划的步伐进一步加快，覆盖面扩大。特别是2005年以来，城市建设理念又提升到一个新的高度，提出生态城市建设理念，具体采取组织开展文明城市创建和城市环境综合治理活动一系列措施，城市面貌不断改善。2006年间，完成运河古镇总体规划，为城市化建设提供了总体要求和依据。2007年，城市化建设有了更为确切的目标，把城市作为景区来建设，引入城市设计新理念，对重要街道、重点工程和各种标志性建筑进行高标准设计。把水作为城市灵魂来体现，全面规划整治水系、净化水体、塑造水韵。2008年，景观城市建设有了更为精准的目标，组织运河古城恢复建设，以旅游服务为目标的城市化建设开始实施。市委、市政府把运河古城恢复建设作为全市旅游业发展的龙头工程，这对台儿庄城市化发展和城市作为资产经营的思想有了更高的指导。为此区委区政府提出，按照“规划一步到位、建设分期实施”的思路，高标准编制旅游和水系规划，精心组织实施一期工程。恢复运河古道沿岸的顺河街、月河街、丁字街等古街巷、古民居、古码头，开挖水街水巷，搞好古城内部和外围建筑风格设计、经营业态布局，着力打造一个“古色古香、以船代步”的秀美古城。与大战遗址建设相结合，改造完善中正门、清真寺、关帝庙等景点，把台儿庄建设成为世界反法西斯战争的重要纪念地。借助实施南水北调台儿庄泵站、东调南下二期治理和台儿庄复线船闸建设工程的机遇，建设运河风光景观带。着力塑造融汇“齐鲁豪情”、兼具“江南韵致”、集“运河文化”和“大战文化”为一体，极具人文魅力、精巧别致的旅游目的地，叫响“江北水乡、运河古城”旅游品牌，探索适应市场经济的旅游运营管理模式。开创了跨越发展的新局面。完善基础设施，改造生态环境，优化服务环境，有了更高的标准和要求。2009年，是古城重建的开局之年，城市基础配套设施继续推进，完成了区域村镇体系规划、农村住房建设与危房改造规划、化肥厂安置区规划、西苑小区改造规划、体育中心改造规划、清御园大酒店建设规划、华兴路建筑仿古改造规划及方案设计等。2010年，城市建设又有了更高的发展理念。区委区政府提出以生态环境建设为保障，完善城市功能，不断提升城市形象。按照“国际知名旅游目的地”的城市发展定位，把城市作为景区来规划、建设和管理，突出抓好一批城建重点工程，以良好的生态环境、优美的生活环境，塑造“江北水乡、运河古城，大战故地、时尚生活”城市名片。

2. 高标准建设城市基础设施，城市承载能力大幅提升

区委区政府按照把城市作为景区来规划建设的要求，高标准规划，高质量实施，逐步完善主要道路、河道景观规划，加强标志性景观和城市小品设计。完善综合服务功能，集中力量规划建设一批关系经济社会发展和群众生活的重点项目。完善绿地系统、管线下地、城市燃气、人防设施等专业规划。加快污水处理、市政道路、园林绿化等城市基础设施建设。坚持建设重心向老城区倾斜，配套建设向背街小巷延伸，充实完善背街小巷和社区市政设施，促进城市的协调发展。

城区住房建设突飞猛进。加强房地产市场管理，改善居民住房条件。全区房地产开发完成投资7.1亿元，商品房施工面积130.13万平方米、竣工面积13万平方米。完成兴隆、陈塘等城中村改造，全面落实廉租房政策，扩大经济适用房建设。高度重视住房建设，精心组织实施棚户区改造。1998—2002

年间，新建标准化居民小区8个，建成文化小区、西苑小区、台北商贸城、金桂家园、阳光家园、顺河新村，实施了金色花园二期、左岸春天等居民小区开发建设。开发住宅小区30.6万平方米，新建住房19.1万平方米，清荷园小区330套经济适用房和西关一街城中村改造项目已开工建设；城市人均住房面积由“十五”末的23平方米提高到35平方米。2008年市政府下达台儿庄区保障性安居工程建设任务为建设公租房80套、新增发放廉租住房租赁补贴10户。完成第四批廉租住房分配，34户低收入家庭入住廉租房。4个结转棚户区改造项目，箭道北路片区、兴中路片区项目、陈塘东棚改安置房项主体封顶；沿河社区一期封顶，二期完成基槽开挖。

城区配套基础设施不断完善。紧紧围绕“扩大面积、提升形象，建生态城，创文明城”的目标，加快推进城市化进程，城市公用设施逐步优化。城区道路建设方面。完成长安路综合配套和林运路、康宁路、康泰路、金光东路、文化东路、广进路南段综合改造工程，提升城市路网等级，形成特色鲜明的城市街道风貌。配合古城重建，加快城区道路和水系治理改造，提升道路通达能力和河道景观效果。城市基础设施建设得到加强，1998年以来的十年间，先后完成了华阳路改造等20项城区道路改造和建设工程，改造华兴中路，实施沂台路台儿庄段改造工程。完成汽车站搬迁，围绕七纵七横，完成城区主次干道。完成北二环路硬化和林运路、沿河路、长捷西路铺装改造，完成涧李公路路面工程和前薛公路、沂台公路区内段改建工程。新建、改造各级各类公路748公里，新建了园区中心路、北二环路，改造城区道路17条，治理城区河渠8条；启动了叶小路台儿庄段改建工程，完成了顿薛公路改建、涛沟河大桥改建、运河复线大桥续建工程，新修村村通公路40公里。完成了城区东入口、南入口、秀水河、西环河改造和文化路、金光路、运河大道等七条道路综合配套，改造206国道、台利路、台小路等主要道路109公里；2008年完成顺通路西段、鲁班路中段道路建设，新建道路1300米、桥梁1座，统筹地上地下基础设施建设，铺设配套管线4200米。2009年城市路网进一步完善。完成了城区七条道路综合配套，维修改造城市道路约18600平方米，新铺和改造人行道约9600平方米。共铺设沥青路面约3000平方米，镶铺人行道花砖、大理石约2000平方米。城区供水工作稳步推进。完成了供水加氯净化系统改造，加快城市供水管网改造，敷设城市供水管网6200米，保障了优质安全供水。启动3万吨北郊水厂项目，改善供水条件。供气供热建设实现新突破。实施户用燃气一期工程，完成集中供热二期工程，集中供热管网建设有了大的突破。城市集中供热一期工程竣工使用，西环河以西住房实现循环水供热。完成全区循环水供热任务，新增集中供热100万平方米。启动了城区户用燃气工程，城区燃热工作有新突破。完成枣台段燃气次高压供气管网勘察设计及广进路南段燃气主干管道设计；完成金色花园小区、文化路燃气管道铺设，安装户用天然气设备200户。城区亮化景观进一步提升。新安装路灯882余盏，在城市北入口和东入口安置了2盏高杆灯，实施了夜景示范街创建活动，购置了路灯高空作业车，及时维修、更换毁坏或出现故障的路灯，城区灯明率达95%以上。城区主要干道弱电管网下地工程全面完成。城市水网建设档次提高，实施了秀水河、西环城河部分河段美化、亮化工程。

园林绿化广场建设得到提升。大力实施城市绿化亮化工程，加快城区主要道路、公园广场绿化的改造升级，培植一批花园式单位和花园式社区。加快构建城市绿地系统，推进城市绿化向社区、背街小巷延伸，不断增加城市绿量。实施了秀水河、北环河、运河大道、文化路、城区东入口等城市景观设计。2006年，投资2600万元建成古运公园，投资400万元扩建完善长捷广场，新增和改造绿化面积7.5万平方米，为广大居民提供了新的生活休闲空间。2007年配套建设了府前广场、街心公园和城区北入口景观。2003年到2007年累计新增城市绿地30.8万平方米，城区绿化覆盖率达到37.6%。2008年实施城市绿化、亮化、美化工程，栽植各类乔木、灌木6.4万株，新增绿化面积15万平方米。2009年实施城市“大绿化”工程，完成了城区东入口、南入口、秀水河、西环河改造和文化路、金光路、运河大道等七条道路综合配套，城区新增和改造绿化面积32.8万平方米。2006至2010年新增城市绿化面积66万平方米，城市绿化覆盖率达38.7%。

城市环境综合治理水平稳步提升。以“天蓝、水清、路畅、城洁”为目标，下大力气整治脏乱差，创造整洁优美的城市环境是这一时期的重要任务。城区道路和水面实现全天保洁；集中整治马路市场、违法建设等，规范市容秩序；新建垃圾中转站24处，新建、改建一批公厕，新建、改造水冲公厕15处；加强城市保洁和市容管理，全面撤换城区街道的露天垃圾箱。一批新型环卫设施投入使用，新增城市保洁面积59.9万平方米。城区主要路段实行了“即时保洁，动态管理”。加快实施人工湿地工程，进一步净化水环境，满足南水北调和城乡用水需要，保清水出辖区，让碧水绕古城。精心实施小季河生态修复和截污导流等工程，投资2.5亿元，实施小季河截污导流、王晁热电厂脱硫等治污工程19项，流域水环境质量稳定达到三类水质标准，顺利通过国家淮河流域水污染防治核查，并受到国家核查组领导和专家的高度评价。实施城市清洁工程，投资7.2亿元，建成污水处理厂、垃圾处理厂。建成日处理生活垃圾200吨的城市生活垃圾处理场一期工程，完成4万吨污水处理厂一期工程和城区污水管网建设，新建污水管网3200米，城市污水集中处理率达86.5%。完成城区污水管网二期和中水回用项目，对丰元化学、海扬王朝等企业实施污水深度处理和中水回用工程，废水基本达标排放，加强企业污水治理和排污监管，确保废水达标排放；发挥污水处理厂的作用，及时收集处理企业和生活废水，提高水资源利用率。强化垃圾处理场运行监管，提高城市清洁水平。

城乡环卫一体化与美丽乡村建设。从2008年的“美丽乡村创建工作”、城乡环卫一体化建设到2009年的社会主义新农村建设，城乡环境发生新变化。全区实现环卫收运体系全覆盖，投资1000万元购买保洁三轮车760辆、垃圾桶540个、垃圾收集车30辆、20吨洒水车1辆、3吨洗扫车1辆、8吨压缩车1辆、摆臂车1辆、密封式垃圾收集车1辆，分配给各镇街。强化保洁人员管理，完成保洁队伍建设。目前全区共有村级保洁员625名（不含镇驻地及路域人员），垃圾收集处置基本实现常态化。以10个市级整治示范村为重点，小城镇开发竣工面积25.2万平方米。全区共有277个村庄村容村貌整治通过市级验收，村庄环境得到全面改善。新建小型污水处理设施2座，实现了村内产生的生活垃圾的集中管理、处置，逐步建立村内日常卫生保洁机制。不断完善村庄道路建设，提升“五化”水平，累计硬化村内道路63万平方米，铺设下水道46公里，架设高标准路灯617盏，新增街头绿地8个、绿化面积1.3万平方米。新建农村社区服务中心9个、文化广场14处、幼儿园7所。

2009年，在完成城乡环卫一体化建设后，又投入到社会主义新农村建设中。农村基础设施建设得到很大的加强，开工建设马薛路、台小路、台利路张山子段改造工程，完成运河复线大桥、涛沟桥改建工程。实施农村人畜饮水解困工程，推广农村自来水市场化管理模式，新扩自来水村16个。

3. 改革市政公用设施经营管理体制，提升城市管理水平

城市管理是台儿庄形象的重要保障，坚持市场化运作，改革市政公用设施经营管理体制，全面放开城市基础设施建设经营市场，实行市政设施、环卫保洁、绿化养护动态招标承包，推进城市建设步伐。实行了城市环境层级管理和新老城区一体化管理。

（四）宜居宜业发展阶段（2010年7月至今）

2011年以后，台儿庄城市建设进入科学、绿色、品质、品位建设时期。随着城市化的大发展，城市承载力面临巨大压力，城市问题不断涌现。城区环境污染越来越严重。面对新问题，台儿庄人不断提高认识，摸索新时期的发展新路子。从2010年提出建设“江北水乡·运河古城”的战略目标，到2016以“两河两路两社区”项目为抓手，重点拉开城区“北上东进”发展框架，台儿庄的城市化发展稳步推进，扎实发展，取得了前所未有的成就。围绕“古城、水城、绿城、慢城”品牌，精心规划、精致建设、精细管理，形成独特的城市品质和个性，增强城市的承载力、竞争力和吸引力。宜居宜业的城市发展理念逐步形成。

1. 坚持规划引领城市转型升级

坚持城区建设与古城发展协调互动，凸显城市主题文化特色。突出“江北传统滨水小城”城市定位，积极构筑“古城、水城、绿城、慢城”的城市品牌，围绕城市“东进、北上、南下、周边社区组团”的发展框架，坚持高起点高标准的编制城市规划。高起点编制规划文化元素与城市空间有机融合，公共服务与群众需求无限贴近，引领特色城市建设，完善城乡规划体系。对枣台路、运河大道、文化路、华兴路进行整体规划设计，形成一路一景的风格特色。大力推进新型城镇化，建设美丽新家园。聘请知名设计单位，多次与天津大学建筑设计研究院对接研讨，高标准编制了《东三里万庄概念性城市设计方案》。科学编制城市风貌、景观和建设规划，城市详规实现全覆盖。高标准编制专业专项规划，优化空间布局，科学配置资源，提升城市功能，集聚人气商气。完成长安路小商品市场建设，推进文教新区项目招商，完成古城历史文化街区等规划设计。

2. 以古城建设为龙头，拓展城市发展新空间

2011年间，台儿庄古城建设资金达到20亿元、完成建筑面积20万平方米，天后宫、关帝庙、大战遗址公园、复兴楼等主要景点建成开放。按照“江北传统滨水小城”定位和“东进北上”发展思路，深入推进“两河两路两社区”和文教行政新区建设，建成中心路、箭道北路，改造东顺路、文化东路，完成小季河、圩沟河综合整治，统筹地上和地下基础建设，稳步拓展城市规模。贯通文化产业园和城区水系，打造兰祺河城市景观主轴，改造广进路和东顺路北段，完善城区路网框架，不断拓展城市发展空间。

3. 全面提升城市功能品质，加快城市基础建设步伐

在市住建局的指导下，按照区委、区政府的安排部署，台儿庄区住建局狠抓城市建设，完善城区基础设施配套，着力以纵深推进新型城镇化建设为核心，强力抓好城建重点工程建设，努力促进城市集聚功能、承载能力、居住条件、环境质量、管理服务上水平。围绕“江北传统滨水小城”定位和特色文化城市建设，着力提升城市品位和功能，城镇基础设施建设累计投资1.86亿元。基础设施建设得到了突飞猛进的发展。

道路建设情况。加快文化产业园规划和水系、路网等基础配套，新建鲁班路、顺通路、台十二路等道路，完善城市“北上东进”发展框架。改造提升长安路、箭道路、文化路，分步实施城市道路管线下地工程，优化公交班线和公共自行车站点，让市民出行更加舒适方便。高标准建设、高效能管理，重点实施枣台线泥沟镇驻地沿线、华兴路全线、台韩线枣台线交口、文化路东顺路交口等路段、节点的风貌改造和景观建设，提升区域环境品味。启动东顺路、运河北堤路城区段改造工程，畅通古城出入通道。2017年新建道路2条，改造道

路7条，改造桥梁2座，新建桥梁1座。

推进省道234南延项目，修复枣徐、沂台线区内段，修建顿薛路、台利路中段和港航物流园疏港道路，建成坝子桥，加固改造红旗桥、顿庄大桥、曹楼大桥，加强农村路网管理维护，加快城乡交通一体化。完成鲁班路、兰陵路、顺通路、台十二路、鱼市巷等城区道路建设，新建城区道路4.6公里；统筹地上地下设施，铺设配套管网11.3公里。新铺设道路约3万平方米、花砖人行道1.3万余平方米。以“打通断头路，改造旧道路”为重点，持续加强道路建设，先后对文化路、长安路、东顺北路、广进路进行高标准综合改造，共改造道路面积14.77万平方米。

2014年投资1.86亿元，新建改造城区路桥11处、供电重点工程5处，敷设各类管网26公里，新增水面绿地10万平方米。合理布局公交泊站、公共停车场、公共自行车服务点、公共厕所。开通城区公交，对接BRT，方便群众出行。

城市亮化建设情况。加大城区主次干道公园广场照明设施管护力度，完成华兴路东段、箭道北路、东顺路南段、长安路东段、广进路南段、运河北堤路西段、运河大桥、运河大桥南段、东顺路北段、台十二路路灯安装工程，安装各类LED路灯870盏。完成月河水车安装、月河沿线景观带、华兴路西段楼体、古城BRT停车场、台儿庄大战纪念馆、李忠仁史料馆、聚诚名都红线外、台中路公厕周边、秀水河公园、凤凰水城红线外景观亮化工程，安装各类景观型照明灯具4207盏，维修城区各类路灯2096盏、各类景观灯、节能灯1740盏，各类照明设施配件2182个。完成了城区24处路灯控制箱远程控制的安装，可远程查看调时、开启关闭路灯。主要道路亮灯率达到99%以上。

完成箭道北路、长安东路、东顺路、玉山路、台十二路等9个路口信号灯安装和城区内60处道路指示牌安装及城区道路标线、临时停车位线施划，完成东顺路中段、金光东路、箭道路、长安路强弱电下地及市政设施提升工程，完成叶庄、林桥等输变电工程。

月河广场

供水建设情况。城区供水工作稳步开展，完成张庄水源地及二级加压水厂设备更新。铺设金庄、小康二村、林桥社区供水主管道2000余米，新增供水用户340户。为了适应台儿庄区社会、经济持续快速发展，改善城市供水水质、确保供水安全，于2011年4月以BT方式启动位于运河大道及台北路交汇处的北郊3万立方米/天水厂工程项目建设，投资3300万元完成北郊水厂和小龚庄水源地建设及配水管网。2015年项目已全面竣工并完成验收工作，城市供水由单水源支网供水转变为双水源环状供水，进一步保证城区供水安全，尤其可满足工业园区和北部新区供水需要。日供水能力由原来的1万吨提高到2.5万吨，实现了“保障供水、优质供水”。实施农村集中供水工程，逐步实现农村供水城市化。完成北郊水厂建设，形成双水源供水新格局，提高供水安全保障能力。大力推进住宅小区“一户一表”安装工程专营建设及老旧住宅小区“一户一表”改造工程。华茂市场、兰祺花园、陈塘安置小区、陈塘小高层、马兰花小区实行“一户一表”安装工程专营建设。香格里拉康城、红星小区一期、红星小区二期，水利局宿舍、大桥收费处宿舍、运河人家、张山子镇宿舍楼、聚诚名都、陈塘小区、赵村棚改项目区、燕庄新村、长捷广场小区、人社局宿舍、新苑小区、航管局小区共新装、改造高频智能卡表7033块，水表防盗卡扣2500余套。

供热建设情况。2013年间，投资2.7亿元建设生物质发电新热源，新增供热能力180万平方米，围绕新热源电厂建设，改造老旧管线，建设中继泵站，解决了城区供热压力不均衡等问题，管网覆盖176万平方米，城区实际供热面积已超过101万平方米，解决了城区供热压力。铺设供热主管道25公里，改扩建供热主管网7.6公里，解决了陈塘小区、聚诚、阳场等多个小区的供暖需求。完成新热源建设，新增供热能力60万平方米，新增集中供热10万平方米，实现建成区供热能力全覆盖。扩建集中供热管网，增强市政配套服务功能。集中供热达70万平方米。2017年，完善城区供暖管网，推动城区东部供暖管网建设，新增供暖1500户，城市供暖能力不断增强。

供气建设情况。燃气行业健康发展，铺设燃气中低压管道35.6公里，完成天然气门站、加气站和3座点供气化站的建设，安装户用燃气设备15000户，建成户用天然气管网和门站，完善燃气管网，实施燃气入户工程，户用燃气覆盖能力提高到40%。完成西苑小区、金庄小区、车站花园等30个小区的天然气管道施工，新增管道燃气用户9000户，新增集中供热面积15万平方米。2017年，新建天然气综合利用调峰气化站1座，新增天然气用户3200户。

4. 优化人居生态环境，统筹城乡一体化建设

加强环境治理，营造适宜创业发展和生活居住的城市环境，是这一时期城市环境综合整治活动的重点。实施全域

旅游厕所革命，投资1500万元，高标准新建改建如意湖、中心湖等旅游景观厕所7座，改造水冲式公厕16座，城区机关企事业单位公厕全部实现免费开放。结合国家卫生城市创建工作，改善生活垃圾收集设施形象，全面取消地坑式垃圾箱10处，改造城区地坑式垃圾中转站15处，改建生活垃圾回收房5处，撤换敞口式垃圾箱230个，更新密闭式塑料垃圾桶860个，更换破损立式垃圾桶70余个。完善垃圾收运服务，继续深化开展压缩车进单位，挂桶车进社区、背街小巷，电动车上门收集和中转站收集转运相结合的垃圾收集清运模式，推广上门收集服务。城区256万平方米的保洁范围实现16小时保洁制，购置洗扫车、洒水车等设备，提高道路机械化清扫率，主要道路实现每天一次机扫、三次洒水。做到了垃圾日产日清，垃圾收运密闭化率达到100%。深入开展城市环境综合整治活动，新增保洁面积100余万平方米。突出抓好城区旅游通道环境整治，全面根治“脏、乱、差”。完成运河大道、台韩路等16条道路环境综合整治，建成小北湖等园林景观44处，新增水面14万平方米、绿化50.2万平方米，改造建筑立面32.7万平方米，城市特色更加鲜明。新建公厕和垃圾中转站4处。开通城市公交，40个站点覆盖城区80%的人口；启用公共自行车系统，促进低碳出行。

深入推进城乡环卫一体化工作，完成农村旱厕改造14945户，完成农村危房改造227户。全区6个镇街环卫保洁工作全部实行市场化运作，环卫一体化实现全覆盖。完善美丽乡村建设。结合国家全域旅游示范区创建工作，实施了农村环境综合整治工作。全区村镇道路绿化率达到70%，河道（沟渠）绿化率达到85%以上，全区85%的村达到环境整治村标准，20%的村达到生态文明村标准，35.6%的村达到美丽乡村标准。308个村庄村容村貌整治通过市级验收，全区实现城乡环卫一体化全覆盖。

推动城乡一体发展。坚持以人为本、产业支撑，提升城镇人口吸纳力和产业承载力。坚持城乡统筹协调发展、人与自然和谐发展，城乡建设统筹推进。投资1.6亿元，实现城乡环卫一体化全覆盖，建成美丽乡村示范村17个，省级生态镇4个、生态村16个。垃圾处理厂建成使用，污水处理厂扩容到4万吨规模。2013年城乡环卫一体化投资7000余万元，建成垃圾中转站6处，231个村实现垃圾集中收处。投资1100万元完成台利路西段改造，广济桥改建和万年闸复线大桥主体工程完成，新建农村公路40公里；投入2600万元，建成公交总站，改造城区至张山子客运班线，实现公车公营。

深化农村环境综合整治，持续开展美丽乡村建设和乡村文明行动。扎实做好传统村落和历史文化街区保护工作，留住历史文化和乡愁。

5. 打造优美生态环境

强化生态“红线”观念，加大环境保护力度，促进人与自然和谐共生。科学处理经济发展与生态保护的关系，着力推进绿色发展、循环发展、低碳发展。大力创建国家森林城市。突出“一区一环两公园”，持续推进城市森林、水系森林等七大绿化工程建设，积极创建省级黄邱山区森林公园和市级九星山森林公园，加快道路景观绿化提档升级，丰富完善环城、环镇、环村林带，建设一批绿道慢行系统。围绕水城定位，做足水的文章，实施中水回城工程，积极推进兰祺河、小季河水景提升和赵村湖项目，打造水绿相映的特色生态环境。扎实推进环境保护和生态修复。打好南水北调和淮河流域水污染防治攻坚战。加强运河湿地公园生态修复和保护，打造“最美生态湿地”。2012年台儿庄区结合“创园”工作要求，主要实施了城市路域综合整治和城区拆墙透绿工程。其中，通过招标和市场化运作对城区运河大道、文化路、华兴路等城市重点道路节点进行了集中整治，共完成新增、改造绿地240659平方米。拆墙透绿工作主要涉及51个单位、16个小区、6个绿化节点，在工程实施中以政府为主导，各企事业单位积极配合，共完成改造提升绿化面积112030平方米。

2013年继续加大工作力度，通过招标的方式，引进有实力的大型绿化企业，完成了“三路两河”绿化工程，新增、提升绿化面积48800平方米。其中，箭道北路和中心路为新建道路，东顺路为改造提升道路，在道路的绿化中，按照绿荫道路的要求，栽植双排行道树和隔车带绿化，高标准进行道路绿化工程。在圩沟河和月河两岸工程中，坚持以常青植物为主搭配花灌木的方式，营造四季常青、三季有花、层次分明的绿化效果。

2014年结合“创森”和“创园”相继实施了全民创森工程和裸露土地治理，完成绿化面积1476192平方米。其中，全民创森工程涉及5个镇街，20多家机关单位，通过任务分配、个人认领和市场化运作等多种形式实施，共完成绿化面积1081207平方米。裸露土地治理工作主要以创森办为主导，对各企事业单位和厂矿企业下达裸露土地整改通知，实行全程督导和整改验收，基本达到整治效果，完成裸露土地治理394985平方米。

2015年加快绿化重点工程项目建设，按照“增绿量、上水平、出精品”的原则，以裸露土地绿化、城区公园提升、居住区绿化、城区道路绿化等重点绿化工程为抓手，实施全区56项绿化重点工程。完成治理裸露土地4块，绿化河道1条，新建公园2处，完成7条道路行道树补植，新建5条林荫路、3处林荫停车场，完成17个居住区、17个单位附属绿地绿化提升，栽植乔灌木38万余株，新增、改造提升绿化面积22万平方米。10月实施东顺路改造绿化工程，栽植乔木1000余棵，灌木3万棵，草坪5000余平方米，改造提升绿化面积1万余平方米。实施汽车站、中心湖苗木补植工程，栽植垂柳、广玉兰、百日红等乔灌木，提升了绿化层次。对台中路、台十二路北段、长安路路北进行绿化提升，新增绿地面积 10600 平方米。投资 40 余万元建设完成了月河公园、长安广场、体育馆三处应急避险场所，辐射周边的居民小区，并在主要路口都设置了平面图、应急指示牌等，提高台儿庄区防御各类公共突发事件的能力；完成了月河公园内节约型灌溉系统的设计方案与施工，公园内增设深 26 米水井 2 处，水泵 2 个、配电箱 2 个、固定喷头 120 个、旋转喷头 100 个、铺设主管道 800 余米。

2016 年，扎实开展园林城市创建，改造提升河道、公园和道路绿化，完善绿道慢行系统。实施湿地公园提升工程，突出抓好水生植物园、双龙湖湿地、赵村湿地等重点项目建设，打造“最美生态湿地”。健全完善“治用保”流域污染防治体系，抓好生态修复、养殖业污染治理、入河直排口整治、面源污染防治，保持良好水环境。完成棚户区改造 28 万平方米，恢复河道岸线、滩涂原貌，打造运河沿线生态走廊。大力创建国家森林城市和园林城市，完成植树造林 3 万亩，新建、改建公园绿地 7 处，让城区多数居民出门 500 米有一个公共绿地活动空间。大运河中河台儿庄段列入世界遗产名录，国家级运河湿地公园通过评估验收，创建 AAA 级景区 1 个、省级乡村旅游强镇 4 个，以古城为核心的大景区更加完善。完成北圩沟、沿河社区二期棚改，启动文化路市场改造，整治老旧小区、背街小巷，综合整治箭道路等主要道路，实现老城新区协调发展。新建地下综合管网 4.3 公里，新增供热 20 万平方米、燃气用户 4500 户。文化产业园建设加快推进，实施鲁班路、台涛河等路网水系贯通工程，华辰国际“人人健康城”签约，枣庄职业学院古城校区开工。

2016 年按照全区创建国家卫生城市动员大会提出的创建工作要求，全力做好园林绿化管理工作。以创建国家卫生城市、街头游园建设、裸露土地治理、城区绿化提升、大气污染防治等重点绿化工程为抓手，实施 4 项绿化重点工程。在创建国家卫生城市活动中，投资 30.3 万元开展台十二路绿化工程和城区旅游公厕绿化配套工程，新增绿化面积 4000 平方米，提升绿化面积 1200 平方米；在街头游园建设和裸露土地治理活动中，投资 48 万元开展台北路街头游园绿化工程，新增绿化面积 4800 平方米；在城区绿化提升活动中，投资 50 万元对古运广场、沿河南路、文化路、兴中路及运河大道等城区广场道路进行绿化苗木补植工程，栽植红叶石楠、瓜子黄杨、小龙柏、大叶黄杨等苗木 5.5 万余棵，提升绿化面积 3000 平方米；在大气污染防治活动中，投资 44.2 万元对公用事业局院内及院外进行绿化提升，新增绿化面积 1100 平方米，提升绿化面积 9900 平方米。

2017 年，对城区 5 条道路和 26 处道路节点进行景观提升，提升面积达 2 万平方米。投资 450 余万元，建设了箭道街带状公园，新增绿化面积 2 万余平方米，城市环境品质得到了提升。

至 2017 年底，建成区各类绿地面积达 406.5 公顷，公园绿地 139.76 公顷，建成区绿地率达到 33.9%，建成区绿化覆盖率达 40.3%，人均公园绿地面积达 14.7 平方米。

6. 改造提升老城服务功能

着力推进东三里万庄棚户区改造项目，实施林运新村、金庄小区老旧住宅小区集中整治工程，改造建筑面积 8.1 万平方米。开工建设公租房 80 套，完成主体 21 套。结转 135 套经适房、廉租房，150 套公租房。结转兴中路片区（和顺老街）、箭道北路片区（兰祺花园）364 套棚改安置房和 285 套保障房。加快棚户区、城中村改造，建成闫浅、兴隆、兴中、陈塘等安置区，创建 3 处生态示范小区、3 处物业管理示范小区。启动运河人家经济适用房项目，实施兴中、兴隆、闫浅等社区棚户区和城中村改造，新建月河园、长安花园、水岸丽都等住宅小区，满足居民不同层次的住房需求。

7. 提升精细化管理水平

坚持城市化建设不动摇，实施城市建设与城市管理同步开展，把城市管理工作提升到一个新的高度。创建物业示范和生态小区 4 个。彻底整治集贸市场、居民小区和背街小巷，市容市貌焕然一新。

加强房地产市场监管。突出抓好保障房等惠民实事的落实，发放租赁补贴 59 户，补贴金额 3.08 万元，受理各类保障房申请 56 户；完成房地产开发经营许可证初审 1 件，房地产预售许可证初审 6 件，预售许可总建筑面积 13.31 万平方米；完成商品房买卖合同网上备案 1129 套，备案面积 13.4 万平方米，销售额 4.97 亿元；完成瑞都佳苑、青纺联水岸丽都一期 2 处房地产开发项目竣工综合验收备案验收工作，实现了房地产开发闭合管理。

加强建筑市场监管。开展建筑市场第一、二季度执法检查暨乡村建设工程专项检查活动，全区 13 个在建项目，共计下发责令限期改正通知书 6 份，责令停止违法通知书 8 份；健全建筑一体化管理平台，网上受理审批在建建筑工程施工许可证 7 份，总建筑面积 24 万平方米，工程总造价 15654.64 万元；举办了台儿庄区乡村建设规划监督管理第一期培训班，组织全区建筑企业关键岗位人员继续教育 195 人，二级建造师考试报名 125 人；强化建筑企业劳保金和农民工资监督，从源头抓起，签订《防范拖欠农民工工资目标责任书》和《承诺书》8 份，储存农民工工资保证金 226.5758 万元，收缴劳保金约 202.7 万元，拨付 9.7 万元。

加强建筑节能管理。积极推进新旧动能转换，推广装配式建筑，推动建筑业转型升级。积极推进枣庄市年度公共建筑改造示范项目台儿庄区财政局办公楼改造，计划改造建筑面积 3100 平方米，现正进行规划设计及招标准备工作；积极实施台儿庄区市民中心、档案馆、古城中学等装配式建筑项目，建设建筑面积 8.3 万平方米。2017 年，我区获得了“山东省装配式建筑示范城市”称号。按照节能、环保、绿色发展理念，推动绿色建筑发展。2017年，城区9项39.17万平方米新开工项目，全部达到一星级绿色建筑标准。

强化燃气市场监管。成立了6个镇（街）燃气管理机构，并落实人员编制。同时，与6镇（街）、11家燃气企业签订了安全管理目标责任书和安全生产目标责任书。加强燃气企业管理，完成5家燃气企业年检，正对4家换证燃气企业进行资料审查；开展燃气联合执法大检查活动5次，不定期检查36次，查出各类隐患76处，下达《责令停止违法行为通知书》《责令限期改正通知书》19份，关停液化气站1家，取缔违规罐装点2家，收缴充气枪5支，查扣流动倒气车辆3辆，磅秤3台，超期未检的灭火器材8支，对违规施工的1家燃气企业进行处罚，发放燃气安全宣传资料2000余份。

强化小区物业管理。推行物业自治管理，在金桂一期、西苑小区两个物业小区，开展了业主物业自治试点活动。集中开展了物业小区整治行动。对小区内乱搭乱建、乱堆乱放、侵占绿地等现象进行全面彻底整治，拆除乱搭乱建违法建筑1000余平方米，清理积存垃圾100余吨，清除楼道内野广告3000余处，新配置垃圾桶120余个，清理被占用绿化带1万余平方米。

二、台儿庄区城市基础设施建设辉煌成就

40年来，全区城市化建设取得翻天覆地的巨变，城区面积由1979年底的2.5平方公里，发展到13平方公里。人口由20875人发展到9.95万人。以打造适宜休闲、生态自然的城市绿化环境为目标，立足旅游城市定位，围绕服务古城建设，精心组织路网升级、停车场建设等重点项目，全力推进“两河两路两社区”建设，加快城市“东进北上”步伐，进一步拉开发展框架。城市基础设施建设得到突飞猛进的发展。成为国家园林城市、国家森林城市、国家环保模范城市、国家卫生城市。河流、湿地、湖泊纵横贯通，绿化、美化、亮化流光溢彩，古城、水城、绿城、慢城品质独特。

（一）古城建设取得的成就。台儿庄古城重建全面完成，市场化运营成效显著，成功创建国家AAAAA级景区，被誉为“中国最美水乡”，2016年接待游客突破500万人次，营业收入突破2.5亿元，年均分别增长20.2%、39.3%。依托古城龙头带动，成功创建国家级文化产业试验园、省级旅游度假区，全区A级景区发展到8家，入选首批国家全域旅游示范区创建名录。港航物流园一期、万年闸复线船闸开工建设，以运河“黄金水道”为主线的现代物流业初现雏形；服务外包入园企业达42个，离岸外包执行额3067万美元；金融机构存贷款余额分别达到93.6亿元、62.5亿元，年均增长16.2%、25.6%。传统服务业持续提档升级。新农联合商业中心、和顺老街等一批专业市场、特色街区相继建成，清御园、七天等高端连锁酒店相继入驻，规模以上宾馆酒店发展到120家，标准床位突破1.2万张，是2011年的10倍。台儿庄古城有效带动了就业富民，带动当地就业10万人。由于古城的龙头带动，全区旅游餐饮服务从业人员由2010年的1.8万人发展到3.1万人。服务业增加值占GDP比重连续三年均提高2个百分点，去年达36.5%；提供地税收入占比达到57.8%，三年提高24.8个百分点。台儿庄古城作为国台办批准的全国首个海峡两岸交流基地，在两岸关系和平发展进程中发挥了积极作用。每年都有5万左右台湾游客来古城旅游，先后举办了两岸汉字艺术节、两岸工会论坛、两岸和平文化论坛等活动，在两岸产生较大影响，促进了两岸的交流合作。2017年，全年接待游客突破1000万人次，肯德基、必胜客、星巴克等国际品牌相继入驻古城，三一重工、修正药业等知名企业先后落户，台儿庄的品牌影响力和核心竞争力进一步提升。

改造前、后的道路路面

（二）城区路网建设取得的成就。突出生态、景观、休闲等功能，把水系、道路作为彰显城市特色、提升城市品位的重要载体，形成了“四纵四横”镇区主街道网络；完成鲁班路、兰陵路、顺通路、台十二路、鱼市巷等城区道路建设。完成镇区6条主次干道，新增硬化路面25.49万平方米，新建改造城乡道路283条、520公里，建成57公里环城生态走廊慢行系统，新开通3条城乡公交，文化路、广进路、长安路、东顺路等道路改造工程已全部完工。BRT快速公交、公共自行车系统投入运营，在全市率先实现城乡公交全覆盖，群众出行更加便捷。精心实施路网提档升级工程。铺设了经济开发区台十二路、二号路、中心路、金光路西延、广进路南延5条临时道路；完成了华兴路、广进南路、运河北堤路、林运北路、BRT城区段等8条道路的新建、改造或配套，建成了古城新大桥和古城西门2座大型停车场，配建了中河湾景观游园，安装了程控音乐喷泉。

（三）园林绿化工作取得的成就。1998年以来紧紧围绕“扩大面积、提升形象，建生态城，创文明城”的目标，加快推进城市园林绿化等城市基础设施建设，坚持以水兴城、以绿美城、以文立城，凸显大战文化和水乡特色。2008年开始景观城市建设有了更为精准的目标，组织运河古城恢复建设，以旅游服务为目标的城市绿化建设开始实施。区委区政府按照把城市作为景区来规

划建设的要求，高标准规划，高质量实施，逐步完善主要道路、河道景观规划，加强标志性景观和城市小品设计。2009年实施“一区一环两公园”大绿化工程。2012年结合“创园”工作要求，主要实施了城市路域综合整治和城区拆墙透绿工程，通过招标和市场化运作对城区运河大道、文化路、华兴路等16条城区道路，小北湖等44处公园游园及道路节点进行了集中整治。2013年以来，按照“增绿量、上水平、出精品”的原则，以创建国家森林城市、创建国家园林城市、创建国家卫生城市、创建国家文明城市、街头游园建设、裸露土地治理、城区绿化提升、大气污染防治等重点为抓手，推进城区公园广场、道路、水系、街头游园等绿化提升工程，共实施全区64项绿化重点工程，完成治理裸露土地20块，绿化河道3条，新建公游园2处，完成18条道路绿化改造及行道树补植，新建5条林荫路、3处林荫停车场，完成17个居住区、17个单位附属绿地绿化提升，圆满完成创建国家森林城市、创建国家园林城市任务。

（四）环卫保洁工作取得的成就。城区环境保洁从无到有。1978底，城区道路清扫靠门市店主自行打扫，城区垃圾遍地，脏乱不堪。改革开放40年来，城市环境整治力度逐步增强，成功创建省级文明城市、省级卫生城市，群众生活环境质量显著提升。城区主要区域实现16小时即时保洁，主要道路实现每天二次机扫、四次洒水，垃圾收运密闭化率达100%。服务古城旅游，创新保洁模式，试点推行生活垃圾上门收集服务，解决了垃圾桶等收运模式的二次污染问题。完善长效保洁机制，增加了机械清扫和垃圾清运频次，增加环卫设施设备投入和维护，实施了新大桥停车场、人民医院附近等6座水冲公厕新建和改造，设置了公厕指引牌，实行全天保洁。扎实推进城乡环卫一体化建设，建成垃圾中转站6处，发展试点村231个。

结合国家卫生城市创建工作，改善生活垃圾收集设施形象，建成垃圾中转站1座并投入使用。全面取消地坑式垃圾箱10处，改造城区地坑式垃圾中转站15处，改建生活垃圾回收房5处，撤换敞口式垃圾箱230个，更新密闭式塑料垃圾桶860个，更换破损立式垃圾桶70余个。完善垃圾收运服务，深化开展压缩车进单位，挂桶车进社区、背街小巷，电动车上门收集和中转站收集转运相结合的垃圾收集清运模式，实行垃圾上门收集服务。加强垃圾处理厂运营管理，完成了垃圾处理场续建并投入运营，实施了林兴巷等水冲公厕改造和地坑式垃圾中转站建设工程。实施全域旅游厕所革命。投资1500万元，高标准新建改建如意湖、中心湖等旅游景观厕所7座，改造水冲式公厕16座。

（五）城市照明取得的成就。城区路灯安装达2189盏，是1978年底的25.8倍。城区灯明率达98%以上，城市环境面貌明显提升。道路交通标示建设从无到有，到2016年底，安装交通信号灯和黄闪灯13处，安装道路标牌60个，划定各类标示线3万余平方米、机动和非机动车停车位2400余处。

（六）城市供水能力取得的成就。改革开放初期，城区供水主要靠车拉人挑，1995年台儿庄区自来水公司成立，主要担负着城区居民、企事业单位的供水任务。从1995年完成日供水1.5万立方米水厂建设到2016年北郊水厂竣工投产，改革开放40年来，供水事业蒸蒸日上，从无到有，从小到大，城区逐步实现了集中供水。现城区拥有水源地两处，拥有二级加压水厂两座，清水池四座，城区供水实现双水源保障。城区供水管网长约100千米，年供水量达到456万立方米，供水面积约8平方千米，服务城区人口约8万，用户普及率达95%，水源水、出厂水、管网水、管网末梢水合格率为100%；水质综合合格率为100%；对出厂水、管网水进行日检10项，月检42项，年检106项检测。

（七）污水处理设施建设成就。城市污水处理从无到有，2003年开工建设台儿庄区污水处理厂，2015年升级改造成日处理能力4万吨，污水管网45.9公里，覆盖城区8平方公里的范围，污水处理率达93%，出水水质达到GB18918—2002一级A排放标准。中水回用能力2万吨，中水回用率17%。污泥处理工程于2015年底建成投产，日处理能力为50吨，实现了污泥的资源化、无害化处置利用。

（八）供热供气取得的成就。供气供热从无到有。改革开放初期，城区供热靠燃煤供给。改革开放40年来，集中供热面积达到176万平方米，城市功能日臻完善。铺设西苑小区、金庄小区、车站花园等7个小区的天然气管道，铺设天然气中压管线4180米，天然气用户达1.7户。

（九）住房建设取得的成就。通过棚户区改造和古城重建，城市建设和城市面貌都有翻天覆地的变化。按照市里的棚户区改造工作总部署，科学谋划，统筹推进，扎实做好棚户区改造工作，在改善居民生产生活及居住环境方面取得了明显成效。先后实施顺河社区、圩沟河南片区、兴隆社区、沿河社区、闫浅社区等棚户区改造项目19个，完成房屋征收10018户、征收房屋面积143.55万平方米，使3.35万人住上了新房，完成回迁安置项目17个，安置9631户，回迁率（不含2016当年项目）100%。建成105套经适房、保障房600套90套廉租房、公租房510套，完成棚改回迁安置1120户，改造农村危房1732户，住房保障水平进一步提升。

三、台儿庄区城市基础设施建设的经验和启示

总结40年城市基础设施建设发展，主要有以下几点体会：

（一）始终坚持党的领导，发挥各级党组织领导核心作用。改革开放以来，台儿庄住建局始终坚持党的领导，充分发挥党委总揽全局、协调各方的领导核心作用，充分发挥党委的领导核心作用、基层党组织的战斗堡垒作用和党员的先锋模范作用，40年来各级党组织的创

闫浅社区原貌

闫浅社区新区

造力、凝聚力、战斗力不断增强，为改革开放事业提供了坚强的政治和组织保证。

（二）坚持以规划为龙头。规划是城市建设的灵魂，科学前瞻的整体规划是城市建设的先导，没有高起点、高标准、布局合理的规划设计，城市建设便成了无源之水，无本之木，不仅给本不充足的城市建设资金造成不必要的浪费，城建工作也会陷入被动。总结30余年的成败得失，首先，城建人正是抓住“以科学规划引领城市建设工作”这个主题，以铁的纪律严格执行，以负责任的态度严把质量关，常抓不懈，持之以恒，才使城市建设亮点频现。其次，得益于一整套完备规范的制度保障。城市建设从之初的规划设计、招标投标、进料审查，施工全程质量监督、技术验证，竣工后验收审核，城市管理由最初的无序混乱到探索实践、最后建立规范化、长效管理机制，市政公用人在前行中不断总结得失，从得失中总结经验，由经验形成制度，再让制度指导规范建设事业，从而保持城市建设管理工作实现良性互动发展。

（三）坚持以经济建设为中心。40年来，台儿庄区GDP由1978年的1.08亿元增加至2017年的179.8亿元，公共财政收入由635.7万元增至7.90亿元。经济社会的长足发展为城区市政公用事业建设发展提供了强大的财力支持。市政公用建设投入由改革开放前的几万元增加至几亿元，列入区政府2016年基础建设项目投资计划的市政公用工程达31项。城区厕所改造工程投资1500万元，新建改造台利路、BRT快速公交、公共自行车系统投入达4.5亿元。投资3300万元完成北郊水厂和小龚庄水源地建设，投资2.7亿元建设生物质发电新热源，正是由于财政的大力度投入和全社会的大力支持，才使市政公用建设发展在短短40年就发生如此翻天覆地的巨大变化。

（四）坚持人才战略，建设一支素质过硬的市政公用队伍。一流的队伍，才能创造一流的业绩。一支作风顽强，信念坚定，思路清晰，精益求精，招之能来、来之能战、战之能胜的城建队伍是攻克一切难关，夺取最后胜利的“法宝”。他们是城市建设的开拓者、创造者，是40年城建事业取得辉煌业绩的有力保障。特别是新一届党委政府更加重视人才战略，2012年来通过招录办法为住建队伍招收本科生13人，研究生免笔试，直接参加面试招录，共招录7名研究生，为建设队伍增添了有力的人才保障。

（五）坚持改革创新，才能找到改革开放发展的不竭动力。40年来的成功经验告诉我们，走“经营城市，市场化运作”的新理念是城建工作快速成长、健康发展的捷径。只有改掉那些管理粗放、效率低下的计划经济体制弊端，才能从根本上杜绝城市建设机构臃肿、投资单一、发展缓慢的顽疾，促进城建事业又好又快发展。

回顾40年来城市建设发展历程，虽然做了大量工作，取得一定成绩，但城市建设仍然面临着不少困难和问题：受经济下行压力和房地产市场不景气等因素影响，城市建设市场化投融资渠道不宽、盘活城市资源难度大，城建项目招商难度加大；城市基础设施建设不均衡，城镇化总体水平还比较低，城市综合承载能力有限，改革的步子迈得不够快、不够大，发展活力没有得到充分释放，城市建设发展速度远滞后于工业化和经济社会发展的速度。为此，我们一定要居安思危，勇于创新，从全局的高度，战略的高度出发，按照科学发展观的要求，继续发扬城建人敢打敢拼的奉献精神，解放思想、开拓创新、科学推进、奋勇争先，为建设“科学发展、环境宜人、和谐平安、风清气正”的新台儿庄再接再厉，再树新功。

审稿人：荆中峰

撰稿人：王　奇

台儿庄区农村公路的发展历程和经验

“农村公路建设是推进社会主义新农村建设的重要内容，是增加农民收入的有效途径，是扩大国内需求、拉动经济增长的重要措施，也是构建便捷、通畅、高效、安全的交通运输体系的重要组成部分，是农村经济发展、农业结构调整、农民持续增收的重要基础条件。”农村公路与群众最贴近、最直接、最受益，“要想富，先修路”“公路通，百业兴”等谚语已经成为农村公路在农村经济社会发展和广大农民生活中重要作用的集中体现和经验总结。

一、台儿庄区农村公路建设的发展历程

（一）改革开放初期至八十年代末农村公路的发展情况（1978—1987年）

1977年台儿庄区交通局成立至1985年，台儿庄区农村公路管理机构没有编制，也没有成立专门的组织机构，农村公路管理工作一直由区交通局统筹安排。1986年成立路政股，农村公路管理工作在蹒跚中起步，主要负责全区县乡公路发展规划、计划的编制、实施和养护管理工作；公路建设与养护质量的监理工作；公路路政管理工作；道路的规划、审核、报批和管理工作；公路建设市场的管理工作；固定资产投资、技术改造项目的立项审查和事业经费的管理；交通重点工程建设的组织实施和后期评价工作；交通行业统计工作；交通战备工作等。

改革开放初期，台儿庄区国、省干道公路建设有了长足的发展，公路路网的整体水平有了很大的提高，起到了促进经济、社会发展的积极作用，但在广大农村地区，公路交通基础设施相当落后，尤其是在山区和边远地区，仍然没有像样的农村公路，群众出行很困难。农村落后的交通现状不能适应社会主义改革开放的新形式，严重影响了农民发家致富的信心，滞后了农村社会经济文化发展和农民生活水平提高。区境内三条国道：潍徐公路、枣徐公路、博徐公路，均为二级柏油路。县乡公路仅有台张公路为三级路，可晴雨通车，全长33.6千米，其余多为砂石、料粒路面，晴行雨止。彭林公路（全长2.9千米）、泥彭公路（全长14.9千米）、兰泥公路（全长7千米）、金泥路（全长5.2千米）、兰前公路（全长3.8千米）。总体上讲，农村公路的现状是距离短、路况差、等级低，交通影响经济的发展初露端倪。

台儿庄区是煤炭、水泥、石膏的高产区，是粮食、蔬菜、果品的主产区，是鲁南、苏北最大的客、物流集散地，素有“黄金水道”之称的运河两岸，港口鳞次栉比，重型车辆、大型运输拖拉机多，超期服役的路线多，养护任务格外繁重，由区级交通、公路部门联合管理。

1986年前，干线公路、县级公路及列入省计划的乡级公路的养护，均使用民工建勤，区政府明确规定：道路两侧10千米以内的村庄、畜力以及人畜力车，每年义务建勤两个工日，年满18—45周岁的公民（女性为40周岁）都有建勤任务。民工建勤实行“小段包工，定额管理，联产计酬”责任制，每个标准工日发给出勤补贴0.8元，集中食宿的另补0.2元。干线公路和县公路，实行专业工人与建勤代表工相结合的养护组织形式，由台儿庄公路站、泥沟、涧头集、燕子井、叶庄公路道班进行组织维护，其余皆由各乡镇交通管理所、运管站负责维护。1986年，养路工人39名，长期聘用养路员78名。

（二）农村公路建设开始起步，在摸索中前进（1988—1997年）

1. 定岗定编，机构建设在发展中不断完善，农村公路建设开始起步

1994年1月，成立县乡公路工程处，原名为“县乡公路管理处”，1996年，区交通局机关推行国家公务员制度，实行“三定”，路政股作为其中一个重要科室被保留。

随着交通制约经济发展的矛盾日渐突出，“要想富，先修路”成为人们的共识，“经济发展，交通先行”已势在必行。台儿庄交通人立足现实，迎难而上，面对底子薄、欠账多、环境差的困难，视困难为机遇，变压力为动力，针对如何破解交通对经济发展的“瓶颈”制约，认真谋划，真抓实干，强力启动台儿庄区农村公路建设。修通大部分断头路，原县乡间的砂石路、粒石路逐步修成柏油路，路况改观。随着农业产业结构的调整，第三产业的崛起，人们对交通的需求更为迫切，同时也更激发了道路建设的热情。1988—1997年十年间，共修三级以上县乡公路9条，92.7千米，其中三级路76.7千米，二级路16千米。

2. 体制转变，农村公路养护管理工作得到进一步加强

（1）建养并重，农村公路养护管理进一步规范

1993年11月26日，全市公路分级管理工作会议召开，会议决定自1994年1月1日起，枣庄市实行新的县乡公路管理体制，县乡公路的修建养护全部由区交通局负责，不再授权公路部门养护县乡公路。区交通局按照“建养并重，统筹协调”的理念，做到“有路必养、有路必管”，加强了对公路养护的组织领导。

（2）路政管理工作逐步理顺并发挥重要作用

1988 年，《中华人民共和国公路管理条例》实施后，路政管理依法办案，走上正轨。1991 年 6 月，成立公路巡回法庭，法院人员协助办理路政、养路费征收案件。1994 年，因规范法律程序，巡回法庭终止办公。1994 年成立了县乡公路路政管理机构，共有专职人员 4 人，组织领导得到了加强，县乡道路由区交通局统一管理，进一步落实了“管养一体化”，制定了考核目标，奖惩措施，进一步完善了目标责任制。路政管理突出以控制超限运输、违法建筑为重点，兼治“路宅”“路田”“路市场”，净化了公路环境。穿村路段实施“路宅”分家，非公路标牌、堆物占压、沿路贸易得到控制，路损案件逐年减少，案件查处率、结案率、路产回收率达 99%，依法维护路产、路权不受侵犯，保证了公路畅通。1997 年 3 月，八届全国人大常委会第 26 次会议通过了《中华人民共和国公路法》，是年 8 月，国务院颁布了《公路管理条例》。1993—1997 年，累计巡查公路 3.7 万余千米，控制公路线内建筑 210 处，清理侵占道路沙石物料 2000 余立方，处理破坏损坏公路设施案件 1200 余起，收缴路赔费 3.1 万元。

（三）农村公路迎来发展的黄金期（1998—2002 年）

1998 年后，台儿庄的交通一年一大步，步步上台阶，是台儿庄公路建设的黄金时代。2000 年 9 月，经区编委批准，更名为台儿庄区交通局“县乡公路工程处”，为事业法人单位，办公场地 10000 平方米，办公楼建筑面积 520 平方米，固定资产 900 万元，流动资金和专用基金 200 万元，共有职工 30 人。主要职责是：贯彻执行上级有关公路工程养护工作的方针、政策，结合实际，制定具体方法细则，并组织实施。负责公路小修保养、中修工程、水毁抢修、公路绿化、督促指导交管所工地，严格执行技术操作规程，保证工程质量。贯彻民工建勤政策，组织落实养路队伍，合理解决养路员的报酬，负责公路工程的招标、监理、安全生产的监督和检查工作，搞好各种资料的记录、整理、数据的采集、编制、工程竣工资料等工作。

先后修筑了台利公路、前薛公路、台小公路、台马公路、台泥公路、台兰公路、台涛公路、甘兰公路、柳吉公路、运河北堤等主干线，高标准、高起点的规划设计，高质量、科学严谨的施工，使台儿庄的公路建设跨入了先进行列。修筑县乡公路 140 千米，重修、改建、扩建 80 千米，公路升级改造 100 千米。1998—2002 年总投资近 3 亿元，是前 20 年公路建设的总和。全区城乡交通面貌焕然一新，纵横交错，四通八达的公路网络已经形成，“黄金水道”大放异彩，为台儿庄成为鲁南人流、物流、信息流中心奠定了基础。

1998 年后，配备了路政管理、道路巡查专用车，组织领导、人员配备进一步得到了加强。1998—2002 年，清理违章堆积物 1230 处，乱搭乱建 300 处，立破大小案件 180 余起，累计巡道 4.4 万千米，仅 2001 年，申请法院强制执行 37 户，行政拘留 4 名当事人，处罚 3.5 万元，追缴交通规费 6.3 万元。

（四）农村公路建设进入快速发展期，全面启动“村村通油路”建设（2003—2011 年）

1. 行业管理关系进一步理顺，组织机构趋于合理稳定

随着市一级农村公路管理机构的设置完善，2007 年 8 月，区交通运输局设立农村公路管理处，内设综合计划科、工程科、养护科、路政大队四个科室和农村公路工程维修中心，成立枣庄盛达筑路工程有限公司，农村公路管理机构从此走上规划、建设、管理、养护，能够自主规划、设计、施工的良性运转机构，台儿庄区农村公路事业迎来了一个快速发展的高峰。

2. 农村公路建设迎来战略机遇期，“村村通油路”建设提上日程

为改变农村交通条件，促进农村经济发展，全面提升农村公路档次和覆盖率，根本解决农民出行问题迫在眉睫。2002 年底，国务院按照全面建设小康社会宏伟目标的要求，作出了全面启动农村公路建设的重大决策。山东省人民政府充分结合山东实际，决定利用 3 年时间实现所有行政村通等级公路。为响应号召，贯彻落实党的十六大和中央农村工作会议精神，台儿庄区党委、政府高度重视，从 2003 年开始，对农村公路建设思路和投资政策进行重大战略调整，成立区村村通油路工程建设领导小组，各镇街成立了农村公路管理站专职机构，组织领导全区农村公路建设。在充分调研论证并实践检验后，于 2007 印发了《成立“区村村通油路工程建设领导小组”通知》《台儿庄区农村公路建设实施方案》等文件，出台了一系列的优惠政策，制定了修好农村路，服务城镇化的建设目标，从政策、资金、人力、财力上加大对农村公路建设的投资力度。十几年来，在政府主导下，通过社会各方的积极参与和共同努力，通过“村村通”公路工程、通达工程等诸多项目建设，建成了国防公路、旅游道路、村村通油路，全面提升了农村交通发展水平。截至 2011 年底，累计投资 8.6 亿元，新（改）建农村公路 600 多公里，全区 206 个行政村（居）全部通了油路（水泥路），97% 的自然村通了硬化路。农村公路总里程达到 679.4 公里（其中县道 95.4 公里，乡道 61 公里，村道 523.1 公里），密度达 137.54 公里 / 百平方公里、24.04 公里 / 人。大规模的农村公路建设，带动了农民增收，推动了农村产业结构调整，改善了农村居住和发展环境，促进了城乡一体化发展，产生了巨大的政治和社会效益。全区 6 处镇（办），211 个行政村全部通了油（水泥）路，100% 的行政村实现“村村通”，20% 的行政村实现“户户通”，农村公路建设取得了显著成绩，基本实现了农村公路与高速公路通达化、与国省道畅通化、与县乡公路联网化的“三化”目标，对农村经济振兴、农民致富、农业蓬勃发展产生了巨大的影响，为全区经

济社会发展做出了突出的贡献。

3.“村村通油路”建设的经验做法

经过多方面的共同努力，较好地完成了建设任务，实现了村村通油路（水泥路）的建设目标，给农民兄弟奔小康铺筑了康庄大道，实现了经济社会的大发展。主要有以下几点工作经验：

（1）规范招投标管理，保证工程顺利开展。对符合招投标条件的项目，严格按照省厅下达的计划建设规模、程序和技术标准及招投标法的要求，积极组织开展招投标工作。对每一条通村油路项目，认真指导乡镇做好勘察、设计、立项、申报、招投标等前期准备工作，择优选定施工队伍，确保了工程顺利进展。

（2）加强施工管理，严把工程质量关。按照《山东省农村公路条例》《山东省农村公路规范化管理办法》等法律法规及有关文件要求，抓好项目管理工作，建立企业自检、社会监理、政府监督的三级质量保证体系。严格按照公路工程建设基本程序和技术规范，专门抽调技术骨干组成质量监督小组，下派到各镇街进行建设质量巡查，提供技术服务，对工程进度、质量、安全进行控制，协调解决施工过程中遇到的困难和问题，鼓励村委会选派村内责任心强的村民代表和党员代表参与社会监督，确保施工企业严格按照施工规范作业，杜绝偷工减料现象，确保了工程质量，把好事办好。

（3）积极筹措资金、加强资金管理。在资金筹措方面，积极采取有效措施，落实地方配套资金，区财政在地方财力有限的情况下，足额拨付县乡公路大中修及改建工程配套资金，及时为“村村通油路”工程拨付补助资金。各乡镇政府也集中财力确保工程配套资金足额到位，为工程的顺利实施提供了资金保障。在资金管理方面专门设立了农村公路建设资金专户和“村村通油路”工程资金专户，加强对资金的管理，严格按照工程实际计量支付工程款，确保了上级补助资金足额到位、专款专用，所有上级补助资金均全部专项用于工程建设。

4. 农村公路管理养护步入正轨

（1）强化制度建设，台儿庄区农村公路养护管理工作逐步规范。2003年交通部以2号令正式颁布《公路路政管理规定》，公路路政管理的法律法规体系初步建立。农村公路路政管理职能也逐步得到加强，业务范围进一步得到充实完善。区政府、区交通局制定了一系列的养护办法，于2004年率先在全市出台了《台儿庄区农村公路管理办法》，加大养护措施，使养护工作从此走上规范化、法制化的轨道。县乡公路由所在乡镇设交通管理所负责养护及组织实施。大修、中修争取省市扶持、区财政补助、乡镇筹集、沿路企业捐献等多方集资。交通局投资购买了养护施工机械，油路修补机械化，杜绝了路拌、炒拌沥青碎石和利用自然车辆压实。在油路挖补结构上，以二灰碎石、水泥稳定碎石代替了原来的灰土、碎石灰土结构，保证了油路修补质量。专门配备了巡道车，每天都要进行巡查，每天都填写巡道日志，将病害、隐患消弭于萌芽，确保了公路完好、畅通，公路养护完好率逐年上升。每年平均巡道近万千米，整修路肩边坡100余千米，粉刷行道树8万余株，定时粉新路标、界桩和各种标志、标牌。建成了台马、台涛文明样板路，并及时开展常规养护管理。

（2）农村公路养护管理“枣庄模式”的推广和运用。农村公路建设养护的关系是“三分建、七分养”。随着国家、省、市一系列关于农村公路管理养护条例、方案、办法的陆续出台，为进一步巩固路网建设成果，最大限度的惠民、便民、利民，更好地服务于社会主义新农村建设，台儿庄区根据2007年枣庄市人民政府印发的《关于农村公路管理养护体制改革的实施意见》规定，于2007年在全区所有镇办成立农村公路管理养护站，积极推行养护管理“枣庄模式”，并取得一系列可喜成绩。2008年，建成区级农村公路专业养护机构——农村公路养护中心。中心占地30亩，建筑面积1200平方米，工程总投资710万元，为农村公路养护提供低成本、专业化、市场化服务和技术支持。2008年，自主开发了全省首个农村公路管理养护自动化系统，利用GPS系统采集的数据，建成电子档案，实施智能化管理。同年，台儿庄区牢固树立“建设是发展，管理养护也是发展，而且是可持续发展”的理念和“建不好是失职，管不好是渎职”的思想，区政府出台了《台儿庄区农村公路管理养护体制改革方案》和《台儿庄区农村公路管理办法》。台儿庄区交通部门还采取多种有效形式，认真宣传贯彻落实《山东省农村公路条例》、农村公路管理养护“枣庄模式”，通过政府主导，继续深化落实农村公路四化管理和有机构、有人员、有责任、有资金、有考核、有奖惩的日常管养“六有法”。即：

有机构。建立健全了区、镇两级专门的管理机构，区政府在区交通局内部设立农村公路管理处，为正科级事业单位，主任由区交通局分管局长兼任，并设置计划、工程、养护、路政等股室和养护中心。各镇（街）设立农村公路管理站，具体负责镇街农村公路路政管理工作，解决了执法主体资格问题，实现了行业主管部门与镇街政府职能的有机结合。

有人员。区镇（街）除有专门的管理人员以外，各镇（街）按照每3公里配备一员养路员、不足3公里按每个行政村配1名养路员的标准，采取选聘的形式组建了农村公路管理养护队伍。全区有300多名养路员活跃在农村公路管理线上。同时，有的镇（街）还组织老党员、老干部、老教师成立了农村公路管理协会，自我管理、自我教育、自我发展，义务监督、管理、养护农村公路。

有资金。区镇两级政府把农村公路管理养护工作纳入财政预算，每年全区两级财政拿出专项资金用于农村公路管理养护工作。同时，各镇街因地制宜，因村制宜，一村一策，一路一权，通过出让道路经营管理权、发展路域经济等形式筹集资金。

有责任。区农村公路管理处负责全区农村公路管理养护工作的指导、监督和考核，具体负责县道的管理养护；镇街农村公路管理站具体负责并组织各村民委员会实施本辖区乡道、村道的日常管理养护工作。同时，区政府还根据农村公路管理情况，明确了农村公路大中小修工程和日常管理工作的责任主体，建立健全各项制度，严格监督管理，确保养护施工的标准和质量，真正做到职责明确、责任到人。

有考核。区政府将农村公路管理养护工作列入了政府年度工作目标考核。区政府与镇（街）政府、镇政府与村委会分别签订农村公路管理养护工作目标责任书，年底进行考核。在此基础上，从行业层面逐级签订责任书、合同书，区农村公路管理处、镇街农村公路管理站逐级签订责任书，村委会与养路员签订合同书，分解落实责任，进行严格量化、考核和奖惩，确保农村公路管理养护落到实处。

有奖惩。区政府根据年终考核情况，对获得前三名的镇（街），授予“标兵、优秀、先进”等荣誉称号，并给予相应的资金奖励。对完不成任务的，除给予经济处罚外，还要向区政府写出检讨书，追究有关领导责任。由此，真正把部门行为、行业行为变成了政府行为，加大了各级政府的责任，调动了各个方面的积极性。

通过落实“6有做法”，强力推进农村公路养管一体化，牢固树立并落实“人在路上，路在心上”工作理念，积极开展好农村公路管理养护年活动，创新落实与镇街会商交通工作机制、交管所与镇街农村公路管理站人员交叉任职制、县道委托管养制、养管资金差异化考核奖励制，以及农村公路路桥身份证、路长桥长、日常巡查管养等20余项工作制度，把工作责任落实到了每条路上、每座桥上，落实到了每个工作人员的心上，切实做到了工作人员在路桥上、路桥在工作人员心上，切实把群众“建好路”的感情、“管好路”的热情、“用好路”的心情，转化为建好养好管好农村公路的力量和源泉。2011年3月7日，国务院颁布了《公路安全保护条例》，同时废止了《中华人民共和国公路管理条例》，同时，交通运输部根据授权，颁布了一系列公路管理的规章，这些法律、法规和规章，是中国特色社会主义法律体系的组成部门，大力推进了公路事业的健康快速发展，对依法开展保护公路工作，进一步促进公路事业的发展具有十分重要的意义。

2011年11月，在原路政管理站基础上组建成立台儿庄区交通运输局路政大队，隶属台儿庄区农村公路管理处，主要负责全区农村公路的路政管理工作。其主要职责是宣传、贯彻执行公路管理的法律、法规和规章；保护路产；实施路政巡查，管理公路两侧建筑控制区；维持公路养护作业现场秩序；依法查处各种违反路政管理法律、法规、规章的案件；法律、法规规定的其他职责。在日常工作中，路政大队不断完善服务措施，并将各项服务措施纳入制度管理的范畴，坚持严格管理与文明服务并重，严格要求与提高素质并举，严格监督与廉洁自律并行，将管理赋予服务之中，实现了从简单执法到规范执法的转变，从执法管理到服务社会的转变。

（五）实施农村公路专项行动与集中攻坚活动，交通基础设施保障得到不断夯实（2012—2016年）

1. 实施“千村扶贫”工程

根据中央、省、市、区的部署要求，协调推进“四个全面”战略布局，坚持创新、协调、绿色、开放、共享发展理念，充分发挥政治优势、制度优势和行业优势，确保提前完成交通运输行业脱贫攻坚任务。台儿庄区按照“统筹规划、分步实施、重点突破、整体推进”的原则，逐步完善省、市扶贫村农村公路设施。根据省、市下达的扶贫村道路建设计划（全区46个省市贫困村），从2012年正式启动“千村扶贫”工程至2015年，重点对30个村的道路实施新建、改建，改善群众出现环境，为百姓生产生活提供便利。2016年，随着国家全面扶贫攻坚工作临近尾声，交通系统又陆续实施交通精准扶贫（8个村9.208公里）、省定扶贫村（5个村10公里）及三年扶贫计划。通过持续努力，截至2016年底，累计投入7800余万元，改造村级道路260.5公里，完成扶贫村道路建设约20公里，基本实现贫困村“打通断头路、硬化穿村道、连接必要村”的目标.

2. 实施道路创森，路域环境得到明显改善

为全面贯彻落实科学发展观，加快现代林业发展、改善城市生态环境，按照国家、省、市、区“创建国家森林城市”的安排部署和总体要求，在区委、区政府的统筹安排下，经过历时两个多月的紧张施工，完成投资5300余万元，完成枣台、台韩公路道路绿化23.8公里，新增道路绿化面积36万平方米（不含边沟外30米宽绿化带），完成土方220万方，栽植女贞、桧柏球、冬青球、垂柳、雪松、樱花、紫叶李等苗木12万

余株，为广大群众和外来游客提供了三季有花、四季常青、人在路上走，宛如画中游的路域环境。并充分发挥台韩路、枣台路绿化的示范引领作用，对全区绿化相对单一、林带宽度相对较窄的农村公路，坚持经济林与景观林并举的原则，按照县乡道路两侧林带不低于3行树木，乡村道不低于两行树木的宽度要求，对所有绿化断档进行补植、增植，进一步提高全区农村公路的绿化率，全区农村公路绿化工作走上良性发展的轨道，为创建“国家森林城市”，打造“活力之城、魅力之城、文明之城、幸福之城”，为全市“创建国家森林城市”奠定了坚实的交通基础.

3. 开展“两保两树”，提升农村公路服务能力

为道路水路通畅水平、本质安全生产水平和应急保障能力全面提高，建立起上下联动、体系完善、运转高效的保畅通、保安全长效工作机制，打造出一批在省内和国内具有较强影响力的山东交通品牌，行业良好形象广泛树立，社会和群众满意度显著提升，为打造现代交通运输业奠定坚实基础。2011年12月25日，“保畅通、保安全、树品牌、树形象”动员视频会议在济南召开，这标志着“两保两树”活动在全省正式启动。

台儿庄区充分领会上级行业精神，在整个活动中始终把握“关注民生、服务群众，加快交通基础设施建设，提升鲁南门户城市形象”这条主线，扎实开展“两保两树”活动。以出色的工作，为群众的出行提供优质的服务，不仅要确保“人便其行、货畅其流”，更要确保行得好，行得安全，行得赏心悦目。重点在做好了以下五方面的工作：一是危桥改造问题；二是完善公路沿线标志标牌问题；三是积极实施安保工程，保证公路安全畅通问题；四是在建公路建设项目、大中修工程项目、水毁抢修工程项目的安全通行问题；五是加大农村公路管理养护力度问题。对自查自纠工作进行指导，明确了自查自纠重点内容。通过认真查找和整改，完善公路标志标牌40块，安保工程投资13余万元，保证了公路安全、舒适、畅通。连续三年开展了桥梁安全检测工作，共投入检测资金105万元，对检测出的危桥，安排资金计划1000万元实施桥梁新建、改建和加固、设置危桥标志等工作，保证了桥梁运营安全。对在建和已完工20余公里大中修项目和水毁抢修项目进行了全面安全检查，有效保证了工程安全和各项安全工作顺利开展，保证了所辖公路的安全畅通，为方便群众出行和满足当地经济社会发展提供了良好的通行条件，

4. 开展道路建设攻坚年活动

近年来，随着古城引领城市转型战略深入推进，以文化旅游为主导的三产服务业迅猛发展，而台儿庄区交通基础建设滞后、历史欠账大的问题日益凸显，交通瓶颈制约十分突出。截至2013年底，全区公路总里程743.1公里，其中国、省道仅有53.6公里，密度为每百平方公里9.14公里，是全省的57.5%、全市的49.4%。全区17条县乡公路中，有10条损毁严重，亟需改造；63%的村村通公路接近或超过使用年限。

对出行难问题，群众和社会各界反映强烈，人大代表、政协委员多次呼吁。为解决出行难问题，经过深入调研论证，区委、区政府从发展之急、民生之需、政府之忧的高度，在2014年年初全区经济工作会议和区人大、政协“两会”上，作出了开展“道路建设攻坚年”活动的决策部署。利用3—5年时间集中攻坚，实施台利路、泥薛路、台韩路、前薛路、省道234南延、运河北堤道路、环城生态走廊以及伊家河桥、韩庄运河大桥、顿庄大桥等“七路六桥”建设，从根本上改善全区道路交通状况。截至至2016年底，已累计完成交通基础设施投资10多亿，新修道路400余公里，新建、改建桥梁8座，道路建设攻坚年活动取得明显成效。

（1）重点实施四项工程，路网通行能力明显提升

一是台利路改造工程。按二级公路标准分期、分段实施改建。其中，西段3.6公里、投资876万元，于5月10日完成；东段13.6公里、投资3000余万元，于5月12日开工建设，11月8日竣工通车。二是环城慢行系统。围绕“一区一环两公园”大绿化，委托山东园林集团设计院编制了环城生态走廊建设规划，沿运河、大沙河、胜利渠、涛沟河、新沟河等5条水体，实施了河堤道路硬化工程，着力打造环城慢行系统。区水务、交通等部门和马兰屯镇、邳庄镇在资金十分困难的情况下，投资3000多万元完成了57公里的环城生态走廊沥青道路铺设。节点景观、沿线绿化等工程正扎实推进。三是农村道路通达工程。共完成123.15公里镇村道路建设。其中，涧头集镇结合省级示范镇建设，新修、改建镇村道路53.45公里；泥沟镇新修镇村道路28.1公里；张山子镇铺设村村道路15.1公里，并启动了全长25公里的盘山公路工程；邳庄镇新修村村通道路14.5公里，马兰屯镇新修村村通道路12公里。发挥畅通的道路优势，深化道路服务能力，加快推进城乡公交一体化，根本解决群众出行问题，投资700余万元，新购置12台CNG新能源公交车，相继开通了台儿庄到红瓦屋屯、台儿庄至黄丘山套公交线路，改善了群众出行条件。四是危桥改造工程。总投资4526万元，对尚庄桥、广济桥、曹楼大桥桥、红旗桥、坝子桥等8座危桥实施改建。并委托山东省交通规划设计院对顿庄大桥进行现场勘察和安全鉴定，采取了管控限行措施，对大桥进行维修加固，确保了大桥的安全通行。

（2）实施省道234沂台线南延工程，开辟鲁苏两省新通道

2013年，山东省财政厅、山东省交通运输厅联合下发《关于进一步完善普通国省道投资管理的通知》和《关于对穿城国省道安全改造工程给予政策引导支持的通知》，对山东省财政厅于2011年下发的《关于明确国省道专项资金开支范围的通知》进行了调整，地

方政府作为省道建设主体，承担了省道234沂台线南延工程项目的承建工作。项目起自台儿庄区邳庄镇雷草村北S234，路线向西沿北三环河北堤，在叶庄北与S244交叉，向西过于里村转西南方向接台韩路，向西加宽利用台韩路，在黄口村东向南，经任楼、黄塘村东，在大泛口村南新建大桥跨越韩庄运河、伊家河，在河上庄南跨支流河，在薛庄西与台利路交叉，路线向西南经高山后村北、耿楼村、谷庄村、官庄村东，在李山口村东接涧汴路，沿涧汴路到达路线终点鲁苏省界，路线全长26.942公里，概算投资6.5亿元，工程于2016年7月启动建设，2018年6月竣工通车。

该路建成后，开辟了一条台儿庄至江苏的新通道，实现了与周边省市高等级道路的互联互通，缓解了台儿庄区过境交通与城市交通压力，大大缩短了台儿庄至徐州观音机场距离，为台儿庄对外开放和旅游开发、巩固和发展海峡两岸交流基地，促进与台湾地区经济文化交流提供了快速、安全、经济、舒适的交通条件，对于促进区域经济社会发展具有重要意义。

（3）实施安全生命防护工程，进一步加强农村公路安全建设

为解决公路安全隐患，保障群众出行安全，2014年11月，国务院办公厅下发《国务院办公厅关于实施公路安全生命防护工程的意见》，台儿庄区根据国家、省、市统一安排部署，根据《公路安全生命防护工程实施技术指南》，于2015年3月开始，根据公路等级、交通流量、交通事故等情况开展动态排查、定期复查。经排查，对全区18条县乡道路68个安防项目进行精确定位，采集安防路段76公里。组织技术人员开展了县乡路安全隐患专项调查，共排查隐患里程76.28公里，其中一二级公路34.03公里，三四级公路42.25公里，做到底数清、情况明。同时，依据排查及数据采集到的翔实材料建立全区农村公路安全隐患基础台账，科学制定了分年度隐患整治计划，即在2015年底前完成通行客运班线和接送学生车辆集中的农村公路急弯陡坡、临水临崖等重点路段的安全隐患治理；2017年底前全面完成全区农村公路各种安全隐患整治工作，为防护工程建设奠定了坚实的基础。

以典型示范为抓手，迅速开展隐患整治，首先集中物力和财力启动并完成了1.6公里的台利路安全生命防护工程示范路段建设，整治隐患项目2个，对该路的土建工程、边沟、标志标线、交叉路口处理、护栏、警示诱导设施、避险车道、减速带等进行了集中整治，完成投资85万元。在完成示范路段建设的基础上，又加大整治力度，全力推进安全生命防护工程建设步伐。截至2016年底，累计投入资金约5700万元，完成台利路、顿薛路、台韩路、涛台路、姚台路、前薛路、刘桥至金庄路、林桥至于里路、赵村至陈庄路、涧汴路、曹楼桥和红旗桥等68处，76.28公里安全隐患路段整治任务，全面完成安全隐患路段整治任务，顺利通过省督导组检查验收。

S234沂台线南延工程启动仪式

5. 农村公路集中养护活动常态化

为进一步加快推进农村公路管理养护工作常态化、规范化进程，促进农村公路管理养护持续健康发展，更好地服务于农村经济发展和社会主义新农村建设，台儿庄区以科学发展观为统领，认真贯彻省、市文件精神，紧紧抓住春季、秋季是各种公路病害集中显现的关键期，按照“以县为主、行业指导、分级负责、建即有养、养即到位、全面养护、维护路况”的原则，深入开展集中养护活动。进一步强化主体责任，完善体制机制，落实制度，推进养护管理规范化、标准化，为农村经济发展和百姓出行创造良好的公路交通条件。通过常规行动与集中活动有效结合，完善了农村公路体制、机制建设，建立健全了规章制度、技术规范和养护标准体系，管理养护水平得到全面提高，积累了一整套行之有效的养护管理经验和做法，即做到了“五个到位”和“四个提高”。“五个到位”即：管养责任落实到位、机构人员配备到位、制度制定执行到位、资金筹措管理到位、监督检查考核到位。“四个提高”，即：提高管养能力、提高路况水平、提高服务质量、提高群众满意度。进一步突出了县（市、区）乡（镇）政府的主体作用，深化了农村公路管养体制改革，健全了管养机构，完善了养护运行机制；建立了以公共财政投入为主、长期稳定的农村公路管理养护资金渠道，逐步增加了资金投入力度。同时，突出行业指导，加强监管，提高行业管理水平；调动社会各方积极性，加大维修改造和养护管理力度，完善路网结构；大力开展农村公路标准化养护工程创建和公路绿化，全区农村公路养护质量得到明显提升。

（六）深入推进农村道路“户户通”建设（2016—2017年9月）

1. 推进“户户通”建设，进一步提高农村道路的通达程度

为进一步改善农村交通运输条件，推进村庄道路由“村内通”向“户户通”转变，实现村庄道路硬化“户户通”全覆盖。根据市、区统一部署，坚持“政府主导、分级负责、先易后难、分步实

施”的原则，大力实施农村道路“户户通”建设工程，计划利用三年时间，全面实现全区农村道路“户户通”，进一步改善农村生产生活条件，提高群众交通出行的满意度。

2. 加强领导，创新举措，“户户通”建设成效显著

根据摸底调研，全区共有“户户通”建设需求896公里，其中村内主次干道建设需求496公里，村巷建设需求400公里。工程于2016年启动，按照“示范带动、整体推进”的方式逐步开展。2017年完成主体建设任务，2018年进行全面深化提升，住户临近通达率达到95%以上。

市、区各级领导高度重视农村道路“户户通”工作，定期进行调度，市农管处也多次到台儿庄区进行现场督导。为切实加快工作进展，与全市保持统一进度，进一步理清思路，找准方向，多次与薛城、山亭和滕州等区（市）交通局进行沟通联系，学习经验做法，并结合实际，制定了《台儿庄区农村道路“户户通”工程实施方案》《台儿庄区农村道路“户户通”建设专项资金管理办法》《台儿庄区人民政府关于成立农村道路“户户通”建设工作领导小组的通知》和《台儿庄区农村道路“户户通”工程建设考核标准》等。同时根据全市情况，在《方案》中将地方财政补助标准确定为项目资金投入的60%。

为推动“户户通”建设顺利进行，区政府成立台儿庄区农村道路“户户通”建设工作领导小组。领导小组下设办公室，办公室设在区交通运输局，区交通运输局长任办公室主任，抽调专人集中办公。区交通运输局具体负责工程的规划、技术指导、施工检查、工程质量监督、评比、验收、资金争取等工作；区财政部门负责投资评审、跟踪审计及资金筹集；区纪检监察、督查、审计等部门负责工程建设的监察、督导、考核；区住建局负责镇、村整体环境规划打造、排水设施建设及绿化美化等，各镇街也成立相应的工作机构，明确责任人员，做到了机构健全、责任到位、一级抓一级、层层抓落实、全民参与、全力推进。区交通运输局充分发挥职能，在全区范围内，筛选群众热情高、基础条件好、实际需求强烈的村作为示范，实施以奖代补、奖惩结合的方式，以点带面，率先成功打造了一批亮点和先进示范点。在施工中积极与各镇街配合，加强监督指导，严把工程质量。截至2017年8月，完成投资1.05亿元已经完成187个自然村469.4公里建设任务，百姓居住环境明显提升，出行条件明显改善，收到了群众满意、社会满意的良好效果。

（七）认真贯彻落实十九大精神，扎实开展“四好农村路”建设（2017年10月–2018年6月）

习近平总书记多次对“四好农村路”建设作出重要指示批示，要求“既要把农村公路建好，更要管好、护好、运营好，为广大农民致富奔小康、为加快推进农业农村现代化提供更好保障。”台儿庄区认真贯彻落实党的十九大精神及习总书记的指示批示精神，从实施乡村振兴战略、打赢脱贫攻坚战的高度，进一步深化对建设农村公路重要意义的认识，聚焦突出问题，完善政策机制，为广大农民致富奔小康、为加快推进农业农村现代化提供更好交通保障，推动台儿庄区“四好农村路”迈入高质量发展的新阶段。

1. 围绕乡村振兴战略，构建适合台儿庄旅游城市发展的交通路网

城市要发展，交通要先行。围绕打造“通畅型”旅游城市，为游客提供更为优质的服务和空间，在交通综合路网打造上进行总体设计，进一步加大投入，加快建设符合台儿庄实际的立体交叉、连片成网、贯通省际、连接城乡、绿色安全、运行高效的新时代交通格局。一是加快推进省道234南延工程和省道241东延工程建设，尽快形成城区北、西外环，打通东、南两条鲁苏界新通道。二是规划实施枣台、运河南岸货运专线，引导重载货车绕城通行，减轻城区噪音污染、扬尘污染和安全隐患，为游客腾出通行空间。三是加紧完善文化东路道路两侧绿化、美化、亮化，整治提升枣台路景观效果，规划设计沿运观光大道（运河北堤路），构建东、西、北三向入城靓丽景观通道。四是谋划实施箭道路、鲁班路、兴中路、鸿运路北延工程，长安路、台中路西延工程，与省道234、241互联互通；规划新建鸿运路跨韩庄运河大桥，打通老城与北部、南部新城交通网络。五是紧密结合我区全域旅游发展规划，不断加大绿色环保交通投入，重点打造57公里的环胜利渠、大沙河环城生态走廊和20公里的环省道234慢道；规划新建祥和庄园至九星山乡村旅游道路，打造提升国家森林公园景观道路。实现以交通路网拓宽区域经济发展框架。

2. 深入推进全区“四好农村路”建设

（1）总体思路

深入学习贯彻习近平新时代中国特色社会主义思想和党的十九大精神，坚持新发展理念，围绕乡村振兴战略，突出问题导向，进一步优化全区农村公路路网结构，提升管理养护水平，推进城乡交通运输一体化发展，努力打造“新农村幸福路”优质品牌，为全面建成小康社会、推进建设自然生态宜居宜业台儿庄提供坚实交通保障。

（2）任务目标

进一步深化农村公路体制机制改革，强化镇（街）及相关部门的主体责任，稳定资金来源渠道，健全建管养运长效机制，组织开展“四好农村路”三年集中攻坚专项行动，积极开展日常性养护和养护大、中修工程，打通“断头路”，消除“瓶颈路”，改造路网主要路径中的危桥，提升农村公路技术状况水平，健全农村公交和物流体系，实施城乡交通运输一体化。到2020年，新建改造农村公路268公里，自然村全部通公路，实现村居道路户户通全覆盖、村级公路网化建设全覆盖、农村公路安全隐患动态排查整治全覆盖、行政村通公交全覆盖，农村公路列养率100%，物流服务网点覆

盖率达到 90% 以上。到 2022 年，进一步提升“四好农村路”建设水平，全面推进城乡交通运输一体化建设深度，全区所有行政村物流服务网点覆盖率达到100%，基本建成体制机制顺畅、结构科学合理、组织集约高效、能力总体适应、技术先进适用、安全保障有力、生态环境良好的农村公路交通服务体系。

（3）工作重点

一是全面建好农村公路。第一，完善路网规划。突出规划引领，各镇（街）及相关部门将农村公路建设工作纳入区域经济社会发展总体规划统筹考虑，科学编制农村公路规划，并与土地利用总体规划、新旧动能转换、村镇整体发展、城乡一体化发展、综合交通、产业布局、全域旅游、精准扶贫、美丽乡村等规划有效衔接，合理配置资源、优化路网结构，确保路网规划中县乡公路比例、三级路以上比例逐年上升。到 2020 年底，全区农村公路的路网规划中县乡公路比例、三级路以上比例高于全市平均水平。第二，加快提档升级。进一步规范农村公路建设管理，全面提升农村公路发展速度、网络规模和管理服务水平，打造农村公路“升级版”，创树“新农村幸福路”优质品牌。优先满足区域中心村、中心社区对农村公路的新改建需求，新改建农村公路的路面宽度一般不低于 6 米，严格落实安保工程、公交亭（牌）、货运物流以及必要限高限宽、限载标志等配套设施建设“三同时”制度，鼓励在路侧预留一定宽度的路肩和服务旅游观光平台，重点解决农村公路与国省道相交处的路基高度差较大问题，确保“建成一条，达标一条”。在全面完成村级公路网化示范县、安全生命防护工程等专项行动的同时，从今年开始连续三年开展“四好农村路”集中攻坚专项行动，统筹实施村居道路户户通、农村公路安全隐患动态排查整治、路网提档升级、自然村庄通达、路面状况改善、运输服务提升“六大工程”，积极开展精准扶贫、“四好农村路”示范县和示范镇创建活动，全面改善农村群众交通出行条件。第三，实施交通扶贫。把“四好农村路”建设与精准扶贫、“第一书记”扶贫等工作有机结合，大力实施农村公路精准扶贫提升工程，加快扶贫工作重点村户户通工程建设，充分发挥交通扶贫脱贫攻坚基础支撑作用。到 2020 年底，所有扶贫工作重点村实现有等级路与邻近路网衔接、有 1-2 条穿村公路、有公交通达的目标。第四，打造精品示范。各镇（街）及相关部门依据区域地理区位、经济社会发展、产业布局、资源优势等特点，将自然生态、风土人情、乡村特色、传统文化等融入农村公路规划、设计、建设之中，做到公路与沿线周边乡村风貌、田园风光、农业园区充分融合，全面打造“一镇（街）一特色、一村一幅画、一路一风景”的系列旅游路、景观路、生态路、产业路、文化路。到 2020 年底，结合“国家全域旅游示范区”创建工作，形成两条以台儿庄古城为核心，以运河风景文化带为中轴，以乡村特色旅游为补充，串点成线、串珠成链，南北贯通的区级精品示范美丽公路环线。同时，扎实开展“四好农村路”示范镇创建活动。

二是全面管好农村公路。第一，落实管理责任。加大农村公路投入力度，做好相关政策保障，创新管理方式，进一步提升农村公路治理能力。交通运输部门发挥好牵头抓总、综合协调作用，重点做好县道建设养护管理工作；财政、农业、国土、住建、林业、旅服等有关部门要加大资金和政策支持，为农村公路健康稳定可持续发展创造良好外部环境；镇（街）切实履行好乡道、村道建设和养护主体责任，积极探索完善镇（街）、村两级在乡道、村道管理方面的权力和责任清单，保障农村公路建管养运政策措施落实到位。各级各部门在确保县道管养到位的同时，将工作重点向乡道、村道倾斜，并强化目标管理绩效考核，建立奖惩机制，不断提升全区农村路网管理服务水平。第二，健全管理机制。建立健全“政府主导、部门配合、社会参与”的农村公路管理协调机制，进一步完善农村公路管理组织体系，健全区、镇（街）、村（居）三级管理机制。按照“精干高效、专兼结合、以专为主”的原则，重点加强区、镇（街）农村公路管理机构能力建设，提高专业技术人员配置比例，有力保障农村公路监管体系高效运转。第三，强化法治建设。健全完善农村公路规章制度，大力提升执法机构能力水平，健全乡规民约条款，建立镇（街）、村（居）农村公路保护队伍。交通运输、公安、住建、农业、综合执法、水务、旅服等部门及镇（街）定期开展联合执法，严厉打击破坏、损坏、非法占用、非法利用农村公路及其附属设施的违法行为，严格落实赔偿制度，利用各种有效手段，强化涉路行为的事前、事中、事后监管，全面形成农村公路保护合力。第四，整治路域环境。各镇街及相关部门结合城乡环卫一体化、美丽乡村建设、全域旅游等，统筹规划、同步安排，提前预留绿化空间，扎实开展农村公路路域环境综合整治，组织实施农村公路净化、美化、绿化“三化”工程，深入推进绿色廊道建设，全面清理路域范围内的草堆、粪堆、垃圾堆、非公路标志，具备条件的路段全部实现路田分家、路宅分家、绿化全覆盖，打造标准、规范、舒适、优美的通行环境。同时，积极开展占道经营、马路市场的清理整顿工作，有效保障农村公路安全、畅通。

三是全面养护好农村公路。第一，做好养护规划。交通运输、财政等部门按照“节约高效、实事求是、保障畅通”原则，遵循“全寿命周期”养护理念，科学编制全区农村公路养护发展规划，准确测算确保路网技术状况达到国家规定水平的必要投入。做好农村路网年度养护计划，其中，县道大中修养护工程计划由交通运输主管部门编制，经县级人民政府同意后组织实施；乡道、村道大中修养护工程由交通运输主管部门协助各镇（街）编制，并报县级人民政府同意后组织实施。进一步加大农村公路预防性养护力度，强化养护质量控制，探索建立健全养护效果评价机制，保障路况整体服务水平。第二，完善养护机制。建立“政府主导、行业指导、部门协作、社会参与”的养护工作机制，确立区、镇（街）与市场合理分工的养护生产组织模式，平稳有序地推进农村公路养护市场化改革。大力推进农村公路养护大、中修工程市场化进程，不断健全竞争机制，择优选取专业化队伍开展定期养护。小修工程、维修保养、日常养护等项目要实行片区捆绑、条块打包，积极推广政府主导、公司经营的市场运作等养护模式，确保专业化水平不断提升，养护维修及时到位。鼓励探索水毁、地质等灾害保险模式，减少政府灾毁经费支出。第三，提升养护水平。各镇（街）及相关部门积极推进农村公路养护常态化，加大重点县乡公路大中修工程和普通县乡公路预防性养护实施力度。加强危桥动态监测和现场管控，加快推进危桥改造工作。强化养护责任单位及人员交流培训，积极利用“互联网+”等现代化手段，全面提高农村公路信息化、智能化养护水平，实现“有路必养、养必到位”的目标，年均养护大、中修工程比例达到7%以上，中等路以上比例不低于75%。第四，推广养护创新。各镇（街）及相关部门牢固树立农村公路绿色养护、生态发展理念，加强与科研院所技术合作，不断创新养护方法，积极推广应用新材料、新技术、新设备，稳妥推进农村公路路面自动化检测、小型通用养护机械研发等工作，探索废旧材料循环利用，及时将成本低、效率高、效果好的养护技术总结上升为地方行业标准，不断完善农村公路建设、养护标准化技术体系，大力提升养护管理质量和资金使用效益。

四是全面运营好农村公路。第一，提升公交水平。科学制定城乡交通运输一体化发展规划，不断优化城乡公交线网布局，结合每条线路实际确定运营方式、车型、票价，逐步提升覆盖广度、通达深度，加快形成以城区为中心、镇（街）为节点、覆盖行政村、延伸自然村、连接乡村旅游点的农村公交服务网络。稳妥推进农村客运公交化改造，全面提高服务质量、设施供给能力、运力结构水平，实现城乡公交服务均等化。制定运营服务计划、成本规制办法、考核奖励办法等，确保农村公交线路开得通、跑得好、留得下。鼓励大中型专业企业整合农村公交市场，逐步实现集约化、规模化经营，对冷僻线路可采取灵活发班、电话或网络预约等经营模式，大力提高运行效率和经营效益。利用“互联网+”大力推进智慧运营水平，建立城乡公交车辆智能调度监控系统、手机APP网上查询系统、预约叫车平台系统，车辆安装4G视频监控终端，区财政按照规定予以支持。到2018年底，基本实现行政村公交通达率100%，进一步推进公交通达向自然村延伸。第二，建设物流网络。充分利用交通、商务、供销、邮政等物流资源，按照“区级中转、镇级分拨、村级配送”的原则，加快推进农村物流网络节点建设，统筹做好节点布局规划，完善服务功能，形成以区级物流中心、镇级服务站、村级服务点为框架的三级物流网络。鼓励经营主体创新农村物流运营模式，强化与商贸流通、供销合作、电商快递等市场主体深入合作，提高资源集约利用效率，大力推动农村电商向纵深发展，促进价值链、供应链、产业链协同创新，努力构建“一点多能、一网多用、深度融合”的农村物流发展格局。第三，保障运营安全。各镇（街）及相关部门加强农村公路运输安全监督管理，建立农村公交班线运营安全风险评估机制，严把农村客运、交通物流市场准入关，严格落实农村道路客运班线安全通行审核有关要求，交通运输、公安等相关部门要健全农村公交班线通行条件审核机制，检查评价运输线路的路况、车况以及运营安全标准的适应性，及时发现和排除安全隐患，保障公路运输安全运行。

（4）保障措施

一是加强组织领导。区“四好农村路”工作领导小组办公室具体负责专项行动的组织实施、指导督促、协调调度和检查考核等工作。各镇街及相关部门要明确专项行动具体推进机构，保障专项行动扎实有效进行。

二是积极筹措资金。根据三年集中攻坚任务目标及交通运输事权和支出责任划分原则，全区“四好农村路”估算总投资4.6亿元，财政、交通运输、住建等相关部门及各镇（街）切实落实相关责任，加大资金筹措力度，确保三年集中攻坚任务顺利完成。建立区、镇（街）两级财政投入机制。从2018年开始，区、镇（街）两级建立农村公路投入分担机制，将农村公路管理机构运行经费、人员基本支出以及建设养护资金纳入同级财政预算。其中，县道建设养护资金由区级财政进行配套；乡道、村道建设养护资金由镇（街）财政负责配套，区级财政按照奖补政策给予奖补。在确保省、市奖补资金专款专用的基础上，除一般公共预算资金安排外，区财政按政府土地出让金收益3%统筹一部分，从涉农资金和“一事一议”资金中整合一部分，鼓励社会各界捐赠一部分，切实加大“四好农村路”投入。其中，路网提档升级、自然村通达工程，区财政按照与省、市相同标准，按20万元/公里给予奖补；大中修工程参照上级标准给予奖补；日常养护实行分级负责制度，其中交通运输部门负责县道日常养护工作，镇（街）负责乡道、村道日常养护工作，区财政按照与省、市相同标准，按县道每年7000元/公里、乡道每年3500元/公里、村道每年1000元/公里给予奖补。

三是强化机制保障。各镇街及相关部门大力推进农村公路管理体制改革，创新管理模式和运营机制，妥善做好资金资源统筹调配。专项行动实行动态调整机制，在总任务保持不变的前提下，结合区域实际发展需求和能力，科学调整具体实施项目。牢固树立“质量、安全、廉政”责任的红线意识、底线意识，不断健全完善农村公路管理机制，确保专项行动取得实效。

四是落实奖惩措施。把“四好农村

路”三年集中攻坚专项行动纳入全区经济社会发展综合考核。各镇（街）及相关部门组织编制“四好农村路”三年集中攻坚专项行动实施计划，明确具体工作任务，加快推进项目实施。区政府将组织开展检查督导，指导好所需资金筹措落实工作，严厉打击弄虚作假、虚报瞒报行为。根据各镇（街）工作开展及目标任务完成情况，按照“奖惩并举、多干多得”原则分配奖补资金，充分调动各镇（街）的工作积极性。

3. 抓落实，显成效，农村公路建设取得阶段性成果

（1）真抓实干，交通重点工程强力推进。一是完成泥薛路至206国道连接线道路加宽改造工程。该路全长5.9公里，概算总投资约1100万元，按照路面宽度8米，路基宽度9米的建设标准进行改建，5月底已全线竣工。该路的建成在国道206与新改建的省道234之间又形成一条贯通东西向的主干道，大大改善了运河与伊家河之间夹河套地区群众的出行条件。二是启动实施台利路张山子段改建工程。该项目全长5.3公里，按照二级公路标准进行改建，概算总投资1200万元，已完成水稳层铺筑，计划8月上旬竣工通车。该段路建成后，台利路将实现全线贯通，为运南地区群众出行、沿线企业生产和苏鲁两省经济交流提供更加通畅的交通条件。三是实施运河湿地环城廊道工程。该工程2018年3月动工，全长6.2公里，路面宽度5米，总投资900余万元，路基已经全部完成，3.65公里的彩色沥青路面也已铺筑完成，完成投资600余万元，计划8月上旬竣工通车。

（2）加大投入，各项交通民生工程进展顺利。区政府高度重视民生工程，千方百计克服资金、物料紧缺等困难，保证了一大批交通民生工程顺利实施。一是大力实施村级道路网化工程。上半年全区累计投入资金约3239.7万元，实施村级道路改造45.4公里，打通了部分断头路，进一步优化了区域路网结构。二是全面开展村级公路安全生命防护工程。该项目概算总投资650万元，上级补助资金170万元，3月30日，区交通运输局向各镇（街）下达了126.7公里村级公路安全生命防护工程建设计划，运河街道办事处已全部完成整治任务，其他镇正在积极开展招标等前期工作。三是实施窄路基路面加宽工程。区交通运输局结合下一步“四好农村路”建设的实际情况，为避免重复建设造成不必要的浪费，于今年4月份对部分项目实施计划进行了重新调整，并及时跟进、督促镇（街）抓紧时间实施，同时做好技术指导和质量监督，截至5月底，已完成29.84公里，完成投资672万元，还有1.73公里在建，预计7月底可以完成。四是加快村居道路“户户通”建设。区交通运输局积极督导各镇（街）严格落实建设主体责任，结合美丽乡村建设、连片村整治、网化工程、自然村通达工程等组织实施户户通工程建设，截至6月初，各镇（街）已自检完成户户通建设村居44个，累计完成212个自然村，占全部的61%。五是扎实开展“四好农村路”工作。为认真贯彻落实全市“四好农村路”建设会议精神，2018年5月12日召开了区长常务办公会议，专题研究“四好农村路”工作，就做好“四好农村路”建设进行安排部署。区委、区政府主要领导召集各镇（街）党（工）委书记召开专题会议研究环线布局，按照将区内的特色小镇、美丽乡村、旅游景点连点成线、串珠成链的总体思路，确定了两条精品示范美丽公路环线约130公里，高标准设计五处公路驿站。其中，北线将运河湿地、双龙湖湿地、涛沟河湿地、小季河湿地、沧浪民宿、九星山、祥和庄园鲜花小镇等有机整合，彰显“水”的特色；南线将憩园、偪阳故城、千年银杏、黄邱桃谷、鹿荒古村、穆柯寨依次串联，勾勒“山”的轮廓。召开全区“四好农村路”建设工作会议，下发了《关于进一步做好“四好农村路”工作的实施意见》，成立了以区长为组长的领导小组，明确了各镇街、有关部门的工作职责和任务目标。委托设计院对全区271公里提档升级和自然村通达项目进行专业设计和实地勘察。泥沟镇在全区率先召开了“四好农村路”建设工作会议，已完成苗木、房屋、线杆等附着物清点工作；张山子镇、邳庄镇已完成“四好农村路”路域环境综合整治调查摸底工作。2018年全区“三年集中攻坚”专项行动任务目标209.89公里，截至6月初，已先期实施完成提档升级、自然村通达工程约30公里，养护大中修约20公里，为年度目标的24%。六是农村公路管养成效显著。持续加大农村公路养护力度，积极开展春季集中养护活动及全区农村公路养护工作，对路面病害及时进行整治，路面挖补约18000平方米，路面灌缝15000延米。加强路政巡查，维护路产路权，上半年以来，共出动执法车辆160辆次，执法人员230余人次，累计巡道里程达 16000余公里。清理路障1400余立方，收缴路赔3800元。同时，认真抓好安全生产管理工作，确保了无安全责任事故的发生。

二、农村公路建设取得的成就

改革开放以来，在区委、区政府的正确领导下，在省、市交通主管部门的大力支持下，台儿庄区农村公路建设经历了一个从无到有、从艰难起步到摸索前进再到迅猛发展的发展历程，累计投资十几亿元，新建、改建农村公路600多公里，修建大、中桥、小桥30余座，农村公路总里程达到845.6公里（其中县道93.9公里，乡道64.8公里，村道691.8公里），密度达158.6公里/百平方公里。全区211个行政村（居）实现了“村村通”，80%的村庄实现了“户户通”，建立了区、镇、村三级农村公路管养体系，形成了“区监督，镇负责，村为主，重管理，养到位，保畅通”的长效机制和运行机制，有力地推动了全区经济社会又好又快发展。

三、农村公路建设的经验启示

（一）政府主导，是全面推进农村公路建设的重要保证

区委、区政府将农村公路建设纳入

经济发展的大局统筹安排，做到“三结合”：一是与综合交通规划相结合，把农村公路作为整个综合交通网络的延伸和完善，做到有目标、有方向、有遵循，避免了道路建设的盲目性和随意性；二是与城乡统筹发展相结合，农村公路围绕城乡统筹发展，实现建设与发展“双促进”目标，提升了道路建设服务城乡统筹发展的能力水平；三是与农村产业发展相结合，坚持公路规划促产业发展，产业发展促农村经济的原则，通过制定科学的农村公路建设发展规划，提高了农村公路建设的针对性、科学性，使农村路网建设对改善和提高群众生产生活条件更密切、更实用、更便利。同时，财政年度预算兜底农村公路建管养资金缺口，解决了配套资金难题，为农村公路提供了坚实的后盾保障。

（二）积极探索，是加快农村公路建设的动力源泉

近年来，台儿庄区充分结合当地北部平原、南部山区的区位实际，在农村公路规划建设养护工作中，大胆探索，勇于创新、因地制宜、量力而行，稳扎稳打，在体制机制建设上取得了一系列突破，推动农村公路建设良性健康发展。一是逐步健全完善农村公路建设管理养护政策，先后多次出台意见、办法、试行方案等指导性、规范性文件，并及时更新提高完善，落实与镇街会商机制、交管所与镇街农村公路管理站人员交叉任职制、县道委托管养制、养管资金差异化考核奖励制，以及农村公路路桥身份证、路长桥长、日常巡查管养等20余项工作制度，使农村公路建管养有章可依、有据可循。二是创新融资渠道，在政府主导的基础上，采取上级补一点、社会捐一点、群众集一点的办法，积极筹措资金，资金有了保障，农村公路有富裕的资金提高道路绿化、照明、排水、安防等附属设施档次与标准，提升群众出行的舒适度。三是实事求是，因地制宜。针对个别镇、村自筹能力及实际需求，在道路前期规划设计过程中，在满足主要技术指标，确保公路工程质量的前提下，尤其是次要街道和小巷，敢为人先，实事求是，采用灵活适当的方式进行施工，做到工程质量、投资成本和社会效益的和谐统一。

（三）各方参与，是形成农村公路建管合力的有效途径

农村公路建设为广大人民群众打开了一扇脱贫致富的大门的同时，更离不开社会各方的关心、支持和踊跃参与。尤其是近几年来，国家专项补助政策的连续出台，极大地激发了群众建路、爱路、护路的积极性、主动性。台儿庄区正是在这种良好的社会氛围下，通过聘请沿线群众担当义务监理员，加强了质量监督管理；通过对比建路前后村民收入水平、生活质量的巨大变化，展现农村公路建设成果，使其接受教育和启发，并转变为自觉的行动；通过抓示范、抓典型，利用传统媒介、微信群等形式大力宣传，选树为农村公路建设积极出资、出力、献策的先进个人，设立“功德碑”，使好的榜样更好地带动正能量的传播。同时，充分听民声、察民情、顺民意，整合一切社会力量，集思广益，群策群力，有力地推进了农村公路建设。

（四）规范施工，是确保农村公路建管养质量的有力保障

针对有些施工单位存在着“农村公路建设等级不高、路面较窄，施工简单、标准低一些没关系的思想”。台儿庄区牢固树立规范化施工意识，首先从规范标准、严格施工程序上入手，严格把关，确保工程质量过硬。一是规范招投标、优选施工队伍。在工程招标信息的发布、报名单位资质审查、组建评标委员会、评审标书、开标的各个环节，严格按照国家有关法律法规及市办的要求，规范工程招投标工作。而且，纪检监察部门全程监督招投标的全过程；二是严格施工监督。在工程实施过程中，严格工序交接控制，上道工序检测不合格，不得进入下道工序。建立了施工单位自检、乡镇质检员监督、区现场监理检测、市监理抽检的四级质量保证体系，较好地保证了工程质量。

审稿人：李士飞
撰稿人：贯克章

畅洁绿美的农村公路

张山子镇甜桃业发展历程及启示

台儿庄区张山子镇地处枣庄市西南部，鲁苏两省交界处，东与台儿庄区涧头集镇相邻，西与江苏省铜山县接壤，南与江苏省贾汪区接壤，北与枣庄市峄城区隔河相望，206国道、京杭运河、京台高速和和京沪高铁等水路、路路交通要道贯穿东西南北。2017年，全镇总面积112平方千米，辖46个行政村，4.3万余人，耕地面积8.7万亩。该镇南部黄邱山区是有名的抗日革命根据地，山区绵延数十里，有大小山头30座，10个行政村，18个自然村，总人口7653人，耕地面积9750亩，山区土质良好，适于发展甜桃种植。改革开放以来，特别是建立社会主义市场经济体制，坚持科学发展观，全面建设小康社会新阶段以来，张山子镇党委、政府坚持改革、开拓、发展、务实的路子，借助其南部山区适宜发展林果种植的自然优势，突破原有农业种植结构方式，坚持发展生态特色农业，坚持与市场经济接轨，逐步发展、培育壮大了甜桃特色产业。2011年8月，张山子“穆柯寨”牌甜桃被农业部评定为国家级绿色、无公害农产品。2013年张山子镇被授予枣庄市甜桃种植明星镇称号。2015年，张山子镇“穆柯寨”牌国家级无公害甜桃种植面积达1万余亩，主要分布在该镇的南部山区、丘陵地带，地理坐标为：北纬34°27′06″—34°32′26″，东经117°28′30″—117°34′30″，幅员约1000公顷的区域范围内，主要涉及该镇的张庄村、鹿荒村、黄邱村、丁庄村、张塘村、后楼村等10个行政村。全镇甜桃年产量2.5万吨，年产值1亿元，70%的山地丘陵种植了甜桃，60%的果农收入主要来源于甜桃，果农人均果品收入达到5500元。从早春到初冬都有不同品种的甜桃上市，其果品销往上海、天津、江苏、福建、广东等地。

一、发展历程

张山子甜桃的发展历程，可以追溯到20世纪80年代中期，那时乡镇没有合并，分为原张山子镇和原侯孟乡，2001年3月，合并为现在的张山子镇，镇驻地在张山子镇张东村。在原侯孟乡还是以传统粮食作物种植为主，只有少数人在山间地头种植一些早熟桃，在每年五六月间成熟后，拿到市场上来卖，增加点经济收入，但是收入极少，只是比传统经济作物稍好，品种没有现在多，上市时间短、个头小、桃酸涩、不可口。那时候甜桃的品种也很少，更没有香甜脆口的国家级“穆柯寨”甜桃这个品牌。据张庄村老桃农李成明回忆，张山子镇的甜桃大规模种植是在1986年秋季开始的，主要是由时任原侯孟乡党委书记殷宪亭发起的，先后经历了以下三个发展时期。

（一）起步发展阶段（1986年9月—1991年9月）

这一时期是20世纪80年代中期至90年代初期，处于缓慢发展阶段，群众处于刚认识阶段，品种也主要是自己组团买苗，桃苗质量也不最优，主要大桃品种为五月红、大久保等，先期在张庄、磨石楼、黄丘等5个村形成较小规模，面积约为600亩左右。

一是经济体制改革促进自主经济发展。1979年，根据中共十一届三中全会制定的路线、方针和政策，张山子镇境内农村经济体制改革开始起步，在原张山子镇大沟上村率先土地承包下，原张山子镇、原侯孟乡一些村、部分生产队开始实行承包到组，责任到人；有的生产队实行口粮田包产到户。自1980年以后，农村经济政策落到了实处，在坚持土地等生产资料集体所有制的前提下，由生产队根据土质优劣、水利条件好坏等因素，将土地分等级承包给农民。1983年，境内改为包干到户形式的家庭联产承包责任制，废除了“大锅饭”。农民以户经营，自负盈亏，全年收获交足国家的任务，剩余部分全归自己。农民生产积极性普遍高涨，不少农民充分发挥各自的一技之长，加大农田管理，粮食产量显著增长。小麦亩产量由原来的100—150公斤提高到250—350公斤以上还有不少农民粮食产量亩产超过500公斤大关。粮食丰收了，农民手中有粮食了，农民基本解决了暖饱问题，生活较以前有很大改善。

二是种植结构调整效益初显。1984年后，张山子镇贯彻《中共中央关于一九八四年农村工作的通知》，继续稳定和完善家庭联产承包责任制，由土地统一划片分包，调为每户3—5块，土地承包一般延长为15年，并颁发《土地使用证》，农村家庭联产承包责任制进一步调动了农民的生产积极性，促进了生产力的发展。通过对农业种植结构的大力调整，由原来的单一种植粮食作物调整为大力发展经济作物，由一元种植向多元化发展，种植蔬菜，搞粮林间作等农业发展模式，涌现出了不少种植专业户、万元户，在短短几年的时间内，全镇农村经济发生了巨大变化，农民生活由温饱问题向富裕挺进。

三是甜桃艰难初始种植。为贯彻落实中央农村工作政策，根据实际，调整种植结构打造适合本地的特色林果，带领农民拓宽增收渠道，加快奔小康步伐。1986年4月，由台儿庄区林业局调任原侯孟乡党委书记的殷宪亭，结合原侯孟乡的实际情况，决定带领山区群众通过调整农业产业结构，大力发展林果种植业。到任后，他便深入到黄丘山区进行了前后约半年时间的实地调研、走访群众。通过调研发现，黄丘山区的土壤地貌主要以山区丘陵为主，山区丘陵面积占到了原侯孟乡南部山区总面积的85%，土壤主要以黄、棕壤类为主，据测定有机质含量在1.0%以上，水解氮75毫克／千克，有效磷21毫克／千克，速效钾大于60毫克／千克，pH值6左右，且土层深厚，土质疏松，保水保肥能力强，非常适合果树生长。加上山区内气候温和，四季分明，光照充足，年积温4710.5℃，昼夜温差大；无霜期205天左右，自然农耕期长达290天左右；平均降水量在600—1000毫米，且山区水利条件配套，地下水源充足，水质清澈，无污染，基本能达到旱能浇、涝能排的农业生产条件。综合以上调研情况，学园林专业出身的殷宪亭认为，黄丘山区的自然条件是非常有利于发展甜桃种植的。于是在一次乡党政联席会上，殷宪亭提出了在黄丘山区部分村庄试点甜桃种植的建议，但由于长期的传统习惯，部分干部也对此提出异议，认为如果种植桃效果不好，不能给群众带来增收或调整后不如传统种植收益好，就会给以后工作开展带来困难。但殷宪亭坚决认为，没有尝试就永远不可能成功，再说进行甜桃种植天时地利条件具备，只差人和，只要大家统一思想，解决克服困难，就一定能成功。会议决定进行试点种植，试点调整任务主要分配给张庄、磨石楼、岔椅子等5个村，分别是张庄村100亩，磨石楼100亩，黄邱100亩，岔椅子50亩，山南头50亩。不少群众对此并不认可，但经过苦心婆口的思想工作后，部分群众开始在山坡小地块进行桃树试栽植，虽然对结果并不抱太大希望，但仍旧种下了希望，就这样，黄丘山区的甜桃种植也就开始起步，山区群众致富路也得到拓宽。

四是乘势扩大规模。通过专家的科学指导、农户的辛苦栽培、精心的管理，山区果农亲眼见证了甜桃桃的发芽、长枝、开花、结果。到1988年的夏天，400亩甜桃终于获得了丰收，据统计，全年共收货甜桃58万公斤，特别是引进的“大久保”甜桃，品质甘甜，桃形好，较大的个头有3—4两重，在市场上很受欢迎，群众反响特别强烈。市场普遍反映黄丘山生产的甜桃不仅好看，还好吃，很受市场青睐，甜桃一运到到附近集市销售，一听说是黄丘山区的甜桃，都会一拥而上，甜桃会被一抢而空，果农从最初渺茫尝试到收入鼓起口袋，精神状态极为振奋，这也带动了山区群众种植甜桃、发展果树种植的积极性，有了示范效应，果农种植甜桃的积极性高了，没种植甜桃的群众发展甜桃的愿望和劲头也足了。为让林果真正成为山区群众增收致富的一大渠道，1990年9月，侯孟乡党委、政府研究决定，在山区继续扩植甜桃300亩，不断扩大群众特色林果种植收入，群众对此也非常渴望，种植甜桃群众从最初的年老长者到青壮年，原来曾经为找对象而发愁的山区青年，现在却为自己是甜桃种植户而自豪，一只只金凤凰也飞到甜桃果园。为鼓励群众甜桃种植，侯孟乡从甜桃品种选择、义务帮助栽植、无偿进行技术指导、多方式拓宽销售渠道等方式，解决果农种植的困难和后顾之忧，就这样，黄丘山区的甜桃就此扎下了根，也为山区农民致富开辟了新捷径。

（二）规模扩张阶段（1991年10月—1999年12月）

20世纪90年代，是甜桃的规模扩张时期，种植面积由1986年的400亩发展到1999年的3000亩，这一时期在部分桃农的带领下，不少山区群众对果树种植有了较深认识，主动加入果农行列，果树种植有了大幅度提高。

一是基础条件改善，加快了特色产业发展步伐。20世纪的90年代，是张山子农业生产条件实现较大改善，农业经济快速发展的时期。张山子镇立足当地良好的自然条件、区位和交通优势，做足做强农业发展的这篇大文章，致力于富农强镇、大胆创新，走出了一条农村经济发展的新路子。十年间，该镇积极争取上级农业扶持政策、农业开发项目扶持，通过土地综合治理、土地整理等，不断改善农业生产条件，全镇综合治理土地2.6万亩，完成平原农业综合开发1.5万亩，项目方内做到树成行、林成网，沟渠畅通；投资300万元，完成了尤窝子水库除险加固，即使遇到灾害天气，也不会对甜桃种植造成破坏；完成了黄丘环山路建设，全镇有60%的村实现了村村通柏油路。基础条件的不断改善，加快了全镇特色产业的发展步伐，冬暖式大棚蔬菜种植模式得到了大力推广，蔬菜生产变单季收入为多季收入，全镇每年的大棚蔬菜种植维持在6000亩左右，形成了以侯塘、菜园、城西和新闸子、六里石、侯孟后村等10余个村为中心的大棚蔬菜生产基地。具有张山子特色的甜桃产业更是在镇党委、政府的大力支持下，生产规模得到

穆柯寨群山

了进一步的发展壮大。尝到了甜头的山区群众，开始大规模的种植甜桃，群众自发种植甜桃积极性空间高涨，从沟间、山头到大块田地，都种植上甜桃，春季到来，桃花竞艳，从进入黄丘山路向地里望去，一片红火。截至1999年，经过十多年的不断发展，黄丘山区的甜桃面积扩充到3000亩，山区群众着实从甜桃种植业中获取了可观的经济收入，上海、徐州、临沂等大城市果品经营商，每天天不亮就来到黄丘山区，收购甜桃，傍晚用货车直接运到大中城市，赢得市民青睐，一时，黄丘山区甜桃竟卖到本地小市场无桃可卖，要买正宗黄丘山区甜桃得找熟人的地步。甜桃在山区群众眼里成为发财树，成为广大山区果农安居乐业、增收致富的摇钱树。

二是病虫害发生，甜桃种植出现曲折。随着甜桃种植面积的不断扩大，产业化进程的不断推进，张山子镇引以为骄傲的甜桃产业也出现了一些问题和情况。1996年到1998年间，因“流胶病”“穿孔病”“炭疽病”以及“介壳虫”等病虫害日益严重，导致桃树长势迅速衰退，甚至整棵桃树出现枯死现象，果实品质也大大下降，总产量和经济收入呈现逐年下滑的趋势，果农面对此种情形，大部分手足无措，有的果农也因此砍掉了许多桃树而改种传统种植小麦，一时满山套的甜桃遭到严重破坏，原有想通过栽植果树走上致富路的山区群众，内心有些不舍，但也很是无奈，毕竟桃树一出现病症质量下降很厉害，甚至不如传统农业种植的收入。张山子镇为鼓励群众发展甜桃，对甜桃种植户实行免费提供桃苗，并组织机关人员到田间为群众免费种植，但由于病虫害的发生，让群众对种植甜桃有些害怕，怕失败、更怕病虫害，所以在机关人员白天帮助群众免费种植桃苗后，部分群众晚上就去地里把桃苗拔出，有如“一朝被蛇咬，十年怕井绳”之感觉。其实在1995年，甜桃的发展就遇到了新问题：最先种植的一批桃树开始老化，结出的果实不仅产量下降，味道也开始变差，按照桃树种植的土壤要求，如果想要将种过桃树的土地复种桃树，至少要将土地闲置3—5年，这意味着在此期间，村民将会完全没有经济收入，村民不同意，也不会让土地闲置，一方面村民会没有任何经济收入，另一方面，这样操作，会让人感觉这里的人不务正业，闲着土地不种庄稼，山区甜桃的发展漫长而曲折。鉴于山区群众的疑惑，和面临的种种困难，为激发群众种植甜桃的积极性，让山区甜桃永驻，在考虑到山区甜桃的未来发展方向时，1998年4月，原侯孟乡党委、政府经过深入调研、邀请专家实地考察后，作出了这样的决定，尽快保护、恢复甜桃种植规模。经报请区科技局立项，对黄丘山区甜桃种植进行科学分析、科学解决，区林业局开始对黄丘山区的甜桃种源、株系划分、桃园土壤因子、生物学特性、主要病虫害发生发展规律和栽培管理技术等方面进行了研究，通过2年多的努力，取得了显著成绩，探索成功了利用科学手段进行补充，从而达到砍掉老化桃树，直接种下新桃树的目的，张山子甜桃种植面积得到了有效巩固和进一步的发展壮大。到1999年底，张山子甜桃共有早、中、晚熟11个优良品种，共13万多株，群众甜桃种植低落的情绪一扫而光，取而代之的是科学种植、科学管理。

三是标准化生产，降低了种植风险。品质的好坏关系到产业的兴衰，经历了风险后，张山子镇在甜桃推广种植上，更加注重病虫害防治、标准化栽培、绿色食品生产，连续几年甜桃实现了丰产丰收、绿色安全、果农增收。但是，看到市场供不应求喜人行情，部分果农开始沾沾自喜，小农意识有些抬头，认为甜桃已在附近区域出名，甜桃结的越多，收入就会越多，钱袋子就会越来越鼓，对产品质量疏忽起来，留果量过多，只求产量不注重品质，甚至在甜桃还未成熟时就提前采摘上市。由于品牌意识淡薄，导致部分不达标的小果和味淡、色青的劣质果流入市场，影响极坏，反响不佳，直接影响甜桃的销售。面对部分果农这种急于致富、而出现影响甜桃品质的情况，镇党委、政府一方面进一步发挥区、镇两级农技部门的作用，加大对甜桃种植大户和示范户的培训力度，切实提高果农的种植甜桃科技水平，先后组织果农到临沂蒙阴等地，参观学习先进管理技术，一方面加强果农的思想教育，让果农算好眼前账和长远账，让果农理解诚信的重要性。同时，进一步提升果品质量，栽植优质品种，与林果院达成技术把关协议，主攻果品质量，实行了严格的标准化生产。1999年10月，动员张庄村10户种桃大户成立了

张山子镇穆柯寨牌无公害甜桃

甜桃种植专业合作社，由合作社牵头，与农户签订生产订单，按照统一生产技术规程、统一技术指导、统一供应生产资料、统一收购产品的模式予以推进。甜桃结果后，市场反响强烈，个头大、口感好，张山子甜桃又重新赢得群众认可、喜爱，张山子镇在实行标准化生产的同时，还注重绿色发展，加强了化肥、农药等投入品的管理和产品质量检测，确保了甜桃的质量安全。经过多年的不断发展，张山子甜桃在黄丘山区独特的土壤和气候等环境下，加上严格的标准化生产，不仅形成了自己独特的品位，甜桃品质也更红、更甜、更脆，更安全，每到甜桃成熟季节，果品销售供不应求。1999 年 11 月，张山子甜桃被认定为省级无公害农产品，目前已申报为国家级无公害农产品。

（三）快速发展时期（2000 年 1 月至今）

2000 年至今，张山子甜桃产业做足了规模、品牌、科技和产业链延伸的文章，促进了全镇甜桃产业的科学发展、快速发展，甜桃成为张山子镇名副其实的特色优势产业。2000 年张山子镇成为台儿庄区的甜桃种植专业镇，2013 年，台儿庄区委、区政府决定在张山子镇建设万亩甜桃生产基地，到 2015 年底，总种植面积达到 1 万余亩，年总产量超过 2 万吨。这一时期绝大多数群众尝到了果树种植的甜头，在原有种植的基础上，不断扩充规模，在上级林业部门的指导下，果农果树管理技术得到提升，实行套袋等技术，农业基础设施也不断完善，实施了精准浇灌，农业条件不断得到改善，群众的积极性也不断提高，果品果质得到质的飞跃。张山子甜桃共有“穆柯寨”“十八村”等 4 个国家和省级无公害甜桃产品认证品牌，其品牌甜桃畅销全国 10 多个大中城市，甜桃面积增加了 220.5%，产量提高了 310.6%。

一是全力打造甜桃品牌。张山子甜桃的生产区域主要分布在该镇南部山区，这里群山环绕，环境优美，自然生态良好，有大小山头 32 座，环抱十八个自然村落，俗称“十八黄丘套”。这里不仅远离城区，四周还有天然山丘隔离，形成了独特的山套气候条件，山套内没有任何的污染和污染物，为甜桃生产提供了良好的自然条件。并且在生产过程中，全部采取了优质品种高接换头，微灌、滴管，甜桃品质无损检测等技术，严把生产质量关，从源头上保证了甜桃产品质量，确保让健康无公害的甜桃产品进入市场。2011—2013 年期间，张山子甜桃完成了“穆柯寨”和“十八村”两个品牌的商标注册;2011 年，“穆柯寨”牌甜桃被认定为国家级绿色、无公害农产品；2013 年 10 月，“十八村”牌甜桃被认定为省级无公害农产品。自此，张山子甜桃进入了标准化和品牌化生产的新阶段。尤其是 2010 年以来，老百姓种植甜桃的积极性空前高潮，由引导向自发、由小地块到成片、由个户到合作社，种植规模稳步扩张，果农种植技术也不断提升，全镇甜桃种植面积始终保持在 1 万亩左右，并成功培育了穆柯寨甜桃种植专业合作社、“十八村”甜桃合作社、李成伟甜桃协会等 8 家甜桃专业组织，建成了台儿庄万亩甜桃基地、“第一书记”甜桃种植科技示范园等生产基地，有力促进了全镇甜桃产业的快速发展。

二是用现代科技指导甜桃生产。科技是发展农业的先导，张山子镇在发展甜桃生产的过程中，注重把现代科技融入其中，依靠农业科技部门引进消化了大量的甜桃生产技术和新品种，实现了果农的增收致富。张山子镇与市、区林业局建立合作关系，在发展规划、教育培训、新品种引进、新技术推广、科技成果转化、信息化等方面都有专家引导、帮助，从而形成了以林业专家为顾问，镇科技人才为核心的高素质科技人才支撑体系，为甜桃现代化发展提供了有力的科技支持。2010 年 5 月，镇农技站承担了市林业局《甜桃品种优化与配套栽植技术》研究课题，2012 年 3 月，成功通过了省市有关专家鉴定，课题并荣获市级科技进步二等奖。目前，全镇大力推广了甜桃病虫害防治，测土配方施肥、新品种的应用与推广，甜桃专业化防治面积 1 万亩，测土配方施肥 1.5 万亩，灌溉水利利用率 85%，农业废弃物综合利用率 95%，实施无公害农产品，绿色食品产量地认定 1.7 万亩。在加大农民素质培训和农业信息化建设方面，全镇新型农民培训覆盖率达到 40%。在技术培训上，采取“走出去、引进来”的方式，先后组织 310 余名果农到泰安、烟台、蒙阴等地参观学习，聘请日本果树专家及市区果树专家进行讲座；农业信息化覆盖率达到 80%。由于大量的现代科学技术投入到甜桃生产，截至 2015 年，全镇已发展春雪、早凤王、红甘露等早熟品种 7 个，710、新川等中熟品种 15 个，艳红、中秋密、秋彤等晚熟甜桃品种 8 个，形成了早、中、晚熟优质品种相配套，上市时间从 6 月初延长到 10 月中旬的良好局面，极大地提高了甜桃生产的综合效率，现代甜桃生产产业体系基本形成。

三是多举措激发群众种植积极性。群众是栽植甜桃、发展好林果产业的重要因素，为此，张山子镇通过召开山前点党员干部会、村民代表座谈会、果农思想认识会等，了解果农需求，从技术、资金、基础设施等方面，着力扶持甜桃产业发展。首先，是加大了政策扶持力度。为发展壮大甜桃产业，张山子镇充分发挥政策杠杆作用，利用科学合理的鼓励政策引导农民投入到发展甜桃产业中去。镇党委、政府从 2003 年开始便制定出台了甜桃种植专项奖励扶持政策，对调整面积成方连片达到 50 亩、200 亩、300 亩至 500 亩以上的村、户，分别奖励村级 1000 元、3000 元、5000 元、1 万元，对农户连续三年每亩奖励 300 元现金。同时，张山子镇积极争取涉农项目，把农业综合开发项目与甜桃产业发展有机结合起来，通过整合项目资金，发展甜桃产业，同时坚持甜桃产业发展到哪里，路就修到哪里，并且扶持村里进行打井、架电、埋设低压管道等配套设施建设，有效改善了甜桃种植的条件。相继实施了高效节水灌溉、黄丘土地整理、黄丘水毁工程修复等7个农业开发、治理项目，新建蓄水池22座，小型灌溉泵站8座；新打机井40眼，大口井7眼；埋设主管道25.67千米，支管道118.5千米，实现低压管道灌溉0.898万亩，微灌1.759万亩，农民种植甜桃不再靠天等雨，而是精准微灌，消除了种植难题，稳定的扶持政策极大地激发了农民种植甜桃的积极性。目前，张山子镇黄丘环山路两侧及大面积的荒山荒坡，田边地头均有婆娑的桃树，形成了线上成荫、点上成林的万亩桃花峪生态景观。其次，加大技术扶持力度，实施了乡土专家行动计划，尤其是近几年来，通过区林业局和主动加强与区外甜桃种植先进地区的沟通联系，先后聘请了久保信吉、雄信俊一等日本专家和省果树研究所、山农大以及蒙阴县甜桃专家20多人，以重点种植大户作为培训对象，通过采取专家进村指导，进课堂培训、热线答疑解惑、发放明白纸等方式，从供苗、施肥、用药、剪枝、销售等环节加强培训指导，果农经过专家培训后，管理技术飞速提升，从原来不会干到现在熟练干，从传统种植到现代种植，果品质量也发生质的飞跃。第三，加大农业招商力度。甜桃种植虽然效益好，但相对传统小麦、玉米作物种植，时间长、管理难度大，特别是近年来外出打工群众较多，外出打工单一，不少果农放弃甜桃种植，或将地块托管，或平时不管理，收获时即来收获，给甜桃发展带来新挑战和问题，为解决这一问题，张山子镇党委政府积极调研，认真研究分析，积极探索，只有采取适度规模土地流转大户种植、合作社带动种植、企业承包林地种植等方式，甜桃产业才会持久，才能久久不衰，为给群众起到示范带动作用。镇党委、政府按照工业化的思路谋划农业，积极招引有实力的客商来镇承包土地，进行规模经营，让群众看到发展高效农业的好处，提高土地流转的积极性。在群众思想比较解放，对土地流转接受程度比较高的村，大力推进整村土地流转。比如，通过农业招商的方式，鹿荒村万年青林果基地流转荒山1000亩，栽植甜桃、石榴等果树5万棵；聚钱山农业体验区面积1000余亩，种植紫薯、板栗等果蔬，黄丘穆柯寨甜桃示范基地，流转土地55亩栽植甜桃，对群众产生了极大的示范带动作用，也对一些企业产生强烈的心灵触动，一些企业主动加入到林果种植去，一方面为企业产生经济效益，另一方面，随着生态化步伐的加快，生态效益也在不断凸显。第四，加大合作社带动力度。单打独斗、个人英雄主义不适应特色林果的发展，甜桃种植亦是如此，只有建立合作组织，抱团发展才能避免甜桃种植、销售过程中的损失，因此镇政府积极探讨在条件成熟的村成立合作社，实施合作社带动，引导农户将土地流转到合作社经营，加快农民增收步伐。目前，全镇11家甜桃专业合作社，累计注册资金472万元，发展社员284人，带动农户3010户，发展适度规模经营流转土地8000多亩。位于张庄村的穆柯寨甜桃种植专业合作社、十八黄丘甜桃种植专业合作社，利用当地有利资源，立足本村优势，吸收150户社员入社，印制了穆柯寨牌无公害甜桃包装箱，实行统一装箱对外销售，甜桃销售价格平均比不入社的农户，每斤高出0.2—0.5元，成为带动甜桃发展的龙头合作社。通过一系列扶持举措，充分调动了群众种桃积极性，张山子甜桃产业得以蓬勃发展。

四是依托甜桃产业发展休闲观光农业。张山子甜桃久负盛名，万亩桃花峪景色迷人。张山子有1万多农民从事甜桃生产，甜桃已成为张山子农民生产生活的重要经济来源，甜桃业对全镇农民就业、农民增收、农村稳定起到重要作用。特别是2012年以来，甜桃产业与生态旅游等相关产业紧密结合起来，产生了更大的综合经济效益。

一直以来，在各级政府的帮助支持下，张山子镇在“桃”上铆足了劲儿，下足了功夫，用勤劳和智慧大作“桃”文章。除了单纯地种植甜桃外，张山子镇还以桃为“媒”，大力发展了休闲观光农业。每到桃花盛开、桃子成熟的季节，张山子镇总会以独特的桃园魅力，吸引广大市民、游客前来观赏桃花、品尝甜桃，同时，以此为载体，如雨后春笋般建立起来的农家乐生意更是火爆。为让休闲观光农业走得更远、更好，张山子镇党委政府积极开展了多种宣传推介活动，在每年一次的桃花节活动中，以“游桃园、品鲜果、看表演、促宣传”等为主要内容，内容丰富、形式多样，届届活动吸引了上万人游玩参与，颇具影响力，如今，该镇已举办桃花节三届，每届都有数十个系列活动，80多家媒体参与其中，张山子镇知名度也不断提升。近年来，张山子镇依托万亩桃园的美丽风光，大力开展了美丽乡村建设和城乡环境一体化改造，创建了省级旅游特色镇，3个省级旅游特色村，2015年度，累计接待游客2.3万人，实现营业收入300万元。通过几年来的精心培育，全镇休闲观光农业景点呈现出数量增加、类型丰富、特色鲜明、争相发展的态势，逐步满足了人们回归自然的心理需求，对生态旅游业和甜桃产业的发展起到了很好的促进作用。

五是深挖桃文化内涵。围绕“扩规模、育产业、做文化”三个重点，张山子镇加快推进土地流转，促进甜桃适度规模种植，组建专门技术服务队伍，开辟电商销售渠道，构建从新品种研发推广，到甜桃规模培育，到桃产品加工、桃文化展示为一体的产业体系，使“穆柯寨”甜桃成为全镇的一张靓丽“名片”。至2017年，张山子镇连续成功举办三届桃花节及户外相亲交友、汽摩大赛等系列活动，同时积极筹备首届赛桃会，不断扩大甜桃桃的知名度和美誉度；2017年枣庄学院传媒学院将其作为视频拍摄基地，进行微视频大赛，发展桃文化，同时通过举办诗歌、散文、歌曲、摄影、书画等多种以桃文化为主的比赛，丰富桃文化的内涵。引进甜桃相关产业，加大文化艺术桃、桃木加工产品、寿桃为代表的长寿文化开发力度，不断提高大桃文化的影响力。

二、张山子甜桃业发展取得的成绩

经过30余年的不懈努力，张山子镇甜桃种植面积由1986年发展之处的400亩，发展到现在的1万余亩，甜桃生产也逐步实现了规模化、高效化、产业化的发展目标，张山子镇已成为枣庄市名副其实的甜桃种植明星镇。

（一）建成万亩无公害甜桃生产基地。2009年6月，张山子镇被枣庄市科技局批准为甜桃现代农业科技创业示范基地，2011年基地注册的“穆柯寨”牌甜桃商标被国家农业部认证为无公害农产品，2015年全镇甜桃面积达到1.13万亩，甜桃品种已由发展初期的五六个品种，发展到现在的早、中、晚熟近20个品种。其中鲜食桃品种有：春晓、春艳、沙红、川岛、燕红、大久保、沙早生、寒露蜜等。油桃品种有：丽春、超红珠、迎秋等。观赏桃品种有：满天红、迎春桃、红叶桃等。生产基地发展有规模在300亩以上的甜桃示范基地4个，通过省级无公害农产品认证品牌5个，国家级绿色和无公害农产品认证品牌2个，组织申报了国家级有机农产品认证1个，有穆柯寨甜桃种植合作社等3家合作社被评为市级农民专业合作社示范单位，甜桃已发展成为台儿庄区张山子镇的特色产业。

（二）山区绿化取得显著成效。20世纪90年代以来，张山子镇立足山区乡镇实际，坚持以经济林带动生态林发展，对境内的30多座山头制定出台了“山顶青松盖帽，山坡果树环绕”的造林绿化整体规划，大力实施了山区生态绿化建设。生态林承包到户后，本着宜林则林、宜果则果的原则，邀请市、区有关林业专家到现场进行造林规划。承包业户在做好所属经济林经营管理的同时，对经济林以上荒山山体负有义务绿化责任，山下经济林与山上生态林同步规划，同步造林。山下重点栽植甜桃、石榴、核桃等经济苗木，山上发展侧柏、黑松、刺槐等生态公益林，镇每年对经济林和生态林进行同步验收，对经济林成活率达到95%、生态公益林成活率达到85%以上的业主，分别给予每棵苗木4元和2元的苗木及人工费补助。2015年，全镇森林覆盖率达到38.5%，2014年被授予“枣庄市环境优美乡镇”荣誉称号。在山区生态绿化工作中，张山子镇党委、政府每年均定期组织召开镇村两级干部专题会，研究部署当年度生态造林绿化工作，对各工作点、村下达造林绿化任务指标，层层签订年度造林绿化目标责任书，并把造林绿化工作纳入年度工作考核。同时，为保护山区绿化成果，该镇坚持建管结合的原则，有效保护了已建成的生态森林资源。一方面，建立了林业管护制度。制定《张山子镇森林生态管护规定》《护林员管理实施细则》及奖惩制度，把护林员履行职责情况与个人工资直接挂钩。另一方面，完善了镇村两级护林网络。组建了30人的镇级护林队伍；在村级，按村人口百分之一的标准配备了兼职护林员，共配备兼职护林员400余名。

（三）甜桃业带动生态旅游业发展。张山子甜桃的规模化发展，创造了良好的生态环境。2012年10月，张山子镇南部黄丘山区，也就是甜桃生产的主要区域，被山东省林业厅批准为省级森林公园。2013年，张山子镇依托森林公园的良好生态优势，结合万亩甜桃基地建设，开始起步发展了生态旅游业。为此，镇里编制了《张山子镇生态旅游业发展规划》，围绕张塘千年银杏、黑山西明清古村落、万亩桃花峪、葫芦套风光等景点的保护开发，深入挖掘了生态文化旅游资源，率先在全区构建推行了观光农业主导型的乡村旅游新模式。总面积近300亩的穆柯寨甜桃采摘园是一处集旅游观光、自由采摘、休闲体验为一体的生态旅游庄园，园内建有甜桃采摘、休闲娱乐、一分地农事体验等园区，一年四季都可来采摘园进行农事体验等活动，让生活在喧嚣都市里的市民享受到田间自然乐趣，实现了林果经济与旅游经济的有机结合。截至2016年底，全镇注册各类星级农家乐50余家，规模化家庭农场达到12家、果品自采园达30余家，年实现生态旅游收入200余万元。

在生态旅游的发展模式上，张山子镇主要形成了四种经营模式。一是基地观光型。以现代农业园区为依托，结合优势特色产业，在发展高效农业基地的基础上，兴建一批休闲、观光、娱乐设施，为游客提供观光、度假、休憩、游乐等服务项目，满足人们返璞归真、回归自然的心理需求。如：十八村休闲观光农业示范园，总占地面积200多亩，示范园种植11个优良甜桃品种，果园水、电、路配套，水池、水管、滴灌齐全，是目前区内先进的水果优质高效示范基地。果园将农业生产与休闲观光结合起来，配套建设了茅草房餐厅200多平方米，能满足100多游客同时就餐。配套建设了滑梯、秋千等儿童康乐设施，丰富了游乐内容，增加儿童采摘兴趣，为游客提供吃、住、玩、乐等“一条龙”的休闲服务。二是特色资源型。凭借优越的地域特色和资源优势，以品尝原汁原味的农家菜，体验淳厚的民俗风情，具有“吃农家饭、品农家菜、住农家屋、享农家乐”的特点；依托乡村自然优美的田园风光、舒适怡人的清新空气，兴建休闲、娱乐设施，让游客放松心情，尽情享受。如：鹿荒村的传芳农家乐，餐饮、农产品采摘的接待能力都在100人以上。三是农业科普型。以农业科技和农耕文化为重点，展示现代农业园区建设科技成果，将知识性、科学性、趣味性融为一体，使游客在休闲观光过程中开阔眼界、增长农业知识。如：第一书记甜桃种植科技示范园，是市级休闲观光农业示范园，占地面积318亩。园区按功能划分为农家生活体验中心、科普教育园、农业休闲园等。充分利用桃花节等节庆活动，开展丰富多彩的节庆、采摘、科普等活动，吸引了四面八方的游客前来示范园观光游玩。

三、甜桃业发展的几点经验

（一）坚持生态立镇不动摇。20世

纪 90 年代初期以来，张山子镇党委、政府就确立了“生态立镇”的发展理念。2012 年提出了“活力张山子、生态黄丘山”的建设口号，2017 年提出建设“创新创业生态幸福张山子”目标。20 多年来，历届镇党委、政府始终坚守生态立镇这条发展主线不动摇，把生态建设作为全镇人民安身立命的头等大事和最大的基础工程来抓，一切工作都以是否有利于生态环境保护与建设为最高衡量标准，坚持把植树造林、改善生态作为执政为民的第一要求，带领干部群众摸爬滚打在生态造林第一线，一任接着一任干，一代接着一代干，一张蓝图绘到底，保证了生态建设的持续性。同时，坚持将生态建设与特色产业开发紧密结合起来，大力调整农业产业结构，以大户承包、土地流转、农业招商等方式，大力发展以甜桃、核桃为主的特色经济林。并将生态建设与文化旅游资源开发相结合，积极丰富生态经济产业链条，推动了生态立镇战略的持续健康发展。

（二）注重产业规划不放松。张山子镇甜桃产业实现可持续发展，就必须制定好产业规划，对产业发展目标进行定位，栽培品种早、中、晚按比例搭配，同时根据品种特性和土壤气候特点合理布局，延长市场供应期，实现种植效益的最大化。张山子镇甜桃产业重点做好了“一纵一横四区”的建设规划，即以黄丘村西穆柯寨甜桃种植合作社为依托，作为新品种的引进和培育区，增加甜桃种植的科技含量；发挥山南头、鹿荒、福彩等村桃园靠近合作社的地域优势，种植新型品种，强化技术指导，成为实验推广区；利用黄丘、尤沃子、李庄等村地块邻近水库，水浇条件较好的优势，将实验成熟的新品种进行规模种植，扩大种植面积；以张庄老桃园为中心，做好零散地块的补植，真正形成甜桃林带，成为观光采摘区。另外还铺设一条东起尤沃子水库，沿龙目山、横山、大伏山、小伏山北坡向西，至鹿荒村 6 华里的沿山观光路，方便果农生产管理和游人慢游观赏。

（三）坚持科技服务强基础。多年来，在各级农业科技人员的共同努力下，坚持为广大桃农做好技术服务，夯实产业基础。在 30 余年的甜桃发展历程中，始终抓好科技项目的实施、攻关和技术推广。不断加强优良新品种的引进、试验、示范，充分发掘良种资源的优势。通过建立 50 亩良种繁育圃及优质甜桃新品种示范园，促使张山子甜桃多样化和系列化发展，形成以“艳红”“中桃王”为主，其他特色甜桃品种为辅的良种体系。一项技术可以带动一个产业，正是由于推广应用了以果实套袋为主要内容的甜桃优质高效栽培和病虫害综合防治新技术，张山子甜桃产业才在新世纪得以快速发展。良种良法配套，张山子镇制定实施了甜桃优势产区规模化生产发展规划，优化特色甜桃种植区域，建立了 2 个百亩标准化生产示范基地、15 个科技示范户，以户带片，全面提高果农科技意识和科技素质。同时，加大了农业科技的宣传力度，创建了 5 个综合服务站，指导桃农实行科学管理、配方施肥及安全用药。依靠科技，力推产业发展。区、镇林业部门积极开展四季科普宣传活动，举办技术培训班，发放技术资料，实地进行技术指导，发布行业信息，为广大桃农排忧解难。依靠科技支撑，有力地推动了甜桃产业的发展。

（四）坚持质量品牌赢市场。提高产品质量是提升产业经济效益的有效途径。近年来，张山子镇按照行业标准和有关认证标志，落实了多项甜桃标准化生产措施，甜桃品质显著提高，产业发展呈现出勃勃生机。实行规范化栽培技术管理，制定了张山子甜桃产品标准、生产操作技术规范和质量管理手册。引导桃农提高栽培管理技术水平，实行科学种桃。建立标准桃园，实施标准化生

游人如织的黄邱山区万亩桃花峪

产基地建设，带动广大桃农提升甜桃生产科技含量，做到管理有目标、生产有规程、质量有标准、产品有标志，进一步提高了甜桃生产的科技化和产业化水平。增强食品安全意识，生产优质产品。通过发放安全生产告知书，宣传安全生产知识，指导安全用药，把握用药间隔期，包装验收制度等措施，确保生产优质安全卫生的绿色甜桃果品，让广大市民吃上“放心”桃。在推动甜桃产业发展中，张山子镇还积极实施品牌战略，做大做强甜桃产业，全面提升甜桃品牌的形象和知名度，增强市场竞争力。“穆柯寨”牌甜桃被认定为国家级绿色、无公害农产品，品牌的提升，进一步拓展了甜桃销售渠道，为广大桃农创造了宽敞的营销市场。成立甜桃专业合作社，及时向农户提供良种苗木、技术培训、技术指导、农资供应、供求信息、产品销售等全程服务，架起了农户与市场之间的桥梁，提高了果农的组织化程度。节庆活动，是树形象、拓市场、抓推介、促销售的有效举措。每年举办“桃花节”，进一步扩大了甜桃的品牌知名度，同时通过“农超”对接和签协定购、团购直销及田头超市展销等方式，拓展甜桃销售平台，确保甜桃销售顺畅，使甜桃产品市场竞争力得到了进一步提高。

（五）发展生态旅游拉长产业链。张山子甜桃种植规模越来越大，如何更好、更持续的发展桃产业，一直是镇党委、政府在思考的问题。黄丘山区土质独特，光照充足、无霜期长、昼夜温差大，拥有发展甜桃得天独厚的条件，特殊地理位置造就了独特甜桃产品，加上30余年的栽植历史，也形成了数以万亩的桃花峪，甘甜可口的“穆柯寨”甜桃，已让张山子甜桃赢得了市场，万亩桃花峪的美景更让张山子美名远扬。为此张山子镇在保证果农卖桃增收的基础上，继续将甜桃产业做大做强，通过与乡村旅游业的有机结合，将甜桃产业链进一步拉长，做到“春来看桃花，花落摘甜桃”，更通过先进的现代农业技术，引进沙旱生、寒露蜜等品种将甜桃的采摘期拉长到11月份，保证了甜桃产业一年四季的收益，推进了甜桃产业的进一步做大做强。近年来，镇党委政府加快了桃园服务设施建设，建成了黄丘环山路，硬化了桃园观光道，甜桃展销市场等基础设施，着重打造了以“古银杏树、桃花园桃源民居、葫芦套风光、明清古村落、风光科普基地”等为载体的乡村生态旅游景点。现在，山区果农既卖鲜果又卖“绿荫”，依托桃园纷纷建起小游园、农家乐饭店、特色果品采摘园等生态旅游项目。2017年，全镇在5个旅游特色村的带动下，接纳游客2余万人，现直接从事生态旅游产业的农户达400余人，直接收入近300万元。张山子镇被评为省级旅游强乡镇、张庄、鹿荒等3个村被评为省级乡村旅游特色村。

（六）加强市场建设。在原有电商的基础上，根据市场形势和产业需求，健全现有的农业中介服务组织和产品购销网络，继续扶持和发展农民经济联合体，提高产业的组织化程度。建立市场信息服务网络，增强和完善市场功能，增强抵御市场风险的能力，把握发展的主动权。拓展现代网络营销途径，充分认识网络信息技术对于桃生产和营销的重要性，政府及涉农部门、专业合作经济组织、龙头企业等组织和机构要尽可能地创造条件，设立专门为农民服务的网站、网页，通过网络发布信息，构建高起点的桃经营销售网络平台，为农民销售拓宽渠道。

审稿人：李　聪

撰稿人：孙业斌　马昭体

创新发展助推企业转型升级纪实

山东王晁煤电集团有限公司（简称王晁煤电集团）成立于1997年3月，位于京杭大运河畔美丽的古城台儿庄，是一家以煤炭、电力、化工、纺织、机械、造纸、房地产和旅游服务业为一体的综合性企业集团。拥有王晁、新宏、贵州夫康、贵州耳海四个煤矿企业和热电公司、新能污泥发电、润源生物质发电、联润新材料、百斯达化工等15家非煤企业，拥有资产48亿元，员工5000余人。

一、发展历程

王晁煤电集团从总资产不足1亿元的煤矿，发展成为拥有48亿元资产的地方国有综合性企业集团，大致经历了三个发展阶段。

（一）以煤为主生产经营阶段（1987—1996年）

1987年党的十三大提出了“以经济建设为中心，坚持四项基本原则，坚持改革开放”的社会主义初级阶段基本路线。台儿庄区委区政府积极响应党中央的号召，大力发展地区经济，1987年7月17日破土动工兴建了枣庄市王晁煤矿。王晁煤矿概算投资6000万，位于滕州市级索镇境内，井田面积18平方公里，煤炭储量8000万吨，东靠104国道和京沪铁路，西临京杭运河，南北分别临近陇海铁路、兖新铁路，具有优越的地理位置和得天独厚的铁运、陆运和水运条件。

创业艰难百战多，王晁煤矿建矿伊始，建设者们栉风沐雨，发扬“特别有智慧，特别能奉献，特别能吃苦，特别能战斗”的拼搏奉献和开拓进取精神，硬是用双手完成了水、电、路、通讯和场地的“四通一平”。王晁煤矿地质条件极为复杂，93米的表土层中，有流沙41层，累计厚度57米。建井处采用了淹水沉井法施工，当93米表土层沉井顺利结束的时候，井筒里突然急剧涌沙涌水，先后经历4次生死攸关的磨难，“冻井施工”，降伏了水患，于1995年建成试生产。

王晁人的创业脚步从未停歇。1992年党的十四大确立了社会主义市场经济体制的改革目标，要求全党抓住机遇，加快发展，集中精力把经济建设搞上去。王晁煤矿积极响应党中央的号召和邓小平南方谈话精神，努力适应市场的资源配置作用，坚持市场导向，着力延伸煤炭产业链，提升煤炭产品附加值，加强煤电一体化建设，实现煤电联产互保。同时，为积极回馈台儿庄人民，扩大台儿庄区就业，于1994—1996年先后在台儿庄投资建设了运输公司、天润机械厂、选煤厂、热电厂，形成了煤炭产运销和煤电转化一条龙的发展模式，大大提高了综合效益，为进一步发展提供了强有力的保障。

（二）煤电联保循环经济初具规模阶段（1997—2014年）

能源是人类生存和发展的重要物质条件。煤炭作为重要的基础能源和工业原料，在国民经济中具有重要的战略地位。改革开放以来，国家、省、市和台儿庄区先后出台了一系列促进煤炭工业健康发展的政策措施，王晁煤矿改革发展成效显著，安全生产状况持续稳定，煤炭资源开发利用水平有了较大提高。但是，王晁煤矿单一原煤生产经营模式，已不能适应全区经济和社会发展需要。1987年至1996年的十年间，王晁煤矿主要依靠内生增长、外延扩张、投资拉动、市场带动的发展方式，兴建了热电、选煤、机械制造等产业。大型化、规模化、集约化是煤炭产业改革发展的重要趋势和成功路子。1997年3月，王晁煤矿在台儿庄区委、区政府的坚强领导下，为加快转换发展方式、调整产业结构、整合优势资源、优化产业布局、培育行业领先企业和具有较强竞争力的企业集团，做出了王晁发展史上的重要战略决定——组建山东王晁煤电集团有限公司。

王晁煤电集团的成立，是顺应能源产业发展趋势的必然选择，是加快转变经济发展方式的重要举措；是区委、区政府审时度势，统筹全区经济社会发展全局，作出的具有战略意义的重大决策；也是王晁煤电集团领导班子创新发展理念，增强企业对外资源开发能力和提高市场竞争力的迫切需要；对于王晁煤电集团乃至台儿庄区创造经济发展新优势、提高产业集中度和市场竞争力、促进全区经济社会又好又快发展具有重大而深远的意义。

集团公司创立初期，公司领导班子根据煤矿生命周期性强的特点，谋划制定了“以煤为主，多业并举，滚动发展”的发展战略。一方面继续发展壮大煤炭、热电产业。煤炭产业是集团公司发展壮大的基础，王晁煤电集团一直把争取省内外煤炭资源，壮大煤炭产业放在突出位置来抓。2000年开始筹建新宏煤业有限公司，2003年11月，新宏煤业有限公司正式投产运营，2011年开工建设贵州夫康煤矿，2013年开工建设贵州耳海煤矿，集团自身的人才和技术优势得到了充分发挥。加之原有的热电厂、洗煤厂，集团公司形成了稳定的内部煤炭消费市场，公司抗风险能力显著提高，整体实力得到进一步增强。

贵州夫康煤矿项目位于贵州省毕节市纳雍县境内，2011年8月开工建设，矿井储量4000余万吨，设计生产能力45万吨/年，计划总投资5亿元；截至2018年6月累计完成投资5.07亿元，累计完成矿建进尺9828米，2018年9月矿井具备安全生产条件。

贵州耳海煤矿项目位于贵州省毕节市黔西县境内，2013年10月20日正式开工建设，矿井储量4600万吨，设计生产能力45万吨/年，计划总投资4.8亿元。截至2018年6月，累计完成投资4.56亿元，累计完成矿建进尺12000米，2018年底可通过安全生产许可验收。

王晁煤电集团在发展煤炭产业的同时，大力发展热电产业。1999年初，王晁热电公司正式并网发电，现拥有装机总容量77兆瓦，年发电4亿度、供热200万吉焦。自1998年以来，煤炭市场先后经历了两次周期性剧烈波动，在煤炭价格跌宕起伏的大环境中，热电产业充分发挥了煤炭市场“缓冲器”的作用，已成为集团公司拉长加粗产业链条核心环节，也是集团公司应对煤炭价格波动，成功抵御经济下行，实现盈利的关键所在。

另一方面大力发展非煤产业方面。一是依托现有热电资源和产业链条优势，投资4.5亿元的山东荣华纸业有限公司20万吨涂布白板纸技改项目于2014年4月投产，有效提升了造纸产业发展的规模和档次。二是通过与高校和科研机构产学研合作，大力发展化工产业。圣马生物科技有限公司和百斯达化工有限公司，充分利用集团公司的资源优势，积极开展科技创新和产品研发，打造行业知名品牌，现已实现特色化、品牌化、精细化发展。三是纺织产业方面，2012年12月建成投产了联润新材料纺织项目10万锭高档特细精梳纱项目，成功通过了国家高新技术企业认定，已经成为推动集团公司转型升级的新引擎。

王晁煤电集团创建伊始，就高度重视打造循环经济产业链，把精细化管理贯穿于企业发展壮大、转型升级的全过程。集团公司对原有的发展理念、产业结构、发展模式等进行全方位的梳理、提升和创新，形成了传统产业新型化、新型产业规模化的新型工业化模式。在产业结构上，王晁煤电集团围绕“煤炭、热电、纺织、化工、机械”，着眼产业发展优势和集聚效应提升，扩大投资合作，积极引进外来资本、人才、先进技术和管理模式，毕竟自身的力量是有限的，只有千方百计借助外力才能加快发展。在增长方式上，王晁煤电集团着力提升煤炭、纺织、化工和机械等产业的科技含量和附加值，推动相关产业向主要依靠科技进步和智力资源驱动升级。在发展格局上，王晁煤电集团坚持跳出王晁看王晁，依托山东、贵州两个市场，加快产业链的省外布局。积极参与省外资源开发合作与产业链条开拓延伸。着力打造和完善以煤炭为基础，以热电为核心，以纺织、化工、机械为支撑的产业体系，形成传统能源与新型能源、传统产业与新型产业并举的发展格局。

精诚所至，金石为开，一条集原煤开采、精煤加工、热电转化、矿山器材制造、运输服务和纺织、造纸、化工产业于一体的循环产业链初步形成，实现了第二步发展规划。

（三）创新发展全面转型升级阶段（2015年至今）

2015年以来，王晁煤电集团立足于台儿庄区情特色和公司产业发展实际，秉承“创新、协调、绿色、开放、共享”的发展理念，坚守“以人为本、一流王晁”的企业精神，以科学发展为主题，以转型升级为主线，以科技创新为动力，以强化人才队伍建设为支撑，紧紧围绕“打造和完善以煤电为核心，以纺织、化工、机械、造纸为支撑的循环经济产业链条”的“十三五”创新发展战略，充分发挥煤炭、热电产业的基础和支撑作用，优选投资项目，拉长产业链条，推动产业结构调整和转型升级，加快推进由依靠规模求发展向依靠科技创新、管理创新内涵式发展转变，实现由主要依赖资源、资金等要素拉动向创新驱动、职工素质提升、内生增长转变，形成了煤与非煤产业并举、多层增值、优势互补的循环经济产业链，利润、利税连续多年位居枣庄市前列。

“十三五”以来，王晁煤电集团为应对复杂多变的国内外经济形势，制定了集团公司转型升级、跨越式发展战略规划，把自主创新、全员创新提升到战略高度。王晁人坚持用自主创新、全员创新引领企业走可持续发展的道路，不断提高企业的核心竞争能力，实现了经济效益与社会效益同步增长，发展速度与运行质量同步提高，全员创新、自主创新已蔚然成风，敢于创新、勇于竞争的精神已深入人心。正是由于王晁人的不断自主创新、全员创新的精神，不仅实现了国有资产的保值增值，而且一个主业突出、循环多元、规范高效、和谐发展的新型现代化企业已崛起于鲁南大

王晁煤矿花园式矿区

地。王晁人与时俱进、顺势而为，在发展中创新，在创新中发展，走出了一条具有王晁特色的综合性企业集团的发展之路。

1. 项目建设创新，助推集团转型升级

在科学的创新发展理念指引下，王晁煤电集团加大了王晁工业园建设力度，不断推进煤电一体化建设，积极开展经济技术合作，大力发展热电、纺织、造纸等产业，跳出“煤”字做文章，项目建设有了很大突破，先后上马了热电厂技改工程、集中供热锅炉、山东百斯达化工有限公司、山东联润色纺科技有限公司、污泥发电、生物质发电等项目，集团公司的发展模式和运行质量发生了质的飞跃。

热电产业是集团公司循环产业链的中心，做大做强热电产业是集团公司开展招商引资，延伸产业链条，实现煤电互保，形成新的利润增长点的必由之路。2016 年，王晁煤电集团投资 2 亿多元进行了热电公司锅炉改造、机组扩容、管网改造和脱硫脱硝工程。集团领导班子根据台儿庄区整体工业用电、用气规划和居民冬季供暖的“民生工程”，结合热电公司长期发展需要，考虑厂内设施机组配置、工业企业用电量、用气量、城区循环水供热等因素，2016 年 5 月 1 日在热电公司安装了两台 220T/H 集中供热锅炉，产生的蒸汽作为清洁能源直接供给其他工业企业，既有利于节能环保，又可有效解决中心城区和西部城区供暖问题。

山东王晁新能发电有限公司和润源生物质发电公司两个发电项目占地 113 亩，总投资 5.5 亿元。两项目年发电量 3 亿度，利用污泥和生物质发电后的循环水余热，新增供暖面积 200 万平方米，工业供热 80 吨 / 小时，可有效解决东部城区供暖问题。

新能发电有限公司于 2014 年元月开工建设，并于 2015 年 10 月并网发电，该项目是山东省发改委首家批准建设的污泥发电项目，主要装备一台 65 吨 / 时循环流化床锅炉，配备一台 15 兆瓦的汽轮发电机组、输变电线路及脱硫、脱硝等附属设施。该项目每年可以处理压缩污泥近 10 万吨、造纸浆渣 4 万吨，年可节约标煤 1.5 万吨，有效解决了台儿庄区及周边地区工业污泥的处理难题，既保护了环境，又创造了效益，具有较好的社会和经济效益。

润源生物质发电公司于 2015 年 8 月开工建设，2016 年 12 月 25 日并网发电试运行。装备了两台 65 吨 / 时循环流化床高温高压锅炉，两台 15 兆瓦汽轮发电机组及附属设施。该项目年可利用木材加工余料及树木、果枝 3.6 万吨，农作物秸秆 14.5 万吨，年可节约标煤 9 万吨，可有效解决台儿庄区农作物秸秆回收及秸秆燃烧造成的大气雾霾等环境污染问题，具有良好的社会和经济效益。

联润色纺一期项目于 2015 年 4 月开工建设，2016 年 11 月，3 万锭色纺生产线全面达产达效。联润色纺二期项目于 2017 年 12 月开工建设，投资 2.2 亿元，2018 年 10 月全面建成投产。

造纸产业方面，投资 4.5 亿元的山东荣华纸业有限公司 20 万吨涂布白板纸技改项目 2014 年 4 月投产，有力助推了台儿庄区造纸产业的转型升级。

房地产开发方面，闫浅社区及兴隆花园棚改项目总投资 7 亿元，总建筑面积约为 41 万平方米。其中，回迁安置面积约为 26 万平方米，于 2014 年 1 月完成回迁工作；商业开发面积约为 15 万平方米，截至 2016 年底已基本售罄。

服务业方面，台儿庄公馆酒店项目总投资 1 亿元，按照五星级标准进行装饰，建筑规模 13000 平方米，房间数量 110 个，已于 2012 年 4 月正式营业，运行状况良好。

一批支撑未来发展的重点项目正在快速推进和逐步投产达效，将成为集团公司转型升级新的增长极和支撑点，集团公司的发展潜力和后劲进一步增强。

2. 经营管理创新，提升市场博弈资本

经营管理创新是激发企业活力，增强核心竞争力的根本保证。王晁煤电集团立足实际、解放思想、转变观念，持续推进企业经营管理创新。2016 年 3 月以来，王晁煤电集团开展了“管理提升年”活动，实施管理提升常态化制度化工程，旨在通过管理提升来优化流程，堵塞漏洞，降低成本，提升效益，增强企业抗风险能力，通过管理提升推进转型升级，从而走上创新驱动、内涵式发展道路。集团公司各企业通过动态对标、自主优化、引进吸收、持续改进，消除

王晁工业园鸟瞰图

短板，创新发展，促进思想观念再解放、主要指标再优化、基础管理再加强、安全水平再提升、队伍素质再提高，促使企业利润、吨煤成本、供电标煤耗率、供热标煤耗率、货款回笼率、四项费用支出等各项生产经营成本和管理漏洞得到有效控制，集团公司经营管理工作的科学化、规范化水平得到很大提升。

一是创新安全管理工作，保障员工身体健康和生命安全。王晁人树立了越是困难越要抓好安全生产的理念，把安全生产教育融入日常生产经营工作中，强化安全生产责任落实，深化现场管理，加强班组建设，抓基层、打基础，引导广大员工深化“安全就是幸福、安全就是效益、安全就是新的经济增长点”的思想认识，集团上下已经形成群防群治抓安全的工作局面，越是在困难时期、特殊时期，越得用超常的精力、超常的措施、超常的力度抓好安全生产。二是强化资金管理。公司准确把握国家宏观经济走势，针对资金供给趋紧、项目需求大、财务成本提高的实际，全面减少“两项资金”占用，严格控制非生产性支出，确保企业资金链安全。按照“三个保障”的原则（即保障职工工资、保障正常生产经营、保障重点建设项目资金需求），科学统筹资金使用，合理安排资金拨付计划，切实提高资金使用效率。同时公司创新融资方式，构建融资平台，畅通融资渠道，提升融资能力，规避财务风险。三是强化成本管理。集团公司每年初都与下属企业签订目标责任状，细化分解集团目标成本，量化成本责任，做实成本核算，抓好成本分析；不断优化生产布局和设计方案，规范作业流程，提高生产工效，实现稳产增产；强化设备保养和维护，提高设备有效运转率；量化用电管理，合理安排生产，错峰用电。大力发扬艰苦奋斗的优良传统，厉行勤俭节约，严禁铺张浪费，严格公务接待和公车管理。各企业根据集团公司统一部署，细化材料成本、能耗成本、人工成本、四项费用等成本费用压减目标，集团财务处分类指导，认真监督，严格考核奖惩。四是强化供应管理。公司创新了仓库管理程序，实行电脑系统化管理，全面清理库存物资，盘活存量，控制增量；同时深化采购管理，扩大集中采购范围，大力发展终端供应商，有效提高了采购的质量和效率。五是创新商贸物流管理。公司以运输公司为主体，创建了保证供应、快捷高效、经济合理、各方共赢的现代商贸物流体系；2016年公司积极实施“互联网+”战略，运用大数据等手段，建设了现代物流平台，积极开拓外部市场，开设线上电商渠道，发挥协同效应，协助生产企业销售各种产品。

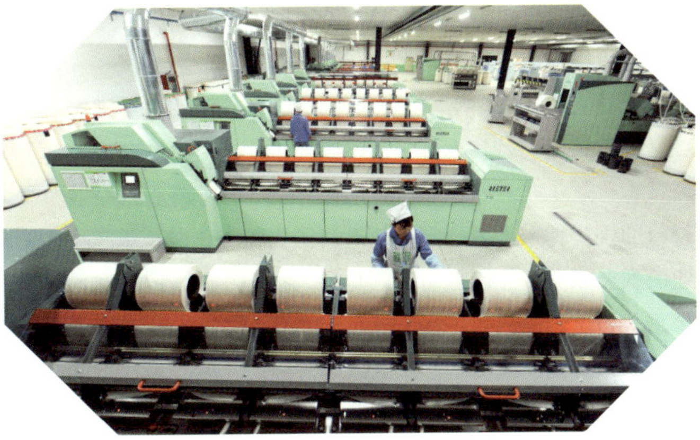

山东联润色纺科技有限公司车间内景

向管理要质量，向管理要效益，向管理要创新能力，推进企业管理创新，切实提高企业经营管理水平，已成为王晁煤电集团提高核心竞争力的重要手段。王晁煤电集团在发展壮大的过程中一贯高度重视基础管理的重要性，各下属企业陆续推行了“统一采购”“精细化管理”“5S”现场管理等管理模式，使得全集团管理水平不断提升。一是成本管控能力增强，随着企业规模的不断壮大，王晁煤电集团努力在各企业之间的协调配合、上下游产业的互补衔接，充分发挥集团整体优势上做好文章。公司企管处对集团控股企业生产物资实行统一招标和双向询价议价择优采购管理机制，提高了工作效率，降低了生产资料成本，规范了采购行为，提高了经济效益。二是发挥整体优势、合力开拓市场。王晁煤电集团现有的煤炭、电力、机械、化工、造纸五大产业，形成了一条完整的上下游产品链条，产品覆盖面广、互补性强，集团公司充分发挥整体优势，将产品组成系列、攥成拳头，联合开发市场、占领市场，获得了市场优势。三是强化执行力，提高科学管理水平。在管理上王晁煤电集团以精细流程操作、严格控制过程、严格考核考评为基本要求，力求达到管理制度刚性化、管理责任定量化、工作考核绩效化。四是在安全管理上，集团公司不断加大“双基”和质量标准化建设工作力度，进一步完善硬件系统，强化安全教育培训，推动区队班组建设，连续多年实现了安全生产的目标。王晁煤矿和新宏煤矿始终保持省级“双基”建设先进单位、一级质量标准化矿井、安全与职业卫生评估A级矿井等荣誉称号。五是在质量管理上，集团公司大力倡导“质量为先、品牌制胜”的质量管理理念，不断强化全员质量意识，各非煤企业先后通过ISO9000国际质量管理体系认证。六是在现场管理上，集团公司各企业深入扎实地开展“5S”现场管理活动，根据“5S”现场管理要求，对企业的设备卫生、环境卫生、器具定置管理、员工素养等进行严格考核。热电公司获得“山东省现场管理样板企业”等荣誉称号。

3. 生产技术创新，拓展产品产业层级

王晁煤电集团始终把生产技术创新作为引领企业持续发展、占据竞争制高点的强大动力和转变发展方式的重要突破口，探索走出了一条具有王晁特色的自主创新之路。一是发挥科技创新平台优势。充分利用集团公司现有的国家级、省级技术中心、省级工程技术研究中心和省级工业设计中心等科研平台，拓展与科研机构、大专院校在项目上的合作，不断探索以技术为纽带、以项目为载体，优势互补、共同发展的产学研合作机制。二是持续推进装备技术升级。不断加大新技术、新工艺、新设备、新产品、新材料的推广使用力度，有效地提升了企业的安全系数和生产效率。三是加大科技攻关力度。王晁煤电集团立足产业升级和产品转型，找准制约企业改造升级的关键技术进行攻关，已经创造了一批拥有自主知识产权的核心技术。四是加强品牌塑造。公司坚持内强质量管理，增强核心竞争力，外提服务水平，增加辅助优势的措施，不断加大品牌塑造力度，“联润牌”纱线荣获2016年度最具影响力纱线品牌，成为高端纱线的第一梯队供应商。五是加强产品研发。公司坚持以产品研发为主题，以产品创新为主线，用新产品、新技术开发市场、占领市场、扩大市场。

王晁煤电集团创建了“国家纺织新材料纱线产品开发基地”“国家纺织面料设计人才培养基地”等4个国家级创新平台、7个省级创新研发平台、1个中国产学研合作创新示范企业。联润新材料“水晶棉加工工艺”“润芯纺技术”，“超高支纱生产技术”3项技术成功申请国家发明专利，联润新材料公司、热电公司和天润机械公司的“包装袋自动堆垛机构”等20项成果获得了实用新型专利；联润新材料25项新产品通过省级鉴定，1项国际领先、5项国际先进、6项国内领先，均填补国内空白，并参与制定了8项纱线行业标准，于2016年顺利通过了“山东省高新技术企业”认定。

通过自主创新、产学研合作创新、产业链合作开发等形式，集团下属联润新材料有限公司开发了20多个系列1000多个产品，服务国内外100多家企业；与天津工业大学共建“新型纤维研究与应用”研究院和大学生实践基地，与山东省纺织科学研究院共建新材料纱线研究中心，先后完成成果转化11项，联合科技攻关21项。同时，联润新材料有限公司借助产业链上下游优势企业，开展了大量的新纤维应用、新纱线开发研发推广。同上游设备供应企业“大白鲨针布”共建针布应用研究中心，和下游服饰企业海澜之家、李宁等开展新纤维、新产品合作开发，取得了较好的市场效益。

通过自主创新、全员创新活动的开展，集团公司广大干部员工积极参与、献计献策，在降低生产成本、提升产品质量、优化产品结构、提高工作效率等方面取得了显著效果，为企业的科学管理、节能增效和长期发展奠定了坚实基础。

王晁人正是凭借着“以人为本　一流王晁”的企业精神，再一次向人们展现了“王晁速度”。围绕热电厂规划实施的项目，既以热电厂为依托，互相衔接，互为反哺，又使热电厂实现了余热发电，符合国家节能发展，循环发展的政策。2016年底污泥发电、生物质发电项目全部建成并联网发电，2017年10月热电公司集中供热锅炉投产运行，王晁煤电集团将真正实现了多业并举和跨行业发展的战略构想，集团产业链不仅得到了进一步的优化、延伸，而且达到了能源循环利用，实现循环经济的目的。集团公司产业链也将从原煤开采到精煤加工、热力发电，从机械制造到橡胶、化工，一环接一环，一环扣一环，形成了一条完整的、可持续发展的循环链条。正是王晁人一步一个脚印的创新发展，才成就了昨天的梦想、今天的辉煌。展望未来，王晁人站在新的起点上，昂首阔步正朝着主业突出、多业并举、管理先进的现代化大型企业集团的目标扎实迈进。

二、主要成就

1. 安全生产形势持续稳定

1997年王晁煤电集团成立以来，面对严峻的安全生产形势，牢固树立红线意识和底线思维，以“完善体系，夯实基础，防控风险，保障安全”为主题，以“依法治安”为主线，把维护保障职工的生命权和健康权放在首要的位置。“十二五”以来，特别是新《安全生产法》颁布实施以来，各企业认真贯彻落实新《安全生产法》，不断完善安全管理规章制度，规范生产工艺流程，加大安全投入和员工技能培训力度，努力提高全员安全意识，全力构建安全生产长效机制，夯实安全生产基础，集团各企业及在建项目均实现了安全生产目标。

2. 经济运行稳中有进

面对煤炭市场波动起伏、经营压力不断加大的严峻形势，集团公司在区委的正确领导和亲切关怀下，坚定发展信心，冷静应对市场变化，创新发展举措，打响了改革创新、转型发展、渡危求进的攻坚战，企业经受住了市场的考验，运行总体平稳、稳中有进。“十二五”以来，在经济下行、市场低迷、竞争加剧、风险高企的严峻形势下，集团公司成功抵御了经济下行的冲击，尤其是在国内煤炭企业大面积亏损的不利形势下，集团公司依然保持了一定的盈利空间。2011年到2017年，集团公司累计实现销售收入85.35亿元、利税22.47亿元、利润12.39亿元，上缴国有资产收益3.38亿元，为促进全区经济发展做出了积极的贡献。2017年共实现销售收入16.37亿元，利润1.2亿元，上缴税金1.4亿元，为实现“十三五”规划奠定了坚实基础。王晁煤电集团力争到“十三五”末，实现年产原煤180万吨，入选率达到50%；年发电量6亿kwh，供热300万GJ；年产各类炭黑5万吨，有机化工产品5万吨，各品种纱线3万吨，各类成品纸32万吨；年销售收入达到50亿元，利税5亿元。

2016年开展的“管理提升年”活动，通过实施管理提升常态化制度化工程，使公司全员牢固树立了“管理无止境、创新无止境、安全无止境、降本无止境”的理念，通过管理提升优化了流程，堵塞了漏洞，降低了成本，提升了效益，增强了企业的抗风险能力。集团公司吨煤成本和四项费用都有较大下降，内部管控能力得到了进一步提升。一是节省开支，严格控制各项成本。集团各企业重点加强生产过程管控，精打细算，严抓细管，堵塞漏洞。王晁煤矿严格控制生产经营成本，通过与基层签订材料消耗目标责任状，将指标分摊到班组和个人，节奖超罚。2016年，王晁煤矿材料费比预算节支140.36万元，吨煤完全成本同比降低2.56元。联润新材料对色纺五十六台细纱吸棉电机进行节能改造，设备能耗降低50%。二是加大产品结构调整力度，拓宽销售渠道。集团各企业密切关注市场动态，及时调整营销策略和产品结构，产品市场占有率不断提高。王晁煤矿面对跌宕起伏的煤炭形势，通过加大煤炭洗选力度等措施，紧跟市场行情，不断调整销售策略，实现产销平衡，经济效益大幅回升。联润新材料在原有重点客户的基础上，加大了与广东、香港、台湾、日本、韩国等知名企业的合作，取得了一系列高附加值的订单，基本实现了100%订单生产。三是狠抓质量管理，推进品牌建设。集团各企业不断规范生产流程，加大技术革新，强化质量控制，提高了产品质量，增强了市场竞争力。百斯达化工成功申报并获批了“山东省著名商标”，提升了企业的品牌价值。

3. 经营管理水平大幅提升

在激烈的市场竞争环境下，厉行节约、控制成本是缓解企业经营压力的有效手段。十二五以来，集团公司各企业不断加大管理力度，努力在降低各类成本、提升生产效率、提高产品质量、拓宽市场渠道等方面下功夫、做文章。一是加强基础管理，严格控制成本。各企业强化对材料定额、修旧利废、交旧领新等指标的考核力度；加强设备、仪器的维护管理，努力延长使用寿命，使其发挥最大效能；厉行节约，严控办公费、招待费、差旅费、车辆使用费等各类非生产性开支，降低生产成本，有效拓展盈利空间。二是加强现场管理，提高生产效率。各企业严格执行现场各项规章制度，规范生产流程，加强技术指导，提高了现场管理水平。部分企业推行了“7S”管理，车间现场实现了员工行为标准化、地物明朗化和管理可视化，基础管理水平和员工的整体素质全面得到提升。三是加强质量管理，提升产品市场竞争力。各企业通过对原材料、生产过程进行质量跟踪、控制和检验，加大技术革新，提高产品质量，增强了产品的市场竞争力。四是加强营销管理，拓宽销售渠道。各企业不断加强营销工作的规划和研究，密切关注市场动态，不断加强营销队伍建设，及时调整营销策略和产品结构，市场占有率不断提高。

4. 创新工作蓬勃发展

2015年以来，王晁煤电集团在科学布局产业板块的同时，把创新作为引领企业发展的第一动力，把全员创新工作作为应对经济下行、煤炭危机的载体、引擎和动力。2015年4月在全公司范围内开展了全员创新活动，制定出台了《王晁煤电集团关于鼓励全员创新的暂行规定》，深入开展了全员创新活动，强化政策激励，积极推进理念创新、管理创新、技术创新和“五小创新”。2015至2017三年间，集团各企业共申报创新项目215项，年均节约增效1000多万元，在降低生产成本、提升产品质量、优化产品结构、提高工作效率等方面取得了明显效果，为企业的科学管理、节支增效提供了有力保障。

5. 精神文明建设硕果累累

2015年以来，王晁煤电集团立足于台儿庄区情特色和公司产业发展实际，不断加强精神文明建设，取得了物质文明、精神文明、政治文明和生态文明建设的全面丰收。先后被评为全国煤炭工业优秀企业、全国煤炭企业技术管理样板企业、全国模范职工之家，并荣获山东省富民兴鲁劳动奖状、山东省文明单位等荣誉称号。

经过30多年的风雨历练，王晁煤电集团原煤年产量从30万吨提高到180万吨，总资产从不足1亿元发展到48亿元，运营模式从单一的煤炭生产转变为煤炭、电力、机械制造、化工产品加工等多种经营，企业规模从一座地方性的小煤矿发展成为综合性的企业集团。30年弹指一挥间，王晁煤电集团发生了翻天覆地的变化，这些变化来源于王晁人不断自主创新、全员创新的发展理念。回顾王晁煤电集团（王晁煤矿）30年的发展历程，不难发现，王晁人之所以能够取得如此辉煌的业绩，源于他们在每次改革和发展的紧要关头，都作出了富有前瞻性的科学选择。

三、经验和启示

王晁煤电集团发展的成就，既是习近平新时代中国特色社会主义思想在王晁实践的产物，也是王晁人的伟大创举。王晁人矢志不渝地坚持发展理念创新、人才管理创新和国企党建创新是助推集团公司取得全面成功的原动力。回顾王晁煤电集团发展的不平凡历程，特别是党的十八大以来积累的经验弥足珍贵，获得的启示尤为深刻。

1. 坚持发展理念创新，推动王晁凤凰涅槃

集团公司党委在建设完成王晁、新宏两座煤矿和热电公司实现煤电互保联保产业链之后，通过科学谋划、立足实际、反复论证和充分调研，在发展理念上实现了两大创新。一是突破煤电主业概念。王晁煤电集团30年来发展经验启示，煤矿固然是王晁煤电集团创业的起点，也是生产经营最稳定的支柱产业，但在煤炭资源越来越稀缺的情况下，仅靠现有的煤田资源和原煤产量，企业规模和效益继续增长的潜力十分有限。为加快企业发展，集团公司党委进一步解放思想，突破煤炭主业，培养新的支柱产业。公司十三五发展规划明确提出，突破煤炭主业概念，大胆探索、超前规划、积极介入、科学论证有发展前景、有利润空间的项目。二是转变企业控股经营方式。王晁煤电集团多年的发展历程中，主要是靠企业的自我发展，所属企业均是全资或控股经营，拥有绝对的控制权。集团领导班子总结发展经验认为，进军非煤产业，以现有的技术、人才、市场都无法在短期内具备条件，这是客观现实。为此，集团公司站在有利于地区经济发展、有利于尽快壮大企业实力的高度，科学提出公司发展既要注

重自我发展，更要注重招商引资，借助外力谋求发展的模式，参股引进了一批符合国家产业政策、科技含量高、市场前景好的项目，投资比例不拘一格，真正做到“四两拨千斤”，借船出海，借梯登高，充分发挥了国有企业的引导和带动作用。

2. 坚持人才管理创新，激发全员创新热情

现代的企业竞争归根到底就是人才的竞争。建设一支善谋略、懂经营、会管理、精业务的高素质的人才队伍，是王晁煤电集团面对新形势、迎接新挑战的客观选择。近年来，公司通过人才管理创新，采取多渠道的人才引进和科学化的人才配置，把政治素质高、业务能力强、富有责任感的人才充实到管理技术岗位，通过各种激励措施激励人才成长，有效地保障了企业的转型升级的智力需求，有力地促进了集团公司的发展壮大。

王晁煤电集团实施“人才强企”战略，创新人才培养开发、考核评价、选拔任用、流动配置和激励保障机制，拓宽人才引进渠道，激发全员创新热情，培养了一批“爱王晁、爱家乡”的企业家队伍，打造了一批在重点领域、关键岗位能够独当一面、一专多能的管理人才和技术人才队伍，营造了一个能够吸纳人才、留住人才、用好人才，培养造就人才的充满活力、富有效率的人才成长环境，使各类人才引进有渠道、成长有通道、发展有空间、工作有干劲，为集团公司转型发展提供了人才保障和智力支持。主要经验和启示有，一是严格人才选拔程序。建立健全人才选聘机制，按照公平、公开、公正的原则，坚持用制度选人、机制选人，按专业需求到高校选聘毕业生。二是创新人才培养模式。对新招聘的大中专毕业生，制定科学职业规划，大力推广见习技术员、实习班组长等经验做法，切实增强一线生产经验，使其尽快熟练掌握各生产工艺流程，加快成长成才。同时，集团公司建立不同岗位、不同专业需求的人才储备库，构建科学合理的人才梯队。三是建立“双通道”晋升机制。公司建立复合型管理人才和专业技术人才的“双通道”晋升机制。对于职业素质高、专业技术能力突出的工程技术人员晋升采取了首席技师、技术总监等制度通道，享受同级副职待遇，让拥有技术专长的人员拥有发挥自身价值的舞台。四是严格管理人员选聘。对于新增或空缺的部分管理职位，公司按照“忠诚企业、职工认可、德才兼备、遵纪守法”的基本要求，明确岗位任职资格和条件，实施竞争上岗；对于急需或紧缺的专业技术、高级管理人才，按照“内培外引”的原则，加大培养引进力度。

3. 坚持党建工作创新，塑造干事创业环境

党建工作是集团公司形成强大凝聚力和提高社会影响力的重要手段，是公司拓展生存空间，实现国有资本保值增值重要举措，也是公司作为国有企业巨大的政治优势。主要经验和启示有，一是坚持国企党建基本要求，全面从严治党。集团公司党委实施创新学习型党组织建设与实践，实现了增强企业党组织的学习力、创新力、执行力和公信力的战略目标和“四个新”规划（倡导学习构筑新机制、改善思维开阔新眼界、服务决策发挥新作用、改进管理实现新超越）。公司党委把学习型党组织创建工作融入生产经营全过程中，转换经营理念，提高管理效率，开展各类管理反思，边学习、边实践，边思考、边运行，边探索、边提高；突出领导班子，以学习力提升凝聚力；突出基层支部，以学习力提升战斗力；突出联系实际，以学习力提升发展力；切实把党建优势转化为加快企业发展的竞争优势。二是切实抓好党风廉政建设。党风廉政建设体现企业的形象，关系人心向背，影响事业发展。良好的作风是管理上水平、企业增效益的重要保证。集团公司的发展壮大、转型升级，需要大批干事创业的高素质干部员工，面对社会形形色色的诱惑以及外部环境各种“潜规则”和“潜文化”的侵蚀，集团公司党委不断加强党风廉政建设，完善监督监管，努力营造转型发展所需的良好干事创业氛围。三是严格落实“两个责任”。集团公司党委严格落实主体责任和监督责任，纪检监察部门落实监督责任，切实保障公司廉洁高效运作，营造齐心协力、风清气正和干事创业的发展环境。四是加强企业文化创新。公司通过创新安全文化、管理文化、制度文化、行为文化、精神文化入手，不断丰富企业文化内涵，潜移默化中提升企业管理层级。

天行健，君子以自强不息。王晁人志存高远，不满足已经取得的辉煌成就，立志打造百年王晁，决心再创辉煌。“十三五”将是王晁煤电集团经济总量的快速增长期，也是调整产品结构、优化产业布局、全面转型升级的攻坚期。机遇与挑战共存，王晁人将以只争朝夕的精神、脚踏实地的作风，和谐共进的胸怀，创新发展的意志，把提高经济效益作为发展的第一要务，把生产安全、经营安全作为健康发展的第一保障，坚定信心，锐意进取，努力实现集团公司安全发展、内涵发展、转型发展、跨越发展。

雄关漫道真如铁，而今迈步从头越。在“大众创业，万众创新”的大潮中破浪前进的王晁人，面临机遇和挑战，将深入贯彻落实区委“1224”工作思路，继续秉承创新思维，培育创新意识，倡导创新精神，完善自主创新、全员创新体制，解放思想、实事求是，“撸起袖子加油干”，一步一个脚印的把蓝图化成行动，把梦想变成现实，推动王晁煤电集团快速健康持续发展，为建设自然生态、宜居宜业的台儿庄作出新的更大的贡献！

审稿人：刘世堂

撰稿人：王　超

枣庄高新区跨越发展之路

改革开放以来，在市委市政府的正确领导下，枣庄高新区不断完善管理体制和运行机制，加强基础设施建设、加大招商引资力度，经历了从无到有，由小到大、由弱变强的转变，经济实现跨越发展、区域环境日新月异，人民生活水平大幅度提高，整个高新区发生了翻天覆地的变化，经济、科技指标增长速度位居全市前列，2015年2月被认定为国家高新区。

一、枣庄高新区改革发展历程

1987年10月25日至11月1日，中国共产党第十三次全国代表大会召开，明确提出党在社会主义初级阶段的基本路线，确定今后经济建设、经济体制改革和政治体制改革的基本方针，全面加快了改革、开放步伐。1988年2月，国务院批转国家体改委提出的《1988年深化经济体制改革的总体方案》，提到在沿海少数省，建立改革开放的试验区，进行全面综合配套改革。1990年5月，枣庄市人民政府顺应全国改革开放形势印发《关于兴办高新技术产业区的决定》，在全省乃至全国属于批准较先、启动较早的高新区。

（一）起步阶段（1988年12月—2002年12月）

这一阶段，高新区对园区建设进行了初步探索。在此期间，各方关系逐步理顺，体制机制不断进步，机构逐步健全，思想观念逐渐转变，园区框架初步形成，招商引资和项目建设初见成效。

1. 体制机制改革发展

（1）管理机制不断进步

在1990年枣庄市政府印发的《关于兴办高新技术产业区的决定》中，确定首期开发面积为1.5平方公里，明确了责任主体，开发高新技术及产品的范围和发展方向：煤化工、精细化工技术及产品；微电子、计算机元件研究、开发；激光技术及产品；光机电一体化技术及产品；新材料技术及产品；新能源技术、节能新技术及产品；环境科学和劳动保护新技术及其产品；传感技术及其产品；新型建筑材料、构件、施工技术及其产品；符合我市产业导向的其他高新技术及其产品。列出了企业入驻审批程序和推动高新区优先发展的各项优惠待遇等；明确高新技术产业区的建设纳入枣庄市国民经济和社会发展计划，枣庄市和薛城区每年按固定比例拨出城市建设维护费用于产业区的基础设施建设，市城建开发公司在产业区建立分公司，所获利润全部用于产业区的基础设施建设。

1990年11月，山东省人民政府批准枣庄高新区为省级高新区。1993年1月，国家科委批复确定为重点联系的高新区。

1993年，是高新区创办的第五个年头，市委、市政府要求把高新区建成“深化改革的试验区，扩大开放的示范区，高新技术的中心区”。在市委六次党代会报告中，明确提出：要下大力把市高新技术产业开发区建成全市对外开放的前沿阵地。1993年下半年，市委市政府提出了“摸清家底、界定范围、明确目标”的要求。1993年8月，枣庄市人民政府将薛城区原兴仁乡整建制划归高新区，成立兴仁街道办事处，辖区面积41.5平方公里。同年，建立了工商、税务、土管等经济服务机构，公安分局获批成立，城市信用社、中国银行、工商银行入驻高新区。

1998年，党的十五大提出实施“科教兴国”战略。市委市政府就高新区的建设提出了明确具体的要求。随着市场经济体制的建立和国家宏观经济政策的紧缩，开发区享受的一些优惠政策相继取消，一定程度上制约了招商引资和项目建设速度。1998年是国家科委实施火炬计划十周年，高新区管委会将制定完善招商引资优惠政策和科学合理编制1998年高新技术项目引进列入年度工作计划，提出“一切为项目建设着想，一切为项目建设让路，一切为项目建设服务。”

1999年12月，在高新区经济工作会议上，明确提出实施项目建设责任制，一把手负总责，班子成员及管委会各职能部门层层分解招商引资、项目建设任务。对确立的新建、续建、技改项目，一个项目一套班子，明确进度，明确奖惩，跟踪调度，一包到底。

2000年，市政府召开全市招商引资动员大会和全面发展民营经济动员大会后，高新区成立了招商引资领导小组和招商局，出台了《关于开展全员招商引资的实施办法》《关于鼓励到高新区投资优惠政策的规定》《关于治理经济环境工作暂行规定》等一系列政策，全力构筑“大开放、大开发、大招商、大发展”的新格局，招商引资工作实现新突破。

2001年，高新区出台了《关于进一步扶持高新技术产业发展的若干政策规定》《关于鼓励进驻科创中心孵化项目的优惠政策》《科技型中小企业创业扶持基金管理暂行规定》等优惠政策。落实党风廉政建设，推行政务公开、政府采购、会计委派、行风评议、收支两条线等制度，加强了依法行政工作。

（2）企业改制逐步推进

1992年，党的十四大确立了建设

社会主义市场经济体制的改革目标。1993年中共十四届三中全会通过的《关于建立社会主义市场经济体制若干问题的决定》，勾画了实现经济体制转轨的蓝图，提出多种经济成分共同发展的方针，进一步转换国有企业经营机制，建立适应市场经济要求，产权清晰、权责明确、政企分开、管理科学的现代企业制度。

1994年，国家通过以财政、税收为主要内容的宏观管理体制改革，初步形成了新体制的框架。向新体制迅速迈进的进程将国有企业推到了矛盾的焦点，此时国有企业改革成了经济体制改革的中心环节，进入了攻坚阶段。枣庄高新区提出以建立现代企业制度为核心，加大企业改革的力度，抓好产权制度创新，特别是中小企业，要在放活上做文章。同时对直属企事业单位的债权、债务和资产的存量进行清理，明确了产权关系，在企业股份制改造和企业兼并等方面进行了探索和尝试。

1998年10月，高新区召开深化企业改革工作会议，区党委决定，集中两个月的时间，对区属企业和部分乡村实施改制，切实扭转企业的困难局面，将管委会所属的7家企业和燃料化工厂纳入改制范围。

1999年，企业改制取得了阶段性成果。按照市委、市政府关于加快企业体制改革的部署，对建区十年以来由于管理不善形成的企业之间产权不清、债务不明、工程长期挂账无法结转的历史遗留问题进行了彻底清理。对3家企业完成了股份制、股份合作制改造，3家企业完成了整体划转，盘活存量资产600余万元，安排分流职工80人。2000年，神工化工有限公司在扩大出口，开拓国际市场的同时，完成了规范化的股份有限公司改造工作。

1999年12月，在高新区经济工作会议上，党委、管委对当时形势做了分析，认识到还存在企业改制有待深化的问题。企业改制也需要一个认识和接受的过程，2005年，鲁南电缆厂完成改制，山东泉兴银桥光电缆科技发展有限公司注册成立，从此发展速度明显加快。

2. 思想观念逐渐转变

1993年，高新区党委、管委认识到高新区还存在观念守旧、开发意识不强，怕担风险，缺乏想大事业、做大买卖、挣大钱的气魄，依赖国家、财政支持的意识太强，建设标准不高等问题。提出了“艰苦创业、奋力拼搏、科学求实、争创一流”的开发区精神，干部群众建设开发区的热情普遍提高。

1994年，高新区党委、管委针对项目进展缓慢，企业管理水平不高，诸多关系还未理顺，资金紧张，主动意识差，信心不足等问题，组织政法部门和经济主管部门在1995年制定奖励办法，对引进项目并落实到资金的个人和单位实行重奖，对项目建设作出突出贡献的经济部门同时享受重奖政策。

1996年1月，高新区召开建区以来首次表彰大会，对上年度做出突出贡献的先进集体，劳动模范和先进工作者进行表彰，起到了良好的激励作用。

1999年12月，在高新区经济工作会议上，提出工业项目规模总量偏低，大高外项目缺乏，高新技术产业化规模还没有形成，历史遗留问题较多，债务包袱较重等问题。提出以党的十五届四中全会和中央经济工作精神为指导，从高新区改革开放和经济建设的全局上思考问题，把一切工作的出发点和落脚点放到经济发展上来。认真实施科教兴国战略，要大力加强技术创新体系建设，以科技创业中心和区内高新技术企业为载体，与国内大专院校和科研院所联合，逐步形成科研开发、技术孵化和科技推广一体化的技术创新体系，对做出突出贡献的科技人员给予重奖，用环境吸引人，用政策激励人，用事业留住人。营造良好的建设发展环境，以改革总揽全局，抓住国家扩大内需和枣庄新城规划建设契机，加快开发区“二次创业”的步伐，以优异成绩跨入新世纪。

2001年，高新区党委、管委认识到：一是高新区基础设施薄弱。由于采取自费开放模式，造成投入严重不足，基础设施不尽完善，规划建设相对紊乱，环境承载力和竞争力有待提高。二是规模总量偏低。大高外企业较少，优势产业没有完全形成，聚集效应难以充分发挥。三是土地制约突出。可供开发的土地有限，项目难以落实，调整迫在眉睫。四是创新能力不强。由于受资金和人才的制约，科技孵化器的作用没有充分发挥，研发能力不强，辐射作用有限。针对以上问题，高新区党委、管委提出要牢固树立“项目兴区”观念，进一步解放思想，调整思路，负重奋起，团结拼搏，推动经济和社会各项事业持续、快速、健康发展。提出建立综合服务大厅，对进区项目实行一条龙服务，一站式管理、一个口收费、以优惠的政策、优质的服务、优良的秩序，创造优越的环境。按照高起点设计、高水平建设、高效能管理的原则，调整城区规划，搞好与新城规划对接，树立装修、美化、经营城市的理念，建设园林式工厂，生态型城区，推进城市进化。

2002年，高新区党委、管委提出，高新区上下以“三个代表”重要思想为指导，按照“解放思想、大胆创新、放开搞活、加快发展”的总要求，抓住一个中心（以招商引资和项目建设为中心），狠抓两大环境建设（基础硬环境、服务软环境），稳步推进三个转变（村庄转城区、农民转市民、农业转二、三产业），推动经济和社会事业快速发展。

3. 招商引资和项目建设不断进步

1993年，高新区修订完善了41.5平方公里的开发区总体规划。银晶珠宝有限公司、科鲁塑料制品有限公司、激光医疗器械厂等6家企业竣工、试产、投产。完成科技孵化中心、煤气管网等5项基础设施建设。完成了15000平方米的科贸美食城土建工程建设，4万平方米的燕山居民小区竣工，热力站建区以来第一次供热，23个进区企业和项目开始动工。

1995年，高新区工业总产值2.6亿元，建区以来第一次，收支两条线的任务基本完成，收支平衡，略有节余。与此同时，染料化工厂蒽醌项目实现了当年技改，当年投产。科创中心、科力工业布厂、公用公司的塑料厂相继竣工投产。

1999年，高新区进入二次创业阶段。高新区党委管委提出牢固树立开发区以外就是外的思想，更新观念，开拓进取，加快招商引资步伐，集中全力抓好项目建设，按照省、市指示精神大力发展个体私营经济和民营高科技企业，促进投资主体多元化的形成，创造有利条件，提供优质服务，吸引大专院校、科研单位、高科技人才来区兴办企业和科研机构。为使个体私营经济向区域化、集约化、规模化方向发展，规划建设好个体私营经济园、民营科技园、农业高科技示范园、个体私营经济商贸街，创造良好的容纳和发展环境，促进个体私营经济和民营科技企业有序、健康、快速发展。当年新上和续建国家级、省级技术创新项目5项，省级高新技术产业化项目1项，申报省级火炬计划项目2项。

2000年，高新区签订招商引资合同、协议16项，引资额3.2亿，到位资金5230万元。在生物医药、新材料等高新技术项目上实施重点突破。科苑小区安居工程综合开发项目完成一期工程，民营经济园完成整体详规。实施省级技术创新项目6项，省火炬计划项目4项。2000年4月，山东省人民政府批准鲁南高科技化工园为枣庄高新区的区外园。

2001年，高新区实行招商方式创新，坚持三个结合（全员招商和专业招商相结合、网上招商与参会招商相结合、委托招商和以商招商相结合），实现三个转移（从重数量向重质量转移，从单纯招商向引资、引智、引技转移），先后组团参加了4次大型招商活动。加大了招商引资奖惩兑现力度，实现了高新区总动员，真正形成了全员、全过程、全责任参与招商引资的浓厚氛围。提出高标准建设功能园区，坚持“市场化推动、产学研结合”的办园方向，科学规划“四园”民营经济园、民营科技园、外商投资园、大学科技园，“一中心”科技创业服务中心的发展格局，发挥人才、技术和资本的聚集效应，实现园区建设大发展。充分发挥科技创业中心的孵化器功能，探索建立风险投资机制，加快高新技术对传统产业的渗透和扩散。经管委会牵线搭桥，鲁化与联合国工业发展组织签订了总投资13亿元的20万吨醋酸项目。现代学校一期工程竣工并正式招生。实施省级火炬计划项目5项，省级技术创新项目3项。

2002年，为提高硬件环境的竞争力和承载力，实施北拓工程，高新区规划了1600亩的外商投资园、大学科技园、高科技工业园，完成燕山北路、龙江路新建工程，一区多园的发展框架初步形成。山东三九药业有限公司、鲁沪汽车城、明达水煤浆等5个规模较大项目开工建设。管委会综合办公楼主体完工进入装修阶段。高新区实施省级火炬计划项目5项，省级技术创新项目3项。

（二）创新发展阶段（2003年2月—2015年2月）

1. 从新创业，实现跨越发展

2003年6月，山东省人民政府研究下发《关于同意调整枣庄高新技术产业开发区规划区域的批复》，枣庄市委、市政府研究下发《关于进一步加快枣庄高新技术产业开发区建设的意见》，明确枣庄高新区为独立管理辖区，赋予市级管理权限，并将薛城区原南石镇整建制划归高新区，成立兴城街道办事处，辖区面积拓展到近100平方公里。2004年6月，枣庄市委、市政府迁入枣庄高新区，枣庄高新区成为枣庄新的政治、经济、文化中心。

2003年从新创业之初，高新区党委、管委对当时存在的问题进行了分析：一方面，高新区综合实力较弱，吸引力不强。财力微薄，区级财政可支配资金不足，各类负债超过亿元，多数职工下岗，欠工资、欠劳保、欠医保，缺乏创业资金。另一方面，基础设施滞后，缺电、缺水、缺路、缺讯、缺绿，既没有资金投入基础设施，又缺乏市场运作手段，造成投入严重不足，基础配套无法承载经济社会发展的需要。第三，发展空间狭窄，2003年初高新区仅有一个兴仁街道办事处，西区的规划只有省里的批文，具体的项目规划和土地规划均没有落实到位，可用的土地严重不足，处于规划无空间、发展无区域的困境。第四，高新区由于发展定位不准确，管理权限不到位，造成发展受限、工作受阻，形成“职权不如乡镇、困难大于职权”的状况，尤其是项目落地和建设十分困难。

2003年，高新区党委、管委通过深入调查研究，借鉴先进经验，充分汲取教训，撰写了专题调研报告，指出了制约发展的体制不顺畅、机制不灵活、政策不到位、规划不超前、环境不宽松等五大因素，提出了加快发展的一体化开发、社会化推进、市场化运作、国际化合作、规范化管理、跨越式发展等六大举措，并在市委常委会上作专题汇报，争取市委、市政府作出强力推进高新区加快发展的重大决策部署。2003年6月13日，枣庄市委、市政府研究下发《关于进一步加快枣庄高新技术产业开发区建设的意见》。2003年6月20日，山东省人民政府下发《关于同意调整枣庄高新技术产业开发区规划区域的批复》。按照省、市的决策部署和有关文件精神，枣庄高新区组织实施“三个重新”：一是重新调整管辖区域。薛城区原南石镇整建制划归高新区，彻底解决了发展无空间、规划无土地的问题。二是重新规划发展空间。省政府批复新区规划，使枣庄高新区拥有了合法地位，成为全省乃至全国拓展新区、为数不多的高新区之一，为高新区从新创业赢得历史性机遇。文件下发仅一周，国家作出整顿各类开发区、不准扩大区域的部署。三是重新整合管理体制。枣庄市委、市政府明确高新区为独立管理辖区，并赋予市级管理权限，使枣庄高新区拥有组织人事权、规划定点权、土地经营权、项目审批权、独立司法权等权限，解决了多年来制约发展的权限不到位等关键性问题。与此同时，枣庄高新区按照“机构要小、人员要少、职能要全、效果要好”“一人多责、一职多能”的原则，按大部制设置管理机构：党政办公室、政工部、经济发展局、建设规划局、商务局（招商局）、社会事业局、国土资源局、财政局。先后健全理顺公安、交警、工商、税务、审计、供电、供水、金融、通信、计生、卫生、交通、环保、教育、科技、商务、旅游和服务、水资源管理、城市管理、社区管理、婚姻登记、社会保障等一系列行政管理职能，逐步完善各项管理制度，为高新区实施从新创业提供坚强的体制机制保障。2011年8月，枣庄高新区拥有独立的行政区划代码(370499)，使得管理职能更加齐全。枣庄高新区从新创业以来主要从8个方面入手进行改革，促进发展。

（1）科学谋划抓定位

2003年，伴随着国家实施宏观调控、贯彻科学发展观的新形势，枣庄高新区启动从新创业。根据省、市文件精神，重新调整管辖区域，重新规划发展空间，重新整合管理体制，使高新区发展有了政策依据、合法地位、规划空间和管理权限。

按照枣庄市委、市政府要把高新区建设成为“全市对外开放的窗口、高新技术产业发展的领头雁、排头兵和市级重要财源基地”和“全市高新技术产业发展的主要载体、支柱产业发展的重要支撑、对外开放的重要窗口”的战略部署，2003—2011年，高新区始终立足当前，着眼未来，确立“建设现代化生态型科技工业强区”的区域目标定位，并围绕这一目标定位，准确把握科学发展主题，相继确立发展理念、工作思路、工作指导、主导产业、指导思想、发展目标、产业布局、管理区域等一系列科学定位。先后制定并有效组织实施了一系列的经济发展战略规划和目标任务。2003年至2007年，科学制定并圆满完成从新创业以来的“第一个五年规划”，顺利实现了“一年打基础、三年成规模、五年大变样”的目标。2008—2011年，高新区高标准、高质量地研究制定并切实贯彻实施好“第二个五年规划”，并研究制定了一系列的具体规划和目标任务。先后制定并有效组织实施“11122经济工程”“2123经济工程”“222111经济工程”“四挖三扩发展举措”、大集团带动、产业集群扩张战略，大力发展总部经济、科技经济、产业链经济、城域经济、环保经济和高端、高质、高效产业，强力推进“八园三区”规划建设，推进实施经济类、社会类和设施类“三十项重点工程”等。2010年，按照省、市的统一部署，切实加快转变经济发展方式，研究制定《关于进一步加快经济发展方式转变的意见》，遵循“转一产、强二产、上三产”的原则，确定了“四转”“五调”的总体思路：即向科学发展、求真务实上“转”，向解放思想、更新观念上“转”，向注重经济结构、全面发展上“转”，向履职尽责、重抓落实上“转”；重点往发展科技经济上“调”，往发展链条经济上“调”，往发展总部经济上“调”，往发展城域经济上“调”，往发展新兴经济上“调”，努力增创发展新优势，抢占新一轮发展的制高点。为更加卓有成效地推进争创国家高新区各项工作，2010年、2011年高新区连续两年深入开展“项目建设投入年”“企业核心竞争力提升年”活动。

（2）突出重点抓招商

2003年从新创业之初，枣庄高新区无任何资本积累，综合实力弱，财力微薄，缺乏科技工业项目，基础设施比较少。要建设现代化生态型科技工业强区，赶超先进发达地区，招商引资是唯一出路和必然选择。2003—2011年，高新区始终把招商引资作为建区、强区的首要任务来抓。

一是科学定位招商引资。准确把握经济规律和客观规律，坚持面向国家有关部门、境外财团、大企业集团、科研机构、民间资本招商引资，严把项目进区的投资强度、环保系数、科技含量、企业规模、项目详规“五项标准”，切实搞好资本、项目、人才、技术、资源“五大整合”，并适时提出招商工作的“五个转变”（由招项目向定位选项目转变、由普遍招商向重点招商转变、由传统招商向科学招商转变、由政策招商向服务招商转变、由单个项目招商向产业集群招商转变），不断完善招商政策，创新招商方式，强化招商措施，切实增强招商引资工作的针对性和实效性，高新区招商引资工作连年实现新突破。

二是强化政策引导招商。先后研究制定《关于进一步加强招商引资工作推进科学发展上水平的意见》等一系列重要政策文件，健全完善各项支持、扶持、激励、奖励等政策措施。依法放宽招商领域和范围，除国家明令禁止之外，积极采取BT、BOT等新模式，鼓励吸引民资、外资进入基础设施、新兴产业等领域。着力引进国内外500强企业和战略投资者进区投资，特别对具有自主知识产权和核心竞争力的高科技项目，实行最优惠的政策扶持。严格兑现国家和省、市鼓励出口创汇的优惠政策，积极拓展国际市场。严格履约签约项目，始终保持政策的长期性、连续性、稳定性、有效性、合法性，确保投资者投资安全放心。

三是创新方式推进招商。紧紧围绕党委、管委确定的重点任务，大力开展定点招商、产业链招商、专业小分队招商、以企招商、以商招商、节会招商、网络招商等多种方式的招商。立足提高效率、降低成本，充分发挥在国内外聘请的40多位经济顾问、招商代表和科技顾问作用，取得事半功倍之效。积极创新引资合作新方式，对投资强度不达标、经济效益差的企业，限期追加投资；对闲置合法存量土地，一律实行招、拍、挂推向市场，招商引资上项目；对建设进展缓慢、实力不强的企业及项目，严格依据有关法律法规，采取兼并收购、资产重组、产权交易、股权转让等经济手段，有效整合资源，优化要素配置，提高招商效率及质量，先后有23家企业因建设资金不到位土地被收回重组。

四是突出重点强化招商。紧盯重点

区域招商，境外突出泰、韩等国和台湾、香港等地区，境内突出“珠三角”“长三角”“闽三角”等发达地区，每年有计划、有重点、有针对性地组织专业小分队外出招商。突出重点节会招商，每年认真组织筹备参加枣庄国际石榴节暨投资贸易洽谈会和各类招商会，连续八年举办枣庄高新区经济贸易合作洽谈会，连续六年举办枣庄高新区企业与大学院所专家技术合作恳谈会，成功主办或参与主办三届中国锂电新能源产业发展高峰论坛。

（3）盯住发展抓项目

项目建设是高新区工作的中心任务，是高新区发展的永恒主题。

一是创新完善政策措施。政策带有根本性、长期性和稳定性，对经济发展具有重要的引导和指导作用。2003年至2011年，高新区先后研究制定《关于促进枣庄高新区经济又好又快发展的意见》《枣庄高新区管理委员会规范企业有序发展的规定》《关于进一步加快新能源及配套产业发展的意见》和《关于进一步加快经济发展方式转变的意见》等一系列重要政策性文件，逐步建立健全促进经济发展的各项政策体系，并切实抓好贯彻执行，确保高新区经济持续健康快速发展。

二是强化建设推进机制。牢固树立“全党抓经济、着力抓工业、重点抓项目、关键抓投入”的观念不动摇，一切围绕发展转、一切为了项目干，严格实行“项目落地管理委员会靠项目、领导班子成员包项目、专门人员盯项目”“一个项目、一名领导、一套班子、一抓到底”的项目推进机制，确保高新区上下把主要精力、时间都用在抓项目、建项目和服务项目上，确保经济部门以100%的精力抓项目，其他部门以80%的精力服务项目。每年对确定实施的各类重点项目，都细化分解任务，严格落实领导干部帮包责任制。2010年开始，对规划建设的“八园三区”和区外园，由党委、管委领导班子成员兼任园区主任，实行二级法人管理制，对园区改革发展稳定负总责。

三是千方百计加快项目建设。2003年到2007年底，高新区实施各类项目352项，平均不到一周落地一个项目。2008年至2011年，实施项目建设的力度更大，项目的投资强度和规模大幅提升。其中，2008年实施各类项目120个，2009年实施各类项目120项。2010年、2011年，连续两年组织开展“项目建设投入年”活动，以项目建设有力带动经济发展，实现高新区的大投入、大开发、大建设。2010年实施各类项目186项，总投资447亿元，年度投资216亿元，其中工业项目116亿元。两次集中奠基、总投资达130多亿元的18个项目建设进展顺利。2011年，计划实施各类项目220项，总投资671亿元，年度投资328亿元，其中工业项目190亿元。5月19日，隆重举行投资百亿元的科技经济项目集中奠基仪式。高新区始终形成引资一批、储备一批、开工一批、续建一批、投产达产一批的良性循环。到2011年上半年，高新区累计完成各类投资1000多亿元。

四是实施大集团战略。高新区“总部经济”已形成规模，企业集团发展到30家，其中国家级企业集团10家。亿和、昂立、海特、神工、文尔达、东方光源、大象、天衢、三托等企业集团已经成为高新区乃至全市经济发展的龙头和带动力量。特别是通过整合资源、招商引资，着力培植的亿和集团、天衢集团、昂立集团、海特电子集团等4个过百亿元的板块大见成效。实施企业集团“走出去”战略富有成效，2010年昂立集团在宁夏投资46.8亿元的光伏发电项目开工建设，为高新区光伏产业扩展市场提供了有效空间。

五是高标准建设泰国工业园。始终坚持高起点规划、高标准建设、高效能管理、高水平经营的原则，按照现代化、生态化、国际化的理念建设园区。2004年，由市委书记马金忠，市政协主席杜学平，市人大常委会第一副主任高惠民，市政府党组成员、市长助理刘宗启代表市四大班子访问泰国，并与泰国工商总会签订建设泰国工业园项目合同。2005年11月底开始规划建设，省、市给予大力支持，省直接下达了3000亩土地指标。但真正落到高新区只有1700亩，大部分土地是拆迁村庄腾出土地上项目。到2010年底，泰国工业园一期工程已基本建成，完成投资200多亿元，20余家科技企业基本建成投产，园区内基础设施配套完善，已成为发展战略性新兴产业的重要聚集区；二期工程全面开工，超薄环保彩印材料、宏全精工机械、盛帆电子、轻型铝材、锂电项目等一批高科技工业项目建设顺利。2008年6月，泰国工业园被省侨办、省外经贸厅确定为“海外华侨华人投资创业基地”。

（4）着眼内涵抓科技

大力实施科技强区战略，始终坚持制定政策、重奖创新，打造平台、促进创新，实施计划、推进创新，争创品牌、提升创新，使自主创新、专利发明、争创品牌、科技攻关，成为区内企业发展引擎，实现由“高新区制造”向“高新区创造”的转变。

一是创新激励扶持措施有力。研究制定了《关于强化自主创新推进高新技术产业发展的意见》等政策文件，对获批实施的科技计划、申报专利、高新技术企业、科技进步奖、著名商标、名牌产品等实行重奖。科技创新投融资体系逐步健全，区财政先后出资设立的科技创新基金、担保基金、还贷周转金、品牌创建基金等，重点扶持科技创新项目或企业。

二是创新平台建设扎实推进。全力打造科技孵化、产学研合作、企业创办科研院所“三大创新平台”建设，成效显著。电子产业软件园完成投资15亿元，总建筑面积达21万平方米，科技中心建成投入使用，建设三处院士工作站、博士后流动站及省级锂电检验中心等科研机构。与中科院、清华大学等30余所大学院所建立合作关系。企业普遍建立科技研发中心，创建国家级工程技术研究中心 1 家、国家级检测中心 1 家、省级 4 家、市级 16 家。

（5）搭建载体抓城建

健全完善的基础设施是加快经济社会发展的有效载体，也是枣庄高新区实施从新创业的基础平台和重要任务。

一是创新市场运作机制。2003 年至 2011 年，高新区积极克服财力微薄、资金困扰的束缚，坚持用好“两只手”，用好“政府的手”搞好行政推动，用好“市场的手”搞好市场牵动，不断创新手段，挖掘潜力，实行循环性市场运做法，全力打造经济社会发展载体。严格遵循市场经济规律，向市场经济要资金，对于能推向市场的基础设施全面推向市场。创建风险投资公司，通过银行授信、社会参股等方式，实行封闭管理，滚动发展。始终把保护、利用、经营、运作好高新区有形无形资产，作为市场运作资本建设基础设施的手段，先后对道路、广告、城市雕塑等冠名权成功实施拍卖。探索创新国有资产管理新模式，2010 年 8 月，按照政府主导、市场化运作、企业化经营的原则和国有资产资本化的思路，研究成立国有资产投资运营中心，用足用活用好有关法规政策，盘活存量资产，拓宽融资渠道，充分发挥财政资金的杠杆作用，撬动市场资金和金融资金，打造保障可靠的投融资平台，提高国有资产综合效益，确保国有资产保值增值。积极拓宽市场融资新方式，先后成功采用 BT（投资建设－移交）投融资方式建设医疗保健中心、电子软件园等项目，采用 BOT（投资建设－经营－移交）投融资方式拟建设污水处理厂等项目。

二是坚持科学规划引领。规划是发展理念、发展模式的重要体现，是城市建设的龙头和关键所在。特别是市行政中心迁入后，枣庄高新区成为全市新的政治、经济、文化中心，规划建设好高新区事关全市发展大局。为此，始终立足高起点规划、高标准建设、高效能管理、高水平经营的原则，坚持规划先行，不断完善规划体系，创新规划理念，扎实抓好高新区规划的科学制定和有效实施。紧紧围绕建设现代化生态型科技工业强区的宏伟目标，在区域划分、产业布局、规划定点、单体建设、项目入园、绿化亮化和水系建设等各个方面，既立足当前，又着眼未来。2003 年，聘请山东省城乡规划设计研究院科学制定总体规划，并经省政府批准。在此基础上，聘请深圳、上海、南京等地专家，有重点、有计划地制定控制性详规和各类专业规划、泰国工业园等重点园区、重大项目的建设规划。2009 年，按照建设国家高新区的标准和要求，聘请山东省城乡规划设计研究院制定《枣庄高新技术产业开发区发展规划（2009—2020 年）》，与总体规划相衔接，高标准、高质量地规划建设“八园三区”（泰国工业园、电子软件产业园、新能源轿车产业园、高端产业制造园、大学产业园、科技商贸物流园、综合产业园、高科技产业园和袁寨山风景区、日月湖湿地风景区、现代农业观光区）。2010 年底，聘请中国科学院制定《枣庄高新区战略研究与发展规划（纲要）》，对建设发展的基本原则、目标定位及重点任务、组织保障、实施步骤等重要内容，均作深刻地研究规划，并注重与国家战略规划搞好衔接。到 2010 年底，高新区累计完成基础设施投资 50 多亿元，其中政府性投资 16 亿余元，市场化运作 38 亿余元；新建道路 57 条，桥涵 470 余座，建成 22 纵 28 横的主干路网，加上区间路已达 60 多条城市道路，总里程近 300 公里，高新区基本实现道路、供水、供电、供气、排水、通信、宽带网等“七通一平”，部分区域达“九通一平”，建成区面积达 70 平方公里，城市化率超过 70%，为高新区经济社会又好又快发展搭建了坚实的载体平台。2010 年 12 月 29 日，枣庄高新区隆重举行 2010 年新建的 15 条城市道路竣工通车剪彩仪式，与市行政中心区域和邻区对接的黄河路、德仁路、金沙江路、祁连山路、长白山南路等建成竣工通车，使百姓期待、社会关注、多年未能拆迁建设的道路得以建成通车，全市上下交口称誉。围绕“一路一树、一路一灯、一路一景”的标准，全面实施绿化、亮化、美化工程，累计新增城市绿地面积 200 多万平方米。区内 26 座可视山头、17 个山体全部完成绿化，森林覆盖率达 99%。建成的城市道路全部安装使用路灯，高层建筑、沿街网点普遍实施亮化工程。建成设计独特、内涵丰富、品味一流的科技生态绿地、陶然百草园、文化生态绿地等城市景点 10 多处。智能化电网建设基本完成，为高新区经济社会发展提供坚强的电力支撑。西区基本实现雨污分流。山林防火通道基本建成。对所有病险水库除险加固。按照市委、市政府提出“新城做靓”“园区变城区”和“打好城市建设第三战役”的决策部署，严格遵循“市区引导、街道主办、村居实施、村民自治”的原则，全力以赴打好城中村拆迁改造安置攻坚战。到 2011 年 6 月，高新区共实施城中村拆迁 19 个村（居），拆迁总面积近 500 万平方米，涉及被拆迁群众 1.2 万余户、4.3 万余人。从 2010 年初大规模实施安置房建设，居安苑、居康苑、居福苑、居然苑、居合苑、居泰苑，到 2011 年底绝大部分被拆迁居民乔迁新居，老百姓住居条件彻底改观；拆迁安置中坚持群众利益至上，采取安全投资风险评估、成本倒逼等机制办法，并经常性地开展十个方面“回头看”活动（重点围绕深入查看拆迁政策是否到位、拆迁方法是否规范有序、各级干部是否有违法违纪现象、群众生活是否妥善安排、干部作风是否深入细致、极个别难拆户难缠户的问题是否得到妥善解决、群众对拆迁安置是否满意认可、制定的机制制度是否完善、配合服务基层是否有效、拆迁安置整体计划推进等），确保安全稳定和谐拆迁安置，实现了全市城市拆迁成本最低，得到市委、市政府和社会各界的充分肯定和高度评价。

（6）商贸活区抓三产

一是优化产业发展环境。总结国内外工业园区“白天活城、晚上死城（无服务业）”的经验教训，2004 年高新区党委、管委作出了“商贸活区”的重大部署。按照中央、省、市关于加快服务业跨越发展的部署和要求，2005年，枣庄高新区及时作出繁荣发展服务业的决定。2010年，枣庄高新区研究制定《关于进一步加快经济发展方式转变的意见》，结合实际情况，科学确立“转一产、强二产、上三产”的产业发展战略。紧紧围绕“商贸活区”和“上三产”的原则，提出扩大总量、优化结构、推进新兴产业跨越发展的战略目标，并制定激励政策，创造优良环境，有力促进新兴产业繁荣发展。切实把加快发展新兴产业作为经济结构调整优化的重要内容，放宽市场准入条件，采取财政支持、以奖代补、贷款贴息等方式，积极鼓励有实力、有条件的企业集团向新兴产业领域延伸，促进各类资本更多地投资新兴产业，新兴产业产值占高新区生产总值的比重和对财税的贡献率逐年提高，高新区经济结构和发展质量更加优化。

二是做大做强综合实力。充分利用城域优势，大力发展研发、配送、承接、中介、孵化等十大新兴服务业。邮政、网通、金融、中介、社服、保险、法律服务等机构和新兴产业快速兴起。2010年底，高新区已建成在全市乃至鲁南地区有综合实力和重要影响力的汽车物流、家具销售和餐饮美食商业集群及各类专业市场。汽车物流中心规模不断扩大，服务功能更加完善，品种更加齐全，档次逐步提升，各项配套设施更加健全，已建成10多家品牌汽车4S店，汽车检测维修中心建成并投入使用，成为鲁南地区有规模实力和重要影响力的汽车物流中心。2010年，充分发挥检测中心和锂电新能源产业等新优势，加快推进新能源汽车产业园的规划建设。至2011年底，高新区具有规模的餐饮业户已发展到200多家，吸纳从业人员近万人。天安步行美食街建成运营，引进各种传统特色美食入街经营，可容纳商户600多户，安置就业2000余人，社会效益和经济效益显著。各类大型农贸、建材、家居、物流、购物超市等专业市场快速发展。2004年4月，大型集贸市场四季春农贸市场建成使用。先后建成银河家居、光明家居、美迪龙家具广场等大型家具销售专业市场。杨宁超市、善利元超市、贵诚购物中心、华联超市等大型购物中心先后建成营业，舜天购物中心建成开业。紧紧抓住京沪高铁建成通车、“临高”经济到来的有利时机，投资20亿元建设建筑面积50万平方米的大型建材家居物流城项目开业运营。到2010年底，通过多管齐下、强力推进，高新区第三产业比重和财税贡献率明显提高，第三产业增加值占GDP比重达到33.9%，同比增长32%。

三是提升产业发展层次。从2006年开始，高新区党委、管委做出了关于大力发展新兴服务业的战略。2017年1月，为全面落实科学发展观，构建和谐社会，提升经济总量，加快发展步伐，努力实现建设现代化生态型科技工业区战略目标，枣庄高新区党委、管委研究制定《关于促进枣庄高新区经济又好又快发展的意见》，指出高新区已经具备了繁荣发展新兴产业的基础和条件，明确了目标任务。要遵循“优一产、强二产、上三产”原则，挖掘潜力、激励引导、全力推进，努力把新兴产业做出特色，做出规模，做出效益。高新区遵循“商贸活区”、“园区变城区”的指导原则，高起点规划，高标准建设沿长白山路、茂源路、黄河路、祁连山路、德仁路等两侧的服务业项目。打造高新区旅游品牌新亮点，将袁寨山风景区、日月湖湿地风景区纳入规划。抓住京沪高铁站、市长途客运站建设机遇，着力规划、重点发展商贸物流、期货、证券、金融业，设立保税仓库或保税区，建设鲁南地区、京沪之间有影响力的客流中心、物流中心、信息中心和高科技产业中心，并有计划、有重点地组织实施。

（7）以人为本抓和谐

2003—2011年，高新区牢固树立“老百姓事情无小事、老百姓小事是大事”“任何时候始终做到绝不以牺牲环保为代价换取发展、绝不以牺牲老百姓利益为代价换取发展、绝不以牺牲土地宝贵资源为代价换取发展”的民本思想，始终坚持“两手抓”，一手抓经济发展，一手抓和谐社会构建，2007年1月，枣庄高新区党委、管委研究制定《关于构建和谐高新区的意见》，确定了“十六项构建重点”和“六项保障措施”，统筹兼顾，多措并举，认真办好事关群众切身利益的各项社会事业和民心工程，让发展成果及时广泛惠及人民群众。

一是扎实推进“三转工程”。2003—2011年，高新区共开发各类安居工程66个，总建筑面积达600余万平方米。区、街两级财政出资，免费培训适龄农民工，并合理有序安置，累计转化减少农民近5万人。

二是建立完善社会保障体系。高新区全面落实粮食补偿、弱势群体救助、城乡低保“三张安抚网”制度，实现无缝覆盖，累计发放各类补偿和保障资金8亿余元。

三是大力实施民心工程。每年确定实施“十件实事”“十项惠民政策”，全部得到落实。到2010年底，高新区新型农村社会养老保险制度在农村实现全覆盖。两处街道敬老院被评为“全省星级敬老院”。投资5000多万元的数字电视网络改造已全面建成。

四是加快推进医疗卫生事业发展。到2010年底，高新区新型农村合作医疗参合率达99.63%。城镇居民医疗保险、职工基本医疗保险等制度全面铺开。兴仁、兴城两街道卫生院全部新建提升，充实医疗设备，公开招聘专业水平高、临床经验丰富的医务人员，医疗卫生条件得到根本改善。同时，加快推进区医疗保健中心建设，加强与中国人民解放军二炮总医院合作，建设一流查体中心、特科医治中心，形成完备的现代化医疗服务体系。

五是强化基本国策。2003—2011年，每年全面完成市下达的计划生育各项指标任务。牢固树立惜土如金意识，坚持依法严格管理土地、节约集约用地，入区项目全部按法规程序规范用地。2010

年9月，枣庄高新区在全省150家开发区土地集约利用考核评价中位居全省前列。扎实抓好节能、减排、环保工作，取得显著成效。先后拒绝耗能高、有污染的项目20余个、50余亿元。2007年初，枣庄高新区被省政府确定为重点培育发展的循环经济示范园区。2009年10月，枣庄高新区顺利通过区域环评省级验收，成为全省唯一通过区域环评的高新区。

六是推动教育事业迈上新台阶。至2011年，高新区累计投入教育建设资金16亿余元，对高新区12所学校全面彻底改造，先后实施“三新工程”“三亮三改”、教学仪器设备更新配备、信息化建设、规范化创建等10余项重点工程，高新区普遍是全新的校舍、全新的桌椅、全新的教学设施。盈园中学、圣园中学、兴城中心小学等先后建成投入使用。新录取困难大学生全部得到救助。中小学教师工资全面执行省级标准。高新区实现由传统农村教育向现代城市教育的根本转变。

七是创建平安高新区。高新区始终把维护稳定、创建平安高新区作为第一责任来抓，健全完善各项维稳机制，依法严厉打击各种刑事违法犯罪。社会稳定是经济发展的基础和前提，也是高新区发展的必要条件。针对2003年初“五霸”等违法犯罪猖獗的实际，坚持“严打”先行，先后打击“五霸”团伙和带有黑社会性质的犯罪团伙7伙，依法打击违法犯罪近80人，为高新区从新创业营造了良好环境。扎实做好信访稳定工作，坚持抓早、抓小、抓苗头，始终把各类矛盾隐患排查化解在基层、化解在萌芽状态。切实抓好安全生产，严明安全生产的“三大责任”(行政管理责任、企业法人责任、专业部门检查责任)、“三大机制”(行政领导负责机制、企业法人管理机制、专业部门督查机制)、“三个严于”(严于责任、严于规程、严于小事)，及时消除各类安全隐患，特别是先后坚决关闭兴仁和兴城煤矿、迁建神工化工、搬迁液化气站更换燃气、取缔147处采石场、关闭炸药厂和鞭炮厂等，彻底消除了重大安全隐患，确保了高新区政治安定、社会稳定。

八是推动各项社会事业协调发展。有效落实城市管理、水资源管理、婚姻登记、社保管理、社区管理、物业管理等各项职能。逐步建立工会、妇联、共青团、税务、交警、供电、统计、物价、审计、外事、老龄等机构，落实相应职能，工作得到加强，年年创出新佳绩。特别是在工业项目、城市建设、社会事业、财政税收以及土地、环保、教育、卫生、人口等各个方面，枣庄高新区均位居全市前列，多次受到中央和省、市的表彰奖励。

(8) 立足全局抓党建

高新区始终把加强党的建设贯穿各项工作始终，切实加强党的思想建设、组织建设、作风建设、廉政建设，强化政治纪律、财经纪律、群众工作纪律，真正把党的思想政治优势和组织优势，转化为推动科学发展的强大动力。

一是严抓思想建设。2003—2011年，连年组织开展主题鲜明、内容切题、贯穿工作始终的思想政治教育活动。先后开展“高新区在我心中”“保持共产党员先进性教育”“学党章、强素质、转作风、尽责任”“争创学习型创新型节约型高新区”“学习实践科学发展观”“创建学习型创新型节约型基层党组织”和“我为争创国家高新区做贡献添光彩献智慧”以及开展“三百”评选等一系列的思想政治教育活动，对党员干部进行全面的党性观念、思想道德、群众观念、优秀文化和世界观、人生观、价值观等教育，进一步坚定发展高新区、建设高新区的信念，增强贯彻执行党的基本路线方针政策的自觉性。与此同时，坚持党委理论学习中心组定期学习制度，严格实行党员干部学习培训、调查研究、检查考核、述学评学及学习成果转化等各项制度，不断推动学习的正常化、制度化、规范化，形成领导干部引领学、班子成员带动学、党组织推动学、各类先进典型示范学的理论武装机制和局面。

二是扎实推进组织建设。深入贯彻《党政领导干部选拔任用工作条例》和市委“三个一”的执政理念，切实加强基层组织和干部队伍建设。坚持看发展论功过、以实绩论英雄、凭政绩用干部，让想干事的人有机会、能干事的人有舞台、干成事的人有地位。从2003年至2011年6月，共调整提拔重用县级干部22名、科级干部114人次。积极推行干部人事制度改革，先后在全市招考中层干部15名。高度重视街道、村(居)、社区等基层组织建设，各级党组织的凝聚力、号召力、战斗力明显增强。配齐配强各街道党政领导班子。2004年、2007年和2011年，成功组织实施村(居)“两委”换届选举，及时把政治素质高、文化水平高、群众威信高、发展有办法、服务群众好的优秀人员选进村(居)“两委”班子。加强社会管理创新工作，2010年从大学本科生中招考社区工作人员，充实到基层为群众搞好服务。注重加强新经济组织、新社会组织的党建工作，先后设立机关党委、建设局党委、经发系统党委、“区外园”党总支，使党的建设覆盖面不断扩大，组织建设逐步完善。大力推行入党积极分子公推公选、票决等制度，从源头上优化党员队伍的知识、年龄结构。创新加强党建工作的体制机制建设，完善各项责任体系，逐步实现科学化、制度化、规范化。严格执行党内民主集中制，从2003年到2011年6月，共召开党委会议267次、专题会议192次，切实做到科学决策、民主决策、集体决策。

三是加强作风建设。始终把加强党员干部作风建设抓在手上，教育党员干部深刻认识到高新区是竞争之地、创业之地，绝不是混事窝、处优窝；要多当“主攻手”，不当“二传手”，多当“运动员”，不当“评论员”；要把人生作为一种标记，把拼搏作为一种态度，把进取作为一种要求，把信任作为一种使命；要确立与时俱进的事业观、开拓创新的发展观、海纳百川的处世观、不进则退的风险观；

要大力弘扬永不满足、永不懈怠、永不言难、勇往直前的“四永（勇）创业精神”和善学、善民、善政、善廉、善法的“五善意识”。2003—2011年，先后开展“机关效能建设年”“思想作风建设年”“马上就办”“最短办事日”“转作风、提效能”等活动，开展“以人为本、执政为民”教育，要求每一名机关工作人员要明确部门职责、年度目标任务和“七要、七不要”工作守则，严格实行诫勉制、淘汰制、警告制“三项制度”，机关管理各项纪律、制度得到较好落实。要求各级各部门对党委、管委安排部署的每一项工作，要立说立行、雷厉风行，真正做到盯住、靠上、抓实、办成。严格实行年度目标管理责任制，推行工作日调度、周点评、月汇总、季考核、半年小结、年终总结制度，确保经济部门以100%的精力抓经济，其他部门以80%的精力服务经济。为进一步加强和改进机关作风建设，提高工作质量和效率，2009年制定《关于对经济社会重大事项及履责尽职情况实行督查监督、约谈警示、情况通报三项制度的意见》，2010年制定《关于在高新区推行党政干部工作问责制的意见》和《枣庄高新区关于妨碍优化经济发展环境工作的责任追究办法（试行）》，进一步健全完善干部管理体制，形成科学考核评价体系，增强各级的责任心、事业心，提高落实力、执行力。不断强化民主监督、社会监督制度，每年组织人大代表、政协委员、企业代表等评议各级各部门的行风、政风，取得良好效果。高新区上下始终保持着吃苦耐劳、务实敬业、不怕苦累、重抓落实的良好风气。

四是严抓廉政建设。深入贯彻《党员领导干部廉洁从政若干准则》《关于实行党风廉政建设责任制的规定》，严格落实党风廉政建设责任制。始终遵循“决策讲依据、办事按程序、执行讲纪律”的原则，坚持用机制推进、用制度管理、用法律规范、用纪律约束工作，不断健全完善并严格执行好各项管理制度，从源头上防治腐败行为发生。严格执行各项财务管理规章制度，每年实行年初搞预算、年中搞通报、年底搞决算，各项支出严格按预算拨付，从源头上避免乱开滥支现象。对重大财政支出实行集体研究、集体决策，跟踪监督，做到全过程审计。对重大工程或大额公共物品采购全部由招标办公开招标，由纪检监察和检察监督招标，中介组织审计定标，项目领导小组审核把标，投资上实行全过程审计，质量上实行旁站式监理，工程竣工组织综合验收，大力实施阳光工程、廉政工程，做到工程安全、资金安全、干部安全。依法严格管理运作好国有集体资产，建立详细有效的国有资产管理平台，确保资产清晰、运作高效、保值增值。2009年，为切实加强城中村拆迁改造工作，严肃工作纪律，研究下发《关于进一步加强城中村拆迁改造工作的意见》和《关于切实严肃城中村拆迁和农村住房改造工作纪律的通知》，成立资金监管组，对涉及补偿资金的存储、划拨、调度、使用等各环节，实行全程监督审计。全面推进党的基层组织党务公开制度，自觉接受广大党员干部群众监督，提高党员干部的知情权、监督权。切实加强基层村（居）党风廉政建设，从2004年起，枣庄高新区党委确定全面推行村（居）务“六公开”制度［集体经济项目立项及经营情况、建设用地农用地等经营和承包情况、土地征用补偿情况及集体经济收益使用和上级补助金情况等经济发展事项、计划生育管理、通路通水村（居）民集资、宅基地管理使用情况等］；在此基础上，从2009年起，按照中央和省、市纪委的部署，实施构建农村（居）党风廉政建设体系“五五一”工程，即深入推进村（居）务公开、财务公开、村（居）民议事、村（居）民监督和矛盾调处，强化村（居）财务委托代理、工程项目招投标、经济合同监管、村（居）级财务监管、矛盾协调处理等服务，推行基层干部述职述廉和评绩评廉的“双述双评”制度，建立健全了基层党风廉政建设长效机制。严格落实村（居）会计委托代理、合同监管、公章代管、日常开支备用金等制度。切实加大案件查处力度，依法严厉打击各类违法违纪行为，到2010年底，共查处违法违纪人员36人。高新区形成了风正、气顺、劲足、凝心聚力干事业的良好局面。

2003—2011年，枣庄高新区始终以科学发展观总揽全局，紧紧围绕建设现代化生态型科技工业强区、构建和谐高新区的宏伟目标，牢牢扭住发展第一要务，积极适应形势，调整方式，破解难题，在困境中自强崛起，在逆境中拼搏奋进，在调控中抢抓机遇，在竞争中抢占先机，有效组织实施“引资建区、项目兴区、科技强区、环境立区”发展战略，始终做到“一切围绕发展转、一切为了项目干”，切实转变发展方式，优化经济结构，高新区经济持续在高位上运行，社会事业在和谐中推进，呈现出政治稳定、社会和谐、经济发展、人民群众安居乐业的崭新局面。到2010年底，高新区规模企业数、全社会各类投资、国有资产积存量、机关国有固定资产、技工贸总收入、工业用电量、银行存款、财政收入等主要经济指标，分别比2003年初增长160倍、360倍、43倍、2135倍、46倍、22倍、79倍和64倍。到2011年6月，共引进合同项目670个，合同利用资金近1200亿元；累计完成注册各类公司1460家，其中冠省牌公司218家，企业集团发展到30家，国家级企业集团10家。2011年1—6月，高新区实现技工贸总收入达385亿元，同比增长47%；规模以上工业总产值76亿元，增长43%；规模以上固定资产投资89亿元，增长46%；财政总收入4.96亿元，增长38%；地方财政收入2.31亿元，增长32%；税收总收入2.61亿元，增长29%；银行存款余额45亿元，增长43%；用电量2.8亿度，增长29%；高新技术产业产值占规模工业总产值的比重达48.9%。从2006年开始高新区财政向市财政贡献3亿多元，现已培植财税潜能20多亿元。高新区形成了锂电新能源、光电光纤、光伏材料、生物医药、电子信息、先进机械制造和煤化工及精细化工等独具优势特色的高新技术产业集群。特别是锂电新能源产业集群膨胀，技术装备、产业规模和科技创新均处于国内外前列，产品广泛出口美国、欧洲等国家和地区。枣庄高新区的综合实力、核心竞争力进入新的更高层次，相继被评为全省最具活力十大园区和县域经济中最具活力的开发区之一，被确定为全国青少年节能环保教育基地、中国锂电池创新战略联盟副理事长单位、中华环保联合会副理事长单位和山东省海外华人华侨投资创业基地、山东省发展循环经济示范园区、山东省行业技术中心暨锂电产业聚集区、山东省锂电池产品质量监督检验中心、山东省锂电新能源产业新型工业化示范基地，全面实现了科学发展、和谐发展、率先发展和跨越发展。尤其是争创国家高新区工作取得重大进展，2010 年 10 月，山东省人民政府研究制定《关于申请将枣庄高新技术产业开发区升级为国家高新技术产业开发区的请示》呈报国务院。按照科技部的部署和要求，中国科学院研究制定《枣庄高新区战略研究与发展规划（纲要）》，与国家战略规划搞好衔接。2011 年 3 月 10 日，科技部组织专家组对枣庄高新区进行实地调研考评。科技部专家组一致认为，枣庄高新区城市业态和规划建设水平高，科技创新能力强，特别是战略性新兴产业发展迅速，在全国考核的高新区中处于领先地位。

2. 创新发展，积极争创国家高新区

2011 年，以创建国家高新技术产业开发区为目标，枣庄高新区积极调整战略部署，加快改革发展步伐，全力投入到发展高新区、争创国家高新区的工作之中。

2014 年 4 月，高新区管委研究制定《枣庄高新区关于成立申报国家高新区工作领导小组的通知》。同月，枣庄市政府向科技部提交《枣庄市人民政府关于创建国家级高新区情况的汇报》。2015 年 2 月 5 日，国务院下发《国务院关于同意枣庄高新技术产业开发区升级为国家高新技术产业开发区的批复》，正式批复枣庄高新区升级为国家高新区。

2012 年，党的十八大明确提出“科技创新是提高社会生产力和综合国力的战略支撑，必须摆在国家发展全局的核心位置”。2012—2014 年，在争创国家高新区的过程中，高新区党委、管委按照十八大精神大力实施创新驱动发展战略，解放思想、真抓实干、奋力前进，在管理体制、招商引资、产业发展、科技创新、民生环境多方面全方位改革创新，积极应对全球金融危机带来的负面影响，高新区经济逆势增长，科技创新快速提升，民生状况显著改善，发展环境逐步优化。

（1）管理体制实现新突破

2012 年，市政府再次规划调整高新区行政区域。将光明路南原高新区兴仁、兴城街办的部分区域移交薛城区，将薛城区原张范镇整建制划入高新区，并批准更名为张范街道办事处。辖 3 个街道办事处，120 平方公里，拓展了发展空间。

2012 年，为改革优化职能机构，高新区党委决定实行大部制管理，撤销教育、卫生、社保等职能机构，合并政法、妇联、工会等单位，加强经发、科技等经济职能部门，新设招商局和高新技术投资建设公司，区属部门由 14 个调减为 10 个。合理配置工作人员，重点加强经发、招商、科技等经济部门力量，人员增加 4 倍。

（2）招商引资实现新突破

2012 年 6 月，高新区党委结合当时现状对招商工作提出如下思路：一是借力招商。要充分借助各级领导干部的招商力量，树立招大商、招大项目思想，充分发挥外部资源优势，切实做好借力招商文章。二是合作招商。要充分利用当前企业现有的厂房、设备、技术等基础条件，实施扩股融资、扩大合作，促进企业尽快成长壮大。三是优势产业招商。要围绕高新区规划的优势产业开展招商，与现有产业搞好衔接。积极围绕上下游产业招引项目，拉长产业链条，使高新区产业聚集度更高，优势更强。四是统筹招商。要认真研究对陶庄工业园、邹坞工业园等全市工业园区进行统筹规划，推动招商引资项目合理进区入园，实现利益共享。五是盯紧靠住招商。对招商引资项目要盯住关键点，采取灵活方式，协调各方利益，确保招商项目落得下、见成效。六是鼓励招商。对招商引资工作，以经济职能部门为主，鼓励各级各部门积极招商，并根据不同情况予以奖励，调动广大党员干部参与招商引资工作的积极性、主动性。党委要求，一是全力支持好招商引资工作。各级、各部门要考虑高新区大局，加强沟通、衔接，共同解决招商引资及项目落地有关问题。二是建立大招商理念。高新区上下要积极为招商引资出谋划策，不断创新思路和方式方法，认真破解土地、资金、政策等制约瓶颈，切实提高招商水平、提升招商质量。

2013 年，高新区成立 6 个产业招商小组，印发了《关于下达 2013 年度招商引资目标任务和考核奖励办法的通知》，落实分解招商任务，形成人人互动、全员招商的氛围。实行招商引资例会制度，研究招商资源，改进招商方式，对在谈和推进项目定期分析，跟踪督导、现场解决存在的问题。拓展以商招商，包装项目引客商，百科药业招引威智医药合作投资。重组整合抓招商，亿和轮胎成功重组丰源轮胎，产能达 1240 万条。2014 年，高新区坚持招商引资不动摇。健全招商机制，实行全员招商，成立 9 个产业招商小组，明确年度目标，分区域定点招商。每周调度一次招商情况，每月召开一次联席会议，研究解决招商问题。利用闲置资源。实施“腾笼换鸟”，清理盘活闲置土地 9 宗、1000 多亩，纳入招商推介项目库。世界 500 强企业中联水泥入驻高新区，中国铁塔股份有限公司入住国家级孵化器，海洋金融大厦、新城市立医院等项目利用闲置资源得到发展。冠省名企业44户,“八亿”品牌成为中国驰名商标。

（3）重点项目建设实现新突破

2012年2月，高新区党委、管委研究制定《关于大力推进重点项目建设的意见》。2012年上半年，高新区对高新区企业进行了调研,根据存在的问题，提出“四个完善”：一是完善、规范与企业签订的合同内容。二是完善区内企业地产、房产手续，了解清楚企业土地和房产是否真正用于生产经营。三是完善闲置土地的清理工作。四是完善企业融资渠道。

2013年，高新区提出狠抓“四新两强”产业发展，助推转型升级。15个项目列入市级百个重点项目库，为历年来最多，完成投资43亿元，超年度计划5个百分点。主抓锂电、光伏新能源产业。编制了《枣庄高新区锂电产业发展规划》。狠抓新材料产业，东方光源光纤光缆出口韩国、印尼等国家，税收2023万元，增长41%。重抓新医药产业，三九药业基本完成二期规划设计、立项手续。百科药业新厂区车间按新GMP认证标准升级改造。紧抓新装备制造产业，鲁南装备一期工程煤机制造顺利投产，全自动化机器人焊接生产系统全部到位，特检中心投入使用。做强现代服务业，浙商大厦等总部经济项目稳步推进。做强传统产业，亿和集团2000万平方米输送带、38万米带芯项目生产正常运营，轮胎出口增长46%。泉兴集团托管金庄煤矿，泉兴中联整合全市三分之二水泥产能，中联集团运营中心落户高新区。2014年，高新区坚持项目立区促产业。2014年4月，区党委提出要全力推进大项目建设。强力推进项目建设，是高新区目前的中心任务，责任重大，刻不容缓。要求高新区上下全力以赴，集中精力，抓好项目建设。对投资额度大、竞争力强、发展潜力大的“好”项目,要盯紧靠上跟踪服务，确保落户高新区；对现有项目的建设和今后发展要深入谋划，科学论证，要一个项目一个项目的研究、一个项目一个项目的推进，全力帮促发展，使大项目留得住、小项目后劲足，真正让大项目、好项目在枣庄高新区落地生根、发展壮大。2014年部分闲置土地得到利用，新能源产业、新医药产业、新材料产业、新装备制造业、服务业发展、传统产业快速推进。

（4）科技创新实现新突破

强化科技创新平台建设。2012年国家级科技孵化器、省级锂电检测中心获得批准。1个国家级、4个省级、20个市级企业研发中心运营良好。2013年，国家级锂电检测检验中心获批筹建。与市知识产权局共建枣庄市知识产权综合服务中心挂牌运营。新申报省级重点实验室2家，市级研发机构4家。2014年，平台建设不断增强。国家级科技企业孵化器新入驻企业24家。国家级（山东）锂电池质量监督检验中心达第三方公证机构水平，获省质监局授权。鲁南锂电新能源研究院正式成立，“厅市会商”取得实际成果。大（中专）学生创业园投入使用，与枣庄技师学院合建高校毕业生创业平台。

强化人才队伍建设。2012年国家“千人计划”赵金保博士入驻润峰公司，锂电池行业带头人李青海博士成功申报“泰山学者”。2013年引进魏彦君、赵金保、姜玉雁等国家“千人计划”高端人才3名。与枣庄职业学院合作，定向设置专业、定企培养高技能人才，2013年实行“订单式”培养，枣庄职业学院为10余家锂电企业培养专业技术人才60名。加大创新人才培育力度，自2013年，高新区多次组织企业家赴深港考察学习，到浙大集中培训。李青海获批国家科技创新创业领军人才，关成善获省科技型小微企业优秀创业人才。2014年，区党委提出要加大科技创新力度。要搞好国家级孵化器建设，完善功能，提高孵化能力。抓好锂电检测中心、知识产权综合服务中心、锂电研究院等创新载体和科技平台建设，完善科技企业孵化器各项功能。要多方面寻求发展合作的支撑，特别要加强与北京交通大学、天津大学等高等院校的合作，培育企业的创新能力。要完善创新扶持政策体系建设,在全社会形成重奖创新、创新有功的氛围，使创新成为企业发展的主动力。要加强人才队伍建设，完善人才引进、培养和使用机制，为人才的成长和作用的发挥创造良好环境。如“千人计划”魏彦君、“创新创业人才”李青海等优秀高层次人才，要千方百计引进来、留得住、用得好。高新区与市委组织部共建人才特区，中科院姚建铨院士入驻惟栋电子，润峰李青海成为国家“万人计划”，百科胡青燕进入泰山学者海外特聘专家评审，海特梁广川博士等11人成为全市中青年专家和学科带头人。

强化企业创新主体地位。区知识产权管理部门和知识产权综合服务中心服务加大了对企业的管理引导力度，帮助区内工业企业建立了知识产权管理体系，2013年高新区工业企业年度申请数量是239件，超过高新区历年专利申请总量，专利创造能力得到了空前快速发展。此后，专利申请数量连续三年实现倍增，国家、省、市级科技项目、科技成果不断涌现。2012年,海特电子“复合磷酸铁锂材料及其制造方法”获国家专利优秀奖,“锂－二硫化亚铁一次性扣式电池的制备方法”获省专利一等奖,填补枣庄空白。山东省新能源汽车自主创新示范园正式获批，山东省可持续发展实验区落户高新区。2013年，国家战略性新兴产业知识产权集群管理试点区、山东省知识产权试点园区正式获批，高新区自主创新能力显著增强，海特3年内先后获批美、日、韩、澳大利、亚欧洲国际专利5项，实现全市涉外专利授权零突破。省锂电池标委会落户海特，国家级新能源锂电自行车标委分会落户威斯特。宏全模具成为省“专精特新”创新型企业。科技金融融合发展，科技金融服务中心挂牌成立，知识产权质押贷款融资1000万元，9家企业纳入省知识产权质押融资平台库，通过融资租赁、股权抵押等方式新增贷款22.8亿元，滚动使用过桥还贷资金 4.1 亿元。

（5）社会事业实现新突破

生态环境建设稳步推进。2012—2014 年，高新区按照市委、市政府总体要求，积极创建国家森林城市。2012 年 4 月，高新区管委研究制定《关于加快创建国家森林城市的意见》，共投资 5.5 亿元对长白山路、光明路等道路、节点进行美化绿化，枣曹路升级改造标准全市最高，新建环城森林公园绿道 17.2 公里，完成蟠龙河治理、风景绿化带和 7813 亩造林任务。投资 9000 多万元新建、提升城市公园 6 处，新增绿化面积 19.3 公顷，绿化裸露土地 28 公顷；森林覆盖率达 36.5%，被授予全市创建国家森林城市工作先进区。开展城乡环境治理，省级卫生城市通过复审。

基础设施日益完善。按照高新区年度目标安排，2012 年，高新区投资 4.3 亿元实施雨污分流、智能电网改造建设项目 12 个，人和路、复元六路等全线贯通。2013 年完善城市路网建设，开工建设长白山北路等 7 条道路，新建 BRT-B5 线客运站 14 处。2014 年，投资 5000 万元建设宁波东路等 3 条道路。投资 1300 万元建设枣曹路太阳能锂电路灯工程。新建绿荫停车场 4 处、车位 300 多个。投资 2960 万元实施张范 9 个村连片治理，取得全省前三名优异成绩。

安居工程稳步推进。2012 年，根据市政府安排部署，结合高新区实际，高新区新建安置房 600 套，240 套公租房主体完工，700 套保障房基本竣工。2013 年，完成 18 个城中村拆迁安置规划定点，240 套公租房完成装修，702 套保障房达到入住标准，经适房开始申购。

民生利益得到保障。2012 年，高新区城乡低保、医疗救助、五保供养等标准高于全市，农村养老、新农合实现全覆盖。实施高龄补贴、银龄安康工程，敬老院均达省一级标准。2013 年，扩大社保覆盖面，城乡养老、医疗保险、医疗救助、五保供养实现全覆盖，补贴标准高于全市。倾斜困难群体，对符合条件的孤儿纳入城乡医疗救助范围，贫困大学生每人资助 4000 元。2014 年，城乡医保、五保供养、拥军优抚等各类社会保障持续提标，新农合、城乡低保和困难群体救助实现全覆盖。2013 年，搭建就业服务平台，举办专场招聘会 6 次，达成就业意向 3372 人。农村劳动力转移就业双倍完成市下达任务，新增城镇就业 3200 多人，城镇登记失业率控制在 3% 以内。2014 年，扎实推进以人为核心的新型城镇化，实施全民就业创业，新增城镇就业 3280 人，农村劳动力转移就业 3040 人。基本殡葬免费服务、电动自行车免费实名登记、留守儿童快乐成长活动站建设等 49 件惠民实事全部落实到位。

社会事业全面进步。2012 年至 2014 年，计生、农业、民政、文体、安全生产、平安建设等多项工作获全市表彰。2013 年，农业工作实现突破，全面开展农村四项改革，初步完成 7 个村的土地承包经营权确权登记试点工作，新成立农村土地合作社 9 家，流转土地 1600 多亩。2014 年，深化农村改革，新建农业合作社 9 家，流转土地 1630 多亩，提前一年完成农村土地承包经营权确权登记颁证工作。2013 年，民政工作不断改善，新建社区服务中心 8 个，开工建设烈士陵园和公益性墓地，基本殡葬服务免费全覆盖。孙法选被评为枣庄市十大杰出青年、感动枣庄十佳人物，戴金洪当选枣庄市第三届道德模范人物。2014 年，民生支出 1.4 亿元，占公共财政支出比重达 20%。2014 年，扎实开展平安高新区建设，“两抢一盗”警情下降 24%，民生警务诉求办结满意率 100%，荣获全市维护社会稳定工作先进集体。社会服务明显改善，高新供电部彩虹服务队以全国第三的总成绩荣获全省唯一的国网公司“十佳共产党员服务队”殊荣，交警大队被授予全市治理车辆超限超载工作先进集体。

（三）跨越发展阶段（2015 年 2 月—2017 年 12 月）

2015 年 2 月 5 日，枣庄高新区升级为国家高新区。2015 年 3 月 3 日高新区召开管委会议。会议强调关于建设国家高新区工作，一要提前做好谋划；二要抢抓发展机遇。三要转变发展思路；四要争取上级支持。

2015 年 7 月 10 日，在市政大厦召开枣庄国家高新技术产业开发区建设推进大会，为枣庄国家高新技术产业开发区揭牌，并宣读了《国务院关于同意枣庄高新技术产业开发区升级为国家高新技术产业开发区的批复》。

枣庄高新区荣升为国家高新区，开创了高新区发展史上的新篇章。站在发展的新起点，高新区上下认真贯彻落实中共十八届三中、四中、五中全会精神和市委、市政府战略部署，努力克服经济下行压力影响，提振精神，砥砺奋进，经济社会健康平稳发展，主要经济指标逆势增长，增幅连续保持全市领先地位，枣庄高新区再次掀起跨越发展新高潮。被评为 2016 年度“全市经济社会发展综合考核先进集体”。

（1）优化管理体制，奠定发展基础

2015 年，高新区党委决定进一步理顺优化管理体制，推进管理权、经营权与所有权适度分离，启动科技创新服务中心、资金资产管理中心等五大事业中心，独立运作，解决了“管理体制不活、行政色彩较浓”的问题。推行雇员制，针对互联网小镇发展和锂电检测中心运作，面向全省公开招聘 15 名政府雇员，解决了“专业的事情由专业人员来做”的问题。为保证资本资产有效运营，设立高新区 PPP 管理中心，建成运营科技金融服务中心，注册成立浙财金控资产管理公司，培育壮大高投公司规模，积极盘活闲置资产，利用储备土地进行融资，解决了“资金不足、没钱办事”的问题。2016 年 6 月，为更好地发挥人大制度优势、促进高新区经济社会持续健康发展，枣庄市十五届人大常委会第三十二次会议决定设立枣庄市人民代表大会常务委员会高新区工作室。2016 年 9 月，根据实际需要，政协第九届枣

庄市委员会常务委员会第二十七次会议决定设立政协枣庄市委员会枣庄高新区工作室，为更好地开展政治协商、民主监督和参政议政工作提供了坚强的组织保障。2017年，枣庄高新区改革开放力度继续增强。“放管服”改革活力全面迸发，新注册各类市场主体1243户，增长22.1%；成立集团公司4家，完成个转企52家，新增股份制企业4家。供给侧结构性改革全方位推进，收储盘活闲置土地192亩、闲置厂房楼宇10万㎡，新增供地787亩，区财政兑现产业扶持资金1.05亿元。国企改革取得突破，组建山东平野阔投资集团，推动事业转向投资融资、企业化运作。高水平举办第四届山东省互联网大会、数字中国枣庄峰会，与昆山高新区建立了资源交流协调机制，对外交流合作的广度持续扩大，为未来发展拓展了新空间。

(2) 聚焦招商引资，增强发展后劲

2015年，高新区实施“立足产业抓招商、优化环境促招商、借助企业快招商”三大战略，招商引资成效显著，为跨越发展积蓄后劲。一是立足产业抓招商。围绕信息产业发展，在京沪杭等地开展互联网小镇专题招商，互联网金融产业园、山东英飞尼迪基金、创客邦等项目正式签约；与中国电信、中国联通分别签订战略合作协议，共建鲁南大数据中心。二是优化环境促招商。开展基础设施项目招商推介会，与浙江交工集团、中机电力公司等企业达成合作共识，采取PPP模式实施园区道路、管网、污水处理厂等基础设施建设，6个项目纳入省级项目库，工程概算55亿余元。三是借助企业快招商。积极开展以商招商、中介招商、代理招商，万方集团引进华源磁业投资10亿元建设磁性材料基地；康尔医疗促成康德莱集团投资6亿元建设医疗器械项目。全年签约项目42个，合同资金271亿元，对接企业纷纷回访。2016年，高新区提出着力建链强链补链。一是对接新兴产业。瞄准互联网经济发展，主攻IT企业，签约九次方、中科曙光、长城宽带、快看科技、维信诺OLED等信息技术产业项目39个，占签约项目总数的50.6%。二是对接资本市场。建立多元化投融资体系，成立山东英飞尼迪创投基金，引进中托金融等融资机构，招引天使街等众筹平台、融资租赁、小额贷款公司。聚源公司分别与齐鲁水务、北京首创、浙江交工等集团公司合作成立新公司，引入社会资本参与项目建设。三是对接高端人才。广泛挖掘行业领军人才，招引中科院兰州所莫丹博士，依托重离子加速器新上核孔膜及系列项目；招聘清华大学杜辉博士，作为区产业分局局长。建立海归人才库，引进美国斯坦福大学博士黄景进行物联网开发，吸引日本长崎国际大学硕士田雨入区创业，聘请16位海智专家作为特邀科技顾问。

(3) 聚焦产业发展，助推转型升级

一是加大招商力度。2015年5月，高新区党委召开工作会议，提出牢固树立“现有的项目是财源，招引的新项目是发展潜力”发展理念，要求高新区上下要将主要精力用于招商引资和项目建设。要结合市、区两级招商会议精神，认真分析总结近年来招商引资项目发展情况，逐步解决招商引资中存在问题。对大项目、发展活力大的小项目，要全力以赴，集中精力，盯紧靠上，跟踪服务，确保高新区每天都要有项目谈，每周都有实质性进展，每月都能谈成一两个项目。2015年7月，高新区党委决定，从招商经费预算中给每个招商组分配招商经费，确保招商实效。2015年8月，高新区党委提出要以更高的站位谋划招商引资和对外开放。优化招商策略，搞好项目策划论证，力争有更多的项目列入国家、省、市投资计划。高新区作为产业发展的主阵地，要强化园区载体建设，优化园区规划布局，创新投融资机制，进一步理顺内部管理体制，切实优化营商环境，全面提升对外开放水平。2015年11月，高新区召开党委工作会议，要求探讨有效的招商模式，学习借鉴博济集团网络招商等方式方法，综合运用大数据，通过对比分析大企业集团投资方向，确保招商效果。同时，研究建立招商办事处，聘请京沪深等一线城市的企业家、各界名人等作为高新区招商顾问，通过他们招引一批有档次、有规模的项目，并做好一线城市产业转移承接工作。2017年6月，为进一步加大招商引资工作力度，吸引和鼓励外来投资者投资兴业，促进经济快速发展和转型升级，高新区党委创新招商引资和投资促进机制，制定了《枣庄高新区招商引资优惠政策实施办法》。该办法包括项目落户奖励、经营贡献奖励、人才奖励、科技创新奖励、项目引荐奖励、“一事一议”等内容，优惠力度空前，对引荐人员和企业都形成了明显的吸引力。2017年，高新区外出招商256次，举办大型招商活动6次，新签约亿元以上项目48个、总投资325亿元。

二是扎实推进现有项目。2015年5月，高新区党委要求扎实推进现有项目建设。对现有项目的建设和今后发展要深入谋划，科学论证，要一个项目一个项目推进，一个项目一个项目帮扶，为项目建设和企业发展提供精准服务，确保大项目留得住、小项目后劲足。2015年6月，高新区管委研究制定《关于加快工业和民营经济发展的实施意见》，明确了一系列经济、科技奖励扶持政策，对企业发展经济、科技创新发挥了有效的激励作用。2015年8月，高新区党委提出要全力以赴抓好项目建设，以精准有效的措施推动稳增长调结构。要按照“敲开核桃、一业一策”的要求，坚定不移推动产业转型升级。以争创资源枯竭城市“互联网+”行动试点市为契机，全力以赴搞好互联网小镇的招商、管理、运营，引进联通等大国有公司建立数据中心，大力发展云计算、电子商务、应用软件、互联网金融等新兴业态，为智慧城市奠定基础，用三到五年的时间，把信息产业和信息服务业打造成高新区的主导产业。加快发展锂电、医药等新兴产业，用好国家级锂电检测中心等平台，提升锂电产业核心竞争力；积极帮助海特精工电子公司解扣，剥离优质资产，推进战略合作；全力协助东方光源、鸿正电解液等企业化解制约瓶颈，促进企业膨胀发展；继续为华润三九药业扩建项目搞好服务，加快建设进度，打造国内重要的中药颗粒剂生产基地。2015年11月，高新区党委提出尽快组建项目推进服务中心。要抓紧调配人员，组建精干班子，从项目招引、落地、建设、达效等各个环节进行督导，帮助企业解决“最后一公里”问题，确保项目顺利推进；同时，要对项目推进工作严格考核，严格奖惩，对项目推进慢、迟迟不见效果的帮包单位和个人严肃问责，对擅自变更土地性质或造成土地闲置的企业实行退出机制，确保项目健康有序发展。2016年2月，为加快高新区产业健康快速发展，党委、管委研究制定《关于进一步推进产业发展的实施意见》，提出重点发展产业联动强、资源利用效率高、核心竞争力强的高新技术产业，以信息化改造提升传统产业，进一步集中优势资源，推动产业集聚，加快形成特色突出、协作紧密、配套完善、布局合理的产业体系。确定了2020年经济发展目标，为下步发展指明了方向。2017年，枣庄高新区共有16个项目列入省、市重点建设项目和技改项目库，总投资82.3亿元；27个新旧动能转换项目落地动工，总投资75.8亿元。八一热电二期准备并网发电，天衢铝业新建技改生产线16条，东方光源光纤拉丝项目“六塔十二线”着手安装，计划2018年10月投产。精工电子重新焕发活力。全区税收过千万元企业7家、纳税额2.03亿元；过百万元企业82家，较上年增加20家。“四新”经济蓬勃发展。大数据、云计算、人工智能、量子通信、重离子应用等新技术实现产业化，OLED、3D打印、核孔膜等一批新产业项目茁壮成长，检测研发、电子商务、众创空间等新业态日益丰富，租赁共享经济新模式广泛应用，国泰君安、华林证券等大批优质社会资本遍地开花。

（4）聚焦创新驱动，提升综合实力

一是加大人才引育力度。2015年，高新区强化引才引智战略，引进加拿大籍医药专家胡青燕、日本数控工程师谷田康弘和北京中医药研究所于汉铎医药专家团队、北京交通大学王占国锂电专家团队；企业家李青海入选“万人计划”，梁广川入选泰山产业领军人才。2017年，引进中国工程院谭建荣院士、英国皇家工程院蒋向前院士，新增“千人计划”2名，曹衍龙、涂江平、吴建、何勇、叶学松、陈辰、张卫东等百余名科技领军人才和高水平创新团队进驻高新区。浙江大学山东工研院2016年注册，启动3个月进驻11个研发团队，建成5个实验室，科研成果转化惠及全省各地。

二是强化平台建设。2015年10月，高新区重新建立科技创新服务中心组织机构，增加管理人员，加大对科技型小微企业的引进和培育工作。2016年，围绕产业链部署创新链，不断完善创新生态体系。以“两镇一谷一中心”为载体，建设各类孵化器和众创空间12家，其中国家级孵化器2家、省级孵化器2家、省级众创空间4家，孵化面积30万平方米以上。互联网小镇坚持分区设计、

 智能制造小镇和国家锂电中心

集中布局，至2017年12月，互联网小镇两年时间注册成立300多家企业，形成科研成果转化、智能产品研制、跨境电商、数据运维四大业态，由闲置多年到实现凤凰涅槃。智能制造小镇累计孵化企业213家，国家级锂电池产品质量监督检验中心顺利通过国家验收，开始运营。鲁南大数据中心一年时间建成运营，实现三线接入、一级骨干，开始本地数据聚集、异地数据引入的招商阶段，创造了高新速度。中移智能产品分公司注册成立，成为中移铁通全国性创新基地，实现一类省公司在县级建制区设立的新局面。这些过去想都不曾想过的新兴产业，如今已形成新的动能。

三是强化科技合作。2015年至2017年，高新区开展6次产学研活动，与清华大学、北京交通大学合作建设国家级锂电检测中心，与全英中国发展创业协会共建枣庄国际创新中心。举办百名专家企业行、海智专家山东行活动，筹办了第二届海归创业大赛，组织水木汇项目路演。正式启动枣庄学院信息学院学生实习基地。

（四）聚焦协调发展，增进民众福祉

1. 突出基层基础。2015年，高新区认真组织“三严三实”专题教育活动，全面启动改革创新跨越发展大讨论活动，以思想观念的转变推动工作作风的好转。同年，开通政务微信，全方位传播发展正能量。2016年，从戴党徽、亮身份做起，开展“两学一做”学习教育，同年，强化非公有制企业党建，扩大“两新”组织党建工作覆盖面。2017年成功召开枣庄高新区第一次党代会。2015年，对208名新当选村“两委”干部集中培训，为贫困村新选派第一书记11名。2017年，所有村居党支部全部一次性换届成功。2015年至2017年，健全干部培训制度，选派人员赴国家部委、外地高新区挂职锻炼。先后组织科级干部赴浙江大学、清华大学、中山大学、厦门大学进行轮训。2015年，新组建基层工会12家，新增会员550人。2015年举办首届感动高新区暨“最美高新区人”评选活动，2017年举办韦昌进先进事迹报告会、“文明家庭”评选等系列活动。

2. 突出民生利益。2015年至2017年，高新区按照市政府安排部署开展园林城市和国家卫生城市创建工作，进行市容环境综合整治，高标准建设袁寨山公园，改造提升蟠龙河公园、德仁公园。2015年11月，高新区党委提出进行海绵城市建设，要在发展好高新技术产业、保持经济增长的同时，在城市建设方面大胆探索，做出精品工程。2016年，高新区推动产城融合，采取PPP模式启动实施13条城市路网、45公里污水管网、15公里热力管网建设，增强城市功能。全面启动张范南部山区农村饮水工程。2017年，新建、提升12条城区道路，步行街、美食街改造后商机勃发，着力推进全域城市化。主攻兴城战役进入决战决胜阶段，复元一路、宁波路等建成通车，S345高新区段顺利推进，污水处理厂及其管网试运营。实施西区供热管网改造。2017年完成15个老旧小区供热管网改造。2015年至2016年，高新区开展城乡低保提标扩保，落实困难群体救助制度，五保供养、全部兑付基本丧葬等费用。开展“金秋助学”，资助困难学生32人。因地制宜进行“精准扶贫”，分类施策，挂图作战，减少贫困人口。2017年，脱贫攻坚取得决定性进展，年度脱贫267人。强化公共就业服务，就业扶持，与枣庄职业学院合作培养各类技能人才，转移农村劳动力，增加就业人数。2017年城镇新增就业、农村劳动力转移就业分别完成3772人、2566人，城镇和农村居民人均可支配收入分别达30124元、14533元，居民收入增长总体快于经济增长，群众获得感与日俱增。

3. 突出环境建设。2016年至2017年，高新区强化党风廉政建设，严格落实“廉洁自律准则”和“纪律处分条例”，加强对关键岗位和重点环节廉政风险点的监督防控。坚持“一岗双责、党政同责”。深化社会治安综合治理，积极化解矛盾纠纷，建设平安高新区，群众的自豪感、归属感不断增强，区域的美誉度、影响力日益提升。2017年，生态环境持续改善。彻底解决了凤凰台断面水质问题，全面取缔老枣曹路“散乱污”企业，关停搬迁禁养区畜禽养殖场，中央环保督察交办件全部整改完成，“蓝繁”天数较上年增加41天，森林覆盖率达24.6%，在推进生态文明建设方面取得前所未有的成效。实施乡村振兴战略，开展“六大”提升工程，曲柏前村、西石沟村、西夹埠村等村庄成为市级美丽乡村。

二、枣庄高新区改革发展取得的成果

（一）逐步改进发展方式，经济科技综合实力快速提升

1993年12月前成立的企业目前仍在经营的有9家，均为内资企业。截至2017年12月，高新区现有企业2702家（不含金融、证券、外资、股份公司），是1993年的300倍；私营和农合2067家，占比96%。2017年，完成地区生产总值93.3亿元，工业生产总值363亿元，实现利税27.2亿元，固定资产投资164.2亿元;分别是1993年的153倍、312倍、340倍、254倍。

近年来，枣庄高新区紧紧围绕打造枣庄市核心支撑区、城市转型示范区的战略目标，积极适应经济发展新常态，深入实施创新驱动发展战略，锐意改革创新，不断激发活力，已培植特色鲜明、优势突出、核心竞争力强的新信息、新能源、新医药、新材料等战略性新兴产业，转型升级传统优势产业，做大做强现代服务业。其中，锂电新能源产业成为山东省乃至全国重要的锂电生产基地。先后被批准为“中国锂电池创新战略联盟副理事长单位”“国家战略性新兴产业知识产权集群管理试点区”“国家知识产权集群管理模式推行区”“国家知识产权试点园区”“国家锂电池产品质量监督检验中心（山东）”“中华环保联合会副理事长单位”“全国青少

年节能环保教育基地”“山东省优质锂电及锂电相关产品生产基地”等。新能源产业龙头企业山东精工电子有限公司80%的锂电池产品出口欧美等国。材料产业龙头企业东方光源集团已经成为轨道交通领域和军工领域的供应商企业，是山东省唯一一家生产型一级供应商，二期新上14条特发光电缆项目生产线，年产值可达23亿元。光纤拉丝项目“六塔十二线”项目将于2018年10月建成投产。新医药产业龙头企业三九药业有限公司已发展成江北最大的中成药专业生产基地。八一热电二期项目完成投资近12亿元，第一台机组2016年底前投产运营。经过多年的发展，高新区涌现出一批较有实力的品牌企业，“八亿”被评为中国驰名商标；“鲁化塑业”“阳光博士”“泉兴银桥”“欧博”“海特”“同泰”“亿和”被评为山东省著名商标。

在经济增长的同时，科技创新得到了深入发展。现有3个国家级、9个省级、36个市级企业工程技术研究中心、技术中心或实验室。在专利方面，仅工业企业，2003年至2017年底，累计申请专利1830项，授权1160项，2013年开始实施创新驱动战略，专利申请数量进入快速增长期，连续3年实现倍增，1项发明者专利获5个国家授权。参与制定国际标准1项。建区以来，共申报和实施各类项目870多个，其中国家级科技项目46项，省级132项。以国家级科技创新服务中心为龙头，在区内建立了12个孵化基地，3个众创空间，累计孵化企业513家，为科技成果转化为生产力搭建了桥梁。

（二）改革开放不断深化，体制机制改革取得新突破

不断推进行政体制改革。进一步理顺优化管理体制，推进管理权、经营权与所有权适度分离，启动五大事业中心，破除了管理瓶颈。按照中央、省、市部署要求，不断转变政府职能，推进简政放权、放管结合、优化服务。2016年11月，正式启用综合政务服务大厅，面向企业和社会公众集中提供行政审批、行政服务和其他便民服务，现可办理68项行政审批事项。

逐步形成多种所有制形式。高新区以建立现代企业制度为核心，对区属企业和部分乡村实施改制，切实扭转了部分企业的困难局面。目前，国企、私企、股份、农合等多种所有制形式同时存在，共同繁荣，1家企业完成新三板挂牌，1家企业完成地方四版挂牌，部分企业正在筹备上市。

农村体制改革成效明显。高新区34个村、12263户、5.2万亩土地的确权登记颁证工作全部完成；高新区以土地为纽带的合作社累计达到57家，流转土地1.5万多亩。2016年8月，高新区管委会、社会事业局和张范街道办事处被市委、市政府授予“全市农村土地承包经营权确权登记颁证工作先进集体”。

（三）推进基础设施和环境建设，努力构建生态宜居幸福城

建区以来，高新区始终坚持环境优先，环境建设有了较大进展。从2003年到2017年12月，高新区累计完成基础设施建设投资达100亿元，新建道路59条，桥梁430余座，高新区基本实现了道路、供水、供电、供气、排水、通信、宽带网等“七通一平”，部分区域达“九通一平”，建成区面积达120平方公里，高新区城市化进程快速推进，城市化率超过70%，为高新区经济社会加快发展搭建了坚实的平台。2003年至2016年10月，高新区累计投入山林绿化资金6.2亿余元，完成26座可视山头绿化和蟠龙河沿线绿化，造林面积达2.1万亩，新修环山景区道路33.2千米，新建桥涵61座。2010年至2015年，共投资1.47亿元组织实施了蟠龙河及宏图河综合治理、西横山水库、杨峪水库除险加固等水利工程项目。2010年解决了盈园中学、兴仁中学等9所学校、0.55万师生的安全饮水问题；2014年10月，3个街道、10个村、1.5万人的饮水安全工程竣工并投入使用；2015年，新建10处单村集中供水工程，彻底解决了1.61万人的饮水安全问题。

（四）积极构建和谐社会，社会民生持续改善

一是社保就业成效明显。开展城乡低保提标扩保，落实困难群体救助制度，五保供养、基本丧葬费等全部兑付。因地制宜进行“精准扶贫”，贫困人口逐年减少。2003年至今，创造就业岗位38276个，培训46332人，安置失地农民、下岗人员、就业困难人员、大中专毕业生等22753人，目前就业率达92%。

二是社区服务中心建设逐步提升。2003年从新创业以来，高新区管委会根据历史地缘环境等因素和建设发展实际情况，先后设立了13个社区居委会。2007年到2010年底，高新区共投入资金1500余万元，对无办公和服务用房的社区居委会，购建办公和服务用房面积达3710平方米，进一步规范完善社区的服务功能，全力实现“有人办事、有钱办事、有地方办事”的社区建设目标。2013年至2015年，又新建、改建农村社区服务中心17个，高新区村级服务阵地建设得到全面提升。

三是养老服务设施不断完善丰富。2007年1月1日，兴仁、兴城老年公寓建成投入使用。2008年12月，两街道敬老院被省民政厅评为全省星级敬老院。2013年，完成了兴仁和兴城两个街道敬老院的升级改造工作，被省民政厅评为“省一级敬老院”。2014年投资130多万元，新建、改建城市日间照料中心2处、农村幸福院5处。2015年，新建城市日间照料中心2处、农村互助幸福院4处，兴仁街道敬老院改扩建工程已完工。

四是全力维护公共安全和社会稳定。高新区以服务“幸福高新区”建设为目标，扎实推进公安工作稳步发展，全面加强公安信息化建设，实现视频监控全覆盖工程，建成监控中心1处，1080P高清摄像头155路，高新区单位内部安装监控探头1600余个，全局民警配备了警务云终端，公安机关打防管控水平显著提升，人民群众安全感和满

意度得到了显著提升。

三、枣庄高新区改革发展的启示

（一）解放思想，更新观念

解放思想是破解经济社会发展难题、加快发展的需要。在加快发展的进程中，如果没有观念的创新，就不会有思路上、举措上的突破，也就没有发展的跨越。纵观枣庄高新区的各个历史发展阶段，我们发现在每个阶段，高新区党委、管委都高度重视思想观念的宣传、教育和引导。例如1993年，高新区党委、管委认识到高新区还存在观念守旧、开发意识不强，怕担风险，缺乏想大事业、做大买卖、挣大钱的气魄，依赖国家、财政支持的意识太强，建设标准不高等问题，提出了“艰苦创业、奋力拼搏、科学求实、争创一流”的开发区精神，干部群众建设开发区的热情普遍提高。1999年12月，在高新区经济工作会议上，针对工业项目规模总量偏低，大高外项目缺乏，高新技术产业化规模还没有形成，历史遗留问题较多，债务包袱较重等问题，提出把一切工作的出发点和落脚点放到经济发展上来。牢固树立开发区以外就是外的思想，加快招商引资步伐，认真实施科教兴国战略，要大力加强技术创新体系建设，加快开发区“二次创业”的步伐。2001年，高新区党委、管委针对当时存在的问题，提出要牢固树立“项目兴区”观念，实行招商方式创新，提出高标准建设功能园区，提出建立综合服务大厅，树立装修、美化、经营城市的理念，建设园林式工厂，生态型城区，推进城市进化。2003年6月，枣庄高新区党委研究制定《枣庄高新区开展“解放思想、振兴枣庄”大讨论活动实施方案》，为高新区上下转变思想、更新观念、全力建设高新区拉开了序幕。2004年7月，为切实加强党的建设，充分发挥基层党组织的战斗堡垒作用和党员的先锋模范作用，枣庄高新区党委决定在高新区各级党组织和全体党员、干部中开展“为党旗添光彩、为高新区做贡献”学习教育活动，制定下发了《关于进一步加强基层组织建设的实施意见》。2007年2月，为巩固和扩大保持共产党员先进性教育活动成果，提高广大党员干部的整体素质，增强各级贯彻执行党的路线方针政策的自觉性，坚定政治方向和政治立场，增强广大党员干部服务经济建设和服务人民群众的意识，枣庄高新区党委决定在高新区广大党员干部中深入开展“思想作风建设年”教育活动，研究制定《关于深入开展思想作风建设年活动的意见》。2015年11月，枣庄高新区党委再次召开会议开展高新区改革创新跨越发展大讨论活动。开展“改革创新、跨越发展”大讨论活动，主要目的是认真贯彻落实十八届五中全会精神及中央和省、市委部署要求，紧密联系思想和工作实际，着眼于新的实践和新的发展，审视当前高新区面临的形势与任务，增强加快发展的紧迫感，激发广大党员干部投身国家高新区建设的积极性、主动性和创造性。党中央在每个发展阶段几乎都是先定方针，接着出台相应的配套政策，只有跟上中央的思路，才能得到中央、省、市政府的各项政策性支持，获得宽松的发展环境，工作才能得以顺利开展。

（二）制定战略，明确目标

管理专家德鲁克为“企业方向、工作效率、管理效能”三者勾画出如下关系：管理效能 = 企业方向 × 工作效率，这对区域发展同样适用。区域发展战略的核心就是确定正确的目标，明确区域发展方向。方向明确，区域的经济、社会效益才能提高。区域发展战略是区域经营管理成败的关键，通过制定区域发展战略，可以提高区域发展的预见性、主动性，克服区域发展的短期行为。高新区各阶段的发展实践证明，目标研究应是党委工作的重点，这样才能形成一个良好的发展氛围，增强发展的信心。如2003年重新创业以来，枣庄高新区始终以科学发展观总揽全局，紧紧围绕建设现代化生态型科技工业强区、构建和谐高新区的宏伟目标，牢牢扭住发展第一要务，积极适应形势，调整方式，破解难题，在困境中自强崛起，在逆境中拼搏奋进，在调控中抢抓机遇，在竞争中抢占先机，有效组织实施“引资建区、项目兴区、科技强区、环境立区”发展战略，始终做到“一切围绕发展转、一切为了项目干”，切实转变发展方式，优化经济结构，高新区经济持续在高位上运行，社会事业在和谐中推进，呈现出政治稳定、社会和谐、经济发展、人民群众安居乐业的崭新局面。2016年2月，为加快国家高新区产业健康快速发展，切实打造引领枣庄城市转型的产业支撑，高新区党委、管委研究制定《关于进一步推进产业发展的实施意见》，以市场导向、科学布局、创新驱动为原则，调整、提升了产业发展布局，确定了“十三五”期间的经济发展目标，为高新区“十三五”详细规划的制定指明了方向。

（三）统筹规划，系统管理

高新区的发展历程证明，有效的区域规划在对人们意识、工作方式、民众意愿、市场方面可以起到积极的引导作用。2003年至2011年，高新区始终立足当前，着眼未来，确立“建设现代化生态型科技工业强区”的区域目标定位，并围绕这一目标定位，准确把握科学发展主题，相继确立发展理念、指导思想、发展目标、工作思路、产业布局、主导产业、管理区域等一系列科学定位，先后制定并有效组织实施了一系列的经济发展战略规划和目标任务。2003年至2007年，科学制定并圆满完成从新创业以来的“第一个五年规划”，顺利实现了“一年打基础、三年成规模、五年大变样”的目标。2008年以来，高新区高标准、高质量地研究制定并切实贯彻实施好“第二个五年规划”，并研究制定了一系列的具体规划和目标任务，先后制定并有效组织实施“11122经济工程”“2123经济工程”“222111经济工程”“四控三扩发展举措”、大集团带动、产业集群扩张战略，大力发展总部经济、科技经济、产业链经济、城域经济、环保经济和高端、高质、高效产业，强力推进“八园三区”规划建设，推进实施经济类、社会类和设施类“三十项重点工程”等。2010年，按照省、市的统一部署，切实加快转变经济发展方式，研究制定《关于进一步加快经济发展方式转变的意见》，遵循“转一产、强二产、上三产”的原则，确定了“四转”“五调”的总体思路，努力增创发展新优势，抢占新一轮发展的制高点。为更加卓有成效地推进争创国家高新区各项工作，2010年、2011年高新区连续两年深入开展“项目建设投入年”“企业核心竞争力提升年”活动。

规划是发展理念、发展模式的重要体现，是城市建设的龙头和关键所在。特别是市行政中心迁入后，枣庄高新区成为全市新的政治、经济、文化中心，规划建设好高新区事关全市发展大局。为此，高新区始终立足高起点规划、高标准建设、高效能管理、高水平经营的原则，坚持规划先行，不断完善规划体系，创新规划理念，扎实抓好高新区规划的科学制定和有效实施。2003年，聘请山东省城乡规划设计研究院科学制定总体规划，并经省政府批准。在此基础上，聘请深圳、上海、南京等地专家，有重点、有计划地制定控制性详规和各类专业规划、泰国工业园等重点园区、重大项目的建设规划。2009年，按照建设国家高新区的标准和要求，聘请山东省城乡规划设计研究院制定《枣庄高新技术产业开发区发展规划(2009—2020年)》，与总体规划相衔接，高标准、高质量地规划建设“八园三区”（泰国工业园、电子软件产业园、新能源轿车产业园、高端产业制造园、大学产业园、科技商贸物流园、综合产业园、高科技产业园和袁寨山风景区、日月湖湿地风景区、现代农业观光区）。2016年，聘请中国科学院编制了《枣庄国家高新区国民经济和社会发展第十三个五年规划纲要》。在科学发展观的统领之下，高新区区域规划的编制在突出宏观战略性的同时，更加注重了中观操作性和微观落地性，更加注重了空间布局、产业发展、社会功能以及资源环境的有效协调，对区域发展发挥了有效的指引作用。

（四）制定政策，建立机制

1. 发挥好政策的管制、引导 、调控和分配功能

政策是党和政府以权威形式标准化地规定在一定的历史时期内，应该达到的奋斗目标、遵循的行动原则、完成的明确任务、实行的工作方式、采取的一般步骤和具体措施。高新区根据国家、省、市的有关方针、政策，结合本地发展现状，制定了一系列切合实际的政策和措施，有效推动了经济、科技和社会事业的健康发展。政策带有根本性、长期性和稳定性，对经济发展具有重要的引导和指导作用。例如2000年，市政府召开全市招商引资动员大会和全面发展民营经济动员大会后，高新区成立了招商引资领导小组和招商局，出台了《关于开展全员招商引资的实施办法》《关于鼓励到高新区投资优惠政策的规定》，对高新区干部群众重视招商引资、参与招商引资起到了很好的引导作用，制定的优惠政策吸引了区外企业的入驻和商家的投资。自2003年从新创业以来，高新区先后研究制定《关于促进枣庄高新区经济又好又快发展的意见》《枣庄高新区管理委员会规范企业有序发展的规定》等一系列重要政策性文件，逐步建立健全促进经济发展的各项政策体系，并切实抓好贯彻执行，确保高新区经济持续、健康、快速发展。

2. 发挥好机制的激励、制约和保障功能

激励机制是调动管理活动主体积极性的一种机制；制约机制是一种保证管理活动有序化、规范化的一种机制；保障机制是为管理活动提供物质和精神条件的机制。为明确工作职责，提高工作效率，推动招商引资和项目建设，高新区曾多次建立完善管理工作机制。如2003年，枣庄高新区按照“机构要小、人员要少、职能要全、效果要好”“一人多责、一职多能”的原则，按大部制设置管理机构。先后健全理顺公安、交警、工商、税务、审计、供电、供水、城市管理、社区管理、婚姻登记、社会保障等一系列行政管理职能，逐步完善各项管理制度，为高新区实施从新创业提供坚强的体制机制保障。从新创业以来，严格实行“项目落地管理委员会靠项目、领导班子成员包项目、专门人员盯项目”“一个项目、一名领导、一套班子、一抓到底”的项目推进机制，确保高新区上下把主要精力、时间都用在抓项目、建项目和服务项目上，确保经济部门以100%的精力抓项目，其他部门以80%的精力服务项目。每年对确定实施的各类重点项目，都细化分解任务，严格落实领导干部帮包责任制。2010年以来，对规划建设的“八园三区”和区外园，由党委、管委领导班子成员兼任园区主任，实行二级法人管理制，对园区改革发展稳定负总责。采取了有力的创新激励机制，研究制定了《关于强化自主创新推进高新技术产业发展的意见》等政策文件，对获批实施的科技计划、申报专利、高新技术企业、科技进步奖、著名商标、名牌产品等实行重奖。科技创新投融资体系逐步健全，区财政先后出资设立的科技创新基金、担保基金、还贷周转金、品牌创建基金等，重点扶持科技创新项目或企业。2003年至2011年，高新区积极克服财力微薄、资金困扰的束缚，坚持用好“两只手”，用好“政府的手”搞好行政推动，用好“市场的手”搞好市场牵动，不断创新手段，挖掘潜力，实行循环性市场运做法，全力打造经济社会发展载体，创新了市场运作机制。严格遵循市场经济规律，向市场经济要资金，对于能推向市场的基础设施全面推向市场。一是创建风险投资公司，通过银行授信、社会参股等方式，实行封闭管理，滚动发展。始终把保护、利用、经营、运作好高新区有形无形资产，作为市场运作资本建设基础设施的手段，先后对道路、广告、城市雕塑等冠名权成功实施拍卖。二是探索创新国有资产管理新模式，2010年8月，按照政府主导、市场化运作、企业化经营的原则和国有资产资本化的

思路，研究成立国有资产投资运营中心，用足用活用好有关法规政策，盘活存量资产，拓宽融资渠道，充分发挥财政资金的杠杆作用，撬动市场资金和金融资金，打造保障可靠的投融资平台，提高国有资产综合效益，确保国有资产保值增值。三是积极拓宽市场融资新方式，先后成功采用BT（投资建设－移交）投融资方式建设医疗保健中心、电子软件园等项目，采用BOT（投资建设－经营－移交）投融资方式筹建污水处理厂等项目。2015年6月，高新区管委研究制定《关于加快工业和民营经济发展的实施意见》，政策涉及引才、引资、引智、项目建设、科技创新等多方面的扶持奖励办法，极大提高了区内外各类人才、企业的积极性，有效促进了高新区科技、经济的快速发展。

（五）做好服务，扎实推进

自高新区创建以来，服务意识贯穿始终。1993年，在高新区的年度工作报告中提到，工商、税务、土管都是经济服务机构。1998年，高新区党委提出"一切为项目建设着想，一切为项目建设让路，一切为项目建设服务。"中共十六届三中全会《中共中央关于完善社会主义市场经济体制若干问题的决定》强调：增强政府服务职能，首要的是深化行政审批制度改革，政府职能从"全能型"转向"服务型"。枣庄高新区积极响应中共十六届三中全会精神，及时引导全体机关干部转变思想观念，真抓实干，将服务意识落实到工作实践中去。2007年2月，枣庄高新区党委决定在高新区广大党员干部中深入开展"思想作风建设年"教育活动，研究制定《关于深入开展思想作风建设年活动的意见》，以提高广大党员干部的整体素质，增强各级贯彻执行党的路线方针政策的自觉性，坚定政治方向和政治立场，增强广大党员干部服务经济建设和服务人民群众的意识。2007年4月，枣庄高新区党委、管委研究制定《关于进一步优化发展环境的意见》，目的是进一步改善投资软环境，增强对外来投资的吸引力，真正为投资者和企业经营者做好服务，创造良好的兴业条件。2009年2月，枣庄高新区管委会研究制定《关于建立企业还贷周转金支持科技工业企业发展的意见》，以加快高新区科技工业企业发展，帮助资金周转暂时困难的企业按时还贷，及时化解金融风险，促进经济健康发展，实现政银企三方共赢，这是从融资方面为企业提供服务。2012年9月，高新区党委、管委出台《关于进一步优化经济发展环境的实施意见》，再一次强调相关部门切实为企业做好各项服务工作，推动高新区经济工作健康快速发展。2016年11月，枣庄高新区正式启用综合政务服务大厅，面向企业和社会公众集中提供行政审批、行政服务和其他便民服务，简化了办事程序，服务功能得到加强，为高新区经济、社会事业发展创造了良好的条件。

审稿人：吕学尚

撰稿人：毛丽荔　张　红

互联网小镇航拍图

枣庄高新区基础设施建设纪实

枣庄高新区从1988年正式批准建设到2002年底，由于多种因素制约，发展处于停滞状态。特别是城市基础设施严重滞后，2003年以前的高新区严重缺电、缺水、缺路、缺汛、缺绿，既没有资金投入基础设施，又缺乏市场运作手段，造成投入严重不足，基础配套几乎是一片空白，根本无法承载经济社会发展的需要。2003年重新创业以来，枣庄高新区始终立足高起点规划、高标准建设、高效能管理、高水平经营的“四高”原则，扎实抓好全区规划建设。特别是市行政办公中心迁入后，高新区成为全市新的政治、经济、文化中心，规划建设好高新区事关全市发展大局。为此，高新区紧紧围绕建设现代化生态型科技工业强区的宏伟目标，在规划定点、单体建设、项目入园、绿化亮化和水系建设等各个方面，既立足当前，又着眼未来。在建设规划等方面，严格遵循“四高”原则，在省政府批准区域调整的基础上，先后专门聘请山东省城乡规划设计院科学制定全区总体规划，聘请深圳等地专家有重点、有计划地制定控制性详规和各类专业规划；2009年，聘请山东省城乡规划设计院科学制订《枣庄高新技术产业开发区发展规划（2009—2020年）》，高标准、高质量地规划建设“八园三区”，加快推进全区建设发展。

从2003—2017底，全区累计完成基础设施建设投资达100余亿元，新建道路59条，桥梁430余座，全区基本实现了道路、供水、供电、供气、排水、通信、宽带网等“七通一平”，部分区域达“九通一平”，建成区面积达120平方公里，全区城市化进程快速推进，城市化率超过70%，为全区经济社会加快发展搭建了坚实的平台。高新区现已形成锂电新能源产业园、新医药产业园、新材料产业园、新装备制造产业园、鲁南大数据产业园等8个功能区。高新区的城市建设经过多年持续加大投资，城乡基础设施体系日趋完善，人民生活水平不断提升，高新区正在成为生态宜居的幸福城。

一、建设历程

健全完善的基础设施是全区加快经济社会发展的有效载体，也是高新区大

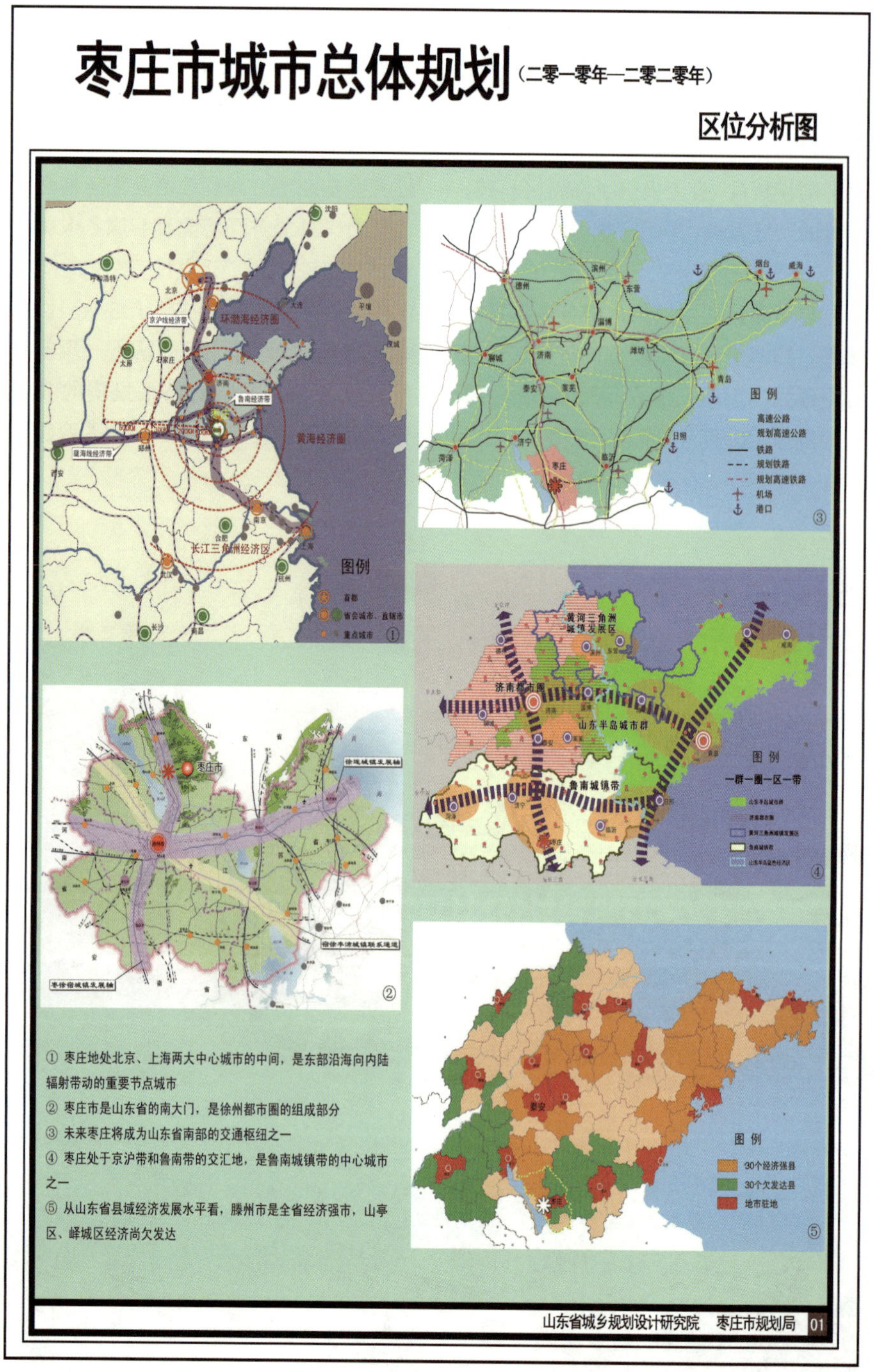

力实施重新创业的基础平台和重要目标任务。2003年重新创业以来，枣庄高新区始终坚持用好“两只手”，用好政府的手搞好政府推动，用好市场的手搞好市场牵动，不断创新手段，挖掘潜力，实行循环性市场运作法，把切实保护、利用、经营、运作好高新区的有形无形资产，作为市场运作资本建设基础设施的关键，取得显著成效。采用“资产经营、资本运作、封闭管理”等方式，成立聚丰风险投资公司，通过银行授信和社会参股，将市政府拨付的启动资金放大10倍，既筹集了建设资金，又规避了政府风险。“十二五”期间，枣庄高新区坚持高起点规划、高标准建设的原则，进一步加大基础设施投资力度，在各功能区域高效配置道路、供水排水和城中村等地上地下改造，大力推进主次干道、背街小巷、供热燃气、供水排水、供电通讯和城中村等地上地下改造，实现统一建设、共用共享，提升区域综合承载能力；完善生活设施，高标准建设一批城市重大工程。2012年，将张范镇整建制划归高新区，进一步拓展了产业发展空间。

2003年重新创业以来，高新区加快推进城市化，实现城市现代化的力度越来最大，投资规模逐年扩大，城市面貌日新月异，建设亮点精彩纷呈。自2003年起至2017年，建设局按照高新区党委、管委的统一部署和要求，以建设现代化生态型科技工业强区和打造宜居宜业城市为目标，加快健全完善全区基础设施建设。

2003年2月7日，在原管委机关三楼会议室，枣庄高新区党委、管委召开领导班子成员会议。会议研究部署当前和今后一段时期需要做好新区规划、抓好建成区硬件环境建设等工作，揭开了高新区基础设施建设快速发展的序幕。

（一）市政设施建设

1. 城市道路建设情况

2004年3月26日，高新区召开党委会。会议重点研究天安一路改造暨光明西路复铺工程，进一步明确抓好东区路网工程建设等“八项工程”。

2015年7月10日，枣庄国家高新技术产业开发区建设推进大会在市政大厦召开，提出要进一步完善城市基础设施建设。通过多年的艰苦奋斗，全区共修建道路59条，总里程达220余公里。高新区已经形成四通八达、顺畅流通的城市路网体系，现代化生态型城市基本建成。2003年、2004年，针对入区项目少、基础设施差的实际情况，全区提出并大力实施“项目建设年、道路建设年”“两年”活动。2004年，全区建设竣工的道路有复元一路、二路、三路、武夷山路。2005年，建设竣工的道路有浦东路、深圳路、宁波路、光明西路、天安一路、天安二路、神工路、广润路。2006年，建设竣工的道路有科技路、复元四路、复元六路、南环路、德圣路、德仁路、海河路。2007年，建设竣工的道路有湛江路、金沙江西路、茂源路、光源路、天安步行街。2008年，建设竣工的道路有复元三路南段、东区防火通道、和谐美食街、永福北路、光明西路；同年，高新区投入近亿元对光明西路进行升级改造，其中包括实施强电、弱电下地、铺设花岗岩人行道、复铺车行道路面等工程。2009年，建设竣工的道路有湛江路、科苑街、芙蓉街、长白山路南段、宁波路。2010年，建设竣工的道路有大连路、政通路、黄河路、德仁南路、茂源南路、湛江路扩建、复元四、五、六路、民意路、民心路、龟山路等15条。2010年12月29日，高新区隆重举行2010年新建城市道路竣工通车剪彩仪式。尤其是与市行政中心和邻区对接的黄河路、德仁路、金沙江路、祁连山路、长白山南路等均已建成竣工通车，使百姓期待、社会关注、多年未能拆迁建设的道路得以建成通车，全市上下交口称誉。2011年，建成通车的道路有5条，即厦门路、德仁北路、浦东路改造、复元三路改造、长白山南路。2012年完成人和路、长白山北路。2013年完成复元四路和BRT—B5线工程建设。2014年完成宁波东路、武夷山中路和多处枣临铁路公铁立交建设。2015年竣工通车的道路有文苑路、兴教路、武夷山北路。2016年采用PPP模式，投资7100万元，改造完成光明西路、泰山北路等5条道路，2017年投资2.4亿元，建设完成兴教路、兴国路、宁波西路、复元一路、大连路、图们江路等8条道路。到2017年，在枣庄高新区120平方公里区域内，已经建成22纵28横的现代化道路交通路网，不但打通了区内的“断头路”，把高新区与新城区、薛城区合理连接起来，而且市民出行更加通畅。

2. 城市排水和防汛设施建设

2003年8月7日，高新区召开党委会。会议点研究部署区容区貌整治、西区排水工程等工作。

枣庄高新区西区的排洪设施以排洪沟和小沙河为主干骨架，以路侧排水管沟为支状骨架，已形成涵盖西区城区的排水网络。排洪设施总长度45公里，排洪设施普及率近100%。东区排洪设施以蟠龙河南支和复元三路排洪沟为总骨架，以连接黑峪水库和井字峪水库的两条泄洪沟为次骨架，以新修道路路侧排水管沟为支管架，整体形成较为完善的排水体系，总里程达43.4公里，主排洪沟建设已达到二十年一遇的排洪标准。

东区部分现有的雨水管网60公里均为近5年新建工程，建设标准较高，排入复元三路排洪沟，流入蟠龙河。西区部分的排水管网60公里大多是新建，旧的排水管网由于使用年限过长，存在淤积、坍塌现象，现在正在逐步治理。排水主要流入凤凰台排洪沟、蟠龙河、小沙河高新区段。与此同时，按照国家南水北调工程要求，建设23.7公里的污水管网，将西区部分企事业单位、居民小区所产生的污水收集进网，进入薛城污水处理厂集中处理，基本实现雨污分流，已顺利通过国家考核。其中，两个污水对接点一处在薛城健身园，一处在光明路凤凰台西侧。

枣庄高新区西区主要排洪设施为城市中心地带东西走向的排洪沟，承担着西区80%区域的排洪任务，最终向西排向蟠龙河主河道；另一条为小沙河，主要承担新城市行政办公中心区域及高新区西区南部区域的排洪功能，最终排向薛城沙河。高新区东区主要排洪河道为蟠龙河南支及复元三路排洪沟。

全区城市主要防汛设施有：(1)凤凰台排洪沟承担西区大部分排洪任务，过永福桥进入薛城区北二村经薛排沟流入大沙河。2008年，投入大量资金对凤凰台排洪沟高新区段进行清理加固。(2)小沙河高新区段经过连续不断的治理现已成为景观河。(3)复元三路排洪沟承担东区大部分排洪任务，收集的雨水向北流如蟠龙河，在复元三路大修时对排洪沟彻底进行了清理和加固。(4)每年都会安排数百万元的资金投入，对全区的城市防汛防涝设施进行维修完善，确保安全度汛。

3. 城市污水处理设施建设

2007年11月9日，高新区召开党委会。会议研究建设污水管网、雨水引流工程等重点问题。

2008—2010年，在西区的天安一路、天安二路、光明西路、广润路、神工路、光源路、科苑路、茂源路、永福北路增设污水管道，基本实现西区的雨污分流，对于防止河道污染起到决定性的作用。2014年完成长白山路公铁立交排灌站和祁连山路污水处理加压站工程，确保祁连山路域长白山路两侧的污水排入输送到污水处理厂，建设到2017年底，高新区已敷设的污水管道总长度达80余公里。

为了适应经济增长的需要，满足高新区的快速发展需求，按照市政府的统一规划和部署，高新区决定建设高新区绿源污水处理厂和污水管网，并列入2016年市政府重点建设项目。枣庄高新区污水处理厂工程计划分两期建设，近期规模2万吨/天，远期规模6万吨/天，总投资约3.2亿元。污水处理厂按近期规模建设，规划占地面积约30亩，工程投资约1.3亿元，按照厂网一体建设模式，同时建设污水管网约33公里。高新区污水处理厂通过政府和社会资本合作（PPP）模式建设，到2017年底，已完成全部投资，污水处理厂和污水管网已正式投入运营。

4. 城市供水设施建设

伴随着全区城市道路的延伸和城市建设规模的扩大，城市供水工程也得到较大发展。2004年，高新区采用市场化运作，通过实行公开招标、拍卖等方式与枣庄供水公司签定了供水合同，建设成立高新区供水中心，达成“水价全市最低、水随项目走”的合作意见，确保全区项目建到哪里，供水就供到哪里，从根本上解决了制约全区项目建设、经济发展的供水问题。2004年3月18日，高新区隆重举行供水中心及供水管网奠基仪式。2004年9月，高新区供水中心建成并投资使用，于2014年完成了“北水南调”高新区段工程。从2004年至2016年10月，全区城市供水主管道由原来的4000米增加到12800米，日供水量达5800多立方，可完全满足全区生产、生活用水所需。

5. 城市燃气和供热设施建设

2006年5月20日，高新区召开会议，专题研究部署加快高新区城市建设步伐，完善配套供热、供气等设施，不断改善人民群众生产生活条件。

2006年9月22日，高新区召开会议，研究高新区辖区燃气工作。

枣庄长乐液化气公司高新区分公司是高新区规模较大的液化石油气批零兼营单位，成立于2000年，除专门经营液化石油气外，还主要经营液化气管道安装工程等业务。为适应市场经济发展新形势，更好地促进企业发展，公司不断建立健全现代化的企业管理体系。2004年，成立枣庄高新区乐建燃气有限公司，重点发展管道煤气。高新区境内合程铺设煤气管网20余公里，左岸春天、世纪花园、光明花苑等新建小区万余户居民用上煤气。

高新区辅助气源为液化石油气，到2015年底，全区建有1座液化石油气储配站，供气用户约2.9万户，建有1座2万立方米的湿式螺旋低压储气柜，两台活塞式煤气加压机，型号为LW-44/1.5。城市建有中低压干网约63公里，其中中压管道约39公里，低压管道24公里。建有区域调压站和小区调压站36座，主要敷设在天安一路、天安二路、德仁路、德圣路、黄河路、永福路、天安步行街、金沙江路、洪洼小区南路、光明西路、科苑路、芙蓉街、海河东路、茂源路等道路沿线，保障对广大居民供应燃气。2014年海乐燃气公司完成芹

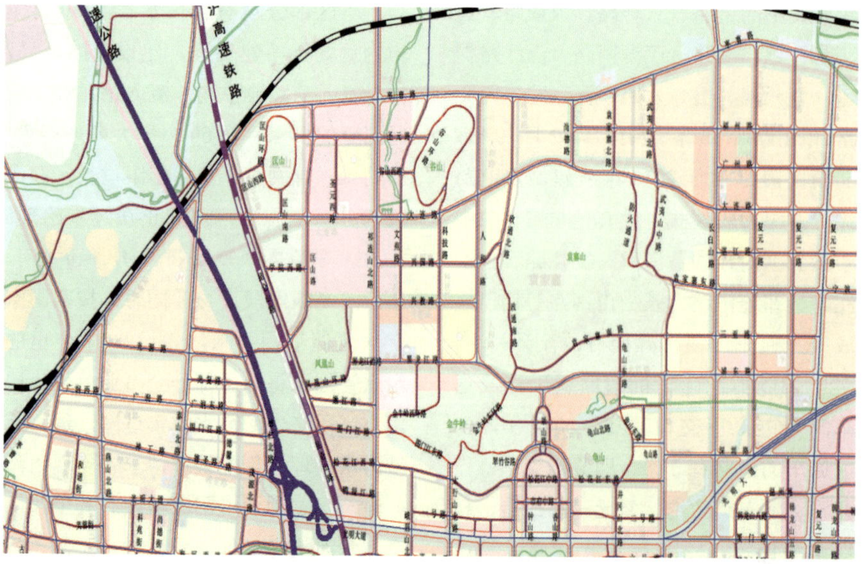

高新区道路分布图

匡天然气管线建设。截至目前，高新区西区所有居民区已通天然气，兴城、张范街道驻地已通天然气，基本实现气化高新区建设。

枣庄高新区城市集中供热分为东区和西区两部分。西区部分在原高新区集中供热站的基础上，于2005年按照“政府引导，市场化运作”的方式，引进社会资金进行改制，由枣庄环宇实业公司承担西区集中供热的建设及运营工作。该供热方式是用管道将电厂蒸汽送到各用热小区，由小区物业管理单位通过热交换站将蒸汽换成热水，二次供热向用户供暖。西区供热管道总长约10千米，供热小区15个、企业1个，供热面积160万平方米、1.6万户。2016年，为了更好满足居民和企业迫切采暖的需要，达到节能减排的目的，高新区决定改造西区供热管网，该项目改造供热管线15公里，改建换热站15座，总投资约6000万元，工程已完工，供热面积达1000万平方米、10万余户，能满足全区大部分城区居民冬季取暖需求。

为促进枣庄高新区东区更快更好的发展，保护好高新区东区及新城市行政办公中心区域的生态环境。2010年9月，枣庄高新区遵循“统一规划、配套建设”的原则，实施西热东送工程，投入资金近6000万元新建高新区东区供热工程，工程供热首站占地面积10亩，规划供热能力500万平方米，首期工程建设供热能力达200万平方米，热源来自枣矿集团八一热电公司。供热首站位于京福高速路及京沪高速铁路之间山坡地。高温热水管线采用预制保温管直埋敷设，管线出站后沿可可里小区南侧穿过祁连山路，经枣矿医院沿黑龙江路北侧到长白山路，管线全长13公里。到2017年，工程建设已完工，供热能力300万平方米，满足东区北部生产、生活需要。

（二）园林绿化建设

2014年3月，枣庄市政府召开了“枣庄市创建国家园林城市工作推进会”，标志着国家园林城市创建工作进入到冲刺阶段，枣庄高新区全面开展了国家园林城市创建活动。

1. 景点建设

（1）高新区火炬广场

火炬广场建成于2005年，位于光明西路北侧，天安一路西侧，占地面积3631平方米。该景点建有绿地、火炬雕像、小广场，栽种有30余种苗木。2008年又增植⊄30厘米银杏四棵，⊄20厘米女贞10余棵，现已成为周边地区广大居民健身、休闲、娱乐的良好场所。

（2）高新区奔向未来广场

奔向未来广场位于枣庄高新区天安一路与枣曹公路交界处，占地面积3.7万平方米，是枣庄高新区党委、管委按照绿地广场规划设计要求，继高新区火炬广场建成使用后，投资建设的又一处休闲、娱乐、观景、赏绿之地，总投资约300万元。该景点建有绿地、雕塑、广场（650平方米）、运动广场（1200平方米），休闲娱乐小广场5处（每处30平方米），起伏地型，人工湖、观赏桥、景点园路等景点工程。该景点由济宁园林设计院设计，通过公开招标，由滕州市园林工程公司建设。该景点于2006年5月开工建设，8月底竣工，总投资300万元。现在已成为高新区广大居民健身、休闲、娱乐和修身养性的好场所。

（3）高新区陶然百草园景点

建设于2006年的陶然百草园，是高新区党委、管委按照建设现代化生态型科技工业强区的总体目标要求，通过多方论证，决定建设的一处休闲娱乐生态植物园。充分利用高压输电线路走廊地带，不适宜安排项目的实际情况，综合利用自然生态资源，变废为利投资兴建景点工程，其宗旨是为城市及园区增绿添景，为居民提供休闲娱乐场所，为青少年提供认识植物的科学教育基地。陶然百草园位于高新区复元三路东侧、光明大道北侧、泰国工业园西南角的三角地带，总占地约140亩。利用横穿高新区东西方向的两道220千伏的高压线走廊，以及相邻的常年低洼洪涝废弃地块，通过垃圾清理外运，换填种植土以及整平场地建设的高新区生态植物园。高新区陶然百草园是以种植本外地、南北方各类植物形成枣庄独具特色的植物园，园内在种植枣庄本地景观树木的同时，又北上南下引进约140余种外地苗木，整个园区各类苗木种类达180余种，形成四季常青、三季有花、色彩绚丽、雅俗共赏的大型生态景观绿地。园内通过填土形成地势起伏的立体效果，砌垒多个假山、景观石和八角休闲亭为园区增添古朴典雅的色彩，园内“人字形”鹅卵石、古砖铺装景观路，幽静活泼，吸引游人观赏各类花草树木。整个植物园历时四个月紧张施工建成，总投资约1000万元。

（4）高新区文化生态绿地

2007年，高新区党委、管委深入贯彻科学发展观，围绕建设现代化生态型科技工业强区的宏伟目标，充分利用横贯东西的两道高压走廊和大部分废弃用地，规划建设文化生态绿地。该工程施工难度大，调运土方四万余立方，回填数十个土石方坑，迁移近千余座坟墓，通过精心设计、周密策划，把多年无法生产耕作的废弃土地，变废为宝、变废为利，经多方筹集资金而建设成一处大型文化生态景观绿地。文化生态绿地西起武夷山路，东至复元三路，西与新城区相连，东与泰国工业园相接，占地近260余亩，东西长约1700米，总投资约2000万元。该绿地总体布局从南往北依次修建仿古文化龙墙，种植蜀桧、大叶女贞、广玉兰、桂花、樱花、百日红等七行背景树，总数量约2800余株；中间修建27个书本状汉白玉大理石文化墙，每个10余平方米，刻写从春秋战国到现代中国每个朝代具有重要影响的大事；再往北栽植以各色各类月季为主体的19个大型苗木模块；景点间、文化长廊、模块间以铺设的青石板、鹅卵石景观路相互连接，形成处处赏景、和谐统一的效果。文化生态绿地的建设也是展现当代农业、培育花卉的基地，是为广大居民、企业职工提供修身养性、休闲增智的好地方，也是为青少年提供解历史、认识植物和产学研教育基地，同时为建设新城增光添彩。

（5）高新区科技生态绿地

2009年，全区规划建设科技生态绿地，是以科学发展观为指导，以建设现代化生态型科技工业强区为遵循，规划建设理念以“科技”为宗旨，以绿、树为主线，以自然石砌垒东西和南北向两条景观河为依托，通过改造地形种植树木花草、营造建设和布置园路等途径，建成自然环境优美和生活游憩最佳境域。绿地中间成片种植各类色块、各种树木；在绿地中心东西方向分别以植物色块、大理石铺装形成月亮广场、太阳广场，意指互相协调、和谐相处；在太阳广场西侧竖立用大理石制作的“天地”“日月”“同辉”三座石雕，“天地”代表自然，“日月”代表人类，“同辉”代表和谐；在绿地东部矗立底座6米、雕塑高19米的红色火炬，底座“6米”寓意高新区重新创业六周年，雕塑“19米”高意指枣庄高新区从建区到2009年已批准成立19年；在绿地西部布置38尊中外著名科学家大理石人物雕像群；绿地各景点间以景观路相互联结，沿景观路间隔设置60余块花岗岩刻字石，分别刻写有关自然、地理、物理、化学、生物、宇宙、能源等方面通俗易懂的科普知识，为广大群众提供休闲、健身、观绿、赏花之地，同时是学用科学、了解中外科学家增长知识的场所，也是建设现代化生态型科技工业强区的具体体现。

（6）德仁公园

德仁公园位于高新区兴仁街道办事处境内，光明西路以北，德仁路与京台高速之间的不规则狭长地带，南北长约1公里，占地面积约5公顷。充分结合本地特色、本地风格进行设计，遵从自然，优化自然，充分利用自然地形、当地材料。相地布局，以人为本，根据公园的地理特征，就势布置园内路径及景点，步移景异，达到既节约成本又保证景观效果。强调合理控制成本，经济实用、勤俭节约的原则。充分运用自然及不规则的景观表现手法，于喧嚣的都市之内营造轻松的园林生活环境，赋予静置的园林景观以文化和时代色彩。将健康生活的理念渗透到公园之中，努力为城市居民创造快乐生活、健康生活情景，体会到“轻松、舒适、时尚、环保”的新生活理念。

绿化景观：做好植物配置，遵循自然规律，根据公园所处的环境，地形特征、自然景观等进行科学建设或改建，使新建绿地景观与总体景观趋于和谐自然。适当增加植物配置的艺术性、趣味性，增强绿地的人性化和亲近感。依形就势布置园内步道台阶，减少破坏，就地取材，布置有氧健身步道、休憩亭台等，使居民在健身的同时领略优美的自然风光。

公园绿化共用苗木品种近百种，主要有白蜡、国槐、刺槐、榆树、苦楝、石榴、柿树、五角枫、杜仲、蝴蝶槐、马褂木、柳树、银杏、雪松、香樟等乔木，紫叶李、紫白玉兰、樱花、百日红、木槿、海棠、红叶石楠、海桐、卫矛等灌木及各种地被花卉、草坪。

水体景观：利用低洼地带建造了几处池塘水系，达到山水园林景观效果。按照符合生态原则，沿水系周围适当布景，建设水边亲水亭台。依靠自然地形和落差，建设环水系步行道。水体空间具有开阔的视野、新鲜的空气、愉悦的鸟鸣，吸引着人们前往接近水滨，或亲水嬉戏或观赏驻留。水系与景石、凉亭及周围植物共同营造了原生态的自然环境。

休闲健身区：设置了乒乓球台、秋千及各种健身器械，满足不同年龄段人群的需求。注重体育休闲与绿化美化的有机结合，在健身区周围种植多种植物，让居民健身的同时享受浓浓绿荫、天然氧吧。

多功能区：由中心小广场、休憩亭台、林荫停车场、公厕等构成。公园内散布着大小不一、特色各异的广场，既可举行一些户外公众聚会活动，同时也是紧急避难场所的首选。几处广场为发生紧急情况时提供了较大的空间，并配备了水源。在不改变公园原有设施和功能的情况下，将防震减灾与公园建设有机结合，按照“以人为本、一场多用、平灾结合”的建设规划理念，设置了绿色应急避险场所指示标志，应急避险疏散时能够给疏散者清晰的指引。

园内设有多处亭台长廊，在公园里合理点状布置，形成多个观赏点，园内漫步，水影、树影穿插离合、变幻莫名，带来不断惊喜。景观亭及长廊下设置木椅、石凳，供游人休息、观景。木质凉亭及长廊外形自然美观，并配以紫藤、凌霄等攀爬植物，共同构造了舒适、自然的景观。公园建有公厕、林荫停车场及非机动车停放处，满足了游人的各种游园需求。

健身步道：为体现功能性、观赏性及舒适性采用了透水彩色混凝土路面铺装工艺。在步行舒适、赏心悦目的同时做到了透水功能，雨水能及时通过路面渗入地下，或者储存与路面空隙中，防止了路面积水，既美化环境又可防止宝贵的水资源流失，具有良好的社会、环境、生态效应。并且透水透气性好，发挥了土壤调节城市湿度和温度的优势，为维护城市地表生态平衡做出贡献，同时也体现了创造海绵城市这一宗旨。

（7）大连路游园

大连路游园位于大连路以南，祁连山路以西，占地面积约1公顷。周边有民生花园、枣庄技术学院、枣庄经济学院、可可里小区等。大连路游园利用低洼地带建造了池塘水系，达到山水园林景观效果，游园分布有中心小广场、休憩亭台、林荫停车场，设置了绿色应急避险场所指示标志，应急避险疏散时能够给疏散者清晰的指引。

（8）袁寨山公园

袁寨山公园位于袁寨山山系东部，公园占地60公顷，袁寨山公园主要分为自然山地景观（景观亭3处、上山步道4条）、水体景观、公园服务区及林荫停车场等几大功能区。袁寨山公园是高新区具有发展潜力的区域；是显示城市园林特色形象的重要展示区；对打造以园林休闲旅游为特色的宜居城市具有重要的意义。

按照生态型、多功能、以人为本的原则，建设中充分运用自然及不规则的景观表现手法，于喧嚣的都市之内营造轻松的园林生活环境，从而赋予静置的园林景观以文化和时代色彩，使每一个身临其境的游览者都能体会到“轻松、舒适、时尚、环保”的新生活理念，感受到自然景色与建筑风格的和谐统一。

植物配置强调艺术性、趣味性，增强绿地的人性化和亲近感。公园绿化共用苗木品种近百种，主要有白蜡、国槐、刺槐、榆树、五角枫、柳树、银杏、雪松、香樟、大叶女贞、朴树、栾树、皂角、乌桕等乔木，紫叶李、百日红、木槿、红叶石楠、卫矛等灌木，及各种地被花卉、草坪。植物配置中，遵循自然规律，根据景区所处的环境，地形特征、自然景观等进行了科学建设和改建，保护和利用好原有的自然景观以及物种的多样性，同时把握好新设计品种与原有植物之间的关系，使新建绿地景观与总体景观趋于和谐自然。适当增加植物配置的艺术性、趣味性，增强绿地的人性化和亲近感。

公园内设置公厕、林荫停车场、餐厅、超市、公园服务室等，公园服务区内及水库北部各设置一处林荫停车场。满足了游人的各种游园需求。

袁寨山山系为连绵起伏的群山，因其包括洞山、袁寨山、大山、龙山、脑山、雨白山、猫洞山、小虹山、朱泉山九座山头，故称九顶袁寨山，当地人又称九顶铁塔山。其主峰袁寨山，海拔 281.6 米。相传清 1861 年，村人袁金岐为使民众躲避战乱，遂率当地民众建立了龙山民寨，俗称袁家寨，此山因此而得名—袁寨山。全寨围包 6 个山头，周长 20 余公里，只有峪北出口宽平，可通车马。寨墙用青石砌垒，比城墙更为险要，虽多次被围攻而没有失守。现在山顶上有袁家寨遗址碑，还留有石臼、石碾、寨墙、寨门及寨堂等遗迹、遗址。风景区内总面积约 8000 亩（公园建设面积 60 公顷），原始地貌保持较好。公园中水系为袁寨山系水库——龙山水库，东、西部为叠层岩石群地质地貌景观保护区，分布叠层岩面积约 10 万平方米。“山为骨架，水为血脉”是主要设计理念之一，达到“水随山转，山因水活”的山水园林景观效果。

袁寨山公园原始山林生长着曼陀罗、蒲公英、地丁、半夏、白头翁等多种珍贵中草药，锦鸡、喜鹊、百灵、画眉等鸟类栖息林间，动植物多样性十分明显。春来，漫山遍野绿草丛生，青翠欲滴，时有山鸡飞舞，野兔出没；冬日，苍松挺拔，白雪冠顶，蔚为壮观。尤其在烈日炎炎的夏季，更是鸟鸣低谷花似锦，怪石清涧怡人心。山中深处，浓荫蔽日，凉爽宜人。周末假日，八小时外，自驾逍遥游，可登山观景、游水库，或采野果、吃野餐，仿佛置身于世外桃源。登临山顶，东看黑峪碧波荡漾，南观新城高楼林立，西眺微湖渔帆点点，北听千山松涛阵阵，远离城市的喧嚣，让人心旷神怡。

2. 道路绿化建设

（1）光明西路绿化。高新区光明西路东起京福高速公路桥下，西至永福北路，自 2008 年进行道路升级改造，现绿化面积达 15000 平方米，成功引种南方常绿树种香樟 960 余棵作为行道树。

（2）神工路绿化。该道路绿化建成于 2004 年，后逐年增加绿量、绿化升级。到 2016 年底，广润路绿化面积已达 13000 平方米，种植行道树黄金槐 260 棵、背景树雪松 315 棵，栽种中间隔离带花灌木上千余株；神工路绿化面积达 7000 平方米，栽植 229 株合欢树作行道树，栽种背景树蜀桧 109 棵。

（3）光源路绿化。该道路绿化工程建设于 2007 年，绿化总面积达 12000 平方米，栽植行道树紫白玉 204 棵、银杏 209 棵、蜀桧 240 余棵。

（4）天安一路绿化。天安一路南起黄河路北至枣曹路，该道路绿化始建于 2004 年，绿化面积达 4.8 万平方米，种植行道树栾树、樱花 1771 棵，657 棵雪松，蜀桧作背景树。2009 年增植花灌木 2000 余棵。

（5）天安二路绿化。该道路南起海河路，北至枣曹路，于 2004 年进行绿化建设，绿化面积 4.6 万平方米，种植 770 棵法桐作行道树，绿化带内种植花灌木 2000 余棵，于 2009 年增植雪松、蜀桧、龙柏共 530 棵作背景树，中间绿化带增植花灌木 4000 余棵。

（6）茂源路绿化。茂源北路建设于 2004 年，于 2009 年进行绿化，绿化面积 4000 平方米，栽种 158 棵蜀桧作背景树，花灌木 131 棵，栽植法桐 265 棵，雪松、龙柏共计 316 棵，绿化面积 1 万平方米。

（7）德仁路绿化。该道路 2005 年仅有 156 棵高杆女贞树作为行道树。2010 年，同道路建设同步进行绿化，种植行道树青桐 617 棵，雪松、龙柏 1300 余棵，花灌木 2000 棵。现绿化带绿化正在进行建设。

（8）政通路绿化。该道路南起黑龙江路，北至枣曹路，2010 年与道路建设同步进行绿化，种植行道树高杆女贞、紫叶李 200 棵，种植背景树雪松、龙柏 597 棵，种植花灌木 200 棵，现绿化带正在进行建设。

（9）武夷山路绿化。该道路于 2004 年进行绿化建设，栽植行道树广玉兰 342 棵，蜀桧 583 棵。2009 年对该道路进行升级改造，增植内侧行道树银杏 309 棵，花灌木 4500 棵，绿化面积达 4 万平方米。

（10）长白山路绿化。该道路于 2004 年进行绿化建设，栽植有白玉兰、蜀桧等。2009年对该道路进行升级改造，全长约 6 公里，绿化面积达 10 万平方米。种植行道树法桐 1428 棵，紫白玉兰 853 棵，银杏 590 棵，种植背景树雪松、龙柏 2573 棵，花灌木近 1.2 万棵。

（11）复元四、五、六路绿化。复元四、五、六路在 2004 年初建的基础上，分别于 2009 年和 2010 年进行增绿，同时该三条道路的绿化同步延伸至湛江路。

其中，复元四路绿化总面积15572平方米，种植行道树高杆女贞271棵，种植背景树雪松、蜀桧、龙柏346棵；复元五路绿化面积1.3万平方米，种植行道树高杆女贞255棵，种植背景树、雪松、蜀松446棵；复元六路绿化面积13000平方米，种植行道树高杆女贞219棵，背景树蜀桧、龙柏83棵。

（12）深圳路绿化。该道路在2004年初建绿化的基础上，于2007年、2009年进行升级改造，大量增加绿化量，该道路绿化总面积达1.5万平方米，种植行道香樟134棵，高杆女贞250棵，种植背景树蜀桧206棵，种植花灌木3400多平方米。

（13）湛江路绿化。该道路西起长白山路，东至复元三路，2007年栽植行道树栾树365棵。2010年此路延伸至店韩路，种植行道树栾树365棵，高杆女贞244棵，雪松、龙柏315棵，绿化面积达1.5万平方米，绿化工程正在加快建设。

（14）南环路绿化。该道路绿化建设于2007年，种植行道树高杆女贞594棵，背景树雪松、蜀桧592棵，绿化面积达2.8万平方米。

（15）宁波路绿化。该道路西起复元三路东至店韩路，2006年绿化初建。2009年进行升级改造，种植行道树高杆女贞531棵，背景树龙柏431棵，绿化面积达3.7万平方米。

（三）房地产开发建设

2003年以来，在高新区管委、党委的正确领导下，全区重新规划发展空间、重新整合管理体制，拉开了高新区大发展、快发展、科学发展的序幕。全区先后开发建设世纪花园、富和园、光明花园等60多个居民小区，陆续建成矗立起一大批高低衔接、错落有致的小高层和高层住宅小区，有力提升全区城市档次，凸显城市独特魅力，为全区加快建设现代化生态型科技工业强区，打造宜居、宜业、现代、和谐的城市环境，作出了重要贡献。2014年锦绣园、东山华府、新大都花园被评为市级园林式绿化小区，新大都花园还被评为省级绿色生态小区。

加快全区房地产开发建设，是建设现代化生态型科技工业强区的重要内容，是打造宜居、宜业、现代、和谐城市的重要基础和前提。只有切实打造出适合创业者创业、现代人居住的最佳城市环境，才能有力促进全区现代化生态型科技工业强区建设。要建设高质量、高水平的住宅小区，与城市总体规划建设密切相关，只有优美的环境还不够，还要有经济发展的强劲活力作支撑，才能够有效提供创业和发展的机会，具有良好的医疗、教育、卫生等社会保障体系，健全完善的市政设施和良好的生态环境等各项硬件条件，城市房地产业才能持续保持旺盛的活力和发展潜力。2003年以来，随着全区经济社会的快速发展，特别是2007年之后全区房地产业发展迅速，规模和实力上升到一个新的台阶。2007年全区各类房地产开发投资4.79亿元，同比增长25.4%，占全市房产开发总投资的14.1%。2008年全区房屋销售平均价格为2577元/平方米。2009年全区房地产开发投资3.97亿元，同比增长102.6%；同年房屋销售平均价格为2792元/平方米，同比增长8.3%。2010年全区房屋平均价格超过3000元/平方米。2007年全区共有高层、小高层建筑已达到24栋，占全市高层、小高层建筑总量的40.4%。自2009年全市实行《商品房买卖合同》网上备案以来，到2017年底，高新区商品房买卖合同网上备案共有12个住宅小区，备案面积143万平方米。2003年以来，全区共开发建设各类住宅小区66个，建筑面积580万平方米。

（四）城镇化建设

2010年6月25日，高新区召开党委会。会议通报市长办公会议关于枣庄市棚户区、城中村和危房改造有关问题的会议精神；研究部署城中村拆迁改造工作。

1. 大力实施“城中村”拆迁改造。为加快推进新城建设，大力提升城市形象，改善人居环境，严格按照市、区的部署，遵循“市区引导、街道主办、村居实施、村民自治”和“一次丈量、两次拆迁、一次建房、一次上房”的工作思路，从2009年6月开始，对市行政中心区域内的托一村、托二村、托三村、托前村、托后村、徐沃村等“城中村”实施拆迁改造。到2016年底，全区共实施“城中村”拆迁改造19个村居，其中市行政中心区域拆迁基本完成，共拆除面积200万平方米，加上兴城街道拆迁，全区拆迁总面积达300万平方米，涉及被拆迁群众1万余户、4万余人，腾空土地达8000亩；其中行政中心区域4000亩，用于安置群众1000亩，上交市里近3000亩。安置房建设已大规模实施，工程已竣工，总面积达150万平方米。特别是分批组织实施的托一村（居安苑）、托二村（居康苑）、托三村（居福苑）、托后村（居然苑）、托前村（居合苑）、徐沃村（居泰苑）、东巨山村、四里石村等“城中村”拆迁改造项目，计划总投资16亿多元，总建筑面积100余万平方米，建成后可安置居民4349户，安置人口1.43万余人。2009年底，所有安置房已全部完成规划设计，2010年底全部开工建设，计划2016年年底具备上房条件，组织居民上房入住，全面实现村民市民化、管理社区化、生产生活方式城市化的目标。

2. 新型城镇化建设。为切进一步推进高新区项目建设和产业发展，切实做好新型城镇化建设工作，改善广大居民的生活环境，提升城市形象，高新区坚持“政府主导、市场运作”，扎实开展城镇化工作。一是扎实推进城中村改造。通过认真调查摸底，高新区规划区内现有尚未拆迁安置的城中村18个，涉及约10196户，38644人。其中兴仁街道村庄6个，3459户，14095人；兴城街道村庄7个，4439户，14565人；张范街道村庄5个，2298户，9984人。目前，棚户区改造工作已签订棚改年度目标责任书，具体为南石东村二期工程、安康苑二期2个项目。截至2018

年6月，兴城街道安康苑二期安置房工程，占地105亩，建筑面积10.7万平方米，投资约2亿元，建设900套，安置人口2562人，现已完成投资约1亿元，工程主体已封顶；南石东西村棚改项目安置房工程，占地179亩，建筑面积39万平方米，投资约12亿元，共2216套，项目采用EPC模式，现已完成投资8600万元，项目施工许可等手续已办理，基础已开挖。二是稳步推进新型农村社区建设。在充分尊重农民意愿的前提下，按照“先规划、后整理，先建设、后搬迁”原则，通过“统拆统建”“自拆自建”“统规自建”等途径，稳步推进新型农村社区建设，目前，兴城街道的南石安康苑小区、兴城花园小区已大部分入住，张范街道的大甘霖新居、北于龙鼎新居、东夹埠新居已入住。

（五）林业建设

2003—2012年，全区累计投入山林绿化资金3.6亿余元，26座可视山头已全部绿化，共完成荒山绿化补植和可视山头绿化造林1.6万余亩，新修环山景区道路26千米。2013年以来，又投资1.7亿元，实施了“五大森林体系”建设、创建国家森林城市四大重点工程（蟠龙河综合治理、环城绿道沿线可视山体绿化、城市绿化提升、省级森林公园及荒山绿化）和中心城区环城森林公园提升、荒山绿化攻坚等森林城市十大提升工程，新增造林绿化面积5000余亩，栽植各类苗木286万株，为全市成功创建国家森林城市做出突出贡献。

1. 生态山林绿化。新区境内共有大小可视山头26座，城乡宜林面积达3.43万亩。2003年以前，全区有山林面积仅为1.82万亩，绿化造林资金严重投入不足，且林木栽植稀疏，荒山土石裸露面积多，森林覆盖率低。全区生态环境亟待改善，大力实施植树造林，提高森林覆盖率，改善生态环境已刻不容缓。2003年4月，为改善生态环境，推进山林生态城市建设，高新区按照规划建设生态园林城市的要求，积极推进实施建设生态山林、加强山林绿化管护工作。特别是在从新创业初期，积极克服财力微薄、发展所需资金紧张、筹集资金难等实际困难，每年由区财政拿出大量资金用于山林绿化造林工程，以加快实施新城可视山头绿化为重点，以全面提升城市品位、美化城市形象、实施可持续发展为目标，大力实施生态林业建设。全区专门成立山林绿化工作领导小组，由高新区党委、管委分管领导任组长具体负责，区社会事业局、财政局等区直部门及各街道主要负责人为成员，对全区26座可视山头进行科学规划，因地制宜、适地植树、分类经营，合理布局混交林、观赏林、风景林，突出山林城市绿化特色，形成以新城可视山头绿化为主体，环城林带绿化为补充的乔、灌、花、草相配套的绿化体系，使绿化的一草一木都成为展示高新区生态建设的新亮点，最大限度地实现了生态效益与景观效益的有机统一。在造林过程中，对坡度大、裸岩多、土层薄、立地条件差、造林成活率较低的山体，全面实施工程造林，采取公开招投标、签订造林合同等方式，周密制定绿化造林方案和计划，严格按照方案组织施工。在施工过程中，不断健全完善工程管理体系，有效落实工程造林质量跟踪监督

光明花苑小区

制、造林责任追究制、工程资金全过程审计制，有力保障了工程造林高质量地顺利实施。在绿化过程中，各工程队对整地、挖窝、栽植、浇水、覆膜、剪枝、培土等各环节，严格按科学程序操作，确保树木成活率和造林质量。为及时能给树苗浇水，对特别陡峭山坡采用15级提水方式引水上山，有效解决栽植苗木浇水难问题。同时，还为在陡峭山体绿化难度系数高的工程人员购买意外人身保险。在此基础上，充分利用汛期降雨集中、雨量充沛的有利时机，因时制宜，狠抓雨季造林绿化工作，高新区党委、管委主要领导多次亲临施工现场检查督导，区党委、管委分管领导亲自调度指挥，各街道始终把雨季造林工作当作重要任务来抓，集中人力、物力、财力，统筹调运苗木，及时栽种树木，切实加强管护，全力实施雨季造林，真正达到"一栽一座山、一造一面坡、一绿一个点"的绿化效果。2003—2016底，全区共完成荒山绿化补植和可视山头绿化造林1.6万余亩，共栽植侧柏、龙柏、红叶梨、洒金柏等各类绿化苗木390余万株，成活率及保有率均在96%以上，可视山头绿化率高达99%。同时，还加强对古树名木的保护工作，对国家二级保护300年树龄的国槐和国家三级保护200年树龄的丝棉木等古树名木实施重点挂牌保护，目前，这些古树依然苍劲挺拔，生机盎然。

2. 生态景区建设。2006年2月以来，高新区科学规划、超前运作，积极实施山林生态景区建设，强力打造生态山林观光旅游风景区，规划建设袁寨山省级森林公园、杨峪省级森林公园、蟠龙河国家湿地公园等景区已初具规模。在突出景区生态特色同时，强化基础设施配套建设，完善景区水、电及后续道路等基础设施配套工程。2013年，投资9000多万元完成了环城森林公园绿道建设工程。该工程东起市中区富山后村界，西至杏峪村西店韩路，修建道路全长17.2公里，道路标准为宽6米、水稳基层、沥青路面，路肩3米，通道两侧按照单侧5米标准绿化，新建桥涵61座。沿线可视山体需进行绿化1060亩，建设封山界碑25座，封山界桩7800根，设立铁丝网17.2千米。建成后的环城森林公园绿道已成为一条连接新老城集休闲、观光、旅游于一体的生态大道。2015年，高新区被市委、市政府评为"创建国家森林城市工作先进区"。

（六）水利工程建设

2007年3月，投资4000万元，对辖区内的黑峪水库、西谷山水库、龙山水库、龙潭水库、匡山水库等7座水库坝体实施除险加固工程，并全面进行了绿化、美化、亮化等配套工程。2008年初，全区所有水库除险加固工程全部竣工，顺利通过省、市水利部门的验收，成为全区美化城市的新景观。2008年4月12日，高新区召开党委会。会议研究部署水利工程建设问题。2009年3月，申报争取蟠龙河、宏图河水利综合治理工程中央扶持资金项目获得批复。在完成项目规划、招标的基础上，2010年2月，投资5000余万元组织实施了蟠龙河及宏图河综合治理水利工程项目，已成为全区集防汛、泄洪、美化城市于一体的水利新景观。2014年，又投资9500万元完成了高新区蟠龙河综合治理工程。该工程东起兴城街道长白山路以东1.3公里处，西至泰山北路与枣曹路接点（蟠龙河南岸），主要包括河道综合治理、休闲绿道建设、绿化美化工程三大部分，累计开挖土石方90多万立方，出动大型施工机械180多台、16700多台次，新建一条宽6米的休闲绿道绿道12公里，新建大桥梁7座、桥涵16座，总绿化面积540余亩，栽植各类绿化苗木10万余棵。目前，蟠龙河已成为清水长流、绿树成荫、三季有花、四季常青、环境优美的城市生态长廊。

2015年5月，枣庄市水利和渔业局以《关于枣庄高新区西横山水库除险加固工程初步设计的批复》对西横山水库除险加固工程进行了批复，工程总投资18.22万元，累计开挖土石方1338.315立方米，回填土石方2351立方米。

2015年5月，枣庄市水利和渔业局以《关于枣庄高新区杨峪水库除险加固工程初步设计的批复》对杨峪水库除险加固工程进行了批复，工程总投资178.5万元，累计开挖土石方1307.4立方米、回填土石方901.6立方米、砌石及浆砌石1671.26立方米、砼及钢筋砼122.4立方米。

（七）饮水安全工程建设

2010年申报争取农村饮水安全项目获得批复，工程总投资161万元，解决了盈园中学、兴仁中学等9所学校、0.55万师生的安全饮水问题。2012年，申报3个街道、10个村、1.5万人的饮水安全项目获得批复，工程总投资，731万元，2014年10月竣工并投入使用。2015年，枣庄市发展和改革委、财政局、水利局下达高新区2015年农村饮水安全项目投资计划。总投资794万元，新建10处单村集中供水工程，安装深井潜水电泵6台套，维修水塔3座，更换和增设变频设备8台，更换水泵8台，重建机井房29.58平方米，彻底解决了1.61万人的饮水安全问题。2016年，启动实施了张范片区农村饮水工程，解决南部山区农民吃水问题；同时，投资160万元，完成了杨峪水库、西横山口水库除险加固工程，全区防汛抗旱能力得到全面提升。

（八）生态农业建设

为改善投资环境，加强生态建设，加快转方式、调结构步伐，高新区按照"转一产、强二产、上三产"的总体部署，全面加快高端、高质、高效生态农业发展，促进农民增收，实现由传统农业向现代农业、观光农业、科技农业转变。自2009年开始，按照高新区建设规划"八园三区"和"区内有园、园中有区、统一规划、分步建设"的指导原则，在枣曹线以北城乡接合部5000余亩的区域内，高标准规划、分步实施现代生态农业观光区建设。采取积极创新体制机制，探索农村土地流转新模式，采取集约规模化经营、公司化运作方式搞好综合投资开发。在规划建设中，始终把加快高端、高质、高效现代农业开发和旅游观光农业建设融为一体，强化“名优稀特”林木、花卉、瓜果、苗圃、盆景等生态资源的抚育与保护，注重各种生态观光资源的深层次开发与利用，科学合理营造出“春花、夏荫、秋色、冬景”等各具特色的自然、人文景观。

高新区农村土地改革发展，先后7次召开土地确权登记颁证工作调度会、协调会、通报会，不断加大督导调度力度，全区34个村、12263户、5.2万亩土地的确权登记颁证工作已全部完成；全区以土地为纽带的合作社累计达到57家，流转土地1.5万多亩。2016年8月，高新区管委会被市委、市政府授予“全市农村土地承包经营权确权登记颁证工作先进集体”。

（九）社区服务中心建设

2003年重新创业以来，高新区管委会根据历史地缘环境等因素和建设发展实际情况，先后设立了13个社区居委会。2005年8月22日，批准设立兴仁街道四季春、天安等7个社区居委会，配备相应的社区工作人员，完善各项办公设施和管理服务功能。2007年，高新区成立社区建设工作领导小组，制定下发《关于进一步加强和改进社区工作的意见》，努力建设居民自治、管理有序、服务完善、治安良好、环境优美、文明和谐的新型社区。2009年6月4日，新批准设立兴仁街道四季菁华、兴城街道锦绣园社区居委会、阳光社区，建立完善各项服务和管理制度。2007—2010年底，全区共投入资金1500余万元，对无办公和服务用房的社区居委会，购建办公和服务用房面积达3710平方米。进一步规范完善社区的服务功能，全力实现“有人办事、有钱办事、有地方办事”的社区建设目标。在加强推进村（居）建设中，全区先后建成了一大批先进农村村居和城市社区，在城市社区建设中以兴仁街道阳光社区为典型，在农村建设中以兴城街道南石西村为先进典型，树立先进的典型和样板，探索创新了一整套新的管理模式，以先进典型和科学管理模式带动全区村（居）建设。2013—2015年，又新建、改建农村社区服务中心17个，全区村级服务阵地建设得到全面提升。

（十）医疗、养老设施建设

2005年，全区投入资金150万元，对兴仁街道办事处卫生院进行全面改造扩建，新增医疗用房面积1370平方米，基本实现了“一无四配套”（无危房，设备、人员、技术、管理配套）的目标。

2006年12月8日，根据社会事业和卫生工作发展需要，成立高新区卫生局。

2007年9月，按照市政府《关于发展城市社区卫生服务的实施意见》要求，全面实施卫生院转型，把原兴仁街道卫生院转型为集预防、医疗、保健、康复、健教、计划生育技术指导等“六位一体”、多功能的兴仁街道社区卫生服务中心。

2008—2010年，高新区按照省、市农村标准化卫生室建设要求，完成了17所村卫生室新建任务，各村新建的卫生院业务用房面积达120平方米以上，医疗设备齐全，内外环境优美，极大地改善了农村就医环境，方便了群众就医需求。

2009年7月9日，区、街两级财政投资1200万元，建设面积5600平方米的兴城卫生院投入使用。

2011年上半年，兴仁街道社区卫生服务中心扩建工程完工，卫生院业务用房面积达到5000平方米以上，兴仁街道医疗卫生服务水平迈上新台阶。同时，新建或改建东谷山村等标准化卫生室8所，新建泰鑫社区卫生服务站1所，改善了就医环境，满足了群众“小病不出村”的要求。

2014年9月，投资39万元的兴仁街道社区卫生服务中心预防接种大厅建成并投入使用。

2015年12月，兴仁社区卫生服务中心健康教育基地建成并投入使用。

为适应居民医疗卫生需求，对张范街道卫生院建设力度逐年加大。2005年，建筑面积3000平方米新卫生院竣工投入使用。2016年2月，张范卫生院公共卫生服务楼投入使用。2016年8月，投资10万元的兴城社区卫生服务中心国医堂项目改扩建完成并投入使用。

为加快完善新城驻地的城市服务功能，解决高新区及周边城市居民看病难的状况，提高人民群众的医疗服务层次和健康水平，2014年9月枣庄市立医院新城分院正式开诊运行，为高新区及周边地区居民提供了优质、高效、温馨的医疗服务和健康保障。

养老服务设施建设。2006年，高新区党委、管委将老年公寓建设列为“十大民心工程”和“德政工程”，按照“高标准、高起点、高质量”的建设要求，全面推进兴仁、兴城、张范街道老年公寓规划建设和提升改造工程。全区共投入老年公寓建设资金1.6亿元，建筑面积达7300平方米，绿化面积1万余平方米。2007年1月1日，兴仁、兴城老年公寓建成投入使用。2008年12月，两街道敬老院被省民政厅评为全省星级敬老院。老年公寓内部设施全部按照“六室六配套”的设计标准进行建设：即建设有院民室、办公室、娱乐室、卫生室、服务室、洗浴室等“六室”；配套建设伙房、餐厅、库房、锅炉房、健身房、健身器材等“六配套”设施，并根据老年人的生活习惯，对公寓内的卫生间、洗衣房、晾衣架等进行配套改造，还专门设计了符合老年人活动特点的集休闲、娱乐、绿化、美化、亮化于一体的休闲娱乐广场。2013年，完成了兴仁和兴城两个街道敬老院的升级改造工作，被省民政厅评为“省一级敬老院”。2014年，在全市率先推行基本殡葬服务免费政策，多次得到市通报表扬；投资130多万元，新建、改建城市日间照料中心2处、农村幸福院5处；兴仁街道敬老院改扩建工程已全面启动，张范街道敬老院已完成规划、申报工作。

高新区220千伏兴城变电站

2015 年，新建城市日间照料中心 2 个、农村互助幸福院 4 个，兴仁街道敬老院改扩建主体工程已完工。

（十一）教育设施建设

枣庄高新区重视教育事业，始终坚持教育优先发展战略，将“办人民满意教育”作为最大的民生工程，坚持以校舍标准化建设为重点，不断加大教育投入，全面推进实施素质教育，全区教育事业呈现蓬勃发展的良好势头。2003 年以来，全区累计投入教育建设资金 16 亿余元，对全区 14 所学校进行全面彻底改造，先后实施了“三新工程”、“三亮三改”工程、中小学危房改造和布局调整工程、校舍安全工程、学校标准化建设工程、教学仪器设备更新工程、音体美卫器材配备工程、信息技术工程、书香校园工程、幼教示范工程、规范化学校创建工程等十余项学校建设重点工程，全区教育事业从根本上实现了由原来落后的农村教育向现代城市教育的历史性转变。

盈园中学投入使用。该校于 2006 年开工建设，投入资金 2.6 亿元，建筑面积 15000 平方米，可容纳 40 个教学班、2000 名学生，配有综合教学楼、食堂、宿舍楼各 1 栋及高标准的运动场 1 个，该校于 2007 年建成并投入使用。

圣园中学开工建设。2010 年 11 月 20 日，高新区召开党委会。会议研究部署圣园中学的搬迁、建设等工作。该校规划投资 3.6 亿元，建筑面积 45000 平方米，可容纳 60 个教学班、3000 名学生，配有综合教学楼、艺术楼、食堂、宿舍楼各 1 栋及高标准的运动场 1 个。

兴城中心小学建设。该校于 2010 年 6 月开始建设，总投入 4000 万元，总建筑面积 9800 平方米，可容纳 26 个教学班，1300 名学生就读。该校已成为基础全、设施好、环境美、教学质量在鲁南地区一流，具有自身特色的小学。

（十二）电力设施建设

高新供电部 2005 年成立之初，供电辖区覆盖全区 100 平方公里，包括所有机关企事业单位及 36 个村（居），供电服务客户达 1.7 万余户。高新供电部按照“市场引导电网、规划建设适度超前”的原则，完成 220 千伏高新变电站改造，新建的 110 千伏凤凰变电站竣工投入使用，新架设 10 千伏线路 10.3 公里，敷设 10 千伏电缆 5.5 公里。2006 年，为进一步完善高新电网构架，高新供电部科学编制《枣庄高新区城农网“十一五”发展规划》《2007-2009 年电网建设三年滚动计划》等电网设施建设规划；同时积极争取省、市供电公司的大力支持，全力做好各项输配电工程项目建设实施，全年完成各项电力项目投资 3.5 亿元，完成了市驻地三个开闭所建设及长白山北路、复元四路等 11 条新线路架设，圆满完成了城区电网改造任务；全年共计架设新增线路 24.7 公里，敷设高压电缆 4.4 公里，完成了 220 千伏兴城变电站的竣工送电，使高新供电主网的安全性及供电能力得到进一步增强。

2007 年，为更好地满足高新区经济社会快速发展的需要，高新供电部以建设坚强电网为目标，不断完善高新电网结构，新建 110 千伏韩泰变电站，新架、改造 10 千伏线路 34.3 公里，敷设高压电缆 12 公里，实施电缆下地 5 公里，实现了凤凰、薛城 10 千伏双回线路“手拉手”的供电格局，实现了对市行政办公中心和高新区管委机关的双电源供电，实施了天安步行街、庐山路等电缆下地工程改造。在满足高新区经济社会快速发展对电力需求的同时，使高新区电网设施建设更加完善，供电保障能力更加坚强。

2008 年，为使全区电网设施结构更加完善，全年完成投资 1.4 亿元，重点实施 110 千伏高新变电站线路改造和 110 千伏韩泰变电站、凤凰变电站配出工程。新架、改造武夷山路 10 千伏线路、长白山路 10 千伏线路共 19 条，长达 28 公里，形成 110 千伏高新变电站、凤凰变电站、韩泰变电站、张范变电站等四座变电站“手拉手”的供电格局；与此同时，进一步美化提升城市环境，彻底消除城市“上四乱”现象，超前实施改造强电电缆下地工程达 23 公里，为加快推进天安安居工程等重点项目建设和全区开展创建文明城市、提升城市形象奠定了坚实的基础。

2009 年以来，结合高新区创建国家高新区的实际，高新供电部成立高新区电网建设领导小组；配合完成 110 千伏龙潭输变电工程地面附着物清理，110 千伏凤凰Ⅱ期扩建列入 2011 年建设计划。按照党委、管委开展“项目建设投入年”活动的部署和要求，加快推进高新区城市主干道供电设施建设及改造工程，同步敷设太行山路、黄河路等电缆排管7.94公里。从2005年到2016年底，全区新建或改造10千伏供电线路20条，供电线路达267.062公里，低压台区256个，新建的兴城变电站、龙潭变电站、凤凰变电站、韩泰变电站与张范变电站等四座变电站实现“手拉手”的供电格局，已形成现代化的城市供电设施网络，供电保障能力显著增强，可靠性、安全性得到根本改善。

高新供电部自成立以来，始终牢固树立“真诚服务、共谋发展”的服务理念，全力以赴为全区经济社会快速发展提供优质高效的供电保障服务。2006年，高新供电部研究提出“新城新电力、高新高服务”的战略服务品牌，全面深化实施“彩虹工程”供电专项工程，严格执行“三个十条”“三不指定”等各项规定，认真兑现服务承诺，切实提高供电服务质量。深入推行“业扩当天办结制”“业扩明白纸”、征求客户意见卡等各项服务措施。特别在搭建业扩服务“绿色通道”的同时，创新提出“以客户感受为认知”的业扩服务“三个帮助”和“四个快速”的服务要求，即“帮助客户设计最佳接电方案、帮助分析容量的匹配、帮助科学经济用电”和“报装快、施工快、验收快、送电快”，取得良好的社会效果。2006年以来，高新供电部每年组织召开电力客户恳谈会，定期走访“四大客户”，实现座谈走访常态化、制定化、规范化。2015年，高新供电部打破原有管理运营模式，着力推进专业化集约化管理新模式，并将低压配网管理职能由原来的分头分散管理划归生产技术安全监察科管理，实现统一规划、统一建设、统一运行维护；新成立电气安装队、运行维护中心、抢修中心、抄表中心、户表安装服务队等专业部门，形成了规划设计、建设施工、运行维护、故障报修和装表接电等一体化专业管理服务格局。至此，高新供电部已形成服务特色鲜明、供电保障有力、电力设施先进、管理体制完善的现代化城乡供电服务网络格局。

随着高新区经济社会的快速发展，社会用电量逐年攀升。2009年，全年完成售电量6250万千瓦时。2010年，完成售电量9593万千瓦时，同比增长21.4%。2011年，全年完成售电量10244万千瓦时，历史性突破一亿千瓦时售电量大关，基本实现了三年翻一番的目标。2012年，售电量累计完成1.37亿千瓦时，同比增长34.53%，增幅位居全市之首。2013年，售电量累计完成1.63亿千瓦时，同比增长18.76%。2014年，全年累计完成售电量1.87亿千瓦时，较去年增长14.47%，增幅自2009年以来，连续六年保持全市第一位。

2009年底，按照山东电力集团公司深入推进电网建设、打造坚强智能电网的总体部署，枣庄供电公司按照统一规划、试点先行的原则，确定试点建设高新区坚强智能电网。2010年以来，枣庄高新供电部按照省、市供电公司的部署和要求，重点抓好“3513”工程建设，即按照智能化电网建设的信息化、自动化、互动化要求，重点实施新建110千伏龙潭变电站、扩建110千伏凤凰变电站和220千伏兴城变电站3座变电工程、5条主供线路、13项直供配网项目。到2010年底，110千伏龙潭变电站已开工建设，110千伏凤凰变电站二期扩建工程已列入2011年重点建设计划实施，110千伏凤凰站至黑龙江东路等6项直配网工程已全面完成，智能电网工程有效实施必将大大提高全区电网设施的科技含量、技术装备水平和供电保障能力，为全区经济社会发展提供更加坚强的电力支撑。从2005年到2010年，高新供电部连续5年荣获“山东省文明单位”称号，连续5年被高新区党委、管委授予“先进单位”称号。

二、基础设施建设取得的成果

民之所望，施政所向。改革开放40年来，枣庄高新区党委、管委在中央和省、市委的正确领导下，认真贯彻落实党的各项方针、政策、路线，积极面对复杂的宏观经济形势和艰巨的改革发展任务，始终将保障和改善民生作为一切工作的出发点和落脚点，不断加大民生投入，加大城市基础设施建设力度，加快社会事业发展，重点社会事业支出占比逐年提高，广大人民群众享受到越来越多的改革发展成果，获得感、幸福感进一步增强，全区经济社会发展和群众生产生活发生了翻天覆地的变化。

（一）城市面貌焕然一新

枣庄高新区经过多年的不断加大投资，持续大力建设，截至2018年6月，辖区内现有居民小区63个、居住面积123万平方米；机关事业单位17个、占地面积83万平方米；厂矿企业30多家、占地面积206万平方米。高新区现有城市道路61条、全长230多公里、面积165万平方米，全区交通便利、畅通无阻；现有公园广场绿地共9处、面积42公顷，道路交通、居住绿地等附属绿地139公顷，袁山寨风景区等其他绿地525公顷，全区绿地面积761公顷，建成区绿地率达到40%以上，是名副其实的国家园林城市。高新区2016年投资6000万元，改造换热站15座、改造管线15公里，供热面积达1000万平方米，能满足全区大部分城区居民冬季取暖需求。高新区西区所有居民区已通天然气，兴城、张范街道驻地已通天然气，基本实现气化高新区建设。高新区西区已大力实施排水管道建设，全部完成雨污水分流改造。高新区按照“中心城区”城市定位，致力于优化城乡布局，完善城市功能，提升城市形象，改善镇村面貌，通过多年的努力，城镇基础设施不断完善，服务功能不断增强，城乡面貌发生了日新月异的变化。

（二）成为幸福宜居城市

2004年高新区正式全面启动绿化工作。2004年至2007年间，先后对高新区东西区二十余条道路进行绿化建设，连续建设几个大型绿化景点。2008年，全区启动开展争创省级园林城市活动，在原有道路绿化的基础上进行大量的苗木增植。2009年，高标准规划建设高新区科技生态绿地。2010年，全面开展争创国家级园林城市活动，进行多条道路同步实施绿化建设。2014 年，成功创建国家森林城市，2015 年成功创建国家园林城市，枣庄高新区正在成为生态宜居的幸福城。

2003 年以来，在高新区管委、党委的正确领导下，全区重新规划发展空间、重新整合管理体制，拉开了高新区大发展、快发展、科学发展的序幕。全区先后开发建设世纪花园、光明花园等 60 多个居民小区，陆续建成矗立起一大批高低衔接、错落有致的小高层和高层住宅小区，有力提升全区城市档次，凸显城市独特魅力，为全区加快建设现代化生态型科技工业强区，打造宜居、宜业、现代、和谐的城市环境，作出了重要贡献。2014 年锦绣园、东山华府、新大都花园、来泉山庄被评为市级园林式绿化小区，新大都花园还被评为省级绿色生态小区。

（三）群众居住条件明显改善

2003 年以来，高新区严格执行国家有关住房制度改革的各项规章制度，进一步深化住房制度改革，加大对房地产市场的管理调控力度，结合全区加快实施“三转”工程，大力推进城市化进程，切实加大各类安居工程的建设开发力度，积极引导社会各层次的居民市场购房，用市场经济的办法有效解决广大居民的住房问题。按照“住居上山坡、腾地上项目”的要求，遵循“规划大城区、建设大组团、发展大社区”和“市区引导、街道主办、村居实施、村民自治”的原则，大力实施城中村拆迁改造工程。到 2010 年底，全区已实施“城中村”拆迁改造 19 个村（居），共拆除总面积达 300 万平方米，涉及被拆迁群众 1 万余户、4 万余人。安置房建设已进入大规模实施阶段，共开工建设各类安置房 150 万平方米，有效解决了全区广大村（居）民住房问题，大大改善了群众的居住条件和城市环境。

针对流动人口剧增的实际情况，高新区加大房地产开发力度，保障房源供应。2008 年以来，为有效解决广大干部职工的住房问题，高新区大力实施各类安居工程建设，采用区、街两级政府引导市场购房新模式，分批分期逐步解决了区、街两级财政供养人员的住房问题。2011 年，为有效解决企业专家技术人员及各类产业职工的住房问题，全区建设 600 套保障性住房工程，打造更好的创业和引智平台，截至 2017 年底，102 套经济适用房和 600 套公租房已完工，完全具备入住条件。

（四）城乡环境显著提升

农村环境综合整治和城乡环卫一体化工作，是市委、市政府为进一步优化人居环境，提高人民生活质量做出的重要决定，是推进“五城同创”、加强生态建设的具体内容，是优化投资环境、提升城市品位的现实需要，是保障改善民生、提高群众生活质量的内在要求。近年来，高新区党委、管委高度重视农村环境综合整治和城乡环卫一体化工作，持续加大投入，大力实施“五城同创”，针对农村环境“脏、乱、差”现象，制定了一系列办法措施。特别是 2013 年开展城乡环卫一体化工作以来，高新区以健全城乡垃圾收运处理体系为主线，以组织领导机制、垃圾收运处理机制、经费保障机制、检查考核机制、舆论宣传机制等为重点，着力实施了城乡环境专项整治工程、薄弱村道路硬化工程、环卫作业市场化工程、资金投入精准化工程、考核评价全量化工程、宣传引导广覆盖工程“六大工程”建设，全区已成功实现城乡生活垃圾收运处理全覆盖。截至 2016 年底，高新区累计投入资金 8396 万元，建成并运行的垃圾中转站 4 处，全区日均垃圾收运、处理量 162 吨，拥有村级保洁员 136 人，配备村级垃圾箱体 8960 余个，全区 34 个行政村实现硬化道路 98 万平方米、绿化面积 86 万平方米、美好面积 158 万平方米，安装照明设施 1592 盏，城乡环境面貌发生了翻天覆地的变化，极大地改善了人民群众的生产生活环境。2016 年，高新区顺利通过了国家城乡环卫一体化全覆盖认定，提升了高新区城市形象，助推了“全国卫生城市创建”，得到全区人民的拥护和赞誉。

（五）生态区建设成效显著

枣庄高新区是枣庄市委、市政府所在地，是全市新的政治、经济、文化中心，切实加强全区生态环境建设，事关全市发展大局，事关全区打造宜居宜业最佳城市投资环境和长远发展。2003 年以来，高新区紧紧围绕建设现代化生态型科技工业强区的宏伟目标，立足建设全市新

的政治、经济、文化中心和现代化的森林城市、卫生城市、生态城市，坚持走科技先导、资源节约、清洁生产、生态保护、绿色循环的经济发展新路子，从根本上转变经济发展方式，切实做到绝不以牺牲环保为代价换取发展，大力加强生态环境建设。连续多年持续投入巨资，对全区所有可视山头全部造林绿化，切实加强天然林保护和所有新造山林的管护，提高全区森林覆盖率。有计划、有重点地推进袁寨山省级森林公园、杨峪省级森林公园、蟠龙河国家湿地公园和现代生态农业观光区建设，充分发挥山林、绿地和湿地的生态效应，全区实现经济社会和生态环境协调发展。全面改造和提升宏图河、蟠龙河、小沙河等水系治理工程，变害河为利河。健全完善全区供、排水基础设施，扎实做好所有水库的除险加固工作。全区始终呈现出经济社会长足发展、生态环境持续优良、城乡面貌焕然一新的良好局面。

三、基础设施建设的启示

总结高新区成立以来基础设施建设改革发展的基本经验，主要体现在以下几个方面：

（一）领导重视，全区聚力，持续加大基础设施建设投资力度

枣庄高新区快速发展的过程，首先市委、市政府的正确领导、高度重视、大力扶持和有关部门积极配合的过程。高新区建区以来，历任市委、市政府领导都高度重视，多次过问高新区的发展情况，多次到率队来高新区调研，亲自组织协调、解决高新区发展中碰到的困难，市财政、住建、国土、发改等市直部门也给予大力支持和帮助，从而使高新区建设得以顺利发展。同时，高新区党委、管委历届领导班子高度重视城市建设，以科学发展观引领城市建设，按照“中心城”城市定位，加大城市基础设施建设，完善城市功能，提升城市形象，提高城市品位，城市面貌日新月异。特别是“十二五”以来，城市建设先后投入资金 60 多亿元，目前核心区规划面积 8 平方公里，居住人口 15 多万，城市建设成效显著，呈现出投入多、力度大、质量高、速度快等特点，城镇基础设施不断完善，城市品位、承载力不断提高，人居环境日益改善，城镇化率提高 67%。

（二）规划引领，高点定位，正确定位城市发展

城市规划是城市建设的依据和龙头。近年来，高新区党委、管委从落实科学发展观的高度，把规划作为引领城市建设的龙头，认真贯彻落实《城乡规划法》，坚持资源整合、功能优化、发展统筹的可持续发展理念，通过制定《枣庄高新技术产业开发区发展规划（2009-2020 年）》《高新区域总体规划》等规划，进一步完善控制性详细规划和产业规划，按照“提升兴仁、主攻兴城、规范张范”的指导思想，推进高新区向东融合发展，实现了规划的超前性和可行性的统一。同时，加快城区控制性详细规划编制力度，目前城区控制性详细规划覆盖率达到 100%。详细规划还做到大手笔、大气魄，邀请著名设计师设计，这些规划设计既富有山城特色，又充满水乡神韵。在规划编制过程中，我们坚持“政府组织、专家领衔、部门合作、公众参与、科学决策”的组织方式，广泛听取社会各界的意见，提高规划的透明度和公众的参与度，维护规划的权威性和严肃性。此外，严格规划执法。我区专门出台了关于严格规范全区违章建筑建设的文件，严禁规划区内建小产权房和私人建房。

（三）突出功能品质，建设宜居城市

加强新区开发、加快棚户区、城中村改造、生态建设等课题综合研究，推动高新区出台了一系列重大政策，近年来高新区以基础设施、公共服务为先导，基础设施投入不断加大，完善城市功能，提高城市品位，彰显城市特色。随着行政服务中心、污水处理厂、袁寨山公园等一大批项目相继建成和启动，城镇综合承载能力不断增强，高新区已经成为一个山水辉映、环境优美、人居适宜、活力繁荣的美丽城市。

（四）突出生态引领，打造绿色城市

枣庄高新区牢固树立“生态城市”的理念，自 2012 年起连续推进城市绿色生态工程建设，2014 年成功创建国家森林城市，2015 年成功创建国家园林城市。现有公园广场绿地共 9 处、面积 42 公顷，道路交通、居住绿地等附属绿地 139 公顷，袁山寨风景区等其他绿地 525 公顷，全区绿地面积 761 公顷，建成区绿地率达到 40% 以上，是名副其实的国家园林城市。

（五）突出民生改善，营造幸福城市

不断改善民生，努力让市民走便捷路、用安全气、喝放心水、住舒心房、赏生态景，共享改革发展成果。近年来，先后投入建设资金 60 多亿元，实施了城市道路改造建设升级工程，开展东区污水处理厂、西区供热改造工程等重点基础设施建设；区财政每年投入大量资金，开展背街小巷路面硬化、人行道改造等便民、惠民、利民工程；加快以路灯、霓虹灯改造为主体的城市绿化、亮化、美化工程建设，城区形成了全方位的亮化网络；大力推动城乡环卫一体化工作，2015—2017 年，共新建城市公厕 9 座，垃圾中转站 4 座。

（六）多种渠道筹措资金，全力推进高新区建设

高新区把城市纳入市场运作，利用市场机制建立多元化投融资体系。以市场之手建设城市、管理城市。按照现代城市经营和建设的理念，运用市场经营机制，采用分批滚动开发建设的形式，先利用自有资金和部分银行贷款将高新区的“生地”转为“熟地”，然后分批有序依法招标拍卖，用于还贷和城市基础设施建设。通过政府投资、银行贷款、土地依法出让等多种途径，引入市场机制，激活民间资本，全力筹措高新区建设开发资金，实现城市土地、闲置资产的社会经济效益最大化，有效地解决城市建设资金。2016 年以来，在全市率

先采用PPP模式建设城市基础设施，目前，已投资3.6亿元，完成了西区供热管网改造、13条城市主干道改造，新建道路5条、新建污水处理厂1座、污水管网13公里。

（七）坚持双轮驱动，促进城乡融合发展

高新区坚持城市转型发展和产业转型升级“双转型”战略，以产业发展促进城市升值，以城市建设助推产业升级，走出了一条工业化与城市化良性互动的新型城镇化路子。坚持工业平台建设与城镇建设协调推进，在推进园区产业项目建设发展的同时，组织实施了一批重大基础设施项目，进一步增强城镇功能，协调推进工业平台建设与城镇发展。在推进园区建设的同时，加快公共服务平台建设和服务业发展，为园区提供较为完善的生产、生活配套设施。立足各街道地域特色和产业基础，明确1至2个主导产业，统筹全区招商资源，加大技改投入，促进项目定向落户、产业转型升级。张范街道加快向产业集群方向发展，由产业集聚带来的人口集中、资源集聚效益进一步显现。在促进工业结构优化、产业转型升级的同时，环境质量也得到明显改善，城镇形象进一步提升，城市魅力进一步提高，对优质项目的吸引力更强，有力助推了产业升级。

产业是立城之基，兴城之本。经验表明，新城新区建设必须坚持产业优先发展，大力推进产业集聚、产城融合。高新区要围绕全区“六大支柱”产业，规划建设特色产业园区，加快建设园区基础设施，提升了产业承载功能，推进了产业集聚集群集约发展。

审稿人：袁现旺

撰稿人：甄忠刚

东方光源集团改革成长之路

随着改革的不断发展，中国国力不断增强，科学技术不断进步，中国的国际地位日益提高，经济繁荣，社会稳定，人民安居乐业，三峡工程、奥运会、高铁提速、互联网+等等见证了我们伟大的中国——一个古老的民族融入浩荡世界潮流的坚实足迹。东方光源集团在这个充满机遇和挑战的时代，用汗水和智慧书写了一个民营企业在枣庄落地生根、迅速扩张、茁壮发展的改革成长之路。

东方光源集团有限公司是一家以光缆、电缆、光电特种缆生产制造为经营主业的综合性现代化企业集团公司，是国家高新技术企业。公司占地面积600余亩，注册资本2.16亿元，拥有专业化、先进化生产设备、检测设备180多台（套）。

一、东方光源集团改革发展历程

（一）起步与探索（2005年7月—2007年4月）

2005年7月，山东泉兴银桥光电缆科技发展有限公司注册成立，搬迁至高新区泉兴工业园内，张坤任职公司董事长。一年间公司经历了资产重组和企业搬迁两个重大事件，在短短几个月的时间内完成了工商注册、新厂建设、老厂搬迁等各项工作。随着改革开放的不断深入，公司决定实施改革新路，开始了如何转换经营模式、扩大企业规模、增强企业效益的探索。

1. 企业改制的起步

人们都说："改制是趟地雷阵"，这话一点不假。

"第十个五年计划"期间，得益于我国经济的高速发展，电线电缆行业总体保持了较好的发展态势。"十五"期间国民经济持续增长的发展势头为电线电缆行业的未来创造了良好的宏观经济环境基础，电线电缆行业面临大好的发展前景和机遇。国民经济向更高层次发展的同时，也对电线电缆行业提出了更高的要求。就工业总产值而言，电线电缆行业是中国仅次于汽车行业的第二大行业。在世界范围内，中国电线电缆总产值已超过日本仅次于美国，是世界上第二大电线电缆生产国。为了适应社会主义市场经济的发展，建立现代企业制度，解决企业的发展动力问题，公司把握当前有利时机，与省内优质电缆生产企业交流学习经验。2005年，公司先后制定并完成了企业形象识别系统，为每一名职工量体定做了工作服，使企业形象上有了质的变化。公司不断拟定修改下发企业的规章制度，并统一安装监控设备，使公司各项工作不断完善。2005年是企业充实而忙碌的一年，正是这段时期的大量工作和铺垫，为企业今后更好的成长打下了坚实的基础。

张坤作为一个白手起家的民营企业家，创业之路绝不平坦。"每一份事业都需要付出。"银桥电缆"当家人"张坤这样说，"从2005年创业至今，十一年一路走来，酸甜与苦辣，百味杂陈，而2005年是企业改制的转折点，也是企业的一个里程碑，对我个人和企业的发展都有重要的意义。"

2. 企业改革的不断探索

企业创立初期，由于资金和技术都相对缺乏，起步阶段仅以光缆、橡缆、力缆为主打产品，并且产品市场相对狭窄，订单比较少，企业遇到了前所未有的考验。由于品牌效应不够，处处受制于人，有再好的产品也找不到客户，企业经营状况出现了一些问题，团队对公司的发展前景也产生了很多担忧和动摇。在这个危急的时刻，董事长张坤意识到企业必须转型，要走自己的路，要创建自己的品牌。经过积累，企业已经有了一定的资金和技术能力，行业经验丰富的张坤经过反复思考，决定迅速转型。就在当年开始推出了一系列转型举措：确立以"QXQ泉兴银桥"作为企业品牌，推出系列产品；建立市级研发中心；加强渠道建设和客户关系管理服务系统等等，企业经营慢慢好转过来。

2006年"第十一个五年计划"规划出台，预示着在光电缆行业的未来五年中，电力、铁路、轨道交通、能源、建筑、通信、船舶、汽车等行业依然保持较大的投资规模，必将给电线电缆行业提供许多难得的机遇，电线电缆行业仍将是中国充满希望的朝阳产业。2006年中国大陆地区光纤光缆市场呈现快速增长的趋势。伴随着枣庄高新区发展的步伐，公司紧贴市场政策，在济南和洛阳分别成立了营销办事处。

公司主推的三个产品系列，蝶式皮线光缆、塑料光纤光缆及铁路光电综合缆产品，逐渐占领了市场。

"三网合一"专用蝶式皮线光缆，以其良好的弯曲性能、良好的抗压、抗拉性能、容量大、重量轻、环保无污染等特点，满足了人们日益增长的信息传输带宽和信息安全的需求，为实现国家"十一五"信息化海量传输，实现光进铜退、全光网络、节能减排奠定了坚实的基础。该产品性能在国内同行业中处于领先水平，已通过中华人民共和国工业和信息化部（以下简称：工信部）光通信产品质检中心组的检查认证，定为"三网合一"定点使用产品，并被国家定为北京、天津两市通信网络工程改造定点专用产品，同时也是国内各大运营商FTTH（光纤到户）工程用量最大的光缆系列之一。

塑料光纤光缆是解决信息“全光网”最后一公里的关键技术，也是实现“三网合一”的最佳选择。2006年塑料光纤光缆属于高科技产品，具有很多优点，最突出的有三点：一是带宽高，能与石英光纤匹配，组成全光网，使信息传输的速率、质量都比目前光电缆要更好。二是它的保密性、抗干扰性也比目前使用的铜线和铜缆要强得多。三是这种塑料光纤光缆的施工、安装维护简便快捷，适用于不同规格、级别的网络传输系统。

铁路光电综合缆是公司与燕京大学及上海电缆研究所共同研发的新产品，该技术打破了国外对我国铁路光纤光缆的技术封锁，不仅属于生态环保型产品，而且具有易匹配、传输宽带高、保密性好、抗干扰能力强、防雷击、重量轻、韧性好、综合成本低等特点，用途广泛。

通过对新型产品的探索，三种环保新型产品的问世，给企业发展带来了前所未有的市场机遇，同时董事长张坤着眼于长远企业战略，随后公司在北京、河南、甘肃、新疆等地纷纷设立办事处，做“QXQ泉兴银桥”自主品牌，实现了国内光电缆企业的新突破。用张坤的话来说，就是“我们一直在向高端市场进军，不断推出高质量产品。品牌战略改变了企业的命运，我们也打了一个漂亮的翻身仗，公司更因此得到了行业内的高度评价。”

（二）推进改革　成长发展（2007年4月—2012年6月）

2007年是公司的一个转折点，东方光源集团有限公司在2007年正式成立。同年6月，集团办公大楼落成。集团下设6个分公司，以山东泉兴银桥光电缆科技发展有限公司为主营分公司，并进一步扩建厂房，新增设备，职工人数从初期的70人增至到现在260人，公司规模不断壮大，企业效益不断提升。董事长张坤坚持这份执着，在他的带领下，东方光源集团从小到大，由弱变强，走过了风风雨雨的发展历程。“当家人”张坤说，“从2005年创业至今，一路走来，酸甜与苦辣，百味杂陈。”

1. 企业改革进一步深入

随着改革开放的不断深入，东方光源集团上下认真贯彻党的十八届三中全会以来的路线、方针、政策，实现了工作重点的转移，开始了以生产经营为中心，以改革创新为理念，推动企业建设协调发展的新时期。集团成立以来走过了一条不平凡的道路，战胜了重重困难，取得了令人鼓舞的成就，企业面貌发生了深刻变化，为枣庄社会经济发展做出了积极的贡献。

集团成立初期，公司与上海电缆研究所、二十三所、成都五所、淮南八所及有关高等院校建立了长期稳固的技术合作关系，为新产品的开发提供了技术保障，为公司发展提供了有利条件。公司注重高科技产品的研发，投入大量的资金和技术力量致力于新产品开发。2007年，公司组织成立了科技研发中心，由总经理担任研发中心组长，总工程师担任副组长，办公室设在技术质量部，共22位科技骨干致力于新产品的研究与开发。研制生产新产品有：OPGW、ADSS光缆、五类、超五类、六类数据网络线、氟塑料及硅橡胶特种电缆、石油电伴热特种电缆等，产品市场占有率进一步提高。

自2007年以来，电线电缆行业继续保持了较高的增长速度，中国电线电缆制造业飞速发展，已成为仅次于美国的世界第二大电线电缆生产国。2008—2012年，集团先后获得了中国质量认证中心、泰尔认证中心、山东省质量技术监督局、安标国家矿用产品安全标志中心、CCC标志的中国国家强制性产品认证证书、光缆产品认证证书、全国工业产品生产许可证、矿用产品安全标志证书、广播电视设备器材入网认定证书等等，顺利取得了各种进入高端市场的“绿色通行证”，为销售业务的发展提供了强有力的支持和保障。一系列重点工程相继实施；集团下属分公司枣庄光源通信器材有限公司正式投产；员工公寓楼的建造，解决了员工的住宿问题；西区办公大楼的兴建及新厂新设备的安装调试等等，多措并举使公司完成了质的飞跃，实现了科学发展、和谐发展、稳定发展、率先发展。

2. 技术创新　拓宽改革思路

2007—2008年集团研制开发超高分子量聚乙烯纤维（芳纶纱替代品）原材料，其产品性能好，生产成本大大降低。公司先后签下了大连石化公司、晋阳高速、川藏隧道、罗长高速、义马煤矿、山东网通、淄博广电局、北京地铁、上海联华、河南电信、河北电信、深圳地铁、中国石化、山东鲁能、章丘矿业等工程项目，市场辐射不断延伸。

东方光源集团办公大楼

2009年8月15日，东方光源集团华茂科技项目投产剪彩仪式在枣庄高新区隆重举行。伴随着华茂科技项目剪彩仪式的举行，蝶式皮线光缆生产项目经成都五所检测合格后投入批量生产。在此基础上，公司加强与北京地铁、天津联通、北京联通的合作，把产品推向国家重点建设项目工程上。2009年，集团公司完成了国家广电总局、泰尔认证中心、中国质量认证中心对3C、ISO9000体系的认证复审工作；获得了公安部阻燃、耐火电缆的认证证书；山东省名牌证书及煤安办矿用缆到期证书的复评及获证等工作。同时，公司的光缆工程技术研发中心被枣庄市科技局评定为“市级研发中心”，蝶式皮线光缆项目被评为“枣庄市无偿资金资助项目”。这项殊荣给企业带来了巨大的资金支持，为企业发展起到了积极的推动作用。2009年公司对生产设备、工艺流程进行了优化组合，在原有生产设备的基础上，新增了交联机组、框绞机组等十台（套）具有国内领先水平的生产线。生产布局达到了生产设备齐全、工艺流程合理、工作效率提高、综合产能提升的良好状态。

2010年，山西和河南两省煤矿因井下电缆着火发生事故，国家安全生产监督管理总局和国家煤安办对全国煤安认证产品企业进行例行检查。7月18日，国家煤安办专家组到东方光源进行现场抽样，并对公司的现场管理做出了评价，抽样结果为合格。同年6月，青岛分中心专家组到公司现场审核，通过评定，于2010年7月12日顺利拿到3体系的证书。同年11月，山东省质量技术监督局派3名专家到公司进行了现场突击监督检查，经过严密审核，专家组对东方光源“QXQ泉兴银桥”产品的监督检查及样品抽查综合评定为“合格”。

2010年，公司又投入了1000万元新上了35千伏交联生产线、笼绞和φ150挤出机台，新设备的启用将意味着东方光源集团无论从规模和制造能力上有很大的提升，公司也将进入全面发展的快车道。2010年年底，公司在工作总结表彰大会上，进一步明确了今后几年经营管理思路和发展方向，力争5年内实现产值过10亿元的目标，同时强化了总部的战略管理、融资管理、资源配置和统筹协调职能，标志着公司进入新的发展阶段。企业发展战略的制定，集中了公司全体员工的智慧，集团公司“产销高效化”的系列举措，也得到了员工们的一致认可和支持。

2011年，公司展开了月刊征集活动，鼓励员工积极投稿，并成立了报刊通信员小组，参与企业文化建设，“东方光源报”月刊一直延续至今，已有7个年头。

2011年作为“十二五”规划第一年，即国家战略转型第一年，信息化基础——通信网络建设将成为国家支持的投资重点。“十二五”期间，我国电网建设主要侧重于两个方面，一是智能电网的建设，另一个就是新一轮的农网改造。我国加快光纤宽带网络、下一代互联网和新一代移动通信基础设施建设，着力推动通信产业科技的整体性突破和跨越式发展，并在重要的技术领域拥有大量自主知识产权的核心技术，基本建立较为完善的科技创新体系。“十二五”期间，我国着力推动信息网络和信息技术广泛应用，促进传统产业改造升级，发展数字内容产业，推广行业智能化应用，推进三网融合等等，取得了实质性进展，信息网络产业经济不断壮大。着力突破网络信息安全核心关键技术，基础网络、重要信息系统和关键应用安全可控，应急通信保障能力和公众信息网络抗毁能力大幅提升，网络信息安全保障能力显著增强。借助国家“三网融合”政策的东风，全国启动了大规模的智能电表更换工作，部分城市电网甚至推出“四网合一”，推出“电力猫”等业务。

2012年，公司研制开发了光纤复合低压电缆——OPLC。OPLC光电复合电缆得到了试点应用，它是集光缆和电缆于一体，适用于光纤接入的智能电网及多网融合配网中的电力传输和信息通信，实现电力、电信、电视、因特网、智能用电服务网、智能小区服务网等多网融合，使得电网与用户之间实时交互响应，从而增强电网综合服务能力，满足互动营销需求，对构建以信息化、自动化、数字化、互动化为主要特征的坚强智能电网提供了坚强载体。“十二五”规划，预示着未来五年也是电线电缆行业和电力光缆行业的一次难得的发展机遇。

公司在过程管理上下功夫，把绩效考核管理作为落实公司发展战略规划和经营计划的重要工具和手段，加强绩效考核管理与过程管理的融合，促进经营计划制订的科学性和绩效考核动态管理的时效性。过程管理以计划为手段，深入高铁、军工市场的各个业务环节，突出对核心环节和关键路径的把控，进一步实现管理精细化、运营高效化的目的。

3. 诚实守信　为改革之路添砖加瓦

企业的发展并不是一帆风顺的，其发展的巨大瓶颈就是资金的压力和市场的垄断，加之由于我国经济尚处于市场经济的初级阶段，中小企业在资金、技术、人才、管理、工艺改造等方面还无法达到现代化的水平，仍然处于粗放式的经营发展模式。在贷款融资、人力资源、技术创新等方面还没有得到全社会和国家有关部门的全力支持和关照。因此，中小企业必须靠自己的努力，找到一个适合自身发展的盈利模式和企业的生存发展之道。

当市场快速扩张、销量上升、客户迅速增加的时候，东方光源集团并没有忽视客户满意度的系统性管理和售后服务体系的建设，能做到这两点难能可贵。公司市场营销负责人给我们讲了这样一个案例：2010年12月19日上午，公司接到某客户的投诉电话，由于对订购的线缆破损及对公司的售后服务不及时而不满意。正在外地出差的董事长张坤知道了这一情况后，立即安排公司销售总监、行政总监、质量技术部部长等几位公司高管赶往项目部，认真诚恳地听取了客户的投诉和意见。销售总监首先代表公司及董事长对客户表达了深切的歉意，同时感谢他们对公司的信任和支持。负责品质管理的徐士国同志，认真鉴定了客户投诉的有破损的产品，并对客户提出的问题逐项进行了细致的解答，同时从技术层面上进行了严谨客观的分析，认定产品破损原因是运输公司的疏忽大意造成。我司决定立即组织生产，调换新产品。客户对此处理结果十分满意，并称赞我司的高效、诚信的工作作风。随后，董事长张坤邀请该客户来公司，从原材料入厂检验一直到成品入库，参观了整个生产、检验过程，直观地把每一道生产工序，每一个部件的材质运用，完善的质量管理体系，完全透明地展示给客户。客户对公司高层对待顾客的这种负责任的态度表示了赞同，当场决定追加2400万的订单。董事长张坤对客户的信任再次表示了诚挚的谢意，也为东方光源有如此负责任的用户感到欣慰。客户表示，通过这次和东方光源的交流互动，让他们真正地了解了东方光源的品牌和实力以及东方光源人勇于担当的负责精神。

近两年，在市场普遍不景气的情况下，公司瞄准了高端市场，用技术和质量提高了品牌和知名度，用信心和责任赢得了信誉和勋章。例如：首都机场T3航站楼建设竞标中，全国知名企业都云集在首都北京，经过激烈角逐和知名专家的联合推荐，东方光源集团成功入围。虽然中标金额不多，但他们对生产、发货、售后各个环节都认真对待，赢得了客户的赞誉和好评。众多知名专家纷纷向其他领域推荐东方光源制造的产品，使该公司的产品品牌迅速扩大影响，为推动企业日后进入更高端的市场奠定了坚实的基础。随后，企业在酒泉卫星发射中心、奥运会场馆、济南全运会场馆、南京长江隧道项目中全线中标，同时陆续接到了京沪、哈大、沪杭、沪昆等铁路的大批订单。

诚信是齐鲁文化的核心，也是枣庄人的优秀品质。在企业经营管理中，公司始终秉持诚信双赢的理念，以枣庄品质打造枣庄品牌。2012年，公司与大西高铁签订了供货合同，由于各方面原因，货迟到了3天，合同注明超期一天赔偿误工费20万元，当时如果企业找些其他不可抗力的借口，此事可能会就此结束。但依照公司诚信经营的宗旨，公司按合同约定交足了60万元违约金。这种做法得到了客户的高度认可，在年终供应商评定时，东方光源集团被评为“最佳供应商”，同时也是唯一被邀请参加开通仪式的“一级供应商”，并在下期的工程中追加了2个亿的合同。在前期的各类招标竞争中，评委一听说枣庄的产品，都投以怀疑的眼光，但经过几年高端市场的砺练，企业凭借诚信的经营理念、过硬的产品质量和完善的售后服务，使枣庄品牌成为全国知名的行业品牌。现在，在全国大多数高铁线路上都有枣庄制造的产品，世界第一条高寒地区的哈大高铁、全国第一条两万吨重载高速货运铁路中南部通道全线的电缆，都是东方光源的产品。这就是企业秉持“用心筑造，联络世界”的理念结出的硕果。企业就是这样始终坚持做一个项目，树一次品质，交一批朋友，赢一片好评。当前，公司的重点战略目标是高铁、城际轨道交通、地铁、军工和智能电网建设等领域，公司通过不懈努力，进一步扩大产能、提升品质，用一流的产品和服务为枣庄品牌再添新光彩。

（三）加快改革　快速发展（2012年7月—2018年6月）

枣庄市委市政府、高新区管委抢抓国家全面深化改革、加快实施创新驱动发展战略的历史性机遇，制定出台优惠扶持政策措施，加大行政审批改革力度，着力实施创新主体培育工程，进一步激发了企业创新活力，初步形成了“布局合理、特色鲜明、集约高效、错位互补”的新型创新平台，着力构建投融资、政策激励、导向、科技成果转化激励、人力支撑和考核评价等创业创新工作机制，营造了优质、便捷、高效的政务环境，推动了企业的快速发展。

1. 多产业联合发展　企业改革跨上新台阶

企业发展过程中面临着各种各样的激烈竞争与考验，行业的兴衰，全球化的发展，国家经济政策的变化，全球经济波动的影响。企业想在竞争中逆流而上，多元化战略发展成为企业扩大实力的一大重要途径。企业实行多元化的主要目标已不在于建立共同的业务主线，而在于提高投资报酬率、增进效益，规避风险。东方光源集团的核心产业是线缆加工制造产品，在线缆行业发展日趋稳定的同时，集团整合多元化发展再上新水平。

企业规模不断壮大，发展速度较快，市场竞争能力有较大提高，但由于流动资金不足，制约了集团的资本有效扩张

东方光源集团电缆产品发往京沪高铁项目部

和进一步发展壮大。通过引进战略合作伙伴，可以有效缓解企业发展资金不足，进一步提高企业决策经营管理水平，促进企业在发展、技术、管理、思想观念等方面的创新。东方光源集团依然决定寻找合作伙伴，推动各项目加快运作速度，使企业在激烈的市场竞争获得更大的生存、发展空间。

2013年8月26日，中国泰尔认证北京认证中心，针对泰尔认证中的有关光缆各类型号产品进行本年度的现场监督评审。2013年9月15日，安标国家矿用产品安全标志认证中心，对公司矿用电缆生产质量控制能力进行了现场监督评审。现场审核成功，不仅意味着东方光源产品进入了前景广阔的市场，更标志着企业的安全管理水平和产品安全可靠性得到了客户的承认和肯定，为公司矿用电缆生产销售提供了稳定的保障。

2014年公司先后完成了山西中南部通道、贵广铁路、长沙至昆明铁路客运专线、合福铁路闽赣段、青荣城际铁路、兰新铁路第二双线甘青段变电工程、南水北调直管段供电线路工程、哈齐铁路客运专线、成渝客专、兰渝铁路项目、兰州至重庆铁路“四电”系统集成项目、青岛地铁3号线和中国人民解放军61416部队、CDMA移动通信等工程。经过集团多年的培育，公司的研发、生产能力大幅提升，随着国家高铁建设的市场不断扩大，特别是高铁专用光电综合缆和军用特种缆等现有生产能力已不能满足当前市场需求，集团毅然决定投资扩建光纤缆、特种缆、铁路光电综合缆二期项目。此项目于2015年12月正式投入生产，项目总投资10.6亿元，新上6条国内最先进的铁路贯通地线生产线。

2014年4月23日，东方光源集团牵头，联合闻名世界的北京电影学院、中国传媒大学等多个知名艺术院校合作成立了枣庄天穹文化发展集团有限公司。天穹文化发展集团公司是一家集影视制作、艺人经纪、艺术培训、动漫、微电影等为一体的文化发展产业集团，集团下设天穹国际影院、天穹影视制作公司、天穹生活馆、天穹影视艺术培训中心四大子公司，实施多个业务分支多元化发展。2016年1月22日，天穹文化发展集团与北京电影学院签订合作办学协议，并举行揭牌仪式，标志着天穹正式进军中国文化产业。天穹文化发展集团是北京电影学院首选合作对象，也是全国第一家合作挂牌、更是国内唯一一家全面合作的教学、实习、创作基地。

天穹影视制作中心围绕艺人经纪发展，重点引入金鸡百花电影节等高端服务平台入驻，进而组建“电影行业的联合国”，承办影视界的“亚太峰会”。影视制作中心将建立专业的明星经纪及代理团队，利用成规模的平台，整合艺人专业数据库，提供全方位的国际化经纪代理服务，构建中国最具价值和水准的电影及CGI影视制作公司，坚持国际化的操作及全球化的视野，吸纳优秀的影视策划、制作、多媒体、发行等专业人才，和多家国内卫视频道达成合作意向，与知名影视公司建立良好的合作关系。联合创作的电影《警察不好当》，已在CCTV-6电影频道发行，并获得2016年澳门国际电影节优秀影片大奖。

天穹文化发展集团办公及教学大楼

2016年7月6日，天穹文化发展集团公司正式成为北京电影学院理事单位。这意味着天穹将在领军院校的带领下，向创办影视培训中心迈出了坚实的一步。下一步，公司还将与中国传媒大学、中央戏剧学院等中国一流名校陆续签约合作，把各名校最大的专业优势融入天穹文化发展集团，为未来发展奠定基础，使“文化枣庄”提升到更高境界。

天穹影视艺术培训中心以培养“影视编导、音乐、美术、模特、主持”为主导，经过专业培训的学生可参加公司电视剧、电影的拍摄、制作，或由公司引荐推举，并有机会与国内一线明星合作出演影视作品，为文化创作、艺人培养、影视编导、数字媒体专业领域提供包括影视后期制作、影视前期创意等方向的高品质职业技能培训。这是经中宣部、文化部和北京市委批准双方合作办学、享受师资渗透并同意北京电影学院院长张会军任校长。汇聚中国最高学府教学资源与影响力，以四所顶级高校艺术院校为后台支持，携手众多名校数百名资深专家执教，国内外著名导演将在本校亲临指导并成立工作室，构成国际明星师资队伍。同时，也将为国内外各大艺术高校培养和输送优秀艺术人才设定有效的课堂，为对影视行业有梦想有追求的从业人员创造更好的条件和开辟更多的渠道。

天穹集团下设位于北京的中视汉鼎国际影视文化有限公司，已于2008年参与影视制作和影视出品业务，成功出品的电视剧有《干得漂亮》、《神枪手》、《梨花泪》以及由范冰冰主演的《金大班》。由天穹文化出品的《警察不好当》获得了2016年澳门金莲花最佳影片奖，同时在美国休斯敦国际电影节获影片类大奖。2018年5月25日承办了“中国梦·扶贫攻坚”全国影像盛典颁奖活动，国内外30余名业界专家学者齐聚枣庄，为从2300余部作品中脱颖而出的134部作品颁奖，新华社、人民网等20多家主流媒体报道活动盛况，树立了城市形象，获得了业界口碑。由天穹文化发展有限公司联合制作，北京电影学院表演学院院长张辉执导，刘熙阳、张一山、杨紫、关晓彤领衔主演的新学院派电影《一纸婚约》于2018年6月8日在各大影院燃情上映。

2018年天穹文化各个板块相继启动，星愿梦工厂占地面积5000多平方米，作为教育文化综合产业链条的初始端，集艺术、体育、科学、文化为一体，为3-17岁的青少年提供一站式素质教育服务，涵盖音乐、美术、书法、舞蹈、跆拳道、机器人等二十多种素质教育课程。星愿梦工厂的建设最大限度地整合了教育资源、节约教育成本、缩短教育周期。以一托三的方式跟踪、一站式定向培养，打造最权威、最正规、最具信赖的造星基地。天穹文化开展了少儿剧组夏令营，学员可以跟随影视剧组，感受剧组生活并熟悉整个影视剧的拍摄流程及制作过程，零距离接触剧组明星，面对面交流合影。天穹文化将竭力挖掘影视人才，有潜质的孩子将被纳入天穹影视公司艺人数据库。活动基地配有经验丰富的专业厨师、生活老师、跟队医生，全方位提供日常生活所需，让孩子们亲身体验一部影视剧的诞生过程。艺考职业培训也在火热装修中，内部设备进行招标，同步人员配备提上日程。

文化配套服务业将吸纳各地文化精髓并结合当地文化不同层次的需求，天穹文化书吧以“学术沙龙+咖啡会所+画廊手作”为经营模式，开展作家签售会、作品品读会、文化沙龙讲座活动，定期邀请文化界和学术界人士参与演讲、展览、座谈、出版等各项文化活动。

东方光源集团二期铁路贯通地线项目及特发光源光纤光缆生产基地

除此之外还有艺术展厅、文化创意产品销售，近两千多平方米的艺术交流、互动空间，通过举办不同的艺术展览、演出及工作坊，透过多种类型的多维空间，让大众休闲和购物的同时，可欣赏到各类艺术创作的精品。

天穹国际影城作为教育文化产业、影视文化产业的配套服务建设，建筑面积7000多平方米，选用国际一流的视听系统，按照不同功能分为儿童主题厅、情侣共享厅、老年公益厅以及影乐迪VIP厅。影城兼备放映、教学使用的同时，还担负着弘扬传统文化，以艺术大众化推动文化大繁荣的历史重任。天穹将着力推出艺术惠民系列活动，通过举办老年票友会、古典戏曲展演、免费学艺术等公益性活动，向社会弘扬敬老新风尚，倡导爱老正能量。

另有文化特色酒店、游泳馆、健身房、瑜伽馆等高端配套服务设施，充分利用现有资源推出特色文化产业，并结合跨界资源整合、提升文化发展内涵，为家长培优孩子的同时提供全方位的文化服务。

2016年作为“十三五”规划的开局之年，光通信市场，特别是光纤光缆市场需求延续了2015年的强劲走势，其主要原动力仍是处于光改进程中的中国宽带市场。当前在“宽带中国”战略、“互联网+”行动计划、“提速降费”新要求的共同推动下，超宽带时代即将到来，信息传输高速率、超带宽、大容量成为主要特征，光纤光缆行业将打造高端品牌、高端市场、高端技术的路线，以快速发展抢占先机。

2014年8月4日，深圳特区发展集团领导莅临集团考察调研，开启了双方合作战略模式。深圳特区发展集团是深圳市最早成立的国有大型综合性企业集团，是国内最早开拓并一直专注于光纤、光缆及光通信设备开发、生产的国家级高科技企业之一，在全国光通信领域影响巨大，其先进的技术、良好的企业文化和坚强的领导班子预示着特发信息将成为光通信行业的领航者。根据双方战略发展的需要，经过特发信息和光源集团双方高层领导多次对接考察，在互惠互利、合作双赢的基础上成立山东特发光源合资公司，形成新的战略布局，公司新上54条国内最先进的光缆生产线，是北方地区最大的光纤光缆生产基地，投产运营后对特发信息和东方光源未来共同事业的发展意义重大。此项目仅在短短半年多的时间内建成，并于2016年6月30日开业投产。

随着信息产业的迅速发展，光纤光缆供不应求，价格不断飙升，原材料光纤特别紧张，目前光纤预制棒拉丝技术掌握在国际少数垄断企业手中。公司经过一年多的论证协调，整合各种资源，投资新建年产2400万芯公里世界最先进的光纤拉丝项目。这是为实施中国制造2025战略行动和国家信息带动经济发展的战略方针以及“大数据”“互联网+”“数字中国”等国家重点项目需要而建设的高科技公司。该项目既大大缓解了国内光纤需求紧张的局面，完成了产业链从最顶端到最终产品的完整性，又填补了北方制造光通信行业高端产品的空白，改变了国内光纤市场供需的格局。公司将重点建设光纤拉丝、光纤预制棒、光缆、光器件、光通信制造设备研发、数字芯片，项目基于光通信行业大发展，项目建成光通信全产业链集成将成为山东省单体最大的产业集群，对中国目前依靠材料进口的局面有极大的缓解。光纤预制棒拉丝项目用地面积55亩，建筑面积4万多平方米，主要为标准化生产用房和研发办公楼及国家级实验交流中心，高度实现了集约用地的要求。项目设备采用全球最先进的光纤高速拉丝塔设备，此设备于2015年获得国家科技进步二等奖（此为最高奖），由武汉烽火通信负责设备成套和安装，且是武汉烽火在全国的唯一授权单位。工艺技术采用烽火科技与日本成熟的技术达到全球最先进，在产业引领、技术领先等方面，均具有不可取代的作用。公司建设突出自主研发、设计、制造，在光通信行业范围内发展全产业链建设，力争在2—3年内解决国内光纤及光纤预制棒严重依靠进口的局面。

市场增长需求，开辟了广阔的发展空间，随着移动互联产业“井喷”式发展，特别是5G技术的发展成熟，全球光纤光缆行业需求旺盛，用量将比4G时代多16倍，这为项目上马提供了广阔的市场前景。巨大的技术领先优势推动了企业的快速上马施工，高新区倾力扶持，创造环境，企业争分争秒，抢赶工期。2018年1月项目开始了紧张的土建施工，历经半年多的时间，目前，项目“六塔十二线”等主要设备马上进场安装，仓储、动力、辅料等配套工程正在加紧施工，预计2018年10月可投产运营。

2. 以经济效益为中心　企业改革成效显著

2016年中华人民共和国第十二届全国人民代表大会第四次会议和中国人民政治协商会议第十二届全国委员会第四次会议指出，改革开放是党在新的历史条件下带领人民进入新的伟大革命，是决定当代中国民营企业发展的关键决策，是发展中国特色社会主义，实现中华民族伟大复兴的必由之路。作为改革开放取得重大突破的重要方面，民营经济的发展始终与改革开放的进程紧密相连，既是改革开放的重要成果，也是推进改革开放的重要动力。在改革开放的总方针、总政策的指引下，我国国民经济从无到有，从少到多，从小到大，不断地发展，从中我们可以看出中国民营经济起步于个体经济，成长于私营经济。改革开放以来，我们党始终坚持解放思想、实事求是的思想路线，民营经济的地位和作用的认识过程以及由此带来的民营经济发展的实践进程逐步加快。

作为国民经济建设重要的配套产业之一，电线电缆行业占据着中国电工行业四分之一的产值，是机械工业中仅次于汽车行业的第二大产业。为了企业更好更快发展，公司又采取了一系列的改革措施，通过对多家企业实行“以经济效益为中心”的浮动工资制，企业的经济效益与工资挂钩，薪酬每年都会进行调整，按员工技术水平和工作水平划档分级。员工技术水平良好通过测试，提高一级或一档，可上浮一级工资，根据每年的经济效益比例，其他干部职工也可按比例上浮工资，反之则下减。仅此项改革，不仅全面调动了企业领导层和职工的积极性，促进了生产的发展，更使东方光源集团每年利税都不断增长，至今成为高新区最强纳税企业之一。企业在保证上缴国家财政税费稳步增长的同时，使得职工的人均工资和福利也有了明显的增加。

集团董事长张坤（左二）被授予山东省富民兴鲁劳动奖章

经过十余年的发展和积累，公司具备了一定的品牌优势、资金优势、人才优势和管理优势，为企业实现持续、健康、稳定发展提供了难得的机遇。东方光源集团的管理团队和员工队伍日趋成熟，运作规范，管理透明。企业文化经过培育和建设，凝聚力和向心力进一步提高，营造了和谐的氛围，人心思进，士气旺盛，发展潜力巨大，呈现出持续、健康、稳定发展的态势。

资金的压力一直是困扰企业发展的又一大难题，随着生产成本的不断增加，企业由于流动资金紧缺，设备产能不足，严重制约了公司的发展，无法实现最大化市场占有。枣庄政府相关部门领导急企业所急，积极协助联系各大银行，中国银行、建设银行、工商银行多次派人来企业调研，了解到企业下游客户多为国家大型垄断集团企业，且为工行的重点授信客户，通过订单融资渠道，为企业融资近10亿元，缓解了企业资金压力，保证了企业能够按时生产交货，维护住了公司在客户中的信誉。公司刚开发高铁市场时，客户对公司的资金实力和生产能力表示怀疑，通过与客户的几次合作，严把产品质量，严守交货期，完全满足了客户的供货要求。企业成立以来，一直得到各大银行的大力支持，公司坚持还贷不逾期的底线，赢得了银行的信任，银行授信额度逐年上升。

枣庄的开放政策给民营企业发展带来“及时雨”，让企业“强筋健骨”。公司经常依靠品牌力量在项目竞标中占据优势。企业发展过程中，枣庄市委市政府、高新区党委、管委给企业带来了很多帮扶措施，如适当的税收优惠政策，使企业成本能够降低，这对缓解企业的资金压力帮助很大。再如切实缓解“融资难”问题、加大财政支持、大力推进技术进步、积极解决土地制约瓶颈、优化发展环境等等。近年来，枣庄市、高新区陆续出台了一系列关于促进民营经济发展政策落实的实际举措，全力以赴推进中小企业和民营企业健康发展，同时积极落实国家扶持中小企业的 8 项税收优惠政策，施行了奖励措施，促进了公司迅速发展。

二、主要成就

经历了生存与发展，东方光源集团在光电缆行业稳稳站住了脚跟。集团在摸索中前进，总结了很多经验，如何应对行业市场的突变，如何规避资金风险，如何在竞争中脱颖而出，开放、突破、创新是关键词。公司以客户为中心的随需应变和不断寻求市场的新方向，使企业在这个阶段仍保持着清醒的头脑和行动力，从而获得凤凰涅槃浴火重生，并且取得卓有成效的业绩。

（一）企业规模不断壮大　经济效益逐步提高

东方光源集团在董事长张坤的领导下，实现了科学发展、和谐发展、稳定发展、率先发展，实施了集团一体化运作，以“质量第一，提升品牌，用心铸造，联络世界”的经营理念，“诚信、务实、敬业、创新”的企业精神，实施“以人为本、科技兴业、敢为人先”的发展战略，不断追求企业利润的最大化，追求社会价值的最大化，追求职工收入的最大化，取得了较好的经济效益和社会效益，销售收入、上缴税金逐年大幅度提升。公司成立以来，员工由原来的 70 人增长到 320 人，企业规模也从小作坊生产转变为大规模现代化生产模式，占地面积由原来的 180 亩增加至 600 亩，设备新增 20 余条，员工工资水平翻了六翻，一跃成为枣庄民营经济发展的一大亮点。

公司强化发展战略指标落地，通过过程管控实现战略指标，以季度、半年度为周期落实年度经营计划指标，各部门、车间细化和分解各项计划指标，强化经营计划的约束力。通过建立季度运营分析会议制度，定期核查、分析经营计划落实情况，掌控公司总体运营情况，提升运营管理能力。

（二）综合实力大大提升　企业资质不断增强

随着改革开放的不断深入，时代的发展给企业提供了一个不断竞争优化的平台。公司先后取得了 100 多个证书，是轨道交通领域和军工领域的一级供应商企业，且同时拥有高铁、客专、地铁、轨道交通领域要求具备的运营业绩和供货业绩，是山东省唯一一家入围的生产型一级供应商。同一时期取得的智能电网认证和信息产业部的泰尔认证，成为四大网络运营公司的主要供应商，也是轨道交通领域的战略定点供应商。公司发展至今，已形成特有的品牌优势、渠道优势和研发优势。目前公司产品广泛应用于京沪、哈大、兰新、津保、郑徐、宝兰、沿海高铁等轨道项目和重要军事基地、智能电网等建设工程项目。企业在董事长张坤的带领下，小“厂房”已发展成为枣庄市数得上的民营企业，同时也打响了枣庄的品牌和枣庄产品的知名度。

集团以党的十九大精神为引领，坚持以政治建设为统领，坚决维护党中央权威和集中统一领导，坚持以企业发展为主线，以科学管理为重点，以深化改革为动力，以加强责任制度和绩效考核为保证，以严明的纪律、过硬的作风扎实推进企业各项工作，奋力推动企业向高质量发展阶段转型，以“做实基础、做精项目、做强企业”为目标，全面提高企业的综合实力。利用高新技术和先进的管理模式改变传统作业，大力发展高新技术产业的总体思路及市委市政府的指示精神，大力维护和推广企业的品牌形象，实施品牌战略，通过科技树牌、质量立牌、服务争牌、诚信创牌，不断提升品牌的含金量，不断提高企业的核心竞争力。

公司始终坚持“以人为本、强化管理、内强素质、外树形象”的指导方针，依靠先进的生产技术、科学的管理方法、严格的产品质量赢得了各级领导和社会各界的关注。公司先后通过了 ISO9001 质量体系认证；3C 国家强制产品认证证书、国家广播电视总局入网许可证；国家煤安办 21 个认证证书；信息产业部颁发的泰尔认证证书；北京电能认证证书；武汉电气化局准入证书同时还被评为“AAA 级重合同、守信誉企业”“山东省名牌企业”“高新技术企业”等；董事长张坤同志还获得“中国诚信企业家”“优秀青年企业家”“山东省自主创新模范企业家”的荣誉称号。

（三）产品质量不断加强　市场占有不断扩大

东方光源集团的快速健康发展是与企业坚持不断的技术创新所分不开的。董事长张坤认为，中国当前的材料产业处于发展的新阶段，企业应不断追求技术进步、管理创新、整合发展，实现规模化、规范化生产，把产品质量作为头等大事来抓，努力解决制约企业发展的“瓶颈”问题，促进技术进步和产品质量升级。通过实施“走出去与引进来”战略，公司加强与同行企业的技术交流与合作，借鉴专家的专业性意见，大胆尝试启用新材料，实时调整工艺，不仅节约了生产工时，提高了工作效率，还更好地控制了产品质量。在原有产品市场的基础上，培植新的经济增长点，按照市场经济规律，不断研发新产品，进一步拉长产品产业链，形成良好的产品分布格局，实现企业资源的优化配置。

在产品质量管理上，公司强化产品质量分级考核，实时监控生产过程中的每一环节，教育员工正确树立“下道工序是上道工序的市场”“质量是生产出来的，不是检验出来的”观念，强力推行质量工资绩效考核制度、“自检、互检、专检”的三检确认制度等多种形式，增强员工的质量意识，充分调动员工抓好产品质量控制工作的积极性和主动性。在光电缆市场领域，大力开拓市场，与国际接轨，在做大规模的同时，努力降低生产成本，大力开拓中石油、中石化、国电、铁路、军工、网通、电信、广电等高端市场和国家重点形象工程，以品牌树市场，以质量保效益。

三、经验与启示

东方光源集团发展一直遵循着“以人为本、强化管理、内强素质、外树形象”的管理理念，也是企业成功的基本经验。在核心产业的基础上建立起战略、品牌、技术、工艺、流程、人才、文化等方面的核心能力，扎扎实实地打好未来持续“成长”的基础，不断寻求探索新的出路，更好更快实现集团多元化发展。在企业迅速发展的过程中，不忘初心，不断总结经验和教训，明确战略定位，遵循市场规律、着眼长远发展，并对企业经济发展的有关问题进行思考，总结经验教训，促进企业又快又好发展。

（一）解放思想　转变观念　牢固树立市场经济创新意识

改革开放以来，山东省各级政府解放思想、实事求是，一直对民营企业的发展进行各种政策鼓励，做到“不限发展比例，不限发展速度，不限经营方式，不限经营规模”。在这样的环境下，山东省民营经济发展迅速，成为全国工业企业经济发展的主力军。

从传统的发展模式向科学发展模式转变，是企业经济发展的必然选择。到目前为止，我国的民营经济主要走的是一条传统发展道路，金融危机的发生使民营经济科学发展的重要性和紧迫性凸现出来。作为引领电线缆行业经济发展风向标的企业之一，企业很好地处理了传统经济发展和科学发展的关系，较早地以科学发展观为指导，推动企业改革创新，紧紧抓住政府鼓励企业转型升级的机遇，把企业“做强”“做精”。只有拥有过硬的创新产品和创新理念，企业才能经受住霜打雨淋。企业积极研发自主产品、适销对路产品，表现出了很强的抗风险能力，同时在危机中企业苦练“市场功”，抓内销，弥补出口下降。在企业内部构造完整的“垂直产业链”，使企业不再是一个孤岛，而是一座长桥，从此岸到彼岸可以自由行走、自由控制节奏，这样受到外部的原材料及市场的波动冲击就小得多。按照科学发展观的要求和现代企业的发展规律，走主要依靠科技创新、产品创新和管理创新实现发展的“绿色发展”之路，从而确保企业经济的永续增长和持久竞争力。

李嘉诚曾经说过：“做市场主要有三种方式：一是创新，二是改进，三是跟风”。如果想做得出色，有两个办法，一个是改进或创新，另一个是在渠道上下功夫。所以公司适时制定新的销售策略，以月、季度、半年、全年为单位，不断制定回款任务与奖罚措施，激励业务人员加大回款力度。加大对陈旧货款的清欠力度，通过不断对账、使陈旧货款清晰明了，对不守信用的客户，采取法律途径进行解决，一大批陈旧货款得以追回。货款回收力度加大了，盘活了沉淀资金，给公司流动资金周转缓解了一部分压力。

（二）注重产品质量　树立品牌意识

改革开放初期，一些地方的产品质量一度出现空前的危机，假冒伪劣产品层出不穷。在经历了市场的严重打击并付出惨重的代价后，很多企业痛定思痛，总结经验，决心重塑企业的形象。枣庄市政府加强管理职能，严厉打击制造假冒伪劣产品的行为，加强质量管理，提出了“质量立市”的口号，并制定了一系列制度与措施，提高民营企业的形象。在政府的引导和带领下，民营企业也十分注重产品的质量，纷纷实行以“品牌兴业”的发展战略。

企业能否持续健康发展，一个关键的问题，就是产品质量问题。因此，民营企业要按照市场经济的要求，树立质量第一的思想，杜绝一切坑蒙拐骗和制售假冒伪劣产品的行为。品牌不仅是企业为了标识产品以区别于竞争对手而采用的显著的标记，而且是企业的一笔宝贵的无形资产。企业品牌有利于产品参与市场竞争，有利于提高产品质量和企业形象，有利于保护消费者的利益。企业坚持树立品牌意识、推进品牌战略，有利于企业实施规模化、集约化经营，在日趋激烈的市场竞争中生存、发展和壮大。

公司一直严把产品质量关，进一步完善产品检验、质量级别标准，加强生产过程控制、验收和把关，对重点客户订单增加工序监督频次，克服了原材质量参差不齐、到货不及时、临时订单较多、生产调整困难等方面的原因，保质保量地完成了公司的生产任务。公司陆续通过3C、3体系、生产许可证、煤安、泰尔认证等监督检查，完成了公安部阻燃、耐火电缆的认证，并成功取得了中国人民解放军总参谋部8张国防通信网设备器材进网许可证书及国家电能（PCCC）的14张电力产品认证证书，山东省著名商标证书，以品牌优势顺利将产品打入市场。

公司质量管理水平在不断提高，技术能力也在不断增强。市场如水，企业如舟，质量是舵，人是舵手，如果把强烈的责任心和荣辱感注入产品中去，相信产品就会在市场上活起来，所以企业时刻提醒自己“质量在我心中，标准在我脑中，工艺在我手中”，从生产过程控制、产品检验到出厂检验，严格按照操作规程对每个环节严格把关，把事后整改变成事前预防，绝不让次品流入下道工序。加强对员工的思想教育，让员工始终处于一种激活的状态，打造一支能够自我加压、自我管理、自我激励、自我发展的职业化团队。

（三）企业文化不断成熟　员工幸福指数提高

在人力资源战略上，公司倡导“要树立适应新形势新任务要求的科学人才观，坚持德才兼备的原则，把品德、知识、能力和业绩作为衡量人才的主要标准，不唯学历，不唯职称，不唯资历，不唯身份”。科学技术是第一生产力，企业只有坚持引进人才、培养人才、多策并举，才能为企业发展留足后劲，所以企业进一步招贤纳士，高薪聘请专业技术人才，同时做好育人、留人、用人作业，以人文关怀增强企业的向心力和凝聚力，增强员工对企业的认同感和归属感，为员工发挥创新能力创造良好的环境。

公司各部门根据工作需要，制定了详细的培训计划，将培训与考核相结合，通过培训学习，切实提高了广大员工的理论知识和操作水平，也使广大员工明白了，只有合格的操作，第一次就把事情做对，才能实现工作的零失误。只有工作的零失误才能达到产品的零缺陷，只有产品零缺陷才能实现产品的高质量，只有高质量、高效率才能实现个人的高薪酬。同时，为培养更多的主车手，公司继续实行签订《师徒协议》，进行一对一的教学模式，在明确了师徒的责任义务及培训目标后，要求徒弟遵守公司的规章制度和操作规程，培养严谨细致的优良作风，刻苦学习专业知识和技术，练好操作基本功，保证限期达标。要求师傅倾其所学、言传身教，在工作、生活等各方面积极帮助徒弟尽快熟悉环境、转换角色、成长提高，切实完成公司培养主车工的任务。企业陆续安排新员工上岗证的培训考试，巩固老员工的操作知识，培养“一岗多职、一岗多技”的人才，规范操作程序，熟练操作技能，有计划、有步骤、高起点、高质量的进行培训，并将培训考试结果与内部调动、晋升、录用、调离挂钩，进行有针对性的改进和提高，进一步增强员工对企业的归属感，提高员工综合素质和主人翁责任感，促进企业与员工、管理层与员工的双向沟通，增强企业向心力和凝聚力，塑造优秀的企业文化，为企业培养出更多的后备力量，保持企业永继经营的生命力。

为了丰富员工的业余文化活动，公司十分注重企业文化的宣传和员工活动的举办。公司每年组织运动会、趣味比赛、拓展训练、旅游度假、知识竞赛、歌咏、朗诵、春晚等活动，在一定程度上，增强了员工的劳动积极性，也彰显了公司对员工工作成绩的肯定和关怀。既丰富了员工的业余文化生活，陶冶了员工情操，增强了员工的归属感，并为员工提供一个展现自我的平台，展现了员工的风采。这些活动对企业进一步增强员工之间的凝聚力起到了积极的作用，让每一位员工都感到企业大家庭的温暖，有一个身心愉悦的工作和生活环境，员工幸福指数大大提高。

回首来路，山色旖旎；展望前程，风光无限。东方光源集团的发展是伴随着改革开放的步伐走来的，从开始单一发展模式成长为多元化发展的集团公司。未来，公司将着力在转型、集聚、统筹上下更大功夫，全力推动集团实现转型升级和跨越发展，为枣庄地区经济发展不断作出新的更大的贡献。

东方光源集团用实践理想的精神书写出一部求实奋斗、开拓进取的丰厚历史，集团将以此为激励，把握现在，坚持“以质求存，诚信共赢，创新发展，品牌制胜”的方针，全力打造、提升企业的核心竞争力，不断做实、做新、做大、做强，与企业客户、合作伙伴、社会分享企业发展成果，努力把东方光源建成国际型现代化企业，不断为社会做出积极的贡献，为共同实现祖国繁荣富强而终身奋斗！

审稿人：张　坤

撰稿人：吴　晓　梁　玉

光源一期山东泉兴银桥光电缆科技发展有限公司厂房全景

后　记

值此改革开放40周年之际，中共枣庄市委党史研究室编撰出版了《枣庄市改革开放实录》丛书。编撰《枣庄市改革开放实录》，是枣庄市委按照中央和省委的要求确定的重大课题，是一项重要的政治任务。该丛书自2016年4月制定规划方案、启动资料征编，历时两年有余，几易其稿，终成其作。这是枣庄政治社会生活中的一件大事，是枣庄人民为纪念改革开放40周年献上的一份厚礼。

1978年12月召开的中共十一届三中全会，作出了改革开放的重大战略抉择，实现了中华人民共和国成立以来我们党历史上具有深远意义的伟大转折，由此开启了改革开放的伟大征程。《枣庄市改革开放实录》记述了改革开放以来，中共枣庄市委带领全市人民披荆斩棘、奋勇前进，不断推动枣庄改革开放的发展历程，全面展示了40年来枣庄经济、政治、文化、社会、生态、党建等各领域重大事件以及所取得的重大成就，客观总结了全市人民在改革开放和建设中国特色社会主义伟大实践中的重要探索和成功经验启示，据此形成系列性专题研究成果，存留枣庄市改革开放的辉煌历史，以达到“存史、资政、育人”之目的。

该丛书在编撰过程中，得到了枣庄市委、市政府的高度重视和支持。市委书记李峰同志在百忙之中为该丛书欣然作序并亲自审阅部分稿件；市委常委、组织部部长李兴伟同志非常关心该丛书的编写，提出了宝贵的指导意见。同时，该丛书得到了各区（市）党委、政府，市直各部门党委（组）的大力支持和帮助，各区（市）委党史研究室也做了大量工作。各撰稿单位主要领导同志严格把关，精心指导，全力支持，各课题撰稿人不辞辛苦，埋头苦干，倾力编写，确保了组稿工作的顺利完成。市委党史研究室主任安锋同志主持全书的规划方案制定和编撰工作；副主任刘俊侠同志全程指导该丛书的编撰工作；副主任吴永生同志、范伟明同志，副调研员王蕾同志对该丛书的编撰提出了许多中肯的意见。该丛书由邱洪军、贾文章、刘玉芹具体负责编撰。参加编辑、编务工作的人员有：马超、褚衍梅、褚福腾、刘春燕、李云达、王大帅、齐文涛、唐新新。

编撰《枣庄市改革开放实录》查阅了大量的文献资料，虽经撰稿人认真甄别，但由于内容浩繁，加之编者水平有限、时间仓促，难免有疏漏错误和不当之处，敬请广大读者批评、指正。

编　者

2018年11月

40周年

改革开放1978-2018

枣庄市改革开放实录

ZAOZHUANGSHI GAIGEKAIFANGSHILU

第一辑

中共枣庄市委党史研究室 编

方志出版社
Publishing House of Local Records

图书在版编目（CIP）数据

枣庄市改革开放实录 / 中共枣庄市委党史研究室编
. --北京：方志出版社，2018.12
ISBN 978-7-5144-3634-1

Ⅰ.①枣… Ⅱ.①中… Ⅲ.①改革开放—概况—枣庄
Ⅳ. ①D619.523

中国版本图书馆CIP数据核字（2018）第022789号

枣庄市改革开放实录

编　　者：中共枣庄市委党史研究室
责任编辑：王　品

出 版 人：冀祥德
出 版 者：方志出版社
地址　北京市朝阳区潘家园东里9号（国家方志馆4层）
邮编　100021
网址　http://www.fzph.org
发　　行：方志出版社图书经销中心
电话（010）67110500
经　　销：各地新华书店
印　　刷：山东黄氏印务有限公司

开　　本：889×1194　　1/16
印　　张：191.5印张
字　　数：1340千字
版　　次：2018年12月第1版　　2018年12月第1次印刷
印　　数：0001～2000册

ISBN 978-7-5144-3634-1　　定　价：1260.00元（全四辑）

《枣庄市改革开放实录》编审委员会

序

在全市上下深入学习贯彻习近平新时代中国特色社会主义思想和党的十九大精神之际，由中共枣庄市委党史研究室编纂的《枣庄市改革开放实录》与广大读者见面了。这是枣庄党史研究的重要成果，是学习贯彻习近平新时代中国特色社会主义思想和党的十九大精神的具体体现，也是献给我市改革开放40周年的一份厚礼。

从1978年召开十一届三中全会至今，伴随着共和国前进的步伐，枣庄已走过了40年的改革开放历程。40年来，枣庄历届市委、市政府满怀强市富民的共同理想，团结依靠全市人民，励精图治，砥砺奋进，坚定不移走改革开放之路，坚持不懈推动经济社会发展，取得了现代化建设的辉煌成就，谱写了改革开放的动人篇章。40年，在人类历史长河中，不过是短暂的一瞬；对枣庄而言，却由昔日的煤城成长为一座自然生态宜居宜业的美丽城市。

《枣庄市改革开放实录》秉承尊重历史、求真务实的原则，全面回顾了改革开放以来，全市各级党委、政府深入贯彻党的基本理论和路线方针，扎实推进经济、政治、文化、社会、生态文明和党的建设等方面的重要史实，真实记述了广大干部群众攻坚克难、探索前行的奋斗历程，客观反映了各条战线深化改革、扩大开放、加快发展取得的巨大成就。该书内容丰富、图文并茂、特色鲜明，在资政、育人、存史等方面有着十分重要的意义。

习近平总书记指出："学习党史、国史，是坚持和发展中国特色社会主义、把党和国家各项事业继续推向前进的必修课。"全市广大党员干部要深入学习贯彻习近平新时代中国特色社会主义思想和党的十九大精神，树牢"四个意识"，做到"两个维护"，自觉在思想上政治上行动上同以习近平同志为核心的党中央保持高度一致，不折不扣落实好中央决策部署和省委决议决定。要通过《枣庄市改革开放实录》出版发行，深入了解我们党改革开放以来走过的艰辛历程，不忘初心、牢记使命，加快资源型城市创新转型持续发展步伐，全力建设自然生态宜居宜业新枣庄，为全面建成小康社会、夺取新时代中国特色社会主义伟大胜利、实现中华民族伟大复兴的中国梦作出积极贡献。

中共枣庄市委书记 李峰

2018年11月

目录

Contents

第一辑　市直篇

第二辑　市直篇

第三辑　市直篇

第四辑　区市篇

枣庄市改革开放的探索发展与成就综述

改革开放以来，枣庄人民在市委、市政府的正确领导下，沿着中国特色社会主义道路，解放思想、开拓创新，深化改革、扩大开放，顺利完成了各个历史阶段确立的主要任务，国民经济和各项社会事业取得了令人瞩目的成就。回顾和总结枣庄改革开放以来的历程和经验，对在新的起点上进一步推进全市改革开放的发展进程有重要意义。

一、枣庄改革开放的历程

中共十一届三中全会后，枣庄同全国各地一样，坚持以经济建设为中心，不断解放思想，大力推进改革，国民经济和社会事业发展进入了一个崭新时期。枣庄的改革开放历程大致可分为以下五个阶段：

（一）拨乱反正，改革开放起步（1978年12月至1982年8月）

中共十一届三中全会后，枣庄上下迅速统一思想，落实中央各项方针政策，实施拨乱反正，解决历史遗留问题，为改革发展创造良好环境。这一时期的改革虽然是初步的、探索性的，但为下一步以城市为中心的经济体制综合改革积累了经验、开辟了道路，也给枣庄经济和社会发展带来了新的活力和希望。

1. 实施拨乱反正，各项工作逐步步入正轨

中共十一届三中全会后，枣庄市委按照省委工作会议的部署，迅速组织全市各级领导干部学习中央文件，研究贯彻意见。市委和各区（县）委都召开了常委会，各区（县）从1979年1月31日至2月26日，分别召开了领导骨干会、三级干部会或四级干部会，围绕工作重点转移、端正思想路线等问题开展大学习、大讨论。1979年7月，邓小平来山东视察，发表了重要讲话。省委召开全省地市委书记会议，传达贯彻邓小平重要讲话，部署关于真理标准问题的大讨论，亦称“补课”。同年8月中旬，枣庄市委召开常委扩大会议，传达学习了邓小平讲话精神，对“大讨论补课”活动作了安排。会后，“大讨论”在全市广泛深入地开展起来。这次活动历时半年多，到1980年上半年结束。1981年6月，中共十一届六中全会召开后，枣庄市各级党委认真组织广大党员、干部和群众学习全会公报和《关于建国以来党的若干历史问题的决议》。通过学习，全市上下受到了深刻的教育，为改革开放和现代化建设奠定了牢固的思想基础。

在确立解放思想、实事求是思想路线的同时，枣庄市委根据中央和省委的指示，全面落实党的各项政策，积极调动干部群众投身现代化建设的积极性。一是落实干部政策，平反冤假错案。这项工作从1977年底开始，主要是统一思想、提高认识，宣讲政策、摸清底子。1978年夏，市委召开了全市落实干部政策大会，落实干部政策工作进入全面实施阶段。到1980年底，以“文化大革命”期间枣庄“反党叛乱反革命事件”冤案和所谓“枣庄反革命黑案”为重点的冤假错案得到集中平反，为大批蒙冤受屈的干部落实了政策。二是落实知识分子政策，调动科技、教育、文化工作者的积极性。1978年4月，市委召开全市贯彻全国科学大会精神有线广播大会，标志着枣庄市科技领域拨乱反正正式启动。1979年1月和4月，市委分别召开全市教育工作会议和科研工作会议，肯定知识分子绝大多数已成为工人阶级的一部分，并要求提高他们的社会地位和待遇。从此，全市加快了平反冤假错案、落实知识分子政策的步伐。三是落实统战政策，调整社会关系。1979年5月，市委发出了建立健全统战工作机构的通知，恢复了统战部门的工作，以及民主党派、工商联组织的活动，对错划右派、小商小贩小手工业者、台胞台属原国民党起义投诚人员等进行了平反改正，对他们在工作和生活上作了妥善安置。同时，落实了民族政策和宗教政策，加强了民族团结，调动了宗教界爱国人士的积极性。这些工作到1982年底基本结束，解决了大量历史遗留问题，巩固发展了安定团结的政治局面。

在拨乱反正、平反冤假错案的同时，枣庄市委进行了领导班子调整、组织整顿、整党等工作。1980年11月，枣庄市第四次党代会召开，新一届市委产生。此后各级党委也进行换届，全市完成了各级领导班子的调整工作。为了加强和改善党的领导，1981年1月，市委制定了《关于市委工作职责和改进领导方法的若干暂行规定》，明确了市委、市政府的分工。从1977年底起，枣庄开始整党整风，整顿党的基层组织和恢复党的组织生活，全市各级党组织逐步建立健全。1980年，为贯彻落实《关于党内政治生活的若干准则》，市委和各级党委也相应制定了一些制度规定，加大了党风建设的力度。通过办党校、办训练班和“三会一课”等形式，对全市普通党员普训了一遍。到1982年，各领域基层党组织结构都有所优化，凝聚力、战斗力和号召力得到增强。另外，1978年6月29日，枣庄市第八届人代会召开，标志着枣庄市人民代表大会制度得到全面恢复；7月，枣庄市人民检察院恢复工作，在此之前，各区分别建立了区人民检察院。1979年3月，市

委成立了中共枣庄市委纪律检查委员会；7月，市政协召开一届四次常委扩大会议，开始恢复工作。各级领导机构的恢复建立和改革，结束了长期以来党政不分的局面，建立了新的适应工作重点转移的领导体制和领导、决策、执行、监督机制。

2. 以农村改革为先导，实现工作重点的转移

早在1979年3月贯彻中共十一届三中全会精神时，市委就提出农业要贯彻休养生息的方针，重点解决好社队特别是生产队自主权问题，多劳多得、按劳分配问题，社员家庭副业、自留地和集市贸易问题，把农业搞活，使社队和社员尽快富起来。

多种形式的生产责任制的推行。1979年9月，中央《关于加快农业发展若干问题的决定》为农村改革指明了方向。枣庄市广大农村各种形式的农业生产责任制迅速发展起来。开始时，责任制形式是在原有生产队管理的基础上、不改变原有以工分计酬的核算方法实行小段包工，定额计分，随后逐步发展为定额包工包产、超产奖励。1980年，随着党的农村政策不断放宽和落实，生产责任制又发展演变为分组作业、联产到劳和专业承包、包产到户等不同形式。1980年春，台儿庄区率先允许张庄、北闸等11个大队实行包产到户或“大包干”的生产责任制，并根据不同情况，制定相应的优惠政策，受到农民的普遍欢迎。为了推动改革的深入发展，1980年9月，市委、市政府制定出台了《关于当前农村政策若干问题的试行意见》，提出了关于粮食生产和多种经营、农林牧副渔生产责任制等十个方面的具体政策。《意见》的出台，对解放全市干部群众的思想，推进农村经营管理体制改革起到了积极的推动作用。到1981年上半年，各种形式的责任制在全市基本推开。1981年10月，市委指出，允许多种形式的生产责任制并存，不搞一刀切；积极推行“几统一”下的“大包干”。“大包干”这种形式以其方法简单、利益直接、效果显著的优势，受到农民的普遍欢迎，逐渐取代了其他形式，到1981年底成为全市农村生产责任制的主要形式。以“大包干”为主要形式的家庭承包责任制在短短一年左右的时间内迅速推开，不可避免地出现一些新情况、新问题。1982年，市委及时提出了“统分结合”的完善措施，要求处理好统与包的关系，适当增加“统”的内容，同时把林牧副渔工商各业的责任制建立起来。通过完善、提高，家庭联产承包和统分结合的双层经营体制趋于成熟和确立，给农村经济和社会发展带来了新的活力和希望。

农业内部的调整。1979年7月，市计划委员会制定了三年调整的规划和打算，决定贯彻“以粮为纲、全面发展、因地制宜、适当集中”的方针，在保证粮食总产逐年增长的前提下，大力发展多种经营和社队企业，做到农、林、牧、副、渔五业并举。为此，首先调整了种植业内部结构，适当压缩了粮田面积，增加了花生、棉花等经济作物面积，使种植业内部结构趋向合理，促进了粮食作物和经济作物的协调发展。其次调整了农、林、牧、副、渔之间的比例关系，抓好多种经营，发展养殖、加工、运输、建筑业。1980年9月市委、市政府《关于当前农村政策若干问题的试行意见》，对粮食供应生产和多种经营、社队企业、集市贸易、农村商业和农副产品收购、社员家庭副业等提出了具体措施。1981年4月，市委召开全市多种经营工作会议，对搞好农业内部结构的调整、大力发展多种经营工作作了具体安排，指出要坚决调整好粮食和经济作物的比例，在大力发展集体经济的同时积极鼓励和扶持社员家庭副业，普遍推行和不断完善各种形式的联产计酬责任制。各项政策的落实，激发了农民的生产积极性，社队企业蓬勃发展，多种经营工作也取得了显著成绩。

3. 以企业整顿为重点，开展城市改革的探索

在进行农村经济体制改革的同时，枣庄市在城市也开展了一些局部的改革。主要是对全市国营、集体企业进行全面整顿，并认真按照中央“调整、改革、整顿、提高”的八字方针，对国民经济进行调整。

产业结构调整。鉴于工业内部比例失调的突出问题，枣庄把加快轻纺工业的发展作为全市工业调整的重点。在计划安排上，优先保证轻纺工业的发展；抓好重工业的调整，解决煤炭、电力、建筑、化学等工业的突出问题。经过1979年、1980年两年的初步调整之后，1981年市委又对进一步调整进行了部署，加大了调整力度。调整的主要方向是发挥煤电能源优势，发展轻纺工业，同时关停并转了21个消耗大、产品滞销、长期亏损的企业。经过连续三年的调整，工业内部结构特别是轻重工业比例发生了明显变化，出现了协调发展的局面，全市工业已具备了快速发展的条件。在这种情况下，市委及时调整发展战略，适当提高了全市经济发展的速度，主要采取了抓好企业整顿、工业调整和新建扩建项目，大力发展集体工业和社队企业，提高企业的管理水平和技术水平等五项措施。这些政策措施在实际工作中得到了较好的落实，经济发展开始进入稳定、协调、发展的轨道，国民经济比例严重失调的状况也得到改变。

企业改革。这一时期的改革以扩大企业自主权为主。1979年，枣庄在预算内国有企业中进行了扩权试点。1979年11月，市委召开工作会议，集中研究经济工作，提出要进一步解放思想，大胆试行，并在试行中不断总结完善。市委决定，对已建立的陶瓷公司进一步扩大职权，实行人、财、物、产、供、销统管，实行经济核算，真正成为企业性质的公司，还确定市化工局在化工公司、齐村区在建材公司、滕县在造纸公司搞试点。同时提出，坚持按劳分配的原则，克服平均主义，把职工的经济利益同企业的好坏结合起来，普遍实行超产奖、节约奖、质量奖和发明奖。1981—1982年，推行以利润分成为主

要内容的经济责任制。这些措施的出台，进一步调动了企业职工的积极性，增强了企业的活力，促进了生产的发展，经济效益明显提高。

随着企业改革的进行，其他领域的各项改革也相继启动。一是财政税收方面，1978年实行“增收分成、收支挂钩”财政体制，1979年实行“收支挂钩、超收分成”，1980年实行“划分收支、分级包干”的管理体制，1982年初实行“总额分成”办法。二是商品流通方面，在搞好计划调节的同时，改革商品的调拨、供应体制；发展集体、个体商业，由过去国营商业独家经营改为多家经营，鼓励开展竞争，把市场搞活。三是金融方面，中国农业银行枣庄市分行、中国银行枣庄市分行相继于1979年、1981年恢复设立，开始了人民银行与商业银行分设的二级银行体制。适当放宽了信贷限制，1981年11月，市政府决定成立枣庄市投资信托公司，以吸收地方各部门、各单位闲置资金，有计划地发展各种建设性贷款，支持各企事业单位发展生产，扩大经营。

4. 对外开放起步

狠抓外贸出口工作。此时期枣庄有山东省畜产品、食品、五金矿产、轻工业品等四个进出口公司枣庄支公司。为组织好出口货源，枣庄市大力引进国外优质品种，发展羊、兔、貂等养殖，积极发展桐木、杏、山楂、板栗、大蒜、土豆等本地特色农产品种植；市政府对一轻、二轻、化工、冶金、机械、商业等系统和各区（县）分解落实任务，从1980年起连年超额完成国家下达的出口商品收购计划，出口商品从1977年的6个种类扩大到1982年的10大类。同时，积极开展进口和对外交往。1978年，全市煤矿系统在复修和扩建中进口先进设备485台（套），总值7639.9万元。1982年以后，先进设备和先进技术引进工作在其他行业逐步得到重视，从数量和使用外汇额度上都超过了煤炭行业。

在发展经济的同时，枣庄市委不忘精神文明、环保绿化等工作。1981年5月，市委、市政府召开建设社会主义精神文明深入开展城市爱国卫生运动动员大会，相继开展了发扬共产主义道德风尚活动月、以“五讲四美三热爱”为主要内容的“全民文明礼貌月”、夏季爱国卫生运动等活动。认真宣传和贯彻《中华人民共和国森林法（试行）》，市委、市革委于1979年3月开展了第一个植树节活动，号召全市人民积极行动，尽快绿化全市。市委多次召开会议，部署治污减排、环保绿化等工作，并于1982年2月成立了市绿化委员会。通过这一系列活动，全市环境状况和人民群众的精神面貌发生了显著变化，推动了社会主义精神文明建设，保障了经济建设顺利进行。

（二）改革开放逐步深入，治理整顿工作完成（1982年9月至1992年1月）

这一阶段改革的重点从农村转移到了城市，在工业、商业、宏观管理体制等多个领域全面展开、逐步深入，适应社会主义有计划商品经济发展的新经济体制形成，并日益显示出蓬勃生机。此阶段后期，为遏制经济“过热”，枣庄市按照中央要求进行了治理整顿，为更健康地推进改革开放事业创造了良好的社会经济环境。

1. 农村改革进一步深入

按照中央提出的“绝不放松粮食生产，积极开展多种经营”的方针，枣庄市在以发展粮食生产为主的基础上，逐步调整农村产业结构，大力扶持乡镇企业发展，撤社建乡以适应发展的需要，有力地促进了全市农业和农村经济的发展。

稳定、完善农村家庭联产承包责任制的同时发展二、三产业。为进一步促进农村经济发展，市委把中央和省委关于深化农村改革的要求与枣庄实际相结合，一方面本着大胆放宽政策、积极推行开发性承包的精神，作了一些具体规定，如荒山、残次林承包期一般在30年以上，承包户的承包权可以由子孙继续等，保持了农村家庭联产承包责任制的长期稳定，调动了农民的生产积极性；另一方面，对发展过程中出现的问题，本着“大稳定、小调整”的原则，在尊重群众意愿的基础上，逐步予以完善。1988年2月，市委四届九次全委会提出了“以家庭经济为突破口，建立双层经营机制、服务机制、积累机制，推进农工商一体化、城乡一体化”的农村改革思路，先后下发了《关于发展农业专业化适度规模经营的决定》《关于深化农村改革的意见》等文件，从发展家庭经济突破，积极引导家庭经济向专业化、适度规模经营方向发展。同时，调整农村产业结构，加快发展经济作物，发展农村工业、建筑业、运输业、商业和服务业等非农产业；注意发展多种成分、多种形式的农村经济组织，实行不同层次、各个环节上的联合与合作，涌现出愈来愈多的专业户、联合体和村级合作企业。1986年，市委、市政府出台了《关于加快乡镇企业发展的意见》，1987年出台了《关于为发展农村商品经济服务若干问题的试行意见》，大力鼓励发展乡镇企业。多项政策的实施使农村改革不断深化，个体经济和乡镇企业开始崛起，商品经济日趋活跃，农村经济新体制的框架逐步建立起来。

人民公社管理体制改革。1983年，中共中央、国务院和山东省委、省政府先后对改革政社合一的人民公社管理体制作出了明确部署。按照中央和省委要求，1984年2月，枣庄发出通知，要求全市上下有步骤地搞好政社分开、建立乡政府的工作。为搞好这项工作，枣庄市曾于1983年4月在市中区齐村公社、台儿庄区泥沟公社进行试点。1984年3月，枣庄市社改乡方案获省政府批准。到1985年2月，全市社改乡工作全部完成，全市共建立了85个乡、镇；民主建村3079个，占应建村的99.8%。这一措施加强了基层政权建设，促进了农村经济改革。

2. 城市经济体制改革全面展开

1984年10月，中共十二届三中全会通过了《中共中央关于经济体制改革

的决定》，改革的主战场从农村转移到城市，以工业企业为中心的经济体制改革拉开了序幕。枣庄也全面展开了以扩大企业自主权、搞活企业为重点的经济体制改革。

向企业放权让利。枣庄经济体制改革从对国营企业简政放权、减税让利开始。1984 年，枣庄市制定了对集体企业和国营小企业“简政放权、搞活经济”的暂行规定，以及改革建筑业的试行办法，在市一轻、二轻、纺织三个系统进行试点，拉开了国有集体企业深化改革的序幕。同年 10 月，枣庄成立了负责经济体制改革的机构，标志着全市经济体制改革全面展开。1985 年 4 月，枣庄市出台了改革计划体制的若干暂行规定，扩大地方和企业的自主权，除有关国计民生的重要计划仍实行指令性计划外，其他都实行指导性计划。1987 年，枣庄市制定了《关于深化企业改革进一步增强企业活力的意见》，对转变政府职能、落实企业自主权、改革企业经营方式等作出了具体规定。种种措施的制定和落实，把掌握在政府手中的企业经营管理权逐步交还给企业，使企业逐步成为自主经营的商品生产者和经营者。1983—1986 年，枣庄分两步实行了“利改税”，改革计划经济体制下企业留利甚少、很难自主发展的弊端，使企业走上独立经营、自负盈亏的路子。1986 年 7 月，市委、市政府下发了《关于进一步搞活企业的试行办法》，进一步向企业让利，使企业有了一定的自我改造、自我积累和自我发展的能力。

改革企业经营管理体制。1984 年，枣庄市开始进行厂长（经理）负责制试点。1985 年 12 月，首批进行厂长（经理）负责制的市水泥厂、市百货大楼正式签署了《厂长（经理）任期目标责任制》。1986 年 2 月，市委、市政府对实行厂长（经理）任期目标责任制企业试行审计公证制度。1987 年，市委出台的《关于深化企业改革进一步增强企业活力的意见》提出，积极推行厂长（经理）负责制和厂长（经理）任期目标责任制，并逐步实行厂长离任经济责任审计制。积极推进企业劳动人事、工资分配、社会保险三项制度综合配套改革，至 1992 年，259 家区（市）属以上工业企业推行了三项制度改革，占企业总数的 92%。在改革领导体制的同时，枣庄市于 1983 年开始推行以承包为中心的经济责任制，1986 年对全市工业逐级实行经济目标责任制，1987 年开始探索两权分离企业改革形式，1988 年上半年企业承包经营责任制在全市全面铺开。1991 年又在全市推广了台儿庄首先试行并取得较好效果的“双向”承包责任制。“双向”承包责任制作为深化企业改革的探索和实践，引起了省内外有关领导、专家和学者的极大关注。山东省体改委对试点工作非常重视，多次派人来枣庄进行具体指导。《大众日报》、山东电视台、《体改信息》《改革之声》等宣传媒介，对枣庄市的“双向”承包责任制作了宣传报道。这期间，全市先后进行了两轮承包，全市预算内工商企业承包面在 90% 以上。承包经营责任制的全面实行，理顺了企业和国家的关系，改变了政企不分、责权分离的状况，使企业形成了强有力的自我激励机制，对于调动经营者和企业职工的积极性，确保国家财政收入的稳定增长，在短期内收到了明显成效。

发展企业集团，推进横向经济联合。企业间横向联合最初主要是产销、技术、资金、价格之间的衔接与协同，如市二轻局引导市皮革公司所属多家单位成立市皮革行业经济技术协作联合会、滕县服装制帽厂与上海敦煌衬衫厂开展管理技术协作等。1986 年 7 月，枣庄制定了发展横向经济联合的试行办法，并采取政策上予以扶持、法律上予以保护等措施，鼓励企业发展多种形式的横向经济联合。1987 年，枣庄市开始引导企业发展紧密型合作组织，着手组建陶瓷、纺织、钻床、家具等企业集团。1992 年，市政府下发《枣庄市企业兼并试行办法》，批转市体改委《关于发展和完善企业集团的意见》，成立山东省企业集团联合会枣庄分会，相继组建了枣庄机电、电子、鲁化、水泥、橡胶等企业集团，至 1992 年底全市组建企业集团 30 家。同时积极推进股份制试点工作，1989 年 1 月，市体改委制定《关于企业试行股份制的暂行办法》，下发给企业参照试行。至 1992 年，全市批准实行股份制的试点企业达到 31 家。

其他配套改革。改革商品流通体制。枣庄的供销社改革始于 1983 年，按照中央提出的把供销社办成供销、加工、储藏、运输、技术等综合服务中心的要求，在齐村区进行改革试点的基础上逐步推开，主要开展清股分红、扩大入股，建立理事会、监事会，筹建市和区（县）供销社联合社等工作。国营商业和零售业的大面积改革从 1986 年开始，到 1987 年底有 98% 的小企业实行了租赁经营和“国有集体营”，1988 年实行全员风险抵押和法人代表风险抵押，1992 年推行经营、价格、分配、用工“四放开”，使供销企业初步建立起“自主经营、自负盈亏、自我约束、自我发展”的新机制。市物资系统也逐步放开物资供应市场。在国有商贸企业改革的同时，市场建设取得了巨大发展，截至 1992 年底，全市共建专业批发、综合集市贸易市场 214 处，生产要素如科技、金融、房地产、产权交易市场 30 余处。粮食流通体制改革严格执行上级政策，1979 年开放粮食集市贸易、恢复议购议销业务，1984 年缩小统购统销的品种和数量，1985 年改统购统销为合同订购，至 1992 年底，全市行业用粮全部采取保量放价供应，粮食部门相继成立粮食总公司，既履行政府部门职能，又兴办实体搞经营。在财税体制上，从 1983 年起，根据省里调减枣庄的中央向地方借款总额分成比例，枣庄市对区（县）相应调减收入分成比例或辅助定额。1984 年，实施了财政、税务机构分设，保障了财政收入任务顺利完成。1983 年至 1986 年，对国有企业分两步实施了“利改税”。1985 年，枣庄市建立了乡镇财政，实行“划分收支、总额分成”的管理体制。

3. 对外开放工作在探索中前进

1986年国家对外贸体制实行重大改革，枣庄的对外贸易在这一阶段仍以指令性计划收购为主，外贸公司仍实行进出口许可证制度和外贸经营权审批制度。1986年10月，枣庄引进第一家外资企业鲁星皮鞋制品有限公司，枣庄市利用外资由此开始不断增长。1986年11月，枣庄市被国务院批准为对外开放城市。此后，枣庄的对外交往日趋活跃，对外开放步伐加快，外经外贸有新的发展。1987年，德国施普罗克赫弗尔市代表团来枣庄参观访问，两市结为友好城市。1988年12月，开始兴办枣庄经济技术开发区，1990年经省政府批准在经济技术开发区内首期开发1.5平方公里的枣庄市高新技术产业开发区，为省级高新技术开发区，1992年被列为国家科委管理单位。这一时期还建立了滕州、市中两个省级开放开发综合实验区。1991年，按照省统一部署，枣庄进行了外经外贸体制改革，组建了新的对外经济贸易委员会，及时研究制定取消外贸补贴后的出口产品调整方案和发展对策，积极培植各类出口商品基地，促进了外经外贸的发展。

4. 党的建设进一步加强

全面整党。1983年10月，中共十二届二中全会通过了《中共中央关于整党的决定》。1984年12月，枣庄市委对全市整党工作作了具体安排，决定从1984年12月开始，分四批进行，至1987年春节前基本结束。12月17日，市委召开第一批整党动员大会。1985年12月底，市委召开全市农村整党工作会议，部署农村整党工作。为巩固和发展中共十一届三中全会以来全面整党的成果，有计划地加强党的经常性建设，1987年，枣庄制定了以加强党员教育、坚持从严治党、健全党的生活制度、健全党的组织等为主要内容的党的建设“七五”规划。

党的组织建设。1983年，市委按照“四化”要求，重点提拔了一批中青年干部，特别是选拔1974名中青年知识分子进入各级班子，对老干部进行了妥善安排，初步实现了新老交替，干部制度改革取得了突破性进展。同时，重点加强对各级决策层领导干部的培训。1984年，市委制定《枣庄市一九八四年至一九九〇年干部培训规划》，开始有计划、大规模地培训干部。另一方面，市委坚持以改革创新精神加强党的基层组织建设。1989年，调整市直单位党组织体制，撤销市经委等20个部门党组，设立党委，隶属市委管理；设立市级机关工会，受市总工会和市级机关党委双重领导，以机关党委领导为主。重视农村基层组织建设，选拔一批发展市场经济的能人，充实加强村级班子，增强了基层组织的活力。

作风建设。1986年6月，市委常委作出加强自身思想建设和作风建设的十项规定，为全市各级党政机关作出了表率。这一阶段，纪检、监察体制不断完善。1983年6月，中共枣庄市委纪律检查委员会改称中共枣庄市纪律检查委员会。1988年5月，枣庄市监察局成立。1989年1月，市行政监察举报中心成立。4月，各区（市）设立行政监察案件举报中心。7月，在市政府各部门设立派出行政监察机构，乡镇建立监察室。坚持从严治党，1987年7月至年底，在市直机关开展了防止和克服官僚主义的活动；1989年8月，召开了惩治腐败、肃贪倡廉动员大会；重点解决了农民负担过重、吃喝风、换车风和公款出国旅游风等群众反映强烈的突出问题，深受广大干部群众的好评。

在经济社会发展的同时，枣庄市精神文明和民主法制建设有新的进展，巩固和发展了安定团结的政治局面。重视和发挥各级人大及其常委会的作用，不断完善人民代表大会制度。1984年4月至5月，各区（县）相继建立了政协机构，充分发挥民主党派和无党派人士参政议政的积极作用。精神文明建设深入发展。1987年2月，市委将“五讲四美三热爱”活动委员会及其办公室改为精神文明建设委员会及其办公室。1991年，制定和实施《枣庄市文明市民公约》，广泛开展社会公德教育活动。科技工作取得新的进展。1990年，市委、市政府作出实施科教兴市战略的决定，科技进步在经济增长中的比重逐步提高。教育改革稳步推进。普通教育、职业教育、成人教育和高等教育“四位一体”的教育体系初步完善，办学条件改善，教育质量提高。环保绿化工作成效明显。1991年12月，经省政府组织验收，全市平原绿化全部达到部颁标准。此外，文化、广播电视、卫生、体育等其他各项事业都取得新的进展。

（三）确立社会主义市场经济体制，改革开放取得突破性进展（1992年1月—2002年11月）

1992年，以邓小平南方谈话和党的十四大召开为标志，中国经济体制改革进入了以建立社会主义市场经济体制为目标的新的历史时期。这一阶段，枣庄改革有了实质性、突破性进展，宏观经济体制改革迈出了决定性步伐，以现代企业制度为目标的企业改革改制扎实推进，农业产业化进程加快，商品市场不断完善，配套改革有序进行，以公有制经济为主体、多种经济成分并存的格局已经形成。

1. 以实现小康为目标，农村改革跨上新台阶

到20世纪末全国人民生活达到小康水平，是党的十三大、十四大确定的社会主义现代化建设的第二步战略目标。1992年，枣庄市委下发《关于在我市农村实现小康目标的实施意见》，不断推进农村改革，促进了农业和农村发展。

全面落实党在农村的基本政策。继续稳定和完善以家庭承包经营为基础、统分结合的双层经营体制。按照中央关于土地承包期延长30年的指示，枣庄认真组织了第二轮土地延包和延包后的管理工作。1997年，枣庄选择6个乡镇20个村进行延长土地承包期的试点，随后在全市全面开展，在全省率先完成了土地延包任务。同时在坚持土地承包

30年不变的前提下，按照“自愿、有偿、依法、规范”的原则，积极探索适应市场经济发展的土地流转机制，于2000年开展了土地合理流转的试点。2001年，市政府制定《枣庄市农村土地承包经营管理暂行办法》和《关于全面推进土地使用制度改革的意见》，到2002年底全市土地延包面积256.7万亩，占应延包面积的97.6%；土地流转面积18.5万亩，占总面积的6.8%。开展“四荒”使用权的承包租赁和拍卖，以及林网、小型水利设施的租赁、拍卖。大力推进农村产权制度改革，积极探索公有制在农村的多种有效实现形式，引导农村个体私营等非公有制经济发展。改革粮食购销体制，严格落实按保护价敞开收购余粮的政策，保护农民的种粮积极性。不折不扣地把中央各项减负政策落到实处，切实减轻农民负担。1993年2月，市委、市政府作出《关于切实减轻农民负担的决定》，持续开展减轻农民负担工作。1997年6月8日，《人民日报》在头版头条对枣庄市农村减负工作作了报道并给予充分肯定。2002年5月，下发了《枣庄市农村税费改革（试点）实施方案》，2002年全市农民人均负担63.5元，农民负担连续11年控制在国家规定的限额之内。

搞好产业结构调整，实现传统农业向现代农业转变。市委、市政府把推进农村产业结构战略性调整作为农业农村工作的主线，先后下发了农村产业结构调整实施意见、加快发展农村经济专业村的意见等文件，立足特色、资源优势，推动农业产业调整升级，促进了农业的专业化、市场化、现代化进程。大力发展“两高一优”（高产、高效、优质）农业，开发和引进优良品种；大力发展反季节瓜、菜、果、花卉生产，发展牛、羊、兔等食草节粮畜禽，发展名、特、优、珍、稀产品。大力培育农业龙头企业，提高农业组织化程度，形成鲁南牧工商公司、益康食品等一批龙头企业。2000年又实施了“三调一高两带动”战略，不断深化农业结构战略性调整。结构调整的整体推进，培植了有枣庄特色的现代农业发展亮点和新的经济增长点，带动了农民持续快速增收。

2. 以产权制度改革为突破口，国企改革成效明显

这一时期，枣庄市认真落实中央“深化改革、扩大开放、促进发展、保持稳定”的基本方针，以产权制度改革作为深化企业改革的突破口，进行现代企业制度试点，使企业改革由放权让利走上制度创新的道路。

从1992年开始，以产权制度改革为核心的国有中小企业改革在全市展开。1996年，按照中央提出的“抓大放小”企业改革思路，结合枣庄实际，进一步确立了把企业改革的着力点放在放活中小企业上的指导思想。1997年，枣庄市制定了全市企业改革总方案。1998年，市委、市政府进一步加大了深化企业改革的力度，明确提出了以搞好产权制度改革为突破口，以资产增值、利税增长、职工增收为目的，因企制宜，多法改制，分期分批搞活国有企业的改革思路。同时，制定了《关于加快工业企业改革的意见》和《关于深化企业改革的实施意见（试行）》等配套政策，对深化企业改革的原则、形式、主要程序、工作纪律等作了明确规定，使国有企业改革取得了突破性进展。到2000年底，中小企业改制工作基本完成，工作转入对已改制企业的规范和完善上。2001年，企业改革的重点由抓中小企业改制转到抓大扶强、发展和培育股份有限公司、推进企业上市上来。到2002年底，全市已有1745家乡镇属以上企业进行多形式改制，改制面达到99%。国有大中型企业建立现代企业制度始于1994年，当年出台了《关于选择部分国有大中型企业进行现代企业制度试点的通知》，1995年确定10户工业骨干企业和2户重点流通企业开展首批市级现代企业制度试点，收到了一定成效。但由于大中型企业债务包袱、冗员包袱和社会包袱沉重，建立现代企业制度改革相对滞后。

3. 全面推进放开搞活，构建全方位对外开放新格局

全力抓好对外开放。1993年，枣庄市成立了枣庄市进出口公司，从此获得了自营进出口经营权，彻底结束了只出口不创汇的历史，枣庄的对外贸易呈现外贸收购与自营进出口并存的格局。1994年，枣庄市制定了《关于实施外向带动战略加快发展外向型经济的意见》，提出树立“枣庄以外就是外、借助外力发展枣庄”的思路，出台了一系列鼓励招商、优化发展环境的政策措施，实施全民招商引资，深化外贸体制改革，实现了出口创汇、利用外资和对外经济技术合作的新突破。1998年，全市外经贸工作进入了适应性调整的新阶段。市委、市政府及时把“外向带动战略”调整为“开放带动战略”，在更高层次、更宽领域实施对外开放。2000年，枣庄分别在山亭区、峄城区、薛城区、台儿庄区设立了经济开发区。2000年开始举办的中国枣庄国际石榴节暨投资贸易洽谈会，已成为枣庄市进行经贸洽谈的节会品牌，极大地提升了枣庄在国际国内对外交往的知名度。2001年底中国加入WTO，枣庄市出台了《关于加快实施“走出去”战略的通知》，大力实施“走出去”战略，不断加强同世界各个国家和地区的经贸往来。另一方面，狠抓对内搞活。1993年10月，枣庄市第六次党代会提出私营个体经济发展比例、发展速度、从业人员和经营规模、经营范围、经营方式“五不限”，随后推动一批党政机关举办的经济实体脱钩，出台了一系列支持私营个体经济发展的政策。2000—2002年，枣庄掀起发展民营经济的新高潮。2002年，全市民营经济单位(户)数达到6.29万个，从业人员31.72万人，纳税额占全市税收总额的55.8%。

4. 全面加强党的建设，为现代化建设提供根本保证

思想政治建设。党的十五大以后，按照中央和省委部署，全市兴起学习邓小平理论新高潮。1999年，枣庄开展了以“讲学习、讲政治、讲正气”为主

要内容的“三讲”教育活动，全市县级以上领导班子和干部受到一次良好的党性教育。2001年，村级“三个代表”重要思想学习教育活动试点成功后，枣庄开始在农村党员干部中正式铺开。全市62个乡镇（街道）、425个区（市）直部门、107个垂直管理单位、901个乡镇站（所）以及2453个村（居）深入开展了“三个代表”重要思想学习教育活动。

组织建设。枣庄积极推进干部人事制度改革，走出了一条“靠制度选人、按制度办事”的路子，为选好用好干部提供了坚强制度保障。1998年，市委下发《关于加强干部队伍建设的试行意见》，对干部选拔任用的条件、程序作了严格规定。1999年，市委下发《关于实行党政领导干部政绩公开的意见》，在全市推行了政绩公开制度。加强科级干部宏观管理，市委组织部下发《关于进一步加强市直部门科级干部宏观管理的通知》《关于市直单位科级干部任免管理有关问题的通知》等文件，建立了一套较为完备的科级干部管理制度。推动基层党组织建设，扎实开展各种争创活动，在基层党组织中形成了比学赶超的浓厚氛围。1994年，枣庄开展“争三强、创三星”“百面红旗万盏灯”“百强村竞赛”等多项活动。1998年，全市开展“强、促、创”活动，在华西村举办乡镇党委书记、村党支部书记和乡镇企业负责人培训班，在南开大学举办为期一年、不同层次企业后备干部参加的培训班，全力为经济建设提供保障。2001年6月，枣庄市委七届六次全委会召开，研究部署加强和改进全市党的基层组织建设工作，审议通过了《关于按照“三个代表”要求加强和改进党的基层组织建设的意见》。持续开展贫困后进村整顿工作。1994年至1996年，枣庄进行了为期三年的后进村班子整顿工作。1995年，市委组织部印发《关于整顿农村后进班子的规划》，按照“五个好”目标，有计划有重点分期分批整顿后进村。

从严治党。突出抓好领导干部的廉洁自律，在领导干部中开展了以成克杰、胡长清及枣庄市部分典型案件为反面教材的警示教育，以党纪政纪为主要内容的专项教育；集中开展了清理领导干部收受现金、有价证券和支付凭证，清理领导干部违规多占成套住房等活动；制定实施了《关于加强对县（处）级领导干部八小时以外活动监督检查的暂行办法》，建立了领导干部八小时以外非正常活动举报制度和责任追究制度；结合枣庄实际，开展了纠正乡镇干部“走读”现象工作。认真纠正部门和行业不正之风，每年都组织社会各界代表开展民主评议，先后开展了行风民主评议和“服务经济转变职能大家评”等活动，有力地推动了部门行业作风的转变。2001年，按照“八个坚持、八个反对”的要求，结合枣庄实际，在全市机关全面推行了效能监察工作，全市机关干部的宗旨观念和大局意识明显增强。制定《关于县（处）级领导班子领导干部执行廉政建设责任制情况的考核和责任追究办法》等文件，全面落实党风廉政建设责任制。查办各类违纪违法案件，重点解决干部乘车、移动电话配备、大吃大喝等群众反映强烈的突出问题，党风廉政建设和反腐败斗争不断取得新效果。

5. 加强精神文明建设，推动社会全面进步

市委、市政府坚持“两手抓，两手都要硬”的方针，不断推动精神文明建设深入发展。1993年5月，市委作出《关于在新形势下进一步加强社会主义精神文明建设的决定》。1996年10月，枣庄市委六届五次全委会召开，审议通过了《枣庄市1996年—2000年社会主义精神文明规划》，对全市一个时期的社会主义精神文明建设作出了部署。1999年4月，枣庄首次开展创建文明城市活动，随后以创建文明城活动为手段，广泛开展了群众性精神文明创建活动和“双拥共建”活动。2000年，枣庄市被省委、省政府授予“全省创建文明城市先进单位”称号。2001年以后，结合贯彻《公民道德建设实施纲要》和以德治国的重要思想，深入开展宣传教育。从2002年开始，枣庄将每年3月定为全市公民道德养成教育月，每年确定一个主题，突出一个重点，一个问题一个问题地解决，一个阶段一个阶段地推进，力求取得公民道德建设的实效性。

从1992年开始，中央和山东省相继启动了精神文明建设“五个一工程”“文艺精品工程”评选活动。枣庄市以组织参评为抓手，大力实施精品带动战略，对本地历史文化资源进行提炼升华和整合，推出了一系列优秀文艺作品。结合迎接香港澳门回归、庆祝中华人民共和国成立50周年、建党80周年、喜迎十六大、欢庆十六大等，组织开展了形式多样的文化宣传活动，极大地丰富了广大人民群众的文化生活。

这一阶段，枣庄市经济社会发展取得了显著成就。而资源开发在前、城市开发在后，导致了枣庄的城市总体规划先后4次修订完善，但仍然滞后于经济建设和城市发展。面对变化的新形势，1998年11月、12月，市委先后召开枣庄市城市总体规划方案讨论会、市委常委会、市委常委扩大会，研究枣庄市城市总体规划方案，最终确定将枣庄市行政中心确定在薛城、依托薛城向东发展的方案。1999年7月，省政府批复同意此方案。2000年12月，枣庄新城区首期工程正式开工建设，枣庄开始从依赖资源求发展的矿区城市向依靠创新求发展的开放型城市转变，由此迈出了资源型城市转型的关键一步。

（四）坚持科学发展，构建和谐枣庄，进入全面建设小康社会新阶段（2002年11月至2012年11月）

党的十六大以来，随着社会主义市场经济体制的进一步完善，党中央相继提出科学发展观和构建社会主义和谐社会的战略部署，改革进入全面纵深推进的重要阶段。这一时期，枣庄市委、市政府深入贯彻落实科学发展观，实现了经济发展指导思想的根本性转变，从千方百计加快发展跃升到城市转型，经济逐步转向全面协调可持续发展的轨道，

全市总体发展速度快、经济增长质量高、城市面貌变化大，社会事业发展更加繁荣，社会保障体系不断完善，人民生活状况得到较大改善。

1. 全面深化农村改革，开创农村发展的新局面

进入21世纪以后，农业、农村和农民问题已成为事关枣庄市现代化建设全局的重大问题。稳定和完善农村土地承包经营制度是党在农村基本政策的基石，直接关系到农民的切身利益。市委、市政府认真贯彻落实农村土地承包的各项法规政策，稳定和完善土地承包关系，继续做好延长土地承包期工作，探索"稳制活田"的运营管理机制，加强延包后农村土地的监督管理。2004年，枣庄市下发《关于稳定完善农村土地承包经营制度的实施意见》，继续做好延长土地承包期工作，落实好土地承包期30年不变的政策，确保承包期限、承包地块、承包合同、承包经营权证书"四到户"。同时，在长稳定家庭联产承包经营的基础上，继续探索土地流转机制，发展适度规模经营，逐步从自发、零星、无序、无偿流转向连片、集中、有序、有偿流转转变，从行政手段配置土地资源向行政引导、市场机制配置土地资源为主转变，从主要解决人地矛盾、用于粮、棉、油生产向提高农业综合效益、增加农民收入为主转变。

2007年，枣庄市开展了农村土地承包经营权证换发补发工作。2008年，枣庄市以徐庄土地合作社为试点，探索开展了发放土地使用产权证、建立土地使用产权交易市场、发展土地合作社的"三位一体"农村土地使用产权制度改革，将土地所有权、承包权、使用权分离，赋农民承包土地担保物权，实现了农村土地资本化，在全国率先开展农村土地流转市场化机制建设探索。同时，推进农村土地承包经营权的流转，鼓励农民以土地承包权作价入股，组建多种形式的上地股份合作社。

2009年，枣庄市加快推进农村土地使用权制度改革，确立了全市34个试点乡镇、56家土地改革试点合作社；协调财政、银行、法院、保险等部门出台配套文件，并成立了全国首家农村土地资产评估事务所，建立了一套完整的土地产权改革机制。2010年，农村土地使用产权改革试点全面铺开，改革试点扩展到全市45个乡（镇）、384个行政村，市、区（市）级试点合作社达168家。2011年，枣庄市成为农业部公布的全国18个国家农村改革试验区之一，也是全省唯一被批准的单位。这标志着枣庄市农村体制机制创新走在了全国前列，成为国家农村改革"试验田"，并享受国家推进"三农"发展的特殊改革政策。

在农村经济发展上，枣庄市继续抓好农村产业结构调整，突出农业产业化、标准化、市场化建设，加快推进由传统农业向现代农业的转变。2003年4月，枣庄市第八次党代会提出要加大农村经济结构调整，大力推进农业产业化进程。市委、市政府在稳定粮食生产的基础上，继续加大农业结构调整力度，切实转变农业增长方式，鼓励和引导农民专业合作组织多途径、多形式发展，逐步走"农业龙头企业+农民专业化合作经济组织+农户"的农业产业化发展道路。积极发挥比较优势，以市场为导向调整产品布局结构，依靠科技，加强农业标准化建设，大力发展优质专用、高附加值、绿色无公害农产品，努力构筑现代农业格局，2004年已初步形成畜牧、林果、蔬菜、优质专用粮、水产和花卉六大优势产业基地。2005年，枣庄市开展了百个强村竞赛、百个文明生态村创建和百个薄弱村帮扶转化工作，把竞争激励机制引农村经济的发展，大力推进农业专业化、标准化和产业化建设。

2006年4月，枣庄市召开社会主义新农村建设工作会议，对全市社会主义新农村建设工作进行了总体部署。同年，市委、市政府下发《关于加快社会主义新农村建设的意见》《关于进一步推进农业产业化经营不断增加农民收入的意见》等10多个配套意见，形成了完备的指导体系。按照统筹城乡社会发展的要求，把新农村建设纳入了全市经济和社会发展的总体规划。随后在全市范围内大力开展社会主义新农村建设。2008年，枣庄市大力推进"双十双百"工程建设，把发展一镇一业作为创建"双十双百"工程建设的重要内容，进一步深化产业结构调整，优化产业区域布局，改变以往"大而全"和"小而全"的生产格局，发展一村一品、多村一品或一镇一业、多镇一业，促进镇村产业发展的规模化、区域化。

2008—2012年，枣庄市紧紧围绕新农村建设的总体要求，大力建设农业优质商品粮和特色农产品两大基地，推进农业"四化"进程，大力发展农村二、三产业和农村生态循环经济，有力地推进了农业稳定发展、农民持续增收，农村经济实现了又好又快发展。

深化农村改革，落实惠民政策。随着中央减免农业税费、粮食直补等一系列扶植农业生产和增加农民收入优惠政策的出台，市委、市政府继续深化农村各项配套改革，全面落实党在农村的各项政策。2003年，枣庄市大力实施民心工程，启动了全市所有缺水村庄水源建设工程、村村通柏油路工程、学校危房改造工程、扶贫开发和经济薄弱村帮扶转化等工作，解决了困难群众生产生活问题。2004年，枣庄市进一步巩固农村税费改革成果，农业税税率在原执行6%的基础上，降低3个百分点，取消农业特产税、降低农业税和暂停征收农村公益金。同时，在全市范围内组织实施农民减负"一票否决"考核，开展农民承担税赋动态监测、农村乱收费专项整治等工作，切实减轻农民负担。认真落实对种粮农民直补、良种补贴和购置大型农机具补贴政策，充分调动和保护农民种粮的积极性。2006年，枣庄市出台《关于进一步做好2006年农民负担监督管理工作的意见》，开始全部免征农业税。2008年，枣庄市开始实施政策性农业保险试点工作，初步探索出一条从宣传发动、农民自愿参与到规

范程序、合理赔付的农业保险发展新路子。

2. 深化工业企业改革，走新型工业化道路，推进资源型城市转型

进入21世纪以来，在“工业立市、工业强市”的理念指导下，枣庄市高度重视工业主体地位，一方面继续推动国有企业改革，不断提升经济发展活力；另一方面不断加快工业转型步伐，大力发展资源节约型产业，推进资源型城市转型，初步走出一条资源枯竭城市转型发展之路。

全面加快国有企业改制步伐。从2003年开始，市委、市政府从各个领域全面深入推进国有工业企业改革。改革仍以产权制度改革为核心，对尚未实施改制或先期改制不彻底的企业加大资产重组力度，对长期亏损、资不抵债、扭亏无望的企业依法实施破产。市委、市政府提出了“争取两年内基本完成市直工业企业深化产权制度改革任务目标，使国有资产（股）权完全退出一般竞争性领域”的总体要求和“先易后难、一厂一策、稳步推进”的指导原则，以实现两个根本转变和两个根本置换以及国有企业彻底改革为重点，深化国有工业企业产权制度改革。逐步加大国有资本退出和重组力度，鼓励和引导外资、民资参与国有企业改制，对符合破产条件的企业依法实施破产。截至2011年6月，77家市属工业企业中有65家进行了新一轮改制，其中42家实施破产，23家实施兼并重组、债转股、股份制改造、民营、转让、租赁等改制形式。2011年，市委、市政府启动市南工业区改造建设工程，初步确定在市经济开发区以南、以西划定2.5万亩土地，筹划建设产业转型示范园，以彻底解决市属破产企业职工权益清偿、身份置换、棚户区改造等问题。2012年，枣庄市开始实施对市属22家工业企业属地化管理，进一步理顺责权利关系，推动财税体制改革，激发企业和区（市）发展活力。

随着国有企业改制的逐步完成，枣庄市开始逐步探索对国有资产监管体制机制的改革。2004年9月，枣庄市撤销体改办，成立国有资产监督管理委员会。国有企业改革逐步由国有企业产权制度改革向国有资产监管体制改革转变。至2007年，枣庄市国有资产监管体制基本建立。随后几年间，枣庄市制定下发《关于加快转变经济发展方式加强国有资产监管深化国有企业改革的意见》《枣庄市国有企业出资人职责企业业绩考核暂行办法》等文件，推动国有资产监管制度市级全面覆盖。一方面提升国有资产监管水平，另一方面推动国有资本的优化配置，以提升持续发展能力为目标，大力实施高端高质高效发展战略，推动国有资本向资源型基础性行业、优势主导产业和先进服务业集中，向大型骨干企业和企业核心主业集中。

以工业转型为支持，推进资源型城市转型。党的十六大以后，随着地方煤炭资源的日益枯竭，按照科学发展观的要求，枣庄市委、市政府积极抓好资源深加工，以资源深加工为主导，做大做强煤化工产业，把资源优势转化为经济优势和竞争优势。同时，积极转变经济发展方式，运用高新技术和适用技术改造提升传统产业，引导投资向污染低、能耗低、科技含量高的高新产业聚集，以投资结构的优化实现产业结构的优化，不断加快产业转型步伐，大力发展资源节约型产业，进一步确立了走新型工业化道路的思路，推动枣庄市资源型城市转型。

从2002年起，枣庄市大力实施工业振兴计划。党的十六大以后，按照科学发展观要求，进一步确立了走新型工业化的思路。2005年，枣庄市实施了“三个一批”战略，推进工业经济结构优化升级，并成立了市委书记和市长牵头的城市经济转型工作领导小组。同年，枣庄市“十一五”规划提出“加快推进资源型城市经济转型”。党的十七大之后，山东省实施“一体两翼”发展战略，把包括枣庄在内的鲁南地区定位为重点开发区域。枣庄市委、市政府牢牢把握这一战略机遇期，加快推进城市转型。2008年，市人代会首次把城市转型写入《政府工作报告》。同年，枣庄市制定《资源型城市转型实施纲要》。此后，枣庄将城市转型表述为“一个战略、三大战役”：一是发展煤化工，建立煤炭资源战略储备制度，制定了“稳定尿素，做大甲醇，做深醋酸，储备开发二甲醚、烯烃”的发展策略，积极扩张鲁化、国泰、盛隆、海化等企业，引进新奥、韩国SK、联想等投资过百亿元的煤化工和精细化工项目，并着力培植新型建材、机械制造等八大工业集群。二是发展文化旅游，确立了“江北水乡、运河古城”城市名片，本着存古、复古、创古的理念，投资17.8亿元在曾经被二战炮火夷为平地的废墟上建立起一座可以留存千年的“天下第一庄”——台儿庄古城，被确定为全国首个海峡两岸交流基地、首个国家文化遗产公园，荣膺新世纪“齐鲁文化新地标”榜首，与微山湖湿地公园一起成为枣庄文化旅游的两个强劲“龙头”；布局铁道游击队红色文化游等“五个节点”，举全市之力开展“二日游”宣传推介，枣庄由游客输出地变为游客输入地，成功创建为中国优秀旅游城市。三是加快城市建设，实施了山东省规模最大的棚户区改造，以棚改为契机推进城市经济发展，建设了通车里程全国最长的城市BRT网络，实施了中心城区城市管理体制下放，枣庄步入同城化发展新时代。通过“三大战役”的实施，枣庄经济呈现出稳步健康持续快速发展趋势，逐步摆脱了在山东省实力弱小、表现平平、排名靠后的局面，树立起良好的城市形象。

2009年3月，枣庄市被正式列入国家第二批资源枯竭城市名单，是第一、第二批资源枯竭城市中山东省乃至整个东部地区唯一的市。2009年12月，省政府出台《关于支持枣庄市做好资源枯竭城市转型工作的意见》，决定从产业发展、财税金融、资源利用、社会民生等四个方面给予枣庄重点支持。2011年9月，省政府印发《关于＜枣庄市资

源城市转型与可持续发展规划（2010—2020）〉的批复》，并报国家发改委备案。这是省政府就枣庄转型发展出台的又一重要文件，枣庄实现了从“城市经济转型”到“城市转型”的重大转变，城市转型成为全市发展的核心战略。

2012年2月，枣庄成功通过国家转型评估。根据国家相关规定，中央财政对第二批32座资源枯竭城市的财力性转移支付于2011年到期。2011年，国家发改委牵头对第二批资源枯竭城市转型成效进行了综合评估。枣庄市根据评估要求，广泛搜集大量数据，科学总结转型成效和面临的困难问题，得到了国家有关部委的认可和支持，枣庄继续享受政策资金支持。

3. 提升招商引资力度，进一步扩大对外开放

在对外开放方面，坚持“枣庄以外就是外”的大开放思路。2003年，枣庄出台了极其优惠的招商引资政策和激励措施，实行机关和国有企事业单位全员招商、一票否决，对贡献突出的人员从经济上、政治上、荣誉上、家属子女工作安排上给予奖励和倾斜，连年开展不同形式和规模的招商活动。

2005年，枣庄提出在更大范围更广领域更高层次扩大对外开放，将招商引资重点确定为“大、高、外、洁”项目，大力推进对外贸易方式转变，积极实施“走出去”战略。同时，千方百计引进大项目、高科技项目、外资项目、环保项目和高附加值项目，不断提高招商引资的质量和效率。从2008年开始，市委、市政府加强对自身优势、招商对象、产业形势等方面的研究，实行“小分队”招商、专业招商、登门招商，使招商工作更有针对性和实效性。至此，枣庄市已初步建立专业化招商机制，招商队伍更加专业化，部门招商更加产业化。突出招强引优，引大聚强，引“龙头型、母体型、旗舰型”项目。坚持广泛招商和重点区域相结合，突出抓有效客商、抓重要客商、抓大客商。2008年，枣庄先后在珠三角的东莞和长三角的义乌、金华、温州成功举办了“八大工业集群”和“四大特色服务业”专题招商会，“点对点”地对接了大批有效客商。2010年，枣庄市举办了城市转型主题论坛和煤化工产业发展论坛、旅游服务业发展论坛、城市建设发展论坛3个专题论坛，宣传和推介枣庄城市转型的成果，研究和探讨促进资源型城市转型的发展方向和目标，促进与国内外的交流与合作。从2000年开始，枣庄连续举办了十一届中国枣庄国际石榴节暨投资贸易洽谈会。2011年，全面开展“外贸质量提升年”活动，把创建出口品牌作为外贸质量提升的战略选择，积极调整产品结构、优化贸易方式，外贸出口规模首次突破10亿美元大关。

4. 立足枣庄特色文化资源，加强文化建设，提升文化建设软实力

进入21世纪，枣庄市文化工作进入了纵深发展的“快车道”。文化基础设施建设步伐加快，2002年，枣庄以创建社会文化先进县为基础，在全市广泛开展基层文化设施建设活动，全市63个文化站达到文化中心标准，50%的行政村建立完善村文化大院，滕州、薛城、台儿庄3个区（市）跻身全省社会文化先进县行列。文艺精品创作崭露头角，柳琴戏于2005年12月入选第一批国家非物质文化遗产名单。音乐、书法、美术、舞蹈、摄影等各艺术门类佳作不断涌现，群众文化活动蓬勃发展。

从2006年开始，枣庄市文化事业进入繁荣发展阶段。2006年，中共中央、国务院下发《关于深化文化体制改革的若干意见》。党的十七大把文化建设提升为社会主义四位一体总体布局的重要组成部分，突出了文化建设的重要性。为贯彻落实好中央、省有关决策部署，枣庄市委、市政府相继出台《2006—2010年枣庄市文化强市建设规划纲要》《关于推动文化大发展大繁荣的意见》《2008—2015年枣庄市文化建设规划纲要》等一系列文件，提出了文化建设的指导思想、任务目标，并在机构设置、队伍建设、财政扶持以及税收、金融、土地、工商等政策方面明确了具体举措。枣庄市积极整合各种文化资源，努力构建覆盖全市城乡、惠及全民的公共文化体系，文化重点工程取得显著成效，文化设施建设有了新进展，公共文化活动日益丰富，人民群众享有较好的文化服务和文化产品的供给。

依托枣庄特色鲜明的地域文化资源，打造了特色节庆文化品牌。从2004年开始，滕州市连续举办了十四届微山湖湿地红荷节。从2008年开始，滕州市举办了六届国际墨子文化节；薛城区围绕奚仲文化，承办了8场国家级汽车赛事，举办了中国车祖奚仲文化活动月和2011中国（国际）车神奚仲文化活动季；山亭区依托自然生态和传统民俗文化资源，举办了长红枣文化旅游节、熊耳山民俗文化旅游节、沧浪渊文化节、火樱桃文化旅游节；市中区举办了桃花节、旅游美食文化节；峄城区以石榴文化为主线，连续举办榴花节、石榴采摘节以及首届民俗文化节；台儿庄区突出运河文化，推出了运河古城渔灯节、关帝庙会、二月二开河大典等传统

2010年，山亭区城头镇万恒土地流转专业合作社分红

节庆活动，有效提升了景区的知名度与影响力。全市140余处城乡广场基本形成“月月有大型活动、周周小活动不断”的局面。

5. 加强社会建设，改革成果人民共享

强化教育质量和教育公平。2003年10月，中共十六届三中全会提出了以人为本的科学发展观，对教育领域提出了优先发展、科学发展、又好又快发展的要求，提高教育质量成为教育工作的重点，促进教育公平成为国家的基本教育政策目标。从2006年1月1日起，枣庄市全面停止对新的改制学校和新的改制学校收费标准的审批。2007年，对公办学校举办的“校中校”“校中班”进行重点清理，对涉及的11所改制学校进行了清理规范。2008年，枣庄以按照民办机制运行的国有民办、民办公助学校，有社会资金参与的新建学校，公办学校参与举办的非公有性质学校等为重点，对义教育阶段改制学校进行了进一步清理。随着“以县为主”义务教育管理体制的建立完善，全面实施了农村义务教育经费保障机制改革，全市义务教育实现了由“人民教育人民办”到“义务教育政府办”的根本转变。2006年11月，市政府印发《枣庄市农村义务教育经费保障机制改革实施方案》，提出自2007年春季开学起，全部免除农村义务教育阶段学生杂费，对农村义务教育阶段贫困家庭学生免费提供教科书并补助寄宿生生活费。2007年，全市投入1.42亿元，免除了城市义务教育阶段学杂费；投入3261万元，免费向全市义务教育阶段学生提供了国家及地方课程教科书，真正实现了免费九年义务教育。

深化卫生体制改革，加强公共卫生服务体系建设。这一阶段重点明确了卫生事业的公益性定位，坚持卫生事业科学发展、协调可持续发展，坚持以人为本、以病人为中心的医疗卫生服务理念，大力加强城乡基层医疗卫生服务体系建设，按照“15分钟就医圈”规划设置、建设标准化卫生室，着力解决人民群众“看病难、看病贵”问题。加强农村卫生工作。2004年，枣庄市委、市政府印发《关于加强乡镇卫生院改革和建设的决定》，决定用3年时间全面改变乡镇卫生院面貌，做到“一无四配套”。2005年，市级财政投入300万元，2006年全市投入768.41万元，对列入市级改造范围的20所卫生院、列入山东省“360工程”的15所卫生院、列入国债建设项目的6所乡镇卫生院进行了改造。全面启动城市社区卫生工作。2007年，枣庄市印发《关于发展城市社区卫生服务实施意见》《枣庄市城市社区卫生服务发展规划（2007—2010年）》等配套文件，启动了社区卫生服务机构建设工作。到2008年底，新建、改建的规范化社区卫生服务机构覆盖社区人口80%以上，初步满足了居民“六位一体”服务需求。深化医药卫生体制改革。2009年3月，中共中央、国务院作出了进一步深化医药卫生体制改革的重大决策。枣庄市进一步明确了深化医药卫生体制改革的政策思路、目标任务和制度框架，持续增加资金投入，统筹推进医疗服务、公共卫生、药品供应保障、医疗保障制度、医疗卫生监管体制等各项改革。到2011年，枣庄市已经实现了所有基层医疗机构基本药物“零差率”销售，医药费用大幅下降，群众负担减轻；并在全省率先将一体化管理村卫生室全部纳入了实施范围，在基层医疗卫生机构建立起以基本医疗和公共卫生服务为重点的绩效考核制度，促进了运行机制和服务模式转变。新型农村合作医疗制度顺利实施。2004年，枣庄市启动新型农村合作医疗制度试点，至2007年在全市范围内全面实施，2009年以来参合率连年保持在99%以上，实现了全市“七个统一”，即统一统筹模式、统一筹资标准、统一门诊住院分配比例、统一起付线和封顶线、统一药品和诊疗目录、统一补偿比例和方式、统一市内转诊制度。

完善社会保障体系建设。这一时期，市委、市政府坚持以人为本，认真解决民生问题，建设完善覆盖城乡全体居民的社会保障体系。围绕保障民生，进一步建立健全覆盖城乡、制度健全相互衔接的新型社会救助体系，实现了低保制度城乡全面覆盖，“五保”供养实现了从集体互助共济向财政保障为主的制度性转变，医疗救助制度从无到有迅速铺开，流浪乞讨人员救助管理实现从强制性收容遣送向自愿受助、无偿救助的历史性变革。2003年，为解决农村困难群众的生活问题，各级进一步加强了农村低保工作，提高了对农村困难群众的救济水平。至2005年底，枣庄取消了特困户定期定量救济的过渡性措施，全

社会主义新农村代表、全国生态文化村——张汪大宗村

面建立了农村低保制度。至2006年，全市基本建立了以最低生活保障制度为主体、社会互助制度为辅助、临时救济和配套优惠政策为补充的城乡一体的社会救助制度。至2010年，全市城市低保对象5.7万人，保障率4.6%，居全省第一；农村低保对象11.5万人，保障率4.4%，达到全省同类市水平。

6. 加强环境保护，大力实施生态工程建设

枣庄是一个典型的资源型城市、老工业基地，长期以来，煤炭、石灰石、石膏、铁矿石等资源的大量开采，对生态环境的破坏比较严重。进入21世纪，人口、资源、环境之间的矛盾日益凸显，转变发展方式、改善生态环境已经成为枣庄转型发展的当务之急。因此枣庄市全面启动了生态市建设，努力建设资源节约型和环境友好型社会。

加强环境保护，狠抓节能降耗。这一阶段，市委、市政府把节能减排工作摆到了突出重要的位置。2006年，《枣庄市"十一五"发展规划》明确到"十一五"末全市万元GDP能耗降低20%。同年11月，成立了节约能源办公室和节能监察中队，完善了各项节能管理制度和规范，将能耗降低完成情况纳入经济社会发展综合评价体系，严格实行"一票否决制"。针对资源型高耗能、高污染企业多的特点，枣庄市采取"审、控、关"多管齐下的有效措施。2007年，对小立窑、小火电实施了"全国第一爆"，淘汰立窑水泥生产能力280万吨，关停小火电机组7.42万千瓦，关闭小钢铁企业5家，年减少能源消耗170万吨标准煤。同时，高度重视环境保护，大力发展循环经济，推广应用节能和清洁生产技术，推进重点节能示范工程。至年底，全市已有11家企业列为省循环经济试点企业，22家企业清洁生产通过省级绩效审核，3个项目列入全省重大节能示范项目名单；5座污水处理厂建成运行，全市重点水污染企业治理设施正常运行率达98%，废水排放达标率达92%，全市空气质量得到明显改善。

建设绿色枣庄，启动生态建设。进入21世纪，枣庄市以"点上成景、线上成荫、面上成林"为目标，实行大工程带动大发展战略，实施荒山绿化、退耕造林、镇村绿化美化、绿色通道与平原农田林网化、打造湿地公园等生态工程。枣庄充分利用涝洼地、采矿塌陷地、绿色通道发展丰产（用材）林，利用山坡耕地退耕造林。2002年11月19日，枣庄市下发《枣庄市40万亩经济林和30万亩速生丰产林基地建设规划实施方案》。《方案》明确提出，从现在开始规划用五年时间在山坡地、丘陵地建设石榴、大枣基地各20万亩，在沿湖、沿河、沿路地区集中连片发展30万亩速生丰产(用材)林。2004年2月25日，枣庄市出台《关于加快林业发展建设绿色枣庄的决定》。《决定》提出，力争到2005年、2007年、2010年和2020年，全市森林覆盖率分别达到27%、30%、34%和36%。同年,枣庄市启动了区（市）级村庄绿化达标活动。2005年7月8日，枣庄市委、市政府印发《关于加快主要道路两侧可视山头绿化的意见》，要求从2005年开始，利用三年时间，完成京福高速公路、枣木高速公路、206国道、光明大道、郯薛公路、店韩公路、北留公路、零九公路、枣（庄）曹（县）公路9条主要道路两侧可视山头的绿化美化。从2006年开始，枣庄市大力开展湿地公园建设。2007年1月10日，滕州滨湖国家湿地公园（试点）被国家林业局批准成立，这也是山东省首家湿地公园。2009年12月23日，国家林业局批准台儿庄运河湿地公园为国家湿地公园试点，这是枣庄市第二家国家湿地公园。2011年3月25日，国家林业局批复同意建设薛城区蟠龙河国家湿地公园（试点）。同日，枣庄市在山东省第一个颁布《枣庄市湿地公园建设管理办法》。2011年12月12日，国家林业局批复同意建设山亭区月亮湾国家湿地公园（试点）。枣庄市湿地公园建设成效显著，生态环境得到明显改善。

7. 以加强党的执政能力建设和先进性建设为主线，全面加强党的建设

进入新世纪新阶段，国际国内形势发生广泛而深刻的变化，我国经济社会发展呈现出一系列新的阶段性特征。枣庄根据世情、国情、党情的新变化，牢牢把握党的执政能力建设和先进性建设这条主线，全面加强党的建设，取得了显著成效。

大规模培训干部，大幅度提高干部素质。为全面提升干部队伍素质，加强党的执政能力建设，枣庄市按照中央和省委部署，从2003—2007年，利用五年时间，将在职干部轮训一遍，共举办县级干部、中青年干部、乡镇领导干部等各类主体培训班350多期次，培训各级各类干部1.8万余人次。同时，创造性开展"三个一批"培训，选派一批干部到发达国家培训，选派一批干部到发达地区或经济薄弱村挂职锻炼，选派一批干部到高校深造，有效提升了干部队伍素质。

统筹抓好各领域党建工作。2003年，枣庄开展农村党的建设"三级联创"活动，即争创基层党建工作先进县（市、区）、"五个好"乡镇（街道）党委、"五个好"村支部。活动中，积极组织开展"四强竞赛"活动，大力实施"四项工程"。建立党员领导干部联系点制度和部门包村帮扶制度，帮助发展村级经济，提高贫困党员脱贫致富能力。连续召开全市企业党建工作会议、全市街道社区党建工作现场会、全市社会力量举办学校党建工作现场会和全市党建带团建工作会议等，探索建立党建工作新格局。

推进主题教育实践活动。全市保持共产党员先进性教育活动自2005年1月开始，至2006年6月基本结束。参加先进性教育活动的基层党组织8996个，党员17.8万名。整个先进性教育活动分三个批次进行，每个批次分学习培训、分析评议、整改提高三个阶段。全市基层党组织共整改突出问题12万个，为群众办实事好事4.5万件，解决群众生产生活困难1.75万个，向困难群众捐款物折款1887万元。2009年，

全市开展了学习实践科学发展观活动。通过“十大民生工程”“八大惠民行动”等一系列特色载体，积极回应人民群众的新期待，有效破解了一些制约经济社会发展的体制机制性问题。第一批学习实践活动群众总体满意率达99.95%。2010年以来，为巩固和深化学习实践活动成果，在全市深入开展了创先争优争做枣庄先锋活动。尤其在窗口单位和服务行业深入开展“为民服务创先争优”活动，通过“三亮三比三评”和“四比四看”等形式，有效提升了党员干部服务民生、服务社会的水平，密切了党群干群关系。

加强党风廉政建设，建立健全教育、制度监督并重的惩治和预防腐败体系。从2004年起，枣庄市在全市领导干部中先后开展了树立正确的权力观、地位观和利益观集中教育活动。加大反腐倡廉理论教育和警示教育载体建设，充分发挥广播、电视、报刊、网络等新闻媒体的作用，“大宣教”工作格局初步形成。从2007年起，先后在全市党员干部中集中开展“做勤廉表率、促科学发展”、“加强党性修养、弘扬优良作风”和“以人为本、执政为民”等主题教育活动，连续五年开展“算好清廉七笔账、走好人生每一步”警示教育活动。同时，纪检监察部门对落实党风廉政建设责任制、推进惩防体系建设和贯彻《廉政准则》情况进行检查，严格执行领导干部述职述廉和报告个人有关事项制度。

（五）全面深化改革，建设“幸福新枣庄”，迈进全面建成小康社会的决胜阶段（2012年11月至今）

党的十八大以来，枣庄市委、市政府紧紧围绕统筹推进“五位一体”总体布局和协调推进“四个全面”战略布局，团结带领全市广大党员干部群众，适应经济发展新常态，坚持创新、协调、绿色、开放、共享的发展理念，加快推进创新、开放、生态“三大跨越”，精心谋划枣庄新型工业化、信息化、城镇化、农业现代化道路。党的十九大以来，枣庄市坚持以习近平新时代中国特色社会主义思想为指导，全面贯彻落实党的十九大精神，坚持稳中求进工作总基调，坚持新发展理念，紧扣社会主要矛盾变化，按照高质量发展的要求，以供给侧结构性改革为主线，深入实施新旧动能转换重大工程，激活创新、改革、开放三大引擎，推动质量、效率、动力三大变革，聚焦产业升级、乡村振兴城市提质、生态改善、民生保障五大重点，锐意进取、埋头苦干，加快资源型城市创新转型持续发展步伐，全力建设自然生态宜居宜业新枣庄。

1. 统筹推进“三区”建设，农村改革进入新阶段

这一时期，枣庄市一方面加快建设国家农村改革试验区，继续推进农村土地使用权制度的改革和探索；另一方面继续进行农村产业结构调整，大力发展现代农业，推动农业产业化、标准化、市场化和组织化的进一步发展。

深入开展农村土地使用权制度的改革。2011年枣庄市成为全国18个国家农村改革试验区之一后，市委、市政府把推进农村土地使用产权制度改革、建设国家农村改革试验区作为枣庄“五大战略定位”之一，列入重要议程，以农村土地使用产权制度改革为突破口，重点推动农村资产确权范围、产权交易内容、农民合作形式“三个延伸”。2013年4月，枣庄市下发《农村土地承包经营权确权登记实施方案》和《农村集体产权股份制改革试点工作方案》等文件，建立农村土地承包经营权制度登记，进行农村土地承包经营权“七十年不变”的延包试点工作，颁发《农村土地承包经营权证》；开展农村集体产权股份改革试点，以清资核产、资产量化、股份管理为主要内容，推进集体资产股份合作制改造，实现集体资源资产化、资产资本化、资本股份化，加快建立“归属清晰、权能完整、流转顺畅、保护严格”的农村集体资产产权制度。9月4日，全国农村改革试验区创新农业经营体制机制现场交流会在枣庄市召开。11月17日，枣庄注册成立全省首家农村产权交易中心，初步形成市、区（市）、乡镇三级农村产权交易市场体系。枣庄市农村土地使用权制度改革已走在全国前列。2013年、2014年，枣庄市连续两次在全国农村改革试验区工作经验交流会议上作典型发言，并争取农业部批复4项新增改革试验任务，即枣庄市国家农村改革试验区新增土地承包经营权流转管理试点、粮食生猪等农产品目标价格保险试点、农村产权流转交易市场建设试点和滕州市供销合作社综合改革试点，进一步扩大试验区改革内容覆盖范围。

为全面系统深入推进国家农村改革试验区建设，结合国家农村改革试验任务，枣庄市确立了以延伸推进农村各类产权确权、延伸推进农村产权交易、延伸推进新型农业经营体系、创新新型农村合作金融保险为主要内容的“三延伸一创新”改革思路，将农村改革推向纵深在农村土地使用产权制度改革这条主线的基础上，改革内容得到了进一步延伸和深化。2015年6月，全省新型农村合作金融试点工作座谈会在枣庄市召开。2015年12月，在全国农村改革试验区工作交流汇报会上，国务院副总理汪洋对枣庄市的经验做法给予高度评价。2016年8月，农业部验收评估组对枣庄市国家农村改革试验区试验任务进行了中期评估，评估顺利通过。8月29日，农业部、民政部、中国保监会联合下发《关于农村改革试验区试验任务的批复》，批准枣庄承担“政府购买农业公益性服务机制改革试验”。枣庄农村土地产权制度改革内容得到进一步拓展。2017年5月，枣庄市出台了《枣庄市政府购买农村公益性服务机制创新改革试验实施方案》，明确了改革主要内容、工作措施、任务分工、时间进度，全面启动了该项试验改革任务。7月，枣庄市再次被农业部批复增加“深化农村集体产权制度改革”，探索通过开展试点，进一步明晰农村集体产权归属，明确集体经济组织成员身份，在明确计提资产范围和归属的基础上，将土

地承包经营权、宅基地使用权和集体收益分配权确权到户，实现集体资产效益最大化，进而赋予农民更多财产性权利。这项试验内容是国家层面的试点改革探索，是在农村土地产权制度改革的基础框架之上开展的，进一步拓展了全市农村改革体系的内涵和外延。同月枣庄市在总结几年全市试点工作成效和经验的基础上，制定出台了农村集体产权制度改革的实施意见和实施方案，明确了改革的总体思路是坚持和完善农村基本经营制度，依法保障农村集体经济组织及成员的合法权益，积极发展农民股份合作，赋予农民对集体资产股份占有、收益、有偿退出及抵押、担保、继承权，逐步建立“归属清晰、权能完整、流转顺畅、严格保护”的农村集体产权制度，发展壮大集体经济，让广大群众切实享受到改革带来的红利。8月，市委、市政府召开了全市国家农村改革试验区建设暨农村集体产权制度改革工作推进会议，重点对全市农村集体产权制度改革工作进行部署。至2017年底，枣庄市共有501个村完成集体产权改革试点任务，农村产权交易体系建设通过国家验收。

创建国家农业示范区，推动农业现代化进程。在加快国家农村改革试验区建设中，枣庄市积极推进农业产业化、农村城镇化、农民市民化进程，进一步激发“三农”发展活力。2013年、2014年，市委、市政府相继出台《关于加快推进农业农村改革发展进一步增强农村发展活力的意见》《关于全面深化农村改革加快推进农业现代化的实施意见》等文件，进一步深化农村改革，继续推动农业现代化进程，大力扶持农业龙头企业，积极培育农产品生产加工群，带动农业标准化、产业化发展，推动现代农业的发展进程。2015年1月，枣庄市成功创建整建制第三批国家现代农业示范区，成为全国唯一既是农村改革试验区又是现代农业示范区的地级市，开始以“两区建设”为引领，全面深化农村改革，加快发展现代农业。2016年5月24日，枣庄市印发《枣庄市国家现代农业示范区建设五年提升计划(2016—2020年)》，提出通过培育“六大工程”，让农业强起来、农民富起来、农村美起来，努力走出独具特色的“枣庄农业”发展之路。同年，枣庄市编制完成《枣庄市现代化农业发展规划（2016—2020年)》，明确了“十三五”期间全市农业现代化建设的时间表和路线图。枣庄市提出了“三区”统筹的发展战略，牢固树立“绿水青山就是金山银山”的发展理念，强力推进争创国家农业可持续发展示范区。2017年10月9日，农业部发布了《第一批国家农业可持续发展试验示范区公示公告》，枣庄市成功创建第一批国家农业可持续发展试验示范区，全省唯一。

实施乡村振兴战略，推进农业农村现代化。党的十九大第一次提出实施乡村振兴战略的概念，将其列为决胜全面建成小康社会需要坚定实施的七大战略之一，进一步确立了“三农”工作在新时代的战略基础地位。习近平总书记在2018年全国“两会”参加山东代表团审议时，就实施乡村振兴战略提出“六个推动”的指示要求，为乡村振兴战略指明了方向。党的十九大以来，枣庄市坚持以习近平新时代中国特色社会主义思想为指导，按照产业兴旺、生态宜居、乡风文明、治理有效、生活富裕的总要求，立足枣庄实际，发挥基础优势，科学确立乡村振兴的目标定位，加快推进农业农村现代化。继续建立健全城乡融合发展体制机制，统筹推进国家农村改革试验区、现代农业示范区、农业可持续发展试验示范区建设，统筹推进四项产权制度改革，继续探索农村集体产权制度改革，让更多农民变“股东”；继续开展农村宅基地使用权确权登记颁证；持续推进农民房屋权属登记试点扩面；探索土地承包经营权流转履约保险和复垦保证金制度，降低流转风险；扩大农村产权交易范围，打通城乡资本流通渠道。大力实施农业供给侧结构性改革，壮大现代农业特色产业，优化现代农业经营体系。大力实施美丽乡村建设，着力改善村容村貌，重点推进农村“五化”工程，统筹推进农村“七改”工程。至2017年底，枣庄市市级以上新型农业经营主体达到917家，在全省率先基本实现农业现代化；建成美丽乡村872个，覆盖率42.1%；7个镇列入国家和省特色小镇、重点示范镇创建名单；完成27万户旱厕改造，2203个村（居）实现了“户户通”，98.1%的村庄通上自来水，天然气实现镇街全覆盖，城乡环卫一体化实现全覆盖。

2. 全面实施工业转型振兴战略，加速推动城市转型

党的十八大以来，世界经济依然在低迷中艰难徘徊。在宏观形势复杂严峻的大背景下，枣庄市围绕建设“幸福新枣庄”的奋斗目标，坚持以提高经济增长质量和效益为中心，坚持以改革创新为动力，继续坚定不移地实施城市转型战略，纵深推进新型城镇化、服务业发展、工业转型振兴“三大战役”，不断开创科学发展的新局面。尤其是党的十九大以来，枣庄市坚持以习近平新时代中国特色社会主义思想为指导，全力推进新旧动能转换重大工程，负重奋起、砥砺前行，取得了强市富民的新成就。

深化国有工业企业改革改制，完善国有资产管理体制。中共十八届三中全会以来，枣庄市认真落实中央深化国有企业改革的决策和省有关部署，坚持加强和改进党对国有企业的领导，坚持问题导向、精准施策，稳步推进国有企业改革，在完善制度设计、健全公司治理、规范薪酬分配等方面取得了积极进展。按照市属工业企业改革改制“三年攻坚计划”的总体部署，在2012年推进22家市属工业企业改革成功的基础上，2013年，枣庄启动新一轮市属工业企业改革改制和社会化管理工作。继续推进市南工业区改革，强化与市中区及有关部门的沟通配合，协同推进以万泰“退城进园”为重点的市属33家工业企业改革改制，有效解决了10年来困扰全市发展的大部分遗留问题，为工业轻装前行扫清了障碍。至2015年，累计投

入资金13亿元，涉及70家企业、近4万名困难职工的市属工业企业改革改制主体任务已基本完成。

积极构建新型国有资产监管模式。2013年，枣庄市委、市政府继续规范国有产权转让，加强重大事项管控，强化产权基础管理，研究制定产权登记、交易、流转、评估、企业改革改制等管理办法，完善业绩考核机制，对原薪酬管理暂行办法进行修改完善制定监督指导办法，强化对区（市）国有资产基础管理、国企改革发展指导、监管力度。2014年，枣庄市印发《关于深化国有企业改革完善国资监管体制的实施意见》，积极探索构建国资委、国资运营公司、出资企业三层架构的监管模式。2016年7月，枣庄市出台《关于进一步深化国有企业改革完善国有资产管理体制的实施意见》。这是全市国有企业深化改革的纲领性文件，主要任务是健全现代企业制度、实施国有资本战略性调整、发展混合所有制经济、完善国有资产管理体制，全市国有企业改革迈入新阶段。2017年7月，山东省出台了《关于加快推动国有企业改革的十条意见》。枣庄市认真贯彻落实省委、省政府国企改革“十条意见”精神，把经营性国有资产统一监管作为突破口，打破了多年制约枣庄国资监管体制的瓶颈。9月26日，枣庄市出台了《关于加快推动国有企业改革的实施意见》，加大国有企业改革力度，加快改革步伐。9月27日，市委、市政府召开了全市国有企业改革发展暨经营性国有资产统一监管工作会议，拉开了经营性国有资产统一监管的序幕。至2018年上半年，国有资产移交工作全面完成，从而确立了分层分级、归口统一的国资管理体制，实现了管资本与管人、管党建相统一的监管职能一步到位的目的。

全面推进工业转型，进一步助力资源型城市转型。2012年2月4日，枣庄第十次党代会把加快城市转型、建设“幸福新枣庄”作为全市人民共同奋斗的核心任务。同年3月2日，枣庄市工业转型振兴大会重新确立了工业在全市经济发展中的核心地位，出台了《关于推进工业转型振兴的实施意见》，推动枣庄工业“凤凰涅槃、浴火重生”，吹响工业转型振兴的“冲锋号”。全市上下围绕加快城市转型、建设“幸福新枣庄”的核心任务，瞄准全国资源型城市转型示范市、国家农村改革试验区、中华运河文明传承创新核心区、国家海峡两岸交流基地、鲁南“门户城市”五个定位，抢抓机遇、攻坚克难，坚持以新型城镇化为引领，纵深推进以棚户区改造为突破口的新型城镇化战役、以台儿庄古城重建为突破口的服务业发展战役、以煤炭精深加工为突破口的工业转型战役，走新型城镇化、新型工业化、信息化、农业现代化“四化”同步发展的转型之路。

2013年3月，枣庄市召开纵深推进工业转型振兴工作会议，坚定了“项目兴市、工业强市”的思想，突出重点、突破难点、打造亮点，明确了抓改革、抓重组、抓培植、抓技改、抓中小微企业发展的“五管齐下”措施，构筑了举全市之力将工业转型振兴向纵深推进的大格局。同年，省委、省政府启动的“一圈一带”区域发展战略将枣庄市定位为“转型升级和经济文化融合发展高地”。枣庄市坚持以建设“两大高地”为定位，积极适应经济发展新常态，稳增长调结构，努力把传统产业做优、新兴产业做大、优势产业做强，加快建设全国资源型城市转型示范市，倾力打造转型升级和经济文化融合发展高地。2015年，枣庄市顺利通过国家资源枯竭城市转型中期评估，累计获得扶持资金64亿元。2017年3月，枣庄市出台了关于加快推动工业创新发展的意见，提出大力培育优势产业板块和龙头骨干工业企业，招引一批带动性强、质量高、效益好工业和信息化大项目，推进科技创新和人才培养引进，实施新一轮企业技术改造，开展智能制造试点示范，发展绿色低碳循环经济，实施品牌枣庄战略等，进一步促进工业经济转型升级，提质增效，加快发展。5月，枣庄市印发了《关于培育龙头骨干工业企业，增强工业发展后劲的意见》，出台了一系列优惠政策，重点扶持一些大型龙头骨干企业，推动企业做大做强，不断增强工业发展后劲，促进工业经济创新发展。尤其是党的十九大以来，枣庄市深刻把握经济由高速增长向高质量发展转变的阶段性特征，坚持以“四新”促“四化”，改造提升传统动能，加快壮大新动能，构建实体经济、科技创新、现代金融、人力资源协同发展的产业体系，全面增强枣庄经济的创新力和竞争力。

3. 抢抓国家扩大开放机遇，全面提升枣庄国际化水平

这一时期，枣庄对外开放更加注重高水平双向开放，特别是国家“一带一路”、山东省“两区一圈一带”等战略提出后，枣庄积极抢抓机遇搭“顺风车”、借船出海，更加主动地参与地区和国际经济贸易合作。在对外开放方面，继续实施外资带动战略，将招商引资的重点区域确定为“日韩两国、港台两地、京沪两市”，特别注重依托交通区位优势，积极承接京沪产业转移，先后开展了海内外知名企业家齐鲁行、香港经贸洽谈会、浙江产业推介会以及香港山东周、台湾山东周和面向全国工商联执委的招商活动。坚持招商引资与招才引智结合、直接引进与柔性引进结合，引进了一批枣庄急需紧缺的高层次人才，共引进培养“万人计划”、泰山学者等高层次人才12名，确定首批“枣庄英才”24人。拓展利用外资领域，创新利用外资方式，落实鼓励外贸企业进出口政策，积极开展“外经贸企业服务直通车”“外贸企业服务年”活动，开展外贸企业跨境电子商务试点，深入实施出口品牌战略，加快外贸出口基地建设，增加拥有核心技术和自主品牌的产品出口，支持企业开拓境外市场，支持企业“走出去”开发资源、投资建厂、承包工程。这一时期，枣庄市高度重视招商引资工作，把招商引资作为新常态下推动枣庄经济发展的主要工作来抓，高规格召开全市对外开

放暨招商引资工作会议，部署对外开放暨招商引资工作。完善招商体制，以“7+9+N”工作模式为统领，即各区（市）、枣庄高新区7个招商主体，调整成立9个重点产业招商工作组，以及市直专业招商引资引智部门单位，继续实行月调度通报、季分析、半年一小结、年终总考评的工作推进机制。实施重点招商，围绕京津冀、长三角、珠三角重点区域和国内外500强、大型央企民企、科研院所，主动出击，着力引进一批科技含量高、带动性强的项目签约落地。突出产业聚集，依托煤化工、机械机床、纺织服装等传统产业有计划性地开展精准招商，引进关联企业，推动产业优化升级，着力引进基地型、龙头型、集群式大项目。尤其是党的十九大以来，全市招商引资工作以“党建引领促招商、项目落地惠民生”为工作主线，坚持对内对外开放并重，“引进来”和“走出去”并举，不断创新思路，持续加力，取得了显著成效。

4. 建设经济文化融合发展高地，开启文化建设新篇章

2013年8月，山东省政府出台了《西部经济隆起带发展规划》，明确了枣庄“转型升级和经济文化融合发展高地”的战略布局和定位。以此为重大契机，枣庄市进一步明确思路、谋划举措，把加快文化改革发展作为促进城市转型、打造经济文化融合发展高地的重要举措，开启了文化改革发展的新篇章。2014年2月，枣庄成立了市委全面深化改革领导小组文化体制改革专项小组。2015年初，市委、市政府印发《枣庄市深化文化体制改革实施方案》，明确了文化体制改革的目标方向和改革任务。

完善公共文化服务体系建设。2014年5月，枣庄市编制印发《枣庄市2014—2020年文化事业发展规划》，为繁荣文化事业做好顶层设计，不断完善公共文化服务设施网络。重点文化设施建设方面，2010—2017年、投资30亿元建设了占地52.3万平方米的枣庄市民中心，包括高规格的博物馆、文化馆、剧院、美术馆等建筑单元。基层文化设施建设方面，枣庄市作为山东省基层综合性文化服务中心建设5个试点市之一，2014年12月，市政府组织召开省级基层综合性文化服务中心建设试点工作会议，印发《枣庄市基层综合性文化服务中心建设试点工作方案》，部署了21个单位先期试点工作。2015年，枣庄成立22个市直部门为成员的“枣庄市公共文化服务体系建设试点工作组”，整合宣传文化、党员教育、科技普及、普法教育等功能，在社区和行政村建设了不低于200平方米的综合性文化服务中心（文化大院），升级了面积不低于500平方米，有健身路径、灯光、有源音箱等设施设备的文体小广场。2015年9月，枣庄市印发《关于加快构建现代公共文化服务体系的实施意见》，提出到2020年基本建成覆盖城乡的现代公共文化服务体系，并努力彰显枣庄地域文化特色。

大力弘扬优秀传统文化。2014年12月，枣庄成立了优秀传统文化研究工作领导小组，统筹协调全市优秀传统文化的发掘利用工作。认真挖掘整理利用墨子、鲁班、中兴等枣庄特色历史文化资源，组织举办了国际墨子鲁班学术研讨会、墨子文化节、奚仲文化节等节会，规划建设了中华石榴文化博览园、墨子湿地公园、中兴国家山公园。深入挖掘台儿庄大战、铁道游击队、八路军115师抱犊崮抗日根据地的精神内涵和现实意义，不断完善相关基础设施，台儿庄大战纪念馆、铁道游击队纪念园、八路军抱犊崮抗日纪念园等入选国家级抗战纪念设施、遗址名录。实施乡村记忆工程，做好历史文化遗迹、古村落、古文化街区的发掘、抢救和保护，14处文化遗产入选山东省“乡村记忆”工程，其中石板房村落被评为“中国传统村落”。

为繁荣文艺创作生产，进一步繁荣全市文艺创作，2013年，市委、市政府出台《“榴花文艺奖”评选奖励办法（试行）》，设立了枣庄文学艺术界最高奖——“榴花文艺奖”。2014年，组织举办了首届枣庄市“榴花文艺奖”评选活动，召开了艺术创作会议，印发了《枣庄市舞台艺术创作规划（2014—2016年）》，进一步繁荣文艺创作，推动文化强市建设。2015年1月，枣庄市印发了《枣庄市深化文化体制改革实施意见》，提出了突出重点，抓住关键，加快完善文化管理体制和文化生产经营机制，建立健全现代公共文化服务体系、现代文化市场体系，提高文化产品质量，提高文化开放水平，进一步推动全市文化机制体制创新发展。2017年，枣庄市先后举办全市首届书香文化节、第二届群众文化艺术节，3件作品获省“文艺精品工程”奖；与山影集团合作，启动摄制电视剧《中兴》。创建成为省级文明城市，同步跨入全国文明城市提名城市行列。

5. 深化综合配套改革，夯实社会建设基础

促进城乡教育均衡发展。党的十八大以来，枣庄市以深化教育领域综合改革为统领，以改革创新、务实惠民为主线，以强基础、扩优质、促均衡、提质量、树形象为目标，着力推进基础教育综合改革、县域义务教育均衡、现代职教体系构建和城乡中小学校建设等工作，全市教育整体发展水平迈上新台阶。2013年，枣庄启动了农村义务教育校舍标准化建设工程，经过建设和改造，农村中小学办学条件在整体上有了根本改观，彻底告别了黑屋子、土台子、泥孩子的现象，及时消除了D级危房。2015年12月，市政府印发《枣庄市解决城镇普通中小学大班额问题实施方案》，要求按照特事特办、综合施策、盘活存量、用好增量的原则，利用两年时间，新建改扩建中小学校222所，新增校舍面积179.7万平方米，基本解决大班额问题。

2014年，枣庄市下发《关于推进县域义务教育均衡发展的实施意见》，从教育机会均衡、师资队伍均衡、教育资源配置均衡、教育质量均衡四个方面

提出了具体标准，县域义务教育发展进入了快车道。与此同时，作为促进教育均衡发展的重要举措，2014年12月，市教育局等六部门联合下发《关于全面改善全市义务教育薄弱学校基本办学条件的实施意见》，要求立足“保基本、兜网底”，以改善村小学和教学点办学条件为重点，利用3到5年时间，使全市所有义务教育薄弱学校办学条件得到整体改善，缩小城乡教育差距，促进教育公平。截至2017年底，枣庄市化解教育“大班额”累计完成投资57.5亿元，开工校舍216.4万平方米。枣庄学院新校区开工建设，山东化工技师学院新校区启用。义务教育发展基本均衡县实现全覆盖，全市义务教育均衡发展水平迈上了新台阶。

公立医院综合改革是解决群众看病难、看病贵的关键所在，是深化医改工作的重中之重，也是最难啃的“硬骨头”。枣庄市以破除“以药养医”为突破口，综合推进公立医院管理体制运行机制、补偿机制、编制管理和人事分配制度、监管体制等配套改革，努力为群众提供安全、有效、方便、价廉的医疗卫生服务。2016年5月30日，枣庄市召开深化医改暨公立医院综合改革工作启动会议，贯彻落实全省推进公立医院综合改革工作会议精神，明确工作思路和重点，启动和部署全市公立医院综合改革工作，要求务必于6月底前全面启动公立医院综合改革。2016年7月1日起，枣庄公立医院全部取消15%的药品加成，实行零差率销售，并下调大型设备检查检验费用，调整医疗服务价格，破除“以药补医”机制。2017年，枣庄市深入推进健康枣庄建设，分级诊疗和医联体建设成效显著。北京中医药大学枣庄医院入选全国首批中医诊疗模式创新试点。尤其是党的十九大以来，枣庄市继续深化医药卫生体制综合改革，实行医疗、医保、医药“三医”联动，抓好医联体建设，规范双向转诊机制，促进优质医疗资源共享。

健全社会保障体系。党的十八大以来，枣庄市把改善民生作为政府工作的出发点和落脚点，让发展成果更多地惠及广大群众，不断健全和完善社会保障体系。加强社保经办机构网络建设，初步建立起覆盖城乡的四级社保经办管理服务体系。统筹城乡的社会保障体系基本建立。2014年，枣庄市实现了城镇居民医疗保险和新农合整合，建立起城乡统一的居民基本医疗保险制度和居民大病保险制度。在全市联网结算基础上，积极推进跨省、市就医异地联网即时结算，建立方便快捷的医疗保险结算方式，推动经办能力建设，信息化水平不断提升。2015年，枣庄市出台《枣庄市社会救助办法》，并先后下发了规范城乡低保工作、完善城乡医疗救助制度、落实低保家庭教育救助等指导性文件，构建了强有力的政策保障体系。不断提高城乡低保水平，市政府连续6次提高城乡低保标准，2016年1月1日起，城市低保标准提高到每人每月440元，农村低保标准提高到每人每年3400元，农村“五保”对象分散供养标准提高到每人每年3500元，集中供养标准提高到每人每年4600元。到2017年底，枣庄市实施了全民参保登记计划，基本实现法定人群全覆盖。农村低保、特困人员基本生活标准分别提高到每人每年3900元和5070元。

6. 突出生态文明建设，打造自然生态宜居宜业新枣庄

2013年，枣庄市围绕“山水之城、文化之城、转型之城”的城市定位，提出了“项目兴市、工业强市、生态立市”的工作思路，把生态文明建设摆到了更加重要的位置，多措并举、综合施策，全力以赴推进生态文明建设。

淘汰落后产能，控制污染气体排放。在推进生态文明建设中，枣庄市一方面加快淘汰落后产能、减少污染排放。2012年底，枣庄市关停了所有小立窑水泥生产线，结束了50多年立窑水泥生产的历史。3000万吨立窑水泥全部变成了旋窑水泥，产能不变，产值提高近1倍，能耗降低20%，二氧化硫排放降低15%。“十二五”期间，枣庄市逐步关停了全部年产30万吨以下的小煤矿、小石膏矿，逐步关停所有露天采石场、采沙场，加快小造纸、小印染、小冶炼等落后产能淘汰步伐，进一步减少污染、改善生态。另一方面，大力培植新兴产业，发展绿色产业、绿色产品、绿色经济，着力培植“四新”产业，即新能源、新医药、新材料、新装备制造。

创建国家森林城市。2012年2月13日，枣庄市提出了“生态立市”的发展理念，出台了《关于创建国家森林城市的决定》，把城市森林建设作为“生态立市”的有力抓手，启动了创建国家森林城市的工作。全市上下坚持“生态立市”不动摇，坚持以人为本抓创森，坚持科学规划引领、重点工程带动、创新机制驱动，实现了创森工作与经济社会发展的互促共赢，有力推动了枣庄的转型发展、科学发展。2014年，枣庄市被授予“国家森林城市”荣誉称号。

实施十大提升工程建设。2014年12月15日，枣庄市印发《关于实施国家森林城市十大提升工程的意见》，决定从2015年开始，大力实施中心城区环城森林公园打造提升、荒山绿化攻坚、城乡生态绿色廊道建设、森林防火与保护体系建设、林业产业体系建设、湿地保护恢复、乡土树种培育推广、古树名木保护、森林生态全民共建共享、现代林业治理体系建设等国家森林城市十大提升工程。2015年2月、2016年3月，枣庄市连续两次召开了全市国家森林城市十大提升工程动员、推进会议，对国家森林城市十大提升工程建设以及春季造林任务进行了全面动员和安排部署。2016年11月29—30日，首届国际森林城市大会在深圳市举行。作为中国森林城市建设的代表，枣庄市作了典型发言。

2017年，枣庄市聚力打好生态环保攻坚战，办理完成中央环保督察转办件311件，依法关停整治“散乱污”企业325家；持续开展大气污染综合治理，“蓝繁”天数达到248天、较上年增加

41天；全面落实河长制，关闭搬迁禁养区内畜禽养殖场979家；治理破损山体、塌陷地3.7万亩，完成造林8万亩。党的十九大以来，枣庄市持续提高生态环境质量，坚持绿水青山就是金山银山，坚决打好蓝天保卫战，严格落实大气环境质量约束性指标，促进空气质量持续改善，深入开展“散乱污”企业综合治理，开展“绿满城乡、美丽枣庄”绿化行动，加强破损山体和塌陷地治理，争创国家生态园林城市和省级生态市。

7. 坚持全面从严治党，不断提高党的执政能力和领导水平

党的十八大以来，枣庄市各级党组织认真贯彻落实全面从严治党要求，以作风建设为突破，以反腐倡廉为动力，以制度建设为保障，着力推动管党治党从宽松软走向严紧硬。

2012年以来，按照中央和省委部署，枣庄市认真贯彻落实中央八项规定精神，连续开展了党的群众路线教育实践活动、“三严三实”专题教育和“两学一做”学习教育，进一步加强党员干部作风建设，改进工作作风，净化政治生态，以良好的党风带动政风民风，赢得了广大群众的信任和拥护。从2013年7月到2014年10月，全市上下分两批开展党的群众路线教育实践活动，8696个基层党组织、17.1万名党员参加。“四风”问题得到有力整治，一批群众反映强烈的问题得到解决。

2015年5月15日，全市领导干部“三严三实”专题教育党课暨工作座谈会召开。专题教育不分批次、不划阶段、不设环节，各级同步进行，共分专题党课、专题学习研讨、专题民主生活会、整改落实和立规执纪四个关键动作，认真查摆不严不实问题。突出抓好基层干部不作为乱作为等损害群众利益问题专项整治。注重标本兼治，共废止、修订、制定制度670项。

2016年4月起，全市各级党组织和全体党员开展了“两学一做”学习教育。各级党员领导干部讲党课7100场次，受教育党员达10.5万人次，全市党员集中学习时间普遍达到8天以上。坚持分类指导，创新载体设计，在农村、城市社区开展“书记向前冲、干部当先锋、党员亮身份”主题实践活动，在市直机关开展“抓两学、转作风、强服务、提质效”主题实践活动。把查摆和整改问题贯穿学习教育全过程，各级领导班子共查摆问题5576个、整改4974个，党员干部共查摆问题4.3万个、整改4.1万个。

2017年，枣庄市坚决贯彻全面从严治党新要求，严格履行“一岗双责”，认真执行新形势下党内政治生活若干准则和党内监督条例，管党治党政治责任有效落实。坚持民主集中制、“三会一课”等制度，扎实推进“两学一做”学习教育常态化、制度化。严格落实中央八项规定精神，驰而不息纠正“四风”，党员干部作风建设得到全面加强。

党的十九大以来，枣庄市坚持以习近平新时代中国特色社会主义思想为指导，深入学习贯彻党的十九大精神，坚决维护习近平总书记在党中央和全党的核心地位，坚决维护党中央权威和集中统一领导，坚持以党的政治建设为统领，全面落实新时代党的建设总要求，坚持从严治党，深入贯彻中央八项规定实施细则和省委实施办法的有关精神，持续整治“四风”，营造良好的政治生态，为加快建设自然生态宜居宜业新枣庄提供坚强的政治保障。

二、枣庄改革开放取得的主要成就

改革开放以来，全市上下紧紧围绕市委特别是各次党代会提出的任务、目标及工作重点、思路，团结一致，奋发有为，国民经济和各项社会事业取得了令人瞩目的成就。

（一）综合实力大幅增强，产业结构不断优化

改革开放以来，枣庄市综合经济实力显著提升，国民经济运行逐步跨入快车道。2007年底，国内生产总值达到926.91亿元，比1977年增加919.25亿元，增长120倍；2015年，全市实现生产总值（GDP）2031亿元，按可比价格计算，比上年增长7.1%，是2010年的1.5倍，“十二五”期间，年均增长9.6%。2017年，全市实现生产总值2315.91亿元，按可比价格计算，比上年增长6.7%。其中，第一产业增加值162.23亿元，增长3.7%；第二产业增加值1194.99亿元，增长6.3%；第三产业增加值958.69亿元，增长7.9%。全市一、二、三次产业结构由1977年的37.2：52.2：10.6调整为2017年的7.0：51.6：41.4。

（二）“三农”工作全面加强，农村面貌深刻变化

2007年，全市农林牧渔业总产值实现68.43亿元，是1978年的7.3倍；粮食总产达到167.84万吨，是1978年的2.1倍。农业产业化进程不断加快，全市形成了优质专用粮、瓜菜、林果、畜牧、水产、花卉等六大优势产业，先后被农业部命名为“中国石榴之乡”“中国樱桃之乡”“中国芸豆之乡”和“中国马铃薯之乡”。市级农业龙头企业发展到91家，市级农民专业合作经济组织发展到93家，无公害农产品、绿色食品和有机农产品总数达到206个，“东谷”牌面粉被评为中国名牌产品。2017年，农业供给侧结构性改革深入推进。成功创建国家农业可持续发展试验示范区，市级以上新型农业经营主体达到917家，在全省率先基本实现农业现代化；打响“厚道枣庄人、放心农产品”品牌，滕州马铃薯入选全国百强农产品区域公用品牌，新增枣庄黑盖猪等“三品一标”66个。

以农村户用沼气建设为重点，推广应用农村生态能源模式，加强生态农业建设。2016年，全市农村户用沼气池存量达16.19万户，大中小型沼气工程总量297处。全年综合利用主要农作物秸秆236万吨，基本实现秸秆全面禁烧。开展绿色、生物防控面积230.45万亩次，发展高标准生态循环农业示范基地1.3万亩，辐射带动周边生态循环农业基地建设12.5万亩。

大力发展农村社会事业，先后实施

了百个强村竞赛、百个薄弱村帮扶转化、百个文明生态村创建以及“双十双百”工程，全市基本实现村村通公路、通电、通水、通广播电视、通宽带。全面落实各项支农惠农政策。2014 年，全市核定小麦种植面积 224.56 万亩，发放种粮直补和农资补贴资金 2.8 亿元。落实小麦、玉米等农作物良种补贴面积 488.63 万亩，落实补贴资金 4924 万元。2016 年，全市落实农业扶贫资金 1400 多万元，落实“三补合一”强农惠农资金 2.67 亿元，惠及全市农户 56.36 万户。

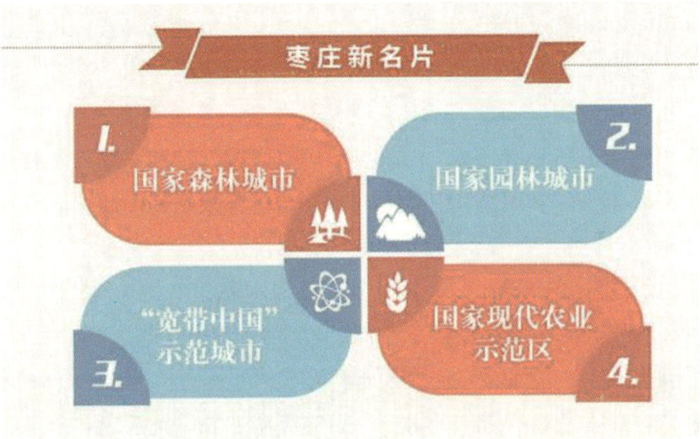

（三）产业特点日趋明显，经济转型步伐加快

经过改革开放多年的发展、积聚，枣庄已发展成为以煤炭、电力、建材、化工、轻纺、机械、电子、食品工业为主体的新兴工业城市，逐渐改变了长期依靠煤炭产业支撑经济发展的格局。2007 年，全市规模以上工业企业达到 1290 家，实现增加值、利润总额、利税总额分别是 1978 年的 55.2 倍、156.5 倍、130.5 倍。节能减排取得显著成效，服务业发展势头强劲。2007 年全市社会消费品零售总额达到 242.07 亿元，是 1977 年的 86.88 倍，年均增长 16.0%。2017 年全市社会消费品零售总额 982.1 亿元，增长 10.1%，增速居全省第 5 位。2012 年以来，面对经济新常态，市委、市政府强力推进城市经济转型，顺利通过国家资源枯竭城市转型中期评估，“十二五”时期累计获得扶持资金 64 亿元。工业转型升级取得积极进展，非煤产业增加值占比达到 88.4%，比 2010 年提高 17 个百分点；联想化工、薛城能源、华润三九等项目竣工投产，水泥、轮胎等传统产业市场化重组成效明显，新能源、新医药、先进装备制造等新兴产业快速发展，高新技术产业产值占比达到 19.8%。服务业发展步伐加快，投资年均增长 14.5%，年交易额过亿元的专业市场发展到 28 家；创建为省乡村旅游示范市，台儿庄古城创建为 5A 级景区，4A 级景区达到 12 个；成功举办中国非遗博览会、世界石榴大会、年博会等节会活动。

（四）体制改革不断深化，市场经济日趋健全

农村改革率先取得突破，农村经济快速发展。中共十一届三中全会以后，枣庄农村改革拉开帷幕，普遍实行了家庭联产承包责任制，完成了人民公社的体制改革，突破了“以粮为纲”的单一生产结构，发展多种经营和乡镇企业，搞活农产品流通，农村经济快速发展。在农村改革推动下，全市乡镇企业异军突起，1985 年全市乡镇企业达到 13390 个，从业人数达 23 万余人，占全部农村人口的 11.12%，总收入 8.5 亿元，占全部农村总收入的 53%。2012 年以来，以国家农村改革试验区建设为抓手，重点推动农村资产确权范围、产权交易内容、农民合作形式“三个延伸”。2016 年，全市完成农村土地承包经营权确权登记颁证面积 256.32 万亩，占承包地总面积的 99.03%。

企业改革不断深化，经济发展活力显著增强。2007 年，全市规模以上国有工业企业产值实现 94.44 亿元，占全市工业总产值的 10.2%，比 1978 年下降 57.7 个百分点。2012 年以来，出台了深化市属国有企业改革的实施意见和相关配套文件，对发展混合所有制、完善法人治理结构、薪酬制度改革等重点工作进行部署，构建新型国有资产监管模式取得新进展；70 家市属企业改革改制任务基本完成，市南工业区转入建设发展阶段。

民营（非公有制）经济对经济增长的拉动进一步增强。认真落实省里出台的支持民营经济发展的 26 条措施，全面扶持中小微企业发展，壮大实体经济。2017 年底，全市非公有经济单位 33.64 万户，比上年增长 17.0%；从业人员 121.82 万人，增长 16.6%；注册资金 2804.01 亿元，增长 47.5%；非公有经济纳税总额 143.42 亿元，增长 28%。

对外开放水平不断提高。自 1986 年被确定为对外开放城市以来，枣庄市已与 100 多个国家和地区建立了经贸合作关系。对外贸易增长较快。青岛港在枣庄设立内陆港区，2017 年实现进出口总额 101.06 亿元，增长 12.0%。其中，出口 89.03 亿元，增长 9.2%；进口 12.03 亿元，增长 39.2%。有 257 家企业与“一带一路”沿线国家建立了贸易往来，增长 8.0%，合计进出口 34.54 亿元，增长 6.0%。利用外资成效良好。新批外资项目 14 个，增长 40.0%，合同利用外资 206.75 亿元，增长 2057.4%。在 2017 美国山东周活动中，与来访跨国企业达成两个合作意向；在 2017 台湾周活动中签约 3 个重点外资项目，总投资约 9000 万美元；在 2017 香港山东周活动中签约两个重点外资项目，协议外资 1.95 亿美元。境外投资稳步推进。新设境外投资企业 5 家，投资总额近 2270 万美元。实现对外承包工程营业额 4276 万美元，外派人数 416 人次。山东雄狮建筑装饰股份公司承包了赞比亚机场项目、赤道几内亚机场项目和马来西亚的博威年门窗项目。新签了总投资 800 万美元的阿尔及利亚大清真寺项目。

财税金融体制改革不断深化，财政金融健康运行。财政体制突破了统收统

支的计划经济管理模式，确立“分税制”财政体制，增强了财政的宏观调控能力。全市财政收入由1978年的1.26亿元递增到2007年的45.23亿元。2017年，一般公共预算收入完成145.20亿元，同口径增长1.2%。一般公共预算收入占GDP的比重达到6.3%。一般公共财政预算支出245.11亿元，下降1.5%。新引进保险、证券等金融机构5家，与恒丰银行签订战略合作协议。市县级政府性债务风险防控体系逐步构建，信用体系建设扎实推进。信贷规模不断扩大，年末金融机构本外币存款余额1828.33亿元，比年初增加155.60亿元；年末金融机构本外币各项贷款余额1212.40亿元，比年初增加112.08亿元。

大力培育和发展市场体系，要素市场渐成规模。市场对资源配置的决定性作用日渐增强，高度集中的计划经济体制基本“瓦解”，社会主义市场经济体制的基本构架大体确立。工业品、小商品、农副产品、装饰材料、电器、家具等专业和综合批发市场不断涌现并形成规模，商品集散功能不断增强。劳动力市场不断发展，促进了劳动者自主择业。房地产开发自20世纪90年代以来发展迅速，全市房地产市场持续繁荣发展。2017年，房地产投资回暖，房地产开发投资完成168.17亿元，增长5.8%，比上年提高20.7个百分点。

（五）城市建设步伐加快，生态建设成绩斐然

城乡面貌发生新变化。完善城乡规划体系，编制完成新型城镇化发展规划、城市总体规划和各区（市）控制性规划，以及中心城区道路网、整体风貌等专项规划。“十二五”末，常住人口城镇化率达到53%，比“十一五”末提高5.7个百分点。城市基础设施累计投资180亿元，是“十一五”的1.5倍；新建改造城区道路210公里、各类地下管网535公里；供热面积达到2929万平方米，是“十一五”末的2倍。在新城，实施了总投资200多亿元的48个城建项目，市实验高中、实验小学、职业中专、市立医院新城分院、中医院、舜天购物中心、龙潭公园等建成启用，教育医疗、文体商贸体系基本形成。在老城，东西沙河治理工程全面竣工，解放路、胜利路等公铁立交建成通车，枣庄客运中心建成启用，中兴大道开工建设，整治背街小巷162条。抓好镇村建设，新型城镇化示范镇达到13个，100个村达到美丽乡村创建标准，城乡环卫一体化全覆盖通过省级认定。新台高速动工建设，枣菏高速高铁换乘枢纽、快速公交B6线、枣木高速东延、沂台线南延等加快施工，枣庄机场完成规划选址。2017年末，公路通车里程达到8574.3公里，枣庄成为全省第二个实现镇街公交全覆盖的城市，入选全国公交都市创建城市。

生态建设呈现新亮点。“十二五”期间，创建成为国家森林城市，建成环中心城区绿道200多公里，新增造林面积65万亩。全力打好水污染防治攻坚战，代表山东省参加迎淮核查，取得淮河流域和全国九大流域“双第一”。铁腕治理大气污染，全面完成建成区567台燃煤锅炉“煤改气”和6.3万辆黄标车淘汰任务，秸秆禁烧和治超治限工作走在全省前列。下大气力淘汰落后产能，关闭全部立窑水泥生产线和30万吨以下小煤矿，关停“小火电”机组8台，提前一年完成“十二五”节能目标，“一黑一灰”的煤城形象渐行渐远。狠抓生态修复，治理破损山体、废弃矿井矿坑、采矿塌陷地3万亩，关闭露天采石场82家、储煤场244个。新增省级以上湿地公园11个、森林公园5个。

（六）社会事业全面进步，民生问题得到改善

覆盖城乡、不同层次、不同水平的社会保障体系初步建立，更多的群众纳入了社会保障网。2012年以来的五年间，完成民生支出781.5亿元，占公共财政总支出的71.3%。累计新增城镇就业26.5万人，农村劳动力转移就业31.7万人。城乡居民基础养老、企业退休人员养老、城市和农村低保标准分

枣庄新城风景

别是2011年的1.8倍、1.6倍、1.7倍和2.3倍。累计开工建设保障性安居工程6.9万套。新建改建中小学标准化校舍190万平方米。北京中医药大学枣庄医院建成运营，全市医疗机构床位数增加40%。成功举办首届中国年博会、第二届中国非博会、第三届全国智运会。综合施策化解城镇中小学“大班额”，累计完成投资38.4亿元，新建学校18所、改扩建105所。全面推开公立医院综合改革，实行人员总量控制备案管理，参与改革的22家医院全部取消药品加成。市妇保院新院建成启用。深入实施“气化枣庄”工程，全市所有镇街通上了天然气。改造农村危房1545户。完成农村改厕13万户，新建改建旅游厕所919座，提前完成全省唯一全域旅游厕所革命示范市建设任务。以创建国家卫生城市为抓手，全面清理城区“十乱”，改造老旧小区109个、农贸市场13处，拆除违章建筑4500多处。2017年，落实市级专项扶贫资金1.1亿元，实施到户帮扶项目3399个，受益贫困户7077人。全市脱贫1.58万人，超额完成年度1.55万减贫任务，15个省定扶贫工作重点村全部摘帽退出。

（七）认真履行党委主体责任，进一步提升党建科学化水平

思想政治建设。多年来，先后开展了“三讲”教育、保持共产党员先进性教育、学习实践科学发展观活动，深入开展党的群众路线教育实践活动，以及“三严三实”专题教育、“两学一做”学习教育。通过这些教育活动，广大党员受到深刻的马克思主义教育，经受了严格的党性锻炼，党员意识、执政意识、保持先进性意识和群众观念明显增强，做合格党员变成了一种自觉自愿和主动。2016年，市委常委开展集体学习9次、专题研讨3次，带头上好党课。组织专题辅导报告442场次，组建宣讲团138个，为基层送教1019场次。各级党员领导干部讲党课6569场次，带动1.3万名党员讲党课，受教育党员10.5万人次。

基层党组织建设。改革开放以来，坚持抓基层、打基础不放松、不动摇，党的基层组织和党员队伍生机活力不断增强。一是基层党组织覆盖更加广泛。截至2016年12月，农村、城市社区党组织组建率达100%，非公企业和社会组织党的组织覆盖率分别达到90.3%、60.1%，国有企业和机关、学校等事业单位党建工作全面加强。二是基层党组织服务能力明显提高。围绕群众多样化需求，根据不同类型、不同领域基层党组织特点，依托基层组织活动场所，丰富活动载体，开展针对性、实效性强的服务，形成党的基层组织为党员服务、党的各级组织和党员为人民群众服务的良好局面。三是基层党员干部队伍整体素质全面加强。坚持选优配强基层党组织领导班子特别是带头人队伍，严格标准条件，采取跟踪培养、群众推荐和上级选派、第一书记兼任、退休干部到村任职等方式选拔党组织书记。鼓励高校毕业生、党政机关和企事业单位优秀年轻干部到基层任职，基层干部整体素质明显提高。认真做好党员发展工作，党员总数由1978年的8万多名发展到2016年底的22万名，党的阶级基础和群众基础不断巩固和扩大。

加强干部人才队伍建设。修订全市科学发展综合考核体系，健全完善对区（市）和市直部门的考核办法。研究制定《关于进一步规范干部选拔任用工作从严管理监督干部的意见（试行）》，建立健全拟提拔重用人选廉政及个人有关事项报告、正职领导干部离任交接等制度。2016年，加强对换届工作的领导，压实党委主体责任，严格落实“凡提四必”要求，全面听取纪委、检察、安监等单位意见，认真执行党委书记、纪委书记廉政鉴定意见双签字制度，将12名有问题的干部排除出考察对象名单或取消使用资格。大力选拔在基层和改革发展稳定一线经过扎实锻炼的干部，区（市）党政班子成员中具有乡镇党政正职经历的占45.8%。坚持从严从实，强化日常管理。加强干部档案，个人有关事项报告审核，组织开展干部档案专项审核“回头看”，全面完成1335名市管干部个人事项填报工作。

加强党风廉政建设和反腐败工作。推进惩防体系建设，重大建设监督关口前移、全程跟踪。加强机关效能建设，切实纠正不正之风。2015年，把违反中央八项规定精神的行为作为纪律审查重点，抓节点检查、抓问责查处、抓通报曝光，全市共查处违反中央八项规定精神问题102起，处理151人，给予党纪政纪处分96人，对101起典型问题进行了通报。坚持有腐必反、违纪必究，全市纪检监察机关共立案802件，给予党纪政纪处分758人，移送司法机关28人，进一步纯洁了党员干部队伍。2017年1月至2018年6月，全市查处发生在群众身边的不正之风和腐败问题559起，给予党纪政纪处分531人，切实发挥了震慑和警示作用。

三、枣庄改革开放的经验与启示

改革开放以来的历史时期，既是枣庄发展史上的一座重要里程碑，更是枣庄继续推进全面深化改革的一个崭新起点。回顾枣庄改革开放走过的光辉历程、枣庄人民创业创新的伟大实践，有许多经验与启示值得总结：

一是必须坚持解放思想、实事求是、与时俱进、开拓创新，敢于冲破陈旧观念的束缚。实践表明，枣庄改革和发展取得的每一点成就，都与解放思想、实事求是密不可分。在改革开放的每一个阶段，全市各级党组织都把解放思想作为推动各项工作的首要环节，坚持以思想的大解放促进改革开放和各项工作的开展。通过实践是检验真理标准问题的大讨论，深入贯彻党中央提出的解放思想、开动脑筋、实事求是、团结一致向前看的方针，以及中共十一届六中全会决议精神，肃清了极“左”路线的影响，逐步厘清了路线是非，使全市各级党组织的思想开始回到一切从实际出发、理论联系实际、实事求是的思想路线上来，以家庭联产承包责任制为主的农村改革才得以顺利实施并取得显著成就，城市

经济体制改革的框架逐步拉开。邓小平南方谈话及党的十四大以后，市委先后组织了解放思想大讨论、我为枣庄经济献计献策大讨论，引导各级党组织联系实际，克服姓“资”姓“社”、姓“公”姓“私”的束缚，克服内陆意识、小生产意识、小城镇意识的影响，牢固树立“三个有利于”标准，转变观念换脑筋，开阔思路求发展，全市改革开放的力度进步加大、速度更快，社会主义市场经济体制逐步形成。通过“三个代表”重要思想和科学发展观的学习讨论和认真实践，全市各级党政的思想进一步解放、境界进一步提升，以人为本、执政为民的理念全面落实，努力开启建设富强文明和谐的新枣庄的征程。新的历史时期，通过认真开展群众路线教育实践活动、“三严三实”专题教育以及“两学一做”学习教育，党员干部的宗旨意识和群众观念明显增强，为全市人民进一步解放思想奠定了坚实的思想基础和组织基础，全市上下积极投身于“转型升级和经济文化融合发展高地”建设实践，万众一心谋发展、甩开膀子干事业，奋力开创枣庄更加美好的未来。

二是必须咬住发展不放松，用发展的办法解决问题。改革开放实践充分证明，发展是核心目标和最终目的，是解决一切问题的根本，所有改革理论和一切改革政策都是围绕发展这一中心展开的。改革开放以来，面对经济和社会生活中的深层次矛盾和困难，枣庄市各级党组织始终坚持咬定发展不放松，通过发展特别是科学发展来解决前进道路上的各种问题。全市上下由于在此问题上达成了共识，自觉地把加速发展、科学发展作为主旋律，推动了经济的持续健康发展。

三是必须充分调动方方面面的积极性，形成改革和建设的合力。改革开放以来，枣庄高度重视研究新旧体制转换中出现的新情况、新问题、新矛盾，从有利于促进经济发展出发，把各项工作都纳入改革和建设大局，服从服务于经济建设这个中心，同唱一台戏。市和区（市）几大班子一条心，想中心，议中心，齐心协力抓中心。每一次重大改革的出台、经济的扩张、发展战略的形成与部署都是齐心合力、集思广益的结果。这就充分说明，只要全市上下认识上统一、工作上形成合力，就能最大限度地克服困难，有效地推动经济发展。

四是必须坚持两手抓，两手都要硬，推动经济社会的协调发展。在集中精力加快经济发展的同时，枣庄市始终把精神文明建设放在突出位置，积极开展民主法治建设和先进文化建设，广泛开展群众性精神文明创建活动，深入开展社会主义核心价值观教育，注重先进典型的培养和示范带动，为经济建设的运行提供了健康的价值观念、精神动力、智力支持和社会环境，为保持正确的发展方向提供了思想保证。同时，正确处理改革发展稳定的关系，把改革的力度、发展的速度和社会可承受的程度有机统一起来，确保全市大局稳定，各项改革得以有序推进，经济也得以快速发展。

五是必须坚持把人民群众的根本利益放在首位，切实保障和改善民生。只有坚持“发展为了人民、发展惠及人民”，才能实现“发展依靠人民”。唯有这样，人民群众才会真正拥护党的领导和改革开放。改革开放以来，历届市委、市政府在工作实践中，都将实现好、维护好群众的根本利益放在首位，把群众的冷暖放在心上，把保障和改善民生作为最大的政治。对群众反映强烈的热点、难点问题，积极搞好调查研究，及时果断地加以解决；对侵犯和损害群众利益的行为，严肃认真地制止和处理，努力把党的根本宗旨、优良作风和群众观念体现在具体工作之中。特别是对一些事关群众长远利益的重大决策和重要工作部署，都尽可能经过反复酝酿论证，多方征求意见，以最大限度地集中群众的智慧和体现人民的意愿。

六是必须坚持不懈地加强和改进党的建设，切实提高执政能力。实践证明，加强和改进党的建设，不断提高执政能力，是改革开放事业健康发展的根本保证；改革的深入和建设事业的发展，关键取决于党组织自身建设的加强和执政能力的提高。改革开放以来，枣庄市委着力加强和改进党的建设，充分发挥党委的领导核心作用、基层党组织的战斗堡垒作用、广大党员的先锋模范作用，凝聚力量、带动群众，不断开创新局面。深入开展学习邓小平理论、“三讲”教育和“三个代表”重要思想学习教育活动，深入开展“两个务必”、保持共产党员先进性和科学发展观学习教育活动，深入开展群众路线、“三严三实”专题教育、“两学一做”学习教育，各级领导班子和广大党员干部的思想政治素质明显提高，核心意识、看齐意识明显增强。积极推进干部人事制度改革和政府职能转变，党风廉政建设不断深入。加强机关效能建设，切实纠正不正之风。切实加强对人大、政府、政协和人民团体的领导，加强同民主党派和无党派爱国人士的团结，充分凝聚社会各界的智慧和力量，形成了齐心协力、推动改革的强大合力。

实践证明，改革开放以来的40年，是枣庄人民求实探索、奋力开拓，枣庄经济社会发展取得巨大成就的时期。展望未来，枣庄人民在党的领导下，将从改革开放以来的历史经验中汲取智慧和力量，以更加奋发有为的风貌和昂扬向上的姿态全面贯彻落实党的十九大精神，加快建设自然生态宜居宜业新枣庄，决胜全面建成小康社会，努力谱写新时代中国特色社会主义的枣庄篇章。

审稿人：安　锋
撰稿人：邱洪军　贾文章
刘玉芹

改革开放以来枣庄经济建设的历程、成效及经验

枣庄，作为一座具有辉煌民族工业历史的煤炭资源型城市和中华人民共和国成立后的老工业基地，在计划经济时期为支持国家建设做出了重大贡献，但受体制机制束缚特别是“文化大革命”影响，经济结构出现失衡，产业基础出现萎缩，发展速度出现滞障。中共十一届三中全会以来，伴随着全国改革开放的步伐，枣庄市在中央和山东省委、省政府的正确领导下，不断解放思想、更新观念、深化改革、大胆创新、放开搞活、加快发展，实施了具有枣庄特色的区域经济发展战略，极大地解放了生产力，全市经济总量不断扩张、产业结构逐步优化、质量效益日益提高，经济社会迈入稳步健康可持续发展的轨道。

一、经济建设历程

改革开放后，枣庄经济发展大致经历了五个阶段。

（一）在拨乱反正和改革开放启动阶段，实现了工作重心转移和经济逐步恢复（1978—1982年）

粉碎“四人帮”后，中共枣庄市委、市政府顺应历史潮流，在实际工作中逐步弱化“阶级斗争为纲”的影响，为恢复和发展经济做了大量工作。但由于历史条件的限制，不可能从根本上纠正“左”的指导思想，以致出现了急于求成、片面追求高速度的急躁冒进错误。中共十一届三中全会后，枣庄市一方面努力清除“左”的影响，另一方面按照中央对国民经济“调整、改革、整顿、提高”的方针，以农村改革为抓手，积极推动经济各领域的改革发展。

1. 拨乱反正方面。1978年《光明日报》发表特约评论员文章《实践是检验真理的唯一标准》和1979年7月邓小平到山东视察做出重要指示之后，枣庄市委组织理论战线的同志和各级党政机关学校开展学习讨论，冲破了长期以来“左”的错误思想束缚，使人们从“两个凡是”的思想禁锢中走出来。1978年中央决定恢复各级人民代表大会的活动，6月29日至7月2日，枣庄市第八届人民代表大会第一次会议召开，市检察院恢复工作。在此前后，滕县第八届人民代表大会召开，并恢复了法院与检察院；各区分别建立了区人民检察院。枣庄市各级党组织对十年内乱造成的冤假错案进行了认真审查和纠正。自1978年起，共复议改正历史老案1521起，复议改正“文化大革命”案件1236起；复议修改“文化大革命”中自杀人员结论65人；补发因“文化大革命”案件而扣发干部、工人14159人的工资；原划右派901人、因右派问题受处分77人全部予以改正；对地主、富农分子进行摘帽，改为社员成分，给予公民权。1978年全国科学大会和全国教育工作会议之后，相继召开了枣庄市科学大会和教育工作会议，表彰奖励科技先进集体、先进个人和重要科技成果，落实知识分子政策。至1978年底，市科委得到恢复和壮大，五区一县（薛城区、齐村区、市中区、峄城区、台儿庄区、滕县）均成立了区（县）科委。同时，整顿教育系统领导班子和学校管理体制，撤销学校革委会，恢复中小学校长负责制和高考制度。1979年10月，恢复重建了曾于1962年下马的枣庄市农业学校。这些，都为经济体制改革和经济发展奠定了基础。

2. 农村改革方面。党中央《关于加快农业发展若干问题的决定》出台后，枣庄市随即出台《关于当前农村政策若干问题的试行意见》，要求在生产队统一核算和分配的前提下，推行农林牧副渔生产责任制，“允许生产责任制的形式灵活多样，不要搞一刀切”，鼓励发展农村多种经营，提倡办好社队企业，繁荣农村集市贸易，搞好农村商业和农副产品收购，鼓励和扶持社员家庭搞饲养、捕捞、纺织、缝纫、工艺制作等副业。此后，全市农村开始推行包工到作业组、联产计酬责任制，实行超产奖励。1980年1月，在台儿庄区张山子公社良庄、兰城公社柿树园、马兰公社张庄等11个大队推行包产到户或大包干责任制。1981年初市委出台9项措施，下半年又制定30条意见，对实行农业生产责任制加以引导。1982年针对实行大包干过程中出现的问题，要求正确贯彻“统分结合”的原则，加强集体“统”的功能，解决好一家一户办不了、办不好的事情。至1982年5月，全市11000多个基本核算单位，全部实行了各种不同形式的大包干生产责任制，基本建立起以土地公有为基本特征，以家庭承包经营为基础，以社会化服务为支柱的有统有分、统分结合的双层经营体制，使农村经济得以迅速发展。1982年，全市农业总产值达到8.1亿多元，比1978年增长63.3%；粮食总产21.78亿斤，比1978年增长35.5%，甩掉了长年吃统销粮的帽子；油料总产7000万斤以上，市场食油供应彻底改变了调入局面，由1978年从外地调入食油234万斤变成上调省282万斤；多种经营总收入达到6.9亿元，比1978年增长2倍。

3. 企业发展改革方面。一方面，枣庄市按照“八字方针”对工业结构进行调整。主要是优化工业内部比例关系，重点把轻纺工业搞上去，并于1980年8月在市第一轻工业局的基础上成立了

市纺织工业局。1979—1982 年，对消耗大、产品滞销、长期亏损的 21 个企业，分别实行关停并转，新上毛纺、印染、啤酒等 38 个轻纺项目，建设了十里泉电厂两期共 50 万千瓦机组、枣庄市水泥厂扩建工程等一批能源和建材工业项目；大力开展“增产节约、反对浪费”活动，大搞“双革”（技术革新、技术革命），加强企业管理，使全市工业经济在调整中保持了比较快的发展速度。另一方面，对商贸企业从扩大企业自主权入手，逐步推行国家对企业和企业内部的经济责任制。1979 年在预算内国有企业中进行扩权试点，1981—1982 年推行以利润分成为主要内容的经济责任制。像枣庄市商业系统推行“利润包干、工资浮动、超额分成”经营责任制，引导批发部门与基层供销社搞批发联营，允许农村“双代店”改为专业承包的自营店；枣庄矿务局学习首钢经验，从局到矿实行经济责任制包保办法，初步解决了企业经营好坏一个样、职工干好干孬一个样的问题。五届全国人大四次会议通过《中华人民共和国经济合同法》后，枣庄市出台了《关于推行经济合同制的意见》，在工商、农商、商商之间全面推行经济合同制，促进了改革开放和商品经济发展。

4. 对外开放方面。一方面，枣庄市按照国家和山东省要求，狠抓外贸出口工作。1978 年 4 月撤销枣庄市对外贸易综合公司，分设山东省畜产品、食品、五金矿产、轻工业品等四个进出口公司枣庄支公司。1979 年 1 月，滕县对外贸易公司与枣庄畜产品进出口支公司挂钩经营。为组织好出口货源，枣庄市大力引进国外优质品种发展羊、兔、貂等养殖，积极发展桐木、杏、山楂、板栗、大蒜、土豆等本地特色农产品种植；市政府对一轻、二轻、化工、冶金、机械、商业等系统和各区（县）分解落实任务，从 1980 年起连年超额完成国家下达的出口商品收购计划，出口商品从 1977 年的 6 个种类扩大到 1982 年的 10 大类，外贸商品收购额达到 4260 多万元，比 1977 年增长 1 倍以上。另一方面，积极开展进口和对外交往。山东省利用外资、“两贷”开发资源，安排枣庄市新建了一批工业项目，像年产 30 万吨原煤的泉上煤矿、年产 21 万吨原煤的庄里煤矿、年产 120 万吨 500 号水泥的鲁南水泥厂等企业。1978 年枣庄矿务局柴里煤矿从西德引进两套综采设备，全市煤矿系统在复修和扩建中进口的先进设备共有 485 台（套），总值 7639.9 万元。1982 年以后，先进设备和先进技术引进工作在其他行业逐步得到重视，从数量和使用外汇额度上都超过了煤炭行业。与此同时，枣庄市先后接待了日本、美国、西德等国外经济贸易代表团（组）来枣参观、访问、考察和洽谈出口业务，枣庄矿务局等单位也陆续派出经贸代表到日本、法国等国考察访问。

5. 财税改革方面。1978 年枣庄市实行“增收分成，收支挂钩”财政体制，1979 年实行“收支挂钩，超收分成”，基本上是以核定地方收入与地方正常支出挂钩，由总额分成或包干解决，地方机动财力与地方完成收入的超收多少挂起钩来，多超多分。为适应财政体制的变化，1979 年初成立了“枣庄市革委财税局国营分局”，对枣庄矿务局等 18 个企业实行财税利统管。1980 年国家推行“分灶吃饭”财政分权改革，枣庄市相应地对区（县）实行“划分收支、分级包干”管理体制：除工商税归中央、其他收入中应上缴省部分以外，市属企业的收入、工商所得税、地方税和其他收入归市财政，区（县）属企业的收入、工商所得税、地方税、农业税和其他收入归区（县）财政；支出方面，市级负责农业农村基建投资、县以上供销社和农机部门简易建筑费、城市维护费、人防科研所经费、外事活动费及市直单位的有关经费；区（县）级负责农、林、水、气象、工交商以及文教卫生科学等事业费，抚恤和社会救济费，行政管理费和其他支出。1982 年初，山东省对枣庄市的财政体制改为“总额分成”，枣庄市对区（县）也实行“总额分成”办法，并以 38.5% 为限额进行平衡，分成比例、增长分成和定额补助一定三年不变。同年，枣庄市根据省财政厅要求，普遍建立了公社财政组，对加强公社财务管理、管好用好支农周转金、完成农业税征解任务起到了一定作用。

（二）在改革开放全面展开阶段，经济建设各领域的改革开放不断深化（1983—1992 年）

按照党的十二大“到 20 世纪末全国工农业总产值比 1980 年翻两番”以及山东省委第四次代表大会“实现提前翻番、富民兴鲁”目标，枣庄市开始有计划、有步骤地推进经济体制改革和经济项目建设，改革重点逐步从农村转向城市，对外开放的力度逐步加大，经济发展速度逐步加快。至 1987 年，全市社会总产值、国民生产总值和国民收入翻了一番多；1992 年，全市国民生产总值完成 77.1 亿元，提前 8 年实现翻两番目标。

1. 经济发展思路和管理手段从恢复调整向适应社会主义商品经济转变。

随着我国社会主义商品经济体制的逐步建立，枣庄市委、市政府认真贯彻落实党中央和省的决策部署，在实践中总结经济发展的经验教训，抓经济工作的能力不断增强。在宏观管理上，初期继续贯彻执行调整、改革、整顿、提高的方针，果断采取禁止跨行业经营等措施遏制物价上涨，对企业进行全面整顿，出台减轻农民负担措施，取得了明显成效；1988—1989 年，再次出现经济过热现象，枣庄市下大气力治理经济环境、整顿经济秩序，通过出台稳定物价 10 条措施、清理在建基建项目、收紧银行贷款、压缩社会集团购买力等办法，实现了消除经济过热与保持经济适度增长相统一的目标；从 1990 年起，枣庄正式编制综合财政信贷、综合物资和预算外收支计划，对关系国计民生重要产品之外的其他产品实行指导性计划与市场调节相结合的手段进行调控。在财税体制上，从 1983 年起，根据省里调减枣

庄的中央向地方借款总额分成比例，市里也对区（县）相应调减收入分成比例或辅助定额。1984年实施了财政、税务机构分设，保障了财政收入任务顺利完成。1983—1986年，对国有企业分两步实施了“利改税”。1985年起，国务院推行“划分税种、核定收支、分级包干”的新财政体制，市里按照第二步利改税后的税种，划分了市内五个层次的固定、共享收入和市与区（县）支出范围；同年，根据中发〔1983〕35号文件建立了乡镇财政，实行“划分收支、总额分成”的管理体制。在经济发展指导上，1983年1月枣庄市公布了年度国民经济和社会发展计划，1986年制定了国民经济和社会发展“七五”计划，1991年制定了国民经济和社会发展十年规划及“八五”计划；从1985年到1990年，枣庄市开展大规模经济社会发展战略研究，最终形成了《枣庄市经济和社会发展战略（1990—1999）》，围绕实现国家战略发展三部曲的第二步目标，明确了未来10年枣庄发展的目标、方向和路径；在此基础上，进一步形成了以点带面“一线三点三片”发展格局，即新上项目主要集中在枣薛经济带，重点建设薛城、市中、滕州三角经济带，开发滕南滕北煤炭基地、枣南农副产品基地、山亭林牧基地三大片，奠定了枣庄经济长远发展的战略格局。

2. 农村改革从推行家庭联产承包责任制向发展二、三产业转变。在土地制度方面，这一时期主要是完善和发展各种形式的联产承包责任制，按照自愿互利原则发展多种形式的合作和联合经营，进一步改革农业计划体制和农产品统购制度，对粮食、棉花、花生等主要农产品继续执行并完善合同定购制，其他农副产品的生产和收购实行计划指导下的市场调节；1991—1992年，重点完善土地承包、升级补偿、土地流转、合同管理等配套政策，使联产承包制逐步走向科学化、规范化、法制化的轨道。在农村经济方面，从过去单纯的大包干开始注重发展家庭经济，从过去的粮食生产开始注重多种经营，愈来愈多地涌现出专业户、联合体和村级合作企业，像薛城区开展了“村村有收入”活动，1985年有企业的村占行政村的比例达到79.9%。市委、市政府提出城市要“敞开城门”，欢迎农民进城经商，1984年7月5日滕县城关镇滕东大队农民自筹资金建设的五层商业服务大楼——文昌大楼在滕县城区正式开业，成为枣庄农民进城发展商业的典型。这一时期，枣庄市委、市政府出台了《关于加快乡镇企业发展的意见》《关于为发展农村商品经济服务若干问题的试行意见》，提出“乡镇、村、联合体、个体四个层次一齐上”，在税收、人才、资金、技术、设备、原料等方面给予大力支持，乡镇企业异军突起，1992年全市乡镇企业发展到114345个，其中乡镇办企业1135个：出现了28个工业产值超亿元的乡镇；固定资产原值177670万元，总产值906250万元，产值5000万元、3000万元、2000万元、1000万元以上的乡镇企业分别达到1个、5个、15个和65个。在扶贫开发方面，1983年11月，枣庄市将经济相对落后的原滕县东部8个山区乡镇和原齐村区北部6个山区乡镇合并组建山亭区，被称为“穷哥们大联合”，1985年被列为全国重点贫困区；其时，全市扶贫乡镇共20处，28万人年均收入不足200元。成立山亭区改变了枣庄县级行政区划和经济格局，扶贫开发成为一项重要而紧迫的任务。自1985年国家有组织、有计划、大规模开发式扶贫之后，枣庄举全市之力开展扶贫攻坚，市里直接负责最贫困的山亭区徐庄、辛召、冯卯、水泉4个乡，其他5个区（县）的扶贫工作由各区（县）负责，制定并实施了募捐、搬迁山顶村、组织劳务输出、扶持发展生产、减少赋税、加强精神文明建设等措施。至1992年底，山亭区人均纯收入达到672元，全市人均收入不足200元的仅剩4个村258户约1000人。

3. 国有企业改革从企业扩权向放开搞活企业经营体制机制转变。1984年，枣庄市制定了对集体企业和国营小企业放开搞活的暂行规定和改革建筑业的试行办法，在市一轻、二轻、纺织三个系统进行试点，拉开了国有集体企业深化改革的序幕；同年成立了隶属于市政府办公室的负责经济体制改革的机构，1988年改为枣庄市经济体制改革委员会，标志着全市经济体制改革全面展开。一是实行简政放权。1984年开始下放生产经营权、干部管理和机构设置权等10项权力，后来又扩大企业运用自有资金进行技术改造等8项权力，在工业系统和企业内部逐步建立局长责任制、厂长（经理）负责制；在建筑行业逐步推行基建投资包干、工程招投标、工资含量包干，勘察设计全面实行技术经济承包责任制。1987年枣庄市出台《关于深化企业改革进一步增强企业活力的意见》，提出“所有国营企业要认真贯彻中央三个《条例》积极推行厂长（经理）负责制和厂长（经理）任期目标责任制，并逐步实行厂长离任经济责任审计制”，积极推进企业劳动人事、工资分配、社会保险三项制度综合配套改革，至1992年259家区（市）属以上工业企业推行了三项制度改革，占企业总数的92%；对严重资不抵债的企业进行了破产试点。二是推行经济承包责任制。1983年开始推行以承包为中心的经济责任制，市属厂矿企业对市政府主管部门承包，区县属企业对各区县经委承包。像市水泥厂从一个连续三年亏损的“老大难”企业，通过全厂搞承包实现扭亏为盈，1984年完成利润相当于1982年以前18年利润总和的1.66倍。1986年对全市工业逐级实行经济目标责任制，1987年开始探索两权分离企业改革形式，1988年上半年企业承包经营责任制在全市全面铺开，至1988年底市直和区（市）属独立核算企业实行承包制的占96.3%。1990—1991年，对全市区（市）属以上承包到期的企业，以及上述行业中尚未承包的企业开展新一轮承包；同时推行企业与政府职能部门“双向承包”，为企业承包指标的实

现提供必要保证，引起省内外领导和专家学者的极大关注。三是鼓励发展横向联合。企业间横向联合最初主要是产销、技术、资金、价格之间的衔接与协同，像市二轻局引导市皮革公司所属多家单位成立市皮革行业经济技术协作联合会、滕县服装制帽厂与上海敦煌衬衫厂开展管理技术协作等。1987年枣庄市开始引导企业发展紧密型合作组织，着手组建陶瓷、纺织、钻床、家具等企业集团。1992年市政府下发《枣庄市企业兼并试行办法》，批转市体改委《关于发展和完善企业集团的意见》，成立山东省企业集团联合会枣庄分会，相继组建了枣庄机电、电子、鲁化、水泥、橡胶等企业集团，至1992年底全市组建企业集团30家。同时积极推进股份制试点工作，至1992年全市批准实行股份制的试点企业达到31家，其中股份有限公司19家、有限责任公司12家，股东权益总额达5.3亿元。四是改革商品流通体制。供销社改革始于1983年，按照中央提出的把供销社办成供销、加工、储藏、运输、技术等综合服务中心的要求，在齐村区进行改革试点的基础上逐步推开，主要开展清股分红、扩大入股，建立理事会、监事会，筹建市和区（县）供销社联合社等工作。国营商业和零售业的大面积改革从1986年开始，到1987年底有98%的小企业实行了租赁经营和“国有集体营”，1988年对财政直接承包，实行全员风险抵押和法人代表风险抵押，1992年推行经营、价格、分配、用工“四放开”，使供销企业初步建立起“自主经营、自负盈亏、自我约束、自我发展”的新机制。市物资系统也逐步放开物资供应市场。在国有商贸企业改革的同时，市场建设取得了巨大发展，截至1992年底，全市共建设专业批发、综合集市贸易市场214处，生产要素如科技、金融、房地产、产权交易市场30余处，枣庄市驻地形成了大观园、文化路、亚细亚三大商业区，滕州善园商场、薛城齐鲁商厦等10个大型商业网点建成或开业。粮食流通体制改革严格执行上级政策，1979年开放粮食集市贸易、恢复议购议销业务，1984年缩小统购统销的品种和数量，1985年取消统购统销改为合同订购，至1992年底，全市行业用粮全部采取保量放价供应，粮食部门相继成立粮食总公司，既履行政府部门职能，又兴办实体搞经营。

4. 对外开放从主攻外贸出口向全面经济技术合作转变。在外贸出口方面，1983年对外出口商品收购额为4348.37万元，出口工业品比重为52%；“七五”期间枣庄市外贸发展迅速，1986—1990年出口商品总值累计完成11亿元，创汇2.5亿元、年均增长41%。但从1972年成立市外贸局到1991年6月撤销市外贸局，枣庄市外贸一直隶属省外贸统一管理，受政策影响至1991年历年亏损挂账688.65万元。1992年省外贸体制下放，枣庄市建立健全市和区（市）对外经济贸易委员会，国家经贸部批准赋予枣庄市地方外贸经营自主权，枣庄商检局建成开展业务，市外贸总公司、市外运总公司和五区的外贸综合公司相继成立，开始进入外经合作、对外贸易、外商投资“三外齐抓”新时期，当年外贸出口完成10.25亿元，比上年增长104.8%。在利用外资方面，1986年之前枣庄利用外资很少，到1985年底全市累计利用地方外汇和外汇贷款仅1711.3万美元。1986年枣庄市被国务院批准为对外开放城市，当年引进第一家外资企业。1992年，全市批准成立三资企业114家，利用外资7239万美元；“三资”企业累计达到151家，成立了“枣庄市外商投资企业协会”，共有15个国家和地区的客商前来枣庄投资合作。在开发区建设方面，1988年12月24日开始兴办枣庄经济技术开发区；1990年报省政府批准在经济技术开发区内首期开发1.5平方公里的枣庄市高新技术产业开发区，为省级高新技术开发区；1992年市高新技术产业开发区被列为国家科委管理单位。在此后枣庄市行政中心迁移、引领城市转型、扩大对外开放方面，枣庄市高新技术产业开发区都发挥了重要作用。这一时期还建立了滕州、市中两个省级开放开发综合实验区。

（三）在改革开放系统推进阶段，与社会主义市场经济相适应的经济框架初步确立（1993—2002年）

在邓小平南方谈话、十四大精神的指引下，全市上下进一步坚定了振兴枣庄经济、建设好山东南大门的信心，1993年10月召开的中共枣庄市第六次代表大会提出：要坚持“能快则快，能高则高，能大则大，能外则外，能好则好”，不断推动枣庄国民经济持续、协调、健康发展。

1. 把握市场经济规律，进一步探索枣庄发展新路径。随着经济体制改革和经济建设的不断推进，市委、市政府对枣庄自身发展优势和基础的认识越来越深刻，对经济规律的把握和运用越来越娴熟，越来越注重从科学、长远的角度来谋划枣庄的经济发展。1993年4月5日，全市经济工作会议提出了枣庄作为煤炭资源衰老比较严重的矿区城市如何实现长远发展这一关键命题。按照中共十四届五中全会提出的“两个转变”（经济体制从传统的计划经济体制向社会主义市场经济体制转变，经济增长方式从粗放型向集约型转变）要求，市委、市政府不断调整优化经济发展策略：1996年制定的全市“九五”计划及2010年远景目标纲要提出，建设枣薛线、京沪线、京杭大运河线三条产业聚集带。1998年11月18日，市委常委会议讨论了枣庄市城市总体规划两个方案要点（方案一：把枣庄市行政中心确定在枣庄，依托老城向西发展；方案二：把枣庄市行政中心确定在薛城京福高速公路和京沪高速铁路以东3公里处）；11月25日市委召开枣庄市城市总体规划方案讨论会，对两个方案进行投票表决；12月1日市委召开常委扩大会议通报表决结果，与会人员一致同意将枣庄市行政中心确定在薛城、并依托薛城向东发展的方案。1999年7月18日山东省政府以鲁政字〔1999〕182号文件批准

实施《枣庄市新一轮城市总体规划》，该《规划》提出了“枣庄、薛城组成的中心城”这一概念。2001年制定的“十五”计划明确提出构建“一个中心”——即枣薛中心城市，与“十五”计划同时制定的还有《枣庄市可持续发展规划》《枣庄市矿产资源总体规划》《枣庄市沿运经济带开发专题规划》等11个专题规划。2000年12月枣庄新城区首期工程在靠近京杭运河、京沪铁路、京福高速公路及论证规划中京沪高铁的薛城区东部正式开工建设，枣庄开始从依赖资源求发展的矿区城市向依靠创新求发展的开放型城市转变，由此迈出了资源型城市转型的关键一步。

2. 加快国有企业改革，推动企业成为市场经济的主体。枣庄市先后于1994年和1998年两次在全市范围组织实施企业改制。1994年开始，按照“抓大放小”和“三改一加强”（改组、改造、改制，加强企业管理）的总体思路，集中精力抓企业改制和建立现代企业制度试点工作。1998年，市委、市政府针对国有企业大多经营不善、亏损严重、资不抵债的严峻形势，开启了国有企业全面改革的大幕，以搞好产权制度改革为突破口，因企制宜，多法改制：对少数大型骨干支柱企业和集团按照《公司法》要求改造成较规范的股份制公司，对少数长期亏损、扭亏无望、资不抵债的企业依法实施破产，对大多数一般竞争性中小企业彻底放开经营，允许整体拍卖、折股出售、租赁经营、送给优势企业或采取其他有效形式改制。到2002年底，全市已有1745家乡镇属以上企业实行多形式改制，改制面达到99%，公有制的实现形式趋于多样化。国有大中型企业建立现代企业制度始于1994年，当年出台了《关于选择部分国有大中型企业进行现代企业制度试点的通知》，1995年确定10户工业骨干企业和2户重点流通企业开展首批市级现代企业制度试点，收到了一定成效，像1998年4月枣庄矿务局改制为枣庄矿业（集团）有限责任公司、12月兖矿集团兼并鲁南化肥厂等。但由于大中型企业债务包袱、冗员包袱和社会包袱沉重，建立现代企业制度改革相对滞后，《枣庄市国有大中型骨干企业初步建立现代企业制度实施方案》提出“到2000年争取1—2家支柱企业成为上市公司”的目标，直到2015年才实现企业上市零的突破。同时国有企业改制也存在一些不到位、不规范等问题，导致出现国有资产流失、改制不彻底、大量工人下岗失业等不容忽视的问题。这期间，枣庄市还按照中央要求于1994年实行了财政分税制改革。

3. 调整优化产业结构，夯实枣庄长远发展经济基础。1993年、1994年，面对全市国有企业大面积亏损、资产负债率居高不下的实际，市委、市政府在组织党政领导干部帮包企业、扭亏增盈的同时，及时调整经济工作思路，提出“一集中、四争取”（集中精力抓好现有企业，争取上一批政策性投资、合资合作、公益性建设、乡镇企业的新项目），收到了比较明显的成效。在“九五”期间，着力构筑“一个主导、四大支柱、六大系列产品”工业格局（一个主导即煤化工工业，四大支柱即煤炭、建材、纺织、机械电子工业，六大系列产品即精细化工、机电、纺织、轻工、纸制品、建材六个系列）。2001年制定了《枣庄市“十五”工业振兴计划》，提出“十五”末完成工业投入200亿元，重点扶持八大产业，发展十大集团，培植8家上市公司，力争工业增加值、销售收入、利税翻番等奋斗目标。10年间，组织实施了国家“七五”重点建设项目——鲁南水泥厂以及泉上煤矿、金庄煤矿、枣滕矿区、鲁化甲醇、华众纸业等一批重大项目，全面完成关停小造纸任务，工业经济在改革调整中不断发展壮大。枣庄市坚持依靠科技推动经济发展，1993年4月被列入第一批全国专利工作试点城市，后来相继成立枣庄市专利局和枣庄市产权交易中心，出台《关于加快科技进步推动经济发展的决定》，把经济发展转移到依靠科技进步和提高劳动者素质的轨道上来。1993—2002年，枣庄市共承担各类科技计划项目2249项；2002年全市高新技术产业产值达到17.56亿元，占规模以上工业总产值的5.48%；1996年鲁化水煤浆加压气化及配套新工艺获国家科技进步一等奖。在第三产业发展上，枣庄市实施“大高新”战略，提出围绕“两点一线”（市驻地、滕州市驻地“两点”，枣薛高等级公路“一条线”）抓好商品集散地和经济带建设，开展“批发市场建设年”活动，兴建了一批现代化商业网点，形成了以市驻地八大批发市场（高档建筑装饰材料、小商品、牛仔系列服装、洗涤化妆品、进口商品、干鲜果品、生产资料和粮油批发市场）为中心、区（市）市场为骨干、初级市场为基础的大市场网络。特别是1994年底至1996年实施的市驻地青檀路改造和八大批发市场（即后来的新昌市场）建设，成为枣庄城市经济的标志和范本，普惠市民，影响深远。通过10年调整，枣庄三次产业比例从1992年的27.5：49.3：23.2调整到2002年的14.5：51.7：33.8，三产比例平均每年提高一个百分点以上。

4. 加快农村改革发展，打造富有活力市场农业体系。农村改革方面，主要实施了土地延包、减轻农民负担和税费改革。从1993年开始，枣庄市在继续稳定完善以家庭联产承包为主的责任制、统分结合的双层经营体制基础上，逐步适当延长土地承包期，稳步实施股份合作制和“两田制”，积极探索“四荒”、林网、水利设施使用权改革的路子，1996年在全市推广徐庄乡荒山使用权拍卖的经验做法。从1997年开始，按照中央关于土地承包期延长30年不变的要求，开展了第二轮土地承包工作。2001年，市政府制定《枣庄市农村土地承包经营管理暂行办法》和《关于全面推进土地使用制度改革的意见》，到2002年底全市土地延包面积256.7万亩，占应延包面积的97.6%；土地流转面积18.5万亩，占总面积的6.8%。1993年2月市委、市政府作出《关于

切实减轻农民负担的决定》，持续开展减轻农民负担工作；2001年按照中央和山东省的要求开展农村税费改革，2002年全市农民人均负担63.5元，农民负担连续11年控制在国家规定的限额之内。农业经济发展方面，实施了抓“两化”促“两增”（农村经济产业化、服务社会化，增加农产品社会有效供给、增加农民收入和壮大集体经济实力）和经济强乡强村建设。根据党的十四届三中全会精神，枣庄市从1993年开始实施抓“两化”促“两增”，1994年出台《关于推进农村经济产业化服务社会化大力发展社会主义市场农业的决定》，加快发展十大农业产业体系，着力完善管理体系、实体体系和协会服务体系，大力发展合作经济，逐步推进农业适度规模经营，有效增加了农民收入。根据山东省加快经济强县强乡发展的部署，出台《关于加快区（市）经济和经济强乡强村发展的意见》，促进了农村经济发展，1993—1997年全市农民收入年均递增18%左右，1997年17个乡镇率先跨入小康行列。扶贫方面，实现了重点扶贫区的整体脱贫。建立了市长扶贫基金，通过突破难点重点、增加智力投入、实行龙头带动、推进“四通”工程（通水、通路、通电、通讯）等措施加大扶贫开发力度，贫困人口最多的山亭区于1995年、1996年摘掉全国和全省重点扶贫区的帽子，实现了整体脱贫。2001年，山东省委、省政府启动新世纪扶贫工程，将山亭区列为省级扶贫开发工作重点县。

5. 全面推进放开搞活，构建全方位对外开放新格局。一方面，全力抓好对外开放。1994年枣庄市制定了《关于实施外向带动战略加快发展外向型经济的意见》，提出树立“枣庄以外就是外、借助外力发展枣庄”的思路，坚持“经贸结合、三外齐上、整体推进、重点突破”，出台了一系列鼓励招商、优化发展环境的政策措施，突出“大、高、外”（投资大、科技含量高、外资）项目实施全民招商引资，深化外贸体制改革，实现了出口创汇、利用外资和对外经济技术合作的新突破。1998年受亚洲金融危机冲击和资金短缺严重制约，枣庄外经贸工作进入适应性调整阶段，市委、市政府及时把“外向带动战略”调整为开放带动战略，制定出台《关于实施经济国际化战略，提高对外开放水平的意见》，在更高层次、更宽领域实施对外开放。2000年，分别在山亭区、峄城区、薛城区、台儿庄区设立了经济开发区。2001年底中国加入WTO，枣庄市出台了《关于加快实施“走出去”战略的通知》，2002年对外贸易创出“两个高于”：全市实际利用外来资金53.21亿元，其中实际利用外资4661万美元；完成进出口总额18429万美元，其中出口14062万美元，出口增幅高于全省平均水平3.6个百分点；新批合同利用外资增幅高出全国、全省195.1和138个百分点；完成海外营业额496万美元；各类工业园区达到49个，固定资产投资累计25.8亿元，入园企业1460家。另一方面，狠抓对内搞活。1993年10月中共枣庄市第六次代表大会提出私营个体经济发展比例、发展速度、从业人员和经营规模、经营范围、经营方式“五不限”，随后推动一批党政机关举办的经济实体脱钩，出台了一系列支持私营个体经济发展的政策；1998年市委进一步提出“四放开、五不限、六个一样”，即放开胆量、放开手脚、放开步伐、放开发展，不限发展速度、不限经济规模、不限经济性质、不限行业比例、不限组织形式，与国有、个体企业一样重视、一样支持、一样关心、一样帮助、一样享受政治经济待遇、一样作为各级党政的政绩看待，出台了支持个体私营经济发展的30条政策规定。2000—2002年，枣庄掀起发展民营经济的新高潮，市委、市政府大力表彰百强民营企业和个体私营经济工作先进集体和个人，鼓励机关人员轮岗发展民营经济，加快民营经济园区建设，在政策激励下，抛弃“铁饭碗”“下海”经商再次成为枣庄人的时尚选择。2002年全市民营经济单位（户）数达到6.29万个，从业人员31.72万人，纳税额占全市税收总额的55.8%。

（四）在全面建设小康社会的迈进阶段，枣庄经济在快速发展中开始转型（2003—2011年）

进入新世纪，枣庄发展迈向新阶段。2003年4月，中共枣庄市第八次代表大会召开，市委工作报告的题目为《与时俱进，开拓创新，为把枣庄全面建成小康社会而奋斗》，枣庄市超前提出了“全面建成小康社会”的远大目标。这一时期，市委、市政府深入贯彻落实科学发展观，实现了经济发展指导思想的根本性转变，从千方百计加快发展跃升到城市转型，经济逐步转向全面协调可持续发展的轨道，枣庄总体发展速度快、经济增长质量高、城市面貌变化大，人民生活状况得到很大改善。

1. 在发展路径上，将城市转型确立为经济发展根本战略。2003年上半年，市委、市政府对关系枣庄经济社会发展的若干重大问题组织开展大规模调研活动，经济建设方面主要围绕调整优化经济结构、财源建设、增加农民收入、“走出去、引进来”、繁荣发展服务业、优化生产力布局等6个专题展开调研，提出了一系列具有针对性的建议。2004年6月，枣庄市委、市人大、市政府和市政协搬迁到新城办公，此后其他市直机关事业单位陆续搬迁。政治经济文化中心的西移，标志着枣庄开始走出资源过度依赖的困境，在依靠创新开放求发展的道路上迈出了实质性步伐。2005年，成立了市委书记和市长牵头的枣庄市城市经济转型工作领导小组，同年制定的枣庄市“十一五”规划提出“加快推进资源型城市经济转型”。党的十七大之后，山东省逐步形成“一体两翼”经济发展布局，作为“南翼”鲁南经济带重要组成部分的枣庄市开始实施崭新的发展战略，2008年市人代会首次把城市转型写入《政府工作报告》，市十四届人大二次会议审议通过了《枣庄市促进资源型城市转型实施纲要》，此后枣庄制定并实施了《枣庄市资源城市转型与

可持续发展规划（2010—2020年）》等一系列转型规划，实现了从“城市经济转型”到“城市转型”的重大转变，城市转型成为全市发展的核心战略。2009年，经国务院批准枣庄被列为第二批资源枯竭城市转型试点市，枣庄的发展上升为国家战略，得到中央财政的直接扶持；随后山东省出台《关于支持枣庄市做好资源枯竭城市转型工作的意见》，给予枣庄专项政策资金支持；2011年枣庄成功通过国家转型评估，在2013—2015年度资源枯竭城市转型绩效考核中枣庄均获评良好档次，继续享受国家政策扶持。通过积极努力，枣庄初步走出一条资源枯竭城市转型发展之路。

2. 在推进措施上，围绕科学发展谋划枣庄特色发展之路。这一阶段枣庄经济的发展，初期注重在政策上放开搞活，最大限度地激发潜在市场活力，追求发展的高速度；后期更加注重立足枣庄实际挖掘潜力、开辟新路、打造品牌、集聚优势推动发展，坚持走资源节约、环境友好的“双型”发展路子，从“又快又好”转向“又好又快”。2003年初中共枣庄市第八次代表大会和市十三届人大一次会议提出了经济总量五年翻一番、十年翻两番、使全市人民过上富足小康生活的目标，确立了“全党抓经济，重点抓工业，关键抓投入，突出抓招商”的思路，大力实施工业振兴计划，随后在全市开展了“解放思想、振兴枣庄”大讨论活动，连续三年开展“四强”（强乡镇、强村、强企业、强园区）竞赛活动，出台政策促进县域经济加快发展，市直有关部门纷纷出台改进工作、服务发展的政策措施，全市掀起解放思想加快发展的热潮。2003年枣庄市新增汽车2万余辆，其中3/4以上是私人购车，枣庄人在2004年春节首次尝到城区堵车的滋味，但大家都认为堵车和工资上涨、补贴增加、商场饭店顾客爆满一样，都标志着枣庄经济发展速度加快，为此感到高兴。2005年，枣庄市按照山东省加快工业发展的部署实施了“三个一批”（壮大一批支柱产业、发展一批大企业集团、培育一批知名品牌）战略。2007年后，枣庄将城市转型表述为“一个战略、三大战役”（实施城市转型战略，打响发展煤化工、发展文化旅游、加快城市建设三大战役）：一是发展煤化工，建立煤炭资源战略储备制度。制定了“稳定尿素，做大甲醇，做深醋酸，储备开发二甲醚、烯烃”的发展策略，积极扩张鲁化、国泰、盛隆、海化等企业，引进新奥、韩国SK、联想等投资过百亿元的煤化工和精细化工项目，并着力培植新型建材、机械制造等八大工业集群。2011年底全市煤化工总投资达到532.8亿元，是2007年前累计投资额的8.4倍。为给煤化工产业创造发展条件、腾出环境容量，枣庄借助2008年中央增加投资扩大内需促进经济增长的机遇，新上了庄里水库、枣临铁路、枣临高速等一批事关长远发展的重大基础设施项目，积极淘汰落后产能，实施火电“压小上大”，为煤化工产业发展创造了条件，腾出了空间。二是发展文化旅游，确立了“江北水乡、运河古城”城市名片。本着存古、复古、创古的理念，投资17.8亿元在曾经被二战炮火夷为平地的废墟上建起了一座可以留存千年的“天下第一庄”——台儿庄古城，被确定为全国首个海峡两岸交流基地、首个国家文化遗产公园，荣膺新世纪“齐鲁文化新地标”榜首，经银行评估价值总额153亿元，与微山湖湿地公园成为枣庄文化旅游的两个强劲“龙头”。布局铁道游击队红色文化游等“五个节点”，举全市之力开展“二日游”宣传推介，枣庄由游客输出地变为游客输入地，成功创建为中国优秀旅游城市，2011年服务业提供税收占地方税收比重提高到44.4%。这一时期山东省提出三产增加值占比每年要提高两个百分点，随着文化旅游业快速发展，枣庄服务业逐步被提到更加重要的位置，服务业发展进入“黄金时期”。三是加快城市建设，实施了山东省规模最大的棚户区改造。以棚改为契机推进城市经济发展，建设了通车里程全国最长的城市BRT（快速公交系统）网络，实施了中心城区城市管理体制下放，枣庄步入同城化发展新时代。通过“三大战役”的实施，枣庄经济呈现出稳步健康持续快速发展态势，逐步摆脱了在山东省实力弱小、表现平平、排名靠后的局面，树立起良好的城市形象，枣庄人民重拾自信，不再感叹“被边缘化”。

盛隆化工有限公司

3. 在企业改革上，全面加快国有企业改制步伐。一是国有工业企业改革。针对一些国有企业改制不彻底的历史遗留问题以及部分国有企业经营困难、难以维持的实际，2003年枣庄市委、市政府决定继续推进市属企业破产改制，先后抽调20多名县级干部、40多名科级干部组成几十个企业改制工作组抓企业改制工作。截至2011年6月，77家市属工业企业中有65家进行了新一轮改制，其中42家实施破产，23家实施

兼并重组、债转股、股份制改造、民营、转让、租赁等改制形式，涉及职工4.8万人。像鲁南化肥厂与兖矿集团重组后新建国泰公司，成为鲁南煤化工基地的龙头企业；薛城焦化厂破产重组后发展迅猛，至2010年底企业总资产达到18亿元，是改制前的7.5倍，主营业务收入、利税分别是改制前的5.5倍和8.8倍；26家破产企业第一顺序清偿率达到100%，部分企业职工获得解除劳动合同补偿金，一些退休职工医保问题得到解决。但由于改制企业集中、市级财力有限、政策不统一等原因，这次改制还存在职工权益清偿率低、解除劳动合同补偿不到位、失业下岗人员增多、职工危房改造难、破产企业土地变现难等问题。2011年，市委、市政府启动市南工业区改造建设工程，推进工业转型振兴，以彻底解决市属破产企业职工权益清偿、身份置换、棚户区改造等问题。二是商贸流通企业改革。粮食流通体制改革自2004年6月1日全面放开粮食收购市场开始启动，2005年实施攻坚，2006年基本完成，2007年完善提升。截至2006年9月，国有粮食购销企业政策性财务挂账34906.27万元全部剥离到企业隶属的区（市）级粮食行政管理部门集中管理，采取全员置换、留去自愿的原则妥善处理了职工的分流安置问题。从2010年11月起，按照山东省人民政府的要求开始推进服务业企业剥离非核心业务工作，至2011年底累计分离企业174家，新增营业收入46795万元，新增地税收入5213万元。三是其他配套改革。国有资产管理改革，从2009年起在市属国有独资、控股、参股企业试行国有资本经营预算，各区（市）也逐步推行，保证了国有资本收益，推动了国有经济稳步发展。金融改革，2004年开始深化农村信用社改革，化解包袱，增资扩股，建立现代企业制度，成立山东省农村信用合作社联合社枣庄办事处；市城市信用社通过剥离不良贷款、清收不良资产和增资扩股，组建枣庄市商业银行，促进了社会稳定和地方经济金融的发展；2007年后，枣庄金融改革的重点转移到创新信贷产品、加强融资平台和担保公司建设、支持城乡消费和企业发展上，创新了农地使用产权抵押贷款、钢结构资产抵押授信、活体畜禽抵押贷款等业务，2010年、2011年新增存贷比历史性地超过100%达到169.5%和115.1%，枣庄从资金流出地变成资金流入地。财政改革，2005年完善市以下财政管理体制，主要是调整财力分配结构、理顺财政分配关系，提高区（市）和乡镇财政保障能力，并开展了国库集中支付制度改革试点；2006年在峄城、薛城、山亭三个区实施“乡财乡用县管”改革；从2007年起全面实施政府收支分类改革。

4. 在农村改革上，创造了激发“三农”潜力的“枣庄经验”。枣庄市按照国家和山东省的要求，从2004年起对种粮农民实行直接补贴；2006年起取消农业税，全市278万农民无税一身轻；2007年开展了农村土地承包经营权证换发补发工作。2008年，枣庄市以徐庄土地合作社为试点，探索开展了发放土地使用产权证、建立土地使用产权交易市场、发展土地合作社的“三位一体”农村土地使用产权制度改革，将土地所有权、承包权、使用权相分离，赋予农民承包土地担保物权，实现了农村土地资本化，时任国务院副总理回良玉对枣庄的改革经验作出专门批示，周铁农、厉无畏等国家领导专程来枣庄调研。2011年，农业部以农政发〔2011〕4号文将枣庄列为全国18个农村改革试验区之一。2014年中央一号文件《关于全面深化农村改革加快推进农业现代化的若干意见》指出：“赋予农民对承包地占有、使用、收益、流转及承包经营权抵押、担保权能。在落实农村土地集体所有权的基础上，稳定农户承包权、放活土地经营权，允许承包土地的经营权向金融机构抵押融资”，枣庄的探索为这一政策出台做出了重要贡献。在扶贫方面，2005年枣庄抓住中央和山东省加大扶持财政困难县乡力度的机遇，将山亭、峄城、台儿庄、薛城四个区列入财政困难县扶持范围；从2003年起连续实施百个强村竞赛、百个薄弱村帮扶转化和百个文明生态村创建“三百”工程；从2006年起按照国家和山东省要求开展了大中型水库移民后期扶持工作；2008年起连续实施“双十双百”工程（争创科学发展十佳乡镇、支持十个欠发达乡镇实现协调快速发展，争创百个新农村建设示范村、帮扶百个经济薄弱村），有效地增强了贫困落后镇村发展的活力。

5. 在放开搞活上，以“有形之手”撬动“无形之手”，掀起经济发展热潮。在对外开放方面，坚持“枣庄以外就是外”的大开放思路，2003年枣庄出台了极其优惠的招商引资政策和激励措施，实行机关和国有企事业单位全员招商、一票否决，对贡献突出的人员从经济上、政治上、荣誉上、家属子女工作安排上给予奖励和倾斜，连年开展不同形式和规模的招商活动；2005年提出“在更大范围更广领域更高层次扩大对外开放”，将招商引资重点确定为“大、高、外、洁”项目，大力推进对外贸易方式转变，积极实施“走出去”战略；2008年后，市委、市政府改变以往“大呼隆”招商方式，尽量不举办大型招商活动，而是加强对自身优势、招商对象、产业形势等方面的研究，实行“小分队”招商、专业招商、登门招商，使招商工作更有针对性和实效性；2009年以后，为应对国际金融危机的冲击，枣庄进一步扩大外经贸发展资金规模，调整优化出口结构，加大对出口企业的金融支持，发展服务贸易，扩大进口规模，保持了外经贸工作的良好势头。2003年至2011年，全市累计利用外资11.7亿美元；2011年完成进出口总额10.68亿美元、其中出口8.45亿美元，分别是2002年的5.8倍和6倍。在园区建设方面，枣庄高新技术产业开发区经过多次调整、逐步扩张、持续建设，基本确定了辖区规模和产业结构，初步构建起管理框架；为加快新城区、高新区、薛城区建设步

伐，促进“三区合一”集聚发展，2005年枣庄市对“三区”范围作了进一步界定，明确了各自的建设与管理职责，但没有解决“三区”发展缺乏合力的问题；薛城、峄城、山亭、台儿庄四个经济开发区于2006年3月升格为省级开发区。2010年全市高新技术产业产值占规模以上工业总产值的比重达到21.2%，比2002年提高15.72个百分点。在对内搞活方面，2003年，市委、市政府把民营经济发展放在至关重要的位置，出台了《关于进一步放开放活再掀民营经济发展新高潮的意见》，提出民营经济主要指标“三年翻番、五年成为枣庄经济主体”的奋斗目标，以民营园区、企业集团、特色基地“三大载体”建设为重点，推动民营经济快速实现量的扩张和质的提高。在随后的若干年中，枣庄大力优化经济发展软环境，简政放权优化服务，严查“三乱”为企业减负，打造诚信枣庄，加快中介服务体系建设，开展民营创业带头人活动，鼓励党政机关工作人员提前离岗、离职、辞职、兼职领办、创办、协办民营经济，大力营造干事创业氛围，使民营经济得到快速发展。2011年，全市民营经济户数达到17.16万户，是2002年的2.7倍；纳税额占全市税收总额的76.4%，比2002年提高20.6个百分点，实现了从枣庄经济“半壁江山”到“四分天下有其三”的跨越。

（五）在全面深化改革、全面建成小康社会的决胜阶段，枣庄朝着经济持续健康发展、人民生活殷实富足的小康目标奋力前行（2012—2017年）

党的十八大之后，枣庄市委、市政府在全面建成小康社会宏伟目标指引下，紧紧围绕统筹推进“五位一体”总体布局和协调推进“四个全面”战略布局，团结带领全市广大党员干部群众适应经济发展新常态，坚持创新、协调、绿色、开放、共享新发展理念，坚持稳中求进工作总基调，加快推进创新、开放、生态“三大跨越”，精心谋划枣庄新型工业化、信息化、城镇化、农业现代化道路，坚持干在当下、成在实处，努力与全国、全省人民共同全面建成小康社会。

1. 着眼历史现实未来，描绘枣庄全面小康社会美好蓝图。在全面建成小康社会的关键历史时期，科学发展观已经落实到枣庄经济发展的方方面面，特别是经济步入新常态后，枣庄市深入贯彻落实中央供给侧结构性改革的决策部署，努力提高经济发展的质量和效益。在2012年2月4日召开的中共枣庄市第十次代表大会上，把加快城市转型、建设“幸福新枣庄”作为全市人民共同奋斗的核心任务，将城市转型“三大战役”表述为服务业发展、新型城镇化和工业转型，将“幸福新枣庄”形象地描述为“富庶之乡、宜居城市、文化名城、活力高地、安康家园”，极大地振奋、凝聚了全市人民坚持科学发展、全面建成小康社会的信心和力量。2013年山东省部署西部经济隆起带建设，枣庄市政府对山东省《西部经济隆起带发展规划》中涉及枣庄的任务目标进行分解落实，加快建设全国资源型城市转型示范市，倾力打造转型升级和经济文化融合发展高地。2015年8月7日枣庄市委十届八次全体会议提出“努力打造自然生态、宜居宜业的美好家园”，12月19日市委十届九次全体会议进一步提出“为全面建成小康社会，建设自然生态、宜居宜业的新枣庄而努力奋斗”，枣庄特色全面小康社会的图景越来越切近、越来越鲜明，全市人民对全面建成小康社会的路径越来越清晰、信心越来越坚定。

2. 深化国有企业改革发展，全力推动工业转型振兴。2012年3月2日召开的枣庄市工业转型振兴大会重新确立了工业在全市经济发展中的核心地位，出台了《关于推进工业转型振兴的实施意见》，推动枣庄工业“凤凰涅槃，浴火重生”；后来又响亮地打出“项目兴市、工业强市、生态立市”口号，使枣庄经济重新回归以实体经济为主的轨道。2013年4月，枣庄入围国家老工业城市规划调整改造城市，为推动工业转型振兴提供了难得机遇。一是解决企业改革历史遗留问题。面对部分国有企业改制不彻底造成的生产经营瘫痪、职工生活困难、越级上访不断等严峻形势，市委、市政府事不避难、直面矛盾，以对历史负责的担当精神继续推进未完成的国有企业改革。实施了市属企业改革“三年攻坚计划”，累计投入资金13亿元，坚持依法依规改制，通过破产清算、宣告解散、股权转让、授权经营等方式，基本完成70家市属国有企业和市南工业区国有企业改革改制，并下放区（市）管理，近4万名职工的历史遗留问题基本得到依法解决，市南工业区于2015年被列为国家第三批老工业区搬迁改造试点。二是深化国有企业改革完善国有资产管理体制。根据中共中央、国务院《关于深化国有企业改革的指导意见》和山东省深化国有企业改革完善国有资产管理体制的一系列文件，2016年7月枣庄出台了《关于进一步深化市属国有企业改革完善国有资产管理体制的意见》，启动了深化国有企业改革工作，主要任务是健全现代企业制度、实施国有资本战略性调整、发展混合所有制经济、完善国有资产管理体制。三是推进传统产业整合重组。组建了泉兴中联水泥公司，整合全市水泥三分之二的产能，形成了抱团发展合力，中联水泥集团运营总部落户枣庄；促成山能集团并购重组丰源轮胎，产能达到1000万条；金庄煤矿全面委托泉兴集团管理。四是加快淘汰落后产能。2012—2017年，全市累计淘汰落后水泥熟料产能390万吨，关闭全部立窑水泥生产线，结束了枣庄50多年的立窑水泥生产历史；关闭落后印染产能2亿米；关闭产能30万吨以下小煤矿18座;关停“小火电”机组4台，容量8.4万千瓦。主要污染物排放总量持续下降，提前一年完成“十二五”节能目标。五是推动工业提档升级。结合落实“中国制造2025”“互联网+”计划，制定实施“265产业集群”培育工程（培植壮

大化工、装备制造2个千亿级产业集群，煤电、建材、纺织服装、橡胶轮胎、食品、造纸等6个500亿级产业集群，新医药、新能源、新材料、新信息、节能环保等5个300亿级产业集群），打造枣庄工业经济升级版。截至2017年底，全市高新技术企业达292家；当年实现工业总产值909.37亿元，占规模以上工业比重达到24.92%，比2011年提高8.68个百分点。

3. 加快服务业发展，构建更加合理的现代产业体系。一方面，大力发展旅游业。规划了“一园三镇五点”的全域化乡村旅游发展格局，围绕打造国内外知名旅游目的地，积极构建旅游公共服务体系，成功创建为山东省乡村旅游示范市，台儿庄古城创建为国家级文化产业试验园、国家版权贸易基地、国家AAAAA级旅游景区，全市AAAA级景区达到13个。2017年，枣庄市接待国内游客2255.8万人次，比2011年增加451.8万人次。另一方面，大力发展专业市场、现代物流、健康养生、会展经济等特色服务业。加快鲁南铁水联运、贵诚物流等项目建设，努力建设区域性物流枢纽，红星美凯龙、居然之家、大润发、万达广场等知名服务业品牌落户枣庄，成功举办了中国非遗博览会、世界石榴大会、首届中国年博会等节会活动。2012年、2013年服务业投资比重均超过全市固定资产投资的50%；2014年、2015年服务业增加值增幅均超过第二产业，成为新的经济增长极；2017年，限上及规上服务业企业发展到1257家，现代服务业占服务业增加值的比重提升至45.3%；三次产业结构由2011年的8.1∶58.9∶33.0调整为2017年的7.0∶51.6∶41.4，服务业占比6年提高8.4个百分点。

4. 加快农村改革、农业发展，保证农民与城镇居民同步迈入小康社会。一是以农村改革促进现代农业建设。在深入推进国家农村改革试验区建设的同时积极发展现代农业，推进农业可持续发展和绿色发展。通过多方努力，2005年1月农业部农计发〔2015〕1号文件将枣庄整建制列为第三批国家现代农业示范区；2017年12月2日，农业部、国家发展改革委等八部委联合下发《关于启动第一批国家农业可持续发展试验示范区建设开展农业绿色发展先行先试工作的通知》，将枣庄市列为国家农业可持续发展试验示范区暨农业绿色发展试点先行区。自此，“国字号三区共建”成为枣庄“三农”工作的总抓手。2016年10月，枣庄顺利通过国家农村改革试验区试验任务中期评估。截至2017年底，全市已有501个村（居）完成集体产权股份制改革试点，累计股金分红达到2896.12万元。市级以上新型农业经营主体达到917家，在全省率先基本实现农业现代化；打响了“厚道枣庄人、放心农产品”品牌，“三区”建设取得积极进展。二是深化供销社改革。2014年山东省将枣庄列为供销社综合改革试点。枣庄市以基层供销社为依托，通过产权联结、牵头领办、业务连接、项目扶持、服务带动等方式，培育一批具有示范效应和带动功能的农民合作社，推进农业服务规模化。截至2017年底，全市供销系统共领办创办农民合作社802家；发展共建村744个，共建项目1332个；土地托管面积达77万亩，建设为农服务中心39处，组建县级为农服务公司6家。拥有各类直营、加盟店3260余家，设立村级电商服务站169个。开展信用互助的合作社达到38个，入户社员4286户，提供互助资金、贷款担保1.1亿元。三是实施精准扶贫。根据《枣庄市农村扶贫开发实施方案（2011—2020年）》，枣庄尚有农村贫困人口（按照农民人均年纯收入低于2500元的标准计算）18.48万人，占全市乡村总人口的6.6%；其中人均年纯收入低于2000元的10.33万人，占乡村人口总数的3.64%。2012年，枣庄市启动新时期扶贫开发工作，努力打好扶贫攻坚战，采取加大投入力度、提高农村低保标准、发展特色支柱产业、实施贫困户住房改造和易地搬迁等措施开展扶贫；2014年根据国家制定的扶贫对象识别办法建立精准扶贫工作机制；2015年对纳入调查范围的贫困户进行再识别、再认定，经核实剩余未脱贫贫困户3.91万户7.17万人。枣庄市通过开展“第一书记”驻村帮扶、党员干部结对帮扶等活动，积极解决贫困村和贫困群众“五通十有”问题，确保按照山东省要求比全国提前两年实现贫困人口

滕州市界河镇农业部马铃薯万亩示范片

全面脱贫，不让一个贫困群众在全面建成小康社会进程中掉队。

5. 统筹推进其他配套改革，为经济发展创造良好环境。一是深化财税体制改革。2012 年，枣庄市将 1240 余家市属以上企事业单位税费附加收入全部下划区（市）征收管理，并对跨区企业收入归属问题作了进一步调整和明确；同年市财政设立中小企业过桥还贷资金，2015 年后设立市级接续还贷资金，到 2015 年底累计滚动拨付 15.8 亿元，有效帮助了中小企业“安全越冬”。2014 年，枣庄市设立了计划规模 10 亿元、吸引社会资本 40 亿元以上的市级政府引导基金，采取市场化运作方式支持产业发展，并逐步探索 PPP 模式支持重大项目和基础设施建设。枣庄市“营改增”试点从 2013 年开始，2014 年、2015 年逐步扩面，到 2016 年全面推开，并针对“营改增”过渡期调整了市以下增值税收入划分政策。从 2015 年起，“全口径”政府预算体系全面建立，市级部门预决算和“三公”经费预决算全部公开，并开始实行中期财政规划管理，增强了财政管理实效。二是深化金融领域改革。2012 年 6 月经银监会正式批复枣庄市商业银行更名为“枣庄银行”；2014 年 9 月枣庄农村信用社合作联社改制为“枣庄农商银行”并挂牌营业，成为全省第四家市级农村商业银行；期间，还成功引进交通银行、济宁银行、青岛银行、日照银行在枣庄设立分支机构，增强了地方融资能力。2015 年，雅百特成功借壳上市，实现了枣庄企业上市零的突破；2016 年 7 月，丰元化学成功在 A 股主板上市，结束了枣庄没有主板上市企业的历史。截至 2017 年底，全市 1 家主板上市企业，首次公开发行募集资金 1.4 亿元；新三板挂牌企业达到 7 家，共融资 2.58 亿元；齐鲁股交中心挂牌企业达到 21 家，共融资近 1 亿元；泉兴集团运用企业债券、非公开定向债务融资、私募债等工具累计融资 32 亿元。三是深化供给侧结构性改革。深入推进行政审批制度改革，“四清单一平台”运行体系基本建立。深化“放管服”改革，累计调整市级行政权力事项 1782 项、取消下放市级行政审批事项 273 项。规范行政处罚自由裁量权，持续开展“庸懒散”专项整治、“百千百”民主评议（百家企业、千名群众评议市直部门百个重点科室）和群众满意度调查，依法打击“三强五霸”，营商环境不断优化。

6. 抢抓国家扩大开放机遇，全面提升枣庄国际化水平。这一时期枣庄对外开放更加注重高水平双向开放，特别是国家“一带一路”、山东省“两区一圈一带”等战略提出后，枣庄积极抢抓机遇搭“顺风车”、借船出海，更加主动地参与地区和国际经济贸易合作。在对外开放方面，继续实施外资带动战略，将招商引资的重点区域确定为“日韩两国、港台两地、京沪两市”，特别注重依托交通区位优势，积极承接京沪产业转移，先后开展了海内外知名企业家齐鲁行、香港经贸洽谈会、浙江产业推介会以及香港山东周、台湾山东周和面向全国工商联执委的招商活动，2012—2017 年，累计落地外来投资过 10 亿元项目 75 个、世界 500 强企业项目 59 个，实施省级、市级重点项目 361 个，完成投资 1767 亿元。坚持招商引资与招才引智结合、直接引进与柔性引进结合，引进了一批枣庄急需紧缺的高层次人才，共引进培养“万人计划”、泰山学者等高层次人才 21 名，确定首批“枣庄英才”66 人。拓展利用外资领域，创新利用外资方式，落实鼓励外贸企业进出口政策，积极开展“外经贸企业服务直通车”“外贸企业服务年”活动，建成运营一达通、秦工国际等外贸综合服务平台，开展外贸企业跨境电子商务试点；加快外贸出口基地建设，青岛港在枣庄市设立内陆港区；深入实施出口品牌战略，增加拥有核心技术和自主品牌的产品出口；支持企业开拓境外市场，鼓励企业“走出去”开发资源、投资建厂、承包工程。2012—2017 年实际利用外资 70040 万美元，2015 年进出口总额、出口额增幅居全省第 3 位和第 1 位。在园区建设方面，2012 年，实施了新城区、高新区和薛城区“三区合一”，按照“统一规划、功能分区、资源共享、优势互补”的思路，对薛城区和高新区的管辖区域进行了调整，新城区主要强化行政文化商务中心功能，高新区回归产业定位，薛城区提升城市服务功能。通过这次调整，总体上形成了“大新城”格局，

市驻地的管理服务工作得到加强，但在建设和发展上还有待进一步形成合力。2015年，枣庄高新区创建成为国家高新技术产业开发区，结束了枣庄市没有国家级园区的历史，2017年获批中国产学研合作创新示范基地；滕州经济开发区晋升国家级园区进入最后审批阶段。截至2017年底，全市拥有1个国家级园区、6个省级园区和滕州国际机床产业园、鲁南煤化工产业园、薛城能源循环经济产业园等一批特色园区。在民营经济发展方面，从2012年起开始实施扶持“双百”中小微企业成长计划，每年选定100家优质中小企业和100家微型企业进行扶持，用5年时间培育30家中型企业向大企业跨进、70家小型企业向中型企业跨进、100家微型企业向中小型企业跨进；从2014年起实施“个转企、小转规”，积极鼓励大众创业、万众创新，努力建设创业创新型城市；实行民营经济“非禁即入”原则，深化工商注册制度改革，全面推进“证照联办”“三证合一”，化解民营企业融资、用地难题，切实帮助企业减负担、降成本。2017年底，全市市场主体发展到34.8万家。

二、经济建设的辉煌成就

改革开放以来，枣庄市摆脱了“文化大革命”的干扰，经过了从计划经济到商品经济到市场经济的历程，实现了经济发展指导思想和发展方式的根本转变，极大地解放和发展了生产力，经济步入持续健康发展的轨道，成为一个充满旺盛活力、具有广阔前景的城市。

（一）综合实力实现了从极度疲弱到逐步增强。改革开放之前，枣庄工农业发展停滞不前、生产效率低下、财政实力不强，经济社会发展严重滞后。通过改革开放，枣庄市经济发展走上正轨、日新月异，总体实力不断提高。全市地区生产总值从建市之初1961年的2.51亿元，到1970年的4.15亿元接近翻一番用了9年时间，从1970年的4.15亿元到1978年的8.25亿元接近翻一番用了8年时间，从1981年到2015年共经历7个五年，地区生产总值比上个五年末分别增长2.2倍、2倍、3倍、1.7倍、2.5倍、2.2倍、1.5倍；地区生产总值从1978年的8.25亿元增加到2015年的2031亿元，增长245倍；2017年，全市实现生产总值（GDP）2315.91亿元。三次产业结构从1981年的37.21:51.15:11.64调整为7.0:51.6:41.4，实现了从“二一三”到“二三一”的转变。人均地区生产总值从1978年的318元，改革开放后连续跨越500元、1000元、5000元、1万元、2万元、3万元、5万元七个台阶，2017年人均生产总值达到59110元，是1978年的186倍。2017年，枣庄市一般公共预算收入完成145.20亿元、支出完成245.11亿元，分别是1978年的115倍和385倍。年末金融机构本外币存款余额1828.33亿元，其中住户存款1175.5亿元，分别比1978年增加1827.42亿元和1175.35亿元；贷款余额1212.4亿元，比1978年增加1209.48亿元。

（二）经济增长实现了从简单粗放到集约节约。改革开放之初，枣庄市依托煤炭和石灰石优势加快工业发展，一度造成资源过度开采和浪费，水、大气、山体、耕地受到严重污染和破坏。随着改革开放特别是科学发展观的贯彻落实，枣庄市确立了“高端化、智能化、链条化、绿色化、信息化、集群化”的工业发展思路，积极调整产业结构，推进节能降耗，提高资源利用效率，加大环境保护力度，经济发展的质量和效益不断提高。通过化解过剩产能，全市火电、水泥、煤炭、印染、平板玻璃等行业的耗能高、污染重、技术落后、经营困难企业被淘汰，腾出大量能耗和环境指标用于产业规模大、经济效益好、技术含量高的大项目、好项目。对煤化工产业，在尿素、甲醇、醋酸等初级产品市场基本饱和的情况下，先后引进国内外知名企业集团参与煤化工项目建设，煤化工产业加速向煤基新材料和精细化工方向延伸。通过大力培植新兴产业，新能源、新材料、新医药、新装备制造等产业初具规模；互联网产业发展迈出实质性步伐，鲁南大数据中心一期建成运营，互联网小镇入驻运营企业80家，成功举办山东省第四届互联网大会和数字中国（枣庄）峰会，区域性大数据基地正在崛起。山亭、台儿庄两个区列入国家重点生态功能区，严格实行重点生态功能区产业准入负面清单制度，成为绿色发展的示范区。2017年，全市规模以上高新技术企业达到292家，非煤产业增加值占比达到87.82%，“一黑一灰”的煤城形象渐行渐远。

（三）商品服务实现了从供给短缺到总体平衡。改革开放之初，虽然经济迅速恢复和发展，但生活消费品短期内无法满足群众快速增长的需求，市场上

山东潍焦集团薛城能源有限公司一隅

各种物资十分匮乏，始于20世纪50年代的副食品和日用工业品凭票凭证供应政策仍旧延续。1984年和1988年的全国抢购风潮也不可避免地波及枣庄，枣庄市委、市政府及时采取应对措施保证了市场和物价稳定。随着市场经济的日益发展，物资供应逐渐丰富，枣庄商品和服务由短缺转向总体基本平衡或略有结余，1993年粮票彻底退出历史舞台，“计划调拨、凭票供应”的时代一去不复返，曾经困扰城乡群众多年的商品和服务短缺问题大大缓解。农产品供给能力稳步提高，主要农产品产量成倍增加，2013年枣庄市粮食总产量171.20万吨，基本实现全市人均千斤粮、一吨菜；肉类总产量26.24万吨，水产品9.29万吨，蔬菜452.77万吨，水果25万吨。工业生产能力扩张迅速，主要工业产品产量增长迅猛，2017年枣庄市规模以上工业总产值是1978年的430倍，水泥、机制纸及板纸产量分别是1978年的99倍、125倍，纺织服装、电动自行车、橡胶轮胎等工业产品不仅供应国内市场，而且实现大量出口。第三产业迅速成长，各类服务业快速发展，基本形成多层次、多门类的商品市场体系和多种经济成分、多种市场流通渠道、多种经营方式并存的商品市场格局。2017年社会消费品零售总额982.1亿元，是1978年的329倍。随着社会生产能力的提高和信息化的发展，市场供求关系发生了根本性的转折，买方市场全面形成，“生意难做”成为更多经商者的感叹，“网购”“刷卡”“刷手机”消费成为枣庄人生活中不可或缺的内容，不论何时何地“想买就买”。

（四）基础建设实现了从严重制约到有力支持经济发展。基础设施和基础产业曾经是制约枣庄经济发展的主要瓶颈，改革开放以来，枣庄不断加强能源、交通、通信等基础设施建设，取得明显成效。能源生产能力由弱变强，从1978年破土兴建山东十里泉发电厂开始，通过持续不断大幅度增加能源投入，到2017年全市发电机组容量达到5028.5兆瓦，形成了煤电、光伏发电、风电、水电全面发展的格局；发挥枣庄煤炭铁路运输和“外电入鲁”主要运输通道优势，建设鲁南煤电一体化开发基地，到2020年全市煤电机组装机总规模将达到520万千瓦，年发电量270亿千瓦时以上；山东省近30年来规划建设的唯一大型水库——总投资30.7亿元的庄里水库于2015年7月14日启动建设，并同步规划了总投资约70亿元的抽水蓄能电站项目；2017年全市光伏发电总装机规模482兆瓦、生物质发电装机174兆瓦，到“十三五”末，全市风力、光伏和生物质发电装机规模将分别达到700兆瓦、500兆瓦、300兆瓦以上。交通运输能力明显增强，京沪高铁在枣庄设立两个站点，拉近了枣庄市与北京、上海及沿线城市的距离；BRT连通五区，2018年将通达全部县级驻地；2017年底全市公路通车里程达到8574.3公里，其中高速公路163.7公里，即将建成中心城区绕城高速大回环；农村公路实现“村村通”全覆盖，硬化路“户户通”加快推进；港口货物吞吐量突破3000万吨，枣庄港“四港区、六作业区”格局加快形成，十电运煤专线启动迁建；新台高速动工建设，枣菏高速、高铁换乘枢纽、枣木高速东延、沂台线南延等加快施工。枣庄机场纳入省综合交通网中长期发展规划，基本形成水陆空立体交织、公铁水衔接联运的综合交通运输体系。工业化、城市化、市场化、信息化的发展不断催生对通信基础网络的需求，到2017年末枣庄初步建成覆盖全市、通达世界、技术先进、业务全面的信息通信基础网络；固定电话用户由1978年的3300户增加到24.2万户，增长73倍；移动电话用户从无到有，达到351.77万户；2017年全市邮政业务收入6.43亿元；互联网一级主干网络建设上升为继济南、青岛之后的第三个宽带接入一级节点城市，枣庄被工信部认定为“宽带中国”示范城市，工业化和信息化加速融合，电子政务和智慧城市建设快速推进，有力支撑了枣庄经济快速发展。

（五）经济格局实现了从封闭半封闭到全方位开放。改革开放前，枣庄经济对外交往很少，1978年全市外贸出口销售额仅为1555.85万元，且属于山东省设立的外贸代办机构政策性外贸，利用外资基本是空白。改革开放以来，枣庄顺应经济国际化潮流，对外开放的广度和深度不断拓展，对外经济呈现加速发展态势，有223家企业与“一带一路”沿线国家建立了贸易往来关系。进出口贸易总额不断提升，改革开放后特别是1992年山东省外贸体制下放后，枣庄进出口业务迅速增长，1995年出口总值完成30亿元，出口创汇1亿美元；2017年，全市进出口总额达到101.06亿元，其中出口89.03亿元。外贸对经济增长的贡献度不断提高，进出口贸易总额占国内生产总值的比重由1978年的1.9%提高到2017年的4.4%。对外贸易的国际竞争力不断增强，工业制成品出口占出口总额比重由1978年的32.3%上升到2017年的93.8%，提高61.5个百分点；其中机电产品出口额、高新技术产品出口额从零开始，2017年占出口总额的22.8%；食品、农副产品等初级产品出口大幅下降，占出口总额的比重由1978年的67.7%下降到2017年的6.2%。与此同时，机电产品和高新技术产品进口快速增长，2017年枣庄市机电产品进口额达到6097万元，高新技术产品进口额达到580万元。利用外资规模不断扩大，20世纪80年代中后期枣庄市开始引进利用外资，此后有两个利用外资的高峰期：一是1992—1996年，实际利用外资1992年比1991年翻了接近一番，1993年突破千万美元，此后连续四年每年以1000美元左右的速度增长，1996年达到5000美元；二是2004—2010年，实际利用外资保持较高增幅，2005年突破1亿美元大关，2010年达到23900万美元的历史高峰。对外投资从无到有，2008年到2017年，对外承包工程营业额始终保持在四五千万美元以上，劳务

合作年末在外人数保持在1100—2900人。

（六）人民生活实现了从温饱不足到全面小康的历史性跨越。改革开放以前，城乡居民生活基本上处于温饱不足的状态，1985年全市仍有24万农民年人均收入在150元以下，七八万人没有解决温饱问题。经过改革开放，经济快速发展，城乡群众就业渠道越来越宽。随着市场对劳动者素质的要求提高和经济进入新常态，就业形势日趋严峻，枣庄市提出建设创业创新型城市，出台积极的就业政策缓解就业压力。2017年，全市城镇新增就业4.53万人，农村劳动力转移就业5.32万人，从业人员达到296万人；从就业结构看，一二三产业就业人员比例为27：29：44，对比1980年的86.1：9.2：4.7可以看出，大量农村富余劳动力向非农产业转移，全体居民可支配收入中工资性收入占比达到68%。城乡居民收入水平和富裕程度显著提高，1978年全市人均年收入157.43元，储蓄存款余额1538万元；2017年全体居民可支配收入达到22420元，住户存款余额达到1175.5亿元、当年新增70.97亿元。城乡居民生活水平和质量明显提高，2017年城镇和农村居民人均消费支出分别为17247元和9345元，均达到1982年的41倍。城镇、农村恩格尔系数分别降至29.4%、30.8%，连续14年逐渐降低，城乡群众对饮食的关注点从担心营养不足转向控制营养摄入，不仅要求吃得饱、吃得好，还要求吃得更健康、有品位。从耐用消费品看，2014年城镇居民家庭彩电、洗衣机、电冰箱、淋浴热水器每百户拥有量超过100台，农村居民彩电和移动电话数量分别达到101台和210台，2017年城镇居民空调器和移动电话每百户拥有量分别达到218台和262台，汽车、家用电脑等高档耐用消费品拥有量大幅提高，消费者不仅追求产品优质耐用，而且追求功能的多样化和个性化。城乡居民居住面积不断增加，2017年底城镇和农村居民人均住房建筑面积分别达到40.5和38平方米。覆盖城乡的社会保障制度逐步建立和完善，养老、医疗、失业、工伤、生育保险在内的社会保障体系框架基本形成、覆盖面不断扩大，实现了城乡居民基本医疗保险、基本养老保险并轨，城乡低保、农村五保标准逐年提高。在全面建成小康社会的冲刺阶段，枣庄在提高发展平衡性、包容性、可持续性的基础上，将提前实现经济总量和居民人均收入比2010年翻一番，与全省同步全面建成小康社会。

三、经济建设的经验和启示

枣庄经济发展的辉煌成就，既是中国特色社会主义理论在枣庄实践的产物，也是枣庄人民的伟大创举。回顾改革开放的不平凡历程，积累的经验弥足珍贵，获得的启示尤为深刻。

（一）只有坚持解放思想、改革创新，才能激活经济发展的巨大潜能。改革开放、发展经济，其本身就充满了探索和实践，没有什么现成的模式可以遵循。枣庄改革开放的经验证明，解放思想、改革创新就是解放生产力；思想解放的程度有多高，发展的空间就有多大；什么时候重视创新创造，什么时候就会迎来大的发展。在改革开放的各个历史时期，枣庄市委、市政府针对干部群众思想保守、观念落后的实际，针对制约经济发展的关键性体制机制障碍，在全市范围内开展了不同形式、不同内容的解放思想大讨论活动，1978年、1979年开展了真理标准大讨论，1988年开展了生产力标准学习和讨论，1992年邓小平南方谈话后开展了解放思想大讨论、我为振兴枣庄经济献计献策大讨论，2003年为推动枣庄进一步放开搞活开展了解放思想、振兴枣庄大讨论，使各级干部和广大群众的思想始终处于解放的状态，认识事物、考虑问题、指导实践一切从实际出发，怎么符合客观实际就怎么干，怎么有利于发展就怎么干，从农村土地承包经营机制创新到土地产权制度改革、发展现代农业，从工业企业技术创新、企业经营机制转换到建设创业创新型城市，无不体现出枣庄干部群众敢于创新、善于创新的精神。改革是一个复杂的系统工程，在新旧机制的多重转变过程中，难免发生这样那样的问题，甚至出现某些失误，如农村“统”的功能弱化、国有企业职工下岗失业、经济开发区与行政辖区管理机制不顺等问题，但改革创新是社会主义市场经济逐步完善的过程，这些问题最终也必须靠改革创新来解决。

（二）只有坚持对外开放、包容发展，才能拓展经济发展的深度空间。枣庄市经济总量小、自我发展能力弱，加快经济发展、实现城市转型，必须走善借外力、扩大开放的路子。改革开放以来，枣庄紧密结合自身的特点与优势，创造性地实现改革、开放与发展三者的有机结合。改革开放初期，枣庄市对外开放主要是完成上级下达的出口收购任务，对外贸易量很少；进口了数量不多的国外先进设备，但对于枣庄工业的发展具有重要意义。20世纪90年代，枣庄提出“枣庄以外就是外、借助外力发展枣庄”的思想，赋予对外开放新的内涵，展现了开放包容的胸怀，扩大了开放合作的领域和效果，有力拉动了地方经济的发展。随着我国对外开放力度的不断加大和各地发展竞争日趋激烈，枣庄进入全面开放时期，对外开放与对内搞活并举，以外力激活内力，对外贸易呈现逐步增长趋势，外贸出口既实现了量的大幅增加、又实现了结构的优化，引进国外和市外项目成为枣庄产业投资的重要渠道。同时枣庄积极实施“走出去”战略承揽工程、开发资源、输出资本，全市经济融入全国、全球发展大格局。面临着全面建成小康社会的历史重任，枣庄将抓住国际化、全球化的大机遇，坚定不移地实施开放带动战略，提升枣庄经济在国际产业链中的分工地位，把枣庄建设成为现代化、国际化的开放型城市。

（三）只有坚持立足实际、把握形势，才能制定符合实际的发展路子。在改革开放之初，枣庄市忠实地贯彻执行中央和山东省的决策部署，纠正了“左”的错误路线，回归了以经济建设为主的

正确轨道。随着改革开放的推进，经济形势发生了巨大变化，各种情况不断出现，上级政策涉及不到的具体问题和矛盾层出不穷。枣庄市委、市政府在深刻理解把握上级经济指导思想的基础上，开始“摸着石头过河”，主动寻找发展定位，系统思考枣庄的发展路径和前景，体现了指导经济发展的思想自觉和行动自觉。20世纪80年代中后期开展的经济社会发展战略研究，形成了新世纪之前十年的枣庄市经济社会发展规划；在此基础上提出的枣薛经济带的构想，成为后来枣庄中心城区的概念框架。1993年市委提出枣庄作为煤炭资源衰老比较严重的矿区城市如何长远发展这一课题，成为枣庄城市转型战略的滥觞。枣庄行政中心的搬迁，从1984年省政府批准到2000年下定决心正式启动新城建设，中间多次讨论、几经反复，历时16年之久。2003年开展的枣庄经济社会发展若干重大问题调研，为解放思想振兴枣庄大讨论和出台重大经济政策提供了理论依据和决策支持。中央提出科学发展观，使枣庄城市转型战略提上议事日程，枣庄市在精心谋划转型道路的同时争取列入国家资源枯竭城市转型试点市，为转型发展增添了不竭动力。2016年开始，枣庄制定并实施薛微同城化融合发展规划，促进中心城区核心区与微山县一体发展，得到省政府的支持。在全面建成小康社会的决胜阶段，“幸福新枣庄”和“自然生态宜居宜业新枣庄”的前景描绘，更体现出市委、市政府贯彻中央精神、立足枣庄实际谋划发展的战略思维。全面建成小康社会，枣庄将更加坚决地贯彻执行党的经济工作路线，坚持理论联系实际，在实践中创新发展，不断把枣庄经济推向更高水平。

（四）只有坚持放眼未来、注重质效，才能实现经济健康可持续发展。改革开放之初，枣庄市立足自身优势搞经济、围绕市场上项目、开发资源求发展，这也是延续了枣庄历史上作为煤炭资源型城市的发展道路。随着改革开放的深入推进，枣庄建设的工业项目越来越多，经济总量越来越大，相应地对资源能源的消耗越来越多，造成的污染越来越重。这种拼资源、拼能耗、拼环境的发展模式虽然赢得了一时的经济增长速度，但实际上却降低了经济发展的质量，一些资源即将枯竭的苗头也逐渐显现出来。严峻的形势迫使枣庄市委、市政府思考枣庄未来的经济发展应该走什么样的道路。从20世纪80年代中期到2007年左右，枣庄利用20多年的时间在摸索经济快速发展、优质发展、可持续发展的道路。这期间，有的干部仍旧坚持积极开发资源加快发展，有的为眼前还算满意的经济形势所陶醉、看不到未来的隐忧，有的看到了危机也想转型但是“怎么转”“朝什么方向转”却找不到路子，有些干部甚至发出“只会挖煤炭、烧水泥”的感慨。2008年市政府通过深入调查研究，创新形成了独特的“一箱油”发展理论：如果把发展比作赛车的话，原来只要跑得快就行，不问你用“几箱油”，不计代价，不计消耗。现在是只给你“一箱油”，要想跑得好、跑得快，就必须想办法腾出能耗空间和环境容量，上附加值高、规模大、税收贡献多的项目。“一箱油”理论，生动地诠释了发展速度与发展效益的关系，催生了枣庄经济转型战略的出台。经济新常态下，总体上看枣庄发展速度不如以前快了，但是对资源的依赖少了，能耗低了，污染轻了，经济增长的科技含量高了，因此经济发展的质量和效益比以前大幅提高，枣庄经济逐步走上科学发展的轨道。

（五）只有坚持以人为本、执政为民，才能体现发展经济的根本目的。改革开放的实践充分说明，人民群众是改革开放的主体，他们既是改革开放的受益者，也是改革开放的实践者和推动者，更是枣庄改革开放奇迹的创造者；广大群众赞成不赞成、拥护不拥护、高兴不高兴、支持不支持，决定了改革开放事业的前途命运。在改革开放过程中，枣庄市委、市政府坚持紧紧依靠人民，从人民群众中凝聚力量、汲取智慧，带领人民群众取得了一个又一个胜利。枣庄市委建立了重大决策调研制度，市政府建立了决策咨询制度，在重大改革开放举措研究决策之前和执行过程中，都充分听取各方面的意见建议，鼓励群众大胆探索创新、尝试改革。改革开放、发展经济的目的是为了满足人民群众不断增长的物质文化需求，枣庄市委、市政府始终把人民群众的利益放在经济决策的首位来考虑，尽量减少因改革开放给群众带来的损失，尽量让群众直接受益，尽量把经济发展、财政增收的成果通过各种形式反哺给群众，民生投入占公共财政支出的比重逐年提高，2017年达到74.2%。在全面建成小康社会的征程中，枣庄市委、市政府将始终坚持以人民为中心的执政理念，把实现好、维护好、发展好最广大人民群众的根本利益作为推进改革开放的出发点和落脚点，切实做到改革开放为了人民、依靠人民，改革开放成果由人民共享，最广泛地动员和组织人民群众投身改革开放的实践，夺取全面建成小康社会的最后胜利。

审稿人：朱世宏

撰稿人：吕高翔

改革开放以来枣庄历次党代会召开的历史背景、基本内容分析

改革开放以来，枣庄市共召开8次党代会，分别是中共枣庄市第四至第十一次代表大会。这八次党代会分别回顾总结了上届市委工作，提出了新一届市委关于全市经济社会发展的宏伟蓝图、总体思路和重点举措，选举产生了新一届市委和市纪委领导机构，对于动员全市各级党组织、全体共产党员和广大人民群众，团结一致、开拓进取，巩固发展安定团结的政治局面，加快全市社会主义现代化建设步伐，具有十分重要的意义。

一、中共枣庄市第四次代表大会

（一）时代背景

1971年中共枣庄市第三次代表大会召开以来，全市广大党员干部群众同林彪、江青反革命集团及其资产阶级帮派体系进行了尖锐、激烈的斗争，战胜了困难和挫折，经受住了严峻的考验；1976年以后特别是中共十一届三中全会以后，在党的正确路线指引下，全市各级党组织和广大党员干部拨乱反正，医治了动乱创伤，在结束揭批“四人帮”群众运动的基础上胜利前进，及时把党的工作重点转移到经济建设上来，并按照党中央确定的调整、改革、整顿、提高的方针，进行了国民经济的调整工作，使枣庄这个深受林彪、江青反革命集团破坏的重灾区走上了胜利发展的轨道，全市各条战线都取得了很大胜利。在政治上，全市上下深入开展揭批查，大规模平反冤假错案，切实解决历史遗留问题，落实党的政策，消除了不安定因素，形成和巩固了安定团结的局面。在思想上，通过拨乱反正，肃清极“左”路线的影响，使全市党员的思想回到了党的一切从实际出发、理论联系实际、实事求是的辩证唯物主义思想路线上来。在经济上，经过恢复和调整，逐步走上了健康发展的轨道。1980年农业总产值达到3.8亿元，粮食总产达到17亿斤，均比1971年增长80%以上；工业总产值完成1.2亿元，比1971年增长1.6倍；财政收入比1971年增长70%以上。在改善和加强党的领导方面，医治了林彪、“四人帮”反革命集团给各级党组织造成的严重创伤，党的战斗力进一步增强。同时，中共枣庄市第三届委员会在工作中还存在一些问题和不足，在贯彻执行中共十一届三中全会确定的路线、方针、政策方面有一些差距，主要是：思想解放得还不够，极“左”路线的遗毒还没有完全清除；对国民经济调整改革抓得不够得力，群众生活方面的欠账较多；党的民主集中制坚持得不够，个别重大问题的决定缺乏充分讨论和多方面听取意见。

（二）大会主题、主要任务及议程

大会主题是：全党动员、奋发图强，为加快全市的社会主义现代化建设而奋斗。大会主要任务是：根据中共十一届三中全会、四中全会、五中全会精神，联系实际，分析形势，着重总结检查粉碎“四人帮”以来贯彻执行党的路线、方针、政策的情况和经验教训，提出今后枣庄市加快社会主义现代化建设的奋斗目标和基本措施，进一步改善和加强党的领导，提高党的战斗力，动员全市各级党组织和全体党员，团结全市人民，同心同德，奋发图强，为加快枣庄市社会主义现代化建设而奋斗。大会议程是：听取和审议中共枣庄市第三届委员会工作报告，通过关于三届市委工作报告的决议；讨论和审议中共枣庄市纪律检查委员会工作报告，通过关于市纪律检查委员会工作报告的决议；选举中共枣庄市第四届委员会委员、候补委员；选举出席省第四次党代会代表、候补代表。

（三）大会召开的基本情况

中共枣庄市第四次代表大会于1980年11月21日至26日在枣庄召开。出席大会代表500人、候补代表50人，代表着全市84466名党员。大会审议、批准了王润斋同志代表中共枣庄市第三届委员会作的《全党动员、奋发图强，为加快我市的社会主义现代化建设而奋斗》工作报告，以及马启廷同志代表市纪律检查委员会作的工作报告，选举产生了中共枣庄市第四届委员会和出席中共山东省第四次代表大会的代表、候选代表，圆满完成了各项任务，达到了预期目的。会议期间，代表们回顾了几年来的工作，围绕党的建设和经济建设，热烈讨论，畅所欲言，提出了一些很好的意见和建议，进一步认清了大好形势，明确了前进方向，解放了思想，振奋了精神，坚定了信心。随后召开的中共枣庄市第四届委员会第一次全体会议，选举王润斋、储建华、李群、周炳洪、翟文孝、高继信、王海一、尹敬忠、孙洪业、李庆鸿、杨洪贵、周子明、赵长风等13名同志为中共枣庄市第四届委员会常务委员会委员，其中王润斋同志为书记，储建华、李群、周炳洪、翟文孝、高继信等5名同志为副书记。

（四）大会总结的经验体会

大会对九年来的工作实践进行了认真回顾分析，总结出四条经验体会：一

是要不断夺取四化建设的新胜利，必须认真贯彻落实执行党的路线、方针、政策，发扬社会主义民主，加强社会主义法制，充分调动各方面的积极因素，始终保持安定团结、生动活泼的政治局面；二是必须坚持实事求是、从实际出发的唯物主义思想路线，不断研究新情况，解决新问题，按照客观规律办事；三是必须把主要精力用在经济建设上，继续搞好调整，大力发展社会生产力，不断满足人民群众物质文化生活需要，不管出现什么样的干扰，都不能偏离这个重心；四是必须坚信党的领导，不断改善和加强党的领导，坚持党的民主集中制，维护党的团结统一。

1980年11月，中共枣庄市第四次代表大会召开

（五）大会提出的目标任务

围绕实现党在新时期的总任务，加快我市的建设步伐，大会提出了中共枣庄市第四届委员会任期内的指导思想和奋斗目标，绘就了枣庄未来发展的宏伟蓝图。指导思想：坚定地执行中共十一届三中全会以来确定的路线、方针、政策，进一步贯彻国民经济“调整、改革、整顿、提高”方针，从枣庄实际出发，继续解放思想，放宽政策，发挥优势，保护竞争，推动联合，搞活经济，使国民经济保持一个稳定的发展速度，人民的物质文化生活不断得到改善。奋斗目标：初步确定到1985年，全市工农业总产值达到19.2亿元，平均每年递增6%以上。国民生产总值人均占有由1980年的357元达到474元，人口自然增长率降到5‰以下。农业总产值达到4.9亿元，平均每年递增5%。粮食总产逐年有所增加，食油自给。工业总产值达到14.3亿元，平均每年递增7%。轻纺工业增长速度要快于重工业，平均每年递增10%以上。城乡面貌有新的改观，人民的物质生活和文化生产水平将有显著提高。农村社社通客车，90%的生产队通电，半数以上的公社建起影剧院，山区吃水问题得到解决。社员人均分配达到130元，力争150元。农村住宅有显著改善。城乡职工、居民住房面积由1979年的人均4平方米力争达到6平方米。

（六）大会明确的工作措施

大会要求全市各级党组织和广大党员干部振奋革命精神，认真贯彻执行党的路线、方针、政策，充分利用有利条件，发挥优势，扬长避短，克服困难，尽快把枣庄的经济建设搞上去。要进一步解放思想，彻底肃清极“左”路线的影响，努力把思想路线搞端正，以适应四化建设的需要。要继续搞好国民经济的调整。农业要因地制宜，合理布局，改变过去只重视抓粮食、忽视多种经营的做法，逐步做到多业兴旺、全面发展；工业要坚持从实际出发，抓好棉纺、毛纺、麻纺、造纸、陶瓷、卷烟、酿酒、食品加工、鞋类、服装、家具、日用工艺品等产品的生产，继续改组机械工业，加强企业管理，提高竞争力。要放宽政策，改革经济管理体制。农业要突出抓好按劳分配政策的落实，建立严格的生产责任制；工业要积极抓好体制改革，扩大企业自主权，改革商品的调拨、供应体制，走经济工作联合之路。要重视智力的开发，积极培养和发掘人才，尽快适应经济建设的需要。要加强对经济工作的领导，各级党委和政府用主要精力抓经济工作，不断夺取经济建设的新胜利。要改善和加强党的领导，提高党的战斗力。要进一步加强全党的思想政治教育，发挥党员先锋模范作用。要加强党的组织建设，逐步实现各级领导班子的年轻化和知识化、专业化。要肃清封建思想和资产阶级思想的影响，严格遵守民主集中制的原则。要克服官僚主义，改进领导方法，提高工作效率。

二、中共枣庄市第五次代表大会

（一）时代背景

中共枣庄市第四次代表大会召开以来，在省委的正确领导下，全市各级党组织团结带领广大党员和人民群众，认真贯彻执行中共十一届三中全会以来的路线、方针、政策，紧紧围绕经济建设这个中心，坚持四项基本原则，坚持改革开放，大力推进社会主义物质文明和精神文明建设，使全市各项事业焕发出勃勃生机，取得了可喜成就。国民经济持续、稳定、协调发展，经济实力不断增强。农村经济逐步摆脱了自给、半自给状态，开始向商品经济转变。工业生产持续稳定增长，经济效益逐年提高。第三产业迅猛发展，城乡市场繁荣兴旺。经济体制改革取得重大进展，新的经济体制逐步形成。城乡建设迅速发展，人民生活进一步改善。住宅建设大幅度增长，水、电、热、气、道路、交通、电讯等基础设施有了较大发展。小城镇和新农村建设发展迅速，一个城乡一体化、具有现代文明的新兴工业城市雏形已经形成。科技、教育、文化等事业蓬勃发展，人民群众精神面貌发生深刻变化。

民主法制建设不断加强，安定团结的政治局面进一步巩固。党的建设进一步增强，领导班子“四化”有新的进展。同时，全市在建设和改革中还存在一些问题，主要是：农村第二步改革刚刚破题，城市经济体制改革进展较为缓慢。经济建设的战略统筹搞得不够好。产业结构不够合理，资源优势没有得到充分发挥，经济发展速度不快，经济效益不理想。思想政治工作比较薄弱，党风方面还有不少问题，党政机关的工作还不能很好地适应改革、开放的需要，官僚主义仍未从根本上克服。

（二）大会主题、主要任务及议程

大会主题是：坚持改革、开拓前进，争取我市社会主义现代化建设的新胜利。大会主要任务是：按照党的十三大精神，回顾总结枣庄市第四次党代表大会以来的工作，研究和确定今后五年建设和改革开放的任务，动员全市共产党员和人民群众，坚持改革，艰苦奋斗，团结一致，开拓进取，把全市社会主义现代化建设不断推向前进。大会议程是：听取审议中共枣庄市第四届委员会工作报告，通过关于四届市委工作报告的决议；听取审议中共枣庄市纪律检查委员会工作报告，通过关于市纪律检查委员会工作报告的决议；选举中国共产党枣庄市第五届委员会委员、候补委员；选举中国共产党枣庄市纪律检查委员会委员；选举出席省第五次党代会代表。

（三）大会召开的基本情况

中共枣庄市第五次代表大会于1988年5月27日至31日在枣庄影剧院召开，会议应到代表463人，实到代表410人，代表全市112185名党员。大会主席团由58人组成，孙淑义、朱关兴、秦尧基、段振方、鲁在堂、石宝光、杨洪贵、王允琳、张新光、刘铭焕等10人组成主席团常务委员会。段振方任大会秘书长。代表资格审查委员会由11人组成，秦尧基任主任。大会听取和审议了孙淑义代表中共枣庄市第四届委员会作的《坚持改革、开拓前进，争取我市社会主义现代化建设的新胜利》工作报告，以及刘铭焕代表中共枣庄市纪律检查委员会作的工作报告，并对两个报告作出了相应的决议。5月31日上午，大会选举产生了中共枣庄市第五届委员会，枣庄市第五届纪律检查委员会和出席省五次党代会的代表。5月31日下午，中共枣庄市第五届委员会和市纪律检查委员会分别召开第一次全体会议，选举产生了中共枣庄市委常务委员会和市纪委常务委员会。其中，孙淑义、朱关兴、秦尧基、段振方、王允琳、张新光、孟繁成、王玉章、徐广景为中共枣庄市第五届委员会常务委员，孙淑义为书记，朱关兴、秦尧基、段振方为副书记。

（四）大会总结的经验体会

大会对七年来的工作实践进行了认真回顾分析，总结出五条经验体会：一是坚持以经济建设为核心，集中精力发展生产力，是各项工作必须遵循的根本指导思想。必须牢固树立以经济建设为中心的思想，使各项工作自觉服务于、服从于经济建设，调动各方面的力量，努力促进生产力的发展，加快我市社会主义现代化建设的步伐。二是坚持改革，是提高生产力水平，使全市走向现代化的必由之路。长期以来形成的僵化、半僵化的体制，严重束缚了枣庄生产力的发展。必须紧紧抓住改革这个中心环节，进一步增强改革的紧迫感，坚定改革的信心，坚韧不拔、锲而不舍地把改革不断推向前进。三是坚持从实际出发，不断地解放思想，是改革开放顺利进行的前提条件。必须在坚持实事求是的前提下，以解放思想为先导，继续破除阻碍生产力发展的一切陈旧观念和条条框框，用足用活用好上级给的政策，创造性地开展工作。四是坚持物质文明和精神文明两个文明建设一起抓，是全面振兴枣庄的必然要求。必须在加强物质文明建设的同时，紧紧抓住提高人的素质这个根本问题，大力加强精神文明建设，培育新的思想观念和精神风貌，努力适应现代化生产力发展和社会进步的要求，保证我市各项事业沿着正确的方向全面发展。五是坚持不懈地加强党的自身建设，是建设和改革事业健康发展的根本保证。必须坚持不懈地加强党的自身建设，继续提高全体党员的素质，尤其是各级领导班子的整体素质，不断增强内部团结，更好地贯彻执行党的路线、方针、政策，团结带领广大党员、干部、群众不断夺取建设和改革的新胜利。

（五）大会提出的目标任务

为推动经济建设和各方面的工作，努力实现枣庄全面振兴的目标，大会提出了中共枣庄市第五届委员会任期内的战略指导思想和发展前景，为枣庄未来发展绘就宏伟蓝图。战略指导思想：以党的十三大精神为指针，坚持党在社会主义初级阶段的基本路线，按照“注重效益、提高质量、协调发展、稳定增长”的战略方针，立足于资源优势，以改革统揽全局，以提高经济效益为中心，以科技进步为依靠，以改善人民生活为目的，实行四个方面的战略转变（由粗放经营为主向集约经营转变，由内涵挖潜为主向内涵外延并举转变，由发展传统产业为主向改造传统产业、开发新兴产业转变，由内向型经济为主向内外结合型经济转变），推动经济建设和各方面的工作，实现枣庄的全面振兴。发展前景：到1992年，全市工农业总产值比1980年翻两番，达到68.6亿元，平均每年递增10.1%，其中工业总产值达到54.8亿元，平均每年递增11.6%，农业总产值达到13.8亿元，平均每年递增5%；国民生产总值达到50.15亿元，平均每年递增13.6%；财政收入同经济建设保持同步增长。

（六）大会明确的工作措施

要调整、优化工业产业结构，保持经济较快持续协调增长。要强化农业这个基础，增强经济均衡、快速发展的承载力。要不失时机地发展外向型经济，扩大对外开放。要依靠科技进步和提高劳动者素质，振兴枣庄经济。要把改革放在总揽全局的位置上，积极推进经济体制改革和政治体制改革，推动整个工作顺利进行。要在改革开放中加强党的建设，提高党员素质，加强班子建设，

健全党内民主，坚持从严治党，加强和改进党的思想政治工作，把党建设成为领导社会主义现代化建设和全面改革的坚强核心。

三、中共枣庄市第六次代表大会

（一）时代背景

中共枣庄市第五次代表大会以来，在党中央和省委的正确领导下，全市各级党组织团结带领广大党员和人民群众，坚持以邓小平同志建设有中国特色社会主义理论为指导，坚定不移地贯彻执行党的基本路线，积极推进改革开放和现代化建设，胜利完成了五次党代会确定的各项任务，推动了全市各项事业的蓬勃发展。五年来，国民经济持续快速发展，综合经济实力大为增强。1992年全市国民生产总值完成77.1亿元，提前8年实现翻两番的目标。经济体制改革不断深化，对外开放进一步扩大。1992年全市出口商品收购总值完成10.25亿元，年均递增47.6%。基础设施建设成效明显，城镇面貌发生很大变化。民主法制建设和社会主义精神文明建设取得新进展，巩固和发展了安定团结的政治局面。党的建设进一步得到加强，发挥了党组织在改革开放和经济建设中的领导核心作用。同时，全市在工作中还面临很多问题和困难，主要是：广大党员干部思想还有待于进一步解放，长期以来形成的内陆意识、小生产意识、小城镇意识的影响，还没有彻底清除；工业结构不尽合理，企业整体素质不高，部分企业经济效益不够理想；农业基础仍很薄弱，抗御自然灾害的能力较差，农村社会化服务体系尚不健全；城市基础设施不够完善，主要交通干线还不通畅，水路运输能力较低；在党风廉政建设、职业道德、社会公德、社会风气方面还存在一些问题，党的建设和精神文明建设还有待于进一步加强。

（二）大会主题及议程

大会主题是：加快改革开放和经济建设步伐，为全面振兴枣庄而努力奋斗。大会议程是：听取审议中共枣庄市第五届委员会工作报告，通过关于五届市委工作报告的决议；听取审议中共枣庄市纪律检查委员会工作报告，通过关于市纪律检查委员会工作报告的决议；选举中共枣庄市第六届委员会委员、候补委员；选举中共枣庄市纪律检查委员会委员；选举出席省第六次党代会代表。

（三）大会召开的基本情况

中共枣庄市第六次代表大会于1993年10月26日至30日在枣庄影院召开，出席大会代表480名，实到代表460名，代表着全市128941名党员。大会主席团由66人组成，郭振山等13人为主席团常务委员。李忠林任大会秘书长。代表资格审查委员会由13人组成，孟繁成任主任。大会听取、审议并通过了郭振山代表中共枣庄市第五届委员会作的《加快改革开放和经济建设步伐，为全面振兴枣庄而努力奋斗》工作报告，以及徐广景代表市纪律检查委员会作的工作报告，选举产生了新一届市委委员27名、候补委员4名、市纪律检查委员会委员19名和出席山东省第六次党代会代表30名，取得了圆满成功。随后召开的中共枣庄市第六届委员会第一次全会和市第六届纪律检查委员会第一次全会，选举产生了中共枣庄市委常务委员会和市纪委常务委员会，其中，郭振山、秦尧基、孟繁成、林兆义、李忠林、徐广景、张建国、赵怀明、杜学平、彭湃、王树生为中共枣庄市第六届委员会常务委员会委员，郭振山为书记，秦尧基、孟繁成、林兆义、李忠林为副书记。

（四）大会总结的经验体会

大会对五年来的工作实践进行了认真回顾分析，总结出五条经验体会：一是必须实事求是，解放思想，敢于冲破陈旧观念的束缚，才能夺取各项事业的更大胜利；二是必须审时度势抓机遇，咬住发展不放松，自觉地把加速发展作为主旋律，推动经济持续健康发展；三是必须充分调动方方面面的积极性，形成改革和建设的合力，最大限度地克服困难，有效地推动经济发展；四是必须坚持对党对人民高度负责的精神，倾注全力抓好落实，切实把宏伟目标变成现实；五是必须坚持两手抓、两手硬，充分发挥党的政治优势，为经济建设和改革开放提供强有力的政治保证。

（五）大会提出的目标任务

为振兴枣庄经济，建设好山东南大门，大会提出了今后五年的总的要求、基本指导思想和奋斗目标，绘制了未来五年枣庄的发展蓝图。总的要求：全市经济发展速度和效益高于前五年，高于全省平均水平，各项社会事业取得更大进展，使枣庄在全省的经济位次前移，知名度明显提高。基本指导思想：以党的十四大精神和邓小平建设有中国特色的社会主义理论为指导，以经济建设为中心，以改革开放为动力，以四项基本原则为保证，坚持两手抓的方针，强化农业，优化基础工业，大力发展加工工业，加快发展第三产业，推进社会主义市场经济、民主法制和廉政监督三个机制建设，实现产业结构、生态环境和人口素质三个优化，保持国民经济高效高速协调发展，不断提高人民生活水平，促进社会全面进步。在发展布局上，以枣庄高新技术产业开发区为龙头，以薛城、市中、滕州为基础，以枣薛经济带建设为中心，以北部山区和南部平原综合开发为两翼，开放开发结合，内向外向并举。奋斗目标：国民生产总值平均每年增长18%，达到166亿元；国民收入平均每年增长17%，达到138亿元；工农业总产值平均每年增长21%，达到438亿元；出口商品收购总值平均每年增长30%，达到40亿元；人口自然增长率每年控制在10‰以内。

（六）大会明确的工作措施

要围绕建立社会主义市场经济体制，全面深化改革。要实施外向带动战略，全方位推进对外开放。要大力调整优化工业结构，推动工业上规模上效益上水平。要强化农业基础地位，全面振兴农村经济。要进一步强化措施，把乡镇企业放在关系经济发展全局的战略地位来抓。要大力发展第三产业，积极培育新的经济增长点。要积极发展科技、

教育、卫生事业，全面提高劳动者素质。要强化民主法制建设，保证改革开放和经济建设的健康发展。要加强社会主义精神文明建设，促进社会全面进步。要切实加强党的建设，改善党的领导，为改革开放和现代化建设提供有力的保证。

四、中共枣庄市第七次代表大会

（一）时代背景

中共枣庄市第六次代表大会以来，在省委的正确领导下，枣庄市各级党组织团结带领全市人民，坚持以邓小平理论为指导，认真贯彻党的十四大、十五大精神，正确处理改革、发展和稳定的关系，艰苦创业，奋力拼搏，实现了六次党代会提出的目标任务，推动了各项事业顺利发展。国民经济发展取得显著成绩，1997 年，全市国内生产总值达到 214.12 亿元，比 1992 年增长 1.1 倍。财政收入达到 12.24 亿元，增长 2.1 倍。改革开放迈出新的步伐，以深化国有企业改革为重点的各项改革稳步推进，对外经济技术合作与交流继续扩大。基础设施和重点建设取得新成效，1997 年全市公路通车里程、内河港口吞吐量、发电装机容量分别比 1992 年增长 21%、17%、110%。精神文明建设和民主法制建设取得新的进展，进一步健全了民主监督、政治协商、参政议政制度，科技、教育、文学艺术、新闻出版、广播电视、社会科学、土地管理等各项事业健康发展。党的建设进一步加强，领导班子整体素质和领导水平不断提高。同时，枣庄的进一步发展还面临着不少困难和问题，主要是：少数领导干部精神状态不佳，开拓创新意识不强；农业投入不足，比较效益低下，实现农业增产、农民增收的任务非常艰巨；经济结构不合理的矛盾仍很突出，发展后劲不足；企业管理水平低、效益差、亏损严重的问题没有从根本上解决；地方财力紧张，财政调控能力较弱；干部队伍整体素质有待提高，党的建设和精神文明建设还有待于进一步加强。

（二）大会主题、主要任务及议程

大会主题是：团结一致、奋发进取，全面推进枣庄市跨世纪现代化建设事业。大会主要任务是：以邓小平理论为指导，紧密团结在以江泽民同志为核心的党中央周围，按照党的十五大精神，联系实际，实事求是地总结报告上届工作，提出下届工作规划和目标，动员全市党组织和广大党员认清自己所肩负的历史责任，切实加强党的建设，同心同德、卓有成效地贯彻党的方针政策，为加快改革开放、经济建设步伐，实现国民经济持续、快速、健康发展，为加强社会主义精神文明建设和民主法制建设，促进社会全面进步而努力奋斗。大会议程是：听取和审查中共枣庄市第六届委员会工作报告；听取和审查中共枣庄市纪律检查委员会工作报告；选举中共枣庄市第七届委员会；选举中共枣庄市纪律检查委员会；选举枣庄市出席省第七次党代会代表。

（三）大会召开的基本情况

中共枣庄市第七次代表大会于 1998 年 9 月 12 日至 16 日在枣庄影院举行，应出席大会代表 418 名，实到代表 407 名，代表全市 156590 名党员。大会主席团由 60 人组成，张传林等 9 人组成主席团常务委员。陈传玉任大会秘书长。代表资格审查委员会由 13 人组成，陈传玉任主任。会议听取、审议了张传林代表中国共产党枣庄市第六届委员会作的《团结一致、奋发进取，全面推进我市跨世纪现代化建设事业》工作报告，以及杜学平代表市纪律检查委员会作的《围绕中心、标本兼治，深入扎实地开展党风廉政建设和反腐败斗争》工作报告，并对两个报告作出了相应的决议。会议选举产生了中共枣庄市第七届委员会，枣庄市纪律检查委员会和出席中共山东省第七次代表大会的代表。随后召开的中共枣庄市第七届委员会第一次全会和中共枣庄市纪律检查委员会第一次全会，选举产生了中共枣庄市委常务委员会和市纪委常务委员会。选举结果是：出席省党代会代表 29 名，市委委员 29 名、候补委员 5 名，市委常委 10 名，市委书记 1 名、副书记 3 名。其中，张传林、马金忠、陈传玉、杜学平、王建荣、田玉茂、宋希武、高惠民、邓滕生、王洪娟为市委常委，张传林为书记，马金忠、陈传玉、杜学平为副书记。

（四）大会总结的经验体会

大会对五年来的工作实践进行了认真回顾分析，总结出五条经验体会：一是必须始终坚持以解放思想为先导，坚决冲破陈旧观念的束缚和困扰。只有思想解放了，观念转变了，思路才会宽，胆子才会大，办法才会多，才能不断夺取各项事业的新胜利。二是必须始终坚持以经济建设为中心，咬住发展不放松。解决诸多困难和问题的根本出路在于发展，不发展就没有实力，不发展就没有稳定。三是必须始终坚持把改革作为根本推动力，不断为经济发展注入新的生机和活力。改革也是解放生产力，只有改革才能促进经济更好更快地发展。四是必须始终坚持对党对人民高度负责的精神，切实转变作风，倾注全力抓落实。只有求真务实，真抓实干，力戒浮躁，反对空谈，才能不断有所作为。五是必须始终坚持和加强党的领导，坚持“两手抓、两手都要硬”，切实加强各级领导班子的思想政治建设和党风廉政建设，在全党上下形成团结一致、同心同德的强大政治优势。

（五）大会提出的目标任务

为进一步解放思想、乘势而上，推动全市国民经济持续、稳定、协调地发展，大会提出了今后五年工作总的指导思想、总任务和主要奋斗目标，制定了枣庄今后的发展蓝图。总的指导思想：高举邓小平理论的伟大旗帜，全面贯彻党的十五大精神，坚持以经济建设为中心，以改革开放为动力，以四项基本原则为保证，强化农业，优化工业，加快发展第三产业，搞好思想道德文化建设、民主法制建设和党的建设，促进综合经济实力、市场竞争能力、持续发展能力、人民生活水平和社会文明程度全面提高，把一个充满生机和活力的枣庄带入 21 世纪。总任务：国内生产总值力争实现第四个翻番，人民生活达到小

康水平，经济体制改革取得突破性进展，经济运行质量明显提高，使经济总量在全省的位次前移。主要奋斗目标：国内生产总值达到410亿元；地方财政收入达到18亿元；固定资产投资率保持在25%以上；城镇居民人均可支配收入达到8000元，农民人均纯收入达到4200元；人口自然增长率控制在6‰以内。

（六）大会明确的工作措施

要进一步强化农业基础，加快农村产业化进程。要以企业改革为重点，加快建立社会主义市场经济体制。要加快工业结构战略性调整，提高工业经济整体素质和运行质量。要集中力量抓好重点项目建设，增强经济发展后劲。要全面实施二次创业，再造乡镇企业发展的新机制和新优势。要进一步放开政策，大力发展个体私营经济。要进一步扩大对外开放，把开放型经济发展推向新阶段。要实施科教兴市和可持续发展战略，促进经济、社会与环境的协调发展。要加强精神文明建设，推动社会全面进步。要加强社会主义民主法制建设，提高依法治市水平。要坚持用邓小平理论武装全党，坚持不懈地搞好党的组织建设，进一步密切党同人民群众的血肉联系，切实转变工作作风，深入持久地开展党风廉政建设和反腐败斗争，全面加强党的建设，为现代化建设提供根本保证。

五、中共枣庄市第八次代表大会

（一）时代背景

中共枣庄市第七次代表大会以来，在省委的正确领导下，全市各级党组织团结带领广大干部群众，坚持以邓小平理论和“三个代表”重要思想为指导，认真贯彻落实党的十五大、十六大精神，正确处理改革发展稳定的关系，解放思想，大胆创新，放开搞活，加快发展，顺利实现了七次党代会提出的目标任务，为新世纪推进各项事业更好更快发展奠定了坚实基础。经济发展跨上新台阶，2002年全市国内生产总值达到313.9亿元，五年年均增长10.9%；地方财政收入达到13.5亿元，年均增长8.8%。改革开放迈出新步伐，企业改制取得显著成效，一批困难企业走出困境；民营经济快速发展，其纳税额已占全市税收总额的55%以上。城乡面貌发生新变化，城市广场、污水处理、供水改造、电力、通信、水利等一大批基础设施建设项目相继完成，市驻地与各区（市）之间全部实现二级以上高等级公路连接。精神文明和民主法制建设取得新进展，科技对经济发展的贡献率不断提高，群众性精神文明创建活动蓬勃开展，普法宣传、国防教育不断深入。党的建设不断加强，各级领导班子团结一致，埋头苦干，展现了新的面貌。同时，全市在前进的征途上还有许多困难和问题，主要是：全市创新和发展意识还不够强；经济总量偏小，新兴产业发展不快，经济外向度低；农业产业化、标准化水平不高，农民增收缓慢；民间投资不够活跃，经济发展环境需要进一步优化；城乡低收入人群生活困难，就业和再就业压力加大；少数党员领导干部脱离群众和奢侈腐败现象还不同程度地存在。

（二）大会主题、主要任务及议程

大会主题是：与时俱进、开拓创新，为把枣庄全面建成小康社会而奋斗。大会主要任务是：以邓小平理论、“三个代表”重要思想为指导，紧密团结在以胡锦涛同志为总书记的党中央周围，认真贯彻落实党的十六大精神，联系实际，实事求是地总结报告上届工作，提出下届工作规划和目标，动员全市党组织和广大党员认清自己所肩负的历史责任，切实加强党的建设，同心同德，与时俱进，开拓创新，为加快改革开放和经济建设步伐，实现国民经济持续、快速、健康发展，为加强社会主义精神文明建设和民主法制建设，促进社会全面进步而努力奋斗。大会议程是：听取和审查中共枣庄市第七届委员会工作报告；审查中共枣庄市纪律检查委员会工作报告；选举中共枣庄市第八届委员会；选举中共枣庄市纪律检查委员会。

（三）大会召开的基本情况

中共枣庄市第八次代表大会于2003年4月8日至10日在枣庄举行。本次大会共有代表428名，列席人员58名，来宾7名（市各民主党派主委、工商联会长、无党派知名人士）。大会审议、批准了马金忠同志代表中共枣庄市第七届委员会作的《与时俱进、开拓创新，为把枣庄全面建成小康社会而奋斗》工作报告，以及中共枣庄市纪律检查委员会工作报告，选举产生了中共枣庄市第八届委员会和中共枣庄市纪律检查委员会，圆满地完成了大会的各项任务。随后召开的中共枣庄市委八届一次全会和中共枣庄市纪委第一次全会，选举产生了中共枣庄市委常务委员会和市纪委常务委员会。其中，马金忠、刘玉祥、王建荣、杨瑛、邓滕生、牛启忠、王洪娟、李峰、张志明、杜德昌、蒋英建、王兴勤、梁宪廷为市委常委，马金忠为书记，刘玉祥、王建荣、杨瑛、邓滕生、牛启忠为副书记。

（四）大会总结的经验体会

大会对五年来的工作实践进行了认真回顾分析，总结出四条经验体会：一是必须坚持与时俱进，开拓创新，紧紧抓住解放思想这个根本，引导广大干部群众以“三个有利于”为标准，不断冲破各种陈旧观念的束缚，以思想的大解放促进经济的大发展；二是必须紧紧抓住发展这一执政兴国的第一要务，不论在什么情况下，都不放松、不动摇、不偏离，引导全市上下议中心、抓中心、服务中心，抓住机遇，乘势而上，奋力赶超，实现经济的跨越式发展；三是必须形成团结协调、干事创业的浓厚氛围和宽松环境，这是成就事业的根本，也是加快发展的前提，全市上下在这方面形成共识，一条心，一股劲，同时又无后顾之忧地执着拼搏，全力抓落实，才能大有作为，枣庄才能大有希望；四是必须坚持党的领导，坚持“两手抓、两手都要硬”的方针，充分发挥各级党组织的领导核心和共产党员的先锋模范作用，这是各项事业顺利发展的根本保证。

（五）大会提出的目标任务

为与时俱进、开拓创新，加快枣庄现代化建设步伐，大会提出了今后五

年工作的总的要求和总体设想，为枣庄未来五年发展勾勒了一幅美好蓝图。总的要求：坚持以邓小平理论和“三个代表”重要思想为指导，全面贯彻落实党的十六大精神，以发展为第一要务，以改革开放为动力，以科技教育为支撑，以党的建设为保证，加大投入力度，创新运行机制，优化经济环境，努力加快新型工业化、农业产业化、经济国际化、服务业现代化、城市化进程，促进农民增收、财政增长、就业增加，确保社会稳定，推动物质文明、政治文明、精神文明协调发展，为实现富民强市、全面建设小康社会的目标而努力奋斗。总体设想：今后五年，全市国内生产总值年均增长12%以上，到2007年比2000年翻一番；到2013年力争再翻一番，人均超过3000美元，奋力向经济强市的目标迈进；民主更加健全，科技更加进步，文化更加繁荣，社会更加和谐，人们的思想道德、科学文化和健康素质普遍提高，居住、生态、社会三大环境显著改善，使全市人民过上富足的小康生活。

（六）大会明确的工作措施

为实现全市今后五年的宏伟目标，大会要求要实现经济的跨越式发展，以提高综合实力为目标，大力推进新型工业化；以增加农民收入为目标，大力推进农业产业化；以提高对外开放水平为目标，大力推进经济国际化；以繁荣发展第三产业为目标，大力推进服务业现代化；以提高综合竞争力为目标，大力推进城市化；以增强枣庄对外吸引力为目标，大力优化经济发展环境。要大力推进社会主义政治文明和精神文明建设，围绕创造公平公正的法治环境，大力加强民主法制建设；围绕提高全民素质和社会文明程度，切实加强思想道德建设，加快发展科教文化事业；围绕实现最广大人民的根本利益，不断提高人民群众生活水平。要全面加强党的建设，着眼于保持党的先进性，切实加强思想政治建设；着眼于提高领导水平，进一步抓好干部队伍建设；着眼于巩固党的执政基础，扎扎实实地抓好党的基层组织建设；着眼于保持党和人民群众的血肉联系，坚持不懈地加强党的作风建设；着眼于增强党的生机和活力，深入开展反腐败斗争。

六、中共枣庄市第九次代表大会

（一）时代背景

中共枣庄市第八次代表大会以来，在省委的坚强领导下，全市坚持以科学发展观统领全局，团结带领各级党组织和广大党员干部群众，不断解放思想，破解难题，抢抓机遇，加快发展，全面超额完成了市第八次党代会确定的各项目标任务，实现了“十一五”的良好开局。经济建设平稳快速健康发展，2006年全市GDP完成758亿元、年均增长16%，地方财政收入完成37亿元、年均增长28.6%。改革开放和招商引资成效显著，国有企业、农村、党政机关机构、财政管理、粮食流通、行政审批制度等改革稳步推进；招商引资和外经贸工作成果丰硕，2006年全市实际利用境外资金1.03亿美元，进出口总额达到4.74亿美元，是2002年的2.21倍和2.58倍。城乡面貌发生较大变化，枣薛中心城区哑铃型组群式城市框架已现雏形，市级行政中心实现西移。人民生活水平不断提高，2006年全市城镇居民人均可支配收入达到11020元、农村人均纯收入达到4687元，分别是2002年的1.7倍和1.5倍。和谐社会建设扎实推进，民主政治建设不断加强，教育、科技、文化、卫生、体育、群团、档案等各项事业协调健康发展，枣庄学院创建成功，抗击“非典”“禽流感”斗争取得决定性胜利。党的建设全面加强，党风、政风和社会风气明显好转。同时，全市在工作上存在一些问题和不足，主要是：部分领导干部贯彻落实科学发展观的自觉性还不够强，执政能力和执政水平还需进一步提高；经济增长方式比较粗放，经济外向度比较低；城乡低收入群众生活困难，就业再就业压力较大；生态建设和环境保护的任务十分繁重，发展环境特别是投资环境有待于进一步优化；基层党组织、干部队伍和作风建设还存在着一些薄弱环节，有的党员干部作风不实。

（二）大会主题、主要任务及议程

大会主题是：全面落实科学发展观，为建设富强文明和谐的新枣庄而努力奋斗。大会主要任务是：全面回顾市第八次党代会以来的工作，实事求是地总结经验、查找不足；从枣庄实际出发，研究确定今后五年全市经济社会又好又快发展、加强党的建设的目标任务和重大措施，选举产生市委、市纪委新的领导机构。大会议程是：听取和审议中共枣庄市第八届委员会工作报告；审议中共枣庄市纪律检查委员会工作报告；选举中共枣庄市第九届委员会；选举中共枣庄市纪律检查委员会；选举枣庄市出席省第九次党代会代表。

（三）大会召开的基本情况

中共枣庄市第九次代表大会于2007年3月26日至28日在枣庄举行。本次大会共有代表439名，列席人员61名，来宾7名（市各民主党派主委、工商联会长、无党派知名人士）。大会主席团由59人组成，刘玉祥等12人组成主席团常务委员。邓滕生任大会秘书长。代表资格审查委员会由13人组成，邓滕生任主任。大会听取了刘玉祥同志代表中共枣庄市第八届委员会作的《全面落实科学发展观，为建设富强文明和谐的新枣庄而努力奋斗》工作报告，并审议批准了这个《报告》和中共枣庄市纪律检查委员会工作报告，选举产生了中共枣庄市第九届委员会和中共枣庄市纪律检查委员会，选举产生了枣庄市出席省第九次党代会代表，圆满完成了大会的各项任务。随后召开的中共枣庄市委九届一次全会和中共枣庄市纪委第一次全会，选举产生了中共枣庄市委常务委员会和市纪委常务委员会。其中，刘玉祥、陈伟、邓滕生、张志明、蒋英建、王兴勤、梁宪廷、周杰华、张宝民、王邵军、杜英杰、王忠林、秦元祥为市委常委，刘玉祥为书记，陈伟、邓滕生为副书记。

（四）大会总结的经验体会

大会对五年来的工作实践进行了认

真回顾分析，总结出六条经验体会：一是始终坚持发展这个执政兴国的第一要务不动摇。用科学发展观统领全局，不断解放思想，更新观念，加强对城市经济转型、经济结构调整优化、新农村建设等重大问题的研究，探索符合枣庄市情的发展新路子，咬定发展不放松，努力实现又好又快科学发展。二是始终坚持用辩证法指导工作实践。面对宏观调控的新形势，注重引导各级领导干部克服陈旧的思维定式，用辩证法指导工作实践，用改革的思路、创新的办法破解发展中遇到的难题，做好中央政策与枣庄实际相结合的文章，创造性地开展工作，努力赢得发展的主动权。三是始终坚持"和为贵""团结出生产力"的理念。全市各级领导班子和干部群众团结一心、共谋发展，倍加珍视团结，倍加顾全大局，大力营造风清气正、团结务实的政治环境，形成了干事创业的整体合力。四是始终坚持正确处理改革、发展和稳定的关系。注重把改革的力度、发展的速度和社会可承受的程度有机统一起来，积极为群众办实事、解难题，努力让改革发展的成果惠及广大群众，确保全市大局稳定，促进社会和谐。五是始终坚持真抓实干、务求实效的工作作风。坚持从实际出发，鼓实劲、求实效，健全完善推进落实的工作机制，追求实实在在的政绩，追求干部群众得实惠的政绩，追求速度、效益、质量和发展后劲相统一的政绩，促进了各项工作任务的落实。六是始终坚持加强党的执政能力建设和先进性建设。用创新的思维和改革的精神，加强自身建设，健全完善领导体制和工作机制，不断增强各级党组织的创造力、凝聚力和战斗力，不断提高各级领导班子的执政水平和驾驭能力，为又好又快发展提供坚强的组织保障。

（五）大会提出的目标任务

为使经济社会加快转入科学发展、和谐发展的轨道，开创全市经济社会发展的新局面，大会提出了今后五年工作总体要求和主要奋斗目标，指明了枣庄今后的发展方向。总体要求：坚持以邓小平理论和"三个代表"重要思想为指导，紧紧围绕实现又好又快科学发展和全面建设小康社会两大任务，切实把握好以科学发展观统领全局、构建和谐社会、干部作风建设、抢抓机遇、加快工业化步伐、调整和优化经济结构六个方向性问题，突出抓好"三农"工作、服务业发展、提高招商引资质量和效益、加快县域经济发展、优化发展环境、推进城市化进程、改革开放、就业和社会保障、社会稳定和谐九项重点工作，实现速度、质量、效益、后劲相统一，人与自然、城市与农村相协调，经济、政治、文化、社会建设全面发展，努力朝着富强、文明、和谐的新枣庄的目标迈进。主要奋斗目标：到2011年，全市GDP达到1500亿元，年均增长15%，比2006年翻一番，人均达到5000美元；地方财政收入达到85亿元，年均增长18%，比2006年翻一番以上，人均占有2200元。再经过几年的努力，到2020年，全市GDP、地方财政收入在2011年的基础上再翻一番以上，使全市人民过上物质更加丰富、精神更加充实、环境更加优美、发展更加全面、社会更加和谐的小康生活。

（六）大会明确的工作措施

为实现全市今后五年的总体要求和奋斗目标，大会要求要把握好六个方向性问题、抓好九项重点任务。六个方向性问题是：以科学发展观统领全局、以构建和谐社会为总抓手、以加强领导干部作风建设为保障、以抢抓机遇为根本、以加快工业化步伐为驱动力、以调整优化经济结构为主线，实现又好又快科学发展。切实抓好的九项重点任务是：坚定不移地做好"三农"工作、坚定不移地推动服务业快速健康发展、坚定不移地提高招商引资的质量和效益、坚定不移地抓好县域经济发展、坚定不移地优化经济发展环境、坚定不移地推进城市化进程的加快、坚定不移地推进改革开放、坚定不移地搞好就业和社会保障体系建设、坚定不移地维护社会稳定和谐。同时，为实现又好又快科学发展提供强有力的组织保证，大会要求，要全面加强党的执政能力和先进性建设，强化理论武装，树立与时俱进的思想理念。坚持正确的用人导向，大力加强干部队伍建设。深入推进党风廉政建设和反腐败斗争，树立良好的党风政风。加强基层组织建设，夯实党的执政基础。加强制度建设，提高执政能力和领导水平。

七、中共枣庄市第十次代表大会

（一）时代背景

中共枣庄市第九次代表大会以来，在省委的正确领导下，全市上下坚持以科学发展观为统领，坚定不移地实施城市转型战略，抢抓机遇，攻坚克难，胜利完成了市第九次党代会确定的目标任

2012年2月，中共枣庄市第十次代表大会召开

务。主要经济指标迈上“三个新台阶”。2011年，全市GDP突破1500亿元；地方财政收入达到100.12亿元，增幅居全省第三位；城镇居民人均可支配收入突破2万元，达到20193元。经济结构实现“三个优化”。五年来，服务业增加值占GDP比重提高6.2个百分点，地方财政收入占GDP比重提高1.5个百分点，非煤产业增加值占GDP比重提高9个百分点。可持续发展能力实现“三个跨越”。五年来，固定资产投资完成2951.3亿元，新建投资过10亿元的大项目80个，分别是上个五年的2.9倍、13.3倍；万元GDP能耗下降24.4个百分点，降幅高于全国3.9个百分点；金融机构新增存贷比提高到115.2%，居全省第四位，实现了资金流出地向资金流入地的转变。社会保障实现“三个提前全覆盖”。新农保、城镇居民养老保险在全省率先实现全覆盖，新农合提前一年实现全覆盖，初步实现了“老有所养、病有所医”。同时，全市呈现出经济实力总量不大、体制机制性障碍仍然存在、改善民生任务十分繁重等一系列阶段性特征。

（二）大会主题、主要任务及议程

大会主题是：坚持科学发展、加快城市转型，为建设幸福新枣庄而努力奋斗。大会主要任务是：全面回顾市第九次党代会以来的工作，实事求是地总结经验、查找不足；从枣庄实际出发，研究确定今后五年全市经济社会发展和党的建设的目标任务和重大措施；选举产生市委、市纪委新的领导机构。大会议程是：听取和审查中共枣庄市第九届委员会工作报告；审查中共枣庄市第九届纪律检查委员会工作报告；选举中共枣庄市第十届委员会；选举中共枣庄市第十届纪律检查委员会；选举出席省第十次党代会代表。

（三）大会召开的基本情况

中国共产党枣庄市第十次代表大会于2012年2月4日至2月6日在枣庄举行。本次大会共有代表440名，列席人员73名，来宾7名（各民主党派主委、工商联主席、无党派知名人士）。大会主席团由58人组成，陈伟等12人组成主席团常务委员。梁宪廷任大会秘书长。代表资格审查委员会由13人组成，马金栋任主任。大会听取了陈伟代表中共枣庄市第九届委员会作的《坚持科学发展、加快城市转型，为建设幸福新枣庄而努力奋斗》工作报告，并审议批准了这个《报告》和中共枣庄市纪律检查委员会工作报告，选举产生了中共枣庄市第十届委员会和中共枣庄市纪律检查委员会，以及枣庄市出席山东省第十次代表大会代表，圆满地完成了大会的各项任务。随后召开的中共枣庄市委十届一次全体会议和中共枣庄市纪委十届一次全体会议，选举产生了中共枣庄市委常务委员会和市纪委常务委员会。其中，陈伟、张术平、梁宪廷、周杰华、张宝民、王邵军、秦元祥、高一、马金栋、董沂峰、孙欣亮、易卫东为市委常委，陈伟为书记，张术平、梁宪廷为副书记。

（四）大会总结的经验体会

大会对五年来的工作实践进行了认真回顾分析，总结出五条经验体会：一是思路决定出路。面对煤炭资源逐步枯竭的严峻形势，市委把科学发展观与枣庄实际相结合，实施城市转型战略，着力解决钱从哪里来、人往哪里去、民生怎么保、如何绿色发展等问题，开辟了可持续发展的新空间。实践充分说明，“一个战略、三大战役”是符合科学发展观要求、符合枣庄实际的正确道路。二是抢抓机遇才能赢得主动。面对日趋激烈的区域竞争，市委坚持超前谋划，积极争取，把握住几次重要的发展机遇，办成了一些打基础、谋长远的大事，抢占了发展先机。实践充分说明，错失机遇，必将贻误发展；抓住机遇，就能加快发展；创造机遇，才能跨越发展。三是创新成就未来。面对前进中的难题，市委创新工作理念，突破瓶颈制约，创造了转型发展的枣庄模式。实践充分说明，只有解放思想，大胆创新，才会有发展的不竭动力。四是实干才能兴市。面对城市转型的繁重任务，各级干部用心用情干事业，夙兴夜寐抓落实，想干事、干实事的氛围日益浓厚。实践充分说明，枣庄的事业是干出来的，靠的是党性修养，来自于对枣庄人民的深厚感情。五是党的领导是根本保障。充分发挥党委的领导核心作用、基层党组织的战斗堡垒作用、广大党员的先锋模范作用，凝聚力量、带动群众、促进转型。实践充分说明，只有牢牢抓住党的建设，才能带领人民群众开创新局面。

（五）大会提出的目标任务

围绕把枣庄建设成为全国资源型城市转型示范市、国家农村改革试验区、中华运河文明传承创新核心区、国家海峡两岸交流基地、鲁南“门户城市”的战略定位，大会提出了今后五年工作的核心任务、指导思想和奋斗目标，为枣庄发展制定了美好蓝图。核心任务：加快城市转型，建设“幸福新枣庄”。指导思想：高举中国特色社会主义伟大旗帜，深入贯彻落实科学发展观，坚定不移地实施城市转型战略，纵深推进新型城镇化、服务业发展、工业转型“三大战役”，着力保障和改善民生，全面提高党的建设科学化水平，建设富庶、宜居、文化、活力、安康的“幸福新枣庄”。奋斗目标：打造“富庶之乡”，未来五年，力争人均GDP、人均财政收入、城乡居民收入等主要指标翻一番，在全国率先实现资源枯竭型城市成功转型；打造“宜居城市”，未来五年，力争城镇化率达到60%，BRT覆盖各城区，形成中心城区半小时生活圈；建设生态枣庄，空气质量良好以上天数超过180天，森林覆盖率达到36%，争创国家园林城市、国家森林城市、国家卫生城市和国家环保模范城。打造“文化名城”，未来五年，形成较为完善的“15—20分钟”城乡公共文化服务圈，文化产业成为支柱产业，创建省级文明城市，争创全国文明城市、中国历史文化名城。打造“活力高地”，未来五年，万人个体工商户数达到500家，高新技术产业产值占规模以上工业总产值的比重每年提高1个百分点，人才资源占人力资源的比重提高

到17%。打造“安康家园”，未来五年，力争人均期望寿命提高1岁，万人拥有医院床位数达到42张；新建195处公办幼儿园，义务教育学校全部达到省定标准；城乡居民养老保险、城镇基本医疗保险、新农合、城乡低保等社会保障标准大幅度提高。

（六）大会明确的工作措施

为实现全市今后五年的奋斗目标，确保枣庄发展拉杆而起、乘势腾飞，大会要求要纵深推进三大战役，强化新型城镇化引领，推动服务业跨越发展，加速工业转型振兴，进一步激发转型活力，率先实现城市转型。要以人为本、着力为民，不断提高人民群众幸福感。要切实改善民生，大幅度提高居民收入，完善社会保障体系，繁荣发展社会事业，增进民生福祉。要推动文化大发展大繁荣，推进社会主义核心价值体系建设，加快发展文化事业，深化文化体制改革，建设美好精神家园。要加强和创新社会管理，完善社会管理服务，深化“平安枣庄”建设，促进社会和谐。要全面提高党的建设科学化水平，加强党的思想理论建设，进一步凝聚建设“幸福新枣庄”的精神力量。要加强党内民主建设，进一步激发建设“幸福新枣庄”的生机与活力。要加强各级领导班子和干部队伍建设，进一步增强建设“幸福新枣庄”的领导能力和水平。要加强党的基层组织建设，进一步发挥建设“幸福新枣庄”的战斗堡垒作用。要加强党的作风建设，进一步形成建设“幸福新枣庄”的良好氛围。要加强党风廉政建设，进一步营造建设“幸福新枣庄”风清气正的好环境。

八、中共枣庄市第十一次代表大会

（一）时代背景

中共枣庄市第十次代表大会以来，在党中央和省委的正确领导下，市委团结带领全市广大党员干部群众，深入学习贯彻习近平新时代中国特色社会主义思想，攻坚克难、砥砺前行，较好地完成了市第十次党代会确定的各项目标任务，为全面建成小康社会奠定了坚实基础。综合实力明显增强，生产总值比2011年增长52.5%，公共财政预算收入增长47.2%，非煤产业增加值占比提高15.9个百分点。改革开放稳步推进，丰元股份、雅百特成功上市，与北京中医院大学、北京航空航天大学、北京理工大学、浙江大学等高校产学研合作取得重要成果，全市进出口总额比2011年增长30%。城乡面貌焕然一新，新建改造城区道路306.4公里，建成海绵城市6.4平方公里，供热面积扩大1.7倍，城乡环卫一体化、道路“村村通”实现全覆盖。生态环境不断优化，成功创建国家森林城市、国家园林城市，万元地区生产总值能耗连年超额完成省下达的目标。基础支撑更加有力，总投资30.7亿元的庄里水库项目完成投资17.6亿元，南水北调续建工程基本建成，峄州港、台儿庄复线船闸建成运营，鲁南数据中心主体工程基本完工。文化建设成果丰富，成功创建文化强省先进市、全省首批“四德工程”示范市，庄户剧团和农家书屋发展到264家、1914个。人民生活持续改善，累计民生支出占公共财政支出的71.3%，城镇和农村居民人均可支配收入分别达到27708元、13018元。全面从严治党有力推进，党风政风持续好转，全市上下形成了团结和谐、干事创业、人心思上的良好局面。同时，全市在改革发展中还存在一些问题和挑战，主要是：经济下行压力仍然较大，产业结构调整、新旧动能转换任务艰巨；全面深化改革推进还不平衡，对外开放水平亟待提升；资源环境约束趋紧，生态治理修复难度较大；城乡区域发展不够协调，民生改善、社会治理和脱贫攻坚任务繁重；党风廉政建设和反腐败斗争形势依然严峻，全面从严治党的力度还需进一步加大。

（二）大会主题、主要任务及议程

大会主题是：不忘初心、继续前进，为建设自然生态宜居宜业新枣庄而奋斗。大会主要任务是：全面回顾市第十次党代会以来的工作，实事求是地总结经验、查找不足；从枣庄实际出发，研究确定今后五年我市经济社会发展和党的建设的目标任务、重大措施；选举产生市委、市纪委新的领导机构。大会议程是：听取和审查中共枣庄市第十届委员会工作报告；审查中共枣庄市第十届纪律检查委员会工作报告；选举中共枣庄市第十一届委员会；选举中共枣庄市第十一届纪律检查委员会；选举出席中国共产党山东省第十一次代表大会代表。

（三）大会召开的基本情况

中国共产党枣庄市第十一次代表大会于2017年2月15—17日在枣庄举行。本次大会共有代表437名，列席人员81名，来宾7名（各民主党派主委、工商联主席、无党派知名人士）。大会主席团由60人组成，李同道等8人为主席团常务委员。梁宪廷任大会秘书长。代表资格审查委员会由13人组成，王常胜任主任。大会认真贯彻中央和省委部署，以邓小平理论、“三个代表”重要思想、科学发展观为指导，深入学习贯彻习近平新时代中国特色社会主义思想，审议并一致通过了李同道同志代表十届市委所作的报告和王玉波同志代表十届市纪委所作的工作报告，选举产生了中共枣庄市第十一届委员会、第十一届纪律检查委员会和出席中国共产党山东省第十一次代表大会代表，圆满完成了大会的各项任务。大会闭幕后，随即召开了中共枣庄市委十一届一次全体会议和中共枣庄市纪委十一届一次全体会议，选举产生了中共枣庄市委常委、书记、副书记和市纪委常委、书记、副书记。其中，李同道、李峰、梁宪廷、石爱作、王玉波、于玉、王常胜、张兵、李爱杰、朱国伟为市委常委，李同道为书记，李峰、梁宪廷为副书记。

（四）大会总结的经验体会

大会对五年来的工作实践进行了认真回顾分析，总结出五条经验体会：一是必须坚持立场坚定、旗帜鲜明。始终在思想上政治上行动上同以习近平同志为核心的党中央保持高度一致，坚决落实中央大政方针和省委决策部署，牢牢把握枣庄工作的正确方向。二是必须坚持目标导向与问题导向相统一。目标是

引领前进的旗帜，问题则是倒逼前进的动力。只有朝着目标走，奔着问题去，才能推动枣庄发展不断迈上新台阶。三是必须坚持干在当下、成在实处。枣庄发展正处于爬坡阶段、攻坚时期，面对日趋激烈的区域竞争态势，只有撸起袖子加油干，一步一个脚印把看准的事情干起来、干上去，才能迎头赶上。四是必须坚持心中有民、一心为民。把让老百姓过上好日子作为一切工作的出发点和落脚点，多做雪中送炭的实事好事，坚决不搞涂脂抹粉的花架子，努力让广大群众有更多获得感。五是必须坚持党要管党、全面从严治党。各级党组织只有把责任牢牢扛在肩上，从严从实、锲而不舍推进党的建设新的伟大工程，使纪律更严明、干部更清正、政治更清明，才能树立正气、凝聚人心，汇聚起干事创业的强大合力。

（五）大会提出的目标任务

围绕让全市人民过上更加幸福、更有尊严的生活，大会提出了今后五年工作的指导思想和主要奋斗目标，勾勒了枣庄跨越追赶的宏伟蓝图。指导思想：高举中国特色社会主义伟大旗帜，以邓小平理论、“三个代表”重要思想、科学发展观为指导，深入学习贯彻习近平新时代中国特色社会主义思想，坚决维护以习近平同志为核心的党中央权威，统筹推进“五位一体”总体布局和协调推进“四个全面”战略布局，自觉践行新发展理念，按照省委“一个定位、三个提升”要求，紧紧围绕“在全面建成小康社会进程中走在前列”，牢牢把握转型升级和经济文化融合发展“两大高地”战略定位，着力推动创新、开放、生态“三个跨越”，加快构建现代产业、新型城镇、社会治理和民生保障“四大体系”，大力推进党的建设新的伟大工程，努力打造自然生态宜居宜业新枣庄。主要奋斗目标：全市生产总值年均增长7.5%左右，公共财政预算收入年均增长6.5%左右，城乡居民人均收入年均增长8%左右，提前实现经济总量和居民人均收入比2010年翻一番，经济发展质量明显提升，城乡建设更加协调，生态环境更加优美，社会更加文明进步，人民生活更加幸福，管党治党更加有力，与全省同步全面建成小康社会。

（六）大会明确的工作措施

为用新理念引领新常态，奋力开启枣庄发展新征程，开创新局面，大会要求要强化创新引领，全力推进科技创新，加快产业转型升级，构建现代产业体系。要全面深化改革，蹄疾步稳推进改革，深入推进基础性关键性改革，培育对外开放新优势，提升园区载体功能，营造一流营商环境，全方位扩大开放。要坚持城乡统筹，优化城镇空间布局，提升城市功能品质，建设美丽乡村，抓好打基础、利长远的重大基础设施建设，推进协调发展。要坚持绿色发展，强化生态修复保护，持续改善环境质量，推进生产生活方式绿色化，建设美丽家园。要加强民主法治建设，发展社会主义民主政治，深入推进依法治市，加强和创新社会治理，提升现代治理能力。要坚持共建共享，坚决打赢脱贫攻坚战，提升民生保障水平，推动文化繁荣发展，全面发展社会事业，共创幸福美好新生活。要坚定不移推进全面从严治党，坚决维护以习近平同志为核心的党中央权威，加强和规范党内政治生活，打造忠诚干净担当的干部队伍，建设全面过硬基层党组织，持之以恒改进作风，深入推进党风廉政建设和反腐败工作，为改革发展稳定各项事业提供坚强保障。

审稿人：高裕文

撰稿人：殷栋梁　王中昊

枣庄市人民代表大会建设的基本历程与经验启示

改革开放以来，枣庄市人民代表大会及其常委会在中共枣庄市委的坚强领导下，认真贯彻落实中央和省、市委的决策部署，围绕中心、服务大局，依法履职、开拓创新，历经9届，共召开人民代表大会会议40次，召开人大常委会会议270余次，为坚持和完善人民代表大会制度，推进社会主义民主法治建设，推动全市经济社会发展作出了积极贡献。

一、枣庄市人民代表大会建设的基本历程

（一）人大工作恢复启动阶段（1978—1983年）

1. 人大工作全面恢复

1960年，县级枣庄市成立，召开了第一届人民代表大会。1961年省辖枣庄市成立，是年4月召开枣庄市第一届人民代表大会第二次会议。1963年5月，召开第二届人民代表大会第一次会议，第二次会议于1964年6月召开。第三次人代会本应于1965年召开，因故未开。1966年1月召开了由基层社员代表大会选举产生的市人民代表大会，按照省人民委员会通知，为统一全省人代会届次，该届人代会称为枣庄市第六届人民代表大会。1966年5月至1976年10月，十年“文化大革命”动乱时期，人民代表大会制度遭受了严重的挫折和破坏。在此期间，地方各级人民代表大会和各级人民委员会被“革命委员会”所取代。1978年，中共十一届三中全会开启了中国进入改革开放和现代化建设新的历史时期，人民代表大会制度也进入了全面启动和恢复发展阶段。1978年6月29日至7月2日，枣庄市第八届人民代表大会召开，大会由储建华作枣庄市革命委员会工作报告，李群作枣庄市国民经济发展规划（草案）的报告，大会全面总结了市革命委员会成立以来的工作，分析了全市革命、生产形势，总结了同林彪、江青反革命集团斗争的经验，讨论批准了枣庄市国民经济发展规划，并以无记名投票方式选举产生了枣庄市革命委员会，选举了市中级人民法院院长，市人民检察院检察长。会议的召开，标志着枣庄市人民代表大会制度得到全面恢复，进入了一个崭新的发展阶段。1980年4月26日，第八届人民代表大会二次会议召开，大会继续清查了林彪、“四人帮”的帮派体系，开展了真理标准的大讨论，平反了冤假错案。会议按照全国人大五届二次会议通过的《中华人民共和国全国人民代表大会和地方各级人民代表大会组织法》以及全国人大常委会通过的有关决定，选举产生了市人民代表大会常务委员会，作为市人民代表大会的常设机关。按照组织法规定，本届人大及其常委会任期3年，1981年应换届。但因故第九届人民代表大会第一次会议延迟到1983年4月召开。本届及以后各届人民代表大会及其常委会任期5年。从此，枣庄市人民代表大会制度由1978年后的恢复时期进入不断发展和完善时期。

2. 人大选举制度改革

枣庄市第一届人民代表大会代表的选举，开始于1960年。根据《中华人民共和国全国人民代表大会及地方各级人民代表大会选举法》的规定，当时枣庄市为县级市，市人民代表大会代表由选民直接选举产生。根据当时市人民代表大会每届任期为二年的规定，从1963年3月起，按照市第一届人民代表大会代表产生的办法，又进行了市第二届人民代表大会代表的换届选举工作。1966年5月以后，“文化大革命”开始，市人民代表大会中断。1968年3月6日经山东省革命委员会批准，成立了枣庄市革命委员会，视为市第七届人民代表大会。这期间未选举产生市人民代表。1978年，中央决定恢复各级人民代表大会的活动，市第八届人民代表大会代表的选举工作也相应展开。根据《中共中央关于召开五届全国人大的通知》和《中共山东省委关于召开省五届人代会的通知》，市成立选举委员会，负责代表选举工作。各区（市）和各公社也成立了选举机构。代表选举工作自1978年1月开始，根据中央、省委规定的代表条件、名额和各方面比例的要求，按照宪法的规定精神，经过民主协商，由基层自下而上，由公社到区，最后由各区人民代表大会分别选举产生了出席市八届人民代表大会的代表780人。1979年五届全国人大二次会议通过了《中华人民共和国全国人民代表大会和地方各级人民代表大会选举法》，将各级人大代表的选举由等额选举改变为差额选举，设区的市的人大代表由直接选举与间接选举相结合改变为全部间接选举。1982年宪法将设区的市的人民代表大会的任期由三年改为五年。为做好换届选举工作，市委成立了市九届人大筹备

小组，负责人大代表的选举和九届人大会议的筹备工作。县、社两级人大的换届选举工作自 1980 年春开始，到 1981 年春节前结束。市级代表的选举工作自 1983 年 2 月中旬开始，到 1983 年 3 月中旬结束。最后，经市人大常委会代表资格审查委员会对 600 代表的资格进行审查，确认代表资格有效。

3. 人大设立常务委员会

枣庄市人民代表大会常务委员会的设立，始于 1980 年。市第八届人民代表大会第二次会议，根据 1979 年五届全国人大二次会议修正的宪法中关于县和县以上地方各级人民代表大会设立常务委员会的决定，市第八届人民代表大会选举产生了市第八届人民代表大会常务委员会。本届常委会主任由市委副书记兼任。自此，市人大常委会作为市人民代表大会的常设机关，并根据地方组织法对地方人大常委会规定的职权，对市人民代表大会负责并报告工作，负责讨论、决定本行政区域内的重大事项，监督本级人民政府、人民法院和人民检察院的工作，依照法律规定的权限决定市级国家机关工作人员的任免等。市八届人大常委会任期三年，是常委会工作的开创时期。这个时期，是社会主义现代化建设进入改革开放的初期，也是结束“文化大革命”十年动乱，恢复和健全社会主义民主与法制的重要时期。本届人大常委会积极履行职权，认真安排和组织了县级直接选举工作，使区（县）级选举圆满成功。1982 年，全国人大常委会组织全民讨论宪法修改草案，市人大常委会就此作了精心部署和安排，很快在全市形成学习和讨论的热潮。新宪法颁布之后，常委会组织全市进行大规模的学习、宣传和贯彻活动，增强了广大公民的宪法意识和法制观念。市八届人大常委会通过听取市政府和市法院、市检察院的各项工作报告，就重大事项，如经济体制改革，特别是农村改革，打击刑事犯罪、经济犯罪等作出决议和决定，促进了这些工作的更好开展和一些问题的解决。本届常委会相继制定了会议制度、任免国家工作人员表决办法等、加强与市人大代表联系的试行办法等一些规章制度，在常委会组织建设、工作方式和方法、工作规范等方面，都作了积极的探索，为下届常委会的工作奠定了一定的基础。

（二）人大工作探索完善阶段（1983—1993 年）

1. 人大组织体系逐步形成

市九届人大常委会于 1983 年 4 月产生，任期由八届的三年改为五年。市九届人大常委会依据《地方组织法》第三十条关于“常务委员会根据工作需要，设立办事机构”的规定，于 1983 年 7 月，第二次会议作出设立政法工作委员会、财政经济工作委员会、城乡建设工作委员会、教育科学文化卫生工作委员会的决议。每个委员会设主任 1 名，副主任 1—2 名，委员 6 至 9 人；各工作委员会下设工作科。由于当时缺乏经验，此次会议只批准 4 个委员会的机构设置，没有任命工作委员会组成人员。1985 年 3 月，常委会第 12 次会议作出关于任命四个工作委员会组成人员的决定，任命了主任和委员。主任由市人大常委会副主任兼任，9 月常委会第 15 次会议作出任命四个工作委员会副主任的决定。1989 年 2 月，市十届人大常委会第七次会议根据《地方组织法》第 25 条关于“设区的市的人民代表大会根据需要，可以设法制（政法）委员会、财政经济委员会、教育科学文化卫生委员会等专门委员会。各专门委员会受本级人民代表大会领导；在大会闭会期间，受本级人民代表大会常务委员会领导”的规定和我市实际情况，建议市十届人

1980年人大办公楼

民代表大会设立法制委员会，财政经济委员会，教育科学文化卫生委员会和城乡建设环境保护委员会。撤销原人大常委会的4个工作委员会。各专门委员会设立主任委员一人，副主任委员一至三人，委员若干人，其组成人员，由市人民代表大会主席团在代表中提名，代表大会通过。3月22日，市十届人民代表大会第二次会议作出了关于设立专门委员会的决定。各专门委员会下设办公室。

2. 人事任免工作逐步规范

1989年8月31日，市十届人大常委会第十一次会议根据1986年12月全国人大常委会修订的地方组织法和人民法院组织法、人民检察院组织法，制定了《枣庄市人大常委会人事任免暂行办法》。在《暂行办法》中，除当时地方组织法所规定任免范围外，还将市人大常委会秘书长、副秘书长，工作委员会主任、副主任、委员，办公室主任、副主任列入常委会任免范围，市辖区人民法院代理院长列入批准任免范围，该《暂行办法》规定，在市人民代表大会闭会期间，市人大常委会有权决定撤销个别副市长和市政府其他组成人员的职务；如果市人大常委会认为市中级人民法院院长需要撤销职务，决定后由市中级人民法院报省高级人民法院提请省人大常委会批准；市中级人民法院副院长、庭长、副庭长、审判委员会委员、审判员，市检察院副检察长、检察委员会委员、检察员，以及县、区检察长，需要撤销职务的，分别由市院"两长"提请常委会决定；市人民代表大会换届，市政府秘书长及委办主任、局长等政府组成人员，都需重新任免；在市人民代表大会闭会期间，市人大常委会组成人员、市政府正副市长和"两院""两长"可以向市人大常委会提出辞职，由常委会决定是否接受辞职。同时，根据《暂行办法》，对各方面人员任免的程序也作了规定，其中代理市长人选及副市长的个别任命，根据中共枣庄市委建议，由市人大常委会讨论决定；凡提请常委会任免的国家工作人员，由提请单位考核审查，写出正式报告，并附人员简历登记表；常委会表决任免国家工作人员，由常委会全体组成人员的过半数通过。对任免的市人民政府秘书长、委（办）主任、局长人选，表决前，拟继任原职务的应作述职报告，拟新任的应作供职报告；对决定任免的个别副市长，拟新任的市中级人民法院副院长和市人民检察院副检察长人选，表决前，应作供职报告。根据上述《暂行办法》，市十届人大常委会对"一府两院"提请的任免事项进行讨论时，提请单位均提交了正式报告，拟任人选的简历和考核材料。

1990年3月15日，市十届人民代表大会第三次会议召开

3. 监督工作在探索中前进

1983年4月至1993年4月，常委会共举行68次会议，主要听取和审议了"一府两院"关于城市经济体制改革、机构改革，关于供销体制、商业体制、价格体制、教育体制、科技体制和农村卫生工作改革，关于国营企业利改税以及政社分设、建立乡政权试点、社会治安、严厉打击破坏经济犯罪活动、农民负担、知识分子工作、林业生产、优抚工作、城乡建设等方面的汇报。1983年9月，针对经济工作中存在的有些企业整改抓得不力，经济效益较差等实际情况，作出了《关于动员全市人民全面超额完成1983年国民经济和社会发展计划决定》，要求政府和经济部门要以提高经济效益为中心，继续搞好企业整顿，改善经营管理，狠抓技术改造，充分挖掘增产增收潜力，实现经济效益和发展建设同步前进。1986年8月，常委会听取《土地管理法》实施情况的汇报，针对全市土地急骤减少的实际情况，作出了《关于加强土地管理工作的决议》，1987年5月又对全市五区县、24个乡镇进行了《土地管理法》实施情况检查，促使各级政府对近年来违法占地的单位进行了查处，基本上刹住了滥占耕地的歪风。1988年10月，常委会作出了《关于在全市开展执法大检查的决定》，对全国人大、国务院和省人大颁发的，与治理经济环境、整顿经济秩序密切相关的法律、法规、条例、决定的贯彻执行情况等进行了为期3个月的检查，提高了各级干部特别是领导干部的法制观念和依法办事的自觉性，发挥了法律法规在治理经济环境、整顿经济秩

序中的作用。1990 年 3 月，市十届人大三次会议上，许多代表提出市驻地部分区域居民吃水困难的意见。常委会经实地调研了解情况后提出了加强丁庄水源地的供水工程配套和渴口供水泵房的改造，加速张庄水厂的建设等建议，促使政府加速解决供水矛盾，缓解了城市供水紧张局面。1991 年 4 月，常委会在听取和审议市政府关于“质量、品种、效益年”活动开展情况的汇报后，向市委写了《关于当前经济、财政工作情况的报告》，针对工业产品积压、企业亏损等问题，建议市政府集中精力抓好工业生产，解决经济运行中存在的结构调整慢、经济效益差的突出矛盾。市委非常重视，主要领导同志作了批示，市政府积极采取措施帮助企业解决实际问题，工业生产情况从下半年开始有了明显好转。

4. 代表工作制度初步建立

按照“八二宪法”和《地方组织法》赋予人大代表的职责，市人大常委会对代表工作做了积极探索，逐步形成了制度。在联系代表方面，1984 年 3 月，制定了《关于联系市人民代表大会代表工作暂行规定》，规定可采取走访代表、邀请代表座谈、定期接待代表等方式加强同代表的联系。1988 年 7 月，市十届人大常委会第三次会议修订了有关联系市人民代表的暂行办法。办法规定常委会主任、副主任和委员都编入代表小组，参加小组活动；常委会组成人员到基层视察工作时，要先联系当地的市人大代表；常委会各专门委员会也可根据需要，召开代表座谈会，邀请代表参加视察活动；常委会举行会议时，根据需要可邀请有关方面的代表列席，听取他们的意见。在组织代表活动方面，市人大常委会多次组织代表就全市经济、教育、文化、卫生、商业、粮食供应等情况进行视察，每一项视察、检查、调查活动结束后，都将需要解决的问题整理出来，转交市政府及有关部门办理。1988 年，市十届人大常委会在代表中开展“给常委会一封信”活动，得到广大代表的积极响应，不少代表就经济工作、社会治安、廉政建设以及群众普遍关心的问题给常委会来信，提出了一些很好的建议和意见。在督办代表议（提）案和建议、批评、意见方面，1983 年起，根据地方组织法规定，将代表提案改为议案和建议、批评、意见。1988 年 6 月，市十届人大常委会主任会议讨论通过了《枣庄市人大常委会关于办理人民代表议案，建议、批评和意见的办法》，后在总结工作经验的基础上，又于 1991 年 5 月通过了关于办理人民代表建议的补充意见。常委会会议和主任会议都要听取和审议市政府关于办理代表议案和建议情况的报告，提出改进办理工作的意见和要求，并根据需要将办理情况向各代表小组及有关部门通报。每年组织检查组，深入承办单位检查办理情况，对办理不力的提出批评意见，加以督促。

（三）人大各项工作不断发展阶段（1993—2003 年）

1. 加快推进依法治市

1993 年人大换届后，法制委首先抓了新一届政府、“两院”第二个依法治市（院）方案的制定工作。接着提请市第十一届人大常委会第二次会议听取审议市政府《关于依法治市实施方案（1993—1997 年）的汇报》，两院《关于依法治院实施方案（1993—1997 年）的汇报》。1994 年 10 月，在市十一届人大常委会第十三次会议听取市政府《关于“二五”普法和依法治市工作情况的汇报》前，法制委成员在寻玉超副主任带领下，到区（市）、乡镇、厂矿、机关、学校进行调查，并形成了 3 份书面调查报告，供常委们审议时参考。1998 年 9 月，在提请市人大常委会听取审议市政府《关于我市“三五”普法“二五”依法治市工作情况的汇报》前，市人大副主任崔师亮带领法制委成员深入到滕州、山亭、市中以及市司法局、工商局、民政局、教委及其下属单位，调查了解普法和依法治市情况，形成调查材料 5 份，为常委会审议政府报告提供了第一手翔实的资料。1995 年、2000 年法制委在分管主任带领下，两次到峄城区及峄城区的工商局、吴林乡、枣庄一中、市直的建委、计生委、卫生局、十里泉电厂等单位，通过听汇报，查看历年文档资料，召开不同层次人员座谈会等形式，对“二五”“三五”普法和“二五”依法治市情况进行了检查验收。为了使“普法”、依法治市工作做到持之以恒，2001 年法制委一是协调督促有关部门制订了全市“四五”普法和“三五”依法治市规划。二是 2001 年 7 月提请市十二届人大常委会第二十三次会议听取市政府《关于全市“三五”普法情况及“四五”普法规划的汇报》。三是为常委会起草了《关于在全市公民中开展第四个五年法制宣传教育的决议》和《关于枣庄市依法治市第三个五年规划的决议》草案。为了保证审议质量，在常委会听取汇报前，法制委都要组织力量围绕审议内容进行调查。

2. 监督工作不断加强

市十一届人大常委会把减轻农民负担工作作为监督工作的重中之重，多次视察，实施了强有力的监督。1993 年 7 月上、中旬，对全市贯彻实施国务院《农民承担费用和劳务管理条例》《山东省农民负担管理条例》和减轻农民负担工作，组织了大型视察活动。视察结束后，常委会召开视察情况通报会，充分肯定了市政府在贯彻条例、减轻农民负担方面所做的大量工作，同时，用事实、数据说明全市贯彻条例减轻农民负担工作中存在的六个方面的突出问题，依据条例提出了进一步清理整顿、强化管理、实行综合治理等 5 项建议和应当抓紧解决的 12 个具体问题。市政府对此非常重视，采取了一系列措施，逐条研究落实。为了强化监督效果，督促政府坚持不懈地抓好减轻农民负担工作，防止反复，11 月份，市人大常委会又组织有关方面的领导和工作人员深入五区一市对 7 月份市人大常委会视察通报会所提问题和建议贯彻落实情况进行了跟踪监督检查。12 月份，市人大常委会第 7 次会议又听取和审议了市政府关于减轻

农民负担工作情况的汇报。会议就有些地方存在的有法不依、有令不行，随意“搭车”收费和在农副产品收购中压级、压价、压秤，加重农民负担等问题，提出了进一步做好减轻农民负担工作的意见。此后又连续几年跟踪检查减负工作情况。经过上下共同努力，全市减轻农民负担工作取得了明显效果，乱集资、乱收费、乱罚款、乱达标的现象得到有效控制，农民负担水平有了明显下降。

市十二届人大常委会紧紧抓住经济建设中的重点工作，开展专题视察。为推动全市民营经济快速健康发展，常委会坚持每年听取一次市政府关于全市民营经济发展情况的工作汇报，组织代表开展两次较大规模的视察活动。2000年6至7月份，常委会组织驻枣全国、省人大代表和市人大代表100多人，对全市民营经济发展情况进行了视察。这次视察活动采取集中听取汇报与分组实地察看相结合，小组视察与个人持证视察相结合，召开不同层次的座谈会与个别走访相结合等形式，先后视察了6个市直部门、9个集贸批发市场、72个民营企业，走访个体工商户、私营企业主和人民群众840人次。视察结束后，写出了专题视察报告，针对发现的思想解放程度不够、民营经济管理水平不高、鼓励发展的优惠政策落实不到位、发展民营经济外部环境不宽松等问题，提出了意见和建议，并将视察情况向常委会作了汇报。常委会第16次会议还听取审议了市政府关于全市治理经济环境工作情况的汇报，作出了进一步优化经济发展环境的决议，要求各级政府进一步统一思想，强化中心意识和大局观念，坚持依法行政，规范执法行为，加强监督检查，认真落实各项优惠政策，采取有力措施治理“三乱”，打击“五霸”，依法整顿经济秩序，优化经济环境。常委会在年底组织三级代表视察时，又把发展民营经济情况作为一项重要内容，实施跟踪监督，督促解决实际问题。通过各级各部门的共同努力，全市民营经济得到较快发展，在全市国民经济中的地位和作用逐步显现出来。

3. 机关工作走上制度化轨道

1993年，市人大法制委员会、财政经济委员会、教育科学文化卫生委员会、城乡建设环境保护委员会、农村经济委员会在1989年工作规则（试行）的基础上，分别正式制订了本委员会的工作规则，经市十一届人大常委会主任会议批准后实施。同时，各专门委员会还分别制订了委员会办公室职责范围，对办公室的职责范围作了规定。1993年10月，机关制订了新的常委会办公室、研究室、人事代表工作室及办公室各科职责范围，分别对三室及办公室各科的职责范围作了新的界定。11月，制订了保密工作制度、定密工作制度、密级工作管理制度和密级及密级具体范围的规定等。12月，进一步制定了办公室工作人员岗位职责，使办公室每位工作人员都有了明确的岗位目标责任，并把完成职责情况作为年终考核的依据。1996年4月25日，市十一届人大常委会第二十四次会议通过《枣庄市人民代表大会专门委员会工作规则》。规则共4章28条，对专门委员会的组成、专门委员会会议的召开及专门委员会的职责作了明确规定，使各专门委员会的工作有了统一的规则可循。1997年9月，为“总结过去、留给将来”，人大常委会办公室、研究室将十一届人大常委会期间新订和修订的8个规范性文件汇总印制成《人大工作规范性文件汇编》。1999年4月30日，在十届人大常委会制订的秘书长办公会议制度的基础上，新修订了《枣庄市人大常委会秘书长办公会议制度》。制度共9条，对秘书长办公会议的组成、召开时间、研究和讨论问题范围、会议准备、决定事项的处理及会议记录、存档等作了规定，使秘书长办公会议更加规范。为了坚持和发挥党组在市人大机关的领导核心作用，健全党内民主生活，加强党内监督，提高民主生活会的质量，加强机关理论学习中心组组成人员的学习，全面提高政治、理论、法律、政策水平，9月18日，出台了《枣庄市人大常委会党组议事规则》《枣庄市人大常委会党组民主生活会制度》《枣庄市人大常委会机关中心组学习制度》，分别对党组议事、党组民主生活会、中心组学习的有关事项作出规定。2001年，对机关各项规章制度作了集中修订完善，并于7月18日，以办公室文件集中印发了枣庄市人大常委会机关印信管理规定、文件传阅规定、学习制度、考勤制度、财务管理暂行规定、信访工作制度、值班制度、驾驶员工作守则、车辆使用管理规定、车辆维修规定、油料管理规定、会议、外地来宾接待规定、卫生制度等13项制度，有效促进了各项工作的开展。8月27日，机关党委制订了各支部“三会一课”制度，对机关召开党员大会、支部委员会、党小组会及组织党员上党课等作了具体规定。2002年7月，修订完善了市人大信息编报考核办法、常委会会议文件印制的规定、机关电子公文传输管理暂行规定、书报资料征订管理暂行规定，对提高全市人大系统信息工作水平，保证常委会会议文件的统一规范和印制质量，加强人大机关电子公文传输管理和书报资料征订管理工作起到重要作用。7月18日，市十二届人大常委会秘书长办公会议第二十八次会议通过《枣庄市人大常委会机关公文处理办法》，使市人大机关的公文处理工作更加规范化、制度化、科学化，大大提高了机关办文效率和质量。12月27日，市十二届人大常委会第三十次秘书长办公会议通过《枣庄市人大常委会机关公休（节假）日值班制度》，加强了机关公休日、节假日期间的值班工作，机关工作逐步走上制度化轨道。

（四）人大工作持续完善阶段（2003—2012年）

1. 围绕城市转型开展监督

坚持每年听取审议市政府计划和预算执行、财政收支审计、市级财政决算情况的汇报，并根据经济运行中的新情况和新问题，审时度势，作出相应的决议决定，要求各级政府着力把握发展规

2012年9月17日，全国二十四城市人大工作研讨会第二十四次秘书长会议在枣庄召开

律、创新发展理念、破解发展难题、转变发展方式，提高发展的质量和效益；对审计报告中指出的问题，督促政府认真整改，严肃处理。常委会于2003年听取了全市招商引资、重点项目建设情况的汇报，2005年听取了重点工程和民心工程建设情况的汇报，针对存在的境外投资项目少、大项目少、高科技含量项目少、经济外向度低等问题提出了建议。为推动城市建设，发挥城市在发展中的辐射带动作用，作出了批准新城区基础设施建设项目专项贷款和建立偿债基金的决议，审查并批准了枣庄市新一轮城市总体规划。为推动城市转型，作出批准市政府《枣庄市促进资源型城市转型实施纲要》的决议，枣庄市城市转型进入国家试点城市行列。台儿庄古城作为历史文化遗产，对加强海峡两岸交流、促进经济社会发展具有重要地位。为有效保护、合理利用、科学开发，常委会从枣庄的实际出发，作出《关于加强台儿庄古城保护的决定》，使古城管理保护步入法制化轨道。强化转型重点工作监督。先后听取和审议市政府关于工业产业结构调整、大力发展煤化工精细化工产业、旅游事业发展、实施城市总体规划加快中心城区建设、交通重点工程、文化建设等6个专项工作报告，开展创建“中国优秀旅游城市”、省级文明城市工作调研，3次组织台儿庄古城建设专题视察，就转方式、调结构、促进产业升级、加快中心城区建设、完善配套服务、推动文化旅游服务业发展等，提出意见和建议。开展对知识产权保护、高新技术产业、职业教育发展情况的视察，建议市政府切实提高自主创新能力、促进高新技术产业快速发展、为我市实施城市转型提供人才支持。高度重视“三农”问题，连续三年开展了对农村土地承包法、水法等涉农法律法规的执法检查，强调要从建设社会主义新农村的高度，切实加强农业基础地位，增加农业投入，改善农业生产条件，严格保护耕地，依法搞好土地经营权流转，确保失地农民的补偿和生活安置。为促进农业增效、农民增收和农村稳定，先后听取审议了农业综合开发、农业产业化发展、畜牧工作、村村通油路工程、增加农民收入和落实国家支农惠农政策、发展农村文化事业等工作情况的汇报，组织开展了对农业结构调整、畜禽养殖、禽流感防控、发展生态农业和绿色农业、农机工作、供销改革、村村通自来水等工作的视察调研，督促各级政府按照建设“生产发展、生活宽裕、乡风文明、村容整洁、管理民主”的社会主义新农村要求，坚持把发展现代农业、繁荣农村经济作为首要任务，建立以工促农、以城带乡的长效机制，形成城乡经济发展一体化的新格局，走中国特色农业现代化的发展道路。常委会始终不渝地致力于生态环境建设，2004年在全省率先作出建设生态市的决议，2005年作出依法加强开山采石管理的决定，2006年作出加强林业工作的决议。在抓长效机制的同时，重点加大了对生态环保工作的监督，2004年对全市31家水泥企业的93条10万吨立窑生产线粉尘治理情况、6家6.6万吨以下水泥立窑关停情况进行了专题视察，对视察中发现的污染严重问题，督促政府认真整改，使我市水泥粉尘排放量大幅度降低，人居环境得到改善。《大众日报》《中国人大》分别以《壮士断臂治粉尘》和《还枣庄一片蓝天》为题给予报道。常委会连续三年对发展循环经济、节能减排工作开展专题视察，对《山东省南水北调工程沿线区域水污染防治条例》进行执法检查，推动市政府加快节能减排重点工程建设，加强源头控制和重点领域监管，确保污水处理厂正常运行，搞好流域综合治理，促进节能减排技术进步，保障“十一五”节能减排目标的顺利完成。常委会听取审议市政府关于枣庄新城区北部山区生态环境保护情况的专项工作报告，并作出决议，要求科学规划保护范围、加大执法力度、加强监督考核；针对冠世榴园景区周边违法采石、污染环境、破坏旅游资源的问题，常委会根据人大代表的建议，先后9次深入现场，采取专题调研、听取汇报、现场视察、跟踪督办等多种监督形式，力促问题的彻底解决。每年组织新闻媒体开展“枣庄环保世纪行”活动，进行集中采访报道，把人大法律监督、新闻舆论监督、社会群众监督有机结合，增强全社会的环保意识，促进环境保护工作。为巩固林业在生态建设中的首要和基础地位，连续五年把林业列为监督工作重点，就林权改革、经费投入、植树造林、古树名木保护、林业科技队伍建设

等，向市委写出专题报告。每年组织新闻媒体开展“枣庄环保世纪行”活动，进行集中采访报道，把人大法律监督、新闻舆论监督、社会群众监督有机结合，增强全社会的环保意识，促进环境保护工作。

2. 加快推进普法和依法治市

积极致力于普法和依法治市工作，在认真总结“四五”普法和“三五”依法治市工作的基础上，适时作出了在全体公民中开展第五个五年法制宣传教育的决议、批准枣庄市第四个五年依法治市规划的决议，并积极督促落实，对提高全民法治意识，加快依法治市进程，产生了积极的推动作用。把经常性执法监督作为促进依法治市的重要手段，先后听取审议了行政许可法、城市规划法、义务教育法、科技进步法、水污染防治法等20多部法律法规实施情况的汇报；按照突出重点、注重实效的工作思路，对行政诉讼法、人民防空法、残疾人保障法、防洪法、预算法等30多部法律法规开展了执法检查，保证了上述法律法规的有效实施，推动了各项事业的依法治理。扎实推进依法治市。在认真总结“五五”普法和“四五”依法治市工作基础上，适时作出《在全体公民中开展第六个五年法制宣传教育的决议》，审议通过《枣庄市2011—2015年依法治市规划》，要求各级深入宣传以宪法为统帅的中国特色社会主义法律体系，深入开展多层次、多领域的依法治理活动，加快推进依法治市进程。为保证法律法规的正确有效实施，每年有计划地听取法律实施情况汇报、开展执法检查。先后对土地管理法、就业促进法、中小企业促进法、未成年人保护法、残疾人权益保障法、《山东省宗教事务条例》等40多部法律法规进行检查。每次执法检查，注重突出重点，把执法检查与听取审议、提出建议与督促整改结合起来，力求取得实实在在效果。如在法官法、检察官法执法检查中，常委会采取查看资料、听取汇报，发放千人问卷调查等形式，广泛听取意见，并连续两年对审议意见落实情况“回头看”，有力促进了“两院”工作。对规范性文件实施备案审查，是促进依法行政、规范公共权力行使的重要举措。不断完善备案审查制度机制，健全专门机构，坚持主动审查与被动审查相结合，依法对市政府和区（市）人大报备的76个规范性文件进行审查，维护了法制统一。积极促进“平安枣庄”建设，连续两年对这项工作开展专题视察，支持公安机关强化基层基础，搞好群防群治，化解不安定因素，全力维护社会稳定。重点听取农村社会治安情况的专项工作报告，针对农村社会治安中存在的突出问题，要求市政府坚持重心下移，重视抓好农村社会治安防范体系建设，严厉打击各种违法犯罪行为，加强警示教育，努力化解社会矛盾，确保农村社会持续安定。不断改进和加强对司法工作的监督，从2006年开始，坚持每年听取审议“两院”的年中工作报告；连续三年开展对“两院”规范执法行为、促进司法公正活动情况的监督检查，要求审判机关和检察机关切实发挥职能作用，做到严格、公正、文明执法，维护社会公平正义。在学习考察的基础上，制定了加强人民监督员工作的意见，并依法任命了人民监督员，不仅拓宽了人大监督的渠道，也有力促进了检察机关秉公执法、依法办案。这一做法在全省得到好评和推广。

3. 着力促进民生改善

学有所教、劳有所得、病有所医、老有所养、住有所居是人民群众的共同期盼。为此，于2005年举全机关之力，入百村、进千户，对城乡低保和五保供养工作进行了集中调研，在此基础上作出了审议意见；2006年又对审议意见的落实情况进行了“回头看”。期间，主任会议两次就低保资金拨付、敬老院建设、慈善总会筹建等问题听取政府的汇报，面对面地提出意见和建议，从而进一步引起市政府的高度重视。通过各方努力，一方面促进了这项工作，使我市城市低保标准由调研前的每月143元，提高到目前的163元；农村低保由每年600元提高到800元；农村五保集中供养率由原来17%提高到71%，并由集体供养改为财政为主供养。另一方面也使群众利益无小事、关注弱势群体、健全社会保障、促进社会和谐的观念逐步深入人心，形成共识。为督促解决群众看病贵、看病难问题，听取审议了新型农村合作医疗工作情况的汇报，组织开展了对农村卫生工作、困难企业职工医疗保险情况的视察，积极推动政府扩大保险覆盖面，较好解决了4700多名退休职工的医保问题。对事关民生的教育、社会保障体系建设、残疾人就业保障金收缴、失业保险金发放、就业工作等，都积极关注，着力推进。心系民安，真情关心群众疾苦。食品药品直接关系到人民群众的健康和生命安全。2003年开展了对药品管理法的执法检查，对依法搞好药品生产经营和使用管理、确保人们用药安全提出要求。2006年开展了对食品安全工作的专项视察，并听取审议了有关汇报，就完善检测设施、加强源头治理、打击食品违法行为等提出审议意见；而后又对落实审议意见的情况两次组织了“回头看”。市政府投入资金添置了食品检测设备，并将食品检验品种由原来的200多种扩大到500多种。安全生产责任重于泰山。为推动这项工作的开展，常委会组织人员深入矿山和易发生重大事故的企业，对安全生产情况进行了专项检查，召开了情况通报会，针对查出的公共安全意识不强、安全措施不到位和基础条件薄弱等问题，要求各级政府认真加以解决。市政府采取措施加大对重点行业、重点问题整治的力度，收到良好效果。棚户区改造是我市改善民生、加快城市建设的重中之重。自全市棚改工作启动以来，连续两年先后4次深入到五区一市和枣矿集团开展视察调研，明确提出要把棚户区改造同完善基础设施、加快保障性住房建设有机结合起来，综合考虑、统筹安排、不留死角，分配要公开公正透明。对关系人民群众生命安全和健康福祉的工作抓住不放，先后开展食品安全

法、消防法、《山东省药品使用条例》3项执法检查，听取审议基层医疗卫生机构实施国家基本药物制度情况的报告，连续两年对消防法执法检查意见的落实情况“回头看”，3次听取汇报，有关专门委员会跟踪督查，推动了城市消防设施不配套问题的解决。高度重视“菜篮子”工程建设，听取审议市政府专题报告，市政府出台了《关于进一步促进蔬菜生产保障市场供应的意见》。还委托有关专门委员会对事关群众切身利益的就业再就业、市场物价等工作，进行了视察检查和工作调研。按照市委要求，积极开展经济薄弱村帮扶工作，筹措121万元资金，改善帮扶村生产生活条件，较好地完成了帮扶任务。

4. 切实发挥代表作用

换届伊始，常委会作出了关于加强市人民代表大会代表工作的决定，使代表工作更加制度化、规范化。建立了常委会主任、副主任定期接待代表来访制度。采取组成人员分工联系代表、邀请代表列席常委会会议、重要情况向代表通报、走访慰问基层代表等行之有效的形式，保持同代表的经常性联系，面对面听取代表的意见，认真解决代表反映的困难和问题。为切实保障代表的权利，开展了代表法的执法检查，对侵害代表权益的行为，依法予以纠正。坚持每年召开一次代表工作会议，总结推广代表依法履职的经验。坚持每次人代会前组织代表视察，吸收代表参加评议、执法检查、旁听法院庭审、开展专题视察调研等活动，为代表联系选民、了解民情、反映民意、知情知政创造条件，提供方便。不断探索增强代表工作实效、保证代表依法执行职务的新方法、新举措。本着就近、便于活动的原则，建立了53个市人大代表小组，并重视抓好代表小组建设，及时指导代表小组开展活动。建立健全代表依法履职的各项具体制度，并对代表活动情况进行经常检查。采取多种形式加强代表培训工作，不断提高代表素质和水平。督促协调有关单位为代表活动提供保障，依法保护代表的权益不受侵犯。在各级政府的支持下，依法提高并落实了代表经费，发放了代表活动津贴。认真总结推广代表约见国家机关领导人和向选民述职的经验做法，不断丰富代表活动内容。积极组织代表开展“五个一”活动，支持和鼓励代表建功立业，较好发挥了代表在促进科学发展、社会和谐中的带头作用。在提高代表建议办理质量上求突破。依法提出议案和建议是法律赋予人大代表的权力。办理代表议案及建议是国家机关的法定职责。十分重视代表建议督办工作，以提高办理质量为目标，突出重点，强化措施，明确责任，一件一件地抓好督促落实。主任会议每年都确定10余件建议为重点建议，交由有关专门委员会重点督办。连续两年开展了代表建议督办月活动、代表建议办理工作先进单位和先进个人评比活动，并组织承办单位走进电台直播间，就办理情况接受代表和市民监督。2006年首次在新闻媒体上刊登了代表建议原文及办理结果。常委会以提高质量、增强实效为目标，突出重点，完善机制，强化措施，一件一件抓好落实。对《关于解决峄城大沙河污染问题的议案》，常委会和有关专门委员会连续两年跟踪督办，狠抓落实。重视加强对闭会期间代表活动的指导，制定加强和规范市人大代表活动的若干意见、代表小组建设的意见，对开展闭会期间的代表活动提出要求。本着就近、便于活动的原则，组建了1个全国人大代表小组、4个省人大代表小组、35个市人大代表小组，每年提出代表小组活动内容的建议，按照“有场所、有制度、有计划、有档案”的要求，普遍建立“代表之家”和代表活动室。每年召开代表工作经验交流会，总结推广基层代表活动的经验做法。积极组织代表开展会前视察、专题视察、年中专题调研活动，推荐人大代表参与政风行风评议、经济发展环境热点对话节目、旁听法院庭审。首次组织市人大代表开展异地视察，使活动内容更加充实，活动领域不断拓宽。注重强化代表履职服务保障工作。常委会从健全完善“三项机制”入手，努力为代表依法履职创造条件、提供方便。健全畅通的联系机制，通过常委会组成人员分工联系代表、接待代表来访、邀请代表列席会议、参加活动、设立代表信息服务平台、开展“双联”工作等，扩大代表对常委会工作的参与。健全良好的激励约束机制，加强对代表履职档案的管理，并将履职情况作为评先树优的依据；在全市范围内组织220多名市人大代表向原选举单位述职；两次开展评选优秀市人大代表活动，对59名优秀市人大代表进行表彰；总结推广基层人大建立代表辞职制度的做法，加强对代表履职的激励约束，有效增强了代表的荣誉感和责任感。健全有力的服务保障机制，编印20余万字的《人大代表学习手册》，对全体代表进行分层次、全覆盖地培训；认真落实保障代表知情权的各项措施，及时通报全市经济社会发展情况，提供政务信息资料；协调提高代表活动经费，认真解决代表工作中的实际困难，为代表履行职务提供周到细致的服务。

（五）人大工作与时俱进阶段（2013年至今）

1. 强化党对人大工作的领导

始终把政治建设摆在首位，提高政治站位和政治能力，牢固树立“四个意识”，始终在思想上政治上行动上同以习近平同志为核心的党中央保持高度一致。坚持把深入学习贯彻十九大精神和习近平新时代中国特色社会主义思想作为首要政治任务，着力在学懂弄通做实上下功夫。坚持党的领导、人民当家作主、依法治国有机统一，自觉把党的领导贯穿于人大工作各层面和全过程，促进形成党委统一领导、人大依法履职、社会关心支持的良好政治局面。一是坚持从政治上思考谋划、在大局中统筹推进人大工作。始终把市委重要决策、政府着力推进、群众普遍关注的事项作为履职重点，使人大工作与市委要求、“一府两院”工作、社会关切贴近贴实、合拍合力，做到政治上同心、目标上同向、

工作上同步。二是坚持重大活动、重要工作及时请示报告。人大立法、监督、重大事项决定、代表、人事任免等重要工作和活动，及时向市委请示汇报，待市委批复后再推进实施，自觉维护市委统揽全局、协调各方的领导地位。三是坚决落实市委决策。聚焦新旧动能转换、深化改革、精准扶贫、生态环保、安全生产等重点工作，深入基层察实情出实招，为市委决策提供参考；认真做好帮扶企业、招商引资、扶贫帮包和驻村帮扶工作。四是坚决贯彻党管干部原则。严格任免程序，提升任免质量，确保实现市委人事安排意图，深刻体现对党负责和对人民负责的一致性。

2. 全力推动城市转型发展

深入贯彻以人民为中心的工作理念，抓住经济社会发展和群众关注的重点热点问题，改进方式，加大力度，依法开展监督。加强对经济工作的监督，积极推动转型升级发展。面对复杂的宏观经济形势，常委会积极关注我市经济发展态势，先后听取审议计划、服务业重点项目建设等专项报告，就深化供给侧结构性改革，加快新旧动能转换、强化重点项目建设、发展实体经济等提出建议，督促支持政府攻坚克难，牢固树立新发展理念，加快经济转型升级，提高发展的质量和效益，巩固经济社会平稳发展的良好势头。税收和金融运行，直接关系财政经济发展质量和风险防控。常委会及时开展调研，督促政府强化税源建设，提高税收质量，加强金融监管，防控金融风险。深化预决算审查监督制度改革，听取审议预算执行、决算、审计等报告，批准市级决算、地方政府债务限额和预算调整方案，出台加强预决算审查监督的决定，推进人大预算联网监督，努力实现预算监督由程序性向实质性转变，督促政府管好人民的“钱袋子”。加强对民生事项的监督，促进和保障民生改善。保障改善民生一直是常委会监督的重点。随着城镇化进程的加快，城镇中小学大班额问题突出，群众反映强烈。针对这一状况，常委会听取审议市政府专项工作报告，督促各级政府坚持目标导向，切实把解决这一问题摆上突出位置，明确任务措施，强化督查考核，努力满足人民群众的教育需求。市政府全面落实主体责任，狠抓资金投入、建校进度、教师引进和设施配套，取得明显效果。为推动改革发展成果更多地惠及广大群众，对事关民生和群众利益的农村集体产权制度改革、金融支农、食品安全、供销改革、乡村旅游、农村公交、中医药发展等事项，都积极予以关注，督促有关方面完善措施、改进工作，提升了人民群众获得感和幸福感。加强生态环境保护的监督，着力解决突出环境问题。积极顺应人民群众对美好生活的期盼，听取审议生态环境保护工作情况的报告，督促政府坚持绿色发展，落实生态治理责任，深入开展大气、水、土壤污染防治攻坚行动，集中解决一批群众反映强烈的突出环境问题。围绕秋冬季大气污染防治这一社会普遍关注的焦点难点，组织开展专项监督，就治理大气污染的主要困难、淘汰落后产能、扬尘整治、机动车污染防治等问题，提出针对性意见。市政府主要领导高度重视，有关部门认真落实常委会审议意见，进一步加大整治力度，推动工作开展。有关专门委员会对固体废物污染环境防治法和环境保护法贯彻实施情况进行执法检查，对生活垃圾处理、环城森林公园和绿道建设管护开展调研，以村镇建设为主题开展“枣庄环保世纪行”活动，推动政府落实工作责任，严格执法监管，健全长效机制，促进全市生态环境持续改善。

3. 扎实推进法治枣庄建设

根据《立法法》和省人大常委会的决定，我市自2015年12月1日起开始行使地方立法权，这是地方人大一项新的重要职能，也是我市民主法治建设进程中的一件大事。常委会恪守立法为民理念，推进重点领域立法，地方立法取得重要成果。制定《枣庄市制定地方性法规条例》，明确了党委领导、人大主导、政府依托、各方参与的立法体制，规定了立法基本原则、程序、报批、公布、解释等机制，为我市制定地方性法规奠定了制度基础。制定《枣庄市山体保护条例》，坚决守护好我市青山。常委会把制定该条例作为我市实体立法开局的首选项目，精心组织实施，先后历经五次调研、两次专家论证、三十余次大型修改，于2018年5月1日实施。这是我市首部实体性法规，也是省内首部关于山体保护方面的地方性法规。常委会积极推进我市普法依法治理工作，每年选择不同侧重点对“六五”普法依法治理工作进行视察检查，总结推广基层普法依法治理经验，推动全社会法治思维和法治方式转变。去年作出《关于在全市公民中开展第七个五年法制宣传教育的决议》，批准《枣庄市2016—2020年依法治市规划》，持续推动普法依法治理不断深化。大力弘扬宪法精神，推动宪法实施，坚持每年国家宪法日开展系列宣传活动，出台并全面推行被任命干部向宪法宣誓制度。积极推动工作的有法可依，出台《枣庄市荣誉市民称号授予办法》《关于加强见义勇为人员奖励和保护的决定》。加强规范性文件备案审查，完善制度机制，依法对市政府和区（市）人大报备的74个规范性文件进行了审查。常委会高度重视司法监督，坚持以促进司法机关完善内部制约机制为重点，分别听取审议法院、检察院关于加强基层建设促进司法公正以及公安机关规范性建设和维护稳定工作情况的报告，分别对法院审判管理促进司法公正情况、行政审判工作以及检察系统法律监督工作、职务犯罪查办与预防工作进行视察，提出意见建议，有力维护促进了社会公平正义。坚持把受理群众来信来访作为了解社情民意的重要渠道，加强对信访件尤其是涉法涉诉信访的分析研判，及时进行转办、交办、督办，推动共性问题解决。

4. 更加充分发挥代表作用

坚持代表主体地位，重视加强代表工作，完善服务保障机制，支持和规范代表依法履职，紧紧依靠代表开展工作，

代表工作活力不断增强。建立健全代表工作机制。密切与代表的联系。坚持常委会组成人员分工联系代表、接待代表来访、代表联系群众等制度，促进常委会与代表和群众联系的常态化。加强代表小组建设。指导组建 20 个市人大代表小组，加强代表小组、代表之家、人大代表工作站规范化建设，完善代表履职和小组活动档案。扩大代表对全市工作的参与。邀请代表列席常委会会议，参加常委会重要活动，组织代表开展会前集中视察，推荐代表参与行业监督、行风评议、旁听庭审等活动，代表履职渠道不断拓宽。积极为代表履职提供服务保障。多批次组织代表到全国人大、省人大、浙江大学、复旦大学进行集中履职培训，注重发挥新闻媒体、人大刊物和网站的作用，广泛宣传代表履职的典型事迹，引导代表尽快熟悉工作、进入角色。落实代表知情知政的各项措施，建立健全服务保障机制，为代表订阅人大报刊、提供履职用书，通报经济社会发展情况，落实代表经费保障，为部分无固定收入的代表发放履职补贴，切实为代表履职创造条件，激发了代表履职热情，推动了全市代表工作的有效开展。认真做好代表建议办理工作。以提高质量、保证实效为目标，完善办理程序，强化督办措施，增强办理实效，努力使代表建议更多地转化为促进经济社会发展的成果。及时交办代表建议。规范承办责任，严格办理程序、标准和答复时限。实行重点督办。确定蟠龙河综合管护开发，发挥台儿庄古城辐射带动作用、打造国家全域旅游示范区等群众高度关注的建议，作为重点建议，进行重点督办。加大督办力度。采取常委会领导分工、专门委员会跟踪监督等方式，努力提高建议办结率和代表满意率，推动解决了一批代表反映集中、群众普遍关注的问题。

二、枣庄市人民代表大会建设的经验

枣庄市人民代表大会制度随着改革开放的深入而恢复、发展和不断完善，积累了丰富的经验。

（一）坚持和依靠党的领导，始终保持正确的政治方向

坚持和依靠党的领导，是做好人大工作的根本保证。只有始终坚持和依靠党的领导，才能保证人大工作的正确方向，顺利开展各项工作。全市各级人大及其常委会始终坚持和依靠党的政治领导、思想领导和组织领导，始终与党中央保持高度一致。认真学习党中央和地方党委文件以及重要会议精神，模范地贯彻执行党的路线、方针、政策；及时了解党中央和地方党委的战略决策、重要部署，围绕党的中心开展工作；对拟提请人代会和常委会审议通过的地方性法规和决议、决定草案，提前向党委报告；定期或不定期向党委汇报工作，主动就加强民主法制建设和改进人大工作提出意见和建议；依靠党委协调解决人大同“一府两院”的关系以及行使职权中的难点问题。

（二）坚持人民主体地位，努力践行“人民当家做主”的宪法理念

人大是党领导的并代表人民意志和利益的国家机关。全市各级人大及其常委会努力做到准确及时地把党委的有关地方国家事务的重大决策和主张，以及广大人民群众的愿望和要求，通过法定程序变成人大的法规和决议、决定，并动员和组织广大人民群众自觉地遵守和完成，更好地体现了人大工作的基本宗旨。

（三）坚持发挥代表主体作用，着力增强人大工作活力

充分发挥好人大代表的作用，是做好人大工作的坚实基础。人大代表是人民代表大会的主体。实践中人大常委会不断加强同广大代表的联系，搞好为代表服务的工作，努力提高代表的素质，为代表履行职务和开展活动创造了各种良好的条件，使其能够在会内和会外更好行使自己的民主权利，发挥了代表联系群众反映民意的桥梁纽带作用。使人民代表大会制度的政治优势得到充分体现，从而推动了人大各项工作的开展。

（四）坚持把民主法治建设作为根本任务，着力推进基层治理能力和治理体系现代化

人大及其常委会是国家权力机关，在国家机构组织体系中处于核心的地位，人大的这种法律地位及承担的职责，决定了其必须把发展社会主义民主，健全社会主义法制，实现依法治国作为基本任务。全市各级人大及其常委会围绕这一重要历史使命，认真行使各项职权，充分发挥了应有作用。

（五）持之以恒抓好自身建设，努力提高人大工作质量和水平

努力搞好自身建设，是做好人大工作的必要条件。实践中，各级人大及其常委会不断地加强思想建设、组织建设、制度建设和作风建设，提高了人大常委会组成人员和机关工作人员的政治素质、业务素质和法律素质，建立了一支政治坚定、开拓进取、履行宗旨、廉政勤政、作风过硬的干部队伍，使人大常委会充满了生机和活力，人大的整体功能和作用得到较好发挥。

审稿人：李继成

撰稿人：胡学鹏　张　弛

枣庄政协的发展历程和成效

中国人民政治协商会议是中国人民爱国统一战线组织，是中国共产党领导的多党合作和政治协商的重要机构。政协枣庄市委员会始建于1966年初，迄今已走过了五十多年的光辉历程，历经十届委员会。五十多年来，市政协始终坚持党的领导，高举爱国主义和社会主义伟大旗帜，突出团结和民主两大主题，认真履行政治协商、民主监督、参政议政职能，把助推发展、改善民生、促进社会和谐稳定作为工作的出发点和落脚点，积极创新履职方法，不断拓宽工作领域，使政协组织成为加快经济发展、建设民主政治、构建和谐社会的重要力量。

一、枣庄市政协发展历程

（一）一届政协（1966年1月—1980年4月）

1965年下半年，中共枣庄市委开始筹建枣庄市政协。1966年元月25日，召开了市政协一届一次会议。由于特殊原因，至1980年4月换届，历时14年。一届市政协由18个界别102名委员组成。大会选举出主席1人、副主席6人、秘书长1人、常委33人。一届市政协设立了各界人士学习委员会、科学技术研究组、医药卫生研究组、文史资料研究组和办公室。由于“文化大革命”的原因，市政协一届一次会议后，中断活动长达13年之久。到1979年7月7日，召开一届四次常委扩大会议，这是“文化大革命”后恢复市政协以来的第一次会议。1980年4月25日举行一届六次常委扩大会议，协商通过二届一次会议的指导思想和会议议程。

（二）二届政协（1980年4月—1983年4月）

二届市政协自1980年4月26日举行第一次会议至1983年4月4日，历时3年，由18个界别304名委员组成。第一次全委会议选举出主席1人、副主席10人、秘书长1人、常委78人。召开了5次全委会、10次常委会和10多次座谈会、纪念会，开展了大量的调查和视察活动。二届市政协设立了学习委员会、文史资料委员会和六个工作组（文教卫生组、科技组、对台宣传组、法制组、工商组和民族宗教侨务组），同时设办公室为办事机构，办公室下设秘书科、行政科、宣传科、联络科和文史办公室。

（三）三届政协（1983年4月—1988年1月）

三届市政协自1983年4月4日举行第一次全委会议至1988年1月，历时5年。参加委员274名，代表20个界别。第一次全委会议选举出主席1人、副主席8人、秘书长1人、常委54名。召开了5次全委会、26次常委会议。三届市政协设立了两个专门委员会（学习委员会、文史资料委员会），七个工作组（文教卫生组、科学技术组、对台宣传组、法制组、工商组、妇幼组、民族宗教侨务组）。1984年七个工作组调整为十二个组（经济建设组、农业组、科技组、文体组、教育组、医药卫生组、法制组、妇幼组、工商组、对台组、民族宗教组、侨务组）。1985年设立了提案委员会。

（四）四届政协（1988年1月—1993年1月）

四届市政协自1988年1月举行第一次全委会议至1993年1月，历时5年。四届市政协有24个界别，320名委员。第一次全委会议选举出主席1人、副主席6人，届中增补副主席2人。选举出常委52名，届中增补15名，逝世、调出5名，届末实有62名。先后召开5次全委会议、30次常委会议。四届市政协届初设立三个专门委员会（提案委员会、文史资料委员会、文教学习委员会），一个工作室（办公室），十二个工作组（经济建设组、农业组、科技组、文体组、教育组、医药卫生组、法制组、妇幼组、工商组、对台组、民族宗教组、侨务组），1988年10月调整为五个专委会（提案委员会、文史资料委员会、文教学习委员会、经济科技委员会、祖国统一联谊委员会）。1991年9月增设法制委员会，同时撤销十二个工作组。

（五）五届政协（1993年3月—1998年2月）

五届市政协自1993年3月9日召开第一次全委会议至1998年2月14日，历时5年。五届市政协有27个界别，385名委员。五届市政协届初设立六个专门委员会（提案委员会、文史资料委员会、文教学习委员会、经济科技委员会、祖国统一联谊委员会、法制委员会），一个工作室（办公室）。1994年4月，祖国统一联谊委员会同时启用台港澳侨海外联谊委员会名称，法制委员会更名为社会法制委员会。1997年，文教学习委员会更名为文教卫体委员会，增设调研室。

（六）六届政协（1998年2月—2003年2月）

六届市政协是跨世纪的一届，自1998年2月14日召开第一次会议至2003年2月，历时5年。六届市政协有26个界别，397名委员。第一次全

委会议选举主席1人、副主席10人。2001年2月届中调整，第四次全委会议选举了主席和4位副主席，组成新的市政协领导班子。届内共举行5次全委会议、28次常委会议、52次主席会议。六届市政协设立六个专门委员会（提案委员会、文史资料委员会、经济科技委员会、文教卫体委员会、祖国统一联谊委员会、法制委员会），两个工作室（办公室、调研室）。1998年6月文教卫体委员会更名为文教卫体和学习宣传委员会，祖国统一联谊委员会更名为台港澳侨和外事委员会。1999年1月设立人口资源环境委员会。

（七）七届政协（2003年2月—2008年1月）

七届市政协自2003年2月18日召开第一次全委会议至2008年1月，历时5年。七届市政协有27个界别，431名委员。第一次全委会议选举主席、副主席10人，届中增补副主席1人。七届市政协设置七个专门委员会（提案委员会、经济委员会、人口资源环境委员会、科教文卫体委员会、社会法制委员会、台港澳侨民族宗教委员会、文史资料委员会）和两个工作室（办公室、调研室）。2004年11月设立委员活动工作室。

（八）八届政协（2008年1月—2012年2月）

八届市政协自2008年1月3日召开第一次全委会议至2012年2月，历时4年。八届市政协有27个界别、444名委员。第一次会议选举主席、副主席8人，届中增补副主席1人。届内先后召开了4次全委会议、20次常委会议、30次党组会议、24次主席会议。八届市政协设置七个专门委员会（提案委员会、经济委员会、人口资源环境委员会、科教文卫体委员会、社会法制委员会、台港澳侨民族宗教委员会、文史资料委员会）和三个工作室（办公室、调研室、委员活动工作室）。2009年6月，台港澳侨民族宗教委员会更名为港澳台侨民族宗教委员会。

（九）九届政协（2012年2月—2017年2月）

九届市政协自2012年2月7日召开第一次全委会议至2017年2月，历时5年。九届市政协有27个界别、451名委员，先后召开了5次全委会议、43次党组会议、30次主席会议、29次常委会议。第一次会议选举主席、副主席9人。2016年1月班子调整，第五次全委会补选主席和2位副主席、秘书长，组成新的市政协领导班子。九届市政协设置七个专门委员会（提案委员会、经济委员会、人口资源环境委员会、科教文卫体委员会、社会法制委员会、港澳台侨民族宗教委员会、文史资料委员会）和三个工作室（办公室、调研室、委员活动工作室）。

（十）十届政协（2017年2月至今）

十届市政协于2017年2月18日召开第一次全委会议，选举出主席1人、副主席6人、秘书长1人、常委67名。共有27个界别、376名委员。十届市政协设置8个专门委员会（提案委员会、经济委员会、人口资源环境委员会、科教文卫体委员会、社会法制委员会、港澳台侨民族宗教委员会、文史资料委员会、委员联络工作委员会），3个办事机构（办公室、调研室、委员活动工作室），1个工作机构（枣庄高新区工作室）。

二、枣庄市政协的主要成就

（一）一届政协

一届市政协虽然活动时间不长，但还是认真履行政协职能，发挥了政协在我市政治生活和经济建设中的积极作用，为政协事业发展打下了坚实基础。组织委员下乡、下厂参观视察，到滕县农村视察小麦生产，并到工业部门参观工厂，接触工农群众，了解工农业生产情况，通过理论联系实际，加强思想改造。召开各界人士座谈会，就我市“四化”建设、城市规划、科技和文教卫生等工作进行座谈，提出了一些有价值、有分量的意见和建议，为市委、市政府正确决策提供了依据。

（二）二届政协

针对“文化大革命”后思想较为混乱的状况，组织委员认真学习党的十一届三中、四中全会精神，学习中央领导讲话及党的路线、方针、政策，使委员提高了觉悟，统一了认识，消除了顾虑，增强了信心，激发了为社会主义现代化建设努力工作的积极性。围绕经济建设、科技教育、落实政策等，组织了13次调查、视察活动。围绕农村多种形式的生产责任制，开展农村情况调查；围绕我市教育事业发展，组织委员对教育和幼教事业进行了视察；围绕知识分子政策落实情况进行了调查；为了促进社队企业发展，组织委员对社队企业进行了视察等。调研视察后都形成专题报告，提出意见和建议，得到了市委和市政府的高度重视，及时解决了一些问题。在落实知识分子政策上，协助平反纠正了知识分子的冤假错案，对部分知识分子进行提拔重用，解除了其调资、住房、招工和夫妇两地分居等后顾之忧，调动了工作积极性。

（三）三届政协

组织委员开展了多次视察、考察、调查活动。对农村、农业发展情况，幼儿教育发展，市驻地食品、冷饮、糕点、饭店等行业贯彻执行《食品卫生法》的情况等进行了实地视察，形成专题报告，得到了市委和市政府的高度重视；多次组织关于开发峄县石榴园旅游区、科技工作、扶贫工作、水稻旱种新品种A7927试种情况、发展葡萄生产开发庭院经济等考察，向市委、市政府报送了考察报告，提出了许多切实可行、行之有效的意见建议；组织委员进行了矿产资源调查，向市委、市政府报送了《关于八个乡的矿产资源初步调查报告》，围绕重视地质工作在四化建设中的作用，市政府成立地质矿产管理机构，市、区（县）、乡建立地质资料档案馆、室三个方面提出建议，并形成了《对棠荫乡开发地下资源的设想》专题资料。

适时召开了全市各界人士为“四化”服务经验交流会，向委员发出“我为振

兴枣庄献一计”函，得到委员们的积极响应。五年内，许多委员为促进政协工作和服务“四化”建设大显身手，在服务中心、立足本职、建功立业上作出了突出贡献，完成较高层次科研成果100余项。

（四）四届政协

市政协深入调查研究，为经济发展献策。五年来共组织委员400多人次深入农村、工矿企业进行专题调查，先后围绕医院改革、医疗收费、医德医风、土地资源、水资源、中医药管理、农业科技促进粮棉油增产、夏粮征购政策兑现、产业政策实施、农村社会文化、农村卫生保健工作、工业生产经济效益、大中型企业活动和后劲、企业安全生产、鲁南钢窗厂生产、科技兴市、开拓农村市场、“打拐”和反盗窃斗争、少数民族工作、实现小康目标等进行了调查，形成专题调查报告50余份。其中，关于加强扶贫开发的报告，被市政府采纳后，除通报各区（市）外，还在库区召开现场办公会议，专门研究部署开发工作。关于泉上煤矿供电紧张问题、市劳教所搬迁问题等，市政协调查了解后，积极同有关部门协商，得到妥善解决。

组织委员开展视察活动30余次，围绕厂矿企业、民族经济政策和民族教育情况、煤矿发展、纺织业发展、库区扶贫开发、冶金化学工业、劳教所、交通运输、农田水利建设、机械建材工作、社会治安综合治理和打击刑事犯罪等50多个方面进行了视察。视察活动给委员参政议政创造了良好的条件，使他们能够面对面的提意见和建议，被视察单位大受裨益。

赴东北考察参观两次，学习外地政协工作经验，以启发、充实和提高全市政协工作业务水平。组织委员围绕私营企业光大塑料厂、体育工作、林果生产情况、面粉厂转换经营机制等进行了考察，形成考察报告报市委、市政府，引起了党政领导的高度重视。

（五）五届政协

五届市政协为实现最大限度地团结一切积极力量，调动一切积极因素的总任务，坚持以创新的思路推动政协工作，实施了“五二工程”，即高举两面旗帜（社会主义、爱国主义旗帜），坚持明确的政治方向；搞好两个联盟（海内、海外两大联盟），努力扩大新时期的爱国统一战线；突出两个主题（团结和民主），大力推进社会主义民主政治建设；推进“两化”建设，实现履行职能的规范化、制度化；提高“两个”素质（政协委员和机关工作人员的素质），进一步强化委员参政议政能力和机关服务功能。

以服务大局为指导，积极拓宽履行职能的新领域。紧紧围绕我市改革、发展、稳定大局，坚持把政治协商郑重经常、民主监督切实有效、参政议政富有成果作为努力方向。一是发挥政协常委会在履行职能中的重要作用。五年内先后围绕全市经济社会发展中18个重大问题进行协商讨论，对市政府工作报告、国民经济和社会发展计划报告、财政预决算报告等提出60余项重要修改意见。二是发挥政协大会的作用。五次全委会共收到提案1046件，五届四次大会组织了16名委员，就全市两大文明建设进行大会发言。三是发挥委员视察作用，制定了《政协枣庄市委员会委员视察办法》，先后组织35次视察活动，参加视察的委员1500多人次。四是发挥监督作用。市政协与有关部门配合积极参与廉政建设、社会治安综合治理、普法教育、物价、税收和“扫黄打非”等专项检查，还有部分委员受聘担任特约监察员员、检察员、审计员和教育督导员。

以经济社会发展为中心，深入调查研究有新突破。先后围绕发展高产优质高效农业、深化企业改革、市场体系建设、第三产业发展等进行了15次大型调查，全市两级政协组织写出有分量、有深度、有创见的报告73份，提出意见和建议322条，得到了党委和政府的高度重视。《关于发展高产优质高效农业的建议》《关于深化企业改革问题的调查与建议》《关于我市第三产业发展问题的调查与建议》等15份调查报告和建议案，市委、市政府都作了转发。

以“爱我枣庄”为动力，政协委员做出新贡献。五届二次常委会议作出决定，在全市政协委员中开展“爱我枣庄、多做贡献”活动。广大政协委员积极响应市政协的号召，以高度的政治责任感和强烈的参与意识，立足本职，建功立业。五年内，政协委员受到国家、省、市表彰奖励的达1000多人次，有15人被授予省、市拔尖人才称号，100多名成绩显著的委员受到市政协表彰。

（六）六届政协

围绕改革与建设中心，履行职能的各项工作取得了显著成效。充分运用全委会议、常委会议、主席会议和专题协商座谈会等形式，积极参与我市年度国民经济和社会发展计划、市政府工作报告和有关改革建设的20多项重大问题的协商讨论，针对具体问题建言立论、议政献策。在十五次常委会议协商枣庄市《“十五”计划纲要》时，对《纲要》6个方面29项内容提出了修改意见，全部被采纳。五年来，围绕全市中心任务和群众普遍关心的重要问题，通过专题调研、委员视察、政协提案、会议发言、反映社情民意信息等多种形式，积极参政议政，向党委政府提出了大量有价值的意见、建议，共计形成专题调查报告或建议案26份、视察报告30份、会议发言稿200多篇。其中，《关于我市个体私营经济发展情况的调查报告》《科技兴工、科技兴农情况的调查与建议》《关于加快我市旅游业发展的建议案》和《加快实施我市工业强市的建议案》得到市委、市政府的高度重视，并以市委文件转发。《关于加快改革和发展我市高中段教育的调查报告》以及《保护发展我市外商投资企业的建议》《积极稳妥地搞好小城镇建设的建议》《离退休科技人才资源的二次开发利用》《促进水泥行业市场销售规范化的建议》等，对党委、政府及有关部门的决策起到了重要参考作用，有些意见还被直接吸收到了党政有关文件之中。六届期间，参加市政协的各党派、团体和政协委员共

提出提案1306件，比上届增加260件。实行了政府领导同志批办、主席督办和委员视察、“三定一包”“一函见两面”等新的办理形式，提案的办复率达到100%。一些与人民群众切身利益密切相关的提案，如“滕州农产品批发市场建设”“取缔市内三轮摩托出租车”“文化市场建设”“市驻地饮用水改造工程”等，都得到了及时办理，产生了很好的经济和社会效益。

直接投身经济建设主战场，加大了服务中心工作的力度。在搞好宏观献计献策的同时，积极参与改革和建设的实践，抓住经济建设中带有全局性的具体工作，发挥了政协组织的独特作用。一是开展了“送智富民”活动。市政协9个委室分别在五区一市的9个乡镇建立了“送智富民”联系点，发展了各具特色的示范基地。在工作中，始终坚持既“送智”又“引智”，既“引智”又“引资”。在“送智”上，积极聘请科研院所和大专院校的有关专家，举办技术讲座，组织科技界的委员深入到村户和大棚，开展咨询服务。创办了《送智富民通讯》，免费向农民发放5万余册。在“引资”上，积极帮助基层选题立项，协调引进资金，为东郭镇万亩板栗基地引资660万元，为常庄镇水利改善项目争取无偿援助资金76.7万元，为店子镇筹资8万元打深井2眼，解决了2个山村的人畜饮水和万亩枣园的灌溉问题。二是按照市委部署，积极进行招商引资。三年来，市政协共引进项目15个，到位资金6288万元，年年超额完成任务，受到市委的表彰。三是开展了“送法兴企”活动。组织司法部门的委员，对企业进行司法援助，帮助企业解决经济纠纷等影响发展的突出问题，维护了企业的合法权益。四是积极参与企业的帮扶和改制工作。按照市委安排，市政协先后委派5名干部指导市直企业的改制工作；领导班子2名成员帮扶2家困难企业，想方设法为企业提供市场、技术、人才信息，协调引进资金，使2家企业恢复了生产，焕发了生机。

畅通下情上达渠道，深化和拓展了反映社情民意工作。把了解和反映社情民意作为履行职能的重要环节，要求每个委员每年至少反映一条社情民意、提出一条有价值的建议；把反映社情民意融合到各项工作之中，充分运用各种形式，通过各种渠道，了解和反映社会的真实情况和群众密切关注的问题。先后制定下发了《关于进一步加强全市政协系统反映社情民意工作的意见》和《关于市政协委员报送社情民意的函》，在全市聘请近200名特邀信息员，建立了全市政协系统信息工作网络，通过《社情民意》内刊等途径，比较准确、真实、快捷地向市委、市政府和上级机关报送了大量重要信息。几年来，共编发《政协信息》及《社情民意》近百期，报送各种信息200多条。许多重要的社情民意信息，如乡镇规模调整要注意的问题、小城镇建设应量力而行、招商引资要重视项目推荐等信息，得到市委、市政府主要领导同志的重视，并分别作了批示，有关部门都进行了认真研究解决。

（七）七届政协

创新理念，树立“三立”思想，当好“四个使者”。“三立”，即“立德”“立功”“立言”。“立德”就是要恪守中华民族的传统美德，借鉴全人类的道德资源，在团结上做表率，在“让利”上见品格，真正立德于行。为此，市政协设立了委员之家，为委员提供全方位服务；设立了“民情热线”和信箱，并由专人负责，收集委员及各界群众反映的热点难点问题400多件，编报“社情民意”160多期，尽心竭力为群众排忧解难。“立功”就是号召政协委员真抓实干，建功创业。“立言”就是号召广大政协委员为富民安民谋计、立善言建新论，坚持在调研视察中少陪同、无陪同，做到敢说真话，言“真”意“切”。在“三立”的基础上，市政协积极引导政协委员和政协机关工作者努力当好“四个使者”，即传达善意的使者、报忧的使者、涉外工作的使者、传播文化的使者。编辑出版了《枣庄风物》《枣庄人物春秋》《枣庄战事》《枣庄市农业合作化运动》《小邾国遗珍》等书籍，大力宣传枣庄的历史文化、建设成就和发展环境。2006年5月，市政协承办了全国22城市政协横向联系会第38次会议，以组织严密、形式多样、气氛活跃、成效显著受到与会各市政协领导的高度评价；2006年9月，又成功举办了海峡两岸文学艺术高端论坛暨枣庄笔会，邀请了台湾和内地30多位著名作家、诗人和学者以及众多媒体记者来枣，以文学艺术论坛为载体，搭建海峡两岸文化交流平台；同时，通过每年召开中秋节、春节座谈会，加强与台资企业代表、台侨属的沟通联络，帮助他们解决工作和生活中遇到的实际困难等，增进了相互了解，扩大了共识，对于促进海峡两岸各界人士走进枣庄、认识枣庄、宣传枣庄、提高枣庄知名度，巩固和扩大爱国统一战线，起到了积极的促进作用。

市政协把提案、调研、反映社情民意作为参政议政的重要内容来抓，按照“少而精、深而实”的原则，每年开展一次大的调研活动，五年来，先后开展了社会保障、《中华人民共和国劳动法》贯彻落实情况、加快民营经济发展、增加农民收入、优化经济发展环境等5次大调

市政协“委员之家”建设成果展示

研。各专委会对于涉及全市经济、科技、教育、文化等方面的问题组织委员进行了调研和视察，写出调查视察报告20多份，提出了一些具有参考价值的意见和建议，许多意见建议进入了党政决策，为推动全市经济和社会发展发挥了积极作用。创新提案办理方式，推出了“面对面”办理提案、与新闻媒体合作督办提案等举措，有效地提升了委员参政议政的效果。2006年，市政协共立案405件，社情民意120件，其中由市委、市政府、市政协主要领导批转、督办、批示的重点提案、社情民意40件。2007年，在全省率先开展了提案办理民主评议工作，常委会议对5个市直部门进行了民主评议，受到省政协的充分肯定。市政协关注社会弱势群体，积极参加帮包薄弱村工作，投资20多万元解决了帮包村行路难、吃水难、失学儿童上学难问题。

创新载体，改进议政模式，拓宽履职渠道，突出政协例会载体功能。完善了联组讨论的议政形式，全委会期间按界别编组，强化界别的载体作用。制定了委员列席常委会制度，每次安排10名相关界别委员参加，形成了委员专题听证会、议政会、政情交流会等议政模式。在2007年初的全委会上，组织了构建和谐社会专题议政发言，各界别委员围绕党政关心、群众关注的18个专题，进行了议政发言。突出界别地位的基础性、界别组织的承接性、界别功能的独特性，先后出台了《关于进一步发挥界别纽带作用的意见》《关于进一步支持各民主党派、工商联和无党派人士履行职能发挥作用的意见》，将委员划分为20个委员活动小组，制定了《委员活动小组工作细则》，提出了“四个一”的要求，即每个委员活动小组每年至少提出一份联名提案，反映一条有价值的社情民意，召开一场专题议政座谈会，组织一次考察交流活动，每组每年至少开展3次特色鲜明的活动。自2005年以来，各界别和委员累计向社会捐资捐物折合人民币360多万元，开展各类社会公益活动70余次，取得了很好的社会效果。针对医疗垃圾严重污染环境，危害群众身体健康的问题，卫生界的委员连续三年提交提案，建议实行医疗垃圾集中无害化处理。市政府高度重视，2006年出台了《枣庄市医疗废物集中处置管理办法》，通过招商引资成立了医疗废弃物处置公司，与部分医疗机构签订了服务协议，半年处理医疗垃圾近800吨。2007年6月份，在市政府领导的陪同下，市政协组织带领部分政协委员，对医疗垃圾污染治理提案办理情况进行了专题视察，建议市政府进一步明确医疗垃圾处理的收费标准，督促各级各类医疗机构限期签订服务协议，建立协调监督机制，以确保医疗垃圾处理问题的切实解决。

（八）八届政协

在服务大局中凝聚智慧和力量，积极为城市转型献计献策。坚持在全局之重、阶段之要、职责所能的重合面和结合部找准切入点，每年都在主动征求市委市政府主要领导意见基础上，精心选择一个重大问题进行调研和协商议政，并以建议案形式报市委市政府，力求在破解事关全局的重点、难点问题上为党政提供决策参考。2008年，抓住煤化工等八大产业集群发展问题，深入到20多家龙头企业研究问题，从抓好规划布局、抓好龙头企业等12个方面，向市委市政府提交了《关于加快我市工业产业集群发展的建议案》；2009年，抓住就业再就业难题，深入到区（市）、部门和企业调研，从加大投入、完善政策等10个方面，向市委市政府提交了《关于促进我市就业工作的建议案》；2010年，抓住棚户区改造这一倍受关注的民生工程，集中调研和分散调研相结合，从统一思想认识、破解资金难题等9个方面，向市委市政府提交了《关于加快我市棚户区改造和农村住房建设的建议案》；2011年，抓住“人才强市战略”这一城市转型的关键问题，着重对煤化工、城市建设、文化旅游等方面的人才队伍状况进行了深入调研，从完善政策、创新机制等5个方面，向市委市政府提交了《关于实施人才强市战略加快城市转型的建议案》。市委市政府对政协报送的每一件建议案都高度重视，主要领导和分管领导都做出重要批示，以市委市政府文件及时转发，责成各级各有关部门认真落实。2011年9月，市政府向市政协常委会通报了落实八届市政协四个重点调研建议案的情况。先后召开了委员应对金融危机座谈会、文化建设专题座谈会，在八届四次全委会上组织委员进行大会议政发言，积极为城市转型献计献策。各专委会先后开展了中小企业发展、水污染防治、文化公共服务体系建设、海峡两岸交流基地建设、农村社保体系建设、人文自然遗产保护等50多次专题调研视察活动；各民主党派、工商联相继开展了社会物业管理、导游队伍建设、职业教育发展、农业产业化发展、农村社区建设、民营企业家成长等30多次专题调研视察活动；市政协专委会和各民主党派共向市委、市政府报送了60多份调研视察报告。进一步完善提案工作制度，加大提案办理力度，四年来共办理提案1490件；坚持政府和政协领导带队督办重点提案制度，改进民主评议提案承办单位办法，开展了两次优秀提案、提案工作先进集体和先进个人评选表彰活动，提案办理满意和先进基本满意率达97.9%。修订了社情民意信息工作办法，建立了特邀信息员队伍，密切了与党政部门的沟通协调，保证了社情民意信息的落实，促进了各项事业的发展。在省委统战部牵头组织的全省各民主党派、工商联、无党派人士为经济文化强省建设作贡献评选表彰活动中，枣庄市有民革枣庄市委等2个集体、4名个人受到隆重表彰。

在增进团结和谐中加强自身建设，自觉树立良好形象。围绕隆重庆祝新中国成立60周年、人民政协成立60周年、中国共产党成立90周年，先后召开了多种形式的座谈会、纪念会，使广大政协委员和各界人士进一步明确肩负的责任和使命。坚持主席联系走访党派、委

员和重大事项通报制度，多次召开民主党派负责人座谈会，研究开展经常性工作的运行机制；积极推荐民主党派的政协委员担任各类社会监督员，邀请民主党派成员参加政协组织的调研视察、提案督办等活动，支持民主党派、工商联、无党派人士履行职能。充分发挥委员主体作用，完善培训机制，出台考核细则，建立履职台账，召开委员座谈会和委员履职经验交流会。届内两次共对 54 名优秀政协委员进行了隆重表彰。重视发挥界别联系群众的纽带作用，各界别小组开展了 160 多次调研视察、扶危济困、服务咨询等活动，实现了界别小组活动的经常化和多样化。加强对基层政协工作的指导，实行了市政协主席、副主席联系区（市）政协的工作机制，召开了基层政协联络组工作现场会，较好地发挥了市、区政协的整体合力。认真贯彻市委枣发〔2011〕13 号文件，各乡镇街办都设立了政协工作机构。本着静有其位、动有其轨、各负其责、各司其职的原则，研究出台了 20 多项内容具体、程序规范、易于操作、重点突出的制度性规定。每年初都根据全委会部署要求，制定年度工作要点和重点工作排档表，细化到每位主席会议成员和每个委室，明确时限到月旬，年底进行总结考评。研究出台了党组会议规则、主席会议规则、常委会议规则，明确了会议的职责、任务、议题、时间、原则、程序等内容，增强了政协领导班子履职的规范性和严肃性。出台了主席会议审议专题调研报告制度、常委会议审议重点调研报告制度，保证了履职的效果和质量。出台了调研视察工作规则，对选题、程序、时间、次数、陪同、报道、把关等作出明确规定，受到了基层和社会各界欢迎。认真做好《枣庄人文自然遗产》《运河名城—枣庄》《山东区域文化通览•枣庄卷》《市政协年度要事汇编》及文史资料的编纂出版工作，积极挖掘和弘扬枣庄历史文化。广泛联谊交友，积极参加全国 24 城市政协横向联系会、苏鲁豫皖接壤地区 21 城市政协工作联席会，承办了全省政协人口资源环境委员会工作会议和全省 17 市政协秘书长联谊会，热情接待外地政协来枣考察交流 2000 余人次。在国家级和省级刊物发表宣传枣庄的新闻稿件 200 余篇，全方位多层次宣传枣庄的经济社会发展成就和优秀历史文化，进一步扩大了枣庄市的影响。

2017年2月21日，市政协五、七、八、九、十届政协主席在大会闭幕后合影

（九）九届政协

积极建言献策，在助推转型发展上彰显新作为。坚持服务大局、助推转型，始终聚焦主题主线，每年都选择 2 个重大课题开展重点调研，先后围绕新型城镇化、工业转型振兴、现代服务业发展、加强和创新社会管理、“两大高地”建设、农村产权制度改革、创新驱动发展战略、食品药品安全、助推精准扶贫、生态枣庄建设等课题深入研讨、专题议政。2012 年抓住新型城镇化建设问题，从创新发展理念、实施重点突破等 4 个方面提出意见建议，形成了《关于加快我市新型城镇化建设的建议案》。抓住工业转型振兴这一难题，从打造优势产业集群、增强核心竞争力等 5 个方面提出意见建议，形成了《关于加快我市工业转型振兴的建议案》。2013 年抓住现代服务业发展这一重点问题，通过实地调查、考察学习、研究论证等形式，从深化思想认识、突出发展重点等 4 个方面提出意见建议，形成了《关于加快我市现代服务业发展的建议案》。抓住加强和创新社会管理这一热点问题，就城乡社区建设、人口管理服务等 5 个问题进行深入调研并提出意见建议，形成了《关于加强和创新我市社会管理工作的建议案》。2014 年抓住“转型升级和经济文化融合发展高地”这一事关枣庄转型发展的重大问题，从提高思想认识、实施大项目带动战略等 8 个方面提出意见建议，形成了《关于加快我市“两大高地”建设的建议案》。抓住农村土地使用产权制度改革问题，从解放思想凝聚共识、强化政策引领作用等 6 个方面提出意见建议，形成了《关于深化我市农村土地使用产权制度改革的建议案》。2015 年抓住实施创新驱动发展战略问题，从发挥夯实创新驱动产业基础、强化人才智力支撑等 6 个方面提出意见建议，形成了《积极适应经济新常态加快推进实施创新驱动发展战略》的建议案。抓住食品安全管理这一重点民生工程，从提升治理能力，加强专项整治等 5 个方面提出意见建议，形成了《关于加强食品安全管理促进“食安枣庄”建设的建议案》。2016 年抓住助推精准扶贫这一重点问题，通过省内外实地调研、召开座谈会和论证分析会等形式，提出坚持统筹推进、实施重点突破等 4 个方面的意见建议，形成了《关于推进我市精准扶贫工作的建议案》。抓住生态枣庄建设这一热点问题，从创新理念认识、科学编制规划等 5 个方面提出意见建议，形成了《关于进一步推进生态枣庄建设的建议案》。五年来形成的 10 份高质量建议案报市委、市政府，党政主要领导逢报必批，多数建议案以市委、市政府文件转发。各专委会、各民主党派和工商联围绕农村土地专业合作社建设、旅游资源开发保护、文化创意产业发展、住宅小区物业管理、侨资企业发展、野外文物

保护等开展专题调研视察90余次，提交调研视察报告80余份。2016年，面对全市大气污染严峻形势，举政协之力快速开展大气污染防治专题视察，由7个副主席带领7个视察组，深入一线摸排实情，一针见血指出问题，实事求是提出建议，行动快、声势大、层次高、效果好，为打好大气污染防治攻坚战，营造了声势，汇聚了力量，扩大了政协民主监督的社会影响力。

把深化协商民主摆到政协整体工作更加突出的位置，着力创新协商载体、增加协商密度、提高协商实效，形成了以全体会议为龙头、以专题议政性常委会议和专题协商会为重点、以对口协商、界别协商和提案办理协商为常态的协商议政格局。着眼于协商民主制度化规范化建设，提请市委在全省率先召开了政协工作会议，出台了《关于加强人民政协协商民主建设的实施意见》，对政协协商民主建设的原则要求、内容形式、组织实施、成果运用和保障措施等作出了明确规定。九届二次、四次会议期间举行议政发言，30余名委员围绕招商引资、绿色发展、文化建设等作大会发言，发挥了全委会议最高协商平台的示范作用。2014年开始边实践边探索边深化，积极运用政协例会协商议政，组织委员积极建言献策。把提案办理协商作为突破口，在全省率先启动提案办理面商工作，并将提案办理工作纳入绩效考核体系。采取试点—总结—提升的方法，安排农村金融创新、医保体系建设等5个重点协商课题，狠抓协商前方案拟定、调研论证，协商中主体确立、方式选择，协商后成果报送、办理反馈等关键环节，取得良好成效。2015年政协协商民主全面铺开，提请市委、市政府出台了《政协年度协商工作计划制定规则》，制定了政协年度协商工作计划，形成"2552"的协商工作格局，地方税源建设、住房公积金贷款政策问题、创新驱动发展战略等14项协商活动均形成《协商议政情况专报》。2016年认真抓好8项协商议题的落实，坚持不调研不协商、边调研边协商、调研不透不协商原则，功夫下在会前、效果体现在会上、会后抓好跟进落实，做到会协商、真协商。几年来，通过制定年度协商计划，明确路线图，细化流程表，扎实推进专题协商、对口协商、界别协商、提案办理协商，先后围绕地方税源建设、饮用水源地污染防治、医药产业发展、残疾人权益保障、中小微企业融资、文物保护法落实等课题深入协商，形成《协商议政情况专报》24份，征集提案2710件，立案办理2501件，组织委员面商680余人次，利用网站媒体公开提案及答复300余件次，保证了提案办理协商的公开透明。

关注民生福祉，在促进民生改善上拓展新形式。深入践行党的群众路线，始终把改善民生作为政协履职的落脚点。五年来，以市、区（市）、镇（街）三级政协组织为依托，先后在广大政协委员中扎实开展了"三服一推"（服务基层、服务群众、服务社会、助推发展）、"三联一结"（联村、联户、联企、结对子）和"提高委员履职能力、增强协商民主实效"等主题实践活动，引导各级政协组织、广大政协委员走基层、接地气、察民情、解民忧，开展了丰富多彩的结对帮扶、示范引领、讲座辅导、捐资助学、扶危济困等活动，掀起了服务群众、奉献社会的热潮。五年来，全市两级政协委员、三级政协组织共走访社区200多个、企业300多家、群众2000多户，结对帮扶困难户2000余个，协调扶贫济困资金2000余万元，解决实际问题600多个，创造就业岗位4000多个，为基层群众提供了实实在在的帮助，使政协工作与党政工作相融合、与基层群众相融汇、与社会各界相融通，彰显了政协履职为民的良好形象和民生情怀。创新社情民意信息征集模式，通过政协网站、手机短信等向委员发布征集要点，增强了信息收集的针对性。出台了反映社情民意信息工作办法，聘请50名政协委员担任特邀信息员，编报《社情民意》信息300多期，市委、市政府领导批示120多篇，省政协采用60多篇，报全国政协50多篇。组织委员300多人次参加行风评议、"百千百"民主评议、司法庭审和公务员招录面试旁听等活动，组织200多名委员走进"市民热线""议政时空"直播间，与市民对话交流，赢得了社会各界的称赞，实现了委员优势和界别特色的有机融合、联系群众与服务群众的有机统一，增强了政协工作的亲民性和影响力。

市政协孙欣亮主席到帮扶村走访看望困难老党员

（十）十届政协

助推转型发展，在服务大局中献计出力。坚持围绕中心、服务大局的原则，自觉做到市委、市政府中心工作推进到哪里，政协的工作就跟进到哪里、力量就汇聚到哪里、作用就发挥到哪里。准确把握稳中求进工作总基调，紧扣推进供给侧结构性改革主线，积极开展重点调研，2017 年开展的加快装备制造业创新发展和重点项目建设重点调研分别由两位副主席带队，2018 年上半年开展的美丽乡村建设重点调研由主席亲自带队，组织部分政协委员和专家学者，赴省内外先进地区深入调研、座谈研讨，分别形成了《关于加快我市装备制造业创新发展的建议案》《关于加快我市重点项目建设的建议案》《关于推进我市美丽乡村建设的建议案》，经市政协常委会议专题协商后呈报市委、市政府。市委、市政府主要领导对建议案均作出重要批示，为加快全市新旧动能转换、增强发展后劲提供了决策参考。紧盯社会关注的热点，针对全市安全生产面临的严峻形势，积极响应市委号召，举政协之力开展了安全生产工作专题视察，及时向市委、市政府呈报了专题视察报告，为促进全市安全生产形势持续好转造声势、献良策。紧跟阶段性工作重点，积极融入“国家卫生城市”创建，大力开展秋冬季大气污染综合治理、加快推进现代农业精品园区建设、省级文明城市创建、启用新城文化中心加快图书大厦建设等专题视察，坚持问题导向，深入基层一线，抓重点找盲点，补短板强弱项，为加快我市创新转型持续发展步伐贡献政协智慧和力量。自觉服务于市委、市政府新旧动能转换重大工程的部署，三位副主席分别承担了大运河文化带、鲁南高科技化工园区、枣庄机场重大项目指挥部指挥长的重大职责，牵头抓总、靠前指挥、深入一线，项目建设初见成效。

推进协商民主，在交流交融中汇聚力量。坚持发挥政协作为协商民主重要渠道和专门机构的作用，坚持规范为要、深化拓展、务求实效的原则，自觉把协商民主贯穿政协履职全过程。发挥全委会议最高协商平台的示范作用，十届一次会议期间，组织委员围绕市第十一次党代会确定的工作部署和政府工作报告，与市委、市政府同频共振，共商发展大计，共谋转型良策，提出真知灼见。完善专题协商、对口协商和界别协商的常态化协商议政格局，邀请党政领导、政协委员、部门负责人、社会群众，就全域旅游、电子商务发展、少数民族经济发展、完善生育保障机制、巩固国家森林城市创建成果、构建学校家庭社会一体化教育体系、人民法院基本解决执行难问题、非物质文化遗产保护利用、落实税收政策支持企业发展、健全侨联基层机构设施、加快学前教育发展、发挥名镇名村历史文化资源作用等课题开展协商议政，形成了一批建言立论成果。市委、市政府主要领导对政协协商成果十分重视、每报必批，许多建议进入了决策程序。提请市委出台了《关于加强和改进人民政协民主监督的实施意见》，指导各级政协组织、广大政协委员把握好监督的方向、原则、节奏和力度，有序有力开展民主监督。突出重点提案办理协商带动作用，出台了《提案办理协商工作办法》《提案工作公开办法》，市政协领导班子成员带头督办重点提案，通过上门督办、实地视察、座谈讨论等形式，推动包括产业转型、医养结合、环境保护、企业创新、大众创业、交通秩序整治，新旧动能转换、安全生产、乡村振兴、环境保护、企业发展、住房维修基金使用、提高人口素质等重点难点问题加快解决，提案办理工作制度化、程序化和信息化水平有了新的提高。加强新时代协商民主理论对实践的指导，承办了山东省政协理论研究会第二届理事会第三次理事会议暨全省政协协商民主工作研讨会，认真总结我市在全国率先聘任提案督办员的做法，在会上作了典型发言。报送的《开展大气污染防治专题视察，提高协商式监督实效的探索与实践》，被省政协评为优秀创新案例，并在全省推介。对 2017 年重点调研建议案落实情况和今年部分重点提案办理情况组织了“回头看”，推动了协商议政成果的转化。

关注群众福祉，在履职为民中促进和谐。坚持以人民为中心的发展思想，始终把维护人民的根本利益作为履职的出发点和落脚点。深入开展了“汇聚各界力量、助推精准扶贫”主题实践活动，动员各级政协组织、23 个界别活动组和 1900 余名市、区（市）两级政协委员，发挥市政协下派“第一书记”驻村帮扶作用和镇街政协委员联络室、“委员之家”联系服务基层群众的优势，将帮扶困难企业、帮包贫困村和贫困户工作相结合，开展了产业扶贫、教育扶贫、科技扶贫、文化扶贫、健康扶贫、生态扶贫，形成了领导示范引领、委员广泛参与、两级政协联动、干部主动服务的良好格局，先后联系帮扶薄弱村 23 个、困难企业 16 家，争取扶贫资金 4300 多万元，开展集体扶贫活动 80 余次，帮扶困难户 200 余户，赢得群众广泛赞誉。市政协派驻山亭“第一书记”工作扎实有效，基层党建、村容村貌、集体经济、扶贫脱贫工作发生了实实在在的变化，为打造省级美丽乡村奠定了坚实基础。各民主党派市委、市工商联及各界别活动组积极创新扶贫方式，推出“科技夜校”“送医问诊”“送法下乡”“送戏进村”“金秋助学”“关爱留守儿童”等活动品牌，让扶贫效果看得见、摸得着。始终把民生问题作为办理提案和反映社情民意信息的重点，仅 2018 年上半年就交办涉及民生领域的提案 150 余件，遴选重点提案 13 件，其中市委、市政府主要领导共批示 18 件次；出台了《反映社情民意信息工作考评办法》，举办了社情民意信息工作培训班，聘请 65 名特邀信息员，编报社情民意信息 34 期，上报省政协 130 篇，省政协采用 43 篇，其中转报全国政协 13 篇，在全省位次有了较大提升。

三、经验与启示

五十多年来，枣庄市政协在继承优

良传统、坚持重要原则的基础上，在研究新情况、解决新问题的实践中，积累了一些新鲜经验，找到了一些规律性认识，这都是人民政协的宝贵财富，值得倍加珍惜、长期坚持、不断完善。

（一）必须始终坚持中国共产党的领导，确保人民政协事业发展的正确方向

坚持中国共产党的领导，是人民政协存在和发展的根本前提，也是人民政协履行职能、发挥作用的根本保证。一部人民政协史，就是参加人民政协的各党派团体和各族各界人士在中国共产党领导下的团结奋斗史。人民政协坚持党的领导，就是要坚定不移地贯彻党的理论和路线方针政策，坚定不移地围绕党的重大决策部署开展工作，坚定不移地为实现党提出的目标任务竭诚奋斗；就是要充分发挥政协委员和政协机关中共产党员的先锋模范作用，把广大政协委员和所联系群众紧密团结在党的周围，思想上同心同德、目标上同心同向、行动上同心同行。要始终紧跟市委节奏治党履职，维护核心高度自觉，市委提倡的坚决响应，市委决定的坚决拥护，市委禁止的坚决不做，政府部署的坚决呼应，政府推动的坚决跟进，在维护核心、奋发有为中锤炼政协人的政治品格。

（二）必须高举爱国主义、社会主义旗帜，不断巩固团结奋斗的共同思想政治基础

人民政协作为最广泛的爱国统一战线组织，必须高举爱国主义和社会主义两面旗帜。只有中国特色社会主义，才能将全国各族人民团结凝聚起来，为把我国建设成为富强民主文明和谐美丽的社会主义现代化强国而共同奋斗；只有爱国主义，才能将海内外中华儿女团结凝聚起来，为实现中华民族伟大复兴的中国梦而共同奋斗。在当代中国，爱国主义和社会主义是参加人民政协的各党派团体和各族各界人士的最大政治共识。人民政协要注重在尊重多样中寻求共识，在同铸辉煌中增进共识，在共迎挑战中深化共识，沿着爱国主义和社会主义旗帜指引的方向奋力前行。

（三）必须牢牢把握团结和民主两大主题，巩固发展融洽和谐、生动活泼的良好局面

团结和民主是人民政协产生和发展的历史依据，是人民政协继往开来的方向和使命，也是人民政协的标志性特征。作为大团结大联合的组织，人民政协具有广泛的代表性和巨大的包容性，能够最大限度地团结一切可以团结的力量，为实现党和国家奋斗目标减少阻力、增加助力、形成合力。作为发扬社会主义民主的重要形式和推进社会主义协商民主的重要渠道，人民政协融协商、监督、合作、参与于一体，能够最大限度地包容和反映各方面的意见建议，有效满足各界人民群众有序参与政治的愿望。团结才有力量，民主才有活力。要将团结和民主两大主题贯穿于人民政协事业发展的全过程和人民政协工作的各方面，以坚强的团结保证广泛的民主，以广泛的民主促进坚强的团结，使人民政协永葆蓬勃生机与旺盛活力。

（四）必须围绕中心、服务大局，自觉把人民政协工作放到党和国家全局工作中谋划和推进

人民政协事业是中国特色社会主义事业的重要组成部分，必须把围绕中心、服务大局作为履行职能的重要原则，作为彰显优势作用的努力方向，作为评价工作成效的基本标准。新形势下，人民政协围绕中心、服务大局，主要目标在于推动科学发展、维护和谐稳定、促进祖国统一，独特优势在于人才智力密集、社会联系广泛，基本方式在于协商议政、献计出力。要牢牢把握围绕中心、服务大局的工作原则，一以贯之地从大局角度思考问题，在大局之中找准位置、大局之下开展工作，准确把握大局，融入大局，争做五大发展理念的积极宣传者、转型发展的有力推动者、宜居宜业新枣庄的忠诚建设者，在助推转型发展中体现价值。

（五）必须坚持以人为本、履职为民，始终把维护和实现人民群众根本利益作为出发点和落脚点

人民政协来自人民，一切工作都是为了人民。要把群众利益放在第一位置，把群众呼声作为第一信号，把群众满意作为第一追求。要树立人民政协为人民的理念，常想一想群众需要政协做什么，政协能够为群众做什么，政协为群众做了什么，自觉做到政为民所议，言为民所建，策为民所献，力为民所出。要增强政协事业靠人民的意识，经常深入到群众中了解真实情况，从群众中汲取智慧营养，通过深入基层、深入群众不断提高议政建言的质量。

（六）必须充分认识人民政协的重要地位作用，不断增强推进人民政协事业发展的责任感和使命感

人民政协与人民民主专政的国体和人民代表大会制度的政体相适应，是中国共产党领导的多党合作和政治协商的重要机构，是我国政治体制不可替代的重要组成部分，是促进党和政府科学民主决策不可或缺的重要力量。从事人民政协工作的同志，无论是政协委员、还是政协干部，都处在坚持完善中国共产党领导的多党合作和政治协商制度的第一线，处在服务党和国家工作大局的第一线。这既是一种荣誉和信任，更是一种责任和使命。特别是要充分认识到，人民政协发挥作用，必须自觉树立有为才能有位、有位更加有为的观念，以改革创新精神加强自身建设和理论建设，大力推进人民政协履行职能的制度化规范化程序化，培养政协情怀、奉献政协事业，以不可替代的作用推动发展，以实实在在的业绩体现价值。

审稿人：宋照东

撰稿人：朱海洋　左献献

黄　蕾

枣庄推进党风廉政建设和反腐败工作的基本历程和主要成就

一、枣庄推进党风廉政建设和反腐败工作的基本历程

改革开放30多年来，随着党风廉政建设和反腐败工作的不断深入，全市各级纪检监察机关在全面履行职责的同时不断发展壮大，为全市经济社会各项事业发展作出了积极的贡献。

（一）全面展开阶段（1982年9月—1992年1月）

1. 组织机构发展变化。1983年6月，中共枣庄市委纪律检查委员会改称中共枣庄市纪律检查委员会（简称市纪委）。1985年9月，市纪委升格为副地市级。1988年3月，市纪委案件检查处改为案件检查室，案件审理处改为案件审理室，信访处改为信访室，干部管理教育处改为干部管理教育室。同年5月，市第五次党代会选举产生新的市纪律检查委员会。1988年5月4日，成立枣庄市监察局，列入市政府工作部门序列。内部机构设立办公室、干部科、信访科、监察一科、监察二科、案件审理科等6个科室。1988年11月14日，枣庄市行政监察举报中心成立，为副局级行政机构，隶属市监察局。1989年4月，各区（市）设立行政监察案件举报中心，为副局级行政机构，隶属各区（市）监察局领导。1988年11月，市监察局增设研究室，为科级行政机构。1989年6月，市监察局监察举报中心设举报接待科和调查科。1989年7月，在市政府各部门设立派出行政监察机构，乡镇建立监察室。在市政府办公室等31个部门以及供销社、医药公司等单位设立监察室；在市体改委、市外经委、市人事局等22个部门设立专职监察员。监察室和专职监察员分别是市监察局的派出机构和人员，受市监察局和驻在部门的双重领导，行政监察业务以监察局领导为主。各区（市）有85个乡镇和63个政府部门设立监察室（副科级），有96个政府部门设立监察员。1990年9月，市监察局增设宣传教育科、执法监察科。

2. 工作开展情况。认真组织市直机关党员干部学习《中国共产党章程》《关于党内政治生活的若干准则》，通过专题讨论、办学习班、观看录像、党纪知识竞赛活动等形式，加强了对党员干部的党风党纪教育。1987年，在市直机关中开展了“在新时期如何做一名合格党员”大讨论。市直83个单位、4700余名党员干部观看了党员领导干部经济犯罪案例录像124场和话剧《悬崖》5场。1988年，对市直部门的纪检干部进行了业务培训。1990年，在市直部门中开展了“学党章、正党风”活动。1991年，组织100名机关干部参加了省纪委举办的党纪知识竞赛活动，使党员干部受到了深刻教育，牢固树立了为改革开放和经济建设服务的思想。

对机关的党风情况进行了深入调查，狠抓了对违纪案件的查处工作。1986年，各级纪检监察机关认真受理群众信访举报，解决大量的信访问题，特别是大量的历史遗留问题，群众信访举报下降到3699件次。1987年，积极开展信访规范化达标活动，各级领导高度重视群众信访举报工作，努力把群众信访问题解决在基层，来信来访再次下降到2924件次。1988—1993年，全市各级纪检监察机关共受理群众信访举报14799起。1986—1992年，共查处违纪案件56起，处分党员43人，其中，开除党籍24人，留党察看7人，党内严重警告3人，党内警告9人。

1988年，市监察局成立，同年受理群众来信489起，接待来访26人次。1989年8月，最高人民法院、最高人民检察院、监察部联合发布《有贪污贿赂行为的国家行政机关工作人员必须在限期内主动交代问题的通告》，全年共接到群众来信来访1857件次，其中，来访208起次，来信1625件次，电话举报24件次。在《通告》期间，各级纪检监察机关受理群众信访举报508起，涉及县级干部7人、科级干部88人，全市306名有贪污受贿行为的监察对象投案自首，主动坦白交代问题。

（二）系统推进阶段（1992年2月—2003年4月）

1. 组织机构发展变化。1993年4月19日，市纪委、市监察局合署办公，实行一套工作机构、两个机关名称的体制。合署后的市纪委履行党的纪律检查职能，对市委全面负责；合署后的监察局按照宪法规定，履行政府行政监察职能，仍属于政府序列，受市政府和市纪委常委会双重领导。各区（市）、乡镇及市直部门纪检监察机关也于同年4月完成合署工作。合署后，市纪委常委会成员由5人增至8人。内设机构有办公室，干部室，宣传教育室，案件审理室，信访室（举报中心），纪检监察一、二、三室，研究室，政策法规室，监察综合室，党风廉政建设室，执法监察室共13个科室。设在市纪委的市惩治腐败工作领导小组办公室和设在监察局的市政府纠正行业不正之风办公室，其工作由党风廉

政建设室承担。1994年11月，枣庄市监察学会成立。1996年，市纪委机关、市监察局设办公室、监察综合室、研究室、干部室、宣传教育室、案件审理室、政策法规室、信访室（枣庄市行政监察举报中心）、党风廉政建设室（枣庄市人民政府纠正行业不正之风办公室）、执法监察室、第一纪检监察室、第二纪检监察室、第三纪检监察室共13个职能室，成立中共枣庄市纪律检查委员会、枣庄市监察局机关服务中心（挂行政科牌子）。2001年，枣庄市人民政府纠正部门和行业不正之风办公室与市纪委、监察局党风廉政建设室合署办公，根据工作需要和上级要求，单设为枣庄市纠正部门和行业不正之风办公室。

2. 工作开展情况

（1）领导干部廉洁自律工作不断深化，从政行为进一步规范。各级党委和纪检监察机关坚持“立足于教育、着眼于防范”的工作方针，加强了对党员干部的教育、管理和监督工作。在领导干部中开展了以“三讲”为主要内容的党风党性教育，以成克杰、胡长清及枣庄市的部分典型案件为反面教材的警示教育，以党纪政纪为主要内容的专项教育；在农村党员干部中广泛开展了“三个代表”重要思想学习教育活动；面向广大干部群众开展了纪检监察政策法规宣传普及活动。通过教育，使广大党员干部树立了正确的世界观、人生观、价值观和权力观、地位观、利益观，廉洁自律意识和拒腐防变能力普遍增强，严格执行了党风廉政建设方面的规章、制度和要求。集中开展了清理领导干部收受现金、有价证券和支付凭证活动，在枣庄工商银行设立了“510”廉政专用账户，开展了专项举报活动。对全市县（处）级领导干部配偶子女从业情况、因私出国护照及本人和配偶办理的港澳通行证、外国居留证等方面进行了全面清理，对县级以上领导干部调动工作中的有关问题作出了新规定，对国有企业领导人员的廉洁自律工作等进行了有益探索。不断强化机关作风建设。开展集中整治活动，对违规公费配备的1879部移动电话，全部按规定进行了处理；领导干部上下班车接车送、公车钓鱼、公款吃喝、公款旅游等歪风得到了有效遏制，带动了社会风气的进一步好转；全市共清理出党政机关工作人员借用公款3717.13万元，到2002年底已退还3124.98万元。深入开展了清理领导干部违规多占成套住房的活动，共清理出住房有问题的7164人，清退成套住房1868套，收缴差价款2000多万元，比较彻底地解决了领导干部违反规定多占住房、超标准购建住房等方面群众反映十分强烈的问题。制定实施了《关于加强对县（处）级领导干部八小时以外活动监督检查的暂行办法》，建立了领导干部八小时以外非正常活动举报制度和责任追究制度；结合枣庄实际，开展了纠正乡镇干部“走读”现象工作。对廉洁自律工作向基层的延伸也提出了不同的要求。

（2）查办违纪违法案件工作力度加大，严肃党纪国法。各级纪检监察机关坚持把查办各类违纪违法案件作为深入开展反腐败工作，维护改革、发展、稳定大局的重要手段，坚持严格执行事实清楚、证据确凿、定性准确、处理恰当、手续完备、程序合法“二十四字”方针的要求，正确处理严肃执纪和宽严相济、区别对待的关系，办案工作质量明显提高。全市查办的重要案件有：鲁南化肥厂原厂长高某某贪污受贿窝案，鲁南石膏集团公司原党委书记、原总经理满某某贪污受贿、挪用公款窝案；枣庄市体改委原副主任吕某某滥用职权、挪用公款案，滕州市原副市长采某某受贿案，枣庄市新华书店原党委书记、原总经理庄某某嫖娼和涉嫌受贿案，山亭区原区长助理李某某受贿案等。通过查办违纪违法案件，进一步严肃了党纪国法，有力地震慑了腐败分子，教育警示了党员干部，进一步增强了人民群众同腐败现象作斗争的信心。

（3）认真纠正部门和行业不正之风，有效地解决群众反映强烈的一些突出问题。各级纪检监察机关组织协调各区（市）、各部门坚持“标本兼治、纠建并举”的方针和“谁主管、谁负责”的原则，针对群众反映强烈的不正之风认真进行了专项治理。一是纠正医药购销中不正之风的工作取得明显成效。全市共查处各类医药购销中的违纪违法案件219起，取缔非法医疗机构和非法经营药品单位66家，没收非法经营药品价值达236万余元。实行药品集中招标采购，制定了《关于医疗机构违反药品集中采购行为行政处分的暂行规定》，296个品种的集中采购中标药品零售价格平均比招标前降低30%，直接让利社会总金额约1300万元。重点对县级以上医院开展了行风民主评议和创建“百姓满意医院”活动，对群众反映强烈的热点问题进行了专项检查和治理，促进了医疗行风的好转。二是进一步加强减轻农民负担工作。制定并实行了《关于加重农民负担行为党纪政纪处分暂行办法》，对108起加重农民负担的案件进行了严肃查处，有124人受到党纪政纪处分，累计直接减轻农民负担17006万元。三是深入开展“行风”评议活动。对涉及群众利益的窗口单位和行政执法部门，每年都组织社会各界代表开展民主评议，先后开展了行风民主评议和“服务经济转变职能大家评”等活动，有力地推动了部门行业作风的转变。四是对企业负担、公路“三乱”和中小学乱收费情况进行监督检查。全市共取消对企业不合理收费项目89个，减轻企业负担3090余万元；协调有关部门加大查处力度，有效遏制了公路“三乱”问题的发生；对全市中小学的收费情况进行了明察暗访，共查处违规收费的学校125处，清理违规收费金额197.72万元，有29名学校主要负责人被免职，有21人受到党纪政纪处分，全市直接减轻中小学生费用负担1049万元。

为保证中央和省、市委各项重大决策的贯彻落实，全市各级纪检监察机关充分发挥职能作用，积极开展了专项行政执法监察。开展国债资金管理使用情

况的执法检查，查处违纪金额2356.1万元，纠正违纪金额500.6万元；对社会保障资金管理使用情况进行专项检查，查处违纪金额718.7万元，纠正违纪金额453.7万元；整顿和规范有形建筑市场工作也有了明显进展。

（4）实施体制机制和制度创新，从源头上预防和治理腐败工作取得明显成效。市委、市政府和全市各级纪检监察机关重点针对“权、钱、人”管理中存在的薄弱环节，以防范权力滥用为重点，加大改革的力度，积极推进体制机制创新，初步建立起了结构合理、配置科学、程序严密、相互制约的权力运行监督制约机制，逐步解决了诱发腐败的深层次问题，从源头上预防和治理腐败工作又有新突破。一是财政制度改革迈出了坚实的步伐。落实“收支两条线”工作进一步规范，会计委派制度不断健全完善，政府采购规模进一步扩大，乡镇财政管理制度改革全面推进。二是行政审批制度改革逐步深入。1998—2002年底，全市55个有审批权的部门共取消行政审批项目958个，其中取消市级行政审批项目533项，减幅高达55.6%。三是人事制度改革全面推开，效果越来越明显。以扩大干部人事工作中的民主和群众参与程度为着力点，落实群众对干部选拔任用工作的知情权、参与权、选择权和监督权，加强了对干部工作中的群众推荐、任前公示、公开选拔、年度考核等制度执行情况的监督检查。四是积极推行了集规范、监督、追究为“三位一体”的村级党风廉政建设新机制，有效地遏制了村干部失职渎职和严重违纪违法问题，对农村经济发展和社会稳定起到了有力的促进作用。五是“三务”公开工作继续向纵深推进。主要抓了政务公开内容的深化和程序的完善，加大了对村务和厂务公开的检查指导力度，及时解决和纠正公开中存在的问题，总结典型经验，使“三务”公开工作不断趋于程序化、规范化。

（5）机关效能监察工作深入开展，经济发展环境得到明显改善。全市各级纪检监察机关紧紧围绕发展这个执政兴国的第一要务开展工作，大力解决影响和阻碍经济发展的突出问题。2001年，按照“八个坚持、八个反对”的要求，结合枣庄实际，在全市机关全面推行了效能监察工作。各级各部门都成立了机关效能监察领导小组，成立了优化经济发展环境、机关效能投诉中心，把勤政和廉政的要求统一于岗位责任制之中，真正把机关效能监察工作同解决服务意识差、办事效率低的问题，解决为政不廉的问题，解决影响经济发展环境的问题紧密结合起来，通过明察暗访、受理群众举报、新闻媒体曝光等有效形式，针对机关管理和运行中存在的突出问题，进行纠正处理，促进了机关工作的全面提速。全市设立机关效能、经济环境投诉中心472个，举报电话532部，有1229名专兼职人员从事投诉工作，形成了专门机关监督、内部监督、社会监督有机结合的监督体系。开通了电台“机关效能监察热线”，由枣庄市直40多个部门负责人直接回答和解决群众的咨询和投诉，对机关工作进行公开问责，追踪问效。到2002年底，全市共查处机关效能方面的群众投诉1272件，查结997起，对380人进行了处理；开展明察暗访57次，暗访单位2011个（次），发现有问题的单位826个（次），通报批评525人；召开新闻发布会28次，通报典型案例142起。自开展机关效能监察活动以来，全市机关干部的宗旨观念和大局意识明显增强，精神面貌为之一新，办事效率、服务质量有了明显提高，方便了群众，有效地遏制了“三乱”“四难”现象的发生，为招商引资和经济发展提供了宽松的环境。

（6）全面落实党风廉政建设责任制，反腐倡廉的整体合力进一步形成。把严格实行党风廉政建设责任制作为反腐倡廉工作的总抓手，狠抓落实，收到明显效果。枣庄市委、市政府根据中共中央、国务院《关于实行党风廉政建设责任制的规定》，先后制定了《关于县（处）级领导班子领导干部执行廉政建设责任制情况的考核和责任追究办法》等文件。通过明确任务、健全规章制度、强化监督检查、通报考核结果、严格责任追究等措施保证了各级党委、政府把反腐倡廉责任分解到领导班子和每个成员，主要领导同志带头做、亲自抓、负总责，进一步把党风廉政建设责任制工作落到了实处。一些职能部门抓党风廉政建设责任制的责任感不断增强，把党风廉政建设融合于经济工作和其他业务工作之中，做到一起部署、一起落实、一起检查、一起考核，形成了党政齐抓共管、一级抓一级、层层抓落实的良好局面。

（7）不断强化机关自身建设，纪检监察队伍整体素质进一步提高。为适应新形势新任务的要求，全市各级纪检监察机关把抓好班子、带好队伍，提高纪检监察队伍的整体素质，作为开创纪检监察工作新局面的基础性工作和重要环节来抓。按照建设政治上强、纪律上严、作风上正、业务上精、形象上好的高素质纪检监察队伍的目标要求，着力在全市纪检监察系统强化“四种意识”（政治意识、大局意识、责任意识、创新意识），提倡“六种风气”（认真学习、调查研究、求真务实、团结协调、争先创优、清正廉洁）。对市纪委机关各室、市直各纪检监察班子，各区（市）纪委监察局工作，制定目标责任制，进行严格考核，并将考核结果进行通报。通过开展一系列的活动，使纪检监察队伍在思想、纪律和作风等方面都发生了深刻的变化，涌现出了一大批优秀的纪检监察干部；在市委和各级党委的重视、支持下，市、区（市）和乡镇三级纪委书记全部实现了由同级党委副书记担任，对市直部门纪检组织进行了充实、调整和交流，使干部队伍结构更趋合理，综合素质进一步提高，为深入开展党风廉政建设和反腐败工作提供了有力的组织保证。

（三）全面建设小康社会的迈进阶段（2003年5月—2011年12月）

1. 组织机构发展变化

2003年10月，市纪委、监察局机关党委成立。2005年，市纪委、市监

察局设办公室、监察综合室、研究室、干部室、宣传教育室、案件审理室、政策法规室、信访室（枣庄市行政监察举报中心）、党风廉政建设室、执法监察室、第一纪检监察室、第二纪检监察室、第三纪检监察室共 13 个职能室和枣庄市纠正部门和行业不正之风办公室。2008 年 5 月 6 日，枣庄市机构编制委员会批复，正式设立“枣庄市经济环境机关效能投诉中心”，为市纪委（市监察局）内设机构；此次调整后，内设机构增加为 15 个。2010 年 8 月 3 日，市编委批复将枣庄市经济环境机关效能投诉中心更名为枣庄市纪委效能监察室（挂市经济环境机关效能投诉中心牌子），强化对全市行政效能监察工作的组织领导。对市直机关派驻纪检、监察机构编制作相应调整。市纪委、监察局同时派驻纪检、监察机构的部门、单位 17 个；市纪委派驻纪检机构的部门 3 个，单列编制 10 人；市监察局派驻监察机构的部门、单位 18 个，单列编制 55 人；市纪委派出的市直机关纪工委行政编制 2 人。2009 年，按照中央纪委和省纪委安排部署，在深入调研、广泛借鉴的基础上，制定出台了《关于对市纪委监察局派驻机构实行统一管理的实施意见》；8 月 20 日，召开动员会议，决定将全市 48 个派驻机构全部收编到市纪委，组成 8 个纪检组，编制 76 人，对全市 74 个市直部门单位及其所属系统进行监督检查。9 月 28 日市委常委会对干部人事安排作出决定，10 月 16 日召开了市纪委监察局统管派驻机构工作会议。

2. 工作开展情况

（1）领导干部廉洁自律工作不断深化。坚持“立足于教育、着眼于防范”的原则，不断创新教育形式，提升教育效果。在开展省纪委提出的“艰苦奋斗、廉洁从政”，“为民、务实、清廉”等主题教育活动的同时，结合枣庄实际，从 2004 年起，在全市领导干部中先后开展了树立正确的权力观、地位观和利益观集中教育活动，产生了较好的教育效果。加大反腐倡廉理论教育和警示教育载体建设，充分发挥广播、电视、报刊、网络等新闻媒体的作用，“大宣教”工作格局初步形成。积极推进廉政文化建设，开展了反腐倡廉书画展、廉歌传唱及歌咏大会、文艺会演、廉政论坛、发送廉政短信、赠送《清廉文鉴》等系列活动，推动廉政文化进机关、进社区、进家庭、进学校、进企业、进农村，营造了反腐倡廉的良好舆论氛围。2007 年起，先后在全市党员干部中集中开展“做勤廉表率、促科学发展”，“加强党性修养、弘扬优良作风”和“以人为本、执政为民”等主题教育活动；连续五年开展“算好清廉七笔账、走好人生每一步”警示教育活动，组织全市党员干部 135 批（次）、8200 余人到枣庄市警示教育基地接受教育。积极筹建枣庄古代清官廉吏展馆，培植廉政文化示范点 46 个，创建廉政教育基地 5 个。

2006年8月30日，枣庄市反腐倡廉警示教育基地揭牌

严格执行“四大纪律、八项要求”和“五个不许”的规定，针对领导干部廉洁自律方面存在的问题，认真开展检查清理。对全市党政机关、企事业单位违规购乘的 54 辆小汽车问题进行了清理纠正，建立了车控联席会议制度，对购买小汽车进行事前审核把关。对违规建购干部职工住房问题开展了专项清理。清理纠正用公款为个人购买商业保险 196.65 万元。清理乡镇、农村等基层干部拖欠公款 825.3 万元。清理干部职工虚报冒领工资补贴 598.65 万元。纠正了 28 名科级以上领导干部违反规定兼任企业领导职务问题。清理国家机关工作人员和国有企业负责人投资入股煤矿 123 人，涉及金额 1041.8 万元。对违规收受现金、有价证券和支付凭证等问题进行了检查清理。2007 年起，对落实党风廉政建设责任制、推进惩防体系建设和贯彻《廉政准则》情况进行检查，严格执行领导干部述职述廉和报告个人有关事项制度，健全完善市纪委常委对区（市）和市直部门主要负责人廉政谈话制度，加强对配偶子女均已移居国（境）外国家工作人员的管理。

（2）对中央和省、市重大决策部署落实情况的监督检查扎实推进。会同有关部门监督检查惠农利民和减轻农民负担政策的落实情况，落实减免税费等政策，开展各种涉农收费项目专项治理，查处涉及农民负担案（事）件。对征收征用土地、城镇房屋拆迁、企业违法排污、企业重组改制和破产中损害群众利益以及拖欠农民工工资问题开展了专项治理。2008 年以来，围绕中央和省、市扩大内需促进经济增长政策的落实，开展检查 68 次，纠正问题 429 个。开展加快转变经济发展方式监督检查，会同有关部门重点对水利改革发展、节能减排和环境保护、规范和节约用地、保

障性安居工程建设、安全生产等政策措施落实情况进行监督检查。加强对市委、市政府重点工作落实情况的监督检查，特别是对台儿庄运河古城建设、棚户区改造、BRT工程建设、农村住房建设与危房改造、城区集中供热等重点工程和项目，成立专门督查工作组，开展问效问廉问责，推动了全市重点工作的顺利开展。加强对枣庄市对口援建四川省绵阳市北川县小坝乡灾后恢复重建资金物资的监管，保障了对口援建工作廉洁高效推进。会同有关部门开展对严肃换届纪律情况的监督检查，认真执行“5个严禁、17个不准和5个一律”规定，积极营造了风清气正的换届环境。

（3）优化经济发展环境工作成效显著。枣庄市委、市政府高度重视治理和优化经济发展环境工作，全市各级纪检监察机关充分发挥职能作用，标本兼治，综合治理，认真解决影响和阻碍经济发展的突出问题。市、区（市）完善了经济环境机关效能监察工作领导小组，充实了投诉中心力量，形成了优化经济发展环境的整体合力。制定了《关于进一步优化经济发展软环境的意见》等20多项制度规定，明确了优化经济环境的目标要求和惩戒措施。结合工作实践，又相继推出了枣庄市纪委常委联系帮包企业、有奖举报、进企业检查备案、定期进行经济环境监测等制度。认真开展了“政务环境建设年”“涉企人员评议”“阳光投诉”等一系列活动。针对经济环境存在的问题，深入开展拉网式检查和专项整治，取消不合理收费项目65个，制止乱收费和乱罚款4000余万元；协调解决涉企矛盾纠纷和困难问题400多个，打击“三强五霸”400多起。充分发挥舆论监督作用，先后在枣庄电台、枣庄电视台开办了“经济环境热线”“热点对话”和“马上就办直通车”栏目，定期组织市直部门主要负责同志走进直播间，现场受理、解决群众反映的问题。2007年开始，先后在全市组织开展了“经济环境建设年”“马上就办限时办结”和“转作风、提效能”等活动，着力解决全市经济发展环境中存在的“中梗阻”、作风拖沓、效率低下等突出问题。开展“经济环境万人评”“涉企窗口（科室）评议”和“重点科室（岗位）社会评议”活动，邀请社会各界人士对与企业和群众生产生活关系密切的重点科室（岗位）进行现场评议，在社会上引起了较大反响。开展“百名领导干部服务百家企业”和“服务企业日”活动，帮助企业和群众协调解决问题12673个。加大投诉受理、明察暗访力度，严厉打击损害经济环境的行为，2003—2011年，全市共受理投诉4435件，查处案件1373件，召开新闻发布会49次，公开曝光典型问题237起，处理相关责任人483人。制定《关于对国家机关及其工作人员损害经济发展软环境行为的处理办法（试行）》，实施经济环境机关效能三次预警制度，推行服务效能实时评价机制，优化经济发展环境工作长效机制进一步健全。

（4）群众反映强烈的突出问题得到有效治理。紧紧围绕群众反映强烈的热点、难点问题，认真纠正行业部门不正之风。2003年以来，全市中小学收费进一步透明规范，全面推行了义务教育阶段“一费制”收费办法，严格执行公办高中招收择校生“限分数、限人数、限钱数”的政策，对504所中小学进行了监督检查，查处乱收费29.97万元。2007—2011年，进一步规范教育收费行为，查处教育乱收费行为211起、金额2760余万元。针对“看病难、看病贵”问题，把全市县级以上非营利性医疗机构全部纳入药品集中招标采购范围，共进行药品集中招标采购5次，采购额33979万元，与招标采购前相比，减轻患者负担约17535万元；监督检查药品生产、经营单位及医疗机构4599家（次），查处违法违规问题3980起；开展了收受“红包”“开单提成”等专项整治和创建“百姓满意医院”等活动，使群众就医环境得到明显改善。2007—2011年，不断深化纠正医药购销和医疗服务中的不正之风工作，加强对医疗机构药品、医疗器械和医用耗材等集中采购活动的监督检查，查处医疗机构违规收费行为155起、金额1200余万元。扎实开展工程建设领域突出问题专项治理，排查工程建设项目461个，发现问题1234个，查处违纪违法案件18件。开展“小金库”专项治理，清理“小金库”23个，收缴违规违纪资金380余万元。对党政机关和事业单位公务用车、购建楼堂馆所、党政干部公款出国（境）等问题进行专项治理，纠正处理违规车

2009年6月4日，工程审计人员现场审核枣庄市援建的北川羌族自治县小坝乡的道路工程

辆121辆，压缩制止出国（境）团组34批、86人。认真开展清理规范评比达标表彰活动和庆典、研讨会、论坛活动过多过滥问题专项治理，清理撤销评比达标表彰项目167项，取消庆典活动5个。会同有关部门加强对强农惠农政策落实情况的监督检查，落实粮食直补和农资综合补贴9.6亿元，查处涉农负担案件224件。对公路“三乱”行为进行专项治理，开展明察暗访37次，纠正问题171个。加强对社保基金和各类专项资金使用情况的监督检查，努力解决食品药品安全、土地征用、房屋拆迁、农民工工资支付等方面损害群众利益的问题。认真做好政风行风热线工作，播出“政风行风热线”和“区（市）长坐客直播间”特别节目1093期，解决问题5257个。开通《枣庄民意通》专栏，解答网民提出的问题1767个。深入开展民主评议政风行风活动，创新评议办法，完善评议机制，有力推进了政风行风建设。

（5）查处违纪违法案件工作继续保持力度。深入开展“信访举报质量年”活动，努力提高接访处访成效。滕州市大坞镇信访工作的典型经验被中央纪委和省纪委总结推广。坚持完善市纪委常委轮流接访制度，一些疑难访、重复访、集体访问题得到较好解决。枣庄全市各级纪检监察机关把查处党员干部违纪违法案件，特别是大案要案，作为从严治党、惩治腐败的重要环节来抓，毫不动摇地做到了两个“坚定不移”（一是支持解放思想、鼓励放开搞活坚定不移，一是加大反腐倡廉、查处违纪违法案件坚定不移），并把二者有机结合，放在发展稳定的大局中来把握。突出查处了企业改制、损害群众利益、影响社会稳定等社会反映强烈的案件。2003年4月—2007年2月，全市纪检监察机关共受理群众信访举报14908件（次），立查案件2797件，其中县级干部案件36件，科级干部案件220件，万元以上经济案件523件，给予党纪政纪处分2801人。2007—2011年，全市纪检监察机关共接受信访举报13394件（次），立案2990件，其中大案要案876件，给予党纪政纪处分2984人。

（6）从源头上防治腐败工作扎实推进。加大改革创新力度，积极推进了惩治和预防腐败体系建设。根据中央、省委关于惩治和预防腐败体系建设的要求，结合枣庄实际，制定实施了《关于落实〈建立健全教育、制度、监督并重的惩治和预防腐败体系实施纲要〉的实施细则》和《分工方案》，提出了2010年前全市反腐倡廉的任务目标。继续深化改革，在行政审批、政府采购等方面建立了一系列规章制度。会同有关部门认真开展了《行政许可法》贯彻执行情况的监督检查，共取消和调整行政许可项目719个，纠正不符合法定条件的行政许可实施主体15个。建立了行政审批服务中心，实行“一条龙”服务，减少审批环节，提高审批效率，全市共受理行政审批服务事项177876件，办结177763件。在部分区（市）和市直40个部门、单位推行了国库集中支付。加强对落实“收支两条线”工作的监督检查，查出违规资金15163万元，收缴入库5532.2万元。政府采购工作进一步规范，全市共发生政府采购额175300万元，节约资金33300万元。加大对建设工程项目招标投标、经营性土地使用权招标拍卖挂牌出让情况的监督力度，分别进行了36场（次）和52场（次）的现场监督。认真执行《党政干部选拔任用工作条例》，普遍推行了考察预告、任前公示、公开选拔、全委会票决等制度。认真贯彻落实《中国共产党党内监督条例（试行）》。市、区（市）和市直部门主要领导作出廉政承诺92人，自觉接受监督。认真落实了市纪委常委同下级党委、部门主要负责人谈话制度。全市县级以上领导干部全部进行了述职述廉。深化政务、厂务、村务“三务”公开工作，在有关部门和单位建立完善了办事程序、办事结果公开制度，开展了党务公开试点工作，全市党的基层组织全面实行党务公开，政务、司法、厂务和公共企事业单位办事公开进一步深化。大力推进农村基层党风廉政建设，创新监督模式，总结推广了滕州市东郭镇和山亭区水泉镇的经验做法，在省内外引起了较好的反响。

全面落实中共中央《建立健全惩治和预防腐败体系2008—2012年工作规划》、省委《实施办法》和市委《实施方案》，从源头上防治腐败工作取得新进展。着力推进重点领域和关键环节改革，开展行政权力公开透明运行试点工作，利用网络信息技术实现权力公开透明运行；实施农村基层党风廉政建设“五五一工程”，构建了独具枣庄特色的农村干部监督管理机制；开展廉政风险防控管理工作，建立了蓝色职责警示、橙色信息警报和红色底线警戒“三色”预警机制。制定了《关于对招标投标等市场交易活动实行预防性监督的暂行办法》等制度规定，参与监督建设工程招标投标317次、国有土地使用权出让293次。

（7）纪检监察队伍建设进一步加强。2003年起，全市各级纪检监察机关以“内强素质、外树形象”为主线，加强纪检监察队伍自身建设。开展了“建一流队伍、树一流形象、创一流业绩”集中学习教育，“队伍建设回头看”“队伍建设年”“提高业务素质年”等系列活动；2006年，结合保持共产党员先进性教育活动，在全市纪检监察系统开展了“做党的忠诚卫士、当群众的贴心人”等主题实践活动。建立健全规章制度，围绕队伍建设、工作程序、后勤保障、廉洁自律等，建立71项工作规范和规章制度。连续三年邀请社会各界对市纪委工作和干部队伍进行评议和监督，并将评议意见、建议向全体人员反馈，集中进行整改。对《关于加强纪检监察机关内部监督工作的意见》落实情况进行监督检查，重点对“十个不准”“五条禁令”的执行情况进行明察暗访，有效解决了工作日中午饮酒等问题，在全市引起了很好的反响。健全完善选人用人机制，不断优化纪检监察干部的年龄结构和知

识结构，市纪委科及科以下职位，全部实行了竞争上岗，纪检监察干部队伍的素质和能力进一步提升，工作的积极性、创造性不断增强。

2007年起，市纪委常委会始终坚持民主集中制原则，带头执行廉洁自律各项规定，不断提高领导班子的凝聚力和战斗力。开展深入学习实践科学发展观活动和“做党的忠诚卫士、当群众的贴心人”主题实践活动，举办业务知识讲座，实行全员轮流接访，建立“项目组”工作机制，提高了纪检监察干部队伍的整体素质和工作水平。全面实行纪检监察派驻机构统一管理，进一步加强县级纪检监察机关建设，稳步推进乡镇纪检组织改革试点工作。加强内部管理和制度建设，强化政治纪律、工作纪律、办案纪律、保密纪律和廉政纪律，主动接受社会各界监督，树立了纪检监察干部的良好形象。

（四）全面深化改革，全面建设小康社会的决胜阶段（2012年1月—2018年6月）

1. 组织机构发展变化。2013年11月12日，中国共产党第十八届中央委员会第三次全体会议审议通过了《中共中央关于全面深化改革若干重大问题的决定》，对深化纪律检查体制改革提出要求。明确提出：落实党风廉政建设责任制，党委负主体责任，纪委负监督责任。推动党的纪律检查工作双重领导体制具体化、程序化、制度化，强化上级纪委对下级纪委的领导。查办腐败案件以上级纪委领导为主，线索处置和案件查办在向同级党委报告的同时必须向上级纪委报告。各级纪委书记、副书记的提名和考察以上级纪委会同组织部门为主。2013年11月，按照中央纪委、省纪委的做法和有关文件精神，结合枣庄纪检监察工作实际，整合优化机构设置，撤销党风廉政建设室、纠正部门和行业不正之风办公室，设立党风政风监督室；撤销执法监察室、行政效能监察室，设立执法和效能监督室；设立第四纪检监察室、第五纪检监察室。内设机构调整后，执纪监督部门达到10个，占机关内设机构总数的63.6%；从事执纪监督的人员占机关人员总数的64%，实现了把更多力量聚焦到主业上的要求。清理调整各类议事协调机构，由106个精简到11个，严格规范乡镇、区（市）、部门纪委书记、纪检组长职责分工，进一步转变职能、理顺关系，更好地履行党章和行政监察法赋予的职责。2014年10月，撤销办公室、监察综合室，设立办公室；撤销党风政风监督室、执法和效能监督室，设立党风政风监督室（挂市政府纠正行业不正之风办公室牌子），不再保留市经济环境机关效能投诉中心牌子；撤销干部室，设立组织部；撤销宣传教育室，设立宣传部；设立政策法规室；设立纪检监察干部监督室。信访室加挂市国家行政机关工作人员违法违纪举报中心牌子。审理室加挂案件申诉复查室牌子。调整后的内设机构为15个，与之前保持不变。2015年10月，市委全面深化改革领导小组第八次会议研究通过了《区（市）纪委书记、副书记提名考察办法（试行）》《市纪委派驻纪检组组长、副组长提名考察办法（试行）》《市管企业纪委书记、副书记提名考察办法（试行）》，以枣办发〔2015〕31号文件的形式正式印发。之后，各区（市）也制定印发了相应的文件，实

2018年1月9日，枣庄市监察委员会挂牌成立

行各级纪委书记、副书记的提名和考察以上级纪委会同组织部门为主，强化上级纪委对下级纪委的领导。

2017年11月，通过新设、调整等方式，设置综合派驻机构10家、单独派驻机构5家，在全省率先实现市一级党和国家机关派驻机构全覆盖。2018年1月9日，市第十六届人民代表大会第二次会议选举产生市监委主任，市人大常委会表决任命3名市监委副主任，5名市监委委员，市监委正式成立。截至1月中旬，五区一市全部完成监委组建工作。全市国家监察体制改革由试点探索向依纪依法履职持续深化。

2. 工作开展情况

（1）“两个责任”压力层层传导。市委认真履行全面从严治党主体责任，市纪委认真履行监督责任，积极推动“两个责任”落实到位。出台《关于落实党风廉政建设党委主体责任纪委监督责任进一步加强党风廉政建设的意见（试行）》，把主体责任和监督责任进行分解细化，进一步明确各级党委、纪委推动党风廉政建设的职责任务。建立定期检查和分析通报制度，市委常委、党员副市长带队检查落实党风廉政建设责任制工作。把党风廉政建设责任制落实情况列入经济社会发展综合考核体系，将考核结果作为对领导班子总体评价和领导干部业绩评定、奖惩、选拔任用的重要参考。市纪委与区（市）及市直部门党政正职299人（次）进行谈话。坚持以案说纪，对彭某某、孙某某、宋某某、张某某等违纪案件进行深刻剖析，制作警示教育专题片，组织21900余名党员干部到市反腐倡廉警示教育基地接受警示教育，组织18178名党员干部参加德廉和党风党纪知识测试活动，推动党员干部严格自律、廉洁从政。在五区一市开展党政领导班子成员向同级纪委全会述责述廉工作，督促各级党组织和党员干部把履行党风廉政建设责任制情况，列为年度述职述廉、民主生活会对照检查的重要内容。

（2）纠正“四风”在坚持中深化。

围绕落实中央八项规定精神和省委实施办法，制定《中共枣庄市委常委会关于改进工作作风密切联系群众的实施意见》等制度，规范干部行为，推动作风转变。改进监督检查方式，既坚持逢节必查，又增加暗访频率，持续加压用力。加大查处力度，对信访、执纪审查发现的“四风”问题线索深挖细查、绝不放过，对规避监督、顶风违纪的从严查处，对构成违纪的坚决给予党纪政纪处分。全市先后组织了 866 个明察暗访检查组，发现问题线索 584 件，查处违反中央八项规定精神问题 677 起，处理 1087 人，给予党纪政纪处分 599 人，对 491 起（次）问题进行了通报曝光。

（3）惩治腐败保持高压态势。2012 年 1 月至 2018 年 6 月，全市纪检监察机关共接受信访举报 19966 件（次），立案 6054 件，给予党纪政纪处分 5770 人。市纪委监委严肃查处了于某某、吴某某、刘某、彭某某、孙某某、宋某某、张某某等严重违纪案件。把握运用监督执纪“四种形态”，把纪律和规矩挺在前面，发现苗头马上管，触犯纪律及时处理，做到动辄则咎。2017 年 1 月至 2018 年 6 月，全市各级纪检监察机关运用监督执纪“四种形态”处理 3773 人次，第一种形态 1553 人次，占 41.2%；第二种形态 1758 人次，占 46.6%；第三种形态 201 人次，占 5.3%；第四种形态 261 人次，占 6.9%。

（4）整治和查处侵害群众利益的不正之风和腐败问题深入推进。把整治和查处侵害群众利益的不正之风和腐败问题，作为工作的重中之重，推动全面从严治党向基层延伸，不断增强群众的获得感、幸福感、安全感。2017 年 1 月至 2018 年 6 月，全市共查处群众身边的不正之风和腐败问题 559 起，给予党纪政纪处分 531 人。扎实开展扶贫领域腐败和作风问题专项治理，强化监督检查，从严执纪问责。全市共查处扶贫领域违纪问题 271 起，给予党纪政纪处分 180 人；对 72 名在脱贫攻坚中工作不力、责任不落实的党员干部进行问责。扎实开展扫黑除恶专项斗争监督执纪监察。对近年来已办结和正在受理的所有涉黑涉恶信访举报、案件线索进行起底排查，共梳理汇总涉黑涉恶类问题线索 62 起。实行班子成员包案制，筛选出 26 起问题线索，交由市纪委监委领导班子成员包案督办。坚持严查快办，对班子成员包案督办的问题线索全部由区（市）提级办理；对案情复杂及涉及市直部门干部的问题线索由市纪委直查。截至 2018 年 6 月，全市已查处 14 起 16 人，全部被开除党籍。

（5）责任追究力度持续加大。把问责作为推动全面从严治党的重要举措来抓，坚持用好问责这个利器，铁面执纪，严肃问责。将问责条例纳入“两学一做”学习教育必学内容，带头认真学习，进一步明确问责的对象，进一步明确问责的情形，真正使问责条例入脑入心，做到明追究。突出问责重点，找准问责的突破口，在落实党风廉政建设责任制、落实中央八项规定精神、侵害群众利益的不正之风和腐败问题、执纪审查等四个方面加大追究力度，做到善追究。强化责任担当，对党风廉政建设出了问题，特别是出了区域性、系统性问题的，坚持严字当头，失责必问，问责必严，做到真追究。2015 年 7 月至 2018 年 6 月，全市对 405 名党员领导干部进行了责任追究。

（6）自身建设进一步加强。按照“打铁必须自身硬”的要求，持续强化转职能、转方式、转作风，持续强化“讲政治、讲正气、讲程序、讲效率、讲纪律、抓落实”，努力建设一支忠诚干净担当的纪检监察队伍。高度重视思想政治建设，始终把讲政治摆在第一位，始终强调同以习近平同志为核心的党中央保持高度一致，牢固树立“四个意识”，不断提高政治站位和政治觉悟，坚决做党章的坚定执行者和忠实捍卫者，做维护党中央权威的忠诚卫士；认真开展党的群众路线教育实践活动、“三严三实”专题教育、“两学一做”学习教育，积极推进“两学一做”学习教育常态化制度化，扎实开展“大学习、大调研、大改进”，对中央的精神、省委市委的要求，始终第一时间传达学习，高标准高质量推进落实；强化学习教育培训，深入开展多层次政治和业务培训，选派纪检监察干部参加各级政治理论学习和业务培训班 251 班（次）2446 人（次），举办“全市纪检监察干部培训班”、“深化国家监察体制改革试点工作相关制度培训班”

2013年7月16日举行全市党员干部德廉和党规党纪知识考试

等培训班和纪检监察讲堂35次，推进干部教育培训经常化、制度化；认真学习、严格执行《监督执纪工作规则》和《监察法》，不断健全完善内控机制，从严要求、从严管理，对执纪违纪、执法违法的坚决查处，对失职失责的严肃问责，确保党和人民赋予的权力不被滥用、惩恶扬善的利剑永不蒙尘。2014年1月至2018年6月，全市共受理反映纪检监察干部问题线索292件，给予党纪处分24人，组织处理33人。

二、枣庄推进党风廉政建设和反腐败工作的主要成就

改革开放以来，全市各级纪检监察机关围绕中心、服务大局，强化监督执纪问责，注重机制制度建设，切实维护群众利益，着力打造“枣庄清风”品牌，形成了反腐倡廉“高气压”，营造了枣庄发展“强气场”，为全市经济社会发展提供了坚强的纪律保证。

1. 落实机构建设成绩巨大。全市纪检监察机关形成了纵横交错的监督体系。纵的方面有市、县两级内设机构系统；横的方面有市、县两级派驻机构系统。

2. 落实两个责任成绩巨大。全市各级党组织把落实党风廉政建设责任制与抓经济社会发展同部署、同落实、同考核；全市各级纪检监察机关围绕全面从严治党的要求，深化“三转”，找准职责定位、聚焦主责主业，积极协助党委推进全面从严治党，认真履行监督责任，更加精准有效做好监督执纪问责和监督调查处置工作。

3. 落实制度建设成绩巨大。根本制度是民主集中制，除此之外还有一系列党风廉政建设和反腐败工作制度，如：监督部门巡察制度；党务公开制度；《纪检监察信访听证制度》《三个提名考察办法》；特别是《领导干部廉政谈话制度》等。

4. 执纪审查工作成绩巨大。十八大以来，严查了于某某、吴某某、刘某、彭某某、孙某某、宋某某、张某某等严重违纪案件，在社会上引起了强烈反响，惩治了腐败分子，显示了党反腐决心、意志和力量，让群众看到了希望。

5. 思想教育建设成绩巨大。创建枣庄市反腐倡廉警示教育基地和枣庄古代清官廉吏展馆，建设一批省、市、县三级反腐倡廉教育基地和廉政文化示范点。

三、枣庄推进党风廉政建设和反腐败工作的经验和启示

（一）必须坚决贯彻落实中央和省委、市委决策部署，统一思想意志，坚定正确方向。习近平新时代中国特色社会主义思想和习近平总书记关于党风廉政建设和反腐败斗争的一系列重要论述，是新的历史条件下做好工作的思想武器和行动指南，党中央的坚定立场、坚决态度和有力领导，是推进党风廉政建设和反腐败斗争的根本保证。只有坚决贯彻落实中央决策部署，深入学习贯彻习近平总书记系列重要讲话精神，紧跟中央纪委、省纪委步伐，在市委的领导下，统一思想和行动，才能始终沿着正确的方向前进。

（二）必须认真落实主体责任，传导压力，压实责任。主体责任是管党治党的“牛鼻子”，牵一发而动全身。只有抓紧抓牢抓实全面从严治党主体责任，督促各级党组织担当负责，以上率下、传导压力，失责必问、问必从严，才能保证管党治党责任落地生根。

（三）必须坚持把纪律和规矩挺在前面，全面从严，动辄则咎。全面从严治党，关键在“治”、要害在“严”，纪律建设是治本之策，党的“六大纪律”是衡量行为的尺子，监督执纪“四种形态”是实现严明纪律的路径。只有坚持纪严于法、纪在法前，铁面执纪、越往后执纪越严，才能真正把纪律立起来、严起来，管住管好大多数。

（四）必须严肃查处发生在群众身边的“四风”和腐败问题，赢得人心，提振信心。基层存在的“四风”和腐败问题，严重损害群众切身利益，侵蚀干群关系，动摇党的执政之基，人民群众深恶痛绝。只有严肃查处发生在群众身边的“四风”和腐败问题，切实维护群众的切身利益，才能增强群众的获得感，厚植群众基础。

审稿人：曹　力

撰稿人：孟凡平　巩存忠

李　申

改革开放以来枣庄组织工作的基本情况和经验启示

组织工作是党的建设的重要组成部分。中共十一届三中全会是我国社会主义事业发展的崭新起点，也是党的建设和组织工作的崭新起点。改革开放40年来，枣庄各项事业取得辉煌成就，组织工作始终紧紧围绕市委中心任务，大力加强领导班子、干部队伍和人才队伍建设，大力加强党的基层组织和党员队伍建设，以思想的解放促进活力的迸发，以改革的突破推动事业的前进，在服务经济社会发展中取得了突出成就。

一、主要发展历程

（一）开展冤假错案平反，组织工作在拨乱反正中走上正确轨道（1978—1982年）

拨乱反正是我们党和国家历史上具有深远意义的重大事件。1976年10月粉碎“四人帮”以后，枣庄市同全国全省各市一道，深入开展了揭发“四人帮”及其帮派体系的群众运动，纠正和恢复党的思想路线、政治路线和组织路线。特别是中共十一届三中全会召开后，落实干部政策，平反冤假错案，解决历史遗留问题，成为这一时期组织工作面临的主要任务。

1. 落实干部政策，平反冤假错案

这项工作从1977年底开始进行。到1978年4月前这一段时间，主要是根据中央和省委有关要求，统一思想，提高认识，宣讲政策，消除余悸，理清线索，摸清底子。1978年5月，市、区（县）、乡（镇）和市直部门先后设立落实政策领导小组，全市共抽调2000多名干部，专职负责落实政策工作。1978年夏，市委召开了全市落实干部政策大会。到1980年底，以平反“文化大革命”期间枣庄“反党叛乱反革命事件”冤案和所谓“枣庄反革命黑案”为重点的冤假错案得到集中平反，为大批蒙冤的干部落实了政策。

1980年以后至1985年，落实干部政策工作进入扫尾阶段，对“文化大革命”中特别是“文化大革命”前的历史老案，采取“宜粗不宜细、宜宽不宜严”的原则，全面彻底予以解决。据统计，自1978年至1985年，在落实干部政策中，共复查干部历史老案2653起，复议改正995起；复查干部“文化大革命”案件1732起，复议改正610起，为2044名干部的7448名家属办理了农转非，其中1424人安排了工作。同时，按政策补发工资，恢复党籍、政籍，归还查抄的财物等。至此，历时8年的落实干部政策工作基本结束。

2. 逐步调整和加强各级领导班子建设

“文化大革命”结束后，党心思治，民心思治。按照中央和省委部署，全市开展了大规模的“揭批查”运动。首先，在揭批的基础上，普遍清查帮派体系及与他们的活动有牵连的人。各级党委成立专案组开展专案清查工作。在普遍清查之后，有重点清查恶毒攻击周恩来总理和制造枣庄第二次大乱的问题。市委对清查工作提出了“坚决、彻底、干净、全部”的八字要求。全市对81个重点审查对象进行了定性处理，对232个讲清问题的予以解脱。对“文化大革命”中的“三种人”的清查到1983年整党时彻底完成。到1980年11月新一届市委产生，此后各级党委也进行换届，“打、砸、抢”分子和帮派人物被清理出领导班子。至此，枣庄市按照中共十一届三中全会要求，完成了各级领导班子的调整工作。

为了加强领导班子和干部队伍建设，市委从1980年起实施干部正规化教育计划。到1985年，全市有1813名干部在大中专学校进修毕业，3614名干部在校学习。干部教育的加强，促进了干部“四化”进程，为工作重点向“四个现代化”建设转移提供了组织保证。

3. 加强党的基层组织和党员队伍建设

从1977年底枣庄开始整党整风，整顿党的基层组织和恢复党的组织生活，全市各级党组织逐步建立健全。1980年，贯彻落实党中央制定的《关于党内政治生活的若干准则》，市委和各级党委也相应制定了一些制度规定，加大了党风建设的力度。在农村，针对实行生产责任制后党组织出现的涣散软弱、撒手不管等问题，选拔回乡高、初中毕业生和复员退伍军人充实到村级领导班子，增强活力。在机关，精简干部职数，提高干部质量，建立干部岗位责任制和奖惩制度，并适当提高干部待遇。在企业，注意选拔充实一批懂技术、会管理的人才，把一些年龄偏大、文化水平低、不懂业务、生产队长式的企业领导撤换下来。到1982年，各领域基层党组织结构都有所优化，凝聚力、战斗力和号召力得到增强。

全面加强党员教育。当时枣庄市有8万多名党员，半数以上是“文化大革命”以来入党的。针对这些情况，各级党委着重从路线问题、民主集中制问题、杜绝派性增强党性问题和恢复与发扬党的

优良传统作风问题五个方面进行教育。坚持以正面教育为主，以党章修改草案和《准则》为主要教材，通过办党校、办培训班和“三会一课”等形式进行，一级抓一级，到1981年5月，对全市党员普训了一遍。经过教育，广大党员政治素质普遍增强，先锋模范作用得到较好发挥。

（二）适应改革开放要求，组织工作在解放思想中开启蓬勃发展新时期（1982—1992年）

1982年底，十二大的召开标志着党成功实现了具有重大历史意义的伟大转变，中国开始进入建设有中国特色社会主义新的政治轨道。枣庄组织工作按照中央和省、市委安排部署，认真落实“各级党委和组织部门要坚决解放思想”的要求，与全市各项事业革故鼎新、开拓前进的历史进程相一致，与党的建设全面恢复和加强的历史步伐相协调，走在了解放思想的前列。

1. 全面加强党的建设

一方面，强化党的领导。1987年，为巩固和发展十一届三中全会以来全面整党的成果，有计划地加强党的经常性建设，针对全市6个区（县）委、7311个基层党组织、10.7万名党员的实际情况，制定枣庄市党的建设“七五”规划。一是加强党员教育，全面提高党员素质。二是加强党的纪律教育，坚持从严治党。三是坚持民主集中制，健全党的生活制度。四是做好发展党员工作，壮大党的力量。五是健全党的组织，加强党员管理。1989年，全市党的建设工作会议召开，进一步研究部署加强党建工作的意见和措施。“七一”前后，全市83个党委、党组再次普遍召开了一次民主生活会，学习十三届四中全会精神，统一思想认识，检查回顾了北京发生反革命暴乱前后的思想认识，对我们党前一时期在指导思想和实际工作中的失误进行了认真反思，进一步澄清了模糊认识，统一了思想，增强了政治上行动上与中央保持高度一致的自觉性。

另一方面，加强基层党组织建设。随着改革开放和社会主义市场经济的发展，“四个多样化”给基层党组织建设带来大量新情况和新问题。市委坚持以改革创新精神加强党的基层组织建设，1989年，调整市直单位党组织体制，撤销市经委等20个部门党组，设立党委，隶属市委管理；设立市级机关工会，受市总工会和市级机关党委双重领导，以机关党委领导为主。在农村，1992年实施“三级创建”和“三年包村”工程，以农村奔小康为主题深入开展了“三级创建”活动，评出优秀党支部198个，按照党政机关干部10%的比例选拔青年干部到后进村帮助发展经济。

2. 干部人事制度改革逐步展开

在这个阶段，干部人事制度改革随着枣庄改革开放事业的逐步推进，针对干部队伍不适应现代化建设需要的突出问题，在废除领导职务终身制和下放干部管理体制以及其他单项改革方面进行了有益探索，取得了很好的效果。

认真贯彻落实干部队伍“四化”方针。1982年12月在中共十二大上，干部革命化、年轻化、知识化、专业化“四化”标准被写入大会通过的党章。1983年，市委按照“四化”要求，重点提拔了一批中青年干部，特别是选拔了1974名中青年知识分子进入各级班子，对老干部进行了妥善安排，初步实现了新老交替，干部制度改革取得了突破性进展。同时，重点加强对各级决策层领导干部的培训。1984年，市委制定了《枣庄市一九八四年至一九九〇年干部培训规划》，开始有计划、大规模地培训干部，重点培训各级领导干部及作为后备的优秀中青年干部，特别是县级以上领导干部及其后备干部。

加强对县级领导班子和领导干部的监督管理。1988年，市委结合全市试行党政机关目标管理岗位责任制情况，试行县级党政领导干部“三位一体”（岗位责任制考评、年度工作考核、民主评议三项工作结合，年终一次进行）考核制度，主要考核德、能、勤、绩四个方面，重点是履行岗位职责和年度奋斗目标完成情况。这是一项深化干部管理体制改革的重大措施。

深化企业干部人事制度改革。1988年9月，市委《关于改进干部管理工作的意见》进一步明确了企业干部的管理体制、管理办法，规定企业领导干部的管理，首先由市政府确定企业级别，然后实行分级管理。企业领导干部的选任，可以采用公开招考、差额选举、直接聘任等方法产生。企业干部的级别不与党政机关干部级别挂钩。

启动实施选调生工作。按照党中央关于抓紧培养选拔优秀年轻干部的要求，1980年以来，省委组织部有计划地从高等院校选调品学兼优的应届大学毕业生到基层工作，重点培养。枣庄市选调生工作是从1980年开始的，30多年来伴随着改革开放和社会主义现代化建设，选调生队伍不断壮大。到2016年，全市共选调28批1000余人。

3. 创新干部教育管理机制

适应改革开放和现代化建设需要，加强党员干部教育，开展以学习马克思主义理论、党的方针政策和文化科学知识、业务知识为主的综合培训，全面提高党员、干部素质和本领。1990年4月，市委下发了《关于全市各级干部学习马克思主义哲学的决定》和《关于建立健全领导干部马克思主义理论培训制度的意见》，要求各级干部努力学习马克思主义哲学，并成立了市委干部理论学习委员会，统一规划和领导全市的马克思主义理论学习工作。1991年3月，市委成立干部教育工作领导小组，负责干部教育工作的组织领导和整体规划，领导小组办公室设在市委组织部。同年5月，市委组织部、宣传部下发了关于建立健全干部理论学习和培训制度的有关通知，市委、各区（市）委和42个市直党委（党组）普遍建立了学习中心组，制定了学习计划，建立了学习制度。同时，进一步完善党校管理体制。1991年2月，市委下发了《关于进一步加强党校工作的意见》。市、区（市）、乡镇三级党校领导班子进一步加强，1986

年市委党校按大专体制配备了副市级的党委书记，1992年后各区（市）委党校陆续按中专体制配备了副县级的党委书记。

创新干部培养机制。根据省、市委关于机关干部下派锻炼的指示精神，从1986年开始，选派市直机关干部到农村基层开展帮包工作。截至2000年，全市先后下派10批1444名市直机关干部开展帮包工作，有效增强了干部的群众观念，提高了素质，锤炼了作风，培养锻炼了一大批优秀年轻干部。

完善干部档案管理工作。1980年，中央组织部制定下发了《关于加强档案工作的意见》和《干部档案工作条例》，枣庄市结合实际认真贯彻执行，从组织领导、管理体制、基础设施、业务建设、宏观指导等方面进行不断探索和加强。1989年，制定了《关于建立党政机关部门和工作人员实绩档案的暂行规定》，拓展了干部档案工作的业务范围。1992年，研究制定了《关于加强干部档案管理工作的意见》，对全市五区一市和市直管档部门进行了检查评比。

4. 从严加强党员队伍建设

针对党员队伍中存在的思想混乱、作风不正、纪律松弛等突出问题，全面加强党员队伍建设。一是恢复组织员制度。1984年，市委组织部下发《关于恢复、健全组织员制度的通知》，明确了组织员的任务、条件、编制名额和配备原则，组织员领导管理等，要求各地各单位配齐组织员。二是建立积极分子入党前短期集中培训制度。认真贯彻中组部《关于逐步建立积极分子入党前短期集中培训制度的通知》要求，把工作着力点放在加强对入党积极分子的培养教育上，严格履行入党手续，确保发展党员工作质量。三是评议和处置不合格党员。1988年，先后下发《关于在全市基层党组织中开展民主评议党员活动的通知》《关于妥善处置不合格党员的暂行规定》，在全市部署开展民主评议党员工作。从1989年12月到1990年5月，全市共评议出不合格党员468名，开除、劝退、除名及取消预备资格共计192名，取得了良好效果。四是加强党员电化和远程教育。1990年，成立枣庄市党员电化教育中心，主要负责开展党员电教基础设施建设、电教教材发行播出和制作、党员电教培训等方面工作，先后创办《辉映人间》《党旗生辉》《电教之窗》等电视栏目，建立健全全市电教片播放网络，党员电化教育工作取得了显著成效。2003年，中央提出在山东、湖南、贵州三省开展党员干部现代远程教育试点工作。市委对这项工作高度重视，于2003年6月制定了《枣庄市农村党员干部现代远程教育工作实施方案》，成立了由市委书记任组长的农村党员干部现代远程教育工作领导协调小组。在原党员电化教育中心基础上，组建枣庄市党员干部现代远程教育中心，农村党员干部教育工作进入了新阶段。2004年，枣庄市党员电化教育中心被中组部评为“党员电化教育工作全国先进单位”。

（三）着眼党的建设新的伟大工程，组织工作在推进社会主义市场经济发展中与时俱进（1992—2002年）

在改革开放和发展社会主义市场经济的条件下，“建设一个什么样的党、怎样建设党”成为重大而现实的问题。1994年9月28日，党的十四届四中全会把党的建设提到了新的伟大工程的高度。这一时期，枣庄组织工作主动适应全市深化改革、扩大开放的发展形势，认真学习贯彻邓小平理论和“三个代表”重要思想，坚持原则、把握方向，为全市社会主义现代化事业发展提供了坚强组织保证。

1. 认真落实干部选拔任用制度

市委和市委组织部把学习贯彻《干部任用条例》作为加强党的建设和干部队伍建设的一件大事来抓。1995年，中央颁布《党政领导干部选拔任用工作暂行条例》后，市委于1998年、2000年两次对全市贯彻执行条例情况进行了大检查。2002年，《党政领导干部选拔任用条例》颁布后，市委严格按条例选拔任用干部，做到坚决执行原则绝不动摇，严格掌握标准绝不走样，切实履行程序绝不变通，认真遵守纪律绝不放松，切实提高干部选拔任用工作的质量和水平。2003年省委检查组对《党政领导干部选拔任用条例》贯彻执行情况检查，枣庄市民主征求意见满意率和基本满意率为95.9%。

市委在严格贯彻执行《党政领导干部选拔任用条例》的基础上，积极推进干部人事制度改革，走出了一条“靠制度选人、按制度办事”的路子，为选好用好干部提供了坚强制度保障。一是民主推荐和征求意见制度。1998年，市委规定：副县（处）提任正县实职的，考察优秀票要在50%以上；科级提任副县实职的，得推荐票要占参加会议推荐或谈话推荐总人数的1/3以上。二是任前公示、考察预公告制度。1999年，市委要求全市新提拔的副县级以上领导干部和区（市）新提拔的科级领导干部都必须实行任前公示。2001年，市委实行了干部考察预告和公告制度。三是干部试用期制度。2000年，市委组织部制定下发了《试用制干部考核办法》，规定市直部门新提拔的副县级领导干部（经选举产生的除外），一律实行试用制。随后，市委又扩大实行试用制的范围，对区（市）非选举产生的副县级干部，也实行试用期一年。

2. 积极构建干部日常监督管理体系

市委高度重视对县级领导班子和干部的日常监督管理，从1998年开始，就对领导班子和领导干部实行了经常性考察制度，及时掌握领导班子运行情况和干部的表现情况，并通过重大事件跟踪考察、领导干部经济责任审计和干部监督工作联席会议等制度，加强对领导班子和领导干部的日常管理和监督。1998年，市委下发了《关于加强干部队伍建设的试行意见》，对干部选拔任用的条件、程序作了严格规定，对民主评议不称职票在50%及其以上的干部，第一年黄牌警告，第二年予以辞退。1999年，市委制定下发了《关于实行

党政领导干部政绩公开的意见》，在全市推行了政绩公开制度。

加强科级干部宏观管理。从1995年开始，市委建立了一套较为完备的科级干部管理制度。市委组织部于1995年下发《关于进一步加强市直部门科级干部宏观管理的通知》，对科级干部任用条件、职数限额、任免程序、备案范围等做出进一步规范；1997年下发《关于市直单位科级干部任免管理有关问题的通知》，完善市直单位科级干部任免备案制度；1999年下发《关于进一步加强科级干部管理的通知》，对市直部门科级干部调整程序、组织纪律等作了进一步规定。对个别市直单位主要负责人在职务发生变动后研究提拔干部的行为进行了及时纠正，宣布无效，并对主要责任人进行严肃批评。2005年，市委组织部制定下发了《关于进一步规范市直单位科级干部管理工作的通知》，就加强科级干部宏观管理提出了针对性要求，对科级干部选拔任用的原则、标准条件、程序、备案制度、组织领导等做出明确规定。

狠抓后备干部队伍建设。把后备干部队伍建设作为事关党和人民事业兴旺发达、长盛不衰的政治任务来抓，从1991年开始，针对干部年龄结构不合理、年轻后备干部数量少等实际，市委加强了年轻县级后备干部的培养选拔工作，同年提出了培养教育青年干部的工作计划，进一步加大了中青年干部的培养教育工作力度。1995年5月至7月，市委开展了动员社会各界推荐优秀年轻县级后备干部工作。全市共推荐县级后备干部1003人，社会反响很大。各区（市）和市直有关部门也层层开展了推荐年轻科级后备干部活动，使一大批德才素质好、有培养前途的年轻干部纳入组织视野。1999年，在全面考察的基础上，建立了县级后备干部人才库，对优秀年轻干部进行重点管理。2002年，首次建立全日制大学以上干部人才库，进一步健全完善了后备干部库。

扎实推进援疆和干部挂职下派工作。从1997年开始，先后选派两批14名专业技术干部赴新疆喀什地区工作，承接了喀什地区两批71名技术干部来枣庄挂职。1998年至2002年，从市直13个部门选派16名优秀年轻干部赴国家经贸委等国家机关挂职锻炼。

1998年枣庄市召开欢送援疆干部大会

3. 抓两头带中间推动基层党组织建设

党的基层组织是党的全部工作和战斗力的基础，全面推进党的建设新的伟大工程，必须加强基层党组织建设。枣庄市委着眼于为经济社会发展提供坚强组织保障，按照“抓两头带中间”的办法，紧紧抓住先进典型和后进转化，带动了基层党组织普遍实现晋位升级。

扎实开展各种争创活动，积极培树先进典型，在基层党组织中形成了比学赶超的浓厚氛围。1994年，开展“争三强、创三星”“百面红旗万盏灯”“百强村竞赛”等多项活动。一是以建设一流的领导班子，一流的党员队伍，一流的村风、厂风、民风，一流的经济实力为目标，扎扎实实开展创建“三强”活动。二是提出并实施“以城带乡、以强带弱、以企带村、村企联合”的带动战略。在带动形式上，以结对子为主，有选择地实行思想、人才、资金、技术带动。1998年开展“强、促、创”活动，即“强化党的基层组织，促进经济发展，创造一流业绩”，在华西村举办乡镇党委书记、村党支部书记和乡镇企业负责人培训班，在南开大学举办为期一年、不同层次企业后备干部参加的培训班，全力为经济建设提供保障、搞好服务。

持续开展贫困后进村整顿工作。1993年，市委组织部组织力量采取座谈了解、实地调研、问卷调查等形式，对全市富裕先进村和贫困后进村情况进行调查摸底，印发《枣庄市富裕先进村和贫困后进村情况的调查报告和全市贫困后进村整顿工作的情况通报》，全市人均年收入13000元以上的富裕先进村94个，占行政村总数的3%；共有贫困村250个，占行政村总数的8%。从1994年至1996年，进行了为期三年的后进村班子整顿工作。1995年，专门印发了《关于整顿农村后进班子的规划》，按照“五个好”目标，有计划有重点分期分批整顿后进村，重点是经济欠发达、基层组织建设薄弱、社会治安混乱、精神文明差的后进班子。采取多管齐下的方法进行，把从各级党政选派干部到后进村挂职、任职，部门包村和派整顿工作组等方法结合起来。一是突出思想整顿，加强对广大党员和基层干部的教育；二是因村制宜重点抓好组织整顿；三是把整顿党支部与整顿村委会、团支部、妇代会等其他村级组织紧密结合起来；四是注重村级后备干部的培养和储备；五是始终围绕发展农村经济搞

好整顿；六是建立完善规章制度，把村级组织建设纳入制度化和经常化轨道。

4. 推进“三讲”和“三个代表”重要思想学习教育活动

按照中央和省委部署，十五大以后，在全市兴起学习邓小平理论新高潮，在全市县级党政领导班子、领导干部中开展了以“讲学习、讲政治、讲正气”为主要内容的党性党风教育；组织全市党员干部认真学习“三个代表”重要思想，在农村开展“三个代表”重要思想学习教育活动。

1999 年，开展以“讲学习、讲政治、讲正气”为主要内容的“三讲”教育活动。主要任务是解决领导干部思想政治素质不适应形势任务要求的问题，推动领导干部更好地担负起把建设中国特色社会主义伟大事业全面推向新世纪的历史重任。4—6 月在市级领导班子和干部中进行，8—12 月在县级领导班子和干部中进行。整个活动分“思想发动、学习提高，自我剖析、听取意见，交流思想、开展批评，认真整改、巩固提高”四个阶段进行，全市县级以上领导班子和干部受到一次良好的党性教育。

2001 年，村级“三个代表”重要思想学习教育活动试点成功后，开始在农村党员干部中正式铺开。自 2001 年 1 月起，全市 62 个乡镇（街道），425 个区（市）直部门，107 个垂直管理单位，901 个乡镇站（所）以及 2453 个村（居）深入开展“三个代表”重要思想学习教育活动。各区（市）、乡镇领导干部都确定了联系点，全市共建立县级领导干部联系点 225 个。2002 年，对开展情况进行认真回访复查。召开全市“三个代表”重要思想学习教育活动总结表彰大会，对活动中涌现出来的先进集体和先进个人进行表彰。

（四）围绕党的执政能力建设和先进性建设主线，组织工作在推动科学发展中稳步前进（2002—2012 年）

进入新世纪新阶段，国际国内形势发生广泛而深刻的变化，我国经济社会发展呈现出一系列新的阶段性特征。党中央根据世情、国情、党情的新变化，牢牢把握党的执政能力建设和先进性建设这条主线，全面加强党的建设。枣庄组织工作认真贯彻落实科学发展观，着力为科学发展选干部、配班子，建队伍、聚人才，抓基层、打基础，取得了显著成效。

1. 大规模培训干部，大幅度提高干部素质

为全面提升干部队伍素质，加强党的执政能力建设，2003 年中央组织部下发《关于深入学习贯彻“三个代表”重要思想，做好大规模培训干部工作的意见》，对大规模培训干部工作作出全面部署。市委按照中央和省委部署，从 2003 年到 2007 年，利用五年时间，将在职干部轮训一遍。共举办县级干部、中青年干部、乡镇领导干部等各类主体培训班 350 多期次，培训各级各类干部 1.8 万余人次，其中县级干部 1500 余人次，科级及以下干部 1.65 万余人次。举办理论学习中心组读书会、报告会、辅导讲座 3000 多场次，培训各级干部 14 万余人次。培训各级各类专业技术人员 55 万余人次，企业经营管理人员 3.5 万余人次。参加各类在职学历学位学习深造 8100 余人，选调县处级以上领导干部参加省级以上培训 280 余人次，为全市经济社会发展提供了强有力的智力支持和人才保障。

在抓好面上培训的同时，创造性开展“三个一批”培训，选派一批干部到发达国家培训，组织了赴韩国、新加坡、日本、德国、澳大利亚等多个中长期培训班；选派一批干部到发达地区或经济薄弱村挂职锻炼，2004—2005 年共选派各层次干部到广东佛山、茂名以及浙江金华等地挂职锻炼，2005 年选拔 300 名县级或县级后备干部到全市 100 个经济薄弱村开展帮包扶贫；选派一批干部到高校深造，先后依托西安建筑科技大学、人事部高培中心、北京大学等高校和培训机构，举办了 10 余个专题培训班，有效提升了干部队伍素质。

2. 推动基层党建工作创新发展

随着社会主义市场经济的发展和各项改革的不断深入，枣庄市社会经济结构和群众生活方式、就业方式出现了多样化发展。2003 年 6 月，全市召开“解放思想、振兴枣庄”大讨论动员会议，社会各界以思想的大解放、观念的大更新推动各项工作创新发展。基层党建工作也积极响应市委要求，围绕中心、服务大局，拓展领域、强化功能，并着力扩大覆盖面、增强生机活力，不断进行工作创新的有益探索。

统筹抓好各领域党建工作。按照省委统一部署，2003 年，开展农村党的建设“三级联创”活动，即争创基层党建工作先进县（市、区）、“五个好”乡镇（街道）党委、“五个好”村支部。活动中，积极组织开展“四强竞赛”活动（即争创 10 个强乡镇、10 个强园区、100 个强企、100 个强村），大力实施“四项工程”（即素质工程、先锋工程、帮扶工程、创业工程）。建立党员领导干部联系点制度和部门包村帮扶制度，20 位市委常委和党员副市长每人联系 1 个乡镇和 2 个行政村，65 个市直部门帮包 68 个村和 130 个党员贫困户，帮助发展村级经济，提高贫困党员脱贫致富的能力。连续召开全市企业党建工作会议、全市街道社区党建工作现场会、全市社会力量举办学校党建工作现场会和全市党建带团建工作会议等五个会议，探索建立党建工作新格局。

创造性做好选聘大学生到村任职和离岗退休干部到村任职工作。2007 年以来，共分十批公开选聘（选调）1758 名大学生到村任职。工作中坚持重培养、重使用、重扶持理念，健全“科学培养、服务引导、选拔使用、创业扶持、激励关怀”五项机制，确保大学生村干部下得去、待得住、干得好、流得动。实施金融支持大学生村干部创业“春蕾计划”，成立全国首个大学生村干部创业信用联盟，设立 300 万元大学生村干部创业帮扶基金。这项工作，时任中组部部长李源潮、时任省委书记姜异康先后作出批示，时任省委副书记刘伟、时任

在大学生村干部中公开选拔村（居）党支部书记

省委组织部长高晓兵等领导也给予充分肯定，并荣获省委组织部2011年度山东组工创新奖。针对部分村级班子“人难选”的问题，从2008年起探索开展支持鼓励离岗退休干部到村任职工作，探索出一条“难点村”治理的有效途径。这项工作得到了时任中组部部长李源潮批示，并荣获省委组织部2010年度山东组工创新奖。

规范农村党员干部队伍管理。2003年，制定下发《关于在全市实行农村基层组织规范化管理的意见》，对村干部的职责任务、选拔条件、职数设置等作出明确规定，在全市积极推行村支部书记和村委会主任工资统筹到乡镇统一发放，有效解除了村干部的后顾之忧，激发了他们扎根基层、奉献基层的信心和热情。大力实施贫困党员帮扶工程，2003年出台《关于在全市实施农村贫困党员帮扶工程的意见》，对全市2908名年收入在600元以下的农村特困党员，逐人落实帮扶措施。设立市农村贫困党员救助基金，为特困党员提供小额无息贷款。2005年，进一步深化农村贫困党员帮扶工程，组织实施市直百个部门帮扶经济薄弱村贫困党员活动，通过市民政局申请资金等渠道壮大农村贫困党员救助基金。

3. 进一步深化干部人事制度改革

坚持党管干部原则，按照“民主、公开、竞争、择优”方针，大力推进干部人事制度改革，形成了较为完备的制度体系。2002年，认真贯彻落实省委《关于任用市、县党政正职实行党的委员会全体会议无记名投票表决的暂行办法》，市委全委会先后对14名区（市）党政正职进行了票决，各区（市）委全委会对206名乡镇（街道）党政正职进行了票决，进一步确保了决策准确、用人正确。2004年，为进一步扩大民主，规范干部任用初始提名工作，以山亭区为试点进行了干部任用民主提名改革，市委组织部转发了《中共山亭区委关于实行干部任用民主提名制度的意见》。同年，市委制定出台了《关于进一步加强领导班子和领导干部经常性考察工作的意见》，对考察结果的分析与评定工作提出了新的标准，对考察结果的运用进行了进一步细化。2006年，市委组织部制定出台了《关于建立干部选拔任用工作全程记录上报制度的意见》，有效防止了违反《干部任用条例》和有关规定行为的发生。2008年，市委在山亭区干部任用民主提名制度的基础上，制定出台了《干部任用初始提名二次推荐试行办法》，进一步提高了初始提名人选的群众公认度。2009年，扎实开展“两公开四差额”选任干部试点，部分区（市）采取“两公开四差额”的方式选拔任用了一批党政正职领导干部。2010年制定了《关于贯彻执行省委组织部〈“两公开四差额”选拔任用县乡党政正职试行办法〉的意见建议》和《关于市委九届八次全委会议初始提名部分区（市）党政正职人选建议方案》，进一步提高选人用人公信度。

从2000年开始枣庄市多次面向社会公开选拔县级干部

推行竞争性选拔干部方式。早在2000年，市委拿出市直和区（市）28个领导职位进行公开选拔。2001年，在市级机构改革和部分市直单位副职调整配备中，普遍推行了竞争上岗制度，通过竞争上岗分流科级干部269人，竞争上岗的科级职数占42%。2004年，市委面向全省公开选拔了9名全日制大学以上学历干部；又专门拿出市直5个副县级领导职位，在机关内部竞争上岗。2012年，首次大规模推行竞争性选拔市直单位副县级干部，实行差额推荐提名、差额竞争演讲、差额考察、差额酝酿，共有38个单位的486人报名，310人参与竞争演讲，最终130名干部脱颖而

出，占调整总数的58.8%。同时，紧密结合全市转型发展需要，拿出市金融办主任等7个职位面向全国选拔，拿出团市委副书记等3个职位面向全市选拔。

深化完善干部监督管理机制。2003年12月，成立由市纪委（市监察局）、市委组织部、市检察院、市人事局、市审计局、市信访局等部门组成的干部监督工作联席领导小组，办公室设在市委组织部干部监督科。下发《干部监督工作联席会议制度实施意见》，原则上每半年召开一次，形成了干部监督工作的整体合力。2005年3月，开通全国组织系统"12380"专用举报电话，进一步扩大干部监督渠道。

公务员制度不断健全，公务员队伍逐步发展壮大。1993年，《国家公务员暂行条例》正式颁布，标志着我国公务员制度的诞生。2005年，《公务员法》颁布，党政机关、人大、政协、政党都纳入公务员系统，使干部人事制度改革产生了质的飞跃。2006年，市委组织部对列入《公务员法》实施范围的党委、人大、政府、政协、审判、检察、民主党派和工商联等七类机关进行了公务员登记工作。对列入参照《公务员法》管理范围的市妇联等八个群团机关人员进行了参照管理登记。2007年6月底，登记工作基本结束，共登记10968人，参照登记管理99人。同时，市委配套制定了一批政策规定，内容涵盖公务员职位分类、考试录用、考核、职务任免、奖励等方面，形成了比较完整的公务员制度法规体系。从1997年起，市委组织实施公务员考录工作，"凡进必考"制度全面实施，一大批素质好、年纪轻、学历高的优秀人才脱颖而出。截至2015年底，全市共有公务员11854名，群团参公227名，事业参公1966名。

4. 大力实施人才强市战略，人才工作开创新局面

1990年，市委、市政府成立市知识分子工作领导小组，之后，根据工作需要多次调整。2004年5月，市委成立人才工作领导小组，与市知识分子工作领导小组合署办公，负责全市人才工作和知识分子工作的总体规划、政策研究、宏观指导和工作协调。

2004年6月，市委、市政府下发《关于大力实施人才强市战略的若干意见》，提出了全市人才资源总量年均增长10%以上，到2010年人才队伍总量达到近20万人，达到全国平均水平的总体目标。2005年9月，启动实施"12345"人才培养工程，即：力争到2007年，全市培养造就100名以上高素质党政领导后备人才、200名以上企业高层次经营管理人才、300名以上专业技术拔尖人才、4000名以上高技能人才和5000名以上高层次农村实用人才。

建立健全人才工作体系。结合全市经济社会发展重点和人才现状，从2010年起实施人才工作"三年攻坚计划"。2010年召开了全市人才工作会议，印发了《枣庄市中长期人才发展规划纲要（2010—2020年）》，出台了《关于加强人才工作的意见》《枣庄市引进海外高层次人才办法》等十多个文件，人才政策体系初步建立。2009年，成功引进留美博士魏彦君，来枣创办山东威智医药工业有限公司，2011年成功申报入选第七批国家"千人计划"特聘专家。

5. 推进主题教育实践活动

2004年下半年，开展保持先进性教育活动试点工作，制定《试点工作实施方案》，成立以市委主要领导任组长的全市保持共产党员先进性教育活动领导小组，确定市民政局等8个党建基础好、辐射带动作用强的单位作为试点。抽调23名干部组成7个督导组，进驻试点单位，对试点工作进行跟踪指导。挖掘总结试点单位的好经验，选树先进典型，达到以点带面的目的。全市保持共产党员先进性教育活动自2005年1月开始，至2006年6月基本结束。参加先进性教育活动的基层党组织8996个，党员17.8万名。整个先进性教育活动分三个批次进行，每个批次分学习培训、分析评议、整改提高三个阶段，具体到每个单位集中学习教育时间不少于3个月。全市基层党组织共整改突出问题12万个，为群众办实事好事4.5万件，解决群众生产生活困难1.75万个，向困难群众捐款物折款1887万元。

2009年，开展了学习实践科学发展观活动，通过"十大民生工程""八大惠民行动"等一系列特色载体，积极回应人民群众的新期待，有效破解了一些制约经济社会发展的体制机制性问题。第一批学习实践活动群众总体满意率达99.95%，中央学习实践活动巡回检查组对枣庄工作给予了充分肯定。2010年以来，为巩固和深化学习实践活动成果，在全市深入开展了创先争优争做枣庄先锋活动。以党员承诺制为载体，全市9622个党组织、16.04万名党员提出承诺事项40.22万项，承诺为群众办实事好事26.1万件。尤其在窗口单位和服务行业，深入开展"为民服务创先争优"活动，通过"三亮三比三评"和"四比四看"等形式，有效提升了党员干部服务民生、服务社会的水平，密切了党群干群关系。

（五）落实全面从严治党要求，组织工作在全面建成小康社会征程中开创新的局面（2012年至今）

办好中国的事情，关键在党。党的十八大以来，以习近平总书记为核心的党中央坚持党要管党、从严治党，对党的建设从战略高度进行新谋划、新布局，形成全面从严治党思想，指导推动党的建设取得明显进展和成效。党的十九大提出了新时代党的建设总要求，坚持和加强党的全面领导，坚持党要管党、全面从严治党，以党的政治建设为统领，不断提高党的建设质量。全市各级党组织认真贯彻落实习近平新时代中国特色社会主义思想和党的十八大、十九大精神，按照全面从严治党要求，以作风建设为突破，以反腐倡廉为动力，以制度建设为保障，着力推动管党治党从宽松软走向严紧硬。

1. 加强和改进党的作风建设

作风建设是党的建设的重要组成部

分，是一项艰巨的任务，是一个永恒的课题。2012 年以来，市委按照中央和省委部署，认真贯彻落实中央八项规定精神，连续开展党的群众路线教育实践活动、“三严三实”专题教育和“两学一做”学习教育，进一步加强党员干部作风建设，改进工作作风，净化政治生态，以良好的党风带动政风民风，赢得了广大群众的信任和拥护。

从 2013 年 7 月到 2014 年 10 月，全市上下分两批开展党的群众路线教育实践活动，8696 个基层党组织、17.1 万名党员参加。教育实践活动着眼于自我净化、自我完善、自我革新、自我提高，以“照镜子、正衣冠、洗洗澡、治治病”为总要求，紧扣“为民务实清廉”主题，聚焦“四风”，共分学习教育、听取意见，查摆问题、开展批评，整改落实、建章立制三个环节。活动中，集中开展整治文山会海、检查评比泛滥、机关作风“庸懒散”等“八项专项整治”，实施优化营商环境、均衡城乡公共服务等“七项惠民工程”，“四风”问题得到有力整治，一批群众反映强烈的问题得到解决。继承和发扬党的优良传统，以整风精神组织各级召开专题民主生活会和组织生活会，达到了“团结—批评—团结”的目的。

按照中央和省委部署，扎实开展以“严以修身、严以用权、严以律己，谋事要实、创业要实、做人要实”为主要内容的“三严三实”专题教育。2015 年 5 月 15 日，全市领导干部“三严三实”专题教育党课暨工作座谈会召开。专题教育不分批次、不划阶段、不设环节，各级同步进行，共分专题党课、专题学习研讨、专题民主生活会、整改落实和立规执纪 4 个关键动作。市委常委会率先垂范，带动各级党委（党组）开展集中学习研讨 650 多次。认真查摆不严不实问题，县处级以上领导班子和领导干部共查摆问题 3492 个。突出抓好基层干部不作为乱作为等损害群众利益问题专项整治，共排查问题 92 个，查处基层干部 99 人。注重标本兼治，共废止、修订、制定制度 670 项。

2016 年 4 月起，全市各级党组织和全体党员开展了“两学一做”学习教育。各级党员领导干部讲党课 7100 场次，受教育党员达 10.5 万人次，全市党员集中学习时间普遍达到 8 天以上。坚持分类指导，创新载体设计，在农村、城市社区开展“书记向前冲，干部当先锋，党员亮身份”主题实践活动，在市直机关开展“抓两学、转作风、强服务、提质效”主题实践活动。2017 年，制定出台《关于推进“两学一做”学习教育常态化制度化的实施方案》，配套出台“三会一课”、主题党日、突破领域 + 突破项目、过硬支部和示范支部建设等 5 个文件，形成学习教育常态长效“1+5”制度体系。认真抓好党的十九大精神的学习贯彻，开展“喜迎十九大说说心里话”主题征文活动。2018 年，结合“不议论、不守旧、不懈怠、不推诿”解放思想、担当作为大讨论，组织开展“大学习、大调研、大改进”，持续推动思想理念再解放、体制机制再变革、领导方式再创新、能力素质再提升、工作作风再转变，在全市上下凝聚起干事创业正能量，努力推动枣庄高质量发展。

2. 从严加强领导班子和干部队伍建设

十八大以来，市委按照中央和省委部署，坚持新时期好干部标准，树立鲜明正确的用人导向，全力推进领导班子和干部队伍建设。

举办“新枣庄大讲堂”。聚焦高素质专业化干部队伍建设，2018 年，创新搭建“新枣庄大讲堂”高端培训平台，全年设置新旧动能转换、人工智能等 16 个专题，平均每半月一期，截至 2018 年 6 月底已举办 8 期、培训干部 4000 余人次，邀请恒大集团首席经济学家任泽平、国务院参事室特约研究员姚景源、贵阳创新驱动发展战略研究院院长连玉明等专家学者就宏观经济形势、新旧动能转换、大数据等进行专题报告，得到了党员干部的好评。

改进干部考察办法。创新实行横向评议、纵向考核、自我评价相结合的 360 度全方位考核办法。制定《关于健全组织部门与领导干部谈心谈话制度的实施意见》，界定了 6 种谈话内容，明确了 4 种谈话方式，力争通过广泛深入的谈心谈话，全面了解掌握干部的思想、工作、作风等情况，准确评价干部的现实表现。实行年度考察“三步研判”法，考察前干部科室先行研判，考察后考察组全面分析，部长办公会形成最终评价和反馈意见。2014 年在教育实践活动中考察班子、识别干部，督导组与各单位中层正职以上近 4000 名干部全部谈一遍。变“印证式”考察为“体检式”考察，把发现班子和干部存在的问题、发现有问题的班子和干部作为考察重点。制定《干部日常表现信息沟通办法》，建立干部日常表现信息库，积极搭建掌握干部情况的多维开放平台。2018 年，进一步完善领导班子和领导干部年度考核，首次将实绩在互联网进行公示，加大对考核结果的大数据分析。

完善干部选拔任用程序。2014 年，根据中央新修订的《干部任用条例》，制定了《关于进一步规范干部选拔任用工作、从严管理监督干部的意见（试行）》，进一步提高了干部工作规范化、制度化水平。参照省管干部选拔流程，健全完善干部选拔任用程序，改进重点环节工作，充分发挥党组织的领导和把关作用。一是前移监督关口。二是落实党委（党组）及主要负责人的提名责任。三是深入细致考察。四是加强工作纪实。同时，积极推进考人与考事深度融合，把年度考察与科学发展综合考核年终考核、干部选拔任用“一报告两评议”、教育实践活动整改督查、后备干部专题调研、区（市）委书记抓基层党建考核等工作有机结合起来，实现既在考事中考察了解干部，又在考人中推动工作的“两促进”。2016 年，在区（市）领导班子换届和市直单位干部调整中，严格落实“凡提四必”规定，对拟提拔重用人员全面听取纪检、检察、卫计等部门意见，对在个人有关事项报告查核、档案和廉洁自律等方面有问题的干部，

坚决排除出考察对象名单或取消使用资格，严防干部“带病提名”“带病提拔”。

开展专项整治。2014年，按照中组部统一部署，开展了一系列专项整治。一是清理领导干部违规兼职任职，对348名领导干部在企业兼职、376名干部在社会团体兼职、26名干部经商办企业问题进行了全面清理。二是坚决整治“三超两乱”，消化超配县、科级干部976人，超职数、超范围、超规格配备干部和乱设领导职务、乱立机构名目等问题得到遏制和纠正。三是全面停止“提前离岗”，组织2010年8月以来提前离岗人员返岗。四是对干部档案进行专项审核。按照省委组织部统一部署，召开干部人事档案专项审核工作会议，集中力量进行专项审核，坚决查处假年龄、假学历、假履历等问题。五是开展个人有关事项报告工作。组织市管干部填报个人有关事项，建立领导干部个人有关事项报告抽查核实联系工作机制。

加强对一把手的监督。2012年，对全市县级党政主要领导干部和国有企业领导人员，实施以离任审计、任中审计、财政财务收支审计和财务收支检查为主要内容的“三审一查”，每位一把手每年必须接受一次审计或检查。截至目前，实施“三审一查”253人次。2014年，针对以往离任交接中存在的形式化、随意化、不严肃、不规范，导致新官不理旧账、难理旧账等问题，研究制定《枣庄市正职领导干部离任交接工作暂行办法》，2017年又修订印发《枣庄市正职领导干部离任交接工作办法》，进一步细化交接内容、严格交接程序、严肃交接纪律，促进了离任交接工作的制度化、规范化。目前，共规范正职领导干部离任交接270人次，时任省委书记姜异康对这项工作给予充分肯定。

激励干部担当作为干事创业。根据中央和省委关于激励干部担当作为干事创业的有关意见，市委先后出台《预防和查处诬告陷害类信访举报暂行办法》《枣庄市干部正向激励实施办法（试行）》《枣庄市干部干事创业容错纠错实施办法（试行）》等文件，让担当作为者政治上受关注、生活上受关心、精神上受鼓舞、经济上受奖励。同时，认真贯彻落实中央《推进领导干部能上能下若干规定（试行）》和省委实施意见，对不称职、不适宜、不作为的干部及时进行组织调整。截至2018年6月底，共对全市40名县级干部进行下的调整，切实以下的压力增强干的动力，树立了能者上、庸者下、劣者汰的鲜明导向。

3. 推动基层组织建设全面进步、全面过硬

党的十八大以来，习近平总书记就新形势下加强党的基层组织建设提出了一系列新思想、新论断、新要求。为抓好贯彻落实，2015年11月17日，全市基层党建工作会议召开，制定出台了“1+5”制度体系，“1”即三年工作规划，管总管长远，“5”即服务型党组织建设、基层党建工作责任制、“三年双百集中行动”、村（社区）经费保障、基层党建工作督查等5项具体配套制度，为今后一个时期的工作作出了全面部署、提供了制度保障。

加强基层党建规范化建设。坚持以提升组织力为重点，突出政治功能，研究制定《关于实施基层党组织组织力提升工程的意见》，部署开展红色堡垒行动、先锋引领行动、头雁领航行动等“十大行动”，推动基层党建全面进步全面过硬。制定出台《关于推进基层党建工作规范化建设的意见（试行）》，区分农村、城市社区、国有企业、机关事业单位、学校、非公有制经济组织、社会组织7个领域，对基层党组织、基层党组织书记、党员分别明确标准，制定考核评价办法，设置基层党组织“堡垒指数”、基层党组织书记“头雁指数”和党员“先锋指数”，将3个指数分别与基层党组织评星定级、基层党组织书记星级评定和党员量化积分管理等次相对应，进行量化管理，推动基层党建工作规范化建设。

开展“双百集中行动”。2015年，在全市基层党组织中开展“双百集中行动”，一手抓示范带动，按照有创新、有特色、有成效、有影响的标准，自下而上、层层选拔，利用三年时间建设200个左右基层党建示范点；一手抓后进整顿，每年梳理排查软弱涣散基层党组织200个左右，采取领导联系、部门帮包、集中整顿、第一书记带动“四位一体”的办法促进转化提升。2016年挂牌全市基层党建示范点85个，2017年挂牌62个。2016年、2017年全市分别排查整顿软弱涣散基层党组织204个、133个。2018年初排查软弱涣散基层党组织91个。

选派第一书记到村任职。2012年3月24日，枣庄市基层组织建设“双千工程”动员大会召开，启动实施千名领导干部下基层和选派千名第一书记到基层党组织任职。从2012年至今，全市分三轮共选派2870名第一书记到村任职，实现省、市定贫困村和软弱涣散村全覆盖。坚持把第一书记作为脱贫攻坚的突击队、生力军，2015年出台《关于继续从市直单位选派第一书记抓党建促脱贫的实施意见》，通过抓党建促脱贫，帮助贫困村强班子理路子、解难题办实事、促发展惠民生，推进基层党组织转化升级，推动贫困村脱贫致富。从2016年起，每年选派7名市直部门副县级干部挂任区（市）委常委和枣庄高新区党委委员，负责第一书记管理和服务工作。2012年以来，第一书记共发展党员1527名，培养后备干部5943名，落实帮扶资金9亿余元，新增集体经营性收入4000多万元。山亭区实施“五级联动、百村突破”的做法，被新华社《国内动态清样》刊发，时任省委书记姜异康作出重要批示。

全面推行农村基层党组织任期目标管理。2012年，针对部分村干部不想服务、不愿服务、不会服务，有的乡镇党委对农村工作缺抓手等问题，出台《关于实行基层党组织任期目标管理推进整改提高、晋位升级的意见》，把任期目标管理作为推进基层组织建设的重要抓手。一是公开承诺目标。组织基层党组

2016年9月，表彰第一批枣庄英才并发放支持奖励资金

织重点从班子建设、公共服务、增加收入等方面，研究制定任期目标和年度目标，向党员群众公开作出承诺。二是规范议事程序。实施“两会议、两公开，双记录、双签字”等议事决策制度，广泛吸纳党员群众意见，广泛接受监督。三是倾听群众意见。每年底由乡镇党委对基层党组织任期目标实施情况进行考核。四是强化结果运用。考核结果与基层党组织书记绩效工资、养老保险、评先树优等直接挂钩，切实调动干事和服务的积极性。

认真落实基层党建工作责任制。从2014年开始，在全市开展区（市）、镇街党委书记抓基层党建述职评议考核工作，通过真述实考，述出了差距，评出了压力，强化了书记抓党建的主角意识和主动精神。2015年，出台《关于严格落实区（市）、镇（街）党委书记抓基层党建工作责任制的意见（试行）》，明确了区（市）委书记5个方面15项责任，镇街党委书记5个方面20项责任，把基层党建工作述职评议拓展到8个市直部门党（工）委，压实了抓基层党建主体责任。出台《枣庄市基层党建工作督查办法》，建立起现场观摩、述职评议、专项督查、跟踪督查“四位一体”督查机制，把基层党建项目纳入全市科学发展现场观摩，2016年组织基层党建工作专项观摩，收到了良好效果。

4. 深化人才发展体制机制改革

从2012年起，先后出台《加强党管人才工作的实施方案》《关于深化人才发展体制机制改革的实施意见》等文件，编制《枣庄市“十三五”人才发展规划》。2018年5月18日，市委、市政府制定出台《关于做好人才支撑新旧动能转换工作的实施意见》（简称“人才新政18条”），形成了较为完善的人才工作政策体系。健全人才工作领导小组工作制度，整合分散在各部门单位的人才政策、资金，形成拳头优势，凝聚形成人才工作合力。着力优化人才发展环境，开辟高层次人才就医绿色通道，大力建设人才公寓，推行高层次人才服务“一个窗口、一名专员、一张清单、一次办好”，营造近悦远来的人才生态。

坚持人才工作服务产业发展导向，加大产业人才引进培养力度。2014年开始实施枣庄英才集聚工程，已评选三批共66名枣庄英才，共兑现奖励资金达4350万元。大力实施柔性引才“百人计划”，出台《枣庄市柔性引进高端人才暂行办法》，2018年1-6月柔性引进高端人才58人，其中“千人计划”专家38人，“万人计划”专家5人，泰山系列人才11人，其他省部级以上高端人才16人。以产学研合作为突破口，先后共建北京理工大学鲁南研究院、浙江大学山东工业技术研究院等，各类省级以上人才平台载体达到165家。截至目前，全市拥有自主培养“千人计划”专家1人，“万人计划”专家4人，国家“友谊奖”获得者1人，泰山学者及泰山产业领军人才17人。人才总量45.1万人，比2010年增长50.1%。

5. 建立完善综合考核机构和体系

省里自2008年起对17市正式实施科学发展综合考核。2014年初，经市委、市政府研究决定，取消原目标管理考核，启动实施对各区（市）、枣庄高新区及市直部门（单位）的科学发展综合考核工作（自2016年更名为经济社会发展综合考核），组织协调单位由市人社局调整到市委组织部。2014年5月，成立以市委、市政府主要领导为主任的市考核督导委员会，委员会下设考核办公室和督导办公室。2015年7月，省编办批复枣庄市成立副县级的考核工作办公室。2014—2018年，先后出台了《关于改进完善各区（市）、枣庄高新区科学发展综合考核工作的实施意见（试行）》等制度性文件，对区（市）考核突出战略性、问题性和短板性指标，对市直部门考核突出差异性、特色性内容。2018年，创新实施重点工作节点考核，开发节点考核信息系统及APP，将市委市政府重要决策部署细化分解，逐项明确牵头、参加部门责任分工及责任人，实行月度节点考核与年终评估相结合，科学设置加（扣）分项目，形成过程与结果有机衔接，激励担当作为、鼓励争先创优的考核评价机制。经过近年的不懈努力，全市综合考核工作的领导体系、制度体系、指标体系从无到有、从有到优，逐步建立、完善起来，全市的考核成绩在全省也实现了较大幅度的提升。

二、组织工作取得的主要成就

改革开放以来，在历届市委的坚强领导和上级组织部门的有力指导下，枣庄组织工作始终围绕中心、服务大局，主动作为、勇于担当，改革创新、狠抓落实，大力推进领导班子和干部队伍建设、党的基层组织和党员队伍建设、人才工作和人才队伍建设，各项工作的面

貌发生了历史性的变化，为枣庄经济社会发展提供了坚强组织保证。

（一）党内集中教育工作成效显著

时代每向前发展一步，党内教育活动就跟进一步。改革开放以来，认真按照中央和省委部署，扎实开展了十余次党内教育活动，取得了显著成效。一是广大党员、干部受到了深刻的马克思主义教育。通过组织广大党员干部学习先进理论，使他们加深了对马克思主义中国化最新理论成果的理解，进一步坚定了理想信念。二是促进了党的作风转变和拒腐防变自觉性的增强。通过解决党员队伍中存在的突出问题，各级党组织和党员服务群众的行动更加自觉，党群关系进一步密切，干部作风进一步改进，拒腐防变的能力也大大增强。三是增强了基层党组织的创造力、凝聚力和战斗力。各级党组织抓住党内教育的契机，把全面从严治党逐步向基层延伸，一些软弱涣散基层党组织得到整顿，党的工作覆盖面明显扩大，党执政的组织基础更加牢固。

（二）领导班子和干部队伍建设水平持续提升

办好中国的事情，关键在党，关键在人。改革开放以来，始终坚持党管干部原则，牢固树立正确用人导向，全面加强领导班子和干部队伍建设，形成了一茬又一茬奋发有为的各级领导班子和干部队伍。一是思想上政治上更加成熟坚定。坚持把思想政治建设放在领导班子建设首位，健全完善党委（党组）理论中心组学习制度，严肃开展党内政治生活，严格贯彻执行民主集中制，严守政治纪律和政治规矩，政治意识、大局意识、核心意识和看齐意识进一步增强。二是干部队伍结构不断优化。根据各个时期领导班子和干部队伍建设的需要，紧紧围绕提高领导班子发展能力，截至2018年6月份，全市共有在职县级干部1105人，平均年龄51.7岁，其中35岁以下4人，占0.3%；36—45岁144人，占13%；46—55岁700人，占63.3%；56岁以上257人，占23.3%；97%以上的县级干部达到大专以上文化程度，共配备女干部150人，党外干部60人，少数民族干部14人，初步形成合理搭配、优势互补的梯次结构。三是干部工作科学化水平逐步提高。坚持严格要求、严格教育、严格管理、严格监督，党政领导班子和领导干部考核评价体系初步建立。干部监督工作不断加强，监督机构日益健全，监督制度不断完善，监督渠道不断拓宽。认真贯彻落实《干部任用条例》等法规政策，干部选拔任用工作制度日趋完善，形成了相互配套、有机衔接、较为完备的干部工作制度体系。

（三）党的基层组织更加坚强有力

党的基层组织是党的全部工作和战斗力的基础。改革开放以来，坚持抓基层、打基础不放松、不动摇，党的基层组织和党员队伍生机活力不断增强。一是基层党组织覆盖更加广泛。积极探索“村村联建”“村企联建”“村居联建”、按地域组建、依托行业协会（专业协会）组建、把党组织建在产业链（项目、楼宇）上以及在外出务工经商党员集中的地方建立流动党组织等多种方式，确保了党的组织对社会各个领域和各种组织的有效覆盖。截至2018年6月，农村、城市社区党组织组建率达100%，非公企业和社会组织党的组织覆盖率分别达到97.2%、85.9%，国有企业和机关、学校等事业单位党建工作全面加强。二是基层党组织服务能力明显提高。围绕群众多样化需求，根据不同类型、不同领域基层党组织特点，依托基层组织活动场所，丰富活动载体，开展针对性、实效性强的服务，形成党的基层组织为党员服务、党的各级组织和党员为人民群众服务的良好局面，充分发挥了党的基层组织推动发展、服务群众、凝聚人心、促进和谐的作用。三是基层党员干部队伍整体素质全面加强。坚持选优配强基层党组织领导班子特别是带头人队伍，严格标准条件，采取跟踪培养、群众推荐和上级选派、“第一书记”兼任、退休干部到村任职等方式选拔党组织书记。鼓励高校毕业生、党政机关和企事业单位优秀年轻干部到基层任职，基层干部整体素质明显提高。认真做好党员发展工作，党员总数由1978年的8万多名发展到2017年底的22.1万名，党的阶级基础和群众基础不断巩固和扩大。坚持党员发展和教育管理工作协同推进，党员轮训工作扎实推进，党员队伍整体素质全面增强。

（四）人才工作取得重大进展

人才资源是第一资源。改革开放以来，适应经济社会发展的需要，伴随着不断解放思想、解放人才、解放科技生产力，人才工作在改革创新中蓬勃发展。一是人才强市战略成效显著，人才工作在组织工作中的重要地位更加突出，形成了鼓励人才干事业、支持人才干成事业、帮助人才干好事业的良好社会环境。二是党委统一领导，组织部门牵头抓总，有关部门各司其责、密切配合，社会力量广泛参与的人才工作新格局逐步形成，市场在人才资源配置中的基础性作用得到有效发挥，有利于各类人才脱颖而出、健康成长、各尽其能的人才工作体制机制逐步完善。三是以党政干部人才、经营管理人才、专业技术人才为主体的人才资源开发力度不断加大，各类人才大量涌现，人才队伍的规模、结构发生了根本性变化，整体素质明显提高。

（五）考核激励导向作用充分发挥

考核评价制度是工作的“风向标”和“指挥棒”。改革开放以来，枣庄依形势和主要任务变化，适时调整、丰富和完善考核评价制度， 在不同历史时期较好地发挥了激励导向作用。一是科学考核评价体系逐步完善。通过机制体制改革，形成了党委统一领导、组织部门牵头负责、有关部门积极配合的考核工作格局。通过调整指标框架体系和考核内容，统筹整合各类考核，改进考核方式方法，考核工作的科学化水平进一步提高。二是群众满意导向进一步树立。坚持原点意识，把提升群众满意度作为科学发展综合考核工作的重点来抓，增强群众在考核中的发言权和评判权，以

"向下"的工作导向赢得"向上"的满意程度。三是有力促进了经济社会发展。强化考核结果运用，针对考核出的突出问题，狠抓整改，有力推动了市委决策部署的贯彻落实，尤其是促成解决了一些老大难的问题，补上了多年的短板。

（六）组织部门自身建设全面加强

组工干部的素质、组织部门的形象，直接关系到党的建设和组织工作成效。改革开放以来，坚持从严治部、从严律己、从严带队伍，继承发扬组织部门优良传统和作风，持之以恒地加强组织部门自身的思想建设、作风建设、制度建设和能力建设，始终把公道正派作为立身之本，教育广大组工干部在改革开放和发展社会主义市场经济的复杂环境中，锤炼党性、提高素质、增强本领，使组织部门成为党员之家、干部之家、人才之家，成为讲政治、重公道、业务精、作风好的模范部门。

三、组织工作积累的宝贵经验

改革开放40年来，枣庄组织工作始终着眼于实践要求和时代特点，不断探索、不断创新、不断发展，在取得一系列成就的同时，也积累了宝贵的经验。

（一）必须坚持以中国特色社会主义理论体系为指导

理论是行动的指南。40年来，始终坚持以马克思主义中国化的最新成果为指导，始终坚持马克思主义的立场、观点和方法不动摇，这是组织工作不断开创新局面、取得新进步的根本保证。实践证明，只有坚定不移地高举中国特色社会主义伟大旗帜，自觉学习实践中国特色社会主义理论体系，组织工作才能沿着正确的道路和方向前进。

（二）必须坚持服从服务于党的政治路线和中心任务

党的组织路线是为党的政治路线服务的。40年来，紧紧围绕各个时期党委的中心任务和工作大局，切实抓准服务的切入点、结合点和着力点，在服务大局中体现组织工作作为和成效。实践证明，只有从市委工作大局的高度来谋划、部署组织工作，并善于根据大局的需要来推动工作，才能持续推进组织工作的发展进步。

（三）必须坚持把党的宗旨作为基本出发点和落脚点

为人民服务是党的根本宗旨。40年来，坚定贯彻市委决策部署，把人民意愿作为加强和改进组织工作的重要依据，积极回应广大党员干部群众的期待，努力做到让党满意、让人民满意。实践证明，组织工作只有始终把党和人民的利益作为一切工作的出发点和落脚点，才能得到广大党员干部的认可，才能得到人民群众的支持，才能汲取开拓前进的无穷力量。

（四）必须坚持解放思想、实事求是、与时俱进

解放思想、实事求是、与时俱进是党的思想路线的本质要求。40年来，坚持继承与创新相结合，不断研究新情况、解决新问题、创造新经验，积极推进组织工作理念创新、思路创新、方法创新和制度创新。实践证明，组织工作只有主动适应客观环境和工作的变化，不断解放思想、改革创新，才能不断注入新的生机和活力，更好地肩负起历史赋予的光荣使命。

（五）必须坚持把制度建设贯穿组织工作各个方面

党的组织工作有着自身的特殊规律。40年来，坚持在工作实践中深化对组织工作特点和规律的认识，实现从干部工作、组织工作"两个轮子"向干部工作、组织工作、人才工作"三个轮子"转变，同时注重将实践经验用制度巩固下来、坚持下去。实践证明，组织工作的体制机制不可能一成不变，只有把制度的稳定性和适应性紧密结合起来，才能不断推进组织工作的科学化、规范化和制度化。

审稿人：公丕彦

撰稿人：赵方坤　白夫永

枣庄文化建设情况及成就

改革开放以来，枣庄市认真贯彻落实中央和省委、省政府有关决策部署，牢牢把握社会主义先进文化前进方向，以满足人民群众精神文化需求为目标，以本地丰厚历史积淀和特色文化资源为依托，不断改革创新、开拓进取，全市文化建设取得显著成效，有力促进了两个文明建设和经济社会发展。改革开放40年，枣庄文化园地呈现出姹紫嫣红、欣欣向荣的喜人景象。

一、发展历程

（一）文化建设的探索起步阶段(1978—1985年)

1978年，中共十一届三中全会胜利召开，实现了从“以阶级斗争为纲”到“以经济建设为中心”的伟大转折。到1985年，枣庄文化工作完成了拨乱反正，重新走上了正轨。

1. 恢复重启群众文化工作

1978年11月23日，枣庄市委召开30万人大会，为“文化大革命”期间有关冤案平反。1981年10月，市委常委专题扩大会议召开，反复强调抓好农村群众文化工作的重要性和必要性，成为全市文化工作走上正轨的重要标志。会后，全市提出了依靠经济力量兴建乡镇文化中心的重点任务。滕县走在全市前列，在木石、鲍沟、姜屯、级索等18个乡镇建设了较高标准的文化中心。市委及时推广了滕县的经验，薛城、峄城等区奋起直追，掀起了比学赶帮兴建文化中心的良好氛围，突破了完全由国家办文化的旧模式，逐步形成国家、集体、个人一起上，多层次、多形式兴办群众文化事业的新路子。1983年，文化部、中国文化报社、省文化厅分别在枣庄召开了现场会，推广先进经验；木石镇、鲍沟镇被评为全国先进典型，参加了全国农村文化表彰大会。1983年7月，全国北方15省、市、自治区农村集镇文化中心工作座谈会在滕县召开。会议要求，要搞好文化馆、图书馆、博物馆、电影院、文化站的建设。至1985年底，全市乡镇文化中心已达63处，占全市乡镇总数的74%。从1983年开始，枣庄着力推进农村文化多层次、多渠道地向纵深发展，大力兴办村办文化室，使这个基层文化组织从无到有。到1985年底，发展到2085个，占全市行政村的80%以上，个体文化户706个，区（县）、乡（镇）、村三级文化网络初现雏形。

城市群众文化工作方面，相继新建了工人文化宫、青少年宫、儿童乐园、老干部活动中心、市体育馆，各区（县）驻地新建了影剧院、文化馆、图书馆12处，城市公共文化设施比“文化大革命”前增加了21处。十里泉电厂、市棉纺织厂、鲁南化肥厂等，还新建了14个投资60万元以上的厂矿俱乐部，城市群众文化设施显著增加。全市891个国营集体企业建成职工俱乐部163处，其中藏书56万余册，有文化设施386处，业余文艺创作组34个，业余创作人员500余人。到1985年底，十里泉电厂、市棉纺一厂、柴里煤矿等大型厂矿建立了具有一定规模的职工业余艺术团，坚持为厂矿工人服务、为生产服务，平均每月到工区、班组为生产第一线的工人演出2场以上，在活跃职工文化生活中发挥了积极作用。

2. 逐步升温本土艺术创作

1978年9月，枣庄市文学艺术联合会主办的《枣庄文艺》创刊，点燃了枣庄本土文艺创作的星星之火。1981年1月，《枣庄文艺》更名为《抱犊》。1985年4月，又更名为《风流》，期间共发行51期，推出了一系列优秀文学作品，重新激发了全市文艺爱好者的创作热情。1979年初，为贯彻中共十一届三中全会精神、转变文艺工作方针，全市社会科学发展会议召开，提出了扩大研究人员队伍、推动社会科学发展等要求。1980年，枣庄市发布《关于把工作重点转移到为社会主义现代化建设服务上来的意见》，要求全市各级文艺单位迅速跟上全党工作的重点，大力繁荣创作，活跃文艺演出，做好电影的发行放映，加强文博、图书工作，积极为四个现代化服务。以此为契机，枣庄文学艺术创作活动逐渐破冰并升温，创作队伍也不断壮大。1981年3月，枣庄市文学工作者协会、市文联《抱犊》编辑部、枣庄日报《山花》副刊和滕县文化局联合在滕县召开短篇小说创作讨论会，进一步挖掘优秀创作人才和作品。到1985年，全市先后建立市文学工作者协会、滕县文化馆创作室、市文联创作室、市青年诗歌协会、柳琴弦诗社、“雪潮”等文学群众团体组织，文学创作队伍发展到800余人。共出版发表长篇小说4部、中篇小说11部、短篇小说100多篇、诗歌200多首。其中，李向春的短篇小说《胸怀》、王金年的短篇小说《第一位的》、陈念华的诗歌《地下星空》、王相富的琴书《该不该》于1985年分别荣获中国作协、中国煤炭文化宣传基金会优秀作品奖。毕四海的短篇小说《白云上的红樱桃》获得1982年《山东文学》优秀作品奖。歌曲方面，1984年，枣庄市青年歌手叶薇在全国职工“建设者之歌”调演中荣获“优秀歌手”奖。戏曲方面，推出了《匡衡进京》《山乡锣鼓》《瑞云》等一批重点剧目。《匡衡

进京》于1985年底参加苏鲁豫皖四省柳琴戏节和山东省第三届戏剧月，共获综合奖8项、单项奖31项，在省内外产生了较大影响。同年，在全国盲人音乐获奖者音乐会上，滕县盲人宋新田用软弓京胡演奏的《百鸟朝凤》受到好评，并先后到中南海怀仁堂、驻华使馆为中央领导和驻华使节演奏。改革开放初期，枣庄市依托本地文化资源研发推出了一系列优质文化产品。1979年，峄城区阴平毛笔厂生产的“大兰竹”“崮山之峰”两种毛笔被省二轻工业局评为优质产品，日本客商到厂考察、订货，誉为“蒙恬精笔、天下无双”。1982年，枣庄市工艺美术厂布鞋厂联合生产的绒绣拖鞋1.3万双，首次出口沙特阿拉伯。1983年4月，枣庄市工艺美术公司生产的仿古孔子行教铜像，在中国国际旅游会议上荣获优秀产品奖。

3. 改革理顺艺术表演管理体制

从1982年开始，枣庄市根据上级有关文件精神，结合本地实际，由市文化局出台了《关于专业艺术团体改革实施方案》，撤销了原京剧团，成立了枣庄市柳琴剧团，调整撤销了滕县豫剧团、薛城豫剧团、山亭区梆子剧团、台儿庄区柳琴剧团，有效精简了机构。市豫剧团、市柳琴剧团、滕州市柳琴剧团积极进行内部改革试点工作，从1984年下半年开始，采取不同方式，打破了长期以来的“铁饭碗”改革分配方法，建立演出、考选、练功、分配等各项规章制度，大大调动了演职员的积极性。1984年，枣庄市学习福建省三明市的成功经验，开始提出“以文补文”，枣庄剧院、陶庄剧院、市艺术馆等单位率先实行了改革，变单一经营为多渠道、多项目经营，积极开办了招待所、餐厅、群艺斋等多种服务项目。到1985年底，全市110家文化事业单位中，有69家开展了“以文补文”活动，各种经营项目达到146项，在激发基层文化单位活力的同时，减轻了政府财政负担，促进了文化事业的健康发展。

（二）文化建设的纵深推进阶段(1986—2005年)

1986年后，随着改革开放的不断深入和国民经济的迅速发展，枣庄市在文化建设领域的投入持续加大，推动各项文化事业稳步发展。到2005年，全市文化工作基本脱离了探索起步的初级阶段，进入了纵深发展的快车道。

1. 加快文化基础设施建设步伐

为贯彻落实《中共中央关于社会主义精神文明建设指导方针的决议》精神，1987年，枣庄市出台《全市文化艺术工作发展规划》，提出了建成全省第一流的城乡群众文化网的目标任务。1986—2005年的20年间，全市图书馆、博物馆、影剧院、文化馆及各类纪念馆建设如火如荼。图书馆建设方面，总投资2600万元的枣庄市图书馆新馆于2000年建成。该馆占地20亩，总建筑面积12600平方米，有外借部、阅览室等14个服务窗口，成立计算机部及媒体电子阅览室、多媒体视听室等，实现自动化管理。2005年，全馆藏书44.5万册，藏书量比1986年底提高了102%，有中外期刊、视听文献、电子出版物1000余种，年接待读者40余万次，成为国家一级馆。滕州图书馆于1989年被评为全省先进图书馆、全国文明图书馆，受到省文化厅、文化部表彰。影院建设方面，1985年，全市有电影院、影剧院、厂矿俱乐部以及公社影剧

台儿庄大战纪念馆

院83处。后来，随着市场经济发展和企业兴衰变化，部分电影院转换经营或停业。至2005年底，全市有电影院20处，大都进行了多次升级改造，软硬件条件得到显著提升。博物馆建设方面，1989年新建了枣庄市博物馆。至2005年底，该馆馆藏文物达到13000件，其中国家一级文物5件。滕州博物馆于1995年新建，总建筑面积5700平方米。至2005年底，全馆文物约2万件，包括石器、青铜器、铁器、陶器、字画等，其中北辛时期文物、汉画像石为馆藏特色。剧院建设方面，1986年底，总建筑面积1.27万平方米的滕州剧院一期工程竣工，《人民日报》报道称“全国县级第一家”。到2005年底，全市共有专业演出剧场5处，先后接待过总政歌舞团、中央民族歌舞团等国家级专业文艺团体的演出，极大丰富了市民精神文化生活。艺术馆及纪念馆建设方面，相继建设了台儿庄大战纪念馆、铁道游击队纪念园、滕州汉画像石馆、王学仲艺术馆、墨子纪念馆、贺敬之文学馆等一批主题各异、特色鲜明的场馆。其中，台儿庄大战纪念馆、铁道游击队纪念园先后被中宣部认定为全国爱国主义教育示范基地，成为弘扬民族精神、传承红色文化的重要载体。

2. 启动实施“文艺精品工程”

从1992年开始，中央和山东省相继启动了精神文明建设“五个一工程”“文艺精品工程”评选活动。枣庄市以组织参评为抓手，大力实施精品带动战略，对本地历史文化资源进行提炼升华和整合，推出了一系列优秀文艺作品。电视剧方面，先后组织拍摄了《村主任李四平》《民国大劫案》《铁道游击队》等突出枣庄特色文化资源、具有浓厚地域文化特色的电视剧。《村主任李四平》先后获“飞天奖”“神农奖”“金鹰奖”三项国内大奖。戏剧创作方面，先后创作排演了大型柳琴戏《城里妹子乡下汉》《爱河滔滔》《一碑三孔桥》《墨子》，豫剧《山花开了》《黄河十八弯》《嵩山长霞》等大型剧目20余台和100余个小型剧目，平均每年演出900余场，深受群众欢迎。柳琴戏于2005年12月入选文化部公布的第一批国家非物质文化遗产名单。文学创作方面，毕四海小说《东方商人》《都市里的贵族》《财富与人生》，张继小说《玉米地、玉米地》《男妇女主任》《党员金柱有点忙》，李向春小说《卧龙镇》，倪景翔小说《龙凤旗》等蜚声中外，多次获“乌金奖”“精品工程奖”。20年间，枣庄在全省精神文明建设“文艺精品工程”评选活动中，实现了获奖项目和组织工作的“七连冠”。与此同时，音乐、书法、美术、舞蹈、摄影等各艺术门类佳作不断涌现。邓冠东、李建国、陶俊禄等人创作的音乐作品，危学莉、高培琴等人编排的少儿舞蹈，黄金程、张星斗、于安民等人的绘画，褚衍举、燕守谷、刘玉鼎、潘梦石等人的书法篆刻，杜衍纯、王飞龙、张磊等人的摄影，王善民、田传江、刘开允等人的民间文学均放出动人光彩，许多作品夺得全国或省级奖励。

3. 广泛组织群众文化活动

1986年初，枣庄市文化局组织专题调研，形成了关于全市群众文化活动开展情况的调研报告，提出了打造品牌群众文化活动的意见建议，开启了群众文化工作新局面。此后，春节民间游艺展演、广场廉政电影月、国庆广场文化活动等在不同月份陆续展开，使广场文化活动“长流水、不断线”。枣庄每年都在光明广场组织20余场大型文艺会演活动，群众演、演群众，为广大市民带来了高品质的文化享受。以光明广场为龙头，带动全市100余个大小广场群众文化活动红红火火。2000年，光明广场被省委宣传部、省文化厅评为全省“十佳”文化广场。2005年10月，“光明之夏”广场文艺会演和春节民间游艺活动双双荣获“山东省社会文化活动知名品牌”。

深入开展农村文化活动，以文化下乡为切入点，在“常”字上下功夫，在“实”字上做文章，带动和促进农村文化活动全面展开。1997年，按照中央宣传部、国家科委、农业部、文化部等十部委联合下发的《关于开展文化科技卫生“三下乡”活动的通知》要求，枣庄市正式启动了“三下乡”活动。全市5个专业剧团常年深入农村，送戏到山顶、库区，每年演出1000余场，下乡演出约占80%以上。市图书馆组织流动图书馆，把图书送到山区、集市，派业务干部下乡辅导乡镇文化站、图书室建设。市艺术馆把培训文艺骨干放在了农村，每年举办培训班30多期，培训农民400多人次。2004年后，农村电影“2131工程”全面实施，年平均为农村放映电影达2.7万场次，覆盖全市2000多个行政村，成为山东省第一个全面启动“2131工程”的地级市。随着百强村竞赛、薄弱村帮扶、文明生态村创建的全面展开，各级文化部门更多地注意在建设社会主义新农村文化上下功夫，保护民间传统文化艺术，活跃农民文化生活。至2005年底，全市民间唢呐、龙灯、高跷等文艺团体达260余支，庄户剧团40余支，全市有5处乡镇荣获“山东省首批社会文化先进乡镇”称号。

主题文化活动丰富多彩。2000年后，以纪念建党80周年、十六大宣传、纪念邓小平诞辰100周年、纪念抗日战争胜利60周年等为主题，各类文化活动蓬勃开展，各种展览、展演、展播活动不断。2001年，枣庄举办“红岩魂”展览，200多个党政机关、企事业单位的人员和近30所大中小学的师生观看了展览，参观人数达4万余人次。2002年，全市文化部门把搞好十六大宣传作为重要任务，共有205家企事业单位参与了十六大文艺宣传活动，组织专场演出200余场次，近万名文艺骨干参与了活动。2005年，枣庄市纪念抗日战争胜利60周年大型歌咏演唱活动举行，有14支代表队、1600余人参加了活动，场面宏大、群情激昂，唱出了社会各界群众的浓浓爱国之情。

4. 破题新闻传媒业发展

枣庄按照中央、省、市、县“四级办广播、四级办电视、四级混合覆盖”

的要求，认真贯彻落实第十一次全国广播电视工作会议精神，制定了广播电视发展规划。1987年1月，峄城人民广播电台成立。5月，枣庄电视台正式对外播出。1990年10月,《视听生活周报》创刊,之后先后更名为《枣庄视听周报》《枣庄广播电视报》，由省新闻出版局批准的省级刊号转为全国公开发行的正式报纸。1992年6月，枣庄有线电视台建成开播。1999年,枣庄经济广播电台、枣庄交通信息广播电台两台整合到枣庄人民广播电台。1998年10月，枣庄有线广播电视传输中心成立。12月，枣庄广电信息网络有限公司成立，吸收市中区、台儿庄区、山亭区广电局及市高新技术产业开发区等单位有限电视网络为直属公司，次年开通与山东省及17个市政府、省及17个市广电局的自动化办公互联网。1985—2005年的20年间，枣庄市广播、电视、报刊事业，尤其是枣庄广播电台、枣庄电视台、枣庄日报社取得了非凡成绩。枣庄电视台获得全国及全省广电系统先进集体、全省“抗洪救灾先进集体”、省级爱岗敬业模范单位等称号，连续10年被省电视台评为对上报道先进集体,《艺苑飞虹》《今晚荧屏》《欢乐大擂台》《今晚面对面》等栏目屡次获得省级大奖；《山村响起拍卖锣》《因为有爱》《走运河》《追星的农民》《遥远的绝唱》《山东大嫂在苗乡》等节目获评中国广电学会一等奖、全国城市电视台优秀专题一等奖、“中国电视新闻评比社会类特别奖”、国家“金桥奖”一等奖。《枣庄日报》获评山东省首届“最佳报纸奖”、全省地市报宣传“三个代表”重要思想先进典型，摄影作品《大山的儿子》、通讯《献给祖国的赤诚》《金色的拐棍》《位卑未敢忘忧国》《生命防线》获得省“精品工程”奖。枣庄广播电台播出的《情在艺术中，魂在舞台上》《石榴仙子》《春音·春韵》《老乐小九》等节目获评全国地市级电台文艺协作会一等奖、全国广告协会一等奖。

5. 探索起步文化产业

2000年10月，中共十五届五中全会通过《中共中央关于制定国民经济和社会发展第十个五年计划的建议》，第一次提出了“文化产业”的概念。2001年初，枣庄市委宣传部组织开展了全市文化工作专题调研，提出了“探索文化体制改革，采取文企联姻文化项目推介等多种形式，大力发展文艺演出业、文化娱乐业、艺术培训业、音像销售业、文化旅游业等多种文化产业”等一系列意见建议，得到市委主要领导批示认可。2004年，以“经营文化资源，发展文化产业”为目标，举办了枣庄市公益文化项目洽谈会，列出了被群众认可、社会知名度较高的100余个公益文化项目向社会推介。2004年，有64个项目找到合作伙伴，合作金额达5800余万元。2005年，签约项目113个，合作资金1277.3万元，赢得了全市文化产业发展的“第一桶金”。面对20世纪90年代以来文艺团体资金短缺、举步维艰的困境，枣庄市积极探索文艺演出团体与企业联姻，激活了演出市场。2001年，市文化局将文企联姻写入年度工作计划，提出实施文企联姻壮大全市专业艺术团体的综合实力，促进企业社会文化活动开展的目标任务。2002年，市艺术剧院柳琴剧团、豫剧团、曲艺团与枣庄监狱、泉兴煤矿、中泰集团三大企业成功联姻，三家企业每年分别向三家文艺团体资助20万元，主要用于艺术生产、人才培养和设备更新，帮助文艺团体不断提高适应市场竞争和自我发展的能力。剧团为企业承担演出、宣传等各种社会文化活动。2002—2005年，枣庄市艺术剧院、滕州市柳琴剧团累计投资60余万元,添置灯光音响、服饰头饰，制作了新的流动舞台，先后创作了大型现代剧《嵩山长霞》、历史柳琴戏《一碑三孔桥》《墨子》等优秀戏曲剧目50多个。2004年下半年，《嵩山长霞》在全省巡回演出。

（三）文化建设的繁荣发展阶段(2006—2012年)

2006年伊始，中共中央、国务院下发《关于深化文化体制改革的若干意见》，明确了繁荣和发展社会主义先进文化在全面建设小康社会、实现中华民族伟大复兴的历史进程中的全局性战略性地位和作用。党的十七大发出了兴起社会主义文化建设新高潮、推动文化大发展大繁荣的号召，文化建设作为社会主义“四位一体”总体布局的重要组成部分，被放在中国特色社会主义建设更加突出的位置。为贯彻落实好中央、省有关决策部署，枣庄市委常委会、市长办公会多次专题研究文化改革发展工作，把发展文化旅游作为城市转型的“第二大战役”来抓。每年的政府工作报告都将提升文化软实力作为重要内容单列。各级各部门对文化助推经济发展、优化产业结构、丰富人民群众生活等重要作用已形成共识，纷纷拿出了具体措施。

1. 全面优化文化建设顶层设计

2006年，由市委宣传部牵头，研究出台了《2006—2010年枣庄市建设文化强市规划纲要》，文化强市战略正式启动实施。2008年9月，枣庄市组织召开了高规格的文化建设工作会议，市委、市政府主要领导出席会议，出台了《关于推动文化大发展大繁荣的意见》《2008—2015年枣庄市文化建设规划纲要》《关于加快文化产业发展的实施意见》《关于加快文化发展促进城市转型的意见》等文件，提出了文化建设的指导思想、任务目标，并在机构设置、队伍建设、财政扶持以及税收、金融、土地、工商等政策方面明确了具体举措，为文化繁荣发展指明了方向。2009年，枣庄市成立了由市委常委、宣传部长任组长，分管副市长任副组长，17个相关部门和单位主要负责人为成员的市文化体制改革和文化产业发展领导小组，初步形成了党委政府统一领导、宣传文化部门牵头负责、党政各部门齐抓共管、社会各方面共同参与的工作格局；设立了800万元的全市文化旅游产业发展专项资金，采取贴息、奖励、资助等形式扶持文化产业发展，并且每年随经济社

会发展和产业发展需要适当增加。2010年，市委、市政府召开了全市文化产业振兴大会，安排部署文化改革发展工作，把文化改革发展工作中的重大事项分解落实到各区（市）、各有关部门，由市委宣传部每年底进行量化考核，奖优罚劣，为文化繁荣发展奠定了制度保障。

2. 扎实推进公共文化服务体系建设

实施文化惠民工程。2006年初，枣庄市组织召开了农村电影工作会议，将农村电影放映作为一项重点文化惠民工作强力推动，全年共放映故事片28200场、科教片13698场、幻灯片10958场，引发了强烈社会反响。2006年底，省委宣传部、省文化厅归纳了三条“枣庄经验”在全省推广。2007年5月，在全国农村电影工作会议上，枣庄市作了发言，成为全国典型。2008年，在全面完成各项放映任务的同时，市电影公司与山东省新农村数字电影院线签订了加盟协议，集中采购了70套农村数字放映设备，实现了农村电影由胶片放映向数字化转变的升级改造，并提前五年完成一村一月放映一场电影的目标。2011年，由市电影公司发起，各区（市）电影公司参加，成立了枣庄市新农村数字电影院线有限公司，形成了全市农村公益电影的统一品牌。累计投入500余万元，相继建成文化信息资源共享工程市、区（市）支中心。2015年7月，在全省首创成立了“共享工程”枣庄市武警支队服务中心，利用电子图书、舞台艺术、音乐美术、影视作品、科普知识、种植养殖等，开展了丰富多彩的文化服务，文化知识进社区、进军营、进学校、进乡镇活动得到了基层百姓的广泛好评。2009年，市图书馆荣获全国文化系统先进集体、全省文化信息资源共享工程建设与服务工作先进集体。农家书屋建设方面，逐步建立市、区（市）、乡（镇街）党委、政府统一领导，各级协调小组成员单位分工协作配合，社会各界积极参与的组织保障体系，农家书屋建设被写入枣庄市各级政府工作报告和党委工作要点。至2012年底，全市累计投入4380万元，建成农家书屋1914个，实现了全市行政村全覆盖。广播电视村村通工程建设方面，2012年，村村通工程累计投入2000多万元，累计新架光缆线路3100公里，全市有线电视网络已覆盖60个乡镇（街道）、2487个行政村（居），有线电视总用户数达到64万，完全实现全市所有行政村有线电视覆盖，也使全市村村通工作迈入全省先进行列。新增农村有线电视用户38903户，超额完成市政府“有线电视工程新增2万户”的任务。基层文化阵地建设工程方面，累计投入3550万元，全面完成了47个乡镇综合文化站建设任务，峄城区坛山街道、滕州市龙泉街道、市中区文化路街道、山亭区山城街道被评为“山东省优秀街道综合文化站（中心）”。

着力打造优秀精品力作。枣庄市一直高度重视优秀文艺作品的创作生产，始终坚持“二为”方向和“双百”方针，组织创作了一大批融思想性、艺术性、观赏性，两个效益显著的精品力作。枣庄推出的大型电视连续剧《铁道游击队》《小小飞虎队》于2007年、2011年先后两次在中宣部“五个一工程”评选中获优秀作品奖，在全国地级市中名列前茅，打造了影视剧创作的闪亮品牌。2006年后，枣庄申报的电视剧《铁道游击队》《红灯记》《小小飞虎队》、戏剧《墨子》《碑桥记》《洋庄园落地山沟沟》、广播剧《美丽的谎言》《乡愁》《热土》、歌曲《大运河·腾飞的龙》《不想和你说再见》、小说《黑白命运》《大脚姥姥》《义和风云》等一批优秀文艺作品连续荣获省“文艺精品工程”奖，保持了20世纪90年代文艺界称颂的“鲁南文化”现象。

开展群众性文化活动，依托纪念建党85周年、红军长征胜利70周年、改革开放30周年、北京奥运会开幕、中华人民共和国成立60周年等一系列重要节日和纪念日，先后举办了200多项文艺演出、书画展、摄影展、电影放映、

电视剧《铁道游击队》海报

戏剧下乡等专题文化活动。2007年上半年，组织了山东省首届农村文化艺术节枣庄赛区各项活动，共评选出29个优秀节目和83件书画作品参加全省总决赛。其中，民间吹打乐《柳琴风韵》、舞蹈《剪出新生活》《山妞·扭》、快书小品《走四方》等6个节目作品荣获金奖。金奖、银奖及总成绩均居全省第一，荣获农村文化艺术节特别组织奖。2011年6月，枣庄与总政歌舞团联合举办了4场大型红色经典舞剧《铁道游击队》演出，不仅使观众接受了红色教育，感受精神滋养，而且极大地丰富了枣庄红色文化和精神财富的宝库。依托枣庄特色鲜明的地域文化资源，打造了特色节庆文化品牌。从2008年开始，滕州市以市场化模式先后举办了“欢乐中国行·走进滕州”“中华情·情系滕州”等10余场大型演出活动；薛城区围绕奚仲文化，承办了8场国家级汽车赛事，举办了中国车祖奚仲文化活动月和2011中国（国际）车神奚仲文化活动季；山亭区依托自然生态和传统民俗文化资源，举办了长红枣文化旅游节、熊耳山民俗文化旅游节、沧浪渊文化节、火樱桃文化旅游节；市中区先后举办了3届桃花节、5届旅游美食文化节；峄城区以石榴文化为主线，连续举办了3届榴花节、石榴采摘节以及首届民俗文化节；台儿

庄区突出运河文化，推出了运河古城渔灯节、关帝庙会、二月二开河大典等传统节庆活动，有效提升了景区的知名度与影响力。全市140余处城乡广场基本形成“月月有大型活动、周周小活动不断”的局面。

高度重视爱国主义教育基地建设。这一时期，枣庄市按照中央、省有关要求，通过加大资金投入、挖掘文化内涵、丰富展览载体、提高科技含量等有效举措，推动爱国主义教育基地网络体系不断完善。至2012年底，全市共有国家级爱国主义教育示范基地2处、省级爱国主义教育基地5处、市级爱国主义教育基地15处，形成了以国家级、省级爱国主义教育基地为骨干，其他各类教育基地为分支，相辅相成共同发展的良好格局。2006年初，枣庄市投资3000万元对台儿庄大战纪念馆进行了大规模的改造。扩建后，建筑面积由原来的4000平方米扩大到1.2万平方米，展厅面积由3400平方米增加到8000平方米，展线长度由不足100米增加到近600米。2008年，台儿庄大战纪念馆在省内率先实行免费开放，每年获得全国红办专项扶持资金1080万元，累计接待国内外观众2000多万人次。台儿庄大战纪念馆成为全国中小学爱国主义教育基地、全国百家爱国主义教育示范基地、中国侨联爱国主义教育基地、国家首批国防爱国主义教育基地、全国百家红色旅游经典景区之一、国务院公布的全国首批80处国家级抗战纪念设施之一、国家AAAA级旅游景区，被评为“省级文明单位”“山东省文明窗口单位”。2008年，启动了铁道游击队纪念园扩建工程，规划占地410亩，建筑面积10万平方米，工程分三期建设，包括九大功能区、62个单元、202个建筑单体，打造了集爱国主义教育、影视拍摄、旅游休闲、文化传承等功能于一体的红色旅游景区，吸引了《铁道游击队》《沂蒙》《解放》等50余部影视剧组在园内完成取景拍摄。

继续深入文化遗产研究和保护。2006年，组织专家学者第一次全面系统整合了枣庄运河流域历史、经济、军事、文化、旅游、民俗等文化要素，编辑出版了《枣庄运河文化》丛书，受到各级领导和社会各界的广泛好评，成为枣庄市对外文化交流的有效载体、资政决策的重要参考和弘扬运河文化的教科书。2009年，枣庄市被列为省级历史文化名城。至2012年底，全市共有柳琴戏和鲁班传说两项国家级非物质文化遗产项目，伏里土陶、奚仲造车传说等19项省级非物质文化遗产项目。2012年9月7—10日，第二届中国非物质文化遗产博览会在台儿庄古城开幕。本届博览会突出“促进非遗保护，共建精神家园”这一主题，在文化部和省文化厅的指导下，突出运河文化、手艺山东、海峡两岸交流特色，策划组织了开幕式、闭幕式、踩街巡游、剧目展演等活动，重点融入了非遗保护高层论坛、非遗项目签约、两岸汉字艺术节等内容。数十万名外地游客和枣庄市民共同见证了博览会的空前盛况，使中华优秀传统文化逐渐走进现代人的生活，成为人民群众精神生活不可或缺的一部分。

3. 做大做强文化产业

从2008年开始，枣庄市先后邀请山东师范大学齐鲁文化研究中心、省文联、省社科联等文化专家，以及清华大学国学研究院院长陈来、人民日报社原副总编辑梁衡等知名学者到枣庄座谈采风，为文化产业发展建言献策。2009年，枣庄市被国务院确定为第二批转型试点城市。以此为东风，通过实施重大项目带动战略，初步实现了文化资源优势向产业优势的转变，全市文化软实力不断增强。2008年4月，枣庄市正式启动了台儿庄古城重建工作。该项目总投资48亿元，规划面积2平方公里，总建筑面积60万平方米，包括11个功能分区、八大景区和29个景点。至2012年底，古城累计接待游客500余万人次，先后荣获齐鲁文化新地标、中国旅游创新奖等称号，成为大陆首家海峡两岸交流基地、首个国家文化遗产公园、

台儿庄古城一瞥

首个国家非物质文化遗产博览园，2012年11月顺利通过国家AAAAA级景区验收。以台儿庄古城为核心，2011年5月，枣庄启动建设了占地18平方公里，集文化创意、项目孵化、产业推广、人才培养、影视体验、传统教育、休闲娱乐等功能于一体的台儿庄古城文化产业园。通过定点招商，园区成功引进了深圳华强、华谊兄弟、华侨城、天下凤凰、798、田子坊等高端战略合作伙伴，联合山东大学、浙江大学等高校创办运河文化学院，2012年投资16.8亿元建设占地1000亩的非物质文化遗产博览园，设立联合国亚太非遗国际培训中心枣庄基地，成为全国独有的集物质文化、非物质文化和文化产业“三位一体”的综合性园区，先后被评为省重点文化产业园区、国家版权贸易基地和国家级文化产业试验园区。

立足本地实际，集中优势资源，培育扶持了一批带动作用强、科技含量高、市场前景好的文化产业园区、项目和企业，大幅度提高了文化产业的规模化、集约化和专业化水平。项目建设方面，从2006年开始，全市先后推出了涉及广播电视电影服务、文化艺术服务、网络文化服务、文化旅游、体育健身、休闲娱乐服务、文化创意服务、文化产品生产和销售等七大类61个重点文化产业项目，总投资额达320亿元，亿元以上项目37个。根据在建项目的内容、规模、发展前景，每年筛选、确立5—10个发展潜力大、比较优势明显的文化产业项目，列入全市重点文化产业项目名录，在政策、资金等方面进行重点扶持。注重加强对外合作交流，充分利用各类文化会展活动，积极开展了多层次、多渠道、多领域的文化产业招商。园区（基地）建设方面，初步形成了以台儿庄古城文化产业园为龙头，以铁道游击队影视文化城、大观园文化市场、冠世榴园风景区、山东洪海集团有限公司等省级文化产业园区（基地）为骨干，以奚仲文化产业园、抱犊崮文化产业园、峄城文化产业园等特色文化产业园区（基地）为支点的发展格局。至2012年底，全市共有规划在建文化产业园区（基地）20个。企业建设方面，培植了枣庄微山湖影视文化传播有限公司、山东华瀚轻工业品有限公司、山东北钛河陶瓷有限公司、鲁班天工木艺有限公司等一批专、精、特、新的优秀文化企业。其中，山东华瀚轻工业品有限公司是全省“十二五”时期重点培育的骨干文化企业，先后被评为“2012山东十大民营文化企业”“2011—2012年度国家文化出口重点企业”，进一步带动了文化产品的创意、研发、生产、销售等各个环节。据不完全统计，至2012年底，全市共有各类文化企业1834家、重点文化出口企业13家，逐步形成了统一、开放、竞争、有序的现代文化市场体系。

优先发展重点业态。文化旅游业发展方面，从2009年开始，将台儿庄古城、微山湖湿地公园、冠世榴园等景点组合，打造了“枣庄二日游”文化旅游品牌，并在全国叫响。枣庄荣获“中国优秀旅游城市”称号。全市形成了“两个龙头、五个节点”的格局，共有A级景区31家，其中AAAAA级景区1家，AAAA级景区7家，国家级工农业旅游示范点6处。2012年，全市共接待国内游客1357.1万人次，同比增长18.7%；旅游综合收入95.8亿元，同比增长25.7%。影视产业发展方面，先后创作拍摄了20多部影视剧作品，电视剧《小小飞虎队》、高清数字电影《血染北沙河》相继在央视一套、六套黄金时间播出。从2010年开始，成功策划运作了30集电视剧《独有英雄》、832集大型动画片《小小鲁班》等10余个影视剧项目。以影视制作为基础，集实景拍摄、观光旅游为一体的影视文化产业链快速发展，山东葫芦套铁路主题影视文化园、民国影视文化城、马场影视基地等一批影视文化产业园区相继建成使用。传媒业发展方面，至2012年底，全市有国内统一刊号的报刊5种，图书发行网点22个。枣庄日报社已发展到两报（《枣庄日报》《枣庄晚报》）、两网（鲁南在线网、视频联播网）、三刊（《枣庄日报信息周刊》《枣庄晚报新视听》《新闻绿洲》）的出版规模，2012年实现经营总收入5028万元。高清数字3D频道在枣庄市落地传输，实现了有线电视从模拟到数字、从标清到高清、从高清到高清3D的三大跨越。全市数字电视用户突破20万，高清机顶盒占有量达到23638台，占全部数字用户总数的12.5%，2012年实现创收1.22亿元。在做好基础业务的同时，积极拓展各种有线数字电视增值业务，现已从过去单一的有线电视信号传输向多元化经营迈进，传输模拟有线电视节目45套，标清数字电视节目130多套，高清数字电视节目11套，向广大数字电视用户提供电子节目指南（EPG）、数据广播、数字广播、NVOD点播等众多丰富资讯服务。

4. 深入推进文化体制改革

根据中央和省委、省政府统一部署，枣庄市按照“立足实际、分类指导、循序渐进、逐步推开”的原则，制定具体实施方案，稳妥推进文化体制改革，有效激发了文化发展的内生动力。2010年1月，枣庄成立了市文化广电新闻出版局、枣庄广播电视台、市文化市场综合执法支队。下辖五区一市也全部完成文化行政管理体制改革。2012年6月，市政府下发并实施了《枣庄市国有文艺院团改革发展的实施意见》，将枣庄市艺术剧院更名为枣庄市柳琴戏保护传承中心，为公益性事业单位。滕州市柳琴剧团符合转企改制条件，组建了国有性质的柳琴剧团演出有限公司，并对剧团演出设备进行更新和完善。薛城区豫剧团符合撤销条件，已注销其事业单位建制。《意见》明确了改革的扶持政策。市级院团新创作生产一个剧目，市财政补助50万元。新创作生产剧目参加全省大型比赛获一、二、三等奖，市财政分别奖励50万元、30万元和20万元；参加全国大型比赛获一、二、三等奖，市财政分别奖励100万元、60万元和30万元。市级院团引进或培养一名国家一级演员、国家二级演员，市财

政每年分别补助8万元、6万元。2012年10月，枣庄日报社出资500万元成立枣庄晚报传媒有限公司，建立了与现代传媒体制相适应的公司化运作机制和现代企业制度。薛城区、滕州市、峄城区相继成立了影视文化公司，为进一步做大做强影视产业奠定了坚实基础。

（四）经济文化融合发展阶段(2013年至今)

党的十八大指出，文化是民族的血脉，是人民的精神家园。全面建成小康社会，实现中华民族伟大复兴，必须推动社会主义文化大发展大繁荣，扎实推进社会主义文化强国建设，吹响了文化改革发展新的号角。2013年8月，山东省政府出台了《西部经济隆起带发展规划》，明确了枣庄“转型升级和经济文化融合发展高地”的战略布局和定位，并在财税、投资、金融、土地、人才、民生保障、扶贫开发、协调推进机制等方面给予大力倾斜。以此为重大契机，枣庄市进一步明确思路、谋划举措，把加快文化改革发展作为促进城市转型、打造经济文化融合发展高地的重要举措，开启了文化建设的新篇章。

1. 传承弘扬优秀传统文化

枣庄市把组织开展优秀传统文化艺术展演、展示、讲座和民族民间文化节庆活动，作为推动优秀传统文化宣传普及的重要抓手。2014年12月，枣庄成立了优秀传统文化研究工作领导小组，统筹协调全市优秀传统文化的发掘利用工作，先后组织开展了“文化大拜年·欢乐进万家”“非遗知识普及·促进活态传承”“尼山书院国学讲堂”“大众文艺讲堂”等系列活动5000余场，编制了《百年中兴史话》等一批传统文化教材，有力推动了优秀传统文化进教材、进校园、进社区。2015年，墨子研究工程纳入齐鲁优秀传统文化传承创新工程14个首批重点项目名录。围绕墨子鲁班文化的挖掘阐释，滕州市先后出版发行了《墨学大辞典》《墨子大辞典》《墨子研究论丛》等系列书籍，设立了墨学研究奖励资金，组织了柳琴戏《墨子与鲁班》编排和巡演。2016年7月，滕州市组织召开了第十一届国际墨子鲁班学术研讨会，邀请国内和韩国、日本、比利时等国家的120多位墨子鲁班研究专家和嘉宾参加，在挖掘延续中华优秀传统文化的同时，打造了国内外专家学者研究交流墨子鲁班思想的重要平台。2017年5月，由枣庄市推荐的滕州市历史文化展馆等13处展馆入选全省首批县及县以下历史文化展示“十百千”示范点名单，枣庄大成青铜有限公司、枣庄书源笔业有限公司、山东谢氏琴业有限公司3家单位入选第三批全省非遗生产性保护示范基地，成为弘扬传播优秀传统文化的窗口和平台。

文物保护工作扎实有效。枣庄将文物保护工作纳入全市国民经济和社会发展规划、城乡建设规划、财政预算、体制改革以及各级领导责任制。市政府每年都与各区（市）政府签订目标责任书，陆续出台了文物保护单位巡查、馆藏品管理、文物保护单位看护员管理等相关规章制度，形成了文物保护工作的长效机制。至2015年底，全市共有国家级文保单位9处、省级文保单位108处。切实规范工程建设文物审批程序，2013年，市文物局下发了《关于加强建设工程联合审批工作的通知》，全市共审批涉及文物保护工程项目20余项。始终保持打击文物犯罪的高压态势，建立了公安、文物部门联合执法机制，做好涉案文物移交工作。2017年，枣庄市大力实施文物保护项目带动战略，全年争取省级以上文保项目14个，申请专项资金2406万元。2017年11月29日，《枣庄市文物保护管理办法》公布，于2018年3月1日起实施，文物保护和管理工作更加制度化、规范化。

大力繁荣庄户剧团发展。2013年初，市委宣传部牵头组织开展了庄户剧团发展的专项调研，提出了力争到2015年，全市庄户剧团数量增加到500家，从业人员达到1万人，每个剧团年均演出20场以上，形成一条涵盖剧本创作、舞美设计、商业演出、人才培训等多种业态的演艺产业链，打造枣庄文化服务群众特色品牌的目标。2013年10月，全市庄户剧团繁荣发展座谈会召开，总结交流庄户剧团发展经验，研究部署庄户剧团繁荣发展工作。2013年，市委宣传部与财政局、文广新局先后制定出台了《关于加快庄户剧团繁荣发展的实施意见》《枣庄市庄户剧团认定管理办法》《枣庄市“一年一村一场戏”文化惠民工程实施办法》《枣庄市“一年一村一场戏”文化惠民工程演出场次认定管理办法》，

庄户剧团演出

在硬件投入、文艺创作、运作模式、人才培养等方面扶持引导。同时，组织全市新闻媒体对庄户剧团建设工作进行集中宣传报道，并积极协调上级媒体宣传庄户剧团建设成果。峄城区庄户剧团的好经验《枣庄峄城探索欠发达地区繁荣群众文化之路》被新华社内参刊发；《山东枣庄200余家庄户剧团丰富乡村文化生活》在《大众日报》刊发。

2. 深度融合经济文化发展

2013年初，枣庄市借助省委、省政府建设西部经济隆起带的有利契机，将文化产业作为助推城市转型和建设“两大高地”的重要抓手，纳入全省重点区域发展战略。市委宣传部编制出台全市文化产业发展规划和重点文化企业、项目、园区（基地）认定管理办法，集中推出了涉及广播电视电影、文化艺术、文化旅游、休闲娱乐、文化创意、文化产品生产和销售等六大类27个重点文化产业项目。2013年4月，枣庄组织召开了全市宣传部长暨文化产业发展座谈会。会议提出，要全力推动台儿庄古城国家级文化产业试验园区和国家版权贸易基地建设，坚持基础先行、市场运作、项目支撑，用活用好两块“金字招牌”；尽快编制出台全市文化产业发展规划，确保规划编制既突出全市资源优势和区域特色，又兼具前瞻性、科学性和指导性；深入实施文化产业“三个一批”带动工程。2014年2月，枣庄成立了市委全面深化改革领导小组文化体制改革专项小组。2015年初，市委、市政府印发了《枣庄市深化文化体制改革实施方案》，明确了文化体制改革的目标方向和改革任务。2015年5月，枣庄成立了由市委副书记、市长任组长的市文化产业发展领导小组，为经济文化融合发展奠定了坚实的组织保证。2016年初，枣庄成立了由政府、读者、图书馆代表人员等7人组成的理事会，制定通过了《枣庄图书馆理事会章程》，先后3次召开理事会议研究确定重大问题，发挥其决策、管理和监督作用。参照省管人管事管资产管导向“四管统一”的国有文化资产管理模式，市委宣传部先后会同市财政局、国资委、工商局召开座谈会、开展专题调研，探索推进全市机构机制建设。2017年9月，市委、市政府出台了《关于加快文化经济融合发展推动新旧动能转换的实施意见》，部署了文化与旅游、信息制造业等融合发展重点工作，明确了落实财税支持、加强人才保障等27条保障措施。相关内容图解在新华社、齐鲁壹点等客户端推出，当日点击量突破10万次。

全力抓好第二届山东省文化强省建设先进市县创建工作。2015年6月，枣庄在全省率先行动，召开动员大会，成立了创建活动领导小组，印发了实施意见，将五大类71项测评指标层层分解落实。2015年7月，市委宣传部组织召开了创建工作宣传会议，在媒体设立专栏，刊播（发）各类稿件200余篇（条），集中报道全市文化建设成效和创建进展等。同时，广泛开展广场文艺会演、庄户剧团调演等，充分利用户外广告、电子屏幕、手机短信等平台和载体，切实加强社会宣传，形成了人人参与、支持创建的热潮。2015年10月，省委、省政府对第二届文化强省建设先进市县进行了通报表彰，枣庄成功创建为文化强省建设先进市，滕州市、山亭区、台儿庄区创建为先进县（区、市）。

3. 加快构建现代公共文化服务体系

2013年3月，市委宣传部出台了《关于开展“基层公共文化服务提升年”活动的实施意见》，突出规划制定、文化设施建设、文化活动开展、文艺精品创作、文艺人才培养5项工作重点，明确了29个重点文化工程、14部重点文艺作品、35项重点文化活动实施任务。2014年5月，市文广新局编制印发了《枣庄市2014—2020年文化事业发展规划》，为繁荣文化事业做好顶层设计，不断完善公共文化服务设施网络。重点文化设施建设方面，枣庄市投资30亿元建设了占地52.3万平方米的枣庄市民中心，包含高规格的体育场、博物馆、文化馆、剧院、美术馆等建筑单元。2015年9月，枣庄在市民中心承办了全国第三届智力运动会。基层文化设施建设方面，2015年初，枣庄市作为全省基层综合性文化服务中心建设5个试点市之一，整合宣传文化、党员教育、科技普及、普法教育等功能，在社区和行政村建设了不低于200平方米的综合性文化服务中心（文化大院），升级了面积不低于500平方米，有健身路径、灯光、有源音箱等设施设备的文体小广场。2017年7月，枣庄市首届文化惠民消费季活动启动，共征集文化惠民主题活动140余项，参与签约企业和商户达160家，实现文化引领消费，助力了经济发展。

设立了高规格的“榴花文艺奖”。2013年初，在摸清全市文艺事业发展现状、学习借鉴省“文艺精品工程奖”和其他市文艺奖设立经验做法的基础上，市委宣传部着手开展了“榴花文艺奖”评选奖励办法的起草工作。2013年6月，枣庄市正式出台了评选奖励办法，“榴花文艺奖”每两年评选一次，由市委、市政府表彰，设组织工作奖、文学创作奖、艺术作品奖和特别奖，包含文艺类图书、单篇文学作品、电影电视剧、戏剧、广播剧、歌曲、书法、美术、摄影、舞蹈等14个门类、84个奖项。获奖作品由市财政安排专项资金给予奖励。截至2018年6月，全市举办了两次评选活动，累计评选推出了132件“榴花文艺奖”，有效激发了广大文艺工作者的创作热情，繁荣了文艺事业。

二、文化建设的主要成就

习近平总书记在党的十九大报告中指出，没有高度的文化自信，没有文化的繁荣兴盛，就没有中华民族的伟大复兴。当前，文化越来越成为一个国家、一个地区软实力的重要因素。富民强市既取决于经济硬实力，也取决于文化软实力。经过持续发展，枣庄市始终坚持强化规划领导，创新理念举措，凝心聚力、持之以恒推进文化建设，取得了丰硕成果，有力促进了经济社会又好又快

发展。

1. 社会主义核心价值观教育实践深入推进。把社会主义核心价值观融入经济社会发展各领域、贯穿于社会生活全过程，全面建立讲文明、重诚信、守道德的良好社会风尚。社会主义核心价值观宣传教育广泛开展。制定专门实施意见，建成社会主义核心价值观主题公园40余处，在全省率先实现城区全覆盖。创新开展了枣庄市首届书香文化节，包含“传承中华文化共建书香枣庄”征文大赛、“百年追梦全面小康”读书教育活动等14项主题教育活动，让全民素质和城市内涵注入书香文化。评选了四德工程建设先进单位及先进个人，推树了全国八一勋章获得者韦昌进、全国岗位学雷锋标兵索建民等15个全国、全省先进典型。城区核心价值观主题公园、四德工程示范县（区）创建实现全覆盖。大力扶持村居建好“四德榜”，截至2017年底，全市善行义举四德榜建榜总数达到4329个，建榜率、上榜率稳居全省前列。加强爱国主义教育基地建设，实施了台儿庄大战纪念馆网上平台建设、八路军抱犊崮抗日纪念园改陈布展等重点项目，实现了国家级、省级爱国主义教育基地免费开放，进一步弘扬红色文化、传承红色基因。群众性精神文明创建实现突破。2017年底，枣庄市以优异成绩获评省级文明城市，并同步跨入全国文明城市提名城市行列。截至2018年6月，全市共有全国文明村镇5个、全国文明单位8个、全国文明校园2个。市民素质和社会文明程度不断提升。乡村文明行动“百镇千村”建设示范工程持续推进，争取省级文化特色建设示范村6个、省级“乡村文明家园”建设示范村（居）89个，促进了乡村人居环境、乡风文明、文化生活“三个美起来”。

2. 地方优秀传统文化实现传承创新发展。依托丰厚文化资源优势，全面做好挖掘阐释、传承弘扬、传播交流等工作，进一步推进特色文化品牌建设。弘扬优秀传统文化成效显著，成立了枣庄市优秀传统文化研究工作领导小组，统筹协调相关传承保护和创新发展工作。启动墨子研究工程，入选首批齐鲁优秀传统文化传承创新工程重点项目，编辑出版了《墨学大辞典》《古今名人评墨子》《圣匠鲁班》等系列研究专著近20部，大型历史柳琴戏《墨子与鲁班》广泛巡演，受到专家学者和市民群众的一致好评。先后举办了第十一届国际墨子鲁班学术研讨会暨第六届墨子文化节、第三届鲁班文化节等30多项大型文化节庆活动，开展了“非遗宣传月”“文化遗产日”“民间绝活大赛”“农民摄影书画大赛”等群众性文化活动3600余场，真正推动优秀传统文化进校园、进乡村、进社区。连续举办3届“国学小名士”经典诵读电视大赛，吸引全市中小学生80多万人次参与，掀起了“学国学、用国学”热潮。优秀传统文化对外交流日益频繁。成功举办山东省地方戏名家名段演唱会暨非遗柳琴戏传承保护交流会、“喜迎十九大·文脉颂中华”非物质文化遗产大型网络传播、“汉人之魂”——汉画像石赴美国组约拓片展、伏里土陶走进香港体验交流等特色文化活动50余项，枣庄漫博通动画制作有限公司出品的“儒家经典童话故事”纳入国家文化出口重点项目。组织文化企业及人员参加“孔子家乡山东文化贸易展”、深圳文博会等展会活动，开展赴美国、加拿大、法国、意大利等文化贸易促进活动，举办首届文化创意产品设计大赛，提高“枣庄文化”影响力。将非物质文化遗产保护经费纳入财政预算，建立了完备的非遗保护名录。全市有柳琴戏、鲁班传说等国家级非遗项目2项、省级非遗项目31项、市级非遗项目252项、市级非遗传承人88名。制定出台《关于加快庄户剧团繁荣发展的实施意见》《枣庄市庄户剧团认定管理办法》等一系列政策文件，将全市264家庄户剧团纳入统一认定管理范围，每年演出近万场，小剧团唱出了大文化，被中宣部作为基层文化典型向全国推广。

3. 公共文化服务体系持续优化完善。坚持基础设施和服务管理“两加强、两提高”，加快构建普惠性、均等化公共文化服务体系，让群众充分享受文化发展成果。公共文化服务设施网络不断完善，市图书馆、文化馆均达到国家一级馆标准，5个区（市）图书馆、4个区（市）文化馆达到国家二级馆以上标准。全市乡镇综合文化站、文化信息资源共享工程、农家书屋实现全覆盖。整合宣传文化、党员教育、科技普及、普法教育等功能，健全完善农村（社区）基层综合性文化服务中心“一厅一场两栏”、多功能活动室等基础文化设施，已建成基层综合性文化服务中心2007个，建成达标率82.1%。先后举办两届全市群众文化艺术节，推出庄户剧团调演、广场舞大赛、书画剪纸巡回展等七大主题群众文化活动。截至2017年底，全市年均放映农村公益电影超过2万场，覆盖率达到100%，年均举办“一年一村一场戏”超过2000场，有力丰富了城乡居民精神文化生活。市、县两级建设了应急广播发布和管控平台，县级实现农村广播“村村响”，有线电视未通达村实现直播卫星电视“户户通”。“全市无线WiFi城市”项目进展顺利，在28个重点公共区域已建成389个AP点位，实现了信号覆盖。全市28处公共文化馆（艺术馆）、图书馆、博物馆、纪念馆、美术馆全部免费开放，市、区、镇街、村居四级公共文化服务网络体系更加完善。

4. 文化产业呈现蓬勃发展态势。紧紧围绕新旧动能转换重大工程，坚持规划引领并重，突出文化经济融合，强化主体载体建设，切实增强产业整体实力。产业发展基础不断巩固。深入实施文化企业、项目和园区“三个一批”发展战略，全市规模以上文化企业155家，洪海光电集团、天穹文化发展集团等骨干文化企业和一甲动漫、梦之翼传媒等特色中小微文化企业不断发展，台儿庄古城旅游集团与东兴证券有限公司签署辅导协议，上市工作迈出实质性步

伐。截至2017年底，全市文化产业施工项目222个，完成投资160.9亿元，其中亿元以上施工项目44个，完成投资84.8亿元。对31家企业34个项目实行入库管理，龙园古镇文化产业园等16个项目入选省重点文化产业项目库。台儿庄古城文化产业园作为全省唯一园区争创国家级示范园，综合答辩、现场考察、实地辅导等工作进展顺利。台儿庄古城旅游集团有限公司、天穹文化创意中心建设项目、台儿庄古城文化产业园入选山东省第五批重点文化企业、文化产业项目和重点文化产业园区，滕州市汇通古镇入选全省第五批文化产业示范基地。文化经济融合发展持续深化。把握产业特性和发展趋势，研究制定《关于加快文化经济融合发展推动新旧动能转换的实施意见》，系统提出了文化+旅游业、文化+信息产业、文化+制造业、文化+现代农业、文化+城乡建设等融合发展重点工作，并提出落实财税支持、加强人才保障等27条保障措施。文化产业统计工作继续加强。完善了宣传部门统筹协调、统计部门具体实施、20个市直部门共同参与的文化产业统计工作协调机制，建立了文化产业综合年报，部门季报、专业月报“三位一体”的文化产业统计制度体系，启动了枣庄市文化产业数据监测平台，重点关注文化产业企业和主要行业的经济运行状况，强化文化产业统计监测和科学分析，确保统计数据质量。2015年、2016年全市文化及相关产业增加值分别实现77.9亿元、84.11亿元，占全市GDP的3.84%、3.88%。2016年，文化服务业增加值占全部文化产业增加值的比重达到39.69%，文化产业规模和发展质量得到明显提升。

5. 文化人才队伍不断壮大。枣庄始终把人才工作作为新形势下宣传思想文化工作最重要的基础性战略工程来抓，把“枣庄宣传文化英才”培养工程和文化产业人才集聚工程纳入全市的重点人才工程。每两年举办一次宣传干部培训班和镇（街）宣传委员培训班，两年举办一次宣传部长读书会，连续四年分别在北大、复旦、浙大、南京大学举办专题研修班，每年组织100余名宣传文化专业人才进行集中培训。同时，采取举办市委理论报告会、市民大讲堂等形式，邀请乔然、李燕杰、花建等知名专家学者来枣作高端文化讲座，借力为枣庄文化发展谋求良方。在基层文化队伍建设方面，全市县级以上公共文化机构已按照国家、省有关要求和机构编制部门核准的编制数量，配齐配全工作人员。各镇街综合文化站配备有编制人员1—2人，社区、村综合性文化服务中心设有由政府购买的公益文化岗位。“十二五”期间，全市共有32名新闻专业技术人员通过新闻高级专业技术职务评审，45名通过新闻中级专业技术职务评审。至2017年底，市文联所属各文艺家协会会员共计6000余人，其中国家级会员300余人、省级会员近1600人，初步形成了一支德才兼备、门类齐全的高素质文艺人才队伍。

三、文化改革发展的经验和启示

枣庄是一座底蕴深厚的历史古城、一座具有光荣革命传统的正义之城、一座自然风光秀美的山水绿城，也是一座具有广阔发展前景的转型新城。改革开放以来，枣庄市注重发挥自身独特而厚重的文化资源优势，有力推动了枣庄文化发展，并获得了宝贵的文化建设经验和启示。

1. 地方党委政府的重视支持是做好文化建设工作的首要前提和根本保证

文化改革发展离不开地方党委政府强有力的主导作用。近年来，枣庄市委、市政府将文化建设纳入全市国民经济和社会发展总体规划，纳入科学发展考核评价体系，纳入领导班子和领导干部的考核内容，作为重点内容写入政府工作报告，先后出台了《关于加快文化发展促进城市转型的意见》《关于加快文化产业发展的实施意见》等一系列纲领性文件，设立了2.2亿元的文化产业发展专项资金，为文化改革发展工作提供了有力的保障。枣庄市重视文化改革发展工作，不仅仅停留在口号上、会议上、文件上，更加体现在行动和具体工作上。在山东省文化强省建设先进市县创建活动过程中，枣庄市根据省测评标准体系和有关文件要求，制定具体方案，明确人员职责，将测评指标层层分解落实，围绕自查自检、材料申报、现场准备、氛围营造四个关键环节，建立健全了创建活动的长效管理措施，形成了“以创建活动促进文化发展，以文化发展促进城市转型”的广泛共识。2015年10月，枣庄市成功创建第二届文化强省建设先进市，滕州市、山亭区、台儿庄区纳入先进区（市）之列，得到了省委、省政府的通报表扬。

2. 要善于发掘、开发区域文化资源

每个地区都有自己的发展历史、自然景观、民俗传统等，这些是繁荣区域文化的重要资源，并呈现出不同的文化主题。为此，要从文化市情出发，把最具有本地区特色、群众最为认可的文化主题作为地域文化建设的重点，选准文化定位。在此基础上，要深入挖掘文化资源，文化资源是浅显的、不系统的，如同埋在地下的矿藏，只有经过挖掘、开采和加工，才能将其变成传世珍宝。枣庄作为红色革命老区，红色文化源远流长。这里曾爆发过震惊中外的台儿庄大战、鲁南大捷，诞生过著名的英雄抗日武装铁道游击队、运河支队，建立了有“山东小延安”之称的八路军抱犊崮抗日根据地。多年来，枣庄市在充分挖掘、论证本地红色文化资源基础上，着力建设以爱国主义教育基地为代表的红色旅游景区，先后投资超过3亿元，对台儿庄大战纪念馆、铁道游击队纪念园等实施了改扩建工程，新建了八路军115师抱犊崮抗日纪念园，打造了主题突出、特色鲜明的红色旅游发展体系。以红色文化为题材，先后组织创作了《煤城怒火》《运河支队》等长篇小说60余部、中短篇小说500余篇，推出了电视剧《铁道游击队》、高清数字电影《血染北沙河》、广播剧《乡愁》等一批优

秀文艺作品，使枣庄红色文化在全国的知名度和影响力不断提高。

3. 把大项目作为文化改革发展的龙头和突破口

文化改革发展要落到实处，归根到底还是要落到项目上，特别是落实到具有龙头和带动效应的大项目上。没有文化的大项目就没有文化的大产业，没有文化的大产业就没有文化的大发展大繁荣。而抓好这些大项目，必须要有科学的谋划和系统的论证，特别是要以高度的文化视角，对文化资源进行科学准确的定位。枣庄市精心选取了台儿庄古城作为地方文化改革发展的龙头和突破口，依托大战文化、运河文化、鲁南文化的深厚底蕴，着眼于文化改革发展和旅游休闲的双重定位，以项目化的理念规划建设大型文化景观，创建特色文化创意产业示范园，变“房产”为“遗产”，变“景点”为“经典”，“引爆”文化改革发展和提档升级，有力带动当地旅游、商业、餐饮、文化、娱乐、交通运输等相关产业发展，形成规模经济效益，走出了一条文化改革发展的新路子。这对于类似地区优化文化产业布局，推动文化产业规模化、集群化发展，具有重要的借鉴意义。

4. 以改革创新作为文化发展的持久动力

在推进文化建设工作的过程中，枣庄市坚持开拓创新，以改革的手段、开放的思维、创新的精神破解难题，增创文化改革发展的新优势。以文艺精品创作生产为例，枣庄市充分发挥政府的组织、协调、引导、扶持作用，采取“富规划、重开发”的运作模式，合理制定各类文艺作品创作生产的中长期规划，并利用贴息、奖励、资助等形式扶持重点作品创作。大力实施人才“柔性引进”战略，树立“不求所有，但求所用”的观念，采取“请进来、走出去”的办法，不拘一格使用各领域优秀人才参与重点作品创作生产。与此同时，积极推动重点文艺作品的产业化运作，发挥市场在资源配置中的基础性作用。2008年，改制枣庄电视台影视剧制作中心，成立了枣庄微山湖影视文化传播有限公司，先后与中央电视台、山东省影视中心、九洲文化传播中心等强势媒体和投资商合作，想方设法与国内一流导演、编剧、演员合作，推出了以《铁道游击队》《小小飞虎队》为代表的优秀电视剧20余部300多集，实现了社会效益和经济效益的有机统一。

5. 文化建设必须坚持以人为本

广大群众既是文化建设的参与者，也是文化成果的享有者。人民群众的满意度、认可度，直接体现公共文化服务最终成效。在实施各类文化惠民工程的同时，尊重群众基本文化权益，发挥其主体作用，推动“送文化”向“种文化”转变，是增强基层造血功能，改变基层文化建设相对滞后的有效办法。近年来，枣庄市大力扶持以庄户剧团为代表的民间演艺队伍，发挥民间艺人、非遗传承人、文艺爱好者在基层文化建设中的“领头羊”地位，将其作为“一年一村一场戏”文化惠民演出的中坚力量，引导群众自编、自导、自演文艺节目，使散落在民间的优秀传统文化和文化遗产项目融入时代元素，焕发出新的生命力，将“众口难调”的文化需求进一步分众化、分类化，建立起了一大批具有浓郁乡土特色的群众性文艺团体，极大改变了以往“政府送戏、百姓看戏”的单一局面。广大人民群众通过亲身参与，才艺得到展示，心里得到了满足，参与文化创造的积极性空前高涨，有效激发了其文化自觉、文化自信，让“小剧团”唱出了“大文化”，让文化种子扎根于基层文化的沃土，使公共文化服务真正成了民生工程。

今后的文化建设工作中，枣庄市将深入学习贯彻习近平新时代中国特色社会主义思想，紧紧围绕统筹推进“五位一体”总体布局和协调推进“四个全面”战略布局，牢固树立和贯彻落实新发展理念，坚持以社会主义核心价值观为引领，坚持社会主义先进文化前进方向，坚持中国特色社会主义文化发展道路，坚持以人民为中心的发展思想和工作导向，着力加强党的思想理论建设，提高舆论引导能力，推进文化体制改革创新，健全公共文化服务体系，繁荣文化产品创作生产，壮大文化产业实力，加快文化强市建设步伐，不断增强人民群众的文化自觉和文化自信，为全面建成小康社会、建设自然生态宜居宜业新枣庄提供强大精神文化支撑。

审稿人：刘　侠

撰稿人：胡少峰　张宗标

刘凡霆

枣庄市公共文化服务体系建设的历程、成效及经验

中共十一届三中全会以来的40年，是枣庄市经济发展和各项社会事业全面进步的40年。文化工作始终与经济发展、社会进步密切相关，社会各项事业的进步推动文化事业的发展，文化事业的发展对经济和社会事业发展起着强大的助推作用。40年来，枣庄市以基本阵地、基本队伍、基本内容、基本活动方式为重点，以重点文化工程为抓手的公共文化服务体系建设，取得了长足进步。

一、改革开放初期的枣庄公共文化服务建设

（一）基本概况

从1978年到20世纪90年代初期，枣庄市文化事业机构建立完善，文化投入逐渐增多，市、区（市）、镇（村）文化设施相继建立。文化设施形成网络体系，阵地活动不断开展，群众文化活动日趋活跃。

1. 文化馆。枣庄市文化馆由1952年设立的峄县文化馆发展而来。1978至1985年，枣庄市文化馆不断增加工作人员，增设行政办公室、美术摄影部、资料室、群艺斋、服务部等部门。1980年7月改名为枣庄市群众艺术馆，迁馆至文化路。1985年设副馆长3人，副书记1人，工作人员增至27人。

滕州市文化馆于1951年建成后，不断扩充工作人员、增设工作室。1983年文化部在滕县召开了北方地区农村集镇文化中心工作座谈会，与会同志参观了文化馆的各项活动。峄城区、薛城区、市中区、台儿庄区等各区建制之后，均建立了区文化馆。到1985年，全市五区一县文化馆共有工作人员88名。

2. 图书馆。枣庄市图书馆前身为建于1956年的峄县图书馆。1960年改为市级馆。"文化大革命"期间，馆藏图书大量毁损丢失。十一届三中全会后，重新清理图书、调整名录，发展队伍，工作步入正轨。到1985年，馆舍面积1040平方米，有社会科学、自然科学、少年儿童三个阅览室。以及资料查询室、基藏书库。馆藏图书增至22万册。订购《申报》《良友画报》《古今图书集成》《四库全书》等书刊。

滕州、峄城、薛城、市中、台儿庄、山亭区均建有区（市）图书馆。1985年，全市共有图书馆工作人员82人，藏书共计42.82万册。全市部分乡镇，自然村，工矿企业，大、中、小学校，均建有图书馆（室）。到1985年，全市有乡镇级图书馆（室）235处，大、中、小学校图书室652处。

3. 乡镇文化站。1975年全市共有85处人民公社建立文化站。到1985年，全市有90个乡镇（街道）建文化站或文化中心。1989年10月，有农村文化大院120处，1992年底，发展为615处。1992年，文化站归乡镇政府管理。1992年底，全市有文化专业户600家，从事项目近2000个，收入达320万元。枣庄市影院、剧院、影剧院、厂矿俱乐部，农村乡镇影、剧院，共有87处。

全市还有曲艺厅、市工人文化宫、市青少年宫、市儿童乐园、市老干部活动中心、枣庄矿务局展览馆等文化设施。

4. 剧场。1985年，全市有枣庄剧院、滕州剧院、台儿庄剧院、薛城剧院、峄城人民剧院5个专业演出剧场，以及影剧院和厂矿俱乐部30余处。

枣庄剧院，是市驻地唯一大型剧场，建于1957年，建筑面积3000余平方米，其中剧场2300余平方米。附设小演出厅、招待所、洗浴中心、饭店等。1985年、2003年先后进行了装修改造。

滕州剧院，1984年立项，1986年底建成。1987年1月被《人民日报》海外版称为"全国县级第一家"。中共中央总书记胡耀邦题写"滕县文化娱乐中心"，文化部长王蒙等发来贺电，《中国文化报》等媒体作了报道。

龙泉剧院，建于1952年，1958年更名为陶庄剧院。1983年，由山东省文化厅、薛城区人民政府和陶庄镇人民政府共同出资78万元，进行重建。1986年元月建成开业。

5. 电影。1985年全市共有29处乡镇电影管理站，1986年发展到54处。有影院、影剧院、厂矿俱乐部、农村乡镇影剧院82处，其中市区8处，区县驻地9处。农村乡镇46处。1988年发展到鼎盛时期，放映单位达635个。到1991年底，全市共有9个乡镇电影管理站、31个放映队，农村乡镇售票影院5处。

（二）文化设施网络建设

1986年以来，以政府为主导，枣庄市加大了公共文化设施建设投入力度。枣庄市博物馆落成使用，市图书馆立项开工，枣庄影院、剧院设备更新，枣庄柳琴、豫剧两团乔迁新址。滕州市兴建了鲁南画院，滕县文化娱乐中心、滕州市博物馆、王学仲艺术馆、滕州市人民舞台、滕州市图书馆大楼、滕州市青少年宫相继建成使用。修复重建了滕国故城文公台、墨子书院、墨子故里纪

念馆、北辛文化遗址、毛遂墓、龙泉塔等。山亭区完成了光明影院改造装修。1997年，薛城区临山公园、政府大院门前文化广场建成使用。镇村文化设施逐步完善。文化大院、文化室、农村文化俱乐部也在一些经济较好的地区建起来。到1992年底，滕州市农村共建成文化大院615处，占农村总数的52%以上，其中图书室藏书万册以上的有10处。1985年前后，市中区16个文化站相继建立图书借阅室等文化设施，214个行政村、居建立文化活动室。90年代以后，滕州市鲍沟镇、级索镇、张汪镇大宗村、西岗镇，台儿庄区涧头集镇，薛城区邹坞镇分别投资数百万元，建起了高标准的文化广场。1992年，垎塔埠街道办事处投资120万元兴建集娱乐、休闲为一体的雅丽宫歌舞厅，文化路街道办事处投资128万元兴建了社区服务中心。2002年又投资60余万元进行了扩建。1993年，建成孟庄镇文化中心，并建有400余座位的影剧院一座。1996年，渴口镇文化娱乐中心建成，包括影剧院、图书、报刊借阅室、游艺室、书画展厅等。孟庄镇峨山口村历经3年，先后投资28万元兴建了全市第一家高标准村级农民文化广场，该广场于2003年5月1日正式起用。孟庄镇大尚岩村、齐村镇候宅子村农民文化广场正在建设中。投资1.1亿元、占地面积达6万余平方米的市中区永安乡大官庄文体广场工程正在建设中。6月底，一期工程投入使用。2003年又建起该区第一个村级农民文化广场—孟庄镇峨山口村农民文化广场。在社区文化广场建设方面，市驻地共有大小晨练点80余处，规模较大的社区文化广场有硌塔埠办事处辖区内的光明广场；龙山路街道办事处茶华里社区居委会的“同乐园”文化广场，以及矿区办事处的矿区俱乐部文化广场等13处。全区在册的各业余文化人才、文艺骨干3000余人，门类广泛。枣庄市图书馆新馆2000年元旦建成开馆。2001年，开展了创建省文化先进县迎检工作，市文化局成立创建迎检工作领导小组，党委成员和有关科室、单位对区（市）创建工作实行包干指导服务，各区（市）党委、政府高度重视，滕州市、薛城区、台儿庄区分别召开了动员大会，财政拨出专款予以扶持。2000年前后，组织开展全社会对图书馆、文化馆捐资、捐书活动。部分乡镇恢复了文化中心站，建起村级文化大院。2003年，枣庄市影院、剧院、电影公司分别投资100万、60万、80万重新改造装修。到90年代末，全市基本形成市、区、村三级文化网络。

（三）群众文化活动

1. 阵地文化活动。市图书馆坚持常年开放，不断延长开放时间。1984年后，从每周开放48小时延长到69小时。实行敞开办证，80年代以来每年来馆读者18万余人次，借阅书刊41万册。1980年10月，开始筹建儿童阅览室，1981年正式开放。1982年10月，枣庄市政府授予儿童阅览室先进集体荣誉称号，同年12月又获得全国少年儿童图书馆（室）先进集体的光荣称号，受到文化部表彰。1983年5月，山东省人民政府授予少儿阅览室为少年儿童工作先进集体称号。1975年至1985年，枣庄市图书馆先后举办各种类型专业培训班27期，培训业务人员千余人次。还曾先后邀请教授、学者到枣庄讲学。滕州市图书馆日均接待读者300余人次。

2. 群众文化活动。1986年11月，

滕州剧院全景

山东省地市文化局长会议、全国文化工作交流会先后在滕州召开。1991年12月，文化部、山东省文化厅、滕州市人民政府联合在滕州召开了全国文化工作先进地区“建设有中国特色的社会主义文化”理论研讨会。20世纪80年代，区（市）以节日、节庆活动为主，每年举办数次集中性的文艺演出。乡镇文化中心是开展群众文化活动，普及科学知识，宣传党的方针政策的多功能、综合性文化机构。每逢节假日，特别是春节期间，是文化中心开展活动的黄金时节。1983年春节期间，滕州市有24个公社举办了文艺会演，参演代表队480个，参演人员7800余人，观众达40余万人。1982年，木石镇文化中心举行了文艺会演，参演人员860余人，演出节目470多个，观众达3万人次。城郊乡自1982年连续7年组织会演，1984年排演的吕剧参加市里会演获奖。春节期间，各文化中心还举办诗歌朗诵会、故事会、猜谜会、书法、绘画展览等，并举办各类书法、美术培训班。不少文化中心还根据自身特点，利用农闲时节，创办文化、商贸相结合的综合性文化活动，如滕州市南沙河农民艺术节、官桥农民文化夜市、薛城区金河山风筝会等。这一时期，全市部分农村戏曲演唱最为活跃，多次接待省市、国家级演出团体。如1983年河南省开封市著名豫剧演员朱巧云率团到滕州，在农村巡回演出2个月。木石镇影剧院先后接待了山东省京剧团、江苏省柳琴剧团等。各文化中心还利用电影、幻灯、图片展览、举办讲座等形式传播科技知识，宣传、推广科技成果。部分乡镇文化中心开展了多种经营。

3. 电影放映。1982年各区（市）电影管理站改名为区电影发行放映公司，集体性质电影队从此兴起。1985年全市电影放映单位发展到423个，放映人员1800人，8.75毫米放映队11个，并逐步由社办转为村办电影队。村办电影队有276个，1986年发展到433个，占全市放映单位总数的74%。1985年，在个体户放映队的基础上，又办起了家庭联办放映队和村户合办的放映队，全市共17个。在80年代末90年代初达到极盛，场次、人数均创历史最高。其中1987年101614场、1988年93232场、1990年91497场。

二、文化体制改革和枣庄市文化事业转型期

20世纪80年代，国家明确提出了文化体制改革的任务和目标。1983年国务院政府工作报告提出：文艺体制需要有领导、有步骤进行改革。1992年邓小平南方谈话和党的十四大召开，标志我国改革开放和社会主义现代化建设进入一个新阶段。深化改革既为文化发展注入活力，同时也促进了文化自身的体制改革，文化体制改革在探索中不断前进。

（一）艺术表演团体改革。1985年国务院办公厅批转文化部《关于艺术表演团体的改革意见》，要求改革全国专业艺术表演团体数量过多、布局不合理的状况。1986年4月7日，为配合国家、山东省艺术表演团体改革，枣庄市专业艺术团体实行体制改革：1、合理调整艺术团体布局，保留市青年实验柳琴剧团和豫剧团，自负盈亏。市曲艺团和市杂技团为集体性质的演唱、表演团体，自负盈亏。各区县剧团的撤留，原则上由各区县自行决定。2、精简人员。通过考核、鉴定，在听取群众意见的基础上，决定人员的去留。3、剧团实行团长负责制。经过这次改革，部分集体性质的表演团体随即解散。1994年8月2日，根据枣庄市政府文件精神，市直柳琴剧团和豫剧团合并，组成枣庄市艺术剧院，编制75人。

（二）电影改革。1993年，广电部下发《关于当前深化电影行业机制改革的若干意见》，电影机制改革开始，国产影片由中影院统购统销改为自己发行。1994年广电部下发了348号文件，规定从1995年1月起，各制片厂可以向各级发行放映单位发行自己的影片，打破了省级以下发行公司的垄断。广发影字474号文件规定放开16毫米影片发行。从此，枣庄电影业改革全面铺开，电影行业急速下滑。

每年放映场次从10万余场迅速跌至2万场左右。市电影公司发行业务逐渐消失。为活跃电影市场，一些专业影院开始设立录像厅，尝试多种经营。1994年9月，加入齐鲁影业有限公司，开展了电影展映月活动，放映《七七事变》等10部新片，《血战台儿庄》等24部复制片。开展法制、计生专场放映活动。1994年9月，举办了庆祝中华人民共和国成立45周年长影厂专题文艺晚会。1995年10月，枣庄市电影公司成立。1997年成立了枣庄市音像制品专卖中心，在全省地市中属首家，在全市几家大商场建立了连锁店，其中市驻地两家。在区（市）设立了三个录像发行站。截至2003年，市、区（市）以上影剧院及厂矿俱乐部由1985年的41家，锐减到8家，市驻地的烙塔埠影院、大观园影院、枣庄影院先后停用。

三、枣庄市公共文化服务体系建设的推进

党的十六大以来，我国逐渐厘清文化的双重属性，将文化区分为文化事业和文化产业，同时对文化事业的政策表述也逐渐清晰与具体化。2005年10月，中共十六届五中全会第一次提出“公共文化服务体系”政策表述。以后党和国家多次对这一概念进行更加清晰、明确的表述，不仅使得抽象的文化事业概念更加具体化，同时也极大促进了各地改革文化服务体系的建设实践，推动了枣庄市公共文化服务体系建设的加快发展。

（一）公共文化服务体系建设的内容

按照结构合理、发展均衡、网络健全、运行有效、惠及全民的原则，以政府为主导、以公益性文化单位为骨干，鼓励全社会积极参与，努力建设以公共文化产品生产供给、设施网络、资金人才技术保障、组织支撑和运行评估为基本框架的覆盖全社会的公共文化服务体

系，切实保障人民群众看电视、听广播、读书看报、进行公共文化鉴赏、参加大众文化活动等基本文化权益。包括广播电视村村通工程、全国文化信息资源共享工程、乡镇综合文化站和基层文化阵地建设工程。农村电影放映工程、农家书屋建设工程等重大工程建设。同时要求在增强公共文化产品的生产供给能力，创新公共文化服务运行机制，建立健全工作和领导机制。

（二）枣庄市公共文化服务体系建设的成果

2006年至2013年，按照公共文化服务体系建设要求，枣庄市合理配置资源，不断加大投入，大力推进公共文化服务体系建设，形成市有图书馆、博物馆、群众艺术馆，区（市）有图书馆、文化馆，乡镇有综合文化站，村有文化大院（文化活动室）的完善的公共文化服务体系。其中，市图书馆、滕州市图书馆、滕州市文化馆先后被评为国家一级馆，台儿庄大战纪念馆成为全国首批100个爱国主义教育示范基地，滕州汉画像石馆新馆是全国县级最大的汉画像石馆。

1. 设施建设不断完善。通过政府投资、单位自筹、社会集资等多种形式，投入数十亿元加强全市文化设施建设。其中市图书馆、台儿庄大战纪念馆、滕州汉画像石馆新馆投入都在千万元以上。2008年奠基的滨湖镇国家湿地公园、湿地文化博物馆投资1500万元，建成后，将成为全国国家级湿地公园第一家综合博物馆。2009年5月份奠基的滕州博物馆总投资6000万元，鲁班纪念馆投资3000万元，创造了枣庄市地志性专题馆投资的新高。各有关单位及民间投资新建了鲁南赏石馆、台儿庄运河展览馆等十余家专题博物馆、纪念园。2000年以来，台儿庄大战纪念馆、铁道游击队影视城、滕州汉画像石馆新馆先后落成，彰显了枣庄市深厚的历史和革命文化底蕴，提升了城市形象。

2. 群众文化不断繁荣。2000年以来，枣庄市群众文化活动不断普及提高，广场文化、社区文化、农村文化日渐繁荣，文化下乡活动成为品牌。业余文化队伍、文化能人不断涌现。

（1）开展公益文化项目推介活动。2001年以来，为加快文化事业发展速度，广泛开展公益文化推介活动。2003年10月，枣庄市推出首届公益文化项目100项。2004年5月10日，在市图书馆隆重举行签约仪式，签约资金5827万元，中央、省、市媒体予以重分量报道。2005年7月14日下午，由枣庄市政府主办，枣庄市文化局、枣庄日报社联合承办的2005年枣庄市公益文化项目推介签约仪式暨新闻发布会在枣庄大酒店隆重举行。

送文化下乡活动

（2）社区文化活动蓬勃开展。2002年庆祝十六大期间，全市组织宣传队，深入社区演出，直接参与演出的企事业单位达205家，组织专场宣传150余场次，4000多名文艺骨干参与。2002年7月，举办了“先进文化进社区”专题文艺演出活动，先后在市驻地各街道办事处演出6场文艺节目，观众达数万人。2003年5月，在抗击非典期间，与市文化局联合，在光明广场及市驻地各中小学校举办防治“非典”知识图片展，对居民群众和中小学生加深理解“非典”的预防、传播、控制起到了较好的宣传作用。2005年，全市举办了以社区居民为演出主体的光明广场文艺会演活动，共演出14场高品位的综艺性文艺晚会。其中，枣庄矿务局专场、鲁南化肥厂专场反映了近年来企业文化的繁荣兴旺。送电影、戏剧、图书进社区活动不断开展。专业文艺人员还定期到社区进行指导、免费培训社区业余文艺骨干。成立社区业余文化队伍上百家。厂矿、企业职工文化活动开展得有声有色，如鲁南化肥厂、十里泉电厂等企业文艺队伍常年依托厂矿文化广场、俱乐部演出，带动了工厂文化娱乐活动开展。

（3）广场文化成为新亮点。从20世纪90年代后期开始，全市各级各类文化广场不断涌现，依托广场开展文化活动成为一道独特的文化景观。1997年正月，举办了全市首届农民艺术节暨民间游艺展演，以后每年都举行春节民间游艺展演活动，规模逐渐扩大。从1999年夏季开始，以市驻地光明广场为龙头的全市城市文化广场活动每年如期举行，规模逐渐扩大，带动全市广场文艺演出活动蓬勃开展。1999年、2004年，市驻地光明广场两次被评为“全省十佳文化广场”。区（市）广场文化活动逐渐成为主流文化活动。1997年6月，薛城区临山文化广场建成使用，从此每年7月至10月组织举办“周末文化娱乐”活动，定名为“百日消夏文艺晚会”。自2000年以来，峄城区每年都要举行以“爱国、教育”为主题的广场文化月活动，活动期间举办各种文艺演出，安排爱国主义电影放映等活动。2002年，组织开展迎接十六大文艺活动，组织文艺演出24场，展出14个。市中区每年正月都组织永安、齐村、税郭等乡镇的民间游艺队伍进城表演，特别是自1995年光明广场建成之后，每年的正月初四或初六，区文化局都要组织民间游艺队参加全市广场艺术展演活动。演出队伍首先在光明广场集中展演，尔后再沿市驻地各主要街道进行巡回演出，广场及沿街观众多达10余万人。自1999年以来，每年8月份，都在光明广场组织一场消夏文艺晚会。山亭区广场文化活动于2000年启动，每年夏秋两季举办广场演唱会。

东沙河镇综合文化中心

（4）文化下乡活动蓬勃开展。1995年11月，根据中央8部委“关于组织开展文化下乡活动”的通知精神，开展了文化下乡活动，市艺术剧院深入全市27个乡镇演出30多场。1996年，滕州市向全市农村投放社教片和科教片200多部，放映电影12000多场，送科技图书近2万册，专场文艺演出1300多场。到1996年底，全市文化下乡覆盖面达80%以上乡镇，累计送戏下乡700余场，送书画、春联2000余幅。放映电影3000余场，赠送科技图书5000余册，受到山东省委宣传部表彰。1997年，以创建社会文化先进县为龙头，大力开展群众文化活动，以电影放映、戏剧演出、书画摄影展、读书用刊讲用会、青少年歌咏比赛、农村游艺为主等六项农村文化活动，参与群众达100万人。文化下乡累计送戏1500余场，组织书画家200多人次，送书画、春联1000余幅，组织辅导农村业余文艺宣传队14个，支援农民庄户剧团价值3万余元的服装道具，赠送农村科技图书1.5万多册，放映电影8000多场，举办各类展览1000多次，青少年歌咏比赛500多场，读书用刊会200多场。在全省组织的大型文化活动中，枣庄市组织参加了山东省农民艺术节的6项比赛，获得7金、10银、9铜。4月份，在全省参评的群众文艺创作作品11件，分获一、二、三等奖。1998年初，组织开展了集中文化下乡活动，全市5个专业艺术团体下乡演出650余场，市电影公司为农民免费放映100余场，滕州市电影公司向农村投放科技片80余部，其他影片近百部。节日期间，每个村放映电影达6场以上。市群众艺术馆为农民送春联、字画近千幅，市图书馆送书下乡

2000余册，山亭区组成“文化下乡演出队”，演出12场，义务写春联300余幅，送科技图书200册。2001年，全市文化系统在文化下乡活动中，放映电影2000多场，演出戏剧860场，送图书1000余册，送书架6个，书画春联6000余幅，举办培训班20多期。2004年12月，枣庄市农村电影“2131工程”启动，全市农村每村每月将免费观看一场电影。

3. 电影工作破旧立新。为解决电影人的吃饭问题，推动电影事业再度振兴，2004年底，枣庄在全国率先启动农村电影“2131工程”,全市成立“2131工程”领导小组,制定出台了实施意见，形成以市电影公司为龙头，以区（市）电影公司为中心，以农村电影队为主体的农村电影发行放映网络，组建了66支、132人的没有编制，没有固定月薪，只领取实际放映场次补贴的新型农村电影放映队。经过三年多的运行，组织机构不断健全，目标责任进一步落实，经费保障、硬件设施、队伍建设、管理措施逐步到位，市、区（市）、乡镇三级政府每年补贴223万元，不要农民花一分钱，一村一月放映一场电影。覆盖全市2000多个行政村，覆盖率达到100%。对于枣庄市实施的农村电影“2131工程”，文化部、国家广电总局、省委宣传部和省文化厅给予了高度评价，文化部授予市文化局先进单位称号；省委宣传部、省文化厅将枣庄做法归纳为“枣庄经验”在全省进行推广。

四、加快构建现代公共文化服务体系建设

中共十八届三中全会明确提出构建现代公共文化服务体系，突出了公共文化服务体系建设的时代性、创新性和开放性要求，为我国公共文化服务体系建设指明了新的发展方向。

（一）基层综合性文化服务中心建设工作

基层综合性文化服务中心建设是文化部、省文化厅公共文化服务标准化、基层综合性文化服务中心建设、公共文化机构法人治理结构三项试点工作的重要内容之一。为贯彻落实会议精神，2014年下半年，根据文化部工作要求，省文化厅开展了三项试点工作，枣庄市被列为全省基层综合性文化服务中心建设5个试点市之一。

1. 基本概况

按照文化部、省政府安排部署和省文化厅工作要求，枣庄市高度重视，精心组织，吸纳各方力量，采取有力措施，高标准完成21个先期试点单位建设，在此基础上，全面推进试点工作。截至2017年底，全市2445个行政村（社区）中有2007个行政村建成村（社区）建成综合性文化服务中心，全市基层综合性文化服务中心覆盖率达82.09%。硬件建设上，部分条件较好的社区基本具备了一个综合服务厅、一个室外活动场所、一个公开栏和宣传栏、一个多功能活动室。社区公共服务设施基本健全。在队伍建设上，普遍建立了管理服务、庄户剧团、志愿服务、广场舞、书法美术爱好者等社区文艺队伍，广大群众逐渐成为基层文化建设的主体。在公共文化服务方面，基本具备了书刊阅览、视频剧场、文艺排练、书画展览、非遗展示、科普教育、健身养生、辅导培训、志愿服务、便民服务等文化服务功能。培育起数百个基层服务品牌，实现了公共文化服务常态化。

2. 主要做法

（1）加强组织领导，完善工作机制。按照省政府工作要求，市委市政府召开会议进行了专题研究，将此项工作纳入全市公共文化服务体系建设总体规划、总体布局，认真抓好贯彻落实。全市建立党委政府统一领导、宣传部门协调指导、文化行政部门牵头实施，相关部门大力支持、紧密联动的工作机制。成立22个市直部门为成员的“枣庄市公共文化服务体系建设试点工作组”，实行重大问题协商解决。市政府组织召开枣庄市基层综合性文化服务中心建设试点工作会议，印发了《枣庄市基层综合性文化服务中心建设试点工作方案》，明确了试点建设任务目标，部署了21个单位先期试点工作。先后在滕州市、市中区召开了现场工作会议，推进了试点工作的稳步前进。在取得试点经验基础上，2015—2016年，枣庄市全面推开基层综合性文化服务中心建设工作。市政府连续3年将建设工作纳入政府年度目标，市政府与区（市）政府层层签订责任书，予以明确落实。各区（市）结合实际成立区（市）协调工作机制，制定出台了工作方案，选取试点单位，开展试点工作。滕州市于2013年初制定了《镇街综合文化中心建设标准》《关于加强全市基层文化队伍建设的意见》，薛城区出台了《实施方案》和《试点工作方案》。山亭区对建成的村居（社区）文化服务中心，在管理和运行上定期或不定期进行跟踪督查，做到“建一个用一个，用一个活一个”，对设施的使用、维护管理做到有效利用，公共文化服务的项目、数量和质量上有效供给。

（2）统筹各方力量，实现共建共享。制定《枣庄市基层综合性文化服务中心建设试点工作方案》《枣庄市基层综合性文化服务中心建设试点工作协调机制》《枣庄市基层综合性文化服务中心建设试点工作协调机制责任分工》等试点工作文件，明确了全市基层综合性文化服务中心试点建设标准、服务规范、工作模式，为全面推进建设工作奠定基础。与协调机制成员单位积极对接沟通，较好地整合了各方力量，实现全市公共文化资源共建共享。加强基层综合性文化服务中心服务能力建设，将文化服务功能与党员教育、农技推广、科学普及、卫生计生、民政服务、体育活动、妇女之家、残疾人康复等公共服务职能结合起来，使服务中心成为村（社区）公共服务的重要阵地，实现了共建共享。

全市省级基层综合性文化服务中心建设试点工作分为先期21个试点和全面推进两个阶段。先期试点工作到2015年4月底结束，21个试点单位完成建设任务。2015年5月6日，市政府召开了转段工作现场会，实地考察了

薛城区、市中区四个试点单位，对全面推进阶段试点工作进行了安排部署。到2015年9月份，按照省厅要求，初步完成试点工作，提交了试点工作报告。2016年，按照省厅年度工作任务，枣庄市60%的村居顺利建成基层综合性文化服务中心，12月下旬，省文化厅委托第三方测评单位对市中区9个社区文化服务中心，滕州市12个农村文化服务中心，峄城区3个省级贫困村文化服务中心进行了实地测评。所有测评行政村（社区）文化服务中心，都达到了面积要求，内容功能分区和外部文化体育广场设施也基本达到要求。

省级基层综合性文化服务中心建设试点工作得到协调机制成员单位大力支持。市民政局、市财政局、市体育局等分别就社区建设、财政资金扶持、管理和体育彩票资金投入使用等项工作，与协调机制办公室加强联系与沟通。市体育局就体育彩票扶持基层村居体育设施建设工作，与办公室多次沟通协商，将第一批60个村居文体中心小广场配套体育器材落实到目标单位。

各区（市）结合自身实际，积极对接协调机制成员单位，努力推进试点建设工作。滕州市建立了部门联席例会制度，召开了两次共建协调会议。承办了“全市省级基层综合性文化服务中心建设试点工作推进会”，会上滕州市6个试点社区进行了经验总结交流。

（3）强化保障措施，实行规范管理。按照“文化服务，设施先行”的原则，加大对基层综合性文化服务中心试点建设投入力度，将试点工作列入财政预算。用好社区综合性文化服务中心运行保障专项经费。整合扶贫开发、乡村建设、文化体育等有关资金，集中投入综合性文化服务中心建设，用于各项服务业务的开展，并积极吸引社会力量投入、参与建设。市政府将基层综合性文化服务中心建设工作列入对各区（市）的动态考核，从组织领导、设施建设、各项文化服务活动开展等方面，制定考核细则。成立考核工作办公室，每半年进行一次考核，考核结果作为评先树优和奖补兑现的重要依据。市文广新局作为牵头部门，经常组织、协调、督导建设情况，推进试点工作稳步开展。

各区（市）相继建立资金、队伍、管理考核等保障机制。滕州市财政列支220万元，实施了100个综合性文化服务中心改造提升工程。对每个试点单位奖补20万元，每个村居文化服务中心奖补1万元。薛城区由两级财政投资，投资260余万元，对村居文化场所进行优化整合，对试点社区进行了资金奖补。市中区投资20余万元，为3个试点单位配备了电脑、座椅等设施。山亭区为试点社区统一配备了文体器材，申请了配套奖补资金。峄城区整合上级资金，集中投入综合性文化服务中心建设。台儿庄区投入70余万元，提升了试点单位设施水平。各区（市）通过引入社会管理模式，强化人员队伍建设，借助政府网络平台、公共文化服务窗口，或受委托的第三方，建立了公共文化服务需求和评价平台建设，不断加强规范管理。滕州市为镇街文化中心、城镇各社区配备专门的文化工作人员和管理服务人员。薛城区积极探索社会组织管理、政府采购社工服务、专职管理员等多种模式。市中区实施了镇街综合文化站不少于3名工作人员，村居（社区）至少1名文化服务人员，每个村（居）至少培养1名文化、文艺特长人员的“311”工程。峄城区、山亭区、台儿庄区积极动员文化志愿者参与管理服务。

（4）整合各方资源，完善服务功能。整合全市社区现有各类公共服务设施，统一规划，健全完善基层综合性文化服务中心（即社区服务中心），包括“一厅”（扶贫、社保、民政、工青妇、民族宗教等综合服务厅）、“一场”（室外群众文体活动场所）、“两栏”（公开栏、宣传栏）、多功能活动室（党员活动室、村民议事室、警务室、社区卫生室、人口计生服务室、残疾人康复训练室、文化信息资源共享与电子阅览室、文化娱乐健身室、科普活动室、图书阅览室、老年活动室、志愿者服务室）等设施。

各区（市）根据试点方案要求，积极开展创建活动，有力推动试点工作的深入开展。滕州市制定了《镇街综合文化中心建设标准》，按照“七室两厅一场”的标准进行创建，实现镇街、村居文化大院（文化活动室）全覆盖。山亭区根据村居（社区）设施现状，灵活采取新建、扩建、改造、提升等多种方式进行改造。薛城区将综合性文化服务中心建设纳入新农村建设总体规划和新型城镇化规划。峄城区采取新建、优化提升、联合共建形式予以推进。

各村（社区）综合性文化服务中心充分利用现有文化公共资源，积极拓宽服务领域，扩大服务总量，努力形成常态化服务机制。明确专（兼）职文化管理员，具体负责文化服务中心的日常管理和服务工作。依托社区文化资源，努力挖掘、培育各类文化人才队伍。鼓励庄户剧团、书画爱好者、读书爱好者、非遗传承人、民间艺人及广场舞爱好者，坚持开展日常文体活动。积极开展社区艺术节、庄户剧团大比武、才艺大赛、非遗手工艺品制作大赛等活动，不断丰富社区群众精神文化生活。定期组织专业人员对文化服务中心和村（社区）文化专干进行培训。目前全市认定农村庄户剧团264家，每年开展文化惠民演出2100余场，参与社会演出8000余场。协调机制各成员单位按照职责分工，进驻服务中心，集中办理民政、计生、医疗、就业等事宜，实现了“一站式服务”。积极推行挂牌上岗制、AB岗工作制、限时办结制等惠民工作制度，为村居群众提供了高效、便捷、贴心的服务，实现了村（社区）文化服务中心多部门协同共建、村居统一管理、综合开展服务的目标。

（二）出台《关于加快构建现代公共文化服务体系的工作意见》

2015年1月，中共中央办公厅、国务院办公厅下发了《关于加快构建现代公共文化服务体系的意见》。6月初，山东省委办公厅、省政府办公厅下发了

《关于加快构建现代公共文化服务体系的意见》。为贯彻落实国家和省文件精神，2015年9月30日，市委办公室、市政府办公室印发了《关于加快构建现代公共文化服务体系的实施意见》。

《意见》分为八个部分，全部指标不低于省标准，并努力彰显枣庄地域文化特色。第一部分是总体目标，提出到2020年基本建成覆盖城乡的现代公共文化服务体系。第二部分是推进公共文化服务均等化。要求市及区（市）文化馆、图书馆，乡镇综合文化站、农村文化大院达到国家标准。第三部分是推进公共服务标准化。要求建立健全保障标准体系、技术标准体系和评价标准体系。第四部分是增强公共文化服务发展动力。要求加强和培育文化消费，鼓励社会力量参与，培育和规范文化类社会组织，推进文化志愿服务。第五部分是通过文化与科技融合发展、创新公共文化服务模式、拓展服务空间等方式，提高公共文化服务能力。第六部分是丰富公共文化产品和服务供给。包括加强文化产品创作生产、开展优秀传统文化传承弘扬活动、提升公共文化服务效能。第七部分是创新公共文化管理体制和运行机制。建立健全公共文化服务体系建设协调机制，深化公益性文化单位改革，进一步转变政府职能，创新公共文化服务评价机制。第八部分是加大公共文化服务保障力度。包括加强政策法规体系建设，加强财政保障力度，加强基层文化队伍建设，加强组织领导。

为推进意见落实，根据省文化厅要求，枣庄市组织召开了专题工作会议，安排部署意见落实工作。市、区（市）分别制定了任务落实方案，对基本公共文化服务实施标准进行年度任务分解细化。

五、枣庄市公共文化服务体系建设的基本成效

（一）公共文化服务均等化不断加强

积极推进公共文化服务需求和评价平台建设。在市文广新局网站开通了公众互动专栏，市图书馆开通了读者留言板。安装了电子阅览室终端信息系统，实现服务供给与群众文化需求有效对接。各区（市）利用政府和部门网站，开通了公共文化服务窗口，建立了公共文化服务平台与意见反馈机制。峄城区为农家书屋安装了卫星数字接收终端设备。大力推进市图书馆、文化馆总分馆制工作。制定下发了《关于开展县域公共图书馆、文化馆总分馆制建设的通知》，截至2017年，全市建成图书馆分馆50余处，文化馆分馆20余处。扎实开展文化馆评级定级工作，市文化馆、山亭区文化馆、市中区文化馆评为国家一级馆。稳步推进尼山书院、社区儒学和乡村儒学建设。全市7处县级以上公共图书馆全部建成标准化尼山书院。在此基础上，建成2处学校尼山书院、10余处镇街尼山书院。积极推进社区儒学和乡村儒学建设。建成社区、乡村儒学讲堂110余处。峄城区推选乡村儒学讲师100余人。滕州市完成每个镇街打造至少2处“儒学讲堂”目标。每年组织开展尼山书院国学讲堂、国学经典诵读、传统文化讲座、礼仪教化、书画体验、戏曲鉴赏等活动1500余场。开展数十起国学进机关、进镇街、进村居活动。编制《百年中兴史话》《五名课程》等一批传统文化教材。加强对授课教师和教学培训课程及活动的严格把关。按照属地管理原则，在活动开展前，当地文化主管部门对师资情况、授课活动内容进行严格把关审核。

（二）文化活动领域不断拓宽

围绕中心工作，组织开展群众文化活动，打造全市性群众文化活动品牌。由各级党委、政府主导的群众文化活动是公共文化服务建设的重要载体。

1. 品牌文化活动持续发力。全市以“光明广场夏季文艺会演”“全市春节民间游艺展演活动”为龙头的广场文化活动自20世纪90年代开始，现已连续举办了十余届，成为大众喜爱的全省知名群众文化活动品牌，极大地促进了城市文化活动水平的提升。2016年开展了枣庄市首届群众文化艺术节。活动包括广场舞大赛、声乐比赛、剪纸展览等9大主题12项活动，艺术节从4月持续到10月底，全市共举办大型文化活动700余场，参与群众近百万人次，庄户剧团演出2000余场；举办广场舞大赛20余场，声乐比赛20余场，非遗进校园活动10余场，举办专题书画展3个。社会反响强烈，掀起群众文化活动新高潮。2017年、2018年举办了第二届、第三届群众文化艺术节。在各区（市）群众文化活动中，还涌现出薛城区广场百日消夏活动、山亭区激情广场大家唱、台儿庄区运河之夏文艺大看台等文化品牌项目。2000年以来，随着广大市民精神文化生活需求的提高，社区文化、校园文化、军营文化开始兴盛。

2. 不断整合社会文化资源，促进文化工作重心下移。以专业剧团、广大城乡业余文艺爱好者、民间庄户剧团、民间游艺队伍为演出主体，开展群众喜闻乐见的民间文艺活动。对民间庄户剧团加强引导和管理，因地制宜举办民间职业剧团调演比赛。2005年，组织了民间业余庄户剧团展演活动，并推荐优秀剧团参加了全省首届庄户剧团展演活动。2013年以来，针对专业院团不足和制约农村基层文化发展的瓶颈问题，枣庄市围绕扶持农村庄户剧团，开展文化惠民工作进行了深入调研，组织召开了全市庄户剧团专题座谈会，确立依托农村庄户剧团、开展“一年一村一场戏”文化惠民工程的总的工作格局。枣庄市委宣传部、枣庄市文广新局、枣庄市财政局联合出台了《关于加快庄户剧团繁荣发展的实施意见》，制定了“以政府引导和财政投入为支撑，以市场化运作为基本途径”的庄户剧团扶持政策，按照“政府购买、院团演出、农民受惠”的总体思路，将众多优秀的农村庄户剧团纳入文化惠民工程，拓宽了文化惠民的载体，扩大了服务的范围。“一年一村一场戏”文化惠民工程依托全市264家经过规范认定的农村庄户剧团，将送文化和种文化有机融合，探索建立多种所有制、多种演出主体和多种演艺形式

有机结合的农村文化活动长效机制，操作科学规范，创新性、实践性特点突出，具有较强的示范性和推广价值，从根本上解决了广大农民群众“看戏难”的问题。截至2018年上半年，全市庄户剧团累计完成“一年一村一场戏”公益性演出11000余场，参与社会演出40000余场，服务群众1900余万人次。为全市150余家庄户剧团配备了舞台灯光音响乐器等演出器材。庄户剧团演出剧节目内容不断丰富，既有《六字碑》《姐妹易嫁》等新创和复排大型戏曲，也有《醒悟》《拾棉花》等传统小戏，舞蹈、歌曲、曲艺、杂技等形式多样的现代综艺节目。这些群众性文化活动的开展，不仅横向整合协调了有关方面的文化资源，挖掘了一批常年坚持服务农村基层的先进单位及典型经验，而且有力促进了各行业基层文化单位调整工作思路，重心下移，面向农村基层开展文化服务，满足广大农民的精神文化需求。

3. 把坚持开展文化下乡活动，作为繁荣农村文化、丰富农民文化生活的重要手段。我市文化下乡活动始于1995年，至今总计送书10万余册，送电影20万余场，送戏剧200余场。近年来，在坚持和巩固阵地活动的同时，积极探索文化下乡活动的长效机制，以“常下乡”和“留在乡”为目的，推动“文化下乡”“广场文化活动”“流动图书馆”“农民书画大院”“公益讲座”等活动经常化、制度化。坚持深入农村，深入群众，组织开展丰富多彩，形式多样的文化下乡活动，努力促进工作重心下移，文化资源下移，文化服务下移，使文化下乡活动真正惠及农村广大农民群众。“流动图书馆”、企业冠名的艺术团、“农村电影2131工程”、公益文化项目推介等活动，成为新形势下文化下乡活动的创新与延伸，不断丰富与扩大了农村文化的内涵。为广大农民群众送去了丰富多彩、积极健康的精神食粮。

4. 发挥民营经济和社会资本的优势，开发民间特色文化，加快农村文化产业的发展。鼓励和引导民间庄户剧团的建设，不断丰富和满足农民文化生活的需求。积极探索农村文化自我发展壮大的机制，培育发展扎根于农村的民办文化，变“送文化”为“种文化”。鼓励和引导热心文化公益事业的农户组建文化大院、文化中心户、文化室、图书室，并以市场运作的方式开展形式多样的文化活动。支持农民群众自筹资金，自己组织、自负盈亏、自我管理开办农民书店、集（个）体电影放映队等。大力扶持民间游艺队伍和农村庄户剧团的发展，促进农村演出市场的繁荣发展。依托丰富的民间特色文物、文化资源，在加强保护和传承基础上进行产业开发。充分发挥市场机制作用，积极培育大众性文化消费市场，扶持万佳网络、正天影城等良性发展，不断拓宽公共文化服务领域。

（三）文化自觉性不断增强

在推进农村文化建设活动中，不断加强对优秀民族民间文化资源的系统发掘、整理和保护，农村文化发展道路不断拓宽。滕州市高举“墨子文化”的大旗，将婉转清丽的柳琴戏唱得荡气回肠；台儿庄区、薛城区将古运河、微山湖文化与台儿庄大战、铁道游击队近代史文化相结合，峄城区、山亭区利用万亩榴园、抱犊崮等自然人文景观，开启了文化旅游新天地。扎根于农村的数百支民间业余文艺队伍和庄户剧团成为全市农村文化的一支重要力量。开展农村书画大院活动体系建设，建立农村书画大院200余个，每年免费培训农民群众20余万人次。全市有业余书画爱好者数十万人，各类书画研究会、协会、联谊会、书画社400余家。滕州市是文化部公布的中国民间艺术之乡（书画艺术），书画艺术遍地开花，各镇街都成立了书画组织，经常举办各类书画展览培训联谊活动。山亭区集中力量对竹马、渔鼓、落子、皮影戏等山区特色文化进行挖掘整理，峄城区的根雕、奇石、盆景艺术已经形成规模，正向产业化发展，薛城区把民间唢呐、石雕、泥塑、剪纸作为自己的特色和品牌，还发展了近20支龙灯、狮子、高跷等民间游艺队伍和民间庄户剧团。全市农村以传统文化、民俗文化、旅游文化和当代文化相结合的特色文化正在兴起。

（四）立足阵地不断提升文化服务水平

各级文化馆、图书馆、博物馆、美术馆、文化站（室）等免费开放的公共文化场所，明确服务标准，完善制度建设，加强宣传推介，切实将免费开放的各项工作落到实处。

各级免费开放的文化单位以免费开放宣传牌、宣传栏，宣传标语，横幅，媒体宣传等多种方式，向社会进行广泛宣传。市文化馆、市图书馆在显要位置张贴了宣传标语、公示栏，明确了免费服务项目、免费开放时限等内容。滕州市文化馆、图书馆在《滕州日报》提前公布了开放项目、类别、服务承诺等事项，主动接受社会监督。制作了免费开放公示宣传栏，公示免费开放内容，将有关服务部室示意图摆放在沿街处，吸引更多的人走进图书馆、文化馆接受免费培训。

图书馆在取消办证、验证、上机等收费项目的基础上，将所有服务项目全部向公众免费开放。并定期开展公益性讲座、基层图书辅导、流动服务等特色文化服务。文化馆实行培训工作的统一管理。与培训教师签订目标、安全管理责任书，严格要求培训课时，课程，保证教学时间和培训计划的落实。依托市、区两级文化共享工程支中心，建立枣庄数字文化网、滕州数字文化网，推动地方特色文化资源数字化、网络化传播，用新技术拓展文化服务空间、增强文化服务效果。

乡镇综合文化站、农村文化大院等基层文化单位，利用自身条件，就近便捷开展公共文化服务，努力实现资源共建共享。目前，我市乡镇综合文化站服务与广播电视村村通、文化信息资源共享、农村电影放映、送书下乡、农民健身等文化工程实现紧密结合和高效整合，实现人财物的统一管理，完善服务

制度，管理制度，使文化资源的综合效益不断提升，文化站服务功能不断完善。我市农村文化大院建设与党委政府的各项文化工程，如生态村建设、文化先进县、文化生态试验区创建等工作结合，内容不断充实，形式不断丰富。绝大部分村级文化大院都有文化共享工程基层站点、农家书屋、文化体育广场、文化长廊等基本服务设施，既能开展基本文化服务、宣传党委政府方针政策，也能有针对性提供农业科技、栽桑养蚕等实用技术信息，使基层文化服务呈现多样化、特色化、人性化的特点。

（五）公共文化服务队伍蓬勃壮大

从实际出发，采取有效措施，创造条件、完善政策措施，面向社会发现人才，敞开渠道吸纳人才，使用人才，鼓励专业文艺院团文艺工作者、志愿者、高校毕业生到农村从事文化服务工作。充分发挥民间艺人、文化能人在活跃农村文化生活、传承发展民族民间文化方面的积极作用，培育和发展农村业余演出队、放映队、文化中心户，巩固农村文化服务的群众基础。

充分发挥文化馆在群众文化活动中的骨干带头作用，切实加强对基层文化的辅导、培训工作，不断增强基层文化的自生功能。建立健全基层文化辅导制度。市文化馆先后在全市建立20个市级基层文化辅导点，10余个农民书画大院，30余个庄户剧团，50余个民间唢呐班，60余座书画展厅，20余支民间游艺队伍，挖掘整理民间艺术30余项，发展戏曲票友600余人，舞蹈队伍1200余人，书画爱好者3000余人，基层文化辅导点的公共文化服务功能得到有效提升。坚持发挥阵地作用，组织开展形式多样、内容丰富的馆内辅导。目前全市文化馆培训工作不断升温，培训规模不断扩大，教师队伍不断增长，培训内容日益丰富。每个馆都有10余个长期开展的培训项目。建立群星大舞台、群星画廊等公益性培训基地。围绕中心工作开展公共文化辅导。围绕党委政府中心工作，开展针对机关、学校、企事业单位的公共文化辅导工作。每逢国家重大节日节庆，各级党委政府都要开展系列庆祝活动。各级文化馆也都适时调整工作重点，围绕中心工作开展公共文化辅导。

（六）发展特色文化、实现文化惠民

坚持将保护历史文化遗产与推动文化产业发展相结合，推进台儿庄运河文化生态保护区建设，系统保护利用非物质文化遗产资源。保护区内规划建设了非物质文化遗产博览园，引入柳琴戏、运河大鼓、鲁南皮影、伏里土陶、曹县面人、泸州油纸伞等200多个非物质文化遗产，进行生产性保护与活态传承，很多市场前景较好、传承状态堪忧的非物质文化遗产项目得到更好的传承、保护和发展。坚持以传承为核心，以产品为纽带，采取政策扶持、社会宣传等方式，合理开发利用伏里土陶、齐村砂陶、草编、柳编等生产性非遗，努力实现产业化，打造了一批特色鲜明的区域非遗文化品牌。组织优秀传统文化项目，参加各级各类非遗节会、庙会活动，为非遗发展提供良好平台。在山亭区石板房、红山峪民俗村、滕州葫芦套等传统村落，通过重新规划和修复，引入地方民俗项目，非遗生产性项目，不断丰富文化内涵，有效拓宽了保护思路。实施特色品牌战略，以枣庄国际石榴文化节、滕州湿地红荷节等品牌节会活动为龙头，薛城奚仲文化节、滕州墨子文化节、市中桃花节、山亭沧浪渊文化节等地方性节庆文化活动为节点，努力发展地方特色文化品牌，走出一条文化、旅游共同发展之路，使文化发展成果惠及更多百姓。

六、枣庄市公共文化服务体系建设的基本经验

（一）党委政府高度重视是推进公共文化服务体系建设的重要保证

市委、市政府高度重视文化发展工作，市委常委会、市长办公会多次专题研究文化发展工作，每年的政府工作报告都将提升文化软实力作为重要内容单列，将文化发展纳入全市经济社会发展总体规划。2008年、2010年，市委、市政府先后两次召开文化建设工作会议和文化产业振兴大会，安排部署文化发展、文化改革工作。人大、政协两会对于文化发展的关注程度日益提高，提出了很多好的建议和意见。各级各部门对文化助推经济发展、优化产业结构、丰富人民群众生活等重要作用已形成共识，纷纷拿出了具体措施。枣庄市文化体制改革和文化产业发展领导小组，负责对文化改革和发展工作进行总体组织协调。形成了党委政府统一领导、宣传文化部门牵头负责、党政各部门齐抓共管、社会各方面共同参与的工作格局。2008年，市委、市政府出台了《关于推动文化大发展大繁荣的意见》《2008—2015年枣庄市文化建设规划纲要》等五个文件，将文化工作与其他重点工作同部署、同检查、同考核、同奖惩。2010年9月，市委、市政府召开了全市文化体制改革和文化产业振兴大会，出台了《关于加快文化产业发展的实施意见》，提出优化文化产业发展环境和文化产业发展目标、任务、具体措施等。加强人才培养、培训力度。实施文化人才“请进来、走出去”计划，从2009年开始，先后在清华大学、北京大学举办两次文化发展高级研修班，对100余名宣传文化系统和市直有关部门负责人进行集中培训，取得良好效果。同时，采取举办市委理论报告会、市民大讲堂、文化专访等形式，先后邀请国内著名专家乔然教授、李燕杰教授、上海社科院文化研究中心主任花建等专家学者作高端文化讲座，不断提升干部群众的思想认识和文化素养。全市文化系统各单位以专题培训、外出学习、定期辅导、公益培训、免费讲座等形式，每年开展各种培训活动数十次。

（二）以培育和践行社会主义核心价值观为根本任务，以保障人民群众基本文化权益为出发点是公共文化服务体系建设的核心内容

保障人民的基本文化权益，是社会文明进步的重要标志，是党的宗旨在文

化领域的具体体现。党的根本宗旨是全心全意为人民服务，落实这一宗旨，要体现在使社会全面进步上，使人全面发展上。改革开放以来，我们党始终坚持物质文明和精神文明一起抓，逐步确立了经济、政治、文化、社会、生态文明建设五位一体的现代化建设总体布局，我们党强调要推动文化的大发展大繁荣，根本目的就是要保障人民群众的文化权益，人广大群众共享文化发展的成果，使人民在享受经济发展成果的同时，精神生活也获得丰富和提升。

改革开放以来，枣庄的文化建设取得了巨大成就，逐步建立起覆盖城乡、惠及各地的公共文化服务体系，城乡文化事业更加繁荣。一是坚持把发展公益性文化事业作为保障人民基本文化权益的途径，坚持实行公益性文化事业单位免费开放，文化下乡工作实现长期化、制度化，利用重大节假日和重要节点，举办大型公益性群众文化活动，切实保障了广大城乡群众基本文化权益。二是持续加大对公共文化服务体系建设的投入力度。改革开放以来，党委政府通过文化场馆建设、重大惠民工程建设、现代公共文化服务体系建设等重要节点，不断加大对文化建设投入力度，同时进一步完善了税收减免等相关经济政策，引导鼓励企业、个人捐款或投资公共文化事业，逐步形成以政府投入为主，社会力量积极参与的公共文化服务投入保障机制。三是公共文化设施不断完善，公共文化服务网络更加密集。改革开放以来，枣庄的公共文化服务体系建设经历了由点到线、到面的发展，从市、区（市）级文化设施建设到镇街文化中心的推进，到行政村（社区）综合性文化服务中心建设的全面发展，使广大群众足不出村、足不出社区就能够享受到基本的公共文化服务。

（三）坚持正确导向，政府主导，多元参与，共建共享，城乡统筹，因地制宜是公共文化服务体系建设的根本原则

构建和完善公共文化服务体系，是国家一项长期的战略任务，关乎政府公共职能的履行、公民文化权益的实现、全面建成小康社会的落实。公共文化服务体系建设，必须坚持政府主导，从政策引导、机构设立、财政投入，到人员队伍的建立、基本服务确立，管理体制机制的完善等内容。公共文化服务体系建设，必须坚持多元参与。要广泛吸纳社会力量，组织个人、企事业单位和社会机构，积极参与公共文化服务体系建设。公共文化服务体系建设，必须坚持共建共享。公共文化服务体系建设牵涉面广、内容复杂广泛，涉及党委政府几十个部门，只有携手共建，群策群力，才能构建覆盖城乡、体系完善、服务全面的体系。公共文化服务体系建设，必须坚持城乡统筹，因地制宜。由于各地经济、社会发展千差万别，在具体建设中，必须根据各地实际采取不同形式分别推进。比如在乡镇综合文化站建设工作中，采用了四种建设方式。一是政府主办，经济条件较好的区（市）、乡镇可以由政府解决文化站资金投入的问题；二是政企联办，由政府提供土地和部分资金，动员企业投入部分资金，合作建设文化站；三是社会联办，吸收镇、村、企业、个人等社会力量合资建设文化站；四是资源整合，利用闲置资源进行用途改造，规划乡镇综合文化站。在服务功能上，充分考虑农民群众的实际需求，考虑全市市情，同时又充分体现区域文化特色。

（四）实现公共文化服务供给标准化、均等化是公共文化服务体系建设的重要任务

建设现代公共文化服务体系，核心是促进基本公共文化服务标准化、均等化、社会化，不断增强公共文化服务活力，推动文化惠民项目与群众文化需求有效对接。近年来，根据国家、省有关要求，枣庄牢牢把握文化改革发展的核心要求，以民生需求为改革导向，大力推进公共文化服务体制机制、内容载体、方法手段的创新，收到初步成效。一是探索文化场馆总分馆制模式。在市、区（市）文化场馆开展了试点工作，设立包括武警图书分馆、十五中图书分馆等10余个分馆。20余个区（市）图书馆分馆。市文化馆在全市建立20个文化馆分馆。图书分馆有力延伸了图书服务触角，拓宽了服务渠道，创新了服务模式。文化馆分馆推进了群文资源均等共享。建立完善了上下联动、指导有力的文化馆（站）服务体系。在群众文化联动发展、文化人才交流互动方面，进行了有益探索。二是探索文化供给标准化模式。以推进县域公共文化服务标准化为重点，加快建立公共文化服务标准体系。明确基层综合性文化服务中心软硬件建设标准、服务内容标准、服务保障标准，以及服务评价标准。探索建立文化管理“协会型”模式。探索建立公共文化场馆理事会，提升公共文化服务效能。从2015年起，在市图书馆探索建立理事会，成立了机构，召开了成立会议，制定了章程。三是努力健全文化行业协会。成立50多个市级、100多个区（市）级文化行业协会，进一步优化了公共文化服务结构，丰富了公共文化服务内容。

审稿人：朱颖先

撰稿人：贺飞蛟

枣庄文物事业的发展和成就

改革开放之初，枣庄同全国一样，人民的思想刚刚从极“左”的错误思潮桎梏中解放出来，文物事业的恢复与发展被提到党和政府的议事日程。自1977年3月枣庄市文物管理站成立起，枣庄市的文物事业发展经历了由小到大、由弱变强的辉煌历程，取得了非凡的成就。

枣庄有着悠久的历史和灿烂的文化。在薛城和山亭发现了15000年前的细石器遗存，古薛河流域8000年前的后李文化遗存和7300年前的北辛文化的发现和命名，证明枣庄地区史前文明的早发性，遍布全市的大汶口文化和龙山文化遗址，再次印证了枣庄地区是中华文明的重要发祥地之一。商周时期枣庄境内分布着薛、郳、鄫、滕、鄅、小邾国、偪阳、徐和邳等众多的古国，是先秦时期古国分布最为密集的地区之一。两汉时期经济发达、文化昌明。中陈郝瓷窑窑址成为南北朝隋唐时期枣庄文化发展的典型代表。明中叶泇运河（大运河中河台儿庄段）的开通，枣庄历史翻开了新的一页，台儿庄成为新崛起的沿运水陆码头。清末民初峄县中兴煤矿公司成为中国近代民族工业的一面旗帜，是近代民族工业艰苦创业的典范。抗日战争初期的台儿庄大捷振奋了国人抗战必胜的信念。枣庄还是红色革命遗址富集区，铁道游击队声名远播。历史上，枣庄名人辈出：奚仲、仲虺、滕文公、孟尝君、公孙弘、匡衡、贾三近等家喻户晓；近代贺敬之、王学仲等成为时代的楷模，所有这一切都成为我们今天发展文物事业的重要资源和基础。

枣庄市各级文物行政主管部门认真贯彻落实“保护第一、抢救为主、合理利用、加强管理”文物工作方针，采取切实有效的措施，从机构建制、人员配备、阵地建设、经费保障等方面，不断加大文物保护工作力度。

截至2015年年底，全市共有各级各类文物保护单位1447处，其中，世界文化遗产1处，全国重点文物保护单位9处、省级108处、市级213处，是名副其实的文物大市。全市现有国有博物馆14家，非国有博物馆7家，馆藏文物20万余件。各区（市）均设有文物保护管理机构，配备了专业技术人员，全市文博从业人员480余人。

改革开放三十多年来，学术研究成果丰硕，先后出版了《中国面具研究》《枣庄文物博览》《枣庄建新》《枣庄运河文化·枣庄文物》《小邾国遗珍》《中陈郝古瓷遗珍》《枣庄市第三次全国文物普查重大新发现》《枣庄市博物馆馆藏文物精品集》《山亭历史简编》《于斯千年惟薛有序》等专著数十种。在各级各类刊物上发表学术论文上百篇，扩大了枣庄的知名度和美誉度。

一、文物普查

改革开放以来，按照国家的统一部署，枣庄市共进行了3次大规模的文物普查。其中，不可移动文物普查2次，分别是1981年9月—1985年12月第二次全国文物普查和2007年6月—2011年12月第三次全国文物普查；可移动文物普查1次，2012年10月至2016年12月第一次全国可移动文物普查。

文物是不可再生的文化资源。文物普查是国情国力调查的重要组成部分，是确保国家历史文化遗产安全的重要措施，是我国文化遗产保护的重要基础工作。

开展文物普查，全面掌握全市文物的基本情况及其生存状态，将为准确判断文物保护形势、科学制定文物保护政策和中长期规划提供依据；为构建科学有效的文化遗产保护体系、初步建立比较完备的文化遗产保护制度提供依据。开展文物普查，可以培养锻炼我市的文物保护队伍，提高我市的文物保护管理整体水平，增强全民文化遗产保护意识；通过文物普查对于进一步继承和弘扬中华民族优秀传统，充分发挥文物在建设社会主义先进文化，构建和谐社会中的积极作用。

通过文物普查，全面掌握我市现存文物的数量、分布情况、本体特征、基本数据及其保存情况，文物周边自然和人文环境情况；总体评价我市文物现有的生存状态及其发展状态，为构建科学有效的文化遗产保护体系提供依据；建立和完善全市文物档案和信息管理系统，建立我市文物名录，为文物的标准化和动态管理创造基础条件；提高文博系统工作人员的科学知识、专业技能和管理水平，为进一步建立具有现代化科学素养的专业队伍创造条件；协调文物管理部门和政府各相关部门的关系，提升我国文物保护的科技水平，使历史文化遗产的保护在国民经济和社会发展的总体格局中发挥更大的作用。

（一）第二次文物普查

1981年秋，按照国务院的统一部署，全市开始第二次文物普查。先后对峄城、台儿庄、市中、山亭、薛城5区境内45个乡镇进行了普查，同时对原320个文物单位进行了复查。复查中，新发现各类文物单位116处，其中古遗址27处、古墓群72处、古墓葬8处、古建筑1处、摩崖石刻2处、石雕2处、石碑4处。古遗址中属大汶口时期2处，春秋战国时期1处，汉代24处。这些古遗址大部分保存较好，文化内涵丰富，

面积最大的50万平方米，最小的3500多平方米，有的遗址延续两个历史时期以上。1987年3月，组织骨干力量对全市进行文物复查，于次年6月结束。通过文物普查和复查，基本摸清了全市境内文物分布、时代及文化内涵等。

（二）第三次文物普查

按照国务院的统一部署，枣庄市的第三次全国文物普查工作从2007年6月开始，至2011年12月结束。普查分三个阶段进行。

第一阶段:2007年6月—2008年4月，主要任务是成立市、区（市）文物普查领导小组及工作机构，制定普查实施方案，组建普查队伍，确定技术标准和规范，开展普查培训，编制并落实经费预算等。2007年9月，枣庄市政府下发了《关于落实鲁政发〔2007〕48号文件精神认真做好第三次文物普查工作的通知》，对开展文物普查提出了具体要求，制订了《枣庄市第三次全国文物普查实施方案》，明确了普查任务，确定了普查重点，为顺利完成普查工作奠定了基础。

第二阶段:2008年5月—2010年4月，主要任务是以区（市）为基本单元，实地开展文物调查和信息数据登录工作。要求各区（市）2008年完成普查总量的45%，2009年完成普查总量的55%。通过省、市普查办专门培训的普查队员们按照普查实施方案的要求和部署，采用现代科学技术，对全市64个乡镇街道进行了地毯式的普查，将每一处文物点的基本信息进行全方位采集，包括文物本体的文化内涵、GPS坐标点、保存现状、保护范围、建控地带等等，并按照国家规范标准登录，2010年4月全部完成，成为全省第六个完成实地调查阶段验收工作的市，受到省普查办通报表彰。

第三阶段:2010年5月—2011年12月，主要任务是进行调查资料的整理、汇总、数据库建设及文物普查和专题调查报告编制，并以画册和文字报告的形式公布相关成果，对普查工作进行总结表彰。全市第三次全国文物普查共调查登记不可移动文物1479处，其中新发现857处。为充分展示普查阶段工作取得的成果，宣传新发现的重要文化遗产，市普查办于2012年2月编辑出版了《枣庄市第三次全国文物普查重大新发现》。

（三）第一次可移动文物普查

1. 可移动文物普查工作背景

2012年10月，国务院宣布正式启动第一次全国可移动文物普查，这是新中国成立后首次针对可移动文物开展的普查，是继第三次全国文物普查（不可移动文物部分）之后在文化遗产领域开展的又一重大国情国力调查，是一项旨在全面掌握我国文物资源、加强文物保护、建设文化遗产强国的国家工程，也是贯彻落实党的十八大提出的“建设优秀传统文化传承体系，增强文化整体实力和竞争力，努力建设社会主义文化强国”的重要举措。

枣庄市根据国家和省统一部署，在全市范围内组织开展可移动文物普查，旨在掌握我市可移动文物的数量、分布、特征、保存现状等基本情况；提高各有关单位的文物保护意识尤其是文博系统工作人员的科学知识、专业技能和管理水平，为进一步建立具有现代化科学素养的专业队伍创造条件；协调文物管理部门和政府各相关部门的关系，形成共同保护文物的工作合力；更加准确地判断文物保护形势、科学制定文物保护政策和规划提供依据；同时加强在文化遗产领域的国有资产管理和资源整合能力，充分发挥文物在建设社会主义先进文化、促进经济社会全面协调可持续发展中的重要作用。

2. 普查工作过程

（1）普查准备阶段

2013年10月28日，枣庄市第一次全国可移动文物普查动员会暨骨干培训会议召开，宣布了《枣庄市第一次全国可移动文物普查工作方案》（征求意见稿）。

2014年3月3日，全市文化广电新闻出版（文物）工作会议召开，市政府与各区（市）政府签订了《可移动文物普查政府责任书》，印发了《关于实施枣庄市第一次全国可移动文物普查工作方案的通知》，通知明确市文物管理委员会办公室负责普查工作的日常组织和具体协调。

（2）调查登记阶段

根据《普查工作方案》要求，市属国有单位的文物普查工作由市普查办完成。其他国有单位文物收藏情况调查的组织实施，按照属地调查原则，以区（市）域为基础。

2014年7月，全市共普查国有单位4331家，初步反馈收藏有文物的国有单位70家，占全市国有单位总量的1.62%，反馈文物收藏总量72990件/套。全市共发放《国有单位文物收藏情况调查登记表》4331份，国有单位覆盖率100%；回收4331，回收率达100%，完成了“双百”目标。

（3）数据处理阶段

枣庄市文物系统外收藏有文物的国有单位共18家，分布在市中、台儿庄、薛城和滕州等区（市）。根据省普查办的统一部署安排，2015年4月，省普查办专家认定小组到枣庄市，对枣庄学院世界语博物馆、新中兴公司、枣矿集团档案馆等国有单位的藏品逐一进行认定，最终认定文物4616件/套，为系统外收藏有文物的国有单位文物信息的顺利采集工作打下了坚实基础。

2015年5月底，经过认定的枣庄市35家收藏有文物的国有单位全部完成了平台注册登录工作。

2015年8月底，全市35家收藏有文物的国有单位全部完成文物信息采集上报，采集文物信息77693件，实际数量为151450件，藏品报送进度为209.8%，超额完成普查任务。

根据国家、省、市普查方案要求，枣庄市17家文物文化系统内国有单位藏品，即普查前已认定为文物的，不需要再进行文物认定，对53家文物文化系统的外国有单位反馈有收藏的文物则必须进行文物认定。

首先，由市普查办专家组对系统外53家国有单位所申报文物进行初步认定。2014年8、9月，对滕州、峄城和薛城以及枣矿集团及其下属单位、枣庄学院等申报收藏的疑似文物进行科学规范的初步认定，最后确认18家文物文化系统外国有单位申报的28564件/套疑似文物中有4122件/套为文物。

（4）分析发布阶段

经第一次全国可移动文物普查，枣庄市行政区域内国有可移动文物收藏单位35家，其中文博系统17家，文博系统外的国有单位18家，保管人员共90人，库房面积达8333.25平方米。其中：省级收藏单位4家、市级收藏单位6家、区（市）级收藏单位25家；国家机关3家、事业单位24家、国有企业7家、其他1家；博物馆、纪念馆15家、图书馆3家、档案馆4家、其他13家。全市77693件/套（151450件）可移动文物中，在35项文物大类中，仅甲骨、漆器未曾发现，其余33项均有覆盖。

3. 普查工作方法

枣庄市成立了以市政府分管文化工作的副市长牵头，31家市直单位参与的文物管理委员会，负责普查工作的组织、领导和协调。组建了枣庄市第一次可移动文物普查工作办公室，下设专家组和工作组，具体指导各地开展普查工作。各区（市）均成立了普查办，分级负责本行政区域普查的组织、协调工作。枣庄市各级普查办先后组织17场次培训班，累计培训普查人员680余人次，保证了普查标准、数据的规范性。针对这次普查的特殊性和艰巨性，各级财政部门和文物部门紧密配合，及时拨付专项普查经费200余万元，确保了普查工作的顺利开展。为了提高广大群众对国有可移动文物普查的认知度，我市在一普工作伊始便着重加大普查工作的宣传力度，搭建多种文物普查宣传平台，进行广泛宣传动员工作，确保普查工作信息传输的快捷和工作联络渠道的畅通。

二、文博机构逐步健全

1977年3月，枣庄市文物管理站正式成立，共有工作人员5名。这是山东省较早成立的文物管理机构，为全市的文物事业发展奠定了基础。

1979年10月，滕县博物馆成立。1987年5月，滕州市博物馆在修缮后的滕州市王家祠堂对外开放。1995年，滕州市博物馆迁往原滕州市交通大楼。2008年在龙泉广场规划建设滕州市博物馆新馆。

1984年9月，枣庄市博物馆成立，与枣庄市文物管理站合署办公。1989年10月，总投资400余万元的枣庄市博物馆落成，同时《枣庄历史文物陈列》对外开放。2014年，在枣庄新城区市民中心规划建设枣庄市博物馆新馆。

为适应文物保护管理工作的新形势，1992年5月，枣庄市委市政府决定成立综合议事协调机构枣庄市文物管理委员会，下设办公室，负责全市的文物保护与管理。

随着改革开放的深入，枣庄市各级文物部门与时俱进，不断突破所谓“禁区”，1993年4月，在台儿庄大战胜利55周年之际，台儿庄大战纪念馆落成对外开放，这是大陆第一个纪念国民党军队抗战的纪念设施，1997年7月成为首批全国爱国主义教育基地。

1988年1月，国务院公布第三批全国重点文物保护单位名单，薛城遗址名列其中，这是全市第一处获此殊荣的文物保护单位。

1993年12月28日，枣庄市人民政府公布《枣庄市文物保护管理规定》。

1997年，滕州市汉画像石馆在龙泉塔下建成对外开放，2005年新馆落成对外开放，成为全国最大的县级汉画像石收藏展览研究机构。

2006年6月，国务院公布第六批全国重点文物保护单位名单，枣庄市申报的台儿庄大战旧址、北辛遗址、偪阳故城、大运河中河台儿庄段、中陈郝窑址等5处文物保护单位榜上有名。

2012年8月，枣庄市文物局成立，为副县级事业单位。

2013年3月，国务院公布第七批全国重点文物保护单位名单，枣庄市申报的前掌大遗址、建新遗址和龙泉塔榜上有名。至此全市共有9处全国重点文物保护单位。

2013年6月，滕州市文物局、枣庄市山亭区文物局、枣庄市台儿庄区文物局先后成立。

2014年6月，按照国家统一部署，枣庄市申报的大运河中河台儿庄段在联合国教科文组织第38届世界遗产大会上成功列入世界文化遗产名录，实现了全市世界文化遗产零的突破。

2015年，峄城区博物馆新馆在峄城区文体中心落成。

2017年10月，《枣庄市文物保护管理办法》经市政府第14次常务会议审议通过，2018年3月1日起施行，我市文物工作法制化建设迈上新台阶。

三、文博队伍日益壮大

1977年，枣庄市文物管理站共有5名工作人员。

1989年，枣庄市博物馆编制增加到25人。

1992年，枣庄市文物管理委员会办公室共有编制9人。

2012年，枣庄市文物局共有编制9人，枣庄市博物馆编制增加到35人。

2015年，全市文物从业人员达480余人。

全市拥有高级职称的专业技术人员30余位，是全省考古科研力量较强的地市之一。

四、考古发掘收获巨大

枣庄地处沂蒙山西南麓，境内低山、丘陵、平原、湿地、湖泊等均有大面积分布，先民们从史前开始就在此繁衍生息，留下了异常丰厚的文化遗产。近四十年来，枣庄市的文物工作者或配合上级业务部门，或独立进行了上百次的考古发掘，出土了数以万计的文物，彰显了枣庄在中国考古界的显赫地位。

（一）北辛遗址发掘和北辛文化命名

1978年秋、1979年春，中国社会科学院考古研究所山东队与滕县文化馆合作，两次发掘该县北辛遗址。发掘面积约2600平方米，出土有各类石器、陶器、骨器、蚌器等文物2000余件。由于北辛遗址具有其独特的文化面貌，代表了一定的历史时期，因而被命名为“北辛文化”，1982年被国务院正式公布并编入国家教科书。1992年被公布为山东省省级文物保护单位，2006年5月又被国务院公布为第六批全国重点文物保护单位。经科学测定，其相对年代约在公元前5400—4400年，是黄河下游早于大汶口文化的新石器时代遗存。北辛时期的经济以农业为主，遗址出土了配套齐全的农耕工具和粟类颗粒。从翻地的石铲、鹿角锄播种用的尖状角器，到收割用的蚌镰，脱粒用的石磨盘、石磨棒等，对研究当时的农业生产状况起到了很重要的作用。同时从出土的陶器来看，其工艺较为原始，陶质有夹沙陶和泥质陶两种，纹饰有附加堆纹、划纹、指甲印纹等等，手工业在北辛时期也出现了萌芽。遗址中还发现了家猪型的头骨，刷新了中国的养猪史。北辛遗址的发掘与“北辛文化”的命名，是海岱地区新石器时代考古的一次重要发现，为大汶口文化找到了源头，将山东的史前考古向前推进了一大步，具有重大的历史意义。

（二）前掌大遗址发掘和收获

前掌大遗址位于滕州市官桥镇前掌大村东南约50米处之河畔高地。该遗址发现于1964年4月，1981年开始连续不断进行科学发掘，共清理墓葬数百座，累计出土文物两万余件。

前掌大遗址南北长约500米，东西宽约200米，黄土质。河旁断崖及路沟两侧均有灰坑出现，文化层距地表30—50厘米。地表散露大量蚌壳、鬲足、罐口、尊沿、豆盘及其他陶器残片，以夹砂褐陶居多，纹饰有粗绳纹、凸弦纹、附加堆纹等。该遗址既有居住生活的遗迹，又有高规格的贵族墓葬，同时还发现了史前人类生存活动的痕迹，是一处重要的商代遗址。其墓葬上面的建筑遗迹，为研究商代墓葬的地面建筑“享堂”，提供了宝贵的实物资料。另外如牺牲、殉人、车马祭坑、随葬的青铜器、玉器、石器、骨器、陶器、蚌片、漆器、饰物等出土文物，都极具考古、历史价值。

为了探究中华文明的起源，科学揭示薛河流域文明进程，中国社会科学院有目的有计划地对前掌大遗址进行了持续不断的考古发掘，这在山东省的考古历史中绝无仅有。

1.1981年11月，中国社会科学院考古研究所山东队及滕县博物馆在遗址范围内的河崖头、南岗子一带进行考古钻探和试掘。清理商代墓葬4座，以M3规模最大，结构非常特殊。墓口略呈正方形，面积近100平方米，深约9米。东、南面各有斜坡墓道，长约20米。椁上出土水牛头1个，鹿骨1架。南墓道口和二层台两侧及腰坑发现人骨架7

薛城遗址城墙

具。出土铜器、陶器、玉器、海贝及龟甲等遗物。

2.1985年3月，中国社会科学院考古研究所山东队及滕县博物馆对前掌大遗址进行了第二次发掘，清理商晚期墓葬11座，其中3座是甲字形大墓，出土玉饰、骨雕、车马饰及原始青瓷等数百件。墓葬大都有殉人，有的捆绑手足，有的肢体不全，未成年男女个体数量较多。在这些墓葬的上层，还发现建筑遗迹，为研究商代墓葬的地面建筑“享堂”，提供了宝贵的实物资料。

3.1987年中国社会科学院考古研究所山东队及滕县博物馆对前掌大遗址进行了第三次发掘。M214、M205和平M214组成中轴线，中轴线左右两侧各横排两座大墓，大墓之间错落分布着一些中小型墓。严格的布局表明此处在商代晚期是某方国统治集团的墓地。M213出土铜器有鼎、爵、觚、铙、簋等青铜礼器，在一些铜器上铸有“史”“史辛”等铭文。M203出土的长1.5米、高0.6米的嵌蚌饰漆牌和牛头形铜面罩为山东首次发现。

4.1991年4月中旬，中国社会科学院考古研究所山东队对前掌大遗址的商周墓葬进行第四次发掘。这次共发掘墓葬百余座，其中大墓2座，出土铜、陶、原始瓷器、玉器、玛瑙、水晶饰品以及蚌饰品等精美文物。

5.1994年10—12月，中国社会科学院考古研究所山东队和滕州市博物馆对前掌大遗址进行第六次发掘。初步探明墓葬12座，发掘了编号M11的墓葬，出土的西周早期青铜礼器、兵器、玉器、酒器等重要礼器，其精美程度之高，保存之完好，在山东商周考古中前所未有，此次发掘被评为1994年全国十大考古新发现之一。

6.1995年春、秋中国社会科学院考古研究所山东队联合滕州市博物馆对前掌大遗址的商代墓地进行第七、第八次发掘，1998年10月，中国社会科学院考古研究所山东队和滕州市博物馆联合对前掌大遗址的商代墓地进行了第九次大规模发掘，此次发掘共揭露面积1000平方米，清理墓葬40座，其中带墓道的“甲”字形大中型墓4座，车马坑2座，出土文物1000多件，其中各类青铜器200多件，玉器160多件，还有大量的漆器、木器、原始瓷器等。

7.2001年7月，中国社会科学院考古研究所联合枣庄市博物馆、滕州市博物馆对前掌大遗址进行第十次考古发掘，清理商周墓葬20余座，出土文物100余件。

（三）渴口汉墓群发掘

1985年春、冬和1986年春，枣庄市博物馆对渴口汉墓群进行了抢救性发掘，清理墓葬126座，出土各类文物1000余件。这次发掘是枣庄市博物馆成立不久独立进行的一次较大规模的科学发掘，锻炼了年轻的专业技术队伍，增加了馆藏，为枣庄市文博事业发展打下了良好基础。

（四）薛城遗址考古收获

薛城遗址位于滕州市官桥镇和张汪镇之间，是中国保存最为完整的战国时期的古城址之一。据《左传》定公元年记载，薛祖奚仲为夏车正，始居薛。以后仲虺为汤左相，亦居薛。战国初期，齐灭薛。齐湣王三年（公元前298）封靖郭君田婴于薛。婴死，子孟尝君田文嗣立。秦、汉置薛县，为薛群治。

薛城故城分外城和内城两部分。外城平面呈不规则形，东西最长3千米，南北最宽2.2千米，城墙曲折，北面尤甚，总长10615米。大部分城墙在地留有遗迹，残高4～7米，基宽20～30米。夯层一般厚19～22厘米，有些地方厚11～17厘米。夯窝直径6～7厘米。已探出城门5座，南面2座，其他三面各1座。外城约形成于战国时期。内城在大城的东南隅，平面呈不规则的长方形，东城墙与南城墙较直，和外城城墙合一，西城墙和北城墙已湮没地下。周长约2750米，其中东城墙长640米，南城墙长660米，西城墙长730米，北城墙长720米。墙宽一般10米左右，城壕宽15—20米。在南、西、北三面各探出一座城门，门道宽8米左右。内城似即西周、春秋的薛城，并一直延续到汉代。内城北半部和北城墙外，有大面积遗址，文化堆积厚2—3米，时代包括龙山文化、岳石文化、商、西周、东周和汉，外城中部皇殿岗村东一带，有大规模的战国至汉代的冶铁遗址，地表散见大量的铁矿石、炼渣、残陶范和战国、汉代瓦当。陶范上多有“山阳二”“巨野”等刻铭。皇殿岗村西南有战国、汉代的建筑遗迹，出土“千秋万岁”卷云瓦当和铜兵器。外城北部杨庄、渠庄一带有冶铁、制陶遗址。内城东部及东城墙内外有大面积西周早期至东周墓地。狄庄村北有2座土冢，传为孟尝君父子墓。墓用自然石堆砌成石椁。这一带曾出土有“薛子仲安”“走马薛仲赤”铭文的铜器。

1978年清理了1座春秋晚期的9鼎墓。墓口长7.8米，一椁两棺，椁室北侧殉葬一中年女性，腰坑殉葬一老年男性，椁盖上殉狗一条，随葬品有青铜礼器、兵器、车马器和陶器、海贝等。铜礼器有列鼎、鬲、簋、簠、壶、盘、匜等。

1984年12月至1986年，山东省文物考古研究所联合滕县博物馆开始对薛城遗址作全面勘探、试掘。探明保存基本完好的故城垣始建战国时期，汉代继续使用。另在大城东南部探出一座过去尚不了解的小城，其东、南城墙与大城城垣合一，城墙宽10米左右，周长总计2750米。其建筑年代是否为西周时期，尚不能确定。在城内外还勘探发现5处墓地，已发掘170余座。

1992年6月，山东省文物考古研究所联合滕州市博物馆对故城北城墙和北护城壕进行了专项发掘，发现汉代窑炉3座。同时对官桥镇汉代墓地进行了勘探，发现石椁墓37座，发掘19座。

（五）中陈郝窑址发掘

1987年9月1日至10月25日，山东大学历史系考古专业和枣庄市博物馆联合组队对中陈郝窑址进行了发掘。发掘分南北两区进行，北区文化层堆积

共分六层，各层土质土色和遗物不尽相同，可以划分四期。第一期年代为北朝晚期；第二期为隋代；第三期为唐代、五代；第四期为宋代。南区文化层堆积共分二层，为金元时期。这次考古发掘，在北区发现了隋代窑炉两座，平面呈不规则椭圆形，由火道、窑门、火膛、出灰道、中心柱、窑床、烟囱组成。隋代瓷窑炉在我国北方发现不多，在山东还是首次发现，为研究我国古代的窑炉结构、瓷器的烧造，提供了十分重要的资料。在南区发现金代窑炉一座，由火道、窑门或膛、窑床、烟囱组成。窑的底部积有半米厚的煤渣，这说明早在距今八百多年前的金代就已采用煤炭作燃料烧制瓷器了，为研究枣庄的煤炭开采历史提供了证据。

峄城徐楼东周贵族墓M1出土青铜伏鸟罍型器

（六）小山汉墓群发掘

1990 年 11 月，枣庄市博物馆清理市中区永安乡小山汉墓群中的 3 座西汉早期画像石墓，将汉画像石产生的年代定格在西汉早期，改写了学术界以往关于汉画像石产生年代的传统观点，得到学术界的认可。同年 12 月，发掘市中区大洼村西汉画像石石椁墓 3 座，出土画像石 15 块。

（七）二疏城遗址发掘

1990—1991 年，中国社会科学院考古研究所山东队与枣庄市博物馆联合队对峄城区二疏城遗址进行了两次发掘，发现龙山文化和商周时期的房址、墓葬、水井、灰坑和窖穴等重要文化遗迹，出土陶、石、骨、铜、玉器等一大批珍贵文物。发现两座西周晚期的墓葬，其中一座为中型墓，墓口东西长 4.2 米，南北宽 3 米，葬具为一棺一椁，有器物箱置于右侧，出土青铜礼器鼎 2 件，匜 1 件，玉玦 4 件，陶器有素面鬲、绳纹鬲、簋、罐等。

（八）建新遗址发掘

1992 年 11 月 26 日至 12 月 18 日和 1993 年 2 月 11 日至 5 月 12 日，山东省文物考古研究所与枣庄市文化局、市文物管理委员会办公室、市博物馆联合组队对山亭区西集镇建新遗址进行了两次大规模的发掘，揭露面积 2781 平方米。发现大汶口文化、龙山文化房址 27 座、灰坑 261 个、陶窑 1 座、水井 1 口。水井的发现，在大汶口文化中尚属首次。清理墓葬 92 座，其中有 2 座为夫妻合葬墓。出土陶、石、骨角器等各类遗物 1400 余件。发现 27 座比较完整的房屋建筑基址，这在山东地区大汶口文化考古发掘中尚属首次。

2006 年 4—5 月，为配合枣（庄）木（石）高速公路后伏立交建设工程，山东省文物考古研究所与枣庄市文物管理委员会办公室、枣庄市博物馆合作，联合组队对山亭区西集镇建新新石器时代大汶口文化遗址再次进行了发掘，发掘面积达 900 余平方米。清理的遗迹主要有房基、灰坑、陶窑、墓葬及大量柱洞等。出土陶、石、骨、蚌等各类文物 100 余件。

（九）东江遗址发掘

2002 年 6 月 3 日，枣庄市文物部门接到群众举报，反映东江村村民在村东高土台地的南侧取土时，发现古墓葬，并发生了盗掘现象，枣庄市文物管理委员会办公室、市博物馆立即派业务人员前往调查，发现 3 座古墓已被盗空，1 座古墓亦遭到严重破坏。市文物部门报经上级主管部门同意后，于 6 月 5—8

山亭东江东周贵族墓地M2出土青铜瓶

日发掘清理了1座残墓（编号为M1）；6月27日至7月1日对墓地进行了小范围勘探时，又发现两座墓葬，为防止盗掘，于7月2—17日，对其进行了抢救性发掘（编号为M2、M3）。2003年6月18日至8月2日，对墓地进行了全面勘探，在墓地的西北角发现夯土城墙，并以探沟形式进行了解剖，在城墙的底部发现10余件旧石器时代晚期细石器，种类有尖状器、刮削器和石核等。这次抢救性发掘共出土青铜器、陶器、玉器和骨器等各类文物233件，其中青铜器203件，24件铸有铭文，大多盖、器对铭，从铭文内容判断，为小邾国贵族墓葬。东江小邾国贵族墓葬的发掘和早期都城的确立，破译了小邾国之谜，是山东地区乃至全国周代考古的又一重要发现，为研究小邾国政治、经济、文化及丧葬习俗等方面提供了珍贵的实物资料。

2003年初，东江遗址小邾国贵族墓葬盗掘案被鲁皖两地警方联手侦破，追缴了部分被盗卖的小邾国贵族墓葬文物，其中有盖器对铭郳君庆壶4件、郳庆鬲2件、郳秦妊鬲2件、郳庆匜2件、郳庆簠2件等。这些文物，一部分现藏安徽省博物院，另一部分被盗卖到澳门、香港等地，由北京中贸圣佳国际拍卖有限公司从澳门购得，但仍有部分流失境内外，至今下落不明。

2004年10月12—14日，在枣庄市山亭区召开了首届小邾国文化学术研讨会，来自国内外的40余位专家学者就小邾国的族属、年代、疆域、都城、对外关系及墓葬形制、墓主身份等进行了深入探讨。

（十）寨山发掘

2008年4—9月，为配合京沪高铁建设工程，受山东省文物考古研究所的委托，枣庄市博物馆组织专业技术人员对滕州寨山汉墓群进行了抢救性发掘，清理墓葬219座，出土铜、铁、陶、原始瓷、石、玉器等1600余件。这是枣庄市文物部门有史以来独立发掘规模最大的汉墓群，对全面了解汉代枣庄地区经济社会发展面貌提供了较为详实的实物资料。

（十一）徐楼发掘

2009年5月3日，枣庄市文物部门接市民举报，峄城区徐楼一建筑工地施工中发现古墓。闻讯后，枣庄市文物部门立即派专业人员赶赴施工现场进行调查。墓葬是一房地产开发公司修路挖地基时发现的，北边的一座（编号为M1）遭到破坏，部分随葬品流失；南边一座（编号为M2）上面部分填土被挖去，下面保存完好。在征得上级主管部门同意后，5月4日—8日，枣庄市文物管理委员会办公室、枣庄市博物馆、峄城区文广新局联合对墓葬进行了抢救性发掘，出土青铜器、陶器、料器、玉器、骨器、石器等文物200余件。其中青铜器178件，9件有铭文，7件有红铜镶嵌图案。经对铭文初步研究，这又是一处古代文献鲜有记载的东方古国—鄅国。一次性出土7件带有红铜铸镶图案的青铜器在国内考古界十分罕见，引起学术界高度关注。

（十二）庄里水库考古发掘

在建的庄里水库是一座防洪、供水、灌溉、发电等多功能于一体的大型水库，也是山东省近30年来规划建设的唯一一座大型水库，更是枣庄市经济社会发展的重大基础工程。水库位于山东省南四湖地区十字河流域，设计总面积约9平方千米，库区范围内涉及8个文物保护单位，其中省级文物保护单位3个、市级1个、区级4个。

庄里水库文物考古工作自2016年5月启动以来，山东省文物考古研究院联合我市文物部门组成联合考古队先后对坝址及库区多处古遗址、古墓群进行了发掘，并对库区所有取土场及道路施工涉及区域进行了勘探。截至2018年6月，共勘探60余万平方米，发掘面积超2万平方米，先后对东江遗址、北台上遗址、横岭埠遗址、前台墓群、沃里墓地和海子遗址等进行考古发掘，发

大运河中河台儿庄段世界文化遗产标志碑

掘墓葬1000余座，出土大量珍贵文物。目前，考古发掘工作仍在进行中。

庄里水库考古工作是我市乃至全省重要的文物工作。联合考古队积极创新田野工作模式，不断实践新理论、新方法，同时与山东大学、郑州大学等多所高校、研究所等科研机构进行了广泛合作，进行了植物考古、动物考古、古环境考古等多学科联合研究。

这次庄里水库考古也是对薛河中游地区龙山文化时期聚落形态、横岭埠遗址及墓葬与周代小邾国的关系、前台墓地和海子遗址所展现的本地区汉代聚落形态等等进行深入研究的重要阶段，对进一步了解薛河流域的史前及历史时期人类活动有重要意义。

（十三）大韩村遗址东周墓地考古发掘

大韩村遗址位于滕州市官桥镇大韩村村东，遗址东西长约390米，南北宽约340米，总面积约12万平方米，2010年被公布为枣庄市级文物保护单位，2017年2月，大韩村遗址墓地发生盗掘。为保护国家文物安全，我市积极向国家文物局申请进行抢救性发掘。8月，获批。经山东省文物考古研究院勘探，该墓地东西长约100米，南北宽约70米，总面积约7000平方米。2017年10月至2018年2月，山东省文物考古研究院对墓地进行了第一次发掘，发掘面积1200余平方米，共清理墓葬52座，出土了一批青铜器、玉器等珍贵文物。结合墓葬形制及出土文物，初步推断其年代为东周时期。

2018年4月至今，山东省文物考古研究院对墓地进行了第二次发掘，发掘面积2000余平方米。截至2018年6月，发现墓葬86座，清理70余座，出土一批青铜器、玉器、骨器等珍贵文物。

大韩村遗址东周墓地的发掘，对研究东周时期枣滕地区古国文化面貌，完善薛河流域文化谱系，探寻文献记载的泗上十二诸侯与周边古国关系，东周时期薛河流域墓葬制度与丧葬习俗等具有重要学术价值。

五、大运河中河台儿庄段成功申报世界文化遗产

2013年1月，中国政府正式向联合国教科文组织递交中国大运河申遗文本。中国大运河申报的系列遗产分别选取了包括中河台儿庄段在内的各个河段的典型河道段落和重要遗产点，共包括河道遗产27段，以及运河水工遗存、运河附属遗存、运河相关遗产共计58处，河道总长度1011千米。

2013年9月21日下午，联合国教科文组织世界文化遗产委员会指派的国际古迹遗址理事会印度籍专家莉玛·胡贾对枣庄市申报的中河台儿庄（月河）段的大运河遗产进行了现场实地考察评估，她先后查看了遗产区标准界桩、全国重点文物保护单位中河台儿庄（月河）段保护碑、大运河中河台儿庄（月河）段展板、大运河中河台儿庄（月河）段档案室和上网浏览了监测预警通用性平台的相关页面，充分肯定枣庄市的申遗工作。

中国大运河是中华民族智慧与创造的结晶，也是全人类共同的珍宝。大运河包括京杭运河、隋唐运河和浙东运河三部分，地跨北京、天津、河北、山东、江苏、浙江、河南和安徽8省市，是世界上开凿时间较早、规模最大、线路最长、延续时间最久且目前仍在使用的人工运河。自2006年国务院决定京杭大运河申报世界文化遗产以来，枣庄市各级文物部门认真贯彻落实国家的统一部署。2013年4月13日，市政府召开全市文物工作暨大运河保护和申遗动员会议，全面部署大运河保护和申遗工作。市领导多次深入现场，实地指导申遗迎检各项筹备，督促检查相关准备工作，就档案建设、监测预警平台操作、保护管理PPT制作、环境的综合整治、讲解词和主讲人的确定等等都给予了认真细致的安排，为申遗迎检的顺利进行提供了强有力的组织保障。

2014年6月22日，在卡塔尔首都多哈召开的第38届世界遗产大会上，与会代表一致同意将中国大运河列入世界文化遗产名录，从而成为中国第46项世界遗产，枣庄市也实现了世界文化遗产零的突破。

六、博物馆事业蓬勃发展

博物馆作为社会教育机构，已经成为公共文化服务体系的重要组成部分。改革开放以来，枣庄市的博物馆事业依托丰厚的文物资源，在一代又一代博物馆人的不懈努力下，不断充实完善藏品和展陈，逐渐发展成为进行优秀传统文化教育的殿堂，成为全市爱国主义教育的主阵地。

改革开放以来，枣庄市各级文博机构紧紧围绕党和政府的中心工作，充分发挥社会教育功能，积极举办各种展览，丰富广大市民的精神文化生活，较有影响的有：《第四届全国中青年书法展》（1992年）、《纪念毛泽东诞辰100周年特展》（1993年）、《为了中华之崛起——周恩来青少年业绩展》（1995年）、《珍爱生命　拒绝毒品展》（1996年）、《郑书箴捐赠书画精品展》（1996年）、《庆祝香港回归祖国特展》（1997年）、《预防青少年犯罪展》（1998年）、《庆祝澳门回归祖国特展》（1999年）、《红岩魂》（1999年）、《秦始皇兵马俑展》（2000年）、《鲁南民间艺术大展》（2001年）、《小邾国贵族墓地出土文物展》（2004年）、《枣庄汉画像石精品展》（2005年）、《枣庄市改革开放三十周年成果展》（2008年）、《于斯千年　惟薛有序——古薛国历史文化展》（2016年）、《鲁南撷萃　柳琴悠扬——枣庄历史文化精品展》（2015—2016年）、《台儿庄大战之60军特展》等，观众达上千万人次，丰富多彩的展览弘扬了主旋律，提供了正能量。

2008年1月，中共中央宣传部、财政部、文化部和国家文物局联合印发了《关于全国博物馆、纪念馆免费开放的通知》，全面部署博物馆纪念馆免费开放工作。枣庄市文化文物系统内的13家博物馆纪念馆积极响应国家号召，全部对外免费开放，免费开放极大地调

动了公民参观博物馆的积极性，引起了全社会对博物馆文化建设的关心支持。同年，枣庄市博物馆和滕州市博物馆进行了建馆以来的首次评估定级工作，均被国家文物局评为国家三级博物馆，枣庄博物馆的管理逐步迈入规范化和标准化轨道。

七、大遗址保护成绩斐然

国家自2008年全面启动大遗址保护工作以来，枣庄市各级文物行政主管部门按照国家和省的统一部署，精心谋划，认真实施。作为全国大遗址保护六大片区曲阜片区的重要组成部分，枣庄市的大遗址保护工作举足轻重，9处国家级重点文物保护单位7处为大遗址，全部启动保护规划编制工作。2012年以来共争取上级专项补助经费13000多万元，先后对滕州薛城遗址、北辛遗址、前掌大遗址，薛城中陈郝窑址，山亭建新遗址，台儿庄偪阳故城、大运河中河台儿庄段等进行科学规范的保护。其中，薛国故城遗址保护维修工程成为全省的样板工程，一期已竣工，二期工程正在实施。不久的将来，薛国故城遗址将建成我市重要的文化遗产郊野公园，充分发挥文化遗产的社会教育功能。

八、古建类文保单位保护维修有序推进

随着我国城镇化的加快推进，承载着众多历史文化信息的古建筑类文物保护单位急需维修保护，以传承优秀传统文化。2012年至今，枣庄市共争取国家级专项补助经费494万元，用于台儿庄大战旧址清真古寺和滕州龙泉塔的保护维修；省级专项补助经费1010万元，用于山亭普照寺、峄城国共谈判旧址、薛城牛山孙氏宗祠、滕州张氏家祠、台儿庄侯塘古寺等27处省级文物保护单位保护维修。市级财政近五年来投入1200万元，先后对滕州玄帝庙遗址、薛城孙氏故宅、峄城天主教堂、台儿庄清真南寺、山亭峄县抗日民主政府成立地旧址、市中“文化大革命”标语碑等32处市级文保单位进行保护修缮，受到社会各界的一致好评。采取通过区（市）编制维修方案，聘请专家评审，委托第三方核减工程量等严格程序，使全市古建类文保单位的维修逐步迈上良性发展的轨道。

九、“乡村记忆”工程稳步实施

“乡村记忆”工程是山东省文物工作的创新工程，是贯彻落实“看得见山，望得见水，记得住乡愁”的载体工程。按照省里的统一部署，结合枣庄实际情况，2015年5月，在全面普查的基础上，枣庄市成功申报山亭石板房、滕州葫芦套村、薛城中陈郝村等14处文化遗产入选山东省第一批“乡村记忆”工程名单。其中，山亭石板房、滕州葫芦套村2处全省“乡村记忆”工程试点单位已完成保护规划编制。此项工作的有序推进，为保护和传承优秀传统文化，实施有文化记忆的新型城镇化贡献了力量。

十、纪念设施得到有效保护和利用

红色枣庄在中国近代史特别是史上留下了光辉灿烂的篇章，震惊中外的台儿庄大捷，沉重打击了日本侵略者的嚣张气焰，台儿庄也被誉为“中华民族扬威不屈之地”。如今的台儿庄是大陆首个海峡两岸交流基地，成为两岸交流的重要平台。长期以来，各级文物部门还不断加强对铁道游击队旧址的保护力度，千方百计筹措资金对相关遗存维修加固；各级各部门按照职责分工，采取各种措施积极扶持铁道游击队展览馆正常运营。文物承载着厚重的民族情感，具有更加重要的社会教育功能。枣庄市各级文物行政部门高度重视抗战文物的保护利用工作，深入挖掘台儿庄大战和铁道游击队等的精神内涵和现实意义，不断完善相关基础设施，及时更新和充实陈列展览内容，让爱好和平的人们了解这段悲壮的历史。2014年9月，台儿庄大战纪念馆、铁道游击队纪念园、滕州市烈士陵园成功入选国务院公布的第一批国家级抗战纪念设施、遗址名录。2015年8月，八路军抱犊崮纪念园入选第二批名录。

审稿人：胡丽萍

撰稿人：尹秀娇

张筱琳

枣庄市行政机构改革的历程及成效

中共十一届三中全会以来，枣庄市委、市政府在党中央、国务院和省委、省政府的正确领导下，不断深化行政管理体制改革，提高行政效率，优化机构编制资源配置、推动政府职能转变，先后进行了7次行政机构改革，取得了一系列的成效和经验启示。现将历次行政机构改革情况总结如下。

一、历次市级党政机关等行政机构改革的背景及内容

（一）1983年市级党政机关机构改革

改革背景：中共十一届三中全会以后，中国进入了一个新的发展时期，开始了经济体制改革，对外开放。1981年，国务院的工作部门有100个，达到中华人民共和国成立以来的最高峰。臃肿的管理机构已不能适应改革开放和经济社会发展的需要，亟待改革。国务院决定从1982年开始，首先从国务院做起，自上而下地展开各级机构改革。这次改革历时3年之久，范围包括各级党政机关，是中华人民共和国成立以来规模较大、目的性较强的一次建设和完善各级机关的改革。

按照中央部署，在中央党政机关的机构改革进行后，各省、市、自治区党委参照中央党政机关机构改革的精神和做法，结合本地的实际情况，酝酿制定机构改革方案。1983年在省级机构改革进行的同时，市县党政机关机构改革也在进行，相继调整了领导班子，并进行了地市合并试点工作。

改革内容：1983年3月7日，枣庄市市级机关机构改革动员大会召开，全市市直机关机构改革工作开始。1983年5月25日，市委、市政府《关于市直机关机构改革方案的报告》上报省委省政府。7月8日，省委办公厅印发《关于批复枣庄市市级党政机关机构改革方案的通知》，同意枣庄所报机构改革方案。

1. 关于市直机关机构改革方案的报告

（1）总体要求

根据胡耀邦同志关于《四化建设和改革问题》的指示，以十二大精神为指针，本着有利于贯彻党的路线、方针、政策，开创社会主义现代化建设的新局面，有利于加强和改善党的领导，实现领导班子“四化”，有利于发挥职能部门作用，克服官僚主义，提高工作效率的原则，从实际出发，减少头绪和领导层次，精简机构；减少兼职和副职，精干班子；减少人员，缩减编制；并与领导体制和干部制度的改革精密结合起来，通盘考虑，全面安排。达到精简机构、缩减人员、调整班子、提高效率的目的。

（2）改革前机构设置情况和问题

改革前市直机关共有82个工作部门，另有双重领导以业务部门领导为主的工作部门5个，还设置了7个委员会、领导小组等非常设机构。共有科室401个，工作人员2765人。其中，属于党群、人大、政协，以及法院、检察院等工作部门21个，设科室74个，工作人员446人；属于市政府的工作部门61个，设科室327个，工作人员2319人。

同时，市直机关机构和领导班子存在多种问题：一是分工细，部门多，层次多。市直党政群工作部门82个，较1965年的46个增加78.3%，科室401个，较1965年的119个增加3.4倍，实际形成了市委、市政府，委、办、局三级领导体制。二是机构臃肿，人浮于事。现有工作人员2765人，是1965年931人的3倍，现在的状况是老弱病残多（现到退、离休年龄的86人），以工代干多（566人），工勤人员多（457人，较1965年的87人增加5.3倍），加上素质差，文化水平低（工作人员中初中以下的1560人，占55.2%），专业知识不足，缺乏独立工作的能力，因此工作效率很低。三是职责不清，分工不明，不少工作是都管又都不管，互相扯皮，彼此推诿，久拖不决，无人负责，贻误工作。四是领导班子老化，职数偏多，文化偏低，缺乏专业知识。市委常委12人，平均年龄56岁，50岁以下的1人，高中文化的2人；没有一名大专毕业生。市直各部门正副职237人，平均3职，平均年龄54岁，其中50岁以上的191人，占81%，40岁以下的11人，占4.6%。初步排队分析，在237人中，已到退、离休年龄的59人，长期养病、不能坚持正常工作的28人，文化低，身体条件一般，精神状态较差，不适应当前工作（包括一部分军队转业干部和少数“文化大革命”上来的群众组织头头）44人，共131人，占现有正副职的55.3%。具有大中专、高中文化程度的44人，占18.6%。在科级干部队伍中，也存在同样的问题，市直各部门，共有科级干部486人，平均年龄48岁，60岁以上的10人，40岁以下的74人，占15.2%，大中专、高中文化程度的169人，占34.9%。由于机构体制存在上述弊端，加之领导班子的不适应，致使目前机关官僚主义严重，作风拖拉，办事效率很低，这些问题不解决，就无法正确地贯彻党的路线，全面开创社会主义现代化建设的新局面。因此，机构改革是一项刻不容缓的任务，势在必行。

（3）主要内容

①精简机构，紧缩编制。

原则：重叠的一律撤销；性质相同相近的坚决合并；能合署办公的就合署办公（一个机构两个牌子）；分工不清的要加以调整和紧缩经济行政管理部门；结合经济体制改革，生产管理部门逐步过渡到经济实体的专业公司，由主要行政管理改为主要经济管理；充实加强经济综合协调、统计监督和立法执法部门；必须保留的机构，要紧缩编制，精干人员。改革后，各委的主要任务是综合协调，不作一级领导层次，充分发挥各局的职能作用。

市委工作部门：市委现有9个工作部门，基本不动，适当调整，调整后设7个部门。保留中共枣庄市纪律检查委员会，市委办公室、组织部、宣传部、统战部、政策研究室。保留机关党委，由市委组织部代管。明确管理范围，工作要加强，市直机关支部工作由机关党委统一管起来。政法办公室，名称改为政法委员会办公室，由市委办公室管理。将档案局（局馆合一），划归市委办公室管理。

建立老干部局，由市委组织部管理。党史资料办公室，划归市委党校管理。

市政府工作部门：由61个精简为39个，委和局是平行单位，委不是一级领导层次。委的主要任务是综合协调经济工作；进行调查研究；抓好思想政治工作。人员编制的原则是少而精。

农委系统：撤销农委，在市政府办公室内配3—5人，协助分管市长处理日常工作。农业局改为农牧渔业局。保留林业局、水利局。撤销多种经营办公室，将其工作分别交给有关局。将蚕果站划归林业局管理。撤销农机局，其工作并入农牧渔业局和农机公司，农机公司由农牧渔业局管理。

工交系统：保留经委，内部设秘书科、调研科、生产调度科，编制20人左右。将标准局和计量局合并为标准计量局，由经委代管。职工教育办公室由经委管理。节能办公室作为经委内部的一个科室。冶化局、建材局暂时保留，逐步向专业公司过渡，条件成熟时改为公司。保留机械局，仍挂电子局牌子。保留社队企业管理局。保留一轻局、二轻局、纺织局、交通局、煤炭局。

建委系统：保留建委，名称改为城乡建设环境保护委员会。撤销城建局，其工作并入城乡建设环境保护委员会。撤销水源办，其工作并入自来水公司。环境保护局、建筑公司由城乡建设环境保护委员会管理。

计委系统：保留计委，保留统计局和物价局，由计委代管。保留劳动局。保留物资局，仍由计委代管。

科委系统：保留科委。科协与科委合署，保留科协名义。科委的主要任务是协调各部门的科技工作；组织重大科技项目攻关；推广普及应用科学。内部机构可设调研科、新技术推广科和秘书科，人员不超过20人。地震办公室，由科委管理。沼气办公室与沼气技术服务公司合署，划归农牧渔业局管理。

财贸系统：撤销财委，其工作分别移交有关各局。保留市供销社，为集体经济组织，不作为市政府的职能机构。撤销进出口办，其工作并入外贸局。保留财政局，挂税务局牌子。保留商业局、粮食局、工商局。保留建设银行，不作为市府的行政编制序列。

文教卫生系统：撤销文委，工作分别移交有关局。出版办公室与新华书店合署，保留出版办公室名义。广播局改为广播电视局。保留教育局、文化局、卫生局（爱委会作为卫生局的内部科室）、计划生育局、体育运动委员会。

政法系统：保留民政局、司法局、公安局。工农关系办公室、安全办公室，仍保留名义，其工作分别在民政局、劳动局设科管理。

保留市政府办公室，将史志办公室划归市政府办公室管理。侨办、侨联、民族宗教处，均保留名义，在侨办设专人负责外事工作，其办事机构合署，一个党支部，由市政府办公室管理。

保留人事局，科技干部管理工作，由科委划归人事局。保留市编制委员会，其办事机构设在市人事局。

人防办公室由城乡建设环境保护委员会管理。

将机关事务管理处，改为市级机关事务局，把市直机关行政事务工作统一管理，减少各部门的行政管理机构。

增设市审计局。

其他国家机关、人民团体：保留人大常委会办公室、政协办公室、市中级人民法院、检察院。保留市总工会、市妇联、团市委。保留市文联，市社联与市社科所合署。市青联由团市委管理。

②按“四化”要求，配备和建设好领导班子，坚决改变职数过多、年龄过大、文化程度偏低、缺乏专业知识的状况。

市委、市政府各部门领导干部配备，按照《中共中央、国务院关于地市州党政机关机构改革若干问题的通知》中的有关规定办理。

市直各部门领导班子的配备，职数精干，每个部门1—3职，工作面宽，任务重的部门，最多不超过5职；领导成员要比较年轻，平均年龄下降到50岁以下，每个班子中要有1—2名45岁左右的，至少有一名担任一、二把手；文化程度和专业知识要有明显提高，领导成员中具有大中专、高中以上文化程度和真正懂技术、会管理的干部应占30%—50%，力争每个部门配备一名大专毕业生，经济、科研、文教卫生部门的领导班子中，至少要配备一名大专文化程度或具有中级以上技术职称的干部。科室一般配备一正一副，个别工作量较大的科室，可设一正两副，工作量较少的可设一职，但平均不得超过二职。同时做好老干部安置，落实干部培训任务。

2. 省委省政府批复市委、市府工作机构设置情况

市委工作部门设：办公室、研究室、组织部、宣传部、统战部、农村工作委员会（也是市政府的农业委员会）、企业政治工作部、政法委员会。

市政府工作部门设：市政府办公室（兼管侨务、外事工作）、计划委员会、经济委员会、科学技术委员会、城乡建设环境保护委员会、体育运动委员

会、计划生育委员会、民政局、公安局、司法局、人事局（编制委员会的办事机构设于人事局）、劳动局、财政税务局、审计局、工商行政管理局、统计局、物价局、物资局、商业局、对外贸易局、冶金化学工业局、机械工业局、煤炭工业局、第一轻工业局、第二轻工业局、纺织工业局、交通局、标准计量局、建筑材料工业局、农牧渔业局、林业局、水利局、粮食局、多种经营社队企业局、教育局、卫生局、文化局、广播电视局。

根据省编委《关于核定枣庄市党政群机关人员编制总额的通知》，市党政群机关编制总额核定为3770人（不含公安、检察、法院、司法行政机关的编制）。市属各级各部门的编制人数，由市在编制总额内自行安排。

（二）1996年市级机关机构改革

改革背景：1993年3月22日，第八届全国人大一次会议审议通过了《关于国务院机构改革方案的决定》。这次机构改革是在确立社会主义市场经济体制的背景下进行的。核心任务是在推进经济体制改革、建立市场经济的同时，建立起有中国特色的、适应社会主义市场经济体制的行政管理体制。改革的重点是转变政府职能。把属于企业经营自主权范围的职能切实还给企业；把配置资源的基础性职能转移给市场；把经济活动中社会服务性和相当一部分监督性职能转交给市场中介组织。

1994—1995年，机构改革的工作重点为抓好省级机构改革的方案和市地县乡的改革。省级机构改革方案实施的关键在于搞好定职能、定机构、定编制的“三定”工作；市地县乡的改革，要认真做到有利于发展农业和农村经济，深化企业改革，加强党的基层组织建设。按照政事分开和社会化的原则，搞好事业单位分类管理。1995年7月，山东省和市地机构改革暨推行国家公务员制度工作会召开，会议下发了《山东省省级机构改革实施意见》《山东省市地机构改革实施方案》《山东省国家公务员制度实施方案》。

改革内容：1996年1月，省委省政府批准了《枣庄市市级机构改革实施方案》。1996年7月，枣庄市委、市政府印发《枣庄市市级机构改革实施意见》，7月18日，召开市级机构改革和推行公务员制度工作大会，机构改革工作全面启动。

1. 总体要求

紧紧围绕建立社会主义市场经济体制的要求，从有利于改革开放和经济发展、有利于建立新的行政运行机制、有利于促进社会政治稳定出发，从市级机关实际出发，按照政企分开和精简、统一、效能的原则，转变职能，理顺关系，精兵简政，提高效率，重点是转变政府管理经济的职能，加强政府综合管理经济、社会事务和监督检查的职能；逐步建立起适应经济与社会发展要求的功能齐全、结构合理、运转协调、灵活高效的行政管理体制。

2. 主要内容

（1）精简调整机构，规范机构设置。

市委、市政府工作机构作如下调整：

一是撤销合并和重新组建的机构。撤销农业委员会，组建市政府农业办公室，为市政府领导农业和农村工作的参谋和办事机构。撤销民族事务委员会和宗教事务局，组建民族宗教事务局。市委组织员办公室并入市委组织部。精神文明办公室并入市委宣传部，保留市精神文明委员会办公室牌子。工交生产总调度室并入经济贸易委员会。税收财务物价大检查办公室并入财政局。地方税务局征收分局并入地方税务局。农村能源办公室、农业区划办公室并入农业局。组建贸易局，为市政府主管商品流通的职能部门，同时挂市政府财贸办公室牌子，以便协调金融、保险等部门的工作。

二是成建制转为经济实体和改为事业单位的机构。取消商业总公司、物资总公司分别挂的商业局、物资局的牌子，其行政职能和行业管理职能移交给贸易局，商业总公司、物资总公司为企业单位。第一轻工业局、第二轻工业局、纺织工业局、冶金化学工业局、机械工业局（挂电子工业局牌子）、建筑材料工业局分别改为第一轻工总会、第二轻工总会、纺织总会、冶金化学总会、机械电子总会、建筑材料总会，均为市政府直属事业单位，保留行业管理职能，作为过渡。档案局、档案馆由局馆合一改为以馆为主体，挂档案局牌子，授权行使有关行政管理职能，为市委办公室领导的正县级事业单位。接待处改为市委办公室领导的正县级事业单位。专利管理局改为由科委领导的正县级事业单位。市政府经济协作办公室改为市经济协作办公室，为计委领导的正县级事业单位，其行政职能交计划委员会。市职工教育办公室改为由市经贸委领导的副县级事业单位。摘掉外事办公室所挂的旅游局的牌子，组建市旅游局，为市政府所属正县级事业单位。

三是合署办公和一个机构两块牌子的机构。监察局与纪律监察委员会合署，一个机构两块牌子。社会治安综合治理委员会办公室与政法委员会合署。机构编制委员会办公室与人事局合署。侨务办公室与外事办公室合署。新闻出版局（挂版权局牌子）与文化局合署。合署办公的作为一个机构计算，合设一个党组，机关党务、人事、后勤服务等工作统一管理，可分别对外开展工作，设置内部业务科室。一个机构两块牌子的机构不分别设置业务科室，可分别使用两个名称对外开展工作。

四是保留和改变名称、隶属关系的机构。市委工作机构保留设置办公室（内设机要局、保密委员会办公室，保密办挂市政府保密局牌子）、组织部、宣传部（内设对外宣传办公室，挂市政府新闻办公室牌子）、统一战线工作部、政法委员会、政策研究室、台湾工作办公室（挂市政府台湾事务办公室牌子）。市级机关工作委员会改称为市直机关工作委员会，为市委派出机构。市委、市政府信访局由市委办公室、市政府办公室管理，以市委办公室管理为主。老干部局由市委组织部管理。市政府工作机构保留设置办公室、计划委员会、经济

体制改革委员会、教育委员会、科学技术委员会、对外经济贸易委员会、公安局、国家安全局、监察局（与纪律检查委员会机关合署）、民政局、司法局、财政局、人事局、劳动局（安全生产委员会的办事机构设在劳动局）、交通局、水利局、农业局、林业局、农业机械管理局、畜牧局、水产局、粮食局、文化局、广播电视局、卫生局、体育运动委员会、计划生育委员会、审计局、统计局、工商行政管理局、技术监督局、乡镇企业管理局、环境保护局、土地管理局、地方税务局、煤炭工业局，市政府外事办公室。高新技术产业开发区管理委员会为市政府派出机构。经济委员会改称经济贸易委员会。城乡建设委员会改称建设委员会。矿产资源管理局改称地质矿产局。法制办公室改称法制局，由市政府办公室管理。人民防空委员会办公室由市政府办公室管理。物价局由计划委员会管理。国有资产管理局由财政局管理。医药公司暂保留医药管理局牌子。

改革调整后，市委、市政府设工作机构51个，比现有机构减少37个，精简42%。另设部门管理机构6个。市直工作部门的规格为正县级，由部门管理的机构原则上为副县级。其中，市委设工作部门7个，派出机构1个，均为正县级建制；另设部门管理机构2个，老干部局为正县级建制，信访局暂保留正县级建制。市政府设工作机构43个，均为正县级建制；另设部门管理机构4个，其中人民防空委员会办公室为正县级建制，法制局、物价局暂保留正县级建制，国有资产管理局为副县级建制。

社会团体的机构改革，要理顺社团之间、社团与党政部门之间的关系，逐步克服行政化倾向，一般不再套用行政机关的级别。其内设机构要综合设置。除工会、共青团、妇联外，其他社团不使用行政编制。

非常设机构大部分要撤销，少量需要保留的改为议事协调机构或临时机构，一般不设实体办事机构，不核定编制，具体工作由有关部门承担。

事业单位的改革调整。市委党史资料征集委员会办公室更名为市委党史研究室，为市委直属正县级事业单位。市地方史志编纂委员会办公室更名为市地方史志办公室，仍为副县级规格，隶属市政府办公室领导。爱国卫生委员会办公室设在卫生局，为副县级事业单位。经济研究中心挂市政府调查研究室牌子，划归市政府办公室管理。地方铁路局划归市交通局管理。对外贸易促进会改为由对外经济贸易委员会代管的正县级单位，使用事业编制。老年人体育协会划归体育运动委员会管理。

（2）人员编制的使用和分配原则。

市级机关行政编制的使用范围包括：市委、市政府、市人大、市政协机关及各民主党派、工商联和市总工会、团市委、市妇联机关的人员，高新技术产业开发区管理委员会的人员。

根据中央中发〔1993〕7号、省委鲁发〔1995〕12号、鲁普发〔1996〕4号文件精神，经市委研究确定，市级党政群机关人员编制本着统筹规划、合理搭配、留有余地的原则进行分配。市级机关行政编制总额控制在1750人以内，比现有人员精简31.4%。市直各机关人员编制的分配，主要依据各机关的职能配置和承担的工作任务量的大小，体现适度精简。具体分配方案，由市编委提出意见报市委研究确定。

按照中央统一规定，市委机关，市政府机关，市人大和市政协机关、民主党派、工商联和工、青、妇机关的编制分配按12:77:11的比例执行。市委机关分配编制204人，市政府机关分配编制1309人，市人大机关、市政协机关、市总工会、团市委、市妇联及民主党派、工商联机关分配编制187人（不包括市级领导等单列的50人的编制）。

法院、检察院、公安、国家安全、司法部门的编制仍实行单列。

合署设置的机构其人员编制分别计算后，统一核定编制总额。纪律检查委员会机关与监察局分别占用党委、政府机关人员编制，信访局使用部分政府机关人员编制。

对保留的专业经济管理部门，本着转变职能、弱化行政管理、强化服务、精简人员编制的原则，核定少量的行政编制。各行业总会核定少量全额拨款的事业编制。

（3）“三定”和职位分类工作。

按照《枣庄市市级机关“三定”工作实施意见》，认真做好各部门定职能、定内设机构、定人员编制的“三定”工作，是这次机构改革的重要内容和关键环节。在机构改革“三定”的基础上，结合贯彻《枣庄市国家公务员制度实施方案》，适时切入推行国家公务员制度工作，抓好职位分类这一机构改革与推行国家公务员制度的衔接点。

市级党政部门内设机构名称统一规范为科、室，规格为科级。内部机构的设置要根据职能的多少和工作任务量的大小以及人员编制确定，原则上按以下标准掌握：编制在10人以下的，不超过2个科室；编制在11—20人之间的，不超过4个科室；编制在21—30人之间的，不超过6个科室；编制在31—40人之间的，不超过8个科室；编制在40人以上的，一般不超过10个科室，最多不超过12个。各部门内设机构必须少于其上级业务主管部门内设机构的数量，业务科室必须占科室总数的70%左右，平均每个内设机构不少于4名编制，一般不设3人以下的科室。内设机构原则上要精简20%，专业经济管理部门的内设机构，要精简30%以上。

各部门领导职数一般配备正职1人、副职2人，工作量大、业务面宽的可增配副职1人，合署办公的部门可增配副职1人。部门内设科室的领导职数4人以下的配1职，5—9人的配1正1副，10人以上的可增配1名副职。

（4）几个具体问题的处理办法。

一是成建制转为经济实体部门的改革。政府部门成建制转为公司后，公司原机关人员的工资，按《关于市级专业经济管理部门转为经济实体和行业总会若干问题的意见》执行。

二是市直部门机关党组织及群团组织的机构设置与编制配备。部门专职党务工作人员一般按机关编制总数的1%—2%配备；专职党务工作人员编制包括在部门行政编制总额内。机关工会、共青团、妇联等群团组织，按有关章程设立，由有关人员兼职负责具体工作。

三是市直部门离退休干部工作人员编制配备。市直部门直接管理的离退休干部与工作人员的比例为10：1；退休干部与工作人员的比例为30：1；离退休干部工作人员编制单独核定，计入部门机关编制总额。

四是市直部门机关后勤机构的改革。要逐步实现后勤管理科学化、后勤服务社会化。机关后勤服务任务较重的市委、市人大、市政府、市政协的办公室，下设机关服务中心，为差额预算管理的科级事业单位。服务中心的人员主要包括驾驶员、炊事员、传达员等，按部门行政编制总额的15%核定事业编制。人员较少的部门，后勤服务工作应由办公室统一承担，工勤人员编制按机关行政编制总额的8%单独核定，计入部门机关编制总额。

3. 市级机构改革后机构设置情况

改革后，枣庄市委工作机构设8个，市政府工作机构43个，比原有机构少37个，精简42%。另设部门管理机构6个。市级机关行政编制总额控制在1750人以内，人员精简31.4%。印发市级党政部门“三定”方案。

（三）2001年市级机关机构改革

改革背景：1998年3月10日，九届全国人大一次会议审议通过了《关于国务院机构改革方案的决定》。改革的目标是：建立办事高效、运转协调、行为规范的政府行政管理体系，完善国家公务员制度，建设高素质的专业化行政管理队伍，逐步建立适应社会主义市场经济体制的有中国特色的政府行政管理体制。改革的原则是：按照社会主义市场经济的要求，转变政府职能，实现政企分开；按照精简、统一、效能的原则，调整政府组织结构，实行精兵简政；按照权责一致的原则，调整政府部门的职责权限，明确划分部门之间职责分工，完善行政运行机制；按照依法治国、依法行政的要求，加强行政体系的法制建设。

1999年1月5日，中共中央、国务院下发《关于地方政府机构改革的意见》，明确“市一级政府要逐步管理从企业分出来的社会事务，实行属地管理，进一步改善投资环境，加强基础设施建设，维护市场秩序，搞好社区服务等”；中等城市政府部门精简为30个左右；县级以上工商、质监逐步实行省以下垂直管理体制。各级政府不再设工业、商业、物资管理部门和各种行政性公司，其职能并入经贸部门等。1999年7月23日，朱镕基总理对地方政府机构改革明确要求：地方政府机构非改不可、精简机构和人员是个硬任务！全国市县乡机关行政编制精简比例为20%。

改革内容：2000年9月14日，市委、市政府根据《山东省市、县、乡机构改革的意见》，分别制定了《中共枣庄市委机构改革实施方案》和《枣庄市人民政府机构改革实施方案》，报请省委、省政府审批。2000年10月14日，省委、省政府批准了改革方案。2001年4月2日，市委、市政府召开市级党政机关机构改革动员大会，安排部署机构改革工作，市委、市政府印发了《关于市级党政机关机构改革的实施意见》。

1. 总体要求

适应社会主义市场经济发展需要，有利于加强党的领导和促进政府职能转变，有利于理顺市级政府各部门之间的关系，有利于加强政权建设和各项基础工作，有利于精干公务员队伍、降低行政成本、减轻财政负担、提高工作效率，通过改革和精简，逐步建立廉洁高效、运转协调、行为规范的行政管理体制。市委机构改革坚持党的领导主要是政治、思想和组织领导的原则，坚持依党规定职能、按程序办事情的原则，坚持精简、统一、效能的原则。市政府机构改革坚持转变政府职能，实现政企分开；按照精简、统一、效能的原则，调整政府组织机构，精兵简政，优化结构提高素质；按照权责一致的原则，合理划分事权，理顺条块、部门之间的关系；按照依法行政的要求，加强行政管理的制度化、规范化和法制化建设。

2. 主要内容

（1）转变职能和理顺关系。

理顺市委工作部门间、部门内设机构间职能关系，理顺与政府部门和人民团体之间职能关系，理顺与下级党委工作部门职能关系。市政府各部门要按照社会主义市场经济的要求，加强对经济和社会的宏观管理职能和执法监管职能，弱化微观管理职能，减少具体审批业务，真正把转变职能落到实处。按照政企分开的要求，解除市政府主管部门与国有企业的行政隶属关系，改变政府部门直接管理企业、企业过多依赖政府的状况，充分发挥市场在资源配置中的基础作用，落实企业的生产经营和投资决策自主权。今后市政府机关不再办经济实体，已经办的要限期脱钩。按照政事分开的要求，合理划分政府机关与事业单位的职能任务，将目前一些事业单位承担的政府职能收归政府机关承担，同时，将一些技术性、事务性工作转移给事业单位。按照政社分开的要求，把社会可以自我调节和管理的职能转移给社会中介组织，充分发挥社会中介组织作用，避免将过多的社会责任和矛盾集中到政府身上。政府要加强对社会事务的依法管理，规范管理行为，提高管理水平，搞好公共服务，维护社会稳定。进一步简政放权，明确划分各级政府事权，减少审批事项，简化规范审批程序。

（2）调整规范市委市政府工作机构。

市委工作机构：保留市纪律检查委员会机关（市监察局与其合署）、市委办公室（内设市委机要局、市委保密委员会办公室，保密办挂市政府保密局牌子）、市委组织部、市委宣传部（内设市精神文明建设委员会办公室、市委对外宣传办公室，外宣办挂市政府新闻办公室牌子）、市委统一战线工作部、市委政法委员会（市社会治安综合治理委

员会办公室与其合署)、市委政策研究室、市委台湾工作办公室(挂市政府台湾事务办公室牌子)、市委市直机关工作委员会。市委、市政府信访局由市委办公室、市政府办公室管理,以市委办公室管理为主;市委老干部局由市委组织部管理。市档案馆挂市档案局牌子,授权行使有关行政管理职能。

市政府工作机构:

综合经济部门:市计划委员会更名为市发展计划委员会。市物价局为市发展计划委员会管理的机构。保留市经济贸易委员会。保留市财政局。不再保留市国有资产管理局,行政管理职能并入市财政局,在市财政局内设立市国有资产管理办公室(科)。

专业经济管理部门:市对外经济贸易委员会更名为市对外贸易经济合作局。市政府农业办公室与市农业局合并;组建市农业局。市农业综合开发办公室调整为副县级事业单位,由农业局管理。撤销市多种经营办公室。市水产局与市水利局合并,组建市水利与渔业局。

将市畜牧局、市煤炭工业局改为市政府直属的正县级事业单位;将市农业机械管理局改为副县级事业单位,由农业局管理。以上三个单位分别授权行使行政管理职能,原机关人员公务员身份不变。

不再保留市乡镇企业管理局。组建市中小企业局(与市民营经济发展委员会一个机构两块牌子),为市政府主管乡镇企业和民营经济的职能部门。

不再保留市贸易局(市政府财贸办公室),行政管理职能移交给市经济贸易委员会,在市经济贸易委员会内设立市贸易办公室(科)。撤销市第一轻工总会、市第二轻工总会及市二轻集体工业联社、市纺织总会、市冶金化学总会、市机械电子总会、市建筑材料总会,行政管理职能移交给市经济贸易委员会,在市经济贸易委员会内分别设立市轻工业办公室(科)、市纺织工业办公室(科)、市冶金化学工业办公室(科)、市建筑材料工业办公室(科)、市机械电子工业办公室(科);在市经济贸易委员会内增设离退休干部科,负责管理经贸委机关及所归并部门的离退休人员,将市安全生产委员会办公室整建制划归市经济贸易委员会。

保留市建设委员会、市交通局、市林业局、市粮食局。

执法监管部门:保留市环境保护局。

社会管理部门和政务部门:保留市政府办公室。市政府法制局为市政府办公室管理的机构;市教育委员会更名为市教育局;市科学技术委员会更名为市科学技术局;市广播电视局仍为市政府工作部门,使用事业编制;市体育运动委员会更名为市体育局;市地质矿产局与市土地管理局合并,组建市国土资源局;保留市人事局(市机构编制委员会办公室为市机构编制委员会的常设办事机构,与其合署)。市外国专家办公室为市人事局的内设机构;市新闻出版局(版权局)与市文化局合署。

市政府侨务办公室与市政府外事办公室分设,均为市政府工作机构。市归国华侨联合会不再与市政府侨务办公室合署,为人民团体。

保留市公安局、市监察局(与市纪律检查委员会机关合署)、市民政局、市司法局、市劳动和社会保障局、市卫生局、市计划生育委员会、市审计局、市民族宗教事务局、市统计局。

组建市经济体制改革委员会,为市政府的议事协调机构。原市经济体制改革委员会改为市经济体制改革办公室,为市经济体制改革委员会的办事机构。人民防空办公室由市政府办公室管理的机构改为市国防动员委员会的常设办事机构,也是市政府人民防空工作的主管部门。组建市招商引资工作委员会,下设办公室,为议事协调机构的办事机构,办公室挂市招商局牌子。

枣庄高新技术产业开发区管理委员会为市政府的派出机构,不占机构限额;市国家安全局、市地方税务局、市工商行政管理局、市技术监督局和市药品监督管理局为省垂直管理部门。

改革调整后,市委设工作机构9个,部门管理机构2个;市政府设工作机构31个(监察局与纪律检查委员会机关合署,列政府工作部门序列,不计政府机构个数),部门管理机构2个,议事协调机构的办事机构3个,派出机构1个。市委、市政府设置的上述机构均为正县级建制。党政机构共有48个;党委部门印发机构改革意见、政府部门制订“三定”规定。

(3)人员编制精简与核定。

1996年市级机构改革时,党委政府共使用行政编制1497名。这次改革省里核定市委机关编制255名,比原有编制精简15%;核定市政府机关编制862名,比原有编制精简28%。

市人大、市政协及各民主党派、工商联和市总工会、团市委、市妇联、市科协等群团组织、市纪委、市计生委的行政编制暂不作精简。司法机关的行政编制仍实行单列。

按照《枣庄市市区乡人员编制精简方案》,全市行政编制由7900名减为6283名,精简20.5%;政法机关专项编制由2861名减为2575名,精简10%;共有编制8858名。

市级机关分流人员269人(不含离岗)。

(4)做好各部门“三定”工作。

市级党政机关内设机构名称统一规范为科、室,规格为科级。内设机构设置标准原则上:编制在10人以下的部门,不超过2个科室;编制在11—20人之间的,不超过4个科室;编制在21—30人之间的,不超过6个科室;编制在31—40人之间的,不超过8个科室;编制在40人以上的,一般不超过10个科室,原则上最多不超过12个科室。平均每个内设机构不少于3名编制,一般不设2人以下的科室。内设科室按照15%的比例精简。内设科室领导职数,原则上3人的科室配1职;4—7人的配1正1副;8人以上的配1正2副,人数特别多的,可增配1名副职。

改革后,市政府工作部门由47个

减少为36个，精简23.4%；市直部门内设机构由347个减少为294个，精简15.27%。

（四）2003年人大、政协、群团机关机构改革

改革背景：中共中央《关于全国人大机关、政协机关机构改革的意见》要求，鉴于全国人大、政协机关职能没有大的变化，人员编制精简比例为20%左右。

中共中央、国务院印发《21个群众团体机关机构改革意见》，明确了纳入中央编办直接管理的21个群众团体机关，人员编制精简比例为25%左右。

改革内容：2002年9月，市编委印发《枣庄市市直人大、政协和群团机关内设机构和编制精简方案》。2003年5月7日，全市人大、政协和群团机关机构改革工作会议召开。

从中央改革部署看，各级人大、政协和群团机关改革是2000年党政机构改革的组成部分，重点仍是精简人员编制。枣庄市于2003年制订了市人大、政协机关和13个群团机关“三定”（定职责、定内设机构、定人员编制和领导职数）方案。13个群团机关分别为：总工会、团市委、妇联、科协、残联、文联、社科联、侨联、老年体协、贸促会、红十字会、计划生育协会、体育总会。

2007年，省委组织部、省人事厅批准市总工会、团市委、妇联、科协、残联、文联、社科联、侨联8个群团机关为参照公务员法机关，其他群团机关调整为事业单位。

（五）2004年市级政府机构改革

改革背景：2003年的政府机构改革，是在加入世贸组织的大背景之下进行的。2003年3月6日，国务院机构改革方案提请十届全国人大一次会议审议，启动了改革开放以来的第五次大规模的机构改革。3月10日，十届全国人大一次会议第三次全体会议通过了关于国务院机构改革方案的决定。方案特别提出了“决策、执行、监督”三权相协调的要求。改革的目的是：进一步转变政府职能，改进管理方式，推进电子政务，提高行政效率，降低行政成本。改革的目标是：逐步形成行为规范、运转协调、公正透明、廉洁高效的行政管理体制。改革的重点是：深化国有资产管理体制改革，完善宏观调控体系，健全金融监管体制，继续推进流通体制改革，加强食品安全和安全生产监管体制建设。

2003年6月，党中央、国务院印发《关于地方政府机构改革的意见》。2004年3月1日，省委、省政府印发《关于市县政府机构改革的实施意见》。

改革内容：2004年9月21日，省委、省政府批准了《枣庄市人民政府机构改革方案》。9月28日，枣庄市委、市政府出台《关于枣庄市人民政府机构改革的实施意见》。10月9日，全市政府机构改革工作会议召开，安排部署改革工作。

1. 总体要求

坚持政企分开和所有权和经营权分离。切实转变政府职能，使国有资产管理机构依法对国有资产监管，不直接干预企业的生产经营活动。坚持精简、效能、统一。推进职能整合和机构调整，改进管理方式。坚持依法行政。坚持实事求是，因地制宜。

2. 主要内容

组建市人民政府国有资产监督管理委员会（简称市国资委），为市政府直属特设机构。撤销市财政局内设的市国有资产管理办公室。

将市发展计划委员会改组为市发展和改革委员会（简称市发展改革委），为市政府工作部门。撤销市经济体制改革办公室。

保留市经济贸易委员会（简称市经贸委），为市政府工作部门。考虑我市实际，将指导国有工业企业和流通企业管理与改革的职能，暂时仍分别由市经贸委和市服务业协调办公室承担，待条件成熟后，再移交给市国资委。

将市招商引资工作委员会办公室（市招商局）与市对外贸易经济合作局合并，组建市对外贸易经济合作局，挂市招商局牌子，为市政府工作部门。

将市经贸委管理的枣庄市安全生产监督管理局改为市政府工作部门，同时为市安全生产委员会的常设办事机构。

组建市城市管理行政执法局，为市政府工作部门。

将市计划生育委员会更名为市人口和计划生育委员会。

将市政府侨务办公室与市政府外事办公室实行合署办公。

改革调整后，市政府设工作部门32个，特设机构1个，部门管理机构2个，议事协调机构的办事机构1个，共36个（不包括派出机构：高新区管委）。

制订5个部门三定规定、修订4个部门三定规定。

3. 关于食品药品监管体制改革

（1）食品药品监管系统上划，全面完成省垂直管理。

2001年7月，根据省政府《全省药品监督管理体制改革实施方案》，枣庄市药品监管局为省药品监管局直属机构，滕州市药品监管局、薛城区药检所为市药品监管局直属机构。

2003年12月，根据省编办《关于同意组建部分县级药品监管机构的批复》，组建市药品监管局山亭区、峄城区、台儿庄区分局。

2004年9月，根据省编委《关于山东省市县级食品药品监督管理局机构改革的实施意见》，市县（市、区）药品监督管理局分别更名为市县（市、区）食品药品监督管理局（分局），增加食品、保健品、化妆品等监管职责。

2006年9月，根据省编办《关于组建31区（县）食品药品监管分局（局）批复》，组建市食品药品监督管理局市中区、薛城区分局。

（2）食品药品监管系统下划，调整为市县分级管理。

2008年3月，国家食品药品监督管理局改由卫生部管理。

2009年12月，省委省政府批复《枣庄市政府机构改革方案》，将原由省垂

直管理的枣庄市食品药品监督管理局列入市政府工作部门。根据鲁发〔2009〕18号、枣发〔2010〕2号文件意见，滕州市食品药品监督管理局列入滕州市政府工作部门，5个市辖区分局仍为市食品药品监督管理局派出机构。

4. 关于国土资源管理体制改革

2004年11月，省政府《山东省国土资源管理体制改革实施意见》，市、县（市）国土资源国土部门仍为同级政府工作部门，市辖区国土资源主管部门的机构编制上收到市政府管理，改设为国土资源分局，为市国土资源主管部门的派出机构。

2005年5月，市政府印发《枣庄市国土资源管理体制改革实施意见》，五区和高新区国土资源分局为市国土局派出机构，共上划行政编制57名，机关人员82人（含提前离岗）；区属事业单位38个，编制452名，人员453人。

64个乡镇（街道）设立国土资源管理所。

枣庄市国土局、滕州市国土局领导班子及相应职级干部，分别由上一级国土主管部门党组（党委）管理。

（六）2010年政府部门机构改革

改革背景：2008年3月15日，十一届全国人大一次会议批准了关于国务院机构改革的方案。这次国务院机构改革的主要任务是，围绕转变政府职能和理顺部门职责关系，探索实行职能有机统一的大部门体制，合理配置宏观调控部门职能，加强能源环境管理机构，整合完善工业和信息化、交通运输行业管理体制，以改善民生为重点加强与整合社会管理和公共服务部门。

2008年8月，中共中央、国务院印发《关于地方政府机构改革的意见》。2009年9月，省委、省政府印发《关于市县政府机构改革的意见》。

改革内容：2009年12月25日，省委、省政府批准了《枣庄市人民政府机构改革方案》。2010年1月9日，枣庄市委、市政府出台《关于枣庄市人民政府机构改革的实施意见》，并于1月19日召开了全市政府机构改革动员大会。

1. 总体要求

围绕深化行政管理体制改革的总体目标，积极探索实行职能有机统一的大部门体制，为我市经济社会发展提供体制机制保障。坚持精简统一效能，以转变政府职能为核心，理顺职责关系，明确和强化责任，优化组织结构，完善体制机制；坚持上下基本对应，与省政府机构改革相衔接，积极探索实行职能有机统一的大部门体制；坚持因地制宜，构建符合枣庄经济社会发展要求的行政管理体制。

2. 主要内容

（1）职能转变。从制度上更好地发挥市场在资源配置中的基础性作用，更好地发挥公民和社会组织在社会公共事务管理中的作用。全面正确履行政府职能，加强对经济社会事务统筹协调，注重社会管理和公共服务，着力解决民生问题，强化执行和执法监管职责，增强处置突发公共事件和社会治安综合治理的能力。健全办事制度和程序，转变管理方式和工作作风，提高工作透明度和公信力。理顺职责关系，解决权责脱节问题。

（2）规范机构设置。

①调整设置市政府工作机构。

组建市经济和信息化委员会，挂市中小企业局牌子。将市经济贸易委员会工业行业管理、经济运行调节和煤电油气运保障等职责，市民营经济发展委员会（市中小企业局）的职责，市无线电管理处（市信息产业局）的职责，整合划入市经济和信息化委员会。不再保留市经济贸易委员会、市民营经济发展委员会（市中小企业局）、市信息产业局。

组建市人力资源和社会保障局，挂市外国专家局牌子。将市人事局、市劳动和社会保障局的职责，整合划入市人力资源和社会保障局。原与市人事局合署的市机构编制委员会办公室单独设置，列入党委机构序列。不再保留市人事局、市劳动和社会保障局。

组建市商务局。将市对外贸易经济合作局（市招商局）的职责、市经济贸易委员会的机电产品进出口管理职责、市服务业办公室的内贸管理职责，整合划入市商务局。不再保留市对外贸易经济合作局（市招商局）。

组建市旅游和服务业发展委员会。将市旅游局的行政管理职责、市服务业办公室除内贸管理以外的职责，整合划入市旅游和服务业发展委员会。不再保留市旅游局、市服务业办公室。

组建市住房和城乡建设局。将市建设委员会除指导城市客运、规划、城市管理以外的职责划入市住房和城乡建设局。不再保留市建设委员会。

组建市交通运输局。将市交通局的职责、市建设委员会指导城市客运的职责，整合划入市交通运输局。不再保留市交通局。

组建市文化广电新闻出版局，挂市文物局牌子。将市文化局（市新闻出版局、市版权局）的职责、市广播电视局的职责，整合划入市文化广电新闻出版局。不再保留市文化局（市新闻出版局、市版权局）、市广播电视局。

组建市城市管理局，由市住房和城乡建设局管理。将市建设委员会的城市管理职责、市城市管理行政执法局的职责，整合划入市城市管理局。不再保留市城市管理行政执法局。

将市政府外事办公室、市政府侨务办公室合并，组建市政府外事和侨务办公室。

将市政府法制局的职责划入市政府办公室，市政府办公室加挂市政府法制办公室牌子。

将市政府国有资产监督管理委员会的职责划入市财政局，市财政局加挂市政府国有资产监督管理委员会牌子。

将原由省垂直管理的市食品药品监督管理局列入市政府工作部门。

将市人民防空办公室由议事协调机构的常设办事机构调整为市政府工作部门，不再挂市民防局牌子。

将市规划局由事业单位调整为市政府工作部门。

市国土资源局加挂市测绘局牌子。

市卫生局加挂市中医药管理局牌子。

②规范管理事业单位。

组建市金融工作办公室，为市政府直属的正县级事业单位。

设立市城市转型工作办公室，挂市重点项目办公室牌子，由市发展和改革委员会管理。

设立枣庄运河古城保护开发建设管理委员会，挂枣庄海峡两岸交流基地办公室牌子，为市政府派出机构，正县级规格。

在枣庄人民广播电台、枣庄电视台的基础上，整合组建枣庄广播影视总台，为市政府直属的正县级事业单位。

在市人才服务中心、市劳动就业办公室的基础上，整合设立市人力资源服务中心，为市人力资源和社会保障局管理的正县级事业单位。

设立市文化市场综合执法支队，为市文化广电新闻出版局管理的正县级事业单位。

将市政府调查研究室更名为市政府研究室，仍由市政府办公室管理。

市煤炭工业局由市经济和信息化委员会管理。

市农业综合开发办公室由市财政局管理。

市市政园林管理局由市城市管理局管理。

市畜牧兽医局由市农业局管理。

市计划生育协会由市人口和计划生育委员会领导。

将市老龄工作委员会办公室、市地震局、中国国际贸易促进委员会枣庄市委员会（中国国际商会枣庄市商会）、市红十字会调整为市政府直属事业单位。

将市人民政府驻北京、济南办事处由市政府派出机构改为市政府办公室管理的事业单位。

市体育总会、市老年人体育协会分别设立市体育总会秘书处、市老年人体育协会秘书处，为市体育局管理的正县级事业单位。市体育总会、市老年人体育协会不再列为群众团体机关纳入编制管理。

③清理规范议事协调机构和群团机关。

制订部门“三定”规定、清理其他行政机构。

这次改革，32个政府工作部门、2个部门管理机构，全部重新制订了“三定”规定。机构限额由36个减少到34个。

结合政府机构改革，全部清理规范了使用事业编制自行设立的群团机关和其他行政机构、议事协调机构的办事机构。结合枣庄中心工作，将规划局列为政府工作部门，组建旅游和服务业发展委员会、设立了城市转型办公室、台儿庄古城管理委员会。

3.2013年食品药品工商质监体制改革

2013年10月，省政府《关于完善食品药品工商质监管理体制的意见》明确，将食品药品、工商、质监省级以下垂直管理体制改为地方政府分级管理体制，市、县（区、市）食品药品、工商、质监部门列为同级政府工作部门。

2013年11月，市政府制订《关于改革完善市、区（市）食品药品工商质监管理体制的实施意见》，市、区（市）重新组建食品药品监督管理局，市、区（市）工商局、质监局列为同级政府工作部门。

改革共下划市辖区食品药品监管局人员88人、区（市）工商局1175人、区（市）质监局292人。

（七）2014年市级政府部门职能转变和机构改革

改革背景：2013年3月，十二届全国人大一次会议批准国务院机构改革和职能转变方案。改革重点是：围绕转变职能和理顺职责关系，减少机构和领导职数，稳步推进大部门制改革，实行铁路政企分开，整合加强卫生和计划生育、食品药品、新闻出版和广播电影电视、海洋、能源管理机构等。改革后，组成部门25个，正部级减少4个（组成部门减少2个）。改革核心是：以职能转变为核心，积极主动向下级政府放权，充分发挥市场在资源配置中的决定性作用、更好发挥社会力量在管理社会事务中的作用，明确2013—2017年职能转变任务共62项。改革目标是：形成权界清晰、分工合理、权责一致、运转高效、法治保障的国务院机构职能体系。

2013年11月1日，地方政府职能转变和机构改革工作电视电话会议在北京召开。会议要求：本届政府任期内，财政供养人员只减不增，国务院部门实施的行政审批事项要减少1/3以上。地方政府职能转变要抓好“接、放、管”，机构改革要着力搞好“控、调、改”。改革做好“减法”，减少和下放审批事项，发挥市场在资源配置中的决定性作用，大部门体制改革，减少机构和领导职数，层级管理。在下发《关于地方政府职能转变和机构改革的意见》时，标题将“职能转变”放在“机构改革”的前面。

2014年3月10日，省编委印发《关于山东省人民政府职能转变和机构改革的实施意见》；3月20日，省编委下发《关于整合市县卫生人口和计划生育部门职责机构编制有关问题通知》；6月10日，省委、省政府出台《关于市县政府职能转变和机构改革的意见》。

2014年11月，全市政府职能转变和机构改革动员大会

改革内容：2014年9月30日，省委、省政府批准了《枣庄市人民政府职能转变和机构改革方案》。11月21日，枣庄市委、市政府出台《关于枣庄市人民政府职能转变和机构改革的实施意见》。11月27日，全市政府职能转变和机构改革动员大会召开。

1. 总体要求

适应社会主义市场经济发展需要，围绕建立中国特色社会主义行政体制目标，与省政府职能转变和机构改革相衔接，以转变政府职能为核心，大力简政放权，优化机构设置，完善制度机制，严控人员编制，提高行政效能。

2. 主要内容

（1）关于职能转变。

切实转变政府职能，从推进简政放权、减少审批事项，完善政府管理、加强事中事后监管，创新社会管理、激发社会组织活力，坚持依法行政、规范行政权力运行等四个方面，枣庄市先后出台了一系列文件：《关于清理规范行政权力事项推进行政权力公开透明运行工作实施方案》《关于全市2014年度深化行政审批制度改革工作的实施意见》《枣庄市投资项目负面清单》《枣庄市市级行政审批事项目录清单》《枣庄市市级行政权力清单》《关于部门所属中介机构、中介服务企业脱钩改制的实施方案》和《市直中介企业脱钩及交接工作方案》《枣庄市财政预决算信息公开实施方案》《枣庄市规范服务价格管理办法》等。

2013年11月，全市食品药品工商质监管理体制改革工作会议

推进落实改革工商登记制度，实行“宽进严管”，将“先证后照”改为“先照后证”，新设企业信用管理科；出台《枣庄市政府向社会购买服务管理暂行办法》《关于进一步加强政府信息公开工作的实施方案》。

加强政务服务体系建设。市、区（市）政府都设立政务服务中心管理办公室（为政府派出机构）。

深化转移支付制度改革。2014年将120项市级专项转移支付合并为69项，2014年年底压缩到40项。出台资金管理办法23条。

（2）关于政府机构改革。

组建市卫生和计划生育委员会，加挂市中医药管理局牌子，为市政府工作部门。不再保留市卫生局、市人口和计划生育委员会。

将原由省垂直管理的市工商行政管理局、市质量技术监督局列入市政府工作部门。

将市粮食局由市政府工作部门调整为市发展和改革委员会直属机构。作为过渡，暂保留正县级规格，本届政府任期内调整为副县级规格。

将市物价局由市发展和改革委员会管理机构调整为市发展和改革委员会直属机构，副县级规格。

将市城市管理局由市住房和城乡建设局管理机构调整为市住房和城乡建设局直属机构，副县级规格。

将市政府法制办公室并入市政府办公室，在市政府办公室加挂牌子。作为过渡，暂按正县级机构运行，本届政府任期内调整到位。

将市政府国有资产监督管理委员会并入市财政局，在市财政局加挂牌子。作为过渡，暂按正县级机构运行，本届政府任期内调整到位。

市国土资源局加挂市测绘地理信息局牌子。

市经济和信息化委员会不再挂市中小企业局牌子，将市中小企业局调整为市经济和信息化委员会直属机构，副县级规格。

市文化广电新闻出版局不再挂市文物局牌子。市文化市场综合执法支队由市文化广电新闻出版局管理。

将市畜牧兽医局、市农业机械管理局、市农业经济经营管理办公室调整为市农业局所属事业单位。整合农业、畜牧兽医、农业机械管理等涉农领域执法机构，组建市农业综合执法支队，为市农业局所属副县级事业单位。

组建市政务服务中心管理办公室，为市政府派出机构，正县级规格。撤销市行政审批服务中心事业单位建制。

市地方铁路局调整为由市发展和改革委员会管理。

机构改革后，市政府设置工作部门32个。机构限额由34个减少到32个，市级政府不再设部门管理机构。制订4个部门“三定”规定，修订9个部门“三定”规定。

（3）优化职能配置。

将原市人口和计划生育委员会研究拟订全市人口发展规划及人口政策职责划入市发展和改革委员会。

将市商务局生猪定点屠宰监督管理职责划入市农业局，具体工作由市畜牧兽医局承担。

将房屋登记、林地登记、土地登记等不动产登记职责整合到市国土资源局。

将城镇职工基本医疗保险、城镇居民基本医疗保险、新型农村合作医疗职责整合到一个部门，由市人力资源和社会保障局牵头负责。

依托现有政务服务平台，整合工程建设项目招投标、土地使用权和矿业权出让、国有产权交易、政府采购等平台，加快建立统一规范的市级公共资源交易平台，制定公共资源交易平台具体实施

办法和监管细则。

（4）机构改革新政策。

市级部门内设机构应综合设置，不设3人以下科室。规范行政层级管理，部门内设机构、直属机构、派出机构及部门所属事业单位等机构规格要低于其主管部门。

议事协调机构不单设办事机构，不核定人员编制和领导职数，具体工作由相关职能部门承担。挂牌机构不得设为实体性机构。

从严核定部门和内设机构领导职数。市政府工作部门领导职数按3—4名配备，部门内设机构领导职数一般按1—2名配备，县级政府工作部门领导职数按2—3名配备，工作任务重、业务面宽的综合管理部门可增配1名副职，增配副职的部门数量不得超过机构限额的三分之一。一般不再配备各类“总师”职务。

二、历次市级党政机关等行政机构改革的成效

（一）1983年市级党政机关机构改革取得了“精简机构、紧缩编制、调整班子、提高效率”的目的。通过改革，充实加强了综合协调部门、统计监督部门和立法执法部门，紧缩了经济管理部门，减少层次，明确职责。市级机构设置由原来的82个部门，调整为61个，减少20个，精简25%。改革后市级机关内设科室设置较改革前精简15%以上。市级机关原有人员2810人，精简人员900多人，精简比例达35%。同时精简了各级领导班子职数，降低领导班子成员年龄。通过改革强化了干部轮训。在枣庄师专和市农校、工业学校、师范、党校开办干部大中专专业进修班和文化班，学制两年，学员250人左右。机关中达不到高中文化程度的45岁左右的干部，通过分批轮训、补课，限期达到高中程度。通过领导干部轮训等形式提高领导干部文化程度和专业知识水平，废除领导职务终身制推动干部离退休制度改革，加快了干部队伍的年轻化，一定程度上解决了机构臃肿、人浮于事、工作效率低等问题。

这次改革历时一年多，由于当时经济体制改革的重点在农村，对于行政管理没有提出全面变革的要求，定编不定人，有些部门内设科室仅是改变了形式，并没减掉，改行政为所属企事业单位，人员有增加的趋势，所以政府机构和人员都没有真正减下来。有些部门之间的职责范围划分还很不明确，如市委设立了企业政治部，市政府设立了经济委员会，按照分工，经济委员会抓经济工作，企业政治部抓政治工作，这样容易出现各行其是，互相脱节、扯皮等问题，机构设置上未做到各部门协调一致。这次改革是一次有益的探索，加快了干部队伍的年轻化，但没有触动高度集中的计划经济管理体制，没有实现政府职能的转变。

（二）1996年市级机构改革抓住转变职能这个关键，紧密地与经济体制改革相结合；加强宏观管理职能，弱化微观管理职能；坚持政企分开，切实落实企业的经营自主权，促进企业经营机制的转换；较大幅度地精简了机构和人员，特别是大幅度精简专业经济管理部门。按照经济体制改革和政企分开的要求，把属于企业的权力下放给企业，把应该由企业解决的问题交由企业自己去解决，减少具体审批事务和对企业的直接管理，做到宏观管好，微观放开。市计委、财政局、经贸委等综合经济部门，把工作重点真正转到搞好宏观管理上来，集中精力搞好经济发展战略、发展规划和经济总量平衡，制定产业政策，培育与发展市场，有效调控社会经济活动。明确专业经济部门的职能主要是规划、协调、服务和监督，大力转变职能，简政放权，推动企业进入市场。合并裁减专业管理部门和综合部门内设专业机构；从机构设置的科学性和整体性出发，适当加强决策咨询和调节、监督、审计、信息部门，转变综合部门的工作方式，提高政府对宏观经济活动的调控能力；贯彻精简、统一、效能原则，清理整顿行政性公司，撤销因人设事的机构，裁减人浮于事的部门和人员；为了巩固机构改革的成果，并使行政管理走上法制化道路，严格按照规定控制机构设置和人员编制。

2015年3月，全市深入推进政府权力清单制度暨机构编制工作会议

改革中，撤销或整合涉及的政府机构包括农委、民族事务委、宗教事务局、贸易局、计委等部门。理顺部门之间尤其是综合经济部门之间以及综合经济部门与专业经济部门之间的关系，合理划分职责权限，避免交叉重复，精简机构编制。对专业经济部门，一类改为经济实体企业，不再承担政府行政管理职能；一类改为行业总会，作为市政府直属事业单位，保留行业管理职能。将一部分业务比较接近的直属机构划归有关部门归口管理，称之为部门管理机构，共6个；设置合署办公机构和一个机构两个牌子机构，实行纪委机关和监察局合署办公统筹党政机构设置。分流市直机关超编人员，推行国家公务员制度。改革中第一次实行定职能、定机构、定编制的“三定”工作。重新核定市直各机关编制人员分配，严格按照地市党政机构设置规定和机构限额设置必设机

构。

（三）2001 年市级党政机关机构改革。一是实行政企分开。真正推动了政府职能转变，完成了结束专业经济部门直接管理企业体制的目标。其突出表现是市政府各部门与所办的经济实体和管理的直属企业在人、财、物等方面脱钩。市政府不再保留：市贸易局、市第一轻工总会、市第二轻工总会、市纺织总会、市冶金化学总会、市机械电子总会、市建筑材料总会、市国有资产管理局，其行政管理职能并入市经贸委、市财政局。这样，政企不分的组织基础在很大程度上得以消除。撤销市商业总公司、市物资总公司，职能交给市经贸委。人员按照《市委、市政府关于市级党政机关机构改革人员分流的意见》，多渠道分流安置。二是调整部门分工，转变职能理顺关系。按照权责一致的原则，在 34 个部门之间划转了 42 项职能，相同或相近的职能尽可能交由一个部门承担，过去长期存在而没有解决的职能交叉、多头管理、政出多门、权责不清等问题有了很大改进。同时，为保证改革后机构协调运转，市委办、市政府办还下发《关于市直部门内设机构与主管部门关系等问题的通知》，合理划分内设机构与主管部门间的事权关系。三是精简机构编制。主要是大力精简工业经济部门，经过改革，市政府工作部门设置 31 个，部门管理机构 2 个，议事协调机构的办事机构 3 个，另有省垂管部门 5 个。同时，按照《枣庄市市直党政机关内设机构人员编制测算分配方案》（枣编发〔2001〕10 号）对各部门的内设机构和人员编制都作了较大幅度的调整和精简。四是提高机关工作效率。市直所有党政部门批复了职位设置方案，以改革为契机，完善干部任用、效能监察等规章制度，通过竞争上岗，公务员培训，一大批年轻高学历干部走上中层领导岗位，提高了机关办事效率。

（四）通过 2003 年市级人大、政协、群团机关机构改革，市级人大、政协机关完善了立法和监督职能，理顺工作机构与专门委员会及其办事机构的职责关系，发挥整体功能，调整机构设置，精简人员编制 15%，优化干部结构。

群团机关加强党的领导，完善领导和管理体制，依照有关法律法规和章程确定职责，改进运行机制克服行政化倾向，精简内设机构 15% 和人员编制 20%。

（五）2004 年市级政府机构改革重大的历史进步，在于抓住当时社会经济发展阶段的突出问题，进一步转变政府职能。转变职能是深化行政管理体制改革的关键。一是对口设置市级国有资产管理机构，将安全生产监督管理局列入政府工作部门，调整市发改委、外经贸局、经贸委相关职能。二是有关机构调整和职能整合不强调上下对口。除国有资产管理机构的设置外，一些地区从本地实际出发，因地制宜对其他有关机构进行调整和职能的整合。三是严格控制机构和编制，机构在省委、省政府规定的机构限额内按照“撤一建一”原则调整，人员编制在省核定的行政编制总额内调剂，领导职数严格按照有关规定配备，做到机构、编制、领导职数“三个不突破”。期间，调整了食品药品监管体制和国土资源管理体制。

（六）2010 年枣庄市政府部门机构改革。一是加强和改善宏观调控，促进科学发展。结合我市城市转型战略新要求，设立城市转型办公室，将规划局由事业单位调整为政府工作部门，组建市旅游和服务业发展委员会，设立市政府派出机构台儿庄古城管委会挂海峡两岸交流基地办公室牌子，推动枣庄城市转型和发展。二是着眼于保障和改善民生，加强社会管理和公共服务。市政府部门共取消、下放、转移行政审批事项 51 项，加强卫生服务、食药监管、环境保护、住房保障、促进就业等关系民生的职责 75 项，调整部门职责 127 项，理顺部门交叉职责 25 项，按照权责一致原则，明确政府部门承担责任 88 项。三是按照探索职能有机统一的大部门体制要求，对一些职能相近的部门进行整合，实行综合设置，理顺部门职责关系。对工业与信息化、内贸外贸、旅游和服务业、医疗和药品、人力资源、交通运输、城乡规划建设和管理等方面的职能、机构进行了整合优化；清理 6 个议事协调机构的办事机构，调整了其他机关和群团机关的设置建制，规范了政府直属事业单位的管理方式。优化组织结构，使政府机构的运转更加精干、有序、高效。

（七）2014 年政府职能转变和机构改革转变了职能，理顺了职责关系。一是深入推进政企分开、政事分开、政社分开，加快完善社会主义市场经济体制，从体制机制上加强社会建设，保障和改善民生。二是把职能转变放在更加突出位置，强调以更大力度，在更广范围、更深层次上加快政府机构职能转变，重在向市场、社会放权，减少对微观事务的干预，同时改善和加强宏观管理，严格事后监管，努力做到不该管的不管不干预，该管的切实管住管好。这是本次改革的一大亮点。三是坚持积极稳妥、循序渐进、成熟先行，注重改革的连续性、系统性和前瞻性。抓住重点问题，既巩固以往改革成果，又着力破解重大难题。对条件成熟、形成共识的先推进，对条件尚不成熟、还需要研究探索的，在进一步创造条件、累积共识后，适时加以推进。

审稿人：吴　震

撰稿人：季　民　张春艳

枣庄妇女事业发展的历程、成效及经验

1978年中共十一届三中全会开启了中国改革开放历史的新时代。发展中的枣庄也给广大妇女提供了施展才华和能力的大舞台，枣庄市各级妇联组织紧跟改革开放的历史步伐，坚定不移地跟着中国共产党，勇往直前地在建设中国特色社会主义道路上，在全市经济社会发展的潮流中，积极围绕中心抓项目，服务妇女抓维权，优化环境抓宣传，强化基础抓队伍，在"党政所急、妇女所需、妇联所能"的结合点上定位工作，充分运用自身的优势，认真履行妇联职能，全市妇女儿童事业取得辉煌成就。

一、妇女事业发展历程

中共十一届三中全会后，妇女事业迎来了生机盎然的春天。枣庄市妇联历届领导集体，以代表妇女利益、促进男女平等为己任，切实履行妇联代表、参与、教育、服务和联谊的社会职能，探索奋进，求实创新，取得了显著成绩。枣庄妇女事业从一个特殊的层面体现了全市改革开放的伟大成果，经历了探索前进、系统推进、蓬勃发展和实现跨越四个阶段。

（一）在改革中探索前进（1978—1992年）

中共十一届三中全会后，在邓小平同志建设有中国特色社会主义理论的指导下，党领导全国各族人民坚持"一个中心、两个基本点"的基本路线，进一步解放和发展了社会生产力，巩固了安定团结的政治局面，使中华大地发生了历史性的伟大变化，也为我国妇女运动创造了前所未有的良好环境和条件。枣庄市妇联紧跟党的工作重点转移，全面贯彻新时期妇女工作方针、任务，把妇女工作从以阶级斗争为纲转移到以经济建设为中心的轨道上来，团结全市妇女投身"四化"建设和改革开放。

1. 引领妇女思想解放

中共十一届三中全会前后，全国妇联召开了中国妇女第四次全国代表大会和全国妇联四届二次执委会，明确提出"四个现代化需要妇女，妇女需要四个现代化"，枣庄市各级妇联组织积极适应党的工作重点的转移，围绕"以生产为中心"这一大局，开展各类思想解放动员宣传教育工作，克服女性自卑、弱者和依附心理，努力提高思想道德素质和科学文化素质，积极投身"四个现代化"建设。1982年9月，按照党的十二大"加强两个文明建设，建设有中国特色社会主义"的决定精神，枣庄市将妇女的文化理论学习与法制教育、精神文明建设等方面教育相结合，提出了"全面提高妇女素质，着力强化妇女道德法制观念"的工作举措，广泛向妇女宣传党的政策，引导妇女克服依赖思想。1983年9月，中国妇女第五次全国代表大会召开后，枣庄市积极贯彻会议精神，把"坚决维护妇女儿童合法权益，抚育、培养、教育儿童少年健康成长，充分发挥妇女在建设社会主义物质文明和精神文明的作用"，确定为妇联工作的方针任务。1988年9月，全国妇联召开了中国妇女第六次全国代表大会，强调指出要号召广大妇女"自尊、自信、自立、自强"，全面提高自身素质，枣庄市将"四自精神"作为新时期妇女运动的方针，积极加大思想引领，逐步形成符合时代要求的健康女性心理品格，促使广大妇女增强历史的使命感和社会责任感。

2. 带动妇女投身经济建设

中国妇女"六大"强调指出必须围绕经济建设开展妇女运动，从社会发展中求妇女解放，枣庄市结合市情、民情，从1989—1992年，在加强坚持四项基本原则、反对资产阶级自由化的国情省情市情教育、努力协助党委政府创造安定团结局面的同时，以"思想大解放、生产大解放"推动妇女全面解放，拓宽妇女从事社会劳动的领域，使一大批妇女登上了经济建设的舞台。特别是80年代末，随着计划经济向中国特色市场经济的巨大变革及农村经济的振兴，于1989年开展了以"学文化、学技术、比成绩、比贡献"为内容的"双学双比"活动，成立了由市妇联、市农业局、市教育局等17个单位组成的"双学双比"竞赛活动协调小组，制定《关于在全市农村妇女中开展"双学双比"活动的意见》。各区（市）、乡（镇）也成立相应的协调组织，制定下发活动意见。全市围绕党中央大办农业、科教兴农的战略部署，积极在农村妇女中开展了学习文化知识、掌握生产技能，开展劳动竞赛，提供有效服务等各项活动，并通过"一学二赛三服务"，激发了妇女参与农村改革发展的热情，提高了妇女的素质和地位，促进了农村物质文明和精神文明建设。1989—1992年，全市各级妇联组织共发动40余万名妇女参加不同类型的实用技术培训，859名妇女获得农民技术初、中级职称。

3. 鼓励妇女建功立业

全国妇联在发起"四自"精神、在各自的岗位建功立业的动员号召后，1991年，由市妇联牵头联合多家部门共同发起"巾帼建功"活动，激励动员广大城镇妇女在国家经济建设和社会发展中建功立业。同年，市妇联牵头协调22个单位成立枣庄市"巾帼建功"竞赛协调组织，在全市城镇职业妇女中

开展了“八五”巾帼建功杯竞赛活动。1992年，全市各级妇联组织了形式多样的“巾帼建功”竞赛活动，参加人数5万余名，在举办的各类培训班中有6872名职业妇女取得大中专学历，其中2109名妇女取得大专学历。从此，“巾帼建功”活动叫响了口号，丰富了城乡妇女工作内容，拓宽了城乡妇女工作领域，成为动员广大城镇妇女参与“两个文明”建设的有效载体。

（二）在改革中系统推进（1993—2003年）

乘着邓小平年南方谈话的东风，枣庄人着力培育和塑造枣庄精神，并把弘扬枣庄精神和实践突出体现在加快发展、奋力超越上，全市上下迅速形成只争朝夕办大事、团结拼搏创大业的生动局面。

1.“双学双比”全面深入开展

1993—1998年，围绕党中央大办农业、科教兴农的战略部署，全市各级妇联组织将学习文化知识、掌握生产技能作为“双学双比”活动的重点内容，开展劳动竞赛，提供有效服务，通过“一学二赛三服务”，激发了妇女参与农村改革发展的热情，提高了妇女的素质和地位，推动了“双学双比”活动的全面深入开展，促进了农村物质文明和精神文明建设。1993年，召开“双学双比”流动现场会，并举办各类新技术成果培训班5878期，培训妇女225610人次，1040名妇女参加各类农函大学习；全市建立以农村妇女牵头成立的技术协会、研究会、推广中心154个，推广新技术、新成果140余种。1994年，各级妇联重点组织动员妇女参加农广校、农函大和各种实用技术培训班的学习，全市应用新技术、新成果的妇女约占70%左右。1995年，开展争当科技女状元活动，并与市科协联合下发《关于加强对农村妇女绿色证书和技术职称培训工作的意见》。

2.“三大主体”活动如火如荼

1995年，第四次世界妇女大会将男女平等列为我国基本国策，为妇女运动的发展奠定了新的里程碑，全市妇女事业取得了空前的发展与历史性的突破。全市各级妇女组织，围绕经济建设这个中心，以“双学双比”“巾帼建功”和“五好文明家庭”创建三大主体活动为重点，积极实践为妇女儿童服务的宗旨，以全新的思路开创了妇女工作新天地。

（1）“双学双比”活动

1997年，为响应全国及省妇联关于在农村妇女中开展科技培训的号召，在全市农村妇女中开展“十万农家女，推广十项新技术”活动，组织农村妇女学习实用新技术、市场营销及经营管理等，发动妇女干部、妇女骨干参加绿色证书、农民技术员课程培训，全市共举办培训班近千期，有3万多名妇女参加，其中2万多名农村妇女掌握了1—2门农村实用新技术，涌现出多名女能手、一大批女科技示范户，她们为发展农业生产、繁荣农村经济作出了重大贡献。1998年，全市建立“巾帼手拉手互助基金会”30个，筹集资金117万余元，通过辐射带动，各渠道对贫困妇女帮扶资金达820万余元，开发帮扶项目8000余个。

（2）“巾帼建功”竞赛

1995—1998年是“巾帼建功”活动“领域拓宽”的阶段。这一阶段的“巾帼建功”活动规模和领域不断扩大，着力激励在岗女职工岗位建功成才，推动下岗女职工再就业，为改革开放作出了积极贡献。1995年，市妇联在建委、邮电、环保、旅游4个行业中开展“迎九五、岗位建功”竞赛活动，并与环保局联合开展“孤岛杯”妇女与环境知识竞赛活动。1996年，开展争当“爱岗敬业标兵”和“失岗不失志”教育活动，并组织召开“巾帼建功”事迹报告会。1998年，市妇联联合市劳动局等单位实施了“巾帼再就业工程”，并研究制定了《下岗再就业工作的三年规划》，开展教育培训，开展以“树立新观念，学习新知识，选择新岗位，创造新成绩”为主要内容的“巾帼创新业”活动，在全市树立巾帼创新业带头人19名，举办事迹报告会16场，6000余名下岗女工受到教育。全年全市各级妇联帮助安置下岗女工1652人，协调社会安置5560人。

1999年1月，百名孩子认妈妈仪式

（3）“五好文明家庭”创建

1996年，为贯彻落实中共十四届六中全会《中共中央关于加强社会主义精神文明建设若干重要问题的决议》的精神，大力提倡尊老爱幼、男女平等、夫妻和睦、勤俭持家、邻里团结的家庭美德，按照全国妇联的要求，全市将“五好家庭”活动正式更名为“五好文明家庭”活动。1996年11月，全国妇联联合中宣部、民政部等18个部委发出《关于深入持久开展“五好文明家庭”创建活动的联合通知》，全市积极贯彻落实通知精神，于1997年成立了创建活动协调领导小组，明确了创建活动的指导思想、工作要求、评选表彰管理办法，针对1982年全国妇联制定的五好文明家庭评选标准，对“五好”条件也作了新的规定：“爱国守法，热心公益好；学习进取，爱岗敬业好；男女平等尊老爱幼好；移风易俗，少生优育好；勤俭持家，保护环境好”。同时各级妇联组

织以提高家庭成员的思想道德和科学文化素质为重点，大力弘扬家庭美德，在城乡联合开展了丰富多彩的“五好文明家庭”创建活动，极大提高了家庭成员素质和家庭文明程度。2003年，在全市开展优秀家庭角色，优秀特色家庭评选活动，并对评选出来的50户家庭美德示范户、50名巾帼道德之星，建设进行表彰宣传，举行弘扬家庭美德、倡导文明新风报告团，在全市巡回作报告；开展创建“学习型家庭”活动，引导家庭成员多读书、读好书。

3. 妇女特色工作全面展开

1998年，围绕农业发展进入新阶段、农民增收致富，围绕下岗职工再就业、全民创业带动就业的新要求，全市各级妇女组织创造性地、全新开展了“五好文明家庭”创建、“巾帼文明岗”活动、庭院经济开发、“巾帼再就业工程”以及妇女权益维护等一系列具有时代特征、枣庄特色等具有妇女特点的工作，推动了全市妇女事业的与时俱进、快速发展。

（1）“五好文明家庭”创建

2002年，调整充实了枣庄市“五好文明家庭”创建活动协调小组，争取市委、市政府两办转发了美在家庭“五年规划”；开展了美在家庭、廉在家庭、五好文明家庭、贤内助、优秀兵妈妈、优秀家庭角色、优秀特色家庭等创评活动，在广大家庭成员中，大力倡导道德立家、科技兴家、经济发家、廉洁治家、绿化美家；组织全市2万名妇女参加全国公民道德知识竞赛，在广大妇女中掀起学习宣传公民道德的高潮。

（2）“巾帼文明岗”活动

1998—2003年是“巾帼建功”活动“创新发展”的阶段，推动了以“巾帼文明岗”为重点的“巾帼建功”的创新发展。2001年，扩大了创建“巾帼文明示范岗”行业范围，进一步深化“巾帼建功”活动，数万名城镇女职工积极参与，全市有6个先进集体和10名先进个人受到省表彰。2002年，在全市城镇妇女中开展以“爱岗位、学技能、创新业、长才干”为主题的“巾帼文明示范岗”和巾帼“争创十佳”创评活动，对三级巾帼文明示范岗进行了全面调查摸底，研究制定了《巾帼文明示范岗管理办法》，规范了创建活动，开始对巾帼文明示范岗实行动态管理。2003年，召开全市“巾帼文明示范岗”现场经验交流会，表彰了一批先进单位和个人。

（3）“庭院开发、巾帼立功”活动

1998年，市委、市政府转发省《关于开展“庭院开发、巾帼立功”活动的意见》，成立活动领导小组，在区（市）、乡（镇）机关中选拔一批优秀年轻女干部挂职乡（镇）妇联科技副主席专抓此项工作。在《枣庄日报》、枣庄电视新闻节目中开辟“庭院开发、巾帼立功”栏目，建立530余人参加的信息员队伍，创办《活动简报》。活动期间，全市举办培训班800余期，培训妇女5万人次，3624名妇女获女农民技术员职称，6409名妇女获得“绿色证书”，80%以上的农村妇女掌握1—2门实用技术，12%的农村妇女掌握1—2门新技术。在全市农村妇女中广泛开展“十百千万”竞赛活动，选出10名生产规模大、科技含量高、经济效益好、辐射带动作用强的科技女状元，使之成为科技专业大户；100个以妇女为主体的科技致富专业村；1000户以妇女为主体的科技致富示范户；1万对富帮贫科技致富对子。市妇联协调有关部门，为农村妇女开发庭院争取优惠政策，提供致富信息、技术指导、物资资金、生产经营场地等服务。全年组织科技下乡260余次，协调资金200余万元，新上致富项目2.6万余个，争取支持妇女发展的优惠政策30余项；协调农村信用联社提供贷款5000余万元，争取优惠政策30余项；建立首批由100名种、养、加女能手组成的农村妇女科技人才库。2000年5月，在湖南召开的第五届全国庭院经济农业发展研讨会上，市妇联作典型发言，枣庄市被中国农学会、全国妇联等部门命名为全国庭院经济高效产业典型示范市。2001年5月23—25日，在枣庄市召开全国庭院经济与农民增收现场会，与会人员对枣庄发展庭院经济的做法、经验、典型现场给予高度评价。2001年9月，开展巾帼“送智富民”活动，邀请政协女委员中的农技专家，为农村妇女提供智力支持。2002年，研究制定了《关于应对入世挑战，推进庭院经济产业化经营的意见》，实施了“五百四万”目标计划，开展了“百强生态庭院经济示范村”创建活动，推广了滕州市发展庭院经济产业化的经验，评选表彰了一批巾帼科技致富带头人。各级妇联认真分解落实目标任务，采取召开现场会、组织参观学习、大力宣传表彰等措施，培养选树了一批庭院经济产业化经营的典型，推进了庭院经济向纵深发展。

2010年3月，巾帼创业品牌街命名表彰暨揭牌仪式

（4）巾帼就业创业

1999年，协调有关部门举办职业技能培训班100余期，培训下岗女工3100余人次；成立“巾帼家政服务中

心”，建立百名巾帼营销员队伍和30余名下岗女工参加的巾帼家政服务队，举行上岗仪式，鼓励支持下岗女工在社区服务领域创新业；协调有关部门为下岗女工减免税收、提供经营场地等优惠政策13次项，10多个企业无偿赞助车辆、服装等，全年各级妇联协调安置下岗女工1800余人。2000年，举办了“巾帼社区服务推介暨招商引资洽谈活动”“妇女人才专场招聘大会”和妇女专业人才专场招聘大会，组织85个用工单位和个体工商业主参加洽谈，提供就业岗位930余个，5000余名女性求职者踊跃参与；以市巾帼家政服务中心为依托，全市举办各类家政服务培训班70余期，培训下岗女工3600人次。2002年，实施“巾帼社区服务工程”，开展了巾帼社区服务示范岗和巾帼社区服务先进个人创评活动，深化了“巾帼再就业援助”行动。2003年，成立“巾帼就业再就业”指导中心，三级妇联为北京、上海、广州等地输送劳动力6500人；实施“巾帼就业再就业”培训工程，全面举办培训班200余期，万余名下岗失业妇女得到培训。

（5）妇女儿童维权行动

1998年，举办了80余人参加的维权普法培训班，在全市妇联干部中聘请50名特邀陪审员，参与有关妇女儿童权益案件的审理。1999年，健全陪审员队伍，59名妇联干部作为特邀陪审员参与妇女儿童权益案件的审理，并配合公安部门开展打击拐卖妇女儿童犯罪和解救专项活动。2000年，市妇联、市广播电台和《枣庄日报》联合开展专题讲座、开通热线电话，剖析案例，教育和引导家庭成员学法、懂法、提高法律素质和依法维权意识。从2000年开始，每年三八节、全国法制宣传日等都联合市司法局等单位开展妇女维权周、普法宣传等活动，发放中华人民共和国《婚姻法》《妇女权益保障法》《未成年人保护法》《新婚姻法》等各类宣传资料，接受群众咨询，为妇女解难释疑，极大增强了妇女的权益保护意识。2002年，各级妇联借助《妇女法》颁布实施10周年的契机，开展各种纪念活动，宣传总结《妇女法》颁布实施10年的成绩和存在的问题，再次掀起了学习、宣传、贯彻、实施《妇女法》的高潮；成立了枣庄市维护妇女儿童权益协调组，整合社会资源，推动妇女儿童问题解决。2003年，在全市开展了“优秀妇女维权岗”创建活动，对“优秀妇女维权岗”进行了评选表彰，并成立了110家庭暴力报警服务中心、家庭暴力致伤致残鉴定中心、女法官合议庭、妇女法律援助联络中心，召开了全市优秀妇女维权岗现场会，通过了《枣庄市关于预防和制止家庭暴力的意见》《关于在全市创建“零家庭暴力社区”的通知》，构筑了维护妇女合法权益的新平台。同年联合有关部门在全市开展维护女职工权益和禁止使用童工的执法检查，与综治委联合在全市开展“好婆婆好媳妇”评选活动，召开表彰大会进行表彰，提高了妇女参与社会治安综合治理的积极性。

（三）在改革中蓬勃发展（2004—2009年）

进入21世纪，在全国上下团结一心推进小康社会建设的过程中，枣庄市社会各界高度重视妇女事业发展工作，形成了全社会关心和支持妇女工作的强大合力和良好氛围。市妇联围绕争当全市富民强市的宏伟目标，以“一手抓发展、一手抓维权”为基本工作方针，以党政所急、妇女所需、妇联所能为工作定位，号召广大妇女与时俱进，积极投身社会主义新农村建设与和谐社会建设，各级妇女组织纷纷开展了“文明生态庭院”创建、“巾帼就业创业行动”、新型女农民培训、“廉在家庭”、“美在家庭”、“和谐家庭”等社会文明和谐创建以及社会化维权机制建设、“代理妈妈”等活动，开创了一系列富有影响力的工作品牌及实事项目。随着枣庄市“全面建设‘和谐枣庄’”奋斗目标的确立，2009年11月在枣庄市妇女第八次代表大会作出了“全面落实科学发展观团结带领全市妇女为建设富强文明和谐的新枣庄而奋斗”的庄重宣言，广大妇女与全市人民一起携手开始迈向全面建设“和谐枣庄”的新征程。

2015年3月关爱女性健康大型健康义诊活动

1.“文明生态庭院”创建

2004年，市妇联在全市开展“文明生态庭院”创建活动，引导农村妇女大力发展集绿色庭院、新法沼气、温棚暖圈、节能厨房、卫生厕所、科学文明“六位一体”的文明生态庭院，实现庭院开发生态效益、经济效益和精神文明有机统一。2006年，与市文明委联合开展“文明生态户”创评活动，命名表彰100户“文明生态户”，市妇联因此被评为省巾帼科技致富工作先进集体。2007年，开展“新农村新农家”创建活动，提出了以“致富项目落实到家、科学技术推广到家”等为主要内容的“八到家”和以“争创生活富裕之家”为主要内容的“八争创”活动，全市有10余万农村妇女参与争创活动，共评选出100户文明生态庭院示范户。

2.“巾帼就业创业行动”

2004年，开展首届“枣庄市巾帼创业市长奖”创评活动，并对12名“巾帼创业市长奖”获得者进行了表彰。2003—2004年，实施了“巾帼就业创业行动”，协调市人民银行向下岗失业妇女实施小额信贷就业支持，全市各级农信联社为创业妇女提供信贷支持4500余万元。2005年，实施就业培训、劳务输出、项目贷款、家政服务、爱心援助五项工程，妇联与劳动部门联合共同举办培训班，组织妇女向非农产业转移、到外埠就业。至2005年底，市、区（市）、镇（街）三级妇联为北京、上海、广州、苏州、青岛、烟台等地输送劳动力12000余人。2006年，确立了“造就千名巾帼小老板，转移万名妇女劳动力”的工作目标，培训并扶持了一批农村妇女剩余劳动力和下岗失业妇女就业再就业。2008年，成立了巾帼创业者协会，启动了“巾帼创业带头人培育计划”，聘请了17位女企业家作为“巾帼创业指导师”，实施了能力、资金、项目、政策四大助推活动，当年培育“巾帼创业带头人”86名。2009年，在全市组织实施了“巾帼创业就业”行动，制定下发了巾帼创业就业“2165”计划，在全社会特别是女企业家中广泛征集适合妇女创业的项目160多个项目，开发就业岗位3000多个，对巾帼创业者实行“能力、项目、资金、政策”四项助推活动，以巾帼创业促进巾帼就业。同年举办知识技能培训20多个班次，数千名妇女参加；此外，命名表彰36个巾帼创业就业示范基地和巾帼创业就业培训基地，培养147名巾帼创业带头人，对妇女的创业就业发挥了很好的培训、辐射、带动、示范作用。

3. 新型女农民培训

2006年初，市妇联、市委研究室和农业等相关部门研究制定下发了《关于动员组织广大妇女参与社会主义新农村建设的意见》，在全市组织实施。在实施中，开展了争当新农村建设带头人活动，评选表彰了100名“新农村建设巾帼带头人”；各级妇联依托妇女之家、妇女学校等学习阵地，以“家家学”主题活动为载体，通过举办各类知识竞赛、学习成果交流会等，对女农民进行系统的培训辅导。从2007年开始，全市着力培养有文化、懂技术、会经营的新型女农民，不断创新科技培训、科技服务、科技示范“三大网络”，形成了培训、服务、示范、合作、信息五大服务体系，全市共扶持培育“妇”字号龙头企业和示范基地100个，开展培训、观摩、技术指导，带动大批妇女进入产业化经营。同年开始与省农信社枣庄办事处联合开展“信贷助推农村妇女创业行动”，为农村妇女致富创业实行小额信贷政策倾斜和快捷的资金服务，共为5000余名妇女发放小额贷款1.2492亿元。2008年起，加强对女能手、女性专业合作组织带头人的技术技能和经营管理培训，建立各类妇女教育培训学校和基地40余个，举办各类技术培训班400多期，5万余名妇女参加了培训，新增3800余名农村妇女获绿色证书和女农民技术员职称。2012年，为适应农村第二三产业发展要求，积极引导农村妇女兴办农产品加工业和农村服务业，领办合作经济组织，以创业带动就业。

4. 社会文明和谐创建

2004年，评选表彰了“民营企业家贤内助”，深化了“美在家庭”活动；将我市一个区和二个镇（办）选评为“美在家庭”示范区和示范镇（办），加强了“美在家庭”示范点创建工作；开展了创建“学习型家庭”活动，加强家庭文化建设，全市有4户被省评为“学习型家庭”。2005年，各级妇联以开展“和谐家庭”创建活动为重点，开展“双十星”评选活动、“四进家”以及“五好文明家庭”“家庭美德示范户”“廉在家庭”“廉内助”“贤内助”“优秀兵妈妈”“优秀好军嫂”等创评活动，以家庭文明促进社会文明，深化了“美在家庭”活动，涌现了一批全国、全省“三八红旗手”、“三八红旗集体”，全国“五好文明家庭”“尊老敬老好儿女”等典型。2006年，把“八荣八耻”作为和谐家庭建设的重要内容，广泛开展了“美在家庭”“廉在家庭”“学习型家庭”“平安家庭”等形式多样的家庭道德实践活动，推动了和谐家庭建设与社会主义荣辱观教育的相互融合与促进。2007年，制定下发了《关于开展和谐家庭创建活动的意见的通知》，向全市妇女发出了“做优秀女性、建和谐家庭，为实现‘十一五’规划建功立业的倡议书”，开展了枣庄市“百佳和谐家庭示范户”和“百佳和谐家庭角色”评选宣传活动。2008年，深化了“和谐家庭”创建，对百佳和谐家庭示范户和百佳和谐家庭角色进行了隆重表彰，在《枣庄日报》和电视台开办“和谐家庭采风”栏目，对“和谐家庭”进行了跟踪拍摄、集中报道，全市70余万户家庭参与和谐家庭创建活动，受各级妇联组织表彰的“十类家庭”共2520户，“十类家庭角色”共3640人，和谐创建活动深入人心。

5. 社会化维权机制建设

2005年，《妇女权益保障法》修正案通过后，各级妇联迅速行动，开展“提高妇女法律素质，促进构建和谐社会”等主题宣传培训活动，强化妇女的法制观念。同时，加强妇女维权网络建

设，全市形成了以致伤鉴定中心、妇女维权合议庭、法律援助站（点）等为载体的救助、服务妇女维权网络；建立特邀陪审员、劳动执法监督员队伍，加强培训，强化了妇女维权队伍建设。2007年，将维护妇女权益协调组织纳入综治委组织领导体系，为维护妇女权益提供组织保障；年底，联合公检法司等部门召开了维护妇女儿童权益现场会，营造了全市维护妇女儿童合法权益和积极参与平安建设的良好社会环境。2008年，加强劳动执法监察，开展维护女职工、未成年工合法权益和禁止使用童工专项检查，全面推行了女职工生育保险制度，城镇女性从业人员的养老、失业、医疗、工伤等保险在国家规定的范围内基本达到应保尽保。

6.“代理妈妈”活动

从1998年开始，按照“给关爱，结亲情，育新人，建和谐”的理念，开展了“代理妈妈”活动，动员社会各界热心人士以一腔真情，献一份爱心，赢一份希望，为失去单亲和失去双亲的儿童做代理妈妈。在随后的十几年里，市妇联在规范管理、提升“代理妈妈”活动层次的同时，坚持不懈地向社会宣传加强困难儿童教育的重要意义，抓住“六一”、中秋、新年等有利时机，广泛动员社会各界人士积极伸出援助之手，向困难儿童奉献爱心。截止到2011年，发展“代理妈妈”23000余人，代理失亲儿童、流浪儿童、留守儿童13429名，捐助学习生活费用1000多万元。活动得到了中宣部、中央文明办领导和省委领导的高度重视和充分肯定。《人民日报》《光明日报》《中国妇女报》《大众日报》等主流媒体都对枣庄市“代理妈妈”活动进行了宣传报道。在这十几年间，组织开展了以歌颂母爱为主题的“情系儿童　共享母爱”活动，以宣传“代理妈妈”事迹、弘扬奉献精神为主题的“高尚之爱”活动，以奉献爱心、培育亲情为主题的“千名代理妈妈爱心大使送温暖”活动、以培育代理孩子快乐向上、自尊自信为主题的“露一手才艺大赛”活动等50多次，吸引社会公众的广泛参与，壮大了“代理妈妈”队伍。

2013年1月，“爱心妈妈”结亲仪式

（四）在改革中实现跨越（2010年至今）

随着十二五规划的颁布实施，枣庄市主动顺应时代发展的大趋势，准确把握形势，深刻认识枣庄面临的机遇和挑战，作出了从“加快发展”向“科学发展”的重大转型。市妇联紧紧围绕转变经济发展方式、调整经济结构这个大局来谋划工作、部署任务、制定措施，把服务大局和服务妇女、促进妇女全面发展和维护权益有机结合起来，凝心聚力，合力攻坚，广泛组织妇女参与经济发展、积极推进家庭文明建设、加大留守儿童关爱力度、全力维护好妇女合法权益，成功打造了“互联网+”“创业创新巾帼行动”、家门口就业工程、“最美家庭”评选、“女性大讲堂”、“美在农家”、“巾帼维权行动”、“爱心妈妈”等一系列品牌，真正把妇联组织建设成为党开展妇女工作的坚强阵地、妇女群众可信赖依靠的“妇女之家”，团结动员广大妇女为协调推进“四个全面”战略布局、为我们全面建成小康社会、打造自然生态宜居宜业新枣庄作出新贡献。

1.“互联网+她”

从2015年开始，为深入贯彻大众创业、万众创新的决策部署，积极响应中央“互联网+”行动计划，枣庄市面向创业妇女广泛开展互联网技能、电子商务、微营销等培训，大力推进城乡妇女创业就业活动。2015年12月16日，在枣庄学院举办了巾帼创业创新暨“互联网＋她”创业讲习枣庄学院行活动，聘请2位老师为高校大学生搭建创业就业平台，激发大学生创业激情，引导大学生在“互联网＋”发展新常态下积极投身创业创新的社会实践。2016年初，制定实施了《关于开展“互联网+她”电商扶贫培训年活动的通知》，把电商扶贫作为精准扶贫、巾帼脱贫的重要抓手，加大电商扶贫力度，用1年时间在全市65个镇（街）依次举办电子商务知识培训班，以女性为重点，帮助他们在淘宝、京东商城等知名电商平台开设网店，示范带动更多基层妇女依托电子商务创业致富。2016年1月23日，在华派梦想城举办了“互联网+她”系列讲习活动，对近20名妇女重点讲授了网店装修、网络营销、微下单、政策奖励、互联网平台品牌推广等方面的内容。1月27日，在市中区盛北五金建材城开展“互联网+她”女性电商沙龙，讲座邀请了7位从事电商工作的专家为参加活动的部分电商从业者、妇代会主任介绍了从事电商的经验。2月16日，在山亭区徐庄镇便民服务中心举行了“互联网+她”电子商务知识培训会，42个行政村的妇代会主任、部分电商爱好者和机关妇女干部共150余人参加了培训学习。3月10日，举办了“互联网+她”电商论坛，互联网专家结合天猫、淘宝电商的成功案例进行分析，就如何将传统企业与互“联网+”融合发展等进行了深入浅出的讲解，6家巾帼企业家及公司骨干共40余人参加论坛。由此，“互联网+她”的培训逐渐进入常态化发展阶段。截至2016年底，先后邀请市内外专家学者开展“互联网+她”讲课培

训40次，培训妇女近万人。

2.“创业创新巾帼行动”

从2009年起，加大了小额信贷服务实施工作力度，为符合条件的巾帼创业带头人发放贴息小额贷款，共为1178名城市妇女和627名农村妇女发放小额贷款1.0083亿元，共计贴息227.8万元；向省妇联推荐企业24家，获得巾帼创业行动专项资金76.6612万元。从2009年起，共组织“巾帼春风送岗位”女性专场招聘活动284场，提供免费服务人数15万人，成功介绍就业人数13255人；每年8、9月份，为女大学生开设招聘会专场，100余家单位提供了近6000个就业岗位，14000名女大学生参与，达成用工意向5670人次。2011年，在女企业家中广泛开展了“岗位征集”和“项目征集”活动，建立了巾帼创业项目库，征集项目200多个；在全市各类培训学校和女性创业企业中发展了近20家巾帼创业示范、培训、见习基地，加强对创业妇女家政服务、农业种养业以及家庭手工业为主的实用技能培训。2013年，建立市、区（市）、镇（街）三级妇女创业组织机构，在枣庄市创促会成立巾帼创业办公室（工作站、服务站），在义乌成立了枣庄市巾帼来料加工义乌代表处，为广大妇女提供服务。2014年，举办了“巾帼建新功、共筑中国梦”妇女创业论坛，总结探讨了枣庄市创业女性的成功经验和成长规律，引领更多的女性创业建功；开展“青银助力巾帼创业梦”活动，向女企业家协会、巾帼创业者协会集体授信5000万元额度，为有困难的创业女性提供更多的资金支持。2017年，举行“巾帼建新功·献礼十九大”演讲比赛，在新媒体开展了巾帼建功系列风采展示活动，实施“女性中小微企业发展扶持计划”、巾帼创业十大品牌争创和网络“优秀创业品牌展”等活动，进一步深化了创业创新创优行动。

3. 枣庄大姐家门口就业工程

响应“大众创业、万众创新”的号召，2015年，在全市范围内开展了以特色手工（来料加工）类、电子商务类、家政服务类、乡村旅游类、种植养殖类为主要内容的家门口就业工程，对全市首批54家“枣庄大姐”家门口就业工程示范基地进行了授牌并宣传。全市共发展女性牵头各类种植养殖专业合作社400余个，为82000多名妇女提供就业岗位，有3000余名妇女成立了专业技术妇女合作指导队；全市发展女性创办的淘宝商铺6000余个，枣庄特产火樱桃、杂粮、地瓜枣、石榴汁等农副产品销售渠道不断得到拓宽；全市共建立来料加工点405个，从业妇女人数达到45600多名，鲁绣、黑陶、柳编等具有地方特色的手工艺品享誉全国；全年举办电子商务培训、家政服务技能培训、全市全民电子商务创业启航培训、家政专业知识讲座、枣庄大姐家政服务员培训、巾帼星火科技带头人培训等近80期，培训人员7000余人次。2016年，举办互联网知识讲座、电商项目推介、女性电商沙龙、巾帼星火科技带头人培训及家政培训等162期，提高了女性创业就业水平。2017年继续实施“枣庄大姐”家门口就业工程，辐射带动近6千名贫困妇女实现就业。连续3年开展“扶资金、扶岗位、强培训、树典型”助推活动，积极引导和帮助妇女在这些行业中实现创业就业，打造了内容丰富的“枣庄大姐”区域经济品牌，带动了数万名妇女居家就业。

2006年4月，开通代理妈妈网站

4. 社会文明创建

2010年，开展“低碳家庭·时尚生活”主题活动，向全市广大妇女、家庭宣读了低碳家庭生活倡议书，在家庭社区中发起、实施了“家庭低碳计划十五件事”，成为全省首个启动该项活动的市；同时开展了五个好文明家庭成员评选、“平安家庭”“节能减排家庭社区行动”“百万家庭读好书”、争当“书香人家”等和谐家庭创建活动，推进了家庭文化建设。2011年，召开了全市庆三八暨创先争优巾帼建功立业表彰大会，对在枣庄市经济建设和社会发展中做出突出贡献的三八红旗手、巾帼创业就业工作、妇女儿童维权工作先进集体等优秀个人和集体、五好文明家庭和成员进行了隆重表彰。2012—2013年，开展了2期幸福家庭创建活动，各级以“四德四进”为主题，丰富了幸福家庭创建活动内涵，表彰了一批幸福家庭和优秀家庭角色。2013年，举办了“工行杯”幸福在我家摄影大赛、“幸福家庭”女性大讲堂、妇女健身骨干培训班、妇女广场舞展演大赛等文明创建活动10余场，举办了以健康生活方式、反邪教、家庭教育为主题的各类讲座18场，培训健身骨干109人，命名市级妇女健身示范站点50个、省级妇女健身示范点6个。2014年，启动了寻找“最美家庭”活动，依托遍布城乡的妇女之家、妇女儿童家园，通过设“最美家庭”光荣榜、办家庭故事会演讲会、家训家风分享会等形式，常态化开展寻找“最美家庭”活动，至2016年底全市共27.2万个家庭参与活动，评选各级各类特色文明家庭2万多户。2015年，举办了全市“美在农家”活动专题培训班，并组织相关人员赴临沂考察学习“美在农家”工作；召开了“美在农家”活动现场推进会和“美在农家”现场会，全力推进

“美在农家”工作；举行了全市“四德歌”广场舞展演比赛活动，400余名参赛队员展示了新时代女性的良好精神风貌。2016年—2017年，在全市开展了“四德”健身广场舞海选征集及展示大赛、“美在农家”活动现场推进会、女职工趣味体育比赛、庆“三八”暨健康家庭才艺展示活动、“新农村新生活”培训、最美家庭事迹展播、好家风好家训宣讲、家庭教育公益讲座、教育论坛、中老年广场舞枣庄决赛等活动，广泛倡导四德新风，大力推进文明创建。

5. 巾帼志愿服务

从2010年起，加强了巾帼志愿者队伍建设，探索建立了培训、交流、表彰奖励和学习考核等制度，对巾帼志愿者实行“四统一”的管理制度，提高了创建水平。当年，全市拥有近2000支队伍，18000余名队员。2010年，开展了以“服务妇女、奉献社会、共创和谐”为主题的巾帼文明行动，广泛开展政策宣传、科学知识普及、环境绿化美化等活动。2011年，举行了巾帼志愿者服务队授旗仪式，正式启动了巾帼志愿者行动。当年底，创建省级巾帼志愿服务行动计划示范社区6个，省级妇女健身示范站点6个。2012年，组织志愿者60余名，在市福利院开展了“践行雷锋精神·枣庄巾帼志愿者在行动”活动，为市福利院的孤寡老人、智障残疾儿童送去了5000多元的物品，峄城区卫生系统的志愿者们为孤寡老人们进行了义诊活动；积极参加创建国家森林城市活动，先后两次在市直机关事业单位中组织志愿者600多名，到蟠龙河湿地义务植树4000余棵。2014年，召开了市巾帼志愿者协会成立大会，选举产生了第一届理事会，开通了市巾帼志愿者协会网站；组织巾帼志愿者到敬老院开展敬老爱老活动，为老人捐赠衣物、表演节目、免费健康查体；到市儿童福利院、山区小学为孤残儿童、贫困学生捐赠衣物、生活用品，与孩子们一起做游戏、讲故事，传递爱心；组织巾帼志愿者围绕创城开展系列活动，在全社会广泛宣扬奉献、友爱、互助、进步的志愿服务精神。2015年，大力开展“邻里守望、姐妹相助”主题巾帼志愿服务活动，先后4次组织周营镇第一书记和巾帼志愿者家庭走进失亲儿童家中为他们带去生活、学习用品，并带领他们进行素质拓展训练、亲子互动游戏、户外写生、心理疏导和演讲课程辅导等活动；组织女律师志愿服务团队走上街头，为群众进行普法宣传、反家暴等方面的服务咨询；组织卫生系统巾帼志愿者，深入村居举办心理健康讲座；组织巾帼志愿者家庭走进留守儿童活动站和敬老院，为孤寡老人和贫困留守儿童送棉衣，送温暖；市妇联联合市残联、市老龄委与中国狮子会青岛行之服务队举办益起回家—援助AD老人公益活动，为荣华里社区妇女儿童家园免费捐赠100台定位仪。2016年—2017年，开展“邻里守望 姐妹相助”元旦联欢活动、“学雷锋·百万巾帼志愿者在行动”、“创建文明卫生城市·巾帼在行动”及全市“安全生产 幸福家庭”巾帼志愿服务活动，进一步弘扬了志愿精神。

2013年1月，将以维护妇女权益为重点的村规民约的制订纳入市委的重要部署

6. 留守流动儿童快乐成长活动站建设

自2008年起，省市妇联一起行动，共同发起了捐建“留守儿童快乐成长活动站”倡议，在滕州育才中学建起我市第一个“留守流动儿童快乐成长活动站”，并开展“手拉手，共成长”活动，招募大学生志愿者，开展留守流动儿童心理指导、关爱服务。从2010年起，加大活动站的建设力度，在随后的几年里，全市通过争取各级政府财政资金建设、争取驻村第一书记帮包单位积极建站、凝聚社会爱心力量捐建以及与关工委、教育局、文明办等单位整合资源联合捐建等方式，共捐建活动站384所，200多家单位参与其中。特别是2015年以来，市、区（市）、镇（街）三级开始启动财政资金成规模建设活动站，并被市政府纳入了枣庄市百件惠民实事之一，纳入科学发展考核范围，推进力度进一步加大。在建站中，枣庄市注重把好“三关”，即“选址关”“采购关”和“管理关”，并通过政府采购方式购置了图书、电脑、电视和体育器材等学习娱乐设施，从实际利用率和使用效果出发，将多数活动站选址在留守儿童集中、条件较差的农村学校及部分村班子较强，能有专人管理的村（居），建立了固定资产账、管理使用制度和值班制度，活动站由学校老师及村（居）管理，节假日成为捐建单位及爱心志愿者开展学习辅导、心理疏导等各类关爱活动的基地，真正成为留守儿童温馨快乐的家园。

7. “爱心妈妈”

2010年以来，根据社会关注热点与儿童关爱重点，及时调整工作思路，品牌名称由“代理妈妈”改为“爱心妈妈”，关爱主体由失学儿童转为留守儿童，关爱方式由以经济扶助为主转为精神、感情为主，组织开展了百名义工“爱心妈妈”集体结亲仪式、“巾帼志愿者在行动”等活动，向全社会发出倡议，在社会掀起结对认领留守、困境儿童的高潮，共有2.77万名爱心人士参与代理妈妈、爱心妈妈活动，结对救助留守、

贫困、失亲儿童2.5万人。社会各界积极结合自己的特色为儿童捐款捐物，开展爱心妈妈长期结对救助活动，如枣庄供电公司500多名职工集体踊跃争做“爱心妈妈”，涌现出邱炳霞、李赟等全国闻名的“爱心妈妈”典型。市委组织部机关有60多名人员长期担当“爱心妈妈”，市政府机关党支部长期救助多名留守儿童，市直部门多名领导干部带头做“爱心妈妈”。市邮政公司自2012年以来，每年为全市留守儿童捐赠价值12万元的“爱心报刊”、明信片、邮资封等，为他们搭建与亲人、社会沟通的桥梁；枣庄供电公司仅2016年就为留守儿童捐款捐物达30万元；2013年市妇联与万洲集团联合开展历时6个多月的健身舞和合唱大赛，累计参加人员3万余人，现场观众10万余人，募集资金近9万元发放到贫困、留守儿童手中。近三年来持续在全市开展“圆梦行动”，让贫困、留守儿童写出他们的梦想，由社会爱心人士帮助孩子实现梦想。全市各级妇联通过这项活动累计为4000余名贫困、留守儿童征集善款及物资60余万元。2016年六一前夕，在全市开展了“优秀爱心妈妈”和“十佳留守儿童”评比，将他们的事迹拍成专题片在枣庄电视台展播，并进行了隆重的颁奖典礼，广泛宣传了“爱心妈妈”的事迹，进一步营造了关爱留守儿童的良好社会氛围，新的“爱心妈妈”不断涌现。

8. 巾帼维权行动

2010年，是妇女权益保障的丰收年，出台了《关于调整充实枣庄市妇女法律援助工作站，认真开展妇女法律援助工作的意见》，开通并公布了热线电话；在全市法院系统推行维护妇女儿童合法权益合议庭制度，进一步加大对侵害妇女儿童案件的审理力度；开通了涉妇女儿童维权案件的“绿色通道”，在法院立案大厅设立“维护妇女儿童权益岗”，大大加快了涉及妇女儿童切身权益的案件案受理速度；在省金剑司法鉴定中心挂牌成立了枣庄市家庭暴力伤情司法鉴定中心，及时为受害人维护其合法权益提供科学、客观、公正的证据，为行政、司法机关调处家庭暴力事件提供科学依据；出台了《关于预防和制止家庭暴力的实施办法》，明确了家庭暴力110的出警范围，并在全市110报警中心设立家庭暴力报警点；七家单位出台了《枣庄市家庭暴力救助工作实施办法》，对因遭受家庭暴力受到伤害的妇女实施全面救助。2011年，成立了女律师志愿团，积极向广大妇女提供法律咨询和代理服务；设立“合适成年人”参与未成年人诉讼制度，设立18名成员组成的枣庄市合适成年人参与未成年人刑事案件诉讼联络办公室，使未成年人在监护人不能出庭的情况下，获得公正处罚。2012年，积极参与社会管理体制创新，成立了由公检法、残联、计生等13家部门组成的综治委维护妇女儿童及残疾人权益专项组，明确了各成员部门职责，为妇女儿童维权工作提供了体制支撑和坚强后盾；协调网通公司升级了12338维权热线，成为涵盖法律维权、健康咨询、心理咨询等内容的热线网络；大力加强基层妇女维权站建设，全市乡镇建站率达到100%、村（居）建站率达到90.53%，建立基层派出所投诉站（点）69个、县级以上法院“妇女维权合议庭”8处、110家暴报警服务台7个、妇女法律援助中心9个、家庭暴力伤情鉴定中心7个；组织妇联、农业、国土、纪检监察、财政等部门开展农村集体土地征占用费使用分配情况专项检查，对违反法律法规、侵害妇女权益的行为坚决予以查处。2013年，重点做好村规民约修订和农村妇女土地权益维护工作，创造了“六个一”的工作模式，在全省率先完成修订任务。2014年，在全市基层派出所和社区警务室建“110家庭暴力报警中心”125处，实施推行家庭暴力告诫制度；组织妇联干部兼任法律陪审员，每人每年陪审涉及婚姻家庭案件20多起。2015年，深入探索反对家庭暴力工作的经验做法，推动普及对轻微多发性家庭暴力实行《家庭暴力告诫书》制度，联合市公安局开展了以“关爱妇女儿童，反对拐卖”为主题的反拐宣传活动，促进了社会和谐稳定。2016年，通过了枣庄市地方法规政策性别平等咨询评估机制成员单位分工、评估规则及工作流程，召开了联席会议，正式建立了咨询评估机制；市妇联联合综治委、司法局召开了全市妇女儿童维权律师志愿团扩大及法律援助会议、联合公检法司民政等部门召开了《反家庭暴力法》贯彻实施新闻发布会、联合市公安局举办了“家庭暴力告诫书”制度专题培训会、联合市法院举办了“人身保护令”制度培训班，大力营造全社会反家庭暴力的良好氛围。2017年，召开维护妇女儿童合法权益专项组暨地方法规政策性别平等评估联席会议，创新实行婚姻家庭矛盾纠纷调解中心专室、专人、专业、专家“四专”运转，市妇联与公安局等部门联合出台了建立联调联处机制意见，逐步推进信访代理工作；创建“1+1+1”维权服务模式，启动巾帼维权志愿者进妇女儿童家园活动，招募85名法律、心理咨询志愿者与76个省、市级社区妇女儿童家园结对服务。

二、妇女事业发展取得的主要成就

改革开放40多年来，枣庄经济社会发展取得了令人瞩目的历史性成就，而枣庄市妇女事业也取得了前所未有的辉煌成果。在市委、市政府的领导下，在上级妇联的指导下，市妇联坚定不移地跟着中国共产党，勇往直前地在建设中国特色社会主义道路上，以积极进取的姿态、开放的眼界、高昂的热情融入经济社会发展的潮流中。市妇联先后被全国妇联评为“全国城乡妇女岗位建功先进集体”、妇女舆论宣传阵地建设先进单位；被省妇联评为五好文明家庭先进协调组织、省实施“节能减排家庭社区行动”先进单位、“幸福进家”工作先进单位、“山东省维护妇女权益先进集体”、妇联系统新闻宣传工作先进单位、城乡妇女岗位建功先进集体、省级文明单位等；被省委省政府授予“山东省妇女儿童工作先进集体”荣誉称号。全市妇女儿童事业蓬勃发展，取得了前

所未有的成就。

（一）妇女政治思想体系一脉相承

改革开放以来，市妇联领导集体都始终坚持宣传贯彻党的基本理论，始终坚持认真学习马列主义、毛泽东思想、邓小平理论、“三个代表”重要思想、科学发展观、习近平新时代中国特色社会主义思想，贯彻执行党在各个时期的妇女工作方针政策，大力宣传马克思主义妇女观和男女平等基本国策，向社会宣传妇女，向妇女宣传社会。积极组织开展思想政治教育和理论研究，先后开展了“三讲四自”主题教育、“女性发展与21世纪”主题研讨会、“社会主义荣辱观与妇女发展”大讨论、举办“话改革开放，促和谐发展”女性论坛、“我与中国梦”主题演讲比赛，在回顾总结，调查研究，深入探讨的过程中，市妇联积累了一批具有一定历史价值和社会价值的妇女工作理论成果，广大妇女工作者和妇女群众贯彻执行党的基本路线和妇女工作的各项方针政策的自觉性不断增强，社会责任感和历史使命感不断增强，为推动妇女事业的进步与发展奠定了坚实的理论基础。

（二）妇女参与经济建设领域全面拓展

改革开放以来，在市委、市政府的正确领导下，全市经济社会发展突飞猛进，为妇女发展创造了良好的外部环境，同时也给广大妇女注入了新的活力，妇联组织凝聚力量、创新载体，为推进妇女工作发展先进生产力，在更高层次和更广领域参与改革和经济建设创造条件。在农村，各级妇女组织始终把推动解决“三农”问题作为工作的重中之重，着力动员组织广大妇女积极参与农村经济建设，多年来，引领妇女广泛开展“双学双比”竞赛活动，从“庭院开发、巾帼立功”的竞赛活动、争当科技女状元，到“十万农家女，推广十项新技术”“岗村结对”“巾帼科技枣庄行”活动，通过实施一系列科技培训工程、信息服务工程、典型示范工程，为妇女广架致富金桥，使广大妇女在参与新农村建设中得到实惠。在城镇，各级妇女组织引领妇女广泛开展“巾帼建功”活动，从1991年响应全国妇联号召，以“创业、奉献、成长”为主线，在全国启动“巾帼建功”活动，到1996年创建“巾帼文明岗”，再到近年来创建“巾帼文明示范岗”、巾帼“争创十佳”和“巾帼成才行动”，创建活动领域不断拓宽，形式更加多元，在全市营造了浓厚的创建氛围，掀起了“全民创建”的热潮。全市妇女经济建设参与率逐年提高，全市先后涌现出了以薛洪霞、相莉为代表的一大批创业女性，以赵秀梅等为代表的一大批致富能手和以邱丙霞等为代表的巾帼建功标兵，她们在各自岗位创造出色的业绩，充分展现了新时期女性的新形象。

（三）妇女参与文明和谐创建贡献突出

改革开放以来，各级妇女组织始终围绕全市的精神文明建设目标，依托社区、面向家庭、发动妇女，广泛深入地开展各种特色创建活动，在推进国家卫生城市，全国文明城市及全国平安家庭先进市等创建工作中都发挥了重要作用。20世纪80年代，市妇联就开始在全市开展“五好家庭”文明创评活动、提倡“五讲四美三热爱”“破旧俗、立新风”，到20世纪90年代，先后推出“美在农家”、学习型家庭、绿色家庭、健康家庭、平安家庭、廉洁家庭各类特色家庭创建活动并蓬勃开展。市妇联利用各类社会资源，整合推进了和谐家庭建设，并推动实现了家庭创评工作与文明职工、文明学生、文明单位等评选挂钩的长效管理机制，以实际行动营造知荣辱、讲正气，促和谐的良好社会风尚。与此同时，妇联始终把扶贫帮困工作作为参与精神文明建设的一项重要内容，始终把关心妇女儿童、救助困难妇女儿童群体作为妇联组织推动和谐社会建设的重要切入点，常抓不懈，通过多种形式为困难家庭、困难母亲和困难儿童解决实际问题，形成了全社会关注、深层次帮扶的良好局面，得到了社会的广泛赞誉和妇女同志的一致认可。改革开放的40年，妇女在精神文明建设中的突出贡献，极大地丰富了枣庄社会主义精神文明建设的形式和内容。

（四）妇女儿童生存环境不断优化

改革开放以来，各级妇女组织坚持走社会化发展之路，优化妇女儿童发展环境，强化妇联维权职能，推动形成全社会共同关注妇女儿童事业发展的良好格局。从“九五”到“十三五”，市妇联积极参与了《枣庄市妇女发展事业发展规划》和《枣庄市儿童发展事业发展规划》的制定和实施，并积极参与“两个规划”实施情况督查，开展“两个规划”的监测评估，协调有关部门攻克重点、难点问题。同时，各级妇女组织一直致力于整合社会资源，通过加强与公、检、法、司等部门的联系，逐步构建妇女儿童维权的社会化网络，先后成立妇女法律援助工作站，聘请特邀陪审员，成立了维护妇女儿童权益协调组，成立了110家庭暴力报警服务中心、家庭暴力致伤致残鉴定中心、女法官合议庭、妇女法律援助联络中心、维护妇女儿童及残疾人权益专项组，推行《家庭暴力告诫书》制度，枣庄市的妇女儿童维权工作逐步走上专业化、具体化、规范化和社会化的轨道。从“二五”普法到今，各级妇女组织积极参与全市性的普法活动，在全市妇女中广泛宣传《婚姻法》《妇女权益保障法》《未成年人保护法》《劳动法》《反家暴条例》等相关法律法规。市妇联加强源头维权，注重调查研究，先后针对新农村建设过程中的失地妇女问题、新形势下婚姻家庭问题、单亲贫困母亲和农村贫困留守儿童增多的问题等进行专项调研，形成调研报告，争取党委政府重视，为广大妇女儿童有保障地生存与发展保驾护航。通过社会各界的共同努力，广大妇女知法、懂法、用法的能力得到不断增强，妇女生存环境得到了较大的改善。

（五）妇联组织建设与时俱进

改革创新是增强妇女组织自身建设的内在活力。随着全市经济社会各项改

革的不断深入，妇女组织建设的重点和方向也不断地调整和变化，以农村为主体的基层妇女组织模式拓展到机关事业单位、国有企业，并建立以妇女园地和妇女之家为代表的开放式妇女组织。随着乡镇合并，基层妇女组织从农村转移到城镇社区、企业、园区。特别是近年来，各级妇联组织始终坚持“党建带妇建、妇建服务党建”的原则，以改革创新的精神不断加强组织建设，对基层妇女组织进行了大规模的调整，在全市2465个行政村均建立健全了妇代会，建成社区妇联250个，在民营企业、专业市场等领域建立了妇女组织113个。又陆续完善了村级妇代会建设，加大了新经济领域妇女组织建设力度，并积极培育以妇女骨干为主体的各类妇女团体和社区志愿者队伍，女企业家协会等柔性组织，实现妇女工作的全面渗透。同时，对各级妇女干部的教育培训工作更加系统化，全市每年都会组织基层妇女干部专题培训，定期与市委组织部联合举办全市女干部培训班，加大对妇女干部的培养选拔力度，提升了女干部的能力和素质。

三、妇女事业发展的经验与启示

改革开放40年的拼搏奋斗，铸就了枣庄妇女事业辉煌的业绩。改革开放40年的生动实践，深化了我们对中国特色社会主义妇女事业发展规律的认识，积累了宝贵的经验。

（一）必须以中国特色社会主义伟大旗帜为指引

中国特色社会主义伟大旗帜是当代中国发展进步、全党全国各族人民团结奋斗的旗帜，是中国妇女儿童事业发展的旗帜，更是枣庄妇女运动的旗帜。中国特色社会主义道路是中华民族振兴、人民富裕的道路。枣庄妇女也正是沿着这条道路前进，才得到发展，自身地位才发生了重大而深刻的变化。中国特色社会主义理论为枣庄妇女运动的发展提供了不竭的思想源泉和强大的理论武器。我们推进枣庄妇女儿童事业的发展，必须紧紧围绕高举中国特色社会主义伟大旗帜这个根本要求，坚持不懈地学习实践中国特色社会主义理论体系，坚定不移地走中国特色社会主义道路。

（二）必须以坚持党对妇女运动的领导为主线

中国共产党从诞生之日起，就把实现妇女解放和男女平等作为自己的奋斗目标之一。中国妇女事业与实现我们党的远大理想和最终目标紧密相连。在中国革命、建设和改革的每个时期，妇女运动都是在党领导下从胜利走向新的胜利。坚持中国共产党的领导，是我们妇女运动沿着正确方向前进的根本保证。我们在任何时候任何情况下，都必须坚持党的领导，与党中央保持高度一致，坚决贯彻党的路线方针政策，服从服务于党的工作大局，确保枣庄妇女运动始终沿着正确的道路阔步前进。

（三）必须把妇女运动融入党委政府工作的全局

妇女的命运从来都是同国家和民族的命运紧密联系在一起的。枣庄妇女运动必须融入市委、市政府工作的全局，自觉服从服务于市委、市政府的工作大局，才能得到充分的发展。发展是解决中国一切问题的关键。妇女是推动发展不可或缺的重要力量。必须始终抓住经济社会发展不放松，引导广大妇女不断自身发展能力，努力提升自身素质，在夺取全面建成小康社会伟大胜利中实现自身的全面进步与发展。

（四）必须以切实尊重广大妇女的主体地位为根本

妇女是中国妇女运动的主体，只有高度尊重妇女的主体地位，准确把握妇女的发展意愿，才能得到妇女群众的衷心拥护，才能充分调动广大妇女的积极性、主动性和创造性，枣庄妇女运动发展与进步才有不竭动力。只有深入了解妇女群众的新期待和利益关切，坚持不懈地维护好、实现好、发展好广大妇女儿童的根本利益，真心实意地为妇女群众解难事、办实事、做好事，才能为党的妇女事业获取最广泛最可靠的群众基础和力量源泉。

（五）必须为贯彻落实男女平等基本国策而不懈努力

男女平等基本国策是国家维护妇女权益的根本之策，为社会主义市场经济条件下的妇女发展提供了机制和政策保证。必须大张旗鼓地宣传男女平等基本国策，旗帜鲜明地建设先进性别文化，不遗余力地推动全社会切实贯彻落实男女平等基本国策，使妇女真正在政治、经济、社会、文化、婚姻家庭等方面享有与男子平等的权利。

（六）必须以改革精神推动妇联工作创新发展

“唯改革者进，唯创新者强，唯改革创新者胜”。妇联作为各族各界妇女在党的领导下为争取进一步发展而联合起来的社会群众团体，有着自己独特的工作对象、工作内容和工作优势。妇联组织作为党和政府联系妇女群众的桥梁纽带，是推进国家治理体系和治理能力现代化的重要力量。只有根据新时期形势和任务的发展变化，深入思考关系妇女发展的全局性、前瞻性、战略性问题，充分发挥妇女群众的首创精神，不断推出新的举措，总结新的经验，在改革创新中不断提高做好党的妇女群众工作的本领，才能提高妇联组织吸引力、凝聚力、战斗力，团结带领全市妇女为实现中华民族伟大复兴的中国梦发挥半边天作用。

审稿人：李雪晶

撰稿人：邵　青

枣庄工会工作发展的基本情况及经验

中共十一届三中全会以来，在市委的领导下，枣庄市的工会工作紧紧围绕中心、服务大局，切实履行工会职能，始终走在改革开放和社会主义现代化建设的前列，为枣庄的经济社会发展做出了重大贡献。

一、枣庄工会工作发展历程及成就

从改革开放至今，枣庄工会工作走过了40年的辉煌历程。围绕市委、市政府的中心任务和重点工作，切实履行工会职能，在推动改革开放和枣庄经济社会发展的过程中取得了突出成就。

（一）1978—1985年工会工作

1. 群众生产

群众生产工作是工会工作的基本任务。为贯彻落实改革开放精神，市总工会根据上级工会指示，以生产为中心，组织职工开展了劳动竞赛、技术革新、学习推广先进经验和开展合理化建议等活动。同时，加强了对劳动保护和安全生产工作的重视。

（1） 劳动竞赛

1979年，在中共十一届三中全会精神鼓舞下，市总工会召开全市工会工作会议，讨论当前工会工作如何适应全党工作重点转移的问题，根据邓小平“经济工作是压倒一切的政治问题”的指示，动员全市职工围绕“争分夺秒干四化”这个重点，开展了以高产、优质、多品种、低消耗、安全生产、增产节约为内容的多种形式的小指标竞赛活动。

1980年，全国总工会九届四次执委（扩大）会议作出了《关于动员职工为“四化”立功，深入开展增产节约运动，迎接党的十二大召开的决议》。市总工会召开全市工会工作会议，教育动员广大职工认清工人阶级肩负的历史使命，增强主人翁责任感和实现“四化”的紧迫感，一心扑在“四化”上。在全市掀起以“人人为‘四化’立功，个个争当先进”为主要内容的增产节约劳动竞赛运动。在节约能源上，全市全年节约成品油1000吨、煤6万吨、电1700万度。在增加盈利上，全市全年增加盈利6%，扭亏35%，工业总产值达到10亿元。

1981年，市总工会根据全市工矿企业的状况，广泛深入地开展了增产节约，为“四化”立功的各种形式的劳动竞赛活动。同时，动员全市职工开展了立功创模活动。全市共评出劳模、先进生产（工作）者28920人，先进集体3446个，有16013人为“四化”立了功。

1982年，为了推行经济承包责任制，把各种形式的竞赛立功活动搞得更扎实、更有成效，防止大呼隆和形式主义，市总工会号召各级工会、厂矿企业职工继续开展小指标百分赛等各种形式的竞赛，使企业生产经营好坏和职工个人经济利益紧密挂钩，较好地改变了企业内部在生产和分配上吃“大锅饭”的平均主义现象。

1983年，在中国工会十大精神鼓舞下，全市开展了以经济效益为主要内容的劳动竞赛活动。各级工会组织紧紧围绕不断提高经济效益和适应推广经济承包责任制的新情况，组织开展了各种形式的竞赛活动。例如：交通系统的“汽车节油”赛，建委系统的“全优工程”赛，银行系统的“金融红旗”赛等。

1984年，市总工会要求各级工会组织认真解决好开展劳动竞赛与实行经济承包责任制关系的问题，把职工劳动成果与其物质利益紧密挂起钩来，以调动职工的积极性、主动性，推动生产的发展。为了提高职工素质，抓好智力开发，很多单位组织了岗位练兵、技术比武及各种形式的智力竞赛活动。由于技术水平的提高，促进了企业经济效益的增长，1984年比1983年产值增长18.3%，实现利税700多万元。

1985年，社会主义劳动竞赛随着改革形势的发展和企业转轨变型，开始了新的发展阶段。市总工会及时组织召开不同类型的座谈会，研讨新形势下开展劳动竞赛的新途径，并通过制订《群众生产工作竞赛评比指标》加以具体落实。竞赛的内容和形式更加具体灵活，竞赛活动具有吸引力、生命力，许多单位在活动中收到了明显的效果。

（2） 安全生产与劳动保护

1980年，市总工会召开了安全生产经验交流会，树立典型，推动工作。各级工会组织大力宣传国家有关劳动保护的方针、政策和法令，教育广大职工自觉遵章守纪，要求各级工会组织要协同行政，尽快改善劳动条件，把安全生产和防尘防毒工作纳入劳动竞赛和立功活动的内容，开展优等工程质量赛、设备完好率赛、无泄漏赛、干部无违章指挥和职工无违章操作赛等。

1981年，全市各级工会加强了宣传、教育、协助、监督，表扬先进，批评违章。培养劳动保护工作骨干，进行安全大检查，组织安全月活动，调查处理重大事故。全市1至6月份死亡人数较去年同期下降45%，重伤人数较去年同期下降41%，全市安全生产形势有了很大的好转。

1982年，全市培训了劳动保护人员和劳动保护积极分子2100多名。

1983年，劳动保护组织有了进一

步发展，300人以上的基层工会22个，已建劳动保护委员会的17个；不满300人的基层工会155个，已设劳动保护委员的146个。

1985年，市总工会狠抓了安全生产和劳动保护，发动全市职工开展了“一遵、两反、三落实和做一件好事”的活动（遵章守纪，反违章指挥、违章作业，安全责任制、组织、措施落实）。举办劳动保护训练班258期，培训劳动保护人员15473人次，举行劳动保护技术交流活动142次。

2. 宣传教育

1978年，各级工会认真教育职工群众深刻认识党的工作重点转移的伟大战略意义。市总工会要求各区县局工会组织宣讲团，编印“新时期总任务宣传提纲”，向全市广大职工宣传新时期的总任务和实现四个现代化的伟大意义，使广大职工的思想真正统一到落实新时期的总任务上来。

1979年，全市各级工会采取各种形式辅导职工学习中共十一届三中全会以来的重要文献和五届人大二次会议文件、中国工会九大文件以及叶剑英在《国庆三十周年大会上的讲话》、邓小平《关于形势和任务》的讲话等，进行四项基本原则、民主与法制和共产主义道德风尚的教育，特别向广大青年职工进行了远大理想和革命传统教育。

1980—1982年，全市各级工会围绕经济上实现进一步调整，政治上实现进一步安定的重大方针，积极开展对职工的教育活动。

1983—1985年，紧紧围绕把国民经济搞上去，把精神文明建设搞上去这两个大目标，坚持以共产主义为核心，广泛开展了“五讲四美三热爱”的教育，开展了振兴中华职工读书活动，坚持不懈地建设一支为“四化”奋斗的思想先进、技术熟练、纪律严明、团结协作的工人阶级队伍。据统计，两年来，进行坚持四项基本原则教育1550次，受教育者达33000多人次；进行“五讲四美三热爱”教育活动4100余次，参加活动者达137000人次；进行法制教育1470次，受教育者达75000余人次。另举办“三史”教育展览127次。全市各级工会成立学雷锋小组和送温暖服务队1950个，参加活动的职工24000余人，送温暖服务53600人次。

1984年3月份，市总工会发出了向张海迪同志学习的通知，与市委宣传部联合举办了“张海迪事迹图片展览”，观众达5万人次。

市总工会还就开展学习赵春娥、罗健夫、蒋筑英等英雄模范人物事迹作了部署。通过学英雄、比英雄的活动，广大职工将英雄的精神变成自己的行动，积极投入到生产实际中去。

1985年，把提高职工队伍素质，建设有理想、有道德、有文化、有纪律的职工队伍，当作工会的一项首要职责和战略任务来抓，各级工会利用职工政治学校、短训班、轮训班等形式，组织职工学政治、学政策、学习法律常识等，参加学习者达10万余人。

3. 救济扶贫和走访慰问

全市各级工会组织，一向重视对困难职工的救济工作。1980年，发放救济款558378元，救济职工231891人。1981年发放救济款795167元，救济困难职工28337人，真正起到救济困难职工的作用。1985年，发放救济款达到1821808元，是中华人民共和国成立以来最高的年份，被救济的职工达到35271人，重点困难职工得到了照顾。1985年，市总工会召开了全市扶贫工作会议，各级工会对困难职工的家庭基本情况进行调查摸底，制订可行的扶贫计划。

1980年，市总工会要求各级工会要建立职工走访制度。春节期间市总工会和基层工会开展了对退休职工进行慰问的活动。1981年，全市走访慰问职工54124人次；1983年走访慰问了57500人次；1984年元旦、春节期间全市共走访慰问了62500人次，对伤、亡、残和退休、病休的职工及其家属进行了慰问。基层工会重视做好职工的家访和慰问工作，及时了解职工的困难疾苦，把党的温暖送到千家万户。

4. 女工工作

全市各级工会组织重视维护女工的合法权益，替女工说话，为女工办事。自1980年以来，市总工会和各级工会接待女工来访1500多次，接来信1200多封，反映问题基本上都得到妥善解决和处理。

1981年，市总工会举办了女工干部培训班，有56名专、兼职女工干部参加。基层工会举办女工干部培训班120多期。1982年，市和区县局工会在“三八”节期间召开有女工先进模范人物、女工知识分子参加的座谈会、纪念会计17场。1984年9月，市总工会召开了全市女工工作会议，组织女工干部学习了“维护妇女儿童合法权益”和“女工五期保健”知识，提高女工干部的工作水平和业务能力。1985年，市总工会下达了《基层工会女工委员会工作条例》，进一步明确了女工组织的工作任务、工作制度和工作方法等，把女工工作任务落到实处。

5. 民主管理

1978年10月，倪志福在中国工会第九次全国代表大会上的工作报告中指出：“工会要教育和组织工人群众，以主人翁的姿态，积极参加企业管理”。10月29日，市总工会召开五届七次全委扩大会议，贯彻中国工会“九大”精神，要求各级工会开好职工代表大会，充分发挥其作用。

1979年7月，市总工会组织部分人员赴青岛参观学习，后在薛城焦化厂进行了召开职工代表大会的试点工作。至1979年底，全市已有43个单位召开了职工代表大会。

1980年5月，市总工会在六届三次全委扩大会议上强调要在党委领导下，做好职代会的日常工作。要教育引导职工群众，正确运用自己的民主权利，以主人翁的姿态，参加企业民主管理，自觉地维护企业高度集中的行政领导和生产指挥系统的高度权威。

1982年以来，在各级党委的重视和领导下，各有关部门通力合作，紧密结合企业整顿工作，认真贯彻中共中央〔1981〕24号文件和省委〔1981〕43号文件以及市委召开的全市企业民主管理会议精神，使全市推行职工代表大会制度的工作进度加快。到1982年底，全市县、区属以上企业事业单位建立职代会制度的已发展到478个。

1984年12月，市总工会七届一次全委扩大会议，提出进一步发挥职代会在职工自我教育方面的重要作用，一定要增强职工群众的主人翁责任感，真正做到每个劳动者在各自的岗位上，以主人翁的姿态进行工作，想主人翁的事，说主人翁的话，尽主人翁的责。人人关注企业的经营，人人重视企业的效益。

1985年，组织力量进行了一次全市性企业民主管理大检查，总结经验，发现典型，帮助企业进一步完善职代会制度，推动职代会制度工作健康发展。

6. 技术协作

中共十一届三中全会以后，为适应四化建设的需要，促进企业挖潜、革新、改造，1978年，市总工会、市科委、市经委联合成立了市专业技术交流队。1984年学习贯彻了《山东省职工技术协作组织章程》。1985年2月，成立了枣庄市职工技术协作委员会，在市总工会设立职工技术协作办公室为日常工作机构。在市职工技协委员会的指导下，1985年全市成立基层职工技协委员会和职工技协领导小组110个，专业推广队130个，队员1244人；成立技术交流站97个，专职人员158人。到1985年底，全市攻破技术关键项目110个，举行技术表演和技术比武146次，参加表演及观摩人数36785人次，举办技术讲座101次，参加听讲人数8280人次，推广新技术90项，取得经济效益达200多万元。

（二）1986—2005年工会工作

1. 宣传教育工作

（1）职工思想政治工作

1987年，重点抓了迎接学习宣传党的十三大精神的工作。市总工会制定下发了《关于组织全市职工认真学习党的十三大文件的通知》，对工会系统学习贯彻十三大精神作出部署。1988年，市总工会举办了以学习宣传十三大文件为主要内容的全市职工演讲比赛。

1989年，市总工会在全市职工中广泛开展“忆十年、话改革、做主人”为主题的形势教育活动，使广大职工进一步认清形势、明确任务，增强改革必胜的信念。获省总工会“忆十年、话改革”形势教育先进单位称号。

8月，市总工会在全市职工中开展“五爱、三教育、双学”活动。据统计，全市有20万职工参加了这一活动，编印学习辅导材料166227份，举办文艺演出143场。

1990年，市总工会在十里泉发电厂举办了“学雷锋、讲奉献、做主人”演讲比赛，来自各条战线的76名演讲员参加了演讲比赛。同年，由市总工会宣教部编辑印发了《演讲文集》一书。市总工会获中华全国总工会“思想政治工作先进集体”称号。

1991年，市总工会为认真贯彻十三届七中全会和中央〔1989〕12号文件精神，在全市职工中开展“三热爱”主人翁系列教育文化活动月活动。

1994年，市委宣传部、市总工会、市经委、市职教办联合在全市职工中开展“主人翁与市场经济”主题教育活动，各级工会编写、征订学习材料12193册，在全社会营造了一个开展主题教育活动的浓厚舆论氛围。

1998年，市总工会组织职工学习省总工会编印的《党的十五大报告学习与竞赛读本》。全市各级工会举办职工代表学习班、轮训班、座谈交流会、演讲报告会、知识竞赛共320场次，参加各种学习班（会）的人数13746人次，参赛答卷的职工11万人。

1999年，市总工会广泛开展“学理论、忆光辉历程，话改革、迎世纪钟声”系列教育活动。

2000年，市总工会专门召开常委扩大会议，认真学习江泽民“三个代表”重要思想，总结交流了工会工作经验。

2003年，山东省第十届（枣烟杯）“我们这样奔小康”职工演讲比赛在枣庄市举办。枣庄等5支代表队获得优秀组织奖。10月，市总工会召开传达贯彻中国工会十四大精神会议。

2004年，市总工会把提高职工队伍素质作为落实“人才强市”战略、服务经济建设一项重要而持久的工作来抓，开展了多项相关活动。

（2）职工职业道德建设

1987年，由市总工会、市委企业政治部牵头，在市电业局等八大“窗口”单位，开展了跨行业优质服务竞赛活动。竞赛中，各参赛单位从本行业特点出发，加强了职业道德教育，普遍举办了脱产轮训班，青工培训率达到100%，全员培训率都在97%以上。

1988年，市总工会在全市各级工会组织中广泛深入地开展争创“建设四有职工队伍先进单位”活动，对活动中成绩突出的区（市）、系统工会、基层工会，授予了“建设‘四有’职工队伍先进单位”称号。

1990年，市总工会在全市职工中开展向“铁人”王进喜学习的活动，教育引导职工学铁人、讲奉献、树新风，授予活动先进个人“学雷锋、学铁人积极分子”称号。

1991年，市总工会在体育馆举办了“全市职工社会主义在我心中”演讲比赛，挑选的134名演讲员参加了演讲并作4场专题演讲，拍成电视专题片在枣庄电视台播放，引起强烈反响。获省总工会“培育四有职工队伍先进集体”称号。

1995年，市总工会与枣庄日报社、孟庄西矿联合举办“爱祖国、兴企业、岗位多贡献”大家谈征文活动，此次活动受到省总工会表扬。

1996年，在全市上下开展了“讲道德、树新风、树形象、多贡献”职业道德系列教育活动，积极帮助和引导职工树立“爱岗敬业、诚实守信、办事公道、

服务群众”的良好职业道德风尚。市总工会共下发学习材料20万份，全市23万名职工参加了竞赛。

1999年，开展职业道德教育和职工读书自学成才活动。1人因成绩突出，被省自学成才委员会授予“山东省自学成才者”称号。

2000年，以培养“四有”职工队伍为目标，在全市职工中开展职业道德建设，大力提倡读书自学成才活动。涌现了一批职业道德建设先进集体、个人和读书活动先进单位、职工自学成才者。

2001年，在全市职工中深入开展了“新世纪、新形象、新贡献”系列教育活动，大力弘扬劳模精神。

2002年，为提高职工队伍素质，以培养“四有”职工队伍为目标，开展了以“新世纪、新发展、新提高”为主题，以提高职工应用基础知识、科技文化知识、法律知识、实用技能为重点的青工素质教育活动，培训青工达5万人。

2003年，在全市广泛开展枣庄市首届职业道德建设十佳单位、十佳个人评选活动。各级工会组织精心组织，广泛发动，结合企业、行业特点，积极开展“创文明车间、文明班组、做文明职工”等系列活动，引导职工树立正确的职业观念，增强职业责任感，树立“诚信枣庄”职业道德品牌意识。

2005年，向全市各级工会组织转发了《山东省“创争”活动考核标准》，同时在全市开展了“创争”活动。据统计，全市各区（市）开展“创争”活动的机关、企（事）业单位有1304个、职工参加活动的有300185人。

2. 生产保护工作

生产保护工作包括群众生产和劳动保护、劳动竞赛和经济技术创新、先模人物评选和劳模管理等。1986—2005年，市总工会积极组织开展各种形式的劳动竞赛、技术革新和合理化建议活动，动员全市广大职工积极响应党和国家的号召，以经济建设为中心，积极献计献策，促进了生产力的发展。

（1）劳动竞赛

1986年，市总工会紧紧围绕改革大局，积极动员全市职工开展“双增双节”“优质、高效”等内容的多种形式的社会主义劳动竞赛活动，并认真进行各级劳动模范的推荐及评选组织工作。

1987年，市总工会围绕改革和“七五”计划的奋斗目标，开展了“双增双节”（增产节约、增收节支）运动。各级工会组织根据本行业、本单位的特点，把提高经济效益作为重点，制订了明确的“双增双节”目标和切实可行的措施。

1988年，在全市开展了“十大窗口”文明优质服务竞赛活动，评选并表彰奖励“枣庄市文明优质服务状元”49名，“枣庄市文明优质服务红旗单位”97个。

1989年，在全市各行各业开展以“双增双节”为主要内容的职工技术比武活动。评选并表彰奖励“枣庄市双增双节劳动竞赛先进集体”39个；“枣庄市双增双节劳动竞赛先进个人”66名。

1991年，全市工交、财贸、金融等系统深入开展了以“质量、品种、效益年”活动为内容的“七赛、七比、创七杯”社会主义劳动竞赛。劳动竞赛在全市30个赛区、413个单位、24万多名职工中展开，全市职工共提合理化建议57522条，采纳27795条，实施20114条，创效益4962.78万元。

1993年，各级工会以“优质、降耗、促销、增效、安全”为主要内容，开展岗位创一流、班组创先进、企业创效益劳动竞赛，突出重点，注重实效。全市开展劳动竞赛的单位有508个，参加劳动竞赛的有186550人，双增双节效益1052万元。

1994年，广泛开展劳动竞赛，把全市扭亏任务重的企业进行排队，把企业经营中各个阶段的重点、难点作为劳动竞赛的主攻方向和重点，实现竞赛向小型多样、短平快的方向转移。枣庄矿区吨煤成本下降到115.5元，比1993年同期下降13.26元，实现利润7000万元、市一棉、市焦化厂扭亏为盈，分别实现利税728万元和581万元。广泛开展揭榜攻关活动，全市职工提合理化建议42115条，采纳实施25432条，实现经济效益6312万元。

1995年，全市各级工会组织围绕经济建设这个中心，广泛开展群众性的生产技术竞赛活动。坚持把工会工作放到改革、发展、稳定的大局中去认识和把握，发挥工会优势，教育和动员职工爱国、爱厂、爱岗，为全市两个文明建设建功立业。

1997年，紧紧围绕经济建设这个中心，积极推进经济体制和经济增长方式的两个根本性转变和促进两个文明建设，在全市深入开展了以“四创四降”（创优、创先、创新、创最佳效益；降成本、降消耗、降积压、降亏损）和争“五手”（质量能手、服务能手、技术能手、节约能手、革新能手）为主要内容的社会主义劳动竞赛。23家企业实现了扭亏，大部分企业实现了不同程度的减亏，同比减亏16.6%。

1998年，各级工会组织广泛开展劳动竞赛活动，职工参赛率达80%。全市各级劳动竞赛组织把帮助亏损企业扭亏增盈作为劳动竞赛的一项重要任务，为企业解决技术、资金、销售等方面的困难，使企业逐步走出困境，实现了扭亏增盈。

1999年，区（市）属以上正常生产的企业70%以上开展不同形式的竞赛活动，参赛职工在85%以上。工业企业在劳动竞赛过程中，突出“练内功，强素质”，大力开展“三技”活动，把技术比武的成绩同评选劳模、提干、晋升工资挂钩，调动干部职工学、比、练的积极性。

（2）经济技术创新活动

1993年，全市广泛开展合理化建议、技术革新、技术比武等活动，为企业献计献策，全市全年共提合理化建议101163条，采纳50207条，实施26972条，创经济效益7090万元。

2000年，市总工会发动广大职工为企业的改革和发展献计献策。年内，全市职工提合理化建议3万余条，采纳

1.4 万条，创经济效益 5700 万元；完成技术革新、技术攻关项目 470 项，创经济效益 3300 万元；推广应用新技术 180 项，创经济效益 2600 万元。

2001 年，全市共开展岗位练兵、技术比赛 122 个工种，参加职工 3.5 万人次；举办各类培训班 559 期，培训职工 3.2 万人次，全市职工共提合理化建议 4.8 万条，采纳 1.9 万条，实施 8552 条，创经济效益 8821.4 万元；完成技术革新、技术攻关项目 552 项，创经济效益 6061.8 万元。

2002 年，开展了以劳动竞赛、合理化建议、揭榜攻关会战为主要内容的群众性经济技术创新活动，推动了企业技术进步，提高了企业经济效益和职工技术水平。全市共举办培训班 400 多期，16 万人次职工参加了各级工会组织的技术比赛、岗位练兵、技术培训；完成技术攻关、技术革新 640 项，推广应用新技术 196 项，创经济效益 15000 万元；提合理化建议 6.9 万条，采纳 3.2 万条，实施 1.6 万条，创经济效益 8576 万元。

2003 年，全市各级工会广泛开展了群众性的技术学习、技术练兵、技术比武活动，涌现了一大批技术能手、技术标兵，促进了企业的技术进步和经济发展。

2004 年，全市开展岗位练兵、技术比武的工种 130 个，参加职工 14.6 万人。区（市）属以上正常生产的企业 80% 以上开展了不同形式的劳动竞赛活动，参赛职工 90% 以上。

（3）劳动保护和安全生产工作

1994 年 1 月 9 日，枣庄市总工会举办以“安全生产”为主题的枣庄市首届职工漫画大赛。参展作品 218 幅，评出一等奖三名，二等奖六名，三等奖七名。

1995 年，发挥工会的监督作用，帮助企业进一步搞好安全生产，与有关部门配合，组织了四次规模较大的安全大检查，共抽查企业 60 多个，查出各种隐患 300 多处，分别提出整改建议。

1998 年，工会劳动保护监督检查委员会 423 个，车间工会劳动保护监督检查委员会 1571 个，工会小组劳动保护检查员 6250 人，工会劳动安全检查的单位 600 个，工会提出整改意见 15428 条，被采纳 13156 条。参加“三同时”（劳动安全措施同时设计、同时施工、同时验收使用）审查验收项目 64 项。

1999 年，工会提出安全生产整改意见 601 条，被采纳的安全生产整改意见 540 条。工会参加工伤事故处理 110 件，工会参加“三同时”审查验收项目 39 项。

2000 年，全市各级工会配合各级行政部门开展了多种形式的安全监督检查工作。全市 19 家国有企业、81000 名职工参加了竞赛夺杯活动。全市各级工会通过多种形式和途径，广泛开展对职工群众的安全生产宣传教育活动。

2001 年，组织开展“安康杯”竞赛活动，全市参赛企业 104 家，其中国有企业 80 家，非国有企业 24 家，参赛职工达 140900 人。年内共开展各种形式的检查活动 622 次，查出各类事故隐患 7115 条，整改 6657 条。

2002 年，各级工会积极协助政府和企业做好安全生产和劳动保护工作。共组织开展各种形式的安全检查 1000 多次，参与安全生产大检查、专项治理检查、督查活动 6 次，查出各类事故隐患近万条，督促企业限期整改；认真做好企业伤亡事故的调查处理工作，共参与安全事故调查处理 52 起，处结率达 100%。继续深入开展“安康杯”竞赛活动，参赛企业 107 家，参赛职工 20 万余人。

2003 年，市总工会、市安监局联合组织开展了安全生产讲座、知识答卷、黑板报展评、现场宣传等活动。各级工会按照要求，广泛发动，周密部署，狠抓落实，全市设立宣传咨询点 80 多处，出动宣传车 75 辆，设过街横标 481 幅，发放宣传资料 12 万份，宣传磁带 80 盘，举办黑板报、宣传栏 670 期，举办文艺演出 56 场，播放《人命关天》影片 30 场，观看群众 8 万多人。

2004 年，市总工会加大劳动保护监督检查力度，建立健全了群众性劳动保护监督检查网络体系。全市已建立基层群监组织 486 个，群监员 4600 名。市总工会还聘请 8 名多年来从事煤炭、化工、卫生工作及职业病防治的专家为劳动保护监督检查员，进行了 5 次安全保护检查，查出各种事故隐患 160 条，并监督企业及时进行了整改。

2005 年，全市共开展消防安全、煤矿安全等各类专项检查 560 次，查出并监督整改事故及职工安全隐患 1 万余条，督促企业限期整改；参与市政府组织的煤炭安全双基检查 6 次，参与调处安全事故 9 起。

3. 保障工作

（1）帮扶救助工作

1992—2003 年，全市各级工会组织连续 11 年开展“送温暖”活动，发放送暖资金 4590 万元，发放粮油等各类物资折合人民币 30 万元。

2003 年 5 月，市总工会困难职工帮扶中心成立。全年共接待职工来信来访 3750 余人次，协调、处结案件 3120 件。建立健全了一系列规章制度，开展了一系列各具特色的帮扶救助工作，形成了三级帮扶网络和上下联动的帮扶机制。全年资助困难职工 208 名，发放资助金 38.6 万元。

2004 年，市总工会建立了县级领导干部周五接访日制度，开通了“12351”职工热线电话。年内，各级工会多渠道筹集送温暖资金 900 多万元，走访慰问困难企业 465 个，救助特困职工、先模人物、患大病职工、单亲特困女职工等 36100 人。

2005 年，市总工会积极开展“送温暖”活动。全市各级工会共筹集送温暖资金 1265 万元，走访企业 465 家，慰问困难职工 3.9 万人，救助大病职工 433 人。走访慰问劳模、困难劳模 119 名，发放慰问金 16 万元；继续开展资助特困职工子女上大学活动，资助特困大学生 550 人，筹集发放助学金 105 万元。

（2）再就业工作

市总工会积极协助市委、市政府及有关部门制定促进下岗失业人员再就业政策，为困难职工群体和社会保障事业争取宽松的政策环境。参与了市委、市政府《关于进一步做好就业工作的决定》及《关于贯彻落实〈决定〉有关问题的通知》等相关政策制定和文件起草工作。

市总工会将促进再就业工作纳入全市工会年度工作目标，并进行量化考核。市（区）两级工会建立了以困难职工帮扶中心为阵地的就业服务机构。

全市各级工会组织开展了多层次、多形式的再就业培训工作，举办大型宣传活动1250余次，发放《下岗失业人员政策百题问答》《下岗职工自主创业优惠政策》等有关资料35000余册。为下岗职工进行政策指导，提供用工信息和就业岗位。共为43000余名下岗职工提供了就业信息，为38000多名下岗人员提供了职业介绍服务，直接帮助12500人实现了再就业。

4. 民主管理

民主管理是企事业单位职工依照国家法律规定，参加本单位决策和管理，监督干部，行使自己当家做主的民主权利的一种形式，是基层民主政治建设的重要组成部分。1986年以来，各级工会组织认真贯彻落实党的全心全意依靠工人阶级的根本指导方针，切实维护职工的民主管理权，坚持、完善和发展了以职工代表大会为基本形式的企事业民主管理制度。

（1）职代会制度建设

1986年9月，中共中央、国务院颁布《全民所有制工业企业厂长工作条例》《中国共产党全民所有制工业企业基层组织工作条例》和《全民所有制工业企业职工代表大会条例》，全市各级工会组织积极学习贯彻落实这三个条例，大力加强以职工代表大会为基本形式的企业民主管理制度建设。

1987年6月底，全市推行职代会制度的单位698家，占应建职代会数的90%以上，全市基本上普及了职代会制度，职工代表大会的审议通过权、审议建议权、审议决定权、审议监督权、审议选举权等逐步得到落实。

1989年上半年，对全市贯彻《工会法》、加强职工民主管理、维护职工合法权益工作进行了大检查，有80%以上的企业职代会对企业的发展规划等都进行了认真的审议和决定，企业对侵犯职工利益的方案行使了否决权。

1991年，市总工会制订下发了《关于在全市开展创建职工民主管理合格单位的实施意见》，成立了枣庄市创建职工民主管理合格单位活动领导小组。1991年底，全市已有591家企业开展了创建职工民主管理合格单位活动，当年262家企业经自查验收，达到了合格标准。

1995年，中共枣庄市纪律检查委员会、市总工会、市监察局、市经济委员会联合印发了《关于充分发挥职工民主监督作用促进企业廉洁经营的意见》，进一步完善了职代会制度。

1997年，市总工会转发了《关于职代会民主评议企业领导干部的工作意见》，并结合全市实际提出了具体贯彻落实意见。全市共有473家国有企业开展了民主评议工作，评议干部6934人。

（2）厂务公开工作

1999年，中共枣庄市纪委、中共枣庄市委组织部、枣庄市经贸委、枣庄市总工会联合下发了《枣庄市推行厂务公开、民主监督制度与实施意见》，成立了枣庄市推行厂务公开协调小组，在全市迅速推行厂务公开。至11月底，全市219家国有、国有控股企业和253家集体控股企业实行厂务公开，推行率分别为60%和69%。

2000年，制订了《枣庄市厂务公开工作考核办法》，全市形成了党委统一领导，党政共同负责，各有关部门密切配合，职工群众全员参与的厂务公开工作领导体制和工作运行机制。

2002年12月底，全市共742家企事业单位实行了厂务公开，其中86.7%的单位基本达到规范化的要求。2004年，全市1186家企事业单位建立了厂（事）务公开制度，达到应建数的51%。

截至2005年底，全市共有920家企事业单位实行了厂务公开或内部民主管理事务公开。

5. 法律工作

工会法律工作主要包括法律法规的宣传教育，提高职工的法律素质；大力推行平等协商签订集体合同制度、推动劳动合同制度的贯彻落实；三方协商会议制度；协助市人大常委会对贯彻落实《中华人民共和国工会法》(以下简称《工会法》)《中华人民共和国劳动法》（以下简称《劳动法》）等法律法规情况的执法检查；会同市劳动和社会保障部门对法律法规，尤其是涉及职工切身权益的法律法规及相关政策贯彻落实情况进行监督检查等。1997年以前的工会法律工作，由市总工会办公室管理，1998年，法律工作归属于市总工会保障部，2005年8月，设立法律工作部。这期间经过了“三五”和“四五”普法，是国家法制建设比较完备的时期，是普法教育宣传最普及有效的阶段。

（1）职工普法教育

2001年，市总工会积极开展普法宣传，全市各级工会组织在市驻地主要街道设宣传点80多个，印发《工会法》及《工会法宣传提纲》20万份，录制影像资料100套，扎制宣传彩车10余辆，在市区主要街道上方悬挂宣传标语20多幅，摆放各类宣传标语牌匾200多块。2001—2005年，全市举办《工会法》《劳动法》等法律法规的宣传月活动、宣传日活动、上街搞宣传站点700余场次，印发各类法律法规宣传品34.7万册，举办法律知识竞赛、电视大奖赛200余场次。

市总工会专门召开会议，对全市工会法制宣传教育系列活动提出了明确要求。全市参加《工会法》及相关法律法规学习宣传活动的职工达6万余人，参加知识竞赛的职工5.6万余人，市总工会印发《工会法律法规汇编》2万余册，回收《工会法知识竞赛试题》3万余份。全市各级工会组织共举办各种类型的法

律培训班6760余期，参加法律学习、培训的职工累计40.56万人次。

2004年，全市各级工会开展了普法宣传教育的系列活动。印发《工会法》及《工会法宣传提纲》20万份，录制影像资料100套，印发各类法律法规宣传品14.7万册，举办法律知识竞赛、电视大奖赛，市总工会举办电视专题节目、专访节目3期，听众6.5万人次。全市参加《工会法》及相关法律法规学习宣传活动的职工达6万余人次。举办法律培训班6760余期，参加法律学习的工会干部和职工累计12.56万人次。

2005年10月27日，配合《工会法》修订实施4周年，迎接“四五”普法和“三五”依法治市检查验收工作，市总工会在光明广场举办了全市工会法制宣传教育图片展评活动。全市50余个基层单位制作了80余块展板。

（2）平等协商、集体合同制度工作

1995年，开展了推行平等协商签订集体合同制度。1997年，联合制定了《关于在全市企业推行平等协商、集体合同制度的意见》，明确了目标任务和方法措施。

1999年，成立了枣庄市总工会平等协商、签订集体合同工作协商领导小组，对全市集体合同工作进行了调研检查。

2001年，市劳动和社会保障局、市经贸委、市总工会三家联合下发了《关于进一步推行平等协商和集体合同制度的意见》《关于进一步加强推进平等协商、签订集体合同工作的意见》，认真贯彻《山东省企业集体合同条例》，召开了全市工会推行平等协商、签订集体合同工作阶段性会议。

2002年，枣庄市委、市政府召开了全市贯彻实施《劳动法》《工会法》，推进集体合同、劳动合同工作会议。市总工会下发了《关于开展平等协商、签订集体合同集中活动月的实施方案》。

2003年，制订了《关于做好2003年集体合同推行工作意见》，规范完善了集体合同各项制度。有970余家建立了平等协商、集体合同制度，占应实行平等协商、签订集体合同制度企业数的91.3%，覆盖职工32500人，履约率均在95%以上。

（3）劳动争议调处与工会法律监督

2004、2005年，全市各级工会与劳动保障部门、企业代表密切配合和通力合作，在三方机制建设方面做了大量工作，全面建立了市区（市）两级劳动关系三方协商机制。全市已建立工会劳动法律监督委员会593个，劳动法律监督员1669名，全市各级工会组织共参与调处劳动争议案件3060件，90%以上的劳动争议通过基层工会的调解得以解决。主要体现在四个方面：一是进一步推动了劳动法律法规和政策的贯彻落实。各级三方加强监督检查，及时纠正各类违反劳动法律法规的行为，两年来市总工会同市劳动和社会保障局等单位，联合开展劳动法律法规检查6次，直接检查监督企业124家，涉及职工13万余人；二是促进了劳动关系协调机制建设。劳动合同、集体合同、工资协商、劳动争议调解与仲裁等项工作得到进一步加强，广大职工的劳动权益得到有效维护，劳动关系进一步和谐；三是进一步保障了职工的合法权益。各级三方密切配合，着力解决职工群众的收入分配、社会保险、劳动安全卫生、改制企业职工权益保障等问题，职工合法权益得到了进一步维护；四是切实维护了改革发展稳定的大局。

6. 女职工工作

1986—2005年，先后开展了“女职工素质提升、岗位建功竞赛”活动、“女职工素质自我达标”活动、维护女职工合法权益和特殊利益活动、“姐妹献爱心”活动等“双文明建功立业”活动，充分发挥女职工的“半边天”作用。

1986年，市总工会女职工委员会始在全市女职工中广泛开展了以《中华人民共和国婚姻法》（以下简称《婚姻法》）《工会法》《女职工劳动保护规定》等为主要内容的学习宣传活动，增强了女职工的自我保护意识和能力，维护了女职工的合法权益和特殊利益。

1988年，女职工委员会根据《女职工劳动保护规定》《女职工禁忌劳动范围的规定》《〈女职工劳动保护规定〉办法》《中华人民共和国妇女权益保障法》在全市各级工会女职工中宣传女职工劳动保护法律法规，积极协助劳动、卫生等部门做好女职工的劳动权益保护工作。

1996年，市总工会与市劳动局、市卫生局、市妇联联合下发了《枣庄市实施〈女职工劳动保护规定〉办法》。聘请了上海东方乳腺疾病医院的专家来枣庄，为女职工进行乳腺病普查，共查出各类乳腺病患者1780人，使患病女职工得到了及时治疗。

1997年，全市各级工会女职工组织，把维护女职工的劳动权利，协助政府实现再就业工程作为一项重要工作来抓，及时向政府有关部门提出了“规范企业下岗行为，不得将‘孕、产、哺乳’期女职工列为下岗职工”的建议引起了有关方面的重视。各级女职工组织共举办培训班526期，培训下岗女职329200多人（次），积极与有关单位协调，先后推荐3400多名下岗女职工从事餐饮、服务加工、保险营销等工作。

1999年，市工会制定下发了关于学习宣传贯彻《山东省总工会实施国务院〈中国妇女发展纲要〉1999—2000年规划》的意见，为落实纲要规划目标创造了良好的外部环境，各级工会按照《纲要》要求，逐级、逐条、逐项进行了相应的分解落实。

2002年，市工会制定下发了《枣庄市总工会贯彻〈枣庄妇女发展纲要〉实施方案》。在全市组织开展了“女职工保健知识宣传月”活动，为基层女职工免费举办“爱心保健知识讲座”42场（次），直接受益女职工近10000人（次）。2003年4月，市总工会女工委与市农工党枣庄市委联合为100名下岗特困女职工免费健康查体。

2004年，市工会下发了《关于2004年女职工健康查体的通知》。把每年3月定为“女职工维权知识宣传月”。

全年各级工会共举办维护女职工权益和特殊权益知识培训班227期，参加人数达12940人（次）。全市有2012个基层单位为女职工进行了妇科健康查体，健康查体人数64773人。各级工会开展“爱心帮扶”“姐妹献爱心”活动，共帮扶特困女职工2115名，为294名单亲困难女职工提供经济和物质帮助。

2005年，全市26家企业分别签订了《女职工劳动权益保护专项集体协议》，覆盖女职工8000余名，1735个机关、企事业单位为女职工进行健康查体，查体人数达96360人。全市各级工会女职工组织走访慰问单亲特困女职工家庭372户，与435户生活困难女职工结成帮扶对子，救助了591名困难儿童上学；发放救助金317000元。举办工会女职工干部培训班39期，培训女职工干部1626人（次）。

（三）2006年至今工会工作

1　生产保护工作

（1）劳动竞赛

2006年，各级工会广泛组织职工开展“双创双评”、技术创新、技术协作、合理化建议、劳动竞赛等形式多样的经济技术创新活动。完成技术攻关718项，技术革新1106项；提合理化建议7.1万条，采纳实施1.1万条，创经济效益1.7亿元；开展6个项目的全市交通重点工程立功竞赛。深入开展“创建学习型组织，争做知识型职工”实施“百千万”工程活动，全市参与企业1564家，参与职工达37万人，职工队伍科学文化水平有新的提高。举办第二届全市职工职业技能大赛，参与技术练兵、技术比武、技术培训的职工达32万人。

2007年，围绕实施“科技兴市”战略、发展创新型企业，大力实施“技术创新引导工程”，广泛开展“双创双评”、技术革新、发明创造、提合理化建议等活动。2007年，全市参加技术比武、岗位练兵的职工总数同比增长20%；提合理化建议73240条，采纳实施6836条，攻克技术难关750项。

2008年，群众性建功立业活动广泛开展。组织职工开展创建“工人先锋号”活动，命名表彰了首批全国和省、市级“工人先锋号”单位。评选表彰了30项职工优秀技术创新成果，广大职工建功立业的积极性进一步高涨。成功举办了第三届枣庄市职工职业技能大赛，共举办了29个项目的比赛，仅参加决赛的选手就达到1098余人。

2009年，在全市八大基础设施和重点项目建设中广泛开展立功竞赛活动。在全市263个单位开展了节能减排知识竞赛活动，举办专题报告会、座谈会、演讲比赛412场次，增强了职工群众的环保意识。聘任1200名一线职工义务监督员。在全市窗口行业广泛开展“创品牌、树形象”活动，促进窗口行业全面提升服务标准、优化服务质量、增强服务效能，努力增强全市城市旅游的核心竞争力。

2010年，重点在旅游、卫生、金融行业掀起立功竞赛新高潮。围绕发展循环经济、低碳经济，组织开展“我为节能减排做贡献”活动，全市职工提节能减排合理化建议13150条，采纳10573条，创造价值一千余万元。成功举办第四届职工职业技能大赛，参赛职工达6万多名，带动化工、煤炭、供电等重点行业的42万职工参与技术练兵、技术培训、技术比武。

2011年，围绕实施“十二五”规划，组织职工广泛开展建功立业劳动竞赛活动，积极投身经济建设主战场。组织617家企业和35.8万职工参与了节能宣传活动，全市职工提节能减排合理化建议6950条，创造价值1.3亿元，促进了企业节约发展、清洁发展和可持续发展。

2013年，创先争优劳动竞赛活动蓬勃开展。各级工会紧紧围绕全市工作大局，广泛组织职工开展劳动竞赛和岗位建功活动。全市5800家企事业单位开展了劳动竞赛，参赛职工达69万人；提合理化建议5200条，实施技术革新1170件、发明创造1800项，开展岗位练兵活动的单位4600个，开展技能比赛的企事业单位3500个，参加技能比赛的职工50余万人。

2014年，在重点项目、煤化工、建筑、交通等行业开展“五小”竞赛等群众性经济技术创新活动，以技术创新、节能降耗促发展。成功举办全市第六届职工职业技能大赛，大赛的57个比赛项目覆盖了建设、金融、煤炭、电力、卫生、食品安全、纺织等重点行业，带动全市50多万职工参加技能大培训、大练兵、大比武活动，参与行业、企业和职工人数超过历届大赛。

2016年，在政务服务系统、银行系统和快递业开展创建“工人先锋号”和“挂牌亮岗”活动。在金融系统组织开展建功立业劳动竞赛活动，完成了在全市交通重点工程建设中开展劳动竞赛活动单位的考核验收工作，组织女职工广泛开展“岗位建功”活动，实现了劳动竞赛重点行业、重要领域全覆盖。全市近55万职工参加技能大培训、大练兵活动，10万多人次参加技能大比武活动，积极探索和实践技术型、服务型、管理型创新工作室的创建，对“创客之家”等12个创新工作室进行命名表彰，分别给予1万元创新扶持资金。

2017年，以创建“工人先锋号”和评选首届“鲁班工匠”“奚仲创新奖”为抓手，掀起技术创新和劳动竞赛新高潮。举办了金融、医疗、煤炭等行业系统职业技能比赛，选树了10家创新示范企业、8个创新型班组、10名创新能手。持续开展“五小竞赛”活动，职工技术创新应用1万余项，创经济效益8亿元。劳模（高技能人才）创新工作室共帮助企业解决技术难题1340多项，申报实用发明专利150多项，创经济效益近亿元，培育全国劳模创新工作室2个，省级5个、市级30个，在建创新工作室20家。

（2）劳动保护和安全生产工作

2006年，职工职业安全得到进一步保障。广泛开展“安康杯”竞赛活动、安全卫生消防知识普及教育活动、“安全生产月”活动，“安康杯”竞赛参

赛企业达到 384 家，参赛职工 36 万人。全市聘任了 4428 名一线职工为安全监督员，加强监督检查，从源头上堵塞了安全生产漏洞。

2007 年，“安康杯”竞赛活动参赛企业 400 家、参赛职工达到 40 万人。集中开展了“安全生产月”活动，进一步强化安全生产和劳动保护基层和基础工作。各级工会开展各种形式的安全检查 200 多次，查出各类事故隐患 3000 多处，督促企业限期整改。

卡”“安全检查表”相结合，与推进班组建设相结合，促进了全市安全生产工作整体水平的提高。全市“安康杯”竞赛参赛企业达到 400 余家、参赛职工 42 万人。

2010 年，深入开展“安康杯”竞赛活动，参赛企业达到 661 家、职工 48 万人；联合举办了“安全伴我行”演讲比赛、创建“青年安全生产示范岗”活动和第二届全市职工安全生产漫画展；联合开展了整治非法用工、清理拖

2014年，开展“查身边隐患、保职工安全、促企业发展”群众性安全生产活动

2008 年，在全市组织开展了以“提高安全健康整体素质，实现安全健康科学发展”为主题的“安康杯”竞赛活动，以“治理隐患，防范事故”为主题的“安全生产月”活动；积极推行“职代会保安全”、签订集体合同、劳动安全卫生专项协议工作，全市 95% 以上企业推行了“职代会保安全”工作。全市“安康杯”竞赛活动参赛企业达到 400 家、参赛职工 40 万人，各级工会共开展各种形式的安全生产监督检查活动 200 多次，查出各类事故隐患 3000 多处，督促企业限期进行整改，促进了安全生产。

2009 年，坚持深入开展“安康杯”竞赛活动，将“安康杯”竞赛与推行“职代会保安全”相结合，与推广使用“安全信息卡”“有毒有害化学物质信息

欠农民工工资专项行动。

2013 年，继续开展“安康杯”竞赛活动，完成了 2012 年度的全国、省、市“安康杯”竞赛先进集体和个人的推荐评选表彰工作。与安监部门联合开展了“安全生产月”活动。组织开展了“隐患排查治理”活动，会同市安监局对部分企业进行检查，督导煤矿、化工等高危企业的安全生产，职业病防治等方面法律法规的贯彻落实。

2014 年，深化“查隐患、保安全、促发展”群众性安全生产活动，有效开展煤矿、化工、水泥、建筑等高危行业企业的监督检查。加强标准化班组建设，开展“安康杯”竞赛、安全生产月活动。

2016 年，广泛开展“查保促”活动，组织职工广泛开展隐患排查治理工作。加强督导检查，市总工会领导干部深入区（市）基层开展专题督导[illegible]5 次，督导重点企业 79 家。强化教育培训，举办了非公企业负责人和工会干部培训班，670 余人参加培训。加强宣传引导，编印“查保促”活动“明白纸”25000 份，向基层工会和企业、职工广泛发放。

2017 年，扎实开展化工行业“查保促”活动，发动职工 51.8 万人，排查事故隐患 8023 个，奖励职工 300 人，筑牢了安全生产的第一道防线。

2. 宣传教育工作

2006 年，深入开展“创建学习型组织，争做知识型职工”实施“百千万”工程活动，全市参与企业 1564 家，参与职工达 37 万人。认真做好农民工素质教育工作，制定农民工素质教育五年规划。在全市广泛开展“建设诚信枣庄，争做诚信职工”、职工运动会等活动，引导职工牢固树立社会主义荣辱观，增强主人翁责任感。

2007 年，在全市职工中掀起学习宣传贯彻党的十七大和省、市九次党代会精神热潮。组织开展“创建学习型组织，争做知识型职工”“建设文明枣庄，争做诚信职工”等活动，职工的科学文化素质有新的提高。

2008 年，深入开展“创建学习型组织，争做知识型职工”活动、“枣庄市十佳女职工建功立业标兵”评选活动，继续实施女职工“岗位建功”“素质提升”行动，积极创建“职工书屋”，职工队伍学习的风气更加浓厚，科学文化水平不断提高。

2009 年，加强职业道德建设，评选表彰了职业道德十佳先进集体和十佳先进个人，增强了讲文明树新风的社会氛围。深入开展“创建学习型组织，争做知识型职工”活动、向农民工送文化活动，积极推进“职工书屋”建设，职工队伍的科学文化素质不断提高。以庆祝中华人民共和国成立六十周年为契机，举办了职工文化体育活动，在有效激发职工爱国热情。

2010 年，深入开展“创建学习型

组织，争做知识型职工”活动，大力推进“职工书屋”建设。全市组建“职工书屋”173个，场地总面积1.65万平方米，藏书量达到212万册；组织职工开展丰富多彩的文化体育活动，全面提升了职工的文化水平和整体素质。

2011年，立足基层和企业、职工的实际，深入开展“创建学习型组织，争做知识型职工”活动，全市高技能人才快速成长，职工队伍素质持续提升，为经济发展、城市转型提供了智力支持和人才保障。

2013年，进一步深化“创建学习型组织、争做知识型职工”活动。职工文化和企业文化建设扎实开展。以举办市八运会为契机，广泛开展职工体育活动。组织800名职工参加了市八运会开幕式大型广播体操“职工风采”的表演，从而带动基层职工体育活动的广泛开展。

2014年，广泛开展“创建文明城市，争当文明职工”主题实践活动、志愿服务活动、职工职业道德“双十佳”评选活动，举办“最美劳动者，文明枣庄人”全市职工摄影展，开展“劳模宣传月”活动，加强职工文化企业文化建设，加强市级“职工书屋”创建工作，推荐命名了1个全国职工教育示范点、3个全国“职工书屋”示范点、10个省级“职工书屋”示范点和50个自建点。

2015年，创建“枣庄工会”、“枣庄工会在线”市总工会官方微信公众号，运用新媒体打造全市工会交流工作、服务职工、展示作为的新平台，拓宽工会宣传和联系服务职工的渠道。

2015年，加大优秀工会干部宣传力度，选树滕州市木石镇总工会主席韩乃山，被省总工会评为“最贴心基层工会主席”，授予“山东省富民兴鲁劳动奖章”，先进事迹在山东卫视“齐鲁先锋”节目专题报道。

2016年，组织参加了省总工会举办的“中国梦，劳动美，颂歌献给党”首届全省职工合唱展演活动。选树“齐鲁最美职工”、金牌工匠等先进典型，组织女职工开展书香“三八”读书征文活动，提升了职工的思想政治文化素质。注重工会宣传工作，大力弘扬工人阶级伟大品格和新时期劳模精神。创建6个全国“职工书屋”，申报2个全国职工教育示范点。举办枣庄市“安全生产最美瞬间”首届职工微信摄影大赛、“职工艺术课堂”等活动。

2017年，举办以“建功新枣庄，礼赞劳动美，喜迎十九大”为主题的枣庄市第五届职工美术书法摄影展，共征集到223名作者的600余幅书画摄影作品。组织开展党的十九大精神宣传活动，举办了多形式的干部、劳模宣讲活动1200余场次，参与职工30多万人。充分发挥新闻媒体和微信公众号的作用，开设“弘扬工匠精神，助推动能转换”专栏，大张旗鼓宣传先进典型事迹经验，精益求精的工匠精神成为职工群众的价值追求。创建1个省级职工教育培训示范点、3个全国级“职工书屋”，基层文化阵地建设进一步加强。

2018年，以中国梦•劳动美——学习贯彻习近平新时代中国特色社会主义思想和党的十九大精神为主题举办全市职工演讲比赛，引领广大职工不忘初心跟党走、建功立业新时代，在加快新旧动能转换、建设自然生态宜居宜业新枣庄的伟大实践中当好主力军，做出新贡献。

2018年，联合市委宣传部在全市企业中广泛开展“四为五型”文化班组创建活动，组织引领职工深入学习贯彻习近平新时代中国特色社会主义思想和党的十九大精神，加快建设高素质产业工人队伍，为实现新旧动能转换、深化改革发展凝心聚力。

3. 维权保障工作

（1）创建劳动关系和谐企业活动

2006年，成立了党委或政府（行政）负责同志任组长的创建活动领导小组和办公室，召开动员大会安排部署，形成了党委领导、行政支持、工会运作、各方配合、全员参与的维权工作新格局。全市共有1732家企业，50万职工参与了创建活动。

2007，创建“劳动关系和谐企业”活动取得明显成效，形成了企业和职工互利共赢的良好局面。截至12月底，参与创建活动的企业达1173家，涉及职工36万人；星级以上和谐企业职工的月工资收入平均增长了10%以上。

2008年，创建活动范围进一步扩展，参与创建活动的区属以上企业达到2670家，占纳税企业的68.3%；参与职工43.5万人，占职工总数的82.7%，企业创建积极性更高，职工的参与度更大、认知度更强、满意率更高。

2009年，深入开展“劳动关系和谐企业”创建活动。在市委的领导下制订了新的三年创建工作规划，推动创建活动向非公有制企业和困难企业拓展。全年新增参与创建活动的企业达530家，职工参与数4.6万人。3家企业被评为省级劳动关系和谐企业，40家企业被评为市级劳动关系和谐企业，基层单位普遍形成了自主协调劳动关系的有效机制。

2010年，深化“劳动关系和谐企业”创建活动，全市3892家企事业单位和47.6万职工参与创建活动，2204家企事业单位达到“劳动关系和谐企业”标准，命名表彰了327家市、区两级劳动关系和谐企业和企业负责人，形成促进企业发展、维护职工权益相互促进的良好格局。

2011年，创建“劳动关系和谐企业”活动进一步深化。加强与各部门的协作配合，“党委领导、政府支持、各方配合、工会运作、职工参与”的工作格局进一步发展完善。全市工会组织共受理职工群众来信来访767人次，来电1840人次，办结率达100%。命名表彰了41家枣庄市劳动关系和谐企业，授予37名企业负责人枣庄市五一劳动奖章；3个企业被评为山东省劳动关系和谐企业。

2014年，创建劳动关系和谐企业工作深化拓展。全市参与创建活动的企业达到总数的92%，6072家达到劳动关系和谐企业标准。市和区（市）总工会

命名表彰了一批创建劳动关系和谐企业工作先进单位和先进个人，促进了创建工作深入开展。

2016年，实施“推动职工成长计划（EAP）促进和谐劳动关系建设”项目，引导职工快乐工作、健康生活、注重自我成长，推动和谐劳动关系建设向注重职工人文关怀的更高层次发展，授予13家企业“枣庄市劳动关系和谐企业”荣誉称号。

（2）厂务公开民主管理工作

2006年，进一步推进职代会星级创建活动，4个单位被评为省级“职代会优秀星单位”，90个单位被评为市级“职代会先进星单位”。全市1699家企事业单位实行了厂务公开或内部管理事务公开。组织职工积极参与国有企业的重组改制和关闭破产，维护了职工的合法权益，保证了改革的顺利进行。

2007年，在全市开展了“职工代表大会建制年”活动，截至12月底，全市共有1545家企事业单位建立了职代会制度。深入开展“职代会星级创建”活动、“建设职工之家”“双爱双评”活动。3个单位被命名为“山东省职工代表大会优秀星单位”，2个单位被评为“山东省全心全意依靠职工办企业先进单位”。十里泉发电厂被评为“全国厂务公开先进单位”。

2008年，深入开展职代会建制年活动，召开区域职代会工作现场会，以区域职代会为重点职代会建设进一步扎实推进。今年以来，全市共建立9个区域职代会，覆盖企业87家，覆盖职工5267人。全市建立职代会制度的企事业单位达到1771家。指导基层单位做好厂务公开民主管理工作，促进了改革改制的“阳光操作”、规范运作。

2009年，国有、集体及其控股企业厂务公开建制率分别达到100%；1855家企事业单位建立了职代会制度，3个单位被命名为“山东省职工代表大会优秀星单位”。严格审议企业的裁员、兼并、破产等涉及职工群众切身利益方案，避免了侵权问题的发生。

2011年，制定并积极推动落实《2011年全市厂务公开民主管理工作实施意见》，国有、集体及其控股企业建制率保持100%，公开的内容更加广泛、形式更加规范；职代会覆盖面不断扩大，目前全市共有55个乡镇（街道）、3个行业相继召开了区域职代会或行业职代会，涵盖7130家中小企业（单位）和39.6万职工。

2013年，制定了《枣庄市厂务公开民主管理实施意见》等文件，将厂务公开民主管理工作作为劳动关系和谐企业创建的重要考核指标，维护了职工的合法权益。市总工会被全国总工会表彰为全国民主管理先进单位。

2014年，开展民主管理培训提升年活动，厂务公开民主管理纳入各级党校主体班次培训内容，举办全市厂务公开民主管理电视知识竞赛、知识答卷、培训班。全市9748家单位实行厂务公开民主管理，覆盖职工88万人，663家企业建立了董事会，民主管理建制率达到93.67%。

2016年，制定《全市厂务公开民主管理工作考核办法》，加大奖励和工作培训力度，积极打造“推行协商民主，强化社会责任”工作品牌。开展厂务公开民主管理知识普及和宣传教育活动，全市10余万职工参加厂务公开民主管理知识答卷活动。

2017年，开展“推行协商民主强化社会责任”品牌创建活动，培养选树了山东枣建集团、山东长泰集团、滕州奥克化学有限公司等开展协商工作的先进典型。企业工会与行政沟通协商机制广泛建立，国有、集体及其控股企业基本达到100%，非公企业达到86%。

（3）工资集体协商

2006年，各级工会积极推行工资集体协商制度，促进了集体合同覆盖面的进一步扩大，全市签订集体合同的企业达到2818家，覆盖职工66万人。876家企事业单位签订了《女职工特殊权益保护专项集体合同》，覆盖女职工9.3万人，增强了集体合同的针对性和实效性。

2007年，开展平等协商、签订集体合同的企业超过2100家，占建会企业总数的85%以上；新签劳动合同27850份，签订率达85%，与上年同期相比有较大幅度增长。

2008年，开展平等协商、签订集体合同的企业超过2800余家，占全市建会企业总数的89%以上，星级以上劳动关系和谐企业职工的月工资收入平均增长了10%以上，职工劳动经济权益得到进一步落实。

2009年，积极推行集体合、工资集体协商制度，3256家企业签订了集体合同，覆盖职工46万人；1232家企业签订了专项集体协议，建立工资集体协商制度的规模以上企业达到12.5%。

2010年，3716家企业签订了集体合同，覆盖职工59万多人。劳资双方平等对话、协商共决的平台和渠道进一步拓宽，以工资收入为重点的职工合法权益得到进一步保障。

2011年，工资集体协商推进力度进一步强化。起草了《关于推进全市企业工资集体协商工作的意见》，启动了集中要约行动。目前，全市4462家企业建立了工资集体协商制度，并签订了工资集体协议，覆盖职工达45万人，在保障职工经济利益方面发挥了重要作用。

2013年，工资集体协商实现阶段目标。坚持因地制宜，确定不同的协商内容，制定激励政策，并对工作开展情况进行了指导检查。坚持典型示范引导，每个区（市）选树2—3个镇（街）作为工资集体协商示范点，引领全市工资集体协商工作的开展。截至目前，全市建会企业工资集体协商协合同签订率达到90%，覆盖企业11768家。

2014年，制定新的工资集体协商工作规划，强化工资集体协商指导员培训，加大监督考核和奖励力度，积极组织“集中要约行动月”活动。全市建会企业中，工资集体协商协合同签订率达到90.7%，覆盖企业8465家。2家单位

被授予全省工资集体协商先进单位。

2016年，制定下发意见，加强专职集体协商指导员队伍建设，积极开展实效评价，加大监督考核和奖励力度，积极组织“集中要约行动月”活动，落实提质增效目标。截至11月底，全市建会企业签订工资集体协商合同4653份，覆盖企业8782家，签订率91.5%。

2017年，区域性、行业性工资集体协商覆盖面进一步扩大，选聘19名市级工资集体协商指导员，组建区（市）工资集体协商指导员队伍，专业能力得到进一步提升。“集中要约”行动持续深化，新增开展工资集体协商企业327家，覆盖职工2.8万人。

4. 帮扶救助、促就业工作

（1）帮扶救助工作

2006年，深入实施“送温暖”和“千人帮扶”工程，全市各级工会共筹集发放送温暖资金1508万元。深入开展“金秋助学”活动，资助534名困难职工子女上了大学。认真做好职工信访工作，市、区（市）两级工会和职工热线共接处职工群众来信来访来电3500件，办结率达98%以上。

2007年，对全市493家企业和52810名职工进行摸底调查，健全完善了特困职工档案。元旦、春节期间，省、市党政领导和各级工会组织，走访慰问特困职工近5万人，发放慰问金1500余万元。全年共接听热线电话1200多个，接待求助职工1400余人、职工来信来访2400余人次。

2008年，筹集发放送温暖资金1500余万元，走访慰问困难职工1300余户，救助困难职工5万人。开展了多种形式的助学活动，筹集资金23.47万元，资助1051名困难职工子女。接待职工来信来访117件（次），接听职工维权热线电话56个，转办来信来访13件，有效化解了社会矛盾。积极开展农民工平安返乡活动。

2009年，筹集发放送温暖资金1800多万元，走访慰问困难职工家庭50760户，救助困难农民工320多人。筹集发放助学金199.5万元，帮助1231名考上大学和中专、技校的困难职工子女入学。对548名困难企业患大病职工进行了救助，发放救助金130余万元。做好工会干部结对帮扶工作，1162名特困职工的生活、就业、就医、子女上学等困难得到进一步解决。

2010年，筹集发放送温暖资金1800多万元，走访慰问困难职工家庭50460户，救助困难职工、农民工1320人；发放救助金530余万元，救助各类困难企业大病特困职工786人，资助困难大学生1548名，发放助学金393.28万元，救助人数、救助范围、投入资金、帮扶力度为近年之最。

2011年，筹集发放送温暖资金1600万元，走访慰问困难职工家庭51207户；做好大病特困职工救助工作，救助困职工532人，发放救助金100.13万元；救助考上大学的企业困难职工子女108名，发放助学金22.4万元。

2013年，筹集发放送温暖资金1000余万元，慰问困难职工家庭32000多户；争取资金120万元，对市直困难企业115名患病职工进行了救助。督导全市1369个单位为15800余名女职工进行了健康检查。开展“帮扶送教育”活动，全市600余名困难职工子女得到救助，救助资金30余万元。

2014年，筹集发放送温暖资金1192万元，慰问困难职工家庭30369户；协助市政府救助290名市直企业患大病职工，发放救助金120万元。开展劳模救助和慰问活动，发放荣誉津贴、困难救助金、帮扶慰问金75.28万元；走访慰问环卫、公交、交警、化工等高温作业的一线职工26200多人，发放防暑降温物品87.8万元。救助困难职工子女729人，筹集发放助学金156万元。大力实施“惠员工程”，积极推行工会会员卡服务。

2016年，推动镇街、园区和重点企业服务职工站点建设。在全省率先实施工会会员卡优惠乘公交服务项目，全市近1000辆公交车安装了工会会员卡刷卡器。全市工会会员卡已发放15万张，建立86个工会会员服务基地，设立257个服务网点。筹集发放送温暖资金1002.8万元，走访困难职工家庭25060万多户，救助企业患大病职工364名，发放救助金140万元。筹集“送清凉”慰问资金94万元，走访企业和工地50家，慰问职工43325人，为6586名职工进行健康体检。筹集助学资金279.78万元，救助学生986人。

2017年，全市各级工会共筹集资金777万元，帮扶走访职工5.4万人次。

工会系统“夏送清凉”活动

“夏送清凉”活动筹集发资金240万元，走访慰问高温作业一线职工、农民工4.7万人次；“金秋助学”活动筹集发放资金192.4万元，资助658名困难职工子女上大学；“冬送温暖”活动筹集发放资金221.3万元，帮扶困难职工5918人，大病救助职工2198人，发放救助金123.4万元。为2万名职工办理了工会会员卡，持卡职工达到22万人，803名一线职工享受到疗休养待遇，互助保险参保职工达到5万人，1647人享受了相应待遇。

（2）促就业工作

2006年，积极开展职业介绍、技能培训和创业指导，协助政府做好促进就业工作。为2470名下岗失业职工提供职业培训，为2162名下岗失业职工提供职业介绍，帮助1968名下岗失业职工实现了再就业，超额完成省总工会下达给我市促进再就业工作“三个1000”的目标任务。

2007年，帮助下岗失业职工实现再就业，全年共培训下岗失业职工1900人，为1700人提供了职业介绍，帮助1500人实现了就业、再就业。

2008年，就举办全市第一届全民创业博览会做了大量工作；同市劳动和社会保障局等9家单位成立了三个联合执法检查组，对五小企业非法用工进行整治，检查五小企业9家，涉及职工（包括农民工）1万余人，有效规范了五小企业的用工行为。

2009年，制定了“工友创业”行动三年规划，联合开展了“民营企业招聘周”“春风送岗位”活动；建立了10余所“工友创业”实训基地，开设10多个专业的培训班；培植了6个“工友创业”示范基地和4个创业项目，培养了83名创业带头人。截至年底，全市为3600人提供了职业技能培训，帮助2780人实现了就业再就业，扶持1065人实现了自主创业，帮助60户困难职工家庭突破了零就业。

2010年，完善相关机制，面向下岗失业职工、返乡农民工、毕业大学生实施多渠道就业援助。全市已发展“工友创业”实训基地25个，其中2个达到省级标准；培训下岗失业职工5125人次，为24019人提供了就业援助，帮助2038名下岗职工、返乡农民工成功就业，培养创业带头人106名，帮助1000多个困难家庭实现了零就业的突破。

枣庄市总工会“工友创业”培训班

2011年，建立了创业人员动态管理档案，联合举办了民营企业招聘周，开展了“工会就业援助月活动”。全市各级工会共为3800人提供了职业技能培训，扶持276人自主创业，帮助3060人实现就业再就业，带动4000名下岗失业人员、返乡农民工实现再就业。

2013年，制定了《枣庄市总工会关于贯彻〈山东省总工会关于“十二五”期间工会促就业工作的指导意见〉的实施意见》，组织青年创业大赛、“春风送岗位”就业援助行动，共发放“春风卡”5.15万张，举办招聘会95场，招聘企业1687家，提供就业岗位6.93万个，吸纳就业3.86万人。

2014年，联合开展95场就业招聘会，举办家政服务等各类创业培训班41期，创办5所工会女职工培训示范学校、2所省级示范学校，各级工会培训创业人员1200多人；加强“工友创业园”建设，扶助50人自主创业，带动500人实现就业。

2016年，开展“全市工会就业援助月”活动，联合有关部门组织参与招聘会29次，提供就业岗位12500个，组织开展职业技能培训班27期，培训人数2165人。加强“工友创业园”建设，选树6个创业园区为全市第二批工友创业园区，为创业者提供一条龙创业综合服务。

2017年发挥“工友创业”基地、职工教育培训示范点、女职工培训示范学校作用，开展技能培训、职业介绍和创业援助，帮助去产能企业培训职工5306人，分流安置6552人。

5. 女职工工作

2006年，救助困难女职工14902人，为7万余名女职工进行了健康查体。

2007年，全市共有5045家企业签订了《女职工权益保护专项集体合同》，签订率达97%，覆盖女职工21.6万人。组织2753家基层单位的12万名女职工进行了健康体检。举办了26场女性健康知识讲座及专家咨询活动，2300余名女职工参加了讲座。

2008年，全市签订女职工权益保护专项集体合同1715份，覆盖2680家基层单位和116478名女职工。全市2753家企、事业、机关单位，近14万名女职工参加了健康查体。签订《女职工特殊权益保护专项集体合同》，截至2008年底，全市共签订《合同》5045份，覆盖5201家单位，226478名女职工。

2009年，签订《女职工权益保护专项集体合同》2195份，覆盖企事业单位3141家、女职工141719人，进一步维护了女职工合法权益和特殊利益。

2010年，全市共组织2195家机关、企事业单位的17万女职工参加了健康体检，并逐一建立了健康档案，及时督促查出疾病的女职工进行了有效治疗。

2011年，全市共签订《女职工权益保护专项集体合同》4062份，覆盖企事

业单位4112家、女职工20.8万人；与市人寿保险公司联合启动了“女职工安康工程”，872名女职工参加了安康保险；组织141200余名女职工参加了健康体检，进一步维护了女职工的特殊利益。

2013年，元旦春节期间走访慰问困难女职工、单亲困难女职工1457户，救助大病女职工106人。积极督导落实困难女职工妇科疾病普查和“两癌”筛查后的后续治疗帮扶工作，对全市困难企业患“两癌”的106名女职工进行了2000—1万元不等的救助，发放救助金近25万元。全市5117个单位为23万余名女职工进行了健康检查。

2014年，强化女职工特殊权益保障。全市签订女职工专项集体合同9697份，覆盖企业11768家，覆盖女职工249528万人。

2016年，开展“帮扶送教育”活动，全市筹集资金148.9万元，资助困难职工子女2681人。创建“爱心妈妈小屋”13个，为广大女职工提供更加人性化服务。

2017年扩大《女职工专项集体合同》签订的覆盖面，签订专项集体合同6978份，覆盖企业7041家、女职工268917人。以一线女职工、女农民工、女劳务派遣工为重点对象，全市组织举办培训班146期，法律法规宣传378场，组织了24万多名女职工参加“法律护我行女职工维权知识答卷”活动，增强女职工的法律和维权的意识。新建47个“妈妈小屋”，彰显了对女职工的关爱。

二、工会工作的经验

改革开放以来，枣庄工会工作取得了令人瞩目的成就。总结40年来改革开放的基本经验，主要体现在以下几个方面：

（一）必须始终坚持党的领导，这是工会工作的根本保证。中国共产党领导中国人民开辟的中国特色社会主义道路是正确的，必须长期坚持、永不动摇。改革开放以来，中国共产党领导人民在时代号角下，高举中国特色社会主义旗帜，释放市场活力、完善民主制度、建设先进文化、构建和谐社会、建设生态文明，坚持一切为了人民、一切依靠人民，充分发挥广大人民群众积极性、主动性、创造性，不断把为人民造福事业推向前进。只有自觉坚持党的领导，坚持走中国特色社会主义工会发展道路，才能牢牢把握工会工作的正确方向，才能把党领导的政治优势转化为不断推进工运事业发展的工作优势。

（二）必须始终坚持服务发展大局，这是工会工作的重要前提。科学认识当前形势，准确研判未来走势，是自觉做好工会工作的基本前提。只有把工会工作放在中国特色社会主义事业的高度上来认识，放到“四个全面”的战略布局、放到民族复兴伟大中国梦的全局中来谋划，才能正确认识和把握新时期工会工作的历史使命。站得高，才能看得远；思得深，才能谋长久。各级工会组织需要坚定理想信念，把握政治方向，认清自身责任，全面提高统揽全局、服务大局的能力和水平。只有紧紧围绕党和政府的工作大局，才能找准工会工作的结合点、着力点，工会工作才能与党和政府工作同向合拍，工会工作才能在全局工作中有作为、有地位。

（三）必须始终坚持以职工为本，主动依法科学维权，这是工会工作的根本宗旨。工会组织怎样坚持以职工为本，主动依法科学维权，这既是新形势下党赋予工会的重大使命，也是也是广大职工群众对工会组织的殷切期望。工会维权工作，必须立足中国国情，着眼时代发展，牢固树立“以职工为本，主动依法科学维权”的中国特色社会主义工会维权观，牢牢把握工会维权工作的正确方向。只有带着感情做工会工作，全心全意为职工服务，切实履行维护职责，才能赢得广大职工群众的信赖，工会工作才能更好地发挥作用、体现价值。

（四）必须始终坚持社会化方向，这是工会工作发展的必然要求。工会工作社会化是发展趋势，因此，在坚持走中国特色社会主义工会发展道路中，必须高度重视工会工作社会化建设，始终把工会工作社会化建设置于动态管理中，站在工会全局和战略高度，通过工会工作社会化，实现新时期工会工作总体目标。只有积极借助社会力量，有效整合各方资源，才能建立面向职工、面向社会、面向基层的工会工作新格局，工会工作才能不断延伸参与社会管理层面，提升参与管理水平。

（五）必须始终坚持解放思想，改革创新，这是做好工会工作的先决条件。解放思想是改革创新得以开启和成功的前提，在改革创新已经进入攻坚期和深水区的今天，工会工作要取得全面深化改革创新这一系统工程的成功，就要全方位进行发散性思考，以更大决心更大程度的解放思想去推动。改革创新是工会工作展的根本动力。改革工作体制机制和运行方式，破除“机关化、行政化、贵族化、娱乐化”倾向，切实保持和增强工会的政治性、先进性、群众性，增强工会组织生机和活力，以新的气象、新的面貌依法全面履行工会职能，让广大职工真正感受到改革的成效。只有敢于直面新情况、解决新问题，勇于迎接新挑战、攻克新难关，才能抓住机遇，不断推进工会理论、体制、工作创新，永葆工会发展活力，工会事业才能越来越兴旺，发展道路才能越走越宽广。

审稿人：范晓兵

撰稿人：张　翔　李淑丽

枣庄市委党校改革开放历程、成就与启示

党校是在党委直接领导下培养党员领导干部和理论干部的学校。中国共产党成立之初，就认识到党内教育问题的重要性。1924 年 5 月，中共中央在上海召开执委会扩大会议，在《党内组织及宣传教育问题决议案》中，首次提出设立党校问题，为党内教育培养指导人才。中华人民共和国成立后，全国大多数省、市区都建立了党校。中共枣庄市委党校是 1961 年 9 月 12 日，经国务院批准，枣庄市升格为省辖地级市后正式成立的，其前身是峄县县委党校（党训班）、鲁南区委党校、台枣地委党校、滕县地委党校、枣庄(县级市)市委党校。中共枣庄市委党校成立以来，特别是在改革开放 40 年的发展中，在历届市委、市政府的正确领导下，始终坚持党校姓党的原则，按照围绕中心，服务大局的办学指导思想，不断深化改革、全面加强党校建设，完成了各个时期干部教育培训任务，为提高全市干部队伍素质、促进经济社会发展作出了积极贡献。

一、改革开放历程

（一）拨乱反正恢复党校教育秩序（1976 年 10 月—1982 年 12 月）

粉碎“四人帮”，结束“文化大革命”十年动乱，特别是 1978 年 12 月中共十一届三中全会召开后，党校工作开始得到恢复，党校的自身建设也有了较大的发展。

“文化大革命”期间，党校受到很大冲击，居无定所，搬迁频繁，人员时聚时散，教学时断时续，多年积存的数万余册图书资料荡然无存。1976 年 10 月 6 日，粉碎“四人帮”，宣告“文化大革命”的结束。全校教职工热烈欢呼，坚决拥护党中央的英明决策，并以各种形式投入了揭批“四人帮”的斗争。1977 年春，全市领导干部学习班在市委党校（坊上）举办，重点学习中央关于彻底批判“四人帮”的有关材料、中央“两报一刊”社论《乘胜前进》《毛泽东论十大关系》等文件。是年夏，连续举办领导干部短期读书班 4 期，学习《毛泽东选集》第五卷。9 月以后举办学习党的十一大文件培训班。10 月传达贯彻中共中央颁发的《关于办好各级党校的决定》。《决定》要求各级党校应从速恢复，加强领导，切实办好。

为了改善党校的办公条件，10 月 7 日，市委决定，将党校与共产主义劳动大学分开，独立办公。下设办公室、教研室。1978 年 3 月 20 日，党校从峄城坊上迁回枣庄文化路。

粉碎“四人帮”，人们要求纠正十年“文化大革命”的错误、解决“文化大革命”遗留问题，要求实现四个现代化。“两个凡是”成为阻碍人们思想解放、实现发展的藩篱。1978 年全校教职工响应号召，积极参加 “实践是检验真理的唯一标准”的大讨论。学校教师通过撰写文章、开研讨会、进行演讲等方式，大力推进真理标准讨论的发展。通过讨论活动，冲破“两个凡是”的束缚，纠正了“左”的错误指导思想，加强了校党委的集中统一领导，形成了一个团结奋进的领导班子，使党校成为学习、宣传和捍卫马列主义、毛泽东思想的坚强阵地。全年举办理论骨干班、宣传干部班各 1 期。

为了适应干部培训工作的需要，办好党校，1979 年 7 月党校增设行政科。9 月 18 日全市党校工作会议召开，会期 3 天。会议围绕在新的历史时期怎样办好党校这个中心议题进行了讨论，对党校建设的成绩和经验作出了充分肯定，指出了党校现存的问题和困难，对今后如何办好党校提出明确要求。1979 全年，以中共十一届三中全会精神为指针，紧紧抓住党的工作重点转移到社会主义现代化建设上来这一中心任务，重点学习社会主义经济理论和党的建设理论。引导干部解放思想，实事求是，清除“四人帮”的极“左”路线在干部队伍中的影响，为党的工作重点的转移奠定基础。全市两级党校共举办干训班 37 期，受训干部 5154 人。

1980 年 2 月，中央批转的《全国党校工作座谈会纪要》下发传达。《纪要》指出：党校是培养干部的学校，是宣传、捍卫马列主义、毛泽东思想的重要阵地；党校是党委领导下的一个重要部门，在干部配备、参加会议、阅读文件等方面，应和部、委同样对待，要保证党校的经费，除了行政费、教育设备费外，要适当解决科研费和学员生活困难补助费等。《纪要》是办好党校的重要依据，枣庄市委进行认真贯彻落实。8 月，教研室内划分为三个学科组：哲学、政治经济学、科学社会主义。11 月，市委决定：党校由市委直接领导，不再归口管理。1980 全年举办干部轮训班 3 期，380 人；经济理论辅导员班 50 人；中青班 51 人；青年理论干部班 60 人，总计 541 人。

在教学队伍建设上，为了适应新形势对干部培训的需要，进一步加强完善了学科细分和师资队伍建设，1981 年 7 月取消综合教研室，设立哲学、政治经济学、科学社会主义教研室，为壮大党校教育培训打下了坚实的基础。8 月成功举办学习中共十一届六中全会《决议》领导干部轮训班，每期 100 人，时间 3 周。

随着干部培训人次的增加，党校办学规模的扩大，党校的校舍建设成为市委关注的大事。为了进一步办好党校，使党校的办学条件有一个较大的提升。1982年春，在薛城建党校新校，并于9月26日开始搬往今薛城区永兴路359号的新校。薛城新校的搬迁，标志着枣庄市委党校有了一个稳定的办学场所，正式开启了枣庄干部培训的新篇章。1982年度市委党校共举办干部培训班12期。

（二）加强党校教育正规化建设（1983年1月—1991年12月）

1983年4月18日，中共中央发出了《关于实现党校教育正规化的决定》。《决定》要求，“各级党校都要从短期轮训干部为主，逐步转向正规化培训干部为主，以适应社会主义现代化建设的需要。”按照这一要求，5月，市委针对党校长远发展需要，制定《枣庄市委党校关于实现党校教育正规化的规划》，对办学班次、学制、课程内容、教材和考试制度、教师队伍建设等制定了规划措施，明确提出市委党校力争三年内，办学规模达到500人，职工队伍发展到150人。党校积极贯彻规划要求，进一步完善组织体系和学科建设，1983年8月，增设党史党建、经济管理、文化课教研室和组织处，使党校学科体系和组织结构更加完备。1983年全年举办培训班10期，培训干部587人次。

改革开放初期，全市机关和企事业单位工作人员学历不高、人才紧缺的现象广泛存在。为了进一步发挥党校在教育培训方面的重要作用，服务于改革开放大局，培养专业人才，枣庄市委党校努力提升办学水平，积极拓展办学领域，扩大办学规模。1984年1月24日，省委常委会第43次会议决定，成立全省干部教育工作领导小组，省干部教育工作领导小组批准枣庄市委党校举办脱产两年制大专培训班和三年制大专理论班，各招生50名，标志着党校教学由过去单一的干部轮训向干部轮训、学历教育培训等多元化培训转向。9月6日，设立哲学、政治经济学、科社、党史党建、经济管理、现代科技、文史、图书资料室、办公室、教育处、总务处11个处室。1985年8月，成立函大办公室，负责党校函授教育，隶属于教务处。1985年，在校7个全日制学历班，计354人；10个中函大专班，530人；部门短训班两期，206人。总计1250人。教职工116人，其中教师50人。

随着在校学员人数的增多，加强对学员的管理刻不容缓。为适应这一要求，1986年4月，成立学员工作处。6月3日，山东省干部教育工作领导小组、省委组织部、省编委下发《关于枣庄市委党校体制问题的批复》，同意枣庄市委党校为大学专科体制，其校长、书记为副厅级，副校长、副书记为正处级，中层机构负责人的级别暂不变。

科研工作是党校工作的重要组成部分，是教学工作的重要基础。为促进党校理论研究工作，加强对全校科研工作的管理，1986年11月，组建理论研究室。理论研究室负责编辑出版校刊，并具体分管资料室。1987年初，校刊《枣庄党校》创刊号出版。

为安排家属子女就业，1987年组建劳动服务公司，公司下辖商店、饭店、服装店，员工计32人。组织首批教师到橡胶厂、常庄乡、焦化厂挂职锻炼。按照中央统一部署，党校组织开展“新时期共产党员如何发挥先锋模范作用”大讨论活动，有力地提升了党员素质，促进了党员先锋模范作用的发挥。

中共枣庄市委党校旧址（1982年9月—2013年6月）

1988年教学的重点是宣传贯彻落实十三大精神。5月，专业技术职务聘任大会和市职改领导小组现场会议在党校召开，会上向党校首批9名副教授、23名讲师、19名助教颁发聘书。12月，党校校刊《枣庄党校》入选《中国学报总汇》。全年培训干部1300多人。

为坚持"从严治校，质量第一"的办学方针，1990年春，党校相继出台了教学活动管理规定、学员管理规定、学籍管理规定、学员守则、课堂守则、考场守则、学员成绩考试、考核办法等。枣庄市委印发《关于建立健全领导干部马克思主义培训制度的意见》，指出：领导干部必须定期到党校学习，每届任期之内或至少工作3年接受党校一次培训。全年各类班次招生1164人，包括中函本、专科班、大专证书班、刊授班等学历班次718人，乡镇书记班、乡镇长班、宣传干部班、文秘班、党建研讨班、监察干部班等446人。全年有1070名大专生毕业，在校学历班学员1736人。全年培训干部2163人。校舍建筑面积2万多平方米。12口教室，藏书8.5万册。

1991年春，市委颁发《关于加强党校工作的意见》。市委组织部同意党校设立16个处室，包括6个教研室，10个教辅、行政处室。中层领导正职岗16个，副职岗12个。成立党校工作处。4月，制定《关于深入开展社会主义思想教育的意见》。以中共中央宣传部编写的《关于社会主义若干问题学习纲要》为基本教材，坚持"三为主"（即思想教育为主，正面教育为主，自我教育为主）"两不整"（即不整干部和群众）"两不变"的原则。选举产生首届工会委员会。全年办主体班、短训班15个，其中县科班5期；政工师班7期；师资班两期；乡镇长班1期，培训1426人。主要学习中共十三届七中全会精神、社会主义若干问题纲要、党的建设理论等。在校中函本科生427人，专科232人，业大87人，证书班266人，刊大104人。

（三）进一步深化党校改革（1992年1月—2000年12月）

1992年，党校的教学重点放在学习邓小平南方谈话和十四大文件上。3月，成立财务科。1992年夏，全国党校和全省党校校长座谈会先后召开，会议的主题是认真总结经验，继续解放思想，探讨党校深化改革的思路和方法，把党校教育事业推向前进。为了贯彻"两会"精神，8月、9月枣庄市委召开了两次全市党校校长座谈会。会议就新形势下如何发挥党校作用、全面深化党校改革，统一了思想，取得了共识。10月，成立社会主义学院。10月中旬，党的十四大胜利召开。邓小平南方谈话和党的十四大召开，对于进一步解放思想，把握有利时机，加快党校改革步伐具有深远意义。

1. 邓小平南方谈话，促进了党校事业的全面发展（1992年1月—1995年12月）

邓小平南方谈话和党的十四大以后，为适应经济建设和改革开放新形势的需要，党校制定了《教学改革方案》，其指导思想是：以邓小平南方谈话精神为指导，以建设有中国特色的社会主义理论为主题，以服务于党的"一个中心、两个基本点"的基本路线为重点，以培养忠诚于马克思主义德才兼备的党政领导干部为目标，建立健全内部激励机制，充分调动全体教职工的积极性和创造性，更好地发挥"三个阵地、一个熔炉"的作用。

拓宽办学渠道。坚持培养对象有主有辅，主辅结合的原则。除办好市委批准的各种主体班次外，还举办纪检监察、外经外贸、股份制、财会等计划外培训班，不拘一格育人才。在学制上，有长有短，长短结合，以短为主。在重点办好进修班、培训班、理论班等主体班次的前提下，扩大了长期非主体班次的培训规模，其中包括业余大专班，大专专业证书班，中专班，函授本、专科班等等，1994年开办首届研究生班。在办学方式上，有内有外，内外结合，以内为主。在重点办好校内主体班次的前提下，既请急需培训人才的单位来党校办班，也走出校门，到要求办班的单位去办班。在调节机制上，实行计划与市场相结合，逐步扩大了市场调节的范围，走开门办学之路，形成以主体班次为主、充满活力的班次格局。

改革教学内容和课程设置。根据市委和全市党校工作会议要求，党校从实际出发，深化改革，进一步建立和完善了"一个中心、四个结合"的教学体系。在整个教学内容体系中，首先确立了建设有中国特色社会主义理论的主课地位。其次是处理好马克思主义主课与各类知识课的关系，适当增设了经济知识、管理知识、科技知识、法律知识等方面的课程。在保持各学科教学内容基本稳定的前提下，根据邓小平南方谈话精神和改革开放的需要，适当调整教学计划，不论主课还是辅课，不论原理还是原著，授课一律采取理论联系实际的专题形式组织教学。

改革教学方法。根据培训对象的实际情况，以提高学员分析解决问题的能力为目的，增强教学的针对性、科学性，形成生动活泼、灵活多样的教学方法体系。从灌输理论知识为主，转向以分析解决现实问题为主。用专题带原理、原著，从理论和实践的结合上讲清学员关注的问题，力求做到理论上有深度，内容上有新意，信息量大，实效性强。采用启发式、研讨式、案例式、模拟式、答疑式、总结式、双向交流式等方法，教师学员优势互补，教学相长。强化教学中的实践环节，"走出去"与"请进来"相结合，让学员和教师到发达地区、先进地区、开放城市参观考察，请外地专家、本市领导以及有实绩的企业家、改革家讲课，请先进典型介绍经验，引导学员和教师在分析解决实际问题上下功夫。把党性教育寓于教学的全过程中，做到三同步，即理论学习与党性锻炼同步，与个人党性分析同步，与讨论交流同步。不论主体班次还是学历班次，结业时学员都要写出党性锻炼小结，并把能否正确理解党的基本路线作为首要内容。

经过探索，市委党校逐步建立起了以建设有中国特色社会主义理论为中心，以社会主义市场经济理论和党的建设理论为重点，以社会主义现代化建设所需要的各种新知识和社会考察为补充，以增强党性、提高素质为目的的教学内容体系。通过深化教学内容的改革，较好地适应了新形势下学员对理论、知识方面的需要。

对待科研工作，主要在实现教研一体化上下功夫。1992 年以来，校党委认真坚持科研“为教学服务、为社会实践服务、为党委和政府决策服务”的方针，把科研工作摆上重要议事日程，明确科研重点和科研任务，明确领导分工，狠抓落实。对全校的科研活动，从科研计划的制定、科研课题的选择到科研参考选题的确定、各种学术活动的组织开展等，党校主要领导和分管领导都靠上抓，亲自指导，并定期开会专门研究科研工作，解决科研工作中的人员不足、资金短缺等问题。校领导还身体力行，进行理论研究，带动了全校科研工作的开展。1993 年，随着校级领导班子人事的变更，及时调整和充实校学术委员会和校刊编辑委员会。学校逐步制定和完善了一系列的科研管理制度，有效地调动了教研人员的积极性，党校科研整体水平有了新的提高。为了搞好理论教学，组织编写了《学习〈邓小平文选〉第三卷文集》《中国特色社会主义理论干部简明读本》，1995 年，第一次承担并完成了山东省社会科学重点研究课题《煤炭城市产业结构调整与发展研究》。1992 年至 1995 年间，全校共发表学术论文 150 余篇，其中省级以上 40 余篇；出版和参编著作、教材 15 部；获省精品工程奖 1 项，全省党校系统优秀社科奖 15 项，市社科奖 20 余项。校刊创刊以来，紧密配合党的中心工作，着重突出时代特点，注重理论联系实际，跟踪广大读者关心的热点、难点问题，全方位、多层次地为广大理论工作者和实际工作者提供最新的理论研究动态和有价值的信息，受到好评，成为体现党校教学与科研成果的科研园地，成为学习、理论研究和宣传马列主义、毛泽东思想和邓小平建设有中国特色社会主义理论的阵地。

加强队伍建设。党校的改革和发展，最根本的因素取决于内部活力的启动。这一时期，精简了内部机构，1995 年按照大专体制要求解决了中层干部职级问题。全校由 17 个处室精简为 14 个处室，处室正职按副县级、副职按正科级或副科级配备；并且改革了干部管理制度，聘任了 13 名副县级处室主任，5 名副县级组织员，7 名正科级副主任，13 名副科级副主任和纪检员。先后派出 20 余名教师进修学习，参加学术交流会议，扩大视野，更新知识；选派 7 名教师到农村挂职，经过一年的磨炼，丰富了实践知识；组织教研人员深入社会开展调研活动，撰写调查报告，提高了理论联系实际的能力。

加强制度建设。针对校内存在的热点难点问题，由校领导牵头，组成专门班子进行调研，采取自下而上的办法在原有规章制度的基础上进一步修改完善，制定了《枣庄市委党校关于若干问题的暂行规定》，使长期困扰党校的一些难题得以有效解决。

进一步改善办学条件。1993 年，继续抓好校园绿化美化，配套各种教学设备，解决水暖，改造食堂、锅炉、暖气管道，新建水冲厕所等；1994 年，改造办公楼五层电教室、阶梯教室、7 号教学楼、图书馆和阅览室。1995 年改造 2 号学员宿舍楼，每个房间增设了卫生间并进行内部装修，新建了一座 900 平方米的俱乐部，购置了 22 台 486 型微机，建立了网络微机室，有力地改善了办学条件。

2. 改革发展，不断探索党校教育的新路子（1996 年 1 月—2000 年 12 月）

这一时期，是我党历史发展的重要时期，也是党校发展的重要时期。1995 年 9 月，中共中央发布《中国共产党党校工作暂行条例》，为党校新时期的发展指明了方向。《条例》是党中央全面加强党的建设、加强党的干部教育和理论教育的法规性文件，是党校发展史上的重要里程碑。

市委对《条例》的贯彻与落实高度重视，制定《1996 年至 2000 年枣庄市干部教育培训规划》。党校编制了《1996—2000 年发展规划》，其总体工作目标是：按照江泽民同志关于努力建设高素质干部队伍的要求，以提高干部特别是领导干部的思想政治素质为目的，不断深化党校改革，逐步建立适应新时期干部教育特点的党校教学、科研、管理体制。积极开展干部培训，坚持用建设有中国特色社会主义理论、市场经济知识和先进的管理知识、科技知识武装充实干部，用党的优良传统和作风教育党员干部，为加强全市党的建设、全面提高干部队伍素质发挥党校应有的作用，促进党校各项事业得到全面发展。

在教育培训方面，这一时期完成培训任务主要表现在两个方面：一是主体班次培训取得新成绩。按照《条例》和《规划》要求，进一步规范主体班次办学，履行党校职能，加大培训力度，为提高我市干部队伍素质作出了积极贡献。1996—2000 年，党校举办县级干部、科级干部、乡镇书记、乡镇长、女干部、中青年干部等 6 类主体班次 33 期，培训干部 2000 余人。二是函授教育更加规范。在办好党校主体班次的同时，继续开办政法、经济管理、涉外经济管理等专业大专、大本、研究生等业余函授学历班次。1996 年，学历教育各类班次毕业学员 3056 人；年底，尚有在校生 14 个班，6971 人。1997 年，按照省委组织部下达的业余教育招生计划，招收研究生 10 人，各类本科班 1000 人，大专班 1500 人。由于坚持从严治校，严格制度管理，在下半年全省党校系统教学管理评估中，各项指标均名列前茅。1998 年，学历班共有学员 1672 人，其中中函本科 570 人，专科 424 人，省函本科 257 人，教学管理工作在全省作了经验介绍。1999 年，业余函授班 38 个班，在校学员 6043 人，其中招收新生 611 人。

同年，按照中央党校函授学院和省委党校干部业余教育学院部署，认真做好函授业余教育评估工作。重新制定、修改、完善了有关的管理规定和措施，进一步加强了规章制度的建设。整理了函授业余教育办学以来的各类档案材料，健全了档案管理，推动函授教育管理工作上了一个新台阶。

教学内容上初步建立“三个基本、五个当代”教学内容体系。1997年党的十五大召开后，中央党校召开了第二次全国党校教学工作会议，提出了贯彻落实十五大精神，深化邓小平理论教学改革的新要求。根据上级党校的要求和部署，市委党校对十四大以来邓小平理论教学内容和教学体系进行了重新分析和论证。认为当前必须把学习邓小平理论与学习党的十五大精神和江泽民同志的有关讲话结合起来；把邓小平理论教学体系与马克思主义、毛泽东思想基本原理的教学有机地融合为一个整体，全面系统地夯实学员的马克思主义理论基础。1999年8月30日，中央党校在《学习时报》公布了党校教学新布局内容。9月27日，中央党校常务副校长郑必坚同志就教学新布局问题发表重要讲话，市委党校迅速行动，向省委党校领导作了专项请示，针对“三个基本、五个当代”的题目设置和具体内容进行了研究，继而制定了贯彻教学新布局的具体措施：一是各教研室根据“加强理论武装，开阔世界眼光，培养战略思维，增强党性修养”的要求制定出学科建设规划，规定学习研究的书目及每个教师的主攻方向，以深化党校教学系统的改革与创新。二是按照新布局的要求设立了新专题，主要有：马列主义、毛泽东思想、邓小平理论的基本问题；当代西方经济学知识、世界科技问题、西方法律思潮及评价、西方哲学文化思潮等，全部进入课堂。学员反映有耳目一新之感。深化对江泽民同志重要讲话及党中央重要决定的学习和理解。江泽民同志的许多重要讲话坚持并继承了邓小平理论，是党的理论的重大发展和新的贡献。江泽民同志关于“三讲”教育、“三个代表”重要讲话发表之后，党校立即组织全校教师集中学习研讨，分别设立专题，由骨干教师担任主讲。采取学科组集体备课攻关的措施，深刻研究，精心备课，为学员深入学习邓小平理论拓宽了思路，明确了方向，增强了学员用马克思主义的宽广眼界观察世界的能力。

为提高教学质量，增强培训效果，从1995年开始，党校教学改革实行了竞争上岗、择优任教、教学监督、评先奖优等措施。1997年在总结改革经验的基础上，出台了《关于深化教学改革的试行规定》，提出了加强学科建设、完善教学评估、强化内部机制，充分体现奖优罚劣原则，建立起一个有活力的教学管理机制。抓好教师的社会调研，在每个班次进校前，针对不同班次的特点组织主讲教师到调研基地进行调研；做好学员社会调研的组织工作，选取改革开放和现代化建设中的一些重大理论和实践问题作为调研题目，形成调研成果；加大外请报告的力度，邀请国内著名专家学者来校授课。

树立“科研立校”理念，实践“三个服务”方针。根据十五大精神和全国、全省、全市党校科研工作会议精神，市委党校进一步加大了科研改革力度。确立了“九五”期间的总体科研工作思路，即深入贯彻党的十五大精神，以邓小平理论研究为中心，坚持“三个服务”的基本方针，在全市党校系统组织实施科研精品、科研人才、科研带动三项工程，以此为主线，推动科研工作的全面发展。1996年校刊《枣庄党校》改版为《枣庄党政论坛》，由封闭式办刊转为开放式办刊，从栏目设置到版面设计，从来稿作者到稿件质量，都发生了很大变化，北京大学、中国人民大学、中央党校、山师大、省社科联、省委党校的知名专家学者纷纷提供稿件。校刊面向全国党校系统，交流单位遍及全国三十个省市200多个学术单位，在全国党校系统和社科界有一定的影响。1998年因资金缺乏而停刊。科研制度进一步完善。1996年制定了《党校科研工作规划》《枣庄市党校系统科研基金管理条例》《科研成果奖励办法》等规章制度，有效地促进了教学科研一体化系统工程的建设。1997年，在总结以往经验的基础上，出台了《关于加强党校科研工作的意见》，进一步规范了科研管理制度，规定了不同层次专业技术人员的科研工作量，提出了具有激励性的科研导向；1999年，进一步落实科研工作量制度，对原有的规章制度修订补充，加大了科研成果的奖励力度；2000年，在贯彻落实全省党校科研工作会议精神的过程中，对原有的规章制度进一步充实，形成了科研管理工作的新规范。

“科研立校”理念的强化，进一步促进了教学科研一体化，形成了科研成果到课堂的转化。1996年以来，课堂教学上的“精品”专题，都是在科研精品的基础上转化而来的。《社会主义市场经济与党的建设》《企业兼并中的法律问题》《关于枣庄市个体私营经济发展的调查》《关于枣庄市企业改革问题》《关于枣庄市工业经济结构调整问题》《枣庄市股份制经济发展调查》《关于枣庄市教育资源配置问题的调查》等调研专题，都是深入社会，广泛调查，找出问题症结，提出相应对策，形成科研成果。其中前两项入围省级精品工程，其余的大都进入课堂。有的提供市委领导决策参考，初步实现了“教学出题目，调研做文章，科研出精品，成果上课堂”的目标。1996年至2000年间，全校共发表论文200余篇，其中省级以上131篇；获省精品工程奖3项；出版著作和教材9部；获省社科奖1项，市社科奖36项，其他奖7项;承担省级课题1项。

在行政后勤建设方面，1996年，采取软硬并举，标本兼治，突出硬件建设，投资100多万元改善了办学条件，基本实现住宿公寓化、食堂餐馆化、校院花园化、服务规范化。投资10万元，改造了供水系统。长期以来党校职工学员使用压力罐从大口井二次供水，水质不符合卫生标准。经与自来水公司协商，

从公司新上外环供水管道直接开口给党校供水；投资15万元，改造2号学员楼，每个住房增设卫生间。投资20万元，更新配套室内家具。按宾馆标准配备席梦思、写字台、圈椅、茶几、彩电，安装有线电视线路等；投资25万元新购20台486型微机，开辟了第二微机室；投资10万元更新了蒸汽茶水炉，保证了职工和学员的饮用热水和洗澡的需要；通过自筹资金，投资60多万元新建了一幢五层职工宿舍楼；进行了校院规划和绿化工作。1997年，对四栋宿舍楼进行了维修，顶层增加隔热层；对三号宿舍楼进行了暖气改造。1998年，更新了两台锅炉，改造了全校的供电、供水系统。1999年，先后投资190多万元改造了学员公寓，粉刷了办公楼、教学楼、大礼堂和宿舍楼楼道；整修、油漆了办公、教学桌椅和橱窗；为每个办公室配备了一套新式沙发，整修铺设了门前路面，新建了10户储藏室。2000年，投资165万元，对3号学员公寓楼进行全面改造和装修。

（四）党校事业快速发展时期（2001年1月—2017年12月）

2001年至2017年，中共枣庄市委党校迎来了一个全面快速发展的时期。

按照中央和市委要求，学校先后召开“解放思想、更新观念”大讨论活动，开展了 “三个代表”重要思想学习教育、保持共产党员先进性教育、科学发展观学习实践活动、群众路线教育实践活动、“三严三实”专题教育活动、“两学一做”学习教育等。2016年5月20日召开了全市党校工作会议，为党校发展指明了方向。2017年10月，党的十九大胜利召开，宣布中国特色社会主义进入新时代并形成了习近平新时代中国特色社会主义思想，在习近平新时代中国特色社会主义思想指引下，学校结合教育培训工作实际，逐步解决了制约党校建设发展的一系列问题。实现了党校事业快速发展。

1. 解放思想，深化改革，党校各项事业走上快速发展的新路子（2001年1月—2011年12月）

开展解放思想大讨论，拉开全面深化改革序幕。进入新世纪，在“三个代表”思想的指引下，枣庄市掀起了新的一轮解放思想，全面深化改革的浪潮。2001年，为了贯彻市委关于新一轮解放思想的重大部署，党校制定了《解放思想，更新观念大讨论学习计划》，并于3月2日召开“解放思想、更新观念”大讨论活动动员大会，要求提高认识，端正态度，以主人翁的精神参与解放思想大讨论，解决党校发展中的实际问题。在之后的解放思想过程中，结合正在制定的《中共枣庄市委党校“十五”发展规划》，联系党校实际，提出了24个需要解决的问题。通过解放思想大讨论，党校全体职工统一了思想，进一步打破了因循守旧、故步自封的一些旧的思想观念；突破一些体制、机制的束缚，通过不断创新工作，不断创新机制，拉开了党校深化改革序幕。

改革用人制度，以竞争促活力。党校要发展，必须有一支素质优良、充满朝气和活力的干部队伍作保证。经过充分准备，2001年、2003年4月、2004年11月、2009年党校先后多次组织竞争上岗，30多名同志经演讲答辩和组织考察被提拔到处室领导岗位。2001年和2004年，两次进行处室和在岗人员的双向选择、优化组合。通过推行全员竞争上岗，进一步促进了思想解放和观念更新，初步形成了干部能上能下、优胜劣汰和优秀人才脱颖而出的用人机制。竞争上岗使一些同志感到了本领恐慌和生存压力，自觉寻找自身的差距，主动关心党校的事务，表现出良好的精神状态；上岗后实行试用期、见习期制度，打破了原来的“铁交椅”和“铁饭碗”，干部有压力，群众有动力，确立起正确的用人导向。推行全员竞争上岗，调整了处室结构，根据需要增设教学处室，压缩行政处室、壮大了教学力量，落实了以教学为中心的指导思想。推行全员竞争上岗，较好地解决了长期存在的交叉混岗问题，实行行政处室和业务处室两条线管理，鼓励专业技术人员回到教学岗位，行政处室不再聘任兼职教学人员，初步探索出一套妥善解决人员混岗的机制和办法。推行全员竞争上岗，干部队伍结构得到进一步优化，一批文化层次较高、年龄较轻的同志通过竞争上岗，走上领导岗位。处室干部平均年龄下降近7岁，其中处室副职年龄下降9岁，年龄最小的只有26岁，为党校事业的发展增添了动力。推行全员竞争上岗，实现干部资源的最优配置。工作人员自择岗位，处室优选工作人员，为处室和工作人员创造出最佳工作环境，营造出团结和谐、心情舒畅、努力工作的“小气候”，有利于发挥个人最大优势，有利于提高整体工作质量。推行全员竞争上岗，教职工队伍的内在活力被大大激发。职工队伍精神振奋，面貌一新，许多过去长期困扰建设和发展的问题也得到较好解决，党校向心力、凝聚力明显增强。

创新办学模式，争主动求发展。为了更好地发挥党校在培训轮训党政领导干部中的主渠道作用，充分利用现有资源，巩固党校阵地，在办学模式上进行了积极的探索。一是拓展发展空间，积极争取实现“一校三院四块牌子”。1992年，以市委党校为依托成立枣庄市社会主义学院；2001年11月初，举行了枣庄市行政学院揭牌仪式。2002年，成立枣庄市企业管理干部学院。两个学院的成立使市委党校身兼一校三院，拓宽了党校的培训范围，抢占了市场空间。二是办齐办好主体班。经过努力工作，在争取到每年县级、科级、乡镇书记（镇长）固定各两期培训任务的基础上积极拓展各类专题培训班。2001—2011年，在完成固定班次培训任务的基础上，还完成中共十六届、十七届各中全会精神专题研讨班、“转变经济发展方式”专题培训班、“科学发展观”专题研讨班、枣庄市“十二五规划”专题研讨班、干部自主选学专题培训班、基层干部能力素质提升专题班等80个班次共5000余人次的培训任务。三是成立社会培训处，

全力争办部门班。2004年4月，取消文史教研室，成立社会培训处，负责争取各部门到党校办班，并为其提供服务。2010年9月21日，《关于市委党校内设机构更名的批复》中指出，党校文史教研室正式更名为社会培训处，电教处更名为信息中心，理论研究室更名为科研处。这一阶段，举办了纪检监察系统干部、妇女干部、宣传系统、交通稽查干部、航管干部、人民保险公司等多个干部培训班，共培训干部3万余人。四是抓好研究生办学。2011年，研究生招生报名123人，考试录取84人，走出在职研究生教育联合办学新路子，招生人数创历史新高。

坚持以教学为中心，加强教学管理，改善教学设施，提高办学水平。一是改革教学内容，落实教学新布局。根据新形势下教学新布局的要求，加强了新理论、新政策、新技能、新知识的学习培训，在要精、要管用上下功夫。先后开设“三个代表”、科学发展观、十六大精神、十七大精神、世界贸易、西方公务员、微机、英语100句、公文写作等100多个教学专题及部分应用型课程，突出精、深、实、新，在教学内容上实现新突破。二是改革教学方法，求新求活。除继续实行集体备课，启发、研讨式教学外，积极内引外联，聘请了16名兼职教授，建立了3处教学基地，与当地驻军共建政治理论教育基地，坚持理论联系实际，主体班学员到外地学习考察正式列入教学计划，每学期组织学员外出考察。积极推行答疑式、研讨式教学，在教学方法上实现新突破。三是坚持以人为本，提高教职工队伍整体素质。选派青年教师到高新区、薛城区政府机关和镇街以及市委市政府机关挂职锻炼。每年都组织教职工在市内参观农业、工业，到农田、车间、煤矿井下参观，弘扬了理论联系实际的学风。公开招聘教师，从应届大学毕业生中择优选聘，改善了队伍结构，补充了新生力量。加大对教师的培养，2003—2006年实现党校教职工全部出国考察。成立“古运河读书社”，成为党校教职工的精神家园。2009年9月4日下午，党校举行“古运河读书社”揭牌活动。每周三下午组织活动，围绕不同主题，进行讲座和研讨活动。“古运河读书社”成为党校青年教师相互交流思想的场所，成为市委党校教职工开阔视野提升素质的重要平台，成为市委党校响亮的品牌。四是坚持“一热三严”，完善班主任跟班、考勤等规章制度。严格对学员的管理，健全完善教学督察和教学评估工作。五是抓基础、强保障，教学辅助手段现代化实现新突破。坚持硬件投资上档次，软件投入上水平，改造了多功能厅教室，配备了新桌椅、空调、音响；新购置110台微机，全部上了宽带网；购买了背投式电视机及笔记本电脑、投影仪等课件教学设备；完成B级站建设等，在应用现代教育技术、提升党校办学水平、提高干部教育培训的质量和效果上实现了新突破。

市委党校领导参加读书社活动并作专题讲座

建立开放式科研工作新机制，以作为求地位。党校科研工作面临的两个主要问题，一是开展调查研究的外部条件欠缺，特别是缺少科研经费，难以深入下去搞调研。二是教职工从事科研工作的积极性难以充分调动，缺少科学合理的竞争激励机制。实践中，围绕这两个问题，探寻科研服务教学、服务党委政府决策、服务两个文明建设的切入点和突破口，努力开展工作。一是积极采取挂靠、联合、承接等方式开门搞科研。先后挂靠人大、政协对口委室开展“工业强市战略”调研、“以德治国方略”调查，受省有关部门委托开展枣庄市妇女参政议政研究，与社科联联合开展经营城市研究。立足实际，借助社会其他部门的优势开展科学研究，建立开放式科研新机制，克服了党校自身关门搞科研的种种不足，既推动了科研在纵深领域内的多样化发展，又探索出一条科研服务党委政府决策、服务两个文明建设的有效方式。二是健全科研工作制度，加强制度约束。实行科研工作量与职称、评先树优挂钩制，量化科研指标，采取奖励措施，力争多出成果、多出精品。2001—2011年，44项科研课题在省立项。4篇论文被评为山东省“五个一精品工程”精品理论文章奖，17篇调研成果得到省、市政府主要领导批示，进入决策参考，280余篇论文在省级以上刊物发表。

加强对区（市）党校的业务指导，实现全市党校整体工作发展的新突破。一是坚持每半年召开一次校长工作会议，每两个月召开一次专题会议，部署工作，总结交流经验。指导督促区（市）委党校将可持续发展问题提到重要议事日程，拓宽办学渠道。二是加强对学历班次的指导、督导。加大考务工作指导力度，实行推磨式交流监考，强化监督，从严治考。三是加大对区（市）委党校教师的培养。组织教学观摩比赛，开展教案评选、教学评比活动，上下评、互相评、邀请专家评，推进实施教学新布局，提高教育质量。

加大行政后勤改革建设力度，向管理要效益。坚持后勤工作为中心工作服务的方向，着力增强保障意识、服务意识、经营意识，向改革要出路，向管理要效益，实行小管理、大服务、社会化，

积极稳妥地推进行政后勤改革。一是加大基础设施改造，服务上水平。在资金紧张的情况下，装修了3号学员公寓，更换了部分学员被褥，公寓全部房间安装了电热水器，实现24小时可以洗澡，安装了双温空调，实现一年四季可以培训，招聘10名专职服务员，专职做服务工作，招聘保安人员24小时值勤巡逻，住宿条件明显改善。食堂、餐厅安装空调、风扇，增设消毒柜、电子打卡机和卫生餐具，改善就餐条件，实现饭菜多样化，提高了生活质量。安装了宽带网，改建了生活区内道路，改造大口井、供电供暖线路，维修锅炉，保证了工作的正常运行，为全年正常开展教学工作奠定坚实基础。二是部分后勤服务项目推向社会。改造生活区供电线路，实行一户一表，交供电部门统一管理。增强成本核算意识，坚持“明补不暗贴”，收取暖气费和开水供应费，关闭职工澡堂，改发补贴。加强了管理，节约了经费，避免了浪费。三是健全规章制度，管理出效益。为加强人财物管理，减少资源浪费，分门别类，先后建立健全岗位目标管理、考勤、会议、车辆管理、财务包干等项工作制度，坚持公开、透明、精简、高效，增强了竞争意识，提高了办事效率。分工明确，管理科学，教职工的积极性、主动性被充分调动，推动了工作的顺利开展。

2. 求真务实，全面开创党校各项事业新局面（2012年1月—2017年12月）

学习宣传贯彻党的十八大、十九大精神和习近平新时代中国特色社会主义思想。党的十八大以来，以习近平为核心的党中央毫不动摇地坚持和发展中国特色社会主义，形成一系列治国理政新理念、新思想、新战略。一分部署，九分落实。十八大及十八届三中、四中、五中、六中全会召开以后，市委党校都是第一时间进行学习领会，派出教师到中央党校、省委党校等参加专门的培训班学习，组成宣讲团按照全市的统一部署到基层宣讲，并将这些精神作为校内各类班次讲授的主要内容。为深入学习贯彻党的十八大精神，2012年12月29日至2013年3月9日，枣庄市对全市县处级领导干部和乡镇（街道办）党委政府正职共计1312人分七期进行培训。为深入学习贯彻中共十八届三中全会精神和习近平总书记系列讲话精神，2013年12月至2014年3月，枣庄市对全市县处级领导干部和乡镇（街道）党政正职共计1034人分六期进行集中轮训；为进一步学习贯彻中共十八届五中全会，市委党校举办了“枣庄市十三五规划专题研讨班”。为进一步学习贯彻中共十八届六中全会，市委党校举办了三期市管干部专题培训班，培训干部451人，每一期除了市委领导亲自授课外，还邀请中央党校、中纪委、红旗出版社的专家现场讲授。通过培训，大家加深了对中央精神的认识，进一步增强了贯彻落实的自觉性和坚定性。

市委党校主办的为教学服务资料《党校教学》

2017年，为了深入学习和贯彻十九大精神，市委党校在枣庄市委的正确领导下，组织学习贯彻十九大精神、落实新发展理念、落实两个责任等板块式专题教学15个，承办完成6期县科级干部十九大精神集中培训轮训任务，培训干部1451名，完成10个主体班次913名县科级干部培训任务，承办其他班次近50期次、培训人员6000余人，累计培训学员8000余人，办学规模创历史新高。

服务大局，抓好干部培训。一是全面抓好教学工作。坚持党校姓党，坚持与时俱进，加强教学管理，深化教学改革。坚持集体备课、教学评估、优秀教学奖评选、优质课评比制度，推行自主选学，坚持因材施教、按需施教。外聘17个部门的领导同志为兼职教授，开设示范班次，开展组织约谈、外请报告、学员论坛、异地培训、现场观摩等多种教学活动。推动中央、省、市委重大决策部署进专题、进课堂、进头脑。积极运用研究式、案例式教学，推进结构化、研讨式教学，增进互动交流，调动教和学两个方面的积极性，增强培训效果。2016年10月创刊《党校教学》，紧密围绕中央、省市重大精神和举办的活动，定期刊登为教学服务的教研资料。2017年下半年，铁道游击队党性教育基地、鲁南大数据中心等10家单位被命名为枣庄首批干部教育培训现场教学点。二是切实加强学员管理工作。按照中央、省市组织部门的规定要求，进一步加强学员管理工作。认真落实入学承诺、十不准、班主任管理、教研室包班等工作制度，严格执行对学员的考核，积极争取并配合市委组织部开展学员约谈、派员跟班工作。坚持从严管理、从严治校，重视发挥学员主体作用。党校班风、学风、校风进一步改善，较好发挥了党性锻炼熔炉和党风廉政建设教育基地作用。三是认真抓好在职研究生教育。加强制度建设，规范教学、班级管理工作，开展教案评审、教学质量检查、教学评估、教学竞赛活动，抓好研究生毕业论文工作。2013年在职研究生注册学员183人，其中，2013级招生录取49人。

开拓创新，进一步解决了党校发展中的系列难题。一是解决了多年未能

完成的专业技术岗位聘任工作和行政后勤科级岗位竞聘工作。自2007年以来，由于各种条件的限制，近五年，专业技术岗位聘任工作处于停滞状态，积压了人才，激化了矛盾，埋怨情绪激烈；教职工工作热情低落，没有归属感。具体情况是，专业技术主辅系列人员共34人，其中未聘人员7人，最长的达5年没有得到聘任，最短的3年；6名研究生和本科生工作10年，还在初级岗位的工资待遇上；因从未进行过全员竞聘，所有人员的岗位和工资待遇都在各级别内的最低等级上，工资得不到兑现，教师感受不到组织关心，工作乏力。2012年，经调查归纳发现：80%以上教职工反应的问题是专业技术岗位聘任工作多年停滞的问题。决定把专业技术岗位竞聘工作作为重中之重摆上议事日程予以突破，两次召开党委会议，专题研究竞聘工作，提出明确要求和目标。经过三上三下，问情问计于民，积极争取上级政策和支持，解放思想，开拓创新，实行“高岗低配”，从副高岗位借5个空岗给中级岗位使用。经过精心组织，7月成功完成了竞聘工作。其中，特岗聘任4人，新聘任7人，升一级聘任7人，升两级聘任16人。竞聘后党校现有：三级教授2人，四级教授3人；五级副教授4人，六级副教授2人，七级副教授1人；八级讲师12人，九级讲师5人，十级讲师5人。10月又成功完成了7名正科级和1名副科级人员的竞聘，实现了教师和行政后勤队伍竞聘齐头并进的良好局面。这次改革，终结了职称评聘的无序状态；形成了一支结构更加优化的教师队伍，进一步优化了行政后勤队伍结构；开创了一个崭新的、科学发展的新纪元。在市委党校的发展上，具有里程碑的意义。历史问题的彻底解决，教师与行政后勤队伍的积极主动性得到空前的提升，心齐、气顺、人和，推动了工作，促进了发展。二是深化干部管理体制改革，进一步理顺干部管理体制。党校内设机构1986年升格为副县级，长期以来，党校中层副县级干部的管理为党校自身聘任、自我管理的内部管理体制。党校干部虽然具有相应的级别，但由于未被纳入市委统一管理，被外界戏称为“内部粮票”，一些应享受的待遇未能落实，党校干部与外界交流受阻，市委党校的干部也自觉底气不足。在征求民意的基础上，新一届党委领导班子，积极争取相关政策和市委支持，于2016年5月将原授权市委党校管理的中层县级干部收归市委统一管理，由市委常委会研究任免，有效解决了多年未理顺的干部管理体制问题。三是解决了新校建设中和建成后验收、绿化等一系列难题。2011年3月23日，枣庄市委党校新校奠基。2013年6月建成搬迁。从建设到验收要面临一个个难题，要经受一次次挑战。经过争取市委、市政府的重视和支持，召开新校建设现场会，解决工程建设资金、老校土地置换等有关问题。在市委、市政府及财政、国土、规划、住建等相关部门的支持下，老校土地置换资金全部足额到位用于新校建设，市财政追拨建设资金500万元，剩余工程缺口资金列入财政预算。经积极争取，2013年7月25日，张术平市长到市委党校新校区现场办公。市财政又拨付资金1000万元用于党校建设，安排300万元创森林城市资金用于党校新校绿化建设，解决了党校建设发展所需的资金问题。四是加强行政后勤改革，强化管理服务保障功能。加强财务管理，开展财政财务开支审计，规范财务管理，严格支出预算，依法、依纪、依规办事。其中出差报销全部采用公务卡结算，物品采购实行招标。认真按照中央八项规定、厉行勤俭节约反对铺张浪费和省、市落实中央八项规定、反对“四风”及办公用房清理等有关要求，加强公务接待、公车使用、文印、水电暖等管理工作，开展公共机构节能、办公用房清理工作，对于办公用房超标部分能合用的合用，不能合用的予以分割改造。2016年6月底完成公车改革，除保留两辆应急车外，其余全部拍卖，给予参公的行政后勤人员货币化公车补贴。五是盘活资产，整合资源，积极开展社会培训工作。加强办班宣传、拓宽办学渠道，强化协调服务、提升办学水平，立足服务社会、展现良好形象，社会培训工作取得新的成绩。近些年来，社会培训呈现逐年递增的良好格局，平均年承办社会班次、会议等40期次，嘉兴、宿迁、亳州等外地来枣异地培训班次增多，走出社培办学新路子，赢得主办单位、参训对象的肯定和好评，扩大了党校影响和知名度。

加强队伍建设，提升工作水平。一是重视班子建设。坚持党委中心组学习制度、民主生活会制度。坚持党委集体领导与分工负责相结合，强化责任分工。坚持民主集中制，遇事多沟通、多商量，注意倾听职工意见、建议。加强纪检监督工作，认真落实党风廉政建设责任分工。抓好重点领域、重点事项、关键环节的廉政建设。坚持重大建设项目、重大资金开支，党委集体研究，依法招标施工、采购。严格执行中央八项规定和省、市有关规定，日常开支坚持收支两条线和财务支出会签制度。坚持个人重大事项报告制度，认真执行领导干部廉洁从政若干准则。班子团结和谐，凝聚力、战斗力明显增强。二是持续推进干部教师队伍建设。按照行政管理队伍和专业技术队伍“两轮驱动、两翼齐飞”建设理念，大力加强干部教师队伍建设。重视职工思想教育，积极开展约谈、谈心活动，注意征求职工意见、建议。坚持学习制度，组织做好干部在线学习、德廉知识、党员干部普法学习考试等。加强基层组织建设，做好支部班子改选、党员培养发展工作，组织举办运动会、红十字会捐助等活动。

加大对全市党校系统的业务指导。加强业务指导，认真学习领会中央和省、市委一系列重要会议精神，组织全市党校系统对照会议精神，查摆问题和不足，科学谋划、并结合党校实际推进工作。定期召开区（市）委党校常务副校长座谈会，开展优秀教学奖评选、观摩教学、名师送教、师资培训等系列活动，引导

区（市）立足实际，发挥职能作用。各区（市）委党校深入贯彻落实中央和省、市、区委决策部署，围绕中心、服务大局，扎实推进党校工作，干部教育培训、智库建设、基础设施、教职工队伍建设明显加强，办学水平不断提升，建设发展呈现良好态势。

二、改革开放成就

中共十一届三中全会启动的改革开放，形成了中国特色社会主义理论，开创了中国特色社会主义道路，国家综合实力迈上新台阶，人民生活过上小康水平。中国共产党人和中国人民以一往无前的进取精神和波澜壮阔的创新实践，谱写了中华民族自强不息、顽强奋进新的壮丽史诗。枣庄市委党校积极宣传党的基本理论、基本路线、基本纲领、基本经验，加强改革开放型人才和领导干部的培养，积极地参与整个改革开放进程，不仅自身取得了巨大的成就，也为枣庄市的经济社会的发展作出了应有的贡献。

（一）强化阵地意识，干训工作实现新跨越

党校是培训党员、党员领导干部，培养理论骨干和入党积极分子的重要阵地；学习、研究和宣传马克思主义、毛泽东思想、中国特色社会主义的重要阵地；增强党员、党员领导干部党性修养的重要阵地，是党性锻炼的熔炉。枣庄市委党校自成立以来，充分发挥好党校在党员干部理论教育上的重要阵地作用，引导党员干部学习掌握马克思主义基本理论这一看家本领，每一时期都结合当时的世情、国情和党情，把深入学习我党的最新理论创新成果毛泽东思想、邓小平理论、“三个代表”重要思想、科学发展观和习近平新时代中国特色社会主义思想作为重中之重，结合整风整党、“三讲”教育、保持共产党员先进性教育、党的群众路线教育实践活动、“三严三实”专题教育、“两学一做”学习教育等，坚持严以治校、严以治教、严以治学，加强党校校风教风学风建设，不断提高广大党员干部的理论修养和政治素质，进一步发挥了党校在党员干部党性锻炼上的熔炉作用。

一是培训、锻造了一茬又一茬忠诚坚定、奋发有为的各级领导干部，为党的事业发展提供了重要的组织保证。改革开放以来，市委党校全面贯彻党的组织路线和干部政策，有重点、分类别推进干部队伍培训，既设有培养后备干部的中青班，又设有常态培训的县级班、科级班、乡镇书记和镇长培训班，更设有分门别类的理论宣传骨干班、妇女干部培训班、干部党性修养培训班等多门类班次，按照市委干部教育工作领导小组下达的培训计划，枣庄市委党校每年开设的班次主要有，县级领导干部进修班，每年1—2期，每期约50人，学制4周，主要培训人员为市、区两级新提拔的县级领导干部；市直部门干部自主选学专题培训班，每年1—2期，每期60—80人，学制3—4周，主要培训人员为市直部门科级干部；区（市）科级干部进修班，每年1—2期，每期约60人，学制4周，主要培训人员为区（市）党委系统的党员正、副科级干部和政府系统的党员正科级干部；乡镇（街道）领导干部培训班、基层干部能力素质提升专题研讨班，每年2—3期，学制1—3周，主要培训人员为乡镇（街道）党政班子成员；中青年干部培训班，每2—3年举办一期，每期约40人，学制3个月，培训对象为全市优秀中青年干部。此外，每年承办党代会、全会精神集中培训轮训班，承办“转变经济发展方式”“十三五规划”、新常态新作为、习近平总书记系列重要讲话精神研讨班等短训班次，学制3—5天，培训对象主要为全市县处级领导干部。2013年至2015年，举办县处级干部新常态新作为专题培训、市直部门科级干部、乡镇长、选调生等市内班次124期，培训干部9268人次。开展理论下基层、名师送教活动，每年教师下基层宣讲100余场次。多层次、分门别类的培训，保证了我市各部门领导班子和干部队伍的素质稳步提升。

二是干部教育培训工作日益科学化、制度化、规范化。改革开放之初，干部培训工作尚在起步阶段，有关培训的各项制度有的尚未建立，有的不完善，干部培训工作的班次、规模、人数、考核等随意性较强。2006年1月，中央颁布了《干部教育培训工作条例（试行）》。这是党的历史上第一部关于干部教育培训工作的法规，在推进干部教育培训工作科学化、制度化、规范化，培养造就高素质干部队伍，推动学习型政党建设等方面发挥了重要作用，但随着形势任务和干部队伍状况的变化，已经不能完全适应新的要求，中央决定予以修订。2015年10月18日，中共中央印发了《干部教育培训工作条例》。枣庄市委党校结合实际，通过制定贯彻《干部教育条例》的实施办法，认真落实入学承诺、十不准，制定完善了《主体班班主任选聘条件》《党校学员管理规定》《评选、表彰优秀学员的规定》《考务管理规定》、教研室包班等一系列配套制度，使干部培训工作各方面建立起有效的遵循，有力地促进了干部教育培训工作整体水平的提升。党校班风、学风、校风进一步改善，较好发挥了党性锻炼熔炉和党风廉政建设教育基地作用。

三是干部培训质量得到有效提升。干部教育培训是建设高素质干部队伍的先导性、基础性、战略性工程，在推进中国特色社会主义伟大事业和党的建设新的伟大工程中具有不可替代的重要作用。为进一步加强干部教育培训工作，着力培养造就一支高素质干部队伍，枣庄市委党校多年来坚持质量立校的原则，采取多项措施，创新方式方法，优化培训内容、从严管理考核，全面落实集中轮训、自主选学、纪律学风等举措，受到了上级的充分肯定和党员干部的普遍好评。在培训内容上，形成了以理想信念和党性修养作为重点，紧紧围绕习近平新时代中国特色社会主义思想、十八大以来中央及省市委重大决策部署，构建集政治理论、党性修养、政策法规、业务知识、文化素养、技能提升为一体，涵盖经济社会发展和党的建设

各领域的“菜单式选学”课程体系，突出围绕中心、服务大局，贴近枣庄经济社会发展实践，贴近市情，开设城市转型、建设幸福新枣庄、民营经济、招商引资等专题，加强形势任务、市情教育，提高干部领导科学发展的能力，增强了培训的吸引力和实效性。在培训管理上，严肃纪律学风，突出培训考核、从严管理，对干部脱产培训情况、参加组织集体学习情况和干部在职自学情况进行一一建档，纳入年度考核目标，实行课前、课后“双考勤”，将干部参加教育培训情况作为干部选拔任用的重要依据之一。通过一系列举措，全面提升了干部的培训层次，大大改善了干部的知识结构，增强了干部谋发展、解难题的能力。2003年12月，时任枣庄市委书记马金忠曾对党校干部培训作出批示：“组织得好、授课好、学得好、效果好，望进一步总结经验，做好干部培训工作。”

（二）锐意改革创新，教学质量实现新突破

教学是党校的中心工作，是提高党校办学质量、完成各类培训任务的重要保证。多年来，市委党校视教学质量为生命，不断巩固过去好的做法，同时锐意改革创新，教学质量实现新突破。

一是教学布局更加科学合理。党校的中心工作是教学，而教学的中心工作则是实施好教学布局。结合世情、国情、党情和市情，经过不断地实践探索，目前市委党校形成了“一个中心、四个方面”教学布局，即：以学习中国特色社会主义理论体系为中心，着眼于提高党员领导干部的领导素质和执政能力；以掌握理论创新的最新成果为重点，夯实学员的理论基础；以把握时代特征和国际经济政治形势为重点，拓展学员的世界眼光；以强化大局意识和应对复杂局面为重点，培养学员的战略思维；以坚定理想信念、增强宗旨观念和改进作风为重点，加强学员的党性修养。总体来说，就是理论教育、党性教育为重点，兼顾干部的知识教育、能力教育。2016年，党校主体班理论教育和党性教育课时占比达到90.6%。科学合理的布局使党校教学有了一个最基本的遵循，保证了党的干部教育事业的成效。

二是教学计划更具有针对性。教学计划都是按照教学总体布局设计进行的。教学计划对各个班次的教学目标及要求、课程设置、教学方法、学习考核等都做出了明确的安排，是指导教学和开展教学活动最基本、最重要的依据。为了把教学计划落到实处，市委党校从师资的配备、教师的备课讲课、交流研讨的组织、教材的编写与选用、对学员学习的考核以及教学设施的保障等多个方面和环节着手。使之彼此环环相扣，有机联系，形成了一个系统的教学过程。针对这些不同的方面和环节，都从制度机制上进行科学的设计，对整个过程加以严格控制，保证促成好的教学效果，保证了教学质量。

三是教学管理实现新突破。在择优任教、集体备课、观摩教学、教学评估、教学研究、教学督导等方面，进行了许多制度创新，建立起奖优罚劣新机制。在择优任教方面，实行打破教学“铁饭碗”的改革。要求全体教师在打破职称、专业界限的前提下，申报专题，并且同一个专题可由多人申报。然后由教研室把关，教务处汇总，进行精心分析，反复筛选，按照“精、深、实、新”的要求竞争择优。在教学督导方面，教务处配备专职教学督导员，负责教师的课时核计，教学秩序和学员到课情况的检查，填写课堂教学日志等。为鼓励先进，鞭策后进，有利于人才脱颖而出，采取以激励为主、以精神鼓励为主的方式，在教师中开展评选优秀教师、优秀教学奖等项活动。教学成绩根据学员综合评估分数排出名次，前列者获优秀教学奖。评估结果与评先树优、职称评定挂钩。这种机制使得每个教师增强了竞争意识和危机意识，从而在知识更新、深化教学内容方面努力进取，精益求精。

四是学科建设取得新突破。学科建设是党校发挥好干部培训主阵地、主渠道、主力军作用的前提。为此，2011年市委党校专门制定下发了《枣庄市委党校关于加强学科建设的意见》。在学科建设上，强调教学是中心，科研是基础，注重以专题教学带动学科，以科研成果发展学科。要求每个教学人员都树立起爱岗敬业的精神，树立起教研立校的观念。立足于学科基础建设，每年每位教员都制定自己的读书计划，确定自己的主攻方向，每学期每位教师至少攻读一本与本学科相关的教科书，并写出详细的读书笔记，一般每科读书笔记不少于2万字；根据教学需要到市内外参加社会调研，以丰富教学内容；致力于学科前沿，对本学科理论进行深化，做好教学科研与实践相结合；充分发挥老教师的经验作用，以老带新，以新促老，使本学科建设全面发展。目前党校通过学科建设，基本形成了队伍“强”、人才“专”、课程“优”、成果“精”、管理“实”的学科建设成效。

五是教学形式方法实现新突破。近年来，市委党校围绕实施素质教育和能力培训的培养目标，注重学习和借鉴各种新的教学方法与现代培训理念，丰富培训形式，坚持课堂讲授、外请报告、录像教学、异地培训、现场教学、拓展训练“六位一体”。答疑式、2+0.5、结构化研讨、情景模拟、学员论坛等研讨式教学形式，作为教学方法在市委党校的教学中得到广泛运用。尊重和发挥学员的主体作用，调动和激发学员的主动性和学习热情。教师研究式地教，学员研讨式地学，初步建构了多种方式的教学方法体系，为提高教学质量发挥了显著作用。目前市委党校教师的授课案例式、互动式教学占比达到30%以上，对于十八大精神、八项规定、城市转型、鲁西经济隆起带建设等方面问题，先由教师作提纲挈领的发言，然后让学习小组按照课前安排准备的研讨题目选代表在班上发言，并请对此项工作有经验的部门干部分别介绍他们的工作经验，课堂气氛热烈，学员情绪高涨，教学效果很好。另外，现场教学正在有组织的铺开。2016年开办的党性教育班次教学

中除了课堂教学外，还组织学员赴邹城和曲阜政德教育基地和井冈山红色革命教育基地进行现场教学。教学内容的与时俱进，教学方式的灵活多样，教学管理的严格科学，使学员评价满意度急剧提升，2014 年教学评估满意率达到 93.9%，较上年提升 2.1 个百分点，教育质量明显提高。

（三）攻坚克难，科研工作实现新飞跃

科研工作是党校的基础性工作，承担着服务党校教学，助推经济社会发展的新型智库作用。枣庄市委党校坚持科研立校、创新强校，全面提升党校的科研能力和水平，科研工作开创新局面，实现新飞跃。

一是科研管理制度更加完善，基础支撑作用得到进一步强化。校党委不断提高认识程度，为科研工作创造了良好的环境。加强了对科研工作的组织领导，提供强有力的组织保证，逐步加大科研的投入，加强服务，充分利用现有条件，尽力改善科研条件，为科研工作创造良好的条件和环境。加快推进管理机制创新，不断开创科研工作新局面。建立和完善科研管理制度，搞好科研工作的计划管理、科研项目管理、科研档案管理工作；建立和完善科研考核制度、科研工作分层管理体制，把全校的科研管理纳入制度化和规范化轨道，促进调研工作的可持续发展。精心组织学术会议，努力营造宽松的学术环境与和谐的学术氛围，活跃学术研究气氛，不断提高学术研究交流活动质量。鼓励参加高层次学术活动，创造理论研讨的机会，教师的素质与水平不断提高。

二是教学科研结合程度进一步提高，呈现成果数量与质量齐升局面。党校的科研工作坚持教学与科研相结合，始终立足学科建设，围绕教学内容，提高科研质量。积极推进教学科研一体化，坚持以教学带科研、以科研促教学，努力做到教学出题目、科研做文章、成果进课堂。近些年，市委党校每年在各类期刊发表论文近 30 篇，申报各类课题 10 余项，初步形成了教学与科研相互促进的良性互动机制。

三是采取各种形式，深化阐释宣讲，理论阵地作用得到充分发挥。党校是学习研究宣传马克思主义的重要阵地，在学习宣传党的理论和路线方针政策、了解把握中央、省、市委重大决策部署方面，始终坚持党校姓党，弘扬主旋律、传播正能量。面对改革开放以来社会上出现的多元化思潮，通过电视电台采访、报纸杂志笔谈，进行深刻解读、发表学习体会文章，做到重大节点有声音、重大问题亮观点，做好中央和省、市委决策部署的解读工作，每年接受媒体连线、专访等 30 余次。不断加强了对马克思主义中国化最新成果的理论宣传，加强对党和国家重大政策的解读宣讲，努力使党校成为枣庄市传播、宣传和研究马克思主义的坚强阵地。

四是利用各种资源，加强调查研究，参谋咨询作用进一步提升。根据党校工作条例，明确党校科研工作的定位，围绕中心、服务大局，不断提高为党委政府决策服务的自觉性、主动性。始终将枣庄市经济和社会发展中的重点、热点和难点问题作为科研的重要内容，为党委和政府提供咨询和建议。通过抓好科研队伍的建设和培训，更新知识结构，提高教师的素质，大力培养中青年学术带头人，积极开发利用好党校学员的资源，加强与上级党校和兄弟党校、市直有关部门的科研协作，骨干带动，集体攻关，不断提升科研成果的档次和水平，

中共枣庄市委党校新校

涌现出了一批在枣庄市有一定影响的科研人才。近些年，市委党校围绕城市转型、西部经济隆起带建设、文化旅游、农村改革、新旧动能转换等重大课题，提供资政报告10余篇，较好地发挥了智库作用。

（四）提高管理服务水平，行政后勤工作实现新发展

行政管理和后勤服务是党校教学科研的重要保障，是党校工作不可或缺的组成部分，近些年来党校坚持用“创新、协调、绿色、开放、共享”发展理念引领行政后勤建设，行政后勤工作取得新发展。

一是校园和校舍建设取得新发展。在党校的历史上，党校经历了多次搬迁。1962年，党校由峄城迁至枣庄西络塔埠。1967年10月，党校搬至枣庄胜利路老干部退休楼。1975年12月，党校新校在枣庄文化路建成，校园占地23亩，学员楼一座1867余平方米、餐厅一处695平方米、伙房14间333平方米。1976年4月，市委党校、“五·七”干校、共产主义劳动大学合为一体，搬至峄城区坊上。1980年3月，枣庄文化路党校校址和房产卖给坊上知青农场，售价32万元，加上省、市投资，到薛城永兴东路征地、规划、建设党校。校舍占地35.9亩，经不断扩建，2011年建筑面积达到10350平方米，同期可容纳学员252人。为了适应干部培训事业发展的需要，2011年3月23日，枣庄市委党校投资约1.1亿元在新城祁连山北路奠基建新校。2013年6月，凝聚着全市党政干部和党校教职工期盼的党校新校建成，枣庄市委党校由薛城区永兴路359号正式迁入现址枣庄市高新区祁连山北路。校园占地80亩，建筑面积2.3万平方米，总体设计为现代园林式学校，利用地形地貌，建设校园生态绿化园林景观，将校园和山水园林景观相结合，充分体校党校特色、文化内涵和视觉效果，为学员提供舒适优雅的学习环境。含综合办公楼、报告楼、学员公寓楼、餐饮楼各1座。学校有406人报告厅1个，200人报告厅2个，大、小教室5个，会议室、学员讨论室10个，配备多媒体教学设备9套。现有台式计算机101台，笔记本电脑71台，中央党校远程教学B级站1个，建有校园网站。图书实行自动化管理，现有图书6.4万册，电子图书1万册，数据库3个。学员公寓设标准间178个，单人间20个。餐饮楼含300人大餐厅1个、100人中餐厅1个、小餐厅12个，可同时容纳600人就餐。运动场占地1800平方米，配备篮球、网球、健身器材等体育运动设施，校园绿化面积2.6万平方米。党校新校启用，不仅有效整合干部培训资源，完善党校的功能布局，改善干部教育环境，还将极大地推动党校教育培训模式、管理机制、学科建设以及后勤服务的改革和创新，增强党校发展后劲，更好地发挥党校干部培训的主阵地、主渠道作用。

二是行政后勤管理水平稳步提升。党校行政后勤工作是教育教学工作的有力保证，是党校实行科学发展的重要一环。市委党校按照“内强素质、外树形象、加强管理、争创一流”的工作思路，加强行政后勤建设，使行政后勤管理服务上新水平。行政后勤坚持精细管理，从细节做起，做精、做实。坚持以制度化、社会化、市场化为取向，建立适应新形势要求的行政管理和后勤服务模式。坚持增收节支，规范财务管理，严格支出预算。加强车辆、接待、文印、水电暖等管理工作，降低消耗、节省开支。2015年，党校“三公”支出同比下降33.3%。坚持岗位设置管理制度化，实施目标岗位考核，调动教职工爱岗敬业的积极性。坚持服务宣传平台信息化，建立学校网站、办公自动化系统、视频点播系统等，有效服务全校教职工的工作学习。坚持物业管理社会化，安全保卫、环境卫生、绿化服务等以服务外包方式委托物业公司管理，提高食宿接待服务水平，校园物业管理优质高效。行政后勤管理工作加强，提高了工作效率，保证了各项工作的正常运转。

（五）加强队伍建设，队伍素质实现新提升

国以才立，政以才治，业以才兴。党校建设和发展，人才队伍建设是关键。领导班子和教职工队伍在整个党校建设发展中具有基础性、关键性、决定性作用，坚持从思想建设入手，强化学习，狠抓教育，健全组织，加强管理，严格监督，严加约束，全面推进了队伍建设。一是实施培训者培训工程，加大党校教职工高端培训力度。利用外部的优势资源，每年都要分期分批组织教师到中央党校、北京大学、复旦大学、人民大学、省委党校、省行政学院集中进行高端培训。2015年，教师共9批37人次参加了高端培训。2016年，党校组织79人次教职工外出培训，实现了党校历史上从未有过的所有教师和行政后勤人员都在上级党校或复旦大学等高校接受一轮培训的新突破。通过这种高层次学习培训，改善教师的知识结构，提高教师的理论素养，对于开阔教师视野、提升思想境界、丰富知识、深入把握教学科研方法和规律都起到了积极作用。二是加强基层锻炼。开展挂职调研，分批选派缺乏基层工作经历的年轻同志到乡镇、社区和帮包村挂职锻炼，丰富年轻教师基层实践工作经验，提高驾驭教学舞台的能力。三是加大投入力度，鼓励教师在职继续学习。对在职攻读研究生以上学历学习、进修培训的教师给予资助，每年安排一定数量的干部教师参加市委组织部等组织的各级各类培训。四是在工作中向教师压担子，在实践中促进教师提高素质。组建宣讲团，选派教师到全市基层部门宣讲十八大精神和三中、四中、五中、六中全会精神以及十九大精神，在与基层干部群众的互动沟通中锻炼教师。出台教师专业技术职务评聘办法、专业技术人员年度考核办法、科研工作量考核办法等，有效激发了教研人员的工作热情和动力，人才队伍建设已显现成效。市委党校先后有8名教师被评为市中青年突出贡献专家。五是健全党群组织，完善工作制度，活跃职工

生活。2016年9月，健全机关党总支和党支部，改选了总支成员和支部委员，完善了党小组，开展主题党日活动。坚持民主集中制，重大问题提交职工讨论。严格按照组织程序做好入党积极分子培养、纳新及党员教育工作，近三年3名教师被吸收进党员队伍。同时，改选工会、妇委会，健全工作制度，明确人员组成及职责分工，支持鼓励群团组织围绕党委中心开展活动。六是抓作风建设，求真务实促发展。以“学党章、守纪律、正党风”“理想信念·廉政纪律”“群众路线教育”“三严三实”“两学一做”等活动为抓手，立足党校实际，深入查摆队伍中存在的“四风”问题，开展“庸懒散”专项治理活动。在领导班子中，倡树团结民主、真抓实干、求真务实、清正廉洁的工作作风，在干部队伍中，倡树只争朝夕、雷厉风行、勇创大业、勇攀新高的工作作风。经过坚持不懈的努力，教职工队伍素质不断提升。在知识结构上，学历普遍有了较高的提高，目前，在职人员77人，专兼职教师34人，研究生学历已占了党校教师队伍的半数以上；在年龄结构上，整体年轻，充满活力；在队伍素质上，“讲政治、有信念，讲规矩、有纪律，讲道德、有品行，讲奉献、有作为”已成为党校教职工的基本遵循。

三、改革开放启示

党校是培养党员领导干部和理论干部的学校，是党委的重要部门，是培训轮训党员领导干部的主渠道，是党的哲学社会科学研究机构。在市委市政府的正确领导下，枣庄市委党校充分发挥党的思想政治工作主阵地作用和培养新型党员领导干部主摇篮作用，为推进全市转型改革发展事业提供了有力支撑。总结40年来党校发展的基本经验，主要体现在以下几个方面：

（一）注重坚持党校姓党

党校承担着为领导干部补钙壮骨、立根固本的重要任务，必须坚持党校姓党这个党校工作根本原则。一是始终注重把握正确的政治方向。一切教学活动、一切科研活动、一切办学活动都坚持党性原则、遵循党的政治路线，坚持以党的旗帜为旗帜、以党的意志为意志、以党的使命为使命，严守党的政治纪律和政治规矩，坚持在党爱党、在党言党、在党忧党、在党为党，做到党的重大理论成果、重大战略部署及时进课堂，党中央作出的决策迅速贯彻、关注的问题深入研究、交付的任务认真完成，在思想上政治上行动上自觉同党中央和省、市委保持高度一致。二是始终把握党校“因党而立、为党而办”的职责定位。坚持教学是中心、科研是基础、咨询是支撑、服务是保障、人才是根本五位一体，强化系统功能和整体优势，发挥理论宣传主阵地、培训轮训主渠道、决策咨询思想库、党性锻炼大熔炉作用。三是始终坚持从全市大局把握党校工作。党校是党委的重要部门，自觉把党校工作放到推动全市党的事业、党的建设和经济社会发展全局中去思考、去把握、去推进。同时，市委市政府高度重视党校事业发展，主要负责同志多次到党校现场指导工作，解决实际问题，为党校发展奠定了坚实基础。

（二）注重狠抓主业主课

把理论教育、党性教育作为党校工作的首要任务，加强干部的理论武装和党性修养，是党校的特色和优势。马克思主义理论教育和党性教育是党校的主课，是党校教学最重要的任务。理论教育方面：坚持把加强党员干部的党性锻炼和理论武装摆在更加重要的位置，把马克思主义理论、马克思主义经典著作、中国特色社会主义理论特别是习近平新时代中国特色社会主义思想作为干部培训的必修课，完善教学布局，所有主体班次在教学安排中充分体现党的理论教育和党性教育的主课地位，切实做到“进教材”“进课堂”“进头脑”，引导和促使学员努力学习和掌握辩证唯物主义和历史唯物主义基本原理和方法论，特别是把马克思主义中国化最新成果作为理论教育中心内容，提高战略思维能力、辩证思维能力、综合决策能力、驾驭全局能力，引导各级党员干部进一步坚定中国特色社会主义道路自信、理论自信、制度自信，文化自信，提高分析和解决实际问题的能力，自觉用马克思主义中国化的最新成果武装头脑、指导实践。党性教育方面：设置专门“党性教育单元”，确保党性教育课不低于总课时的20%。深入开展理想信念教育、党的宗旨教育，把党章和党规党纪学习教育作为党性教育的重要内容，坚持把理想信念教育、道德品行教育、法治思维教育、反腐倡廉教育作为党性教育的重点。深入开展党史国史教育、革命传统教育，深入开展道德品行教育、法治思维教育、反腐倡廉教育，引导学员提升政治修养、道德修养、法纪修养、作风修养，带头践行社会主义核心价值观，传承红色基因，保持共产党人的政治本色。

（三）注重突出办校特色

按照“提升教学水平、提升科研水平、多出名师、多出精品”的要求，努力把党校办成党性锻炼的熔炉、党风教育的基地、党纪严明的楷模。一是遵循党校发展规律。按照党校教育必须适应党和国家工作大局的要求，促进党的中心任务的落实；必须适应党的干部教育的要求，促进领导干部素质和能力的提高；必须适应党的理论建设的要求，促进理论创新和实践创新，深刻把握干部成长规律和党校教育规律。按照“教学出题目、科研做文章，咨询做支撑、服务做保障、人才做根本、成果进课堂”的总体思路，切实做到党委政府决策在哪里，党校教育跟进到哪里；干部教育要求在哪里，党校教育跟进到哪里；理论创新前进在哪里，党校教育跟进到哪里。二是结合枣庄实际。挖掘利用台儿庄大战、铁道游击队、抱犊崮115师等全市红色教育资源，组织学员和教职工接受革命传统教育，进一步坚定中国特色社会主义文化自信。与此同时，利用枣庄便捷的交通优势，聘请全国知名专家学者到市委党校授课，拓宽视野，增长才干。三是创新教学方式。深化教学改革，创新教学内容、教学方法、教学

手段，增强教育培训针对性、实效性。紧跟互联网发展步伐，大力加强特色化、品牌化建设，积极利用信息技术和互联网平台探索新的教学模式，强化问题导向、实践导向，注重回答学员关心的热点难点问题。倡导和运用研讨式教学、案例式教学、体验式教学、情景模拟式教学和现场教学等多种教学方式，深入开展领导工作经验交流和党性分析等教学活动。实行严格的教案审核、集体备课、课前试讲等制度，对课堂教学进行科学评估并建立激励机制。健全领导干部到党校讲课制度，紧密结合全市干部思想实际和工作实际，采取形势报告、专题讲座、讲党课等形式，为学员阐明形势、解析政策、交流经验、答疑释惑，创造性地开展教学活动，打造新形势下党员干部修身养性的红色学府。

（四）注重服务全市大局

坚持为党委政府决策服务的根本方向，努力提高专业素养和研究水平，增强分析研判能力，为稳增长调结构、加快建设转型升级和经济文化融合发展高地提供有价值的意见和建议，高质量高水平服务决策。一是充分发挥智库作用。发挥理论研究和人才资源优势，积极从理论、政策、战略层面上为科学发展建言献策、献计出力，努力把党校建设成为党委政府的智库。聚焦党委政府中心工作和重大决策部署进行深入研究，特别是重点围绕项目建设、产业转型升级、招商引资和对外开放、生态宜居城市建设、新旧动能转换、乡村振兴等方面，立足党校学科建设和枣庄转型发展实际，加强科研管理，着力实施课题带动战略，推进立项课题结项。依托党校人才师资力量，围绕全市中心工作，推出一批有见地、有分量、有深度的调研精品，真正把党校建设成为党委、政府的“智库”。充分发挥“思想库”的作用，念好改革发展的“真经”，为建设自然生态、宜居宜业新枣庄，提供坚强的思想保障和智力保障。二是充分发挥思想引领作用。围绕党委政府工作中心，发挥宣讲主阵地作用，做好市委、市政府重大决策部署的宣讲工作，选派教师参与“名师送教”、理论下基层活动，做好形势任务的宣讲工作，切实把广大学员的思想认识统一到中央和省、市委的决策部署上来，凝心聚力。发挥党校教育教学资源和师资优势，组织教研人员、学员撰写理论文章，充分利用网络、专栏、专访、连线等形式，宣传对市委重要会议精神的新认识、新见解，对贯彻落实会议精神的新建议、新思考，正确引导社会舆论，为深入贯彻落实会议精神提供舆论和智力支持，营造良好氛围，真正把广大党员领导干部的思想和行动统一到市委、市政府各项安排部署上来。

（五）注重提升党校可持续发展能力

坚持人才立校、严以治校、严以治教、严以治学。一是加强师资队伍建设。坚持把加强人才队伍建设作为提升党校教育竞争力的重要保障。办好党校，关键在人才，关键在建设一支政治强、业务精、作风正的高素质教师队伍。实施党校系统“名师工程”，加强拔尖人才、学术领军人才和青年教师队伍培养，引进更多高层次人才，优化人才结构，着力培养政治强、业务精、作风好的知名教师，加大党校教师到党政机关或基层挂职锻炼力度，加强党校同其他党政机关和单位干部交流的力度。加强教师学习能力和科研能力建设，坚持“白天走干讲、晚上读写想”，加强教职工管理，做到学为人师、行为世范，让党校的每位教师走得稳、干得好、讲的准，打造了一支政治强、业务精、作风好的优秀教师队伍。二是加强干部队伍建设。突出抓好领导班子配备，特别是重点抓好中层干部队伍建设，不断提高执行力，加强领导力量，推进党校工作。健全岗位目标责任考核，完善激励约束机制，着力营造引导人才发挥作用的体制环境，激发人才队伍的创造活力，更好地服务地方发展、干部成长成才。三是加强学员管理。坚持将党建工作贯穿于学员管理全过程，将党性意识、党员意识、党风意识和纪律意识贯穿学员学习始终，狠抓制度建设，严格学习纪律，以校风促党风，以学风强作风，把党校打造成为加强干部队伍作风建设的坚强堡垒。坚持从严办学，推进学风建设。认真落实入学承诺、十不准、班主任管理等工作制度，积极配合市委组织部开展学员约谈、派员跟班工作，认真做好对学员“德”的考核工作。抓好学员党支部、班委建设，组织开展党性分析。同时，加强对学员的市情教育、革命传统教育、“三同”教育、拓展训练等，落实从严管理、从严治校，不断提升学员党性修养。适应全面推进从严治党的新形势，进一步从严管理、从严治校，加强和改进党校学风、校风，发挥党性锻炼熔炉作用。四是努力提升管理服务水平。加强行政后勤管理、服务和监督，坚持问题导向，强化责任意识，建立规章制度，健全工作规程，围绕教学科研中心，提升为学员、教职工服务的水平，推动管理精细化、工作规范化、服务优质化。

审稿人：刘军业

撰稿人：滕常勇　李印照　褚福军

枣庄学院改革开放发展综述

中共十一届三中全会以来，改革开放的春潮激荡着中国的高等教育，枣庄学院犹如这春潮中的一朵浪花展现出迷人的风采。四十载春秋，枣庄学院在省、市委正确领导下，牢牢把握社会主义办学方向，始终坚持改革开放，坚持解放思想，与时俱进，革故鼎新，追求卓越，用先进办学理念引领发展，行稳致远，学校实现了跨越式发展，办学层次逐步跃升，办学规模由小变大，办学质量由弱变强，社会影响由默默无闻到声誉鹊起，形成了自己的管理模式和办学特色，共为社会培养输送了10万余名合格人才。枣庄学院发生了翻天覆地历史性巨变，为地方经济建设和社会发展做出了重要贡献。

一、枣庄学院发展历程

枣庄学院应时顺势而生，与时俱进而兴。

枣庄学院肇始于1971年。高等教育办学则孕育于“一个国家和时代的拐点”的1977年，诞生在恢复高考首届大专生入校的1978年4月“科学的春天”里。1984年6月，山东省人民政府发文同意建立枣庄师范专科学校。2004年4月，教育部下发通知，批准枣庄师专正式升格为枣庄学院。

在40年的高等教育办学史中，枣庄学院始终与改革开放同频共振，每一个重大发展节点，都是坚持改革开放、解放思想的结果，枣庄学院的发展历程与全国改革开放近40年来的历程是高度契合的。枣庄学院40年的发展历程是一幅多姿多彩的画卷，有道途维艰、愈挫愈坚的执着；有牢记使命、矢志不移的担当；有忘我工作、顾全大局的奉献……这一切，都记载着校党委、行政引领改革发展的伟大实践，凝聚着全校广大师生的智慧创造，凝练出鲜明而又独具时代特色的精神价值。从改革开放历程来看，大致分为以下六个阶段。

（一）筚路蓝缕　应时而生：枣庄师专诞生期（1978—1984年）

1978年之前的枣庄是全省少数几个没有高等教育办学历史的地区之一，由于没有高等教育的支撑，特别是师范高等教育的缺失，加之受“左”的思想影响，文教事业基础十分薄弱，多年停滞不前，严重制约了枣庄的发展。1977年底高考制度的恢复，让沉寂已久的高等教育率先感知到了春江水暖，枣庄的高等教育办学史就发轫于此。1978年4月15日，恢复高考后的第一批77级中文、化学两个科（当时称为科）67名大专生入校，枣庄的高等教育正式迈出了第一步。

20世纪90年代前枣庄师专老校门

1981年4月29日，省教育厅下文批准建立枣庄教师进修学院；1984年2月22日，教育部正式批准成立山东省枣庄教育学院；1984年6月，山东省人民政府下发《关于建立济南、青岛、淄博、枣庄四所师范专科学校的批复》，建立枣庄师专，并对学校的规模、领导体制、新校地址、专业设置等作了具体批示。枣庄师专与枣庄教育学院合署办公，两块牌子，一套班子。至此，枣庄师专正式成立。新的一页掀开了，填补了枣庄没有高等教育的空白，为复兴枣庄市的教育事业播下了希望的种子。

1. 筚路蓝缕，艰苦创业，逐步改善办学条件

枣庄师专应时而生，但创始维艰。开办首届大专班是在教师进修学院的基础上艰难起步的，没有师资，没有教材，缺少校舍，缺少图书、仪器设备，并且时间非常紧迫，1978年3月下旬决定招收大专班，3月底录取学生，4月中旬学生进校，其困难可想而知。但当时校党委就响亮地提出：为了改变我市教育落后的状况，我们办教育，要学习大庆人“有条件要上，没有条件创造条件也要上”的革命精神。没有校舍，就让果林班的学生提前毕业，腾出教室和宿舍；没有教师，从兄弟院校借调老师；没有教材、仪器，就去多个高校借。大专班的学生对简陋的学习环境和学习困难，没有半句怨言，都非常珍惜难得的学习机会，在座谈时说：“要把激动的泪水变成拼命干的汗水，把激动、感动变成实际行动，对困难第一不怕，第二克服。”全校师生员工在石宝光校长带领下，发扬抗大精神，边上课，边劳动，边建设，逐步改变着办学条件。第一代

建设者在这简陋的大学里奏出了时代最强音，枣庄学院在源头上就注入了攻坚克难、以苦为乐、甘于奉献的精神特质，这种精神特质代代相传，届届承续，无远弗届，为后来者留下了弥足珍贵的精神财富。

到1984年底，学校由原来的两个系（中文、化学）发展到八个系科（增加数学、物理、英语、政教、生物、地理）。教职工增加到181人，其中副教授2人，讲师37人，有4人被评为省级优秀教师，8人被评为市级优秀教师。在校学生近800人，分为普通大专班、教师进修班和干部专修班。校舍建筑面积17500多平方米；图书馆藏书53400余册，期刊资料2万余册；各种仪器设备价值110万元。有6个实验室、8个仪器室。《枣庄师专学报》创刊。培养专科毕业生990名、中学教师86名、干部专修生73名，考取研究生5人，升入本科4人。

2. 敢于担当，排除干扰，落实党的知识分子政策，教师教书育人的积极性进一步迸发

1978年后的中国，正处于一个由乱到治，由封闭到开放的大变化、大发展的重要历史时期，学校党委坚定不移地贯彻中共十一届三中全会以来党的路线方针政策，进一步解放思想，振奋精神，排除干扰，认真落实党的知识分子政策，稳定教师队伍，激发教师教书育人的工作热情。

一是对一部分教师的冤、假、错案进行了平反昭雪。学校自创办以来，从各处陆续调集了干部和教师40多人，在“文化大革命” 中遭受迫害的就有30多人，占总数的75%。中共十一届三中全会以前，多数教师问题初步得到解决，但不少同志还背着沉重的思想包袱。中共十一届三中全会以来，根据党中央的有关文件精神，学校配合有关单位，对四位错划成“右派”的同志和一位在“四清”中被开除公职的同志进行了纠正，并且根据他们的工作表现，经过群众评议，1979年调资时，为5位教师都提了一级工资。1980年春天，学校召开大会，表彰了从事教育工作30年以上的五位教师，全面介绍了他们“忠诚党的教育事业”的先进事迹，并向他们颁发了锦旗和纪念品，在社会上和教师中引起了强烈反响。二是在知识分子中积极慎重地发展党员。由于左倾路线的干扰，多年来，知识分子中党员很少。1978年以来，学校在教职工中发展党员19名，其中发展教师党员15名。特别是发展了勤勤恳恳从事教育工作30年、成绩突出、富农出身的钱贤成老师，在校内外反响很大。多数同志认为学校党组织冲破了禁区做得对，“看到了自己的希望”，“增强了入党的信心”。这些同志入党后更加严格要求自己，成为学校各项工作的骨干。三是克服困难，解决教师的后顾之忧。学校教师大多从外地、外校调入，不少老师都迫切要求家属子女“农转非”，又因学校远离市区，子女上学、就业、住房都存在许多困难。学校用很大精力解决这些问题，先后解决了12名教师家属子女“农转非”问题，在城里解决了7名教师住房问题，在校内建设了教工宿舍，优先解决了老教师住房难的问题，开通了班车，解决了上下班和子女上学问题。这些问题的解决，解除了教师的后顾之忧，使教师们能专心致志搞好教学。

3. 认真贯彻落实《全国师专教学工作座谈会纪要》，突出教学中心地位

1982年，全国师专教学工作座谈会召开，明确了师范专科学校培养目标，规定了教学要求，强调了“师范性”，注重教育见习与实习等。会后，《全国师专教学工作座谈会纪要》（以下简称《纪要》）就成为学校抓好教育教学的指导性文件。《纪要》指出，师范专科学校的培养目标是为国家“培养合格的初级中学师资”，各专业应当坚定不移地按照这一要求贯彻执行。在执行中注意防止两种倾向，既不要盲目地“拔高”向培养高中师资的本科靠拢，又不要降低要求把培养合格的初级中学师资看成是轻而易举的事。围绕这一要求，学校主要抓了以下几项工作：一是对师生进行深入细致的思想政治工作，认真学习领会《纪要》要求，提高师生完成培养目标任务要求的自觉性；二是围绕培养目标，科学制定培养方案，制定好教学大纲和教学计划，周密组织好教学与实习；三是在教学中特别注重加强“师范性”，突出主干课程，加强实践性教学环节，培养学生的教学能力；四是主管教学的副校长和教务处负责人深入教学第一线，了解教学实际情况，及时解决教学中的具体问题，定期召开师生座谈会，听取师生意见，及时改进教学工作。

4. 以“五讲四美”活动为载体，精神文明建设取得新成效

改革开放和发展商品经济，在抓经济建设的同时，精神文明建设同样不可或缺，需要“两手抓”“两手都要硬”，加强精神文明建设就显得尤为迫切。1981年6月，中共十一届六中全会通过的《关于建国以来党的若干历史问题的决议》，强调“社会主义必须有高度的精神文明”。党的十二大进一步把建设高度的社会主义精神文明确定为我国社会主义现代化建设的一个战略方针。在党中央和省市委的领导下，枣庄师专的精神文明活动开展得有声有色。1982年2月14日，中共中央办公厅转发中央宣传部《关于深入开展“五讲四美”活动的报告》。学校积极响应，在全校师生中开展以“五讲四美”（五讲：讲文明、讲礼貌、讲卫生、讲秩序、讲道德；四美:心灵美、语言美、行为美、环境美）为主要内容的“全民文明礼貌月”活动。坚持用共产主义理想教育人，使学生成为有理想、有道德、有文化、守纪律的人。开展了向先进人物学习活动，深入学习张海迪、朱伯儒等英雄模范的先进事迹。抓好重大节日纪念活动，团委、工会在“国庆节”“元旦”“五一”“五四”“七一”等重大节日，以出版纪念专刊、座谈会、报告会、诗歌朗诵会、故事会、歌咏比赛、文艺晚会等形式开展纪念活动。抓好校园治脏、治乱、治差活动，搞好学校环境卫生，优化学校环境。加强学习纪律、劳动纪律，整顿校风、学风、教风。

开展了以学习为中心、“三好”为目标的“学雷锋创三好”活动。大力开展学雷锋、树新风、做好事、送温暖等活动。通过系列活动，校容校貌、校风校纪有了较大改观，尊师重教，团结友爱、关心集体，助人为乐等传统美德得到了发扬，教职员工的精神面貌发生了显著变化，推动了学校精神文明建设，保障了教学、科研、管理的顺利进行。

（二）制规定范　学基初奠：枣庄师专摸索发展期（1985—1992 年）

随着改革不断深入，国家经济社会发展进入新的时期、新的阶段、新的境界。枣庄师专正式成立后，如何建设好一所合格师专就成了这一时期学校党委、行政的主要任务。学校以建章立制、制规定范为切入点，积极探索师范专科学校办学规律，学习借鉴治校理政经验，规范化建设日趋完善，办学规模和办学效益有所突破。积极学习贯彻落实邓小平南方谈话精神，全校师生思想得到进一步解放。

1. 认清新建学校基础薄弱实际，加快办学资源和办学要素的合理配置

在艰难困苦中起步的枣庄师专，虽然度过了最初的艰难期，沐浴着改革开放的春风，历经几年奋斗，学校有了初步发展，但办学基础与实力仍然十分薄弱，离国家办学要求差距很大，也满足不了社会对学校的期望，加之在迁校问题上游移不定，导致老校停建，基础建设停滞不前。直到 1987 年 5 月，市政府才决定学校在原址扩建。根据这一决定，学校请华东师范大学董景星总工程师设计了总体规划，请市设计院设计了单体建筑，在 1987 年、1988 年、1989 年三年内投资 1329 万元，建设了办公楼、教学楼、实验楼、教工宿舍、学生宿舍、图书馆、风雨操场、围墙及配套设施 23288 平方米。1991 年根据上级要求，进行了学校用地的“确权发证”工作，解决了校区土地所有权问题，办理了土地划拨手续，修建学校与北环路之间的道路及总面积 3000 平方米的实验楼，修建了两栋教工宿舍楼，基本完成了“七五”期间省市下达的建校计划。1992 年，开通了 9 路公共汽车，建设了艺术楼、学校大门和 200 平方米的壁画墙。市教委第三十中学划归枣庄师专管理，作为学校的附属中学，以利于学生的见习与实习。解除了附近村民承包的果园合同，拆除了承包者校内建筑。市公安局在校内设立了派出所，加强了学校与周边的社会治安管理，优化了学校办学环境。学校总建筑面积达 32000 平方米，校园布局初步完成，校园建设初具规模，一座崭新靓丽的校园坐落在九龙山下。至 1992 年底，全校共有教职工 320 人，其中教授 2 人、副教授 42 人。在校生 1500 人，10 个系，15 个专业，实验室和图书馆初具规模，这些教学资源为学校更大更快更好发展打下了坚实基础。

2. 制规定范，建章立制，民主管理，科学决策，为建设合格的师专提供制度保证

1986 年 2 月，在整党进入整改阶段后，学校就加强管理提出了整改意见。要求党委成员用一年时间学习《高等学校管理》，切实提高高校管理水平和决策能力。进一步明确了党政分工，学校的重大问题一定要提交党委会集体讨论，凡经党委讨论决定的事，就要坚决贯彻执行。建立健全岗位责任制，全体教职员工实行岗位责任制。坚持实行教代会制度，并使教代会制度化，做到开会定期化、内容规范化、民主程序化、活动经常化，充分发挥教职工民主管理学校的积极性。在 1986 年 4 月召开的一届三次教代会上，讨论通过了《学校行政机构和职责分工》《关于教职工切身利益的若干问题》《枣庄师专、枣庄教育学院伙食改革方案》。在 1989 年二届三次教代会上通过了《关于“教书育人、管理育人、服务育人”的规定》。以后又相继制定了《机构设置与编制安排的意见》《学校党、群组织机构和职责分工》《职称评定办法》《教职工业务进修管理规定》《学生升、留、降级与毕业的暂行规定》《奖学金试行办法》《关于课程建设的实施意见》《仪器设备管理条例》等 30 个规章制度，对教学科研、学生管理、后勤保障等工作做了全面系统的规定。1990 年省委明确了枣庄师专领导班子正职改配为副厅局级干部，副职改配为正处级干部，学校中层正职改配为副处级干部，中层副职改配为正科级干部。这些体制机制的破解和规章制度的建立为学校依法依规管理、科学管理发挥了积极作用，枣庄师专从此走上了规范办学、科学发展之路。

3. 解放思想，大胆改革，主动适应市场经济需要，为地方经济建设服务

1992 年，以邓小平南方谈话和党的十四大为标志，中国社会主义改革开放和现代化建设事业进入新的发展阶段。“东方风来满眼春”，枣庄师专主动适应社会主义市场经济的需要，增强高校自身的“造血”功能，立足人才培养，跨入经济建设主战场。学校发挥多层次多形式办学的优势，开拓办学领域，1992 年 9 月招收了直接与经济建设对接的四个非师范专业（生物环保专业、文秘公关专业、经贸英语专业、工业分析化学专业），这是枣庄师专首批非师范专业，为以后创办综合性本科学校积累了初步经验。学校面向枣庄经济社会，进一步拓宽联合办学的路子，联办了经济管理、经贸英语大专班。科技开发是扩大学校办学功能的又一重要途径，学校发挥自身人才、智力优势，坚持走“产、学、研”相结合的路子，努力为枣庄“科教兴市”做贡献，开发了酸奶、“华特 901”煤炭促燃剂，设计、制作了市儿童乐园“动物世界馆”，进行电厂余灰利用课题的科技攻关，显示了学校较大的科研潜力和较强的科技开发能力。在发展校办产业方面，与市电业局联办了液化气站。成立了科技开发公司和校办产业公司，积极拓展外部空间，同北京科技协作中心联合设立了鲁南分部，直接为枣庄及鲁南地区经济发展服务。

4. 加强党的领导和党组织的自身建设，牢牢把握社会主义办学方向

高校面临的形势比较严峻，和平演

变与反和平演变的斗争，坚持四项基本原则与资产阶级自由化的斗争，意识形态领域内坚持马克思主义与种种反马克思主义思潮的斗争，都在高校尖锐地存在。校党委旗帜鲜明坚持党的领导，反对资产阶级自由化，牢牢把握办学方向。1985 年，学校根据中央整党部署，在全校党员中进行了整党工作。这次整党，主要是组织党员学习中央整党指导委员会汇编的《党员必读》一书及其他有关文件，紧紧抓住对待中共十一届三中全会以来党的路线、方针、政策的认识和态度这个根本问题，切实纠正“左”的和右的错误，进一步实现在政治上同党中央保持一致，端正业务指导思想；解决党内组织不纯和作风不纯的问题，纠正以权谋私的不正之风。1986 年 2 月，在整改阶段，党委就学校管理、政治思想、教学、总务、体育等方面存在的问题，分专题进行了整改。通过组织开展整党工作，进一步肃清了“左”的错误影响，提高了党员干部的政治素质，促进了党风校风学风的好转。1986 年 10 月，全校组织学习贯彻《中共中央关于社会主义精神文明建设指导方针的决议》，把学校精神文明建设提高到了一个新的水平，1988 年、1989 年、1990 年学校连续三年被评为市级文明单位。1989 年前后，校党委立场坚定，旗帜鲜明地制止学潮，制止动乱，敢管敢问，毫不动摇，维持了学校正常的教学秩序，没有大的混乱。多种形式做好学生的疏导、教育工作，提出了“3510”育人模式，即，校长和各部、处领导及教师每人联系 3 名学生，各系主任联系 5 名学生，各系党支部书记和辅导员联系 10 名学生。这一育人模式在思想政治工作中发挥了巨大效力，1991 年 8 月 27 日、11 月 4 日《中国教育报》《人民日报》报道了这一育人模式。大力宣传党中央果断制止动乱、平息暴乱，对国家长治久安、防止“和平演变”的重大意义，要求各级党组织采取有力措施，加强思想宣传教育，较好地稳定了全校政治局面。1991 年 9 月，学校对 90 级和 91 级两届学生和部分青年教师进行了首次军训，军训成果显著，校风校纪明显好转。1991 年 12 月至 1992 年 1 月，根据省高校工委、省教委《关于进一步做好高校文科学科清理工作的意见》，对全校文科学科进行了全面的清理工作，共清理文科教材 8 大类 54 种，文科学报 13 期、校报 22 期；清理出不同程度存在错误观点及问题的教材 2 种、论文 2 篇、学报文章 2 篇。根据山东省委、省高校工委部署，1990 年、1991 年，学校用两年时间开展了社会主义思想教育活动。以稳定为中心，以育人为重点，站在反演变的高度，联系学校实际，注重实效，通过集中学习、培训骨干、专题讲座、参观考察等形式开展教育活动，师生受教育面达 98%，广大师生“解了疑、释了惑、定了心、顺了气”，解决了一些深层次的思想问题，基层党组织建设得到加强，党员模范带头作用得到了发挥，教育教学质量取得了进展，在 1990 年专升本考试中，有 15 名同学被录取，成绩名列全省 12 所师专第二名，1991 年又有 20 名同学被录取，总成绩再次超过指标要求。

（三）强基固本　积力蓄势：枣庄师专稳步发展期（1993—1998 年）

以党的十四大为标志，中国进入加快改革开放和现代化建设步伐的新阶段。在度过了步履蹒跚的 15 年初期发展阶段后，枣庄师专也随着国家的改革开放节奏，进入了稳步发展期。1993 年 4 月 15 日，学校举行了建校 15 周年校庆，成立了理事会，对学校的办学经验进行了总结，对未来发展做了规划，学校发展揭开了新的篇章。按照全面实施素质教育的改革要求，全面推进教学内容和课程体系改革，在全省师专中率先实施了全国二年制师专新教学方案，提出了“宽基础、高素质、强能力、合格＋特长”的新型人才培养模式，教育教学质量有较大提高，办学活力进一步增强，综合实力稳步提升。到 1998 年底，学校已发展到 10 个系，13 个师范教育专业、8 个非师范专业，在校生 1550 人；学校占地面积 468 亩，建筑面积 5.1 万平方米；教学仪器设备总值 671.6 万元；图书馆藏书 20.4 万册；学校教职工 375 人，专任教师 213 人，教授、研究员 17 人。

1. 以贯彻落实《中国教育改革和发展纲要》为总揽，大力推进教育教学改革

《中国教育改革和发展纲要》是 20 世纪 90 年代乃至 21 世纪初教育改革和发展的蓝图，是建设有中国特色社会主义教育体系的纲领性文件。贯彻实施《纲要》，成为学校的中心任务。学校提出，在改革中求生存，在改革中求发展，将实现“三个突破”（即突破传统的人才培养模式，突破传统的管理模式，突破传统的办学模式）作为总目标。根据国家教委师范司 1995 年 2 月颁发的《关于试行“高等师范专科教育二、三年制教学方案”的通知》精神，学校从 1996 级师范专业新生开始全面实施了《高等师范专科教育二年制教学方案》。《方案》要求，在学生专业思想教育、师能培养、艺术修养等方面加大教育和培养力度，以增强毕业生对基础教育的适应性。按照“五个一”（即一支优化的教学梯队，一个革新的教学大纲，一套先进适用的教材，一套启发式的教学方法和先进的教学手段，一套科学的考试方法）的要求抓好课程建设。教学方案对培养目标、培养规格、课程设置、教学时间安排等做了规定。非师范专业也参照《方案》精神，按照培养新型人才的模式进行了教学改革。1995 年 11 月，学校召开第一次教学工作大会，制定了《关于加强教学工作，提高教学质量的意见》，统一了全校教职工的思想，强化了教学意识，为全面落实教学中心地位起到了重要推动作用。1997 年 6 月，学校印发《枣庄师专、枣庄教育学院“九五”规划和 2010 年远景目标》。提出，坚持走以内涵发展为主的道路，适度扩大办学规模，合理调整科类结构，努力提高办学的质量和效益；坚持以教学为中心，完善教学督导和评估机制，努力

提高教学质量。主要措施有：深化教学内容体系改革，实施《方案》；抓好教学方法的改革，发展计算机辅助教学、电化教学、推进教学手段的现代化；以“拓宽专业，加强基础，重视实践，培养能力”十六字方针为指导，大力加强专业建设，在“九五”末将6个二年制专业调整为三年制专业；在师资力量雄厚、各方面条件较好的中文系、数学系开设两个本科专业；加强课程建设，争取“九五”末将所有课程建成合格课程，并按照“五个一”的标准，将50%以上的课程建成优质课程；加快题库建设，实现教考分离；加强实践教学环节，适当增加实验教学课时，并减少验证性实验，增加设计性、研究性、开放性实验，加强教学实习基地建设，在校外建成一批相对稳定的教育实习、专业实习及社会实践基地；强化激励机制，完善优秀教学成果奖、青年教学能手奖的评选制度。1997年11月20—23日，山东省教委教学工作评价专家组对枣庄师专教学工作进行了全面考察评估，从三个方面肯定了学校的教学工作：一是学校重视教学评价工作，认真贯彻“以评促改、以评促建、评建结合、重在建设”的要求。二是积极探索教学体系改革，在投入不足的困难情况下，经过努力，把学校建设成为专业比较齐全，且初具规模的高等师范专科学校。三是教学工作思路明确，教学规章制度健全，教学管理严格，教学秩序稳定，教学中心地位和教学质量有保证。专家组组长许万敬特别指出：“枣庄师专实践活动早就名声在外，连续几年得到了中宣部、国家教委、团中央的表彰，这不仅是学校的光荣，而且是全市的光荣、全省的光荣。”专家组还提出了存在的问题和不足，并对整改提出了意见。全体师专人知不足而后勇，努力整改，按照“分段实施，重点突破，逐步达标”的整改思路，加大资金投入，巩固现有成果，重点突破薄弱环节，仅仅用了1年时间，整改取得了显著成效。1998年10月26日，学校以“转变教育观念，强化质量意识，推进素质教育，深化改革”为主题，召开了第四次教学工作大会，出台了《关于进一步深化教学改革，提高教学质量的意见》。从1998级新生起，政治、历史两个专业合并为政史专业，汉语言文学和政史专业改为三年制，对改制后的专业实行三年制新教学方案。1998年11月，学校接受了省教学评价专家组的复查，被确定达到了教学工作合格标准，学校的教育教学和管理等方面的工作达到了“全省同类学校的先进水平”。

2. 以世界银行贷款“师范教育发展”项目和迎接教学评价为契机，加强仪器设备、图书资料等硬件建设

1993年初，山东省教委下发《关于做好世界银行贷款“师范教育发展”项目执行工作的通知》，学校根据这一文件精神，制定印发了《实现世行贷款“师范教育发展”项目目标的五年规划》。用五年时间（1993—1997年），利用世界银行贷款58万美元和国家配套资金378万元，充实和加强实验基础设施和图书资料建设，逐步实现教学、科研手段的现代化、管理工作规范化。借迎接省教学工作评价的大好时机，以评促建，加大投资力度，1997年3次增拨40万元用于仪器设备建设，1997年8月投资7万元改建了微机控制跟读考试型48座语音室，10月份购置40台奔腾150型微机。加快了计算机网络建设，制定了“4+1”联网方案，30台486—66型微机局部联网。1998年，市政府投资250万元专项资金，学校自筹120万元用于教学整改，主要用于购买仪器设备和图书资料，使学校硬件建设上了一个较大台阶。到1998年底，学校仪器设备总值已达671.6万元，生均4053元。

3. 以学科优势为依托，以市场需要为导向，发展有自身特点的、为枣庄经济社会服务的科技事业

1994年12月，学校召开了首届科技大会。制定了《关于评选中青年学术骨干和学科带头人的暂行规定》《专利工作管理条例》《优秀科研成果奖评选办法》《优秀教学成果奖励条例》，表彰了优秀科研成果奖。推动科技活动走向社会，面向市场，使学校科技事业与社会经济建设紧密联系起来。1996年，学校依托学科专业优势，成立了墨子研究所、精细化工研究所、生物工程研究所、数学教育研究所、中学英语教学研究室、古籍整理研究室、高教管理研究室七个研究所（室）；出台了《枣庄师专关于建立校级研究所（室）的若干意见》《枣庄师专研究所（室）管理条例》和《枣庄师专科研管理办法》。1996年7月，制定下发了《枣庄师专“九五”科技发展规划及2010年长期规划》，结合学校创办特色学校、示范学校、综合学校以及成为枣庄市人才培养中心和科技研究中心的目标，对自然科学学科要求积极参加“科教兴农”，有效推进农业生产的发展，主动参与“科教兴工”，大力推动企业科技进步，开展“科技扶贫”，帮助贫困山区脱贫致富。具体措施是：生物系开展市科委下达的甘薯、黄姜、石榴等脱毒苗的繁育课题；化学系挂靠设置在鲁南化学工业集团公司的水煤浆气化及煤化工国家工程研究中心，联合承担国家下达的计划课题，探索煤焦化工的新技术、新工艺、新方案；物理系着重进行永磁材料开发应用研究和理论研究；地理系重点研究鲁南地区环境地学、历史文化地理、小流域治理及中小城镇发展规划等课题；数学系开展高校数学教育教学思想、数学方法、教材课程设置等方面的研究及初中数学教学法的研究工作；社会科学重点放在地方区域文化研究与应用上；中文系主要依托“古籍整理研究室”，加强对我国、山东省、枣庄市历史文化遗产的研究，重点加强墨学研究；政教系主要进行台儿庄大战的研究。这些科研措施极大地调动了教师和科研人员的热情，取得了一批成果。从1996年到1998年的3年时间里，学校共完成51项科研立项，其中国家级1项，省级2项，市级20项，校级28项，获国家专利1项，省级奖励3项，市级奖励35项，发表论

文268篇。

4. 以精神文明建设为抓手，扎实推进大学文化建设

1993年11月，中共中央下发《关于学习〈邓小平文选〉第三卷的决定》。学校开展了以学习《邓小平文选》第三卷为中心的“三大教育”活动。一是组织学习《邓小平文选》第三卷。印发学习《邓小平文选》第三卷百题问答，举办中层干部读书班和青年干部培训班，深化中国特色社会主义理论的教育，继续解放思想，坚持改革开放。二是组织开展“纪念毛泽东诞辰100周年”主题教育活动，进行革命传统和人生价值观教育。三是组织师生学习领会《中国教育改革和发展纲要》。召开“学纲要、谈改革、促教学”研讨会，为进一步推动学校的综合改革打下思想基础。贯彻落实1995年11月国家教委下发的《中国普通高校德育大纲》，坚持“党委领导、行政主体、育人为本、重在建设”的德育工作管理体制和指导原则，以学习十四届五中、六中全会精神为契机，进一步加强精神文明建设。学校制定了《“九五”精神文明建设规划》，提出，加强载体和基地建设，促进思想政治教育工作的科学化；加强政工队伍建设，逐步实现“两课”教师和政工队伍的最优化；增加投入，逐步实现文化宣传工作手段的现代化；狠抓落实，实现校园精神文明建设活动系统化、规范化。根据国家教委党组1997年9月下发的《关于进一步加强高等学校社会主义精神文明建设的若干意见》和山东省高校工委制定的《关于高校精神文明建设的实施意见》精神，学校党委出台了《关于进一步加强高等学校社会主义精神文明建设的若干意见的实施细则》，推动以“优化育人环境，建设文明校园”为内容的“文明校园”创建活动，迎接省高工委实施的文明校园评估工作。以“讲文明、树新风”为中心内容，开展“创建文明校园，告别不文明行为”活动，在机关开展了“创建文明单位、做文明干部、树文明形象”活动；在服务部门开展了“优质规范服务竞赛”活动；在学生中开展“告别陋习，与文明握手”为主题的文明教室、文明宿舍、文明餐厅等创建活动。1997年是香港回归年，学校精心组织“迎接香港回归祖国读书活动”，激发大学生爱国主义热情。从1993年至1998年连续6年，大学生社会实践活动受到中宣部、国家教委、团中央的表彰。从1994年到1998年，学校连续5年获省级文明单位称号。

（四）玉汝于成　强校升格：枣庄学院创建期（1999—2004年）

1999年，枣庄师专与枣庄联合大学、枣庄电大三校合并，实现了枣庄高等教育资源的优化组合。2000年，全国高等教育进入了快速发展期，高校开始了大规模扩招，高等教育由精英教育阶段进入大众化教育阶段，枣庄师专驶入了发展的快车道。从2001年3月，以枣庄市政府正式批准在原枣庄师专基础上成立枣庄学院的实施方案为起点，经过四年艰苦卓绝的奋斗，玉汝于成，2004年4月，教育部下发通知，批准枣庄师专正式升格为枣庄学院。至此，枣庄师专完成了华丽转身，破茧成蝶，由专科升格为本科，结束了枣庄地区没有本科大学的历史，开创了枣庄高等教育的新纪元。

1. 枣庄学院创建之路：艰苦的历程，难忘的岁月

从1999年起，中国的高等教育进入一个规模扩张期，高校开始扩大招生规模。高等教育开始进入从精英教育阶段到大众化教育阶段的过渡期，枣庄师专面临巨大的发展机遇和挑战。枣庄市360万人民也强烈渴望能享受到高等教育发展的成果。由此，学校的发展机遇与人民的愿望在高等教育快速发展的时间节点上叠加在一起，学校必须升本，枣庄必须有自己的本科大学。愿望形成了共识，共识变成了决策，决策继而落实到了实实在在的行动。

2000年3月，学校通过多方论证，正式向枣庄市委、市政府提出创建地区性综合本科学院的报告，迈出了创建的第一步。

2001年初，枣庄市人大十二届四次会议通过《枣庄市国民经济和社会发展第十个五年计划纲要》，确立了“大力发展高等教育，力争在3年内依托枣庄师专建成综合性本科院校”的目标。

2001年4月16日，枣庄市政府召开第54次市长办公会，就创建枣庄学院配套方案问题进行了研究部署，并成立创建学院建设指挥部。

2001年7月25日，枣庄市政府正式向山东省教育厅发出了《枣庄市人民政府关于申请在枣庄师专基础上筹建枣庄学院的函》。

2001年10月10日，山东省教育厅正式下文《关于同意枣庄师范专科学校扩大办学规模的函》，同意在原有办学基础上继续扩大办学规模，新征土地150亩和新建一批校舍的规划方案。

2001年12月18日，市委、市政府举行“枣庄学院建设工程奠基仪式”。枣庄学院建设工程拉开了序幕。

2002年6月28日，枣庄市人民政府向山东省人民政府递交《枣庄市人民政府关于筹建枣庄学院的请示》。

2003年6月13日，山东省高校设置评估委员会专家组来校就枣庄学院创建工作检查评估。

2004年2月11—12日，教育部高校设置评议委员会专家组一行七人莅临枣庄市，就枣庄师范专科学校改建为枣庄学院工作进行现场检查评估指导。

2004年3月27日，在成都召开的教育部全国高校设置评议委员会会议上，枣庄师范专科学校改建为枣庄学院的申请以全票获得通过。

2004年5月17日，教育部下发了《教育部关于同意枣庄师范专科学校改建为枣庄学院的通知》，彻底结束了枣庄市没有本科高校的历史，在枣庄发展史上具有划时代里程碑的意义。

2004年7月2日，山东省人民政府下发了《山东省人民政府关于将枣庄师范专科学校改建为枣庄学院的通知》，同时撤销了枣庄师范专科学校的建制。

枣庄学院实行山东省与枣庄市双重领导和管理、以枣庄市为主的管理体制。

2. 全面改善和提升办学条件与办学质量，实现学校跨越式发展

为支持枣庄学院的顺利创办，枣庄市财政投入1.32亿元，学校贷款1亿元，自筹资金1500万元，整个建设工程投入2.47亿元。经过四年的建设，枣庄学院的基础建设发生了翻天覆地的巨大变化，办学条件得到极大改善，教育教学质量明显提高，各项办学条件达到本科院校的设学标准，基础设施符合本科教育办学条件。学校占地1005亩，预留征地1000亩；建筑面积24.6万平方米，其中教学实验用房12.8万平方米，按全日制在校生6000人计算，生均占地面积111平方米，生均建筑面积41平方米，达到教育部规定的本科院校的生均指标。图书馆建筑面积1.61万平方米，拥有各类图书文献资料62万册，各类期刊1560余种，另有68万元的电子图书和大型数据库集。学校教学仪器设备总值3105万元，生均5175元。建有化学、生物、计算机、物理、地理、现代教育技术中心等专业实验室。师资队伍能够满足本科教育教学的需要。大力引进高学历、高职称教师，注重教学和学术两个梯队建设，师资队伍的学历、职称、年龄结构日趋合理。教职工636人，专任教师372人，其中教授21人、副教授95人，具有硕士以上学位的教师63人。以师范性、地方性为遵循，学科专业建设形成特色。学校主动适应枣庄经济社会发展的需要，坚持以基础学科为依托，以教育学科为特色，以应用学科为重点，积极发展交叉学科和新兴学科，注重设置面向社会支柱产业、高新技术产业和服务业需要的应用型学科专业，大力发展非师范教育，开设了文秘与办公自动化、应用化学、生物技术、旅游管理、旅游英语等14个非师范专业。师范专业与非师范专业的比例为1∶1。发展到14个系，28个专业，涉及人文科学、社会科学、理科、工科、商科五个学科门类。形成了师范与非师范并举，培养与培训结合的多科性的格局。教育质量有了明显提高，“九五”以来，学校共获得4项省级教学成果奖，1个专业、2门课程列为省级试点专业与课程。在大学生数学建模比赛中，2001年获全国二等奖，2002年获省级二等奖。汉语言文学、数学与应用数学、思想政治教育、化学、生物技术五个专业，师资力量较强，教学科研水平较高，具备了举办本科教育的实力。

3. 办学条件等硬件设施得到极大改善的同时，价值精神等层面的文化软实力在创建中得到进一步升华

由枣庄师专到枣庄学院，这不单是名称的变化，也不是简单的量的累加，是质的飞跃，是由蛹化蝶的蜕变。是硬件的改变，更是精神的提升；是外在的改变，更是内在的升华。创建枣庄学院，不仅增加了学校有形的固定资产，更增加了一笔无形的精神财富。创建中激发出来的抢抓机遇的危机意识，知难而进的拼搏精神，众志成城的合作情怀，务实求真的实干思想，精益求精的质量意识，以人为本的民主诉求发挥了巨大的精神力量。枣庄学院的创建成功，为学校发展搭建了一个和其他本科高校平等对话的机会，增强了自信心，增强了师生员工的自豪感和凝聚力，从创建学院激发凝练出来的这些精神不断在学院发展建设中发扬光大，涵养着学校的精神气质，校风学风教风蔚为改观。

4. 以党员干部集中教育为载体，积极推进党的建设

按照中央和省委的部署，1999—2000年，在全校领导干部中开展了以讲学习、讲政治、讲正气为主要内容的党性党风教育，教育活动历经“思想发动、学习提高”“听取意见、自我剖析”“交流思想、开展批评”“认真整改、巩固提高”四个阶段，坚持边整边改，认真解决党性党风方面存在的突出问题和教职员工反映强烈的热点难点问题。针对存在的问题，修改完善了党委会议事规则、政务公开细则、党内民主生活会制度等一系列规章制度。2001年，根据中央和省委及省高校工委的要求，在全校党员干部中开展了“三个代表”学习教育活动，增强党员干部与时俱进、执政为民的能力，实现了“干部受教育、群众得实惠”的目标。2001年3月，校党委下发《关于在党员干部中开展作风建设年活动的意见》，活动围绕实现“五个一”的目标，即建一流班子、带一流队伍、做一流工作、创一流业绩、树一流形象，加强作风建设。开展学习江泽民同志倡导的“五种精神”活动，即解放思想、实事求是的精神，紧跟时代、勇于创新的精神，知难而进、一往无前的精神，艰苦奋斗、务求实效的精神，淡泊名利、无私奉献的精神。开展“五查、五看、五戒”活动，即查本职工作责任心强不强，看有无不负责任现象，力戒消极懒惰；查无私奉献精神强不强，看有无计较个人得失现象，力戒个人主义；查团结意识强不强，看有无自由主义现象，力戒个人义气；查纪律政策观念强不强，看有无违反法纪现象，力戒我行我素；查集体观念强不强，看有无损害整体形象现象，力戒本位主义。通过开展活动，全校形成了“比学习、比干劲、比创新、比创造、比朝气、比正气、比实绩、比奉献”的浓厚氛围，为“强校升格”提供了作风保证。

（五）转变观念　质量提升：枣庄学院内涵建设发展期（2005—2010年）

2003年10月，中共十六届三中全会通过的《关于完善社会主义市场经济体制若干问题的决定》，第一次在党的正式文件中完整提出了科学发展观，要求“坚持以人为本，树立全面、协调、可持续的发展观”。2005年5月，枣庄学院举行揭牌庆典。新一届校党委全面落实科学发展观，秉承“兼爱、尚贤、博物、戴行”的校训，把工作重心由外延式发展适时转向内涵式发展的轨道上来。转变教育教学观念，确立学校办学定位和发展方向，正确处理规模与质量的关系；积极推行人才兴校战略，加大人力资源的投入；完善学科专业结构，提高教育教学质量；明确人才培养方

向，凸显地方新建本科院校的人才培养特色；坚持科研强校，立足地方，服务社会，凝练特色，错位发展。大力提升人才培养水平，大力提升科学研究能力，大力服务经济社会发展，大力推进文化传承创新，办学质量和管理水平得到了长足发展。

1. 以转变思想观念和形成本科教育思想为根本，确立枣庄学院的目标定位和发展方向

枣庄学院虽然上了本科这一层次，但其教学质量、基础设施、师资力量、仪器设备、科研水平、管理水平等方面都急需加强和提高，尤其在办学理念、本科教育思想、本科教育模式、人才培养模式等方面更需要转变和更新。内涵升本的关键是思想观念的转变和本科教育教学思想的形成，基于这种认识，学院甫一成立，校党委于2005年初制定了《关于在全校开展“本科教育思想大讨论”活动的实施意见》，围绕枣庄学院的定位目标与发展方向，即建设一所什么样的大学，怎样建设这样一所大学；人才培养模式和教育教学管理模式，即培养什么样的人才，怎样培养这样的人才；如何保持学院全面、协调和可持续发展等几个具有全局性、战略性、根本性的问题在全院师生中展开学习讨论。在讨论中，每位教职工都结合本职工作，围绕“学校升本科，我该怎么办”和“我为学校发展做什么”进行深入思考，各个单位都拿出了本单位的发展规划，最后学校在大讨论的基础上确立了“人才兴校、质量立校、科技强校、特色名校”的方针，坚持“求知重能，求新重实，求精重质”的办学理念和“服务枣庄，立足山东，面向全国，走向世界，把学院办成特色鲜明、规模适度、结构合理、质量优异、效益显著的高水平地方性综合大学”的学院定位。确立了“三步走”的发展战略：第一步，到2007年，使在校生达到1.3万人左右，确保教育部对新上本科院校合格评估达标，把枣庄学院建设成合格的本科院校；第二步，到2010年，在巩固、深化、提高、发展的基础上，全面提高教育质量和办学水平，努力突出办学特色，基本实现专业教育本科化，在校生达到1.5万人；第三步，到2014年，即建院10周年，力争办学层次、办学水平的进一步提高，在办好本科教育的同时，积极创造条件，发展研究生教育，在校生达到2万人，把学院建成学科门类相对齐全，办学特色突出的高水平地方性综合大学。同时提出了“一二三四五”的工作思路，即明确一个奋斗目标——坚定不移地创建特色名校；坚持两项创新，思想观念和办学机制创新；强化三项措施——以评估为契机、以改革为动力、以考核为抓手；实施四大战略——以质量立校、科技强校、人才兴校、服务活校；实现五大新突破——实现教育教学质量、学科专业建设、科研水平、校园文化建设、基本建设等新突破。

2. 坚持“质量立校”，全面提高教育教学质量

落实教育部2005年下发的《关于进一步加强高等学校本科教学工作的若干意见》和山东省教育厅制定的《关于进一步加强高等学校本专科教学工作的若干意见》精神，以提高教育教学质量为核心，学校颁布实施《关于进一步加强教学工作，提高教学质量的意见》《枣庄学院教学工作规范（试行）》，修订了《青年教师导师制试行条例》《教学督导条例》等涉及教学改革与研究、教学督导与评估等方面的规章制度，聘任了首批教学督导员，完善督导制度。召开学院升本后首届教学大会，提出新形势下推进教学改革与建设的主要任务，明确“教学工作是学校一切工作的中心，是永恒的主题，教育质量是学校的生命线，是学校生存和发展的根本保障”。投资800万元的教学设备专款，改造了校园网、机房的设施设备。2006年，投资3430万元建设了4000平方米硕士公寓和25800平方米的大学生公寓。2007年，投入1000万元用于图书和仪器设备购置。2006年制定了“枣庄学院品牌专业、特色专业评价指标”，启动首批品牌专业、特色专业建设工作，评选出汉语言文学、数学与应用数学两门校级品牌专业，计算机与技术、生物技术两门校级特色专业。2007年，数学教育专业被评为省级特色专业，“数学方法论”教学团队被省教育厅评为省级教学团队。2008年，计算机教学中心被评为省级实验教学示范中心。2005年，14个本科专业首次面向山东、山西、湖北、湖南、黑龙江、安徽、云南7省招生，2009年扩大到全国24个省招生。2006年，各类全日制在校生首次突破1万人，达到11000人。2010年达到13000人。2007年，首次招收了外国留学生和中外合作办学学生，标志着学院留学生教育和中外合作办学实现了零的突破。2006年，正式启动迎接本科教学工作合格评估和学士学位授予评审工作，对照《普通高等学校本科教学工作水平评估方案》的指标体系，研究指标体系的等级标准及内涵。2007年又启动了系级本科教学水平评估工作，完善系级本科教学水平评估工作实施方案，建立各系自查和校级评估相结合的规范化建设的长效机制，为确保教育部学士学位授予权评估和本科教学工作水平评估的顺利通过奠定基础。2008年5月，枣庄学院及首批升本的6个专业通过了学士学位授予单位和学士学位授予权专业评审。

落实教育部2007年“质量工程”1、2号文件精神，学校于2008年开展教学质量工程建设，实施了专业建设、课程建设、人才培养模式改革工程、教学团队建设工程、教学质量保障体系工程、教学管理体制创新工程等“六大工程”，全面推进教学质量与教学改革。省级精品课程建设取得新突破，数学分析课程被评为省级精品课程。语文教育、数学教育专业获省级特色专业。2009年3月，曹胜强教授主编的《世界通史教程·现代卷》和刘书银教授的主编《实验化学》两部教材荣获山东省高等学校优秀教材二等奖。2009年5月，学校成为第一批山东省研究生联合培养基地，与

聊城大学联合培养硕士研究生。2010年，应用化工技术专业获批省级特色专业，心理学课程获批省级精品课程。2009年，枣庄学院6篇学士论文在山东省优秀学位论文评选中获奖。2009年荣获第十一届“挑战杯”全国大学生课外学术科技作品竞赛、MCM/ICM美国国际大学生数学建模比赛等国际、国家及省级各类比赛一、二、三等奖113项。明清河教授获得省级教学名师称号。

2008年，枣庄学院首届本科毕业生考研，取得了丰硕成果。本科毕业生有841人考研，共考取303名。有86人考取了“211”工程院校，37人考取了“985”工程院校。生命科学系有122名学生报考，考取94人，考取率为77%，在全省高校生物技术专业考研中名列前茅。2009届本科毕业生考研再创佳绩，考取率占报考学生的52.8%，全校有8个宿舍的同学全部考取硕士生。2010年又考取616人，其中282人考取“985”“211”工程院校，占录取人数的45.8%。为学校赢得了巨大声誉，成为枣庄学院一个亮丽的品牌。

3. 坚持“科研强校”，提升学科建设和科研工作水平

科研工作按照“整体推进，突出重点，局部突破，强化服务”的思路，取得了科研层次和科技服务的新突破。2005年完善科研管理制度，制定了《枣庄学院科研项目管理办法》《枣庄学院科研经费管理暂行规定》《枣庄学院优秀学术著作出版基金管理办法》及《枣庄学院重点科学（实验室）建设与管理方法》等管理制度；加强科研基金建设，设立了30万元的学院科研基金、15万元的优秀学术著作出版基金、10万元的教育教学研究基金和博士科研启动基金，激励教师教育教学研究；邀请中国工程院院士余松烈、束怀瑞，中国科学院院士钱逸泰等20多位国内知名专家、学者来校作学术报告，从事学术交流活动；加强校企合作，举办了枣庄市首届校企科研合作洽谈会，洽谈校企合作，共谋联谊发展，搭建校企合作平台，学院先后与国泰化工、鲁化等国家大型企业签订了合作协议并在多家企业建立了教学科研实习基地。2006年设立了100万元的重点、优势学科建设基金，评选出了5个重点学科和5个优势学科。2007年1月举行了省级重点筹建学科“课程与教学论”授牌仪式。2008年3月通过了省级重点筹建学科“课程与教学论”的检查验收，课程教学论学科列入山东省高校强省行动计划，实现了省级重点学科的突破。2008年，张伯存博士主持的《二十世纪九十年代文学转向与社会转型研究》获得全国哲学社会科学规划领导小组批准立项资助。这是学校第一项国家社科立项项目。加强墨学文化研究，2006年7月，国家图书馆前馆长、著名哲学家任继愈先生为学校墨子研究院题写院名并受聘墨子研究院顾问。2008年5月，学校与山东大学、滕州市共同举办第七届国际墨子学术研讨会。墨子研究院两部著作《墨子研究》和《墨子词汇研究》由中国社会科学出版社出版。召开“枣庄学院服务地方行动计划实施方案”动员大会，落

枣庄学院首届本科毕业生

实《枣庄学院为枣庄市经济建设和社会发展服务行动计划》，加强与大中型企业的合作，共建研发平台，加速科技成果转化和推介。选派优秀专业技术人员到企业挂职锻炼。组织博士、教授服务考察团，深入企业、地方考察，寻求合作切入点。围绕枣庄市八大产业集群，启动了11个服务社会项目。紧密结合枣庄市资源枯竭城市转型战略，大力加强煤化工、运河文化研究，2008年9月，学校煤化工研究院、运河文化研究院成立。在《光明日报》刊登了“墨子研究系列丛书”与“运河文化研究系列丛书”招标公告，向国内外招聘高水平研究者和研究成果，把“墨子研究”和“运河文化研究”推向深入。2009年田贵才教授主持的“超快激光与硅表面相互作用机理研究”获国家重点基础研究发展计划(973计划)项目立项。2010年9月，资源城市转型与发展研究院、区域（鲁南）文化研究院、鲁南农村改革与发展研究院、工程技术研究开发中心等8个研究院成立，服务地方能力和水平进一步提高。

到“十一五”末，学校获得各级各类科研课题521项，其中国家级科研课题5项、省部级科研课题47项、市厅级科研课题217项、横向科研课题16项；共获得各级各类科研奖励392项，其中省部级科研奖励18项、市厅级科研奖励158项；教师发表学术论文3200余篇，其中SCI、EI、ISTP、CSSCI、CA、CBST等检索收录289篇；出版学术著作86部，获专利成果42项。

4. 实施“人才兴校”工程，师资队伍结构日趋合理

人才兴校是学院建设发展的基本战略之一。学院采取切实可行的措施，进一步加强师资队伍建设。2005年制定了《枣庄学院引进人才实施办法》《枣庄学院兼职教师、特聘教授聘用管理暂行办法》，修订完善了《枣庄学院专业技术职务晋升量化考核暂行办法》，规范了人才引进及管理。从2004年开始，实施学科带头人引进、培养工程，中青年教师硕士化工程和中青年学术骨干培养工程。提出了人才建设的“136工程”，即到2010年，引进、培养10名在国内有一定影响的专家、学者、教授，30名在省内具有领先水平的学科带头人，60名优秀中青年学术骨干。2009年，聘任中国科学院院士、北京师范大学原校长王梓坤教授为学院名誉院长。2009年，抢抓机遇，充分利用国务院侨办、省侨办引智项目，“枣庄学院煤化工专业引智项目”申报成功，高层次引智项目获得重大突破。加强师德建设，积极创新师德建设工作机制，在全院营造了尊重劳动、尊重知识、尊重人才、尊重创造的良好氛围。通过评选“教学名师”“青年教师优秀教学奖”“学生心目中的十大优秀教师”“师德标兵”等系列活动，提升教师自身师德水平和业务素质，师资队伍的数量和质量明显改善。“十一五”期间新增教职工252人，其中专任教师191人；新增省市有突出贡献中青年专家10人、省级教学名师2人、省级优秀教师2人、硕士研究生导师6人，教职工总人数达到895人，专任教师达到553人。专任教师中，171人具有高级职称，42人具有博士学位，321人具有硕士学位，年龄结构、学历结构、职称结构和学缘结构趋于合理。

5. 党的建设和思想政治工作得到加强，大学文化建设取得新成果

2005年8月到12月，全校扎实有序地开展了以实践“三个代表”重要思想为主要内容的保持共产党员先进性教育活动。全校20个党总支、36个党支部、800名党员通过参加活动，坚定了理想信念，涤除了思想尘埃，提高了办好人民满意大学的自觉性和主动性。2008年开展了解放思想大讨论和“讲党性、重品行、作表率”实践活动，2009年3月，组织开展科学发展观学习实践活动，系统深入地学习调研，全面深刻地分析检查，扎实有效地整改落实，学习实践活动有力地促进各项工作，实现“党员干部受教育、科学发展上水平、人民群众得实惠”的目标。经过群众满意度测评，满意率达到100%，圆满完成了学习实践活动的各项任务。

坚持育人为本，德育为先，大力加强思想政治工作。2006年，贯彻落实《中共中央国务院关于进一步加强和改进大学生思想政治教育的意见》，学院党委出台了《关于进一步加强和改进大学生思想政治教育的实施意见》，把思想政治教育摆在首位，融入教学、科研、管理和服务之中，有效提高了大学生的思想政治素质。深化“两课”教学改革，加强学生思想政治教育和德育进宿舍、进社团、进网络的新“三进”工作。2007年5月在同类院校中率先完成德育评估并荣获德育工作优秀高校的称号。与中央电视台联合拍摄的专题片《凤鸣九龙山上　学兴墨子故里》在山东卫视、山东有线电视台播出，在社会上引起广泛影响，学院专题片《春风化雨谱和谐》获得山东省高校“党建和思想政治工作优秀新闻”奖。

2006年7月，欧阳中石为学校审定并题写校训“兼爱、尚贤、博物、戴行”。以校训为引领，出台了《关于学习践行“学院精神”的实施方案》，在全校开展弘扬艰苦奋斗的创业精神、敢为人先的创新精神、爱校如家的主人精神、求同存异的团结精神、令行禁止的忠诚精神的“学院精神”活动，在全院形成一家人、一条心、一股劲，风正气顺、干事创业的良好氛围。

坚持以生为本，学生的教育、管理和服务工作不断加强，建立了“奖、贷、助、补、减”具有学院特色的助学体系。建立了辅导员队伍选聘、管理、培养、发展的长效机制。

加强干部队伍建设，为学院发展提供可靠的组织保证。2005年，制定了《中共枣庄学院委员会处级干部选拔任用工作试行意见》，选拔、调整了124名处级干部、79名科级干部。2006年6月16—17日，中国共产党枣庄学院第一次代表大会召开。选出了新一届党委委员、校纪委委员。2006年制定了《枣庄学院内设机构、领导职数和人员编制

方案》，对学校机构进行了全面调整；同时出台了干部考核规定，对各系、各部门中层领导班子及处级、科级干部进行了全面考核，从而建立了一支素质较强、思想作风过硬、业务水平较高、群众信得过的干部队伍，为学院进一步加快发展提供了坚强的干部队伍保证。

（六）产教融合　特色发展：枣庄学院应用型大学建设期（2011 年至今）

党的十八大以来，学院深入学习贯彻习近平新时代中国特色社会主义思想和十九大精神，按照“五位一体”总体布局和“四个全面”战略部署，牢固树立“创新、协调、绿色、开放、共享”的发展理念，秉持“服务地方、特色发展”的办学方针，围绕“地方性、应用型、有特色”的办学定位，走“产教融合、内涵发展、质量提升”的办学路径，全面深化改革，应用型大学建设风生水起，办学质量和社会声誉日益提高。2013 年 4 月 12 日，教育部副部长、国家语言文字工作委员会主任李卫红视察枣庄学院，对学校在推动高等院校改革、适应地方经济社会发展、创新型人才培养、服务地方、学科建设等方面取得的成绩给予充分肯定，并指出：枣庄学院“服务地方、特色发展”的方针正确，“改革创新、内涵提升”的路径可行。

3 月 31 日，省委高校工委副书记黄琦到校宣读中共山东省委关于枣庄学院领导班子调整的决定，曹胜强任枣庄学院党委书记，李东任枣庄学院党委委员、副书记、校长。新班子的成立，为枣庄学院的建设发展注入新的活力。

1. 科学研判学校面临的机遇和挑战，理清办学理念、办学定位和发展思路

理念引领行动，定位引导方向，思路决定出路。2010 年 9 月，领导班子审时度势，确立了具有针对性、现实性和可操作性的办学理念、办学定位和发展思路。办学理念：以学生为本，以教师为主体；内涵提升，质量立校；科技强校，服务地方；错位发展，特色办学；扩大视野，国际化办学。办学定位：在办学模式的区域定位上，坚持地方性。作为地方高校，必须充分利用枣庄市资源和优势，依托地方经济和社会发展的平台，设置有特色的专业，如煤化工与精细化工、中小机床的设计与制造、生物制药等相关方向。坚持立足地方、服务地方不动摇，为地方需要培养大批下得去、留得住、用得上的专门人才。推进科技创新，为推广高新技术、提升企业的科技含量服务，成为地方各类人才继续教育的培训基地。原则就是“立足枣庄，辐射周边，服务山东，面向世界”。在办学目标的价值定位上，坚持有特色。办学目标就是“建设特色鲜明的全面合格的本科院校”。把培育特色作为一项重要工作，其任务是培养和发展人才培养特色、学科专业特色、科学研究特色和优秀传统特色。在人才培养的规格定位上，坚持应用型为主。“厚基础，宽口径，重实践，强应用”就是枣庄学院人才培养的基本路径。发展战略为“哑铃式战略”，走“两头发展，中间紧缩”的发展道路。即向上发展，可谓“顶天”，向下发展，可谓“立地”。“中间紧缩”就是变革学校内部机构，测算学校的规模与效益，改善学校的运行模式，减少学校自身的成本压力。

2. 理顺学校办学体制机制，健全内部治理体系，推进现代大学制度建设

2012 年 3 月 27 日，枣庄市政府召开专题会议，研究解决枣庄学院在办学中遇到的困难和问题。会议指出，枣庄正处在加快城市转型、建设“幸福新枣庄”的关键期，亟需人才支撑和智力支持。枣庄学院是枣庄市唯一的本科院校，也是人才和智力的集聚地，要发挥自身优势，重点加强对煤化工、装备制造、新型建材、文化旅游、农村改革等方面人才的培养。要进一步加强校地之间的合作，为学院的科研成果和人才找到市场，为企业的发展提供研发平台，在推动城市转型中有所作为；要增加人员编制，将编制增加到 1200 个。破解资金瓶颈，抓住省政府出台《山东省高等学校债务化解奖补政策实施意见》和上划管理的有利时机，积极化解学院的债务负担。市政府将继续增加资金投入，为学院发展提供更多支持；关于鲁南煤化工工程研究院建设问题，要整合各方面资源，利用枣庄学院现有的人才队伍、试验场所和研发设备及市政府正在建设的鲁南煤化工工程技术研究平台，政府出课题和任务，枣庄学院承担具体工作，推进鲁南煤化工工程技术研究院建设的具体方案。

2012 年 9 月 26 日，省政府下发《关于调整枣庄学院管理体制的批复》，同意从 2012 年起将枣庄学院划归省直属管理，实行山东省与枣庄市共建、以省为主的管理体制，由省教育厅主管。落实国家师范教育从“三级师范”向“二级师范”过渡的总体要求，2012 年 7 月 20 日，枣庄市政府办公室下发《关于将枣庄师范学校并到枣庄学院有关事项的通知》。要求，枣庄师范学校的高等专科教育在校生全部划归枣庄学院，成立初等教育学院；按照有利于合并和枣庄学院上划省管的原则，将师范学校符合条件的教师调整到枣庄学院；采取校地共建、以校为主的方式，依托枣庄学院组建教师教育基地，力争顺利通过山东省省级教育基地的评估验收。

2014 年，学校全面展开校院两级办学体制改革和后勤服务管理体制改革。校院两级办学体制就是以学校为主导、学院为主体的校院两级教学管理体制。学校作为主办者，法人代表，行使宏观管理权，强化办学权力和责任；学院作为教学承办者，行使微观管理权，主要负责教学过程管理，学院在内部的教学、科研、人事、学生管理、财务预决算等问题上，享有较大的自主权，逐步建立自我发展的办学机制。学校在总体把握办学方向的前提下，真正做到管理重心下移。更加注重教学院部的自主办学，更加强调目标的管理，释放学院的办学活力，调动基层的办学积极性和创造性，推进教育教学、科研以及人才培养方式的根本性变革。成立后勤服务集团，构建“小机关、多实体、一体化”的后勤服务管理体制。

2016年，《枣庄学院章程》经省教育厅核准，向社会公布。《枣庄学院章程》对国家行政权与学校办学自主权的关系、党委领导权与校长行政权的关系、学校权力与院系权力的关系、行政权与学术权的关系、学校领导权与民主参与权的关系、学校管理权与社会参与权的关系作了规定。章程的制订是落实全面推进依法治国要求的重要举措，是深化学校治理结构改革的良好契机，是彰显学校大学精神和文化的最佳载体。

2016年11月30日，枣庄学院理事会成立。会议审议通过了《枣庄学院理事会章程》，推选出枣庄学院第一届理事会。成立枣庄学院理事会，有利于推进现代大学制度建设，健全学校内部治理体系；有利于构建以政府办学为主体，学校办学为主导，社会各界力量为辅助的办学新体制；有利于增强学校的办学活力，增加办学动力，提升办学能力，提高教育教学质量暨人才的核心竞争力；有利于加强学校与社会的交流，建立合作共赢的新机制，更好地发挥学校服务社会的职能。

3. 以迎接教育部本科教学工作合格评估为契机，全面提高教学科研水平

2011年是“十二五”开局之年。对“十一五”校级重点学科进行了终期验收，启动实施了“分层次建设、大学科融合”的“十二五”重点学科建设工程和以科研创新团队、人文社科基地、重点实验室建设为主要内容的科研创新平台建设工程。“课程与教学论”“光学工程”“鲁南区域文化研究”“墨学文化研究”4个学科被评为“十二五”省级重点学科。“煤化工实验室”被评为“十二五”省级高校重点实验室。“光学教学团队”荣获省级教学团队。

2011届本科毕业生考研共录取449人，录取学生中近半数考取“985”“211”工程院校。在全国、全省大学生专业技能和科技创新竞赛中，获得国家级奖励37项、省级奖励79项。教师科研有新突破，房永磊博士申报的《振荡微分方程的高效算法研究》和陈静博士申报的《滇西北横断山区线蚓科寡毛类区系和物种多样性研究》获国家自然科学基金项目，实现了国家级自然科学项目的突破。

2012年，教学评建工作扎实推进。启动了教育部本科教学合格评估准备工作，召开评建大会，制定了《评估指标分解方案》《评估实施方案》，开展了以自我评估为基础的院部评估、专业评估、课程评估，各项评建工作扎实推进。加大人才培养模式改革力度，实行“平台＋模块”的课程体系。召开第三次教学工作会议，明确了教学工作的发展思路、总体目标及具体举措，为确保顺利通过教学合格评估奠定基础。2012届本科生考研录取611人，310人考取“985”“211”工程院校。获国家自然科学基金项目3项，国家社会科学基金项目1项。《区域文化统览·枣庄卷》出版发行。选派15名博士、教授到企业挂职锻炼，省级工程研发平台——鲁南煤化工工程研究院落户枣庄学院。

2013年5月13—16日，教育部专家组一行九人莅临枣庄学院进行本科教学工作合格评估，充分肯定了枣庄学院本科办学9年来所取得的成绩。2015年，教育部宣布枣庄学院本科教学工作评估合格。2013年建设完成了12000平方米的生命科学实验楼、4200平方米的工程训练中心、校史馆、世界语博物馆、人防工程内体育馆建设工程。3个本科专业获批省级卓越工程师教育培养计划。生物技术专业获批教育部“本科教学工程”地方高校第一批专业综合改革试点专业。2013届本科生考研成绩优异，694人被录取，其中考取中国科学院和“985”“211”工程院校260人。8人考取法国和香港高校的研究生，考研路径进一步拓宽。高层次科研奖励有新突破，曹胜强教授的著作《现代国际关系史：世界体系的视阈》获山东省第27次社会科学优秀成果奖一等奖。明清河教授荣获省重点学科首席专家。

2014年，巩固评建成果，组建了学校第一届教学督导团，全面加强教学运行和教学质量的督促、检查、评估、指导。网络工程专业获省高校应用型人才培养专业发展支持计划，资助资金300万元。24个国家级大学生创新创业训练计划项目获教育部批准。9篇毕业生设计作品被评为省级优秀作品。

2015年，学校出台《枣庄学院关于开展青年教师教学竞赛的实施意见》等一系列文件，开展了第四届校级教学名师、首届教学贡献奖、第三届教学优秀奖、2015年教学质量奖评选和首届青年教师教学竞赛。韩学政教授获评山东省第九届本科高等学校教学名师。2015年度，枣庄学院共获批省部级及以上项目共27项。其中获得1项国家自然科学基金面上项目，实现了国家级面上科研立项的新突破；获批4项教育部人文社会科学研究一般项目，是获批数量最多的一年。学生创新创业能力不断增强，人才培养质量不断提高。2015年全国硕士研究生入学考试录取500人，其中180人考取中国科学院、“985”和“211”工程院校研究生。2015年，在全国大学生数学建模大赛、全国大学生智能汽车竞赛、全国大学生电子设计竞赛等32项重要赛事中，共获得国家级奖励74项，省部级奖励207项。世界语博物馆获批全国社会科学普及教育基地。

2016年，国家自然科学基金委公布了2016年度国家自然基金评审结果，枣庄学院获得面上项目1项，青年项目2项，资助金额100万元，成功跻身于国家自然基金项目百万元俱乐部，在省内地方本科院校中基金资助额居前列。6月25日，枣庄学院首个院士专家工作站—微纳技术院士专家工作站落成。工作站由中国科学院院士、激光与光电子科学家、天津大学博士生导师姚建铨教授作为带头人领衔组建。微纳技术研究团队一直从事太赫兹技术及应用、光电功能材料等方面的研究，取得了优异的成绩。太赫兹柔性电磁功能器件在生物医学、军事雷达、宽带通信、癌细胞及凋亡率检测研究等方面，目前处于国

内领先水平。微纳技术院士专家工作站的成立，在学校创新驱动、转型发展中具有里程碑意义。10月31日，艾瑞深中国校友网发布《2016中国大学学科评价报告》，枣庄学院光学工程、教育学、中国语言文学3个学科进入区域一流学科，跻身全国200强。11月12日，由山东省社会科学界联合会主办，枣庄学院承办的山东社科论坛—“全国高等教育转型发展及其供给侧改革学术研讨会”举行。研讨会围绕高等教育转型发展及其供给侧改革这个主题，着重探讨地方新建本科院校转型发展、地方高校特色发展与区域经济社会转型升级等问题。12月，国家健康产业研究院石榴与健康研究所落户枣庄学院。

2015年6月26日，专业平台理事会成立大会

2017年11月，山东省人民政府学位委员会下发《关于公布2017-2023年博士硕士学位授予立项（培育）建设单位的通知》，枣庄学院被确定为山东省2017—2023硕士学位立项建设单位。此外，学校与天津大学激光与光电子研究所达成协议，联合培养天津大学激光与光电子研究所“光电子与光子学技术”专业博士研究生，光电工程学院微纳技术教师团队获批“山东省高校黄大年式教师团队”。这些成就，标志着学校办学水平再上新台阶。省级教学成果奖和教改立项实现历史新突破。学校推荐7项教学成果参评山东省第八届高等教育教学成果奖，最终6项获奖，获奖率达到86%。其中，《基于产教融合的多主体双主线应用型人才培养模式改革与创新》《多维一体、立德树人：大学生综合素质教育（教材）体系建设》获一等奖，无论数量还是质量，均创历史最好水平。获批省级教改立项4项，其中重点项目1项，实现了省级教改重点项目零的突破。科研工作亮点突出。“光电信息处理与显示实验室”获批为“十三五”山东省高等学校重点实验室，“中国文化研究与传播中心”被认定为“十三五”山东省高等学校人文社会科学研究平台。获批各级各类课题120项，其中国家自然科学基金项目4项，省部级项目29项。获市厅级以上科研成果奖励102项。全国太赫兹与微纳光电子研讨会在学校隆重召开，中科院院士姚建铨、吴培亨等来自全国二十多所高校、科研院所的百余位专家学者出席会议。承办中波和平友谊展暨纪念“世界文化名人”柴门霍夫逝世100周年活动、“‘一带一路’视阈下的世界现代史研究与教学学术研讨会”和“台湾少数民族研究会2017年度学术研讨会”，学校知名度和影响力进一步提高。学校牢固树立教学中心地位，教育教学质量得到进一步提高，内涵发展得到新的提升，学生发展迈上新台阶。在国际大学生数学建模竞赛、“挑战杯”全国大学生课外学术科技作品竞赛和各类大学生专业技能大赛中，共获得各项奖励1086项，其中国际级奖励29项、国家级奖励393项、省部级奖励509项。2017年毕业学生4381人，就业人数为3684人，有487人考取硕士研究生，总体考取率达到38.23%，其中137人考取中国科学院、985和211院校研究生，占考取人数的28.13%，人才培养质量受到社会和用人单位的一致好评。学校综合改革深入推进。以转型发展为主线，以应用型人才培养为目标，积极推进教育教学综合改革，学校办学体制、人才培养模式、人事人才管理与服务、考核评价体系、学科专业课程建设、产教融合校企合作、创新创业教育等进一步完善。学分制改革迈出坚实步伐。第二轮专业技术岗位评聘工作顺利完成。

学校发展的巨大潜力和美好前景日益彰显，坚持“地方性、应用型、有特色”的办学定位，以提高教育教学质量为核心，继续开拓创新，步入建设高水平应用型大学的快车道。

4. 产教融合，校企合作，深入推进高水平应用型大学建设

推行“双主体”办学、“双岗位”聘任、“双主线”培养。学校与政府、行业、企业共同成立了“专业平台理事会”，共同制定应用型人才培养标准，共同完善人才培养方案，共同构建课程体系教学内容，共同建设实习实训基地，共同组建教学团队，共同实施培养过程，共同评价培养质量，实现人才培养规格与产业行业发展实际需求对接。

2013年9月，枣庄学院应用型本科人才培养模式改革工作正式启动。建立“文化艺术创意”和“信息与机电”两大专业平台。应用型本科人才培养模式改革旨在体现能力本位，强化实践教学，注重行业参与行业指导。2015年4月16日，教育部—中兴通讯ICT产教融合创新基地签约仪式在河南驻马店举行，枣庄学院是首批30所获批院校之一。教育部ICT产教融合创新基地落户枣庄学院，标志着学校计算机科学与

技术、网络工程、物联网、电子信息工程等相关专业有了高层次建设平台和新的发展机遇，学校产教融合、校企合作走在了前列。根据教育部与中兴通讯达成的协议，中兴通讯将向合作院校提供不少于500万元的建设经费。学校将依托教育部ICT产教融合创新基地，打造ICT专业群，创新人才培养模式，加快应用型大学建设步伐。

2015年7月31日，枣庄学院与中兴通讯产学研深度合作正式签约。深度合作包括ICT基地建设、应用型科研合作、服务地方合作、国家级项目申请合作，为将来的工程硕士点申请做准备。2015年枣庄学院与达内科技有限公司共建了网络工程（移动互联方向）、计算机科学与技术（Java大数据方向）、财务管理（主办会计方向）三个专业。与达内的合作，对促进学校在应用型师资培养、应用型人才培养模式探索、高质量就业、学校创新创业方面起到很大作用。

2016年5月31日，枣庄学院与中科曙光信息产业股份有限公司签订协议。根据协议，中科曙光与枣庄学院共建“曙光大数据学院”和“曙光大数据应用创新中心”，拟在应用统计学、光电信息科学与工程、地理信息科学三个专业开展大数据技术应用方向的人才培养和行业应用的研发与创新。双方在两年内分别投入1300万元建设经费，其中2016年分别投入不低于500万元。这是枣庄学院进入百校工程的重要举措，利用曙光信息产业股份有限公司的雄厚实力，推动校企双方基于大数据需求的人才培养和科研合作，使枣庄学院的相关专业在全国应用型本科高校人才培养中发挥引领作用，将极大地提升学校应用型人才培养的质量和水平。

2016年12月7日，枣庄学院与凤凰卫视集团·凤凰教育产教融合校企合作签约。凤凰教育与教育部学校规划建设发展中心联合启动的“高校数字媒体产教融合创新应用示范基地”项目开创了产教融合的新模式，对于推动高校转型、构建产教融合创新平台具有重要意义。合作中，凤凰卫视中数字媒体行业的国际化资源引入学校，在学院形态和育人模式上进行创新与改革，在数字媒体专业人才培养、师资培训、实训平台建设、创新创业、产业孵化、人才测评与实习就业、国际化资源对接、品牌运作等与学校开展全生态链式的产教融合。

2016年12月，“枣庄市发展研究院”成立。研究院汇聚学校和企事业单位的智力资源，围绕市委、市政府经济社会发展战略决策和区市、企业面临的重大问题，开展前瞻性、针对性和操作性研究，为政府和企业决策提供理论支持，当好“思想库”“试验田”和“融合剂”，努力打造枣庄经济社会发展的“第一智囊”。

在学科专业群的建设上，学校主动对接地方产业群，围绕枣庄城市转型发展战略和经济社会发展需要，通过停招和撤销等方式优化专业结构，仅2015年就停招本科专业9个。新增专业都是主动适应地方经济结构调整和新产业、新业态、新技术发展的。在新的专业布局中，扎根枣庄办大学的特征日益牢固，化学工程与工艺、机械设计制造及其自动化、制药工程、计算机科学与工程、通信工程、光电信息科学与工程、电子信息工程、食品科学与工程、网络工程、金融工程、土木工程、给排水科学与工程、旅游管理等专业，既贴合枣庄经济社会发展实际，又都是绿色发展专业。学校现有54个本科专业，形成了产业服务类、文化创意类和教师教育类三大应用型专业集群，提高了应用型专业集中度。

2015年成立了创新创业学院—墨子学院，统筹创新创业教育，在人才培养方案的制订中，把创新创业能力作为核心能力，作为人才培养的重要指标，创新培养方式，完善课程体系，促进专业实训（实验）教学、创业训练和创新实践有机融合。学校确立了“鼓励科技型、支持公益型、探索理论型、保障文体型”的学生第二课堂素质拓展运行体系，鼓励学生参与社区和社团的文化活动，提升学生的创新创业和就业的竞争能力。2011年，学生获得国家级奖励44项，2015年达到103项，增长134%。2011年获得省级奖励102项，2015年达到282项，增长209%。教育部下发《关于公布2016年国家级大学生创新创业训练计划项目名单的通知》，枣庄学院89个大学生创新创业训练计划项目获批立项，位列省属本科院校第8位。

2016年12月，枣庄学院加入由教育部学校规划建设发展中心与美国应用技术教育联盟（GCC—GATE）共同发起的中美应用技术教育“双百计划”，“双百计划”将在五年内推动100对中美应用型高校的深度合作以及100对中美校企深度产教融合，联合培养应用技术教育国际化人才。这一计划的主旨是根据国家创新驱动发展战略，积极推动产业转型升级和应用型本科高校建设。

近年来，学校紧紧围绕高素质应用型人才培养目标，积极深化产教融合、校企合作，创新应用型本科人才培养模式。先后与惠普软件、达内科技、中软创新、青岛东合等国内外知名企业合作共建java大数据、移动互联、3D仿真、信息安全、移动云计算、主办会计等校企合作专业（方向）。2016年，学校成功获批“曙光大数据应用创新中心”项目试点院校，“曙光大数据应用创新中心”是学校继2015年建立的“教育部-中兴通讯ICT产教融合创新基地”之后第二个教育部产教融合创新项目，标志着枣庄学院产教融合、校企合作走在了前列。目前，学校现有校企合作专业（方向）25个，涉及理学、工学、经济学、管理学、艺术学、教育学等5大学科门类，实现了主要专业集群的全覆盖。

5. 落实从严治党各项措施，突出政治纪律政治规矩教育，坚持和完善党委领导下的校长负责制，党委总揽全局的能力进一步提高

牢牢把握为民务实清廉主题，努力提高党建科学化水平。党的十八大以来，校党委坚持党要管党，从严治党，以“抓

好党建是最大政绩”的责任意识和担当精神真抓、实抓、严抓党建。从贯彻落实中央“八项规定”到切实改变工作作风，从组织创先争优活动到开展党的群众路线教育实践活动，从“三严三实”教育活动到开展“两学一做”教育，从落实党风廉政建设“两个责任”到巡视整改，层层推进，步步从严，全校党建科学化水平不断提升，党委驾驭全局能力不断提高。

2011 年，根据中央、省市委要求，全校党员干部深入开展创先争优活动，围绕中心抓党建，抓好党建促发展。开展承诺、践诺、评诺活动，全校 56 个党组织、870 名党员作出承诺。通过推行党员承诺制，提高了党员自我规范、自我教育能力。2013 年，在全校处级以上党员干部中深入开展党的群众路线教育实践活动，牢牢把握为民务实清廉主题和“照镜子、正衣冠、洗洗澡、治治病”总要求，以贯彻落实中央八项规定精神为切入点，持续聚焦“四风”，着力改进作风，取得重大成果。

2014 年 12 月 30 日，中国共产党枣庄学院第二次代表大会召开。大会选举了中国共产党枣庄学院第二届委员会和中国共产党第二届纪律检查委员会。

突出政治纪律政治规矩教育，落实从严治党各项措施。2015 年，扎实推进“三严三实”专题教育，切实转变工作作风。校党委书记胡小林带头为全校领导干部讲专题党课，带头落实各项关键动作。坚持在“严”和“实”上狠下功夫，突出问题导向，开好专题民主生活会，对照中央“三严三实”要求，校党委查摆了“不严不实”突出问题及产生的原因，提出了努力方向和改进措施。校党委班子成员作了个人对照检查，针对自己存在的问题，剖析了问题产生的根源，提出了整改措施。在批评与自我批评环节，班子成员本着“团结—批评—团结”的目的，相互之间开展了诚恳的批评与自我批评。党委委员以普通党员身份参加所在党支部组织生活会，参加指导二级学院专题民主生活会，全校形成以上率下、上率下行的良好局面。

2015 年 10 月 22 日至 23 日，学校召开党建工作会议，学校党委书记胡小林作了题为《从严治党　凝聚共识　积极构建学校党建工作新格局》的报告。会议对下一步党建工作作出部署：一要以党员领导干部这个“关键少数”为重点，加强教育管理，提高办学治校能力。二要以基层组织建设为主要抓手，改进工作方法，发挥好党组织的引领作用。三要适应宣传思想工作新要求，增强敏感性和针对性，为全员育人创造良好环境。四要落实党委主体责任，抓好党风廉政建设，为学校改革发展构建良好政治生态。会议印发了《枣庄学院实行党委领导下的校长负责制实施办法（试行）》《中共枣庄学院委员会议事规则》《中共枣庄学院委员会基层组织工作实施细则》《枣庄学院师德师风建设工作实施办法（试行）》《枣庄学院新闻宣传工作管理制度》《中共枣庄学院委员会落实党风廉政建设主体责任实施办法》等文件，扎紧制度的笼子，从制度上党要管党、从严治党。

2015 年，学校出台了《枣庄学院基层组织工作实施细则》和《中共枣庄学院委员会基层组织换届选举工作实施细则》。全校共调整完善了 82 个党支部，做到了把教工党支部建到教研室，学生党支部建到年级；各党总支指导党支部顺利完成了换届工作，选拔了一批高职称、高学历的党员教师担任教工党支部书记，选拔了优秀辅导员担任学生党支部书记。对兼任党支部书记的专任教师，学校给予了工作量补贴，在选优配强党支部骨干的同时，让支部书记沉下心来抓好基层党建工作。

2016年，在全体党员中组织开展“学党章党规、学系列讲话，做合格党员”学习教育，教育引导党员尊崇党章、遵守党规，以习近平总书记系列重要讲话精神武装头脑、指导实践、推动工作，做到了将学党章党规和学系列讲话有机结合，将按部就班学好原定内容与及时融入新内容有机结合，将深入开展学习教育与做好当前工作有机结合，确保了学习讨论的质量和成效。增强了政治意识、大局意识、核心意识、看齐意识，发挥了先锋模范作用。

严格落实党风廉政建设“两个责任”，出台专项文件，成立专门机构，构建全链条、闭环式的责任落实体系。校纪委加强制度建设，规范保障“三转”落实到位。各职能部门对已有制度进行梳理修订，使党风廉政建设更为制度化、规范化、程序化、科学化，理顺体制机制，扎实抓好“三转”。进一步建立健全党内监督体制机制，突出监督重点，强化监督措施，全面提高党内监督质量和水平；持之以恒落实中央八项规定精神，坚持不懈纠正“四风”，进一步加强作风建设，推动全校纪律和作风建设的常态化、长效化；层层压紧压实主体责任和监督责任，推动全面从严治党向基层延伸，真正把全面从严要求落实到党建各个领域和全过程，促进学校各项工作更加健康有效的开展。

2016 年，山东省委巡视组对枣庄学院进行了专项巡视，在巡视反馈意见中，涉及基层党建和干部工作问题的就有 5 条，主要是教工党支部薄弱、党费收缴不规范、党员教育管理不严格、学生思想政治工作薄弱、部分干部工作作风散漫等。针对这些问题，校党委引起高度警醒，认真加以整改，取得了显著实效。通过巡视，全校各级党组织、各级干部从中得到了锻炼，经受了考验，增长了才干。广大党员干部普遍受到了一次很好的教育，干部的纪律意识和规矩意识明显提升，党员干部的精神面貌发生了很大变化，一些问题得到了纠正。学校形成了风清气正的政治生态和奋发有为、干事创业的良好氛围。

2017 年 10 月以来，全校深入学习宣传贯彻习近平新时代中国特色社会主义思想和党的十九大精神，扎实有效地推进党建与思想政治工作。校党委把学习宣传贯彻党的十九大精神作为全年工作的主线和重点。校党委理论学习中心组（扩大）集体学习习近平新时代中国

特色社会主义思想和党的十九大精神。组建党的十九大精神宣讲团，校领导带头到分管单位和联系单位宣讲党的十九大精神，组织举办处级以上干部专题培训班。基层党组织开展形式多样、富有实效的宣传教育活动。“不忘初心跟党走 牢记使命做贡献”师生演唱会、“不忘初心跟党走 牢记使命勇担当”大学生演讲比赛举行，表达了对党对祖国的无限热爱和忠诚。着力推进“两学一做”学习教育常态化制度化，党委班子成员带头落实“双重组织生活”制度，按照“1+7 个 1”工作模式狠抓过硬支部建设。召开全校思想政治工作会议，深入学习贯彻全国、全省高校思想政治工作会议精神。坚持立德树人主线，按照“一一五四三一”改革和建设思路，着力打造“多维立体思想政治理论课”教学模式。推进思政课程和课程思政相融合，构筑起全员全过程全方位育人格局。

二、改革开放取得的主要成就

中共十一届三中全会以来，枣庄学院在中央、省委、市委正确领导下，在省委高校工委和教育厅直接领导下，不断解放思想，抢抓机遇，开拓创新，锐意进取，经过 40 年的改革、创新和发展，学校各项事业取得了令人瞩目的巨大成就，综合实力与核心竞争力明显增强，基础设施和办学条件极大改善，教育教学和人才培养质量不断跃升，师资队伍建设和教职工待遇有新提升，科学研究和服务地方扎实推进，国际合作和文化交流领域有新拓展，党建和思想政治工作不断提高，大学文化和精神文明建设日益繁荣，社会影响力和美誉度进一步提高，学校实现了从师范专科到综合本科大学的历史性跨越，学校面貌和内涵都发生了深刻的变化。

（一）基础设施和办学条件极大改善

枣庄学院分别在 1988 年和 2004 年升本期间有 2 次大的基础设施建设，学校面貌和办学条件有较大改观。“十二五”期间，学校克服重重困难，加大建设投入，校园建设工作取得较大进展。新增土地 91.88 亩，共新建教学行政用房、学生宿舍、生活服务用房 110838 平方米。目前学校实际占地面积 1142 亩，各类用房总建筑面积 36.8 万平方米，占地 1700 亩的新城校区建设工作正在积极推进之中。

2017 年 12 月 28 日，枣庄科教创新示范园（一期）——枣庄学院科教园区建设启动会议举行。建设枣庄学院科教园区，是市委市政府贯彻落实中央部署、坚持新发展理念以及推进科教兴国、人才强国、创新驱动发展等重大战略的实际行动，也是山东省实施新旧动能转换重大工程在枣庄的生动实践，对于进一步扩展枣庄学院办学空间，全面提升办学质量，加快建设高水平应用型大学，加快建设自然生态宜居宜业新枣庄具有重大战略意义。

学校目前图书馆面积 14504 平方米，阅览室座位数 2,468 个。图书馆拥有纸质图书 1,405,516 册，当年新增 23,674 册，生均纸质图书 77.03 册。图书馆还拥电子图书 2,020,910 册，数据库 38 个。2016 年图书流通量量达到 99,778 本次，电子资源访问量 9,417,062 次。

实验室面积 62320 平方米，正式建制的实验教学中心（实验室）18 个，实验室分室 249 个，拥有计算机实验教学中心和生物学实验教学中心 2 个，省级实验教学示范中心，实验、实训场所合计 652 间，使用面积 5.36 万平方米，所有实验室均面向全校开放；各实验教学中心（室）拥有各类教学、科研仪器设备 10176 台，单价合计 7640.5 万元，其中单价 40 万元以上贵重仪器设备 17 台；2016-2017 学年度面向全校各本科专业开设实验课程 921 门，实验项目 2898 项，本科实验教学人时数 904444。本学年度我校实验仪器设备较上一学年度增加 291 台，单价合计 608.23 万元；实验、实训课程门数增开 153 门。实验室分布及教学科研仪器设备配置基本上能够满足全校师生教学科研工作需要，并已初步具备了开展科研创新和服务地方社会的实验室基本条件和技术创新研发能力，部分实验室已达到省内一流水平。

学校现有教学、科研仪器设备资产总值 18,048.728 万元，生均教学科研仪器设备值 0.99 万元。当年新增教学科研仪器设备值 3,295.673 万元，新增值达到教学科研仪器设备总值的 18.26%。

本科教学实验仪器设备 10,176 台，合计总值 7640.50 万元，其中单价 10 万元以上的实验仪器设备 140 台，总值 4217.29 万元，按本科在校生 13,457 人计算，生均实验仪器设备值 5677.71 元。

（二）应用型人才培养体系建设卓有成效

枣庄学院按照扬长避短、错位竞争，有所为、有所不为的思路，以人才市场需求为导向，以地方经济建设和社会发展需求为依据，以基础学科为依托，以师范类学科为特色，搞好布局调整和重组改造，促进学科的交叉、渗透和融合，提升和改造传统学科，努力培育重点学科，大力发展应用学科，积极发展新兴学科和边缘学科，不断优化专业结构，培育新的学科生长点，创办优势学科，建设特色鲜明的学科专业体系。应用型人才培养体系建设有新举措，富有新成效。特别是“十二五”以来，学校本科专业发展迅速，由 35 个上升到 54 个，增幅 54%。涉及文学、理学、工学、管理学、教育学、历史学、法学、艺术学、经济学等九大学科门类。学校以培养高素质应用型人才为目标，不断深化教育教学改革，重点是强化专业建设，实行专业动态调整机制，专业结构不断优化，社会急需的应用性强的专业所占比重明显提高。其中工学专业 14 个，占总数的 25.9%；理学专业 10 个，占总数的 18.5%；艺术学专业 9 个，占总数的 16.7%；教育学专业 6 个，占总数的 11.1%；文学专业 6 个，占总数的 11.1%；管理学专业 5 个，占总数的 9.3%；经济学专业 2 个，占总数的 3.7%；历史学专业 1 个，占总数的 1.9%；法学

专业1个，占总数的1.9%。理工经管四类专业占比57.4%，艺术和教育两类专业占比27.8%，应用性强的专业合计达到85.2%。学校还通过校企合作深化产教融合，合作专业方向16个，涉及专业10个，占总数的18.5%。合作企业包括中兴、惠普、达内、英谷等知名企业，教育部—中兴通讯ICT产教融合创新基地和教育部—曙光“数据中国”百校工程落户枣庄学院。创新创业教育全面启动。大类招生、分段培养的两个试验区改革效果明显，运行良好。同时，2015年学校实行了专业分类管理，将专业划分为A、B、C三类，其中A类15个，为鼓励性发展专业，占总数的29.4%；B类26个，为一般性发展专业，占总数的51%；C类10个，为限制性发展专业，占总数的19.6%。还通过停招和撤销等方式优化专业结构，仅2015年就停招本科专业9个，占当年专业总数的17.6%。2016年第一次主动撤销汉语言、教育技术学、物理学三个专业，占总数的5.6%。学校还通过深化课堂教学体系改革，建构了通识教育、学科教育、专业教育、实践教学与创新创业教育等“五位一体”的应用型人才培养课程体系，新增省级精品课程18门，增幅360%。

牢固树立“教学以学生为本”的理念，根据夏季招生、春季招生、专升本、贯通培养、校企共建、卓越计划等学生的不同基础和学生成才的不同需求，在课程的设置与选择、教学环节的设计与要求等方面，注意共性与个性、统一性与灵活性的结合，尊重学生在基础能力、兴趣特长、发展方向等方面的差异，实行分层次、分类型培养，因材施教，促进学生的个性化成长。

与以往人才培养方案不同之处在于2017级将实行完全学分制，要求专业教育平台课程必修课与选修课的学分比例不高于6∶4；实行弹性修业年限，允许学生提前或者延期毕业。基本修业年限4年，学生提前修满培养计划规定的学分，可以提前毕业；对通识教育选修课进行了更加科学和系统的划分，要求文史类学生须选修2学分的自然科学类课程，理工科学生须选修2学分人文科学类课程，师范生须选修2学分教师教育类课程；取消了通识教育选修课中的限选课，给学生更大的选课空间。2017级人才培养方案要求每个专业设置不少于2个专业方向，扩大学生自主选择课程的权利，逐步实现每门专业核心课程至少2 名以上教师授课，给学生提供更多的选择机会；实行学业导师制，学业导师引导学生合理选课，为学生提出学业指导意见。另外，还增加1/3以上的通识教育选修课。

（三）学生核心能力和综合素质显著提升

学校高度重视大学生核心能力和综合素质的培养，引导学生全面发展。学校设立了学生事务服务中心，为学生提供一站式服务，建立了集“奖、助、贷、勤、免和绿色通道”为一体的资助体系，多种方式及时、有效、全面地为学生提供就业信息，促进学生就业，就业率一直保持在92%以上。学校确立了“鼓励科技型、支持公益型、探索理论型、保障文体型”的学生第二课堂素质拓展运行体系，共建有75个社团组织，由于具有较强的多样性、时代性、创新性、交互性和自发性的特征，参加人数持续攀升。学生社团拓宽了学生能力培养的渠道，提高了学生的竞争能力。“十二五”期间，包括“创青春”（挑战杯）大学生创业大赛、山东省大学生科技创新大赛等重要赛事，学生共获得国家级奖励316项，省级奖励555项。从2008年第一届本科毕业生起到2016年，9届本科生共考取硕士研究生4951名。

（四）学科平台建设与科研水平有新突破

学校长期重视学科建设与科学研究，出台了科研工作奖励和资助办法。“十二五”期间，学校发放科研奖励基金595.6万元，科研经费匹配资助1535.7万元。共获批各级各类科研课题586项、科研奖励401项。国家自然科学基金立项课题、山东省社会科学成果奖，均获重大突破，并创历史新高。国家级和省部级高层次科研课题104项，省部级高级别科研奖励12项；鉴定和验收成果160项，专利89项，著作137部，SCI、EI、CSSCI收录的高水平学术论文471篇，到账科研经费3100万元。五年来，定向培养博士57人参加国际骨干教师培训项目和公派留学项目，96人获批省校两级国内访学项目，选派90余名专业技术人员到企事业单位挂职锻炼。柔性引进国家优秀青年基金获得者2人，山东省“泰山学者”特聘专家1人，海内外知名专家3人。增聘49名省内外高校、科研院所知名学者为特聘教授。

截至2018年7月，学校现有教职工1166人，专任教师813人，教授67人、副教授252人，博士209人。学校双聘院士1人，“千人计划”特聘专家1人，国家“百千万人才工程”专家1人，山东省及枣庄市“有突出贡献中青年专家”23人，省级教学名师、省级重点学科首席专家等7人，外籍教师9人，专兼职博士生导师、硕士生导师30余人，山东省首批“高校黄大年式教师团队”1个。另有国家千人计划、泰山学者等特聘教授近百人。成功获批山东省“微纳技术院士专家工作站”，光学工程等4个学科获批省级重点学科，煤化工实验室获批省级高校重点实验室，省级科技创新平台煤化工工程技术研究院落户枣庄学院，世界语博物馆获批为全国社会科学普及教育基地，并与海峡两岸大学生艺术交流基地获批山东省社会科学普及教育基地，墨子研究院、世界语博物馆获批山东省青少年素质教育重点研究基地。新增省级有突出贡献中青年专家1人、省社会科学学科新秀奖1人、高校重点学科首席专家1人，累计联合培养硕士研究生和教育硕士专业学位研究生70人。

（五）师资队伍整体结构进一步优化

学校历届领导班子高度重视发挥人

才兴校的关键作用，以求贤若渴、海纳百川的气度招纳四方英才，使九龙山下的枣庄学院在不同时期均成为人才荟萃之地。师专时期，学校把教师引进和在职提高作为头等任务来抓，建起一支充满活力的师专师资队伍。本科升格初期，大力实施学科带头人引进、培养工程，中青年教师硕士化工程和中青年学术骨干培养工程，建成一支能胜任本科教学需要的教师队伍。“十二五”以来，学校人才队伍数量和结构逐步优化。截至2017年9月，专任教师中拥有硕士及以上学位的教师占比87%，具有博士学位的教师占比14%，具有高级专业技术职务的教师占比40%。2011年，学校共有教职工857人，2017年1166人，增幅36%；2011年专任教师525人，2017年770人，增幅47%；2011年具有博士、硕士学位教师414人，2017年809人，增幅95%。2017年学校共获批各级各类科研项目135项、科研获奖147项、鉴定成果54项。其中国家级和省部级高级别课题32项，省部级高级别奖励10项。到账科研经费2920万元。2017年全年共出版学术专著26部，申请专利64项，发表高水平学术论文207篇。光电工程学院光电信息处理与显示实验室获批山东省高校重点实验室。初步形成了一支结构合理、层次分明、素质优良、具有创新能力的师资队伍，顺利通过省属普通本科高校人才工作考核。

（六）国际合作办学领域有新拓展

改革开放大潮打开了我国高等教育开放办学之门。面对改革开放带来的大好机遇及高等教育国际化激烈竞争，枣庄学院人意识到，要在一个经济文化并不发达的地方培育时代所需的优质人才，办优质高等教育，就必须走开放式发展的道路。

早在师专时期和升格初期，学校就积极寻求机遇实行国际交流合作。2005年以来，学院共聘请了30余名外籍教师来校工作。继续保持了和美国塞普尔斯大学、韩国马山大学的友好院校关系。先后接待了俄罗斯、日本、韩国访问团来校参观和学术交流，与俄罗斯新西伯利亚国立技术学院签订了合作办学协议。2011年以来，学校先后与20所境外高校建立了友好校际关系，合作院校达到40所。获批5个合作办学项目，成为山东省首批海峡两岸交流示范点；选派教师赴国外交流、访学、培训或工作35人次，206名学生到海外友校学习、实习，8名学生志愿者到国外教授汉语，先后有102名留学生到校学习，先后聘请语言类、专业类、研究类外教108人次来校任教，其中，有2名外籍教师获得枣庄市政府颁发的首届“榴花奖”，有1名外教获得了山东省“齐鲁友谊奖”，有2名外教获得山东省外国文教专家教学奖。完成了13个团组66人次的出访及海外培训工作，接待来访团组70余个。学校与中华全国世界语协会合作共建了面积世界最大、亚洲唯一的世界语博物馆，共收集藏品4万件，其中国家级文物2600件。合作出版了《世界语大辞典》《中国世界语运动史料丛书》《百年荣光——国际世界语大会画册》。承办了第十届全国世界语大会，连续参加了四次国际世界语大会，宣传和推介我校世界语博物馆，学校享誉世界语界。

（七）教师待遇和民生改善得到进一步提高

1978年，首次招收大专班学生67人。2004年升为本科院校时在校生为9600人，2005年招收新生3200人，实现了办学规模历史性的突破，在校生人数首次突破万人大关，学院的各类全日制在校生达到11000人，招生范围也由山东省内扩展到全国7省市。“十二五”期间面向全国22个省招生，在校生稳步增长，由12396人增加到15554人（不含初等学院），净增3158人，增幅为25.5%。2011年学校财政总收入18379.45万元，2017年财政收入33370.65万元，增长81.5%；2011年教职工的平均工资每年4.43万元，2017年达到12.03万元，增长171.96%；2011年校内平均绩效津贴0.74万元，2017年达到1.98万元，增长150%。这些数据说明，经过五年的发展，学校事业蒸蒸日上，教职工的生活待遇也显著提升。同时，学校想方设法帮助困难职工和学生。五年来，共帮扶困难职工126人，帮扶资金近10万元。通过国家、省财政资助、学校资金资助和企业资金资助的方式，共资助学生43102人次，经费达9676.3万元。

2015年，厦门大学高等教育质量与评估研究中心在枣庄学院开展了在校大学生学习情况调查，调查数据显示：

枣庄学院全景

学生对任课教师的满意度为98%，学生对自己现在的学习情况满意度为90.6%，学生对学校的满意度为90.5%，学生对教师的教学方法满意度为91.4%，对教师教学内容满意度为93%，对教师的教学准备满意度为95.8%。另外，从学校委托第三方教育管理数据咨询与教学质量评估机构麦可思实施的应届毕业生社会需求与质量跟踪评价结果来看，毕业生对学校总体满意度、教学满意度、学生工作满意度、生活服务满意度和就业现状满意度都有所提升。2014届毕业生对母校满意度达到93%，比2013届高出4个百分点。2014届毕业生对学校的教学满意度为86%，比2013届高出7个百分点。2014届毕业生对学校的教学满意度都有所提升。2014届毕业生对学校的学生工作满意度为81%，比2013届高出3个百分点。2014届毕业生对学校的生活服务满意度为87%，比2013届高2个百分点。2014届毕业生对就业现状的满意度为65%，比2013届高出3个百分点。从中可以看出，学校和老师们的付出得到了同学们的认可，学生对学校和教师是满意的。

学校办学业绩和社会声誉受到广泛关注和好评。2013年学校顺利通过教育部本科教学工作合格评估。学校先后被评为山东省党建和思想政治工作先进高等学校、省级"花园式单位"；连续22年被评为省级文明单位，连续16次被中宣部、教育部、团中央、全国学联评为全国大学生社会实践先进单位，连续23年保持全国"模范教工之家"荣誉称号。

（八）服务地方经济社会发展，不断取得新成果

搭建校企合作平台、推进枣庄产业结构调整和企业技术创新。依托化学化工系和煤化工学院，与山东海化煤业化工有限公司、山东兖矿国泰化工有限公司等大型企业共建了"煤化工研发中心"；依托物理与电子工程系，与山东鲁南机床有限公司校企合作，共建了"机械加工实训中心"；依托生命科学系与地方医药企业共建了"生物工程研发中心"；依托计算机科学系，重点加强了电子信息技术的研发与推广，积极与社会保险、银行、税务等行业联合开展应用软件研发与推广，推动网络安全技术的研究与应用；以学院省级重点学科"课程与教学论"为依托，充分发挥学院的师范教育传统优势，重点加强了与枣庄市教育局、中小学的联系，积极开展基础教育课程改革研究。

重塑文化之乡、全面推进枣庄地方文化品牌和城市形象建设。依托中文系、政法与历史学系，围绕"江北水乡·运河古城"的城市品牌做文章，编写了《枣庄城市名片》系列丛书，开展运河文化研究，着力打造枣庄市旅游的核心竞争力；依托旅游与资源管理系，整合文学、历史、经贸、管理、地理等专业的人才力量，为枣庄市有目的地持续开发旅游资源，为旅游企业开发设计旅游产品，提供决策依据与技术支持；依托墨子研究院、古文化研究所、鲁南文化研究所，整合历史、文学、民俗、宗教学、旅游管理、考古等学科的研究力量，开展墨子文化、中兴文化、红色文化研究、运河文化、民俗文化研究、台儿庄古城文化，特别是充分发挥学院在墨子研究领域的优势，充分发掘和利用墨学的当代价值，整理与开发文化旅游资源，为推进枣庄市文化产业与文化旅游资源的研究与开发，作好规划与咨询服务。

目前，枣庄学院共有80多个校企合作项目，涉及资金达1000多万元。2004年以来学院先后承担了各级各类人文社会科学类科研项目176项。其中有68项以枣庄问题为研究对象，涉及枣庄的新农村建设、法治建设以及历史文化、风土人情等。出版了《山东区域文化统览·枣庄卷》《墨学研究丛书》《墨子大辞典》《纪念抗日战争胜利70周年研究丛书》《百年中兴》《解读台儿庄》《台儿庄古城导游词》等一批重要研究成果。策划确立了台儿庄古城100个博物馆建设规划，并评审了邮政博物馆、银行博物馆、粮仓博物馆、镖局馆、武举馆等；建设了枣庄学院大学生艺术实践基地和海峡两岸大学生艺术交流基地；策划出版了《文化产业导刊》和《中华民居》。与市中区共建了市南文化产业园区，帮助建设了中兴公司博物馆。帮助山亭区建设了"115师纪念园""峄县抗日民主政权旧址纪念园"，为打造枣庄文化的基础工程做出了突出贡献。

（九）党的建设和思想政治工作扎实推进

中共十一届三中全会的召开，实现了思想路线、政治路线和组织路线的拨乱反正，从此，学校在各级党委的正确领导下，稳步有序地推进党的建设和思想政治工作。特别是党的十八大以来，学校党委高度重视党的建设和思想政治工作，充分发挥学校党委总揽全局、协调各方的领导核心作用，保持和发展党的先进性、纯洁性。坚持党委领导下的校长负责制，建立健全党委统一领导、党政分工合作、协调运行的工作机制。按照省委统一部署，学校扎实开展了党的群众路线教育实践活动、"三严三实"专题教育、"两学一做"学习教育，取得明显成效。成功召开了第二次党代会，圆满完成第一轮"第一书记"帮包工作，第二轮"第一书记"帮包工作进展顺利。加强了基层党组织建设，有效提升了基层班子的执行力和战斗力。严格落实"两个责任"，强化领导干部"一岗双责"意识。加强了对重点岗位、重点项目与关键环节的监督审计。定期召开党风廉政建设工作会议，签订了党风廉政建设工作目标责任书，加强了对干部选任、履职用权的过程监督。认真贯彻党的统战工作方针，积极支持民主党派开展活动；离退休工作开展扎实，服务质量明显提高；各级工会积极工作，充分发挥了党联系职工的桥梁纽带作用。

三、改革开放发展的经验与启示

（一）在发展方向上，必须坚持党的领导和社会主义办学方向，才能牢牢把握改革开放发展的关键环节

改革开放以来，枣庄学院党委始终着力加强和改善党的领导，充分发挥党

委总揽全局、协调各方的领导核心作用，充分发挥基层党组织的战斗堡垒作用和党员的先锋模范作用，各级党组织的创造力、凝聚力、战斗力不断增强，为改革开放事业提供了坚强的政治和组织保证。学院党委认真贯彻党的民主集中制原则，校党委及时研究和解决学院改革发展中的重大问题，抢抓机遇，果断决策，开拓创新，谋大事、抓大事、成大事，团结带领教职工干事创业。实践证明，坚持党的领导是学院坚持社会主义办学方向、培养社会主义事业建设者和接班人的根本保证。

（二）在发展动力上，必须坚持改革开放创新，最大限度地激发办学活力，才能取得改革开放发展的不竭动力

改革开放以来，枣庄学院以改革创新总揽学校各项事业发展大局，不断冲破妨碍发展的思想观念，破除束缚发展的陈规旧习，革除影响发展的体制弊端，取得了辉煌的发展成就。从创新“三·五·十”的育人模式到率先实施“三年制改革方案”，从“强校升本”到应用型大学建设，许多方面都在全省高校中领先一步。学校在发展中改革，在改革中创新，使学校的发展有了制度上和机制上的保证。实践证明，没有改革，就没有动力，没有创新，就没有活力，只有不断改革创新，才能永葆学校发展的生命力，才能充分调动广大教职工的积极性，使各项工作不断迈上新台阶。

（三）在发展目的上，必须坚持以人为本，维护好发展好师生员工的根本利益，才能共享改革开放发展的成果

枣庄学院各级党组织始终把实现好、维护好、发展好最广大人民的根本利益作为党委、行政的出发点和落脚点，坚持发展依靠全校师生、发展成果为全体师生共享，努力维护师生的利益，教职工的生活待遇不断显著提高，同时，想方设法帮助困难职工和学生，认真解决师生最关心、最直接、最现实的问题，让广大师生得到更多的实惠，共享学校发展的成果。改革开放以来，特别是“十二五”时期，是学校历史上师生得到实惠最多、待遇生活水平提高最快的时期。学校每项重大改革措施的出台，特别是关涉师生利益的大事，都经过学校充分酝酿和讨论，经教代会讨论通过，努力将党委、政府改革决策变为广大师生的意愿和要求。实践证明，只有把涉及师生的事情办好，着力改善民生，促进校园和谐，才能最大限度地集民智，聚民心，释民力，不断把学校各项事业推向深入。

（四）在发展路径上，必须坚持全面协调可持续发展观，统筹兼顾，协调各方，才能走出一条有特色的发展之路

改革开放以来，枣庄学院历届领导班子坚持既总揽全局、统筹规划，又着力抓住牵动全局的主要工作，重点突破。在实际工作中，正确处理办学规模与办学效益、人才培养质量与发展速度、改革力度与师生承受度、全面发展与应用型大学建设、深化改革与维护稳定等方面的关系，鼓励教师脱颖而出，又普惠保底，不冒进，不折腾，不哗众取宠，保持政治定力，行稳致远，扎实推进各项工作，实现了办学规模与效益、学校与地方、人与自然协调发展。实践证明，不论情况如何变化，只要坚持全面协调可持续发展观，学校才能行稳致远。

（五）在发展依靠上，必须坚持群众路线，依靠广大师生办学

广大教职工齐心协力、努力工作是学院事业取得成功的根本力量。改革开放以来，学校办学空间拓展，办学规模扩大，升本目标实现，学校不断做强做大，靠的是全体教职工艰苦努力、无私奉献、忘我工作的精神。广大教职工艰苦奋斗和无私奉献的精神，是推动学校各项事业发展的根本力量，是学校改革发展最为宝贵的精神财富。实践证明，事业的发展，离不开群众的智慧和奉献。什么时候紧密联系群众，紧紧依靠群众，事业就兴旺发达。什么时候脱离群众，事业就遭受损失，甚至倒退。

回首改革开放以来奋力拼搏、艰苦创业的发展历程，枣庄学院从无到有、从小到大、从弱到强，一茬茬一代代枣庄学院人无怨无悔、持之以恒坚守在九龙山下这片土地上，付出了无数的艰辛和汗水，他们无愧于这个改革开放的伟大时代，无愧于这段波澜壮阔的光辉历程，无愧于枣庄400万人民交给的重任与信赖。

历经40年的发展，枣庄学院已选择了一条适合自身成长的特色发展之路，进入快速、健康发展阶段，未来可期，任重道远，政通人和，前途光明。

审稿人：张昌林

撰稿人：张思奎

枣庄市地方史志事业发展历程及经验启示

地方志编修，最早可追溯到先秦，连绵不断，延续至今，已有两千多年的历史，是中华民族源远流长的优秀文化传统之一。明、清至民国，枣庄市今辖区原滕县、峄县所修志书达20种之多，保存至今的有13种。志书通过对天文、地理、建置、大事、食货、物产、职官、儒学、科举、兵事、人物、古迹、民俗、艺文等记述，展现了枣庄悠久的历史文化传承和发展轨迹，不失为重要文化遗产。

中华人民共和国成立后，尤其是改革开放以来，党和政府高度重视地方志编修工作，使这一古老、优秀的文化传统得以继承和发扬。1980年4月，胡乔木在中国史学会代表大会上提出，要用新的观点、新的方法、新的材料编写地方志，指出："我国有修地方志的历史传统，今天我们要大声疾呼，予以提倡"。1981年7月，在中国地方史协会成立大会暨首届地方史学研究大会上，通过了《关于新省志、新市志、新县志编纂方案的建议（草案）》《关于方志学研究的建议（草案）》和《给党中央、国务院的建议书》。1982年12月，全国人民代表大会第五次会议通过的，《中华人民共和国国民经济和社会发展第六个五年计划》第26条哲学社会科学部分，把地方史志列为社会科学发展重点之一。1983年4月，中国地方志指导小组成立，这是政府把方志工作纳入政务和方志工作领导机构到位的重要标志。1985年4月，国务院办公厅转发了中国社会科学院《关于加强全国地方志编纂工作领导的报告》，明确要求各地切实采取实际措施，做好修志工作。从此，正式启动新中国成立以来的首届修志工作。枣庄市紧跟时代步伐，勇担历史使命，启动开展地方史志工作，忠实记录中国共产党领导人民坚持和发展中国特色社会主义的光辉历程和丰功伟绩。历经30余年的发展，枣庄史志事业从无到有、从小到大，从"一本书到五业并举"，取得了重大成绩，为文化建设和地域文化研究发挥出重要作用。

一、社会主义新方志的编修

1981年12月，枣庄市地方史志编纂委员会成立，委员会下设办公室。史志办成立后的主要工作是:组织编纂《枣庄市志》并指导各区、县编修区（县）志。

1984年12月22日，全市史志工作会议召开，启动第一轮修志工作。至1985年，市直部委办局修志班子陆续建齐。市史志办公室按照市志的编纂要求，拟定各分志篇目，并与市直机关各部门进行商定。各部门组织专、兼职近千人的修志队伍，全面展开资料搜集。1987年初，市志初稿各承编单位，通过对资料考证、筛选、编排，陆续完成初稿编纂任务，并分头组织领导骨干、业务技术人员、离退休干部、上级业务部门同志，进行资料核实和志稿评议。各分志书稿完成以后，市史志办公室用一年半时间，在近千万字分志稿的基础上，总纂合成了320万字的《枣庄市志》初稿。市志初稿一方面分送领导机关、有关单位和人士进行审查，同时着手总纂征求意见稿。至1990年初，280万字的市志征求意见稿总纂完成，并于当年4月召开有山东、北京、上海、河南、安徽等地有关专家学者参加的市志稿评议会。根据专家和省、市以及有关方面提出的意见，又用近一年的时间改编成240万字的市志送审稿。1991年，北京中华书局接受出版。经过近十年的艰辛努力，1993年7月《枣庄市志》出版发行。《枣庄市志》记载了1840至1985年共145年的发展历程，详细地记述了中华人民共和国成立后，枣庄人民在中国共产党的领导下，进行的社会主义建设和实践。特别是改革开放以来，枣庄在政治、经济、文化、精神文明方面以及各项社会事业取得的飞速发展和重大成就。《枣庄市志》是一部革命传统教育和社会主义教育的生动教材，是枣庄文化事业的重要成果。1993年11月，《枣庄市志》获评全国新编地方志优秀成果一等奖。

区（县）的修志工作从1982年开始，其中，滕县修志工作开展完成的最早。1990年，《滕县志》出版发行。《滕县志》上承1840年，下至1985年，全书107万字，全面而准确地反映了滕县近一个半世纪的历史风貌。1993年，《滕县志》荣获全国新编地方志优秀成果奖一等奖。其后，《台儿庄区志》《峄城区志》《薛城区志》《山亭区志》陆续出版。1998年10月，《市中区志》出版发行。至此，6部区（县）志全部完成编纂，枣庄市第一轮修志工作全面完成。

为真实、全面、翔实地记录改革开放20年的发展和取得的伟大成就，根据国务院办公厅《关于进一步加强地方志编纂工作的通知》的规定，省、市、县志书"每20年左右续修一次"。2001年8月，中共山东省委办公室、山东省政府办公室下发《山东省续修新方志工作纲要》。随后，中共枣庄市委办公室和市政府办公室下发《枣庄市续修新方志工作纲要》《续修〈枣庄市志〉实施方案》，部署第二轮修志工作，并要求修志工作做到"五到位"（领导到位、机构到位、经费到位、队伍到位、条件到位）。

2002年4月，枣庄市正式启动第二轮修志工作。编纂过程经历5个阶段。

一是前期准备，拟定篇目。2002年2月，市史志办着手市志篇目起草设计工作。4月，将市志框架设计及供稿分工印发至各承编部门征求意见，随后不断加以修改完善。2003年8月，市政府转发《枣庄市志（1986—2005）篇目》。

二是业务培训，组织供稿。2002年7月，枣庄市与日照市在日照市委党校联合举办续修新志培训班，两市的分管领导及省史志办领导出席培训班，全市40余个参编部门派人参加培训。2003年12月，在市机关招待所举办市志供稿编修培训班，聘请青岛、烟台、临沂等市专家授课，全市120余个单位供稿人参加培训。市史志办对编辑人员进行业务指导分工，实行组稿、指导、督查、把关一条龙负责。编印《修志十讲》辅导材料，编发《修志业务》简报，制定工作规范及质量标准。采取召开调度会、联合市政府督查室开展督查等形式，对供稿单位进行督导。至2005年底，组稿工作全面结束，全市150多个供稿部门、单位完成资料收集工作，撰写了志稿初稿。

三是编辑加工，总纂合成。在组供稿阶段，编辑工作压茬进行。2005年7月以来，市史志办按照《地方志书质量规定》要求，不断强化编辑分工，严格分级负责、质量认定等措施，促进工作效率的提高和工作任务的落实。至2009年底，志稿经过9遍修改，形成350余万字的征求意见稿。

四是征求意见，修改加工。征求意见稿完成后，市史志办向市领导及部分老领导、各供稿单位、社会各界有关人士致信，请他们审阅志稿。还召开座谈会，当面听取意见。经过认真梳理、精心核实，共吸纳有关领导和社会各界修改意见600余条，志稿内容不断丰富，资料更加翔实。2011年底，形成上、下两册，340余万字的专家评议稿。

五是志稿评议，完善提高。2012年10月，《枣庄市志（1986—2005）》志稿评议会在枣庄颐正园召开，省史志办领导、市分管领导出席会议，省及各市修志专家参加会议，会议收到志稿修改意见、建议200余条。会后，市史志办组织力量对评议意见认真梳理分类，逐条核实修订，反复打磨推敲，不断调整充实、完善提高。

2016年7月，《枣庄市志（1986—2005）》由中华书局出版。全志设37编、230章、908节，由概述、大事记、专业各编和人物、附录组成，共310万字。全面系统地记述了20年来枣庄改革开放和现代化建设取得的丰硕成果、走过的不平凡历程，是记载这一时期市情最权威的百科全书，具有很高的使用、研究和收藏价值。2016年度山东省优秀史志成果评选中，该志书获评优秀市县级志书。《枣庄市志（1986—2005）》编修工作，历时14年有余，期间得到市委、市政府的高度重视和社会各界的大

2002年4月4日，全市续修新志工作会议召开，标志着枣庄市新一轮修志工作全面启动

力支持。市委、市政府一直把修志工作作为"官职""官责"来抓。2002年以来，先后六次调整市地方史志编纂委员会，市委书记任名誉主任，市长任主任，分管副市长任第一副主任。召开全市续修新志工作会议、举办修志业务培训班分管副市长都出席会议并作讲话。各有关部门、单位按照市委、市政府要求，积极为市志编纂提供文字及图片资料，付出辛勤劳动。14年来，全体编纂人员以对历史、对党和人民的事业高度负责的精神，克服任务重、工作量大、业务人员不足、资料短缺等困难，以认真、专业、务实的态度，扎扎实实、勤勤恳恳、埋头苦干、无私奉献，为市志编纂付出大量心血和汗水。

区（市）志续修工作也于2002年逐步启动。各区（市）政府十分重视续修新志工作，积极解决工作中存在的人员、经费、办公设施、办公条件等问题和困难，使续修工作推进较快，成效明显。2005年《山亭区志（1983—2003）》率先出版发行，获得山东省新编地方志优秀成果三等奖。《市中区志（1986—2005）》于2012年出版，获得全省史志系统"八个一"优秀市、县（市、区）志奖。2017年5月15日，枣庄市人民政府办公室依据国家和山东省史志规划纲要精神，印发了《枣庄市地方史志事业发展规划纲要（2017—2020）》，对今后四年枣庄市地方史志事业发展作出总体规划和部署。《纲要》要求到2018年底全市全面完成第二轮修志任务。7月25日，枣庄市"三全"目标推进座谈会召开，省政府办公厅党组成员、省史志办主任刘爱军，枣庄市副市长刘吉忠出席会议并讲话。会议对尚未完成二轮修志编纂任务的滕州市、薛城区、峄城区、台儿庄区，提出加快编纂要求。截至2018年6月，《峄城区志（1991—2010）》《薛城区志（1991—2013）》已完成志稿评审，《滕州市志（1988—2013）》《台儿庄区志（1986—2013）》进入总纂阶段。

在这个时期，部门志的编修更是如雨后春笋，蓬勃发展。截至2018年6月，已出版的部门志有《枣庄市教育志》《枣庄工会志》《枣庄市工商行政管理志》《枣庄市地震志》《枣庄九三学社志》《枣庄市人民代表大会志》《枣庄市立医院志》《枣庄航运志》《枣庄军事志》《枣庄矿业集团公司矿务局志》《枣庄市妇幼保健院志》《枣庄市林业志》《枣庄市保险行业志》等50余部。

在全市第二轮新方志编修工作的推动下，一些乡镇（街道）、村（社区）陆续开展镇、村（社区）志编修。截至2018年6月，先后编纂完成《洪绪镇志》《南沙河镇志》《界河镇志（1988—2005）》《龙阳镇志》《滕州市龙泉街道志》《柴胡店镇志（1840—2011）》《张汪镇志》《西岗镇志》《董村社区志》《徐楼社区志》《滕州市级索村志》《后王晁村志》《渠村志》《奚村志》《北辛村志》等20余部镇、村志。其中，由方志出版社出版发行的《奚村志》和《北辛村志》，入选齐鲁名镇名村志文化工程，获评"首届齐鲁名村志"。

改革开放40年，社会主义新方志事业取得如此辉煌的成绩，离不开各级党委政府的坚强领导，离不开社会各界的大力支持，更离不开广大史志工作者的不畏艰难、默默奉献。40年来，在修志工作中，涌现出了一大批可歌可泣的先进人物。至2018年6月，全市史志系统共有23人次获得省级及以上荣誉奖励。

二、《枣庄年鉴》创办和发展

年鉴是具有及时性、完整性、综合性、权威性等显著特点的大型综合性资料工具书，其内容涵盖一地的自然、人文、政治、经济、社会等信息资料。它的前身是历书，是由历书经过漫长的演变而形成的。我国年鉴的发展是伴随着近代帝国主义列强对中国的侵略，"西学东渐"从国外传入中国的。清末到20世纪20年代，是中国年鉴事业的草创时期。1913年，上海神州编译社出版《世界年鉴》，这是最早由中国人自行编辑出版的年鉴。20世纪三四十年代，中国年鉴出版数量逐年增多，内容涉及经济、统计、财政、金融、内政、外交、司法、劳动、教育、图书、文艺、电影、美术、卫生、交通等方面。

1950年，天津进步出版社出版的《开国年鉴》，是中华人民共和国成立后第一部综合性年鉴。之后，由于历史原因，年鉴几乎没有发展。"文化大革命"期间，年鉴全部停刊，年鉴事业出现了长达15年的空白。改革开放后，年鉴事业得到飞速发展，全国各类年鉴数量达2000多种，全国各主要城市和部分县市区都有了年鉴。从中央到地方，年鉴的编纂出版覆盖全国，构建起巨大的国情信息和地情信息资源库，可谓成果斐然。

20世纪90年代，随着全国"年鉴热"的兴起，山东省的年鉴事业也得到蓬勃发展，在这种大好形势下，1993年，《枣庄年鉴》创刊。《枣庄年鉴》是由枣庄市人民政府主办，枣庄市地方史志办公室承编的集综合性、连续性、资料性、知识性、信息性、权威性于一体的大型地方年刊。《枣庄年鉴》上限是1986年，与《枣庄市志》下限相衔接，下限是1992年，是枣庄市的第一部年鉴。内容主要反映1986年至1992年，枣庄市政治、经济、军事、文化等各项社会事业的发展。《枣庄年鉴》共设21个部类，即文献、大事记、政治、政法、军事、农业、工业、交通邮电、城乡建设、商业贸易、财政税务审计、金融保险、综合经济管理、教育、科学技术、卫生体育、文化、新闻出版、社会生活、区（市）概况、人物。《枣庄年鉴》的创刊，为全面、系统、准确地介绍枣庄地区各方面情况，反映枣庄地区在两个文明建设中的新情况、新发展、新成就、新经验和新问题，为宣传枣庄、认识枣庄、建设枣庄、振兴枣庄、服务于枣庄地区的经济改革与开放起到了积极的作用。

1994年开始，《枣庄年鉴》实现一年一鉴。《枣庄年鉴》的出版发行，在社会各界引起了很好的反响。它在研究当地自然和人文资源的开发利用、介绍投资环境、引进外资、发展经济、提

高枣庄知名度和资政育人上，都发挥出重要作用。1994年《枣庄年鉴》在全国年鉴评比中，获得两项单项二等奖。1999年《枣庄年鉴（特刊）》荣获全省年鉴综合类及框架设计、条目编写、美术装帧和出版发行5个一等奖。2001年，为与国际年鉴发展趋势接轨，更好地发挥年鉴存史、资政、传递信息的功能，《枣庄年鉴》在装帧设计上做了进一步改进，由原来的787×1092毫米、圆脊装订，改为国际年鉴标准版式889×1194毫米16开本，平脊装订。

随着年鉴事业的发展，市史志办在办刊思路、方法手段和框架结构相对稳定的前提下，积极寻求记述内容、编校质量和制作手段的新突破、新超越，努力打造精品工程，年鉴的质量和水平得到不断提高。2003年至2009年，《枣庄年鉴》在全省评比中，连续4次荣获"全省优秀年鉴特等奖"。2004年，《枣庄年鉴》被设为枣庄市政府门户网站"中国枣庄"的重要栏目。2008年，《枣庄年鉴》首次采用全彩印刷。改版后的《枣庄年鉴》版式更时尚生动，信息量更加丰富。2010年，获全国地方志系统年鉴评比二等奖。

2014年，为打造精品年鉴，市史志办对编辑工作做了创新。首先，对组稿工作早发动，加快编辑工作进度。其次，对年鉴内容做适当调整。对一些章节按照社会事业分类进行重新归并整合，使章节编排更合理，内容更显完整；对供稿中一些无关社会发展记载的"假、大、空"内容坚决删除，供稿原文内容删除80余处，缩减字数4万余字。再次，对年鉴印刷做出调整。除合理压缩内文彩页的数量之外，还更改了彩页印刷纸张，采用与正文相同的纸张，使年鉴更具统一性，美观大方。通过一系列传承基础上的创新，更加凸显了年鉴的时效性和资政意义。2014年《枣庄年鉴》由长城出版社出版，被军队出版物质量监督检测中心评为"图书印制优等奖"。2015年《枣庄年鉴》首次设立英文目录，展示出更加开放的姿态。2018年3月16日，全市年鉴供稿编纂业务培训班在市委党校举办。枣庄市直各部门，有关企事业单位，中央、省驻枣单位，各区（市）史志办共计150余名年鉴撰稿人参加培训，对提高全市各供稿单位供稿水平起到了积极的推动作用。《枣庄年鉴》在之前成熟的编纂模式基础上又做了一系列新改进。对年鉴框架结构和体例、条目编撰进行改革，包括精编条目、压缩水分、降低条目平均文字量、调整框架结构，体现时代特色。创新组稿方式，建立年鉴供稿人员微信交流群，与撰稿人加强沟通，交流年鉴业务知识和编辑规范，提高年鉴供稿质量。

2002年12月5日，枣庄市情资料中心建成开通

随着各级政府对年鉴工作的重视，枣庄市区（市）级综合年鉴工作逐步展开。1999年，市中区史志办编辑《枣庄市中区情（1986—1998）》，为内部资料，是最早的区（市）级综合性年鉴。之后，滕州、山亭、峄城、薛城、台儿庄等区（市）相继编辑出版年鉴。截至2018年6月，《滕州年鉴》出版8卷，累计获得国家级荣誉1项次、省级荣誉8项次；《薛城年鉴》出版3卷；《山亭年鉴》出版9卷；《市中年鉴》出版6卷，累计获得省级荣誉8项次；《峄城年鉴》出版5卷，累计获得省级荣誉7项次；《台儿庄年鉴》出版4卷。枣庄市已实现市及区（市）两级地方综合年鉴"一年一鉴，公开出版"全覆盖。

20多年来，《枣庄年鉴》全面、生动、直观地记载和展示各个时期，全市各行各业改革开放、跨越发展的伟大成就，成为推介和展示枣庄形象的重要文化品牌。

三、旧志整理与地情研究

随着社会主义新方志编修工作进入良性发展轨道，为加强对历代旧志的搜集、整理、保护和开发利用，2013年6月，山东省史志办下发《关于开展旧志整理工作的意见》，规定"市、县（市、区）史志办具体负责本行政区域内旧志的整理出版"。

枣庄原是滕县、峄县辖地，文化资源悠久丰富，修志传统源远流长。记录这里的方志，古时曾有后汉仲长统纂《兖州山阳先贤赞一卷》，晋荀绰纂《兖州记》等，但这些方志早已佚亡。自明、清至民国，峄、滕两县均有过修志活动。其中峄县修志，有据可考的共有9次；滕县修志始于明隆庆元年，至民国时期，共有11次。流传至今的峄、滕旧方志中，尚存13部，1部为明代纂修，10部为清代纂修，2部为民国年间修纂。

为挖掘历史智慧、开发历史资源，峄城和滕州两区（市）史志办有计划地

开展了旧志整理工作，对历代旧志进行搜集、整理，辑录成册翻印出版。1994年，滕州市史志办借用民间人士所藏清·道光二十六年《滕县志》版本为底本，参考所藏手抄本等两种版本，加以修正完善，整理复印了200部，每部按原著分册装订8卷。2005年，峄城区史志办整理影印了清·光绪三十年《峄县志》。清光绪版在现存的5部《峄县志》中，资料最为翔实，记述全面，共计二十五卷。它记载了枣庄地区的疆域沿革、山川、风俗、物产、建置、学校、祠祀、军政、漕渠、田赋、恤政、灾祥、人物、艺文、古迹等方面的情况。2007年，峄城区史志办充分利用社会力量，组织专家对该版旧志进行校注，出版。光绪《峄县志》点校本，不仅使用简化字，还进行断句标点、划分段落、注释勘误，具有一定的学术价值。书中最后增加“新采山川”部分，使全书更加完整。

2010至2014年，明•万历十三年《滕县志》(影印本)、清•康熙五十六年《滕县志》(影印本)、清•光绪三十三年《滕县乡土志》(影印本)、清·乾隆二十六年《峄县志》(点注本)，分别出版发行。影印本和点注本均注意保留原书的基本风貌。在忠实原文的基础上，详加校勘，一一标出其中的谬误，使读者更方便阅读。旧志的整理出版，为研究枣庄地域的历史提供了很好的地情文献资料，有利于丰富当地历史文化内涵、提升文化品位，同时对经济文化交流、保护文物、开发旅游资源等起到积极的促进作用。

为市委、市政府中心工作服务是发挥史志资政、教化功能的重要方面。史志办始终把做好地情研究为现实服务贯穿于工作之中，30年来积极开展区域研究，出版了一系列地情资料书籍。如，1992年滕州市史志办编辑的《滕州史话》，1996年枣庄市史志办编辑的《枣庄人物》《枣庄大事记》，1997年台儿庄区史志办编辑的《台儿庄大事记》，1998年薛城区史志办编辑的《薛城大事记》，1999年市中区史志办编辑的《市中区情》等。

这个时期的地情书籍大多是修志的“副产品”。2001年，枣庄市史志办在对市情深入研究的基础上编辑出版了《枣庄新况》，《枣庄新况》本着“一书在手，览遍枣庄”的原则，以全新的角度，客观准确、全方位地介绍了枣庄最新市情和改革开放以来全市政治、经济、社会发展取得的巨大成就。全书分上下两篇，上篇为“综合篇”，介绍枣庄市的自然环境、历史沿革、城市风姿、经济发展、社会各业、兴业指南、旅游民俗、便民服务、名优特产、重大事件、古今名人等，下篇为“区市篇”，介绍了枣庄市所属6个区（市）的自然历史、社会发展、乡镇览萃等，是一部系统介绍全市情况的工具书。该书资料丰富，内容新颖，印制精良，便于使用，发行面广，是实现地情研究为现实服务的有益探索，出版后得到社会各界的普遍欢迎，取得了良好的社会效益和宣传效果。2006年，市中区史志办编辑出版《辉煌三十年》大型画册，再现了市中区建区三十年来的光辉历史。

2015年，由枣庄市史志办主办的理论研究性期刊——《枣庄史志》创刊，成为区域地情研究的重要信息平台。《枣庄史志》突出史志研究的地方特色，专设“枣庄往事”“人物春秋”两个栏目，对枣庄的悠久历史，杰出人物开展深入研究。先后选登《北辛文化遗址的保护与开发》《薛国故城的由来与保护》《枣庄起源及隶属沿革》《京杭运河枣庄段概况》《析证诸子　衡量百家——追记布衣大师刘子衡先生》《抗战英雄血洒冀中——记冀中军区八分区司令员常德善》《枣庄黄埔人物总揽》等研究文章。截至2018年6月，已连续出版4期。

这些地情研究的成果，与志书、年鉴一起，系统地保存了大量翔实可靠的地情资料，为其他学科研究奠定了坚实的文献资料基础，为党和政府认识城市、研究城市、管理城市，做出地方经济社会发展决策提供了科学依据。

2009年2月10日，枣庄市方志馆建成使用

四、法制化信息化和方志馆建设

中华人民共和国成立后，尤其是改革开放以来，为了确保地方志事业不断繁荣发展，稳步推进，地方志工作由行政推动走向依法修志。1996年11月，国务院办公厅出台《关于进一步加强地方志编纂工作的通知》，标志着地方志工作步入制度化阶段。2006年5月，国务院颁发《地方志工作条例》，明确了地方志工作的法律地位，这是新中国成立以来第一个地方志工作条例，是地

方志工作的法规，是依法修志的纲领性文件。山东省是全国较早开展史志法规体系建设的省份。2005年9月，山东省第十届人民代表大会常务委员会第十六次全体会议，通过了《山东省地方志工作条例》。

2011年3月，枣庄市开始部署史志法规体系建设。9月29日，《枣庄市地方史志工作办法》颁布，于11月1日起正式施行。办法共分23条，对全市地方志工作的地位和作用、任务和要求、组织和保障、审查和验收、编纂和出版、管理和开发利用以及违法处罚等做出具体规定。进一步明确了各级政府对史志工作的责任和地方史志工作机构的职责范围，各行各业各部门共同参与修志、提供资料及实行资料报送的责任和义务。

市中区人民政府于2011年4月率先发布实施全市第一部地方志工作管理办法。随后，峄城区、薛城区、台儿庄区、滕州市、山亭区相继出台地方志工作管理办法。截至9月，枣庄市市及区（市）两级史志工作规范性文件全部出齐。枣庄市法规体系建成，标志着修志工作由行政命令向依法修志重大转变，标志着枣庄市地方志工作进入依法修志、科学发展的新阶段。

山东省也是全国地方志系统最早启动史志信息化建设的省份。早在1996年就建立了省情资料库，1998年，创办山东省情网。省史志办要求，“十一五”期间，全省17个市全部建立局域网，所有县市区确保人手1台计算机。2002年，枣庄市市级地情资料网站建成上线。2007年，全市5区1市县级地情资料网站全部建成开通，形成省、市、县三级联网，资源共享。2014年5月，全市史志系统，通过“统一投资、统一设计、统一培训”的办法，对市县两级地情网改版升级。改版后的市情网站，主页设计理念先进，框架合理，设有本市要闻、史志动态、地情资料、志鉴论坛、电子年鉴等栏目。市情网还重点展现枣庄民俗风情，详细介绍枣庄的人文风貌、文物古迹，体现出浓郁的地域文化特色。2015年，深入开展了地方志文献数字化工作。对市方志馆收藏的全市首轮、二轮志书、地情文献、年鉴等已有的史志成果进行数字化处理，发布到市情网站。截至2018年6月，枣庄市情网共进行6次改版升级，地情资料库收录第一轮《枣庄市志》及9部《枣庄年鉴》，约1200万字数字资料。建立便民链接，及时更新信息，成为了解枣庄地情资料的窗口，为社会各界查阅使用资料提供便捷服务。

21世纪初开始，方志馆建设在全国兴起。2006年，国务院《地方志工作条例》和《山东省地方史志工作条例》明确规定，建设各级方志馆，搜集、保存地方志文献和资料，为公众读志用志开展服务，是各级地方史志机构的重要职责。枣庄方志馆筹建于2008年6月。2009年2月10日，建成开馆，馆址位于市档案综合楼内，面积50平方米，有藏书3500余册，其中省内志书631部，省外志书89部，省内年鉴474部，省外年鉴172部，地情资料及其他相关史书2100余册。12月，市编办下发《关于加挂枣庄市方志馆牌子的批复》，同意设立枣庄市方志馆，增加编制2人。2011年起，方志馆由专人负责管理，定时免费向公众开放。先后为电视连续剧《台儿庄大战》摄制组提供大量历史资料，为《大众日报》提供中华人民共和国成立60周年枣庄市百件大事有关资料，年均接待读者百余人次。区（市）方志馆建设开始于2009年，滕州市、山亭区、市中区方志馆建成使用的较早；薛城区、峄城区、台儿庄区方志馆于2014年至2015年相继建成。2017年，省政府办公厅印发《全省方志馆建设管理规范》，要求把方志馆建设纳入各地公共文化设施建设规划，确定馆舍建设规模，市级馆建筑面积2000平方米以上，县级馆1000平方米以上。截至2018年6月，枣庄市下辖的5区1市方志馆项目均已通过政府立项和馆址选定，处于项目建设中。随着馆藏内容不断丰富，配套设施逐步完善，市、县两级方志馆的服务能力不断提高，成为枣庄地情文献中心和服务经济、对外交流的重要文化平台。

五、经验与启示

枣庄地方史志事业经过近40年的发展，在区域文化建设中地位日益突出，作为基础文化工程的作用日益凸显，存史、育人、资治功能日益显现。在发展过程中，地方志工作积累了许多宝贵的经验，值得认真总结和借鉴。

（一）必须坚持正确的政治方向。 地方志事业是党领导的中国特色社会主义事业的有机组成部分，属于意识形态范畴，要坚持正确的政治方向，一刻也不能放松和削弱为国存史、为党立言、为民修志的使命意识。枣庄地方史志事业从起步之初，就确定了坚持走中国特色社会主义文化发展道路，坚持为人民服务、为社会主义服务的方向。一方面，坚持为人民服务的修志立场，始终围绕“为谁修志、修什么志、怎样修志”这一根本问题开展工作。另一方面，坚持把马克思主义的立场、观点、方法贯穿于地方志工作始终，在思想上、政治上、行动上同党中央保持高度一致，通过编修和开发利用地方志成果，为培育和践行社会主义核心价值观提供丰富、优秀的精神文化产品。

（二）必须坚持党委领导、政府主持、地方志工作机构组织实施、社会各界广泛参与的地方志工作体制。 新编地方志，横陈百科，包罗万象，涉及各行业、各学科，必须发动各系统提供资料，组织各方面专家、学者参与，才能使编纂工作顺利地进行。涉及面如此广泛的工作，只有在党委领导下，由政府出面主持，才能有效地开展起来。这是改革开放30多年来，地方志工作形成的基本工作体制，也是一条重要经验。首轮《枣庄市志》，各部门建立修志班子，组织专、兼职近千人的修志队伍，全面展开资料搜集。第二轮修志以来，先后六次调整市地方史志编纂委员会，市委书记任名誉主任，市长任主任，分管副市

长任第一副主任。各有关部门、单位按照市委、市政府要求，积极为市志编纂提供文字及图片资料。市史志办采取灵活有效的措施，调动各方力量和积极性，以内为主，内外结合，兼收并蓄，合理挖掘和使用好社会人才资源。在不同阶段聘请不同类型的人才参与史志工作，先后达20多人次。实践证明，只有建立起有效的工作机制，统筹好地方志编纂力量，才能推动形成良性互动、共同发展地方志事业的大好局面。

（三）必须坚持全面协调发展。在地方志事业发展的初始阶段，编修一本志书，是当时的主要甚至是唯一的任务。但是，随着事业的升级发展，如果固步于编修“一本书”的要求，必然导致这项事业长期徘徊不前，甚至边缘、萎缩。因此，要顺应事业发展形势，不断拓展地方志工作领域。既要客观纪实，又要教化育人；既要记好一方史志，又要为全局做好服务。要实现由传统的“一本书”向“一项事业”转型升级，方方面面的工作都要推动、延伸、有成效。首轮社会主义新方志编修结束后，枣庄地方志工作者准确把握起地方志事业发展的指导方针、主要目标、重点任务、重点举措，统筹兼顾、协调推进了多项工作。坚持《枣庄年鉴》一年一鉴，公开出版，实现市、县两级综合年鉴编纂全覆盖。第二轮修志圆满完成，《枣庄市志（1986—2005）》出版发行。地方史志工作法制化建设全面推进，实现市、县两级地方史志工作法规规章体系全覆盖。建成市、县两级地情网站，形成省、市、县三级资源共享。方志馆建设加强，建成市级方志馆1个，区（市）级6个。旧志整理取得突破，完成多个版本《峄县志》《滕县志》的整理影印。地方史志资源开发利用成果丰硕，编纂出版《枣庄新况》《枣庄人物》等各类地情资料书籍。随着目标任务的不断完成，枣庄市地方史志事业以修志编鉴为主业，理论研究、开发利用、信息化建设、方志馆建设、旧志整理等工作协调开展的格局逐步建立，推动了全市史志事业的繁荣发展。

（四）必须坚持质量至上。“千秋志业，质量为本”。质量是地方史志事业发展的根基所在、活力所在、价值所在，关乎民族文化传承的根本。把精品意识放在首位，并始终贯穿志鉴编纂出版工作全过程，是创名品、出佳作的重要保证。全市史志系统坚持历史唯物主义和辩证唯物主义的立场观点方法，始终把握正确的政治方向，以对历史、对后人高度负责的态度，全面、客观、真实地记录历史，做到秉笔直书、求真存实。严格执行质量管理、质量监督的相关规定，以科学认真的态度，精益求精的作风，打造出一批精品地方志成果。枣庄首轮修志，《枣庄市志》《滕县志》获得全国新编地方志优秀成果一等奖。在第二轮志书编纂中，采取切实有效措施，解决影响志稿质量的有关问题。《枣庄市志（1986—2005）》出版后，受到社会广泛好评。年鉴体例逐渐规范，内容充实，文字严谨，表现形式越来越丰富。《枣庄年鉴》累计获得国家级荣誉3项次，省级荣誉21项次，跻身全省先进行列。这些堪存堪鉴的地方志成果，成为可传之久远的精神财富。

（五）必须坚持修志为用。“一邑之典章文物，皆系于志”。地方志客观记载地情，综合研究自然与社会发展状况，是传承地方文明、发掘历史智慧的重要载体。经过多年的区域研究，枣庄地方志成果不断丰富，逐渐形成以综合志书、综合年鉴为中心，部门、基层志书和年鉴、旧志文献、地情书等多层面成果体系，保存了大量翔实可靠的地情资料。地方志具有存史、资政、育人的价值属性，决定了方志成果必须回馈社会，必须高度重视修志为用，以用促修，进一步发掘地方志资源的利用潜能，不断拓宽用志领域，创新用志手段，提升服务能力。为此，枣庄地方志工作者先后编辑了《枣庄人物》《枣庄新况》《滕州史话》《山亭民俗志》等一批群众喜闻乐见的地情资料书，不断扩大发行范围，让更多的人了解枣庄的历史与现状。创办《枣庄史志》刊物，搭建区域研究平台，积极促进理论研究水平的提高。建设方志馆、地情网站等作为地方志公共文化服务平台。深入开展地方志文献数字化工作，为社会各界查阅使用资料提供便捷服务。实践证明，只有让全体人民共享地方志成果，地方志工作的价值才能得以充分体现，地方志事业发展才有源源不竭的动力。

审稿人：张　涛

撰稿人：杨　慧

枣庄市工业转型振兴情况综述（2012—2015）

2012年以来，枣庄市委、市政府掀开了工业转型振兴的大幕，在打基础、破难题、理体制、调布局、促发展等方面打出了一套的“组合拳”。经过持续的攻坚和努力，枣庄市工业结构得到优化，产业发展素质和创新能力得到提升，市属工业的历史遗留问题得到解决，枣庄工业发展掀开了新篇章。

一、推进工业转型振兴历程

（一）工业转型振兴全面启动

2012年，枣庄市委、市政府以极大的魄力和政治担当，作出了加快工业转型振兴的战略部署，市党代会、市人代会分别将工业转型振兴写入报告，3月2日召开了全市工业转型振兴大会，奏响了枣庄工业“凤凰涅槃，浴火重生”的时代最强音，枣庄工业进入了一个新的转型发展时期。在市委、市政府的正确领导下，全市加快实施工业转型振兴，全力推进新型城镇化发展，在打基础、理体制、调布局、稳增长方面开展了一系列扎实有效的工作，全年实现了“四项重点突破”和“五个全新局面”。

1.“四项重点突破”

企业改革改制取得突破。2012年，全市统筹推进市属工业企业下放和市南工业区改造建设，取得了显著成效。一是强力实施市属工业企业属地化管理，将包括鲁南高科技化工园区企业在内的一批市属企业下放至所在区（市），在切实维护2.1万名下放企业职工的合法权益同时，进一步理顺了下放企业的管理体制和机制，激发了发展活力，推动了驻地新型城镇化和县域经济发展。二是全力推进市南工业区改造建设，区内工业企业改制、职工权益清偿、规划建设同步推进，区内6家市属工业企业依法破产终结，近7000名职工的历史遗留问题全部得到解决，职工宿舍和十里泉二期棚户区改造稳步推进，市南工业区整体进入发展建设阶段。三是积极协调解决企业改革改制遗留问题。对11家破产企业实施供电改造、9家破产企业实施供水改造，将破产终结的21家企业2.2万卷档案全部移交市档案局，对5家企业共70名精减下放人员发放生活费57.18万元，推动市印染厂进入破产程序，研究推进万泰纺织、裕泰印染“退城进园”，华贝公司危房问题也得到解决。

2012年全市工业转型振兴大会

以水泥行业为突破口的重点产业整合重组拉开序幕。在深入开展水泥、轮胎、机床等六大产业调研的基础上，提出了加快推进重点产业整合重组的建议。通过积极运作，市政府成立了以时任枣庄市市长张术平同志为组长的水泥整合领导小组，组建了泉兴中联水泥有限公司，并以此为平台整合重组其他水泥企业。同时，轮胎、机床、玻璃、纺织等产业整合也取得积极进展。轮胎行业：山东能源集团与峄城区政府签订了战略合作协议，枣矿集团八一轮胎已全面进驻丰源轮胎；机床行业：实现了滕州对鲁南机床的战略重组，推动了鲁机与滕州机床集群的对接，实现了辰龙与鲁机的融合发展；煤化工行业：通过鲁化、国泰的下放和合并，加强了鲁南高科技化工园区内的企业联合与协作；锂电行业：已启动300万辆锂电自行车总装生产线建设，为下步打造千亿锂电新能源板块奠定了基础。对外战略合作成效突出。山东能源集团投资17亿元的改扩建项目、华润三九工业园项目、一期投资10亿元的枣庄数据中心产业基地项目等都进一步巩固了枣庄与国内大企业集团、上市公司的战略合作关系。

节能降耗工作取得突破。2012年节能工作打出了一套环环相扣的“组合拳”。一是实行前置管理，强化源头控制，严格执行新上项目节能评估和审查制度，共对66个项目进行了能评批复和备案。二是加大重点用能企业管理力度，多方筹资140多万元，建设了节能综合管理系统。三是认真对71家“节能低碳行动”企业2011年度节能目标完成情况进行考核，共完成节能量57.93万吨标煤，超额完成28.75万吨的任务目标。四是全面完成淘汰落后任务。列入计划的42家企业全部通过了省督查组现场核查验收，提前完成了省政府下达的淘汰落后产能任务目标。更为重要的是，2012年底全市立窑水泥已全部关停，枣庄立窑水泥的生产历史彻底结束。前三季度，全市万元GDP能耗同比下降

4.66%，位居全省第一。

对上资金争取工作取得新突破。积极帮助企业、帮助基层争取各类扶持奖励政策，全年共争取各类扶持奖补资金2.07亿元（中央级9345万元、省级5110万元、市级6076万元、困难职工救助资金205.86万元）。其中，淘汰落后资金8833万元；技术改造资金5764万元；节能降耗资金4599万元；技术创新资金985万元；信息化资金190万元；散装水泥专项补助资金70万元；交通物流资金40万元；大企业（集团）建设资金30万元；企业实训基地资金20万元；2013年春节经信系统困难职工救助资金88.86万元，纺织办争取救助金117万元。此外，还帮助企业争取资源综合利用退税1.1亿元。

2.“五个全新局面”

营造工业发展大格局上开创全新局面。2012年，市委、市政府高度重视实体经济发展，在年初党代会、人代会上都提出了实施工业振兴计划要求；召开全市工业转型振兴大会，出台了《枣庄市人民政府关于推进工业转型振兴的实施意见》，明确了实施工业总量倍增、“335”产业培育、“抓大扶小”企业培育、重大工业项目推进、市属企业改革脱困五大计划的发展思路，倡导建立了财政投入激励机制，设立了起始年为2亿元的市级工业转型振兴专项资金，其中1亿元专项用于企业过桥还贷。同时，在全省率先成立了市工业经济运行指挥部领导小组及办公室，开发了“全市工业经济运行调度平台”，将全市200余户重点工业企业纳入网上直报系统，打造了工业经济运行监测的快速反应系统，形成了工业经济运行会战机制。全市上下对工业经济发展给予了前所未有的重视与关注，齐心合力发展工业的大格局已经形成。

企业培育上开创全新局面。通过抓大扶小、实施“3467”工程，重点培育30家大企业集团、40家中型企业、60家小型企业、70家科技创新型企业，形成了“顶天立地”和“铺天盖地”的企业阵营。制定了《2012年枣庄市大企业集团发展目标考核办法》，实行“半年一调度、一年一考核、两年一调整”，组织了枣庄市企业发展高层论坛、大企业集团发展考察学习等活动，制定“168”大企业集团发展规划。“名优新特”和“小巨人”企业快速成长。泰和水处理、中科蓝天、银光精纺等优质中小企业增长稳健，拓博氨基模塑料、丰源精制草酸、愚公小型工程机械、瑞宇蓄电池、三合机械、大明消毒等产品市场占有率居全国前列。

技术改造和技术创新开创全新局面。一是全年工业技改投资同比增长18.7%，超过年初18%的业务目标。进入全市“百项重点”的56个工业项目整体进展良好，171个亿元以上技改项目推进有力。工业转型振兴资金确定的36个技改项目3176万元扶持资金已全部到位。全年技改扶持资金超过3700万元，其额度超过前十年的总和，扶持力度在省内也属前列。二是技术创新体系建设全面加快。全年新增5家省级企业技术中心、28家市级技术中心，有119个项目列入省级技术创新项目盘子。三是产业集群和专业园区加快发展。滕州新能源（太阳能）产业集群被评为省级新型工业化示范基地，至此全市已有锂电、机床、煤化工、玻璃深加工等5个集群获此称号；市中区城市转型产业示范园新增2.5平方公里商住用地；滕州鲁南高科技化工园规划修编工作全面启动；邹坞化工园、中科盐化工产业园、三九医药工业园等企业园区项目进展顺利。

信息化发展开创全新局面。一是“两化”融合深度推进。建立了全市两化融合的基础指标、深度指标、效益指标等3个一级指标及7个二级指标，对35家企业进行了两化融合水平测评。枣矿、鲁化等多家企业的“智能化”管理应用平台或企业管理信息系统已经得到有效应用。二是重点项目建设成绩突出。共有5个项目列入省2012年度信息产业资金项目计划、15个项目列入省“两化融合”项目储备库、9家企业列入省两化融合“四个一百”工程。三是信息平台建设亮点纷呈。工业经济运行调度平台、纺织服装产业集群信息化服务平台已投入使用，中国现代玻璃网、城头豆制品、峄城冠世乐淘等多家行业电子商务平台已初步建成。四是宽带提速明显。以市政府规范性文件下发了《关于加快推进光纤到户建设的实施意见》；互联网出口带宽提高到200G，WLAN公共运营热点（AP）规模增加到3500个。

（二）纵深推进工业转型振兴

2013年，枣庄工业转型振兴工作处于纵深推进阶段。在3月23日，枣庄市召开纵深推进工业转型振兴工作会议后，全市经信系统进一步坚定“项目兴市、工业强市”的思想，按照抓改革、抓重组、抓培植、抓技改、抓中小微企业的“五管齐下”部署，统筹推进改革和发展两条线，突出重点、突破难点、打造亮点，全面加快工业转型振兴步伐。

1. 倾尽全力服务全市改革发展大局

基于对经信工作的全新定位和全市改革发展大局的深刻认识，全市经信系统坚持以“跳出工业看工业，跳出经信谋发展”的思路，围绕全市中心工作，放眼全局求突破，积极思考，敢于担当，真抓实干。

进一步坚定工业强市的理念。一是继2012年召开工业转型振兴大会之后，2013年初又召开纵深推进工业转型振兴大会，坚定了“项目兴市、工业强市、生态立市”思想，有效构筑齐心协力纵深推进工业转型振兴的大格局。二是抓好政策研究和创新，从财税支持、融资渠道、要素协调等政策层面积极呼吁探索，最大限度地帮助企业度过当前经济下行、市场紧缩的难关。为了贯彻落实“工业转型振兴30条”，2013年出台了《关于支持企业提高自主创新能力的意见》《关于开展土地使用权封闭贷款业务促进中小企业持续健康发展的意见的通知》、过桥还贷资金管理新规定等操作性很强的扶持政策。同时，各区（市）

跟进配套了9个文件、62条具体措施，为近10年来出台工业政策最多、力度最大的时期。三是摸清了全市现有产业和项目情况，测算了2020年枣庄工业和信息化主要发展指标，提出培育“345”产业板块和“1+10+10”企业阵营的设想，并确定为今后一个时期枣庄工业发展的远景目标。四是坚持多渠道、高密度宣传报道，努力为工业转型振兴鼓呼造势，在《枣庄日报》、枣庄电台开设了“给力工业转型振兴”“信息化之窗”“经信时空”三个栏目，累计在报社发稿37篇、电台47篇。其中，在《枣庄日报》头版刊发的《奏响时代最强音—我市推进工业转型振兴纪实》《重振雄风的强大引擎—我市纵深推进工业转型振兴综述》引起了媒体和社会各界的强烈关注，被枣庄日报社作为“谋发展　抓铁有痕　抓实干　踏石留印”系列专栏的开篇报道，同时工业转型振兴“回头看”活动也被列为市政协年度重点工作。

勇挑市属工业企业改革改制大旗。由于历史的原因，枣庄是全省唯一未完成市属工业企业改革任务的地市。尤其是在经济转型过程中，大量企业停产破产，企业职工生活困难。在市属企业改革改制职能已明确不由经信委承担的情况下，市经信委按照市委、市政府的要求，不推诿、不回避，顾全大局，勇于承担，努力撬动市属工业企业改革改制和社会化管理这项复杂艰巨的工作。在2012年22家改革成功的基础上，2013年启动了新一轮33家市属工业企业改革改制和社会化管理工作。按照“市政府政策主导，市中区具体操作，市区联动，协调推进”的总体要求，强化与市中区及有关部门的沟通配合，协同推进以万泰“退城进园”为重点的市属33家工业企业改革改制。以万泰为重点的5家企业“退城进园”推进顺利；9家破产终结企业已基本纳入正常的社会化管理；14家破产终结企业职工权益兑付工作基本完成；5家破产未终结企业中有4家企业职工权益已经分别公示了两次。这些工作，有效解决了10年来困扰全市发展的大部分遗留问题，为工业轻装前行扫清了障碍。同时，在推动企业改革的过程中，市经信委也承担了大量的信访稳定压力，全年接访次数超过百次、接待上访职工近万人。但无论何时，市经信委都坚决按照尊重历史、尊重法律、尊重事实的原则，指导有关区（市）切实维护企业改革政策的严肃性、稳定性和权威性，注重保护好职工群众的合法权益和诉求，妥善处置改革改制中出现的不安定因素。

咬定产业整合重组不放松。产业整合重组，是全市实现工业转型振兴的一项重大任务，更是谋求传统优势产业和战略新兴产业的做大做强，将优势产业、优质资源转变成枣庄工业的现实竞争力。为此，充分发挥市水泥行业整合重组工作领导小组办公室牵头作用，强化调度，靠上协调，及时解决推进难题，全力推进其他产业整合重组。在市政府主要领导的亲自推动和市、区、企业三级的共同努力下，全市产业整合重组工作连续取得重大突破。水泥产业，泉兴中联在9月27日完成申丰水泥的工商变更后，实现了对5家水泥企业整合重组，并与鲁南中联实现内部协同，共涉及水泥产能1650万吨，完成了整合重组全市范围内三分之二以上水泥产能的目标任务。特别是12月2日中联水泥与泉兴中联签订协议，实现了中联淮海运营区对泉兴中联下属子公司经营权（产、供、销，涉及六条生产线）的全面托管。至此，全市水泥行业通过整合实现重组出规模、出效益、出竞争力目标。轮胎产业，积极争取山能集团支持，推动枣矿集团增资6亿元，八一轮胎实现对丰源轮胎的整合。机床产业，推动辰龙集团“精密超精密数控机床项目”与老鲁机的融合发展，实现机床龙头与滕州机床集群的对接。玻璃产业，启动了总投资36亿元、占地1000亩的中国玻璃城及附属配套项目，整合了104家小微玻璃加工企业，为下步打造国内一流的玻璃深加工基地、贸易基地、研发基地奠定了基础。煤炭产业，泉兴能源集团于9月1日起对金庄生建煤矿实施安全、技术、生产托管，为下步资源性产业整合探索了路径。

努力践行科学发展、可持续发展。面对产业结构偏重、能耗刚性消费量大及前几年省内节能考评不理想的复杂严峻的形势，积极实施“四轮驱动、双向提升”，通过产业升级驱动、系统管理驱动、技术进步驱动、领域协同驱动，努力推进节能工作转轨。一是不断完善节能工作长效机制。积极推行节能“双目标”考核，制定了《节能奖励办法》和《“十二五”节能目标责任考核体系实施方案》，开展了节能宣传周活动，有效形成了节能工作的良好氛围。二是全面强化节能基础管理。制定《企业能源管理体系建设推进计划》《地方电力行业对标方案》，组织71家年耗能万吨标煤以上企业开展能源管理体系建设，对14家企业实施能耗对标管理，与省下达的50家企业签定了清洁生产审核合同。三是积极推进节能技术进步。组织实施重点节能工程51项、总投资12.2亿元，预期节能量23.5万吨标准煤。四是全力争取奖补资金。通过建立节能项目库，推荐30个项目入选全省重点名单。其中6个项目获得中央补助资金3496万元、10个项目获得省节能技术产业化资金270万元；华润纸业、华源数控机床等获得省政府奖励。五是加快发展循环经济。培育35家省级资源综合利用企业，年可利用煤矸等废物610万吨，减免增值税、所得税1亿元以上。五是进一步保持淘汰落后产能工作的高压态势。全市列入国家2013年淘汰落后产能计划的13家企业已全部拆除落后生产设备并通过验收，提前2个月完成年度目标任务。枣庄市淘汰落后产能工作被《人民日报》作为山东省亮点在头版头条进行了报道。

2. 扎实推进工业转型振兴

围绕改革和发展这两条线，市经信委以“开弓没有回头箭”的勇气，以“抓铁留痕、踏石有印”的魄力，一以贯之地推进工业转型振兴，较好地完成了市

委、市政府交办的各项工作。

坚持将工业稳增长作为各项工作的重中之重。2013年，面对复杂严峻的宏观经济形势尤其是煤炭、水泥两大主导产业下滑的不利局面，为保证全市工业经济的平稳健康运行，市经信委将工作的重点定位在稳生产、保增长上，并为此打出了一套环环相扣的“组合拳”。在生产组织和运行监测上，加强对煤电油运、资金等制约生产的关键要素进行研判，努力提升“经济运行调度监测平台”使用效率，全方位延伸对市场异动情况的观察触角，进一步提升预测预警分析的前瞻性和有效性，提前介入解决企业生产经营困难，有效保障了企业生产运行。在稳生产的工作机制上，积极推动建立常规化、常态化多部门联席会商机制，提前掌控和超前把握工业和信息化领域异动情况，为市委、市政府科学决策提供第一手资料。在一系列改革发展措施的助推下，全市装备制造、化工、纺织、造纸等接续产业的补位作用进一步增强，规模以上工业经济经受住了下行考验，实现了“低开稳走、逐季回升”的年初预期。

坚持将技术进步作为转型发展的不竭动力。一是加大技术改造政策支持力度。2013年安排8500万元技改专项资金，帮助企业获得1240万元新兴产业和重点行业发展专项资金，创4年来历史新高水平。二是对重点技改项目实行全程管理。在项目的组织推荐、申报争取、建设施工等各个环节，强化跟踪服务和监控管理，确保项目建设进度，争取早建成、早投产、早达效。将11个项目列入2013年山东省新兴产业和重点行业发展项目名单、46个项目列入2013年全省重点技术改造导向计划。三是全面实施技术创新“五个一”工程，抓好示范基地培育和创建。中小机床•山东滕州经济开发区和煤化工·鲁南高科技化工园区等2个示范基地全部通过省级第一批示范基地复核。

坚持将企业培育作为固本强基的战略支点。一是通过加大对30家大企业集团、100家特色成长型企业的培植培育，提出了重点打造“1+10+10”企业阵营的构想，有效形成了“顶天立地”和“铺天盖地”的企业梯队。其中，30家大企业集团在严峻市场形势下，仍表现出较强的应变能力，保持了平稳发展的态势，增长面达到100%。其中化工、电子制造、建材、造纸、医药5个行业主营业务收入增幅超过20%。二是引导各区（市）培植龙头骨干企业。滕州市深入实施“双百双十”工程，重点培植盛隆、辰龙、新能、联想、鲁化5家百亿级航母企业。市中区实行重点突破，借助上海复兴集团推动泰和股改上市，借助中国医药集团促进康力医疗做大做强，接洽神华集团、枣矿集团力求盘活老橡胶厂资产。薛城区重点推动潍焦薛城能源产业园项目建设，拉长煤焦化产业链条，做成百亿循环产业园。三是积极培育名牌企业。引导企业树立品牌意识，做好市场营销和市场开拓。吉路尔轮胎等3家企业商标被认定为“中国驰名商标”，辛化硅胶等4家企业商标被认定为山东省著名商标，市中区“帝豪”牌商标实现了我市白酒产品中国驰名商标的零突破。四是注重借助“外脑”加强企业家队伍建设。先后邀请知名专家进行了3场工业转型振兴论坛，组织了60名大企业集团负责人赴浙大培训，有效提升企业家发展能力。

坚持将信息化作为产业转型升级的加速器。一是重点加快信息化通道和平台建设。成功引进了枣庄数据中心项目，组织成立了枣庄市电子商务协会、软件和信息服务业协会、软件服务外包产业技术创新联盟，为全市信息产业发展搭建了服务、交流、合作的平台。二是抓好智慧城市试点建设工作。抓住被省政府列为全省唯一智慧社区试点城市的契机，努力将安侨东城国际打造为全省“智慧社区”的样板工程；推动滕州市“智慧城市”建设破题，积极谋划符合我市产业发展情况的智慧城市建设道路。三是努力推动两化深入融合。注重信息技术在技术改造工作中的运用，有效提升传统产业信息化应用水平。谋划了首届工信对接活动，成立了市两化融合促进中心，推介3个信息化应用项目共获得260万元省信息产业发展专项资金，额度较去年增加70万元。四是加快推进光纤到户和宽带提速。开展了宽带提速2013专项行动，督促三大运营商采取不同策略进行宽带提速。

坚持把服务作为一切经信工作的落脚点。一是梳理形成了涵盖中央、省、市92项政策法规、近40万字、800多页的《企业发展有关政策文件汇编》，并以PDF的格式挂在市经信委官方网站，有效化解了中小企业对政策不了解、对项目申报流程不熟悉的症结。二是创造性开展了经信系统“双百”工作，选派了100名经信干部与100家特色成长型工业企业实行“一对一”对接帮扶，从技改、创新、信息化等方面，努力帮助企业蓄势蓄力、提质增效、加速成长。三是在谋划对接上下功夫，全力做好项目的包装、推介、申报和资金争取工作。先后帮助工业和信息化企业获得各类上级扶持资金8940万元。四是切实抓好经济运行工作，全力做好煤电油气运综合协调保障。牵头建立了市经信委与市统计局部门联席会议制度和工业经济运行快报制度，重点加强工业运行的预测预报工作；采用多种措施平衡负荷，确保电网安全可靠供电；累计发放电煤运输通行证220张和生物质燃料运输通行证150张，有效保障了鲜活农产品运输“绿色通道”和电煤汽车运输快速通道的畅通。五是积极开展产业招商，努力承接产业转移。编制了“枣庄市重点产业对外合作指南”“枣庄市新兴产业对外合作与交流”、枣庄市产业推介专题片等宣传材料，组织企业参加了枣庄•东莞产业合作恳谈会和2013台湾·山东周暨鲁台新兴产业合作论坛活动，有效推进了滕州机床集群与台湾机床的合作。

（三）持续纵深推进工业转型振兴

进入2014年，枣庄工业转型振兴工作处于持续纵深推进的过程中。市经

2014年全市纵深推进工业转型振兴现场会议

信委紧扣改革和发展两条主线，紧盯工业转型振兴各项任务目标，在保增长、求创新、降内耗、提效益等方面打出了一套环环相扣的“组合拳”，有效保障了全市工业经济平稳运行和信息化快速发展。

全力以赴为工业转型振兴鼓呼聚力。一是2014年2月23日召开全市纵深推进工业转型振兴现场会议，进一步坚定信心、凝聚力量，明确了下步攻坚重点。二是2015年5月5日，市委、市政府召开了全市加快工业和民营经济发展大会，时任枣庄市委书记李同道主持会议并作重要讲话，时任枣庄市长李峰讲话提出六个方面的具体要求。三是扎实推进群众路线教育实践活动，确保教育实践活动不走过场、不搞形式、不落俗套，进一步筑牢经信系统“迎着困难上，扛着红旗干”的拼搏精神。四是全面推行“分线作战”和领导“AB角”工作制度，打破原有分管领导和科室在业务上的条块分割，进一步整合资源，提升工作合力。

深化工业企业改革。一是按照市属工业企业改革改制“三年攻坚计划”总体部署，深入实施21家市属工业企业深化改革改制。督促市中区、薛城区、峄城区按照既定时间节点，全力协调解决制约因素，通过有效方式，妥善安置职工，做好属地社会化管理工作。随着调查摸底、清产核资、职工权益清偿、职工分流、土地收储等工作有序推进，历时三年的市属工业企业改革改制攻坚工作画上圆满句号。二是加快规模以上工业企业规范化公司制改制。先后三次组织枣庄重点工业企业参加省现代企业制度建设专题培训。同时，按照省、市安排部署，密切配合金融办等市直部门，加快推动枣庄规模以上工业企业规范化公司制改制工作。三是积极储备工业企业上市挂牌资源。先后两次邀请“中小企业融资及上市策划第一人”张晓丽教授为企业以及各区（市）有关部门进行两场《企业融资及上市策略》专题报告辅导。

千方百计提升优势产业发展质量。市经信委班子成员成立工作专班，靠上推动水泥、机床、煤化工等行业整合发展。通过推进中联淮海运营区全面托管泉兴中联下属6家企业，进一步提高了行业集中度，规范了市场秩序，提升了区域竞争力，枣庄水泥产业从“粗放型、高消耗、低收益”转变为“集约式、低消耗、高收益”。通过积极运作，成功将辰阳超精密机床项目列进“国家产业振兴盘子”，国家机床质检中心顺利通过验收，机床集群研发、检测、销售等资源正加速整合。以木石和邹坞两个园区为基点，进一步提升产业集聚水平，三厂合一后的新鲁化一跃成为全国同行业中的领军企业，邹坞“百亿循环经济产业园”产业链项目密集开工建设。

多措并举培育本土骨干企业。一是2014年初隆重表彰了在全市工业转型振兴进程中涌现出的优秀企业家，进一步激发企业家干事创业的斗志。二是将全市经信系统“双百”工作作为群众路线教育实践活动的重要载体和抓手，集中全系统力量，深入一线倾听企业家声音，靠上服务大企业（集团）、特色成长型企业发展。三是进一步提升要素保障协调能力。在2012年设立中小微企业过桥还贷资金1亿元的基础上，2014年又追加到2亿元。四是2014年组织全市50名重点企业负责人，赴清华大学开展了为期一周的“重点企业经营管理创新与领导力提升高级研修班”，进一步开拓了视野。

坚持不懈地抓好技术改造和技术创新。一是集中力量抓好重点工业技改项目建设，最大限度争取国家、省级各类专项资金，确保工业投资强度不减。全市工业技改投资仍旧保持较快增长，2014年前三季度工业技改投资增长率跃居全省第1位。二是引导企业加大技术创新，成功推荐70个项目列入2014年山东省技术创新项目计划，组织5家企业11人参加省生物医药和化工材料产学研专题对接活动；推荐18个项目进入全省两化深度融合专项行动方案，成功包装推进鲁机“车铣复合柔性制造单元项目”、威达“数控龙门镗铣床”获得机床行业最高奖项—“CCMT2014春燕奖”。三是认真组织2015年上半年项目申报推介。编制了3个行业的《2015年省工业提质增效升级专项资金支持方案》，成功争取省级工业提质增效升级专项资金1100万元；推荐5个项目申报2015年省级工业提质增效升级专项资金，3个技改项目申报2015年产业振兴和技术改造专项资金。四是加强以企业技术中心为核心的创新平台建设。对省、市级企业技术中心运行情况进行调度，及时发现和解决中心运行过程中的问题，提高企业技术中心建设和管理水平。

强化措施推进信息产业和信息化工作。一是加快信息产业发展。引导企业加大研发投入，实施创新驱动，积极开拓市场；大力引进和培育软件及信息服务企业，鼓励软件企业主动与工业企业融合，积极参与智慧城市建设。二是积极打造支撑信息化建设的大平台和大通道，扎实推进信息基础设施建设，加快

光纤宽带的建设和改造，促进宽带普及提速；加快推进3G升级改造工程和4G基站建设，推进4G通信网络建设，推进电信网、广播电视网和互联网“三网融合”。三是主动开展政策研究，起草了《市政府关于促进信息消费的实施意见》，对全市扩大信息消费、加快信息化建设提出一系列政策措施。四是靠上推动重点项目落地建设。与中国网库公司联手建设枣庄电商谷，成功打造了6个单品交易平台；与神州数码、武汉天喻等国内知名企业对接，深度探讨了枣庄“智慧城市”建设以及城市一卡通发展方案；加快安侨东城国际小区“智慧社区”建设，在滕州启动“智慧社区”试点。五是推动两化深度融合。贯

2015年全市加快工业和民营经济发展大会

彻落实工信部两化融合管理标准体系和国家、省两化深度融合专项行动方案，重点抓好省两化融合专项行动配套项目、信息化专项资金扶持项目和“四个一百”项目，以项目建设促进两化融合“落地”。六是积极开展电子商务。2015年5月22日，成功举办了“山东省工业电商百县行暨枣庄工业品线上推销行动市中区专场活动”，正式开启了枣庄工业品线上推销行动。

稳步推进节能降耗和淘汰落后产能工作。一是抓好产业升级驱动。加快淘汰落后产能，依靠“减法效应”减少能耗存量、腾出能耗空间，大力发展高附加值新兴产业，重点培植“四新”企业、实现节能高效发展。二是抓好系统管理驱动。加速推进企业能源管理体系建设，积极开展能效对标活动，实施清洁生产技术提升计划。三是积极实施节能重点工程。建立枣庄市节能重点项目库，组织开展“枣庄市十大节能示范企业”“枣庄市十大节能示范项目”和“枣庄市十大节能示范成果”等“三个十”示范活动，引导企业实施节能改造。四是有条不紊推进淘汰落后和过剩产能工作。列入2014年国家淘汰计划的7家企业落后设备已拆除完毕。五是完善激励和约束政策，引导企业主动退出过剩行业。分行业制定并严格执行强制性能耗限额标准，推广应用更加节能、安全、环保、高效的水泥、平板玻璃、轮胎工艺技术。六是组织实施太阳能应用示范城市创建。联合市发改委、市科技局等九部门印发了《关于创建太阳能应用示范城市的实施方案》。七是积极开展能效领跑者活动。制定下发了《2015年度枣庄市能效领跑者活动推进方案》，在电力、水泥、煤化工等6大行业中培育能效领跑者。八是扩大能效对标范围。在2013年、2014年连续开展地方电力、水泥行业能效对标活动的基础上，2015年又召开了专题会议，下发了《关于在煤化工行业中开展能效对标活动的通知》，组织7家煤化工企业、5家煤焦化企业开展能效对标活动。九是狠抓清洁生产。落实《山东省大气污染防治重点行业清洁生产推行方案》，组织水泥、化工等行业的19家重点企业实施清洁生产审核，已开工或即将开工清洁生产技术改造项目20个。十是发展循环经济。大力推进工业固体废弃物利用、污泥无害化处理，积极构筑企业“小循环”、园区“中循环”、区域“大循环”，截至2015年上半年，全市共有35家企业通过省级资源综合利用。

二、工业转型振兴取得的主要成就

经过三年的持续攻坚，枣庄工业转型振兴的成绩可圈可点，市属工业改革改制、重点产业整合重组、技术创新和技术进步、节能降耗、信息产业发展等工作取得了一个个里程碑式的突破，枣庄工业涅槃重生的道路越走越宽。

一是工业增速省内排名跨步前移。规模以上工业增加值增速从2012年3月到2014年12月，连续34个月保持在两位数增长区间。排名由2011年全省末位，提升到2012年第13位、2013年、2014年第11位和2015年第13位，实现了稳步发展，向好前移。工业品产销率连续多年保持在99%以上，长期占据全省前三名。

二是结构调整初见成效。随着煤炭行业黄金十年结束，煤炭行业利润三年净减少58.3亿元，全市工业效益增长面临空前压力。但在制造业利润、税收“双升”的补位支撑下，全市工业效益未出现外地资源型城市大幅度下滑局面，规上工业主营业务收入增幅基本保持在5%以上。

三是市属工业企业改革改制基本完成。出于对民生的关怀、对稳定的负责、对发展的渴望，市委、市政府于2012年作出实施市属工业企业“三年改革攻坚计划”的重大战略决策。经过三年的艰苦努力，涉及70家市属工业企业4

万余名职工的市属工业企业改革改制基本完成，还清了历史欠账，长期困扰枣庄工业转型发展的体制机制性障碍得以消除。

四是产业整合重组取得巨大突破。坚持以市场为平台，以大集团为引领，以多方共赢为纽带，以行政手段为辅助，大刀阔斧进行产业整合重组，在医药、水泥、轮胎、玻璃、机床等行业连续取得重大突破。

五是创新驱动取得了明显成效。2012—2015年，全市共实施1392个工业技改项目，累计完成技改投资超过800亿元，年均增幅在20%以上，工业技改投资增幅连续三年稳居全省前列；实施各类技术创新项目1830余项，415项列入山东省技术创新项目计划，232项技术创新项目通过省新产品新技术鉴定验收，攻克了100多项技术难题，200多项高新技术成果实现转化。

六是淘汰落后产能任务全面完成。2012年底拆除39条立窑水泥生产线，标志着枣庄近50年的立窑水泥生产彻底退出历史舞台，时任副省长孙伟同志对此作出重要批示。2013年、2014年，枣庄连续两次代表山东省接受国家淘汰落后产能工作督查，得到了充分的肯定和好评。

七是节能降耗工作打了"翻身仗"。"十二五"期间，全市万元GDP能耗降比"十一五"末累计降低27.3%，下降幅度居全省第一，节能综合考评连续三年走在全省前列。时任副省长张务锋同志在2015年11月作出批示，肯定枣庄的经验做法。

三、主要经验和启示

（一）构筑全市齐心协力抓工业大格局。自2012年初开始，市委、市政府把加快工业发展摆在突出重要的位置，每年召开一次全市大会，全市"两会"连续多年将工业转型写入《工作报告》，有效构筑了全市上下齐心协力抓工业的大格局，枣庄工业发展也由此进入了一个崭新的历史阶段。市经信委积极运作，搞好政策研究，以市政府文件的形式先后出台了十余个纲领性文件，指明了枣庄工业创新转型提档升级的方向，奏响枣庄工业"凤凰涅槃，浴火重生"的时代强音。

（二）坚持真金白银支持。注重发挥财政资金的导向作用，通过持续不断的财政资金投入，有效推动产业转型升级和企业提质增效。2012年市财政开始设立了市级工业转型振兴专项资金，同时每年安排专项技改资金。加大对上争取力度，先后有超过180个项目列入上级财政资金盘子，获各类奖补资金近1.4亿元。

（三）坚持优化产业结构。面对经济下行压力，既保持一定的发展速度，又正确处理好与结构、质量、效益、环境保护的关系，着力在优化产业结构、提高质量和效益、加快推动发展方式转变上下功夫。注重加强产业发展的顶层设计，充分发挥政府主导、统筹推进的作用，进一步明确优势产业发展方向，开创了"政府引路，企业发力"格局。特别是注重市场"无形手"与政府"有形手"的结合，发挥市场资源配置作用，大力推进重点行业的市场化重组。

（四）坚持项目带动。通过实施国家专项、省千项重点、年度导向计划、技术创新项目等措施，引导企业围绕改造提升传统产业、培育发展战略性新兴产业，加强项目凝练，投资结构明显优化。持续放大技术改造的投资拉动作用，通过加大财政资金对工业技改的扶持力度，积极包装推介加大对上争取力度，实施了一大批重点工业技改项目，全市技改投资增幅保持了连年增长。坚持创新驱动发展战略不动摇，不断加强以企业技术中心为核心的创新平台建设，依托创新平台，进一步加大技术创新实施力度，促进科技成果产业化；积极招才引智，探索聚才、育才、留才的"枣庄模式"，吸引"国家千人计划""泰山学者"、海外高层次人才来我市创新创业。

（五）坚持绿色倒逼转型。把转型振兴与节能减排和淘汰落后这项硬任务结合起来，坚定不移、坚持不懈地抓节能减排和淘汰落后，在全面超额完成国家下达任务的同时，提升了工业发展的整体素质，培育了绿色低碳、节能环保等新兴产业，增强了经济社会可持续发展能力。通过在节能领域实施"四轮驱动、双向提升"，即实施产业转型、系统管理、技术进步、领域协同"四轮驱动"，努力推动全市单位GDP能耗和节能综合管理水平"双向提升"。坚决淘汰落后产能，在淘汰落后产能总量、涉及企业和职工数量、争取扶持资金额度均居全省首位的情况下，每年都能提前完成国家和省里下达的淘汰落后产能任务。

（六）坚持典型示范引导。在枣庄日报和电台先后开设了"工业转型振兴述评""工业转型振兴进行时""给力工业转型振兴""信息化之窗""经信时空"等专题栏，高密度、广视角、头版头条的宣传报道，在不同行业、不同领域注意凝练和总结一批好典型、好经验、好做法，进一步聚焦了舆论热点、提振了各级士气、汇聚了力量智慧。

审稿人：田　伟

撰稿人：贾明奇　尹晓东

张鲁宁

改革开放以来枣庄市发展改革历程与成就

我国改革开放的历程，从某种意义上也可以说是社会主义市场经济体制逐步确立的历程，也是宏观调控理论和实践不断完善的历程。中共十一届三中全会以后，我们进入了改革开放的新时期，开始了从高度集中的计划经济体制向社会主义市场经济体制、从封闭半封闭向全方位开放的伟大历史性转折。枣庄市的宏观体制改革是伴随着国家体制改革同步进行的。

一、改革发展历程

回顾枣庄市改革开放以来宏观体制改革的历程，可以分为以下几个阶段：

（一）“八五”期间，全市按照国家的统一部署，继续改进和完善了计划、投资、物资、财政、金融、价格等管理体制，进一步理顺各种经济关系，逐步建立起以国家计划为主要依据的经济、行政、法律手段综合配套的宏观调控体系

1. 计划体制改革。正确处理计划经济与市场调节的关系，坚持计划经济与市场调节相结合，坚持在公有制基础上发展有计划的商品经济，按照在治理整顿过程中要多一点计划性的要求，加强计划的指导作用，同时发挥市场调节的积极作用。适当扩大直接计划管理的范围，增强指令性计划的严肃性，完善指导性计划的管理办法。对关系国计民生的重要产品的生产和流通以实行指令性计划为主，对其他产品以实行指导性计划和市场调节为主；对固定资产投资规模、结构和重要建设项目，实行指令性计划管理，在投资使用、项目设计和施工管理上注重运用市场竞争机制；对全民所有制大中型企业和对枣庄市经济发展有重要影响的部分重点企业的重要经济活动以实行指令性计划或指导性计划管理为主，对城乡集体经济主要实行指导性计划和市场调节。

2. 投资体制改革。进一步加强了对全社会固定资产投资的计划管理。根据中央、国务院的要求和省委、省政府的部署，适当集中建设项目审批权限，克服了审批权多头分散的现象。基本建设项目一律由各级计委按权限审批，更新改造项目一律由各级经委按权限审批，限额以上的技术改造项目，由计委会同经委按权限上报。所有利用外资项目，包括吸收外商直接投资项目和外汇贷款项目，按照固定资产管理权限，纳入省、市利用外资计划。利用外资项目的审批立项，由省、市级计委、经委负责，批准立项以后的各项涉外工作，由各级经贸委（外经委）负责。开征投资方向调节税，实行差别税率。

3. 财政体制改革。按照适当集中财力的原则，提高市级财政收入占国民收入的比重。同时按照上级的统一部署，较好地完成了“分税制”的试点工作。

4. 金融体制改革。进一步强化了人民银行的宏观调控职能，加强人民银行对专业银行的归口领导和管理。各专业银行严格执行国家的产业政策和信贷计划，整顿金融秩序，加强金融市场的管理。金融体制改革同调整信贷结构结合起来，发挥利率杠杆对资金要求和流向的调节作用，有效促进了经济的稳定发展。

5. 物资体制改革。提高主要物资的计划分配比重，国家和省、市投资建设的能源、原材料项目，投产后新增产品的主要部分纳入计划分配。对企业自销物资，实行定点定量供应。新增加的物资资源，不再平均分配，主要用于保重点生产和重点建设。计划内物资，由计委进行平衡和分配，物资部门负责经营。采取强有力的措施，确保国家统配物资分配计划的落实和计划确定的主要产品上调。加强对生产资料市场的建设和管理，不断发展有组织、有领导的重要生产资料市场，发挥搞活物资流通的重要作用。

6. 价格改革。充分发挥价格杠杆对生产和流通的调节作用，在市的权限范围之内，适当提高短线产品价格，对名优产品实行优质优价，适当降低滞销积压商品的价格。采取有力措施，制止乱涨价和变相涨价，取缔中间环节。在严格控制物价总水平的前提下，按照国家的统一部署，调整农产品价格和能源、重要原材料的价格，逐步取消生产资料价格的双轨制。

7. 以国家计划为主要依据，建立综合配套的宏观调控体系。中共十三届五中全会决定指出：“进一步理顺计划、财政、银行三个部门的关系，发挥计划部门进行综合平衡、执行国家产业政策和综合协调经济杠杆的作用，使计划、财政、银行之间紧密配合，按照治理整顿的要求，统一步调、统一行动”。全市按照上述要求，进一步加强对经济发展的宏观调控能力。建立和完善经济协调会议制度，及时解决部门之间、生产建设中需要统筹解决的重大问题。经过几年的努力，逐步建立起了以国家计划为主要依据的经济、行政、法律手段综合配套的宏观调控体系。

（二）“九五”期间，全市加快建立市级宏观调控体系，强化计划、财政、金融三大杠杆之间的互相配合和制约，综合协调宏观经济政策和正确运用经济杠杆的机制

政府经济管理职能加速向宏观调

控，向搞好基础设施，向创造良好经济发展环境转变，综合计划部门逐步建成职能统一、具有权威的宏观调控部门，不应由政府行使的职能逐步转给企业、市场和市场中介服务组织。

1. 计划合理确定经济社会发展战略、宏观调控目标，通过实施产业政策及投资政策，促进经济结构、生产力布局的优化和重点项目建设。强化财政的宏观调控功能，完善地方税收体制，规范财政收支，加强预算外资金管理，建立健全复式预算，增加建设性财政支出比重；强化金融在地方经济结构调整和宏观调控中的参与能力，建立市级计划与金融机构的协调机制，在重大项目选择、资金投放与回收方面，加强沟通与交流，努力实现金融政策与区域产业政策的有机结合。

2. 加强对资金投向的调控和引导。根据上级投资调控的总目标，确定优先投资序列和项目的规模水平、技术标准及主要投融资方式，引导社会资金投向；政府直接调控的资金，主要投向基础产业、公益性事业和主导产业领域，每年排出重点基本建设、重大技术改造项目，逐项落实资金来源渠道，明确投资责任，逐步做到项目根据资金定，资金跟着项目走。

3. 强化对经济运行的监测预测，适时制定有针对性的调控政策。切实把市级宏观调控的着眼点，由调控微观经济主体转向调控市场，及时监测经济形势和宏观环境的变化，完善调控参数体系，建立有综合部门、专业部门参加的经济运行协调会议制度，针对经济运行中的热点、难点问题，确定调控目标、调控重点和调控力度，使宏观调控政策建立在科学的基础上。

（三）“十五”期间，是全面完善社会主义市场经济体制的攻坚阶段，全市在“十五”期间，坚定不移地推进改革，加快体制创新步伐，突破影响生产力发展的体制性障碍，为国民经济和社会发展创造良好的体制环境

1. 深化国有企业改革，加快建立现代企业制度

大力推动政企分开。各级政府通过国有资产出资人代表行使所有者职能，不干预企业日常经营活动；企业依法自主经营，自负盈亏，对所有者的净资产承担保值增值责任，真正成为市场主体。按照国家所有、分级管理、授权经营、分工监督的原则，积极探索和建立国有资产的有效管理、监督、营运体系和机制，建立健全严格的责任制度。

积极推进投资主体多元化。除了中央明确规定要国有独资的行业外，绝大多数国有企业加快产权调整，采用发起式设立股份有限公司或有限责任公司、“借壳”或“买壳”重组上市、银行债权转股权、企业互相持股或参股、职工注资持股或经营者投资入股等多种形式，解决我市国有企业股权单一的问题。

加快国有大中型企业公司制改革步伐。推动企业产权在不同企业、不同所有制之间依法合理流动。明确界定企业股东大会、董事会、监事会和经理层的职责，形成各负其责、协调运转、有效制衡的、规范的企业法人治理结构。建立与现代企业制度相适应的收入分配制度，积极稳妥地推行生产要素参与分配，试行企业家年薪制。改革对国有企业经营者的管理方式，取消行政级别，加强监督，严格兑现奖惩，完善企业经营者的激励、约束机制。

2. 大力调整所有制结构，突出发展民营经济

提高国有资产的整体效益，更好地发挥控制和主导作用；促进非公有制经济壮大规模、提高素质，使之成为经济发展的重要支撑力量，形成多种经济成分公平竞争、共同提高、充满生机与活力的发展格局。

推进国有经济战略重组。收缩国有经济战线，国有资产向基础设施领域、关系国民经济命脉领域和高科技领域集中。国有资本不再投向竞争性产业，不再搞国有独资或国有控股竞争性企业及项目。“十五”期间国有资本从竞争性领域中退出三分之二以上。

把发展民营经济作为富民强市的战略措施来抓，推动民营经济超常规发展。着力抓好民营经济园区建设和培植民营企业大户两个重点。把园区建设作为促进民营经济发展的重要载体和关键措施来抓，遵照市委、市政府《关于加快民营经济园区发展的决定》，突出搞好 6 个区（市）级、35 个乡镇级民营经济园区，完善配套措施，切实把各项优惠政策和服务承诺落到实处。以发展带建设，以建设促发展，扩张总量，滚动经营，培育出一批城郊型、中心型的民营

万顷红荷 湿地探幽

经济园区。在培植大户上，扶优扶强，对有规模、有市场、有潜力的民营企业，在资金、人才、用地等方面给予重点扶持，促其扩规模、上档次。坚持市场原则，强化政策引导、扶持和服务，鼓励民间创业，认真落实对各种所有制经济成分一视同仁的政策，消除对民营经济在法律地位、社会身份以及价格、税收、融资、进出口等方面的歧视，建立起各种各类企业、经济成分平等竞争的机制。通过股份制、合作制等形式，发展混合所有制经济，鼓励民营经济参与国有经济的战略重组，打破行政垄断，放宽市场准入限制，使民营经济企业可以按照市场原则，公平地参与国有企业的改组和兼并，从制度上巩固以公有制为主体、多种经济成分共同发展的格局，增强经济发展活力。

（四）“十一五”期间，按照建立完善的市场经济体制的要求，加快制度创新、体制创新、机制创新，全面推进各项改革进程

1. 深化政府管理体制改革。按照“经济调节、市场监管、社会管理、公共服务”的要求，加快政府职能转变，进一步推进政企分开、政资分开、政事分开。把政府工作的重心逐步转到制度建设、规划编制、政策制定以及统筹协调、维护竞争秩序上，重点解决政府不同程度存在的“越位”“缺位”和“错位”问题。按照精简、统一、效能的原则和决策、执行、监督相协调的要求，完善机构设置，理顺职能分工，严格控制编制，实现政府职责、机构和编制的科学化、规范化和法定化。完善政府民主化、规范化决策机制和自我约束机制，提高重大决策的公众参与度和透明度，强化外部监督体制，实行政府行为责任追究制度。全面推行依法行政，加快建立行为规范、运转协调、公正透明、廉洁高效的阳光政府。

2. 深化事业单位改革。“十一五”期间，认真贯彻落实市委、市政府《关于深化事业单位改革的实施意见》，加大事业单位管理体制、用人制度、分配制度及其他相关制度的配套改革力度。深化管理体制改革。加强管理，规范精简行政支持类事业单位；完善机制，放权搞活社会公益事业单位；改企转制，推动经营开发服务类事业单位进入市场。深化用人制度改革。除依照国家公务员制度管理的单位外，全面推行事业单位人员聘用制度，建立适合各类岗位特点的选人用人机制。深化分配制度改革。采取多种形式搞活内部分配，突出解决好平均主义“大锅饭”和分配不公、过分悬殊两个方面的问题。深化社会保障、财政和国有资产管理制度等各项配套改革，为深化事业单位改革创造良好的外部条件。通过改革，逐步建立起政事职责分开、法人地位明确、单位自主运营、政府依法管理的新型管理体制；建立起单位自主用人、人员自主择业和能进能出、能上能下、有利于优秀人才脱颖而出、充满生机与活力的用人制度；建立起重实绩、重贡献、向优秀人才和关键岗位倾斜、形式多样、自主灵活的分配激励机制。

3. 深化国有企业改革。按照建立现代企业制度的要求，以健全完善法人治理结构为重点，努力实现规范化公司运作。深化产权制度改革，按照“有进有退，有所为有所不为”的原则，推动国有资本向关系国民经济命脉的重要行业和关键领域集中，通过向外商转让、民营资本进入、企业相互参股等途径，对竞争性领域中的国有资本适时退出或实现投资主体和产权多元化。建立劣势企业退出机制，引导中小企业与大企业挂靠联合、协作配套，向“专精特新”方向发展。强化管理创新，引入先进管理理念和方法。按照管资产、管人、管事相结合的原则，建立新型、有效的国资监管体系和营运机制，建立国有资本经营预算制度，探索建立健全金融资产、非经营资产、自然资源资产等监管机制，确保国有资产保值增值。重视市属国有企业的改革与发展，有针对性地解决问题，盘活闲置国有资产。加强企业领导班子建设，培养专业性经营管理人才，形成有效的激励和约束机制。加快推进企业上市，提高直接融资比重。继续发展商品市场，加快培育资本、技术、人才、劳务等要素市场，促进生产要素合理流动。加快培育产权明晰、自主经营、行为规范的市场主体，推动企业健全内部控制制度。大力整顿和规范市场经济秩序，严厉打击制假售假等违法犯罪行为。深化粮食流通体制和国有粮食企业改革，完善粮食储备体系和粮食安全预警机制，发挥国有粮食购销企业的主渠道作用，保障粮食安全。

4. 深化财税、金融和投资管理体制改革。合理划分各级政府间的事权和财权，落实财税法规，促进依法理财。调整公共财政支出结构，加大公共产品、公共服务设施投入，增加社会公益事业经费，强化政府社会管理和公共服务职能。调整财政支出结构，加快公共财政体制建设，深化部门预算、国库集中收付、政府采购和收支两条线管理制度改革。落实各类财税制度，大力推进依法治税，堵塞漏洞，确保了应收尽收。研究和应对增值税转型等税制改革带来的新变化，加强财源建设，运用财政手段有效调控经济运行。在财政实力增强的基础上，逐步消化政府欠债。深化金融体制改革，按照建立现代金融企业的要求，完善公司治理结构，健全内控制度，创新经营机制，提高综合竞争力。加快组建枣庄市商业银行，稳步推进农村信用社改革。改善金融服务，开展形式多样的银企推介活动，继续增加对大项目、中小企业和农业结构调整的信贷投放，支持地方经济发展。加强金融监管，防范和化解金融风险。深化投资管理体制改革，建立起市场引导投资、企业自主决策、银行独立审贷、融资方式多样、中介服务规范、宏观调控有效的新型投资体制。缩小企业投资项目的核准范围，健全并规范备案制，确立企业投资自主权。规范政府投资范围和行为，推行代建制，提高了政府投资决策的科学化、民主化水平。

（五）“十二五”期间，为适应经济

结构深刻调整、发展方式加快转变的新要求，加强推进制度建设和体制创新

1. 推进重点领域和关键环节改革。一是深化农村改革。鼓励农民通过转包、出租、互换、转让、股份合作等形式流转土地承包经营权，构建农村产权流转体系，培育土地经营大户和土地合作组织，加速农业规模化、现代化经营进程。二是深化所有制改革。加快国有经济战略性调整，深化国有企业产权制度改革，建立和完善现代企业制度，妥善解决国有企业改革历史遗留问题，推进国有资本向资源性、基础性、先导性、战略性、公用性行业与领域集中。协调大企业出资、争取省专项基金，探索设立创业投资公司，支持成长期企业发展。形成多种所有制经济公平竞争、互促互进、共同发展的良好格局。三是深化行政管理体制改革。全面推进依法行政，提高经济调节和市场监管水平，强化社会管理和公共服务职能，提高行政效率，努力建设服务政府、责任政府、法治政府。改进公共服务供给方式，采取政府购买服务、授权特许经营、优惠政策支持等方式，有效动员和综合利用社会资源提供公共服务，形成政府主导、市场引导和社会参与的公共服务供给机制。提高城市管理水平，上收规划权，下放建设管理权。按照政事分开、事企分开和管办分离原则，积极稳妥推进事业单位分类改革。以深入推进税郭镇省级改革试点为切入点，推进城乡统筹发展。四是深化财税体制改革。加快公共财政体系建设，在合理界定事权基础上，按照财力与事权相匹配的要求，理顺各级政府间财政分配关系，强化区（市）政府提供公共服务财政保障。调整财政支出结构，提高基本公共服务支出比重，重点向城乡低收入者、困难群体倾斜。五是积极推进文化体制改革。加快推进国有经营性文化单位转企改制，不断深化公益性文化事业单位内部改革，保护非物质文化遗产性剧种，大力开拓演出市场，增强文化发展活力和影响力。创新文化传播方式，加强重点新闻媒体建设，重视新兴媒体建设、运用和管理，把握正确的舆论导向，提高传播能力。鼓励非公有资本进入政策许可的文化产业领域。创新文化市场管理模式，有效打击扰乱市场秩序、侵犯知识产权的违法违规行为，提高文化市场综合执法水平。六是深化医药卫生体制改革。按照“保基本、强基层、建机制”的要求，推进公立医院改革，创新管理体制和运行机制，提升医疗服务和管理水平；稳步推进基层医疗卫生机构管理和人事分配制度等综合配套改革，实施国家基本药物制度，完善药品供应保障体系，提高群众基本用药的可及性、安全性和有效性，减轻群众医药费用负担。加快新型农村合作医疗、城镇基本医疗保险制度建设，加强制度衔接，提高保障水平。实施居民就医“一卡通”工程，为社会群众提供便捷、高效、安全的医疗卫生服务。

2. 促进非公有制经济发展。发挥各种行业协会、商会和其他中小企业服务机构的作用，拓宽融资渠道，打造非公有制经济发展服务平台。突出技术进步和技术创新，推进资源节约和节能减排，提高非公有制经济可持续发展能力。进一步消除影响非公有制经济发展的体制性障碍和政策性因素，放宽市场准入条件和经营范围，支持民间资本投向基础产业、基础设施、公用事业和社会事业领域，有效激发市场投资活力，形成多种所有制经济公平参与的竞争格局。

随着改革的不断深入和市场经济体制的逐步建立，全市宏观管理体制不断发生变革，机构设置和管理职能不断发生转变。传统的计划管理体制被彻底打破，新的宏观管理体制逐步建立和完善，实现了具有积极意义的五个转变：

（一）在发展理念上，实现了从以经济增长为主的发展观向全面、协调、可持续的发展观的转变。摆脱了单纯追求经济总量和增长速度的观念束缚，建立起新的发展理念，在保持经济较快增长的同时，更加注重发展的质量和效益，更加注重经济结构的调整和各种比例关系的协调，更加注重城乡之间、地区之间、经济与社会的均衡协调发展，更加注重改善生态环境、降低资源消耗，促进人与自然和谐发展和可持续发展。

（二）在管理角色上，实现了从台前向幕后的转变。大大减少对企业的行政干预，进一步弱化与企业的直接经济联系，加强政策引导，完善行政服务，改进工作方式，以规划、政策和经济等市场手段引领企业发展。

（三）在管理范围上，实现了从微观管理为主向宏观管理为主的转变。加强宏观管理，增强调控能力，更加注重研究事关全市经济社会发展全局的重大战略性问题、重要政策措施和关键性的项目，把握国际国内宏观经济走势，研究制定带有全局性和长期性的任务目标，驾驭全局的能力不断提高。

（四）在管理方式上，实现了从指令性计划到指导性规划的转变。逐步减少和取消指令性计划，增加指导性计划，提高预期性指标比重，发挥中长期规划的指导性作用，加强规划制定的科学性、指导性和可操作性，计划工作的指导性显著增强。

（五）在调控手段上，实现了从依靠行政命令向主要运用经济手段、法律手段和必要的行政手段相结合的转变。由直接调控转向间接调控，更多地运用财政、税收、价格和投资等政策手段调节经济运行，宏观调控体系初步建立。

二、全市发展改革成就

改革开放以来，市委、市政府团结带领全市人民，积极应对国内外形势复杂变化，解放思想、真抓实干、团结一致、奋力攻坚，统筹推进经济社会发展各项事业，枣庄发展改革取得了显著成就。

（一）经济实力不断提升。“七五”期间，国民经济实力显著增强，主要经济指标稳步提高。1986 年全市社会总产值、国民生产总值、工农业总产值比 1980 年翻了一番，1987 年国民收入实现了第一个翻番。1990 年全市社会总产值达到 78.1 亿元（80 年不变价格，下同），比 1985 年增长 114.2%，平均每年递增 16.5%；其中工农业总产值达

到64.8亿元，比1985年增长109%，平均每年递增15.9%；国民生产总值达到35.7亿元，比1985年增长了77%，平均每年递增12.1%；国民收入达到30.55亿元，比1985年增长79%，平均每年递增12.3%。人均社会总产值、人均国民生产总值、人均国民收入、人均工农业总产值将分别达到2511.4元、1147.5元、982元和2082.9元，比1985年分别提高94%、60.4%、62.6%和89.3%。"八五"期间，经济持续快速发展。1995年，全市国内生产总值约为170亿元，比上年增长15.6%，是1990年的2.5倍，年均增长19.8%。人均国内生产总值达到4927元，是1990年的2.3倍，年均增长17.8%。地方财政收入达到5.09亿元，增长30.4%，加上税收返还，地方财政总收入达到8.09亿元，增长18.6%，是1990年的2.66倍，年均增长21.6%，连续十一年实现当年财政收支平衡。"九五"期间，国民经济持续健康发展。初步统计，2000年全市国内生产总值实现248.8亿元，按可比价格比1995年年均增长10.3%，于1996年实现比1980年翻三番；第一、二、三产业增加值年均分别增长4.5%、10.9%和12.9%。人均国内生产总值6971元，年均增长9.4%。经济运行质量和效益明显改善。财政收入达到11.27亿元，年均增长16.8%，连续16年实现收支平衡；社会消费品零售总额85.4亿元，年均增长11.4%；金融机构存贷款余额分别达到148.1亿元和151.2亿元。"十五"期间，发展速度持续加快，综合经济实力不断增强。"十五"以来，国民经济保持逐年加速增长的良好态势。2005年全市生产总值达到633亿元，扣除价格因素，年均增长15%。第一产业增加值60.7亿元，年均增长5.7%；第二产业增加值404.4亿元，年均增长18.9%；第三产业增加值167.8亿元，年均增长12.3%。全市财政连年实现收支平衡，2005年地方财政收入达到28.16亿元，同口径年均增长27.9%，财政综合实力上了一个大台阶。规模以上工业增加值303亿元、利税126.7亿元、利润67.7亿元，年均分别增长23.5%、45.5%、65.9%。全市金融机构本外币存款余额365.4亿元，比2000年增加217.3亿元，年均增长19.8%；贷款余额258.6亿元，比2000年增加107.4亿元，年均增长11.3%。"十一五"期间，综合实力跃上新台阶。2010年，全市实现生产总值1362亿元，"十一五"年均增长14.1%（按可比价格计算），是2005年的2.2倍；人均GDP达37069元，是2005年的2.1倍；地方财政收入达76.7亿元，年均增长22.2%，是2005年的2.7倍；全社会固定资产投资累计完成2653.5亿元，年均增长19.7%，是"十五"时期的3.2倍；社会消费品零售总额达409.9亿元，年均增长18.4%，是2005年的2.3倍。全市各项存款余额894.4亿元，是2005年的2.5倍；各项贷款余额728.7亿元，是2005年的3倍；新增存贷比达到169.5%，比2005年提高86.1个百分点，实现了由资金流出地向资金流入地的跨越式转变。"十二五"期间，综合实力稳步提升，经济总量持续扩大。2015年，全市生产总值（GDP）超过2000亿元，达到2031亿元，年均增长9.5%；地方财政收入达到149.3亿元，年均增长14.2%，比2010年翻一番；财政收入占GDP比重达到7.3%，比2010年提高1.7个百分点；人均GDP达到52000元，是2010年的1.4倍。发展动力进一步增强。固定资产投资累计完成6164亿元，年均增长19.5%，是"十一五"时期的2.3倍；社会消费品零售总额达到790亿元，年均增长13.8%，比2010年翻了近一番。

（二）转型发展效果显著。"七五期间"，国民经济重大比例关系发生了明显变化，农轻重的比例由1985年的31.3:32.3:36.4变为1990年的18.4:34.9:46.7，轻重工业比例基本稳定在43:57左右，初步形成了适合我市特点的经济结构。"八五期间"，经济结构进一步改善。农村经济全面发展。1995年，全市农业总产值达到78.7亿元，比1990年增长89.5%。粮食总产量177万吨，连续五年创历史最好水平。林牧渔业占农业总产值的比重增加到48%。乡镇企业总产值达到309亿元，增长6.4倍。工业经济稳定增长。乡及乡以上地方工业总产值达到192亿元，是1990年的3.3倍；地方工业所占比重由80.8%提高到90.1%。第三产业向着"大高新"的目标迈进了一大步。建设了鲁南商城、购物中心、新大广场、东大广场、东方大厦、百汇大厦等一批现代化商业网点，新建了市驻地八大批发市场。金融、保险、邮电、律师、公证、信息、咨询等行业有了长足发展。1995年，全市社会消费品零售总额实现50.6亿元；邮电业务总量1.34亿元；金融机构各项存款余额78亿元，各项贷款余额97.1亿元，外汇贷款余额1.3亿美元；各项保费收入8509万元。一、二、三产业比例由1990年的30:51:19调整为21:53:26。"九五"期间，结构调整步伐加快。截至2000年，三次产业增加值占国内生产总值的比例调整到16.5:48.9:34.6，二、三产业比重上升6.8个百分点，其中第三产业比重上升5.8个百分点。农村经济结构调整取得阶段性成果。粮经比例由1995年的74.1:25.9调整到62.7:37.3，多种经营占农业增加值的比重显著提高；龙头企业、专业村、产业镇渐成规模，农业产业化经营初见成效。工业经济改组改造取得较大进展，一批优势企业和名牌产品在竞争中成长壮大。旅游、房地产、信息和社区服务业等发展较快，第三产业成为支撑经济增长的重要力量。"十五"期间，结构调整全面推进，经济结构逐步优化。三次产业结构由2000年的16.7:49.5:33.8调整为2005年的9.6:63.9:26.5。农业基础地位得到加强，粮食产量稳定增长。2005年总产量达到159.7万吨，比2000年增长22.5%。粮食流通体制改革深入推进，粮食安全和粮食储备工作卓有成效。生态农业、绿色农业迅速发展，种植结构进一步优化，农业产业化经营不断扩大。

全市农业龙头企业发展到412家，建成农贸市场376处，建立埠外联销中心17处，85%以上的蔬菜和果品实现外销，5年累计转移农村劳动力23.8万人。工业布局调整成效显著，产业升级步伐加快，主导产业拉动作用明显增强，一批企业集团发展壮大。高新技术创新能力和产业化水平不断提升，高新技术产业产值占规模以上工业总产值比重由2000年的2.3%提高到10.3%。服务业日益繁荣，旅游、金融保险、社区服务、信息通讯、中介咨询等新兴产业迅速壮大。“十一五”期间，结构调整取得新成效。三次产业结构由“十五”末的9.9:63.8:26.3调整为8.6:60.1:31.3，服务业比重上升5个百分点。2009年3月，枣庄市被列入国家资源枯竭城市转型试点市，为东部地区唯一的资源枯竭型城市，枣庄的发展上升为国家战略。2010年，全市粮食总产达到193万吨，实现“人均占有千斤粮”。规模以上工业增加值达824.8亿元，是2005年的2.7倍；高新技术产业产值占规模以上工业总产值的比重提高到21.2%。旅游业发展步伐加快，接待规模和旅游综合收入达1409万人次和83亿元，分别是2005年的3.1倍和3.6倍。“枣庄二日游”成为山东旅游的新亮点，枣庄由游客输出地变为游客输入地。服务业提供税收占地方税收比重为42.6%，比2005年提高10.5个百分点。“十二五”期间，转型发展步伐加快，转型工作成效明显。顺利通过国家资源枯竭城市转型中期评估，继续享受国家和省新一轮政策扶持，转型工作得到国务院肯定；累计获得国家、省财力性转移支付和项目资金64亿元，山亭区、市中区纳入省革命老区扶持范围，转型绩效考核名次位居全国前列。接替产业发展壮大。非煤产业增加值占规模以上工业增加值比重，从2010年的71.5%增加到2015年的88.4%，年均提高3.4个百分点；制造业增加值占规模以上工业增加值比重，从2010年的66.3%增加到2015年的83.1%，年均提高3.4个百分点；高新技术产业产值占规模以上工业总产值比重不断提升，达到19.8%。产业结构不断优化。三次产业结构由2010年的8.6:60.1:31.3调整为2015年的7.5：52.8：39.7，服务业比重提升8.4个百分点；成功创建山东省乡村旅游示范市，台儿庄古城获批为国家AAAAA级旅游景区。

（三）改革开放持续推进。“七五”期间，经济开发和对外开放相互促进，取得新的进展。薛城经济技术开发区的基础设施和部分配套设施基本完成，初步具备了企业生产、生活的基础条件；以黄淮海平原开发、山区综合开发为重点的各项开发规划得到实施。对外开放环境有了较大的改善。枣庄市已同世界上50多个国家和地区保持经济贸易关系。1990年全市出口商品供应总值达到3.01亿元，比1985年增长385%，平均每年增长37%，全市出口创汇额达到5900万美元。“七五”期间全市使用外汇金额总计7122万美元，外向型经济有了一定的发展。“八五”期间，各项改革取得重大进展。各项改革取得重大进展。农村改革在稳定完善家庭联产承包责任制和统分结合双层经营体制的基础上，积极推进农村经济产业化和服务社会化。国有企业改革不断深化，产权制度改革有实质性突破。373家企业进行了改制试点，其中破产41家。全市设立股份制公司89家，华众纸业、南极洲啤酒、安泰橡胶、鲁南化工集团被批准为省级试点定向募集法人股的股份有限公司。企业的人事、劳动、分配三项制度改革取得明显成效。流通体制改革在国有民营、集团经营、连锁经营和市场体系建设等方面都迈出了较大步伐。个体私营经济迅速发展。以养老、失业、医疗保险为主要内容的社会保障体系和住房制度改革，财税、金融、外汇、计划、投资和外经贸体制改革进展顺利。积极稳妥地实施价格体系改革，物价过快上涨的势头得到有效控制。政府宏观调控职能进一步加强。“九五”期间，改革开放取得重大突破。国有企业改革脱困三年目标基本实现。1748家乡镇属以上企业完成改制，改制面为99.0%；限额以上工业企业亏损面降至

枣庄新城夜景

10.45%。农村改革稳步推进，土地延包工作全面完成。非公有制经济蓬勃发展，民营经济纳税额占财政收入的比重达到16.0%。财税、金融、科技、教育、住房、粮食流通、医疗卫生、社会保障和政府机构等方面的改革迈出了新步伐。经济国际化程度不断提高。2000年，进出口总额完成1.37亿美元，是1995年的2.33倍；五年累计利用外资2.12亿美元。“十五”期间，招商引资成果丰硕，发展活力明显增强。累计引进外来资金478亿元。其中实际利用境外资金达到3.1亿美元，年均增长22.7%。5年累计实现进出口总值13.2亿美元，其中出口10.1亿美元，进出口总额占国内生产总值的比重达到4.8%。民营经济成为最具活力的增长极。2005年，民营经济单位数达到9.1万户，年均增长13.3%；从业人员40万人，年均增长8.7%；销售收入过亿元的民营企业发展到45家；民营经济纳税额26.1亿元，年均增长33%，占全市税收总额的比重达到52.2%。“十一五”期间，改革开放取得新突破。完成政府新一轮机构改革，政府职能不断转变。国有资产监管体制初步建立。深化预算管理制度改革，财政资金使用效益进一步提高。组建市商业银行，在全省首批设立农村合作银行，在全国首创“钢结构资产抵押贷款”模式。中国名牌、中国驰名商标、国家地理标志产品实现零的突破。积极推行农村土地使用产权制度改革试点，土地流转工作走在全国前列。集体林权制度、医药卫生体制、文化体制等领域的改革积极推进。非公有制经济占GDP比重由2005年的51%提高至56%。丰源煤电5亿元企业债券成功发行，三合机械在齐鲁股权托管交易中心挂牌交易。创新招商方式，重大战略项目引进和外资利用实现了跨越式发展。“十一五”期间，引进外来固定资产投资过亿元项目152个，完成投资603亿元；累计到账外资8.54亿美元，年均增长18.7%；累计实现进出口总额32.6亿美元，年均增长18.8%。机电、高新技术产品出口比重提高，劳动密集型和资源密集型产品出口比重下降，出口产品结构进一步优化。“十二五”期间，改革开放稳步推进。简政放权持续深化。“四清单一平台”行政权力运行体系基本建立，市级行政权力事项削减比例达到18.7%。企业改革加快推进。70家市属工业企业改革改制任务基本完成，近4万名职工历史遗留问题基本解决。企业重组步伐加快。中联水泥、八一轮胎、三九医药、鲁南化工、丰源轮胎等企业重组取得实效，工业集中度有效提升。农村改革成效明显。成功获批国家农村改革试验区，市、区（市）、镇（街道）三级农村产权交易服务体系基本建成，新型农村合作金融试点经验在全省推广；成功获批国家现代农业示范区，农业现代化程度达到93%，小麦、玉米最高亩产均居全省前列。金融改革取得突破。枣庄市商业银行更名为枣庄银行，并在外地设立分支机构；枣庄农商银行成立运营，农村信用社银行化改革走在全省前列；交通银行、济宁银行、青岛银行、日照银行在我市设立分行，银行业机构体系更加健全；全市民营金融机构达到27家，34家企业在齐鲁股交中心挂牌托管，企业上市实现零突破。财税体制改革不断深化。营改增试点平稳扩面，煤炭资源税从价计征启动实施；专项转移支付项目压减80%，预算绩效管理得到加强。园区建设实现新突破。枣庄高新区成功创建为国家高新技术产业开发区，新型煤化工等特色园区达到国家领先水平。招大引强取得新进展。联想烯烃、韩国奥瑟亚建阳炭黑、日本JFE煤焦油深加工等大项目签约落地，一批世界500强企业和大型央企、民企落户枣庄。重点项目建设扎实推进。“十二五”期间，共实施市级重点项目287个，累计完成投资1800余亿元，是“十一五”期间的2倍；过亿元项目947个，累计完成投资3600余亿元，对GDP贡献率达40%。

（四）城乡建设不断完善。“八五”期间，基础设施和重点建设成效显著。相继完成了枣薛一级公路、104国道枣庄段改造、枣木一级汽车专用公路、枣庄至山亭、滕州至洪山口公路改造、台儿庄二线船闸、台儿庄至大王庙运河航道疏浚、岩马水库除险加固、程控电话、城市管道煤气增容、集中供热等重点工程和一大批技改项目。市驻地城区日供水能力16万吨。城市管道煤气日供气能力12万立方米。气化率71%，居全省前列。集中供热面积110万平方米，热化率18.9%，高于全国7%的水平。公路通车里程由1990年的1281公里增加到1546公里，其中一级汽车专用线28.5公里，实现了全市高等级公路零的突破。内河港口年吞吐能力达到400万吨。城乡电话交换机容量达到12.5万门。全市城区面积扩大到64平方公里，其中市驻地25平方公里。“九五”期间，城市基础设施建设不断完善。青檀路改建、新城光明大道、滕州国家粮食储备库、市污水处理厂、光明广场、城乡电网改造、薛城煤气复线、市图书馆、市立医院病房楼、枣庄三中新校、四十三中等城市设施建成使用。“九五”期间，新增公路通车里程184公里，港口吞吐能力445万吨，发电装机容量73.7万千瓦，固定和移动交换机容量74.35万门。小城镇建设累计投资42亿元，城乡面貌发生显著变化。“十五”期间，基础设施建设步伐加快，城乡面貌变化巨大。以中心城区建设为重点，不断加强基础设施建设力度，实现了市级行政中心西移，拉开了枣薛中心城区哑铃型组团式城市发展的框架。加快旧城改造步伐，高标准开发一大批住宅小区和特色商业区。科学规划小城镇布局，小城镇建设累计完成投资70.2亿元，比“九五”增长82.8%。公路通车里程达到2211.1公里，比2000年增加477.4公里，港口吞吐量达到860万吨，固定和移动电话用户达到193.2万户。“十一五”期间，城市建设凸显新变化。坚持“老城做新、新城做靓、同城化发展”，打响城市建设攻坚战。棚户区改造全面启动，完成拆迁475.9万平方米。全民健身中心建成开放，市中

新区初具规模。新城城中村搬迁基本完成，教育、医疗、商住等服务功能逐步完善，建成区面积达到8.3平方公里。枣临铁路、枣临高速公路进展顺利；全市公路通车里程达到6960.1公里，干线公路全部达到二级以上标准；台儿庄复线船闸、枣庄港建成，运河枣庄段达到国家二级航道标准，通航能力提升一倍。枣庄、滕州火车站实现动车组停靠，城市快速公交（BRT）建成运行，同城化步伐进一步加快。省级历史文化名城、园林城市创建成功，"江北水乡·运河古城"成为城市新名片。五年来，城市基础设施投资114.6亿元，新城建设投资73亿元，交通建设投资172.1亿元，分别是"十五"期间的2.1倍、2.9倍、3.9倍，是枣庄城市建设投资最多、发展最快、变化最大的时期之一。"十二五"期间，城乡建设协调并进。新城功能不断完善。市实验高中一二期工程、职业中专一期工程、实验小学、实验幼儿园新城园、市立医院新城分院、北京中医药大学枣庄医院、体育中心"两馆"等建成使用，教育、医疗卫生、文化体育、商贸流通等体系基本形成。城市公共设施更加健全。新建改造各类地下管网535公里，供热面积达到2929万平方米，城市供水普及率达到99.6%，城市污水集中处理率达到95.7%，固体废物（垃圾）处理率达到100%；客运换乘中心建成使用；BRT实现五区无缝换乘，通车总里程全国最长；公共自行车实现全市"一卡通"。村镇建设成效显著。新型城镇化示范镇达到13个，100个村达到美丽乡村创建标准，城乡环卫一体化覆盖全市所有村居。水利设施加快建设。庄里水库建设全面启动，辛庄水库扩建、周村水库扩容工程顺利推进，岩马水库除险加固主体工程基本完成。市域交通更加通畅。京沪高铁、枣临铁路、枣临高速公路竣工通车，北留线、枣曹线改建等工程进展顺利，枣鱼高速跨湖工程及枣木高速东延纳入全省综合交通网中长期规划；全市公路里程达到8368公里，比2010年增加1408公里，新建改造农村公路2851公里，实现"村村通"全覆盖；台儿庄复线船闸竣工运营，枣庄港总体规划获省政府批准实施，港口货物吞吐量突破3000万吨。

（五）生态建设成效斐然。"八五"期间，环境污染得到进一步控制，工业废气、废水、固体废弃物处理率分别达到87%、55.9%、57%。"九五"期间，环境保护事业取得新成绩。2000年，城市污水处理能力达到7万吨/日。城市生活饮用水源地水质达标率为100%。城市大气治理取得突破性进展，全年限期治理工业废气污染源36家，完成36家。市驻地348台锅炉列入年计划，治理完成率100%，其中关停锅炉78台。城市酸雨检出率为零。城市道路交通噪声、区域环境噪声达到功能区划要求，环保设施运转率为100%，主要污染物总量控制指标完成年计划。"十五"期间，生态市建设全面启动。加大结构性污染治理力度，工业废气、废水达标排放率达到90.2%和95.6%，工业固体废弃物综合利用率达到98.7%。5年累计完成成片造林4.4万公顷，建成绿色通道1750公里，城市绿化覆盖率由2000年的31%提高到2005年的35%。"十一五"期间，环境保护开创新局面。推进节能减排，不断加快资源节约型、环境友好型社会建设步伐。共拆除立窑水泥生产线220条，淘汰落后产能2179.8万吨，超额完成省下达任务。累计关停小火电机组23台，容量74.02万千瓦，关停容量是省下达任务的近3倍；万元GDP能耗比2005年下降23%，被省政府评为"山东省节能降耗突出贡献单位"；代表山东省参加全国淮河流域水污染防治工作考核获得第一名，水污染防治经验被环保部总结为"枣庄模式"；化学需氧量和二氧化硫排放量分别比2005年下降19.1%、27.3%。生态市建设全面启动，新建国家级湿地公园2个，森林覆盖率由2005年的27.5%提高到33%。"十二五"期间，生态环境明显改善。实施重点绿化工程584个，新增造林面积65万亩，森林覆盖率达到36.2%，成功创建国家森林城市，冠世榴园成功创建国家古石榴森林公园；实施重点创园项目63个，新增各类绿地1.46万亩，成功创建国家园林城市；建成省级以上生态示范区3个、生态镇（街道）45个，山亭区成功列入国家主体功能区建设试点示范名单。矿山地质环境治理加快推进。全面完成82处露天采石场关闭任务；治理破损山体、废弃矿井矿坑、采矿塌陷地3万亩。淘汰落后产能成效显著。关闭产能30万吨以下小煤矿18处，淘汰落后产能255万吨；关停"小火电"机组8台，容量14.4万千瓦；关停立窑水泥生产线264条，淘汰落后产能2600万吨，结束了枣庄50多年立窑水泥生产的历史。节能减排目标超额完成。万元GDP能耗累计降低18.5%，提前一年完成省下达目标；COD、SO_2提前完成"十二五"减排任务，节能降耗连续三年走在全省前列。水污染防治国内领先。深化"治、用、保"流域治污体系建设，代表山东省参加迎准核查，取得了淮河流域和全国九大流域"双第一"，受到省政府通报表扬。大气污染治理措施得力。狠抓减煤、降尘、治企、控车等关键环节，替代淘汰建成区燃煤锅炉567台，淘汰黄标车、老旧车6.3万辆，全面完成100项工业企业脱硫脱硝治理任务，秸秆综合利用和禁烧工作成效明显，治超治限工作连续三年位居全省前列。

（六）民生保障稳步提高。"七五"期间，全市人民的实际生活水平有了显著提高，在解决温饱问题的基础上，部分群众开始向宽裕型迈进。1990年全市人均消费额由1985年的227元提高到585元，城镇职工平均工资由1126元提高到2100元，农民人均纯收入由425元提高到700元，城乡居民年末储蓄存款余额由2.76亿元增加13.4亿元。城镇居民平均每人居住面积达到7.7平方米，比1985年增加0.9平方米，农民居住条件也有了很大的改善，人民群众得到了更多的实际利益。"八五"期间，城乡人民生活水平显著提高。据抽样调查，城镇居民人均生活费收入由

1990年的1334元提高到3673元，农民人均纯收入由709元提高到1751元。城乡居民年末储蓄存款余额由15亿元增加到53亿元。城镇人均居住面积由7.26平方米增加到9.1平方米。城乡居民消费内容日趋多样化，消费质量有了较大提高。温饱问题基本解决，部分群众生活达到小康。"九五"期间，人民生活水平明显提高。城镇居民人均可支配收入达到5266元，农民人均纯收入2799元，年均分别增长7.5%和9.8%。养老、医疗、失业等社会保障制度逐步完善，城镇登记失业率控制在3.0%以内。城市化水平达到37%，比1995年提高15.5个百分点。城乡居民人均居住面积分别提高到13.9和25.9平方米。人民生活总体上达到小康水平。"十五"期间，居民收入稳定增长，人民生活水平不断提高。2005年城镇居民人均可支配收入达到9881元，农民人均纯收入4241元，年均分别增长13.4%和8.7%。全市农民累计减负1.6亿元，累计对种粮农民直接补贴5933.71万元。居民消费水平不断提高，2005年社会消费品零售总额达到176.3亿元，年均增长15.8%。积极做好就业再就业工作，社会保障体系逐步完善。5年来，全市城镇新增就业再就业20.4万人，其中下岗失业人员再就业6.6万人，城镇登记失业率控制在4%以内。深入开展扶贫济困活动，切实保障困难群众的基本生活。五年来，全市各级发放救灾救济款物3600万元，发放城市低保资金1.1亿元。开展农村人畜饮水解困工程建设，投入资金5859.1万元解决了24.2万人的饮水难问题。村村通油路工程进展顺利，累计完成投资10亿元，新建改造农村公路3700公里，极大地改善了群众的生产生活条件。"十一五"期间，民生保障得到新改善。全市累计新增城镇就业28.2万人、转移农村劳动力36.2万人，城镇登记失业率控制在4%以内。城镇居民人均可支配收入、农民人均纯收入分别达到17630元和7103元，年均增长12.3%和10.9%。企业养老保险制度基本完善，覆盖面达90%。城镇居民基本医疗保险全面推进，覆盖面达93.8%。失业保险、工伤保险、生育保险覆盖面分别达到99%、90%、80%。在全省率先启动新型农村社会养老保险试点工作，覆盖率达到71.1%。城市低保标准由2005年的每人每月143元提高到220元，农村低保标准由2005年的每人每年700元提高到1200元。新型农村合作医疗制度日趋完善，筹资标准由2005年的人均40元提高到150元，参合率达到了99.4%。免除了城乡义务教育学生杂费，并为农村学生免费提供教科书，提高了农村困难家庭寄宿生生活补助标准。提高了住房公积金缴存比例，规范管理使用住房公积金。加快保障性住房建设，建成经济适用房88万平方米、10900套，建设廉租住房4065套，为1629户符合条件的低收入住房困难家庭发放了廉租住房补贴。"十二五"期间，社会民生持续改善。民生投入不断加大。累计完成民生支出710亿元，占公共财政支出的70%。就业任务超额完成。城镇新增就业、农村劳动力转移就业累计达到28万人、34万人，完成"十二五"任务的109.3%、124%。居民收入逐年增加。城镇居民人均可支配收入、农民人均纯收入分别达到25758元、12058元，年均分别增长10.9%和13.3%，贫困人口大幅减少。教育医疗条件明显改善。累计消除农村中小学校舍危房93万平方米，新建改建标准化校舍169万平方米、幼儿园29万平方米，校舍楼房率保持全省前列，滕州市、市中区、峄城区顺利通过国家义务教育发展均衡县验收；改扩建各级医疗卫生设施38万平方米，每千人拥有医疗机构床位数比"十一五"末增加47%。文化体育事业不断发展。圆满完成大运河申遗任务，大运河中河台儿庄段列入《世界遗产名录》；成功举办第二届中国非物质文化遗产博览会、第三届全国智力运动会、第三届两岸汉字艺术节、第一届和第二届世界石榴大会。保障性安居工程建设大力推进。累计建设保障性安居工程13.9万套，其中实施棚户区改造11.5万户，建设回迁安置房11.8万套，竣工9.3万套，回迁率达76.9%；改造农村危房9505户。社会保障更加充分。企业退休人员养老金实现"十一连增"，居民基本医疗保险、基本养老保险完成城乡并轨，城市和农村低保标准大幅提升。"平安枣庄"建设深入推进。全面推行网格化管理，基本实现城乡社区网格全覆盖，"两抢"案件由2010年3.02起/天下降到0.38起/天；食品药品监管体系逐步完善；安全生产形势持续稳定，事故起数、死亡人数实现"双下降"。

三、经验与启示

改革开放以来，枣庄市发生了翻天覆地的深刻变化，取得了令人瞩目的巨大成就，最根本的原因，就是历届党委、政府带领全市干部群众坚定不移地贯彻执行党的路线方针政策，求真务实，与时俱进，奋发图强，团结实干的结果。总结改革开放的经验与启示，主要体现在以下六个方面。

（一）始终坚持以经济建设为中心，牢牢抓住发展这个第一要务不放松。经济建设是一切事业的基础，发展是党执政兴国的第一要务。枣庄作为老工业城市，只有发展才是促进社会进步的唯一选择。改革开放以来，全市始终坚持以经济建设为中心不动摇，特别是在国家实行宏观调控、进行治理整顿时期，我市变压力为动力，更是抢抓机遇，迎难而上，始终保持了良好的发展势头。实践证明，什么时候坚持了以经济建设为中心，各项事业就会顺利推进；什么时候违背了这个中心，各项事业就会遇到大的挫折。只有牢牢把握经济建设这个中心，才能适应不断变化的客观形势，做出符合实际的正确决策，促进经济社会发展。在新阶段，只有继续坚定不移地以经济建设为中心，研究制定适合枣庄实际的经济发展思路，才能不断推进产业结构调整，实现科学发展、和谐发展、又好又快发展。

（二）始终坚持解放思想，以思想

大解放促进经济社会大发展。改革开放40年的发展史雄辩地证明，没有思想解放就没有改革开放。1977—1978年以实践是检验真理唯一标准的大讨论作为突出标志的思想解放，导致了伟大的历史转折，开创了改革开放新时期，创造了中国特色社会主义这一新社会形态；1979—1983年重点围绕农村生产关系的变革和农业发展道路的选择所进行的思想解放，冲破了“生产关系越大越公越好”的传统观念，催生了“贫穷不是社会主义”等一系列关于社会主义的科学理论和实践；1984年中共十二届三中全会关于我国社会主义经济是公有制基础上的有计划的商品经济的思想解放，开辟了全面推进我国经济体制改革的新纪元，孕育了“社会主义市场经济”这一新经济形态的幼芽；1987年党的十三大关于我国还处在社会主义初级阶段的理论概括和思想解放，突破了长期以来把社会主义理想化、纯洁化，企图超阶段地建成社会主义并实现共产主义的思想理论和思维模式，把中国特色社会主义进一步置于现实的基础之上；1992年邓小平南方谈话，则是我们党坚持和推进思想解放的伟大里程碑，南方谈话鞭辟入里地触及了长期困扰人们的“左”的观念，澄清了束缚中国特色社会主义的许多模糊认识，创造性地深化了对什么是社会主义、怎样建设社会主义的认识；面向21世纪，“三个代表”重要思想的明确提出，进一步回答了在全球化背景下如何增强中国特色社会主义生命力和如何保持中国共产党人先进性，进一步揭示了共产党执政的规律、社会主义建设的规律和人类社会发展的规律。改革开放以来，枣庄坚持解放思想、从实际出发，全市的经济社会发展取得了很大成绩。“十五”期间，枣庄坚定不移地贯彻解放思想、大胆创新、放开搞活、加快发展的总要求，紧紧围绕“五化一优”发展战略，以“四个千方百计”为政府工作总抓手，抢抓机遇，干事创业，加快发展，国民经济和各项社会事业取得了显著成就，经济社会发展步入历史上最快最好的时期之一。“十一五”期间，全市坚持以科学发展观为指导，以城市转型为统领，按照市九次党代会确定的“三六九五”总体工作思路，解放思想，锐意进取，抢抓机遇，破解难题，经济社会保持了平稳较快发展，主要目标和任务顺利完成。“十二五”期间，全市进一步解放思想、攻坚克难，统筹推进稳增长、调结构、促改革、惠民生，经济社会发展稳中有进，稳中向好，转型升级和经济文化融合发展取得了新成就。实践证明，解放思想是我们党的一大法宝，是推进改革开放、促进经济社会发展的活力源泉。

（三）始终坚持深化改革，以体制机制创新作为发展的动力源泉。全市坚持在发展中推进改革，以改革促进发展，把中央和省委精神与枣庄实际紧密结合起来，创造性开展工作，努力在结合中出思路、出特色、出成效。国有企业改革方面。全市按照建立现代企业制度的要求，以健全完善法人治理结构为重点，努力实现规范化公司运作。深化产权制度改革，按照“有进有退，有所为有所不为”的原则，进一步推动国有资本向关系国民经济命脉的重要行业和关键领域集中，通过向外商转让、民营资本进入、企业相互参股等途径，对竞争性领域中的国有资本适时退出或实现投资主体和产权多元化。建立劣势企业退出机制，引导中小企业与大企业挂靠联合、协作配套，向“专精特新”方向发展。强化管理创新，引入先进管理理念和方法。按照管资产、管人、管事相结合的原则，加快建立新型、有效的国资监管体系和营运机制，建立国有资本经营预算制度，探索建立健全金融资产、非经营资产、自然资源资产等监管机制，确保国有资产保值增值。重视市属国有企业的改革与发展，有针对性地解决问题，努力盘活闲置国有资产，使其尽快发挥效益。加强企业领导班子建设，培养专业性经营管理人才，形成有效的激励和约束机制。加快推进企业上市，提高直接融资比重。继续发展商品市场，加快培育资本、技术、人才、劳务等要素市场，促进生产要素合理流动。加快培育产权明晰、自主经营、行为规范的市场主体，推动企业健全内部控制制度。行政体制改革方面。按照“经济调节、市场监管、社会管理、公共服务”的要求，加快政府职能转变，进一步推进政企分开、政资分开、政事分开。把政府工作的重心逐步转到制度建设、规划编制、政策制定以及统筹协调、维护竞争秩序上，重点解决政府不同程度存在的“越位”“缺位”和“错位”问题。按照精简、统一、效能的原则和决策、执行、

台儿庄古城夜景

监督相协调的要求，完善机构设置，理顺职能分工，严格控制编制，实现政府职责、机构和编制的科学化、规范化和法定化。完善政府民主化、规范化决策机制和自我约束机制，提高重大决策的公众参与度和透明度，强化外部监督体制，实行政府行为责任追究制度。全面推行依法行政，加快建立行为规范、运转协调、公正透明、廉洁高效的阳光政府。农村体制改革方面。鼓励农民通过转包、出租、互换、转让、股份合作等形式流转土地承包经营权，构建农村产权流转体系，培育土地经营大户和土地合作组织，加速农业规模化、现代化经营进程。截至2015年底，“四清单一平台”行政权力运行体系基本建立，市级行政权力事项削减比例达到18.7%。企业改革加快推进。70家市属工业企业改革改制任务基本完成，近4万名职工历史遗留问题基本解决。企业重组步伐加快。中联水泥、八一轮胎、三九医药、鲁南化工、丰源轮胎等企业重组取得实效，工业集中度有效提升。农村改革成效明显。成功获批国家农村改革试验区，市、区（市）、镇（街道）三级农村产权交易服务体系基本建成，新型农村合作金融试点经验在全省推广；成功获批国家现代农业示范区，农业现代化程度达到93%，小麦、玉米最高亩产均居全省前列。财税、金融、科技、教育、住房、医疗卫生、社会保障等方面的改革均迈出了新步伐。实践证明，不断深化改革，创新经济发展的新机制，是实现又好又快发展的原动力。

（四）始终坚持扩大开放，把招商引资作为经济工作一号工程。枣庄坚持加大招商引资力度。实施更加主动的开放战略，全面提升招商引资水平，打造经济增长新高地。一方面坚持招大引强。紧盯国内外500强企业和大型央企民企，深入了解企业发展战略布局和年度投资计划，开展登门招商、专业招商等，有针对性地加强对接，集中力量招引对枣庄转型具有支撑力、带动力、影响力的大项目、好项目。另一方面立足优势产业招商。立足枣庄市的产业基础，坚持集群承接、沿链引进，按照“强链”“补链”“建链”的要求，推进招商引资规模与质量双提升。围绕改造传统优势产业抓招商。依托枣庄现有的煤化工、机械机床、橡胶轮胎、玻璃建材、纺织服装、食品加工等传统优势产业，努力招引龙头企业、骨干企业和上下游企业，对传统产业进行嫁接改造、关联配套，拉长做强产业链条。“十五”期间，招商引资成果丰硕，发展活力明显增强。累计引进外来资金478亿元。其中实际利用境外资金达到3.1亿美元，年均增长22.7%。5年累计实现进出口总值13.2亿美元。“十一五”期间，引进外来固定资产投资过亿元项目152个，完成投资603亿元；累计到账外资8.54亿美元，年均增长18.7%；累计实现进出口总额32.6亿美元，年均增长18.8%。机电、高新技术产品出口比重提高，劳动密集型和资源密集型产品出口比重下降，出口产品结构进一步优化。“十二五”期间，招大引强取得新进展。联想烯烃、韩国奥瑟亚建阳炭黑、日本JFE煤焦油深加工等大项目签约落地，一批世界500强企业和大型央企、民企落户枣庄。实践证明，充分利用国内外两种资源、努力开拓国内外两个市场，巧借外力，为我所用，是加快结构调整、实现又好又快发展的有效途径。

（五）始终坚持求真务实，建立健全决策目标、执行责任、考核监督的工作运行机制。在决策目标工作机制方面，市委市政府始终把调查研究作为促进经济社会发展的重要基础性工作来抓，建立了重大决策调研制度。各级党委在决策事关全局的重大问题之前，进行广泛深入的调查研究，集思广益、科学论证，拿出可供选择的决策预案。市委、市政府每年都围绕当年中心工作，以事关全局的重大问题、经济社会发展的难点问题、群众反映强烈的热点问题、社会关注的焦点问题为重点，制订全市年度重点课题调研计划，由市级领导牵头，有关部门负责，深入广泛地开展调研，撰写有质量的调研报告，为市委、市政府科学决策和指导工作提供了可靠依据。在抓落实方面，每年都确定市领导亲自挂包的重点项目。把任务目标细化的各个部门，具体到人、具体到事。在执行责任工作机制方面，市委、市政府对作出的决策和目标任务，都逐项分解，明确分工、责任和完成时限，落实到每个领导干部和工作部门身上。如，每次召开重要会议、下发重要文件、安排重要工作后，市委、市政府都及时分解立项，把任务、责任落实到有关单位和人员身

枣庄全民健身中心（东湖公园）

上，做到了目标明确、责任到人。在监督考核工作机制方面，市委、市政府加强了工作任务完成情况的监督，按季度调度，年终进行严格考核。对成绩突出、做出重要贡献的表彰奖励，对完不成任务或贻误工作的进行通报批评教育。实践证明，建立健全决策目标、执行责任、考核监督的工作运行机制，极大地调动了各级各部门和广大干部的积极性，激发了他们的工作热情，增加了压力和动力，促进了各项工作的顺利开展，保证了各项任务的有效落实。

（六）始终坚持改善社会民生，推进社会和谐化进程。枣庄坚持以人为本的执政理念，坚定不移地把改善民生放在构建和谐社会的更加突出位置。一是狠抓城乡居民增收。坚持把增加城乡居民收入、提高居民生活水平作为保障和改善民生、促进社会和谐的基础和关键，在贯彻落实好上级一系列惠民政策的基础上，不断加大对“三农”投入，引导和扶持农业特色增收项目的规模化发展，千方百计增加农民收入，同时解决好下岗职工、就业困难人群的就业增收问题，千方百计增加城镇居民收入。二是完善社保体系。全面实施“全民参保登记计划”，实现社会保险由制度全覆盖向人群全覆盖转变。完善居民养老保险制度，推进机关事业单位工作人员养老保险制度改革，发展职业年金、企业年金。统一规范职工养老保险个人账户记账利率，健全多缴多得激励机制。加大一般公共财政预算对养老保险基金支持力度，扩大基本养老保险基金筹资渠道，按比例划拨国有资产充实基金，确保基金安全和保值增值。三是全面发展各类教育。加强社会主义核心价值观教育，把立德树人及增强学生社会责任感、创新思维、实践能力的培养贯彻到国民教育全过程。发展学前教育，努力提高公办幼儿园占比率，普惠性幼儿园比例达到85%以上。推动义务教育均衡发展，科学布局义务教育学校，普及高中阶段教育。完善职业教育，优化专业布局和人才培养机制，争取3－5个专业列为国家扶持重点，支持枣庄职业学院做好国家高职高专人才培养工作第二轮评估工作，推进山东化工技师学院异地搬迁工程，推动枣庄科技职业学院发展特色优势专业。提升高等教育办学水平，支持枣庄学院走培养应用型人才办学道路，推动学科专业与产业深度融合。“十二五”期间，社会民生持续改善。民生投入不断加大。累计完成民生支出710亿元，占公共财政支出的70%。就业任务超额完成。城镇新增就业、农村劳动力转移就业累计达到28万人、34万人，完成“十二五”任务的109.3%、124%。居民收入逐年增加。城镇居民人均可支配收入、农民人均纯收入分别达到25758元、12058元，年均分别增长10.9%和13.3%，贫困人口大幅减少。教育医疗条件明显改善。累计消除农村中小学校舍危房93万平方米，新建改建标准化校舍169万平方米、幼儿园29万平方米，校舍楼房率保持全省前列，滕州市、市中区、峄城区顺利通过国家义务教育发展均衡县验收；改扩建各级医疗卫生设施38万平方米，每千人拥有医疗机构床位数比“十一五”末增加47%。实践证明，只有坚持改善民生，让广大人民群众享受到发展的成果，才能维持社会的稳定和谐，更好地促进发展。

审稿人：王广斌

撰稿人：庄启云　刘修存

枣庄资源枯竭型城市转型发展历程与成就

枣庄是全国重要的能源基地、资源枯竭城市，长期的煤炭开采形成了偏重的产业结构，经济社会发展在较长时期对煤炭产业严重依赖，与煤炭相关的主导产业曾占经济结构的八成以上，“一天三顿饭，两顿靠煤炭”是枣庄经济社会发展的真实写照。加快资源型城市转型发展，是党中央、国务院立足国情作出的一项重大战略决策。2009 年枣庄市列入国家第二批资源枯竭城市名单以来，市委、市政府带领全市人民坚持以邓小平理论、“三个代表”重要思想、科学发展观、习近平新时代中国特色社会主义思想为指导，以打造资源型城市创新转型持续发展示范区为目标，以提高经济发展的质量和效益为中心，坚定不移地实施城市转型战略，从依赖资源求发展逐步转变为转型发展、绿色发展、创新发展、和谐发展，“一黑一灰”的城市色调渐行渐远，“自然生态、宜居宜业”的城市新形象日益提升，经济社会迈入了提速转型、跨越发展的新时期。

一、城市转型发展的背景

中华人民共和国成立以来，枣庄市为国家建设和发展作出了重大贡献。在粗放式发展过程中，随着煤炭资源的枯竭，枣庄经济结构失衡、民生矛盾突出、生态环境恶化等问题日趋严重，加快推进资源型城市转型发展已成为枣庄发展面临的最为突出的困难和问题。

1、枣庄煤炭资源逐步枯竭

1878 年成立的中兴煤炭公司是枣庄煤矿的开始。1948 年 11 月枣庄解放，人民政府接管中兴煤矿公司，1952 年 7 月 1 日起实行公私合营，1953 年 4 月 1 日开始矿井恢复工作，1957 年正式投产。枣庄煤矿从 1956 年东井恢复生产到 1990 年共生产原煤 3498.5 万吨、精煤 1691.7 万吨。随着煤炭资源的逐步枯竭，煤炭产量逐年下滑，1999 年枣庄矿务局枣庄煤矿成为当时全国第一家政策性关闭破产的煤炭企业。随后，田屯、朱子埠、甘霖、山家林、陶庄等统配煤矿相继闭井，同时 110 处地方中小型煤矿也陆续关闭。2010 年，煤炭资源剩余可采储量为 3.35 亿吨。特别是陶枣、官桥等老矿区产能逐步减少、矿区服务年限缩短，境内地方煤矿开采条件越来越复杂。

2. 历史遗留问题突出

计划经济时期、国家从枣庄调出原煤 4 亿吨、电力 2000 多亿度、化肥 600 多万吨、建材物资 2000 万吨，供应全国 20 多个省、市。由于煤炭作为战略物资，一直由国家定价，价格与价值背离，煤炭效益被长期转移到下游产业和别的地区。仅煤炭、电力、化工三大支柱产业，在执行价格双轨政策方面，给国家贡献就达 64 亿元，是同期地方财政收入的 1.53 倍。由此以来，枣庄市经济发展产生的大量资源财富却不能用于本地区经济转型、民生改善和生态保护，致使枣庄积累了很多自身难以解决的困难和问题。2008 年全省 17 市社会发展综合水平评价报告中，枣庄市位居四个层次中的第四(最低)层次。2008 年，人均 GDP37069 元，仅相当于全省平均数的 88.9%；城镇居民人均可支配收入相当于全省平均水平的 88.4%。2009 年，万元 GDP 能耗居全省第二位；煤矸石累积 1700 万吨，煤矸石自燃释放出的二氧化硫对环境污染严重。2010 年底，累计形成塌陷地面积 14826 公顷，棚改和旧城改造总面积 1147 万平方米、居全省第一位。市属企业破产改制，拖欠职工社会保障资金累计高达 20 多亿元，职工经常集体上访、越级上访，社会维稳任务繁重。

3. 实施城市转型优势明显

建市以来，枣庄工业从无到有、从小到大，从挖煤炭、烧水泥到煤化工、新型建材、装备制造等集群的蓬勃崛起，产业门类不断齐全。2008 年，枣庄第二产业占比为 58.2%，在 26 个地级资源枯竭型城市中居第一位，水泥、石膏产能均居全省第一，是“中国中小机床之都”。

文化旅游等特色服务业加快发展，服务业规模和实力不断壮大。枣庄拥有 7300 年的始祖文化、4300 年的城邦文化、2700 年的运河文化、130 年的工业文化。依托丰富的文化和自然资源，经多年开发建设，集文化旅游、观光休闲度假、红色旅游为一体的旅游格局基本形成，旅游业发展势头强劲。

枣庄区位交通优势明显，毗邻青岛、日照、连云港港口和徐州、临沂机场、京沪铁路、京台高速公路、京沪高速铁路穿境而过，枣临铁路与枣临高速公路打通枣庄的出海通道，京杭大运河是枣庄连接苏沪杭的“黄金水道”,铁路、高速公路、运河和周边空港构成了便捷的交通网络。

市场潜力较大。2008 年，枣庄城镇私营和个体从业人员达到 62.56 万人，社会消费品零售总额达到 552.4 亿元，城镇居民人均可支配收入达到 22960 元,农民人均纯收入达到 9606 元,在 26 个地级资源枯竭型城市中分别位列第 1 位、第 1 位、第 3 位、第 4 位。

二、城市转型发展战略的提出

20 世纪 90 年代，我国一些资源枯竭型城市自发开始转型探索。进入 21 世纪后，资源枯竭型城市转型被纳入国

家战略，开始进行试点。2001年12月，国家开始在辽宁省阜新进行试点，这是国务院确定的第一个资源枯竭城市转型试点城市，后来又扩展到黑龙江省伊春，吉林省辽源、白山，辽宁省盘锦进行试点。2003年10月，党中央、国务院《关于实施东北地区等老工业基地振兴战略的若干意见》明确了对处于不同发展阶段的资源枯竭型城市的转型发展进行分类指导的原则，正式拉开了全国资源枯竭型城市经济转型的序幕。

2007年12月，国务院印发《关于促进资源型城市可持续发展的若干意见》，这是指导全国资源型城市转型、实现可持续发展的第一个纲领性文件。同年，枣庄市委、市政府经过深入研判全国、全市发展形势，及时了解转型政策信息，决定抢抓转型发展政策红利，实施资源型城市转型发展战略。2007年11月、12月，2008年1月、3月，枣庄市政府先后四次赴国家发改委东北司汇报资源型城市政策争取工作。2007年12月，市政府召开资源型城市转型和可持续发展协调会，协调部署转型政策争取工作，要求各相关单位部门全力做好转型相关基础资料的汇总和整理，积极赴国家有关部委开展对口争取。2008年1月22日，市政府在济南召开枣庄市资源型城市转型工作会议，要求各有关部门统一思想认识，全力做好资源型城市转型相关资料的搜集和整理工作，全力对上做好争取，力争纳入国家资源型城市扶持名单。2008年1月，枣庄市第十四届人民代表大会第一次会议召开。会议指出，“枣庄是资源型城市，经济结构单一，矿山资源逐渐减少，就业压力不断增大，加快城市转型已成为当前最为紧迫的任务。党的十七大提出帮助资源枯竭地区实现经济转型，国务院出台了一系列优惠政策；省里实施‘一体两翼’发展战略，把包括枣庄在内的鲁南地区定位为重点开发区域。枣庄市遇到千载难逢的时机，必须牢牢把握这一战略机遇期，加快推进城市转型，努力实现全市经济跨越发展”。这是枣庄首次把城市转型写入《政府工作报告》，上升为全市发展战略。

为落实《关于促进资源型城市可持续发展的若干意见》，2008年4月，国务院确定了全国首批资源枯竭城市，共有12个城市被列入。2009年3月，经国务院批准，国家发改委会同国土资源部、财政部联合下发《关于印发第二批资源枯竭城市名单的通知》，标志着全国资源枯竭型城市转型由试点探索阶段转向全面攻坚阶段。枣庄市被正式列入国家第二批资源枯竭城市名单，在9个地级市中排名第一，是第一、第二批资源枯竭城市中山东省乃至整个东部地区唯一的市。纳入国家扶持名单，标志着枣庄转型发展的伟大征程全面启动。

三、城市转型发展的实施

枣庄市在推进城市转型战略过程中，拼搏进取、攻坚克难，得到了国家有关部委和山东省委、省政府的坚定支持，一批重要政策的出台和重大事项的确立，为枣庄市加快转型发展注入了强大动力。

1. 转型发展全面开启阶段

（1）转型体制机制建立

为支持资源枯竭城市可持续发展，从2008年起，国家发改委、财政部、国土资源部等部门联合设立了中央财政财力性转移支付专项资金，支持资源型城市地方政府解决历史遗留问题及促进地方经济发展。第一轮财力性转移支付资金支持阶段（2008—2011年）是枣庄市资源型城市转型发展的起步阶段。这一时期，在国家、省支持下，枣庄市不断探寻和完善推进转型发展的体制机制，努力找到转型发展的新路子。

2007年12月起，根据市政府安排，市发改委着手开展《枣庄市促进资源型城市转型实施纲要（草案）》起草工作。2008年3月20日，市政府召开常务会议，听取市发改委关于《枣庄市促进资源型城市转型实施纲要（草案）》的汇报，决定提请第十四届人大常委会第二次会议审议。2008年3月，市十四届人大常委会第二次会议通过《枣庄市促进资源型城市转型实施纲要》，将城市转型上升为全市人民的共同意志。2008年4月，市政府印发《枣庄市促进资源型城市转型实施纲要》，组织开展实施工作。《纲要》深刻分析了枣庄城市转型的紧迫性和艰巨性，明确了城市转型的指导思想、基本原则和工作目标，提出到2020年全市GDP达到3200亿元，人均生产总值达到1万美元，在提前建成全面小康社会的基础上，提前总体上基本实现现代化，成为经济全面繁荣、社会文化和谐、人民生活富裕、生态环境美好的新枣庄。《纲要》确定了城市转型的主要任务：推动产业结构优化升级、推动城市功能转型、促进人才结构转变、抓好环境治理和节能减排、着力改善民生问题。

为加强对城市转型发展的组织领导，2008年6月，市政府成立枣庄市城市转型工作领导小组，市政府主要领导任组长，分管副市长任副组长，市直31个部门主要负责同志为成员，全面启动资源型城市政策争取和战略推进有关工作。枣庄市先后设立了一批实施转型特设组织机构，为转型工作有效落实奠定基础。2010年12月，市城市转型工作办公室成立，负责资源型城市转型具体工作，各区（市）政府先后设立了城市转型工作办公室，具体负责辖区的转型工作。2010年，市旅游和服务业发展委员会成立，枣庄成为全国第一家旅游部门和服务业办公室合并升格为“委员会”的城市。为加快推进新型煤化工、台儿庄古城等转型重点产业、项目建设，市委、市政府分别成立了枣庄市煤化工产业发展领导小组、台儿庄古城保护开发建设管理委员会，设立了枣庄海峡两岸交流基地办公室，成立了鲁南煤化工工程技术研究院，枣庄学院设立了煤化工学院，枣庄职业学院还设立了煤化工专业。2010年9月15日，枣庄学院成立资源型城市转型与发展研究院、鲁南农村改革与发展研究院等科研机构，为转型发展培养了大批专业人才。

2009年7月23—24日，全国资源

型城市可持续发展工作会议在吉林省辽源市召开。枣庄市政府在会上介绍了枣庄城市转型工作情况，与国家开发银行签署了合作备忘录，拟利用开行贷款60亿元，位居所有签约城市的第2位。2009年10月，省政府召开专题会议，研究支持枣庄做好资源型城市转型发展工作。会议决定，从2009年起，省发改委每年安排预算内基本建设资金500万元，省经信委每年安排省技改和节能资金500万元，省科技厅每年安排高新技术产业发展自主创新资金不低于1000万元，省财政每年安排专项配套资金5000万元，枣矿集团每年从利润中提取500万元上缴枣庄市政府，用于枣庄产业发展、改善民生、生态修复等方面。从2009—2011年，省住建厅从国家下达的中央财政廉租住房补助资金中，每年安排不低于1900万元，用于枣庄市廉租住房建设。

为支持枣庄市城市转型发展，2009年12月，省政府出台了《关于支持枣庄市做好资源枯竭城市转型工作的意见》，这是山东省出台的第一份支持资源型城市转型发展的文件。《意见》明确了枣庄市转型发展的五大主要任务：培育壮大接续替代产业、推动城市功能转型、环境治理和节能减排、保障和改善民生、促进人才结构转变。《意见》提出了四大扶持政策：产业发展方面，支持枣庄接续替代产业、文化旅游和运河物流业、高新技术产业、节能环保项目发展；财税金融方面，加大财政扶持力度、加强金融支持、拓宽融资渠道、建立可持续发展准备金制度；矿产开发和土地利用方面，增加建设用地规模、加大土地复垦力度、搞好矿产资源开发等；民生和社会发展方面，完善社会保险和就业政策、加快棚户区改造等。

2010年1月，枣庄市政府印发《枣庄市推进资源型城市转型工作暨重点项目建设实施方案》，将枣庄市转型发展任务实施分为近期、中期和远期三个阶段，并进一步明确任务目标和工作任务。《通知》进一步细化了转型工作任务：培植壮大接续替代产业方面，培植壮大煤化工、精细化工、机械制造、水泥、新型建材、纺织服装、农副产品加工、电子信息等八大产业集群；服务业方面，发展文化旅游、沿运物流、专业市场、生产性服务业等；推动城市功能转型方面，建设新老城区BRT交通枢纽，实施枣临高速、市民中心、枣庄客运中心、张范工业园区基础设施等14个项目；改善民生方面，实施“以创业促就业”活动，建设枣庄职业学院、枣庄科技职业学院，加快棚户区和农村危房改造，推进枣庄市中医院新城搬迁、奥林匹克中心等设施建设；强化生态保护方面，重点实施市中区矿山综合治理等项目。《通知》设立了《城市转型项目投资目标任务分解表》，纳入项目88个，总投资1305.4亿元。

按照国家资源枯竭城市转移支付资金使用规定，2010年3月，枣庄市政府出台《枣庄市资源枯竭城市财力性转移支付补助资金使用管理办法》，规定了补助资金的七个方面的使用范围：接续替代产业、特色服务业、城市功能转型、生态环境治理、棚户区改造、企业改制破产遗留问题、转型支撑保障体系等。2010年7月15日，市委九届七次全委会议审议并原则通过了《中共枣庄市委、枣庄市人民政府关于加快经济发展方式转变的实施意见》。

2011年2月，国家发改委印发《关于开展第二批资源枯竭城市转型评估工作的通知》。为做好迎接准备工作，2011年3月，枣庄市政府下发《关于成立枣庄市城市转型评估工作领导小组的通知》。3月21日，市政府召开领导小组第一次会议，对迎评工作进行安排部署。市发改委（市转型办）起草了全市转型评估自查报告，经市领导审定后报省发改委。2012年2月，国家发改委正式宣布第二批资源枯竭城市转型成效评估工作全面完成，枣庄成功通过国家转型评估，将继续享受国家第二轮（2012—2016年）的政策资金扶持。

2011年2月24日，国家发改委东北司在北京主持召开《枣庄市资源城市转型与可持续发展规划》评审会议。评审组专家一致同意《规划》评审通过，同时还提出了一些具体修改意见。根据专家意见，枣庄对规划作了进一步修改完善，并按照规定程序报请山东省政府审批及国家发改委备案。

2011年9月，山东省政府印发《关于〈枣庄市资源城市转型与可持续发展规划（2010—2020年）〉的批复》，并报国家发改委备案。这是省政府继出台《关于支持枣庄市做好资源枯竭城市转型工作的意见》后，就枣庄转型发展出台的又一重要文件。在全省，是唯一由省政府以正式文件印发一个市的规划；在全国，也仅有列入资源枯竭城市名单的地级市规划经国家发改委审核备案。2011年9月29日，市政府印发《枣庄市资源城市转型与可持续发展规划（2010—2020年）》。《规划》提出，打造以先进制造业和现代服务业为支撑的现代产业体系，实现产业多元化，三次产业协调发展。《规划》成为国家、省指导、考核、评价枣庄转型工作的制度性、规范性、纲领性文件和重要依据。

2011年10月8日，市政府印发《枣庄市九大产业发展规划》，着力培育壮大接续替代产业，推动传统产业新型化、支柱产业多元化、新兴产业特色化。九大产业分别是煤化工、精细化工、机床、水泥、新型建材、纺织服装、农副产品加工、电子信息、服务业。《规划》是对《枣庄市资源城市转型与可持续发展规划（2010—2020年）》的进一步分解细化和延伸，是枣庄推进产业转型发展的具体指南。

（2）城市转型全面推进

①产业培育方面

新型煤化工产业成为转型发展新引擎。转型之初，枣庄将煤化工作为首选接续产业来培植，大力发展煤化工和精细化工，把产品往高端延伸，把链条做长做精，重点抓好鲁南高科技化工园区、薛城能源循环经济百亿产业园、滕州西岗苯制品加工基地等一批产业集群

发展。2007年8月，兖矿集团年产30万吨醋酸、10万吨醋酸乙酯项目在国泰化工有限公司开工。2007年10月9日，枣庄市与新奥集团合作建设煤化工基地框架协议签约仪式在新城会展中心举行。2008年12月18日，枣庄矿业集团公司与韩国SK能源投资公司合作合资建设苯加氢项目。项目年产15万吨苯加氢，工程总投资4.3亿元。2009年11月14日，由埃新斯（枣庄）新气体有限公司、山东省鲁南煤化工工程技术研究院共同研究的“SES气化系统褐煤工业气化技术”通过省级鉴定。2009年12月，新能凤凰项目第一条生产线产出合格甲醇，标志着鲁南煤化工基地建设实现了重大突破，也是煤炭高效转化利用的标志性工程。2010年9月12日，枣庄市政府与联想控股有限公司签订总投资180亿元建设百万吨烯烃及精细化工基地战略合作协议，将枣庄煤化工产业推向新的高度。

推进“265产业集群”培育工程。这一时期，枣庄市加快工业提质转型，打造枣庄实体经济发展的新舰队，推进煤电、纺织服装、建材、橡胶轮胎、造纸、食品加工等传统行业创新转型提质增效，推动产业结构由煤炭“一业独大”向“多业并举”转变。2008年7月3日，枣庄中联公司日产5000吨水泥熟料生产线奠基，年可增水泥产量200万吨，生产规模达600万吨，成为枣庄地区环保生态型、规模最大的水泥生产企业。2009年5月12日，山东鲁南机床有限公司第1433079号“T”商标、枣庄华润纸业有限公司第1556716号图形商标被认定为“中国驰名商标”，实现了枣庄“中国驰名商标”零的突破。2009年9月1日，枣庄市市中区被中国纺织工业协会命名为“中国针织文化衫名城”，全区有纺织服装企业287家，年产文化衫4亿件，占全省文化衫出口总量的30%，是全国文化衫主要产地之一。2009年6月15日，滕州经济开发区设立山东（滕州）电子信息产业园，为全市首家省级电子信息产业园。2009年7月29日，国家机床及通用机械产品质量监督检验中心项目动工，这是全国三大机床检验中心之一。2010年4月28日，青岛纺联控股集团台儿庄纺织产业基地项目在台儿庄区奠基。2010年11月3日，葡诚（枣庄）水泥有限公司日产5000吨新型干法水泥生产线投产。2010年11月24日，枣庄银海医药物流园奠基，项目总投资2亿元，占地107亩。2011年5月19日，海特电子集团万吨级正极材料项目奠基。2011年5月，滕州市被中国建筑业协会命名为“中国建筑之乡”，先后荣获鲁班奖、中国建筑工程装饰奖、全国优秀QC成果等省部级奖项150多项。

打造国内外知名的文化旅游目的地。枣庄市深入挖掘地方优质文化资源，推进城市与旅游形象塑造，创新发展旅游产品体系，着力提升城市旅游环境。2007年10月17日，全市旅游业发展大会召开，这是枣庄历史上规格最高、规模最大的一次会议。会议规划了今后枣庄旅游发展蓝图，制定出台了《关于推动旅游业又好又快发展的决定》，决定规划开发建设62平方公里的微山湖湿地、5.2平方公里的台儿庄古城，叫响“江北水乡、运河古城”的旅游品牌，带动冠世榴园风景区、抱犊崮国家森林公园、熊耳山国家地质公园、铁道游击队文化园、盈泰温泉度假村建设。2008年4月，枣庄市政府启动台儿庄古城重建工作，提出把台儿庄古城打造成为中国第一座二战纪念城市和沿运独有、国内乃至世界知名的文化旅游品牌。2008年10月27日，滕州市微山湖湿地红荷国家级水利风景区揭牌。2009年12月17日，经中央台办批准，在台儿庄古城设立大陆首家海峡两岸交流基地，并举行了成立大会暨揭牌仪式。2010年5月1日，台儿庄正式开城，与华沙同属世界上仅有的两座因二战炮火毁坏而作为世界文化遗产重建的城市。至此，作为国家AAAAA级景区，运河文化和抗战文化成为了古城标志性符号，其旅游产业也踏上了发展的快车道。2011年1月12日，台儿庄古城获评“十大齐鲁文化新地标”，并荣膺榜首。2011年7月，全省文化工作座谈会在枣庄召开。会议认为，枣庄市把发展文化产业作为城市转型的一个战略性支柱产业来培育，擦亮了“江北水乡·运河古城”的城市名片，创造了一个文化遗产保护、传承、发展的新模式。2011年9月10日，国家非物质文化遗产博览园落户台儿庄古城。2011年10月29日，2011中国旅游总评榜揭晓，枣庄市位列山东最佳休闲旅游城市榜首；山亭区列山东县域旅游十强榜首；台儿庄运河古城景区被评为山东十佳休闲胜地；抱犊崮国家森林公园被评为山东最美生态山水景区。2011年12月28日，台儿庄古城被国家文物局列为全国首个国家文化遗产公园。

②民生改善方面

枣庄坚持把改善民生作为推进转型的出发点，市政府每年公开承诺为群

联想控股滕州化工基地

众办好100件惠民实事，集中力量解决一批群众反映强烈的“老大难”问题。2008年10月28日，枣庄市启动城镇居民基本医疗保险制度。2009年3月12日，2009年首个棚户区改造项目——新馨园小区开工奠基。该小区位于市中区仙台，建筑面积3.6万平方米，可解决540户居民的居住问题。2009年4月，枣庄市中医医院新城迁建工程奠基，为全国重点地市级中医医院建设项目。2009年7月1日起，全市开展新型农村社会养老保险试点工作，年满18周岁以上的农村居民均可享受养老保险。2009年11月6日，枣庄市棚户区改造动员会议召开。会议提出，全市有棚户区298万平方米，涉及职工群众4.7万户，改造任务占全省总任务的40%以上，三年内基本完成。2010年7月，枣庄市开始执行调整和完善后的《新型农村社会养老保险试点政策》，政府给予所有参保缴费农民每人每年30元的缴费补贴，实现了城镇居民养老保险全覆盖。2010年10月1日，枣庄市廉租住房保障范围扩大至城镇低保家庭及家庭人均年收入是上年度城镇家庭人均可支配收入60%以下（含60%）的低收入家庭。2010年12月21日，枣庄市市民中心工程开工建设。该工程是一项集体育、文化、博览、办公、休闲、娱乐于一体的综合性民生工程。2010年12月31日，枣庄客运换乘中心奠基。2011年7月5日，枣庄市社会保障卡发行启动仪式举行，标志着全市人力资源社会保障业务经办进入全程信息化管理的新阶段。

③基础设施建设方面

2008年5月4日，全市建设工作会议召开。会议提出，吹响新一轮城市建设的号角，推动城市建设和城市化进程，打造美好家园。2008年12月9日，临沂至枣庄高速公路工程建设动员大会举行。该工程是京沪高速公路和京福高速公路的重要连接线，全长91.3公里，工程投资38亿元。2009年11月7日，临沂至枣庄高速公路枣庄段开工建设。2010年1月，台儿庄复线船闸主体工程通过验收，可通行2000吨级船舶，年设计通过能力2200万吨。2010年3月24日，全市城镇化暨环境综合整治工作会议召开。会议决定，统筹老城新区和城乡住房建设，做到有机结合、相互补充；深入开展城市环境综合整治，重点抓好城区道路交通秩序、交通干道及城市出入口环境整治。2010年8月2日，枣庄市BRT首条线路B1线开通试运行，枣庄成为全省除济南之外第二个拥有BRT的城市，也是全国首家实施全线监控的BRT公交系统。2010年8月15日，枣木高速并入全省高速公路网。2011年6月30日，京沪高铁枣庄站BRT专线开通，实现城市交通与高铁“无缝对接”。

④深化改革方面

枣庄市坚持问题导向补短板、变革机制添活力，更加注重用改革的办法破解难题、用创新的方式驱动产业升级。2008年12月13日，枣庄首家农村合作银行——恒泰农村合作银行开业。2009年11月19日，枣庄市担保有限公司成立。公司以鲁南（枣庄）经济开发投资有限公司作为投资主体，同时吸纳各区（市）政府、国有大型企业及民间资本参股，注册资金2亿元。2010年9月28日，中国区域旅游发展暨“枣庄实践”高峰论坛在新城会展中心举行，探索区域旅游合作共赢机制，共商区域旅游发展大计。2011年12月，全省首家村镇银行——山东滕州建信村镇银行揭牌。该行注册资本金1亿元，其中建行持股51%，枣庄鲁能力源电力集团有限公司、大宗集团有限公司等10家非金融机构企业出资人持股49%。

⑤生态建设方面

2007年11月7日，山东安厦集团立窑生产线集中爆破暨枣庄中联水泥工业生态园建设启动仪式举行，9条立窑生产线爆破成功，实施了小水泥、小火电“全国第一爆”，立窑水泥在枣庄成为历史。2009年9月29日，利用塌陷地治理建设的枣庄全民健身中心（东湖公园）开园。2009年3月19日，枣庄蟠龙河省级湿地公园建成。2009年12月24日，枣庄市被命名为“山东省园林城市”。2010年1月8日，台儿庄运河湿地公园被批准为国家级湿地公园试点。2010年7月26日，枣庄中兴（煤矿）国家矿山公园获批建设，规划面积21.3平方公里，由中兴煤矿遗址和28处老遗迹组成。2010年8月18日，滕州微山湖湿地公园荣获上海大世界吉尼斯纪录——拥有红荷面积最大的湿地。2011年1月5日，枣庄市龙门观森林公园、牛郎山森林公园、袁寨山森林公园被批准为省级森林公园。至此，全市省级以上森林公园达10处。2011年4月，薛城区蟠龙河湿地公园被列入国家级湿地公园试点。2011年5月19日，全市重点平原洼地治理项目启动。该项目是利用世行贷款和国内投入实施的重大水利工程，总投资11.29亿元，总排涝面积76万亩。2011年11月，山亭区被环保部授予“国家级生态示范区”称号。全区林地面积发展到86万亩，森林覆盖率达52.8%。

枣庄城市转型的先进经验和亮点做法得到了中央领导同志的充分肯定和社会各界的高度关注。2009年10月17日，中央政治局委员、国务委员刘延东到枣庄视察指导城市转型工作，对枣庄城市转型取得的成绩给予充分肯定。2011年3月8日，在十一届全国人大四次会议山东代表团的审议中，中央政治局常委李长春对枣庄深入挖掘本地文化资源，重建台儿庄古城，带动文化产业大发展，推动资源枯竭城市转型的做法给予充分肯定。枣庄转型做法得到其他资源型城市的肯定。2009年以来，先后有双鸭山市、濮阳市、万盛区等20多个资源型城市到枣庄考察学习。

2. 纵深推进转型发展阶段

在党的十八大和十八届三中、四中、五中、六中全会精神指导下，在第二轮资源型城市转型政策扶持阶段中，国家、省和市转型发展的政策体制机制更加健全。枣庄市坚持以转型发展为主线，以建设自然生态、宜居宜业新枣庄为目标，

纵深推进城市转型，取得了明显的阶段性成效。

（1）转型体制机制更加完善

转型战略研究更加深入。2012 年 2 月 4 日，枣庄市第十次党代会召开。大会提出了今后全市工作的核心任务、指导思想和奋斗目标，提出了加快城市转型、建设幸福新枣庄的部署。2012 年 1 月 14 日，枣庄城市发展战略研讨会在台儿庄古城召开。与会专家学者围绕枣庄城市发展战略主题，为枣庄未来城市发展提供参考启示。为对全市转型规划确定的发展目标和重点任务进行分解，2012 年 1 月 20 日，市政府印发《关于切实做好枣庄市资源型城市转型与可持续发展规划任务目标分解落实工作的通知》，进一步细化工作重点、具体任务、完成时限和责任单位。

2012 年 9 月 25 日，全国资源型城市与独立工矿区可持续发展及棚户区改造工作座谈会召开，枣庄市作了“以科学发展观为引领，探索煤城转型路”的典型发言，得到了充分肯定。9 月 28 日，《人民日报》在头版报头位置刊登了《誓得广厦千万间——山东枣庄棚户区改造工程纪实》，并配发评论员文章《是民生工程也是发展工程》，对枣庄市成功探索资源型城市转型发展的做法给予充分肯定，在全国范围内推广枣庄市棚户区改造的典型经验。

通过国家资源型城市转型评估后，从 2012 年起，国家开始给予枣庄市第二轮资源型城市财力性转移政策扶持，资金额度逐渐增加。按照《山东省人民政府关于支持枣庄市做好资源枯竭城市转型的工作意见》规定，省财政每年安排 5000 万元定额补助资金予以配套。枣庄市出台了支持产业发展的财政政策措施，如《关于运用财政政策措施支持实体经济发展的实施意见》《关于支持全市加快工业和民营经济发展的实施意见》《关于认真落实中央和省有关政策规定支持企业创新转型提档升级的实施意见》等文件，大力支持城市转型发展。

为科学评定资源型城市转型发展成效，2013 年 6 月，国家发展改革委、财政部、国土资源部、国家统计局联合下发《资源枯竭城市转型年度绩效考核评价办法（试行）》。按照考核规定和市政府领导批示，2013 年 8 月，市政府成立了以分管副市长任组长的考核工作领导小组，办公室设在市发改委。经过努力，根据国家发改委等四部委关于 2013、2014、2015、2016 年度资源枯竭城市转型年度绩效考核结果的通报，枣庄连续四年被评为良好档次，转型成效得到了国家的充分肯定。

推进老工业区改造是资源型城市转型的重要内容。枣庄市城区老工业区位于市中区，总面积 6 平方公里，其中工业用地 2.45 平方公里，占老工业区面积的 40.82%。枣庄市是较早启动城区工业区改造工作的城市之一。2012 年 3 月，市政府印发《关于加快市南工业区改革发展的实施意见》，决定市级筹资 5 亿元，借支市中区先期启动市南工业区开发建设。2013 年 8 月 6 日，枣庄市市南工业区建设发展规划汇报会举行。会议提出以文化创意和电子商务为产业定位，融特色旅游、特色餐饮、特色娱乐为一体的“创意之谷、活力高地、青春之城”的园区发展目标。2015 年，市发改委、市中区政府编制《枣庄市老工业区搬迁改造实施方案（2015—2020 年）》，经市政府同意后报省政府。2015 年 8 月，省政府批准《市中区老工业区搬迁改造实施方案（2015—2020 年）》，并报国家发改委备案。至此，枣庄市城区老工业区搬迁改造工作全面启动。

2013 年起，山东省委、省政府实施“两区一圈一带”区域发展战略，枣庄市纳入西部经济隆起带战略区域。2013 年 8 月，《山东省西部经济隆起带发展规划》对枣庄提出了打造“转型升级和经济文化融合发展高地”的目标要求，支持枣庄市用足用好国家资源枯竭城市转型扶持政策，建设全国重要的现代煤化工、精密机械机床、锂电等产业基地，建设国家农村改革试验区、中华运河文化传承创新核心区、国家海峡两岸交流基地，建成鲁南门户城市。2013 年 9 月 5 日，市委、市政府成立西部经济隆起带建设领导小组，召开枣庄市推进西部经济隆起带建设工作会议。2013 年 9 月 15 日，枣庄市政府与山东省发展和改革委员会签署加快建设西部经济隆起带战略合作框架协议，省里从规划、项目、产业等方面给予枣庄重点支持。

2013 年 11 月，国务院印发《全国资源型城市可持续发展规划（2013—2020 年）》。《规划》首次在全国确定了 262 个资源型城市、按照可持续发展的能力和资源状况，分成四种类型，即成长型、成熟型、衰退型和再生型，枣庄市被列入衰退型（即枯竭型）城市行列。同时，枣庄市煤炭深加工产业集群、机床产业集群、枣陶煤田闭坑矿区治理工程、台儿庄文化创意产业集群等 6 个专项列入《规划》，成为全国资源型城市列入专栏项目最多的市。

2014 年 1 月 4 日，枣庄市城市转型工作会议召开。会议总结了 2008 年以来全市城市转型各项工作，表彰了城市转型工作先进集体和个人，安排部署了今后一个时期的城市转型任务。会议决定坚持以新型城镇化为引领，走新型城镇化、新型工业化、信息化、农业现代化“四化”协调发展之路，力争在全国率先实现资源枯竭城市成功转型。

在枣庄等资源型城市的全力争取下，2014 年 7 月，省政府印发《关于支持资源枯竭型城市转型发展的意见》，就产业转型、财税、棚户区改造和生态环境治理等四个方面，提出了加大对枣庄等转型枯竭城市重大产业项目布局、专项资金支持、实施有关财税减免等扶持政策事项。省发改、财政、国土、经信等部门也配套出台相关政策，支持资源枯竭城市转型发展。这是省政府在枣庄实施城市转型以来第二次出台政策意见，支持枣庄等资源枯竭城市转型发展，充分体现了省委、省政府对枣庄等资源型城市转型发展的重视。

根据国家发展改革委振兴司关于加强采煤沉陷区综合治理的有关要求，枣

庄市积极推进该项工作。2015年7月，市发改委向省发改委提报了《关于上报采煤沉陷区试点备选名单和综合治理储备项目的报告》，申报滕州市采煤沉陷区列入国家试点名单，得到国家批准。2015年10月，省政府印发《山东省采煤塌陷地综合治理工作方案》，就全省采煤塌陷地治理任务表、路线图作出部署。枣庄市列入《方案》需综合治理塌陷面积达8万亩，列全省第三位，将享受更多政策资金扶持。枣庄市按照《方案》要求，编制了《枣庄市采煤塌陷地综合治理工作方案》。2016年，市发改委、滕州市政府又组织编制《滕州市采煤沉陷区综合治理工程实施方案》，涉及塌陷地面积6.56万亩，从中筛选申报2016年中央预算内资金项目6个，总投资8.7亿元，预计治理采煤塌陷地面积3万亩左右。

根据国家有关规定，2016年是枣庄市享受国家资源枯竭城市第二轮（2012—2016年）转型扶持政策的最后一年。受宏观经济下行等因素影响，枣庄市正处在艰难的攻坚和爬坡阶段，迫切需要中央、省里对枣庄资源枯竭城市的财力性支付继续延期扶持。为做好新一轮政策争取工作，市发改委多次赴国家、省发改委汇报对接，代拟了《山东省人民政府关于申请延长对枣庄资源枯竭城市扶持期限的请示》。省政府向国务院呈报了《关于继续加大对枣庄资源枯竭城市政策扶持的请示》。经反复对接争取，国家明确实施新一轮转型政策资金扶持并采取“退坡”机制逐步退出，枣庄市继续享受国家新一轮转型政策扶持到2020年左右。

（2）城市转型重点工程纵深推进

为加快推进工业转型振兴、服务业提档升级、生态枣庄建设、保障和改善民生、全面深化改革等一系列转型重大工程，从2012年起，市委、市政府着力在增强内生动力上创新工作方法，破解转型难题，一批重要的政策出台，起到了重要的推动作用。

①工业转型振兴方面

大力培植重点工业板块，纵深推进“265产业集群”发展。突出打造高端装备制造、化工新材料、医药和医疗器械、大数据产业四大优势产业板块。2012年3月2日，枣庄市工业转型振兴大会举行。会议印发了《枣庄市人民政府关于推进工业转型振兴的实施意见》，要求坚持抓好特色优势产业培育，提高工业经济运行质量和效益，激发企业发展活力，搭建坚实发展平台；坚持创新发展和安全发展，确保实现工业转型振兴目标。2013年3月23日，全市纵深推进工业转型振兴工作会议召开。会议提出工业改革、传统产业整合重组、战略性新兴产业培植、工业技改、扶持中小微企业发展五项重点任务。2014年2月22—23日，全市纵深推进工业转型振兴现场会议召开。会议强调，改造提升传统产业，继续推进市属工业企业改革改制、传统产业市场化重组、落后产能淘汰和企业技术改造；加快发展新兴产业，突出产业发展重点，夯实产业发展载体，强化产业发展支撑；培育壮大接续产业，千方百计招引项目，全力以赴建设项目，科学谋划储备项目。2015年5月5日，全市加快工业和民营经济发展大会召开。会议印发《关于大力推进工业创新转型提档升级的意见》，32名市级领导与77家重点企业结对联络帮扶。会议要求，把产业转型升级作为加快工业和民营经济发展的主要任务，强力推进“265产业集群”培育工程。2016年3月31日，全市工业和民营经济工作会议召开。会议决定，坚持创新引领、狠抓项目、优化环境、真抓实干、民营经济不动摇，加快工业转型升级。

化工产业。2012年以来，枣庄市突出抓好鲁南高科技化工园区、薛城能源循环经济百亿产业园、滕州西岗苯制品加工基地等一批产业集群发展。2012年5月19日，联想控股滕州化工基地开工，总投资约73亿元，占地1750亩。2012年，山东省煤化工设备研究中心成立。该项目是省特检院枣庄分院和鲁南装备公司共同建设的山东省第一家省级煤化工设备检测、检验中心。2012年，薛城区邹坞镇化工园区建立，投资10亿元新建的40万煤制气工程是化工园的先导项目，后续的甲醇、二甲醚、粗苯和焦油深加工等精细化工项目陆续展开，目标为建设销售收入过百亿元的化工园区。2013年6月13日，薛城能源循环经济百亿产业园项目合作协议签约仪式举行。薛城区分别与日本JFE化工株式会社、杰富意振兴化工等5家公司签署了50万吨煤焦油深加工、20万吨煤气综合利用等5个项目的合作协议。2014年10月10日，由枣矿集团与韩国OCI株式会社共同出资建设的奥瑟亚建阳炭黑项目奠基仪式举行。2014年12月1日，总投资73亿元、占地1750亩的联想控股滕州化工基地项目在鲁南高科技化工园区建成投产。2016年7月7日，丰元化学在深交所中小板挂牌上市，成为枣庄地区首家以IPO方式上市的公司，填补了枣庄市在证券市场上的A股空白。2016年9月13日，瑞达化工6万吨/年聚丁烯项目（一期）工程在滕州市鲁南高科技化工园区开工，项目总投资13.5亿元，是国内首个聚丁烯生产项目。

机械制造产业。2012年，山东鲁南装备制造有限公司销售收入已突破20亿元，成为全市装备制造龙头企业。2013年，山东腾达不锈钢制品有限公司的不锈钢拉丝产量居全国第一；山东洪海集团有限公司生产的三面翻、多面翻等产品在同行业中处于第一位。2014年5月，滕州市中小数控机床特色产业基地被科技部认定为2014年第一批国家火炬特色产业基地，成为枣庄市首个国家火炬特色产业基地。2015年，枣庄市成功通过“中国中小机床之都”全国五年复审。全市拥有机床生产企业338家，涌现出威达重工、鲁南机床、普鲁特机床、大地机床、三合机械等龙头企业。2016年3月，工信部认定滕州市为全国第三批“产业集群区域品牌建设试点城市”。2016年6月，山东省经信委认定枣庄市5家企业6项产品

为省首台（套）技术装备。万户数控与北京航空航天大学合作研发用于航空发动机叶片加工的五轴联动加工中心及阵列机床，这一产品填补国内空白。截至2016年，枣庄市中小型钻铣床产量占全国总产量的80%以上；三合机械的锯床、威达重工的铣床、腾达不锈钢制品的不锈钢拉丝产量居全国第一，山森数控的机床操作面板在国内市场占有率70%，洪海光电集团的光电智能广告设备研发水平和产品产量位居行业前列，山东威达重工股份有限公司、山东鲁南机床有限公司荣获全国机床工具行业三十强企业称号。2016年，枣庄亿和精密铸造项目全面开工建设，此项目的投产标志着枣庄市产业升级又上一个新台阶。

新型建材产业。2012年1月，申丰水泥、葡诚（山东）水泥、泉兴水泥、泉头集团金桥水泥四家企业入选“2011年全国水泥熟料产能百强榜”。2012年11月底，全市已全部淘汰立窑水泥生产线及直径3米以下水泥粉磨设备；现有新型干法水泥生产企业13家、21条新型干法水泥生产线，水泥熟料总产能2616.9万吨/年，水泥总产能3803.66万吨，产能和产量在山东省居第一位。2012年12月，泉兴中联水泥有限公司举行揭牌仪式。该公司由泉兴集团与中国联合水泥集团有限公司共同出资组建，注册资本10亿元。2013年1月5日，全市水泥行业整合重组工作会议召开。会议传达《枣庄市水泥行业整合重组实施方案》，确保5月1日前整合重组全市水泥产能2/3以上。2013年12月9日，中国联合水泥集团有限公司运营中心在枣庄奠基，标志着枣庄市总部经济发展迈出了新步伐。2014年3月2日，中联水泥淮海运营管理区总部在枣庄高新区投入运营。2014年起，玻璃产业整合104家小微玻璃加工企业，全面启动中国（滕州）玻璃城项目，枣庄市成为全国最大的玻璃生产、加工、销售、物流为一体的集散地。金晶玻璃生产的“金晶牌浮法玻璃”被评为中国名牌产品，“金晶玻璃”商标被认定为中国驰名商标；丰华玻璃、耀鸿玻璃等企业获得山东省名牌产品、山东省著名商标等称号。2016年3月14日，滕州玻璃精深加工基地被科技部评定为“2016年第一批10家国家级火炬特色产业基地”。

煤电产业。2012年11月，山东丰源集团股份有限公司连续七年入选“全国煤炭工业百强企业”名单，也是枣庄市唯一跨入“中国煤炭企业100强”的企业。2013年8月31日，华电国际十里泉发电厂600兆瓦机组扩建工程开工奠基。该项目是山东省“十二五”规划建设的重点电源项目。2014年，建阳电厂投产运行，矿区电厂装机容量达31万千瓦。2015年1月6日，山东省发改委正式核准八一水煤浆热电公司130万千瓦煤矸石综合利用热电机组项目，同意开工建设。2015年7月14日，枣矿集团八一热电二期项目暨城市供热工程建设动员会议在八一水煤浆热电公司召开。枣矿集团八一热电二期项目是枣庄市重点民生工程，被省政府列为2015年省重点建设项目，总投资32.75亿元。2015年12月20日，枣庄新能源公司台儿庄5万千瓦风电项目全部并网发电，累计发电1200万千瓦时；2016年1月16日，1万千瓦光伏项目部分单元正式投产，结束了企业风光发电资产为“零”的历史，建成了枣庄市第一个风力发电项目。

橡胶轮胎产业。2012年9月16日，八一轮胎公司（泰国）首批自产橡胶和二期工程投入使用，标志着枣矿集团公司国外橡胶加工、国内轮胎制造、模具、橡胶机械制造“四位一体”的橡胶化工产业集群已经形成。2012年底，山东能源集团与市政府达成战略合作发展框架协议，由枣矿集团八一轮胎入股峄城山东丰源轮胎，重组并启动丰源轮胎尽快进入实质性生产阶段。2013年7月8日，山东丰源轮胎制造股份有限公司正式启动生产，实现与山东能源枣矿集团八一轮胎制造有限公司的整合重组，标志着枣庄市橡胶产业整合重组迈出了实质性步伐。2014年，引进央企中商集团并购风轮轮胎，重组为中商风轮轮胎有限公司，并发展成为中国重汽和山东临工的指定供货商。同年，橡胶化工板块通过技改扩能上规模增效益，形成年产全钢胎240万条、半钢胎600万条、输送带1000万平方米、橡胶加工10万吨的生产能力。八一轮胎首次跻身世界轮胎75强、列第66位。

新能源产业。2013年9月3日，枣庄市政府与山东省科学院科技合作项目签约仪式在济南举行，亿丰源生物等11家枣庄企业分别与省科学院有关研究所签订了科技合作项目协议。2013年9月16日，枣庄市首家企业屋顶光伏电站——润恒光能有限公司5兆瓦屋顶光伏电站成功并网发电。2014年10月16日，2014中国（枣庄）国际新能源锂电产业博览会在新城会展中心开幕。同日，中国微型电动车产业技术创新联盟成立大会暨第一届理事会在新城会展中心召开。全国微型电动车产业化生产基地项目推介招商大会在枣庄举行，高新区成为全国三个微型电动车产业化示范基地之一。2015年4月2日，山东丰源集团旗下的生物质发电公司在“新三板”正式挂牌，实现枣庄上市企业“零”的突破。2015年4月20日，市政府与国开新能源科技有限公司光伏发电项目建设合作框架协议签约仪式举行。项目投资30亿元，用3年时间建设400兆瓦的光伏电站。2015年10月29日，枣庄地区首个“风光同场”型新能源发电项目——华电（台儿庄）新能源电厂顺利并入山东电网。2015年12月20日，华电枣庄新能源发电公司台儿庄风光电场一期50兆瓦工程最后一台风机顺利并网发电，标志着本期工程25台风机全部并网发电。这是全省首个风光同场发电项目。

新材料产业。2013年10月18日，枣庄市5个新产品被列入2013年国家重点新产品计划，分别是：山东润峰电子科技有限公司研发的“大容量充电

机 BTR72100”、海特电子集团有限公司的“一种超低温高倍率型锂离子电池用磷酸铁锂正极材料”、滕州市华海新型保温材料有限公司的“高阻燃外墙保温板”、山东海吉雅环保设备有限公司的“多功能一体化油田水处理器”、山东鲁南瑞虹化工仪器有限公司的“QT—3000型轻烃分析仪”等。2014 年 1 月，由海特集团公司承担的枣庄市首个国家专利战略推进工程项目“专利战略助推超级电容器产业发展研究”通过国家知识产权局验收，填补了国内超级电容器行业研究的空白。2015 年 8 月 30 日，枣庄市首台（套）重大技术装备及关键核心零部件综合保险工作实现零突破，首单成功签发，成为全省第三个成功签单的地市。2016 年 3 月 26 日，中材锂膜有限公司一期项目开工仪式在滕州举行。

大数据产业。2012 年 10 月 7 日，枣庄数据中心项目奠基，实现了枣庄市信息化大项目招商零突破。2014 年 4 月，数字枣庄地理空间框架建设项目顺利通过专家组验收并正式开通，这是“数字城市”“智慧枣庄”建设取得的又一重大成果，标志着枣庄市信息化建设迈出了新的步伐。2014 年 9 月 10 日，浙江大学电子服务研究中心暨枣庄电子商务研究院揭牌。2015 年，全市实现行政村光纤全覆盖，全面建成“光网城市”。2015 年 12 月 1 日，枣庄市政府、中国电信山东分公司“智慧枣庄”战略合作协议签约暨鲁南数据中心建设签约仪式举行。2016 年，枣庄市委、市政府提出打造大数据、云计算、智慧城市等公众互联网、产业互联网、物联网等于一体的互联网产业高地，推动枣庄产业转型取得突破性进展。重点建设的鲁南数据中心总建筑面积约 1 万平方米，拟建机柜 6000 个，具备 IDC 业务承载中心、客服呼叫中心、移动互联网、智慧城市、物联网、互联网游戏、大型数据灾备中心等功能，并成为与济南、青岛并列的国家骨干网一级主干节点城市。2016 年 2 月 26 日，枣庄互联网小镇一期项目集中入驻仪式在高新区举行，首批 11 家企业集中入驻，入驻项目 23 个。2016 年 3 月 28 日，山东联通与市政府就智慧城市建设、鲁南数据中心及产业互联网发展进行合作交流。2016 年 5 月，由联通集团云数据公司投资 2000 万建成枣庄市政务云平台一期工程，并通过信息系统安全等级保护三级测评，当年底，28 个市直部门应用系统和门户网站迁移到政务云平台。2016 年 7 月 22 日，枣庄市被工信部、国家发改委认定为 2016 年度“宽带中国”示范城市。

②服务业提档升级方面

枣庄市坚持提升传统服务业和培育新兴服务业并举，推动生产性服务业向专业化拓展、生活性服务业向高品质迈进。文化旅游业方面，枣庄市着力推进全域旅游提档升级，积极创建全域旅游示范市，促进旅游行业全区域、全要素、全产业链发展。2012 年 3 月 9 日，全市旅游服务业暨二日游工作会议召开，就突出抓好精品景区建设、二日游市场营销、提高旅游服务质量和加快服务业发展等四项重点工作作了安排部署。2012 年 8 月 13 日，台儿庄国家版权贸易基地揭牌，成为国内第四个、山东省唯一的综合性版权交易服务平台。2012 年 8 月，台儿庄古城文化产业园入选第四批国家级文化产业试验园区推荐名单，成为全国第六家、省内唯一获此殊荣的园区。2012 年 11 月，台儿庄古城景区被评定为国家 AAAAA 级旅游景区，成为山东省第七家、枣庄市首家获此殊荣的旅游景区。2012 年 12 月 1 日，枣庄市荣获“山东最佳旅游城市”称号，台儿庄古城荣获“山东十佳旅游景区”称号，滕州市荣获“山东县域旅游十强”“2012 京沪高铁沿线最受欢迎旅游目的地”称号。2013 年 8 月 11 日，微山湖古镇一期核心展示区建成开放。2014 年 2 月 12 日，枣庄影视文化产业投资基金成立，是全省首支文化产业投资基金。2014 年 3 月 16 日，以“山亭人家”逍遥游为品牌的山亭区乡村旅游规划获省旅游局专家组评审通过，是获批的山东省第一家区县乡村旅游总规划。2014 年 6 月 22 日，包括中河台儿庄段在内的中国“大运河”文化遗产项

枣庄市成功创建国家森林城市、国家园林城市

目被列入《世界遗产名录》，这标志着枣庄市实现了世界遗产零的突破。2016年2月1日，国家旅游局公布首批262个“国家全域旅游示范区”创建单位名单，滕州市、台儿庄区位列其中。2016年11月，枣庄市被省旅游发展委认定为首批山东省全域旅游示范区。同日，山亭区入选第二批“国家全域旅游示范区”创建单位名单，是继滕州市、台儿庄区入围首批创建名单后枣庄市第三家创建单位。2016年12月9日，“鲁风运河”品牌联盟成立大会在台儿庄古城召开。

③增进民生福祉方面

枣庄市牢固树立以人民为中心的发展思想，致力办好民生实事，加快提升群众获得感。教育方面，2012年8月26日，枣庄市实验中学在新城奠基。2013年3月31日，枣庄技师学院挂牌成立。2013年9月10日，枣庄市实验小学（新城）、枣庄市职业中专新校区奠基。2016年起，全市将解决大班额工作与全面改薄、中小学办学条件标准化建设、义务教育均衡发展等工作有机结合，改建、新建学校95所，新增班级数223个、学位9.2万个。就业方面，2012年11月30日，枣庄市首个高标准零工劳务市场——薛城零工劳务市场启用。2015年7月2日，枣庄市调整失业保险金标准，由每人每月850元提高到900元。这是枣庄连续第九次调整失业保险待遇标准，并且实现五区一市辖区内的失业人员执行统一的失业保险金标准。2015年11月，市政府印发《关于进一步做好新形势下就业创业工作的意见》《枣庄市推进就业优先战略工作方案》，大力实施扶持就业创业政策。2015年12月4日，枣庄创业大学、鲁南人才市场新城分市场暨枣庄高新区人力资源市场揭牌仪式举行。医疗方面，2013年3月28日，枣庄市在全省率先成立精神卫生、妇幼保健医疗联合体，标志着本市在深化医药卫生体制改革工作中又一次实现重大机制创新。2014年3月1日，枣庄市政府与北京中医药大学组建北京中医药大学枣庄医院、北京中医药大学第四临床医学院签约仪式在北京举行。2014年6月20日，枣庄市首家健康教育基地揭牌并正式启用。这是全省首个依托市级疾控中心建立的健康教育基地。2014年10月1日，枣庄市第二批县级公立医院综合改革试点工作正式启动。此次综合改革的重点是实行药品“零差价”。2015年8月6日，枣庄市政府与北京中医药大学合作补充协议签约仪式举行，标志着北京中医药大学第四临床医学院（枣庄医院）正式启动运营。社会保障方面，2012年10月25日，枣庄市儿童福利院正式启用。这是枣庄市首家专为儿童设立的福利院。2012年11月，枣庄市正式启用社会保险转移信息系统，社会保险跨省市转移接续网上即时办理，实现社保关系的“无障碍”转移接续。2014年1月，滕州市在全省首推医保跨省异地结算服务。2015年10月23日，枣庄市机关事业单位工作人员养老保险制度改革启动。2016年9月8日，市妇幼保健院新院正式启用。2016年10月24日，枣庄市政府出台《枣庄市养老服务业转型升级实施方案》，提出到2020年，全面建成以居家为基础、社区为依托、机构为补充、医养相结合，功能完善、规模适度、覆盖城乡的养老服务体系。保障性住房建设方面，2014年3月25日，枣庄市首批公共租赁住房在滕州安康花园一期进行配租选房，公租房每月每平方米租金仅4.3元。2016年6月21日，市委、市政府出台《关于深化棚户区改造工作的意见》，提出2016—2018年全市棚户区改造约5万户、货币化安置比重50%以上的任务目标。2016年，全年新开工建设保障性安居工程10397套，完成年度任务目标的102%；基本建成14132套，完成年度任务目标的182.63%；棚改货币化安置7707套，货币化安置比例达到75.6%；完成投资约154亿元，超额完成省政府下达的保障性安居工程建设任务。精准扶贫方面，2016年2月18日，枣庄市委、市政府出台《关于坚决打赢脱贫攻坚战的实施意见》，提出2016—2017年基本完成脱贫任务；2018年全部兜底完成，实现整体脱贫目标；2019—2020年巩固提升攻坚脱贫成果。2016年，各级财政投入2.4亿元，全力推进精准扶贫，5.6万人实现脱贫。

④重大基础设施建设方面

枣庄市抓住纳入大城市试点的机遇，按照“规划整合、功能契合、产城融合、生态耦合、改革聚合”的思路，构建具有枣庄特色的新型城镇化体系。2012年7月25日，京杭运河台儿庄复线船闸工程竣工，并通过省级验收。该工程为京杭运河长江以北的第九个、山东省境内第一个通航梯级。2012年9月29日，BRT联通换乘中心启动，群众出行更加便捷。2012年11月22日，枣临高速公路通车，该工程起于临沂市罗庄区徐家林京沪高速公路，接京台高速公路，总投资35.5亿元。2012年11月29日，枣庄至临沂铁路开通运行。2013年12月26日，枣庄客运中心主站房主体工程顺利封顶。2014年1月，《枣庄港总体规划》获省政府正式批复，枣庄成为全省第一家获得批准实施内河港口规划的城市。2014年3月24日，枣庄市BRT成功当选“中国道路运输领袖品牌”。2015年11月9日，京杭运河万年闸复线船闸工程开工建设。2016年1月20日，庄里水库工程全面开工。庄里水库是国务院确定的27项重大水利工程之一。2016年4月，省交通运输厅、省发展改革会批复S345枣济线枣庄至滕州段工程初步设计，标志着该工程全面进入实施阶段。2016年1月15日，住建部下发《关于2015年国家生态园林城市、园林城市、县城和城镇的通报》，枣庄市、滕州市被命名为“国家园林城市”。2016年2月4—5日，中国民航局调研组到枣庄调研枣庄机场规划建设情况，对枣庄机场选址进行实地勘察和论证，标志着枣庄机场正式进入实质阶段。2016年5月15日，枣临铁路客运列车正式开通。同时，枣庄东站也陆续开通直达烟台、青岛以及外省

市方向的客运列车。这是时隔14年之后，枣庄东站再次开通跨省直通快车。2016年6月23日，全市新型城镇化暨城市工作会议召开。会议强调，更加注重遵循规律、内涵式发展，更加注重以人为本、服务百姓，更加注重城乡统筹、全域提升，更加注重生态保护、文化传承。

⑤生态枣庄建设方面

枣庄市致力生态环境改善，加快打造宜居宜业家园，深化寻源治污、精准治污、铁腕治污，坚决向污染环境的行为“亮剑”，让优良生态成为最普惠的民生福利。2012年2月15日，枣庄市创建国家森林城市动员大会召开，提出到2015年，全市新增造林面积50万亩，森林覆盖率达36%以上；城市建成区绿化覆盖率达40%以上，城区人均公园绿地面积达13平方米以上。2012年6月，市政府印发《枣庄市关停淘汰水泥立窑及直径3米以下水泥粉磨设备实施方案》，决定于2012年底前全面关停枣庄市境内所有水泥机立窑及直径3米以下水泥粉磨设备。2013年2月24日，生态枣庄建设工作会议召开。会议强调，要狠抓节能减排、污染防治、国家森林城市创建，确保完成创森重点任务。2014年1月7日，生态枣庄建设考核部署会议召开，这是枣庄市首次生态枣庄建设考核。2014年9月25日，枣庄市被授予“国家森林城市”称号，成为山东省第四个获此殊荣的城市。2014年10月31日，环保部发布《重点流域水污染防治专项规划2013年度考核结果》，枣庄市位列淮河流域和全国九大流域首位，实现山东省淮河流域水污染防治核查“七连冠”。2014年10月11日，全市创建国家园林城市动员大会召开。会议强调，要突出重点绿化工程建设，努力扩大城区绿量；全面提升城市品位，增强资金保障能力，扎实做好各项基础性工作。2015年1月27日，省政府通报表扬枣庄市重点流域治污工作，枣庄市代表全省迎接国家重点流域治污考核，获得淮河、海河流域治污考核第一名。2015年12月31日，国家林业局正式批复同意“枣庄环城国家生态公园（试点）”建设，这是山东省首个市级国家生态公园（试点）。2016年8月，山东滕州墨子国家森林公园总体规划获国家林业局批复。2016年9月14日，台儿庄区和山亭区纳入国家重点生态功能区，享受国家财政、投资等方面的政策支持。2016年12月，市委、市政府出台《关于加快推进生态文明建设的实施方案》，决定加快建设优良生态生活环境，加快完善生态文明制度体系，全面推进生态文明建设。

⑥全面深化改革创新方面

枣庄市坚持发挥改革的牵引作用，致力重点领域改革，加快释放发展活力。2012年6月20日，全市深入推进行政审批制度改革工作会议召开，明确了深化行政审批制度改革的重点任务，强调要全面清理行政审批事项，推进行政审批“两集中、两到位”，建立公共资源交易统一平台，实行行政审批“一口收费”。2012年6月，银监会正式批复交通银行在枣庄设立分支机构，交通银行成为枣庄市引入的首家全国股份制商业银行。2012年10月，枣庄市政务服务中心在新城举行启用仪式，共设有2个服务区，行政审批服务区进驻部门单位65个，设有78个窗口，工作人员186人，可办理行政许可事项394项。2013年6月21日，枣庄市商业银行更名为枣庄银行，标志着该银行由地方性城市商业银行向区域性、全省性商业银行的全新转变。2013年8月1日，枣庄市“营改增”试点工作启动。试点范围包括交通运输业和部分现代服务业。2014年5月12日，市属工业企业改革改制工作现场办公会议召开。截至2014年底，涉及70家企业、近4万名困难职工的市属工业企业改革改制主体任务已基本完成。2014年11月27日，全市政府职能转变和机构改革动员大会召开。会议强调，要抓住机遇加快政府职能转变和机构改革，加大行政审批事项削减，提高政府监管能力和服务水平，强化权力制约监督，加快推行权力清单制度，建设法治政府和服务型政府，提高政府治理能力。2014年12月1日，枣庄市出台《关于实施枣庄英才集聚工程的意见》，计划用五年时间，拿出1亿元，在重点产业领域，面向海内外引进培养约100名能够引领产业转型升级的创新创业领军人才。2015年5月22日，雅百特借壳中联电气的重大资产重组方案及发行股份购买资产事项获得中国证监会核准批复，标志着山东雅百特科技有限公司成功实现A股借壳上市，成为枣庄市A股第一家上市公司。2015年5月29日，全市企业上市工作会议召开，印发《关于进一步促进企业上市的意见》，引导企业利用资本市场完善法人治理结构、拓宽融资渠道，加快企业上市步伐。2015年6月13日，全国中小企业股份转让系统“三维钢构”挂牌上市，实现滕州市上市企业零的突破。2015年9月15日，枣庄英才集聚工程正式启动。2015年7月10日，枣庄国家高新技术产业开发区建设推进大会召开，宣布国务院同意枣庄高新技术产业开发区升级为国家高新技术产业开发区。2016年5月6日，山东省公共资源（国有产权）交易中心鲁南分中心在山亭揭牌，标志着覆盖鲁南地区首个国有产权交易平台正式投入运营。2016年6月2日，山东文化产权交易所首个直属分支机构——山东文化产权交易所枣庄分中心在山亭挂牌成立，填补了鲁南地区文化产权交易平台的空白。2016年9月27日，滕州市政府与北京理工大学《共建北京理工大学鲁南研究院协议》签约仪式举行，同时北京理工大学鲁南研究院揭牌。2016年10月11日，财政部公布全国第三批政府和社会资本合作示范项目名单，枣庄高新区申报的新建道路工程入选，这是枣庄市项目首次入选。2016年12月28日，市委、市政府出台《关于深入推进供给侧结构性改革的实施意见》，明确了全市供给侧改革的目标、任务、措施等。

枣庄成功探索资源枯竭型城市科学

发展之路的经验做法得到了中央主要媒体的高度关注。2012 年 4 月 15 日，《人民日报》在头版头条刊发了题为《探索资源枯竭型城市科学发展之路——枣庄未雨绸缪主动转型》的长篇通讯，对枣庄实施的以煤炭深加工为突破口的接续替代产业培植、大力发展文化旅游、加快城市建设“三大战役”给予充分肯定。2012 年 5 月 27 日和 6 月 4 日，在中央党校市地党政主要领导干部任职培训班上，枣庄市的城市转型工作成为唯一使用的城市转型教学案例。2012 年 9 月 27 日、12 月 17 日，中央电视台《新闻联播》分别以《资源枯竭城市转型加减法》《山东：资源型城市的生态转型》为题，报道枣庄加快资源枯竭型城市转型的典型经验。2014 年 6 月 21—22 日，资源型城市转型和可持续发展专题研讨会在枣庄召开，与会专家、学者就枣庄等矿业城市转型与可持续发展进行研讨。

3. 城市转型攻坚阶段

2016 年底，国家明确实施第三轮转型政策资金扶持并采取“退坡”机制逐步退出，枣庄市将继续享受国家新一轮转型政策扶持到 2020 年左右。2017 年，中央下达财力性转移支付资金 46244 万元，标志着枣庄市开始享受国家资源型城市国家第三轮财力性转移支付资金支持。此外，国家发改委给予枣庄市老工业基地调整改造专项山东聚艺谷文化创意运营有限公司彩虹坊文化创意创业中心建设项目（聚艺谷双创园）中央资金 1500 万元扶持，省财政给予枣庄 2017 年城市转型财力性转移支付配套资金 1000 万元。这一时期，枣庄市转型政策体系不断创新，步伐不断加快。

人民日报
RENMIN RIBAO
人民网 网址：http://www.people.com.cn 手机：http://wap.people.com.cn
2012 年 4 月 15 星期日
人民日报社出版
国内统一连续出版物号 CN 11-0065
今日 8 版
探索资源枯竭型城市科学发展之路
枣庄未雨绸缪主动转型
变燃料为原料 变煤矿为“金矿”
【下转第二版】

（1）转型体制机制不断创新

2017 年 2 月 15 日，枣庄市第十一次党代会召开。会议提出，要用新理念引领新常态，奋力开创各项事业发展新局面。一是强化创新引领，构建现代产业体系。二是全面深化改革，全方位扩大开放。三是坚持城乡统筹，推进协调发展。四是坚持绿色发展，建设美丽家园。五是加强民主法治建设，提升现代治理能力。六是坚持共建共享，共创幸福美好新生活。

资源型城市转型政策扶持逐渐退出的同时，国家启动了产业衰退地区政策扶持研究工作，以此作为资源型城市转型扶持的接续政策。根据国家有关要求，枣庄市开展了主导产业衰退地区研究报告起草工作。在研究报告的基础上，结合枣庄实际，提出恳请国家给予政策支持的有关事项，形成《枣庄市主导产业衰退情况报告》并上报省发改委。省发改委优先将枣庄市有关情况上报国家发改委，为下步枣庄争取国家政策扶持抢占先机。2017 年 3 月 17 日，市政府印发《关于加快推进工业创新发展的意见》，进一步明确了培育优势产业板块、培育龙头骨干工业企业、招引实施工业和信息化大项目、实施新一轮企业技术改造、开展智能制造试点示范等一系列政策措施。5 月 8 日，市政府出台《关于培育龙头骨干工业企业增强工业发展后劲的意见》，决定从全市规模以上工业企业中筛选认定 30 家龙头骨干工业企业（含企业集团），集中各类资源要素进行重点扶持。《意见》还提出了实施“服务包”奖励、支持企业加大研发投入、支持企业开展智能制造等八条政策措施。2017 年 3 月 20 日，市政府批准印发《枣庄市“265”产业转型升级规划》。《规划》提出了全市现有产业转型升级的实施路径和发展重点，是推动“265”产业发展、工业结构调整和产业升级的纲领性文件。

2017 年 4 月 28 日，山东省委、省政府召开新旧动能转换重大工程工作会议，提出全省实施新旧动能转换重大工程。6 月中旬，省第十一次党代会明确提出，把加快新旧动能转换作为统领经济发展的重大工程，培育壮大新动能，改造提升传统动能，推动经济保持中高速增长，产业迈向中高端水平。枣庄市委、市政府经深入调研，着眼更大范围、更广领域、更高层次，确立了枣庄新旧动能转换的思路目标：紧紧围绕打造资源型城市创新转型持续发展示范区，通过“四新”促“四化”，着力推动创新、开放、生态“三个跨越”，加快构建现代产业、新型城镇、社会治理和民生保障“四大体系”，努力在全省创新发展中有突破、持续发展中创特色、领先发展中争位次，倾力创建泛济青烟新旧动能转换综合试验区之创新发展先行区、转型发展示范区。市委、市政府成立主要领导任组长的枣庄市新旧动能转换重大工程战略规划领导小组，统筹推进全市新旧动能转换重大工程工作。9 月 26 日，市政府召开《枣庄市新旧动能转换重大工程实施规划》编制工作部署会议，启动《实施规划》编制工作。

2017 年以来，市委、市政府积极做好枣庄纳入国家《淮河生态经济带总体规划》争取工作。2017 年 8 月，国家发改委地区司原则同意将山东枣庄、济宁等四市纳入《总体规划》范围，进一步调整完善后报国务院批复，与《长江经济带发展规划纲要》《中原经济区规划》《京津冀协同发展规划纲要》一同上升为国家战略。纳入《总体规划》意味着枣庄全域进入国家战略，将享受国家区域生态和经济政策扶持。

2017 年 11 月 3 日，枣庄市委十一届三次全体会议召开。全会强调，要按照党的十九大对我国社会主义现代化建设作出的战略安排，将市第十一次党代会提出的目标任务与党的十九大绘就的

宏伟蓝图相衔接，聚焦聚力强市、富民两大战略任务，着力推动创新、开放、生态“三个跨越”，加快构建现代产业、新型城镇、社会治理、民生保障“四大体系”，努力打造自然生态宜居宜业新枣庄。牢牢把握供给侧结构性改革这条主线，加快实施新旧动能转换重大工程，围绕以“四新”促“四化”，抓实培育壮大新动能、改造提升传统动能“双轮驱动”，在产学研合作、产业转型升级、创新载体建设上持续用力，努力趟出资源型城市创新转型持续发展的新路子。2018年2月24日，枣庄市加快新旧动能转换推动创新发展动员大会召开。会议指出，全市上下要深入落实全省新旧动能转换重大工程动员大会提出的“一年全面起势、三年初见成效、五年取得突破、十年塑成优势，逐步形成新动能主导经济发展的新格局”目标要求，牢牢把握机遇，爬坡过坎持续加力，时不我待奋起直追，依托枣庄深厚的产业优势、便捷的交通优势、优良的生态优势，扬长避短、扬长补短，持之以恒、坚持不懈，通过思想大解放、效率大提升、质量大革新，推动枣庄创新转型持续发展。

2018年6月4日，市委召开常委会议，研究部署《学习贯彻习近平总书记在参加十三届全国人大一次会议山东代表团审议时的重要讲话精神分工方案》。会议强调，要把学习贯彻习近平总书记在参加十三届全国人大一次会议山东代表团审议时的重要讲话作为当前和今后一个时期的重大政治任务，细化责任分工，狠抓工作落实，推动讲话精神在枣庄落地生根、开花结果、转化为枣庄创新转型持续发展的生动实践。6月15日，市委召开常委会议，传达学习习近平总书记在山东考察时的重要讲话精神。会议强调，全市要切实把思想和行动统一到习近平总书记重要讲话精神上来，把学习宣传贯彻习近平总书记重要讲话精神作为当前和今后一个时期的重要政治任务，树牢“四个意识”，坚定“四个自信”，做到“四个服从”，以实际行动向以习近平同志为核心的党中央对标看齐。

（2）全面推进资源型城市创新转型持续发展进入新时期

①加快工业创新发展方面

枣庄市坚持从供给侧和需求侧两端发力，以“四新”促“四化”，着力培育壮大“新动能”、提升改造“旧动能”，促进传统产业做优、新兴产业做大、三次产业融合。化工产业转型升级步伐加快。为规范化工园区发展，促进化工企业“进区入园”，2017年2月13日，市政府公布枣庄市首批市级化工园区，薛城循环经济产业园、枣庄市中泰化工业列入名单。在此基础上，市政府分别于6月20日、6月30日公布第二批、第三批市级化工园区，滕州市生物医药产业园区、鲁南高科技化工园区和台儿庄区台北工业园（化工园）列入名单。2017年6月22日，市委、市政府召开了全市化工产业安全生产转型升级专项行动动员部署会议。会议强调，要扎实开展化工产业安全生产转型升级专项行动，完善化工园区功能布局，推动化工企业进区入园发展。大数据产业势头迅猛。2017年3月20日，市政府批准印发《枣庄市智慧城市发展规划纲要及行动计划》，是今后五年智慧城市建设的纲领性文件。2017年9月20日，数字中国（枣庄）峰会暨鲁南大数据中心发布会在新城举行。会上，鲁南大数据中心、山东省绿色数据中心、中国联通鲁南云数据中心、浙江大学山东工研院大数据研究中心揭牌，“云上枣庄”“智慧城市”建设迈上了新台阶。2017年11月29日，滕州浪潮大数据产业有限公司正式成立，标志着枣庄大数据产业发展迈出了关键一步。科技创新步伐加快。2017年6月6日，枣庄市与常州大学签订全面科技合作框架协议，成立常州大学国家级技术转移中心枣庄分中心，搭建双方合作发展的战略平台。2017年10月，枣庄市八亿橡胶有限责任公司的“八亿及图”、山东艾菲尔管业有限公司的“艾菲尔”被确定为山东省重点培育的国际自主品牌。截至2017年，全市共有9家企业被确定为省级重点培育国际自主品牌，15家企业通过了马德里国际商标注册。山东丰源轮胎制造股份有限公司、山东腾达不锈钢制品有限公司被认定为首批省级加工贸易转型升级示范企业。2017年11月15—17日，国家锂电池产品质量监督检验中心（山东）顺利通过验收，这标志着国家锂电池质检中心正式跨入国家级质检中心的行列。2017年12月7日，枣庄市•常州大学产学研合作成果落地签约仪式举行，枣庄常大技术服务推广有限公司揭牌。2017年12月28日，枣庄科教创新示范园（一期）——枣庄学院科教园区建设启动会议举行。市委、市政府作出在新城区规划建设枣庄科教创新示范园及枣庄学院科教园区的重大决策部署，对于进一步拓展枣庄学院办学空间，全面提升办学质量，加快建设高水平应用型大学，迈入国内、省内先进大学行列具有重大战略意义。煤电产业转型升级。2017年7月13日，华电国际十里泉发电厂“上大压小”扩建工程第二台660兆瓦超超临界机组项目正式建成投产。2017年，滕州山东八一煤电化有限公司和位于台儿庄的山东王晁煤电集团新宏煤业有限公司共化解产能60万吨。2018年1月10日，市政府与中国科学院控股有限公司举行中国科学院化工新材料技术创新与产业化联盟成立大会并签署战略合作协议，决定围绕化工新材料行业进一步深化合作，支持枣庄打造高端化工千亿级产业集群。2018年4月2日，市委、市政府召开新旧动能转换重大工程项目建设指挥部成立动员会议，决定成立高铁换乘枢纽、鲁南产学研协同创新示范区、大运河文化带、鲁南高科技化工园区、枣庄机场5个新旧动能转换重大工程指挥部，由市人大、市政协领导任指挥长，从有关单位抽调人员集中办公，重点抓好项目建设，协调解决项目建设中遇到的各种问题，打造全市新旧动能转换项目实施的标杆和样板。2018年5月16日，国家锂电池

产品质量监督检验中心（山东）揭牌仪式在枣庄举行。该中心是全国质监系统在锂电领域唯一一家国家级法定检验机构，现有各类检测和研发设备257台（套），标准覆盖率达到90%以上。2018年6月26日，全市智慧城市建设和大数据产业发展推进会议召开。会议要求，高标准建设“16161”智慧枣庄体系，全力打造“数据强市”新名片，加快智慧城市建设，推动各领域数据汇集、共享、挖掘、应用，构建以大数据引领创新的现代产业体系。

②加快发展高端服务业方面

2017年6月30日，枣庄万达广场正式营业。该项目为全国首个智能万达商业综合体，汇集了国内外215个知名品牌和10家主力店，项目直接安排就业近6000人。2017年8月5日，第十四届中国（滕州）微山湖湿地红荷节开幕式暨2017山东省“送智下乡”旅游扶贫公益行启动仪式开幕。2017年9月，市委、市政府印发《关于加快文化经济融合发展推动新旧动能转换的实施意见》。《意见》明确了深化文化产业和特色旅游融合、加快文化产业和制造业融合等6项重点任务。同时，出台了包括推进载体建设、加大财税支持、保障规划用地等5个方面、27条保障措施。2017年11月，台儿庄古城景区成为首批“全国中小学生研学实践教育基地”。枣庄市台儿庄大战遗址、铁道游击队红色旅游景区列入《全国红色旅游经典景区三期总体建设方案项目》。为深入落实习近平总书记关于大运河文化带建设重要批示精神，2017年以来，枣庄市积极对接国家和省关于大运河文化带建设的有关精神，发挥台儿庄古城龙头作用，立足枣庄“一港四区”优势，坚持文化搭台、经济唱戏，突出项目支撑，编制全市大运河文化带建设发展规划，建设大运河文化展示中心，巩固“清河”行动、“清港”行动成果，着力打造沿运物流产业带、鲁风运河旅游特色区，使其成为名副其实的黄金水道，形成推进大运河文化带建设的强大合力。

③提升群众获得感方面

办好民生实事，实现成果共享。2017年3月8日，全市民生工作会议召开。会议明确了抓好就业创业、织牢社会保障网、推动义务教育均衡发展、开展城乡环境综合整治、加强交通基础建设和管理、提升群众医疗健康水平、推进文化惠民、深化社会治理等八个方面重点工作，努力让广大群众享受到更多的改革发展成果。2017年5月3日，枣庄市医疗救助“一站式”即时结算系统启动仪式在北京中医药大学枣庄医院举行，标志着枣庄困难群众因病住院治疗即可实现医疗报销、医疗救助同步结算。2017年9月28日，全市卫生与健康大会召开。会议要求，要坚持目标导向与问题导向相统一，扎实做好卫生与健康重点工作。2017年9月，市政府出台了《枣庄市居民基本医疗保险市级统筹实施办法》，坚持居民基本医疗保险市级统筹，居民基本医疗保险建立“统收统支”的市级统筹基金管理模式，进一步严格居民基本医疗保险收支预算管理，建立基本医疗保险风险储备金制度和绩效考核机制。义务教育均衡发展。2015年启动“全面改薄”以来，枣庄市先后改造农村中小学189处、城区中小学29处，新增教育用地1700亩，新建校舍面积56万平方米。2018年5月19日，全市民生工作推进会议召开。会议通报了全市重点民生工程项目进展情况，印发了民生建设领域突出问题专项整治工作方案。会议要求，各级各部门要提高站位讲政治、聚焦目标抓落实、补齐短板促提升，扎实推动全市民生建设迈上新台阶。

④打好生态环保攻坚战方面

聚力打好生态环保攻坚战。2017年，全市办理完成中央环保督察转办件311件，依法关停整治“散乱污”企业325家；持续开展大气污染综合治理，“蓝繁”天数达到248天，较上年增加41天。2017年1月，滕州鲁班湿地公园、山亭樱花岛湿地公园晋升为省级湿地公园。2017年12月，市政府印发《枣庄市环境保护“十三五”规划》，以解决生态环境领域突出问题为重点，统筹推进水、气、土壤等重点领域污染防治和环境安全防控，着力提升环境监管职业化水平，加快形成有利于节约资源和保护环境的产业结构、生产生活方式和制度体系。2017年12月8日，市委、市政府印发《关于创建国家生态园林城市的决定》，全面启动国家生态园林城市创建工作，这是在2016年枣庄市全面创成国家园林城市的基础上，为提升城市生态环境质量，切实改善人居环境，加快建设自然生态宜居宜业新枣庄作出的重大部署。12月28日，市委、市政府印发《枣庄市创建国家生态园林城市实施方案》，提出到2020年6月底，各项基础指标和分级考核指标均达到或超过国家生态园林城市标准要求；2021年力争创建成为国家生态园林城市并获得中国人居环境奖。2017年12月1日，省第十二届人大常委会第三十三次会议通过了《枣庄市山体保护条例》。《条例》的颁布和实施，标志着枣庄山体保护工作进一步走向法制化、规范化和科学化。2017年以来，枣庄市全面实行河长制，建立了市、区（市）、镇（街）、村（居）四级河长制度，市级由市委书记和市长任总河长。自启动河长制工作以来，先后4次召开专题会、联席会加快推进，10位市级河长主动认领责任，开展巡河调研、召开河长会议，构建责任明确、协调有序、监管严格、保护有力的河湖管理保护机制，维护河湖健康生命。2018年2月28日，全市创建国家卫生城市工作推进会议召开。会议要求，要重点围绕城乡接合部和城中村环境卫生、市容环境卫生、交通秩序、公共场所和食品安全、集贸市场、健康教育和除“四害”等六大领域，开展专项提升行动，努力补齐创卫短板，推动城市面貌焕然一新。

⑤加快推进新型城镇化建设方面

构建具有枣庄特色的新型城镇化体系。2017年1月23日，省政府办公厅公布新的中小城市试点名单和特色小

镇创建名单，枣庄等8个城市为大城市试点，滕州等15个市（县）为中等城市试点，滕州市西岗镇等10个镇为新生小城市试点，枣庄市市中区税郭镇等30个镇为重点示范镇，并确定将枣庄山亭区徐庄休闲漫游小镇、滕州市滨湖微山湖湿地古镇、峄城区古邵港航物流小镇等60个小镇纳入省级特色小镇创建名单。2017年，全市已开工城市基础设施建设项目136个、完成投资约26.5亿元，较上年同期增长8.2%，新建改造水气热污等各类市政地下管网207公里，新增城市集中供热面积307万平方米，开工城市地下综合管廊9.46公里，建设海绵城市面积10.2平方公里。2018年上半年，全市完成城市基础设施投资14亿元，增长12%。开工市政基础设施建设项目92个，加快推进新城南部路网工程，新建改造城区道路44条，新建改造各类地下管网119公里。海绵城市在建项目30个，新增海绵城市6.4平方公里。开工棚改安置住房12103套，基本建成4814套。

⑥深化改革开放拓展活力源方面

深化重点领域改革，持续释放内生动能。2017年9月，市政府印发《枣庄市推进“多证合一”改革实施方案》，第一批将涉及10个部门的26项涉企证照事项整合到原“五证合一”营业执照上，实现“三十一证合一”。2017年9月27日，全市国有企业改革发展暨推进经营性国有资产统一监管工作会议召开。会议印发了《中共枣庄市委、枣庄市人民政府关于加快推动全市国有企业改革发展的实施意见》《枣庄市人民政府印发〈关于推进市属经营性国有资产统一监管工作方案〉的通知》。会议要求，要进一步优化国有资本布局，稳步发展混合所有制经济，建立现代企业制度，强化国有企业资本监管。2017年9月8日，枣庄内陆港签约暨枣庄西—青岛港集装箱班列正式开通仪式在枣庄西站货场举行。这是枣庄积极融入国家“一带一路”建设、提升对外开放水平的一项重大突破，实现枣庄与青岛港无缝隙对接，使枣庄拥有了与东部地区同等条件的发展平台，大大降低了枣庄企业的运输成本。2017年10月13日，全市招商引资推进会议召开。会议指出，各级各部门必须进一步强化“抓发展必须抓招商、不抓招商就是失职”和“大招商、招大商，大上项目、上大项目”的理念，将抓招商上项目作为“一号工程”“一把手工程”，集中资源要素，集中各方力量，努力实现招商引资的更大突破。2017年11月28日，市政府印发《关于进一步降低实体经济企业成本的实施意见》，出台了进一步降低企业融资、税费负担、人工、用能用地和物流等成本，营造良好的公平竞争环境等方面的政策措施，促进实体经济平稳健康发展。2017年12月，国家知识产权局将枣庄高新区确定为2017年度27家国家知识产权试点园区之一。至此，枣庄高新区已建成3个国家级、9个省级、36个市级企业工程技术研究中心、技术中心或实验室。2018年4月23日，市政府印发《关于2018年第一批调整市级行政权力事项的通知》，全市调整行政权力事项1202项，明确由属地实施的1026项。2013年至今，市级行政权力事项总数由6013项减少至3793项，削减比例达37%。此外，市政府还印发实施《关于落实深化“一次办好”改革深入推进审批服务便民化工作实施方案》，政务服务实现“一窗受理”。加大企业股改上市力度，2018年5月4日，山东丰源轮胎制造股份有限公司正式挂牌新三板；2018年6月6日，山东益康药业股份有限公司正式挂牌新三板；企业上市挂牌步伐加快。

四、城市转型发展取得的成效

实施城市转型以来，全市上下拼搏进取、攻坚克难，经过不断努力，转型取得了明显的阶段性成效，与转型前的2007年相比，经济社会发展发生了明显变化。

1. 经济发展持续向好。全市生产总值（GDP）从2007年的926亿元，增加到2017年的2315.9亿元，是2007年的2.5倍；地方财政收入从2007年的45.2亿元，增加到2017年的145.2亿元，是2007年的3.2倍；固定资产投资从2007年的395亿元，增加到2017年的1797.5亿元，是2007年的4.6倍；社会消费品零售总额从2007年的242亿元，增加到2017年的982.1亿元，是2007年的4倍。2018年上半年，全市生产总值（GDP）完成1260.5亿元，增长4.4%；地方财政收入完成86.3亿元，增长1.4%；社会消费品零售总额完成437.8亿元，增长8.7%。

2. 产业结构不断优化。三次产业结构由2007年的8.7：64.2：27.1，调整为2017年的7.0：51.6：41.4，第三产业占比上升14.3个百分点；规模以上工业企业高新技术产业产值由2007年的268.55亿元，增加到2017年的909.37亿元，是2007年的3.4倍；高新技术产业产值占规模以上工业企业总产值比重由2007年的15.3%，增加到2017年的24.92%，增加9.6个百分点；全市建成A级景区50家，其中AAAAA级1家、AAAA级12家；旅游消费总额从2007年的35亿元，增加到2017年的199.7亿元，是2007年的5.7倍。2018年上半年，规模以上高新技术产业产值占工业总产值比重达到25%以上；服务业增加值增长3.7%，占GDP的比重达到39%。

3. 民生保障持续改善。城镇居民人均可支配收入、农民人均纯收入，分别由2007年的12585元、5161元，提高到2017年的29924元、14164元，是2007年的2.4倍、2.7倍，超过GDP增幅；城镇登记失业率山2007年的3.26%下降到2017年的2.39%，始终控制在较低水平；2007年至2017年，城镇新增就业人数约61.4万人次，农村劳动力转移就业约74万人次；累计改造棚户区住房13.4万套，涉及居民47万人；BRT通车里程达到200公里、全国最长；全市累计投入57.5亿元，新建、改扩建校舍216.4万平方米；“全面改薄”累计完成投资21亿元，开工校舍

建设类项目637个，县域义务教育发展基本均衡全覆盖。2018年上半年，财政民生支出89.9亿元，占一般公共预算支出的比重为68.8%。城镇居民人均可支配收入15586元，增长7.2%；农村居民人均可支配收入7830元，增长8.2%。

4. 环境治理成效凸显。成功创建国家森林城市、国家园林城市，森林覆盖率达到36.2%，比2007年提高6.22个百分点；累计治理采煤塌陷区2.66万亩，占总治理任务的32.18%；累计关停淘汰水泥机立窑264座，涉及水泥产能2600万吨，总量居全省第一位，有着近50年生产历史的水泥机立窑彻底退出历史舞台；二氧化硫排放总量由2007年的103264吨，锐减到2016年的46821吨，下降55%。2016年城市污水集中处理率达到96.06%，比2007年提高21.06个百分点；一般工业固体废弃物综合利用率由2007年的98.89%增长到2016年的100%;“十一五”“十二五”期间，全市万元GDP能耗分别下降23.03%、27.3%，均提前超额完成省下达的节能目标任务。2018年上半年，全市空气优良天数77天，同比增加6天。6个国控断面水质优良水体比率达到100%，高于全省平均水平。新增造林面积5.8万亩，新建提升绿色生态廊道400公里。

五、转型发展取得的经验

资源枯竭城市转型是一项庞大复杂的系统工程，不能自然生成、自发实现，必须依靠政策驱动、行政推动、投资拉动、开放带动。枣庄转型所取得的阶段性成效，主要得益于国发〔2007〕38号文件的正确引领，得益于国家、省相关部门特别是发改、财政、国土等部门在项目、资金、土地等各方面给予的关心、支持，也得益于全市上下的思想统一、步调一致、全力推进。回顾不平凡的转型历程，主要有以下四个方面的特点：

（一）产业转型升级是重点，必须坚持“优存量”与“提增量”并重，着力提升发展质量和效益。针对枣庄产业发展存在总量偏小、结构偏重、布局偏散、质效偏低等问题，着力在优化存量、提升增量上狠下功夫。大力改造提升煤电、建材等传统产业，实现产业优化升级；大力培育壮大新型煤化工、新装备制造等接续替代产业，实现产业多元化发展；大力发展新医药、新材料等高新技术产业，实现由低端到高端、由量变到质变的华丽转身。

（二）解决民生问题是根本，必须坚持“保重点”与“守底线”并重，努力提高群众幸福指数。在推进城市转型过程中，把改善民生放在首位，把惠及民生作为最高目标和追求，全力推进棚户区改造、下岗职工再就业和精准扶贫等重点任务，使转型成果惠及广大人民群众。按照尽力而为、量力而行、统筹城乡、兼顾各方的原则，每年公开承诺为群众办好100件惠民实事，不断改善群众生产生活环境，完善社会保障体系，提升广大群众幸福指数。

（三）抓好生态建设是关键，必须坚持“做减法”与“做加法”并重，积极打造优质的生态环境。始终坚持“生态立市”，牢固树立“绿水青山就是金山银山”“抓生态就是抓发展”的理念，大力实施“六城同创”。一方面，做好减法，淘汰落后产能，削减“三高”产业比例；另一方面，做好“加法”，多植树种绿、修复生态，培植壮大绿色、低碳产业，发展循环经济。通过加减并用、综合施策，全力塑造“鲁南绿城、山水枣庄”的新形象。

（四）政策扶持是保障，必须坚持“强内力”与“借外力”并重，形成助推城市转型的乘数效应。借力国家在资金、项目等方面的转型政策扶持，抓住山东省建设西部经济隆起带的重要机遇，通过大力培植接续替代产业、实施创新驱动、深化改革改制、打造大众创业万众创新平台、完善推动转型发展体制机制等举措，不断增强转型发展的内生动力，努力取得资源枯竭城市转型发展的更大成效。

审稿人：孙洪祥　肖奎元

撰稿人：徐　光　狄厚宇

实施“四强”竞赛活动 推动经济社会发展

深入开展以争创“强乡镇、强村、强企、强工业园区”为主要内容的“四强”竞赛活动，是市委、市政府贯彻落实党的十六大精神，推动全市经济超常规、跨越式发展而作出的一项重大部署，是动员全市上下进一步解放思想、开拓创新、争先创优、争创一流，调动各方面的积极性的重要激励机制。竞赛活动以党的十六大精神和“三个代表”重要思想为指针，以加快发展为主题，以改革创新为动力，把做大做强乡镇、村、企业、工业园区作为推动我市经济发展的重要抓手，大力培育增长点，努力增强竞争力，开创了全市工作的新局面，实现了经济和各项社会事业的跨越式发展，加快了全市全面建设小康社会的步伐。

一、“四强”竞赛活动历程

开展“四强”竞赛活动，是市委、市政府在新形势下推动全市经济快速发展的重大举措。加快乡镇、村、企业和工业园区的发展，尽快培植一批产业层次高、发展后劲足、能支撑和拉动全市经济发展的增长点，是尽快缩小与先进地区差距，实现枣庄市向经济强市跨越的迫切需要。通过鼓励创新、鼓励先进，以率先发展、加快发展的实绩，打造竞争优势，形成产业优势，全面提升全市综合实力，实现全市经济的超常规、跨越式发展。活动开展以来，进一步释放了广大党员干部群众的干事创业热情，进一步解放了所蕴含的巨大生产力，进一步展现了全市人民的聪明才智、致富潜能，促进了经济和各项社会事业大发展、大繁荣。从2003年至2007年，“四强”竞赛活动大致可分为以下三个阶段：

（一）启动初运行阶段（2003—2004年）

枣庄是老工业城市，经济总量小，大的骨干企业少，综合实力不强，工业化程度不高，发展速度不如先进地市快。在这种情况下，新一届市委、市政府提出，把“四强”竞赛活动作为推动经济工作的总抓手，聚精会神搞建设，一心一意谋发展，依靠全市上下的努力奋斗，缩小与先进地区的差距，努力实现经济位次的整体前移。

1.2003年5月，市里相继召开领导干部会、“四强”竞赛活动组委会成员（扩大）会，对“四强”竞赛活动进行了广泛动员和部署，标志着以“强乡镇、强村 、强企、强工业园区”为主题的“四强”竞赛活动在全市范围内拉开序幕。紧随其后，作为一项牵涉经济发展全局的重大举措，同年5月，市委、市政府印发了《中共枣庄市委 枣庄市人民政府关于开展“四强”竞赛活动的决定》，以文件的形式对活动指导思想和目的要求、竞赛内容、奖励措施、组织领导进行了具体细化。诸如，为加强活动的组织领导，市委成立了由4位市级领导同志牵头、18个职能部门主要负责人组成的“四强”竞赛活动组委会，同时组建了“四强”竞赛办公室（设在市委政研室），负责竞赛活动的日常工作；各区（市）、乡镇、各有关部门都分别成立相应的竞赛活动领导机构和办事机构，明确了分工，建立了责任制，全市形成了覆盖面广、运行高效的竞赛活动组织网络，做到层层有人抓，事事有人问，保障了活动扎实开展。

2.“四强”竞赛活动开展以来，全市各级各有关部门把开展“四强”竞赛作为推动经济超常规、跨越式发展的总抓手，强化措施，狠抓落实，整个竞赛有条不紊，运行良好。为进一步检验成绩，调动全市各方面的积极性，2003年9月，全市召开“四强”竞赛活动专题会议，会议是在最后一个季度召开的大会，旨在通过现场观摩和交流活动，统一思想，振奋精神，切实把“四强”竞赛活动组织好，推动了“四强”竞赛活动向纵深发展。

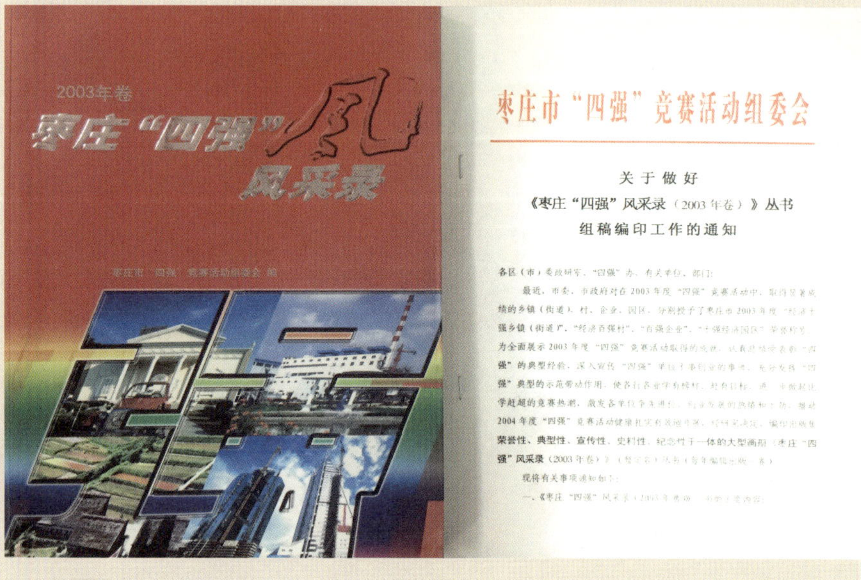

编印《枣庄“四强”风采录》

3. 2004 年 4 月，市委、市政府召开了隆重的“四强”竞赛表彰大会，印发了《市委　市政府关于表彰 2003 年度“四强”竞赛活动先进集体和先进个人的决定》，会议总结了 2003 年度全市“四强”竞赛活动情况，安排部署了 2004 年度工作任务。

4.“四强”竞赛活动开展一年来，经过全市各级各单位的辛勤工作和不懈努力，全市经济发展呈现出前所未有的良好势头，许多经济指标实现了大幅度增长，显示出了“四强”竞赛活动的强大生机和活力。为认真总结宣传在 2003 年度“四强”竞赛活动中做出突出成绩和贡献的乡镇、村、企业、经济园区的先进事迹和经验做法，2004 年 6 月，市“四强”竞赛活动组委会组织编印了《枣庄市“四强”风采录》大型宣传画册，集中展示了 2003 年度各“四强”单位干事创业、加快发展、昂扬奋进、争创一流的风采。该书的编印更好地激励了各级各单位学习先进典型经验的积极性，对进一步明确赶超目标、不断加快经济发展起到了积极的推动作用。

5. 2004 年 9—11 月，为研究交流深入开展“四强”竞赛活动的新途径、新办法，各级各单位在“四强”竞赛活动中不断探索规律，创新形式。市“四强”办研究制定了《开展“四强”竞赛实地督查活动实施方案》，对督查活动的目的要求、方法步骤、时间安排、组织形式等提出了明确要求；下发了《“四强”竞赛活动实地督查项目表》，从市纪委、市委组织部、市经贸委、市财政局等“四强”竞赛活动组委会成员单位，以及市委督查室、枣庄政府督查室抽调精干人员，组成 4 个督察组，对五区一市和市高新区的 14 个乡镇（街道）、13 个村、21 个企业、7 个园区进行了实地督查。期间先后召开现场观摩会、研讨会、调度会等会议推动活动开展，全面总结了全市竞赛活动开展情况，分析了当前形势，强调了下步工作重点，各区（市）交流了经验做法。

（二）提升完善阶段（2005 年）

2003 年、2004 两年的实践证明，“四强”竞赛机制发挥了巨大的推动作用。但是，活动也同时存在“基础较差的乡镇、村、企业积极性不高，监测考核标准和程序过于复杂，奖励政策有待进一步完善，竞赛活动的参赛范围需要进一步扩大，竞赛活动的组织机构应进一步理顺”等问题。为进一步提高对加强目标管理工作和开展“四强”竞赛活动重大意义的认识，不断增强责任感、紧迫感，认识再提高，力度再加大，措施再强化，创造性地开展好“四强”竞赛活动，推动全市经济不断迈上新的台阶，根据市委主要领导批示精神，市“四强”竞赛活动组委会于 2005 年对各项考核制度、奖惩政策等活动细则进行了不断完善，不断充实。

1. 2005 年 1 月，根据一年来的实践和征求意见情况，就进一步做好“四强”竞赛监测考核工作，市“四强”竞赛组委会召开成员会议研究讨论修改“四强”竞赛活动考核指标，下发《关于修改印发〈枣庄市“四强”竞赛监测考核实施细则〉的通知》，从“考核计分标准、综合计分办法、基层基础工作规范、监测考核成员单位分工、考评工作程序、工作保证措施”等六个方面对考核实施细则进行了详细阐释。

2.“四强”竞赛活动是调动全市上下积极性，狠抓工作落实的重要激励机制，对此，市委、市政府专门作出了《关于开展“四强”竞赛活动的决定》，就开展“四强”竞赛活动和奖励措施作出了具体安排和规定。为确保各项奖励措施落到实处，根据市委领导同志的意见，市委办公室、市政府办公室下发了《关于对“四强”竞赛活动奖励政策对象落实情况进行专项督查的通知》。2005 年 3 月，市委办公室、市政府办公室、市“四强”办联合组成督察组对各区（市）、枣庄高新区、市财政局等部门单位就“四强”竞赛奖励政策落实情况进行专项督查，市“四强”办赴各区（市）开展调研，旨在摸清奖金兑现情况，就进一步完善“四强”竞赛活动奖励政策征求意见。事后，《关于“四强”竞赛奖励政策兑现落实情况的督查报告》以《督查专报》2005 年第 10 期刊发，市委领导作出批示，肯定“这项专项督查深入扎实，情况了解得清，问题找得准，建议有价值”。

3. 为表彰先进，树立典型，激励更多的乡镇、村、企业、园区埋头苦干，加快发展，争当“四强”，推动全市经济更快更好发展，2005 年 5 月，全市召开目标管理、“四强”竞赛活动总结

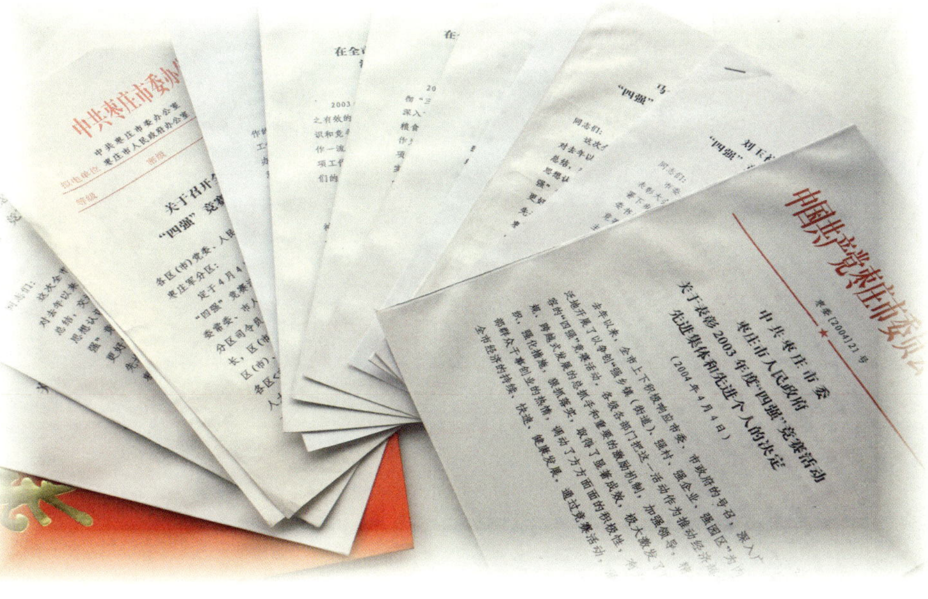
四强竞赛活动系列文件

表彰大会，对2014年度“四强”先进集体和个人进行了表彰奖励。市“四强”竞赛组委会多次征求意见建议并召开会议，起草印发《关于枣发〔2003〕12号文件补充意见的起草说明》。

4.2005年6—10月，市“四强”办调研组根据竞赛活动中出现的新情况及时开展调查研究，深入市供销社、枣庄购物中心、滕州市建管局、枣庄汽车运输有限公司等有关部门和企业进行调研，有针对性地提出了吸收第三产业和建筑业企业参加竞赛活动的意见，下发《关于印发〈关于“四强”竞赛活动有关问题补充意见〉的通知》，使这一机制贯穿到了经济发展的全过程、全层面，作用到了参与竞赛活动的各单位、每个人。

5.2005年11—12月，市委书记安排市委政研室牵头，组织有关单位赴无锡、徐州等先进地区学习，在此基础上广泛征集意见，市委、市政府下发了《关于进一步完善目标管理考核责任制和“四强”竞赛活动奖励政策的意见》。该文件是对“四强”竞赛活动的进一步完善和发展，是指导今后一个时期“四强”竞赛活动的重要文件。特别是文件提出要设立乡镇发展速度奖、企业突出贡献奖，以及进一步加大奖励力度等新要求，对于进一步搞好再动员、再宣传、再发动，最大限度地调动各级各方面的参赛热情起到了积极作用。

（三）活动收官阶段（2006—2007年）

“四强”竞赛活动开展三年以来，通过年初制定工作要点、年终进行表彰优秀等一系列措施，取得了显著成效。为更好延续这种激励机制带给枣庄市的发展红利，枣庄市在除了2006年、2007年两年继续保持“四强”竞赛活动的良好发展态势之外，注重考核验收、经验总结，为活动的纵深发展奠定基础。

1.搞好活动考核验收。“四强”竞赛活动考核验收工作是“四强”竞赛活动的一个非常关键的环节，是对活动成效的检验，事关竞赛活动的成败。2006年1月，全市召开“四强”竞赛活动考核验收工作会议，会议对2005年度“四强”竞赛活动考核验收工作进行了动员部署，并就“四强”竞赛考核验收工作做了具体安排，为总结三年来“四强”竞赛活动做好了准备。

2.表彰先进集体和个人。2006年4月，全市召开目标管理考核“四强”竞赛活动总结表彰大会，大会回顾总结了去年以来全市实行目标管理、开展“四强”竞赛活动情况，对“四强”竞赛活动先进集体和先进个人进行了表彰，对下步工作进行了部署：“进一步完善措施，坚定不移地把目标管理工作推向新水平；突出发展主题，深入开展好‘四强’竞赛活动；切实加强领导，推动目标管理、‘四强’竞赛活动深入健康发展”。

3.完善考核评选办法。2007年5月，为充分发挥竞赛活动的导向激励作用，更好地增强各方面加快发展的积极性，推动全市经济又好又快发展，市委常委会研究决定，下发了《市委办公室 市政府办公室关于〈2006年度“四强”竞赛考核评选办法〉的通知》，根据市委的指示，在广泛征求意见的基础上，按照“体现科学发展、突出核心指标、便于核实、简明易行、减少基层负担”的原则，印发了新的“四强”竞赛考核评选办法，增设了加分指标和一票否决指标。

4.扎实搞好考核验收。2007年8月，全市召开了考核工作会议，对考核验收工作进行了安排部署。市“四强”办组织各区（市）、市直有关部门，严格按照考核程序，扎实组织申报、推荐、初选、初审等工作。按照谁主管谁负责的原则，组织有关部门对申报数据进行了进一步审核确认。根据考核办法，将初选名单征求了8个一票否决单位的意见。按照综合得分情况，评出了2006年度“四强”单位。同月，全市召开总结表彰大会，对一批乡镇、园区、企业、村（居）先进典型及先进个人进行了表彰。

5.研究探讨新的激励体系。自2003年“四强”竞赛活动开展以来，全市上下牢固树立“组织竞赛活动就是组织经济运行、抓竞赛就是抓经济发展”的观念，确定发展目标，扎实开展竞赛活动，有力推动了全市经济又快又好地发展。实践证明，“四强”竞赛活动是市委、市政府一个非常正确的决策，得到全市上下的积极拥护和响应，已成为推动我市经济新一轮发展热潮的重要动力。根据市委领导的要求，组织人员赴江浙等地考察学习强化激励机制的经验做法。通过信函交流、查阅资料等形式，了解了全省其他地市激励机制的建设情况。通过深入研究，撰写了关于强化激励机制建设的考察报告，在总结各地经验的基础上，在“四强”竞赛活动取得的成绩上提出了在全市开展“双十双百”活动的建议，被市委、市政府采纳。至此，“四强”竞赛活动在枣庄市完美收官，并华丽转身为“双十双百”活动，继续成为推动全市又快又好发展的强劲动力。

二、“四强”竞赛活动主要成效

通过开展“四强”竞赛活动，进一步调动了全市上下干事创业的积极性，广大干部群众的精神面貌发生了显著变化，形成了争先恐后、你追我赶、竞相发展的良好态势。截至2007年底，全市项目建设、招商引资、民营经济等方面均取得良好成效。

（一）经济实力显著增强

2007年，全市GDP、地方财政收入分别完成900亿元、45.2亿元，年均分别增长16.6%、27.3%；人均GDP、人均地方财政收入分别是2002年的2.85倍和3.33倍。全社会固定资产投资完成389亿元，实现了翻两番。金融机构本外币各项存款余额483.69亿元、贷款余额347.71亿元，分别比2002年增长137.9%、122.7%。农业农村经济长足发展。粮食总产和小麦单产分别比2002年增长52%、9.1%。市级以上农业龙头企业71家，农民专业合作经济组织599家。工业经济迅速发展。规模以上工业增加值、利税和利润分别完成483.8亿元、210亿元和120亿元，是

2002 年的 5.3 倍、6.1 倍和 9.5 倍。规模以上工业企业 1290 家，五年来增加 727 家。高新技术产业产值占规模以上工业总产值的比重提高 9.8 个百分点。服务业日趋繁荣。社会消费品零售总额年均增长 17.6%。

（二）项目建设势头强劲

2007 年共安排市定重点项目 50 个，总投资 292.5 亿元，年度计划投资 93 亿元，全年累计完成投资 94.5 亿元，占年度计划的 101.6%。其中：已竣工或试产的项目有紧固件及不锈钢伸线产品设备制造、阿尔曼达纺织、中联水泥旋窑生产线二期工程、联创电缆等 13 个；按时或超额完成投资进度的项目有 25 个。截至 2007 年底，全市投资 1000 万元以上在建项目共 483 个，总投资 654.7 亿元，2007 年计划投资 282.1 亿元，全年累计完成投资 292 亿元，占年度计划的 103.5%。其中续建项目 150 个，总投资 272.2 亿元；新开工项目 333 个，总投资 382.5 亿元；工业项目 345 个，总投资 488.6 亿元。

（三）招商引资成效显著

2007 年，累计实际到位外来资金 833 亿元，年均增长 33.5%；累计实际利用境外资金 4.3 亿美元。累计完成进出口总额 20.4 亿美元，年均增长 26.6%。2007 年，全市实际到位外来资金和固定资产投资分别比上年增加 33.5 亿元和 25.2 亿元。外管现汇到账外资比上年增加 4869 万美元，外资总量创历史新高。新批准的 28 个外商直接投资项目中，生产型项目 27 个，非生产型项目 1 个；制造业项目 27 个，第三产业项目 1 个。全市新建固定资产投资过千万元的项目比上年增加 23 个、过亿元的项目比上年增加 4 个。其中，兖矿国泰二期工程项目投资达 17.8 亿元，盛源宏达化工项目投资达 15 亿元，山东风轮轮胎项目投资达 10 亿元，中国建材集团日产 5000 吨旋窑水泥项目投资达 6 亿元。新建固定资产投资过千万元的项目中，煤化工、机械制造、农产品加工、旅游、服务业五大重点产业项目 101 个，占 46.5%。其中煤化工项目 18 个，比上年增加 3 个。引进新奥集团总投资 80 亿元的煤化工项目，一期工程年内建成投产。全市竣工投产外来固定资产投资过千万元项目 157 个，到位外来固定资产投资 99.3 亿元，其中过 5000 万元的项目 63 个、过亿元项目 19 个。总投资 6000 万美元的埃新斯气体项目，一期工程当年立项当年建成投产。新批总投资过千万美元的外资大项目 7 个，其中中国香港投资的冠茂包装材料项目总投资 2980 万美元。特别是榴园水泥的外资并购项目，引进葡萄牙诚通集团一期投资 3873 万美元，实现了我市创新利用外资方式、引进跨国公司并购的重大突破。

（四）民营经济蓬勃发展

2007 年，全市非公有（民营）经济单位数达到 11.3 万户，增长 10.4%；从业人员 47.7 万人，增长 8.2%；注册资金 247.2 亿元，增长 11.3%。全市民营经济营业收入 1813 亿元，增长 26.8%。民营经济增加值 519.8 亿元，增长 27.4%，占全市 GDP 的 56.1%；民营经济纳税额 53.55 亿元，增长 43.1%，占全市税收总收入的 69.2%；出口创汇 2.62 亿美元，增长 8.6%，占全市出口总额的 48.4%；民营经济从业人员新增 3.59 万人，占全市新增就业人数的 70% 以上；全市农民人均纯收入中来自民营经济的收入占 54.3%。民营经济已经成为拉动经济增长、增加城乡居民收入、增加财政收入、安置就业的重要来源和主要渠道。民营经济的发展水平和质量进一步提高，经济结构逐步趋向优化。在限额以上工业企业中，逐步形成了以建材、食品、造纸、纺织服装、化工、机电设备为主导行业的 6 条产业链，共完成增加值 240 亿元，占限额以上工业的 76.7%；全市科技型民营企业达到 197 家，实现税金 8.4 亿元；外向型企业达到 241 家，出口创汇 2.62 万美元，出口创汇占全市的 48.4%。

（五）农村经济势头良好

2007 年，全市农业增加值 80.59 亿元，增长 4.9%。全年粮食总产 167.8 万吨，瓜菜总产 534.1 万吨。全市新发展樱桃栽植基地 1.96 万亩、品种资源圃 1 处、设施栽培实验棚 20 个，樱桃栽植总面积达到 6.56 万亩。全市优质小麦面积发展到 180.4 万亩，优质率 84.7%，比全省高 4.7 个百分点；专用玉米 94.3 万亩，专用率 61.3%。全市夏粮总产 81.4 万吨、秋粮总产 86.4 万吨、全年粮食总产 167.8 万吨。全市共建设农村沼气服务协会 6 个，农村沼气服务站（网点）103 个。新建户用沼气池 3.29 万户，累计达到 8.5 万户，占总农户的 11.41%，占适宜农户的 22.81%，建池超过 100 户的村庄达到 223 个，建池普及率提高了 4.42 个百分点。农作物秸秆综合利用率提高到 80.27%。全市年销售收入 500 万元以上的农业龙头企业、年交易额 5000 万元以上农产品批发市场和在工商、民政部门注册的中介组织分别达到 189 家、32 家和 228 个。新命名表彰市级标准化示范基地 10 个，新认证无公害农产品、绿色食品和有机农产品 51 个，新完成省级产地认证 12 个；抽检样品 294 个，合格率达 92.2%。全市“三品”农产品总数达到 206 个，其中金曙王牌马铃薯被评为省级名牌农产品，东谷面粉被评为中国名牌产品，标准化示范基地面积达到 150 万亩。

（六）人民生活水平提高

2007 年，城镇居民人均可支配收入、农民人均纯收入分别达到 12560 元和 5150 元，年均增长 14.1% 和 10.7%。累计新增城镇就业 29.5 万人。累计征缴各项社会保险费 55.5 亿元。城镇职工基本医疗保险、养老保险覆盖面分别达到 71.5%、82.7%。城乡居民最低生活保障制度初步建立。城镇人均居住面积达到 31.8 平方米，城区新增供热面积 601 万平方米，城市燃气普及率达到 96%。基本实现村村通油路、村村通客车，84.9% 的自然村用上自来水，65% 的行政村开通有线电视。城乡用电实现同网同价。移动通信用户、互联网用户

分别达到 169 万户、14.1 万户，私人拥有汽车 12.4 万辆。建成 52 家农村社区综合服务中心，新建改建 30 所乡镇敬老院，完成 21 所乡镇卫生院改貌建设。东沙河治理主体工程基本完成。整治背街小巷 167 条。

三、“四强”竞赛活动经验启示

“四强”竞赛活动深入开展，为枣庄市的经济发展注入新的生机和活力。活动之所以能够扎实开展并取得显著成效，主要有以下四个方面的经验。

（一）突出经济建设和提高质量效益是活动顺利启动的第一要求

枣庄市作为一个老工业城市，结构性矛盾较为突出，经济总量偏小，综合竞争力不强，要缩小与先进地区的差距，实现经济位次的整体前移，就必须采取超常规的措施，推动区域经济的快速发展。市委、市政府审时度势，科学研判，把开展“四强”竞赛活动作为推动经济跨越式发展的总抓手，通过乡镇、村、企业、园区之间的竞赛活动，在全市营造一个比学赶超求发展、你追我赶齐争先的浓厚氛围，把广大干部群众干事创业的热情进一步调动起来，把基层中蕴含的巨大生产力进一步解放出来，着力培植一批产业层次高、发展后劲足、能支撑和拉动全市经济发展的增长点，带动全市经济的快速发展和经济总量的迅速膨胀。由于竞赛活动的根本出发点就是为了促进经济发展，所以竞赛活动一启动，就与全市干部群众加快发展的愿望产生了共鸣，从而得到了全市上下的高度认同和积极响应。

为增强“四强”竞赛活动的活力，枣庄市把主要经济发展指标纳入“四强”竞赛之中，无论是强镇、强村，还是强企、强园区，在其指标体系中，都突出了速度、质量和效益。主要体现在三个方面：一是体现发展是第一要务的原则，给予经济发展指标第一位的分值，提高了增量、增幅所占分值的比重。如强乡镇的增幅指标占到总分的 45%，强村的增幅指标占到总分的 50%，强企、强园区增幅指标分别占总分的 60%。二是体现核心目的原则，把“四强”竞赛的核心指标分配了较高的分值。如强乡镇中的财政收入指标占总分的 40%，强村中农村经济总收入、农民人均纯收入指标分别占总分的 30%，强企中实交税金占总分的 45%，强园区中实交税金占总分的 35%。三是体现经济运行质量的原则。如把乡镇税收占 GDP 的比重、乡镇税收占财政收入的比重等结构性指标给予一定量的分值，使各参赛单位在着力提高发展速度的同时，注重提高发展质量和效益，始终做到统筹兼顾、协调发展。

（二）强化行政推动和落实政策激励是活动扎实开展的重要手段

在“四强”竞赛活动中，全市各级党政和各有关部门对竞赛活动高度重视，普遍树立了“组织‘四强’竞赛就是组织经济运行”“抓‘四强’就是抓发展”的理念，把“四强”竞赛活动作为推动经济工作上台阶的“牛鼻子”，在思想上高度重视，行动上积极主动。各级都加强了“四强”竞赛活动的组织领导力量。市里成立了由 18 个职能部门负责人参加的组委会，明确一位分管书记任“四强”竞赛组委会主任、三位副市长任副主任，切实加强对活动的组织指导、督促检查。各区（市）均成立了由区（市）长、分管书记任竞赛组委会主任，副书记、副区长任副主任的竞赛活动组委会，同时成立了“强镇”“强村”“强企”“强园区”等若干领导小组，明确了分工，建立了责任制，基本上做到了领导班子成员人人身上有担子、有目标、有任务。一些区（市）还实行了“四强”竞赛活动领导干部帮包责任制，帮助各参赛单位找差距、定措施、谋赶超。同时，各级都加强了“四强”竞赛办公室的力量，抽调骨干人员组成强有力的工作班子，拨付专项经费，配备工作用车。各乡镇、各参赛单位也都结合实际成立了“四强”竞赛活动组织机构。全市形成了横向到边、纵向到底的竞赛活动领导体系和组织网络，做到了层层有人抓、事事有人问，为“四强”竞赛活动的深入开展奠定了坚实基础。

为增强竞赛活动的影响力和吸引力，市委、市政府制定了一系列激励措施。对获得市级强乡镇、强村、强企、强园区的，均由市委、市政府命名表彰，授予奖牌；对当年被评为强乡镇的乡镇党政主要负责人，给予记三等功奖励，对连续 2 年被评为强乡镇的党委书记授予市级模范称号，符合《党政领导干部选拔任用条例》规定的优先提拔重用。同时，对当年评为强乡镇的，按乡镇财政收入当年新增部分的 5% 奖励乡镇党政班子，其中党政主要责任人奖金总额不少于 30%；对被评为强村的，从当年村级集体经济纯收入增加部分提取 10% 奖励村两委班子成员，书记和主任的奖金不低于 40%。对被评为强企业、强园区的也制定了相应的奖励措施，极大地调动了各参赛单位的活动积极性。

（三）积极广泛动员和注重长期效应是活动纵深推进的基本准则

为避免短期行为，竞赛活动一开始，

2003年8月27日起开辟“开展四强竞赛推动经济发展”专栏

市委、市政府就明确提出要把“四强”竞赛活动作为本届党委政府任期内的一件大事，一以贯之地抓好，确保竞赛活动的连续性。市委、市政府反复强调，“四强”竞赛活动绝不是仅为树几个典型，竞赛的宗旨是建立一个高效有序的激励竞争机制，使各个方面、各个层次都广泛参与，形成一种争先恐后、竞相发展的良好氛围，使基础好的百尺竿头更进一步，中间的加快步伐奋力赶超，基础差的深入挖潜急起直追，从而在全市形成梯次推进、竞相发展、整体提高的良好局面。为此，在考核体系中加大了增幅指标所占的比重，目的就是鼓励竞争、鼓励发展。使基础好的单位，发展速度慢了，单靠“吃老本”拿不到“四强”，从而产生危机感，进而强化措施奋力赶超；让基础差的单位，通过积极努力有进入“四强”的希望，从而增强使命感，加压鼓劲加快发展。

为最大限度地调动各个层面的参赛热情，在竞赛活动中，各区（市）都结合实际设立了区级“四强”、各乡镇也设立乡镇级强村、强企业，扩大了竞赛活动覆盖面。与此同时，采取各种形式大力营造竞赛活动的浓厚氛围。各级各有关部门广泛进行了层层发动，并利用各种媒体大造声势。各级报纸、电台、电视台分别开辟了“四强”竞赛专栏，一些单位制作了竞赛活动的标语牌、宣传栏、过路横标，刊发了活动简报，开展了“四强”竞赛活动宣传月、宣传周活动，使竞赛活动的氛围越来越浓厚，力度越来越大，积极性越来越高，全市上下很快形成了干事创业、你追我赶、奋勇争先的良好态势。

（四）科学设定指标和严格监测考核是活动取得实效的根本保障

为避免竞赛活动走形式、走过场，枣庄市赋予“四强”竞赛丰富的内容，精心设计了“四强”竞赛的一整套指标体系，每一项指标都经过了反复调查论证，确保竞赛活动赛出水平、赛出干劲，取得实实在在的效果。如强乡镇指标就包括了年国内生产总值（GDP）、增幅及人均占有量，年工业固定资产投资总额、增幅，年财政收入、增幅，招商引资、外贸出口额及增幅，农民人均纯收入及增幅等内容；强村指标包括了农村年经济总收入、增幅及人均占有量，农村二、三产业的项目数量、资产总量及当年增加个数，纳税额、增幅，农民人均纯收入、增幅等；强企业指标包括企业总资产、净资产及当年新增数量，年销售收入及增幅，年纳税额及增幅，出口创汇、利润及增幅等；强园区指标包括园区项目数量、当年新增个数及投资500万元以上项目数，累计完成基础设施投资和项目投资额、当年完成投资额及增幅，年销售收入完成额及增幅，年上交税金及增幅等。由此可见，“四强”竞赛的每一项指标都要通过扎扎实实的工作和坚持不懈的努力才能够取得，搞形式、走过场是换不来的。

为确保竞赛结果的公正、合理和社会公认，枣庄市建立了严格的考核监测机制和程序。竞赛活动一开始，就抽调统计、经贸、农业、财政、外贸、工商、税务等相关职能部门组建了“四强”竞赛活动监测考核小组，专职负责竞赛活动考核实施细则的完善和相关统计数据的监测检查等事宜，确保竞赛考核细则科学合理，考核材料真实完整，考核结果群众公认。在竞赛活动中，进一步严明组织纪律，对弄虚作假者一经发现，取消其参评资格，并对有关责任人进行严肃处理。同时，对发生严重安全事故、污染排放严重超标又不能及时治理、计划生育收到黄牌处罚或其他严重违法违纪的实行一票否决，使“四强”竞赛活动的优胜者既是经济上的领跑者，又是国家政策的模范执行者，从而为地区经济发展树立旗帜，带动经济持续快速发展。

审稿人：刘宗国
撰稿人：张　开　杨丹丹
张文鹏

农业农村经济发展的历程、成就与启示

中共十一届三中全会以来，枣庄人民在历届市委、市政府的领导下，大力发展现代农业，建设社会主义新农村，农业发展突飞猛进，农民生产生活日新月异，广大农村发生了翻天覆地的巨变。

一、农业农村经济发展的历程

改革开放以来，枣庄市的农业农村经济总体经历了五个阶段。

第一阶段，从1978年到1984年，开始确定在家庭联产承包的基础上，实行统分结合的双层经营体制

1. 农村改革方面。党中央《关于加快农业发展若干问题的决定》出台后，枣庄市随即出台《关于当前农村政策若干问题的试行意见》，要求在生产队统一核算和分配的前提下，推行农林牧副渔生产责任制，“允许生产责任制的形式灵活多样，不要搞一刀切”，鼓励发展农村多种经营，提倡办好社队企业，繁荣农村集市贸易，搞好农村商业和农副产品收购，鼓励和扶持社员家庭搞饲养、捕捞、纺织、缝纫、工艺制作等副业。此后，全市农村开始推行包工到作业组、联产计酬责任制，实行超产奖励，人民公社“三级所有、队为基础”逐步解体。1980年1月，在台儿庄区张山子公社良庄、兰城公社柿树园、马兰公社张庄等11个大队推行包产到户或大包干责任制。1982年，枣庄市针对实行大包干过程中出现的问题，要求正确贯彻“统分结合”的原则，加强集体“统”的功能，解决好一家一户办不了、办不好的事情。到1983年，全市基本实行了以“大包干”为主，以土地公有为基本特征，以家庭承包经营为基础的有统有分、统分结合的双层经营体制。1984年1月和5月，市林业局和峄城区林业局分别在金陵寺乡西高皇庙村和在棠阴乡开展山林家庭承包试点，从此拉开了全市山林、荒山以家庭为单位承包经营的序幕。农村家庭联产承包责任制的实行把本来属于农民的生产经营自主权、部分剩余产品占有权和处置权归还给农民，极大地激发了农民的生产积极性，农业生产得到了较快发展。到1984年，全市农业总产值达到10.6亿多元，比1978年增长104.4%，甩掉了长年吃统销粮的帽子，市场食油供应彻底改变了调入局面。

2. 农业生产方面。1981年初，市委、市政府制定国民经济调整方案，提出，1981年国民经济的调整要达到两个平衡（财政收支平衡、信贷平衡），一个稳定（物价基本稳定），三个发展（轻纺工业发展、农业发展、能源工业发展）。1982年，全市农村基本上做到了只购不销（不包括菜农和无地农民），从而甩掉了常年吃统销粮的帽子，全市向国家贡献的粮食突破了3亿斤，比三中全会前增长7%以上，交省部分比包干数增加5000多万斤，全市人均贡献达到117斤，大大超过全省的平均水平。1983年12月，全省地瓜高倍繁殖现场会在枣庄市召开，来自全省各地市和种植地瓜在10万亩以上的58个县的人员学习了枣庄地瓜育种高倍繁殖经验，1979年全市平均亩产地瓜干只有490斤，1982年达到834斤，名列全省第一。1983年，滕县农业局完成的《小麦叶龄指标促控法》被国家科委、国家农委授予科技推广奖，从1980年至1984年，推广面积181万亩。

第二阶段，从1985年到1991年，市场经济迅速发展，农村劳动力开始向城镇转移

1. 农村改革方面。枣庄市进一步完善和发展各种形式的联产承包责任制，按照自愿互利原则发展多种形式的合作和联合经营；进一步改革农业计划体制和农产品统购制度，对粮食、棉花、花生等主要农产品继续执行并完善合同定购制，其他农副产品的生产和收购实行计划指导下的市场调节。农民成为独立的商品生产者和经营者，农业生产力得到彻底解放，农民的生产积极性高涨。

2. 农村经济方面。主要是发展蔬菜生产，发展乡镇企业，完成农业区划。1985年以后，随着农村家庭联产承包责任制的推行和普及，农民成为独立的商品生产者和经营者，农业生产力得到彻底解放，农民的生产积极性高涨。虽然农业的增产潜力靠增加粮食面积和产量对农民增收的拉动作用不明显，但中央提出了“绝不放松粮食生产，积极发展多种经营”的结构调整思路，枣庄市在以发展粮食生产为主，重点解决人民群众的温饱问题的基础上，开始逐步调整农村产业经济结构。1991年2月，市政府被评为全国粮食生产先进单位，受到国务院表彰。1990年全市粮食单产、总产创历史最高水平，总产达139万吨，比1989年增长9.3%，比大丰收的1986年增长6.1%。

1985年以后，各级农业部门广泛组织人员外出考察，积极示范，引进推广地膜覆盖和拱棚栽培等先进种植技术。1988年，滕州市姜屯镇孙村村民孙长海种植的1.3亩“荷兰7号”马铃薯，采用脱毒种薯阳畦保种留种技术，实现春繁种薯亩产4250.35公斤，创全市春薯最高单产。农民生产积极性得到调动，全市蔬菜种植面积尤其是保护地栽培面积迅速增加。1990年，全市蔬菜种植面积24.6万亩，总产65.6万吨，分别比1980年增长44%和4.6倍。

拱棚加地膜栽种的辣椒、番茄等早春蔬菜平均比露地栽培上市期提前20—25天，显著提高了经济效益。1990年以后，各级政府都制定优惠扶持政策，发展蔬菜基地设施建设和大棚建设。1991年，全市蔬菜面积33.64万亩，建设蔬菜种植基地2.6万亩；建成无土栽培大棚45个，面积1.8万平方米；冬暖式大棚900多个，面积36万平方米。在深冬季节不采用加温措施栽培黄瓜获得成功，开创了枣庄市冬季蔬菜生产的新纪元。

从过去的粮食生产开始注重多种经营，愈来愈多地涌现出专业户、联合体，乡镇企业异军突起，使农村集体经济得到了迅猛发展。市委、市政府提出城市要“敞开城门”，欢迎农民进城经商。1984年7月5日，滕县城关镇滕东大队农民自筹资金建设的五层商业服务大楼——文昌大楼在滕县城区正式开业，成为枣庄农民进城发展商业的典型。这一时期，枣庄市委、市政府出台了《关于加快乡镇企业发展的意见》《关于为发展农村商品经济服务若干问题的试行意见》，提出“乡镇、村、联合体、个体四个层次一齐上”，在税收、人才、资金、技术、设备、原料等方面给予大力支持，乡镇企业异军突起。

1985年以前，全市农业区划工作主要是组织各部门、各区（县）协同完成以土地资源、气候资源、水资源和生物资源为主的农业自然资源普查以及农业综合区划。至1987年底，利用6年的时间，国家及地方财政投入专项经费100多万元，先后组织市、区（县）两级农业系统科技人员1500余人进行短期的专业培训，全面系统地完成农业资源调查和农业综合区划任务目标。枣庄市地形地貌比较复杂，各类资源的分布差异比较大，经济基础也不平衡，有明显的地域差异。为因地制宜、分类指导、扬长避短、发挥优势、合理利用资源，1986—1987年，在综合评价自然资源与对社会经济条件进行综合性研究的基础上，依据全市农业地域分布规律，确定农业区划。划分为东北抱犊崮低山丘陵林、粮、牧、油区，中部滕薛峄平原粮、菜、牧区，西南滨湖沿运洼地粮、牧、渔区三大综合农业类型区。

3. 扶贫开发方面。1983年11月，枣庄市将经济相对落后的原滕县东部8个山区乡镇和原齐村区北部6个山区乡镇合并组建山亭区，被称为“穷哥们大联合”，1985年被列为全国重点贫困区；其时，全市扶贫乡镇共20处，28万人年均收入不足200元。成立山亭区改变了枣庄县级行政区划和经济格局，扶贫开发成为一项重要而紧迫的任务。自1985年国家有组织、有计划、大规模开发式扶贫之后，枣庄举全市之力开展扶贫攻坚，市里直接负责最贫困的山亭区徐庄、辛召、冯卯、水泉4个乡，其他5个区（县）的扶贫工作由各区（县）负责，制定并实施了募捐、搬迁山顶村、组织劳务输出、扶持发展生产、减少赋税、加强精神文明建设等措施。

第三阶段，从1992年到2002年，农村基本经营制度得到巩固，实行农业经济结构调整

1. 结构调整方面。邓小平南方谈话以后，农业经济结构调整逐步提到重要议事日程。枣庄市农业生产经过连续几年的发展，已基本解决主要农产品的总量问题，开始向质量效益并重的“双高一优”农业转变，把产业结构调整摆在农村工作的突出位置，组织实施了“三调一高两带动”（品种调良、结构调优、规模调大，科技含量高，市场带动和龙头企业带动）战略等，推动农村经济产业化、服务社会化，农产品的深加工转化开始起步，农民收入快速回升。

调优产业结构。优化种植业内部结构，引导农民减少粮食种植面积、增加经济作物种植面积。1996年4月，峄城区吴林等乡镇被国家农业部命名为“中国芸豆之乡”。2000年4月，滕州市界河等乡镇被国家农业部命名为“中国马铃薯之乡”，为全国最大的二季作马铃薯产区。2002年，全市经济作物面积252.8万亩，粮经比例达到53.4：46.6，全市建成100万亩优质商品粮基地、80万亩蔬菜基地、5万亩桑蚕基地，大棚果面积发展到8000亩，马铃薯50万亩，石榴10.2万亩，优质专用小麦48万亩，农作物复种指数达到197.4%，小麦、玉米、花生、棉花、马铃薯等主要农作物的良种覆盖率达到100%。全市初步形成了粮油、蔬菜、果品、畜牧、水产、花卉、桑蚕、食用菌等八大主导产业。滕州市的瓜菜、畜牧，山亭区林果，峄城区石榴、芸豆，市中区、薛城区光明路沿线开发，台儿庄区“三水”农业，已显示出特色化的规模优势。调优农业产业结构，扶持畜牧业、规模化养殖、小区建设、专业村、专业户发展。薛城区的万头养猪场、滕州市的万只养兔场和300万只养鸡场，成为规模养殖的典型代表，农林牧渔业总产值的比例由1992年的77.4：4.4：16.4：1.8发展到2002年的72.1：3.2：21.3：3.4，农林牧渔比例趋于合理。

实施科技兴农。1996年4月，在省政府召开的全省农村管理暨“节本增效、兴机富农”活动表彰会上，枣庄市被评为全省农机化工作先进市，至此，枣庄市已连续七年受到省政府表彰。1998年2月26日至27日，全国麦田管理现场会在滕州召开。与会人员现场参观了滕州市植物组织培养中心和滕州市种子公司等小麦良种良法配套高产示范田、级索村小麦良种繁育田、鲍沟镇鲍沟一村小麦“三〇”工程开发田，滕州市委、市政府介绍了经验，会议还汇报交流了春季麦田管理及春耕生产情况。强化农业高新技术示范园建设，2001年，全市已建成市、区（市）两级农业科技示范园10处，乡镇级示范园59处，并实现了由量的扩大转向了质的提高；全年共引进示范新品种300多个。市农业高新技术示范园区被命名为山东农业大学科技示范基地，薛城区农业科技示范园被命名为山东省引进国外名优稀特蔬菜良种示范园。强化技术推广，围绕推广应用配方施肥、保护地栽培、组织培养、立体种植等十大农业

技术，组织实施了“33123”良种产业化工程、“沃土计划”“一减双保”工程、果树示范园建设等，提高了农业生产的科技含量。全市主要农作物种子精选率、统供率、包衣率分别达到100%、80%和60%，配方施肥220万亩，主要农作物病虫害综合防治800万亩次，间作套种120多万亩，农作物复种指数达到194%，农业科技贡献率达到50%。强化农民科技培训。组织实施了“农业科技电波入户”工程、“跨世纪青年农民科技培训”工程和“绿色证书教育”工程，深入开展了“送科技下乡活动”，举办了230多期农民科技培训班，培训农民10余万人次，极大地提高了广大农民的科技文化素质，农民学科技、用科技的意识明显增强。

加强市场建设。围绕搞好农产品流通，继续加强了当地市场的改建扩建和配套完善工作，新配套完善了40多处农副产品市场。滕州市蔬菜批发市场已完成投资1800万元、占地240亩的一期工程，成为鲁南地区重要的蔬菜生产集散地。巩固扩大了外埠市场，相继在沈阳、大连、秦皇岛、上海、杭州、天津等大中城市建立了7处农副产品联销中心和180多处销售窗口，与深圳、牡丹江达成了贸易协议。在2001年中国国际农业博览会上，薛城区的丰祥牌挂面、山峰牌高档涂布白板纸，山亭区的长红枣、花椒，滕州市的荷花牌咸鸭蛋、鲁力牌水泥、金曙王牌马铃薯、东谷牌面粉和台儿庄区的榴春牌淀粉等9个产品被认定为名牌产品，比上届农博会增加4个，在全省的位次由上届的第14位提高到第9位。积极发展农村合作经济组织。各级政府坚持科学引导，多头领办的原则，积极发展多种形式的农村合作经济组织，全市新成立运销协会53个，新发展运销大户600余户。目前，全市农村合作经济组织已达到2568个，其中专业协会、中介组织达到1300多个。全面实施了“金农工程”和“万千农民上网致富工程”，加快了全市农业的信息化步伐。结合以销促产，加强了本地市场建设和外埠市场开拓，积极培育中介组织。全市集贸市场达到217处，农副产品联销中心7处，运销大户达到600余户、农民运销队伍达到12万人。

积极培育农业企业。按照“支持产业化就是支持农业、扶持龙头企业就是扶持农民”的要求，坚持“大、高、外、强”的原则，切实加大了农业龙头企业建设的力度。重点培育了鲁南牧工商联合公司、东谷面粉、恒源油脂、大宗集团等骨干龙头企业。目前，全市国家级龙头企业1个，省级龙头企业4个，市级龙头企业10个。在2002年全市农村工作会议上，市里拿出96.2万元对鲁南牧工商联合公司等龙头企业给予了贴息扶持。鲁南牧工商联合公司目前已发展成为集肉鸡、肉兔饲养、加工、销售为一体的大型企业集团，带动肉鸡饲养小区36处，饲养大户1200户，年销售收入6亿元。全市发展各级各类农副产品加工企业636家，吸纳从业人员3.6万人，年产值20多亿元，利税2亿多元。山东益康集团公司被列入省级50家大型龙头企业。

2. 农村改革方面。主要实施了土地延包、减轻农民负担。从1993年开始，枣庄市在继续稳定完善以家庭联产承包为主的责任制、统分结合的双层经营体制基础上，逐步适当延长土地承包期，稳步实施股份合作制和“两田制”，积极探索“四荒”、林网、水利设施使用权改革的路子，1996年在全市推广徐庄乡荒山使用权拍卖的经验做法。从1997年开始，按照中央关于土地承包期延长30年不变的要求，针对第一轮土地承包多已到期的实际，枣庄市在全省率先整建制开展了土地延包工作，即第二轮土地承包工作。2001年，市政府制定《枣庄市农村土地承包经营管理暂行办法》和《关于全面推进土地使用制度改革的意见》，到2002年底全市共完成延包任务村3104个，占总村数99.8%，共签订“一书一证”67.8万份，占应签订发放99.7%，土地延包面积256.7万亩，占总耕地面积97.6%，土地流转面积18.5万亩，占总面积的6.8%。土地延包为长期稳定以家庭承包经营为主的基本经营制度，奠定了良好基础。1993年2月，市委、市政府作出《关于切实减轻农民负担的决定》，持续开展减轻农民负担工作。1996年6月，市委、市政府发出做好夏粮征购减轻农民负担的紧急通知，通知要求要从讲政治、讲群众观点、同党中央保持一致的高度认识和对待减负问题，高度重视减轻农民负担工作，切实做好减轻农民负担工作。1997年6月7日至9日，国务院农民负担检查组来枣检查。检查组以随机抽样的方式，深入到滕州市的4个村近40户农民走访，进行了现场答卷和查看资料，并听取了工作汇报。1997年6月8日，《人民日报》以“减法加法一起算”为题，在头版头条以纪实的形式对枣庄市减负工作做了报道并给予充分肯定，同时配发了短评。指出，1993年至1996年，枣庄市农民收入人均负担分别为上年纯收入的4%，4%，3.8%，3.7%。枣庄抓“减负”工作的经验，至少有3条可供各地学习借鉴：第一，思想上重视，行动上果断，敢于快刀斩乱麻；第二，建立相应的规章制度，减少减负工作的随意性；第三，减负和增收一起抓。2001年，枣庄市按照中央和山东省的要求开展农村税费改革。2002年全市农民人均负担63.5元，农民负担连续11年控制在国家规定的限额之内。

3. 农村建设方面。1995年1月，市委、市政府决定在全市农村实现“四通”。针对制约枣庄市经济发展的突出问题，市委、市政府决定，把实现农村通电、通水、通路、通电话“四通”工程，作为农村工作的重点和奔小康的基础工程来抓，力争利用2至3年的时间在全市农村全面实现“四通”。1995年11月10日，全市提前一年实现户户通电，全市267万农民全部告别油灯，用上了电灯。1996年1月6日，《人民日报》在头版头条以“为农民办实事、为小康打基础”为题，大篇幅报道了枣庄

市“四通”工程建设情况，并给予了很高评价。报道指出：1995年初，枣庄市委、市政府要求把实现农村村村通水、通电、通公路、通电话的“四通”建设，作为农村工作的重点，作为奔小康的基础工程，在两三年内完全实现。这一举措符合客观需要，深得民心。经过一年艰苦努力，截止到1995年11月10日，已实现户户通电；通水1865个村，占59.5%，过了半数；通电话1870个村，占59.6%，过了半数；通公路2201个村，其中铺设柏油路和水泥路的有1782个村，分别占70.2%、56.8%。“四通”建设的成果给枣庄市带来了可观的经济效益。

4. 扶贫开发方面。建立了市长扶贫基金，采取突破难点重点、增加智力投入、实行龙头带动、推进“四通”工程等措施，贫困人口最多的山亭区于1995年、1996年摘掉全国和全省重点扶贫区的帽子，实现了整体脱贫。2001年，山东省委、省政府启动新世纪扶贫工程，将山亭区列为省级扶贫开发工作重点县。

第四阶段，从2003年到2010年，农业税免除、一系列强农惠农富农政策落实，探索农村产权制度改革，发展现代农业，建设社会主义新农村

1. 政策落实方面。枣庄市认真抓好强农惠农富农政策贯彻落实，进一步巩固农村税费改革成果，严格执行涉农价格公示制、农村义务教育一费制等“四项制度”，2006年全部取消农业税。自2004年以来，开始实施良种补贴、粮食补贴等补贴政策，从实施优质专用玉米和小麦良种推广示范项目到实施小麦、玉米、水稻、棉花良种补贴全覆盖及部分花生良种补贴，良种补贴范围扩大至全市。截至2010年，全市累计发放良种补贴资金1.41亿元、种粮补贴资金8.14亿元，促进了农民增收，保障了粮食生产稳定。

2. 农村改革方面。为破除阻碍农村发展的体制机制障碍，枣庄市积极开展了农村产权制度改革的有益探索。2008年，市委、市政府组织开展了三农工作“百日大调研”，认识到制约三农发展的关键是土地，土地经营的关键在于规模经营，规模经营的瓶颈在于资金，而资金瓶颈的根源在于农民缺乏有效的抵押物，农村土地使用产权制度改革势在必行。2009年8月，枣庄市创新成立了全国首家农村土地资产评估事务所—枣庄市普惠农村土地资产评估事务所，对农村土地使用产权、农村土地收益、农村资产价值等进行专业评估，为全市农村土地使用产权制度改革试点和农村土地资产评估提供无偿或低偿服务，解决了农村融资评估的缺位问题，创新了农业部门的工作机制，开辟了服务三农的新领域，架起了金融部门和农业、农民的桥梁，对维护农民合法权益，规避金融风险，促进农民增收、农业发展和新农村建设发挥重要作用。农村土地使用产权制度改革试点工作深入推进，确立了全市32个试点乡镇、52家土地改革试点合作社，协调财政、银行、法院、保险等部门出台文件，解决土地合作社发展中的问题，创新并建立了一套完整的土地产权改革机制，深受试点单位群众的欢迎。探索在区级设立农村工作指导委员会，推行涉农部门“众流归一”的大部委改革试点，整合涉农部门资源，提高了为农服务水平。在全国率先开展了以土地使用权资本化为突出特征，以“一证一所一社”〔一证即发放《农村土地使用产权证》，一所即建立市、区（市）、镇街三级农村土地使用产权交易所，一社即发展农村土地合作社〕为核心内容的“三位一体”的农村土地使用产权制度改革。与改革措施相配套，推进了五项风险防范机制，采取“两个80%”，合作社基本成员中农民不得低于80%，农民表决权不得低于80%，始终保持农民对土地的控制权。农民的土地承包权不变，流转入社的只是承包地的使用权，抵押的是合作社的土地收益，规避了农民的失地风险；建立种粮利益导向机制，规避粮食安全风险；建立“保、贴、补、扶”机制，即保费补贴、贷款贴息、种粮补助、项目扶持等四项激励政策，促进合作社做大做强，规避经营风险；采取“两个3”，即土地合作社用来抵押贷款的土地最多不超过1/3、土地使用产权抵押的年限不能超过3年，规避了改革的金融风险；省高院特批枣庄市各级法院受理涉及改革的土地纠纷案件，建立健全了四级农村土地承包经营纠纷调解仲裁体系，规避社会稳定风险。枣庄市农村土地使用产权制度改革获得了各级领导的肯定，形成了一批可推广、可复制的“枣庄经验”。

3. 现代农业方面。抓粮食生产，在2009年山东粮王大赛上，滕州市的王次玉以最高亩产量789.9公斤，打破了山东省保持10年之久的小麦单产最高纪录，也创造了黄淮海麦区新的单产纪录。2010年，全市粮食总面积达到426.57万亩，总产192.98万吨，单产452.4公斤，较上年分别增长2.0%、5.6%和3.6%，较2005年分别增长13.3%、20.8%和6.7%，粮食总产量和单产均创历史新高，基本实现“人均占有千斤粮”，2008年以来实现粮食连续三年增产。滕州市被评为“全国粮食生产先进县标兵”，1人被评为“全国粮食生产先进工作者”，2人被评为“全国粮食生产大户”。

抓特色农业发展，全市特色农产品发展规模凸显。石榴发展到15万亩，马铃薯75万亩，樱桃13.7万亩，枣10万亩，花椒15.7万亩，芸豆5万亩，莲藕3.5万亩，食用菌产量10.8万吨，被誉为中国石榴、芸豆、樱桃和马铃薯之乡，最大的石榴栽植基地和重要的樱桃栽植基地。滕州市界河镇房岭村的马铃薯十亩高产攻关田，平均亩产5517.3公斤，创中原二季作马铃薯单产新高。2009年9月，与中国蔬菜流通协会联合举办了第九届“2009中国（枣庄）农产品产销联谊会”，累计签定各类合同意向130个，总金额达9.1亿元。2010年，全市瓜菜种植面积达到141.36万亩，总产量达到459.85

市中区周村围村林

万吨；油料面积达到35.79万亩，总产量达到10.01万吨。抓提质增效，建成一批较高水平的农业标准化生产示范基地，创建省、市级标准化示范基地45处，市级标准化示范乡镇8处，标准化基地面积达到145.5万亩，无公害农产品、绿色有机食品共达到118个。全市50多个标准化生产基地及蔬菜批发市场建立了农产品质检速测站。全市间作套种、立体种植、配方施肥等先进适用技术得到广泛应用，立体种植120万亩，设施化栽培85万亩，平衡配方施肥180万亩次。2005年，共引进农林牧渔新品种284个，新建优质种苗繁育基地10.8万亩。2005年全市粮食单产424公斤，在全省排第一位，实现了面积、单产、总产、效益“四增”。专业村建设进一步发展，全市市级农村经济专业乡镇达到10个，专业村722个。

抓龙头企业培育，围绕产业特点和区域优势，枣庄市培育壮大一批具有发展潜力和辐射带动能力的农业龙头企业和企业集团。山东盈泰（集团）食品有限公司发展成为集畜禽、肉类、饲料、面食等产品的生产、加工、销售为一体的大型畜牧集团企业，成为枣庄市唯一的国家级龙头企业。

4. 新农村建设方面。按照“生产发展、生活宽裕、乡风文明、村容整洁、管理民主”的20字要求，扎实推进全市社会主义新农村建设。坚持科学规划，确定新农村建设的目标、任务、措施以及需要重点解决的问题，统筹谋划好基础设施建设和生产生活等各项事业发展。坚持先易后难，分层实施，有计划、有步骤、有重点地稳步推进社会主义新农村建设。生态家园富民工程建设不断实现新突破。2005年，全市有“生态家园”示范村31个，共6000余户；全市农村庭院经济开发户达到39万户，庭院经济示范村179个。枣庄市被命名为“全国庭院经济示范市”。文明生态村建设处处彰显新亮点。大力实施“五化”（硬化、亮化、绿化、净化、美化）、“四改”（改水、改厨、改厕、改栏圈）、“三通”（通自来水、通电话、通有线电视）、“二室”（图书室、卫生室）、“一场所”（文体活动场所）的文明生态村建设，积极改善生态环境、建设生态文化、发展生态经济。2004—2005年，全市共创建文明生态村147个，并对每个文明生态村奖补资金1万元。2006年，市委出台了《关于加快社会主义新农村建设的意见》。2006年5月20日至21日，国务院发展研究中心农村部和枣庄市共同主办了“社会主义新农村建设研讨会”。2006年5月20日至6月4日，举办了枣庄市社会主义新农村建设成果展。成果展布展总面积达2657平方米，按照新农村建设20字方针分为“生产发展、生活宽裕、乡风文明、村容整洁、管理民主”5个板块、8个展区，共展出了660余幅照片、34个沙盘和模型、8大类173种农产品和加工品等实物，音像播出总时长170分钟，参观人数共计11000多人。枣庄市在解决“三农”问题、推进社会主义新农村建设进程中，以实施“三化一转”（专业化、产业化、标准化，农村劳动力转移）战略为主线，以“三百工程”（百个经济强村竞赛、百个文明生态村创建和百个经济薄弱村转化）为切入点，分类施治，整体推进，农村经济社会事业快速发展。2005年农民人均纯收入4241元，比2002年增长1144元，年均增长381元。2003年、2004年和2005年度百强村集体经济收益总额分别达到0.6亿元、1.5亿元和2.7亿元，在全市农村集体经济收益中所占比重分别达到14.13%、48.54%和81.82%。2009年，全市新建农村户用沼气池2.06万户，户用沼气累计达12.18万户，占全市总农户的15.89%。新安装农村太阳能热水器1.76万台。大力实施农村劳动力转移培训“阳光工程”，外出务工收入已成为农民收入的重要组成部分。全市形成了“生态家园”示范村、“一池三改”示范村等五类示范典型。全市累计建设沼气池10.12万户，占总农户的13.2%。有241个文明生态村绿化覆盖率均达到35%以上，23

个村被评为省级绿化示范村。

第五阶段，从2011年到现在，统筹国家农村改革试验区和国家现代农业示范区建设，建设“四新”农业，推进农业现代化进程

1. 农村改革方面。枣庄市国家农村改革试验区建设不断深入。2011年11月，农业部正式批复枣庄市列入国家农村改革试验区，承担“农业经营体制机制改革”任务。枣庄市成为全国首批24个农村改革试验区之一，也是全省唯一的农村改革试验区。全市重点推进五大方面的改革，即全面推开以土地使用权资本化并允许其抵押担保贷款为突出特征，以“一证、一所、一社”为核心内容的农村土地使用产权制度改革；推动农村土地承包关系长久不变的改革，开展农村土地确权、登记、颁证试点；推动农村资产进行产权化评估、作价、量化，开展农村资产产权化改革；按照“资本集中下乡、土地集中入社、产业集中发展、生态集中保护、公共服务集中推进”“五集中”的思路，开展新型城镇化改革试验；建立大部委制的为农服务新体制，构建从市到村四级三农服务网络平台体系，开展新型农业社会化服务体制机制创新改革。

2013年3月21日至22日，农业部部长韩长赋来枣庄调研春季农业生产和农村改革工作。2013年9月4日，全国农村改革试验区创新农业经营体制机制座谈交流会在枣庄市召开。11月，枣庄市探索试验的“农村土地承包关系保持长久不变，赋予农民承包经营权抵押，允许农民以承包经营权入股”等内容在十八届三中全会审议通过的《中共中央关于全面深化改革若干重大问题的决定》中得到全面肯定，为全国的农村土地改革提供参考。2014年11月，枣庄市获批新增“土地承包经营权流转管理试点”“滕州市供销合作社综合改革”“粮食、生猪等农产品目标价格保险试点”“农村产权流转交易市场建设试点”等4项任务。结合两批改革试验任务，全市确立了“三延伸一创新”的改革思路，即延伸推进农村各类产权确权，在农村土地承包经营权确权的基础上，将确权范围向农村集体建设用地、宅基地使用权、农民房屋权属等农村各类产权上延伸，并全面开展农村集体资产产权化改革试验，让农民享有更多的财产权利；延伸推进农村产权交易，建立健全市、区（市）、镇（街）三级交易服务体系，交易范围由原来的土地使用产权延伸到四荒地、养殖水面、林木所有权、农业设施、农村集体房屋租赁等各类资产、资源和产权；延伸推进新型农业经营体系，发展多种形式的规模经营、合作经济，着力构建规模化、专业化、现代化农业经营体系，发展主体多元、形式多样的社会化服务组织；创新新型农村合作金融，搭建政银农合作平台，引导金融机构丰富抵押方式，重点发展合作社内部资金互助、扶贫资金互助和供销社信用互助。2015年，枣庄市农业局与南京农业大学金融学院就深化农村合作金融改革合作正式签约。

2016年，枣庄市制定了《枣庄市国家农村改革试验区建设五年推进计划》，按照“系统配套”的原则和“三延伸一创新”改革思路，突出抓好改革任务，加强制度设计、政策配套和工作调度，确保各项改革任务的有效推进。全市完成确权登记颁证面积256.32万亩，占比99.03%，顺利通过省级验收并被评定为优秀等级。顺利通过国家农业部对枣庄市承担的第一期改革任务验收和第二期任务中期评估。全市农地适度规模经营面积150.25万亩，累计实现抵押贷款10余亿元。全面开展农村集体产权股份制改革工作，在126个村居进行试点改革，实现60个镇街试点全覆盖。完善农村产权交易体系建设，累计实现各类农村产权交易780宗，交易总额达到26.31亿元。扩大农村土地承包关系长久不变试点范围，在6个村开展试点探索。全市小麦、玉米政策性农业保险和马铃薯目标价格保险投保面积分别达到124.57万亩、131.35万亩、41.44万亩，理赔总额达到5785.75万元。

2017年，农村交易产权体系建设试验任务通过国家验收，全市实现各类农村产权进场交易899宗，交易额28.4亿元。加快推进农村集体产权改革，截至2018年7月，全市有677个村完成改革。在滕州市、山亭区开展政府购买公益性服务试点工作。

2. 现代农业方面。枣庄市国家现代农业示范区建设水平不断提升，2015年1月，被农业部整建制认定为第三批国家现代农业示范区。枣庄市成立了枣庄市国家现代农业示范区建设工作领导小组，将6个综合指标和24个测算指标进行目标分解，实行任务化管理。2016年，枣庄市委托农业部规划设计院编制完成《枣庄市国家现代农业示范区建设发展规划（2016—2020年）》，制定了《枣庄市国家现代农业示范区建设五年提升计划（2016—2020年）》，与全市“十三五”规划相衔接，对国家现代农业示范区建设工作进行总体部署，明确11个提升重点和6大重点工程。首次认定了国家现代农业示范区产业园3家、生态园8家、标准园16家，重点培植了石榴、马铃薯、长红枣、食用菌等四大特色主导产业。结合“一镇一业、一村一品”创建活动，规划实施了峄城石榴、山亭长红枣、滕州马铃薯及优质樱桃、优质板栗、特色莲藕等10个特色农产品基地建设工程。新增“市级标准化生产基地”8处，累计44处；新增“省级标准化生产基地”9处，累计22处；通过“国家绿色食品原料标准化基地”验收1处，达到5处。园区建设、企业发展、产业融合“三位一体”同步推进，初步形成以“园区带基地、企业联农户、产业兴乡村”的发展格局。市政府出台了《关于加快推进农产品品牌建设的实施意见》，新增“三品一标”产品64个，有效用标总数达到300个，总面积259.68万亩，占全市食用农产品面积69.24%，总产量365.26万吨，占全市食用农产品产量48.14%。健全农产品质量安全监管网络，

市、区（市）、镇（街）三级均建立了监管机构，村级配备了监管员，基层监管能力进一步增强。市政府制定了《关于加快农业产业化龙头企业发展的实施意见》，实施市级农业产业化龙头企业培育项目，扶持10家市级以上农业龙头企业做大做强，市级以上龙头企业达到352家。市级以上合作社、家庭农场分别达到567家和121家；成立全省首家农业新型经营主体联合会，为新型经营主体学习交流、开展服务、实现“抱团”发展奠定了基础。新型经营主体的发展壮大，促进了农村土地集聚、规模经营发展、土地产出效率提高和农村人口加速向城镇移动。市政府出台了《枣庄市新型职业农民培育实施方案》，枣庄市农业局创新农民培训机制，与青岛农业大学、枣庄职业学院联合成立了全省首家跨市合作、校地共建的农民学院—枣庄新型职业农民学院。实施新型职业农民培育“百千万”工程，培育新型职业农民2560人。举办了首届“寻找枣庄最美休闲农业与乡村旅游示范景点”活动，发布推介精品线路12条。全市共发展省级生态农业与农村新能源示范县5个，发展高标准生态循环农业示范基地1.3万亩，辐射带动周边生态循环农业基地建设12.5万亩。实施市级秸秆综合利用项目，全年完成综合利用主要农作物秸秆236万吨，主要农作物秸秆综合利用率达到95.5%。创办《枣庄农村工作》季刊，免费向基层干部、新型经营主体发放；开通“枣庄农业”微信公众号，基本覆盖全市农业基层干部和农业新型经营主体。2016年7月，全省农业宣传工作会议在枣庄召开。2017年9月，枣庄市人民政府和农民日报社签订了战略合作协议。新华社内参、《农民日报》分别以头版头条刊登了《“煤城”发展看三农－枣庄市农业改革与可持续发展融合之路》《一座资源枯竭型城市的“绿色崛起”－枣庄市农业农村“三区”建设协同推进纪实》等长篇报道。《中国农业科技》官网、《经济日报》官网等也分别进行了长篇系列报道。2017年至2018年，《积极培育农业新六产推进乡村产业振兴》等7篇调研报告被省农业厅评为优秀调研报告，市农业局连续两年被评为优秀组织单位，枣庄市农业局被农业部评为首批全国农业农村信息化示范基地。市农业局“五位一体”宣传工作机制被市委宣传部评为“十佳创新成果”。

3. 农业绿色可持续发展方面。2018年1月，枣庄市成功创建首批国家农业可持续发展试验示范区暨农业绿色发展试点先行区，是全省唯一的一个，全国40个之一。2017年10月，枣庄市人民政府和中国农科院签订了战略合作协议，加强农业科研和技术推广方面的合作，为枣庄市农业绿色可持续发展提供技术支撑。市政府和中国农科院联合编制了《枣庄市农业国家农业可持续发展试验示范区建设规划》和建设方案。围绕九大任务、九大工程、18个重点项目，探索推广了八大试验示范模式和技术集成，推进了全市农业绿色可持续发展。

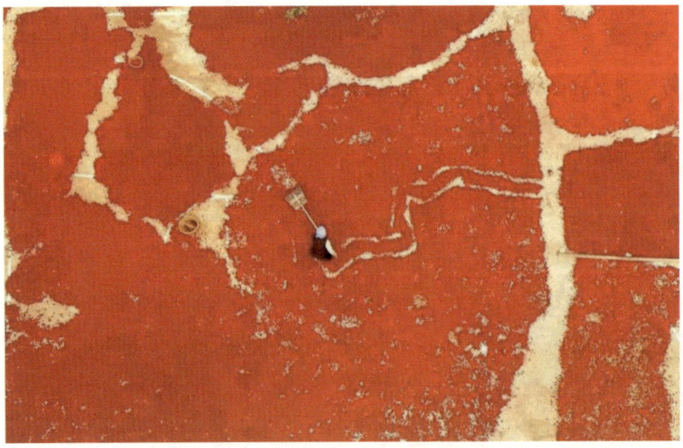

枣庄长红枣

二、取得的主要成就

（一）农业结构调整情况

1. 种植业结构调整。根据区域特色，大力发展了优质粮油、蔬菜水果、小杂粮、中草药、食用菌等特色产业，重点培植了石榴、马铃薯、长红枣、食用菌等四大特色主导产业。滕州市成功举办了八届中国（滕州）马铃薯节，制定了系列发展计划，大力发展马铃薯产业；山亭区大力发展樱桃、长红枣、板栗等产业；市中区突出抓好农产品加工和城郊型生态观光农业两大特色产业，着力打造休闲采摘、生态农庄等形式的农业景点；峄城区着重抓好石榴林果产业、长红枣种植产业；台儿庄区根据区域资源禀赋，规划了甜桃、干鲜果、苗木花卉、莲藕水产品、设施蔬菜、湿地休闲观光农业、绿色黑小麦和水稻、食用菌等八个现代农业示范基地。全市粮食总产量由1978年的80.36万吨增长到2016年的163.25万吨，蔬菜总产量由1990年的65.57万吨增长到2015年的459.64万吨，粮经比例由1978年的89.1:10.9发展到2015年的71.3:28.7。

2. 农业结构调整。林业产业转型升级，重点发展了果品生产加工、苗木花卉、木材加工、森林湿地旅游和林下经济五大主导产业，全市规模林业产业基地达到70余家，经济林种植面积达到80余万亩。畜牧业区域布局更加合理，全市基本形成滕州市生猪、肉羊和肉鸡，山亭区肉羊和肉鸡，薛城区生猪和长毛兔，市中区蛋鸡和肉鸭，台儿庄区奶牛和肉牛，峄城区蜂业等各具特色优势明显的产业带示范区，2015年，全市肉类、禽蛋、奶类产量分别达到30.76万吨、12.68万吨、11.30万吨。渔业转变生产布局，在北部库区发展健康生态养殖，在滨湖、沿运煤矿、膏矿塌陷地发展高效渔业，在城区近郊和旅游景区发展休闲观光垂钓渔业，2015年全市水产品产量9.6万吨。1978年，农、林、牧、渔业总产值的比例为81.0:2.5:16.1:0.4，2015年，农、林、牧、渔及农林牧渔服务业总产值的比例达到66.2:0.9:25.1:2.6:5.2。

（二）农村改革情况

1. 农村产权制度改革。枣庄市在

坚持农村土地集体所有权、农户承包权和土地用途性质不变的前提下，将土地使用权相对独立化，使农民承包土地的权利结构由所有权—承包经营权的“两权分置”，演变为了“所有权—承包权—经营权（使用权）”的“三权分置”。形成了以“一证一所一社”为核心内容的“三位一体”的农村土地使用产权制度改革经验。“三权分置”将土地使用产权从承包经营权中独立出来，并赋予了土地使用权以抵押担保功能，使土地使用产权抵押贷款从可能变成现实，目前，全市实现各类农村产权抵押贷款8.3亿元。既保障了农村土地集体所有的社会主义公有制，又激发了土地资本的活力，促进农业适度规模经营的发展，为实施推动深化农村改革提供了基础支撑。2013年，中共十八届三中全会《决定》明确，赋予农民承包土地经营权抵押、担保权能，枣庄市“三权分置”的有益探索为国家大政方针的制定提供了实践基础。

2. 新型农村合作金融试点。枣庄市积极开展新型农村合作金融试点工作，依托国家农村改革试验区政策优势，积极探索，勇于创新，各类农村资金互助组织试点发展到47家，其中11家获得金融监管部门颁发的“资格认定书”。滕州市、山亭区和峄城区等3个区（市）被列为“省农民合作社信用互助业务试点县”。资金互助社入社农户达到1799户，社员人数3644人，认股资金达4929.03万元，共向社员发放贷款8352.54万元。贷款用于发展特色养殖、种植、蔬菜等产业，极大地缓解了社员生产资金压力。

3. 农村土地承包经营权确权登记颁证。2013年以来，枣庄市扎实开展农村土地承包经营权确权登记颁证工作，全市完成确权登记颁证村2257个，占有承包耕地村的98.47%；完成确权登记颁证农户647957户，占应确权登记颁证农户的97.67%；完成确权登记颁证耕地面积256.32万亩，占农户家庭承包耕地面积的99.03%；向农户颁发《农村土地承包经营权证》64.80万本，签订《农村土地承包合同》64.80万份。

（三）农业新型经营主体发展情况

农民合作社蓬勃发展，全市近年来共发展合作社5691个，其中种植类合作社3497个，占61.45%；畜牧养殖类合作社1001个，占17.5%；其他各类合作社1143个，占20%。家庭农场快速兴起，目前全市家庭农场发展到983家，其中，市级以上家庭农场91家，省级6家。农业龙头企业不断壮大，枣庄市积极引导工商资本和民营资本投资发展现代农业，重点培植了十大农业龙头企业和畜禽、果蔬等五大优势农产品生产加工群。初步形成以家庭承包经营为基础，以各类专业合作社为纽带、种养大户和家庭农场为骨干、农业产业化龙头企业为支撑的新型农业经营体系。辐射带动作用日益明显，全市合作社社员28.49万人，带动农户32.22万户；已有213个合作社与3663个贫困户、7435个贫困人口建立了帮扶关系，25个家庭农场吸纳171户贫困户就业。

（四）农业产业化发展情况

目前，全市共有各类农业企业2700余家，其中国家级农业龙头企业2家、省级25家、市级325家。2016年末，全市规模以上（年销售收入500万元以上）农业龙头企业达到300家，资产总额150亿元，年销售收入280亿元，利润总额20亿元，分别是2001年的7.5倍、8.5倍、7倍和9倍。2001年，全市年销售收入过亿元的龙头企业仅有5家，2016年达到68家左右，增长了12.6倍。2001年，全市没有1家农业企业的年销售收入过5亿元，2016年过10亿元的已达4家，全市农业龙头企业走出了大规模、大跨越、大带动的发展模式。在农业产业化链条上的其他经营主体也发展迅速，2001年全市年交易额过500万元的农产品专业批发市场仅有17家，2016年年市场交易额在5000万元以上的农产品专业批发市场达到34家，市场交易总额达到109亿元。至2016年底，全市规模以上农业龙头企业主要农产品原料从基地采购值达到130亿元，带动基地面积 470余万亩（复合式计算），带动基地农户总数达到70余万户（复式计算，含部分外地农户），带动基地农户增收总额约25亿元。2016年，全市规模以上农业龙头企业用工总量达到7万人，年发放工资总额16.8亿元，其中用工量的90%以上为农民工。在农业龙头企业的示范带动下，优势特色农产品集聚发展，生产规模持续扩大，生产标准不断提高，形成了一村一品、一镇一业的生产格局。截至目前，全市一村一品专业镇发展到22个，占全市镇街总数的33.8%；一村一品专业村403个，占全市行政村总数的17.4%。其中，市级以上一村一品示范村镇发展到52个（含省级15个、国家级7个）。

（五）农业科技发展情况

1. 农业科技创新。积极引导涉农企事业单位与省农科院、山农大、青岛农大开展战略合作，全面融入全省农业科研创新联盟，着力提升新成果、新技术的组装配套能力，构建“专家+示范基地+农业技术指导员+农业科技示范户+辐射带动户”的科技成果快速转化机制。“十二五”期间，全市共有35个科研课题获省、市级科技进步奖，15个项目获省农牧渔业丰收奖，组织申报省、市农业科研资金补助、科技发展计划项目31个，评定市农牧渔业丰收奖142个。

2. 农技推广体系。截至2016年底，全市共设立区（市）、镇（街）级农技推广机构69个，累计配备仪器设备2800余台套，改扩建业务用房9400余平方米，基层农技推广机构实现了镇（街）全覆盖，达到了一镇（街）一站。基层农业公共服务机构人员队伍专业化水平全面提升，建立了业务素质提升培训制度，全市共有镇（街）农业公共服务机构人员257人，其中，农技推广人员218人，占总人数的84.8%；大学以上学历95人，占总人数的40%；中高级职称80人，占总人数的36.7%。

科技咨询服务热线、12316人工智能咨询电话、手机短信、微信群、云平台等互联网+农业科技服务体系不断完善，建成市、区（市）、镇（街）、村四级1433个“三农”综合服务网络平台体系，在枣庄农业信息网、枣庄市三农服务网等及时发布各类农产品产销信息，目前包括推广专家、农技人员、科技示范户等在内的平台用户达2万余人。

3. 农技推广服务。农作物联合收获、病虫害综合防治、节水灌溉等方面农机农艺有机的结合和融合程度进一步提升，全市农用机械总动力达361.5万千瓦，年均有效灌溉面积230.7万亩，植保病虫害年均统防统治面积570余万亩次。“十二五”期间，全市共育成并通过品种审定的主要农作物品种3个，每年试验示范品种300余个，建设各类作物良种基地25万亩，常年生产小麦、玉米、花生、马铃薯良种近4000万公斤，良种对农业增长的贡献率达到50%以上。创新启动了“专家团队服务基层”科技下乡活动，累计成立粮食、蔬菜、植保等各类技术专家组43个，建设农业科技试验示范基地32个，培育农业科技示范户1.2万户，辐射带动20余万农户。全市农业科技贡献率达到65%，主导品种和主推技术入户率、到位率均达到98%以上，农业持专业证书劳动力数量增至25.96万人。

4. 新型职业农民培育。枣庄市农业局、枣庄职业学院、青岛农业大学合作社学院联合成立了枣庄新型职业农民学院，实施新型职业农民培育“百千万”工程，累计培育新型职业农民5200余人，在全市逐步形成农业部门牵头，以新型职业农民学院、农广校（农村科技教育培训中心）为主体，以农业科研院所、农技推广服务机构为补充，以农业园区、农民合作社、家庭农场和农业企业为基地的培育体系。

（六）农业标准化生产（农产品质量安全监管）情况

1. 农业标准化生产基地建设。全市共建成22个省级农业标准化生产基地、44个市级农业标准化生产基地。全市有效期内“三品一标”数量达300个，其中无公害农产品170个，绿色食品120个，有机食品3个，地理标志登记认证产品7个，总产量达到362.38万吨，产品总面积达246.53万亩。具备相当规模的农业区域公用品牌共有8个，分别为滕州马铃薯、滕州大白菜、峄城石榴、山亭火樱桃、店子长红枣、城头豆制品、徐庄板栗和桑村红椒。

2. 农产品质量安全监管。农产品抽检力度不断加大，2016年配合农业部开展农产品质量安全年例行监测4次，共抽取蔬菜、水果、食用菌、茶叶样品217个；配合省农业厅开展监督抽查、风险监测、专项监测16次，共抽取蔬菜、水果、中草药、食用菌样品1235个，合格率99.8%；组织开展市级监督抽查1次、风险监测1次、韭菜专项抽检1次，共抽取蔬菜水果样品308个，合格率99.4%。农产品质量安全追溯体系日渐完善，滕州市、市中区、台儿庄区和山亭区已建成农产品质量安全监管追溯平台，实现了与省级平台互联互通，共建立追溯点129个；峄城区承担了2016年省级农产品质量安全县创建任务，预计2017年年底可完成农产品质量安全监管追溯平台建设。

（七）农村新能源和休闲农业发展情况

1. 农村沼气建设情况。目前全市农村户用沼气池累计存池量达16.19万户，累计建设大中小型沼气工程297处，年处理畜禽粪污350万吨，累计建设服务网点621处，可为11.81万沼气用户提供有效服务。2013年以来，全市共申报实施了各类大中小型沼气工程32处，累计投入资金1.01亿元。2016年重点实施了日产气1800立方米的滕州文公庄园大型沼气工程项目，其中中央预算内资金230万元。

2. 秸秆综合利用情况。积极推广秸秆还田、青贮氨化、秸秆气化和发电、生产食用菌和秸秆生物反应堆等先进技术。全市农作物秸秆生产量常年保持在240万吨以上，农作物秸秆资源主要以小麦、玉米秸秆为主。2016年，全市综合利用农作物秸秆236万吨，综合利用率达到95.5%。目前，全市累计建设秸秆种植食用菌基地56处、秸秆生物反应堆基地110处，秸秆气化集中供气工程9处，小麦、玉米秸秆机械粉碎还田率分别达到99%和89%，杜绝了秸秆随意焚烧、乱弃的现象。

3. 休闲农业发展情况。全市积极培育休闲农业和乡村旅游品牌，出台了枣庄市休闲农业与乡村旅游示范镇（街）、示范村、示范点认定管理办法，大力发展农业农村经济新业态。截至目前，全市共发展和培育国家级休闲农业与乡村旅游示范点县1个（山亭区），省级休闲农业与乡村旅游示范点县1个（滕州市），中国最美休闲乡村1个（山亭区北庄镇洪门村），国家级农业文化遗产1处（山亭区店子镇古枣林），国家级休闲农业与乡村旅游示范点1家（汉诺庄园—翼云石头部落）；峄城石榴栽培系统、滕州梨树栽培系统、台儿庄桃树栽培系统、台儿庄银杏栽培系统入选全国农业文化遗产普查结果名单；省级休闲农业与乡村旅游示范点8家，国家级农业旅游示范点6家，省级农业旅游示范点35家，省级生态休闲农业示范园区3家，齐鲁美丽田园1家；认定了市级休闲农业与乡村旅游示范镇(街)17家，休闲农业与乡村旅游示范村20家，休闲农业与乡村旅游示范点65家。全市休闲农业与乡村旅游的快速发展，直接带动了12.5万农民就业，年接待游客量785万人次，年销售农产品6.8亿元，年营业利润达3.7亿元。

（八）农村政策落实和农业扶贫情况

1. 农村政策落实情况。落实“三补合一”补贴政策，全市2016年核定小麦种植面积为215.9万亩，发放耕地地力保护补贴资金2.77亿元，补贴农户56.36万户。实施小麦、玉米政策性农业保险和马铃薯目标价格保险，2016年全市小麦和玉米投保面积分别达到

124.57 万亩、131.35 万亩，投保金额达到 1868.69 万元、1974.38 万元；马铃薯春秋两季投保面积达到 41.44 万亩，投保金额达到 5964.53 万元，提高了农业生产抗风险能力和农民的种粮积极性。开展小麦统一供种，统一供种面积达到了 118.42 万亩，促进了小麦新品种的推广和小麦生产水平的提高。

2. 农业扶贫情况。2011 年以前，枣庄市在山亭区实施开发式扶贫。2001 年至 2011 年各级累计投入资金 1.99 亿元，实施扶贫开发项目 1000 多个，发展板栗、樱桃等优质高效林果 10 万多亩，解决了 5 万多人和 8 万多头大牲畜的饮水困难，14.54 万名农民群众实现了脱贫，极大地改善了贫困地区生产生活条件。2012 年，枣庄市将山亭区 5 个乡镇，薛城区、峄城区和台儿庄区各 2 个乡镇共 11 个乡镇的 166 个村定为“十二五”省重点贫困村；山亭区水泉镇、峄城区峨山镇、台儿庄区张山子镇的 30 个村列为“十二五”市重点贫困村。2014 年，全市开展了贫困对象精准识别建档立卡工作。按照省定标准（农民人均纯收入按 2010 年不变价 3000 元，现价 3372 元）识别贫困人口 106223 户、241041 人，确定省定贫困村 196 个，市定贫困村 58 个。2012—2014 年，全市共投入各级财政专项扶贫资金 6100 多万元，在 200 多个贫困村实施了种、养、加等特色产业发展项目，受益人口 8 万多人。共选派 3712 名优秀机关干部分三批到村、社区担任“第一书记”，共解决“五通十有”类问题 4714 个，启动了新一轮选派“第一书记”工作，共选派 110 多名市级“第一书记”驻村帮扶。共在 82 个贫困村建立扶贫互助资金合作协会（社），资金总规模达到 1907 万元，累计发放借款 7580 万元，户均增收 2600 多元。2014 年全市实现精准脱贫 5 万人。2015 年，全市用于产业扶贫的财政资金达 7100 多万元，覆盖 450 多个村，扶持力度进一步加大，实现精准脱贫 9.4 万人。2016 年，制定了《枣庄市农业扶贫实施方案》，开展了特色农业扶贫、企业帮扶、合作组织扶贫、农村改革扶贫、科技促进扶贫、品牌营销扶贫、人才带动扶贫等农业脱贫攻坚七大行动。全市农业系统党员干部与 13 个“第一书记”帮扶村 333 个贫困户、659 个贫困人口结成帮扶对子。共发放耕地地力保护补贴资金 2.77 亿元，每个贫困农户平均增收约 500 元；全市重点农业龙头企业在贫困地区新建基地、购销网点 10 余处，新增订单合同 20 多个，新吸纳就业贫困人口 300 多人；全年共组织科技下乡 7 次，贫困户 1 万余户，培训科技示范户 1600 人；在 166 个省重点贫困村每村都建立了一处农技推广服务站，选派 1 名技术指导员，培养了 1—2 名农民技术员；在全市乡村之星中积极开展“争当带富标兵、争做扶贫之星”活动，组织建档立卡贫困户学员 200 名参加新型职业农民培训。2016 年度全市农业系统共完成重点帮扶 10184 个贫困户、17259 个贫困人口，全面完成了 2016 年度帮扶目标任务。

（九）农业信息化发展情况

创办了《枣庄农村工作》季刊，开通了枣庄农业微信公众号、“头条号”，微信关注人数稳定在 10 万人左右，与市电视台、市广播电台、《枣庄日报》等主流媒体签订了战略合作协议。2016 年，枣庄农业微信、微博及报纸、电视台、电台等媒介发布农业政策、市场、科技等农业各类信息近万条，通过 12316 热线解答农民咨询 500 余条。建成农产品市场价格监测系统，实现 22 种主要农产品的价格信息网上实时更新。枣庄农副产品 020 体验馆建成运营，项目总投资 1.1 亿元，建筑面积 1.2 万平方米，已入驻企业 200 余家，单品 1000 余件。目前，全市共有农产品类网店 2200 余家，农产品电商企业 320 余家。

（十）农业基础设施建设情况

1. 农业综合开发。通过土地整治

机收作业

等工程，推进排灌设施、机耕道路等农田设施建设，形成功能齐全、长效管护的农田水利工程体系，努力提高防灾减灾能力，提升农业综合生产能力。2016年年底高标准农田累计建设面积达到222.16万亩，高标准农田面积比重62.59%，农业综合生产能力大幅提升。

2. 农业机械装备。加大农机购置、作业补贴力度，发展大型复式适用农机具，推进农机装备升级换代。积极推广应用农业机械化新技术、新机具，率先实现主要粮食作物全程实现机械化，畜禽标准化规模养殖场和屠宰场重点环节全部实现机械化，经济作物机械化关键环节实现突破。培育壮大农业园区、农机大户、农机合作组织，加快推进新型农机社会化服务体系建设。2016年全市主要农作物综合机械化水平预计达到83.5%。

3. 精品特色农业示范基地。坚持市场导向、规模合理、效益优先的原则，结合“一镇一业、一村一品”，统筹布局，规划实施了峄城石榴、山亭长红枣、滕州马铃薯及优质樱桃、优质板栗、特色莲藕、台儿庄特色水产养殖示范基地等10个特色农产品基地建设工程，通过农产品基地建设健全基础配套设施，促进规模集聚效益的提升。

4. 精品特色农业标准示范园区。全市认定3个有较大影响、产业布局合理、要素高度集聚、多功能有机融合、一二三产业融合发展的现代农业产业园，如祥和、汉诺、龙振等产业园；认定24个突出一个主导产业、布局集中连片、生产设施先进、产品优质安全的现代农业标准园或生态循环、立体种养相结合的现代农业生态园，如正德康城、春泽、茶乡小镇、绿之园，充分发挥了园区的引领带动作用，全市园区基础设施大幅度提升，综合科技含量显著提高。

三、经验与启示

改革开放以来的40年是枣庄市农业农村发展速度最快、发展势头最好的历史时期，全市“三农”工作取得了一系列成就。逐步推行了以家庭承包经营为基础、统分结合的双层经营体制，在深化改革中大胆先行先试，为“三权分置”提供了实践支持；突破了“以粮为纲”的单一结构，农村经济走向农林牧副渔“五业”并举、一二三产业融合发展的良性轨道；突破了农业发展单纯靠资源消耗追求总量扩张的老路，为农业发展插上了科技的翅膀，更加追求质的提升，推动了农业向现代化迈进。通过不断深化改革，农村生产力得到极大解放，农业现代化水平大幅提高，农民收入持续增长，农村政治、经济、文化、社会、生态“五大”文明建设取得了辉煌成就，积累了丰富经验。

（一）坚持实事求是，科学理清思路，是加快农业农村经济发展的前提条件。枣庄市认真贯彻落实中央和省有关三农工作的战略部署，同时坚持一切从实际出发来研究和解决问题，以解放和发展农村生产力为基本要求，以农民群众改善和提高生活水平的诉求为努力方向，根据农业农村发展状况和面临的整体经济形势，系统梳理农业农村工作思路，科学确立总体目标和政策措施，为农业增效、农民增收、农村发展指明了前进路径，提供了根本遵循。改革开放初期，推广家庭联产承包责任制，取消农产品统购派购制度；20世纪90年代以来，积极调整农业产业结构，推动农业产业化进程和农村劳动力转移；21世纪以来，坚持“多予、少取、放活”的方针，实施“科技兴农”战略，发展现代农业。随着农业农村经历不同发展阶段，枣庄市科学系统理清思路，根据生产力发展的实际要求，及时调整工作方向，有力推动了全市农业持续健康发展、农民收入不断增长、农村生活环境稳步改善，夯实了农业在产业结构的基础性地位，为全市经济发展社会进步提供了强有力的支撑。随着经济进入新常态，枣庄市贯彻落实创新、协调、绿色、开放、共享的发展新理念，立足农业发展实际，确立了统筹国家农村改革试验区、国家现代农业示范区建设和国家农业可持续发展试验示范区创建，着力培育新型职业农民，构建新型农业经营体系，强化新型物质技术装备，健全新型农产品质量管理体系，推进农业产业化、标准化、品牌化、高效化、可持续化“五化联动”的整体思路。新实践孕育新思路，新思路引领新发展。在新思路的指引下，枣庄市农业现代化水平必将迈上新水平，社会主义新农村建设必将取得新进展，农村小康社会建设必将赢得全面胜利。

（二）深化农村改革，创新经营体制，是加快农业农村经济发展的强大动力。枣庄市把深化改革作为促进农村发展的突破口，找准农业农村经济发展的突出矛盾——人地矛盾，集中力量深化农村土地产权制度改革，适时调整生产关系中不适应生产力发展要求的部分，激发了农村发展的巨大活力，形成了推动农业发展的强大动力。改革开放初期，实行了以家庭承包经营为基础、统分结合的双层经营体制，确立了集体土地所有权和农户土地承包经营权“两权分离”的制度，赋予农户长期而有保障的土地使用权，调动了广大农民生产积极性。2008年以来，积极探索集体所有权、农户承包权和土地经营权“三权分置”，开展了“三位一体”的农村土地使用产权制度改革，引导农村土地规范化流转，推动农业规模化经营，努力解决工业化、城镇化带动进城务工人员增加、农村劳动力减少导致的谁来种地的问题和新型经营主体不断发展导致的种谁的地的问题，实现土地流转供给与土地承包需求的精准对接，实现市场体制下的资源优化配置。同时，探索农村土地资产评估和农村土地使用产权抵押担保贷款，破解了农业规模化经营的资金难题，破除了影响规模经营的体制机制障碍，充分发挥了规模化经营的比较优势。日益深化的农村改革，不断创新的经营体制，为农业农村经济加快发展激发了强大的内生活力和澎湃动力。

（三）坚持市场导向，优化产业结构，是加快农业农村经济发展的长期任务。农业农村改革发展的实践证明，在

市场经济的大潮中，农业发展必须紧紧依靠市场，以市场需求为导向，用好市场这只“看不见的手”，不断优化农业产业结构，提升农产品供给质量。在早期，主要是以发展粮食生产为主，满足量的需求，追求粮食供求的总体基本平衡。在此基础上，随着消费水平的不断提高，大力发展蔬菜、瓜果等经济作物，扶持以峄城石榴、滕州马铃薯等代表的特色产业，实现了种植业结构的优化。随着经济社会的发展和生活水平的提高，肉蛋奶等消费需求逐步增加，林业、畜牧业、渔业迎来发展机遇，枣庄市瞄准时机，加大政策扶持力度，推动了林牧渔业蓬勃发展，其在第一产业增加值的比重逐年提升，实现了农业结构的优化。依托全市供给充足的特色优质农产品，壮大以农产品加工为主的农业龙头企业；立足优质的自然生态和悠久的历史文化等优势，积极发展乡村旅游与休闲农业发展；推进“互联网＋农业”，培育了一批农业电商、电商村等新业态，促进一二三产业融合发展，实现了产业结构的优化。以市场为导向，深化农业供给侧结构性改革，以消费升级拉动供给升级，枣庄市将继续把产业结构优化作为一项长期任务牢牢抓在手上，不断为农民增收扩宽新渠道，为农业发展开拓新路径。

（四）实施科技兴农，推动科技进步，是加快农业农村经济发展的必然选择。农业出路在现代化，农业现代化关键在科技进步。枣庄市高度重视、紧紧依靠农业科技进步，坚定走内涵式发展道路的科学抉择，坚持抓好农业科技创新、农业技术推广、职业农民培训三个重点工作，农业科技贡献率稳步提升，实现了用科技振兴农业、繁荣农村、致富农民。抓好农业科技创新，结合全市实际需要，积极申报科研课题，加强科研成果表彰，推动科研项目转化运用，形成了农业科技创新的浓厚氛围。抓好农业技术推广，建立了市、区（市）、镇街三级农技推广机构，农技推广体系进一步健全；严格业务素质提升培训制度，强化了农技推广队伍；开展了专家团队服务、培训指导等多种技术推广活动，培育科技示范户，搭建12316热线、枣庄农业信息网、微信公众号等新载体，创新了农技推广方式；推广小麦“一喷三防”、玉米“一防双减”、良种良法配套、农机农艺融合等先进技术，丰富了农技推广内容。抓好职业农民培训，成立枣庄新型职业农民学院，依托农广校、农业科研院所等，初步打造了一支有文化、懂技术、会经营的新型职业农民队伍。以创新强基础，以推广促提升，以培训建队伍，全市农业的科技内涵将更加深厚，发展的前景将更加光明。

（五）坚持政策扶持，推动协调发展，是加快农业农村经济发展的重要保证。枣庄市一直以来高度重视农业农村工作，毫不动摇地坚持“重中之重”战略思想，市委一号文件连续13年聚焦三农工作，认真落实各项强农惠农富农政策，结合本地实际，出台了一系列针对性强、含金量高的文件，使政策红利落地生根。同时，积极对上争取，成功创建国家农村改革试验区和国家现代农业示范区，拥有“封闭运行、先行先试”的政策优势和政策扶持，各种扶持政策叠加形成了推动农业农村发展的强大支撑。在政策扶持中，枣庄市注重补齐农业农村发展的短板，把扶贫工作作为政策倾斜的重点，脱贫攻坚取得了显著成效。聚焦省级、市级重点贫困村，大力实施扶贫开发，加强基础设施建设，着力贫困地区农民群众的生产生活条件；聚焦扶贫长效机制建设，大力实施产业扶贫，变“输血”为“造血”，增强了贫困群众的自我发展能力；聚焦扶贫成效精准，开展精准识别，摸清贫困人口底数，实施精准扶贫，结对帮扶每一户贫困群众，开展农业脱贫攻坚七大行动，全力打好脱贫攻坚的硬仗。尽管新农村建设近年来取得不小进步，但农业还是“四化同步”的短腿，农村还是全面建成小康社会的短板。枣庄市将坚持不懈厚植重农氛围，不断强化政策对“三农”的扶持力度，发挥政策扶持的推动力和牵引力，拉长短腿，补齐短板，更加注重协调发展，更加注重让农民分享改革发展的成果。

（六）增加农业投入，改善生产条件，是加快农业农村经济发展的重要基础。财政支农是促进农业生产的重要抓手，对粮食等重要农产品稳产增产及农民增收发挥了重要的支撑作用。枣庄市不断加大“三农”投入力度，建设自然生态、宜居宜业的新农村，有效改善了农业生产、农民生活条件，为农村发展奠定了坚实基础。大力改善农业生产条件，开展吨粮市、粮食高产创建示范方、果菜标准园、高标准农田等建设活动，实施农业综合开发，改善农业基础设施；开展小农水点县建设、灌区节水改造、小水库除险加固工程等，改善农田水利设施，农业综合生产能力稳步提升。大力改善农民生活条件，开展美丽乡村建设，推进农村道路由“村村通”向“户户通”延伸，加快农村改厕进度，大力实施气上楼、水治污、暖入户、饮水达标、环卫保洁物业化“五项工程”，实现了城乡环卫一体化实现全覆盖；实施农村环境连片综合整治，创造了村庄就地减量化、资源化、无害化，农村生活垃圾处理和因地制宜处理农村生活污水的“枣庄模式”，有效改善了村容村貌和村民生活环境。枣庄市将坚持今后对“三农”的支持力度不减弱，对“三农”的投入不减少，稳步改善农业生产条件，着力改善农村人居环境，建设生产美、生态美、生活美宜居宜业宜游的新农村，为农业农村经济发展奠定坚实基础。

审稿人：陈广良

撰稿人：刘陵恒　朱振华

魏沛东

农村产权制度改革的实践及启示

土地是人类赖以生存最基本的资源，尤其对于我国广大的农民来说，土地是命根子。1978年，安徽省凤阳县小岗村18位农民签下“生死状”，将村内土地分开承包，开创了家庭联产承包责任制的先河。家庭联产承包责任制实现了农村土地使用产权由“合”到“分”的历史性变革，改变了我国农村旧的经营管理体制，解放了农村生产力，调动了广大农民的生产积极性。伴随着工业化和城镇化进程，农村劳动力大量输出，农业生产机械化水平日益提高，一家一户的小农生产模式已经无法满足农业生产的现实需要，农业生产迫切需要向规模化经营转型。农村土地使用产权制度由“分”到“合”已是大势所趋，农村土地产权制度改革势在必行。在此次的改革浪潮中，敢为天下先的枣庄人勇敢地站在了历史的潮头，吃下了农村土地使用产权制度改革的第一只“螃蟹”。从2008年开始，枣庄市在全国率先破题，开展了以“三位一体”为核心的农村土地使用产权制度改革，成功探索了“三权分置”的实现路径，为全面深化改革和国家农村改革试验区建设积累了宝贵经验，激活了农业农村改革发展的全局。

一、农村产权制度改革历程

开展农村产权制度改革以来，枣庄市围绕试验主题，不断坚持改革创新。各项农村改革试验任务取得了预期效果，形成了一批可推广、可复制的“枣庄模式”。枣庄市的农村产权制度改革历程，大致可分为以下三个阶段：

（一）改革破题，探索农村土地产权制度改革（2008—2010年）

2008年开始，枣庄为顺应农民意愿，从解决制约土地规模经营的关键问题入手，以盘活土地资本为突破口，开展了“三位一体”的农村土地使用产权制度改革探索，开启了枣庄土地制度改革的新征程。

1. 构建“三位一体”的改革框架

没有调查就没有发言权。只有充分的调研论证、掌握第一手资料，才能作出切合实际的正确决策。2008年上半年开始，枣庄市委、市政府组织开展了三农工作“百日大调研”。调研历时3个月，累计走访了12个乡镇和21个行政村，深入400多个农家访谈，与20多位专家学者多次探讨。深入的调研使枣庄对农村土地使用产权制度改革有了更加全面的认识：制约三农发展的关键是土地，土地经营的关键在于规模经营，规模经营的瓶颈在于资金，而资金瓶颈的根源在于农民缺乏有效的抵押物，农村土地使用产权制度改革呼之欲出、势在必行。

随后，枣庄市从破解“三农”发展的资金瓶颈这一关键问题入手，2008年下半年，在全国率先开展了以土地使用权资本化为突出特征、以“一证一所一社”为核心内容的“三位一体”农村土地使用产权制度改革，让土地成为类似商品的东西，在交易所对其经营权进行交易。2008年5月，山亭区徐庄镇土山村农民张凯华联合周边4个村的8位农民，以土地或果园入股合作经营的方式，自发组建了“徐庄土地合作社”。2008年9月，山亭区徐庄土地合作社向成员颁发了“全国农村土地使用产权第一证”。同时，中国第一家农村土地使用权交易所——山亭区徐庄镇农村土地使用产权交易所揭牌成立。领到土地使用产权证的合作社理事长张凯华很快便以部分土地使用产权作抵押，得到了山亭农信联社两笔共45万元的贷款。这标志着枣庄市在全国率先拉开了农村土地使用权制度改革的序幕，也标志着国内各地的农村土地使用产权制度改革探索案例中增加了一种新模式——枣庄模式。

“一证”就是发放《农村土地使用产权证》。在换补发《农村土地承包经营权证》的同时，由县级政府给加入农村土地合作社的农户发放《农村土地使用产权证》。持证人在产权期限内，按规定用途，可依法经营、流转土地，也可以作价、折股作为资本从事股份经营、合作经营或抵押担保。

“一所”就是建立市、区(市)、镇(街)三级农村土地使用产权交易所。为了规范农村土地使用产权交易抵押行为，保证土地使用产权抵押变现，枣庄市建立三级农村土地使用产权交易网络，市级建立“三农”服务中心，区（市）建立农村土地使用产权交易服务中心，在山亭区徐庄镇成立了全国首家农村土地使用产权交易服务所，并逐步推广了乡镇农村土地使用产权交易服务所。农民、合作社或银行拿土地使用产权证，可以到土地交易所进行交易。

“一社”即组建农村土地合作社。土地使用产权证分散在一家一户，能够贷到的钱很少。枣庄积极发展以土地为经营纽带的农民合作社，农户以土地经营权入股合作社或者合作社集中连片流转租赁经营农村土地。通过合作社把农民的产权证集中使用，贷款额度就会大幅增加，使合作社有本钱种植效益更高的作物，推行标准化生产，成立社办企业，并与超市对接，对农民收益和农产品销售都有所保障。

枣庄的农村土地使用产权制度改革

得到了各级领导的充分肯定，国务院副总理回良玉专门批示，全国人大常委会副委员长周铁农、全国政协副主席厉无畏都对这一改革给予了高度评价。

2. 完善改革设计，建立保障机制

完善改革设计，建立保障机制，成为枣庄市农村土地使用产权制度改革成功的关键因素。在农村土地使用产权制度改革之初，枣庄市注意把握基本原则，即“三不变”（农村土地集体所有权性质不变、农民承包权不变、农地用途不变）、“三保障”（失地保障、风险保障、收益保障）的原则，依法规范原则，务实创新原则，效率优先原则，先行试点原则。

为了依法规范农村土地使用产权制度改革，枣庄市各级政府推行了规范改革的系列制度：产权登记制度、产权评估制度、产权交易制度、产权抵押担保制度、产权交易所管理制度、监督考核制度、档案管理制度。为此，枣庄市于2009年7月成立了全国首家农村土地资产评估事务所——枣庄市普惠农村土地资产评估事务所，对农村土地使用产权及预期收益价值进行专业评估，为农村土地使用产权抵押担保贷款提供客观公正的依据。截至2016年底，已累计评估600余宗，累计评估总值约56亿元，实现贷款10亿余元，极大地缓解了农业规模经营的资金问题。2009年1月，成立了枣庄市三农服务中心，打造服务全市“三农”的综合平台。

在推进改革工作的同时，枣庄市也平行推进了五项风险防范机制。一是采取“两个80%”，即合作社基本成员中农民的土地不得低于80%、农民表决权不得低于80%，始终保持农民对土地的控制权。农民承包权不变，流转入社的只是承包地的使用权，抵押的是合作社的土地收益，规避了农民的失地风险。二是建立种粮利益导向机制，规避粮食安全风险。三是建立“保、贴、补、扶”机制，即保费补贴、贷款贴息、种粮补助、项目扶持等四项激励政策，促进合作社做大做强，规避经营风险。四是采取“两个3”，即土地合作社用来抵押贷款的土地最多不超过1/3、土地使用产权抵押的年限不能超过3年，规避了改革的金融风险。五是省高院特批枣庄市各级法院受理涉及改革的土地纠纷案件，建立健全了四级农村土地承包经营纠纷调解仲裁体系，规避社会稳定风险。

保证农村土地使用产权制度改革的成功，需要进一步完善政府引导扶持机制。市、区（市）政府对试点的土地合作社，从“保、贴、扶、补”四个方面配套政策、搞好服务。一是引入农业保险机制。政府对土地合作社给予80%的保费补贴，并把参保的农产品种类扩大到全部种植作物，规避了自然风险，基本保障了合作社生产的稳定。二是实行贷款贴息政策。政府对土地合作社贷款给予全额贴息，进一步缓解了合作社的资金压力。三是帮助提高农业综合生产能力。对土地合作社修建生产道路、新上水利设施、购置农机具等，政府给予重点扶持。四是建立保证粮食安全的政府补贴导向机制。各级财政全面落实“保、扶、补、贴”各项改革政策，有效发挥了财政政策的激励和导向作用。市政府用于支持改革的专项资金由2009年的200万元增加到2010年的400万元，2011年增加到1200万元，各区（市）用于支持改革的资金每年达到了1600万元。

与此同时，枣庄市还构建了以市三农服务中心为龙头，区（市）、乡（镇）三农服务中心为枢纽，村级三农网络直销服务超市为基础的“四级”三农网络服务平台体系，为农民提供直接到村户的人才技术、政策咨询、市场信息服务和农资的直销服务。截至2012年底，全市已建成村级三农网络直销服务超市300家。

农村土地使用产权制度改革的全面告捷，助力枣庄市成功申报为“国家农村改革试验区”，为枣庄市的农村土地使用产权制度改革提供了政策保障。

（二）先行先试，为全国农村改革探路（2011—2013年）

2011年底，枣庄市成为农业部公布的全国18个国家农村改革试验区之一，也是山东省唯一被批准的单位。这对枣庄市转变农业增长和发展方式、建设现代农业和社会主义新农村发挥了重要作用。枣庄市委、市政府高度重视这一改革，在省政府有关部门的大力支持下，不断拓展改革内容，截至2017年底，共承担了三批国家农村改革试验区试验

2009年，枣庄市普惠农村土地资产评估事务所揭牌

任务，初步建立了一套较为完整的农村改革制度体系，并取得了丰硕成果，积累了一定经验。

1. 成功争创国家农村改革试验区，改革进入国家层面

2009年5月以来，枣庄市积极开展争创国家农村改革试验区工作。市委、市政府大力支持项目的争创，组织实施大量扎实细致的工作。历经两年多的坚持和努力，枣庄市国家农村改革试验区项目历经申请、立项、论证、方案制定等一系列过程，于2010年得到了农业部和省政府的立项和申报许可。2011年2月，《枣庄市国家农村改革试验区农村土地使用制度改革试验实施方案》通过了省政府组织的省直18个部门及部分专家的论证；4月，通过了国务院22个部委第一次联席会议初审；6月，通过了农业部组织的《方案》修改审定；9月，通过了国务院22个部委第二次联席会议终审；10月，经中央农村工作领导小组同意和国务院审批，枣庄市最终成功创建国家农村改革试验区。2011年底，农业部下发《关于山西省朔州市等18个农村改革试验区与试验项目的批复》，确定枣庄市列入国家农村改革试验区，承担“农业经营体制机制改革”任务。枣庄市成为全国首批农村改革试验区之一，也是全省唯一的农村改革试验区。这标志着枣庄市农村体制机制创新走在了全国前列，成为国家农村改革“试验田”，将为国家深化农村改革开山辟路。

2. 科学布局改革试点，全面开展改革试验

2012年2月4日，枣庄市第十次党代会正式把国家农村改革试验区列为枣庄“五大战略定位”之一。市、区（市）两级都把改革试验工作作为一把手工程，列入重要议程，实行目标考核。2012年6月，枣庄市成立了市国家农村改革试验区工作领导小组，专门组建了市国家改革试验区办公室，建立了多个部门联合参与改革的联席会议制度。

2012年4月11日，全市国家农村改革试验区建设暨农村工作会议召开。会议对全市国家农村改革试验区工作启动进行动员和部署，并对下一步的改革工作作出安排，要求做好三个方面的重点工作：一是以深化农村土地产权制度改革为突破口，促进规模经营，壮大集体经济，发展现代农业。积极探索建立符合“长久不变”要求的农地确权登记的相关制度，努力在农村土地承包经营权确权上有所深化和突破。积极探索土地流转从合作社逐步扩大到“家庭农场”，从基本农田逐步扩大到农村宅基地、四荒地、林地。积极探索建立农村资产产权的市场交易体系，推进农村资产由生产要素市场向产权市场转变，盘活农村资产资源。二是以小城镇建设为突破口，推动统筹城乡发展。注重产业发展，一方面鼓励城市工商资本下乡领办企业，带动农村合作社发展，实现互补多赢；另一方面鼓励农村合作社发展壮大，积极创办二、三产企业，发展农产品深加工，拉长农业产业链，鼓励将经营收益回报农村建设，实现工业反哺农业。三是以培养新型农民为突破口，提高农村生产力，加快培养一批有头脑、有技能、懂经营、会管理、敢创业的新型农民，鼓励他们成为带动广大农民增收的领头人。这次会议既是枣庄市国家农村改革试验区建设的动员会，也是辅导报告会和工作部署会。

2012年8月8日，市委、市政府联合下发《枣庄市农业经营体制机制创新改革试验实施方案》和《关于切实做好国家农村改革试验区任务目标分解落实工作的通知》，根据国家批准的七项改革试验任务，结合枣庄市实际，制定具体的实施方案，并将任务分解细化到区（市）部门。在全市继续深化农村土地制度改革的基础上，市里主抓农村资产产权化改革试验，在全市范围内做好农村土地承包经营权确权登记颁证工作，选择山亭区徐庄镇开展农村土地承包经营权“长久不变”试验，在滕州市开展创新社会化服务体制机制试验任务。

在《方案》中，市委、市政府确定了农村改革的整体思路，针对新阶段农村经济社会发展的特点，指明了农村改革试验的两条主线。一条主线是农业内部的改革，主要是全面推开和深化农村土地使用产权制度改革，创新农业经营体制机制。一方面，在不改变农村土地家庭承包基本经营制度的基础上，以土地使用权资本化为突破口，以提高农业的组织化程度为手段，目标是发展农业规模经营，建设现代农业；另一方面，主要是开展农地承包经营权登记、承包关系长久不变等制度机制创新，开展农村资产产权化改革和新型农业社会化服务机制创新。另一条主线是农业外部的改革，主要是围绕推进工业化、城镇化和农业现代化“三化同步”，以小城镇作为“三化同步”的载体，开展新型城镇化改革试验。

市委、市政府同时明确了改革的时间点和任务目标：从2012年开始，利用5年的时间，按照“一年起步、三年突破、五年完成”的进程，稳步推进改革纵深发展。以破解发展农业规模经营和建设现代农业的资金瓶颈为突破口，以建设现代农业、发展新型城镇化、促进农业增效农民增收农村发展为目标，通过土地制度改革试验创新，基本建立起完善的农村土地产权制度体系，创新土地产权确认、产权流转、土地收益及资产评估、土地合作社建立等机制和规范。科学建立规避农民失地、保障粮食安全、确保农村经济社会和谐稳定等具体保障改革的制度和办法，形成在全国具有普遍推广价值的农村土地使用制度改革办法和理论体系，成为全省乃至全国农村土地使用制度改革的样板和示范。

按照市委、市政府安排部署的工作思路和重点工作，枣庄市自2012年开始国家农村改革试验区试验任务改革探索，主要开展了以下几个方面的工作。

（1）深入开展“三位一体”的农村土地使用产权制度改革。自2012年开始，枣庄围绕发展农业规模经营和现代

农业建设，在全市全面推开以土地使用权资本化并允许其抵押担保贷款为突出特征、以“一证、一所、一社”为核心内容的农村土地使用产权制度改革。一是扩大范围。积极引导推进全市农村土地合作社的建设，在现有市、区（市）两级试点合作社的基础上，全市每年新增土地合作社100家以上，规模经营土地面积7万亩以上，2013年底实现改革工作全覆盖，不断扩大改革的范围，培植好改革的载体。二是提质增效，加快合作社发展。鼓励工商资本下乡领办合作社，带动合作社的发展。引导合作社用现代农业的理念和先进的组织经营模式进行生产、经营、管理，不断提高农业的规模效益，积极发展现代农业。三是提档升级。引导合作社对接城市和企业，积极发展农副产品深加工、商贸流通等二、三产业，创办更多的社办企业，提高合作社产品的附加值，形成生产经营规模化、技术资金集约化、组织运营产业化、产品销售订单化的现代农业发展模式。四是加强管理。建立起改革工作科学管理考核的奖惩激励和制约机制，确保改革工作规范开展。同时切实加强合作社的内部管理，严格注册登记、财务管理、利益分配、风险保障等各项管理制度，促其做大做强、规范运营，真正成为改革的载体和引领全市现代农业发展的龙头。五是深化改革。主要抓好“四个延伸”，即产权抵押范围由基本农田向宅基地、农村建设用地、林权、水权、其他方式承包地延伸，规模经营主体由土地试点合作社向种养大户、家庭农场延伸，产业发展由单一的种养生产环节向深加工等现代农业产业体系延伸，三农资本注入由土地限量抵押融资向积极吸纳工商、城市等社会资本延伸。六是总结提升。认真总结枣庄市农村土地使用产权制度改革实践，进一步完善“四项机制”“八项制度”，逐步形成独具枣庄特色、在全国具有普遍意义和推广价值的农村土地使用产权制度改革模式、机制措施和理论体系，成为全省乃至全国农村土地使用制度改革的样板和示范。

（2）在山亭区开展“农村土地关系长久不变”改革探索。枣庄围绕赋予农民更加充分而有保障的土地承包经营权这个核心，借鉴林地承包期及国有建设用地使用期为70年的规定，选择试点村开展土地承包关系长久不变试点，将农村土地承包期由30年延长为70年，把“长久不变”的承包期限具体化。2013年，选择山亭区徐庄镇的焦山空、郭庄、白龙湾3个村开始试点。在充分调研摸底的基础上，结合二轮土地延包的做法，梳理出工作中需要统筹解决的20个问题，特别是对人地矛盾突出、劳动力转移包地退出、承包经营权继承和权属争议、证地不相符、退耕还林土地、进城落户农民承包地登记等问题，开展了相关制度的设计。在改革探索的过程中，徐庄镇制定了《关于做好农村土地承包关系长久不变暨土地承包经营权确权登记工作的相关规定》《关于农村居民落户城镇自愿退出承包地经营权处置补偿暂行办法》《关于加强农地流转准入与退出机制管理的实施方案》等文件，确保改革任务顺利实施。2013年7月，农业部农业经营体制改革试点中期评估专家组对徐庄镇此项工作给予了高度评价。

坚持大胆探索，先行先试，封闭运行。首先，在焦山空开展改革试验基础上，为扩大改革试验面，2013年3月初开始对白龙湾、郭庄村开展试验，各试点村分别召开会议，对《关于实行“农村产权长久不变”有关问题的决议》《关于农村集体经济组织成员确权的决议》进行了表决，分别印发《农村土地承包基本情况调查表》《农民对承包土地实行长久不变理解情况调查表》《农民对承包土地70年不变支持情况调查表》《农民对土地兴趣情况》2300份。其次，对试点村集体经济组织成员进行了分类确权登记，探索设计了20项集体经济组织成员确权登记表格。

截至2016年5月底，全部完成3个试点村各阶段村民决议，签订了3132份户农村土地长久不变合同，为783户农民打印土地经营权证书。在此基础上，探索建立了符合长久不变要求的土地承包经营权权能设置、人地矛盾化解、土地承包经营权登记、农村土地承包经营纠纷调解仲裁、土地承包经营权继承和退出等相关制度，圆满完成了农村土地长久不变改革试验工作。

（3）开展农村土地承包经营权确权、登记、颁证工作。该项工作既是枣庄市承担的第一批国家农村改革试验区试验任务之一，同时还是中央作出的一项重大决策。切实抓好这项工作，有利于强化对农民土地承包经营权的物权保护，稳定农民土地经营的预期，增加农民的财产性收入；有利于保持土地承包关系稳定，激发农村生产要素的内在活力，促进土地经营权流转，发展农业适度规模经营；有利于完善农村社会管理，妥善解决土地承包的突出问题，促进农村社会和谐稳定，推进城乡发展一体化。

2013年，全省农村土地承包经营权确权登记颁证座谈会后，全市各级高度重视，市委、市政府授权市农村改革试验区工作领导小组全权负责全市农村土地承包经营权确权登记颁证工作的组织领导和协调工作。各区（市）、镇（街）也都明确了相应的工作领导机构和办事机构，形成了一级抓一级、层层抓落实的组织保障机制。2013年3月27日，市委、市政府召开全市国家农村改革试验区工作领导小组全体成员（扩大）会议，重点研究部署全市农村土地承包经营权确权登记颁证工作。2013年4月8日，市委、市政府在滕州市洪绪镇召开全市农村土地承包经营权确权登记工作现场会议，推广了作为农业部试点的洪绪镇的经验，进一步安排部署全市农村土地承包经营权确权登记颁证工作。各区（市）、镇（街）也都印发了实施方案，层层召开专题会议进行动员部署，同时采取印发宣传单、明白纸等形式进行广泛深入的宣传发动，在全社会营造了浓厚的工作氛围。按照中央规定的“确权登记颁证工作经费由各级财政承担，中

央财政予以补足”的工作要求，全市各级积极争取和筹措资金，满足权属调查、土地测绘、数据建库、平台建设、证书印制和档案管理需要。市委、市政府多次召开调度会议，及时研究解决了工作中遇到的困难和问题。市改革办每月调度一次工作进度，以简报形式通报各区（市）。为使基层准确掌握确权登记政策、权属调查程序、数据建库方法和档案整理规则，市里分别召开了权属调查、数据汇交、档案整理等6次专题培训会议，累计培训500多人。各区（市）也都开展了形式多样的业务培训活动。

2010年，山亭区城头镇万恒土地流转专业合作社分红

为保证土地承包经营权确权登记的合法性和有效性，枣庄市各级严格按照农业部颁发的《农村土地承包经营权调查规程》规定的步骤和方法进行操作，具体工作中严把以下七个关口：一是严把权属调查关。依据农村土地二轮延包方案、台账和土地承包合同，组织调查人员扎实开展摸底调查，分别填写发包方调查表、承包方调查表、承包地块调查表，并由村委会主任、承包方代表（户主）、调查人员三方现场确认签字。二是严把地块测量关。在对地块实地测量时，承包方代表（户主）、地块四邻、权属调查组成员和测绘公司共同指认地界，勘测面积，并按地块现状绘制草图，进行地块编号、标注权属信息。三是严把审核公示关。根据权属调查结果和地块测量结果，编制农村土地承包经营权调查信息公示表和承包地块地籍草图，在村、组公示，对存在异议的，及时进行核实、修正，并再次公示。最终无异议的，由承包方代表（户主）签字确认。四是严把数据建库关。由村、组将农村土地承包经营权公示结果归户表和地籍图报所在乡镇（街道）进行审核，核对无误后，进行数据录入，形成承包地权属和地籍图数据库。五是严把资料归档关。对确权登记过程中形成的文字成果进行整理归档，妥善保管，为将来提供纠纷调处和抵押登记依据奠定了基础。六是严把检查验收关。2016年，枣庄市制定了《农村土地承包经营权确权登记颁证成果检查验收实施方案》，对各区（市）和枣庄高新区的农村土地承包经营权确权登记颁证成果进行了初步验收。七是严把质量整改关。省级抽查验收后，根据省验收组反馈的意见和市级初验掌握情况，开展“回头看”活动排查问题，对排查到的问题坚决予以纠正，进一步提高了确权登记颁证成果的质量。

2013年以来，枣庄市各级按照中央和省委、市委的统一部署，围绕“三年基本完成任务”的目标，把农村土地承包经营权确权登记颁证作为深化农村改革的基础性工作，摆在了农村改革试验区建设的突出位置，通过采取强化组织领导、广泛宣传发动、实行目标管理、建立奖补机制、加强督查指导等措施，基本实现了预定的工作目标。截至2016年6月，全市已完成确权登记颁证村2257个，占有承包耕地村的98.47%；已完成确权登记颁证农户647957户，占应确权登记颁证农户的97.67%；已完成确权登记颁证耕地面积256.32万亩，占农户家庭承包耕地面积的99.03%；向农户颁发农村土地承包经营权证64.8万本，签订农村土地承包合同64.8万份。2016年7月，在省确权办组织的抽查验收中，枣庄市被评定为优秀等次，顺利通过了省级抽查验收。

（4）引导创办农村土地合作社，配套改革农业社会化服务体系。一方面，开展提高农业组织化和集约化试点，引导和扶持创建农村土地专业合作社，提高农业经营的组织化水平，架起传统农业向现代农业过渡的桥梁，实现农业经营的规模化。截至2016年底，全市农民专业合作社发展到4722家，全市以土地为纽带的合作社达到1880家，各类产权抵押贷款达8.3亿元。在合作社数量快速增长的同时，合作社发展质量也全面提升，全市土地流转面积达到101.6万亩，其中土地规模经营面积81.48万亩，土地流转比例36.81%，流转入社比例80.2%，农业规模经营的良好效应显著呈现。另一方面，配套改革农业社会化服务体系。按照政府引导、市场运作、资源共享、互助合作的原则，积极构建集约化、专业化、组织化、社会化相结合的新型农业经营体系，不断创新服务体制机制。2011年开始，在滕州开展了以“六个体系”为主要做法的社会化服务体制机制创新。2014年底，建立农业公共服务机构154个，农业公共服务机构在编人数772人；市镇两级均配备了相应的仪器、办公用房、交通等基本办公设施，种植业系统还建立了15000亩相对固定的试验示范基地。在土地托管、统一购买服务、协助产销、提供信息服务等方面为合作社和农民提

供良好服务。自2010年起，建立健全从市到村的“四级”三农网络服务体系，认真实施“农社对接”项目，在76个大型社区建立了合作社产品直销点。

3. 强化政策扶持，为改革的深入提供保障

2012年4月10日，市委、市政府出台了《关于深化农村土地使用产权制度改革做好国家农村改革试验区工作的意见（试行）》，进一步明确了改革的内容、目标，并明确了财政投入、土地优惠、金融支持、工商税收、民生保障五个方面的优惠政策扶持，为改革探索提供了必要的保障。此外，市委、市政府结合贯彻中央一号文件精神，每年专门制定《国家农村改革试验区建设工作要点》《关于推进农村产权制度改革的实施方案》，明确工作的总体要求、任务目标和推进措施。

2012年5月22日，枣庄市答谢省级金融机构恳谈会暨签约仪式在济南举行。枣庄市政府与中国人民银行济南分行签署了《金融支持枣庄市国家农村改革试验区建设战略合作协议》，协调6亿元信贷支持资金。会议指出，枣庄深入贯彻科学发展观，坚定不移地实施城市转型战略，纵深推进新型城镇化、服务业发展、工业转型“三大战役”，全市经济社会保持了平稳发展的势头。同时，坚持高点定位，明确了全国资源型城市转型示范市、国家农村改革试验区、中华运河文明传承创新示范区、国家海峡两岸交流基地、鲁南“门户城市”五个战略定位，瞄准了更高目标，在更高层面推动枣庄发展，为金融机构提供了更广阔的投资发展空间。枣庄市被批准为山东省唯一的国家农村改革试验区，随着改革的深入、合作社的壮大，迫切需要金融机构不断创新金融产品，加大扶持力度。

2012年8月，枣庄争取省政府出台了《关于支持枣庄市国家农村改革试验区建设工作的意见》，提出了一系列支持枣庄国家农村改革试验区建设的政策措施，在财税、金融保险、土地、人才和社会保障、基础设施建设五大方面给予支持。《意见》下发后，市委、市政府领导十分重视，分别作出批示，要求市直有关部门积极与省相关部门对接，做好政策的落实工作。

2012年10月，中国人民银行济南分行专门出台了《关于金融支持枣庄市国家农村改革试验区建设的意见》，要求山东金融机构充分发挥金融在支持深化农村土地产权制度改革、创新农业经营体制机制中的重要作用，加快枣庄市国家农村改革试验区建设。《意见》从金融支持农村土地使用产权制度改革、现代农业、新型城镇化、农村资产产权化改革等8个方面提出了建设性意见，有力推进了全市金融机构支持国家农村改革试验区建设。《意见》指出，全省各相关金融机构要充分认识支持枣庄市国家农村改革试验区建设的重要意义，找准金融支持国家农村改革试验区的着力点，积极探索金融支持国家农村改革试验区建设的新模式，用足用活改革政策，优化信贷结构，加强信贷产品和服务创新，全面提升金融服务质量和水平。

2013年7月，枣庄市国家农村改革试验区工作领导小组制定了《枣庄市农村土地使用产权制度改革示范社与示范家庭农场认定管理办法（试行）》，对市级农村土地使用产权制度改革示范合作社及家庭农场的申报条件、认定程序、奖励机制和监督管理作了详细规定，进一步规范了改革示范合作社、示范家庭农场的管理工作，有利于发挥示范社的典型带动、示范引领、辐射带动作用。

（三）两区引领，全面构建现代农业经营体系（2014年至今）

2014年以来，枣庄以国家农村改革试验区和国家现代农业示范区“两区”建设为总抓手，创新农业经营体制机制，加快转变农业发展方式，走高效、生态、安全的农业现代化道路。深化农村产权制度改革，推进农村产权确权登记、农村产权交易范围、新型农业经营体系建设“三延伸”，引导土地有序流转，发展适度规模经营，打造“新型农业经营体系建设与特色产业发展复合型示范区”。

1. 成功申报第二批、第三批国家农村改革试验任务，改革向纵深推进

2014年11月，农业部会同中央农办、中组部等农村改革试验区工作联席会议成员单位下发《关于第二批农村改革试验区和试验任务的批复》，枣庄市除继续承担“农业经营体制机制改革”试验任务外，新增了四项改革内容：一是“土地承包经营权流转管理试点”。探寻破解农村土地承包经营权流转不活、流转程序不规范、手续不完善，流转价格缺乏动态监管和农民权益缺乏有效保障等现实问题。二是“滕州市供销合作社综合改革”。三是“粮食、生猪等农产品目标价格保险试点”。探索通过保险解决粮食、生猪价格波动损害农民利益问题的解决途径。对由于市场价格低于目标价格造成的损失给予补偿，保障农民种植粮食和养殖生猪不因市场波动造成重大亏损。四是“农村产权流转交易市场建设试点”。探索解决农村集体产权流转交易市场体系不完善、市场作用发挥不充分的问题。

为全面系统深入推进国家农村改革试验区建设，2013年以来，市委、市政府结合国家农村改革试验任务，确立了以延伸推进农村各类产权确权、延伸推进农村产权交易、延伸推进新型农业经营体系、创新新型农村合作金融保险为主要内容的“三延伸一创新”改革思路，将农村改革推向纵深。在农村土地使用产权制度改革这条主线的基础上，改革内容得到了进一步的延伸和深化。一是在“确权”上延伸。在农村土地承包经营权确权的基础上，将确权范围向农村集体建设用地、宅基地使用权、农民房屋权属等农村各类产权上延伸，并全面开展农村集体资产产权化改革试验，让农民享有更多的财产权利。二是在“交易”上延伸。延伸农村产权交易体系建设，建立健全市、区（市）、镇（街）三级交易服务体系，交易范围由原来的土地使用产权延伸到四荒地、养殖水

面、林木所有权、农业设施、农村集体房屋租赁等各类资产、资源和产权。三是在“经营”上延伸。延伸推进新型农业经营体系建设，发展多种形式的规模经营、合作经济，着力构建规模化、专业化、现代化农业经营体系，发展主体多元、形式多样的社会化服务组织。四是在“农村合作金融”上创新。为撬动更多金融资金流入“三农”，通过搭建政银农合作平台，引导金融机构丰富抵押方式，在有条件的地方先行试点，重点发展合作社内部资金互助、扶贫资金互助和供销社信用互助，不断创新农村金融机制。

2016年8月29日，农业部、民政部、中国保监会联合下发《关于农村改革试验区试验任务的批复》，批准枣庄承担“政府购买农业公益性服务机制改革试验”。主要探索内容为：明确农业公益性服务的内容；培育经营性社会化服务组织；创新政府扶持方式，将用两年的时间，在试点区（市）、镇（街）探索政府向经营性服务组织购买农业公益性服务机制，保证农业公益性服务机制运行顺畅、持续发展；各类服务主体良性运营，探索形成具有普遍推广价值的政府购买农业公益性服务体制机制，成为全省乃至全国农村改革的样板和示范。2016年12月，市农改办组织各区（市）农改办赴江苏、浙江学习考察两地购买农业公益性服务改革的经验。2017年5月，枣庄市国家农村改革试验区工作领导小组出台《枣庄市政府购买农业公益性服务机制创新改革试验实施方案》，明确了改革工作内容、工作措施、任务分工、时间进度，全面启动该项改革试验任务。

2017年7月，枣庄被农业部批复拓展增加“深化农村集体产权制度改革”，探索通过开展试点，进一步明晰农村集体产权归属，明确集体经济组织成员身份，在明确集体资产范围和归属的基础上，将土地承包经营权、宅基地使用权和集体收益分配权确权到户，实现集体资产效益最大化，进而赋予农民更多财产性权利。这项试验内容是国家层面的试点改革探索，是在农村土地产权制度改革的基础框架之上开展的，进一步拓展了全市农村改革体系的内涵和外延。

（1）构建农村产权市场交易体系

2013年11月，在学习借鉴外地经验基础上，枣庄在工商部门登记注册成立了全省首家市级农村产权交易中心—枣庄市农村产权交易中心。该产权交易中心是国有法人独资企业，主要服务范围是：为农村各类产权交易提供场所设施、信息发布、交易咨询、组织交易、交易鉴证。2014年，枣庄市政府出台了《枣庄市农村产权交易管理办法（试行）》，规范了交易所章程、交易流程、交易规则、竞价规则、拍卖规则、档案管理制度、各类农村产权交易细则等多个规范性材料，形成了“交易申请、登记审核、信息公告、登记受让意向、审查受让资格、组织竞价、委托组织拍卖、组织交易签约、交易款项结算、出具交易鉴证”的交易运行机制。2015年，市农村产权交易中心开发完善了“枣庄市农村产权交易网”和“枣庄市农村产权交易系统”，统一各类农村产权信息的发布平台和交易平台。本着“于法周延、于事方便、权力下移、方便群众”的原则，明确了市、区（市）、镇（街道）三级产权交易中心职能。市农村产权交易中心负责对全市农村资产产权交易进行业务指导、监督审核、出具交易鉴定证书，组织跨区（市）交易及与市外交易；区（市）农村产权交易中心由市农村产权交易中心授权开展产权交易活动，负责组织辖区内交易主体跨镇（街道）的交易，收集、发布交易供求信息，对交易合法性进行审核，并报市农村产权交易中心备案鉴证；镇（街道）农村产权交易服务所负责收集、发布交易信息，组织实施辖区内各类农村产权交易。截至2017年底，全市实现各类农村产权交易836宗，其中，承包地经营权690宗、四荒地61宗、林木所有权9宗、养殖水面21宗、农村房屋租赁40宗、农业生产性设施7宗、农村知识产权2宗、农村公益性建设用地出租6宗，交易额达27.62亿元。

（2）开展生猪马铃薯目标价格保险试验

枣庄市自承担马铃薯和生猪目标价格保险试验工作以来，以“政府定规则、保险公司定产品费率、参保人定保险人”为基本原则，以逐步提高农业保险保障水平，建立科学的农产品风险保险工作机制和服务保障体系为目标，全面开展农产品目标价格保险试点工作。2015年开始，根据各区（市）自愿申报和辖区内生猪养殖和马铃薯种植现状、养殖（种植）经营主体数量等综合因素，选择滕州市、薛城区、山亭区、峄城区和台儿庄区部分乡镇（镇）（街）作为价格保险试点单位。同时，在自愿申报承办的前提下，由专家对各财险公司业务资质、服务机构、生猪和马铃薯价格保险条款、工作经验、公司信誉等进行综合评比，最终选定了5家目标价格保险的承办机构。入选的承保财险公司均可在全市试点范围内同时开展生猪和马铃薯目标价格保险业务，不再以区（市）为区域分片开展保险业务。

枣庄市探索研发出适合枣庄实际的农产品目标价格保险条款，明确保险品种为育肥猪（100—120公斤）和马铃薯（含早春棚膜、春季露地和秋季露地），明确保险对象为枣庄市范围内年出栏育肥猪500头以上和单季马铃薯种植面积30亩以上的新型经营主体。根据全市前三年生猪、玉米和马铃薯平均销售价格、生产成本及预期销售价格等情况，并参照国家和山东省有关农产品价格，合理确定保险价格。2015年生猪目标价格按照猪粮比6：1确定，春季露地马铃薯保险价格确定为1.7元/公斤，秋季露地马铃薯价格确定为1.8元/公斤。马铃薯目标价格保险金额范围设定为800—2000元/亩，保险费率为8%；生猪目标价格保险金额范围设定为1200—1600元/头，保险费率为1%；生猪价格保险期限要设定长、中、短期三种阶

段。生猪目标价格保险期限由参（投）保户与承保机构自行约定，最长为一年。马铃薯目标价格保险期限为当年集中上市时间。截至2017年底，全市马铃薯累计投保面积90余万亩，理赔近1.3亿元，仅2017年春季马铃薯理赔额就达到8200余万元；生猪累计投保数量9万余头。目标价格保险最大限度地减少和降低了因自然灾害和农产品价格过低等各类风险导致的种养殖损失，极大调动了农民和规模经营主体的生产积极性。

（3）深化农村集体产权制度改革

农村集体产权制度改革是完善农村基本经营制度、保护农民集体资产权益、增加农民财产性收入的重大举措。枣庄市此项改革探索进行得较早，从2010年开始在山亭区进行试点，2011年7月建立了全市首家社区股份合作社——东山亭社区股份合作社，2012年起试点范围扩展到五区一市。2015年，市委、市政府出台了《关于推进农村集体经济组织产权制度改革的实施意见》，2016年又将农村集体产权制度改革纳入国家农村改革试验区建设差异性试验任务，积累了一定的改革经验。

2016年底，中央印发了《关于稳步推进农村集体产权制度改革的意见》，对改革的目标方向、重点任务、时间进度和方法步骤等作出全面部署。2017年2月，省里出台了《全省农村集体产权制度改革省级试点方案》，对试点工作提出了明确要求。2017年7月，在总结近几年全市试点工作成效和经验的基础上，枣庄市委、市政府又制定出台了农村集体产权制度改革的《实施意见》和《实施方案》。《实施意见》明确了该项改革的总体思路是坚持完善农村基本经营制度，依法保障农村集体经济组织及成员的合法权益，积极发展农民股份合作，赋予农民对集体资产股份占有、收益、有偿退出及抵押、担保、继承权。逐步建立“归属清晰、权能完整、流转顺畅、保护严格”的农村集体产权制度，发展壮大集体经济，让广大群众切实享受到改革带来的红利。明确坚持正确的改革方向、依法有序民主决策、因地制宜分类指导等原则，并对方法步骤作了详细指导。《实施方案》进一步明确了这项工作谁来干、怎么干。同时，市里将农村集体产权制度改革列入对各区（市）的经济社会发展综合考核内容，年底按照“好、较好、一般、差”的等次进行定性考核。

2017年8月，枣庄市委、市政府召开全市国家农村改革试验区建设暨农村集体产权制度改革工作推进会议，重点对全市农村集体产权制度改革工作进行部署。一是明确了时限。国家和省明确提出力争在5年内完成农村集体产权制度改革，枣庄市确定的目标是力争用4年左右的时间全面完成，时间紧迫，任务艰巨。各级党委、政府和有关部门要强化组织领导，党委书记特别是区（市）、镇（街）党（工）委书记要亲自挂帅，切实履行职责，精心组织，确保改革成果经得起历史检验。二是突出重点。把握改革方向，着力做好改革中“清产核资、资产量化、股权设置和成员身份确认”这四个关键环节的工作。

在改革思路上，坚持因村制宜、分类推进。由于地理位置、资源禀赋等各不相同，村（居）集体资产差距较大。2016年，全市2322个行政村（居）中，村集体经营性收入50万元以上的村仅142个，占总数的6.1%，而收入1万元以下的村1022个，占总数的44%。针对村（居）集体资产多少不同的实际，各区（市）、镇（街）充分尊重农民意愿，不搞“一刀切”，坚持因村制宜、分类推进。主要分为三种类型：一是“资产保护型”。对于资产总量不多、年收益不高、基础相对薄弱的村居，采用“资产保护型”模式，即先明断产权主体和界定组织成员，在不具备股份分红的条件下，先按股份制改革要求进行清产核资、界定成员、制定章程、建立组织，待分配条件成熟后再行分配。实施股份制改革的村（居）多数还是农业村，集体经济薄弱，资产较少，只配股不分红。二是“资产分红型”。对有一定经营性资产、收益相当稳定的村居，采用“资产分红型”模式，即在清产核资、登记造册的基础上，按一定的标准折算成股份份额量化给有资格享受这些资产的集体经济组织成员，让其按所得的股份享有收益分配。比如，山亭区山城街道郭庄社区处于城乡接合部，2015年实施集体产权股份制改革后，成立社区股份合作社，通过房产开发、门市租赁、资源承包等一系列经营方式，当年实现利润110多万元，分红83.16万多元，参股居民人均分红900元。三是“资产扩股型”。对资产总量较大、经济发展活跃的村（居），采取“资产扩股型”模式，即在量化集体存量资产的同时，吸纳居民现金入股，增加股本总额，实现扩大再生产，使农民获得更多的投资收益。比如，滕州市北辛街道北楼居是典型的城中村，处于城市繁华地段，村集体拥有房产、门市，经济实力较强。实施股份制改革后，成立了北楼鸿运社区服务中心，性质为股份制企业，通过市场化运营、规范化运作，2016年7月的调研数据显示，该村居实现了固定资产总额过亿元，房产年租赁收入100余万元，股民人均股份超过10万元，实现了集体资产、居民收入双丰收。

在工作推进上，形成了“三四五六”枣庄模式，即三项原则、四个环节、五项支持、六个步骤。一是坚持三项原则。在改革过程中，始终把公开、公平、公正贯穿始终，对人员界定、股权设置比例及构成、折股量化的办法等涉及改革的重大事项，实行因村制宜、一村一策，尊重民意、发扬民主，确保改革效果和社会稳定。二是抓住四个环节。第一，抓住基础环节，搞好清产核资。对试点村居所有资产进行全面清理核实，摸清集体家底。聘请有资质的评估机构对村居资产进行评估，评估结果经群众代表大会通过。第二，突出关键环节，搞好清人分类。以户籍和宅基地为依据，对每户家庭成员进行逐人登记。结合村居实际，综合考虑历史、户籍、贡献量等

多重因素，将人员分为可配股分红人员、可配股暂不分红人员、享受村福利待遇人员、不配股不分红人员四大类，由村民代表大会讨论通过。第三，围绕核心环节，合理配置股份。将经过确认的清产核资结果与清人分类结果挂钩，村一级的股份资本量化到全村应配股村民，组(队)一级的股份资本量化到本组(队)应配股村民。确有需要的村，可根据实际设置集体股，个人股占总股份的比重不得低于70%，集体股不得高于30%，作为改革过渡。第四，把握重点环节，组建股份合作社（企业）。召开股东（代表）大会，讨论通过《社区股份合作社（企业）章程》，选举产生董事会和监事会，成立社区股份合作社（企业），并在工商部门登记注册。三是严格六个步骤。根据《枣庄市农村集体产权制度改革实施方案》，明确“组织准备、方案确定、清产核资、清人分类、资产量化、成立组织”六步工作法。每个试点村(居)都严格按照程序，在充分尊重农民意愿的前提下，精心组织，分步实施。四是配套五项支持。截至2017年11月底，全市已启动改革的村554个，成立新的集体经济经营组织并发放组织证明书或工商注册的村431个。

2. 成功创建为第三批国家现代农业示范区，农业现代化和农村改革协同推进

2015年1月，农业部下发《关于认定第三批国家现代农业示范区的通知》，枣庄市整建制被认定为第三批国家现代农业示范区，成为全国唯一既是农村改革试验区，又是现代农业示范区的地级市，开始以“两区建设”为引领，全面深化农村改革，加快发展现代农业。

（1）培育现代农业“六大工程”

2016年5月24日，市政府印发了《枣庄市国家现代农业示范区建设五年提升计划（2016—2020年）》，提出通过培育“六大工程”，让农业强起来、农民富起来、农村美起来，努力走出独具特色的“枣庄农业”发展之路。这六大工程分别是：一是精品特色农业示范基地建设工程。重点扶持粮食高产创建示范基地、马铃薯高产创建示范基地、精品石榴示范基地、特色长红枣示范基地、优质食用菌示范基地、优质樱桃示范基地、优质板栗示范基地、特色莲藕示范基地、畜禽标准化养殖基地、特色水产养殖示范基地等十大特色农业示范基地。二是精品特色农业标准示范园区建设工程。按照规模化、标准化、商品化、品牌化和产业化发展方向，立足全市现有农业园区，在全市率先形成以“园区带基地、企业联农户、产业兴镇村”的发展格局。三是农业龙头企业培育工程。围绕枣庄市特色产业，着力打造一批处于行业领先的大型农产品加工龙头企业和集群，培植壮大祥和、汉诺等农业龙头企业，带动一批中小型农业企业“规下转规上”。发挥龙头企业的辐射带动作用，形成“市场牵龙头、龙头带基地、基地连农户”的发展格局。促进农业产加销紧密衔接、农村一二三产业深度融合，推进农业产业链和价值链提升，让农民共享产业融合发展的增值收益。四是新型农业经营主体培育工程。坚持以农户家庭经营为基础，积极培育新型农业经营和服务主体，有序发展专业合作型、统一服务型等多种形式的农业适度规模经营，培育家庭农场、专业大户、农民合作社、专业化服务组织等新型经营主体。五是农业名优品牌创建工程。加强全市农业品牌创建，加快推动优质产品向优质品牌转变，打造一批具有地方特色和市场竞争力的食品放心品牌和

峄城区正荣养鱼专业合作社丰收

示范单位。重点创建“滕州马铃薯”“峄城石榴”等地理标识农产品，“龙振蔬菜”“王庙红椒”等蔬菜品牌，“山亭火樱桃”“长红牌大枣”等林果品牌，“莺歌”“海石花”等农业企业品牌，积极争创省级、国家级知名品牌。六是农业物联网示范建设工程。运用物联网、云计算、大数据、移动互联等现代信息技术，推动农业全产业链改造升级。推进市级现代农业智能监测平台建设，提升以信息化为手段的农业行业服务管理水平。加快农业经营网络化，畅通农资、农产品购销的信息渠道，推广农产品拍卖交易和网上直销模式，促进种子、化肥、农药等农资和水果、蔬菜等特色农产品网上交易，提高农业生产资料和农产品市场的信息化服务水平。

2016 年，枣庄市编制完成《枣庄市现代化农业发展规划（2016—2020 年）》，明确了“十三五”期间全市现代农业建设的时间表和路线图。首次认定了国家现代农业示范区产业园 4 家、生态园 8 家、标准园 16 家，重点培植了石榴、马铃薯、长红枣、食用菌等四大特色主导产业。新增国家级一村一品示范村镇 1 个、省级一村一品示范村镇 5 个。新增“市级标准化生产基地”8 处，累计 44 处；新增“省级标准化生产基地”9 处，累计 22 处。园区建设、企业发展、产业融合“三位一体”同步推进，初步形成以“园区带基地、企业联农户、产业兴乡村”的发展格局。新增“三品一标”产品 64 个，有效用标总数达到 300 个。市、区（市）、镇（街）三级均建立了监管机构，村级配备了监管员，基层监管能力进一步增强。扶持 10 家市级以上农业龙头企业做大做强，新认定市级龙头企业 31 家。新增农民专业合作社 959 家，总数达到 5691 家；新增家庭农场 189 家，总数达到 983 家。经农业部监测评价，2016 年枣庄市国家现代农业示范区已基本实现现代化。

（2）引进高端智力支持

2015 年 7 月 25 日，山东社会科学院与枣庄市政府共同签署了《山东社会科学院与枣庄市人民政府战略合作框架协议》，就深化农村改革发展等领域进行合作。根据框架协议，双方以院市合作为主体，以市情调研、课题研究、咨询服务、人才培养和学术交流为重点，借助山东社会科学院的研究资源和学术平台，重点对枣庄市产业提质转型与跨越发展、经济与文化融合发展、社会管理创新、新型城镇化建设、深化农村改革发展、金融业发展、沿运河经济带发展等领域进行理论总结提炼，对未来发展提出对策建议。山东社会科学院在枣庄市设立调研基地，建立山东社会科学院鲁南发展研究院。双方以会议、调研等多种形式共同开展有关学术交流活动，共同探索建立研究人员互访、科研交流、人才培养等机制，互派科研及管理人员到对方挂职锻炼等。双方建立联席会议制度，定期通报、安排、总结、部署相关工作。

2015 年 12 月 22 日，枣庄市农业局和南京农业大学金融学院就深化农村合作金融改革合作正式签约。南京农业大学金融学院的 13 名专家教授作为项目观察员深度参与到枣庄市的国家农村改革试验区建设工作中来，为枣庄市深化农村改革提供智力支持，特别是对于改革进程中遇到的难题提出高水平意见和指导。枣庄市在有关镇街分别设立 15 个基层观察点，由各位专家分组对改革试验项目跟进研究、指导，开启了高校与地方合作深化农村改革的战略共赢机制。

3. 成功争创为国家农业可持续发展示范区，“三区”统筹发展

2016 年以来，枣庄市按照“三区”统筹的发展战略，扎实推进国家农村改革试验区、国家现代农业示范区建设和国家农业可持续发展试验示范区创建。全市上下牢固树立“绿水青山就是金山银山”的发展理念，强力推进争创国家农业可持续发展示范区。

2017 年 10 月 19 日，农业部发布了《第一批国家农业可持续发展试验示范区公示公告》，对遴选产生的第一批 40 个国家农业可持续发展试验示范区进行公示，枣庄市位列其中，全省唯一。

根据要求，枣庄市试点主要围绕优化农业主体功能与空间布局，保护与节约利用农业资源、保护与治理产地环境、养护与修复农业生态系统、推行绿色生活方式五个方面展开。重点创新科技研发、生产方式、经营方式、政策体系等四个方面，力争通过 3 年左右的努力，在产业制度上形成农业资源环境管控制度，建立农业产业准入负面清单，绿色循环低碳的生产制度，不符合绿色发展的产业、破坏耕地和草原等资源环境的行为得到严格禁止；在生产方式上基本形成与资源环境承载力相匹配，生产生活生态相协调的农业发展格局，耕地利用强度和方式合理，水资源使用高效节约，化肥农药、饲料添加剂、兽用抗菌药物等农业投入品减量使用，秸秆、农膜、畜禽粪污等废弃物全部资源化利用，农田生态、草原生态、水生生态良好，乡村美丽宜居；在生活方式上，宣传、普及简约适度、绿色低碳的生活方式，反对奢侈浪费和不合理消费，“光盘行动”、绿色家庭和绿色学校等行动持续开展。

二、农村产权制度改革取得的主要成就

中国的改革，难点在农村，农村的改革，核心在土地。历史的车轮行至当下，有着“鲁南明珠”之称的枣庄市正经历由资源耗费向科学发展的深刻社会转型。而农村改革一脉，枣庄市首选从攻坚最难、涉水最深、争议最大的土地产权制度发轫，开展了以发放农村土地使用产权证、组建农村土地合作社、搭建农村土地使用产权交易服务所为核心内容的“三位一体”的农村土地使用产权制度改革。实践证明，枣庄的探索不仅贴近了当地农村经济发展的实际，而且牵住了农村改革的“牛鼻子”，充分释放了农村生产力；不仅得到了各级领导的充分肯定，而且充分尊重了农民的意愿，得到了基层干部群众的一致拥护和支持。一系列科学决策和制度设计，

更让枣庄的“试水”成为全省乃至全国农村改革领域极具特色的一笔。

1. 枣庄市农村土地产权制度改革获得社会各界的高度认可

枣庄市农村土地产权制度改革得到社会的充分肯定和认可，多次被媒体宣传报道，其中，2012 年 5 月 12 日，《农民日报》头版头条以“一场切中实际的新土地改革试验”为题，对枣庄市的农村土地使用产权制度改革作了长篇报道，对枣庄市的改革给予充分肯定。2009 年，全国人大常委会副委员长周铁农、全国政协副主席厉无畏到枣庄调研土地流转情况，对枣庄农村土地使用产权制度改革给予肯定。2013 年 3 月 21—22 日，农业部部长韩长赋到枣庄调研农村改革工作，对枣庄市国家农村改革试验区建设给予充分肯定。2013 年 9 月 4 日，全国农村改革试验区创新农业经营体制机制座谈交流会在枣庄召开，枣庄作了典型经验介绍。

2013 年 11 月，枣庄市探索试验的“农村土地承包关系保持长久不变、赋予农民承包经营权抵押、允许农民以承包经营权入股”等内容，中共的十八届三中全会审议通过的《中共中央关于全面深化改革若干重大问题的决定》中得到全面肯定，为全国的农村土地改革提供参考。

2016 年 6 月，枣庄市承担的第一批改革试验任务“农业经营体制机制改革”圆满完成，成功通过农业部验收。枣庄的农村土地制度改革思路清晰、主线清晰、重点突出，有深度、有创新，可推广、可复制，政策价值高，枣庄的改革呈现了现实意义的成效。通过改革，基本构建了农地产权制度改革的制度框架；依托产权制度构成在构建市场化的农业发展机制方面实现了突破；带动了城乡发展要素流向的变化；农民的利益保护实现了制度性支撑；促进了集体经济组织的再造。

2. 枣庄市农村产权制度改革的意义和成效

从 2008 年启动探索农村产权制度改革以来，枣庄市承担的各项任务均已顺利启动并取得了阶段性成效，特别是为中央提出的“三权分置”农村土地产权制度提供了成熟模式，并有力激活了农业农村发展全局。

（1）成功实现了农村土地承包权和经营权的分离。枣庄市在坚持农村土地集体所有权、农户承包权和土地用途性质不变的前提下，将土地使用权相对独立化，使农民承包土地的权利结构由所有权——承包经营权的“两权分置”，演变成“所有权——承包权——经营权（使用权）”的“三权分置”，将土地使用产权从承包经营权中独立出来，并赋予了土地使用权以抵押担保功能，使土地使用产权抵押贷款从可能变成现实，耕地资源变为了土地财产。截至 2017 年底，实现各类农村产权抵押贷款 10 亿元，破解了制约农村发展的资金瓶颈难题，为现代农业发展提供了有效的“血液”供给管道。这样的制度创新，既保障了农村土地集体所有的社会主义公有制，又激发了土地资本的活力，促进农业适度规模经营的发展，为实施推动深化农村改革提供了基础支撑。2013 年，党的十八届三中全会《决定》明确赋予农民承包土地经营权抵押、担保权能。枣庄“三权分置”的有益探索为国家这一大政方针的制定提供了实践基础。

（2）为农业适度规模经营找到有效途径，提升农业组织化程度。枣庄是典型人多地少的地区，通过组建土地合作社，架起了分散经营向规模经营、传统农业向现代农业发展的桥梁，解决了农业生产没人干、农业比较效益不高的问题。枣庄市改革做法既适用工业化、城镇化进程中农村劳动力转移的要求，又有利于土地经营权向最有效率的经营者集中，优化耕地资源配置效率，有力提升了农业的规模化、集约化水平。由于改革推动，全市土地流转比例 36.81%，通过农民专业合作社组织运营和资金、技术、人才、管理等要素集约，改善了农业的物质技术装备及管理运营方式，提升了农业的现代化水平。土地合作社发展在“质”“量”同步提升的同时，进一步延长现代农业产业链，进而促进二、三产业内生动力的集聚和增长，三产得到高度融合发展，形成推动城乡一体化发展的产业支撑和重要基础。

（3）激活农村劳动力资源，促进城乡一体化进程。通过改革、流转出土地的农民可以全年在外务工，夏忙、秋种时节无须回乡，从而减少务工损失、节省了路费和回家务农的开销；同时流转出的土地还有稳定的保底金，且大大高于自己种田收益，使得流转出土地的农民放心离开土地务工经商。随着一些土地合作社规模的不断扩大，效益十分可观，农民入社愿望强烈。大量土地转入合作社经营，大批农村劳动力转移到城镇居住，从事二、三产业，这些地方顺势组建新型农村社区，形成了土地集中入社、资本集中下乡、公共服务集中推进、社办企业集中小城镇的发展新格局。农民不过多地依赖纯农业，转移出去务工增收，这既为新型城镇化建设提供了产业、人力、资金等基础，也通过实现土地集约利用，保障城镇建设充足的土地资源。

三、农村产权制度改革的经验和启示

农村产权制度改革，推动了枣庄农业转型升级，带动了农业农村经济又好又快发展，取得了令人瞩目的成就。总结近 10 年来农村产权制度改革的基本经验，主要体现在以下几个方面：

（一）坚持自下而上、循序渐进、试点先行，尊重基层和农民群众的首创精神

从开始设计农村土地使用产权制度改革伊始，市委、市政府就将改革的主旨定位为：追求土地的适度规模效益，发展现代农业。枣庄市这一改革与我国其他一些地方实行土地制度改革有着不同特征：改革的主要目的是追求土地规模效益，不是为了追求土地的潜在增值效益；改革的动力来自农民而不是政府推动，充分尊重农民群众的意愿和首创精神。因此，枣庄市的农村土地使用产

权制度改革有着深厚的根基，受到干部群众的广泛支持和拥护。

（二）改革必须做好制度设计

枣庄市设计了三项风险可控的制度。第一，合作社的两个“80%”，保障了农民对土地的有效控制权，规避了失地风险。规定土地使用产权只能入股土地合作社，合作社基本成员中农民不低于 80%，农民表决权不低于 80%。这两个 80%，就确保了合作社的事情农民说了算，从而保证了农民对土地的话语权，避免了农民的失地风险。第二，“1/3”和“三年”的抵押限制，使农民不会长期失地，规避了金融风险。规定用于抵押的土地最多不超过入社土地的 1/3，向银行抵押贷款的期限不超过 3 年。这样，即使到期还不上贷款，土地使用产权被银行拍卖，期限一到，土地又回到了农民手里。第三，农业保险机制的引入，较好地保障了土地经营收益，规避了自然风险。农业是相对稳定的产业，生产风险较低，但是也不可能完全避免严重自然灾害，合作社仍担心遇到天灾还不上贷款。于是，枣庄市在土地合作社中引入了农业保险机制，并且政府对农业保险补贴 80% 的保费。这一机制的引入，提高了抵御自然风险的能力，保障了合作社经营的稳定。

（三）改革必须坚持以农为本

枣庄市的农村土地制度改革主要动力来自于农民，是在顺应农民土地规模经营意愿的基础上，遵循依法、自愿、有偿的原则，一方面放手让农民探索，尊重农民的首创精神，另一方面给予规范性的引导和帮助。枣庄市的农村土地制度改革是顺应农民发展合作社的资金需求意愿，党委、政府组织改革试点，成功后逐步、稳妥推开，是自下而上的改革推进；改革的载体是合作社，保障了农民对土地的控制权，规避了农民失地风险；改革的制度设计和改革的落脚点处处坚持“以农为本”，因此枣庄市的农村土地产权制度改革有着深厚的根基，受到干部群众的广泛支持和拥护。

（四）改革必须具有系统性、关联性

农村土地制度改革是一项大工程，必须注重改革的系统性和关联性，从整体上推进农村改革。同时，在改革进程中，改革的整体推进也不是平均用力、齐头并进，而是要在改革实施中抓主要矛盾和矛盾的主要方面，注重抓牵一发而动全身的重点领域和关键环节，使之对全面深化农村改革起到牵引和推动作用。枣庄市推进农村改革过程中，注重从整体上把握进程，做好制度、政策的配套和衔接，整体推进和重点突破相结合，以围绕实现土地规模经营，实现现代农业主线，通过改革创新，整体推进农村产权制度、农村金融保险、户籍管理制度和农业经营体系等各项改革，通过改革实现了确权、赋权、活权，破解了制约农业农村发展的体制机制障碍，探索实现现代农业的具体路径。

（五）改革必须具有改革队伍和改革意识

任何改革都会面临新的问题和挑战，只有直面问题和挑战，以披荆斩棘的决心和气魄锐意进取，才能不断将农村改革推向深入。因此，必须以强烈的改革创新意识，打好农村改革攻坚战。我们深刻认识到，改革试点就是破解困扰多年问题的难得机遇。机遇意识强不强，直接影响到信心足不足、积极性高不高、办法多不多、效果好不好。实践还告诉我们，要想改革取得成功，就要有一批勇于负责、敢于担当的领导干部，有一个开拓创新、锐意进取、能拼能干的改革队伍。牢记“以民为本”，不在意个人的进退得失，唯其如此，方能攻坚破难，化沟壑为坦途。

审稿人：凌　利

撰稿人：张　倩　徐宝龙

枣庄市国税事业改革发展历程、成就和经验

中共十一届三中全会后，国家根据社会经济发展的需要，对税制进行了一系列重大改革，较好地发挥了税收聚集财政收入和调节社会经济的作用。根据1993年底全国新税制改革方案的要求，1994年8月22日，在原枣庄市税务局的基础上，划分开管理范围和管理任务，分设国税地税两个机构，枣庄市国家税务局正式成立。二十多年来，枣庄国税系统扎扎实实，锐意改革，在全市经济社会发展中发挥了重要的作用。根据国税地税征管体制改革总体部署，2018年7月5日，新组建的国家税务总局枣庄市税务局举行挂牌仪式，标志着原枣庄市国家税务局、枣庄市地方税务局正式合并。2018年7月20日，全市县乡级新税务机构正式成立并对外履行职责。

一、历程

（一）干部队伍建设

根据1993年底全国新税制改革方案的要求，1994年8月22日，在原枣庄市税务局的基础上，划分开管理范围和管理任务，分设国税地税两个机构，枣庄市国家税务局正式成立。24年来，枣庄市国税局党组在省局党组和市委、市政府的正确领导下，始终坚持党管干部的原则，从加强各级领导班子入手，稳步推进干部人事制度改革，通过教育增智慧、文化育人心、文明塑形象，多措并举，提升了干部队伍整体素质，为国税事业的健康发展提供了坚强的组织保障和人才支持。截至2017年底，全市国税系统共有正式在职人员 879人，有本科以上学历670人，占总人数的76.22%。

1. 优化职能配置 完善机构设置

1994年，根据国务院《关于组建国家税务局在各地直属税务机构和地方税务局有关问题的通知》、国务院办公厅《转发国家税务总局关于组建在各地的直属税务机构和地方税务局实施意见的通知》、山东省委办公厅、省政府办公厅《转发＜关于组建国家税务总局在我省的直属机构和地方税务局实施意见的报告＞的通知》和枣庄市委办公室、市政府办公室转发市机构编制委员会办公室、财政局、税务局《关于组建市国家税务局和地方税务局实施意见的报告》的通知等文件要求，枣庄市国家税务局正式组建成立。同年，省国税局印发了《关于副省级城市、市地和县（市、区）国家税务局职能配置、内设机构和人员编制的方案》，对各市国税局内设机构进行了明确。

1996年，根据《国家公务员暂行条例》和国家税务总局《推行国家公务员制度实施方案》要求，省局制定下发了《山东省国家税务局系统推行国家公务员制度实施方案》，组织对各级国税局职能配置、机构设置和编制职数核定进行了批复确认，开展了公务员过渡工作。同年，根据国务院“按经济区划设置税务征收管理机构”的指示和总局部署，按照省局“有利于集中人员，便于管理，强化税收征管和基层建设”的要求，枣庄市对原有的按照行政区划设置的基层征收机构（税务所）进行收缩撤并，实施按经济区划设置征收分局。同时，推进城区税收征管改革，枣庄市国税局设立直属征收分局，各区（市）国税局在城区设立征收分局，负责城区及近郊所有纳税人的管理，市、区（市）国税局设置稽查分局，突出重点稽查。

2001年，按照国家税务总局部署和省国税局要求，组织开展了机构、人事制度改革和人员分流安排。明确市、区（市）两级国税局的编制职责，行政编制总体精简10%。充实基层，优化结构，部分人员可根据政策规定和个人意愿选择提前退休或提前离岗。

2005年，根据中央精神和总局要求，省局部署开展了以“规范机构设置，理顺机构职责”为核心内容的机构改革，枣庄市国税局结合实际制定了规范机构设置方案，对各级内设机构、直属单位、事业单位和派出机构的名称、规格进行了规范，对市区、稽查局等高规格单位进行了降格，并健全和完善岗位职责体系，确保基本职能清晰、岗位职责明确，责任落实到人。同年，按照中央统一部署，枣庄市国税局设立了车辆购置税征收管理机构。区（市）国税局不再设置独立的车购税征收机构，车购税征收工作由当地国家税务局办税服务厅负责。

2. 严格干部任用 改善后备管理

自市国税局成立至今，市局党组始终牢牢把握党管干部、德才兼备、以德为先的选人用人原则，严格按照规定程序选拔任用干部。在系统干部选拔的方式方法上，大致经历了“组织提名推荐与考察委任”“竞争上岗”“竞争性选拔和考察委任等多种方式并举”等几个阶段。1996年，省局制定下发了《山东省国税系统关于部分职位实行竞争上岗的暂行办法》，规定各级国税局在选拔基层领导干部时，实行竞争上岗，竞争上岗工作开始破冰。市局机关采取以上方式在1997年初就选拔14名副科级干部；2001年，结合国税系统机构改革，对空缺的领导职位原则上通过竞争上岗、公开选拔的方式产生，对在职的中层领导干部一律通过“自荐双推”方式确定领导职位。仅市局机关就按照上

述方式在2001年3月选拔10名正科级干部。2002年7月《党政领导干部选拔任用条例》出台后，全市国税系统在选拔任用干部工作中，始终不折不扣地执行《条例》中的各项规定，做到“坚持原则不动摇、执行标准不走样、履行程序不变通、遵守纪律不放松”。2013年，根据系统干部队伍状况及职位空缺情况，组织了全市国税系统科级领导干部竞争性选拔工作，严格资格条件和程序环节，严肃纪律，选拔出了26名德才兼备、群众公认的干部，有效改善了市局机关和区（市）局班子成员的年龄、知识和专业结构，为推动国税事业科学健康发展提供了坚强的组织保障。

3. 完善人才引进　强化队伍建设

公务员招录工作为国税系统加强队伍建设和实施有效管理的重要保证。自国地税分设以来，国税系统人员招录工作主要分为三个阶段。第一阶段为国家分配阶段。主要是1994年至1997年，由省局下达增人计划指标，各市局与地方计委和教委协商，将符合要求的统招或委培的毕业生分配到国税部门，人员来源主要是财会、税收专业的大中专毕业生，列事业编制。第二阶段为各单位自行招聘阶段。主要是1998年至2002年，各地国税部门采取由省局下达增人指标，通过自行组织考试择优选拔符合条件的大中专毕业生的方式。第三阶段为公务员统一招考录用阶段。主要通过公开发布招考简章的形式，符合条件的考生报名后，经过笔试、面试、体检、政审等环节，按照招录数量择优录用。2003年至2008年，主要采取了全省统一组织、分片集中面试和体检、各自进行政审的方式，将招录名额分配到市局，各市局提报用人需求，省局汇总后编制招录计划上报，由人事部统一发布招考简章和招录计划，符合条件考生报名经审核后参加国家统一组织的笔试，根据成绩确定面试人选。2009年以后，由各市局提报用人需求，省局汇总调整后编制招录计划上报，由国家公务员局在其网站统一发布招考简章和招录计划，报名由省局组织进行统一审核，笔试由国家公务员局统一组织。

为全面深化公务员日常管理考核工作，枣庄市国税局于2015年9月1日，全面推行数字人事管理系统，开始运用“大数据”思维模式改进干部管理工作，奏响了人事改革的进行曲。按照省局的整体部署，枣庄市国税局在数字人事试点工作中，坚持积极稳妥的原则，分步实施、逐步展开、整体推进，取得了良好效果。同时探索构建国税系统岗责体系，实施了岗责体系在枣庄国税系统全岗、全员覆盖。数字人事试点和岗责体系推行工作得到了国家税务总局的充分肯定，总局人事司、省国税局先后多次到枣庄市国税局调研指导数字人事试点和岗责体系推行工作，给予了充分的肯定。

4. 教育培训

加强教育和文化引领是提升国税干部队伍素质的重要手段。1994年国税机关成立时，市局就组建了政工科，专司税务干部的思想政治工作和教育培训工作。2001年正式更名为教育科（2006—2010年期间为培训中心）。20多年来，市局教育工作紧紧围绕“干在实处，追求卓越”的核心价值理念，坚持“严格管理带好队，控住风险收好税，深化改革站好位”三个基本点，不断强化干部教育培训，深化文化国税建设，推进精神文明创建，为枣庄国税事业的发展提供了强有力的思想保障、精神动力、人才保障和文化氛围。

（1）从完善制度入手促进教育培训工作的规范化。1994年市局先后印发了《全市国税系统思想政治工作暂行规定》《关于加强全市国税系统队伍思想建设的意见》《全市国税系统基层党组织建设的意见》等规范性文件，明确规范了思想政治工作的任务、范围、方法和制度措施。1994年国税部门成立以来，继续沿用税务部门春季干部培训的形式，深入开展形势教育，积极举办领导干部读书班，开展作风纪律整顿，统一思想，明确目标，凝聚共识。这一做法成为国税部门一以贯之长期坚持的干部教育的法宝。1996—2017年以来，全市国税系统相继开展了“争先创优”“三爱一树立”“思想、作风、纪律”三整顿、保持共产党员先进性教育、党的群众路线教育活动及“两学一做”专题教育活动，引导广大党员凝聚共识，践行群众路线，认真查摆问题，转变工作作风，推动了全系统党的建设的健康发展。

（2）推进人才高地工程建设，打造高层次人才队伍。机构分设以来，先后依托总局、省局委培，与中央党校、山东大学、山东财经大学等高校合作，采取脱产教育和在职攻读等形式，联合培养财政学、公共管理等专业人才，共培养硕士研究生以上学历人员100余人。至2017年，在职人员中研究生学历78人，占8.87%；本科学历592人，占67.35%；专科学历164人，占18.66%；中专以下学历45人，占5.12%。，较1994年的学历结构有了极大改善，具有“三师”证书的人员达67人，占干部总数的7.6%。干部队伍学历层次有了显著提升，为国税事业持续健康发展提供了优质的后备人才。

5. 国税文化建设

党的十六大提出了推动社会主义文化大发展大繁荣的新思路以后，全市国税系统也相继出台了许多国税文化建设的理念、规划和制度。2007年到2010年间，市局先后研究制订了《关于加强国税文化建设的意见》《关于深化国税文化建设的意见》《枣庄市国税系统文化建设的意见》《枣庄市国税系统文化理念体系（试行）》《枣庄国税文化行为准则体系》等制度规范，为全市国税系统文化建设指明了目标、提供了保障。

2010年，按照省局的要求，全市国税系统开展“一局一品”文化品牌创建活动，市局在全系统进行了观摩，在系统内外产生了良好反响。系统还举办球类比赛、文艺汇演、文化论坛等活动。各单位建设起了税史陈列室、廉政教育室、党员活动室和荣誉室等。举办书法、绘画摄影展等活动，营造积极向上的文化环境，增强了干部队伍的凝聚力和

2016年12月6日，市领导参观峄城区国税局党建廉政教育基地

活力。

2012 年，市局党组结合枣庄国税工作实际，提出了“岗位就是责任”文化品牌建设的构想，组织了系统内千人签名活动，制订了这一品牌建设的“123456”体系方案：以“岗位就是责任”为核心价值理念，以建设“责任国税、幸福国税”为组织愿景，健全“定责、履责、问责”三大机制，把握“责任意识、责任导向、责任能力、责任环境”四个维度，遵循“围绕中心，服务大局；以人为本，共建共享；长期培育，坚持不懈；把握规律，突出特色；领导带头，全员参与”五项原则，实施“精神引领、制度保障，素质为基、真心为本，用人导向、领导垂范”六轮驱动的工作思路，形成了体系化构建、多渠道传播、全方位推进的文化建设格局。这一文化品牌建设，受到了国家税务总局、山东省委省政府领导的肯定，新华社刊载了市局的做法。山东省国税局专程到枣庄国税局进行专题调研，高度评价了市国税局的责任文化建设的成就，研究制定了《关于在全省国税系统开展“岗位就是责任”专题教育活动的实施意见》，决定在 2013 年全省范围内推广枣庄国税局的责任文化品牌建设。

6. 文明创建

20 多年来，全市国税系统始终注重精神文明建设，切实以精神文明建设促进税收事业发展，在税收事业发展中扎实开展精神文明创建，培养树立了一大批事迹感人、影响深远的先进典型和模范人物。2003 年以来，先后有晏传靖、杜向辉等三名同志被国家税务总局授予“全国税务系统优秀税务工作者”等称号；刘恒伟、翟丽慧、韩方杰等四名同志被授予“山东省富民兴鲁劳动奖章”等荣誉称号。广大先模人物为全市国税干部树立了学习赶超的目标，他们所弘扬的爱岗敬业、无私奉献的优良作风，是推动国税事业持续发展的不竭动力。

辛勤的汗水换来了丰硕的收获。精神文明建设犹如春风细雨，催生“文明之花”。春华秋实，硕果累累！2009 年国家文明委授予枣庄市国税局“全国文明单位”称号并保持至今，还先后获得全省富民兴鲁劳动奖状集体、全市“巾帼建功”竞赛活动先进单位等荣誉。截至 2017 年 12 月，全市系统现有省级以上文明单位 21 个，七个区（市）局实现省级文明单位满堂红，省级以上青年文明号 21 个，省级以上巾帼文明岗 12 个，1 个单位被评为全国税务系统先进集体，1 个单位被评为全国税务系统各省（区、市）税务局先进集体。

（二）税收征管工作

枣庄市国税局为构建与经济社会发展相适应的税收征管体制，在总局和省局的正确领导下，对全市税收征管进行了持续的改革和探索。

1. 税收征管改革初探阶段（1994—2001 年）

改革初期，为适应社会主义市场经济和分税制改革的需要，枣庄市国税局进行了以组织机构、人员配置调整、业务流程优化，信息化基础平台建设为主的税收征管改革，确立了“以建立纳税申报和优化服务为基础，以计算机网络为依托，集中征收，重点稽查”的税收征管模式，基本形成了信息化条件下征收、管理、稽查分离制约的征管格局。

1995 年，全市范围内基本上实现了从税务专管员上门收税到纳税人自行申报纳税的转变，征管手段也由手工操作向计算机管理转变，实现了“征、管、查”业务分离，建立了办税服务厅，计算机开始在征管领域广泛改革。2000 年，市局下发《全市国税系统深化税收征管改革的实施方案》，开始在全市国税系统推行多元化申报方式，优化纳税服务，推进多种申报、缴库方式等，实现申报方式的重大变革。

2001 年，结合“机构、人事、征管”三项改革，全市国税系统对基层机构设置及其职能进行调整，管理分局主要职能转换为对所辖纳税人的分类管理和贴近式服务，并进一步规范岗责体系和征管流程，明晰征、管、查的职责划分。依托中国税收征管信息系统（以下简称 CTAIS），将管理服务、征收监控、税务稽查、税收法制等征管全过程纳入计算机网络化管理，制定完善《枣庄市国家税务局征管岗责体系和业务流程》，实现了信息化支撑下的征管业务流程统一，揭开了税收征管现代化的新篇章。

2. 完善税收征管体制阶段（2001—2010 年）

针对税收征管工作中存在的“疏于管理、淡化责任”问题，总局确立了“以建立纳税申报和优化服务为基础，以计算机网络为依托，集中征收，重点稽查、强化管理”的“36 字”征管模式，突出体现“强化管理”，税收征管改革进入夯实征管基础，完善征管体制，深化信息应用，推动科学化、精细化管理的关键转型期。

2003 年，市局印发了《枣庄市国家税务局系统加速税收征管信息化建设推进征管改革机构调整方案》，进一步厘清了税款征收、税源管理、税务稽查等主要环节的职责与分工，为强化税源管理和优化纳税服务提供了组织保障，

使征管机构更加适应新时期税收征管工作的需要。全市国税部门相继开展流程再造，在简化征管程序、减少工作环节、提升管理效能、节约税收成本等方面进行了有益的探索。

2005年，全市国税系统实现了基层征管机构由“征收管理型”向“监控服务型”的转变，对纳税人的税源监控成为基层征管机构的主要职能，初步形成以“管户与管事”相结合的税收管理员制度为基础，以分类管理办法为主体，以纳税评估、户籍监控和发票控税为手段，以征管质量评价体系为保障的税源管理制度体系。依托省局综合征管软件V2.0版上线，2008年，市国税局下发《枣庄市国家税务局税收分析 纳税评估 税源监控和税务稽查良性互动管理操作办法》，积极探索建立税收分析、纳税评估、税源监控、税务稽查和责任追究“五位一体”的税源联动管理机制，全市税收征管走上了“科学化、精细化管理”的道路，税收征管质量和效率大为提高。

3. 深化税收征管改革阶段（2010年至今）

2010年，按照省局征管体系建设要求，下发《枣庄市国家税务局关于进一步推进税收征管体系建设的工作意见》，利用系统工程的理念和方法，从理念、制度、机制、措施、形态等各个层面对征管工作进行总结、完善、提高、创新，2011年，滕州市和峄城区国税局代表市局接受省局现场观摩。

2012年以后，市局下发《关于深入开展税源专业化管理工作的指导意见》及《枣庄市国家税务局关于深化税收征管改革的意见》等，组建票证中心，负责全市税收风险管理工作的组织领导，按照税源管理科学化、精细化的总体要求，以信息管税为主线，以风险管理为导向，建立以预警评估系统为依托，以管理对象专业化、管理协作专业化、管理团队专业化和管理方法专业化为重点，因事设岗、分岗管事、一体协作、纵横联动、权责工单的专业化税源管理模式，实现人员流、工作流、信息流“三流合一”，税源管理的针对性和实效性得到有效增强。

2014年和2015年，市局连续下发《枣庄市国家税务局深化税收征管改革工作实施方案》和《枣庄市国家税务局关于进一步深化税收征管改革的若干意见》，在全市范围内进一步整合征管资源、调整机构职能，全面实施税源专业化管理、统筹实施涉税风险管理、进一步推动办税服务厅实体化、调整优化管理服务职能和健全完善监督评价机制五个方面，提出了全市征管改革的总体思路和基本框架，奠定了“征纳权责明晰、服务职能整合、税源专业管理、统筹、岗责流程统一、监督制约有效”的税收征管格局基础。

2016年，围绕落实《深化国税、地税征管体制改革方案》，坚持问题导向，优化纳税服务和基础管理、风险管理和法制事务、人力资源和后勤保障职能，大力推进专业化、扁平化、实体化和集约化建设，突出一体化纳税服务、靶向式风险应对、多维度情报收集、实体化科室运作和全方位互助共治，开创现代化税收治理体系的新局面。

2018年，按照中共十九届三中全会审议通过的《中共中央关于深化党和国家机构改革的决定》和《深化党和国家机构改革方案》以及十三届全国人大一次会议审议通过的《国务院机构改革方案》，为降低征纳成本，理顺职责关系，提高征管效率，为纳税人提供更加优质高效便利服务，将省级和省级以下国税地税机构合并。2018年7月5日，新组建的国家税务总局枣庄市税务局举行挂牌仪式，标志着原枣庄市国家税务局、枣庄市地方税务局正式合并。2018年7月20日，根据国税地税征管体制改革总体部署，全市县乡级新税务机构正式成立并对外履行职责。

（三）货物及劳务税管理

1984年的工商税制改革，把原来的工商统一税一分为四，变为产品税、增值税、营业税和资源税。到1993年底新的税制改革，取消了延续近十年的产品税，把新的流转税确定为增值税、消费税、营业税和资源税，成为国税系统负责管理的主题税种，在税制变化和管理制度改革方面经历几个过程。

1. 产品税退出历史舞台（1994—2008年）

（1）税收制度变化：1993年12月13日，国务院颁发《中华人民共和国增值税暂行条例》《中华人民共和国消费税暂行条例》。自1994年1月1日起，将增值税征收范围扩大到所有货物和加工、修理修配劳务，我国现代意义上的

2017年3月21日，市领导督导国地税联合办税服务厅建设情况

增值税税制正式确立。国务院发布了对烟、酒及酒精、汽油柴油、化妆品、小汽车等11类特定产品征收消费税，并实行差别税率，征收方式分为从价计征和从量计征两种方式，开始了以税收政策引导国民消费的积极探索。2006年3月，财政部、税务总局发布《关于调整和完善消费税政策的通知》，对消费税征税品目及税率进行有增有减的调整。2008年12月，《国务院关于实施成品油价格和税费改革的通知》发布，以公路收费改为提高成品油消费税单位税额的方式完成了成品油税费改革。

（2）税收管理：税制设计之初，明晰政策，建章立制是当务之急。1994年，明确了农产品、运费、兼营、混合销售等具体政策规定，1995年规定了期初存货已征税款抵顶欠税、分期抵扣的具体操作步骤，1996年明确了增值税具体申报操作流程和管理重点环节，建立起增值税纳税评估管理体系，有效提高了申报质量。2001年，制定了《增值税纳税评估管理操作规程》，进一步明确了评估范围、机构设置、工作职责和指标体系。经过几年的实践，总结货劳税历年评估成果，梳理出23个预警指标、16个纳税评估方法，作为省局开发运用的预警和评估系统主体部分投入应用。2010年，组织开展了管理模板的建设工作，形成了42个产品（行业）增值税管理模板，共应用各类要素评估方法146个，同时，积极运用行业模板开展专项评估。

对消费税建立重点税源企业涉税信息季报制度，对全市占90%以上消费税的控管户进行统计、审核、分析，及时了解重点税源企业的生产经营情况。建立消费税税源年度分析制度，对全部消费税纳税人经济税收指标进行统计分析，分析消费税税收经济环境的影响，预测重点行业消费税未来增减趋势。1996年，加强卷烟消费税管理。2007年，适应我国卷烟产业政策变化情况，实行了“四统一”改制，确立了“统一核算、比例分配、就地缴纳、年终统算”的税收管理方式。

税制之初，增值税专用发票采用传统的手工填开，倒买倒卖、伪造发票、“大头小尾”等现象屡禁不止。1996年，试点推行百万元版以上专用发票防伪税控系统，1999年4月扩围到使用十万元版的企业。2003年3月，我市在全省率先实现税控系统一般纳税人全覆盖。2003年4月1日起，手写版增值税专用发票正式退出历史舞台。2004年2月，增值税纳税申报管理“一窗一人一机”模式的推行工作圆满完成，实现了对纳税人“票、表、税”的自动比对。2007年，货运发票和废旧物资销售发票全部纳入比对范围，一窗式比对更加完善。2005年起，“一机多票”系统上线，实现了对增值税普通发票及废旧物资发票的税控管理。2006年11月，货运发票也纳入了税控范围。

2. 生产型增值税成功转型为消费型增值税（2009—2012年）

（1）税制变化：生产型增值税限制了纳税人进行固定资产投资和技术革新的愿望，成为新形势下我国扩大内需、破发经济内生动力的制度性障碍。2008年，国务院对《增值税暂行条例》进行了修订，自2009年1月1日起，允许全国范围内所有行业的增值税一般纳税人抵扣其购进或者自制固定资产（应征消费税的小汽车、摩托车和游艇，房屋、建筑物等不动产除外）所含的进项税额。至此，我国实行了15年的生产型增值税成功转型为消费型增值税，在增强企业发展后劲，促进企业技术创新，成功应对全球性金融危机等方面发挥了至关重要的作用。消费税方面，2009年5月1日起，将甲类卷烟、乙类卷烟、雪茄烟的税率分别调整为56%、36%、36%；同时在卷烟批发环节加征一道5%的从价税。

（2）税收管理：2009年1月1日增值税转型改革扩展至全国，并且很快发挥了关键性作用。当年全市企业固定资产抵扣就达到3.2亿元，对刺激企业投资，加速设备更新换代，降低技术创新成本发挥了显著成效。实践证明，增值税转型改革不仅是应对金融危机的一剂“强心针”、一场“及时雨”，而且对经济持续健康发展也产生积极而深远的影响。2009年，制定了《酒类企业抵扣外购酒已纳消费税管理办法》，规范消费税扣除管理。同年1月，机动车销售发票实现税控管理。

3. 增值税扩大范围和全面营改增阶段（2012年至今）

过去服务性行业仍然被隔离在增值税抵扣链条之外是增值税的最大制度性障碍。在全面深化改革的新形势下，以营业税改征增值税为主要内容的新一轮财税体制改革逐渐浮出水面。2012年1月1日，交通运输业和部分现代服务业营改增试点首先在上海正式启动；随后，改革试点范围逐步扩大到北京、天津等10个省市区；2013年8月1日，交通运输业和部分现代服务业“营改增”试点改革在全国范围推开；2014年1月1日，铁路运输和邮政业纳入“营改增”试点范围，6月1日，电信业改征增值税。同时，自2013年8月1日起，增值税一般纳税人自用的应征消费税的摩托车、汽车、游艇，其进项税额准予从销项税额中抵扣。至此，除不动产外的所有固定资产进项税额均可抵扣，服务业逐渐纳入增值税征收范围，增值税抵扣链条逐步闭合。2016年5月1日起，将建筑业、房地产业、金融业、生活服务业4个行业纳入营改增试点范围，自此，现行营业税纳税人全部改征增值税。

消费税方面，2015年2月1日起，将电池、涂料列入消费税征收范围，适用税率均为4%。自2016年10月1日起，取消对普通美容、修饰类化妆品征收消费税，将“化妆品”税目名称更名为“高档化妆品”，税率调整为15%。自2016年12月1日起，对超豪华小汽车，在生产（进口）环节按现行税率征收消费税基础上，在零售环节加征消费税，税率为10%。

（四）企业所得税管理

自1994年分税制改革实施以来的

22 年来，伴随着枣庄国税事业的蓬勃发展，企业所得税管理工作不断成长，先后经历了 1994 年统一内资企业所得税、2008 年内外资企业所得税合并两次所得税制的重大改革，在摸索中不断前进，在前进中不断完善，逐渐走出了一条科学化、精细化的管理之路，谱写了一曲激昂澎湃的乐章。

1. 统一内资企业所得税时期

1993 年 12 月 13 日，国务院将《中华人民共和国国营企业所得税条例（草案）》《国营企业调节税征收方法》《中华人民共和国集体企业所得税暂行条例》和《中华人民共和国私营企业所得税暂行条例》进行整合，制定了《中华人民共和国企业所得税暂行条例》，自 1994 年 1 月 1 日起施行。除对部分微利企业增设 27% 和 18% 两档优惠税率外，统一实行 33% 的比例税率。

枣庄国税各级所得税管理部门适应形势变化，不断加强税收征管，加大政策落实力度，夯实征管基础，完善汇缴和预缴工作，强化纳税评估，推进分类管理，所得税管理水平明显提升。反映在税收收入上就是企业所得税规模迅速扩大。从期间来看，2002 年之前为平缓增长区，企业所得税收入维持在 2000 万元以内，收入规模较小，增长较缓。自 2002 年开始，企业所得税收入开始强劲增长，2004 年突破 1 亿元，2006 年突破 3 亿元整数关口。

2. 统一内外资企业所得税

改革开放以来，我国按内外资企业性质建立了两套所得税制度，其中外商投资企业和外国企业适用《中华人民共和国外商投资企业和外国企业所得税法》，内资企业适用《中华人民共和国企业所得税暂行条例》，这两个制度自实施以来较好地促进了外资、内资企业的发展。但时光进入 21 世纪后，我国经济社会发生了翻天覆地的变化，社会主义市场经济体制逐步建立，内资、外资企业所得税制度在执行中逐渐暴露出一些问题，主要表现为内外资企业所得税制度在税率、税前扣除、税收优惠等方面存在较大差异，这种情况已不适应当前我国完善社会主义市场经济体制和加入世界贸易组织后经济发展的需要。鉴于这种状况，企业所得税“两法合并”改革，成为社会各界的普遍共识和呼声。

（1）统一内资企业所得税方面国家出台了一系列税收政策：为鼓励企业加大技术开发费用投入，对企业发生的技术开发费实行加计扣除；全面贯彻落实企业改组改制和股权投资企业所得税政策；对经批准实行汇总、合并缴纳企业所得税的企业总机构或集团母公司及其汇总纳税的办法；国有大中型企业主辅分离、辅业改制分流安置富余人员企业所得税优惠政策

（2）统一内外资企业所得税方面，国家出台了一系列政策规定：认真落实过渡期税收优惠政策；认真落实新所得税法下的高新技术企业、技术开发费、综合利用资源；小微企业税收优惠政策；固定资产加速折旧优惠政策；加强对房地产开发企业、煤矿企业维简费和高危行业企业安全生产费用、会经费税前扣除凭据等项目的所得税处理，规范和强化企业所得税税基管理；规范省内跨地区总分机构所得税管理等。

全市国税系统成立 24 年来，企业所得税的管理不断完善，所得税收入持续增长。内外资企业所得税统一之前，全市企业所得税由 1994 年的 288 万元增加到 2007 年的 46695 万元，13 年间共组织企业所得税收入 12.85 亿元，年均增长 47.9%；内外资企业所得税统一之后，由 2008 年的 52123 万元增加到 2017 年的 112661 万元。从 1994 年到 2017 年全市国税系统共组织企业所得税收入 109.27 亿元。

（五）国际税收及出口退税

从 20 世纪 80 年代初开始，随着改革开放的不断深化，我国就逐步建立了针对来华投资的企业和个人的所有涉税事项实施专门管理的机构，涉外税收单独立法，涉外税收管理自成系统。自 1994 年国税、地税分设以后，枣庄市在原来“枣庄市涉外税收管理分局”的基础上，成立了涉外税收管理机构和进出口税收管理机构。经历 20 多年的发展，我市的外税管理实现了由当初的“涉外税收管理”到现在的“国际税收管理”，由涉外税收“自成体系”到改革转型融入大征管格局的转变。进出口税收也经历了持续的变革过程。

1. 国际税收管理

（1）起步探索期（1994—2001 年）：这一时期“涉外税收管理分局”作为专门的“涉外税收”管理机构，其职能集涉外企业的征、管、查、审于一体，一直持续到 2001 年。1994—2001 年八年间，全市累计实现涉外企业税收收入 2854 万元，累计向涉外企业兑现税收优惠 5330 万元，为全市经济发展做出了积极贡献。

（2）改革转型期（2002—2007 年）：我国自加入世贸组织后，外向型经济蓬勃发展。2003 年，根据省局的统一部署，市局涉外税收管理分局改名为“国际税收管理科”，开始着手转变职能，明确职责，理顺关系，构建符合形势发展需要的国际税收管理体系。这一时期国际税收管理职能转型，主要集中在“税收协定执行、反避税调查和税收情报交换”几个方面的实践和探索。反避税调查调整实现零突破，调查调整 2 户，入库税款 70 万元；税收情报交换工作日趋规范，上报自动情报份数累计 23 份。

（3）规范发展期（2008—2012 年）：全市国际税收逐步走向规范化体系化。2008 年内外资企业所得税法合并，标志着我国涉外税收管理成为历史，国际税收管理迎来新的机遇，进入了规范发展的新阶段。2008、2009 年，枣庄市国税局连续提出“以跨国税源管理为总抓手，进一步完善和落实反避税、非居民企业所得税征管、税收协定执行和情报交换等各项管理工作机制，积极为‘走出去’企业提供税收服务”的思路，明确了国际税收管理的主要职责；2010 年、2011 年，市局着力贯彻总局、省局提出的“围绕一条主线，完善四个机制，强化三个保障”的总体思路。引入风险

管理和纳税人需求“两个导向”，集中做好反避税工作、非居民税收管理、“走出去”税收服务与管理、国际税收征管协作四项主要工作。

五年来，全市累计入库国际税收收入2654万元，年均530万元，年均增长110%；落实税收协定优惠170万元；上报税收情报交换份数累计117份。

（4）快速发展期（2013年至今）：国际税收不断取得新突破。2013年以来，全市国际税收管理工作按照总局、省局部署安排，以“高标准、严要求、把工作做深做细”为目标追求，在实际工作中把握重点、不断进取，在反避税、非居民税收风险管理工作上取得了历史性突破。2013—2017五年间全市累计入库国际税收收入超过8763万元（年均超过1750万元），为2008—2012五年收入的3.15倍，其中非居民税收收入4946万元，反避税税收收入超过3817万元；五年间累计为外国企业兑现税收优惠1700万元，促进了枣庄市外向型经济的发展。经过努力，2014、2015、2016年枣庄市连续三年在全省国际税收绩效考核中获得第一档的成绩。

2. 出口退税管理

根据国家出口退税政策变化，枣庄市出口退税管理也进行了相应调整。1994年实行新税制以后，枣庄市正式成立了进出口税收管理分局，负责全市出口退税的审核，但审批权在省国税局。1996年1月1日省局将出口退税审批权下放到枣庄市，成为全省第6家取得退税审批权的地市。2001年，按照山东省国税局的机构改革方案，市局进出口税收管理分局改为市局内设科室，更名为进出口税收管理科。到目前为止，出口退税工作也经历了“出口退税制度建立阶段（1994—2003年）、出口退（免）税制度完善阶段（2004—2009年）、出口退（免）税制度深化发展阶段（2010年至今）”等三个阶段。1994年以来，枣庄市出口退税工作以规范管理和优化服务为主线，逐步简化退税流程，不断提速审核审批，切实促进出口增长和产业结构升级。2017年全市实现出口货物退（免）税63498万元，充分发挥了出口退税服务外经贸经济发展的职能作用。

（六）纳税服务

纳税服务从无到有，从20世纪90年代初概念的提出，到当前全面开展的纳税服务体系建设；从21世纪初才被确定为税务机关的法定职责，到目前业已成为税务部门的核心业务之一；从当年表象化服务，到现在的“六提速、三减负、三公开、一首问”成体系的总体框架……纳税服务如同一颗潜力无限的种子，破土而出，栉风沐雨，茁壮成长。

1. 从无到有　纳税服务经历质的飞跃

（1）纳税服务观念萌芽阶段（1990—2000年）

我国首次提出纳税服务的概念是在1990年全国税收征管工作会议上，1993年12月，全国税制改革工作会议提出真正意义上为纳税人服务概念。之后，在1997年的税收征管改革中，首次把纳税服务明确为税收征管的基础工作。

（2）纳税服务工作起步阶段（2001—2005年）

2001年，全国人大常委会修订并重新颁布了《中华人民共和国税收征收管理法》，第一次将纳税服务确定为税务机关的法定职责，纳税服务由原来的税务人员职业道德范畴上升到必须作为的法律范畴。2002年8月，国家税务总局适应转变政府职能的需要，在征收管理司内成立纳税服务处，专司全国税务系统纳税服务厅行政管理工作。2005年10月，国家税务总局制定下发了《纳税服务工作规范（试行）》，对税收工作中的税收征收、管理、检查和实施税收法律救济等环节的纳税服务工作做出了明确的规定，从此税务机关和税务人员开展纳税服务工作有了基本的行为准则，标志着我国的纳税服务工作进入了一个新阶段。

（3）纳税服务快速发展阶段（2006年至今）

2007年5月，国家税务总局在北京召开了全国第一次纳税服务工作会议，2008年7月，国家税务总局设立了专为纳税人服务的司局级机构—纳税服务司，负责组织、管理、协调全国范围内的纳税服务工作。把服务工作提高到这样一个高度，在中国税收史上是第一次；为执法管理对象专门设立服务机构，在政府各部门中也是第一家。2009年7月，全国税务系统纳税服务工作会议召开，会议讨论制定了《全国2010—2012年纳税服务工作规划》。2012年12月份，全国税务工作会议提出始终把纳税服务和税收征管作为税务部门的核心业务，以提高纳税人满意度和税收征管水平为目标，推进纳税服务标准化建设。到2010年7月以后，省市国税局相继成立纳税服务专门机构，标志着枣庄国税的纳税服务工作真正实现了有名有实。

2. 理念先行　全面开展纳税服务体系建设

枣庄市国税局纳税服务科成立之后，本着整体推进、重点突破、分步实施、持续改进的工作思路，制定下发了《枣庄市国税局纳税服务体系建设工作实施意见》，进一步明确了建设科学、规范、完备的现代纳税服务体系的指导思想和总体目标，确定了以人为本、简捷实用、统筹推进、监督及时的工作原则，并从理念、制度、机制、措施和形态五个方面对纳税服务工作进行了系统规划，形成了贯穿纳税服务工作六大方面的37项制度，纳税服务四大长效机制13项内容及五大类42项服务措施；形成了具有枣庄国税特色的纳税服务体系，从而为纳税服务工作的全面协调可持续发展奠定了基础。

3. 擦亮窗口　规范实施办税服务厅建设

为推进全市办税服务厅建设的规范化和标准化，枣庄市国税局依据《办税服务厅管理办法（试行）》有关要求，结合本地实际制订《枣庄市国家税务局

办税服务厅管理办法（试行）》，对全市办税服务厅的主要职责和区域划分、窗口功能和业务接待、标识规范和保障激励等方面提出了具体要求。同时根据基层工作实际，制定下发了《导税服务制度》《首问责任制度》《限时服务制度》等8项制度办法，对我市办税服务厅标准化建设提出了具体要求。

为方便纳税人办税，对基层办税服务场所进行适当合并集中，使办税服务厅的功能由单纯接受纳税人办税的场所，变为集咨询、受理、审批为一体的相对独立的办税服务实体。制订了办税服务厅导税制度，设置了导税台，加大了资金投入，添置了全套的设备，提高了办税服务厅的服务水平和工作效率。目前，全市共配备了自助办税终端30台，自助代开发票机7台，自助发票发售机8台，每个办税服务厅都设置了自助办税区域，大部分单位实现了24小时办税。按照总局为纳税人减负的要求，取消和简并征管报表68张，减少不同种类的留存复印件84项，清理办税业务63项，取消行政审批项目47项；通过全面梳理，整合现有办税流程，在加强监管的前提下，通过下放和前移审批事项，提高了办税效率。

4. 多措并举　丰富完善税收宣传咨询

2011年，枣庄国税对原有“12366”纳税服务热线系统升级、改造，配备了硬件设备，进一步优化“12366”纳税服务热线办公场所，精选座席人员，强化人员综合素质和业务技能培训，选拔业务骨干12名，担任“12366”热线兼职专家，确保业务操作规范，问题答复准确、及时。同时，加强“12366”与国税网站的互动，及时响应纳税人的咨询与需求，全力提高服务质量和工作效率。自新系统上线以来，“12366”纳税服务热线共受理各类咨询5.3万人次，答复满意度达到了99.8%以上，得到了社会的认可和赞誉。

5. 守信得惠　切实维护纳税人权益

与地税部门联合开展纳税信用等级评定工作，确保把每一名遵纪守法、符合条件的纳税人评定为A级纳税人。配合“税法宣传月”和“诚信兴商宣传月”活动，对全市纳税信用等级评定工作和A级纳税人进行广泛宣传，大力营造了诚信纳税的社会氛围。加强了对《纳税服务投诉管理办法（试行）》的贯彻落实力度，对全市纳税服务投诉工作及时进行指导与监督，纠正和制止侵害纳税人合法权益的行为。

6. 提速增效　积极开展便民办税春风行动

为解决税收管理和服务工作中存在的突出问题，提升纳税人满意度和税法遵从度，服务地方经济社会发展大局，枣庄市国税局从2014年2月份启动了“便民办税春风行动”。从纳税人实际需求出发，围绕“六提速、三减负、三公开、一首问”的总体框架，公开行政审批清单、提高办税服务效率、提速政策服务、推行首问责任制、公开纳税人信用状况清单等，真正让便民办税春风吹到了纳税人心坎里，提升了纳税人的满意度和税法遵从度。

二、取得的主要成就

枣庄市国税局积极践行“为国聚财、为民收税”的税收工作宗旨，各项工作全面推进，取得了辉煌成绩，得到了山东省国家税务局、地方党委、政府和有关部门的充分肯定。

（一）税收职能作用充分发挥

枣庄市国税局始终将组织税收收入作为第一要务，坚持“依法征税、应收尽收、坚决不收过头税、坚决防止和制止越权减免税”的组织收入原则，全力以赴做好组织收入工作，国税收入实现了持续、快速增长。1994－2017年，枣庄市国税收入规模整体上呈波浪上升趋势，共组织各项税收收入936.42亿元，年均增长12.93%，年均增收3.97亿元。在收入规模大幅提升，壮大了国家和地方的财力的同时，枣庄市国税局始终把税收工作置于整个经济大局中去思考和定位，用足用好税收优惠政策，发挥好税收对经济的调控功能。23年间，全市国税系统共减免货物劳务税优惠50.46亿元。涉及支持三农、促进就业、惠及民生、小微企业、到环境保护、繁荣文化、支持科技发展等多方面，在促进地方经济发展和维护社会稳定方面发挥了重要作用。

（二）征管体制改革迈出新步伐

一直以来，枣庄国税坚持把强化税收征管作为税收工作主业和主题，把税收征管放在全部税收工作的突出位置，积极探索构建现代税收征管格局，夯实了征管基础，优化了征管格局，强化了征收管理。税收管理由单纯人工管理到业务信息系统辅助管理，税收征管质量和效率不断提高。在税收管理上实习了从“人盯户”到“信息管税”，征管效能得到提升，大力推进专业化、扁平化、实体化和集约化建设，突出一体化纳税服务、靶向式风险应对、多维度情报收集、实体化科室运作和全方位互助共治，有效降低了税收流失率和征纳成

2016年5月1日，开元凤鸣山庄商务有限公司成功开出第一张生活服务业增值税发票

本，提高了税收治理体系和治理能力现代化水平。

（三）纳税服务质效持续优化

持续推动简政放权、放管结合、优化服务改革向纵深发展，切实转变政府职能、提高效能，不断采取有效举措优化服务水平，有效化解“难点”“堵点”“痛点”。深入开展“便民办税春风行动”，以增强纳税人获得感为出发点，创新服务方式，不断优化纳税服务措施，简化办税流程，服务大局、服务税户、服务基层的能力和水平明显提高。加强“互联网＋办税”，扩大网上办税、自助办税、移动办税、二维码办税等应用范围，提高办税效率和便捷性；深化国地税合作办税、同城通办，大大减轻纳税人办税负担，纳税人获得感持续增强，实现征纳双方共赢。

（四）干部队伍素质不断提高

长期以来，枣庄市国税局历届党组认真落实“带好队、收好税”“抓班子、带队伍、转作风、提效能”等一系列上级的要求，严格抓好党风廉政建设、不断强化思想政治工作，注重国税文化品牌创建，多种举措全面加强干部队伍思想、作风、能力建设，各级领导班子的执政能力显著增强，干部队伍的能力素质全面提升。在全市行风“双百”评议活动中，枣庄市国税局连续十年名列前茅，从2013年起，连续四年行评全市第一名。

三、经验启示

不断推进的税收改革，推动了枣庄市国税事业的快速发展，取得了令人瞩目的成绩。总结20多年来的改革实践，有以下几方面的经验和启示：

（一）解放思想、改革创新是国税事业持续发展的不竭动力

枣庄市国税局诞生以来的发展历史，就是一部解放思想、改革创新的历史。从1996年作为全省试点“按经济区划设置基层征收机构”成功，到2012年建设责任文化品牌、在全省国税系统擎起“责任文化”的大旗，再作为总局数字人事改革试点单位、在全省占得先机，无不昭示着，唯有发扬勇于争先、敢为人先的精神，秉持全力攻坚、勇争一流的勇气，不断改革、勇于创新，才能求得突破、赢得先机；才能为国税事业的发展提供源源不绝的动力。实践证明，政治经济形势的发展变化，要求税收工作的思想观念也必须与时俱进。只有坚持解放思想、改革创新，才能抓住税收改革的牛鼻子，才能当好经济社会发展的助推器，才能为全面实现税收现代化宏伟蓝图提供坚强的思想保证和行动指南。

（二）税收信息化建设是国税事业腾飞的翅膀

全球新一轮科技革命和产业变革中，互联网与各领域的融合发展已成为不可阻挡的时代潮流，正对各国经济社会发展产生着战略性和全局性的影响。枣庄市国税系统牢牢把握信息化建设的历史契机，以信息化培育新动能，用新动能推动新发展，助推税收征管方式的变革。国税部门从手拨算盘、上门收税、单台计算机到电脑系统管税、查税及预警分析的征管手段的质的转变，推动税收工作驶入快车道。这一切都是信息化带来的飞跃，使信息化成为助推国税事业发展的有力翅膀。

（三）聚焦主业落实主责是干事创业的基础

在推进改革发展的进程中，枣庄国税始终坚持不忘自己的责任和使命，紧紧围绕税收中心工作，牢牢把握发展这个根本要务，坚持用发展的成果来衡量改革的成效，实现了不偏离轨道、不忘记初心。一直以来，枣庄国税牢牢把握“严格管理带好队、控住风险收好税、深化改革站好位”三个基本点，履行税收职能，恪尽收税之责，专注主业，全面发力。广大干部职工始终在落实主业主责上想办法、出实招、解难题、提内功，领导干部冲锋在前，一线干部尽职尽责，广大干部职工上下一心，众志成城，大事面前不推托，难事面前敢攻坚，做到了风正、气足、身稳、步实，奠定了保质保量完成上级各项任务部署的坚实基础。

（四）加强队伍建设是国税事业发展的坚强保障

枣庄市国税系统坚持以人为本，始终把加强干部队伍建设作为治税兴税的长远战略来抓，为国税事业改革发展提供了坚强的人才保障。实践证明，推动改革前进，必须调动广大干部职工的积极性和创造力，使之形成合力，形成推动前进的强大动力。要持续不断地加强思想政治工作和国税文化建设，靠坚强的思想政治工作凝聚人心、鼓舞斗志，靠独具特色的国税文化传承光荣传统、锤炼意志品质，形成心齐人和、风清气正的强大合力。

（五）依法治税是国税事业健康发展的准绳

在20多年的改革进程中，枣庄市国税系统能够年年出色完成税收任务，落实税收优惠政策不走样，保持国税队伍的长期稳定，根本的一条就是坚持依法治税这个准绳不动摇。在此准绳下，做到了依法行政更加严格规范，权力监督更加有力，征纳双方权利义务进一步理顺，纳税人合法权益有效维护，诚信纳税意识切实增强，税收共治的局面逐步建立，税收法治环境进一步优化，为税收事业的长远发展打下了良好基础。

审稿人：孙海山

撰稿人：彭宗华

枣庄市地方税征管改革探索与发展历程

枣庄市地方税务局成立于1994年8月，负责全市范围内地方税费的征收管理。自成立以来，全市地税系统认真落实国家各项税收法律法规和政策措施，依法组织税收收入，积极服务区域经济发展，严格打击涉税违法行为，为全市财源建设做出了积极贡献。市局先后被授予“全国五一劳动奖状”“全省地税系统目标管理考核优秀单位”“2017年度全省关心国防建设十佳单位”“山东省理论宣讲基地”，连续6年保持全国文明单位荣誉称号，连续多年荣获“支持枣庄发展突出贡献单位”“全市科学发展综合考核先进集体”，涌现出“全国五一劳动奖章”“全国税务系统先进工作者”“齐鲁先锋共产党员”“全省地税系统道德模范”等一大批先进典型。在2017年全市党风政风行风评议工作中，枣庄市地税局位列行政执法类第一名，在3大类所有95个参评部门中位列总分第一名；在2017年度全市经济社会发展综合考核中位列中央、省驻枣单位第一名。

一、地方税收制度的建立与完善

1994年以来，我国税制改革一直在持续进行，税收制度措施也处于不断深化、调整和完善之中。全地税系统全面贯彻国家税收政策法律制度，并制定出台了符合枣庄经济税收工作实际的一系列落实办法、制度措施，实现了全市地税事业科学健康发展。

（一）流转税

1994年起执行国务院颁布的《中华人民共和国营业税暂行条例》和财政部印发的《中华人民共和国营业税暂行条例实施细则》，交通运输业、建筑业、邮电通信业和文化体育业适用3%的比例税率；金融保险业、服务业、转让无形资产或者销售不动产适用5%的比例税率；娱乐业适用5%-20%的比例税率。1994年6月，根据省地税局规定，确定交通运输业、建筑业、邮电通讯业、文化体育业的成本利润率为5%；金融保险业、服务业、转让无形资产、销售不动产及娱乐业的成本利润率为10%；对金融业销售支票、汇票等凭证，将其销售收入合并计入金融保险业务收入，依5%的税率征收营业税。1996年起，对全市外商投资企业和外国企业征收营业税。1997年2月，将金融保险业营业税税率由5%提高到8%，对国家政策性银行减按5%的税率征收营业税。对全市农村信用社，减按5%的税率征收营业税，1998年按8%的税率征收营业税。1998年，对全市娱乐业按10%的税率征收营业税。1999年2月起，对农村信用社按6%的税率征收营业税。7月，对房地产行业的税收政策做出明确规定，加强和规范了该行业的税收管理。2000年1月，对全市旅游企业的营业税计税营业额作出统一规定。7月起，对经中国人民银行批准经营融资租赁业务的单位所从事的融资租赁业务征收营业税。2001年1月，对全市电台、电视台等单位对外转让音乐、影视节目播映权取得的收入按5%税率征收营业税。3月起，全市分3年将金融保险业营业税税率从8%降低到5%。8月，对歌厅、卡拉ok歌舞厅、音乐茶座、台球、高尔夫球、保龄球、游艺按20%税率征收营业税。12月起，对新办从事“服务业”税目规定的经营活动的服务型企业（除广告业、桑拿、按摩、网吧、氧吧外），3年内免征营业税。2003年5月，对全市受“非典”疫情直接影响的旅客运输业务、旅游业、饮食业和旅店业等给予税收优惠待遇。12月，执行国务院规定，对全市农村信用社营业税按照3%的税率征收。2004年2月起，为支持全市教育事业发展，对全市从事学历教育的各级各类学校提供教育劳务取得的收入免征营业税。2005年6月起，对公路经营企业收取的高速公路车辆通行费收入，减按3%的税率征收营业税，对个人购买并居住2年（含）以上后对外销售的普通住房免征营业税。12月，对市政、交通等道路施工单位承包路面工程施工取得的全部收入，按“建筑业—其他工程作业”征收营业税。2009年1月，对个人购买超过2年的普通住房对外销售免征营业税。3月，将娱乐业营业税税率调整为20%。9月起，对个人从事外汇、有价证券、非货物期货和其他金融商品买卖业务取得的收入暂免征收营业税。个人无偿赠予不动产、土地使用权，符合条件的暂免征收营业税。2010年2月起，对高校按照国家规定标准向学生收取的学生公寓住宿费收入、高校食堂为高校师生提供餐饮服务取得的收入，免征营业税。根据国务院安排，2013年8月，全市启动“营改增”试点，原来归属地税部门管辖的交通运输业、部分现代服务业纳税人，由地税部门移交至国税部门管理，开始缴纳增值税。2014年1月，铁路运输和邮政业营改增试点，全市相关纳税人由地税部门转交至国税部门管理，开始缴纳增值税。根据国务院部署，2016年3月23日，《关于全面推开营业税改征增值税试点的通知》发布，自2016年5月1日起，全面推开营改增试点，将建筑业、房地产业、金融业、生活服务业一次性纳入试点范围。

（二）所得税

企业所得税。1994 年 1 月 1 日起，执行《中华人民共和国企业所得税暂行条例》及其实施细则，对内资企业征收企业所得税，企业所得税基本税率为 33%；对年应纳税所得额在 3 万元（含 3 万元）以下的企业，暂减按 18％的税率征收所得税；年应纳税所得额在 10 万元（含 10 万元）以下至 3 万元的企业，暂减按 27％的税率征收所得税。1996 年 12 月，对企业所得税税前扣除各种财产损失审批管理进行了明确规定。自 2002 年 1 月 1 日起，调整征收范围，新办理注册登记的企业，其企业所得税由国家税务局负责征收管理。2004 年 1 月，全市范围内房地产开发企业预售收入利润率统一确定为 15%。2006 年 1 月，印发《关于进一步做好企业所得税核定征收工作的通知》，对具有税收征管法规定情形之一的企业，实行核定征收企业所得税方式，核定征收面不得低于 35%。自 2006 年 1 月 1 日起，企业所得税汇算清缴发生变化，企业应当自纳税年度终了后四个月内或停止生产、经营之日起六十日内，向主管税务机关办理当期所得税汇算清缴。2008 年 1 月 1 日起，执行《中华人民共和国企业所得税法》，统一内、外资企业所得税，居民企业适用税率为 25%，非居民企业适用税率 20%，符合条件的小型微利企业减按 20% 征收，国家扶持的高新技术企业减按 15% 征收；企业应当自年度终了之日起五个月内，或年度中间终止经营活动的，自实际经营终止之日起六十日内，向税务机关办理汇算清缴。2009 年 1 月 1 日起，新增企业所得税纳税人，应缴纳营业税的，其企业所得税由地税局管理。2009 年 7 月，明确企业所得税优惠项目管理方式分为审批类、事前备案类、事后备案类。2011 年 5 月 1 日起，企业资产损失税前扣除管理方式由审批改为申报扣除。2014 年 4 月，印发《关于明确从事房地产开发经营业务的企业销售未完工开发产品计税毛利率的通知》，明确开发项目除经济适用房、限价房和危改房外，计税毛利率为 15%；属于经济适用房、限价房和危改房的，计税毛利率为 3%。7 月，印发《枣庄市地方税务局关于进一步落实小型微利企业所得税优惠政策有关问题的通知》，部署小型微利企业所得税优惠政策落实工作。2015 年 5 月，转发《山东省地方税务局关于加强“银税互动”助力小微企业加快发展的通知》，开展“银税互动”工作，助力小微企业发展。从 2015 年起，执行总局《企业所得税优惠政策事项办理办法》，对企业所得税优惠事项实行备案管理方式。2016 年 1 月，市国税局、地税局联合印发《关于联合开展企业所得税核定征收工作的通知》，在全市范围内，部署联合开展企业所得税核定征收工作。3 月，市国税局、地税局联合印发《关于联合组建企业所得税风险管理团队的通知》，联合组建企业所得税风险管理团队，共同应对企业所得税高风险事项。9 月，印发《枣庄市地方税务局关于认真做好企业所得税优惠政策贯彻落实工作的通知》，全面落实研究开发费用税前加计扣除、高新技术企业、固定资产加速折旧等企业所得税优惠政策工作，鼓励企业创业创新，培育我市经济发展新的驱动力。

个人所得税。1994 年 1 月 28 日，根据国务院颁布的《中华人民共和国个人所得税法实施条例》，个人所得税、个人收入调节税、城乡个体工商户所得税“三税合一”，统一为个人所得税。2004 年起，对农民从事种植业、养殖业、饲养业、捕捞业取得的所得暂停征收个人所得税。2006 年 7 月份开始，选择部分煤炭、医疗卫生机构、房地产企业作为开展全员全额扣缴申报工作试点，拉开了个人所得税全员全额扣缴申报的序幕。2007 年 4 月，印发《关于进一步做好个人转让住房所得征收个人所得税有关问题的通知》，对纳税人转让房屋时能够提供完整、准确的原值和费用凭证及收入情况的，据实计算出应缴的个人所得税款；对纳税人未提供完整、准确房屋原值凭证，不能正确计算房屋原值和应纳税额，以及计算出的房屋原值明显偏高的，按纳税人住房转让收入的 1% 核定应纳个人所得税额。2010 年底起，根据个人所得税法规定，对工资、薪金所得，以每月收入额减除费用 2000 元后的余额为应纳税所得额。2011 年 9 月 1 日起，执行新《中华人民共和国个人所得税法》，对工资、薪金所得，以每月收入额减除费用 3500 元后的余额为应纳税所得额。工资、薪金所得适用 7 级超额累进税率，税率调整为 3%—45%。2014 年 1 月 1 日起，执行省财政厅、省地税局、省民政厅联合发布的《山东省个人所得税减征管理办法》。2015 年 8 月，转发《山东省地方税务局关于贯彻落实〈个体工商户个人所得税计税办法〉的通知》，全面规范和加强个体工商户个人所得税征收管理。

（三）财产税

房产税。1990 年，对外商投资企业保留城市房地产税名称，比照房产税征收。2008 年 1 月，对房产税、土地使用税申报纳税期限进行了明确。2009 年 1 月，执行《财政部　国家税务总局关于对外资企业及外籍个人征收房产税有关问题的通知》，对外资企业及外籍个人的房产征收房产税。2010 年 12 月，执行《财政部　国家税务总局关于安置参加人就业单位城镇土地使用税等政策的通知》，对按照房产原值计算的房产，无论会计上如何核算，房产原值均应包括地价，包括为取得土地使用权支付的价款、开发土地发生的成本费用等。按照《中华人民共和国房产税暂行条例》规定，房产税的税率，依照房产余值计算缴纳的，税率为 1.2%；依照房产租金收入计算缴纳的，税率为 12%。按照《财政部　国家税务总局关于调整住房租赁市场税收政策的通知》，对个人按市场价格出租的居民住房，房产税暂减按 4% 的税率征收。

城镇土地使用税。1991 年，执行《中华人民共和国城镇土地使用税暂行条例》等政策规定。1997 年 12 月，执

行省政府决定，对城镇土地使用税的征税范围、土地等级、税额标准进行调整。1998年，按省政府确定的单位税额的70%征收，1999年按85%征收，2000年全额征收。2005年8月，对安置“四残”人员占生产人员总数百分之三十五以上的福利生产企业，暂免征收房产税和城镇土地使用税。2007年7月起，执行《枣庄市人民政府关于调整城镇土地使用税税额标准的通知》，市辖区（滕州市另外）范围内一级土地税额标准调整为8元/平方米，二级土地税额标准调整为6元/平方米，三级土地税额标准调整为3元/平方米；滕州市城市规划区内土地为一级，土地税额标准调整为6元/平方米，建制镇、工矿区土地税额标准调整为3元/平方米。2011年4月，印发《枣庄市地方税务局关于开展城镇土地使用税宗地管理工作实施方案》，在全市统一建立起“以地控税、信息比对、疑点核实、动态监控”的土地使用税管理模式和运行机制，对土地税基实施全面、准确、明细、高效、动态的无缝隙监控。2014年7月起，执行《枣庄市人民政府关于调整城镇土地使用税税额标准的通知》，市辖区（滕州市另外）范围内一级土地税额标准调整为12元/平方米，二级土地税额标准调整为10元/平方米，三级土地税额标准调整为6元/平方米；滕州市城市规划区内土地为一级，土地税额标准调整为10元/平方米，建制镇、工矿区土地税额标准调整为5元/平方米。2016年7月，执行《枣庄市人民政府办公室关于转发市地税局等部门全市增税节地互动共赢专项行动方案的通知》，按照信息支撑、有效沟通、合作共赢的原则，加强部门协作支持，实现信息互通共享，大力推进以地增税、以税节地，提高城镇土地使用税、土地增值税、耕地占用税、契税等的征管质量，提高土地单位面积税收贡献率，切实增加财政收入、促进土地集约高效利用。2016年11月起，执行《山东省人民政府关于同意济南等10市阶段性调整部分城镇土地使用税税额标准的批复》，市辖区（滕州市另外）范围内一级土地税额标准调整为11元/平方米；滕州市城市规划区内土地为一级，土地税额标准调整为9元/平方米。

土地增值税。1995年1月起，对土地增值税实行30%、40%、50%和60%四级超率累进税率征税。2004年4月，印发《转发<山东省地方税务局房地产开发企业土地增值税预征和清算管理暂行办法>的通知》。2011年7月，印发《关于调整房地产开发企业土地增值税预征率的通知》。2012年5月，印发《关于明确土地增值税核定征收相关问题的通知》。2015年8月，印发《枣庄市地方税务局土地增值税“三控一促”管理办法（试行）》。2017年9月执行《山东省地方税务局土地增值税“三控一促”管理办法》，2018年1月执行《枣庄市地方税务局关于土地增值税有关问题的公告》。

车船使用税。1991年起，执行国务院和省政府颁布的车船税相关规定。1999年起，执行省政府规定，明确“大型客车”征税标准。2004年11月，印发《关于车船使用税和车船使用牌照税几个税收管理问题的通知》。根据上级规定，2007年8月起，全市范围内机动车船应纳车船税由从事机动车交强险业务的保险机构代收代缴车船税。2007年7月起，执行枣庄市财政局枣庄市地税局印发的《关于做好车船税征收管理工作的通知》。2008年2月，印发《关于加强车船税代收代缴管理工作的通知》，加强对车船税的代收管理。2012年1月起，执行《中华人民共和国车船税法》及其《实施条例》。2012年2月27日起，执行山东省地税局中国保监会山东保监局发布的《山东省机动车车船税代收代缴管理办法》的公告。2013年9月1日起，执行《国家税务总局关于车船税征管若干问题的公告》。2014年10月，执行山东省地税局印发的《关于规范车船税征收管理工作的通知》，进一步规范车船税征收管理。2015年5月13日起，执行财政部、国家税务总局、工信部《关于节约能源、使用新能源车船车船税优惠政策的通知》。2016年1月1日起，执行国家税务总局《车船税管理规程（试行）》。2017年3月1日起执行山东省地税局、保监会山东监管局发布的《山东省机动车车船税代收代缴管理办法》的公告。2018年7月10日，执行财政部　税务总局　工业和信息化部　交通运输部发布的《关于节能新能源车船享受车船税优惠政策的通知》。

（四）行为税

印花税。1991年，执行1988年国务院颁布的《中华人民共和国印花税暂行条例》及其《实施细则》等政策规定。1994年1月起，执行国家税务总局规定，将“记载资金的账簿”税目改为“实收资本”和“资本公积”两项。1998年12月起，执行《国家税务总局对金融系统营业账簿贴花问题的具体规定》。2009年10月起，执行《财政部　国家税务总局关于中国烟草总公司理顺资产管理体制过程中有关印花税问题的通知》。2014年11月起，执行《财政部　国家税务总局关于金融机构与小型微型企业签订借款合同免征印花税的通知》。2016年1月起，执行山东省地方税务局发布的《关于发布<山东省地方税务局印花税核定征收管理办法>的公告》。2017年1月1日起，执行国家税务总局制定的《印花税管理规程（试行）》。2017年4月27日起，执行枣庄市地方税务局发布的《枣庄市地方税务局印花税核定征收计税依据与核定比例》的公告。2018年5月1日起，执行财政部　国家税务总局《关于对营业账簿减免印花税的通知》。

城市维护建设税。1991年1月起，执行国务院1985年颁布的《中华人民共和国城市维护建设税暂行条例》。1994年2月，执行国家税务总局规定，对外商投资企业、外国企业暂不征收城市维护建设税。1997年，城市维护建设税实行7%、5%、1%三级税率。2010年12月起，执行《财政部　国家税务总局关于对外资企业征收城市维护建设

税教育费附加有关问题的通知》，对外商投资企业、外国企业及外籍个人征收城市维护建设税和教育费附加。2016年5月起，执行《财政部国家税务总局关于纳税人异地预缴增值税有关城市维护建设税教育费附加政策问题的通知》，对建筑劳务发生地、不动产所在地以及机构所在地的纳税人附征有关城市维护建设税和教育费附加予以明确。

固定资产投资方向调节税。1991年4月，执行《中华人民共和国固定资产投资方向调节税暂行条例》，6月，执行《中华人民共和国固定资产投资方向调节税暂行条例实施条例》。根据国务院决定，2000年起，停收固定资产投资方向调节税。

屠宰税。1950年12月，政务院发布《中华人民共和国屠宰税条例》。1994年4月，省政府出台《山东省屠宰税征收办法》。根据国务院规定，2002年6月18日起，全市取消屠宰税。

契税。2011年3月，契税征收管理工作由财政部门划转地税部门。2013年4月，执行《山东省财政厅山东省地方税务局关于关于公布我省契税适用税率的通知》，我省契税暂执行3%的税率。2014年7月，执行《山东省财政厅山东省地方税务局关于调整淄博等市契税适用税率的通知》，国有土地使用权出让契税适用税率由3%调整为4%。2016年2月22日，执行《财政部　国家税务总局　住房城乡建设部关于调整房地产交易环节契税　营业税优惠政策的通知》，个人购买家庭唯一住房（家庭成员范围包括购房人、配偶以及未成年子女），面积为90平方米及以下的，减按1%的税率征收契税；面积为90平方米以上的，减按1.5%的税率征收契税。对个人购买家庭第二套改善性住房，面积为90平方米及以下的，减按1%的税率征收契税；面积为90平方米以上的，减按2%的税率征收契税。

（五）资源税类

资源税。1994年，执行国务院1993年颁布的《中华人民共和国资源税暂行条例》。1994年6月，对独立矿山应纳的铁矿石资源税减征40%；1997年1月，再减征20%。对有色金属矿的资源税减征30%。1999年9月，对天然矿泉水、建筑用沙、其他黏土、其他建筑石料征收资源税，单位税额：天然矿泉水3元/吨，建筑用沙、其他黏土、其他建筑石料1元/立方米。2004年，对部分煤矿资源税上调为2.4元/吨。2005年5月，对煤炭资源税统一提高至3.6元/吨。2012年1月起，执行《山东省财政厅　山东省地税局关于调整石灰石资源税有关政策的通知》，石灰石资源税适用税额由2元/吨调整到3元/吨。2014年12月起，执行《财政部国家税务总局关于实施煤炭资源税改革的通知》，煤炭实行从价计征，山东省煤炭资源税适用税率为4%，枣庄市洗选煤折算率为85%。2015年5月起，执行《财政部　国家税务总局关于调整铁矿石资源税适用税额标准的通知》，将铁矿石资源税由减按规定税额的80%征收调整为减按规定税额的40%征收。2016年7月1日起，执行《财政部　国家税务总局关于全面推进资源税改革的通知》、财政部　国家税务总局《关于资源税改革具体政策问题的通知》及山东省财政厅、山东省地税局《关于全面实施资源税改革的通知》，资源税全面实行从价计征改革。2017年1月起，执行国家税务总局、国土资源部发布的《关于落实资源税改革优惠政策若干事项的公告》。2017年12月1日起，执行山东省人民政府《关于印发山东省水资源税改革试点实施办法的通知》，我省开始征收水资源税。2017年12月1日起，执行山东省地方税务局山东省财政厅山东省住房和城乡建设厅山东省水利厅发布的《山东省水资源税征收管理办法（试行）》的公告。2018年7月1日起，执行国家税务总局发布的《资源税征收管理规程》。

耕地占用税。2008年1月，执行《山东省人民政府关于贯彻执行＜中华人民共和国耕地占用税暂行条例＞有关问题的通知》，耕地占用税适用税额标准为市中区、薛城区、滕州市每平方米30元；山亭区每平方米24元；峄城区、台儿庄区每平方米22元。2011年3月，耕地占用税征收管理工作由财政部门划转地税部门。2016年1月，执行《国家税务总局关于发布＜耕地占用税管理规程（试行）＞的公告》，进一步规范和加强耕地占用税的征收管理，提高耕地占用税管理水平。

环境保护税。2018年1月1日起，施行《中华人民共和国环境保护税法》及《中华人民共和国环境保护税法实施条例》，开始征收环境保护税。2018年1月1日起，施行山东省第十二届人民代表大会常务委员会第三十三次会议发布的《山东省人民代表大会常务委员会关于山东省应税大气污染物水污染物具体适用税额和同一排放口征收环境保护税的应税污染物项目数的决定》。2018年1月1日起，执行山东省地方税务局、山东省环境保护厅发布的《山东省环境保护税核定征收管理办法》。2018年3月30日起，执行《关于环境保护税有关问题的通知》。

二、地方税征管改革与探索

1994年以来，枣庄市地税部门立足全市经济发展状况，不断推进税收征管改革，实行了一系列行之有效的税收征管制度、办法和措施，初步建立起较为科学、严密的税收征管机制，税源控管不断加强，税收征管质量和效率逐年提高。

（一）税收体制与征管改革。1994年，地税部门实行上级业务部门和同级政府双重领导，以地方政府领导为主的管理体制。1995年，推行税收征管工作考核评比，地方税收征管工作得以初步规范。1998年10月，省政府改革全省地方税务管理体制，全市地方税务机构实行上级地方税务机关和同级人民政府双重管理，以上级地方税务机关垂直管理为主的管理体制。1996年开始，在全市地税系统推行以纳税申报和优化服务为基础，以计算机网络为依托，集中征收、

2011年8月，税源专业化管理系统上线

重点稽查的新税收征管模式。改变由税收专管员管户的传统模式，全面推行纳税人自行申报制度；在信息化建设方面，1999年8月，完成了省、市、县三级计算机广域网络和县级以上地税机关局域网建设，山东地税综合信息管理系统、NOTES、公文处理、地税发票管理系统等业务软件顺利应用。2002年，全市所有基层地税分局实现计算机网络全覆盖，地税系统进入无纸化办公时代；在集中征收改革方面，在城区设立集征收、服务于一体的办税服务厅，在部分乡镇设立税收管理分局及办税服务厅或乡镇征收处，初步实现了集中征收。2003年，在全市范围内推行多样化申报，单位纳税人实行网上申报纳税，个体双定户（定期定额纳税人）实行“双委托”（即委托农信社扣税，税务机关委托农信社网点代收税款），提高了工作效率，减轻了纳税人负担。2003年11月，在全市范围内启动发票改革，积极推广应用税控装置，推广使用机打发票、定额发票，开展发票“三奖一打击”活动，地税机关的“以票控税”能力明显增强。2004年，推行征管责任区制度，市局印发了《枣庄市地方税务局税收征管责任区管理考核办法》和《枣庄市地方税务局一级税收征管责任区考核细则》，进一步明晰职责，责任到人，考核到人，强化税收征管责任意识，提升了征管质效。征管责任区制度的建立，为落实税收管理员制度奠定了基础。2005年，按照省局统一安排，全面落实《税收管理员工作规范》，按照所有纳税业户“户户有人管、事事能到人”的原则，加强监督管理，实现了税收管理岗位、职责、目标、奖惩“四落实”。从2003年开始，按照税源大小，区别对待、分类管理，实施“抓大控中定小”，抓住管好重点税源，控制好中型税源，对个体工商户等小型税源实行核定征收。每年都按照一定的标准确定重点税源监控对象，抓住管好重点税源；2004年，在全省推行个体户“微机定税”办法，对个体工商户等小型税源实行核定征收；将通过“定小”节省出的人力、物力、财力，突出加强对中型税源的管理力度，控制好中型税源，从而实现了对大、中、小型纳税业户的全面控管，征管质效显著提升。2005年，推行“一户式”管理系统，市局印发《枣庄市地方税务局关于清理规范税收征管资料和征管数据的通知》，对2004年以来的所有征收、管理、稽查、计统、综合治税、法律救济等资料进行整理和规范。2007年，按照省局“经济决定税源，管理增加税收”的治税思想，在全省率先建立征管、评估、稽查相互联动的运行机制，推进税收管理工作科学化、精细化、规范化，进一步提高工作质效。2008年，借助“大集中”发票管理系统，实现了发票领购、代开、缴销等环节的一体化管理。按照“先税后票”的原则，2011年，按国家税务总局要求完成简并发票票种、统一发票式样工作，停止收取代开发票工本费，减轻了征纳双方的负担。2015年，简化发票领购程序，适当放宽高信用等级纳税人的发票领用数量限制，取消审批核准流程，将事前监控调整为事后监督，实现即时发放。2011年8月，开展针对分级分类管理的专题调研，为实践税收管理新模式提供了有力的理论支持和模式选择。随后在市中分局试点，为进一步深化实践积累了经验。2012年6月，确立全市地税系统税收管理新模式为：以风险管理为导向，以信息管税为依托，以实体化纳税服务为平台，强化税收分析、纳税评估、税务稽查，实施重点税源扁平化管理、一般税源行业化管理、零散税源社会化管理，推进依法治税，促进税法遵从，提升征管质效（简称“六化”）。2012年8月，在全市范围内全面实践。2015年，以市中分局为试点，继续探索实践，打造税收管理新模式优化升级版，以风险管理为主线，做实区局机关、做细纳税服务、做强纳税评估、做精税源管理。通过推行税收管理新模式，强化了税源管理，组织收入的质量和总量实现历史性突破；促进了权力规范运行，降低了税收管理风险；优化了纳税服务，纳税人满意度明显提高；锻炼了队伍，人员素质持续提升，得到原省局、市委主要领导批示肯定。2013年6月，成立金税三期试点工程上线工作领导小组，组建综合组、业务组和技术组三个小组，具体负责金税三期试点工程推进事宜。7月，印发《枣庄市地方税务局金税三期试点工程上线实施方案》，对全市地税系统金税三期试点上线工作作出安排。2013年10月8日，金税三期在全市地税系统成功上线运行，标志着全市地税系统征管现代化建设迈上新的台阶。2015年5月起，执行《全国税务机关税收征管规范（1.0）》（山东地税适用版），新一轮税收征管模式调整

拉开序幕。7月1日起，市地税局执行《国家税务局　地方税务局合作工作规范（1.0版）》，国地税合作办税进入新阶段。根据国务院统一部署，10月1日起，“三证合一、一照一码”商事制度改革在全市正式实施，税务登记证完成使命退出历史舞台。

（二）税源监控与风险管理。自2014年下半年，枣庄市地税局针对经济下行，组织收入压力巨大的严峻形势，充分发挥纳税评估对组织收入的促进作用，集中开展团队化纳税评估应对组织收入新常态，有效促进了税收收入的持续增长。2014年全年评估税款1.5亿元，2015年全年评估税款6.9亿元，2016年全年评估税款3.06亿元。在全省率先制定下发了《税收风险管理暂行办法》，成立税收风险管理领导小组，确立了纳税评估为税收风险主要应对方式。组建纳税评估团队，实行重点税源重点管，高手应对高风险。重视涉税数据信息采集，依托市局税收风险管理系统平台确定评估对象，对全市税源按照行业、规模、风险等级进行科学识别筛选，将即将进行“营改增”的企业和缴纳资源税、土地增值税的企业列为重点评估对象。通过财政部门的“税式支出平台”获取政府相关部门涉税信息，通过微信“企业信用关注平台”获取股权转让信息，利用“爬虫软件”可搜集到企业广告、招工、订货会、房地产企业网签信息等。基于“互联网+”背景下企业网络交易、电子交易日益频繁的实际，全方位在互联网上收集、筛选、捕捉涉税数据和公开信息，实时掌控企业的生产经营动态，通过分析挖掘，为纳税评估工作提供大数据支持。充分利用综合治税平台获取被评估对象土地出让转让、股权变更、增值税“免抵退”、重大建设项目投资、商品房网签、工资发放、车辆登记、二手房交易等第三方信息，对于需要个性化采集的信息，可制作涉税信息采集订单，向有关部门订单式采集。集中开展税收风险分析（重点是案头分析）。每批风险任务推送前，集中业务骨干，“借力集智”集中开展风险分析，集中分析的过程也是数据归集、分析的过程。充分运用“向财务报表要税收”“向三方数据、互联网数据要税收”“向政策要税收”技术，以索引式分税种风险点为基础，人机结合分析确定企业主要税收风险点。建立了纳税评估案头审核“主评制度”，采取“分散分析、集体审核、主评讲评”的方式，加强企业财务报表与相关涉税信息的比对、分析，确定纳税人税收风险疑点，提高了案头审核的质量。评估过程中凡涉及需要“订单式”采集纳税人涉税信息的，由涉及的区（市）局综合治税部门负责即时采集，需要市局采集的市局综合治税部门负责即时采集，大大提高了工作效率。2015年省局对枣庄市局团队化纳税评估做出批示肯定，并在枣庄召开了全省地税系统团队化纳税评估现场观摩会。

2013年4月，与枣矿集团签订战略合作框架协议

（三）纳税服务与税收减免。1994年以来，全市地税系统牢固树立服务经济发展、服务社会发展、服务纳税人的“三服务”理念，纳税服务是展示地税机关社会形象的重要的平台和载体。把优化纳税服务作为转变思想观念、改进干部作风、宣传税收法律、服务经济发展、提高工作效率、展示地税形象的重要工作，2016年营改增税制转换后，枣庄市国地税对全市办税服务资源进行优化和整合，通过合作共建、共同进驻政务服务中心等形式将全市59个国地税各自的办税服务厅整合为32个国地税全职能办税服务厅，实现了“前台一家受理、后台分别处理、限时办结反馈”的纳税服务模式，使纳税人的办税效率更加方便快捷。枣庄地税通过12366纳税服务热线、纳税人学堂、网上办税服务、手机纳税服务客户端（APP）、纳税服务QQ群、地税官方微信等系列服务平台，2013年在省内率先实现涉税业务“市内同城通办”服务（2016年7月起部分业务省内通办），极大便利了纳税人办理涉税事项。2009年4月起，全市免收税务登记证工本费。2014年1月起，全市地税机关开展“便民办税春风服务”行动，纳税服务工作得到优化提升。2014年10月起，随着《全国县级税务机关纳税服务规范》的逐步落实和升级，纳税服务工作走上规范化轨道。2014年10至2015年底，市地税局执行国务院决定，对全市月销售额不超过3万元的小微企业、个体工商户和其他个人暂免征收营业税。2015年3月起，执行《全国税务机关纳税服务规范》（简称《纳税服务规范》2.0版），纳税服务工作的规范化程度进一步提升。近年来，枣庄市地税局认真落实各项税收优

惠政策，扶持高新技术企业、小型微利企业以及改善民生、节能环保类企业发展，减免税额呈现逐年增长态势，2014年减免税额24982万元，2015年减免税额42889万元，2016年减免税额43226万元，2017年减免税额47576万元。根据税收优惠政策的实施形式有效开展征前减免，2015年3月起，执行财政部、国家税务总局《关于小微企业所得税优惠政策的通知》(财税〔2015〕34号)，自2015年1月-2017年12月，对年应纳税所得额低于20万元（含20万元）的小型微利企业，其所得减按50%计入应纳税所得额，按20%税率缴纳企业所得税。

2017年5月，到企业调研新旧动能转换

（四）数字地税与税务稽查。充分发挥信息化技术的支撑和服务能力，助力税收现代化进程。充分发挥税务稽查以查促收、以查促管的职能作用，不断规范税收秩序。

税收管理信息化应用普遍推广。1995年国地税分别组建成立之初，税收业务主要以单机应用记录为主，1998年实现了局域网环境下的微机打票和自动核算，加快了枣庄地税税收电子化进程，税收征管模式发生了根本转变，同期实现了市级、区县级两级广域网的部署与应用。2004年，推广使用市级集中税收征管软件，实行市级集中运行和管理模式，采用B/S技术架构，涵盖税务登记、纳税核定、纳税申报、税款征收、会计核算等功能模块，实现前（办税服务厅）后（管理部门）后管理一体化，实现了税收管理由手工模式到计算机模式的根本改变。

以信息化为支撑的税收管理快速发展。随着税收实践的不断深入，信息技术在各个领域中的推广应用，凸显了信息化为支撑的重要性，健全信息化工作管理机制慢慢融入到了日常工作中。2002年，省、市、区（市）、分局（所）四级广域网建设全面完成，基本实现了省、市、区（市）三级地税机关无纸化办公，开通了枣庄地税信息内（外）网网站，建立了省、市两级的视频会议系统。2008年，完成市、区（市）网络改造任务，实现100MD带宽的SDH线路，并与区县局之间实现了线路的互为备份，初步建立信息安全防护体系。2008年，开展省级“大集中”系统上线工作，搭建了专业化模式下分岗管事的业务流程。

向税收现代化迈进的探索和实践。支撑业务创新，信息管税水平不断提升。畅通信息共享渠道，实现信息管税目标，与市国税局、市总工会、市国土资源局和市房管局等多部门协作，建立了与外部门信息交互机制，利用省级大集中返还数据，成立项目小组，自行开发了浪潮税控管理系统、代收（工会经费）费管理系统、数据综合应用平台、税收征管电子档案管理系统、重点企业代开发票管理系统、以地控税管理系统、存量房评估管理系统和数据质量监控系统共7套本地特色软件项目，推进各类业务技术融合，提高信息化对业务工作创新的支撑能力。实施“金税三期工程”，紧跟数据全国“大集中”步伐。按照总局、省局关于金税三期工程部署要求，随着冒烟生产第一张税票的成功开具，标志着金税三期系统在枣庄市地税系统顺利实现上线运行。利用省局返还数据，以组织收入为导向，利用数据开展税源调查广泛开展数据增值应用；以税收征管为导向，利用数据核查比对加强管户管理；以外部门需求为导向，强化部门间的数据共享，在数据统计分析、数据质量监测等方面效果显著，成为金税三期核心征管查询功能的有力补充，在提升征管质量、防范执法风险、强化税收分析等方面发挥更大作用。信息化基础管理进一步夯实。信息化应用是推动信息化前进的主要动力，而强化信息化应用是信息化管理中一项重要工作。2013年，以市局电教室建设为契机，强化信息化培训力度，为全市各类软件培训提供有力支撑。2015年，统筹部署、科学规划、周密组织，完成市级标准化机房建设，提高基础设施管理水平和信息化支撑保障。开展计算机、办公电子设备等固定资产清理工作，进行待报废资产登记造册，提升计算机类固定资产管理。建设高清视频会议系统，选用1080P60帧高清视频会议产品，保障系统兼容性，提升视频会议收播质效。推进“互联网+税务”基础建设，提升税收工作质效。2011年，部署“云计算”平台，优化了系统快照、在线迁移、HA高可用等功能。2014年加大云计算平台的应用，新增存储和光纤交换机两台，提供数据快照、数据复制、数据卷镜像、数据链路冗余等高级软件功能，进一步提升了数据安全性。2016年进一步优化“云

计算”平台，目前部署虚拟机27台，通过物理机转虚拟机，节约了设备购置费用，降低了机房能耗，整体提高了硬件资源利用率和业务系统应用部署效率。

枣庄地税税务稽查体制的建立。1994年8月19日设立稽查分局，为市局直属单位，其主要职责是负责指导全市地税系统的稽查工作和查处偷税、抗税案件。1997年9月，根据国家税务总局《关于税务稽查机构执法主体资格问题的通知》，省地税局对省级以下税务稽查机构的执法主体资格问题给予明确：省、市（地）、县（市、区）三级地税局设立的税务稽查局（分局），行政级别设定市一级为副处级，县（市、区）一级为副科级，具有独立执法主体资格。1998年4月，为规范税务违法案件举报管理工作，省地税局在贯彻执行国家税务总局《关于税务违法案件举报管理办法》时规定，县或者县以上税务机关的稽查局设立税务违法案件举报中心。1998年6月，为进一步强化稽查工作，省地税局印发《稽查工作发展与目标管理的意见》，规定全省县以上（含县级）地税局所属税务稽查机构的名称统一定为“××省（市、县）地方税务局稽查局”，依法独立行使选案、检查、处理、处罚、执行等权力，各级政府以公告形式向社会公布了地税稽查机构执法主体资格。

一级稽查体制的探索。为提高稽查管理的统一性和组织性，规范执法行为，形成稽查合力，集中力量查办大案要案，在借鉴济南市地税局、青岛市地税局实施城区一级稽查改革的基础上，开展了稽查一体化的探索。具体做法是，人员统一调配。打破区域限制，整合稽查资源，从全市地税系统跨岗位、跨区域统一抽调征管、税政、评估、稽查等各岗位省市局骨干人才库的业务骨干，查前邀请稽查专家统一进行培训辅导，根据案源性质，结合岗位职能和人员专业特长，从选案、检查、审理、执行四个核心环节，对人员统一调配，组建专业化检查团队，实行一体化运作。从选案到执行各环节明确分工，环环相扣，根据案件查处需要，对全市稽查人员统一调度使用，降低了人员流动成本，有效利用了人力资源。案源统一管理。根据“金三”系统、税源管理系统等日常管理纳税信息及资料建立稽查对象分类名录库；根据以往年度立案检查资料、涉税检举、纳税评估、征管部门推送、网络信息搜集、政府公开信息、有关部门交办等信息建立稽查异常对象名录库；做好选案分析，明确立案依据，通过单一案源反映的共性行为来为行业风险分析提供有力的证据和数据，由选案、检查、举报等部门组成的集体选案委员会统一提出检查计划，集体研究确定稽查对象，报市局批准后执行，稽查选案的科学性、准确性、有效性显著提高。检查统一实施。按照区域性、团队化、地毯式推进的总体要求，以市局稽查局为执法主体分别对各区（市）统一开展跨区域检查，集中优势，实行团队作战。为保证检查的深度和质量，实行检查组长负责制，检查成员税种检查责任制，查前，充分利用当地政府部门提供的第三方信息制定检查预案，推行痕迹化管理，在文书送达、实地核查、税收保全、强制执行全流程配备执法记录仪，建立了一套适应新常态下的全面、翔实、权威的证据链。实行“集体选案”和“集体定案”制度，较好解决了选案难、取证难、定案难问题。按照专项检查与大要案检查相结合、专项检查与区域专项整治相结合、专项检查与打击发票违法犯罪相结合、解剖式检查与行业检查相结合、分类检查和重点税源检查相结合的原则，在全市范围内实施一体化检查，在短时间内有力提高检查质效，促进税收收入显著增长，提高了纳税遵从，实现了查一户规范一户，查一个行业规范一个行业，查一个区域规范一个区域的检查目标。案件统一审理。以零复议、零诉讼，件件办成“铁案”为目标，严格按照《税收征管法》和《税务稽查工

2017年6月，召开税收政策新闻发布会

作规程》，对案件检查的全过程逐一进行审查，坚持集体会商，团队定案，统一政策适用、执法文书、办案标准和自由裁量权，确保了处理处罚尺度统一。严格执行重大案件审理制度，对于检查过程中的重大案件必须提交市局重大案件审理委员会审理，以集体的力量和智慧有效避免了证据不足、法律适用不准以及处罚不当等执法风险的出现，确保了权限合法、程序正当、事实清楚、证据确凿、定性准确、处理得当。结果统一执行。审理结束后，按照税款所属地原则将查补税款、滞纳金和罚款执行入库；依据《行政强制法》《税收征管法》等的规定，用足用好纳税担保、税收保全、强制执行等税收保障措施。将执行环节的准备工作前移至检查环节进行，在实施检查时就对企业银行账号，货币资金，固定资产等财产及债权债务等情况进行核实，为执行环节实施各项法定措施和确认逃避追缴欠税，实施代位权和撤销权提供依据。稽查案件的统一执行，加大执行力度，提升执行层级，减少对税务稽查执法的行政干预，确保检查结果落实到位，防止由于检查执行不到位带来的税负不公正。税务稽查一体化的初步探索，进一步激活了人力资源，锤炼了干部队伍，规范了执法行为，化解了执法廉政风险，提升了检查质量，实现了成果增值利用，减轻了任务压力，树立了良好社会形象，并在一定程度上促进了稽查工作从收入导向型向收入保障型的转变。

稽查堵漏增收功能有效发挥。1994年以来，全市各级地税稽查部门在加强制度建设和队伍建设的同时，积极开展税收检查，不断加大稽查执法力度，严厉打击涉税违法犯罪行为，稽查查补收入逐年提升。据统计，从1995年至2016年，全市各级稽查部门共检查各类纳税人3000户，查补各项收入13亿元，既有力打击了税收违法行为，又保障了税收收入任务的圆满完成。

（五）税收制度与综合治税。1995年9月，印发《枣庄市地方税务局税收征管工作考核评比办法》，全市地方税收征管工作迈上新的台阶。1999年，执行国家税务总局《关于加强税务部门代收费工作有关问题的通知》。9月，印发《关于重申严禁在公路设点（站）进行地方税收检查的通知》，规定各级地税机关严禁在公路上设立或变相设立任何形式的税务检查站，也不得以任何借口参与或委托其他部门拦路查征税款。2000年，为适应加入WTO新形势，与国际惯例接轨，全市地税系统实施《审核评税操作规程》和《涉外税务审计规程》，开展涉外税务审计，实现了对传统税务检查的重大变革。11月，执行国家税务总局《税务执法检查规则》，进一步规范税收执法行为。2001年3月，在全市范围内开展减免税管理工作检查，严禁随意减免税。5月，印发《关于整顿和规范地方税收秩序的实施意见》，全面规范地方税收管理秩序。严格执行《关于国务院行政复议案件处理程序若干问题的通知》和《关于省政府办理行政复议案件处理程序若干问题的通知》，税务行政复议工作进一步规范。2002年5月，印发《枣庄市地税发票违章行为举报奖励暂行办法》《枣庄市饮食业专用定额发票即开即兑奖励暂行办法》，极大促进了消费者索要发票、协税护税的积极性。2005年3月，在全市地税系统所有基层分局设立税收法制员，进一步提升基层一线税收执法水平。2014年12月起，执行财政部、国家税务总局发布《关于实施煤炭资源税改革的通知》，对全市煤炭企业按原煤销售价的4%征收煤炭资源税；纳税人将其开采的原煤加工为洗选煤销售的，以洗选煤销售额乘以85%折算率作为应税煤炭销售额计算征收；剩余可开采储量下降至原设计开采储量20%以下或剩余服务年限不足5年的衰竭矿，减按应纳税额的70%征收。2006年12月，转发执行《山东省地方税务局规范税务行政处罚自由裁量权实施办法（试行）》及《税务行政处罚自由裁量权参照执行标准》。2010年4月，省人大常委会发布《山东省地方税收保障条例》；6月，市政府出台《贯彻落实山东省地方税收保障条例考核办法》。6月，发布《关于进一步规范和加强社会综合治税工作的紧急通知》，要求全市各级地税部门加强部门沟通，开展综合治税自查活动，建立应急预案机制，加大监督考核力度。2015年10月起，执行《山东省地税系统突发事件信息报告工作管理办法》，地税应急管理工作进一步提升。

三、税收收入与经济发展协调增长

市地税部门成立以来，始终坚持以组织收入工作为中心不动摇，始终贯彻组织收入原则不放松，始终注重税收收入数量与质量并重不懈怠。通过科学制定收入计划，深化税收分析预测，杜绝虚收空转及调节延压转引税款等违法违规行为。按照税收总量与税收结构并重、经济发展与税收增长良性循环的原则，把完成收入目标与提高收入质量有机统一起来。同时，坚决落实各项税收优惠政策，实现了税收收入平稳较快增长，确保了全市地税收入质量高、结构优、数字实。

（一）税收收入。1994年，全市地税收入为2.18亿元。2014年，全市地税总收入首次突破100亿元大关，2017年实现地税总收入81.44亿元，是1994年的37倍多。1994年至2017年，全市地税系统累计实现各项税费收入948.29亿元，地税收入年平均增长17.06%。地税收入占地方财政收入的比重，从1994年的59.40%增至2015年的72.37%，受“营改增”因素影响，2017年地税收入占地方财政收入的比重为47.82%；地税收入占GDP的比重，从1994年的1.90%增至2017年的3.52%。1994—2017年，连续23年超额完成税收任务，为保证全市财政收支平衡，支持全市经济社会健康、协调、可持续发展做出了积极贡献。

（二）地方级次收入。随着改革开放和社会主义市场经济的深入发展，特别是1994年分税制改革以来，市委市政府先后出台了重点项目突破、招商引

资、县域经济倍增、工业强市等多种有效措施，实现了全市经济社会的健康发展。受经济平稳较快增长、产业结构优化提升影响，全市地税收入中，地方级次收入规模逐年增加，2015 年，全市地方级收入突破 100 亿元大关。市县级收入从 1994 年的 1.89 亿元，增至 2017 年的 69.83 亿元，23 年时间翻了 37 翻。

（三）第三产业税收。1994 年到 2017 年间，税收收入结构总的趋势是，第一产业税收逐年上升，但总体占比份额较低，第二产业税收逐年下降但发展稳定，税收占比大体保持在 40%—60% 上下，第三产业税收占比不断攀升，由 1998 年的 39.28% 上升至 2017 年的 63.02%。尤其是 2008 年以来，第三产业税收呈现快速增长态势。这充分说明，随着改革开放的不断深入，全市产业结构不断优化。尤其是随着城镇化战略的深入推进，工业反哺农业，城乡融合加速，房地产行业对地方税收的贡献不断加大。1998 年，全市房地行业入库税收收入 0.23 亿元，占当年税收总收入的 3.48%。到 2017 年，房地产行业入库税收 19.68 亿元，占当年税收总收入的 25.89%。1998—2017 年间，全市房地产行业入库税收平均年增长 26.39%，超过同期税收收入平均年增幅 12.17 个百分点。

（四）重点特色税种。全市地方税收主要以营业税、所得税、财产及行为税为主要税种，实现税收占总税收的 80% 以上。营业税在 2001 年有所减收，主要原因是财政部、国家税务总局规定，从 2001 年起到 2003 年止，金融保险业营业税税率每年下调一个百分点。除 1999 年和 2001 年外，其余年份，营业税均保持平稳增长。2008 年全球金融危机爆发后，受国家 4 万亿投资及地方配套资金的拉动，全市营业税在 2009 年、2010 年实现大幅增长。2016 年 5 月 1 日实施“营改增”后，营业税主要为清理欠税。企业所得税 1994 年以来处于稳步增长状态，直到 2013 年开始急剧下降，2013 年降幅为 45.85%，至 2017 年比 2012 年减收 7.7 亿元，主要原因是采矿业是枣庄绝对性支柱产业，从 2012 年开始，受我国煤炭产能结构性过剩和煤炭进口增加等不利因素影响，煤炭价格和销量急剧下滑，致使企业效益大幅下降，加之枣矿集团所属煤矿企业所得税纳税地点转移对企业所得税收入影响巨大。个人所得税一直呈现快速增长态势，从 1994 年的 0.07 亿元，至 2017 年的 12.36 亿元，23 年时间增长 176 倍，年均增幅 24.91%，说明全市居民收入稳定增长。各级地税机关加强地方税种的征管和挖潜增收力度，全市房产税、土地使用税增长迅速。

（五）收入质量控制。1994 年到 2017 年，是全市市场经济体制初步建立并逐步走向成熟的时期，同时也是全市地方税收收入质量不断提升的时期。全市地税部门遵循“科技 + 征管”、“经济决定税源，管理增加税收”、信息管税等工作思路，充分发挥税收信息化优势，先后推行了“抓大、控中、定小”管理、项目税收管理、房地产一体化管理、税源专业化管理、宗地税收管理、地方税收保障等工作，开展了税收分析、税收预测、税收预警、纳税评估、税务稽查、执法检查、案卷复审、收入质量审计等工作，税收收入质量得到不断提高。

1994—2017 年枣庄市（地方）税务局税收收入统计表

单位：万元

项目＼年份	实际收入	比上年 +- 额	比上年 +-%
1994	21764	-	-
1995	29700	7936	36.46
1996	45466	15766	53.08
1997	56011	10545	23.19
1998	65135	9124	16.29
1999	62772	-2363	-3.63
2000	67888	5116	8.15
2001	83071	15183	22.36
2002	86874	3803	4.58
2003	96924	10050	11.57
2004	135423	38499	39.72
2005	195304	59881	44.22
2006	282908	87604	44.86

续表

年份 项目	实际收入	比上年 +- 额	比上年 +-%
2007	349858	66950	23.66
2008	417512	67654	19.34
2009	466199	48687	11.66
2010	608975	142776	30.63
2011	771741	162766	26.73
2012	898938	127197	16.48
2013	955287	56349	6.27
2014	1012663	57376	6.01
2015	1080517	67854	6.70
2016	877577	46403	5.58
2017	814438	69415	9.32

说明：本表数据来自枣庄市地税局税收统计资料（1994—2015 年）、枣庄市统计局统计资料，不含退税额。受 2016 年“营改增”影响，2016 年、2017 年“比上年 +- 额”和“比上年 +-%”均为相应扣除前一年“营改增”因素的可比口径。

2018 年 2 月 28 日，中国共产党第十九届中央委员会第三次全体会议审议通过了《中共中央关于深化党和国家机构改革的决定》，明确提出要构建系统完备、科学规范、运行高效的党和国家机构职能体系，形成总揽全局、协调各方的党的领导体系，职责明确、依法行政的政府治理体系，中国特色、世界一流的武装力量体系，联系广泛、服务群众的群团工作体系，推动人大、政府、政协、监察机关、审判机关、检察机关、人民团体、企事业单位、社会组织等在党的统一领导下协调行动、增强合力，全面提高国家治理能力和治理水平。按照国务院机构改革方案要求，改革国税地税征管体制，将省级和省级以下国税地税机构合并，具体承担所辖区城内各项税收、非税收入征管等职责，实行以国家税务总局为主与省（区、市）人民政府双重领导管理体制。2018 年 7 月 20 日，中共中央办公厅、国务院办公厅印发了《国税地税征管体制改革方案》，调整优化税务机构职能和资源配置，增强政策透明度和执法统一性，统一税收、社会保险费、非税收入征管服务标准，促进现代化经济体系建设和经济高质量发展。

2018 年 6 月 12 日，国家税务总局召开全国税务系统机构改革动员部署视频会议。2018 年 6 月 15 日，山东省税务局挂牌成立。2018 年 6 月 27 日，枣庄市国家税务局、枣庄市地方税务局成立联合党委。2018 年 7 月 5 日，新组建的国家税务总局枣庄市税务局举行挂牌仪式，标志着原枣庄市国家税务局、枣庄市地方税务局正式合并。2018 年 7 月 20 日，全市县乡级新税务机构正式成立并对外履行职责。

枣庄市地方税务局圆满完成了自己的历史使命，枣庄税务翻开了崭新的一页。

审稿人：马灿国

撰稿人：殷　培

台儿庄古城的重建与复兴

台儿庄古城位于山东省枣庄市台儿庄区运河街道境内，明万历年间因漕运改道而兴起，1938年在中日台儿庄战役中化为废墟。2006年底，枣庄市委、市政府开始酝酿实施台儿庄古城重建工程，从考证复原到全城建成开放，历时十年。通过保留弹痕累累的战争遗址，复原城水相依的历史风貌，展示多元共生的地域文化，使这片血染过的土地重新焕发出了生命活力。

台儿庄古城重建工程是枣庄市实施城市转型战略的重要举措，也是山东省政府确定的2009年度百项重点工程之一。它的成功实施，告慰了在台儿庄大战中为国捐躯的三万英烈，实现了几代台儿庄人重建家园的梦想，坚定了枣庄市城市转型的发展道路，凝聚了三百万枣庄人民干事创业的决心，同时也对传承中华文化、弘扬民族精神、增进海峡两岸和世界华人华侨交流发挥了积极作用。

一、台儿庄古城的历史变迁

台儿庄，古称“台家庄”，简称“台庄”，系以姓氏名村，汉唐间形成村落，明中叶聚为集镇。万历年间，漕运改道经过台儿庄，继之在此建船闸、设衙署。台儿庄由此成为南北客货流的集散地和中转站。明清之际，社会动荡，台儿庄频遭攻掠。为保证漕运和居民的安全，顺治四年（1647年）开始修筑台儿庄城池，逾年工竣。城邑傍洳运河而建，东西长1.1公里，南北宽1公里，占地面积1018亩。清代前中期，政局稳定，人口渐丰。台儿庄逐渐发展成为峄县的经济中心，据《峄县志》记载：“台庄跨漕渠，当南北孔道、商旅所萃、居民饶给、村镇之大、甲于一邑，俗称‘天下第一庄’。”及至乾隆、嘉庆年间，台儿庄城内人众房密，有常住人口5000户（共约2万余人），房屋约1.5万间。

民国时期，临赵铁路、台潍公路交汇于台儿庄，使之成为鲁南苏北地区的交通枢纽和战略要地。1938年3月，日军分两路挺进鲁南地区。右路日军沿台潍公路南犯，受阻于临沂。左路日军沿津浦铁路南犯，受阻于滕县、韩庄后，改沿临赵铁路挺进，占领峄县。中国军队坚守台儿庄16天，成功抵御左路日军发起的8次总攻，打乱了两路日军会师台儿庄并进围徐州的战略部署，歼敌1万余人，取得了徐州会战前期北线作战的决定性战略胜利。台儿庄大战使台儿庄一战扬名，享誉世界，被赞誉为“中华民族扬威不屈之地”；但也使繁荣了300多年的台儿庄古城化为一片废墟，城内90%的建筑都被毁坏。台儿庄大战胜利后，国民政府授予台儿庄“模范城市”称号，并在《中央日报》头版宣布要“重建台儿庄”。但由于时局所限，这一计划最终未能实现。

战后，基于故乡情结和现实生活的需要，迁出古城的居民大多返乡，自发在故居旧院残存墙基的基础上重建家园（故台儿庄古城内现有道路及城市肌理与战前无二）。1945年10月下旬，台儿庄镇政府组织群众将圩墙和铁路一并拆除。此后，虽经多次破坏和修葺，但古城的街巷、水系肌理仍然保存完好，古城繁盛时期的面貌和传说故事也为人们津津乐道并代代相传。一些老人精心收集、珍藏的老照片、旧物什，以及根据记忆绘制的战后台儿庄城区地图，同战争遗址一起成为古城繁荣过去的见证。

1948年至1949年，解放战争胜利前夕，国民政府裹挟台儿庄大批青年学生、仁人志士徙居台湾，致使部分文物流落异地，人文记忆出现残缺。20世纪60年代，城乡各地开展“破四旧”运动，清真寺、泰山行宫等庙宇残存建筑，以及昔日富户留下的碑冢等历史文物均遭受到不同程度的破坏。此外，在社会主义经济建设和人居环境的改善过程中，许多老建筑被拆除，碑刻被挪用，都造成了台儿庄历史文化街区的二次破坏。改革开放以后，台儿庄区兴建了新城区，老城区逐渐沦为破败的棚户区，成为被历史遗忘的角落。但许多历史古迹和战争遗址也因此避开了工业化进程和大规模的现代化城市改造，成为历史的幸存者和见证者。

台儿庄大战在毁灭了古城的同时，也凝聚了人心。台儿庄抗战精神成为中华民族的宝贵财富，激发了中国人民的民族感情和革命豪情。大战后的70年间，台儿庄人民用汗水重建家园，用智慧改变历史。《血战台儿庄》的拍摄，融化了台海冰封；台儿庄大战纪念馆、李宗仁史料馆的建设，让世界的目光再次聚焦于此。分散在各地的老兵、战地记者、军官后代，以及专家学者，纷纷来到台儿庄，畅谈抗战文化，追觅古城记忆。当年徙居台湾的热血青年，也陆续回到家乡，讲述过去的故事，描绘古城的蓝图。2008年4月8日，在庆祝台儿庄大战胜利70周年活动上，枣庄市正式宣布启动台儿庄古城重建工程。

二、台儿庄古城重建的缘起

枣庄市位于山东省最南端，土地肥沃，煤矿资源丰富。早在南北朝时期，已有煤炭开采。宋代，枣庄境内的瓷窑开始使用煤炭烧制瓷器。清代乾嘉年间，境内矿井星罗棋布，形成规模开采。1898年成立的峄县中兴煤矿公司，曾

是民国时期最大的民族资本企业。1936年，中兴煤矿原煤产量达182万吨，成为仅次于抚顺、开滦的全国第三大煤矿。计划经济年代，枣庄是华东地区重要的煤炭基地，江浙沪50%的煤炭由枣庄供应，先后共有4亿吨原煤从枣庄调出。1999年，枣庄煤矿由于资源枯竭，关井破产。此时枣庄境内煤炭可采量仅剩下6亿吨，成为山东省棚户区最多、低保职工最多、基本建设欠账最多的城市。

2006年，枣庄市委、市政府针对枣庄面临资源逐渐枯竭、产业结构重化单一的实际，提出了资源枯竭型城市转型战略，重点发展服务业。而此时台儿庄区政府已经与上海绿房子房地产开发公司签约，拟投资6亿元在台儿庄老城区进行房地产开发。11月7日，枣庄市主要领导来台儿庄调研后认为，台儿庄老城区内保留的古运河、古码头、古建筑等蕴含着极高的历史文化价值，大战遗存具有巨大的爱国主义教育意义，可以作为“世界文化遗产”进行保护和复原。基于保护历史文化遗产、改善人居环境和推动城市转型等种种考虑，枣庄市委、市政府果断作出决定，停止一切可能破坏历史文物的工程施工，尽快实施对台儿庄古城历史街区的调查研究和文物保护工作。台儿庄古城重建的大幕由此拉开。

三、台儿庄古城重建的价值

历史上的台儿庄，曾是一座商贾云集、店铺林立的秀美古城，有“水旱码头”之称，并成为明清时期运河商贸最繁荣的城市之一。据《峄县志》记载：“台儿庄跨漕渠，当南北孔道，商旅所萃，居民饶给，村镇之大，甲于一邑，俗称天下第一庄”。1938年的台儿庄大战，把台儿庄夷为废墟；也使台儿庄名扬世界，被誉为“中华民族扬威不屈之地”。在经过充分论证后，枣庄市委、市政府认为，台儿庄古城重建主要体现在四个方面的价值：

（一）台儿庄古城是一座南北交融、中西合璧的历史文化名城

明万历年间开泇济运，使台儿庄成为傍水而筑、因河而兴的水旱码头。台儿庄段运河处于北运河与中运河的节点，是京杭运河唯一一段东西走向的河道，也是落差最大的一段河道。明清时期，京杭运河台儿庄段不足百里的航道就设置了9座船闸，致使船只货物滞留时间较长，大批客商云集台儿庄，使其成为运河沿岸、鲁南地区重要的商贸城市。人流、物流、信息流的涌动和交汇，带来了文化的融合，使台儿庄成为集八种建筑风格于一体、七十二庙宇于一城，南北文化交融的典型代表。另外，我国历史上第一家股份制企业——中兴公司在台儿庄修建了火车站和铁路，吸引了许多外国人到台儿庄居住，带来了大量的西方文化元素，使台儿庄成为具有中西合璧特色的城市。

（二）台儿庄古城具有千年运河上最完整的文化遗产体系

自清末以来，枣庄以北的运河完全断航，大部分遗存已基本消失，甚至河道也找不到了；枣庄以南的沿运城市，都进行了现代化改造，已无法恢复千年运河的风貌。台儿庄拥有京杭运河唯一一处明清风貌保存完好的古河道、古码头，拥有最能体现明清运河沿岸居民生活特点的古村庄——纤夫村，城内至今仍保存大量的古建筑、驳岸、水堤、水门等水工遗存，古城城市肌理、道路和水系框架基本完整，保存了历史风貌，且没有进行大规模的现代化改造，被世界旅游组织誉为“活着的运河”“京杭运河仅存的遗产村庄”，其运河文化价值不可估量，2014年6月，京杭大运河中河台儿庄段被列为世界遗产“中国大运河”的27处遗产河道之一。

（三）台儿庄古城能够成为中国第一座二战纪念城市

台儿庄大战是中国军队在抗日战争正面战场上取得的一场重大胜利，是三万将士用鲜血换来的胜利，在世界反法西斯战争史上具有较高的地位。重建被二战炮火毁坏的台儿庄古城，使之成为世界上继华沙、庞贝、丽江之后，第四座重建的古城，对开展爱国主义教育，促进对台工作，倡导和平，都具有非常重要的意义。目前，古城内保存53处战争遗址，弹迹墙、残垣断壁随处可见，都可以见证当年战争的惨烈。

（四）台儿庄古城能够成为独具特色的东方古水城

历史上的台儿庄地势低洼，是“洪水走廊”，老百姓筑台而居，形成众多大小不一的汪塘，诸如龟汪、两半汪、衙署汪等，有“七十二汪”之称，这些汪塘通过明沟暗渠串在一起，与运河相连，形成了纵横交错的水系、水网，是名副其实的水城。据专家考证，台儿庄古城重建后水网密度超过苏州，成为国内水网最密集的古城。根据史料记载和城市防洪需要，恢复建设了近百条水街、水巷，使游客能够乘船游览城区的任何景点，形成河道纵横、水网密集、以船代步、独具东方特色的古水城。

四、台儿庄古城重建的理念

为保证古城重建的原真性，在重建过程中总结提炼出“留古、复古、扬古、用古”的理念，完整地保存了具有重大历史价值的古迹，按照历史资料恢复具有历史文化特色的建筑，并融入文化古城、数字古城、节能古城、生态古城、智慧古城等现代理念和时尚元素，进行建造和创作，使重建的台儿庄古城既源于历史、忠于历史，又超越历史，不但恢复了被战火摧毁的古建筑，而且还复活了延续千年的古城传统文化，使古城的形和神全面复活。

（一）留古：历史遗存，严格保护

对现有遗存进行最严格的保护。对损坏的文物古迹，修缮加固，修古如初。把台儿庄大战后遗存的古驳岸、古码头、古船闸、清真寺、中和堂、胡家大院等，都原封不动地保留，保存台儿庄古城95%的道路肌理和水系框架。在保留53处累累弹痕的古墙、古屋等遗存基础上，建成台儿庄大战遗址公园，供人们回忆战争的惨烈，凭吊烈士的英灵。

（二）复古：挖掘历史，原貌复原

对损毁严重的古迹、古建，原址原样进行恢复重建，建新如旧。在文化挖

掘上，追踪原真性，寻找原物彰显出来的原貌。在设计上，遵循原空间和原尺度，呈现出原先的风貌。在建设上，采用原来材料、原有工艺、原籍工匠，保证重建的古城成为历史遗产。大战前什么样子，就努力建成什么样子，追求四个一致：

一是整体面貌和历史氛围一致。依据口述史料和历史文献，绘制出古城胜迹复原图，详细地勾画出古城原貌。依据复原图，制定重建规划，将台儿庄大战前的18个汪塘、15公里水街，筑台而居、摇浆荡橹、以船代步的江北水乡风貌呈现在世人面前。

二是具体建筑和历史影像一致。在美国战地记者罗伯特·卡帕拍摄的照片中，发现了当年台儿庄徽派风格的建筑；在李宗仁视察战事的老照片中，发现了闽南风格的建筑；在荷兰记者伊万斯拍摄的纪录片《四万万人民》中，发现了广东客家建筑。依据这些老照片的记录，对月河街、大衙门街、中正门、西门、泰山行宫、久和客栈等1000多栋老建筑，一一进行了复原。关帝庙不仅是在原来地基上修建的，而且从山西请来最好的古建筑师。建设初期，由于没有找到当年照壁的资料，他们按照山西的传统风格复建。后来，台儿庄运河古城重建办公室找到一张老照片，发现重建的照壁和当初的九龙壁不一样。为了追求历史的原真性，又推倒重建。

三是空间尺度和文献记载、老人记忆一致。根据文献资料和老人记忆，绘制出4000多栋古建筑素描图，并据此来恢复重建。对台儿庄大战前的每一栋建筑、每一个汪塘、每一条水巷、每一条街道，都请当地老人一一现场指证，确定建筑的空间布局。然后深入挖掘每一栋建筑的历史基因，在此基础上确定建筑风貌和空间尺度，充分体现历史文化底蕴。在重建万家大院时，完全按照万家后人的记忆和测绘数据，在原址上复建。不仅空间尺度与文献记载和老人记忆一致，而且木雕、砖雕、石雕的内容、形式、豪华程度，也最大可能还原历史。

四是材料、工艺与当年的建筑一致。当年，天后宫是福建商人用会费兴建的。他们从泉州购买原材料和最好的构件，运到台儿庄，前后用了几十年时间建成。在重建时，根据文献资料和老人回忆，先绘制素描图和效果图，请老人过目修改定稿，再依据效果图绘制施工图纸，然后到泉州订购建筑材料和构件，请泉州工匠施工。

（三）扬古：继承发扬，创新升华

按照文化遗产标准和现代审美功能要求，创新理念，在台儿庄古城中注入现代科技元素。

一是理念上创新。建设数字古城、节能古城、生态古城，体现现代工艺水平和功能需要。对古城内的地下管沟、给排水系统，隐蔽工程中的强电、弱电、地热供暖，以及无线网络、电子监控等，都按照现代城市功能的要求配置。

二是标准上创新。从全国筛选了30多支古建筑队伍，汇集了1000多名工匠参与施工。在施工过程中，完全忠于历史，使用真材实料和古法复建。许多工匠已经是80多岁老人，而且没有传人。从这个角度说，台儿庄可能是最后一座“手工版古城”。古城重建过程中，对所有古建筑队伍的施工环节，都进行严格的现场监督，按照世界遗产和文物要求提升标准，确保每栋建筑都成为精品。砖块间的灰缝，一般古建筑不超过10毫米。而台儿庄古城的要求是不超过5毫米，每一块砖都经过打磨，做到“磨砖对缝”。参将署门楼建成之后，专家发现屋脊不符合武官官署的规制，便责令承建单位立即返工重修。有人称，台儿庄古城是“可以用放大镜挑毛病的古城”。

三是设计上创新。对部分建筑创新升华，打造新的亮点。船形街是根据运

“扬古”而建的船形街现为大运河非物质文化博览园

河上的船文化创意设计的，寓意大河行舟、一帆风顺，既符合现代审美要求，又满足古城消防功能需要。步云桥吸收了中国传统廊桥的特点，结合运河历史变迁和文化习俗设计建设，寓意平步青云，并具有实用功能。

（四）用古：古为今用，弘扬繁荣

把文化基因融入有形建筑，让古城在原有面貌、形态、规制等历史基因上复活起来，古为今用，促进文化的保护、传承与发展，实现古城文化空间的丰富性。

一是保留传统记忆。通过传统文化与古建筑的有机融合，不仅保留传统的建筑记忆，还保留传统的文化记忆，整理和利用好当地的民俗、传说，搞好街头演艺活动。

二是丰富文化空间，通过重点实施“四百”工程，打造文化空间。

三是“老瓶装新酒”，传统建筑里引进现代休闲业态，提升“天下第一庄”的品牌竞争力和影响力，使台儿庄古城成为城市转型的引擎和亮点。

五、台儿庄古城重建的定位

台儿庄古城是枣庄市旅游业发展的两大龙头之一，是“江北水乡•运河古城”的核心区。枣庄市主要领导提出，要借中国大运河申报世界文化遗产之际，以历史遗存为依托，以大战文化、运河文化为主脉，打造集古城观光、文化体验、休闲度假、爱国教育、会务商务等为一体的古城旅游景区，将台儿庄古城打造成为国内乃至世界知名的优秀旅游产品、中国第一座二战纪念城市和海峡两岸交流基地。

（一）以大战故地为切入

台儿庄因运河而兴，却因台儿庄大战而扬名中外。因此，台儿庄古城重建将紧密结合台儿庄大战的历史进行。古城重建前，已建成了台儿庄大战纪念馆、李宗仁史料馆、战史陈列馆，修复了火车站遗址等大战纪念建筑。在古城重建时，将紧密结合台儿庄大战的历史，将台儿庄大战文化作为三条文化主线之一进行重点展示，对保存完好的清真寺、中和堂、义丰恒商号等战争遗存予以科学保护，重点复原西城门、中正门、泰山行宫、关帝庙等台儿庄大战紧密相关的历史建筑，建设复兴楼、忠烈祠等纪念性建筑，安装粮包防御工事等地理标识，打造台儿庄大战遗址公园等专题文化展馆，引进台儿庄大战军事体验摄影园、血战台儿庄军事体验馆等主题经营业态，推出了《血战台儿庄》老电影等主题演艺项目，使整个古城成为一座二战纪念城。

（二）以运河古城为灵魂

历史上的台儿庄是一座沿运而建、商贾云集、建筑风格独特、文化底蕴深厚的秀美古城。据记载，开泇时，李化龙在台儿庄南运河上兴建了台庄船闸，在船闸南沿河兴建了台庄公馆。万历三十四年（1606年），为保证泇运河的航运秩序和防务安全，工部右侍郎曹时聘又奏请添设台庄闸官闸夫，新置台庄巡检司。至此，台儿庄始有闸官署、巡检署等官署见载。明末清初，台儿庄又相继建有兖州府泇河通判署、峄汛县丞署、台庄闸汛千总厅等河政机关衙署，以及沂州镇标前营（后更名台庄营）游击署（后改建为参将署）、守备署、把总署、沂州镇总兵行署（后先后改建为登州镇总兵行署、兖州镇总兵行署）等绿营衙署。在台儿庄古城重建中，将恢复官署、庙宇等特色建筑，恢复丁字街、顺河街、车大路、大衙门街等明清时期风貌和两侧的漕商大院，全面展现台儿庄运河文化特色。

（三）以江北水乡为亮点

在古运河畔修复古运河码头、石驳岸等水工设施，恢复汪渠相连的城市水系，贯通整个城区，形成城水相依、碧水灵动、以河代路、以船代步的水城风貌，使游客可以乘船游览城区的任何景点，充分感受江北水乡的风情。同时，在古运河南侧的新运河航道，以南水北调泵站建设、运河复线船闸建设为依托，开挖运河人工湖，培育运河湿地景观，展现现代运河的自然风光，让游客感受新老运河差异，增强体验性。

（四）以时尚生活为卖点

引入现代生活方式，在古城内建设各种酒吧、咖啡屋、餐馆和温泉度假、疗养保健等现代休闲消费场所，满足游客需求。同时结合对运河大鼓、运河花鼓等非物质文化遗产的发掘和展示，开发参与性强的娱乐项目，让游客充分体验运河文化的丰富内涵。

六、台儿庄古城重建的历程

2009年7月19日，枣庄市政府决定全面启动台儿庄古城重建工程。10月17日，在全市旅游发展大会上，枣庄市主要领导正式提出实施台儿庄古城重建，打造“江北水乡•运河古城”城市品牌。12月6日，枣庄市委、市政府成立了台儿庄运河古城重建领导小组。2008年1月4日，在枣庄市第十四届人民代表大会第一次会议上，正

式确立以重建台儿庄古城为龙头的文化旅游拉动城市转型的大战略。4月8日，在庆祝台儿庄大战胜利70周年活动上，枣庄市正式宣布启动台儿庄古城重建工程。

2013年8月5日，台儿庄古城重建工程全面竣工，总投资17.07亿元。参照农发行贷款抵押“台房评（抵）字〔2011〕100号”号估价报告及建行贷款抵押“鲁安地价〔2012〕（估）字第036号”估价报告的价格估算，台儿庄古城整体资产银行评估价值总额约153亿元。

（一）历史旧貌的考证复原

2006年12月，对台儿庄古城历史旧貌的调查考证工作开始启动。枣庄市委、市政府先后从台儿庄区有关部门和居民手中，征集到地方志、族谱、文史资料、私人笔记、回忆录、碑帖等各种文献200多种；在台儿庄周边地区，收集到有关水街、水巷、民居、寺庙、古桥、游船、牌坊等建筑的图片500余幅、文献资料几十万字；通过国内外档案馆、图书馆、旧书摊、驻外使领馆、台湾“国史馆”、军史馆、党史馆，以及留学生手中，收集到台儿庄大战前后拍摄的照片380幅、视频180分钟、战事报道及相关图文资料200多本（卷）。枣庄市主要领导还利用休息时间，对台儿庄历史文化街区里健在的27位80岁以上老人进行走访调研，在老人的指认下，对古街巷、古码头、古水系、古寺庙、古店铺、古民居、古桥、古树、战争遗址，用社会学、统计学、测绘学方法，一一进行考察，确定建筑位置、布局、风格，并做出文字、图绘和影像记录。

2007年9月22日，台儿庄区政府成立台儿庄运河古城重建领导小组及办公室，全面启动前期各项收集、调查工作。一是收集老旧物件，主要包括古建筑遗存、石器、生产生活用具、契约、合同、交通运输工具、服饰、饰具等方面的实物和信息，然后统一编号、分类、汇总、整理，并录像、拍照留存，累计收集到相关图纸、图片、照片500余幅，征集旧石板600余平方米、老砖150方、其他老旧物品300余件。二是做好运河沿线名小吃调查，了解到了台儿庄地区民间美食的主要做法、工艺，并逐渐延伸，通过上网搜索、查看资料等形式，调查了解枣庄地区、鲁南地区和运河沿线城市主要美食，共挖掘整理各类名吃近千种，形成6万余字的书面材料。三是对古建筑进行调查，通过现场查看、收集老照片、采访老人、入户调查等形式，对箭道街、繁荣街、丁字街、月河街等主要街道的建筑全面调查，对现存老建筑全部拍照，分类保存，理清临水建筑、徽派建筑、茅草屋、欧式建筑等建筑风格、建筑艺术，形成系统照片和文字资料；对各庙宇进行调查，弄清建筑位置、建筑风格、建筑艺术、建筑布局，绘制了部分建筑平面图。四是书籍征集考证，从民政局、水利局、史志办、文化局等部门和居民手中，征集各种书籍200余本，其中包括《山东通志》《太平寰宇记》《续山东考古全录》《峄县志》等古籍。五是走访老人，先后走访80岁以上老人40多位，跟踪走访了燕、尤、赵、万、陈、袁、王、骆、郁等家族，初步了解了几大家族的商号、码头、家族兴衰及其当时的居住情况，形成1万余字采访材料，还对有关建筑情况进行了细致了解，形成了5万余字的综合材料，绘制了40年代台儿庄地图。六是深层次做好参考图片收集，通过读书摘要、上网收集、现场拍摄、上门收集等形式，收集古街巷、古民居、古桥、古船、古牌坊、古灯饰等各类古城建设参考图片2000余幅。

在上述工作的基础上，对所有收集和走访调查得到的史料进行考证和整理。提取有价值的材料，进行摘录分类，放到当时的历史背景中进行审视、衡量和考证，去伪存真，去文存质，共整理出古城文化、建筑、庙宇、水系、美食等30多个方面的参考材料200余万字、照片1000余幅，绘制、编印古城相关图纸资料20余份。此外，还邀请专家学者对泰山行宫等重要遗址进行针对性的考古挖掘，用实物和测绘数据，坐实口述史，让抽象的文献记载成为立体形象。

对史料进行充分研究考证后，台儿庄运河古城重建办公室绘制了《战前台儿庄城区示意图》。在此基础上，对台儿庄古建筑的变异规律进行研究，依据历史影像、原地基、口述史及周边200公里内的古建筑形貌，绘制出6000幅古建筑素描图，并请当地老人辨认修改。然后，再邀请古建筑专家，在原真、规制、地域、审美四个方面寻找平衡，寻求他们的一致认可。最后，将素描图向战前城区示意图上添加。添加过程中，掌握六条原则：第一，能够确定具体位置的建筑，完全依照原先的位置进行添加，不作任何改动；第二，保存在历史影像里的建筑，请老人到现场指认，经过多

顺河街夜色

人确认后再进行添加；第三，世家大户后人提供的宅院资料，根据测绘数据添加，宅院的四至不越过当年的界限；第四，著名商铺、会馆建筑，能够找到地基的，按照原地基确定方位，找不到地基的，先确立大致方位，然后根据本建筑的体量和相邻建筑的间距确认位置，利用现场测绘数据，按照比例添加；第五，普通民居，根据老人的记忆，按照老户人家的居住习惯，参照周边古城古镇的空间尺度，进行审慎的添加；第六，找不到历史依据的地段，暂时留白。

在这六条原则的约束下，将单体建筑素描图添加到示意图上，再从三个方面进行修正：一是根据鲁南老百姓认可的风水理论修正，使之符合吉祥要求；二是站在老台儿庄人的立场上，设身处地考虑视觉效果，使之符合审美要求；三是根据能够找到的家族史料，按照尊卑等级、礼让习俗进行修正，使之符合当地礼仪传统。经过修正，再制作成简易沙盘，请当地老人过目。根据几位少年时期在城门楼俯瞰过古城全景的老人提出的修改意见再进行修改。最后，由几位美术工作者执笔，于2008年4月7日成功绘制出《台儿庄古城胜迹复原图》，以此作为基础编制台儿庄古城重建规划。

（二）景观规划与设计

2007年12月8日，台儿庄古城历史街区的保护与发展规划编制工作正式启动。台儿庄运河古城重建办公室先后委托北京土人、四川来也、上海同济、苏州园林、南京园林、广州园林等10多家单位进行规划设计。

本着对社会、对历史、对未来负责的精神，以符合历史逻辑为底线，把台儿庄古城放置到大背景上进行论证，重建团队以台儿庄为中心，先后组织了三次大规模的考察。第一次，由文化、建设、旅游部门的专业人员，考察了沧州、聊城、临清、济宁、淮安、宿迁、扬州、苏州、镇江、杭州等沿运大城市，以及扬州的瓜洲渡、淮安的河下镇、北京的清河镇、微山的南阳镇，详细了解不同城市的古建筑风格。这次考察后，又邀请国内著名的古建筑专家，从专业的角度，进行第二次考察。这两次考察之后，又对京杭大运河进行了全线考察。此外，还对平遥、罗城、黄龙、阆中、洛带、周庄、同里、乌镇、凤凰、丽江等古城古镇，以及香港、澳门、台湾的古街古庙进行了考察。前后累计对150个地点进行了重点考察，拍摄照片6000多张。每次考察，除了古建筑专业人员和规划设计人员外，同时还邀请文化学者参与考察，让他们与建设者一起讨论，推想台儿庄古城前世的表情。

在规划设计过程中，累计召开了上百次论证会，邀请国内文化、建筑、旅游等领域的500多位专家科学考证、反复论证，集各方意见，最终于2008年8月12日正式通过古城重建一期规划设计方案，即同济大学国家历史文化名城研究中心阮仪三教授团队编制的《京杭大运河（台儿庄城区段）与台儿庄大战旧址保护规划及台儿庄大运河历史街区保护与发展规划》（鉴于台儿庄老城区是第六批国家重点文物保护单位，所有规划建设必须文物保护规划先行，因此台儿庄古城重建时首先进行了文物保护规划，并于2008年1月通过）、《台儿庄运河古城修建性详细规划》《古城区沿街及重要景点建筑方案设计》。该套方案坚持人文结合自然的整体性，将历史街区与运河周边的自然环境作为一个统一的整体，加以控制保护，延续台儿庄历史文化传统的发展脉络和保持历史街区的空间格局与景观风貌；坚持地域特色保护的原真性，保护包括街区肌理、文物与优秀历史建筑等历史信息系统各要素的真实性，充分体现地域文化真实而独特的魅力；坚持恢复性建设与控制的可持续性，在保护历史街区物质性历史文化遗产包括宗教信仰文化和商业文化的内涵的同时，发掘历史遗产的社会经济价值，从而实现保护的可持续性发展；坚持恢复性建设与控制的分类别原则，采用分类保护控制的办法，保持历史风貌的多样性。

根据规划，台儿庄古城将在尊重古城历史格局和空间结构的前提下，建成生态环保古城和智能化、信息化、网络化景区。在整体风貌上，尊重古城传统街区的空间肌理、街巷道路尺度、历史遗存和绿化植被、水系生态景观特征，保留具有历史价值和景观价值的环境要素。在建筑的细部、色彩、形式上，充分体现台儿庄真实而独特的运河文化魅力，并符合现代人的生活特点及人体工程学要求。2009年3月31日，《台儿庄运河古城重建项目总体规划》荣获山东省旅游规划与项目建设策划创新一等奖。

2010年4月，台儿庄运河古城投资股份有限公司又委托苏州科技大学空间设计院时匡团队编制了《台儿庄古城二期控制性详细规划》。该规划坚持以城市总体规划为依据的思想，适应台儿庄经济发展战略，深化古城区的功能与布局，塑造古城区的风土人情，强调古城区的旅游文化服务功能，与建成的台儿庄古城一期景点形成功能上的互补；坚持尊重历史与自然、崇尚生态的思想，发掘利用与有机组织自然、人文和人工要素，塑造一个环境优美、特色显著的台儿庄古城；坚持以人为本的思想，充分考虑老城区生活配套设施和基础设施的建设与完善，营造优美的人居环境，为市民创造一个理想的生活场所；坚持可持续发展的思想，高水平、高标准、高起点的进行城镇建设和规划设计，有效开发土地，以建设成富有当地文化特色的古城区，有机组织古城空间布局与环境，营造21世纪的人居环境与公共空间；坚持可操作性的思想，注重规划超前性，兼顾开发与建设实际，宏观控制和微观引导相结合，使规划兼具弹性与可操作性。2011年2月，《台儿庄古城二期控制性详细规则》批准通过后，又委托枣庄市城乡规划研究院在此基础上编制了更为详细的《台儿庄古城重建项目（二期）规划》。

（三）土地拆迁及原住民安置

2008年3月16日，台儿庄古城重

建一期拆迁工程开工，拆迁面积22万平方米，共涉及1700户居民，投入资金近4.4亿元。在拆迁中本着“惠民利民”的宗旨，制定了合理优惠的补偿安置方案，实现了“和谐拆迁”，于2008年5月5日仅利用26天时间即顺利完成台儿庄古城重建一期拆迁工程的全部拆迁工作。

此次拆迁严格按照新建普通商品房的平均价格确定补偿价格，通过评估机构核准后，台儿庄区委、区政府不予干预。住宅每平方米补偿均价为1700多元，门市房补偿均价在3300元左右，为台儿庄拆迁补偿历史上最高标准。同时在认真兑现过渡费、搬家费等法定费用的基础上，加大了奖励力度，在15天搬迁期限内，住宅房屋每提前一天搬家奖励600元，门市房每提前一天搬家每平方米奖励10元，同时按每平方米50元标准追加奖励，每户至少都能拿到一万多元的现金奖励，最高奖励达到了10万元。所有补偿资金和奖励资金可以当场领取现金或存折，广大群众十分满意。在拆迁户安置方面，考虑到从业不同、收入水平不同、民族风俗不同、生活习惯不同等方面的因素，规划了阳光家园、顺河新村、幸福小区、金桂家园等安置小区，可安置2000余户。安置房设计建筑面积从65平方米到132平方米不等，多达10余种，并将幸福小区用于集中安置回族居民，保证了各类群体都能够选到称心如意、适合自身特点的安置房。

2010年3月22日，台儿庄古城重建二期拆迁工程启动，拆迁面积25.4万平方米，涉及1413户居民，投入资金3.02亿元。

一、二期拆迁工程共投入资金7.42亿元（含西门外、东门外及南门外代拆迁投入资金2.28亿元），其中征迁货币补偿支出5.73亿元，征迁安置房建设成本1.69亿元。

（四）景观施工与监督

2008年11月17日，枣庄市金庄生建煤矿、鲁南（枣庄）经济开发投资有限公司、山东泉兴矿业集团有限责任公司、山东王晁煤电集团有限公司、山东中泰煤业集团有限公司、山东丰源煤电股份有限公司、枣庄市台儿庄区运河城市资产经营有限公司共同出资成立台儿庄运河古城投资股份有限公司，全面承担古城重建各项景观工程施工的组织工作。

工程招标随即开展，面向全国邀标、招标，定向考察作品与资质，遴选出最地道古建公司，竞标试建。先期中标的38家公司，一家一个院落，对“台城旧志”景区进行尝试性重建。1000多个建筑艺人，均为国家级、省级工匠。所有建筑材料，均严格规范，不许变通，尽可能使用当地收集的老件、原件。砖、瓦就地取土烧制，每道工艺，都按古法手工完成。石雕、砖雕、木雕、彩绘，都严把标准，讲究细节。砌墙磨砖对缝，控制在5毫米。特有建筑，请来原籍工匠承建。

2009年1月1日，台儿庄古城重建试验性项目工程——万家大院开工建设。8月11日，全面启动台儿庄古城重建工程。2010年5月1日，“台城旧志”景区建成开放。2011年5月1日，船形街建成开放。5月3日，月河街建成开放。10月1日，顺河街建成开放。2012年5月1日，丁字街、车大路建成开放。8月30日，箭道街及后大路西段建成开放。2013年8月5日，台儿庄古城重建工程全面竣工。四年来，共有来自全国各地的70家优秀施工单位、1000多名国家级工匠、2万名工人参与了台儿庄古城的景观施工。

为建造“古色古香、生态环保”的园林景观，施工时，在保留战争遗址、还原历史风貌的基础上，充分应用中国古典园林特色，以增绿添景为主题，突出景观特色和文化内涵，一方面，在进行植物配置时，坚持“以绿为主、绿中求美”的原则，在常绿树中合理配置四季花卉，使景观效果错落有致、疏密有序，实现了“四季有景、三季有花”的景区效果；另一方面，在进行整体布局时，采用植物绿化组团的形式进行优化布置，建造景观绿道，创造各种优美、实用的园林空间环境，以充分发挥园林综合功能和作用。绿化花木的选择，一是基于台儿庄南北交界的气候考虑，既有北方植物，也有南方植物；二是基于运河城市的风俗习惯考虑，大户人家的庭院里，既有梅、兰、竹、菊、牡丹、芍药等名贵花木，也有月季、蜀葵这些大众化的花草，在公共空间，栽植既赏心悦目又和古城色调相一致的花木。截至2017年底，古城内共栽植香樟等名贵树种约7000棵，绿地率、绿化覆盖率分别达到42.6%、47.6%。

夜景亮化工程借鉴云南丽江古城的亮化模式，亭、廊、坐凳、栏杆、栈道、水渠、城门、城墙、花墙、牌坊、影壁、景石、景树、望楼等项目亮化通过招标，昆明伊达裕股份公司中标施工。采用地埋灯、射灯、LED灯、红灯笼等，以简洁的照明设计手法，体现古城内敛、幽静、自然的风貌，将灯光与古城自然完美的融为一体，体现了运河两岸良好的生态环境，再现了“一河渔火，歌声十里”的江南韵致。

景观施工累计完成建筑面积41.11万平方米，先后铺设10条主街，72条小巷，道路总长9公里；开挖9条河流，8处汪塘，水域总面积21万平方米，水系总长11公里；建成单体建筑1088座，院落218栋，广场21个（2.6万平方米），桥梁108座，小桥300座，码头120个，驳岸22公里，城墙2.7公里（1.5万平方米），城门6座，水门4座；还铺设各类管线10万余米。景观施工总投资9.05亿元（其中房建6.91亿元，绿化、亮化0.44亿元，道路、桥梁、水系、驳岸及管网管线等1.7亿元），累计用砖约3600万块，瓦约2800万块，木材约1.6万立方米，石材约27万立方米。

景观施工过程中，成立了由纪委、审计、财政部门组成的项目监督及效能监察组，严格把关。一是严格程序关，对于大宗原材料的采购，应当进行公开招标和邀请招标的，都实行招标；对于

不需要实行招标的政府采购，严格执行政府采购程序。二是严格材料考察关，对古城重建工程需要市外、省外采购的物资，全过程跟踪调查，采取“择优、择廉、择近”的原则，按程序审批后予以采购，以期节约成本，减少费用。三是严格审计关，对于施工单位阶段性工程结算款项，要求第三方审计公司严格把关，认真审核施工单位自行采购使用的原材料和工作量，并对其审计工作实行监督。四是严格资金拨付关，采取“一报告、二审计、把七关、双印鉴”的资金使用程序管理办法，确保资金使用的真实性、准确性、合法性。还从苏州聘请古建监理机构，监督施工质量。发现不达标，推倒重建，两次不合格，淘汰出局。“实验区”建成之后，开城迎客，让全社会评鉴。由于严格审核成本，每平方米的造价，仅为2880元。这种机制，已在全国建筑行业推广。

景观建设过程中，项目监督及效能监察组累计监督工程项目100余个，参与招投标、政府采购活动81次，市场考察385次，监督价格谈判、认定717次，审核合同902项，审核工程决算报告书227份，审核资金2168笔，节支率达13.79%；发现并及时处理质量安全隐患200余起，督促监理单位下发问题整改通知书97份，处罚通知书45份，并全部跟踪整改到位，未发生一起重大质量安全事故，形成了由市纪委、监察局牵头组织，全市各相关监督机构参与配合的项目监督新模式，变“遥控”监督为“现场”监督，变“事后惩戒性”监督为“全过程融入式”监督，创新了枣庄市纪检监察机关参与重大项目监督的新模式。

（五）文化空间建设

台儿庄历史悠久，6000千年的文明积淀，孕育出独具特色的鲁南文化。京杭大运河穿境而过，南北文化碰撞交融，形成了色彩斑斓的运河文化。中日台儿庄大战硝烟散尽，威武不屈的抗战精神传承不泯，炼铸了悲壮雄浑的大战文化。为传承和弘扬中华优秀传统文化，打造文化旅游高地，台儿庄古城着力发展文化产业，打造“百馆”“百庙”“百艺”。“百馆”“百庙”，就是紧紧围绕“鲁南文化”“运河文化”和“大战文化”三条文化主线，按照专题性、国家级、大众化、延展性、研究性五个定位，建设数十座专题展馆，将台儿庄古城变成展开的百科全书，让游客丰富认知，开阔视野；同时，恢复历史上曾有的“七十二庙”，再现各大宗教在同一城市和谐共生的景象。“百艺”，就是为全国各地的非物质文化遗产搭建展示、交易、传承的平台；同时引入各类演艺项目，做好常态演出和节庆演出。

截至2017年底，台儿庄古城先后建成国家级博物馆3座，分别是：国家邮政总公司设计、山东省邮政公司投资、枣庄市邮政局承建的中国邮政博物馆台儿庄分馆，国家工商总局立项、山东省工商局筹资、枣庄市工商局承建的中国运河招幌博物馆，枣庄市财政局投资建设的中华珠算博物馆；省级博物馆3座，分别是：山东省监狱管理局投资、滕州监狱承建的监狱博物馆，山东省质监局投资、枣庄市质监局承建的运河度量衡展览馆，以及中国银行山东分行投资、枣庄支行承建的台儿庄中国银行文史展馆；其他专题展馆还有：枣庄市纪委投资建设的枣庄古代清官廉吏展馆、枣庄市地税局投资建设的中国运河税史博物馆、枣庄市粮食局投资建设的运河粮仓博物馆、枣庄市体育局投资建设的运河漕帮镖局博物馆、枣庄市人社局投资建设的中国武科举文化展馆、枣庄市烟草专卖局投资建设的运河烟馆、枣庄市中医院投资建设的中医药文化展馆、枣庄学院投资建设的海峡两岸艺术馆，以及台儿庄古城投资建设的私塾文化展馆、票号文化展馆、台儿庄运河奏疏展馆、青楼文化展馆、运河酒文化馆、池峰城临时指挥部作战室文化陈列馆、金瓶梅文化展馆（贾三近旧居）、两岸汉字艺术馆、台儿庄古城年画馆、台儿庄大战遗物陈列馆、台儿庄大战故事馆等。建成的庙宇有：金龙四大王庙（河神庙）、天后宫、关帝庙、天主堂、月老庙、观音堂、泰山行宫、东岳庙、马神庙、武圣庙、菩提寺（华兴寺），均为台儿庄古城投资建设。

2017年底，台儿庄古城里共有常态演出类非遗项目8个，分别为吴桥杂技（三仙归洞魔术）、南狮、山东快书、柳琴戏、鲁南皮影、山东琴书、渔鼓、鲁南大鼓；展销手工制作技艺类非遗产品43种（其中传统食品制作技术13

重建后的台儿庄古城西门

种），分别为傣族大鼓制作技艺、安顺地戏、剪纸、沂蒙泥哨制作技艺、徽州三雕、鲁绣、汝阳刘毛笔、石湾陶塑技艺、泸州油纸伞、薛城柳编技艺、齐村砂陶、台儿庄布鞋手工技艺、常州梳篦、漆器、徐州香包、安徽歙砚、苏州制扇技艺、东阳木雕、苗绣、台庄牌蚕丝被制作技艺、贺氏砖雕佛造像、布老虎手工技艺、天合木板年画、传统木结构营造技艺、珠算、书法、篆刻、中医针灸、木偶竹猴手工技艺、运河草编蚂蚱手工技艺、周村烧饼制作技艺、运河陈氏糖画手工技艺、枣庄菜煎饼、鲁南大煎饼手工技艺、水驿功夫汤、台儿庄张家狗肉制作技艺、马家牛肉、赵家糁汤熬制技艺、石头大饼制作技艺、冯家驴肉烹饪技艺、运河甲鱼汤烹饪技艺、宋师傅黄花牛肉面、石磨煎饼；传承信俗节会类非遗项目7个，分别为：春节、清明节、端午节、中秋节、妈祖信俗、关公信俗、四月初八泰山庙会。

在发展文化产业的同时，台儿庄古城也非常注重餐饮、住宿、购物、休闲娱乐等配套服务业态的品质质量，高起点规划设计，高标准施工装修，保证一街一貌、一店一品。截至2017年底，已建成运河街市美食街、枕水风情酒吧街、非遗博览精品街、民国怀旧风情街、中华老字号美食街、古玩字画街、女人风情街、宝岛大道等特色街区，总营业面积30余万平方米，商户达到500余家，客房床位4000余张。

七、台儿庄古城的管理运营

台儿庄古城坚持政企分开，市场化运作的管理运营理念。2010年2月4日，成立台儿庄古城保护开发建设管理委员会，作为枣庄市政府的派出机构，履行行政监管职能，推动山东省人民代表大会常务委员会于2013年11月29日通过《山东省台儿庄古城保护管理条例》，促成京杭大运河中河台儿庄段于2014年6月22日入选世界遗产名录。

同时成立枣庄市台儿庄古城旅游发展有限公司，从事台儿庄古城的经营管理、旅游接待、旅游资源开发及营销等业务。2010年8月25日至2012年10月31日，曾一度由深圳锦绣中华发展有限公司对其进行托管。期间，于2011年10月8日完成ISO9000质量管理体系的评审与认证工作，初步实现规范化管理。2016年4月，进一步组建山东省台儿庄古城旅游集团有限公司，拥有枣庄市兰祺酒店有限公司、枣庄市润昌商贸有限公司、山东兰陵书院文化发展有限公司等20余个子公司，共有员工1700余人。

2010年5月1日起，台儿庄古城各街区陆续建成开放。2011年4月1日，正式对外收费运营。2016年5月，除南门里、中正街、姜桥街外，台儿庄古城实现全城开放。年游客接待量和综合收入持续增长。2017年，台儿庄古城共接待游客581.86万人次，综合收入达13.8亿元。

（一）市场营销

2009年3月10日，枣庄市正式启动“枣庄二日游”营销模式，以台儿庄古城为龙头，整合枣庄境内所有景点进行打包，形成了“景点+住宿+优惠政策”的枣庄二日游产品在全国进行推广。同时动员了全市5区1市，包括市直的50多个部门定点在全国80多个客源城市进行点对点营销。

2010年2月，枣庄市台儿庄古城旅游发展有限公司成立后，台儿庄古城的营销推介工作全面展开。一是做好媒体宣传，先后在《扬子晚报》、上海地铁站和火车站、济南泉城广场投放平面和视频广告，加大了在长三角区域和省会城市以及上海世博会期间的宣传推介力度，扩大台儿庄古城的影响。二是积极组织人员参加旅交会和区域性旅游宣传推介会，先后参加了上海、重庆、贵州、济南旅游交易会，在上海、济南、徐州、临沂等客源市场举办了4次古城系列推介会活动，通过邀请当地各大旅行社、各大媒体、各大酒店等各旅游同业参加的推介会，进一步了扩大客源市场，建立了良好的促销渠道。三是认真策划组织节庆活动，中秋节期间策划实施了以“古城明月夜、相聚台儿庄”为主题的古城中秋国庆游园会，推出了“万家合欢灯谜、千人拜月大典、百盏花灯盛会、十里悠放河灯”等系列主题亮点；“十一”国庆黄金周，实施了“千年古城快乐游”的节庆活动，以“欢天喜地大巡游、桨声灯影不夜天”为热点，推出了古城缤纷美食节、齐鲁经典百艺汇、龙舟竞渡大运河、莘莘学子游古城、古城优惠大派送等游客参与性等系列主题亮点。活动期间，中秋节举行的盛大的拜月大典仪式，在9月23日晚间中央电视台的新闻联播中播出，古城的国庆活动画面也在10月2日晚间中央电视台的新闻联播中采用。

2011年，台儿庄古城精心打造景区专题演艺活动，全面加强市场宣传促销力度。一是充分利用整合优势资源打造特色节庆活动，精心策划组织了台儿庄古城过大年、千年古城快乐游、双月闹中秋·古城团圆节、唯美七夕·恋恋古城、古城浓情端午节、千年古城百艺盛会、盛夏亲水节等活动，繁荣景区节庆市场。同时，适时推出《乾隆巡游台儿庄》、篝火晚会、柳琴戏、运河大鼓、鲁南皮影戏、山东快书、民间杂耍等常态演艺活动，极大地开拓了台儿庄古城的节庆游，有效拉动了枣庄及周边旅游市场。二是加大市场宣传策划力度与精度，借助城市地铁、公交、楼宇电视、报刊、电台等媒体，加大宣传广告投入额，通过开展常态调研活动，逐步加大调研的深度广度和力度，根据团散比例、客源分布、游客结构等信息，精心制定有针对性的特色宣传方案，极大地开拓了台儿庄古城的节庆游，有效拉动了枣庄及周边旅游市场。三是加大针对目标市场的宣传促销攻势，对徐州、临沂、济宁、武汉、长沙、福州等古城一日游、二日游对口市场，并借助枣庄二日游政策的影响力，联合对口责任单位针对青岛、苏州、镇江等24个市直单位对口市场进行实地走访，通过举办推介会，邀请当地新闻媒体、旅行商参会，发放各类宣传资料等途径，全面开展宣传促销工作，展示古城特色旅游产

品和精品线路。并与深圳好运通、金华假日、湖北锦绣长江国际等旅行社分别签订了大型批发商协议，开拓了珠三角、华中等地区客源市场，在产品研发、市场开拓、线路推介、广告宣传投放、品牌打造等多方面与客源地旅行社达成合作意向；同时，利用网络手段，在各大论坛、贴吧、门户网站等通过文字、图片、视频等方式发布古城的相关信息与最新资讯，使得台儿庄古城的网络知名度得到较大程度的提高，取得丰硕成果。四是率队参加2011年第十八届中国西安旅交会、第二届中国国际会议产业周暨会议产业厦门高峰论坛，借助这两次盛会，在扩大古城景区影响力和知名度的同时，也借此与百余家旅游业同行建立了信息交流学习的良好关系。五是积极开通周边市场，本着立足本地、本省市场和面向全国市场的原则，有重点的开发国内旅游市场，借助“枣庄二日游”政策，主推会议游、节庆游，加大与重点客源市场旅行社的合作关系，以团队带动散客，先后开通了古城—滕州、徐州、临沂、济宁、邳州、贾汪等六地旅游快线直通车，极大地带动了周边客源城市的旅游市场，并正在逐步实现周边市场本地化。

2012年，台儿庄古城的市场营销渠道初步建立。按照“抓大不放小，求近不舍远，重点在周边”的思路，稳固基础客源市场、拓展机会客源市场、抓住周边连线市场。针对徐州、临沂、济宁、连云港、淄博、莱芜、滁州、淮北、邹城、泰安等周边城市，选择具有实力的旅行社签订阶梯奖励协议，建立稳固的游客输送渠道。针对廊坊、金华、武汉、长沙等二日游古城对口城市签订大批发商协议。选择周边城市组团实力较平均的旅行社签订一日游合作推广协议。针对性价比较高的会务市场，通过各区域批发商及合作伙伴的资源，借助景区活动产品、丰富会务产品进行打包促销。在拓宽营销渠道的同时，积极宣传策划节庆主题活动带动市场，围绕春节黄金周和元旦、清明、五一、端午4个小假期以及暑期等传统节假日和旺季市场，整合优势资源打造活动特色，策划组织了暑期仲夏狂欢节、非遗主题月、“中华百艺周”等一系列主题活动。

2013年是台儿庄古城走向市场化运作的第一年，在枣庄二日游退出的情况下，积极对接客源输送渠道，全力开拓市场。市场营销方面，重新搭建市场框架，将目标市场划分为京津冀、山东、江苏、河南、安徽、沪浙六大区域，配备40多名业务人员驻点在各自客源市场，展开驻点营销。年初各大区域对客源市场进行调研及旅游同行走访，完成1600多份合作协议的签订，并根据2012年客源市场情况及台儿庄古城景区自身产品特点，制定了全年营销及宣传计划，并有序推进。根据市场需求，适时调整促销策略，完善景区门票价格体系，同时加强网络营销，通过电子商务平台，打开另外一条景区对外销售渠道。对外宣传方面，结合客源市场的节日需求，紧扣节庆文化，树立台儿庄古城节庆品牌，策划了“千年古城大庙会”“盛世赞歌·台儿庄古城主题灯会”“台儿庄古城开河大典”“台儿庄古城踏青感恩会”“台儿庄古城第二届中国功夫文化节”“台儿庄古城浓情端午节”“暑期仲夏狂欢节”“大学生穷游音乐节”等主题活动。

2014年以来，围绕“大市场、大营销、大计调”的目标，将营销市场划区域，业务人员驻点营销，全面推介台儿庄古城，全力培育古城旅游业态，最大限度调动目标客源城市组团社的积极性。截至2015年底，台儿庄古城已完成了区域客源地市场划分，完善了从景区推广到组团、入园、地接服务、业绩统计等一套完整的客源地团队输送渠道，奠定了古城市场模式基础。客源市场细分为14个片区，不断创新优化景区产品，规范市场操作行为，保持旅游市场持续稳定发展，逐渐形成线下散客购票为主，团队及网络购票协同发展的趋势，网络散客量逐年攀升。线下散客自驾游客占比不断扩大，自驾游、自助游已逐渐成为游客出行的主要选择。

台儿庄古城建成开放以来，还先后承办了第二届中国非博会、第三届两岸汉字艺术节、首届中国春节旅游产品博览会、第三届全国智运会等国家级大型展会，中国艺术研究院、中国美术学院、山东大学等国内70多所院校在台儿庄古城设有写生基地，400多批次、5万多名师生先后来台儿庄古城开展写生教学。《台儿庄1938》《火红的日子》《台儿庄往事》《独有英雄》《凤尾鱼》《绣春刀2·修罗战场》等多部影片先后在这里取景，《明星降临》《全员加速中》《明星宝贝》等电视娱乐节目也争相来此录制。

（二）业态管理

台儿庄古城在建设之初就十分注重业态品质，在完善业态整体布局的基础上，加强管理引导。

一是明确业态定位，打造优质业态。坚持将业态招商做好做精、打造优质业态的招商理念。本着宁缺毋滥的原则，对商铺提报项目进行严格审核筛选，对优质项目优先考虑，对项目装修严格把关，确保业态品质风格定位，做好优质项目招商。

二是做好业态入驻跟踪服务，确保项目顺利实施。针对大型优质业态的入驻，安排专人负责跟进，对接协调入驻过程中的问题和困难。对新入驻商家装修装饰严格审核把关，项目跟进落实到人，对项目签约、装修施工进行全程监管、服务和指导，使其装修风格符合古城整体风格和街区业态定位。

三是规范经营秩序，提升业态服务品质。按照旅游法相关规定及国家旅游局要求，由台儿庄古城管委会牵头，台儿庄区物价局、工商局、药监局及景区内各商家共同参与，开展了创建诚信企业（商家）提升景区品质活动。对不合规的业态进行指导，对景区业态店外商品陈列、超范围经营、游客投诉等问题进行排查监督，加强景区业态管理，保证景区业态持续、稳定、健康发展。

四是加强业态从业人员培训，提升

业态服务品质。重点围绕食品安全、服务质量、法律法规等方面内容，台儿庄古城管委会联合台儿庄区药监局、工商局、物价局、消防队等职能部门组织景区业态从业人员开展知识培训，提高商家诚信意识，规范业态经营行为，提升业态服务品质。

五是增进沟通交流，实现古城与商家共赢。通过走访座谈交流，梳理商家对景区管理、服务方面提出的意见建议，分别予以帮助解决。鼓励支持商户结合经营特色对业态内外部环境进行装修美化提升，增加生活及商业气息。精心策划各类节庆活动，营造浓厚节日氛围，提高古城吸引力，为商家经营营造良好环境和人气基础。组织党员进行帮扶商户活动，帮扶业态拓宽商务平台，助其优化发展。

（三）游客服务

台儿庄古城一向将优质的对客服务作为古城品牌打造的重中之重，全力打造服务品牌，采取针对性举措，切实提高服务水平和质量。

一是执行标准化服务规范。台儿庄古城运用标准化的原理和方法结合景区工作实际需要，建立了一套较为符合古城管理和服务运作规律的标准体系，标准体系运行充分、有效，较好地满足了管理、服务工作的需要。2015 年 11 月 23 日，台儿庄古城顺利通过国家级服务标准化试点项目验收。

二是强化培训考核。坚持以人为本、严格管理的工作方针，重点针对各对客岗位的工作性质出台了相关的员工培训考核细则。严格按照服务标准化规范，定期进行服务礼仪、服务技能培训、考核，按季度颁发流动红旗，服务水平考核结果直接与星级绩效工资挂钩。从加强员工的安全意识入手，做好安全教育工作，提高应对突发安全事故能力。通过部门例会、岗前十分钟等形式加强一线员工的服务意识培训，灌输“热情、周到、主动”的工作态度。经常开展形式多样的岗位练兵活动，营造争先创优的浓厚氛围，激发员工练绝活、增技能的热情，争做一流员工、争当岗位服务能手。

三是主动接受监督。通过告示牌、大屏幕、网站等各种途径向游客公布服务品牌的服务承诺及投诉电话，让公众进行监督，不断提高服务品牌的知名度、信誉度和游客的满意度。

严格的服务品质管理，让台儿庄古城赢得了游客的认可。2015 年十一至 2018 年五一期间，台儿庄古城法定节假日期间游客接待量节节攀升的同时，成功实现了服务零投诉，服务质量、服务品质受到社会各界一致认可。2016 年 6 月 16 日，台儿庄古城作为全省唯一一家旅游行业代表在山东省品牌建设大会上做了主题演讲。

八、台儿庄古城重建的影响和意义

台儿庄古城自重建以来，获得了社会各界的充分肯定，产生了良好的社会影响。党和国家领导人吴邦国、吴官正、李长春、贾庆林、迟浩田、刘延东、王兆国、成思危、周铁农、陈至立、何鲁丽、曹志、张怀西、陈宗兴、李蒙、厉无畏、顾秀莲、万鄂湘、路甬祥、马培华，台湾地区党政领导人连战、吴伯雄、江丙坤、林丰正、蒋孝严、胡志强、高孔廉、郁慕明、郑昭明、刘兆玄等先后参观考察台儿庄古城，给予高度评价。

台儿庄古城也先后被国家有关部门评为大陆首家海峡两岸交流基地、首家国家文化遗产公园、首家国家非物质文化遗产博览园、国家版权贸易基地、国家级文化产业试验园区、国家 AAAAA 级景区、联合国教科文组织亚太地区非物质文化遗产国际培训中心枣庄基地、海峡两岸旅游文化创意产业基地、华文教育基地、全国科普教育基地、中国华侨国际文化交流基地、全国中小学生研学实践教育基地，被山东省评为省级旅游度假区、省级历史文化街区、省级绿化模范单位、海外华裔青少年中华文化传承基地、全省诚信旅游示范单位、三星级科普教育基地、生态文明教育基地、旅游服务名牌单位、首批“食安山东”示范单位，在各类评选中荣获 2010 中国旅游品牌总评榜山东分榜“十佳景区”、十大齐鲁文化新地标、CICE 金慧奖 • 十佳版权名企奖、第二届中国旅游投资“艾蒂亚”奖•最佳历史文化主题旅游项目奖、2012 携程年度最具魅力古镇、中国最美休闲度假旅游目的地、首批创造未来文化遗产示范单位、2014 年度最受网民欢迎的古城古镇、中国最美休闲度假旅游目的地、中国大运河文化带经典案例奖等奖项和称号，还被美国有线电视新闻网（CNN）评为“中国最美五大水乡”之一。2014 年 1 月 29 日，台儿庄古城形象片亮相纽约时代广场，该片以“触摸台儿庄•感受中国梦”为主题，时长 30 秒，向世人展示了这座“二战名城 • 运河古城 • 寻梦之城”的独特魅力。

（一）作为资源型城市转型的成功实践，扩大了枣庄市的影响

资源型城市转型是一个世界性难题。台儿庄古城的成功重建，带动了服务业发展，促进了转调创，为资源型城市探索出一条可持续发展之路。

2011 年 3 月 8 日，在第十一届全国人民代表大会第四次会议分组讨论时，中共中央政治局常委李长春对枣庄深入挖掘本地文化资源，重建台儿庄古城，带动文化产业大发展，推动资源枯竭型城市转型的做法给予充分肯定，指出台儿庄古城项目很好、很生动。

2012 年 3 月 7 日，在第十一届全国人民代表大会第五次分组讨论时，中共中央政治局常委、国家副主席习近平询问了台儿庄古城的有关情况，指出：“对全国区域协调发展，枣庄这样的转型升级很有战略意义”。

在台儿庄古城的带动下，台儿庄区规模以上宾馆由 2012 年的 30 家发展到 120 家，接待床位由 2012 年的 2690 张发展到 1.2 万张，服务业增加值年均增长 8.1%，服务业增加值占 GDP 比重增幅连续多年位居全市前列。台儿庄的知名度、美誉度和人民群众的生活水平得到很大提高。

（二）作为古城保护修复的典型范例，探索出一条古城保护的中国之路

台儿庄古城自规划、建设之初，就得到了众多专家学者和社会各界的广泛认同。

2011 年 6 月 6 日，中国文物学会名誉会长谢辰生、清华大学教授陈志华等到台儿庄古城考察。谢辰生评价说："重建台儿庄古城，是对文化遗产保护的创新，是对文化建设的重大贡献。"陈志华评价说："台儿庄古城重建，是一种全新的文化遗产保护模式。"

2011 年 7 月 20 日，国家文化部副部长、文物局局长单霁翔到台儿庄古城考察文化遗产保护工作，指出："台儿庄古城重建较好地实现了物质文化景观和非物质文化空间的有机融合，是过去遗产保护历史上，没有先例的、开创性的工程。"

2011 年 11 月 4 日，中国现代文学馆原馆长、文化学者舒乙到台儿庄古城考察时指出，"台儿庄古城重建，为我国古城、古镇、古村保护和传承开创了一条崭新的路"，并评价说，"日本京都是世界上保护得最好的古城。我意外地发现，台儿庄比京都做得还要纯粹，还要精彩"。

2013 年夏，新华通讯社《特供分析报告》和《半月谈》连续发文，深度介绍了台儿庄古城重建的经验和做法，并对这一模式给予了充分肯定。

（三）作为海峡两岸交流的重要基地，增进了两岸的认同和沟通

台儿庄古城先后建成复兴楼、两岸汉字艺术馆等文化场馆，举办了台湾大甲镇澜宫妈祖分灵安座大典、第三届两岸汉字艺术节、两岸动漫文化节、全国海峡两岸交流基地工作座谈会、全国海峡两岸交流基地工作研讨会、两岸文化创意产业发展论坛、海峡两岸工会论坛、全国台湾同胞投资企业协会会长座谈会、两岸纪念抗战胜利70周年暨台儿庄战役学术研讨会、海峡两岸和平文化论坛、海峡两岸龙舟赛、海峡两岸春节文化论坛等活动。中国国民党前主席连战、吴伯雄，前副主席林丰正、江丙坤、蒋孝严，新党主席郁慕明都曾到台儿庄古城参观访问，并给予积极评价。

2010 年 5 月 4 日，国民党荣誉主席连战考察台儿庄海峡两岸交流基地建设并为标志性建筑泰和楼奠基，他指出："抗战名城台儿庄是一个充满丰富文化和历史古迹的地方。1938 年 3 月，在这个地方发生了惊天地、泣鬼神的一场战役，表现了中华民族不屈不挠、同仇敌忾、牺牲奉献、为国为民的民族精神，这种精神是中华民族复兴、进步发展的一笔宝贵财富。台儿庄海峡两岸交流基地的设立，非常有意义。期望海峡两岸同胞携手合作、同舟共济、深化交流，共创美好的未来。"

2010 年 9 月 1 日至 2 日，中共中央台办、国台办主任王毅视察台儿庄海峡两岸交流基地建设情况时指出："台儿庄作为国台办批准的国内首家海峡两岸交流基地，在两岸人民之间架起了一座桥梁，把两岸老百姓的心连起来。在台儿庄古城，既可以领略中华文化的深厚底蕴，也可以看到我们的发展和进步，这是一个很好的交流基地，希望两岸同胞都到这里来看一看。"

2012 年 9 月 16 日，中共中央政治局常委、全国政协主席贾庆林赴台儿庄古城视察指导工作时指出："重建台儿庄古城，符合全球中华儿女的心愿，不仅发展了旅游产业，更促进了海峡两岸的交流，在加强台湾同胞对中华民族的认同、对中华文化的认同等方面有着重要意义。要把台儿庄古城保护好、管理好、利用好，切实发挥好作用。"

（四）作为枣庄市改革开放的一次成功实践，坚定了人民群众实现"中国梦"的信心

枣庄市实施以重建台儿庄古城为龙头的文化旅游拉动城市转型战略，既是在面临矿竭城衰的背景下开展的一场自救行动，更是在改革开放和社会主义现代化建设的伟大实践中开创的一条康庄大道，凝聚了 300 万枣庄人民干事创业的决心，也坚定了人民群众实现"中国梦"的信心。

曾经的枣庄，是一座因煤而建、因煤而兴的城市。丰富的煤炭资源，让枣庄富饶，也让煤之黑成为枣庄城市的颜色。如今的枣庄，是一座绿水环绕、林木葱茏的城市。旅游这个新支柱，不但让枣庄城强民富，更让枣庄迎回了久违的绿水蓝天。通过发展文化旅游，传承文化基因，保护城市文脉，不仅助推了枣庄的城市转型，而且增强城市的凝聚力和认同感。随着枣庄文化产业的发展，城市的形象提升了，老百姓的心气更足了、更有自信心了，这都是一座城市巨大的财富。

九、台儿庄古城重建的经验和启示

（一）科学论证，专业规划，保证重建质量不走样

"拆了真古董，建造假古董"，一直是古城恢复重建中广受文化保护部门和公众诟病的一大症结。枣庄市在重建台儿庄古城之前，仅用于史料收集查询、实地走访、科学论证的规划时间就用了三年。

枣庄市认为，重建后的台儿庄将不仅仅是一座古城，更是一种民族精神的象征，是一座历史的丰碑。台儿庄厚重的历史和其承载的精神价值，决定了古城的重建不仅仅是景观的重建，更是文化的重建。因此，枣庄市充分论证古城重建的必要性和可行性，在古城重建中把文化重建放在首位，致力于打造一座二战纪念城、运河文化标志城和东方古水城。

为重建古城，从 2006 年 12 月开始，枣庄市开展了广泛的田野调查和资料搜集，通过各种途径，在国内外搜集老照片、古文献以及口述历史，请各方专家进行整理考证论证，形成了《台儿庄古城胜迹复原图》，使每个街道、造型、细节都有根有据，为古城重建提供了模本。

在规划环节，请来国内一流的文化、规划、旅游、古建筑专家，"华山论剑"、博采众长。历时近 3 年的台儿庄古城历史街区的保护与发展规划编制，仅各类论证会就开了上百次，最终才形成项目

规划方案。

项目规划方案考虑到了古城建设的各个细节，控制住了古城重建的区域范围，避免了古城重建中的随意性和无序性，防止决算超预算、预算超概算、概算超估算，确保投资的可控性。

（二）政府主导，市场运作，保证资金投入不超载

3年的论证和规划之后，台儿庄古城重建所需的资金问题，摆在了枣庄市决策者面前。枣庄市委、市政府深入调研后认为，如果政府将台儿庄古城重建工程交给民营企业，虽然能减轻财政压力，但是这些开发商大多追求的是短期利益，不利于古城的生态保护和长远发展，政府主动引导、国企投资运营，是确保古城保护质量与资金运转可持续双赢的重要路径。

在台儿庄古城建设过程中，政府的定位只是主导和规划，参与建设必要的基础设施；国有企业则负责古城主体工程的招标和建设，其余资金则主要靠吸引社会投资来实现。围绕古城重建，枣庄市政府配套投资2亿元，主要投在基础设施、道路、水系等建设上。2亿元的基础设施建设投入，加上国有企业投资建设的主体工程，不仅带来了商户室内装修的6亿元投资，还吸引了大量社会服务业资本涌入古城，由此带动的社会资本达20亿元之多。

在业态招商过程中，还提出了一个产权和业态控制的核心理念。枣庄市认为，台儿庄不同于一般的旅游城市，它是二战故地，是3万英烈为国捐躯的一座圣城，丝毫不容亵渎。因为产权控制在5家国有煤矿企业手中，古城管理公司对所有申请落地的商户反复筛选，宁缺毋滥，低俗业态一概拒之门外，高品质、有实力、善经营的商户敞开进入，而对非物质文化遗产项目，更是采取多种扶持手段。

（三）三分造景，七分造市，保证开发运营不落空

历史演进的规律无数次证明，城市是“城”和“市”的结合，造“城”先造“市”，“市为城本，本固城兴”。然而，2009年以前的枣庄市，没有一辆旅游大巴，没有一个地接导游，没有一家五星级酒店，宾馆只有4700张床位，且常年入住率不足四成。这样的现实窘境下，台儿庄古城如何带领枣庄旅游突围成为一道难题。

枣庄市主要领导深深意识到，在旅游业发展初级阶段，市场主导是一厢情愿的，只有在政府的主导下，旅游市场才能率先启动，显现效益，才能带来市场主体的积极主动参与。换言之，市场缺位的地方，政府就要到位。

为此，早在古城开工建设之初，枣庄市就围绕台儿庄古城这一旅游产业龙头，启动了“枣庄二日游”主题推介年活动，最终探索出了一条“政府培育市场、市场拉动消费、消费带动投资、投资助推转型”的古城旅游发展新路。

“枣庄二日游”的核心之一是“景区打包低价促销、最大限度让利旅行社”，旅行社的偏好是“带游客看能带来最大利润的景区”。枣庄二日游打包了10多个景区，使门票总价从300多元降至98元，从而将大批旅行社吸引进来。核心之二在于“二日游”，就是让游客住下来，从而将宾馆床位扩容和酒店投资带动起来。核心之三在于“突出台儿庄古城”，不管线路如何设计打包，古城是必看项目，古城尚在建设之中就已经热起来了。

龙头产业需要龙头部门的牵头和配套服务。为此，2010年5月，枣庄市撤销原市旅游局和服务业办公室，成立了枣庄市旅游和服务业发展委员会，成为市政府三大综合部门之一，进一步理顺了旅游和服务业发展体制。山东省旅游局局长于冲表示：“旅游合并服务业，部门升格为委员会的，枣庄是全国第一家”。国家旅游局局长邵琪伟对枣庄的旅游行业体制改革也专门给予了评价：“此举充分体现了枣庄抓旅游服务业工作的决心和力度，开创了将旅游作为转方式、调结构先行产业的先河。”枣庄市通过重建台儿庄古城，撬动了旅游和文化产业乃至整个服务业，解决就业和富民问题，走出了一条推动城市转型、造福百姓的新路径。

重塑一种精神，重温一种情感。走进台儿庄古城，诗意的水乡气息扑面而来，青灰的瓦当流淌着悠悠的时光，徽派的山墙映衬出蓝天的静谧，精致的院落隔开了尘世的喧嚣。今天的台儿庄古城更多的是一种说不出的情调，让远道而来的游客，可以诗意地栖居在这座充满了中华文化意韵的精神家园里，卸下满身疲惫，尽享古城时尚慢生活。

审稿人：王广金

撰稿人：王　密

盐业管理工作发展历程回顾

枣庄盐业公司自成立以来，在枣庄市委市政府以及省集团公司的正确领导下，坚持以科学发展为主题，以转型发展为主线，以稳中求进为总基调，调整优化结构布局，提升发展质量效益，强化规范市场秩序，全力打造服务意识强、管理水平高、经济效益好的盐业品牌，在保持枣庄盐业健康发展的同时，也为地方经济又好又快发展做出了重要贡献。

一、盐业管理工作发展

（一）盐业从供销社分离，理顺体制（1999—2000 年）

枣庄市的盐业行业原隶属枣庄市供销合作社管理。1999 年 12 月，省政府下发《关于调整和完善盐业经营管理体制的通知》，将盐业从枣庄市供销社分离出来，单独成立盐业公司，属市经贸委。枣庄市政府召开市长办公会议，专题研究盐业体制改革和移交、划转措施。枣庄盐业公司于 1999 年 12 月 30 日和枣庄市供销社签订了《盐业分离划转协议书》。

2000 年 1 月 18 日，全市盐业从供销社分出，枣庄市盐务局、枣庄盐业公司正式挂牌成立，市盐务局行使本级政府盐业行政主管机构的职能，负责全市盐业行业管理、盐政执法和食盐专营的行政管理工作。5 月，原枣庄市果品盐业总公司薛城区分公司更名为枣庄盐业公司薛城分公司，枣庄市果品盐业总公司山亭区分公司更名为枣庄盐业公司山亭分公司，枣庄果品盐业总公司峄城区分公司更名为枣庄盐业公司峄城分公司，枣庄市果品盐业总公司台儿庄区分公司更名为枣庄盐业公司台儿庄分公司。4 个盐业分公司均系山东省盐业总公司的下属企业，依法从事本行政区域内盐资源开发、利用和盐产品生产、加工、储运、批发经营业务，同时分别加挂枣庄市盐务局薛城区分局、枣庄市盐务局山亭区分局、枣庄市盐务局峄城区分局、枣庄市盐务局台儿庄区分局的牌子，均为枣庄市盐务局的派出机构，负责本行政区域内的盐业行业管理、盐政执法和食盐专营的行政管理工作。市盐业公司设立食盐专营分公司，加挂直属分局的牌子，负责市驻地的食盐供应和盐业市场的管理工作。滕州盐行业在行政关系上属滕州市供销社管理，业务上属枣庄盐业公司管理。

（二）盐业管理工作在摸索中前进，各种工作规范正在形成（2001—2007 年）

1. 切实担负起专营职责

（1）2001 年，市盐务局在抓好零售网点的同时，为规范企业用盐的管理，用 20 天的时间，对全市 70 多家用盐企业进行了摸底和暗查，发现绝大多数企业有偷购私盐现象，对此市盐务局实行企业用盐档案管理。针对私盐流入的具体情况，市盐务局加大稽查力度，制定了《私盐举报奖励办法》，并通过各种新闻媒体向社会宣传，形成盐业市场社会监督网络，群众举报案件占立案总数的 60%。在全市食盐零售网点中开展了争创文明食盐专卖点活动，活跃了盐业市场，有效地防止了私盐的流入。

（2）在推广复合膜小包装工作方面，采取了以食盐专卖点为依托，以人均 4 公斤为依据，对专卖点实行了本区域人员和食盐销售量挂钩的办法。在复合膜小包装的销售过程中，由于时间紧，任务重，全市各分局根据本区域的实际情况，采取了形式多样的销售活动，薛城盐业分公司，在对食盐销售网点进行检查的同时，加大了对网点的服务力度，在车辆紧张的情况下，坚持“一个电话，送货到门”的服务承诺，特别是利用节假日对老弱病残客户的服务，受到了销售网点的一致好评。

（3）2003 年，市局对用盐企业登门做好服务，尤其对腌制户、畜牧养殖户分别建档造册，防止私盐冲击。在做好食盐供应的同时，采取检查与走访相结合的方法，有侧重地加大了市区接壤地区的网点建设。制定了向偏远农村、山区及区市结合部推广小袋盐计划，并根据小村一个，大村二个的原则，对已有的销售网点进行了整顿，撤销了部分不符合要求的销售网点。各分局带着宣传材料、碘盐试剂、合格盐，走村串户，边宣传边检测，对检测出的假、劣质盐，进行无偿兑换。通过宣传教育，增强了群众对食用盐的认识，促进了农村食用碘盐普及率的提高，经防疫站百户抽查，台儿庄区食用袋装精盐普及率达到 98%。

（4）2004 年，针对全年产区盐价上涨，运费增加，枣庄市外出打工人员增多的情况，市盐务局从搞好食盐专营入手，对食盐零售网点进行了认真整顿，撤销了部分不合格的食盐零售网点，加大了对偏远山区盐业市场的管理力度，并以扩大销售量，提高服务质量为目标，在全市食盐零售网点中开展争创文明食盐专卖点活动。在稳定好老网点的同时，认真帮助和扶持好新网点，做好市委、市政府迁出、迁入两地的市场管理工作。在抓好零售网点的同时，进一步狠抓了企业用盐的计划管理，尤其注重对用盐大户的管理。在全年雨水多，产区减产，全省工业用盐供应紧张的情况下，市盐务局对外全力以赴抓调进，对内积极采取措施多方协调，确保了全市工业用盐

的供应。在畜牧、饲料加工用盐方面，市盐务局对每个养奶牛户登记造册，对每头奶牛实行每天定量4两盐的细化管理，收到了很好的效果。在腌制盐管理上，对市区酿造业和腌制户实行跟踪管理，酱油根据其产量，按照18%的标准核定其用盐量。对腌菜户时刻注意其腌制池，只要池子起白沫，随即按比例投放日晒盐。由于管理到位，酿造腌制用盐比上年同期增加了1000多吨。

（5）2005年，小袋食盐更换包装，11月下旬，市内发生了长达18天的食盐抢购，仅直属分局在18天中就销售小袋食盐412吨，相当于3个月的销量。在食盐抢购期间，一些不法商贩，大量囤积食盐，有的囤积多达四、五十吨。同时，由于2004年雨水偏多，加上盐化工企业用盐量增加，工业原盐价格由160元/吨，陆续涨至340元/吨，虽说实行差额补贴，但调度计划也难以落实。在这种情况下，市盐务局从稳定全市盐业市场的大局出发，首先积极做好企业用户的工作，让用盐企业尽量由原盐改用精盐，确因设备和工艺上的原因无法用精盐替代的就及时供应工业盐。其次抓好零售网点建设，为规范农村食盐零售网点，市盐务局从办理食盐零售许可证工作入手，对农村食盐零售网点进行了规范，在近四个月的时间里，按照小村1户食盐销售点，大村2—3户销售点的原则，规范和完善了农村食盐销售网络，初步形成了零售网络同管理举报网络共同建设的新机制。

（6）2006年，市局提出了“以客户为中心、全方位供应、全过程负责”的服务质量承诺，强化了职工“用户至上，真诚服务百姓”的意识。在日常的业务经营活动中，改过去提货制为送货制，把送货上门，定期走访等贯穿于服务之中，彻底解决了过去用盐企业欠账过多的现象。

（7）2007年，为规范盐业经营，制定了《枣庄盐业专营有限公司业务经营管理制度》《枣庄市盐务局食盐质量管理规定》《枣庄市盐务局食盐零售网点管理制度》《枣庄市食盐零售许可证管理办法》《枣庄市盐务局关于区（市）盐务局领导班子成员深入食盐零售网点促进工作落实暂行规定》《枣庄市盐务局食盐零售网点“四个一”落实管理办法》《私盐举报奖励办法》和《关于规范盐业批发企业经营行为防止相互冲销的规定》等多项管理规定，使全市盐业经营管理逐步走上了规范经营的轨道。加强了食盐销售网络建设，在全市食盐零售网点排查摸底的基础上制定了《食盐销售网络建设方案》，明确了食盐销售门店的基本条件和设立的原则和程序。对全市所有网点实行了《食盐零售许可证》《食盐零售网点标志牌》《食盐零售标价卡》《食盐零售总购销登记簿》《食盐零售网点管理制度》的“五个一”管理办法。统一制作了证、牌、卡、簿。出台了网点管理方案。滕州盐业总公司根据网点设置的要求，取消了乡镇33个代批点，加大了对网点的动态管理，对全市1200个网点建档立卡、统一编排，并利用网络平台，把食盐购销情况按盐种、数量、流向，分类整理录入电脑，有效地促进了市场管理与食盐销售。

2. 整顿规范盐业市场秩序

（1）2001年3月开始，为确保全市人民吃上合格碘盐，市局利用4个多月认真对全市盐业市场进行了全面整顿，撤销了部分不合格的食盐零售网点，压缩了市驻地一批食盐转批点，市驻地由原26个食盐转批点压缩为10个，同时，为确保转批点的碘盐质量，市驻地10个转批点均由盐务局职工直接负责经营。选择信誉度较高的个体经营户作为挂牌专卖点，在给专卖户一定权益的同时，也规定了专卖户一定的责任，即确保本区域食盐供应，维护好本区域的盐业市场，对本区域内的非定点食盐销售户进行举报，这个和定点专卖户利益直接挂钩的办法，对维护盐业市场，堵塞私盐流入起到了很好的作用。

（2）2002年4月，成立了公安局驻盐务局办公室。公安办成立之后，市局稽查工作在公安机关的支持和协助下，充分发挥《私盐奖励举报办法》的作用，广泛深入的发动和鼓励群众对私盐案件进行举报，并根据盐业市场的具体情况，本着什么问题突出解决什么问题，哪里问题严重就抓紧整治哪里的原则，先后到五区盐务分局召开座谈会，了解全市盐业销售和市场管理的基本情况。在20余天的时间里，先后召开座谈会8次，及时了解和掌握了全市盐业市场的总体轮廓。特别通过对全市涉盐违法犯罪人员的排查摸底，使市场整治有了目标，打击有了重点。在公安办同志的带领下，盐政执法工作取得了显著成绩，先后破获了假借部队名义，利用运输一次贩运达120吨的非法贩运私盐大案。共查出盐业执法人员违法涉盐犯罪案、印制伪冒食盐包装大案、非法食盐分装案、企业非法购置食盐案等各类涉盐案件323起。其中，行政案件242起，刑事案件8起，涉嫌违法人员20余名。捣毁制假窝点8个，刑拘12人，批捕8人，取保候审3人，罚没款7.6768万元，没收盐产品438.95吨。这些大案的破获，有力打击了枣庄市贩运、贩卖私盐的违法犯罪活动，遏制了违法犯罪人员的嚣张气焰，稳定了盐业市场秩序。

（3）依照山东省人民检察院、山东省高级人民法院、山东省公安厅《关于办理非法经营食盐犯罪案件有关问题的意见》和最高人民检察院《关于办理非法经营食盐刑事案件具体应用法律若干问题的解释》的要求，在公安机关的支持和协助下，破获了一批大案要案，有力打击了全市贩运、贩卖私盐的违法犯罪活动，遏制了违法犯罪人员的嚣张气焰。2003年共查处涉盐违法案件365件，罚款60070元，没收私盐421.6吨，移交公安处理的案件7起，刑事拘留7人，判刑4人，端掉制、售假窝点5个，没收摧毁加工设备5台，没收假包装袋9200个，没收假防伪标志600个。结案率达98%，无一起行政复议和行政诉讼。

（4）2004年，市局紧紧围绕“普及碘盐，提高全民健康”这个中心，在

队伍建设上抓管理、练内功，以“廉政勤政、严明高效、组织协调、调控有力”为总体要求，严格落实学习制度，市盐政稽查支队4—5月，在全局开展了盐政执法队伍整顿活动，通过自查自纠，自我批评等方法，提高了执法队伍整体水平。全年共查处涉盐违法案件296件，立案75件，罚款74680元，没收私盐13268吨，结案率达99%。2004年2月2日夜，接群众举报，台儿庄有车运私盐，支队在台儿庄收费站路口埋伏，凌晨1点当场抓获车号为津A—00843车辆运输的工业原盐15.5吨，并在公安办的协助下连夜将货主黄某抓获，此案已移交公安局审理。由于队员执法水平的提高，2004年，盐务局所办案件无一起行政复议和行政诉讼。

（5）2005年，在盐业市场整顿期间，在公安局驻盐务局办公室的配合下集中行动20次，出动执法人员902人次，对各区（市）的107个综合性市场，及2856个食盐经营户进行了清理，撤销了不合格碘盐销售网点69个，治理无证销售碘盐、私自加工纸质食盐包装及非法贩运、贩卖私盐户91个，查处涉盐案件229个，查获无碘盐私盐96.3吨，判刑1人，逮捕1人，取保候审1人，行政罚款3万余元，为符合条件的3713个经营户新办理了食盐专卖《许可证》。为确保省、市边界地区的盐业市场稳定，市局领导多次到边界地区进行检查。同时，及时与兄弟省市进行交流。11月1日，市局与江苏省徐州市盐务局在枣庄召开座谈会，就如何稳定边界盐业市场，共建平安边界问题进行了认真座谈。会上两市交流了在食盐经营过程中好的经验，对市场上出现较多的问题现象进行了认真的探讨。2015年全市共查处涉盐案件513起，一般案件254起，简易案件259起，罚款77758元，没收私盐44.9吨，结案率达99%，无一起行政复议和行政诉讼。

（6）2006年，市盐务局成立了由局长任组长、市公安局经侦支队副支队长任副组长、各分局局长任成员的秋季行动领导小组，并依据集中整治要点，结合枣庄地区的实际情况，制定了秋季集中整治行动方案。在秋季集中整治活动中，全局出动稽查人员、公安、工商等共达3900人次，稽查与宣传车辆660辆次，查处涉盐违法案件共326件，其中一般案件89件，简易案件237件，查处没收私盐170.945吨，罚款共2.2665万元。为稳定边界盐业市场秩序，市盐务局召开了共建平安边界联合执法工作座谈会，统一了认识，并进行了多次联合检查。多次对过去“两不管”地区的联合检查，既维护了边界的盐业市场秩序，又解决了长期以来边界相互冲销的混乱局面。2006年原盐丰收，盐价下调，一些不法盐贩受利益驱动，借高速公路的便利，从产区直接贩盐进行销售。对此，市盐务局派稽查队员24小时守候所有辖区内的各个高速出口，共查处2起私盐案件，分别为12吨和60吨，因后者数量较大，已构成犯罪，公安机关已将3位嫌疑人收审。

2014年6月，市盐务局开展边界联合执法宣传活动

（7）2007年，召开了盐政、公安联席会议。成立了盐政、公安专项整治行动联合领导小组，加大了对专项行动的督促检查，形成了专项行动月检查制度，认真梳理辖区内私盐窝点线索，设点堵截，上路巡查，严厉打击，震慑犯罪。专项整治行动共查处案件160余起，移送公安机关5起，刑事拘留1人，逮捕2人，立案在逃2人，没收非法盐产品237.5吨，罚款94590元，端掉3个制假售假窝点，有力地打击和震慑了犯罪嫌疑人。与接壤边界地区达成协议，针对枣庄市台儿庄区与江苏徐州邳州市、铜山区接壤的具体情况，两地市盐务局本着沟通信息，相互理解，合作共赢的原则，达成了共同治理边界市场协议，建立了半年一次定期通报情况机制，使边界盐业市场形成了信息共享，相互配合，联合打击私盐的良好工作局面。

3. 增大食用碘盐宣传力度

（1）2001年5月15日，市盐务局召开了“5•15”宣传工作动员会。同日，《枣庄日报》刊发盐务局黄维战局长撰写的题为《坚持碘盐监督管理，持续消除碘缺乏病》的署名文章。晚上，盐务局和卫生局、工商局、教育局、技术监督局、市广播电视局联合举办了枣庄市盐政文艺晚会，整场晚会以宣传食用合格碘盐为主，由盐务局和市艺术剧院共同创作的快板小品《订婚》，以及对口快书《约会》，快板《情满人间》等节目，受到了参加晚会的各局领导及观众的一致好评。

（2）2002年，省局下发《关于积极开展第九届防治碘缺乏病日活动的通知》后，市局和市卫生局、市防疫站联合召开专项会议，认真研究了活动内容，并对活动程序作了具体部署。在认真组

织全局宣传活动的同时，市局领导积极参与宣传活动。5月15日《枣庄日报》刊登了黄维战局长撰写的《消除碘缺乏病　造福子孙后代》的署名文章，文章对全市盐业市场的整顿情况进行了总结，着重说明了消除碘缺乏病的重要性和必要性，以及碘缺乏病和儿童智力发展的关系。5月15—17日宣传活动期间，市局共出动宣传车60车次，人员216人次，发放宣传单2万余份，设立宣传站2处，在主要街道悬挂过街横幅8条。同时，市卫生局、卫生防疫站组织了部分中、小学生观看了《碘缺乏病和儿童智力》的宣传片。各分局也根据本局情况开展了形式多样的宣传活动。

市盐务局“5·15”宣传

（3）2003年，在“非典”期间，不法商贩趁机哄抬物价，扰乱了盐业市场秩序。市盐政稽查支队组织执法人员走上街头宣传，并开设24小时咨询热线，鼓励群众举报不法商贩，并对违法商贩予以严惩，受到全市人民好评。在维护盐业市场秩序，打击涉盐违法犯罪方面，开展了“举报涉盐犯罪，确保吃上合格碘盐”活动。在此项活动中，广大人民群众积极举报涉盐违法案件，查获了一批已触及刑法的大案。

（4）2004年，为有效截堵私盐侵入偏远山区，确保偏远山区农民吃上合格碘盐，市局加大了对偏远山区盐业市场的监管力度和宣传力度。各分局在做好本区域食盐供应的同时，根据本区域的具体情况，对与外省、市接壤的食盐零售网点，采取了积极措施，有针对性的开展工作。

（5）2005年，自5月中旬开始，利用5天时间，出动10部宣传车，在5区1市22个乡镇驻地、街道市场开展了宣传活动，广泛深入地宣传了省、市整顿和规范盐业工作会议精神。6月下旬，盐务局会同工商、卫生、质监、公安等部门，联合制定了《关于全面整顿和规范盐业市场秩序的公告》，并投资2万余元，印制了25000余份。同时，录制了《公告》录像带下发各区（市），并把《公告》张贴到各乡镇市场、公共场所和村庄，同时公布了举报电话。

（6）2006年，各分局负责人亲自带队到自己的辖区进行宣传，重点宣传《山东省盐业管理条例》和市局制定的《私盐举报奖励办法》。活动期间，共发放宣传单5万余份。

4. 盐业企业破产改革重组

原枣庄盐业公司于2006年11月15日依法宣告进入破产程序，委托枣庄盐务局托管经营。2007年4月6日注册成立了枣庄盐业专营有限公司。5月1日，枣庄盐业专营有限公司与枣庄盐业公司破产清算组办理交接，并正式投入运营。为维护职工的合法权益，落实职工权益金额218732元，稳定了职工情绪。同时，为五区分局、市局盐政稽查支队购置了各种车辆14辆，使单位各项工作全面展开。

（三）盐业工作不断完善，努力提升工作高度（2008—2017年）

1. 优化调整盐产品结构

（1）2008年，市盐务局从强化终端市场管理，确保网点销售入手，对送销人员明确了“三明一登记一确保”规定，即：送销人员必须明确所属送货区域、明确区域内共有多少销售网点，明确网点销售进度，对送货时间及数量有明确记录，确保送货及时。在此基础上，在全市开展了以“热情服务、亲情沟通、实情理解”为主要内容的“三情”活动。即：销售服务有热情。无论何时，一个电话就送货到门，无论客户楼层多高，搬运多难，均按客户要求把商品搬到指定位置。食盐宣传有亲情。要向对待亲人一样，认真、耐心宣传食用合格碘盐意义。让客户了解食用合格碘盐对自身的好处，私自购进无碘盐对身体的危害。执行库存量讲实情。对资金紧张、确实无力执行核定库存量的经营户，根据实情相应减少。“三情”活动深化了“专营为民，服务为民”的行业理念，强化了终端市场管理，拉进了企业与网点的距离，不仅和老百姓结下了深厚的亲情，提高了企业的外在形象，对堵塞私盐进入也起到了极好的监督作用。本着“方便群众，利于管理，辐射到位”原则，对全市零售网点进行了全面规范。为6千多食盐零售户换发食盐零售许可证，严格执行“四个一”管理办法，细化了牌、证、卡、合同的具体悬挂和摆放位置。全市食盐零售网点初步形成了横向到边，纵向到底，村户相连的食盐零售网络体系。

（2）2009年，枣庄市盐务局进一步细化了销售网点“一牌、一证、一簿、一卡、一合同”的“五个一”管理方式。对全市7000多个食盐销售网点，采取各分局对所属销售区域前期普查，市局有关科室后期抽查的办法，对不达标的食盐销售网点，采取撤销、合并的方式，

及时进行了调整和整顿，进一步规范了零售网点的管理。在全市开展了“走百村，进万户”活动。以实地查看老百姓盐罐子的方法，了解网点对所属销售区域的市场管理情况。同时，从提高对网点服务入手，对销售网点采取订货上门、送货上门、结算上门、服务上门的“四上门”工作制度。为加大纸塑小包装盐的销售，对复合膜小包装盐采取了按不同季节限量供应方式。对城区、乡镇驻地、省际、市际边界市场，以销售纸塑小包装盐为主，按季节供应复合膜小包装盐，稳定了人口集中地区的盐业市场，基本堵塞了边界市场偷购私盐现象。对宾馆、饭店、学校、医院、工地食堂及熟食加工店等用盐单位，全部供应纸塑小包装食盐，并逐一登记造册，按核定量每月检查用盐情况。对堵塞私盐流入，起到了较好的作用。

（3）2010 年，市盐务局开展了终端市场走访调研活动，深入市、区一线进行调研。通过实地走访，深入网点调查，广泛征求客户意见等形式，了解问题、发现问题、解决问题，确保全市基层网点管理规范、营销到位，提高了全市盐业的服务和管理水平。活动期间，对全市 7000 多个零售网点发放了《致全市零售网点的公开信》和《征求意见函》，并对反馈的意见及时整改。山亭、峄城、台儿庄等单位根据本区域餐饮业难于管理的具体情况，把餐饮业管理作为重点来抓，对本区域餐饮及学校、单位食堂进行登记造册，建立台账，及时掌握销售进度，融洽了与客户的关系，有效堵塞了私盐流入。市中分公司为激励零售网点积极性，建立自己的品牌，在本区域实施销售网点形象店工程。

（4）2011 年，进一步完善网点管理和网络维护，按照“四个一”的管理要求，促进全市食盐零售店的达标升级活动，从而推进网点形象店建设。在对网点实现直供的基础上，把宾馆、饭店、学校、医院、工地、企事业单位食堂和食品加工户全部纳入配送体系，健全客户档案，实现全市食盐及其他盐产品直送终端的一级配送要求。以食盐“销售管家”为依托，逐步推进全市食盐订单制营销模式，使广大食盐零售店和食盐用户，足不出户就能享受到一站式、一条龙、一体化的方便快捷服务。结合盐业工作特点和客户需求，通过创新服务流程，制定服务标准，公开服务承诺等措施，促进服务质量的提高。在企业内部，制定出台了岗位说明书和服务公约。对送销人员实行分片包干，全局干部职工都有具体的服务范围，并印制联系卡，便于和用户的日常沟通，搞好跟踪服务。与枣庄移动公司和枣庄联通公司合作，将通信公司的信息化优势和枣庄盐业的销售网络资源整合，推出枣庄“盐务通”工程。此项工程的实施，将为全市 8000 余家食盐零售网点提供便利的货款支付服务，并能实现对库存量、销售动态的有效监管，进一步改善原有的工作流程，实现没有现金参与的资金归集，以及利用盐务通呼叫中心业务，实现盐业公司销售渠道信息的归集及分类整理。利用此业务，可有效提升盐业物流配送运作效率，降低盐业渠道运营成本，实现枣庄盐业整体信息化水平的提升。

（5）2012 年，市盐务局为扎实做好基层建设年活动，结合市场具体情况，明确了以加大绿色食盐销售为工作重点，全面推进食盐销售的工作目标。同时，把抓好“网点规范化升级、食盐配送一体化升级、行业服务标准化升级”三个升级作为全年食盐销售工作的有效措施，进一步融通了与食盐销售网点的关系，培育了效益增长点，促进了食盐及非盐产业的全面提升。加大对绿色食盐的宣传推广力度，积极提高和引导消费者认识绿色盐、食用绿色盐。对腌制用盐采取订单制管理，并对大型腌制户现场监督直接投放入池。

（6）2013 年，按照“方便群众、辐射到位、管理高效”原则，进一步调整和优化网点布局和食盐配送网络，健全和完善终端零售户信息档案。全市基本实现食盐销售网点“户籍化”管理，并以此为契机，加大网点考核力度，淘汰不达标店面，着力培育高诚信度的食盐销售点，积极打造食盐专营“形象店”，提高食盐经营许可证的含金量。丰富食盐品种结构。全市多品种营养盐覆盖率达 100%，五区低钠盐市场占有率由过去的不足 1% 提升至近 80%。全市入口食盐基本形成以低钠盐为主，绿色盐、海晶盐为辅的产品销售格局。同时，本着因地制宜、分类指导、科学规划原则，在全市新增无碘盐销售点 120 余处，并在市局官网公布各销售点地址、店名、联系方式，方便市民查询和监督。强化对网点的服务，精简办证程序，缩短办证时限，提高审批效率。

（7）2014 年，市局要求各区由盐政人员和业务人员登门入户，对零售网点逐一核查，登记办理《食盐零售许可证》，按照“五个一”标准建立档案，简化办证手续。截至年底共办理食盐零售许可证 4956 个，全部手续完备，持证挂牌经营。针对工业盐市场较混乱的具体情况，除依法加强监管外，重点提升对工业盐用户的服务。市公司工业盐公司对所有用户分类建档，采取免费盐产品配送、大户议价、发票上门、定期回访等服务，在服务过程中及时发现、解决用盐企业的困难，拉近与用盐企业的关系。为提高客户经理的责任感、真实了解小包装食盐的销售情况，下发《客户经理用户调查规定》。要求每个客户经理每月入户调查不低于三个自然村，每村不低于 20 家用户，深入到老百姓家中厨房，实地调查了解盐罐子的情况。在与市卫生疾控中心联合入户调查时发现，台儿庄涧头集镇的个别村庄食用工业盐的村民竟达到了 80%—90% 的情况，山亭部分乡镇居民尿碘指标低的情况。入户调查不仅能对老百姓科普盐与健康知识，同时也能在第一时间反馈出食盐供应动态，提高送销和稽查联动性，维护食盐市场安全。

（8）2015 年，调整食盐产品结构，保障基本品种食盐市场供应。通过前期市场调研和与零售商户的沟通，年初把

投放市场的小包装食盐品种调整为海花盐、菇盐、平衡低钠盐、一品海晶盐、海藻低钠盐、澳洲自然海盐、海藻盐和海晶盐等，方便不同市民购买需求。12月，市局印制下发了《关于进一步规范无碘盐专柜的通知》，对现有的无碘盐销售网点、碘盐品种进行了进一步的规范与要求，截至年底全市共设立无碘盐专柜82个，保证了无碘盐的市场供应。共办理食盐零售许可证5252个，走访了8640余户居民，并在山亭、台儿庄一些偏远山区用合格的碘盐产品从村民手中调换了1200多斤不合格食盐，得到了村民的一致好评。依托“盐务通”平台，利用“金碟”系统，形成了产品从出库、入车、销售全程监控系统。销售人员统一着装，销售车辆统一标识，提升 “枣庄盐业”的品牌效应。实施“以客户为中心，全方位服务，全天候送货”的服务承诺。坚持无假日工作制度，规范文明服务用语，实行电话首接负责制；坚持服务投诉制，开通全天候服务投诉电话。在市局网站滚动栏中，公布无碘盐咨询服务热线电话，电话号码为8055678，便于市民咨询、了解、购买无碘盐相关方面的问题。通过一系列举措，使公司整个的服务水平得到提高。市局在2015年“百千百”评议活动中取得较好成绩，位列执法类29个单位中第19名。市纪委“双百”民主评议活动专刊第14期以“把群众呼声作为整改‘风向标’”为题刊登了枣庄市盐务局活动的具体整改情况，对市局开展的民主评议活动予以充分肯定。

（9）2016年，按照健康的消费理念，根据枣庄盐业市场的实际情况认真筛选，选择更加符合枣庄市场的新品种食盐投放市场，顺利化解2015年全市低钠盐市场销量过高的风险。2016年通过我们深入研究市场，根据市场需求，不断调整优化产品结构，遵循产品结构调整永远在路上的原则，产品结构调整取得阶段性成果，大大提升了企业的利益空间。目前枣庄小包装食盐消费市场高、中、低档齐全，各类盐产品销量稳中有升，真正实现产品结构的优化升级。

（10）2017年，不断优化调整食盐产品结构。市盐务局根据盐改过渡期复杂多变的市场情况，及时调整优化食盐产品结构，在保证市场高、中、低档品种齐全的情况下，于11月加大了价格在1-1.5元之间的普通品种食盐的供应比例，极大满足了低端小包装食盐市场的需求。凝聚比学敢干正能量。11月10日在全市开展“撸起袖子加油干、迈开步子加快赶‘决战50天’活动”，全体职工共放弃节假日868人次，在全局上下形成了“比、学、赶、帮、超”的浓厚氛围，有效保证各项经营不下滑，职工思想不滑坡。在全国乃至全省跨区域食盐销售冲击严重的形势下，在2017年最后两个月枣庄盐业五区小包装食盐销售指标不减反增，销售1568吨，同比增加243吨，增幅15.5%。以“重建渠道、重塑形象”为宗旨，继续加大枣庄盐业放心盐专柜建设资金投入，把专柜建设扩展到乡村、城乡结合区域，截至年底共建设完成1117家枣庄盐业放心盐专柜，由各级盐业公司负责统一配货，确保了枣庄地区食盐的供应和质量安全。

2. 强化盐业市场监管

（1）2008年，全市盐政工作坚持“服务、宣传、执法”三位一体的管理理念，把市场管理和销售任务相结合，以《私盐举报奖励办法》作为稳定市场基础工作，积极鼓励人民群众和销售网点对私盐案件举报。把送销和盐政配合作为市场日常监管的重要一环，送销和盐政人员互通信息，发现问题及时跟踪，初步形成了查送一体的市场管理新格局。

（2）2009年，先后与公安、工商、卫生、质检等部门联合，对全市盐业市场进行了检查，并以大案要案为突破口，对重点区域严格监控，始终保持对涉盐违法犯罪的高压态势。4月，与卫生部门联合，对全市餐饮、集体食堂等用盐行业，进行了为期一个月的拉网式检查。对用盐不规范、以工业用盐充当食盐的30多个用盐户，进货渠道不明的13个饭店、食堂，分别给予了处罚，确保了食品消费环节的用盐安全。2009年，全市共出动稽查执法人员10014人次，查缉私盐案件979起，查没盐产品183.84吨，罚款364530元，端掉制售假冒窝点8个，查没假包装袋607个、假防伪标识1980个、加工设备12台，移送公安机关2起，刑拘4人。

（3）2010年，在改进执法方式，增强执法效能的总体目标下，坚持“打防结合、分区管理、联合执法”理念。全市盐政执法工作坚持在“防”字上做文章，在“稳”字上下功夫，以“防”堵漏洞，以“防”促效益，取得明显成效。山亭分局根据山亭区花椒丰收的具体情况，对前两年花椒用盐大户进行走访，摸清用盐数量，及时备足货源，在花椒腌制期间，现场监管，确保专盐专用。台儿庄分局对腌制户采取签订用盐协议书、腌制户交付一定用盐保证金等方式，限量供应，送盐入池、严密监控，有效防止了腌制用盐流入小包装食盐市场。在工业用盐管理上，薛城分局由过去的计划制改为合同制，确保了专盐专用。在对盐业市场的日常监管上，根据不同地区，不同季节，不同行业，分别采取多种形式的食盐安全专项检查。截止到12月底，全市盐政出警7987人次，查处私盐案件345件，查没私盐148.68吨，假包装袋200个，罚款94880元。

（4）2011年，在执法程序和人员的管理上，完善《案卷评查办法》《盐政执法人员守则》《盐政工作职责范围》《稽查工作职责范围》《盐政执法人员错案追究制度》等一系列规章制度。多措并举管理全市盐业市场，进一步细划市场管理区域，责任到人，强化市场监管力度。利用一个月的时间，对全市盐业市场进行了集中整治，收到较好效果。各分局根据查处案件情况，分别以日报、旬报、月报等形式及时上报市局，全市定期通报，强化信息沟通，促进盐政管理工作的开展。坚持深入一线摸情况、找案源，上下沟通，积极协作，增强了对全市盐业市场的管控力度。

（5）2012年，江苏“农药废渣盐”冒充食盐流向餐桌的消息曝光后，盐政稽查人员及时深入到全市食盐销售网点，以查禁和宣传“农药废渣盐”危害为主要任务，在全市开展了声势浩大的查禁和宣传活动。同时，邀请枣庄日报社，枣庄人民广播电台，枣庄电视台三家新闻媒体，以揭露“农药废渣盐”对人体危害为主题，深入宣传“农药废渣盐”对人体的危害，提高市民自觉抵制“农药废渣盐”意识。以偏远农村地区、城郊接合部和小型食品加工企业以及餐饮业为主要检查对象，在全市开展了拉网式清查，确保不因“农药废渣盐”出现安全事故。对已查获的印有英文字母、印染助剂等非法盐产品重新抽样，及时送交检测，全面杜绝安全隐患。认真梳理2009年以来的涉盐案件，重点检查来自江苏镇江海天盐化的私盐案件。这些措施，有效堵塞了“农药废渣盐”的流入，确保了全市食盐安全。

在全市开展查处无证经营专项整治行动。主要整治不按规定办理食盐零售许可证的单位和个体工商户。清查行动采取各分局自查、支队集中清查、市局个别抽查的形式，通过对无证经营网点的登记造册，下发取缔通知书等措施，全面清理了全市无证经营行为，进一步完善了全市盐业市场管理。在日常管理中，全市各盐业部门根据所属区域具体情况，积极采取有效措施。薛城分局采取与公安、高速公路交警联合执法的形式，全力以赴抓好盐业市场管理，全年办案103件，查获非法盐产品145吨，确保全区盐业市场稳定。山亭分局根据地处偏远山区的具体情况，把夜间不定时检查作为堵塞私盐流入的有效措施，有效震慑了山区的涉盐犯罪活动。

为确保市际边界盐业市场稳定，11月份，和济宁市盐务局就维护两地盐业市场稳定，在滕州召开座谈会，并就食盐专营、网点建设、盐政执法等问题达成共识。严格落实省局《关于规范盐政执法程序严格依法行政的紧急通知》，市局党委依照通知要求，对2012年查办的各类涉盐违法案件进行认真复查，对在执法过程中存在的潜在隐患及时纠正，杜绝了违规事件发生。严格执行罚缴分离政策，进一步规范罚没物品的处理程序。按照《盐政档案管理规定》，严格各类档案的管理，提升临阵处置和自我保护能力，规避各类执法风险，确保队伍和队员安全。全市盐业市场管理工作成效显著，较好的稳定了全市盐业市场，特别在全省开展的打击涉盐犯罪活动中，做出了突出成绩。在全省打击涉盐违法犯罪工作总结表彰会上，市局盐政稽查支队、薛城分局盐政稽查大队，分别被山东省盐务局、山东省公安厅联合授予2011至2012年度“全省打击涉盐犯罪工作先进单位（集体）”荣誉称号。

（6）2013年，在全市开展以取缔无证经营、食品加工用盐安全为主要内容的“双节”食盐安全百日会战专项行动，进一步夯实和巩固全市食盐安全防线。为确保边界食盐市场稳定，协调好边界地区联合执法行动，先后与济宁、徐州两地市召开了和谐边界座谈会，并在兄弟单位的配合下，查处一批典型案件，端掉一批长期贩私窝点，维护了边界地区食盐市场安宁。先后成功破获“1·18”非法经营食盐案、台儿庄幼儿园食堂使用工业盐案、“6·24”贩卖非法盐产品案等案件，并通过山东卫视、齐鲁晚报、枣庄电视台、枣庄晚报等多家媒体进行跟踪报道，在社会上引起强烈反响。全年查处涉盐违法案件1138起；端掉制售假盐窝点2个，联合办案13起，移交司法机关3人。为加强食品加工用盐管理，采取深入市场调查摸底、建立用户服务台账、签订购销合同、直接配送到户和现场监督入池等多项措施，有效防止大包盐流入食盐市场，确保专盐专用。4月23日，枣庄市出现一例H7N9禽流感病例后，为预防和应对因禽流感影响发生的食盐抢购现象，及时启动食盐供应应急预案，并通过多种措施，确保食盐供销无异常波动。

（7）2014年，大力开展食盐市场安全整治活动。锁定重点区域，进行跟踪执法。重点把批发市场、餐饮店、熟食加工户、学校餐厅、大排档、食品加工用盐纳入整治范围。定期进行检查和回访，把日常检查和各种专项整顿活动有机结合。加大春节、“五一”等重大节假日盐业市场专项检查，确保群众食用合格放心盐。6月底，对滕州市城区餐饮、大排档开展一次声势浩大的专项联合执法检查，《滕州日报》对此做了专项报道。开展边界联合执法，打击边界私盐贩运活动。2014年4月至6月，市盐政稽查支队联合台儿庄分局分两次同毗邻的邳州市、贾汪区盐政管理部门对边界的涧头集镇、燕子埠镇、刑楼镇沿线的食盐零售网店、批发部、熟食加工部进行联合执法检查。检查共出动盐政执法车辆20余部，执法人员60余人，办理涉盐违法案件15起，有力地打击了边界涉盐违法行为。依照行政执法程序积极举行听证、复议案件。市局盐政科组织盐政人员到临沂市盐务局现场观摩学习听证具体程序，为办理听证案件积累相关经验。办理滕州金晶玻璃有限公司、滕州海源盐化有限公司2起听证案件，均未再进行行政复议或起诉。对徐州六合化工有限公司1起行政复议案件，枣庄市法制办已维持原处罚决定。及时消除滕州市“食盐涨价”传闻。5月9日山东卫视《调查》栏目针对滕州百度贴吧上反应的食盐涨价、抢盐等情况，利用两天时间，深入全市多家超市、商场、零售店进行采访，获取大量真实可靠的市场信息。通过超市、零售店、消费者的现身说法，疾控中心、盐业公司的权威解释，详细介绍多品种低钠盐推广过程中被群众误解的原因，澄清谣言，还原事实真相，为全市多品种低钠盐的推广扫清障碍。2014年，共出动盐政执法人员7231人次，与公安、工商、卫生等部门联合执法17次，共办理盐业违法案件716起，刑事拘留5人，查没私盐56.78余吨，罚款42.17万元。

（8）2015年，枣庄市盐务局密切与公安、法院、检察院、食药监等部门的协调沟通合作，争取他们的理解与支

持，并于6月17日召开了以市检察院牵头的全市打击食品安全违法犯罪联席会议。在全市范围内形成查处涉盐违法犯罪案件快速移交当地公安机关侦察、报送检察机关监督等工作流程。自3月份开始，针对各分局盐政稽查力量薄弱的实际情况，市局机关人员每周抽出1—2天时间协助各分局开展以本辖区食盐流通经营和食品加工环节为重点的检查，通过位置下移，踏实勤奋的工作作风带动了基层稽查人员的工作热情。同时，晚上对大排档开展专项集中检查活动，检查声势浩大、震慑力强，做到打击一个，影响一片，活动取得了明显的效果。通过网站、电话、广播在线接听等方式，建立了全方位一体化的举报途径。通过奖励最大力度的打击涉盐违法分子的不法行径，达到根治涉盐违法分子有恃无恐的心理。面对盐业市场监管的复杂性、艰巨性，从调动盐政稽查人员工作积极性、强化盐政执法人员的责任感入手，保持对涉盐违法犯罪的高压态势，强化盐业市场的监管，全年查处涉盐案件的各项指标均创历年之最，其中有2起涉盐违法案件被评为“2015年度全省十大涉盐违法犯罪案件”。

（9）2016年，面对盐业体制改革，市局有针对性地开展以《盐业体制改革方案》为内容的深入解读与学习。对盐政稽查人员进行正面教育，明确《方案》赋予盐务局的执法主体地位，树立“执法主体地位一天不改，市场监管一天不放松”的思想，坚定盐政人员的执法信心，从而提升整个盐政稽查队伍的战斗力。5月积极落实《行政指导告知书》的发放工作，全市累计发放8000余份，有效提高了用盐单位和个人的法律意识；2016年10月联合枣庄市公安局、食品药品监督局在全省率先出台了《关于加强枣庄市食盐市场经营管理的通告》，全市张贴13000余份，通过向群众面对面宣传，打消了部分人群因误读盐改方案想经营食盐产品的想法。采取定期不定期巡查，开展了“两会”、“中秋国庆”、旅游景区和鲁苏边界等专项行动，加大对各类用盐单位及个人的监管，保持对涉盐违法犯罪的高压态势。9月份，枣庄市盐务局台儿庄分局破获的张某等6人制贩假盐并被判刑的案件，被枣庄各大媒体积极报道，同时网易新闻、中盐协会、食品安全网、齐鲁晚报等知名网站也进行了刊登，该新闻在网易新闻中心短短半个月时间达到上万点击和转载量，起到了良好的曝光和宣传效果。市局联合公安制定了《枣庄市关于打击涉盐违法犯罪工作机制的意见》，调整充实了枣庄市打击涉盐违法犯罪联合办公室。制定并印发了《枣庄市2017年元旦、春节期间食盐市场专项整治行动实施方案》，与公安统一思想，形成执法合力。同时，2016年联合徐州、邳州、苍山等僻邻地市盐务局开展了12次联合执法检查，联合执法成效显著。

（10）2017年，面对盐改后盐政执法人员执法信心不足的情况，通过正面教育、深入解读盐改政策等方式，进一步坚定盐政执法人员的执法信心，筑牢“执法主体地位一天不改，市场监管一天不放松”的思想，从而提升整个盐政稽查队伍的战斗力。为应对盐业体制改革，市局根据枣庄盐业市场形势，及时调整工作重心，由原来的行政处罚转向加大对盐业法律法规和《改革方案》的宣传解读，建立了以宣传为主，打击为辅的工作机制。在大型集市、社区等地区悬挂“完善食盐专营制度 严厉打击非法经营”和“完善食盐专营制度 严禁违规购销食盐”等为内容的宣传条幅，对震慑涉盐违法分子和稳定枣庄食盐市场起到积极作用。针对盐业市场出现的新情况、新问题，市盐务局以盐政管理为抓手，强化行政执法和市场监管，重点加大对工业盐的监控检查力度。11月，针对跨区域不规范销售食盐行为的现象日剧增加，全市食盐市场秩序和供应安全受到严重威胁，为有效应对不利的市场环境，我们重点采取了盐政稽查人员全员上岗、机关人员下沉执法，严格实行7*24小时工作机制。截至2017年底，共纠正违规跨区域销售行为等236起，有效维护了全市食盐市场秩序和供应稳定。同时，为有效净化边界地区食盐市场，守住山东省南大门，市局密切与周边省市盐政执法部门沟通合作，减少临界市县食盐对我市的冲销，创建良好和谐的边界市场。2017年以来，市局联合徐州、邳州、苍山等僻邻地市盐务局共计开展30余次联合执法检查活动，规范整顿了边界区域食盐市场，有力地震慑了涉盐违法行为。

3. 提高科学用盐理念

（1）2008年，坚持以宣传促销售的原则，采取多种措施，加大宣传力度，提高食用合格碘盐意识。峄城分局利用送销人员“进百业、入千村、串万户”的便利条件，编写了“食用碘盐有益健康”宣传材料，把宣传工作送到了每一个消费者家中。滕州盐业公司通过邮政直接向机关、企事业单位投放宣传单1万余份。在“3·15”和“5·15”两大宣传日期间，会同卫生、工商等有关部门，在全市开展了“食用合格碘盐、打击涉盐犯罪”大型宣传活动。活动期间，全市共设立宣传站点16处，悬挂过街

市盐务局“3·15”宣传

横幅50条，发放《防治碘缺乏病基本知识》和《科学用盐知识》等宣传资料2万余份，印发各类宣传品4万余份。“5·15”宣传日期间，组织23部车辆，利用7天时间，在全市各乡镇、集市进行巡回宣传，并利用电台、电视、报纸等媒体进行报道，收到了较好的社会效果。

（2）2009年，“3·15”和“5·15”两大宣传日期间，全市设宣传点15处，出动宣传车12部，外出宣传200余人次，印制宣传标语400余份，张贴宣传画7000余幅，散发宣传单1万余份。同时，市局把碘缺乏患者的宣传照片制成宣传牌匾，组织专人入户、入村宣传。市局盐政稽查支队配合所在区分局，对台儿庄，山亭部分偏远地区的四个中小学校，进行了碘缺乏病知识的专题讲座，收到较好效果。

（3）2010年，先后编写了《食用碘盐有益健康》《全社会共同努力防治碘缺乏病》《给全体市民的一封信》《致全市零售网点的公开信》《征求意见函》等宣传材料，以此充实“进百业、入千村、串万户”的宣传内容。并采取送材料入户、通过邮政直接向市直机关、企事业单位投放的宣传形式，先后发放宣传材料3万余份。在5·15宣传日期间，全市共发放《防治碘缺乏病基本知识》《科学用盐知识》《给全体市民的一封信》《全社会共同努力防治碘缺乏病》等宣传材料5万余份，制作宣传横幅20条，宣传彩车20辆，在全市各乡镇、集市进行巡回宣传。活动期间，围绕“坚持科学补碘，预防碘缺乏病”这一宣传主题，在城区人口密集地区设立防治碘缺乏病咨询台19处。咨询台备有碘试剂、宣传单、真假小包装盐样品等，现场接受群众咨询，面对面讲解假冒碘盐的识别办法。滕州市盐业公司在火车站广场设立了“第十八届防治碘缺乏病日”主会场，并邀请了市分管领导参加活动。枣庄电视台、《枣庄日报》等新闻媒体进行了跟踪报道。

（4）2011年，全市共印制《给全体市民的一封信》《全社会共同努力防治碘缺乏病》等宣传材料5万余份，宣传横幅90余条，制作宣传彩车20余辆。以全市及乡镇集市和繁华地段为重点，广泛宣传食用碘盐知识，解答群众疑问，营造浓厚的宣传氛围。活动期间，围绕“坚持科学补碘，预防碘缺乏病”宣传主题，在乡镇、城区人口密集地区和繁华场所，设立防治碘缺乏病咨询台。咨询台备有碘试剂、宣传单、真假小包装食盐样品等，现场接受群众咨询，面对面讲解假冒碘盐的识别办法。继续开展“进百村、走千店、入万户”调研宣讲活动，进村进店入户宣传，调查了解市场情况，切实把宣传内容送到百姓家中。

（5）2012年，下发《关于开展“3·15”国际消费者权益日宣传活动的通知》，并与工商、技术监督、物价等单位联合设立了宣传站，利用宣传展板、摆放真假食盐、散发宣传资料、现场讲解等形式，开展了声势浩大的宣传活动。活动期间，全市共发放宣传材料5000余份，接待群众咨询400余人次。第十九届“防治碘缺乏病宣传日”活动期间，结合省局下发的《关于做好实施国家食用碘盐含量新标准的工作通知》要求，针对广大市民关心的新标准碘盐价格、新旧标准碘盐区分等内容，深入到社区、街道、批发市场和农村集贸市场，就如何鉴别非碘盐和劣质盐进行现场展示，加大对绿色食盐和多品种营养盐的宣传力度。滕州盐业公司联合卫生、公安、城市管理、疾控中心等单位，深入到居民家中实地查看居民食用盐情况，对不合格的食用盐，及时免费调换成合格碘盐。

（6）2013年，充分利用“3·15”“5·15”两大宣传日，采取流动宣传车、摆放宣传展板和现场讲解等形式，深入社区、街道、批发市场和农村集市，认真做好食盐安全、盐业法规、防治碘缺乏病等宣传活动。并联合枣庄市委宣传部、卫生局、妇联、疾控中心等有关职能部门，通过举办“幸福家庭”大讲堂、“女性大讲堂—盐与健康”等专题活动，加大“减盐防控高血压”的科普宣传力度，提高市民的食用碘盐意识。同时，利用《齐鲁晚报》《枣庄晚报》和枣庄电台等媒体宣传优势，积极营造浓厚的“低钠膳食”舆论氛围。

（7）2014年，深化“进超市、入社区、下乡镇”的宣传理念。自5月份以来，利用下班时间，在超市、社区门口、乡镇集市等，对经营的盐产品以及非盐产品，开展宣传服务活动。搭建统一的枣庄盐业标识的宣传大棚，穿着统一的配送服装，形成一道靓丽的蓝色风景线。活动期间，共设立流动摊位120余次，参加人数1100人次，发放宣传彩页2万余份。通过贴近百姓生活的宣传，树立“枣庄盐业”的良好的公众形象，提升“枣庄盐业”品牌效应。加大盐产品结构调整的步伐。借助“健康山东行动”平台，根据枣庄市政府的工作要求，积极稳妥的把低钠海藻盐推向市场。2014年低钠盐的市场占有率达到58.63%，消费市场基本形成以低钠海藻盐为主，绿色盐、海藻盐、海晶盐、澳洲自然海盐为辅的销售格局。同时提升菇盐、澳洲雪晶盐、冰晶盐的市场份额，低钠海藻盐在全市基本上达到全覆盖。引导居民健康用盐，提高市民的科学用盐意识，有效地预防和控制高血压及心脏血管疾病的发生。

（8）2015年，通过印发宣传资料、制作宣传车等基础宣传手段，向过往群众宣传盐业法律法规以及真假加碘食盐包装的识别技巧，设立流动摊位150余次，参加人数2000余人次，发放《盐与健康》等宣传彩页2万余份。8月25日，市局联合市爱卫办、卫生局等部门开展“健康山东·全民健康生活方式”优秀基层健康指导员巡讲活动，共组织社会各界人员400余人，摆放展板10余个，发放减盐宣传手提袋、健康知识宣传册、控盐三件套400余套，低钠盐700余袋。12月，枣庄电视台《热点观察》栏目对枣庄市盐政稽查加大打击涉盐违法案件工作进行专题报道。《枣庄日报》多次刊发了相关盐政执法案件的查处情况。

（9）2016 年，市局充分认识到枣庄地区减盐防控高血压项目面临的严峻形势和任务，积极配合市政府在全市范围内开展的“减盐防控高血压百日行动”活动，不断加强同各部门的协作，切实将各项措施落实到位；利用“3.15”“5.15”宣传日，通过摆放咨询台，发放宣传页、小册子、制作宣传车、在居民区放置宣传牌等方式，深入宣传“少吃盐，吃好盐”的科学用盐理念。全年共计发放宣传资料 3 万余份，张贴横幅 100 余条，张贴宣传标语 1000 余条，极大提高了广大群众健康用盐意识。

（10）2017 年，市盐务局充分利用“3.15”“5.15”宣传日，通过印发宣传页、小册子、制作宣传车、繁华路段悬挂横幅等方式，向过往群众宣传健康用盐理念、盐业的相关法律法规以及真假加碘食盐包装的识别技巧，截至 12 月底，累计发放宣传资料 6 万余份，有效提高广大群众健康用盐和安全防范意识。

二、盐业管理工作取得的成绩

（一）持续保持在消除碘缺乏病目标状态

20 世纪七八十年代普查结果显示，枣庄属于碘缺乏地区，且枣庄不属于沿海地区，无食用海产品习惯，使得枣庄患碘缺乏症的几率高达 78%。根据《GB16005—1995 碘缺乏病病区划分标准》，枣庄市所辖五区一市均为碘缺乏地区，无局部高碘地区，长期供应碘盐将是控制碘缺乏病的根本措施。

2001 年《枣庄市市中区碘缺乏病防治现状调查》报告显示，碘盐合格率和 8—10 岁学生的甲肿率均已达到了我国 2000 年消除碘缺乏病标准，说明市中区以食盐加碘为主的综合性防治碘缺乏病措施已初见成效。但 8—10 岁儿童尿碘中位数略低于其他城市，应进一步对此加强监督监测，以找出原因，为做好碘缺乏病防治工作提供科学依据。

根据《枣庄市地方病防治“十二五”规划》，到 2015 年，枣庄对地方病的防治要达到一个新的目标，其中包括持续消除碘缺乏危害，碘盐覆盖率和居民合格碘盐食用率保持在 90% 以上，有效防止地方性克汀病新发病例，基本消除克山病，继续确保现患克山病病人受治率达 100%，病区达到消除克山病标准。根据 2013 年和 2014 年地方病防治领导小组检测的数据来看，全市碘盐合格率分别为 96.83% 和 97.76%，总体上以食盐加碘消除碘缺乏危害这一主导措施得到了较好的落实。2014 年，根据枣庄市疾病预防控制中心监测数据显示，2012—2014 年全市无碘缺乏症病例。

枣庄是严重缺碘的地区，针对碘缺乏病，继续实施以食用碘盐为主的综合防控策略，提高碘盐覆盖率和合格碘盐食用率，对高危人群及时采取应急补碘措施，对销售工作进行监督和监测；在碘盐供应地区，设置合理的无碘食盐销售网点，方便不宜食用碘盐的人群购买。这些措施，有效地达到了持续保持消除碘缺乏病目标状态。

（二）居民科学健康用盐意识提高

2001 年 5 月 15 日，市盐务局召开了 5·15 宣传工作动员会，正式启动了枣庄“5·15”碘缺乏病宣传日序幕。每年的 3 月 15 日和 5 月 15 日，枣庄市盐务局都会在全市范围内开展形式多样的宣传活动。通过印发宣传页、小册子、制作宣传车、繁华路段悬挂横幅等手段作为基础宣传手段，向过往群众宣传食盐品种与功效，普及辨别真假食盐、假劣食盐危害以及盐业法律法规等知识。到 2016 年已经是第 15 年，通过宣传，广大群众的科学用盐意识和自觉抵制假劣食盐意识已经大幅提高，同时配合“减盐防控高血压”活动，群众也形成“少吃盐、吃好盐”的科学用盐理念。枣庄市盐务局根据枣庄盐业市场实际，不断加大盐产品结构调整力度，丰富和充实市场上的盐产品种类，以满足不同层次市民的需求，使盐产品种类结构与科学健康用盐意识相适应。2014—2016 年，海藻碘盐、低钠海藻盐、绿色低钠盐、澳洲自然海盐、深井精纯盐、自然海晶盐均销售良好。特别海藻碘盐因含有有机碘、甘露醇、小分子海藻糖和可溶性海藻淀粉等营养成分，而且有机碘容易被人体吸收。深井精纯盐采自地下 500 米以下的的深井，由于含各类天然矿物元素比较多，深受广大老百姓的喜爱。根据目前枣庄市场盐产品的销售情况来看，枣庄市民在挑选盐产品时除了注重盐产品的营养成分外，同时也特别注重盐的绿色健康功能。

（三）食盐抢购的平息

2003 年 4 月 28 日上午，因受“非典”疫情影响，滕州市开始发生食盐抢购现象。下午 4 时，抢购风波波及市驻地和其他各区，各大超市排起购盐的长队，市食盐专营分公司院内挤满了车辆及购盐市民。因秩序无法维持，动用了保安、公安干警。与此同时，市盐务局组织公司职工加班加点分装食盐。并把大袋盐及包装袋分给购物中心、时代超市、新星超市等大型超市，让他们边分装边销售，确保了大超市有盐可供。29 日，盐业公司负责人在电台、电视台进行了广播电视讲话，接受了《枣庄日报》记者的采访，对市民关心的问题进行了说明和解释，对社会上的流言蜚语进行了澄清。为防止个别销售网点趁机提高盐价，决定在市区内暂停对个体销售网点进行批发，直接由盐业公司销售点和各大超市以每人 5 袋的限量，全天对市民供应 500 克复合膜小袋精盐。30 日早晨，市驻地各销售点基本消除了排队购盐现象，食盐抢购风潮在全省最早得到控制。

（四）专盐专供

为贯彻落实中央、省相关盐政法律法规，抓好本辖区盐产品的供应与安全问题，同时按照《山东省盐业管理条例》第三十一条明确规定：用盐单位使用的各类盐产品，必须专盐专用，不得擅自转卖。枣庄市盐务局按照“专盐专供”的原则，对辖区内的食品加工、腌制等用盐专户分类供应添加标识的专供海晶盐、精制盐和日晒盐，同时采取跟进回访的措施，以避免非食用盐冲销食盐市场，有力地维护了市民入口安全。

（五）维稳市场高压打击私盐

枣庄市盐务局自成立以来，重点把批发市场、餐饮店、熟食加工户、学校餐厅、大排档、食品加工用盐纳入整治范围，定期进行检查和回访，把日常检查和各种专项整顿活动有机结合，加大春节、“五一”等重大节假日盐业市场专项检查，严厉打击各类涉盐违法犯罪，保持打击涉盐违法犯罪的高压态势，维稳辖区盐业市场秩序。2010年10月食盐销售旺季来临之前，组织了秋季盐业市场集中整治行动，对全市零售网点和宾馆饭店逐一进行清查，大检查期间，共处理案件144起，没收私盐122.397吨。2012年1月31日部分新闻媒体披露江苏镇江海天盐化公司非法制售“农药废渣盐”14000吨，流入可能包括我省在内的12个省、市盐业市场，部分“农药废渣盐”冒充食盐流向餐桌。从1月31日开始，市局开展了一次为期10天的“农药废渣盐”市场专项治理活动，各区（市）盐政稽查人员加班加点清查，未发现我市有镇江海天盐化生产的“农药废渣盐”。2013年，市盐务局执法队伍先后成功破获了市中区1.18徐某、彭某非法经营食盐案，台儿庄区幼儿园食堂使用工业盐案，市中区6.24王某、毛某贩卖工业盐充当食盐案等系列大案要案。其中市中区先后查获的两起案件的4名涉案人员已全部被判刑。这些典型案件的破获，被省、市两级媒体广泛报道，有力地震慑了涉盐违法犯罪分子的嚣张气焰。2014年市盐务局执法队伍先后成功破获了滕州商户违规购销食盐案件，江苏贾汪杨某、台儿庄范某、高某以工业盐充当食盐贩卖案，滕州孔某、薛城刘某陆某贩卖假冒小包装食盐案等大案要案。其中台儿庄先后查获的三起案件中三名涉案人员全被刑事拘留。两次同徐州市盐务局对边界的涧头集镇、燕子埠镇、刑楼镇沿线的食盐零售网店、批发部、熟食加工部进行联合执法检查，办理涉盐违法案件15起，有力打击了边界私盐分子。2015年，先后破获了山亭周某、台儿庄朱某、薛城张某以非食用盐充当食盐销售或加工，薛城鹿某、赵某违法制销假冒小包装等一批大案要案，特别是3月3日薛城区盐务局破获的假冒小包装案件，犯罪嫌疑人张某利用自动分包装设备制作假冒小包装食盐并分销至10余家下线，系全省首例利用自动分包装设备专业制售假冒小包装的案件；5月18日破获的滕州208吨非法工业盐销售团伙，成功的瓦解了以王某为首的6名犯罪嫌疑人通过20余家下线销售非法工业盐的利益链条，沉重地打击了涉盐非法分子的嚣张气焰，有力地保证了百姓舌尖上的安全。

三、盐业管理工作经验及启示

（一）坚持以人为本，真心服务群众

枣庄市盐务局坚持以人为本，强化服务理念。客户经理服务群众时用真心对待、用真情服务，想群众所想，急群众所急，在日常的工作中做到“进百家门、知百家情、解百家难、暖百家心”，深刻认识做好群众工作的重要性和必要性，努力提高服务人民群众的能力，着力打造一支能吃苦、肯受累、讲奉献、敢打硬仗的执法队伍。盐政执法人员把群众工作贯穿到盐政管理工作的各个方面、各个环节，本着全心全意为广大消费者服务的宗旨，坚持遇到困难无所畏惧、大案要案坚决打击到底，打破正常的作息时间，不分昼夜监守在打击私盐犯罪的第一线，从而有力地维护全市食盐市场稳定、维护全市市民的用盐安全。

（二）坚持以发展为中心，提升企业经济效益

推动企业持续健康发展，必须转变经济增长方式、推进精益管理，走内涵式发展道路。自2008年以来，枣庄市盐务局在提升服务、调整产品结构、强化食盐市场监管等方面进行了一些思考和实践，特别是面临盐业体制改革的大背景下，积极探索向管理要效益的新方法、新模式、新途径，努力谋划应对盐业体制改革的各项有效措施，为企业转方式调结构、提高发展质量和效益贡献力量。市局党委及时进行战略调整，提出以“集约增效”为目标，努力推动企业由粗放型增长向集约型发展转变，由经验管理向科学管理转变，以“三节约”（节约花费，节约用人，节约用物）思维推进精益管理。

（三）坚持党的领导，严格依法行政

坚持党的领导，是枣庄市盐务局开展一切工作的基础与保障。市盐务局以“三个代表”、党的群众路线和习近平新时代中国特色社会主义思想为内容，通过民主生活会、述职述廉等方式，重点做好主题教育、廉政教育、警示教育和源头预防工作，把学习教育与查摆问题结合起来，强化党员领导干部的宗旨意识、群众意识，坚持执政为民。特别是十八大以来，习近平总书记反复强调必须坚持严格执法，切实维护公共利益、人民权益和社会秩序。枣庄市盐务局深刻认识到坚持严格规范公正文明执法，是提升盐政执法公信力的重要途径。在面临盐业体制改革的大背景下，盐政执法工作面临的形势和环境发生了复杂而深刻的变化。形势的发展、环境的变化都对执法工作提出了新的更高要求。为了应对以及做好新形势下枣庄的盐政稽查工作，市盐务局创新执法理念、改进执法方式、提升执法素养，切实把文明公正执法贯穿于盐业管理工作的方方面面，从而有力地确保辖区盐业市场的安全稳定。

审稿人：刘　泉

撰稿人：宋　姣

改革开放以来枣庄矿业集团的发展历程、成就及经验

中共十一届三中全会以来，枣庄矿业（集团）有限责任公司（以下简称枣矿集团）按照“把全党工作重点转移到社会主义现代化建设上来”的工作要求，坚持把工作的重点转移到生产建设上，通过深化改革、走向市场、承包放权，依靠技术进步和健全完善现代企业制度，克难制胜、锐意进取，在解放思想中统一思想，走出了一条艰辛创业、创新创造、科学发展和跨越发展、追求卓越的希望之路。

一、历史背景

枣庄煤炭开采历史悠久，早期有文字记载的是枣庄窑神庙碑文：元朝至大元年（1308年）已有人在枣庄一带“掘窑采煤”。14世纪中叶，枣庄周围已出现小煤窑群。1740年后，清朝政府鼓励民间采煤，枣庄煤业大兴。1840年鸦片战争之后，在洋务运动、实业救国思想的影响下，经李鸿章奏请、慈禧太后批准，一批官僚、富商和地主合资创办了“山东峄县中兴矿局”，这就是枣矿集团的前身。曾经营16年，开煤井12座，出煤约200万吨。后因透水事故，于1896年1月封井停办。中日甲午战争之后，爱国救亡运动高涨，为“防止外夷占夺佳矿”，1899年，经清政府批准，正式成立“商办山东峄县华德中兴煤矿股份有限公司”。后德股退出，完全由华资经营，更名为“商办山东峄县中兴煤矿股份有限公司”。经过近40年的艰苦创业，中兴公司通过建大矿、筑铁路、办电厂、修港口、建码头，经营轮船公司、铁厂、农场等，开创了一条以煤为主、多业并举的发展道路，成为当时与开滦、抚顺齐名的中国三大煤矿之一。

作为中国民族工业的发源地，枣矿集团承载着中国民族工业的发展历史，见证着中国煤炭工业成长的轨迹。中国民族工业的第一张股票、第一艘轮船、第一列火车、第一个港口都诞生在中兴公司，是当时全国唯一“能与外煤竞争”的民族股份制企业。抗日战争初期，中兴公司采取“决不与日人合作”的坚定立场，将矿上的主要设备拆除运走，致全矿停产。为阻挡日本侵略军侵华，封锁长江和连云港航道，曾两次无偿献出多艘巨轮，自沉江底海港，表现出强烈的抗争精神和民族气节。1938—1945年，日军侵占枣庄，共掠走煤炭1333.2万吨。不甘压迫屈辱的枣庄矿工在中共地下党的领导下，积极参加抗日义勇军和铁道游击队，打洋行、炸铁路、扒火车、支援台儿庄会战；给抗日根据地供兵员、传情报、搞炸药、运送生活物资和医药品，以各种手段抗击日军，在八年抗战史上留下了辉煌的一页。解放战争时期，枣庄矿工不怕流血牺牲，勇于同顽匪王继美斗争。在五次解放枣庄的“拉锯战”和著名的淮海战役中踊跃参军支前，谱写了可歌可泣的英雄篇章。1948年11月，枣庄地区彻底解放后，陶庄煤矿率先恢复生产。中兴公司枣庄煤矿在积极实行公私合营和社会主义改造的同时，到1955年排干井下积水，1956年各井陆续恢复生产，为枣庄矿务局的成立奠定了基础。1956年2月，矿务局组建时，下辖陶庄、枣庄、田屯和临沂4个生产矿。全局时有职工9539人，年产煤炭86.8万吨。是继淄博矿务局成立之后，全省组建成立的第二大煤炭企业。从此，拉开了中华人民共和国成立后枣庄矿区大规模开发建设的序幕。

企业的兴衰历来与国家的命运息息相关。随着中华人民共和国的成立，1956年，经煤炭工业部济南管理局批准，枣庄矿务局正式成立，至今已经走过了60余年沧桑历程。中华人民共和国成立后的前30年跌宕起伏的历次政治运动，都在枣矿的发展史上留下了无可避免的深深烙印。枣矿集团虽历经坎坷，依然在前进中不断发展壮大。特别是中共十一届三中全会召开后，枣矿集团沐浴着改革开放的强劲东风，在解放思想中统一思想，从低谷中强势崛起，演绎着老国企跨越腾飞、引领中国煤炭工业发展的华彩乐章。

二、改革开放历程

改革开放40年来，枣矿集团在上级组织和地方政府的大力帮助下，在矿区干部职工的理解和支持下，积极适应新形势、认识新事物、展现新作为、推动新发展，开创了国有企业改革的历史新篇章。从枣矿集团改革发展的历程来看，大致可以分为以下几个阶段：

（一）立足本区“挖革改”，走扩大内涵的路子（1978年至1985年）

改革开放初期，国家在探索国有制企业改革上，进行了诸多探索和尝试。其主要特点就是“计划经济体制占主导地位前提下的放权让利改革”，主要目的是通过扩大企业自主权和物质刺激，调动企业的生产经营积极性。这期间的国有制企业改革主要有三个特点：一是扩大企业自主权的试点改革，通过颁布《关于扩大国营工业企业经营管理自主权的若干规定》等五个改革管理体制的文件，允许国有企业在生产计划、产品

销售、资金使用等方面拥有部分权力。这一改革措施使国有企业具有了盈利意识。二是以利润分成为主要内容的经济责任制试点改革，措施包括技术利润留成加增长利润留成、利润包干、超计划包干和亏损包干等。这一改革方案短期内达到了刺激企业盈利的目的。三是实行利改税改革，主要内容是通过税收的形式，把国家和国企的分配关系固定下来，1984年后彻底实现国企以税代利。由此可以看出，这一时期国家改革对国有制企业的主要目的是刺激企业生产，让企业产生盈利意识。

按照国家在国有制企业改革方面的方针要求，1979年，当时的枣庄矿务局认真贯彻中共十一届三中全会精神和“调整、改革、整顿、提高”的八字方针，把工作重点转移到生产建设上，拨乱反正，落实政策，使矿区实现了安定团结的新局面，促进煤炭生产达到一个新水平。年产原煤832万吨，实现工业总产值22321.89万元，上缴利税8779万元，这3项都创历史最好水平，经山东省、枣庄市检查验收，枣庄矿务局被命名为“大庆式企业”。

与此同时，1980年以后，全局的煤炭产量开始呈下降趋势。主要原因一是东部老井前几年开采强度过大，不少矿井储量面临枯竭。其中，田屯、莱村矿关井报废，魏庄矿也因资源即将枯竭移交给市劳改支队管理。二是新井建设没跟上，全局从1964年至1988年的24年间，仅有设计年产21万吨的井亭矿在1976年底投产，当时还算地方煤矿。1978年秋，按照中央抓纲治国、大干快上的指导方针，市局两级领导挂帅，成立了滕南建设指挥部，计划实施滕南煤田的大规模开发。指挥部刚成立不久，正赶上中央提出“调整、改革、整顿、提高”的八字方针，大力压缩基本建设，国家无钱投资，枣庄滕南开发被迫搁置，枣庄矿务局失去了一次做大做强的机遇。

在煤炭产量不断下滑的情况下，枣庄矿务局主要采取依靠技术进步，走“挖革改”、扩大内涵的发展路子，以稳住煤炭产量。陶庄煤矿东井，原设计能力只有30万吨，经过技术改造，产量大幅度上升，年产量高的1979年达到163万吨，当年上缴利润3000多万元，1976年至1980年共上缴利润1亿多元，受到上级组织领导的表扬。枣庄煤矿是个有百年开采史的老矿，经过技术改造，充分挖掘潜力，产量一直稳定在百万吨以上。柴里煤矿原是30万吨的试验井，经过8年的水体下试采成功后，于1972年、1976年两次改扩建，设计能力达到150万吨，1983年的实际产量已达175万吨。1984年，枣庄矿务局提出“坚持稳住老区，加快新区建设，走挖革改的路子”，继续对一些有条件的老矿进行技术改造，投资4270余万元，完成安技措项目93项。柴里煤矿上了3套综采和两套综掘，在枣庄、山家林等矿配齐8套高档普采。同时，加快滕南新区的开发建设，蒋庄矿井于1979年12月由工程兵承包兴建，1983年12月矿务局建井工程处动工包建田陈矿井，付村井也积极筹备上马。1985年，为加快滕南新区开发建设，煤炭部决定把三建公司机关及三处、四处、供应站划归枣庄矿务局管理，一批脱掉军装的基建工程兵加入了枣矿的职工队伍，增添了企业活力。

为了进一步提高企业适应改革形势的需要，枣庄矿务局在管理上学习首钢经验，推行经济责任制，进行企业整顿，提高企业素质，增强了企业活力，使煤炭产量一直稳定在700万吨左右，年年超额完成国家计划。至此，枣庄矿务局在深化改革上走出了坚实的第一步，为后续的、更加完善的企业改革奠定了坚实的基础。然而，此时的改革处于摸索阶段，国家鼓励企业改革的措施在规范国家和企业的分配关系、调动企业积极性等方面发挥了一定的作用，但从总体上看，放权让利完全是一种政府行为，政府行政命令依然是配置资源的主要手段，并没有创造出国有企业成长的市场空间，也并没有从根本上解决国企自我约束问题。

（二）深化经济体制改革（1985年至1992年）

随着改革工作的逐步推进，在新旧体制并存条件下，国家开始探索实施企业承包制改革，主要动机是希望通过重建微观利益机制和权利主体，使经营者对国有财产效率负起责任来。改革措施是在不改变国家所有权的前提下，按照两权分离的原则，通过利润承包的方式，将经营权完全下放给企业。主要形式有租赁制、承包制和资产经营责任制。其中，实施范围最广、影响最大的当推承包制。承包制在短期内效果明显，一定程度上调动了经营者和职工的积极性，确保了国家财政收入的稳定增长。在此阶段，枣庄矿务局紧跟全国经济体制改革的步伐，以原有规模为依托，逐步实施承包责任制，大力发展多种经营。

1985年，按照煤炭部对各矿务局实行投入产出6年总承包的办法，枣庄矿务局对下属的27个矿厂和基建施工单位实行集团承包经营，依次分解指标，建立纵到底、横到边、纵横联锁、上下包保的目标管理体系，对26个医院、学校和服务单位实行经费包干，对机关处室实行目标管理经济责任制，各生产单位实行全员风险抵押，使承包者和职工群体责权相结合，达到利益共享，风险同担，调动各方面的积极性，年年超额完成国家生产建设计划。6年承包期计划生产原煤产量3595万吨，实际完成3867万吨，比计划超产272万吨，平均年产644万吨，比1988年核定的生产能力提高20%。同时，如期完成了蒋庄、田陈两对新井包建任务，于1989年移交生产；还完成了洗煤厂、滕南铁路、基地建设等施工任务和上缴利润指标。矿务局在承包期，积极开展质量标准化和企业升级活动，不断改善经营管理和经营承包。学习石圪节精神，走勤俭办矿的路子，提高了企业的整体素质。1988年质量达标，枣庄矿务局晋升为省级先进企业，1989年实现了质量标准化矿务局，巩固了国家3级计

量单位，1990 年晋升为国家二级企业。

在积极推进承包责任制、调动积极性的基础上，枣庄矿务局于 1988 年 4 月实行局长负责制，根据厂（矿）长工作条例制定局长任期目标，并且在指导思想上坚持以煤为主，积极发展多种经营。早在 1979 年枣庄矿务局就在省内最早创办了煤矿大集体企业，为安置职工家属子女就业提供了平台。到 1990 年，局多种经营总公司拥有 8 个直属公司、32 个分公司、325 个服务网点，经营 7 大系列 100 余种产品，固定资产 6453 万元，总收入 1.5 亿元，安置待业青年 4247 人、富余人员 5000 多人，缓解了职工后顾之忧。

随着深化改革工作的逐步深入，矿区也逐渐尝到了改革的甜头，职工的物质文化生活不断改善。特别 6 年承包期中，职工工资增长最快，得到的实惠最多。1986 年人均收入 1796 元，1987 年人均收入增至 1901 元，1990 年人均收入达到 3461 元，与 1985 年的人均收入 1450 元相比，平均每年增长 402 元。不断增建职工住宅，1986 年以来，通过多层次、多渠道筹集资金 4285 万元，建宿舍 34.6 万平方米，缓解了职工住宅紧张的状况。新建扩建了幼儿园、托儿所、文体活动室、图书馆、阅览室、老干部活动室等福利设施，使整个矿区的交通、商业、文化娱乐、体育活动设施逐步完善配套。职工集体宿舍都设有图书室、游艺室、电视室等，配备有值班员和服务员，昼夜值班服务，实现了旅馆化。矿区设有 4 所大型综合医院、9 所矿级医院、15 个卫生所和各井口保健站，共有病床 1562 张，形成了局、矿、井三级医疗抢救网络。各矿还设有业余疗养所和 9 个外地疗养点，每年有近 3000 名职工疗养。各单位都加强了职工食堂的管理，不断改善职工生活。局设烹饪培训中心，定期培训厨师，提高烹调技术，提高饭菜质量，消灭了大锅菜，增加了中、小炒，班中餐送到井下工人手中。枣庄矿务局被山东省煤管局和中国统配煤矿总公司认定为生活福利达标局。

枣庄矿务局这一阶段的改革，总体上使矿区的煤炭生产能力得到大幅度提升，企业规模不断扩大，企业职工参与改革、支持改革的意识不断增强，物质生活水平显著提高。在改革中，虽然所有权和经营权分离了，但是矿务局对承包单位只有激励没有约束，以致造成国有企业承包的过程中，分配向个人倾斜，包盈不包亏，助长了企业重生产、轻投资、拼设备等短期行为，也导致部分国有资产损失。

（三）探索实施模拟法人治理（1992 年至 2000 年）

1992 年春天，邓小平同志的南方讲话，又一次使全党解放了思想，把改革开放推上了新的历史高度。党的十四大以后，党中央国务院明确提出我国经济体制改革的目标是建立社会主义市场经济体制。1993 年中共十四届三中全会正式确定，把建立现代企业制度作为国有企业改革的方向和目标，并且将现代企业制度概括为四句话十六个字，即“产权清晰、权责明确、政企分开、管理科学”，提出了法人财产权的概念，要求企业拥有法人财产权，这是对两权分离理论的进一步发展。而此时的枣庄矿务局正面临着一项严峻的挑战：由于在计划经济体制下，煤价由国家统一制定，企业说了不算。20 世纪 90 年代初，逐步上升的生产成本，加上不合理的煤价，已导致枣庄矿务局由盈利转为严重的政策性亏损。这也是全国煤炭系统共同面对的难题。

1. 率先放开煤价，真正走向市场

严重的政策性亏损，使枣庄矿务局的生产经营陷入举步维艰的境地。矿务局在经济状况面临很大困难的情况下，以深化改革、转换经营机制为动力，以全面加强经营管理“双效”为中心，广泛深入地开展“质量、品种、效益年”活动，不断加强内部整顿，大力实施老矿挖潜、新矿达产和产品销售，较好地挖掘了生产潜力，推进了企业经济的健康发展。另外，在国家层面为了挽救摇摇欲坠的国有煤炭企业，当时已经退下来的原煤炭部老部长高扬文在深入调查研究的基础上，秉笔直书，给国务院提出了以枣庄、徐州两个老矿区为试点单位，优先放开煤价闯市场的建议。经国务院批准，1992 年 7 月 1 日，枣庄、徐州两局全部放开煤价，率先走向市场。经过成功的试点，1993 年底，国务院作出“三年放开煤价，三年抽回亏损补贴，把煤炭企业推向市场”的决策。此后，陆续放开了全国各类煤炭产品的价格。放开煤价，不仅为老矿区扭亏增收创造了有利条件，而且纾解了企业的困难。到 1993 年底，全局略有盈利，扭亏增盈初见成效。

2. 深化企业内部改革，转换经营机制

1996 年，是 11 年总承包结束后，煤炭部对国有重点煤矿实行分类指导的第一年，按照分类指导的要求，枣庄矿务局被划为一类企业，上缴利润，自负盈亏。矿务局在认真总结前期承包经验的基础上，确立坚持以改革统揽全局，改进承包经营办法，结合矿区实际，确立内部承包的五种形式。对朱子埠、甘霖、井亭 3 个矿实行模拟法人的管理办法，下放权力，扩大二级法人的自主权；对枣庄、山家林、八一、陶庄 4 个矿实行切块承包的管理办法，包死基数，超盈不收，超亏自负；对柴里矿实行年递增 60% 的利润承包；对蒋庄、田陈两矿实行以年增产 10 万吨原煤的利润承包；对经费单位实行切块承包。新的承包形式和办法，调动了基层单位的积极性，对提高经济效益，起到了有力的推动作用，全面扭亏增盈初见成效。同时，制定单项管理办法 26 项，对 10 个矿和两个机厂的矿（厂）长、党委书记试行年薪制，对局属 21 个辅助服务单位实行经济责任承包，对机关处室实行费用包干，对有创收能力的 15 个处室和下属机构实行全包和单项承包。同时，加强盈亏和成本管理。对盈亏、成本实行双控，制定新的奖励政策，分口签订责任状。继续实行成本目标管理，并把管理

费用中的13项可控费用一并考核，加大奖罚力度，推行“成本一票否决奖金”的做法。

建立资金调度制度，完善资金收支计划，形成以资金结算中心为主的资金调度网络，加大备用金管理、维简资金管理的力度。强化成本管理。制订新的办公费、差旅费支出办法和压缩13项可控费用支出管理措施，制造费连同管理费中13项可控费用支出比上年减少2800余万元。同时开展节电效益年活动，推行峰谷计价，总用电量比上年下降2495万度，节约电费1123万元。推广“控制材料费支出”经验，加强材料管理，材料费同比节约1200余万元。通过加强成本管理，原煤单位成本比上年实际吨煤降低13.92元，相对节约成本支出9339万元。加强盈亏管理，强化盈亏责任制，目标横向分解，指标纵向落实，实行盈亏真实性承诺，狠抓重点单位的工作，加大奖罚力度。全年商品煤销量完成729.15万吨，商品煤销售收入完成155959万元。至1998年底，企业固定资产总值达到280305.7万元，净值为189067.9万元，新增固定资产8567.7万元。

3. 模拟法人治理，初步建立现代企业制度

20世纪末期，枣庄矿务局的管理体制发生重大变革，1998年1月，依据《中华人民共和国公司法》，经煤炭部批准，枣庄矿务局建立现代企业制度，更名为枣庄矿业（集团）有限责任公司。同年7月，枣庄矿业集团公司由部统配企业划归山东省管理，成为省属国有企业。1998年3月20日，公司法人治理结构及领导成员正式组成。4月30日，正式挂牌成立。改制后，配备了董事会的工作机构，设置了董事会秘书处、投资融资部、董事会战略发展委员会、资产管理委员会、审计考核委员会，形成了董事会的基本框架。董事会自成立以来，作为企业决策机构的职能开始行使。公司《章程》的修改以及二级单位改制方案等企业重大事项，都经过董事会进行讨论和表决。

以此为新的起点，枣矿集团在完善、深化、细化内部承包的基础上，借鉴开滦局的经验，对二级单位推行模拟法人管理，制定具体的实施意见，在很大程度上改变高度集中的管理模式，充分赋予二级单位流动资金支配权、物资采购权、劳动人事权。建立“一个中心，三个市场”，即煤款结算中心，内部资金市场、内部物资市场、内部劳务市场。为适应模拟法人运转机制的需要，先后制定财务、工资、运销、物资供应等8个单项管理办法，对局属23个盈亏单位重新修订承包办法，以承包经营责任书的形式，明确双方的权利义务，实行“一包七考核”。对院校等经费单位，改变过去下拨经费的办法，按亏损指标考核，核准基数，一包一年不变。对集团机关管理费中的15项可变费用切块包干，包到处室，有效地控制费用支出，年节约300多万元。同时认真推行目标成本管理和采购审计办法，狠抓节支降耗。通过加强管理，挖潜补漏，有效地控制成本支出。全公司原煤单位成本132.3元，比目标成本降1.54元。综合采购价差率由10.86%降到5.99%，节约材料费500多万元。认真组织清欠工作，清回拖欠煤款2.5亿元。加工小井煤增加收入1亿多元，获利3000多万元，改变了连年亏损的局面，实现了新的飞跃。

4. 转变管理策略，实施西部转移

正当改革步步深入，效益峰回路转之际，九十年代后期出现的“亚洲金融风暴”把蒸蒸日上的枣矿集团推向了三年经济困难时期。从1997年下半年到2000年，煤炭销售难、煤款回收难、银行贷款难、工资发放难，为中华人民共和国成立以来前所没有。最困难时期，全局有2亿多元的煤款收不回来，职工每月发300元生活费维持生计。在这种情况下，枣矿集团根据矿区东部资源枯竭、生产萎缩、煤炭生产的重心由东向西转移的现实，及时制定东西部发展战略。即根据东西部的不同情况，采取不同的经营方式和管理方式，对西部新区实行集约管理，对东部老区尽可能地放开经营。把西部新区建设成为高产高效、结构合理的煤炭生产和加工基地，同时进行煤电、化工、铁运、洗选等综合开发。对东部老区，以争取国家政策，实施关闭破产为契机，搞好资产重组分立，并以产权为纽带，进行公司制改造，以开发“三高”项目为重点，实施二次创业。同时，通过加强成本管理，推行“三条线”费用总控制的办法，实行电力定额限量消耗制、材料消耗定额管理制和比价采购等，使吨煤成本明显下降，全年仅节约电费一项就达1000多万元。通过加强资金管理，增强调控能力，开展多种形式的清欠工作，缓解了资金紧张的压力。

综观这一时期枣矿集团的发展，尽管有政策性亏损的压力、煤价改革的震荡、“亚洲金融危机”的冲击、市场经济的挑战，但枣矿人坚持深化改革、“稳住老区，加快新区”不动摇，立足东部矿区深挖细采，“石头缝里找煤”，面向西部矿区依靠科技进步，提高机械化程度，企业的煤炭产量逐年递增，到2000年，煤炭产量突破千万吨大关（1056.56万吨），实现了矿区几代人建设千万吨企业的夙愿。

（四）完善现代企业制度（2000年至2012年）

党的十六大确立了“建立中央政府和地方政府分别代表国家履行出资人职责，享有所有者权益，权利、义务和责任相统一，管资产和管人、管事相结合的国有资产管理体制。”十六届三中全会进一步指出“坚持政府公共管理职能和国有资产出资人职能分开。国有资产管理机构对授权监管的国有资产依法履行出资人职责，维护所有者权益，维护企业作为市场主体依法享有的各项权利，督促企业实现国有资本保值增值，防止国有资产流失。”在新的国有资产管理体制推动下，国有企业改革进入了以股份制为主要形式的现代产权制度改革新阶段。国有企业改革因真正触及改

革的核心和本质而步入攻坚阶段，那就是要对传统的产权制度进行符合现代产权制度要求的根本性改革。

在此影响下，枣矿集团在刚刚经历了三年困难时期，企业管理、效益等各方面工作呈现上升势头的形势下，在建立完善现代企业制度方面进行了大胆的探索和尝试。首先在解放思想上坚持大步走。针对当时的枣矿集团矿老人多、设备陈旧、技术落后、思想僵化、管理粗放、包袱沉重、人心涣散，特别是刚刚经历了三年困难时期，企业的元气还没有复原，极需要一场思想的革命来打破发展桎梏的实际，从2000年初开始，枣矿集团在矿区上下展开了解放思想更新观念大讨论，提出“只要精神不滑坡，办法总比困难多”，号召大家打破“等靠要”思想，从迷惘和困惑中摆脱出来，振作起来。2002年、2003年，针对矿区部分干部形势稍有好转即安于现状，不思进取，发展意识不强和对深化改革产生畏难发愁情绪等实际，又开展了新一轮的实践“三个代表”、解放思想、干事创业、加快发展的学习教育活动，解开了束缚在矿区干部员工头脑的“紧箍咒”，打破了员工思想上的坚冰，为枣矿的发展打下了坚实的思想基础。

1. 深化产权制度改革，推行投资主体多元化

（1）实施公司制改造

枣矿集团产权改革主要经历两个阶段。第一阶段是1998年初改制为枣庄矿业集团公司，实现工厂制企业向公司制企业的过渡和转变；第二阶段是争取债转股。1999年国家出台了煤炭企业债转股政策，经过3年的艰苦谈判，2002年8月，枣庄矿业集团公司和信达、华融资产管理公司及国家开发银行共同签订了债转股协议，组建了“山东中兴能源有限责任公司”，注册资产总额为30.1亿元，其中，枣矿集团占注册资本的40.12%，信达公司、开发银行、华融公司分别占注册资本的34.28%、21.32%和4.28%。从而使山东中兴能源公司成为集团公司最大的控股子公司。债转股后为了减少管理层次，枣庄矿业集团公司和中兴能源公司是两个法人，一套管理机构，运转比较平稳。在此基础上，按照建立现代企业制度的要求，逐步规范和理顺决策机构、执行机构和监管机构的关系，形成了各尽其能、各负其责、运转协调、有效制衡的公司法人治理结构。在充实和完善集团公司和中兴能源公司董事会原有的发展战略、资产管理、审计考核、人事资薪四个委员会的基础上，组建法律顾问和安全生产委员会。所有权属公司制企业董事会、监事会都依据《中华人民共和国公司法》选举产生，明确了董事会、监事会和经理层各自职责和职权，建立了科学的决策程序和明确的、可追溯的决策责任制度，使各职能部门真正发挥应有的作用，确保了企业的规范化运行。

（2）多元化投资建设新矿井，实现新井新机制

为了加快新井的建设步伐，枣矿集团打破原有煤矿建设的模式，在新安煤矿的建设中，大胆采取产权改革的新思维，采取了内部股份制。一是利用职工持股会先后三次向企业职工募集了2.4亿元，作为职工股投入新井建设；二是面向矿区公开选聘了项目业主；三是打破原有的用工模式，从关闭破产矿井输入劳务人员，机关只设三部一室，管理人员定员36人。矿井建设不仅时间短、投资少、人员精干，而且效益高，每年的分红都在15%以上。在后来的新源矿、滨湖矿的建设中仍继续沿用了这个办法。

（3）新上项目广开融资渠道，实施多元化投资

在此期间，枣矿集团新上的非煤项目，除集团公司适当投资外，积极发动职工投资入股，通过引进战略投资者、自然人入股等形式实现投资主体多元化。其中，盛隆化工公司80万吨捣鼓焦项目，总投资集团公司控股36%，沙钢和马钢各占32%。蒋庄电厂和付村电厂，在集团公司控股的基础上，也都吸纳了职工入股和外来投资者。2003年，矿区非煤项目概算投资额约16亿元，在项目的数量、规模和投入上，都是过去所没有的，由于新上项目都实现了多元化投资，集团公司只投入了2亿元，其他都为外来资金和职工股份。

（4）成立职工持股会，筹集资金建设大项目

2001年5月成立枣庄集团公司职工持股会，先后募集资金约7.4118亿元，投入到新安煤矿、蒋庄矸石电厂、付村电厂、山东贝斯特机械制造公司等建设项目中，不但解决了新上项目的资金问题，实现了多元化投资，同时也增加了职工收入。2004年9月，经报请山东省有关部门批复同意，枣矿集团把从国家开发银行回购的64218万元股权，转让给职工持股会。职工持股会作为一个新的投资主体进入中兴能源公司，使企业建立了与职工利益共享、风险共担的经营管理新机制。随后集团公司和职工持股会共同出资组建了“枣矿集团惠众投资有限责任公司”，进一步拓宽职工投资的领域和渠道。

（5）加快对外投资和扩张步伐，实施大集团发展战略

根据枣庄矿区已无煤炭后备资源的实际情况，确立了尽快走出去开发煤炭资源，开辟新的发展阵地的战略步骤，通过认真调研，先后和贵州、内蒙古有关方面达成投资和开发煤炭资源的意向，特别是贵州煤炭资源开发，进入实质性操作阶段，先后成立了枣矿贵州能源有限公司和贵州清镇煤电有限责任公司。与印度尼西亚有关方面签署了组建南洋矿产资源开发科技贸易有限责任公司的意向，积极参与印度尼西亚的矿产资源的开发。为了实现企业的多元化发展，还成立了枣庄矿业集团上海煤炭资源物资有限公司，同时在北京注册成立了北京鲁能投资公司，实施资本运作。

（6）实施资源枯竭矿山破产重组

枣矿集团历史久远，东部矿区各矿在进入新世纪后，资源已经枯竭，按照国家政策，有6对矿井先后进入关闭破产之列。在这些衰老矿井进行破产改制

的过程中，枣矿集团探索了“两步走”的改制方式。第一步是“一分为二”，将各矿井的优良资产进行剥离，重组为新的股份制公司，实行职工控股、租股结合。将剥离之外的部分重组为一般法人企业，为破产做好前期准备。第二步“合二为一”，待破产清算时，由新组建的股份公司收购原来资产，重新整合为一体。按照这种方法，从2000年底开始，枣矿集团以三分改制、七分思想和三个有利于作为出发点和立足点，依法按规，严格程序，稳妥推进企业改制，采取无振荡破产的方式，积极组织六对矿井的关闭破产工作。六个矿破产后先后组建了枣庄新中兴实业公司、枣庄联鑫实业公司、枣庄通晟实业公司、枣庄联创实业公司、八一煤电化公司和井亭实业公司。

2. 主辅分离，辅业改制

对于主辅业分离工作，枣矿集团本着“总体规划，分步实施，平稳过渡”的原则，决定走“先分开，再分立，后分离”的路子，实行分线管理。成立物业管理中心、医疗卫生中心、教育中心和离退休管理中心，把后勤和非煤从主业中剥离出来，分灶吃饭。

（1）稳步推进物业后勤管理改革

分为“三步走”稳步推进物业管理改革。第一步：组建物业管理机构，推进物业管理体制的改革；第二步：推行物业内部市场化运行机制，提高经营服务水平，为走向社会市场创造条件；第三步：推行产权制度改革，实现产权主体的多元化和职工身份置换。物业管理机构的模式为：矿区组建物业管理总公司，组建初期模拟法人运转，待条件成熟后，注册为独立的法人经济实体。在当时的36个下属单位中，组建34个物业管理站或分站，隶属物业管理总公司。物业内部市场化运行的模式为：建立物业内部三级市场；构建市场运行机构和机制；建立市场价格体系；明确市场结算主体和结算程序；配置市场计量器具和手段；建立完善的考核监督机制，保障物业内部市场顺利运转。在此基础上，各单位推行了物业内部市场化运行，职工的改革意识、市场意识、经营意识和追求效益最大化意识明显增强；成本和费用大幅度降低，工作质量、工作效率明显提高，逐步实现了后勤服务机构由福利型向经营型转变，由无偿服务向有偿服务转变，并最终与主业分离、走向社会。

（2）探索医疗卫生和院校管理体制改革

枣矿集团从2002年7月开始进行医疗机构的整合工作。首先，把各矿处医院、卫生所全部就近划归集团公司4家直属医院，成立医疗卫生中心，逐步把医院改制为面向市场、独立核算、自负盈亏的实体和市场竞争主体。2006年9月，山东枣矿集团中心医院、枣庄医院、滕南医院、技校、卫校5个主辅分离改制单位，分别召开了创立大会，宣告枣庄矿业集团中心医院、枣庄矿业集团枣庄医院、枣庄矿业集团滕南医院、枣庄矿业集团高级技工学校和山东煤炭卫生学校的正式创立。2008年11月10日，枣矿集团率先和薛城区正式签订了所属辖区内5所学校的移交协议。2008年12月11日和12日，又分别与市中区和滕州市正式签订了其他7所学校的移交协议。2008年底基本完成12所学校的人员、资产的交接工作。

（3）实施非煤企业专业化管理

为了加强对非煤公司的管理，提升非煤公司自我生存和自我发展的能力，枣矿集团成立了多种经营实业总公司，对矿区非煤企业实施专业化管理。通过改组、改造和改革，优化非煤产业的结构，合理利用和分配现有资源和市场，实现了资本结构和产品结构的优化配置，培育一批骨干企业和主导产品。集团公司立足于非煤经济提升核心竞争能力、实现企业可持续发展的思路，坚持“以煤为主、多业俱兴”的产业发展战略，树立大非煤理念。按照科技含量高、产品附加值高、市场发展前景好、环保节能好“两高、两好”的原则，不断培育新的经济增长点，不断优化非煤产业结构，建设了煤炭化工、装备研制、水煤浆发电、支护用品、新型建材、橡胶加工6大专业产业园区，实现了集群研发、产业延伸。非煤经济的发展领域不断扩大，非煤产品畅销于国内外市场。

3. 市场化改革

为推进企业管理精细化，枣矿集团按照市场经济规律，引入价格机制、竞争机制、风险机制。层层明确市场主体，将矿级单位、基层区队、生产班组分别划为一级、二级、三级市场，实行费用单价结算、费用限额承包、日清日结等方式，构建了纵横到边的市场网络和完善的考核结算体系；建立上万种产品和劳务价格目录，达到物有价、岗有值，健全了价格体系；建立了完备的从结算到考核、仲裁的市场运行规则。通过与精细化管理的行为过程控制相结合，形成了每一个生产者都是经营者、每一个生产要素都有价格、每一天都知道经营成果、每一个市场行为都能有效控制、每一项工作都讲究投入产出的良好局面，增强了干部员工的市场意识和管理水平。同时，按照精细化考核的要求，对企业目标系统、执行系统、监督系统进行流程整合，创立实施了以职工SC行为规范为基准，以5E标准体系为支撑，以四卡闭环考核、六工动态转换、干部走动管理为手段，最终达到管理责任定量化、管理制度刚性化、工作考核绩效化、人的行为规范化的精细化管理。在此基础上，又探索了岗位价值流程再造、编码管理、信息化管理等新模式，落实了绩效计划、跟踪、评价和结果运用“四环节”管理，推行了能力素质、工作业绩和劳动纪律“433”考评。加强内控体系建设，推广信息化标准成本管理，使企业资金管理、成本控制实现了实时监控、系统预警。内部市场化的推行激活了企业每一个细胞，干部职工的经营观念和成本意识大为增强。各市场主体也自觉地把生产经营过程中所发生的各类费用变为自己的费用进行管理，算着干、干着算，立足于少投入、多产出，形成了多层次开发经济效益的

局面。

（五）破除陈旧观念，适应经济全球化发展战略（2012年至今）

随着中国经济在进入新世纪、新阶段的高速发展，煤炭企业也经历了辉煌的“黄金十年”期。但是，自2012年以来，中国经济进入“三期并存”“四期叠加”的新常态，经济增速趋于放缓。受大环境的影响，煤炭企业的光景也日益下滑。自2012年下半年以来，煤价就一直深陷“跌跌不休”的泥潭，企业生产经营困难，改革发展稳定面临着前所未有的压力。面对经济新常态，枣矿集团重整发展战略布局，突出“质量、效益、可持续”，致力“保市场、强内控、挖内潜”，不断提升管理内涵，以创新思维推动了企业逆境中稳健发展。

1. 坚持理性务实，实施转型发展

针对煤炭行业出现的供应结构性过剩、煤价“跳水式”下滑、效益急剧下降等多年罕见的挑战，枣矿集团不退缩、不懈怠、不松劲，坚持“转型升级、可持续发展”主题，审慎把握，用心用力，形成了“13666”战略构想。确立一个定位，即立足煤炭、适度多元、稳内拓外、转型升级；坚持三项原则，即坚持思想引领的原则、改革统揽全局的原则、以效益为中心的原则；突出六大板块，即做久煤炭板块、做大橡胶化工板块、做强煤焦化工板块、做优电力板块、做专机械装备板块、做实现代物流板块；加快六个步伐，即加快“走出去”、内部市场化、干部交替制度化、劳动用工规范化、依法理顺与改制单位关系、劣质资产处置的步伐；强化六项保障，即强化安全系统、科技创新、信息化技术、高效执行体系、组织人事体系、思想政治保障。通过优化调整，发展理念、发展定位、发展路径、发展动力更加贴近了“立足当前可承受，着眼长远可持续”的实际需要，发展的步伐更加稳健务实。特别是进入2016年，面对经济发展新常态、深化改革大趋势，枣矿集团在山东能源集团的坚强领导下，坚持“以煤为基，适度多元，稳内拓外，转型发展”的发展战略，确立了“稳中求进、稳中求新、稳中求突破”的主基调，明确了“实体经济作支撑、物流贸易促转型、资本运作创效益”的发展方向，构建了“六位一体”的科学管控考评体系，在持续夯实煤炭产业基础地位的同时，不断加快转调步伐，以非煤产业、物流贸易的发展带动企业整体转型升级。

同时，坚持不懈推动各大板块发展：煤炭板块实施增量创收提效战略，在集约高效组织生产、强化营销管理，最大限度发挥煤炭源头效应的同时，投资4.3亿元实施矿区选煤厂改造扩能工程13项，洗精煤能力达到1000万吨，年增效益2亿元。创新“先拆后建”压煤村庄搬迁模式，多方着力，快步推进，利用一年半的时间搬迁村庄10个，3683户，解放资源3900多万吨，创出了行业压煤村庄搬迁的“枣矿速度”。实施外部开发“三西”战略，抓住国家“一带一路”战略机遇期，赴内蒙古、山西、陕西等地深入调研、高层洽谈，以山西太岳煤矿为支点，撬动了与当地煤炭企业的合资合作。煤化工板块加强与韩国SK、OCI公司及国内沙钢、马钢合资合作，协力推动核心技术攻坚、拉长产业链条、提高附加值，为行业发展混合所有制经济提供可复制的模板。要求橡胶板块“树立只有倒闭的企业，没有倒闭的行业”的理念，找准发展定位，借鉴民营企业的市场意识、行业管理和工作落实力度，强推八一、丰源轮胎技改扩能工程，迅速膨胀规模，形成年产全钢300万条、半钢1000万条、输送带1000万平方米、在泰国加工天然橡胶10万吨的生产能力。2015年八一轮胎跻身全球轮胎75强第66位，2017年提升至52位，“八亿”品牌被评为中国驰名商标。坚持与电力“国家队”同行理念，加强与华润

现代化的调度指挥中心

公司合作，实施煤电一体化战略，加快建设热电联产“双百亿”工程，立足煤电一体化优势，在建成8座低热值电厂的基础上，又陆续启动了110千伏内网升级改造、田陈电厂2×35万千瓦机组等升级扩建工程。2017年12月25日，总投资31.8亿元，枣矿集团自建局以来单笔投资最大的项目——田陈富源2×35万千瓦热电项目开工建设。着力打造山东能源“枣庄煤电化综合利用基地”，为实现由“卖煤”向“卖电”转变奠定坚定基础。提出并实施装备制造产业“一体两翼”战略，差异化发展已形成特色。创新物流运作商业模式，实施“大物流”“大金融”“大运营”战略，不断拓展贸易融资、金融贸易等业务，推动无形资产货币化运作，规模、利润额实现翻番。

2. 积极推进混合所有制改革

中共十八届三中全会《决定》提出“积极发展混合所有制经济”。2014年《政府工作报告》又进一步提出“加快发展混合所有制经济”。国企民企融合成为新一轮国资国企改革重头戏。按照上级要求，枣矿集团在积极推进混合所有制改革上进行了大胆的探索和尝试。2012年9月，斥资逾10亿元收购了五九集团49%的股权，并以此为新的起点，成功布局内蒙古东部地区，并在内蒙古拥有了资源整合主体。

五九集团地处内蒙古呼伦贝尔，前身是五九煤矿，1957年筹建，1958年投产，1993年走向市场，1994年10月成立有限责任公司。2003年12月，牙克石市政府把五九煤炭公司与牙克石煤矿等6个企业合并，成立了五九集团。2006年12月12日，作为国有煤炭企业，被民企出身的新大洲公司全资收购。而新大洲的煤炭开发之路却走得有些吃力。一方面，胜利煤矿和白音查干煤矿等新建矿井需大量资金投入，重组时承诺配套建设的煤化工项目进展不顺，投资不到位；另一方面，五九集团出现了安全生产形势严峻、技术人员外流、职工不满情绪渐增等情况。同时，新大洲手握五九集团丰富的煤炭资源，却缺乏开发资金、技术和人才，而这些恰恰是枣矿集团具备的。于是，枣矿集团与新大洲的合作，成为典型的优势互补。

枣矿集团抓住机遇，把五九集团作为内蒙古东部开发的“排头兵”，订出了打造千万吨级矿区的目标。并且提出了“安全、发展、效益、民生，团结、诚信、求实、创新”的核心价值观，一方面对五九集团的管理采取“以矿建制、垂直管理、干部末位淘汰”等改革措施，定下了“三年三步走”的战略。用大矿的管理思路，高标准、严要求，注重安全投入，补充技术人员，提高矿井建设进度，并对生产矿井实施“炮采改综采，炮掘改综掘”，大大降低了职工劳动强度，提高了劳动生产率。另一方面，坚持建制度、用干部、重考核，对企业组织架构进行彻底优化调整，全面明确岗位职能和责任分工；建成了干部末位淘汰机制，在人性化管理的同时，严格考核，激发管理者爱岗敬业、认真履职、无私奉献的工作热情，以此建设一支学习型、创新型、高素质、敬业奉献、廉洁自律、有公信力、有良好道德操守的管理团队。据统计，2013年，五九集团投入6000万元实施技改，完成原煤产量311万吨，同比增长26.4%；吨煤材料成本同比下降40%，人均年收入同比增长了18%，真正让职工家属共享企业发展成果。

混合所有制改革在五九集团的胜利实践，在业内掀起了一阵关于混改的热烈讨论。2014年底，《中国煤炭报》用两个版面对枣矿集团在内蒙古五九集团的成功实践进行了深入报道，在全国煤炭行业引起强烈反响。

3. 探索实施供给侧改革

2013年以来，习近平总书记多次提出“供给侧改革”，从供给、生产端入手，通过解放生产力，提升竞争力促进经济发展。枣矿集团在“供给侧改革”的摸索实践中，立足自我革命、自我完善，着力提高供给体系质量和效率，不仅受到了市场的欢迎，更探索出了一条符合自身发展的营销新模式、新路子，为在困境中煎熬的企业增添了度危手段和信心。

面对严峻的市场寒冬，煤炭销售成为难题。枣矿集团在残酷的市场竞争中和不停地摸索实践中认识到，传统被动式产销模式已经不能适应新常态发展需要，唯有立足供给侧改革，主动实现自我变革，创造新供给，才能走出一条质量更高、效益更好、结构更优、优势充分释放的产销协同新路子。在这种认识的基础上，枣矿集团主动求变，在加强供给侧结构性改革，着力提高供给体系质量和效率上做文章、拓思路。在深度分析煤炭滞销、质量过剩、供需矛盾等

清洁无尘化综采工作面

问题的基础上，于2015年成立了“煤炭产品研发中心”，组建了技术研发队伍，根据自有煤种、煤质的优势和特点，结合重点客户需求和不同产品价格走向，大力开发产销对路、经济适用的新产品。先后成功研发出气精煤、气肥精煤、中硫1/3焦、高硫1/3焦等11个新精煤品种，使枣矿集团的精煤煤种增加到22个，并实现了精煤灰分、硫分高低可控，彻底改变了原有单一的低灰低硫1/3焦精煤打天下的销售格局，2013年以来，新品种销量已占精煤总销量的15%。

同时，枣矿集团以推动“产销协同”提升供给侧改革的实施质量。制订了产销协同联席会议制度，对集团权属各矿井的煤质计划、运销计划与生产作业计划同部署、同落实、同考核，形成了“以产促销、以销带产、产销联动”的良好局面。对安监员实施安全与煤质监控双层考核，对生产、洗选、销售实行“捆绑考核”，对煤质管控的关键人员实行风险抵押制度，做到了技术、监督、考核“三位一体”，实现了全员抓煤质的可喜局面。

为提升研究的针对性和客户对产品的个性化需求，与国内知名院校、大型钢铁焦化企业建立了煤炭产品技术交流机制，并把专家和客户请进来，联合进行定向技术攻关，提供“私人定制”式的服务。通过供给侧改革，着力解决市场产品供需错配问题，努力推动枣矿集团从“单一的煤炭生产商”向“煤炭产品综合服务提供商”的转变。围绕“价格、运输、成本、效益”核心内容，超前把握客户需求，为客户提供定制化服务和综合解决方案，营销模式从推销、营销向“引销”服务转变，构建了以增值服务为主导的产品价值增值线，有效扭转了以往出什么煤卖什么煤、给什么价卖什么价的被动营销模式。

枣矿集团的供给侧改革不仅体现在优化产品结构、质量等硬件上，在服务理念、服务模式等软件要素上也呈现出了颠覆式的变化。提出了“为客户提供一站式服务”的销售服务理念，依托铁运、汽运、河运“三位一体”的运输格局，致力为客户解决从“井口”到“炉口”的各项流程问题。截至2015年底，枣矿集团煤炭产品研发中心已经与7家客户签订产品技术研发合作协议9项，外聘技术专家14位。目前，已与全国十余家知名院校、大型钢铁和焦化企业建立了煤炭产品技术交流和合作研发机制。这标志着枣矿集团大力推动的产品供给侧改革又迈向了更深的层次。

4. 实施轻资产运营，积极培育新生业态

随着互联网的快速发展，传统的企业运营模式已经不再适应新型市场经济发展的要求。近年来，枣矿集团依托“互联网+”、电子商务平台以及信息化等手段，将互联网与传统行业紧密结合，积极培育新生业态，实现企业效益最大化。一方面，积极推进重型企业轻型经营，充分发挥在煤炭主业上的管理、技术、队伍优势，成立了专门的矿业管理公司，围绕“三西”（山西、陕西、蒙西）等煤炭优势资源富饶地区，与相关资产管理公司、知名企业积极主动对接，深入探讨合作路径，于2013年成功托管山西太岳煤矿，2015年全面托管了陕西富县芦村一号矿井建设，2018年托管了山西东于煤矿、锦源煤矿，为今后几年建成支撑枣矿后续发展的新基地有序布点。自2013年以来，先后有6家单位3800余人“走出”矿区托管煤矿建设、生产业务，并成功托管了美国埃因（新）斯、济宁民生等焦化项目。另一方面，以物流中心为平台，创新融资方式，开展贸易融资，构建境外低成本融资平台，形成“现金池”，降低融资成本，实现无形资产货币化运作。开发了应收账款保理、仓储金融、贸易融资、跨境融资等四种商业模式，取得了良好的效益。大力发展第三方金融业务，就是有资金优势的企业，租赁因资金链断裂，但上游有原料、下游有市场的工厂，付给原企业代工费，用以发放工资、维持生产，原料、成品两头在控，并由第三方实施监管，规避法律风险、债务风险，并由此打造品牌、畅通渠道，以互联网模式进行复制，最终在同业竞争中形成优势，实现低成本扩张。

5. 加快进入资本市场，推动新三板上市

根据企业发展需要，枣矿集团加快进入资本市场，尽快推动电力、橡胶、上海煤炭公司、焦化等部分优质资产上市，争取利用2—3年的时间，实现上市工作的新突破，进一步丰富融资渠道，改善资产结构，降低资产负债，实现实体产业和资本运营协同发力，满足企业发展的资金需求，补齐企业发展短板。所谓新三板，即全国中小企业股份转让系统，是由中国证监会、科技部发起和组织，经国务院批准，依据证券法设立的，继上海证券交易所、深圳证券交易所之后第三家全国性证券交易场所，定位于为创新、创业、成长型中小微企业提供股票公开转让、融资及资产重组等服务，对于鼓励创新，激活民间资本，规范公司治理结构，促进实体经济发展，具有重要的平台作用。鉴于枣矿集团权属企业在历史沿革、股权结构，以及资产状况、盈利情况、上市成本及时间要求等多重因素影响，暂时不具备在主板通过IPO或借壳的方式推动上市，而且门槛较高、手续繁杂、审批时间较长（最少2年以上）、上市后风险较高。因此，2016年，枣矿集团作出了在国内新三板推动电力、橡胶、上海煤炭公司、焦化等部分优质资产上市的决定。具体做好了以下工作：

一是成立上市工作领导小组和执行工作小组，全面开始着手准备上市前期工作。通过学习、借鉴丰源煤电集团生物发电公司等多家在新三板成功上市企业的经验，充分掌握相关上市的目标路径。

二是积极与中泰证券、中信证券、中投证券等多家券商，以及财务、法律等其他中介方进行接洽，完成了与各证券商、中介机构的上市基础资料传递、挂牌预评估工作，形成涵盖丰源轮胎权

证办理、生产经营、财务管理等多方面内容的初步尽职调查报告，同时对上市存在的问题进行梳理。

三是完成预评估准备阶段工作，各方中介机构与丰源轮胎股东、管理层就上市工作进行意见反馈。

四是遴选券商，并以财务、法律和行业三个方面为中心，开展内部控制、财务风险、会计政策稳健性、持续经营能力、公司治理和合法合规等事项的尽职调查，并制作《公开转让说明书》《尽职调查报告》及工作底稿等申报材料。

与此同时，结合枣矿资产负债率仅有51%左右的实际，探索将利用资产优势、信誉优势，推动融资渠道多元化，探讨开展资产证券化工作，把资产转化为资本，助推企业健康发展。积极与金融机构开展更深层次、更广领域的合作，放大枣庄银行、枣庄农村商业银行股东身份优势，探讨适度扩大持股比例，为传统煤炭企业转型升级，探索出一条银企合作、实体经济与金融产业相融合的新路子。

2018年5月4日，丰源轮胎公司成功在“新三板”上市挂牌，标志着枣矿集团在资产证券化的道路上迈出了坚实的一步，实现了零的突破，具有里程碑式的意义。

三、改革开放取得的主要成就

回顾枣矿集团的改革开放史，呈现出的是枣矿人对党和国家的赤诚之心；展现出的是枣矿人为国家建设和振兴民族工业所做出的突出贡献；体现出的是枣矿人艰苦奋斗、自强不息、与时俱进、开拓进取的奉献精神；折射出的是中国煤炭工业的壮大和强盛。40年改革开放成就斐然，枣矿集团正一步步走向强企行列。40年来，枣矿集团发展提速、规模扩大、实力增强、繁荣稳定、职工受益。一代又一代枣矿人克服重重困难，用勤劳智慧的双手，创造了灿烂辉煌的业绩，写下了绚丽多彩的篇章。可以说，枣矿40年的改革开放史，既是一部艰苦奋斗的创业史，又是一部与时俱进的发展史，更是一部催人奋进的光荣史。

（一）企业发展不断壮大，综合实力持续增强

在各级党委、政府的正确领导下，一代又一代枣矿人继承和发扬特别能吃苦、特别能战斗的光荣传统，锐意进取，干事创业，经历了全面复产、快速攀升、扭亏解困和转型发展等重要历史阶段，见证了由计划经济到市场经济的曲折历程，实现了从一个设备简陋、技术落后、产品单一的老矿区，到以煤炭、电力、煤焦化工、高端橡胶、现代物流贸易为主导产业，培育发展现代金融、医疗健康、绿色建材新兴产业的跨国界、跨地区、跨行业、跨所有制的大型企业集团的重大转变，走出了一条“以煤为基、适度多元、稳内拓外、转型发展”的发展之路。2015年，生产原煤2695.53万吨，是1978年804万吨的3.35倍。在世界经济持续低迷、煤炭市场遭遇罕见寒冬的情况下，完成营业收入420亿元，实现利润14亿元。2016年全年实现收入682.48亿元，利润16亿元，资产总额达到495亿元。2017年完成营业收入1050亿元，实际经营利润完成65.31亿元，资产总额537亿元。创出10项历史最好水平。40年来，枣矿已经发生了翻天覆地的变化，一个崭新的枣矿集团在鲁南大地牢牢的扎下根基，并且深刻地影响着枣庄这个因煤而兴的城市。

（二）煤炭主业勇挑重担，产能规模持续攀升

改革开放以来，枣矿集团的煤炭产量随着技术的进步和制度的完善，逐年呈上升趋势，到2000年突破1000万吨，2005年突破2000万吨，2017年完成商品煤产量2307.04万吨，成为华东地区重要的煤炭基地。特别是改革开放初期，由于东部资源枯竭，企业陷入困境，枣矿人以执着的追求，在艰难中突围，在逆境中奋起，逐步实施向西部战略转移，开启了枣庄矿区新的发展篇章。20世纪末，在亚洲金融危机的背景下，矿区广大干部职工勒紧腰带集资募股，启动了滕北五号井和新安铁路建设，进一步扩大了西部产能，使企业赢得了生存和发展的转机。在稳住本区资源和产量的同时，积极实施外部开发战略，分别

现代化洗选加工基地

在内蒙古、山西、陕西、云南、贵州等地寻找发展商机，形成了目前“两西一蒙一云”的发展格局。与此同时，积极实施“科技兴企”战略，1978年5月，第一套英国伽利克公司综采设备落户枣矿集团，1980年，第二套、第三套、第四套由西德和法国生产的综采设备，先后在枣矿投入使用，全面掀开了枣庄矿区机械化采煤的历史篇章。特别是近一两年来，枣矿集团敢为人先、引领变革，创新“一提双优”生产新工艺，坚持“提升装备水平、优化生产系统、优化劳动组织”综合发力，生产核心装备跨入行业先进水平，推动煤炭生产由劳动密集粗放型向“自动化、智能化、无人化”转变。滨湖煤矿建成全国首个薄煤层智能化无人值守工作面；付煤公司建成全省首个6m大采高智能化机组；新煤公司6.5m大采高自动化工作面投入运行，目前，矿区有7个智能化工作面、7个自动化工作面投入生产。打造了以“一提双优”建设为主要内容，以全面取消夜班生产和周日集休为重要标志，以“安全、高效、绿色、智能化生产”为鲜明特征的“煤炭安全生产枣矿模式”。改革开放以来，枣矿集团累计生产煤炭4亿多吨，为国民经济的发展作出了重要贡献。

（三）非煤产业快速发展，营销规模几何增长

随着改革开放和中国加入WTO，枣矿集团的非煤产业，在原来的基础上实现了两次大规模的扩张和发展，项目逐渐由依附煤炭向新型产业发展，规模逐渐由小而全向大而强发展，区域逐渐由本区向省外、境外发展。特别是2013年以来，按照“与巨人同行”等六种理念为指引，坚持以资本和产权为纽带，推进实体经济发展，把煤炭产业作为基础支持产业，把现代物流贸易、煤焦化工、高端橡胶、电力作为发展产业，逐步理顺医疗服务、教育、房地产、建筑安装产业，积极培育新的经济增长点。2015年，枣矿集团持续深入推进混合所有制改革，积极推进优良资本上市的探索和实践，使实体非煤和物贸金融板块收入占比为82.86%，改变了长期以来“一煤独大”的产业格局，使非煤产业成为矿区新的经济支撑，并且在安置就业、服务生产、推进转型等方面发挥了重要作用。

（四）企业管理持续提升，管理机制更加灵活

改革开放以来，枣矿集团始终坚持精益求精、强化管理，形成了独具特色的管理风格和深严细实的优良传统，在深化改革中不断推进企业管理持续提升，使管理更加精细，机制更加灵活，发展更具活力。特别是进入“九五”以后，面对扭亏解困的沉重压力，坚持整体性思维，引入市场机制，推行三条线管理、内部市场管理、准军事化管理等一系列举措，提升了企业管理的层次和档次。近年来，面对新常态，枣矿集团又突破思想藩篱，积极打造“简单、坦诚、阳光”的政治生态，倡导理性务实、开放包容、务实担当的良好风气，突出“质量、效益、可持续”的工作主题，坚持问题导向，直面发展难题，科学定位经营机制，狠抓经济运行关键环节，以创新思维抓住了扭亏增盈的“牛鼻子”。坚持文化强企、科技兴煤、品牌制胜，通过不断的探索与实践，先后打造了“三三三”管理文化品牌、“三基”建设安全文化品牌、学习型组织创建等文化品牌，在行业内引起较大反响，枣矿集团被中宣部、国务院国资委授予“全国典范企业”称号。同时坚持以人为本，全面实施“职工素质提升工程”，开通人才建设“三通道”，人才素质结构、年龄结构发生根本变化。

（五）企业发展职工受益，幸福指数不断提高

40年改革的最大变化就是企业发展的能力和实力增强了，效益提高了，职工的幸福指数提高了。即使在扭亏解困时期，枣矿集团在企业经济十分困难的情况下，千方百计保生存、保饭碗、保收入，使广大职工得到了较好的生活保障。企业整体改制后，随着经济状况的逐步好转，持续提高工资收入水平，大力改善职工生活品质，矿区面貌发生了翻天覆地的变化。近几年职工工资收入一直保持在人均6万元以上，比改革开放初期818元增长了73倍多。2017年职工人均收入7.78万元，同比增幅17.7%，比历史最高的2012年增加1.02万元。同时，企业效益的好转，使枣矿集团注重提高职工健康水平，建成了功能齐全、设施先进的医疗体系。近年来又投入资金，用于社区改造、优质水进家、天然气入户、道路修复、环境美化等几十件实事、好事。另外，枣矿集团始终把安全生产作为职工最大的福利，着力打造本质安全型企业，安全生产工作总体稳定。与此同时，教育、文化、环境保护、扶困救助等各项事业，也都取得了长足进步，造福十几万职工家属。

四、改革开放的经验和启示

40年的艰辛探索，枣矿集团不仅收获了改革开放的辉煌成就，也创造和积累了宝贵的经验和启示。归结起来主要有以下几点：

（一）必须始终坚持以解放思想为先导，打开思想“总开关”，才能保证改革工作顺利推进。

推动改革，必须解放思想。没有思想的“大解放”，就不可能实现改革的“大踏步”。枣矿集团深化改革的每一个阶段、每一项决策、每一步进展，都伴随着思想的转变。无论是改革开放初期的经济建设转移，还是市场经济中的放开煤价走上市场；无论是企业破产改制，还是职工身份转换，等等，这些都是思想解放带来的底气，都是以思想上的率先保证发展上的率先。40年来，枣矿集团始终坚持以新思想、新理念引领新发展，不断开创发展的新境界，敢于否定自我，勇于探索实践，实现企业的大跨越、大发展。特别是善于把改革与企业各个时期发展的困难和优势相结合，坚持战略导航、理性决策、科学应对，突出“质量、效益、可持续”的工作主题，推进经济发展质量持续向好。今天，推动企业改革前进的任务更加艰巨、繁重，

仍然需要我们进一步解放思想，大力弘扬敢想、敢闯、敢干的无畏精神，强化改革意识，以敢于改革创新的锐气冲破阻碍改革的思想牢笼，以敢于承担风险和责任的品格营造敢为人先、勇立潮头的干事创业氛围，以敢于打破常规的勇气，用超常的胆识、超常的决心、超常的举措，无私无畏，攻坚克难，更快推动企业发展。

（二）必须坚定不移地贯彻党的路线方针政策，做好上级指示与枣矿实际结合的文章。

推动国企改革前进，必须用好用足上级政策。以上级精神为指导，善于总结和结合枣矿特点，善于创造性地开展工作，走符合时代特征、具有行业特点、独具企业特色的发展之路，是枣矿集团深化改革的真实写照。从枣矿集团推进国企改革进程可以看出，什么时候用好用足上级政策，改革就阔步前进，否则，改革就难以推进。改革开放之初，枣矿集团抓住精神实质，大搞“挖革改”，提升煤炭生产能力；20世纪90年代，又按照上级精神率先放开煤价；进入新世纪新阶段，枣矿集团按照国家政策要求，剥离优良资产，对下马矿井进行破产改制，抓住了企业快速发展的机遇期；近年来，又按照国家鼓励混合所有制改革和供给侧改革的要求，大力发展混合所有制，积极推进以产销深度协同为主要内容的供给侧改革，积极打造从“坑口”到“炉口”的一体化服务网络，在煤炭的产、销、运、供等各个环节，一切以市场为导向、以客户要求为标准，生产客户定制的煤炭，有效地化解了“市场”带来的不利压力，跟上了中央全面深化改革的步伐。

（三）必须破除一切阻碍发展的体制和机制障碍，破解各种制约瓶颈，彰显改革的生命力。

始终坚持深化改革不停步，以改革创新的精神，深入推进体制和机制创新，是枣矿集团在激烈的市场竞争中永葆生机与活力的真实法宝。在深化改革的每一步，都涉及体制的“破”与“立”。特别是1993年党的十四届三中全会上通过了《中共中央关于建立社会主义市场经济体制若干问题的决定》，明确指出，国有企业改革的方向是建立现代企业制度，并且将现代企业制度概括为四句话十六个字，即“产权清晰、权责明确、政企分开、管理科学”，为国有企业改革指明了方向。自那时起，枣矿集团就致力于探索和实施建立现代企业制度之路，把改革的矛头直接对准了阻碍发展的体制机制障碍，推进体制机制变革，实行了煤炭销售、财务资金、物资采购高度集中统一管理，并且按照“公司制”要求，在原枣庄矿务局的基础上改制为枣庄矿业（集团）有限责任公司，一切严格落实法人治理的要求，把枣矿的改革推上了新的层次。

（四）必须始终坚持把发展作为第一要务，不断壮大企业综合实力，牢牢抓住科学发展的主动权。

改革的目的是发展。脱离了这一主题，就失去了改革的真正意义。枣矿集团在推进改革的进程中，始终坚持不忘自己的责任和义务，牢牢把握发展这个根本要务，坚持用发展的成果来衡量改革的成效，实现了不偏离轨道、不忘记初心。回首40年来的改革发展历程，无论是企业规模的不断壮大、煤炭产量的不断攀升、经济效益的不断扩大、改革经验的不断积累，都深刻体现了坚持把发展作为第一要务的理念和决心。实践证明，牢牢把握务实发展这个主题，遵循行业特点、把握客观规律，在发展中应对困难挑战，破解制约瓶颈，提高驾驭能力，才能不断掌握主动、发挥优势、赢得未来。目前来看，只要对发展有利、只要国家法律法规没有明令禁止的，我们就要敢于改革、敢于试验、敢于实践。要紧紧围绕国企改革碰到的新情况、新问题，适时制订实施新的地方性法规、规章，超常规强力推进改革工作。

（五）必须始终坚持全心全意依靠职工群众办企业的方针，最大限度地调动各方面的积极性和创造性。

枣矿集团在改革发展的过程中，始终保持与职工群众的血肉联系，坚持以人为本，促进安全发展，尊重职工的主人翁地位和首创精神，为企业改革发展注入不竭动力。实践证明，推动国企改革前进，必须整合各方面的资源，包括人才资源、部门职能资源等，使之形成合力，形成推动前进的强大动力，反之，改革很难推动。因此，继续推动国企改革前进，必须充分调动各方面的积极性，特别是广大职工群众的积极性，使之形成强大推力；要理顺部门职能，避免交叉重复，提高行政效能；要组建专门队伍负责协调指导国企改革，特别是要选配懂政策、精通业务、事业心强的人员承担改革工作。要持续不断地加强思想政治工作和企业文化建设，发挥国有企业的独特优势，靠坚强的思想政治工作凝聚人心、鼓舞斗志，靠独具特色的企业文化传承光荣传统、锤炼意志品质、铸造企业精神，形成心齐人和、风清气正的强大合力。

40年的成就固然巨大辉煌，未来的任务仍然相当艰巨。党的十九大标定了我国发展新的历史方位，也吹响了新时代向新目标奋进的嘹亮号角。尽管前进道路上会遇到各种艰难险阻，枣矿集团仍将继续清醒地认识到面临的诸多问题，紧密团结在以习近平同志为核心的党中央周围，把思想和行动统一到党的十九大精神上来，高举习近平新时代中国特色社会主义思想伟大旗帜，坚持深化改革不停步、推进发展不折腾，万众一心，开拓奋进，奋力谱写新时代改革发展新篇章，矢志不渝向百年枣矿行稳致远、“实优强富”的“枣矿梦”昂首迈进。

审稿人：刘国昌

撰稿人：刘德科　于芳涛

创新商业模式　激发企业发展活力

近年来，枣庄矿业（集团）有限责任公司（以下简称枣矿集团），结合煤炭企业特点，针对资源逐渐枯竭、人员安置困难等现实问题，努力适应经济发展新常态，不断创新商业模式，深入推进混合所有制改革，致力于促进企业转型升级、跨越发展。2015 年，在煤炭市场异常艰难的情况下，依然实现营业收入和利润分别为 420 亿元、14 亿元；2016 年实现营业收入 682.48 亿元，利润 16 亿元，资产总额达 495 亿元，资产负债率控制在 50.45%；2017 年，实现营业收入 1050 亿元，利润 65.31 亿元，资产总额 537 亿元，资产负债率 49.8%。整体工作稳中有进、健康发展。

一、背景和条件

（一）国家经济发展的宏观趋势分析

中华人民共和国成立以来，国家经济发展战略大致分为三个时期：

第一个时期，是中华人民共和国成立初期的赶超时期。这个时期主要以计划经济为主导。中华人民共和国成立初期我国面临着内忧外患的局面，我国的现实国情是经济和社会发展不能满足人民日益增长的物质和文化需要。现代工业还只是国民生产总值的 10% 左右，城市人口占总人口 10%。在这样的背景下，国家不得不通过各种方式，集中发展重工业，快速实现“由落后的农业国变成先进的工业国”的转变。总体经济发展路线是“要在十年到十五年或者更多一些时间内，基本上完成国家工业化和对农业、手工业、资本主义工商业的社会主义改造”。并于 1957 年提前完成第一个五年计划，我国的经济现代化建设取得了骄人的成就，所取得的成就超过了此前中国 100 年的工业发展，不仅年均增长率高达 18%，总增长率达 128.3%，而且工业产值在社会产值中的比重首次超过农业（工农业产值比重约为 4:3），开始扭转了中国现代工业以轻工业为主的局面。随后，国家制定了“四个现代化”发展战略，提出用 35 年时间实现农业、工业、国防和科技的现代化。枣矿集团就是在这种背景下，组建并发展壮大的。

第二个时期，是改革开放时期。1978 年中共十一届三中全会后，中国实行了改革开放的政策，经济发展由内向型转变为有限度的开放型战略。之所以是有限度的开放，主要是因为开放面临着巨大政治压力，再加上我们长期以来与世隔绝，对西方资本主义世界了解甚少。出于稳妥的考虑，对外开放在实践中实行的实际上是一种有限度的开放型经济发展战略。有限度的开放经济发展战略主要特点，一是在对外开放的基础上实行由先试办特区到逐渐铺开、由沿海到内地循序渐进的办法。二是实行“进口替代与出口导向”相结合。这一时期对内主要实施“分三步走实现现代化”的发展战略。在改革开放政策的指引下，枣矿集团也摆脱计划经济时期的思想束缚，大胆地尝试推进改革工作，使企业的规模不断发展壮大。

第三个时期，是结构性改革时期。经过 30 多年的改革开放，国家经济发展实力不断增强，我国经济与世界经济深度相融，迫切需要国际化思维来拓展经济发展空间。此时的国有企业，经过几十年改革，总体上已经同市场经济相融合，运行质量和效益明显提升，在国际国内市场竞争中涌现出一批具有核心竞争力的骨干企业，数据显示，中国有 47 家中央企业入围 2015 年世界 500 强。但也要看到，国有企业仍然存在一些亟待解决的突出矛盾和问题。特别是在 2013 年以后，伴随着中国经济步入“新常态”，国家提出全面深化改革的战略，国企改革也由此进入深水区，更加注重在监管、产权、经营等多个方面全面深化改革。鉴于此，2013 年 11 月，中共十八届三中全会通过《中共中央关于全面深化改革若干重大问题的决定》，就下一步国企改革提出新的论断，包括“积极发展混合所有制经济”“以管资本为主加强国有资产监管”“准确界定不同国有企业功能”“国有企业要合理增加市场化选聘比例”等诸多重要内容。在《决定》为新一轮国企改革定调后，国企改革的顶层设计也随之加紧酝酿出台。在此期间，2014 年以来，国务院国资委在中央企业启动“四项改革”试点，同时，地方版的国企改革也不断推进。在经过长时间酝酿后，中央《关于深化国有企业改革的指导意见》出台，这是新时期指导和推进国企改革的纲领性文件，从总体要求到分类改革、完善现代企业制度和国资管理体制、发展混合所有制经济、强化监督防止国有资产流失等方面提出国企改革目标和举措。

（二）枣矿集团实体经济发展面临的处境

枣矿集团的发展时刻与国家经济形势紧密相伴。随着中国经济在进入新世纪、新阶段的高速发展，煤炭企业也经历了辉煌的“黄金十年”期。但是，自 2012 年以来，中国经济进入“三期并存”“四期叠加”的新常态，经济增速趋于放缓。受大环境的影响，煤炭企业的光景也日益下滑。自 2012 年下半年以来，煤价就一直深陷“跌跌不休”的泥潭，企业生产经营困难，改革发展稳定面临着前所未有的压力。面对经济新

常态，枣矿集团重整发展战略布局，突出“质量、效益、可持续”，致力“保市场、强内控、挖内潜”，坚持“转型升级、可持续发展”主题，审慎把握，用心用力，坚持“以煤为基、适度多元，稳内拓外、转型发展”的发展战略，确立了“稳中求进、稳中求新、稳中求突破”的主基调，明确了“实体经济作支撑、物流贸易促转型、资本运作创效益”的发展方向，构建了“六位一体”的科学管控考评体系，在持续夯实煤炭产业基础地位的同时，不断加快转调步伐，以非煤产业、物流贸易的发展带动企业整体转型升级。

然而，在明确战略发展定位的同时，枣矿集团仍然面临着煤炭资源不足、非煤支撑不够、可持续发展能力偏低等困难。为突破这一瓶颈，枣矿集团采取了一系列务实理性的措施，紧跟国家产业政策，不断巩固扩大混合所有制发展成果。“混合所有制”是“新常态”下国有企业最大改革红利。但是，如何让改革红利顺利释放却并非易事。山东能源枣矿集团的“混合所有制”先行实践，进行了国有控股与民营控股两种模式的探索。

二、模式创新的探索与实践

（一）混合所有制改革和探索与实践

中共十八届三中全会《决定》提出“积极发展混合所有制经济”。2014年《政府工作报告》又进一步提出“加快发展混合所有制经济”。国企民企融合成为新一轮国资国企改革重头戏。按照上级要求，枣矿集团积极推进混合所有制改革，确立了“与巨人同行”的理念，矢志不移地依靠国家发展混合所有制经济的机遇，以开放、包容的心态引进战略投资者，扩大与国内外知名大型企业在各个板块的合资合作，引资、引智、引市场，不求所有、但求盈利，实现竞合共赢，借助外部力量带动自身的快速发展。目前，枣矿集团的主要产业均“涉足”混合所有制经济，混合所有制的形式也不尽相同。在煤炭领域，枣矿集团与民营企业新大洲公司混合重组内蒙古牙克石五九集团，其中枣矿占股49%，后者占股51%；在非煤领域，位于滕州市的盛隆化工公司是枣矿集团、安徽马钢集团、江苏沙钢集团共同组建的企业，其中枣矿、马钢是国企，沙钢是民企，三者占股比例接近；位于枣庄市薛城区的八一轮胎公司则是枣矿占股60%，其余为非国有股份。

1. 滕州盛隆化工有限公司

滕州盛隆化工有限公司是由山东能源枣矿集团、马钢集团、江苏沙钢集团三家合资兴建的煤化工企业，成立于2003年，总占地面积80万平方米，总投资19亿元。公司设计年产冶金焦210万吨、甲醇25万吨，同时配套建设化工副产品回收系统，自备拥有年入洗120万吨原煤的洗煤厂，连同参股企业微山同泰焦化公司的综合产能，盛隆公司已达到300万吨焦炭33万吨甲醇的生产规模。投产以来创造了较好的经济效益和社会效益，自建厂以来，累计实现销售收入136亿元，实现利税12亿元，并跃身全国独立焦化行业规模、效益双前列。

盛隆化工公司从组建之初，就严格按照现代企业制度模式进行管理，三家股东各负其责、各司其职，企业重大决策严格按照《中华人民共和国公司法》程序进行，枣矿集团这个大股东也只是指导性的管理。这样就给了盛隆公司一个较大的自主和规范的空间，使盛隆化工公司成为强强联合、优势互补、跨区域经营、紧密合作的典范。2014年，盛隆公司在煤炭和焦化市场持续低迷的情况下，发挥混合所有制企业的机制优势、管理优势、市场优势，通过定目标、拓市场、控成本、调结构，以强化基础管理为切入点，建立了以利润为导向的管控模式，全面提升公司综合管理素质，主要生产经营指标逆势向好，各项工作保持了良好的发展态势，实现收入75.88亿元、利润1.03亿元，创出历史最好水平。

（1）以混合所有制为依托，坚持理性务实跨越发展。在经济危机对煤焦化行业造成巨大冲击时，盛隆公司及时把握行业“洗牌”机遇，借机大力实施结构调整，积极整合区域焦化资源，全面实施企业扩张，不断增强企业在市场上的“话语权”。通过拉长产业链条，探

山东省内最大的煤焦化工产业集群

索出了一条“煤—焦—化—钢”关联贸易型、跨区域性的循环经济发展模式，依托山东能源枣矿集团丰富的煤炭资源，依托马钢、沙钢稳定可靠的焦炭定向销售市场，依托国内外紧俏的化工产品需求，构建稳定的产、供、销市场链。同时，将发展的触角向煤化工领域延伸，先后开发出焦油、轻苯、硫铵、甲醇等副产品。此外，凭借自身“滚雪球”积聚的资本，参股了微山同泰焦化公司，收购了滕州市盛源煤焦化公司47.5%的国有股权，顺利于2009年启动二期130万吨焦炭、15万吨甲醇技改工程，2012年7月实现全面建成投产。

（2）发挥自主优势，坚持科技创新降本增效。企业组建以来，盛隆公司聚焦自身，探索和研究了降低配煤成本方案，通过反复试验，在不降低产品质量的前提下，吨焦原料煤成本降低近15%，2010年投资400余万元建设了一座模拟实验焦炉，实现了焦炭质量科学配比实验。通过改造配煤计量秤，确保精确配比、精料入炉，杜绝配煤误差，实现增产增效。甲醇装置投产后，由于投产案例少，依靠自身技术力量，边组织生产、边摸索经验，逐项开展矛盾攻关。2007年在原有回收“废汽”和“冷凝水”的基础上，通过技改实施了甲醇废弃驰放气回收利用，增设回收设施导入焦炉和转化炉掺烧加热，置换部分煤气生产甲醇，年创产值2000至4000万元。2007年10月与盛源宏达化工公司实现废弃驰放气作为氢源供苯加氢项目生产，甲醇弛放气回收技术在全国尚属首例，填补了该行业技术空白。2012年，开展了“一期焦炉废气余热回收技术改造项目”，每年可节约标准煤近1.5万吨，无任何环境污染，具有显著的社会效益和经济效益，该技改项目申请获得了2012年国家节能技术改造财政奖励，得到国家财政厅项目奖励资金330万元。

（3）发挥制度优势，坚持危中寻机逆境掘金。独立焦化企业在市场中处于弱势地位，上游受制于煤矿集团的资源供给，下游受制于钢铁行业的采购需求。2013年以来，受全球金融危机影响，独立焦化更是雪上加霜，中小型企业普遍亏损。然而，盛隆公司在市场的“寒流”中奋勇搏击，闯出了一片新天地。公司始终眼睛向内，不断提升产品的竞争力，在有效降低成本确保产品质量的基础上，坚持一切为效益让步的营销理念，不论是股东单位还是地销客户，一律以产品销售价高的客户为优先供应客户。在市场竞争异常激烈的状态下，因为质量好、质量稳，公司的焦炭较周边企业始终高出50元/吨，产品依然供不应求。公司还对焦炭产品的质量控制极为严格，原料煤入厂取样时必须“一式两份”，一份检验、一份留存。在煤场管理中，严格实行分类、分厂家挂牌堆放，防止原料煤混放影响配煤准确性。在焦炭生产中，优化焦炉加热工艺指标，加强炉温管理，确保产品质量。通过校企联合，在国内捣固焦炉中率先推行自动加热系统，保证煤气均匀供给，提高加热效率。在熄焦时，严格控制水分，既确保焦炭水分达标，又避免产生相关损失，并且赢得了市场良好的信誉。

（4）发挥文化优势，坚持文化引导，凝聚力量。企业的发展壮大需要软实力的支撑。这种软实力就是企业文化。基于这一点，公司组建以来，一直持续不断对全体管理人员进行亲情教育和感恩教育，在潜移默化中引导每一位员工用温暖的情怀感知、用感恩的付出回馈。逐步建立了企业理念、行为、视觉三大识别系统，并深入开展理念灌输和认识升华活动，使共同愿景、团队精神逐步深化到班组、细化到岗位，增强了职工爱厂为家的意识。厂区环境与烟尘治理，是焦化企业管理的难点，但这却成了盛隆公司的亮点。长期以来，推进山东省现场管理样板企业创建工作，促进现场管理工作持续提升；认真执行三标一体化工作，促进生产现场的质量、环境和职业健康治理；开展五星级岗点创建管理，使厂区面貌得到全面提升，并被山东省命名为“清洁生产先进企业”。煤焦化企业是一个技术相对密集的实体，对员工素质要求较高。多年来，一直坚持“善待人才重其才而不苛全，善用人才扬其长而避其短，善聚人才凝其心而去其疑”，牢牢把握引进、培养和使用这三个关键环节，想方设法引进人才，不遗余力培养人才，不拘一格使用人才，选拔管理人员一律采取竞聘方式。有了这些环境的优化，不仅增强了凝聚力，还提高了执行力。

2. 内蒙古牙克石五九集团

内蒙古牙克石五九集团位于祖国北部重镇呼伦贝尔。五九集团先后经历了两次重组。第一次，作为国有煤炭企业，被民企新大洲公司全资收购。第二次，引入枣矿集团，与民营企业新大洲公司混合重组内蒙古牙克石五九集团，其中枣矿占股49%，后者占股51%，进入“民资加国资”的混合所有制时代。五九集团现有职工4100多人，年产量300万吨，总资产17亿元，所有的经营决策，都是通过股东会和董事会严格审定，然后经营层在框架里实施，既互相牵制，又实现了“让专业的人做专业的事”。该集团2014年经营成绩斐然，利润超过1亿元，作为规模较小的地方煤炭企业实属不易。2013年以来，在枣矿集团派驻煤矿技术人员的支撑下，五九集团新开发了呼伦贝尔地区的胜利煤矿和白音查干煤矿，成为五九集团新的效益增长点。与此同时，枣矿集团把五九集团作为排头兵，努力在蒙东地区打造千万吨级矿区。

五九集团地处内蒙古呼伦贝尔，前身是五九煤矿，1957年筹建，1958年投产，1993年走向市场，1994年10月成立有限责任公司。2003年12月，牙克石市政府把五九煤炭公司与牙克石煤矿等6个企业合并，成立了五九集团。当时五九集团有资源，却缺乏资金投入，也缺乏大型煤企的管理经验。早在2004年春，呼伦贝尔就提出要建设东北乃至全国能源重化工基地的战略。为了加快发展，从2005年开始，当地政府先后引入神华、香港金新、山东鲁能

等大集团，重组了宝日希勒、大雁等煤炭企业。2006年至2012年，新大洲投入约10亿元，用于资源勘探、老矿技改、新井建设，五九集团年产量从190多万吨增至250万吨，人均月收入从1600元提高到3000元，对五九集团的发展起到了战略性推动作用。新大洲进入后，在成本控制、人力资源管理、信息化等方面进行了改革，让一个国有煤矿“真正拥有了现代企业的肌理”。

新大洲手握五九集团丰富的煤炭资源，却缺乏开发资金、技术和人才，而这些恰恰是枣矿集团具备的。于是，枣矿集团与新大洲的合作，被认为是一次典型的优势互补。按照部署，五九集团成为枣矿集团内蒙古东部开发的“排头兵”，力争在2017年成为千万吨级矿区。在此背景下，枣矿集团派出首批18名干部在五九集团开始了“艰苦的二次创业”。五九集团迅速采取了以矿建制、垂直管理、干部末位淘汰等改革措施，定下了“三年三步走”的战略。安全管理水平有了大幅度提升，用大矿的管理思路，高标准、严要求，注重安全投入，技术人员也有了很大补充。2013年，五九集团投入6000万元实施技改，完成原煤产量311万吨，同比增长26.4%；吨煤材料成本同比下降40%，人均年收入同比增长了18%。

（1）理顺管理体制，实现管理高效。推行“以矿建制”的组织机构形式，取消中间管理层，集团公司直接管理各煤矿，矿领导班子管理层级提升，集团公司机关大幅精简，煤矿一线专业管理力量充实加强，激发调动了各煤矿领导班子积极性能动性；通过压缩职能部门和机构编制，五九集团成功实现管理重心下移，企业管理层和操作层之间的衔接更加顺畅，搭建起了科学高效、运转顺畅的扁平化组织管理平台。经过四年来的运行实践，机关8个职能部室、7个二级单位的基本组织架构焕发了管理活力。同时，他们把发展企业、壮大企业、让所有职工和家属过上更加富裕、快乐的生活作为终极目标，把“建制度、用干部、重考核”作为企业管理的核心，对企业组织架构进行彻底优化调整，推行以矿建制、垂直管理，全面明确岗位职能和责任分工；建成了干部末位淘汰机制，在人性化管理的同时，严格考核，激发管理者爱岗敬业、认真履职、无私奉献的工作热情，以此建设一支学习型、创新型、高素质、敬业奉献、廉洁自律、有公信力、有良好道德操守的管理团队。通过一系列的工作，让来自不同企业、不同地区的职工，统一了这样一个认识：无论我们是从哪里来的，只要在五九集团工作，我们就都是五九人，就要为股东，为这里的职工和百姓多干事、干成事、干好事。大家还形成了一个共同的目标，就是让股东满意，让这里的职工和百姓过上富裕、快乐的生活。

（2）优化生产系统，实现高产高效。针对五九老区，工效低、生产系统设计不合理、采掘失调以及机械化程度低，职工劳动强度大的问题，重组后，大力实施了以推广综采工艺、淘汰炮采工艺、提高机械化采煤程度为重点的矿井升级再造，进行了工艺革新、装备升级，生产工艺由炮采改为综采；采取集约优化采场布局、实施技术改造，提高矿井产能，技改后牙星煤矿生产能力由90万吨/年提升到150万吨/年，该煤矿从2013年起就一直保持在年产200万吨的水平。目前各矿通过系统升级改造、工艺改革，已经形成300多万吨的产能规模。

五九集团所有的经营决策，都是通过股东会和董事会严格审定，然后经营层在框架里实施，既互相牵制，又实现了“让专业的人做专业的事”。第一次兼并重组后，五九集团实行董事长负责制，由7个人组成领导班子，其中除了董事长和财务总监由新大洲派出，剩下的均来自老五九集团。第二次兼并重组后，五九集团实行总经理负责制，经营层仍是7个人，其中总经理、销售副总、总工程师来自枣矿集团，党委书记、开发副总经理、生产副总经理来自老五九集团，财务总监来自新大洲；董事长仍由新大洲的人员担任，但不再直接干预经营。涉及企业运营的重大事项都在董事会讨论通过。日常管理则遵循少数服从多数的原则。

（3）强化经营管控，实现降本增效。从推行精细化、市场化入手，内部经营管控力度不断加大，成立了经济考核办公室，全面推行二级核算目标考核机制，堵塞了管理漏洞；实施了“三提一降”举措，推动了修旧利废和节支降耗活动的开展，吨煤成本、材料消耗均有大幅降低，企业抗击风险能力显著提升。积极实施“五控创效”措施：即控员提效、降本增效、营销拓效、治亏稳效、资产创效，深挖资源创效潜力，推动了经济运行提质增效。同时，针对岗位、薪酬、绩效三大体系进行了改革。在专业咨询公司的帮助下，构建了管理、技术、生产、通用和后勤五大职务序列，引入3P付薪理念，确定了管理岗位和一线、二线、三线操作岗位四大类群体的薪酬水平；在五大职务序列基础上建立了22个职等、58个职级的薪酬体系，并从2013年下半年起开始实施。这样的设置，充分考虑了新大洲、枣矿集团和老五九集团各自在管理、技术和地缘上的优势。有了专业的人带着干，职工的工作热情被激发了。在煤炭市场严重下滑的不利形势下，五九集团活力迸发、逆势而进，2013年完成原煤产量311万吨，同比增长26.4%，实现利润总额1.5亿元；2014年完成利润1.1亿元。

（4）加快新井建设，实现增产增效。新胜利煤矿是五九集团最大的效益工程，建成投产后可使五九集团迅速获得新的效益增长点；迅速建成白音查干煤矿的意义则在于做大做强五九集团，推动其13亿吨后备资源探转采，并谋求枣矿集团战略性占有呼和诺尔煤田的长远目标。重组五九后，紧紧抓住宝贵的施工季节开工建设了白音查干煤矿和胜利煤矿项目，推动重点项目建设进度。2017年，胜利煤矿投产。

（5）推动文化融合，激发发展活力。重组后的五九集团干部队伍由三个方面构成，一是五九集团本土干部，二是新

大洲派驻干部，三是枣矿派驻干部。三个方面的干部来自不同地域，在文化认知、价值观念、生活习惯、行为方式等方面都存在很大差异，为了在短期内将三个方面差异如此之大的干部凝聚在一起，成为一支团结、稳定、和谐、有战斗力的管理团队，他们从倡导以人为本破题，明确提出“三方东家”的理念。在确保股东方投资收益的同时，让职工家属共享企业发展成果。高度关注民生工程，实施了供暖、修路等一系列惠民工程，对贫困职工家庭实施“一对一”帮扶，让弱势群体感受企业大家庭的温暖，大大提升了企业的向心力和凝聚力。“进了五九门、就是五九人”，依靠各级党组织强化道德教育、素质教育，创编了《讲文明、树新风、谱新篇——新五九员工规范》，开展了团队歌咏比赛、感动五九人物评选表彰等系列活动，凝聚了人心，提升了士气，增强了企业向心力。经过四年的努力，山东能源超越文化、新大洲“家园文化”与五九本土文化相互交融、结合，形成了具有新五九特色的团队文化。

良好的经营运营质量，引起了业内发展混合所有制经济“五九现象”的大讨论，《中国煤炭报》连续用两个整版进行全面报道。中国煤炭工业协会副会长彭建勋还专程就“五九现象”率调研组深入现场调研，对取得的成果给予充分肯定和高度评价。

（二） 商业模式创新的实践与探索

商业模式创新是互联网时代的产物。互联网的出现改变了基本的商业竞争环境和经济规则，使大量新的商业实践成为可能，一批基于它的新型企业应运而生。枣矿集团作为传统的能源企业，必须适应经济发展的要求，在不同的领域、采取不同的方式探寻企业发展的新途径。2013 年，枣矿集团确立了本区资源解放与外部资源获取并重、“与巨人同行”、国际贸易与实体经济有机融合、贸易与资本市场有机对接、人才跨越发展和依法治企六种全新的理念，谋划发展全局，推动思维方式转型，为企业逆势发展注入了强劲动力，集聚了企业发展的新优势。自此，也拉开了枣矿集团创新商业模式、寻求更大发展空间的序幕。

1. 物流贸易的发展。

枣矿物流中心由原器材供应管理处和设备管理中心于 2006 年 12 月合并成立。2008 年 2 月原枣矿集团设备租赁管理站并入物流中心。物流中心坐落于铁道游击队的故乡——山东省枣庄市薛城区，东临京台高速公路、京沪高速铁路，西濒美丽的微山湖和京杭大运河，南倚徐州观音机场，北靠兖石铁路、日东高速连接出海口。水、陆、空交通便利，地理位置十分优越。随着煤炭“黄金十年”的结束，原有的内部物资采购、仓储配送、供应租赁等业务呈现后继乏力的萎缩态势。

为了在新的经济形势下谋求新的发展，枣矿集团把物流贸易作为转型升级方向性板块，积极寻求发展良机，主动开拓物贸金融产业。依托物流中心，做出了从“内部企业物流”向“外部物流贸易型企业”转变的战略决策，通过不断创新商业模式，全面防控经营风险，实现了超常规、跨越式发展，并将其作为新的经济增长极来重点培育。2015 年枣矿物贸金融板块完成收入 208.7 亿元、利润 1.04 亿元，同比分别提升 344% 和 245%，其中营业收入占枣矿集团收入的半壁江山，利润排名上升到枣矿集团二级单位第一位。尤其难能可贵的是，应收账款全部按期收回、年底清零，实现了“安全无风险发展”。2015 年 8 月，枣矿集团物流中心被中国物流与采购联合会评为 AAAAA 级物流企业。

2017 年枣矿物贸板块实现收入 764 亿元，比历史最高的 2016 年增加 298 亿元，增幅 63.95%。

（1）明确产业定位，夯实物贸金融板块发展基础。枣矿发展物流贸易，主要是围绕效益迈向高端，推进“三个发展”。

一是由物流贸易企业向期现一体化供应链企业发展。从最初简单的贸易入手，构建适合自身特点的商业模式，凭借融资优势和品牌优势，以融资方身份打通供应链上下游各道环节，掌握商品从源头到终端的端到端体系，通过控制资源、获取信息、掌握价格来获取利润，实现安全稳健持续收益。

二是由单一商业模式向多元化创新发展。从首单最原始的贸易托盘业务至今，不断推进商业模式创新，从应收账款保理到贸易融资，从仓储金融到委托加工，直至新加坡的跨境融资，业务遍及全国十几个省、直辖市、自治区；创新金融手段，从套期保值到无风险套利、正向跨期套利、票据套利等，使很多业务在获取正常资金收益的同时，还能从汇差、利差、价差波动上实现多重利润。

三是由少数贸易品种向多产业领域发展。经过两年多的市场历练，枣矿物贸板块由最初的白糖、板材等几个贸易品种逐渐丰富完善，并最终涵盖了有色、黑色、油气、化工、农产品五大产业领域。有色金属业务已跻身上海有色金属交易中心前十名。石油化工方面，与一些世界五百强企业在轻质船用燃料油、PTA 等品种上开展大规模合作。黑色金属业务后劲十足，尝试打通钢材海外销售渠道，积极开发南亚、东盟客户的基建材和新加坡、欧洲客户的工业材，开辟了煤钢互保新途径。

（2）优化体制机制，提供物贸金融板块发展保障。枣矿发展物流贸易，坚持从体制机制入手，调动全员积极性。

一是资金“敞开使”变成“有偿用”。为让仅有的 5000 万元注册资本金用在刀刃上，对各事业部资金使用采取有偿收费制，用钱必须在承担银行承兑汇票贴现费用的基础上，再向物流中心交纳资金利息成本（随着银行存贷款利率变化），从而极大提高了资金使用效率。各事业部通过统筹排定每周、每月业务发展所需资金使用头寸，时刻关注各地票据市场贴现利率变化，实现了银行承兑汇票从第一天开出来到还款日现金回流期间无沉淀、无浪费、无闲置。从前台事业部到后台业务部，手机均安装了“银行承兑贴现计算器”，算起账来丁是

丁、卯是卯，毫不含糊。

二是用人由“铁打的营盘”变成“流水的兵”。加快人才培养，坚持内培与外聘相结合，每年都从社会公开招聘贸易、金融等方面的本科生，实习期满与原有员工一起竞争上岗，一年一竞聘。其中在一次竞聘中，曾出现5个人同时竞聘一个岗位的情况，竞聘上的当部长，竞聘不上就是普通员工，从而彻底打破了原有的行政职级概念。目前，物流贸易团队下设风控部、经营部、财务部、市场部、物流部等五个后台业务部和按业务性质划分的黑色、有色、石油化工、农产品、国贸期货等5个前台事业部，共有员工52人。

三是考核由“大锅饭”变成“分小灶”。对贸易团队实行完全市场化考核，将各前台事业部和后台业务部作为最小市场结算单元，分类建立以风控、利润、营收为导向的两维度考核激励机制，收入上不封顶、下不保底，做到硬指标、硬考核、硬保障、硬兑现，发钱不手软、扣钱不心软。各事业部和业务部收入高低全凭绩效排名，部门内部员工考核一律部长说了算。去年个别事业部因未完成任务，连续三个月全员仅发1000元生活费，而同期业绩好的事业部人均月收入上万元。市场化考核不仅拉大了员工收入差距，也激发了干事创业的动力。

（3）持续创新发力，着力提升商业模式竞争力。创新商业模式，简单来说就是为客户提供他们需要的服务并且从中赚钱。多数情况下，同一行业的商业模式大同小异，但通过集成“微创新”，就可能发现商机，增强竞争力。在这方面，枣矿集团着重打造“五大商业模式”带动企业创效。

一是仓储金融。主要针对供应链下游的生产型贸易企业，为其批量代采代储原料，并独立控制和监管货权，最终进行分销的业务模式，主要赚取批发差价和资金时间收益。它不同于传统意义上的仓单质押和货物质押，也有别于传统意义上的“托盘”业务。

二是应收账款保理。主要针对一些供应商与大型国企、上市公司的应收账款开展类保理业务而设计的一种供应链服务模式，赚取资金时间收益。服务对象是为大型国企、上市公司提供稳定原材料供应的贸易商。

三是贸易融资。主要是对一些资信实力不足的客户，通过不动产抵押，为其贸易业务时的应收账款敞口提供担保的供应链服务模式，赚取的也是资金时间收益。

四是跨境融资。主要利用国企的银行授信，通过大宗商品进口业务，基于国内与境外的贷款利差和汇率差，开展境外低成本融资。通常一笔进口业务周期不超过40天，转口贸易不超过3天，即可实现现金回流。在利用境外低成本融资的同时，又有一段时间的资金可以利用，在国内形成现金池，利用资金的时间价值获取后端收益。

五是委托加工业务。针对资金链断裂，但有稳定的上下游渠道、生产系统正常、有订单且现金结算的生产型企业，与之签订委托加工协议，为其提供原料，并利用其原有渠道销售其产品，同时利用第三方监管其原料和产品运营过程的供应链服务模式，同时赚取贸易利润和加工环节的超额利润。

在打造上述商业模式的基础上，重点以差异化竞争策略赚取利润。在既无行业背景又无贸易渠道的情况下，要想逆势崛起，必须扬长避短，走资源整合的差异化竞争之路。

一是以小博大，赚别人赚不到的钱。山东能源的品牌优势是巨大的无形资产，这是一般企业所无法比拟的。枣矿集团充分利用山东能源的品牌优势，将无形资产变成有形货币，通过“高杠杆、高周转、借鸡生蛋”来壮大自身实力。高杠杆就是利用大型国企开银行敞口承兑、国际信用证时保证金比例较低的优势（平均在15%左右，相当于使用6.6倍金融杠杆），以少量资金运作大额贸易，放大投资效果。高周转就是确保物贸账期平均在45天之内，年周转8次以上（较传统行业提高3倍以上）。通过单笔资金多次运作，实现利润的持续递增。借鸡生蛋就是用贸易对手交纳的保证金来激活授信额度，不占用自身现金流来创造利润。

二是敢为人先，赚别人不敢赚的钱。打破常规，走出传统贸易领域，除五大商业模式外，物贸板块由贸工到贸金直至贸投，稳步推进，势态良好。目前，物贸团队已能熟练地运用套期保值甚至汇差套利、期现套利、票据套利等手段进行市场价格风险的对冲和企业利润的积累。这些先进的商业和金融工具的成功运用，相对传统贸易型企业，是较为超前的，也是颠覆性的。

三是以快打慢，比别人更快地赚钱。嫁接民营企业的优良基因，努力消除传统国企机制僵硬、决策效率低、审批流程长等劣势，提升工作效率，做到“三快”。信息传递快。物贸团队能娴熟地使用ERP软件进行流程审批，利用微信群进行资金审核，利用QQ群进行业务交流，利用电子交易平台、电子仓单系统等工具进行远程合同会签、货权转让、电子结算等，提高了工作效率。业务流程运作快。目前，枣矿物贸团队的贸易业务无论审合同、走资金还是办货转、开发票，速度完全可以与上海的一流民企相媲美。工作节奏快。致力打造一支有灵魂、有血性、有担当的狼性团队。公司前台业务员高强度出差已经成为家常便饭，他们平时常备两个行李箱，一个在家，一个在公司，接到出差命令随时出发；公司后台业务员加班加点也成常态化，展现出良好的精神风貌。

基于新的模式和差异化的策略，使枣矿集团物流贸易的发展取得了长足的进步，在这方面，他们还加强与兖矿上期资本等资产公司合作，以无风险套利模式增加收益，将其在期现市场上的丰富经验及大连、上海、广西等大宗商品交易平台的渠道优势，与枣矿物流的强大贸易背景相结合，进行无风险套利合作。主要采取三种套利模式：一是开展商品期现套利：在购买现货的同时，如期货价格高于现货价格且溢价空间足以

覆盖交易、交割、仓储、保证金占用等相关费用，就在期货市场上建立等额反向空头头寸。利用期货交割日之前基差收敛的特点，伺机进行双向平仓操作，锁定保底利润，同时实现高额无风险收益。主要操作的品种有PTA、白糖等，单品种年化收益率不低于15‰。二是开展银行票据套利：在内贸业务中，对贸易下游付款时，如开户行有银行理财产品、结构性存款等利息前置产品，就存入现金并全额质押后开出信用证或银行承兑，然后对下游付款。不仅赚取正常贸易差价利润，还赚取银行理财或结构性存款产品的前端收益与后端贴现的利差利润，该项业务出现窗口期时仅利差利润便达到单日1.5‰左右。三是开展转口汇差套利：在转口业务中，如在岸人民币（CNY）、离岸人民币（CNH）对美元的汇率出现汇差（汇差大于350基点），就与上下游境外企业约定在离岸中心进行CNY换美元和美元换CNH的两次换汇操作，以此赚取正常贸易差价利润之外的汇差收益，该项业务出现窗口期时仅汇差利润便达到单日2‰左右。

（4）安全为要，致力构筑经营风险防控网。相比其他行业，物贸金融业务交易额巨大，尤其是大宗商品业务，单笔额度动辄千万甚至上亿元，一旦出现风险，后果不堪设想。为此，枣矿集团构建了一套体系完善、流程科学、标准规范的风险防控体系。

一是加强体系建设，夯实风险管控基本功。结构完善的体系是风险管控的基本前提。枣矿集团结合物贸业务特点，建立了涵盖风险管理、合同管理等14项风控管理的制度体系，以及风控审核委员会领导下的两级风控管理体系。其中，二级风控主要负责平台公司业已成熟并已操作过的常规业务，其审核结果相当于法院初审判决；一级风控负责金额超过2000万元的大额业务、首次操作的新业务和内容发生变化的固有业务，其审核结果相当于法院终审判决，任何人无权更改。风控审核委员会成员根据其业务分工，各司其职、各负其责，出现问题逆向责任回溯。外聘律师负责工商税务法律法规、诉讼仲裁等法律风险审核；外聘审计师和内部会计师负责资金、发票等财务经营风险审核；市场部负责业务模式说明、可行性分析等市场风险审核；内控人员负责山东能源集团及枣矿集团规章制度的合规审核，负责上下游业务流程、货物验收、货权转移、违约金等整体审核。风控部门“位置前置”和“权力前置”是枣矿物贸组织构架的一大创新，任何一项业务发起前，事业部和市场部形成的《初步合作意向书》都必须先经风控审核，风控审核不通过即意味着一票否决，该业务流程立即终止，以减少时间和资源的浪费。

二是实施“三化操作”，撑起风险管控保护伞。行之有效的操作是风险管控的得力之举。枣矿集团借鉴麦当劳的做法，按照合同模板化、业务流程化、工作标准化的总要求，编印形成了业务操作手册。“合同模板化”，即根据“五大商业模式”的定义和要求，将各模式合同条款固化，合同中的绝大部分条款是不允许谈判和变更的；“业务流程化”，即将业务分前台、后台运营，将完整业务分拆为市场开发、合同签订、货物监管、资金结算相分离的不同流程，各项流程由各业务部分段操作，部门之间相互制衡、相互监督；“工作标准化”，即要求每一项工作都要有量化标准，具体到谁来做、何时做、怎么做、做到什么程度等均有明确要求和标准。通过“三化操作”，确保了任何一名员工上岗之后都能迅速依靠固化的流程、按标准进行模板化操作，从而有效降低了操作风险，也避免 “明星员工”对业务带来的风险。

三是开展尽职调查，构筑风险管控防火墙。翔实全面的尽职调查是风险管控的重要环节。枣矿集团坚持网络调查和实地调查并重。网络调查突出公开、公正性，即根据前台事业部和市场部形成的《初步合作意向书》，通过“全国企业工商信息查询系统、中国人民银行征信中心、全国法院失信被执行人查询系统”等政府及行业权威部门的专业网站，对贸易对手的注册资本、股权分布、股东构成及关联公司进行调查，并形成以股权为纽带的公司族谱；对涉及股权质押的在上海（深圳）证券登记公司、注册地工商部门进行调查；对涉及房产、土地生产设备等动产和不动产质押的，去其公司注册地所在房管部门、土管部门、工商部门调查；对涉及诉讼的，外聘律师根据案号去诉讼法院调查。实地调查突出“细、实、深”。“细”即翔实细致，对贸易合作相关企业的水、电、气等各项费用缴纳，及其24小时内生产设备运转等情况进行调查，以确定其生产是否正常；“实”即实地评估，对厂区内外的运输车辆进行统计调查，以确定其原料是否正常供应、产成品是否正常销售；“深”即深入内部，对企业员工工资发放及周边餐饮企业欠账情况进行调查，以确定其资金流是否正常及经营效益好坏。通过实地综合调查，最终决定是否合作及合作的深度。

四是重视合同审查，消除风险管控危险源。精心缜密的合同审查是风险管控的有效途径。为提高合同审查能力，保证合同审查效果，一是坚持以案示警。从网络上收集大量资料，深度分析近年来贸易行业内的各种风险案例，并派员旁听不同的贸易案件审判，进行现场“围观”，深刻吸取其他贸易公司的惨痛教训。二是组织“闭关复盘”。对历史业务进行回顾总结，剖析教训，反思缺陷。去年全年业务结束后，组织整个贸易团队进行了为期两天的封闭复盘，谈得失、讲体会、论经验，效果非常好。三是进行场景推演。由风控委员会和事业部成员分饰红军、蓝军，在白板上写出业务流程，红军负责进攻寻找漏洞，蓝军负责防御提出解决方案。通过反复白板推演，来回攻防实战，及时发现“合同陷阱”并予以化解。

通过构建安全风险防控体系，实现了安全发展。2015年，两级风控共审核合同1660份，签订合同1079份，网调2135次，实地调查97次，现场尽职

调查足迹遍及云南、广西等17个省、市，行程达3.6万公里。风控审否决《合作意向书》581份，否决率达35%。

物流贸易的快速发展，为枣矿集团的经济规模注入了大量新鲜血液。为了进一步深入推进物流贸易实现更大的发展，2017年11月16日，枣矿集团物产集团有限公司在上海浦东新区揭牌成立。枣矿集团将利用上海平台，抢抓发展机遇，进行战略抄底，快速整合相关的资源、渠道和团队，实现物贸金融产业的整体战略布局。工作思路上，以“互联网+”为契机，以资本运作为突破口，以上海为基地，采用横向多元化，纵向一体化的竞争策略，确立期现一体化的供应链商业模式。横向上，实施油气、化工、有色、黑色和农产品等物贸多元化战略；纵向上，从下游的贸易、金融向中游的物流和上游的资源延伸。对标托克、贡沃等国际贸易巨头，深度介入产业链，积极打造“物流+贸易+金融+电商”为主体的现代物流商贸产业集群。

2. 探索推进资本运作。

经济发展新常态下，有效推动股权融资，提高直接融资比重，借助资本市场推动优势项目加快发展，是枣矿集团公司面临的一个崭新课题。进入2016年，枣矿集团公司审时度势，做出了着力破解发展瓶颈，推动资本运作实现新突破的战略部署，充分发挥枣矿集团资产负债低、融资空间大和社会信誉好等优势，全面启动资本运作工作。重点通过三个途径：

一是推进资产证券化。以权属电厂未来五年售电业务收入为基础资产，发行电费收益权资产证券化产品，预计发行规模20亿元。通过资产证券化，在金融机构逐步收紧对煤炭企业的授信额度和贷款规模的情况下，能有效缓解企业融资困境，分散金融风险，保障正常运营。

二是确立上市双路径。对与主业关联度较低的橡胶化工、物贸金融、木材加工等板块，先行寻求新三板市场挂牌，借此吸引战略投资者；力争2017年实现丰源轮胎公司和上海新能源公司在新三板挂牌的目标，利用外部监督机制，规范企业内控运行，提升科学管理水平。对煤炭、电力以及为煤炭生产服务的相关产业，积极寻求有关机构帮助策划，通过并购重组、借壳上市的方法，推动主板上市。

三是提升产融结合度。按照“总比相对固定、择机分批增持”的思路，通过增持枣矿集团在枣庄银行、枣庄农商行的持股比例，进一步改善企业资本结构，并为企业提供融资平台，降低融资成本，走出一条银企合作、实体经济与金融产业相融合的新路子。

3. 推动丰源轮胎公司上市。

枣矿集团通过调研论证，决定以丰源轮胎公司等部分优质资产进行先行先试，超前启动上市筹备工作，争取利用2—3年的时间，实现上市工作的突破。

（1）丰源轮胎公司发展现状。丰源轮胎公司成立于2008年，2013年7月枣矿集团八亿橡胶公司出资6亿元对其进行战略重组，注册资本为105439万元。股东三方及股权比例分别为八亿橡胶公司占股56.9%，峄城区国有资产经营公司占股27.91%，峄城区丰源煤电集团占股15.19%。重组以来，丰源轮胎公司确立了“坚决不能输在起跑线上”的发展思路，坚持品牌发展战略，在市场、技术、装备、质量上定位高端，全面实施差异化发展，实现了弯道超越的发展效果。2013年7月以来，丰源轮胎公司采取边生产、边建设策略。2014年完成收入1.8亿元，利润-3982万元；2015年完成收入4亿元，利润-1863万元；2016年一季度完成收入1.25亿元，同比提高154.94%；实现利润16.26万元，首次由季度亏损跨入盈利范围。

（2）推进丰源轮胎公司在新三板挂牌的初衷。鉴于丰源轮胎公司在企业历史沿革、股权结构，以及资产状况、盈利情况、上市成本及时间要求等多重因素影响，暂时不具备在主板通过IPO或借壳的方式推动上市，而且门槛较高、手续繁杂、审批时间较长（最少2年以上）、上市后风险较高。因此，做出了在国内新三板上市的决定。新三板，即全国中小企业股份转让系统，是由中国证监会、科技部发起和组织，经国务院批准，依据证券法设立的，继上海证券交易所、深圳证券交易所之后第三家全国性证券交易场所，定位于为创新、创业、成长型中小微企业提供股票公开转让、融资及资产重组等服务，对于鼓励创新，激活民间资本，规范公司治理结构，促进实体经济发展，具有重要的平台作用。根据有关规则，企业在新三板挂牌符合6个方面的基本条件即可：一是依法设立且存续满两年；二是业务明确，具有持续经营能力；三是公司治理机制健全，合法规范经营；四是股权明晰，股票发行和转让行为合法合规；五是主办券商推荐并持续督导；六是全国股份转让系统公司要求的其他条件。丰源轮胎公司完全具备以上条件，通过在新三板挂牌还可以实现以下发展意图：

一是搭建融资平台，打开融资渠道。经过近三年的发展，丰源轮胎公司已完成产能建设，跨过盈亏平衡点，进入产销良性循环阶段。由于前期建设投入大量资金，导致现阶段在增量扩张时期，资金周转捉襟见肘，且大量资金来源于

新远大（泰国）公司

全自动轮胎检测线

银行贷款，财务成本高昂。通过上市可以在证券市场上大规模筹集资金，从根本上解决资本需求。同时，待条件成熟后可以进行直接转板或在主板再上市。

二是倒逼企业规范管理。丰源轮胎公司在新三板挂牌后，将成为一家公众公司，内部经营环节、财务状况和业务战略将完全公开化、透明化，接受多方的监管。通过推进上市，将更利于企业完善法人结构治理、实现规范运行，通过推行一系列硬性标准，倒逼丰源轮胎建立现代化企业制度，实现规范科学管理。

三是参与资本市场，进行资本运作。在新三板挂牌后，丰源轮胎公司即进入全国股份转让系统，将有机会吸引战略投资者，可以通过定向增发的方式，快速进行低成本融资，扩大企业生产规模。同时，还可以利用增发股票的方式并购其他企业，实现资源整合。

四是提升品牌价值和市场影响力。在新三板挂牌对丰源轮胎公司的品牌建设和知名度提升有很大的促进作用，加之上市公司运作透明，监管严格，可进一步增强客户、供货商和银行的信心。在银行也将获得更高的信用额度，对降低融资成本，拓展融资渠道有诸多好处。同时，股权激励作用也有助于吸引、保留高技能、高素质的人才，提高员工的工作积极性，增强员工的主人翁意识。

（3）丰源轮胎公司所做的工作及进程。丰源轮胎公司确定推动新三板上市以来，在上市工作领导小组和执行工作小组领导下，各项相关工作全面展开。

一是通过多种途径积累同行业相关公司在新三板上市的各种经验，尤其学习丰源煤电集团生物发电公司的成型经验，明确上市工作的目标路径。

二是积极与各家券商及财务服务、法律服务等中介方接洽，通过基础资料传递、挂牌预评估工作对上市工作存在的问题进行了初步梳理，形成了涵盖权证办理、生产经营、财务管理等多方面内容的初步尽职调查报告，找准了上市工作的难点和瓶颈。

三是积极与所属公司股东、管理层就上市工作进行交流，同时组织中介机构进行意见反馈，推动各方抛弃分歧、达成共识，扎实完成了预评估准备阶段工作。

四是以推动上市工作为契机，围绕财务、法律和行业三个方面为中心，一方面开展各项尽职调查、完善各种申报材料，另一方面推行一系列硬性标准，倒逼企业建立现代化企业制度。

2018 年 5 月 4 日，丰源轮胎公司在“新三板”挂牌上市。

目前，枣矿集团正依托山东能源集团“三大主业”布局，发挥资产负债率低、融资空间大和社会信誉好等优势，以新三板挂牌、资产证券化、发行企业债券、与金融机构深度合作等项目为依托，实施产融结合战略，突出金融产业对支柱产业的强力支撑，补齐发展短板，拓宽融资渠道，助推实体经济创出更大效益。

三、创新商业模式的主要成绩

枣矿集团探索商业模式创新尽管起步晚、试点的范围小，但是，通过广泛、审慎的调研论证，通过扎实、规范的良性运作，在商业模式创新方面积累了一定的经验，也取得了明显的成效，为枣矿集团今后的发展探索了多种途径。

一是通过混合所有制改革实现了资源共享。混合所有制改革不仅是国家新一轮国企改革的重头戏，事实上也是枣矿集团在本区资源几近枯竭、迫切需要转型升级的现实情况下，拓展发展路径的有效途径。更为重要的是，枣矿集团在转型发展上利用自己现有的资源优势、人才优势、技术优势，与其他企业形成互补，各取所需，实现了强强联合、合作共赢。例如在与新大洲合作的内蒙古五九煤炭公司，新大洲有资源却缺乏煤矿安全生产管理的经验和人才，而枣矿缺少资源却在人才和经验上占有优势，这样，就依托混合所有制这种形式，把两家单位联系在一起，实现了互相促进和资源共享。另外，枣矿集团与沙钢、马钢合作的滕州盛隆化工公司，也是各取所需、相互工作、三方共赢的典范。

二是以混合所有制改革推进企业在逆境中实现快速发展。混合所有制这种合作模式，使合作双方或多方在优势上进行互补外，还在企业管理理念、管理文化、管理经验、管理手段等方面实现相互补台。枣矿集团依托混合所有制改革，把企业转型升级的任务融入其中，更借助合作方先进的管理理念和经验，在煤炭市场“寒冬”中破冰前行，取得了比预想还要好的成果。据统计，2015 年，在全行业亏损面达 90% 以上的严峻形势下，枣矿集团完成商品煤产量 2695 万吨，实现营业收入 420 亿元，利润 14 亿元，均位居能源集团前列；2016 年全年实现收入 670 亿元，利润 16 亿元，资产总额达到 511 亿元，资产负债率仅为 51% 左右，企业继续保持了健康平稳可持续的发展态势。

三是推进传统能源企业向资本市场进军。实施资本运营是拓展融资渠道、实现规模经济，提高经营管理水平，推进组织和制度创新的有效途径。枣矿集团紧抓国家发展多层次资本市场战略机遇，加快资本运作步伐。预计即将发行的规模为 19.3 亿元的电费收益权资产证券化产品，将有效解决项目建设资金需求，破解金融机构逐步收紧的信贷制约。同时，通过积极推动增持在枣庄银行、枣庄农商行的持股比例，争取掌控一家银行，改善自身资本结构，降低融

资成本，拓展在项目兼并重组中的资金运作空间。

四是企业规模进一步扩大。枣矿集团提出了“实体产业做支撑、物流贸易促转型、资本运作创效益”的发展思路，抓住关键、精准发力，在解决制约当前、影响长远的问题上不回避、不懈怠，努力实现新突破。物流贸易板块围绕商业模式创新，横向上形成石油、化工、有色金属、黑色金属、农产品五大贸易品种，纵向上实现贸工、贸金、贸投一体化运作，实现了跨越发展，不仅有力支撑了企业发展规模和效益，而且改善了企业资产和资信状况，获取了大量市场信息，为迅速进入资本市场发挥了桥头堡作用。

四、创新商业模式带来的启示

通过长期的研究和探索，枣矿集团在创新商业模式上不仅收获了成绩，促进了企业的可持续发展，更为重要的是，为今后的发展积累了经验和启示。主要是：

*（一）推进混合所有制改革，必须积极探索、相互包容，尊重合作各方的核心利益。*发展混合所有制经济需要集成不同企业的价值观念和个性化文化，才能形成共同认知的价值观念。国有企业导入市场竞争法则，可以激发劳动、技能、知识、管理的创新活力；民营企业引入现代企业制度，可以激活市场、资本、资源、技术的创造活力。合作各方要基于对坚持和发展基本经济制度的正确理解，以改革的魄力，创新的精神，合作共赢、理解包容的心态，解决合作中出现的问题。同时还要注重把握正确的政治导向和正确的市场导向，实现国有资产保值增值和社会效益与经济效益的有机统一。在探索发展混合所有制经济过程中，要充分考虑自身特点和管理需求，充分考虑业务拓展和投资回报，充分考虑国有资产保值增值和股份制企业运营绩效，共同探寻合作的最大公约数，效益的最大公倍数，既尊重双方共同利益，又兼顾彼此的核心利益，着眼于长远发展目标，这是枣矿集团发展混合所有制经济能够取得成功的重要原因。

*（二）必须对接国家经济发展的总趋势，创新盈利模式。*商业模式创新要求充分认识企业产业链上下游以及利益相关方的优势、劣势和盈利需求，利用行业特有的资源和技术优势，构建利益相关方共同参与的一体化服务体系，建立产业联盟，实现共赢。企业的盈利模式比盈利本身还重要，因为对的路子，迟早都会成功；而错的路子，就算是现在挣到了钱，迟早也会倒下。盈利模式对于一个企业来说，相当于基本国策之于一个国家。企业的决策和资源配置若没有与“如何提高盈利水平”和“如何提高持续盈利能力”相结合，或者本末倒置，企业就有可能在发展过程中倒下。因此，创新商业模式的前提是必须对接国家经济发展的总体趋势，顺应经济发展的潮流，才能在新的经济业态下保持发展的活力。

*（三）必须把商业模式创新与推进企业转型升级有机结合，才能体现创新的价值和生命力。*对枣矿集团而言，探索商业模式创新的根本目的是为了推进转型发展，因此，在工作中必须把握好以下几点：一是产业定位要注重成长性，推进优势板块建设，提升产业集中度，重点发展与主导产业关联度高、利于产业链向上下游延伸的项目，集中精力做优壮大重点拳头项目。二是项目选择要注重协同性，立足现有产业基础，在熟悉的领域、有前景的项目上，向上游延伸、向下游拉长产业链，形成上下游通畅的产业链，实现产业的集约化、规模化发展。三是发展模式要注重开放性，树立开放合作、竞合共赢的理念，学会欣赏竞争对手，学会“与狼共舞”，积极引进战略合作者，建立产业联盟。四是市场竞争要注重差异性，多元化发展，通过调整产品结构，实施技术差异化、市场差异化、服务差异化策略，不断拓展发展空间。五是寻找商机要注重超前性，要用敏锐的视角，超前的眼光去捕捉商机，培育经济增长点，实现多元化转型升级发展。六是资源配置要体现针对性，要坚持进退有度，“有所为有所不为”，把有限的资源向优势企业、成长性好的项目集聚。七是管理要更加注重科学性，建立科学民主的决策机制，建立健全有效的管控体系，开展实际、实用、实效的技术创新，建设富有生机与活力的干部人才队伍。

*（四）创新商业模式必须着力掌握关键技术，控制核心资源。*关键技术和资源是塑造成功商业模式的基础，任何一种模式的成功必须有核心资源的支撑。企业长期竞争优势的获取不仅依托企业既有的核心竞争力，更取决于企业通过某种创新获取的连续竞争能力，或称动态竞争能力，这种创新不完全是技术、产品方面单一创新，而是基于能力的商业运作模式的创新，长期竞争优势更多的是与商业模式的创新有关。核心技术不等于核心竞争力。努力掌握核心技术，有利于增强核心竞争力，但掌握了核心技术，不等于具备了核心竞争力。核心竞争力与核心技术的区别在于：核心竞争力的本质是企业中一系列知识与技能的整合，强调的是“协调”和“有机整合”，不是某种单项能力，而核心技术则只是一种单项能力；核心竞争力是企业在长期的生产经营活动中逐步积累起来的，具有组织结构性和路径依赖性，竞争对手难以甚至不能模仿，而核心技术虽然也难以模仿，但可以通过兼并、技术转让等方式获得。因此，核心技术对企业无疑是重要的，但核心技术并不能保证企业成功并保持竞争优势，在培育核心竞争力的过程中，单纯强调技术的作用是不够的，还需要在生产经营活动的多个方面实现协调与配合，有效整合内外部资源，进而形成强大的市场竞争能力。

审稿人：刘国昌

撰稿人：刘德科　于芳涛

40周年
改革开放1978—2018

枣庄市改革开放实录

ZAOZHUANGSHI GAIGEKAIFANGSHILU

第二辑

中共枣庄市委党史研究室 编

方志出版社
Publishing House of Local Records

目录

Contents

第二辑　市直篇

改革开放以来枣庄信访工作的历程、成效及经验

中共十一届三中全会以来，枣庄信访工作在市委、市政府的正确领导下，不断深化改革开放，在化解矛盾纠纷、维护群众权益、密切党和政府与群众的联系、服务经济社会发展大局方面始终发挥着独特的制度优势和不可或缺的重要作用，为促进社会和谐稳定做出了积极贡献。

一、枣庄信访工作历程

改革开放后，枣庄信访工作大致经历了四个阶段。

（一）信访工作专门机构设立并不断完善，为枣庄信访工作奠定坚实基础（1985—1992年）

改革开放之初，信访工作从指导思想到工作机构、制度，都不能满足现实需要。1982年2月，国家及时召开了第三次全国信访工作会议，通过了《党政机关信访工作暂行条例(草案)》和《当前信访工作的形势和今后的任务》，这标志着我国信访制度逐渐走上了正规化道路，进入了一个新的时期。《条例（草案)》共六章二十一条，为信访机构设置、信访工作人员的配置、办理信访事项的原则和方法提供了依据，省市级以下（包括省市级）党委和政府可以联合设立信访工作机构，也可以分别设立信访工作机构，各大部委及县级企事业单位可以设立信访工作机构，或配备专职信访干部。

1985年5月，枣庄市设市委办公室信访科和市政府办公室信访科，均为内设机构。1987年4月，两科都升格为信访处，仍为内设机构。1989年10月，两个信访处脱离市委办公室、市政府办公室，分别成立了中共枣庄市委信访局和枣庄市人民政府信访局（为二级单位)，分别归属市委和市政府序列。1992年1月，两个信访局合并，改称为“中共枣庄市委、枣庄市人民政府信访局”，是市委、市政府负责信访工作的职能机构，由市委办公室和市政府办公室管理。1992年2月，全市6区（市）信访机构也随之变更为信访局，隶属区（市）委和区（市）政府，由区（市）委办公室和区（市）政府办公室管理。1992年底，全市信访部门共配备信访干部75人。

1985年至1992年的7年间，市委、市政府信访科（处）遵照国家和省信访局的指示精神，认真、及时、妥善地办理各类信访案件达18783件（起)，多为落实政策和土地承包方面的问题，且农村所占比例较大。其中接待集体上访230起314人次；解决上级交办的进京上访老户和本市排查的重点老户144户；查处上级立案交办和市领导批示的信访案件587件，基本上做到无积案，结案合格率达到上级的要求。

（二）国务院《信访条例》颁布实施后，枣庄信访工作正式迈入法治化、规范化轨道（1993—2004年）

1993年，《山东省信访处理暂行规定》和《山东省人民群众上访秩序（试行)》发布。1995年10月，第四次全国信访工作会议强调信访工作必须服从服务于全党全国工作大局，在正确处理改革发展稳定三者关系中发挥应有的作用。1995年10月，国务院颁布我国第一部信访工作行政法规——《信访条例》，标志着信访工作正式迈入法治化、规范化轨道。《信访条例》的出台是对中华人民共和国成立以来信访工作中的经验和做法的一次全面总结和肯定，是国家在信访工作规范化、法治化方面做出的重要努力和尝试。以《信访条例》为指针，枣庄市信访工作开始从行政命令管理走上依法管理的法治化轨道。

枣庄市重点围绕提高全市基层信访工作的制度化、规范化和法治化水平，坚持长期开展争创“三无”乡镇（街道)（无赴省进京上访、无越级集体上访、无信访积案）活动，引导广大群众树立相信基层并依靠基层解决问题的意识，把大量信访群众吸引在基层，稳定在基层，把大量矛盾和问题化解在基层。一是充实健全工作网络。重点充实、整

2015年11月17日，枣庄市推进网上信访受理平台体系建设和应用新闻发布会召开

合乡镇、街道、社区信访工作力量，配齐配强副乡级信访助理员，进一步健全乡镇、街道调解中心、各类群众组织和民事调解组织，调整充实了基层信访信息员、通讯员和调解员队伍，解决基层信访工作有人抓、有办法抓、能抓好的问题。二是加大矛盾排查调处力度。市、区（市）两级均坚持每月一排查、一汇总、一上报；乡镇（街道）坚持一周一排查、一上报；村（居）、企事业单位坚持一天一排查、一上报；重要信访信息均坚持当日速报。坚持抓早抓小抓苗头，把定期排查与不定期排查、日常排查与集中排查结合起来，确保底子清、情况明。对排查出来的问题，逐个研究调处方案，明确责任领导，明确责任部门，组织专门力量靠上，限时加以化解，做到发现得早、控制得了、处理得好，及时将其化解在酝酿始发阶段。三是强化信访源头治理。枣庄市广大基层单位立足超前防范，树立重事后更重事前、重治标更重治本的工作思路，变被动为主动，把改革的力度、发展的速度和社会可承受的程度统一起来，从源头上预防和减少各类信访问题和社会矛盾的发生。做决策、办事情，充分考虑群众的切身利益和承受能力，量力而行，做到在稳定的前提下加快发展，坚决防止因决策失误而侵害群众利益进而引发信访问题。四是拓宽基层信访渠道。各级各部门除妥善做好办信接访工作外，还注重加大信访办公自动化建设的投入，通过采取建立内部局域网、公开电子信箱、完善区（市）长公开电话、部门公开电话、公众服务热线等便民措施，进一步拓宽了基层信访渠道，增强了基层吸纳、化解信访问题的能力，使群众有难有人帮，有理有处诉，有冤有处申，极大地方便了群众反映和解决信访问题。

1997年，枣庄市信访局按照市委市政府统一部署完成改革任务，初步达到了精简机构、提高效率的目的。确定市信访局为一级单位，归口市委办公室、市政府办公室管理，下设5个科室，编制为18人。2002年，市信访局设办信查办科、接访科、调研科和办公室4个科室，共有在编人员18名。全市62个乡镇（街道）均建立了信访工作机构和群众来信来访接待室，配备了副科级信访干部和至少一名专职信访工作人员，2466个行政村和居委会全部聘请了信访信息员，形成了纵到底、横到边，级级有人抓、层层有人管的信访工作网络。至2005年，市信访局已有工作人员17人，其中局长1名，副局长4名，调研员1名，助理调研员2名。各区（市）信访局由原来的2至3名增加到5至10人。各乡镇、街道办有2至3名专职或兼职信访干部，其中一名副科级信访干部。市直有关部门根据工作需要配备了信访工作人员。

1986至2004年，历届市委、市政府都成立了以分管副书记任组长，市委、市政府有关领导任副组长，市直有关部门主要负责人为成员的信访工作领导小组。领导小组建立了例会制度，至少两个月或不定期召开会议，听取信访工作情况汇报，研究解决重大疑难信访案件。市级层面分别明确一名副书记和一名副市长以及市委、市政府各有一名副秘书长分管信访工作。各区（市）也都成立了相应的信访工作领导小组，并明确一名副书记和一名副区（市）长分管信访工作。市直部门都明确一名党政领导分管信访工作。由此形成了纵到底、横到边的信访管理体系。

（三）新修订的国务院《信访条例》颁布以后，枣庄信访工作基层基础建设深入推进（2005—2012年）

2005年1月，国务院修订并颁布新的《信访条例》。2007年3月，中共中央、国务院颁发《关于进一步加强新时期信访工作的意见》，实现了在更高层面对信访工作的指导。2008年6月，监察部、人力资源和社会保障部、国家信访局联合下发《关于违反信访工作纪律处分暂行规定》，2008年7月，中纪委下发《关于违反信访工作纪律适用〈中国共产党纪律处分条例〉若干问题的解释》，从制度层面强化了信访工作责任。这一时期，枣庄市出台了《中共枣庄市委枣庄市人民政府关于进一步加强新形势下信访工作的实施意见》，从市级层面制定下发了办理群众来信、接待群众来访、督查督办等方面的工作规则，各区（市）也相继制定与之配套的制度，形成了比较完整的信访工作法规制度体系，为依法处理信访问题发挥了重要作用。2012年，市政府信访事项复查复核办公室成立，各区（市）在市信访局指导下，相继成立了有编制、有专门人员的信访事项复查复核办公室，确保了这项工作正常开展。

经市委、市政府研究决定，从2009年开始枣庄市在全市开展“信访工作基层基础建设年”活动，利用两年的时间，强化全市信访工作基层基础建设，不断提高信访工作水平。2009年作为启动年，重点抓信访网络、工作制度、基本设施建设；2010年作为提高巩固年，重点抓制度的运转，形成长效工作机制，提高工作水平。在具体工作中，采取了“五三三三五”的工作措施。

1. 完善“五大主体”。“五大主体”即区（市）、乡镇（街道）、村（居）、社区和企事业单位，区（市）是关键，乡镇（街道）、村（居）是重点。“五大主体”按照“五个一”标准建设。一是构建一个完善的信访工作网络。各乡镇（街道）建立矛盾纠纷排查调解中心，区（市）职能部门、有关企事业单位明确负责信访工作的处室，各村（居）、社区、企事业单位建立健全信访调解组织。二是建设一个良好的信访接待场所。区（市）、乡镇（街道）必须建有群众来访接待厅（室），工作程序、规章制度上墙，完善服务功能，营造温馨舒适的接待环境。三是形成一套行之有效的信访工作机制。建立健全矛盾纠纷排查调处机制、信访信息预警处置机制、信访事项三级终结机制、信访案件督查督办机制、宣传教育引导机制、利民便民服务机制等“六项机制”。四是造就一支高素质的信访工作队伍。配齐配强信访专兼职干部，确保每年至少安排信访

干部参加一次与信访工作相关的培训交流活动，教育引导基层信访干部苦练基本功，真正做到“三懂”（懂方针政策、懂法律法规、懂业务知识）、“四心”（热心、耐心、细心、尽心）、“五会”（会宣传、会沟通、会协调、会疏导、会化解），提高就地化解矛盾的能力和水平，使信访干部的人数和能力与所面临的形势、所承担的任务相适应。五是配齐一系列标准化的办公设施。建立落实基层信访部门办公经费保障制度和基层信访干部福利待遇保障制度，集中财力为基层添置必要的设施和装备，解决无办公用房、无电脑、无传真等“三无”问题。

2. 抓好“三个环节”。一是超前预防减少矛盾。凡涉及群众切身利益的重大决策，都采取听证、公示、评议等方式，广泛听取群众的意见和建议，切实维护广大群众利益，从源头上减少信访问题发生。二是畅通渠道吸纳矛盾。继续坚持和完善领导干部公开接访、带案下访和包案处理重要信访问题等制度，并以区（市）为重点，健全完善信访信息系统，深入推进群众来信“绿色邮政”工程，设立“区（市）长热线电话受理中心”“来信分理中心”，引导广大群众更多地采用书信、电子邮件、传真、电话等方式反映问题。三是整合力量化解矛盾。实行信访、纪委、综治、司法、法庭、民政等部门联合办公，统一协调受理各类矛盾纠纷，综合运用法律、政策、经济、行政等手段和教育、协商、调解、疏导、听证等方式，广泛动员和组织社会各方面力量，及时妥善处理信访问题和化解矛盾。特别是加大了解决信访突出问题的力度，以解决重复信访问题为重点，结合当前正在开展的“信访积案化解年”活动，着力推动解决了一批案情复杂、久拖未决的疑难“钉子案”“骨头案”。同时，高度重视初信初访工作，严格落实首办责任制，加大交办督办力度，提高了信访问题一次性办结率。

3. 设立“三个中心”。在乡镇（街道）设立信访信息排查中心、信访事项办理中心和信访事项督查中心。一是信访信息排查中心由乡镇（街道）分管信访工作的同志任主任，配备2名以上专职信访信息员，负责本乡镇（街道）信访信息的收集、筛选、整理、分流和对上报送，并对村（居）、企事业单位信访信息人员进行业务培训、工作指导和检查考核。村（居）、社区、企业设立信访信息站，配备2至3名信访信息员，坚持每天一走访、一排查、一报告，重要信息随时发现、随时报告。排查中心对上报的信息，逐条进行登记，并建立信访信息台账，对筛选出的重要信访信息，及时转送信访事项办理中心和督查中心。二是信访事项办理中心由乡镇长、街道办事处主任任主任，乡镇（街道）有关职能部门主要负责人为成员，负责办理上级交办和本级受理的信访问题，协调处理重要信访案件。三是信访事项督查中心由乡镇（街道）纪委书记任主任，纪委、信访办、考核办等有关部门单位负责人为成员，配备2名以上专职督查员，负责对上级交办的信访案件，排查中心上报的重要信访信息、办理中心承办的重点信访案件，乡镇负责人批示、交办的来信来访和公开接待的来访，集体访、越级访、非正常上访案件，以及村（居）和部门信访工作落实情况等事项进行督查督办。实行定期调度通报制度，对工作不力、推诿敷衍、办结不及时的，严格追究责任。

4. 推行“三评机制”。一是推行信访风险评估机制，做到源头控访。乡镇（街道）成立信访风险评估小组，领导小组办公室设在信访办，由分管同志任组长，纪委、信访等相关单位（部门）负责人及辖区内人大代表、政协委员、群众代表等为成员，对村（社区）和企事业单位在土地承包流转、开发产业项目、集体资产处置分配等事关群众切身利益的重大决策、重大项目实施前，进行科学民主评估，充分考虑决策和项目是否会引发信访问题，是否会影响社会稳定，对群众意见较大、风险较大的决策和项目，暂不实施，切实从源头上预防和减少可能引发信访的苗头和隐患。二是推行群众阳光评议机制，做到民主治访。对借上访谋求更多利益、损害集体或其他群众的合法利益以及案已结而访不断的无理信访案件，坚持民主治访。各村（居）、社区成立群众民主评议小组，由主要负责人任组长；5至9名群众代表为成员；并要求信访人家族、亲戚中的明白人、权威人参加评议，人数一般不超过3人。评议工作在乡镇（街道）信访办的指导下召开群众评议会，实行群众阳光评议。评议结束后，形成书面评议结论，由评议员和信访人共同签字，报信访办存档备案。同时，将评议结论在信访人所在的村（居）、社区进行公示，让广大群众监督落实。三是推行集体专业评审机制，做到权威处访。乡镇（街道）成立专业评审办公室，对涉及法律法规、政策性强、群众要求过高、难以把握的疑难信访事项，实行依法按政策治信治访，聘请相关专业人员，从法律和政策的角度进行评判，严格进行评审，以专家评审意见作为处理问题的重要依据。对经过专业评审的信访事项，按照“一岗双责”的原则，由分管同志包案处理，严格按照评审意见抓好落实。

5. 实现“五个转变”。通过坚持不懈地开展“信访工作基层基础建设年”活动，确保实现信访工作的“五个转变”。即从主要依靠信访部门抓信访向各级各部门齐抓共管的大信访转变；从被动接访办信向超前预防、主动化解矛盾转变；从重事后处理、重治标向重源头预防、重治本转变；从单一行政手段向综合运用法律、行政、经济、教育等综合手段转变；从简单办信接访向探索信访规律、建立健全信访工作机制转变。

（四）党的十八大以来，枣庄信访工作制度改革和法治化建设迈上新台阶（2012年11月至今）

党的十八大以来，以习近平同志为核心的党中央对信访工作做出一系列决策部署。党的十八届三中全会提出改革信访工作制度，四中全会强调把信访纳入法治化轨道，五中全会把“引导群众依法行使权利、表达诉求、解决纠纷”“加

强和改进信访和调解工作”等纳入加强和创新社会治理范畴，为做好信访工作进一步指明了方向。信访工作深入贯彻落实习近平总书记系列重要讲话精神，从“四个全面”战略布局和五大发展理念的高度，把改革信访工作制度与推进依法治国紧密结合起来，充分发挥改革的助力、推动作用和法治的引领、保障作用，着力打造阳光信访、责任信访和法治信访，不断增强信访工作制度改革的针对性。

在打造阳光信访方面，全国信访系统积极贯彻落实国务院制定的《关于积极推进“互联网+”行动的指导意见》，增强“互联网+信访”意识，搭建起集投诉、办理、查询、跟踪、监督、评价等于一体的全国网上信访平台，全面推行开放、动态、透明、便民的“阳光信访”新模式，实现受理数据全录入、信访业务全应用、办理过程全公开，自觉接受社会和群众监督，真正让数据多跑路、群众少跑腿，极大地方便了信访群众。网上信访正逐步成为群众信访的“直通车”、主渠道。在打造责任信访方面，2014年中共中央办公厅、国务院办公厅印发《关于创新群众工作方法解决信访突出问题的意见》，国家信访局印发《关于进一步规范信访事项受理办理程序引导来访人依法逐级走访的办法》，2016年中共中央办公厅、国务院办公厅发布《信访工作责任制实施办法》，要求进一步落实各级党政机关及其领导干部、工作人员的信访工作责任，从源头预防和减少信访问题发生。在打造法治信访方面，2014年中共中央办公厅、国务院办公厅出台《关于依法处理涉法涉诉问题的意见》，我国开始实行诉讼与信访分离制度，建立涉法涉诉信访事项导入司法程序机制，涉及民商事、行政、刑事等诉讼权利救济的信访事项从普通信访体制中分离出来，由政法机关依法处理。2016年稳步推进依法分类处理群众信访诉求工作，37部委出台信访分类处理清单。

省级层面，《山东省信访条例》于2015年9月24日经山东省第十二届人民代表大会常务委员会第十六次会议通过，于2016年1月1日起施行。这是山东省制定出台的第一部全面规范各级国家机关信访工作的基础性、综合性法规，是全省信访工作改革发展和信访法治化建设的一个重要里程碑。《条例》的颁布实施，对于提升全省信访工作法治化水平，推动信访工作在法治化轨道上运行，具有十分重要的意义。2015年省委办公厅、省政府办公厅出台《关于加强信访工作基层基础建设的意见》，构建完善的工作责任体系、严密的组织网络体系、科学的源头预防体系、有效的综合调处体系、完备的制度保障体系，以基层基础的稳固推动信访工作不断迈上新水平。

2016年12月4日，全市“信访法治集中宣传月”活动启动仪式在薛城区临山广场举行

在省信访局和市委、市政府坚强领导下，枣庄市的信访工作在维护市政大厦区域信访秩序、依法处理非正常上访行为、推进信访积案及时妥善化解、加强信访工作督查问责、深化领导干部接访和领导包案工作等方面出台一系列规范性文件，综合运用法律、政策、行政、经济等手段和教育、协商、调解、疏导等办法，分类施策、解决问题，逐步形成了依法信访的良好导向，信访维稳总体形势持续向好，信访工作制度改革和阳光信访、责任信访、法治信访建设成效显著。

2014年，枣庄市共发生到市以上正常信访2415件起。其中受理各类群众来信、网上投诉1037件，接待群众来访1378件起11988人次。全市各级各部门高度重视信访工作，把信访工作纳入科学发展观综合考核的重要内容，作为政治任务和硬指标抓实抓好。畅通信访渠道。采取领导干部定期公开接访、领导包案、建立网上投诉平台和绿色邮政、开通“省、市、区（市）三级视频接访”等具体措施，进一步畅通群众诉求表达渠道。开通使用并规范运行网上信访信息系统，纵向联通市、区（市）、乡镇（街道）三级，横向联通市、区（市）有权处理信访问题的责任部门，将全部信访业务纳入网上流转，实行信访事项的受理、办理、督办全过程公开，突出网上投诉受理办理，使信访群众感到网上信访好用管用，着力打造“阳光信访”。坚持领导公开接访制度，列出市级领导干部具体接访时间表，做到接访领导、范围、时间、地点、程序“五公开”。2014年市、区（市）、乡镇（街道）共有702位领导干部参加公开接访活动，接待来访群众2783批7423人次。坚持各级领导干部亲自阅批群众来信，各区（市）党政领导共阅批群众来信271件，到期办结率100%。制定并实施《关于进一步落实信访工作领导责任制实行重

点信访案件领导包案的实施方案》，着力健全完善领导干部直接处理信访问题制度。2014年，全市各级共有158位领导帮包信访积案387件，集中化解了一批疑难复杂信访问题。努力提高群众满意率。紧紧抓住“事要解决”这个根本，按照“三个到位、一个处理”的原则，综合运用法律、政策、经济等手段和教育、协商、调解等办法，及时妥善解决各类信访问题。市信访局先后召开工作协调会、案件分析研判会30余次。市信访局抽调由县级干部带队的督导组，深入各区（市）和市直有关部门，对赴省进京信访事项办理情况进行集中督导。群众赴省信访事项到期办理率由68.9%提升到100%，信访事项群众满意率由11.9%提升到49.7%。推进依法逐级走访。一方面，加大宣传教育力度，引导群众依法逐级反映问题。开展集中宣传月活动，组织全市信访干部在公共场所和主要街道进行宣传。活动期间，各乡镇（街道）及有关市直部门共制作展板120余块，出动宣传车辆40余部，发放各类宣传资料8万余份，对所有行政村进行了入户宣讲。另一方面，与公安等部门密切配合，对信访过程中的违法行为予以依法处理。出台了《关于进一步加强市政大厦门前早巡查工作的通知》，建立市政大厦等重点场所的信访巡查制度，坚决依法制止围堵出入口、喊口号、拉横幅、无理缠访闹访等行为，有效维护正常信访秩序。针对进京非正常上访高发、多发、频发的势头。成立市处置进京非访工作领导小组及办公室，配齐配强信访值班力量。市信访局牵头成立市非访专项治理督察办公室，联合市委组织部从市直部门抽调5名年轻骨干，采取台账管理、案件会商、定期通报、挂牌督办、领导约谈、重点管理等方式，督促各级各有关部门严格落实“五个一”工作要求（明确一名包案领导、一个工作班子、一套化解方案、一份会办纪要、一套稳控措施），形成了强大的工作合力。规范复查复核工作。市政府合并调整了市政府信访事项听证委员会和市政府信访事项复查复核委员会，充实了复查复核办公室工作力量。组建由80名听证员组成的市级听证员库，在复核阶段共按规范开展12次听证会，实现了市级信访听证零的突破，所有听证会均做到“五有”，即有听证员、有书记员、有方案、有录像、有结论。提高复查复核效能，全年共接待受理52起复查复核相关案件，逐案进行规范办理，共作出复核意见16个、复查意见5个。建立法律顾问、专家会审、征求部门意见等制度，复查复核工作机制和流程不断完善。加强队伍建设。选优配强信访干部队伍，市信访局面向基层公开遴选5名工作人员，接收安置1名军转干部。举办全市信访干部培训班，信访干部业务素质不断提升。市人民来访接待中心投入使用，配套基础设施逐步完善。信访信息化建设投入不断加大，先后建成信访视频会议系统和网上信访信息系统。按照市委教育实践活动总体要求，扎实做好群众路线教育实践活动各个阶段工作，突出作风建设，贯彻整风精神，把开展教育实践活动与党员、干部履职尽责结合起来，做到党建工作和信访工作两手抓、两促进，形成了一系列理论成果、实践成果和制度成果。

2015年，枣庄市认真贯彻落实中央、省市委关于信访工作的部署要求，坚持问题导向、法治思维、改革创新，不断夯实基础、压实责任、落实任务，积极打造法治、为民、公正、透明的信访工作新模式，全市信访形势整体平稳可控。打造“责任信访”。市级领导率先垂范。市主要领导多次听取信访工作情况汇报，对重要信访事项亲自阅批、亲自督办，召开市委常委会、政府常务会议研究部署信访工作。市级领导带头执行领导包案和公开接访、阅批重要人民来信等制度规定，协调化解了一批疑难复杂信访问题。各单位“一把手”、分管负责同志认真落实信访工作责任制，包案、协调、督促解决信访问题。考核通报明确导向。进京非访情况、信访事项办理群众满意率被纳入全市科学发展观综合考核，成为推进信访工作的硬指标，其中进京非访作为扣分项目，占15分。每月市信访工作联席办对到省进京上访事项办理率、群众满意率、进京非访登记等情况进行通报，报送市、区（市）两级主要领导、分管领导和有关部门负责人。严格执行市“两办”《关于进一步落实信访工作责任制的实施方案》，层层签订责任书，逐级压实工作责任。督查督办跟踪问效。完善“分级督查”模式，一般信访案件由市信访局办信查办科具体负责督查督办；紧急、突发、时效性强的重要来访事项，由市信访局组成督导组，分管副局长带队实地跟踪督办；重大疑难信访积案，及时向党委政府汇报，与市委督查室、市政府督查室进行联合督查。实行局领导班子成员和科室联系区（市）制度，对所联系帮包区（市）信访积案进行重点督查。建立健全领导约谈制度，强化对工作被动区（市）和单位的指导，由市级领导亲自约谈区（市）、镇街和有关部门负责同志。打造“阳光信访”。加强信访信息化建设。开通使用并规范运行网上信访信息系统，纵向联通市、区（市）、镇街三级，横向联通市、区（市）有权处理信访问题的责任部门，将全部信访业务纳入网上流转，实行信访事项的受理、办理、督办全过程公开。依托网上信访信息系统搭建覆盖市、区（市）两级的网上信访受理平台体系，通过召开新闻发布会、市政府门户网站链接、广播电视台、短信平台宣传等方式，使群众了解“网访”、会用“网访”，网上信访逐步成为群众表达诉求的主渠道。2015年全市共受理各级网上投诉事项646件，同比上升12%，结案率达到100%。抓好信访业务基层基础。结合“三严三实”活动开展，市信访局制定了《全市信访系统规范基础业务百日专项整治工作实施方案》，围绕信访事项受理、办理、答复、送达、信息录入、督查督办等6个方面21个突出问题进行重点整治，梳理534个不符合程序规范事项并全部整改完毕。抓好信访

复查复核工作。从市人大代表、政协委员、高校学者、市直部门政策专家中遴选市政府信访事项听证员，市、区两级共遴选听证员574名，召开听证会28次。2015年市复查复核办共办理复查复核案件43件，区（市）办理复查案件81起。提升信访事项满意率。坚持把工作重心放在提高信访事项“四率”（受理率、办理率、参评率和群众满意率）上，将通过网上信访信息系统初次登记受理的信访事项，全部纳入满意度评价范围，按照“谁初次办理、谁负责公开、谁接受评价”的原则，切实抓好各个环节工作。打造“法治信访”。依法处置进京非访。进京非正常上访依法处置力度不断加大，非访治理成果进一步巩固。2015年，市级领导先后约谈3个区（市）党政主要负责人，主持召开镇街党政正职集体约谈会5次。坚持解决问题和依法处置“两手抓”，各责任部门、职能部门密切配合，非访处置“六个关键环节”环环相扣。在公安、信访等部门的密切协作下，2015年全市依法处置违法信访人员224人次。驻京值班力量得到加强，筑牢了非访处置的最后一道防线，创造了值班工作“枣庄经验”。2015年全市协调化解进京非访1886人次，化解率89.4%。进京非访登记224人次，同比下降56.8%。维护机关信访秩序。针对部分上访群众围堵机关办公大楼的问题，严格落实《关于维护市政大厦办公秩序妥善处置群众来访问题相关制度的通知》和《关于进一步加强市政大厦门前早巡查工作的通知》要求，不断完善市政大厦等重点场所的信访巡查制度，市信访局除常年安排专人在市政大厦值班外，工作日期间每天8：00—9：00由一名县级干部带队在市政大厦前值班巡查。发现到市政大厦的上访群众后，市信访局值班人员第一时间上前引导劝离，稳定群众情绪，摸清信访问题发生的地区、单位、主要诉求、来访人数，并通知涉案区（市）和有关单位协助处理。市信访局每月印发《市政大厦门前来访事项通报》，对区（市）、枣庄高新区、市直部门到市政大厦信访量进行排名，并通报不按规定时间、规定要求接访的责任单位。深入开展“信访法治建设年”活动，以《信访条例》修订实施10周年和《山东省信访条例》颁布实施为契机，以“学《条例》、用《条例》”为主题，坚持面向领导干部、面向信访干部、面向广大群众，广泛开展主题宣传教育。市信访局在各大媒体开辟“阳光信访”专栏，每周宣传信访政策、工作进展、典型案例，各级领导走进直播间、在线访谈栏目或发布署名文章进行《条例》解读。层层抓好业务培训，举办市直部门分管领导、区（市）信访局长和基层信访业务骨干培训班，培训人员1000余人次，使各级干部成为精通和落实《条例》的行家里手。集中宣传期间，全市共设立宣传点72个，制作宣传展牌350余块，悬挂标语、宣传画1200余幅，出动宣传车450余辆次，发放各类宣传资料20万份，接受群众咨询9000余人次，营造了良好的社会氛围。

2016年，枣庄市的信访形势整体向好，信访秩序、信访结构发生积极转变，“阳光信访、责任信访、法治信访”建设深入推进。进一步健全完善信访工作责任体系。市委、市政府高度重视信访工作，市委书记主持召开常委会，专题听取全市信访工作情况汇报，就学习贯彻习近平总书记等中央领导同志和姜异康书记等省领导同志重要指示精神提出明确要求；市委副书记、市长多次到市信访局公开接访，并在人员、经费等方面全力支持保障；市委、市政府分管领导同志亲自研究部署重点工作，协调化解重要信访事项。2016年，市级党政主要负责同志阅批群众来信110封。市“两办”下发《关于实行重点信访案件领导包案的实施方案》，梳理19个重点信访案件，由市级领导牵头帮包；印发《关于进一步开展市级领导干部公开接待群众来访的意见》，市级领导均按时到市信访局接访，为各级领导干部作出表率。“属地管理、分级负责，谁主管、谁负责”的主体责任明确，市、区（市）、镇街、部门“一把手”的重视程度普遍提高，形成了党委政府统一领导、部门单位齐抓共管的良好格局。进一步健全完善依法治访工作体系。一是建立政法委统筹协调、公安机关依法处置、检法司协调联动、信访等部门紧密配合的非访治理工作体系，走在全省前列。进京非访连续三年纳入各级经济社会发展综合考核，修订完善《枣庄市治理进京非正常上访工作计分细则》，坚持月通报和重大信访问题约谈、问责制度，实现非访治理的法治化、制度化。2016年7月，在全省部分市依法处置非访情况调度会上，枣庄市作了经验介绍。二是强化法治思维，进一步加大《山东省信访条例》学习宣传贯彻力度，通过在市主要媒体开辟“阳光信访”专栏、举办信访法治集中宣传月等方式，营造干部依法办事、群众依法信访的良好氛围。不断加大到国家信访局越级走访专项治理，在市委召开的常委会上，将进京越级访集中整治工作纳入重点汇报内容，召开全市进京访情况通报会，就做好集中整治工作作出具体安排。通过专项治理，枣庄市越级访情况得到有效控制。三是市“两办”下发了《关于维护市政大厦办公秩序妥善处置群众来访问题的补充规定》，对日常值守、巡查、引导、劝离、带离和依法处置作出规定，对接劝返时限和劝返负责人提出明确要求。公安、信访每天由县级干部带队在大厦值班、巡查。进一步健全完善基层基础建设体系。一是信访业务规范化建设持续推进。按照省局“一二三四五”工作思路，实行项目化管理，将全年任务分解成7大项、58小项，逐项落实责任。认真执行全省信访工作基层基础建设会议及有关文件精神，积极推进“互联网+信访”在基层信访工作机构和职能部门全覆盖。为做好听证工作，枣庄市制定下发了《关于在信访事项办理过程中落实信访听证有关规定的通知》，组建了听证员库，明确劳务报酬计发标准。由市委政法委牵头，在多元化解矛盾纠

2016年4月，全市信访维稳干部培训班在北京大学举办

纷、律师参与接访等方面连续出台规范性文件，源头吸附化解矛盾的能力不断提升。滕州市创新实施“三三制”工作模式，多元化解矛盾纠纷工作走在了全省前列。二是信访突出问题的化解力度不断加大。坚持把“事要解决”放在首位，建立信访积案动态清理交办机制。根据全市信访形势，定期形成信访问题分析报告呈报市级领导，就农民工工资信访问题、市直有关部门下属破产企业职工上访等问题形成专题调研报告4篇，由市委市政府主要领导批示，推动热点难点问题妥善解决。三是信访工作力量得以加强。市编制部门批复了信访局关于设立两名督查专员（副县实职）和成立督查科、网络信访科（加挂）的申请。2月份举办全市信访信息系统应用培训班。4月份在北京大学举办全市信访干部培训班，通过系列专题培训，信访干部的素质能力明显提升，工作开展更加规范有效。

2017年，在市委、市政府的高度重视下，全市信访工作在理念提升、机制创新、制度完善等方面取得较大突破，构建了全方位制度体系，出台重要制度文件16个，其中，以市“两办”文件出台9项制度，信访工作法治化、专业化、精细化程度明显提高。一是落实信访工作责任。先后出台《关于加强和统筹重点信访事项实地督查工作的规定》《枣庄市信访工作责任制实施细则（试行）》和《关于建立市信访局领导班子成员对点联系区（市）制度的通知》。对上级批示、交办的重要信访事项，群众反映强烈的信访突出问题等进行实地督查。对重大疑难复杂信访事项，由市委、市政府督查室牵头督查。市信访局加强常规督查，对5次以上重复进京访等情况发函督办，推动问题化解。市、区（市）、镇街层层签订信访工作责任书，逐级压实责任。市委将进京非访、信访事项办理质量、市政大厦区域来访纳入全市经济社会发展综合考核扣分项目（15分）。市联席办每周通报市政大厦区域来访情况，每月通报进京非访和来市赴省进京上访情况，每季度通报信访事项“三率”和网上信访情况。二是控制来市赴省进京上访。理顺和压实公安机关依法处置责任、基层属地稳定主体责任、责任单位化解主体责任。特别是对于“三跨三分离”进京非访案件，规定每一种情形（人事分离、人户分离、人事户三分离，跨地区、跨部门、跨行业，信访事项办结并无事可解决、信访事项尚未办结）的具体责任划分。对每起进京访案件，都从快速介入、劝返接回、人员保障、依法取证、落地报告、依法处理、协调联动、人员稳定、跟进谈话、推动化解等10个环节入手，点对点跟踪督办并倒查责任。在京组建到国家局上访现场处置工作7人小组，实现重点敏感地区、中央和国家部委接访点等地区无缝隙、全覆盖。印发《关于进一步加强市政大厦门前信访局人员值班工作的规定》，除市信访局常驻市政大厦工作人员外，每天安排一名市信访局班子成员和一名工作人员到市政大厦值班。三是有效化解信访积案难案。出台《关于做好2017年市级领导包案工作的通知》和《全市重点信访案件集中化解“百日会战”活动实施方案》。在全市范围筛选35件重点信访案件由市级党政领导、法检“两长”包案，并要求区（市）每名党政领导至少帮包2个疑难信访案件。同时，利用100天的时间开展重点信访案件集中化解“百日会战”活动。将市级领导帮包案件，赴省进京集体访、重复来市集体访和到市以上缠访闹访的重要信访案件，以及2017年进京非访案件，全部纳入“百日会战”范围，集中交办重点案件135件。凡是市级领导包案和“百日会战”活动交办案件，都至少明确一名区（市）、枣庄高新区或市直部门领导包案，逐案建立“五个一”台账。严格处理程序和结案标准，办结报告须经责任单位主要负责人、包案领导审核签字后报市联席办。在案件办结前，区（市）、部门每月都要上报案件进展情况和下步拟采取的措施。市联席办根据交办案件化解数量和化解率综合排名，纳入信访工作年度考核。“百日会战”活动集中交办的135件重点信访案件已经化解92件，化解率68.1%。为推动信访案件持续“减存控增”，市信访联席办针对党的十九大期间市级党政领导公开接待的来访事项；党的十九大期间事实进京上访的信访事项；“百日会战”活动中尚未化解的信访事项进行了集中交办并于2017年11月3日，接续开展了重点信访案件“集中攻坚”活动，推动重点信访案件持续攻坚化解。四是规范党政领导公开接访。出台了《关于加强市级党政领导干部定期接待群众来访工作的意见》和《区（市）、镇街党政领导干部定期接待群众来访工

作规定》。市级领导每周1天、区（市）级领导每周2天、镇街每天安排1名党政领导在信访接待场所接待群众来访，重点敏感时期市、区（市）、镇街三级每天都有党政领导接访。市级党政领导公开接访情况当天形成简报。接访工作实行AB角补位制度，并制作了接访流程图，确保接访日有人接访、按程序接访。各区（市）、枣庄高新区每月26日至28日将下月领导接访计划在当地电视台、报纸、今日头条、政府门户网站连续3天公示，并张贴到镇街、村（居）。市信访局每月汇总区（市）级领导公开接访媒体刊登情况和照片、视频等原始资料。市信访局通过视频信访系统直接查看区（市）领导接访现场，并由班子成员带队到对点联系区（市）开展实地督查或明察暗访。2017年，市、区（市）党政领导共接待群众来访688批5027人次，上访群众随时就地见领导成为常态。五是夯实信访工作基层基础。2017年，网上信访量占信访总量的比例达到61.82%，成为群众信访主渠道。各级信访部门均配备网上信访自助服务设施，部分区（市）在村居（社区）设立网上信访代办点、明确代办员，引导信访人上网反映诉求。依托信访信息系统，全程监管信访事项流转和办理情况，理顺办信、接访、网信、复查复核工作流程，建立受理、办理、答复、送达、信息录入、督办等相关制度。在全市开展信访基础业务规范化检查活动，推进基层基础业务全面整改。出台了《枣庄市信访积案会审评议操作办法》，建立信访积案定性评价机制，有力推动积案有效化解或终结。下发《关于落实信访事项复查复核工作责任的通知》，进一步明确信访事项复查复核工作责任。六是打造高素质信访干部队伍。市信访局成立了督查科。分期分批从基层选派信访干部到市局挂职锻炼，每期半年。各区（市）分别选派4名后备干部进京值班。按照市委要求，扎实推进“两学一做”常态化制度化，突出作风建设，将党建工作与业务工作同部署，两手抓、两促进。

2018年上半年，全市信访系统认真贯彻落实中央、省、市关于信访工作的一系列决策部署，坚持以人民为中心，以推动依法及时就地解决群众合理诉求为核心，统筹源头预防与末端处理，狠抓信访矛盾攻坚化解，全市信访形势总体平稳可控、稳中向好。全市进京非访、进京走访、大厦门前来访批次、人次同比均大幅下降；上半年全市进京非访登记7人次，同比下降22.2%，排全省第16位，取得了历史最佳成绩。2018年全国“两会”期间，枣庄市成为全省未发生进京非访的四个市之一，有力维护了首都社会和谐稳定和枣庄市良好形象，枣庄市信访局受到省委、省政府的表扬并被评为全国“两会”安保维稳工作先进集体，得到了上级的充分肯定。为抓好信访矛盾攻坚化解，枣庄市在2018年年初省信访局交办“四张问题清单”的基础上，将国家局督办的34件信访事项、4名涉访重点人员、2018年全国“两会”期间公安机关依法处理的66名信访人员、47件2018年市级领导包案案件、25件十九大以来市级领导公开接访未化解案件、中央巡视组交办182件来访事项一并纳入，形成了“十张问题清单”，对各区（市）、枣庄高新区、市直有关部门进行了交办。市联席办对“十张问题清单”实行销号管理，每月对“十张问题清单”化解情况进行通报，根据交办案件化解数量和化解率进行综合排名，并将综合排名及未化解信访事项责任单位、包案领导情况报市委、市政府主要领导、分管领导。对区（市）、枣庄高新区连续两个月排名最后一位的，市直有关部门连续两个月排名最后一位的，在全市范围内进行通报批评；连续三个月排名最后一位的，将报请市委分管领导对主要负责同志进行约谈、责令限期整改。通过督导检查、定期通报、落实责任，推动了一大批信访积案的攻坚化解。同时，枣庄市将“十张问题清单”化解情况作为对责任单位2018年度全市综治工作（平安建设）定量考核指标，通过发挥考核“指挥棒”作用，提升了责任单位化解信访问题的积极性、主动性。经合并重复交办的重点信访案件，上半年，全市交办的1002件重点信访案件（纯案数），已化解606件，化解率60.5%。7月18日，枣庄市以“两办”名义印发了《“去存量控增量百日攻坚”专项行动方案》，成立了全市“去存量控增量百日攻坚”专项行动领导小组，由市委常委、宣传部长、政法委书记李爱杰同志任组长，要求各区（市）、枣庄高新区成立相应领导小组并由党政主要负责同志任组长，形成了各级党政主要领导同志亲自抓，分管领导靠上抓，信访部门具体抓的工作格局。

2017年7月7日，全市网上信访工作现场会在滕州召开

二、枣庄信访工作取得的显著成效

改革开放之初，传统的信访渠道基本处在被动接访、办理来信方面，群众信访渠道还比较单一。改革开放以来，随着群众信访诉求的日益增多和反映内容的日趋多元，枣庄市各级各部门大力畅通信访渠道，依法规范信访秩序。

从市到区（市）到镇街，进一步畅通信访渠道、规范信访工作行为和信访人的信访行为，深入开展依法逐级走访、进京非访依法治理和进京访专项治理，

推动了“畅通、有序、务实、高效”的信访工作新秩序的形成。

各级各部门普遍公布了信访工作机构的通信办法、接待时间和地点，改善接待场所和接待条件，对群众来访坚持文明接待，对群众来信认真负责办理。

坚持领导干部阅批群众来信、接待群众来访、包案化解疑难信访案件，使群众诉求得到及时反映和有效处理。各级领导干部采取重点约访、专题接访、带案下访、下基层接访、领导包案等方式，解决重大疑难信访问题。与此同时，开展联合接访，整合资源力量，实行一站式接待、一条龙办理、一揽子解决，方便群众反映诉求，努力把信访事项特别是初次来访解决在初始、化解在属地。

实行绿色邮政、视频接访、网上信访、专线电话、信访代理等做法，形成了信、访、网、电四位一体的诉求表达渠道。

“信访网上投、事项网上办、结果网上评、问题网上督、形势网上判”，全力打造阳光信访新模式，做到了让数据多跑路、群众少跑腿。“阳光信访”将信访事项办理过程和结果在网上公开，实现业务全覆盖、信息全录入、数据全生成、办理全公开，让群众可查询、可跟踪、可督办、可评价，用公开透明赢得了群众信任。

大力规范有权处理信访问题责任部门的工作行为，通过健全和完善科学规范的接谈、受理、交（转）办、解决、回复群众信访事项的工作规则，用制度确保了信访事项及时进入程序，得到及时妥善处理。

强化信访责任，建立健全以及时受理率、按期办结率和群众满意率为核心的考核体系。认真贯彻落实《信访工作责任制实施办法》，严肃处理失职失责行为，一批党员干部因履行信访工作责任不到位受到追究。树立失责必问、问责必严的鲜明导向，构建了有权必有责、权责相一致，有责要担当、失责必追究的信访工作责任体系。

主动排查解决信访苗头，集中解决信访突出问题，督办解决长期积累的信访问题，协调解决疑难复杂问题，开展重信重访专项治理。针对“骨头案”“钉子案”“无头案”，打响“清仓见底”的攻坚战，积极作为、较真碰硬，使一大批多年积累的矛盾和问题得到有效化解，一大批信访积案得到切实解决。

严格落实信访与诉讼分离制度，支持配合政法机关依法处理涉法涉诉信访问题；深入推进依法分类处理信访诉求，进一步厘清信访与行政复议、仲裁、行政裁决、劳动监察等法定途径的受理范围，制定法定途径处理信访投诉请求清单；开展律师参与化解信访矛盾，充分发挥律师在化解疑难复杂信访事项方面的专业优势。

改革开放以来，各级信访部门从切实维护信访群众最关心、最直接、最现实的利益出发，不断完善工作机制，着力推动“事要解决”，积极协调，综合调度，做到“桩桩有人管”“件件有着落”“事事有回音”，促进大量信访问题在第一时间、第一地点得到妥善解决。各级信访工作机构也得到了全面加强，设置更加合理，职能更加强化，推动问题解决的能力不断提高。信访工作基础设施进一步完善。各级普遍加大了对信访工作的投入，加强了基础设施建设，改善了办公条件。

三、枣庄信访工作的经验和启示

习近平总书记指出，稳定是根本的大局，没有稳定的社会政治环境，一切改革发展都无从谈起，再好的规划和方案都难以实现，已经取得的成果也会失去。信访工作在党和国家工作大局中的重要地位和作用不言而喻。改革开放风雨砥砺，枣庄信访工作的方向更加清晰：

（一）要把着力打造“阳光信访”作为积极回应群众关切、切实提升信访工作公信力的重要载体

当前，互联网和新媒体快速发展，从根本上改变了传统的信息传播格局、社会舆论生态和公众参与方式。信访工作必须积极回应群众对知情权、表达权、参与权、监督权的关切，既要使问题能够得到解决，又要使问题能够更快更好地解决，切实保障群众信访权。近年来，枣庄市围绕进一步畅通诉求表达渠道，重点加强了信访信息化建设、实行了信访业务标准化管理、组建了信访听证员库，有效提升了信访事项满意率，但是，和中央要强力打造“阳光信访”、全力推进信访工作规范化的工作要求，和先进市的工作做法、成效比，无论是在网上信访数量，还是在纳入满意度评价、提高“四率”等各方面都存在差距。现代科技快速发展，为信访工作创新带来了前所未有的机遇。要把党的群众工作优势同现代科技应用融合起来，不断提高信访工作信息化水平，让信访制度在新时代焕发新的生机活力。要探索运用现代科技开展信访业务流程标准化管理，依托信访信息系统，提高信访基础业务的规范化水平。要依托“互联网＋”技术，打造网上信访中心，提供集网络、电话、短信、APP、微博、微信于一体的多平台、多渠道信息服务矩阵，使群众不出家门就可以提出意见、反映诉求。要运用现代科技再造信访工作流程，建立信访网上投、事项网上办、结果网上评、问题网上督、形势网上判的“一网式”信访综合管理服务机制，提升信访工作科学化、精细化水平。要善于挖掘、运用信访大数据，及时发现海量信访信息所反映出来的前端治理中带有普遍性、趋势性的问题，及时提出改进工作、完善政策的建议，进一步提高服务党委和政府科学决策的能力和水平。

（二）要把着力打造“责任信访”作为完善信访工作机制、建立正确工作导向的关键环节

信访工作必须紧紧扭住责任落实这个“牛鼻子”，以责任落实推动工作落实。如果缺乏严密的责任体系，出现信访问题可以不担责，办理信访问题可以不负责，造成严重后果可以不问责，那么再好的信访制度也是一纸空文。信访工作是天下第一难事，要承担起这个责任，关键在于强化担当精神，建立党委政府、部门单位和领导干部“三大责任”体系，在责任的落实上狠下功夫。一要坚持依靠基层协调和处理群众诉求。要

推进依法逐级走访，压实基层责任，贯彻落实好省委办公厅、省政府办公厅出台的《关于加强信访工作基层基础建设的意见》，将抓基层、打基础作为一项重点工作任务。要抓早抓小，有了矛盾及时调处、及时化解。《山东省信访条例》明确了村民委员会、居民委员会、企事业单位等做信访工作的责任。要依法推进基层治理，重视加强村（社区）等基层组织建设，发挥好战斗堡垒作用，把基层属地的责任落到实处。二要压实职能部门的责任。不能把矛盾推给党委政府、推给上级、推向社会。对于跨部门的信访问题，牵头部门要切实负起责任，配合部门要搞好协作，联席办要强化指导和协调，决不允许击鼓传花、推诿扯皮。三要创新信访工作机制。信访维稳部门不能只充当“传话筒”“传达室”，要善于推动信访问题解决，层层传导压力。首先要善用督查“利器”。《信访条例》赋予了信访工作机构督查权，一定要用足、用好，完善督查机制，分清督查等级，建立统筹督查制度，着力改进督查方式，重大问题要纳入党委政府督查机构督查范围。其次要善用考核“指挥棒”。把信访考核作为科学发展考核的重要内容，不简单地以信访数量多少为标准进行考核，而是要综合考虑及时受理率、按期办理率、群众满意率等方面因素。要研究制定符合枣庄市信访工作实际的考核细则和考核内容，建立科学公正的考核评价指标体系，充分发挥考核这根“指挥棒”的督促、激励和推动作用。还要善用问责“杀手锏”。着重建立常态化的重点管理制度，对工作被动落后的要实行重点管理。要建立常态化的约谈制度，对重点管理后仍打不开局面的，约谈其负责同志。要建立常态化的责任追究制度，实行“谁办理、谁负责”的终身负责制，实行严格责任倒查。信访工作机构要行使好“三项建议”（改进工作建议，完善政策解决问题建议，给予行政处分建议）职责，对工作不力、造成严重后果的，该问责的就要问责，推动工作落实、责任落实。

（三）要把着力打造“法治信访”作为充分发挥信访职能、维护良好信访秩序的根本保证

中央一再强调，“把信访纳入法治化轨道，保障合理合法诉求依照法律规定和程序就能得到合理合法的结果。”这里面，主要有三项工作要做。一要大力推进访诉分离。2013 年 12 月，中办、国办印发了《关于依法处理涉法涉诉信访问题的意见》，将涉法涉诉信访纳入法治化轨道，明确实行诉讼与信访分离制度。对涉法涉诉信访问题，各级政法机关要履行依法处理的主体责任，信访部门要做好宣传解释和疏导教育工作，引导信访人通过司法途径解决。要紧紧抓住全省开展的律师参与信访化解和代理申诉案件改革的有利时机，不断提高信访问题依法治理水平。目前，市、区（市）信访局已经在来访接待中心设立了专门的法律服务窗口。二要分类处理信访诉求。2015 年 5 月，国家信访局召开通过法定途径分类处理信访投诉请求工作推进会，梳理法定途径分类处理清单。对依法应当通过行政程序解决的问题，要进行分类处理，各级职能部门要建立健全“分类处理信访问题清单”，严格按清单办事，把符合条件的信访投诉请求及时导入行政许可、行政确认、行政裁决等法定途径办理。2017 年出台了《依法分类处理信访诉求工作规程》。各级政法机关与信访部门、信访部门与职能部门、职能部门之间、职能部门上下级之间及内部，要统一标准、信息共享，及时沟通、准确甄别，形成相互衔接、协调联动的分类处理工作机制，确保涉法涉诉信访问题和导入法定程序的信访问题有人接、有人管、有人办。三要运用法治思维和法治方式解决信访突出问题。枣庄市同山东省其他市一样，还存在着“信访不信法”“信上不信下”等现象；信访渠道入口过宽，信访与诉讼、仲裁、行政复议等其他法定途径的职责边界不够清晰；违法信访行为依法处置机制不够健全，缠访闹访、聚集滋事、以访谋利等问题还没有从根本上得到解决；信访终结机制难以真正落实，大量信访积案“终而不结”、反复启动处理程序等等问题。要严格以国务院《信访条例》和《山东省信访条例》为指导，把依法办事作为基本要求。要继续推动信访工作把主责主业转到了解社情民意、汇集意见建议、分析稳定风险、评估政策得失、排查矛盾隐患、解决合理诉求上来，推动信访工作回归本位。回归本位，有利于进一步理顺信访部门与职能部门之间的关系，强化职能部门解决各自领域信访问题的主体责任，改变信访部门“包打天下”的局面，有利于信访部门集中精力做好本职工作。对疑难复杂信访事项的解决，尤其需要法治思维和法治方式。要强化法律在化解社会矛盾中的权威性，善于从法律层面思考问题，在法律框架内研究解决办法。要善于运用法治思维和法治方式，推动信访工作依法规范运行、群众诉求依法理性表达、合法权益依法有效保护，发挥好信访制度社会“减压阀”“稳定器”的作用。

审稿人：曹　斌

撰稿人：颜　炜　杨其正

枣庄市党外代表人士队伍建设的历程、成就及经验启示

在不同历史时期，党的几代领导人都从决定力量对比、影响事业成败的战略高度，对党外代表人士队伍建设的重要作用进行了深刻阐述。习近平同志指出，“培养使用党外代表人士，是我们党的一贯政策。要加大党外代表人士培养、选拔、使用工作力度，努力培养造就一支自觉接受中国共产党领导、坚定不移地走中国特色社会主义道路、具有较强代表性和参政议政能力的党外代表人士队伍。”中共十一届三中全会以来，枣庄市委高度重视党外代表人士队伍建设工作，突出抓好人才发现储备、教育培养、选拔任用和管理监督等各环节工作，不断推进各项工作的制度化、规范化，有力推动了党外代表人士队伍建设。

一、枣庄市党外代表人士队伍建设的历程

改革开放以来，枣庄市党外代表人士队伍建设工作大致可分为以下几个阶段：

（一）改革开放后党外代表人士队伍建设初期（1978—1999年）

中共十一届三中全会决定把全国工作重点转移到社会主义现代化建设上来，为了实现新时期总任务，进一步调动一切积极因素，广开言路，充分发挥党外人士的作用，中央56号文件规定，在各级人大常委会和政协安排一定数量的党外人士。

1979年10月，中共中央批转《中央组织部、统战部关于在国务院各部委和地方各级人民政府中安排党外人士担任领导职务的请示报告》，各级党委根据新形势和新任务的需要，克服清一色思想，继续切实做好对党外人士，特别是具有业务和技术专长的党外人士的安排工作。1981年1月，中共中央批转《中央统战部、中央组织部关于在国家机关安排党外人士担任领导职务的情况和今后意见的报告》，各部委党委、人事部门把选拔党外人士工作列入议事日程。

市委统战部按照有关规定，积极帮助各民主党派发展成员，物色人选，做好成立民主党派市委会筹备工作。1984年9月，九三学社枣庄市委会成立。1985年12月，农工党枣庄市委会成立。1988年4月，民盟枣庄市委会成立。1989年8月，民建枣庄市委会成立。1993年8月，民革枣庄市委会成立。随着五个民主党派市委会的陆续成立，有代表性的党外人士不断涌现，枣庄市党外代表人士队伍建设翻开了新的一页。

1988年，枣庄市党外代表人士队伍建设开始谋篇布局，夯实基础，进行了人才储备。全市有党外全国人大代表1人、省人大代表7人、市人大代表165人。市人大常委会有2名党外副主任，6个区（市）人大常委会共有5名党外副主任；市政府有1名党外副市长；市政协有4名党外副主席，6个区（市）政协共有17名党外副主席；市直部门中，有副县级以上党外领导干部2人。

1991年3月，市委组织部、市委统战部联合印发《关于培养、选拔党外干部的工作规划》，对选拔、任用党外干部的条件、近期目标等作了具体规定，为下一步选拔、任用党外干部提供了政策依据。到1993年，全市有党外全国人大代表1人、省人大代表9人、市人大代表150人。市人大常委会有1名党外副主任，6个区（市）人大常委会共有5名党外副主任；市政府有1名党外副市长，3个区（市）有党外副区（市）长或区（市）长助理；市政协有5名党外副主席，6个区（市）政协各有3—4名党外副主席；市直部门有副县级以上党外领导干部2人。1993年9月，市委统战部在市委党校举办党外领导骨干培训班，区（市）人大、政协的党外副主任、副主席，区（市）民主党派、工商联主委、副主委，市政协委员和区（市）政协常委中的党外高级知识分子、任科级职务的党外代表人士，市、区（市）政府及其部门和企事业单位任职的副县、科级非党干部等80人参加培训。1994年11月，市委统战部在市委党校举办党外领导干部培训班，培训对象主要是区（市）人大、政协的党外副主任、副主席，市直、区（市）直单位、乡镇和企事业任正副科级的党外干部。

1995年，为全面掌握党外代表人物和非党知识分子的情况，市委统战部对全市股级以上和具有中等专业技术职称的党外知识分子情况进行了全面调查摸底，全市共有股级党外干部1015人，副科级以上党外干部874人，同时向省委统战部推荐党外代表人物14人，向市委组织部推荐副县级后备干部28人，安排2名党外干部到政府有关部门任职和担任区长助理。从民主党派机关和市直有关部门抽调了3名党外干部到乡镇挂职锻炼。1996年，全市加快了党外干部实职安排的步伐，“两长”会议后，安排2名党外干部任区长助理，1名党外干部任市监察局副局长，9名党外干部任副乡镇长。市、区（市）两级都考

察了一批条件较为成熟的党外后备干部，推荐给组织部门。

到 1998 年，全市有党外全国人大代表 1 人、省人大代表 8 人、市人大代表 102 人。市人大常委会有 1 名党外副主任，6 个区（市）人大常委会共有 3 名党外副主任；市政府有 1 名党外副市长，6 个区（市）政府共有 2 名党外副区（市）长；市政协有 5 名党外副主席，6 个区（市）政协共有 19 名党外副主席。11 月，市委统战部在市社会主义学院举办全市民主党派、工商联领导干部研讨班，35 人参加培训。

（二）新世纪党外代表人士队伍建设时期（2000—2005 年）

从新世纪开始，枣庄市改革开放和各项事业进入一个崭新的发展阶段，“十五”期间是 21 世纪和新千年纪元的开端，加强党外代表人士队伍建设，汇聚起最广泛的力量，对推进“第三步战略”，营造全市团结奋斗、方方面面人心思齐，全力以赴促发展的良好氛围，对全市在“十五”期间国民经济和事业的快速健康发展具有重大的意义。

2000 年 8 月，市委统战部印发《关于做好部分已做安排的党外干部跟踪考察的通知》，采取走访、座谈、表格调查等形式，对部分重点党外干部进行跟踪考察，了解他们任职后的表现情况。10 月，市委统战部在市委党校举办全市党外中青年干部培训班，42 人参加培训。市、区（市）两级政府领导班子全部配齐党外副职，中央统战部、省委统战部分别在统战信息上予以刊发。3 名党外干部被安排到政府部门和有关单位担任县级领导职务，12 名民主党派、无党派代表人士被聘为第四批特约监察员，18 名党外代表人士增补为六届市政协委员。

2001 年 6 月，市委印发《关于进一步加强统一战线工作的实施意见》，对党外人士在人大、政府、政协和司法机关的安排，以及加强党外后备干部队伍建设等作了明确规定。6 月，市委统战部、市民族宗教局联合印发《关于进一步做好宗教界代表人士工作的意见》。同月，市委组织部、市委统战部印发《关于进一步做好培养选拔党外干部工作的意见》，着力选拔党外干部担任政府和司法机关领导职务，进一步加大了选派党外干部的工作力度，继续巩固市、区（市）两级政府领导班子中配备党外干部的成果，建立健全党外干部选拔任用机制，为培养选拔党外干部工作创造了良好的政策环境。

2002 年，为贯彻落实全国统战工作会议精神，中央统战部印发《关于进一步加强党外代表人物队伍建设的意见》，以培养选拔中青年党外代表人物为工作重点，拓宽选人渠道，改善队伍结构，加强分类指导，努力推进党外代表人物培养、选拔、安排、使用工作的规范化、制度化。为落实好文件精神，市委统战部对党外后备干部进行了重新摸底，确立了一批新的干部名单，并向市委推荐了一批党外后备干部。结合区（市）换届，巩固党外干部实职安排成果，确保 6 个区（市）政府全部配齐党外副区（市）长。七届市政协安排党外委员 228 名，占委员总数的 60.8%。6 月，市委统战部在市社会主义学院举办全市党外干部、少数民族干部培训班，98 人参加培训。

2003 年 12 月，市委统战部在市社会主义学院举办全市党外人士学习“三个代表”重要思想培训班，各民主党派人士、无党派人士、非公有制经济人士共 100 人参加培训。增补党外市政协委员 13 名。有 6 名党外干部被安排到区（市）和市直部门、高等院校担任领导职务。2004 年，安排 4 名党外干部到市直部门担任领导职务，市委统战部在全市开展党外代表人物队伍现状调查和全市党外特约人员工作情况调查，为做好党外干部工作奠定了基础。

2005 年，全市着力抓好党外代表人士队伍建设的各个环节工作。一是宽范围发现人才。发挥高等学校、科研院所培养和选拔党外代表人士的重要基地作用，从国家机关、国有企事业单位以及新的社会阶层人士、出国归国留学人员等领域，多形式、多渠道发现党外代表人士。由统战部门牵头，依靠各级党组织，层层选拔优秀党外人才。充分发挥各民主党派、工商联和侨联、海外联谊会等的作用，积极举荐本组织中经受考验、表现突出、德才兼备的优秀人才。加强与律师、税务师、会计师协会（学会）和归国留学人员的联系，及时吸纳中介组织和海归派中的优秀人士。坚持寓人才发现于日常工作之中，对在重大活动中踊跃参与、表现优秀、具有潜力的，积极吸纳，注重培养。二是全方位培养人才。积极探索党外人士的成长规律和培养途径，不断加大教育培养力度。注重政治引导，通过以会代训进行引导，结合重大会议及时引导党外人士学政策、学理论，加深对党的方针政策的认识和理解；通过主题活动突出引导，在全市党外人士中广泛开展了坚持和发展中国特色社会主义学习实践、非公有制经济人士理想信念教育实践、民族团结进步创建等主题教育活动，进一步增强走中国特色社会主义道路的自觉性和坚定性；推出先进典型示范引导，对民族团结进步先进个人进行宣传，在党外人士中产生了积极影响。注重知识培训，对党外人才进行有针对性的培训，全面提高党外人才的综合素养。注重实践锻炼，配合组织部门对党外代表人士进行有计划、有目的、有重点的岗位锻炼，在实践中增长才干。三是加大安排使用力度。积极拓展思路，大胆尝试创新，不断加大党外干部选拔使用力度。细化培养选拔目标，严格执行中央和省委、市委关于党外代表人士在各级人大、政府、政协安排比例和数量的政策规定，加大政府工作部门和司法机关党外干部安排力度，统筹做好各领域党外人士安排使用工作，健全党外代表人士选拔任用工作机制，做好党与党外人士的合作共事。对在行政管理、专业技术、服务发展、奉献社会中成绩显著、贡献突出、群众拥护、德才兼备的党外人士，积极做好安排使用工作。四是严要求管理人

才。对纳入“名册”的党外代表人士注重经常性管理，及时听取各方面意见，准确掌握个人表现情况。结合党外后备干部在德、能、勤、绩、廉等方面的综合表现，建立完善了包括基本情况、主要优点、存在不足等方面的信息资料。

时年，市委统战部调整充实了党外干部和党外知识分子人才库，建立了200人的党外人才库。拓宽选人视野，建立了包括党外知识分子代表人士、党外代表人物、各民主党派后备干部等在内的60人的党外后备干部队伍，建档立卡，实行动态管理。市委统战部与市委组织部会商，向市委推荐党外干部和少数民族干部20人。市委统战部组织部分党外干部、党外知识分子到兖矿鲁南化肥厂、枣矿集团、焕友水泥集团公司、联力铁合金有限公司等企业开展调查研究，激发了党外代表人士干事创业的热情和信心。市委坚持把党外代表人士队伍建设纳入重要议事日程，召开党外人士情况通报会，组织民主党派、工商联、无党派人士联合中心组学习，开展暑期恳谈、党外人士座谈会等活动，引导党外人士积极建言献策。市委、市政府积极为党外人士开展工作创造条件、提供支持，较好地落实了市、区（市）两级人大、政协党外不驻会领导干部和未在人大、政府、政协领导班子任职的民主党派主委的政治和生活待遇问题，在全市营造了重视支持党外人士工作的浓厚氛围。

（三）新世纪新阶段党外代表人士队伍建设时期（2006—2010年）

“十一五”时期是改革发展、落实科学发展观的关键时期，是全市加快发展、全面建成小康社会的关键时期。全市改革发展稳定的任务繁重而艰巨，做好党外代表人士队伍建设，对实现统筹城乡发展、提高自主创新能力、加大招商引资力度、大力发展循环经济、加快城镇化进程、深化市场体制改革、统筹经济社会事业协调发展等奋斗目标具有重大现实意义。

2006年，为进一步促进全市统一战线工作创新，调动党外人士参政议政积极性，构建和谐枣庄，市委统战部印发《关于在全市统战干部中开展深交党外朋友工作的通知》，明确了负有深交党外朋友工作任务的人员、交友对象、原则、内容、方式。全市深入贯彻落实全国、全省培养选拔党外干部工作座谈会精神，加大党外干部工作力度。市委统战部与市委组织部共同开展全市党外干部、党外知识分子情况调查，分别建立了市直部门副县级以上党外干部名单、区（市）副科级以上党外领导干部名单。在广泛了解和认真考察的基础上，向市委推荐了一批党外干部，建议予以安排使用。在做好培养工作的同时，积极推荐优秀党外人士担任各级人大代表、政协委员、青联委员等，为他们发挥作用提供条件。安排党外市政协委员263人，其中党外常委58人。市、区（市）两级人大常委会、政府、政协领导班子基本上按要求配备了党外干部。市委提拔重用党外干部14人，其中6名学历层次较高、年龄较轻、社会影响较大的副县级党外干部兼任市政协专门委员会副主任委员。大力实施“人物工程”，在全市开展了100名党外干部、党外知识分子和100名非公有制经济带头人培养工作。

2007年10月，市委统战部印发《关于在新的社会阶层无党派人士中开展政治交接主题教育活动的实施方案》，着力在已做各类政治安排、实职安排和社会安排的新的社会阶层无党派人士，以及全市各级统战部门列入重点联系和培养名单的新的社会阶层无党派人士中开展政治交接活动。12月，市委统战部、市发改委、市民营经济委、市人事局、市工商局、市工商联联合对在非公有制经济领域做出突出贡献的张时彦等20名同志授予“枣庄市优秀中国特色社会主义事业建设者”荣誉称号，获得表彰的多为党外代表人士。

2008年8月，为认真贯彻落实中央和省委有关文件精神，中共枣庄市委印发《关于巩固和壮大新世纪新阶段统一战线的实施意见》，加强党外代表人士队伍建设，重点做好各民主党派和工商联各级组织负责人，各级人大代表、政协委员和有关社会团体领导班子中的党外人士，无党派和民族宗教界代表人士的队伍建设工作。主要做了以下工作。一是加大对党外人士政治安排、实职安排工作力度。在市人大、市政协换届中，安排党外人大代表、政协委员318人。先后有16名党外干部得到提拔重用，市、区（市）人大常委会、政府、政协领导班子全部按规定配备党外副职。在全市开展了党外干部调查摸底工作，建立了党外干部信息库，完善了后备干部库。二是加强教育培训。重点抓对各民主党派、工商联新任领导干部，新任党外领导干部的教育培训。市委统战部在省社会主义学院举办了党外科级干部、民主党派干部培训班，对108名党外干部进行了为期一周的培训。推荐各民主党派市委14名新任领导班子成员和3名区（市）党外副区（市）长参加全省党外干部培训班。三是积极探索无党派人士、新的社会阶层人士统战工作新途径。认定无党派人士1126人，其中各级人大代表、政协委员978人，副县级以上职务干部22人。深入开展无党派人士主题教育活动，组织无党派人士深入学习中国特色社会主义理论、党的十七大和省市党代会精神、统一战线和多党合作理论政策、老一代无党派人士的优良传统和新一代无党派人士的先进事迹，开展国情、市情和形势政策任务教育。对党外知识分子、自由择业知识分子健康成长和律师参政议政情况进行了深入调研。

2009年，市委统战部研究制定了《2009—2012年枣庄市党外代表人士队伍建设规划》。转发《省委统战部关于转发〈中央统战部关于建立健全无党派人士政治引导长效机制的意见的通知〉的通知》。加大党外代表人士的安排使用力度，提拔重用副县级以上党外干部4名，其中面向党外干部公开招考市审计局副局长1名。市委统战部、市检察

院、市教育局、市监察局、市国土局、市审计局、市国税局、市地税局联合印发《关于加强特约人员工作的通知》，聘请26名民主党派成员、无党派人士担任特约人员，发挥党外代表人士参政议政、民主监督作用。

2010年，全市各级各有关部门通过多种形式，将关于加强党外代表人士队伍建设的政策，作为重中之重学细、学深、学透，全面提升对加强党外代表人士队伍建设的认识。坚持多方位、多层面、多渠道掌握党外人士现状，注重发挥各民主党派、台办、侨联、工商联和有关社会团体的作用，不断创新发现平台，积极稳妥发展党外代表人士队伍。1月，市委组织部印发《关于面向社会公开推荐副县级后备干部的通知》，市委统战部对符合条件的党外干部进行推荐，面向社会公开推荐的党外副县级后备干部，选派到基层挂职。针对各民主党派不同的特点，支持民主党派把组织发展与后备干部队伍建设相结合，协助民主党派把好成员入口关，物色好重点人选。引导各民主党派引进和吸收一些政治素质好、思想水平高、代表性强的党外人士，帮助民主党派建立起高素质、与中共通力合作的后备干部队伍。针对新的社会阶层人士迅速壮大、但缺乏严格组织管理的特点，积极探索党外推荐、组织推荐等不同方式。按照党外代表人士不同的特点，坚持走出去、请进来、树典型等多种方式，加强与各级党校、社会主义学院的联系，积极为他们创造系统学习机会，重点强化政治培训，切实提高能力素质，全市统战系统举办各类培训班10余个，培训近600人次。开展宣讲、社会实践等多项活动，引导各民主党派建立健全工作制度，采取恳谈考察、联系交友等活动，进一步坚定了政治信念，提高了政治素质。引导非公有制经济人士开展理想信念教育实践活动，通过举办座谈会、报告会、优秀中国特色社会主义事业建设者评选等活动，深化了教育实践成果。鼓励、组织党外代表人士积极参加各种实践锻炼，使他们逐步积累领导经验、提高工作能力、扩大社会知名度。市监察局等市直有关部门积极组织特约人员开展业务培训，特约人员工作不断取得进展。支持党外代表人士积极参与全市统一战线同心实践行动，助推社区产业发展，开展社会服务活动；采取重大课题调研等形式，扩大他们的知情渠道，丰富他们的基层工作经验和组织领导能力。严格执行党外代表人士在各级人大、政协安排的政策规定，安排符合条件的党外代表人士进入人大常委会、政府、政协领导班子，并注重发挥党外代表人士的专长优势进入政府工作部门。市政协八届四次会议增补党外委员5名，补选党外常委2名。

2015年10月，市委统战工作会议在市政大厦召开

（四）新形势下党外代表人士队伍建设时期（2011—2016年）

新形势下，面对国际金融危机的严峻挑战，作为东部地区唯一的转型试点市，枣庄市在政策、资金等方面获得中央和省的重点扶持，迎来了千载难逢的历史机遇。坚定不移地推进城市转型，需要汇聚包括党外代表人士在内的广大人民群众的力量和支持。市委不断加大党外代表人士队伍建设力度，健全和完善制度化、规范化的工作机制，努力建设一支素质优良、结构合理、数量充足的党外代表人士及其后备队伍，为实现逆势而上，打基础、谋长远，为未来发展增添了强大动力，提供了坚强的人才保障和智力支持。

按照中央和省委的总体部署，着眼全省统一战线可持续发展需要，省委统战部将2011年确定为"党外代表人士队伍建设年"，省委统战部印发《"党外代表人士队伍建设"活动实施方案》。

2011年，全市认真贯彻中央和省委关于加强党外代表人士队伍建设的有关精神，把党外代表人士队伍建设作为一项重要的基础性工作来抓，全面提高党外代表人士工作科学化水平。成立了枣庄市党外代表人士队伍建设年工作协调小组，由市委组织部、市委统战部及党外人士比较集中的教育、卫生、科技、建设等部门负责同志组成，加大了"党外代表人士队伍建设年"活动的协调力度。市委统战部印发《"党外代表人士队伍建设年"活动实施方案》，对活动的开展进行了具体安排，明确了工作思路、工作目标。在"枣庄统战工作"简报开辟了"党外代表人士队伍建设年"专栏，及时宣传工作动态和经验典型，加强工作交流，促进了活动深入开展。根据中央和省委、市委有关精神，围绕统战工作总目标，着眼于人大、政府、

政协换届，民主党派、工商联各级组织换届，突破区域、部门、行业、所有制界限，按照党外代表人士的内涵和人选条件，部署发动各区（市）、各单位物色了一批具有较大社会影响和一定代表性的初步人选。在此基础上，以适应工作需要和统一战线长远发展为目标，严格把关、细致考察，统筹考虑知识结构、专业结构和年龄结构，确定党外代表人士人选。全市市、区（市）两级按照基础人物、重点人物、代表人物三个层次分别建立了素质优良、结构合理、数量充足的党外代表人士人才库。

认真贯彻落实《关于贯彻落实〈2010—2020年党外代表人士教育培训改革和发展纲要〉的实施意见》精神，将党外代表人士教育培训纳入党的干部队伍培养教育总体规划，建立了组织部门与统战部门共同下达培训计划、选调学员的联合调训机制和统战部门牵头，各民主党派、工商联、社会主义学院参加的统一战线教育培训工作协调机制，依托各级社会主义学院（校），开展了形式多样的党外代表人士培训活动。市委统战部、市工商联在上海经济管理干部学院举办了全市非公有制经济人士培训班，60名企业家集中学习理论，参观考察当地一些有影响的民营企业，交流了经验，开阔了视野。市委统战部组织各区（市）统战部长、民主党派、工商联和无党派人士代表到延安、西柏坡、重庆等教育基地参观学习，进行革命传统教育。积极协调组织部门，把素质好、有发展前途的优秀党外干部放到基层一线挂职锻炼，开辟党外人才成长新途径。根据全市“党外代表人士队伍建设年”活动的要求，市委统战部印发《关于开展党外代表人士实践锻炼工作的实施意见》，市委统战部把薛城区作为党外代表人士主题教育基地、挂职锻炼实践基地、调查研究基地、“下乡”基地、招商引资基地、“光彩事业”基地、“感恩行动”基地，把党外代表人士队伍建设引向深入。经民政部门批准，于12月成立枣庄市党外知识分子联谊会，人员以无党派人士和党外知识分子为主体，主要由具有较高学历层次的正科级以上党外干部和具备副高级以上职称的党外知识分子以及社会新阶层党外知识分子组成，无党派人士和党外知识分子工作新平台初步建立。

进一步细化党外代表人士队伍建设工作目标，抓好各项统战政策落实，搞好统战“双基”建设，在党外干部的培养、使用、配备等方面做出了具体规定，并增加了分值，把党外代表人士队伍建设年活动列为考核内容，有力地推动了活动的开展。完善非公有制经济人士综合评价体系，建立全市各级非公有制经济代表人士信息数据库。建立党内市级领导干部与党外人士联系交友制度，把交朋友与做工作紧密结合起来，有针对性地做好思想政治工作，把党外人士更加紧密地团结在党的周围。认真落实党外干部配备使用的有关政策规定，开展了市直、区（市）直政府工作部门党外干部任职情况和少数民族干部任职情况专题调研，采取听取汇报、召开座谈会等形式，认真分析原因，寻找对策，加强调度，加大督导力度，努力促进党外干部实职安排工作。在2011年干部调整中，1名党外干部担任市科技局局长，实现了党外干部担任市政府工作部门正职的突破。在2011年领导班子换届工作中，共提拔10名党外干部担任区（市）人大、政府、政协领导职务，其中有2名少数民族干部，区（市）政府全部配备党外副区（市）长，人大、政协也全部按照省委要求配齐了党外副职。党外干部、少数民族干部配备都达到了文件要求。根据全市民主党派、工商联换届工作动员会议精神和全市民主党派、工商联换届文件要求，结合“党外代表人士队伍建设年”活动，从建立的人才库中产生领导班子人选，顺利完成民主党派、工商联基层组织换届任务。

积极开展特约人员工作，多个市直单位选聘了特约监察员、特约检察员、特约教育督导员、特约审计员、特约国土资源监察员、特约税务监察员、特约行风监督员等。支持他们开展活动，组织特约人员参加有关部门的会议、活动、业务工作，对相关部门的党风政风行风、工作效率、服务质量等进行监督，提出有针对性的意见建议，为党外人士民主监督作用的发挥和自身的锻炼成长创造了条件。积极推荐党外专家参与重点项目的论证和重点科研项目的研发，100多名党外专家学者参与了发展非煤产业、打造“江北水乡运河古城”城市名片、塑造红色旅游城市品牌、实现同城化发展、建设新型城市等项目的论证、规划、设计工作，为全市经济社会发展做出了积极贡献。

2012年2月，中共中央印发《关于加强新形势下党外代表人士队伍建设的意见》，对党外代表人士的发现储备、教育培养、选拔任用和管理等提出了明确要求。7月，省委印发《关于加强新形势下党外代表人士队伍建设的实施意见》。9月，全省党外代表人士队伍建设工作电视电话会议召开。为深入贯彻落实中央和省委精神，市委印发《关于加强新形势下党外代表人士队伍建设的实施意见》，明确提出了新形势下加强枣庄市党外代表人士队伍建设的战略目标任务。全省会议召开后，市委统战部迅速召开部长办公会学习贯彻会议精神，专题研究贯彻落实措施，并向市委常委会作了汇报。组织各区（市）统战部和各民主党派、工商联、无党派代表人士召开了专题座谈会，结合《市委统战部“党外代表人士队伍建设年”活动实施方案》，对党外代表人士队伍建设工作进行了全面安排部署。依托市党外代表人士队伍建设工作协调小组，加大组织协调力度。4月，组成3个调研组分别到各区（市），就党外代表人士队伍建设现状及面临问题开展专项调研。调研活动以宣传贯彻《意见》精神和省、市委有关政策要求为主线，重点调研各区（市）开展党外代表人士队伍建设工作基本情况，包括党外代表人士发现举荐、教育培养、监督管理、综合评价等方面的制度建设，区（市）、乡镇（街

道）政府领导班子中党外干部配备，教育、文化、科技、卫生、人口和计生、环保、监察、审计、司法等部门领导班子中党外干部配备，党外干部担任正职，党外代表人士在人大、政协中政治安排，党外干部各项待遇落实等方面情况。各区（市）分别就出台党外代表人士队伍建设具体操作性政策规定，加强党外代表人士后备队伍建设，增强教育培训针对性、实效性等方面工作提出了建议和意见。通过调研活动，既全面掌握了党外代表人士队伍建设现状，又有效宣传了《意见》精神和省、市委党外代表人士队伍建设工作的政策规定。

加大对党外代表人士发现选拔力度，在原有人才库基础上，突破区域、部门、行业、所有制界限，按照党外代表人士的内涵和人选条件，部署各区（市）、各单位“海选”了一批具有较大社会影响和代表性的初步人选。在此基础上，严格把关、细致考察，统筹考虑知识结构、专业结构和年龄结构，确定党外代表人士人选。市、区（市）两级按照基础人物、重点人物、代表人物三个层次分别建立了素质优良、结构合理、数量充足的党外代表人士人才库，各级各类组织后备人才的比例均达到1：2，储备了比较充足的优秀人才。3月，联合有关单位举办了“浙江大学枣庄民营经济发展论坛”，全市民营企业家代表300余人参加。4月，市委统战部、市工商联在浙江大学举办了全市非公有制经济人士培训班，80余名企业家系统学习了社会主义核心价值体系、管理创新、融资手段等方面知识。5月，开展全市统战系统集中学习省十次党代会精神活动，引导党外代表人士把思想和行动统一到省委决策部署上来。积极协调组织部门，把素质好、有发展前途的优秀党外干部放到基层一线挂职锻炼。从市教育局、市水利局、市人力资源社会保障局、市商务局选派第一批4名党外干部到市级党外代表人士实践锻炼基地（薛城）挂职任镇街副镇长（副主任）。

把统战工作考核列入市委对各区（市）党委考核内容，将党外代表人士队伍建设情况作为重要专项，在党外干部的培养、使用、配备等方面都作了具体规定。市委统战部印发《关于加强全市非公有制经济代表人士队伍建设的实施意见》。全市根据中央和省委、市委关于加强非公有制经济代表人士队伍建设的部署，拓宽选人用人视野，加强培养教育，做好推荐安排工作，健全管理制度，全市非公有制经济代表人士素质全面提高，结构明显改善，作用更加突出，为建成一支数量充足、素质优良、结构合理、健康成长的非公有制经济代表人士队伍打下了坚实基础。

以贯彻落实中发〔2012〕4号文件为契机，认真落实党外干部配备使用的有关政策规定。开展了市直、区（市）直政府工作部门党外干部任职情况和少数民族干部任职情况专题调研，对个别基础较弱的区（市）进行了重点督查，推动滕州等区（市）党外干部实职安排工作取得重要进展。4月，1名党外干部担任市规划局局长，市监察局党外副局长被明确为正县级，1名党外干部兼任市政协副秘书长。5月，1名党外干部担任市司法局副局长，1名党外干部任市人大民族侨务外事工作室副主任（正县级）。各区（市）都配备了党外副区（市）长，人大、政协也全部按照要求配齐了党外副职，市政府32个工作部门中，市教育局、科技局、监察局、司法局、规划局、卫生局、人口和计生委、审计局、环保局共配备党外领导干部9名，其中科技局、规划局正职各1人。

2013年1月，市委统战部印发《关于学习贯彻＜中共枣庄市委关于加强新形势下党外代表人士队伍建设的实施意见＞的通知》。3月，市委办公室印发《贯彻落实＜中共枣庄市委关于加强新形势下党外代表人士队伍建设的实施意见＞分工方案》，对由各区（市）和市直有关部门、单位负责组织实施的55项任务进行了明确分工。市委统战部对全市科级党外干部进行了调查统计，全面掌握党外干部基本情况。市委统战部在省社会主义学院举办全市党外干部培训班，选调87名党外干部参加培训，系统学习政治理论、统战政策和行政管理等方面的知识，帮助党外干部提高理论素养和领导能力。从山亭区选派了第一批5名党外干部到烟台经济技术开发区挂职。配合省委统战部做好省级党外代表人士实践锻炼基地（山亭）建设工作，接收来自省农业厅、烟台市、济宁市的第一批7名党外干部挂职。市直部门配备党外县级干部22人，其中市政府工作部门11人(含正职2人)。从市政府办、市财政局、市水利局、市农业局、市商务局选派第二批5名党外干部到市级党外代表人士实践锻炼基地（薛城区）挂职任副镇长。

2014年，全市认真落实政策，积极做好党外代表人士队伍建设各项工作。全年共选派党外干部及党外人士95人次参加各类培训班的学习，其中1人参加中央统战部举办的中青年干部培训班、14人参加省委统战部举办的培训班、5名民主党派秘书长和8名党外特约人员参加全市统战干部培训班、67人参加全市非公有制经济人士培训班。接收来自省农业厅、省地税局、省科技厅、烟台市、潍坊市、济宁市的第二批8名党外干部挂职。从市监察局、市科技局、市水利和渔业局选派第二批3名党外干部到烟台挂职。参照省里做法，市委统战部对108名党外代表人士的工作开展、履行职责、单位变更、职务调整、受到的重要表彰等情况实行年报制度，包括县处级以上党外干部，省、市政协党外常委，市级党外特约人员，省、市实践锻炼基地挂职党外干部。市委办公室印发《关于开展市党政领导班子成员与党外代表人士联谊交友工作的通知》，市党政主要负责同志发挥示范带头作用，加强与党外代表人士的联系，每名市委常委、市政府副市长（党内）分别与2名党外代表人士开展联谊交友。市人大常委会配备党外副主任1名，1名党外干部任市人大委室副主任，市人大代表中党外代表49名，占12.3%。市

政协安排党外副主席 4 名，占 50%；党外政协常委 53 名，占 71.6%；党外政协委员 277 名，占 65.2%。1 名党外干部兼任市政协副秘书长，12 名党外干部兼任市政协专委会副主任委员。市政府 32 个工作部门领导班子中有 11 个配备党外干部，占比 34.4%，其中科技局、规划局正职各 1 人。其他市直部门安排县级以上党外干部 19 人。

2015 年 5 月，《中国共产党统一战线工作条例（试行）》正式颁布，《条例》第四章第三十三条至四十四条对党外代表人士队伍建设作了明确规定。8 月，省委统战工作会议召开，指出，“要围绕提高素质能力，加强党外代表人士队伍建设。”10 月，市委印发《枣庄市推进〈中国共产党统一战线工作条例（试行）〉实施工作方案》，对党外代表人士队伍建设作了具体规定。

市委统战工作会议强调，要切实加强党外代表人士培养使用。突出“科学使用、发挥作用”这个重点，抓住“加强培养、提高素质”这个关键，扎实做好党外代表人士工作，为统战事业长远发展打牢人才基础。

全市全面贯彻落实中央和省委、市委统战工作会议关于党外代表人士队伍建设的有关精神。按照省委组织部“一圈一带”双向交流挂职的安排，选派 2 名党外干部分别到省国土资源厅、省商务厅挂职。从民革市委机关、市交通局、市农业局选派第三批 3 名党外干部到青岛市黄岛区、烟台经济技术开发区挂职。接收来自省食品药品监督管理局、青岛市、烟台市、淄博市、山东工商学院的第三批 8 名党外干部挂职。积极做好党外代表人士的安排使用，安排党外政协常委 57 名，占 65.5%；党外政协委员 280 名，占 62.8%。将党外干部纳入党政领导干部交流总体安排，推进党外干部交流轮岗，在 6 名党外副区（市）长中，有 2 名从市直部门交流任职，4 名为区（市）之间交流任职；市直部门有 4 名党外干部得到交流提拔重用，其中 1 名熟悉法律业务的市政府法制办副主任重用为市司法局副局长。市委印发《关于建立市委常委联系党外人士制度的通知》，12 名市委常委与 24 名党外人士结成了交友对子。

2016 年，把有组织、有计划地广泛物色发现党外代表人士作为一项基础性工作来抓，实现了党外人才选拔的宽领域、广覆盖。根据党外人士人才资源分布的新变化，突出选人重点，立足领域分布、专业结构、年龄梯次等实际，重视发挥高等学校、科研院所的重要源头作用，特别注重从高校和科研院所中发现代表性强、社会影响大的党外代表人士。注意从国家机关、国有企事业单位物色党外人才，积极从新的社会阶层、海外留学归国人员等领域发现党外代表人士。注重物色党外年轻人才，通过培训班、联谊会等多种形式和渠道把中青年人才纳入视野，及早发现，从早培养。加强与党政有关部门的协调，依托民主党派、工商联、有关社会团体，密切

2015年9月，枣庄市党外代表人士培训班在浙江大学举办

与非公有制经济组织和新社会组织的联系，提高党外代表人士发现工作的社会参与度。健全完善推荐机制，规范推荐程序，强化推荐责任，形成党内推荐与党外推荐、组织推荐与个人推荐、定期推荐与日常推荐有机结合的工作格局，构建全方位的选才网络。制定2016年统一战线教育培训计划，全市统一战线骨干成员培训班列入枣庄市2016年干部专题培训班计划，由组织部、统战部联合调训，在上海交通大学举办，深入开展中国特色社会主义道路、理论体系、制度和社会主义核心价值观教育，引导党外代表人士增进政治认同，增强大局意识，不断巩固共同思想政治基础。2名党外县级干部参加第二十一期全省党外领导干部进修班，1名党外正县级领导干部参加全省党外中青年领导干部培训班，1名无党派县级干部参加全省无党派代表人士进修班。注重党外干部实践锻炼工作，切实让党外干部缺有所补、补有所益，帮助党外干部在体察民情、反映民意、服务民生的过程中接受教育、凝聚共识、增长才干，提高管理能力和领导能力，依托省党外代表人士实践锻炼基地（山亭），接收来自山东农业大学、省农科院、青岛市、东营市、省教育厅、省医学科学院、省司法厅、省人力资源社会保障厅、烟台市、日照市第四批10名党外干部分别到山亭区政府、山亭开发区、区直有关部门挂职；从市规划局、市农业局、市商务局选派第四批3名党外干部到省党外代表人士实践锻炼基地青岛市黄岛区、烟台开发区挂职。将党外干部纳入党政领导干部交流总体安排，推进党外干部交流轮岗，1名党外干部由市监察局副局长交流提拔为市科技局局长。调整1名民主党派机关党外干部专职担任市政协副秘书长。市政府32个工作部门领导班子中有9个配备党外干部，共配备10人，其中科技局、规划局正职各1人。市委常委会研究市立医院、市教育局2名党外干部提拔为民主党派市委机关副县级干部。司法机关配备党外干部取得重大突破，市检察院配备党外副检察长1名。坚持正面教育、事前监督为主，健全考核、评价机制，综合运用民主评议、述职述廉、定期考核等方式，有针对性地加强教育引导，通过组织部门年度考核和统战部门开展的年度述职评议，初步形成了分类管理体系，及时准确了解掌握党外代表人士的政治表现、思想状况、履行职责、廉洁自律和个人重要事项变化情况，特别是在重大原则问题上的政治立场和态度，并将其作为推荐使用、评先树优和列入后备干部名单的重要依据。将党外代表人士后备队伍建设纳入人才和干部队伍建设总体规划，实施人才素质能力提升工程，构建理论教育、知识教育、党性教育和实践锻炼“四位一体”的后备干部培养教育体系。根据人大、政府及政府工作部门、政协、司法机关、国有企事业单位、社会团体等方面使用的需要，建立了各领域党外后备队伍库，坚持“备用结合，动态管理”的原则，在年度考核的基础上，强化日常管理，并及时调整充实。针对区（市）实际，及时对考核指标进行科学调整，提高了考核工作的实效性和可操作性，促进了整改落实。在考核的激励下，各区（市）均加大了工作力度，有力推动了党外代表人士队伍建设。

2017年，市委统战部有计划地广泛物色发现党外代表人士，对市直有关部门、有关人民团体和各区（市）、枣庄高新区的科级或相当于科级的党外人士基本情况进行调查统计，建立了736人的基础名单。加强党外代表人士的教育培养，在省社会主义学院和市社会主义学院分别举办全市党外领导干部综合素质提升专题培训班、全市党外科级干部培训班，培训80人次。推荐1名党外干部参加中央统战部举办的党外领导干部专题培训班。协调安排省委统战部选派的第五批10名党外干部和新的社会阶层党外代表人士分别到市财政局和山亭区挂职，从市教育局、市商务局选派第五批2名党外干部分别到青岛古镇口军民融合创新示范区、烟台经济技术开发区挂职，从市住建局、市城市管理局、市旅服委、市卫计委、市残联选派第三批5名党外干部到薛城区部分镇街挂职。将党外干部纳入党政领导干部交流总体安排，推进党外干部交流轮岗，5名党外干部得到交流使用。扎实推进党外代表人士的选拔使用，推荐安排党外全国和省人大代表4名、省政协委员17名。市人大常委会配备党外副主任1名，市人大民族侨务外事委配备党外副主任委员1名，市人大内务司法委、教科文卫委、城建环保委、民族侨务委配备党外委员共6名，市人大代表中党外84名，占21.3%。市政协配备党外副主席3名；党外市政协常委49名，占65.3%；党外市政协委员244人，占64.9%。1名党外干部专任市政协副秘书长，7名党外干部兼任市政协专委会副主任委员。市政府32个工作部门中，市教育局、市司法局、市规划局、市旅游和服务业发展委、市卫生计生委、市审计局、市环保局、市体育局等8个部门的领导班子配备党外干部，共配备9人，其中规划局、体育局正职各1人。市财政局1名党外副局长提拔为市红十字会常务副会长，市卫生计生委1名党外副主任提拔为市体育局局长，市科技局、市政务服务中心管理办公室各有1名党外干部提拔为区（市）政协副主席。市检察院配备党外副检察长1名。其他市直单位安排县级以上党外干部22人。经过遴选，推荐23名党外人士担任市直有关部门特约人员。

二、枣庄市党外代表人士队伍建设的成就

近年来，市委和各级党组织认真落实中央和省委关于统一战线方针政策，全市党外代表人士整体素质不断提升，队伍结构不断优化，大批优秀党外人才脱颖而出，在各自的岗位上发挥了重要作用，为经济社会发展作出了积极贡献，党外代表人士队伍建设取得了显著成绩。

一是选人视野不断拓宽。通过解放思想、更新观念、突出重点、统筹兼顾，

有组织、有计划地广泛物色发现党外代表人士，建立了市、区（市）两级党外代表人士数据库，全市储备的党外代表人士具有广泛的代表性和发展潜力。全市县级以上党外干部达60余人，科级党外干部700余人。在近几届的全国和省人大代表中，均有一定数量的党外代表人士。在推荐安排的省、市政协委员中，党外代表人士一直占较大比例。

二是教育培养工作不断加强。把党外代表人士的教育培训纳入干部队伍教育培训计划，充分发挥社会主义学院作为统一战线人才教育培养主阵地作用，重视发挥党校、行政学院、干部学院的作用，合理利用北京大学、浙江大学以及红色教育基地等培训资源，坚持以政治培训为主，把系统深入开展中国特色社会主义理论体系、中国特色社会主义制度和社会主义核心价值体系作为理论培训的首要任务，以“同心”思想为引领，引导党外代表人士坚持中国共产党领导、坚定中国特色社会主义信念，始终与中国共产党同心同德、同心同向、同心同行。建立了重点班次组织部、统战部联合调训机制，教育培训水平不断提升。科学设置培训内容，以基础理论、政治素养、统战政策、法律知识、能力培养为主要内容的教学布局得到进一步优化，培训效果得到广泛好评。研究制定各领域党外代表人士具体培训计划，搞好分类培训、分级培训和按需培训，培训的针对性不断增强，确保了培训工作在各领域的广覆盖。按照省委组织部“一圈一带”双向交流挂职的安排，选派了3名党外干部到省直部门挂职。选派三批党外干部到市级党外代表人士实践锻炼基地（薛城）挂职，选派五批党外干部到省党外代表人士实践锻炼基地（青岛、烟台）挂职。党外干部在挂职过程中增长了才干，为下一步成长进步打下了坚实基础。

三是安排使用力度不断加大。在统战政策的有力推动下，在各级党委的高度重视下，建立了党外代表人士选拔任用工作机制，并不断完善，党外代表人士在人大、政府及政府工作部门、政协、司法机关和企事业单位等方面安排的数量不断增加。在政府工作部门党外正职配备方面，市直率先实现突破后，部分区（市）开始实现突破，在市政协专门委员会副主任、市级司法机关党外干部配备方面也实现了突破。配备党外干部的单位坚持民主集中制，健全集体领导和个人分工负责相结合的制度，确保了党外干部有职有责有权。在市、区（市）政协委员安排中，全部达到党外委员不少于60%、党外常委不少于65%的目标。聘请党外代表人士担任特约人员的政府部门和司法机关的数量不断增加。

四是管理水平不断提高。统战部门发挥牵头协调作用，建立了党外代表人士述职评议机制和年度考核制度，推动联谊交友，加强与党外代表人士所在单位、所属党派和同级人大、政协有关委室的联系，从总体上掌握了党外人士的有关情况，形成了多层次、全方位的全市党外代表人士工作体系。组织部门在领导班子和干部队伍建设中，注意加强了对党外干部的管理。政协有关委室制定了《政协委员履职量化考核办法》，对包括占多数的党外政协委员履行职责情况进行量化考核，并及时将有关情况向统战部通报，为下步安排提供了参考。党外代表人士所在单位党组织积极做好党外人士的思想政治工作，加强了日常管理考核。党外代表人士所属党派充分发挥自我教育、自我管理、自我监督作用，并向统战部门和党外代表人士所在单位通报有关情况。

五是党外代表人士待遇问题得到较好解决。全面落实中央和省委、市委政策规定，认真解决他们的政治生活待遇问题，有效地调动了党外代表人士履行职责、发挥作用的积极性。

三、枣庄市党外代表人士队伍建设的经验启示

党外代表人士队伍建设是一项长期战略任务，具有较强的政治性、政策性和原则性，针对全市存在的有的区（市）和领域对培养使用党外代表人士的认识不到位，党外代表人士总体数量不足，队伍结构不够合理，实践锻炼还不充分，代表性有待进一步增强，管理工作有待改进等问题，要抓住关键，突出重点，科学谋划，不断推动党外代表人士队伍建设实现新发展。

（一）牢牢把握总体要求

坚持把吃透中央和省委、市委精神，提高思想认识，作为做好党外代表人士队伍建设工作的重要前提。要坚持正确的指导思想，坚持德才兼备、以德为先的用人标准，以不断增强党外代表人士的代表性为重点，以广交深交党外朋友为基础，以加强理论培训和实践锻炼为途径，以提高素质、发挥作用为目标，着力做好发现、培养、使用、管理工作，努力建设高素质的党外代表人士队伍。要明确基本标准，坚持政治坚定、业绩突出、群众公认的根本要求，引导党外代表人士坚持中国共产党领导，思想上同心同德，目标上同心同向，行动上同心同行，坚定不移走中国特色社会主义道路，积极为祖国统一和民族复兴贡献力量。要把握工作规律，坚持人才工作原则，创新工作理念，严格执行标准，规范工作程序，把党管干部党管人才与发扬民主、进步性与代表性、政治教育与实践锻炼、加强培养与注重实用等统一起来，不断提高党外代表人士队伍建设水平。要明确目标任务，适应统一战线的要求，着眼实施市中长期人才发展纲要，努力建设一支数量充足、结构合理、素质优良、作用突出的党外代表人士队伍。

（二）切实抓住重点环节

始终把加强党外代表人士队伍建设作为一项必须长期坚持的战略任务和系统工程。要拓宽视野、整合资源、健全机制、创新方法，确保每个步骤扎实有效，各个层面相互促进。一是积极发现优秀人才。要广开渠道，把广泛物色发现党外代表人士作为一项基础性工作，加强相关部门、民主党派组织、有关团体之间的人才信息交流，完善综合评价体系，探索打破身份、区域、部门、行

业和所有制界限，实现人才选拔的宽领域、广覆盖。重视发挥科教文卫系统、高等学校、科研院所的重要源头作用，注重从国家机关、国有企事业单位物色党外后备人才，积极从新的社会阶层、留学归国人员等领域发现党外代表人士。二是重视抓好教育培养。坚持政治培训为主，以“同心”思想为引领，充分发挥社会主义学院主阵地作用，不断提高培训水平。强化实践锻炼，深入开展“同心”实践活动，积极推进党外干部挂职锻炼。加强党外代表人士实践锻炼基地建设，为各领域党外代表人士的成长和发展提供平台。三是大力推进安排使用。要全面落实中央和省委、市委关于党外代表人士安排使用的政策规定，做好推荐使用工作，积极创造条件，适当扩大安排部门。要健全党外干部选拔任用工作机制，拓宽安排使用渠道，使党外干部的选拔任用工作更加规范有序。四是切实加强管理监督。要建立健全党外代表人士管理监督制度机制，全方位、多角度掌握党外代表人士的德才表现，不断提高管理监督的水平。引导党外代表人士充分发挥自我教育、自我管理、自我监督的作用，增强组织纪律观念，从严要求自己，在复杂环境和严峻挑战中健康成长。

（三）着力解决难点问题

要以贯彻落实文件精神为契机，着力解决党外代表人士队伍建设中存在的问题，推动工作取得新突破。一是解决好政治安排问题。严格落实中央和省委、市委文件的政策规定，加大政治安排力度，使各级人大、政协中的党外代表人士政治安排达到规定的数量和比例。二是解决好实职安排特别是正职安排等问题。推动区（市）加大党外正职安排力度，积极选配符合条件的党外干部担任政府工作部门、高等学校和科研院所行政正职。针对枣庄市工作存在的短板，要采取有效措施，积极创造条件，切实解决法院、检察院党外领导干部配备难的问题。三是解决好党外干部交流问题。继续坚持把党外干部纳入党政领导干部交流总体安排，有计划地推进党外干部及时进行多岗位交流，确保交流干部中有一定数量的党外干部。对拟担任较高层次领导职务和在一个地方或部门担任同一职务时间较长的党外干部，要加大交流安排力度，积极推进上下、横向、跨区（市）、跨部门交流，使党外干部经受多岗位历练，推进党外人才资源的合理配置。四是解决好备用结合问题。进一步加强对党外后备人才的培养和管理，坚持重点培养、梯次配备，及时将他们选拔到重要位置上来，注意培养与使用紧密衔接，保证党同党外代表人士合作共事的连续性和稳定性。

（四）重视发挥优势作用

坚持把发挥优势作用作为加强党外代表人士队伍建设的重要目标。要着眼加快自然生态宜居宜业新枣庄建设，积极搭建平台、创新载体，充分发挥党外代表人士在国家事务和社会事务中的政治参与作用、在优化决策中的议政建言作用、在所联系成员和群众中的示范带动作用。要着眼全市改革发展全局，充分发挥党外代表人士的人才智力优势，引导他们紧紧围绕加快转型升级、深化改革扩大开放等重大问题，多建睿智之言、多献务实之策、多尽推动之力。要着眼保障改善民生，引导党外代表人士广泛参与社会公益事业，积极推动社会治理创新，扎实做好所联系群众的工作，协助党委和政府做好解疑释惑、理顺情绪、协调关系、化解矛盾的工作，为构建社会主义和谐社会贡献力量。要全面落实保证党外代表人士发挥作用的政策规定，积极支持党外人大代表依法行使职权，支持党外政协委员履行职责，充分发挥他们在人大、政协中的作用；要健全集体领导和个人分工负责相结合的制度机制，正确处理与党外干部的合作共事关系，对党外干部政治上充分信任，工作上大力支持，为其履行职责创造条件，努力形成人尽其才、才尽其用的良好局面。

（五）建立健全工作机制

要进一步健全完善党委统一领导、统战部门牵头负责、各有关部门和社会团体密切配合的工作机制。要健全教育培训管理机制，组织、统战、财政等单位要加强沟通协调，及时研究解决实际问题。要健全选拔任用机制，各级组织、统战等部门要加强协作，密切配合，严格落实中央和省委、市委文件规定的程序要求。要完善组织部门与统战部门党外干部工作协调机制，形成共同制定规划、共同物色选拔、共同培养教育、共同考察人选、共同讨论研究、共同督促检查的工作格局，推动党外干部工作的制度化、规范化。要健全完善与党外代表人士联谊交友机制，各级党委领导班子特别是主要负责同志要强化联谊交友意识，发挥示范带头作用，深交一批经得住重大政治斗争和复杂形势考验、关键时刻起作用的挚友诤友。要健全宣传工作机制，大力宣传加强党外代表人士队伍建设的重大意义、工作成绩和先进典型，努力营造党委重视、全社会支持党外代表人士队伍建设的浓厚氛围。通过建立健全工作机制，进一步形成加强党外代表人士队伍建设的工作合力。

审稿人：李书亭

撰稿人：张熙明　李　阳

枣庄市社会治安综合治理工作实践和经验

1985年以来，市委、市政府坚持党的基本路线和“两手抓、两手硬”的指导思想，充分发挥政法机关的职能作用，动员社会各方面力量，对社会治安进行综合治理，依法打击了各类违法犯罪，积极化解了大量社会矛盾纠纷，全力维护了社会政治稳定，全市治安形势一直是全省最好的市之一，人民群众安全感和满意度逐年提升。

一、枣庄市社会治安综合治理发展历程

从发展历程看，枣庄市社会治安综合治理工作大致可分为以下三个阶段：

（一）枣庄市社会治安综合治理的思想形成与目标确立（1985—1990年）

20世纪80年代初，全市的社会治安秩序虽然有了明显好转，但是治安形势还不够稳定，重大刑事案件还不断发生，犯罪分子气焰还比较嚣张，特别是哄抢砍伐集体树木等治安突出问题还不断出现。根据社会治安形势需要，从1985年开始，全市政法工作坚持从促进社会治安，实现社会治安根本好转这一目标出发，坚持依法“从重从快、一网打尽”的方针，深入开展严厉打击严重刑事犯罪的斗争，全面推进、提高社会治安综合治理水平，更好地为经济体制改革和经济建设服务。一方面，深入开展严厉打击严重刑事犯罪的斗争。遵照中央和省、市委的统一部署，精心组织，精心指导，运用组织战役、统一行动、集中打击的有效方法，稳、准、狠地打好第二战役和第三战役，夺取“严打”斗争的彻底胜利。坚决扫荡浮在面上的严重刑事犯罪分子，及时打击现行犯罪活动，深挖和打击隐藏的、流窜的、在逃的犯罪分子。坚持“坦白从宽，抗拒从严”的政策，充分运用政策、法律的威力，分化瓦解犯罪分子。另一方面，加强社会治安的综合治理。社会治安综合治理，是搞好社会治安、争取社会治安根本好转的根本措施。全市各级政法部门树立了长期斗争思想，加强领导，加大措施，实行分类指导，具体指导，坚持不懈地抓紧抓好。在继续抓好各级联系点的基础上，不断摸索新办法，总结新经验，推动综合治理工作向纵深发展。大力加强法制宣传，全面普及法律常识，举办农民法制夜校，积极创办职工业余法制学校。政法部门与宣传、新闻、广播等单位密切配合，利用各种宣传工具，采取灵活多样的形式，广泛深入地开展法制宣传，不断提高广大干部群众的法制观念，自觉维护社会治安。枣庄市对轻微违法犯罪青少年进行狠抓帮教，提高转化成功率。政法部门与工、青、妇、教育等部门密切配合，协助所在单位进一步落实措施，加强教育。贯彻“教育、感化、挽救”的方针，坚持“三向”“四不”的原则，摸清思想动态，掌握思想特点，从教育入手，在转化上狠下功夫，对他们的就业、就学、生活等实际问题，也进行了妥善解决。同时，千方百计动用社会力量，为广大青少年的健康成长创造良好的社会环境，不断探索和改革新形势下教育疏导青少年的新内容和新做法。

1987年，市委、市政府充分认识到，综合治理是预防和减少犯罪、实现长治久安的根本措施，抓好这项社会工程，对于促进民主和法制建设，促进精神文明建设，促进生产力的发展，具有十分重要的意义。只有树立长期斗争思想，坚持不懈地抓好社会治安综合治理，才能推动城乡社会治安工作向广度和深度发展。全市各级党组织把社会治安综合治理纳入社会主义现代化建设的总体布局，与其他工作同部署、同检查、同评比、同考核。政法各部门在党委、政府的统一领导下，主动与有关部门配合，从“社会治安社会治，综合治理综合抓”的全局出发，促进社会治安综合治理向规范化、制度化、法律化推进。特别是坚持以严密防范为主，全面抓好打击、预防和改造犯罪三个环节，依法打击一切破坏社会制度的敌对分子，依法惩处经济犯罪和其他刑事犯罪，依法禁止和取缔卖淫、吸毒、赌博等危害人民的违法犯罪行为，运用政治、经济、行政、法律等多种手段，消除犯罪因素。

经过几年的实践，枣庄市逐步摸索出了对社会治安进行综合治理的新路子，并初步形成了党委、政府领导下的，以政法机关为骨干、各有关部门积极参与，以群防群治、自防自治为基础的治安防范格局。为了将社会治安综合治理用制度的形式固定下来，持之以恒地抓下去，1990年1月，市委、市政府出台《关于进一步加强社会治安综合治理的意见》，明确指出要深入贯彻落实中央和省委指示及枣庄、烟台社会治安综合治理现场经验交流会精神，切实加强对社会面的信息控制，增强社会治安的透明度，强化各项打击、防范措施，保证治安秩序不出现大的波动。在继续抓好打击整顿的同时，城乡一体，全面推进，把社会治安综合治理的总攻目标放在预防青少年犯罪、健全完善基层治安防御机制和继续治理整顿后进单位三个方面，围绕网络化、规范化、制度化、法律化的要求，在已有工作基础上，采取有力措施，抓健全完善，抓巩固提高，抓改革创新。努力使社会治安综合治理在制度建设、法规建设、基层基础工作

建设和执法队伍建设多方面都上一个新水平。经过一两年努力，进一步健全完善切合本市实际，严密有效的一整套社会治安防范机制，在全市范围内形成“社会治安社会治，综合治理综合抓”齐抓共管的新局面，以确保社会治安的持续稳定。

（二）枣庄市社会治安综合治理的全面展开和系统推进（1991—2003年）

1991年以来，中央开始重视和加强社会治安综合治理，切实把这项工作摆上重要位置，先后进行了一系列顶层设计。1991年1月15日至21日，全国社会治安综合治理工作会议在烟台举行；2月19日，中共中央、国务院下发《关于加强社会治安综合治理的决定》，这是社会治安综合治理的政策依据；3月2日，第七届全国人大常委会第十八次会议通过《全国人大常委会关于加强社会治安综合治理的决定》，这是社会治安综合治理的法律依据；3月21日，中共中央决定成立中央社会治安综合治理委员会，作为协助党中央、国务院领导全国社会治安综合治理工作的常设机构，下设办公室；3月22日，中央社会治安综合治理委员会第一次全体会议在北京召开。1992年，党的十四大把“加强社会治安综合治理，保持社会稳定”写进了党章，作为全党在新时期的一项重点工作加以明确。1993年，中央综治委等五部委出台了《关于实行社会治安综合治理领导责任制的若干规定》。按照中央部署要求，从1991年开始，全国各地相继成立了综治工作机构，加强组织领导，强化工作措施，切实将社会治安综合治理的探索实践整合为系统的常态工作，使社会治安综合治理方针从党委、政府的政策转入了规范化、法制化轨道。

1. 全市社会治安综合治理机构成立及领导配备

1991年6月13日，市委印发《关于成立枣庄市社会治安综合治理委员会的通知》，成立枣庄市社会治安综合治理委员会，委员会下设办公室，与市委政法委员会合署办公。1992年、2001年两次机构改革明确市综治办为正县级单位，定编7人，下设综合科和指导科两个科。

1991年之后，根据省、市委组织人事调整情况，市委、市政府定期及时调整市综治委及其办公室组成人员。市综治委主任均由市委副书记或市委常委、政法委书记兼任。市综治委副主任一般由市委常委、政法委书记和市人大常委会副主任、市政府副市长、市政协副主席、市法院院长、市检察院检察长、市公安局局长等副市级领导同志担任。市综治委委员均由相关职能部门主要负责同志担任。市综治办主任职务一般由市委政法委书记、副书记兼任或由正县级领导同志专门担任。

2017年7月21日，市委、市政府隆重召开全市矛盾纠纷多元化解工作现场推进会

2. 全市出台五年规划，社会治安综合治理全面展开

中共中央、国务院《关于加强社会治安综合治理的决定》出台后，1991年7月，市委、市政府印发《关于贯彻落实〈中共中央、国务院关于加强社会治安综合治理的决定〉的意见》。为确保社会治安综合治理各项措施落到实处，我市专门制定印发了《关于社会治安综合治理五年规划及实施方案》，将今后一个时期社会治安综合治理工作大体分为三个阶段：1991年为第一阶段，主要是健全领导体制，逐级制定实施计划，集中解决薄弱环节和突出问题，并层层抓好典型，树立标兵。1992年至1993年为第二阶段，综合治理的系统工程建设全面展开，争取有80%以上工作基础较好的区（市）、乡镇（街道）、村庄和单位率先实现五年规划的目标。1994年至1995年为第三阶段，进一步全面落实各项综合治理措施，普遍建立起长期稳定的综合治理机制，确保95%以上的单位达到预期的目标要求。其间，4月1日，市委、市政府召开全市社会治安综合治理工作会议，与各区（市）党委、政府签订《社会治安综合治理责任书》。7月，市综治委制定并经全委会通过了《关于社会治安综合治理工作的奖惩办法（试行）》。9月5日，市委、市政府召开全市打击盗窃犯罪加强治安防范工作动员大会，并印发《关于严厉打击盗窃犯罪，切实加强防范工作的意见》，安排部署在全市开展为期三年的反盗窃斗争。重点抓了治安后进单位的治理整顿，市综治委两次组织248人工作队，用一个月时间，对全市范围内治安问题较多的36个村和43个城镇居委会、厂企、公共场所等治安后进单位进行集中整治。重点抓了“六个基层治安防范体系”和“六支基层治安防范队伍”及“一个农村村民治安联户”建设。“六个体系”是：以派出所为龙头，以基层治安联防组织为主体的联防、帮教体系；以司法所（法律服务站）为龙头，以基层调解网络为骨干的普法、调解体系；以城镇居民区“三老”治安联防和农村村民治安联户组为基础的群防群治体系；以领导负责制、岗位责任制

为基础，以专职内保力量为主力军的厂企内部单位的自防自卫体系；以工农“条块”一体化为基础和以友好联防为主要形式的矿区、铁路沿线和边界接壤地区的联防协作体系；以谁主管谁负责为核心，以合同形式保证落实的管理约束体系。“六支队伍”是联防、普法、调解、帮教、厂企内保和农贸市场治安联防办公室。“一个组”是农村的村民治安联户组。根据中央和省市党委、政府的要求，各级加大社会治安综合治理基层基础工作力度。全市各乡镇（街道）、各系统、各部门建立了社会治安综合治理委员会，下设办公室。各村（居）、厂企、单位，都健全了综治办。全市建立社会治安综合治理组织和办事机构3320个，工作人员14796名，基本形成了社会治安综合治理组织体系。全市90个乡镇（街道）配齐了专职政法书记。按照省里部署，在全市开展社会治安综合治理宣传月活动，120多个单位走上街头，利用多种形式开展宣传发动，共出动人员1200余人，宣传车200余辆，书写标语牌300多块，散发宣传提纲15000余份，受教育人数达20多万人。

1992年，全市各级重点建立健全了社会治安综合治理领导机构和办事机构，乡镇（街道）配备了专抓社会治安综合治理副职，充实了办事人员，到年底，全市各级共建立社会治安综合治理领导机构和办事机构3340个，有工作人员14980人，市、区（市）、乡镇（街道）相继建立了“见义勇为基金会”。市综治委重点健全完善了检查考核制度，提出以后每半年和年终两次对全市社会治安综合治理进行检查；制定印发《关于集中整顿“路边店”，打击卖淫嫖娼活动实施方案》和《关于深入开展反盗窃斗争的意见》，年内组织开展反盗窃、打击拐卖妇女、儿童和打击卖淫嫖娼、整顿“路边店”等4个方面的专项斗争，组织5次全市性集中统一行动；召开全市预防青少年违法犯罪工作会议，各级相继制定预防青少年违法犯罪的规划和实施意见；加强城镇居民区安全防范工作，全市联防、普法、调解、帮教、厂企内保和农贸市场治安群防群治组织已发展到13983支，人员67953名，“三老”治安联防队210支，人员1934名。

1993年，市委、市政府明确规定把开展社会治安综合治理工作情况作为考核各级党委、政府和各部门党政领导干部政绩的一项重要内容。市综治委制定印发《关于建立重大案件防范责任查究通报制度的实施意见》；按照中央和省里部署，组织开展了为期一年的打击“车匪路霸”专项斗争；重点加强对治安较差、管理较乱区域的治理整顿，狠抓城区和重点部位的治安防范，到年底，全市364个居民小区实行封闭、半封闭管理的达293个，占80%以上，居民区各类案件比上年下降11个百分点，重点部门要害部位落实“三防”措施的达100%；加强铁路治安联防，市及各区（市）分别召开了护路联防工作会议，建立了专门班子，调整充实了护路人员，加大了工作措施，整体防范能力进一步增强。针对换届人员变动的情况，全市各级及时调整充实社会治安综合治理委员会组成人员，进一步明确了综治委成员单位的职责任务，并在各成员单位设立了联络员。

1994年，市委办公室、市政府办公室印发《关于实行社会治安综合治理领导责任制的实施细则》，市综治委制定印发《枣庄市社会治安综合治理领导责任制考核奖惩办法》，逐级实行领导责任制，认真落实“属地管理”和“谁主管谁负责”原则。根据中央和省委的部署，重点进行农村社会治安整治。6月，抽调政法、民政、组织等部门900余人，用50天时间，组织开展农村社会治安调查活动。10月7日，在滕州市召开全市重点乡镇社会治安综合治理现场会议。10月19日，市委、市政府召开全市农村社会治安综合治理工作会议，部署1994年10月到1995年春季在全市集中整治农村社会治安斗争，市里成立领导小组，制定斗争方案。对于排查出的139个治安后进村和后进单位，从市、区（市）、乡镇三级选派2000余名机关干部组成工作组，进行集中整治。12月7日，在山亭区召开全市整治农村社会治安斗争现场会议，进一步推动全市农村社会治安整治工作的深入开展。同时，重点抓基层治安防范。在农村，全市90处乡镇（街道）全部设立了综治办，有专职人员210人，有88个乡镇（街道）建立了治安联防队，占98%，有联防人员1278人。全市3269个村（居），有3043个设立了综治办，占93%，有人员12280人；有2760个村（居）设立了治安联防队，占85%，有联防人员14288人。在城区，市、区（市）驻地普遍建立了治安巡警队，建立健全机关、学校、企事业单位内部安全保卫组织，300人以上的单位建立保卫科（股），300人以下的单位设立专职保卫干部和保卫人员。金融要害部位的“三防”覆盖面达到100%；居民楼院的“三防”覆盖面达到85%以上，公共复杂场所的“三防”覆盖面达到88%。

1995年，全市政法综治战线紧紧围绕“抓住一条主线、实施两个斗争、开展三个活动”的总体思路（即抓住领导责任制这条主线，实施整治农村治安斗争和整治城区治安斗争，开展“双基”建设年活动、“细胞工程”活动和各个层次的社会治安综合治理创建活动），认真落实打、防、建、教、管、改等各项措施。其间，市委、市政府召开全市社会治安综合治理基层基础工作建设经验交流会议。市综治委组织开展全市社会治安综合治理基层基础规范化建设年活动。市综治办与司法局联合下发《关于加强乡镇司法所、法律服务所建设的意见》，促进了两所分离。全市基层综治组织建设得到进一步加强，全市90个乡镇（街道）配齐抓综治工作的党政副职，健全了综治委和综治办，综治办主任由副乡级领导担任，配备2至3名专职工作人员，落实了办公地点。市综治办统一印制《基层社会治安综合治理十项制度》，下发到每个乡镇和村（居）。继续抓了农村社会治安整治工作，同时

对特种行业和暂住流动人口进行治理整顿。4月27日，市委、市政府召开全市整治农村社会治安斗争工作会议，统一组织工作组，调整村干部741人，打击村霸363人，清理账务、健全制度、改变了治安落后面貌。对案件多发的“路边店”、发廊、个体旅店、出租私房、舞厅等进行清查、治理，取缔非法业户24家，限期整改36家，查处不法分子56人，培训从业人员6期328名。加强了暂住流动人口管理，全市层层成立了管理机构，形成了以户口管理为基础，治安管理为重点，劳务管理为抓手，其他管理相配套，融管理与服务为一体的暂住人口常住化管理机制，全市59486名暂住流动人口登记建档率为96%。

3. 坚持系统推进，全市社会治安综合治理工作体系形成

在全面实现《五年规划》提出的目标任务基础上，1996年，枣庄市社会治安综合治理工作紧紧围绕“抓住机遇，深化改革，扩大开放，促进发展，保持稳定”的工作大局，全面开展“双基”规范化建设年活动，抓好了“三个规范”，即规范基层组织、规范基础工作、规范制度建设。7月5日和8月9日，市委、市政府召开全市严打斗争工作会议和全市深入持久开展严打暨加强社会治安综合治理工作会议。8月22日，市委办公室、市政府办公室转发《枣庄市社会治安综合治理委员会关于加强社会治安综合治理基层基础建设的意见》。12月13日，在薛城区陶庄镇召开全市社会治安综合治理重点部位现场经验交流会议。年内，市人大、政协组织人大代表、政协委员视察了综治工作。主要抓了农村治安防范和“110”联动机制。加强农村治安联户联防，根据村民的居住分布情况，每10至20户划分为一个联户组，由党员干部或治安积极分子担任联户组长，组织各户轮流开展看家护院，进行法制宣传教育、调处矛盾纠纷等活动，覆盖面达70%以上。9月25日，公安机关把“110报警台”改为“110报警服务台”，主要职责是打击犯罪、保护群众、为民服务；10月22日，市委、市政府召开全市学习公安110报警服务动员大会，作出《关于学习枣庄公安“110”，推进全市精神文明建设的决定》，建立健全了卫生、供电、供气、供水等部门配套联动综合报警服务体系，坚持有警必接、有难必帮、有险必救、有求必应，有效地服务了社会，维护了社会稳定，受到上级和社会各界的好评。同时，推广峄城区在乡镇设立防纠纷激化奖励基金会的做法，在农村普遍实行“十户三员”、定期排查调处制度。全市调处纠纷6231起，调处成功率为95.6%，防止民转刑案件88起，122人。

1997年，全市社会治安综合治理工作主要是强化“三个落实”“二个加强”“五个狠抓”的措施。“三个落实”是落实领导责任制、目标管理责任制、一票否决权制，“两个加强”是加强政法队伍建设、加强基层治保、调解等群防群治队伍建设，“五个狠抓”是狠抓打击、狠抓防范、狠抓治理、狠抓控制、狠抓化解。其间，市委、市政府印发了《枣庄市社会治安综合治理委员会关于社会治安综合治理一票否决权制的实施意见》。市综治委、纪委、组织、人事等部门建立联席会议制度，参与目标管理考核。市综治委和市委组织部联合发文，建立健全党政领导干部抓社会治安综合治理政绩档案，把党政领导干部抓社会治安综合治理政绩同本人的晋职、晋级、评先挂钩。市综治委印发《关于深入开展创建“安全文明镇村”“安全文明小区”“安全文明行业单位”活动的实施意见》，在全市确定了40个各个层次的“创安”示范点，各区（市）确定了200个示范点，报省表彰命名13个镇街、村居和小区。主要抓了邓小平逝世、香港回归和党的十五大期间的社会稳定。继续深化重点部位的治理整顿，在全市集中开展整治工矿企业及周边治安活动，重点是在30多个厂矿企业比较集中的乡镇，打击矿霸、村霸、车匪路霸，整治企业内部和周边秩序，严格治安管理，调解工农纠纷，为企业发展创造良好环境。

1998年，全市社会治安综合治理工作主要抓了重点人口的治理整顿。市综治委印发《枣庄市暂住流动人口治安管理工作要点》，市、区（市）建立健全了暂住流动人口管理网络，全市暂住人口53956人，办证率达95%以上。市综治委制定《关于做好刑释解教人员安置帮教工作的通知》，建立健全市、区（市）、乡镇（街道）、村居四级组织体系，有工作人员5509人，落实了组织、机构、编制、待遇、职责和制度；全市统一制定了以安置、帮教、督导为主体框架的8个序列48项工作制度，形成了安置、帮教、督导三个体系；各级安置办与24家企业建立了挂靠安置关系，多数乡镇创办“育新活动之家”，为回归人员提供就业服务650人次；全市刑释解教人员2253名，重新违法犯罪率控制在2.9%以内。

1999年，市综治委制定下发《关于加强城区社会治安综合治理工作的意见》，构筑了以公安巡警为主体的动态防范网络，强化“110”建设，做到人员、制度、装备三落实，形成了出警迅速、处警妥当的快速反应机制。在进出城区的主要交通路口设置了26处“四位一体”的治安岗亭和堵截卡点；在繁华路段和重点场所设置了56个治安岗亭；在沿街公用电话岗亭设置了970处报警点；在139处重点单位及主要路段安装了电子监控探头，实施24小时全天候监控。全市178个百户以上的居民小区有107个实行了封闭、半封闭管理，设置警务区33个，配备干警65人；城区90%以上的居民户安装了防盗门窗，形成了完善的居民区防范网络。城区金融、财务、重要物资仓库等1276个重点要害部位，全部安装了自动报警设施，并与公安机关实现了无线报警联网。同时，按照中央的统一部署，依法查禁取缔了“法轮功”邪教组织。开展了跨省、市联调活动，与2省7市建立了联调组织，巩固完善了民间纠纷“大调解”网络。狠抓城乡、企业和学校周边治安秩序整

治，抓获违法犯罪嫌疑人43名，取缔非法电子游戏厅36家、无照商贩208家、非法书刊经营点12处、非法收购点9个，关闭私设录像厅3处，拆除违章建筑40处1000余平方米，下达各类整改通知书36份。市综治委下发了《关于在全市实施村居创安工程的意见》，全市确定1000个村（居）作为示范点。市综治委、市委宣传部联合开展了社会治安综合治理新闻采访月活动，《枣庄日报》开辟了“加强社会治安综合治理，优化发展环境”专栏。

2000年，市综治委确立了以抓“三基”（抓基层、打基础、练基本功）、促“三化”（网络化、规范化、法制化）为总目标的全市社会治安综合治理工作思路。其间，召开了全市社会治安综合治理基层基础工作现场经验交流会。市综治委制定了《关于对社会治安综合治理先进单位实行动态管理和对社会治安综合治理后进单位实行黄牌警告的意见》，推出了具体的检查考核办法。3月份，市综治委制定印发《关于进一步深化企地共建活动，为企业改革和发展创造良好治安环境的意见》，8月24日，市委、市政府在滕州市召开全市企地共建安全社区现场经验交流会，全市各级都成立发展经济保护委员会，工矿企业比较集中的地方，区（市）、乡镇都建立健全企地共建委员会，设立工农关系办公室，企业设立司法办、公安办，指导协调企地共建活动。市委、市政府两办转发了市综治委《关于进一步加强矛盾纠纷排查调处工作的意见》。市综治委、司法局联合制定的《关于进一步加强人民调解工作的意见》，4月26日，召开全市社会矛盾纠纷调处现场经验交流会议，推广了峄城、市中、滕州等区（市）调解工作的做法。截至6月底，全市91处乡镇（街道）全部建立了社会矛盾纠纷调解中心和调解庭，人民调解工作列入全市社会治安综合治理考核的内容，调解制度、程序、方式方法都得到了规范和统一。调解主任的工资实行了统筹发放，解除了调解人员的后顾之忧，稳定了调解队伍。全市调解各类纠纷16487件，调解成功16311件，成功率98%，防止民转刑案件1521件，减少越级上访3753件。4月，市委政法委、市综治办制发《2000年全市政法和社会治安综合治理宣传工作意见》，明确了全市政法和社会治安综合治理宣传工作的指导思想、目标要求，宣传的重点及具体要求。

2001年，市综治委制定了《枣庄市2001—2003年社会治安综合治理“抓三基、促三化”三年规划》，年内，全市有23个乡镇（街道）、943个村居、203个单位达到了“三基、三化”标准，分别占总数的37%、30.2%和28%。市综治委、纪委、组织部、人事局、监察局坚持五部门定期召开会议，专题研究社会治安综合治理一票否决、奖惩等事项。市委办公室、市政府办公室下发《关于开展矛盾纠纷排查调处月活动的意见》，确定每年2月中旬至3月中旬在全市开展为期一个月的矛盾纠纷集中排查调处活动，提出全市的矛盾纠纷要做到“三不出”（农村矛盾纠纷不出乡镇、城区不出街道、机关厂矿不出单位）。4月14日，市委、市政府召开全市社会治安工作会议，按照中央统一部署，从2001年4月开始到2002年底集中开展“严打”整治斗争。主要抓社会治安集中整治工作，对排查出的143个治安后进部位，抽调895人，组成133个工作组进驻，进行集中整治，有94%改变了落后面貌。

2002年3月18日，市委、市政府印发《关于进一步加强社会治安综合治理的意见》，进一步明确和细化了枣庄市社会治安综合治理工作措施。市委、市政府两办印发了《关于加强“两所、两会”建设，构筑大防范大调解格局，强化社会治安综合治理基层基础工作的意见》，各级把基层工作着力点放在了加强“两所（派出所、司法所）、两会（治保会、调委会）”建设上，全市司法所全部收编到区（市）司法局管理，全市82个派出所，80%已经建立了综合服务大厅，同时授予派出所和司法所对治保主任和调解主任“三项权力”，即任免建议权、考核奖惩权、工资发放权。全市2466个村（居）都建立健全综治办，建立健全了治保会和调委会，治保和调解主任享受村（居）副职待遇，完善了各项制度。市委、市政府下发文件，在全市实施“两个一”（为每个村培养一名具有法律大专学历村干部，为每户培养一名法律明白人）。市综治委重新制定了《关于市综治委成员部门继续建立乡镇（街道）综治工作联系点的通知》，分工每个成员帮包一至两个乡镇（街

滕州市善南街道综治中心

道），督促指导维护社会稳定工作。特别是进一步深化“抓三基、促三化”活动，年终检查全市规范化覆盖面达到80%。进一步深化社会治安集中整治活动，对排查出的123个治安后进部位，全市抽调564人，组成123个工作组，进驻治安后进部位进行集中综合整治。同时，认真组织开展全市社会治安集中整治“百日决战”活动，近两年排查出的266个治安后进部位全部合格，其中有70%的后进村（居）跃入一类行列。进一步完善以公安“110”为龙头，治安岗亭、警务区控“点”，巡警、交警控“线”，派出所社区（居委会）、村庄治安联防队控“面”，专群结合的治安防控网络。5月28日，市委、市政府召开全市加强基层治安防范现场会，推广了滕州市社区警务，薛城区“店户联防”，市中区“一包十联三责任”和峄城区治安承包等经验做法。

2003年7月5日，市委办公室、市政府办公室转发《枣庄市社会治安综合治理委员会关于加强社会治安防范工作的意见》，指出枣庄市社会治安防范工作的主要任务和总体目标是：在各级党委、政府的统一领导下，充分发挥社会治安综合治理机构的组织协调作用和政法部门特别是公安机关的职能作用，进一步健全完善社会治安防范工作的领导、协作、整治、调处、控制、管理、教育、责任、保障机制建设，逐步建立维护社会稳定的长效机制，落实各机关、团体、企事业单位的治安防范责任，强化基层基础工作，组织发动社会各方面力量开展群防群治，全面落实社会治安防范措施，努力构筑社会主义市场经济条件下治安防范工作的新格局，预防、控制和减少违法犯罪，维护社会稳定，营造加快经济发展、人民群众满意的社会治安环境。2003年10月11日，市委、市政府转发《市社会治安综合治理委员会关于重心下移　强化基层　落实责任为加快发展营造和谐稳定社会环境的意见》，提出枣庄市社会治安综合治理工作总的要求是，牢固树立“大治安、大防范、大综治”的观念和“社会治安就是投资环境”“社会治安综合治理工作也出生产力”的责任意识，坚持综治工作与经济效益、社会效果相统一的原则，以“抓三基”“促三化”为重点，全面落实“重心下移，强化基层，落实责任”的工作方针，促进社会治安综合治理和维护社会稳定各项措施的全面落实，保持全市社会长期和谐稳定，保障人民群众安居乐业，为全市加快发展创造更加良好的社会环境。主要目标是通过全市上下的不懈努力，继续保持全市社会治安状况在全省属于最好市之一的位置，全力打造“发案少、秩序好、环境宽松、服务周全、群众满意、外商放心的安全宝地”。其间，市委政法委、市综治委召开全市打击整治“三强”（强装、强卸、强揽工程）、“五霸”专项斗争动员会，印发《全市政法机关开展打击整治“三强”“五霸”专项斗争实施意见》，集中一个月时间集中打击整治“三强”“五霸”专项斗争。市综治委制定了《集中整治医疗机构及周边治安秩序实施方案》，组织卫生、公安、工商等部门对医疗机构及周边治安秩序进行治理，查处非法行医机构、人员和非法医疗广告，净化了医疗市场。市综治办和市公安局、司法局制定了关于认真落实“两所”对“两会”三项权力的《意见》，各级狠抓了“两所、两会”建设。市综治委、组织部、民政局、信访局、经贸委、教育局、卫生局七部门联合下发《关于排查整治治安后进部位和突出治安问题的通知》，排查全市治安后进村（居）及后进部位327个，抽调干部组成工作组，采取班子、治安、经济综合整治，使治安后进村（居）及后进部位合格率达95%，有65%的后进村（居）跃入一类行列。各级都成立社会矛盾纠纷调处工作领导小组，区（市）成立人民调解指导委员会，乡镇（街道）成立人民调解委员会，村（居）健全了人民调解组织，在组织、人员、制度、工作、报酬等方面达到“五落实”。

（三）通过开展“平安枣庄”建设、全面推进社会治安综合治理的探索与实践（2003年至今）

开展平安建设是加强社会治安综合治理的有效载体和重要抓手。2003年以来，全市各级党政按照省委、省政府关于建设“平安山东”的一系列重大决策部署，通过深入开展“平安枣庄”建设，全面落实社会治安综合治理各项措施，全力维护社会政治稳定，取得了显著成效。

1.“平安枣庄”建设的动员部署

2003年10月，中共山东省第八届委员会第六次全体会议作出建设“平安山东”的决定后，11月29日，市委、市政府召开建设“平安枣庄”动员大会，传达贯彻全国、全省社会治安综合治理工作会议精神，研究部署建设“平安枣庄”工作。会议要求到2005年底，各区（市）达到“平安区（市）”的目标。之后，市委、市政府每年都专门召开大会，总结工作，表彰先进，与各区（市）党委、政府签订《责任书》，对深入开展社会治安综合治理和“平安枣庄”建设进行再安排再部署。2003年至2012年期间，市委、市政府连续十年采取电视现场直播的方式，在市驻地设立主会场，在各区（市）、各乡镇（街道）和各村（居）设立分会场，一直把会议开到最基层。据统计，仅2003年至今，市委、市政府就表彰先进集体1713个、先进个人2032名，市综治委先后查究通报了发生机动车、保险柜被盗等重大责任案件的单位169个，黄牌警告29个单位，一票否决29个单位。

2.“平安枣庄”建设的集中开展

2004年2月25日，市委、市政府印发《关于建设“平安枣庄”的决定》，决定利用三年时间，在全市集中开展建设“平安枣庄”活动，到2005年底，全市92%的村、社区城乡基层单位常年不发生刑事犯罪案件；人民群众对社会治安的满意率达到95%以上；各区（市）不发生在全国、全省造成重大影响的人员伤亡和巨额财产损失恶性案件、重大恶性治安事件、涉黑涉恶团伙犯罪案件和大规模群体性事件；普法教育广泛开

展，干部群众法律意识和依法行政、依法办事的自觉性明显提高；全市社会治安秩序良好，人民群众安居乐业，投资兴业环境优化，经济社会协调发展，成为全省最稳定、最安全的地区之一。4月27日，市委办公室、市政府办公室印发《关于建设“平安枣庄”的实施意见》。市委、市政府成立了主要领导任组长，市委、市人大、市政府、市政协、枣庄军分区有关领导任副组长，市直有关部门主要负责人为成员的建设“平安枣庄”领导小组，下设办公室，加强对这项工作的领导。各级各部门紧紧围绕加快经济发展这个中心，正确处理改革发展稳定的关系，深入开展平安建设工作，在健全组织、落实责任、加大检查督导基础上，坚持重心下移，狠抓安全防范，大力加强基层基础工作，全面落实平安建设各项措施，取得了明显的成效。

2005年，全市各级党政和政法综治部门按照建设“平安山东”的总体目标要求，深入开展平安区（市）、平安乡镇（街道）、平安村居、平安企业（单位）等“四级联创”活动，在健全组织、落实责任、加大检查督导的基础上，坚持重心下移，狠抓安全防范，大力加强基层基础工作，全面建设“平安枣庄”。特别是基层政法综治组织建设得到全面加强，全市乡镇（街道）全部成立了由党委书记任主任的综治委，下设专门的办公室，全部配齐配强了副科级专职综治办副主任；2481个村（居）全部建立健全了融治保、调解、普法、巡逻、帮教五位一体的综治办，共有治保、调解人员17079人，治保、调解主任4230人。

2006年，市委办公室、市政府办公室印发《关于贯彻落实中办发25号、鲁办发29号文件精神深入开展平安建设的意见》，指出当前和今后一个时期，深入开展平安枣庄建设的指导思想是：在各级党委、政府的统一领导下，充分发挥政法综治部门的职能作用，积极组织动员社会各方面的力量，以促进保障科学发展和社会稳定和谐为目标，建立健全长效工作机制，进一步夯实基层基础工作，深入开展规范化建设，强化源头治理，创新和落实维护社会稳定的各项措施，抓巩固、抓完善、抓深化、抓提高，不断提高平安枣庄建设水平，为顺利实施“十一五”规划、构建社会主义和谐社会，促进全市经济社会站在新起点、实现新发展，创造更加稳定和谐的社会环境。全市各级党政和政法综治部门着眼于建立维护稳定和平安建设长效工作机制，坚持重心下移抓防范，大力加强基层基础工作，深入推进“平安枣庄”建设。特别是在全市重点推行了“治安双保”新做法，即：“保险到户、保安驻村”，实行“农民花钱买保单、保险公司雇保安、保安进村保平安”。

3.“平安枣庄”建设的继续深化

三年为期的集中创建结束后，2007年，全市各级党政和政法综治部门继续深入推进“平安枣庄”建设，坚持重心下移抓防范，在创新上作文章，在求实效上下功夫，在深入推进上不断加大力度，大力加强基层基础工作，全面落实社会治安综合治理的各项措施。市委、市政府印发《关于进一步加强全市治安防控体系建设的意见》，进一步健全完善了社会面巡逻防控、社区治安防控、单位内部防控、卡口堵控、科技防控的治安防范“五大网络”，形成了“面上有巡逻、线上有卡点、点上有监控”的治安防控格局。市综治委专门下发《关于对治安后进村居、治安后进部位进行集中排查整治的实施意见》，对排查出的123个治安后进村居、部位以及突出治安问题进行综合整治，限期改变了治安落后面貌；制定《枣庄市关于进一步加强学校及周边治安秩序综合整治工作的意见》，把校园治安综合治理及创建“平安和谐校园”纳入平安建设目标考核内容；坚持集中排查调处与经常性工作相结合，把每年的3月和9月作为全市集中排查调处月，坚持抓早、抓小、抓苗头，把各类矛盾纠纷发现在基层，化解在萌芽状态；在全市开展“平安枣庄”建设集中宣传月活动，通过组织党政领导干部发表广播电视讲话、在区（市）驻地设立宣传站点、印发宣传单、面对面开展法律咨询等形式，对全市的平安建设工作进行了集中宣传；召开全市推进城区“治安双保”工作现场会议，把“治安双保”工作由农村推向城区，进一步扩大“治安双保”工作覆盖面。在年初召开的深化“平安枣庄”建设大会上，市委、市政府共拨出专款120余万元，对26个平安建设先进集体、52名先进个人进行了隆重表彰和奖励，对16个荣获“平安枣庄”建设模范乡镇（街

每年年初，市委、市政府隆重召开深化平安枣庄建设大会

道）荣誉称号的乡镇（街道），各奖励“捷达”牌工作用小汽车一辆。

2008年，全市各级党政和政法综治部门紧紧围绕全市改革发展稳定大局和平安奥运，强化组织领导，完善工作制度，突出抓好“严打”整治、治安防控、奥运安保、“两个排查”、信访工作、安全生产、综治宣传、基层基础和各项专门工作，着眼于建立维护稳定和平安建设长效工作机制。特别是坚持以规范化建设为重点，狠抓了区（市）、乡镇（街道）和村（居）综治组织建设。市综治委制定印发了《关于加强全市社会治安综合治理基层基础规范化建设的意见》，专门召开全市社会治安综合治理基层基础规范化建设流动现场会议，全面提升全市社会治安综合治理基层基础工作水平；各区（市）全部成立了由区（市）委分管领导任主任，人大、政府、政协分管领导和法院、检察、公安主要领导任副主任的综治委，设立了高规格的综治办，配备了综治办主任、副主任及工作人员；乡镇（街道）、村（社区）综治组织达到了有办公场所、有专项经费、有工作制度、有工作规划、有工作日记、有工作记录“六有”标准；村居（社区）健全了治保、调解、普法、帮教、巡逻、驻村保安“六位一体”的村级群防群治组织。各区（市）按照《关于对治安后进村居、治安后进部位进行集中排查整治的实施意见》和《枣庄市开展“两个排查”工作实施方案》要求，对排查出的126个治安后进村居、部位以及突出治安问题进行综合整治，限期改变了治安落后面貌。

2009年，全市各级党政和政法综治部门以中华人民共和国成立60周年大庆和十一运安全保卫为重点，以基层基础工作为总抓手，全面落实社会治安综合治理各项措施，深入推进平安枣庄建设。市委、市政府先后在市中区、薛城区召开了全市城区、农村综治暨平安建设现场经验交流会议，全力推动乡镇（街道）综治工作中心建设。各区（市）、各乡镇（街道）结合实际，采取新建一站式综合大厅或调整集中办公的形式，全部建立了综治工作中心，由综治办牵头，整合公安、司法、民政、信访、劳动保障、国土资源等有关部门集中办公，建立健全了综治工作中心的工作流程和“九项”工作制度，推行社会治安联合防控、矛盾纠纷联合调处、重点工作联勤联动、突出问题联合治理、基层平安联合创建等“五联”机制，形成了党政领导、条块结合、上下联动的基层维护社会稳定工作体系。市综治委加强和改进对基层综治和平安建设工作的检查方法，坚持明查和暗访相结合，采用指定检查对象、一个检查组、一个标准、一把尺子量到底的方法，极大地促进了综治基层基础工作的开展。市综治委制定出台了《关于进一步加强流动人口和出租房屋管理服务工作的意见》，成立了流动人口和出租房屋管理服务办公室，建立了区（市）、街道（乡镇）、社区（村）三级流管组织机构，建立完善了信息收集、资料整理、分类录入、信息反馈、跟踪管理、服务到位等运行机制。

2010年，全市各级党政和政法综治部门坚持以社会矛盾化解、社会管理创新、公正廉洁执法“三项重点工作”为中心，以基层基础工作为总抓手，全面落实社会治安综合治理各项工作措施，深入推进平安枣庄建设。市委、市政府印发了《关于进一步加强社会治安综合治理基层基础建设的意见》，市综治委先后出台了《关于进一步加强全市乡镇街道综治工作中心建设的实施意见》和《枣庄市乡镇街道综治工作中心建设考核验收标准》，认真贯彻中央和省委关于大力加强综治基层基础建设的指示精神，全力推动乡镇（街道）综治工作中心建设。市综治委出台《关于加强全市社会治安动态视频监控系统建设的意见》，市财政投入1000余万元专项资金，全力推进社会治安视频监控平台建设。特别是扎实开展学校幼儿园周边治安综合治理。市委、市政府调整充实了学校及周边治安综合治理工作领导小组，印发了《关于在全市开展学校幼儿园及周边治安环境集中整治行动的通知》。按照“属地管理”和“谁办学、谁管理、谁负责”的原则，明确校长、园长是校园内部安全第一责任人，各级相关职能部门是校园外部安全责任部门，各区（市）和乡镇（街道）党委、政府是本辖区校园安全工作的责任主体。全市所有校园均实行封闭式管理，严格实行来访接入制、入校安检制等规章制度，认真落实“三见”统一要求，在学校幼儿园门口增派警力，加大巡逻密度，提高见警率。全市累计投入资金4830多万元，为全市各级各类学校配备专业保安和必要的装备，1782所中小学幼儿园成立了内部安保队伍，共配备专兼职安保人员5280多名，其中，162所学校设立校园警务室，246所学校周边设立治安岗亭，1224所学校幼儿园安装了治安视频监控设施，发现和整改各种安全隐患2400多处。

2011年，市委、市政府出台《关于进一步加强医患纠纷预防调处工作的意见》，健全完善了“医患纠纷预防、医患纠纷协商、医患纠纷人民调解、医患纠纷应急处置和医疗责任保险”五大机制。市委办公室、市政府办公室转发《枣庄市社会治安综合治理委员会关于切实做好矛盾纠纷大排查大调解工作的意见》，进一步建立健全了区（市）、乡镇（街道）、村（社区）三级和机关、团体、企事业单位调解组织纵横交错的矛盾纠纷大排查、大调解工作网络，形成了以区（市）调处中心为龙头，乡镇（街道）、机关、团体、企事业单位调处组织为骨干，村（社区）调委会为基础的矛盾纠纷大调解工作格局，进一步健全了矛盾纠纷排查调处首问责任、情况报告、台账管理、信息反馈、交办督查、部门承办、联动联调等工作制度。市综治委制定了《关于加强“平安志愿者协会”建设的指导意见》，计划用三年时间，在区（市）、乡镇（街道）、村（社区）和行业建立“平安志愿者协会”，广泛吸纳政治作风硬、群众威信高、基层经验丰富、组织协调能力强、公道正派、

热心公益事业的“五老”人员（老党员、老干部、老教师、老政法干警、老转业复退军人)，充分发挥协会“五大员”(法制教育的宣传员、矛盾纠纷的调解员、社情民意的联络员、不稳定因素的信息员、预防犯罪的治安员）的作用，整合社会力量资源、开展法制宣传教育、协助组织治安防范、排查化解社会矛盾纠纷，促进基层和谐稳定。在“民警包村、保安驻村”工作的基础上，大力推行民警保安“五驻”新机制（驻村、驻企、驻校、驻单位、驻重点部位）。

4. 社会管理综合治理工作的改革与创新

2012年2月25日，市委、市政府出台《关于加强和创新社会管理的意见》，将社会管理创新专项经费按照市级人均0.5元，区（市）1元、乡镇（街道）3—5元标准纳入同级财政预算。2月27日，按照中央和省统一部署，枣庄市社会治安综合治理委员会更名为枣庄市社会管理综合治理委员会。3月21日，市社会管理综合治理委员会召开第一次全体（扩大）会议，明确了新的市综治委工作原则、目标任务和主要职能。5月31日，市委、市政府专门印发了《枣庄市社会管理综合治理一票否决权制实施办法（试行)》。市委、市政府成立了实有人口服务管理、特殊人群服务管理、“两新组织”、社会治安、打击传销取缔无照经营、预防青少年违法犯罪、校园及周边综合治理、护路护线联防、企业及周边综合治理、维护妇女儿童及残疾人合法权益、规范烟草市场秩序、医患纠纷预防调处、虚拟社会管理和军地共建等14个社会管理综合治理专项工作组，每个专项工作组组长都由副市级领导干部担任，有关主管部门主要负责人任副组长，明确了各专项工作组及成员单位的职责任务。全市各级党政和政法综治部门认真贯彻落实中央和省、市关于加强社会管理创新及平安建设的一系列部署要求，紧紧围绕建设“幸福新枣庄”和十八大安保的工作主线，以增强人民群众的安全感和满意度为目标，以加强和创新社会管理为总抓手，以治安防控体系建设、矛盾纠纷排查调处和夯实基层基础为重点，深入推进平安枣庄建设，全面开启了社会管理综合治理工作的改革与实践。特别是重新启动见义勇为基金会筹建工作，在市财政拨付了400万元原始基金的基础上，通过召开市见义勇为基金会基金募捐动员大会，共收到捐款1600余万元。大力加强互联网安保工作，制定出台了《关于加强虚拟社会服务管理落实互联网安全保护技术措施的工作意见》。深入开展“天网”工程建设，全市新增视频监控点5400余处，环枣周边主要路口、区市边界主要路口、党政机关和重点要害部位的视频监控点达到1.8万个，重点部位实现100%全覆盖。全面启动治安保险工作，按照“群众自愿”和“谁出资、谁受益”的原则，全年共为28万余户群众办理治安保险，覆盖率达到26%。

2013年，全市各级党政和政法综治战线全面贯彻党的十八大、十八届三中全会和习近平总书记关于全面推进“平安中国”建设、保证社会和谐稳定等重要指示精神，按照省委、省政府关于深入推进“平安山东”建设具体安排部署，坚持从解决源头性、根本性、基础性问题入手，以基层综治组织建设、社会治安防控、矛盾纠纷调解“三项工作”为重点，以社区综治平台建设、政法综治信息化建设、行业矛调组织建设、综治专项工作制度建设和考核体系建设“五大建设”为抓手，全面落实社会管理综合治理各项工作措施，深入推进“平安枣庄”建设。重点抓了以下几个方面的工作：一是进一步规范综治专项工作。在已有14个社会管理综合治理专项工作组的基础上，市委、市政府又成立了社会矛盾排查化解专项组和实有人口基础信息库建设工作小组等4个专项组和9个分支机构。二是全面启动全市视频监控全覆盖工程建设。市政府批准拨付1200万元财政专款作为实施视频监控全覆盖工程奖励资金，全市共建成1080P高清视频监控1883套，环枣周边主要路口、区（市）边界主要路口、党政机关、重点要害部位和基层村（居)、学校的视频监控探头达到3.7万个，其中与公安机关联网1.5万个，一、二、三类目标覆盖率分别达到了100%、85%和61%。三是探索推行城乡社区网格化管理。根据资源管理、地理布局、人员状况的情况，将城乡社区划分成若干单元格，详细采集居民信息，合理划分管理网格，科学设置组织机构，明确岗位工作职责，对每一个单元实施动态化、全方位、网格化管理。四是创新开展“十进社区”活动。整合矛盾调解、法律宣传、安置帮教、消防安全、治安管理、交通服务、城市管理、信访维稳、社会保障、医疗救助等10项综合治理和公共服务工作向基层社区延伸。五是严格严重精神障碍患者信息化管理。全市重性精神疾病患者检出率达4.18‰，患者管理率达80%。六是创新流动人口管理工作。各区（市）成立流动人口服务管理领导小组，各乡镇（街道）成立“流管中心”，各村（居）设立“流管站”，按照每100户一名协管员的比例，组建了流动人口协管员队伍，扎实做好流动人口摸排和出租房屋登记备案工作。七是创新群众安全感调查方式。委托枣庄市社情民意调查中心在全市范围内组织实施群众安全感调查，通过随机拨打电话的形式对城乡居民进行访问，调查群众对当地社会治安状况的评价。八是正式成立见义勇为基金会。省民政厅正式对枣庄市见义勇为基金会的设立登记进行批复，市委、市政府隆重召开市见义勇为基金会成立大会，市见义勇为基金会联合市广播影视总台开办了“倡导见义勇为、弘扬社会正气”栏目，对近年来事迹特别感人的10名见义勇为先进事迹进行集中采访，制作10期专题片在电台、电视台黄金时间播出，收到了良好的社会效果。九是将铁路护路联防工作从市公安局理顺到市综治办。调整充实了铁路护路联防工作领导小组，下设办公室，办公室设在市综治办，沿线各区（市）同时也及时理顺了工作关系。

市综治委在全市组织开展了为期一周的京沪线（枣庄）危树集中整治行动，全市共清理保护区内各类危树6万余棵，并且在此基础上排查清除保护区外侵界树木和枣临线危树2万多棵，有力确保了京沪大动脉和枣临铁路的安全畅通。

2014年，全市继续以“三项工作”为重点，以“五大建设”为抓手，深入推进“平安枣庄”建设。特别是进一步完善城乡社区网格化管理工作，按照在街道以社区作为基本网格，每个社区划分为若干基础网格，每个基础网格以片区、楼宇为单位划分若干单元网格，在乡镇以行政村为基本网格、以原自然村为基础网格、以现村民小组为单元网格进行划分，将全市406个城乡社区共划分为1860个基础网格和7506个单元网格，为每个基础网格配备1名专兼职网格管理员、每个单元网格配备1名专兼职网格协管员，真正实现了服务网络“全覆盖”。继续大力实施视频监控全覆盖工程，全市共建成1080P高清视频监控1.5万个、智能卡口352处、电子警察436处，环枣周边、市区边界主要路口和党政机关、重点要害部位的监控探头达到4.9万个，其中与公安机关联网1.9万个，重点部位实现了全覆盖。建立健全人民调解、行政调解、司法调解“三位一体”的大调解机制，在完善人民调解网络的基础上，重点推动医患纠纷、劳动争议、交通事故和物业纠纷等行业性专业性调解组织建设，强化联动联调机制，形成化解社会矛盾纠纷的合力，全市共有各类人民调解组织2774个，其中，专业性行业性调委会30个。不断推动见义勇为事业健康发展，市委、市政府出台了《枣庄市见义勇为人员奖励和保护实施办法》，市人民代表大会常务委员会通过了《关于对见义勇为人员奖励和保护的决定》，市见义勇为基金会在《枣庄日报》创办“倡导见义勇为、弘扬社会正气”专栏，对近年来涌现出的市级见义勇为先进分子的感人事迹进行大张旗鼓的宣传，在全社会营造出了人人支持见义勇为、人人敢于见义勇为的浓厚氛围。深入开展年度“无命案乡镇（街道）、无刑事案件村居（社区）”综治主题创建活动，并将活动纳入全市科学发展综合考核内容，力争经过3到5年的努力，全市刑事案件和命案发生总量稳中有降，无命案乡镇（街道）、无刑事案件村居（社区）逐年增加，全市70%以上的乡镇（街道）实现年度无命案，全市80%以上的村居（社区）实现年度无刑事案件，人民群众安全感和满意度不断提升，社会治安持续平稳。

5. 社会管理综合治理职能回归社会治安综合治理

2015年12月18日，市委决定，将枣庄市社会管理综合治理委员会更名为枣庄市社会治安综合治理委员会，并根据工作职责，对综治委成员单位组成人员进行了重新调整分工。全市政法综治战线坚持从解决源头性、根本性、基础性问题入手，以增强人民群众安全感为目标，以解决突出治安问题为导向，以完善基层基础工作为保障，突出立体化治安防控体系建设、矛盾纠纷多元化解、城乡社区网格化管理和特殊人群服务管理等工作重点，不断提升平安枣庄建设水平。一是开始重视和抓好危爆物品寄递物流清理整顿。按照中央和省统一部署，全面落实100%收寄验视、100%实名收寄要求，强力推动100%过机安检规定，从源头上严防各类危爆物品、违禁物品流入寄递渠道。二是积极探索建立矛盾纠纷多元化解机制。组成考察组到眉山、厦门学习经验做法，结合我市实际起草了《关于完善矛盾纠纷多元化解机制的意见》，并先后组织了4次座谈会进行研究论证。三是不断加大综治和平安建设宣传工作力度。在《枣庄晚报》开辟“平安枣庄”专版，大力宣传基层平安创建的工作亮点和典型经验。四是创新开展肇事肇祸等严重精神障碍患者救治救助及监护工作。市综治委制订出台《枣庄市肇事肇祸等严重精神障碍患者救治救助及监护工作实施办法》，全市乡镇（街道）与3—5级患者的监护人逐一签订有奖监护协议，对监护责任落实、本年度内患者未发生肇事肇祸行为的，由乡镇（街道）给予监护人每年不低于600元的奖励，同时为辖区精神病人购买监护人责任保险，最大限度预防和减少了肇事肇祸事件发生。五是继续深化见义勇为工作。设立“爱心账户”，对全市生活特别困难的见义勇为人员（家属）进行专项救助，给予每月500元的救助金。联合市广播电视台开办了“倡导见义勇为、弘扬社会正气”栏目，对近年来事迹特别感人的见义勇为先进事迹进行集中采访，制作了20期专题片在电台、电视台黄金时间播出，社会反响良好。六是扎实推进城乡社区网格化管理工作。市委、市政府召开全市深入推进网格化管理工作现场会，市综治委开发了“全市社会治理综合信息系统”。市、区（市）两级综治办将公安、司法、人口计生、卫生、民政等工作充实整合到网格中，通过网格管理员的每天巡查和入户走访，全面掌握网格内“人、地、物、事、组织”等基本情况。七是全面启动立体化社会治安防控体系建设。市综治委出台《枣庄市立体化社会治安防控体系建设三年规划》，决定从2015年开始利用三年时间，在全市建成人防、物防、技防、心防有机结合、视频监控系统与信息网络系统有机融合的立体化全方位社会治安防控体系，提升平安枣庄建设能力和水平。

2016年，全市政法综治战线不断提升平安枣庄建设水平，为全市转型升级和经济文化融合发展，创造了安全稳定的社会环境。特别是着力打造人民调解、行政调解、司法调解、信访、仲裁、群团组织“六位一体”的矛盾纠纷多元化解体系，市委、市政府出台《关于完善矛盾纠纷多元化解机制的意见》，对22个主要责任部门的68项具体任务进行明确分工；市编委批准成立了“枣庄市矛盾纠纷化解指导中心”，为市委政法委（综治办）所属正科级公益一类事业单位，核定事业编制5名，配备主任1名、副主任1名，主要负责指导协调各区（市）各有关部门，共同开展矛盾

纠纷多元化解工作；市综治委建立健全“纵向+横向”联通、“线上+线下”联动、“实体+奖补”联用的工作模式，积极推行检调对接、公调对接、访调对接、行调对接等多调对接，在全市形成了相互衔接、良性互动的矛盾纠纷多元化解机制。同时，继续扎实推进视频监控全覆盖工程，全市视频监控探头达13.4万个，一、二、三类目标均实现100%全覆盖。

2017年，全市政法综治战线坚持以增强人民群众安全感为目标，以保稳定、护安全、促和谐为主线，以立体化社会治安防控体系建设、矛盾纠纷多元化解机制建设、网格化管理、综治中心标准化建设为重点，以现代科技信息化应用为支撑，以落实社会治安综合治理领导责任制为抓手，不断提升社会治理社会化、法治化、智能化、专业化水平，提高预测预警预防各类风险能力，努力打造平安枣庄建设“升级版”。特别是进一步健全完善社会治安综合治理领导责任制，市委办公室、市政府办公室印发《枣庄市健全落实社会治安综合治理领导责任制实施细则》，从主体职责、督查考核、表彰奖励、责任督导等方面，进一步明确责任主体和责任内容、规范追责情形和方式、强化督导检查措施，将中央和省委关于健全落实社会治安综合治理领导责任制的决策部署转化为具体制度安排，进一步形成了职责明确、奖惩分明、衔接配套、务实管用的责任体系。同时，积极推进基层综治组织建设。市综治委出台《关于推进全市各级综治中心标准化建设与管理实施意见》，决定从2017年开始，启动三年全市各级综治中心建设工程，通过对各级综治中心的办公场所、设施标准、进驻部门、组成人员、内设机构进行优化升级，切实提高综治中心标准化、规范化、实体化建设水平。在全市组织开展了创建“镇（街）综治示范中心”活动，对符合“六有”（有机构、有人员、有系统、有设施、有台账、有制度）创建标准、排名前8位的镇（街）综治中心，命名为“全市镇（街）综治示范中心”，并由市财政给予一次性奖补资金10万元，有效发挥了先进典型的示范引领作用，促进了全市基层综治中心标准化建设。

二、枣庄市社会治安综合治理取得的成就

改革开放以来，全市政法综治战线认真贯彻中央和省、市委的一系列重要决策部署，紧紧围绕全市改革发展稳定大局，坚持与时俱进，不断开拓创新，深入推进社会治安综合治理和平安枣庄建设，逐渐探索出了一条具有枣庄特色的社会治理新路子，先后创造出了一批成效显著、在全省乃至全国有影响力的“枣庄模式”“枣庄经验”。

1989年10月，省委、省政府在枣庄市召开全省社会治安综合治理现场经验交流会。

1991年1月，时任中央政治局常委、中央政法委书记乔石同志到枣庄市视察社会治安综合治理工作，赞扬说：“你们的社会治安综合治理工作搞得很好，经验很值得推广。”

1993年11月，全省基层调解工作现场会议在峄城区召开。

1996年，枣庄市以110报警服务为龙头、加强快速反应机制建设的经验做法，被公安部称为“枣庄110模式”，并在全国推广。

2000年6月2日，省公安厅在枣庄召开全省整治工矿企业及周边治安秩序现场会，肯定并推广了枣庄市的经验。6月22日，省电业局和省公安厅在枣庄召开全省保护电力设施暨“反窃电”工作现场会，肯定并推广了枣庄市的经验。

2002年，枣庄市在全国首创了公安综合警务大厅的经验做法，在全省公安机关推广，中央人民广播电台等10家新闻单位组成记者采访团，专程来枣庄采访，并分别进行了系列报道。枣庄市“两个一”工作的经验做法，在全省加强农村基层民主法制建设经验交流会上作了经验介绍。

2003年12月4日，省委、省政府在枣庄召开全省加强第一道防线建设维护社会稳定经验交流会议，推广了枣庄市加强社会治安综合治理的经验做法。

2004年，省委、省政府在枣庄召开全省加强乡镇（街道）调解中心建设会议，推广了枣庄市乡镇人民调解中心建设的经验做法；中央电视台新闻联播和山东电视台新闻节目，先后播发了枣庄市开展“两个一”工程的经验做法；《大众日报》在头版头条以《织起好大一张“网”》为题，大篇幅报道了枣庄市平安建设的经验做法。

2005年，枣庄市实行“民警包村、保安驻村”的经验做法，在全省平安建设经验交流会上作大会典型发言；加强矛盾纠纷排查调处工作和“两个一”工程建设等经验做法，被时任省委副书记姜大明、高新亭同志先后多次作出批示，给予充分肯定和高度评价；在全国农村普法宣传工作会议上，枣庄作为全国唯一一个地级市代表作了典型发言，介绍了开展“两个一”工程建设的经验做法，《人民日报》、《光明日报》、中央电视台等媒体都作了大幅宣传报道；峄城区峨山镇综治办副主任刘宝信同志，在综治和平安建设工作中事迹突出，被中央综治委、人事部授予全国社会治安综合治理先进工作者荣誉称号，并受到胡锦涛等时任党和国家领导人的亲切接见。

2006年，枣庄市推行的“民警包村、保安驻村”工作新机制，被列为省委、省政府平安建设责任书的重要内容；新华社《高管专供》2006年第2期以《枣庄：矛盾高发期何以保持社会稳定》为题介绍了枣庄市的经验做法；山亭区委、区政府《延伸工作触角服务基层群众建好司法行政协理员队伍》的经验做法，在全省社会治安综合治理工作会议上作了经验介绍。

2007年，枣庄市推广村（居）司法行政协理员工作的经验做法，在省委、省政府召开的全省社会治安综合治理工作会议上作了典型发言；推行“治安双保”工作的经验做法，被中央综治委在全国转发推广；在1996至2007年全省

"综治好新闻"评选活动中，枣庄市连续十一年被评为"优秀组织奖"。

2009年，枣庄市"民警包村、保安驻村"工作机制被中央综治委写入《关于深入开展农村平安建设的若干意见》。

2010年，时任中共中央政治局委员、中央政法委副书记、中央综治委副主任王乐泉，省委常委、政法委书记柏继民等领导同志相继作出重要批示，对枣庄市推行司法行政协理员的经验做法给予充分肯定；枣庄市被中央综治委确定为综治工作联系点，时任中央综治委委员、新闻出版总署署长柳斌杰同志在枣庄市调研时，高度评价了全市综治和平安建设工作。

2011年，时任中央综治委委员、新闻出版总署署长、国家版权局局长、全国"扫黄打非"工作小组副组长柳斌杰同志在枣庄市调研时，对社会管理创新等工作给予充分肯定。

2013年，省综治办在枣庄市召开全省铁路沿线清理危树工作会议，肯定和推广了枣庄市铁路护路工作经验。

2014年，《法制日报》2版头条位置，以《八成镇街无命案，四成村居无刑案——枣庄深化平安建设念好"堵疏调"三字经》为题，刊登了枣庄市加强平安建设的经验做法。

2015年，枣庄市被国家卫计委确定为精神卫生综合管理试点市，中央综治委副主任、中央政法委副秘书长、综治办主任陈训秋和时任省委常委、政法委书记张江汀同志专程到枣庄调研，对枣庄市政法综治特别是肇事肇祸精神病人救治救助和监管工作给予了充分肯定。

2016年，省综治委在枣庄召开专题座谈会，在全省推广了枣庄市铁路沿线环境综合治理和铁路护路联防工作的经验做法。

2017年，中央综治委副主任、中央政法委副秘书长、中央综治办主任陈训秋和省委常委、政法委书记林峰海同志专程到枣庄调研，对全市政法综治工作给予了充分肯定。

三、枣庄市社会治安综合治理工作经验和启示

回顾枣庄市社会治安综合治理工作走过的发展历程和取得的辉煌成就，既积累了诸多宝贵经验，也获得了一些重要启示。主要有以下几个方面：

（一）必须始终坚持党政统一领导

要充分认识加强社会治安综合治理工作，是贯彻落实执政为民，巩固党的执政地位，推动科学发展，促进社会和谐发展稳定的重要意义。各级各部门必须把思想认识统一到中央和省委要求上来，统一到市委、市政府的基础性、全局性、战略性、长期性的规划上来。全市各级党委、政府要将综治平安建设工作纳入经济社会发展工作大局进行统筹规划，建立健全各级党政主要负责同志是综治工作第一责任人，综治工作分管负责同志是直接责任人的领导责任体系。健全完善社会治安综合治理目标管理责任制、社会治安综合治理一票否决制等各项机制。认真落实《社会治安综合治理领导责任制》，将年度综治工作考核评价结果纳入对领导班子和领导干部综合考核评价的重要内容，与业绩评定、职务晋升、奖励惩处等挂钩，推动综治工作深入开展。

（二）必须发挥政法队伍主力军作用

目前维稳任务繁重、形势急迫，政法综治部门处于维稳第一线，必须发挥主力军作用，增强维稳责任意识，坚持服务发展大局，坚持司法公正、执法为民，维护社会公平正义，维护社会和谐稳定，为全市经济社会发展大局营造良好社会治安环境。各级政法综治领导干部要勇于担当、积极作为、改进方式、提高效率，不断提高政法综治工作服务大局、服务社会、服务群众的能力和水平。

（三）必须形成齐抓共管良好局面

社会治安综合治理工作是一项庞大的社会系统工程，必须在党委、政府的统一领导下，协调、调动各有关部门、单位和全社会的力量"综合抓"，形成齐抓共管的强大合力。各级综治部门要定期分析研究社会治安形势，加强调查研究和督促检查，针对突出治安问题做出安排部署，指导和协调辖区内各部门、各单位认真落实社会治安综合治理各项措施。公安、检察、法院、司法等综治委各成员部门要积极参与社会治安综合治理，充分发挥各自的职能作用，依法严厉打击各类影响群众安全感的严重刑事犯罪和经济犯罪活动，确保社会稳定，为经济发展创造良好治安环境。

（四）必须加大综治工作宣传力度

要不断拓宽综治宣传工作的广度和深度，依托现代传媒手段和各种宣传方式，大力宣传社会主义法治理念，深入开展法律进机关、进社区、进学校、进企业、进单位等活动，增强全社会的法律意识和法制观念。坚持正确的舆论导向和正面宣传的原则，加强和改进综治宣传工作的管理、组织和协调，强化宣传机构、宣传队伍和制度建设，健全集中宣传和经常性宣传相结合的宣传工作机制。大力倡导见义勇为，进一步提高群众对平安建设的知晓率和参与程度，广泛动员人民群众参与社会治安综合治理。

审稿人：孟凡华

撰稿人：马军艳

海峡两岸交流基地的创建历程、主要成就及经验启示

2009年12月16日，经国台办批准，大陆第一家海峡两岸交流基地落户枣庄。8年多来，在国台办、省委省政府的关怀支持下，枣庄市各级部门认真贯彻中央、省委对台工作方针、政策和工作部署，以海峡两岸交流基地建设为契机，抓交流、促合作、谋发展，枣台交流合作不断深化，有力推动了地方新旧动能转换，助推经济实现又好又快发展。连战、吴伯雄、郁慕明、江丙坤、蒋孝严、郝柏村、刘兆玄等分别率团来枣参访，极大地提高了枣庄的知名度和影响力，推动枣庄对台工作实现了重大突破和跨越发展，枣庄对台工作站在了一个新的历史起点上。

一、创建海峡两岸交流基地的时代背景和创建历程

（一）时代背景

枣庄，因煤而立，因煤而兴，是个典型的煤炭资源型城市，是“一五”时期国家重点建设的能源生产基地之一，曾为国家建设做出了巨大贡献。进入20世纪80年代以后，由于煤炭开采成本上升，市场供求关系发生重大变化，部分煤矿资源枯竭，接续产业发展滞后，严重制约了经济快速、持续、健康、协调发展，枣庄逐渐因煤而衰，所以，加快推进城市转型，寻求经济发展方式的转变，既是当务之急，也是无奈的选择。为此，枣庄进行了经济发展方式的战略性转移的尝试，积极探索符合枣庄实际的发展路子，提出了“一个战略、三大战役”的城市转型之路，“一个战略”就是城市转型战略，“三大战役”，是指发展煤化工、文化旅游和城市建设。第一场战役主要发展以煤化工为主的八大工业产业集群，现已建成一批煤化工项目，还有一大批煤化工项目在建或拟建，枣庄已成为国内最有潜力、最具竞争力的煤化工基地。第二场战役就是发展文化旅游，规划建设了“两大龙头、五大节点”的大旅游，目的是解决富民问题。第三场战役就是加快城市建设。按照“老城做新、新城做靓”的思路，整合提升各组团城市功能，实现城区一体化发展。在打响城市转型攻坚战的过程中，枣庄加大招商引资的力度，不断创新招商方式，使三大战役取得了丰硕成果。枣庄推动资源型城市转型的总体思路得到了国务院的充分肯定，2009年3月，枣庄被国务院列入全国44个资源枯竭城市名单，成为东部地区唯一的一个资源枯竭城市，并给予政策和财政等方面的倾斜和支持。枣庄赶上了国家和山东对资源型城市转型进行全方位扶持的这班车，可以借国家政策发展经济，推动城市转型，实现科学发展。在城市转型和经济发展过程中，需要充分的人流、物流、资金流、信息流作为保障。然而，从枣庄的具体情况分析，人流是最有可能保障的资源。所以，枣庄城市转型的第二战役就是发展文化旅游，由“吃煤炭”转变为“吃文化”。建设海峡两岸交流基地，重建台儿庄古城，可以成为枣庄发展文化旅游的“龙头”，强力推进枣庄城市转型。2008年开始，枣庄按照“大战故地、江北水乡、运河古城、时尚生活”的定位，聘请国内知名专家规划设计，启动了占地300公顷的台儿庄运河古城重建工程，主要包括恢复台儿庄大战遗产区、大运河遗产区和传统城池遗产区三部分。力争将台儿庄运河古城打造成为融汇“齐鲁豪情”、兼具“江南韵致”、集“运河文化”和“大战文化”为一体，极具人文魅力、精巧别致的旅游目的地，成为沿运独有、国内乃至世界特有的旅游休闲度假区。

（二）创建历程

海峡两岸交流基地的申请提出和创建成功，主要经历了四个发展阶段：

1. 顺应形势，提出构想。2008年是台儿庄大战胜利70周年。结合两岸关系的重大转变，市委、市政府捕捉到两岸关系的积极变化和台儿庄大战的密切联系，敏锐地提出建设海峡两岸交流基地这一创造性构想。枣庄认为，建设海峡两岸交流基地，重建台儿庄古城，一方面，可以体现出在改善国共两党关系方面的极大诚意和善意；另一方面，通过保护恢复台儿庄大战遗存，展现抗日战争的壮烈场景，使之成为一个国共合作的见证，一座抗日战争历史的丰碑，一种民族精神的象征，有利于增强两岸同胞的民族归属感。因此，建设海峡两岸交流基地，最能激发国民党方面的兴趣和热情，最能调动台湾方面参与共建的积极性，能够打造山东乃至全国对台工作新的载体和平台，利于推进祖国和平统一进程。这一构想一经提出，立即引起了社会各界的广泛关注。

2. 两岸沟通，增进共识。建设海峡两岸交流基地，离不开台湾方方面面的理解和肯定，离不开台湾有关方面的参与共建。在国台办、省台办领导和相关职能部门的关心协调下，枣庄加大了与台湾上层的沟通联络力度，积极推介海峡两岸交流基地建设设想，寻求理解和支持。2008年，台湾前行政部门负

责人、中国国民党前副主席郝柏村，新党主席郁慕明等先后组团来访，对交流基地建设进行考察，并表达了携手共建的初步意愿。2008年11月30日至12月6日，市政府主要负责同志率枣庄经济文化交流团赴台湾进行交流考察。在台期间，拜会了国民党荣誉主席连战、副主席林丰正，亲民党主席宋楚瑜，新党主席郁慕明及郝柏村、廖正豪、李钟桂等知名人士；访问了国民党党史馆、台北“故宫博物院”、孙中山纪念馆等场馆；拜会了旅游行业公会、建筑业公会等行业团体；拜会了中国青年大陆研究文教基金会、中国青年创业协会总会等青年社团。交流团还参观了桃园工业园及部分企业；会见了台湾大学校友总会理事长孙震及张玉法、马云生、蔡敬宜等山东、枣庄籍在台知名人士，就建设海峡两岸交流基地事宜进行了洽谈协商，搜集了相关史料资料，广泛开展了经济文化交流，取得了良好成效。通过洽谈交流，重建台儿庄大战遗址，赢得了岛内各界的支持；建设海峡两岸交流基地，与岛内高层人士达成了广泛共识；为二战纪念城市建设搜集了大量珍贵的史料资料；为推进两岸经济文化交流合作奠定了良好基础。2009年10月，市委常委、副市长张宝民率团赴台参访，拜会了国民党副主席江丙坤、林丰正和曾永权等，进一步宣传、推介了海峡两岸交流基地建设情况，为海峡两岸交流基地揭牌仪式暨台儿庄大战战史研讨会的成功召开作了准备。

3. 层层推进，全力争创。作为枣庄市2008年的一项重点工程，建设海峡两岸交流基地的构想一经提出，市里立即成立了创建工作筹备机构，并建立了会议制度，以只争朝夕的精神投身到申报工作之中。2008年3月2日，市委成立枣庄市建设台儿庄海峡两岸交流基地工作领导小组，海峡两岸交流基地创建工作正式启动。2008年9月18日，市政府向省台办提出了转报申请，省台办迅速向国台办上报了请示。2008年9月26日，在潍坊第十四届鲁台经贸洽谈会上，经过省台办的精心策划，市政府主要负责人与新党主席郁慕明进行了会面，建立了我市与台湾高层的联系，为今后两岸两地的交流合作打下了良好基础。2008年11月14日，按照省委、省政府领导同志的要求，省台办、市政府在济南舜耕山庄召开了建设海峡两岸交流基地研商会。邀请省委宣传部等八个省直部门相关领导、专家参加。与会人员就我市海峡两岸交流基地建设的必要性、可行性等进行了研讨会商。会议认为，枣庄市建设海峡两岸交流基地，着力推进两岸经贸文化交流合作，打造两岸新的交流合作平台，顺应形势，服务中心，将地方工作寓于中央工作大局，具有天时、地利、人和的条件。应该坚定信心，科学设计，积极推进，力争早日创建成功，发挥应有效益。会后，市委又向省委、省政府上报了申建请示。2009年枣庄又会同省台办，再次向国台办提出申请报告。同时，市政府主要负责同志，市委常委、副市长张宝民多次带领对台及台儿庄区有关人员赴省进京汇报。国台办主任王毅先后七次听取枣庄市海峡两岸交流基地工作汇报，并作出重要指示。2010年3月3日，在听取了枣庄海峡两岸交流基地建设工作汇报后，王毅指出，台儿庄作为第一家海峡两岸交流基地，名副其实，要充分利用好台儿庄的历史价值、文物价值和促进祖国统一大业的价值。要打造好品牌，争取起到示范作用。国台办将继续予以支持。王毅要求，在今后两岸交流基地建设中要处理好三个方面的关系。一是处理好台儿庄战役与运河文化的关系。要根据对象、目的、任务的不同确定我们宣传推介的主题。台儿庄战役和古城重建这两个“点”，不要过于偏向哪一方，要既有大战故地，又有运河古城。二是要处理好当年国民党抗日战争和共产党抗日战争之间的关系。台儿庄大战是国民党正面抗日战争的一个典型，台儿庄也是我们爱国主义教育很重要的场所，这里还有共产党领导的铁道游击队和运河支队。三是要处理好岛内各党派、各阶层之间的关系。将来台儿庄这个交流基地不仅要对国民党，对台湾其他政党、各阶层都要有吸引力。

省委姜异康书记、姜大明省长、刘伟副书记、才利民副省长等领导也多次听取汇报，并给予充分肯定和多次批示；省台办等省直部门也是倾力支持，在申请报批和争取上级支持等各方面鼎力相助，不遗余力。另外，省委宣传部、省建设厅、省教育厅、省发改委等部门也给予了方方面面的倾斜与支持。其中，省财政厅一次拨给交流基地建设前期工作经费500万元。

4. 成功挂牌，两岸关注。2009年12月16日，国台办下发了《关于在台儿庄设立“海峡两岸交流基地”的批复》，大陆首家海峡两岸交流基地落户枣庄。12月17日，国台办、海协会、省领导、台湾高层人士及两岸专家学者在枣庄会展中心共同出席了海峡两岸交流基地成立大会。

12月18日，海峡两岸交流基地建设工作座谈会和台儿庄大战战史研讨会在新城开元凤鸣山庄召开。座谈中，台儿庄区汇报介绍了海峡两岸交流基地建设情况，与会人员围绕海峡两岸交流基地建设进行了热烈讨论，并从不同角度对交流基地建设和发展提出了意见和建议。围绕海峡两岸交流基地举办的各项活动，在海内外产生了较大的反响，得到了国台办和省委、省政府的充分肯定，受到了海峡两岸乃至全球各界人士的广泛关注。

2009年12月17日，海峡两岸交流基地揭牌

二、主要做法及发展成就

（一）主要工作措施

8年来，枣庄坚持以海峡两岸交流基地建设为契机，科学谋划，凝聚力量，深入推进海峡两岸交流基地载体建设，强力推进枣庄旅游产业发展，多层次，全方位推进枣台两地交流合作，推动枣台实现了大交流、大合作、大发展。

一是深入推进载体建设。台儿庄古城于2008年4月8日宣布重建，2009年8月全面开工建设，同年12月17日被国台办批准为大陆首家海峡两岸交流基地。经过四年多的精心建设和三年多的市场化试运营，一座集八种建筑风格于一体的手工版古城重获新生，已打造成为一个服务设施完善、业态布局合理的国家AAAAA级旅游景区。经权威机构评估，总资产达到153亿元。在古城重建过程中，一方面，通过“留古”“复古”“扬古”“用古”，实现了文化景观的原真性。所谓“留古”，即对现有遗存全部保留，做好保护和修缮工作。所谓“复古”，即挖掘历史原貌，原址原貌予以恢复。所谓“扬古”，就是在遵循古法的基础上，按照世界遗产和文物标准提升工艺水平。所谓“用古”，就是兼顾运营中的实用要求，打造传统文化空间“旧瓶”，为运营时“装新酒”奠定基础。另一方面，通过打造“百庙”“百馆”“百业”“百艺”，实现了文化空间的丰富性。“百庙”，即恢复重建古城原有的“七十二庙宇”。“百馆”，即围绕“运河文化”“大战文化”“鲁南地域文化”三条主线和“海峡两岸交流”一个主题，按照专题性、国家级、大众化、延展性、研究性五个定位，规划建设100个博物馆。“百业”，即古城内的店铺要实现一店一品，把传统的、民族的、手工的工艺，在这里集中进行展示。“百艺”，即引入全国特别是沿运地区的非物质文化遗产项目进驻台儿庄古城，推进国家级非物质文化遗产博览园建设，为全国各地的非物质文化遗产项目搭建展示、交易、传承的平台。作为海峡两岸交流的重要平台，在古城重建过程中，枣庄始终把营造涉台文化空间作为古城文化建设的重中之重。在街景展示方面，主要通过牌匾、楹联、雕塑等各类街头景观，对外展示台儿庄古城的大陆首家海峡两岸交流基地内涵及形象。在场馆建设方面，主要是古城中策划、兴建了一批以两岸交流为表现主题的专题展馆和一些适宜开展对台交流活动的场馆，同时着重在其他相关场馆中设立涉台展区、展带或陈设相关展品。在业态布局方面，积极引进台湾客商及有关产品、服务，目前，已有20家台湾商家入驻古城，总从业人员过百人。不断充实文化景观，策划实施涉台文化展示项目。台儿庄是大陆首家海峡两岸交流基地，与台湾有着许多共同的历史记忆、文化信仰和相同的血脉亲情。作为面向世界的AAAAA景区和开展对台、涉台活动的重要平台，着力打造涉台文化景点和设施，包括池峰城指挥部旧址、海峡两岸艺术馆、两岸汉字艺术馆、“英雄台儿庄”抗日战争主题雕塑展馆、台儿庄大战遗址纪念园。涉台文化展区、展带，主要包括邮政博物馆中的两岸通邮展区、运河酒文化馆中的“台湾酒瓶”展带、中国运河招幌博物馆中的“台湾招幌”展带等。可以寄寓两岸共同历史记忆、文化信仰或民族血脉亲情的庙宇，主要包括天后宫、关帝庙，规划建设的菩提寺等。涉台街头雕塑，包括泰和楼前矗立的孙中山先生铜像雕塑。商业业态中精心打造了宝岛大道商业一条街，丰富了古城业态内涵。

二是强力推进文化旅游产业发展。枣庄紧紧围绕实施“一大战略，三大战役”、加快建设“幸福新枣庄”中心工作，坚持把旅游业发展作为转方式调结构、推进城市转型的重要突破口，创新思路，强化举措，推动旅游业规模、档次和效益得到全面提升，成为支撑和带动全市经济社会发展的重要力量。枣庄由旅游输出地转变为旅游集散地和目的地，改变了山东“东热西冷”的旅游发展格局。枣庄旅游已成为鲁南苏北区域旅游发展的龙头，成为转方式、调结构、加快城市转型的重要推动力。一方面，切实加强台儿庄古城龙头景区建设。在

2010年6月12日，枣庄海峡两岸运河龙舟邀请赛在台儿庄古城运河举办

短短四年时间里，累计投资达 47 亿元，完成台儿庄古城两平方公里核心景区建设，古城业态建设和旅游服务水平不断提升。同时，以台儿庄古城为核心，规划建设 18 平方公里的国家文化产业示范园区和占地 1000 亩的国家非物质文化遗产博览园。重建的台儿庄古城，荣膺新世纪“齐鲁文化新地标”榜首，被确定为国家首个海峡两岸交流基地、首个国家文化遗产公园、首个国家非物质文化遗产博览园，被评定为国家 AAAAA 级旅游景区，成为全省第七家、我市首家获此殊荣的旅游景区。另一方面，围绕市场主体培育，全面推进市场化运作，成功举办了中国旅游第一“拍”活动，枣庄境内 12 家旅行社通过投标竞买的方式“拍”得了 17 个客源地城市的枣庄二日游地接权和市场经营权，极大降低了旅游营销成本，节约近 30% 的促销资金，用最低的成本赢得了枣庄二日游宣传效果的最大化。深化二日游市场运作模式，将二日游由行政推动成功转向市场化运作。强化与国内大型旅行社集团开展战略合作。与中国旅行社总社有限公司、中国康辉旅行社集团有限公司、广州广之旅国际旅行社股份有限公司、中国旅游老年综合体等全国大型旅游商开展对接与合作。中国旅行社协会第四届会员大会在枣庄台儿庄古城举行，进行了协会理事会换届选举。成功举办 2012 首届中国年博会等系列春节文化活动，实现了打造春节文化旅游品牌、做大春节文化旅游市场、把年博会培育成为全国知名会展品牌的工作目标。年博会期间，来自 14 个国家和地区的 200 余家重点采购商，500 余家参展企业，3000 多种商品参展“年博会”。据统计，本届年博会共签订加盟商、代理商协议 300 个，接待参观者达到 10 万人次，实现现场销售额 3 亿元，合同销售额 18 亿元。围绕宣传促销，大力提升城市形象。以“古城台儿庄——一个寻梦的地方”“东方古水城·英雄台儿庄”“中华古水城·英雄台儿庄”“枣庄二日游”为主题词，在 CCTV—1 新闻《朝闻天下》、CCTV—4《海峡两岸》、凤凰卫视资讯台《时事直通车》、香港翡翠台、台湾东森、山东卫视《新闻联播》等主流媒体黄金时段进行了旅游形象广告投放。组织召开了 2012 年枣庄旅游营销合作大会，会上签订大型旅游批发商、旅游专列合作协议 39 个。在济南遥墙国际机场举办了枣庄城市形象集中宣传活动。利用客源城市早报、晚报、日报、快报、商报等各类报刊，刊登枣庄二日游宣传广告。在北京、济南、上海等 15 个京沪高铁站设立广告牌、LED 彩屏、灯箱广告，集中推介枣庄二日游品牌。成功举办了“幸福枣庄·温暖古城”贺年会、第二届全国非物质文化遗产博览会等节会活动，多措并举推动枣庄旅游从无到有，从小到大，实现“井喷式”发展。

三是多措并举推进枣台交往交流。一方面，科学规划交流项目。在海峡两岸交流基地建设中，坚持规划先行。每年均规划十余个对台交流项目，然后优中选优，推荐部分交流项目列入国台办重点交流项目。如海峡两岸交流基地台儿庄古城开城仪式、台儿庄古城开埠仪式、枣台青年艺术交流夏令营、台湾企业家枣庄行、台湾基层民众交流团等，有效提升了枣庄涉台活动的层次和影响。另一方面，合力推进对台交流活动。主要通过三个层面，凝聚力量推动枣台交往交流工作，对台工作实现了“借势”发展。一是积极争取上级台办的大力支持。国台办、省台办积极引导、推介台湾重要团组来我市参访，在政策、信息、团组审查报批等方面给予了最大程度的倾斜。二是紧紧依靠市委、市政府的优势资源，强力推动。正是市领导亲力亲为，勇挑重担，才使一系列重量级的涉台活动得以在枣庄成功举办。另外，市级领导带队赴台工作也得到快速发展。每年，均有 4—5 位市级领导带队赴台考察，带动了枣台交往交流持续活跃。三是充分调动部门和区市的力量，合力推进。市政府每年召开市直部门和区市对台工作任务分工会议，对分口推进枣台合作进行安排部署。各部门和区（市）政府高度重视，多措并举，积极作为，深入挖掘岛内资源，多渠道推进枣台合作。市农业、林业、交通、建设、环保、宣传、文化、教育、体育、卫生、工会、团委（青联）、妇联等部门、社团成为枣庄对台交流的主渠道。各区（市）领导也高度重视，主要领导亲自推动，带头入岛参访交流，对台交流形成了工作合力。

（二）发展成就

随着海峡两岸交流基地平台的建立和完善，其在枣台交流中发挥的作用越来越突出，推动枣台交流合作实现了质的飞跃和历史性的突破，枣庄海峡两岸交流基地综合效益凸显。

1. 政治效应突出。海峡两岸交流基地是新时期推进祖国和平统一大业的新工作平台，推动了对台工作理论创新和实践发展。它的创立，在两岸关系和平发展进程中发挥了积极作用，带来了良好的社会影响，它推动了枣台高层频繁互动。连战、吴伯雄、郁慕明、江丙坤、郝柏村、林丰正、刘兆玄、高孔廉等纷纷率团来访。交流基地标志性建筑——泰和楼奠基仪式、台儿庄古城开埠仪式、两岸汉字艺术节、两岸工会论坛、两岸和平文化论坛等活动，在两岸形成了较大的社会影响。青少年长期交流机制形成，高雄市、台南市基层人士来枣参访规模不断扩大，台儿庄海峡两岸交流基地成为增进两岸文化认同和民族认同、推动两岸交流的重要载体。贾庆林、吴官正、李长春、王兆国、刘延东等领导同志分别前来视察，交流基地工作得到了中央和省委省政府的高度关注和充分肯定。国台办主任王毅、张志军，副主任孙亚夫、陈元丰、龙明彪等分别来枣视察调研。其他中央部委负责同志也是接踵而至，络绎不绝。8 年来，全国二十余个省（区、市）、全省十五个市台办也都先后来交流基地参观考察。枣庄成为对台工作先行先试的“桥头堡”，有效扩大了知名度和影响力，政治影响十分突出。

2. 经济效益显著。2009年，枣庄被纳入国家第二批资源枯竭城市转型试点市，城市转型刻不容缓。海峡两岸交流基地的设立及台儿庄古城等重点项目建设不断推进，推动文化旅游产业实现了跨越发展，促进了城市转型和对外开放。2008年前来枣庄探亲参访旅游的台湾朋友，平均每年不足千人，现在每年来枣台胞达到万人规模。第二届非物质文化遗产博览会暨两岸汉字艺术节、两岸年博会——台湾美食节等也在交流基地火爆举行。全国交流基地工作座谈会、两岸工会论坛、全国台协会长座谈会、齐鲁台商枣庄行等多个"国字号""省字号"活动在枣庄举办，节会经济效益明显。文化旅游实现跨越式发展。2008年，枣庄接待国内游客841万人次，同比增长26%；境外入境人数2.5万人次，增长24%；旅游创汇收入194万美元，增长30%；旅游综合收入45亿元，增长29%。2017年，全市旅游消费总额199.71亿元，同比增长14.9%；接待游客人数2259.24万人次，增长10.6%。其中，接待国内游客2255.8万人次，增长10.6%；国内游客消费188.16亿元，增长14.9%；接待入境游客3.44万人次，增长1.3%；入境游客消费823.23万美元，增长1.7%。对台经贸合作实现稳步发展。8年来，枣庄借助海峡两岸交流基地的平台和影响，通过走出去、请进来等方式，全面推进与台湾的经贸文化交流合作，经济合作呈现稳步成长态势。截至2018年上半年，全市累计批准台资企业176家，投产开业146家，实际利用台资44024.8万美元，在全省的位次居中。总体而言台企偏少，规模偏小，竞争力偏弱。但是可以看到，枣庄台资企业落地的数量和投资总量增速加快，涉台贸易额也在稳中有升，两地技术人员往来交流频繁，企业成为枣台经贸交流的主体。两地逐步形成橡胶制品、纺织服装、机械产品、玻璃制品等领域的大交流大合作态势。

3. 社会影响广泛。交流基地设立以来，枣庄结合两岸关系发展的新形势，不断加大入岛交流力度，向台湾同胞"面对面"展示枣庄魅力城市形象，岛内"枣庄效应"日益凸显。8年来，据不完全统计，枣庄共派出300多个参访团组赴台开展经贸文化交流活动，赴台考察交流人员达到2000多人。参访团广泛开展交流、联谊活动，见缝插针、机动灵活地开展城市宣传推介活动，岛内民众对枣庄、台儿庄由陌生到逐渐达到耳熟能详。市委、市政府还重点在台北市、台中市组织了"台儿庄古城旅游推介会""寻梦台儿庄——两岸文化旅游产业合作发展恳谈会""鲁台新兴产业合作发展论坛""枣台经贸合作恳谈会"和"2014枣庄·台中产业合作恳谈会"等大型经贸文化交流活动，连战、吴伯雄、郁慕明、江丙坤、林中森、高孔廉及2000多名岛内业界人士参加了活动。8年来，枣庄市累计制作市情专题片20个，PPT150多件，宣传资料数万份，招商手册2万多册，有效扩大了枣庄影响，让"魅力枣庄"在岛内频繁闪动，声名鹊起。另外，积极请进来，加大岛内媒体来枣采访报道力度。2012年10月，邀请台湾中天电视台来枣拍摄《两岸一家亲——海峡两岸交流基地巡礼》系列专题片；2012年11月，邀请中国华艺音像实业有限公司和台湾"中国电视公司"来枣拍摄《大陆寻奇——盛世绝艺》电视系列片。2013年7月，邀请台湾旺旺集团旗下7家主流媒体来枣开展"魅力枣庄"对台专题采访拍摄活动；2013年11月，邀请台湾中天电视台、《联合报》等媒体记者来枣开展对台宣传专题片拍摄。2014年5月，邀请台湾《联合报》、中天电视台、"中国电视公司"等媒体来枣开展"走进枣庄"专题采访活动。2015年6月，台湾广播媒体山东访问团一行19人来枣庄市采风考察；7月，中国国际广播电台组织的"两岸新发现、重走抗日战争路"专题采访组来枣采访。2017年，邀请台湾《联合报》等岛内媒体来我市开展了海峡两岸交流基地系列深度报道。旺旺中时传媒、华艺传媒、台湾东森、中视、中天及央视四套等台湾及大陆涉台媒体多次来枣拍摄专题纪录片，央视一套、四套、七套、九套等多次播出枣台交流活动的新闻和宣传广告，大大提高了枣庄的知名度。台湾影视公司来枣拍摄了电影《恋恋阿里山》《台湾脚走大陆》等。持续通过岛内报纸、电影、电视、广播和电子终端平台，向台湾实施"铺天盖地"式城市形象综合推介，持续在岛内传播"枣庄风"，有效扩大了枣庄在岛内的知名度、美誉度和影响力。

2011年7月29日，第二十届海峡两岸关系学术研讨会在枣庄海峡两岸交流基地召开

另一方面，积极做好应邀来枣台胞宣传推介工作，积极做好市情介绍讲解。通过台胞口口相传，吸引更多的台湾同胞前来观光考察，投资合作。其中，邀请岛内重要人士如国民党荣誉主席连战、吴伯雄，新党主席郁慕明，台湾中华文化总会会长刘兆玄，海基会原董事长江丙坤，国民党副主席林丰正，海基会原副董事长兼秘书长高孔廉，国民党原副主席郝伯村，台中市政府副市长黄国荣，桃园市市长苏家明等分别带队来枣参访。回台后，他们都是枣庄、台儿庄的义务宣传员和"代言人"，走到哪里，

2013年5月，齐鲁台商枣庄行活动在枣庄市举行

都把枣庄宣传到哪里，号召台湾各阶层民众到枣庄、到台儿庄一睹风采。2011年7月11日至16日，省政府在台湾举办“2011台湾·山东周暨第十七届鲁台经贸洽谈会”。我市代表团出席了活动，并自主举办了“台儿庄古城旅游推介会”和“山东滕州（台湾）机械制造业经贸洽谈会”等活动。岛内高层在各个场合对台儿庄古城给予了高度评价，《中国时报》《工商时报》《旺报》等岛内主流媒体和电子媒体对活动进行了深度报道，台儿庄成为台湾各界热议的“焦点”和十分期待的旅游目的地。

三、经验与启示

在海峡两岸交流基地的创建和运营中，枣庄抓住了历史机遇，也收获了意想不到的丰硕成果。它带给枣庄的政治效益、经济效益和社会效益是长期的，不可限量的。其中，带给大家的感受和体会是非常深刻的，也带来诸多的深刻启示。

（一）对台工作只有“围绕中心，服务大局”，才能有所作为

服务中央对台工作大局是对各级对台部门的政治要求，服务地方中心工作是对台工作的着力点和结合点。只有实现服务祖国和平统一大业和地方经济社会发展大局的有机统一，对台工作才能把握正确的方向，才能有为有位，富有成效。枣庄海峡两岸交流基地属大陆第一家，是海峡两岸的新生事物，是新时期枣庄对台工作的实践创新。同时，海峡两岸交流基地建设也是枣庄调整优化产业结构、加快推进城市转型的战略部署，是发展对台经贸文化交流合作、加快特色服务业、旅游业发展的有效措施，对枣庄经济社会又好又快发展必将起到重要的推动作用，此举影响深远，意义重大。

（二）对台工作只有领导重视，全力支持，才能推动有力，富有成效

“涉台工作无小事”。对台工作政治性、政策性、敏感性强，情况特殊，只有领导重视，强化协调，才能争取政策支持、资金扶持和人力协助，从而优化对台工作环境，深入推进各项工作。海峡两岸交流基地从谋划到申报，以至建设和争取，倾注了市委、市政府，省委、省政府，省台办及省直部门领导，以及国台办等有关部委领导的心血和智慧，这是交流基地创建成功和有效运营的必要条件和根本保证。

（三）对台工作只有植根社会，共同参与，才能凝聚力量，形成合力

抓对台工作只靠台办“单打独斗”是不行的，必须建立健全对台工作机制和网络，充分发挥部门和社会的力量，构建“大台办”格局。只有这样，才能既体现台办的“组织、指导、管理、协调”职能，又能凝聚社会的力量，齐抓共管，推动对台工作深入开展。海峡两岸交流基地的设立，得益于枣庄建设海峡两岸交流基地工作成员单位的通力配合与鼎力支持，得益于国台办、省委、省政府和省台办领导等各级领导的关心、支持，得益于广大人民群众的广泛参与和积极配合。

（四）对台部门只有“想干事”，才能克服困难，迎接挑战，开拓创新

墨守成规、被动应付，只能落于平庸；对待事业只有心怀敬畏，牢固树立危机意识、责任意识、进取意识，只有想干事，才有可能干成事，才能敢于迎接挑战，争创一流业绩。海峡两岸交流基地建设没有先例，充满风险和挑战，没有领导的鼎力支持和倾心关怀难以实现。正是市委、市政府领导态度坚决、义无反顾，从而激发了枣庄对台干部和相关部门的斗志和决心，增强了“不达目的誓不罢休”的毅力和韧性，提高了“只要信念不滑坡，办法总比困难多”的自觉性和创造力，励精图治，众志成城，推动着交流基地建设工作扎实深入开展。

（五）对台工作只有把握规律，与时俱进，才能实现科学发展

只有强力抓好台办建设和对台工作基础建设，才能提升台办系统的战斗力；只有善于分析形势，把握规律性，富有创造性，才能推陈出新，实现对台工作的创新与突破。海峡两岸交流基地建设，就是枣庄及时捕捉到两岸关系的积极变化和台儿庄大战的密切联系，创造性地提出这一构想，推动了对台工作科学发展、跨越发展。

（六）对台工作只有创造品牌，打造名牌，才能推动地方经济持续发展

品牌就是生产力，知名度就是财富。海峡两岸交流基地就是枣庄对台工作的一个品牌，其政治效应和经济效益日益显现，并将持续放大。如何依托这个平台，凝心聚力，将其打造成大江南北、海峡两岸的一个名牌，这是摆在我们面前的一个现实课题。不谋全局者不足以谋一域。抓对台工作，搞涉台活动，也要具有战略眼光，也要胸怀全局，放宽眼界，提高境界，从更高的角度审视工作，用前瞻的目光谋划发展，以一流的标准干事创业，着力建设好交流基地这个平台，努力发展好这项事业，全力打造好这个“名牌”，努力发挥好交流基地应有的效用，努力创造经得起历史和实践检验的对台工作业绩。

审稿人：项允刚

撰稿人：项允刚

枣庄市青年志愿服务事业发展与启示

志愿服务是指自愿、无偿地服务他人和社会的公益性活动。这一概念在20世纪80年代引入中国，1993年首次在官方文本中出现“青年志愿者”这一称谓。1993年12月，共青团中央启动“中国青年志愿者行动”，随着志愿服务领域和志愿者队伍方面的不断发展，已经成为广大青年参与面最广、参与程度最高、具有较高社会知名度的群众性公益活动，成为新形势下共青团组织更好的服务青年、推动青年广泛参与社会、共建文明和谐新型人际关系的一个成功模式。因此，回顾全市青年志愿服务事业的发展历程，总结经验启示，发现弥补不足，对于团结带领广大青年投身全面建成小康社会、为建设自然生态宜居宜业新枣庄贡献青春力量，具有十分重要的意义。

一、枣庄市青年志愿服务事业的发展历程

青年志愿服务是现代社会的概念，但其关爱他人、服务社会的理念早已根植于中国的传统文化之中。新中国成立后，人民政府为了宣传社会主义新道德，巩固集体主义价值体系、树立高尚的社会风尚，大力开展的一系列“义务运动”都带有一定的志愿性质，如爱国卫生运动、学雷锋运动、全民义务植树运动等等。这些活动的深入开展，为青年志愿服务事业的不断发展，打下了坚实的组织基础、项目基础、群众基础和思想基础。

（一）萌芽期：为青年志愿服务的形成奠定基础（1978—1992年）

中华人民共和国成立之初，党和政府十分重视城乡卫生工作。在党和政府的号召下，从1952年起，全国人民掀起了以反对美军细菌战为中心的轰轰烈烈的爱国卫生运动。这一运动一直持续至今，其内容从最初的以粉碎细菌战、改变旧中国遗留下来的落后卫生面貌为中心，到以除“四害”、农村“两管五改”、消除传染病和寄生虫病为重点，再到以完善基础卫生设施、改善城乡环境卫生面貌、防治污染、提高人居环境质量、保障人民群众健康为目标。爱国卫生运动有效地改变了城乡的卫生面貌，提高了人民群众的科学卫生水平，使爱清洁、讲卫生成为全社会的新风尚。

1963年，毛泽东同志发出了“向雷锋同志学习”的号召，在全国范围掀起了“学雷锋”的热潮。1963年2月，枣庄团市委发出《关于在全市青少年中广泛开展“学习雷锋”的教育活动的通知》和《关于在全市少先队辅导员中开展“学雷锋热心培养共产主义接班人”的活动通知》，着重引导广大青少年学习雷锋的五个方面的精神：一是忠于党、忠于社会主义事业的无产阶级立场；二是自觉服务祖国需要，以人民利益为重，全心全意为人民服务的精神；三是关心同志、助人为乐、毫不利己、专门利人的共产主义风格；四是坚忍不拔、勇于克服困难的意志和克勤克俭、艰苦朴素的作风；五是坚持又红又专的方向，努力学习毛主席著作，模范完成工作任务。全市先后有几十万青少年参加了帮群众做好事、义务劳动、建共青团路等学雷锋见行动活动。几十年来，学雷锋活动紧跟形势需要，内容不断深化。自20世纪80年代，每年3月5日全市各级共青团组织积极号召学生和青年团员主动参与学雷锋小组比赛、成立学雷锋班组、组织雷锋班班长演讲等活动。1983年2月，团市委进一步建立健全了“学雷锋小组、青年助耕队、为您服务队、尊老敬贤服务队”，开展了系列活动，全年全市学雷锋小组发展到近2万个、青年助耕队3400个、为您服务队1.3万个。1989年12月，团市委作出《关于在全市广泛开展“学雷锋精神，树时代新风，做文明青年”的活动决定》，成立了全市青少年学雷锋活动领导小组，制定了实施方案，印发了宣传提纲，对全市学雷锋活动进行了全面部署，选树表彰了一大批学雷锋先进典型。1991年，全市青少年学雷锋活动取得新的进展，呈现出三个特点：以集中活动日为主要形式，引导青少年“奉献社会学雷锋”；以“共青团学雷锋责任区”和青少年学雷锋组织为主要载体，促进学雷锋活动的经常化；以“学雷锋岗位达标”为主要抓手，引导青年“立足本职学雷锋”。这一轮学雷锋活动说明：只有把“学在社会、学在岗位、学在人生”有机结合，才能真正把学雷锋活动渗透到青年的全部社会实践中去，只有坚持制度化推进，才能保证和增强学雷锋活动的生命力。“学雷锋”活动可以说是我国建国到改革开放初期最具有志愿服务色彩的行动，为以后志愿服务事业在中国的发展打下了良好的基础。

20世纪50年代中期，毛泽东主席发出了“绿化祖国”、实现“大地园林化”的号召。1956年，中国开始了第一个“12年绿化运动”。为深入持久地动员全国各族人民植树造林、尽快绿化祖国，1979年，五届全国人大常委会第六次会议根据国务院提议，将每年3月12日定为全国植树节。1981年，五届全国人大四次会议审议通过了《关于开展全民义务植树运动的决议》，号召全国各族人民“人人动手，年年植树，愚公移山，坚持不懈”。通过这一系列政策

举措，全民义务植树运动开展得持久而有效，成为世界上参加人数最多、持续时间最长、声势最浩大、影响最深远的一项群众性运动。1984年，全市各级团组织广泛发动青少年兴建青年路、营造青年林、青年苗圃，修建青年公园，搞好绿化美化。时至今日，开展植树造林、植绿护绿活动，仍然是广大青年参与志愿服务的基本内容之一。

总体来看，中华人民共和国成立至20世纪90年代初，党和政府将现实需要与中国传统文化中蕴含的无私奉献精神关联起来，再结合党的工作经验，特别是发动群众、走群众路线的光荣传统，开展了一系列带有中国特色的“志愿实践”义务运动。它的主要特点是：党和各级政府的号召成为社会公益事业的主要推动力量，各级政府组织是公益事业的发起者和实施者。上述一系列义务运动的有效性依赖于高度集中的政治经济体制以及党在人民群众中的崇高威信，极大地激发了人们的主动性和创造性，促进了国家建设和社会发展。在这些义务运动中，全市普通民众和青少年组织积极响应党和政府号召，长期坚持参加各种义务活动，民众服务社会的意识得到增强，无私奉献精神也得以弘扬，为枣庄市志愿服务事业奠定了良好的群众基础。同时也应该看到，政府主导下的义务运动违背了现代志愿服务强调的自愿原则，且长期依赖行政手段来推动，使得义务运动在一定程度上变成了被动的群众运动，久而久之难免效果不佳，需要加以改进。青年志愿者行动应运而生，掀开了青年志愿服务的新篇章。

（二）形成期：青年志愿服务事业的初步探索（1993—2001年）

改革开放以后，人们的观念和政府的职能都发生了转变，一方面政府大包大揽、行政命令式的管理已备受诟病，其有效性在新的社会条件下也在不断下降，人们对市场经济时代如何开展义务性活动、如何发扬“雷锋精神”都产生了困惑。另一方面，经济政治体制的改革为人们的思想与行为提供了更加广阔的空间，国门的打开更使国外志愿服务的理念与实践经验进入到人们的视野之中，生活水平的迅速提高以及公民意识的增强，又使民众提升自己、服务他人与社会的需求增强。

青年志愿者行动是共青团中央“跨世纪青年文明工程”首先推出的实施项目，写进了《在建立社会主义市场经济体制进程中我国青年工作战略发展规划》。这一行动是以青年自愿参加为基本特征，以义务服务为基本内容的社会性活动，是学雷锋活动的深化和发展，其宗旨是“奉献、友爱、互助、进步”。1993年12月19日，团中央和全国铁道团委组织2万余名铁道系统青年志愿者，在北京至深圳2.14万余公里的铁道沿线上率先开展志愿服务活动，拉开了“中国青年志愿者行动”的帷幕，中国青年志愿者从此走进中国社会。1993年底，枣庄火车站团组织率领本站百余名铁路青年职工打出了“青年志愿者”的旗帜，自发地在铁路为旅客服务、开展“送温暖活动月”活动。以此为始，全市各行各业的年轻人围绕着各自的岗位职责，发挥专长，开展了各种形式的青年志愿服务活动。1994年9月，为总结推广各地的好经验、好做法，进一步促进和规范全省青年志愿者活动，全省青年志愿者活动现场会在淄博召开，枣庄市做了经验交流发言；这次会议上，山东省青年志愿者协会成立，协会成为指导全省开展志愿者活动的统一机构。1995年3月4日，团市委在市青少年宫召开“枣庄市青年志愿者协会成立暨誓师大会”，会后开展了“热心献社会、真情洒枣庄”集中奉献活动，来自市中区及市驻地的市直各单位、大企业、大中专学校的2000余名青年志愿者在指定地点开展了宣传咨询、医疗服务、维修理发等活动。3月底，各区（市）协会也纷纷建立，全市青年志愿组织管理网络逐步形成。1995年3月21日，市青联四届五次常委（扩大）会议决定，成立“枣庄市青年联合会青年志愿者服务团”，重点开展科技扶贫、医疗保健、文艺下乡等多种形式的活动，为社会各界提供志愿服务。1996年3月4日上午，团市委在市青少年宫院内举行了优秀青年志愿者服务队授旗仪式，市党政领导为28个优秀青年志愿者服务队授旗，仪式结束后，来自市建委、市教委、市粮食局、市冶化局等单位的2000余名青年志愿者走上街头，开展便民服务活动。当天，全市近两万名青年开展了多种形式的志愿服务活动，峄城区300余名青年志愿者设立服务项目40余个，为群众服务4000余人次；鲁化团委开展了“奉献——永恒的主题”青年志愿者服务周活动，先后组织1200余人次青年志愿者参加到活动中来。1996年4月23日，团市委、市青年志愿者协会研究决定，在全市广大团员青年中开展无偿献血集中活动，短短两天时间，就有近200名青年志愿者无偿献血4万余毫升；5月8日，团市委又组织市交通局、市电业局、市商业局等市级机关100余名青年志愿者汇集市中心血站，参加无偿献血活动；市乡镇中专的20名青年学生志愿者无偿献血后参加了毕业典

大学生暑期“三下乡”支教服务

礼，把这次无偿献血活动作为最好的毕业纪念。1996年6月10日，团市委、市学联出台《关于深化中学生志愿者活动的意见》，要求紧密结合中学生自身特点，普遍建立中学生成人预备志愿服务队，与成人仪式教育相结合，逐步形成稳定的服务领域、服务项目和服务对象，重点围绕社区服务、环保服务、校内互助等开展活动。1997年1月7日，团市委下发《关于开展枣庄市青年志愿者新春送温暖"一助一"志愿服务活动的通知》，活动以扶贫帮困新春送温暖为主题，以困难企业职工和退休人员、农村中有困难的老复员军人、伤残复退军人军属以及有困难的老年人、残疾人为对象，全市3100多名青年志愿者通过"一助一"结对帮扶的形式，为困难群众提供义诊、送医送药、陪床护理、义务家教等志愿服务，尽力帮助他们解决实际困难。

1995年3月9日，团市委、市林业局发出《关于动员全市青少年积极开展青年志愿者95绿化行动的通知》，制定了《枣庄市共青团号绿化工程标准和验收奖励办法》，从参加的人员、质量标准、验收奖励等方面做出了明确规定。1996年，团市委发出《关于动员和带领全市青少年迅速掀起春季植树造林活动热潮的通知》，全市共青团组织积极动员青少年参与国土绿化和国家生态建设，组织开展保护母亲河青年林示范项目，以"增绿减霾　共迎冬奥"为主题，广泛动员青少年和社会公众参与"绿色办奥"。各级团组织广泛开展"我与小树共成长""立体植树节"等主题植树活动，制作专题电视节目、举办公益广告创意大赛、书画摄影展等活动，多种方式倡导绿色发展理念。

1997年7月，青年志愿者行动开始把大中专学生志愿者暑期科技文化卫生"三下乡"活动纳入其中。活动中，我市按照"按需组队、重在农村、突出科技、讲求实效"的方针，紧扣"向新世纪迈进，在实践中成才"的活动主题，组织大中专学生深入到枣庄市农村欠发达地区，广泛开展了农业知识普及、农业科技推广、技术改造、实用技术培训、医疗卫生服务、文化扶贫、文艺演出、环境保护等志愿服务活动。枣庄师专、枣庄农校、枣庄经济干校等青年学生志愿者在历时一个多月的时间里，为150多个困难家庭提供便民服务，在枣庄西站服务旅客3000余人次，到偏远乡村演出18场，观看群众达2万余人次，形成调研报告1100多份。大中专学生志愿者暑期科技文化卫生"三下乡"活动一直延续至今，取得了显著的经济效益、社会效益和人才效益。团市委连续十四年获得团省委表彰，多次被团中央授予优秀组织单位。与此同时，全市的青年志愿服务集中活动，也呈现出了新的特点，越来越向项目化、阵地化、长期性、经常性发展。1998年2月23日，团市委在《关于在"3.5"期间开展"扶贫济困"青年志愿者活动的通知》指出，为困难群众特别是下岗职工志愿服务，以"一助一"长期结对服务为主要形式，注重组织各行各业有专业特长的青年志愿者提供技能型志愿服务，不断巩固已有的结对服务关系，努力提高服务质量；要充分发挥青年志愿服务站、服务基地（责任区）作用，招募和动员青年志愿者为困难群众提供经常性志愿服务，形成有效的服务网络。

2012年，第五届山东省花卉博览会志愿者庄严誓师

1998年10月26日至28日，共青团枣庄市第九次代表大会召开。大会提出，要巩固和发展青年志愿者、希望工程等具有广泛社会影响的活动，强化精品意识，实施品牌战略，发挥示范效应，借助社会力量，突出地方特点和时代特色，努力培植共青团参与的精神文明建设新的增长点。市九次团代会后，全市青年志愿者行动在巩固发展各类活动的基础上，基本形成了以协会、服务中心、服务队为主要形式的青年志愿服务网络。同时，经过五年多的探索，把活动开展与机制建设有机结合，逐步建立起了青年志愿服务体系的基本框架。2000年4月21日，山东省青年志愿者协会第二次代表大会在济南召开，大会讨论通过了新的《山东省青年志愿者协会章程》。2000年4月30日，枣庄市青年志愿者协会第二次代表大会召开，会上全体代表向全市团员青年发出了《砥砺品质，增长才干，全力投入到青年志愿服务事业中去》的倡议。2001年8月18日，省九届人大常委会第二十二次会议通过了《山东省青年志愿服务规定》，确立了全省青年志愿者组织和青年志愿者的合法权益和法律地位，标志着山东省青年志愿服务事业走上了法制轨道，也为枣庄市青年志愿服务活动朝着更高层次的目标迈进奠定了良好基础。

（三）巩固期：青年志愿服务事业稳步发展（2002—2009年）

2003年7月，团市委成立了"枣庄市雷锋精神研究工作委员会"，为深化"岗位学雷锋、行业树新风"等学雷锋志愿服务活动，发掘广大人民群众参与志愿服务的积极性、主动性建立了常设机构，开展了"枣庄雷锋""枣庄市

雷锋精神示范单位”“枣庄市雷锋学校”评选和“雷锋精神进校园”等活动，在弘扬雷锋精神，推进精神文明建设上发挥了积极作用。根据服务对象的多样化、专业化、经常化的服务需求，在全市建立了160个青年志愿者服务站，有针对性地组建了法律、助残、敬老、医疗等类型多样的青年志愿者服务队，有效提高了青年志愿服务活动的实效性，提升了青年志愿服务的质量和档次。

2004年3月，团市委开展了以“志愿服务送真情，无私奉献暖城乡”为主题的青年志愿服务系列活动。3月5日，数以万计的青年志愿者走上街头、进入社区开展各种志愿服务，接待群众近万人次，提供各种服务2000余人次，提供咨询3000余人次。3月12日，组织400多名青年志愿者在枣台公路沿线开展“保护母亲河，营造青年林”青年绿色环保行动。组建了120支“无偿献血小分队”，8000余名青年志愿者加入到流动“爱心血库”中来。暑假期间，组织了18支大中专学生志愿者服务团队，开展文体、科技、法律、卫生“四进社区”活动。

2005年2月21日，市委宣传部、市文明办、团市委联合下发《关于开展“参与志愿服务，共建和谐社会”学雷锋青年志愿服务系列活动的通知》，在继续开展好传统项目的同时，提出把为“枣庄经贸洽谈会”“枣庄石榴节”等大型活动提供志愿服务工作作为一项制度确定下来，不断扩大青年志愿服务的领域和规模。3月12日和26日，团市委、市少工委、市青年志愿者协会、市创建青年文明号活动组委会联合组织开展了“参与城市综合治理，共建绿色文明枣庄”集中志愿服务活动，组织团员青年、少先队员和青年志愿者在市区主干道两侧清理塑料袋、纸屑杂物等白色垃圾，清洗便民椅、擦洗道路护栏。5月28日，团市委、市创建青年文明号活动组委会、市希望工程领导小组联合组织的“爱心播种希望，构建和谐枣庄——百家青年文明号救助千名特困学生”启动仪式在光明广场举行，全市400余家青年文明号集体积极参与活动，收到捐款14万余元，救助贫困学生1000余名。12月6日，为帮助农村贫困学生完成学业，团市委、市青联下发《关于开展枣庄市“关注希望、奉献爱心”书画作品义拍活动的通知》，广大青年志愿者积极参与，筹款3.6万元。

2006年6月1日，团市委启动“社区青少年远离毒品”活动，大力推进禁毒青年志愿者行动。动员社区青年志愿者组成宣传小分队，面向社区、面向未成年人、面向群众，宣传禁毒工作的有关知识，开展新型毒品危害宣传，引导青少年自觉抵制毒品诱惑。通过招募教师、医生、律师、社工等有专业特长的青年志愿者，以“多助一”“一助一”等形式，开展关心生活、帮助学习、心理辅导等帮教活动。6月20日，市委宣传部、市文明办、团市委发出《关于开展“青春枣庄、志愿枣庄、文明枣庄”志愿服务系列活动的通知》，在4月份开展“青年文明号助百村”活动；6月份开展“志愿服务帮百村”活动；8月份开展大中专学生志愿者暑期“三下乡”活动；10月份开展普法教育进校园活动；11月份开展志愿服务“四进社区”活动；12月份开展“青春红丝带”志愿服务宣传活动。

2012年，第二届非博会志愿服务工作

2007年2月，为配合枣庄市创建省级文明城市工作，市委宣传部、市文明办、团市委、市青年志愿者协会发出了开展“与文明枣庄同行”志愿服务系列活动的号召，主要内容是：扎实开展志愿服务活动，促进社会文明和谐发展；切实推进志愿者注册制度的实施，不断巩固扩大志愿者队伍；积极推进环境保护志愿服务工作；全面开展“周末志愿服务日”活动，推动志愿服务活动经常化。同时，组织青年文明号集体深化“一助一”志愿服务活动和“青年文明号助百村”活动，积极参与公益事业。

在这个阶段，青年志愿服务活动的主体方面有了较明显的变化，突出特点是社会参与面越来越广、参与程度越来越高，参与者已从初期的以部分行业系统内的青年和大中专学生为主延展到社会各界青年；参与主体从原来的相对被动型发展为积极主动型，参与者的主体意识明显增强，青年志愿者在参与活动的总体比例和单位时间方面的群体性和区域性差异逐渐缩小。作为组织方，各级共青团组织也明显感受到青年志愿服务存在的问题和不足。在活动内容上，更加注重品牌项目的发展，一些经过实践证明行之有效的活动项目得到了长期开展，不断深化，同时注重围绕中心服务大局，积极为全市的重大活动提供青年志愿服务；在活动形式上，在注重集中性大型活动的同时，开始向社区化、民间化方向拓展，而活动形式的规范性又直接推动着活动本身持之有效地开展，其细水长流、润物细无声的活动形式，明显优于一哄而上的群众运动方式。2009年，团市委专门成立青年志愿者工作部，标志着全市的青年志愿服务事

业掀开了崭新一页。

（四）成熟期：青年志愿服务事业的融合发展（2009年至今）

青年志愿服务工作，经过近15年的发展，逐步走向成熟，学雷锋树新风、大中专学生志愿者暑期“三下乡”、应急志愿服务、大学生志愿服务西部计划、保护母亲河等品牌活动长年坚持不懈。同时不断拓展服务项目，加强运行机制建设。

社区青年志愿服务工作广泛开展。所谓社区服务，即在政府领导下，发动和组织社区内成员之间开展互助性的社会服务活动。社区服务最初是在广泛的群众性学雷锋活动基础上，借鉴西方的有关概念和做法，在政府部门的组织和动员下开展起来的，主要表现形式为邻里互助、社区互助。在政府主导下，全市各基层积极建设社区服务中心，全市青年志愿者组织也积极参与社区服务工作。2010年3月，团市委开展全市“服务在社区，温暖到家庭”学雷锋青年志愿者服务月活动，大批青年积极参与，掀起了青年服务进社区进家庭的活动高潮。近年来，全市各级青年志愿者组织以服务社区建设和群众需求为导向，以孤寡老人、残疾人、特困学生、下岗职工等困难群众为重点对象，积极按照“6个有”和“1个能”的标准，不断加强社区青年志愿者服务中心、服务站建设，深入开展“义工在行动”“青春奉献文明城”“老少互动、双向关爱”等医疗保健、家电维修、义务家教方面的服务活动。同时还把社区服务网络与青年文明社区创建、城市青年中心建设相结合，不断创新青年志愿服务工作模式。

积极开展农村扶贫支教志愿服务活动。实施“牵手关爱”行动和“共青团关爱农民工子女志愿服务”，促进留守儿童健康成长。团市委、市青联建设了30所希望小学、12所“七彩小屋”、捐赠希望图书室、希望电脑室和希望厨房30处，为进城农民工子女提供学业辅导、自护教育等服务，每年提供40余万元帮助高考新生圆梦大学；2010—2012年，连续三年开展“一元爱心”活动，每年动员社会各界捐款为农村留守儿童发放“微心愿”包裹。2017年启动“金晖助老”青春扶贫青年志愿者行动，帮助贫困老人安享晚年。在全市建档立卡贫困人口中确定了766名65岁以上不集中供养的留守、失独贫困老年人作为金晖助老对象。招募1532名青年志愿者提供服务，连续2年提供23万元金晖助老资金，协调拨付10万元作为青年志愿者培训专项经费；针对贫困老年人的实际需求，组织青年志愿者每月到老人家中开展“拉一次家常、整理一次家务、清理一次个人卫生、修理一次家电、送一件过冬物品”为主要内容的“五个一”助老志愿服务。深化青春创业行动，引领农村贫困青年增收致富。每年为创业青年发放优惠贷款、申请贴息扶持资金、选派优秀青年干部到市（区）团委挂职，开展“送金融知识下乡”活动，培训农村青年。枣庄学院自2006年以来，一直坚持开展大学生“三下乡”支教活动，并在山亭区徐庄镇第三十四中学建立枣庄学院大学生实践基地。2015年以来，团市委开展“牵手关爱”活动，对6—16岁农村贫困留守儿童开展结对帮扶，累计结对2000名留守儿童，投入63.2万元，开展了亲情陪伴、心理疏导、学业辅导、感受城市、心愿达成等特色工作，取得良好效果，2018年创建2处山东省“牵手关爱”感受城市活动基地。

2013年，“创建文明城　青年在行动”——让我们的城市更美丽清洁活动

参与大型赛会青年志愿服务。2009年10月，第十一届全运会在山东省举行，枣庄市承办跆拳道比赛和女子足球小组赛两项重要赛事。枣庄团市委着眼于志愿服务的长远发展，狠抓组织网络建设、拓宽志愿服务项目、优化志愿服务环境，广泛组织开展志愿者公益服务活动，全力打造十一运志愿服务工作品牌。社会公众和广大青年志愿者积极主动地参与十一运会志愿服务。在全市进行了十一运志愿者招募，选出50名赛会志愿者，200名城市志愿者，4000名社会志愿者。根据全运会志愿者岗位需求、专业技能、志愿服务工作发展趋势，对4250名全运会志愿者进行了分组和岗位设置，启动十一运志愿者培训工作，先后开展志愿者通用知识培训、专业技能与岗位培训、颁奖礼仪志愿者培训，进一步提升了志愿服务水平。

2012年，枣庄市承办第二届非博会，本届非博会汇聚了来自全国31个省市区和港澳台的767个非遗项目，有7个剧团和14支巡游队伍参加了展演巡游，并邀请25名国内知名专家就非遗的生产性保护等有关课题进行了研讨，吸

引了70余万人次参观展览和观看演出。非博会志愿者工作，是对全市志愿服务水平的一次检阅。团市委对此高度重视，按照筹委会的统一部署，先后组织500名志愿者积极参与非博会志愿服务工作，累计上岗7380人次，服务时间3.76万小时，服务游客和市民32万人次，圆满完成了各项任务，用实际行动诠释了“非博，有我更精彩”的服务理念，为非博会的成功举办做出了积极贡献。非博会志愿者，为枣庄志愿服务事业的发展树立了一座重要的里程碑。非博会期间，全体志愿者始终保持良好的精神风貌，在各自的岗位上开展微笑服务、文明服务，向全国人民展示了枣庄热情、朴实、文明、好客的良好形象。非博会志愿服务所创造出来的工作经验是一笔宝贵的精神财富，对进一步做好我市志愿服务工作将产生积极和深远的影响。

2015年9月12日，第三届全国智力运动会在枣庄开幕。200多名赛会志愿者忙碌的身影、热情的微笑、辛勤的付出和真情的服务，成为赛会一道靓丽的风景线。在为期十多天的时间里，智运会志愿者围绕赛会需求提供开幕式导引、接待服务、赛事辅助、安全保卫、交通保障、网络信息、新闻宣传等各类辅助性志愿服务工作。志愿者用实际行动青春助力赛会、倾情服务赛会，展现了当代枣庄青年的精神风貌，诠释了“奉献、友爱、互助、进步”的志愿者精神。运动会及非博会成功地探索出超长服务周期、超大服务人群的大项目志愿工作模式，其中政府承办、体制内动员、社会组织参与是志愿服务运作中的突出特色，也是我市志愿服务的经典范例。

不断加强青年志愿服务体系建设，加强服务阵地建设。2014年9月，枣庄市首批十个“818帮一把”志愿服务站在市中区启用。2016年10月，建立“小青枣爱心益站”。2017年5月，投资50万元建成枣庄市“青年之家”，在市团校成立青年志愿服务指导处。截至目前，全市共建立40个“青年之家”，提供法律咨询、婚恋交友、国学教育等志愿服务；建有31个“社区青年志愿服务站”，为社区居民提供服务；建有27个“七彩小屋”，关爱留守儿童。加强志愿者队伍建设。从2014年开始，在发展新团员时，新团员申请成为注册青年志愿者，目前已发展注册志愿者近10万人。2015年12月，举办了青年志愿者培训班，对全市27个青年志愿者骨干进行了为期三天的集中培训；2016—2018年，连续3年，举办了枣庄市社会工作者考前培训班，促进青年志愿者向社会工作者转化，累计培训1800余人次；2017年6月，举办了中国好公益平台枣庄推介会暨99公益众筹培训会，提高青年志愿者公益组织的筹款能力；连续举办了2届枣庄市青年志愿服务项目大赛，对优秀项目给予资金、技术支持；2017—2018年，连续2年举办“金晖助老”行动骨干志愿者培训班，累计培训400人次，有效提高了志愿者服务水平和能力。

凝聚青年公益组织参与志愿服务。我市现有枣庄义工联盟、滕州义工协会、峄城义工协会、枣庄市市中区曙光帮教志愿者协会、枣庄市五彩公益志愿服务中心、枣庄市台儿庄区义工协会、枣庄义路同行志愿者、运河古城公益环保志愿者协会、鲁南救护协会、微笑阳光服务社团、滕州市上善社会工作服务社、奚仲单车俱乐部等各类大小民间公益组织23个，会员近两万人。比较有规模的组织有枣庄义工联盟、滕州义工协会、峄城义工协会等。在此仅以枣庄义工联盟为例，说明青年公益组织在志愿服务中的积极探索。枣庄义工联盟成立于2010年5月，业务主管是共青团枣庄市委，是枣庄市青年志愿者协会的团体会员，现为中国青年志愿者协会第四届理事会理事单位，下设6个分会和机关、企业、学校等多个单位义工团，有专职工作人员4名，会员1万余人。在团市委的指导帮助下，经过几年的发展，取得了以下成效：一是城市精神文明建设名片。秉承“帮助他人、感动自己、温暖社会”的宗旨，主要围绕“暖心、希望、夕阳、绿色、善行、助力”六大类开展2000余次志愿服务活动。在社会上引起较大反响，受到广大市民的肯定和称赞，被评价为城市精神文明建设的一张名片。二是公益项目运作成功典范。实施了20个自主创新公益项目。其中《贫困学生添置校服救助项目》入选中华少年儿童慈善救助基金会“童缘”首批资助项目；《圆梦坊爱心瓷盘》在首届中国青年志愿服务项目大赛中荣获金奖，并荣获第十届中国青年志愿服务优秀项目奖；《公益020：社区养老照护系统》在2015年9月深圳第四届慈展会上，被评为“明善公益榜：本年度最具捐赠价值公益项目”；《益暖家园》被共青团山东省委授予“青春同行·益暖齐鲁”贫困青少年关爱项目优秀项目奖；在山东省首届青年志愿服务项目大赛中取得了“一金两银”的好成绩。三是打造志愿服务创新模式。打造了“阵地化建设，项目化运作，系统化活动”为主要内容的志愿服务“三化”模式，探索了“专业导入志愿服务模式、企业购买志愿服务模式、公益创投志愿服务模式”，实现了“活动—项目—模式”的转变，达到“用爱温暖一座城”的目标，为构建和谐社会和建设自然生态宜居宜业新枣庄作出了积极贡献。四是打造了享誉山东、感动枣庄的义工品牌。先后荣获“山东省优秀志愿服务组织”“第八届山东省青年志愿服务先进集体”称号，在2015年山东省志愿服务“四个100”评选中荣获“最佳志愿服务组织”。会长汲春锋同志被团中央评为“中国青年志愿者优秀个人”。实践证明，青年公益组织是青年志愿服务的有生力量。

经过近20年的探索和发展，全市的青年志愿服务事业方兴未艾，成就卓著。尽管如此，仍然存在许多问题和不足。

一是全社会对青年志愿服务的认知和参与不足，短期性突出。尽管青年志愿服务发展非常迅速，绝对总量短期内增长很大，但从公众参与的整体情况看，

尤其是与其他地区相比，公众的志愿行动参与率还是比较低，而且青年志愿者的“自愿性”也偏低，“短期性”现象更是突出。社会上对志愿行为的认同度和支持度不高，青年志愿者得不到应有的理解和尊重，一些组织和个人将青年志愿者当作廉价劳动力使用。

二是青年志愿服务专业化水平不高，青年志愿者组织的管理、协调与激励机制有待健全。目前，青年志愿服务领域的专业化水平远不能满足实际需求。在服务类型上，专业化的青年志愿者服务数量少、规模小，一般性的、常规性的服务占据主体；在服务区域上，青年志愿服务覆盖不足，有的街道以下的青年志愿服务种类很少，而农村乡镇青年志愿者服务更少；从服务对象来看，青年志愿服务活动覆盖面偏窄，还不能有效补充政府公共服务和市场商业服务之不足，许多青年志愿服务项目流于形式。此外，对青年志愿服务管理人员也缺乏训练，其策划、组织和运行项目的能力略显不足，青年志愿者培训、督导、激励等机制普遍欠缺。青年志愿者队伍的组建仍是以党政群团、事业单位和社区为主，非营利组织和企业的志愿者队伍较少，青年志愿服务的区域发展也不平衡。

特别要注意的是青年志愿服务的管理和协调机制还需进一步完善。无论是党政群团组织内的还是党政群团组织外的志愿服务组织，都只能在各自组织体系内独立开展志愿服务活动，相互之间缺乏有效的沟通，志愿者和志愿服务资源没有得到有效的整合利用。由于分类管理体制缺乏完整性，众多的志愿服务组织之间存在着信息不共享、规范不统一等现象，也没有形成经常性的相互交流与合作机制，这影响了志愿服务工作的总体开展。另外，众多民间志愿服务组织还缺乏合理、科学的管理机制，它们的生存更是面临多方面的严峻挑战，“合法化困境”难题一直未解。民间志愿服务组织缺乏资金支持，志愿者缺乏权益保障，志愿行动缺乏长效激励机制等。

三是相关法律法规亟须完善。目前地方志愿服务法规政策建设虽已初见成效，但一些省份没有制定志愿者或志愿服务地方性法规。2001 年《山东省青年志愿服务规定》正式颁布实施，标志着山东省青年志愿服务有了明确的法律地位和法律保障。2017 年 8 月 22 日，国务院出台《志愿服务条例》，对志愿服务的基本原则、管理体制、权益保障、促进措施等作了全面规定。该条例是我国第一部关于志愿服务的专门性法规，标志着我国志愿服务事业站在了新的起点上，进入了新的发展阶段。青年志愿服务的进一步发展提升，不仅要求青年志愿服务组织积极争取政府的支持，还要大力培育民间志愿组织，拓展它们的成长空间，并推动法律、政策的制定和调整，进一步吸引社会各方面资源参与和支持志愿服务事业。

无疑，青年志愿服务是社会建设事业的重要基础和依托，作为广大青年参与社会事务的重要方式，在增进人民福利和社会进步中将扮演非常重要的角色，青年志愿服务事业拥有极为广阔的发展前景。由此可见，建立和完善青年志愿服务体系应该成为一项公共政策，需要制度和法律层面的大力支持。

二、枣庄市青年志愿服务事业发展取得的成就

（一）青年志愿服务领域不断拓展、青年志愿服务队伍逐渐壮大

枣庄共青团在志愿服务领域努力加强社区志愿服务和青年志愿服务队伍的建设。完善青年志愿者运行模式，根据青年志愿者类型和志愿服务种类，实行统一管理，分类运行的方法，基本形成了以常规志愿服务为基础，以大型赛会志愿服务为重点，以品牌志愿服务项目为亮点的青年志愿者工作模式，基本建立起志愿服务工作专业化、项目化、经常化运行的新格局。全市每年常规志愿服务活动参加人数约 4 万多人次，服务时数超过 6 万小时。服务非博会、智运会等大型赛事，服务 40 万人次。参与国家森林城市、省级卫生城市复审和省级文明城市创建工作，组织和招募 3000 余名志愿者。服务对象从老年人、残疾人、优抚对象、农村留守儿童等弱势群体逐步扩展到全体社区居民，服务领域也从社会救助延伸到再就业服务、文化教育、便民利民、绿色环保等方面。

（二）以凝聚青年、服务大局“五位一体”扎实推动青年志愿者工作，全市青年志愿服务呈现多元发展之势

一是青年志愿服务社会化。在传统机关、学校、企业等青年志愿者队伍基础上，广泛培育扶持枣庄义工联盟、滕州义工协会等社会公益组织发展，按照“团市委为社会公益组织当好后台、社会公益组织为社会提供志愿服务平台”的思路，打造“提供后台，打造平台，后台促平台”的“双台模式”，提供规范管理、项目指导、阵地建设、资金扶持等服务，推动志愿服务从传统的组织化动员向社会化动员方式转变，实现“体制内 + 体制外”两条腿走路。以枣庄义工联盟为例，从 2010 年最初成立的 9 个人，迅速发展到现在的会员一万余人，累计开展各类公益活动 1780 余次，被山东文明办评为山东省优秀志愿服务组织。培育扶持枣庄义工联盟等社会公益组织的经验做法被团省委推广，得到了省政协副主席许立全、团省委书记张涛等领导的充分肯定。自 2016 年起，团市委通过培训、沟通交流、实践体验等形式，着力推动“体制内”和“体制外”的碰撞融合、资源共享。

二是青年志愿服务阵地有形化。围绕社区志愿服务需求日常化、长期化、定点化特点，2014 年以来，先后争取省级财政专项彩票公益金 290 万，在全市建设了“社区青年志愿服务站”31 所，探索社区志愿服务“规范化管理、订单式服务、统筹式发展”。在全市设立了七彩小屋 12 所、义读学校 4 所，定点开展“七彩课堂”“七彩假期”志愿活动，关爱农村贫困留守儿童。2015 年投资 50 万元建设了枣庄市“青年之家”，活动面积达 1100 平方米，不断加

强12355青少年服务台建设，开通了青少年法律咨询和心理咨询热线，设置了青少年素质拓展、婚恋交友、法律咨询、心理咨询、国学教育等6大青年志愿服务板块，在区（市）、镇街建立40个“青年之家”。创建市级青少年维权岗237个、省级青少年维权岗32个、国家级青少年维权岗7个。这些活动阵地，为开展各类青年志愿服务提供了有力的阵地依托。

三是青年志愿服务品牌化。确立了“党政需求、扶弱助困、便民服务、环境保护、应急救援、大型赛会”等六项志愿服务内容。“一元爱心”行动自2010年开展以来，立足普及“爱心无大小，人人可公益”的微公益理念，累计动员60多万青少年和市民参与。“残疾母亲关爱计划”项目为100名残疾母亲赠送爱心礼物。“同一片蓝天下”项目为1000名农村留守儿童和农民工子女捐赠水彩笔和画纸并进行绘画辅导。“亲情连线”项目为1000名农村留守儿童所在学校安装免费电话让他们与父母的爱没有距离。“美丽书桌计划”为200名贫困儿童赠送家庭用学习书桌。“益童”活动，在全市根据儿童的成长、环境、技能、生存等方面进行救助。2015年以来“七彩假期活动”针对学校学生就防溺水、防意外伤害等开展自护讲座60次，模拟演练和情景剧模拟96次。2012年起开展“平安行·你我他活动”，组织志愿者在学校主要路口采取发放爱心宣传单、人体红绿灯、交通引导、爱心宣传墙等形式，倡导尊重斑马线、珍爱生命。“照靓夕阳红”公益摄影活动，共征集作品1000多幅。2013年联合“天籁列车”开展慈善活动，“天籁列车”慈善基金共为滕州及周边地区听障群体捐赠助听器6000台，聋童冬衣2000件，老花镜5000副。“圆梦坊”爱心瓷盘公益项目作为山东省唯一体验项目，参展了首届中国青年志愿服务项目大赛并荣获金奖。在2015年全省首届青年志愿服务项目大赛上，枣庄推报的7个项目荣获1金5银。2016年第二届山东省青年志愿服务项目大赛中，获1金2银3铜。2018年第三届山东省青年志愿服务项目大赛中，获2金1银6铜。组织志愿者积极参与国家森林城市、省级卫生城市复审和省级文明城市创建工作。圆满完成亚象赛、非博会、年博会、第三届全国智力运动会等大型赛会志愿服务工作。

四是青年志愿服务内容常态化。在制度保障的基础上，将公益文化作为推动志愿服务常态化的重要因素。秉承“让公益成为一种生活习惯”的理念，从2012年开始连续举办三届公益文化节，在市民广场以公益集市、免费义诊、残疾人工艺品义卖活动、少儿才艺大赛、公益晚会等丰富的内容弘扬公益文化，评选了“公益爱心大使”，发布了枣庄义工之歌《爱在你我身边》。拍摄义工联盟专题宣传片，通过山东卫视《新闻联播》、齐鲁频道等主流媒体对枣庄义工联盟进行专题报道，让公益文化深入人心，带动志愿服务常态发展。

五是青年志愿服务体系系统化。一是目前枣庄市已经基本形成市、县、乡（社区）三级社区志愿服务组织网络；成立了枣庄市青年志愿者协会、6个区级协会、2所高校青年志愿者协会以及市直专业服务团队组成的青年志愿服务体系。二是培育支持民间公益性志愿组织12个。虽然在人数规模、活动范围等差异较大，但在环境保护、弱势群体救助以及应急管理方面发挥着重要的作用。如枣庄市青少年绿色联盟、枣庄义工联盟等组织。三是引领和发展一批有社会责任感的企业开展青年志愿服务活动，如枣庄市青年商会会员单位等。

（三）青年志愿服务理念的普及与社会影响的扩大

近年来，通过专项资金和社会捐助援建希望小学30所，捐赠希望图书室、希望电脑室等30处，惠及青少年5万人次。每年3月的学雷锋月的活动中，团市委在全市各级团队广泛开展“学雷锋”主题系列活动，每年有6000余人次参加活动。坚持宣传教育和时间体验相结合，推动学雷锋常态化。组织“三下乡”大学生暑期社会实践支教活动，参与大学生有4000人，每年受益学生1500人左右。打造“绿色家园”的志愿植树活动，吸引近万名青年志愿者参加到活动中来，每年植树木5万余棵。“牵手关爱”“一元爱心”等活动，为18400名农村贫困留守儿童提供亲情陪伴、感受城市、学业辅导、心理疏导等服务218000余人次，救助物品284余万元。2017年“金晖助老”行动中，招募1532名青年扶贫志愿者，为766名65岁以上不集中供养的留守、失独贫困老年人提供志愿服务。“牵手关爱”活动招募了4000名志愿者，与2000名农村贫困留守儿童进行结对，开展亲情陪伴、学业辅导等志愿服务。

通过志愿服务实践活动推动了志愿理念普及，红马甲深入人心，报纸、网络、电台对青年志愿服务活动的宣传使枣庄青年志愿者的社会影响力不断扩大。枣庄青年志愿者队伍的发展和志愿服务水平的提高，得到了团中央和团省委的充分肯定。

三、枣庄市青年志愿服务工作的经验启示

近年来，全市的青年志愿服务工作呈现直线提升的可喜轨迹。青年志愿服务在我市经济、社会和文化发展中所起的变革性力量，已经迅速扩展到社会各领域、各行业、各年龄群体和各阶层，志愿者以良好的精神面貌、志向胸怀和文明素养，塑造了枣庄市良好的社会形象。一系列重大盛会志愿服务工作得以成功开展，出色地完成了各类志愿服务的顶层设计、招募、培训、管理和服务等工作，有效推动了公民意识和城市意识的成长，增强了市民的凝聚力。

（一）青年志愿服务工作取得成功的内在因素

青年志愿服务工作的成功组织，主要得益于“组织化动员、社会化运作、市民化参与、时尚化引领”。以时尚化的文化和符号感召市民特别是青年，从而实现志愿服务与日常生活的高度

融合。

一是有效的动员宣传和有序的组织管理。有效的宣传动员是确保青年志愿服务工作有序组织的根本前提。通过广播、电视、报刊、网络等媒体，分阶段、有重点地向公众宣传介绍志愿者工作的重要意义、相关知识、工作规划、工作进展和需求信息等内容，扩大信息覆盖面，提高公众知晓率，凝聚社会力量，增强动员能力。有序的组织管理是青年志愿服务工作成功开展的内在动力。

除统一标识、统一服装以及利用先进的数字平台实现调度和管理之外，还制订了详细的管理规定和计划，保证青年志愿服务工作有条不紊地开展。例如，第二届中国非物质文化遗产博览会、枣庄市第八届运动会、第三届全国智力运动会，专门制订了详细的宣传运行、招募选拔运行、公益实践、培训运行、岗位运行等一系列组织计划。规定了青年志愿者的准入资格、权利义务以及各种保障和激励机制，为其顺利开展工作奠定了良好的基础。

二是志愿精神在城市发展中的渗透与辐射。从第二届中国非物质文化遗产博览会、枣庄市第八届运动会、第三届全国智力运动会，志愿者主体逐渐地由大中学校的学生扩展到更普通的人群，从某种意义上来说，志愿服务已经成为我市市民的一种生活时尚。例如，第三届全国智力运动会，志愿者报名人数达到了1万余人，报名人数创下新高，非学生志愿者人数较前有大幅提升，志愿者活动已经拓展到了普通的市民。志愿服务将分散的、独立的个体连接起来，并逐渐形成了新的城市生活方式，将生活在同一座城市、同一个社区的人们连接起来，强化了城市的认同和归属感，激励了奉献与互助精神，逐步形成了稳定和谐的城市文化。

三是志愿符号成为市民生活的新时尚。志愿服务创造的一系列时尚化的志愿标志、志愿团队和志愿项目，将志愿服务融入市民生活的各种要素，丰富了志愿活动的内容。同时，通过志愿时尚的流行，使时尚化与志愿服务融为一体，融入政治、经济、社会、生活和娱乐的方方面面，志愿服务成为青春、活力、动感的代名词。传播“奉献他人、提升自己”的志愿服务理念，弘扬“奉献、友爱、互助、进步”的志愿精神，让“赠人玫瑰，手留余香”成为一种追求，吸引身边群众积极参加志愿服务，人人争做志愿者。

（二）青年志愿服务工作可持续发展的路径选择

一系列重大体育赛事、节日盛会及抗震救灾等志愿服务，是我国志愿服务发展中的一块块里程碑，也是推动志愿服务迈向常态化、长效化的新起点。然而，由于缺乏自主性和专业性，伴随重大盛会举办孕育而生的各种志愿组织和社会团体，也因盛会落幕而面临解散的惨淡局面，昔日奔波于各大体育赛事场馆的志愿服务队伍已不复存在。耗费国家和政府巨大的人力、物力和财力建立的志愿者组织及其运营系统，也面临后继乏力甚至偃旗息鼓的局面，而在新的盛会赛事中不得不另起炉灶，造成了重复建设和资源的过度消耗。

2018年“金晖助老”——青春扶贫志愿者行动中志愿者与老人拉家常

推动志愿服务事业的可持续发展，除了大力宣传和弘扬重大盛会志愿服务工作中沉淀下来的城市精神和志愿服务精神外，还需在信息平台化建设、管理制度改革、自主能力创新等方面寻求突破。

一是使志愿服务成为建设幸福城市的核心指标。相比于经济指标GDP和GNP，志愿服务本质上是一种精神现象，它是不以物质报酬为目的，基于良知和责任，利用自己的时间和技能等资源，自愿为社会和他人提供服务和帮助的行为。将志愿服务作为建设幸福城市的核心指标，有利于推动重大盛会结束后志愿服务工作的后续发展，使全社会逐步形成共享志愿精神和志愿文化，积极参与公共事务的理念，使志愿服务逐步成为人们的生活习惯，行为方式和价值追求，成为与生活态度相适应的精神面貌和道德力量，实现内在与外在和谐统一。此外，要通过社会力量推动志愿服务成为精神文明建设的有效载体，彰显中国特色社会主义的核心价值，顺应中国社会转型期的内在要求，塑造与时俱进的新型道德观念，满足市场经济发展对道德力量和精神力量的呼唤。立足社会结构转型和群体分化，以及人们需求的多样化，使广大青年志愿者通过参与志愿服务，用自己的青春、热血和能力参与社会建设，满足素质提升和“自我实现”的需求，获得“自豪感”和“幸福感”，从而营造良好的社会氛围，建立和谐的公共秩序。

二是建设现代化的志愿服务信息平台。建设现代化的志愿服务信息平台是推动青年志愿服务工作向国际接轨，步入快速发展时期的必然举措，有效解决当前志愿服务管理工作中存在的根本性难题。现代化的志愿服务信息平台不能只局限于服务大型体育赛事，而应该向社区常态化的志愿服务管理提供更强有力的技术支持，实现由单一时间管理平台向志愿者、志愿者组织、志愿服务项目综合管理平台的转变，实现更加人性

化、标准化、精细化和科学化的管理，确保志愿者组织信息和志愿服务运行机制的有效传承。志愿服务平台还应该推广面向广大社会成员的日常生活，满足其多元的、琐碎的志愿需求，通过高效的信息化手段进行传输、匹配和科学调度。推动志愿服务的信息化建设，需要在社会化运行的基础平台上进行，通过高层次设计，多元化构建，社会化参与来拓展其强大的管理功能，必要时可以由政府委托或授权第三方组织进行日常运营和改进。建立联系和吸纳各类社会志愿服务组织的长效机制，在团组织指导下逐步推动协会社会化运转，推动其和谐有序地参与社会建设。让志愿服务平台，覆盖市民日常生活的方方面面，志愿者以更专业的技术和优质的服务活跃在城市的各个角落。

三是提升青年志愿者行动的社会声誉。打造品牌、提升青年志愿者行动的社会声誉是新时期青年志愿服务事业蓬勃发展的关键所在。综合考虑党政关切、社会关注、青年易参与、具有普遍性和工作基础等综合因素，巩固发展已有品牌，不断开创新品牌，着力构建主题突出、层级清晰、结构合理、特色鲜明的青年志愿者工作品牌，提升其社会声誉和社会影响力，对于进一步推广和发展志愿服务事业具有重大意义。关爱农民工子女志愿服务行动、大型赛会志愿服务、法律维权志愿服务等志愿服务项目已深入人心，广大志愿者带着青春热血、梦想希望，通过扎实的基层工作实现自我价值，赢得了社会各界的赞誉，也影响了一批又一批的后来者前赴后继地投入志愿服务工作中。

四是以社区建设为基础促进青年志愿服务转型。社区已逐渐成为志愿者和志愿者组织充分利用地方资源和开展各种社会发展计划和社会进步项目的基础阵地。随着社区的多元化发展及其内在需求，在一系列重大盛会中产生的志愿服务精神也逐步向社区、街道和乡镇辐射，青年志愿服务的重心也正逐渐向基层转移。

当前，我国正处于社会体制改革和经济转型的历史新时期，传统的社区成员将成为真正意义上共有、共享同一地理区域资源，共同参与地方建设的管理者，通过志愿服务的形式鼓励他们主动参与社会建设，共建和谐社区具有必然性和可行性。首先，志愿服务有效聚集社区的力量和智慧，实现自我管理、自我服务，参与环保、培训、教育等活动，有效推动社区建设从外部依赖型向自发组织型转变；其次，志愿服务可以充分发挥和调动社区成员的积极性和主人翁意识，在志愿服务过程中培养公民道德意识，营造更和谐、稳定和互助的氛围。比如社区综合文艺活动正成为广大市民休闲、娱乐和释放压力、促进交流的新载体；最后，志愿服务有利于充分利用社区内的各种资源和平台，实现资源共享、合作共赢和关爱互助。

五是加强立法，建立青年志愿服务工作长效机制。完善“党政支持、共青团承办、项目化管理、社会化运作”的工作格局，推动出台支持各级志愿服务的相关政策和法律法规。把青年志愿者的精神、热情、专长和服务时间与社会要求有机结合，通过团组织的合理安排转化为长效服务机制。积极引导青年志愿者组织开阔思路，拓展业务，在传统的体育赛事结束后给予自己更大的生存和发展空间，从根本上摆脱志愿者组织经费对行政体制的过度依赖，建立起多元化的经费来源与筹集机制，为后续发展提供资金保障。此外，还应通过政府购买、项目招标等方式为志愿者组织提供新的业务，发挥其自身的“造血”功能，用各种灵活、有效的方式吸纳和凝聚政治可靠、服务能力强的民间志愿服务组织成为志愿服务的新生力量。

六是强化团队培育，突出项目带动。一方面，要按照专业化的要求，打造成熟度高的青年志愿服务团队，为群众提供专业性强、满意度高的服务。另一方面，贴近群众需求，设计志愿服务项目，项目既要解决群众实际困难，又要具有可操作性；要坚持项目的市场化运作，积极引入各种社会组织，认领志愿服务项目，让更多社会力量加入到志愿服务工作中来。研究出台一系列行之有效的管理制度，推动志愿服务的制度化、规范化，实现志愿服务的常态化、长效化，确保志愿服务持续规范运行。

共青团组织作为一个具有鲜明思想性、政治性的组织，推动形成了一种为广大青年人所喜爱、所接受的青年志愿服务精神时尚，并推动青年在追求这种时尚的过程中服务基层、服务社会，逐步成长为既有较高综合素质又与人民群众有深厚感情的青年人才。一系列重大盛会志愿服务工作的顺利组织和成功开展，为青年志愿服务事业提供了宝贵的工作经验和精神财富，也为青年志愿服务工作的可持续发展留下了重要的资源。坚持开展青年志愿服务工作的基本原则，朝着坚定的社会主义方向，拓展志愿服务工作的空间和舞台，引导广大公民特别是青少年关心国家发展，积极参与公共事务和社会建设，对促进我市精神文明建设大发展、大繁荣具有重要的意义。

审稿人：程　亮

撰稿人：刘振义　高　峰

黄象彩　杜　冉

枣庄市老龄事业发展历程、成就及启示

改革开放以来，枣庄市的社会面貌发生了翻天覆地的变化。伴随着改革开放进程的不断加快，全市老龄化进程也不断提速，老龄工作也从探索前行到健康发展，取得了巨大的成就。

一、枣庄市老龄事业发展主要历程

（一）全市老年人占比缓慢提高，全市老龄工作制度初步建立（1978—1994年）

1. 人口结构相对合理，老龄化缓慢出现

改革开放以来，随着计划生育政策的贯彻落实，我国人口生育水平不断下降，全国人口总数由1978年的9.75亿人增加到1994年的11.99亿人，人口出生率由1978年的18.3‰下降到1994年的17.7‰，死亡率为6.49‰，自然增长率为11.21‰。人口再生产类型开始由“高出生、低死亡、高自然增长”的模式向“低出生、低死亡、低自然增长”的模式转变。但是，我国出生人口存在大起大落的现象，人口年龄结构失衡现象比较突出，这一时期，老龄化进程也有明显阶段性的不均衡。中华人民共和国成立以来有三次生育高峰，在第一次出生高峰和第二次出生高峰叠加的时候，老年人口比例急剧提高到8%以上。根据数据显示，全国60岁及以上老年人口占比由第二次人口普查的6.08%增加到1990年第四次人口普查的8.58%，到1994年底，全国老年人口比例达到9%以上。

同样，随着计划生育政策的实施、人均寿命逐年增加、人口增长速度放缓，我市老龄化进程在这一个时期也是缓慢提升，老年人口比例由改革开放初期的6%增长到1994年的9%，按照联合国关于60岁（或65岁）老年人口占总人口比例达到10%（或7%）以上为人口老龄化的定义，这阶段，枣庄市同全国一样，并未进入老龄化社会。特别是第三次生育高峰，相对放缓了枣庄市的老龄化进程，养老问题还没有达到迫在眉睫的程度，老龄工作虽然已经提上议事日程，但是还没有得到足够的重视。

2. 养老制度不健全，家庭养老是社会主流

改革开放之初，老年人数量较少，经济社会发展相对较慢，城乡差别不明显，人员流动不大，全国上下居住地和户籍地基本一致，社会养老设施还没有全面建设，几乎没有社会养老服务机构，加上计划生育政策刚起步，农村五保老人、城镇“三无”老人还没有大量显现，社会养老制度没有系统形成。因此，在这一时期，老年人仍以家庭赡养为主，基本上没有社会养老、异地养老现象。

1987年，刚刚成立的市老龄委，针对家庭养老的现状，对农村养老问题进行了深入的调查研究，并充分借鉴外地农村养老的经验，在全省率先开展了签订《家庭赡养协议书》工作，在全市选择了15个乡镇、110个行政村作为试点，形成了市老龄委《关于农村签订家庭赡养协议书试点情况的报告》，同年9月12日，市政府转发了市老龄委的《报告》。截至1988年6月，全市共有8096名老年人和丧失劳动能力的病残者同子女签订了赡养协议。赡养协议规定签订对象为：凡年满60岁的老年人，或虽未满60岁但丧失劳动能力的病残者都要与子女签订赡养协议。赡养内容和标准：原则上要求其基本生活水平不低于子女家庭生活水平，不搞硬性规定，因人而异。至1989年4月，各区（市）全面开展签订家庭赡养协议工作。据统计，全市有7000多名干部参加了此项工作，有23万农村老年人与其子女签订了赡养协议，占应签户的82%。在此基础上，自1990年开始，每年春节前后凡年满60岁的老年人均与子女续签赡养协议。为增强法律约束力，1990年初，峄城区司法局开展了为赡养协议书进行公证的探索。是年7月，市司法局全面推广峄城区司法局的做法，1991年，在全市续签的40680份协议书中，进行司法公证的占99%。

在解决家庭养老问题上，全市各级还创新了很多措施和做法。1988年，滕州市官桥镇苏叶村，由村集体统一规划按小于正常宅基的标准划拨土地，然后由子女出资建房，供老年人居住。老年人搬进新房后，旧房宅基地由村收回。此办法深受老年人的欢迎，子女也乐意接受。1989年9月，滕州市党山乡磨石山村学习这一做法，有22位老年人住进新居。1992年底，滕州市有14个村推广了这一做法。其他各区（市）也创新了很多家庭养老方法。1990年，市老龄委与市民政局联合下发《关于试行新婚夫妇办理养老保证书的通知》，试点经验证明，效果比较明显，对于强化年轻人家庭养老理念起到了很好的教育作用。

这一时期，虽然家庭养老为主流，但是随着经济社会的不断发展和计划生育政策的深入推进，人员开始流动，农村无劳动能力、无生活来源又无法定赡养人的老年人开始出现。为了解决这部分人员的基本生活，1994年1月23日，国务院颁布《农村五保供养工作条例》，对符合条件的老年人实行“保吃、保穿、保住、保医、保葬”五保供养政策。该《条例》出台后，各级敬老院建设逐步提上

议事日程，由政府主导并主办的社会养老雏形开始出现。

3. 物质文化生活匮乏，空巢现象不普遍

家庭联产承包责任制在农村开始实施，农村老年人和子女一道开始在自己承包的土地上挥汗劳作。提高粮食产量，解决温饱问题，成为改革开放初期农村最大的追求目标。电视、电话还是农村家庭可望而不可既的神话，楼上楼下电灯电话成为每一个家庭的梦想。在政府层面，由于各类老年组织未成立，各项为老年人举办的文体活动较少。同时，在这一时期，年轻人外出打工、进城务工现象还没有出现，除极少部分思想较为开放、眼界较为开阔的“能人”开始从事货物运输、创办实体、种植经济作物外，大部分子女和老年人生活在一起，老年人空巢现象还不普遍，老年人的精神文化生活基本以听广播、看露天电影、和子孙聊天为主。

4. 老龄工作机构设立，老年民生逐步得到重视

（1）全国、省老龄工作机构相继成立。1981 年 9 月，国务院正式批准由国家劳动总局牵头组织老龄问题全国委员会，定名为老龄问题世界大会中国委员会，民政部、外交部以及全国妇联、全国总工会和社科院等部门参加，并组织出席 1982 年联合国召开的老龄问题世界大会。1982 年 10 月，经国务院批准，老龄问题世界大会中国委员会正式更名为中国老龄问题全国委员会，并经国务院批准，1986 年归劳动人事部领导，1988 年 10 月改挂靠民政部。山东省结合我省总体工作部署和具体情况，于 1987 年正式设立山东省老龄问题委员会，至此，全国、省级层面老龄工作机构相继成立。

（2）枣庄市老龄工作机构正式成立。1987 年 9 月 5 日，市委根据省委要求，决定成立“枣庄市老龄问题委员会”，并于是年 9 月 23 日召开成立大会。当年年底，滕县、薛城、山亭、市中、峄城、台儿庄 5 区 1 县相继成立了老龄问题委员会，全市 90 个乡镇（街道）成立了老龄问题领导小组，有 1600 个行政村成立了老年人协会。1988 年 1 月，乡镇（街道）老龄问题领导小组，按照省委要求，名称统一改为“老龄问题委员会”。

在枣庄市老龄问题委员会设立的同时，成立市老龄问题委员会办公室，区（县）老龄办规格和隶属关系仿照市老龄办。乡镇（街道）老龄问题领导小组，其成员按区（县）老龄问题委员会组成的形式配备，并确定一名领导小组成员兼做老龄工作。1988 年 1 月 3 日，市委组织部、市编委要求市老龄问题委员会办公室主任配备县级干部、区（县）老龄问题委员会办公室主任配备科级干部，工作人员均使用事业编制。

1989 年 4 月 4 日，根据上级老龄工作机构的名称变更情况，市委同意把“枣庄市老龄问题委员会”改为“老龄委员会”，各区（市）、乡镇（街道）也统一更名“老龄委员会”。至当年底，全市 3105 个行政村已有 2907 个建立了老年人协会，占 93.6%。城镇 121 个居委会全都建立了老年人协会，有 18 个市直机关企事业单位成立了老年协会，占应建部门单位的 69%。区（市）直机关有 21 个成立了老年人协会。至此，全市形成了上下贯通的老龄组织网络。

社区老年人在活动中心参加健身娱乐活动

1990 年 1 月 3 日，市委下发《关于市老龄委归属问题的通知》，确定：“枣庄市老龄委员会为市委、市政府领导下的相对独立单位；市老龄委办公室为该委员会办事机构，归属党群口，其行政事务由市委办公室管理，市老龄委办公室党员组织关系归市级机关党委管理。各区（市）老龄委办公室的归属问题，由各区（市）根据实际情况自行确定。”是年底，5 区 1 市老龄委员会办公室也仿照市里的做法解决了归属问题，全市 90 个乡镇（街道）全部明确了分管领导，健全了老龄委员会及办公室，全市 3105 个行政村中有 2926 个成立了老年人协会，占 94%。

1993 年，区（市）、乡镇机构改革，全市 5 区 1 市老龄委办公室，除市中区老龄委办公室归属劳动局管辖外，其余隶属关系不变，乡镇（街道）老龄办归属党政办公室或社会事务办公室。

（3）老年民生开始受到党委政府重视。1987 年 10 月 16 日，枣庄市第九届人民代表大会常务委员会第二十九次会议，依据部分人大代表的提议和有关法律规定，起草并通过了《枣庄市维护老年人合法权益的决议》：一是加强维护老年人合法权益的法制教育，树立敬老、爱老、养老的社会主义道德风尚；二是保护老年人受赡养和扶助的权利；三是发展老年福利事业，搞好福利院、敬老院的建设。

1988 年 7 月 1 日，枣庄市第十届人民代表大会常务委员会第三次全体会议，审议通过了市政府《关于将农历九月九日确定为“枣庄市老人节”的建议》，将每年的农历九月九日确定为“枣庄市老人节”。第一个老人节前一个月，市委、市政府“两办”转发市老龄委庆祝活动《意见》，并成立了以市委、市政府秘书长为牵头人，由各有关部门负责人参加

的庆祝活动办公室。是年10月18日晚，市委书记发表了广播电视讲话，向全市老年人祝贺节日。

1989年，为了解决老年人养老所需的经济来源，一些经济条件较好的村（居），如市中区大辛庄、涝坡、立新、龙头，薛城区张范乡的大甘霖等村（居）开始对老年人每月发放10～20元不等的生活补贴，率先建立了老年人生活补贴制度。1990年7月，薛城区临城镇村村都为70岁以上老年人每人每月发放5～10元不等的生活补贴。同年12月，薛城区陶庄镇为全镇90岁以上的老年人每月发放10元生活补贴。1992年，为了改善老年人物质生活，全市开始兴办老年经济实体，不少企业由于老年人善于经营，有市场，效益较好，为老年人办了不少好事实事。

1990年，市纪委、市委组织部、市老龄委等八部门联合下发《关于共产党员、国家干部、职工带头敬老养老的通知》，要求全市共产党员、国家干部、职工要带头尊老敬老养老，主动承担赡养和扶助义务，争做尊老、敬老、养老模范。1991年11月，市纪委、市监察局、市老龄委等六部门组成4个检查组，分赴五区一市和市直12个部门，对部分单位党员、干部、职工带头尊老、敬老、养老的情况进行了抽查。

1993年，市委决定，把每年的重阳节当月确定为“敬老宣传月”。当年，敬老活动隆重热烈、广泛深入。市委、市政府“两办”批转市老龄委关于开展尊老敬老宣传月活动的方案，市委书记发表了广播电视讲话，召开了全市开展宣传月活动的动员大会。有200多名市、区（市）级领导干部带头参加了宣传月的各种活动，走访慰问老年人3万余人，赠送物资价值230多万元。市委组织部举办了老干部交谊舞表演赛，市老龄委和市妇联共同组织了“金婚”“银婚”佳侣评选和联欢活动。全市各级和市直大多数部门都组织了文艺演出，运动会、游艺会和到外地旅游观景等活动。市司法局编印并散发了保护老年人合法权益的法律小册子。各新闻单位集中发稿100多篇，并增加了宣传密度。市委老干部局为市干休所安装了有线电视，更换了取暖锅炉。市劳动局筹措资金解决了个别困难企业退休职工的退休金和100多名生活困难的老职工的生活补助。市煤气公司、自来水公司、公共汽车公司等社会服务单位，为老年人开展上门、优先、优惠服务。各级妇联共为老年人做新衣两万多件（套）。

5. 老有所为工作启动，老年人作用开始得到重视

全市老年人，特别是一些离退休人员，普遍有经验、有知识、有精力继续为社会事业发展贡献力量。为了充分发挥这些人在社会主义建设中的作用，1989年4月，枣庄市召开了全市城镇老龄工作座谈会，5月召开了全市老干部座谈会，6月召开街道老龄工作现场会。8月，市老龄委研究制定《关于组织离退休人员参加社会公益事业服务活动的建议》，市委、市政府批转全市执行。这个建议的批转执行，代表枣庄市老有所为工作正式启动，老年人作用得到逐步得到发挥。

1990年，市老龄委在全市农村开展“奔小康创双百（100个先进老年人协会、100名模范老人）比奉献”活动，这次活动为发掘各类老年人才奠定了根基。

1991年4月23日，市委、市政府召开全市老龄工作会议，传达全国老有所为研讨会和全省老龄工作会议精神，学习省老龄委、省工商局、省税务局联合下发的《关于发挥老年人作用，兴办老年企事业若干问题的意见》。是年6月6日，市老龄委会同市工商局、市税务局联合发出《关于兴办老年企事业若干问题的通知》。这个《通知》的印发，带来了老年人兴办实体热潮，也为枣庄市创汇增收开拓了空间。

1992年3月26日，由15位老年人兴办的薛城区陶庄镇前院山村老年煤矸石厂正式成立，企业投入运营后，效益较好，当年就创产值70万元，实现利税8.5万元。是年1—4月份，滕州市兴办了9家经济实体，生产经营总额达16万元，实现利润1万元。

为了进一步规范日益增长的老年企业，1992年4月20日，市老龄委会同市财政局、税务局、工商局、劳动局、物价局、人民银行联合下发了《关于兴办老年企事业若干问题的补充通知》，当年底，市政府批转市老龄委等八部门制定的《关于兴办老年企事业的几点意见》。同时，市老龄委成立枣庄市老年经济技术开发公司，并于1993年4月20日制定《枣庄市老年企事业管理服务的暂行办法》，并分别在滕州召开全市兴办老年经济实体工作会议、在薛城区召开老年经济实体现场会，会同市税务局组成联合检查组，对市直老年企事业生产经营、财务管理情况进行检查，严格规范老年企业生产运行。

根据统计，1993年底，全市规范运营的老年经济实体发展到87家，实现产值715万元，利润57万元。

（二）人口老龄化进程开始加速，全市老龄事业发展整体推进（1995—2000年）

1. 人口自然增长率开始放缓，老年人口比例上升，枣庄市正式步入老龄化

这一阶段，计划生育政策深入推进，人口增长趋缓。根据统计，1990年到2000年的十年间，全国净增加人口7390万，增长5.84%，年平均增长0.57%，比过去十年的年平均增长率1.07%下降0.5个百分点，中国人口增长处于低生育水平阶段。人口增长率的下降、医疗技术的提高、国民受教育水平的上升，随之而来的就是老龄化的加速。根据历史资料显示，1991年，全市有60岁以上老年人26万人，占总人口的8.27%，到2000年底，全市60岁以上老年人口已达36.3万人，占总人口的10.24%。也就是说，自改革开放以来，我市用了不到二十年的时间“跑步”进入到老龄化社会，和全国、全省基本同步，但和西方发达国家上百年时间的老龄化进

程，可谓是“准备不足、未富先老”。

2000年以前，全市经济社会发展刚刚起步，而且由于在改革过程中，我市在一定的范围内走了一些弯路，导致经济增长开始落后于其他地区，经济社会发展在全国、全省的排名开始降低。在这一时期，全市进入老龄化社会，给枣庄带来了严峻的考验。

老龄化给全市带来了前所未有的困难，直接导致老年抚养系数上升，家庭和社会养老负担加重。一是人口老龄化会带来老年人家庭代际结构的变化。如果不考虑老少分户因素，受计划生育“一胎化”的影响，将出现大量的“4—2—1”家庭，不仅对家庭的伦理、道德、婚姻关系构成影响，而且养老、教子问题将变得日益突出。如果老少分户居住，又会产生老年人的生活照料、精神慰藉等问题。二是人口老龄化会对传统的养老模式构成冲击。虽然家庭养老向社会养老转化是社会发展的必然趋势，但并不是说家庭成员就可以放弃对老年人的赡养义务，而是家庭养老形式的社会化，在现有的社会经济发展水平条件下，物质上的供养和精神上的慰藉在很大程度上还主要依靠家庭成员。三是人口老龄化会使老年人的医疗保障问题变得突出。老年人对自身健康的关注和需求增加，患病之后是否能够得到及时治疗，会成为老年人乃至全社会最普遍关心的问题。特别是广大的农村老年人，由于他们失去劳动能力之后，无固定经济来源，而且医疗条件相对落后，是一个必须正视的现实问题。四是人口老龄化将使老年人的社会服务需求增大。无论是居家养老还是养老院养老，都有赖于社会针对老年人生活的需求提供各种服务。五是人口老龄化将影响社会的生机和活力。因为老年人的生活节奏、生活习惯、价值观念和思维方式等，均与青少年有明显的不同。在各个社会组织、团体等的人员构成中，由于年轻人的比例相对较少，而使得事情的运作缺少生机，活力衰退。六是人口老龄化将影响到经济活动过程中的生产、交换、分配和消费等环节。

2. 改革开放不断深入，社会经济持续发展，老年民生重视程度得到提升

2000年，我国全年国内生产总值为89404亿元，城镇居民人均可支配收入6280元，农民人均纯收入2253元，全国参加失业保险职工人数为10408万人，月平均领取失业保险金人数为137万人，有10367万职工和3173万离退休人员参加了基本养老保险，有4332万职工参加了基本医疗保险。枣庄市经济社会也得到快速发展，与1994年相比，全市老年人的自身经济能力已经增强，对家庭成员供养的依赖度下降。城市老年人中首次有一半以上以退休金作为主要生活来源，这标志着枣庄市城市老年人养老经济基础的一个重大转变，中国城市老年人的生活已经完全改变了以往主要依靠家庭子女供养的传统养老方式。然而，男性和女性老年人、城市和农村老年人在主要生活来源上仍然存在巨大的差异。因此，老年民生得到党委、政府的重视程度不断提升。

食用菌老年专业户在大棚内养殖食用菌

养老基地建设。1995年2月，市委办公室、市政府办公室联合批转了市老龄委《一九九五工作要点》，正式把建设养老基地作为老龄工作重点提到工作日程。1996年1月19日，市老龄委召开区（市）老龄委主任会议，要求全市老龄工作要突出“养”“为”两个重点，抓好“三新”试点，把养老基金建设提到工作日程。是年8月28日至9月3日，市老龄办对全市24个乡镇32个村“三新”试点情况进行考察。并于9月18—28日召开“三新”试点流动现场会议，在全市推广了滕州市木石镇卓庄村、薛城区邹坞镇姚庄村等兴建老年公寓的经验，并就农村老年公寓的标准作了统一要求，进一步推动了全市各级养老基金建设。至1998年底，全市农村老年公寓发展到96处，解决了1628位老年人住房难的问题，为老年人提供养老资金130余万元。1999年初，市老龄办印发《枣庄市农村养老基地工作规范》，对全市养老基地建设工作提出了统一要求，促进了全市养老基地健康发展。

家庭赡养协议。1995年在续签赡养协议时，提高了赡养标准和增加了精神赡养的内容。1996年2月，为了进一步在全市完善和规范赡养协议，市老龄委办公室与市司法局联合下发了文件，在全市统一时间、统一文本、统一公证，进行了赡养协议书的重签、续签和补签，当年年底，累计有14.64万户21.67万名老年人与子女重签了赡养协议。1999年，在全市签订家庭赡养协议书工作开展10周年之际，我市对此项工作进行了经验总结，并制定《枣庄市农村赡养老年协议书工作规范》。

结对帮扶工作。1999年9月，市老龄办、市妇联、团市委决定联合开展结对助老开发式扶贫试点，至11月底，全市共结成帮扶试点对子40对。1999年国际老年人年，积极开展党员干部结对帮包、巾帼爱心献夕阳、青年志愿者助老工程、尊老敬老三下乡和为患白内障的贫困老年人免费实施手术复明等活动，推动了救助贫困老年人工作的深入开展。是时，共结成“帮三老、解三难”

对子1684对，救济物款折合720多万元。2000年9月，市老龄办又与市畜牧局联合开展了庭院养殖助老扶贫活动，从老年事业发展基金中拨出7.56万元，五区一市各筹资2000元，购买了195组优良种兔，选择6个村，集中赠送给176户贫困老年人，并由畜牧公司与老年饲养户签订合同。1999年、2000年开展为农村白内障特困老年人实施手术复明活动，全市共为820位白内障贫困老年人实施了复明手术，减免医疗费用150余万元。

老龄宣传工作。1995年5月10日，市老年报刊通讯工作站成立，并于次年2月2日举行了优秀通讯员表彰会议，该站的成立代表我市老龄宣传正式纳入老龄工作的重要内容，为我市宣传老龄政策、宣传老龄化形势、宣传老龄典型提供了广阔的舞台，枣庄老龄工作、典型人物、模范事迹开始受到各级媒体重视。1995年5月，中央电视台《神州风采》栏目报道了枣庄市市中区朱子埠煤矿敬老模范殷延笃认母尽孝的事迹。1997年4月15日，中央电视台一套、二套《夕阳红》栏目播出宣传枣庄市老龄工作典型经验做法2次，同年，市电视台制作了“青石山上新愚公——李奉田”专题片，在省老龄工作电视展播活动中荣获一等奖，山东电视台于当年5月11日播出。2000年8月，中央电视台《夕阳红》栏目报道了枣庄市开展“敬老车”活动的消息，当年10月，该栏目又报道了全市农村老年公寓建设的经验做法。为配合做好老龄宣传工作，1995年枣庄人民广播电台专门设立《金色黄昏》（后改名为“潇洒夕阳”）专题节目，1999年2月市电视台设立《夕阳红》专栏。1996年10月开展“老年法宣传月”活动时，市司法局《中华人民共和国老年人权益保障法》纳入普法内容和农村社教内容，组织专人撰写讲稿，市委党校开设了有关课程。

3. 老年法律法规出台，老年权益有法可依，老龄工作步入法制化

1996年8月29日，《中华人民共和国老年人权益保障法》颁布实施，1997年12月8日山东省印发《山东省优待老年人规定》（以下简称《规定》），1999年12月16日，山东省出台《山东省老年人权益保障条例》。为贯彻落实《中华人民共和国老年人权益保障法》《山东省优待老年人规定》和《山东省老年人权益保障条例》，1998年2月9日，市政府根据我市实际情况，制定并颁布《枣庄市优待老年人规定》，该规定共十条，自1998年5月1日起执行。

为贯彻落实各级老年法律法规，1996年8月29日、9月15日，市委召开常委会，听取了关于省贯彻《中华人民共和国老年人权益保障法》会议精神的汇报，并研究提出了本市贯彻《中华人民共和国老年人权益保障法》的四项措施。市委决定成立市《中华人民共和国老年人权益保障法》执法协调小组，由市政府分管领导任组长，有关部门负责人为成员，从组织领导上保障了《中华人民共和国老年人权益保障法》的贯彻落实。其后，在实际工作中，市老龄委承担了执法协调小组的职责。

全市敬老模范和模范老人表彰会议

1996年《中华人民共和国老年人权益保障法》颁布之后，全市开展农村老年人减负工作。1998年市政府印发的《枣庄市优待老年人规定》提出，60岁以上的老年人不承担义务工和劳动积累工，70岁以上的老年人免除“三提五统”等各项集体提留和集资。为此，各级采取了切实有效的措施：一是纳入农民减负整体工作之中，实行领导责任制，一票否决。二是各级老龄办会同减负机构与农业、财政、监察部门从宣传发动、办理优待证到制定减免计划、填制减免证卡、兑现检查等，始终统一步调、统一行动。三是严把关键环节。年初制定农业税收计划时坚决从源头上扣除应减免的税收，少收少支，不准转嫁。每年5月份把好税费卡填制关，每户税费卡都载明减免老年人税费的数额，让家家户户都知道。夏秋两季，由市委、市政府“两办”牵头开展两次全方位的检查，确保了农村老年人减免政策不折不扣落实到位。1999年11月24日至12月3日，市人大、市政协先后对全市贯彻落实《中华人民共和国老年人权益保障法》和省、市优待老年人规定情况进行视察调研。2000年5月30—31日，市委办、市监察局、市减负办、市老龄办抽查了农村老年人减免经济负担情况。

为了应对老龄化社会的到来，使老年事业发展更具预见性、计划性和科学性，市政府委托市老龄办牵头，会同市民政、劳动、卫生、城建等涉老部门，研究制定了《枣庄市1991—2000年老年事业发展规划》，可称为“八五”和“九五”规划。规划说明了全市老年事业发展现状，明确了老年事业10年发展的指导思想、目标、任务和措施。

至此，枣庄市老龄工作步入法制化、制度化、规范化轨道。

4. 不断完善老龄工作机构，加强干部队伍培训，努力提高工作能力

1996年10月15日，市委常委会议决定，从1997年起，市财政每年拨款30万元，建立市级老年事业发展基

金。随后，各区（市）也先后建立老年事业发展基金。1996年底，五区一市除市中区外，老龄办均配齐了正副主任，全市90个乡镇（街道）老龄委主任均由党群书记或分管乡镇长担任，聘任驻会副主任53人，配专职干部33人，基层老龄组织渐入正轨。1997年10月9日，市委、市政府印发《市老龄委员会及其成员单位职责和工作制度的通知》，第一次明确老龄委员会是“负责全市老龄工作的综合议事协调机构”，市老龄委办公室为市贯彻实施《中华人民共和国老年人权益保障法》的行政执法机构。1997年10月13日，市政府印发了《关于枣庄市老龄委员会办公室机构编制方案的通知》，确定市老龄委员会办公室是市委、市政府负责全市老龄工作的综合协调管理机构，同时也是市老龄委员会的办事机构；市老龄委办公室内设3个职能科室，事业编制总额为14人。1997年12月25日，市委组织部批复了市老龄委办公室的“三定”方案，明确市老龄委办公室确定设机关工作者职位13个。

1997年，市老龄委向市委、市政府递交《关于进一步加强全市老龄工作的指导意见》的报告。报告要求，各级老龄委都要由在职领导兼任主任，建立健全各项工作制度，区（市）老龄办要独立设置，乡镇（街道）要配备专职干部，尽快成立枣庄市老年学学会；各级党委常委会议和政府常务会议每年至少要听取一次老龄工作汇报，各区（市）都要设立老年事业发展基金。市委办公室转发了这个报告，并向全市发出通知，要求认真贯彻执行。

1998年4月，市老龄委在市委党校举办乡以上老龄干部培训班。2000年6月，举办全市老龄工作干部培训班，重点学习《山东省老年人权益保障条例》。此后，市老龄办每两年举办一次老龄工作干部培训班，不断提高老龄工作干部队伍素质。

（三）经济社会发展进一步提速，全市老龄工作布局系统建设（2001—2005年）

1. 老年人口比例加速上升

2001年，全国人大常委会通过了《中华人民共和国人口与计划生育法》，标志着计划生育的基本国策被纳入了法制轨道。枣庄市按照国家的统一布局，计划生育政策进一步推进，加上人均寿命的不断增加，老龄化程度不断加深。2004年我国老年人的生活来源仍然集中在三大支柱上，即：子女或亲属等家庭成员供给、离退休金和老年人自己的劳动收入，这种构成与1994年的调查结果相似。但是，与1994年数据相比，这三个来源在各自的比重方面出现了明显变化，依靠子女或其他家庭成员经济帮助的老年人比例从1994年的57.1%下降到2004年的45.0%，下降了1/5；主要依靠退休金生活的老年人比例从15.6%提高到31.5%，翻了一番。依靠老年人自己的劳动收入所占比例从25.0%下降到19.3%，也下降了1/5。城市老年人中已经有60%以退休金作为主要生活来源，但农村只有6%。与1994年相比，中国老年人的自身经济能力已经增强，对家庭成员供养的依赖度下降。男性和女性老年人、城乡老年人、各省市自治区老年人的主要生活来源构成依然存在巨大差异。

据统计，在2005年底，枣庄市老年人口数量达到39.3万人，占全市总人口的10.69%，与2000年36.3万老年人相比，五年净增3万人，比例提高了0.4个百分点；其中，80岁及以上的高龄老年人4.8万，占老年人口总数的12.2%，老龄化程度急剧加深。这些数据，一方面说明了全市经济社会在不断进步，老年人的寿命越来越长，是社会文明进步的标志；另一方面，也标志着人口老龄化发展已经进入快速发展时期，人口老龄化的程度在不断加剧。与西方发达国家、发达省和省内先进市相比，枣庄市的人口老龄化更属于典型的“未富先老”，应对人口老龄化面临着更加严峻的挑战，带来了巨大的养老压力：一是养老保障制度面临严重的挑战。人口老龄化的快速发展意味着需要赡养的老年人口迅速增加。尽管自1984年，全市开始建立企业职工养老保险制度，基本养老保险覆盖面也不断扩大，但是，如果考虑全部做实个人账户，缺口很大，加上我国养老保险制度的先天缺陷，没有考虑到社会全覆盖的问题，大量的社会成员游离于社会保险之外，城镇居民的养老保险还没有真正起步，非从业人员的养老保险还没有起步，农民工、被征地农民、农村养老保险还很不完善。二是医疗保障制度面临严重的挑战。老年人体弱多病，是医疗卫生资源消费的主要群体，而且年龄越大带病的概率越高，医疗费用支出也越高。从我市1998年建立职工基本医疗保险制度开始，全市退休人员占全部参保人数的21.7%，而他们的医保费支出却占总支出的58%，退休人员人均医保费支出相当于在职人员的4.7倍。此外，农村老年人在2003年才开始部分缴纳新农合参合费用，特别是生活困难老年人、孤寡老年人、残疾老年人，他们即使享受到新型农村合作医疗，也只有90元左右，待遇水平较低，还不能真正满足他们的医疗保障需求。三是养老服务体系面临严重的挑战。“十五”期间，枣庄市大力推进农村五保和城镇“三无”老人集中供养，新建、扩建了一大批养老机构和设施，建设了一批社会福利机构，但是，与发达地区相比，差距甚大。四是老龄事业发展基础还相当薄弱。与其他社会事业发展相比，老龄事业发展相对滞后，特别是农村和经济欠发达地区更加薄弱，财政投入缺失、基础设施建设缺失、基本公共服务严重缺失，大多数老年人还没有进入基本服务均等化和公共财政、社会保障的覆盖范围。

2. 老龄工作机构逐步健全

1999年10月，国务院成立了“全国老龄工作委员会”，此后，山东省老龄委员会也更名为“山东省老龄工作委员会”。按照上下贯通原则，枣庄市老龄委员会于2001年10月14日更名为

“枣庄市老龄工作委员会”（简称老龄委），确定为市政府“主管全市老龄工作的议事协调机构”，并于2001年9月18日，调整市老龄工作委员会组成人员。各区（市）、乡镇（街道）也根据市委、市政府的要求相继调整了老龄委组成人员。2002年11月，市民政局、市老龄办根据省民政厅、省老龄办《关于加强基层老年组织建设的通知》精神，联合下发了《关于调整、规范基层老年工作组织的通知》，决定在村（居）解散老年协会，建立健全老年人工作委员会（简称老工委），成为在村（居）民委员会领导下的老年人工作组织。至2003年6月，全市村（居）老年工作组织得到全面调整规范。到2005年底，全市乡镇（街道）以上专职老龄工作干部达到135人，兼职老龄工作干部26人。同时，为进一步规范执法程序，加大《中华人民共和国老年人权益保障法》执法力度，2002年4月9—10日，市法制局与市老龄办联合对市、区（市）以上老龄办有关人员进行了集中培训。经过严格的法律考试和执法资格审查，市、区（市）两级老龄办14名干部领取了“山东省行政执法证”。2005年，全市各级老龄工作机构接待老年人来信来访476件，均及时得到了处理。老龄办被确定执法主体资格。

枣庄市老年人法律援助联络中心正式成立。为了贯彻落实好《中华人民共和国老年人权益保障法》，切实维护老年人的合法权益，2002年11月17日，市司法局和市老龄委办公室就成立枣庄市老年人法律援助联络中心提出了具体意见。明确了市老龄办、市司法局和市老年人法律援助联络中心的职责任务，规范了法律援助的对象、范围和程序。市老年人法律援助联络中心办公室设在市老龄办，并规定了接访日期。2005年得到法律援助的贫困老年人128人，减免律师服务费37630元。

各级法院老年合议庭普遍建立。各级法院高度重视依法维护老年人权益工作，始终坚持对涉老案件实行优先立案、优先审理、优先执行的“三优先”办法，较好地维护了老年人的合法权益。2002年下半年，在市老龄办的积极协调下，市法院又专门下发文件，决定在区（市）以上法院民事审判庭设立老年合议庭，以便于更迅捷地审理涉老案件。2005年获得司法救助的贫困老年人355人，减免诉讼费61310元。

3. 系列涉老政策颁布实施

新版《枣庄市优待老年人规定》发布。2002年10月23日，省政府发布新版《山东省优待老年人规定》。2003年3月，枣庄市也修订并公布《枣庄市优待老年人规定》，共12项优待内容。2003年5月1日，滕州市根据山东省、枣庄市新出台的优待老年人规定，结合该市情况，也出台了《滕州市优待老年人规定》，要求各乡镇（街道）对90岁以上高龄老年人每人每月发放不少于10元的健康补贴；65岁以上的老年人免费乘坐公交车，65岁以下老年人半票。

银龄安康工程座谈会

《枣庄市老龄事业发展“十五”规划》发布。在完成市老龄事业“八五”和“九五”规划的基础上，为实现老龄事业与经济社会协调发展，市政府研究制定了《枣庄市老龄事业发展“十五”规划》，明确了老龄事业发展的指导思想、原则和目标，着重对老龄事业的五项基本任务（经济供养、医疗保健、照料服务、精神文化生活、权益保障）和相应措施进行了细化，并对实施规划提出了加强组织领导、加大经费投入、制定和落实优惠政策、加快体制创新、加强科学研究、建立督查和评估机制等六项保障措施，明确具体，可行性强，是指导本市老龄事业发展的纲领性文件。

《关于进一步加强老龄工作的意见》发布。2001年10月18日，市委、市政府根据中央和省委、省政府的指示，结合枣庄实际，提出了《关于进一步加强老龄工作的意见》。《关于进一步加强老龄工作的意见》指出，“老龄工作是党政工作的重要组成部分。各级党政领导班子中都要有人分管老龄工作，建立和完善党政加强领导、老龄工作委员会组织协调、有关部门齐抓共管、全社会共同努力的老龄工作机制。要把老龄工作列入目标管理，作为考核领导班子和领导干部的一项内容，进行严格考核”。《关于进一步加强老龄工作的意见》强调，“要加强市、区（市）老龄工作机构建设，市老龄办是同级老龄委的办事机构，独立设置，其规格保持不变”。《关于进一步加强老龄工作的意见》要求，“十五”期间力争实现企业和机关事业单位离退休人员养老和医疗保险制度的完全覆盖；健全老年社会救助制度，全面落实城乡低保政策，将符合条件的老年人全部纳入保障范围；“十五”末，五保老人的集中供养率要达到60%以上；各区（市）、乡（镇、街）及有条件的村（居）要普遍建立高龄老年人健康补助制度和特困老年人生活救助制度，大力支持兴建各种形式的农村老年公寓（老年房），深入开展结对助老、庭院养殖助老等多种形式的社会帮

困和互助活动；加强社区老年医疗保健设施建设，健全社区老年卫生保健服务网络；按照“社区老年福利服务星光计划”，尽快建成一批示范性老年服务设施；新建城市小区和旧城改造都要把兴建老年人活动场所纳入统一规划，按一定比例建设；每个区（市）都要建有一处老年人活动中心，乡（镇、街）、村（居）都要因地制宜建设老年人活动室，设立老年人活动站。《关于进一步加强老龄工作的意见》突出强调，“各级政府要根据当地经济发展水平和老年人口规模加大对老龄事业的投入，将老年事业发展基金纳入年度财政预算，确保及时拨付；向社会发放福利彩票所筹资金，按照国家规定比例专项用于老龄事业”。

4. 开发式助老扶贫启动

为了帮助贫困老年人实现增收，2002 年 5 月 28 日，市老龄委在台儿庄区召开了全市开发式助老扶贫工作现场会，并对开展这一工作提出了“百千万”目标，即三年内树立 100 个各类典型、1000 个示范户，结成 10000 个帮扶对子。2003 年 8 月 13—14 日，省老龄委在枣庄市召开了全省开发式助老扶贫现场经验交流会，指出枣庄养老工作的经验主要有三个特点：一是开发式，培植老年人自身的“造血”功能；二是社会性，多种渠道助老致富；三是充分发挥家庭这个社会细胞的作用，把家庭养老工作纳入法治化轨道。

2004 年老人节期间，市老龄委召开了全市开发式助老扶贫工作表彰大会，表彰了 58 个先进单位、23 名先进个人和 7 名模范老人。至此，“百千万”目标已超额实现，全市已结成帮扶对子 10818 对，帮助 15692 位农村贫困老年人上种、养、加等项目 12000 多个，有 7146 位老年人已初步脱贫，人均年增收 1300 余元，有 860 户老年人已成为“种养加”专业户。2005 年结对达 13490 个，被帮扶老年人达 17185 人。2005 年，台儿庄区委、区政府将此项工作纳入全区结对助贫济困工作之中，责成区直 36 个部门和单位与 36 个贫困户（其中 22 户为老年人家庭）结成帮包对子，实施开发式扶贫，使这些贫困户迅速走上了致富路。

5. 赡养协议司法公证

2005 年，按照省老龄办的要求，把签订家庭赡养协议书工作，作为一项重点工作进行部署，市老龄办重新设计制作了新的文本，王光荣副市长与各区（市）分管领导签订了目标责任书。同时积极推广台儿庄区免费公证、司法监管、微机化管理的规范化做法，有力地促进了此项工作的进展，全市共重新签订家庭赡养协议书 26.62 万份、17.67 万户，分别占应签协议书的 91.4%、93.2%，兑现率达到 99% 以上，为巩固家庭养老功能奠定了坚实的基础。

6. 老年人文体生活丰富多彩

为丰富活跃老年人的精神文化生活，2004 年 4 月 5—11 日，市老龄办会同市旅游局、枣庄国际旅行社组织了“枣庄首列‘夕阳红’长沙、韶山、桂林专列 7 日游”活动，参加活动的中老年人达 539 人，年龄最大的 81 岁。是年 11 月 6 — 15 日，市老龄办又联合枣庄康辉旅行社组织了深圳香港澳门井冈山“夕阳红”旅游专列活动。

2005 年，市老龄办先后组织了千位老年人游南山和赴海南的专列游活动。是年，全市各级老龄工作部门组织老年旅游达 3147 人次。

（四）社会养老服务体系逐步完善，全市老龄事业全面发展（2006 年至今）

1. 老年需求呈现多样化趋势

随着枣庄市人口老龄化的加速发展和家庭养老功能的弱化，广大老年人的养老服务需求急剧增加，且呈现日益多样化的发展趋势。据统计，2006 年底，全市 60 岁以上老年人口 40.6 万人，到 2017 年底，全市老年人口达到 72.8 万，占全市总人口的 18.6%。其中，80 岁及以上老年人达到 9.6 万，占老年人口总数的 13.2%，空巢老年人家庭占老年人家庭总数的 44%，空巢老年人人数占老年人总数的 29.04%。通过 10 余年的发展，全市老年人呈现出高龄化、空巢化的加剧趋势，失能、半失能老年人的照护康复需求、临终关怀需求、空巢老年人的生活照料和精神慰藉需求等日益增长。同时，广大老年人的文化养老、旅游养老、保健养老等需求与日俱增，带动老年服装、食品、住宅、交通、娱乐、旅游、文化用品、社区服务、老年福利设施、老年保健、老年教育等相关需求的急剧膨胀。在不断满足广大老年人日益增长、日益多元化、多样化的养老服务需求中，养老服务业将异军突起，成为新的经济增长点。

2. 老年文体事业得到迅速发展

举办老年人文化艺术节，丰富老年人文化生活。2007 年 9 月 20 日，枣庄市首届老年人文化艺术节系列活动在光明广场开幕，主要内容包括：老年人功拳舞操表演赛；经典故事影片回顾展；喜迎十七大枣庄市老年人书画摄影作品展；金秋梨园戏曲晚会；老年人文艺会演；枣庄市首届“广润乐活杯”中老年人演讲大赛。活动的开展不仅丰富活跃了老年人的文体生活，陶冶了老年人情操，展现了老年人风采，也为和谐社会建设打造了一道亮丽的风景，受到领导和社会各界的一致赞扬。2012 年 6 月 29 日，“枣庄市第二届老年文化艺术节开幕式暨‘金色年华颂党情’老年合唱大赛”在市体育馆举行，“山东省老年艺术团枣庄分团”揭牌。9 月 28 日，在颐正园举行了“枣庄市第二届老年文化艺术节闭幕式暨老年人文艺汇演”。至此，历时 3 个月的第二届老年文化艺术节圆满结束，此次艺术节包括老年合唱大赛、老年书画摄影大奖赛、老年非遗传承人绝活展示、“梨园金秋”戏曲晚会、“舞动夕阳”功拳舞操展示活动、文艺会演六大板块。2017 年 7 月 21 日，市老龄办、市委老干部局、文明办、文联、文广新局、广播电视台、老年体协，在十五中报告厅联合举办了“喜迎十九大，颂歌献给党，山东省‘银龄风采’艺术大赛枣庄赛区决赛”，活动得到老年人的热烈欢迎，有 16 个节目在全省获奖，市老龄办获优秀组织奖。

健全老年文体组织，规范老年文体事业发展。2011年11月6日，“枣庄老年文化艺术协会成立大会”在市中区召开，并向枣庄老年文化艺术团授旗。2012年1月12日，枣庄市老年音乐家协会成立大会在枣庄市人民检察院第一会议室召开。会议选举杨浚滋同志为枣庄市第一届老年音乐家协会主席。8月16日，“枣庄老年艺术团组成人员会议”在新城召开。会议讨论通过了枣庄老年艺术团组成人员名单及《枣庄老年艺术团章程》，标志着枣庄老年艺术团正式成立。成立后的第二年，2013年9月5日，“枣庄市文化敬老进乡村”活动启动仪式暨村规民约实施颁奖晚会在薛城区周营镇胡庄村举行。自此，枣庄市文化敬老进乡村活动每年由枣庄市老年艺术团负责实施，在全市的偏远乡村举行，为农村老年人送去了文化大餐。近年来，先后在市民政局登记注册的市级老年群众组织有12个。

目前组织健全、活动经常、成效明显的老年群众组织有：市关心下一代工作委员会、市老年人体育协会、市老科技工作者协会、市老教育工作者协会、市老年学学会、市老摄影家协会、市夕阳红文艺爱好者协会等。其中，市关工委和老年体协不仅有编制、有经费，而且还形成了市、区、镇、村四级组织网络。

3. 老龄工作规范化建设持续深入

为了规范基层老龄工作组织建设，枣庄市自2005年起，在全市范围内开展了老龄工作示范村（居）建设和市级规范化老年人活动中心（室）建设。

2006年7月11日上午，全市创建老龄工作示范村（居）现场经验交流会召开。与会人员参观了滕州市和薛城区的示范现场。

2007年5月24日，全市规范化村居老年人活动中心建设现场会议召开。工作突出的单位作了典型发言，与会人员参观了市中区的示范现场。

2008年11月3—5日，省老龄办调研组莅临枣庄市调研农村老龄工作。调研组先后考察了滕州市老年人综合服务中心、北辛街道周楼居老年公寓、洪绪镇龙庄村老年人活动室、洪绪镇敬老院和台儿庄区泥沟镇吉庄村老年公寓、马兰屯镇马兰村老年人活动室、马兰屯镇敬老院；听取了枣庄市和滕州市、台儿庄区政府农村老龄工作情况汇报；并在台儿庄区召开了由部分镇、村分管领导和老年人代表参加的座谈会，就如何搞好农村老龄工作、存在的困难和问题等进行了探讨。调研组充分肯定了枣庄市老龄工作的“四个到位”：一是组织领导到位；二是优待救助到位；三是法规政策落实到位；四是村级规范化建设落实到位。

2009年5月18日，市老龄委出台《关于深入开展村居老龄工作规范化建设的意见》，将市级老龄工作示范村和老年人活动中心（室）建设合并为市级老龄工作规范化村（居）建设工作。自2010年起，市老龄办成立检查验收组，分别对上一年度全市申报的市级老龄工作规范化村居进行检查验收。

2012年8月30日，“全市老龄工作规范化村居建设现场会议”在峄城区召开。会议参观了峄城区榴园镇北孙庄村、阴平镇丰鑫社区两个示范现场，并为“十佳”村居进行了授牌。

2017年，市老龄委根据形势发展需要，在原老龄工作规范化村（居）建设的基础上，在全市范围内开展了“全市敬老模范村”创建工作，当年创建全市敬老模范村9个，给予约34万元的物质奖励。

通过2009年以前市级老龄工作示范村创建、市级老年人活动中心建设、2009年以后全市老龄工作规范化村(居)创建和2017年开始的全市敬老模范村创建，截至2018年6月，全市已成功创建规范化村（居）677个，占全市村居总数的27.44%，创建全市敬老模范村19个。

4. 养老服务机构建设得到迅猛发展

2008年11月12—13日，省联合检查组就枣庄市申报的市中区社区服务中心和滕州市老年服务中心两处省级财政扶持的养老服务机构进行考察验收，枣庄市得到省级财政资金扶持。这是省老龄系统第一次开展对民办养老服务机构进行奖励扶持。自此以后，全市每年均有符合条件的民办养老服务机构得到省级财政扶持，扶持资金总额达到300万元。

为配合山东省扶持民办养老服务机构政策，枣庄市也出台市级扶持民办养老服务机构政策，并于2010年2月2日，举行了枣庄市市级扶持城镇养老服务机构资金发放仪式。到2016年，共扶持养老服务机构52个，总扶持资金达607万元。

2011年11月4日，“枣庄市居家养老服务试点工作现场会议”在滕州召开。枣庄市老龄办、枣庄市残联、枣庄市财政局领导和滕州市分管领导及各区（市）老龄办主任、滕州市各镇（街）分管领导及历次获得省、市两级财政扶持的养老服务机构负责人参加了会议。

2013年1月5日，市委主要领导在民建枣庄市委向市委提交的《关于完善社会化养老服务体系，打造“安康家园”的建议》上做出批示：随着人口老龄化的加快，养老不仅是民生工程，也成为发展工程，民建枣庄市委就该项工作进行专题调研，提出的好的建议，各级、各有关部门要认真研究、抓好落实。要紧紧抓住新型城镇化这个机遇，加快发展以老年家政服务、健康保健等为重点的养老产业，建设一批布局合理、功能齐全的养老服务机构，推动形成以居家养老为基础、社区养老为依托、机构养老为支撑的社会化养老服务体系，为打造“安康家园”做出积极贡献。批示以《信息快报》的形式印发全市。市老龄办接到批示后，专门召开全体机关干部会议，认真组织学习了批示精神。要求全市老龄系统一定要认真学习贯彻落实批示精神，并按照批示要求，积极应对人口老龄化，努力构建社会化养老服务体系，全面落实市委、市政府各项惠老政策，以崭新的精神风貌把全市老龄

工作做得更好。

5. 老年维权工作纳入重要议事日程

2006年9月27日，全市庆祝《中华人民共和国老年人权益保障法》颁布实施十周年大会在市政大厦二楼东会议室召开，表彰了全市老年维权“双十佳”先进单位和个人。

2008年8月12日，市人大常委会调研老龄工作座谈会在市统计局会议室召开。市人大一行6人就老年人权益保障工作到市老龄办调研。10月28日，市人大一行7人对全市老年人保障工作进行调研。调研组先后参观了薛城区张范镇东夹埠村老年公寓、邹坞镇小甘霖村老年人活动中心和市中区永安乡敬老院、光明路街道丁庄村老年人活动中心，听取了市老龄办、市中区和薛城区政府老年人权益保障工作汇报，并就调研情况进行了座谈讨论。

2009年10月15—16日，市人大视察组在市老龄办、市财政局、市民政局、市司法局、市劳动和社会保障局、市建委和市卫生局等部门负责人陪同下，深入到山亭区和峄城区，就贯彻落实《中华人民共和国老年人权益保障法》《山东省老年人保障条例》《山东省优待老年人规定》和《枣庄市老龄事业发展“十一五”规划》等情况进行了视察。

2011年12月12日，《枣庄市优待老年人规定》印发全市，新规定在提高养老补贴标准、建立政府购买养老服务制度，加大对老年人救助力度、确立医疗优惠政策、扩大优待项目和范围、完善养老服务机构优惠政策等诸多方面都有了较大突破，并将于2012年1月1日起正式施行。28日，“《枣庄市优待老年人规定》新闻发布会”在市政大厦举行。会议公布了规定的全部内容，并承诺接受全社会监督执行。会议就新修订的《优待规定》出台的背景、重要意义以及政策性突破等内容做了说明，承担老年人优待义务的单位代表在会上做了表态性发言。

2012年5月29日，《枣庄市优待老年人规定》贯彻落实情况会议在市政大厦召开。会上，枣庄高新区、市财政局、市交通局等7个部门汇报了贯彻落实情况，研究部署了下一步工作任务。

2012年12月28日，第十一届全国人民代表大会常务委员会第三十次会议重新修订《中华人民共和国老年人权益保障法》，新的《《中华人民共和国老年人权益保障法》自2013年7月1日起施行。为配合宣传、实施新版《老年法》，2013年6月27日，枣庄市在市中区光明广场开展“《中华人民共和国老年人权益保障法》‘集中宣传日’活动”。活动由市老龄办发起，市司法局、民政局、卫生局、人社局、住建局等部门以及市中区相关部门、各乡镇（街道）均参加了老年法和各项为老服务宣传活动，现场解答了市民和老年人提出的各类涉老问题。“集中宣传日”活动的开展将《中华人民共和国老年人权益保障法》宣传推向高潮。

6. 各项老年惠老政策陆续出台

市委制定印发了《关于进一步加强全市关心下一代工作的意见》，市委、市政府两办转发了《关于切实发挥老年人才作用的意见》、印发了《关于充分发挥“五老”作用，做好关心下一代工作的意见》等文件，为做好老有所为工作提供了政策支持。

2007年7月18日，市委办公室、市政府办公室出台《关于进一步做好优待高龄老年人和救助贫困老年人的通知》，明确提出各区（市）为80岁以上老年人发放高龄补贴，有条件的村（居）可以扩大到70岁以上，并为70岁以上老年人和60—69岁列入低保的老年人免除参加新型农村合作医疗个人需要缴纳的费用，其他60—69岁老年人减半收取，费用由区（市）财政负担。

2011年10月14日，中共枣庄市委、枣庄市人民政府《关于进一步加快老龄事业发展的意见》印发全市。该意见成为今后十年或更长一个时期指导全市老龄事业发展的规范性文件。

2012年2月10日，《枣庄市老龄事业发展“十二五”规划》印发全市。该规划对健全完善养老保障服务体系、健全完善老年医疗保障服务体系、健全完善社会养老服务体系、健全完善老年人文化活动服务体系、健全完善老年人权益保障体系、建立健全老有所为管理服务体系等六个方面提出了目标任务，同时提出相应的保障措施。4月13日，市委、市政府《关于印发＜全市党政机关2012年度目标考核意见＞的通知》下发。该意见明确将老龄工作纳入全市目

枣庄市第二届老年文化艺术节开幕式现场

标管理考核指标体系，相关工作目标分值为5分，并增加市老龄办为新的考核责任部门，实施目标管理。枣庄市成为全省首个将老龄工作纳入市委、市政府对区（市）委、政府整体目标管理绩效考核范围的市。4月18日，市老龄办、市财政局联合制定印发《枣庄市高龄补贴发放工作规范》。对高龄补贴的申请、审批、补贴资金的筹集、管理与发放以及监督管理分别作了详细的规定。该文件的出台标志着我市高龄补贴发放形成制度化。6月1日，“全市80岁以上老年人高龄补贴发放仪式”在峄城区榴园镇贾泉村举行，标志着我市高龄老年人补贴金发放工作全面启动。

2018年1月23日，为加快老龄事业发展，市政府办公室印发了《关于促进老龄事业发展和养老体系建设的实施意见》。这是在全国、山东省出台“‘十三五’老龄事业发展和养老体系建设规划”的基础上，在健全老年人社会保障体系、健全养老服务体系、健全老年人健康支持体系、大力繁荣老年消费市场、推进老年宜居环境建设、丰富老年人精神文化生活、扩大老年人社会参与、加强老年人权益保障、强化老龄事业发展基础等方面提出了新的目标任务，制定了合理的保障措施。

7. 老年人关爱工程持续推进

2007年，市老龄办从社会筹集资金40万元，对全市400名贫困老年人每人发放救助资金1000元，“老年人关爱工程”初步开展。2008年9月1日，“枣庄市万名老年人游家乡活动启动仪式”在枣庄市光明广场隆重举行。此次启动仪式代表“老年人关爱工程”正式实施。到2018年，实施“老年人关爱工程”12年来，先后对空巢、留守、失能、失智等困难老年群体提供帮扶、救助，累计投入资金达1600余万元，多年被市政府列为“百件惠民实事”之一，已成为枣庄市促进优待政策落实、推动老龄事业发展、具有较大影响力的品牌工程和民生工程。

二、枣庄市老龄事业发展主要成就

社会保障体系不断完善。城乡养老保险制度体系逐步完善。到目前，我市城镇职工基本养老保险制度不断健全，城乡居民基本养老保险制度着力推进，离退休养老金实现十二连增，城乡居民基本养老保险金从最初的每人每月55元增长到100元。老年医疗保障制度建设深入推进。居民基本医疗保险水平不断提高，大病医疗保险和医疗救助制度有效落实，在全国率先建立了城乡居民、城镇职工大病医疗保险制度，大病报销比例大幅度提高。社会救助力度持续加大。2003年4月起每人每月100元。当年，全市共为63位百岁老年人发放健康补贴10万元，五区一市共为1036位95岁以上高龄老年人发放健康补贴20.3万元。2004年5月，薛城区老龄委制定《开展向农村“五老功臣”献爱心活动的意见》，采取分类归口的办法，帮扶农村老党员、老干部、老复退军人、老劳模、老艺人、老寿星或有突出贡献的老年人等。截至年底，该区已分类归口落实帮扶200余人。2005年，市及五区一市48个乡镇（街道）、340个村（居）共为18169位（其中百岁老人85人、95岁以上老年人1368人）老年人发放健康补贴318万元。2016年，城市低保标准平均提高到410元/月，农村低保标提高到2800元/年。全市约7.15万名生活困难老年人被纳入低保范围，农村五保老人分散和集中供养标准分别提高到每人每年3300元和4500元。意外伤害保险工作稳步推进。1999年6月，市老龄办与中国太平洋保险公司枣庄支公司联合开展了为全市老年人办理出行平安保险活动。自2009年起，枣庄市联合中国人寿枣庄分公司，实施了“银龄安康工程”老年人意外伤害保险工作，每10元一份的“银龄安康工程”意外伤害组合保险可获得最高1000元意外伤害医疗和5000元意外死亡保险。

养老服务体系不断完善。健全完善社会养老服务政策制度体系。以推进养老服务社会化为方向，省民政厅提出推进养老服务业发展的“六个转变”新思路，进一步理清了当前和今后一个时期推动养老服务发展的基本思路。去年以来，市政府陆续突出台了《关于加快发展养老服务业的实施意见》《养老服务业转型升级实施方案》等一系列文件，为养老服务体系建设指明了方向。稳步推进社会养老服务体系建设。推动建设市、区（市）、镇（街）、村（居）四级养老服务网络。加快推进养老服务设施建设。目前，全市拥有养老服务机构156个，养老床位2.2万张，新建各类养老服务设施546个。在基层村（居）不断改进社区老年日间照料中心和农村幸福院运营服务方式，通过试点推进政府购买社区和居家养老服务，使特殊困难老年人和社区老年人的养老服务由简单的生活照料，逐步向医疗康复、文体娱乐、精神慰藉等方面延伸。在2005年，全市镇、村两级已建老年公寓169处，3499位老年人入住，占农村老年人的1%。其中，薛城沙沟镇杨庄村，集体出资23万元，兴建了24套单门独院的老年住房，并为每套住房打了压水井，建了厨房、厕所，还建起了统一规格的兔舍，既方便了老年人的生活，又为老年人从事力所能及的庭院养殖创造了条件，深受老年人的欢迎。

社会优待体系不断完善。建立健全高龄老年人补贴优待政策。2007年，立足市情，市委、市政府办公室出台《关于进一步做好优待高龄老年人和救助贫困老年人的通知》，第一次提出各区（市）建立高龄补贴制度；2005年底，全市有14个乡镇（街道）、23个村（居）设立养老基金，养老基金总额累计已达800余万元。2005年，全市各级各界救助贫困老年人7200人，救助款物计237.6万元；慰问老年人8135人次，慰问款物计62万元；2012年开始进行了提标扩面，根据市委出台的《关于进一步加快老龄事业发展的意见》和市政府出台的《枣庄市优待老年人规定》，在全市范围内建立普惠制高龄津贴制度。市老龄办在按照方针政策执行的同时，做了为老服务的好事、实事。1999年8月，市老龄办与市电信局联合开展

为全市老年人免费优惠安装电话活动，当年为城市老年人安装电话49908部，其中为高龄老年人免费安装电话1066部，优惠安装电话48842部，优惠总额1500余万元。2000年老人节期间，为全市老年人优惠安装电话10092部，其中免费安装100部。推进老年卫生保健优待制度。各级医疗机构对特困老年人就诊实行“一免七减”政策，全市各医疗机构将此项优惠服务拓展到65周岁以上老年人，并免费为60周岁以上城乡老年人健康体检。1999年9月，市老龄办会同市卫生局、市民政局、市残联开展了为全市百名白内障特困老年人免费实施复明工程的活动，市直11家部门和单位资助此次活动。2000年，市老龄办与市残联再次联合实施复明工程。两年的复明工程活动共为820名白内障贫困老年人支付医疗费、住院费、生活补助费150余万元。2005年底，全市共为70岁以上的农村老年人减免各种负担5000余万元，为60岁以上农村贫困老年人减免各种负担500余万元。同年，市老龄办与市心血管病研究所医院合作，筹建了枣庄老年病防治中心。滕州市通过招商引资，投资2000多万元建设了2万多平方米的凤凰苑高档老年公寓。全市已累计建成老年康复中心3处、城镇老年公寓126个、社区老年服务中心87个、老年用品商店15个。完善老年休闲出行优待制度。在全市范围内全面落实65岁以上免费、60—64周岁乘坐市内公交和BRT优惠政策，公共交通工具均设立一定数量的“老弱病残孕”专座。老年人享受游园、参观公共设施、文化馆、美术馆、博物馆以及公办旅游景点，对老年人实现免费或半价政策。2000年4月开始，市中区发出倡议并于6月16日举行了“敬老车”挂牌开通典礼，以优惠50%的价格接送老年乘客，当年先后有200多辆出租车加入“敬老车”行列。9月，市老龄办联合市交通局向全市推广该做法，出台了《在全市客运出租汽车行业开展‘敬老车’活动的意见》。加大老年维权服务优待力度。全市共设立了72个老年人法律援助工作站，基本建成老年人法律援助服务网络体系。“十二五”期间，每年办理老年人法律援助案件3000余件，提供咨询服务1000余人次，积极维护了老年人合法权益。

文化养老体系不断完善。老年文体团队不断发展。为了丰富老年人的业余文化生活，充分发挥老年艺术工作者的作用，枣庄市相继成立了枣庄市老年艺术团、枣庄老年文化艺术协会等10余个老年艺术团体。基层体育辅导站点达到3350多处，优秀表演队伍260多支，老年体育健身骨干69000多人，老年庄户剧团达到264个。1999年4月，市老年学学会成立，市人大原副主任徐太轩担任会长。学会成立以来积极组织参加全国、全省举办的老年书画创作比赛，并连续5年举办了不同形式的老年人书画比赛和书画展览。在全国书画创作比赛中，有10人作品选入《中华老年书画作品集》。在省首届老年书画艺术大赛中，有43人作品入选，有10人获奖，其中一等奖1人、二等奖3人、三等奖6人，他们同时获得“山东省20世纪杰出成就百佳书画家”称号，另有7人获优秀作品奖。老年文化硬件水平不断上升。枣庄市在抓老年文化设施建设过程中，注重突出与新城配套建设、与新农村建设、与文化大院建设、与新改扩建项目建设“四结合”。目前，建有老年人活动中心（室）2300多个，市级规范化老年人活动中心（室）677个，占全市村（居）总数的27.4%，老年人日间照料中心45处、农村幸福院90处。2005年，市及各区（市）建有老年活动中心9个；乡镇（街道）建立老年活动站64个；村（居）建立老年活动室1304个，占全市村（居）总数的52%。各级文化娱乐中心、站、室、为老年人学习阅览、娱乐、活动提供了方便条件。老年精神文化生活不断提高。2009年，继枣庄市被国家体育总局命名为“全国健身秧歌城市”，创编了全国第四、六套健身秧歌竞赛套路后，受到了国家体育总局、省体育局和省老年体协的表彰奖励。各老年艺术团体持续开展“文化敬老进乡村”活动，深入全市偏远镇（街）和村（居），为远离城镇的农村老年人进行了多场演出；每年市老龄办都组织老年艺术团体参加全省银龄风采艺术节，各项大赛中共有9个节目获得一等奖、17个节目获得二等奖、12个节目获得三等奖，多个新创作的节目获得创作奖。

老有所为体系不断完善。“老专家科普行”活动共举办各类农业培训班、科普讲座、现场咨询等科普活动1160余场次；老科技工作者科技示范项目已培育市级示范项目60个，项目分布于农业、工业、卫生、教育各个领域，其中有9个被省老科协命名为农业科技项目示范基地。2005年底，全市乡镇（街道）、村（居）建有养老基地54处，其中，滕州市洪绪镇龙庄村养老基地，由1993年初建时的10亩地，发展到220亩，种植经营绿化苗木、花卉，年创收30余万元。吸纳60多位老年人就业，人均月收入360元以上，养老基地已累计创产值300万元，纯收入172万元，先后为发展老年事业提供资金23万元。营养厨房建设项目在全市784所中小学中，共建设校办厨房240余处，近三分之一的中小学可以提供集中就餐，其中有20所农村中小学纳入全国“春苗营养厨房”。广泛开展青少年法治宣传教育，全市聘请467名“五老”志愿者担任网吧义务监督员，各级关工委还筹集专项资金30余万元，资助了253名残疾青少年，举办农村青年科技培训班52期，开展科技下乡活动190余次，发放科技资料2.8万余份，落实50万元资金，捐建了10余所不同规模的留守儿童快乐成长活动站，全市共有3512名“五老”志愿者与5786名留守儿童结成长期帮扶对子。老有所为工作迈上台阶。全市涌现了一大批老龄先进集体和个人。1989年10月，峄城区离休干部张云福获“全国老有所为精英奖”。1991年10月，山亭区退休干部

徐明庭被授予“全国离退休干部先进个人”称号。1992年10月，市中区矿区办事处三老义务联防队、峄城区峄城镇张店村老年协会获“全国老有所为先进集体创新奖”。1990年10月，市老教育工作者协会被授予“全省老有所为先进集体”称号，李奉田、李绍熙、杨英歧、韩廷跃、王松年、宋修道、王学文、周传坤、张春亭、章桂山等10名老年人被授予“全省老有所为先进个人”称号。1989年10月，市委、市政府表彰了市老教育工作者协会等3个“老有所为先进集体”，李奉田等25位“老有所为先进个人”。

1995年9月，市老龄委表彰了滕州市老年人体育协会等36个“老有所为先进集体”，杨四藻等64位“老有所为先进个人”。1997年10月，市委、市政府通报表彰了枣庄邮电局老年协会等10个“老有所为先进集体”和郭胡全等15位“老有所为先进个人”。1999年2月，杨四藻、李奉田获“全国老有所为奉献奖”。2000年11月15日，市老龄办会同市人事局在市人才交流中心举办市老年人才市场成立暨首届老年人才交流大会，为老年人第二次创业搭建了通往成功的平台。

老龄宣传方式不断完善。2009年初至2010年底，历时两年，市老龄办集中人力集中时间进行了“枣庄市人口老龄化对经济和社会发展的影响对策研究”，先后开展了千名城乡老年人生活状况大调查、进行了数据分析、撰写了高质量的调查报告，形成的《农村老年人生活状况及对策》被市委《枣庄信息》刊用，受到市委、市政府领导的高度重视，促进了优待老年人和救助贫困老年人政策的出台；形成的《枣庄市老年人生活状况的调查报告》在省老龄办、省老年学学会（莱州）研讨会上荣获一等奖，此论文还受到市委宣传部的奖励。

2011年1月1日，枣庄市老龄工作的第一个门户网站——枣庄老龄网（枣庄市老龄工作委员会办公室网站）正式开通。该网站是枣庄市老龄工作委员会办公室的官方门户网站，是全市老龄系统在国际互联网上发布政务信息和提供办事服务的综合平台，是市老龄办实施政务公开、对外宣传和便民服务的核心窗口。市老龄办门户网站的建设开通，以积极推进政务公开为目标，主动接受公众监督；以推进便民服务为方向，开拓网上办事业务；以面向社会公众宣传为重点，向全社会宣传国家老龄事业发展政策，大力弘扬尊老敬老的新风尚。11月10日，“全市老龄问题研讨会”在将军阁大酒店召开。会议通报评选了23篇优秀论文，为获奖者颁了奖，3篇获奖论文作者在会上作了交流发言。

积极参加全省老年健康与长寿研讨会。2012年全省（潍坊）研讨会上，全市上报论文25篇，居全省之首，其中，2篇荣获二等奖、4篇荣获三等奖、其余均获优秀奖；在2013年全省（曲阜）研讨会上，全市有7篇论文获奖，其中，2篇荣获二等奖、3篇荣获三等奖；2014年在全省（乳山）研讨会上，全市共推荐上报14篇优秀论文，全部获奖，其中，1篇《关于养老机构改革的几点思考》获得全省一等奖；在2015年全省（蒙阴）研讨会上，全市调研工作再创佳绩，在推荐上报的14篇论文中，有9篇获奖，其中2篇荣获一等奖，4篇荣获二等奖，3篇荣获三等奖；2016年在全省（济南）研讨会上，全市推荐的论文，19篇获得不同层次奖励。

2014年9月29日，山东省庆祝老年节大会在济南召开。会上，山亭区被授予“山东省长寿之乡”。10月1日，山亭区举行“山东省长寿之乡”揭牌仪式。11月19日，首届全国敬老文化论坛在北京举行。由市老龄办推荐的论文《敬老文化与代际关系》《浅析敬老文化与老年人心理需求的关系》，分获一、二等奖。12月22日，由市老龄办组织撰写的论文《关于养老服务机构改革的几点思考》荣获全省一等奖、全国三等奖，市老龄办荣获组织奖。

2015年9月1日，枣庄市老年学学会第三次全体会员大会召开，学会会员90余人参加了会议。10月21日，山东省庆祝老年节大会在济南南郊宾馆召开。会上，表彰了老龄工作先进集体、先进个人。滕州市老龄办、峄城区老龄办被评为老龄工作先进集体。市老龄办副主任张徐丰荣立二等功，滕州市老龄办副主任马运玲、山亭区老龄办副主任郑进、台儿庄区老龄办副主任李瑞华分别荣立三等功。李良、刘合富、丁业广、李强、倪士伟、陈兴亮被评为敬老模范，李壮猷、袁自理、石扬声被评为模范老人。

三、枣庄市老龄事业发展经验启示

（一）及时出台老龄政策规定是发展好老龄事业的关键所在

自老龄委成立以来，市委市政府始终站在高起点谋划老龄工作，出台了一系列老龄政策规定，为全市老龄事业发展提供了政策支持。

老年人合法权益有法可依。1987年，市政府转发了《关于农村签订家庭赡养协议书试点情况的报告》，实践证明，这一政策的出台，枣庄市家庭赡养工作一直走在全省的前列，也为广大老年人特别是农村得不到不孝子女赡养的老年人安度晚年提供了政策保证，时至今日，全市签订“农村家庭赡养协议书”工作还得到保持，也是全省工作的亮点之一。1987年10月16日，枣庄市人大通过了《枣庄市维护老年人合法权益的决议》，1988年通过了《关于将农历九月九日确定为“枣庄市老人节”的建议》，这是全市维护老年人合法权益的标志性事件，为当时老年人合法权益保障工作提供了法律支持，也为下一步出台优待老年人规定奠定了基础。1998年2月9日，市政府颁布《枣庄市优待老年人规定》，并于2003年3月进行了修订，这一《规定》的出台，对老年人享有什么样的权利以法律的形式予以确立，让老年人维权不再无法可依，老年人的合法权益得到有效维护。

老龄化事业发展有章可循。2011年10月，市委、市政府相继制定印发了《关于进一步加快老龄事业发展的意

见》《枣庄市优待老年人规定》《枣庄市老龄事业发展“十二五”规划》及《关于促进老龄事业发展和养老体系建设的实施意见》等关键性文件，并在贯彻省文件精神的基础上取得了创新和突破。枣庄市出台的《关于进一步加快老龄事业发展的意见》，既严格落实山东省《意见》要求，又结合全市实际，努力在提高标准、扩大范围、解决难题上下功夫，过去制约老龄事业发展的一些瓶颈问题均得到较好解决。新修订《枣庄市优待老年人规定》先于《山东省优待老年人规定》于2011年12月12日以政府令的形式颁布实施，并在诸多涉及老年人切身利益的重点、难点问题上都有了较大突破。制定《枣庄市老龄事业发展“十二五”规划》确定了科学、合理的目标任务，使规划既有宏观层面的指导性，又有微观层面的可行性。2012年，经过积极争取，考核工作实现了新的飞跃。4月17日，市委、市政府印发了《2012年度区（市）目标管理考核指标体系》，首次将全市老龄工作纳入今后每年对区（市）的考核指标之中。明确规定，将党政领导重视、组织机构健全、资金投入到位、优待政策落实四大项作为全市老龄工作考核内容及评价要点。

实践证明，枣庄市一系列政策法规的出台，实现了政策创新突破，为全市老龄事业发展提供了政策保障，也是老龄事业快速发展的关键所在，只有党委政府领导重视，政策法规予以支持，老龄事业才能健康可持续发展。

（二）建立健全老龄工作机构是发展好老龄事业的组织保证

枣庄市老龄工作机构从“枣庄市老龄问题委员会”到“枣庄市老龄委员会”，再到“枣庄市老龄工作委员会”，并确定为市政府“负责全市老龄工作的综合议事协调机构”。按照市里的模式，各区（市）、镇（街）均成立了老龄委和老龄办，行政村（居）均成立了老工委，全市形成了上下贯通的基层老龄工作组织机构。市老龄委根据人员变化情况，及时调整市老龄委组成部门，将组织、宣传、财政、民政等36个部门吸纳进来，由市委分管领导兼任主任、市政府分管领导兼任副主任，逐步形成了“大老龄”工作格局。基层坚持各级党委或政府的分管领导兼任老龄委主任，区（市）、镇（街）老龄办均明确为政府直属工作部门，村（居）老工委主任由村（居）书记或主任兼任。

枣庄老龄工作机构的建设经验证明，只有健全老龄工作组织网络，适应时代要求创新思路，推动老龄工作向主动应对转变，向统筹协调转变，向加强人们全生命周期养老准备转变，向同时注重老年人物质文化需求、全面提升老年人生活质量转变。在完善党委统一领导、政府依法行政、部门密切配合、群团组织积极参与、上下左右协同联动的老龄工作机制，形成老龄工作大格局，就能保证城乡老龄工作有人抓、老年人事情有人管、老年人困难有人帮。

（三）保持与经济社会同步前进是发展好老龄事业的必要条件

近几年来，随着经济社会的不断发展，枣庄市老龄事业投入不断加大。市、区（市）老龄事业发展专项资金按照辖区老年人口数，从1997年每年每人1元的标准，增加到2006年，市、区（市）、乡镇（街道）每年每人1.5元、2元、3元的标准，2011年又提高到不低于2元、3元、5元标准；老年人关爱工程累计投入资金达1600余万元；在全省率先对80、90、100岁以上老年人发放不低于360元、720元、3600元的普惠制高龄津贴。为80—89岁和90—99岁的低保老年人增发1200元、2400元津贴，每年5300余万元；全市约有42万老年人享受城乡居民基本医疗保险减免优惠政策，每年减免资金达4000余万元；全市约有47万余名老年人享受城乡居民基本养老保险政策，养老金最初的每月55元增加到现在的每月100元，增长幅度达45%；自2004年起，全市落实离退休人员离退休金增长机制，每年均为离退休人员增长离退休金，到2017年已经实现十三连增。

只有保持老龄事业与经济社会同步前进，才能不断增强社会保障水平、养老服务能力、老年优待标准、敬老助老氛围等；只有通过保证城乡基本养老保险制度全面覆盖、城乡基本医疗卫生制度基本建立、城市“三无”、农村“五保”供养制度基本完善、老年社会福利制度基本规范、良好的社会氛围基本形成、各级财力逐步向老年民生倾斜，才能使全市的老龄工作更加扎实，老龄干部更有信心，老年群体更有盼头，才能让全社会努力为老年人办实事、做好事、献爱心的劲头更足、责任更大。

审稿人：段正慧
撰稿人：朱宗顺　张徐丰
周永生

改革开放以来枣庄市中小微企业发展历程、成就、特点及经验

改革开放以来，市委、市政府高度重视中小企业发展，加大政策扶持力度，加快行政审批制度改革、企业改革、金融和财税体制改革，着力为中小企业营造良好的发展环境。枣庄市中小企业从小到大，由弱变强，历经了30多年风雨征途，已发展成为全市经济增长的主力军，扩大就业的主渠道，财政增收、居民致富的重要源泉，为推动全市经济社会发展做出了巨大贡献。

一、枣庄市中小微企业的发展历程

枣庄市中小微企业的发展与我国经济发展历程和经济体制变化是一致的。枣庄市1954年批准建市，是一座因煤而建因煤而生的城市，建市伊始，除了依托枣庄矿务局大力兴办煤矿企业外，还利用当地优势资源，建设了一批建材、化工、纺织、食品等企业。中共十一届三中全会以来，随着改革开放的不断深入，枣庄市中小微企业得到了长足发展，大致经历了五个阶段。

1.起步发展阶段（1978—1985年）

中共十一届三中全会以前，枣庄市民营经济（中小企业）如“星星之火”，数量少，规模小，发展十分缓慢。中共十一届三中全会，冲破长期以来“左”倾错误的束缚，拨乱反正，作出了把工作重点转移到社会主义现代化建设上来的战略决策，揭开了解放思想、改革开放的序幕，提出“社队企业要有一个大发展”。中小微企业（乡镇企业）以此为契机，进入了一个崭新的发展时期。1979年，国务院颁布了第一个发展社队企业的指导性文件，即《关于发展社队企业若干问题的规定（试行草案）》，文件对社队企业的发展方针、经营范围、资金来源、所有制、税收政策、利润的使用等方面都有了明确规定。比如：社队企业利润除了用于企业扩大再生产和新建企业外，主要应用于农田基本建设；国家对社队企业实行低税、免税政策等，鼓励农民因地制宜发展多种经营，允许农民经商办企业，极大地调动了农民的积极性。枣庄市也出台了《贯彻执行国务院发展社队企业〈十八条〉若干问题的试行规定》，使社队企业的发展方针、政策更加明确，对引导全市社队企业的进一步发展起到了重要作用。

随着农村经济体制的改革和社队企业不断发展、壮大和巩固，1984年，中共中央、国务院批转了农牧渔业部《关于开创社队企业新局面的报告》，决定将社队企业改为乡镇企业，从而开始了乡镇企业发展的新阶段。乡镇企业的范围已从原来公社、大队两极，改变为乡（镇）、村、组（原生产队）、农民联合和农村个体企业。1982—1985年，市委、市政府相继颁发了《关于大力发展乡镇企业的决定》和《关于进一步加快乡镇企业发展的若干规定》，明确提出把发展乡镇企业作为振兴农村经济乃至枣庄经济的战略重点，制定了一系列鼓励、支持、引导中小微企业（乡镇企业）健康发展的政策措施。在这些政策措施的推动下，全市中小微企业（乡镇企业）得到恢复和发展，成为全市农村经济的重要支柱，成为全市经济的一支重要力量。1979年，全市个体工商业户发证1898户，社办工业发展到501家，从业人员44132人，工业总产值12743万元，主要分布在煤炭及炼焦、化学工业、机械工业、建筑材料工业、木材加工、食品工业、纺织缝纫及皮革工业等主要行业；个体工商户已遍布城乡，个体工商业零售额达到社会商品零售总额的10.3%；1985年，全市中小微企业（乡镇企业）单位数发展到55661户，从业人员40.11万人，企业总收入12.31亿元。其中：乡（镇）办企业964个，从业人员11.57万人，企业总收入45456万元；村办企业12426个，从业人员11.46万人，企业总收入39613万元；村以下企业（包括农民联营企业、个体企业及其他形式合作企业）42271户，从业人员17.06万人，企业总收入38031万元。

2.徘徊发展阶段（1986—1991年）

1987年党的十三大报告中，私营经济作为“公有制经济必要的和有益的补充”，第一次出现在党的正式文件中，并论证了它的性质和作用。1988年4月七届人大第一次会议通过的宪法修正案，在第11条中增加规定：“国家允许私营经济在法律规定的范围内存在和发展。私营经济是社会主义公有制经济的补充。国家保护私营经济的合法的权利和利益，对私营经济实行引导、监督和管理。”这是在社会主义改造基本完成以后，在国家根本大法中，第一次确认私营经济的合法地位。私营经济的合法存在和发展，一定程度上保障和促进了私营经济的发展。但是，随着市场的逐步放开，国家实施价格“并轨”，放开价格管制，引发全国范围内的物价上涨，出现了较为严重的市场混乱，加之当时国际国内政治形势剧烈动荡和急剧变化，导致党内和一部分干部群众对个体私营经济的发展产生了片面认识，甚至

出现了姓“资”姓“社”的争论。因此，国家对个体私营经济开展了清理整顿和税收大检查。在这种限制政策下，有的区（市）出现了歧视、刁难、打击民营经济，侵害民营经济合法权益的现象，造成一些个体私营企业停业观望，私营企业争戴集体企业“红帽子”，民营经济发展速度放缓。到1991年底，全市中小微企业乡（镇）、村两级企业达到5450个，从业人员25.4万人，企业总收入83.94亿元。

3. 快速发展阶段（1992—1996年）

1992年初，邓小平南方谈话带来了中小微企业发展的第二个春天，解决了长期困扰人们认识的计划与市场问题上姓“资”姓“社”的争论，为大力发展私营经济带来了一次新的思想大解放。南方谈话和党的十四大确定了社会主义市场经济改革目标，明确了非公经济与公有制经济“共同发展”的方针，非公经济发展的前景明朗起来。1993年11月，中共十四届三中全会通过的《中共中央关于建立社会主义市场经济体制若干问题的决定》进一步强调：“坚持以公有制为主体，多种经济成分共同发展的方针。在积极促进国有经济和集体经济发展的同时，鼓励个体、私营、外资经济的发展，并依法加强管理。国家要为各种所有制经济平等参与市场竞争创造条件，对各类企业一视同仁。”党的一系列方针政策，彻底消除了个体私营业主的顾虑，给个体私营经济发展以极大的鼓舞。市委、市政府及时制定出台了关于推进个体私营经济快速发展的二十四条措施，提出了“八个不限制、两个保护、一个引导”的扶持政策，打消了对私人从事工商经营的思想顾虑，一大批机关干部、国有集体企业职工“下海”经商办企业，掀起了个体私营经济发展的热潮。为加快中小微企业（民营经济）发展，市委、市政府于1992年7月作出了《关于推动乡镇企业持续、稳定、协调发展的决定》，明确提出发展乡镇企业是建设社会主义新农村的希望所在，是实现现代化建设第二步战略目标的关键，把中小微企业（乡镇企业）作为经济发展的战略重点来抓，鼓励引导企业上质量、上档次、上水平、上规模，进一步提高企业经济效益、整体素质和市场竞争能力，有力地促进了中小微企业（乡镇企业）的快速发展。“八五”期间，全市中小微企业（乡镇企业）总收入保持了年均增长33.1%的发展速度，成为枣庄市中小企业（乡镇企业）发展最快最好的时期之一。1997年1月1日，国家颁布实施《中华人民共和国乡镇企业法》，明确了中小企业（乡镇企业）的地位和作用，中小微企业（乡镇企业）步入了法制化发展的轨道。同年，市政府出台了《关于加快发展个体私营经济的通知》，加大了对中小微企业（乡镇企业）和民营经济的支持力度，通过一系列的政策扶持和引导，枣庄市中小微企业（乡镇企业）发展进入了“快车道”。到1996年底，全市中小微企业（乡镇企业）单位数发展到87267户，从业人员73.53万人，企业总收入达到348.4亿元。

4. 膨胀发展阶段（1997—2003年）

1997年9月召开的党的十五大，对私营经济的认识实现了历史性的突破，党的十五大报告进一步明确指出，“非公有制经济是我国社会主义市场经济的重要组成部分。对个体、私营等非公有制经济要继续鼓励、引导，使之健康发展”，“坚持按劳分配为主体、多种分配方式并存的制度”。1999年修改的我国《宪法》规定：“个体经济、私营经济等非公有制经济，是社会主义市场经济的重要组成部分”，并明确提出：“国家保护个体经济、私营经济的合法

山东特色产业镇——鲍沟镇中国玻璃城

权利和利益”。对国有企业改革进一步做出了重大部署，强调要“调整和完善所有制结构”，“从战略上调整国有经济布局”。

1999年，中共十五届四中全会通过的《关于国有企业改革和发展若干重大问题的决定》，对国有企业改革的目标、方针政策和主要措施作出了全面部署。随着国家在税收、金融、外贸、投资体制等方面的一系列改革措施相继出台并逐步到位，国有企业改革力度加大，经营机制转换步伐加快，个体私营经济和“三资”（中外合资、技术合作、外商独资）企业发展迅速，机制更加灵活，乡镇企业的竞争对手、竞争范围、竞争领域均发生变化，过去所拥有的政策、机制优势相对减弱，乡镇企业产权制度等弊端日益明显，发展受到限制。全市认真贯彻中央和省委的重大部署，针对国有集体企业普遍经营不善、亏损严重的情况，全市市属、区属企业以建立现代企业制度为方向，坚持因企制宜，一企一策，能股则股、能卖则卖、能转让的转让、能租赁的租赁、能托管的托管，多形式推进企业产权制度改革，先后对全市国有集体企业进行了改制、改组和改造。1999年7月7日，全市深化乡镇企业改革会议召开。会议后全市乡镇企业按照“规模企业集体控股上水平、中型企业多方参股增活力、小型企业拍卖转让搞私营”的要求，实行“公转民”，以产权制度改革为突破口，因企制宜，多策并举，大力推进乡镇企业改制。通过改制，绝大多数国有集体企业利用产权转让、股份合作、公司制改造等形式，直接转制成为非公有制企业；大量的乡镇集体企业主动摘掉集体企业的“红帽子”，恢复个体私营企业的真实身份。一批具有一定规模实力的私营企业，抓住国有集体企业改革的有利时机，采取购买、兼并、租赁、参股等形式，实现了低成本快速扩张。截至2000年，全市802家乡镇办企业，改制完成796家，改制面为99%，其中拍卖175家，转让90家，租赁170家，股份制78家，股份合作制60家，破产74家，联合兼并36家，其他形式113家。通过改制，注入资金1.99亿元，资产变现1.56亿元，收回租金0.76亿元，收纳股金0.49亿元，减债5.38亿元，盘活资产2.82亿元。除乡镇办集体企业改制的同时，市直、区（市）直企业也积极推进企业改制，枣庄市于2000年基本完成了改制任务，改制面达99%，已完全转为民营的1011家，占改制企业总数的57.8%。在完成企业改制改组的基础上，引导民营企业加快体制和机制创新，改变旧的经营和管理模式，大大增强了企业的内部发展活力。随着全市市直、区（市）直、乡（镇）办企业改制完成，中小企业的主体形式也随之转变，中小企业由原来以乡镇企业为主体转变为以非公有制（民营）经济为主体，民营经济成为中小企业发展的主要动力。

2000年1月，在考察学习德州市、河北省清河县民营经济发展经验后，全市对推动民营经济（民营指除国有及国有控股、外商独资企业以外的所有企业及个体工商户）发展作出重大部署。2月16日，为加快民营经济发展，组建枣庄市民营经济发展委员会，负责全市民营经济工作。4月6日，全市全民发展民营经济动员大会召开。会议提出了“解放思想，大胆创新，放开搞活，加快发展”的口号，市委、市政府出台了《关于加快民营经济园区发展的决定》，明确提出了科学规划，因地制宜，建设各具特色的经济园区；放宽政策，强化服务，优化发展环境的一系列措施，制定了园区企业税收实行“三免两减半”等优惠政策。会后，全市掀起了发展民营经济的高潮。截至当年底，全市私营企业发展到2908个，注册资金12.46亿元；初具规模的民营经济园区发展到33处，园区企业累计达1125家，项目投资10亿元；民营经济实现营业收入186亿元，利税17.5亿元，上缴税金3.5亿元。

为了改善中小企业经营环境，促进中小企业健康发展，扩大城乡就业，发挥中小企业在国民经济和社会发展中的重要作用，2002年6月29日，第九届全国人民代表大会常务委员会第二十八次会议通过了《中华人民共和国中小企业促进法》，标志着我国促进中小企业发展走上规范化和法制化轨道。个体、私营企业的快速发展、乡镇企业改制和《中小企业促进法》的出台有力推动了全市中小微企业快速膨胀。2003年底，全市中小微企业个数发展到5600多家，从业人员18.7万人，纳税额11.16亿元。

5.跨越发展阶段（2004年至今）

2005年，国务院出台了《关于鼓励支持和引导个体私营等非公有制经济发展的若干意见》，各级党委、政府相继出台一系列鼓励扶持非公经济发展的政策措施，非公经济发展的体制性障碍彻底消除，发展环境更加宽松，进入跨越发展的“黄金期”。枣庄市顺时应势，放手、放开、放活非公经济发展。市委、市政府出台了《关于进一步放开放活再掀民营经济发展新高潮的意见》，提出了新一轮民营经济发展的指导思想、发展目标和重点及放开政策、放宽领域、放活人员、放手经营的“四放”方针。大力实施全民创业工程，激活各类创业主体，改制企业分流人员、下岗职工、务工返乡人员、大中专毕业生等发挥优势，竞相创业，催生出了数量众多的小老板，形成了中小微企业（民营经济）铺天盖地发展之势。2007年，枣庄市颁布施行《枣庄市中小企业促进条例》，从加强对中小微企业的创业扶持、技术创新、市场开拓、资金支持、信用担保、社会服务、权益保护等方面作了明确规定，进一步推动全市中小微企业步入法制化发展的轨道。进入“十一五”后，全市中小微企业按照科学发展观的要求，不断解放思想，转变发展观念，创新发展模式，提高发展质量，增强自主创新能力，依靠技术创新推动产业、产品结构调整和节能降耗，从粗放型向集约型发展转变，从主要依靠增加物质消耗逐步转到了主要依靠科技进步、劳动者素质提高和管理创新上来，努力实现又好又快发展。市委、市政府相继出台

了一系列加快中小企业发展政策措施。2010 年 2 月发布了《枣庄市人民政府关于进一步促进中小企业发展的意见》，鼓励中小企业加强技术创新、管理创新、制度创新和企业文化创新，大力实施品牌战略，着力提高市场竞争能力。2012 年，市政府出台了《关于推进工业转型振兴的实施意见》和《关于实施双百中小微企业成长计划的意见》。2015 年，市委市政府出台了《关于进一步加快全市民营经济发展的意见》等文件，从创业扶持、资金支持、创新推动、市场开拓、服务保障、权益保护等多个方面，对促进中小微企业发展工作明确了诸多政策细化和创新性的规定，既贯彻了《中华人民共和国中小企业促进法》精神，也体现出了促进中小微企业发展的特色和亮点。

二、枣庄中小微企业发展取得的成就

光阴飞逝，时光如梭，伴随着改革开放的大潮，枣庄市中小微企业历经了 30 多年风雨征途，取得了辉煌成就，已发展成为全市经济增长的主力军，扩大就业的主渠道，财政增收、居民致富的重要源泉，对推动全市经济健康、持续、快速增长，构建和谐幸福新枣庄发挥着日益重要的作用。

（一）中小微企业已成为国民经济的重要支柱

改革开放 30 多年来，枣庄市中小企业得到突飞猛进的发展。2017 年，全市中小微企业发展到 5.44 万户；中小微企业从业人员达到 52.16 万人；中小微企业注册资金 2611.1 亿元。规模以上中小微工业企业发展到 1379 个，占全部规模以上工业的 98.71%；规模以上中小微工业企业利润 129.48 亿元，占全部规模工业的 63.77%。中小企业的发展，对全市经济社会又好又快发展起了重要的支撑作用。

（二）中小微企业已成为财政收入的重要来源

2017 年，全市中小微企业纳税额（包括个体工商户）143.416 亿元，占全市税收总收入的 80.46%。从各区（市）民营经济纳税额所占比重情况看，民营经济已成为区（市）财政来源的主体：市中、薛城、峄城、台儿庄、山亭、滕州和高新区民营经济（中小企业）纳税额分别占全区（市）税收总额的 54.69%、92.08%、92.84%、89.26%、90.99%、71.54% 和 96.04%。

（三）中小微企业已成为安置就业的重要渠道

2017 年，全市中小微企业从业人员达到 52.16 万人，中小微企业提供了全市 74% 以上的城镇就业，80% 以上的农民工在中小微企业务工，成为城乡就业的主渠道，促进了社会的稳定。

（四）中小企业是推动小城镇建设的重要力量

中小企业起到了沟通城乡、衔接工农的重要作用，走出了一条农村工业化、城镇化和现代化的新路子。一大批以中小企业为主的园区、产业集群和以传统集市贸易为基础的集镇发展成为当地经济、文化中心，形成了一大批具有一定规模和具有一定特色和区域竞争优势的小城镇，缩小了城乡差别，为全市小城镇建设做出了重大贡献。

（五）中小微企业已成为新农村建设的重要动力

乡镇企业的发展，拓展了农村经济发展的空间，优化了农村的产业结构，逐步改变了农村经济和区域经济单纯依靠农业支撑的格局，推动了农村经济结构的重大调整和优化。改变了农村以种植业为主的传统经济模式，使农村的产业结构和经济结构发生了质的变化。中小微企业的发展，增加了农民收入，在许多中小企业比较发达的乡镇，农民收入 80% 来自中小微企业，中小微企业的发展，壮大了农村集体经济实力，为农村各项公益事业的建设扩大了资金来源，为新农村建设奠定了坚实的物质基础。

三、枣庄中小微企业发展的主要特点

（一）政策支持力度加大，发展氛围日趋浓厚

为加快培育重点优质中小微企业，推动全市工业转型振兴，枣庄市自 2012 年开始实施“双百中小微企业成长计划”，市政府下发了《关于实施双百中小微企业成长计划的意见》，公布了 200 家成长型企业名单，实施扶苗育壮，促其提档升级。先后争取国家、省专项扶持资金近 5000 万元，加上其他部门市本级扶持资金超过 1 亿元。市政府办公室印发了《关于促进创业带动就业的意见》，在资金扶持方面提出了鼓励中小微企业创业促发展具体措施。1. 增加小额担保贷款，2013 年底前，市级担保基金增加到 1 亿元，有条件的区（市）担保基金增加到不低于 1000 万元。2. 设立创业促就业专项扶持资金，2014 年至 2018 年，市政府每年从失业保险滚存结余基金中安排不少于 2000 万元，作为市级创业带动就业扶持资金。3. 提高创业补贴标准。从 2014 年起，对首次领取营业执照并正常经营 1 年以上的小微企业，给予不低于 1 万元的一次性创业补贴；对吸纳就业人员并与其签订 1 年以上期限劳动合同的，按照申请补贴时创造就业岗位数量给予每个岗位 2000 元的一次性创业岗位开发补贴。4. 从 2014 年起，城乡各类劳动者均可在户籍所在地或求职、就业地享受职业培训补贴和技能鉴定补贴。提高市级培训补助标准，将初级工、中级工和高级工的市级培训补助标准分别提高到 400 元 / 人、400 元 / 人、500 元 / 人，市级创业培训补助提高到 800 元 / 人。为拓宽企业融资渠道，枣庄市不断创新融资产品，形成融资产品超市，中小微企业可根据自身条件，选择合适的融资方式融资。全国首创钢结构资产抵押贷款业务、助保金贷款、过桥还贷周转金、接续还贷资金、土地使用权封闭贷款业务等融资产品的不断创新，使更多符合条件的中小微企业解决了融资难题。各区（市）也设立了专项扶持资金，主要用于扶持中小微企业发展，加强职业技能培训、给予小额担保贷款贴息和促进

创业孵化基地、创业园区建设等，帮助中小微企业开拓市场，提升企业产品市场竞争力。

（二）全民创业卓有成效，民营经济、中小企业总量迅速扩张

市委、市政府始终把推动全民创业作为增强发展活力、扩大就业再就业、促进城市转型的重要举措，不断催生充满活力的中小微企业和个体工商户，收到了较好成效。一是为创业者降低准入门槛。推行“非禁即入”原则。创业者创办企业和个体工商户，除法律、法规和国家限制经营的项目外，均可自主经营。创业者投资涉及国家产业政策鼓励项目和市、区（市）区域发展重点项目，工商部门在办理登记注册时给予便利，创业者以实物或无形资产出资，只需提供法定验资报告。二是为创业者提供资金支持。各级党委政府把为城乡创业人员、中小微企业发展、农民工创业提供资金支持作为促进全民创业工程的重要手段来抓，加大资金扶持。三是为创业者提供场地支持。按照“政府引导、市场运作、统一规划、因地制宜、科学发展”的原则，积极引导各区（市）加快建设小微企业创业辅导基地，为大众创业、万众创新搭建载体。截至2017年底，全市共有市级小微企业创业辅导基地35家，其中省级以上小微企业创业辅导基地17家，国家级1家（枣庄山亭城头镇豆制品小企业创业辅导基地）。在创业创新大潮的推动下，全市各类众创空间、创业咖啡、创新工厂等新型孵化模式悄然兴起，成为创业创新的重要推动力，使得草根创业创新在全市蔚然成风。

全国优质豆制品基地——山亭区城头镇

（三）特色产业加速发展，集群优势不断凸显

枣庄市充分发挥资源优势，做大特色产业文章，按照“发展优势产业、打造核心企业、延伸产业链条、培育产业集群”的工作思路，在规划引导、政策扶持、示范推动、氛围营造、智力支撑、全力推进等方面不断加大产业集群建设力度，取得了阶段性成效。一是推动产业集群的规模扩张和层次提升。枣庄市先后制定了《枣庄市市级产业集群认定暂行办法》和《枣庄市特色产业镇认定暂行办法》，并组织开展了认定工作。同时还对符合省级标准的，积极组织推荐申报省级产业镇和省级产业集群，二是加大财政扶持力度。滕州市设立了2000万元机械制造业专项资金扶持产业集群建设，峄城区每年财政设立500万元专项资金支持产业集群发展。三是提升中小微企业产业集群区域品牌知名度。每年选择产业集聚度高、创新能力强、发展潜力大的产业集群，在齐鲁晚报“走进产业强镇”专版栏目进行宣传，进一步提高了枣庄市新兴产业集群的知名度和美誉度。滕州机床、现代玻璃、城头豆制品等区域经济品牌，随着产业集群的不断提升，知名度越来越高，成为中小微企业产业集群的靓丽名片，提升了产业集群的竞争能力。随着中小微企业产业集群规模不断扩张，产业集聚效应明显增强，不仅在服装、食品、玻璃等传统领域得到提升，在精细化工、新能源等新兴产业领域也得到长足发展。截至2017年底，全市共建设市级以上镇域特色产业集群25个、特色产业镇16家，其中，省级产业集群7个，山东省特色产业镇10家，产业涉及机械机床、煤化工、新能源、童车童床、农产品加工、机械制造、汽车零部件、纺织服装、新型建材等多个行业，聚集企业2800余家，安排就业27万余人。在吸纳劳动力就业、提高产业竞争力等方面发挥了重要作用，成为区域经济发展的重要经济增长点。

（四）科技创新步伐加快，企业素质逐步提高

枣庄市始终坚持市场引导与政府推动相结合，积极培育一批具有较强自主创新能力和示范带动作用的科技型企业，促进高新技术产业加速发展。为推进枣庄市中小微企业转型升级步伐，市中小企业局编制了《2013—2016年全市“专精特新”中小企业发展规划》，选择重点培育的科技创新型企业160家、培育自主品牌10个、专精特新企业80家、特色服务型企业100家，作为重点扶持对象，推动全市中小企业加快转调创步伐。积极引导中小企业向“专精特新”方向发展，研究制定了“专精特新”认定办法，每年选择一批专精特新产品（技术）、高新技术成长型企业进行重点扶持，形成布局结构相对合理、自主创新能力持续增强、规模和质量不断增长的中小企业群体。开展“一企一技术”活动，引导中小微企业在产品质量、技术工艺、产业链条上寻求突破，创造更多适合自身发展的技术绝活和专有技术，攻克一批关键技术，开发一批高新技术产品，实现产品更新换代。截至2017年底，

全市共有市级研发中心 129 家、创新企业 57 家、专精特新企业 541 家；省级研发中心 56 家、创新企业 57 家、省级专精特新企业 130 家。积极引导中小企业通过多种形式和高校科研单位建立长期稳定合作关系，共同承担国家和省科技项目，共同实施技术改造项目，形成产学研结合长效机制，建立多层次的技术创新公共服务平台。如，滕州市依托枣庄科技职业学院、山东化工技师学院开展订单式技工培养，每年为企业培养输送高级技工 1600 余人。

（五）服务体系健全完善，营商环境全面优化

为加快形成适应中小企业发展需要的服务体系，2011 年，市中小企业局向省中小企业办公室上报了枣庄市中小企业服务大厅项目方案，并得到国家工信部中小企业司及省财政厅、省中小企业办认定，列入山东省首批平台建设单位，争取国家扶持资金 200 万元。按照“政府引导、依托中介、整合资源、市场化运营”的原则，在市政务服务中心建设了中小企业公共服务平台。中小企业服务大厅于 2012 年 11 月初正式启动运营，服务平台设立了管理咨询、维权服务、担保融资、产业指导、人才培训等 10 个服务窗口，通过整合社会资源，引入优质服务机构，为中小微企业提供服务；同时，以实体服务平台为依托，开设枣庄市中小企业网和枣庄市中小企业微信平台，通过采取“窗口 + 平台”“线上 + 线下”的服务模式，为中小微企业提供全方位便利服务。

枣庄市中小企业公共服务平台外景

四、枣庄中小微企业发展的基本经验

40 年改革开放，40 年春华秋实。在 40 年的改革发展过程中，枣庄市中小微企业立足实际，解放思想，更新观念，大胆创新，勇于实践，积累和形成了许多成功经验。

始终坚持以解放思想为先导，把发展中小微企业摆到重要的战略位置。解放思想、与时俱进，是枣庄市中小微企业发展的最基本经验。枣庄市中小微企业 30 多年的发展过程，就是不断解放思想，不断更新观念，勇于创新，大胆实践，敢为人先，突破一切阻碍发展桎梏的过程。中小微企业每一次发展高潮都以思想解放，观念更新为先导。改革开放以来，市委、市政府和地方各级党委、政府始终把发展中小微企业作为振兴全市经济的战略措施来抓，在每一个发展关键阶段，都及时研究制定政策措施，明确发展思路，为中小企业持续快速健康发展创造了良好环境。经过 30 多年的风风雨雨，枣庄市中小企业的市场意识、竞争意识、创新意识、发展意识明显增强。

始终坚持深化改革，不断增强企业生机和活力。改革是中小微企业发展的不竭动力。改革开放以来，枣庄市以产权制度改革为重点，通过建立现代企业制度，发展股份制、股份合作制以及租赁、拍卖、兼并、联合等多种形式，不断推进中小微企业产权制度改革，使企业成为自主经营、自负盈亏的经营主体，逐步建立了“产权清晰、权责明确、政企分开、管理科学”的现代企业制度，增强了企业发展的生机和活力。20 世纪 80 年代中期，滕州市洪绪镇在中小企业（乡镇企业）积极开展股份合作制改革试点，充分调动了企业经营者和劳动者的积极性，使潜在生产力得到极大激发，取得了很好的效果。此后，薛城区产权制度改革也在全市乃至全省引起巨大反响，中小微企业产权制度改革进入了一个新阶段。20 世纪 90 年代后期，枣庄市中小企业产权制度改革已基本完成，中小企业产权制度已经发生重大变化，实现了股份制、外商独资、中外合资、个体私营等产权多元化，现代企业机制逐步建立完善。

始终坚持科技进步，推动经济增长方式转变。改革开放以来，枣庄市中小微企业牢固树立科学技术是第一生产力的思想观念，坚持以科技进步为动力，努力建立以企业为主体、市场为导向、产学研相结合的中小企业自主创新体系，不断加大科技投入和新产品、新技术开发力度，创新能力不断提高。在政策引导方面，枣庄市制定出台了《枣庄市人民政府关于支持企业提高自主创新能力的意见》《枣庄市科技型中小企业认定管理办法》等支持企业技术创新政策；在平台承载方面，支持科技型中小企业建立企业重点实验室、工程技术研究中心等研发机构，提升对技术创新的支撑与服务能力。对拥有自主知识产权并形成良好经济社会效益的科技型中小企业研发机构给予重点扶持。对当年

度新认定的国家级和省级工程技术研究中心、重点实验室、院士工作站，市财政分别给予50万元、20万元的奖励。在协同创新方面，推动科技型中小企业与大型企业、高等学校、科研院所开展合作；鼓励高等学校、科研院所等形成的科技成果向科技型中小企业转移转化；在人才引育方面，鼓励科技型中小企业采取多种形式培养和引进创新创业人才，入选国家“千人计划”“特支计划”“泰山学者”和泰山产业领军人才等国家和省重点人才工程的，给予50万—100万元的奖励资金。在环境服务方面，落实小型微利企业技术转让、研发费用加计扣除、科研仪器设备加速折旧、进口设备免税等税收优惠政策，对经认定的高新技术企业，符合规定条件的减按15%的税率征收企业所得税；引导科技型中小企业开展技术研发活动，对当年新认定的国家高新技术企业，给予一次性10万元奖励。中小微企业正在逐步实现由粗放型向集约型转变，正在步入新型工业化发展轨道，实现可持续发展。

始终坚持发挥机制优势，不断提高企业市场竞争力。中小微企业机制灵活，市场适应力强，具有独特的发展优势。改革开放以来，枣庄市中小微企业坚持从实际出发，充分发挥自身优势和特点，主动适应国家产业政策和市场经济规律，形成经济发展优势。一是坚持走“专精特新”的发展路子。鼓励引导中小微企业实行专业化、精细化、特色化发展，加大技术创新和管理创新，形成独特的市场竞争优势，成为枣庄市产业链条的重要组成部分。二是坚持走集聚化发展路子。组织实施特色产业提升计划，鼓励引导中小微企业实现集聚化发展，形成一大批集聚化程度高、特色产业突出、市场竞争力强的产业集群。三是坚持走规模化发展路子。按照市场经济规律，通过联合、兼并、购买等多种形式，促进生产要素的合理流动和重组，大力发展规模经济。组织实施中小微企业成长计划和小企业培育计划，加大对企业的资金、技术、信息、人才、管理等支持，培育企业做大做强。

始终坚持对外开放，拓宽企业发展空间。改革开放40年，也是枣庄市中小微企业扩大对外开放、不断向国际市场迈进的40年。伴随着思想观念的转变和改革开放的深入，枣庄市中小微企业充分利用国际国内两个市场、两种资源，逐步形成了全方位、宽领域、多层次的对外开放新格局。一是扩大出口创汇。2017年，全市民营企业实现进出口57.14亿元，占全市进出口总值的56.5%。其中出口54.21亿元，占全市出口总值的60.9%；进口2.93亿元，占全市进口总值的24.4%。进出口、出口第一大经营主体的地位进一步巩固。出口产品结构趋向优化，高附加值、高创汇、高技术含量的产品比重不断提高。二是大力开展招商引资。重视完善投资环境和招商引资方式，实际利用外资逐年增加，外资投向更加优化，合作领域、合作对象更加广泛。三是引进先进技术和管理经验。积极采用国外新技术、新设备、新工艺，加强引进、消化、吸收和创新相结合，加快传统产业提升改造，提高科技竞争力。同时，不断学习借鉴国际先进经营机制和管理经验，实现自我发展、自我完善。

始终坚持从经济全局出发，不断创造良好发展环境。实践证明，良好的发展环境是中小企业健康发展的基本保证。市委、市政府和各级地方党委、政府，始终把中小微企业放在经济社会发展战略全局来考虑，及时研究制定工作思路、发展目标和政策措施，不断建立完善工作机制，政策法规体系更趋完善。一是创造优良的服务环境。各级中小企业主管部门实行服务承诺制，将本单位的服务内容、服务标准、办结时限、违诺惩处、监督电话等向社会公布，公开承诺，自觉接受社会监督。二是创造有序的生产环境。市委、市政府先后出台了《关于进一步优化经济发展环境的若干意见》《关于进一步优化经济发展软环境的意见》，成立了经济环境投诉中心和机关效能监察中心，接受企业和投资者投诉，为企业创造了安定的生产经营环境。三是创造规范有序的法制环境。对各类执收执罚项目不断进行全面清理，对于应保留的审批项目，设立“枣庄市行政审批中心”集中办理，简化了审批程序，缩短了审批时限。积极推行政务公开，严格实行行政过错责任追究制，全面提高政府依法行政水平。四是创造亲商敬商的人文环境。使广大干部群众强化生产力标准，形成干事创业、亲商敬商的浓厚氛围，努力营造敢争先、重时效、讲诚信、守法纪的社会环境。

回顾过去，成绩斐然；展望未来，前景广阔。目前中国特色社会主义进入了新时代，中国经济发展也进入了新时代，经济已由高速增长阶段转向高质量发展阶段，中小企业的发展也站在一个新的历史起点，面临着千载难逢的发展机遇和新的挑战。全市中小企业系统将紧跟时代发展步伐，坚持以习近平新时代中国特色社会主义思想为指导，牢固树立和贯彻创新协调、绿色、开放、共享新发展理念，坚持稳中求进工作总基调，以推进供给侧结构性改革为主线，加快实施新旧动能转换重大工程，加快推动中小企业发展质量变革、效率变革、动力变革，努力形成全市中小企业创新发展、持续发展、领先发展的新格局，为加快建设自然生态宜居宜业新枣庄做出新的更大贡献。

审稿人：祝世峰

撰稿人：隋甲卫　华芬芬

枣庄职业（技师）学院的创办、发展历程与成就经验

2008年3月28日，一个喜讯从省城济南传来，省政府正式批复同意建立枣庄职业学院。这一天，结束了枣庄市没有公办高等职业学院的历史，标志着高等职业教育建设迈出了重要步伐，开启了枣庄市职业教育的新篇章。创建成功后的枣庄职业学院与枣庄技术学院（2013年初更名为枣庄技师学院）两位一体办学，高等职业教育与高层次技工教育融合发展，实现了从中等职业教育向高等职业教育的历史性跨越，为枣庄市城市转型提供了更为强有力的人才支撑。

一、枣庄职业学院（枣庄技术学院）的创建（2003—2008年）

进入新世纪以来，枣庄市委市政府调整优化发展思路，创新经济社会管理机制，加快资源型城市转型步伐，积极构建和谐社会，建设幸福新枣庄。为了给枣庄经济文化和社会发展提供智力平台和高技能人才支持，推动各项工作上水平，摘掉枣庄没有国办高职的帽子，2003年5月，市委市政府整合全市职业教育资源，做出了依托枣庄技术学院创建枣庄职业学院的决定。

1. 整合全市职业教育资源创建枣庄职业学院

金字塔尖需要雄厚的基础作为依托，枣庄职业学院成功创建离不开枣庄技术学院、枣庄卫校、枣庄农校等多所枣庄职业学校多年的发展与积淀。

枣庄技术学院的前身为枣庄市劳动局技工学校（简称枣庄技校），始建于1978年。1998年6月，枣庄技校被认定为国家重点技工学校；2000年7月，经省政府批准改建为枣庄市高级技工学校。2002年12月，再次经省政府批准，枣庄市高级技工学校更名为枣庄技术学院，是山东省首批设立的技术学院。

枣庄市卫生学校始建于1973年，为国家重点中等职业学校。枣庄农业学校成立于1979年，为省部级重点中等职业学校。

2003年，从全市经济社会发展大局出发，枣庄市委、市政府根据“统筹规划，合理布局，充分利用现有资源，不搞重复建设”的原则，对全市职业教育资源整合，将枣庄市卫生学校、枣庄农业学校整建制并入枣庄技术学院，依托技术学院创建职业学院。另外，从撤销的市商业职工中专、市冶化职工中专、市纺织职工中专、市机械电子职工中专、市轻工职工中专等七所职工中专中公开考选60名教师补充到了学院。

整合后的枣庄技术学院融聚了2所国家级重点学校、1所省部级重点学校的力量和部分职工中专的骨干教师，形成了本部和东、南、中等四个校区办学的格局，人才培养涵盖了工、农、医等诸多领域，实力急剧提升，规模迅速扩张，为高技能人才培养和职业学院创建奠定了雄厚的基础。

2. 执着追求、知不可为而为之，学院创建历程

信念往往与行动结伴同行，成功离不开执着的追求。

2004年2月15日，枣庄市委第24次常委会正式做出依托枣庄技术学院创建枣庄职业学院的决定。

并入多所学校后的枣庄技术学院有了市委、市政府的高度重视，师资、设备等方面也都基本具备了条件，创建枣庄职业学院看起来马上就要变成现实。但是，按照国家当时新建国办大学的设置规定，专科（高职）层次的，除师资、设备、图书等条件外，校舍占地面积不得少于500亩，而且不能多于两个校区。整合后的枣庄技术学院，虽然总占地面积超过了500亩，但4个校区中，无论哪两个校区的占地面积相加都不足500亩。这就是说，即使其他条件都达到或超过专科（高职）设置规定，光校舍占地面积不达标这一项就办不成高职。

让人始料不及的是，随着国家土地政策紧缩，这个难题一直困扰了创建好多年。在数易其址，屡更方案后，新校区建设用地问题始终无法解决。2004年9月，教育部等七部门《关于进一步加强职业教育工作的若干意见》关于“中等职业学校不再升格为高等职业院校或并入高等学校，专科层次的职业院校不再升格为本科院校，教育部暂不再受理与上述意见相悖的职业院校升格的审批和备案”的“限升令”，使枣庄职业学院创建再次陡添困难。枣庄职业学院创建一时间陷入了更大的困境。

山重水复，柳暗花明。

为加快枣庄职业学院建设步伐，枣庄市委主要负责人多次听取汇报，要求加快职业学院创建。2006年，学院新校区建设项目被列为市重点建设项目，并被推荐列为山东省重点建设项目，这也是同年除了济南以外的唯一一个高校建设省级重点项目，后又被市政府确定为枣庄市重点抓好的九大基础建设之一。2006年9月，市委市政府再次听取了有关工作汇报后，提出了“办高职、建新校、创专业、强队伍、走新路”的

总体思路。2006年11月，市委市政府召开专题会议，按照节约集约、依法用地的原则，研究解决了学院新校区的用地问题。新校区整体规划850亩，为加快审批，一期开工建设521亩。市委督查室靠上督查，各有关部门通力合作，新校区建设用地终于解决，破解了职业学院创建的一大瓶颈。

但是，另一瓶颈——禁升，仍然横亘在面前，看起来仍是不可翻越。为争取上级支持，技术学院于2007年12月11日邀请省有关部门的同志到新校区建设工地考察，工地热火朝天的施工场面和对创建枣庄职业学院的热切期盼令他们感动，但同时又认为新校区尚未建成，还不具备基本的办学条件，仅仅一个依托改建就很难进入高职评审。就在很多人对枣庄职业学院创建失去信心的时候，市委市政府决定换条思路，不走依托改建，而是完全新建，从而从根本上破解困局。2008年3月，市委市政府向上级部门汇报了枣庄市情和创建枣庄职业学院对于落实壮大关于支持资源枯竭型城市转型政策，推动枣庄作为老工业基地振兴的重大意义，取得上级部门领导的理解和支持。两大瓶颈得到突破，枣庄职业学院创建已经曙光在前。

新校区用地手续在最短的时间内办理完毕，随即于2006年12月28日奠基，然后就马不停蹄地进入了“三通一平”等施工前期工作。

2007年8月28日，在前期各项准备工作就绪后，工程正式开工建设。为加快新校区建设进度，市委市政府主要领导时刻关注工程进展，先后多次召开政府专题会、现场办公会，研究解决建设中的难题，明确分管副市长靠上抓新校区建设，后又安排1名市政府副秘书长长驻工地协调有关工作。枣庄高新区和市直有关部门也对枣庄职业学院的建设倾注了极大的热情，给予了大力支持与配合。学院抽调精兵强将组成了新校区工程建设指挥部，不分昼夜地在工地负责建设工作。

新校区一开工建设，职业学院创建更加紧锣密鼓地开展。市政府、市教育局和技术学院分头向各级领导汇报争取支持，短短十多天时间里，就四上北京，十去济南，日夜兼程，行程数万公里。功夫不负有心人，3月13日下午5点10分，学院接到省教育厅正式通知：3月20日省高校设置评议委员会专家组到枣庄，对枣庄职业学院创建申请进行考察论证。自此，创建工作由加快筹建转向迎评攻坚。3月13日到3月20日，仅有不到7天的时间，而要做的工作却是大量的，特别是由于要走新建的路子，陡然使工作量急剧加大。如果依托已有30年办学历史的技术学院，只需做一点添补即可。但现在所有有技术学院印迹的硬件都不能依托，只能走新建的路子，因而存在着很大的缺口，而这个缺口必须在这么短的时间内迅速补齐。同志们接到任务，马不停蹄地开展工作。采购图书设备的，北京南京，上海济南，能坐火车的坐火车，不能坐火车的乘飞机，怎么快、怎么好就怎么办。起草申办材料的，一项一项地检查对照，一段一段地修改整理，甚至一个标点符号也不放过，努力想呈上一份合格的答卷。那几天，大家工作节奏之快、热情之高、团结合作精神之强，都是任何时候所不能比的。经过持续高效的工作，终于在省高等学校设置评议委员会专家组来枣现场考察论证前将各项工作筹备到位。由于新校区建设还没有完全到位，市政府把会展中心都腾了出来，供存放展示图书设备之用。

3. 梦想成真

2008年3月20日，省教育厅组织山东省高等学校设置评议委员会专家组对筹建工作进行了实地考察。下午，省专家组在枣庄迎宾馆召开评议会。市委市政府领导以及具体负责创建的同志，先后致辞，汇报筹建情况，认真进行答疑。看了现场，听了情况介绍，专家们对所见所闻表示惊讶，特别是3个月前来过的几位同志更是表示不可想象。不少同志用了一个共同的字眼表达他们的感受：“没想到！”

2008年3月25日上午，山东省高等学校设置评议委员会全票通过对枣庄职业学院创建的评议。

3月28日，省政府批复同意建立枣庄职业学院，枣庄职业学院正式建立。2008年4月8日，国家教育部予以备案，枣庄职业学院创建取得圆满成功。随后，《枣庄日报》、枣庄电视台等媒体先后发布消息，把这一喜讯传向全市。

多年的梦想终于化成了现实，历史自此跨越。

正像《枣庄日报》在报导枣庄职业学院创建历程时所配发的短评所言，“创建枣庄职业学院，是市委、市政府在各项条件尚不完备、国家严格控制高等职业教育的形势下，举全市之力推动的一项重点工作。枣庄职业学院的创建成功，体现了知不可为而为之的精神和气魄，对学院做好其他工作是一种鞭策和激励。在实际工作中，对于那些看似困难重重无法完成或遥不可及的事情，人们在慨叹之余往往便放弃，或延迟去办。知不可为而为之，需要的不仅仅是勇气和坚韧，更重要的是强烈的事业心和责任心。面对任何事情，只要有一分希望，都要以对社会、对人民、对事业高度负责的态度去尽力争取。知不可为而为之，需要的不仅是在遇到挫折时依然抱有的希望，更重要的是还要有克服困难的思路和办法。要对形势有科学的分析和判断，对稍纵即逝的时机要能敏锐地捕捉和把握，要善于利用一切可以利用的资源和力量，努力使不可为的事情变成可为，并取得意想不到的成功”。创建成功后的枣庄职业学院继续发扬着这种精神，高起点起步，高标准建设，高效能管理，以后发先至的气魄和追求，向着建设高水平有特色职业学院目标奋力前行。

二、枣庄职业学院（枣庄技术学院）的发展（2009—2013年）

坦途已铺好，路怎么走是对领导者的严峻考验。市委市政府指出，枣庄职业学院创建成功具有战略意义，创造了奇迹。回顾昨天，来之不易；看看今天，

形势严峻；想想未来，要脱胎换骨。要高度重视枣庄职业学院，为城市转型培养急需人才。市委市政府指示既说出了职业学院创办成功付出的艰辛，又提出了明确的要求。既看到今天的形势严峻，又指出未来方向。

根据枣庄和学院实际，市委、市政府决定，职业学院与技术学院两位一体发展。学院领导班子认真思索，反复探究，明确了建设高水平有特色职业学院的目标，确定了“立足枣庄，着眼未来，服务转型，面向一线”的办学定位，以服务区域经济发展为己任，服务转型促转型，融入发展促发展，重点围绕城市转型这一战略和煤化工、文化旅游、城市建设“三大战役”对人才的需求，着力培养以能吃苦、能干事、能创业为特色的高素质高技能“三能两高”人才。

1. 更新教育思想观念，准确把握办学定位与目标

面对新的办学领域、新的办学形势，学院把更新思想观念、明确办学思路与方向摆在了办学首要位置。以《教育部关于全面提高高等职业教育教学质量的若干意见》等文件和人才培养工作评估有关要求为重点，在全院广泛开展职业教育理论学习。先后多次组织骨干人员到广东、浙江、江苏和省内部分示范职业技术院校学习考察。邀请马树超、朱松涛、金志涛等专家来院指导讲解，提高教职工对高等职业教育的理解与认识。通过不断学习高等职业教育理论，借鉴吸收先进办学经验，深入分析自身资源条件，全面梳理办学思路，先后制定了学院“十二五”发展规划及各项子规划，确立了“高水平有特色的职业学院”的发展目标，明确了“德能并举、学做一体、合作共赢、特色发展”的办学理念和“立足枣庄，服务转型，面向一线培养高素质高技能人才”的办学定位，确立了“坚持高等职业教育与高层次技工教育两位一体协调发展，实施‘人才强校、质量立校、特色兴校、开放活校’四大战略，突出‘走新路、强队伍、创品牌’三大重点，努力建设高水平有特色的职业学院”的办学思路。

2. 围绕服务城市转型，加快特色专业建设

根据枣庄城市转型和重点发展的“八大产业集群，四大特色服务业”，积极拓宽办学领域，创建产业急需专业，形成了与区域经济相适应的专业布局。如围绕机械制造业对人才的需求，构建以机电一体化技术专业为核心的制造类专业群；围绕文化旅游的发展，构建以旅游管理专业为核心的旅游类专业群；围绕煤化工及精细化工产业集群，构建以应用化工技术专业为核心的化工技术类专业群；围绕医药卫生行业对人才的需求，构建以口腔医学专业为核心的医药卫生类专业群。通过多专业群的构建，为城市转型提供多领域的人才支持。

在专业群建设过程中，学院注重核心课程的引领作用，努力将其办出特色，办成亮点。机电一体化技术专业、旅游管理专业被列为中央财政重点支持建设专业；数控技术专业、旅游管理专业被确定为省级特色专业建设点。口腔医学专业顺利通过教育部、卫生部联合评估，成为山东省内开设医学类专业为数不多的高职院校之一，发展势头良好。

3. 实施人才强校战略，提高师资队伍水平

学院把师资队伍建设列为教职工队伍建设的优先方向，从职称评聘、评先树优、组织发展等方面全方位向教学一线倾斜。注重抓好师资培训培养，每年假期都集中时间对教师进行集中培训，聘请高层次专家来校辅导讲课；拨出专项经费资助年轻教师到省内外高校攻读学位，提高学历层次；选派专业教师到省内外有关单位进修深造，到企业实践锻炼，促使教师开阔视野，更新观念，丰富知识，提升水平。专任教师中具有研究生学位的占专任教师总数的60%以上；“双师素质”教师占专任教师的70%。根据教学需要，从省内外高校选聘高层次专家担任专业带头人、系主任；从企业选聘有实践经验的技术人员、管理人员担任实验、实训指导教师。目前全院聘请企事业一线技术骨干和能工巧匠担任兼职教师150多名。

学院研究制定了鼓励和支持教师开展教科研活动的政策文件，组织评选教学名师、专业带头人、骨干教师、首席技师，安排专项资金奖励教研科研成果和各方面带头人。目前已有多人获评省市级首席技师、省青年科技人才、省市技术能手、枣庄市有突出贡献的中青年

专家等称号。

4. 突出职业能力培养，推进课程建设改革

为强化学生的职业素养培养，提升适应岗位能力，以工学结合人才培养模式改革为切入点，探索建立了“多阶段、多循环”工学结合人才培养模式，制订了由人文素养课程、职业能力课程、职业拓展课程三大模块构成的人才培养方案。为推进课程改革，邀请姜大源、戴士弘、陈东等国内著名职教专家来院指导培训，制定了《精品课程建设管理办法》，新建了精品课程制作室和多功能数字化校园网，依照“分析工作任务—归纳行动领域—确定学习领域—设计学习情境”的步骤，构建基于工作过程系统化的课程体系，建立“以学生为主体，以能力培养为主线，以典型工作任务为载体，以学生参与度和满意度为重点”的教学评价标准，积极探索“课程设计情境化、理论实践一体化、教学过程工作化、考核方式动态化”的教学模式。为增强教材的针对性实用性，与企业合作开发工学结合课程30多门、教材20多部、自编教材30多部，其中与市旅服委合作开发的《枣庄旅游景点导游词》填补了枣庄旅游文化的一项空白。

5. 积极推进校企合作，构建实践教学体系

学院积极与市内行业、企业对接联系，签订战略合作协议，成立旅游和服务业职业教育集团，建设校内生产性实训基地。其中润峰电子生产线车间、纯净水生产车间、附属口腔医院、枣庄台城旧事餐饮有限公司、枣庄梦之旅旅行社有限公司等15个生产性实训基地相继建成并投入使用。与市农业局和市畜牧局合作共建的农产品质量检测中心和兽药饲料检测检验中心实现了资源共享。与市委组织部、市教育局等5部门联合，用优惠政策委托培养农业科技人才，实现了合作共赢。2012年，学院被全国旅游服务业校企合作工作委员会授予“最佳校企合作奖”。

为有利校企合作，建立了技师工作站，吸纳企业技师到校内技师工作站工作。与企业合作，探索建立了“学院、企业双主体育人，基本技能、专业技能、综合（职业）技能三层次递进”的实践教学体系。依照单项实训—综合能力实训—顶岗实习的顺序设计实践环节，提升实际操作能力。遵照系统化管理的理念，制定了实践教学管理制度，使专任教师与兼职教师、专业教师与实习实训指导教师在学生实习实训过程中各负其责，共同完成任务。

6. 优化教育教学管理，完善质量保障体系

狠抓教学管理的规范化、制度化建设，建立了比较完善的教学管理规章制度。依托专业建设指导委员会，制定了满足工学结合要求的专业人才培养方案、专业核心课程标准和主要教学环节质量标准等。依托专兼职队伍，强化教学督导。除学院教学督导室对全院教师进行正常性检查、每学期组织一次学生评教和教师互评外，学院领导也经常深入课堂听课查课，听取教师和学生意见，督促改进教学工作。为提高监督实效，从校外聘请3位经验丰富的专家，常年在学院专职督导，随机抽查教师授课备课情况，现场考核打分，对提升教学质量起到积极作用。

7. 落实环境育人理念，注重校园文化建设

健康优美的校园环境有利于陶冶学生的情操、美化学生的心灵、激发学生的灵感、启迪学生的智慧。从建校伊始，学院就特别注重校园文化建设，营造良好的育人环境。依据自然地形地势建造的建筑单体，既达到了因地制宜、节省资金的目的，又错落有致、富有特色；引用的中水处理回用装置、太阳能热水器、风光互补灯，体现了节能环保发展的新理念；依地成景的天工开物文化墙和以造车鼻祖奚仲、汉代名相匡衡命名的奚仲路匡衡路彰显了学院以职业能力为中心的办学特色；以校训、校风、主栽植物命名的路园名称和图文并茂的植物标识牌，更起到了丰富知识和潜移默化的育人功能。

为培育学生的良好品德和作风，学院提出了从严治学、从严治校的工作方针，注重思想、文化和心理健康教育，注重品德、习惯培养，实行封闭管理，天天上早操、课间操，实行领导夜间带班制度，加大教育和监管力度，积极开展丰富多彩、形式多样的文体娱乐活动、志愿服务活动。学院科技支农“三下乡”

学院全景图

暑期社会实践团队成功入选全国重点团队，“志愿服务在医院”活动被新华网、人民网等中央媒体报道，产生了良好社会影响。

以办学理念、学院精神、校训、校风、教风、学风、校徽、校歌等为主要内容，打造核心校园文化，凝练了汇聚“德、能、志、学”等职业技能教育要素的“尚德尚能、励志励学”校训，倡行“至诚至善、唯实唯新”的校风、“尽心尽责、精言精教”的教风和“不舍不已、善学善行”的学风，唱响了“载着梦想飞翔”校歌，核心文化的打造很好地起到了凝聚人心、激励奋进的作用。

8. 强化社会服务功能，不断提升社会声誉

学院利用已有教学资源积极为地方为社会服务。与市直部门单位合作开展职工岗位技能培训，与台儿庄古城管委会合作进行部分建设咨询论证，为第二届中国非物质文化遗产博览会、第三届春节文化论坛暨首届中国春节旅游产品博览会提供志愿服务，配合市委办公室承担部分高层次接待服务任务，得到了上级领导以及与会嘉宾的肯定。与中央电视台合作，承办了中国首届焊工电视大赛；与全国总工会合作，承办了第三届全国职工职业技能大赛数控车工决赛和三项省级职工职业技能大赛。依托在学院设立的各级各类人才培训基地，开展多种形式技能培训，每年培训鉴定5000多人。

9. 迎评工作扎实有效，通过全省高职院校人才培养工作评估

刚刚建校不到五年，学院就面临着2013年上半年全省高职院校人才培养工作评估的重要考验。为迎接评估工作，全院上下统一思想，明确任务，扎实工作，精心准备。历经四天的听取汇报、实地考察、随堂听课、座谈走访、专业剖析、查阅材料等环节，专家组对学院人才培养工作形成了全面、深入、细致的考评意见，充分肯定了学院在人才培养工作方面采取的有效措施和取得的实际成效，尤其是全院上下同心同德、奋发进取、知难而进、敬业奉献的精神面貌和特色鲜明的校园文化氛围，给专家组留下了深刻的印象。评估结束后，学院及时召开人才培养工作评估总结暨整改动员大会，巩固评建成果，安排部署评估整改工作。这次评估，真正体现了“以评促改，以评促建，以评促管，评建结合，重在建设”的方针。通过评估，全面回顾总结了五年高职办学经验，理清了符合学院实际的办学理念和办学思路，凝练出了富有学院特色的校训、校风、校歌和教风、学风，更转变了办学的观念，促进了改革，凝聚了人心，锻炼了队伍，改善了条件，规范了管理，提升了内涵，整体办学水平上了一个大的台阶。

经过不断开拓，学院一些办学成果得到了上级部门和社会认可，先后成功承办中国首届焊工电视大赛、第三届全国职工职业技能大赛数控车工决赛等；被确立为国家高技能人才培训基地、全国职工职业技能实训基地、国家级农民工培训示范基地、全国大中专学生志愿者社会实践活动先进单位。

三、学院建设发展新成果（2013年至今）

2013年以来，在市委、市政府的正确领导和上级业务部门的具体指导下，学院领导班子团结带领全体师生员工，深入学习贯彻落实党的十八大、十九大和习近平新时代中国特色社会主义思想，以深入开展党的各项专题教育为重点，以立德树人为根本任务，以职业技能大赛为抓手，深化教学改革，推进内涵建设，优化育人环境，提高办学质量。学院各项事业实现了新的发展。尤其是党的十九大以来，学院以习近平新时代中国特色社会主义思想为指导，以创新发展为引领，以创建省级优质高职院校为目标，深入贯彻党的十九大精神，紧扣社会主要矛盾的变化，围绕省市新旧动能转换重大工程，聚焦三个服务，夯实五项建设，强保障、抓内涵、建体系、提质量、推改革，学院各项事业持续、稳步发展。

1、认真贯彻中央和省市委各项部署，积极谋划教育改革，科学编制“十三五”事业发展规划

认真学习贯彻中央会议和领导讲话精神。通过理论中心组学习、报告会、座谈会等形式，广泛开展宣讲、研讨、培训等活动，组织师生员工认真学习党的十八大、十九大和习近平新时代中国特色社会主义思想，深刻领会中央重大部署，切实将思想与行动统一到自觉贯彻落实中央精神上来，进一步凝聚改革共识，推进依法治校，深化作风建设。贯彻落实全国、全省高校思想政治工作会议精神，结合工作实际研究制定实施办法。深入学习贯彻习近平总书记教师节重要回信和讲话精神，将其作为推动学院改革与发展的重要遵循和行动指南，切实增强办学的使命感、责任感和紧迫感。市委、市政府主要领导多次来校视察指导、现场办公，对学院发展提出了奋斗目标。学院深入学习贯彻市委、市政府主要领导讲话精神，进一步坚定办优质高等院校的信心和决心。

大力实施大学生创新创业发展战略。深入贯彻落实国务院《关于深化高等学校创新创业教育改革的实施意见》、省市委《关于深入实施创新驱动发展战略的意见》等文件精神，学院成立了专门领导机构，制定了《创新创业教育改革实施意见》，将创新创业教育融入人才培养全过程，深化创新创业教育改革。加强创业实践教育，联合市、区人力资源服务中心开展“创业培训进校园”系列活动，举办“大学生创业论坛”，营造创业氛围，增强青年学生的创业意识。发挥学生专业特长，成立学生创新创业协会和“青青枣职”学生创业联盟，开展科技创新、创意设计、创业计划等专题竞赛，引导学生创新创业实践。2016年学院获得枣庄市首届创富项目大赛一等奖。2018年在第十届山东省大学生科技节创新创业模拟企业经营大赛（职业院校组）中荣获大赛一等奖。

《枣庄职业学院章程》通过省教育厅核准。大学章程作为现代大学制度的

核心，是高校自主管理、依法治校的法律基础。学院党委高度重视，将学院章程建设作为推进综合改革、完善内部治理体系的重要内容，成立了章程建设领导小组，通过考察学习、座谈会等方式广泛征求意见建议，数易其稿。经教职工代表大会讨论、院长办公会议审议、党委会审定，报经市政府核准同意，于2015年6月底完成报送《枣庄职业学院章程（核准稿）》工作。后经省教育厅高等学校章程核准委员会评议，《枣庄职业学院章程》通过核准，并印刷成书。

科学编制"十三五"事业发展规划。按照以立德树人为根本，以人才培养为中心，以提高人才培养质量为核心，紧紧围绕服务枣庄城市转型需求的指导思想，2015年5月，学院启动了编制"十三五"事业发展总体规划和各系（院）专项规划工作，组建规划编制起草小组，制定规划编制工作方案，并多次召开专题会议，安排部署；深入学习贯彻中央、省市委全体会议精神，认真谋划2016—2020年学院事业发展目标和重点建设内容，科学编制了学院"十三五"事业发展规划。

2. 以深入开展"两学一做""三严三实"专题教育为重点，加强改进党建和党风廉政建设，持续推进作风转变

深入开展"两学一做""三严三实"专题教育。作为党的建设的重点工作，按照中央和省市委的部署，学院以领导班子成员、各部门主要负责人（含主持工作副职）为重点，组织开展了"两学一做""三严三实"专题教育。专题教育开展以来，学院围绕"两学一做""三严三实"主题，聚焦学党章党规、学总书记系列讲话、做合格党员、对党忠诚、个人干净、敢于担当，突出问题导向，集中抓好学习研讨，全面进行自我剖析。同时，学院将"两学一做""三严三实"专题教育的开展与群众路线教育实践活动问题整改紧密结合；通过座谈会、走访调研、发放征求意见表、电子邮箱、谈心谈话、问题清单等多种形式，共查摆确定领导班子"不严不实"突出问题5个方面、15项具体表现，班子成员查摆"不严不实"问题21项。对于查摆的问题，特别是针对部分干部出现问题的情况，党委班子进行深刻反省并展开讨论，找出问题症结，落实整改措施，明确努力方向。

夯实基层党建工作基础。认真贯彻落实中共中央办公厅《关于坚持和完善普通高等学校党委领导下的校长负责制实施意见》，完善院系两级管理议事决策机制。抓好政治理论学习，党委中心组组织专题学习《中国共产党廉洁自律准则》《中国共产党纪律处分条例》，并为全体党员订购学习材料，以支部为单位进行学习，强化党员纪律规矩意识。举办党支部书记基层党组织建设理论学习研讨班，专门印制学习材料，围绕如何履行抓基层党建主体责任、遵守政治规矩与政治纪律的认识等，集中交流研讨，加强基层党建第一责任人履职意识。建立基层党组织工作情况纪实制度，印制《基层党支部工作纪实簿》，对基层党组织工作情况进行纪实，提高基层党建工作科学化规范化水平。

推进党风廉政建设。召开党风廉政建设工作会议、警示大会及专题会议，印制《党风廉政建设和反腐败工作实施意见》，逐级签订《党风廉政建设工作目标责任书》，严格落实"一岗双责"，强化监督考核、责任追究。坚持《每月一课》，参观廉政警示教育基地，举办党风廉政教育专题报告会，开展"国家宪法日"学习、廉政文化书画作品比赛等党风廉政宣传和警示系列教育活动，增强廉洁、守纪、规矩意识和法制观念。建立处级干部廉政档案，签订党员干部廉政承诺书。建立健全学风廉政建设监督员制度，选聘党风廉政建设监督员。加强对招标采购、合同审签监督检查，严格执行物资采购和招投标管理有关规定，全过程跟踪监督。

3. 党的十九大以来，学院党委持续深入学习习近平新时代中国特色社会主义思想和党的十九大精神

推进"两学一做"学习教育常态化制度化，深入推进党风廉政建设。制定《关于落实全面从严治党主体责任的实施意见》，通过理论中心组学习会、支部学习会、专题辅导讲座、领导干部上党课等方式，推动党员干部原原本本、系统全面、持续深入学习。成立以党委书记为组长的党建工作领导小组，印发《2018年党建工作要点》《2018年党建工作培训计划》，先后召开党建工作会议和党建工作重点任务落实推进会，落实全面从严治党政治责任，推动基层党组织管党治党责任层层传导。召开2018年党风廉政建设工作会议，制定《2018党风廉政建设工作实施意见》，持续开展党风廉政建设巡察工作，对后勤处开展巡察。发挥廉政教育展室作用，组织开展党员干部廉政教育；组织观看廉政警示教育片，构架廉政宣传和警示教育常态机制。

2018年学院深入开展"大学习、大调研、大改进"工作。召开"大学习、大调研、大改进"工作动员会、务虚会，围绕山东省"十强产业"和枣庄"265"产业集群及六大特色优势产业发展需求，深入全市33家重点骨干企业，通过座谈会、实地走访等方式深入调研，服务省市新旧动能转换重大工程。邀请11家市直有关部门和行业协会负责人召开服务新旧动能转换座谈会，组织山东丰源集团、台儿庄古城旅游集团等9家企业探索"教育型"企业、"教学型"师傅试点，研究探索"教学型"师傅培养认定办法。

4. 以职业技能大赛为抓手，以赛促学、以赛促教、以赛促改，着力提升内涵建设水平

职业技能大赛成绩显著。职业技能大赛是学院的工作重点，并将技能大赛成效作为衡量教学水平的重要标准。学院召开职业技能大赛动员大会，成立技能大赛领导小组，制定《关于进一步加强技能大赛工作的意见》，将技能大赛作为一项目标任务、一项常规工作分解到各系院（部），纳入考核。按照以赛

促学、以赛促教、以赛促改的要求，将行业企业标准引入大赛标准，将大赛标准引入人才培养方案，将竞赛项目融入教学内容，修订人才培养方案42个；通过学生比赛、教师比武，促进教学改革，教学质量和人才培养质量不断提高，学生先后获国家和省市级各类技能大赛奖项100余项，其中2018年化工生产技术专业荣获全国职业院校技能大赛团体一等奖第一名，并获得山东省“化工生产技术”高职组赛项省赛承办权；口腔医学专业荣获全国卫生职业院校口腔技能大赛团体第一名，并获得2019年全国口腔技能大赛承办权。

全面推进教学改革实施。学院多次召开研讨会、交流会，集中开展特色化教学改革听课评课、学习导航评选活动，全面推进实施“政校企行联动，课岗证标贯通，做学教赛一体”人才培养模式，提高教学效果。立足区域经济社会发展，推动专业与产业对接，逐年增设、调整高职专业，高职专业达36个。加强实训实验室建设，逐年持续加大投资，现有实验实训室、实习基地140处。修订《系部教学工作考核办法》等制度，完善院系两级教学检查和督导评价制度，实现教学管理重心下移。承担山东省高等职业教育口腔医学专业教学指导方案开发工作。加强教学团队建设，制定《关于组建教学改革团队的意见》，建成2个中央财政重点支持建设专业、5个国家级高技能人才培训基地建设项目重点专业、3个省级特色专业、2个省级品牌专业群、1个省级示范专业群，2个专本贯通培养专业，建有18门省级精品课程和5门省级职业教育精品资源共享课程。其中2017年，学院《急救护理学》等5门课程被评为山东省职业教育精品资源共享课程，《高职高专精品资源共享课与传统课堂的“三层次融合”教学模式研究》等3项课题获批省级教学改革研究立项项目，共获资金29万元。加强实验实训基地建设，投资660余万元，新建实训室10个，校企共建康力和漫博通实训室2个，云录播系统16个，多媒体教室27个，进一步改善了教学条件。

师资队伍建设实现重大突破。深入开展“师德师风建设年”活动，教师王其平2015年荣获“全国教书育人楷模”称号（全国每年只有10人当选），受到了李克强总理的亲切接见。根据专业需要，采用人事代理制度，面向社会招录180余名高学历人才充实教师和辅导员队伍。现有教师550余人，“双师型”教师占75%以上。积极组织教师参加国家、省级培训。推进人才强校战略，制定《2015—2020年人才队伍建设规划》，召开高层次人才工作座谈会，加强高层次人才队伍建设。召开教师节表彰大会，开展“四有”好老师和优秀教师、先进教育工作者评选活动。

5. 围绕服务城市转型需求，深化产教融合、校企合作，提升社会服务能力

招生就业质量稳步提高。按照“适度规模，调整结构，完善政策，保证质量”的原则，主动适应招生制度改革新形势、新要求，学院高职招生人数由建校初期的800余人，发展到2018年在校高职学生9020余人，高职生报到率90.71%。所有技工、中专学生实施入学考试制度，严把入口关，生源质量持续提高。通过举办毕业生夏季招聘会，开展系列优秀毕业生报告会和优秀毕业生风采展，加强就业指导、开展创业培训等多种方式，毕业生就业整体质量呈上升趋势，2015届毕业生就业率为96.89%，就业专业相关度平均为97.89%，毕业生获取职业资格证书率为96.9%，用人单位评价指标调查满意度为95%。

学院被人力资源与社会保障部、财政部确立为“国家高技能人才培训基地”建设立项单位，获国家补助资金500万元。该项目是国家实施高技能人才振兴计划的重要工程，全省获批建设立项单位共有4家，枣庄市唯一一家。

扩展延伸社会培训领域。积极开展适应社会和市场需求的技术培训和鉴定，深入力源电力、银座商城、社会福利院等20余家企事业单位开展职工职业技能培训；联合市民政局、滕州监狱等部门，开展护理员、服刑人员、退役士兵等培训鉴定；积极承办新型职业农民培训等省市阳光工程培训，仅2015年就累计培训鉴定6000余人。学院被省商务厅认定为“山东省服务外包人才培训机构”。

产学研合作更加紧密。加强与企业产业融合，先后成立了漫博通动漫学院、中德诺浩汽车学院等校企合作机构。与蓝海集团、中航天使教育集团、长城汽车股份有限公司等企业联合开办订单

学院化工系师生获2016年全国职业院校技能大赛团体一等奖

班、冠名班10个。推进人才培养模式创新，现代学徒制试点工作开始起步，学校与企业双主体育人、教师与企业师傅双导师教学，为实现招生即招工、入校即入职，产教深度融合进行了有效的探索。修订完善《科研管理办法》《科研成果奖励办法》，仅2017年就有13项课题获省部级和市级立项，教师在国内外学术性期刊发表论文52篇。

2018年针对我市部分企（事）业单位、研究机构存在因自身高层次人才不足而对职业院校教师参与企业产品研发和技术创新等技术服务工作有一定的实际需求。学院提出“过桥人才”服务概念，即选派教师作为“过桥人才”到企业帮助工作，既可以满足企业的需求，也可以提升教师的专业能力、实践创新能力、教学科研水平和教学质量的现实途径。针对“过桥人才”服务工作制定了《过桥人才服务（试行）办法》，选派教师到企业服务。

6. 坚持以立德树人为根本，践行社会主义核心价值观，开展“四项”专题教育，巩固扩展全国文明单位创建成果

开展“四项”专题教育。2015年2月，学院被中央文明办授予“全国文明单位”称号。为巩固全国文明单位创建成果，落实从严治学、从严治校要求，学院开展了以“遵规守纪、学法守法、礼仪修身和安全防范”为主题的四项专题教育活动，专题召开了动员大会，成立了工作领导小组，制定了《关于开展四项专题教育活动制定实施方案》，组织开展了主题班会、宣读倡议、文明礼仪等系列活动，巩固和提升精神文明建设水平。

加强思想政治和素质教育。加强完善学院宣传信息处、马克思主义学院（党校）、教师工作部等德育、文化平台建设，加强顶层设计，强化学院思想政治工作队伍和顶层设计建设，为打造全员育人、全方位育人、全过程育人的完善体系奠定基础。加强辅导员、班主任队伍建设，每年举办了2期辅导员、班主任培训班，提高做好学生工作的能力和水平。完善资助体系，切实做好家庭经济困难学生救助帮扶工作，发放奖助学金，办理生源地信用助学贷款。做好咨询和心理普查工作，开展心理健康宣传教育活动。加强新媒体建设和网络工作队伍建设，提升网络舆论引导能力。加强学生干部队伍建设，举办团学干部培训班、报告会，开展主题团课系列活动，充分发挥学生的自我监督、自我管理作用。学院获评“全省高校思想政治教育工作先进集体”“全市团队工作先进集体”。多名教师获评“全省高校思想政治教育工作先进个人”和“山东高校优秀辅导员”。

培养和践行社会主义核心价值观。以校园文化活动为载体，深入开展社会主义核心价值观主题教育活动，推动培育和践行社会主义核心价值观长效机制建设。组织开展了科技文化艺术节、社团文化活动月、社团纳新等一系列大型文体活动，丰富学生的校园文化生活，营造良好的文化育人氛围，学院被省教育厅等部门评为“第十四届山东省大学生科技文化艺术节优秀组织单位”。举办教职工篮球比赛、趣味运动会等丰富多彩、健康积极的群众性文体活动。承办了首届枣庄高校大学生核心价值观联棋大赛和山东省大学生科技文化艺术节轮滑交流赛。制定《学生文体竞赛活动管理奖励办法》，学生在山东省大学生田径锦标赛多次荣获金牌。

大力开展志愿服务活动。坚持志愿者服务活动常态化，开展医疗卫生、科技支农、无偿献血、敬老助残、募捐救助、帮文代记、志愿服务在医院等形式多样的社会实践和志愿者服务活动，打造志愿者服务品牌。依托全国学雷锋教育基地，举办“雷锋精神大讲堂”、专题报告，开展了“学雷锋”系列主题教育活动，弘扬雷锋精神。圆满完成全国非物质遗产博览会、第三届全国智力运动会赛会等多项大型志愿服务工作，得到领导及与会嘉宾的充分肯定，学院多次被市委、市政府表彰为各项赛事承办活动先进集体。积极组织学生参加社会实践活动，学生暑期“三下乡”获得好评，多支服务团队获评国家、省市级的优秀团队。

实施工匠精神培育工程。实施工匠精神培育工程是学院学习贯彻全国、全省高校思想政治工作会议精神的重要举措，学院召开了工匠精神培育工程动员大会，制定《关于实施工匠精神培育工程的意见》，建设了“鲁班工坊”“墨子创客空间”“奚仲创新工作室”。充分发挥枣庄作为中国工匠精神重要发源地品牌优势，深度挖掘奚仲、鲁班、墨子等工匠大师的历史文化资源，编辑出版《走进枣庄学工匠精神》校本教材，制定《校园文化景观提升方案》，更新校园路名，开展“工匠精神演讲比赛”等活动，弘扬精益求精、创新创造、诚信敬业的工匠精神，打造以“工匠精神”为品牌的特色校园文化。学院实施工匠精神培育工程的做法在全省职业教育工作会议上作书面交流。2018年5月由山东省文化素质教育教学指导委员会主办、学院承办的全省职业院校劳模和工匠精神培育经验交流会在学院成功举办。在劳模和工匠精神培育方面的经验和成果，受到与会领导和专家的好评。2018年9月，

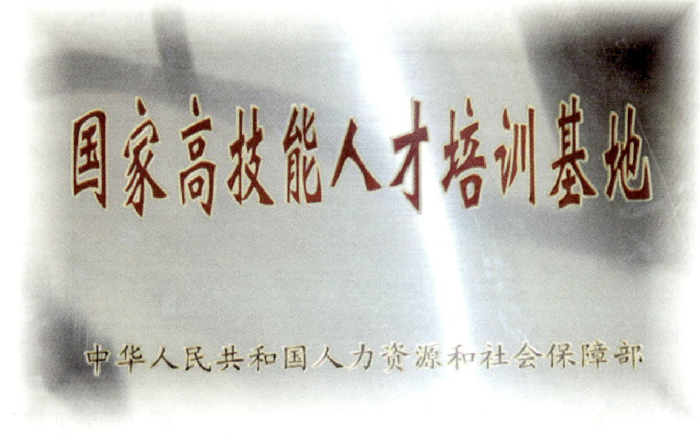

学院被确立为“国家高技能人才培训基地”

学院“工匠精神培育”案例入选全国职业院校“奋进新时代中华传统美德职教行”活动优秀案例并作大会交流。打造地域特色鲜明的师徒核心文化。深度挖掘鲁南地区鲁班、墨子、奚仲等工匠大师的历史文化资源中的师徒传承文化，打造具有地域特色鲜明的以“班墨奚”工匠大师为代表的“宜教宜师、亦生亦徒”师徒核心文化，探索“校企协同，双师带徒”的现代学徒制教学模式。通过打造“端茶拜师”带徒传艺平台，大力推进现代学徒制，打造教学型师傅；通过实施“过桥人才”服务计划，打造师傅型教师。学院成立师傅培训学院，从全市重点企业邀请管理人员和业务骨干，进行教育学、心理学、职业教学法等方面培训，培养“教学型师傅”，为打造教育型企业奠定扎实基础。实施书院制改革试点，成立君山书院、兰陵书院，打造书院文化特色品牌。实施“1335”书院制育人模式。

学院积极开展民间艺术家进校园等活动，联合枣庄市文化局、枣庄市博物馆共建工匠文化博物馆，在全省高校中设立了首个“齐鲁工匠手艺体验基地”，打造人才培养的鲜明特征和文化品牌。学院在国家“砥砺奋进的五年”大型成就展中获得好评，教育部规划司专门发来感谢信。

7. 强化发展保障，提高服务水平，办学条件和资源环境持续优化

市大（中专）学生创业园服务功能不断完善。由市人社局主管、市人力资源服务中心主办的枣庄创业大学，落户市大（中专）学生创业园。开展大、中专学生就业服务工作，与市人社局、高新区管委会联合设立鲁南人才市场新城分市场暨高新区人才市场项目。加强市职业培训中心、市创业指导中心等部门的合作，开展创业咨询、创业辅导、创业培训、创业创新工作，培训交通、邮政快递等从业人员每年 2000 余人。高标准建设的机动车驾驶技能实训基地运营良好，累计完成驾驶培训 7600 余人。

推进基础设施建设。2015 年新征用地 75 亩，为学院发展预留了空间。2018 年学院积极推进与浙江大学工业研究院、高新区合作开展浙江大学国家大学科技产业园（枣庄市公共实训基地）建设工作。中德诺浩教学实训一体化车间投入使用，扩建了田径场看台。做好校园绿化美化工作，学院被省绿化委推荐为“全国绿化模范单位”。台儿庄古城校区 2015 年按期启用，接纳新生 3000 余人；全市科学发展观现场观摩推进会议、驻枣三级人大代表到台儿庄古城校区视察工作，受到了领导普遍赞誉。

提升后勤服务水平。强化物业公司、超市管理监督和巡查。加强饮食服务工作，控制饭菜价格、保证饭菜质量；实施规范化管理，安排专人监察，严格执行各项管理制度，确保食品安全；开展“优质服务月”活动，建立值班经理制度，召开座谈会 20 余次，听取学生意见建议，提升服务水平。节能效果显著，学院获评“第二批国家级公共机构节能示范单位”。加强公寓管理与服务工作，建立健全公寓管理规章制度，开展文明宿舍的评选工作，提高公寓管理水平。调整并增加图书馆开放时间，开展“世界读书日”读书系列活动，增设新书库，扩展服务内容，满足师生需求。

全力抓好安全稳定工作。学院每年都联合市公安局、市地震局、市消防支队等部门开展法制教育、防震避险、禁毒、灭火演练、火灾逃生演练等系列法制安全教育活动，举办反扒防盗、毒品危害、消防安全、交通安全等知识讲座、专题培训，提高师生法制意识和安全防范意识。召开安全工作会议，开展校园隐患排查，建立健全了《大型活动安全管理规定》等安全管理制度。严格落实出入管理制度，坚持校园治安巡逻和值班制度，加强校卫队管理，提升安保队伍素质。加强网络管理，做好舆情监控工作。加强少数民族学生管理，建立了少数民族学生电子档案。

四、学院创建发展的基本经验

枣庄职业学院（枣庄技师学院）的成功创建与快速发展，两位一体办学，高等职业教育与高层次技工教育融合发展，实现了从中等职业教育向高等职业教育的历史性跨越，为我市城市转型提供了更为强有力的人才支撑。回顾其创建发展历程，其基本经验主要有：

1. 抢抓机遇，变不可能为现实，使枣庄职业学院创建取得圆满成功

创建枣庄职业学院过程中遇到了校区建设尚未完成、国家从严控制高等学校设置审批等诸多难以跨越的困难，许多人断言 2008 年创建成功绝不可能。在此情况下，学院一班人并没有被困难所吓倒，一方面依据政策及时调整思路，积极做好与省教育厅等上级有关部门的沟通争取工作，一方面千方百计加快工程建设步伐，做好各项迎评筹备。在创建的关键时期，市委市政府直接统领创建工作，分管领导坐镇督导指挥，市有关部门全力予以支持配合，给学院以莫大支持，增强了必胜信心。为了创建工作，学院领导班子打破常规分工全力以赴抓创建，广大教职工夜以继日迎创建，抓住稍纵即逝的机遇，终于化不可能为成功。创建工作受到省高等学校设置评议委员会专家的高度评价，全票通过了评审。3 月 28 日，省政府批复同意设立枣庄职业学院。4 月 8 日，教育部正式备案。随后，省教育厅下达了当年专科（高职）招生计划，实现了当年创建、当年招生。省市多位领导专家在评价创建工作时曾感慨枣庄职业学院创建创造了奇迹。

2. 科学建设，进度质量廉洁齐抓并进

枣庄职业学院新校区建设是学院创建与发展的基础，事关学院百年大计。作为省、市两级重点工程，全市人民关注。新校区自 2007 年 8 月 28 日正式开工建设至 2008 年 9 月 16 日投入使用仅有一年多一点的时间，时间紧，任务重。特别是职业学院成功创建以后，为确保秋季新生入学需要，市政府专门安排分管领导重点帮助建设工作，学院党委把新校区建设当作头等大事来抓，调整充

实了新校建设指挥部力量，及时研究决策建设中问题。为了保证工程进度与质量，新校建设指挥部的同志们吃住在工地，放弃节假日休息，盯守在各自岗位上，克服冬季、雨季、奥运停用炸药等种种不利因素，确保工程进度，秋季新生入驻目标顺利实现。建设中，严把材料关、施工关、监理关等诸道关口，确保工程质量，整体质量过硬，得到了专家普遍好评。注重廉政建设，通过建立职工代表参与建设工程监督制度、设立监审部、严格执行国家工程招投标制度等措施，加强工程廉政监督。

3. 优化“两位一体”办学体制，实现高职教育与技工教育的优势互补

学院充分利用已有的办学资源，发挥高职教育与技工教育各自优势，实现了办学效益的最大化。如技师学院建有职业技能鉴定所，能够进行74个工种的培训和鉴定，还是国家级高技能人才培训基地，这为高职学生在获得学历证书同时获取职业资格证书提供了有利条件，目前高职毕业生中获取相应职业资格证书的占毕业生总数的97.2%（可以办理高级职业资格证书）。再如一般高职院校具有实际操作技能和资格证书的技师较少，但学院具有这种资格和能力的技师较多，全院现有高级技师30多名，技师140多名，这对高职学生实习、实训教学是个很好的资源。同时，学院利用技师学院牌子争取各方面的项目资金支持，为学校发展提供条件。同时，高职教育的新理念、新模式，也提升了技工教育的办学水平，起到了互相弥补、互相促进的作用。

4. 服务转型，深化产教融合、校企合作，提升社会服务能力

枣庄市是国务院确定的山东省唯一的资源枯竭城市转型试点市，作为地方院校，为资源枯竭城市转型服务，培育急需实用合格人才是义不容辞的责任。为此，学院实施了“三对接服务”工程。即对接战略，保持服务城市转型的发展方向；对接产业，围绕需求设置专业；对接重点工程，搞好技术服务和人才培训。学院专门设立了服务城市转型办公室，把服务转型工作纳入工作计划，实施重点支持。服务城市转型工作得到了领导的认可，被市委、市政府荣记“全市城市转型工作集体三等功”。学院以服务转型的敏锐性、密切性，赢得了枣庄市委、市政府的更多重视与支持，将学院发展纳入枣庄城市转型战略，列为全市重点抓好的九大基础建设项目之一，省政府《关于支持枣庄市做好资源枯竭城市转型工作的意见》提出“积极建设枣庄职业学院”。市委市政府领导常来学院指导检查，协调解决问题。

5. 以职业技能大赛为抓手，以赛促学、以赛促教、以赛促改，着力提升内涵建设水平

学院将职业技能大赛成效作为衡量教学水平和人才培养质量的重要标准，研究制定了《关于学生参加国家、省、市各类职业技能竞赛的奖励办法》《关于进一步加强技能大赛工作的意见》等系列制度，不断完善政策，提高奖励标准，并将职业技能大赛作为一项目标任务、一项常规工作分解到各系院（部），纳入考核，激励系院（部）、师生参加技能比赛。同时，积极探索科学有效的技能竞赛赛训体系，构建了“课堂有组赛，期中有单项，期末有综合，积极参加省赛、国赛”的良性运行机制，建立普遍性、经常性的技能大赛制度，形成“以赛促学、以赛促教、以赛促改、以赛促考”的良好氛围，实现课程标准、职业资格标准、技能大赛标准、企业行业标准的有效对接，切实发挥了技能大赛对教育教学工作的导向、引领和促进作用，在全院形成以大赛促内涵发展和硬件建设，以大赛引领教学改革，以大赛检验专业课程建设、以大赛助推学生成长成才、以大赛增强师生荣誉感、以大赛提升学院影响力的长效工作机制，提升教育教学质量。

审稿人：战振强　王洪龄

撰稿人：姜　军　韩　超

尹旭彬

枣庄市专利事业发展历程、成就及经验

改革开放以来，在国家、省知识产权管理部门的指导和市委、市政府的正确领导下，枣庄市的专利事业随着经济和社会事业的发展不断提升。经过30多年的努力，专利事业从无到有，从小到大，已初步建成系统化、制度化、规范化的管理体系。

一、专利事业发展历程

（一）专利法制和政策体系不断完善

1982年我国颁布实施第一个知识产权法律商标法，此后1984年、1986年、1990年、1993年，《中华人民共和国专利法》《中华人民共和国民法通则》《中华人民共和国著作权法》《中华人民共和国反不正当竞争法》先后颁布实施，中国知识产权保护法律体系逐步建立。枣庄市利用改革开放大环境的有利条件，在专利法制建设方面也进行了积极的探索。30多年来，市人大、市政府先后制定了一系列符合全市经济发展的法规和规章，加强专利工作的法律和制度保障，不断推动全市专利工作走向制度化、规范化的发展道路。全市专利法制和政策体系建设，经历了以下四个阶段：

1. 法律普及阶段（1984—1993年）

这个时间跨度正是我国对外开放初期、探索和确立市场经济体制时期，也是我国专利保护法律体系逐步建立初期，枣庄市和全省其他地市一样，就如何贯彻和实施在计划经济时代从未遇见的专利制度，进行了积极的探索。1985—1993年，枣庄市通过各种形式对专利相关法律进行宣传，举办了各种类型的涉外专利函授班、专利知识学习班、专利工作者培训班、专利代理人培训班、专利知识讲座等26期，培养培训专利人员3000多人，其中培训专利工作者128名，培训专利代理人6名，涉外专利毕业班37人，专利函授班毕业150人，各种专利知识学习班2500多人，发放宣传资料5万多份，印发宣传册5000多本。这一时期主要规章和规范性文件有：《关于进一步开展专利工作的若干规定》《申请将枣庄市列为全国专利工作试点城市的请示》等。其中《关于进一步开展专利工作的若干规定》指出，专利工作是促进企业技术的重要措施，为了广泛深入地开展专利工作，根据枣庄市实际情况特提出如下意见：（1）进一步建立健全各级专利工作机构，明确分管领导，配备专（兼）职人员，理顺管理工作体系；逐步建立健全专利检索手段。（2）专利申请空白的区（市），科委不得评为本年度全市科委系统先进集体，对连续两年无专利申请的区（市），减少当年20%的切块经费。（3）对本市辖区内的专利代理人、专利工作者和乡镇科技助理员制定岗位责任制和目标考核标准，年终由枣庄市科委统一进行检查。（4）会同市经委制定企业专利工作考核标准，年底进行达标验收活动，凡不达标的企业不得选为科技示范企业和科技进步单位。（5）枣庄市及各级科委在制定新技术推广，火炬、星火、攻关等科技计划时，优先考虑推选专利技术。通过计划渠道使更多的专利技术在枣庄市实施。各种项目在进行科研立项时应首先进行专利文献检索，使专利工作与科技计划工作紧密结合。（6）各级科委每年应从三项经费中拨出一部分资金，用于专利技术的开发和实施，并通过拨款、贷款、集资等多种渠道，为专利技术的实施筹措资金。（7）把专利申请同成果鉴定工作紧密结合起来，在审查要求鉴定成果时，对那些适合“三性”要求的科研成果，启发企业（或科研单位）先申请专利，后进行成果鉴定。（8）建立健全专利服务网络，层层落实工作人员。为工矿企业开展专利工作服务，促进专利工作制度化、规范化。（9）在枣庄市人大和各级人大的支持下，把《专利法》列入各级人大普法教育重要内容，把《专利法》实施纳入法制工作轨道。

这项规定的颁布对全市企业、科研单位和各有关部门做好专利工作起了很大的推动作用，为加强全市企事业单位知识产权综合能力建设工作的地位、促进企事业单位成为创新主体打下了坚实的基础，为此全市掀起了做好专利工作的新高潮。

2. 注重保护阶段（1994—2002年）

这个时间跨度是我国对外开放和经济建设取得伟大成就的时期。这阶段各种经济活动十分活跃，特别是我国的制造业有了长足的进步，我国逐步确立了“世界工厂”的地位，各种专利违法行为和纠纷不断增多。全市的专利法制建设以提高公民保护意识、加强行政执法手段和能力为主。枣庄市委、市政府制定了一系列的政策和措施，是全市专利法制建设的黄金时期。1994年3月2日，枣庄市编制委员会下发《关于设立枣庄专利事务所的批复》，批复“枣庄市专利事务所为市专利管理局下属科级全额预算事业单位”。同年5月16日，第一份有关专利的刊物《枣庄专利》创刊，主要选登国家省市出台的知识产权法规政策，宣传枣庄市知识产权管理、服务和执法中的新经验。1995年5月20日，国家专利局向枣庄市专利事务所颁发《专利代理职业证书》，授予枣庄市专利事务所专利代理资质。1999年6月30日，

省知识产权局印发《关于枣庄市专利管理局专利纠纷处理资格的批复》，枣庄具备独立开展专利纠纷处理的资格。2000年召开全市专利工作会议，编制下发了《2000年专利技术实施项目》，编制实施项目120项，对跨年度的专利技术项目实施实行了重点管理，新引进开发专利技术项目20个。

3. 注重发展阶段（2003—2009年）

这个时间跨度是我国加入WTO、我国作为世界制造中心的地位进一步加强时期，对外贸易活动十分活跃，我国对主要发达国家的出口额逐年高速增长，贸易摩擦尤其是专利的纠纷不断发生。在这种形式下，提高广大企事业单位专利制度运用能力成为专利工作的主要任务。这阶段出台的政策和规章以提高全市的企业专利创造、运用、保护能力为主。

主要的政策性文件有：2005年以枣庄市政府文件转发《开展企业专利试点工作的实施意见》；2008年印发关于学习贯彻《国家知识产权战略纲要》的通知；2008年与枣庄市财政局联合下发《枣庄市专利发展专项资金管理暂行办法》《枣庄市专利示范企业认定与管理办法》《枣庄市专利示范企业考核评价标准》；2009年枣庄市政府出台《枣庄市专利产品经营暂行办法》。

4. 战略实施阶段（2010年以来）

2010年8月10日，枣庄市政府办公室印发《关于建立枣庄市知识产权联席会议制度的通知》。2010年11月4日，枣庄市政府下发《关于进一步加强知识产权工作的意见》，全市专利事业进入一个更高的历史阶段。文件的下发为建设创新型枣庄，法治社会、和谐枣庄，实现全市人民富裕安康提供了有力支撑。完善了知识产权管理体制，建立专利激励机制，加大执法力度，大力发展专利中介服务机构，加强专利知识宣传普及。2015年12月，枣庄市知识产权局下发《枣庄市知识产权局行政处罚自由量裁执行标准（试行）》。2017年4月，出台了《枣庄市知识产权（专利）维权援助管理办法（试行）》和《枣庄市举报假冒专利行为奖励办法（试行）》两个规范性文件，为全市申请人提供专利维权智力援助或资金援助。

（二）专利工作体系逐步建立

1. 专利行政工作体系

1993年3月15日，枣庄市专利管理局成立，全市的专利工作开始依法管理并逐步发展。2002年，枣庄市专利管理局更名为枣庄市知识产权局，成为主管全市专利工作并负责协调涉外知识产权事宜的枣庄市政府直属机构。同时，区（市）级知识产权局相继成立。

1993年3月24日，枣庄市有关同志专程去国家专利局，做了“关于要求将枣庄市列为国家专利试点城市”的工作汇报，邀请国家局领导赴枣庄考察指导工作。

1993年4月5日，国家专利局下发了《关于同意枣庄市作为专利试点城市的批复》，同意枣庄市作为专利工作试点城市。对枣庄市的专利试点工作，国家局将在政策指导等方面给予力所能及的支持。1993年4月7日，中国专利报记者朱宏在《中国专利报》一版显著位置发表了题为《依靠专利，把资源优势变为经济优势——枣庄市提出经济发展新思路》的文章。

2. 政府知识产权协调机制

2005年，市政府办公室印发《关于建立枣庄市知识产权办公会议制度》和《枣庄市人民政府知识产权办公会议成员单位工作职责》，形成了由分管市长主持、24个相关部门参加、知识产权局牵头协调的“大协作、大管理”进一步加强知识产权事业发展的格局。

3. 知识产权维权援助体系

2009年11月17日，枣庄市机构编制委员会办公室批准设立枣庄市知识产权维权援助中心。该中心为枣庄市知识产权局所属正科级财政拨款的公益性事业单位。其主要职责是：(1) 受理、移交知识产权维权援助与举报投诉案件，为全市社会弱势群体提供知识产权维权援助公益服务或资金支持。(2) 面向全市企事业单位和个人开展公益性、专业化知识产权维权援助工作，无偿提供知识产权法律法规，专利申请流程、授权程序，复审、无效宣告程序以及知识产权侵权诉讼等咨询和专业维权援助等公益服务；组织开展知识产权法律法规、政策以及知识产权保护等方面的宣传培训活动。(3) 统一接听、受理全国知识产权维权援助与举报投诉公益电话“12330”的举报投诉，受理、移交维权援助与举报投诉案件。(4) 承担专利、商标、著作权、植物新品种权诉讼的公益维权服务等。(5) 为对全市有较大影响的研发、经贸、投资和进出口事项提供咨询及分析论证服务；为全市重点企业或者重点行业提供知识产权无偿咨询、培训、专业指导和维权援助公益服务或者提供资金支持；为创新主体提供专利战略规划、专利分析预警、海外维权等高层次服务；为政府及有关部门提供知识产权政策研究、论证、咨询、预警、信息平台服务等。

2011年1月31日，国家知识产权局批准枣庄市设立国家级的“中国（枣庄）知识产权维权援助中心”，是全国76个国家级维权援助中心之一。4月26日，国家知识产权局、山东省知识产权局、枣庄市人民政府等领导为中国（枣庄）知识产权维权援助中心进行了

枣庄市纪念“4·26”第十一个世界知识产权日广场活动

揭牌。5 月 26 日，枣庄市正式开通了全国统一的知识产权维权援助与举报投诉公益电话“12330”。

2014 年至 2015 年，中国（枣庄）知识产权维权援助中心在市中区等 5 个区（市）设立了维权援助中心分中心，方便权利人和社会各界进行知识产权维权援助与举报投诉。

2017 年 4 月 26 日，在枣庄职业（技师）学院组建了首批由 24 名大学生组成的枣庄市大学生知识产权志愿者队伍。市知识产权局局长孙筱钺向志愿者队伍授旗，并作题为《知识产权地位和作用》的报告。

2018 年 2 月 8 日建立了《枣庄市知识产权保护专家库》，第一批 25 名技术专家和法律专家入库，2018 年 5 月 24 日建立了《晋冀鲁豫执法协作区域知识产权保护专家库》，专家库专家 92 人，为全市执法维权工作提供了技术支持。

4. 专利执法工作体系

1999 年，市知识产权局与枣庄市商业总公司、市医药管理局和市供销合作社联合对商业、医药流通领域的专利产品逐项登记造册调查摸底，通过整顿，企业建立健全了专利商品登记制度。同年 6 月，山东省知识产权局印发《关于枣庄市专利管理局专利纠纷处理资格的批复》，枣庄市具备独立开展专利纠纷处理的资格。

（三）专利拥有量快速增长

在市委、市政府坚持走自主创新道路、建设创新型社会的重大决策引导下，经过 30 多年的努力，到 2018 年 6 月，全市专利申请总量突破 38241 件、授权突破 20048 件。全市专利申请和授权量有以下几个特点：

1. 专利申请和授权量快速增长

近年来，全市专利申请量呈跳跃式增长。全市专利申请 2008 年突破 1000 件，至 2017 年，达 5120 件。专利授权量 2015 年突破 1000 件，至 2017 年，达 2257 件。发明专利申请居全省 11 位，申请总量达 870 件。

2. 发明专利申请后来居上

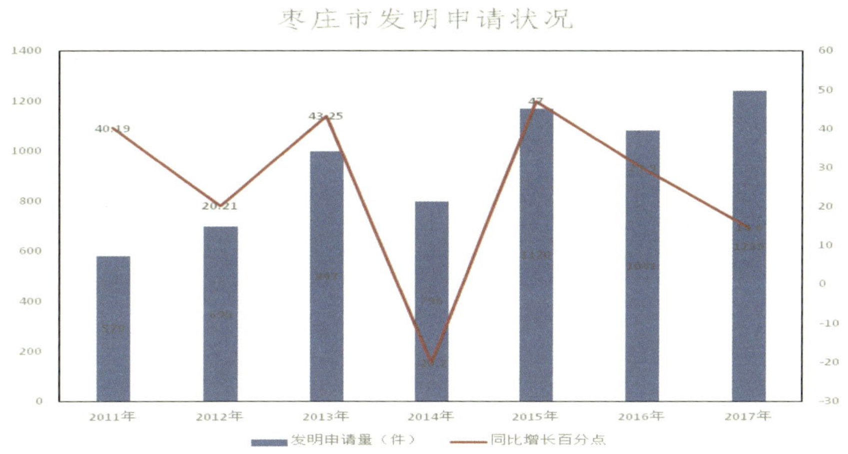

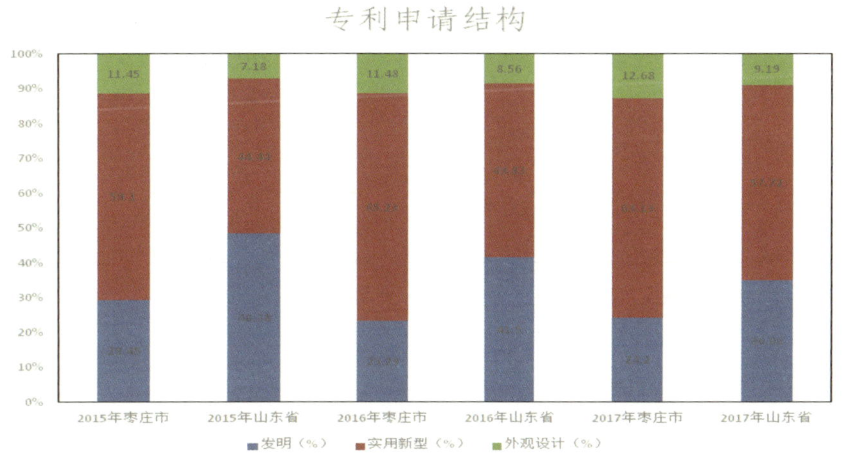

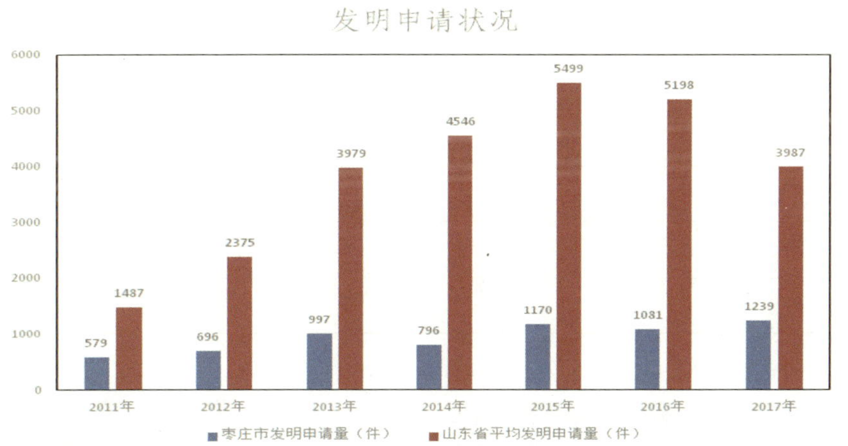

近年来，全市发明专利申请量快速增长，年增长率连续多年保持在 19% 以上，居全省第 9 位。

2018 年上半年，全市发明专利申请量占申请总量的比例由 2000 年的 10.67% 上升至 28.3%。

3. 有效发明专利保有量持续增长

全市对现有有效发明专利拥有量情况进行梳理，及时了解有效发明专利的年费缴纳情况和法律状态，督促有效发明专利拥有人按时缴纳年费，提高有效发明专利的转化率，巩固有效发明专利拥有量存量，提升全市有效发明专利拥有量维持率。

枣庄市有效发明专利状况

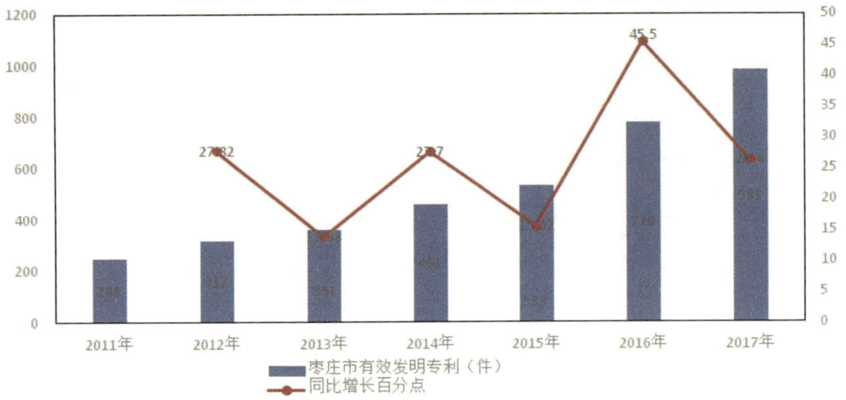

万人拥有有效发明专利量

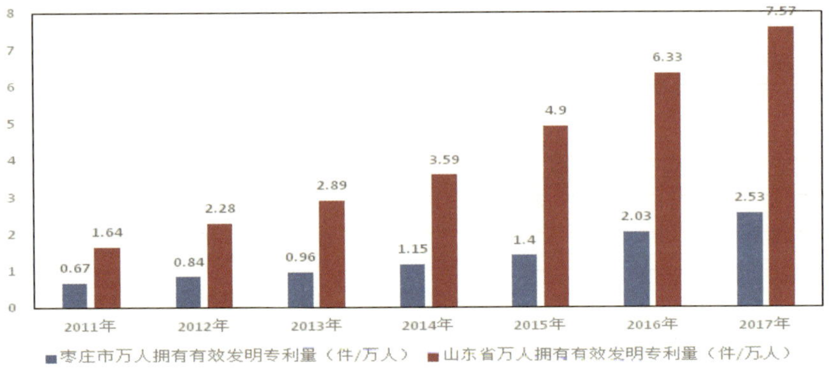

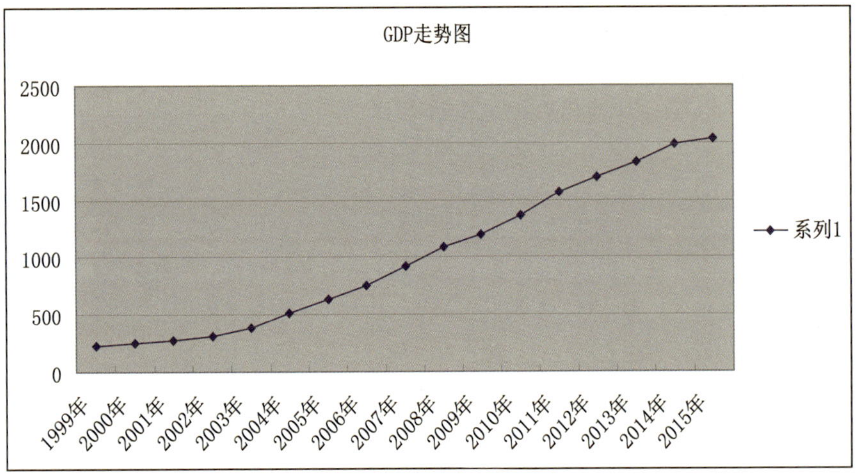

枣庄市专利申请情况

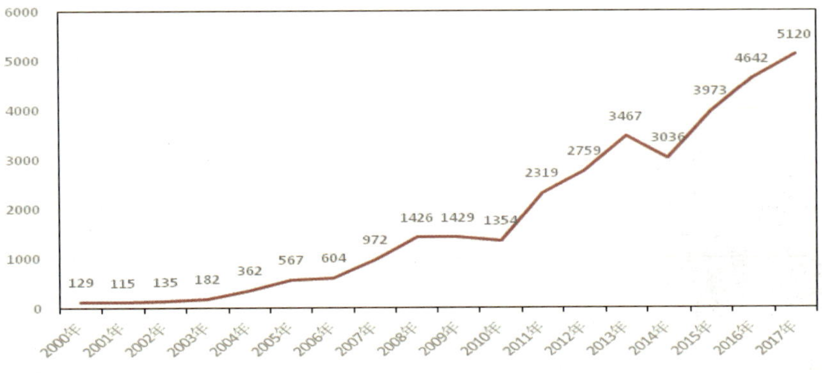

4. 专利申请与全市经济发展相协调

下面是全市 2000—2015 年的 GDP 和同期专利申请量情况图。由此可见，全市专利申请量的增长过程与经济发展的进程相吻合，反映出经济社会发展对专利申请量的增长起到直接的拉动作用，同时专利事业的发展也对经济社会的发展起到促进作用。

（四）专利运用与产业化渐入佳境

1. 专利实施与产业化

专利申请量的多少是一个地区的专利意识，科技发展水平及经济实力等综合能力的反映。1989 年全市申请量为 28 件，1990 年申请量增加到 54 件，其增长速度为 92%，并获得省专利局申请先进集体奖。为了继续保持这个高速度主要采取了以下措施：一是创造良好的环境，明确了专利申请一票否决权，规定专利申请空白的区（市）不得评为本年度全市科委系统先进集体，对连续两年无专利申请的区（市）减少当年 20% 的切块经费，同时在每年年初对各区（市）下达了专利申请指标，从而使区（市）感到担子重压力大，把专利申请当做一件大事来抓。二是发挥专利网络的功能。各区（市）业务局都相应制定了奖惩措施，与专利工作者和乡镇助理员签订目标责任书，调动大家的积极性。三是利用管理职能，促进申请量的提高，根据签订计划，在项目鉴定前逐项审查，凡符合三性要求的就动员先申请专利后进行鉴定，确保申请量大幅度增长。

1991 年全市共实施专利 43 项，在实施工作中执行了“推”“引”“帮”的三字方针。在“推”上，做出了《关于进一步加强专利工作的九条规定》，凡是专利技术的申报项目，在攻关计划、星火计划、火炬计划及省长基金计划、新产品开发计划和成果推广计划中，优先考虑申报立项，资金重点照顾，物资偏重支持。在“引”上采取典型引路的方式，以滕州胶轴厂等单位开发专利产品，克服市场疲软，提高经济效益为例，用身边事教育启发身边人。在全市专利工作会议上，有 7 个单位作了典型发言，

积极引进专利技术。在“帮”上，就是开展全方位服务。

通过实施“推”“引”“帮”典型引路，一方面把市高新技术产业开发区作为开发利用专利的龙头和密集区，招揽大量的专利项目进行开发，并做到场地、设备、资金、人才四到位，使其尽快投产达标，形成规模效益，带动全市专利开发工作。另一方面在现有企业中培植专利试点企业。利用开发专利产品取得显著效益的单位为实例，组织企业到典型单位参观学习。引导企业积极进行专利技术开发。对从事专利技术开发，获得显著经济效益的科技人员和单位，市委、市政府进行奖励。

1997 年，全年编制实施专利计划项目 120 项，实施、开发后实现产值 6 亿多元，利税 1.13 亿元，创汇 2000 万美元。企事业单位专利技术实施率不断提高，专利产品和产业规模不断扩大，逐步形成专利产业集群，已成为全市新的经济增长点。

（1）早期专利实施。1982—2009 年期间，枣庄市专利实施与产业化主要靠专利权人自己实施，当时专利申请主要集中在乡镇企业，专利又以外观设计为主，专利实施率较高。其中的代表是滕州市合金铸造厂研制的“铝制扁管新型散热器”，山亭区医院张洪林研制的“过滤式煎药器”，薛城区真菌站“灵芝工厂化栽培技术研究”。

（2）政府扶持专利实施。为促进专利技术实施与产业化，2009 年枣庄市设立“枣庄市专利技术实施基金”，用于专利技术实施的引导资金，共扶持项目 7 项，这是枣庄市第一次在专利管理系统利用财政支持设立的专利实施专项。区、市也相继开展专利实施计划或者出台资金配套政策。

（3）专利产业化示范工程项目成效显著。在省局和国家局的扶持引导下，项目承担单位各方面工作取得很大成就，实现了大幅度增长。

2. 专利奖励工作

2015 年山东省政府首次设立专利奖，市局从全市 67 件专利项目中，优选 12 件推荐上报。山东精工电子科技有限公司的发明专利“一种高倍率磷酸铁锂电池及其制备方法”（ZL201110361424.7）获山东省专利奖三等奖。

3. 企事业单位专利运用的意识和水平不断提高

一是开展多内容、全方位的达标活动。其达标内容有：（1）普及。普及专利教育。（2）达标。专利申请量实施量达标。（3）检索。项目开题立项时检索专利文献，技术改造引进设备时检索专利文献，成果鉴定时检索专利文献。（4）落实。领导、组织、人员、制度落实。各企业、区（市）主管局相应采取了多种措施，真抓实管，认真开展达标活动。通过开展达标活动，专利工作得以在企业安营扎寨，开花结果。如：滕州合金铸造厂厂长王明安几年来获得了 9 项专利并在该厂全部实施，效益甚佳。二是开展评比奖励活动。每次达标验收后都要进行先进集体、先进个人评比。对先进集体、先进个人，除颁发证书外还给予物质奖励。

几年来扎实有效的开展工作，使全市企业专利事业有了长足发展。市局还通过多形式的宣传培训，对各类专利试点和示范单位、区域，在信息服务、人员培训、专利战略研究以及融资等方面给予重点指导和扶持，企事业单位专利运用的意识和水平普遍提高。广大企事业单位对专利交叉许可、专利联盟、专利权融资及资本化、专利标准化等专利运用方式有了较深的认识。

（五）专利保护工作不断加强

1. 专利行政保护

专利法实施以来，全市的专利行政保护工作在市委、市政府的直接领导下，取得了较大进展。专利行政保护的体系、条件、队伍、能力等方面的建设进一步加强。为落实《山东省专利条例》的实施，枣庄市知识产权局先后出台了《关于立即组织开展专项检查严厉打击侵犯知识产权和假冒伪劣商品违法行为的紧急通知》《2014 年枣庄市知识产权系统执法维权“护航”专项行动工作方案》《2015 年枣庄市知识产权系统执法维权工作实施方案》《2016 年枣庄市知识产权系统执法维权工作实施方案》《2017 年枣庄市知识产权系统执法维权工作实施方案》等规范性文件，促进了枣庄市的专利法制建设，营造了保护知识产权的良好法制环境。

近年来，根据全市专利行政执法的新形势和新要求，市知识产权局强化了专利行政执法的力度，并探索开展执法行动“重心下移”的做法。市局注重处理重大复杂案件，一般案件由区局处理，努力将案件解决在基层。市知识产权局通过采用书面答复、现场参与、个案指导、协同办案以及举办执法培训班，邀请专家律师等多种方式，进一步加强对各区市专利行政执法工作的指导、监督和重大执法活动的协调，提高执法人员的综合素质，大大提高了全市专利行政执法的整体水平。与此同时，市知识产权局还积极探索构建区域间执法维权协作体系，先后加入晋冀鲁豫四省部分市执法协作联盟和山东省西部经济隆起带知识产权战略推进联盟执法维权协作联盟，参加河北邢台、河南新乡、山西晋城等举办的交流会，通过经验交流、典型发言，加强了联盟执法协作能力，行政执法办案整体能力得到提升。2017 年 11 月 30 日，山东省西部经济隆起带

全市知识产权工作站站长能力提升培训班

知识产权战略推进联盟执法维权协作会议在枣庄市隆重召开，济宁、泰安、临沂、聊城、菏泽和枣庄等市分别做了交流发言。2018年5月24-25日，市知识产权局承办了2018年晋冀鲁豫四省十五市知识产权执法协作经验交流会议。会议审议通过了河南省济源市等三市加入晋冀鲁豫四省知识产权行政执法协作成员单位，与会晋冀鲁豫四省十五市进行了执法经验交流，并对专利侵权纠纷案例进行研讨。

2. 企事业单位保护意识和能力不断提高

先后制定了各种加强企业专利工作的有关文件和规定。经过多年的不懈努力，全市企事业单位专利保护意识和能力大大增强。不少单位已能善于运用知识产权法律武器，积极维护自己的合法权益。2003年6月，枣庄的兖矿国泰化工投资11亿元在该公司兴建了完全依靠自主研发、设计能力为年产20万吨的醋酸装置，成为国内醋酸界第一个"吃螃蟹"的企业。2003年10月，某国跨国公司以"醋酸商业技术侵权"为由，将兖矿国泰化工告上美国加州联邦法院第九巡回法庭，要求美国公司停止生产兖矿国泰化工定制的设备，并禁止设备运出美国。对于对方不讲理的诬告，兖矿国泰化工不惜一切代价，全力应诉。但对方是一个实力大于兖矿国泰化工600倍的跨国大公司，连续多年排名世界500强前三位。对于这场官司，对方仅诉状就达60万页。通过半年多时间，26个星期，数次法庭上短兵相接的交锋，2004年3月25日，美国加州联邦法院二审以证据不足驳回对方诉讼，兖矿国泰化工胜诉。美国当地媒体对此报道称："X国石油公司诉中国兖矿国泰化工一案，中国人取得胜利。"兖矿国泰化工历尽艰辛打赢了一场实力悬殊的"越洋诉讼"，维护了我国自主知识产权的声誉。2017年枣庄智汇互联网小镇管理有限公司进入全国第四批33家国家级知识产权保护规范化培育市场，成为枣庄市首个规范化培育市场；2018年6月，山亭区豆制品标准化生产基地管理办公室喜获入围第五批知识产权保护规范化培育市场，成为全市第二家规范化培育市场。培育工作正有条不紊地开展，培育期两年。知识产权保护规范化培育市场的创建，能够推动形成知识产权保护管理规范、市场竞争力强的专业市场，发挥其引领示范作用，以此拓宽全市专业市场知识产权保护的渠道。

（六）专利管理卓有成效

1. 宣传与培训

市局把加强专利宣传作为开展专利工作的一项重要措施，注重普及与提高并举的原则，推进了全市专利工作的开展。一是以提高领导的专利意识为突破。积极向市领导汇报工作，及时将专利工作开展的情况，好的经验、教训报告给领导，增强和提高领导的专利意识，从而引起了市委、市政府对专利工作进一步重视。二是开展了大规模的宣传活动。每年的4·26世界知识产权日和宣传周都组织各区（市）上街进行专利法宣传，散发专利宣传资料。在搞大型宣传的同时，也充分运用了其他形式，举行专利知识座谈会、演讲会来提高企业专利知识。还利用机关、企业的黑板报来宣传普及专利知识，使全社会的专利意识得到普遍提高。三是在日常宣传工作中，注重发挥新闻媒体、网络的作用，集中对全市专利各阶段的重点工作进行宣传报道，并加强对外的宣传，营造保护知识产权、尊重知识、尊重人才的社会氛围。

在专利培训和教育方面，市知识产权局注重培训教育体系的建设，分类分层次开展培训。如专利执法人员培训、专利代理人培训和执业培训、乡镇（街道）知识产权工作站管理人员培训、企业专利工作者培训等。仅2016—2018年上半年，就已举办培训班30余期，邀请国家知识产权局、省知识产权局法律事务处、上海大学、山东大学、山东师范大学、青岛大学、烟台大学等处著名专家学者进行授课，为全市新旧动能转换提供人才支持。

同时市知识产权局积极开展青少年知识产权教育工作，先后在市中区光明路小学、枣庄市第三十二中学等开展讲座20余场期，参加人数近万人。2003年，市知识产权局、市教育局、市科协联合印发《关于鼓励全市中小学生申请专利的优惠政策》，规定对中小学生申请专利给予全额补助，凡授予专利权的中小学生，在中考时降低10分录取。

2. 不断创新企事业单位专利工作机制

自我国实施知识产权制度以来，枣庄市不断探索加强企事业知识产权工作的新思路、新措施、新办法，推进企事业知识产权工作向纵深发展。自90年代中期尤其是2005年以来，全市开展了一系列的企事业单位专利试点示范工作。2005年开展专利试点企业工作，2008年开展知识产权示范企业的认定、企业知识产权战略推进、中小学知识产权教育试点，2013年开展知识产权优势企业的培训等工作，至今已发展了64家枣庄市专利试点企业、向省局推荐27家优势企业、61家枣庄市专利示范企业、4家山东省示范企业、发展试点学校6所。

上述工作的开展，促进了全市企业自主创新能力和知识产权综合实力的提高。（1）企事业知识产权创造能力得以持续攀升。（2）企事业的知识产权意识普遍增强。许多企事业单位都能有针对性地开展全方位、多层次、专题式的培训工作，使得高层领导、管理人员、技术人员、营销人员及普通员工的知识产权意识普遍得到增强。（3）企事业知识产权管理水平明显提升。随着知识产权意识的不断增强，越来越多的企业将知识产权工作贯穿于研究开发、生产经营、资产管理和市场营销等各个环节，建立起覆盖各个业务范围的立体网式的知识产权管理体系，形成了比较健全的知识产权管理制度，有效提高了知识产权的管理水平。（4）企业专利信息运用能力逐步增强。全市有不少企业能充分利用专利信息进行立项前的专利检索、技术方案的侵权风险分析、产品投放市场后

对关键技术的跟踪把关，从而规避经营风险，提高创新能力和市场竞争力。(5)企事业自我保护和应对知识产权纠纷的能力不断提高。不少企业运用知识产权法律武器，不仅在遭到其他公司的指控甚至面临国际诉讼时，积极应诉；还能主动出击，积极维护自己的合法权益。(6)企事业知识产权战略的研究与运用已逐步展开。全市部分企业已经把知识产权战略作为一项重要战略纳入到企业发展战略中，不仅申请和注册了大批国内专利和商标，还探索技术标准与专利技术的结合，重视名牌战略的实施等。

3. 专利服务体系日趋完善

(1)知识产权服务机构蓬勃发展。自《专利法》实施以来，全市知识产权服务机构相继成立并稳步发展，服务领域不断扩宽，服务水平不断提高，服务成效显著。截至2016年底，全市知识产权服务机构已发展至15家，其中专利分支机构2家。(2)专利信息服务体系凸显。为加强全市专利信息化建设，提高全市专利信息应用的能力和水平，2011—2014年，枣庄市知识产权局连续四年将专利信息化建设工作列为局重点工作项目。经过多年建设，建成了区、市、重点行业三级专利信息网络服务体系，在重点行业和企业建立内部专题数据库的专利信息网络服务体系。有效改善了全市专利信息源长期缺乏的现状，大大方便了政府机构、企事业单位、社会公众使用专利信息，节省各区在专利信息化建设上的人员和经费投入，有利于行政管理部门及时掌握本地区的专利信息应用情况。并通过开展专利信息运用培训、专利态势分析等工作，将专利信息利用不断向纵深推进。

4. 区、乡两级机构建设得以健全

2010年，市政府印发的《枣庄市人民政府关于进一步加强知识产权工作的意见》要求：各区（市）要加强对知识产权工作的领导，将知识产权工作纳入当地国民经济和社会发展计划，建立健全知识产权工作协调机制，进一步加强知识产权管理机构建设，保证机构编制和经费，确保知识产权工作有效开展。文件还要求乡镇（街道）建立知识产权工作站，企业建立联络员制度。按照文件要求，薛城区、台儿庄、枣庄高新区编制委员会先后下发文件成立了区级知识产权局，至2011年10月底，五区一市、枣庄高新区全部建立知识产权局，全市共计65个乡镇（街道）全部建立了知识产权工作站。知识产权工作站的建立开创了枣庄市知识产权工作“横到边，纵到底”的先河，对此《中国知识产权报》在第一版大篇幅给予报道，并配发“枣庄市让知识产权工作深入基层的做法树立了一个很好的榜样，对我国知识产权文化建设具有深远意义”的高度评价。2011年10月20日，第一期“全市知识产权工作站站长培训班”在山亭举行。2016年11月18日，第二期“全市乡镇（街道）知识产权工作站站长能力提升培训班”在市中区举办，培训班邀请了山东大学法学院教授、博士生导师，山东大学科技法与知识产权研究中心主任崔立红进行授课。各区（市）、枣庄高新区知识产权局局长、副局长和科室工作人员，各乡镇（街道）知识产权工作站站长，各区（市）级经济园区知识产权负责人，各知识产权服务机构负责人等120余人参加培训。枣庄日报、枣庄广播电视台等新闻记者对本次培训班进行了采访报道。

“4·26”世纪知识产权日前夕市知识产权局联合市公安、工商、质监等部门在山亭区贵诚购物中心进行专利联合执法检查

5. 知识产权对外交流

近30年来，全市知识产权领域的对外交流与合作不断深入。一是“请进来”，通过组织各类知识产权专题研讨活动，邀请专家与企业与中介服务机构进行研讨交流，提高企业应对知识产权问题的能力。二是“走出去”，出国考察学习国外的先进做法和经验。三是切实注重加强全市知识产权保护的对外宣传。滕州市合金铸造厂研制的“铝制扁管新型散热器”申请了专利，在1990年新疆丝绸之路专利技术博览会上获银奖，并在1992年获尤里卡金奖。滕州橡塑集团在41届布鲁塞尔尤里卡世界发明博览会上，专利产品工业土浆胶车昆荣获“世界发明金奖”，罗文辉同志也因此获得了“骑士勋章”的殊荣。

二、专利事业发展取得的辉煌成就

改革开放以来，全市专利事业围绕市委、市政府中心工作，以服务全市转型发展为主题，以推进知识产权科学发展为主线，求真务实，稳步推进，在提升专利质量、推进专利技术产业化、强化专利行政执法、提高服务能力等方面取得一系列的成效。

（一）专利创造呈现新常态

一是确立注重专利质量的目标考核新导向。逐步制定出台了促进专利创造发展工作的9条指导意见，将以往侧重专利数量的6项任务缩减为4个关键指标，将发明专利申请、授权和万人发明专利拥有量纳入全市科学发展综合考核体系，形成了注重专利质量的新导向。二是对专利创造激励政策作出新调整。对执行长达八年的《枣庄市专利发展专项资金管理办法》进行了较大幅度的调整，取消了对外观设计的资助，将专项资金使用重点转向发明专利申请、有效发明专利维持和专利转化运用等方面，提高了有限资金的使用效益。为激励发

明专利维持，每年从全市授权发明专利中评选出“枣庄市最具价值发明专利”，授予匾牌和证书，对提高授权发明专利维持率起到了促进作用。三是专利质量和结构得到新优化。重视专利质量的导向得以确立；发明专利申请比重达到29.45%，专利创造的价值效益得以体现。

（二）专利运用转化取得新进展

一是知识产权质押融资稳步推进。印发了《关于做好我市科技型小微企业知识产权质押融资信息征集工作的通知》，近三年共推荐20家小微企业专利信息纳入省小微企业知识产权质押融资信息库。山东神工宏全模具有限公司对其拥有的6项专利进行评估，获评估价值5371万元，并作价出资1800万元，使企业的注册资本提高到3000万元，知识产权出资比例高达60%。2014年，山东威斯特车业有限公司对9件专利权评估价值2899.63万元，从枣庄银行获得500万元质押贷款，并获得省知识产权质押融资项目贴补19万元。2016年知识产权质押融资取得新突破，中国银行、工商银行、枣庄农商行、枣庄银行4家金融机构分别为6家科技型小微企业办理了知识产权质押贷款，总额3220万元。2017年质押融资总额3690万元，2018年上半年10777万元。二是专利产业化持续实施。面向全市小微企业，对各区（市）推荐申报的21项专利技术产业化项目，择优10个予以重点培育扶持。三是园区试点工作深入开展。枣庄高新区锂电新能源国家知识产权集群管理试点工作形成了“发展有战略、创新有协作、支撑有平台、产品有专利、竞争有优势”格局，经国家知识产权局组织的专家组考评，2014年度综合评审总分在全国22个试点项目中位列第一。滕州市国家知识产权强县试点顺利通过期满验收，枣庄高新技术产业开发区被确定为2017年国家知识产权试点园区，峄城区、市中区、山亭区被确定为省知识产权示范单位，滕州经济开发区被确定为省知识产权示范园区。四是知识产权优势企业培育工作连年进阶。自2014年以来，枣庄市共有山东天畅环保工程有限公司、山东丰源轮胎制造股份公司等七家企业被认定为国家知识产权优势企业。2018年山东精工电子科技有限公司通过评审成为全市首家国家级知识产权示范企业。

（三）专利执法保护得到新加强

一是扎实开展知识产权执法维权“护航”“闪电”“雷霆”专项行动。2014—2018年上半年，全市累计开展执法检查60余次，出动执法人员400余人（次），检查各类商品26000余件。其中带有专利标识的物品1300余件，对假冒专利和专利标识标注不规范等行为分别下达了限期整改处理决定。制定出台了《2017年枣庄市知识产权系统执法维权工作实施方案》和《2018年枣庄市知识产权系统执法维权工作实施方案》。二是依法调处专利侵权纠纷和受理移交维权援助案件。2013—2016年期间，共调解结案259起，下达行政处理决定5起，结案率100%，查处假冒专利案件103起，结案率100%；受理维权援助与举报投诉案件103件。中国（枣庄）知识产权维权援助中心在全市5个区（市）设立了知识产权维权援助分中心，方便了权利人和社会各界进行知识产权维权援助与举报投诉。选择170家企事业单位和个人，发放《致全市企事业单位和个人专利公益维权援助的公开信》。三是建立高效执法协作机制。市局先后加入“晋冀鲁豫四省部分市知识产权执法协作联盟”和“鲁苏豫皖四省交界区域十三市知识产权维权联盟”，枣庄市的专利执法在河南省濮阳市召开的执法经验交流会议上作了经验介绍。在2017年度国家知识产权局专利执法维权工作绩效考核中，我局在全国161个地市中排名第24位，在全省17地市知识产权局排名中列第4位，创出枣庄市在全国执法绩效考核中历史最佳成绩；中国（枣庄）知识产权维权援助中心在全国76个维权援助中心中名列第16位，在全省排名第2位，创出枣庄市在全国维权援助绩效考核中历史最佳成绩。

（四）专利服务管理实现新提升

一是专利信息服务平台建设实现新突破。组建开通枣庄专利信息区域服务平台，同时，改进完善了高新区锂电专业信息服务中心，建设了山亭区新型节能环保建材专题数据库，基本搭建起集企业专利专题数据库、区（市）行业特色信息服务中心、市局区域综合信息服务平台于一体的点、线、面相结合的专利信息服务网络，搭建了知识产权服务的新载体。二是《企业知识产权管理规范》标准推广得到新拓展。2014年以来，本着树重点、保质量的原则，全市共7家企业完成现场贯标审核工作，4家企业获得“山东省级示范企业”称号。三是推行权力清单和责任清单制度得到新规范。为了深化行政体制改革，转变行政职能，采取多项举措推行权力清单和责任清单制度，接受社会监督。梳理行政权力事项18项，明确主要职责3项，具体责任事项17项，制定事中事后监管制度6项，基本公共服务事项3项。

（五）专利宣传培训呈现新气象

近年来，每年都在市局网站开辟了“4·26宣传周活动专栏”，用系列报道介绍全市“4•26”宣传周活动开展情况；在枣庄广播电视台“市民热线”开展了知识产权直播节目，在“政风行风热线”直播室，就知识产权热门话题与听众进行了对话交流。2017年在全市开展知识产权宣传月活动，在市级层面开展此项活动，除海南外，枣庄市在全国属第二个。组织参加国家知识产权局举办的“首届知识产权杯书画大赛”，共推荐6幅书画作品参展，其中1幅书法作品获“优秀奖”，4幅书画作品获“佳作奖”。组织参加省局举办的各类培训班累计30余期，受训人员200余人次。加大信息上报的数量和质量，及时反映全市专利工作动态。共在《中国知识产权报》发稿39篇、《专利工作动态》12篇，国家局网站59篇、省局网站318篇。2010—2017年荣获省少年儿童发明奖金奖4项、银奖4项、铜奖13项，获得园丁奖4项，组织92个单位和个人

参加了山东省“发明创业奖”和全国“发明创业奖”评选活动。

近年来，全市知识产权工作围绕以提升专利创造质量为重点，以促进专利运用效益为目标，以加强专利保护效果为核心，以提高专利管理能力和服务水平为关键，优化经济发展环境，推动创新驱动发展，为全市经济社会发展提供强有力的支撑。

三、专利事业发展的经验与启示

（一）枣庄市知识产权工作所取得的显著成就得益于改革开放的必然选择和巨大推动

世界知识产权制度是人类科学技术和商品经济发展的产物，而我国知识产权制度的建立与发展则是改革开放的产物。我国现代知识产权制度的建立与完善始于20世纪70年代末期，是伴随着我国改革开放事业的不断深入、紧随着经济全球化和知识经济快速形成而加快发展的。在改革开放的推动下，我国知识产权立法速度之快，是史无前例的，从20世纪70年代末至今的短短30年间，我国走过了一些发达国家通常需要几十年甚至上百年时间才能完成的知识产权立法路程，建立起以专利、商标、版权为三大支柱而且比较完整的知识产权法律体系，并积极承担起保护知识产权的国际义务，特别是我国在2001年加入WTO后出台了一系列保护知识产权的法律措施。在过去30年特别是近5年来，枣庄市知识产权工作发展的前进步伐与枣庄市改革开放的时代脚步始终同频共振，逐步制定了适应区域经济社会发展需要的地方性知识产权法规，建立完善了政府部门知识产权事务的组织管理体制和统筹协作机制，初步形成了较为完备的知识产权保护体系，出台了一系列促进知识产权创造、运用、保护、管理的政策措施。经过不懈努力，枣庄知识产权拥有量持续快速增长，企事业单位知识产权管理的竞争能力不断增强，知识产权执法水平不断提高，全社会知识产权意识逐步提高，知识产权工作在激励自主创新、规范市场经济秩序、服务经济社会发展等方面发挥了积极而且显著的作用。事实证明，没有改革开放就没有我国现代知识产权制度的应运而生与建立健全，就没有枣庄知识产权工作从无到有、从小到大的历史发展进程，就没有枣庄知识产权事业当今呈现欣欣向上、朝气蓬勃的良好局面。

（二）枣庄市知识产权工作所取得的显著成就得益于“围绕中心，服务大局”的准确定位和深入实践

近年来，枣庄知识产权工作实践始终注重把握以下四个原则：一是坚持服从、服务于枣庄经济社会发展的总目标和总要求，加强与枣庄经济、科技、贸易、文化等工作的协调发展，把为实现枣庄可持续发展服务作为知识产权工作的出发点和立足点；二是坚持以建设创新型城市为根本，以大幅度提升枣庄自主创新能力为目标，围绕推进实施科教兴市战略，充分发挥和体现知识产权工作的服务保障作用；三是坚持政府为主导，企业为主体，营造良好的社会氛围，加大对全社会的知识产权宣传教育工作，引导企事业单位建立知识产权制度，依法开展知识产权的创造、管理、运用和保护。四是坚持突出重点、协调发展，把企业、科研院所、高校作为工作的重点对象，突出企业为主体，充分考虑不同领域、不同区域、不同产业、不同行业的发展不平衡和需求差异，因地制宜，分区规划，分类指导，分步推进。事实证明，枣庄知识产权工作只有始终服务于枣庄的整体利益和发展全局才能产生强大的凝聚力，只有始终与经济社会发展的需要相适应才能保持旺盛的生命力，只有始终坚持符合枣庄的现实市情才能形成有效的战斗力。

（三）枣庄市知识产权工作所取得的显著成就得益于枣庄市委、市政府的高度重视和坚强领导

改革开放以来，历届枣庄市委、市政府始终高度重视知识产权工作，以高瞻远瞩、深谋远虑的战略眼光和敢为人先、开拓创新的巨大魄力在省内最早启动了知识产权制度的全面建设，早于其他地市建立了直属于市政府、正县级参公编制的枣庄市知识产权局，负责主管全市专利事务并协调全市知识产权工作。较早在省内出台了给予专利申请费用的资助政策，并建立知识产权代办机构。实践证明，枣庄市委、市政府的高度重视和有力领导为枣庄知识产权工作的科学发展发挥了坚强的思想保障和组织保障，为枣庄知识产权工作的蓬勃发展提供了强大的引导作用和推动作用，为枣庄知识产权工作的跨越发展创造了良好的有利环境和生成条件。

（四）枣庄市知识产权工作所取得的显著成就得益于社会各方、政府上下的共同努力和密切协作

改革开放以来，枣庄市知识产权工作逐步形成较为完善的组织体制和工作体系，市区两级政府建立了知识产权联席会议制度，统筹协调政府相关部门开展与知识产权相关的各项工作，形成了市区两级政府联动、政府部门协同配合的齐抓共管机制。涵盖全市知识产权法律服务、交易服务、代理服务、信息服务、融资服务、人才服务等方面的专业性机构和执业人员队伍共同构建与推动了枣庄知识产权服务业的快速发展。枣庄企事业单位积极开展知识产权试点工作、示范创建活动；全市中小学大力开展“知识产权试点、示范学校”创建活动，有力地促进了企事业单位知识产权工作和青少年知识产权教育的发展；新闻传媒大力支持和积极开展知识产权宣传报道，为扩大知识产权工作影响、提高全社会知识产权意识、传播知识产权文化发挥了生力军的作用。实践证明，知识产权工作作为一项涉及面较广、渗透性较强的系统工程，需要政府相关部门的配合协作，需要社会方方面面的帮助支持，需要广大民众的积极参与，否则知识产权工作就会孤掌难鸣、寸步难行。

审稿人：孙筱钺

撰稿人：张秀荣　段欣茹

改革开放以来
枣庄市司法行政工作发展历程、成就及启示

中共十一届三中全会以来，改革开放的春风吹遍了枣庄大地。近40年来，枣庄市各级司法行政机关沿着改革开放的道路，踏着时代的节拍，解放思想、实事求是，励精图治、开拓创新，全市社会稳定事业不断发展，公共法律服务体系不断完善，人民群众幸福感显著提升，司法行政工作发生了翻天覆地的历史性巨变。特别是党的十八大以来，全市司法行政工作在市委、市政府和省司法厅的正确领导下，紧紧围绕全市工作大局，充分发挥法律宣传、法律服务、法治保障的职能作用，狠抓改革，强化管理，力促发展，确保稳定，各项工作都取得了新的成绩，为促进全市经济社会发展，维护社会和谐稳定做出了积极贡献。目前，枣庄市司法行政机关主要承担和指导着全市普法依法治理、监狱、强制隔离戒毒、律师、公证、法律援助、国家司法考试、人民调解、安置帮教、社区矫正和司法鉴定等业务工作，是政法工作的重要组成部分。

一、司法行政工作的发展历程

历经近40年的风雨，枣庄司法行政工作在上级部门的领导支持下，已经成长为一棵参天大树，成了保障全市经济建设顺利进行和维护社会稳定的坚强柱石。从枣庄司法行政工作的历程来看，大致可以分为以下几个阶段：

（一）枣庄市司法行政系统的恢复重建（1979—1983年）

中共十一届三中全会确定了全党工作重点转移到社会主义现代化建设上来的工作方针，中国加快了“健全社会主义民主、加强社会主义法制建设”的步伐，司法行政工作重新引起重视。适应新时期加强民主法制建设的战略需要，司法行政制度得以恢复重建。1979年9月，五届全国人大常委会第十一次会议决定恢复设立司法部，同年10月中共中央、国务院发出了《关于迅速建立地方司法行政机关的通知》。1982年司法行政工作被庄严载入《宪法》，从根本上确立了司法行政工作的法律地位。至1983年，履行管理监狱、劳教、法制宣传、法学教育、律师、公证、人民调解等职能的司法行政构架基本形成，司法行政制度得以全面恢复，为中国司法制度的规范运作和司法活动的正常进行发挥着基础性服务和保障作用。

在全国司法行政系统的恢复重建的大背景下，1980年，山东省枣庄市司法行政事业迎来了改革开放的春天，在市委、市政府和省司法厅的正确领导和亲切关怀下，枣庄市三级司法行政机关相继恢复重建。1982年，市司法局全面完成了对劳教工作的平稳接管。1984年，历尽艰辛，克服重重困难在即将下马的旧煤矿组建了全省第一座市地劳改支队。至此，枣庄市司法行政工作格局初具雏形，并从此迈入了长足发展的快车道，成为全省司法行政系统中职能最健全的市之一。

（二）枣庄市司法行政系统的不断完善（1984—2012年）

切实服务市场经济和法治国家建设，近40年风雨历程，枣庄市司法行政工作实现跨越式发展。多年来，面对机遇和挑战，枣庄市司法局始终以率先意识和争创一流的意识，立足全局谋发展，坚持创新求突破，积极开创司法行政工作的新局面。

一是普法依法治理方面。党的十五大提出了依法治国，建设社会主义法治国家的基本方略，在推进依法治国的进程中，法制宣传教育成为全社会共同参与的行动。枣庄市从1986年开展普法依法治理工作以来，在枣庄市司法局的组织指导下，各级普法机构和职能部门在全市各个行业、各个领域蓬勃开展了全方位、多层次的普法依法治理工作，圆满完成了五个五年普法和四个五年依法治市工作任务，“六五”普法和“五五”依法治市扎实推进。2007年枣庄市、区、镇三级全部将普法经费纳入“五五”普法规划和“四五”依法治市规划，列入同级财政预算。狠抓领导干部学法用法，2005年落实领导干部任前考法、中心组学法、举办法制讲座等系列制度，领导干部带头学法成为普法工作一大亮点。全民普法深入开展，各级司法行政机关采取创建普法一条街、聘任法制副校长、宗教普法、水上普法、推出普法一台戏、建设普法长廊、组建普法讲师团等一系列有力措施，大力开展“法律下乡”“法律进万家”“法律五进”活动，2007年通过村村设立法律顾问室和法律明白人协会等做法，进一步深化农村“两个一”工程。

二是法律服务方面。把服务经济发展作为第一责任，指导全市法律服务队伍，进入经济建设主战场。律师制度改革在80年代中后期，以推行合作制律师事务所为起点，打破了10多年来律师事务所由官方垄断的格局。2005年，枣庄市进一步规范律师执业行为，在全市范围内开展整顿和规范法律服务市场秩序活动，开展律师事务所规范建设年

活动。2008年进一步加强和改进律师行业党的建设工作，与市委组织部联合召开了全市律师党建工作会议，不断加强党对律师工作的领导，积极组织律师参政议政。

与此同时，推行公证体制改革，加快公证机构设置调整工作，规范公证业务发展，完善公证内部管理制度，规范公证员的执业行为，推出“三四四”工作制度，提高公证质量。2012年整合全市律师、公证等法律服务资源，组建了“加快城市转型、建设幸福新枣庄法律服务团”，帮助指导市直律师事务所党支部为“第一书记”及其所挂职镇（街）、村（居）无偿提供法律服务。

在律师制度改革将律师等法律服务业推向市场的同时，为使困难群众和特殊案件当事人不致因经济困难无法获得法律帮助，司法部于1994年开始探索建立法律援助制度。1996年以《刑事诉讼法》《律师法》颁布为依据，法律援助制度正式在全国推行。2003年国务院《法律援助条例》颁布实施，明确了法律援助是公民的权利、政府的责任。枣庄市认真贯彻实施《法律援助条例》，全面加强法律援助工作的组织机构、人员队伍、工作业务和基础设施建设，形成以区（市）法律援助中心为基础，以相关部门镇街法律援助工作站为依托，以社区、村（组）为前沿，覆盖城乡村居的三级法律援助工作网络，健全完善了《法律援助办案流程规划》等六项制度，2012年探索实施了“点援制”，提高法律援助办案质量。

改革司法鉴定管理体制。推进建立统一的司法鉴定管理体制，认真贯彻执行全国人大《关于司法鉴定管理问题的决定》，积极履行司法鉴定管理职能，在全省率先完成了山东金剑司法鉴定中心与检察机关的脱钩改制工作，出台便民服务10项规定，建立了季度巡查和谈话提醒制度，严格规范监管司法鉴定机构和鉴定人的执业活动。基层法律服务积极贴近基层，服务农村，广泛开展优质服务，2012年实现基层法律服务所在全市镇（街）全覆盖，在服务农村合同监管、农村项目竞标工作上取得新成效。

三是监狱劳教方面。枣庄监狱和市劳教所以创建“平安场所”为目标，一手抓监管教育，一手抓生产经营。2006年监狱迁建工作顺利完成，2006年4月，监狱一次性搬迁至新址；8月，武警枣庄支队一大队一中队官兵进驻监狱；8月，接续金庄煤矿正式投产，在一年时间里实现了“监狱搬迁、武警镇守、矿井投产”三大历史性突破，开创了工作新局面，为当地经济发展和社会稳定做出了积极的贡献。全面推进平安监狱建设，健全完善安全长效机制，深入开展规范化监区建设，建立安全形势研判评估机制，加大狱政警戒设施投入，重点加强人防、物防、技防、联防“四防一体化”建设，有力提升了监管安全防范能力，“四防一体化”建设被武警总部首长誉为安防建设“枣庄模式”，并向全国推广。

市劳教所开展“平安场所”建设活动，2006年建立三级安全网络，层层签订目标责任书，修订完善场所安全、干警队伍安全和生产安全的长效机制，确保了“管教、生产、队伍、生活和资产”五项安全目标的实现。2007年，深化三级安全网络建设，及时打击和处理个别拉帮结伙，欺小凌弱，索要他人钱物

法制宣传到村户

的所王所霸行为，注重因人施教，强化个别教育，充分发挥课堂化教学的针对性和实效性，较好地完成了教育工作的各项任务目标。实施了监管防控、优化教育、供水改造、消防安全、队伍建设、后勤保障“六大工程”，完成了打井及管网改造、干警和劳教人员澡堂建设、干警食堂改造三项任务。2010年，落实“社会矛盾化解、社会管理创新、公正廉洁执法”三项重点工作。加强风险评估，成立了研判工作机构，强化了组织领导，排查风险、分析风险、化解风险、督查落实、情况反馈工作已步入科学化、规范化、制度化轨道。开展了百日安全隐患专项排查整治、百日安全大排查等一系列活动，成立了警戒护卫大队，完善了监控安防系统，强化了人防、物防、技防的三道防线。

四是基层基础方面。全市司法行政机关认真落实中央综治委和省委提出的重心下移，强化基层，落实责任的要求。围绕理顺管理体制、落实人员编制、强化硬件保障等方面，全面加强司法所建设。2006—2010年，全市各（区、市）累计新建改建无房、危房司法所38个，地方累计支持资金572万元，为司法所配备电脑、汽车、摩托车等基础设施累计投入资金217万元；全市64个司法所实现了标识统一；全市有58个司法所纳入了县区财政经费预算。2010年2月，市编办下发《关于进一步理顺司法所管理体制的通知》，确定司法所为区（市）司法局派出机构的主体地位，从文件上明确了司法所的编制属性，即使用政法专项编制。

在构建“大调解”工作格局方面，2006年以来，全市司法行政系统通过积极推进多元纠纷解决机制建设，探索实现人民调解与司法调解、行政调解的有效衔接。2007年6月，推广了滕州“司法所驻派出所调解室”模式；2008年5月，市中区在医疗机构设立医患纠纷调处办公室，畅通了司法与医疗机构联合预防和化解社会矛盾的渠道；2009年2月，台儿庄区与相邻的江苏省邳州市、贾汪区等司法行政机关联合成立了跨地区矛盾纠纷联合调处机构，建立了“跨省邻边”矛盾纠纷排查调处工作新格局，解决了跨地区纠纷难调处的局面。2011年以来，在健全完善乡镇、村居调委会等传统人民调解组织的基础上，注重加强专业性、行业性调解组织以及各类新型调解组织建设。全市各级调解组织积极开展了“人民调解化解矛盾纠纷专项攻坚活动”、矛盾纠纷集中排查调处月活动等一系列专项维稳活动。

法律援助

2005年，全国有18个省（区、市）开展了社区矫正试点。2009年10月，最高人民法院、最高人民检察院、公安部、司法部联合下发了《关于在全国试行社区矫正工作的意见》，社区矫正工作开始在全国全面试行。枣庄市是全省最早试行，并且是最早被批准全面推行的7个市之一。2006至2010年，社区矫正从2个区（市）试点，拓展到五区一市推开，辖区内开展试点工作的乡镇（街道）也由28个增加到64个。2010年3月，市法院、检察院、公安局、司法局联合下发《关于在全市试行社区矫正工作的实施意见》，从文件上规范了该项工作的开展。坚持高标准起步，高层次运作，高质量矫正，建立健全了三级社区矫正组织网络。2012年建立了枣庄市社区矫正移动定位监管指挥中心，最大限度地减少了不稳定因素。

2006年7月，出台“动态分级管理”工作方案，将刑释解教人员分为“三级”，根据其现实表现，随时改变其管理级别。2006年至2010年，每年年初，市安置帮教领导小组指导各级帮教组织到狱所对服刑在教人员开展了“送温暖”活动，同时对刑释解教人员进行“面对面”帮教活动。2010年10月，协调市委、市政府“两办”出台《关于进一步加强刑满释放解除劳教人员安置帮教工作的实施意见》，全面加强了衔接、管控、帮教、安置的各个环节。2012年建立健全刑释解教人员必送必接和异地托管制度，避免和减少其重新违法犯罪。

（三）新时期下司法行政工作的改革发展（2013年至今）

党的十八大以来，枣庄市各级司法行政机关、广大司法行政干警和法律服务工作者充分发挥司法行政职能作用，司法行政各项工作取得了新成绩、实现了新进展。

一是监所改革稳步推进。全市在监狱押犯增加、构成日趋复杂，罪犯改造难度不断加大的情况下实现了监狱持续安全稳定。以推进现代化文明监狱、戒毒所为总抓手，在提高教育改造质量和落实安全责任上有创新、求突破，继续保持监所的良好发展势头。近几年来在枣庄监狱新矿建设等方面取得了重大突破。2015年12月21日，市政府监企

分离工作领导小组会议召开，对金庄生建煤矿交接等工作做出部署。枣庄监狱积极做好财务、生产、经营移交及人员编制报备等各项工作，按时完成交接任务，监狱与煤矿实现彻底分离，煤矿资产移交给泉兴集团，监狱经费从2016年起纳入财政全额保障，在编人员全部实现财政供养。根据形势、任务的发展变化，枣庄市扎实做好废止劳教制度后续工作，切实转变工作理念、方式方法和管理方式，不断提高戒毒工作水平。2014年6月，枣庄市编办下发了《关于枣庄市劳动教养管理所更名的通知》，枣庄市劳动教养管理所更名为枣庄市强制隔离戒毒所。2015年对司法局职责进行了调整，取消劳动教养管理职责，增加强制隔离戒毒管理职责，市戒毒所顺利完成由劳动教养到强制隔离戒毒的职能转型，成为我省前三个收治强戒人员的戒毒所之一。

二是社区矫正工作不断深化。全面落实《关于全面推进社区矫正工作的意见》，对全面推进社区矫正作出部署。截至2015年底全市普遍建立社区矫正工作机构，2012年以来不断加强社区矫正监管中心建设，突出科技监管，在实行手机定位、配备人脸识别分级管理仪、执法记录仪的基础上，继续推广实施滕州市网上监管、网上教育、网上执法和网上监督的“全网”工作模式。在部门衔接方面，着力规范工作衔接，注重刑罚执行效果。2013年来有序推进假释人员由属地司法局到当地监狱直接接回的“监地合作”工作模式。截至2017年底，全市共有2369名服刑人员正在接受社区矫正，自国家试行社区矫正制度以来，全市累计接收社区服刑人员11089人，社区服刑人员在矫期间重新犯罪率一直保持在0.1%的较低水平。

三是法律援助工作不断强化。全市各级司法行政机关着力扩大法律援助覆盖面，提高法律援助质量，努力满足人民群众的基本法律服务需求。进一步扩大法律援助范围，推动调整补充事项范围和经济困难标准，枣庄市所辖五区一市分别调整了补充事项范围和经济困难标准，推动将法律援助覆盖人群从低保群体拓展至低收入群体。2013年为提高办案质量，在全市推行台儿庄“一案六卡”制度。2013年4月15日，为进一步扩大案件范围，减轻受援人的负担，节省诉讼成本，与市物价部门联合下发了《枣庄市价格鉴证援助暂行办法》。2014年，出台《关于成立枣庄市看守所法律援助工作站的通知》，并安排人员值班，确保维护犯罪嫌疑人、被告人的合法权益，在全市五家看守所全部设立法援工作站，为加强刑事法律援助工作提供了组织机构和人员保障。不断健全法律援助便民服务措施，2015年，通过工作站点建设，全面构建全市的“半小时法律援助服务圈”，方便群众就近获得及时便捷的法律援助。加强“12348”法律服务热线平台建设，公共法律服务向基层、向乡村、社区延伸，实现历史性突破。

四是法治宣传教育深入开展。紧紧围绕党和国家重大部署、重大任务，大力宣传以宪法为核心的各项法律法规，为经济社会发展营造了良好法治环境。2012—2016年是大力实施“六五”普法、积极启动“七五”普法的五年，是我市民主法治建设取得重大成就的五年。枣庄市积极创新法制宣传方式方法，拓展法治文化传播平台，健全落实媒体公益普法制度，截至2016年底，全市主要新闻媒体均开设了法治栏目，电视台累计播出法治节目900余期，电台播出1200余期，报纸出刊86期，建立普法网站11个，累计更新1万余条，普法微博听众7万余人。深入开展法治宣传教育，大力宣传与群众生产生活密切相关的法律法规，举办专题法治宣传教育活动130多项，每年“12·4”国家宪法日已成为全市人民接受法律知识熏陶、参与法治主题活动的固定节日。突出加强领导干部学法用法，推动实施“两述一员”“学用述评”领导干部学法用法述法工作机制，通过开展领导干部述法活动、实名制网上在线学习等，探索领导干部学法用法新途径，推动形成办事依法、遇事找法、解决问题用法、化解矛盾靠法的良好氛围。切实加强青少年法治宣传教育，出台加强青少年法治宣传教育工作的意见，实施法治副校长规范化管理机制，完善学校、社会、家庭、政法机关“四位一体”青少年法治教育网络，实现中小学法治副校长（法治辅导员）全覆盖。深入推进多层次多领域依法治理和法治创建工作，深化法治城市、法治县（市、区）等法治创建活动，评选表彰“法治县（市、区）创建活动先进单位”和“民主法治示范村

2016年5月，枣庄市律师协会律师法颁布二十周年宣传日活动

（社区）”。2013年枣庄市荣获“全国首批法治城市创建活动先进市”称号。

五是司法行政整体工作全面推进。积极推进司法行政的其他各项工作，不断取得新的成效。大力拓展律师、公证等法律服务领域，积极推动公职、公司律师工作，推进律师担任政府和企业法律顾问工作，为政府和各类市场主体提供法律咨询和专业意见。深入开展人民调解工作，着力加强行业性、专业性人民调解工作，下发《关于进一步加强行业性、专业性人民调解工作的意见》，在做好传统民间纠纷化解的同时，大力化解专业领域矛盾纠纷，维护社会和谐稳定。大力加强司法鉴定管理，发挥司法鉴定制度在促进司法公正、防止冤假错案、保障人民群众合法权益中的重要作用，调整优化司法鉴定机构布局和结构，推进高资质高水平公共鉴定机构建设，司法鉴定执业活动进一步规范。加强公证工作，推进公正改革，将“公证”划归公益三类事业单位，2016年3月，鲁南公证处被划分为经费自理的公益三类事业单位。大力改革完善国家司法考试制度，推进司法考试管理工作规范化、标准化、信息化建设，为加快建设社会主义法治国家提供人才支持，精心组织实施国家司法考试，在报考人数屡创新高的情况下，实现考试平稳安全顺利有效。司法行政基层建设进一步加强，司法业务用房建设积极推进，2013年，全市16个司法所被省厅命名为第一批全省新一轮规范化司法所，司法所规范化水平进一步提升，基层各项工作全面活跃。司法行政系统宣传调研、信访化解、计财装备、理论研究、法学教育、协会（学会）工作等都取得了新成绩，司法行政各项事业全面发展进步。

二、司法行政工作的辉煌成就

多年来，枣庄市司法局紧紧围绕全市改革、发展、稳定的大局，以建设“平安枣庄”“和谐枣庄”为目标，认真贯彻落实市委、市政府、市委政法委和省司法厅的各项重大部署和指示精神，以“坚持、完善、创新、发展”为理念，求真务实，开拓创新，在狱所监管教育改造、发展监狱劳教特色经济、矛盾纠纷排查调处、社区矫正、安置帮教、司法鉴定、律师公证、法律援助、普法依法治理等方面取得了新的成果，整体工作保持了良好的发展势头，得到了上级领导的高度评价和充分肯定，为促进全市经济社会平稳较快发展做出了积极贡献。

（一）监狱劳教工作在开拓奋进中持续发展

多年来，面对机遇和挑战，枣庄市司法局始终以率先意识和争创一流的意识，立足全局谋发展，坚持创新求突破，积极开创监狱劳教工作的新局面。自1984年以来，枣庄监狱始终认真贯彻执行中央关于监狱工作方针政策和《监狱法》，按照“收得下、管得住、跑不了、改造好”的要求，在条件简陋、装备落后、资金短缺的情况下，以一个下马废旧煤矿为基础，认真履行执行刑罚和行政处罚的职责，出色地完成了对数以万计罪犯劳教人员的监管改造教育任务。面对枣庄监狱魏庄煤矿资源枯竭、不具备监管改造犯人的严峻形势，市司法局迎难而上，开拓进取，高标准地上马了接续煤矿——金庄生建煤矿，在各级党委、政府和有关部门的关心支持下，克服重重困难，圆满地解决了枣庄监狱的突发水抽排、建设土地、矿建资金等一系列难题，圆满完成了全省历史上第一次整建制的监狱搬迁；在武警部队和省司法厅、监狱局的全力支持下，较好地解决了22年来盼望已久的武警执勤问题；全面完成了矿建任务，顺利通过了煤炭生产许可证验收，达到了“国家一级标准化矿井”的创建目标，完成了扩能工作任务，实现了“整体搬迁、武警上岗、正式投产”三大历史性突破。在驻枣武警部队的大力支持下，积极推进监管设施改革，建成了高标准的现代化监管设施，杜绝了脱逃、自杀、哄监闹狱、成批疾病死亡等各类重大监管安全和生产安全事故的发生。目前为止，枣庄监狱连续创该市监狱劳教史上最长监管和生产安全周期。枣庄监狱创建部级现代化文明狱所活动正在扎实推进。枣庄市劳教所多年来始终坚持“教育、感化、挽救”的工作方针，对劳教人员积极实施教育管理，教育改好率连续多年保持在96%以上。在创办特色劳教方面进行了有益的探索，“三段式”动态管理的做法得到了司法部、省司法厅和市委、市政府的充分肯定，该项经验得以在全省、全国推广。2001年被评为“全国教育转化先进集体”。市劳教所完善了场所安全和生产安全的长效机制，收容学员籍贯涉及枣庄、临沂、日照和徐州铁路公安处等地。监狱劳教干警是一群“特别能吃苦，特别能战斗，特别能奉献”的英雄群体，他们不负重托，不辱使命，始终无怨无悔地奋战在维护社会稳定的前沿阵地，用自己的辛勤劳动为广大人民送来了一个又一个安宁和祥和。

人民调解工作现场

（二）普法依法治理在不断深化中取得可喜成果

从1986年开展普法依法治理工作以来，在枣庄市司法局的组织指导下，

各级普法机构和职能部门在全市各个行业、各个领域蓬勃开展了全方位、多层次的普法依法治理工作，圆满完成了六个五年普法和五个五年依法治市工作任务。32年来，全民普法深入开展，每年公民的受教育面达65万人次。着重抓好领导干部学法用法，创造性地实行了领导干部任前考法，市普法办已连续举办九次领导干部法制讲座，各级共举办法制讲座370多场次，对3万多人次拟任命干部进行任前考法。积极抓好下岗职工、流动人口、青少年、中小学生的法制教育，“四位一体”的教育机制全面形成。市、区（市）两级在报刊、电台、电视台全部开设了法制栏目。连续6年较好地开展了“12·4”宪法宣传日活动。创造性地形成市中区大郭庄农村法治夜校、农村普法“两个一”工程等经验，并多次在全省、全国经验交流会上作典型介绍，并予以推广。2007年通过村村设立法律顾问室和法律明白人协会等做法，进一步深化了农村“两个一”工程，该市已毕业法律大专生村干部2306人，76万人被命名为法律明白人。依法治理工作积极实施地方、行业、基层三大工程，深入开展依法治理典型示范工程创建活动，确立了14个典型单位，辐射带动依法治理工作的深入开展。依法治校、民营企业设立法律服务协会等各具特色的普法创新工作试点正在各区（市）扎实开展。在省委、省政府召开第十二次全省普法依法治理工作会议上，枣庄市作了典型发言。

（三）基层基础工作在维护社会稳定中取得辉煌成就

近40年来，历届市司法局党委励精图治，用坚持不懈的创新托起了基层司法行政工作的一次又一次辉煌，使整体工作逐步跃入全省领先地位，推动数项工作走进了全国先进行列：率先创建了企业司法办；率先统管刑释解教人员安置帮教；率先建立社会矛盾调处中心和人民调解庭；率先建立了第一个“防激化”、见义勇为基金会……基层司法行政机关在机构改革中得到全面加强，全市有62个司法所收编管理，走在了全省前列。率先在全省创建了社会矛盾调处中心和人民调解庭，并统一规范为乡镇人民调解委员会，搞好民调工作与诉讼制度的衔接，各级调解组织较好地发挥了化解社会矛盾纠纷主渠道作用。全面加强司法所和乡镇调解中心建设，2017年底，全市92%的司法所达到省级规范化标准。专题召开了全市司法行政系统服务社会主义新农村建设现场会，总结推广了山亭区在村（居）设立司法行政协理员等成功经验，促进司法行政职能向村（居）延伸，得到了省委政法委和省司法厅充分肯定，中央电视台对山亭区设立司法行政协理员的做法予以专题报道。在各个重要时期大力开展社会矛盾纠纷排查调处活动，探索出了“110”与“148”联动联调、设立“司法所驻派出所调解室”等创新性做法，调处纠纷3万多件，成功率达98%以上，防止“民转刑”5000多起，预防群体上访8000多件。社会矛盾调处中心和人民调解庭的创建构筑了化解矛盾“大调解”格局。以峄城区创建社会矛盾调处中心为开端，全市司法调解中心和人民调解庭建设蓬勃兴起，涵盖基层矛盾纠纷、关联20多个执法部门的三级调解网络全面形成，人民调解成了化解社会矛盾纠纷的主力军。全市65个司法所和近1万名调解员在广大的城乡基层、厂矿企业和事业单位构筑了维护稳定坚固的第一道防线，85%以上的干群矛盾、民事经济纠纷等热点难点问题得以在基层解决，司法调解中心和人民调解庭已成为解决基层社会矛盾纠纷的重要阵地。2003年、2004年，山东省委、省政府连续两次在枣庄召开全省第一道防线建设现场会和全省乡镇矛盾调解中心建设现场会，专门推广了“枣庄经验”。在全国开创了主管刑释解教人员安置帮教工作的先河，建立健全四级安置帮教网络，形成了以“六落实”为主要内容的安置帮教“峄城模式”，得到司法部的肯定和省司法厅的推广。总结完善了“提前介入，回归接茬，安置扶持，帮教服务”四个工作体系，建立健全了三级社区矫正组织网络，帮教率达100%，安置率年均达90%以上，重犯率被控制在2.1%以内，远远低于全省全国平均水平，夯实了基层社会稳定的基础。

2005年9月，山东金剑司法鉴定中心改制开业剪彩仪式

（四）法律援助和司法鉴定工作在促进社会和谐中发挥巨大作用

枣庄市司法行政系统通过大力健全完善法律援助和司法鉴定工作机制来维护社会弱势群体的权益，消除了社会不稳定因素，促进了社会和谐。大力普及《法律援助条例》，通过报刊、电台、电视台等各种方式让社会群体知道法律援助的申请渠道，让法律援助贴近人民，深入人心，让需要法律援助的人们自觉地运用法律武器来捍卫自身的权益。健全网络，扩大受援面，把法律援助的网络向镇（街）、村（居）、社区延伸。当前，全市法律援助联络站、联系点发展到80多个，志愿者队伍发展到1100人，各区（市）形成了以区（市）法律援助中心为基础，以相关部门镇（街）法律援助工作站为依托，以社区、村（组）为前沿的覆盖城乡村居的三级法律援助

工作网络。紧紧围绕党委、政府关注的热点、难点问题和涉法信访案件，全面参与处理急、难、险、重事件，把社会残疾人、农民工等弱势群体的合法权益的维护放在法律援助工作重中之重。将农民在劳务方面因签订、履行、变更、解除和中止合同导致利益受到严重侵害，因所购种子、化肥等农业生产资料质量低劣导致经济受到严重损失等情形纳入法律援助的范围。简化申请程序，提高工作效率。对于五保户、重残重病人员、孤寡老人免于经济困难审查；建立农民工法律援助绿色通道，优先接待群体性、因工致残、交通事故案件的农民工，保证农民工获得及时的法律援助，使社会弱势群体的合法权益得以尽快实现。近四年来，共办理了230多起涉及农民工、残疾人等社会弱势群体的维权案件，办理法律援助案件2000多起，有50个案例被评为全省法律援助精品案例，为当事人挽回经济损失5000多万元。

枣庄市司法局认真履行对司法鉴定工作初审、管理和监督职能，健全规章制度，规范执业行为，充分发挥司法鉴定工作在构建社会主义和谐社会中的巨大作用。目前，全市已组建司法鉴定机构两家，即山东金剑司法鉴定中心和薛城区中医院正平司法鉴定所，司法鉴定门类涉及法医临床、法医物证、资产评估等12个领域，累计办理司法鉴定案件7000多件，受案范围已达全国29个省、自治区、直辖市。山东金剑司法鉴定中心已经发展成为在全国有较大影响的司法鉴定机构，2006年5月，广受关注的国内首例司法鉴定结论对抗案中，该中心出具的鉴定结论最终被采纳，在全国引起了较大反响。此外，成立医疗纠纷调解中心、组建司法鉴定专家出庭团、创办专利产品开发基地、开展司法鉴定文化建设等创造性工作都走在了全国同行业的前列。近年来，通过司法鉴定纠正错鉴、错案20余件，严惩犯罪分子16人，为有效地解决社会矛盾和社会纠纷提供了有力地证据，依法保护当事人的合法权益，受到了司法部、省司法厅领导的高度评价和社会各界的广泛赞誉。枣庄市司法局和山东金剑司法鉴定中心先后多次在全省司法鉴定管理工作会议和司法鉴定机构负责人会议上作典型发言和经验介绍，有省内外21家单位的100余人到该市参观学习。

（五）干警队伍在文明执法服务中展示良好形象

历经近40年的改革历程和持续不断的蓬勃发展，枣庄市司法行政系统始终高扬“求真务实，团结奋进，开拓创新”旗帜，坚持抓班子，带队伍，正行风，树形象，大力加强干警队伍建设。狠抓思想政治教育，提高政治理论水平。1989年以来每年都坚持开展干警队伍集中教育整顿活动，较好地开展了“讲学习、讲政治、讲正气”活动、“规范执法行为，促进执法公正”专项整改活动、“保持共产党员先进性教育”活动、“社会主义法治理念教育”、党的群众路线教育实践活动、“三严三实”专题教育和“两学一做”学习教育等一系列活动，不断用先进理论武装头脑，确保广大干警与党中央和各级党委保持高度一致。狠抓业务培训，全系统连续多年广泛开展岗位大练兵活动，共举办各类培训140多期，培训干警8500多人次，选送500余名干警参加了省、市举办的各类培训班，广大干警和法律服务人员的执法和服务水平大幅提高。先后出台枣庄市司法局八条禁令，加强对干警和法律服务人员的管理和约束。出台并实施了《关于开展“规范化建设年”活动的意见》和《实行“四项机制”的实施细则》，把广大干警和法律服务人员的执法服务行为纳入规范化、科学化、制度化轨道。全面开展机关效能监察活动，有效地促进机关工作效率的提高和工作作风的进一步好转。深入开展司法公开和服务承诺活动，自觉接受社会各界和广大人民群众的监督。认真落实党风廉政建设责任制，积极开展廉洁勤政教育和党纪政纪教育，不断提高拒腐防变能力。全市司法行政立功创模和精神文明建设取得可喜成果，全系统涌现出了李汝统、宋厚省等得到中宣部、司法部、省委、省政府充分肯定并予以表彰的一批先进人物，树立了司法行政系统的良好形象。共有40多个集体、130多名干警分别荣立一、二等功，全系统有300多个集体、500多人次受到各级党委、政府和业务上级的表彰和奖励。枣庄市司法局及多数局属单位保持了连续多年的市级“精神文明建设先进单位”称号，全系统有17个单位被命名为市级以上文明单位。

三、司法行政工作的经验和启示

回顾改革开放的不平凡岁月，积累的经验弥足珍贵，获得的启示尤为深刻，对新时期枣庄司法行政工作的扬帆起航具有重大的指导意义。要想做大做强司法行政工作，就必须以习近平新时代中国特色社会主义思想为指引，提升司法行政工作在党委、政府和人民群众心中的地位，在保障社会稳定、服务社会经济发展中体现司法行政的影响力，展示司法行政的生命力。

必须全面夯实基层基础，才能在维护社会和谐稳定中展示新作为。基层是司法行政事业的关键所在、活力所在、希望所在。近40年的改革开放实践证明，落实好省司法厅的决策部署，坚持建好基层，打好基础，进一步完善司法行政基层工作体系，是全面实施做大做强我市司法行政工作战略的基础和保障。枣庄司法行政工作在改革发展的过程中，不断夯实基层基础建设，从基础设施建设、发展保障建设等各方面，不断提升基层司法行政工作软硬实力。因此，要不断完善人民调解、行政调解、司法调解联动的工作体系，加强社会矛盾纠纷工作信息平台建设；要进一步完善和创新特殊人群管理服务，切实做好社区服刑人员和刑释解教人员管理服务工作；要按照“职业化、专业化、社会化”的要求，大力加强专职社区矫正工作者队伍建设，不断提升教育管控能力；要积极帮助特殊人群解决生活、就业、家庭等方面存在的实际困难；要稳步推

进监狱劳教单位体制改革，加快部级现代化文明监所创建步伐；要坚持“注重实际、分类实施、全面建设、整体提升”的原则，率先启动新一轮基层司法所规范化建设。

必须不断提升服务效能，才能在服务城市转型战略中推出新举措。始终坚持为全市经济社会转型跨越发展和全面建成小康社会提供优质高效的法律服务和法律保障是司法行政工作的根本要求和奋斗目标。改革开放近40年来，全市司法行政工作牢固树立法律“大服务”理念，全面整合全市优秀律师、公证、司法鉴定、法律援助等法律服务资源，不断增强法律服务力量，推动经济社会协调发展。在以后的工作中，要不断拓展法律服务领域，创新法律服务方式，提高法律服务质量和水平。进一步规范律师行业发展，以专业化、品牌化、信息化建设为目标，深入开展律师事务所达标创建活动，培育拿得出、叫得响的优秀律师事务所。大力推进公证工作，积极拓展公证服务领域，将公证服务延伸到经济社会生活的方方面面，推动公证业务数量大幅提升。司法鉴定要在规范管理、建章立制方面下功夫，强化执业管理，加强教育培训，提高鉴定水平，不断提升知名度。法律援助方面要扩大覆盖面，最大程度地保护困难群众的合法权益，加大经费保障力度，建立法律援助工作的长效保障机制，确保法律援助的持续发展。

必须全面深化法治创建，才能在推进民主法治进程中取得新进展。推进法治建设，对于推进全市经济转型、城市转型、民主法治建设、社会文明进步都具有重要意义。改革开放以来，枣庄市司法行政工作把握发展脉搏，不断推进法治枣庄建设的全面深化，特别是明确法制宣传教育在推进法治枣庄建设中的职能定位和努力方向，提出了有指导性、针对性、前瞻性的意见措施。近年来，通过加强对鲁南文化和法治文化的研究，打造了一批独具枣庄特色的法治文化品牌，建设了一批各具特色、参与性强、品位较高的法治镇村、主题公园、广场展馆，形成全天候、立体式、多形式的法治文化阵地。实践证明，牢牢把握法治枣庄品牌建设，还要进一步加强青少年、企业经营人员、社会无业人员等群体的普法教育工作，努力实现法制宣传教育“均等化”；进一步推动“法律六进”的创新发展，求真务实，注重实效，深入推进“法律六进”主题活动。

必须大力抓好队伍建设，才能在司法行政事业发展中开创新局面。司法行政工作的长远发展，队伍建设是最关键、最重要的环节。全市司法行政队伍主要包括司法行政干警队伍、律师队伍、公证员队伍和基层法律服务队伍等多个层面，从目前发展情况来看，由于受到体制、机制等原因的制约影响，人员成分比较复杂，管理不到位很容易出问题。因此要开展学习型机关建设活动，在全体干警中加强中国特色社会主义理论体系、社会主义核心价值体系和社会主义法治理念的学习，提升整体素质，学会用科学理论武装头脑、指导实践、推动工作，使司法行政工作始终体现时代性、把握规律性、富于创造性。要继续深入开展政法干警核心价值观教育，增强做好司法行政工作的责任感、使命感、荣誉感。

必须加强创新能力建设，才能在全面深化司法行政体制改革中打造新格局。坚持改革创新是事业兴旺发达的不竭动力，是顺应时代发展潮流、创造一流业绩的根本保障，更是推动司法行政事业发展的根本动力。进入21世纪以来，中央领导人多次在重大会议上提到创新，并亲自指导创新。在这一形势下，司法行政机关更应站在全局的高度，把加强和创新社会管理作为当前和今后工作的重大任务，紧紧把握县域的基本时代特征，探索社会管理与创新的内在规律，立足本职，发挥优势，进一步彰显司法行政工作的地位和作用。近年来，枣庄司法行政工作之所以有活力、有发展、有成效，关键在于立足现实、着眼未来，敢于实践、勇于创新，打破条条框框的束缚和制约，用创新的思维、创新的工作全面带动和促进司法行政工作开展。先后在社会矛盾排查调处、基层基础、法制宣传、律师管理、社会矛盾排查调处、监狱戒毒规范化建设、社区服刑人员全网监管模式等方面进行了有益探索，许多做法举措被誉为“枣庄经验”，得以在全省、全国推广。还特别注重持续创新能力建设，不断巩固、发展和提升了创新经验，有力推动了枣庄司法行政各项工作全面发展。进入新时代，司法行政工作要认真加强对当前国家宏观政策的研究，认真加强对司法行政发展新阶段、新情况的研究，认真加强对破解发展难题新举措、新办法的研究，在人民调解、法制宣传、法律服务、社区矫正、安置帮教和队伍管理等方面创新工作经验，努力打造枣庄司法行政工作创新品牌。

审稿人：王业胜

撰稿人：高鹏飞　晁兴法

王　成

枣庄监狱工作发展历程及启示

枣庄监狱1984年建立以来，在市委、市政府和市司法局党委的坚强领导下，历任监狱党委团结带领广大干警职工艰苦奋斗，励精图治，克服诸多困难，走出一条极不平凡的创业进取之路，取得一个又一个可喜成就，为全市经济建设和社会稳定发展做出了突出贡献。回顾监狱建立和发展的历程，能够深刻感受到创业的艰辛和成就的辉煌，能够深刻感受到历任党委干事创业的激情和争创一流的锐气，能够深刻感受到警察职工战天斗地的豪气和负重奋进的担当，能够深刻感受到事业发展的强大动力和监狱未来的勃勃生机。

一、枣庄监狱发展历程

根据不同时期的发展形势和工作特点，枣庄监狱34年发展历程总体上分为四个阶段。

（一）监狱建立、初步发展阶段（1984年2月至1996年12月）

枣庄监狱（劳改支队）沐浴着改革的春风组建，在极为艰难的条件下发展，在阳光与风雨兼程中，老一代监狱工作者披荆斩棘、砥砺前行，付出巨大心血和汗水，在一口报废的矿井上创造了被社会各界广泛赞誉的“枣庄监狱奇迹”。

1. 监狱组建

1983年8月，中央决定在全国开展严厉打击刑事犯罪分子的斗争，为了解决劳改场所严重不足的问题，省委、省政府决定在省劳改局增加关押容量和劳动改造场所的基础上，新建9个地市劳改队。11月12日，省委书记、省长联席办公会议决定，新建立的枣庄、烟台、济宁等地劳改支队属于县团级单位，由所在地市司法局领导，省劳改局负责业务指导。会议同时决定将原属于枣庄矿务局的魏庄煤矿（1983年报废注销）移交给省劳改局作为劳改场所。

按照上级的要求和市委、市政府、市司法局党委的安排部署，1984年2月，枣庄监狱在枣庄市市中区孟庄镇刘岭铁矿组建，始称“枣庄市刘岭劳改支队”。3月7日，枣庄市政府向山东省政府呈报《关于将魏庄煤矿作为我市劳改场所的请示》。同年9月6日，山东省司法厅下发《关于将魏庄煤矿转交给枣庄市司法局办劳改的通知》，决定将魏庄矿转交给枣庄市作为劳改场所，要求市司法局与枣庄市矿务局联系办理有关交接事宜。10月11日，枣庄市政府同省煤炭工业总公司、省司法厅签订《关于将魏庄煤矿移交枣庄市作为劳改场所的交接协议书》，10月12日，省政府批转通知，同意三方共同商定的交接协议，要求加强协作、办好交接。同年11月，刘岭劳改支队迁至位于滕州市木石镇的魏庄煤矿，将“枣庄市刘岭劳改支队”更名为“枣庄市魏庄劳改支队”。

1994年3月26日，枣庄市编制委员会下发《关于将枣庄市劳改支队更名为山东省枣庄监狱的通知》，魏庄劳改支队正式更名为山东省枣庄监狱，劳改支队支队长、副支队长职务名称相应变更为监狱长、副监狱长，人员编制、隶属关系均不改变。根据有关规定，枣庄监狱为隶属于枣庄市司法局管理的正县级单位。

2. 初步发展

枣庄监狱建立之初，面临许多问题，魏庄矿是下马的矿井，除了六座宿舍楼外，地上一片废墟，没有监管设施；干警职工从全市60多个单位抽调，缺乏监管改造罪犯和煤矿生产技能经验；生产作业以开采边角煤柱为主，煤矿水、火、瓦斯、煤尘、顶板灾害并存。针对这种情况，劳改支队党委清醒认识到，要战胜困难，必须牢固树立不怕困难、艰苦创业、团结奋斗的精神。在对煤矿基本情况进行调研后，提出“一年恢复、两年发展、三年提高”的目标，党委班子团结协作、合力攻坚，成为带领干警职工团结奋斗、克难攻坚的坚强堡垒。

本着“边生产边建设，先生产后生活”的原则，努力发展煤矿生产，不断改善生活环境，克服接续、灾害频发等诸多困难，杜绝了重大安全生产事故，原煤产量每年始终在10万吨左右，确保了一定的经济收入，保证了600多名警察职工和年均1400余名罪犯的监狱经费正常开支，没有给地方财政增加任何负担。在发展生产的同时，积极落实从优待警政策，大力改善干警职工物质文化生活条件，为干警职工购建232套城区住房，新增住房面积1.9万平方米，解决了部分干警职工子女升学就业等问题。

这一时期，特别是《中华人民共和国监狱法》颁布实施后，枣庄监狱积极践行“惩罚与改造相结合、以改造人为宗旨”的监狱工作方针，将依法治监贯彻到监狱具体工作中。坚持抓管理促规范，注重依法建制，着力加强监狱法治化建设，规范执法行为。先后制定危险分子管理规定、严禁打骂体罚虐待罪犯、严禁收受罪犯和犯属馈赠的规定等一整套规章制度，通过狠抓制度落实，形成了“按照制度做、依据规范干”的良好习惯和严格细致、真抓实干、清正廉洁的工作作风。

坚持将改造罪犯使之重新成为守法公民当做神圣职责，成立枣庄市育新学校，落实罪犯改造行为规范，开展政治、文化、技术三课教育，对罪犯实行三分管理、分级处遇，对财产性、暴力型、

性犯罪罪犯实行分教；采取多种形式加强罪犯法制教育、认罪伏法教育、爱国主义教育，积极组织开展好各类教育改造活动；成立“新生艺术团”，走出大墙演出177场次，受教育观众达15万余人，省、市10余家新闻单位采访报道，得到省劳改局“特殊学校结硕果，大墙艺术绽奇葩”的高度赞扬。

在多年监管改造、生产经营工作实践中，广大警察职工团结战斗，顽强拼搏，经受住了艰苦创业、执法执纪、抢险抗灾和事业发展的考验，培育形成了“在艰苦中创业、在困难中前进、在勤俭中发展”的魏庄精神，成为监狱事业发展的强大动力和精神源泉！

3. 发展环境

枣庄市委、市政府和市局党委对监狱工作给予巨大的支持和帮助，给予政策上的倾斜，创造良好的外部环境，有力地支持了监狱事业发展。

为规范监狱收支，1988年枣庄市财政局下发《关于对市劳改支队实行上交包干办法》，核定当年上交利润20万元，超出部分自留。

1990年5月30日，市政府主要领导带领市财政局、国土资源局、煤炭局等有关部门负责人在劳改支队组织召开现场会，形成《魏庄劳改支队现场办公会议纪要》，研究解决了魏庄生建煤矿开采证补办、招收看押力量、解决供电和可继续在市区购买商品房等问题。

1991年6月10日，市政府制发《关于维护劳改劳教场所秩序的通告》，就维护劳改场所周边秩序创造良好治安环境做了规定。

1992年1月6日召开的市长办公会议就劳改支队办理魏庄生建煤矿采矿许可证做了安排。

1992年7月7日，市政府召开专题会议，研究妥善解决魏庄生建煤矿与木石煤矿资源纠纷问题，为维护场所安全稳定和监管改造工作的健康发展创造了良好的外部条件。

（二）二次创业、建成新监狱新煤矿阶段（1997年1月至2005年12月）

由于经历多年残采，魏庄矿资源日益枯竭，煤矿自然灾害频发，安全难以保障，生产无法接续，一度濒临停产关井、监狱撤销境地。面对生死抉择，监狱党委带领警察职工一手抓好新监狱新煤矿建设，一手抓好魏庄老矿管理和监管改造工作，白手起家开启二次创业历程，克服诸多困难建成新监狱新煤矿，踏平坎坷走出一条监狱事业的涅槃再生之路。

1. 金庄矿立项

金庄矿立项是监狱的希望，关系监狱存亡，对监狱发展有至关重要的意义。在当时煤炭市场持续萧条、国家实施关井限产政策的情况下，金庄矿立项过程十分曲折和艰辛。在市委、市政府的支持和有关市领导的直接参与下，做了大量艰苦细致的协调争取工作，在国家关井压产期间停止审批新建煤矿且90万吨以下的新建煤矿不予审批、省政府准备撤销枣庄监狱的巨大困难和压力下实现立项，极为不易。金庄煤矿项目通过审批，在全国煤炭系统被视为国家关井压产政策实行之后的一个特例。

1997年11月21日，枣庄市政府在给山东省人民政府关于韩台煤田曹庄井田规划开发情况的报告中提出，“关于枣庄监狱煤炭开采接续问题已进行了统筹规划，拟从滕州矿区金庄井田统筹考虑安排”，省领导批示“同意”。12月22日，枣庄监狱与山东煤田地质第一勘探队签订了“山东省枣庄市魏庄生建煤矿金庄二号井田精查勘探施工工程合同”。1998年1月16日，山东省地质矿产厅颁发了金庄井田勘探许可证。

1999年5月22日，枣庄市政府向山东省政府呈报《关于请求尽快审批枣庄监狱接续煤矿手续的请示》。6月14日，山东省地质矿产厅以《关于山东省枣庄监狱魏庄生建煤矿申请接续矿区的请示》向国土资源部专题报告。7月7日，司法部直属煤矿管理局向国土资源部矿产开发管理司呈报关于请求审批枣庄监狱接续煤矿手续的报告。7月9日，国土资源部对山东省枣庄监狱魏庄生建煤矿申请接续矿区问题复函山东省地质矿产厅，同意金庄井田作为接续矿区。1999年12月7日，枣庄市政府向省计划委员会呈报关于枣庄监狱接续矿井金庄煤矿可行性研究的请示。2000年3月9日，省计划委同意将滕县煤田金庄二号井田划归枣庄监狱开发。

随着金庄矿立项工作的推进，1999年12月28日，枣庄监狱金庄煤矿在滕州市鲍沟镇举行奠基仪式。2000年11月1日，新监狱狱墙破土动工。

2. 强行启动建设工程

2001年2月，金庄煤矿被列为枣庄市2001年基本建设重点项目；3月27日，山东省改革发展计划委员会作出《关于枣庄市金庄煤矿可行性研究报告的批复》，批准金庄煤矿井田境界、矿井建设规模13项内容；4月6日，枣庄监狱与枣庄市工业设计院签订了《金庄煤矿设计合同》。在全狱上下对矿建工程启动翘首以待的同时，“生死”考验也随之而来。

面对枣庄监狱魏庄生建煤矿严重的资源匮乏和监管安全形势，省监狱局发

行政办公楼

出“最后通牒”，如不建接续新矿，罪犯分流，监狱撤销。生存问题成为摆在面前的棘手难题，监狱党委领导多方奔走，积极争取市里支持，先后组织两次停产整顿，接受了5次检查验收，最终保住老矿和改造场所。在各级领导的支持帮助下，进行了两次资源扩界，从枣矿集团八一煤矿获得储量煤田共计40万吨，有了两次扩界，老矿生产才得以维持。

正是在如此严峻的形势下，监狱党委研究决定强行启动矿建工程。但是，建设资金的短缺成为白手起家建设新监狱新煤矿的首个“拦路虎”。监狱建设资金的短缺引起了市委、市政府的高度重视，市政府召集五大银行负责同志，召开专题会议，研究金庄煤矿建设问题。2002年，在市政府的协调帮助下，从枣庄市城市信用社贷款5000万元；之后监狱通过借款、垫资、老矿挖潜、内部筹资等方式，筹集到位资金1.7亿元，解决了启动资金问题。

2002年3月金庄煤矿动工开建，各项工程进展顺利，但巨大的困难突然降临。2004年6月20日，金庄煤矿井下西大巷联络上山上平巷发生特大突水，淹没矿井，虽然抢险处置及时人员全部安全撤出，但特大突水使矿建工程遭受严重挫折。市委、市政府高度重视，主要领导挂帅指挥，有关市领导亲临现场，组织专家召开突水抢险专项会议，经论证决定采取强排水措施。经过多方联系，从外省调来大功率潜水泵实施强排水，历时5个多月排出400多万立方米矿井水，消除了隐患，取得了突水抢险的最终胜利，矿建工程恢复运行。之后，在政府的支持下解决了征地等诸多难题，监狱在极为困难情况下积极努力先后解决矿建和狱建资金4亿多元，确保了新煤矿、新监狱建设的稳步推进。

3. 建成新煤矿新监狱，创造了良好搬迁条件

金庄矿井设计生产能力30万吨，按60万吨能力装备。矿建按照精细化设计、超常规运作、高科技装备、跨越式发展的战略新模式，瞄准现代化目标，组织专家高标准设计，高起点规划，装备水平上按照采掘装备现代化、辅助设施自动化、监测监控数字化的“三化”标准，全面提升了装备的档次，达到国内先进水平。同期按照有关监狱建设标准，设计建成了新监狱。在建设过程中，加强廉政建设和监督监理，推行项目法人制、建设监理制、公开招投标制，注重协调同当地的关系，创造了优良的施工环境。

2005年元月11日，市政府以《枣庄市人民政府关于同意迁建枣庄监狱的批复》同意枣庄监狱在建设金庄煤矿的同时建设一座押犯能力2000人的监狱；在金庄煤矿建成投产后，枣庄监狱由魏庄生建煤矿迁往金庄煤矿。2006年3月6日新矿联合试运转，并相继通过了单项工程质量认证、安全设施验收、竣工验收；地面土建工程也陆续通过验收，具备监狱搬迁条件。

花园式监管区

在抓好新监狱建设的同时，积极抓好监管改造工作。这一阶段，贯彻落实“法德结合、文明改造”的新理念，开展平安监狱建设，推进罪犯素质教育，实施现代化文明监区创建，大力推进狱务公开，建立完善风险抵押金制度、安全检查制度、隐患整改制度、责任追究制度，调动了监狱干警的积极性，有效地控制了狱情、敌情，杜绝了重大责任事故发生。积极开展罪犯教育改造研究，推行罪犯全员民主评议、亲情救助积金会等创新举措；规范罪犯个别教育，丰富亲情教育，扩展办学形式，将“三课”教育改为必修、选修以及其他教育，实行学分制，真正使罪犯刑期变学期。随着新监狱新煤矿建设的推进，经上报市政府批准，2005年12月25日，魏庄煤矿矿井全面闭坑。

为解决监狱和煤矿人力资源不足问题，1998年7月30日，枣庄市机构编制委员会下发《关于设立枣庄监狱技术服务中心的批复》同意设立枣庄监狱下属科级事业单位。技术服务中心为全额拨付事业单位，监狱非公务员人员全部纳入该中心，编制暂按划入人员数量控制，配备科级领导职数3人。2001年12月31日，枣庄市机构编制委员会下发《关于枣庄市司法局所属事业单位编制和科级领导职数的批复》，规定枣庄监狱技术服务中心事业编制数130名，配备科级领导职数6名。

（三）监狱搬迁、整体工作突破发展阶段（2006年1月至2012年4月）

监狱搬迁后到2012年，处于中国煤炭的“黄金十年”期间，煤炭经济红火，市场产销两旺，金庄生建煤矿安全稳产，创造了监狱历史上最好的经济效益，为各项工作发展创造良好经济条件，促进整体工作的创新突破发展。这一时期各项工作亮点纷呈、硕果累累，监狱面貌焕然一新，事业发展步入快车道。

1. 监狱迁至新址，机构编制得到调整理顺

2006年4月19日，经过周密筹备，枣庄监狱安全顺利完成了全国最大规模的一次性整体搬迁。8月5日上午8时16分，武警枣庄市支队一大队一中

队官兵与监狱岗楼值勤干警交接，建狱以来首次实现了武警镇守。8月18日，经省煤炭工业局专家组验收，同意颁发金庄矿煤炭生产许可证，标志着矿井正式投产。枣庄监狱一年内实现三大历史性突破。

随着监狱搬迁，各项工作步入正轨，枣庄市编制委员会于2006年12月12日下发《山东省枣庄监狱职能配置、内设机构和人员编制方案》，对枣庄监狱主要职责、内设机构、人员编制和领导职数作了规定。

2. 建成“四防一体化”枣庄模式，场所安全根基有效夯实

武警镇守后，以打造数字化监狱为目标，大力实施科技强警战略，积极推进安防智能化信息系统建设，构建了“人防、物防、技防、联防”有效结合的“四防一体化”“枣庄模式”，实现了安全防范手段的创新发展，作为先进经验被推向全国，省委、省政府、省委政法委领导和武警总部首长等各级领导前来视察。在2013年全国司法行政工作会议上，司法部对“四防一体化”的“枣庄模式”给予了肯定和赞誉，武警总部首长更是称“枣庄监狱的安防工作走在了全国的前列，是国内安防体系的典范”。

枣庄监狱以“四防一体化”建设为抓手，按照“万无一失、一失万无”安全新理念加强安全管理，落实安全长效机制工作体系，加强安全形势研判、风险评估和分级管理，开展新入监罪犯甄别和罪犯危险程度评估，实行危重人物集体会诊，启用两警“共同防范、分区值守、双检双控”的监狱安全防范执勤新模式，监管条件明显改善，警戒设施设备不断升级改造，逐步建立起执法规范、保障到位、责任明晰、管理有序、奖罚适当、运作协调的基层基础安全防范体系，全面筑牢了监管安全根基，监狱连年实现安全“零报警”。

3. 建成国家级安全质量标准化矿井，企业转调发展全面起步

始终坚持“安全第一、预防为主、综合治理”的方针，大力实施“科技兴矿，科技保安”战略，深入开展“双基”和质量标准化建设，努力打造本质安全型、安全高效型和基础管理精细化、技术装备现代化、人员培训制度化的“两型三化”矿井。金庄生建煤矿安全生产管理取得良好成效，被评为省级“双基”建设规范化矿井，矿井安全程度评估连续6年达到A级标准，2010年被评定为国家一级安全质量标准化矿井。

金庄生建煤矿投产后，采掘作业一直委托给有安全生产资质的社会煤矿，罪犯从事辅助生产，这一做法当时得到市委、市政府和省监狱管理局的认可。随着煤矿生产政策的变化，枣庄市委、市政府根据《国务院关于预防煤矿安全生产事故的特别规定》和司法部关于监狱生产要逐步退出煤炭高危行业的政策要求，对金庄生建煤矿托管方式做出调整。在组织招标论证的基础上，决定将金庄生建煤矿安全、生产、技术整体托管泉兴集团。2012年2月9日，枣庄监狱与泉兴集团签订了托管整体框架协议。

这一时期，金庄生建煤矿自觉接受国有资产监管，加强成本、财务、销售等方面管理，提高了企业运行质量和效益，确保了国有资产安全。在加强煤矿生产经营工作的同时，着眼于为罪犯提供更多劳动改造岗位，积极谋划企业转型，落地投产了电脑数据线、电子变压器线圈、矿井风筒及高档毛衫等劳务加工项目，成为全省监狱系统从事煤矿生产单位中最早发展非煤产业的单位之一。生产过程中注重加强项目管理，完善管理制度措施，推行现场6S管理，有效提高了规范化管理水平，取得良好的改造和经济效益。

4. 执法管理水平不断提高，教育改造职能有效增强

围绕把罪犯改造成为适应社会主义和谐社会要求的守法公民和有用之才的目标开展了“提高罪犯生存发展素质，遏制重新违法犯罪”的监管教育改造攻坚战，推行5天劳动、1天学习、1天休息的5+1+1教育改造新模式，推进教育改造创新，强化出入监教育、心理教育、感恩教育和黄丝带帮教工作，筹建了服刑人员心理健康指导中心，实施“明法厚德、班墨育人”改造创新工程。坚持与社会联合办学，开设绿色证书和实用技术班，实现罪犯在狱内考工定级，年均有200多名罪犯获得各类证书。

修订完善了有关罪犯计分考核奖罚和办理减刑、假释案件的一系列制度，统一并规范使用各种执法文书，严格执行罪犯减刑、假释、保外就医逐级审核、集体研究、逐项公示制度，建立监狱长接待日制度，聘请执法监督员，设置意见箱，自觉接受社会各界监督，联合法院、驻狱检察室举办听证会，公开减刑、假释案件的审理，有效提升了执法公信力。

加大罪犯权益保障力度，成立了罪犯生活权益保障委员会，建立疾病预防控制中心，实施国际基金结核病项目，罪犯生活和医疗条件不断改善。经过多年努力，所有押犯监区全部被省监狱管理局命名为规范化监区；监狱伙房和医院成功创建成星级“文明伙房”和星级“文明医院”，成功创建成“绿色生态监狱”。

5. 队伍管理有效加强，整体素质不断提高

加强思想政治工作，建立健全教育培训工作机制，整合资源、创新方法，促进了教育培训工作的制度化、规范化。警察具有硕士学位的占3%，大学本科学历的达到69%，职工中高级、中级技术等级的分别达到20%和11%。完善党风廉政建设制度，开展经常性警示教育活动，加强廉政风险防范管理，有效杜绝了各类问题发生。建成俱乐部，改善交通办公条件，组织团购住房，定期组织全员健康查体，建立大病救助基金，做好老同志工作，促进了监狱和谐。

注重发挥监狱特殊预防作用，与市纪委联合建设了枣庄市党员干部反腐倡廉警示教育基地，接待外省市及市内180多个机关、企事业单位人员接受警示教育，警示教育基地2008年度被省纪委命名为“第一批山东省廉政教育示

范基地”。

2010 年 6 月 11 日，枣庄市人力资源和社会保障局下发《关于核准枣庄监狱技术服务中心岗位设置方案的通知》，就技术服务中心岗位设置做了明确规定。

（四）退危转型、发展步入新常态阶段（2012 年 5 月至 2017 年 12 月）

2012 年以后，煤炭“黄金十年”终结，煤价一路下跌，景气度由高点直线回落。受此影响，金庄生建煤矿效益大幅下滑、资金极为紧张，监狱运行十分困难，加之司法部、省政府严令监狱退出煤矿高危行业并划定时间界限，保证监狱运行、维护安全稳定、退出高危行业、推动转型发展成为极为艰巨和繁重的任务。面对多重困难的交织叠加，新一任监狱党委审时度势、统筹规划、积极应对，抓班子、带队伍、保稳定、谋发展，采取有效措施打赢退危转型攻坚战，啃下监企分离这块“硬骨头”，监狱发展步入新常态、业务工作确立新优势，枣庄监狱完成“化蛹成蝶”的蜕变，铸就了今天的辉煌。

1. 退出煤矿高危行业，实现财政全额保障

2014 年，省领导郭树清、孙伟、邓向阳等分别就监狱退出煤矿高危行业进行调研或作出批示，要求监狱尽快退出煤矿等高危行业。2014 年 6 月 6 日和 9 月 15 日，省政府先后召开专题会议、常务会议，研究监狱退危问题，原则同意《山东省监狱退出煤矿高危行业总体方案》。2015 年 3 月 21 日，省监狱局召开监狱退出煤矿高危行业工作会议，要求必须坚定不移地推进监狱退出煤矿高危行业。2015 年 5 月 7 日，枣庄市委办公室印发了《中共枣庄市委全面深化改革领导小组 2015 年工作要点》；在第四部分关于深化司法体制和社会治理体制改革部分，明确提出要“推进监狱工作改革，建立适应金庄生建煤矿和金庄工贸公司特殊关系的财务管理和会计核算制度”。2015 年 6 月，省司法厅、省发展改革委员会、省财政厅三部门联合正式下发《关于印发山东监狱退出煤矿高危行业总体方案的通知》，要求全省监狱系统要在 2016 年底前全部退出煤矿高危行业，监狱经费由财政全额保障。

枣庄监狱把握全省监狱 2016 年退出煤矿高危行业“时间节点”，积极协调争取，得到市委、市政府和有关部门的大力支持和帮助，2015 年 12 月 16 日，市财政局、国资委、司法局联合下发了《关于印发枣庄监狱与金庄生建煤矿监企分离实施方案的通知》，就监企分离工作作了安排，要求于 12 月 31 日前完成整体交接。2015 年 12 月 21 日，市政府监企分离工作领导小组会议召开，对金庄生建煤矿交接等工作做出部署。枣庄监狱按照市政府领导小组会议要求，积极做好财务、生产、经营移交及人员编制报备等各项工作，按时完成交接任务，监狱与煤矿实现彻底分离，煤矿资产移交给泉兴集团，监狱经费从 2016 年起纳入财政全额保障，在编人员全部实现财政供养。按照工人隶属关系不变、同岗同酬的原则，同泉兴集团协商，争取到 96 个工作岗位安置工人，实现了平稳过度。枣庄监狱退危工作得到省司法厅、监狱管理局领导同志的充分肯定。

监管区教育广场音乐喷泉

2. 企业管理有效强化，经济转型发展深入推进

加大煤矿安全生产管理力度，2012 年实现矿井首次达产 60 万吨。坚决贯彻落实市政府关于煤矿托管的部署要求，2013 年 9 月至 2015 年底金庄生建煤矿安全、生产和技术整体托管泉兴集团。这一时期，枣庄监狱认真落实主体责任，加大安全投入，完善系统装备，确保了生产安全，实现了与承托方的互惠共赢。

在抓好煤矿生产监管的同时，创新和加强企业管理，推行自制加工维修生产内部模拟市场化运作，建立与劳务加工合作单位、销售客户的保证金制度，对生产资金投入实行全程跟踪管控，加大技术革新力度，企业管理水平得到有效提高。为应对收入大幅下滑、经济十分困难的局面，全面加强节约型监狱、节约型企业建设，制定下发了《关于弘扬勤俭节约精神推进节约型监狱建设的意见》，全面完善内控管理制度，加强节约降耗管理，2012 年至 2017 年共节约各类开支 4800 多万元。

为适应监狱企业转型发展新要求，投入 3000 万元资金注册成立金庄工贸有限公司，高标准建成启用 6000 平方米标准化劳务加工车间，矿用锚杆、托辊加工获得国家矿用产品安全标志证书。建成投产洗煤厂，整合劳务加工监区，优选生产项目，全面推行 6s 管理，突出加强质量控制，加工生产质效显著提高，更好地服务了罪犯改造。

3. 聚焦主业加强监管改造工作，实现监狱职能回归

强化安全首位意识，加大安防设施建设投入，深化狱政管理标准化、监管改造规范化和安防设施建设达标创建，实施指挥中心实体实战化建设，物理隔离监狱和煤矿，推行犯情日排查、罪犯危险性评估，实行清仓式管理、罪犯互监互包制度，加强重点病员和精神病犯监护，严格执行疾病诊治“留痕化”管

理和重点病员治疗台账式管理，全面夯实了场所安全稳定的根基。

坚持把改造罪犯作为监狱工作的中心任务，确立劳动、监管等各项工作为教育改造服务的理念。推行“1515”教育改造工作机制，着力完善制度体系、内容方法体系、基础保障体系、完善社会帮教体系、考核评价体系五大体系。严格落实教育改造经费标准，实施分类矫治、循症矫治，建立教育改造专家库，兴建“育新教育网”，强化入出监教育，加强文化育人，建立完善刑释人员安置帮教衔接机制，教育改造工作全面步入科学化发展轨道。

积极适应监狱法治建设和狱务公开发展要求，全面启动执法规范化建设先进单位创建活动。制定《关于进一步深化狱务公开的实施意见》，建成刑罚执行工作网上协作平台，建设狱内法庭，公开审理“三类罪犯”减刑假释案件，取得良好法律效果和社会效果，多年依法办理的减刑、假释和保外就医案件实现“零差错”“零投诉”。

4. 队伍建设进一步加强，干事创业氛围更加浓厚

为适应监狱职能回归、发展步入新常态的要求，枣庄监狱围绕建设过硬班子队伍，把握从严治警这个关键，全面推进执行力建设，不断强化责任担当，切实强化作风养成，全面提高了队伍建设水平，为事业发展奠定了坚实的人才基础。

制定《关于加强思想政治工作的意见》，完善工作制度体系，深入开展党的群众路线教育实践活动，“三严三实”“两学一做”专题教育，落实党建主体责任，完善基层组织，健全管理制度，签订党员目标管理责任状，实现党建工作全覆盖，严守政治纪律和政治规矩的意识得到强化。大力开展岗位练兵活动，邀请专家来狱开办业务知识培训班，与省局对接全面推进干部的岗位能力培训、警衔晋升培训和业务专项培训，组织人员赴浙江大学培训学习，全方位提高队伍业务素养。严格落实党委主体责任和纪委监督责任，持续深化反腐倡廉教育，突出执法关键岗位加强管理监督，严格落实中央八项规定精神，严格执行法律法规和纪律规定，加强督导检查和问责追究，用好诫勉谈话等方式，进一步促进了纪律作风转变。改善值班备勤条件，调整值班备勤方式，根据新的机构编制方案对干部职工实施轮岗交流，调整技术岗位设置，做好事业编制人员职称评聘工作，提高科学用警水平。妥善解决了监狱搬迁住房补偿、聚居小区基础设施改造、事业编干部首授警衔等历史遗留问题；完善大病救助机制，降低救助基金适用门槛，实现取之于民用之于民；采取多种措施做好优待老同志工作，促进了监狱和谐稳定，有效凝聚了干事创业正能量。

5. 机构编制的调整

2014 年 5 月 20 日，枣庄市机构编制委员会下发《关于核定市直机关单位编制的通知》。规定枣庄监狱政法编制由 200 名核减为 186 名，技术服务中心事业编制由 130 名核减为 122 名。

2016 年 7 月 30 日，枣庄市机构编制委员会下发《关于调整枣庄监狱机构编制事项的批复》，对枣庄监狱主要职责、调整内设机构和有关内设机构职责及人员编制进行了明确，撤销枣庄监狱工资科、销售科、器材科、企管科、生产科、机电科、通防科、水文地测科；新设枣庄监狱考核监督科、保障科、装备科、刑罚执行科、生产管理科、技术规划科、警卫大队、出入监监区、老病残监区。

2016 年 9 月 1 日，枣庄市人力资源和社会保障局下发《关于枣庄监狱公务员职位设置方案的批复》，明确了政法专项编制、机构设置和领导职数情况，并规定了设置工作人员职位情况。

2016 年 9 月 14 日，枣庄市人力资源和社会保障局下发枣庄监狱技术服务中心事业编制岗位设置方案调整通知单规定，枣庄监狱技术服务中心以实有人员 226 人为基数，以管理岗位为主体，专业技术岗位（与单位职能相近专业）为主系列。岗位设置调整后，人员聘用严格按照调整的岗位设置方案进行，不得超岗聘用。

二、监狱工作取得的主要成就

34 年来，枣庄监狱围绕全市改革发展工作大局，加强监狱管理，强化监狱职能，维护社会稳定，促进社会和谐，为服务当地经济建设和社会发展做出了积极贡献。司法部、武警总部、省市各级领导对枣庄监狱工作都给予了充分肯定和高度评价，枣庄市委政法委下发文件号召全市政法机关向枣庄监狱学习。仅 2012 年以来，先后有 190 人次、基层单位 29 次受到市级以上表彰奖励，15 人荣立一、二等功；枣庄监狱被评为全省司法行政系统先进单位、荣立集体二等功；市领导先后 7 次对枣庄监狱工作作出批示，给予表扬。

（一）平安建设成效显著，安全周期不断延长

坚持将监狱安全稳定当做首要责任、政治任务，树立新型监狱安全观，立体化推进安全防控、系统化促进安全治理、协同化确保监狱安全，安全教育、安全装备、安全培训、安全文化统筹推进，安全管理、狱政管理和设施装备管理不断加强，安全工作实现了由被动防范向主动进攻的转变，形成了安全稳定工作新机制，建设成更长周期、更广领域、更强实效的平安监狱。连续实现监管安全 16 周年、生产安全 14 周年，不断刷新最长安全周期。

（二）改造职能全面强化，罪犯矫治效果不断提升

把教育改造罪犯作为监狱工作的中心任务，认真贯彻监狱工作方针，牢固树立“改造为本”的工作理念，主动顺应押犯构成变化，大力推进教育改造工作创新，完善科学矫正模式，强化罪犯教育管理，着力提升罪犯改造质量，促进教育改造科学化、专业化、社会化，打造了特色化矫正模式。建狱 34 年来，先后关押改造罪犯 14000 多人，绝大多数罪犯被改造成自食其力的劳动者，为社会和谐稳定做出了贡献；多年来，罪

犯改好率保持在96%以上，达到全省监狱系统先进水平。

（三）企业管理不断加强，实现良好经济效益

枣庄监狱建立之初到2015年底，经费支出靠煤矿收入承担，是典型的“监狱办煤矿，煤矿养监狱”运行模式，通过加强煤矿管理，搞好企业经营，确保了国有资产保值增值。截至2015年底，共生产原煤740.3万吨；其中金庄生建煤矿生产原煤444.6万吨、实现销售收入30.94亿元、实现利税6.59亿元，上交国有资产收益1.86亿元；投资台儿庄运河古城7000万元、市担保公司1000万元，投资枣庄银行2146万股（市值约5600万元）。按市政府关于监企分离的要求，2016年9月经中介机构评估，枣庄监狱移交金庄生建煤矿资产12.17亿元，监狱现有资产2.2亿元，所属金庄工贸公司资产6300万元。

（四）基础设施水平实现质的跨越，建成现代化监狱

2006年新监狱的建成，彻底改写了监狱设施整体落后的面貌，随着监狱搬迁，全面启动现代化监狱建设，加大资金投入，加大综合保障力度，软件硬件齐抓共上，加强信息化建设和高科技手段应用，监管改造和执法办公条件实现了质的飞跃。随着监狱经费纳入全额财政保障，积极争取党委政府和有关部门的支持，瞄准基础设施装备前沿，加快设施装备建设和改造升级步伐，监狱装备和管理水平有了新的提升，建成了高科技装备的现代化监狱。

（五）警示教育成果显著，特殊预防功能得到充分发挥

20世纪90年代初期成立的“新生艺术团”走出大墙演出，罪犯现身说法，得到了社会广泛好评。监狱搬迁后，随着基础设施的显著改善，同市纪委联合建设了枣庄监狱党风廉政警示教育基地，搭建了集图片展览、文字讲述、声像传播、罪犯忏悔演讲于一体的反腐倡廉警示教育平台，被省纪委、监察厅命名为山东省首批十大廉政教育示范基地，被山东省普法办公室命名为全省法制宣传教育示范基地。2007年启用以来，经过多次改建扩建，功能不断完善，累计接待省内外各级党员干部4万余人次接受警示教育，收到良好的警示教育效果。

（六）创出成功经验，树立监狱机关良好形象

“四防一体化”安防体系枣庄模式、国家级安全质量标准化矿井，廉政警示教育基地、退危过程中的工人安置、节约型监狱建设、执行力建设、监区文化建设、罪犯心理漫画展、安置帮教一体化工作机制等创新做法受到上级领导和社会各界的肯定赞誉，被当做经验推广，树立了监狱良好社会形象。武警总部首长吴双战、霍毅，省领导高新亭、阎启俊、柏继民、王军民等领导同志先后来狱视察给予了高度评价；北京、新疆、海南、黑龙江等20多个省、市、自治区的武警部队和监狱系统单位前来考察参观。

监狱行政办公区大门

三、枣庄监狱发展历程的深刻启示

34年曲折艰辛的发展历程，枣庄监狱取得了巨大的发展成就，积累了宝贵经验，带来了一系列重要启示：

（一）党委政府的领导是监狱事业发展的根本保证

监狱是国家机器的重要组成部分，是专政工具，监狱工作必须坚持党的领导，必须在党委政府领导下开展工作，政治方向丝毫不能偏差。34年来，枣庄监狱认真贯彻落实党关于监狱工作的方针政策，严格落实党委政府关于监狱工作的部署要求，励精图治，奋发图强，克服重重困难，一步一个脚印地走到今天，可以说所有的发展变化都得益于上级党委政府对监狱工作的领导，归功于给予监狱的好政策、创造的好环境。如果没有上级党委政府的正确领导和关心支持厚爱，枣庄监狱绝对不会有如此巨大的进步。新的时期和发展条件下，做好监狱工作就要牢固树立“四种意识”，保持绝对忠诚的政治品格，紧紧围绕全市经济和社会发展总体规划，融入社会治理大局，发挥监狱职能优势，为全市改革发展再立新功。

（二）解放思想，勇于创新是监狱事业发展的动力源泉

思想决定行动，思想解放的程度决定着实践创新的力度。监狱建立以来的发展历程，就是一部不断解放思想、开拓创新的历程，监狱事业的发展进步靠的是解放思想、不断创新，一流的业绩也来自解放思想、勇于创新。34年来，面对安全稳定、教育改造、经济发展、队伍建设等各方面工作的新情况新问题，枣庄监狱创新思维、创新方法、创新机制，大胆试、大胆干、大胆闯，不畏艰险、不惧压力、拼搏创新进取，以思想观念的转变带动各项工作的创新突破，取得不断胜利，形成了枣庄监狱发展各方面的特色、亮点，带来了事业发展的勃勃生机。解放思想无止境，在创建安全文明现代化监狱，实现监狱工作新突破，走在全省监狱工作前列的过程中，必须进一步解放思想，勇于确立新目标、提出新见解、拓展新思路，做到在难题面前敢闯敢试，在矛盾面前敢抓敢管，在风险面前敢于担当，推动事业发展再上新台阶。

（三）坚持发展不动摇是监狱事业

不断前进的强大驱动力

枣庄监狱是地市监狱，基础差，底子薄，发展过程中甚至一度出现过上级决定撤销监狱的严峻形势。为扭转被动局面，监狱几任党委班子把发展当做第一要务，带领警察职工坚定发展信念、抓住发展不松手，靠发展解决问题，靠发展赢得主动。从发展监狱经济为重点、到推进统筹和谐发展、到退危转型发展、到监狱发展步入新常态，发展形势、发展环境不断变化，发展理念、发展举措不断进步，经过长期艰苦努力，实现监狱搬迁、建成现代化监狱、监狱工作走在全省前列，事实告诉我们，发展就主动，不发展就被动；发展快了就主动，发展慢了就被动。监狱工作步入新常态，更要坚持好发展第一要务，更新发展观念，按照“五大”发展理念要求，提升发展质量、发展效益、发展方式，推动事业实现新突破。

（四）艰苦奋斗的精神状态是攻坚克难的强大利器

艰苦奋斗，玉汝于成。艰苦奋斗是中华民族的光荣传统，是党的优良传统，更是枣庄监狱改革建设发展带来的重要启示。枣庄监狱经历了刘岭铁矿劳改支队的最初建立，到魏庄的艰苦创业，再到建成现代化监狱，艰苦奋斗是枣庄监狱凝聚力量、攻坚克难的强大精神法宝。无论是“在艰苦中创业，在困难中前进，在勤俭中发展”的“魏庄精神”，“在新起点上创业，在开拓中前进，在可持续下发展”的“金庄精神”，还是“干事创业、争创一流”的新时期监狱精神，其中不变的要素就是艰苦奋斗。艰苦奋斗的作风任何时候都不能丢弃，不管发展环境如何变化，必须传承好这个法宝，保持队伍不变色、保证事业不变色。

（五）提高教育改造质量是做好监狱工作的出发点

教育改造罪犯是监狱主业，是监狱工作的根本，这是由“惩罚与改造相结合，以改造人为宗旨”的监狱工作方针决定的。监狱工作方针体现了我国社会主义刑罚的进步性，反映了我国改造罪犯的特色，对监狱工作具有重要的指导意义，是监狱一切工作的出发点。特别是近年来，枣庄监狱按照“一切工作都围绕罪犯教育改造来开展，一切资源都围绕罪犯教育改造来配置”的要求，主动适应押犯构成变化，认真研究解决教育改造工作中存在的矛盾和问题，大力实施教育优先发展战略，扎实做好教育改造工作，有效提升了矫治质量，强化了改造职能。在今年全国监狱工作会议上，孟建柱同志提出“要始终把教育改造作为监狱工作的中心任务，努力把罪犯改造成为守法公民”，对做好新形势下教育改造工作提出了更高标准。监狱工作理应从维护社会和谐稳定大局的高度，认真贯彻“惩罚与改造相结合、以改造人为宗旨”的监狱工作方针，牢固树立“改造为本”的工作理念，扎实做好新形势下教育改造工作，探索特色化矫正模式，有效提升罪犯改造质量，努力降低刑释人员重新犯罪率。

（六）确保场所持续安全稳定是做好监狱工作的立足点

安全稳定是首要政治任务，只有监狱安全稳定才能顺利完成对罪犯的刑罚执行，才能更好服务和谐社会建设，没有安全稳定监狱一切工作都无从谈起。枣庄监狱从罪犯“收得下、管得住、跑不了”的初级阶段，直至现在达到多年实现“四无一防止”的安全总体目标，安全稳定也由最初的“跑不了”发展到现在的全方位网格化大安全格局，安全稳定工作无论是从理念、范围、手段还是质量上，都有了前所未有的提高。随着法治国家建设的推进，社会治理的深化和罪犯构成的变化，监狱安全稳定工作有了深刻的变化，当前做好安全稳定工作，必须进一步树牢“万无一失、一失万无”的安全理念，将监狱安全稳定融入社会治理，在提高预测预警预防各类风险能力上下功夫，做到防微杜渐、长治久安。

（七）依法治监是做好监狱工作的本质要求

监狱是国家刑罚执行机关，作为法治中国建设的重要内容，监狱机关规范执法、依法行政关乎社会民生，是一项有利于提升司法整体公信的重大系统工程，更是维护监狱安全稳定、促进罪犯积极改造的内在要求。枣庄监狱运用法治思维和法治方法，从顶层设计的高度加以系统研究和思考，推进狱务公开，规范权力运行，维护罪犯权利，构建了依法治监长效机制，为罪犯提供了公开公正公平的改造环境，罪犯改造积极性得到大幅提升，实现了监狱法治建设与服务经济社会发展大局的有机统一。面临新形势、新任务、新要求，监狱工作理应紧紧围绕强化监管改造职能，进一步规范执法行为、提升执法能力、促进公平正义，更好地发挥法治的引领和保障作用。

（八）打造过硬的班子和队伍是做好监狱工作的坚强保障

事业发展，关键在人。枣庄监狱能够取得巨大发展变化主要利益于建设了坚强的班子和队伍，形成了推动发展的强大合力。枣庄监狱曲折发展历程见证了党委班子的坚强领导核心作用和整支队伍呈现出的优良传统作风。监狱党委团结进取、科学决策，务实、为民、清廉，形成了强大凝聚力、向心力，为监狱发展提供了坚强的组织领导保障。广大警察职工爱岗敬业奉献，保稳定、促发展，改变了监狱面貌，实现了监狱事业翻天覆地的变化。推动监狱事业持续健康发展，必须按照习近平总书记重要指示精神，以政治过硬、业务过硬、责任过硬、纪律过硬、作风过硬为目标，坚持政治建警、业务强警、从严治警、科学用警、从优待警不动摇，努力建强过硬的班子、打造过硬的队伍，为事业发展固本夯基。

审稿人：王茂山

撰稿人：高鹏飞　张　广　晁兴法

枣庄劳教戒毒工作转型发展实录

改革开放以来，枣庄劳教戒毒工作的发展过程，是中国劳教、戒毒事业发展的一个缩影，经历了劳教事业由发展壮大到创造辉煌再到全面废止并向戒毒工作转型的过程，是一部在改革中前进、在创新中发展的奋斗史和发展史。

一、劳教时期发展历程及工作成果

（一）劳动教养时期发展历程

枣庄市劳动教养管理所，原名枣庄市强劳所，前身为邹坞劳教所，始建于1958年，是枣庄市内最早的劳教机构，所址在薛城区邹坞镇南陈郝村，属于济宁专署薛城劳改队领导和管理。

1980年2月，根据《国务院关于将强制劳动和收容审查两项措施统一于劳动教养的通知》要求，山东公安决定将济南、青岛、淄博、枣庄、潍坊、济宁、烟台、聊城、惠民9个地、市的强劳所改为劳教所。1980年3月，枣庄市劳动教养管理所成立，为科级单位，属于枣庄市人民政府劳动教养委员会指导，由枣庄市公安局具体领导和管理，所址位于枣庄市市中区郊区公社田庄大队北侧的枣庄市粘土矿，利用粘土矿厂区和露天矿坑作为办公和生产改造场所。

1983年7月2日，枣庄市劳动教养管理所改变领导关系，由枣庄市公安局移交枣庄市司法局具体领导和管理。1984年7月，枣庄市劳动教养管理所正式升格为县级二级单位。1984年底，枣庄市劳动教养管理所接管枣庄市市中区刘岭铁矿。1986年底，枣庄市劳动教养管理所撤出刘岭铁矿，迁至田庄所区院内。

1993年10月12日，经枣庄市委市政府批准，枣庄市劳动教养管理所迁址于枣庄市市中区渴口乡殷村北安路8号。新所规划建有警察办公楼，劳教人员综合服务楼，食堂餐厅，劳动习艺车间等设施。1994年底，所新址建设完工。1996年，所办公楼建成使用。

2001年11月，枣庄市劳动教养管理所开始收容泰安、临沂两地市的劳动教养人员。2003年，枣庄市劳动教养管理所开始纳入财政供养，全所共有干警165名，其中内退26名，在岗139名。2005年，枣庄市劳动教养管理所开始收容临沂、日照、徐州铁路公安处三地市的劳动教养人员。

2011—2013年，枣庄市劳动教养管理所主要收容枣庄、临沂、日照三地市劳动教养人员。2013年，劳教所内设8个科室、7个管教大队，分别为政治处、监察室、办公室、财务审计科、生产安全科、管理科、矫治中心、生活卫生科、一大队、二大队、三大队、四大队、五大队、出入所大队、警戒护卫大队，下设事业单位技术服务中心1个。

（二）枣庄劳动教养工作的丰硕成果

枣庄劳动教养工作自1958年创立以来，教育挽救了大批违法人员，为维护鲁南乃至周边地区社会和谐稳定作出了重要贡献。特别是20世纪80年代以来，枣庄市劳动教养管理所坚持“教育、感化、挽救”的工作方针和“像父母对待孩子、像医生对待病人、像老师对待学生”的指示要求，在创办劳动教养学校、探索劳动教养工作特色、创建现代化文明劳动教养管理所、推行三种管理模式等方面做了大量的工作，甚至一些方面走在了全省乃至全国前列，发挥了应有的贡献和作用。

2008年枣庄市劳动教养管理所旧貌

1. 创办劳动教养学校

劳教所是改造人、造就人的特殊学校。建所初期，由于条件所限，只是采取上大课的形式，单一的政治教育。20世纪80年代，遵照上级指示精神，枣庄市劳动教养管理所开始了将劳教所办成教育人、挽救人的特殊学校的工作。1986年，成立了校务委员会，提交了举办劳动教养学校的报告和创建请求。1987年3月18日，正式被山东省司法厅命名为枣庄市劳动教养学校。之后，按照司法部的要求，在市委、市政府的鼓励和支持下，枣庄市劳动教养管理所继续深入开展办学上等级活动。

劳动教养学校经过几年的努力，实现了教育工作制度化、系统化、正规化。劳教人员自入所到解教，必须经过入所教育、常规教育和出所教育三个阶段。在教学内容上坚持以政治教育为核心，技术教育为重点，辅之以文化教育。到

1996 年，政治教育、文化教育、技术教育的考试及格率全部达到 90% 以上。

1997 年，为使教育办学达到省级教养学校标准，枣庄市劳动教养管理所组织召开专题会议，制定教学升级的实施意见，成立办学升级领导小组，调整校务委员会，充实教育科和三个教研室，并在大队设置教室，将部分老师定岗定位；加大教学投入，购置教学设备，实现了电视教学；对劳教人员坚持三课教育和出入所教育，加强辅助教育和谈话教育，劳教人员的政治、文化、技术三科考试及格率达 100%，文化获证率 75%，技术获证率 75%。由于计划周密、领导重视、措施得力，效果明显，顺利通过省局验收，成功升级为省级劳动教养学校。

成功创建省级劳动教养学校以后，枣庄市劳动教养管理所继续坚持党的“教育、感化、挽救”的劳教工作方针，持续开展办学上等级活动，适时调整校务工作机构，力求教育质量再上新台阶、新水平。2001 年、2002 年先后两次调整劳动教养学校校务组成人员、教育工作人员及心理咨询领导小组的结构布置，极大地促进了各项教育工作的开展。2005 年共有教师 30 人，其中干部教师 26 人，占干部总数的 20%，占劳教人员总数的 12.5%。教师队伍中，政治教师 12 人，专职教师 7 人，兼职 12 人。

2003 年 3 月，枣庄市劳动教养管理所成立了创建部级劳动教养领导小组，并向省劳教局提出了创建请求。11 月，按照司法部《关于劳动教养学校上等级的考核细则》的要求，经过自检符合省级条件，同时提交了晋升部级劳动教养学校自查报告。12 月 18 日，省劳教局验收批准枣庄市劳动教养管理所为部级劳动教养学校。2005 年 1 月，司法部劳教局审核批准枣庄市劳动教养管理所为部级优秀劳动教养学校。

办学活动促进了教育挽救质量的提高，枣庄市劳动教养管理所共教育挽救了 1 万余名劳教人员，其中 1000 余名劳教人员完成了扫盲教育，4000 余名获得了社会承认的文化证书和技术等级证书，为其解教后的就业、生活提供了保障。

1999—2000 年，收容“法轮功”类劳教人员期间，枣庄市劳动教养管理所对该类人员重点加强了形势、政策教育，集中进行有针对性的专门教育，并做好谈话和说服感化教育，使其充分认识到当今国际、国内政治形势和国家的有关政策。特殊时期，“法轮功”类劳教人员全部实现了成功转化，转化率 100%。2001 年 1 月 17 日，按山东省劳动教养工作管理局的统一部署，枣庄市劳动教养管理所所内“法轮功”劳动教养人员全部送往省直所统一进行管理教育。

2003年7月，全省创办劳教工作座谈会议在枣庄所召开

2. 探索劳教工作特色

1989 年 7 月，司法部提出劳动教养要体现“行政性”“强制性”“教育改造性”三个基本属性，体现劳动教养与劳动改造的本质区别，探索具有劳教工作特色的管理教育内容和方法的要求。枣庄市劳动教养管理所认真总结多年来劳教管理和教育工作的经验做法，不断完善劳教管理改革举措，在理论与实践的结合上取得了新的突破。通过实行分级管理、分类教育和“三试”等制度，形成了横向分类、纵向分级的科学管理模式；通过推广《劳教人员评分记事考核奖惩办法》，实现了劳教人员改造表现的定量和定性考核；通过建立民管组织、实行民主管理、开展亲情服务以及实行工资浮动制和凭票就餐制，大大提高了劳教工作的规范化、标准化水平。

2002 年初，司法部重提创办劳教特色工作。2002 年 4 月，枣庄市劳动教养管理所被司法部列为全国劳教系统“创办劳教特色”试点单位。作为十个试点单位之一，枣庄市劳动教养管理所积极探索，大胆尝试，创造性地推行了“三段式”管理、“走读”制度等新举措，为司法部推行三种管理模式提供了实践依据。2002 年 9 月，枣庄市劳动教养管理所成立劳教人员“三段式”动态管理试行领导小组，制定《劳教人员会见补充规定》，劳教人员每月可会见 2 次，并设立了所长接待日。10 月，创办劳教特色工作深入开展，为 8 名劳教人员办理了“四试（试工、试农、试学、试商）”。2003 年 4 月 9 日，山东省创办劳教特色现场会在枣庄召开。2003 年 7 月 29 日，全省创办劳教工作特色座谈会议在枣庄召开，“三段式”动态管理新模式正式在全省劳教系统予以推广。

2004 年，司法部提出推进劳教管理工作改革，山东省被确定为试点省份。在山东省劳动教养工作管理局的统一部署和枣庄市劳动教养管理所的引领带动

下，全系统上下更新观念、提高认识、统一标准，以完善制度、规范运行为重点，全面推行了封闭式、半开放式、开放式三种管理模式，建立了较为完善的制度体系、规范有序的运行机制和科学矫治的教育机制，劳教管理工作改革取得了显著成效。

3. 创建现代化文明劳教所

1994 年初，司法部提出创建现代化文明劳教所的任务目标。枣庄市劳动教养管理所积极响应，按照部局、省厅和省局的部署安排，在枣庄市委、市政府、市司法局党委的关心支持下不辍耕耘，全力创建。1995 年 3 月 19 日，研究制定了《关于创建省级现代化文明劳教所的实施意见》，加强创建工作组织领导，合理部署软硬件建设，提出 5 年内完成现代化文明劳教所创建任务。1996 年 1 月 10 日，印发《枣庄市劳动教养管理所关于对九五年创建现代化文明劳教所工作的自查报告》。12 月 10 日，根据司法部《现代化文明劳教所考核评审细则》，制定了《关于创建现代化文明劳教所的实施方案》，提出克服一切困难，力争在 1999 年创办成省级现代化文明劳教所。

1997 年 4 月 2 日，组织开展了以全面提高警察队伍素质，加快现代化文明劳教所创建步伐为目标的集中教育整顿活动。2001 年 1 月 20 日，制定了《2001 年创建省级现代化文明劳教所实施方案》，加快全所创建工作步伐，同时成立创建工作领导小组。10 月 19 日，召开创建现代化文明劳教所攻坚誓师大会。12 月 11 日，上报省劳教局《关于枣庄市劳动教养管理所创建省级现代化文明劳教所申请验收的报告》。12 月 26 至 27 日，省劳教局省级现代化文明劳教所考核评审组一行 11 人，对全所创建工作进行全面检查验收。12 月 27 日，召开党委扩大会，传达省劳教局考核小组指示精神，通报检查情况，分析存在的问题原因，研究整改完善的具体措施。2002 年 1 月 24 日，枣庄市劳动教养管理所正式获得“山东省省级现代化文明劳教所”称号。

创建工作的实践，极大地推动了枣庄所劳教工作的全面发展。经过持续创建，场所改造秩序持续稳定，杜绝了各类重大事故的发生；教育挽救质量不断提高，劳教人员三课教育入学率、及格率、获证率、难改人员转化率均达 100%，所内改好率保持在 98% 以上；推动了所政设施建设，提高了矫治手段、技术装备和场所设施的现代化水平；优化了领导班子，塑造了一支思想过硬、敢打硬仗的班子队伍，全所警察的法制观念和执法水平普遍提高。

二、劳教改革和戒毒转型历程

全国劳教制度改革的形势背景下，枣庄市劳教（戒毒）所明确任务，找准方向，主动作为，多方争取，统筹推进，顺利完成了劳教改革和强制隔离戒毒职能转型的任务。

（一）劳教人员平稳解教分流

2013 年初，中央作出了推进劳教制度改革的决定。全国政法工作会议、全国司法厅（局）长会议明确指出，强制隔离戒毒是劳教工作转型后的主要职能。2013 年 2 月 6 日，司法部劳教局下发通知，要求各级劳教机关在 6 月底前全部加挂“戒毒管理局”和“强制隔离戒毒所”牌子。中央推进劳教制度改革的决定明确，劳教工作转型发展的方向明确。

根据省司法厅、省劳教（戒毒）局关于山东劳教改革的方案部署，枣庄市劳动教养管理所积极推进劳教制度改革和强制隔离戒毒职能转型。由于年初临沂等市公安机关集中新批教了部分劳教人员，致使枣庄市劳动教养管理所当时成为全省在教劳教人员最多的劳教所。

面对分流解教任务重、时间紧、压力大的不利局面，所党委一班人带领广大警察职工立足把准尺度、多搞活动、公平公正、平稳有序的原则，在短时间内完成了解教清仓任务，成了全省的排头单位。先后开展各类活动 30 余项，根据活动表现，公正公平进行奖惩。每次活动，每次奖励，都依法合规，按程序公正开展。从表现认定、奖分获得、减期天数到奖惩委员会开会确定，每个环节都严格把关。由于工作细致，认真公正，公开透明，没有出现一起上访、申诉和复议的问题，实现了“三无”目标。2013 年 8 月 17 日全部清空，在薄熙来案件济南审判之前完成了劳教人员清仓任务，消除了市里一个重大政治隐患，为劳教制度在本市的执行工作画上了一个圆满的句号，得到了市委市政府的高度评价。

（二）空档期队伍素质稳步提升

面对解教清仓任务完成之后进入空档期的有利时机，2013 年 8 月至 2014 年底，枣庄市劳动教养管理所按照推进转型发展整体目标，围绕加强内部管理和提升队伍综合素质的需要，通过明确重心转移，突出教育培训、强化管理措施等，实现了思想不散、工作不断、队伍更优的目标。

抓好了国有资产的管理、人事用工安排、劳教人员档案封存等工作，积极做好劳教制度收官后续工作。提出了“五个转变”新要求。“五个转变”的提出，加强学习、训练、纪律执行、卫生管理等工作的新要求，消除了警察队伍动荡、徘徊情绪，为职能转变指明正确方向、提供了保障。继续坚持场所安全风险研判会、国旗下政治教育、巡查制度、警务督察等管理制度，加大纪律执行与监督力度，实现了工作不断、思想不乱、队伍稳定的效果。重点加强了警队教育培训，将学习培训作为提高干警整体素质的重要手段，开展了一系列戒毒业务技能培训工作，涉及领导专题讲座、心理咨询师培训、封闭军训、强制隔离戒毒业务培训等多个阶段多个方向，提高了警察队伍的干事创业热情，有力提升了业务技能与自身综合素质。同时，选派业务骨干到鲁中所挂职锻炼，学习掌握强制隔离戒毒工作的程序、标准、要求，培养警察强制隔离戒毒业务基本技能，为职能转型实现提供了智力支持和队伍保障。

进一步倾斜一线，优化警力配置。

按照省局大队设置标准，对基层大队进行了优化整合，把原来七个大队整合成五个大队，又合并成三个生产大队，组建了生理脱毒大队、身心康复一二三大队、综合服务大队，机构设置合理，职能更加完备。对中层干部和基层干警进行部分调整交流，提高兼职教师、心理咨询师搭配比例和年轻干警比重，强化了一线警力。按照组织程序，进一步调整充实了基层党组织，年龄、学历、知识结构更加合理，奠定了转型发展的组织基础。

（三）强制隔离戒毒职能成功增加

2012年下半年，在中央部署劳教制度改革前，枣庄市劳动教养管理所就向省禁毒委和省劳教（戒毒）局提出了依托劳教所现有条件，增加强制隔离戒毒职能，加挂强制隔离戒毒所牌子的请求。

所党委着眼全局，统筹规划，进一步确立了“积极推动、主动适应、提前准备，平稳转型”的整体工作思路，科学制定转型发展战略规划，实现了强制隔离戒毒所建立工作快速起步、稳步推进。

成立了由所长任组长的强制隔离戒毒所筹备领导小组，健全了组织领导机构。积极争取，加大协调，在对鲁南五市吸毒人员情况进行摸底调研基础上，将本所转型思路、工作规划先后向省禁毒委、省劳教局戒毒局、枣庄市委、市政府作出专题报告，得到了省市有关领导和部门的大力支持，搞好向市发改委和市财政局等相关部门的请示汇报，积极争取立项和资金支持，为劳教向戒毒转型工作提供了良好的外部环境和优惠政策。借鉴先进地区经验，科学提出转型发展战略规划。

中央做出劳教制度改革决策之后，枣庄市劳动教养管理所即组织人员到安徽、湖南和广东等强制隔离戒毒开展早、经验丰富的先进地区考察学习，在此基础上，结合鲁南五市和该所实际，科学提出了以建设强制隔离戒毒治疗和康复平台为目标的发展规划。首先，培训现有干警，改扩建现有设施，增加必要装备，以实现尽快收容强制隔离戒毒人员为目标，全面抓好各项准备工作。其次，在充分论证的基础上，积极争取国家支持，协调发改、财政等部门，利用财政资金和所部闲置土地，高标准、高起点建设具有强制隔离戒毒治疗和康复功能的强制隔离戒毒中心。最后，在强制隔离戒毒治疗和康复业务发展成熟后，以股份制的形式吸引社会资金或招商引资，利用原所址闲置土地，建设“安城安康苑”，充分利用枣庄地处苏鲁豫皖四省交界的有利区位，吸引四省自愿戒毒人员前来戒毒，建成一座综合性、多功能、声誉好的戒毒康复中心。

2013年6月19日，依托枣庄市劳动教养管理所成功增加了强制隔离戒毒职能，顺利完成强制隔离戒毒所挂牌任务。2013年11月19日，通过省劳教（戒毒）局初步验收，枣庄市劳教（戒毒）所成为第一批收容矫治强制隔离戒毒人员的单位。

（四）机构变更工作成功完成

按照省劳教制度改革工作会议和省劳教（戒毒）局的有关要求，枣庄市劳教（戒毒）所率先在全省加快了去劳教化进程，于2014年6月底全面做好了与劳教工作相关的文件、资料、档案文书的整理、保存和统一归档工作，共归档2013年各种文件489份。2014年10月10日，根据《全国人民代表大会常务委员会关于废止有关劳动教养法律规定的决定》，又对有关劳动教养各项制度进行了全名清理，共废止《所务会议制度》等108项制度。

在加快去劳教化进程的同时，所党委根据强制隔离戒毒转型部署，不等不靠，主动出击，多方请示汇报，重点督促抓好了机构更名、手续变更、资质注册等各方面工作。

2014年5月16日，山东省机构编制委员会办公室下发《关于同意枣庄市劳动教养管理所更名的批复》，批复“枣庄市劳动教养管理所更名为枣庄市强制隔离戒毒所”，更名后管理体制、机构规格、人员编制、领导职数均保持不变。2014年6月10日，枣庄市机构编制委员会下发《关于枣庄市劳动教养管理所更名的通知》，批复更名。

2014年7月7日，山东戒毒管理局下发《关于枣庄市强制隔离戒毒所强制隔离戒毒人员收治规模的批复》，批复“枣庄市强制隔离戒毒所收治规模为1000人”。2014年8月18日，经枣庄市委常委会研究决定，“将中共枣庄市劳动教养管理所党委更名为中共枣庄市强制隔离戒毒所党委，市委管理的原枣庄市劳动教养管理所干部党内职务自然

2013年6月，枣庄市劳教所加挂枣庄市强制隔离戒毒所牌子

更名”。2014年9月5日，经枣庄市委、市政府决定，召开全市劳动教养制度改革工作会议，安排部署枣庄市劳教制度废止后职能转型和强制隔离戒毒工作启动涉及的有关问题，并形成了会议纪要下发全市相关单位贯彻执行。

2014年9月10日，枣庄市机构编制委员会下发《关于枣庄市强制隔离戒毒所机构编制事项的批复》，批复枣庄市强制隔离戒毒所内设机构更名和设立方案，同时对技术服务中心也一并进行了更名批复，具体为：“枣庄市强制隔离戒毒所内设管理科、生产安全科、矫治中心、出入所大队（挂教育科牌子）、后勤大队、一大队、二大队、三大队、四大队、五大队分别更名为所政管理科、生产指导科、教育矫治科、生理脱毒大队、生活卫生科、身心康复一大队、身心康复二大队、身心康复三大队、身心康复四大队、回归适应大队，其他均不变。市劳教所技术服务中心更名为枣庄市强制隔离戒毒所技术服务中心，其他均不变。”

经过各级各有关部门的关心和大力支持，枣庄市强制隔离戒毒所依次完成了机构代码变更，完成了财务名称变更，完成了行政、党委公章和财务公章变更任务，刻制了所办公室等15个内设机构的公章，完成了所属两个国有企业有关变更任务。至此，各种认证更名工作全部完成。

（五）强制隔离戒毒启动根基牢固

为确保强制隔离戒毒工作的顺利启动，枣庄市强制隔离戒毒所多方面采取措施，扎实做好了前期基础性工作。

加大禁毒宣传力度，利用“6·26国际禁毒日”，与市中区司法局、曙光帮教志愿者协会在矿区街道北广场联合举办“珍爱生命，远离毒品”宣传教育活动，向广大市民发出了“关注戒毒事业，共建幸福枣庄”的倡议。活动期间，共发放禁毒宣传资料1800余份，解答咨询160余人次。

积极协调市体育局，争取了8套健身器材用于强制隔离戒毒人员康复训练，并划出专用体育活动场地，硬化水泥面达250平方米。针对2014年10月14日省戒毒管理局关于强制隔离戒毒筹备工作考核验收组的反馈意见，集中清理了强制隔离戒毒人员储藏室，设立了强制隔离戒毒人员收治室和安全检查室，完成了戒毒人员洗浴室的整修工程和身心康复区室内的电源线路暗埋整改工程，强制隔离戒毒人员宿舍内全部安装了空调，解决了戒毒人员的冬季取暖问题，修缮检修了戒毒人员餐厅各项设备，视频监控实现了全覆盖，搬迁了教育矫治中心和卫生室，各项工作制度实现了统一牌匾，统一上墙，安装了12套心理咨询、康复及医疗器械设备，组建了生理脱毒大队、身心康复一大队和回归适应大队，调整充实了警戒护卫大队，为强制隔离戒毒工作的开展提供了强有力组织保障和智力支持。

经过前期各项工作的扎实筹备，2014年11月25日，市委市政府召开枣庄市强制隔离戒毒工作启动动员会，全面安排启动工作。2014年11月27日，80名强制隔离戒毒人员顺利从鲁中强制隔离戒毒所安全调至枣庄市强制隔离戒毒所，标志着枣庄市圆满完成劳教制度改革和强制隔离戒毒职能转型任务。2014年12月8日，省公安厅和司法厅联合下发《关于确定全省强制隔离戒毒场所收治区域的通知》，明确枣庄市强制隔离戒毒所收治枣庄、临沂两市公安机关决定的强制隔离戒毒的男性吸毒人员，从2015年1月1日起执行。

三、戒毒工作科学创新发展

转型后，枣庄市强制隔离戒毒所始终坚持“教育戒治科学化、戒毒执法规范化、安全稳定常态化、戒毒工作社会化、综合保障高效化、警察队伍专业化”的办所宗旨，紧紧围绕“打造特色品牌，争创全省一流”的工作目标，锐意进取，科学创新，踏实苦干，在创新戒毒模式、提升戒治质量上闯出了新路子，取得了新成绩。转型发展的两年多时间里，共有17个集体、66人次获得市级及以上表彰奖励。枣庄市强制隔离戒毒所被省司法厅授予全省司法行政系统亮点工作创新先进集体并记集体三等功，多项工作受到省领导、市领导的表扬肯定。

（一）转变戒毒工作理念，探索戒毒工作模式

尽管劳教时期，山东劳教戒毒也摸索出一些方法，提供了一些经验，但是无论从本省还是全国，由于职能的彻底转型，以怎样的方法措施管理戒毒人员，没有统一的模式。

为了打开戒毒工作局面，在山东省戒毒管理局的指导下，在“三四五”戒毒工作理念（“三”是指戒毒工作具有减少毒品的现实危害、为戒除毒瘾创造无限的可能性、彻底戒断毒品的三重目标，“四”是指戒毒警察具有警察、医生、教师、心灵导师的四种身份，“五”是指戒毒工作是重要的执法活动、是艰难的医疗过程、是富有探索性的心疗过程、是综合施策的系统工程、是一项神圣的事业五个定位）和“一四六”戒毒工作思路（“一”是指把帮助戒毒人员戒断毒瘾、顺利回归社会作为戒毒工作的终极目标，“四”是指国学·齐鲁文化入心工程、中医中药戒毒工程、戒毒专业人才培育工程、戒毒工作机制创新工程等四大工程，“六”是指戒毒执法体系、戒毒管理体系、教育矫治体系、医疗康复体系、场所保障体系和社会支持体系等六大体系）的指引下，枣庄市强制隔离戒毒所牢牢把握戒毒人员违法者、病人、受害者三重属性，坚持在矫正违法行为的同时，给予病人治疗和人文关怀，遵守戒毒工作客观规律，按照生理脱毒、身心康复、回归适应三个阶段，科学设置戒毒内容，综合采取戒治手段，有效提高戒毒质量。通过不断探索和总结，逐渐形成了枣庄特色的“三六三”戒毒模式，即实行分期、分区、分类“三分”管理，采取医疗、体疗、心疗、食疗、化疗、工疗“六疗”戒治，搭建社会支持、亲情支持和后续照管“三平台”。

（二）推进“三分”工作，提升戒毒管理水平

2016年，所党委先后三次选派骨

干赴外省考察学习戒毒模式，结合场所实际，多次召开专题会议，分析制定三分工作实施方案，统一规划场所布局，科学设立“四区六中心”，将综合楼二楼设为脱毒医疗区，并设立医疗戒治中心，学员楼一楼东区设为教育适应区、西区设为回归指导区，二楼、三楼、四楼的东区设为康复巩固区，五楼设为心理矫治中心，康复训练中心设在戒毒人员健身房，营养膳食中心设在戒毒人员食堂，文化教育中心设在餐厅二楼大礼堂，技能培训中心设在习艺劳动车间。着重色彩标识，丰富分区戒治内涵。分别用粉红色、橙色、绿色、蓝色等主题色调制作匾牌、粉刷墙壁，使功能分区一目了然。通过挂徽标、制标识、建制度、作流程等系列措施，实现了区别化管理、层级式流转、递进式处遇，全面实行三分管理工作，切实做到了面子亮丽、里子充实、故事精彩、实效显著。

（三）打造“六疗”一体化教育模式，提高教育戒治质量

“医疗”是前提，旨在治病救人。整合所内已有医疗资源，投资近百万购置了心电图机、洗胃器、电动吸引器、离心机等大量医疗设施设备。招录 3 名医护专业公务员，外聘 2 名主治医师、1 名护士，充实了医资力量。与枣庄市立医院、枣庄市疾控中心、枣庄矿务局医院、枣庄矿务局东郊医院合作，开通绿色通道，利用所外专业医疗机构力量，对戒毒人员开展定点定期查体、艾滋病筛查和疾病诊治。在所内开设牙科，筹备开设耳鼻喉科，邀请专家定期来所就诊（会诊）。与枣庄市中医院合作开展中医中药戒毒研究，积极争取在中医中药戒毒方面取得实质性进展。

“化疗”是支撑，意在以文化人。中华文化博大精深，齐鲁文化影响深远。充分挖掘齐鲁文化的资源优势，利用优秀传统文化，帮助戒毒人员祛心瘾、塑人格。大力实施国学·齐鲁文化入心工程，结合鲁南班墨文化特色，确定了“信”文化戒毒工作主题品牌。在省戒毒管理局的统一部署下，联合中国孔子基金会，在所内设立了“孔子学堂”。新编“信”文化戒毒教材，创办《信由心诺》戒毒文化刊物，成立国学讲师团，开展了国学讲座、文化讲堂、特殊家书等活动，文化戒毒成果丰硕，成为枣庄戒毒工作的一大亮点。

“体疗”是基础，恢复身体机能。建成了戒毒人员健身房，配备了 60 套专业设备和训练器材。培训了 7 名康复训练指导师，建立了“一个大纲、两个标准、三套康复操”戒毒康复体系，开展处方式训练，数据化管理，建立了体能康复训练数据分析系统，实施标准化、精准化、精细化体疗戒毒。经常性开展器材、康复操、太极拳、小苹果舞等训练，戒毒人员的身体素质明显增强。

“心疗”是根本，重在祛除心瘾。与枣庄学院合作，建立了心疗戒毒研究和教学实践基地，联合开展科研课题研究，《语言标识对冰毒成瘾性体验的影响》《知行合一：男性吸毒者人格特征分析与团体心理辅导实践》在系统内引起了强烈反响。配备 6 名专兼职心理咨询师，综合运用心理测量、心理咨询、心理辅导、心理危机干预等心理矫治技术，将阳明心学引入戒毒教育，帮助戒毒人员重塑健康人格，摆脱对毒品的心理依赖。

“食疗”是辅助，促进身体康复。依据现有条件，在保证戒毒人员伙食实物量标准供应的基础上，合理搭配膳食结构，研究制定戒毒人员食谱，构建食疗戒毒四季营养菜谱库。依据不同体质、不同年龄阶段戒毒人员营养需求特点，制定出了三期食谱，做到粗粮细做，荤素搭配，饭菜花样及时翻新。根据四季气候特点和人体变化特征，适时调整菜谱，注重营养搭配，营养膳食中心及时熬制防暑、防感冒药膳汤发放各队，提高疾病预防能力。满足患病、少数民族戒毒人员的特殊需求，提供有针对性的病号餐和特色的民族餐，同时以提供时

更名后场所大门

令菜为主，不断丰富选餐花样。结合场所实际，遵循中医食养和营养学理论，全面探索推行了“三期食疗、三分辨疗、四季食养、五味调摄”食疗戒毒模式，帮助戒毒人员调节肌体平衡、恢复体质。

“工疗”是保障，助力回归社会。将戒毒人员职业技能培训纳入社会整体规划，实现了“专业化、零收费”，通过劳动教育、劳动康复和职业技能培训，培养戒毒人员的劳动观念和劳动习惯，增强就业谋生本领。与枣庄泰隆培训学校建立长期合作关系，开办面点、电工专业技能培训班，全所共有 392 名戒毒人员通过培训、考试获得了国家职业资格证书。

“六疗”戒毒的完善成型，标志着枣庄戒毒工作走上了科学、专业、规范的运行轨道，为破解戒毒这一世界难题创造了无限可能，成为枣庄戒毒工作的一张亮丽“名片”。

（四）构建“大戒毒”工作格局，扩大禁戒毒社会影响力

拓宽社会支持平台。加强与公安机关、社区、街道、枣庄学院、曙光帮教志愿者协会、市中区属地学校等 30 余家部门、单位、组织交流沟通，争取社会力量的支持与合作，组建戒毒专家团，召开交流座谈会，利用社会优质资源开展联合帮教、法律援助、禁毒教育和戒毒宣传。

夯实亲属支持平台。利用探访日定期举办“所长接待日”活动，搭建与戒毒人员亲属沟通交流的平台，开展针对性帮扶。累计接待 210 名戒毒人员亲属，收集整理了戒毒人员亲属意见和建议 60 余条，解决戒毒人员亲属关心的问题 80 余项。举办场所开放日、亲属座谈会、“爱在仲秋”亲情帮戒等活动，加强亲属 QQ 群交流，帮助戒毒人员修复、完善家庭关系，激发和调动自愿戒治的内生动力。

打造后续照管平台。先后多次调查研究、沟通协作，2016 年 8 月，在市中区 11 个乡镇、街道全部建立了社区戒毒社区康复指导站，积极搭建后续照管平台，对社区戒毒社区康复工作提供财力支持和业务指导，鼓励和帮助出所强戒人员戒除毒瘾。

2016年“爱在仲秋”亲情帮教活动

（五）强化安全保障措施，提升场所综合保障能力

安全是戒毒工作的基础。职能转型后，枣庄市强制隔离戒毒所在场所安全管理上以无戒毒人员逃脱、无非正常死亡、无所内案件、无毒品流入和所内吸毒、无生产安全事故、无重大疫情“六无”为目标，建立健全人防、物防、技防、联防“四防一体化”运转机制和安全研判、安全排查、安全防控、应急处置和领导责任“五项机制”，深入开展安全大排查活动、安全隐患排查整治专项行动、安全稳定大检查活动，发现并整改问题点近 100 个，及时消除了场所安全隐患。突出戒毒人员在戒毒中的主体地位，在戒毒人员中组织开展纪律作风整顿、卫生示范月、队列比赛、行为规范展示赛等 20 余项活动，全方位调动了戒毒人员的戒治积极性。场所持续安全稳定，安全调遣 1 批次 60 人，收治近 650 人。

针对部分设施老化的短板，先后投入 410 余万元对戒毒人员宿舍楼、食堂、健身房、总监控室、部分消防和警戒设施进行整修改建，消除了硬件设施隐患，场所设施保障水平得到了提升。同时，为了适应收容戒治形势需要，积极争取政策和资金支持，将学员综合戒治楼项目纳入“十三五”规划，加快推进审批手续办理，将建设能够容纳 1000 名戒毒人员功能齐全的戒毒场所作为中长期规划，以此破解发展难题。

（六）加强专业人才培育，提高警队综合素质

坚持政治建警。把思想政治建设摆在首位，深入开展“三严三实”专题教育、“两学一做”学习教育活动，切实增强警察队伍的政治意识、大局意识、核心意识、看齐意识，确保队伍绝对忠诚。

坚持专业育警。围绕“六疗”戒毒，建立了系统培养、合理使用、科学评价、多元激励的专业人才培育机制，为优秀人才脱颖而出搭建了平台。加快引进具有专业资质的医护人员以及心理学、教育学、管理学等方面专业人才，不断优化警察队伍的知识和年龄结构。实施三年教育培训规划，采取与高等院校联合办班、挂职锻炼、外出考察等多种方式，重点培养戒毒工作急需的各类专业人才，近年来共开展各类专项教育和集中教育培训班 89 期，培训 894 人次，切实提高了警察队伍的管理水平和综合戒治能力。

坚持从严治警。制定《警察职工值班规定》《部门量化考核工作实施办法》《警察（职工）考核工作实施办法》，强化“一岗双责”，创新纪检工作形式，深化警务督察工作，向作风建设要战斗力、要凝聚力。

坚持从优待警。积极落实警察公休假、健康查体、心理疏导等制度，组织开展了系列“爱心”“关心”“暖心”活动，有效激发了警察职工干事创业的“心劲”，提高了队伍的凝聚力和向心力。

四、工作经验与启示

改革开放以来，无论是过去的劳动教养工作还是现在戒毒转型发展工作，

都取得了一定的成绩，积累了宝贵的经验，带来了一些深刻启示。

（一）将解放思想同推动具体工作结合起来，是做好工作的强大动力

思想是行动的先导。大量实践可以证明，积极创新的思想是事业成功的重要基础和前提。在劳教工作发展历程中及劳教制度改革转型的转折机遇期，枣庄市强制隔离戒毒（劳动教养管理）所之所以能实现劳教发展改革和戒毒工作创新发展，关键得益于历届所党委带领广大警察职工勇于解放思想，敢于打破一些不合时宜的观念和想法，把改革创新同学习借鉴先进经验相结合，在发展目标、发展定位、发展路径等根本性问题上形成并坚持科学的发展理念，同时，能够把解放思想同推动不同历史时期的工作结合起来，深入、细致、不间断地探索拓展工作职能的新举措，开创出了工作的新局面。新的历史时期，更要紧紧抓住中央和省市禁戒毒工作发展的良好机遇，全面落实上级加强戒毒工作的决策部署，深入探索和遵循戒毒工作规律，主动借鉴和运用国内外戒治成果，用发展的眼光、创新的思路、改革的办法破解戒毒工作难题，依靠创新驱动加快枣庄戒毒工作领先发展。

（二）把事业发展同党委、政府的工作大局结合起来，是做好工作的根本要求

近60年的发展历程，枣庄市劳动教养管理所在不同的历史时期发挥出了不同的社会管理职能，创造了一个个历史辉煌。历史的发展、社会的进步、法制的健全带来了劳教制度的改革发展。转型戒毒以后，担负起了强制隔离戒毒工作任务，虽然业务种类不同，但是牢固树立责任意识、大局意识，把具体工作放到维护社会和谐稳定和长治久安的大局中去谋划统筹，将事业的发展与党委、政府的中心工作相结合的职责要求是不变的。积极主动争取党委、政府以及有关部门的大力支持和协调合作，在服务大局中履行职责，发挥作用，从而赢得党委、政府的重视和支持，得到人民群众的信赖和满意，促进事业不断创新发展的工作思路是不变的。新的时期和发展条件下，做好戒毒工作要牢固树立“四种意识”，保持绝对忠诚的政治品格，紧紧围绕全市经济和社会发展总体规划，融入社会治理大局，发挥强制隔离戒毒职能优势，主动对接社会、服务社会、拓展戒毒职能，为全市改革发展再立新功。

（三）把自我发展同争取支持合作结合起来，是做好工作的根本保证

事物的发展离不开内因与外因的共同作用。无论是劳动教养工作还是强制隔离戒毒工作，在强化内部建设的同时，也离不开社会力量的参与和支持，而且戒治成效最终还要在社会环境中检验和巩固。近年来，枣庄市强制隔离戒毒所克服“等、靠、要”等思想，努力拼搏，做强自身，加强与有关部门的沟通协调，积极搭建“三个平台”，构建“大戒毒、大矫治”工作体系，将社会资金、技术、人才等资源整合到戒毒所内，解决了许多影响事业发展的困难和问题，为工作顺利开展创造了良好的内外部发展条件。下步工作中，要进一步创设条件，拓宽路径，推进戒毒工作与社会宽领域、多层次、全方位的对接联动，用好用足社会优势资源，实现戒毒工作融合发展。

（四）把真抓实干同加大宣传结合起来，是做好工作的必然要求

真抓实干是成事之基、发展之要。工作宣传是提高团队凝聚力、扩大影响力的有力武器。新的历史时期，党委领导班子不断加强自身建设，形成了创新能力强、决策水平高、处理复杂问题和驾驭全局能力强的领导班子。党委领导班子身先士卒、率先垂范，积极倡树真抓实干工作作风，认真解决关系基层警察切身利益和戒毒人员实际戒治效果的问题，凝聚了班子，团结了队伍，营造了积极向上、真抓实干、奋发有为的工作氛围。同时，对外注重形象意识和宣传意识，加强社会宣传，努力扩大社会影响力，提高社会广大群众的认同，争取社会各界的广泛参与与支持，用良好的形象和事迹赢得了社会各界的支持，谱写出了创新发展、和谐发展的新篇章。

审稿人：孙晋利

撰稿人：晁兴法　高鹏飞

孙礼侠

京杭运河枣庄段发展历程及经验启示

京杭运河枣庄段横贯枣庄南部，现主航道里程 43 公里，流经滕州、薛城、峄城、台儿庄 4 个区（市），是京杭运河的重要组成部分，与大运河一脉相承而又独具特色，她的形成、变迁和发展同样闪耀着历史和文化的光辉，影响着经济社会发展。具有四百多年历史的枣庄段运河如今货通天下、物尽其流，她所积淀的丰厚遗存，形成的完备功能，展现的突出价值，充分体现了枣庄段运河的精彩和魅力。

一、京杭运河枣庄段发展历程

（一）运河航运事业在改革中推进（1978—1995 年）

中共十一届三中全会以来，枣庄运河航运事业步入新的历史发展时期。在国家“有路大家跑车，有水大家行船”的政策引导下，京杭运河进行跨省运输，运河航运市场逐步呈现出一派欣欣向荣的繁忙景象。

枣庄航运事业的发展经历一段较长时间的历程，特别是 1978 年中共十一届三中全会召开后，枣庄航运的发展步伐不断加快。1972 年至 1980 年，为满足当时不断增长的运力需求，省交通厅先后从德州卫运河航运局抽调 3 个拖队到台儿庄参加水上运输，有力地支援了当地的运输生产，并在此基础上成立了枣庄市轮船公司。随着国家经济的复苏，社会对水运的需求逐步扩大，境内原有的专业运输公司及仅有的台儿庄港口，已经远远满足不了物资运输的需要，长期处于有货无港、有港无船的状态，从一定程度上制约了鲁南及整个华东地区的经济发展。为了缓解运输紧张的矛盾，当时通过从江苏、浙江、安徽等省及我省的菏泽、泰安、济宁等地借调运力来保证水上运输的正常开展。水运业的兴旺，也吸引了外地的专业运输机构来枣庄参加水运经营，先后有 13 家外籍航运公司在台儿庄设立专门的办事机构，开展水运经营，进一步促进和带动了枣庄航运业的发展。进入 20 世纪 80 年代后，特别是中央三个 1 号文件下达后，迅速兴起了全社会大办水运的热潮，国营、集体及个体水运企业应运而生，呈现出齐头并进的发展势头。1985 年，境内先后建成台儿庄区、台儿庄镇、邳庄乡、涧头镇、古邵乡等国营、集体、个体港口 26 处，年吞吐量超过了 100 万吨。国营、集体及个体的各类船舶迅速增至 700 余艘，近 4 万载重吨，有力地支持了华东地区重要工业城市的建设。随着运力的不断增加，运量的逐渐加大，大运量的发展势头与低等级基础设施之间的矛盾日渐突出。这时，提升航道通过能力变得尤为迫切。

为了迅速提升航道通过能力，在 1958 年开始至 1972 年进行了 7 次续建和扩大治理工程的基础上，又在 1983 年和 1992 年，先后两次续挖航道，使之达到了六级航道标准，可通航 100 吨级船舶，使沉寂多年的枣庄段运河的水上运输得以逐步恢复发展，进而逐步形成了以枣庄段运河为骨干的东线航道。随着社会经济的快速发展，船舶运力的不断增加，作为六级标准的刘庄与台儿庄船闸，年通过能力平均达到了 250 万吨，已呈超负荷运转状态。此外，因缺少专用煤港，码头散乱无序，装卸点泊位设施简陋，航道淤积严重。在通航高峰期，船只相互拥挤，严重影响港口的吞吐能力，极大地制约了当地的经济发展与社会进步。1988 年，发生了一起沉船事故，这起事故的发生，从某种程度上来说，加速了京杭运河枣庄段发展的进度。

1. 提升航道标准

京杭运河枣庄段恢复通航后，枣庄水运事业发展迅速，船舶运力、水运运量、货运周转量及港口吞吐量呈逐年增加趋势。1988 年，设计年通过能力为 250 万吨的台儿庄船闸，实际通过量达到了 254 万吨。造成船舶拥挤，待闸时间长，且随着船型的日渐增大，船闸和航道均处于超负荷运行状态。另外，台儿庄至大王庙航道江苏境内段，弯曲浅窄，枯水期浅滩碍航，汛期水大流急，通航十分困难。在诸多因素具备的情况下，1988 年 7 月 24 日发生一起沉船事故，由于突降暴雨，大流量客水注入运河，加之在江苏省中运河伽口处，村民打坝蓄水灌溉，致使洪水到来时泄洪受阻，导致 98 条船舶翻沉，直接经济损失达 700 余万元，令海内外震惊。此次沉船事故，引起了国家对枣庄段运河治理的高度重视。1988 年 12 月 13 日，为解决台儿庄至大王庙段卡脖子航道，保证运河运输畅通，国家计划委员会和交通部批准修建台儿庄二线船闸，并作为应急工程实施台儿庄至大王庙 18.5 公里三级航道工程。1992 年 11 月，交通部、水利部又批准建设韩庄运河台儿庄至大王庙航道及防洪工程，按三级航道和 20 年一遇防洪标准设计，主要工程项目包括主航道扩挖、两岸堤防加固。对主航道沿原航道拓宽挖深，局部裁弯取直，设计河底高程 17 米，底宽 50 米，可通航 1000 吨级驳船。由于该段航道在山东境内为 6.5 公里，其他部分属江苏中运河段，为便于工程施工管理，经交通部、水利部共同协商，由交通部拨款 3000 万元，水利部淮河水利委员会具体实施。工程于 1994 年 6 月开工，

1996年5月竣工。至此，韩庄运河航道台儿庄以下区域存在数十年的卡脖子问题，除310国道公路桥通航净空不够的问题尚未得到彻底解决外，大部分航道已达到三级标准。“九五”和“十五”期间，为使韩庄运河航道全线畅通以后适应运量不断增加的客观需求，1993年12月9日，由国家计委批复了《京杭运河（济宁至徐州）续建工程济宁至台儿庄段可行性研究报告》，整个工程包括航道、船闸、桥梁、港口和通信5大门类。该段航道开挖自微山湖口至台儿庄节制闸上，开挖总长度近38.5公里，按三级标准施工，在原航道断面基础上进行加深、加宽。韩庄至万年闸段河底高程为25.6米（废黄河高程），底宽104米，边坡1：2，通航保证率可达95%。工程土方总量12.66万立方米，总投资1.83亿元。工程于1995年11月18日开工，1996年7月8日，河槽扩大主体工程竣工，至此京杭运河枣庄（万年闸到江苏）段全线贯通。治理后的京杭运河枣庄段与黄河、淮河、长江、钱塘江水系相联结，可常年航行千吨级驳船。新建船闸枢纽年通过能力达2100万吨，从枣庄运出的物资可直达长江中下游和江苏、安徽、浙江的腹地，经南通、上海港中转，可进入我国沿海各大港口。京杭运河枣庄段成为国民经济发展的大动脉。

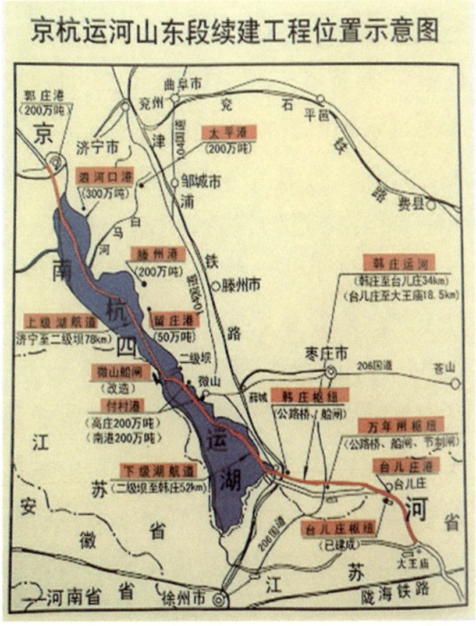

京杭运河山东段续建工程位置示意图

2. 港口产业兴起

港口产业是运河经济的重要组成部分，其兴衰成败在很大程度上影响运河经济的发展程度，在中共十一届三中全会召开之前，枣庄港口的基础设施建设接近空白。运河伊家河复航工程竣工之后，苏鲁两省的水上运道再次开通，枣庄地区的港航业迅速得到恢复。枣庄市航运办事处先后建起了台儿庄港和李庄港，两处港口货场面积不足2.4万平方米，共有靠泊能力为100吨级的泊位12个。1979年，因行政区划变更，又接收了原隶属济宁航运局的滕县辛安港、向阳港，才使辖区港口增至4处，25个100吨级码头泊位，堆存面积4.3万平方米。1983年底，境内除建有4个国营港口外，地方政府在改革开放搞活的政策推动下，先后投资兴建了台儿庄区港、台儿庄镇港、涧头集镇港及峄城区古邵港等18处较具规模的港点。使全市港口发展至22个，新增码头泊位32个、货场35万平方米。港口吞吐量也由1978年的43万吨增至120万吨。此后，在市场经济浪潮的影响下，一些乡镇、村和个体户也纷纷掀起建港热潮。他们利用北煤南运的有利时机和当地方便的条件，在沿伊、运河两岸划地为界，有的仅用木棒打桩，搭上跳板，就形成了人工装卸码头。设施简陋，工艺落后，生产没有安全保障。到20世纪90年代初，枣庄市港口及装卸点已达58处，港口建设呈现出盲目发展的局面。部分装卸点虽然投资少、见效快，但是占地多、效率差、浪费大，布局亦不合理，且达不到安全标准，服务质量相应较差，野蛮装卸现象时有发生，给管理带来了很大难度。1994年6月，京杭运河枣庄段续建工程开始实施。市航运管理部门针对港口建设出现的混乱局面采取了一系列清理整改措施。首先，制定了总体规划方案，适时颁发了《枣庄市港口暂行管理办法》。同时，遵照中共枣庄市委、市政府“关于大力发展京杭运河，努力培植新的经济增长点”的总体部署，市航运管理局成立了专题调查组，对腹地资源流量，可持续发展周期及港口位置、规模匹配等作了深入调研。此后，在兼顾国家、地方、集体、个体利益和大中小港相结合，合理利用岸线，土地资源，保持船、港、货三者基本平衡原则的前提下，对一些布局不合理、设施简陋，长期经营效益差的港点予以取消或兼并改造。经过清理整顿，最后确定保留36处港（点）。并对规模较大的港口建设提出新的要求。此后，在港口建设中，位于韩庄运河上下游台儿庄的鸿运港、东方港、鲁沪港、台儿庄区港、十里泉电厂港、王晁煤电港和位于韩庄运河中游涧头集北的峄城区古邵港、枣庄市水利港及位于滕州市滨湖镇的宏大港均具较大规模，建有水域面积较大的港池，码头设施亦相对标准安全，进港道路全部实现了水泥硬化。并投入大量资金购置装卸机械，经济效益普遍提高。1998年，全市港口占地面积1200余亩，岸线总长7840米，泊位132个，20吨以上的地磅38台，装卸机械39台套，年吞吐能力达到1500多万吨。

3. 配套通航设施

1989年，经国家计划委员会和交通部批准，在韩庄运河（台儿庄—大王庙）航道开挖工程建设的同时，于台儿庄船闸南韩庄运河右岸大堤内侧的滩地上新建二级标准船闸一座，并于1995年投入使用，台儿庄船闸的兴建是枣庄段运河发展史上的重要一页，成为京杭运河基础设施建设的全新起点。随着该项工程完工，韩庄运河上的台儿庄通航枢纽不仅完全形成，而且规模扩大。

台儿庄枢纽。台儿庄枢纽工程包括原台儿庄一线五级船闸、台儿庄节制闸和后来建成的台儿庄二线船闸和台儿庄复线船闸与节制闸附建一体的公路桥。该通航枢纽坐落于韩庄运河下游，上距万年闸枢纽17.8公里，闸下6.5公里航道在市境内，下游流入邳州境内的中运河。台儿庄二线船闸位于枣庄市台儿庄城区南郊，韩庄运河右岸滩地上，北纬34度，东经118度，为国家二级通航标准船闸，设计年单向通过能力为

2100万吨，附属工程有台儿庄人行吊桥及生产桥各一座。该船闸是京杭运河进入山东的第一座船闸，当时被作为山东省重点工程之一。工程于1989年12月开工建设，1995年6月全部竣工，经省市有关部门验收被评为优良工程，工程总投资6335万元。该船闸由交通部水运规划设计院和山东省济宁水运工程设计室共同设计，交通部一航局航务二公司中标施工，韩庄运河航道工程指挥部工程监理处负责监理，是山东省内河航道建设中第一次实行监理的工程。

4. 运输经济

伴随着京杭运河枣庄段航道等级的不断提升，还有船闸通过量的迅速提高，京杭运河枣庄段货运经济发展开来，各种运输专业组织与社会组织纷纷成立，各色货品琳琅满目，展现了一幅生机勃勃的运河画卷。

专业组织。改革开放之后，在1978年1月1日，山东省革委会交通局以交航字第9号文件将德州卫运河航运局驻枣船队的设备、船舶及统一留下的职工45人交由枣庄市交通局管理。在此基础上，经市委批准成立了枣庄市交通局船舶运输大队。当时，船舶大队设有正、副队长各1名，设有生产组、政工组、财务组、后勤组等具体机构。为解决船员不足的问题，又从下乡知青、待业青年和留城青年中招收工人139名。当年，省里拨款20万元，在兴隆大队土庄征地18.74亩，建车间、仓库、宿舍1800平方米。1979年10月，省交通局又从黄河航运局调拨钢质、木质拖轮各1艘，钢驳11艘，木驳7艘，共计270马力，595载重吨，供给船舶运输大队使用。1980年9月，枣庄市交通局将船舶运输大队撤销，所有职工、设备等全部移交给枣庄市航运办事处领导和管理。随之，山东省交通厅决定，从德州卫运河航运局调给船舶运输大队职工220人，钢质拖轮4艘，钢驳4艘，漕船28艘，共计590马力，3005载重吨。全部调拨工作于1981年4月18日完成。最初，航运办事处在船舶大队内部只设了船队办公室一个机构，负责对企业进行综合管理。1983年8月8日，经枣庄市政府批准，将船舶运输大队整体移交给航运管理处领导，并在此基础上成立了枣庄市轮船公司，为有效加强对企业的管理，在公司内部设立了正、副经理各一名，同时设立了政工科、生产科、财务科、供应科、行政科等职能科室。至此，枣庄水运业拥有了两家规模较大，机构健全，管理规范的水运企业，成为当时水上运输的主力军。随着国家经济体制的转型，境内造船业兴起，从1983年起，枣庄航运管理处便积极筹措资金对船舶进行更新改造，逐步以钢质船取代了质量差、运量小、技术含量低、安全系数低的水泥船和木质船，船舶吨位也从过去的100吨以下改建为100吨以上。至1985年底，两公司新建和改造钢质拖轮10艘，钢质驳船83艘，计8762载重吨，1112马力。运力状况的改善，有力地提高了企业的运输能力，为全面完成国家下达的各项生产任务创造了有利条件。当年，两公司共完成货运量18万吨，周转量7622万吨公里。利润收入42.96万元，干部职工达到528名，达到历史最高水平。1990年，国家对市场经济秩序进行整顿，苏、浙、沪等南方地市对资源的需求减少，致使水运市场受到强烈冲击。加之社会运力增幅过快，辖区货源与运力严重失调，枣庄市轮船公司与航运公司首次出现负增长，当年亏损47.6万元。1994年后，随着市场经济体制的深入实施，国有企业对市场经济体制的不适应性逐渐显现，公司效益持续下滑，运力得不到及时更新，自身负担越来越重，发展陷入低谷。1998年，枣庄市委、市政府将两公司列入全市第二批改制企业名单。经职工代表大会讨论通过后，于1999年5月12日，被上海永帮经贸有限公司整体买断，注册成立枣庄市永帮航运有限公司，1999年6月8日正式挂牌营业。后因经营不善，于2006年6月26日宣告破产。

集体和社会组织。集体和社会组织是有益且必要的补充，和水运专业组织相辅相成，共同推动运河经济的蓬勃发展。进入20世纪80年代，国家经济开始复苏，随着“对外开放，对内搞活”经济政策的逐步实施，水运行业得到了迅速发展，特别是1983年至1985年间，中央三个1号文件下达后，乡镇及个体水运企业得到迅速发展。1980年，枣庄境内已出现乡镇及个体拖轮6艘，驳船26艘，挂浆机14艘，计4116载重吨，1035千瓦。1981年，辖区内的台儿庄、邳庄、涧头集等公社纷纷购置船舶，参加水上运输，使运力增速明显。是年，乡镇集体船舶发展到拖轮9艘，驳船69艘，个体船舶发展到拖轮1艘，驳船40艘，挂浆机46艘，共8339载重吨，1938千瓦。至1985年，社会运力达到了拖轮43艘，驳船290艘，挂浆机292艘，计30472载重吨，7937千瓦，较好地弥补了专业运输力量不足的问题。水运经济发展，货运量大幅增加，也吸引了许多外省市航运企业纷纷进驻枣庄水运市场。自1980年之后，省内及江苏许多县市的航运公司，先后在台儿庄设立办事处，通过调动运力，组织货源，开展水运经营，加快了枣庄水运业的发展步伐。1985年，全市完成港口吞吐量128万吨，货物周转量3.4亿吨公里。水运经济的良好效益，也极大地刺激带动了当地从事水运经营的热情，90年代中期，境内的山亭、滕州、峄城等区县及枣庄矿务局等一些规模较大的厂矿企业，先后组建水运企业或专门的运输组织8家，开展运输经营并取得了较好的经济和社会效益。1993年，船舶数量达到1558艘，10.9万载重吨，2.2万千瓦。当年完成港口吞吐量163万吨，货物周转量3.8亿吨公里。

水上运输的兴起与发展，不仅有力地促进了南北物资的交流，带动了区域经济的发展，使港航业迅速崛起为新兴的支柱产业，而且还在不同历史时期对社会主义建设和国家经济发展起到强有力的推动作用。

（二）枣庄运河航运步入快速发展

的轨道（1996—2007年）

1. 沿运经济带的开发

为了充分发挥运河的资源优势，使京杭运河枣庄段对枣庄的经济和社会发展起到更大的促进作用，实现全市经济社会的可持续发展，中共枣庄市委、市政府着眼于全市经济结构的战略性调整和培植新的经济增长点，1995年开始提出利用运河发展经济的问题，将沿运经济带开发建设列入国民经济和社会发展“九五”计划。1998年在台儿庄召开发展沿运经济专题座谈会，同时编写《枣庄市沿运经济带开发建设总体规划》，制定《关于加快沿运经济带开发的意见》，初步提出了利用运河黄金水道发展地方经济的战略构想。1999年市政府建立联席会议制度，多次研究加快沿运经济特别是港航业发展问题。2000年12月，市政府成立市沿运经济带开发建设工作领导小组；2001年3月，市政府办公室印发《关于2001年沿运经济带开发建设工作意见》，进一步明确了开发建设的指导思想，工作重点、任务目标和具体措施。2001年6月16日，枣庄市委召开常委会专题研究沿运经济带开发建设工作，会议确定全市沿运经济带开发建设工作要以区（市）开发为主体，以港口建设为依托，以开发区建设为载体，充分发挥京杭运河黄金水道优势，推进三次产业快速发展，形成独具特色的产业聚集带的总体思路。6月23日，市委、市政府召开全市沿运经济带开发建设工作会议，对沿运经济带开发建设工作进行全面安排部署，这次会议的召开标志着全市沿运经济带开发建设步入了新的发展时期。8月12—13日，市政府邀请交通部、省计委、经委、建委、交通厅，省文化厅、港航局、旅游局、人文促进会等部、省领导和专家20多人对我市沿运经济带开发建设进行考察论证，通过实地考察、听取汇报，领导和专家对总体规划、港航工程、开发区建设、沿运经济发展等发表了很有价值的意见，提出了很多很好的建设和意见。市委、市政府高度重视，研究提出了加快开发建设的思路、重点和措施，促进了沿运经济带开发建设工作的逐步深入，相继制定了有关政策规定和发展规划，市沿运经济带开发建设工作领导小组办公室又会同河海大学编制了2006—2020年枣庄市沿运经济带开发建设产业发展总体规划；多次会同市委、市政府督查室对沿运经济带开发建设情况进行专题督查，总结情况，分析问题，明确措施，提出建议，多次组织人员深入沿运区（市）、开发区和有关镇（办），进行督促检查和协调指导；营造开发建设的良好氛围，充分利用新闻媒体渠道加强报道力度；在开发建设的过程中，重点突出港航工程建设工作，市航运管理局与沿运区（市）加大资金投入，先后完成了峄城和滕州两个大港建设，对台儿庄一、二港，滕州宏大港、交通港等进行了改造升级，特别是枣庄港的投资建设，使全市港口的布局更加合理，规模得到扩大。同时实施运河标准化航道建设，通过努力，改善了基础设施条件，提升了规模经营档次，实现了较好的经济效益和社会效益，发挥了龙头和带动作用；在抓好港航工程的同时，又倡导指导沿运三次产业发展，农业依托运河资源积极进行了结构调整，产业化水平进一步提高。沿运工业新上了一批项目，拉动作用进一步增强。通过发展运河旅游增加了人流和收入，整个沿运经济显现出快速发展势头。

2. 港口业快速发展

1999年12月，京杭运河济宁至台儿庄段续建工程全面竣工，境内的韩庄运河航道更加畅通，船舶吨位亦普遍增大。枣庄地区的建材南运和兖滕煤田的开发，对京杭运河的水运要求也随之加大，港口建设愈显关键。鉴于此，市航管局决定投资在韩庄运河中游的万年闸兴建年吞吐能力超百万吨的峄城港，在滕州市的滨湖镇兴建年吞吐能力近200万吨的滕州港。2000年8月，全省第一家采用股份制形式筹资兴建，设计吞吐能力为100万吨的峄城港动工建设，并于2001年10月建成使用。2003年4月，设计吞吐能力为200万吨、枣庄境内的第二家股份制内河港口—滕州港建成并投入运营，成为当时京杭运河山东段规模最大的内河港口。峄城、滕州两港均建设成为机械化程度较高的内河大港。2004年4月18日，为了适应枣庄市产业结构的调整以及以煤炭为主的大宗物资生产重心转移的新情况，枣庄港开始动工建设，并于2007年竣工。这些机械化程度高的内河大港的建设使用，以及对中小型港口升级改造的完成，标志着枣庄港口的发展模式已由数量型向质量型转变，港口的整体实力得到强有力的提升。港口吞吐量平均以每年15%的增长速度递增，1999年至2001年，3年共完成货物吞吐量940万吨，增势迅猛。2007年，全市完成港口吞吐量1378万吨，是1978年的30倍。京杭运河枣庄段形成了台儿庄港、峄城港、滕州港、枣庄港四大港区，62个作业区，300多个经营性泊位的整体布局，港口吞吐量突破1000万吨大关，成为全市经济和交通运输发展的优势资源。其中枣庄港区建有4个泊位；滕州港区建有28个泊位；峄城港区共有55个泊位；台儿庄港区有63个泊位。

3. 船舶数量迅速增加

20世纪60年代，枣庄地区仅有2艘小马力拖轮和不足1500吨的木帆船。70年代末，枣庄市专业运输组织的运力发展到拖轮10艘，驳船88艘，计1330马力，5685载重吨。伴随着改革开放的深入进行，在全社会掀起大办航运事业的热潮。国营、集体和个体纷纷建造和购买船只参加水上运输，到1989年底，全市各类船只达到2161艘，122527吨位，25173千瓦。截至1999年底，全市共有船舶2630艘，34万载重吨，5.3万千瓦。而且，随着航道基础设施的逐步改善及社会对水运需求的不断提高，水泥船和小吨位船只被逐渐淘汰，千吨级船舶取代了过去的几百吨的小船，水运竞争优势明显增强。2007年，全市运力增加至3234艘，近200万载重吨，18万千瓦。随着运力的增加，

水运业的兴旺，造船工业得到迅速发展，台儿庄镇造船厂、台儿庄西关造船厂、枣庄市造船厂等9家修造单位相继应运而生。2007年底，枣庄市已有16家造船厂被山东省船舶检验局核定为正式船舶生产厂家，并颁发生产技术条件认可证书。年可建造各类船只200余艘、可生产300千瓦拖轮和1000吨级以上驳船。

4. 航道功能进一步完备

1997年7月8日，经国务院第69次常务会议研究决定，从苏鲁接壤处的台儿庄河段开始，投资15亿元续建京杭运河山东段，进而向北延伸。经工程建设者连续奋战，2000年11月22日，京杭运河山东段续建工程济宁至台儿庄段通航。至此，连同伊家河航道和滕州港进港航道以及岗头港进港航道，枣庄境内通航里程达到93.9公里，并可全年通航。其中43公里的干线航道达到三级标准，年通过能力达到2500万吨，1000吨级船舶可自济宁直达杭州。京杭运河枣庄段步入了快速发展的时期。2001年，为完善港航设施，增强服务功能，枣庄市航运管理局根据上级部署，开展了文明样板航道创建活动，成功实现了辖区航道由单一功能向多功能的转变。2002年6月，京杭运河枣庄段被山东省交通厅、山东省文明办命名为“省级文明样板航道”。在此基础上，经过进一步建设与完善，2003年11月，又被国家交通部命名为“国家级文明样板航道”，标志着枣庄航运在航道基础设施建设和管理服务方面均达到了较高水平。

滕州港进港航道。1997年7月，市航管局开始筹划在岗头港区南兴建一座规模较大的滕州港。港址选定后，进港航道便于2000年10月由中标的山东省水利疏浚公司、水电部十三局五公司、江苏省扬州航道处三家单位动工开挖，岗头港进港航道改线开挖同时进行。工程土方总量为217万立方米，总投资3350万元。2001年12月，全部工程竣工。该进港航道自独山湖石口以北京杭运河主航道向东，与岗头港区进港航道相接后转向东南进入滕州港。航道全长7.4公里，为四级标准航道，底宽30米，底标高29.50米，边坡1:3。2003年4月，滕州港建成投入使用，该段航道随即发挥了更大的作用。

2001年6月，全市沿运经济带开发建设工作会议召开

岗头港进港航道。1997年5月，滕州市交通局和岗头镇政府面对已建成的宏大、交通两港因无进港航道而处于闲置的状况，向枣庄市航运管理局提交报告，请求对两港进港航道尽早进行规划治理。市航管局对报告所反映的实际情况给予高度重视，认为地方筹资建港既符合改革开放方针政策，也有利于枣庄市经济和全市航运业的发展。随之派员前往滕州协同滕州市交通局进入通航湖区进行测量调查。同年7月，市航管局批准同意开挖临时应急进港航道，并确定由滕州市交通局组织实施。该工程总投资82万元，市航管局拨款53万元，其余由滕州市交通局负责筹集。该段航道为临时应急进港航道，设计标准低，投资亦较少。工程于1997年7月动工，1998年8月竣工。航道开挖是沿原有的13.8公里简易航道裁弯取直，航道底宽为15米，底标高程为30.50米，平均下挖深度为0.80米，裁弯取直后总长度为11公里。此航道自宏大、交通两港向西北湖区延伸，直到独山湖店子口与京杭运河航道相接。该航道自竣工后投入使用至2001年12月滕州港进港航道竣工，现该航道已不作为运输船舶的进港航道。2000年10月，在开挖滕州港进港航道的同时，确定将原岗头港进港航道改线。改线后的岗头港区进港航道自港区向西与滕州港进港航道相接，该段进港航道全长6.5公里，按四级标准航道开挖，底宽20米，底标高为30.00米，边坡1：3，该工程于2001年12月竣工，连同滕州港进港航道，共计投资3350万元。

薛城港进港航道。薛城港进港航道工程是作为薛城港区港口工程的配套项目而建设的。为适应港口腹地的货运需求，使先期开工建设的薛城港早日发挥其货物吞吐功能。山东省发展和改革委员会于2004年12月22日批复该工程的可行性研究报告。2006年1月10日，山东省交通厅对此项工程的初步设计进行了批复。该工程包括5.2公里的航道开挖和104国道潘家渡公路桥改建2个子项目。其中5.2公里的航道开挖位于枣庄市薛城区和济宁市微山县的接壤地带，航道起始点为潘庄灌渠与京杭运河交汇点至薛城港，航道等级为三级，通航里程5.2公里，总投资2500万元。

5. 配套通航设施

1996年底，韩庄运河扩大工程开始全面动工。1999年12月，韩庄运河中游的万年闸枢纽工程宣告竣工，并于月底举行了韩庄运河全线通航仪式。为了增加京杭运河枣庄段主航道的通过能力，改善和提高服务水平，进一步完善区域综合交通运输体系，确保南水北运主航道的畅通，2006年12月，台儿庄复线船闸开工建设，目前已经投入使用。

万年闸枢纽。万年闸枢纽是京杭

运河济宁至台儿庄段续建工程的主要项目之一，是京杭运河续建工程作为枢纽整体施工的第一个重点项目。该枢纽位于枣庄市台儿庄涧头集镇北的韩庄运河上，其上游距韩庄枢纽16.4公里，下游距台儿庄枢纽约17公里。该枢纽由设计年通过能力为2100万吨的二级船闸，泄洪能力为1700立方米/秒的节制闸及全长922米的公路桥三个单项工程组成，概算投资1.84亿元，工期5年。1996年4月18日各项工程相继破土动工，1997年11月26日节制闸竣工，1998年12月30日公路桥建成，1999年12月28日船闸通航。该船闸由交通部水运规划设计院设计，山东省筑港总公司施工，山东省交通厅监理咨询公司枣庄工程监理处负责监理。该工程是内河航道工程中第一次实行社会监理制。万年闸节制闸由山东省交通规划设计院设计，山东省筑港总公司施工。1996年10月开工建设，1997年11月竣工。1997年11月26日，经山东省交通厅质量监督站验收鉴定交付使用，总投资为2652.59万元。万年闸节制闸的主要用途是控制水位、防洪，保证通航，便于上游沿岸农田灌溉。

（三）枣庄运河航运持续健康发展（2008年至今）

进入21世纪，随着全面建设小康社会的加快推进，中国加入世贸组织，全球经济一体化趋势愈加明显，城乡经济日益繁荣，经贸往来更加频繁，枣庄运河航运迎来难得的黄金发展期。在港航基础设施建设不断加快的同时，行业管理得到全面加强。枣庄航管部门牢固树立建管并重的思想，依法强化运政、航证、海事管理，切实加强水运市场监管和水运发展调控，积极规范港口建设秩序、运输市场秩序和经营行为秩序，努力维护竞争规则、港航信用和发展环境，行业管理逐步走向制度化、规范化，有效促进了水运经济效益的不断提升和良好水运市场环境的逐步形成。水运安全管理成效显著。通过严格落实安全工作责任制，扎实开展一系列主题鲜明、注重实效的安全管理活动，突出抓好重点领域、关键部位及重要时段的安全检查和监控，不断完善应急处理预案，切实强化反应能力建设，使辖区水运连续20年无重大安全事故发生。岸线使用管理得到进一步加强。以搞好生态环境建设，打造京杭运河枣庄段“碧水走廊”“绿色通道”和“生态河岸”为目标，积极开展专项治理，清除乱搭乱建码头，整顿航道航线秩序，确保航道畅通。行业文明建设成果丰硕。通过深入开展文明窗口、文明单位、文明样板航道等多种形式的文明创建活动，先后获得全国航道先进集体、全国文明海事达标单位、全国文明样板航道等荣誉称号，多次受到枣庄市政府的通报表彰，2005年又成功创建全国交通文明行业。

1. 船闸通过能力升级

台儿庄复线船闸是台儿庄枢纽的重要组成部分之一，为京杭运河长江以北的第九个梯级，也是京杭运河上溯进入山东省的第一个渠化梯级。枣庄市港航管理局在各级领导和人民群众的大力支持下，克服重重困难，完成了复线船闸工程的一系列前期工作，该工程于2007年8月开工建设，2010年7月投入使用。台儿庄复线船闸工程位于现有二线船闸的南侧，上下闸首齐平，轴线相距100米，规模等级与现有二线船闸一致为二级船闸，即有效长度230米，有效宽度23米，槛上水深5米，年设计通过能力2200万吨。项目包括船闸主体工程、人行桥改建、管理区等三部分，概算总投资2.24亿元。使用后大大增加了京杭运河枣庄段主航道的通过能力，改善和提高了服务水平，进一步完善了区域综合交通运输体系，对于京杭运河主航道的防堵保畅，确保内河南北水运主通道的畅通，强力带动地方和华东地区经济的发展，推动我市沿运经济带的开发建设，都发挥了十分重要和不可替代的作用，同时也开创了京杭运河山东段二级船闸双线运行的先例。

万年闸复线船闸建于万年闸船闸南侧，是京杭运河长江以北的第10个、山东省境内的第2个通航梯级，航道底宽76米，设计水深4.8米。设计标准为Ⅱ级船闸，有效尺度为230米×23米×5米，设计年单向通过能力为2900万吨，工程总投资6.6亿元。主要建设内容包括船闸工程、206国道桥改建、跨两线船闸交通桥及防洪大堤退建等配套和附属设施。工程于2014年11月24日获得国家发改委批复立项，交通运输部于2015年10月31日批复了工程初步设计，施工图设计于2016年4月7日获省交通厅批复。工程于2016年8月26日正式开工建设，计划工期为3年，2019年下半年计划竣工。该工程的建设将进一步发展山东内河航运、完善山东综合运输体系，对确保京杭运河航道安全、高效、畅通、不间断运行意义重大。

台儿庄三线船闸工程位于京杭运河长江以北第九个、进入山东之后第一个航运梯级台儿庄枢纽。目前，台儿庄枢纽虽已为双线船闸运行，但台儿庄枢纽与万年闸枢纽之间的马兰屯作业区港口工程、涧头集作业区港口工程建成启用之后，航道运量将大幅增加，暂时得以缓解的船舶过闸压力又会再次增加。该船闸工程建设完成之后，可使航道的通过能力得到再提升，从根本上缓解京杭运河枣庄段航道的通过和船舶过闸压力。工程的设计单位为中交水规院有限公司，设计标准为二级船闸，有效尺度为280米×34米×5米，设计年单向通过能力为3650万吨，工程估算总投资13.75亿元。工程受张庄水源地保护区因素制约，影响前期工作进展。

2. 航道“三升二”

京杭运河枣庄段航道规划标准为二级，现状为三级。京杭运河枣庄段二级航道整治工程全长38.457公里，以马兰大桥为界分上、下两段实施。京杭运河枣庄段航道整治工程的设计单位为中设设计集团，均按照规划二级航道标准拓宽浚深，同时在满足航道的基本使用功能基础上，完善安全、水土保持、船舶停靠服务等附属设施。工程内容主要

包括航道疏浚、护岸、公用锚地、安全待泊区、运河北堤应急通道（旅游景观大道）、桥梁、智慧航道信息化等。工程概算总投资 26.2 亿元。项目的工程可行性研究报告于 2016 年 6 月 30 日获枣庄市发改委批复立项，初步设计于 2017 年 10 月 11 日获枣庄市交通运输局批复。中央补助资金申请已获交通运输部批复，补助金额 9.927 亿元。计划于 2018 年 12 月开工建设。工程建成之后，京杭运河枣庄段的航道条件将大大改善，航道通过能力将得到充分发挥，完善航道的安全、生态和景观功能，同时将为广大船民业户提供更加完备的服务设施和服务水平。

另外，根据枣庄市委市政府的安排，为全面贯彻落实生态文明建设战略，支持台儿庄区政府发展全域旅游，通过古城旅游带动创建国家全域旅游示范区，继而建成国家旅游度假区和国际旅游目的地，将运河北堤以建设航道管理应急通道的方式，高标准建成兼有应急管理、公共交通功能的绿化生态大道和景观旅游走廊。

进港航道建设。为推动干支联动发展，进一步延伸枣庄段运河通达和覆盖范围，配合《枣庄港总体规划》中港区建设，建设台儿庄港区马兰屯作业区与峄城港区魏家沟作业区进港航道工程。枣庄港台儿庄港区马兰屯作业区航道工程是台儿庄港区马兰屯作业的进港航道。航道总长度为 3.0 公里，起自所服务港区港池界限，向南沿大沙河分洪道河槽，直至韩庄运河航道中心线，通航标准为 1000 吨级单线航道。航道建设尺度为航道底宽 30 米，设计水深 4.0 米，最小弯曲半径 540 米，全长 3.0 公里，护岸长度 6129 米。工程建设主要内容包括土方开挖、疏浚工程、护岸工程、航标工程、环境保护及水土保持等。其中护岸工程设计两个方案，两方案均为斜坡式结构，坡度 1：2.0，坡顶高程为 29 米，坡底高程为 20.8 米。工程概算总投资 5389.24 万元，主要建设任务已经完成。枣庄港峄城港区魏家沟作业区航道工程是峄城港区魏家沟作业区的进港航道。航道设计总长度为 2125 米，起自所服务港区港池南端界限，向南沿魏家沟河槽，直至韩庄运河航道，航道通航标准为二级，设计代表船型为 2000 吨级。航道建设尺度：航道底宽 60 米，设计底标高 24.3 米，最小完全半径 480 米。改建桥梁通航净空尺度：净高不小于 7 米，净宽不小于 70 米，并一孔跨越通航水域。航道全长 2125 米。拆除桥梁 1 座，改建桥梁 1 座。工程建设主要内容包括土方开挖、疏浚工程、护岸工程、航标工程、桥梁工程、环境保护及水土保持等。其中护岸工程设计两个方案进行比选，两方案均为斜坡式结构，坡度 1：2.5，坡顶高程为 30.5—31.3 米，坡底高程为 24.3 米。工程概算总投资 10750.38 万元，已建成投入使用。拟建台儿庄港区涧头集作业区航道工程，估算总投资 14206.22 万元，按照二级单线标准建设航道 512.04 米。

3. 建设现代化港口

枣庄港原有滕州、薛城、峄城、台儿庄 4 个港区，共 32 个作业区，131 个泊位，占有岸线长度 7769.9 米，年吞吐能力为 1294 万吨。但大多作业区设施陈旧，装卸工艺落后，无专业化泊位，生产方式粗放。2016 年，枣庄市政府开展取缔非法港口码头活动，京杭运河枣庄段主航道沿线散乱码头基本拆除完毕，仅保留了规模较大、环保等设施相对完善的港口作为过渡，待规划港区作业区建成投产后全部拆除。《枣庄港总体规划》于 2013 年底获山东省人民政府批复。规划枣庄港形成以薛城港区为中心，以滕州港区为北翼，以峄城港区和台儿庄港区为南翼，辅以过渡性港口设施为补充的总体格局，根据港口资源和建设条件，规划枣庄港形成“一港四港区六作业区”的发展格局，分为滕州港区、薛城港区、峄城港区和台儿庄港区。滕州港区规划建设滨湖作业区和西岗作业区，薛城港区规划建设薛城作业区，峄城港区规划建设魏家沟作业区，台儿庄港区规划建设马兰屯作业区和涧头集作业区。峄城港区魏家沟作业区 #1—#6 泊位工程概算总投资 39763.45 万元，建设 6 个 2000 吨级泊位以及相应的配套设施，码头岸线总长度 478 米，设计年吞吐能力 509 万吨，项目已完成投资任务并交工验收，运营效果良好，2017 年完成港口吞吐量达 500 万吨。台儿庄港区马兰屯作

台儿庄复线船闸全景

业区 #1—#6 通用泊位工程概算总投资 37850.28 万元，建设 6 个 1000 吨级泊位及相应的配套设施（码头主体结构作为永久性建筑物，按 2000 吨级泊位预留），设计年吞吐能力 408 万吨，已完成交工验收投入试运营。在建滕州港区滨湖作业区 #1—#6 通用泊位工程是配套服务于滕州临港产业园的港口工程项目。概算总投资 25561.03 万元，建设 6 个 2000 吨级泊位及相应的配套设施，设计年通过能力 508 万吨，码头岸线总长度 478 米。现正进行全面施工建设。薛城港区薛城作业区通用泊位工程是直接配套服务于枣庄铁路物流园的港口工程项目，预计 2018 年内可开工建设。另外，台儿庄港区涧头集作业区 #1—#6 通用泊位工程、滕州港区西岗作业区 #1—#6 通用泊位工程、滕州港区滨湖作业区 #7—#11 通用泊位工程都已明确项目投资主体，前期工作积极推进。

4.“十三五”枣庄港航建设发展的目标任务

“十三五”期间，全市规划港航项目 25 个，总投资 135 亿元，将建成货运泊位 123 个，港口吞吐能力将达到 8190 万吨，初步形成通江达海的水运格局，建成绿色、低碳、循环、智慧、具有枣庄特色景观的国家级航道示范段。

突出项目带动，完善基础设施建设。在港口物流园区方面，将推进滕州、薛城、峄城、台儿庄四个港区大型化、专业化、现代化建设，在泊位等级、通过能力、装卸工艺等方面满足快速增长的吞吐量需求，同时配套建设临港物流园，发展临港工业，带动区域社会经济发展。在航道船闸建设方面，提升京杭运河主航道、地区性重要进港航道等级，与新增高等级泊位的到港船型相匹配，提高航道通过能力；加快万年闸复线、三线船闸和台儿庄三线船闸建设步伐，解决船闸通过能力和航运用水量相邻枢纽间不平衡的矛盾。

坚持规划引领，加快港口资源整合。为加强“南水北调”东线工程水资源保护，提高港口生产经营的经济效益，加快推进枣庄市港口资源整合。“十三五”期间，继续调整港口结构布局，有步骤、有目的地拆除沿运小码头，将港口资源整合到其他港区的建设发展中去。同时，采用招商引资、公私合营等手段，淘汰或兼并现有的小型经营企业及个体，组建大型的港口经营企业，在统筹协调下有序经营，提高枣庄市水路交通运输业的整体效益。

优化运力结构，提升运输保障能力。持续推进船型标准化，优化调整运力结构，提高船舶现代化水平和专业化程度，为社会提供优质高效的运输服务。大力开展湖泊、湿地等水上旅游运输，促进内陆旅游业发展。优化船舶运输组织，完善干支直达、水陆联运的运输服务网络。加快内河水运发展方式转变，提高内河水运发展质效，促进港口、航道、船舶和支持保障系统协调发展、功能完善、运转高效。

加强安全管理，健全水运保障体系。继续加强内河安全保障、救助打捞、污染防治和应急处置四大支持保障体系建设。建设船舶自动识别系统、中央监控系统，建成多样化的水上交通安全保障设施，强化对重点船舶、航段、水域的安全监管，逐步实现干线航道全程监控。完善搜救中心职能，合理配置水上指挥艇、搜救快艇、救捞船、拖带船等专业救助打捞船艇，建设专兼结合搜救队伍，提高搜救能力。健全船舶和港口污染防治体制机制，配备专业化清污船舶，鼓励推广环保节能型标准化船舶。推进内河应急处置体系建设，强化水上事故险情的预防布控，提高航道应急抢通能力，有效降低重大突发事件造成的损失。

二、京杭运河枣庄段取得的辉煌成就

（一）社会效益显著

内河水运业具有较强的社会外部效应，京杭运河枣庄段作为集航运、调水、蓄水、防洪、抗旱等多功能为一体的综合体系，在改善生活品质与促进就业、提高社会可持续发展（节约土地资源、减少能源消耗、保护环境与生态平衡、提高交通安全、缓解道路交通拥堵、降低物流成本、提高物流效率）、繁荣运河文化、塑造与提升城市品牌等方面具有其他运输方式所不能替代的优势与作用，社会效益十分显著。

1. 对改善生活品质与促进劳动就业的作用明显

依托京杭运河发展港航业，有助于繁荣文化事业、提高居民收入水平，从而改善生活品质。京杭运河枣庄段对提高居民收入做出了巨大贡献，尤其是对沿运经济带区域更为明显。近年来，港航业在创造可观经济效益的同时，提供了大量的就业机会，为沿运居民脱贫致富做出了重要贡献。同时，枣庄港航业的发展也带动了与京杭运河相关的产业的发展。

2. 有助于“美丽枣庄”建设

交通运输设施的建设如道路、场站等占用大量的土地，使原本贫乏的土地资源更加紧张。平衡交通运输发展和土地资源占用的关系时，内河水运成为最具可持续发展价值的运输方式。京杭运河枣庄段航道，除航道的建设和整治外，主要是利用天然的河道，基本上不占用土地（仅码头、港口、仓储等需要建筑用地），有时还可以利用有些航道的疏浚和整治、裁弯取直等进行回填，增加沿岸的可利用土地面积。

表1　各种运输线路土地占用的比较统计表

运输线路	土地占用（亩 / 公里）
内河	几乎为零
复线铁路	40
普通公路	15
四车道高速公路	110
六车道高速公路	140

说明：转引自《京杭运河枣庄段对地方经济社会发展的贡献度与劳动研究》一书，2015 年版

3. 促进了运河文化的繁荣

运河文化是枣庄各种文化中底蕴最深厚、最具有代表性的。运河锻造了枣庄的性格，枣庄的城市发展一直与运河紧密联系在一起，没有运河就没有枣庄的繁荣。历经数百年，枣庄段运河形成并保存了大量的文物古迹、民俗风情。开凿枣庄段运河最早修建的被水石堤、明清时期用于装卸货物的“水门”、大清国界碑、震慑水贼的大型碑刻、俯视运河的镇水兽、傍水而建的明清民居建筑、传奇色彩的“惊龙桥”、古代客商洽谈业务的“山西会馆”、伊斯兰文化氛围十足的“清真寺”、中兴煤矿煤炭外运时修建的台儿庄火车站等文化遗产折射出枣庄运河文化的品位和内涵。

4. 为城市品牌塑造提供有力支撑

运河是一张靓丽的城市名片。运河区域商品经济的繁荣，促进了一批运河城市的兴起，成为各个地区的政治、经济、文化中心，也是今天沿运城市的前身和雏形。这些城市最早都是傍水而建，运河或穿城而过，或环城而过，多是商品货物的集散码头。城市依附在运河两岸，随着运河经济的繁荣，人口集居，店铺林立，商贾云集，也渐渐发展壮大起来，沿着运河便形成一串关联度极高的都市链。如今，这些散布在运河两岸的城市，纷纷以各种形式巧打运河牌，加大对运河的宣传，用运河塑造城市形象，提升城市品位。“运河之都”“江北水城”“运河名城”“运河之子”一个个名字彰显运河魅力，传承城市个性，使古老的京杭大运河焕发出新的生机。

（二）枣庄港航业产业带动效应明显

历史上，由于水源缺乏等原因，部分河道淤积，基本不能通航，使京杭运河失去了往日的辉煌，也失去了其联结南北交通的主通道作用。随着京杭运河济宁至台儿庄段航道整治工程的完成，恢复和提高了航道的通航能力，使千吨级货船可往返于济宁至江南的航线。可以说，港航产业的发展，使京杭运河成为“船畅其运、货畅其流”的黄金通道和拉动沿线经济社会发展的交通大动脉，从而进一步带动相关产业的快速发展，进而实现产业结构优化调整、加快实现城市转型。

1. 促进了煤炭、水泥等产业的发展

目前，煤炭、化工、建材、电力、纺织、机电、食品、造纸 8 个行业工业增加值占全市工业总量的 80% 以上。2013 年，枣庄工业总产值前 3 位的行业分别为煤炭开采和洗选业、非金属矿物制品业、化学原料和化学制品制造业，分别占到工业总产值的 17.3%、10.7% 和 10.3%，这分别代表了煤炭、水泥和煤化工产业，说明煤炭、水泥在工业经济中仍居重要地位。近些年来，内河水运事业快速发展，港口吞吐量也迅速增加，京杭运河枣庄段已成为煤炭、水泥熟料、矿建材料、非金属矿石等大宗货物运输的主要方式，为鲁西南地区矿产资源开发提供了基础保障，使枣庄航运业在这些产业的发展中扮演着越来越重要的角色。

2. 促进了水上旅游产业的发展

京杭运河自身的品牌效应及经济社会发展的趋势，决定了运河的旅游价值。由于船舶具有其他运输工具不可具有的活动空间和水中环境，特别适宜休闲、娱乐等高质量生活需要。同时枣庄段运河沿线分布许多著名景点。日出斗金的微山湖，享誉华夏的石榴园，长江以北最大的红荷湿地，震惊中外的台儿庄大战和铁道游击队的遗址、纪念园等。特别是位于台儿庄城区具有浓厚运河特色的闸官署、当铺、茶楼、戏台、会馆等历史性建筑；丁字街、月河街、顺河街，康乾盛世时期的“老字号”等商业文化设施；清真寺、望月楼、关帝庙、古城墙、古码头等传统文化建筑；大战纪念馆、李宗仁史料馆、战史陈列馆、贺敬之文学馆、运河展馆等文化场馆都极具旅游价值。

3. 促进了农牧林渔业发展与水资源综合利用

如果没有航运功能，京杭运河枣庄段可能会成为季节性泄洪河道。京杭运河枣庄段正是因为大力发展港航基础设施才有了目前集航运、调水、蓄水、防洪、抗旱等多功能为一体的综合体系。

南水北调东线工程主要利用京杭运河及其平行河道延伸扩挖，兼顾调水、航运、防洪、排涝、灌溉等多种功能和效益。显然，南水北调东线工程实施以后，京杭运河又被赋予向北方输送生产生活用水的功能。它是枣庄沿运地区的重要水源，为沿运地区的三次产业提供发展保障。同时作为南水北调东线输水干线，担负着为山东半岛和华北地区生产生活供水的重要任务。

沿运地区是枣庄市重要的农业生产区，运河枣庄段给当地人民带来了灌溉之利，使之成为“鱼米之乡”。由于枣庄段运河为山东南部的主要泄洪通道，多年来各级政府积极疏浚河床，改善河道，兴修水利，使运河的水利功能得到

了更好的发挥。水运业适应新农村建设的客观要求，在解决农村、农业和农民问题上具有独特作用，可以进一步推动特色产业、农村市场、生态旅游的发展。运河本身及众多的水利基础设施，是实现防洪排涝、农田灌溉的重要保障，承担着保护人民生命财产安全的重要职责，对沿岸农业和水利的灌溉、排涝和水土保持意义重大。近年来，经过一系列航道工程建设，通航标准由原来的六级提高到三级。目前，京杭运河枣庄段航道总蓄水量已达到344.88万立方米。

表2　京杭运河航道蓄水量统计表

航道区段	航道蓄水量（万 m^3）
万年闸以上航道	17.5km*200m*（29.9m—24.3m）=196
万年闸至台儿庄航道	18km*130m*（25.8m—20.8m）=117
台儿庄以下航道	7.5km*85m*（21.8m—16.8m）=31.88
合计	344.88

说明：航道蓄水量=航道长*槽底宽*（最低通航水位—底高）

“十三五”期间将实施京杭运河枣庄段二级航道整治工程，规划等级为Ⅱ级。项目完工后，总体蓄水量将进一步增加。蓄水量的增加不仅保证船舶顺利通过，提高港口的运营效率，同时河道变宽，流量变大，本身的蓄水能力得到提高，将提高运河流域的抗旱功能。

4. 带动公路运输业发展、提高区域综合运输能力

枣庄港的快速发展带动了航运业、公路运输业的发展，同时也产生铁水联运需求。如3所示，随着枣庄港口基础设施建设的进一步加大，预计2020年，水路、公路、铁路将产生的货运量分别为4150万吨、3710万吨、440万吨；预计2030年，水路、公路、铁路将产生的运量分别为7200万吨、6520万吨、680万吨。

表3　枣庄港2020年与2030年集疏运量预测值统计表（单位：万吨）

货种	2020年				2030年			
	小计	水路	铁路	公路	小计	水路	铁路	公路
煤炭	2200	1100	440	660	3400	1700	680	1020
水泥熟料	1800	900		900	3300	1650		1650
矿建材料	1600	800		800	2800	1400		1400
非金属矿石	660	330		330	1200	600		600
钢铁	600	300		300	1200	600		600
化肥	300	150		150	500	250		250
粮食	320	160		160	700	350		350
其他	500	250		250	760	380		380
集装箱（万吨）	320	160		160	540	270		270
集装箱（TEU）	32	16		16	60	30		30
合计	8300	4150	440	3710	14400	7200	680	6520

说明：根据《枣庄港总体规划》数据整理

根据枣庄市综合交通运输网中长期发展规划（2016—2035年），预计2020年和2035年，水路运输承担货运量比例分别为6%和15%（参见表4）。显然，随着枣庄港航基础设施短板得以改善，内河水路运输在综合运输体系中所占的比重会大幅提高，对于经济社会发展的带动作用就更加显著。

表 4　枣庄市未来客货运量分担预测结果统计表（单位：%）

运输方式	2015 年		2020 年		2035 年	
	客运	货运	客运	货运	客运	货运
水运	0.3	5	0.5	6	0.5	15
公路	94.49	94.3995	92.77	92.9993	89.00	79.9974
铁路	5.0	0.6	6.5	1.0	10.0	5.0
航空	0.21	0.0005	0.23	0.0007	0.5	0.0026

说明：来源于枣庄市综合交通运输网中长期发展规划（2016—2035 年）

三、发展京杭运河枣庄段的经验启示

（一）以科学发展观为指导，优化基础设施布局

交通运输建设是经济社会发展的先行官，要想实现经济发展提质增效，就必须将交通运输建设发展摆在首位，不断加大对交通运输基础设施建设的投入力度，夯实交通运输发展硬件基础。在重视并加大基础设施建设工作的同时，又必须牢牢把握科学发展观，树立一种大格局观念，将本地区的交通运输发展工作对接于全局工作之中，在当今的经济社会发展进程中，交叉发展、协同发展成为新趋势，任何行业都不可能单打独斗，都需要在发展好本行业的基础上，充分发挥互相协作的精神，以实现科学发展、协同发展，共同推动经济社会健康持续发展。当前，国际经济形势处于下行通道，我国经济发展由高速增长迈向中高速增长，经济发展进入“新常态”，迫切需要打造经济增长新动能，推动经济稳中求进。内河水运具有占地少、污染少、能耗低等绿色环保行业特点，在充当经济社会发展水运先行官方面可以发挥积极有效的作用，事实上，党中央国务院提出要加快发展内河水运事业，山东着力打造“新旧动能转换综合试验区”，在这种时代背景与大格局影响下，内河水运迎来一次黄金发展机遇，只要能够牢牢把握住黄金时期，充分展现黄金作为，把内河水运事业做强做好，那么必将起到有效服务大格局、带动相关产业发展、促进当地经济社会发展的优良作用。

（二）坚持以人为本，不断提高管理和服务水平

基础设施建设是完善硬件、提高硬实力的需要，多年的社会实践表明，物质文明建设与精神文明建设两手都要抓、两手都要硬，忽视了任何一方面，另一方面单打独斗，都无法真正实现协同发展，也就无法真正实现科学发展。提升软实力就是要不断提升管理和服务水平，提升行政相对人服务满意度，塑造良好的社会口碑。枣庄航运事业的蓬勃发展，不光是因为提升航道等级、完善通航设施等，也与下大力气加强辖区水上交通安全管理、全方面提升行业管理能力、加强准军事化队伍建设、培育港航文化等软实力建设密切相关，软实力提升与硬实力提升相结合，共同推动枣庄航运事业实现跨越式发展。改革开放四十年的实践历程，已经向我们充分证明了软实力提升的重要性与迫切性，打个比方，如果仅仅是把高楼大厦建起来了，即便是建得很高很漂亮，但是缺乏一套良好的管理制度与一支作风过硬、素质优良的管理团队，那么大楼就成了好看的“花瓶”，无法真正发挥有效作用。枣庄港航不论是在现在还是在将来，都将继续贯彻硬实力与软实力两手抓、两手都要硬的工作思路，在夯实水运硬件建设的基础上，不断创新工作方式方法，保持辖区水上交通安全形势持续稳定、加强行业管理与队伍建设、培育文化品牌，建立起一套与硬件工程相配套的软实力体系。

（三）坚持解放思想，鼓励自主创新和人才培养

以习近平同志为核心的党中央，提出实现“十三五”时期发展目标，破解发展难题，厚植发展优势，必须牢固树立并切实贯彻创新、协调、绿色、开放、共享的发展理念。在五大发展理念中，创新发展理念又是方向、是钥匙，居于首要位置，是引领发展的第一动力。特别是在当前经济发展所处的阶段之中，面临经济下行压力，迫切需要开拓创新，实现由以往的资源驱动向创新驱动转变，只有这样才能提升经济发展效率，实现资源与人才更佳配置。21 世纪，人才是最核心的竞争力。创新要靠人才去思考、去发现、去引领，所以不管任何行业，都必须把人才的引进与培养当成头等大事，就好比木匠做工，再好的木头质料，如果缺乏具有高超手艺的工匠来进行精雕细琢，也不可能打造出具备艺术水平与鉴赏价值的成品出来，未来枣庄港航的快速发展必然要依仗具有过硬政治与业务素质的人才，只有保证人才源源不断的发掘与培养，才能保证枣庄港航的各项工作决策落到实处、做出成效。

审稿人：范广田

撰稿人：辛　宇

枣庄公路事业发展历程、成绩与经验

以1978年12月18日中共十一届三中全会胜利召开为标志，我国拉开了改革开放的序幕。乘风破浪，枣庄市公路事业进入了一个崭新的发展阶段。

一、发展历程

根据历史发展进程，枣庄市公路事业发展大致可分为以下几个阶段：

（一）拨乱反正和改革开放的启动阶段（1978年12月至1982年8月）

“文化大革命”对枣庄公路事业破坏严重。根据1978年底的调查数据显示：当时枣庄市公路问题突出，早期油路破坏较严重，油路大中修任务相当重。执行交通部养护质量检查办法后，好路率大幅度下降，养护机械化程度低。

中共十一届三中全会后，为恢复和改善公路通行条件，公路部门提出了“先求其通，再求其好”的口号。重点安排改善公路薄弱环节，改革大交通量路段的交通状况，改建漫水桥为高桥，提高桥梁通过能力，对个别路况差、标准低的干线公路进行技术改造，提高等级。

在这期间，为更好开展公路工作，枣庄市公路管理职权逐步集中。1978年10月，枣庄市公路管理站更名为枣庄市公路管理段。11月28日，滕县公路管理站随滕县划归枣庄市公路管理段。1980年以后，枣庄市公路管理段、各区县公路管理站，实行经济承包责任制。1982年各区公路管理站人、财、物由市公路管理段直管，使公路事业走向正规化管理。

在这期间，枣庄市公路部门严格按照山东省委、省政府明确提出的“交通必须先行，交通必须打通，交通必须适应”的方针，调整政策，加大建设步伐，公路各项工作开始步入正轨。1980年12月山（家林）官（桥）公路十字河大桥建成通车。1981年国家计委、经委、交通部公布国家干线公路网试行方案，途经枣庄市国道两条：104国道（北京至福州）途经滕县，206国道（烟台至汕头）途经市中区、峄城区、台儿庄区，并对这两条国道实施重点扶持。截至1980年底，枣庄市公路养护里程904.36公里，其中晴雨通车里程576.98公里，公路密度每百平方公里20.0公里，综合好路率59.5%，有养路道班37处，养路工人195人，群众养路员1160人。

这一时期是公路恢复时期，部分缓解了“文化大革命”后枣庄市经济发展和人民群众物质文化生活对公路急需的状况。随着经济的不断发展和改革开放的不断深入，人民群众对公路重要地位和作用开始有所认识并不断加强，总体上看，枣庄市公路建设投资不足，发展速度不快。

（二）全面展开阶段（1982年9月至1992年1月）

这一时期，解决公路“瓶颈”制约问题成为各级政府的共识。1986年后，公路部门积极实施“普及与提高并重、以提高为主”的指导方针，重点修筑断头路、破损严重的老油路和三级以下路段。尤其是1988年7月，交通部副部长王展意视察山亭区、峄城区、台儿庄区公路工作，在山亭区期间到岩底公路站察看养路工人生产、生活状况，勉励公路职工大干快干，极大促进了枣庄市公路事业的发展。

这一时期，公路建设继续在打通上做文章，建设质量逐步提升。1986年10月，全长34.1公里的峄城至台儿庄公路改建工程建成通车；1987年，市公路管理段在济（宁）枣（庄）公路五里屯至王开段7.35公里、枣（庄）曹（县）公路山家林至平山后段5公里的施工中，首次铺筑水泥路面。枣（庄）曹（县）改建工程23公里，被省公路局验收为“优良级工程”，是市公路段工程首次获省优。1989年4月，枣（园）徐（州）公路枣庄城区段（西环路）开工建设，10月1日建成通车。这一时期，重点桥梁建设取得新进展。1987年2月苏鲁两省交通厅达成协议，台儿庄涛沟桥建设费各承担50%。1988年12月鲁苏交界涛沟大桥建成通车。1990年5月，“七五”期间的山东省公路重点工程项目之一台儿庄运河大桥开工建设，1992年7月建成通车。1991年12月4日，枣（庄）曹（县）公路薛城公铁立交桥建成通车。

在公路养护管理上，1985年公路养护工作积极推行经济承包办法，把养路员工的补贴划分到正常养护、设施管理、绿化管理、路政管理四项指标中去，责任到人，明确奖罚，促进了养护工作的开展。1985年全市公路路政由市公路管理段养护科统一管理，以清理路障、保障公路畅通为主要工作。仅1987—1989年，全市公路共发生路损案件415起，处理143起，路赔收入4万元。1991年市公路管理段成立路政科。1987年10月31日，枣庄市公路管理段印发《关于禁止重型车辆通行的通知》，这一年滕县公路管理站被山东省公路管理局验收为“好路站”，为枣庄市公路部门第一个跨入“好路站”行列的单位。1991年6月，枣庄市中级人民法院、枣庄市公路管理段召开联席会议，决定在五区一市公路管理站成立公路巡回法庭，滕州市、市中区公路巡回法庭在滕州公路管理站、市中公路管

理站试点办公，其他四区同时授牌，随后，市公路管理段及其他各区公路管理站相继设置巡回法庭，极大地促进了公路管理水平的提升。

这一时期，公路机构设置取得巨大突破，形成延续到今的公路事业基本框架。1983年，各区县公路管理站党务由枣庄市公路段直管。1983年11月，行政区划建置山亭区。山亭公路管理站随之成立，齐村区公路管理站改称市中区公路管理站。1987年7月，枣庄市交通局决定拖畜养路费征收工作由市公路段移交交通局。1989年1月1日，枣庄市县乡公路修建工作由区（市）交通局负责，养护管理工作仍由枣庄市公路管理段派出机构各（区）县公路管理站负责。1990年5月，经枣庄市政府批准枣庄市公路管理段为正县级事业单位。

（三）系统推进阶段（1992年1月至2002年11月）

1992年小平同志南方谈话发表后，激发了枣庄市公路事业发展新的活力。1993年12月29日，枣庄市公路管理段更名为枣庄市公路管理局，各区（市）公路管理站更名为公路局，公路各项事业驶上了快车道。

这一阶段，枣庄市委、市政府高度重视公路建设在经济社会发展中的引领作用，下大力气，建设了枣薛一级公路、枣庄至木石汽车专用公路、206国道等一大批重点公路项目，至2002年末枣庄市国省干线公路骨干网络基本建成，各市地驻地与各区市实现二级以上高等级公路连接。枣薛一级公路是枣庄通往薛城的主要干线，1992年3月枣庄市集资、省交通厅补助，总共投资6500万元的枣薛一级公路工程开工建设，1993年7月全线通车，打通了市驻地与京沪铁路的连接通道。济枣线枣庄至木石汽车专用是枣庄与滕县对接发展的主要通道，1992年底开工，省交通厅投资1731.5万元，是枣庄第一条现代化高等级公路。1994年，山东省政府召开全省公路建设工作会议，提出实施公路建设战略转移，重点加快高等级公路建设。1994年9月，枣庄市政府印发《关于加快公路建设的意见》；枣庄市政府办公室印发《〈关于加快公路建设的意见〉实施办法》。以此为起点，枣庄市吹响了公路大建设的号角。1995年7月，北留公路北庄至徐庄段大修工程建成通车。至此，枣庄市国、省道已无沙土路面。1996年7月23日，枣（园）徐（州）公路峄城至台儿庄段路面改建工程建成通车。1997年12月总投资1.2亿元的206国道郭里集至涧头集段改建工程建成通车。1998年12月30日，206国道万年闸公路大桥建成通车。2000年12月，枣（庄）木（石）高速公路改造通车，北留公路滕州至王晁段、店韩公路山亭北段、206国道与京福路连接线及光明大道、枣徐公路枣庄城区段、光明东路、文化东路举行通车。2001年3月20日，郯（城）薛（城）公路枣庄段改建工程开工。2002年4月1日，枣庄市委、市政府先后举行206国道枣庄东段、枣（园）徐（州）公路枣台段和新（泰）枣（庄）公路枣庄段改建工程开工仪式。随着公路建设的快速发展，枣庄市公路通行能力极大提高。

这一阶段，公路部门解放思想，实事求是，坚持以市场为导向，逐步打破了计划经济下长期形成的平均主义体制，养护生产单位由事业型向企业型转变。积极探索公路管理与养护生产分离的路子，养护任务由指定养护向合同养护转变。逐步改变了以往指令性下达生产任务的做法，实现了责、权、利的统一，调动了养护人员的积极性，提高了养护

省道枣徐线

效率和质量。养护作业形式由分散的小道班向大道班机械化养护转变，有效提高了生产力水平。1994年1月，县乡公路养护管理工作移交区（市）交通局负责。1995年11月20日，交通部专家一行对104国道滕州段文明样板路检查验收。

这一阶段，是枣庄市公路法制建设大力推进的时期，各级公路部门按照"依法治国"方略的总体要求，在公路法制建设上做了大量工作，有力促进了枣庄市依法治路的进程。一是公路普法成效显著。《公路法》及其配套法规、规章出台后，以贯彻实施《公路法》为契机，加强了公路法制建设，1995年12月16日，枣庄市政府发布《枣庄市汽车专用公路管理办法》。二是加大了执法力度。各级公路部门坚持依法行政、依法治路，在维护路产、保护路权、公路建筑控制区管理、保障公路完好畅通、公路用地确权等方面进行了不懈的努力，有效地保护了公路合法权益。1992年3月10日，薛城区法院对峄城区肖桥乡第一煤矿违章越界采挖省道枣（庄）曹（县）公路汤庄路段下层煤致使公路沉陷5075平方米案件强制执行，该矿赔偿路损费12.98万元。1992年5月，按市人大代表提案，市中区环保局、市中公路站和永安乡政府铲除市水泥厂向西至西环路交叉处1公里内的57座石灰窑。1992年，枣庄市中级人民法院、枣庄市公路管理段召开公路巡回法庭经验交流表彰会议。集中开展了超限运输的专项治理，有效地遏制了超限运输现象的蔓延。这一时期，市公路管理局深刻认识到公路规费是公路工作的"生命线"这一重要意义，认真贯彻落实国家、省有关规定，大力推行目标管理，使公路规费征收保持了良好发展势头，为公路发展提供了可靠的资金来源。1996年1月6日，枣（庄）木（石）一级汽车专用公路开始收取车辆通行费。1999年5月，104国道滕州收费站投入使用。1999年6月，206国道峄城收费站投入使用。

这一阶段，枣庄市公路养护管理、精神文明建设取得丰硕成果。1996年4月，枣庄市公路管理局获"八五"期间"全省部门造林绿化先进单位"称号。1999年9月19—21日，交通部在新疆乌鲁木齐召开全国公路养护"双百"经验交流会议。峄城公路局底阁公路站获"文明道班"称号，滕州公路局柴胡店公路站站长张继瑞获"优秀养路工"称号。2000年4月，市公路管理局被山东省总工会授予"富民兴鲁劳动奖状"。2001年1月，在全省交通工作会议上，市公路管理局获省政府表彰的"山东省高速公路建设先进单位"称号。2001年6月，市公路管理局党委被中共山东省委表彰为"先进基层党组织"。

（四）全面建设小康社会的迈进阶段（2002年11月至2012年11月）

在这期间，全市公路系统上下紧扣公路中心工作，以科学发展观统领全局，以打造"山东公路与时代同步，与文明同行"品牌为指引，按照公路四化管理要求，脚踏实地、锐意进取，不断夯实基础、强化内部管理，保持了公路事业持续、快速、健康发展的良好态势。

长达68公里的郯薛公路枣庄段改建工程，是枣庄市一次性改建里程最长的公路建设项目，2001年当年开工建设，当年竣工通车，创下了枣庄市公路建设史上一项新纪录；2003年开工建设的枣薛复线拓宽改造工程（光明大道），实现了新老城区的快速对接，为枣薛经济带开发建设打下了坚实基础。2004年竣工的枣薛线、枣济线、枣徐线、平滕线4项改建改造工程于2006年通过了省厅公路局验收，全部被评为优良级工程，实现了优质高效的目标。2006年，实现了市到区（市）之间由一级以上高等级公路互连互通。2007年，206国道营子至涧头集段改建工程的竣工，标志着境内路段全部达到一级公路的标准。2008年，率先在全省实现了干线公路消灭了三级路的目标，形成以新老城区为中心的新"半小时经济生活圈"。至2012年底，全市公路通车里程达到7533.7公里，其中高速公路163.7公里，一级公路355.6公里，二级公路838.5公里。公路密度每百平方公里165.1公里，形成了以国省干线为主骨架、高速公路为大动脉、县乡公路交织密布的现代化公路交通网络。枣庄市公路管理局在加快公路建设中，坚持可持续发展，走资源节约和环境友好型公路发展之路，努力打造环境节约型工程。不仅在道路、桥梁施工中大胆尝试新工艺，还利用了煤矸石、粉煤灰等工业废弃料以节约耕地，实现了加快公路建设与保护环境资源的"双赢"。在206国道"白改黑"设计中，一方面组织工程技术人员外出实地学习，提出初步设计方案，另一方面请省专家进行详细严谨的论

枣徐线山亭盘山段

证、分析。决定对原混凝土路面采用碎石化或打裂压稳处理，加铺结构层方案，既解决水泥板的反射裂缝问题，又充分利用原有水泥板的残余强度，达到节约资金、方便施工、有利环保的目的。枣庄市公路管理局在公路建设工程中，积极开展公路重点工程劳动竞赛和文明施工创建活动，立足打造百年公路、平安公路、阳光公路品牌，将质量、安全、廉政三个责任重于泰山的思想贯穿于公路建设全过程，对工程设计、招投标、监理、计量支付等重要环节层层把关，健全了三级质量监督体系，严格细节管理，实行服务型监理，实施零缺陷工程，保持了公路建设持续快速健康发展的良好态势。

2002年，43个公路站优化组合成26个大道班，养护大中修工程开始实施招投标制度，制订了“以路面养护为中心的全面养护”的工作思路，修改完善了各项规章制度。针对资源型城市特点，深入开展“精细化养护”，全面加强“预防性养护”,实施养护“365工程”，坚持365天养护工作理念，深入开展文明样板路创建活动，不断提升养护与管理水平，公路养护与管理工作保持了平稳快速发展的良好态势。2007年，将日常保养与小修工程分离，保养费用切块到各单位，小修工程实行合同管理，保证养护经费的足额投放。进一步开放养护市场，引入竞争机制，大中修工程、专项工程、文明样板示范工程实行项目法人制、工程招投标制、工程监理制、合同管理制、责任追究制。2008年5月，市公路局被全国绿化委授予“全国绿化模范单位”，并受到了省交通厅的通报表彰。干线公路形成了“乔、灌、花、草立体绿化，三季有花，四季常青”的枣庄模式。全部达到了GBM工程标准，实现了公路整体的畅、安、舒、美，连续十一年夺得全省公路养护质量杯。在这期间，实施公路养护大中修工程项目法人制、工程招投标制、工程监理制和合同管理制的“四制”管理模式，把行政管理转变为合同管理，确保了养护工程质量、进度及有效投资。干线公路综合好路率由2002年81.6%提高到2012年的93.0%，连续多年超额完成省局下达的好路率计划，同时打造了以104国道、枣木高速公路为代表的一批精品路线。

在这期间，由于枣庄市是重要的煤炭、建材生产基地，人口密度大、穿村路段多，境内超限运输严重。市公路管理局集中力量进行专项治理，多次开展穿村路段治理、清除非公路标志标牌、拆除建控区内违法建筑、治理违法占压路面、查处超限运输为内容的专项治理活动，查办了数起在省内有影响的地下违法采煤造成路面下沉的案件，维护了《公路法》的尊严。2002年，枣庄市在省内率先出台了《关于加强公路路域环境治理工作的意见》，路域环境治理由部门行为上升到政府行为。自2003年底全国性的集中联合治理超限超载战役打响后，路政管理人员与交通稽查人员、公安交警并肩作战，扭转了境内超限运输愈演愈烈的被动局面。2005年，市政府研究制订了《公路沿线建筑控制区规划管理办法》，枣庄市形成了政府牵头，各级各部门上下联动，条块结合的路域环境综合治理格局。2007年，结合社会主义新农村建设和省际边界环境综合治理，加大公路建控区管理工作力度，确保了干线公路畅通。2008年，路政管理以开展“五城”同创活动为契机，积极联合有关部门，开展路域环境整治活动，道路通行环境明显改善。“十一五”期间，积极推进路域环境整治由部门行为向政府行为和社会行为的转变，开展以政府为主导的公路综合整治年活动，大力治理沿路贸易、打场晒粮、非公路标志标牌和违章建筑，重点加强对超限运输车辆的管理，开通升级了路政举报电话96660，积极推行执法公示制和政务公开，依法行政，规范管理，使公路的通行环境发生了根本性变化。

枣庄市公路管理局通过联合稽查、移动稽查、进驻交警车管大厅等举措加大征收力度，规费征收连年攀升，连年超额完成省下达规费征收计划。1998年以后，因受费改税舆论的影响，征费难度增大，各区（市）局征稽办公室对费源分片包干，责任到人，严格执法，优质服务；大力宣传养路费征收政策，对外搞好横向联合，严把车辆变更关、旧车交易关、新增车辆建档关、运输车辆年审关，层层设防，堵漏增收；同时加大对漏费车辆的跟踪服务力度，变坐等收费为上门服务，变定点稽查为源头管理。经过不懈努力，枣庄市公路规费收入额连年上台阶，2003年突破2亿元大关，2007年成功突破3亿元大关，为公路事业持续发展提供了资金保障。税费改革后，特别是2009年初，枣庄市三个政府还贷二级公路收费站停止收费，给正常的通行费征收工作造成了很大冲击。面对不利的征费环境，各收费站以创建“文明服务示范窗口”为载体，积极开展文明服务、便民服务活动，塑造了公路文明服务“窗口”新形象。

枣庄市公路管理局积极探索行业管理的有效途径，通过广泛深入开展“创建文明行业、构建和谐公路”竞赛活动，不断提升竞争软实力，公路建设、养护管理、规费征稽、路政管理都实现跨越式发展。2002荣获“全省公路系统创建文明行业”铜杯；2004年荣获“全省公路系统创建文明行业先进单位”；2007年首次荣获“全省公路系统创建文明行业”银杯。至2007年底，全局有一个公路站获得“五一劳动奖状”，有一个公路站获得“全国模范职工小家”称号；全系统17个单位全部跨入市级“文明单位”行列，其中8个单位跨入省级“文明单位”行列；先后荣获“全国精神文明建设工作先进单位”“省级文明单位”“跨世纪建强省劳动竞赛先进单位”“山东省优秀思想政治工作研究会”等荣誉称号。全市公路系统共建成省级文明单位9个，省级青年文明号5个。

（五）全面深化改革，全面建设小康社会的决胜阶段（2012年11月至今）

2012年，枣临高速公路的建设，将京沪、京台两条高速连在一起，打通了枣庄向东的出海口。2014年，206国道万年闸工程竣工，实现了枣庄市境内206国道一级公路贯通，提升了门户城市形象。2014年，枣曹线石羊至齐村段改建工程竣工，为老城区工业基地提供了转型发展的走廊。枣庄市公路管理局根据城市转型发展的需要，从2014年开始，实施了“公路三年大变样”工程。一是在公路建设上，推动枣庄市上下企盼多年的难点项目克服困难落地实施；惠及群众的民生项目获得新突破；事关城市发展格局的重点项目取得新进展。公路建设投资额从2014年5.46亿元，上升到2015年18.34亿元，再到2016年26.6亿元，三年跨上三个台阶，迎来了枣庄公路持续时间最长的建设高峰期。二是在养护大中修上，用三年时间，把全市国省干线部分路面破损严重、通行能力明显下降的路段中修、大修一遍，使公路行车环境明显改善。2014年，投资2.91亿元，实施并完工了5项养护大中修工程。2015年，投资5.19亿元，组织实施了9项养护大中修工程。2016年，投资6.14亿元，实施4项养护大中修工程。三是从2015年开始，投资1.6亿元组织实施了国省道公路安全生命防护工程，增加人民群众安全出行指数。通过实施“公路三年大变样”，把交通流量大、容易堵车的国省干线迁出主城区，拓展了城市发展空间，加快了城市转型发展的速度。

2017年是枣庄普通国省公路发展极不平凡的一年，公路项目建设有序推进，争资立项成效明显。“十大工程”年度目标超额完成，组织普通国省道改建和养护大中修工程10项，总投资26.43亿元，里程177.88公里。公路项目申报取得积极进展，推进前期工作计划13项，总投资45亿元，涉及里程246公里。狠抓了工程质量和工作规范，深入开展了普通国道工程质量管理年活动，严格技术规范和操作规程，优化施工工艺，以“零容忍”的责任心抓好工程质量，同时严把安全、廉政关口，对施工过程全程督查，全力打造了亮点亮线工程和标杆工程，受到了枣庄市委、市政府的表扬。

2018年以来，公路项目建设有序推进，路网供给能力进一步提升，组织实施国省道改建和养护大中修项目10项，涉及投资26.74亿元。1.实施国省道改建项目3项，累计完成10.01亿元（截至2018年10月初，以下同），占总投资的56.5%。S345枣济线工程路基和桥涵工程基本完成，累计完成投资5.32亿元，占总投资的57%；S234沂台线南延工程路基土石方完成74%，大桥完成50%，累计完成投资3.58亿元，占总投资的56%；S245店韩线庄里水库库区段改线工程累计完成投资1.11亿元，占总投资56.1%。2.实施国省道养护大中修项目7项，累计完成投资5.14亿元。G206烟汕线大修工程，累计完成投资40181万元；G104京福线滕州二十里铺至东倪段大修工程，累计完成投资4580万元；S347山官线薛城区陶庄至滕州官桥段大修工程，累计完成投资5599万元。S343北留线山亭北庄至枣树岭段中修工程，累计完成投资703万元。S345枣济线种寨至滕州邹城界段大修工程已办理施工许可准备施工。国省干线公路桥梁环保安全设施隐患整治工程累计完成投资320万元。G206威汕线台儿庄涧头集至鲁苏界段中修工程已完成投标工作。3.开展前期工作9项，涉及投资42.69亿元。S103济枣线山亭区凫城至市中区曾店段改建工程已完成初步设计，待省厅公路局审查批复；S318郯兰线峄城区仙人洞至薛城区店韩路段改建工程初步设计已通过省厅公路局评审，设计单位正在进行评审后的修编工作，待批复；S241临徐线台儿庄叶庄至鲁苏界段改建工程可行性研究报告已批复；S104济微线滕州段改建工程工可报告已完成省厅评审，待批复；S318郯兰线薛城区岩湖至大辛庄段大修工程施工图设计及预算省厅公路局已批复；S241临徐线峄城区吴林至鲁苏界段（下行线）大修工程建设方案省厅公路局已批复；S321枣梁线北转盘至滕州木石段、S238店韩线郯薛路口至微山界段、G518日定线临沂枣庄界至山亭区南岭段3项改建工程的前期工作按照计划有序推进。4.交工竣工项目8项。圆满完成了S241平滕线中修、S240新枣线大中修、S234沂台线大修、S244枣徐线中修、G206胜利渠桥危桥改造、S344木曲线大修等6项工程竣工验收工作以及S241平滕线

筑路现场

滕州南沙河至滕州微山界段大修工程、S241平滕线东郭桥维修改造的交工验收工作。

在公路养护上，枣庄市公路管理局牢固树立“建设是发展，养护管理也是发展，而且是可持续发展”的工作思路，不断加大资金投入，强化工作措施，枣庄市国省干线公路整体服务功能有效增强。市公路管理局拓宽融资渠道，广泛吸引各类投资主体参与，全力推进“森林公路”建设，构建了集景观效益、生态效益、经济效益、社会效益于一体的绿色森林通道，实现了“高大厚密彩”的景观效果，国省干线绿化率达到98.4%，比“十一五”增加9.2%，为2013年枣庄市创成“国家森林城市”提供了条件。枣庄市出台《枣徐公路峄城—台儿庄段生态绿色廊道管理保护办法》，把道路及道路两侧各6米范围列为红线保护区，重点保护道路养护、绿化树木和植被养护、附属配套设施养护、沿线路域环境综合整治等内容。养护管理理念不断提升，树立“全面、全季节、全周期、长寿命、低成本”的“三全”养护理念，干线公路精细化养护工作标准、评分标准、考核标准等一系列精细化养护标准体系实现了成果集成。引入“全寿命周期费用理论”，推行“快速反应、快速维护、快速保畅和精细化养护”“三快一精”的养护管理模式，小修保养推行专业化、机械化和合同管理，公路保洁推行社会化、机械化。大中修工程采用招投标和合同管理，走市场化、专业化的路子，实施“政府监督、业主负责、社会监理、企业自检”的质量保障体系，确保工程安全优质高效。公路应急保畅能力和日常养护的机械化水平明显提高，路面保洁向机械化、集约化转变。2016年底国省干线养护评定里程优良路率93.3%，位居全省先进行列。在交通运输部2016年度国省干线路况检测中，各项公路技术指标明显优于周边地市，受到交通运输部检查组的充分肯定。2017年，在历史性的暴雨等极端天气下，行动迅速、处置果断，及时修复水毁，处置积水路段，确保了全市国省干线基本安全畅通。针对积水路段和下穿公铁立交，分类制定整治方案，效果明显。2018年以来，养护管理全面提档升级，路况质量稳中有升。全面抓好“四城同创”工作，积极探索公路养护管理市场化改革，把“文明服务，安全畅通”理念融入养护工作的各个环节中，以精品意识和创新思维带动公路养护管理提档升级。高质量推进普通国省道提档升级三年行动计划，各区（市）养护示范路段创建工作初见成果，按照“一年成线，三年创面”的要求，努力打造“一路一品”“一路一景”“路景相融”的畅安舒美公路。

2012年，市政府出台了《枣庄市集中治理车辆超限超载工作实施方案》，充分发挥政府主导作用，把治超工作纳入政府工作目标，推进路域环境整治由部门行为向政府行为和社会行为全面转变，枣庄市超限超载率下降到1%以内，枣庄联合治超工作的先进经验在全省推广。2013年《山东省公路路政条例》出台，将2002年枣庄市在省内率先提出路域环境综合整治管理规范上升为省级地方法规。市中区、峄城区出台了《关于加强公路路域环境治理工作的意见》《关于全面清理整顿枣曹线煤炭销售点的通告》《关于开展严厉打击破坏绿化苗木专项行动的通告》及《关于加强公路两侧规划建设管理的通告》，对辖区国省干线部分穿村（镇）路段、沿路煤炭销售加工场所进行重点整治和规范，辖区公路环境得到了进一步的优化和提升。全市各收费站以创建“文明服务示范窗口”为载体，积极开展“文明服务零距离”活动，联合当地政府、派出所，开展收费环境专项治理活动，主动化解收缴矛盾，收费环境明显改善。认真执行鲜活农产品“绿色通道”政策，扎实做好重大节假日小客车免费通行保畅工作。开展收费站微笑亲情服务，提高收费站通行能力。顺利完成了台儿庄大桥收费站和104国道滕州收费站的撤站和枣庄连接线高速公路管理处的移交工作。2017年，依法治路不断深化，服务管理更加规范。路政养护联合巡查，推行公路养护、路政管理、应急处置三位一体的公路站管理新模式，强化与交警、气象、卫生、安监、消防等部门的协作配合，建立联动响应的应急抢险处置机制。高速公路路政管理进一步规范，选拔29名职工充实高速公路路政管理大队。2018年以来，坚持综合治理，路域环境整治成效显著。推进路域环境整治常态化，日常监管措施得力，通过加大路面巡查力度，推行“路养联合”“提前介入”等管理模式，缩短了路政案件查处时间。强化市政务服务中心路政窗口建设，积极配合华电国际运煤专线迁改、枣木高速东延工程和枣菏高速等相关涉路工程许可报批工作。依托地方政府，大力开展“非公路标志”“马路市场”“非法占用公路行为”等路域环境清理整治行动，依法维护路产路权，有力推动路域环境整治工作向纵深开展。

在这期间，枣庄市公路管理局不断丰富创建内涵和拓展创建外延，定期组织开展对一线养路员工、特困职工、困难劳模、帮扶村的困难群众走访慰问、慈心一日捐、代理妈妈等活动，开展了“身边的好人”“十佳公路人”选树等活动，“第一书记”驻村帮扶工作扎实推进，受到广泛好评和称赞，先后荣获“全国文明单位”“全国交通运输系统先进集体”等荣誉称号。尤其是2017年以来，按照“学懂、弄通、做实”的总要求，枣庄市公路管理局党委把学习宣传贯彻党的十九大精神作为首要政治任务，学深悟透、入脑入心、融会贯通，用习近平新时代中国特色社会主义思想武装头脑、指导实践，不断推动公路工作健康发展。

二、改革开放取得的主要成就

改革开放以来，在枣庄市委、市政府和省交通运输厅、厅公路局的正确领导和有关部门的大力支持下，枣庄市公路事业取得了显著成就，为全市经济社会发展做出了突出贡献。

公路建设实现大突破。改革开放之

初，枣庄市公路建设按照“交通必须先行，交通必须打通，交通必须适应”的方针，明确职责，理顺关系，调整政策，呈现出百废待兴、步入正轨的良好势头。1986年注重落实“普及与提高并重、以提高为主”的方针，重点修筑断头路、破损严重的老油路和三级以下的路段，至1990年改建二级公路130.9公里，新增公路里程169.8公里。1994年省、市加快公路建设会议后，公路建设实施了向高等级公路为主的战略转移，调整和制定了新的公路建设指导思想、规划目标和政策措施。1998—2002年国家实施积极的财政政策，加大基础设施建设力度，促进公路建设持续快速发展。2003—2013年，积极应对“费税”改革对公路部门的影响，抓住国家实施积极的财政政策、加大基础设施建设投入的机遇，大力实施公路优先发展战略，实现了市到各区（市）之间由一级以上高等级公路互连互通，以枣庄新老城区为中心的新“半小时经济生活圈”已初步形成。从2014年开始，启动“公路三年大变样”工程，到2017年底，全市公路通车里程8574.3公里，其中高速公路163.7公里，一级公路418.6公里，二级公路771.3公里。公路密度每百平方公里187.87公里，形成了高速路网呈现“一纵两横”布局，普通国省公路呈现“七横八纵”的布局，枣庄市域主骨架呈现“放射+方格网”形态，区域地市公路呈现“纵横网格”形态。全市基本形成以3条高速公路、3条国道、13条省道为骨干的公路网络。全市五区一市与市政府驻地之间全部实现一级以上高等级公路相连接。全市64处乡镇（包括街道）全部通了油路，2485个行政村（含居委会）全部通了公路。全市4A级以上景点全部实现国省干线10公里范围内覆盖。

养护与管理稳步提高。1985年枣庄公路养护工作积极推行经济承包办法，把养路员工的补贴划分到正常养护、设施管理、绿化管理、路政管理四项指标中去，责任到人，明确奖罚，促进了管理工作的开展。1995年对养护经济责任制深化、细化，实行养护科人员包公路站、公路站负责人包路线、养路员工包路段的三级养护质量保证体系，使养护工作进一步走向规范化管理的轨道。2002年以来，制订了“以路面养护为中心的全面养护”的工作思路，修改完善了各项规章制度，实施公路养护大中修工程项目法人制、工程招投标制、工程监理制和合同管理制的“四制”管理模式，把行政管理转变为合同管理，确保了养护工程质量、进度及有效投资，顺利完成了各项阶段性任务。干线公路形成了“乔、灌、花、草立体绿化，三季有花，四季常青”的枣庄模式，被省绿化委员会授予十五“全省绿化先进单位”，2008年获得“全国绿化模范单位”称号，受到省交通厅的通报表彰。“十一五”以来，深入开展养护“365”活动，用市场化运作的办法提高养护水平。小修保养推行专业化、机械化和合同管理的做法，建立内部竞争机制；公路保洁推行社会化、机械化；大中修工程采用招投标和合同管理，走市场化、专业化的路子。“十二五”期间，全力推进“森林公路”建设，构建了集景观效益、生态效益、经济效益、社会效益于一体的“森林公路”。近年来，树立“全面、全季节、全周期、长寿命、低成本”的“三全”养护理念，干线公路精细化养护工作标准、评分标准、考核标准等一系列精细化养护标准体系实现了成果集成。经过“公路三年大变样”的实施，公路路域环境实现历年最优。

路政管理水平逐步提升。2002年市政府印发了《关于加强公路路域环境治理工作的意见》，路域环境治理开始由部门行为上升为政府行为。自2003年底全国性的集中联合治理超限超载战役打响后，枣庄市公路管理局路政管理人员与交通稽查人员、公安交警并肩作战，扭转了境内超限运输愈演愈烈的被动局面。2005年，枣庄市政府研究制订了《公路沿线建筑控制区规划管理办法》，全市形成了政府牵头，各级各部门上下联动，条块结合的路域环境综合治理格局。2006年，枣庄市政府出台了《枣庄市国省干线公路保护办法》，有力地促进了全市公路管理水平的提高。2007年，结合社会主义新农村建设和省际边界环境综合治理，加大公路建控区管理工作力度，确保了干线公路畅通。2008年，路政管理以开展“五城”同创活动为契机，积极联合有关部门，开展路域环境整治活动，道路通行环境明显改善。2014年以来，积极推行路政养护联合巡查机制，进一步强化“执法工作重心前移，路政中队派驻公路站”路政管理模式，认真落实交通部“四统一”“三基三化”要求，基层各执法单位先后对执法场所进行了改造升级，完善了便民服务措施，提高了文明服务水平。

公路规费征收连年上台阶。枣庄市公路管理局不断强化征稽手段，采用措施强化内部管理，明确目标，完善机制，落实责任，充分调动征稽人员的工作积极性。1998年以来，因受费改税舆论的影响，征费难度增大，各区（市）局征稽办公室对费源分片包干，责任到人，严格执法，优质服务，细化措施，公路规费收入额连年上台阶，为公路事业持续发展提供了资金保障。进入“十一五”以后，市公路管理局按要求全部撤销了二级公路收费站，逐步撤销一级公路收费站，至2016年底只剩206国道峄城收费站一家。

文明建设不断加强。枣庄市公路管理局大力加强物质文明、精神文明、政治文明三个文明建设，以创建文明行业为目标，广泛开展多种形式的群众性文明创建活动，形成了党政工团齐抓共管，市局、基层局、公路站三级同创的创建格局。截至2016年底，市公路管理局先后荣获“全国文明单位”“全国交通运输系统先进集体”“全国精神文明建设工作先进单位”“山东省先进基层党组织”“创建全国交通系统文明行业先进单位”“全国绿化模范单位”“国家一级档案管理先进单位”“全国模范职工

小家”“富民兴鲁劳动奖状”“全省加快公路建设先进单位”等荣誉称号。全系统共建成省级文明单位10个，基层单位全部保持市级以上“文明单位”，路桥收费站全部保持“省级文明收费站”称号，85%以上的公路站达到了省级文明公路站标准。

三、典型经验

（一）实施公路与城市发展和谐共赢战略

一是“公路先行”引领城市转型发展。改革开放以来，枣庄市委、市政府十分注重公路先行引领作用，“十一五”以来对公路部门在加快组团式城市“同城化”发展，建设新兴产业集群“集疏运”通道，提升新老城区“城市面貌”，加快新农村建设中的作用十分看重。近几年来，多个公路建设项目多次被写入枣庄市《市政府工作报告》，列为全市重点民生工程；市委、市政府主要领导多次调研督导公路建设推进情况；分管副市长定期召开公路调度会，推进项目进展。“十二五”期间，市公路管理局“干在当下，成在实处”，当好了服务社会发展的“先行官”，稳定经济增长的“助推器”，保障改善民生的“奠基石”。

二是“五项措施”精准发力推动项目落地。从2014年以来，枣庄市公路管理局紧紧抓住交通运输部大力推进供给侧结构性改革和全省加快普通国省道瓶颈路段改造的新机遇，依靠公路项目工作协调报告机制精准发力推进项目落地。第一，准确把握中央和省级财政公路建设领域政策扶持和投资方向，结合市委、市政府工作推动的重点、群众出行需要的热点，从政策里找机遇、找项目、找抓手，压茬推进公路建设项目。第二，枣庄市公路管理局成立由局主要负责同志挂帅的工作领导小组，每个项目安排专人靠上工作，工作措施到位、任务分解到位、争取力度到位，形成建设一批，推进一批，储备一批的良性发展态势。第三，主动出击全力向上争取项目资金，建立定期赴山东省交通运输厅、厅公路局汇报沟通的工作制度，及时掌握跟踪最新政策情报和申报动态，确保项目争取成功率。第四，建立项目争取部门联动机制，与各有关区（市）及市发改、交通、国土、规划、住建、环保、安监等部门协调联动，对每个项目前期工作按职责范围进行细化分解，落实责任，编发简报推进项目进展。第五，定期召开枣庄市国省干线公路前期工作调度会，及时协调解决项目在推进中遇到的困难和问题。

（二）注重美化行车环境，着力打造公路升级版

一是“最美山东路”品牌更加靓丽。枣庄境内河道密布，水资源丰富，是山东省降水最充沛的地区；年均气温14摄氏度左右，许多南北方树种都可以在这里存活生长，是山东省最适宜植树造林的地区。“十一五”期间，枣庄公路“乔、灌、花草立体绿化，三季有花，四季常青”的绿化模式收到良好效果，被授予“全国绿化模范单位”称号。“十二五”期间，枣庄市公路管理局拓宽融资渠道，广泛吸引各类投资主体参与，全力推进“森林公路”建设，构建了集景观效益、生态效益、经济效益、社会效益于一体的“森林公路”，为2013年枣庄市创成“国家森林城市”提供了条件。枣庄市出台《枣徐公路峄城—台儿庄段生态绿色廊道管理保护办法》，把道路及道路两侧各6米范围列为红线保护区，重点保护道路养护、绿化树木和植被养护、附属配套设施养护、沿线路域环境综合整治等内容。枣庄市公路管理局加强与政府和有关职能部门沟通与协调，加大绿化补植修剪力度，提升绿化景观效果，美化路域环境，推进绿色廊道建设，省道枣徐线业已成为山东公路绿化的标杆。

二是精细化养护更加专业。养护管理理念不断提升。2014年以来，坚持“全面、全季节、全周期、长寿命、低成本”的科学养护观，引入“全寿命周期费用理论”，将每条道路的寿命周期划分为精心呵护、重点维护和尽力维持三个阶段，充分考虑路况、资金、养护措施现状，预测其发展变化，将每条路线的养护方式有针对性的划分为精细型养护、重点型养护、维持型养护三种养护方式，加大了预防性养护和周期性养护的投入，增加了小修和中修工程投资比例。日常养护重点加强。全方位实施预防性养护，根据路线养护形式的划分，细化各路段的保洁内容、保洁频次，通过购置清扫机械，加大了机械化清扫力度；通过采取邀标、委托等方式，逐步将干线公路的保洁工作推向市场化。定期进行公路、桥梁的技术状况检测及技术状况调查工作，建立技术档案，做好公路路况数据库的维护和更新，应用日常养护管理系统和工程项目管理系统作出科学评价，合理安排养护生产。小修工程质量稳步提高。明确各区（市）公路局、高速公路管理处是小修工程的业主，负责配合市公路管理局制定小修工程质量标准、质量管理及验收计量支付办法、检查评比奖罚办法等指导性文件，负责小修工程招标、计量支付、交工验收、检查奖罚等管理工作。公路站是小修工程的直接管理单位，履行业主代表职责；各区（市）公路局、高速公路管理处逐步成立养护中心，将本单位的工程技术人员和养护设备集中到养护中心，将养护中心逐步建成专业化、机械化的养护施工和应急救援队伍。高质量完成养护大中修工程。严格按照财政资金预算管理程序，规范政府采购运作方式，择优选择招标代理单位，面向社会公开招标，择优选择设计、施工和监理单位；成立专项养护工程建设管理机构，抓好施工安全管理，以提高工程建设质量为核心，实施“政府监督、业主负责、社会监理、企业自检”的质量保障体系，建立业主、设计、施工、监理“四位一体”的联动机制，健全横向到边，纵向到底的质量保障体系。养护手段科学高效。推广应用“四新成果”，促进成果向现实生产力的转化。“十二五”期间，投资2239.3万元，配置各类养护机械设备130余台（套），提高了公路应急保畅能力和日常养护的机械化水平，增

配14台清扫车，路面保洁模式向机械化、集约化转变。加强信息化建设，做好公路路况数据库的维护和更新。加强节能减排，循环利用筑路材料，做好施工扬尘污染防治，打造绿色公路。创新桥梁管养措施。根据管养桥梁实际情况，提出桥梁分类管理措施。将干线公路桥梁细分为四种养护模式：日常养护型、重点养护型、监管养护型、养护示范型。明确了桥梁管养资金使用范围，落实了桥梁病害修复时限要求，规范了内业资料整理标准。共对70座桥梁进行了维修改造，累计完成投资1524.5万元。

三是综合治理更具特色。路域环境整治成效明显。2002年，枣庄市政府印发了《枣庄市人民政府关于加强公路路域环境综合整治工作的意见》，在山东省率先提出路域环境综合整治理念。“十二五”期间，枣庄市公路管理局出台了《关于加强公路路域环境治理工作的意见》《关于全面清理整顿枣曹线煤炭销售点的通告》《关于开展严厉打击破坏绿化苗木专项行动的通告》《关于加强公路两侧规划建设管理的通告》，对辖区国省干线部分穿村（镇）路段、沿路煤炭销售加工场所进行重点整治和规范。实行了路政管理与基层公路站“合二为一”的管理模式，全面推行“执法工作重心前移、路政中队派驻公路站”的路政养护管理。联合治超经验全省推广。枣庄市严格落实政府主体责任，充分发挥政府主导作用，把治超工作纳入政府工作目标。同时，进一步完善政府牵头、各相关部门参与的治超运行机制，不断增强部门间的合力，不断强化路面执法治超协作机制、源头与路面执法联动机制，2015年，枣庄市超限超载率下降到3%以内。便民服务更加精细化。市公路管理局积极转变职能，精简审批事项，简化审批流程，审批时限压减到法定时限的60%，审批时间由40天压减到16天。各公路窗口积极参加以服务客商零距离、办事效率零延误、项目入驻零障碍、生产经营零干扰为主要内容的“四零”服务竞赛活动，公路窗口一直在全市“百千百”行风民主评议活动中名列前茅。擦亮“征收窗口”形象。积极开展“文明服务零距离”活动，主动化解收缴矛盾，收费环境明显改善。“十二五”期间，共新设ETC客服部门8处，实现了枣庄市各个行政区、居民聚居地均有客服网点；顺利完成了台儿庄大桥收费站和104国道滕州收费站的撤站工作、枣庄连接线高速公路管理处的移交工作。

（三）注重实施文化引领战略，着力建设群众满意行业

一是大力建设“精品公路”。品质是“质量+品位”的融合。枣庄市公路管理局在公路改建、养护大中修中通过做足质量文章、安全文章、环保文章来建设“品质工程”，提升工程内在质量和外在品味，并把这种概念引入日常管理的方方面面。在日常养护中更加注重保洁的水平和绿化的质量，围绕国检这个指挥棒，打造“精品路段”，提升公路使用年限和外在的形象；在路政管理上更加注重执法的能力建设和队伍的素质培养，提升依法行政的水平。在征收工作中更加注重服务的便民和窗口的形象，提升部门的形象。建设“品质公路”为“大道畅通·惠民为公”品牌建设增加了内涵。

二是大力建设平安公路。定期召开安全季度会议，不定期采用“四不两直”的方式，对安全问题易发路段、施工安全重点部位进行暗访检查。发挥好应急抢险救援中心作用，完善应急救援系统，开展应急预案演练，加强与交警、消防、120急救、气象、新闻媒体等有关单位的协调配合，增强事故处置能力。开展“平安工地”建设，做好施工现场管理和交通秩序维护，使施工作业路段时刻处于安全可控状态。全市一级公路增设中央硬隔离带，设置醒目标牌、砌筑挡墙、加固护栏，在人流密集路段、学校、敬老院、医院附近增设交通安全标志，增划人行横道规范。结合普通国省道路线调整，更换和补充标志标线，统一标准要求，重点对穿城镇路段的指向标志、危险路段的提示标志，逐步完善和加密，做好重点危桥隐患整治工作。从2015年开始，组织实施了国省道公路安全生命防护工程。

三是大力建设廉洁公路。坚持守纪律讲规矩，强化对权力运行的制约和监督，把教育的说服力、制度的约束力、监督的制衡力、惩治的威慑力结合起来，在全系统初步形成不敢腐的惩戒机制、不能腐的防范机制、不易腐的保障机制。不断强化对全系统各级干部的监督，主动邀请纪检监察部门介入重点工程建设，严把工程建设材料采购、工程招标、计量支付、竣工验收等各个环节，实行“阳光管理”。持续推进作风建设，抓好八项规定的贯彻落实和“庸懒散”专项治理活动的开展，营造风清心齐气顺的良好局面。

审稿人：马瑞博

撰稿人：张玉冰

枣临铁路建设的历程、成就及经验

枣（庄）临（沂）铁路西起京沪线的井亭车站，利用既有薛枣线改建（33.73公里）至枣庄东站。新建线自枣庄东站引出跨国道206及省道234、229、342，依次经枣庄市中区税郭镇、临沂市兰陵县、北至临沂市北郊接入兖日线的朱保站，正线全长119.51公里，两端上行疏解线10.7公里。行经枣庄、临沂市区域的长度分别为57.05公里、62.46公里。

一、建设枣临铁路的历程

（一）建设枣临铁路的缘起

建设枣临铁路的动议最早由枣庄市政府在1988年提出。当时，国家为了建设山西至沿海的煤炭出海通道，提出了建设铁路的规划。枣庄市为了争取该线在枣庄接轨，建议修建枣临铁路。由于国家有关部门为了照顾和开发沂蒙老区，最终采用了经兖州至石臼港的线路方案，未采用枣临线建设方案。但枣庄市争取枣临铁路建设的工作从此就没有放弃。

（二）建设枣临铁路的历程

中国地方铁路发展兴起于20世纪50年代末，至今已有50多年的发展历程。《铁路法》规定：“地方铁路是由地方人民政府管理的铁路”。具体是指由地方政府或企业投资修建和管理（或委托管理）的铁路。20世纪90年代初，正是地方铁路建设蓬勃发展的时期，由于受经济条件的限制，枣庄市政府的最初的设想便是建设由多方投资的地方铁路，1993年3月枣庄市批准成立枣庄市地方铁路管理局（下称枣庄市地方铁路局），当时主要任务就是筹建和管理枣庄境内的地方铁路。建设枣临铁路是由枣庄市率先提出的（枣庄市的需求最为迫切，建成后对枣庄市的影响也最大），因此，在整个建设过程中，枣庄市实质上是担负起了筹建工作的主体方。枣庄市地方铁路局在枣临铁路的规划、融资、可研等方面做了大量工作。

1. 可研报告编制和筹资历程（1993年9月至2008年12月）

（1）1997年以前的筹建情况

由于枣临铁路属于联络线（西起京沪线，东止兖石铁路），其两端属于国家铁路（即国铁，由原铁道部主管）。

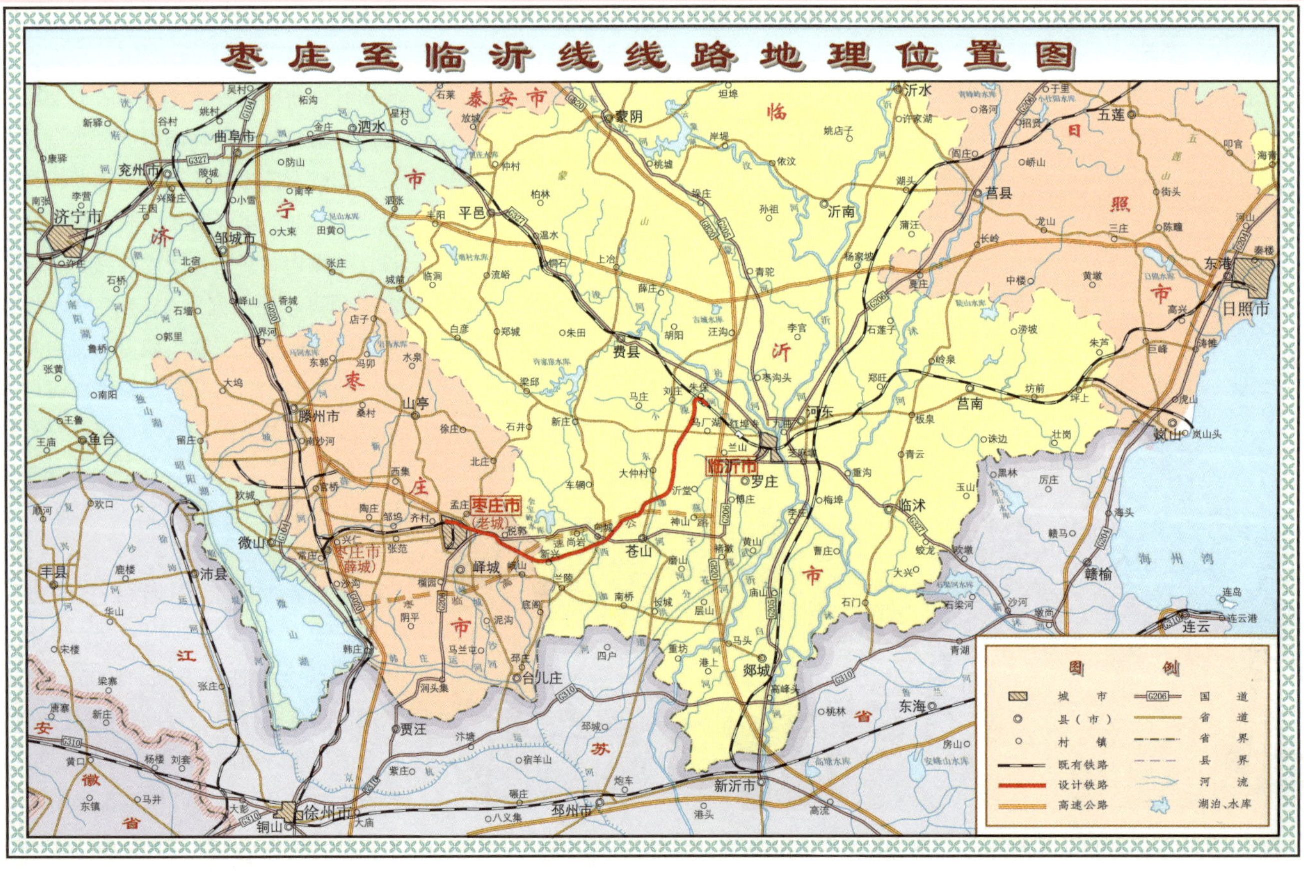

枣临铁路地理位置图

山东境内的国铁管理权在济南铁路局，因此，建设枣临铁路首先必须取得国铁即济南铁路局的支持。

1994 年，枣庄市地方铁路局委托原济南铁路局第一勘测设计院（后隶属于中铁第一勘察设计院集团有限公司）完成了《新建枣临铁路预可行性研究报告》，《预可研报告》中，枣临线的枣庄接轨点在原枣庄站（现枣庄东站），接轨后利用穿过市区的十里泉发电厂专用线南下，经过峄城区驻地北往东，临沂市苍山县（现兰陵县）往东北，经罗庄区在红埠寺站接入兖石线，正线全长 99 公里，预计投资 6 亿元（人民币，下同）。这是枣临铁路第一个设计方案。

1995 年 1 月，山东省工程咨询院对枣临铁路项目进行了评估，结论是“修建是十分必要的”。

1996 年 4 月，枣庄市地方铁路局完成了和国铁接轨的通道咨询，标志着国铁对于枣临铁路在京沪线、兖石线接轨的确认。

1996 年 11 月，济南铁路局“同意参与枣临铁路的运营管理，实行联合经营”，表明国铁同意对枣临铁路投资和联合管理、运营。

按照 1994 年枣临铁路《预可行性研究报告》的设计，枣临铁路需利用十里泉发电厂专用线。经过协调争取，1996 年 3 月，原山东省电力工业局（十里泉发电厂原上级主管单位）同意枣临铁路利用十电专用线。

基于前期这几方面的工作，1996 年 4 月，原山东省计划委员会（现山东省发展改革委员会）批复了《枣庄至临沂铁路项目建议书》。根据批复精神，枣庄市地方铁路局委托原济南铁路局第一勘测设计院对原《预可行性研究报告》进行了补充调研。

原山东省地方铁路局对枣临铁路建设给予积极支持。1997 年 12 月，济南铁路局、山东省地方铁路局、枣庄市政府和临沂市政府四方向山东省计委上报可研报告，进一步明确资本金 2.1 亿元（占总投资 6 亿元的 35%）原则由四方分担：临沂市以土地拆迁、劳务投入折合 5000 万元投入；枣庄市以土地拆迁、劳务及部分资金折合 7000 万元投入；济南铁路局以旧轨料 3000 万元投入；省地方铁路局贷款 6000 万元作为投入。其他资金拟吸引国内外融资参股或贷款解决。由于原山东省计划委认为省地铁局贷款不可以作为资本金，在无其他资金进入的情况下，没有批复可研报告。

枣临铁路建设工作虽然暂时遇到困难，但已经取得阶段性成果，甚至已经基本具备了开工条件。在当时，只要 6000 万元的资本金能够落实，就可带动其他资金的进入，项目就能启动。

（2）1998 年到 2007 年的筹建情况

1998 年以后的几年间，作为筹建主体的枣庄市地方铁路管理局主要开展各方协调争取、招商引资和《预可研报告》重新编制、完善等工作。

1998 年，枣庄市地方铁路局委托中铁第一勘察设计院集团有限公司（下称中铁第一设计院）对枣临铁路项目进行了研究，1999 年 2 月完成可行性研究。2003 年 10 月，枣庄市地方铁路管理局再次委托中铁第一设计院编制枣临线预可行性研究，并于 2003 年底完成了《枣临铁路预可行性研究》（未审查）。2006 年 3 月，枣庄、临沂两市召开了枣临铁路建设座谈会，两市均同意 2003 年《枣临铁路预可行性研究》中提出的线路走向，同意在红埠寺站接轨。2006 年 4 月，枣庄市地方铁路管理局委托中铁第一设计院先期开展本项目可行性研究工作。2006 年 12 月 28 日，山东省发改委主持召开《枣庄东至临沂铁路规划建设论证会》，要求进一步完善项目预可行性研究报告。因兖日线电气化拟将红埠寺站取消，枣临铁路改在朱保车站接轨，中铁第一设计院于 2007 年 2 月提交了预可行性研究报告。2007 年 5 月 29 日，枣庄地方铁路管理局函告中铁第一设计院“把既有薛枣铁路纳入枣临铁路统一设计”。2007 年 9 月 12 日，中铁第一设计院报送《新建和改建铁路枣庄至临沂线预可行性研究》。随着枣庄、临沂经济社会的快速发展，城市和交通基础设施建设的不断提升，枣临铁路《预可研报告》数易其稿，线路走向在兖石铁路的接轨点几次更改，计划总投资由 6 亿元、5.6 亿元、9.83 亿元增加到 26 亿元。

枣临铁路遇上了国铁投资的良好时机。国家“十一五”以及其后一个时期要加快全国铁路发展。2005 年，原铁道部与各省（市）、自治区签订协议，在今后一个时期，将筹集 2 万亿元资金，建设近 3 万公里铁路。铁道部提出采取多种投资方式，建设合资铁路。济南铁

2008年12月26日，蓝烟铁路电气化、枣临铁路、东平铁路建设动员大会在烟台举行

路局、原徐州铁路分局（隶属济南铁路局）为提高运输能力，抢占运输市场份额，在地方政府的协调、配合下先后两次对枣临铁路建设、运行、运量、市场、投资等进行调研，形成修建枣临铁路的研究报告，提供给上层决策。

2005年4月1日，山东省政府与原铁道部就加快山东铁路建设举行会谈，签署了《铁道部山东省政府加快山东铁路建设会谈纪要》。根据《会谈纪要》，山东省将与铁道部共同努力，按照"政府主导、多元化投资、市场化运作"的方式，在"十一五"期间规划建设铁路项目13项，枣临铁路是其中之一。山东省发展改革委员会把枣临铁路列入了"十一五"开工建设的项目。并再一次提出了各方出资的建议计划：争取铁道部出资26%、山东省出资25%，其余49%由沿途企业和政府出资。但由于山东省、枣庄市、临沂市当时落实的资金与要求悬殊太大，此计划又暂时搁置下来。

枣庄矿业（集团）公司明确表示了投资意向。枣庄市地方铁路局积极协助枣矿（集团）公司建设滕北矿区铁路，作为枣临铁路向西的延伸工程。枣临铁路运量大户枣庄矿业（集团）公司的官桥至柴里铁路专用线是设计中的枣临铁路源头，2004、2005两年，枣庄市地方铁路局协助枣庄矿业（集团）公司将矿区铁路专用线向滕北5号矿延伸了11公里，并改造了官桥站。专用线还可继续向西北延伸进入兖州矿区。2006年1月，枣庄矿业(集团)公司经过研究，明确答复可投入注册资本金的20%。

日照港（集团）有限公司也明确了投资意向。日照港、岚山港资产重组，组建了日照港（集团）有限公司，其腹地资源需要延伸，建设枣临铁路正符合其发展愿景。作为其发展成亿吨大港、与连云港竞争的重要基础条件，日照港（集团）有限公司曾数次向铁道部和山东省政府打报告要求建设枣临铁路。

枣庄市政府与临沂市政府多次磋商，在枣临铁路建设的诸多问题上达成了共识。临沂市对枣临铁路的重视程度持续加强，多次与枣庄市共同行文向省政府报告枣临铁路建设工作，向济南铁路局争取枣临铁路早日开工。临沂市承诺投入部分资金。

2006年4月，枣庄市政府成立了"枣临铁路建设协调领导小组"，由市长为组长、常务副市长和有关副市长及枣庄矿业（集团）公司董事长为副组长，拨出专项资金用于项目前期工作。

2006年11月，枣庄、临沂两市政府就枣临铁路建设的有关问题联合向省政府进行了请示。枣庄市、临沂市政府同意联合成立枣临铁路建设协调领导小组，领导小组由两市政府牵头，有关部门和沿途县（区）负责同志为成员，并建立联席会议制度，定期、不定期召开联席会议，研究解决工作中遇到的问题。

2006年12月29日，枣庄——临沂铁路项目规划建设论证会在薛城召开。省发改委能交处、省环保局、省国土资源厅、省地方铁路局，济南铁路局，中国地方铁路协会，铁道部经济规划院，铁道第一勘察设计院，山东高速公路总公司，枣庄市政府、枣庄市有关区和部门，临沂市政府、临沂市有关县和部门，枣庄矿业（集团）公司、日照港（集团）公司等参加了会议。铁道第一勘察设计院专家介绍了枣临铁路项目建设方案。与会的专家学者及枣庄、临沂有关部门和各投资方的负责同志分别就项目建设规划的线路走向、接轨地点、运量预测、筹资方式、建设标准、用地和环保问题、与高速公路的交叉问题、与国铁合作问题以及公司运作方式等发表了意见和建议，在某些重要方面达成一致意见。这次会议使枣临铁路建设工作向前迈进一大步。

2007年，省政府召开会议专题研究枣临铁路建设用地问题，对用地指标做了明确说明，用地问题基本得到解决。

2007年，原铁道部曾计划以枣庄至薛城的铁路折价、加上部分现金投入，控股建设枣临铁路，授权济南铁路局就有关具体工作进行运作，济南铁路局内审了枣临铁路《预可研报告》，提出了建设意见，发文给设计院修改。枣庄市政府及职能部门多次与济南铁路局和设计院沟通，立足枣庄实际情况，向设计院提出了多个建设方案。

1998年到2007年的10年间，经过反复论证和修改，枣临铁路的《预可研报告》更加完善，更加贴合枣庄、临沂区域经济社会的发展实际，从上到下，对枣临铁路建设达成了一致意见。

（3）2008年，枣临铁路的筹建工作圆满完成

2008年2月20日，经过枣庄市政府努力，原铁道部计划司在北京主持召开会议，对《新建和改建铁路枣庄至临沂线预可行性研究》进行了审查。会议达成一致意见：项目纳入国铁中长期路网规划，其功能定位为连接沟通京沪铁路干线与沿海港口资源开发的铁路，把矿区与港口连接起来，既促进了港口的发展又优化了路网功能，提升了其既有线路的作用，填补了鲁南地区铁路的空白；同意设计方案；设计院尽快补充完善投资估算，济南路局对既有线做固定资产评估；2008年3月，中铁第一设计院上报了枣临线预可行性研究审查后补充资料。

2008年3月，山东省国土资源厅同意枣临铁路建设先期所需1000亩土地，列入2008年用地计划。争取到用地指标，是省政府支持枣临铁路建设的又一重要举措，加大了铁路部门对枣临线建设的支持。

2008年8月28日，原铁道部与山东省委、省政府主要领导在铁道部就部省加强战略合作、加快推进山东铁路建设进行座谈，对山东铁路一揽子计划的合作问题达成广泛共识。枣临铁路是其中项目之一。枣临铁路总投资26亿元，项目资本金为总投资的50%，资本金由铁道部、山东省按照7：3比例出资，由铁道部投资70%，枣庄矿业（集团）公司投资24%、日照港（集团）公司投资3%，枣庄市投资2%、临沂市投资1%。这标志着枣临铁路筹建工作圆满完成。

2012年11月29日，枣临铁路通车仪式在朱保车站举行

接下来的工作开始为动工做准备：

2008年10月，中铁第一设计院完成《改建、新建铁路枣庄至临沂线可行性研究》。

2008年11月2日，铁道部鉴定中心、济南铁路局等专家，以及枣庄、临沂市有关部门和沿线政府人员踏勘了线路。

2008年11月3日至4日，在济南召开了可行性研究评审及环评内审会。会议就线路走向、接轨方案、站场设置、地质路基、电气电化、工程概算、环评等方面进行了论证和研究。会议最后形成的意见总体上符合枣庄市政府的意愿和实际。

2008年11月29日，在济南召开了"枣临铁路环境影响报告书"技术评估会。中铁第一勘察设计院对《环境影响报告书》进行了修改，上报到山东省环保局。

2008年12月26日，蓝烟铁路电气化、枣临铁路、东平铁路建设动员大会在烟台召开。枣庄人民期盼多年的枣庄至临沂铁路终于开工建设。

2. 枣临铁路建设过程（2009—2012年）

枣临铁路建设主体是枣临铁路有限责任公司（下称枣临公司），70%的股份由国铁控股。枣庄市政府虽然只持2%的股份，但在协调、服务等方面积极发挥职能，确保枣临铁路枣庄段的建设顺利进行。

（1）枣临公司落户枣庄

2009年3月9日至11日，枣庄至临沂铁路初步设计审查会议在北京召开。以原铁道部工程设计鉴定中心为主的专家对枣临线初步设计方案进行了全面审查，并原则通过了该方案。枣庄市针对枣临铁路在市辖区内的设计问题做了陈述和争取，得到了与会领导、专家的理解和支持。既有铁路和公路的平交改立交、货场设置等工程，将随着工程进展情况逐步完善设计和实施。6月5日，原铁路部和山东省政府联合对枣临铁路初步设计进行了批复。

2009年初，完成了枣临公司注册的各项工作，枣庄市地方铁路局协调了枣临公司的办公、住宿场所，枣临公司落户在枣庄。各方承担的资本金也及时足额到位。

（2）制定出台的各项政策依据

为做好铁路建设的征地拆迁工作，枣庄市研究出台了《枣庄市城市房屋拆迁管理实施办法》；枣庄市建设、物价部门联合下发了《枣庄市城市房屋拆迁服务性收费和附属物补偿标准》；枣庄市物价局、财政局、国土资源局联合出台了《关于公布枣庄市地上附着物和青苗补偿标准的通知》，减免了枣临铁路枣庄段穿越城区的城市基础设施配套费等费用；枣临铁路拆迁难点在市中区，为此，枣庄市中区委、区政府结合棚户区改造工程，先后出台了《市中区人民政府关于棚户区改造房屋拆迁补偿安置的意见》《中共市中区委、市中区人民政府关于加快推进棚户区改造拆迁的激励措施》；原铁道部发展计划司回复了《关于枣庄至临沂铁路工程征地拆迁补偿标准的复函》。

（3）征地拆迁工作

按照省政府要求，枣庄市、区政府为枣临铁路（枣庄境内）征地拆迁实施的责任主体。为确保枣临铁路征地拆迁补偿工作在枣庄市顺利实施，市枣临铁路协调办公室代表市政府与枣临铁路公司签订了征地拆迁委托协议。枣临铁路途经枣庄市的四个区，涉及16个乡镇、街道，44个村庄，406家拆迁户（其中农村拆迁33户，城市拆迁373户），22家企事业单位，房屋拆迁面积约计6万平方米；在枣庄市境内新征建设用地974.56亩（不含铁路原有901亩用地），安置用地111.17亩。2009年9月1日开始实施征地拆迁工作，枣庄市、区两级铁路建设协调领导小组专门设立了拆迁安置组和社会稳定组，及时做好被征地拆迁群众安置和社会稳定等工作，确保了社会稳定，按时完成了任务。

（4）公铁立交桥建设

枣临铁路枣庄境内共须新建桥涵189座，其中公铁立交桥23座。公铁立交桥是工程建设的重点和难点。枣临铁路立交桥的建设牵扯到方方面面的利益，特别是2010年以后，原铁道部调整政策，大幅压缩投资，尽可能地缩小立交桥建设规模或保持道口平交。在这种形势下，争取铁道部加大投资的难度可想而知。枣庄市地方铁路局积极主动开展工作，新增、扩建、优化了枣庄市境内枣临铁路的14座公铁立交桥建设，创造了有利于枣庄市长远发展的良好局面，仅这14座立交桥将新增投资1.35亿元，地方及有关部门投资不到4500万元，三分之二以上的新增加的投资由建设单位承担。枣庄市境内的公铁交叉路口均实现了立交。

（5）签订了多项协议，多项工程同步进行

从2009年初开始，枣庄市牵头，会同枣临铁路公司、中铁勘察第一设计院与枣庄市有关部门和有关区（市）进行了多次协商沟通，签订了多项协议，多项工作同时进行。2009年4月底完成了全线取土协议的签订；5月上旬完成了既有线道口平改立协议的签订；6

月中旬完成了地震安全评估、压矿调查、防洪影响评价等前期工作。10月29日，国土资源部同意了先行用地28.25公顷。解决了邻近铁路燃气管改迁，井洪线给水管路，薛洪联络线封闭施工拆迁，110千伏夏薛线、临厂线停电改造，八一热电公司供水管路迁改施工临时占用土地补偿等涉及多个单位、多个层面的问题。现场办公，解决G206特大桥施工问题，解决市中区境内影响工程施工的主要问题。数次组织召开专题协调会议，商讨枣临铁路土地报件工作。2010年由于枣庄市土地占补指标尚未确定，因此上报的土地报件未能批复。直到2011年10月底，枣庄市土地占补平衡指标明确后，各区土地报件由市国土资源局重新组卷后上报省国土资源部门。

另外，枣临铁路全线架梁、桥涵、路基、“四电”（通信、信号、电力和电气化）、房建、正线铺轨、站线铺轨等工程均顺利、按工期进行。

2012年11月29日，枣临铁路通车仪式在朱保车站举行。

二、枣临铁路建设的主要成效

枣临线在枣庄市设井亭、洪洼、邹坞、山家林、枣庄东、税郭6个车站，在临沂设新兴、苍山、薛南、朱保4个车站。其中井亭、朱保为接轨站；洪洼、邹坞、薛南为会让站；山家林、枣庄东、税郭、新兴、苍山为中间站。枣庄东站和苍山站办理客运业务。

铁路等级为国铁Ⅱ级（线下预留Ⅰ级），单线、电气化、全封闭、全立交的现代化铁路，设计时速为120公里/时。以货运为主（运输能力每年可以达到2500万吨），兼营客运（可根据客流量增减列车开行次数，完全满足实际需要）。

（一）枣临铁路使山东路网的布局结构更加科学合理

由于历史原因和客观实际情况，铁路运输多年来在枣庄的经济社会发展中发挥了重要作用。枣临线建成后是我省“四纵四横”铁路网（四纵：京沪线，京九线，兰烟——胶新线，东部沿海线；四横：胶济——胶邯线，菏兖日线，德龙烟线，山西中南部线）的重要组成部分，西与京沪铁路相连（以后还可向西延伸连接京九线），东接兖石线与“沿海铁路”（兰烟——胶新线）相连，形成鲁南地区直达日照港、岚山港的便捷出海大通道，在路网布局中具有重要的联络线作用，将进一步完善山东省区域路网的布局和结构，增强路网运输的机动性和灵活性。

（二）枣临铁路优化了鲁南经济带的交通条件

从枣庄运输现状来看，京沪铁路运输能力已趋于饱和，且以过境运输为主，向南还要限运。内河航运仅通江、浙、沪水网地区，运力有限，并存在周期长、季节影响大等客观不利因素。公路运输成本较高，且不适宜远程和大宗散装货物的运输。枣临铁路是鲁南经济带与“长三角”经济合作、中西部腹地的开拓以及对外开放战略的重要通道，不仅能够提高运输能力，缓解运输压力，而且可以节约运费，降低成本，大大提高产品的市场竞争力。如滕州地区与日照港、连云港、胶东之间的货物交流：经枣临线比经兖州至日照港运输距离短124公里，经枣临线到日照港比经徐州到连云港近37公里，经枣临线比经济南、莱芜到胶东地区分别近172公里、131公里。由于运输距离缩短、减少运输消耗、提高运输质量，符合国家节能减排的政策。枣临铁路对于优化交通条件，加快鲁南经济带由资源优势向经济优势的转化，改善投资环境，加强与沿海地区的联系交流，促进区域经济快速健康发展作用明显。

（三）带动了革命老区社会经济的发展、加快了全面建成小康社会的步伐

2016年5月15日7时42分，经枣临铁路开往临沂的首趟旅客列车5005次列车从枣庄火车西站驶出，标志着枣临铁路客运正式开通。2017年1月，经停枣庄东站的客车有6个班次。枣庄、沂蒙山区是我国著名的革命老区，枣临线货运和客运的开通对地区的经济发展、对改善老区的交通条件和投资环境，产生了积极的推动作用，将在铁路沿线形成新的经济走廊。枣临铁路促进了鲁南地区煤炭、建材、矿产和旅游资源的开发，对提高老区人民生活水平、加快致富步伐、全面建成小康社会具有重大的作用。

随着枣临铁路客运的开通，枣庄东站也随之启用。据统计，2018年以来（截至6月底）枣庄东站发、到量分别为9.25万人、10.4万人。枣临铁路客运开行及枣庄东站的重新启用，将带动枣庄老城区西南部的交通及经济发展。随着枣临铁路运量和客流量的不断增加，枣临铁路的运营效益将更加可观，同时将创造更多的就业机会。

三、枣临铁路建设的经验启示

（一）只有坚持政府主导，永不放弃，才能促成地方铁路的建成

枣临铁路建设从着手筹划的1993年10月，到宣布开工建设的2008年12月26日，一共用了15年的时间；从开工至建成运营的2012年11月29

2016年5月15日，枣临铁路客运开通。图为首趟旅客列车乘客展示从枣庄火车西站到枣庄火车东站的5005次列车车票

日，又用了4年的时间，前前后后一共花费了19年时间。从开始动议枣临铁路到开通货运、最终开行客运，枣临铁路与枣庄市委、市政府的关心重视是分不开的。枣庄市几届市委、市政府都重视枣临铁路的建设。在关键的节点上，枣庄市主要领导亲自出面争取协调。高层次领导沟通，能够起到事半功倍的效果。像枣临铁路这样的基础设施项目，由国家控股，在工程建设中才能更多地兼顾社会效益，枣临铁路在枣庄市境内的线路规划、站点设置、立交桥建设等能够基本上按照地方政府的意图实施，说明政府协调、争取工作到位，并且切实立足于有利于经济社会的发展，切实为人民群众的出行便利着想。由于客运列车的经济效益低、行车和服务的要求高，运营成本大，铁路部门对于开通枣临线的客运列车积极性不高，枣临铁路建成之后只开通了货运。自2012年到2016年期间，市政府多次函请济南铁路局请求开通枣庄至临沂的客运列车，并多次前往济南铁路局相关处室协商此事，在枣庄、临沂两市的大力争取下，枣临铁路客运终于于2016年5月开通。如果没有地方政府的强烈要求和主动争取，客运列车难以开行。枣临铁路客运列车经停枣庄东站，极大地方便了老城区的人民群众，加快了枣庄新城、市中同城化的建设，大大拉近青岛、烟台、威海等市与枣庄及周边地区的距离。

与此同时，具体做工作的人员要及时靠上去。这些年来，市政府职能部门与国铁、省政府有关部门等建立了良好的工作关系，上级部门新的政策和工作动态能够随时掌握，能够做到及时汇报工作、研究工作、调整工作思路和方法。筹建枣临铁路最大的问题，是资金的困难。招商引资工作不可间断，最终参股的几方是接触了几十、上百个有投资意向的企业、实体后的结果。争取项目要有耐心、要不气馁，协调争取项目工作性质特殊，与上级有关部门打交道要注意方式和方法，用项目的客观性、可行性争取他，用对待工作的真诚热情打动他。

（二）只有坚持立足实际、放眼未来，才能建设好地方铁路

枣临铁路筹建工作做了十几年，长期的协调争取，枣临铁路项目的知名度和美誉度较高，国铁部门（从原铁道部、济南铁路局到原徐州铁路分局、枣庄车务段）、山东省政府领导和原计划委员会（现发展改革委员会）、企业、社会人士对这个项目都很熟悉，方方面面营造了良好的氛围和舆论。随着经济社会的发展和变迁，及时编制、修改符合时代和实际的《可行性研究报告》。因为这些工作扎实、细致、完备，才使得枣临铁路能够进入到原铁道部和山东省的建设规划，才能够在这些项目中第一个开工建设。枣临铁路的开通运行优化了鲁南经济带的交通条件、带动了革命老区社会经济的发展、加快了全面建成小康社会的步伐，但是在建设后期出现一些问题需要我们警惕。枣临铁路在后期出现了压矿补偿问题、下穿立交因设计单位考虑不周导致立交排水设施不足汛期出现积水问题，这与前期的考虑不周、没有立足枣庄实际有一定的关系。因此在日后其他的铁路项目建设过程中，必须坚持立足实际、放眼未来、因地制宜，才能降低类似问题出现的概率，更好地完成地方铁路建设。

（三）只有坚持以人为本、时刻心系群众利益，才能完成枣临铁路征地拆迁工作

枣临铁路枣庄市境内由于过境老城区并改造了一部分既有线路，导致在前期政府拆迁过程中存在非常大的困难。征地拆迁问题处理得不好，容易引发各方利益冲突，导致社会矛盾加剧，影响社会稳定。为了解决这一大难题，枣临铁路在前期征地拆迁的过程中时刻坚持以人为本、依法征地、和谐拆迁的理念。拆迁前，对枣临铁路工程建设的重要意义和拆迁政策进行全面深入的宣传，并广泛征求群众意见，进行认真梳理，使拆迁方案能够充分反映民情、体现民意，各方利益兼顾，多方利益均衡分享。在征拆过程中，工作人员始终做到心系群众、与农民群众零距离接触。工作人员从征拆后的项目上马将带来的新变化、新成果的角度上切实做好群众的思想工作。对征地拆迁补偿款按时足额发放到各区协调领导部门，确保及时发放到被拆迁人手中。枣临铁路在征地拆迁的过程中始终坚持用发展的思路、创新的方法、城乡统筹的手段和执政为民的思想，不断调整国家、集体和被征迁群众三者之间的利益关系，以科学发展观为统揽，以推动社会发展、实现稳定拆迁、和谐拆迁的工作目标为出发点，以维护人民群众最根本的利益为最终归宿，最终枣临铁路征地拆迁工作圆满完成，基本没有出现因征地拆迁问题导致的群众上访情况。

审稿人：杨列兵

撰稿人：张灿森　刘怀民

种　程

枣庄水利建设的发展历程、成就及经验

改革开放以来，枣庄市水利部门积极贯彻执行国家、省、市有关水利和渔业工作的方针政策和法律法规，统筹兼顾和保障全市生活、生产经营和生态环境用水，保护、节约水资源，组织、协调、指导全市防汛抗旱工作、水利工程建设与管理工作、农村水利工作、水土保持工作、水政渔政监察、涉水涉渔行政执法工作，以及渔业生产发展等，合理开发利用和治理保护水资源，发挥综合效益，满足人民生产生活对水的需求，为枣庄市经济社会持续健康发展提供了有力保障。

一、发展历程与成就

伴随着改革开放进程，枣庄坚持以邓小平理论、“三个代表”重要思想、科学发展观和习近平总书记系列重要讲话精神为指导，解放思想、实事求是、与时俱进，不断推进水利改革发展。

（一）艰难起步阶段（1978—1987年）

改革开放初期，枣庄市积极贯彻落实党和国家的方针政策，在薄弱的水利事业基础上开始了艰难的起步阶段。

1. 胜利渠工程的建设与管理

胜利渠灌区是枣庄市最大的人工开挖的引湖灌区，范围涉及枣庄市峄城区和台儿庄区，属于淮河流域南四湖水系，引用微山湖水灌溉，设计年引水量1.5亿立方米，灌溉面积48万亩，总长36.5公里。

（1）工程建设。胜利渠是枣庄市的会战项目，中共枣庄市委指导思想和要求是“一年挖好渠，二年配好套，三年建成稳产高产田”。一期工程（主体工程）于1977年5月完成，二期工程于1978年底竣工。

胜利渠一期完成了总干渠的开挖及渠上16座建筑物，含渠首进水闸、大沙河三面闸、渠尾两面闸等6座水闸。胜利渠二期工程主要建设完成了三个较大的灌溉系统（孝庄系统、泥沟系统、刘后系统）及11处主要电力提水站，总装机达9765千瓦，提水能力达79.76立方米每秒，其中一级提水站6座。

（2）工程管理。中共枣庄市委于1977年8月批准成立了枣庄市枣南灌溉管理局，1980年初撤销管理局，改为枣庄市水利局胜利渠管理处。1981年胜利渠成立灌区管理委员会，逐步实行水利管理责任制和计划用水工作。

（3）工程效益。胜利渠灌区原设计灌溉面积为54.66万亩。1979年以后，胜利渠灌区主要的工程任务是进行灌区配套，自1977年初步发挥效益以来，年平均灌溉面积在15万亩以上，1983年以后平均亩产稳定在1000斤以上。

2. 水土保持治理

1984年，枣庄市市和区（市）两级相继成立了水土保持委员会，设立了专门办事机构，配齐了专兼职人员，组建了相应队伍，对全市水土流失现状进行了普查：全市总面积4563平方公里，其中有2609.5平方公里存在不同程度的水土流失现象，年流失地表径流70%以上，年流失土壤总量685万吨，流失区内67.3万人处在生活“贫困线”以下。全市水利系统采用修筑梯田的方式，至1989年全市先后对174条小流域进行治理，治理水土流失面积1048平方公里，占应治理面积的40.16%。

3. 渔业发展

1984年9月，中共山东省委、省政府做出《关于大力开发水域发展水产事业的决定》，把开发浅海、滩涂、荒水，发展水产养殖，作为枣庄省渔业生产的主攻方向和发展农村经济的战略措施，明确提出了水产业“以养为主，养殖、捕捞、加工并重”的工作方针。

改革开放后，枣庄市在全省乃至全国有重要影响的两项渔业工作：一项是网箱养殖，另一项是温流水养殖。

1986年，枣庄市水产科技人员在山亭区店子镇罗营水库搞网箱养鱼试验成功，而后逐步推广。枣庄市温流水养鱼起始于1983年，一期建有流水养鱼面积1080平方米，温室大棚500平方米，平流式沉淀净化池3600立方米；投产2年收回全部投资。二期增加360平方米流水池、1500平方米室外水泥苗种培育池和600平方米温室大棚。

4. 防汛抗旱工作

枣庄市成立了枣庄市人民政府防汛抗旱指挥部，由市政府主要领导担任总指挥，有关部门和单位主要领导任指挥部成员。1979年，枣庄市防汛部门引进当时最先进的超短波通信技术用于重点防洪工程，使汛情的传递有了可靠保证。

5. 水利机构变革

1986年底，枣庄市水利局内设七个机关行政科室：办公室、政工科、计财科、水政科、科教科、老干部工作科、监察室；六个机关事业科室：水利建设科、水利工程管理科、抗旱防汛办公室、水资源管理办公室、水土保持办公室、测绘管理处；三个局属单位：岩马水库管理处、枣庄市水利局胜利渠管理处、枣庄市水利服务公司。全市水利干部职工1304人，市水利局机关职工总数77人，其中干部64人（县级3人，科级18人），工人13人。

（二）逐步发展阶段（1988—1998年）

1988年，新中国第一部规范水事

活动的基本法——《中华人民共和国水法》颁布实施，水行政主管部门确立，标志着全国进入依法治水的新阶段。

1. 水政执法

1988年12月，枣庄市编委同意设立枣庄市水利局水政科。《水法》颁布实施以来，枣庄市水利局成立了专、兼职结合的水政监察队伍。岩马水库、胜利渠两个管理处也都设置了兼职水政监察员。到1991年12月底，全市共有199名水政监察人员持证上岗。到1992年初，市、区（市）都先后建立了水利执法队伍，行政村建立了村级水利管理员，形成了市、区（市）、乡（镇）、村四级执法网络。

1993年1月18日，第47届联合国大会做出决议，确定每年的3月22日为"世界水日"，水利部决定从1994年开始，每年的"水日"由7月1日至7日改为3月22日至28日；1995年，水利部将其确定为水利政策法规年。枣庄市水利部门成立普法小组，于每年的"水日"在民众间进行普法宣传。通过宣传使水法深入人心，真正做到家喻户晓，为实施《水法》奠定一个良好的基础；同时增强了人们水资源保护意识和水患意识。

2. 水土保持

1991年6月29日，第七届全国人大常委会第20次会议通过了《中华人民共和国水土保持法》。全市103条小流域按照"山治到哪里，路修到哪里，沟（渠）挖到哪里，树栽到哪里，水送到哪里，电架到哪里，承包户管到哪里"的模式，坚持"规模治理、连续治理、综合治理、科学治理"的原则，采用工程措施、生物措施与植物措施相结合，经济效益、社会效益与生态效益和环境效益同步发展的思路，开展了水土流失治理，形成"山顶柏，崖下槐，山腰干鲜果林带，山下平川粮瓜菜"的景象。

3. 渔业发展

1987年至1990年，枣庄市水产技术推广站承担了农业部渔业"丰收计划"的"网箱养鱼综合技术推广"项目，网箱养殖开始在全市范围内推广。市政府对发展网箱养鱼制定了"三不收""三鼓励"的优惠政策，即开发初期不收水资源费；不收渔业资源增值保护费；不收农业特产税。鼓励开发一切宜渔水面，发展渔业；鼓励社会各种经济成分共同开发水面，实行国家、集体、个人一起上，投资投劳，谁投资谁受益；鼓励开发为网箱养殖服务的各类经营项目。1995年农业部渔业局第24期渔业情况刊发了《枣庄市大力发展网箱养鱼加快脱贫致富步伐》的文章，并配发编者按"山东省枣庄市利用有限水面，大力发展网箱养鱼，使库区农民脱贫致富的经验，值得各地借鉴"。1994年开始，针对市内水域大水面网箱养鱼饱和的现实，部分养殖大户依靠自身技术服务、管理优势，走出市门、省门开发外埠水域，走借水生财的路子。

同时，枣庄市温流水养鱼成绩也非常显著。枣庄市淡水养殖试验场和山东十里泉发电厂热电分厂、枣庄市水利局和枣庄市北电厂及山东十里泉发电厂劳动服务公司等5家单位相继建设了12000平方米的温流水养鱼池，由《大众日报》报道后，枣庄的温流水养鱼事业在全国引起了轰动，先后有多个省、地区的政府部门及国有企业到枣庄参观、学习。1991年市中区淡水养殖试验场对生产设施进行技术性改革，堪称是一次温流水养鱼史上的技术革命。这期间枣庄市淡水养殖试验场、市中区水产站先后完成了多项国家级星火计划、山东省星火计划、山东省丰收计划、山东省科研项目、枣庄市科研项目，其中"尼罗罗非鱼大批量提早繁育技术研究""罗非鱼当年育苗、当年养成技术开发""缩短鲤鱼养殖周期的研究""尼罗罗非鱼鱼苗鱼种及亲鱼选择标准"获山东省科技进步三等奖，"工厂化养鱼设施及养殖技术开发"获山东省星火科技二等奖。

4. 防汛抗旱

1995年国家防总下发了《各级地方人民政府行政首长防汛工作职责》，明确了防汛抗旱工作"行政首长负责制"，防汛抗旱指挥部各成员单位都明确了责任分工。1997年，防汛工作建设力度加大，增加了市级防汛编制17名，各区（市）也开始配备防汛人员，设立了相应的防汛常设办事机构。

1998年岩马水库建设了水库洪水预报调度系统工程，这是当时国内最先进的水库防洪调度技术，有力地促进了枣庄市防汛抗旱能力的提高。

5. 重点水利工程

（1）岩马水库保安全工程（一期除险加固）

岩马水库是枣庄市最大的一座大型水库，为市水利局直属管理，于1959年11月动工兴建，1960年6月建成蓄水。保护着下游滕州市、山亭区、微山县部分区域及滕州城区、京沪铁路、104国道、京福高速公路、湖东煤田和京沪高速铁路的安全。

岩马水库初步建成蓄水后，历经多次维护加固施工，但仍存在着一些严重的问题。1991年1月山东省重点险库安全鉴定委员会对岩马水库进行鉴定，结论为"建议列入全国第二批重点险库，进行加固处理"。1992年6月水利部公布，将岩马水库列入全国第二批重点危险水库。2000年4月，省水利厅对水库保安全工程施工计划和施工图设计剩余工程进行了批复。

岩马水库除险加固工程建设工程项目的主管部门为山东省水利厅，二级主管部门为枣庄市水利局。1994年2月，枣庄市水利局成立岩马水库除险加固工程施工指挥部，行使建设单位的职责，具体组织工程投资的使用和工程建设的实施。

工程于1994年5月19日正式开工，分别进行了溢洪道度汛应急工程、溢洪道加固工程、主坝基灌浆工程、办公楼工程、主坝加固部分工程、主坝防渗体处理工程、主坝坝顶路面工程、副坝灌浆工程、主坝部分剩余工程。通过建设管理实践和经验总结，枣庄市水利工程的建设管理水平进一步提高，工程建设

取得了一个重大的阶段性胜利。

（2）胜利渠灌区续建配套工程

山东省利用世界银行贷款加强灌溉农业项目于1990年11月正式实施，胜利渠灌区续建配套工程即为其中一部分。1991年，《胜利渠灌区项目可行性研究报告》通过审批，计划利用世界银行贷款7518.2万元对胜利渠灌区进行全面配套和维修建设。

工程主要设计的建设内容包括干支渠（沟）开挖与整治、完善田间斗渠等工程、扬水站新建与旧站更新改造等。枣庄市胜利渠管理处负责实施的工程项目有程庄节制闸、胜利渠总干渠清淤、贾口枢纽工程维修、姚楼节制闸。其余工程建设项目由受益的区、乡镇负责实施。

6. 水利机构的变迁

1990年9月，经市编委批准，“市水利服务公司”更名为“市水利综合服务站”；根据市计划委员会文件精神，枣庄局新建市水利予制件厂，1992年7月成立枣庄市胶合板厂，与原枣庄市水利予制件厂合属经营；1992年8月，经市体改委批准成立枣庄市水利水电工程综合开发总公司，1995年6月经市级机关事业单位兴办经济实体审批领导小组办公室同意，更名为枣庄市水利开发总公司；1992年，经市机构编制委员会办公室批准，枣庄市水利勘测设计室更名为枣庄市水利勘测设计院，为科级事业单位，实行企业化管理，自负盈亏。

1997年，枣庄市水利局完成机构改革和推行国家公务员制度工作，设置6个行政科室，分别为：办公室、人事科、计划财务科、水政科、建设科教科、工程管理科，机关编制29人；设3个议事协调机构的办事机构，分别为：市人民政府抗旱防汛指挥部办公室（副县级）、市水资源管理委员会办公室（副县级）、市水土保持委员会办公室（科级），编制总额为33人。设置监察室，配备主任（纪委书记）、副主任各1人。

（三）加快推进阶段（1999—2008年）

2002年8月29日，第九届全国人民代表大会常务委员会第二十九次会议通过修订的《中华人民共和国水法》，是中国水资源管理的重要法律依据，标志着中国依法治水、管水、用水、保护水进入了一个新阶段。

1. 水土保持治理

枣庄市水利工作者坚持依法行政、依法管理、依法保护，率领山区人民，初步探索出一条适合枣庄当地特色的水土保持发展之路，许多修复区走上了生态、经济良性循环的可持续发展轨道。

2. 农村水利工作

2005年之前，农村饮水工程建设称为“人饮解困”阶段。2005年，山东省借助中央政策结合山东省实际，整合中央、省、市和地方资金实施村村通自来水工程，提出“农村供水城市化、城乡供水一体化”，制订了三年解决80%村庄通自来水的任务目标。2004年底，枣庄市农村人口能够饮用自来水的仅有99.6万人左右，通过三年村村通建设，到2008年底，枣庄市所辖自然村自来水普及率已达到84.92%，新增自来水受益人口146.93万人，人口普及率已达到95.4%。

3. 水政执法工作

2000年枣庄市提出“一个中心，两个基础建设”的水政执法工作重点，即以加大执法力度为中心，加强执法能力和保障两个基础建设，进一步加强水行政执法工作。2001年11月16日，山东省出台《山东省河道工程维护管理费征收使用管理办法》，枣庄市开始征收河维费，由水政监察支队负责征收，至2003年全市共征收河维费470万元，其中市局征收180万元。2003年，山东省推行“三水合一”（水政、水资、水保）。2004年枣庄市峄城区开创了实行水利征收、水行政处罚、行政许可一支队伍执法的水利综合执法模式，其经验在《中国水利发展研究》刊登。2005年7月，全省第一个水利综合执法现场会在枣庄市滕州召开，之后全省推广水利综合执法。

2007年4月，枣庄市政府决定在全市范围内集中统一开展封停公共供水管网范围覆盖范围内的非法自备井的活动。市政府成立枣庄市封停自备井工作领导小组。执法活动从2007年4月到8月，执法重点为依法取缔无证自备井，以及依法整治有证自备井，保障了广大市民的饮用水安全。

4. 渔业发展

通过网箱养殖的大力推广，到2008年网箱清理前，枣庄市网箱养鱼发展到9万多箱（折合3150亩），产量达到10万吨，并由市内走向全省、全国。全市建成了28家鱼种场、42处饲料场。但是，随着网箱养鱼规模不断扩大，超量放养造成死鱼事件频繁发生，对水库水域环境产生了较大影响。2008年开始，枣庄市委、市政府和有关区（市）下大力气，对全市5座大中型水库养殖网箱进行了全面清理，累计投入资金6000多万元，清理网箱8.5万多架。

5. 防汛抗旱工作

防汛视频会商系统是分析、判断、综合各类防汛信息，及时做出决策的重要平台。2002年底，按照山东省防办的统一部署，枣庄市建成了市级防汛视频会商系统，提高了防汛指挥调度的时效性。2006年，结合枣庄市水利和渔业局办公地址搬迁，投资120多万元对系统设备和软件进行了全面升级改造，大大提高了图像和语音的通信质量。

6. 重点水利工程

（1）湖东堤工程

湖东堤工程，全称南四湖湖东堤工程。湖东堤枣庄段位于山东省枣庄市滕州市滨湖镇，是南四湖地区的防洪屏障，是枣庄国沂沭泗河洪水东调南下的重要组成部分。湖东堤工程枣庄段主要建设迭斛——中心河12.96公里的干堤。

湖东堤枣庄段工程于2005年12月5日举行开工典礼，2007年4月工程开工建设，2008年11月工程基本完成。

湖东堤工程总投资18274.59万元。南四湖湖东堤的建成提高了湖东地区的防洪能力，保证了南四湖湖东地区工农

业生产及人民生命财产的防洪安全，保护了重要的煤矿、交通设施不受洪水威胁，维护了该地区社会安定和工农业的正常生产。

（2）胜利渠灌区续建配套节水改造项目

为了更好地贯彻落实党中央国务院关于“加快现有大中型灌区水利设施的维修和完善”“要把节水灌溉作为一项革命性措施来抓，大幅度提高水的利用率，努力扩大农田有效灌溉面积”的有关节水灌溉重要指示，根据水利部《关于开展大型灌区续建配套与节水改造规划编制工作的通知》，枣庄市水利勘测设计院于 1999 年 12 月编制了《山东省枣庄市胜利渠灌区续建配套与节水改造规划报告》。

根据国家和省有关文件要求，2002 年 9 月，枣庄市水利与渔业局委托山东省水利勘测设计院和枣庄市水利勘测设计院共同编制了《山东省枣庄市胜利渠灌区续建配套与节水改造项目（2003 年度）可行性研究报告》。山东省发展计划委员会进行了批复，工程总投资 2700 万元。

工程获得批准后，山东省水利厅批复成立了项目法人“枣庄市胜利渠灌区节水续建配套工程建设管理处”。工程按照批准的年度投资计划逐年上报了胜利渠灌区续建配套与节水改造项目实施方案，省水利厅对项目实施方案进行了批复。项目于 2005 年开始，逐年按照批复方案进行施工。

7. 水利机构变迁

2001 年 4 月，根据市委、市政府《关于市级党政机关机构改革的实施意见》，市水产局与市水利局合并，组建市水利与渔业局，内设 8 个职能科室（办公室、人事科、计划财务科、农村水利科、水政渔政科、工程建设与管理科、渔业科、科技与经济管理科）和离退休干部科、工会。2008 年，经过市编办批准成立规划计划科，在人事科加挂离退休干部科牌子，计划财务科更名为财务科，全局共有 9 个职能科室和工会。

2001 年 6 月，根据《关于改变市测绘管理处、市水资源管理委员会城市水资源管理办公室隶属关系的通知》，市水利与渔业局所属的枣庄市测绘管理处整建制划归市国土资源局管理，市建设委员会所属的枣庄市水资源管理委员会城市水资源管理办公室整建制划归市水利与渔业局管理。

2004 年，根据《中共枣庄市委枣庄市人民政府关于机构改革的实施意见》，市水利与渔业局更名为市水利和渔业局。

2004 年，枣庄市机构编制委员会批复撤销市水资源管理委员会城市水资源管理办公室，职能划入市水资源管理委员办公室，保留市水资源管理委员办公室，由议事协调机构改为事业单位，仍为副县级。

（四）跨越式发展阶段（2009 年至今）

2011 年中央一号文件做出了《关于加快水利改革发展的决定》，这是新中国成立 62 年来中央一号文件第一次重点关注水利改革发展，也是中央文件首次对水利工作进行全面部署，水利成为国家基础设施建设的优先领域。习近平总书记提出“节水优先、空间均衡、系统治理、两手发力”治水思路，既是

南水北调工程东线工程位置图

实践经验的总结，也是思想理论的发展，对推进我国治水兴水大业具有重大而深远的意义。枣庄市坚决贯彻落实习近平同志治水兴水的新思想、新思路、新要求，进一步完善水利基础设施，发展民生水利，依法治水，提高水资源支撑能力，实现人与自然和谐相处。

1. 重点水利工程

（1）平原洼地治理工程

2010 年 12 月 30 日，山东省发展和改革委员会批复了《世行贷款山东省淮河流域重点平原洼地治理工程初步设计》，山东省三市洼地治理总投资 27571.0 万元，枣庄市洼地批复概算投资为 8383.27 万元。

枣庄市世行贷款淮河流域重点平原洼地治理工程涉及滕州、薛城、峄城、台儿庄四个区（市），主要分布于湖东滨湖区、韩庄运河、伊家河及陶沟河沿线，治理面积 183 平方公里。项目总投资 8402.27 万元。

枣庄市政府成立了枣庄市重点平原洼地治理工程建设领导小组。枣庄市水利和渔业局成立了枣庄市世行贷款洼地治理工程建设管理处作为工程建设项目法人。

工程于 2011 年 11 月开工建设，至 2016 年 6 月完成，实际施工总工期 54 个月。

工程建成后根据谁受益、谁管理、谁负担的原则，均明确了运行管理单位。

枣庄市洼地治理工程经 2012—2016 年运行，经过 5 个汛期考验，初期运行正常，满足设计和有关规范要求，提高了洼地防洪标准，极大地改善了洼地排涝和灌溉条件；同时改善了水生态环境，创造良好的滨水环境，方便了沿河两岸交通运输和群众通行，成为沿湖一道亮丽的风景线。工程防洪、生态、经济效益显著。

2017 年 8 月，省发改委与省水利厅联合发文对南四湖片平原洼地治理工程初步设计及概算进行了批复，我市范围内工程投资 1.28 亿元，其中中央投资 30%，省投资 25%。该工程为国家

枣庄市南水北调东线一期中水截蓄工程示意图

172项重点水利工程项目之一，涉及我市滕州市和薛城区，2017年计划投资2700万元。工程总工期为三年，将通过疏挖河道，解决面上涝水顺利入干流的问题；通过重建泵站和生产桥，使治理区形成一个完整的防洪排涝体系，彻底改变低洼易涝区涝灾严重、人民群众生活困难的局面，为我市经济可持续发展创造良好的条件。2017年，完成投资2086万元（含移民），累计完成土方24.28万立方米，混凝土0.45万立方米，超额完成了年度投资计划。2018年上半年，完成投资2797万元。

（2）南水北调工程

枣庄境内南水北调工程由韩庄运河段工程、水资源控制工程、截污导流工程和续建配套工程组成。

韩庄运河段工程是利用上起南四湖下级湖出口韩庄闸，下至苏鲁省界陶沟河口与中运河相接，全长42.7千米的京杭大运河枣庄境内的韩庄运河段现有河道输水，通过新建台儿庄、万年闸、韩庄三级泵站将来自江苏的长江水输送至南四湖下级湖，然后继续通过工程措施一路向北输水，以达到南水北调的目的。

枣庄市境内水资源控制工程包括魏家沟橡胶坝工程、三支沟橡胶坝工程和潘庄引河闸工程。

截污导流工程，是保证南水北调输水干线水质持续稳定达到地表水Ⅲ类水质要求的重要保障措施。枣庄境内主要建设：枣庄市薛城小沙河、枣庄市峄城大沙河；滕州城郭河、滕州北沙河和台儿庄小季河5个截污导流控制单元工程。

续建配套工程是从干线工程取水并将北调江水输送至受水区（用水户）、实现江水资源化利用的关键和纽带，是与干线工程协调推进、同步见效的重要环节。枣庄市续建配套工程分为枣庄市区和滕州2个供水单元。枣庄境内工程概算总投资31.46亿元。

（3）干线工程

2004年11月18日，万年闸泵站在枣庄市峄城区万年闸工程现场举行开工典礼。万年闸泵站是南水北调东线工程的第八级抽水梯级泵站，山东境内七级泵站工程中的第二级泵站。2010年5月25日，通过泵站机组试运行验收，泵站机组具备运行条件。

2005年12月12日，台儿庄泵站开工建设。台儿庄泵站工程，是南水北调东线工程的第七级泵站，是山东省、也是枣庄市境内的第一级泵站，2009年11月24日，完成机组试运行验收，泵站机组具备运行条件。

2007年4月4日，韩庄泵站工程开工建设。韩庄泵站是南水北调东线一期工程中第九级抽水梯级泵站，山东境内第三级泵站，2011年12月19日，韩庄泵站5台机组经过联合试运行，正式通过验收委员会验收，山东已具备大流量调引江水入境条件。

2008年3月12日，水资源控制工程开工建设。枣庄市境内水资源控制工程包括魏家沟橡胶坝工程、三支沟橡胶坝工程和潘庄引河闸工程。三支沟橡胶坝位于万年闸上游运河左岸支流三支沟上，魏家沟橡胶坝位于运河左岸支流魏家沟上，潘庄引河闸位于薛城潘庄灌区一级引渠上。2010年3月竣工，移交南水北调东线山东干线有限责任公司管理，运行状况良好，机电设备运转正常，水资源控制和挡洪、泄洪、排涝等运行效益发挥明显。

2013年5月17日至6月28日干线工程试通水；10月22日至12月11日，干线工程进行了试运行暨正式通水，工程通水运行取得圆满成功，实现了工程安全、输水安全、水质安全，检验了南水北调输水水质、检验了工程建设成果、检验了联合调度运行的安全性和可靠性。2013年11月15日，国务院南水北调办下达调度令，确定南水北调东线一期工程于12时正式通水，标志着历时十年投资7.36亿元的枣庄境内南水北调干线工程全面建成，并具备调水能力。

（4）截污导流工程

枣庄市境内共有薛城小沙河、枣庄市峄城大沙河、滕州城郭河、滕州北沙河和台儿庄小季河等5个控制单元工

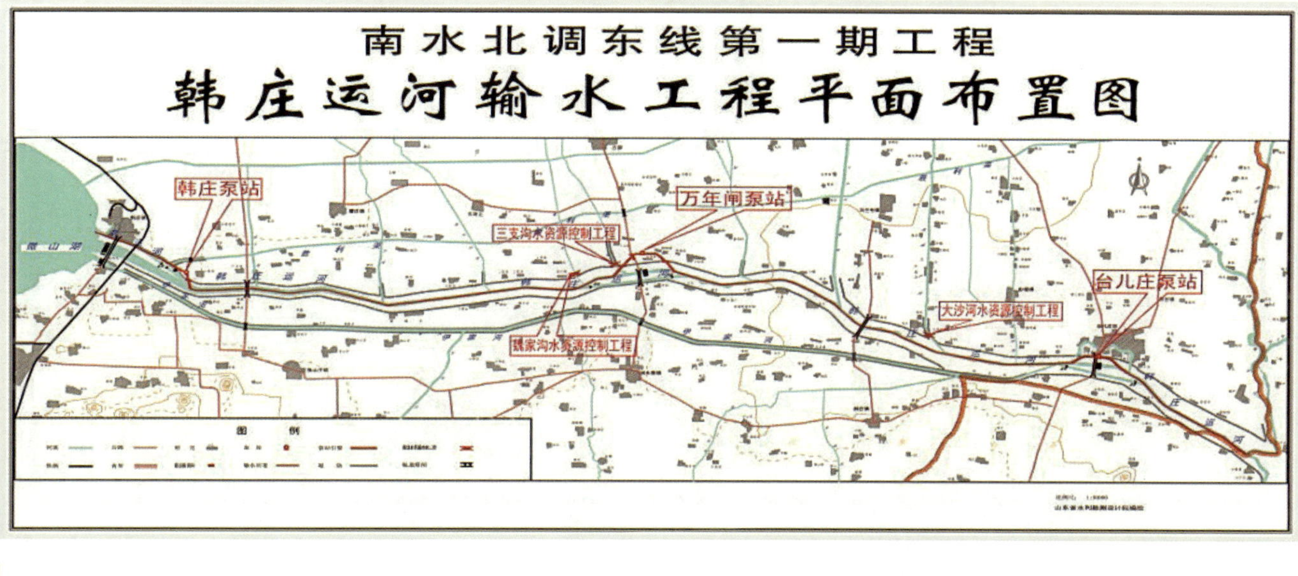

程。工程2008年11月开工建设，到2012年10月顺利通过竣工验收并正式转入运行管理至今，为保障南水北调水质稳定达标、枣庄市代表山东省两次参加迎淮核查连续取得第一名的成绩做出了应有贡献。

南水北调东线工程充分利用现有河道和湖泊输水，工程沿线地势低洼，河流众多，仅南四湖流域，3.17万平方千米流域面积内的汇水就承接53条河流来水，其中枣庄市境内就有7条。省委、省政府几经研究、实践、总结，确定了“治”“用”“保”的污染综合防治路线。按照这一防治路线的要求，枣庄市对原确定的截污导流工程建设方案进行了重新研究谋划。2010年7月3—5日，南水北调东线治污暨截污导流工程建设现场会在滕州召开，向全国南水北调系统介绍推广枣庄市的做法。

枣庄市南水北调截污导流工程中枣庄市薛城小沙河和枣庄市峄城大沙河两个控制单元工程涉及跨区（市）建设，按照“涉及一个县（区）的项目，由县（区）组建；跨县（区）的项目，由所在市组建，每个项目不重复组建项目法人”的要求，由枣庄市南水北调工程建设管理局组建枣庄市南水北调截污导流工程建设管理处作为项目法人。滕州城郭河和滕州北沙河2个控制单元工程由滕州市水务局组建滕州市南水北调截污导流工程建设管理处作为项目法人。台儿庄小季河控制单元工程由台儿庄区南水北调工程建设管理局组建台儿庄区南水北调截污导流工程建设管理处作为项目法人。三个项目法人分别与山东省南水北调工程建设管理局签订了《山东省南水北调截污导流工程委托建设管理协议》，在山东省、枣庄市南水北调局领导下，负责工程招投标、工程建设管理和运行管理工作。

（5）续建配套工程

南水北调续建配套工程，是连接干线工程和当地水网的关键和纽带，是与干线工程协调推进、同步见效的重要环节。山东省政府要求续建配套工程具体实施由市、县（市、 区）人民政府负责。枣庄市及相关区（市）政府、相关职能部门，针对续建配套工程建设管理过程中的新情况、新问题，研究探索了一系列的解决办法，保证了工程建设的顺利实施。

2001年配套工程正式走入实质性论证阶段。2001年3月29日，枣庄市人民政府按照《山东省人民政府办公厅关于抓紧上报南水北调需调水量初步意见的通知》要求，结合枣庄市当时市情，预测未来5、10、20年经济社会发展状况，以《枣庄市人民政府关于我市南水北调需调水量报告的函》确定枣庄市南水北调需调水量。2010年2月，枣庄市按照报送的2010水平年9000万立方米的水量，上报了《南水北调东线工程山东省枣庄市续建配套工程规划报告》。2011年7月，省政府以《山东省人民政府关于南水北调东线一期工程续建配套工程规划的批复》，对包括枣庄市续建配套工程在内的工程规划进行了批复，明确枣庄市续建配套工程设立为枣庄市区供水单元和滕州供水单元。枣庄市区供水单元年取水2000万立方米，通过潘庄灌区引水渠从南四湖下级湖取水，向薛城区、高新区和市中区供水；滕州供水单元，年取水7000万立方米，通过新建引水工程从南四湖上级湖引水，主要向滕州市各工业园区供水。续建配套工程规划投资为15.4亿元，其中，枣庄市区供水单元投资约为3.2亿元，滕州供水单元投资约为12.2亿元，自此工程前期工作进入可行性研究阶段。期间，2012年9月5日，枣庄市人民政府向山东省南水北调工程建设管理局报送了《关于申请增加我市市中区南水北调供水指标的报告》，申请将枣庄市区供水单元取用江水量调整至4000万立方米；同月，省南水北调局以《关于枣庄市申请增加市中区南水北调续建配套工程供水指标的意见》给予回复，明确枣庄市可以增加枣庄市区供水单元取水量，增加水量从本市承诺水量中调剂。在滕州供水单元无水量可调剂的情况下，经山东省水利厅水资源处指导，2012年10月，枣庄市南水北调工程建设管理局向市水利和渔业局提交了《关于申请调整南水北调续建配套工程枣庄市区供水单元取水规模的报告》，申请在南水北调二期工程用水指标下达之前，利用南四湖下级湖山东省分配给枣庄市取水量，将枣庄市区供水单元取水规模，从2000万立方米/年调增至4000万立方米/年，以满足工农业用水需要。

2012年10月，枣庄市水利和渔业局根据《山东省用水总量控制管理办法》和《关于印发〈山东省2011—2015年用水总量控制指标（暂行）〉的通知》等文件规定，结合潘庄灌区现状，同意了将枣庄市区供水单元取水规模调增至4000万立方米/年的请求。同时，将枣庄市区供水单元调蓄水库，从薛城城区调整到规划的城南新区；滕州供水单元新建管线，与现有供水管网有机结合；在滕州高铁站附近新建尚善调蓄水库。

2012年12月18日，按照省政府确定的将不涉及中型水库的供水单元可研和初设报告的审批权全部下放到市级，促进配套工程前期工作“快审快批”的政策要求，枣庄市发展和改革委员会批复《南水北调东线一期工程枣庄续建配套工程（枣庄市区供水单元）可行性研究报告》，2013年12月31日，枣庄市发展和改革委员会批复《南水北调东线一期工程枣庄续建配套工程（滕州供水单元）可行性研究报告》。经过进一步细化完善，2013年4月26日，枣庄市水利和渔业局批复《南水北调东线一期工程枣庄续建配套工程（枣庄市区供水单元）初步设计报告》。2014年4月29日，枣庄市水利和渔业局批复《南水北调东线一期工程枣庄续建配套工程（滕州供水单元）初步设计报告》。

2013年12月31日，滕州单元供水工程开工仪式举行，标志着该供水单元实现了省里提出的提前一年开工任务目标。工程分五期实施，2014年3月第一期工程——引水工程开工，2015

年10月，想办法解决湖滩地内顶管购安576米（双管）引水工程完工。2014年9月满庄泵站工程开工。到2016年底，枣庄市区供水单元主体工程已基本完工，累计完成投资53450万元，占批复工程投资的95.05%。何庄水库主体工程已完工并成功蓄水；管道工程全部完工。2016年4月份试通水运行成功，已具备接纳每年7000万立方米供水能力，并已向新能凤凰和联想化工等用水户供水，累计完成投资149280万元，占批复工程投资的95.97%。滕州供水单元调蓄水库工程，由于受土地和专项设施迁移等因素制约，开工较晚，计划2017年上半年全面完成建设任务。

枣庄市境内南水北调工程从2004年开工建设至今，已历经13年，2013年10月，完成了包括台儿庄、万年闸、韩庄3座大型泵站和潘庄引河闸、魏家沟、三支沟3座水资源控制工程输水干线工程。2012年10月完成了包括薛城小沙河、峄城大沙河、滕州城郭河、滕州北沙河和台儿庄小季河等5个中水截蓄导用工程。到2016年底完成了包括枣庄市区供水单元和滕州供水单元工程续建配套工程（地方取水工程）的主体工程，已具备每年可调引江水11000万立方米能力，自2016年7月通水试运行以来，工程运行安全平稳，已成功为多家企业供水。工程的建成通水，有效缓解了全市水资源紧缺局面，保障了全市社会、经济和生态可持续发展。

（6）庄里水库工程

庄里水库位于山东省南四湖湖东地区十字河流域，地处枣庄市的滕州市和山亭区境内，坝址位于滕州市羊庄镇西江和前台村北。庄里水库是山东省近30年来规划建设的唯一一座大型水库，也是全省列入十二五建设规划的唯一一座大型水库，建设规模为大（二）型水库，建成后可向鲁南煤化工基地提供日供水6万方，灌溉农田5万亩，具有防洪、灌溉、旅游、发电、水产养殖、改善生态等综合效益。2004年，庄里水库列入“十一五”规划，山东省水利厅将该项目作为“十一五”期间全省规划建设的唯一一座大型水库，并上报到水利部，是2015年计划新开工的27项重大水利工程之一。

2007年10月，山东省水利勘测设计院编制完成《山东省庄里水库工程项目建议书》，2009年4月28日，国家发改委对庄里水库工程项目建议书进行批复。

2009年12月，山东省水利勘测设计院编制完成《山东省庄里水库工程可行性研究报告》，2014年4月17日，国家发展和改革委员会对庄里水库工程可研报告进行了批复，批复估算总投资23.7792亿元，工程计划建设工期为3年。

2015年8月，山东省水利勘测设计院编制完成《山东省庄里水库初步设计报告（送审稿）》并上报水利部，水利部对初步设计报告进行了批复，批复工程概算总投资30.6896亿元；工程施工总工期为36个月。2016年1月20日大坝坝基帷幕灌浆工程开工建设。截至2018年6月底，到位资金共计23.68亿元，其中中央和省级资金10.18亿元，市级资金13.5亿元。累计完成投资27.97亿元，其中2018年上半年完成投资3.53亿元。壤土均质坝正进行坝体填筑，累计完成土方275万立方米，完成合同填筑量的76.39%，其中1670米已达设计高程，排水体砌筑完成1800米。混凝土重力坝已完成砼浇筑16万立方米，其中碾压混凝土完成13.03万立方米，完成碾压总量的73.34%。安置房建设工程进展顺利，山亭区478栋安置房主体工程已全部完成，其中25栋已入住，安置区配套设施工程已完成40%，海子村整体搬迁已完成。滕州市移民安置房建设已全部完成。店韩路改建主体工程已完成71%，其他各专项设施建设正在积极推进。

庄里水库建成后，将削减十字河洪峰流量的60%，可大大提高十字河流域的防洪能力，解除津浦铁路、京福高速公路、104国道、京沪高速铁路和微山县城的防洪压力，减少下游河道的治理费用，新增城市和工业供水8万吨/日（向鲁南化工城供水距离为8公里），灌溉农田5万亩，在旅游、发电及水产养殖和改善生态环境等方面也将发挥较好的综合效益，为全市经济社会的持续快速发展提供有力保障。

（7）岩马水库除险加固工程（二期工程）

2010年4月，山东省水利厅鉴定岩马水库大坝为三类坝。2013年4月2日，山东省发改委、省水利厅对枣庄市岩马水库除险加固工程初步设计及概算进行了批复，批复工程总投资9359万元。

2013年3月5日，枣庄市水利和渔业局成立了枣庄市岩马水库除险加固工程项目法人。2013年10月9日，市政府召开岩马水库除险加固工程开工动员会议，把网箱清理作为工程开工施工准备工作重要工作来抓；11月26日，网箱清理全部完成，网箱清理为岩马水库除险加固工程顺利实施奠定了坚实基础。2013年12月中旬，完成了施工现场的临时占地拆迁补偿、施工现场用水、电、通讯、路和场地平整，具备了开工条件。

工程于2013年12月28日开工建设，2015年5月20日主体工程基本完工。

2014年岩马水库除险加固工程被山东省水利厅授予“2013—2014年度山东省水利建设工程文明工地”称号。

此外，岩马水库还进行了供水水电站增效扩容改造工程（于2014年12月1日正式动工建设，2015年年底全部完成）以及岩马水库灌区节水配套改造项目（于2015年12月底开工建设，2016年9月全部完成）。

（8）胜利渠续建配套节水改造工程

2010年1月，枣庄市水利勘测设计院编制了《枣庄市胜利渠灌区Ⅲ期续建配套与节水改造工程可行性研究报告》。山东省发展计划委员会进行了批复，工程总投资6245万元。

2012年5月，枣庄市水利勘测设

计院编制了《枣庄市胜利渠灌区四期续建配套与节水改造工程可行性研究报告》。山东省发展和改革委员会进行了批复，工程总投资2380万元，其中除申请中央投资外，其余枣庄市筹集解决。

项目自2005年开始，截至2016年12月31日，枣庄市胜利渠灌区续建配套与节水改造工程计划总投资14163万元。经国家发改委、水利部批准，2017年9月25日，省发改委以鲁发改农经〔2017〕1124号文对胜利渠续建配套工程项目进行批复，下达总投资为4625万元，工程分2018、2019两个年度建设。其中，2018年投资2167万元，主要工程为泵站工程12座，生产桥工程11座。工程于2018年5月28日正式开工，计划2018年底全部完工。本期工程完成后，能更好地提高灌区农业输水灌溉条件，增强农业抗灾能力，提高农业经济收入。同时为当地群众的出行和交通安全提供有力的保障，有力促进峄城和台儿庄两区经济可持续发展。

2. 水土保持工作

2010年，市水土保持委员会办公室内化为市水利和渔业局科室。枣庄市先后涌现出了农民、民营企业或民间资本参与“四荒”（荒山、荒沟、荒丘、荒滩）资源开发的典型，极大地调动了全社会参与水土流失治理的热情，有的流域已产生较好的经济、社会与生态环境效益。

改革开放以来，全市累计完成水土保持投资2.98亿元，修建基本农田16.08千公顷，水土保持林13.98千公顷，经济林30.34千公顷，产生了良好的经济效益、环境生态效益和社会效益，走上了环境生态、经济良性循环的可持续发展轨道。

3. 农村水利

2009—2015年，农村饮水工程建设称为“农村饮水安全工程建设阶段”，目的是解决2009年三部委核定的枣庄市农村饮水不安全人口的饮水安全问题。农村饮水安全工程建设阶段取得的成效：2009年国家三部委核定的枣庄市农村饮水不安全人口96.48万人，农村学校师生饮水不安全人口16.73万人。2009—2015年，通过农村饮水安全工程建设，累计解决农村饮水不安全人口99.40万人，农村学校师生饮水不安全人口16.74万人。

2016年作为“十三五”的开局之年，是农村饮水安全巩固提升工程建设的起始之年，建设了2处规模化水厂供水工程及1处管网延伸供水工程，工程受益人口8.52万人。2017年新建规模化水厂1处，扩建规模化水厂1处，实施管网延伸供水工程3处，工程受益人口23.62万人。“十三五”农村饮水安全巩固提升工程建设期间，枣庄市还将新建整合一批规模化集中供水工程，延伸部分原有规模化供水工程管网，通过此阶段建设，进一步提高枣庄市农村供水保障率、水质达标率，提升农村公共供水服务水平。

国家2009年启动小型农田水利重点县和现代农业生产发展资金小麦产业项目县建设以来，枣庄市先后实施了30个小农水重点县建设项目，工程涉及市中区、薛城区、峄城区、山亭区、台儿庄区和滕州市。通过项目的实施，全市的农田水利工程建设面貌发生了根本改观。

在项目建设过程中，市政府成立了枣庄市小型农田水利重点县建设领导小组，并下发了《枣庄市人民政府办公室关于实施小型农田水利重点县建设的意见》，明确了各部门的工作职责，市财政局负责落实项目配套资金和资金监管工作，市水利和渔业局负责项目的具体实施工作。

枣庄市台儿庄区连续2011、2012两个年度验收被评为优秀等次，分别获得奖金500万元和400万元，山亭区2012年度验收被评为优秀等次，获得奖金400万元。

2010—2017年，全市共完成高效节水灌溉工程面积81.46万亩。通过小农水重点县项目的实施，增强了当地干群及全社会的节水意识，促进了农业种植结构的调整，有效地缓解水资源供需不平衡的矛盾，推动了全市节水灌溉工作向更高层次发展。

4. 水政执法

2009年5月，枣庄市水利和渔业局开展了全市凿井取水集中整治活动，为此枣庄市水利和渔业局成立了枣庄市凿井取水集中整治活动领导小组，组织区市精干执法人员、联合公安等部门进行联合执法，收到了五个方面的效果：一是形成了凿井取水管理制度。《枣庄市凿井取水管理暂行办法》出台后，凿井取水管理进入了制度化、日常化管理进程，为建立凿井取水管理长效机制拉开了序幕、奠定了法制基础。二是这次活动的会议、宣传、依法查处，教育了凿井业主、取水业主。三是依法整治非法凿井取水的活动，有力地震慑了违法凿井取水相对人。四是有力地促进了水资源管理工作。据统计，整治期间办理取水许可的与往年同比增长了150%。五是培养了市、区（市）水政执法人员协同执法的精神，扩大了水行政执法的影响。枣庄市凿井取水集中整治工作调查报告在《中国水利发展研究》第11期刊登后受到广泛关注。

枣庄市不断推进水利执法改革和水政综合执法进程，实行水利部门一支队伍——水政执法支队（大队）行政执法（行政处罚、行政征收、行政许可），并与当地公安建立联合办案制度的“水利综合执法”模式，改变了水利原来的一个部门、多支队伍、多头重复执法与处罚的“扰民”现象（水政支队执法人员征收河道工程管理维护费、水资源管理委员会办公室执法人员征收水资源费、水保科征收“水保两费”）。2012年枣庄市水利和渔业局实行水利执法巡查制度。2012年滕州、市中、山亭被省水利厅、财政厅评为山东省水利综合执法试点，滕州水务局被评为水利部首批水利综合执法试点。2013—2017年，滕州、山亭、台儿庄、峄城、市中各局先后被评为山东省水利执法示范单位。2017年枣庄市水利和渔业局被市政府列入首批“依

法行政示范单位”。

5. 渔业发展

枣庄市渔业生产逐步由单一扩大产量，转为向提高质量要效益，结构调整步伐进一步加快。在生产布局上，形成北部以投放鲢鳙鱼等滤食性鱼类为主的库区生态健康养殖区，西部、南部以高标准池塘、工厂化车间为主体的集约化养殖区。在养殖品种上，台湾泥鳅、美国斑点叉尾鮰、水蛭、小龙虾等优质品种养殖面积和产量逐年增加，已初具规模。其中台湾泥鳅养殖面积超过1万亩，产量达到2000多万斤，鮰鱼养殖面积达到300亩，产量达到40多万斤。在产业结构上，水产养殖等一产仍然是主体，城市近郊休闲垂钓等第三产业占比逐年提升，效益持续增长。截至2017年底，全市渔业放养面积达到19.1万亩，水产品产量达到9.47万吨，实现渔业产值18.3亿元。

同时，产业结构不断优化，整体素质不断提升。全市建设了台儿庄、滕州7处优质鱼产业项目，10处省级现代渔业园区，3处水生动物防疫站，2处省级渔民专业合作社示范社，19处部省级健康养殖示范场，有4个区（市）纳入基层渔业技术推广体系改革与建设。基层渔业服务体系不断健全。全市建有市直渔业技术推广机构1个，区（市）6个，乡镇29个，形成了比较完善的渔业技术推广体系。

6. 防汛抗旱

枣庄市防洪工程设施以水库和河道堤防为主，至2017年底，全市已建成的大、中、小型水库共155座，减轻了洪水对水库下游城镇、村庄、农田及沿河设施的安全威胁；44条流域面积50平方公里以上的河道堤防，保护了全市城区周边及农田、厂矿、京福高速公路、京沪高速铁路的防洪安全。经过东调南下韩庄运河扩大一期、二期工程、湖东堤、南水北调台儿庄泵站、庄里水库等大型骨干工程的建设，对5座大中型病险水库进行全面加固改造，提高了防御洪水的标准，此外，有67座小型水库进行了除险加固，还有74座小型水库列入加固计划。韩庄运河、伊家河经过全线治理，已达到50年一遇防洪标准，台儿庄、滕州、市中区等防洪重点区（市）的城区河道也大部分进行了整治疏浚。现在全市主要河道防洪能力由原来的5—10年一遇标准提高到20—50年一遇标准，大大地减少洪水泛滥的概率。

2016年以来，枣庄市投资260多万元，完成了水利系统信息内网和视频会商系统的升级改造，新建防汛抗旱指挥调度中心；整合了水利、气象、水文部门的雨量信息，实现了全市范围内雨量信息的统一社会发布。目前，从省水利厅到市、5座大中型水库、6个区（市）水利局和省市水文局已通过光纤联网，并建立了异地会商系统，以此为基础，枣庄市实现了水文信息、洪涝灾情、旱情、工情的实时传输，全市防汛信息化水平不断提高，为防汛抗旱决策支持系统的建立奠定了基础。

另一方面，通过水管单位体制改革和水利工程规范化管理考核。目前，枣庄市5座大中型水库均已通过省级水利工程规范化管理考核验收，山亭区作为省级小型水库体制改革试点县已顺利通过省厅连续三年的考核。枣庄市组建了抗旱打井服务队，各区（市）也分别组建了抗旱服务队。分别编制完成了市、区（市）抗旱应急预案。

枣庄市先后成功抵御2014—2015年严重干旱、2016年和2017年多场强降雨，为维护全市社会稳定，促进经济发展，夺取粮食连年增产发挥了重要作用。

二、枣庄市水利事业发展的基本经验

改革开放以来，在历届市委、市政府的高度重视和大力支持下，全市水利部门把水利和渔业建设、防汛防旱、水资源管理当作首要任务、中心工作、城市重要基础设施来抓，全面规划，统筹兼顾，综合治理，积极推进水利事业又好又快发展，枣庄水利和渔业事业取得了辉煌成就。总结40年的治水历程，主要有以下几方面经验。

（一）与时俱进的治水思路是引领水利工作前进的重要指针

根据不同时期的发展特点和要求，清醒认识发展形势和变化，把握水利发展与改革的特点和趋势，了解人民群众的要求和期待，适时调整完善不同时期的治水思路，明确水利工作的主要任务，引领水利工作开展，水利工作逐步从传统水利向现代水利、可持续发展水利方向迈进。在提升农业水利能力思路指导下，大力开展农田水利基础设施建设；针对防洪保安基础设施薄弱的状况，提出水安全工作思路，大力开展以河道整治、水库除险加固为主要内容的防洪保安工程建设；针对水生态环境呈恶化的趋势，提出水资源节约保护及节水型社会建设为主导的水资源管理工作思路，大力开展水环境改善工程建设、大力推进节水型社会建设。近年来，水利部门紧紧围绕市委、市政府建设“自然生态宜居宜业新枣庄”的奋斗目标，按照传统水利向现代水利、工程水利向资源水利转变的治水要求，用水安全、水资源、水环境“三水统筹”的观念指导水利工作，推进水利工作，明确了在强化水利防汛抗灾基础功能的同时，突出水资源、水环境主导功能的水利工作指导思想，把服务保障经济社会发展，解决群众最关心、最直接、最现实的水问题作为水利工作目标，把“争先、创新、服务、效率”作为水利各项工作的总要求，水利事业呈现了良好的发展态势。

（二）不断增长的资金投入是水利建设任务完成的重要保证

枣庄市水利的主要投入渠道有中央政府拨款、地方政府拨款、劳务投资、区县自筹资金和其他投资几大类。30多年水利投入达65亿元，其中，1979—1980年投入8000万元，1981—1990年10年投入2.37亿元，1991—2000年10年投入28亿元，2001—2008年8年投入33.4亿元。从多年的水利投入来看，全市水利每年的投入呈明显增长趋势，特别是“九五”（1996年）以来，

一直保持了水利投入的高潮期，“九五”期间投入为20.2亿元，“十五”期间投入为20亿元，“十一五”以来，三年已投入13.4亿元，年均完成水利投入4.12亿元。1996年市级水利投入为近0.8亿元，2008年市级水利投入达到2.6亿元。稳定的不断增长的水利投入为保证水利建设事业的发展提供了重要保障。

（三）改革创新是水利改革发展的不竭动力

回顾改革开放，无论哪个时期，水利改革始终是时代的强音，对全市水利发展起到了巨大的推动作用。新时期，枣庄水利在改革发展上又迈出新步伐，主要体现在：一是在投入机制创新和水利建设主体的选择上，走出了政府控股、政府参股、混合人股、民营独股等多模式办水的路子。二是在管理上成功实践股份制形式、企业化运营模式，农村小型水利工程上探索出农民用水户协会的用水合作组织形式，并将小型水利工程的所有权、使用权、管理权、决策权交付农民，调动了农民兴办农村水利的积极性。三是在水资源优化配置上，积极利用经济杠杆，严格执行水资源费征收制度，实行梯次水价，有效限制了地下水开采，促进全社会节约用水。四是在依法治水上，严格规划、建设、管理，枣庄市先后出台了《枣庄市水利工程管理办法》《枣庄市水资源管理暂行办法》《枣庄市水利工程水费记收管理办法》《枣庄市农村公共供水管理办法》等一系列行之有效的地方规范文件20余件。各区（市）也制定了与《中华人民共和国水法》等法律相配套的地方规范性文件。全市形成了一个上下配套、相互衔接、日趋完善的水法规体系框架，水利工作真正纳入了制度化规范化法制化轨道。同时，依靠科技进步，推动水利发展科学技术是第一生产力，现代水利的基本特征就是科技创新。水利发展的实践证明，水利的每次重大进步都与科技创新和运用紧密联系。过去几年，枣庄市上马实施的包括南水北调、治淮南下、南四湖湖东堤、农业节水工程、岩马水库除险加固等有重大影响的水利水保工程建设，都充分运用了现代水利科技技术，工程建设速度、质量和效益得到了显著提高。

（四）发展民生水利是水利和渔业建设的出发点和落脚点

服务和保障经济社会发展，是水利工作的重要目标。水利部门的重要职能就是防御洪涝旱灾，农田水利基础，保障水资源的有效供给，改善水生态环境，为经济社会发展提供良好的水环境。这是市委市政府交给水利部门的主要任务，也是保障全市人民群众切身利益、根本利益的出发点，水利工作在任何时候都必须始终坚持“依靠人民群众、服务人民群众”的行业发展方向，都必须着力解决人民群众生产生活中的水问题，都必须让人民群众在日益发展的水利事业中更多受益。有了人民群众的热情参与和积极支持，水利事业发展才能充满活力和希望。30多年来，枣庄市大力实施的南水北调、治淮南下、农村饮水解困、节水灌溉、水库除险加固、农田水利基本建设、水土保持、渔业生产为重点的工程质量好、效益高，给人民群众带来了实惠，赢得了全社会广泛赞誉。

（五）乐于奉献的精神是水利和渔业工作扎实推进重要动力

水利和渔业工作任务繁重、工作辛苦，一直以来，在乐于奉献的精神促动下，枣庄市水利工作逐步形成了一支“结构合理、高效精干”的稳定的高素质水利工作队伍，在推动水利事业发展，服务保障经济社会发展方面作出了巨大贡献。每年汛期，特别是遇到大洪水年份，全市的防汛工作异常紧张，水利工作者全力以赴投入到防汛抗洪工作中，真正是夜以继日奋战在一线，防汛指挥、协调，防汛值守、现场技术指导，什么地方紧急、什么地方需要，都有水利工作者在忙碌。汛后的冬春水利建设也是水利工作的重点，提早做好各项准备工作，工程建设期间，更是深入施工现场，加强技术指导，加强工程质量、进度、投资监管，加班加点保证工程顺利实施。在做好防汛防旱、水利建设工作的同时，积极开展水行政执法，打击非法采砂，水资源保护管理等工作，正是全体水利工作者始终保持着乐于奉献的精神，扎扎实实开展工作，不断开创枣庄水利和渔业事业的新局面。改革开放以来，正是以服务和保障经济社会发展为目标，扎实开展水利工作，成功抗御了一次次洪涝灾害，提升了农业水利基础设施发展能力，保障了人民群众生命财政安全，保障了经济的稳定发展。

审稿人：闫维松

撰稿人：王　斌

枣庄市商贸流通业改革历程与成就

商贸流通业作为枣庄市改革开放最早的领域之一，经过近40年的快速发展，实现了由计划经济向社会主义市场经济的成功转轨，从流通主体、流通渠道、流通方式、经营业态，到运行机制和管理体制都发生了根本性变化，取得了巨大发展和辉煌成就，有力地推动了全市经济发展和民生改善。

一、商贸流通业改革历程

改革开放后，枣庄商贸流通业发展大致经历了以下几个阶段。

（一）国营商业改革启动时期（1978—1986年）

1978年，全市商业仍然实行国营，主要由商业局、供销社等进行管理，采取“以计划调节为主，市场调节为辅，计划和市场调节相结合”的办法。1983年，商业实行利改税改革，按实现的利润征收所得税。全市各国营商业开始运用经济手段，在零售商业、饮食服务业实行不同形式的经营承包责任制，引导企业实现指导性计划，缩小指令性计划范围，扩大企业经营自主权。1985年，全市国营商业计划管理采取五个转变，即计划管理转向宏观控制和微观放开搞活、指导与服务相结合，转向部门与社会商业计划相结合，转向中、长期计划与年度计划相结合，转向指令性与指导性计划相结合，转向行政干预与经济手段相结合。随着商品计划管理体制改革，商品开始退出计划管理。1983年12月起，针纺织品结束了居民凭票供应的历史。至1985年底，计划商品减至17种。1986年，取消名牌自行车、缝纫机、电视机、火柴、普通灯泡、硫磺块等6个商品的计划管理。

至80年代中期，枣庄市商业局管辖山东省枣庄市五金交电化工公司、山东省枣庄百货采购供应站、山东省石油公司枣庄市分公司、枣庄市蔬菜副食品公司、枣庄市百货公司、枣庄市食品公司、枣庄市水产公司、枣庄市副食品贸易中心、枣庄市饮食服务公司、枣庄饭店、山东省枣庄市肉类联合加工厂和枣庄市商业干部学校、枣庄市商业医院等企事业单位。全市商业局系统职工总人数达11204人，其中商业人员9591人、饮食业793人、服务业820人。市供销社下辖果品公司、棉麻公司、废旧物资回收公司、农副产品贸易中心、土产杂品批发站、供销干校。全市共有基层供销社83处，所辖商店、采购站、饭店、代购代销店3243个，全市供销社职工11849人。

（二）下放企业经营自主权时期（1986—1998年）

自1986年起，市委、市政府相继出台一些扶持商贸流通业发展的政策措施，城乡市场体系建设逐步完善，第三产业取得较快发展。市场开放、搞活，取消计划内供应，由国营转变为多种经济成分、多渠道、多种经营。

1987年，市商业局进一步放权，在12个中小企业中推行厂长经理负责制。1988年，企业承包形式升级，全市商业骨干企业实行对财政直接承包，期限3年。年内有45个企业实行了内部招标承包。1987年，开始转换经营体制，由计划供应逐步向市场经济转变。放开实行企业定价的百货、文化小商品价格，由批发、零售企业自主行使定价权。零售价格由零售企业按照市场供求变化自行掌握。1988年，取消洗衣粉分配计划。1991年，市物价局、商业局决定放开全部服装价格；市商业局推行国有商业经营、用工、价格、分配“四放开”和劳动、人事、分配“三项制度”改革。1995年，市委、市政府立足发展大商贸市场，构筑大流通格局，由市商业局、物资局、粮食局和供销合作社承建，沿青檀路两侧建设小商品、进出口商品、牛仔系列服装、洗涤化妆、高档装饰材料、干鲜果品、粮油食品、物资贸易等8个大型批发市场（简称八大市场），枣庄商业发展出现一派繁荣景象。

全市物资系统在80年代中期发展到顶点。1986年，市物资局直辖市金属材料公司、市木材公司、市燃料公司、市化工轻工公司、市机电设备公司、市建材物资公司、市汽车销售公司、市金属回收公司、市服务物资公司和枣庄市物资贸易中心10个专业公司，全系统共有干部职工1081人，固定资产13864万元。1987年，建立跨地区、跨行业综合性与专业性相结合的枣庄市生产资料交易市场。市生产资料交易市场内设枣庄市钢材、木材、燃料、化工轻工、机电产品、建材、汽车和废金属等10个市场。市物资局同市中区政府联合在利民市场新建了当时鲁南最大的机动车交易市场，吸引全国近百家汽车生产厂家投入资源。开业当月销售汽车110多辆，业务发展辐射到苏鲁豫皖各省毗邻市县。1993年，整个物资系统遇到前所未有的困难，企业效益下降，出现亏损。1994年8月15日，对于损失严重的市建材物资公司依法实施破产。

（三）产权制度改革时期（1998年至今）

1. 企业产权改革

1998年，整个消费品市场有效需求不足，企业商流资金沉淀，整体呈现销售萎缩、效益下滑。市直商业全年实

现商品自营销售2.47亿元，联营联销、租赁经营销售1.5亿元。当年4月，市商业总公司着手实施企业改制和产权转让工作。

1999年，经过资产评估，市化工轻工总公司改制成国家控股、职工参股的股份责任有限公司——枣庄市裕鲁化工轻工有限公司，企业注册资本48万元，入股职工107人，当年完成商品购进额3129万元，销售金额3471万元。枣庄机电产品集团总公司进行企业改制。经过全体职工讨论，决定原公司产权整体转让，职工整体买断公司产权，以自愿入股的形式，出资206万元注册资金，组建枣庄市新正机电设备有限公司。后该公司停止经营，多数职工下岗，自谋职业，留守人员靠租赁办公楼、仓库等资产维持。市木材公司进行改制，清产核资后，以职工集体募股30万元买断，改制成枣庄市新木材有限公司，实行自主经营，自负盈亏。通过一年的运营，企业经营状况未有好转，又经改选董事会、监事会，公司更名为枣庄市森茂木材有限公司。后该公司处于半停产、停产状态，留守人员靠租赁原公司房屋、场地维持生活。2000年，市商业总公司所属企业过半数实施了产权制度改革，所剩困难企业基本处于停产半停产状态。

2005年，市糕点厂破产工作圆满结束，利用破产变现资金对职工的债权进行了全额清偿，退休职工办理了终生医疗保险，在职职工发放了安置费，企业职工十分满意；市新汇商场、第四百货商店破产财产已经变现；市木材公司、肉联厂进入破产程序。2006年，坚持“整体规划、分批推进、先易后难”的指导思想，推动企业破产重组。市新汇商场、市糕点厂2家企业已破产终结，全额清偿了职工债权，较好安置了企业职工。薛城区医药公司、山亭区医药公司已完成破产资产处置工作，破产工作即将终结。市糖酒茶副食品总公司、新大广场、百货大楼、滕州东大广场、木材公司、台儿庄酿酒总厂、商业汇通有限公司、百货四店8家企业已进入破产程序。市直流通企业国有股退出工作进展顺利，市新昌批发市场国有股已整体退出，市裕鲁化工轻工有限公司国有股退出工作已全面启动。2007年，市第四百货商店、市商业大世界两家企业已破产终结。市裕鲁化工轻工有限公司与市国资委出让方签订了国有股权转让合同书，国有资本完全退出，改制工作已圆满完成。

2008年，确定推进14家企业破产工作。市新大广场、市商业汇通有限公司、台儿庄酿酒总厂3家企业已经完成清产核资、职工权益核算、部分资产评估等工作，并对职工权益进行了第一次公示；市银储百汇大厦破产资产已处置完毕，已完成职工权益补偿；市百货大楼、市糖酒茶副食品公司、市亚细亚商业有限公司、市木材总公司4家企业清产核资、职工失业登记等工作已完成。滕州东大广场也已为企业职工办理了失业登记手续。截至2016年底，部分商业国有企业改制仍在进行当中。

2. 行政管理体制改革

1992年8月18日，市商业总公司成立，与市商业局一门两牌。1996年，市物资局成建制地转为枣庄市物资总公司，行政管理职能移交市贸易局。2001年4月，枣庄市商业总公司撤销，原承担的行政管理职能移交市经济贸易委员会所属市贸易办公室。国有商业系统称谓取消。2003年12月，为加强对全市商贸流通系统的管理与协调，市贸易办公室由市经贸委管理的内设机构改为市政府直属正县级事业单位，2004年3月更名为枣庄市服务业协调办公室。市物资总公司撤销，下属企业划归市服务业协调办公室管理。2010年4月，枣庄市实施政府机构改革，成立枣庄市商务局，市服务业协调办公室部分职能划入。

2016年10月18日，枣庄市中心城区商业网点规划评审会召开

3. 现代流通提升改造

（1）开展“万村千乡”市场工程建设

2005年2月，商务部下发《关于开展“万村千乡”市场工程试点的通知》，引导城市连锁和超市向农村延伸发展“农家店”，形成以城区店为龙头、乡镇店为骨干、村级店为基础的农村消费经营网络，逐步缩小城乡消费差距。经商务部批准，枣庄市确定滕州市、市中区为首批试点区（市），滕州市丰谷农资有限责任公司、滕州供销超市有限公司、枣庄购物中心有限公司为首批试点企业，建成乡、村级农家店243个，物流配送中心1个。自2006年起，枣庄市陆续在各区（市）依托重点企业，开展“万村千乡”市场工程建设，建设和改造一批农家店、配送中心、乡镇商贸中心。截至2014年，累计新建和改造农家店2049家。

（2）开展“农超对接”活动

2008年12月，商务部、农业部联合下发了《关于开展农超对接试点工作的通知》，贯彻落实2008年中央1号文件和十七届三中全会精神，发展农产品现代流通方式，推进鲜活农产品“超市+基地”的流通模式，引导大型连锁超市直接与鲜活农产品产地的农民专业合作社产销对接。2010年，枣庄贵诚购

物中心有限公司作为首批农产品“农超对接”试点企业，成立了农产品营销分公司与多家基层生产单位建立直接合作关系，形成了20多个大类、300多个单品的营销规模。2012年，枣庄市扩大“农超对接”“区超对接”覆盖范围，投入4510万元建立冷链物流系统、农产品配送中心和农残快速检测系统，建设起高效、安全、有序的鲜活农产品流通体系。2015年，将实现城区大型超市农产品监管检测全覆盖纳入枣庄市百件惠民实事重点调度、重点实施。联合市食药局制定《枣庄市食用农产品放心示范店创建标准（试行）》，依托山东贵诚集团有限公司，创建10家“食用农产品放心示范店”。

（3）开展“家电下乡”活动

2007年12月，财政部、商务部决定在山东、河南、四川、青岛三省一市进行家电下乡试点，对彩电、冰箱（含冰柜）、手机三大类产品给予产品销售价格13%的财政资金直补。2008年，枣庄市通过审核备案的家电下乡销售网点319个，销售各类补贴类家电产品32583台（部），销售金额4923.2万元，已补贴资金503.3万元，全市有2万余名农民真正尝到了政策的甜头，得到了实惠。2009年，“家电下乡”工程，累计销售补贴类家电143058台，销售金额2.6亿元，共发放补贴资金2633.7万元，销量是上年同期的四倍，销售金额同比增长446%。9月27日启动家电“以旧换新”试点工作，回收各类废弃旧家电4302台，换新销售3917台，实现销售金额1589.3万元，发放补贴122.1万元。2010年，全面推进“家电下乡”推广工作，家电下乡销售网点扩大到1027个，覆盖了所有乡镇，累计销售家电下乡产品640338台，销售金额15.6亿元。2011年，全市家电下乡产品销量82万台（件），拉动消费24亿元，同比分别增长88.9%和112.6%；销售以旧换新家电35.99万台，拉动消费14.17亿元，政策促进效应十分明显。

（4）加强政策规划引导

2007年6月，市委、市政府印发了《关于进一步促进服务业发展的若干政策意见》，进一步明确了今后一个时期服务业的发展方向、发展重点，为服务业发展创造良好的政策环境；下发了《枣庄市服务业发展引导资金管理办法》，为服务业重点行业、企业和重点品牌建设提供了必要的资金支持。2012年，枣庄市政府下发《关于加快商贸流通业发展的意见》，提出要完善城乡市场体系，创新现代流通方式，培育大型流通企业，优化商贸流通环境，加大政策扶持力度。

2007年，《枣庄市中心城商业网点专业规划》通过省、市专家评审，对整合全市城市商业网点资源，充分发挥城市商贸业的辐射带动作用，有着积极的促进作用。2009年，为充分发挥规划在有效整合资源、优化结构中的作用，枣庄市编制了《枣庄市服务业发展规划（2009—2015年）》，《枣庄市城市商业网点规划》《枣庄市交通发展规划》《枣庄市旅游发展规划》《枣庄市教育发展规划》等行业专项规划也相继出台，各区（市）也制定了本区域服务业发展规划，初步形成了覆盖服务业各个领域的规划体系。出台了《关于进一步支持服务业发展的实施意见》，对重点项目实行多方面的优惠政策。2015年，市商务局委托中商商业规划设计院编制《枣庄市城市商业网点规划（2015—2030年）》，对市级商业中心、次级商业中心、社区商业、集镇商业进行统筹规划，同时根据各区（市）资源、区位优势和市场基础等编制全市商品交易市场规划。

（5）组织开展促进消费活动

为活跃国内市场、促进消费流通，枣庄市根据传统习惯和消费趋势组织规划各种消费促进活动。2009年，枣庄市商务局下发了《2009年枣庄节会活动方案》，成立了节会领导小组、节会办公室，筛选策划了市级主抓的19个节会活动，重点调度区级主抓的21个节会活动，营造长年不断的消费热潮。举办年货博览会、元宵共享消费日、首届桃花节、首届梨花节、首届中国（枣庄）家居文化艺术节、全国汽车场地越野赛、第二届中国·枣庄二手车博览会和国庆·中秋“迎双节欢乐团圆购物节”等10多个节会活动。枣庄首届桃花节、首届梨花节、中国·枣庄首届榴花节举办期间，共有56家外地旅行社组团来枣庄市“赏花踏青”，实现综合收入过亿元；第二届中国（枣庄）二手车博览会期间，共有1000多家二手车经销商参加博览会，销售额总计5600万元；国庆·中秋“迎双节欢乐团圆购物节”期间，全市各重点调度的大型流通企业销售额达到近6亿元，比上年同期增长23%，客流量达到230余万人次，比上年同期增长17%。

2010年之后，每年组织开展“满意消费惠万家”活动，举办国际干杂海货调味品博览会、二手车博览会、微山湖湿地红荷节、中国非物质文化遗产博览会、“喜迎新春欢乐购物节”、“消费促进月”、枣庄年货博览会暨迎新春家电特卖会等一系列促消费活动。2015年之后，促销活动由政府组织演变成商超组织为主。全市大型商贸流通企业抓住节点，围绕“促消费·惠民生”主题，开展多种促销活动。

（6）申报“中国辣子鸡之乡”称号

为进一步促进消费市场发展，塑造地方知名品牌，2014年12月，枣庄市商务局提出申报枣庄市为“中国辣子鸡之乡”的动议，随后枣庄市商务局在报经市政府同意后，全面启动了申报“中国辣子鸡之乡”的各项工作。经过近一年时间的准备，根据《中国烹饪协会“中国美食之乡”认定管理办法》要求，枣庄市商务局指导市烹饪餐饮业协会广泛收集有关申报资料和材料，主要将枣庄辣子鸡的技法特点、各类媒体对枣庄辣子鸡的报道、枣庄辣子鸡历年所获荣誉、枣庄市主要餐饮名店简介、枣庄市主要烹饪大师简介、枣庄辣子鸡风味代表菜、传承谱系等申报资料整理汇编成册。

2015年7月1日，枣庄市商务局、枣庄市旅服委、枣庄市食药监局、枣庄

市工商行政管理局、枣庄市烹餐协联合出台了《关于举办中国·枣庄辣子鸡文化节的通知》。9月5日，举办了首届中国·枣庄辣子鸡文化节，开展了中国·枣庄鸡（吉）文化高峰论坛、辣子鸡文化节文艺演出、中国·枣庄鸡民俗（食礼）漫画精选展、酒水（特产）博览会、老厨师杀鸡技艺表演、百名厨师烹鸡比赛及万名食客免费品鸡活动、120名车友骑行寻找枣庄辣子鸡发源之旅、中国辣子鸡之乡传承酒店评选、“枣庄辣子鸡王”评选及颁奖等活动。全市100家酒店105名厨师报名参加了百名厨师烹鸡比赛，评选出了枣庄辣子鸡传承人5人，全市19人获得了“枣庄辣子鸡王”称号，进一步弘扬和传承了枣庄市饮食文化，扩大了“枣庄辣子鸡”品牌的知名度和影响力，也为申报枣庄市为“中国辣子鸡之乡”打下了基础。

2015年12月，枣庄市政府出台了《枣庄市人民政府关于枣庄市申报“中国辣子鸡之乡”的函》，函中附有枣庄市辣子鸡产业发展规划，将辣子鸡产业纳入全市重点产业，对辣子鸡产业品牌建设、食材基地建设等进行规划，明确了产业发展方向和重点，推动了枣庄辣子鸡产业链进一步完善。2015年12月24日，山东省烹饪协会出台《关于推荐山东省枣庄市申报“中国辣子鸡之乡”的函》。2016年2月25日，枣庄市商务局出台了《关于成立枣庄市辣子鸡产业发展工作领导小组的通知》《关于加快枣庄市辣子鸡产业发展的意见》2个文件。

2016年3月29—30日，中国烹饪协会特邀副会长、山东省烹饪协会会长李光璧，中国烹饪协会秘书长乔杰，河南省酒店业商会会长钱波，中国餐饮产业研究院院长吴坚，中国烹饪大师陈小彬5名中国烹饪协会专家对枣庄市申报“中国辣子鸡之乡”进行评审认定。专家团对枣庄辣子鸡传承店枣庄迎宾馆、滕州养士楼，枣庄市抱犊调味品有限责任公司，峄城辣椒种植基地、台儿庄古城餐饮、滕州龙泉美食一条街进行了实地考察验收。认定专家组对枣庄市申报“中国辣子鸡之乡”工作非常满意，给予高度评价。经过公示，2016年5月份，中国烹饪协会正式认定枣庄市为“中国辣子鸡之乡”。

（7）发展电子商务提升改造传统商贸流通业

经过几年的自发性发展，枣庄市电子商务到2014年已初具规模。2014年底电子商务市场交易规模达300.7亿，同比增长21.74%。细分行业结构中，B2B电子商务市场交易额达226.1亿元，占比75.2%，同比增长19%；网络零售市场交易规模达67.1亿元，占比达到22.3%，同比增长22%，相当于同期全市社零额的9.5%；旅游、餐饮等其他服务业O2O电子商务交易额7.5亿元，占比达到2.49%，同比增长31%。在阿里巴巴发布的全国电商发展指数城市排名中，枣庄市列全国第68位，山东省第4位，接收包裹1749万件，寄出1232万件。从行业细分来看：一是B2B领域。全市从事B2B电子商务的活跃企业达到3000余家，主要依托阿里巴巴、中国制造网、慧聪网、敦煌网、兰亭集势等B2B综合平台开展电子商务交易，主要集中在钢铁、煤炭、化工、造纸、机械制造、纺织服装、物流等企业。根据阿里巴巴网站数据显示，钢铁企业100家、煤炭企业281家、化工企业730家、造纸企业157家、机械制造企业458家、纺织服装企业907家、物流企业81家，合计达到2714家，占到了全市B2B企业的90%以上。二是网络零售领域。2014年企业和个人在网络上开设网店数量达到12300余家，主要依托淘宝天猫、京东等第三方平台实现交易，其中在淘宝天猫注册的网店9200余家，占总网店数的75%以上，销售额达到53亿元，占比达到79%；在京东商城注册的网店达到1500余家，占总网店数的12%，销售额达到9.4亿元，占比达到14%，其他电商平台如腾讯电商、亚马逊中国、1号店、唯品会、当当网、国美在线等网店数量占到13%，交易额占到7%左右。三是O2O领域。近年来O2O电子商务交易发展迅猛，已经渗透服务业的各个角落，从旅游、餐饮、住宿到休闲娱乐、电影、生活服务等各类企业、商铺及个人均开通了O2O经营模式。2014年全市仅在美团网注册并提供服务的商家就达到5000余家，通过美团、百度糯米、大众点评等团购网站购买服务的人数达到70余万人，人均消费达到1000元以上。

从电商发展聚集地电子商务园区来看，已形成了一批产业较为集聚、配套较为完善的电子商务园区，可为入驻企

2016年6月26日，中国辣子鸡之乡暨中华餐饮名店揭牌庆典

业统一提供办公区域、仓储物流区域、美工图像处理、摄影等完善的服务。如滕州鲁华大学生创业园、枣庄市电子商务产业园、鲁南网络经济产业园、山亭网商谷、滕州嘉誉青年创业园、市中盛北大学生创业园和华派大学生创业园。滕州鲁华大学生创业园已入驻企业120余家，形成了“电子商务+物流”的创业模式，2014年被省商务厅评为“山东省电子商务示范园区”；枣庄贵诚集团依托自身优势，在山亭区投资建设了农产品电子交易中心，整合枣庄及周边地区农产品优势资源，采取线上线下相结合的O2O模式进行销售，前景看好；滕州嘉誉青年创业园，依托全国三大干杂海货交易市场之一的嘉誉干杂海货市场建立，专门制作了适合网上销售的100克、250克小包装，打开了干杂海货网上市场。从电子商务企业来看，自建平台开展电子商务交易的企业如山东世纪通康有限公司，其最新开发的O2O电商平台“来自购”依托实体店铺和移动互联网打造社区购物生活服务平台，于2015年元旦在北京人民大会堂召开新闻发布会，正式上线运营。利用第三方平台的企业如市中区的金田服饰公司、峄城区的冠世乐淘大学生创业基地、台儿庄区的天龙信息科技有限公司、金旭科技有限公司等也都取得了较好的销售额。同时，枣庄市的传统外贸出口企业如滕州的骏驰纺织、三合机械、辛化硅胶、高新区的中力机械等利用电子商务开拓国际市场的水平也在不断提升。

鉴于越来越多传统企业涉足电商业务，有必要加强对电商业务的引导、扶持和规范管理。2014年，枣庄市商务局成立电子商务科；枣庄市电子商务促进会成立。枣庄市电子商务促进会已吸纳会员企业203家。电商业务正越来越多地渗透到传统制造业和商贸流通业，激活了大量的商业机会。

为在全社会营造电子商务发展的浓厚氛围，帮助现有电商企业进一步提升运营水平，鼓励并辅导在枣青年及在校大学生通过电商实现精细化创业，市商务局联合团市委、市妇联、市人社局，举办了2015年枣庄市首届“农商行掌上社区”杯电子商务大赛。共有460支队伍，1729人报名参赛。大赛三个月（7—9月）网上销售额总计9760万元，其中，初创组平均月网销额5万元以上的29家，平均好评率98.2%；高级组平均月销售额28万元，同比增长19.7%，好评率99.1%，单月增长率最高的是ARP爱瑞派生态铸造，8月单月增长550%；B2B组平均月销售额97万元，同比增长21.8%，滕州华硕数控机床有限公司同比增长50%，单月最高增长170%。滕州嘉誉青年创业园，借助电商大赛的东风，吸引100多名参赛选手免费入驻。为进一步加大宣传力度，营造电商发展良好氛围，在枣庄电视台、枣庄电台、微信、新浪微博、百度贴吧等媒体对全市电商发展情况进行全方位、立体式宣传；开展电商进名企活动，组织电商深入中国银行、农商行、联通公司、有线电视台、鼎新商贸等23家单位进行合作洽谈；召开银企对接会5次，筹建枣庄电商担保公司，缓解企业融资难问题。创造性开展电商培训活动。全年组织电商培训、座谈、沙龙等69次，培训人员超11000人次；组织160余家企业赴杭州、义乌、金华、淄博、新泰考察学习，实地感受先进地区电商发展氛围；创造性开展电商问诊活动，邀请洪海龙腾电子商务公司、山东大学电子商务总裁班导师等国内知名电商专家组成专家组，对年销售额2000万元以上、发展电商意愿强的滕达不锈钢、华派服饰、杰诺生物酶、祥和乳业、盛泉工艺品等20家传统生产类企业和山亭徐庄、滕州洪绪两个乡镇进行现场指导，针对企业实际情况，提出指导性建议和操作性强的措施；举办了互联网+电子商务高层论坛，邀请国内知名电商研究机构、企业专家来枣庄市举办电子商务高端论坛，为电子商务发展献计献策。全市400余家企业600余人参加了本次会议，取得了良好效果。

2016年，枣庄市商务局大力实施“五个一”工程（一个新建园区、一个服务平台、一个发展规划、一个电商人才库、一系列互联网+商务）和电商扶贫三年行动，整合内外部各方资源，汇聚合力，全市电商发展取得了较好的效果。一是加快电子商务园区的建设发展。以枣庄市电子商务产业园为龙头，指导帮助安侨集团对园区进行合理规划和产业布局，制定出台园区招商运营方案。目前园区已累计签约企业37家，其中有17家已正式入园运营，20家正在设计装修。园区成为以阿里系电商、外贸跨境电商和电商公共服务为中心的第三代电子商务产业园区。加快滕州市鲁华农副产品物流中心大学生创业园的转型升级，其整合园区资源自主建设的干货1688网站平台建设成功并上线运营。推动市中区盛北商贸城电商创业园、滕州市嘉誉干杂海货市场电商创业园、大宗村电商创业园、薛城区鲁南网络经济产业园已基本形成聚集效应。二是积极推进农村电子商务发展。全面启动了山东省电子商务示范县创建工作，我市山亭区被省商务厅评为第二批全省电子商务示范县。以与阿里巴巴“农村淘宝”签约为切入点，建立阿里巴巴“农村淘宝”滕州市县级服务中心，辐射滕州市和山亭区，现已正式运营；与苏宁集团签订战略合作框架协议，启动苏宁农村电商网点布局；与京东集团、新浪网、大北农的全面合作进入实操阶段，6月底在北京招商会上正式签约；推动我市邮政、供销系统依托各自现有资源，自建网销平台，邮政公司已在全市240多个村建立网点服务站；开展了“电商乡村行”万人培训活动，深入全市64个镇街进行电商培训，采取专家理论讲解与店主现身说法等多种形式，务求培训效果，计划年培训1万人次，累计培训7500余人次。三是重点抓好电商扶贫工作。联合市委组织部、市扶贫办共同制定下发了《第一书记“电商扶贫三年行动”工作方案》，由市委组织部、市扶贫办、市商务局牵头成立电商扶贫工作组，办公室设在市商务局，负责电商

扶贫的顶层设计、政策制定、协调指导、工作推进、检查考核等。全面指导和协调各区市建立区级电子商务公共服务中心、镇级电子商务服务中心和村级电子商务服务站同步开展的电子商务三级服务体系。按照“一村一品”“村企合作”的原则，建立电商扶贫农特产品目录库，引导各区（市）培育特色农产品生产、加工、包装、销售的龙头企业，打造“农村合作社+企业+基地+农户”的电商扶贫模式，引导贫困户参与到整个电商产业链。市商务局专门建设了“美丽乡村”手机端与PC端，全方位展示枣庄市乡村特色农产品、农家店、乡村旅游资源、加工品、民俗传承工艺品等资源。同时精选各贫困村上报的特色产品，统一包装设计，选择全市优质活跃网商在天猫、京东、邮乐网、供销网站进行销售。自6月份以来，在“美丽乡村”手机端与PC端上传资料的贫困村53个，在各类平台上开设网店120余家，实现线上交易1200万元，促成线下交易逾2800万元。四是推动工业企业实现电商转型。指导和推动传统工业企业，积极触网开展B2B、B2C电商业务，取得了较好的成效。滕州万宝童车开启了天猫供销平台，积极发展线上分销商，2016年月销售40余万元。“衫客”电子商务公司依托枣庄海雷狄特服饰有限公司，专注于服装的个性化定制。五是扎实做好扶贫对口协作。根据市扶贫办的工作安排和对口协作的相关要求，及时与威海市商务局沟通对接，邀请威海市商务局带领威海市电子商务行业协会及相关电商企业来枣庄市实地考察指导。经与威海市商务局研究洽谈，两地商务部门将签署关于威海枣庄两市在商务领域开展全面战略合作的框架协议，一是共同落实好省里在脱贫攻坚期开展的扶贫协作重大行动，根据双方所需、双方所能，精准找到对接点，大力推进产业扶贫、电商扶贫，提高扶贫协作成效；二是立足双方资源、区位、产业等优势，广泛开展全面经济、文化、旅游合作，实现优势互补、发展双赢。六是全面整合协会资源形成合力。

2017年，全市电商网络成交额690.1亿元，增长24.2%，网络零售额124.7亿元，新增B2C/C2C网店522家。

（8）强化市场监管

为进一步强化市场价格监测，2003年4月，商务部下发《关于加强生活必需品市场监测的紧急通知》，决定建立城市生活必需品市场监控报告制度，有效防止和应对市场异常波动，保证防治非典型肺炎工作顺利进行。枣庄市建立该制度后，不断扩大监测产品和企业范围，到2015年，全市共有监测点60个，监测样本企业25家，涵批发、零售、餐饮等主要流通行业，监测商品包括21大类600种消费品和8大类50余种生产资料，基本形成较为完善的市场监测体系。2017年1月20日，全市市场监测平台建设启动及业务培训工作会议召开。全市市场监测平台包含生活必需品市场监测系统、重点流通企业统计监测系统、重要生产资料市场监测系统、酒类流通统计监测系统、智能信息泵采集系统。目前全市共有监测点84个，监测样本企业77家。监测点覆盖全市6个区（市），涵盖批发、零售、餐饮等主要流通行业，监测商品包括21大类600种消费品和11大类300种生产资料。根据要求，监测样本企业定期登录商务部内贸流通统计监测信息服务系统，填报商品价格数据信息。商务主管部门通过综合分析录入数据，形成预测预警报告，对趋势性、苗头性问题及早作出判断，并提出有针对性的政策建议，保障全市商贸流通市场平稳运行。预警分析报告同时在商务网站及微信平台发布，消费者和经营者也可以登录枣庄商务网及微信平台，了解商品价格信息和市场供需情况，科学调整消费行为和生产活动。

2017年1月20日，全市市场监测平台业务培训工作会召开

2011年5月，国务院办公厅转发了《关于规范商业预付卡管理的意见》，建立商业预付卡购卡实名登记等制度。8月，商务部办公厅下发《关于贯彻落实规范商业预付卡管理意见的通知》，2012年9月，商务部公布《单用途商业预付卡管理办法（试行）》。枣庄市依照规定对发卡企业进行备案管理，并定期对全市重点单用途商业预付卡发售企业进行检查。

2010年10月，国务院决定在全国集中开展打击侵犯知识产权和制售假冒伪劣商品专项行动，成立全国打击侵犯知识产权和制售假冒伪劣商品专项行动领导小组。自2010年起，由市商务局牵头，联合有关部门每年部署开展“双打”专项行动，在保护著作权、商标权、专利权、地理标志标识权、植物新品种等方面及新闻出版业、文化娱乐业、高新技术产业、农业等重点领域开展专项行动。2012年，市商务局组建商务行政执法支队，开通“12312”举报投诉服务电话。

为保障特殊行业健康稳定发展，枣庄市商务局依法对拍卖、典当、二手车等特殊行业的设立、变更、经营等活动进行监管。2015年，典当企业共有10家，拍卖企业共有10家，报废汽车回收拆解资质企业1家，旧机动车鉴定评估企业16家。1997年，国务院发布《生猪屠宰管理条例》，实行生猪定点屠宰、

集中检疫制度。枣庄市建立生猪定点屠宰企业审核和清理制度，定期开展打击私屠滥宰专项整治活动。2014年之后，生猪屠宰监督管理职责移交给畜牧局。2005年，商务部发布《酒类流通管理办法》，酒类流通实行经营者备案登记制度和溯源制度。酒类经营者应填制《酒类流通随附单》，单随货走，单货相符，实现酒类商品自出厂到销售终端全过程流通信息的可追溯性。枣庄市定期对酒类流通企业执行备案及随附单制度进行检查。该《办法》于2016年11月废止。

二、商贸流通业改革成就

（一）从商品实行统购统销向市场自由流通转变

1978年召开的中共十一届三中全会，明确了以经济建设为中心，提出了要改革开放，改变计划经济的僵化体制，逐步向社会主义市场经济过渡。当时商贸流通业实行计划经济管理，主要商品按计划安排生产，统一收购，统一销售，商品批发调拨实行固定供应对象，固定供应地区，固定回扣率，商品凭票供应。1986年凭票供应在枣庄市逐步退出了历史舞台，商品供应初步繁荣，购物难、住店难、吃饭难、理发难等诸多难点问题从根本上得到了缓解，商贸流通业开始向市场化方向迈进。

（二）从商业网点不足向数量型扩张转变

20世纪90年代初，枣庄市商贸流通业社会需求逐步提高，社会投资商业的资本大幅增加，商业网点和从业人员快速增长。1995年，市委、市政府立足发展大商贸市场，构筑大流通格局，建设了8个大型批发市场，吸引全国各地商家来枣经营批发业务，枣庄市商业达到鼎盛阶段。

2005年，建筑面积1万平方米以上的大型现代化商业网点，如枣庄大观园商场、滕州市商业大厦、滕州百货批发大厦、枣庄东方大厦、枣庄鲁南商城、枣庄百汇大厦、滕州饭店、枣庄大酒店、枣庄亚细亚商场、枣庄购物中心、枣庄青檀家具城、枣庄中粮大厦、枣庄新大广场、枣庄新昌批发市场等相继建成开业。有各类连锁企业52家，连锁门店502个，连锁经营额实现16.18亿元，经营额过亿元的大型零售企业3家，过5亿元的企业集团1家。建设年交易额过亿元的批发市场20处，其中过10亿元的1处。2005年底，全市流通企业207家，就业人数19867人。集体、私营、股份制等各种经济类型经营单位迅速发展，给商品流通领域注入新的活力。

到2015年，年交易有一定规模的各类商品交易市场（不包括农贸市场）60余家，其中年交易额过亿元的商品交易市场40余家，实现成交额约550亿元，从业人员达到30余万人。过亿元市场中，过5亿元的15家，过百亿元的2家。滕州杏花村干杂海货调味品批发市场四期扩建、滕州市嘉誉商贸城、盛北商贸城、滕州市农副产品物流中心、居然之家、大润发、万洲浙商城、义乌•滕州商城、银座等一批投资规模大、现代化水平高、辐射带动力强的流通大项目相继投入运营。

2005年，全市社会消费品零售总额176.3亿元，是1986年的15.3倍。2015年，枣庄市社会消费品零售总额805.4亿元，是2005年的4.6倍。2017年，全市实现社会消费品零售总额982.1亿元，同比增长10.1%。

（三）从传统商业向互联网商业转变

2015年，全市电子商务市场交易规模达362.1亿，同比增长20.4%。其中，B2B电子商务交易额达261.9亿元，占比72.3%，同比增长15.8%；网络零售交易额达89.4亿元，占比24.7%，同比增长33.2%，相当于同期全市社零额的11.1%；旅游、餐饮等其他服务业020电子商务交易额10.8亿元，占比达到3.0%，同比增长44%。阿里研究院发布2015年中国“电商百佳城市”排行榜，枣庄市市名列全国第63位，山东省第4位，仅次于青岛、济南、威海。2016年全市拥有“山东省电子商务示范基地”2家、“山东省电子商务示范企业”2家,“山东省电子商务示范县”1个，获“互联网+”2015年度中国网络零售百强城市称号。

（四）从国有商业向民营商业转变

目前枣庄市商业体制已由过去单一的国营制转变为国有和国有控股，股份制、民营、中外合资、外商独资等多种经济成分并存，充分利用市场优化配置资源，通过市场竞争加快推进企业升级换代的步伐。2013年末，全市批发和零售业企业法人单位资产总计562.26亿元，比2008年末增长385.88%。全市共有批发和零售业企业法人单位9911个，从业人员213388人，分别比2008年末增长197.38%和273.52%。在批发和零售业企业法人单位中，内资企业占99.90%，港、澳、台商投资企业占0.06%，外商投资企业占0.04%。在内资企业中，私营企业占全部企业法人单位的67.78%。

面向未来，枣庄市商贸流通业要深入贯彻科学发展观，坚定不移地继续推进改革开放，这是中国经济社会发展的必然选择，也是实现商贸流通业又好又快发展的必然选择。商贸流通业坚持深化改革，努力扩大开放，必须按照科学发展观的要求，进一步解放思想，坚持以市场机制为主导、以政府推动为助力、以自主创新为重点，积极探索有中国特色商贸流通业的发展道路。

审稿人：杨　青
撰稿人：朱　卫

枣庄市外贸发展的历程和经验

工业立市 50 多年来，枣庄市外贸从无到有，从小到大，经历了几个不同发展阶段，取得了巨大的成就，积累了宝贵的经验，为今后的发展奠定了坚实的基础。

一、管理制度改革

在计划经济体制下，枣庄市工业以“一黑一白”（煤炭、棉纺织）产业为主，基本没有对外贸易，只有部分为省级进出口公司供货的生产企业。

1978 年 4 月，为了适应对外贸易事业的进一步发展，报经山东省对外贸易局和枣庄市人民政府批准，把原行企合一的外贸机构分设为行政机构和企业机构。枣庄市对外贸易局为行政管理机构。撤销枣庄市对外贸易综合公司，分设为四个专业支公司：山东省畜产进出口分公司枣庄支公司、山东省食品进出口分公司枣庄支公司、山东省五金矿产进出口分公司枣庄支公司、山东轻工业品进出口分公司枣庄支公司，按业务经营范围实行独立核算，分别经营。1986 年前后为完全的外贸收购阶段，进出口贸易由市外贸畜产公司、市土产公司、市食品公司和五矿公司等国有专业公司垄断经营，生产企业不能直接面向国际市场。1991 年 4 月，经山东省对外贸易局批准成立枣庄市外贸出口商品基地建设公司，主要经营出口商品收购，扩大适销出口商品规模。

1991 年，滕州龙泉工艺品厂经国家外经贸部审批，成为枣庄市第一家自营进出口生产企业，开启了枣庄市自营获权进出口的历史，当年出口 7 万美元。1993 年 3 月，国家经贸部批复同意枣庄市成立第一家自营进出口专业公司（枣庄市进出口公司），主要经营枣庄市非计划配额管理商品的出口业务，经营枣庄自用的三类商品的进口业务，当年完成外贸收购额 71230 万元。1993 年，全市有 3 家自营进出口企业，其中生产型企业有鲁南机床厂、鲁南化学集团公司，外贸流通类企业有市进出口公司，形成外贸收购与自营出口并存的格局。此后，自营进出口企业不断发展壮大，自营进出口额迅速上升，国有外贸公司收购量则逐渐萎缩。

1996 年，枣庄市实施外贸企业改革，共有市直外贸公司 20 家，县级（滕州市）公司 5 家，指导思想是通过改革、改组改造和加强企业班子、管理和队伍建设，促使外贸企业由单一外贸型转到多种经营上来，由粗放经营型转到集约化经营轨道上来。1999 年，枣庄市出台第一部自营出口企业管理规定——《枣庄市自营出口企业管理试行意见》，自营出口完全取代外贸收购。2001 年，依据国家及省出台的对自营进出口权申报的重大改革，市外经贸局制定《枣庄市生产企业进出口登记管理办法》和《枣庄市流通企业申请外贸流通经营权的有关规定》。2004 年 7 月 1 日，全市完成自营进出口权审批制到登记制的最终转变，枣庄市外贸格局发生根本变化，形成各级各类专业外贸企业、自营进出口生产企业、商业物资企业和外贸投资企业等共同经营，国有、私营、中外合资、股份制、股份合作制、内部职工持股等各种所有制形式相互竞争和多层次、多渠道的经营体制。

自 2001 年我国加入 WTO 后，特别是 2004 年 7 月国家进出口审批转为备案并将备案权限下放到市级后，枣庄市进出口贸易有了突飞猛进的发展。“十一五”期间，累计实现进出口 32.91 亿美元，年均增长 19.6%，备案登记获权企业由 2005 年末 224 家增加到 2010 年的 682 家，有出口实绩企业由 169 家增加到 273 家。2011 年枣庄市外贸企业数量及规模稳健增长，全市对外贸易经营者备案企业共计 869 家，其中 288 家企业具有进出口业绩。2015 年 1 月，经省商务厅批准，枣庄市将对外贸易经营者备案登记权下放各区（市），按属地管理企业。截至 2016 年 6 月，全市共有对外贸易经营者备案登记企业 1100 余家，有实绩出口企业 382 家。

二、进出口业务发展

（一）出口商品

1978 年改革开放伊始，枣庄市外贸开始大步发展，主要出口商品以国有外贸公司收购代出口为主，全年完成出口商品收购额 886.7 万元，主要由畜产支公司、食品支公司、轻工支公司、五矿支公司分别完成收购。1980 年实际完成外贸收购 3137.5 万元，同比增长 26.46%，主要出口商品依次是五矿类 1076.3 万元，食品类 569.2 万元，设备类 567.4 万元，畜产品类 456.2 万元，土产品类 306.2 万元。1985 年以前枣庄市主要外贸收购出口商品是冻猪肉、兔肉、鸡肉、绵羊毛、山羊板皮、兔毛、貂皮、煤炭、硅铁等。

1986 年以后，枣庄市在不断扩大出口规模的同时，不断提高产品质量和水平。出口供货与自营出口之初，出口商品以农副产品和煤炭为主。1986 年外贸收购额列前五位的依次是：粮油类 3769 万美元，畜产类 3145 万美元，煤炭类 2626 万美元，土产类 2448 万美元，食品类 956 万美元，合计 12944 万美元，分别占全市外贸收购总额的 24%、20%、16.7%、15.6%、6.1%。1987 年枣庄市开始调整落后的出口商品结构，把工作

重点放在增加工矿产品出口和开发新产品上。以后在出口商品构成中，工业制成品的比重不断上升。

1991 年提出以质取胜战略，积极开展“质量、品种、效益年”活动。1991 年全市出口总值突破 5 亿元，增长 13.5%，机电、精深加工、劳动密集型产品比重明显加大。1998 年提出科技兴贸战略，促进全市出口商品结构的优化，规模扩张与质量效益并重。1993 年后，纺织服装、化工、玩具、机电等产品出口大幅增长。1998 年出口第一位的是化工产品，主要是蒽醌。1999 年出口第一位是玩具，主要是长毛绒玩具。2000 年出口第一位的是纺织服装，主要是各类针织、梭织类的面料与服装。2002 年开始，以鲁南牧工商为龙头的市农副产品出口开始增量加速，经深加工后的制成品比例大大提高，同期纺织服装的出口进入平稳期。2003 年起，以化肥为主导的化工产品出口再次大幅增加。

2004 年，全市实现自营出口 25535 万美元，金额列前五位的商品分别是：纺织服装 9463 万美元，化工产品 8224 万美元，农副产品 2703 万美元，机电产品 2197 万美元，玩具 1338 万美元，合计 23925 万美元，分别占全市出口总额的 37.1%、32.2%、10.6%、8.6%、5.2%，同比分别增长 29.3%、86.9%、34.9%、61.0%、20.4%。纺织服装成为枣庄市主要出口商品。2005 年，全市实现自营出口 31357 万美元，其中初级产品出口额 5613 万美元，占出口总额的 17.9%，工业制成品出口额 25744 万美元，占出口总额的 82.1%。主要出口商品结构出现较大变化，农副产品、机电产品分别实现出口 5731 万美元、3493 万美元，分别增长 112%、59%，占全市出口比重分别增长到 18.3%、11.1%；纺织服装增长 17.2%，增势趋稳；化工产品实现出口 6485 万美元，下降 21.1%；玩具出口 1227 万美元，下降 8.3%；新兴建材产品出口 1821 万美元，增长 545.7%。2006 年出口商品结构进一步优化。纺织服装、化工产品、机电、建材、玩具分别出口 14018、7173、6331、5146、1625 万美元，增长 26.4%、10.6%、81.2%、182.6%、32.4%，农副产品出口 5226 万美元，同比下降 8.8%。

2010 年 1—12 月份主要出口产品中，化工产品出口 16235 万美元，同比增长 87.7%；机电产品出口 12734 万美元，同比增长 57.2%；农副产品出口 7705 万美元，同比增长 88.6%；高新技术产品为 3209 万美元，同比增长 47.3%。出口产品结构进一步优化。2011 年枣庄市进出口再创历史新高，首次突破 10 亿美元大关。2013 年出口商品结构方面，化工、机电、高新技术产品分别出口 28108 万美元、15084 万美元、5613 万美元，占比达到 51.6%，超过纺织服装 20.4 个百分点。玻璃、肥料、玩具等出口增势强劲，分别增长 122.4%、27.4%、16.0%。2015 年全市有进出口实绩的 362 家。其中，出口企业主要集中在纺织服装（104 家，4.1 亿美元，出口占比 29.2%）、化工产品（65 家，3.04 亿美元，出口占比 21.6%）、五金机电（108 家，2.31 亿美元，出口占比 16.5%）、农副产品（26 家，0.65 亿美元，出口占比 4.7%）和建材、纸制品、玩具等行业领域；进口企业主要集中在橡胶及制品（4 家，0.53 亿美元，出口占比 27.7%）、废纸（3 家，0.45 亿美元，出口占比 23.7%）、机械设备（14 家，0.29 亿美元，出口占比 15.1%）和棉花、钢铁制品、化学品、服装辅料等行业领域。

2011—2015 年枣庄市外贸“十二五”工作圆满收官，2015 年出口增幅居全省首位。“十二五”期间，枣庄市进出口从 2011 年 10.68 亿美元发展到 2015 年的 15.9 亿美元（其中出口 14.03 亿美元），累计实现进出口 64.8 亿美元，年均增长 11.8%（其中出口累计 52.8 亿美元，年均增长 17.1%）。2015 年全市进出口 159459 万美元，同比增长 10.7%。其中，出口 140271 万美元，同比增长 21.6%。纺织服装玩具、机电产品出口增势迅猛，分别实现出口 4.53 亿美元、2.67 亿美元，分别同比增长 20.5%、50.7%，分别拉动全市出口增长 6.7 和 7.8 个百分点。化学品、农产品出口增长稳健，分别出口 14976 万美元、6796 万美元，分别同比增长 6.4%、2.6%。

（二）出口市场

在全市自营出口初期，香港市场占据绝对优势。1994 年，出口香港总额 525 万美元，占全市出口总额的 59.2%。

服装出口生产车间

第二、三位的分别是联邦德国、印度尼西亚，分别占5.2%、4.3%。香港市场的优势一直保持到1996年，随着美、韩、日、欧市场的兴起，其占市场的比重在不断下降。1997年，美国市场以总额1734万美元全面超过香港1096万美元，成为枣庄市出口第一大市场。1999年后，与韩国经济贸易往来日益密切，韩国市场后来居上。2000年，韩国市场成为第一大出口市场，当年金额列前三位的分别是：韩国1773万美元，美国1708万美元，日本1175万美元，分别占出口总额的18.7%、18.0%、12.4%。同时欧盟、东南亚的出口也稳中有升，出口市场多元化的格局初步形成。

2004年，东南亚市场从上一年的第六位提升至第一位。当年，金额列前三位的分别是：东南亚4726万美元，美国4330万美元，韩国3323万美元，分别占出口总额的18.5%、17%、13%。出口市场多元化的趋势进一步深化，在保持和深度开发美、韩、日、欧、港等传统市场的同时，大力开拓非洲、拉美、中东、东欧和独联体等新兴市场，大大拓宽外经贸发展的国际回旋空间，增强对外经贸的抗风险能力，贸易伙伴遍及世界各地。2005年，主要出口市场的出口进一步扩大，全市出口主要集中于美国、韩国、日本、中东、欧盟、东南亚6个市场，合计实现出口23552万美元，占全市出口总额的75.1%。出口市场增长最快的依次是日本、中东、欧盟、美国、韩国，分别增长88%、73.7%、58.8%、41.9%、38.6%。2006年，枣庄市主要出口市场发生积极变化。美国、中近东、日本、欧盟、韩国、东南亚六大市场合计实现出口31081万美元，占全市出口总额的74.8%。增幅前5位的分别是香港、中近东、欧盟、日本、非洲，增长114.9%、80.9%、75.1%、44.5%、27.9%；各大市场占全市出口总额的比重进一步拉近，出口市场多元化趋势进一步深化。

2006—2010年，国际市场开拓取得很大成效。2010年日、美、欧等传统市场已全面恢复，且增长稳定，1—12月份同比增长分别为26.9%、49.0%、60.0%，韩国、中近东、非洲和香港同比分别增长21.6%、37.2%、43.8%、150.3%，东南亚、南亚、南美洲等新兴市场也得到很大的拓展，均同比增长43%以上，且保持强劲增势。2013年枣庄市加大了对新兴市场的开拓力度，重点组织了俄罗斯婴童展、中东五大行业展等新兴市场展会，极大地拉动了枣庄市新兴市场的出口，与枣庄市开展进出口贸易的国家和地区达145个。对中近东实现出口13579万美元，同比增长11.2%，成为枣庄市第一大出口市场。对东盟出口11379万美元，列第三位。对新兴市场土耳其、俄罗斯、非洲、南美洲出口同比分别增长74.1%、43.9%、27.5%、22.2%。对美国和欧洲分别出口12181万美元、14047万美元，同比分别增长4.7%、8.1%，复苏稳健。2015年“枣庄制造”已出口至164个国家和地区。对美国、欧盟、日本、韩国四大传统市场出口进一步复苏，分别出口18054万美元、17177万美元、10418万美元、9845万美元，分别同比增长25.6%、16.7%、7.3%、32.7%，四大传统市场出口额占全市出口总额39.6%。对“一带一路”沿线等新兴市场国家贸易更趋活跃，2015年有223家企业与“一带一路”沿线国家建立了贸易往来，较2014年同期增长8.8%，共计出口53081万美元，同比增长24.8%，占全市出口总额37.8%。其中对东盟、沙特阿拉伯、阿联酋出口居前三位，分别出口18675万美元、11436万美元、2647万美元，分别同比增长51.5%、11.2%、32.1%。

（三）展销活动

以参加中国出口商品交易会（广交会）为主，其他国内外交易会为辅。1998年，枣庄市第一次参加第84届广交会，参会企业7家，设摊位7个，接待客商1180人次，成交1611万美元。以后每届都组织企业参加，参展企业、参展摊位、成交金额、接待客商数屡创新高。2005年秋季广交会，全市27家骨干出口企业参展，设摊位22.5个，接待客商3776人次，成交2728万美元。截至2015年第118届秋季广交会，全市共有38家企业参展，共设57个展位，参展产品主要涉及纺织服装、食品、礼品、玩具、机械、化工、建材等各个领域。21世纪以来，全市外贸开始注重国际市场开拓，2010年重点组织参加了美国芝加哥机床展、欧洲精细化工展、广交会、华交会、乌洽会等国内外大型展会，不断加强开拓国际市场的力度。2016年共组织180多家企业参加了上海国际汽配展、中国国际玻璃展、巴西国际食品展、土耳其波兰中国商品展、德国科隆婴童展、德国杜塞尔多夫玻璃展等国内外知名展会。

（四）加工贸易

在各种新型贸易方式中，加工贸易的发展较为突出，采用来料加工、来样加工、来件装配、补偿贸易和进料加工等。自1996年7月1日起，对进口料件实行合同审批制度。7月2日办理的第一份合同是枣庄明伟手套有限公司与外商签订的贸易合同。当年，全市共受理加工贸易合同101份，合同进口金额2096万美元，合同出口金额3454万美元。1997年，全市有加工贸易企业10家。办理合同数较多的企业是山东东方玩具公司、山东华众纸业有限公司、枣庄鲁兴织造工业有限公司等，主要是以原料型和劳动密集型为主。截至2015年，全市加工贸易企业仅为27家，占进出口实绩企业数的7.5%；加工贸易出口2.58亿美元，占比18.4%，远低于全国35%、全省30.8%的平均水平。

2005年，受理加工贸易合同180个，合同进口金额2844万美元，合同出口金额6683万美元，有加工贸易企业30家。2006年全市一般贸易出口增长平稳，加工贸易增势强劲。全市一般贸易出口33869万美元，同比增长21.1%；加工贸易出口7701万美元，增幅达126.6%，占全市出口总值的18.5%，较去年底的7.1%提高11.4个百分点。

（五）进口

枣庄市外贸进口起步较晚。2001年，进口总额为4990万美元，以设备为主，主要进口国家和地区是美国、韩国和台湾。2002年，进口总额4367万美元，以造纸、化工原料为主，主要进口国家是美国、韩国和芬兰。2003年，进口总额为6232万美元，以造纸、纺织原料为主，主要进口国家是美国、韩国和日本。2004年，进口总额为9836万美元，以设备、化工和纺织原料为主，主要进口国家是美国、加拿大和德国。2005年，进口总额为5843万美元，比上年下降40.6%。初级产品进口额2238万美元，占全市进口总额的38.3%；工业制成品进口额3605万美元，占进口总额的61.7%。主要进口国家是美国、韩国和德国，进口额分别是2610万美元、1176万美元、543万美元，分别占进口总额的44.7%、20.1%、9.3%。2013年在八一轮胎等重点进口企业的拉动下，全市外贸总额中进口占比24.4%，同比提高7.5个百分点，进、出口严重失衡的状态明显改善。其中八一轮胎和风轮轮胎两家企业全年合计进口天然橡胶12329万美元，占全市进口总额的40.5%，超过废纸进口，跃居首位。

（六）服务贸易

随着经济发展和产业升级，枣庄市服务贸易从无到有，逐渐发展壮大。2010年以前，枣庄市服务贸易处于小散的状态，分散在居民境外旅游、单个教育机构聘请外教、金融涉外汇兑、加工贸易、劳务输出等领域。2010年根据山东省服务贸易统计工作会议精神，枣庄市商务局于当年组织专题调研，摸清了辖区内服务贸易类企业底数，督促和指导符合条件的统计对象注册统计系统，填报统计信息。2011年初有7家企业注册并填报了第一笔数据。2011年底，泰和化工进出口有限公司在赞比亚的水处理服务项目，打破了枣庄市仅有建筑工程服务出口的单一格局。2012年初，枣庄市商务局指导枣庄学院在国际服务贸易直报系统完成了注册，当年8月，学院获得“山东省服务外包人才培训机构”认定，为枣庄市服务外包人才培育提供了摇篮和平台。

从2013年开始，为全面推动枣庄市服务贸易的发展，枣庄市商务局从人才培养、企业扶持、市场开拓等多方面采取措施，推动服贸业务从零散到组织化，规模化。2014年山东华翰轻工业品有限公司、滕州市盛泉工艺品有限责任公司先后被认定为山东省重点文化产品和服务出口企业。2015年，枣庄职业学院获得“山东省服务外包人才培训机构”资格。2016年，滕州经济开发区获得“山东省服务贸易特色服务出口基地”称号。滕州市三艺木雕艺术有限公司、滕州鲁班天工木艺有限公司等企业进一步加大文化产品进出口贸易，山东三维钢结构股份有限公司、山东雄狮建筑装饰股份有限公司也积极走出去承接境外工程设计，开展建筑服务贸易。在广泛发动企业开展服务贸易的同时，从2014年开始，枣庄市商务局开始组织文化产品出口企业参加省商务厅在国内外举办的展会，企业参展数量和效益逐年增加。2016年，枣庄市商务局共组织5家企业参加在美国举办的孔子家乡山东文化贸易展，组织4家企业参加在大阪举办的孔子家乡山东文化贸易展，组织2家企业和枣庄职业学院参加第四届京交会，组织2家企业和重点区市商务人员参加第十四届软交会，组织2家企业参加在济南举办的第六届文博会。2016年全市服务贸易

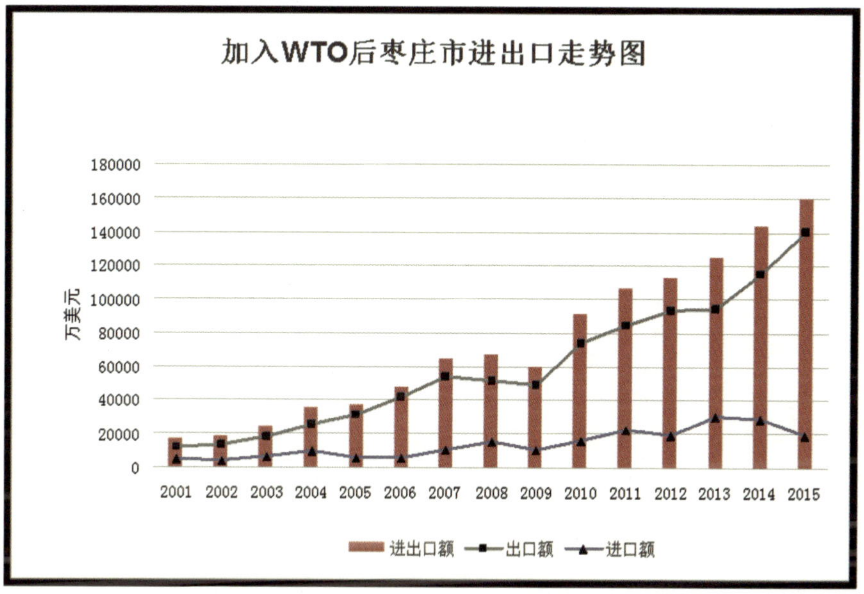

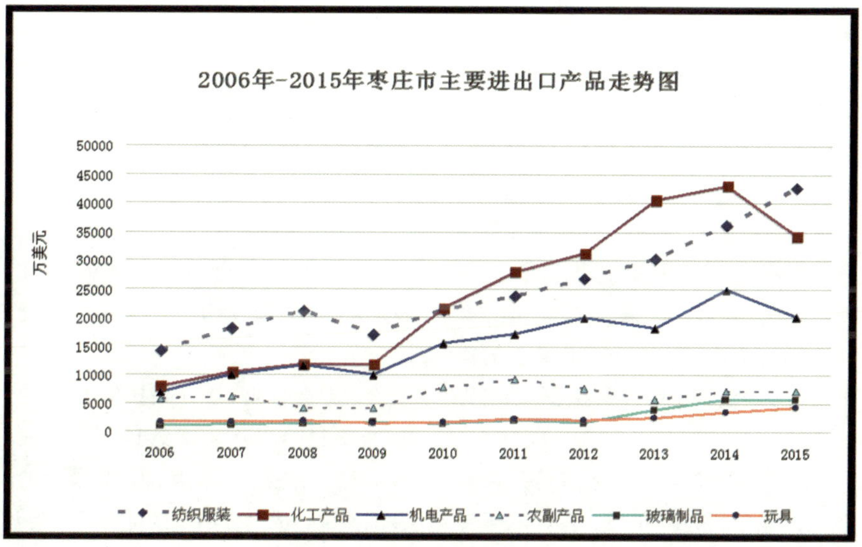

进出口额达10亿多元。

（七）发展特点

一是进出口规模持续扩大。自2001年以来，除2008年全球经济危机导致当年进出口下滑外，枣庄市进出口一直呈增长趋势（如下图所示），2011年进出口首超10亿美元大关，2015年达到15.9亿美元，比2001年增长了9.5倍。2017年，全市进出口101.06亿元，同比增长12%，增幅居全省第13位。其中出口89.03亿元，同比增长9.2%，增幅居全省第9位；进口12.03亿元，同比增长39.2%，增幅居全省第3位。

二是外贸主体队伍不断壮大。“十二五”期间枣庄市新增备案企业485家，进出口获权企业达900余家。有进出口实绩企业由2010年273家增加到2015年362家，较“十一五”期间增长8.1%。目前，枣庄市有海之杰、八亿轮胎两家企业进出口达1亿美元以上，其中八亿轮胎2013年进出口首次过亿美元。

三是重点行业发展态势向好。从调研掌握的情况看，近年来，化工产品、纺织服装、机电产品增长幅度较大，玻璃制品增长趋势明显，农副产品、玩具出口增长平稳（如图所示）。2015年，进出口前6位的服装、化学品、橡胶及其制品、钢铁及其制品、纺织品和机械设备行业占枣庄市进出口总额的70%以上（其中出口合计占62.3%）；进口前3位的橡胶、纸及纸板废碎品和机械设备行业占总额66.5%。

四是进出口商品结构逐步优化。2015年工业制成品出口比重达93.9%，比2010年提高了5.1个百分点；其中，机电产品、化工产品、高新技术产品出口分别较2010年增长70.7%、71.1%和133.6%，占全市出口总额比重分别增长7.2、1.2和1.8个百分点。全市自主品牌出口商品占比达到20.3%，与2010年相比翻了一番。辛化硅胶、莺歌食品等7家企业获得省级国际自主品牌认定。

五是市场多元化有新进展。通过不断开拓多元化国际市场，枣庄市对外贸易伙伴日益增加，2015年与枣庄市有贸易往来的国家（地区）165个，遍及世界各大洲（如图所示）。有223家企业与“一带一路”沿线国家建立了贸易往来，共计出口5.31亿美元，占全市出口总额37.8%。其中，出口规模居前的主要市场有中近东、东盟、美国、欧盟、日韩等，进口主要市场为南亚（橡胶、棉花）、美国（废纸）、欧洲（设备）、日韩（不锈钢材）、南美（电解铜）等。

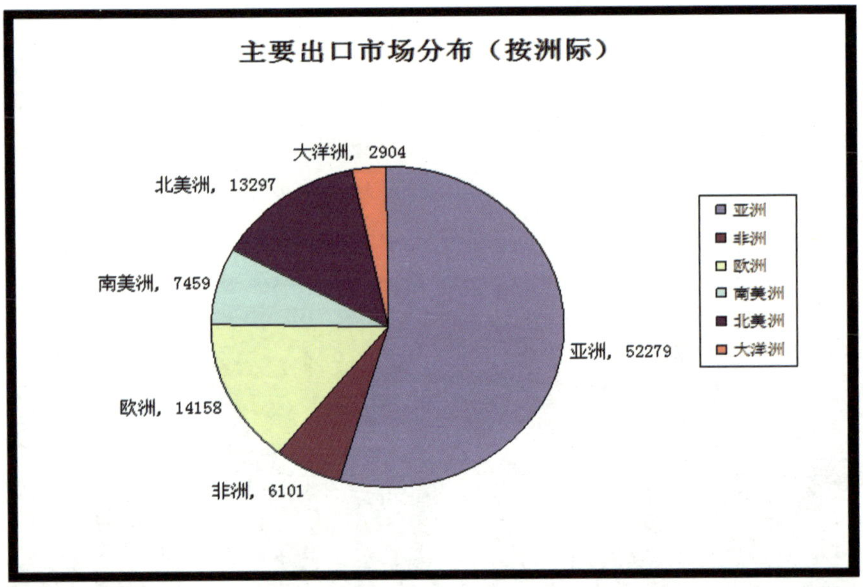

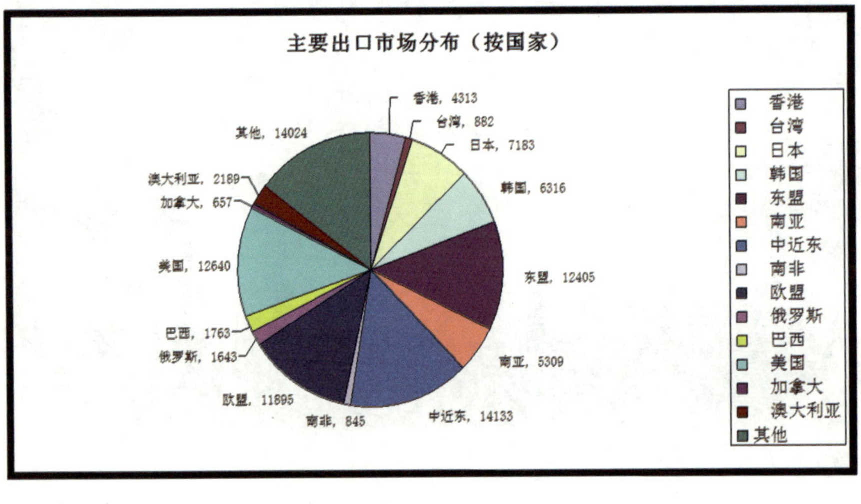

三、经验做法

近年来，特别是2015年以来，各级商务部门在市委、市政府的坚强领导下，坚持实行外向型经济引领，积极开展“外贸企业服务年”“国际市场开拓年”活动，在外贸经济意识、外贸主体培育、国际市场开拓等方面采取了一系列强有力的措施，有力推动了枣庄市外贸规模扩大、转型升级，得到了广大进出口企业的认可和好评。

（一）抓工作机制

一是建立完善研究决策制度，市委、市政府每年召开全市对外开放大会对外贸工作进行专题部署，明确了工作思路。二是建立考核督导制度，将外贸进出口纳入全市科学发展综合考核，树立了良好导向。三是建立外贸工作联席会议制度，每季度召开一次，及时了解情况、发现问题、研究对策，推动了问题解决。四是建立约谈问责制度，对工作不力的区（市）、部门由市政府领导亲自约谈，传导了工作压力。五是建立定期调度制度，外贸运行情况每月调度上报一次，掌握了工作动态。六是建立联系帮扶制度，市、区（市）两级对重点企业进行

联系帮扶，促进了企业发展。

（二）抓外贸队伍

市商务局根据全市外贸队伍建设实际，专门研究制定了中长期培训计划，区分政府部门、企业管理层和外贸业务人员分别开展有针对性的培训和政策宣讲。特别是对外贸业务人员，坚持问题导向，突出实用实效，重点分析形势，解读政策，讲授外贸实务知识，提升业务技能。“十二五”期间，举办各种短期外贸业务和政策宣讲培训 17 次，先后 4 次在省外贸职业学院组织新备案企业外贸业务员进行 8—10 天的集中培训，组织人员参加省级以上外贸培训 20 多次。坚持“走出去”和“请进来”相结合，先后邀请商务部特聘专家讲授国际贸易形势，开展涉外经济高层研修活动，提高了有关部门对外开放意识和服务水平，开阔了外贸企业的视野和眼界。

（三）抓重点行业（企业）

按照“一业一策”“一企一策”的思路，对现有重点进出口行业企业进行分类指导、重点支持、跟踪服务。根据各重点行业聚集情况，分别引导、培植、创建了省级“出口农产品质量安全示范市”、滕州市“国家机床出口基地”和“玻璃出口转型省级示范基地”、市中区“纺织服装出口转型省级示范基地”。通过加强各基地内重点龙头企业外贸公共平台服务建设，带动整个重点行业进出口发展。联合市人民银行开展了重点外贸企业贸易融资帮扶机制，2015 年四季度帮助进出口 100 万美元以上 106 家企业贸易订单及融资需求 12.78 亿元。开展重点企业外贸回归服务活动，推动新中兴公司、丰源轮胎、海之杰纺织、银光精纺、唐帛服饰、艾美服饰等 36 家企业在外业绩部分或全部转回枣庄市。通过开展外贸服务年活动，采取专业服务小组跟踪帮扶、招引外向型生产企业等措施，积极培育新增实绩进出口企业，2015 年新增进出口 500 万美元以下的小微企业 85 家，共实现进出口 3559 万美元。

（四）抓市场开拓

根据国家、省国际市场多元化战略导向，按照统筹规划、内外联动、创新模式的原则，针对枣庄市重点行业和主要产品出口情况，市商务局制定了《国际市场开拓三年行动计划》，每年开展“境外百展市场开拓计划”活动。在深耕传统市场、保份额的同时，进一步加大对新兴市场的开拓力度。抢抓自贸区建设机遇，积极扩大双边贸易规模。充分利用我国与有关国家和地区签订的自贸区协定，扩大对韩国、东盟、澳大利亚等市场贸易规模。发挥“一带一路”战略作用，大力开拓沿线国家市场。积极开展面向沿线国家的贸易促进活动，优化沿线俄罗斯、印度等国家会展布局。积极推进中东、非洲、南美市场开拓，集中力量扶持重点，提高新兴市场份额，优化我市出口市场结构，着力打造拓展可持续增长的国际市场空间。创新组展模式，通过参加国家和省重点组织展会、省商务厅与枣庄市联合组织参展、枣庄市自主组织参加展会及与有关区（市）联合组展等多种模式，组织引领企业参加境外展会，开拓国际市场。提高企业境外参展补贴标准，对参加重点境外展会的企业在展位费、出口信保等方面加

2016年9月7日，枣庄市商务局外贸业务培训班在青岛开班

2017年4月8日，全市外贸政策及国际自主品牌建设培训班

大财政支持力度，鼓励企业积极走出去开拓市场。每年组织200余家外贸企业参加香港玩具展、东京食品展、广交会、华交会、北京玻璃展、尼日利亚拉各斯展等境内外展会，参展数量和效益逐年增高。

（五）抓外贸新业态

引导山东“一达通”公司与枣庄市山东兄弟外贸综合服务公司进行“一拍档”合作，培育壮大本土外贸综合服务企业。引进济南秦工国际贸易有限公司在枣庄市注册成立枣庄秦工国际贸易有限公司，为中小外贸企业提供国际贸易托管、通关报检、贸易融资等跨境电商综合服务，该公司已入驻枣庄市电子商务产业园。2016年山东兄弟外贸综合服务有限公司代理出口9700多万元，帮助枣庄市15家企业实现出口“零”的突破，为120多家企业提供报关、报检、物流、收汇、退税、融资等服务，通过信用证贷款、流水贷、保单贷等方式帮助19家企业贷款融资3700多万元，有效缓解部分中小出口企业融资难问题。

（六）抓政策服务

优化外贸企业发展环境，开展了外贸企业大调研活动，建立了重点外贸企业帮包服务制度，帮助企业协调解决问题，稳定企业发展信心。一是制定落实市级外贸发展扶持政策。充分利用各级财政政策加快企业发展，重点支持企业国际市场开拓、国际自主品牌培育、国际市场准入认证、出口基地建设等。不折不扣执行国家和省、市已经出台的稳定外贸增长的有关政策，指导企业用好各项扶持政策，确保各项扶持资金及早落实到企业。二是创新完善融资担保政策。健全完善政府、行业协会和企业的三方联动工作机制。协调商业银行创新担保方式，实现跨境融资，降低企业融资成本。支持各商业银行开展应收账款、商标权、专利权等多种抵质押方式，破解企业融资担保瓶颈。搭建银企合作平台，2016年为全市商业银行、担保机构和100余家外贸企业牵线搭桥，共达成贸易融资意向7.14亿元。三是积极推动提高通关服务水平。协调有关涉外经济部门，为两家企业争取建设了海关监管直通仓站，提高出口退税效能。

（七）抓转型升级

支持企业开展相关国际认证，提升产品国际市场竞争力。2016年初，制定了培育国际自主品牌实施意见，将八亿橡胶、艾菲尔管业等10家企业纳入品牌建设项目库重点给予跟踪扶持，并邀请知名境外商标注册认证服务机构对企业进行专题培训。八亿橡胶、艾菲尔管业、精工电子、鲁樱手帕4家企业新注册了境外商标。

（八）抓走出去带动

鼓励企业“走出去”，紧紧围绕“提升对外经济技术合作水平”工作中心，推动对外投资项目、承接对外工程、对外劳务合作层次提升，带动外贸进出口。分期分批对全市有境外投资意向的企业进行培训，组织企业参加省商务厅和有关机构的专家专题辅导，增强了企业机遇意识、风险意识。组织部分企业赴泰国、孟加拉等国家进行投资考察，开拓了企业视野和思路。指导企业用足用好国家鼓励“走出去”的各项支持政策，充分调动企业“走出去”的积极性。枣建集团在刚果（金）投资200万美元设立的聚杰工程公司，主要从事工程承包和房地产开发；新中兴公司在加拿大投资300万美元设立的森工集团公司，主要从事可再生能源设备及产品研发、制造和销售；艾菲尔管业公司在美国投资100万美元设立的产品销售及售后服务企业。在推动企业提高对外承包工程层次过程中，突出对外承包工程结构优化和市场多元化，积极组织企业参加各级特别是省商务厅举办的与境外机构、客户和大型对外工程承包公司的对接活动，围绕技术含量高、附加值高、影响大的项目，积极承揽工程、分包工程，加快进入新兴和发达国家市场。

审稿人：杨　青

撰稿人：张白羽

枣庄市利用外资情况综述

新时期以来，伴随着改革开放的历史进程，枣庄市引进和利用外资的实践经历了30多年的发展和变化，外商投资改变了枣庄市经济运行的轨迹，加速了枣庄市参与经济全球化的步伐，全市外向型经济的规模和质量显著提升。

一、利用外资发展历程

1986年，经省政府批准枣庄市诞生了第一家外资企业——鲁星皮鞋制品有限公司，由美国加利福尼亚联合开发公司与市中区皮鞋厂共同投资，总投资54万美元，注册资本54万美元，合同外资21.6万美元。自那时起，枣庄市利用外资开始蓬勃兴起，并经历了起步阶段、快速推进阶段、调整阶段、全面建设小康社会的迈进阶段、全面建成小康社会的决胜阶段五个阶段。

（一）起步阶段（1987—1991年）

1986年10月国务院发布了《关于鼓励外商投资的规定》，以此为标志，枣庄市利用外资开始进入初步发展阶段。《规定》明确了对外商投资企业，尤其是先进技术企业和产品出口企业在所得税、土地、水电、用工费用、利润汇出和进出口配额、关税减免、外汇调剂等方面给予优惠，保障外商投资企业享有按照国际通行做法进行经营管理的权利，从此拉开了以市场换资金、换技术、换管理的引资序幕。

1991年7月，枣庄市对外贸易局（1972年8月，经枣庄市革命委员会批准成立）、枣庄市对外经济委员会合并，成立枣庄市对外经济贸易委员会。主要职责包括，贯彻执行国家和省外经贸工作的方针、政策，对全市外经贸行业进行管理，研究制定全市外贸进出口、对外技术贸易、对外经济技术合作，境外投资、外资引进等外经贸工作的中长期规划、发展战略和年度调控目标，并组织实施与考核，会同有关部门研究制定全市经济技术开发区、出口加工区、保税区的规划和发展计划等。

1991年以前（包括1991年），由于审批权限没有下放到市一级，设立外企业需要到省外经贸厅审批，由于当时交通不发达，即便有市外经委工作人员的陪同，审批一个外资项目最快也需要一周以上。1986年至1991年，全市批准设立外商投资企业37家。自1980年到1990年，全市批准外商投资企业18家；1991年，批准外商投资企业19家。

（二）快速推进阶段（1992—1995年）

1992年，邓小平发表南方谈话，明确了大胆利用外资是一项全新的事业，标志中国对外开放进入到一个全新的阶段。全国掀起了吸收外商投资的热潮，外资开始大规模、系统化地投资。

1992年5月，省政府放权，将总投资1000万美元以下的鼓励类外商投资企业审批权限下放给枣庄市，由枣庄市对外经济贸易委员会负责实施。枣庄市外资企业迅猛发展，1992年审批利用外资项目114家，超过了前5年利用外资总和；1993年审批准外资项目180家，超过了前六年的总和。1992和1993年，平均不到两天全市就新设立一个外资企业。1994年批准外资企业60个，合同外资3462万美元，实际利用外资2518万美元，自此，全市外资企业的设立进入一个相对稳定的时期。

（三）调整阶段（1996—2003年）

这一阶段属于盘整阶段，全市实际利用外资额出现了负增长，主要原因是受环境的影响，当时全国的引资工作面临着极为严峻的挑战：一方面，亚洲金融危机爆发后，美欧资本向预期投资收益相对更高、更保险的发达国家及亚洲以外的区域转移；另一方面，不少周边国家和地区，包括金融危机引发国与受冲击较严重的国家和地区，都在总结沉痛教训、分析国际游资双重性特别是危害性的前提下，不约而同地将利用外资的重点转向吸收外国直接投资。2001年5月，枣庄市对外经济贸易委员会更名为枣庄市对外贸易经济合作局。2001年11月11日中国加入了世界贸易组织，对外开放进入一个新的历史时期，这促使党和政府认真思考如何调整关于外商直接投资的各种政策。引进和利用外资的目的是为了借助其独特的资金、技术和管理制度等方面的优势，来调整国内的经济结构，改组和改造国有企业，而弥补资金缺口的目标则进一步弱化。在政策上，更注重引进高新技术，而不是引进外国的资金。

由于历史原因，在国家层面开始思考并调整关于外商直接投资的各种政策的时候，我市的招商引资工作才开始起步。2000年1月，枣庄市委、市政府出台《枣庄市招商引资优惠政策》，在财政税收、收费、土地和其他方面为投资者提供优惠条件。主要内容包括，对来枣庄市投资新办各类企业、基础设施项目及农业高科技园区等投资者，由同级财政部门给予资金扶持，用于企业新产品的研制和开发，以及为扩大生产和流通规模的贷款贴息等；投资新建项目办理相关手续时，只收取工本费，其他行政事业性收费，属地方政府部门受益的，3年内减半征收；高新技术项目用地，办理土地使用权出让时，执行最低地价；一次性支付土地出让金困难的，先付征地费和按规定应上交中央、省的土地出让金，地方留成部分在五年内交清；通

过出让方式取得国有土地使用权，分期缴纳土地出让金的，先付清土地出让金中的征地费，其余部分5年内每年按5%缴纳，从合同生效第6年起，剩余金额每年按20%比例5年内缴清等。

为进一步优化营商环境，2003年，我市出台了《关于建立市长与外商定期会面制度的通知》，市经济环境保护委员会和市公安局分别为外来客商颁发“特别保护证”和车辆“特别通行证”；建立了“三大服务体系”（即项目洽谈中的一条龙服务体系，项目建设过程中的全方位服务体系，企业开工投产后的经常性服务体系），开始实施“一员、两卡、一证”（外来投资企业联络员，收费明白卡、外来投资企业绿卡，外来客商证）保护制度，形成配套完整的外商服务工作体系。

2000年底，根据联合年检资料统计，我市有外资企业140家。其中，合资企业93家，独资企业40家，合作企业7家。纳税总额5293.3万元，完成进出口6176万美元。其中，进口3326万美元，出口2850万美元。2001年底，根据联合年检资料统计，我市有外资企业150家。其中，合资企业103家，独资企业40家，合作企业7家。纳税总额8854.6万元，完成进出口7480万美元。其中，进口4200万美元，出口3280万美元。

（四）全面建设小康社会的迈进阶段（2004—2012年）

2004年2月，我市外来投资者服务中心正式揭牌；2004年9月，我市实施政府机构改革，市对外贸易经济合作局与市招商引资工作委员会办公室（市招商局）合并，成立枣庄市对外贸易经济合作局(市招商局)；2010年4月，我市实施政府机构改革，成立枣庄市商务局，内设科室外国投资管理科负责全市的外商投资企业的管理与服务工作。

2009年，为进一步扩大全市对外开放水平，突出做好利用外资工作，根据市政府领导的意见，决定在全市实施重点外资项目“1121”工程，即全市新批总投资过1000万美元外资项目达到10个、抓好10个总投资过1000万美元在建重点项目、推动20家重点外资企业增资扩股、筛选10个重点项目实行外资并购。市政府督查室对各区（市）和枣庄高新区的工作完成情况加强督导调度，定期通报，同时纳入年终目标考核体系。

2009年4月，省商务厅下放审批权限，将市级外商投资企业审批事项的审批权限扩大到总投资5000万美元（鼓励类外商投资项目），滕州市作为经济强县，同时被省商务厅授予与枣庄市同等的外商投资企业审批事项的审批权限，大大提高了审批管理效率和服务水平。2010年11月，省商务厅再次下放审批权限，将市级外商投资企业审批事项的审批权限扩大到总投资1亿美元（鼓励类外商投资项目）。

自2006年以来，我市紧紧抓住国际产业和资本转移的机遇，加大定点招商力度，创新工作机制，在基础十分薄弱的情况下，实际到账外资规模从2006年的4383万美元上升到2010年的2.39亿美元，增幅明显高于全省平均水平，总量在全省的位次由第17位上升到第10位，进入全省第二梯队，为我市对外开放工作在全省赢得了地位。从2006年到2010年，五年全市累计实际到账外资额8.55亿美元。2010年，全市外资企业实现营业收入100亿元，安置就业人员29519人。这一阶段的外资工作主要特点：一是利用外资推进机制不断强化。市政府每年召开专题会议研究利用外资工作，严格落实目标责任制，坚持“一票否决”制度，强化督查调度制度，在全市形成了推进外资的强大合力。在全市实施了以“扩大利用外资规模，提升利用外资水平”为主题的“1121工程”。每年根据外资形势的发展变化，不断丰富内涵、提升质量、拓展领域，成为利用外资工作重要抓手。二是引进外资大项目成效显著。不断加大对国际大企业集团的战略投资引进，香港首长宝佳集团投资1.96亿美元的东方钢帘线以及韩国SK投资6292万美元的盛源宏达化工、OCI投资4900万美元奥瑟亚化工项目的进入，不仅带来了资金、技术和市场，也带来了先进的管理经验，加快了传统产业结构优化升级，实现与500强合作零的突破。三是外资并购成为利用外资有效方式。　五年来引进外资并购项目9个，到账外资1.8亿美元，占全市总额22.1%。葡诚水泥并购项目到账外资规模达到1.02亿美元，目前外资并购进入的新型干法水泥生产线达到4条，扩大了水泥产能，提高了生产工艺，加快了水泥行业升级

2014年7月16日，枣庄市现代服务产业招商恳谈会在香港举行

改造步伐。总投资 9000 万美元的远通纸业并购项目，不仅使老企业起死回生，而且扩大了产能。总投资 2319 万美元滕州华润燃气并购项目，提高了服务质量和经济效益。

（五）全面建成小康社会的决胜阶段（2012 年至今）

自 2011 年下半年开始，受国际金融危机的后危机影响，欧美经济面临二次探底，国际投资下滑，区域竞争激烈、资源要素制约直接影响我市利用外资规模增长，利用外资工作面临的形势越来越严峻。一是国际投资受阻。全球金融危机以来，发达国家为加快经济复苏，推行“再工业化”，招商引资竞争日趋激烈，国际资本向发展中国家转移受到明显“截流”，我国总体利用外资规模受到较大影响，投资周期拉长，投资规模缩小，投资不确定性明显增加。二是区域竞争激烈。苏、粤、浙以及京、沪等省市凭借良好的投资环境及庞大的外资存量，继续对外资保持很高的吸引力；周边省市招商引资力度不断加大，对我市招商引资构成较大压力。三是资源要素制约。我市可供工业用地不足，商务成本上升较快，不少区（市）陷入“无地可招”的窘境，招商引资工作推进缓慢。从全市摸排情况看，全市在谈外资项目数量偏少，有较强落户意向更少，且规模较小，难有较大突破。

尽管全市各级对利用外资高度重视，全力推进，但客观上外资项目从谈判到落地再到出资需要一个过程，并且全市外资项目储备不足，在谈和新批项目进展较慢，利用外资工作进展较慢。一是利用外资产业领域狭窄。外商在我市投资的主要还集中在绿地投资且集中在制造业，在目前土地资源相对紧张的情况下项目落地较难，服务业领域利用外资方面明显不足。二是项目单体规模普遍偏小。项目投资规模大都在几十万美元到几百万美元之间，大项目储备明显不足，单个项目很难形成规模，投资规模大、产业层次高的项目明显偏少，增长乏力。三是利用外资来源地单一。枣庄市外资来源地主要集中在香港，来自香港的投资大约占全市利用外资总量的 60%，日韩、台湾和欧美地区等外资渠道有待于进一步拓展。四是对外招商引资工作力度有所削弱。全市招商引资氛围有所淡化，力度呈缩小趋势，全市对外招商引资工作萎缩，在谈外资项目逐年减少，项目储备不足的问题越来越突出。五是区（市）间工作不平衡。个别区还存有等、靠、望的心态，思路不明确，工作措施不得力，在一定程度上也影响了全市利用外资工作的进程；部分区（市）的商务部门日常工作中要拿出大量的精力应对服务业企业的信访稳定，工作重心分散，难免顾此失彼。

自 2014 年起，为适应经济新常态，国家发改委和商务部频繁修订《外商投资产业指导目录》，不断提高利用外资质量和水平，引导外资投向先进制造业和服务业，全市利用外资结构不断优化。2015 年度，全市新批 9 个项目中，制造业项目 4 个，合同外资 13170 万美元，实际利用外资 7127 万美元；服务业项目 4 个，合同外资 6611 万美元，实际利用外资 2707 万美元。全市服务业领域利用外资项目个数与合同额比重均有所提高。

大浪淘沙，经历了 30 多年生与死的考验，目前有 8 家世界 500 强及行业领军企业在枣庄市落户，并投资了 13 个项目，主要包括华润集团投资的华润三九（枣庄）药业有限公司，总投资 1298 万美元，注册资本 1298 万美元，合同外资 673 万美元，主要经营中成药，丸剂、颗粒剂、片剂、散剂硬胶囊剂等；滕州华润燃气有限公司，总投资 2139 万美元，注册资本 1141 万美元，合同外资 798 万美元，主要经营燃气的生产与销售等；枣庄华润燃气有限责任公司，总投资 3944 万美元，注册资本 2367 万美元，合同外资 1657 万美元，主要从事燃气的生产与销售等；光大集团投资的光大环保能源（滕州）有限公司，总投资 5497 万美元，注册资本 1832 万美元，合同外资 1832 万美元，主要经营垃圾焚烧发电等；韩国 SK 集团投资的盛源宏达化工有限公司，总投资 6293 万美元，注册资本 3452 万美元，合同外资 1726 万美元，主要经营粗苯、苯、甲苯、二甲苯的生产和销售等；日本 JFE 集团投资的枣庄杰富意振兴化工有限公司，总投资 9488 万美元，注册资本 3163 万美元，合同外资 797 万美元，主要经营煤焦油、煤焦油蒸馏产品及其加工品的生产、销售等；中信集团投资的中信环境水务（枣庄）有限公司，总投资 1213 万美元，合同外资 535 万美元，主要从事污水处理、维护以及相关服务咨询等；昆仑能源集团投资的枣庄昆仑能源有限公司，总投资 2362 万美

2017年5月3日，全市企业境外上市培训会议召开

元，注册资本1492万美元，合同外资1268万美元，主要经营燃气管网的建设与经营（仅限台儿庄区）；康成投资（中国）有限公司投资的枣庄大润发商业有限公司，总投资420万美元，合同外资210万美元，主要经营超市；滕州大润发商业有限公司，总投资420万美元，合同外资210万美元，主要经营超市；韩国OCI集团投资的山东奥瑟亚化工有限公司，总投资4900万美元，注册资本2800万美元，合同外资2240万美元，主要从事煤焦油产品的生产与销售；山东奥瑟亚建阳炭黑有限公司，总投资9800万美元，注册资本6100万美元，合同外资3111万美元，主要从事研究、开发、生产、储藏及销售自行生产的各种规格的炭黑及副产品。

截至2017年底，全市参加外商投资企业联合年报的企业有146家，其中中外合资企业59家，占40.4%；中外合作企业3家，占2%；独资企业83家，占56.8%；其他类型企业1家，占0.7%。总投资额107.8亿美元，注册资本46.2亿美元，合同外资40.9亿美元，实际到账外资7.4亿美元。实现营业收入111.9亿元，纳税总额4.5亿元，利润总额4.8亿元，进口总额8057.4万美元，出口总额27487.8万美元，安置就业人员20571人。其中盈利企业58家，盈利总额5.7亿元；亏损企业39家，亏损总额8746.7万元。投资方来自香港的企业70家，占47.9%，投资总额94亿美元，合同外资35.6亿美元，实际到账外资4.9亿美元；台湾投资19家，占13%，投资总额2.3亿美元，合同外资8389.6万美元，实际到账外资2010.8万美元；韩国投资12家，占8.2%，投资总额1.3亿美元，合同外资5103.7万美元，实际到账外资4438.2万美元；美国投资11家，占7.5%，投资总额4.5亿美元，合同外资1.4亿美元，实际到账外资1018.8万美元；日本投资6家，占4.1%，投资总额1.1亿美元，合同外资1122.6万美元，实际到账外资1122.6万美元。

远通纸业公司生产车间

二、主要成就

多年连续引进外商投资对枣庄市经济社会发展起到了积极的推动作用。

一是做大做强了煤化工产业。依托枣矿集团，分别引进韩国SK集团和韩国OCI集团，与SK集团合资设立煤焦油深加工项目——盛源宏达化工有限公司，总投资6292万美元；与韩国OCI集团合资建设年产12万吨炭黑生产线，总投资9800万美元；依托薛城焦化厂，引进潍焦集团，与日本JFE化工株式会社合作，新上年加工50万吨煤焦油生产线等，不仅实现了枣庄市与世界500强合作零的突破，还拉长了煤化工产业链条，增强了煤化工基地的竞争力。

二是培育了一批产业集群。总投资2918万美元的腾达不锈钢项目设立后，通过“以商招商”，又引来了总投资2998万美元的腾阳项目；2008年引进了香港首长宝佳集团投资1.96亿美元的东方钢帘线项目，成为枣庄市单体投资规模最大的外资项目，目前正酝酿二期投资，规模也在1.9亿美元左右；目前滕州经济开发区已初步形成了一个新型不锈钢材料产业集群。

三是调整和提升了工业结构。通过引进世界十大水泥制造商之一的葡萄牙西姆泊公司，成立了葡诚水泥有限公司（现更名为华沃水泥有限公司），在峄城和山亭分别布点，实际到账外资规模达到1.02亿美元，扩大了产能，改进了工艺，增加了财政收入。香港上联集团、先锋水泥也陆续进入枣庄旋窑水泥序列。枣庄市旋窑水泥产能已达到2684万吨，占水泥总产能的70%以上，初步实现了由水泥大市向水泥强市的转变。

四是更新了思想观念。通过与国际大企业集团的合作，不但引来了项目，弥补了全市建设资金的不足，而且引来了新的经营理念、先进的管理经验和方法，全市干部群众的开放意识显著增强，视野开阔，思想解放的程度不断提高。

五是盘活了一批国有资产。薛城区引进香港森信集团投资的远通纸业，不仅使华众、华彩等老企业起死回生，而且不断扩大产能，目前项目年总投资达到1.17亿美元；市中区通过海之杰公司引进总投资7500万美元的沙德纺纱项目，使闲置多年的六棉焕发了生机。

六是增加了大量的就业机会。目前，在外商投资企业直接或间接就业的员工已超过3万人，仅山东腾达不锈钢制品有限公司、山东海之杰纺织有限公司两家企业安置人员近5000人。

资料1：

枣庄市利用境外资金的几个“第一”

第一家外商投资企业——鲁星皮鞋制品有限公司，是由加利福尼亚联合开

发公司与枣庄市中区皮鞋厂合作成立的公司，总投资与注册资本均为54万美元，中方出资额为32.4万美元，外方出资额为21.6万美元。于1986年10月份批准成立，该公司主要生产各类皮鞋。

第一家独资企业——枣庄大湖香港针织品有限公司，该企业是香港大湖公司独资成立的，该项目投资50万美元，注册资本35万美元，于1992年6月批准成立。

第一个合作企业——山东安泰橡胶有限公司，由香港维斌南洋与枣庄市橡胶厂合作成立，该项目主要生产各类橡胶制品，总投资3000万美元，注册资本2000万美元，香港维斌南洋公司投资500万美元，于1992年9月3日成立。

第一个股权并购企业——枣庄市海石花蜂业有限公司，该企业于2003年7月由韩国文庆国先生认购境内公司枣庄市海石花蜂业有限公司全部股权，折合30万元人民币，并增资400万元人民币。现该项目总投资430万元人民币，注册资本430万元人民币。其经营范围为生产销售养蜂、蜂业制品深加工、蜂具加工及农产品深加工。

第一个总投资过3亿美元外资企业——兖矿国泰化工有限公司，该公司是由兖矿集团和美国国泰煤化工控股有限公司合资组建的煤化工企业，现有职工541人，正在建设的年产20万吨醋酸和日处理1000吨新兴气化炉及配套工程项目是国家及山东省重点工程，总投资27亿元，2005年建成后，可实现销售收入16亿元，利税4.3亿元。两大项目科技含量高，工艺技术先进，综合环保性能优良，包含燃气发电和新型水煤浆气化甲醇联产关键技术的研发与示范两个项目均被列为国家863攻关计划，将成为全国最大的煤化工基地。

资料2：

枣庄市外商直接投资情况分年度简表（截至2017年12月底）

单位：万美元

年度	项目个数	合同外资	实际外资
1986	1	22	—
1987	1	15	—
1988	5	316	150
1989	7	228	100
1990	4	84	50
1991	19	499	500
1992	114	6650	950
1993	180	8908	1600
1994	60	3462	2518
1995	38	4044	3445
1996	17	2496	5000
1997	18	1960	4041
1998	21	2065	4362
1999	18	3016	3536
2000	48	6500	3850
2001	33	3344	4009
2002	38	10524	4661
2003	32	15316	4681
2004	46	15470	7801
2005	61	22866	10175
2006	47	26359	10328
2007	28	14510	12005
2008	28	28710	17652

续表

年度	项目个数	合同外资	实际外资
2009	26	24173	21626
2010	36	38308	23900
2011	24	9100	11970
2012	24	22484	14241
2013	11	7952	15850
2014	12	10305	10455
2015	9	20016	9975
2016	10	14590	10504
2017	14	305198	9015
合计	1030	629490	228950

三、经验启示

利用外资在对枣庄市经济社会发展起到积极推动作用的同时，其负面影响也不容忽视，如个别外商投资企业转移价格、偷逃税款，合资外方以技术、设备、品牌等投资时高估价格，造成外资实投资本金不足，侵害中方利益等。利用外资工作要有效地扬长避短，取其精华去其糟粕，不断提升利用外资工作的质量和水平。

一要努力实现外商投资和本地发展的“双赢”格局。在吸引外资的过程中，要向能反映当代世界高新科技最新成果及适合枣庄市高科技产业发展的外资倾斜，大力实施产业链招商政策，通过吸引带动本国的具有相对优势龙头企业，将引入的国外先进科技尽快加以消化吸收，构建以企业为主体的技术创新力量，在外资企业、科研机构与本土企业的交流中实现信息、资源、技术共享，学习引进先进的管理方法，积极培养我国自己的管理和技术人才，并在此基础上实现自主创新，形成核心技术，开发出拥有自主知识产权的新一代高科技产品，实现外商投资和本国发展的“双赢”。

二要调整引资政策，实现新经济格局下引资方式的合理引导性转变。积极引导外资投向，借用外力不断优化枣庄市的产业结构，积极引进农业、基础工业、基础设施产业、高新技术产业和环保产业的项目。改变过去那种单纯追求外资数量和规模的做法，注重生态建设、环境保护、资源能源的节约与综合利用。加快培育我们自己的跨国公司，在与国际经济合作与竞争中迈出新的步伐；通过实行协作、联盟、收购和兼并等方式，组建内资企业战略联盟，并对产业链中的企业进行整合，延长产业链，扩大产业聚集效应，由此提高国内企业整体竞争力。

三要努力实现利用外资的战略性转变。一是继续积极有效地利用外资，着力提高利用外资的质量，加强对外资的产业和区域投向引导；二是对外资实行国民待遇，规范税制，公平税负，引入竞争机制，为中外企业创造平等竞争条件。三是有步骤、有选择地推动符合条件的国内企业“走出国门”，把“走出去”与“引进来”看做是引进和利用外资两个不可分割的组成部分，支持有条件的企业“走出去”，按照国际通行规则到境外投资，达到引进和利用外资的双向发展效果。

审稿人：杨　青

撰稿人：李正国

枣庄广播电视事业发展历程、成就与启示

中共十一届三中全会以来的40年，是枣庄市经济快速发展和各项社会事业全面进步的40年。这40年中，城乡面貌发生巨大变化，人民生活水平不断提高，改革开放和现代化建设取得辉煌成就，思想观念不断解放和更新。而枣庄广播电视事业也在这一历史进程中不断克服重重困难，萌芽、成长、成熟，产生了一系列巨大的变化，为服务枣庄市的全面发展做出了独特的贡献。

一、历程

回顾枣庄广播电视事业的发展，大体可以分成四个阶段：

（一）枣庄广播电视事业的萌芽和快速起步时期（1983-1992年）

1978年邓小平发表讲话《解放思想，实事求是，团结一致向前看》，对中国电视事业的发展有着至关重要的作用，是广播在80年代拨乱反正、广播电视飞速发展成为主流媒体的保证。

1980年2月，北京新闻学会成立，胡乔木在会上发表长篇讲话，阐述了邓小平的要求：新闻媒介要成为巩固安定团结、生动活泼的政治局面的思想中心，促进这个局面的发展。1980年10月，王任重在全国广播工作的讲话中进一步明确指出："广播电视是我们宣传战线的一个组成部分，它有别于通讯社、报纸、杂志，应该有自己的新闻，自己的评论。"

1983年3月，第十一次全国广播电视工作会议召开，这次会议的会标第一次加上了"电视"两个字。会议明确提出了在全国实行中央、省、有条件的地市和县"四级办广播、四级办电视、四级混合覆盖，因地制宜，分级建设"的建设方针（以往广播电视只允许中央、省两级办），这里的四级是指中央政府、地方政府（30个省）、地级市（约450个城市）以及县级机构（大约1900个县）。规定各级广播电视机构将具有新闻宣传机关和事业管理机关双重性质和职能，中心工作是宣传，并确定了实行上级广播电视部门和同级党委政府双重领导、以同级党委政府领导为主的管理体制。而且"凡是具备条件的省辖市可以根据当地需要和可能，开办广播电台和电视台，除了转播中央和省台节目以外，可以播出自办节目"。

这次会议成为我国广播电视事业发展史上一个重要的里程碑。"四级办电视"的政策极大地调动了地方各级党委、政府的积极性，使事业建设中的许多困难迎刃而解，尤其是资金来源有了渠道。各级都出钱，国家少拿钱，地方政府实现了自办广播电台和电视台的可能，国家迅速地扩大了广播电视的人口覆盖率，完成了"把党的声音传到千家万户"的艰巨任务。

这时，国内形势也发生了很大变化，这些变化对广播电视事业的建设带来了直接影响。首先，在扩大地方自主权，特别是实行财政包干以后，地方机动性增大，自筹资金增多，投资发展广播电视事业的积极性高了；其次，农村实行生产责任制以后，生产发展了，生活富裕了，农民听广播、看电视的要求越来越迫切了；第三，中央决定以经济发达的城市为中心，逐步实行市领导县的体制。这个方针也给广播电视事业带来了新课题。1979年滕县划归枣庄市管辖，至1988年，滕县改为滕州市，枣庄市辖市中、峄城、薛城、山亭、台儿庄5区和滕州市的格局就是从那时形成的。

在中央提出新闻改革的同时，随着经济改革的发展，枣庄的城市发展步伐也逐渐加快，广大市民和这座城市对于广播电视节目及周边服务的需求与日俱增。枣庄广播电视事业局积极准备，敏锐地把握住了这一变革的有利时机，早在1983年初向枣庄市委市政府正式递交了《关于筹建我市广播电台的报告》，希望在枣庄市广播站的基础上过渡为广播电台，提出了调整机构和充实工作人员的方案，建台事业经费参照省广播事业局关于枣庄市建立广播电台的批复由枣庄自行解决，并于6月下旬向市政府提交了《关于招聘编播人员的请示报告》；1984年底，在得到广播电影电视部关于开办枣庄电视台的批复后，枣庄市广播事业局又向枣庄市委市政府提交了《关于成立枣庄电视台筹备领导小组的报告》。经过了各个方面的充足准备，1984年9月29日，枣庄人民广播电台正式开播，枣庄电视台于1985年10月1日正式开播。

枣庄广播电视局在1984年9月制定出台的"七五"规划中明确表示，要根据中央"四级办广播电视、四级混合覆盖"的方针，建立电视台、卫星地面收转站，提高现有中波广播、调频广播的服务质量，完善广播设备。滕县建立电视台、调频台、卫星地面接收站。各区建电视差转台、卫星地面接收站。凡看不好电视节目的乡、镇，可在市统一规划、分配频道下建电视差转台和卫星地面接收站。根据广播电视事业建设谁受益谁拿钱的原则，谁建台谁投资和集资解决。

刚刚起步的枣庄广播电视受到党政双重领导，由枣庄市委市政府直接组建、直接领导，机构负责人由同级党委按照程序考察、选拔和任免。党委对媒体的组织、人事、经费、言论，具有直接发

布命令、指导监督及考察奖惩的权力，广播电视日常所需的所有经费包括设备购买、人员工资福利等支出则完全依赖政府的财政拨款。若有非经常性的大型支出，如新建办公楼、添置大型设备，则需另行申请拨款。

由于采取广播卫星覆盖全国的方针和大力发展调频广播的技术政策、积极建设专用的微波线路和整顿、提高、发展农村有线广播网，枣庄全市的有线广播和无线广播建设都取得了长足的发展。

枣庄人民广播电台在财政投资25万元的情况下，多方学习请教，精心规划设计，从设备的选择到机房的改造、设备的设置、安装调试，仅用了不到半年的时间，就率先建成了技术设计、技术设备在全省一流的市级广播电台。1984年9月29日，枣庄人民广播电台正式开播。每天播音三次，其中转播中央人民广播电台和山东人民广播电台的节目两小时；《枣庄新闻》每天四次，共一小时；专题节目每天五次，共四十分钟；文艺节目每天十二次，共六小时；广告节目每天六次，共三十分钟。电台文艺部还录制了长篇小说。

1985年9月30日，枣庄电视台开始试播，自办节目《枣庄新闻》，每周二档，每档十分钟；枣庄电视台当年就播出了第一部电视专题片《枣庄在改革中前进》，筹备制作了第一台春节文艺晚会。当时为了赶工期，75米高的电视发射天线临时由中波广播的拉线塔代替，自行设计的天线调试安装难度非常大；全部家当是一台1820单管摄像机，一部9频道1千瓦发射机。当时的电视节目，无论是技术手段、拍摄水平、编辑技巧，都是刚刚起步的水平，信号传输质量也不好，但由于是自己的电视节目，广大观众给予了极大的包容和理解，每天都能接到大量的观众来信。起步中的枣庄电视台一方面争取市委市政府的支持，一方面千方百计争取社会的帮助，1990年争取财政拨款80万元添置了一部22频道5千瓦分米波发射机，同时，架起了180米的自立电视铁塔，彻底解决了两套节目一个频率一部机器的矛盾。当时，全台共有员工56人，1千瓦彩色电视发射机2部，摄录设备7套，编辑系统3套，及其他播控、录音、播音等配套设施；全年累计自办节目624小时，总播出时间4378小时；并以《枣庄纵横》栏目结束了枣庄电视台自办专题无固定栏目的历史。

此时，电视机正在全国范围内从紧俏商品开始普及到寻常人家，也就是说，当枣庄市的绝大部分观众和家庭真正开始接触电视媒体的时候，枣庄电视台已经和中央台、省级台一起，成为当时屈指可数的必选频道之一。那时的电视频道是不折不扣的稀缺资源，而枣庄电视台对于本地新闻的报道，可以很好地满足观众对于本地信息的需求。同时，调频广播技术的普及及其与有线广播的结合使得枣庄人民广播电台的节目真正实现了音质好、抗干扰能力强的理想状态。

继1984年9月29日枣庄人民广播电台正式开播、1985年10月1日枣庄电视台正式开播之后，山亭区、峄城区、台儿庄区、鲁南化肥厂等纷纷递交申请，要求建立调频广播电台、电视频道和电视差转台，继而这些电视机构先后在枣庄市境内开办运行。

枣庄的广播电视事业在全市人民的期待和瞩目中迅速打开了局面。

（二）枣庄广播电视事业的全面发展时期（1992—2004年）

根据1992年发布的《关于加快第三产业发展的决定》，广播电视事业属于经营性事业，要实现自主经营、自负盈亏的企业化管理。1992年，我国的电视广告的营业额首次超过了报纸。投入各级电视台的广告份额不断加大。

在枣庄，电视台由于媒体优势带来的包括广告创收在内各方面的强势表现也激励了广播电台的不断自我更新，经济台、交通台相继开播。到1992年，枣庄有线电视台正式开播。有线网络的收入主要是直接向用户收取安装费、收视费、维护费、添加终端费等等，至此，枣庄广播电视系统的收入来源开始由广告收入、有线网络收入和财政补助收入三个部分构成。这三个部分的强劲支持使得枣庄广播电视事业呈现出一片欣欣向荣的局面。

2003年，国家广播电影电视总局第17号令和《关于实施〈广播电视广告播放管理暂行办法〉的通知》开始推行，《办法》给包括枣庄电视台在内的城市广电媒体敲响了一记警钟。《办法》规定，工商部门不予审批备案的广告一律不予播出，以枣庄电视台为例，仅2003年一年，就被卡掉了50余条广告，

2009年，枣庄市有线数字电视中心机房建成，全市有线电视数字化整体转换工作启动

占全台总广告收入的 40%。这对于广播电视机构来说是一次尤其严重的打击。

1. 枣庄电视事业发展的黄金时期

1993 年，枣庄电视台争取财政资金 100 万元，解决了一部 20 频道 10 千瓦分米波发射机，节目覆盖面积由原来的 30% 提高到 80%，第一次用转播车现场转播全市经济工作会议。1994 年 2 月，枣庄电视台独立拍摄了第一部电视剧——《山魂》。1995 年，枣庄电视台第一次实行全台人员双向选择，中层干部竞争上岗，将人员体制改革进一步推向市场化；同时自筹资金 320 万元，设备更换一新，且投资 200 万元建成 1000 平米文艺演播大厅；第一次与山东电视台联合，远距离现场直播第一台晚会；一方面以精办专题栏目为突破口，狠抓节目质量，一方面增加播出频道、扩充播出时间、增加广告容纳量和节目占有量，在原有新闻综合频道的基础上，经济生活频道正式开播。1997 年，枣庄电视台与山东电视台联办栏目《走四方》在山东卫视开播，成为山东卫视名牌栏目，大大提升了枣庄电视台在专题制作领域的美誉度；电视剧《山爷》获山东省精品工程奖。1998 年 7 月，枣庄电视台广告部上划枣庄市广播电视局，广播电视广告传播中心宣告成立。1999 年 12 月，枣庄电视台以年 800 万元总额承包了广播电视广告传输中心。2000 年 5 月，枣庄电视台创作的电视剧《村主任李四平》获国家飞天奖、神农奖；2000 年 6 月，枣庄电视台投资 170 万元的非线编辑网建成使用，使全台后期制做水平上了新台阶；2000 年 12 月，枣庄电视台进行第二次较大规模的内部机制改革，中层干部再次竞争上岗，这次竞争的独特之处是以节目方案定高下，大大激发了全台业务人员的创作热情，《我爱生活》《法制视点》《镜头聚焦》《百姓》等一批创意独具的电视栏目脱颖而出，改革后全台实行频道制，分为新闻综合、经济生活、文体三个频道。

2. 枣庄广播事业在探索中发展

2005年10月12日，举办大型直播《构建和谐医患关系恳谈会》

为了更好地满足听众的收听需求，枣庄人民广播电台在 1992 年一年中对节目进行了两次调整，上半年主要对内容和组合进行调整，实现了新闻滚动播出。《午间之声》改为《漫步午间》和《周末聊天》，由每周三组改为六组。推出了两档主持人直播板块节目；下半年由每天三次播音改为每天两次播音。与中央和省台在节目上形成互补。把一些单一节目合成板块，板块节目由 5 组增加为 14 组。根据枣庄广播电视局党组“不等，不靠，边请示，边争取，边筹备”的指示，在无资金、无人员、无编制的情况下，枣庄人民广播电台贷款 15 万元，改装机房购买安装机器，筹建经济广播电台。5 月向市委、市政府请示，10 月外出购置设备，11 月招考业余主持人，12 月 20 日借调人员 8 名，1993 年 1 月 1 日，枣庄经济广播电台正式播音。1993 年 6 月 26 日，枣庄交通信息广播电台正式播音。

枣庄广播电台领导班子经过思索和酝酿，确立了“以改革的精神激发活力，以求实的态度构筑格局，以科学的管理带好队伍，以创新的意识重塑形象”的总体思路；设计了以新闻为骨架，直播和录播结合，主要是以主持人直播板块节目为主干，融新闻性、知识性、指导性、趣味性为一体，吸收各层次听众参与的独特风格。两台全年共播出 10950 小时的节目，平均每天近 30 小时，播出时数一度排在全省前列。其中转上级台 669 小时。采用通讯员来稿 10000 余件，播发新闻 26000 条，文艺节目逾 2000 小时。对上报道达到建台以来最好水平。

1999 年 11 月，电台本着优化人才、财力、频率和时间资源，减少低水平重复的原则，停播交通台，三台重组为两台，重新设置业务、后勤机构及节目运作方式，并新组建统筹全台创收的广告中心。以干部和人事制度为突破口，实行竞争上岗和双向选择，变中层干部的任命制为聘任制，变工作人员的分配制为聘用制。在节目管理上也实行了新的制度：一是推行末位淘汰制，对两台节目每月通过日常监听、抽评等，实行百分考核制。半年内三次排在末位的，即列入淘汰范围。二是奖金量化考核，每月考核兑现，前三名奖励，后三名扣罚。三是分档按质论酬，对新闻采编人员的稿件分出档次，确定分数，计分计酬。四是实行风险工资，出现差错和责任事故，扣发当事人奖金或工资。

2000 年，电台对两套节目全面改版调整，新闻节目分早、中、晚三档，新闻播出时间为 45 分钟，新闻评论有《时事早班车》《背景》《编辑部视点》，主要播出国内外最新新闻信息，以拓宽

听众视野；《特别关注》《市民热线》是专题性新闻报道，是本市新闻事件的延伸。《百姓互联网》《信息时段》则是根据市场经济特点新开办的服务性节目。两台节目强化喉舌意识，突出服务功能，增强了娱乐性。

2001年度，电台共举办了7次大型户外直播活动，不断组织业务骨干对节目进行会诊，推陈出新。《市民热线》适时增加“记者暗访”，再度引起有关部门的重视和听众的兴趣。《寻炜时间》把中老年人也纳入谈话范围，扩大了收听群体。2003年，对广告创收工作加大了管理力度，调整创收对策，广开创收渠道，增加经营项目。2003年新设置的音像制作中心，对外开展有偿服务，开局良好。其他部室也围绕电台的生存与发展，主动出击，使全台广告创收创出历史新水平。

3. 枣庄有线电视的起步和发展

枣庄有线电视台1991年8月筹建，1992年6月1日开播，1996年10月经广电部正式批复台址、台名、台标和呼号，1996年底，市到区的光纤传输网建成开通，1997年，全省有线电视光纤网二期工程枣庄段建成开通，1998年市驻地城区、市中区和市网合网运行，1999年台儿庄区有线网络并入市网，2000年五区一市双环网和市中区、台儿庄区两区乡镇光缆网建成开通，此时，枣庄有线网络内29个传输频道，其中自办频道有3个：综艺频道以交流文艺专题为主要内容；影视频道以影视剧为主；图文信息频道是信息发布专业频道，三个频道先后开设了十几个电视栏目，枣庄有线电视台也因此拥有了一支电视采编力量。

2000年，国家广电总局作出全国无线电视台和有线电视台整体合并的决定，要求2000年底前完成，7月1日起取消有线电视台呼号、台标停止使用。此前，由于无线、有线两台对资源的分割、频道多而杂乱、缺乏专业划分，节目质量难以提高，如何在网台共管的情况下办好节目，成为一道难题摆在有线台面前，资源整合、两台合并早已蓄势待发。2001年，国家广电总局同意枣庄电视台与枣庄有线电视台合并的报告。“同意枣庄电视台和枣庄有线广播电视台合并为一个播出实体，合并后的台名为枣庄市电视台，播出时称枣庄电视台……以上各频道的传输方式和技术参数不变；同意合并后的枣庄电视台统一使用新台标，台标编号变更为TB053151408，原枣庄电视台的台标编号、枣庄有线电视台台标标号废止”。

而早在1998年12月，枣庄有线电视台、枣庄广播电视传输中心和市中区广播电视局共同成立了枣庄广电信息网络有限公司。公司以“加强广播电视网络建设及管理，提高广播电视节目覆盖面，加快农村有线电视开发，促进有线广播电视网络综合数据信息的传输、开发及利用，为办公自动化服务”为宗旨。继2001年有线电视网络部分并入传输中心之后，2002—2006年相继整合市中、台儿庄、山亭、市高新区、峄城、薛城、滕州等区（市）有线电视网络，形成了全市一张网的格局。

2005年，中广有线信息网络有限公司与枣庄有线广播电视传输中心正式合作重组

枣庄广播网于2003年筹建，2004年正式上线。

4. 电视的“治滥治散”行动

截至1997年，枣庄境内相继开播并采制自办节目的峄城、滕州、薛城、山亭、台儿庄、市中电视台，以及开办更早的枣庄教育电视台、枣庄矿务局、枣庄橡胶厂、十里泉发电厂等企业自办台已达到十余家，这种不为枣庄一地所独有的、“小而全”的电视事业（兼具一定的产业和经济功能）发展模式加剧了电视媒介管理上的“条块分割”现象。这些电视机构产生了大量的低水平重复和浪费，且其行政依附能力极强，按照区域、行政级别散乱分布。电视台越来越多，但电视市场并没有因此成熟起来。

广播电影电视部于1997年开始了针对电视行业的“治滥治散”。1999年9月，国务院办公厅转发了信息产业部和国家广电总局的《关于加强广播电视有线网络建设管理的意见的通知》，确立了有线无线合并、停止四级办台的精神。

无线台、有线台、教育台最终于2001年1月，通过合并达到了资源整合的目的。当然，很多市级电视台的自办频道和县级电视台实际上并没有因为这一通知取消。县级广播电台和电视台除了首先是党中央和中央政府的喉舌之外，同时也是同级地方党委政府的喉舌。并且，农村人口的受教育程度有限，广播电视更成为市县党委政府唯一“现代”的舆论宣传工具，比起报纸，广播电视在推进当地经济社会发展和精神文明建

设以及指导、推动各项工作中发挥着更加重要的作用。具体到地方经济，还是需要特定的舆论窗口，这是中央电视台、省台都无法取代的。其次，市县级电视台面向乡镇，客观上也成为农民群众利益表达的唯一工具，承担着服务农民、代言和整合农民利益的重要公共性功能。

1998年，我国启动了广播电视村村通工程，1999年，枣庄市农村广播电视村村通工程正式启动。但除去广电信号覆盖还涉及到传媒权力和资源的分配机制，村村通显然无法决定和参与传媒的生产内容和生产方式，农民最多只能天天坐在家里看那些与他们的生活毫无关系的节目内容。这并不表明结构调整前中国的县市级广播电视就具有这种公共性，只是作为一种制度安排，市、县级电视台本来可以在一定程度上承担这种功能。

1999年，国办82号文提出要大力推广设立公共频道，2002年的《加强公共频道管理工作的通知》进一步督促各地开通公共频道，并向各级广电部门提出了相应的工作要求。名义上，“公共频道”是各级电视共有的频道，但实权掌握在省级台手里，市、县电视机构无法参与省台的经营，共享广告资源和其他利益，省级台却能趁机抢占市县级电视台的广告市场。

市县级电视台是全国电视系统的基础，承担着城镇和广大农村地区广播电视覆盖的任务。市县级电视台关系着广播电视事业的基础，也关系着广播电视在农村的覆盖。例如，村村通工程存在的主要问题就是基础网络的建设和维护问题。如果市县级电视台只行使转播台的职能，并只能在公共频道中插播地方新闻节目，不仅当地的政治宣传难以实现，乡镇居民的利益传达也失去途径。

2006年，国务院办公厅下发《关于进一步做好新时期广播电视村村通工作的通知》，纠正了重城市轻农村、重有线轻无线、重经营性产业轻公益性事业的做法，强调广播电视的公共服务职能，重新确立了我国广播电视“四级办”的格局。而枣庄市的电视格局也正是从那时起，一直延续到今天。

（三）枣庄广播电视事业的稳定发展时期（2004-2010年）

2004年，国家广电总局为了贯彻十六大精神，出台了《关于促进影视业发展的意见》，这份意见第一次全面勾勒了我国广播影视产业的发展规划和建设蓝图。允许广播影视经营的资产、资源和业务从目前的事业单位体制中剥离出来，与事业部分分别管理和经营。可以经批准组建公司，摸索频道频率企业化运营机制，但必须保证频道频率作为国家专有资源的地位，不得用于出售，确保电视台拥有终审权和播出权。这时，随着我国经济和社会的大发展和大繁荣，人们的物质生活得到了极大的丰富，人们对精神文化的需求也在不断地提升，对媒介的传播内容提出了更高的要求。

1. 枣庄电视台的改革和发展

随着电视技术的发展，有线电视的普及，央视各专业频道于1994年全部陆续上星，接下来是31个省级卫视。2004年，国家广电总局决定，副省级以上电视台可再申请开办一个上星频道，与此同时，境外卫星电视也不断向内地渗透。以往只能在中央台、省台和所在城市的城市台之间选择收看内容的电视观众，只要轻轻按动有线电视的遥控器，就可以在几十家电视台之间自由选择。枣庄电视台在电视版图上的位置完全改变了。

2004年1月，枣庄电视台进行了第三次内部机制改革，撤销频道制，改为中心制，同时，为了增加收视率相继开办了《今晚新看点》《成长》等栏目。

2004年10月，枣庄电视台通过多次谈判，终于同北大方正传媒有限公司签定了八年的广告代理合作合同，合同总额21513万元，首年度1800万元，之后每年以10%--20%的比例递增。

为确保所有广告都能严格按国家有关规定制作播出，枣庄电视台加强了对于广告节目内容和质量的监督审查，同时充分挖掘广告资源潜力。在药品、医疗广告持续减少的情况下，通过多渠道、多形式进行挖潜。

为提高节目质量，枣庄电视台加快了设备更新改造的步伐，完成了9CH和20CH发射机的全固态改造，完成了硬盘播出设备一二期工程安装；购置安装了全新的游动字幕系统；完成了新城会展中心到播控机房光缆的连通和调试，确保了全市重大活动、重要会议现场直播的信号传送，购置了高端非线性编辑系统，进一步完善了节目制作手段；完成了访谈类节目演播室的改造；完成了电视发射塔的防腐、除锈、刷漆、紧固等维修维护工作，提高了节目发射的安全系数。

至此，枣庄电视台在不断加大基础建设、稳步规范工作流程的过程中逐渐成长，已拥有3个频道，自办三套节目、23个栏目，每天播出总时间达54小时。

2. 广播电台在不断挖潜中前进

2004年起，为了扩大影响力和美誉度，枣庄人民广播电台努力挖掘广播的媒体功能，拓展其外延，积极组织和举办不同形式、不同内容的社会活动，向社会和听众展示枣庄广播的形象。仅2005年一年，就先后为全省科学发展情况交流会、全市创建文明生态村现场会等提供了17次车队直播服务，与市纪委、监察局联合在滕州益康集团举办了“热线面对面”活动，与市纠风办、市卫生局举行了“构建和谐医患关系恳谈会”，组织枣庄市十大名医送医下乡，走进大中学校与在校师生一起举办“共建文明校园”联欢活动等等。新的机构、新的用人机制和新的管理方式进一步激发了业务人员的工作热情和活力。在广告经营创收方面，也根据频道制改革的实际，相应出台新的管理办法，以品牌广告为龙头市场，以专题广告为战略市场，为枣庄广播事业的发展赢得更大的生存和发展空间。2006年，枣庄人民广播电台借鉴和吸取外地电台改革的经验，实行频道管理和运营，把现有的

人民台、经济台改为枣庄人民广播电台新闻综合频道、枣庄人民广播电台经济生活频道，同时增设枣庄人民广播电台交通文艺频道。2007 年，继续在巩固提升原有品牌形象、打造新品牌上下功夫，寻求新的突破，不断扩大品牌的感染力和影响力，将《市民热线·经济环境热线》改版为《市民热线·政风行风热线》,改版后的节目以“倾听群众呼声、回答群众咨询、受理群众投诉、树立行业新风、优化发展环境”为宗旨，坚持“创建并举、标本兼治”，充分发挥群众监督和舆论监督的作用，着力解决与群众切身利益有关的热点难点问题，促进各部门、各行业进一步转变工作作风，提高了节目的权威性和说服力。2008 年、2009 年、2010 年，继续在打造品牌节目上下功夫，以此带动节目整体质量的提高，进一步提升广播形象，扩大广播影响。在市直部门和五区一市聘请了 150 名节目监督员，进一步强化舆论监督，切实为群众解决实际问题。

3. 枣庄广播电视各项事业稳步发展

这一时期，枣庄广电前后投入资金 1 亿元，实现了对枣庄全市所有自然村有线、无线相结合的立体覆盖。整个网络拥有主干线路 2000 多公里，电缆主干线路 6000 多公里。2009 年 4 月，自筹资金 50 万元加入中广传播有限公司，成立了中广传播有限公司枣庄分公司。截至 2009 年底，作为山东省手机电视业务开展的试点城市，国家广电总局共向枣庄市投入了 300 万元的设备，老城区手机电视业务开始试运行。截至 2010 年，枣庄全市数字电视整体转换用户突破了 12 万户。“村村通有线电视”工程新发展有线电视用户 21172 户，惠及 2175 个行政村、数十万农民兄弟，有线电视网络传输质量、用户服务质量进一步提升，枣庄市有线电视村村通工程至此迈出了向户户通、长期通发展的关键一步。

截至 2010 年，全省下达的地面数字无线发射机的安装任务如期完成，枣庄五区一市已具备手机电视多媒体信号发射的条件。

2010 年，电视转播台肿头山信号传输光缆建设完成，安装了电视监控系统；市广播电视监测台更新了检测设备，完成了机房装修；微波站新上一套四路数字电视微波传输设备，形成了两套数字微波互为主备的传输系统；转播台更新了地下电缆；应急管理和重要安全播出期的管理得到了有效强化。这确保了重要安全播出期的转播、直播工作，确保了广播电视信号安全优质传输。继 2004 年枣庄广播网正式上线之后，2006 年，枣庄电视网开始筹建，2007 年正式上线。2010 年枣庄广播网、枣庄电视网合并为鲁南传媒网。

4. 枣庄广播电视的机构改革

2010 年 3 月，按照省市两级机构改革方案，枣庄市广播电视局剥离了原有行业规划、政策制定、行业准入和监管等行政管理职能，与原在其辖下的广播电台、电视台等单位合并成立枣庄市广播影视总台，总台下设广播电台、电视台、中广有线枣庄分公司、广播电视报社、微波站、中波台、电视转播台、广播电视监测台等单位。广播电台下设四个频道：新闻综合频道、经济生活频道、交通文艺频道和音乐频道。电视台下设三个频道：新闻综合频道、生活教育频道和公共频道。运营模式上采取频道专业化管理和制片人制度。枣庄广播影视总台对于枣庄市境内的诸如市中、峄城、滕州台等其他广播电视机构不再具有行业规划和监管职能。

2010 年 12 月 7 日，根据枣庄市委市政府指示，“枣庄广播影视总台”调整为“枣庄广播电视台”。

这一时期的稳定发展，既是一段迎难而上的过程，又是一段不断自我找寻定位和不断适应的过程。

（四）枣庄广播电视事业的变革时期（2010 年至今）

从 2010 年起，全球范围内的广播电视机构都面临着新媒体的重大挑战，而 4G 移动网络的开通，使信息的传播不再局限于时间和空间的限制，不再需要跨越传统广播电视媒体那样高的门槛，给人们的生活带来了全新的体验。对于枣庄广播电视台这样一个地级市的广播电视机构而言，唯有改变，才有未来。

1. 平台建设力度加大

工欲善其事，必先利其器。2010 年，广播电台投入 50 多万元提高装备质量；电视台完成了电视发射塔拆迁建设可行性论证，规范了高清电视转播车的使用和管理，提高了使用效率和水平，为圆满完成历年全市春晚、两会、非博会等重要节庆活动的现场直播与录播任务提供了保障，数字化硬盘播出系统调试成功，新系统数字信号实现并网播出。传输中心投入 82.5 万元用于机房传输设备的升级；中波台投资 20 余万元购置柴油发电机；微波站投资 10 万元购置了肿头山站到枣庄站的微波回传设备及 UPS 电源；电视转播台投资 14 万元购置柴油发电机组，监测台投资 3 万余元购买了 UPS 电源。到 2014 年，肿头山发射台改建工程进入扫尾阶段，供水工程、塔基建设、塔体制作安装等基础工作均已完成，累计投资 900 多万元；更换了机房中控设备，配置添加了发射机控制和监看监听备份系统；完善了数字微波系统，购置 ASI 码流自动切换器、QPSK 调制器等设备，实现信号源 1+1 自动切换；更新了广播主、备服务器，调整了慢录站服务器、户外直播设备及直播间应急设备；还购置了电视高清前后期设备，完成了演播室高清设备的升级改造。2015 年，投资 200 多万元对《枣庄新闻》非编网进行更新改造，增加了 5 套高清非编设备和 19 台高清摄像机及附属设备；更新了广播交通频道发射机；投资 40 多万元对中央、省台转播发射机进行了更换；完成了广播电视监测机房搬迁改造工作，广播电视监测系统得到完善。这些项目的实施，进一步提高了枣庄广播电视的采编播水平和安全播出能力。

这一阶段，面对新媒体时代挑战

的枣庄广播电视台在市委市政府的领导支持下，审时度势，以充分发挥城市主流媒体优势的决心，以新闻立台、节目立台、品牌立台，狠抓平台建设，不断强化舆论引导功能。同时，积极发挥媒体优势，以广播、电视、网络联动的立体合力，围绕中心，服务大局，既要努力实现城市电视台的公共服务职能的定位，又要在收听收视率和影响力上有所作为。

相比于中央级和省级广播电视媒体，城市广电由于直接面对市民、服务城市，自然会更直接、更容易接触到地方文化、传统文化、本土故事，而正是这些构成了城市文化景观中地域色彩浓郁的一面，避免了一座城市落入千城一面的同质化窠臼。如何提高人们对本土文化的认同、重建对优秀民族文化基本的判断力和日常化的亲和感，是我国在城镇化进程中面临的一个重要问题。这也正是枣庄广播电视媒体的使命所在，生机所在。这一阶段，枣庄人民广播电台和枣庄电视台在遵循广播电视基本规律的基础上，在节目形态，表达方式上大胆尝试、大胆创新，在栏目设置上注重突出时代特色、地方特色，在内容和形式上不断增强可听性、可视性，广播电台自办节目达到47个，电视台自办栏目达到21个。

2. 枣庄广播电视在变革中不断挖潜

自2010年起，枣庄广播电视台年均举办大型活动30余场（次）。这些活动既锻炼了队伍、扩大了影响、树立了枣庄广电的品牌，更诠释了媒体社会责任。特别是很多经营性活动与社会公益相结合，既取得了较好的经济效益，又赢得了社会各界的好评。在这些活动中，枣庄广播电视台充分运用短信平台、微信平台、新浪微博、百度贴吧等，积极推进广播电视与新媒体的融合。各频道相继建立了官方微信公众账号，广播微信公众平台用户数在短短一年内达数万人。2012年，投资近100万元的鲁南传媒网网站建设工程顺利完工，进入试运营阶段；不断加强广播电视节目与鲁南传媒网的深度融合，实现了自制栏目内容的在线直播和点播，不断增强互动性能。广播频道加入蜻蜓FM、优听FM、悦听FM在线收听，听众可以随时随地通过网络、手机收听到自己喜欢的节目，《市民热线》栏目为做好“互联网+”的文章，借助互联网、微博、微信打造《市民热线》24小时服务平台，实现了热线电话、新浪微博、腾讯微信、枣庄政务网、鲁南传媒网、有线数字电视、手机蜻蜓客户端、土豆网等用户多渠道参与、多平台传递的节目形态，节目的影响力和受众群不断扩大。截至2016年10月，仅在蜻蜓FM收听枣庄广播的用户数已过6万人次。在2016年10月16日举办的枣庄国际马拉松比赛的宣传阵势上即可领略到这种可贵的宣传合力，当天仅微信公众平台的点击收看量就冲破了9万人。2017年2月试运营的全媒体移动播出平台“指动枣庄”，总访问量在半年时间内达到近百万人次；5月开通的官方微信直播账号“枣庄直播”，观看用户累计达到212.97万人（次）；枣庄广电官网“鲁南传媒网”新开办了“政务访谈”“网上问诊”等大型网络直播访谈类节目，实现传统媒体向互联网的延伸。

3. 有线电视和新媒体业务的发展

2010年起，枣庄有线电视按照设计标准统一、施工标准统一、器材使用统一、验收标准统一的“四统一”要求，在全市范围内开展了老旧网络的升级改造工程，将网络由550M提高到860M；并结合我市实际，制定了数字电视《机房建设方案》《网络改造方案》《技术支持方案》《整转平移方案》《现场流程》等等，投资2000万元搭建了先进的数字电视前端平台，面向全市进行了有线

聚焦新农村，记者乡间行

电视数字化整体转换工作。到2012年，共投入资金2000多万元，新架光缆线路2200公里，电缆1400公里，杆路14758棵，新覆盖行政村231个，新增农村有线电视用户38903户。全市有线电视网络覆盖全市64个乡镇（街道）、2480个行政村（居），有线电视总用户数达到64万户。到2014年，有线电视面对三网融合和用户资源竞争不断加剧的局面，克服了经营发展面临的重重困难，加快了有线电视数字化整体转换步伐，全面完成了全市农村有线电视数字化整体转换工作，全面实现城乡有线电视数字化。同时，进一步加大农村“户户通”有线电视工程建设力度，累计投入2800万元，新发展用户5.07万户。2014年8月，正式推出有线数字电视云宽带、云互动等众多信息化新业务，实现了45个频道72小时重播、回看，这标志着枣庄市有线广播电视双向化、多元化发展跨入全省先进行列。杆路租赁、安防监控工程等增值业务也有序开展，“智慧社区”项目被枣庄市政府列为全市百件惠民实事。到2015年，中广有线枣庄分公司完成创收1.5亿元，同比增长9.2%，基本业务收入继续保持稳固增长，互动点播、付费节目、个人宽带等大众增值业务同比增长超过50%，集客业务实现突破。与太平洋产险枣庄支公司正式签署战略合作协议，与市教育系统、市中区法院达成多项光纤专线租赁合作项目，滕州天网安防监控二期工程、高铁新区安防监控项目竣工投入使用，全市视频监控点总数达1997个，城乡版图覆盖率达到50%以上，整体经营创收呈现“主营业务稳固增长，收入结构不断优化”的良好态势。

2012年元旦，高清数字3D频道在枣庄的落地传输，使全市有线电视完成了从模拟到数字、从标清到高清、从高清到高清3D的三大跨越。有线数字电视增值业务从过去单一的有线电视信号传输向多元化经营迈进，传输模拟有线电视节目45套，标清数字电视节目130多套，高清数字电视节目11套，枣庄有线电视已经可以向数字电视用户提供电子节目指南（EPG）、数据广播、数字广播、NVOD点播等资讯服务，当年仅数字电视收费节目一项收入就超过400万元。这一年，手机电视业务完成滕州手机电视发射机改频工作，形成全市同频网络覆盖，积极推进后付费终端产品的营销和用户发展，并在五区一市设立直销点。有线电视逐步向新一代多媒体综合信息服务运营提供商升级转型，“雪亮工程试点”“智慧滕州运营服务中心建设”工程等多元集客项目成功签约，“无线WIFI城市”项目顺利推进。

二、成就

从1983年“中国电视的改革元年”起，枣庄的广播电视事业伴随着枣庄这座城市的经济和政治体制改革，从无到有，从小到大，已经成为枣庄这座城市新兴文化产业的重要组成部分。30多年来，枣庄广播电视作为党和政府的喉舌，枣庄这座城市的主流媒体，始终积极宣传党和政府的政策主张，忠实纪录枣庄市日新月异的改革和发展，激浊扬清，不断推动社会进步、守望着这座城市的正义和公平，始终以主流媒体的责任感和影响力为凝聚起全市人民爱国爱家、干事创业的激情而努力。在长期的新闻宣传舆论实践中积累了丰富的经验，为枣庄市的改革开放和各项事业的发展做出了独特的贡献。

（一）发挥媒体优势　打造新闻宣传平台

枣庄广播电视事业从萌芽的那一天起，就着力打造原创性采编制作力量和覆盖整个城市的播出平台，不断发挥自身传播优势，服务全市中心工作和改革开放大局，把握大势、着眼大事，在改革发展的各个阶段都努力找准了工作切入点和着力点，做到因势而谋、应势而动、顺势而为。仅1986年一年，枣庄人民广播电台、枣庄电视台实现播发自办新闻稿件7396条，专题报道917条（部），播出时间647小时，这些新闻报道和专题报道从不同侧面、不同角度宣传和记录了枣庄市改革中出现的新气象、新变化，也从一定程度上反映了人民群众的要求和呼声，为市委市政府提供了一些比较有价值的决策依据。枣庄人民广播电台的专题节目《法庭内外》《青年之友》《听众信箱》《话说枣庄》等深受听众欢迎，《听众信箱》一年就收到1030件听众来信，公开答复94件，回信73件，其他来信送交有关方面请求协助，真正做到为群众排忧解难，赢得了较高的声誉。枣庄电视台在设备少、人员不足的情况下，自办节目《枣庄新闻》，每周两档，每档十分钟，且当年就播出了第一部电视专题片《枣庄在改革中前进》，筹备制作了第一台春节文艺晚会。积极与外事部门配合，拍摄了《枣庄掠影》《榴园漫步》等电视专题片，受到了观众的好评。“言而无文，行之不远”，为了更好地让广播电视技术服务于新闻宣传文以载道的使命，枣庄电视台、枣庄人民广播电台一次次克服前所未有的困难，一方面着力搞队伍建设，一方面下大力气搞设备投入，为提升广播电视节目制作水平打下了坚实的基础。专题栏目《今日枣庄》曾经一年获得七项省级大奖，专题节目《来自枣庄的报道》获得国务院新闻办和广电部颁发的金桥奖；原创新闻专题《山乡响起拍卖锣》在中央电视台焦点访谈播出；电视剧《山魂》获全省精品工程奖；1995年10月，枣庄电视台被国家人事部、国家广电部授予全国广电系统先进集体。从那时起到现在，枣庄的广播、电视用实际行动肩负起枣庄这座城市主流媒体的使命，借助广电媒体优势，坚持党的领导，坚持正确政治方向，坚持以人民为中心的工作导向，尊重新闻传播规律，创新方法手段，切实提高了党的新闻舆论传播力、引导力、影响力、公信力。

1. 重大主题宣传成效显著

深入宣传了各个时期我市经济社会发展取得的成就和经验。准确解读中央提出的发展理念和省、市委关于经济发展的总体要求、主要任务，遵循媒体规律详尽阐述各个时期全市经济社会发展

所面临的形势和阶段性特征，按照每个阶段的重点组织集中宣传，大力做好相关的宣传报道；通过对于先进人物、先进事例的报道，引导干部群众把思想认识统一到中央和省、市委的重要决策和部署上来，把智慧和力量凝聚到加快城市转型升级，建设经济文化融合发展高地的各项任务上来。起到了团结鼓劲的重要作用，为全市科学发展提供了强大的舆论支持。

民生宣传及时到位。深入宣传了各级各部门保障民生的政策举措，大力宣传了城乡居民物质生活不断改善、精神生活更加丰富的新变化、新亮点，形成了改善民生的良好氛围和理性预期。完善了新闻应急机制，做好了突发事件的新闻报道和舆论引导。完善了新闻播出审查制度，有效防范化解负面报道，维护了社会和谐稳定。

战役性报道力道精准。例如2016年，围绕庆祝建党95周年、红军长征胜利80周年、首届枣庄国际马拉松比赛等活动，精心组织、精心策划，在做好持续有力的宣传报道的同时，开展了庆祝建党95周年和红军长征胜利80周年影视剧展播活动，并在省台市台对马拉松比赛进行了全程同步直播等。圆满完成了全国和省市人大政协“两会”及我市重大活动的安全转播、直播任务，很好地发挥媒体优势，鲜明有力地把党和政府的声音传播好，把社会进步的主流展示好，把人民群众的心声反映好，使正面宣传成为了广播电视的主流和基调。

2. 对上报道和对外宣传成绩突出

截至目前，电视新闻频道晚间新闻时段已从原来的1个小时扩展到2个小时，实现了《枣庄新闻》《今晚新看点》《热点观察》三档新闻节目在重大新闻事件报道中相互配合、互为补充。广播热线节目《市民热线》，电视热线节目《热点对话》加大了对上线单位节目前的采访和节目后的追踪报道，节目的公信力和影响力得到大幅提升。《市民热线》节目仅2016年就播出337期，100多个部门的主要负责人走进直播间，收到群众反映问题3900多个；《热点对话·区市长访谈》全年举办6期，接听群众反映问题138个，两个节目的问题处结率和群众满意率均在98%以上。

广播栏目《新闻新观察》《专家坐诊》《1014慧生活》《交通大家帮》《我爱我家》《天天向上》，电视栏目《够级大擂台》《健康直通车》《财富枣庄》《周末汇》等，贴近性、参与性都较以往任何时期进一步增强。特别是医疗服务类栏目《专家坐诊》《健康直通车》，邀请医院权威专家走进演播室，现场向广大群众传授防病、治病、养生知识，现场接听电话答疑解惑，架起了医疗专家与群众交流沟通的桥梁，深受群众好评。

2007年11月28日，枣庄数字电视中心机房暨数字传输平台奠基仪式顺利举行

广播电视各频道充分运用短信、微信、微博、贴吧等新的传播手段，扩大节目的知名度和影响力。广播开通了360水滴视频直播，并加入全国水滴视频直播电台联盟，实现了广播的可视化，目前每天观看本台节目衍生视频内容的人数达3万多人（次），部分节目形成了全媒体传播，实现了音频、视频的实时和错时点播推送，节目的影响力和受众群不断扩大。

紧紧围绕市委市政府中心工作，加强与省台、中央台的联系沟通，做好选题策划，在上级媒体较好地宣传了枣庄坚持科学发展、加快城市转型的经验和做法，广播、电视平均每年在中央级媒体播发稿件38条，在省级媒体发稿600余条次。例如2016年2月19日，在中央人民广播电台《新闻和报纸摘要》节目头条位置播发的录音新闻《山东枣庄：探索农村互助合作金融，破解农民贷款难题》，就取得了极好的宣传效果。2017年，广播、电视在省级媒体发稿1235条，在中央级媒体发稿59条，其中在中宣部、中央电视台联合制作的十集大型政论专题片《将改革进行到底》第六集《守住绿水青山》中播出的我市相关内容，反映了我市建设自然生态宜居宜业新枣庄的丰硕成果，引起了广泛关注。对外宣传方面充分利用中央台纪录片播出联盟、淮海经济区城市电视台联播体、中国黄河电视台外宣联盟的传播优势，畅通了我台节目在中央台、全国城市台和境外台的播出渠道。

（二）塑造城市形象　提供公共文化服务

枣庄的广播、电视事业是枣庄人的广播电视事业。枣庄人民广播电台、枣庄电视台从建台伊始，就努力在服务地方、办出地方特色上下功夫，在广播电视节目内容、形式和制作上不断提升业务水准，在丰富枣庄人的文化生活、塑造枣庄对内对外城市形象等方面做出巨

大贡献，取得了良好的社会效益。

首先，培育了一批市民群众爱听爱看的品牌栏目，加强了节目的贴近性、服务性。广播新闻节目《枣庄新闻》《市民热线》《新闻新观察》，增加了特约评论员点评的比重和分量，提升了新闻节目的理论水平，增强了节目的权威性。《枣庄新闻》增设了《今日提示》专栏，增加了民生新闻的比重，《市民热线》每年接听热线电话4000多个，问题和投诉的处结率在98%以上；电视《枣庄新闻》和《今晚新看点》栏目增加了深度报道、现场报道和民生新闻的分量，《热点对话》栏目接到的各类问题90%以上得到了解决。专题社教类节目格调明显提高，受众群体明显增加，服务质量和水平明显增强，节目亲和力明显提升。广播栏目《活力早班车》《汽车原动力》节目增加了服务内容，《听闻天下》《音乐部落格》《两个人的Radio》栏目调整了播报和主持风格，《音乐优品》增加了微博互动;广播《99惠民团》为市民搭建了一个"有声"电子商务平台，《99大家帮》倡导"微公益"理念，受到了市民的广泛关注。《寻炜时间》在接到为一名患白血病学生的救助呼吁后，随即组织编播人员制定策划方案，制定计划，实施后听众反响十分强烈，在较短时间内收到捐款6万多元，并赶赴济南送到患者手中。此外，《潇洒夕阳》《调频酸菜馆》《老乐小九》等一批品牌栏目在社会受到普遍欢迎。广播交通文艺频道启用FM90.4新频率，2015年新推出的伴随性脱口秀节目《嗨！早上好》迅速蹿红，截至当年9月份已举办线下自驾游活动42次，参与人数达3400多人（次）。

电视栏目《今日枣庄》新开辟了《特别关注》《DV大拍档》等新版块；《财富枣庄》尝试走出枣庄对在外地创业的枣庄籍企业家进行采访；枣庄电视台自2007年开设历史文化类栏目《印象鲁南》，专注挖掘、整理与弘扬地域文化，先后制作了"远去的手艺人""脚下的瑰宝""寻梦的归途""鲁南节庆"等多个系列，引起了全市上下对研究地方文化的兴趣。2009年，《印象鲁南》栏目为枣庄市申报省级历史文化名城制作了专题片《溯源枣庄》，以此为契机用电视媒体独有的方式完成了枣庄这座城市3800年历史的资料挖掘、搜集和梳理，申报工作一举成功。该栏目作品不断经由中国黄河电视台传送SCOLA和ECHOSTAR电视网向海外播出，2009年与日照、临沂、济宁、菏泽四地电视台达成了制作播出联盟，并荣获中国广播电视学会纪录片研究委员会颁发的年度纪录片栏目金奖。另外在台儿庄古城重建、项目推介以及申报"AAAAA"级景区等一系列重要活动当中，《印象鲁南》栏目提供的视频资料和专题片也成为重要宣传内容，为推动枣庄城市转型做出了独特的贡献。由枣庄广播电视台制作的枣庄市形象宣传片《触摸台儿庄，感受中国梦》自2014年农历大年初一起，在美国纽约时报广场大型户外LED屏开始了为期一年的播出，这不仅是枣庄台首次，也是枣庄市对外宣传的新起步。2015年，枣庄广播电视台以纪念抗日战争胜利70周年活动为契机，积极配合全国各级媒体在枣庄的采访活动，特别是在台儿庄大战纪念馆的纪念世界反法西斯战争胜利70周年"老兵手印"系列活动启动仪式，在海内外引起了强烈反响。该活动由《欧洲时报》、中央电视台中文国际频道、枣庄市政府共同主办，欧洲时报、中央电视台对活动进行了高密度宣传，新闻《"老兵手印"活动在山东枣庄台儿庄大战纪念馆启动》同时在中央台《新闻联播》《中国新闻》《海峡两岸》等栏目播出，收到了良好的宣传效果。

其次，走到市民中间、走到生活中间、走到时代中间，不断打造品牌活动，密切和现实生活的联系。自2010年起，枣庄广播电视台年均举办、承办各类大型活动20余场，例如中国电视"金鹰奖"青少节目评选、枣庄市第四届家电TV团购、主持人大赛、春节电视文艺晚会、旅游系列导游员讲解员电视大赛、海峡两岸龙舟赛、全市青少年英语大赛、CCTV全国少儿歌曲大奖赛枣庄地区选拔赛、山东省城市形象大使枣庄选拔赛、《春晚看我秀》等等一系列大型活动。这些活动极大丰富了群众精神文化生活，拓展了广电发展空间，得到了社会各界和广大群众的普遍好评。2017年，枣庄广播电视台有60多件作品在省级以上评选中获奖，其中电视栏目《印象鲁南》获第23届中国纪录片十优栏目大奖；广播剧《辣妈挂帅》获得省第十二届精神文明建设精品工程奖。

（三）发展文化产业　激发城市活力

枣庄市内的市县两级电视台和电台一出现，就在传统的作为"党和政府的喉舌"的政治属性之外，开始慢慢增添进入市场经济的产业特征。1985年4月，经由国务院批转的《国家统计局关于第三产业的统计报告》，第一次把广播电视业列为第三产业。1986年，枣庄人民广播电台、枣庄电视台分别申请成立广告部，以"在国家政策法令允许的前提下，服务群众，传播信息，沟通产销渠道，宣传产品性能，促进经济发展"，从那时起，源源不断的广告收入解决了枣庄广播电视事业发展的燃眉之急，也调动起了从业人员的积极性、能动性。

在事业单位工作人员工资制度改革实施办法中，根据事业单位的特点和经费来源不同，划分了全额拨款、差额拨款、自收自支三种不同类型的事业单位，实行不同的管理办法。按照以上"分类管理"办法，枣庄电视台和电台都是标准的差额拨款单位。例如，2002年，枣庄广播、电视年广告收入800万元，扣除财政和市广电局统筹180万元外，剩余资金620万元。

20世纪90年代，在电视发展的黄金时期，其媒体优势曾让广播电台在各个方面压力巨大，尤其是广告创收。但电视作为一种高科技、高投入、高消耗的产业，设备更新换代的周期很短，一般在3—4年，每次设备更新都要投入300多万元资金，作为差额事业单位，

财政拨付的办公经费难以满足事业发展的需要，尽管财政尽可能地给予了支持，但仍有很大缺口。1999—2001年，财政给电视台每年拨款93.53万元，而枣庄电视台每年的实际支出却在879万元，平均每年缺额785.8万元。为了更新设备和维持正常的工作运转，只能更多地依赖广告。当广告收入发生问题的时候，节目的正常运转、机器设备的维护更新都会相应地产生一系列连带的问题。

即使这样，枣庄的广播电视事业还是一步一个脚印，不断加大事业建设力度，不断培养业务人才队伍，千方百计利用媒体优势拓展业务功能，走出了一条独特的文化产业发展之路。

面对全国广告业收入普遍下滑、国家进一步加强对医疗药品广告监管的严峻形势，积极采取应对措施，多渠道抓好经营创收。枣庄广播电视台积极发挥媒体优势，积极组织线下大型商业活动，挖掘活动潜力，拓展发展空间；积极探索“线上+线下”广播电视产业化模式，发挥品牌节目优势，主动寻求市场支持，实现节目与创收的双赢。通过积极努力，有效遏制了广告下滑的势头。既满足了全市人民不断增长的文化娱乐需求，也为广电带来了可观的经济收益。

1996年起，枣庄电视台连续拍摄了《匡衡》《强音》《小小飞虎队》三部30集电视剧，成为全省十七地市电视台中具备了电视剧创作能力的一支奇兵；2004年9月，铁道游击队影视城破土动工；2004年11月，枣庄电视台与山东电影电视剧制作中心联合摄制的电视连续剧《铁道游击队》正式开机；自2005年起，枣庄电视台相继拍摄了《铁道游击队》和《红灯记》两部30集电视连续剧。《铁道游击队》先后在中央电视台和全国二十多家省级电视台播出，获得“金鹰奖”、全国和省“五个一”精品工程奖；《红灯记》播出和发行权被江苏卫视独家买断，并获评“泰山文艺奖”。微山湖影视文化传播有限公司2008年成立，为影视剧生产创作搭建了新平台。

经过充分论证，投资100多万元引入目前国内领先的移动App管理系统软件，依托枣庄广播电视台优质节目资源和强力推广体系，组建了手机客户端运营中心。项目建成后，将实现网台联动、多媒体融合、组合式传播，不仅能为用户提供我台现有3套电视节目、4套广播节目的实时直播，还能为受众提供民生信息、精准大数据等多元服务，将成为服务政府、企业、群众的新平台。

有线电视以“智慧枣庄”项目建设为引领，积极推进信息技术与产业的融合发展，累计完成滕州滨湖、滕州东前屯村、薛城常庄、峄城区党员远教、枣庄市电视图书馆、全市“文化大院”等智慧项目建设，覆盖用户近4万户，特别是电视图书馆在我市率先上线，填补了省内无电视图书馆的空白。

三、启示

（一）定位准确是干好一切工作的基础

枣庄广播电视事业从萌芽到一步步在改革中不断发展的这近40年，正是一个风云激荡、瞬息万变、人才辈出的伟大时代，而在这样的时代，能够从容面对种种重大机遇和挑战的真正关键是认清自身的定位。作为一个城市的主流媒体，党和政府的喉舌，无论何时都要体现党的意志、反映党的主张，维护党中央权威、维护党的团结，做到爱党、护党、为党；要坚持党性和人民性相统一，把党的理论和路线方针政策变成人民群众的自觉行动，及时把人民群众创造的经验和面临的实际情况反映出来，丰富人民精神世界，增强人民精神力量。

在这一思想的指导下，枣庄广播电视台精心策划，主动出击，集中力量、集中时段，有计划、有重点地组织了一系列影响大、效果好的战役性宣传报道，圆满完成了事关我市发展和国计民生的桩桩大事的宣传任务，形成了强大的宣传态势，为枣庄的城市转型和实现科学发展、跨越发展营造了浓厚的舆论宣传氛围。

正是在这一思想的指导下，枣庄的广播电视始终遵循着团结稳定鼓劲、正面宣传为主的基本方针。不断创新管理和业务理念、不断改进方法、内容、体裁、形式、手段、业态、体制、机制，增强针对性和实效性。也正是在这一思想的指导下，枣庄的广播电视不断适应分众化、差异化传播趋势，加快构建舆论引导新格局；不断加强国际传播能力建设，增强国际话语权，集中讲好枣庄故事，中国故事。

（二）事业建设是新闻宣传和产业经营的基础

多年来，枣庄广播电视台始终把安全优质播出作为头等大事，时刻绷紧安全播出这根弦，与台属各单位层层签订安全责任书，进一步明确了任务，落实了责任。枣庄有线广播电视传输中心、广播电视监测台、中波台、电视转播台、微波站、播控中心等单位和部门各司其职、守土有责、守土尽责，通过强化安全播出意识、完善安全播出制度、培养安全播出队伍、开展安全隐患排查、技术革新改造等手段，确保了安全优质播出，为宣传工作提供了强有力的技术保障。

技术的发展对于广播电视行业而言具有决定性的意义。以电视为例，在电视技术处于无线电视覆盖的时代，城市电视台是中央台和省级台的有益补充，但当电视技术进入有线电视覆盖的时代，一场城市电视台与中央台和省级卫视之间争夺收视率、争夺观众、争夺广告收入、争夺生存机会的激烈竞争必然要拉开帷幕。

骤然面对几十个甚至上百个频道的竞争的枣庄电视台在生存的压力下，最现实的防守就是在重重压力下放手拼搏，2004年3月，在市委市政府的支持下，枣庄电视台投资70万元对转播车进行全新改造；4月，枣庄电视台以搬迁到广播电视中心大楼为契机加大了对制作和播出能力的投入，投资100多万元实现了硬盘自动化播出，投资100多万元新购数字编辑机5套，数字摄像

机8部，全台前后期制作设备面貌一新；新闻、社教后期节目制作区分离，为提高节目制作质量和能力打下了坚实的基础，最终以节目质量的提高来保证主流媒体的影响力和话语权。当然，除了制作力量，播出质量和安全的保障也是至关重要的。这三十多年来，无论什么情况下，枣庄广播电视的事业建设始终是作为新闻宣传和产业经营的基础来不断夯实的。

（三）队伍建设是一切发展的基础

习近平总书记在2016年2月召开的党的新闻舆论座谈会上强调，媒体竞争关键是人才竞争，媒体优势核心是人才优势，他强调要深化新闻单位干部人事制度改革，对新闻舆论工作者在政治上充分信任、工作上大胆使用、生活上真诚关心、待遇上及时保障；要加快培养造就一支政治坚定、业务精湛、作风优良、党和人民放心的新闻舆论工作队伍。枣庄广播电视在这三十多年来事业发展的实践中深刻地领悟到了业务人才、管理人才队伍建设的重要性。

多年来，枣庄广播电视不仅在编排原则、议题设置、绩效激励等方面进行了认真探索，通过制度设计、机制优化来保障栏目和节目议题设置的规范安全，还制定干部职工学习培训计划，采取走出去、请进来的办法，有针对性地安排干部职工到上级台和高校学习培训，同时请上级台和高校的专家来台进行专题讲座，多渠道、多途径提高干部职工适应新形势、掌握新技能的能力和水平；办好学士后流动站、见习生基地，广泛吸纳专业人才加入广播电视宣传队伍，想方设法积极回应职工关切，切实解决职工后顾之忧，广电人才梯队建设逐步形成。

40年里，枣庄广播电视台数度改革，全台人员双向选择，中层干部竞争上岗，但不变的是枣庄广播电视始终在行业内部深入开展马克思主义新闻观教育，引导广大编辑记者做党的政策主张的传播者、时代风云的记录者、社会进步的推动者、公平正义的守望者。要求他们在工作各个方面、各个环节都要坚持正确舆论导向，新闻报道要讲导向，专题节目、广告宣传也要讲导向；时政新闻要讲导向，娱乐类、社会类新闻也要讲导向；无论何时，都要把社会效益放在首位。而枣庄广电的编辑记者们也正是在这样的氛围中切实产生了转作风、改文风，俯下身、沉下心，察实情、说实话、动真情的真挚追求，努力推出了一部又一部有思想、有温度、有品质的好作品。

40年来，枣庄广播电视事业的每一步都面对着前所未有的挑战和困难，但每次都在党和政府的支持下，在全市人民的支持下抓住机遇，迎难而上。在围绕中心、服务大局中找准坐标定位，牢记社会责任，不断解决好“为了谁、依靠谁、我是谁”这个根本问题。

随着科技的发展，媒体兴替无法避免，进入“互联网+”的时代，枣庄的广播电视事业，必将主动顺应时代的变革，改变僵化的单向的传播思维，改变粗放的简单的经营管理方式，改变封闭的分化的资源整合观念，不断探索主流媒体未来的发展模式和方向。

枣庄广播电视事业的未来取决于我们的经验和视野，取决于我们是否有勇气突破那些日积月累的虚假共识，突破我们自身所依附的偏见和成见，更取决于我们能否认识到枣庄广电的真正使命，并为此脚踏实地，实事求是地走好每一步。

审稿人：张永伟

撰稿人：武　伟　王　展

枣庄市卫生改革发展实践与启示

中共十一届三中全会以来，枣庄市卫生事业在市委、市政府正确领导下，强化组织领导，增加财政投入，创新体制机制，提升服务能力，各项工作取得了显著成就，人民群众健康水平显著提高。

一、改革发展历程

（一）改革起步阶段（1978 年 12 月至 1991 年 12 月）

这一阶段枣庄卫生事业面临的主要问题是医疗卫生资源短缺，人民群众看病难、住院难、看病贵。针对上述问题，主要从以下四个方面实施了改革：

1. 放宽了对办医主体的限制。打破了国家举办的医疗卫生机构一统天下的局面，提倡、鼓励、支持各部门、各行业、社会各界包括群众团体、集体和个人举办医疗机构，同时打破了部门、企业封闭办医的常规模式，将医疗服务市场向社会开放，形成了以国有卫生事业为主、多种所有制并存、多层次、全方位发展的新格局，增加了医疗服务供给，一定程度上缓解了看病难、住院难、手术难的供需矛盾。在筹资方面，走出了医疗卫生事业靠国家拨款的单一渠道，实行社会、地方、集体、个人多元化融资机制，从“七五”到“八五”十年间共筹集资金 34892.73 万元，其中集体、群众筹资 7500 万元。

2. 改革和完善公立医院管理、运营体制。(1) 加强乡镇医院管理、人员培养。在充分调查研究的基础上，于 1984 年 9 月至 1986 年 12 月在全国率先将全市 80 处乡镇卫生院（包括 14 所区、县分院）下放至乡镇政府领导和管理，增强了乡镇政府对卫生事业的责任意识和投入力度，调动了其办医积极性，各乡镇卫生院以房屋、设备、技术力量三项基本建设为主要内容的“改貌”工作取得了显著成绩。1984 年至 1988 年间，全市各级财政共向乡镇卫生院投资 969 万元，其中 90% 由乡镇投入，新建房屋面积 90346 平方米，修缮老旧房屋 50487 平方米，洗胃机、电冰箱、心电图机基本普及，18 处乡镇卫生院配备了救护车。卫生部、山东省委、省政府对此给予了充分肯定。

（2）加强各级医疗卫生机构领导班子建设。1978 年后，集中精力对各级医疗卫生机构领导班子拨乱翻正，撤掉“文化大革命”期间各种带有派性派别及不合时宜、被证明是错误的权力组织，清除“文化大革命”期间在人事问题上的各种错误决定。从 1985 年起，建立健全了党委（总支、支部）领导下的院（站、所）长负责制，在少数单位实行了公开招聘院长，推行领导班子任期目标责任制等。从 1988 年开始，实行了“三位一体”全面考核制度。

（3）探索医疗卫生事业单位运营机制改革。按照《国务院批转卫生部关于卫生工作改革若干政策问题的报告的通知》，借鉴经济体制改革经验，从 1985 年下半年开始研究卫生事业活动中的经济规律，并在实际管理中调整了有关政策，引入激励和竞争机制，填补当时全国卫生经济及管理的空白。从 1988 年开始，枣庄市卫生系统率先于每年年初由市卫生局代表市政府对五区一县提出任务目标，纳入市委、市政府对区（市）政府“三位一体”考核，年终兑现奖惩，对市直各单位、局机关各科室也进行年度考核；放宽技术劳务补偿政策，按照《国务院批转国家教委等部门关于深化改革鼓励教育科研卫生单位增加社会服务意见的通知》规定，允许医务人员有组织地开展院外兼职、业务服务及专家门诊，大大调动了全市卫生工作人员积极性，全市增加服务项目 100 余个。枣庄市卫生局于 1991 年成立了卫生服务公司，延伸卫生产业服务 70 项，年产值和营业额达到 1500 万元。探索劳动人事分配制度改革途径，在枣庄市北坛医院实行了中层以上干部聘任制和职工合同制，在枣庄王开结核病防治院实行了“三定一挂”等制度。

（4）加强中医药工作领导。1989 年秋，市委、市政府召开了枣庄市振兴中医大会，成立了枣庄市中医药管理处，在各区（市）卫生局成立了中医科（股），配备了专职管理干部。

3. 加强基础设施建设。为从根本上改变枣庄市医疗卫生落后面貌，重建了枣庄市立医院并于 1987 年迁入新址，软硬件设施有了明显改善；枣庄市中医院于 1982 年从滕县迁至枣庄，1987 年迁至枣庄市立医院旧址；枣庄市立二院于 1983 年从齐村镇迁入重新建设的新院，占地面积达到 3.1 万平方米，建筑面积由 1978 年的 1500 平方米扩展到 1.5 万平方米，开放床位数由 81 张增加至 250 张，职工人数由 42 人增加到 200 余人；原峄县妇幼保健站于 1982 年 8 月升格并改建为枣庄市妇幼保健院，迁至市区驻地，建筑面积由 1978 年的 4200 平方米扩大到 1982 年的 10600 平方米，业务用房面积从 1291 平方米扩大到 7480 平方米，开放床位数由 10 张扩升至 138 张，职工由 76 人增为 231 人，由只设置妇产、小儿科扩展至 20 多个业务科室；原山东省王开结核病防治所（济宁地区结核病防治院）于 1979 年改为枣庄市王开结核病防治院，1994 年加挂枣庄市肿瘤医院牌子；山东省济宁

地区北坛皮肤病防治院于1979年11月划为枣庄市北坦皮肤病防治院；滕县卫校于1979年成为枣庄第二卫校；枣庄第一卫校于1982年改为全省招生并开始招收口腔专业；1988年7月建立枣庄市口腔病防治所；枣庄矿务局在原有陶庄中心医院、枣庄医院基础上，于1978年建成枣庄矿务局郭里集医院。各区（县）直属医院也有长足发展，服务水平、技术力量得到显著提高。

4. 创建全国卫生城市。1990年5月，经国务院批准国家爱卫会在全国范围内开展了第一次全国卫生城市评选工作。同年，枣庄市委、市政府成立了由市委副书记、市长为总指挥的创建指挥部，动员全市上下深入开展卫生城市创建工作，于1990年8月通过检查验收，12月被命名"全国卫生城市"。

（二）改革全面展开阶段（1992年1月至1996年12月）

这一阶段卫生工作重视"质"的提高及农村卫生工作，从1991年底至1994年3年时间内，枣庄市针对卫生工作先后印发7个文件，充分体现了对卫生工作特别是全市农村卫生、初级卫生保健、中医中药发展的高度重视，有力推动了各项工作全面开展。

（1）乡村卫生"一体化"管理体系初步建立。于1991年下发的《枣庄市人民政府关于切实加强农村卫生工作的通知》，标志着全市农村卫生工作正式步入发展快车道。1994年11月，枣庄市政府下发了《关于加强农村卫生工作的决定》，1995年5月市政府办公室印发了《枣庄市乡村医疗机构"一体化"管理暂行办法》的通知。1995年枣庄市开始组织乡村医生晋升，到1995年底全市有22个乡镇实行了"四制四统一"管理，加强了农村卫生室管理，两所市属卫校分三届对2635名乡村医生实行中专函授教育。

（2）初级卫生保健工作成绩斐然。枣庄市政府于1989年对《枣庄市1989—1993年初级卫生保健规划》作出批复后，枣庄市卫生局、各区（市）卫生局于1991至1993年先后从各直属单位抽调880名干部下驻乡镇，实行双重领导，协助开展初级卫生保健工作。各级政府累计投入2744万元，对12处区（市）卫生防疫站、妇保院（站）和79处乡镇卫生院实施新建、改建、扩建、购置仪器设备、培训人才。各乡镇医院固定资产增长108.92%，业务用房面积增加2万平方米，50%的县级防保机构和45.82%的乡镇卫生院基本达到了"一无三配套"要求。1994年4月7日，下发了《枣庄市人民政府关于认真实施初级卫生保健规划的通知》，进一步巩固成绩，规范各项工作开展。到1995年，经山东省初级保健考核验收，枣庄市考核结果全部达标。

（3）中医中药发展迎来新机遇。1993年9月27日，枣庄市政府下发了《枣庄市加强中医工作的意见》。到1995年底，全市95%以上的乡镇卫生院建立了中医科，中医床位数达到737张，拥有中医药专业人员778人。二级中医院达到5家，人员较1985年增长67.31%，床位增长73.47%，枣庄市中医院和滕州市中医院分别被评为山东省中医示范单位和重点建设单位，滕州市中医院和峄城区中医院分别通过二级甲等中医院评审。中医医教研基本形成体系，首批9名老中医学术继承人顺利出师；恢复了枣庄市第二卫校中医专业；90名参加中医自考学员正式上岗；成立了枣庄市中医研究所，枣庄市振兴中医大会提出的"三年初见成效，八年全面振兴"目标基本实现。

（4）进行公费医疗保障改革。1992年8月1日，枣庄市按照山东省政府要求，下发了《枣庄市市直机关公费医疗管理试行办法》，规定公费医疗人员全部在定点医院凭证就医、现金结算、经费预算定额包干，实行个人负担与医疗费用挂钩的管理办法。

（三）规范调整阶段（1997年1月至2003年12月）

这一阶段的主要工作是理顺关系、规范发展，于1998年至2000年连续开展了两次农村卫生工作调查、一次城乡居民卫生工作调查，为改革决策提供了可靠的资料支持。同时，由于市场经济模式在医疗卫生系统不成熟的运用和对卫生行业投入整体不足，医疗产业化思潮在这一阶段开始抬头，片面追求经济效益的倾向有所显现。为此，枣庄市委、市政府响应群众呼声，相继实施了一系列措施，在加快改革的同时，不断理顺、规范医疗卫生行业监管。

（1）整体推进卫生管理体制改革。1997年6月，枣庄市委、市政府下发了《关于卫生改革与发展的实施意见》，为全市卫生改革提供了有力的政策支持和组织保障。于2002年成立了由市体

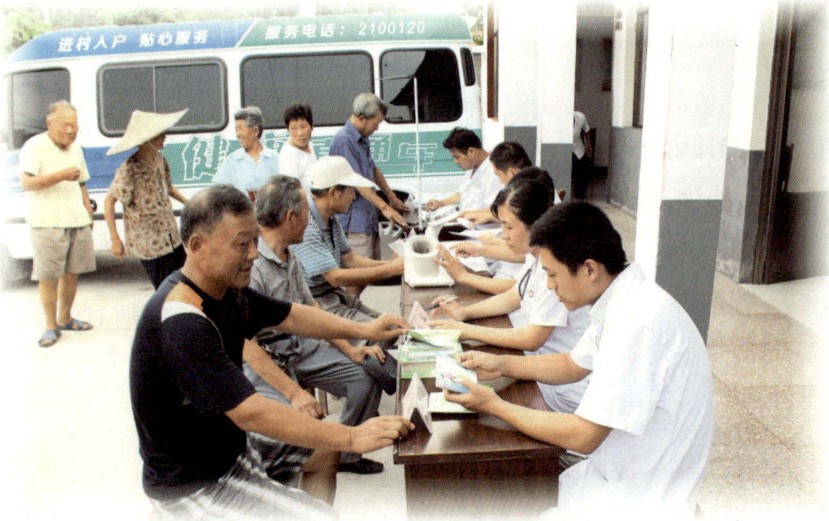

健康直通车进村免费查体

改、卫生、劳动、人事、编制等主要负责人参加的卫生体制改革领导小组，建立了联席会议制度，先后4次召开会议，下发了13个配套文件，编制了《枣庄市区域卫生规划纲要(2000—2005年)》、《枣庄市区域卫生发展规划（1996—2010年)》等重要的改革文件。在医疗卫生行业进一步完善医疗卫生机构全方位目标管理责任制，实行了轮岗交流、竞争上岗、双向选择、专业技术人员技术职称职务评聘公开、效益工资等改革措施，巩固和完善了乡村两级医疗机构一体化管理，实行了药品集中招标采购等改革措施。

（2）依法规范医疗卫生行业管理。认真组织落实《中华人民共和国医师法》《中华人民共和国护士管理条例》和《医疗机构管理条例》，严格准入并大力清理整顿医疗服务市场。对全市范围内的医院实施了分级评审，医疗机构分级分类管理走向规范化，到1996年共有28处医院被评为“二级甲等医院”。1995年全市首次举行护理执业考试，有72人获得合格成绩；1999年组织了全市首次医师资格考试，合格率达89.62%；2000年对全市6600名专业人员进行了执业医师、助理执业医师认定，组织765人参加了技能及笔试考试，对533名护理人员进行了护理执业资格认定。于2000年开展了非营利医院、营利性医院初步认定，同年底对民营医疗机构进行了登记，2001年对390家医疗机构完成了分类核定，其中核定政府举办医疗机构41家（占10.51%），其他非营利医疗机构194家（占49.75%），营利性医疗机构155家（占39.74%）。在严格医疗机构审批的前提下，积极吸收各种成分社会力量、市内外民间资本以多种渠道兴办民营医院，共审批民营医疗机构27家，投资总额9300万元。加大了对医疗市场的清理整顿力度，1996年至2001年间，共取缔不符合设置条件及非法行医的诊所、窝点1704处。

（3）农村卫生工作进一步加强。枣庄市委、市政府根据全国、全省农村卫生工作会议精神，下发了《关于进一步加快农村卫生改革与发展的决定》，实施了农村初级卫生保健、新型合作医疗制度、卫生支农、农村卫生人才培养等一系列改革措施。完成了全市乡镇卫生院规模调整和农村卫生资源整合，在全市确定了12个新型农村合作医疗试点乡镇，覆盖450个行政村，59.17万农村人口，占全部农村人口数的21.76%。设立农村卫生服务站189个，建立农民健康档案20万份。到1998年全市79处乡镇已有74处实行了乡村两级卫生机构“一体化”管理，到2000年底全市1549处卫生室中有1048处乡管乡办卫生室落实了“四制四统一”，村集体办医达到488处，卫生院设点达到13处，80%以上达到了甲级卫生室标准。

（4）卫生人事制度改革走在全省前列。2002年3月13日，枣庄市委、市政府下发了《关于深化卫生事业单位人事制度改革的决定》，市卫生局会同市委组织部、市人事局等有关部门在广泛征求意见的基础上，进一步出台了实行院（站）长负责制、合同聘任制“四定”方案、人事代理制、考核分配制等10个配套文件。枣庄市中医院、枣庄市妇幼保健院、枣庄市第一卫生学校、枣庄市口腔医院、枣庄市中心血站5家单位首次面向社会公开招聘了13名德才兼备的优秀管理干部，领导班子平均年龄由49.33岁下降到42.72岁，本科以上学历人员所占比例由47.64%提高到54.54%，209名业务精、政治素质高、年富力强的同志走上了中层管理岗位，调整面达到72.32%。枣庄市立医院等8家医疗机构通过“四定”，精简人员编制5.00%，减少行政职能科室岗位58.52%，行政及工勤人员分别精简了32.68%和67.65%。枣庄市立第二医院、枣庄市中医院、枣庄市王开结核病防治院、枣庄市立第四医院通过竞争上岗、双向选择，与专业技术人员签定了聘任合同。枣庄市立第二医院等5个单位大胆进行食堂、物资供应、车辆管理等后勤保障体系改革。新成立了枣庄市卫生人才服务中心，负责为全市医疗卫生系统提供规范化的人才专业服务。2002年7月，从全市卫生系统精心选拔了32名中青年骨干，在北京大学公共卫生学院参加高层次卫生管理干部班，学员顺利结业后陆续走上了重要工作岗位。

（5）加强行业作风建设。2001年，枣庄市卫生系统以纪念建党80周年为契机，针对社会各界对医疗卫生行业不良风气的反映，在全市卫生系统党员中开展“学党章、守纪律、正党风”活动和“一满意、四规范”活动，召开各界、各层次人员座谈会300多次，组织开展行风民主评议活动。在此基础上，枣庄市卫生局、市文明办、市纠风办紧紧围绕“百姓满意”这一主题，于2002年从全市各行各业聘请40位行风监督员，对卫生系统行风情况进行监督，在全市96家医疗机构中开展了创建“百姓满意医院”活动并逐渐形成制度。

（6）改革完善公共卫生服务体系。2003年3月，突如其来的非典疫情在全国部分省市传播扩散，枣庄市及时将卫生工作重心转向抗击“非典”，迅速健全了组织机构，制订下发了突发公共卫生事件应急办法，建立疫情监测网络和专业流行病学调查队伍，加强了疫情监测和交通道口检查，无私为北京市输送17万毫升热血。全市卫生系统有34个单位、176人受到国家、山东省和枣庄市表彰。时任山亭区卫生局副局长的张普善同志因积劳成疾牺牲在抗非一线，成为全省卫生系统抗击“非典”的一面旗帜。“非典”疫情结束后，全市认真分析、总结经验教训特别是医疗卫生体系、公共卫生机制方面的主要问题，实施了一系列公共卫生改革措施。枣庄市政府下发了《关于加强疾病预防控制和传染病救治体系建设的意见》，制订了全市疾病防控监督机构、传染病医院（病区）建设方案。2003年10月，撤销了原枣庄市卫生防疫站，组建了枣庄市卫生局卫生监督所和枣庄市疾病预防控制中心；撤销了枣庄市王开结核病防

治院，组建了枣庄市王开传染病医院；新成立了枣庄市120急救指挥中心。各区（市）卫生局卫生监督所、疾控中心、综合医院传染病科（区）建设工作相继启动。全市共设立了卫生综合监测点302个，建立了县级以上医院及乡镇卫生院网络直报系统和市级突发卫生事件监测报告预警制度。

（四）改革持续深化阶段（2004年1月至2009年10月）

这一阶段重点明确了卫生事业的公益性定位，坚持卫生事业科学发展、协调可持续性发展，坚持以人为本、以病人为中心的医疗卫生服务理念，大力加强城乡基层医疗卫生服务体系建设，着力解决人民群众看病难、看病贵问题。

（1）农村卫生工作得到显著加强。枣庄市委、市政府在全面调查全市56家乡镇卫生院的基础上，印发了《关于加强乡镇卫生院改革和建设的决定》，决定用3年时间全面改变乡镇卫生院面貌，做到“一无四配套”。2005年市级财政投入300万元，2006年全市投入768.41万元，对列入市级改造范围的20所卫生院、列入山东省“360工程”的15所卫生院、列入国债建设项目的6所乡镇卫生院进行了改造。2005年以来，从二级以上医院选派107名业务能力强的专业技术人员对口支援21所乡镇卫生院。新型农村合作医疗试点工作扎实推进，2004、2005年滕州市、薛城区分别列入了全省试点县，2006年全市有2000个行政村、149.65万人口参加了新型农村合作医疗，共报销医药费3936.26万元，受益农民达到253.23万人（次）。

（2）城市社区卫生工作全面启动。根据《国务院关于发展城市社区卫生服务的指导意见》《山东省人民政府关于发展城市社区卫生服务的实施意见》，于2007年5月22日印发了《枣庄市人民政府关于发展城市社区卫生服务的实施意见》，市卫生、发展改革、财政、人事等12部门联合编制了《枣庄市城市社区卫生服务发展规划（2007—2010年）》等8个配套文件，启动了社区卫生服务机构建设工作。到2008年底，新建、改建的规范化社区卫生服务机构覆盖社区人口80%以上，初步满足了居民“六位一体”服务需求。

(3)持续改进行业作风。2005年起，枣庄市各级医院围绕“维护医院圣洁，杜绝回扣红包”主题，以提高医疗质量、保证医疗安全、转变服务模式、促进医疗机构内涵建设为中心开展了“质量效益年”主题活动。2006年至2008年，连续开展了“医院管理年”“医疗质量效益年”活动和“平安医院”建设、卫生文化主题活动，组织各级医院确立“以病人为中心，以质量为核心、社会效益优先、构建和谐医患关系”目标，针对群众看病难、看病贵问题逐院、逐科、逐项进行整改。2006年全市二级以上医院门诊、住院病人人均费用分别为73.77元、2530.66元，较2005年降低了2.65%和6.87%，2007年至2008年较2006年又有不同程度降低，社会效益优先、优质服务于上成为医务工作者自觉的行动，群众对医疗行业的满意度达到95.67%。

签约组建北京中医药大学第四附属医院

（五）新一轮深化医药卫生体制改革阶段（2009年11月至今）

2009年3月，中共中央、国务院作出了进一步深化医药卫生体制改革的重大决策，指明了坚持公共医疗卫生公益性质的根本方向，确定了建立基本医疗卫生制度的历史任务，将发展卫生事业放在了更加突出的位置。枣庄市委、市政府进一步明确了深化医药卫生体制改革的政策思路、目标任务和制度框架，持续增加资金投入，统筹推进医疗服务、公共卫生、药品供应保障、医疗保障制度、医疗卫生监管体制等各项改革。全市医疗卫生服务条件、服务能力进一步改善，公立医院综合改革顺利实施，提前一年实现了基本药物制度“全覆盖”目标，公共卫生服务“均等化”水平明显提高，组建医联体、推动分级诊疗、卫生计生信息化建设等方面也取得了积极进展。新医改启动以来的这段时期，成为建市以来医疗卫生事业投入最多、发展速度最快、条件改善最明显、群众得到实惠最多的时期，改革发展的成就主要体现在以下方面：

1. 基层医疗卫生机构综合改革扎实推进

(1)加强基层医疗卫生软硬件建设。按照“15分钟就医圈”规划设置、建设标准化卫生室，完成了全部基层医疗卫生机构建设任务。在基层医疗卫生机构建立起以基本医疗和公共卫生服务为重点的绩效考核制度，促进运行机制和服务模式转变。明确基层医疗卫生机构定位，建立起公益性的管理体制、竞争性的用人机制、激励性的分配机制。全

市47所乡镇卫生院、17家社区卫生服务中心编制核定、岗位设置工作全部完成，共核定人员编制4638人，完成了乡镇卫生院院长、社区卫生服务中心主任公开选拔和全员竞聘上岗，分流安置竞聘未聘人员123人，清理、清退不符合规定人员117人。普遍实行了“双考核、双挂钩”，绩效工资制度基本“入轨”，其中绩效工资不低于工资总额的40%，实行按月考核、发放。

（2）落实财政补助政策。本着区别对待、分类补助原则，分别按照15%、25%的比例对区（市）基层医疗卫生机构给予补助，由县级财政兜底；对市直医疗机构举办的社区卫生服务机构，按照上一年药品费和15%的药品加成率进行补助；对一体化管理的标准化村卫生室，按照上年度枣庄市农民人均纯收入1.5倍的标准对每名乡医进行补助。2011—2015年度全市各级财政共补助基本药物资金分别为9448.1万元、11732万元、13567万元、11003万元、10733万元。

（3）实施“卫生强基工程”。引导大中型医院与基层医疗卫生机构建立长期稳定的对口合作关系，累计投入1000余万元，采取临床服务、人员培训、技术指导、设备支援等方式组织开展了卫生帮扶工作。社区卫生技术骨干培训、乡镇卫生院人员免费进修、县级医院业务骨干进修完成率均为100%。2016年全市居民健康档案电子建档率85.6%；0—6岁儿童健康管理率89.2%；孕产妇系统管理率86.4%；管理高血压患者227750人，同比增加6.21%；管理糖尿病患者70861人，同比增加4.16%。2017年度全市基本公共卫生服务项目服务人口378万人，建立居民电子健康档案309.71万份，电子建档率83.48%；预防接种建证人数63814人，建证率99.96%；高血压患者管理290577人，规范管理率69.41%，血压有效控制151890人；2型糖尿病患者管理101389人，规范管理率68.66%。

（4）推行全科医生制度。通过规范化培训、转岗培训、定向培养、“特设岗位”等方式，着力加强全科医生队伍建设。全市建立全科医生临床培训基地5个、基层实践培训基地9个；截至2016年底完成全科医生转岗培训招录225人，规范化培养招录14人，师资培训招录129人，岗位培训1717人，全科医生人数达到1376人，较2011年的627人有了大幅提升。

2. 全面实施基本药物制度

2010年，全省统一启动基本药物制度实施，到2011年枣庄市已经实现了所有基层医疗机构基本药物“零差率”销售，并在全省率先将一体化管理村卫生室全部纳入了实施范围，在基层医疗卫生机构建立起以基本医疗和公共卫生服务为重点的绩效考核制度，促进了运行机制和服务模式转变。

（1）先于全省实现基本药物制度“全覆盖”目标。枣庄市所有基层医疗机构于2011年起实行基本药物“零差率”销售，并在全省率先扩大实施范围将一体化管理村卫生室全部纳入实施范围。全市47处乡镇卫生院、17个社区卫生服务中心和1400所标准化村卫生室所有基本药物全部实现网上采购。加强监督管理，将基本药物的采购和使用监管从乡镇卫生院、社区卫生服务中心延伸到村卫生室。基本药物的配备和使用改变了部分医生“大处方”习惯，促进了临床用药合理化，逐步转变了“以药补医”机制，体现了社会公益性。2011—2015年，全市基本药物累计采购10.95亿元，累计直接让利群众5.9亿元，缓解了看病贵、看病难问题。

（2）医药费用大幅下降，群众负担减轻。与制度实施前相比，基层医疗卫生机构基本药物价格平均降幅达到32.9%，全部纳入新农合用药报销目录，且报销比例较非基本药物提高10%，全市基层医疗机构门诊（不含村卫生室）、住院人次分别从2008年的335.3万、3.36万增加到2016年的684.66万、10.86万，门诊次均费用由2011年的44.96元降至36.6元，较制度实施前下降18.6%，让群众真正得到了实惠。2017年，枣庄市二级以上公立医院取消药品加成，全年为群众节省药品费用2.04亿元，门急诊次均费用同比下降3.0个百分点，床日次均费用与上年基本持平，出院患者平均费用同比下降0.6个百分点，看病贵问题有所缓解。

（3）建立“一般诊疗费”制度。根据一般取药、肌肉注射和静脉输液，村卫生室、乡镇卫生院分别按照1元、3元、5元和3元、5元、8元的标准收取一般诊疗费，新农合报销比例不低于80%。2014年底，枣庄市政府办公室印发了《关于巩固完善基本药物制度和基层运行新机制的实施意见》，明确医疗卫生机构一般诊疗费标准不超过10元/人次，将其纳入基本医疗保险门诊统筹基金支付范围，个人支付不得超过2元/人次。村卫生室一般诊疗费标准不得超过6元/人次，个人支付不得超过1元/人次。

3. 积极推进公立医院综合改革

城市公立医院综合改革是解决群众看病难、看病贵的关键所在，是深化医改工作的重中之重，也是最难啃的“硬骨头”。枣庄市以破除“以药养医”为突破口，综合推进公立医院管理体制、运行机制、补偿机制、编制管理和人事分配制度、监管体制等配套改革，努力为群众提供安全、有效、方便、价廉的医疗卫生服务。

（1）积极开展县级公立医院改革试点。在薛城区、滕州市先后启动了县级公立医院综合改革试点，所有县级公立医院严格执行药品“零差率”销售政策，同步开展人事分配制度改革探索，群众实际负担费用明显降低。到2016年，薛城区人民医院共实施临床路径13个、限价病种10个，药品让利患者3000余万元，大型设备检查费及部分门诊诊疗费用让利患者555.65万元。滕州市累计让利患者8117.74万元，其中滕州市中心人民医院门诊、住院费同比下降10%以上，在全省三级综合医院中次均费用处于较低水平。

（2）理顺公立医院管理运行机制。合理界定政府、医院在资产、人事、财务等方面的责权关系，枣庄市政府成立了市级公立医院管理委员会，印发了《深化医药卫生体制改革重点任务分工方案》《枣庄市城市公立医院综合改革实施意见》等文件，完善公立医院综合改革制度体系，初步形成了决策、执行、监督相互分工、相互制衡的权力运行机制。启动了公立医院法人治理结构改革试点，市妇幼保健院于2016年率先选举产生医院理事会、管理层和监事会并投入运转。2017年，全市所有公立医院法人治理结构改革完成。

（3）城市公立医院综合改革如期启动。坚持“患者总体负担不增加、医疗合理收入不减少、政府和医保可承受”原则，按照取消药品加成减少的收入通过调整医疗服务价格补偿80%、政府补偿不低于10%、医院加强核算及节约成本解决10%的原则，同步调整医疗服务价格近2000项并与医保报销政策进行了衔接。自2016年7月1日起，7家市直医院、13家区（市）直医院、3家枣庄矿业集团所属医院共23家城市公立医院全部取消药品加成，实行“零差率”销售，大型设备检查、检验价格大幅度降低，体现医护人员技术劳务价值的服务项目价格同步调整到位。全市取消药品加成、降低大型设备检查及检验费用近2.16亿元，其中市直各医院0.59亿元，各区（市）公立医院1.16亿元，枣矿集团所属医院0.41亿元。通过医疗服务价格、医保报销政策调整，没有增加患者医药费用负担总体，公立医院收入结构更加趋于合理。

（4）配套推进人事分配制度改革。下发了《枣庄市公立医院综合改革绩效考评办法》，将工作效率、医疗质量、医疗费用控制、社会满意度作为重点考核指标，指导公立医院重新核定人员编制、设计工作岗位，建立起以公益性质和运行效率为核心的绩效考核体系。市直7家医院在人员总量控制范围内，自主招聘专业技术人员近400人。积极探索医保费用支付方式改革，枣庄市卫生计生、人社、物价部门对7个建立在临床路径之上的中医优势病种率先实行了按病种付费、单独结算，不纳入总额预付，病种治疗总费用较综合医院采取现代手术治疗降低近40%。

4. 打造“一体两翼”公共卫生服务体系

强化“两纵三横”城乡公共卫生网络一个“主体”，突出专业指导团队、信息化“两翼”支撑，保障医改公共卫生服务项目深入开展。

（1）完善服务体系，构建“两纵三横”服务“主体”。枣庄市在全省率先启动农村公共卫生体系建设并在取得成功经验基础上，将城乡公共卫生体系建设列入“改善民生、扩大内需”重要内容，印发实施意见，召开专题会议，构筑起完善的组织领导、经费支撑、项目管理和绩效考核机制，包括纵向的管理、服务两个体系，横向区（市）、乡镇（街道）、行政村（社区）三个层面的城乡公共卫生网络全面建成。在管理体系方面，市、区（市）全部成立了由政府分管领导为主任，发改、财政、卫生等22个部门负责人为成员的公共卫生工作委员会，负责辖区公共卫生规划制订、计划实施、政策经费协调、目标考核等工作，由同级卫生行政部门承担办事机构职责；各乡镇（街道）成立了由分管领导任组长，相关业务负责人、各行政村（社区）负责人为成员的领导小组，确定一名在职干部任联络员，负责日常联系、协调等工作；由各行政村（社区）组织落实预防保健、监督执法等具体任务。在服务体系方面，明确了区（市）卫生局对基层公共卫生管理、考核的具体职责，由专业公共卫生机构根据分工负责指导、考核；各乡镇、社区专门设立公共卫生管理服务办公室（简称“公卫办”），分片负责相关行政村（社区）的公共卫生指导和公共卫生协理员管理；每个行政村至少设立1名公共卫生协理员，负责责任区域内公共卫生信息监测报告，协助处理传染病疫情等突发公共卫生事件和预防接种、卫生监督等日常工作。共设立公卫办64个，社区及乡镇卫生院公共卫生人员达到1305人，聘任公共卫生协理员2857名。

（2）创新工作模式，做实工作团队、信息化平台“两翼”。一是组建专业指导团队，开展家庭医生签约，强化“专业翼”。在全省率先将临床与公共卫生技术骨干（疾病预防控制、卫生监督和妇幼保健）混合编队，成立“全科公共卫生指导责任团队”，划片分区，责任到人，采取定期轮驻、巡回指导、对口帮扶等形式，“下沉”到乡镇卫生院和社区卫生服务机构，强化对基层的公共卫生业务指导、管理。全市共有疾控责任指导团队23个、队员150名，组建基层精神疾病防治指导工作组65个、成员195名。二是构建“健康直通车”和信息化平台，创新“方法翼”。在滕州市试点了“公共卫生健康直通车”模式，投资300余万元为每处镇街统一配备服务用车，购置血糖仪、血常规仪、B超等检验检测设备，利用“健康直通车”进村入户、主动服务。在滕州市西岗镇实施了移动智能体检系统试点，实现了电子档案查体无纸化办公和查体数据整合、上传等多项功能，可根据查体数据管理一个村的高血压、糖尿病等重点人群。

（3）创新保障机制，全面推动公共卫生体系建设。一是创新资金管理机制，确保资金安全。市、区（市）两级财政对公共卫生经费进行专户专账管理，实行“统一标准、分级负担、分级管理、绩效考核分配”，国家、省、市、区四级拨付的经费通过专户，按服务人口数及时拨至承担任务机构，确保专款专用。二是创新项目管理机制，层层绩效考核。将落实基本公共卫生服务项目作为绩效考核的重要内容，核定服务数量，明确质量标准，细化考核指标，层层分解任务。将服务人口数量、完成质量等纳入指标体系，同时引入群众评价机制，综合群众知晓率、满意度、服务利用率等指标进行评价。三是创新人才

培养机制，夯实人才基础。在公共卫生人才引进、培养、管理和保障方面出台政策，确保人才培养与体系建设同步进行。建立制度化的长效机制，编印教材，每年都集中两个月时间对公卫办人员和公共卫生协理员实施全员培训；每年对基层公共卫生人员全员培训至少1次，并将培训情况作为年度考核、职称晋升、职务聘用的重要依据；创办每月一次的“名医讲坛”，邀请国内著名专家前来讲学，累计举办公共卫生领域“名医讲坛”17期，培训专业骨干2000余人次。四是创新督查机制，落实工作制度。枣庄市将公共卫生体系建设、项目实施作为硬性指标，列入年度考核的重点内容，于年初印发台账，与区（市）政府签定目标责任书，将任务逐级分解至相关部门、单位、责任人，并对工作效果实施动态跟踪。通过不间断的明察暗访，千方百计地保证项目实施。枣庄市卫生局将《公共卫生服务管理办公室工作制度及工作职责》、年度工作台账等印成汇编本，发至每一名公卫办人员和协理员，使所有岗位、人员均有明确的工作职责、服务项目、考核标准，所有公共卫生服务项目均有具体内容、操作标准、质量要求、考核办法。加强乡村医生队伍建设。以落实老年乡村医生生活补助政策为契机，建立乡村医生动态管理机制，枣庄市老年乡村医生生活补助工作自2016年8月全面启动，7141名离岗老年乡村医生享受补助政策，平均每月补助320.35万元。

5. 加快中医事业振兴发展

2008年以来，枣庄市卫生系统启动了文化引领、项目拉动、高铁带动、学科推动“四大战略”，全市中医事业借力改革东风，登上发展快车，实现了重大历史突破。

（1）努力营造中医药事业发展的宽松环境。2010年6月，枣庄市政府印发了《关于扶持中医药事业发展的意见》，并于同年7月9日召开了全市中医药事业发展大会，这是继1989年10月全市中医药振兴大会之后，全市中医药工作又一次具有重要指导意义的重大会议。在新一轮机构改革中市级成立了“枣庄市中医药管理局”，所辖五区一市也相继成立了中医药管理局，中医药管理体系更加完善。市政协多次开展中医药发展专题调研，组织发改、财政、人事、物价等部门召开座谈会，详细了解中医药发展情况，《关于加快我市中医药事业发展的建议的提案》被枣庄市政协列为2010年度重点提案。考虑到提供中医药服务的主阵地集中于中医医院，同时中医较少使用大型仪器设备，《枣庄市2013年新型农村合作医疗补偿方案》除规定各级定点医疗机构门诊使用中药饮片、中药院内制剂和针灸、推拿、刮痧、拔罐等中医适宜技术的补偿比例外，进一步明确住院病人中药饮片、中药院内制剂补偿比例提高10%，中医适宜技术补偿比例提高20%，针灸提高到90%，市内各级中医医院住院起付线调整为300元，住院补偿比例（不含重大疾病）较同级别其他医院提高5%。

（2）扎实推进中医药服务体系建设。2009年4月国务院下发《关于扶持和促进中医药事业发展的若干意见》，中医药事业进入振兴发展战略机遇期。枣庄市委、市政府精准把握政策导向，掀起了新一轮中医医院建设高潮。峄城区中医院完成迁址新建，业务规模实现倍增；滕州市中医医院原址改建便民服务门诊，新增1万余平方米的国医堂和精品中药房。大力实施基层中医药服务能力提升工程，至2016年9月95%以上的社区卫生服务中心和乡镇卫生院、80%以上的社区卫生服务站、65%以上的村卫生室均能够提供便捷、适宜的中医药服务。特别是迁址新建的枣庄市中医医院占地面积78亩、一期建筑面积6.2万平方米、开放床位800张，成为集医疗、预防、康复、保健、科研、教学、休闲于一体的多功能医院。在医院立项之初，枣庄市前瞻性地将中医事业发展与京沪高铁联系在一起，确立了“乘高铁东风、助事业发展”思路，将枣庄市中医医院新院址选定于距离京沪高铁枣庄站步行仅需5分钟路程的优越位置。经过努力，中国中医药教育、科研、学术领域的最高学府——北京中医药大学于2014年3月3日与枣庄市正式签约，共同组建北京中医药大学枣庄医院暨北京中医药大学第四附属医院，成为大学建校以来首个设立于京城以外的直属附属医院，也是枣庄市第一个211部属高等院校的直属附属医院。2015年8月6日，北京中医药大学正式托管枣庄市中医医院，精心选派第一附属医院原副院长、医学博士、主任医师、博士生导师王成祥同志担任北京中医药大学枣庄医

全省首例重症禽流感病人痊愈出院

院首任院长，并在设备支持、学科建设等方面建立帮扶关系。枣庄市在建设配套、人才引进、业务拓展、医疗保险等方面，给予了医院不遗余力的支持。托管一年后，区域影响力迅速扩大，市外患者就诊数量增长120%，诊疗项目迅速增加，技术难度明显提升，带动了服务规模、业务收入明显增长。

（3）加强中医药人才培养。鼓励优秀技术骨干考取优秀中医临床人才培养项目，全面启动名中医工作室创建工作，根据带教传承、病案整理、读书心得、住院查房、学术活动、科技创新等8个方面的评审标准，遴选中医师承导师和继承人。2016年10月，全国名老中医药专家王法昌传承工作室建设项目通过国家验收；滕州市中医医院王洪京工作室被评为全国基层名老中医药专家传承工作室建设项目，峄城区中医院马福文成为第三批全国优秀中医临床人才，滕州市中医医院成功申报2016年基层中医药适宜技术服务能力建设项目。先后组织参加五期山东省五级中医药师承教育工作，选派指导老师35名，共培养学术继承人70名。加强基层和农村中医药人才培养，组织2331名乡村医生参加中医药知识培训，其中2129人通过了全省中医药知识考试。自2007年以来，坚持组织乡村医生参加中医专业中专学历教育项目，共有555名乡村医生通过了全省中医专业中专学历教育入学考试，基层医疗卫生人员中医药服务能力有了明显提高。大力实施“三名”合作项目，加强与济南、南京、北京、上海等中心城市“名医、名院、名校”的高层合作与交流，通过“假日门诊”“周末科室”等形式，邀请名誉专家来我市会诊、手术、讲学、带教、指导科技攻关等，实现高层次人才的柔性引进和跨区域共享，努力打造京沪之间的中医药“人才洼地”。邀请专家200余人次坐诊讲学，已有18名国家名老中医来枣收徒28人，诊治患者7000余人次。该院成为全国首批19家中医诊疗模式创新试点单位之一，拥有省级以上重点专科6个，全国名老中医药专家传承工作室1个。

（4）大力推进中医药文化建设。各级中医医院充分利用宣传栏、文化长廊，开展面向群众的中医药科普宣传，面向群众组织太极拳、健身操培训班和太极拳表演赛等活动。积极建设从装修风格、设备设施、文化宣传等方面均体现古香古色中医特色的“名医堂”，成为全市卫生文化建设的亮丽风景线。枣庄市中医医院于国家AAAAA级景区——台儿庄运河古城内黄金地段，依托始建于清咸丰六年、后毁于1938年战火的“保寿堂”原址投资近400万元重建中医药文化展馆，成为国内为数不多的融珍品实物博览、中医药文化展示、特色服务体验于一体的综合性展馆。2013年4月8日，历史上震惊中外的台儿庄大战胜利75周年纪念日，枣庄市中医药文化馆开馆试运营，已累计接待游客200万余人次，成为景区内最具人气的文化景点之一。

6. 新型农村合作医疗制度顺利实施

枣庄市于2004年启动新型农村合作医疗制度试点，至2007年在全市范围内全面实施，2009年以来参合率连年保持在99%以上，实现了全市“七个统一”，即统一统筹模式、统一筹资标准、统一门诊住院分配比例、统一起付线和封顶线、统一药品和诊疗目录、统一补偿比例和方式、统一市内转诊制度。

（1）坚持政府主导，加强部门配合。新农合筹资以政府补助为主，2004年农民个人缴费标准为10元，财政补助15元，到2014年分别提高到80元、320元。为提高筹资效率，我市采取区（市）政府组织、乡镇具体实施、卫生部门经办、相关部门督查的方式，财政、民政、农业、审计等部门相互配合，及时落实配套资金，规范运作程序，形成了齐抓共管的工作局面。

（2）坚持量入为出，确保资金安全。充分使用现有人员加强资金监管，完善转诊、公示等制度，对基金实行收支、管用、用拨“三分离”“筹钱不管钱、管钱不用钱”的封闭式运作。根据每年筹集资金数量，充分考虑参合群众诊疗需求和医疗机构业务状况，科学测算、精确设计年度补偿方案，最大限度满足群众医疗服务需求，又较好保证了基金收支平衡。

（3）坚持便民利民，提高保障水平。各级新农合经办机构在严格审核的基础上简化手续，在本市统筹区域内实行现场结报；在二级以上医疗机构基本实现新农合和大病保险一站式补偿，在二级以下医疗机构开展“先诊疗，后付费”试点，减轻了农民费用负担；2010年实现了市内定点医疗机构互认，取消市内转诊手续，扩大农民就医选择权。农民对新农合满意度不断提高，实现了由政府推动向群众自觉参与的转变。2007至2013年，全市新农合累计筹资23.72亿元，补偿5018.14万人次、补偿金额21.72亿元，基金使用率达到91.57%，万元以上补偿3.32万人次，重大疾病保险补偿1.23万人次，统筹区域内政策范围住院费用报销比例为79.26%，居全省领先水平。2013年底，山东省政府决定整合城乡居民医保工作，市卫生局组织各区（市）卫生局和新农合经办机构，制定了详细的工作方案，并认真整理、归档相关工作资料，及时进行了移交。

二、卫生改革发展主要成就

（一）医疗卫生资源总量显著增加

1978年底，全市共有卫生机构238个，设有病床1771张，卫生技术人员4116人，平均每千人拥有床位1.33张、拥有卫生技术人员2.29人。全市卫生固定资产仅有0.18亿元，房屋建筑面积36.9万平方米，万元以上大型仪器设备254台（件），各级医院年门诊量263.78万人次，出院病人1.83万人次。与1978年相比，2016年全市共有卫生机构2457个，增长932%；开设病床19150张，增长981%；拥有卫生技术人员21023人，增长411%；平均千人床位数达到4.94张，增长271%，千人拥有卫生技术人员5.43人，增长137%；

全市卫生固定资产为78.74亿元，增长43642%，房屋建筑面积达到191.88万平方米，增长420%；万元以上大型仪器设备存量10316台（件），增长3956%；各级医院年门诊量2278.38人次，增长763%，出院病人56.82人次，增长3005%。特别是“十二五”以来，全市卫生系统坚持用科学发展观分析卫生形势、审视发展观念，着力推进数量与质量、速度与效益同步提升，五区一市二级医院全部进行了更新改造，枣庄市立医院东西两院新建项目同时开工，枣庄市中医医院和枣庄市妇幼保健院实施了迁址建设，枣庄市精神卫生中心病房楼、枣庄市皮肤病性病防治院麻风村新建等数十个项目相继建成启用，极大丰富了医疗卫生资源供给，各级医疗卫生机构的设置规模、装备条件、技术水平显著改善，推动了由低水平覆盖向卫生强市的重大转变。

（二）医药卫生体制改革持续深化

实施国家基本药物制度成效明显，基层医疗卫生机构基本药物价格大幅下降，群众负担明显减轻，保基本，强基层，建机制工作取得突破性进展，医疗卫生服务的公平与效率同步体现；预约诊疗、分级诊疗及“先诊疗、后付费”等惠民利民措施频繁出台，“三好一满意”“医院管理年”“医疗服务质量持续改进”等活动持续开展，兼顾区域、业务两大要素，实现功能定位、资源配置、业务管理、信息平台“四个统一”的“医疗卫生联合体”组建工作始终处于山东省领先行列；卫生援坦、援疆医疗队先后受到国务院和省委省政府表彰，汶川地震、三聚氰胺结石患儿筛查救治、重大公共卫生事件救援等工作反应及时、措施有力，为维护人民生命财产安全和社会稳定做出了积极贡献；“农民健康工程‘八个一’”措施、传染病防控“321”模式在全省进行了推广，甲型H1N1、H7N9禽流感防治工作实现了“零死亡”奇迹，特别是2013年我市在全省首先“遭遇”人感染H7N9禽流感疫情，首例患者曾被省专家组判定“病情恶化速度超乎想象，病例危重程度在全国来看也是非常严重的”，我市成功实施救治的案例也被国家卫生计生委誉为第三版人感染H7N9禽流感救治方案的成功典范；卫生城市复审与创建擦亮了城市名片，全市上下制定100余项规章制度，投入2792万元城区升级改造基础建设，全票通过省级卫生城市复审，在此基础上全力创建国家卫生城市，累计改造整治66个城中村、109个老旧小区，拆除违章建筑4500余处，修复主次干道、人行道90余条，拆除旱厕159座、改造不达标厕所226座、新建111座水冲公厕，建成中心城区绿道200公里，新增造林面积65万亩，新建下水道10万米，改造提升集贸市场9处，城市基础设施建设明显加快，市容市貌明显改观，长效管理机制逐步建立，顺利通过省级技术评估和暗访；卫生信息化建设实现历史性突破，列入全国首批城市试点，搭建起“一个平台、一个网络、一个软件、一张健康卡”的区域卫生信息化“云”平台，医疗卫生服务信息实现跨机构、跨地域互联互通、资源共享。中央电视台《中国新闻》《聚焦三农》节目，《新华社内参》《光明日报》《农民日报》和《中国卫生》《山东内参》先后对我市医改经验进行了报道宣传。

（三）公立医院运行新机制基本建立

枣庄市委、市政府始终将公平可及、群众受益作为改革出发点和立足点，不断采取措施加快推进城市公立医院改革。充分发挥了公立医院公益性质和主体作用，切实落实政府办医责任，着力推进管理体制、补偿机制、价格机制、人事编制、收入分配、医疗监管等体制机制改革。统筹优化医疗资源布局、构建合理就医秩序、推动社会办医、加强人才培养等各项工作，为持续深化公立医院改革探索可复制、可推广的实践经验。特别是2016年7月，全市23家城市公立医院全部实行药品“零差率”销售（不含中药饮片）、降低大型设备检查、检验价格后，全市共减少药品加成收入2.16亿元。公立医院药占比（不含中药饮片）同比降低3.9个百分点，门急诊次均费用和住院次均费用增幅明显放缓，门急诊人次、出院人次同比增长10.9%和10.8%，医院总体运行良好，由于同步调整了医疗服务价格和医保报销政策，没有增加患者医药费用负担总体，公立医院收入结构也更加趋于合理。

（四）公共卫生服务体系逐步完善

“两纵三横”城乡公共卫生网络主体建设和专业指导团队、信息化“两翼”同步推进，实现了队伍建设“规模化”、硬件建设“标准化”、服务功能“全面化”目标，建立起管理规范、功能完善、适合经济社会发展水平的公共卫生服务体系，城乡基本公共卫生指标差距明显缩小，各项工作指标完成情况居于全省前列。此前全市仅有基层公共卫生人员120名，学历水平、职称结构、服务能力不高且年龄偏大。体系建设完成后，村级公共卫生人员从无到有，乡镇公共卫生队伍规模增长8倍，织牢了公共卫生“网底”。全市投入600余万元，每个公卫办建设投入达到10万元。公卫办房屋面积不少于200平方，疾病控制、卫生监督、妇幼保健、慢病管理、健康教育、免疫接种、档案资料等功能室布局合理、设备齐全。特别是基层医疗卫生机构“重治轻防”现象得以纠正，“六位一体”的公共卫生职能得到充分履行，全面涵盖了基本和重大公共卫生服务项目内容。山东省政府、省卫生厅先后推广枣庄市做法，在全国农村地区基本公共卫生服务工作推进会上，枣庄市作为唯一的地级市代表两次介绍经验。

（五）校地合作推动中医药事业发展

北京中医药大学正式托管枣庄市中医医院后，医院坚定不移地强化中医内涵建设、提高综合服务能力，硬件水平、科室建设、人才梯队更加合理化，门诊、出院人次同比增幅达到68%和43%，业务规模同比增长58%，引进博士生导师2人，新增山东省中医重点专科建设单位3个，国内著名专家来枣庄坐诊、带

教、讲学渐成“常态”，18位国家名老中医在枣庄收徒28人，全市首个国家级住院医师规范化培训基地成功启用，结束了中医学员长期到外市培训的历史；与北京中医药大学东方医院、中国中医科学院眼科医院、德国太阳神医疗集团等国内外著名医院建立了战略合作关系；建立的“针灸全科化”模式入选全国首批19家中医诊疗模式创新试点单位，分别与中国工程院石学敏院士合作设立“院士工作站”，与江西中医药大学陈日新教授合作设立江西热敏灸医院分院，使国内“北针南灸”领军人物齐聚枣庄；2016年12月，由北京中医药大学枣庄医院牵头组建了全市第一个中医医联体，进一步将优势中医资源向基层延伸，提高群众享受中医药服务的便捷性。原卫生部部长、全国人大常委会预算工作委员会主任高强，国家中医药管理局副局长王志勇，国家中医药管理局医政司两任司长许志仁、蒋健及省政府、省卫生厅先后来枣庄调研中医药工作，《健康报》《中国中医药报》《山东医院报》《医界》杂志多次介绍枣庄做法。

（六）基层医疗卫生能力整体提高

通过新一轮基层医疗卫生服务体系建设，全面完成了47所乡镇卫生院、69个城市社区卫生服务机构建设任务，社区卫生机构覆盖率达100%，累计投入资金1.12亿元，完成了总建设面积14.5万平方米的1400所标准化卫生室建设任务；基层医疗卫生机构医务人员达到5657名，其中55岁以下5343人，占总人数的94%;大专以上学历2940人，占总人数的51%;初级以上岗位5545人，占总人数的98%，基层医疗卫生队伍结构开始出现年轻化、高学历、专业化特点；基层医疗卫生机构门诊、住院人次分别由2008年的335.3万、3.36万增加到2016年的684.6万、10.8万，增长了104%、221%。

三、经验和启示

（一）坚持以人为本，让群众共享改革发展成果

计划经济时期，尽管全国多数地方经济实力较弱，但通过合理的制度建设基本解决了绝大部分城乡居民的卫生防疫和基本医疗保障问题。改革开放以来，我国的经济实力明显增长，为全体公民提供均等的基本医疗卫生服务具备了物质基础。只是在20世纪90年代以来自上而下的医药卫生体制改革中，出现了明显的市场化、商业化倾向，违背了医疗卫生事业发展的基本规律和广大群众健康诉求，造成了卫生事业发展方向的偏离，医疗卫生费用大幅攀升、医疗卫生服务供给结构失衡、卫生资源利用效率低下、群众健康指标停滞不前甚至退步，由供方诱导需求造成的大处方、大检查、抗生素滥用和新技术滥用问题受到质疑。这个前提不作改变，财政补贴和购买服务无法保证医疗卫生服务体系健康发展，也减轻不了财务负担。基于医疗卫生事业的特殊性质，决定了无论基本保障目标选择还是医疗卫生干预重点选择，靠市场都无法自发实现合理选择。“为政之要在于安民，安民之要在于察其疾苦。”新一轮深化医药卫生体制改革启动以来，枣庄市委、市政府坚定不移地坚持“以人为本”大方向，将医疗卫生服务分为公共卫生服务、基本医疗服务和非基本医疗服务三个层次，其中公共卫生服务包括计划免疫、传染病控制、妇幼保健、健康教育等由政府向全体城乡居民免费提供；基本医疗服务以政府投入为主，针对绝大部分常见病、多发病为全民提供所需药品和诊疗手段的基本医疗服务包，同时对特殊困难群体给予进一步减免、救助；对非基本医疗服务政府不提供统一保障，由居民根据经济承受能力自愿购买，从而较好满足了绝大多数群众的医疗卫生服务需求，有效地降低了群众就医的个人经济负担，让更多的群众共享到了卫生改革发展的成果、感受到了社会公平正义，提高了健康水平、生活质量和幸福指数。

（二）坚持解放思想，用思想大解放促进事业大发展

解放思想是发展中国特色社会主义的一大法宝，改革开放是中国特色社会主义的强大动力——十七大报告的重要论断精辟诠释了解放思想的重要意义。改革发展医药卫生事业，是广大人民群众的迫切愿望。但从改革目标的制定到实现，面临的实际困难和问题还很多，有些问题之所以长期存在，既有体制、机制等客观影响，也不能否认主观方面的消极因素，比如等靠要的依赖思

推进公立医院改革遏制不合理用药

想、怕苦畏难的消极思想、小进即满的小农思想、因循守旧的保守思想等，谋发展、抓改革的实际能力不够。特别是在卫生事业体制转轨、利益格局调整的关键时期，迫切需要解放思想这把金钥匙，来开启改革发展思路，更新改革发展观念，破除急功近利思想，强化科学发展意识，破解卫生事业全面协调可持续发展问题；破除故步自封思想，强化开放合作意识，破解学科带动战略问题；破除自甘落后思想，强化赶超争先意识，破解实现跨越式发展问题；破除因循守旧思想，强化改革创新意识，破解提升管理水平和服务能力问题；破除本位思想，强化以民为本意识，破解党风、行风、作风建设问题。为进一步统一思想，枣庄市卫生系统根据市委要求，于新一轮深化医药卫生体制改革启动之后（2010年）在全行业开展了为期10个月的“解放思想、深化医改”主题大讨论，着力解决了卫生事业如何发展、为谁发展、发展成果由谁享有、如何保障享有的思想认识问题，实现了卫生事业发展理念、发展思路、发展方式的深刻转变，从而有力保证了卫生改革发展的正确方向，推动全市卫生事业进入了好字当头、好中求快的科学发展轨道。

（三）坚持问题导向，完善顶层设计和战略规划

长期以来，枣庄市同全国多数地方一样，面临着卫生事业发展滞后于经济发展的问题，群众医疗卫生需求与医疗卫生服务的公平性、可及性、效率性之间存在矛盾。面对群众的诉求与呼声，枣庄市认真研究分析制约卫生事业发展的主要矛盾和问题，打破了按部就班、小步慢进式的常规发展思路，确立了用跨越思维代替追赶思维、用思想方法决定工作方法、用德政意识开创事业发展“三大理念”，明确了卫生事业加快发展的基本方略，启动了文化引领、项目拉动、高铁带动、学科推动“四大战略”，坚定不移地推进发展方式转变，在发展战略上，由“市场化”向“政府主导、回归公益性和发挥市场机制”转变；在卫生服务上，由“重治轻防”向“预防为主、防治结合”转变；在资源布局上，积极调整城乡结构，以农村为重点统筹卫生事业发展。进一步明确了转方式调结构的突破口，统筹城乡卫生资源结构，卫生投入重点向农村倾斜，引导优质资源向农村有序流动；调整医疗与公共卫生资源结构，坚持“预防为主，防治结合”，重点解决“医防分体”的断链问题；统筹中西医事业同步发展，在保持中医药特色的基础上，努力促进中西医有机结合、互相促进；统筹区域卫生事业发展，加大卫生资源结构调整力度，形成不同层次医疗卫生机构分工明确、分级诊疗的良性格局，在实践中找到一条符合经济和社会发展需要的卫生发展道路。

（四）坚持党的领导，保证卫生改革发展的正确方向

中国共产党作为中国特色社会主义事业的领导核心，是历史的选择、人民的选择，是经过长期艰苦卓绝的努力并付出巨大牺牲确立的。在改革开放时期，中国共产党顺应时代发展潮流和社会发展进步要求，创立科学发展理论，制定和执行正确的路线方针政策，从而团结带领全国人民取得了新长征路上一次又一次伟大突破，实现了一次又一次伟大胜利。在枣庄市卫生改革发展的征途上，市委、市政府始终不渝地坚持马克思主义基本理论和党的群众路线，把人民群众的健康利益放在第一位，把实现好、维护好、发展好广大群众的健康福祉作为一切卫生工作的出发点和落脚点，切实保障人民群众在医疗、预防、保健、康复等各方面的健康权益。凡是涉及群众健康利益的重大决策，总是充分听取群众的意见和建议，充分考虑群众的接受能力，全面评估可能影响群众利益的各种因素。凡是关系群众健康利益的小事、雪中送炭的好事，打基础、利长远、惠民生的难事，总是自觉主动地办、持之以恒地办、用心用情用力地办，让群众时刻感受到党和政府的关怀。凡是群众反映强烈的突出问题，总是通过强化责任、健全制度、落实到人等措施，推动各方面形成合力，妥善加以解决。全市卫生系统各级行政主管部门、医疗卫生单位党组织带领广大医疗卫生工作者及时、认真地传达贯彻中央、省委、市委各项方针政策，加强行业管理，确保办医方向与党的要求一致，坚决贯彻落实中央、省委、市委决策部署，加快实施深化医药卫生体制改革，使各项医疗卫生事业获得长足发展，人民群众健康水平得到显著提高。

审稿人：杨宗河
撰稿人：解　伟

枣庄市计划生育综合改革实录

中共十一届三中全会以来，历届市委、市政府高度重视计划生育工作，认真贯彻落实中央、省关于计生工作的指示精神和人口计生法律法规，全面推进依法管理，积极推进群众自治，着力强化基层基础，不断提高服务管理水平，进一步强化部门职责，加大政策推动，狠抓机制建设，取得了阶段性成果。

一、枣庄市计划生育综合改革历程

（一）严格控制人口增长阶段（1978—1995年）

面对着20世纪六七十年代全市人口急剧增加的状况，二十世纪七十年代末，枣庄市按照国家和省的统一部署，开始全面推行计划生育政策。在这一时期逐步建立和完善了各级计划生育行政机关和服务机构。实行“大力提倡一对夫妇只生育一个孩子，提倡晚婚晚育；对符合规定的，可按间隔有计划地照顾生育二胎”的政策。人口急剧增加的状况得到有效控制，全市人口实现了人口再生产类型由高出生、低死亡、高增长向低出生、低死亡、低增长的历史性转变，总和生育率由1970年的5.8降至1995年的1.8左右。

1. 组织机构的组建。1978年至1984年，枣庄市的计划生育工作继续在枣庄市计划生育工作领导小组领导下开展。1982年1月，枣庄市人民政府计划生育办公室改称为枣庄市计划生育局，工作人员13人，滕县、齐村区、台儿庄区、峄城区也相应将计划生育办公室改称计划生育局。1984年5月16日，枣庄市编委下发批复，确定枣庄市计划生育委员会机关行政编制18人，内设办公室、宣传教育科、统计规划科3个科室。这标志着枣庄市计划生育委员会作为市政府独立的行政部门正式开展工作，负责指导全市各级计划生育行政和服务机构的宏观指导和综合治理工作。到1985年12月，枣庄市所辖的区县计划生育委员会共有国家工作人员101人（含宣传技术指导站）；乡镇计划生育办公室共有1060人，其中国家工作人员115人；3094个行政村，有计划生育专兼职人员2908人；全市有节育技术人员585人（妇产科314人，外科271人），设置计划生育门诊121处，固定床位220张。1990年6月，枣庄市委计划生育领导小组成立，时任市委副书记、市长朱关兴任组长，组织协调有关部门齐抓共管，共同做好计划生育工作。至此，枣庄市计划生育工作的组织机构网络基本健全。市计生委作为全市计划生育工作的宏观指导和综合治理行政主管部门，在市委计划生育领导小组的领导下开展工作。市计划生育科学研究所和全市各级计生服务站提供避孕节育、优生优育和生殖健康等方面技术支持。枣庄市计划生育协会作为协助党和政府做好人口和计划生育工作的群众团体，是党和政府联系群众的桥梁和纽带。

2. 计划生育基本国策的实施。1980年，枣庄市各级认真响应中共中央《关于控制我国人口增长问题致全体共产党员、共青团员的公开信》，在全市提倡一对夫妻只生一个孩子，独生子女政策至此正式开始。1982年3月，枣庄市委、政府制发《关于印发〈枣庄市计划生育工作若干问题的暂行规定〉的通知》，对生育政策和奖罚制度作出具体规定。1984年，枣庄市在39处乡镇开展“间隔式”（即在农业人口中，有生育条件的夫妇只有一个女孩的，6年后安排生育第二胎）试点工作。1987年12月8日，市政府根据党和国家计划生育方针政策及法律法规，结合枣庄市实际，制定《枣庄市计划生育若干问题的规定》提出：大力提倡一对夫妇只生育一个孩子，提倡晚婚晚育。对符合规定的，可按间隔有计划地照顾生育二胎。凡是女方在40周岁以下已有两个孩子的，男女一方必须结扎；凡有一个孩子的女方必须放环；凡不宜结扎、放环的要落实其他避孕措施。《规定》就优待和奖励办法、对不实行计划生育的处罚、对不落实节育措施的处罚、对弄虚作假和徇私舞弊人员的处罚作出了明确规定。1988年11月，山东省委、省政府首次与枣庄市委、市政府签订《人口目标责任书》。1989年，枣庄市委、市政府与各区（市）党委政府也签订《人口目标责任书》，开始人口责任目标考核。多年来，各级层层签订责任书，全面实行人口与计划生育责任目标管理责任制，坚持党政一把手亲自抓负总责不动摇。人口目标责任制成为促进计划生育工作的重要手段。1989年8月17日，中共枣庄市纪委印发《关于共产党员违反计划生育政策党纪处分的暂行规定》，强调共产党员应当带头执行计划生育政策，并针对基层党组织对违反计划生育党员党纪处分偏轻和不平衡的状况，对违反计划生育政策共产党员的党纪处分作了具体规定。1990年8月6日，枣庄市政府颁布《关于枣庄市计划生育若干问题的规定》的补充规定。提出，对符合《条例》照顾生育二胎的，女方必须年满30周岁以上，不经批准生育的，一律按计划外超生处理。病残儿申请医学鉴定，必须在7周岁以上。还提出严肃查处超生和违反计划生育规定的问题。1991年9月6日，市委、市政府制发《关于加强计划生育有关问题的决定》。进一步提出要

加强领导，严格执行《山东省计划生育条例》规定，凡1991年6月12日中共中央、国务院《关于加强计划生育工作，严格控制人口增长的决定》颁布后，违反政策超生、非法抱养孩子的国家干部职工一律开除公职，是党员的开除党籍，原来由农业户转为非农业的，一律转为农业户口，迁回原籍；对农民超生和非法抱养的孩子，一律不予分配口粮田和划分宅基地。“决定”还提出，坚决实行计划生育一票否决权，凡完不成人口计划或存在超生、非法婚姻、非法生育、非法抱养孩子的单位和个人，一律不得参加评先进和企业升级活动，个人和单位主要负责人不得授予各种荣誉称号。1993年8月，市委、市政府制发《关于坚持“三为主”的方针进一步加强计划生育工作的决定》中提出：继续实行人口目标责任制，严格兑现奖惩，对连续两年获市一等奖的区（市）的区（市）委书记、区（市）长、分管书记、分管区（市）长、计生委主任五职干部记大功一次，浮动一级工资；连续三年获一等奖的区（市）的五职干部浮动工资转为固定工资。对连续两年获市级先进乡镇的乡镇党委书记、乡镇长、分管书记、分管乡镇长、计生办主任五职干部记大功一次，浮动一级工资；连续三年获市级先进乡镇的五职干部的浮动工资转为固定工资。区（市）、乡镇当年完不成人口责任目标，并纳入省市重点管理的，其五职干部降一级使用，连续两年完不成人口责任目标，并纳入省市重点管理的，其主要负责人就地免职，三年内不予安排职务。机关企事业单位出现一例计划外出生和没完成晚婚晚育指标的，取消当年本单位和单位负责人评选先进的资格，问题严重的，要追究单位主要负责人的责任。8月，市人口和计划生育领导小组制定《全市1993年度人口和计划生育目标管理责任书执行情况考核办法》。1994年，枣庄市政府制发《关于认真查处计划生育弄虚作假的若干规定》，为坚决有效地制止在计划生育工作中弄虚作假行为提供了政策依据。枣庄市计划生育领导小组制发《枣庄市1994年度人口和计划生育目标管理责任书执行情况考核办法》《关于计划生育目标管理责任书执行情况考核办法》《关于创建计划生育“三为主”合格村的实施意见》《关于村级计划生育坐班查访工作管理规范》和《市直有关部门计划生育工作职责》等一系列配套政策。1995年12月，枣庄市发布实施《枣庄市流动人口计划生育管理办法》。《办法》共23条，就管理重点对象，乡镇政府、街道办事处管理流动人口的主要职责，流动人口中的育龄妇女在办理暂住证、营业执照、劳务许可证等手续，以及违反计划生育处罚等问题，都作了明确规定。

表彰计划生育文明幸福家庭

3. 计划生育宣传教育的开展。1986年，市计划生育部门与市委宣传部、市委研究室以及文教、卫生各部门，全面部署计划生育宣传教育工作，重点开展了对最高人民法院、最高人民检察院《关于依法严惩破坏计划生育犯罪活动的通知》《山东省计划生育条例》等的宣传。1986年后，强化计划生育宣传教育培训中心和人口学校的建设。至1992年，区（市）宣传教育培训中心发展至5处，乡镇人口学校发展至85处，村级人口学校发展至2377处。各级培训中心和人口学校实现了组织、教员、教材、教学和制度五落实。滕州市成立省人口学校滕州分校，面向全市招生，当年有57名学员脱产学习，300名学员参加函授学习。市计生委编印人口和计划生育基础知识教材33万份，内容包括人口理论、人口形势、计生政策、国情、市情和晚婚晚育、优生优育知识等。1992年，枣庄市各级电台、电视台、报刊开始开辟计划生育专栏，发稿1527篇。市计划生育部门与文化部门联合组织计划生育文艺宣传队深入农村，进行巡回演出464场次，观众达20多万人；组织计划生育演讲98场次，听众达16万人。市计生委和市委宣传部举办计划生育好新闻评选活动，有26篇入选。在区（市）驻地和乡村设置计划生育宣传栏2700个，大型标语牌1116块，在市驻地开辟计划生育宣传街13条，长达15公里。滕州市驻地开辟计划生育宣传街6条，长达11公里。1993年，枣庄市委、市政府制发《关于坚持“三为主”的方针进一步加强计划生育工作的决定》，强化宣传教育在计划生育工作中的地位。当年，枣庄市计生委、市委宣传部等部门共同举办“性从愚昧到文明”大型展览，在全市巡回展出一个月，展出35场次，观众达10万人。1994年，全市乡镇、村（居）建齐人口学校。至1995年，全市两年共举办分管乡镇长、计生办主任、统计员等专职人员综合培训班2期，培训600余人；举办各类单项培训班10期，培训1000余人。市计生委与市土管局联合举办“土地与人口”摄影比赛，粉刷过路标语、墙标5万多幅，办宣传栏2468期。1995年2月15日，即中国十二亿人口日，市委、市人大、市政府、市政协的领导同志会同计划生育战线的干部职工，走上街头散发宣传品162万份，出动宣传车142辆次，重点宣传《中国十二亿人口背景材料》《中

国计划生育工作纲要》，以及计划生育政策法规、优生优育常识等。各级电台、电视台播放计生专题片20余部，在全省组织的优秀广播、电视计生栏目评选活动中，枣庄市获优秀组织奖，滕州市、市中区被评为先进单位。市委宣传部、研究室和市计生委联合举办计划生育好新闻评选，有52篇获奖。

4. 计划生育技术服务机构的组建。1984年10月，枣庄市妇幼保健院和山亭区、台儿庄区妇幼保健站组成18人的调查组，分赴6处乡镇，开展近亲结婚调查，指导优生优育。1984年12月，枣庄市编委下发批复，确定成立枣庄市计划生育科学研究所，为科级单位，科研所工作人员暂定35人，列事业编制，市级计划生育服务机构组建完成，对全市计划生育技术工作起到有力的支撑。滕县、齐村区、台儿庄区、峄城区也相应成立各级计划生育服务机构。1985年1月，枣庄市妇幼保健院设立医学细胞遗传实验室、遗传咨询门诊，3月12日首次血淋巴细胞培养获得成功。1986年全市共做染色体检验63例，其中5例异常，采取了相应措施。1986年全市出生35664人，实行新技术接生的34886人，占85%。在儿童健康查体方面，自1986年以来，坚持每一年一次以查治儿童佝偻病和营养不良性贫血为主要内容的查体制度。1986年全市七岁以下儿童218886人，实查人数73045人，受查率达到33.8%，总患病人数34856例，患病率43.7%，预防投药数36878人，投药率37.6%。1986年后，全市计划生育技术指导工作分别由区（市）、乡服务站具体负责。当年，市计划生育节育技术指导组12人，男扎组6人，女扎组6人。1992年，全市用于服务站的经费900万元。全市基本上形成了区（市）有服务中心，乡镇有服务站，村有服务室的网络，并配备了各类专业人员，较好地发挥了宣传、技术、药具、培训“四位一体”的功能作用。为贯彻落实山东省《节育技术考核管理办法》，3月份组织了对全市从事计划生育手术的医务人员统一考试考核，经考试考核合格后，发给山东省卫生厅监制的《节育手术许可证》，持证上岗，以确保计划生育手术质量。全市共发证589人，其中中级以上职称161人，初级职称428人。1993年，加强各级服务站室建设，在全面建站的基础上，对全市计划生育服务站室情况进行了全面检查，重点狠抓了站室的更新和设备配套建设，充实了技术力量。当年全市各级服务站共做四种节育手术6万多例，无一例死亡事故，同时对假手续和假节育手术进行了认真的清理，为全市计划生育工作实现“三为主”奠定了良好的基础。1994年，全市85处乡镇，5个街道办事处均在原有的基础上通过扩建、改建，建成了布局合理、设施配套的标准化服务站。3100个行政村建起了服务室，使计划生育各项服务活动有了固定的场所。1995年，各级以服务站室为依托，开展了节育技术、优生优育咨询服务。省计生委确定枣庄市为优生试点单位后，市计生委配合试点单位峄城区完成了5万人口的摸底调查，对先天性疾病和遗传性疾病的病人进行筛选登记。承担了全市437名独生子女病残儿医学鉴定工作，对经鉴定合格的276人提供了发放生育证依据。1994年至1995年共对男女节育手术并发症的36人进行会诊，对确有并发症者提出治疗意见，对不是并发症者做耐心细致的说明教育工作。

5. 城市与流动人口计划生育的开展。1995年，随着城乡流动人口的增加，市计生委加强全市流动人口计划生育工作。12月，市成立了流动人口计划生育管理领导小组。12月，市长签署40号市长令，颁布《枣庄市流动人口计划生育管理办法》。《办法》共23条，就管理重点对象，乡镇政府、街道办事处管理流动人口的主要职责，流动人口中的育龄妇女在办理暂住证、营业执照、劳务许可证等手续，以及违反计划生育处罚等问题，都作了明确规定。1995年9月，全面清理全市流动人口计划生育情况，以摸清底子。当年共清理流动人口32943人，其中已婚的育龄妇女13378人；清理空挂户育龄妇女11913人，清理1995年出生漏报223人，其中流入人员计划外出生33人。

6. 枣庄市计划生育协会的组建。1988年4月2日，枣庄市计划生育协会召开成立大会。会议选举产生了市计划生育协会第一届理事会。计划生育协

大力开展婚育新风进万家活动

会主要职责是：贯彻执行党和国家协会工作的方针政策，制定全市协会工作章程、规章制度，参与计划生育、扶贫开发、社会发展、精神文明建设等工作；组织、协调、指导和发动全市各级协会会员带头学习和宣传人口和计划生育法律法规、人口理论、普及性与生殖健康、避孕节育、少生优生、优教等科学技术知识，启发和带动群众控制人口数量，提高人口素质，改善人口结构，稳定低生育水平；负责协调社会力量，为育龄人群提供生产、生活、生育服务，推动举办人口福利和计生保险事业，开展计划生育"三结合"项目，帮助群众解决实行计划生育的实际困难和后顾之忧；负责代表广大群众实施民主管理、民主监督，促进政府决策的科学化和民主化，监督政府及其工作人员依法行政、反映群众的意见和要求，维护群众的合法权益；负责对内指导和总结推广、交流开展计划生育自我管理、自我教育、自我服务的经验，对外开展国际交流与合作。1988年8月，市计划生育协会召开了一届二次理事会议，就学习、宣传、贯彻落实《山东省计划生育条例》进行安排部署。1989年9月，在市计生协会一届三次理事会上，总结推广市中区孟庄乡、市郊乡涝坡村为独生子女开展养老保险的经验。1990年6月，市计生协会组织28名协会理事，对全市各级协会建设情况进行了调查，历时3天。1991年10月，市计生协会在全市组织开展了纪念中国计划生育协会成立十周年活动。枣庄市计划生育协会被评为1991年度"全国计划生育先进协会"。1992年3月20日，市计生协会联合市计生委、市保险公司制发在全市开展独生子女父母养老保险活动的通知。9月，召开全市计划生育系列保险表彰会议，对20个协会和33名同志给予表彰奖励。同年12月，全市计划生育协会组织已发展到2988个，会员达185459人，建立育龄妇女联系户383032个。1993年8月，市计划生育协会召开第二次会员代表大会。会议听取了市第一届计生协会的工作报告及工作意见的报告，选举产生了市计生协会第二届理事会，并召开了第二届一次常务理事会议。到1993年，全市各级建立协会组织3424个，会员29万人，占总人口的8.5%。区（市）、乡三级协会1994年上半年完成了换届工作，新发展会员3.7万人，协会会员达32.8万人，占全市总人口的9.94%。1995年，全市计划生育协会组织共有3410个，协会会员35万人，占总人口的10%。当年，全市建立"三结合"项目256个，吸收育龄妇女13000人参加生产和经营。3月，为落实计划生育优惠政策，市计生委、计生协、保险公司联合制定《关于进一步做好计划生育保险工作的意见》，把利益导向机制和保险机制引入计划生育工作，有12万名独生子女父母和双女结扎户父母分别参加了"两全"保险和养老保险，投保金额540余万元。

关爱女孩工程助力女孩成才成长

（二）稳定低生育水平阶段（1996—2005年）

实现人口再生产类型转变后，在稳定原有的计划生育政策和工作任务的同时，全市人口计生工作重心转向"稳定低生育水平、提高出生人口素质"。这一时期，各级计划生育机构和网络更加完善，市计划生育委员会内设6个职能科室：办公室、规划统计科、宣传教育科、法规信访科、科技人事科、城市计划生育管理科。人口目标责任制成为促进计划生育工作的重要手段，1998年，市委、市政府出台《关于计划生育一票否决制的若干规定》，同年市委、市政府与相关市直部门签订目标责任书，明确职责目标和奖惩措施。全市各级计划生育服务机构服务能力不断增强，到2005年，市中区被命名为全国计划生育优质服务先进县，滕州市、薛城区被命名为全省计划生育优质服务先进县。2000年6月，省政府在枣庄市召开了全省西部地区计划生育加快发展经验交流会议，全面推广了枣庄市的经验和做法，并被省授予"2000年度人口和计划生育工作创新奖"。

1. 组织机构名称的更改。1996年10月，枣庄市人民政府办公室制发《关于印发枣庄市计划生育委员会职能配置、内设机构和人员编制方案的通知》，委员会内设5个职能科室：办公室、规划统计科、宣传教育科、法规信访科、科技人事科。1998年、2004年，市计生委先后增设城市计划生育管理科、研究室，内设机构和人员编制趋于稳定。2004年9月28日，市计划生育委员会更名为市人口和计划生育委员会，人口发展战略研究和综合协调的职能得到进一步加强。各区（市）计划生育局也相应改为人口和计划生育局。

2. 计划生育管理政策的变革及人口目标责任制的实行。1996年，市计生委先后制发了《关于印发〈枣庄市计划生育委员会一九九六年行政执法责任制实施方案〉的通知》《关于开展计划生育行政执法检查的通知》和《关于认真贯彻落实中央、省、市指示坚决制止计划生育乱收费的紧急通知》等文件，始终把依法管理作为计划生育工作重点环节来抓。建立健全了法规组织，市、区（市）计生委成立了法规科（股），

乡镇（街道）设立专职法制员，全市共配备专兼职法制人员3600多名。1998年8月，市政府制发《枣庄市计划生育费征收管理暂行规定》，对违反计划生育政策的单位和个人明确处理措施和标准。10月，市人口和计划生育领导小组重新制定《枣庄市市直有关部门履行计划生育职责的实施意见》，市委、市政府分别与对计划生育工作联系密切的48个市直部门签订《人口和计划生育目标责任书》，明确职责目标和奖惩措施，增强齐抓共管的责任感。10月，出台《枣庄市1998年度〈人口和计划生育目标管理责任书〉执行情况考核办法》《市直有关部门履行计划生育职责的实施意见》和《关于实行计划生育一票否决制的若干规定》等。根据“一票否决”的规定，市委、市政府先后对1个区和16个乡镇（街道）实行黄牌警告或重点管理，对两名副县级干部免去职务，对因工作不力造成重大问题的五职责任人进行了处理。1999年4月26日，市委、市政府作出《关于进一步加强计划生育工作的决定》，对组织领导、目标管理责任制、依法管理、基层基础、综合治理、城市和流动人口计划生育管理、人口机械增长、队伍建设、经费投入、协会建设等10个方面46个问题作出了具体规定，并制定了相应的配套措施，使计划生育工作各方面的保障措施切实得到了落实。当年全市共处理违反计划生育政策的党员干部390人，其中县级党员干部2人，科级干部6人，一般干部114人，一般党员268人。10月，市委、市政府制定了《关于加强市直机关企事业单位计划生育工作的意见》和《市直有关部门履行计划生育职责的实施意见》，进一步明确了各部门抓计划生育工作的详尽职责。2001年7月，市政府办公室转发了市计生委等部门《关于进一步落实〈山东省禁止非医学需要鉴定胎儿性别和选择性终止妊娠的规定〉的实施意见》，明确提出，要把控制出生人口性别比摆到更加突出的位置上抓紧抓好。当年，对4个乡镇进行重点管理，对4个乡镇和6个市直部门进行黄牌警告，对12个乡镇和4个市直部门进行通报批评。8月，在全省人口形势分析会议上，枣庄市介绍“届期考核”做法和典型经验。2003年5月，调整充实人口和计划生育领导小组成员，制定《关于全面推行人口和计划生育目标管理责任制届期考核的意见》。7月，市委、市政府出台了《关于全市人口和计划生育工作综合改革的实施意见》，提出以完善“二十字”（依法管理、村民自治、优质服务、政策推动、综合治理）工作机制为目标、建立“六大保障体系”（政策推动与利益导向、宣传教育、依法行政与流动人口综合管理服务、经费保障、技术服务与出生人口性别比治理、组织保障）为核心的改革思路。把滕州市确定为市级人口和计划生育综合改革试点市。滕州市“全貌划片、户况显示、联合服务”的新型城市计划生育工作机制和山亭区干部人事制度改革经验得到了国家和省计生委的充分肯定和高度评价，并在全国推广。2004年4月，市委、市政府召开2003年度人口和计划生育责任目标奖惩兑现会议，对人口和计划生育工作作出部署，对5个单位给予黄牌警告，对6个单位进行通报批评。6月，市委、市政府制发《关于进一步完善人口和计划生育利益导向机制的意见》，从计划生育奖励、优先、优惠、扶持、保障、救助等六个方面出台了52项政策，涉及33个部门。在10月召开的全省部分计划生育综合改革项目中期评估会议上，省人口计生委对本市完善利益导向机制的经验做法给予充分肯定和高度评价。省人口和计划生育领导小组向全省转发推广枣庄市计划生育利益导向机制的意见。2005年4月，市委、市政府办公室制发《关于落实企业职工独生子女父母计划生育奖励政策的意见》，进一步明确了各级应承担的社会责任，维护了计生家庭的利益。市委、市政府召开全市人口和计划生育工作暨人口责任目标奖惩兑现大会，对人口责任目标完成不好的7个单位给予黄牌警告或通报批评。11月，市委、市政府出台《关于贯彻落实鲁发〔2005〕17号文件进一步加强人口和计划生育工作的意见》，明确人口和计划生育工作的指导思想、基本原则、目标任务、发展规划和具体措施，特别要在经费投入、队伍建设、干部管理方面实现新突破，为人口和计划生育工作发展奠定坚实的基础。

3. 计划生育宣传教育工作。1996年，市计划生育领导小组制定《1996年全市计划生育宣传教育工作意见》，就加强领导和阵地建设，抓好宣传品的制作发行和通讯报道等工作作出全面部署。1997年，市计生委制发《1997年全市计划生育宣传教育工作意见》，组织全市30万人参加国家计生委办公厅、省计生委与恩威集团联合举办的生殖、生理健康知识竞赛，有1人获国家三等奖，市计生委获优秀组织奖。1998年初，召开有新闻宣传、文教卫等部门参加的全市计划生育宣传教育协调会，市计生领导小组制发《全市计划生育宣传教育规范》，进一步明确宣传教育重点和指导思想。4月至5月，为进一步提高计生干部素质，委托南京人口干部管理学院，对全市分管乡镇长和计生办主任进行业务技能培训。2000年4月，市计生委与市委宣传部联合开展《中共中央国务院关于加强人口和计划生育工作稳定低生育水平的决定》集中宣传月活动，并在滕州市、市中区召开“宣传教育进村、婚育新风进家”现场经验交流会议，这次活动共出动宣传彩车101辆次，设立咨询点332个，制作宣传版1395块，发放宣传资料25万份。2001年至2002年，市委宣传部、市计生委决定，在全市重点宣传《人口和计划生育法》和《山东省人口和计划生育条例》。各级党校、干校、团校把计划生育列入教学计划，2002年开设专题260课时，22500多名党团干部受到教育；2003年开设专题460课时，35000多名党团干部受到教育。2004年，市委宣传部牵头，计生、文化、教育、卫生、广电、团委、妇联

等8个部门参与，建立计划生育宣传教育保障体系。市委宣传部把计划生育宣传教育纳入全市精神文明建设总体规划，与计生部门共同召开计划生育宣传教育工作会议和新型生育文化建设现场会议。当年，全市共举办各类宣传培训班17期，有3600多人次受到培训教育。征订各类计生报刊杂志计15532份，发放各类宣传品15万份。2005年6月10日，市委宣传部、市人口计生委出台《关于开展新型生育文化"双十双百"创建活动的实施意见》，在区、乡、村三个层面创建新型生育文化示范点，加快新型生育文化建设步伐。6月，市委宣传部、市人口计生委、市财政局制发了《全市农村部分计划生育家庭奖励扶助制度宣传月活动实施方案》，促进群众婚育观念的转变。2005年，全市各级投资280多万元加大外部宣传舆论环境建设，在城乡制作2235幅固定永久性墙标路标，建立宣传教育一条街81个，高标准广告宣传灯箱22个。征订各类计生报刊杂志计18329份，发放各类宣传品13万份。

4. 计划生育技术优质服务工作的规范和完善。1996年，在全市开展了争创优秀服务站活动，全市35处乡镇服务站被评为优秀服务站，有4个区（市）服务站达到省级优秀和合格标准。举办不孕（育）症诊断治疗暨微机管理学习培训班、计划生育系统B超应用培训班等各类培训班6期，720多人参加业务培训，专业技术人员持证上岗率达95%以上。市计生委成立了计划生育节育措施知情选择试点工作领导小组，组织开展了避孕节育措施知情选择试点工作。1997年，在全市计划生育系统广泛开展了业务技术技能理论比赛活动，714名专业技术人员参加了比赛，有19人获得奖励，其中5名成绩优异者参加了全省技能比赛。为了加强对遗传性病残的儿童和有遗传性病倾向的家庭的监测，把病残儿童鉴定和优生工作结合起来，努力降低二胎出生缺陷的发生率，市计生委按照计划生育病残医学鉴定标准，对全市153名病残儿童进行了医学鉴定，把符合条件的105名儿童公开张榜，并对安排二孩生育计划的妇女提供优生咨询服务活动。8月，市计生委制发了《枣庄市计划生育节育措施知情选择扩大试点工作的实施方案》，在对上一年两个知情选择试点进行评估分析的基础上，当年把知情选择试点扩大到10个。10月，市计生委制发了《关于表彰为育龄妇女献爱心，争做合格药具管理员先进集体和先进个人的决定》，授予16个单位为献爱心活动先进集体，100名同志为"优秀药具管理员"称号。1998年，全市各级认真落实两情坐班查访制度，积极开展避孕节育措施知情选择试点，强化服务功能，开展优质服务，提高避孕节育措施落实率、管好用好服务站室，充分发挥其"四位一体"的作用，促进了全市计划生育工作的开展。1999年，市计划生育领导小组制发了《枣庄市育龄夫妇享有生殖保健实施意见》，明确了到2000年所有乡镇实现育龄夫妇享有生殖保健的实施计划。同时，市计生委还加强了对计生专业技术人员的培训管理工作。全市共举办专业技术人员培训班8期，有850人次受到培训。各区（市）按照《枣庄市生殖保健与系列化服务暂行规定》和《随访细则》的要求，根据各自的实际探索了更贴近于广大育龄群众的较为完善的服务经验。至当年底，全市使用避孕药具的有38403人，占已婚育龄妇女总数的5.4%；全市有避孕药具零售点161个，办理药具经营许可证的74个，占58%；全市避孕药具计划40.3万元，调入药具28万元，发放药具31.8万元。2000年初，市委、市政府把该年确定为全市计划生育优质服务年，制定了活动方案，并通过市政府首次新闻发布会向社会公开承诺了"七个不准"（不准非法关押、殴打、侮辱违反计划生育规定的人员及其家属；不准毁坏违反计划生育规定人员家庭的财产、庄稼、房屋；不准不经法定程序将违反计划生育规定人员的财物抵缴计划外生育费；不准滥设收费项目、乱罚款；不准因当事人违反计划生育规定而株连其亲友、邻居及其他群众，不准对揭发、举报的群众打击报复；不准以完成人口计划为由而不允许合法的生育；不准组织对未婚女青年进行孕检）和优质活动内容，大力开展了创建优质服务试点乡镇、优秀乡镇服务站和避孕节育措施知情选择村（居）活动。至当年底，全市有20个乡镇开展了优质服务试点，75个乡镇服务站达到市优标准，194个行政村实行了避孕节育措施知情选择。全市有20处乡镇对服务站进行了新建、改建和扩建，面积达5400平方米，投资为628.56万元，购置器械设备投资393.88万元。是年，计划生育避孕药具零售网点发展到200个。2001年，全市71.5万已婚育龄妇女接受了2次以上的健康查体，查治各类妇科病11144例，开展优生咨询达24917人次，产期保健服务人数达10190人次，对2229对不孕症夫妇建立了档案，并开展了常规治疗。大力开展创建计划生育优质服务区（市）、优质服务先进乡（镇）活动。2002年，各级计生部门对育龄群众实行分类随访、上门服务，全市为133269名育龄妇女进行健康查体，查治各类妇科病31072例。区、乡服务站均建立了优生咨询门诊。全市有29600多名育龄群众接受咨询，对37800多名育龄妇女进行优生检测，抽取25550名0—7岁婴儿开展了出生缺陷筛查。大力开展不孕不育症诊断治疗和病残儿医学鉴定，先后5次邀请有关专家对全市2229对不孕症夫妇进行检查治疗，有440名妇女治疗后怀孕生育；对493个病残儿进行了医学鉴定。积极稳妥地推行避孕节育措施知情选择，全市实行知情选择的村（居）达到1981个，占村（居）总数的80.3%。市中区被省命名为计划生育优质服务先进县，滕州市、峄城区通过了省统一组织的计划生育优质服务县基线调查，21个乡镇（街道）被命名为全市计划生育优质服务先进乡镇（街道）。2003年，市计生委与市财政局联合制发《关于向农村实行计

划生育的育龄夫妇免费提供避孕节育技术服务管理暂行规定》，就服务经费的落实、管理和使用作出了具体规定。全市有31560多名育龄群众接受咨询，对44500名育龄妇女进行优生检测，对325个生育二胎高危家庭建立档案。全市实行知情选择的村（居）达到2127个，占村（居）总数的86.30%。2004年，各级计生部门按照优质服务工作的内在要求，积极实施“信息采集—科学决策—组织实施—考核评估”的运行模式，建立“计卫联手、资源共享、综合服务”的优质服务工作机制，大力推进“三级联创”活动，全面推行知情选择，指导育龄群众落实安全、长效、适宜的避孕节育方法，积极实施“避孕节育、优生优育、生殖保健”三大工程。2004年，全市64个乡镇（街道）计划生育服务站建筑面积88331平方米，均依法取得《计划生育技术服务执业许可证》。

2005年，全市各级以满足广大育龄群众需求为目标，以计划生育优质服务“三级联创”活动为抓手，层层制定创建规划，严格创建标准，规范运作程序，坚持分类指导，实行动态管理，保证了创建活动的质量。

5. 城市和流动人口计划生育管理方面。1996年，全市认真贯彻落实《枣庄市流动人口计划生育管理办法》，坚持流出地、流入地双向管理，强化流入地的管理责任，坚持“条块结合、共同管理”的原则和“谁用工谁管理”“谁受益谁负责”“谁管辖谁清理”的办法，全面推进了流动人口计划生育管理。抓好出具和审验《流动人口计划生育证明》，凭《证明》办理有关暂住、经商、务工手续等关键环节。在对流动人口彻底清理的基础上，初步完善了流动人口的建档、登记、上报、管理等制度，并在人口和计划生育目标管理责任制的调查考核中，对全市90处乡镇（街道）的流动人口计划生育管理工作进行了检查考核。1997年，加大了对流动人口计划生育考核的力度，除坚持平时经常性的检查外，在年终考核中加大了流动人口计划生育管理所占的分值，年底市计生委第一次单独组队（专项）对全市的流动人口计划生育管理服务情况进行了检查。1998年2月，市计生委成立城市流动人口计划生育管理科，加强新形势下城市计划生育管理工作。5月，市计生委组织人员对市驻地和各区（市）驻地街道进行调查。1999年，市人口和计划生育领导小组制定《关于加强市区机关企事业单位计划生育工作的试行意见》，建立了“单位负责、条条保证、以块为主、条块结合、双重管理、双重考核”的城市计划生育管理体制，明确了条和块的管理责任，加强了对流动人口、下岗职工等特殊人群的计划生育管理。年初，市委、市政府与市直132个党委（党组）签订了《人口和计划生育目标管理责任书》。市计划生育领导小组集中一个多月的时间，对市区机关企事业单位及驻枣庄单位干部职工1991年5月12日以来的婚育节育情况特别是计划外生育、非法收养、代养、寄养、计划外怀孕、非法婚姻、该结扎未结扎等进行了全面清理清查，对计划外生育254人依法依纪进行了相应的处理。年底，市计划生育领导小组对《人口和计划生育目标管理责任书》执行情况进行了严格的调查考核，对完成责任目标较好的40个市直部门进行通报表彰，对没有完成责任目标的2个市直部门给予黄牌警告，对1999年度出现计划外生育的4个市直部门和1个驻枣单位给予通报批评。当年，全市流动人口育龄妇女24124人，持证率、验证率、建档率均达到98%以上。2000年，市人口和计划生育领导小组制定《枣庄市市直有关部门对计划生育齐抓共管综合治理职责分工及考评办法》，进一步明确细化了相关部门计划生育职责、任务和目标，完善了考核办法，调动了部门抓计划生育的积极性。市委、市政府对完成责任目标较好的48个市直部门进行了通报表彰，对有计划外生育的6个市直部门给予了黄牌警告，对调查考核得分较低的4个市直部门进行了通报批

人口文化广场

评。2001年，在流动人口比较集中的商业区建立了联合办公室，实行“一站式”管理，“扎口式”收费，优质化服务，做到既管理又服务。对下岗育龄妇女落实“主管协管”“移交委托”管理制度，主要由现居住地的计生部门进行登记，并逐人签订计划生育合同书，协助其主管单位进行管理，享受与常住居民同等的计划生育指导与服务；对人户分离的下岗育龄妇女，由户口所在地与现住地签订“委托管理合同书”，共同管理，共同承担责任。2002年，按照“属地管理、单位负责、居民自治、社区服务”的“十六字”方针，市人口和计划生育领导小组制发了《关于进一步加强城市人口和计划生育属地化管理服务工作的意见》，确立社区在城市人口和计划生育工作中的主体地位，把对各类单位和人员的计划生育管理服务全部归属到街、居，建立起以现居住地管理为主的城市计划生育管理体制。滕州市适应新形势，探索“全貌划片、户况显示、责任承包、动态管理、综合查访、优质服务”的城市计划生育管理服务新机制。2003年9月，在全省城市人口和计划生育工作会议上，滕州市作了“全貌划片、户况显示、联合服务”的经验介绍。11月，市计生委、经贸委、民经委、外贸局、工商局等五部门联合制发了《关于认真落实企业法定代表人计划生育责任制的意见》，明确了各类企事业单位的计划生育职责，并按照属地管理的要求，全部签订计划生育责任书（协议书），加强督促指导，严格考核奖惩。是年，市计生委还加强了对特殊人群的管理工作，堵塞工作中的漏洞。2004年9月，市委、市政府在滕州召开全市城市人口和计划生育工作流动现场观摩会，总结推广滕州市“原貌划片、户况显示、事务共管、联合服务”的经验，实现管理规范化、工作制度化、手段现代化、服务系列化。市人口计生委组织人员深入企事业单位进行调研指导、检查督导，督促各项计划生育工作任务和政策措施的落实；对相对薄弱的企业，市、区、街三级联动，实施重点整治。全年共整治股份制企业8家，三资企业6家，私营企业67家。2005年，全市按照“属地管理、单位负责、居民自治、社区服务”的工作方针，全面落实企事业单位的属地管理和流动人口等特殊人群的现居住地管理，组织协调计生、公安、工商、卫生等相关部门，整合社会资源，发挥职能优势，在全市构建了“全貌划片数字化、户况显示动态化、联合服务经常化、准租准住合同化”的城市计划生育工作新格局。按照属地管理的要求，进一步强化各类企事业单位法定代表人计划生育责任制，全部签订计划生育责任书，加强督促指导，严格考核奖惩；对企业失业、退休等人员，由所在单位与属地搞好衔接，区分不同的类型，分别落实“主管协管”“委托管理”“移交管理”措施，进一步完善了以法定代表人负责制为核心的企业计划生育管理体制。

6. 枣庄市计划生育协会工作。1996年，全市计划生育协会组织发展至3498个，新发展会员2.6万人，会员总数达到35.5万人，占全市总人口的10.5%。是年，协会列入市委群众团体序列。1997年，全市加大了对计划生育协会人、财、物的投入，对会员的待遇进一步落实，把计生协会工作纳入了年度人口和计划生育目标考核，五区一市以及90处乡镇（街道）全部明确了专、兼职人员。村级协会本着“巩固、提高、整顿、完善”的原则，重点抓了规范化管理，基本上达到了理事会健全、管理有专人、活动有场所、工作有制度、会议有记录、组织有档案。至年底，全市协会组织发展到3598个，会员40.7万人，占全市总人口的11.6%。当年，市计划生育协会被省计划生育协会授予1997年度先进单位称号。1998年10月，市委、市政府两办批转了市计生委、计生协《关于进一步加强计划生育协会工作的报告》，市、区（市）、乡镇、村四级健全了协会组织。1999年，整顿了基层协会组织。同时，把创建合格协会与创建“三为主”合格村有机结合起来，在全市评选10个示范乡镇、100个示范村、1000个优秀会员小组长和五好会员。2000年，把协会工作纳入各级计划生育责任目标和考核之中。随乡镇规模调整，完成乡镇、村（居）计生协会的换届整建工作。全市涌现出500名优秀协会小组长和500名“五好会员”。以协会为载体，大力推行计划生育村民自治，95%以上的村制定了村民自治章程，基层基础工作得到加强。2001年，市计生协会编制由原来的3人增加到7人。市计生协会制定《关于进一步加强计划生育基层协会建设实施方案》，各区（市）进一步明确协会机构、编制。全市计生协会会员仍保持在42.7万人。建立会员小组47509个，会员联系户达56.1万个。组织开展了争创“合格协会”，争做“五好会员”“优秀会员小组长”，争建“幸福文明家庭”活动，年终对先进协会、先进工作者进行了表彰。市计生协被省计生协评为宣传工作先进单位，峄城区计生协被中国计生协评为全国百强计生协。2002年4月，市计生委、计生协会联合制发了《枣庄市计划生育协会工作条例》。对全市各级协会的组织设置、队伍建设、协会干部的条件和来源、工作方法、工作制度、开展活动等项工作均提出了具体要求和规定，为改变和加强全市计划生育协会工作提出了具体的规范性的指导意见。在抓好试点的基础上，市计生协会出台了《关于开展基层协会组织整建的实施方案》，在山亭区桑村镇召开了全市村（居）协会理事实行公推直选现场观摩会。5月，市编委批准同意市计生协会设办公室，为计生协会内设科级机构，配主任1名、副主任1名，配秘书长1名。2003年8月，市委办公室制发《关于印发〈枣庄市计划生育协会机关主要职责内设机构和人员编制方案〉的通知》，进一步明确了计生协会工作职责，机关设办公室、编制7名，配备会长1名、专职副会长2名。2004年9月，市计生协会召开第三次会员代表大会，选举产生新一届理事。全市7个区（市）分别组织了乡镇、村

居协会换届。2005年，全市共有协会组织2900个，会员42.7万人，占全市总人口的11.7%，其中企业和流动人口协会573个，建会率为70%，会员12.6万人。

（三）统筹解决人口问题阶段（2006—2013年）

随着低生育水平的稳定，人口结构性矛盾和深层次问题愈益突出，人口老龄化日益加重，出生人口性别比居高不下，流动迁移人口持续增加。全市人口计生工作重心转向“稳定低生育水平、统筹解决人口问题、促进人的全面发展”。全市各级成立了综合治理出生人口性别比工作领导小组，打击“两非”综合治理出生人口性别问题工作逐步深入开展，全市出生人口性别比由1991年的135.5下降到2013年的115.9。

1. 统筹解决人口问题计划生育工作综合机制建立。2006年，全市各级坚持把平抑第四次人口出生高峰、稳定低生育水平作为首要任务来抓，层层签订人口目标管理责任书，分解落实人口计划，坚持人口预警制度，实行人口计划“一票否决”，强化宣传教育、依法管理、优质服务和利益导向工作力度，分流政策内生育，鼓励晚婚晚育，遏制违法生育，有效地稳定了低生育水平。全市共出生34517人，人口出生率9.34‰，自然增长率4.53‰，合法生育率99.4%，出生人口性别比106.3，圆满完成了省下达枣庄市的各项人口责任目标，实现了“十一五”规划的良好开局。2007年，全市各级严格落实人口目标管理责任制，建立了市级领导联系区（市）、部门帮包薄弱村、区（市）计生五职责任人目标管理考核、巡回召开人口形势分析现场会、定期谈话和督查通报等制度，健全“党政一把手抓决策、分管领导抓协调、计生和相关部门抓履职”的计划生育工作综合机制。11月，市委、市政府出台《贯彻落实〈中共中央国务院关于全面加强人口和计划生育工作统筹解决人口问题的决定〉的实施意见》，进一步明确了新时期人口计生工作的指导思想、目标任务和政策措施，为稳定低生育水平，统筹解决人口问题提供了保证。2008年，市委、市政府出台《关于进一步强化人口计生综合治理推动统筹解决人口问题的实施意见》，构建了六大责任体系；严格执行人口目标管理责任制，与各区（市）和相关部门签订了届期人口计生目标管理责任书，对4个镇给予黄牌警告，对6个镇（街）给予通报批评。2009年，市委、市政府制发《关于进一步加强人口和计划生育工作的实施意见》及《关于进一步健全完善人口和计划生育利益导向政策体系的意见》，进一步明确了人口计生工作的组织领导、宣传教育、技术服务、利益导向等工作方针。召开人口计生责任目标奖惩兑现会议，严格落实人口目标管理责任制，对人口责任目标完成不好的6个单位给予黄牌警告，对工作中出现问题的7个单位给予通报批评，并撤销了4个单位优质服务先进乡镇（街道）的牌子。市委组织部、市人口计生委等11个部门出台了《关于进一步加强人口计生工作若干政策措施的通知》，进一步明确了对党员、干部、社会公众人物违法生育“五个凡是、四个不准”的社会制约措施及党纪政纪处理规定，加大对违法生育人员特别是党员干部和公职人员的处理处罚力度，维护了法律的严肃性。2010年5月，市人口与计划生育领导小组制发《关于实施“十百千”工程推进基层基础建设的实施意见》，决定利用5年时间（2010—2014年）在全市滚动实施“十百千”工程。8月，市政府办公室制发了《关于进一步加强村级计生专职队伍建设的实施意见》，明确规定村级计生专职主任享受村居党支部书记工资待遇的80%，积极为村级计生专职主任办理养老保险，推进了村级计生专职队伍的职业化建设。2011年，全市各级党政和人口计生部门，以控制违法生育、治理出生人口性别比偏高为重点，注重生育过程控制，推进基层基础建设，狠抓薄弱环节整治，人口计生工作水平有了新的提升，整体工作呈现良好发展态势，全面完成了省下达的人口计生责任目标，荣获全省人口目标管理一等奖。时任国家人口计生委主任李斌到枣庄视察调研人口和计划生育工作，对枣庄市人口计生工作给予充分肯定，省反馈考核情况时对枣庄市人口计生工作给予高度评价，枣庄市在全国人口计生基层群众自治工作座谈会上作了典型发言，得到与会同志的充分认可。2012年，全市各级各有关部门切实加强组织领导，严格落实责任，狠抓违法生育控制，强力推进综合治理出生人口性别比打击“两非”工作，深入开展“人口计生基层基础规范年”“十百千”工程、“两无”创建等活动，大力实施

深入群众家中开展走访关爱服务活动

国家免费孕检项目试点，全市人口计生基层基础工作显著加强，出生人口素质明显提高，违法生育得到有效控制，超额完成了省下达的综合治理出生人口性别比工作任务指标，全市低生育水平继续保持稳定。2013年4月，市委、市政府办公室制发《关于印发〈枣庄市创建富裕安康文明和谐幸福家庭促进计划〉的通知》，全面推进“助你好孕”“呵护母亲”“你帮我助”等8个项目，提高家庭生活质量和幸福指数，推动生育文明建设，促进群众婚育的转变。

2. 综合治理出生人口性别比成为人口计生工作的重点工作之一。随着低生育水平的稳定，人口结构性矛盾日益凸显，综合治理出生人口性别逐渐成为人口计生工作的重点工作之一。2004年，枣庄市薛城区被列入全国“关爱女孩行动”试点县（山东省一个县，全国共24个县），全市各级以此为契机，按照“基础抓服务，根本抓观念，关键抓查处，核心抓制度，长远抓保障”的总体工作思路，结合本地实际，创新工作理念，多措并举，配套联动，深入扎实地推进“关爱女孩行动”，综合治理出生人口性别比。2006年2月，市人口与计划生育领导小组制发《关于实行“节育奖”制度的意见》，明确规定对合法生育一女孩、符合二胎生育条件但自愿终生只要一女孩且女方落实长效节育措施的夫妻，合法生育两个女孩且落实绝育措施的妇女，由政府发放每人每月不低于50元的“节育奖”奖励金，直至奖励对象年满60周岁享受国家计生奖励扶助政策为止。5月，市人口计生委、卫生局、食品药品监督管理局制发《关于贯彻落实〈山东省禁止非医学需要鉴定胎儿性别和选择性别终止妊娠规定〉的实施意见》，明确部门职责，加强协调配合，形成贯彻落实省《规定》的合力。7月，市委办公室、市政府办公室转发市纪委监察局等部门《关于深入开展关爱女孩行动综合治理出生人口性别比偏高问题的实施意见》，提出了综合治理出生人口性别比的具体目标和措施办法。2007年1月，市委、市政府在全省人口和计划生育工作会议上作了题为《强化领导标本兼治努力提高出生人口性别比综合治理水平》的典型发言。4月，全省“关爱女孩行动”培训会议在枣庄举行。10月，市委、市政府召开全市依法严厉打击“两非”综合治理出生人口性别比偏高问题动员大会，制发了《2007年全市打击“两非”综合治理出生人口性别比实施方案》，成立由党委、政府分管领导任组长的打击“两非”工作领导小组。从此以后，市委、市政府每年都要召开综合治理出生人口性别比偏高问题动员大会，部署安排综合治理出生人口性别比工作。2008年，学习借鉴湖北省黄冈市的经验做法，各级均成立了由纪检监察、人口计生、卫生、药监、公安、工商等部门组成的打击“两非”专项机构，坚持开展联合执法、联合办案，采取有奖举报、倒查线索、明察暗访等办法，重拳打击“两非”行为，出生人口性别比偏高的势头得到了有效遏制。2010年，调整充实市打击“两非”工作领导小组，涉及人口计生、卫生、药监、公安等7个部门，对相关部门综合治理出生人口性别比的职责任务进行细化量化，纳入统筹解决人口问题职责考核及部门年度考核。2011年，健全完善了定期议事、联席会议、信息互通等8项制度，促进部门长效协作。公安、卫生、民政、人口计生部门每季度通报一次出生入户、接生登记、婚姻登记等人口信息，相关部门在出生人口性别比治理、流动人口管理服务、利益导向政策落实等方面，通力合作，联合执法，齐抓共管的合力不断增强。2012年，枣庄市在实践中探索总结了“10条线索工作法”（即利用违法生育责任倒查、孕情中断调查、日常和集中执法检查、信访案件举报、相关部门数据比对、查体服务人员漏查、户外野广告和网络短信、清理非婚生育和非法收养、计划内多年多次推迟怀孕、恶意或虚假流出等10条线索追查“两非”案源），进一步破解了查处“两非”的瓶颈问题，得到了省里的认可。8月，枣庄市政府出台《关于综合治理出生人口性别比严厉打击“两非”行为的通告》。2013年，对公立医院和大案要案等重点“两非”案件，建立专项调度、县级干部包案、督查督办、定期通报等制度。

3. 计划生育婚育新风进万家工作的持续开展。2006年，市委宣传部、市人口计生委联合开展了新型生育文化“双十双百”创建活动，组织了“三下乡、送温暖”、奖励扶助制度暨关爱女孩行动宣传月等大型集中宣传。各级坚持在报纸、电台、电视台等主流媒体开设计划生育专题栏目，以“婚育新风进万家”“双进双建”等活动为载体，整建宣传阵地，丰富活动内容，改进宣传方式，开展“十个一”“七进家”等特色宣传活动，促进了群众婚育观念的转变。2007年，开展了“三下乡、送温暖，贯彻中央《决定》宣传月，纪念《人口与计划生育法》颁布实施5周年”等大型集中宣传活动，营造了良好的宣传声势。活动期间，全市共发放宣传品43万余份，演出计划生育文艺节目325场次，有34万人次观看演出，提供宣传咨询12万人次。2008年，启动“关注人口安全、共建和谐枣庄”大型宣传活动，全市举办文艺演出185场次，培训党员干部471525人次，发放宣传资料857100余份，制作计划生育宣传展牌1654余块。市人口计生委、市文化局、市文联组织开展纪念改革开放30周年人口和谐发展美术书法摄影暨人口文化征文大赛活动，全市创作各类文艺作品1000余件。2009年，枣庄日报社与市人口计生委联合举办的《人口与计生周刊》创刊。全市各级广泛开展“三下乡”“五进农家”“七进村”“八进社区”等形式多样的群众性宣传活动。2010年，举办全市纪念中共中央《公开信》发表30周年颁奖晚会。晚会以文艺表演的形式展现枣庄市人口和计划生育工作取得的成果，并为计划生育先进共产党员、共青团员、幸福家庭、新型生育文化建设示范区、先进区以及和谐发展村党支

部书记颁奖。2011年，市人口计生委、市委宣传部联合举办全市“开局之年话国策、婚育新风进万家”系列宣传活动。4月，市人口计生委被省委宣传部、省人口和计划生育委员会、省新闻工作者协会联合授予2011年度山东省人口和计划生育宣传奖优秀工作奖，市人口计生委、枣庄日报联合开办的《人口计生周刊》栏目获2011年度山东省人口和计划生育宣传奖优秀栏目奖。2012年，市卫生计生委与市委宣传部联合，启动了“纪念计划生育基本国策确立30周年”系列宣传活动，组织开展了社会大宣传、千场文艺演出进村（居）、人口文化宣传精品进村入户等9项活动，使计划生育基本国策进一步深入人心。2013年，组织协调全市各级先后开展了新春人口计生大宣传、“国策车队”巡回宣传、“7·11”世界人口日宣传等主题宣传活动，坚持街头宣传与入户宣传相结合，巡回宣传与设点宣传相结合，政策宣传与文艺演出相结合，提高了宣传实效，营造了浓厚氛围。市电视台《人口视窗》专栏播出24期，市电台《阳光诚信计生》播出129期，《枣庄日报》“人口与计生周刊”刊发30期。全市各级在市级以上主流媒体刊发稿件4196篇，其中省级以上媒体刊发2097篇。

4. 计划生育技术服务和优生优育工作。2006年，全市市、区、镇三级深入开展以“信息采集—科学决策—组织实施—考核评估”为中心的“三级联创”活动，推动人口计生工作由管理主导型向优质服务型的转变。2006年，滕州市被授予“全国计划生育优质服务先进县”，山亭区、峄城区被授予“全省计划生育优质服务先进县”。6月，枣庄市人口计生委制发《关于表彰枣庄市计划生育技术服务标兵的通知》，决定对李建兰等15名计划生育技术服务标兵予以表彰。2007年，按照“区（市）站为龙头、乡镇站为骨干、村服务室为基础、区乡流动服务队为纽带”的格局，调整区乡两级计生服务机构布局，大力推进优质服务示范站建设，薛城区实行区计生服务站与区妇保站“两站合一”。2008年，全面实施孕前管理，积极开展“三查一治一落实”服务，落实分类查体、随访服务制度，促进管理服务关口前移。引导群众正确认识知情选择，扎实开展以落实“四术”为重点的冬春夏季集中服务活动，提高了长效避孕节育措施落实率、及时率。2009年，市人口计生委与市妇联、市计生协会联合开展“为万名妇女送健康”活动，为实行计划生育的城乡困难妇女和村级计生、妇女工作者进行免费查体，并对查体过程中查出的各类疾病，因地制宜开展低费或免费治疗服务。2010年，市人口计生委举办全市计划生育避孕节育技术培训班。邀请国家人口计生委科学技术研究所吴尚纯教授、省人口计生委科学技术研究所刘静主任，就避孕节育技术应用和避孕节育手术并发症预防及处理等业务知识进行指导。2011年，枣庄市各级计生技术服务部门充分利用身份证识别和指纹、虹膜信息识别系统，对查体妇女逐一核实身份，并开发应用查体服务软件，对查体服务活动进行在线监控、对比分析、预警通报。2012年5月，市人口计生委召开免费孕前优生健康检查项目试点区座谈会暨工作启动会议，安排部署市中区、峄城区做好启动等相关工作。作为一项惠民政策，在枣庄市开始推行。市人口计生委、市卫生局、市食品药品监督管理局联合制发《关于进一步加强B超机使用管理的意见》。市人口计生委、市卫生局联合制发《关于进一步加强住院分娩实名登记和终止妊娠手术审批管理工作的通知》。2013年，全市全面启用指纹或虹膜身份识别系统，完善落实“三方四人”（育龄妇女，村居计生专职主任、镇街包村干部，查体技术人员）签字备案和责任倒查制度，从源头上保证了工作质量。

5. 城市与流动人口计划生育“全貌划片数字化、户况显示动态化、准租准住合同化、联合服务经常化”工作机制的建立。2006年，市人口与计划生育领导小组制发了《关于进一步加强城市人口与计划生育属地化管理服务工作的意见》，确立社区的主体地位。市委、市政府召开了全市城市人口计生工作流动现场观摩会，总结推广先进经验。2007年，积极推广市中、滕州等区（市）“一图一册三到位”管理服务措施，在全市构建了“全貌划片数字化、户况显示动态化、准租准住合同化、联合服务经常化”的城市计划生育工作格局。2008年，对下岗、失业等特殊人群，区分不同的类型，分别落实“主管协管”“委托管理”“移交管理”措施，确保全部纳入计划生育管理服务范围，堵塞了工作中的漏洞。2009年，6月市人口计生委制发《枣庄市流动人口计划生育工作“一盘棋”“三年三步走”实施方案》，明确了枣庄市流动人口计划生育工作的指导思想、总体目标、工作任务，枣庄市流动人口“一盘棋”“三年三步走”工作开始全面启动。8月制发《关于全面实行城市社区人口和计划生育管理服务“四化”工作机制的意见》《关于进一步加强经济开发区（园区）人口和计划生育工作的意见》《关于进一步加强企业法定代表人计划生育工作责任制的实施意见》三个规范性文件，进一步规范了城市社区、经济园区和企业的人口计生管理工作。2010年，集中开展了以健康查体为手段、以落实长效避孕节育措施为重点、以政策外怀孕流引产为目的的流动人口集中清理清查活动，共查明了3600多人的流向和婚育问题。2011年，制发了《关于进一步加强城市人口和计划生育基层基础工作的意见》，要求进一步建立健全城市人口和计划生育组织网络，完善城市人口和计划生育服务阵地建设，全面强化属地和单位的职责落实。2012年，探索建立南通、上海、苏州等流出人口计生协会，增强了计生管理服务的及时性和有效性。2013年，全市全面推进网格化管理，对开放式楼院，合理划分网格，配齐配强计生协管员；对封闭物业小区，按照规模从物业公司或业主委员会中选

聘计生协管员，采取绩效考核、分类补贴的办法，保障其工资待遇，将管理服务触角延伸到户。

6. 枣庄市计划生育协会“六化”工作规范的实施和推广。2006年4月，枣庄市委、市政府在全省计划生育和计生协会工作座谈会上作了题为《强化领导勇于创新努力提高人口计划生育和计生协会工作水平》的典型发言。2007年5月，枣庄市委、市政府在山亭区启动了旨在通过开展帮扶、救助活动，造福计划生育困难家庭的枣庄市“生育关怀—齐鲁行”活动。2008年4月，枣庄市计生协会制发《枣庄市乡（镇、街道）、村（居）、企业和流动人口聚居地计划生育协会工作规范（试行）》，对各级协会的组织建设、制度建设、阵地建设、能力建设制定了具体的规范。2009年，枣庄市山亭区在流出人口相对集中的南通、上海、苏州等地区探索建立流动人口计生协会，创新实行流动人口“54321”管理服务模式，开通视频管理系统，定期进行网上视频见面，加强交流联系，提供计划生育、务工经商、生产生活等多方面服务。2010年，市红十字协会、市人口计生委、市计生协会共同举办向全市计划生育家庭捐赠价值30万元婴幼儿奶粉发放仪式。2011年3月，制发《枣庄市计划生育查体服务工作规范（试行）》，就全市人口计生查体服务工作的指导思想、工作原则和目标、内容和要求以及保障措施作了详细的安排部署。6月，枣庄市在广西桂林举办的全国人口计生基层群众自治工作座谈会上，作了题为“发挥协会作用践行‘六化’模式　推进计划生育群众自治工作深入发展”的典型发言。7月，制发《枣庄市计划生育群众自治“六化”工作规范（试行）》。制发《关于命名表彰全市人口计生群众自治示范村（社区）的通报》，给予89个单位通报表彰。2013年，大力推行“六化”工作模式（即章程合同民意化、监督落实制度化、责任追究程序化、合同争议仲裁化、奖惩兑现公开化、管理服务规范化），促进农村计生重点难点问题的解决。

（四）促进人口长期均衡发展阶段（2014年至今）

低生育水平的长期稳定，为解决人口数量、素质、结构等方面的问题提高了保障，这一时期，全市各级按照党的十八届三中全会作出的“坚持计划生育基本国策、启动实施单独两孩政策”的决策，全市计划生育工作的重点转向促进人口均衡发展的新阶段。

1. 计生、卫生系统的融合及计生行政管理变革。2014年12月，市政府办公室印发《枣庄市卫生和计划生育委员会（枣庄市中医药管理局）主要职责内设机构和人员编制规定》，撤销枣庄市人口计生委和枣庄市卫生局，组建新的枣庄市卫生和计划生育委员会，内设12个职能科室。各区（市）也相应成立了卫生和计划生育局。2016年3月，市人口计生委与市卫生局正式融合，计生、卫生两大系统科室和业务融合的步伐进一步加快。公共服务资源通过优化整合，为全市育龄妇女和计生家庭提供了更多更有效的服务，公共服务质量得到明显提高。2014年，针对一些地方人口计生工作压力大、任务重、矛盾多的现状，市委、市政府及时启动了预警约谈制度，对7个镇街党政主要负责同志进行了约谈，通报有关情况，指出存在问题并有针对性地提出意见建议，有效传导了压力。市委、市政府对7个乡镇（街道）给予黄牌警告或通报批评，有8个镇街、95个村居被区（市）给予重点管理、黄牌警告或通报批评。2015年，市委、市政府出台《关于贯彻落实鲁发〔2014〕22号文件进一步加强计划生育工作的实施意见》，为进一步做好全市人口计生工作提供领导保障和政策支持。召开高规格的人口计生责任目标奖惩兑现大会，对5个镇（街）给予通报批评、8个镇（街）给予重点关注并全部纳入2015年度重点帮促范围。

2. 综合治理出生人口性别比工作的深入开展。2014年，推行“四查”工作法和“一会多部门”会商分责办案机制，破解调查取证难题。层层落实孕情包保责任制，严把孕情跟踪、终止妊娠、出生实名登记、B超管理、终止妊娠药械“五个关口”，堵塞管理漏洞。全市立案查处“两非”案件93起，查结90起，其中大要案件4例，次要案件5例；行政处罚179人，党政纪处分9人，刑事处罚4人，查抄B超机15台。2015年，启动“出生人口性别比重点治理活动”和打击“两非”专项行动，制发市政府《通告》2万份，同7个区（市）、11个市直部门签订了目标责任书，纳入年度人口计生目标管理责任制考核的重要内容，并实行专项考核、专项奖惩和重点督查，全市立案查处“两非”案件79起，其中大要案件6例，次要案件1例；行政处罚78人，党政纪处分2人，刑事处罚3人，吊销机构营业许可证1家，吊销医师执业证书2人，查抄B超机23台。2016年，全市查结“两非”案件75例，其中大要案5例、次要案1例，给予行政处罚73人、党政纪处分2人、刑事处罚3人。

3. 计划生育宣传教育工作。2014年，各级宣传、人口计生部门以国情国策和人口计生政策法规为主题，充分利用《枣庄日报》、市电台、市电视台等主流新闻媒体，牢牢把握正确的舆论导向。先后集中开展“国策车队”巡回宣传、“三百四千”、学习贯彻《条例》等主题宣传活动。全市发放人口计生宣传品161.9万份，开展咨询服务43.5万人次，组织计划生育宣传车巡回宣传1004辆次、计生文艺演出356场次。2015年，组织各级紧紧围绕学习贯彻鲁发〔2014〕22号文件和省、市有关会议精神，大力加强主流新闻媒体宣传、阵地宣传和群众性宣传，《枣庄日报》刊发专栏30期，市电台播出专栏130期，市电视台播出专栏24期，组织宣传车1197辆次、计生文艺演出410场次，观看群众73.6万人次。2016年，利用春节、世界人口日等节日联合宣传、文化、妇联等部门开展多种形式的计划生育社会宣传服务活动。2016年，各级

共发放人口计生宣传品112.8万份，文化产品45万份，开展咨询服务54.9万人次，免费为群众提供健康查体214.7万人次，组织计划生育宣传车巡回宣传1069辆次，集中制作“两非”警示宣传牌884余块。

4. 计划生育技术服务和优生优育工作。2014年，广泛开展“三查一治一落实”活动，对查体服务和“四术”任务，严格落实干部包保责任制，并实行定期调度、排序通报、挂账销号、考核奖惩等制度，加强市级日常监控、质量分析和现场督查，着力控制违法生育反弹。考核年度，全市开展综合查体服务249.2万人次，查体率为97.5%；落实“四术”71681例，同比增加736例。2015年，以“四术”落实为重点，统筹做好信息采集、宣传教育、政策咨询、生殖保健服务、奖惩兑现等经常性工作，全市落实“四术”70320例。

5. 城市与流动人口计划生育管理网络的建立。2014年，依托“两网”（网格管理员、城市社区计生户况管理软件）“一平台”（人口计生、公安、房管、人社等部门信息共享平台），规范开展社区计生管理服务。对流入人口，将计生服务管理经费足额纳入各级财政预算，积极推行免费孕检、计生技术和药具服务均等化。2015年，积极推进“街道办事处—社区居委会—网格”三级计生服务管理体系建设。全市建立基本网格407个、基础网格1800个、单元网格7500个，配备专兼职网格管理员7506人。集中组织开展以“送政策、送健康、送亲情”为主题的流动人口关怀关爱活动，涵盖人员123376人。强化双向交流职责，深化共同服务，将计划生育服务管理经费足额纳入各级财政预算，整合卫生计生资源，加强与综治、工商、教育、民政等相关部门的沟通协调，全力推进流动人口基本公共卫生计生服务均等化。2017年流动儿童预防接种率达到95%以上；流动人口传染病报告率和报告及时率达到100%；流动人口规范化电子建档率达到90%；育龄流动人口计划生育技术指导咨询服务覆盖率达到95%；流动人口育龄妇女避孕节育免费服务目标人群覆盖率达到98%。

6. 枣庄市计划生育协会工作。2014年，指导村级对照《山东省人口与计划生育条例》，突出移风易俗、男女平等、集体经济内部利益导向“三项重点”，把握好章程制定、合同签订、民主监督、奖惩兑现“四个关键环节”，规范落实“六化”模式，提升计生群众自治水平。2014年、2015年，全市计生村民自治合同签订率达到98%，履约率达到97.6%。2017年，全市计划生育协会围绕“关注生命成长·共铸青春健康”的主题，开展青春健康工作，举办枣庄市青春健康工作师资培训班，对9名表现优秀的教师授予青春健康工作市级优秀主持人称号。组织枣庄市在校大学生开展“给身体最高礼遇”为主题的宣传教育活动，引导在校大学生群体关注健康、提高自我保护意识。组织基层计划生育协会开展生殖健康“双百”活动，为不孕不育计划生育困难家庭提供诊治补助，共拨付补助资金10万元，惠及50户计划生育家庭。

二、枣庄市计划生育综合改革取得的成就

（一）人口过快增长的势头得到有效控制，人口再生产类型实现历史性转变

在各级党政的正确引导下，经过全市人民的艰苦努力，在社会生产力还不发达的情况下，仅用了不到30年的时间，就走完了发达国家一百多年才走完的历程，即从高出生、低死亡、高增长转变为低出生、低死亡、低增长，有效控制了人口过快增长，低生育水平保持了长期稳定。总和生育率由1970年的5.8降至目前的1.8左右，人口出生率从1978年的15.31‰下降到2016年的9.30‰，人口自然增长率从9.51‰下降到2016年的4.48‰，全市累计少生180多万人口，成功改变了枣庄市人口发展的轨迹。

（二）有效缓解了人口对资源环境的压力，改善了人民群众的生存和发展的状况

全面实施计划生育以来，全市累计少出生180多万人，由于少出生180多万人，节约社会抚养费约470亿元。换另一个角度来看，如果加上执行计划生育而少生的180万人，全市目前人均占有耕地、粮食将分别减少0.24亩、141公斤，实行计划生育极大地减轻了人口对耕地、粮食、森林和水资源的压力，提高了扩大再生产能力，增加了社会积累，拉动了内需消费，有力地促进了生产发展和人民生活水平改善。同时，生育率的下降，使人口总抚养比由1978年的68.5%下降到目前的33.7%。如果不实行计划生育，人均耕地、粮食、森林、淡水资源等会比目前低20%，人民生活质量不可能达到今天的水平。全市的GDP、人均GDP、财政收入、城乡居民储蓄等，难以实现数十倍甚至上百倍的增长。

（三）创造了较长的人口红利期，为改革开放、经济快速发展作出了巨大贡献

生育率的下降，人口数量的减少，大大提高了人均教育、医疗资源占有率，减轻了教育、医疗、就业、交通等各项社会事业的压力，促进了人口素质的提高。人口变动对枣庄市教育的需求和资源配置产生了直接影响，目前全市的小学校数由1992年峰值的1362所减少为2016年的575所，全市人均受教育年限由改革开放之初的4.5年上升到目前的8.25年，人均寿命由改革开放之初的69岁上升到目前的75.02岁。研究表明，改革开放以来，枣庄市人口红利对人均收入增长的贡献率超过了20%。

（四）出生缺陷发生率大幅降低，出生人口素质逐步提高，提升人口健康水平

全市各级大力推行计生服务站标准化建设，坚持开展计生优质服务系列活动，以群众需求为导向，紧紧围绕“婚、孕、育、节育”等环节，为群众提供生殖健康教育、咨询、检查、诊治等服务，

保障了育龄群众的身心健康。全市各级计生服务部门大力宣传优生优育知识，对广大育龄群众进行全方位的生殖健康教育，尤其对有出生缺陷的高危人群和重点家庭进行面对面有针对性的优生优育教育，使他们充分了解出生缺陷的发病原因、危害及预防措施，育龄群众的优生优育意识和预防能力不断提高。各区（市）建立并完善了国家P2生物安全标准的孕前优生检测实验室和国家级艾滋病层流净化实验室，配备了电化学发光全自动免疫分析仪、全自动生化分析仪等先进仪器等设备，高质量推进免费孕前优生健康检查项目，对检出的高风险人群及时采取干预措施，有效降低了出生缺陷发生的风险。积极做好产后跟踪服务。村居计生专干及时进行产后访视，建立母婴健康档案，并进行科学喂养以及新生儿护理、防病知识的宣传教育。2016年，遗传病高危家庭和病残儿再生育家庭监护率达到了100%，出生缺陷发生率降至6‰以下。

（五）群众婚育观念发生了深刻变化，新型生育文化深入人心

全市各级建立完善了人口文化大院、人口学校、计生服务站、计生宣传一条街等，坚持开展婚育新风进万家活动，在镇村主要街道、城市社区广场、农村城镇集市等人群聚集地开展集中宣传服务活动，深入开展新型生育文化宣传。依托村规民约，深化移风易俗，修订完善以奖励扶持、男女平等、尊老爱幼、关爱女孩、移风易俗等为主要内容的《计划生育村规民约》，村居普遍成立红白理事会，鼓励男到女家落户、子女可以随父姓也可随母姓、平等对待双方老人等。通过全方位、多层次宣传活动的开展，生男偏好、养儿防老、多子多福等旧观念逐渐被抛弃，晚婚晚育、少生优生、生男生女一样好、女儿也是传后人、男女平等、计划生育丈夫有责等为主要内容的科学、文明、进步的婚育观念蔚然成风。

（六）女性社会地位显著提高，女性权益得到了更好的保障

计划生育工作的开展，使枣庄市总和生育率由1970年的5.8降至目前的1.8左右，平均每个妇女一生生育孩子数从20世纪70年代的5.8个减少到目前的1.8个以下。孩子数量的减少，使妇女从婚后频繁生育的状况和繁重的家庭负担中解放出来，女性走出家庭参与社会发展的人数不断上升。随着关爱女孩活动的持续开展，妇女在社会中的地位越来越高，女孩在家庭中不再受到歧视，女孩权益得到更好的保护。女性有了更多受教育的机会，2016年全市小学学龄儿童女童入学率为100%，与男童入学率持平，与1985年女童入学率95.8%相比，有了大幅的提高，实现了男女儿童享受同等义务教育的权利。避孕节育、优生优育、生殖保健等科学知识以及妇女的自我保健意识和能力不断提高，提升了妇女的生活质量，促进了男女平等。

三、枣庄市计划生育综合改革取得的典型经验

（一）强化组织领导、严格人口责任目标考核是做好计划生育工作的重要前提

一是坚持党政一把手亲自抓、负总责不动摇。各级党政一把手要始终坚持亲自抓、负总责不动摇，把人口计生工作放在心上、抓在手上、落实到行动上，定期听取卫生计生部门汇报，及时研究解决重大问题，分管的领导同志要靠上抓好具体工作。二是坚持人口目标管理责任制严格奖惩、一票否决不手软。要坚持重点管理、一票否决、离职审计、追踪奖惩制度，对计划生育“五职责任人”实行年度、届内责任考核，并将考核结果作为评价各级各部门实绩和干部政绩的重要依据，坚持任期内逐年考核，离任时进行审计，把考核结果与评先树优、干部奖惩提拔挂钩，严格实行一票否决，对工作失职的要追究责任，严肃处理。三是坚持齐抓共管、综合治理不松懈。统筹解决人口问题是一项艰巨复杂的系统工程，需要方方面面的共同努力。各级党委、政府及各部门各单位要牢固树立“大人口”观念，齐抓共管、综合治理，把统筹解决人口问题的各项任务落到实处。市直各相关部门要率先垂范，牢固树立服务人口计生就是服务全市大局的观念，充分发挥职能作用，真正建立起协调配合、齐抓共管的机制，形成综合治理人口问题的强大合力。

（二）主动融入社会经济发展大局、主动与全局工作相适应是做好计划生育工作的有效手段

计划生育工作不是一个孤立的绝缘体，与经济社会各项工作之间有着千丝万缕的联系，只有与全市全局工作相适应、自觉和改革发展大局融为一体，才能取得实效。各级卫生计生部门积极创造条件，把计划生育工作融入到经济建设中去、融入到当前的改善民生中去，自觉做到计生工作与经济建设、改善民生协调推进，自觉做到与经济社会发展有效结合。在实际工作中，重点做好以下几个方面的结合：一是与“创建幸福家庭”相结合。在幸福家庭创建活动中，要立足枣庄市实际，关注家庭需求，着眼家庭发展，服务家庭成员，多方式、多渠道宣传倡导“夫妻恩爱、尊老爱幼、邻里和睦”等家庭美德；要破除婚丧嫁娶中铺张浪费、愚昧落后的陋习，积极倡导“新事新办、厚养薄葬、女孩送终、男到女家落户”等文明、健康、科学的生活方式，教育引导群众树立科学进步的家庭观、幸福观；利用实施优生促进计划等项目的良机，提高生殖健康水平，优化出生人口性别比，降低出生缺陷发生率。二是与“双十双百”创建活动相结合。把加强新型婚育文化建设纳入新文化建设、精神文明建设的大局，采取多种形式，大力宣传计划生育基本国策和男女平等、计划生育、优生优育优教等文明理念，使群众生育观念紧跟时代步伐，生育意愿遵循社会公德，生育行为遵守法律法规，在全社会营造破除旧风陋俗、倡导新型婚育文明的良好氛围。三是与实施计划生育家庭精准脱贫工程相结合。通过自我服务，认真落实计划生育家庭各项奖励优惠政策，积极实施

计划生育家庭精准脱贫工程，从而提高群众对人口计生工作的满意程度，推动人口计生工作的开展，促进经济社会的发展。

（三）加大对重点人群的分类管理、乡镇村居的分类指导是做好计划生育工作的重要抓手

由于经济发展、婚育观念等不同，各地计划生育工作发展水平呈现一定的不平衡性。工作先进的村，村级“两委”班子健全，村级计生组织网络完整，文化大院、人口学校、公开栏等宣传阵地健全，活动经常开展，规章制度健全、档案齐全、管理规范。工作落后的村，有的村“两委”班子不健全，有的村没有服务阵地、组织网络不健全，有的计生工作人员的工资报酬低。因而，要针对不同的情况，因地制宜开展工作。对工作落后的村，乡镇要加大帮扶力度，从人力、物力、财力加大支持力度，配齐、配强“两委”班子，完善组织网络，摸清生育状况，实行乡镇领导帮包责任制，改变落后的面貌；工作先进的村，把工作重点放在坚持以人为本，加强科学管理上，进一步提高计生家庭的地位，让计生家庭优先享受改革发展的成果。

（四）坚持和发展“三为主”方针的基础上、创新工作方式方法是做好计划生育工作的关键环节

“宣传教育为主、避孕为主、经常性工作为主”的工作方法，既有力推动了计划生育工作，又改善了党群干群关系。新时期，尽管计划生育面临的形势和工作任务发生了很大的变化，但是由于我国人口多、底子薄、耕地少、人均资源匮乏的基本国情还没有根本改变，人们的婚育观念、生育愿望与现行生育政策之间的矛盾还没有彻底解决，“三为主”仍是当前基层计生工作的主要方式。基层计生工作者在坚持“三为主”的基础上，结合计生工作的新变化、新形势、新任务，进一步发展“三为主”方针、创新工作方式方法。一是要把计划生育宣传教育放在首位。根据群众的特点，把宣传内容和群众需求结合起来，采取丰富多彩、形式多样且群众喜闻乐见的活动，设计制作具有地方特色的宣传资料和用品，使之融入基层群众的日常生活。二是加强孕前管理和服务。坚持以避孕为主，提高查体率、长效避孕节育措施落实率，加强孕情监测和随访服务，及时向育龄夫妇提供优质的技术服务，有效防止意外妊娠和计划外怀孕。三是健全日常工作制度。要做好经常的计划生育工作，制定一套可以操作的规章制度，使计划生育工作逐步走上经常化、科学化、制度化、法制化的轨道。四是要坚持群众路线。必须坚持一切为了群众、一切依靠群众的群众路线，只有把改进工作作风和工作方法的问题提到坚持党的群众路线的高度来认识，才能自觉地动员群众、团结群众、组织群众，真心实意地为群众服务，把基层计生工作提高到一个新水平。

（五）健全社会保障机制、消除群众的后顾之忧是做好计划生育工作的根本之策

计划生育工作难开展、计生国策难落实，除了传统思想影响外，居民对自身利益的担心也是重要原因。近年来，枣庄市老年人口比重持续上升、老龄化程度日益严重、医疗教育支出增加速度超过农民收入增加速度，随着家庭养老功能的弱化、独生子女风险增大以及外出务工人群难以照料居家老人的增多，客观上需要建立完善计划生育利益导向机制和计划生育家庭奖励优惠政策；在扩大社会保障覆盖面、逐步提高社会保障待遇水平的基础上，构建既能覆盖全体居民，又能体现计生家庭优先的制度框架，实现广大群众的“老有所养、病有所医、困有所济”，是彻底解决人口计生难题、做好基层计生工作的当务之急。只有从根本上彻底消除群众对养老、医疗、教育等问题的担忧，计划生育工作才能化难为易。

（六）加强基层队伍建设、提高基层队伍的素质和能力是做好计划生育工作的重要保障

为适应新时期人口计生工作的需要，必须进一步加强对基层计生队伍的培训、教育工作，明确培训重点、丰富培训形式，强化任职培训、岗位培训、专业培训，提高工作能力、管理水平，引导和帮助树立法律意识、服务意识，把依法行政的各项要求贯彻落实到日常管理服务中去。为保证基层计生队伍的稳定性，要提高基层队伍的福利待遇，严格落实工资、养老、医疗等生活保障，切实解决基层工作人员的后顾之忧；对业务工作能力较突出的乡镇计生工作人员，在推优推先和推荐入党等方面要优先考虑，组织部门在选拔任用乡镇干部时优先予以提干、提升；对生活上确有困难的人口计生人员，要想方设法帮助解决实际困难、减轻压力，使之“政治上有出路，经济上有保障、生活上有照顾”。为激发基层计生工作人员的积极性，要实行严格的奖励激励机制，对从事人口计生工作多年且成绩突出的计生人员给予一定的物质奖励；对那些安于现状、能力平庸、达不到岗位要求的要坚决予以调换或予以辞退。

审稿人：杨宗河

撰稿人：胡永喜

枣庄工商行政管理改革发展历程与启示

在40年波澜壮阔的改革大潮中，枣庄工商行政管理走过了富有成效的发展历程。40年来，全市工商系统高举中国特色社会主义理论伟大旗帜，坚持与时俱进，创新发展，强化市场监管，当好市场监管的标兵，维护了社会主义市场经济秩序；40年来，全市工商系统坚持改革开放，认真贯彻落实中央政策，放宽搞活，简政放权，全力服务市场、企业和个体私营经济的发展，营造了宽松、公平的市场经济环境；40年来，全市工商系统在市委、市政府和省工商局的正确领导下，紧紧围绕政府中心工作，始终树立大局意识、服务意识，立足职能、尽职尽责，为枣庄经济社会发展做出了积极的贡献。

一、改革开放以来工商行政管理工作的历程和主要成就

中共十一届三中全会以来，改革开放不断深入，全市各级工商行政管理机关围绕市委、市政府不同阶段的中心工作，以服务经济发展为中心，顺应时代大潮，立足职能，适时而变，取得了辉煌成就，开创了全市工商行政管理工作新局面。

（一）大力培育规范市场，各类新兴市场蓬勃发展

改革开放初期，为了疏通商品流通渠道，全市各级工商机关在各级党委、政府和省工商局的领导下，一方面放宽农副产品和部分工业品购销政策，恢复传统的古会、庙会，组织举办物资交流大会，大力发展专业户、贩运户，搞活商品流通；另一方面，把大力发展集市贸易，加强集贸市场规划建设作为工商部门的重中之重。从1980年开始，逐步开展了市场建设工作，到1985年底，全市集贸市场由1979年的132处发展到194处。市驻地新华、滕州杏花村等97处棚顶市场相继落成。1986年，市工商局把城乡市场建设列入社会主义劳动竞赛奖励办法的首要位置去抓，提出了立足长远、全面规划、因地制宜、合理布局、分期建设、形式多样、多方集资、共同建设、统一管理、共同受益的规划建设思路，在全市掀起了市场建设的高潮。至1990年底，新建、改建、扩建市场69处，其中规划建设和发展专业批发市场22处，建筑面积达17.7万平方米；建设投资3358万元。1991年开始，市委、市政府把市场规划建设纳入城乡建设总体规划，在全市又一次掀起市场规划建设的高潮。到1996年，全市各类市场已发展到223处，共投资29216万元，其中，工商部门投资1451万元；新建、改建、扩建各类市场161处。特别是1995年，以建设大市场、搞活大流通为宗旨，坚持政府决策、合理布局、社会兴办、工商监管的原则，大力兴办各类市场，市委、市政府在市驻地规划建设了“八大批发市场”，投资达7000多万元，室内建筑面积达8.2万平方米，形成了功能配套齐全、辐射力强、大中小、专业与综合相结合的集市网络。1996年，全市工商机关，按照国务院《关于工商行政管理机关与所办市场尽快脱钩的意见》，实施了“管办脱钩”，至此，工商部门不再行使市场培育和规划建设的职能。

1996至2008年6月，市工商局积极支持、指导市场开办单位抓好所办市场建设，推动了全市各类市场又好又快发展。到2008年6月，全市发展各类市场263处，其中，消费品市场228处，生产资料市场33处。同时，强化市场监管，全面实施市场巡查制，开展市场农副产品、农资产品检测工作。从2004年开始，全市各级工商机关卓有成效地开展了“红盾护农”行动。2005年2月，省工商局局长李华理在滕州市视察了“红盾护农”行动，并接受中央电视台记者的采访。3月12日、16日，中央电视台《新闻联播》专题报道了滕州市工商局“红盾护农”的经验和做法。3月24日，《人民日报》对滕州市工商局在“红盾护农行动”中采取的化肥销售存样制度进行了专题报道。

2005年，全市工商行政管理机关强化流通领域食品市场监管，市场监督管理全面推行“五制一化”机制。其五制是市场准入制、市场巡查制、市场预警制、市场信用管理制、市场属地监管责任制；一化为流通现代化建设。建立健全食品安全经营自律、工商所属地监管、社会监管的长效监管机制。全市大中型食品流通企业和集贸市场全部落实了进货检查、购销台账、质量承诺、索证索票、不合格食品退市制度。在肉类市场实施了“一证一卡”制度，在农资市场推行了“两帐两单、一卡一书”管理模式。2009年“两费”停征后，集贸市场管理面临着新的形势和任务。市工商局以推进“农资、成品油及食用农产品质量监管预警系统”和“商品交易市场信用分类监管系统”两个管理软件的推广应用为基础，强化了对农资和商品交易市场的监管，对市场实现动态化、智能化管理，促进市场监管长效机制的提升。利用广播、宣传栏等形式广泛宣传文明经营思想、科普知识，在市场经营者中开展“诚信经营户”“星级经营户”“文明摊位”评选活动，引导经营者文明诚信经营。“山东杏花村干杂海货批发市场”被命名为 “2011年度全

国诚信示范市场”。市工商局被工商总局通报表扬为“全国工商系统2012—2013年度诚信市场创建工作突出单位”。“枣庄市新昌批发市场”被命名为2014—2015年度全国诚信示范市场。

2016年，枣庄市开展创建国家卫生城市活动，工商部门作为市场专线整治的牵头单位，全力推进农贸市场环境综合治理，有效改善了市场经营环境。督促市场开办单位进行农贸市场升级改造。筹集资金1256.5万元，改造11处市场，明确市场开办者职责，新增市场保洁人员123人，全市专职市场保洁员达300余人，实行分班轮转，随时保洁，全天保洁不低于12小时。全市农贸市场整体提档升级，新兴市场也发展为成熟的商超模式，规模化和现代化水平明显提高，活跃度显著上升。截至2016年底，全市共有各类市场259个。其中：消费品市场225个，已登记企业法人的市场47个；生产资料市场34个，登记企业法人的市场15个。

（二）顺应市场经济发展潮流，全力促进市场主体发展

坚持多种所有制经济共存，严格市场准入，大力培育、扶持和发展个体私营经济和内、外资企业。中共十一届三中全会召开后，市工商局认真贯彻落实了“改革、开放、搞活”和“国家、集体、个人”一齐上的方针，放宽政策，放手发展内、外资企业和个体私营经济。

在个体私营经济培育、发展和登记管理工作中，坚持一手抓服务，一手抓管理的原则，大力培育和发展个体私营经济。到1985年底，全市个体工商业由1979年底的1898户、2120人，猛增到34710户、60589人。1993年，市委、市政府高度重视个体私营经济的发展，于8月10日，召开了全市个体私营经济工作会议，市政府下发了《关于加快发展个体私营经济的若干规定》，市工商局下发了《个体私营经济五年发展规划》，把发展个体私营经济工作纳入了《枣庄市国民经济和社会发展十年规划和八五计划》，有力地推进了全市个体私营经济的快速发展。1998年2月，市委、市政府召开了全市个体私营经济工作会议，出台了一系列发展个体私营经济优惠政策。全市个体私营经济出现了连年增长的好势头。到1999年底，全市个体私营经济已达125212户、322794人。2000年6月，枣庄市成立了民营经济发展委员会，工商部门发展个体私营经济的职能被取消，由市民营委具体负责。2001年至2013年6月，全市工商机关在转换职能的基础上，按照省工商局的统一部署，制定了《招商引资工作规划》，开展了对浙江、广东、福建三省的招商引资工作。2005年先后三次赴福建参加全省经贸考察招商引资活动，先后与外商签订合同项目40个，合同金额82.88亿元，利用外资31.3亿元；与福建客商签订合同项目10个，合同金额9.55亿元，累计投资过亿元的大项目13个，得到了市委、市政府和省工商局的认可。2006至2008年6月，全市工商系统以开展“建设和谐工商，展示良好形象，服务经济发展”主题年和“千件实事大行动”活动为动力，进一步巩固和扩大招商成果。

2009年，重点服务新农村建设，召开全市系统“发展农民专业合作社，促进农村土地集约化经营现场会”，在发展农民专业合作社、推进土地流转工作中创造了地方特色的“滕州模式”和“山亭徐庄模式”，受到国家和相关部门的重视。截至2009年底，全市已发展农民专业合作社633家，出资额6.7亿元，发展成员4485个，其中2009年发展299家，出资额3.5亿元，发展成员2084个。

2011年，出台了《关于积极服务市场主体发展促进全市经济转方式调结构工作的意见》(20条)，实行“三放三免”政策(“三放”即放宽场所权属证明限制、放宽企业名称登记条件、放宽企业出资管理；“三免”即对高校毕业生、返乡农民工、失业人员、复员退伍军人、残疾人从事个体经营的，3年内免行政事业性收费；对农村流动性小商小贩、农民在农贸市场或者地方政府指定区域销售自产农副产品的，免于工商登记；对高校毕业生、返乡农民工、失业人员、复退军人、残疾人从事个体经营试营业轻微违规的，免予处罚)，为各类市场主体营造了良好的投资创业环境。以创建“服务发展先锋岗”和“岗位标兵”为载体，在全市85个注册窗口开辟“创业绿色通道”，有力促进了市场主体快速发展。创新推行“三三四四”工作机制（建立“三员制度”、实施“三项帮

1999年4月21日，全市个体私营经济工作总结表彰大会召开

扶”、优化“四项服务”、实行“四个免于”），全力服务重点项目建设，为重大项目加快落地创造了有利条件。2011年，全市新增各类市场主体23068户，同比增长8.6%；截至12月底，全市实有各类市场主体17.91万户，民营经济连续5年保持9%以上的年增长率。

2012年，开展“服务发展提升年”活动，紧贴枯竭型城市转型需求，争取并协助省工商局出台《关于发挥工商行政管理职能促进枣庄市资源城市转型和可持续发展的意见》，使枣庄市享受到了国家工商总局给予“蓝黄”经济区在市场准入等方面优惠力度空前的扶持政策，全系统努力简化审批流程，优化帮扶手段，全市市场主体总量突破19万户，达到19.23万户。2013年1月4日，在全市城市转型工作会议上，枣庄市工商局被市委、市政府记“集体三等功”。

2013年，全市工商系统把促进实体经济发展作为深入推动全市城市转型战略实施的一项重要举措，市工商局制定出台促进实体经济加快发展的30条意见，从“低门槛”准入、“低成本”创业、“多要素”支持、“零距离”服务等4个方面，全面提升服务实体经济工作质效，激发实体经济创业发展活力。全面实施有限公司登记管辖权限下放措施，市局所辖5个分局登记管辖的有限公司注册资金数额由人民币50万元以下（含），扩大到300万元以下（含），方便了企业就近办理注册、年检业务。同时，找准制约市场主体发展瓶颈，联合市政府法制办、环保局等4部门出台《关于明确企业工商注册登记需提交环境影响评价审批文件的通知》，进一步规范市场主体环评标准，有效简化了企业办事程序。全市新增市场主体1.17万户，同比增长36.07%；新增注册资本（金）70.57亿元，同比增长59.99%。

2014年3月1日开始，市工商局按照新《公司法》和《国务院关于印发注册资本登记制度改革方案的通知》要求，将注册资本由实缴登记制改为认缴登记制，公司设立登记不需再提交验资报告，并取消了注册资本最低限额的规定，将年检验照制度改为年度报告制度。进一步简化住所（经营场所）登记手续，出台《枣庄市市场主体住所（经营场所）登记管理暂行办法》，出台了《关于进一步发挥工商职能促进就业创业的意见》，营造全民创业氛围。进一步简化登记程序，下放登记权限，简化企业名称预先核准的申报程序，凡冠枣庄市名企业，县（市、区）工商局只需网上申报，无需企业提交书面材料到市局盖章。2014年，全市新登记市场主体33651户，同比增长19.1%；新增注册资本（金）248.95亿元，同比增长70.8%；全市市场主体达25.76万户，同比增长17.6%。

2015年继续深化商事制度改革，积极推进“先照后证”“一证三号”和“三证合一、一照一码”改革，提高了企业登记效率，降低了准入成本。市委、市政府制定《关于进一步加快全市民营经济发展的意见》和《枣庄市加快个体工商户转型升级为企业三年行动方案》，出台了支持民营经济发展和“个转企”的一系列举措，认定了全市第一批18家重点扶持骨干民营企业和47家重点扶持高成长性民营企业。

2016年，加大“个转企”工作开展和督导调度力度，枣庄市出台《关于推进“先照后证”改革后加强事中事后监管的实施意见》，巩固和扩大“三证合一、一照一码”改革成果，认真做好“一照一码”换发工作。10月1日起，在全市实施了“五证合一、一照一码”改革。实施简化个体工商户注销登记程序改革，落实“双随机、一公开”“双告知”等事中事后监管制度。严格落实“先照后证”改革要求，加快推进工商登记注册便利化，在全市推广商务秘书企业登记管理新模式，进一步释放住所资源。截至2016年末，全市期末实有市场主体29.85万户，同比增长8.35%，注册资本金2710.19亿元，同比增长39.58%，万人拥有市场主体户数769.79户；2016年新发展企业9951户，农民专业合作社1029户，个体工商户27756户。累计完成“个转企”6168户，提前一年完成市政府下达的三年目标任务。

在大力培育和发展个体私营经济的同时，强化内、外资企业的登记管理。内资企业由1980年的840户到2017年发展到5561户。从1992年开始，市工商局参与并积极支持企业改制，建立现代企业制度，《公司法》颁布实施以后，积极支持企业采取改组、联合、兼并、出售、租赁、承包经营和股份制合作制等形式进行改制。1998年，枣庄企业改制进入实质性阶段，至1999年全面铺开，市工商局为197户国有集体企业办理了改制变更手续。2000年，改制企业达到396户，2001年到2008年6月，市工商局及时为企业办理了改制变更手续，使广大改制企业尽快投入生产经营，提高市场竞争能力。

2010年全面开展红盾帮扶工作。认真落实全市企业上市工作会议精神，对企业在改制上市过程当中涉及的工商业务问题提出指导性意见，帮扶山东亿兆能源有限公司等5家企业完成股改。2011年，围绕市委、市政府“一个战略”“三大战役”的部署，出台了《关于支持二、三产业分离促进服务业发展的意见》，重点支持战略性新兴产业和现代服务业发展，合理引导企业实施二、三产业分离。全市成功实现二、三产业分离企业290家，新增地方税收1.9亿元，全市第三产业市场主体达到11.6万户，占全市各类市场主体的65%。

在外资投资企业登记管理中，市工商局认真贯彻落实市委、市政府对外开放政策，于1992年成立了外商投资企业登记管理科。1993年，国家工商总局授权枣庄市工商局外商企业登记管理职能，近30年来，市工商局积极采取优惠措施，鼓励、扶持、支持外商投资企业做大做强，有力地促进了外商投资企业又快又好的发展。到2007年底，全市实有外商投资企业246户，其中，中外合资经营企业103户，中外合作经

营企业6户，外商独资经营企业137户；实有外商投资企业分支机构339户。外商投资企业投资总额155677万美元，注册资本总额88417万美元，外方认缴出资总额65965万美元，投资总额1000万美元以上的外商投资企业38户。

党的十八大以来，全市工商行政管理工作进入了崭新阶段。2013年开始，企业登记管理制度实行重大变革，2014年3月1日开始，企业年度检验制度改为公示制度；“三证合一”试点工作取得了新突破，“一照一码、先照后证”到2016年10月1日“五证合一”有序贯彻落实。截至2016年底，全市发放“三证合一”新式营业执照6000余份；行政审批制度实行重大变革，国务院取消了多项企业登记审批事项，诸多前置审批改为后置，同时取消了企业登记注册资本审验制度，改“实缴制”为“认缴制”，大大方便了市场主体，减轻了企业和经营者负担，营造了“大众创业、万众创新”的良好氛围。2017年，巩固提升“五证合一、一照一码”和“两证整合”等改革成果，梳理、整合涉及10个部门的26项涉企证照事项，实现了“三十一证合一”。全市核发“多证合一”营业执照11325张。加强与银行部门合作，稳步推进全程电子化和电子营业执照，2018年1月2日颁发首张电子营业执照，实现“让信息多跑路、让群众少跑腿”，市场准入的制度性成本大幅降低。探索建立与普通注销登记制度和简易注销登记制度相配套的市场主体退出制度，年内注销市场主体11472户，解决了“入市容易退出难”问题。至2017年底，全市实有各类市场主体34.8万户，注册资本3779.38亿元，同比分别增长16.53%和39.83%，全市创新创业和发展活力得到了有效释放。2018年，全系统全面深化商事制度改革，启动实施我市高新技术产业开发区“证照分离”改革试点工作，对“证照分离”改革试点涉及的98项任务分解细化，按照“谁审批、谁监管，谁主管、谁监管”的原则，明确事中事后监管细则，以更有效的“管”促进更彻底的“放”，按照新的流程已办理138件。截至2018年6月底，全市实有市场主体36.07万户，同比增长13.36%，注册资本4194.4亿元，同比增长35.36%。2018年新登记市场主体2.2万户，同比增长28.85%；注册资本348.8亿元，同比增长16.76%；其中，内资企业5372户，注册资本888.9亿元；民营企业48229户，注册资本727.04亿元；外资企业430户，注册资本48.7亿元；个体工商户29.05万户，注册资本05.7亿元；农民专业合作社6465户，注册资本157.2亿元。

（三）依法行政，营造公平竞争的市场环境

大力营造公平竞争的市场经济环境，支持、引导企业利用商标、广告战略，搞活经营，提升企业竞争力。从20世纪80年代初期开始，市工商局及各区（市）局开展了以打击投机倒把活动为重点的经济监督检查工作。1986年至1994年初，全市各级工商行政管理机关由打击投机倒把为重点转向了打击制售假冒伪劣商品和走私贩私违法行为。1994年开始查处不正当竞争违法行为。1997年以后开展了打击传销和变相传销违法活动。

1987年，市局和区（市）局成立了经济监督检查所。1986至1991年，全市共办理大要案件2118件，罚没款867.57万元，查获销毁了一大批假冒烟、酒、自行车、食品等物资。1992年，全市认真贯彻落实全国“打假”电话会议精神，市政府成立了打假领导小组，市、区（市）“打假”办公室设在工商局，到年底，立案查处假冒伪劣违法案件210起，罚没金额198万元，查获销毁假冒伪劣商品充货值达1559万元，全市“打假”工作实况先后在中央、省电视台播放。当年，举办假冒伪劣商品展览22次，挖出制售假冒伪劣商品黑窝点155处，12月，全省“打假”工作会议在枣庄召开，市工商局被评为全国打假先进单位，出席了国家工商局召开的表彰大会。1998年，市工商局和各区（市）局成立公平交易局，2002年升格为副处级单位。1993至1999年，“打假”工作不断强化，全市工商系统共立案查处假冒伪劣违法案件4683起，罚没款达1354万元，查处假冒伪劣商品充货值7880万元，端掉造假黑窝点837处。2000至2008年6月，市工商局深入开展了整顿市场经济秩序工作，调动基层工商所办案积极性，共立案查处假冒伪劣违法案件33520起，罚没款3893万元，查处假冒伪劣商品货值6968.5万元。1994至2008年6月，查处不正当竞争案件96起；查处传销和变相传销案件163件。

2009—2010年，市工商局公平交易局积极稳妥开展反垄断执法，在认真学习垄断案件查办先进经验的基础上，找准突破口，力争在查处垄断案件方面取得实效。围绕互联网领域、汽车及配件销售维修、家居建材、公用事业等领域，扎实开展集中整治不正当竞争行为专项执法行动。2010年，开展了食品监管“四制”和食品安全进社区活动，完善全市食品安全监管追溯系统，构建了“四位一体”的流通环节食品安全信息化监管模式。全市共有30个乡镇（社区）开展了放心乡镇（社区）创建工作。

自2010以来，由市综治办牵头，成立了打击传销工作领导小组（2012年调整为打击传销取缔无照经营专项组），将打传工作纳入平安创建与社会治安综合治理范围，每年均定期召开全市打击传销工作会议，建立了苏鲁豫皖周边地区20市打击传销规范直销执法协作机制。2010年、2012年圆满完成“无传销社区（村）”“无传销街道（乡镇）”创建工作，2016年3月被授予全省第一批“无传销城市”称号。2015年，全市共立查网络传销案件18起，破案14起，涉及人员6180人，其中，遣散传销人员700余名，刑事拘留52人，行政拘留34人，涉案金额3.38亿元。261个社区挂牌成为“无传销社区（村）”。

2011年，市工商局开展“扫黄打非”活动，加强对印刷、复制单位、图书和

报刊集散场所、音像制品及电子出版物集中的经营场所、集贸市场旧书租赁摊点、"特价书店"和学校及周边监管力度，重点查缴政治性非法出版物、淫秽色情等有害出版物。开展烟草市场整治行动，查获各种违法卷烟、雪茄烟12万余只，取缔各类无证经营业户32户。以查处消费欺诈为重点，认真开展了房地产市场专项治理，检查30余家房地产企业，立案查处15起。

2012—2013年，以提升流通环节食品安全监管5个方面8种能力为核心，进一步完善监管能力与评估制度，建立监管能力档案，对食品经营者按照不同层级实行分类巡查监管。自行研发集食品安全网上监管、网上巡查于一体的"流通环节食品安全电子化监管系统"，提高食品安全监管信息化水平。

2014年，以推进整治重点领域虚假违法广告、红盾护农、打击侵犯知识产权和制售假冒伪劣商品、商标代理秩序、危化品企业专项整治行动为重点，强化了执法监管，查扣各类侵权、假劣商品335件，货值11.2万元。组织全市范围的成品油质量检测4次，检测经营单位167家（次），抽样230个，对9家经营不合格油品行为依法立案查处。

2015年，开展治理商业贿赂、侵犯知识产权专项执法行动，突出对重点领域和重点商品的监管。以打击销售假劣种子、肥料、农药、农机为重点，立案查处农资类违法案件500余件。2015年全市工商系统共查办各类违法案件2245件，案值987.2万元。

2016年，以行政处罚公示和行政许可公示为执法重点，对全市工商、市场监管部门抽检结果全部公示，296户企业、742户个体工商户、5户农民专业合作社被列入异常名录，并对省局确定抽查的全市1071家企业、5768家个体工商户、135家农民专业合作社全面实施"双随机、一公开"监管。开展化工企业"打非治违"专项行动，责令变更48户，注销31户，列入异常名录132户。加强对投资担保类企业监管，共检查企业326家，对查无下落的119家企业列入经营异常名录。开展无照经营查处取缔工作，全市查处无照经营案件148件、案值49.77万元。常态化推进"双打"专项行动，顺利通过省、市"双打"年度工作考核。开展整治不正当竞争突出问题专项行动，立案18件，案值25.54万元。

2017年，全面推行"双随机、一公开"，对省工商局摇号确定抽检枣庄市的1679家企业进行了"双随机、一公开"综合抽检，其中合格1227家，责令改正58家，列入异常名录380家。扎实推进企业信息"双公示"工作，企业行政许可公示和行政处罚信息公示均达100%。全市共列入异常名录企业12032家、移出2666家，清理"僵尸企业"2792家。积极开展涉金融领域失信问题专项治理，检查涉金融企业51家，下达责令改正通知书9份。全年协助法院对233家企业冻结股权进行公示，并对40家枣庄"厚道鲁商"候选企业进行信用确认，对308家市级"守合同重信用"企业进行了公示。对公用企业滥收费用、搭售、附加不合理条件等违法行为进行专项整治，开展执法检查8次，对7家企业进行集中约谈。在全市范围组织开展了"打传销、促和谐、反欺诈"集中宣传活动，查获10处传销窝点，遣散传销人员185人，巩固了"无传销城市"工作成果。

2008年7月，市工商部门捣毁一重大传销窝点

（四）强化消费维权，营造安全放心的消费环境

枣庄市工商局十分重视消费者权益保护工作，在没有设立专门的"消保"执法机构之前，由公平交易局代行其职能。1987年，市消费者协会成立，挂靠市工商局。截至1989年9月，全市6个区（市）相继建立县级消费者协会，依托辖区工商所、街道办事处、企业等建立分会组织，共建立1200个农村消费者指导站，基本形成了三级消费者组织监督网络，近30年来，为维护消费者合法权益做出了积极的贡献。1998年，成立了12315消费者投诉、申诉举报中心，并逐步建立健全了12315举报站和联络站，至2008年6月，全面实现了消费维权进农村、进学校、进社区、进工厂、进景区的五进工程。从1994年开始，全市各级工商机关和消协组织，每年都采取多种形式举办3·15国际消费者权益日纪念活动，使消费维权深入人心。2002年，市工商局成立了消费者权益保护科，进一步强化了消费者权益保护工作，2004年后，逐步开展了流通领域商品质量监管，大力实施商品准入工程，组织开展商品质量抽查活动，加大对侵害消费者权益行为的查处，从

1999年到2008年6月，全市系统查处侵犯消费者权益案件1608起，罚没款498万元，有力维护了消费者合法权益。

2009年，全市消费维权领域重点倾向农村、农民，严防不法商家借“家电下乡”名义向农村销售假冒伪劣家电。充分利用12315申诉举报网络快捷功能，按照“有诉必接、有难必帮、有案必查、有查必果”的原则，对消费申诉、举报件件有落实，事事有回音，依法维护广大消费者的合法权益。全系统共受理消费者投诉5693件，处结5527件，处结率达97.1%，接待消费者咨询4206人（次），为消费者挽回经济损失280余万元。

2011年，加大12315咨询、投诉、举报网络建设，全市范围内建立了1400余个12315服务联络站，“一会两站”平稳推进，一批大学生村干部成为基层维权先锋，全年接待消费者来电来人咨询4106人（次），为消费者挽回经济损失220余万元，12月，被中消协评为“全国消协组织法律理论创新先进集体”。

2012年，山亭分局借鉴司法调解的运作模式，进一步深化提升“蓝青组合”消费维权活动，得到中国消费者协会的认可，和消保组织一同强化流通领域商品质量监管和有关服务领域消费维权，集中开展重点商品抽查检验和专项整治，着力解决损害消费者利益的突出问题。全年消协、12315机构共受理消费者咨询、申诉、举报8400余件，共为消费者挽回经济损失112万元。2014年1月，被中消协评为2012－2013年度“全国消协组织新闻宣传先进集体”。

2013年8月，市消协制定并出台了《枣庄市消费者协会消费维权义工队伍建设实施办法》，消费维权义工队伍在市消协的组织下，定期交流培训，开展各项活动，维护消费者权益，成为消费维权领域一道独特的风景线。

2014—2015年，枣庄市消协关注民生热点，以完善12315工作体系为重点，加大了12315“五进”工作力度，积极促进消费维权便利化、一体化、效能化，先后与枣庄市洗染业协会、枣庄市室内装饰装修协会、枣庄市烹饪餐饮业协会、枣庄市家电行业协会、枣庄市银行业协会、枣庄市汽车流通行业协会开展了“全市洗染业星级挂牌服务”活动、第二届和第三届家居建材砍价会、“枣庄市消费者放心酒店”评选活动、“家电诚信兴商服务先行”活动、枣庄市金融消费者权益保护示范窗口评选活动、“游长寿之乡，享绿色消费”消费体察等活动，通过活动的开展，加强了行业诚信建设，提高了经营者的服务水平和服务意识，促进了全市经营企业的健康发展。全市消协机构共受理消费者投诉790余起，受理咨询2600余人次，为消费者挽回经济损失80余万元。2015年12月，被中消协授予“全国消协组织先进集体”荣誉称号。

2016年，在枣庄老年大学设立了“老年消费维权教育基地”，开展“红盾春雷行动”“红盾维车行动”“红盾靓装行动”等专项行动，严厉打击侵害消费者合法权益等违法行为。扎实开展通信行业消费评议活动，督促行业、企业清理不符合新《消法》的行业规则和经营行为。强化网络市场监管执法，开展网上检查网站网店4295个（次），实地检查网站、网店经营者162个（次），删除违法商品信息232条，责令整改网站11个（次），立案查处网络交易违法案件12起。

2017年，围绕“网络诚信消费无忧”3•15年主题，组织召开了3•15活动新闻通报会，举办3•15国际消费者权益日纪念大会暨大型宣传咨询服务活动等系列活动，取得了良好的社会效果。2017年，全市各级消费维权机构共受理消费者投诉、举报、咨询8167起，为消费者挽回经济损失110余万元。

2018年，围绕“品质消费美好生活”3•15年主题，扎实开展“放心消费在枣庄”创建工作。深入推进红盾质量维权行动，开展流通领域商品质量抽检，对27个批次的休闲鞋，以及卫生纸、湿巾等纸质用品进行了抽查检验，并及时公示抽检结果。2018年上半年，全市各级消费维权机构共受理消费者投诉、举报、咨询4324起，为消费者挽回经济损失50余万元。

（五）实施品牌战略，助力幸福枣庄发展

在商标、广告管理工作中，以保护商标专用权和整治虚假违法广告为主线，引导企业实施商标广告带动战略，为地方经济发展服务。全市商标工作起步较晚，1982年，全市有效注册商标仅为71件。1983年3月1日《中华人民共和国商标法》正式实施，全市有效注册商标为117件。1984年，市工商局设立商标广告科，在继续开展商标核转的同时，大力宣传和贯彻《商标法》。

2007年全市共有省著名商标认定39件。同时，大力实施“商标兴农”战略，做好地理标志证明商标申报工作。峄城区的“峄城石榴”、滕州市的“滕州马铃薯”、山亭区的“山亭火樱桃”共3件地理标志证明商标被国家商标局正式受理。2009年，山东鲁南机床有限公司“T”商标、枣庄华润纸业有限公司图形商标被国家工商总局认定为驰名商标，实现全市驰名商标“零”的突破。2011年，推行商标监管服务“三书一表”工作机制，商标监管服务效能不断增强。全市共拥有有效注册商标6861件，同比增长15%，其中中国驰名商标7件，省著名商标55件。2010年，市广告协会被中国广告协会评为先进单位。2011年，市工商局被国家工商总局评为“全国双打先进集体”。

2012—2015年，市委、市政府高度重视实施商标战略工作，出台了《枣庄市人民政府关于实施商标战略促进经济发展的意见》，支持和鼓励企业争创驰（著）名商标、商标国际注册，并将争创驰（著）名商标工作纳入各级政府工作目标考核，推动了商标战略实施。市工商局采取举办实施商标战略培训班，邀请知名专家作专题辅导报告，带领企业负责人外出观摩学习等方式，提

高了企业的商标意识，推进了全市商标工作开展。2012 年出台《关于充分发挥工商行政管理职能作用服务文化繁荣发展的意见》（30 条），支持文化产业发展，进一步放宽文化企业出资限制，支持用股权、债权和商标、专利等知识产权作为出资投资设立文化企业，积极服务文化体制改革，引导企业履行社会责任，全面建立企业诚信体系。围绕台儿庄古城打造“天下第一庄”品牌，进一步加强对台儿庄古城广告创意产业园区的工作指导和支持力度，以建立和完善园区公共服务平台为重点，着力推动广告产业链条发展。按照市委、市政府在古城建设“百馆、百庙、百艺、百业”的建设规划，从商标、广告文化入手筹建“中国运河招幌博物馆”，该馆着重突出博物馆的地域文化、历史文化、商业特色文化，布展面积 550 平方米，于 2013 年 5 月 21 日正式开馆。国家工商总局周伯华局长到枣庄市视察时，对市工商局立足职能，倾力服务台儿庄古城重建的做法给予充分肯定。

2016 年，以推进商标国际注册和创建自主品牌为商标工作重点，坚持有利于企业发展和品牌推广的原则，完善企业商标战略规划，提出分类指导、稳步推进、重点突破、以点带面的商标国际注册推进措施，制定 2017 年国际注册申请量 10 件，到 2020 年国际注册突破 40 件的工作规划。截至 2016 年底，全市共拥有有效注册商标 13678 件，年增长 20%，其中，中国驰名商标 15 件，省著名商标 71 件，马德里国际注册商标 16 件，地理标志证明商标 5 件，集体商标 2 件。

2017 年，坚持以标准化、品牌化助力创新发展，充分发挥品牌的引领作用，大力推进商标品牌战略，进一步完善商标注册、发展规划，加强国际注册、地理标志申请帮扶，成立 2 家品牌指导站，建立以全市 300 余家有出口业绩的外贸企业为主的培育梯队。2017 年，新申请马德里商标国际注册 9 件，全市共拥有有效注册商标 16087 件，同比增长 16.5%，进一步推动全市品牌经济发展壮大。

2018 年，开展商标品牌培育提升年活动，与各区（市）局签订了目标责任书，将马德里国际商标注册、驰名商标、地理标志商标等任务细化分解，压实责任。上半年，全市共拥有有效注册商标 17803 件，同比增长 21%，全市共有中国驰名商标 17 件，马德里国际商标 22 件；2018 年新申报马德里国际商标 11 件（政府工作报告任务目标是新申报 5 件以上）；新申报地理标志证明商标 5 件、中国驰名商标 2 件。

（六）强化合同信用监管，推进诚信枣庄建设

从工商行政管理职能的发展历程来看，企业诚信体系建设滥觞于经济合同监督管理工作。中共十一届三中全会以后，各级工商行政管理部门相继开展了经济合同鉴证、合同检查、确认无效合同、拍卖监管、抵押物登记管理等合同监管业务。1985 年，全市各级工商行政管理机关开始评定年度市级“重合同守信用”企业，企业诚信体系建设正式起步。从 1990 年开始，评定年度省级“重合同守信用”先进企业。自 2003 年起，全国工商系统将“重合同守信用”企业认定评选改称为“守合同重信用”企业认定评选，企业诚信体系建设逐步进入规范化阶段。2009 年，枣庄市在坚持标准、严格把关、确保质量的情况下，向省工商局推荐申报 23 家省级“守重”企业，认定 55 家市级“守重”企业。全市共拥有 8 家国家级、85 家省级、218 家市级“守重”企业。

2010—2014 年以来，针对中小企业融资瓶颈，枣庄市合同管理机构立足动产抵押职能，创造性提出并推广了各种融资途径，积极开辟股权质押和出质登记“绿色通道”，企业融资渠道不断拓宽。2010 年，将钢结构厂房、塔台、管线等资产抵押，与四大国有银行签订了“工商 E 线通”战略合作协议，并联手市邮政储蓄银行、市信用协会开展“联手助企促发展”活动，协同人民银行枣庄市中心支行、枣庄市畜牧局联合实施《枣庄市活体畜禽抵押贷款管理办法》，实行活体畜禽抵押贷款。支持 13 家中小企业进入股权托管交易市场。全系统动产抵押登记融资 21.67 亿元，其中新产品抵押（钢结构厂房、塔台、生猪等）资产抵押登记融资 8.6 亿元，新的平台成为全市中小企业（养殖户）实现融资的主渠道之一。2015 年，会同市邮政储蓄银行开展“联手助企促发展”活动，继续搭建银企融资平台，支持企业以生产设备、生产成品等办理动产抵押登记。2015 年全市办理动产抵押登记 387 件，主债权金额 29.1 亿元。

2016 年，推荐上报国家级“守合

老年消费教育“进枣庄老年大学”赠书活动

同重信用”企业22家，省级198家。帮助企业解决融资瓶颈，共办理动产抵押登记210件，主债权金额23.3亿元；联合金融机构开展“联手助企促发展”活动，为5.2万名会员融资48.34亿元。

（七）强化队伍建设，树立良好工商形象

改革开放初期，市工商局针对全市工商队伍状况，把提高工商人员政治业务素质作为工商工作的有力保障，在近40年的时光里，全系统始终保持强有力的工商队伍建设，努力适应改革开放新形势发展的需要，在队伍建设、廉政建设、法制建设和信息化建设四个方面取得了宝贵经验。

1. 加强干部教育培训，提高工商队伍素质

“人是一切的决定因素”。1978年到2008年6月，市工商局在开展政治思想教育的同时，狠抓了学历教育和业务培训。在学历教育方面，组织开展了文化补课和支持、鼓励干部职工参加函大、电大、夜大、自学考试、职业中专、职大等多种形式的学历教育。1985年底，全系统在职人员655人，其中，大专仅有15人，中专38人，高中264人，初中277人，初中以下61人。通过不断开展多种形式的学历教育，截至2008年6月底，全市在职工商干部职工1475人，其中，研究生2人，占全部人员的2%；大学本科388人，占全部人员的39%；大专820人，占全部人员的44%。在业务培训方面，从1980年开始到2008年6月，市工商局采取了岗前培训、专业培训、岗位职务培训、更新知识培训、岗位资格达标培训、计算机基础知识及网络应用等多种形式和内容的培训。1980年至2008年6月，全系统开展各类业务培训48期，培训人员达6124人次。

2009年以来，根据国家政策安排，先后组织开展党员先进性学习教育、党的群众路线教育实践活动和“两学一做”等大型专题教育学习活动。其中，认真贯彻落实省工商局“学习型工商建设年”工作部署，丰富活动内涵，强化成果转化，活动成效明显。系统创先争优、依法行政等工作分别在全省专题会议上作经验交流。2012年，全系统以“提高履职尽责能力，提升服务发展水平，增强干部队伍素质，树立良好工商形象”为主题，以基层工商所、窗口单位和执法部门为重点，积极推进“争创机关先锋岗，建功幸福新枣庄”活动。6月26日，在全市创先争优表彰大会上，全系统有2个窗口单位荣获全市为民服务创先争优“示范窗口单位”、5名个人荣获全市为民服务创先争优“服务标兵”称号。

2. 加强行风廉政建设，树立工商良好形象

改革开放40年来，市工商局始终把行风廉政建设作为纯洁工商队伍、坚持依法行政、强化市场监管的保障列入重要议事日程。改革开放初期，市局成立了纪检组具体抓反腐败和全市系统行风建设。1984—1988年，先后开展了整党整风和整顿收费工作，纯洁了工商队伍。1989年开始，全市系统实行了“两公开，一监督”制度建立了内部管理和社会监督相结合的监督机制。1992年，在全市工商系统纠风评估工作中，市工商局达到了国家规定的A级标准。1994年，在全省工商系统反腐败工作检查中市工商局取得第一名的优异成绩。从1996年开始，市工商局以开展工商形象建设年和公平交易执法年活动为契机，在全市工商系统全面实施了“禁酒令”，在群众中树立了良好的工商形象。全市工商系统从2001年开始逐步开展了效能监察工作，建立了八项制度。2002年，国家工商总局和省工商局相继颁布了《六项禁令》《五项禁令》，全市系统纪检监察部门采取明察暗访等多种形式抓好落实，取得明显的效果。从2004年开始，全系统深入开展了“行风建设年”“基层建设年”活动，强化基层党组织建设，在69个基层工商所建立党支部（党小组），倡导“创先争优、工商先行”活动，建立了“党员示范岗”“党员服务直通车”，积极开展创建文明单位（机关）活动。2003—2008年，连续五年在全市行风评议中取得了第一名的好成绩。2010年市局、7个分（市）局全部成为省级文明单位（机关），实现省级文明单位（机关）“满堂红”。2011年第三次被确定为行风免评单位，连续7年获得全市服务经济发展先进单位。2013年认真落实中央“八项规定”精神，反对“四风”，出台了《关于进一步贯彻落实“八项规定”切实加强作风建设的意见》《关于切实做好厉行节约反对铺张浪费工作的意见》，开展了“作风建设提升年”和“效能提升年”活动，组织干部职工到枣庄监狱进行警示教育，行风评议取得第六名的成绩。2014年认真落实《山东省工商局作风建设八项禁令》，出台了《关于落实党风廉政建设党组主体责任纪检组监督责任进一步加强党风廉政建设的意见》和《枣庄市工商行政管理系统窗口服务规范督查办法》。2015年在全市党风政风行风评议中取得第九名。2016年加大了机关作风督查，机关作风明显好转，在全市党风政风行风评议中取得第三名，并被市委、市政府授予“市党风政风行风工作”先进单位。

3. 加强法制建设，提高依法行政水平

改革开放后，随着各项工商法律法规的颁布实施，全市各项工商行政管理工作逐步纳入了依法管理的轨道，全市工商系统一方面组织系统内部掀起学法、用法、严格执法的高潮，另一方面组织广大企业、业务主管部门，以及个体工商户，采取多种形式开展工商法规培训和普法教育。20世纪90年代，中华人民共和国《公司法》《反不正当竞争法》等一系列工商法律法规相继颁布实施，市工商局加大了法制工作的力度。1997年，市局成立了法制科，各分（市）局也相继成立了法制机构，全市工商系统把法制工作放到“生命线”“总抓手”和“一把手工程”的重要位置去落实。1997年至2008年6月，全市工商系统逐步建立了《案件核审实施办法》《行

政过错追究暂行办法》《法制工作一票否决制》等二十多项规章制度，把全市系统法制工作纳入了制度化、规范化的轨道。同时，在全系统全面开展了案件核审、行政复议、应诉和执法监督检查等项工作，1998年到2016年底，全系统共依法核审、备案审查一般程序和简易程序案件43279起，全市工商系统未发生一起行政诉讼错案。2004年，市工商局被省政府授予枣庄市直部门中唯一的“全省行政复议应诉工作先进单位”。2010年，出台了《关于推行行政指导工作的实施方案》，将指导服务寓于行政监管之中，有效扭转了市场监管中“重行政处罚、轻引导规范”的状况，出台了《关于进一步规范执法行为优化发展环境若干问题的意见》，加强对全市工商系统行政执法工作的指导、调控和监督，防止了多层监管、多头执法现象的发生。2011年，推行行政指导、统一掌控、案件主办、合理裁量、案后回访“五项制度”。滕州市局有效整合刑事司法与行政执法资源，设立“滕州市人民检察院驻工商行政管理局联络室”，大力推进“两法衔接”，实现了资源共享。

2015年，法制机构编制完成工商“两张清单”，编报市局权力清单442项，组织召开了行政权力清单认领工作会议，明确了各机构的职责权限。编制市局机关责任清单，梳理确认主要职责9项，具体责任事项28项，部门职责边界3项，基本公共服务事项2项，制定事中事后监管制度13项。

4. 加强信息化建设，助力工商改革发展

随着信息化日新月异的发展，工商行政管理工作与信息化工作结合更加紧密，加之各项业务网上办理的不断推进，使工商工作对信息化的依赖程度更高。市工商局党组高度重视信息化工作，形成了信息化工商、数字化工商和现代化工商发展格局。2008年5月，在机构改革和人员调整时设置了信息中心（内设机构），将信息化工作从办公室独立出来。2008—2009年，按照省局要求，研究制定了《枣庄市工商局关于实施计算机物理隔离工作的意见》和《关于进一步加快进度大力推进分（市）局计算机物理隔离工程的意见》，精心组织，严密程序，抢抓工期，全面完成了全系统的计算机物理隔离工作。

2008年度和2009年度分别被省工商局评为全省工商系统信息化推广应用年活动先进单位和全省工商系统信息化工作先进单位；2008年10月，国家工商总局信息中心徐晓东副主任等领导莅临市工商局视察调研，对信息化发展工作给予高度评价。2009年6月，在湖北召开的全国工商行政管理信息化工作会议上，市局的《积极开展信息化推广应用年活动全力推动数字化工商建设实现新跨越》的经验材料在会上印发交流。

从2010年起连续三年在全系统开展“数据质量建设年”活动，数据质量明显提高。2015年，省工省局全面升级改版了新版综合业务系统，市局对全市所有涉及部门人员进行了培训，保障了新旧系统的衔接和正常使用。集中财力，彻底更新了企业电子档案扫描软件，原软件开发商注销、软件无法升级维护的问题得到根本解决。全力提供业务软件的技术支持，保障内网、外网网络畅通和五级联网畅通，全面抓好企业信用信息公示工作、企业和个体工商户年报配合工作，2015年实现了企业“三证合一”，2016年实现了企业“五证合一”和个体工商户的“两证整合”。

二、改革开放以来枣庄工商行政管理机构的体制变化

（一）改革开放大潮下迅速发展时期（1978—1998年）

中共十一届三中全会召开后，为了适应改革开放新形势的发展，枣庄市委、市政府十分重视工商行政管理工作，对枣庄市工商行政管理机构、体制进行了重大改革和调整。1979年，市工商局与市商业局分设，人、财、物独立，直属市政府领导，并成立了办公室、市管科和企业登记管理科等内设机构，从此，废除了二十多年政企合一的工商行政管理旧体制，为全市工商行政管理事业的振兴崛起提供了良好的开端。1983年，撤销齐村区，建立山亭区，齐村区工商局更名为山亭区工商局，仍属市局领导。1984年，按照国家规定，全市工商行政管理人员统一着装，体现了党和政府对工商行政管理工作的进一步加强和工商行政管理由综合性的经济管理部门向依法管理的行政执法机关转变。

1985—1998年，我国国民经济快

2016年11月9日，枣庄市解读《关于推进“先照后证”改革后加强事中事后监管的实施意见》新闻发布会在市新闻发布中心召开

速发展、经济体制改革不断深入，也是工商行政管理事业大发展的时期，工商行政管理事业经历了重大转折。1994年5月，按照国务院办公厅《关于调整大中城市工商行政管理体制的通知》要求，枣庄市工商行政管理体制进行了重大改革，市中、峄城、薛城、山亭、台儿庄等五个区工商局由区局改为分局，实行垂直领导。1996年6月，枣庄市工商行政管理机关按照国务院的要求和国家工商行政管理局的部署，完成了市场办管脱钩，不再直接投资建设市场，将工作重点由市场培育和建设转向市场监管，工商行政管理机关真正站在市场经济裁判员的位置，担负起市场卫士的重要职责。1998年12月，国家实行省以下工商行政管理机关垂直管理，全市工商机关内设机构“三定”和机关工作人员定岗分流顺利完成。市工商局划归省工商局领导，滕州市工商局直属枣庄市工商局领导。截至1998年市工商局设立17个科室、8个派出机构、4家协会、6个分（市）局。全市工商干部、职工达1724人，其中行政编制1487人，事业编制237人；市局机关干部、职工194人，其中行政编制158人，事业编制36人。

（二）体制调整变革上划省工商局管理时期（1999—2011年）

1999年上划省工商局管理后，按照省工商局的统一部署，对全市工商行政管理机构进行改革、调整，市工商局和各分（市）局分别设立了副处级和副科级企业注册局和公平交易局，增设了消费者权益保护科，全市设置工商所69个，其中，正科级所1个，副科级所45个。2003年，市工商局召开落实省局“放宽政策，简政放权，支持经济加快发展”通报会议精神，在全市推行授权工商所对个体工商户登记注册工作，从2004年1月1日起，个体工商户办理营业执照，实行一审一核制，即由受理人员审查、工商所长核准即可发照。2005年到2008年6月，在全市工商系统开展了以下放职责权限、落实属地监管责任等为内容的“小局大所”改革，拓宽了工商所职能。

2008年9月1日起国务院决定停止征收个体工商户管理费和集贸市场管理费以来，全市工商行政管理机关严格执行国务院的决定，按照上级的具体部署和政策规定，积极稳妥地做好各项工作，全面停止个体工商费和市场管理费，受到了社会各界和广大业户的普遍欢迎。工商职能定位为市场监管和行政执法，全市加快推进工商行政管理工作由“传统管理型”向“监管执法服务型”转变。努力提高执法人员的执法能力，提升执法人员的服务水平，促进工商职能顺利转变。

（三）体制调整变革下放市政府管理时期（2012年至今）

2011年，国办发〔2011〕48号文件精神要求以转变政府职能为核心，以整合监管职能和机构为重点，改革完善食品药品、工商、质监管理体制，按照精简、统一、效能原则，下放管理权限，2013年12月起，工商人员陆续分流充实各级食品药品监督管理机构，通过改革，进一步加强食品药品监管工作，提高管理服务水平。2013年11月，将工商、质监省级以下垂直管理改为地方政府分级管理体制，市工商局回归地方管理，成为市政府直接领导部门。2014年春季，市中区、峄城区等6个分（市）局下划地方政府，2015年3月与地方质量技术监督部门合并陆续成立或更名为市场监管局，原工商所按照行政区域设置同时改名为市场监督管理所。

2014年12月，市工商局正式下划地方政府成为市直部门，通过新的“三定方案”。

2018年3月21日，中共中央印发《深化党和国家机构改革方案》。方案提出，“深化行政执法体制改革，整合组建市场监管综合执法队伍”，组建国家市场监督管理总局，不再保留国家工商行政管理总局、国家质量监督检验检疫总局、国家食品药品监督管理总局。4月10日，新组建的国家市场监督管理总局正式挂牌。方案对地方机构改革提出明确要求，省以下党政机构改革，由省级党委统一领导，在2018年底前报党中央备案。所有地方机构改革任务在2019年3月底前基本完成。

三、改革开放工商行政管理工作经验启示

（一）必须坚持中国特色社会主义理论体系，与改革同行、与时代同步，保障工商行政管理改革发展的正确方向

中华人民共和国成立之初，在国民经济恢复时期，根据党和国家建立巩固新民主主义经济秩序指导方针，工商主要在没收官僚资本、建立和壮大公有制经济，对私营工商业者进行爱国守法教育、稳定物价等方面做了大量工作；在国民经济发展计划时期，工商行政管理机关运用企业登记、市场管理等行政管理职能，调整公私关系，打击投机倒把，顺利完成了对私营工商业的社会主义改造。改革开放之初，适应以经济建设为中心和改革开放搞活的需要，及时把工作重心转到培育发展和依法监管集贸市场、个体经济上来；党的十四大以后，按照建立社会主义市场经济体制的要求，及时把工作重心转到维护市场秩序、形成统一开放竞争有序的现代市场体系上来；进入21世纪，随着政府职能的转变和社会主义市场经济体制的逐步确立，全市工商机关与时俱进，在依法行政的前提下，确立了人性化执法、专业化服务的工作理念，促进了地方经济的发展和社会的和谐。在整顿和规范市场经济秩序方面，加强流通领域商品质量监管，打击各类商业欺诈行为，开展保护注册商标专用权行动，查处不正当竞争行为，推进市场监管制度改革创新。在注册登记管理方面，推行“一审一核制”，简化办事程序，支持公有制企业改革、改组、改造，引导其建立健全现代企业制度。在商标管理方面，大力实施商标战略，引导企业强化品牌意识，提高市场竞争力。在合同管理方面，开展抵押登记贷款，拓宽企业融资渠道。在发展个体私营经济和招商引资工作方

面，放宽政策，降低门槛，吸引外资企业入驻，鼓励机关、事业单位人员离岗从事个体私营经济，鼓励机关、事业单位兴办经济实体，不断推动个体私营经济发展。党的十八大确立了全面建成小康社会和深化改革开放的宏伟目标，各级工商行政管理机关坚持与时俱进，开拓创新，充分发挥职能作用，深化商事制度改革，推动大众创业、万众创新，积极促进改革发展。

（二）必须坚持把维护最广大人民的根本利益作为工商行政管理工作的出发点和落脚点，做到执法为民

工商执法权来自人民的赋予，对人民负责、对法律负责，是工商执法的本质涵义。工商行政管理部门承担保护消费者、经营者合法权益的职责，维护经营者之间的公平竞争，保护消费者之间的合法权益既是规范市场秩序的需要，也是促进社会和谐的需要，二者也是坚持执政为民的必然要求。工商部门一直坚持大力规范和整顿市场经济秩序，打击不法经营行为。改革开放初期的打击走私贩私、哄抬物价，20 世纪 90 年代的棉花市场、粮食收储市场规范整顿，世纪之交的打击传销专项工作以及 2003 年后主抓的食品安全监管和现在的反不正当竞争、反垄断工作，工商部门都是运用法律武器维护市场经济秩序，营造公平公正的市场环境和安全放心的消费环境，促进了科学发展、社会和谐。

（三）必须围绕党和政府的中心工作，服从和服务于经济发展这一中心

党在一个时期有一个时期的重点工作，作为政府职能部门，工商工作必须紧紧围绕党和政府中心工作定位、谋划、发展。改革开放以来，党和国家始终坚持“一个中心两个基本点”，工商行政管理工作也始终围绕经济建设这一中心不动摇，才能在大力鼓励扶持个体私营经济发展、积极培育建设集贸市场和专业批发市场、大力推行“商标战略”及“品牌带动战略”、不断深化商事制度改革、完善企业信用体系建设、推进消费维权事业等方面取得巨大成绩。

（四）必须坚持依法行政、文明执法、提高执法效能

严格依法履职，是依法行政的基本原则。从工商行政管理部门的“三定”规定来看，工商机关的职责就是市场监管和行政执法。从改革开放初期的无法可依、简单执法甚至是以罚代法，到目前与工商行政管理部门相关法律有 30 多部，工商执法部门必须正确处理监督和维权、监管与促进社会和谐的关系，正确处理管理者和行政相对人之间的矛盾，换位思考，充分尊重当事人的合法权益，摒弃“以罚代管”，执法行为日益规范，执法方式日益文明，行政执法的社会效果和经济效果日益显著，工商行政管理部门“文明执法”“依法行政”的社会形象日益深入人心，“法制系统”建设已经取得了明显成效。要正视执法争议现实，以超脱的角色和宽阔的视野，研究相关职能部门专项法规的立法走向、结构体系、主要内容，吃透其趋利性和滞后性，扫清障碍消除根源，让运动式专项整治活动逐步退出历史的舞台，为规范化、效能化长效监管创造有利条件。

（五）必须坚持改革创新，紧跟时代前进步伐

改革开放以来的历史证明，工商行政管理工作的服务对象、监管手段、服务方式乃至服务和监管理念都必须坚持与时俱进，随着监管对象的变化而不断进步、发展。工商行政管理工作必须研究新情况、想出新办法、解决新问题，要学会充分运用现代化的信息网络技术，进一步改进、完善、开发工商业务软件系统，推动信息化在主体登记、市场监管、商标管理、广告监测、合同管理、消费维权、执法办案和政务管理等各项日常管理工作中的应用，才能实现打防并举、综合整治的良好预期，实现监管手段的数字化和精细化转型。如原有的专业批发市场培育管理模式，必须与互联网 +、仓储物流等现代方式相融合，才能达到事半功倍的效果；工商行政管理必须借助科技化优势，融合大数据平台，才能使枯燥的数字活起来，为加强企业活跃度监测、完善市场主体监测评价机制、更好地服务政府决策，服务经济社会发展作出应有的贡献。

“治国者以史为鉴，治郡者以志为鉴”。鉴往知来，激情满怀；贯古通今，使命光荣。目前，全市工商行政管理工作进入了大开放、大变革、大发展的崭新阶段。随着国际经济一体化进程的加快，以及互联网、大数据、云计算等科技和电子信息手段的飞速发展，工商行政管理工作进入全新的“互联网 +”时代。面对新的机遇和挑战，枣庄市工商行政管理机关将继续发扬优良传统，坚持与时俱进，不断解放思想，用科学发展观和党的十九大精神统领全局，积极适应新常态，认真贯彻新理念，尽职尽责加强监管执法，以改革的精神、创新的思维、长远的眼光、务实的作风，圆满完成新时期赋予的光荣使命，为枣庄创新发展、科学发展、跨越发展作出新的贡献。

审稿人：沈道成

撰稿人：孙仲军

枣庄市食品药品监管工作历程、成就与经验

中共十一届三中全会以来，在市委、市政府的正确领导下，枣庄市食品药品监管工作坚持解放思想、与时俱进、开拓创新，实现了跨越式发展，极大地提高了食品药品安全保障水平，保障了人民群众的身体健康和生命安全，为促进经济社会协调发展和和谐进步发挥了重要作用。

一、监管工作历程

（一）监管工作起步阶段（1979—2000年）

改革开放伊始，随着经济政策的调整与改革，食品药品生产经营模式和所有制发生了很大变化，计划经济向市场经济的转型不断引发食品药品安全问题的产生，从而引起了党和国家的重视。

1. 监管体系初步形成。政府监管职能由产业监管和直接管理向市场监管和间接管理不断转变，全市食品药品安全监管体系几经变革、不断调整，分段式监管体系初步建立。食品方面，呈分散的分段式监管，即农业部门负责农产品生产加工环节，质监部门负责食品生产加工环节，工商部门负责食品流通环节，卫生部门负责食品消费环节。药品方面，统一由枣庄医药公司负责管理。其中，1979年至1987年，枣庄医药公司为省医药总公司的下属单位；1988年1月1日起，按照省政府办公厅文件要求，省医药总公司将所属枣庄医药公司（包括枣庄药材采购供应站、枣庄医药采购供应站、枣庄医疗器械采购供应站、枣庄市中药厂、枣庄市第一制药厂、枣庄市中药材经理部及山亭、薛城、峄城、台儿庄、滕州五个区市的药材公司）下放至枣庄市管理。枣庄市医药公司系工商一体、产供销统一的企业性公司，为市局级单位，是全市医药行业管理的主管部门。各区（市）药材公司是区（市）医药行业的主管部门，为县级单位，归当地经委直接管理。1998年，调整粮食部门粮油检测等职能至质监部门，调整原质监部门流通领域的食品监管职能至工商部门，农业部门继续负责初级农产品的监管，这种调整为后来的分段监管体制奠定了基础。

1999年，根据全国药品监管的实际需要，国务院下发《关于实行省以下药品监督机构实行垂直管理的通知》，山东省药品监督管理局于1999年9月挂牌成立。根据枣庄市政府《关于整顿市级药品监督管理机构有关问题的通知》精神，枣庄市药品监督管理局于1999年12月29日挂牌成立，全市药品监督管理工作从此有了独立的行政机构，药品监督工作掀开了崭新的一页。

1999年底，枣庄市药品监督管理局在原枣庄市医药管理局的基础上成立。1999年12月29日，市卫生局药政科和市药品检验所整建制划入枣庄市药品监督管理局，并根据国务院紧急通知精神，接替原卫生行政部门对药品的监管职责。

枣庄市药品监督管理局成立之后，由于体制没有完全理顺，在2002年之前，着手开展药品行政监督工作外，仍然承担着原医药管理局（医药公司）对医药生产企业和经营企业的管理职能。在此期间，为了强化企业自主经营的能力，推动全市医药工商业的发展，尽快实现政企分开，主要做了这样几项工作：一是加强了企业领导班子建设。对全市8个医药商业企业的领导班子进行全面调整，一大批年轻有专业知识的干部走上主要领导岗位，并合理地安排了退下的干部，使全系统的精神面貌发生了根本的变化。二是积极推行商业系统的改制工作。在滕州公司引进职工股份，成立了中和药业公司。由原市医药站兼并市药材站、市医疗器械站，组成了康泰医药有限公司。三是加强管理，扩大销售，全面清理回收应收账款。由于全系统班子干劲足，职工精神风貌好，2000年，全系统实现扭亏为盈，部分企业大大减少了亏损。四是抓好了工业改制与管理。1996年，因中药厂三九商标所有权起诉了深圳三九制药厂，1997年4月，在市政府有关领导的协调下，枣庄中药厂与三九集团香港三九实业公司达成合资协议，由三九集团控股成立山东三九药业公司，商标共用。合资初期，山东三九药业公司仍处于亏损状态，干部职工的思想比较混乱。1999年，市局和三九集团调整了该企业的董事会和领导班子，建立了严格的“三九经营模式”制度，强化了管理，该企业到2000年开始出现盈利，2004年又实现了整厂向高新开发区的搬迁，通过了GMP认证。枣庄市第一制药厂在1999年4月整体转让给香港名嘉集团，更名为建新药业，由于名嘉集团未投入资金且经营不善，到2000年4月全厂的流动资产全部亏光，负债达8000万元，被迫停产。职工由于长期未领到工资多次集体到市委、市政府和市药品监督管理局上访。枣庄市药品监督管理局于2000年8月18日组织实施该厂破产，引进湖北百科药业整体收购该厂，并全部接收职工，在破产期间完成了该厂大输液车间GMP认证。湖北百科药业接收该企业后迅速完成了水针车间的GMP认证，并较快地调整了该厂的产品结构，2001年后，该厂连年实现了盈利，企业走上了良性发展的轨道。

2. 法律法规初步建立。食品方面：1979 年，国务院颁布《食品卫生管理条例》，1983 年颁布《食品卫生法（试行）》，食品安全法律法规的制定发布，标志着食品监管逐步向法制化、规范化方向发展。1995 年 10 月，《食品卫生法》由试行法调整为正式法律，明确了食品监管执法的行政权属性，确立了卫生部门在食品监管中的主导地位，同时，废除了原有政企合一体制下主管部门的相应管理职权。

药品方面：1981 年，国务院下发《关于加强医药管理的决定》；1984 年 9 月，全国人大常委会审议通过了新中国成立以来的第一部《中华人民共和国药品管理法》，自此，药品的生产、经营活动和国家对药品的监督管理纳入了法制化的轨道。

1985 年 7 月 1 日，《中华人民共和国药品管理法》开始实施；1989 年，国务院颁布了《中华人民共和国药品管理法实施办法》，药政管理工作开始走向法制化、正规化的轨道。该法颁布后，枣庄市政府成立了以副市长褚庆方为组长，卫生、公安、检察、法院、工商、医药管理等市直部门负责人为成员的《中华人民共和国药品管理法》宣传贯彻领导小组，在全市开展了各种形式的宣传活动。自从《药检法》颁布后，为了宣传这部法律的出台，全市动用宣传车、标语牌、图片、黑板、宣传栏等多种形式，深入到街道、工厂、农村和集市进行深入宣传。市药品监督管理局与电台、电视台、报社等新闻媒体单位相配合，录制电视新闻、刊登报道、发表评论，进行宣传，发动业务报道员撰写稿件 251 篇，编辑发行《枣庄卫生报》《药品管理知识手册》等宣传材料 53 种，58000 多份，发至全市各基层单位。1991 年编印书刊小册子，各种宣传资料 15000 多份，向社会各界进行广泛宣传，收到了很好的效果。3 次与工商、公安、医疗部门当众销毁查获的非法假冒伪劣药品，用实例增强了宣传效果，从而促进了人们识别假药的鉴别能力，保证了全市人民身体健康。在宣传过程中，注意了对《中华人民共和国药品管理法》内容的宣传，宣传违生案例与假劣药品案例相结合，宣传《中华人民共和国药品管理法》与通过宣传取得实际效果相结合，既抓对领导层和医疗专业队伍的重点培训，以争取领导的支持和重视，提高专业队伍的法制观念，也抓对人民群众的普及宣传，基本上达到了家喻户晓，人人皆知。1995 年举办了全市《中华人民共和国药品管理法》知识竞赛，山亭区代表队取得了大赛第一名，获得优秀奖。

为了贯彻这部法规，加强对药品生产、经营人员和医疗单位药剂人员的培训，为《中华人民共和国药品管理法》贯彻实施创造了有利条件。与此同时，加强了执法队伍的建设。1989 年，区（市）卫生局成立药政股。全市共有药政、药检干部和药品监督员 91 人，兼职药品监督员 85 人。建立了市、区、乡三级药品质量监督网。全市各级药政管理机构严格执法，对全市药品生产经营企业、医疗卫生单位实施监督管理。1985—1995 年，累计为 8 家药品生产企业换发了《药品生产企业许可证》，58 家药品经营单位换发了《药品经营企业许可证》。2070 家医疗单位发入了《用药许可证》。组织了经营性的药品质量监督检查和多次批假清劣行动，查处游医药贩 480 余起，查获假劣中草药 4768.54 千克，西药 577514 支（片），价值 311580.23 元，累计罚金 32497.6 元。药品质量逐年提高，较好地保证了群众用药安全有效。1985 年药品质量考核合格率为 73.1%，1995 年上升为 96.8%。

1994 年，在全市开展了药政监督队伍执法情况问卷调查，结果显示，社会各界对药政监督执法满意率达 96% 以上。10 年间，先后有 71 名药品监督员受到了卫生部、省卫生厅、市政府的表彰奖励，有 33 家药品监督执法单位受到卫生部、省卫生厅、市政府的表彰。

药品管理法的宣传、培训。培训专业人员，是宣传《中华人民共和国药品管理法》、开展药品监督执法的重要前提。自从该法规颁布后，枣庄市各级卫生局集中了药品生产经营单位、医疗单位、药品监督单位进行了系统的培训。认真学习和领会法规的精神实质，并利用电视、报纸、广播、宣传栏、街头宣传等多种形式，印刷了《药品管理知识手册》5000 册、《药品法规细则》7000 册，《药品管理法》的小册子，进行广泛散发、宣传。1992 年 10 月，市药品监督管理局举办了药品监督管理学习班，对药检人员进行培训，与会人员认真学习了《药品生产质量管理规范》《药品经营质量管理规范》《新药审批法》《药品监督管理行政处罚规定》等法规，对照学习内容实地考察了枣庄市第一制药厂和枣庄矿务局中心医院制剂室。1995 年 6 月 12—18 日，在枣庄市驻地和各区市驻地开展了《中华人民共和国药品管理法》宣传周活动。滕州市和薛城区药品检验所还不定期分别举办了假劣药品展览，使群众增强了识别真假药品的能力，收到了良好的效果。

2001 年，新修订的《中华人民共和国药品管理法》颁布，药政科对修订的条款和内容进行重点研究，提高了依法行政的思想意识。同年，先后参加了省局举办的换证工作培训班、微机管理培训班、GMP、GSP 培训班并以优异成绩结业。2002 年 3 月市场监督科筹建，主要以建章立制，加强政治业务学习培训为切入点，做了大量的工作，为科室职能的正式行使打好了基础，使各项业务工作从开始便有条不紊、井然有序。

3. 监管工作稳步开展。市农业部门、质监、工商、卫生、枣庄医药公司等部门分别按照各自职责，认真开展食品药品安全监管工作，大力整治市场秩序，切实整顿药厂以及制售假劣药品和乱开办企业、市场等问题，同时，放开购销政策，完善生产流通体制，为食品药品经济发展创造良好环境。1985 年全市药品监督管理员只有 5 名，兼职药品监督员 170 名，至 1989 年底，市、区（市）

卫生局全部建立起药政科（股），药品监督检验人员发展到 91 人，其中副主任药师 6 人，主管药师 37 人，药士 9 人；聘任了 448 名兼职药品监督员。

《中华人民共和国药品管理法》明确规定，县级卫生行政部门行使药品监督职权，县级以上卫生行政部门可以设置药政机构和药品检验机构。全国人大常委会在审议《中华人民共和国药品管理法》时指出：药品管理立法以后，关键是要有人来管，从国务院到县政府要有一套强有力的执法机构来管，否则，有法也是一纸空文。根据上述指示精神，1989 年，枣庄市政府首先对市卫生局药政科进行了充实加强，各区（市）卫生部门都设置了药政股，先后建立健全了药品检验所。同时，市政府和各区市也先后公布任命了 89 名药品监督员（其中副主任药师 6 名，主管药师 32 名，药师 37 名，药士 7 名，其他 7 名）。并聘任了 418 个兼职药品监督员，从市到区（市）、乡镇形成了一个较为完整的药品质量监督网，使药品质量的监督管理工作层层有人抓、有人管。这些药品监督人员明确了自己的职责，在基层和农村发挥了积极的作用，保障了广大人民群众用药安全有效。

枣庄市配备了交通工具摩托车、药品监督专用车，保证了药品法的贯彻实施。与此同时，还增加了药检事业的拨款。又将市立医院门诊楼移交给市药检所，拨款 21 万元进行维修改造，购置了一批药检器械。1992 年，全市举办了一期“中药加工泡制培训班”，对业务人员进行了短期培训。1993 年举办了一期 GMP 认证学习班。1994 年 7 月，针对各区（市）机构改革后药政人员调整的情况，经过考核考察报经市政府批准，重新任命了 20 名市级药品监督员。

为了加强对药品监督员的管理，1992 年制定了《枣庄市基层药品监督管理办法（试行）》，对药品监督员的设置与聘任进行了明确规定；进一步明确了各级药品监督管理员的职权、组织管理及奖惩办法。1994 年，在全市开展了药政监督队伍执法情况问卷调查。1995 年，在全市药政、药检和医院药剂工作人员中开展了勤政、廉政教育，加强了思想纪律建设，下达了《枣庄市药政、药检、医院药剂部门职业道德建设评估工作安排意见》等文件，制订和完善了药品采购、管理人员的行为规范，逐步建立健全了约束机制。

2015年12月，新的市食品药品检验中心举行奠基仪式，项目正式开工建设

（二）监管工作过渡调整阶段（2001—2012 年）

阜阳奶粉、“苏丹红”、三鹿奶粉、铬胶囊等食品药品事件的发生，引起了党和政府的高度重视，倒逼了监管体制不断调整、改革，食品药品安全监管日渐成为政府社会公共事务管理的重要组成部分。食品安全监管由原先的分段式监管模式逐步调整为分段式监管和综合协调相结合的监管模式，药品监管建立了统一权威的监管机构。

1. 组建统一权威的监管体系。为进一步加强对全市药品的监督管理，确保药品质量安全，2001 年，根据《山东省人民政府关于印发全省药品监督管理体制改革实施方案的通知》《山东省市、县级药品监督管理局职能配置、内设机构和人员编制规定意见》《山东省机构编制委员会办公室、山东省药品监督管理局关于印发枣庄市药品监督管理局职能配置内设机构和人员编制规定的通知》，在枣庄市设立了枣庄市药品监督管理局。将枣庄市卫生行政部门的药政、药检职能和原枣庄市医药管理部门的药品生产、流通监管职能划转至枣庄市药品监督管理局；同时，按照政企分开的要求，解除了市药品监督管理局与所属企业的行政隶属关系。新成立的枣庄市药品监督管理局为山东省药品监督管理局直属机构，对全市生产、经营的药品实施统一管理。根据药品监管任务的需要，设置滕州市药品监督管理局，为枣庄市食品药品监督管理局直属机构，市药品监督管理局挂药品检验所、药品稽查队牌子。

枣庄市药品监督管理局作为一个新成立的机构，组建后的前几年，一直在着手进行机构建设，2002 年之前市局仅辖一个市级药检所，县级药检所仍归各区（市）卫生局领导。2002 年初，市委和省药品监督管理局联合考察公布了市药品监督管理局和市医药公司的班子，并从此实现了政企分设，市局不再承担医药生产经营行业管理的职责。2002 年 7 月，滕州市药品监督管理局挂牌成立，但其行政关系仍隶属于滕州市人民政府领导。2003 年 6 月，全省药监系统人事上划工作会议在枣庄召开，枣庄市药品监督管理局及市药检所、滕州市药品监督管理局上划省药品监督管理局领导。2004 年，为加强基层药品安全监管，根据山东省机构编制委员会办公室《关于同意组建部分县级药品监督管理机构的批复》，枣庄市药品监督管理局山亭区分局、峄城区分局、台儿庄区分局先后成立，薛城区药品检验所划归枣庄市药品监督管理局领导。2004 年 11 月，枣庄市药品监督管理局更名为枣庄市食品药品监督管理局，所属县级局（分局）也随之更名。到 2005 年底，枣庄市食品药品监督管理局共辖滕州市

食品药品监督管理局及山亭区等三个分局共 4 个县级局及市药检所和薛城区药检所，共 6 个直属单位，干部职工 164 人。

2004 年，枣庄市根据山东省机构编制委员会《关于印发山东省市、县级食品药品监督管理局机构改革的实施意见的通知》，积极探索食品监管综合监督工作模式，变更原市、区（市）药品监督管理局（分局）为市、区（市）食品药品监督管理局（分局）。在继续承担药品监督管理职能的基础上，增加食品、保健品、化妆品安全监督的综合监管、组织协调和依法开展对重大事故查处职能；划入卫生部门承担的保健品许可职能。

此次改革后，枣庄市食品药品监督管理局增设食品安全协调监察科。此次改革后，建立了一个集食品、药品监管于一体的监管机构，食品安全监管开启了分段式监管和综合协调相结合的监管模式。

2006 年，根据山东省机构编制委员会办公室《关于组建 31 个区（县）食品药品监督管理分局（局）的批复》，市食品药品监督管理局设立市中区分局、薛城区分局。

至此，枣庄市在全市建立了覆盖市、区（市）两级的统一权威的食品药品监管机构，加大监管力度，严查违法行为，开辟了食品药品监管新局面。

2. 强化属地管理责任。2010 年，枣庄市进行了食品药品监管机构改革，进一步强化地方政府责任。根据 2009 年出台的《中华人民共和国食品安全法》等有关法律法规规定，经省政府同意，将食品药品监管部门由省以下垂直管理改为地方政府分级管理，在枣庄设立了枣庄市食品药品监督管理局，为市政府工作部门。山亭区分局、峄城区分局、台儿庄区分局、市中区分局、薛城区分局为枣庄市食品药品监督管理局的派出机构，分别负责其辖区内食品药品监督管理工作。

2012 年，根据枣庄市机构编制委员会《关于设立市政府食品安全工作办公室的批复》，枣庄市政府设立了市人民政府食品安全工作办公室，统一负责食品安全综合协调和组织查处食品安全重大事故工作。将食品安全监管分为初级农产品、食品生产、食品流通、餐饮服务等环节，划转原卫生部门餐饮服务、保健食品、化妆品监管职能至市食品药品监管局，形成农业、质监、工商、食药等部门分段监管模式。建成了政府综合协调和部门分段监管相结合的监管体制，建立了“政府负总责、部门各负其责、企业是第一责任人”的责任体系，形成了“统一调度、各司其责、环环相扣”的监管格局，食品安全各监管部门职责更加清晰、衔接更加紧密、协调更加高效。

3. 加强稽查执法机构队伍建设。1999 年 11 月 12 日，枣庄市机构编制委员会《关于枣庄市药品监督管理局机构编制及设立枣庄市药品监督管理稽查大队的批复》，同意设立枣庄市药品监督管理稽查大队，为枣庄市药品监督管理局所属政策性自收自支的科级事业单位，编制暂定 30 人，配科级领导职数 3 人，其中正科级 1 人，副科级 2 人。所需人员从枣庄市药品监督管理局机关专业人员中调整或在大中专毕业生中择优录取。

12 月 29 日，随着枣庄市药品监督管理局的挂牌成立，枣庄市药品监督稽查大队同时成立并单独挂牌。大队隶属于药品监督管理局，经费相对独立（靠罚款及药检费）。为了尽快打开稽查工作的局面，与市公安局协商，成立了市公安局驻药监局办公室。

2001 年 11 月 16 日，山东省机构编制委员会办公室、山东省药品监督管理局《关于印发枣庄市药品监督管理局内设机构和人员编制规定的通知》同意设置药品稽查大队，为枣庄市药品监督管理局的内设机构，稽查行政编制 8 名，受理案件举报和投诉，依法查处制售假劣药品、医疗器械和违法生产、经营、使用药品、医疗器械的行为和责任人。

稽查大队成立后，积极开展打击无证经营，超范围经营药品的违法行为，查处了沙河子罗贤林、于保华等无证经营药品窝点，严厉打击了假“乳癖消”等经营使用假劣药品行为。

2002 年，主要完成了对乡镇以上的医疗机构用药质量检查。查处了降压 1 号、2 号、3 号假药案件和假板蓝根颗粒案及重复使用输液瓶生产制剂等案例。2003 年，主要查处了假进口药品贺普丁和假冒降压 1 号、2 号、3 号药品案件。2003 年 4—5 月份，“非典”肆虐，稽查大队全体人员连续奋战一个多月，没有休息，及时检查抗“非典”药品、器械，对假冒药品中药饮片、医用器材进行了查处，为战胜“非典”积极工作，受到了领导的表扬。2004 年，查处了假冒国产贺普丁、假冒地奥生产的“黄注射液”和未经注册的大型医疗器械案，被省评为全省先进集体。

2008 年，根据中共山东省委组织部、山东省人事厅《关于济南、青岛等 17 市市级食品药品稽查大队参照公务员管理的函》，枣庄市食品药品监督管理局稽查队更名为枣庄市食品药品稽查大队（参公管理），独立设置了专业的食品药品稽查执法部门。

2015年8月，山亭区创建省级放心食品生产基地启动仪式举行

2012年，划转市卫生监督所9名编制和人员到市食品药品稽查大队，市食品药品稽查大队更名为市食品药品稽查支队。各区设立食品药品稽查大队，为市食品药品监督管理局各分局所属事业单位。

（三）监管工作开创新局面（2013年至今）

市委、市政府全面深化食品药品监管体制改革，深入解决食品监管“九龙治水”的弊病，集中食品安全监管职能，强化专项整治，严把安全准入关，加强药品GMP和GSP实施，推动全程追溯体系建设，严守人民群众“舌尖上的安全”。

1. 持续深化体制改革。2013年，根据党的十八大和十八届三中全会改革完善食品药品监管体制的决策部署，市委、市政府整合组建了新的市食品药品监督管理局，对食品生产、流通、餐饮环节和药品安全实施统一监管，并承担市食安办职责。解决了综合协调、生产、流通、餐饮环节食品多头监管、政出多门的问题，避免监管空白和漏洞的一再出现。

2014年，按照市委市政府的部署，继续下放食品药品监管职能，进一步强化地方管理责任。将各区（市）食品药品监管下放至区委区政府管理，五区一市组建新的食品药品监管局和稽查执法机构，枣庄高新区成立市场监管局，全市系统编制总数由220名增加到699名，设立63个乡镇（街道）监管所，乡镇（街道）净增加编制348名，在全市3300个行政村设立了食品药品协管员，改变了原先乡镇监管机构、人员、经费的“三无”状态，筑牢了监管网底，初步构建起覆盖市、区（市）、乡镇（街道）、村（社区）四级的统一权威的食品药品监管体系。

2015年，调整市食品药品稽查支队为副县级参公单位，内设5个职能科室。继续创新食品药品安全社会管理，部分区（市）把社会网格管理员融入协管员队伍，夯实了“条块结合、以块为主、重在基层”的金字塔形监管网络。

开展食品快检进市场活动

市、区（市）两级党委政府实施党政同责，将食品药品安全监管纳入科学发展综合考核和综治平安考核体系，扎实做好食品药品监管体制收尾工作，逐步解决基层空编率高、检验能力薄弱等问题。枣庄市编办印发枣庄市食品药品稽查支队“三定”方案，明确其副县级机构规格。针对基层监管力量薄弱、空岗率高问题，枣庄市编办、人社部门给予充分支持，通过公务员招考和事业编制招聘，全市新进监管人员26名，空岗率减少4%；以政府购买服务方式，为枣庄市食品药品检验中心补充18名人员，打牢打实基层监管队伍。市政府连续两年将市食品药品检验中心建设纳入全市百件惠民实事，2015年12月，新的市食品药品检验中心全面开工建设，项目建设总面积15000平米、总投资6500万元。区（市）综合性检验检测机构组建工作进展顺利，滕州市已通过农产品检验资质认证，正积极申请食品检验资质；山亭区批复15亩建设用地，选址已确定；台儿庄区建设面积1000平米、项目投资460万，2016年初将开工建设。

2016年，“食安枣庄”建设、市食品药品检验中心建设连续多年列入市委常委会工作要点、市政府工作报告和惠民实事。全市“十三五”规划提出“实施食品药品安全战略，着力构建监管体系、检验检测体系、社会共治体系”的工作目标。2016年底，市政府办公室印发《全市食品药品安全“十三五”规划》，提出实施基层监管机构标准化建设工程、食用农产品源头治理工程和“食安枣庄”品牌建设工程等十大工程的主体框架。2016年全市系统招考公务员26名、事业编制9名；市财政为新建市食品药品检验中心项目列入配套资金1000万元，2016年10月底新中心项目主体工程顺利完工；市财政安排食用农产品和食品药品检验经费1000万元，其中，食品药品抽检经费730万元，比2015年增加19%；2016年8月，市检验中心再次取得实验室资质认定证书，检验能力稳步提升；统一购置6辆食品快检车配发至各区（市）局，全市近20家镇街监管所、8家农贸市场和超市建成食品快检室。各区（市）局借助公车改革时机，执法车辆得到充实完善，夯实了基层监管基础。

2017年，枣庄市政府相继印发《全市食品药品安全“十三五”规划》《枣庄市食品安全工作评议考核办法》和《关于餐饮质量安全提升工程的实施意见》等文件，高位推动成效明显。市政府进一步调整加强食安委领导力量，由市委常委、常务副市长任主任，5名副市长任副主任。区（市）、乡镇两级均设有食安委和食安办，各级党政层层传导压力、层层压实任务。全年全市系统新招考人员24名、通过退役士兵公益岗和政府购买服务等方式招聘人员120余名，调整充实镇街食安办人员60余名，20余个镇街监管所与食安办合署

办公。新建市检验中心2000万经费列入市财政预算。滕州市投资700余万元的综合性检验中心已投入使用，台儿庄区综合检验中心主体改扩建工程已经完工。加强食用农产品检验检测，加大对基层监管所、农贸市场、超市等快检室建设投入力度。滕州、山亭、市中3个创建县增加创建经费760万元，19个监管所完成规范化建设，办公用房均超过320平方米，均新配备了执法车辆和快检设备。峄城区新增设2个基层监管所，全市65个镇（街）实现监管所全覆盖。2017年，市食品药品监管局党风政风行风评议成绩在28个行政执法类单位（其中市国税局免评）中位列第18位，位次较2016年有所提升。市食品药品监管局承担的2017年度省对全市经济社会发展综合考核成绩较2016年前移3个位次。

2. 健全完善法律法规。加强对规范性文件的管理，坚持按照法定程序制定规范性文件，严格执行规范性文件“三统一”制度，积极开展规范性文件清理工作。市食药监局对拟出台的规范性文件，由承办科室进行调研，通过召开区（市）局、行业协会、监管相关人等参加的座谈会讨论，必要时组织食品药品专家召开论证会，形成初稿后再征求意见完善，经市局法制机构合法性审查后报市法制办备案，落实做到统一登记、统一编号、统一公布，市食药监局2015年度出台一份规范性文件《食品安全抽检监测后处理办法（试行）》，备案号ZZCR—2015—028001，做到了“三统一”。在对区（市）局开展的行政执法监督检查中和年度考核中，把规范性文件管理情况作为一项内容来检查、考核。

2015年发布的管理制度主要有:《枣庄市食品药品监督管理局关于印发行政审批事项业务手册和服务指南的通知》;《枣庄市食品药品监督管理局关于印发行政审批事项事中事后监督管理制度的通知》;《关于印发枣庄市食品药品监督管理局重大行政决策程序规定的通知》;《关于印发〈枣庄局重大行政决策制度〉和〈枣庄局重大行政决策合法性审查制度〉的通知》等。

认真贯彻落实新修订的《行政诉讼法》。组织枣庄食药监系统对省局拟修订出台的《医疗器械行政处罚裁量基准（征求意见稿）》《山东省食品药品监督行政处罚裁量权适用规则（征求意见稿）》《山东省食品药品监督行政处罚裁量权适用规则》征求意见建议工作，提报省局。

枣庄市食安办牵头，会同工商、食药部门，制定《关于进一步加强食品生产加工小作坊工商登记和食品安全监管工作的指导意见》，有效解决了食品生产小作坊无法可依的现状。2015年4月，发布实施《食品安全抽检监测后处理办法（试行）》，为全市系统食品抽检不合格后处理工作提供了规范依据，做到食品抽检监测计划、经费、信息“三统一”。按照“权责一致、定岗定责”的权力配置机制，制定行政审批事项目录清单、权力清单、责任清单和负面清单，打造政务服务平台，建立以“四张清单、一个平台”为主要架构的权利运行体系。主动在局网站公布“权力运行流程图”，实现“清权”“制权”和“晒权”，“清单之外无权力”，优化提升服务质量。出台《关于印发枣庄市食品药品监督管理局重大行政决策程序规定的通知》和《关于印发＜枣庄局重大行政决策制度＞和＜枣庄局重大行政决策合法性审查制度＞的通知》等文件，加强执法能力建设，组织开展拟罚款数额较大案件的案件集体讨论会，规范权力运行。加强行政执法证件管理，对机构改革前市、区垂直管理时以市局名义办理的区局执法人员执法证进行清理，共注销执法证件49个，为新入职人员新办2个，组织22人参加四年年审换证，14人参加两年年审换证。积极参加全省食品药品监管系统案件评查活动，《滕州市普仁医药有限公司销售经检验可见异物项目不符合规定的香丹注射液案》案卷，被评为全省系统十大优秀案卷之一。

2016年7月，全市食品安全风险会商会议

3. 实施“食安枣庄”建设。2014年，结合枣庄实际，在全省率先提出开展“食安枣庄”行动构想，得到省食安办、省食品药品监管局的认可，“食安枣庄”行动被列入全市百件惠民实事和党的群众路线教育实践活动七项惠民工程。在“食安枣庄”行动中，通过扎实开展食用农产品质量安全、农村食品安全等10项整治，建立食品安全责任体系、经费保障体系、检验检测体系、宣传教育服务体系等十大体系，联合复旦大学专家教授探索开展食品药品诚信体系建设，修订完善重大食品安全事故应急预案和操作规程，解决了食品安全机制问题，逐步实现对食品安全标本兼治的目的。

2015年，以创建农产品质量安全市、出口农产品质量安全示范市和食品安全先进县为目标，全面开展“食安山东”“食安枣庄”品牌引领行动，着力打造一批具有地域特色和市场竞争力的食品放心品牌和示范单位，促进食品安全水平全面提升。市政府连年将“食安枣庄”行动纳入100件惠民实事，先后出台《“食安枣庄”品牌引领行动方案》《“食安枣庄”品牌引领推进方案》，组织开展全

方位、多层次的创建活动。全市新认证“三品一标”产品69个，新认定省级农业标准化生产基地13处、市级农业标准化生产基地6处，创建“食安山东”省级示范企业41家，“食安枣庄”市级示范企业57家。滕州马铃薯被评为中国农产品区域公用品牌价值百强，品牌价值136.21亿元，成为中国马铃薯第一品牌；山亭豆制品生产基地被省食安委确定为2015年全省第一批放心食品生产基地3家创建单位之一。

2016年，围绕“食安山东”品牌引领行动和质量强市战略，全面推进“食安枣庄”建设。滕州市、山亭区分别成为全省第一批、第二批食品安全先进县创建单位，滕州市经过两年的努力成功创建省级食品安全先进县，山亭区创建工作稳步推进，市中区被遴选为2017年创建单位；台儿庄区农产品质量安全县创建工作通过省级评价。全市新认证农产品“三品一标”64个；创建省级林产品无公害标准化示范园5处、市级示范园15处；创建国家级水产健康养殖示范场11个，省级有机健康养殖示范场7个；新创建“食安山东”食品生产加工企业5家、食品流通企业55家、餐饮食品示范店（街区、学校食堂）69家。同时，围绕创卫任务，扎实开展食品加工小作坊、小食品店、小餐饮店规范提升工程，创卫区域5680家“三小”单位得到整治规范，持证率（含备案）由原来不到40%提升到98.4%，取缔小作坊23家、小餐饮87家；大力实施食品加工小作坊园区化升级改造工作，全市形成滕州市姜屯镇蛋制品、东郭镇粉丝、山亭区桑村镇粉丝粉条、峄城石泉粉皮等近10家特色食品小作坊加工园区，山亭区城头镇豆制品基地成为全省唯一一家小作坊联合体的获证食品加工企业。

2017年，全市各级监管系统持续推进品牌引领行动和食品安全城市创建工作。滕州市成功创建省级食品安全县，山亭区已通过现场验收，市中区创建工作进展顺利。枣庄市和台儿庄区被省食安办列入2018年省级食品安全市县创建名单，峄城区主动加入创建范围，市、区两级展现出全域创建的良好局面。市政府办公室出台《关于“食安枣庄”品牌建设的实施意见》，通过打造“食安枣庄”示范典型，建立“食安山东”品牌创建“储备库”。截至2017年底，全市有效期内“三品一标”数量293个，共认证省级无公害水产品基地33个，共创建省级林产品标准化示范园5处、市级示范园12处，共创建市级及以上畜产品标准化养殖场96个，新创建“食安山东”省级食品生产加工示范企业4家，流通示范单位55家，餐饮示范单位19家。“食安山东”累计创建食品生产加工企业15家、食品流通企业65家、餐饮示范店（街区、学校食堂）112家；2017年评选出第二批102家“食安枣庄”食用农产品种植养殖基地和食品生产、流通、餐饮示范企业，进一步形成品牌方阵。山亭区城头镇豆制品基地成为全省第一批放心食品生产基地，市中区饮料基地被省食安办列入第二批创建范围。

4. 产业实现快速发展。组织开展医药健康产业大调研，提升政府服务水平，释放产业发展活力，力源水业、三九药业、威智医药、康力医疗等一批具有竞争优势的龙头骨干企业脱颖而出，助推产业转型升级，成为全市经济发展的新的增长点。

2013年，主动融入全市经济社会发展大局，发挥自身职能，健全企业帮扶机制，加大对现有医药产业的培育力度，扶持一批成长性好的医药企业加快技改、新项目建设，三九药业、益康药业现已成为全市纳税大户，康力医疗器械科技有限公司被选为全市科学发展观观摩会现场企业，天康生物科技有限公司通过保健食品生产GMP认证，银海医药阳光配送模式受到公众欢迎。国家药典委和市政府签署合作意向书，在枣庄市合作共建药典历史博物馆和海峡两岸药品标准论坛基地，将成为提升枣庄市医药产业竞争力、推动城市转型的良好平台。邀请中国药科大学联合开展枣庄医药产业调研，组织编写《枣庄市药品安全“十二五”规划》，对全市医药产业发展提出了目标和建议。注重示范引领，滕州市通过省级药品安全示范县和餐饮服务食品安全示范县验收，启动薛城区创建省级药品安全示范县工作。深入开展联系群众工作，市食药监局副县级以上领导干部与“第一书记”帮扶村6户困难群众家庭结成了“帮扶对子”，筹集20万元为帮扶村修建连心路，协调帮扶资金8万元用于饮用水改造工程，引进资金300万元，新建占地130亩、辐射1600亩的龙潭消遥农场，该农场多次被市委、市政府列为现场观摩点。

2014年，枣庄市委、市政府高度重视食品医药产业发展，把医药产业发展列入“十二五”规划，提出了打造500亿食品产业板块和100亿医药板块的战略目标，从财政、金融、税收等多个方面全力支持产业发展。全市规模以上食品生产企业40家，规模以上医药制造企业（含医疗器械）16家，业务收入30亿元；限额以上医药经营企业（含医疗器械）9家，销售总额18.66亿元，初步形成了骨干企业带动、产品种类多样、产销快速增长的发展新格局，成为枣庄市经济振兴的重要力量。食品产业方面，组织开展“食安枣庄”品牌引领行动，大力实施品牌引领战略，重点培育汉诺葡萄酒、“美果来”石榴汁、滕州马铃薯、山亭长红枣等优势产品和“龙泉美食一条街”等品牌，引领山亭莺歌食品、台儿庄狗肉、滕州益康食品等传统企业焕发生机，促进食品产业转型升级。医药产业方面，立足打造龙头企业，积极鼓励重点企业通过收购、兼并、联合、重组等方式膨胀规模，枣庄三九药业、上海威智医药、山东益康药业、赛诺康生化、康力医疗等一批具有竞争优势的龙头骨干企业脱颖而出。三九药业999感冒灵、板蓝根、感冒清热颗粒成为全国知名品牌，单品种销售过亿，感冒灵颗粒连续8年全国销量第一；益康药业拥有抗肿瘤药、心脑血管

系统用药等 80 多种产品，对乙酰氨基酚口服液居国内生产厂家第一位；康力医疗器械"贝蕾"商标被评为山东省著名商标，"一次性使用麻醉穿刺包"被评为山东名牌产品。

2015 年，加快推进医药健康产业招商引资，联合中国药科大学，依托三九、益康、威智、康力等企业，共同开展医药及健康产业招商引资调研，形成 10 万字的专业招商书籍《枣庄市医药及健康产业招商引资调研报告》。提出了枣庄市医药产业"五位一体"、健康产业"两横、一纵"、食品生产加工产业"一体两翼"的战略升级路径，目标定位准确，为打开招商引资工作的瓶颈廓清了方向。

依据《调研报告》产业发展战略升级路径，建立四库一平台信息 85 条，征集梳理医药健康产业对外发布项目 35 个，成功签约并开工建设投资 2.6 亿元的山东一笑堂阿胶集团有限公司胶剂大健康产业项目。2015 年 10 月 4 日，山东一笑堂阿胶集团有限公司与枣庄海兴科技有限公司签约，在枣庄高新区合作共建胶剂大健康产业园项目。项目总用地约 131 亩，依托一笑堂覆盖全国的 1200 多家零售终端及 800 多个大型连锁药店销售优势，建设集阿胶、龟甲胶、鹿角胶研发、生产、文化传播、市场营销于一体的高科技胶类大健康产业园区。

深入推进审批改革，市级行政许可从 12 项压缩为 7 项，累计精简审批环节 32 个，许可时限综合提速 80% 以上。成立 7 个产业帮扶工作组，引导龙头骨干企业做大做强。指导三九药业二期扩建，建成江北最大的中成药生产基地；协助威智医药完成世界卫生组织（WHO）核查组的现场审计，通过新版 GMP 认证；推动康力医疗与山东华能集团合作，打造鲁南医疗器械产业园；银海医药成为鲁西南规模最大、信息化程度最高的现代化物流中心。

2017 年，市食品药品监管局紧紧围绕省市开展新旧动能转换重大工程工作部署，借助食品医药产业纳入全市 265 产业规划的契机，组织开展为期 3 个月的食品医药百家企业新旧动能转换调研活动，摸清行业发展症结。市区联动深入 204 家食品医药企业，梳理制约产业发展的瓶颈因素 20 余项，制定帮扶解决措施，形成调研报告 15 篇并汇编成册，为市委市政府决策提供参考。市食品药品监管局进一步调整推进新旧动能转换重大工程领导小组，结合全市食品医药产业发展现状，制定《推进新旧动能转换工作实施方案》，明确提高行政审批服务效能、推进品牌高端化建设、扶持骨干企业做大做强、引导产业集聚化发展、强化招商引资工作力度等 5 项重点任务。建立督查推进机制，定期调度工作进展，全年印制工作简报 10 余期，有针对性地促进新项目、新技术、新产品发展，实现食品医药产业转型升级、健康发展。

积极推进简政放权，注重提升服务能力。制定"零跑腿"和"只跑一次"事项清单，食品生产许可实现"全程网办"。对招商引资项目开辟绿色通道，专人专项服务，优先许可办理，优化审批流程，森乐食品、汉诺集团新增生产线第一时间拿到许可；山东立健、漱玉平民两家省内知名药企 103 家门店完成 GSP 认证工作，两家企业前期投资约 1.4 亿，建成后门店将达到 600 家，年销售额达到 5 亿元。立足部门职能，提供政策技术支持，推动企业研发创新。威智百科 8 个原料药完成增项许可；康力医疗与省科学院合作开展"栓塞微球"项目，产品技术填补国内空白；帮扶滕州大宗生物研发元宝枫系列产品。加大产业招商，推动兼并重组，指导康力与海王开展战略合作，海王康力医疗器械产业园进入实质性建设。着力打造苏鲁海王医药物流中心，2020 年销售收入将突破 100 亿元。全国首家药典博物馆及健康产业园建设稳步推进，修正、九州通等知名药企落户枣庄，三九药业、万邦赛诺康、一笑堂阿胶、天康生物、莺歌食品和锦旺食品等企业竞争力持续增强，滕州食品工业园、山亭潮汕食品工业园、市中医疗器械产业园和大坞生物医药产业园等园区发展呈现良好态势。2017 年全市食品产业（农副食品加工业和食品制造业）总产值 290.58 亿元，占全市工业比重 8.0%；利润 12.60 亿元，占全市工业比重 6.5%。2017 年全市医药产业总产值 29.71 亿元，占全市工业比重 0.8%，同比增长 10%；利润 2.96 亿元，占全市工业比重 1.5%，同比增长 14.5%。医药产业已成为拉动全市经济发展的又一增长点。

二、食品药品监管体制改革取得的主要成就

改革开放以来，全市食品药品行政监管体制经历了从无到有、从计划经济时代的管理体制到市场经济条件下分段监管，再到综合协调和分段监管相结合监管体制的演变过程。一次次的改革调整，促进了全市监管水平的不断提升，切实维护了人民群众的饮食用药安全，守护了全市人民的身体健康。

（一）监管能力实现新提升

一是基层基础能力逐步夯实。不断深入实施基层监管机构基础设施和执法装备标准化建设工程，各区（市）抽检经费保障得到落实，全市食品监督抽检千人样本量已达到 4 批次 / 千人以上。配齐配强人员力量，基层监管所空岗率得到有效降低，全市 2500 余名乡村协管人员在隐患排查、协助执法、信息报告等方面发挥重要作用，守望基层农村食品安全，食品药品监管能力基础牢、根基深。

二是考核导向力日渐发挥。不断健全食品安全考核评价体系，加大食品安全工作在社会治安综合治理和经济社会发展综合考核中的分值比例，注重发挥考核结果运用，进一步推动党政同责落实到位。

三是技术支撑能力稳步提升。把握检验检测机构"为安全监管服务、为产业发展服务"的功能定位，加强市、区（市）两级检验检测中心和镇街监管所、商超快检室建设。新建市食品药品检验

中心2018年底具备基本检验检测条件。滕州市综合性检验中心已投入使用，台儿庄区综合检验中心主体改扩建工程已经完工。全市近30家镇街监管所、8家农贸市场和商超建成食品快检室。以1个市检验机构为中心、3个区（市）检验机构为骨干、63个镇（街）监管所快检室为辅助、X个大型商超及农贸市场快检室广覆盖的“1+3+63+X”检验检测体系已现雏形。

（二）质量安全取得新保障

一是健全风险管理长效机制。以风险管理理念引领食品药品监管，让监管“跑”在风险前面。充分发挥抽检监测、监督检查、舆情监测、投诉举报的风险排查作用，全面收集汇总各层级、各环节、各领域的风险点，实时动态监管。大力开展分级分类分层监管，持续推进“智慧监管”工程建设，织紧织密织牢风险防护网。

二是推动全程追溯体系建设。全面落实“一票通”为主体的食用农产品追溯体系，建立食用农产品合格证和市场销售凭证“双证制”，推动产地准出与市场准入相衔接。深入推进生产企业安全追溯体系建设。开展大中型商超放心肉菜质量安全公开评价，推动“放心肉菜示范超市”创建。在大中型餐饮服务单位大力推行“明厨亮灶”工程，实施餐饮质量提升“1+1”工程，在全市所有餐饮企业中逐步落实索证索票制度。整体提升从农田到餐桌全链条食品安全水平。

三是持续深化打击治理力度。聚焦食品药品安全突出问题和重点难点问题，持续开展“守护舌尖安全”系列整治行动，保持高压态势。重点整治食品、药品、医疗器械和化妆品生产销售中掺假、售假、虚假宣传的违法行为。全面推行“三安联动”监管机制，加强部门区域协作配合，确保不发生区域性、系统性风险。

（三）品牌创建打造新亮点

深入推进品牌引领行动。以企业为主体，着力开展“食安山东”“食安枣庄”品牌建设。截至目前，全市共创建“食安山东”“食安枣庄”食品生产加工企业44家、食品流通企业108家、餐饮示范店（街区、学校食堂）177家。滕州马铃薯、山亭豆制品、峄城石榴及制品成为全国知名品牌。2018年5月，市中区食品生产加工基地和滕州经济开发区食品工业园分别被列为全省第二批和第三批食品生产示范基地创建名单。以点带面，全域推进食品安全市县创建。市政府办印发《枣庄市创建省级食品安全市实施方案》，对创建成员单位进行明确的职责分工。市农业、畜牧等7部门分别结合各自职责制定了实施方案。薛城区、峄城区、台儿庄区与高新区已分别召开创城工作动员部署会并制定出台具体创城方案；滕州市、山亭区围绕深化提升食品安全市县创建工作的七个方面，巩固创建成果，全域创建食安市格局已经形成。

（四）社会共治开创新局面

市委市政府高度重视食品安全监管工作，“食安枣庄”建设连续多年列入市委常委会工作要点、市政府工作报告和惠民实事，食品安全纳入全市经济社会发展（科学发展）综合考核体系，实行党政同责。市人大、市政协连年组织开展食品安全监管大调研活动。农林水畜、食药、公安等部门加强协作联动，在全市形成齐抓共管的监管合力。市委宣传部着力规范媒体报道行为，市电视台、《枣庄日报》《齐鲁晚报》、大众网等媒体与食品药品监管部门建立长期合作机制；市餐饮协会、药学会不断加强行业自律；12331投诉举报平台日益受到市民关注，在监管执法中发挥着重要作用，“政府主导、企业主体、行业自律、群众参与”的社会共治格局逐步形成。

（五）产业发展获得新突破

一是推动简政放权，优化行政审批。积极推进“放管服”改革，公开权力清单和责任清单，进一步优化审批流程，开通行政许可和GSP认证“绿色通道”，提高审批效率。探索开展“互联网+快递”服务，深化扩大全程网办服务事项范围，全力打造“审批事项少、办事效率高、服务质量优”的发展环境。

二是扶持骨干企业做大做强。充分发挥部门专业特长和技术优势，突出培育本地一批骨干企业。依托华润三九（枣庄）、苏鲁海王医药有限公司、威智百科、益康药业、康力、汤姆科技等骨干企业，加快发展生物技术药物和诊断试剂、化学药物、现代中药等创新药物。重点实施华润三九（枣庄）三期、威智百科扩建、一笑堂胶制品、康力医疗器械等项目。紧盯苏鲁海王医药物流和九州通医药物流项目建设，充分利用10亿元健康医疗产业基金的引导撬动作用，打造枣庄医药物流产业高地。

三是优化产业布局，推进产业集聚发展。聚焦台儿庄区国家药典博物馆及健康产业园建设，加快工作进度，打造全国首批中医药健康旅游示范基地，搭建“中医药老字号”集中展示平台。扎实推进台儿庄健康产业园、市中区医疗器械产业园、大坞生物医药产业园、市中区食品生产加工基地、滕州经济开发区食品工业园和山亭潮汕食品工业园建设，通过园区集聚式发展扩大行业品牌影响力。

三、食品药品监管体制改革的经验

食品药品监管体制改革，提升了全市食品药品质量水平，保障了大家的饮食用药安全，取得了一系列的骄人成绩。总结近40年的监管体制改革经验，主要体现在以下几个方面：

（一）在工作思路上，坚持以人为本、执政为民，把保护公众健康作为体制改革的出发点和落脚点

民以食为天，食以安为先，食品药品安全关系人民群众身体健康和生命安全，要切实把食品药品安全作为重大的民生工程、民心工程，进一步强化监管责任，加强监管执法，把好安全关，为广大人民群众营造安全放心的消费环境。强化各级政府对食品药品安全监管的责任，坚持齐抓共管，以对群众高度负责的态度抓好食品药品安全工作。尤其是十八大以来，党中央、国务院对

食品药品安全工作高度重视，作出一系列重大决策部署。习近平总书记先后作出了“执政能力的重大考验”“党政同责”“重大政治任务”等一系列重要论断，提出了“四个最严”“治理餐桌污染”“增强食品安全监管统一性和专业性”等明确要求。省委、省政府提出加快“食安山东”建设，把山东建成全国食品最安全地区的目标。各级各有关部门一定要从服务大局、促进社会和谐稳定的高度，把食品药品安全工作放在更加突出的位置，统筹推进各项工作，促进食品药品安全持续好转，努力以监管的实效取信于民、惠及于民，更好地服务于全市经济社会发展大局。

（二）在工作措施上，坚持问题导向、破解难题，把解放思想、实事求是的思想贯穿体制改革始终

坚持问题导向是坚守安全底线的重要“屏障”，是落实“四个最严”要求的着眼点，是治疗监管顽疾的重要“抓手”。展现了食品药品监管部门以“特殊”带“一般”、以“重点”促“全面”的科学务实态度。以问题为导向开展治理整顿是食品药品安全监管、改善群众饮食用药环境最直接、最有效的措施。狠抓源头治理，采取强力措施解决好高毒剧毒农药违规使用、抗生素滥用、非法添加有毒有害物质等突出问题，确保粮、油、菜、肉、蛋、奶等重点食用农产品质量安全。狠抓生产经营环节治理，重点打击在食品生产和食用农产品加工、运输、贮存过程中使用违禁药物、禁用物质的违法行为。重点整治药品、医疗器械和化妆品生产销售中掺假、冒牌的违法行为，严厉打击通过产品说明书、标签标识、广告等方式进行虚假宣传、夸大功效的欺诈行为。狠抓大案要案查处，继续实行“三安联动”，强化行刑衔接、检打联动、联合执法，确保全链条、无缝隙打击，从严从重从快查处各类食品药品违法行为。食品药品监管工作千头万绪，有限的监管力量与无限的监管需求之间的矛盾一时还难以彻底解决，只有通过对问题的“局部突破”带动“全局监管”的飞跃，把握解放思想、实事求是内核，才能不断推动监管体制改革取得实效。

（三）在工作推进上，坚持深化改革、落实责任，把体制机制创新作为保障食品药品安全的动力源泉

要完善食品药品安全监管机制，全面提高监管水平。整合现有政府检测资源，开展食品安全检验检测和技术服务，切实加强技术支撑能力建设，加强市、区（市）两级检验检测中心和镇街监管所、商超快检室建设，做到严防、严管、严控；建好风险防控体系，健全抽检监测机制，加大监督抽检力度，扩大抽检覆盖面，综合运用各职能部门的抽验结果，有针对性地组织监管整治。要强化风险交流会商，注重日常监管、抽检监测和投诉举报相结合，认真查找风险，列出“问题清单”，实施分级分类监管；加强食品安全突发事件应急保障和处置机制建设，设立监测预警机构；加大药品安全监管体系建设投入，建立电子监管追溯制度，实现对药品全流程监管追溯。建好智慧监管体系，抓住食品药品监管纳入智慧枣庄建设整体框架的机遇，重点抓好信息资源、数据监控、安全追溯和应急指挥等平台建设，逐步实现“智慧监管”，提升监管效能。从体制机制创新上，找出提升食品药品安全监管工作的发力点。

（四）在工作理念上，坚持党和政府的正确领导，把党和政府的领导作为监管体制改革的政治保证

党的十八大做出了关于全面深化改革的战略部署，十八届三中全会研究了全面深化改革的若干重大问题，明确提出了健全公共安全体系，完善统一权威的食品药品安全监管机构，建立最严格的覆盖全过程的监管制度，建立食品原产地可追溯制度和质量标识制度，保障食品药品安全。党的十九大提出“健康中国战略”“实施食品安全战略，让人民吃得放心”要求。食品药品安全工作正面临前所未有的发展机遇和有利条件，做好食品药品安全工作不仅是一项重大政治任务，更是全面建成小康社会的重要内容，也是推进供给侧结构性改革、实施新旧动能转换重大工程的重要举措。坚持党和政府对食品药品安全工作的正确领导，才能深刻把握工作的全新定位、全新要求、全新启示和全新任务，才能转变观念，调整思路，才能做好新时期食品药品监管体系建设工作，这就要求：一方面要落实好各级政府的责任。各区（市）政府要切实承担起属地管理责任，进一步巩固和完善监管责任体系，建立责任目标考核机制，层层传导工作压力。各级党委、政府要及时解决食品药品安全领域存在的困难和问题，特别是基层监管机构的编制、人员配备、经费保障、工作条件等方面要给予重点支持。各职能部门要各负其责、履职尽责，切实履行好本行业、本系统的食品药品监管责任；另一方面要落实好各级食安委、食安办责任。食品安全是全产业链的安全，从生产源头到加工销售，最后到餐桌，涉及到食药监、农业、水利、公安、卫计等多个部门。市食安委作为政府的议事协调机构，必须履行好职责、发挥好牵头抓总作用。要继续加强各级食安办建设，坚持定期例会、联席会议制度，食安委成员单位要加强信息通报、宣传教育、隐患排查、打击犯罪等方面的协调联动，食药监部门与农业部门要建立健全食用农产品准出准入制度，与公安部门健全完善行刑衔接机制，形成密切高效的监管合力，形成统一权威的食品药品监管体系。

审稿人：张　峰

撰稿人：贾继鹏　孙　帅

枣庄市外事和侨务事业发展的基本历程、成就及经验

自1986年11月30日，国务院批准枣庄市为对外开放地区以后，面对纷繁复杂的国际国内形势，枣庄市外事和侨务部门从容应对挑战，紧紧抓住机遇，奋力开拓进取，努力扎实工作，全市外事和侨务工作从小到大、由弱变强，逐步进入经济社会发展的主战场。

一、枣庄市外事和侨务工作发展历程

（一）对外交往发展历程

枣庄市对外交往有文字记载的历史可以追溯到晚清时代。鸦片战争以后，依据帝国主义强迫清政府签订的不平等条约，大批外国传教士涌入中国。1883年德国天主教神父维天爵在临城（今薛城）教堂设立的普爱诊所是枣庄地区第一处西医诊所。1905年美国基督教差会派传教士叶克恩牧师等人在峄县传教并设立基督教总会。1919年1月1日，山东省第一所麻风病院—基督教滕县麻风病院建成。1899年成立的“商办山东峄县华德中兴煤矿股份有限公司”是枣庄地区最早与外国合资的企业。因华股资金实力的壮大，1908年中兴煤矿公司注销“华德”字样。1917年美国矿业部长宾福士来枣庄考察。中兴煤矿公司用人不分国籍、地域，大胆引进世界先进技术和设备，1924年曾派10人赴欧美十余个国家考察30余座煤矿和40多个工厂先进的开矿技术和管理方法，到20世纪30年代已成为中华民族资本经营的“唯一能与外煤竞争”的最大煤矿。日本侵略军占领枣庄后，中兴公司被日本人霸占，掠夺了大量煤炭运往日本。1923年5月6日，发生在枣庄地区的“临城劫车案”使中外为之震动。中华人民共和国成立后，枣庄市的对外交往翻开了新的一页。1958年3月4日至7日，以安田次郎为团长的日本钢铁贸易代表团一行3人到枣庄煤矿参观考察。1976年3月，日本煤炭访华考察团一行20人到枣庄矿务局考察，并洽谈精煤出口事宜。从1978年开始，枣庄市对外交往开始增多。自1986年成为对外开放地区以来，枣庄市出入境人数及旅居海外的华侨、华人数量持续增长，外事和侨务工作稳步发展。1989—1991年，外事和侨务工作按照邓小平提出的冷静观察、稳住阵脚、沉着应付、韬光养晦、有所作为的战略方针，顶着困难上，千方百计做工作，积极恢复和发展对外交往。1992年邓小平南方谈话后，枣庄市外事和侨务工作抓住全国新一轮扩大对外开放热潮的机遇，以日本、韩国为重点，大力推动全方位、多层次、多渠道、宽领域的对外开放。2001年，中国正式成为世界贸易组织成员国，对外开放进入一个新时期。枣庄外事和侨务工作紧紧抓住这个重要战略机遇期，全面履行参谋、管理、协调的职能，立足“两个服务”（为中央总体外交服务、为地方经济社会发展服务），形成富有生机与活力的外事和侨务工作机制。1986—2017年的30多年间，来枣访问、考察、投资洽谈、技术指导的外国重要客商和友人总人数，及出国考察、访问、经济贸易洽谈人数均达到6000余人次。

从枣庄市对外交往的国家、地区来看，70年代至80年代初，枣庄市对外交往主要局限于苏联、朝鲜；1984年以后，与日本文化交流开始频繁；1985年以后，与澳大利亚、美国陆续有交往，但基本局限于煤炭领域；1986年以来，陆续与日本、韩国、泰国、美国、加拿大、澳大利亚、联邦德国、英国、波兰、荷兰等10余个国家在文化、艺术、工业、农业等多个领域开始了越来越频繁的交流与合作。

1. 友城交流发展历程。当代城市交往是国际交往的重要形式之一，友好城市交往在服务国家总体外交和地方经济社会发展过程中起到越来越重要的作用。枣庄市友城交流起步较晚。1987年，枣庄市与德国施普罗克赫弗尔市签订友好城市协议，宣告枣庄市国际友城工作正式起步。1986—2016年，枣庄市共建立友好城市4个，分别是：德国施普罗克赫弗尔市（结好时间：1987年10月15日，签约地点：施普罗克赫弗尔市），德国工业重地鲁尔区的一个中小城市，面积47.8平方公里，常住人口约3万人，位于鲁尔工业区的几座工业重镇之间，煤炭开采已有700多年的历史，现代工业亦有上百年的发展史，素以鲁尔地区发源地而著称；日本美祢市（结好时间：1993年6月1日，签约地点：美祢市），位于日本山口县西部，面积为224.92平方公里，人口约2万人，有工业企业78家，其中水泥制品和金属陶瓷业比较发达，技术设备先进，石灰石产量在日本全国闻名，年产石灰石1170吨；澳大利亚新英格兰—西北区（结好时间：1994年8月30日，签约地点：阿米代尔），是指澳大利亚新南威尔士州西北区，面积9.8万平方公里，人口18.2万人，主要资源有煤、铁、铝、钻石、矿石、金属矿砂和磁土等，经济以农业、

畜牧业、采矿业、对外贸易、教育服务以及旅游业为主，工业以农作物加工和畜禽肉类加工为主，注重发展文化教育；美国布罗克顿市（结好时间：2000 年 9 月 27 日，签约地点：北京），位于美国马萨诸塞州东南部，总面积 21.6 平方英里，其中土地面积 21.47 平方公里，人口约 9.8 万人，支柱产业为制造加工、医疗保健和批发零售，拥有 500 多家公司和四个工业园区。

建立友好经济技术合作关系城市 9 个，分别是：澳大利亚阿米代尔市，1994 年 8 月 21 日签约，签约地点阿米代尔市；德国德累斯顿市，1997 年 7 月 19 日签约，签约地点德累斯顿市；德国诺尔托夫市，1999 年 7 月 13 日签约，签约地点诺尔托夫市；美国新贝德福德市，1998 年 3 月 27 日签约，签约地点新贝德福德市；美国哥伦布市，1998 年 3 月 30 日签约，签约地点哥伦布市；韩国高敞郡，2005 年 10 月 24 日签约，签约地点枣庄市；杨平郡，2011 年 7 月 22 日签约，签约地点枣庄市；喀麦隆埃博洛瓦市，2013 年 6 月 28 日签约，签约地点济南；菲律宾打拉市，2017 年 7 月 5 日签约，签约地点枣庄市。

30 多年来，国际友城成为枣庄市对外交往的窗口之一，交流范围涉及到工业、农业、经济、贸易、文化、科技、教育、卫生等各个领域，从政府到民间双方进行了广泛的交流，相互理解和友谊不断增强，友好关系不断发展，有力地促进了各行各业学习和消化国外先进知识、先进技术、先进管理经验，以及合理有效地吸收和利用外资，在促进枣庄市对外交流方面起到了积极的作用，充分显示了友好城市在对外开放中的推动和辐射作用。借助友城交往平台，枣庄市过去局限在官方层次上的对外交往，逐渐深入到经贸、投资、人文、社会等各个领域，经济务实合作不断加强，人文社会交流活动蓬勃开展，民间参与呈现热烈广泛的良好态势。现在，对外交往已经深入到基层学校、医院，层层搞外事，行行都涉外，对外交往活动伴随着对外开放的发展，广泛地渗透到人们的社会生活中。

2. 服务对外经贸交流发展历程。1986 年以来，全市各级外事和侨务部门把主要精力都放在了为经济建设服务上来，充分发挥对外接触面广、信息渠道多的优势，把服务经济意识渗透到各项外事和侨务工作中，积极为对外经济、科技合作提供信息，开辟渠道，牵线搭桥，协调服务。各级外事和侨务部门坚持以引进资金、技术、人才和开拓国外市场为重点，逐步形成了包括提供信息、牵线搭桥、协调关系、兴办经济实体、为外资侨资企业服务、直接开展招商引资活动、改善投资环境等主要内容的多元化、全过程的服务工作。据不完全统计，1986 年以来，直接通过各级外事和侨务部门联系举办的经贸洽谈会、商品展示会、投资（招商）说明会等 20 余次，促成合同、协议 185 项，合同、协议利用外资金额 12625 万美元；外事和侨务部门通过招商引资直接引进项目 68 个，引进资金 1240 万美元。在直接服务招商引资的同时，各级外事和侨务部门充分发挥职能优势，通过主动服务因公出访团组、帮助民营企业开展国际合作、为外资侨资企业排忧解难、优化外商侨商投资环境等措施，积极推进“请进来”“走出去”战略，服务全市各领域对外开放和经济社会发展。1986 年以来，全市外事和侨务部门通过积极服务领导出访和重要团组出访，派出因公出访团组 2170 批 6224 人次；为 25 家民营企业共 28 人次办理 APEC 商务旅行卡，方便民营企业“走出去”开展合作交流；办理对外邀请 341 批 529 人次，为企业邀请境外专家和技术人员提供了便利。

2014年5月12日上午，中德合作办学项目在枣庄职业学院举行签约仪式

3. 民间交往发展历程。全市外事和侨务部门不断拓展民间对外交流合作渠道，积极搭建国际交流平台，帮助学校、医院等基层单位和组织建立国际友好交流合作关系，扩大了交流范围，提高了交往层次，丰富了合作内容，全面构建起从官方到民间、从机构到个人、从经济领域到社会领域的全方位、多层次的国际交流合作格局。1986 年以来，全市共有 10 所学校、6 家医院建立了对外友好合作关系；仅 2015 年，就有 2 所技术类院校建立新的对外联系渠道，2 所学校对外结好，1 所学校开展合作办学，1 家医院对外结好并开展实质性合作与交流。在民间交往中，重视做好友好人士工作，先后授予 4 位外籍人士枣庄市“荣誉市民”称号。枣庄市人民对外友好协会作为受市政府领导的、以人民团体的名义从事民间外交工作的机构，多年来致力于促进对外民间经济、贸易、社会、教育、科技合作，大力拓宽对外交往渠道，广交、深交朋友，与多个国家和地区建立和发展了交往关系，交流内容广泛，活动频繁，先后与日本山口县美祢市日中友好协会、庆南韩中经济文化友好协会、日本守口门真日中友协、冰中友协、荷中友协等建立了友好合作关系。广泛的民众参与为对外交往工作注入了新的活力和内容，进一步壮大了枣庄市民间对外交往的力量，使对外交往工作更加具有群众性、广泛性、灵活性，提高了枣庄市民间对

外交往工作的水平，形成了从政府到民间的全方位对外交往格局。

4. 对外文化交流发展历程。枣庄市一直以来都十分重视利用文化资源厚重，鲁南文化、运河文化、大战文化和儒家文化等众多传统文化元素积淀的优势，积极开展对外文化交流。枣庄市与日本文化交流较为频繁和密切，自1986年以来，开展了多次对日文化交流活动：1988年，日本雪心会书画代表团团长今井凌雪一行参加滕县王学仲艺术收藏馆开馆仪式；1989年，以日本雪心会会长今井凌雪为团长的书法代表团一行22人来滕州市王学仲艺术馆参加建馆一周年活动并进行学术交流；1992年，以本田耕堂为团长的日本东京都翠清书道会友好观光团一行来枣观光游览，并与枣庄市书画家座谈交流；1995年，日本东京都翠清书道会会长本田耕堂一行6人来枣访问，与市文联共同举办了书画联展；1998年，日本东京都翠清书道会会长、枣庄市荣誉市民本田耕堂一行来枣访问，与枣庄市书画家进行了座谈交流；1999年，枣庄市派代表团访问日本美祢市，并与东京都翠清书道会正式签订在峄城石榴园共建“枣庄市国际书法碑廊”的协议；1998年，与日本美祢市开展互赠市树活动，将20棵石榴树苗栽种在美祢市政府大院和公园内，供市民观赏。台儿庄古城建成后，枣庄市外事和侨务系统将推介台儿庄古城作为一项重点工作，努力提升台儿庄古城的国际知名度：2012年，利用中央电视台“城市1对1”节目平台搭建了枣庄与华沙的交流平台，与波兰建立了友好交流渠道；策划推动了对葡萄牙的文化交流活动，促成了台儿庄古城·国家非物质文化遗产博览园艺术传承交流团作为辅团随中共代表团出席葡萄牙共产党《前进报》节，代表团会见了葡共总书记德索萨，与葡社会党领导人进行了会谈，组织了文化交流演出、手工艺展演、厨艺展示及图片视频展等展演交流活动，有力地配合了政党外交和国家总体外交活动。高度重视华文教育工作，依托华文教育基地，连续多年组织开展海外华裔青少年“中国寻根之旅”夏（春）令营活动，通过组织海外华裔青少年学习中华传统文化，密切了与海外华侨华人新生代的联系，向海外宣传推介了枣庄，助推了枣庄文化旅游业的发展。2016年，推荐“国侨办华文教育基地”—台儿庄古城分管负责人参加全国华文教育工作会议，宣传介绍了台儿庄古城华文教育工作先进经验，在海外华裔青少年夏（冬）令营活动开展、海外教师培训、中华文化传播等方面与其他基地院校进行了交流探讨，同时也提升了台儿庄古城的知名度。2018年，举办了为期12天的中国寻根之旅夏令营活动，来自西班牙、俄罗斯、法国、美国、意大利5个国家的青少年到枣庄参加了活动。此外，根据国务院侨办和省侨办的部署，连续多年承担了选拔优秀汉语教师到海外教学的任务，先后选拔了28名外派教师到泰国、菲律宾、印尼、韩国、南非等国家面向海外侨胞开展汉语教学，在努力完成教学任务的同时，还积极协助侨务部门开展海外侨务工作，密切了同派驻国重点侨社团和重点人士的联系，拓展了对外交往渠道。

（二）外事和侨务管理工作体制发展历程

1. 党委外事和侨务工作领导体制发展历程。外事和侨务工作事关党和国家工作全局，政治性和政策性很强，必须按照“统一领导，归口管理，分级负责，协调配合”的原则，加强对本地区外事和侨务工作的统筹协调，充分发挥各方面的积极性。改革开放以来，中共枣庄市委逐步健全完善了全市外事和侨务工作领导机制，不断加强对外事和侨务工作的归口管理和综合协调，逐步形成统一领导、归口管理、分级负责、协调配合的外事和侨务工作管理体制，在党委的统一领导下，调动各方面的积极性，形成做好外事和侨务工作的整体合力。

1997年8月6日，枣庄市宣布成立了以市委书记为组长，市委副书记、市长为副组长，有关部分负责人为成员的外事工作领导小组，外事工作领导小组办公室设在市政府外事办公室，主任由市政府外事办公室主任兼任。会后，各区（市）委、政府相继成立了以区（市）委主要领导为组长的区（市）委外事工作领导小组，健全了区（市）政府外事办公室，加强了对外事工作的集中统一领导。

为加强对全市侨务工作的领导，2008年8月，市委、市政府决定成立枣庄市侨务工作领导小组，领导小组办公室设在市侨办，负责领导、协调、督促全市侨务工作。2014年7月，根据工作需要和人员变动情况，市政府对市侨务工作领导小组进行了调整。

2. 工作职能和内设机构发展历程。随着外事和侨务工作的开展，外事和侨务部门工作职能和内设机构不断完善。1984年8月，设立市政府外事办公室，科级行政单位，隶属于市政府办公室。1987年11月至2001年3月，市政府侨务办公室与市侨联合署办公，一个机构两块牌子，为副县级部门，未设立党组。1989年4月25日，市委、市政府决定，将市政府外事办公室调整为直接隶属于枣庄市人民政府的县级行政机构，编制25人，设秘书科、涉外接待科、宣传科。同年，市政府外事办公室挂市旅游局牌子，增设旅游科。1993年5月，市政府侨务办公室、市侨联编制为10人，内设人事秘书科、宣传联络科和经济科3个科室。1996年10月，根据《枣庄市市级机构改革实施意见》，保留设置市政府外事办公室，市政府侨务办公室与其合署办公（仅同设一个党组），为市政府办事机构；摘掉市政府外事办公室所挂旅游局的牌子（直至1998年10月市委下文单独组建枣庄市旅游局，旅游局才正式分设），市政府外事办公室内设机构4个，编制总额为18人。1997年9月，市政府侨务办公室内设秘书科和侨政联络科2个职能科室，编制总额为9人。2001年，市级党政机关机构改革，市政府外事办公

室与市政府侨务办公室分设，为市政府正县级工作机构，市政府外事办公室内设秘书科（人事科）、综合科、出国管理科（市政府港澳事务办公室）、涉外科4个科，编制总额为14名；市政府侨务办公室不再与市侨联合署，单独设立党组，内设秘书科和业务科2个职能科室，机关编制总额为7人。2004年，在市政府机构改革中市政府外事办公室再次与市政府侨务办公室合署办公，设一个党组，人员编制、内设机构和领导职数均不变。

在2010年市政府机构改革中，市政府外事办公室和市政府侨务办公室合并，成立市政府外事和侨务办公室。从此，外事和侨务工作互通有无、相互促进，外中有侨、侨中有外、以外联侨、以侨引外、外侨结合，逐步形成“大外事”“大侨务”工作格局。

3. 对外友好协会发展历程。在建立和健全外事和侨务工作机构的同时，枣庄市注重发挥民间外交的作用，逐步建立健全了对外友好协会这个民间友好组织。1990年2月10日，枣庄市人民对外友好协会第一届理事会召开，枣庄市人民对外友好协会成立，共有理事47人，与市政府外事办公室一个机构两个牌子。1999年10月，在市政府外事办公室单设了枣庄市人民对外友好协会秘书处。2001年市级党政机关机构改革中，明确枣庄市人民对外友好协会为人民团体，与市政府外事办公室一个机构两块牌子，设立友协秘书处。2004年3月9日，召开枣庄市人民对外友好协会经济联谊会成立大会，选举了经济联谊会执行会长、副会长和秘书长，联谊会实行执行会长负责制。2010年机构改革后，枣庄市人民对外友好协会与市政府外事和侨务办公室一个机构两块牌子，日常工作由市政府外事和侨务办公室承担，工作各有侧重。在推进民间友好工作中，枣庄市人民对外友好协会遵循“以民促官，官民并举”的指导思想，在政治、经济、文化、教育、卫生、体育、社会公益、妇女和青少年交流等众多领域，全面配合地方政府间的交往，大力发展与世界各国对华友好组织和友好人士的交流与合作，广交、深交朋友，为枣庄对外开放涵养了更多的外事和侨务资源，营造了良好的国际环境。

（三）外事和侨务工作机制和政策变化发展历程

1. 外事管理工作发展历程。为进一步加强党对外事工作的集中统一领导和统筹协调，规范市委外事工作领导小组工作程序，2016年，市委印发了《关于进一步规范外事管理工作的意见》《市委外事工作领导小组关于规范各区（市）党委外事工作领导小组的指导意见》《市委外事工作领导小组职责和工作规则》和《市委外事工作领导小组办公室职责和规则细则》等外事管理规范性文件。在因公出国（境）管理和邀请外籍人士来华审批管理方面，1983年起，全市因公出国手续采取市政府外事办公室、市外经贸委审核，市公安局进行安全保密教育，三家协调联审的办法办理。1990年，召开了全市因公出国审批工作会议。1992年，根据省外办要求，实行了护照签证专办员制度，召开全市因公出国审批工作会议，重申了因公出国审批程序的办理和要求，下发了《关于严格执行临时因公出国团组申报手续的通知》。1993年，市政府下发了《关于进一步加强枣庄市因公出国审批管理的通知》，严格团组审批的会签制度，制止了以盈利为目的的组团出国和公费出国旅游等，按照外交部、省外办关于护照管理的有关规定，执行了护照签证专办员制度，加强了护照管理。2001年，印发了市委、市政府《关于加强外事管理工作的若干规定》，作为枣庄市外事工作的规范性文件，明确规定所有因公出国团组都统一由外事部门审核后报批，实行因公出国统一归口管理，理顺了因公出国管理体制。2004年，枣庄市作为全省四个试点市开始实行因公出国网上报批。2005年，市政府批复了市政府外事办公室《关于减少因公出国审核环节的请示》，同意滕州市科级（含）以下人员、企业人员出访自行审核报省外办审批，同时简化了市直部门和其他各区科级（含）以下人员的出访审核程序。2005年，市政府办公室转发了山东省政府办公厅《关于进一步加强因公出国管理工作有关问题的通知》，制定了加强因公出国管理、切实提高出访效益的具体措施。2006年，经国务院批准，外交部同意授予枣庄市一定的派遣因公临时出国（境）人员和邀请外国相关人员来华事项的审批权，从2007年1月起，枣庄市县处级及以下经贸、科技人员因公临时出国、出境和邀请外国相关人员

2016年11月8–11日，韩国妇女文化教育访问团一行37人来访枣庄市并开展合作交流活动

（不含在外国企业中兼职的前政要）来华，经市政府外事办公室审核后，报市政府审批即可。2009年，转发了外交部、省外办《关于加强外事管理、严肃外事纪律的通知》并结合枣庄市实际提出5条贯彻意见，制订了《关于进一步加强因公出国（境）管理工作的通知》，对计划管理、任务审批、境外活动核查、出访效益跟踪评估等提出要求，力求构建全方位的出国（境）管理监督体系。2010年，印发了《关于在全市开展因公出访绩效建设年活动的意见》，联合市纪委、市监察局开展了因公出访绩效建设年活动。2011年，对邀请外国人来华手续审批工作进行了部署。2013年，认真贯彻落实中央“八项规定”及省市政府有关指示精神，探索提高因公出国（境）团组出访实效性的新途径和新方法，进一步加强因公出国（境）管理，转发外交部对违反外事纪律的通报，对中央、省有关因公出国最新规定进行综合分析和归纳概括，及时、高效地传递了政策信息。2014年，出台了《关于进一步规范全市国家工作人员因公临时出国的实施意见》，转发了《山东省境外招商活动管理规定》和《山东省因公临时出国经费管理实施办法》，认真贯彻落实中办发〔2013〕16号文及省实施意见。

为规范外事接待水平，1989年，市政府外事办公室下发了《关于外事接待计划管理几个具体问题的通知》，使全市外事工作逐步走向规范化、科学化轨道。印发了《关于外宾来访前后必须编报接待计划的通知》《关于安排市领导会见外宾和涉外宴请工作的通知》，对市领导参加外事活动的内部原则及涉外宴请的礼遇规格、标准等作了明确规定。为加强应急管理，2008年，市委、市政府办公室下发了《枣庄市涉外案（事）件处置预案》，加强了应急机构、队伍、应急救援体系建设。

2. 侨政工作发展历程。1986年全国落实侨务政策工作会议指出，“落实侨务政策是开创侨务工作新局面的基本条件”，“是侨务工作的基础”，“是关系广大归侨、侨眷切身利益的大事”，“是实现新时期侨务工作基本任务的很重要的基础工作和前提条件”。枣庄市在开展国内侨政工作方面，主要是贯彻“一视同仁，不得歧视，根据特点，适当照顾”的十六字原则。1986年之后的几年里，侨政工作主要是继续清除“左”的思想的影响，落实党的侨务政策，解决历史遗留问题，并积极为侨排忧解难、办实事。1990年9月，第七届全国人民代表大会常务委员会第十五次会议通过第一部专门保护归侨、侨眷合法权益的法律《中华人民共和国归侨侨眷权益保护法》；1991年9月，山东省七届人大常委会第23次会议审议通过并颁布了《山东省实施〈中华人民共和国归侨侨眷权益保护法〉办法》，侨务工作逐步走上法制化轨道。枣庄市外事和侨务部门在贯彻实施保护法的过程中，坚持依法行政、依法护侨，做了大量工作。1990年至今，全市各级外事和侨务部门共向海内外印发实施侨法宣传材料16万余份，开展街头宣传咨询、利用电视报纸宣传200多场次；依法为侨办实事、办好事2300余件次；依法协调处理侵犯归侨、侨眷和侨胞合法权益的事件250余件次。归侨、侨眷是改革开放和现代化建设的一支重要力量，努力发挥他们的积极作用，是侨务工作的一项重要内容。全市各级外事和侨务部门立足实际，深入开展工作，鼓励归侨、侨眷在本职岗位上建功立业，发挥归侨、侨眷对外联系广泛的优势，为枣庄市的经济建设和对外交往牵线搭桥。1995年，在全省率先解决了朝鲜归侨的房改照顾问题。1998年，为全市首批618名归侨、侨眷办理了《归侨侨眷身份证》，并会同市劳动局、市财政局联合行文解决了早期归国华侨退休生活困难补贴问题，符合政策规定的退休归侨每人每月可领取30元的生活补贴。1999年，下发了《关于进一步做好下岗归侨、侨眷职工工作的通知》，协调有关部门解决下岗归侨、侨眷职工再就业问题。2009年，调整早期归侨退休生活困难补贴，由每人每月30元提高到每人每月150元。2016年，制定印发了《华侨回国定居审核业务手册》《华侨回国定居审核服务指南》《华侨回国定居审核事中事后监管制度》，进一步规范了华侨回国定居办理工作流程；同年，制定了《办理归侨侨眷身份证服务指南》，印制了《归侨侨眷身份证》，进一步规范了归侨侨眷身份证办理工作流程。

2013年6月，枣庄市与喀麦隆埃博洛瓦市签订建立友好合作关系协议

3. 侨务宣传工作发展历程。侨务宣传工作，包括对内对外宣传两个方面，其主要宣传对象是广大的归侨、侨眷和华侨、华人。侨务外宣工作是国家

对外宣传工作的重要组成部分，必须遵循国家对外宣传工作的总方针，并坚持正面宣传为主和为侨服务的原则，客观公正、全面准确地宣传中国，使广大华侨、华人更全面、深入、准确地了解中国的新发展、新变化。1986年以来，枣庄市侨务部门继续破除“左”的思想的束缚，解放思想，实事求是，积极探索，逐步形成了侨务外宣工作的风格和特点。在坚定地与党中央保持高度一致，坚持党的“一个中心、两个基本点”的前提下，从华侨、华人的实际情况出发，进行正面宣传。寓政治内容于生动的事实、浓郁的乡情和富有人情味的哲理之中，坚持用事实说话，做到宣传形式可亲、可信、可读、可看，努力使其真正具有吸引力、感染力和说服力。1986—2017年的30多年间，全市各级侨务部门每年都通过各种途径向海外提供各类文化宣传品，累计向海外寄发各类宣传品9万余份。这些宣传品主要包括圣诞节、元旦、春节等重大节日寄发的贺卡、贺信，平时印发的介绍枣庄市投资环境、建设成就、风俗民情、旅游资源和重点招商引资项目等宣传资料。根据不同时期的形势和任务，侨务宣传工作的内容也在不断地进行调整。1986—1989年，对外宣传工作主要是继续清除“左”的思想的影响，消除“文化大革命”遗留下的负面影响，使华侨、华人和国际社会全面了解中共十一届三中全会以来确立的基本路线和枣庄市改革开放以来所发生的巨大变化，在国际上争取一支友好力量。1989—1991年，按照全省侨务宣传工作会议精神确立的对外宣传的指导思想、方针、方法，加大了对外宣传工作的力度，重点开展了对海外侨胞的解疑释惑工作。1992年以后，随着经济建设这一中心任务的逐步确立和全党工作中心的转移，这一时期对外宣传的主要内容是配合经济工作，宣传枣庄市的历史文化、风俗民情、旅游资源、投资环境、优惠政策和经济技术合作项目。侨务内宣方面，主要是面向归侨、侨眷和社会的宣传，其主要任务是宣传党的侨务政策、涉侨法律法规、归侨侨眷先进事迹和模范人物、侨务工作动态等。1997年，枣庄市归侨徐二妹、苏德福在省侨联“我爱你中国”报告会上作事迹报告。1998年，全市侨务部门结合侨情普查和颁发归侨侨眷身份证，利用报纸、电台、电视台等媒体和召开座谈会、举办学习班、印发宣传材料等多种形式广泛开展了侨法宣传活动。各级侨办在普查、发证期间共印发《开展侨情普查和颁发归侨侨眷身份证工作宣传提纲》《侨务法律法规汇编》等宣传材料7800余份，向侨务干部、政协委员宣讲侨务政策和侨务知识11次；在《山东省实施〈中华人民共和国归侨侨眷权益保护法〉办法》修正案颁布一周年之际，开展了侨法宣传月活动，市政府侨务办公室下发了《关于开展侨法宣传月活动的通知》，宣传月活动期间，各级领导发表电视（广播）讲话2次，举办学习班、座谈会、专题讲座12次，发表学习侨法文章2篇，印发学习宣传材料13500份，进行执法监督检查15次，依法为侨办实事103件次；市政府侨务办公室与市政协台港澳侨和外事委员会于3月2日联合召开了新移民眷属和留学生家长座谈会，学习宣传了侨法。1999年，省电视台国际部将枣庄市归侨苏德福先进事迹拍成专集向国内外播出。2000年10月31日《全国人民代表大会常务委员会关于修改〈中华人民共和国归侨侨眷权益保护法〉的决定》通过后，全市侨务系统开展了形式多样的宣传活动。2000年，充分利用《中华人民共和国归侨侨眷权益保护法》颁布二十周年契机，深入开展侨法进机关、进社区、进乡村、进学校、进企业等活动，在峄城区举办了全市“纪念《侨法》颁布20周年活动暨侨界法律咨询现场会”，在市中区荣华里社区和鑫华园社区开展了“归侨侨眷定点医院专家义诊暨侨法宣传进社区活动”，有效地扩大

2014年海峡两岸青少年夏令营营员游览台儿庄古城

了侨法的社会影响。2011 年，全省社区侨务工作暨万侨助万村活动现场观摩会在枣庄市召开，枣庄市侨爱新村—薛城区邹坞镇杭庄村、护侨社区—市中区垎塔埠街道光明社区两个示范点受到省侨办领导和观摩代表的一致好评。2013 年，全市开展集中侨法宣传活动 10 余次，发放侨法宣传资料 2 万余份；积极开展归侨侨眷定点医院专家送温暖暨侨法宣传进社区活动，接待数千名求医咨询的社区群众，现场发放健康知识宣传材料、侨法宣传资料 3000 份。2014 年，组织枣庄市市中区侨界法律顾问团专业律师，在社区现场为归侨侨眷提供咨询、解答等服务，受到了归侨侨眷的一致称赞。2015 年，组织开展了集中宣传周活动，对《中华人民共和国归侨侨眷权益保护法》及其实施办法，以及 2015 年 1 月 1 日开始实施的《山东省归侨侨眷保护条例》进行了深入的宣传。2017 年，组织开展了“侨法宣传周”活动，全市共开展现场集中宣传活动 38 场次，发放各类宣传资料 12000 余份，现场参与群众 7000 余人次，扩大了侨法的社会影响。

4. 侨胞捐赠工作发展历程。广大侨胞身居海外，心系祖国的兴旺发达和家乡父老的富裕幸福，历来有回国兴办公益事业的传统。国家对华侨、华人和港澳同胞为大陆兴办公益事业捐赠款物给予支持和保护，在具体政策上严格坚持捐赠自愿原则，严禁劝捐，尊重捐赠者意愿。1988 年，美籍华人熊贤楷先生向枣庄市捐赠了一套价值 60 万美元的塑料编制袋设备和部分原料，闫路得女士向市妇幼保健院捐赠了一部豪华型皇冠牌轿车。1990 年，日籍华人刘宏军先生向峄城区吴林乡文化站捐赠了一部日产客货车。1991 年，全市共接受侨胞捐赠款物折合人民币 50 多万元，其中，旅美侨胞邓明臣先生从美国募集了 4 万磅救灾物资空运到常州支援抗洪救灾。1996 年，美国世界高科技发展公司董事长、美国民主党亚太裔全国委员会副主席、枣庄市重点侨胞邓明臣先生，促成美国一家慈善机构向枣庄市捐赠了价值 240 万美元的医疗设备，这是全省当年最大的一个捐赠项目。1997 年，经侨务部门牵线促成了美国侨胞于碧川先生向烟台市莱山区一小学捐赠了 1 万美元，并设立了于碧川奖（助）学金。2010 年，共接受侨胞捐赠资金 52 万元。美国得克萨斯州 A & m 大学任统计学教授的侨胞梁发明先生捐款 10000 元助村修路，支援家乡建设。2013 年，全年接受归侨侨眷、海外侨社团和侨胞捐赠项目 10 个，接受捐赠资金 1381.5 万元，其中，澳大利亚 ABC 纸业公司总裁、“ABC 天籁列车”慈善项目发起人魏基成及夫人李玉女向滕州市捐赠价值 1300 多万元的助听器等物品。2014 年，著名爱国侨领陈沙立为枣庄市山亭区妇幼保健院和台儿庄区中医院捐赠两辆救护车；澳大利亚著名华人慈善家魏基成夫妇向滕州市特殊教育学校残疾学生捐献过冬夹克 300 件，教学仪器 3 台，助听器 100 支。

二、枣庄市外事和侨务工作成果丰硕

外事和侨务部门作为政府的职能部门，认真贯彻落实市委、市政府的工作目标和任务，是义不容辞的责任。30 多年来，枣庄市外事和侨务工作努力适应对外交往迅猛发展的形势要求，牢固树立外事和侨务工作为经济社会建设服务的指导思想，紧紧围绕市委、市政府的中心工作任务，认真贯彻执行中央对外方针政策，解放思想，更新观念，积极进取，努力开拓，努力提高全市外事和侨务管理水平和服务质量，使工作领域不断拓展，工作队伍不断壮大，工作地位不断提高，外事和侨务工作呈现出前所未有的广度、深度和力度，为扩大全面对外开放、促进全市经济社会发展作出了贡献。

（一）外事管理工作严格规范

各级外事和侨务部门积极配合中央有关部门和省外办、省侨办，精心做好党宾、国宾及其他重要外宾、华侨、华人的接待工作。1986 年以来，全市先后接待重要外宾 672 批 6602 人次，既很好地配合了中央的外交工作，又有力推动了枣庄市在政治、经济、科技、文化、教育、医疗等各领域的对外交流与合作，扩大了枣庄的国际影响，提升了枣庄的知名度。与国际组织、机构和外国驻华使领馆交往合作日益频繁，先后接待国际组织、机构和外国驻华使领馆来访代表团和人员 120 批 700 人次，与外国驻华使领馆交往频繁、合作成果显著。加强对公务出访的管理，严格执行因公出访审批的程序，提高出访团组的效果，严防出国违规行为。严格落实上级的有关规定，实行因公出国特别是领导干部出国的计划管理。增强出访的科学性、规范性、计划性，主动配合纪检和检察部门，坚决防止和纠正不正之风，切实提高因公出国（境）管理水平和质量。加强对因公出国（境）证照的及时收缴、查验和管理。加大出访报告催缴力度，及时选编优秀出访报告。搞好出访效益的评估，加强出访后的跟踪落实工作，扩大出访成果共享，更好地服务于全市的经济建设和社会各项事业的发展。1986 年至今，先后为 2170 批 6224 人次办理了因公出访审核审批手续。

（二）侨务工作平台不断拓展

改革开放以来，国际国内政治、经济环境日新月异，经济全球化趋势日益明显，如何凝聚海内外侨力资源，实现侨务工作的科学发展，这是新时期侨务工作面临的重大课题。一方面，侨务工作对象的分散性特点决定了开展侨务工作必须注重创造有效的工作平台，以此来汇聚侨务资源和优势，为地方经济社会发展和国家的战略部署服务；另一方面，外事和侨务部门机构不大、人员不多，但侨务工作社会性、综合性强，广泛涉及经贸、司法、民政、文化、教育等领域。这就决定了侨务工作只有跳出部门侨务做大社会侨务，构筑起可以发挥不同方面作用并能够充分凝聚侨心、发挥侨力的平台，才能够凝聚起方方面面的力量，侨务工作才能大有作为，不断开创新局面。因此，一直以来，枣庄

2015年5月，枣庄市政府代表团访问韩国首尔市瑞草区

市外事和侨务部门都紧扣“地方侨务工作要紧紧围绕当地党委、政府的工作大局开展”这一主题，立足实际、注重实效，合理建设和构筑侨务工作平台。一是侨商组织平台。侨商组织是海外投资华商之间以及华商与政府之间沟通、合作、交流的桥梁。于2015年12月成立了枣庄市侨商联合会，并帮助侨商联合会创办了会刊，积极协调侨商联合会开展了一系列卓有成效的活动。二是华文教育基地平台。传承中华文化是侨务工作的重要内容之一，枣庄市外事和侨务部门充分发挥国务院侨办华文教育基地台儿庄古城的带动作用，主动协调沟通市教育、文化部门，建成了省级华文教育基地2处、海外华裔青少年中华文化传承基地1处、海外华裔青少年教育基地1处，从而有效地丰富了华文教育的内涵，拓展了功能，活跃了形式，为来枣庄的海外华裔新生代学习和了解中华传统文化打造了平台。三是社区侨务平台。2012年以来，按照“提标扩面”的要求持续抓好护侨社区创建工作，不断提高护侨社区服务功能、创建水平，扩大护侨社区覆盖面，依托社区功能推动侨法实施，依托社区服务网络向归侨、侨眷提供优质的服务，不断提高为侨服务能力。四是侨务外宣平台。海外华文传媒在宣传介绍中国发展进步，弘扬中华优秀文化，推动所在国与中国开展合作与交流等方面的作用日益凸显。枣庄市外事和侨务部门积极想方设法，与影响较大、势力较强的海外华文媒体开展了交流合作，对宣传推介枣庄发挥了重要作用。五是侨胞捐赠平台。枣庄市外事和侨务部门积极与省侨办、海外侨胞、各类慈善组织联系，主动争取慈善捐赠项目，推动枣庄市乡村卫生医疗、教育事业发展。六是归侨侨眷平台。深入开展“春节（中秋）送温暖”、侨务扶贫帮困、归侨侨眷医疗救助、归侨侨眷职业技能培训、归侨侨眷身份认定、侨法宣传等服务工作，从解决涉及归侨侨眷和海外侨胞切身利益的问题入手，努力为他们排忧解难，切实维护好他们的合法权益，充分调动和保护他们的积极性、主动性和创造性，并通过归侨侨眷广泛联系海外侨胞，吸引、凝聚和团结更多的海外侨胞为家乡建设和构建和谐社会作贡献。

（三）外事和侨务干部队伍素质全面提升

外事和侨务部门把加强外事和侨务队伍建设作为一项长远的系统工程抓紧、抓实、抓好，努力提高外事和侨务干部队伍素质，使外事和侨务干部真正成为“行家里手”。坚持不懈地抓好外事和侨务干部的理论学习与业务培训，不断提高为经济建设和社会发展服务的水平和能力，提高应对复杂国际形势和处理国际事务的能力。加快培养高素质的外事和侨务工作领导人才，积极探索新形势下外事和侨务干部的成长规律和培养途径，形成有利于优秀人才脱颖而出的体制机制，努力造就一支政治素质高、业务能力强、组织纪律严、经得起风浪考验的外事和侨务干部队伍。不断加大人才引进和培养的力度，大力引进新形势下所需要的各类人才，为外事和侨务工作队伍增加新鲜血液。多年来，枣庄市外事和侨务工作队伍中年轻干部的比重逐年增加，干部队伍结构逐步优化。目前，全市外事和侨务系统共有干部26人，其中，市级外事和侨务部门共有在职在编干部14人，40岁以下年轻干部占40%；县级外侨办共有在职干部10人。1986年以来，枣庄市外事和侨务系统陆续引进了多名外语专业干部。目前，市级外侨办共有6名外语专业干部，其中，英语3人，日语2人，韩语1人；具有研究生学历1名，其余均为本科学历。

三、枣庄市外事和侨务工作发展经验

（一）坚持党对外事和侨务工作的集中统一领导

做好外事和侨务工作，最根本的是坚持党的领导，这是原则问题、政治问题、方向问题，不能有半点含糊，不能有丝毫动摇。加强党对外事和侨务工作的集中统一领导，可以从三个方面来认识和把握：其一，这是由党的性质宗旨和社会政治制度所决定的，改革开放40年来的外交实践证明，党的集中统一领导是外事和侨务工作的生命线。其二，地方外事和侨务工作是国家总体外交的重要组成部分，也是党的对外工作的重要组成部分，使命光荣，责任重大，必须加强党对外事和侨务工作的集中统一领导。其三，这是地方外事和侨务工作适应新形势、新任务的内在要求，是做好地方对外工作的“定海神针”，越是扩大对外开放，就越要加强党对外事和侨务工作的集中统一领导。30多年来，枣庄市外事和侨务工作始终坚决贯彻中央对外方针政策，坚持国家利益至上，切实增强政治观念和大局观念，注重统筹兼顾，运用政党外交、经济外交、科技外交、公共外交、文化外交、民间外交等各种手段，保质保量完成好各项外事和侨务工作任务，不断增强外事和侨务工作的针对性、实效性、规范性和严肃性，努力推动我市外事和侨务工作取得新成效。

（二）坚持外侨工作“两个服务”相统一

地方外事和侨务工作是国家总体外交的有机组成部分，在实现国家外交各项任务、争取和平国际环境和有利外部条件、维护国家安全和社会稳定等方面具有重要地位和独特作用。枣庄市外事和侨务工作坚决贯彻中央“地方外事必须服从和服务于国家外交总体”的部署与要求，紧紧围绕党和国家中心任务和外交工作大局，积极承担并高质量完成中央外交赋予的各项外事工作任务，努力把地方外事和侨务资源及时有效地转化为国家外交资源，为服务国家改革发展稳定大局和对外关系大局做出了积极贡献。同时，随着对外开放程度的不断加深和对外交往的日益增多，国家对地方外事和侨务工作产生了新的要求，在服务国家总体外交的同时，促进地方经济国际化，推动城市国际化进程和地方经济社会发展成为地方外事和侨务工作的重要工作目标。随着经济全球化的不断深入，枣庄城市国际化程度日渐加深，越来越多的部门、机构、个人加入到了直接对外交往的行列中，外事和侨务工作涉及的领域也越来越宽。作为地方对外交往第一线的地方外事和侨务部门，不能直接创造物质财富，却能通过丰富的资源，为经济和社会发展寻找机遇。30多年来，全市各级外事和侨务部门按照中央关于外事工作“依靠发展、服务发展、促进发展”的方针，努力转变观念和改变工作方法，依靠国内国外两个市场、两种资源，逐步打破过去只重视办好手续、迎来送往的观念，强化服务意识，利用信息优势，切实把外事和侨务工作融入到全市对外开放大格局中，积极拓展国际经贸文化合作平台，利用各种渠道为地方引资、引智，当好企业“走出去”“引进来”的纽带，从发挥职能和工作优势上积极寻求为经济社会服务的立足点和突破口，不断提高整合、利用资源的能力，深入开展地方外事和侨务管理模式创新，建立管理和服务为重点的人民满意的政府部门。

（三）坚持构建“大外事”“大侨务”工作格局

构建“大外事”“大侨务”格局，真正发挥好“两个服务”的作用，创新工作机制体制，这是外事和侨务工作持久健康发展的根本保证。在创新领导机制方面，枣庄市成立了市委外事工作领导小组和市侨务工作领导小组，并根据分工变化及时调整领导小组成员，制定了领导小组工作规则，将外事和侨务工作纳入市委、市政府的重要议事日程，从全市经济社会发展的大局和高度来研究外事和侨务工作，提高了全市上下对外事和侨务工作的认识，增强了对外事和侨务工作的统筹协调能力，充分发挥对全市外事和侨务工作的领导作用。在创新工作机制方面，枣庄市牢固树立外事和侨务工作“一盘棋”思想，初步建立了涵盖党委、人大、政府、政协和社会各界的“大外事”“大侨务”工作格局，定期召开会议，沟通情况，研究分析外事和侨务工作全局性、战略性重大问题，各部门、领域和行业间对外事和侨务工作的联系沟通日益密切，协作配合日益顺畅，逐步形成了外事和侨务工作整体合力。

（四）坚持维护群众利益和社会稳定

随着枣庄经济社会的不断发展和对外开放的不断扩大，对外交流活动日益频繁，不断向纵深发展，这一战略转变赋予了外事和侨务工作新的内涵，从因公出国（境）审批、团组管理、外事接待、为侨服务等传统业务范畴拓展到涉外信息收集、合作伙伴调查、沟通渠道建立、海外人才资金技术引进等国际交流与合作领域，并将外事和侨务部门推到了对外开放的最前沿。城市国际化程度的日渐加深，使越来越多的部门、机构、个人加入到了直接对外交往的行列中，外事和侨务工作涉及的领域也越来越宽。尤其是近年来，国际形势曲折性、复杂性凸显，并呈现出危机多发、挑战多样的新态势，与国内“维稳”工作之间的联动性上升。一方面，随着枣庄市经济社会快速发展和改革开放深入推进，来枣外国人持续增加，涉外国人事件增多，其敏感性、复杂性日益突出。另一方面，枣庄市“走出去”战略加快实施，公民和企业在境外活动范围日益扩大，面临的安全风险急剧上升，海外领事保护事件不断增多。随着枣庄市进一步扩大对外开放，并在更大范围、更广领域、更高层次参与国际合作和竞争，做好“在外枣庄人”和“在枣外国人”的管理与服务工作，维护中外当事人合法权益，为枣庄市改革发展营造和平有利的外部环境，成为外事和侨务部门应尽的职责与义务。

审稿人：张井昌

撰稿人：孙中会

枣庄市侨联发展的基本历程与经验启示

侨联组织是党和政府联系广大归侨、侨眷和海外侨胞的桥梁和纽带。归侨、侨眷和海外侨胞为中华民族的进步和昌盛作出了巨大贡献，是建设中国特色社会主义、推进祖国和平统一、实现中华民族伟大复兴中国梦的一支重要力量。

党和政府历来非常重视华侨和归侨、侨眷在中国革命和建设中的作用。侨联工作历来是党和国家的一项长期、重要的工作。随着我国国际地位的提高，社会主义现代化事业的向前推进，中国需要更加了解世界，世界也需要更加了解中国。广大侨胞遍布世界五大洲，他们对于帮助世界人民了解中国，树立社会主义中国的形象，可以起到积极的作用。应当说，在新的历史时期，侨联工作显得越来越重要了。

一、枣庄市侨联发展的基本历程

1986年以来，市侨联在市委、市政府的正确领导和中国侨联、省侨联的指导帮助下，认真履行参政议政、维护侨益、海外联谊等各项职能，广泛团结归侨、侨眷和海外侨胞，在“凝聚侨心，发挥侨力，集中侨智，维护侨益”方面，做了大量富有成效的工作，为枣庄市经济文化社会发展作出了积极贡献。

市侨联成立于1981年7月，1987年11月至2001年3月，市侨联与市侨办合署办公。2001年4月，市侨联与市侨办分设，为正县级人民团体，单设党组。市侨联现内设2个职能科室：办公室、联络科。机关编制6人，其中机关事业编制5人（实有4人），工勤人员编制1人（实有1人）。

（一）起步发展阶段（1981—2001年）

1981年至2001年是枣庄市侨联的起步发展阶段，这一时期，市侨联经历了从无到有的过程。1981年7月召开的枣庄市第一次归侨侨眷代表大会，标志着市侨联正式设立。1987年11月至2001年3月市侨联与市侨办合署办公。

1. 侨联工作全面恢复（1981—1986年）

1981年7月，在庆祝中国共产党成立六十周年大会之际，枣庄市首次归侨、侨眷代表会议胜利开幕，首届主席团14人，田家俊任秘书长，林起枝任副秘书长。

市侨联深入贯彻落实中共十一届三中全会精神，按照党中央制定的“保护和发扬华侨爱国爱乡的热情”的侨务工作的根本方针，按照胡耀邦同志“真正去联，大家去联，党政首长带头去联”的指示精神，在协助党政部门认真落实侨务政策，维护归侨、侨眷合法权益，动员和组织归侨、侨眷积极参加两个文明建设，联系和团结海外侨胞，促进祖国统一大业等方面，积极开展工作，较好地发挥了桥梁和纽带作用，促进了四化建设。

为“三案”平反昭雪、落实侨务政策

协助市侨办认真落实了归侨、侨眷知识分子政策和华侨房屋政策，随着广大华侨通信、通汇的户数越来越多，一些侨眷由原来的不敢说、不敢讲，甚至不敢承认海外有亲人到敢说、敢讲、有的找上门来请求帮助他们查找其海外亲人。

1986年，枣庄市归侨、侨眷知识分子在“文化大革命”期间的13起冤假错案和6起历史老案都已平反纠正，并对全市归侨、侨眷知识分子的档案进行了清理，妥善地解决了一些遗留问题。据初步统计，自中共十一届三中全会以来，在全市的96名归侨、侨眷知识分子中，先后有25人加入中国共产党，有24人担任科级以上的领导职务，有26人当选为全国、省、市、县人大代表和政协委员。

建立侨联小组，织密侨联工作网

市侨联增加了驻会干部，开展了大量日常工作和活动，并在归侨、侨眷比较集中的滕县、市中区、山亭区、峄城区、台儿庄区和矿务局分别建立了侨联小组。在归侨、侨眷超过五户的厂矿企事业单位和农村乡镇分别成立侨联小组，形成全市侨联工作网，逐级加强联系，及时指导工作。

贯彻落实中共十一届三中全会精神，广泛联系海外侨胞

中共十一届三中全会确定以经济工作为中心的三大任务。几年来，市侨联始终注意引导归侨、侨眷利用“海外关系”这一优势，积极为促进三大任务的早日实现多做贡献。

1986年，枣庄市共有华侨、港澳同胞和外籍华人1035人，其中政治上有影响、社会上有声望、经济上有实力、技术上有专长的37人。每逢佳节，枣庄市均向广大海外侨胞寄发贺年片、挂历、家乡画报、书刊等，以增进与侨胞的友谊，吸引越来越多的侨胞，为促进祖国和平统一，支援祖国四化建设，维护世界和平发挥积极的作用。

2. 侨联工作渐有起色（1986—1991年）

1986年8月18—19日，枣庄市第二次归侨侨眷代表大会召开，出席会议的正式代表77名。大会审议通过了侨联主席林起枝代表市侨联第一届委员会作的题为《团结全市归侨、侨眷和海外

侨胞，为实现“七五”计划振兴枣庄经济再展宏图》的工作报告。会议选举产生了由27名委员组成的市侨联第二届委员会。

加强基层侨联组织建设，成立滕州市侨联

自全市第二次侨代会后，枣庄市的侨联小组发展迅速，已增至16个，在全市初步形成网络。市侨联督促滕州市于1990年12月召开了第一次归侨、侨眷代表大会，成立了滕州市侨联，选拔配备了专职干部，使滕州市侨联组织摆脱了过去的“三无”状态，走上了正常发展的轨道。

联合举办“1988年枣庄市科技成果，科技人才交易交流会”

1988年6月，市侨联与市科委、市科协等8个单位联合举办了“1988年枣庄市科技成果，科技人才交易交流会”。会议期间，市侨联重点展出了由全市归侨、侨眷、港澳台胞眷属和海外侨胞提供的十几个国家和地区生产的100多种小商品，展示了境外在轻工、化工、家电等方面的新成果，为枣庄市企业产品走出国门，加强与境外企业的合作创造了条件。1999年底，全市共有华侨、华人、港澳台同胞投资的企业180多家，投资额为12606万美元，占全市引进外资的62%。

开展了“平暴”后的对外宣传

1989年，枣庄市大力开展了对外宣传，采取发信的形式，在全市归侨、侨眷中广泛开展“向海外亲人发一封信”的活动，先后向海外发信158封，收到回信76封。

协助市侨办把“适当照顾”的政策落到实处

通过积极宣传政策，多方奔走联系，在有关部门的协助下，先后协助260多位归侨、侨眷解决了工作调动、工资调整、职称评定、住房安排、子女升学、就业及其出国留学、探亲等具体问题，协助侨办落实了侨房政策，妥善安置了归侨，受到归侨、侨眷和海外侨胞的赞誉。1989年，省侨务部门分配给枣庄1户需安置的朝鲜归侨。由于这户归侨的家庭情况非常特殊（全家五口人，爱人患精神病，3个孩子，最大的7岁），安置难度很大。市侨联与市侨办通力配合，及时向领导作了汇报，协调有关部门，多方奔走，积极争取，经过半年多的时间终于将他们安置在市橡胶厂工作，并照顾分配给他1套新房。

市侨联创办实体经济

1990年4月，市侨联与市中外合资企业——鲁泰塑料制品有限公司达成一项协议，承包该公司年产600万条塑料编织袋的缝口任务，成立了直属市侨联领导的塑料制品加工厂。投产后经营状况一直很好，当年就收回了全部投资。1990年底，市侨联为该厂另选了厂址，调整充实了领导班子，选调了一名懂经营的同志担任生产副厂长，由侨联的一名负责同志兼任厂长，并进一步完善了各项规章制度，上半年就完成了全年利税计划指标。

建立“三胞”接待周转宿舍

来枣庄市探亲访友和洽谈经贸的“三胞”，尤其是台胞的人数剧增，每年约在六、七百人左右。而这部分人的亲友大都生活在农村，食宿、交通和卫生等各方面的条件都比较差。对此，为满足他们既可与亲友团聚，又感到生活方便的愿望，1990年，市侨联在没有任何资金来源的情况下，利用市政府给予的“特殊政策”，采取“先卖房、后建房”的办法，在靠近津浦线的薛城火车站附近，建起了一座3400平方米的单元式宿舍楼，整个楼四十套，通过转让三十套后收回了全部投资，净挣十套房子，从而为接待“三胞”提供了有利条件。

广泛宣传《全国归侨侨眷权益保护法》

1990年12月，为配合《全国归侨侨眷权益保护法》的颁布实施，市侨联与市委宣传部、市司法局、市法制办共同发起了《全国归侨侨眷权益保护法》宣传月活动。市政府专门召开了《全国归侨侨眷权益保护法》宣传月动员大会，向各区（市）、市直各有关部门下发了宣传月活动的通知和实施方案。宣传月活动全面展开后，采取印发小册子、布告、标语口号、宣传车上街、设立宣传咨询站、散发宣传材料等形式，在全市掀起了学习、宣传、贯彻《全国归侨侨眷权益保护法》的热潮。同时，还邀请电视台的记者就贯彻落实《全国归侨侨眷权益保护法》的一些具体问题采访了公安、劳动、教育等部门的主要负责人，在电视上播出，收到了很好的宣传效果。在圣诞节前夕，印制了一部分《保护法》

2012年9月12日，安侨集团向中国华侨公益基金会捐赠200万元“爱心专项基金”暨“安侨爱心图书室”项目启动仪式在枣庄市市中区永安乡龙子心中学隆重举行

折页，夹在贺年卡里，寄给海外侨胞。

3. 合署办公共享资源（1991—2001年）

1991年10月4日至6日，枣庄市第三次归侨侨眷代表大会召开，出席会议的正式代表128名。大会审议通过了侨联主席林起枝代表第二届委员会作的题为《发挥侨联工作优势，为实现我市现代化建设第二步战略目标而努力奋斗》的工作报告。会议选举产生了由38名委员组成的市侨联第三届委员会。

第三次侨代会以来，市侨联三届委员会认真贯彻邓小平南方谈话精神和华侨华人是我国大发展“独特机遇”的思想，根据江泽民主席等中央领导同志关于侨务工作的一系列重要指示和省侨联的部署，在市委的正确领导下，广泛团结归侨、侨眷和海外侨胞，紧紧围绕经济建设这个中心，充分发挥“侨”的优势，独立自主地开展工作，大胆探索、奋力开拓、抓重点、办实事，为枣庄市的改革开放和现代化建设做出了积极贡献。1991—1999年，市侨联累计为340余名归侨、侨眷解决了工作调动、工资调整、职称评定、住房安排、子女升学、劳动就业等具体问题，发放扶贫救济款11万余元，扶持贫侨122户。

1999年2月，全国第六次归侨侨眷代表大会召开，枣庄市苏德福、何威被评为全国归侨侨眷先进个人。

自建侨联以来规模最大的一次侨情普查

1990年4月至1991年11月，经市科委立项，市侨办、市侨联承担了《枣庄市侨情及应用研究》这一课题的研究任务，开展了自建侨联以来规模最大的一次侨情普查。何威主席主持整个项目计划的制定与实施。为了获取翔实的第一手资料，他同其他同志一起深入基层调查侨情，跑遍了全市85个乡镇和街道办事处，整理汇总各类侨情普查表格2980张，数据10000多个，编写了《枣庄市侨情及应用研究报告》。

通过普查，基本掌握了全市海外侨胞、外籍华人和港澳同胞的情况，全市共有海外侨胞和港澳同胞1063户，3141人，分别比普查前增加99.4%，209.5%，共分布在31个国家和地区。其中海外重点人物由普查前的33人，增加到205人，这些人中有106人获得博士学位。全市有归侨侨眷1390户，4720人，分别比普查前增加151.8%和212.6%。其中知识分子由普查前的98人增加到324人，有2名是全市首批公布的拔尖人才。

1992年2月，市科委主持召开了应用研究鉴定会，引起了省侨联、侨办的高度重视，到会的省、市领导及有关方面的专家一致认为：“该项研究在全省还属首创，填补了省内的空白，达到省内同类研究成果的先进水平。”科研成果荣获枣庄市科学技术进步三等奖，被评为全市1992年优秀理论文章三等奖。

争取惠侨政策

枣庄市20世纪80年代安置了一批国家政策性朝鲜归侨，1995年在执行《中华人民共和国归侨侨眷权益保护法》的过程中，市侨办、市侨联积极向市政府汇报上级精神和枣庄市有关情况，研究制定了在房改中给予朝鲜归侨每户1300元照顾的具体贯彻落实意见。

组织山东第一个赴越考察团

1992年，市侨联与市医药公司共同组团赴越南进行商贸考察，这不仅是枣庄也是山东派出的第一个赴越考察团。在越期间，拜会了当地官员，参观了工厂企业，考察了商贸市场，了解了越南的自然资源。同年，市侨联还随团参加了全国侨联组织的赴越商贸考察团，考察了越南4个城市，同当地华侨华人建立了联系。

内联外引，大办实体

1992年，市侨联筹建2个公司，抓了2个基地建设，成立一个合资企业，一个外商独资企业，使侨联经济呈现一派蓬勃发展的景象。截至1999年，侨联企业所拥有的固定资产已达100余万元。一是与省侨联合办“山东华联建筑安装工程公司”，隶属省侨联直接领导，为全民中型二级企业，已发展成为职工500人、固定资产30万元的国营企业。二是筹建市华侨企业公司，为独立核算、自负盈亏的全民所有制企业。三是与香港福兴贸易公司合资兴办“枣庄华联装饰装修工程有限公司”，是直属市侨联领导的中外合资企业。四是与外商合资，兴办“枣庄华侨饭店”。五是建设枣庄市中国旅行社基地，市政府拿出47万元划拨了一幢楼房作为中旅基地办公地点。六是建设侨联所属企业发展基地，总投资100万元，征用市中区建设北路7.5亩地，兴建2500平方米四层楼房作为下属企业的生产经营办公场所。七是经济形势良好，塑料制品加工厂实现利润翻番。将所属企事业单位的业务有机结合起来，使之成为既相互独立，又相互依存，优势互补，协同发展的经济实体，立足国内，面向海外，使侨联经济在更高的层次上实现新的良性循环。

大力宣传侨界模范

1997年，为弘扬归侨、侨眷的爱国奉献精神，市侨联推荐归侨徐二妹、苏德福在省侨联“我爱你中国”报告会上发言，受到好评。会后，省侨联林淑娘主席专程来枣庄看望他们，鼓励他们再创新业绩。向中国侨联推荐《中国侨界模范人物名典》入选人选8人。枣庄矿业集团统战办组织编写的介绍美籍华人汤富翔先生的文章和宣传全国煤炭系统劳模、港归苏德福的报道先后在《人民日报》（海外版）、《解放日报》《海内与海外》杂志、《中国煤炭报》上发表。

做好“农转非”与招商引资结合文章

1996年，省政府制定了对外商、华侨和港澳台同胞在室内投资及构建房产，其亲属等人员给予农转非的政策，全省唯有枣庄侨联承担了这项任务。文件规定，在市内投资每40万美元给予5个农转非指标；利用侨汇在城镇购建房产每20万美元给予2个农转非指标。为了用足用好政策，多办事、办实事，市侨联结合枣庄实际情况，向市政府建议，将投资40万美元给5个指标分解

为每投资8万美元给1个指标，用侨汇购建房产每20万元给2个指标分解为每10万元给1个指标，经过努力，2年共为643人办理了农转非手续，在三资企业和归侨、侨眷中产生了很大反响，调动了外商投资的积极性，激发了三资企业职工的工作热情。

为侨排忧解难

朝鲜归侨张恩凤经批准来枣庄市定居，由于种种原因她5年后才到枣庄市，由于情况变化很大，档案找不到，户口、粮食关系不能办理，没有收入，生活非常困难。市侨联了解情况后，积极与有关单位协商解决办法，同时向我驻朝鲜使馆发函，索取档案材料，协助办理户口、粮食关系，与有关部门协商为其安排适当工作，她本人及亲属深受感动，多次表示感谢。正大集团驻北京和上海办事处总负责人谢炳的亲属沈淑如是枣庄市重点侨属，其儿子程四海1994年因患白血病在北京住院。市侨联得知后，随即让去北京开会的侨联副主席送去1000元慰问金，随后又与矿业集团统战办一起到北京探望，带去矿业集团的2万元医疗费。

世纪之交提出侨联单设请示

1999年5月26日至27日，枣庄市第四次归侨侨眷代表大会召开，出席会议的正式代表121名。大会审议通过了侨联主席何威代表第三届委员会作的题为《把握机遇、发挥优势，为实现我市跨世纪宏伟目标作出新贡献》的工作报告。会议选举产生了由31名委员组成的市侨联第四届委员会。

换届后，市侨联高举邓小平理论伟大旗帜，努力开创跨世纪侨联工作新局面。2000年是世纪之交的关键时期，也是建设有中国特色社会主义事业承前启后、继往开来的重要阶段。

市侨联是市一级人民团体，在1996年全市党政机关机构改革中对市侨联机构编制没有落实，形成了侨办代替侨联作用的行政化倾向，致使侨联一直无法正常开展工作。根据1999年7月12日国务院副总理钱其琛同志在第六次全国归侨、侨眷代表大会上的讲话"各级政府要重视侨联工作，涉及到机构设置、人员编制、活动经费等具体问题，要考虑到侨联工作的特殊性，合理加以解决"。2000年6月市侨联向市委提出设置"枣庄市归国华侨联合会"的请示，改变枣庄作为全省唯一一处侨联无户口、无编制的现状，更好地为我市改革开放服务，做好跨世纪的侨联工作。

2014年6月27—29日，北京大学·中国侨联2014海外侨领国情研修班现场教学活动首次在枣庄举行

首次争取中国侨联"侨心工程"项目

2001年，市侨联在得知中国侨联开展"侨心工程"活动的信息后，积极申报。2002年，首次通过"侨心工程"项目争取到港胞丝宝集团董事长梁亮胜无偿捐赠的20万元项目资金。同年10月16日，"丝宝侨心小学"在山亭区徐庄镇东七里河村成功奠基，2003年3月正式开工建设，9月建成使用。

（二）上升发展时期（2001—2011年）

2001年4月市级机关机构改革中，市侨联与市侨办分设，为正县级人民团体，单设党组。

1. 成立机构解决编制

2001年4月，市编委对市侨联机关编制给予正式批复，给予机关事业编制5人、工勤编1人，设主席1人、副主席1人、科长2人、科员1人、工勤1人，市侨联从此进入独立发展时期。同时，市侨联向市委申请办公用房5间、公务用车1辆、开办经费12万元。

2003年6月，枣庄市市级人大、政协和群团机关进行机构改革。8月，市委办公室印发了经市委同意的《枣庄市归国华侨联合会机关主要职责、内设机构和人员编制方案》，对市侨联人员编制做了微调，设主席1人、副主席2人、科长2人、工勤1人。

2. 侨联工作崭露头角

申报全省首个中国侨联"爱国主义教育基地"

2002年，成功申报全省第一个中国侨联爱国主义教育基地—台儿庄大战纪念馆，举行"忆大战反台独促统一"研讨会暨"中国侨联爱国主义教育基地"揭牌仪式，同期举行中国（枣庄）投资贸易洽谈会暨科技博览会开幕式，这是省侨联第一次与地方政府联合举办的大型活动，省、市新闻单位对这次活动都作了充分的报道，人民日报海外版的记者专程来采访，及时向海内外发了消息。中央电视台国际频道《天涯共此时》的记者拍摄了专题节目。

组织"抗日战争胜利60周年"枣庄市赴港报告团

2005年9月2日至5日，应香港地区中国和平统一促进会的邀请，市侨联参与筹备组织的演讲报告团赴香港参加了"亚太战区华侨华人纪念抗日战争胜利60周年"纪念大会。由于准备充分，枣庄市报告团在纪念大会上演讲的《血战台儿庄》和《威震八方的铁道游击队》两个报告多次得到与会者的热烈掌声，很多华侨、华人留下了激动的热

泪。报告团还在市侨联的联络下，拜会了参加纪念大会的部分海外侨团和著名侨领。此次赴港演讲，加深了亚太地区华人华侨对台儿庄大战、枣庄铁道游击队的进一步了解，宣传了枣庄，扩大了枣庄在亚太地区的影响，提高了枣庄的知名度，促进了枣庄与香港地区及海外华人华侨的文化交流，为枣庄加强与香港地区及海外华人华侨在经贸等领域的合作打下了基础。省侨联饶曼妮主席到枣庄调研时，对市侨联筹备组织报告团赴香港演讲获得圆满成功给予了充分肯定，市侨联被省侨联评为2005年度文化交流工作先进单位。

善始善终，做好外商投资项目服务工作

2005年3月，法国浙江同乡会会长占永平（法国和平统一促进会常务会长、法国东方房地产有限公司总经理），副会长林毅良、柳晨曦、林毅浩一行7人，经朋友推荐到枣庄考察投资项目。市侨联作为引荐单位之一，做了大量服务工作。2006年4月，市侨联主席张光明陪同法国客商参加了市委、市政府在杭州举行的“山东枣庄（浙江）经贸合作恳谈会”。会上，外商与市规划局正式签定了项目建设合同书。外商在反复考察和市委、市政府主要领导明确表示给予大力支持的情况下，于当年12月在枣庄市工商部门登记注册了外商独资企业——枣庄舜天房地产开发有限公司，拟在新城区开发建设急需的大型商业服务项目——舜天国际大厦。该项目是一个集商铺与高档住宅为一体的高层建筑，建筑面积约6万平方米，预计投资1.7亿元人民币，被市委、市政府确定为新城建设的十大工程之一。外商在缴付了土地出让金后，土地使用权证却因种种原因迟迟办不下来。2007年投洽会期间，市政府决定把该项目列为大会集中开工项目之一，举行了隆重的开工仪式。但土地使用权问题仍悬而未决，几百人的施工队伍和各种施工设备只好停在那里，外商心急如焚。为此，市侨联多次向有关部门和市政府分管领导反映，并向市委主要领导作了当面汇报。2007年10月份，就该项目建设土地使用权问题市侨联又向市委主要领导作了书面汇报，市委、市政府主要领导及市政府分管领导对此都作了重要批示。最终使该项目土地使用权问题得到妥善解决，了却了外商几年的一块心病，外商董事长及高管人员专程到市侨联当面致谢。

组织参加世界华人小学生作文大赛

世界华人小学生作文大赛是由中国侨联、全国台联、人民日报海外版、中国国际广播电台、中央电视台等单位联合举办的，目的在于加强海内外中华儿女在学习、生活等方面的交流和沟通，增进友谊，弘扬中华民族的传统文化。大赛从2000年开始，每年举行一次。市侨联按照省侨联的统一要求，从2003年开始连续参加了大赛，2006年，市侨联推荐的参赛作品共有16篇获奖，市侨联同时获得大赛优秀组织奖。

组织参加首届全省侨界书画摄影作品展

2006年，为庆祝中国侨联成立50周年，丰富全省侨界文化生活，省侨联决定举办首届全省侨界书画摄影作品展。省委领导对此项活动非常重视，省委常委、省总工会主席柏继民专门题写展名，省侨联也两次专门下发通知。市侨联在全市侨联工作者、归侨侨眷和社会各界中广泛进行宣传发动，共收到各类作品60余幅。随后邀请枣庄市著名书画摄影家对作品逐一进行初选，对选出的书画作品统一装裱、对摄影作品制作相框并统一上报，共有17幅获奖，其中，一等奖3名，二等奖7名，三等奖7名，市侨联获作品展组织奖。

争取“山东省侨联侨商投资服务基地”

2007年6月，省侨联下发了关于建立“山东省侨联侨商投资服务基地”的通知，计划在部分县（市、区）设立“山东省侨联侨商投资服务基地”。山亭区被省侨联确定为“山东省侨联侨商投资服务基地”5个县（市、区）之一。

开展侨资企业发展调研活动

2008年是中国侨联确定的“调研创新年”。为进一步掌握枣庄市侨资企业发展现状，按照全国、省侨联对调研活动的要求，市侨联于6月27日至7月9日深入到五区一市及枣庄高新区对侨资企业开展了专题调研，实地察看了12家侨资企业，与企业负责人进行了座谈，深入了解企业等有关方面的意见建议。市侨联将调研报告上报省侨联，并在省侨联召开的“调研创新年”活动交流会上作了交流发言。

荣获全国侨联、省侨联表彰

2014年12月19—20日，中国侨联青年委员会在枣庄举办“海外侨界杰出青年枣庄行”活动

2009年7月14—17日，第八次全国归侨侨眷代表大会召开，市侨联张光明主席参加了会议。会上，张光明、王玉如、徐二妹3名同志被中国侨联表彰为全国归侨侨眷先进个人。9月7日至9日，山东省第八次归侨侨眷代表大会召开，枣庄市共有11名代表出席，刘建国、杜金亮、吴颖、孙艳霞、王海林、徐海波、裴永建7名同志被省侨联表彰为全省归侨侨眷先进个人，市侨联和市侨联机关时光义同志被省人力资源和社会保障厅与省侨联联合表彰为全省侨联系统先进集体和全省侨联系统先进工作者。

圆满协助解决涉侨案件

一名朝鲜归侨（生前为枣庄橡胶厂退休职工）于2009年11月底因交通事故死亡，死者家属因与赔偿义务人就赔偿数额协商无果，向法院提起诉讼。得知此情后，为维护死者家属合法权益，一审、二审期间，市侨联安排专人到市中区了解情况，与该案代理律师及审案法官多次交换意见，提出依法公正处理此案，并支付费用帮助一名被上诉人做了智力障碍等级鉴定。2011年3月，市侨联将该案情况反映给市人大内司委，内司委领导在认真研究后向二审法院提出建议，希望法院考虑该案的特殊性，司法上给予更多的人文关怀。在市侨联的积极联系协调和有关方面的支持帮助下，历时近两年的涉侨案件，最终得以妥善解决。2011年5月9日，死者亲属专门到侨联致谢，并赠送一面“救民水火千秋颂、困难之时伸援手”的锦旗。

江苏省侨联五届十五次常委会议在枣召开

2011年8月30日至9月1日，江苏省侨联在枣庄召开了五届十五次常委会议。会议的召开，为枣庄侨联与江苏省12地市侨联之间搭建了联络联谊、交流互动的平台。

大力宣传枣庄市侨界精英

2011年，市侨联向省侨联推荐青年委员会理事7名，其中，安全忠被选为省侨联青年委员会常委副会长。同年11月，省侨联《齐鲁乡情》杂志专程采访安全忠先生，随后在杂志上刊发了安全忠先生个人成长经历及他所创办的安侨集团发展壮大的过程。另外，市侨联向中国华侨出版社推荐《侨星谱》入编人选4名。

（三）繁荣发展时期（2011—2017年）

2011年以后，枣庄市归侨侨眷和海外侨胞、海外留学人员数量急剧上升，市侨联的为侨服务、联络联谊、维护侨益、参政议政、为经济建设服务、公益事业等各项工作百花齐放。2013年在第九次全国归侨侨眷代表大会召开期间，协助省侨联做好相关推荐工作，推荐龙晓华为“全国侨联系统先进个人”1名，“全国归侨侨眷先进个人”2名，推荐安全忠为“全国侨界十杰候选人”1名。向市委宣传部推荐安全忠为“枣庄好人”。2015年市侨联荣获2011—2015年度“全国侨联系统维权先进单位”称号，促成台儿庄古城鲁班纪念馆荣获“中国华侨国际文化交流基地”称号。推举王玉如为中国侨联委员，推荐省侨联委员1名、海外委员1名。2016年市侨联荣获“山东省精神文明先进单位”称号，3名工作人员荣获市委市政府先进个人称号，其中三等功1名、嘉奖2名。2017年7月3日，李源潮副主席到枣庄调研群团工作，对市侨联工作给予充分肯定。

1．温暖侨心，为侨服务

中国侨联领导首次来枣走访慰问

2012年1月9日，中国侨联人事部副部长林晓东率中国侨联春节慰问团一行3人在省侨联主席梁波的陪同下，到枣庄市开展“送温暖、献爱心”活动。中国侨联领导一行走访慰问了家境困难的越南归侨徐二妹、93岁高龄的安老夫人、抗美援朝归侨韩老太太和贫困交加的孔庆伦老师。林晓东部长代表中国侨联林军主席及各级侨联组织给广大归侨侨眷拜年，向他们致以亲切的慰问和新春的祝福，为4户归侨侨眷共送去慰问金8000元。受访的归侨侨眷纷纷表示感谢党和政府以及各级侨联组织对他们的关怀。

为侨扶危济困渡难关

2012年，市侨联大力争取中国侨联3万元专项扶贫救助资金，重点扶助因病因灾造成生活困难的10户贫侨，分别资助3000元现金。同年9月，台属高启元（台湾国防部原部长弟弟）老先生不幸摔伤，儿子身患癌症，女儿精神障碍，生活贫困交加，得知情况后市侨联向中国华侨公益基金会申请“安侨爱心专项基金”5万元救助高老先生家庭。

首次举办护侨法律讲座

2013年，积极为侨界群众和侨资企业提供法律咨询和维权服务，举办“关爱侨胞、维护侨益”专题法律讲座，邀请中国侨联姜凤岩部长来枣主讲，增强侨界群众法律意识。

推进纲领文件印发

2014年10月31日，根据中央、省委下发的《关于进一步加强和改进新形势下侨联工作的意见》和市领导的批示意见，先后征求23个市直部门的意见建议，几易其稿，制定出台了枣庄市首个《关于进一步加强和改进新形势下侨联工作的实施办法》。

协助归侨侨眷子女入学

香港客商李天德之孙因无法转入枣庄市实验幼儿园新城分园迟迟没有上学，为让侨商安心经营，市侨联联合市招商局向市教育局提出申请，多方协调奔走，帮助李敬淳于2015年10月顺利入托，以解在枣外商后顾之忧。

积极推进基层侨联组织建设

经过市侨联的积极努力，争取市委市政府高度重视、相关部门大力支持侨联基层组织建设，2017年5月27日，在市委市政府提出明确目标和要求的基础上，市编办专门下发了《关于加强区（市）侨联工作有关问题的通知》，破解区（市）侨联组织“五无”难题，为下一步区（市）建立侨联组织及解决编制问题打开局面，也成为省内兄弟地市加

强基层侨联建设的一个有力借鉴。

枣庄市委深改组审议通过《枣庄市侨联改革方案》

2018 年 6 月 28 日，十一届市委全面深化改革领导小组第十二次会议召开，审议通过《枣庄市侨联改革方案》，并以室字〔2018〕55 号文印发。

2. 以侨引侨，联络联谊

组织开展留学生联谊活动

2012 年 8 月，组织枣庄籍海外留学生 20 多人到市中区永安乡敬老院开展“情系孤寡老人”活动，为老人送上粮油生活用品；到驻枣部队开展“军营生活体验”活动，为军人表演节目、带去欢乐。

促成签约“友好城市”

2012 年，促成枣庄市与法国奥尔南市签订“友好城市”协议，建立与欧洲华侨华人的友好交往，搭建了枣庄与海外侨团侨领密切联系的绿色通道。

协助国民党将领子女寻访父辈抗日战争足迹

2013 年，协助中央电视台《军事频道》节目组及国民党 60 军、共产党 50 军将领子女来台儿庄追寻父辈们的抗日战争足迹，录制纪录片。

协助中国侨联宣传推介枣庄侨界精英

2013 年，协助中国侨联“华人启示录”节目组专访安侨集团安全忠董事长，宣传安总的创业历程、积极作为和社会贡献，节目已在全国 56 家电视台播出。

海外宣传枣庄文化

积极联系美国纽约山东同乡会会刊，开辟枣庄专版，宣传中国最美水乡—台儿庄古城和台儿庄大战纪念馆，扩大运河文化和抗日战争文化海外辐射和影响。

组织参加“中国梦”相关活动

2013 年，组织全市侨界干部群众参加省侨联举办的“中国梦·中华情”主题征文活动，2 名同志荣获二等奖。2013 年，举办“信仰与中国梦”报告会，邀请中国矿业大学李金齐教授为侨联系统党员干部授课，加深对“中国梦”的理解，坚守时代信仰。

首次承办中国侨联大型活动获书面鼓励

在市委市政府领导的重视关心和市委接待处、市招商局的全力支持下，2014 年 6 月，圆满承办了北京大学·中国侨联 2014 海外侨领国情研修班现场教学活动。来自 40 余个国家的 90 余名海外侨领到枣庄参观考察，与枣庄市企业进行座谈交流。活动结束后，中国侨联组织人事部专门发来感谢信，高度评价枣庄侨联周密细致的组织工作。

首次承办中国侨联青委会活动

2014 年 12 月，成功承办中国侨联青委会“海外侨界杰出青年枣庄行”活动。来自 30 余个国家的 130 余名海外杰出青年到枣庄参观考察，活动得到了各级领导的充分肯定和一致赞誉。中新社对活动进行了跟踪报道，报道转发 30 余个国家 65 家网站。

联合成立枣庄市侨商联合会

2015 年，与市外侨办共同成立枣庄市侨商联合会。聘请美国安侨集团董事长安全忠、匈牙利瑞马集团总裁任亮为荣誉董事长、安侨集团董事长安全平任会长，山东王晁水泥总经理黄五湖为常务副会长、丁乔奇、张辉、林德贤、周琳琳为副会长，高堃为秘书长。多次召开海外高层次人才座谈会、侨商座谈会等，搭建海内外沟通交流桥梁。

出访海外设立联络站

2015 年，市侨联跟随市文化招商考察团访问奥地利、意大利，分别在奥地利、米兰、罗马设立“枣庄侨联海外联络站”，开创枣庄对欧发展、联络联谊、文化交流的新平台。

承办省侨联大型活动

2016 年 10 月，成功举办“海外侨胞故乡行——走进山东·枣庄”活动。来自 8 个国家的 22 位山东籍海外侨领前来枣庄开展活动。活动期间，市侨联就侨胞意向项目安排了多次与本地企业的对接洽谈活动，促成多家企业达成合作意向。通过活动，促进枣庄市侨联进一步与“一带一路”沿线国家侨领侨商建立联系、加深合作，扩大海内外朋友圈，宣传枣庄抗日战争文化。

成立枣庄市留学人员及眷属联谊会

2016 年 12 月 26 日，枣庄市侨联举行了枣庄市留学人员及眷属联谊会一届理事会，同时召开留联会成立大会。通过了《枣庄市留学人员及眷属联谊会章程》，聘请张德兴、安全忠为顾问，选举国家“千人计划”特聘专家、山东“泰山学者”特聘专家、美国归侨博士、山

2015年10月20—22日，由中国侨联指导，山东省侨联主办，枣庄市侨联承办的“侨聚枣庄　红色之旅”抗日战争图片展在中国华侨国际文化交流基地—台儿庄大战纪念馆举行

东威智医药有限公司董事长魏彦君为会长，枣庄汉诺集团党委书记白书生为常务副会长，谷艳、张切易、陈启升、杜宜俊、周林林、陈辰、候云腾、王唯为副会长，程文强为秘书长。国内外20余家友好侨团侨联发来贺信贺电，东营市侨联专程到会祝贺。留联会成立后，市侨联及时开通“侨聚枣庄”“枣庄市留学生”微信群，组织留联会会员开展视察侨资企业活动、参与外宾翻译接待、座谈交流活动等，增进了解，提供合作机遇。

争取枣庄市首个“中国华侨国际文化交流基地”

2016年1月，中国侨联确认27个单位和机构为第二批中国华侨国际文化交流基地，台儿庄古城成为山东省唯一获得此殊荣的单位。

首次聘任市侨联海外委员

2017年4月19—22日，邀请菲律宾中华和平发展促进会一行10人到枣访问，市侨联与菲律宾中华和平发展促进会签订友好协议，在菲律宾设立市侨联海外联络站，并聘任王永议、陈少霖、王珍艺、谢培英、王名翼、李栋军、王珍海、王名渠等8位菲律宾侨胞为海外委员。

促成菲律宾打拉市与枣庄市缔结友好合作关系

2017年7月，经市侨联牵线搭桥，市侨联海外委员、菲律宾中华和平发展促进会会长王永议引荐，菲律宾打拉市市长等一行12人到枣庄访问考察，与枣庄市签约友好合作关系，并到有关重点企业考察，与水泥、橡胶等相关企业达成合作意向。

首次全程承办中国侨联“亲情中华”夏令营活动

2017年7月26日—8月5日，由中国侨联主办、山东省侨联和枣庄市侨联承办、枣庄市立新小学协办的“亲情中华”夏令营，首次全程由市侨联承办，共有来自荷兰、意大利的21名师生到访，和枣庄12名学生一起开展了为期13天的交流活动。海外华裔青少年们将传播中华文化，讲好枣庄故事，做中华传统文化和山东儒家文化、枣庄抗日战争文化的学习者、推动者和传播者。

美国枣庄同乡会、美国枣庄总商会成立

2017年10月，美国枣庄同乡会、美国枣庄总商会正式在美国纽约成立，杨宜岳先生当选会长、王金水先生当选理事长、安光阳女士当选副会长兼秘书长。长期以来，在海外的枣庄人吃苦耐劳、顽强拼搏、团结互助，在当地经济科技、文化、教育、政治等领域有所成就。成立同乡会是海外枣庄人多年的心愿，目的是为了更好地团结乡亲，为枣庄开放型发展服务，为枣庄招才引智服务，并使第二代、第三代海外枣庄人牢记家乡，报效祖国。

美国纽约市议员顾雅明一行来枣考察访问

2018年7月，美国纽约市议员、法拉盛华商会理事长顾雅明、程丽珍夫妇，纽约中国民歌艺术合唱团团长甘台宁带领纽约市华人文化交流考察团一行27人来枣考察访问。考察团一行先后参观考察了中国侨联爱国主义教育基地—台儿庄大战纪念馆、中国侨联侨爱心工程项目—枣庄市立新小学西校、安侨集团和枣庄市电子商务产业园。

3. 汇聚侨智，参政议政

2012年，市侨联积极做好市十五届人大代表、九届市政协委员的推荐工作，共推荐侨界人大代表2名，政协委员6名。

2012年，市侨联全力推荐第十二届全国人大归侨代表预备人选1名，推荐安全忠为中国侨联常委，推荐中国侨联九次侨代会代表2名、委员1名，推荐省侨联海外委员1名、青委会副会长1名。

侨界委员积极参政议政

2013年以来，全市各级侨界人大代表、政协委员共撰写政协提案、人大建议36件，建议意见22条，3篇提案被列为重点督办提案，收入《市政协提案汇编》，其中，龙晓华委员的《关于进一步加强农村文化工作的建议》被市委、市政府、市政协评为优秀提案。市政协九届二次会议议政大会上，侨界委员龙晓华和季文野现场发言，龙晓华撰写的《坚持五态统筹建设美丽大新城》提案先后在《枣庄日报》《枣庄通讯》《枣庄社会科学》《春秋》上刊登，季文野撰写的《关于推动我市中小学生义务教育小班化的建议》提案也在议政大会上发言，两篇提案均被收入《市政协提案汇编》，产生了良好的议政反响。

2016年，市侨联党组精准普查、认真筛选，推荐市十一次党代会代表1名，市十六届人大代表、常委1名，省政协委员1名，市政协十届常委1名、委员5名，新当选市政协委员3名，有效激发了侨界参政议政活力。

4. 凝聚侨力，服务经济

积极向国家、省、市推先树优

成功推荐山东威智医药公司董事长、国家“千人计划”学者魏彦君荣获中国侨界创新人才贡献奖，并作为山东省代表在第五届新侨创新成果交流表彰会上领奖。协助央视四套《华人启示录》

2017年7月4—6日，经市侨联牵线搭桥，菲律宾打拉市市长到枣庄访问考察，并与枣庄市签约友好合作关系城市

节目专访了魏彦君的创业历程和技术贡献。积极推荐侨界优秀代表魏彦君、徐二妹作为全省“时代楷模”和“最美人物”候选人，枣庄市共推荐3人，其中2人为侨界人士。

承担市政协侨资企业专题调研课题

2014年6月，组织市政协部分委员深入5家侨资企业现场调研情况，随后市侨联形成3500字调研报告上报市政协，以市政协文件印发报送市政府，张术平市长批阅肯定调研成果，张兵副市长亲笔批示“市侨联、市外侨办要认真加以研究，日常中要注意与侨资企业加强联系、搞好调研，及时帮助及提报市政府研究解决存在的问题”。

承办中国侨联抗日战争图片展

2015年圆满承办“侨聚枣庄红色之旅”抗日战争图片展暨经贸洽谈会活动。来自14个国家和地区的120余名侨领侨商参加活动。活动促成多家企业达成合作意向，得到了各级领导及海外侨领侨商的一致肯定。

紧跟“一带一路”，服务经济发展

2016年，共招引外资实际到位12709万元。促成威智药业固体制剂和手性制剂建设项目落地，合同总资金5亿元，到位固定资产1.6亿元。协助威智药业荣获第六届中国侨界贡献奖（创新企业），并获市政府100万元科技创新奖金，其公司一名专家被评为“泰山学者”。2017年促成碧桂园与安侨集团签订框架协议，陪同周宗安副市长、安侨集团前往广州碧桂园总部考察洽谈，市侨联安排专人跟踪服务碧桂园项目。

中国侨联领导来枣庄调研新侨创新创业工作

2017年5月，中国侨联副秘书长、经济科技部部长赵红英带队到枣庄调研新侨创新创业工作，实地视察了安侨集团、枣庄市电子商务产业园等，对安侨集团作为山东省优秀侨资企业，在服务经济、奉献社会方面发挥的良好的引领示范作用给予肯定，对2016年度“中国十大慈善家”、安侨集团董事长安全平情系桑梓、回报社会的爱心奉献表示充分肯定和赞誉，对枣庄市侨联服务新侨工作表示充分肯定。

联合主办“中国原创世界共享——文创·科创中国第一榜书荷兰展总结推广会”

2018年5月，枣庄市侨联联合枣庄市侨办、枣庄市国际公共关系协会共同主办“中国原创 世界共享——文创·科创中国第一榜书荷兰展总结推广会”。市政协、枣庄学院、市侨办、市文广新局、市委宣传部、市委统战部、市委党校、市中区相关领导及市国际公共关系协会等嘉宾近50人参加。与会人员一起观看了《中国原创 世界共享文创·科创中国第一榜书荷兰展》专题片，“中国第一榜书”书法家张切易讲述了在荷兰海牙举办的“古韵留香”中国书画展的情况，并就如何将传统文化传播与科技创新融合发展进行了详细的介绍。

世界领先、中国唯一的高科技医药项目签约枣庄

2018年6月，通过枣庄市侨联的引荐，山东益华、北京睿诚海汇植物瞬时表达药用蛋白项目签约仪式在枣庄市政大厦举行。北京睿诚海汇健康科技有限公司董事长王跃驹与山东益华生物科技有限公司董事长李华伦现场签约了项目。

5. 爱心接力，助推公益

不断争取“侨心工程”项目

2012年3月，向中国华侨公益基金会争取“侨心工程”项目——“山亭区城头镇陈时村小学侨心工程”正式立项；5月份，30万元的捐建资金足额到位。9月1日，高起点规划、高标准建设的“彬宜爱心小学”正式启用，市侨联向学校捐赠了篮球架、乒乓球案、单双杠等体育器材一套，丰富师生的文体生活。11月8日，“彬宜爱心小学”落成典礼隆重举行。同时配合中国华侨公益基金会到彬宜爱心小学进行基金会成立二十周年纪念晚会开场节目录制。

首次在中国华侨公益基金会设立专项基金

经过市侨联不懈努力，架设中国华侨公益基金会和山东安侨集团之间的桥梁，促成山东安侨集团在中国华侨公益基金会设立“安侨爱心专项基金”。2012年9月12日，“安侨爱心专项基金”捐赠仪式在市中区龙子心中学隆重举行。目前，“安侨爱心专项基金”已向中小学校捐建侨心小学2所，“安侨爱心图书室”11个，爱心村委会、爱心大道、爱心警务室等爱心项目20余个，累计捐赠资金6600余万元。

争取中国侨联“侨爱心项目”

2014年争取中国侨联侨爱心工程项目，捐建侨心学校3所：鲍柏强生爱心小学、金斗营侨心中学和西斗城林东爱心小学。向中国侨联申报台儿庄二中“树人班”项目，争取资助50名中学生3年生活费、学杂住宿费等合计61.5万元。

感动侨胞助学兴教

2014年10月4日，王玉如主席放弃节假日，来回奔波26个小时前往广东中山市坦洲镇为澳门东井圆佛会会长、“活佛”林东贺寿，以诚待人、以情感人，争取捐赠20万元建设山亭区西斗城林东爱心小学。随后，广泛联系市体育局、市地税局等部门，向全市5所侨爱心小学捐赠了3套体育器材、55套办公桌椅、橱柜、沙发和20台电脑。10月25日，先后为枣庄市捐建2所爱心学校的美籍华人王家凤女士，专程来枣了解学校建设使用情况，并对捐建学校的建设使用情况很满意，当即表示再为彬宜爱心小学微机室添置电脑，以改善现有教学条件。

2015年11月27日，安侨集团与市教育局、市中区政府签订建校协议书，捐赠6000万元建设枣庄立新小学西校，项目规划占地75亩，一期主体已经完工使用，二期正在建设中。

枣庄籍侨领海外获赞誉

中国侨联常委、纽约山东同乡会会长、美国孔子基金会会长安全忠积极参与住在国公益事业，美国国会众议员孟昭文、办公室社区主任李熙庆向安全忠颁发了表扬状，并宣布2015年10月6

日为联邦第六选区“安全忠日”，这是首个以华侨命名的纪念日。2016年9月27日，习近平总书记访美期间，安全忠作为在美侨胞代表受到了习总书记接见并在前排合影留念。

侨联海外委员为侨心公益助力

2017年，王永议、陈少霖、王珍艺、谢培英、王名翼、李栋军、王珍海等7位枣庄侨联海外委员积极参与公益事业，通过中国华侨公益基金会“安侨爱心专项基金”捐赠10万元，为枣庄市立新小学西校建设一所“爱心图书室”。

讲好枣庄故事 走进“侨爱新村”文化春宴贺年会

2018年2月，由中国侨联常委、中国侨商联合会副会长、美国孔子基金会名誉会长、美国安润投资集团董事长安全忠捐建的枣庄市薛城区邹坞镇侨爱新村（杭庄村），迎来了一年一度的“侨爱新村”文化春宴贺年会，这是安全忠第四次个人出资召集村民一起团拜，庆贺新春。枣庄市留联会副会长张切易等16位书画名家进行文化走亲，挥毫泼墨，为居民们书写新春联。随后，全体村民欢聚一堂，摆开乡宴30桌共同欢庆新年的到来。

首次举行公务礼品档案移交仪式

2018年4月，枣庄市侨联全体人员到市档案馆出席公务礼品档案移交仪式，向档案馆移交打拉市政府赠送给枣庄市象征友谊的“金钥匙”、缔结友好城市的授权牌和打拉市市长赠送给枣庄市长的工艺桌牌。市档案馆向市侨联颁发了馆藏证书。

二、枣庄市侨联发展的经验启示

如今，市侨联已经走过了37个春秋，经历了从无到有的过程，在为侨服务、海内外联谊、维护侨益、为经济建设服务、参政议政、公益事业等各个方面的服务日益完善，取得了可喜成绩，在近40年的发展历程中积累了丰富的经验和教训，主要有以下几点：

（一）做好侨联工作必须强化调查研究，不断改善联系侨界群众的方式方法。

随着老一代华侨华人渐渐淡出历史舞台，新华侨华人、华裔新生代和留学人员比重日益加大，知识层次不断提升，海内外侨胞特别是侨界各类人才已经成为推动经济社会发展的特殊群体。但是，侨联依旧沿用过去的方式联系侨界群众，拓展新侨能力不足。同时，由于侨联组织自身职能限制，无法直接为侨界群众提供各种政策扶持、生活帮助等支持，缺乏有力的、有效的凝聚侨心的手段和措施，影响了侨界力量的发挥。

因此，做好侨联工作的前提是强化调查研究工作，及时了解全市范围内的基本侨情变化，将加强和创新社会管理同做好侨界群众工作紧密结合，真正发挥桥梁纽带作用，深入开展走访活动，加强与侨界群众沟通联系，进一步融洽与侨界群众之间的感情，切实做好排忧解难工作。加强与海外侨胞特别是新出国留学人员的联系，关心他们国内眷属的工作和生活，关注和了解新侨回国工作创业遇到的问题。在归侨侨眷数量多且分布较集中的地方，积极协调建立侨（社）团组织，发挥侨（社）团组织的联系作用，切实维护广大归侨侨眷的合法权益。关注和了解困难侨眷情况，给予精准帮扶。使侨联干部成为真诚贴心的归侨侨眷和海外侨胞之友，使侨联组织成为深受信赖的归侨侨眷和海外侨胞之家。

（二）做好侨联工作必须完善服务平台，不断增强对侨界群众的吸引力和凝聚力。

近年来，随着海内外侨情的变化，新侨开始在政治、经济、科技、文化等领域崭露头角，成为侨联服务的重要组成部分。目前，侨联与大多数新侨缺乏沟通与了解，现有工作平台缺乏足够的吸引力，适合新侨施展才能的平台载体还很欠缺。还存在工作手段单一、活动与侨胞的需求不尽一致等情况，活动效果平平。

因此，做好侨联工作，侨联组织既要发挥好现有平台的积极作用，还要搭建适合时代发展和工作要求的新型平台，完善服务侨界群众的手段。同时，对于侨商会、留联会、微信群等较为成熟的平台，指导它们继续发挥积极作用。针对服务对象的特点和需求，引领各种平台开展更加切合实际、富有实效的活动，不断增强对侨界群众的吸引力和凝聚力。

（三）做好侨联工作必须大力培养干部，不断提高侨联干部的业务素养。

侨联系统干部目前存在“进得来，出不去”的问题。缺少切实可行的干部轮岗交流等方面的培养规划。

因此做好侨联工作必须制定干部培养使用规划，加大干部培训力度。要加强侨联与党政部门之间的干部双向交流并予以制度化。推动优秀侨联干部到基层一线实践锻炼，进一步激发侨联干部队伍建设活力。定期安排一定比例的侨联干部赴基层挂职或到党委、政府及其他群团交流任职，提高群团干部的综合素质和能力，解决干部的交流使用问题。加强对侨联干部尤其是基层侨联干部的教育培训，不断更新干部的知识体系，提高业务素养。

审稿人：王玉如

撰稿人：杜　盈　段本强

枣庄经济社会事业发展综述

1978年12月，中共十一届三中全会确立了解放思想、实事求是的思想路线，作出了将全党全国工作的重点转移到社会主义现代化建设上来的战略决策，提出了“对内搞活、对外开放”的总方针，开创了改革开放和社会主义现代化建设的新纪元。40年来，枣庄市委、市政府带领全市人民高举中国特色社会主义伟大旗帜，以邓小平理论、“三个代表”重要思想为指导，深入贯彻落实科学发展观、五大发展理念、习近平新时代中国特色社会主义思想，进一步解放思想，锐意改革创新，积极扩大开放，全市改革开放取得辉煌的成就，基本实现了由传统计划经济体制向社会主义市场经济体制的转变，由封闭的、内向型经济向开放的、外向型经济转变，由盲目、粗放型发展向科学、集约型发展转变，极大地解放了社会生产力，经济社会综合实力大为增强，政治文化全面发展，社会安定和团结，人民生活水平有了质的飞跃，全市经济社会发展步入科学发展、和谐发展、率先发展的新轨道，踏上了又好又快发展的新征程，谱写了创新、协调、绿色、开放、共享发展的新篇章。

一、经济社会发展呈现阶段性特征

改革开放40年，是思想不断解放、认识不断提高、理论不断创新、实践不断探索、改革不断深化、开放不断扩大、发展不断跨越的40年。大体经历了五个主要发展阶段。

（一）从1979年到1982年，是以农村改革为先导、各项改革初步展开的阶段

这一时期，枣庄在党的正确路线指引下，拨乱反正，医治了动乱的创伤，在粉碎“四人帮”群众运动的基础上胜利前进，及时把党的工作重点转移到经济建设上来，并按照党中央确定的调整、改革、整顿、提高的方针，进行国民经济的调整工作，使枣庄市这个深受林彪、江青反革命集团破坏的重灾区走上了胜利发展的道路，同全国、全省一样，全市各条战线都取得了很大的胜利，出现了政治上安定团结、思想上空前活跃、经济上持续发展、党的建设进一步加强的大局面，整个形势发生了根本的变化。

中共十一届三中全会以后，枣庄市加快了平反冤案错案、解决历史遗留问题的步伐，在落实党的政策方面，取得了很大成绩，全市解决了近3万人的问题，遭到林彪、“四人帮”严重破坏的干部政策、知识分子政策、民族政策、宗教政策、侨务政策、对原工商业者的政策、对原国民党起义投诚人员的政策等，都陆续得到落实。右派分子、地富分子的摘帽工作已全部结束，属于错划的已经得到更正。枣庄市还发扬了社会主义民主，加强了社会主义法制，整顿了社会秩序，打击了各种刑事犯罪分子和反革命分子，保障了人民的正当权利。所有的一切，极大地调动了各方面积极性，全市出现了安定团结、生动活泼的政治局面，并不断巩固发展。安定团结、生动活泼的政治局面是来之不易的，是认真贯彻执行党的路线、方针、政策的结果。只有按照党的政策办事，团结绝大多数人，使广大人民群众政治上享有民主权利，经济上得到物质利益，安居乐业，才能保证安定团结、生动活泼的政治局面更加巩固。

在思想上，通过拨乱反正，肃清极“左”路线的影响，逐步分清了路线是非，使全市的思想开始回到了党的一切从实际出发、理论联系实际、实事求是的辩证唯物主义思想路线上来。党的这条思想路线，是经过长期革命实践而确立的，它对我们在各个革命时期的复杂情况下，统一全党的认识和步伐，解决各种新的问题，保证革命和建设的胜利，起到重大的作用。中共十一届三中全会前后，通过实践是检验真理标准问题的大讨论，深入贯彻党中央提出的解放思想，开动脑筋，实事求是，团结一致向前看的方针，全市冲破了许多禁区，思想有了很大解放。许多过去不敢想的事敢想了，不敢说的话敢说了，该办而不敢办的事情办了。随着思想的解放，思想路线逐步端正，注重了从实际出发、实事求是、按照客观规律办事，促进了各项事业的发展。实践证明，思想是否解放，思想路线是否端正，同各项事业的发展紧密相关。

在经济上经过恢复调整，取得了很大成绩，走上了健康发展道路。发展国民经济，不断满足人们的物质和文化生活的需要，是无产阶级夺取政权之后最根本的任务。中共十一届三中全会以来，枣庄市清除林彪、“四人帮”在经济领域里的流毒和“左倾”错误思想，各级党组织敢于抓经济，落实各项经济政策，采取一系列切实可行的措施，使国民经济很快得到了恢复和发展。在农业上认真贯彻中央关于发展农业的两个文件，注意调整农业内部结构，尊重生产队的自主权，坚持按劳分配原则，建立各种生产责任制，特别是联产承包责任制，极大调动了社员群众的社会主义积极性，到1982年全市基本实行了“大包干”为主的家庭联产承包责任制。责任制实行以后，做到了“交足国家的，留足集体的，剩下都是自己的”，改革使得生产关系中劳动者的权、责、利有

机结合起来，激发了农民生产积极性，农业生产得到较快发展，农村出现多年未见的生机勃勃的兴旺景象，农业连续几年获得丰收。1982年，农林牧渔业总产值达到7.71亿元，比1978年增加2.94亿元;粮食总产量达到108.9万吨。水果产量4.34万吨；肉类总产量3.56万吨。农民人均纯收入达到304元，是1978年的2.3倍。在工业上按照八字方针，进行了一些调整和改革，扩大了企业的一些自主权；在国家计划的指导下，注意了市场调节的作用；整顿和加强了企业的经营管理，提高了产品质量，降低了成本，增加了盈利，减少了亏损，工业生产持续发展。工业总产值实现13.73亿元，比1978年增加4.46亿元。科技、文教、卫生等各项社会事业也有了很大发展，中共十一届三中全会精神，已经在各个领域发挥了巨大威力。全国恢复高考，枣庄从业人员队伍中高素质人才及时得到补充，大大提高了劳动力资本的质量。全市生产总值增幅于1982年达到39.6%。这一时期是枣庄投入产出效率最高的时期，经济增长呈现低投入、高增长的特征。

（二）从1983年到1992年，是改革由农村向城市以及整个经济领域全面推进并逐步整顿深化的阶段

这一时期，经济波动较大，在经历了1990年经济回落探底短期调整之后，经济增长速度逐年提升，国民经济持续快速发展，总额和经济实力大为增强。1992年,全市生产总值完成69.76亿元，是1982年的4.4倍，其中，第一产业16.54亿元；第二产业35.37亿元；第三产业17.85亿元,分别是1982年的2.9倍、4.4倍、8.6倍。财政收入3.96亿元，是1982年的2倍。第三产业发展较快，增加值占生产总值的比重，由1982年的13.2%，提高到1992年的25.6%。1992年底，城乡储蓄余额达到23.2亿元，比1982年增长38.7倍；城镇居民人均可支配收入1604元，比1982年增长2.6倍;农民人均纯收入达到886元，比1982年增长1.9倍。

这一时期，随着家庭联产承包责任制的推行和普及，农民成为独立的商品生产者和经营者，农业生产力得到彻底解放，农民的生产积极性高涨。按照中央提出的“绝不放松粮食生产，积极发展多种经营”的结构调整思路，枣庄市在发展粮食生产为主的基础上，开始逐步调整农村产业经济结构。粮食生产连年获得丰收，1992年总产和单产均创历史最好水平。1992年，农林牧渔业总产值达到26.04亿元，是1982年的3.4倍；粮食总产量达到162.21万吨；蔬菜总产量首次突破100万吨，达到102.51万吨；水果产量首次突破10万吨，达到10.44万吨；肉类总产量达到5.80万吨；水产品产量突破万吨，达到1.02万吨。同时，农村改革带来了乡镇企业异军突起，使农村集体经济得到迅猛发展。

从1983年开始，经济改革主战场从农村转移到城市，以工业企业为中心的经济体制改革拉开了序幕。国有企业（包括大集体所有制）作为这一阶段改革的中心逐步推开，改革的重点是把原先作为政府附属物和计划指标被动执行者的国有企业，改革成为独立核算、自主经营、自负盈亏的经济主体，从增加工资、容许发放奖金的开始，逐步引入经济奖励机制，极大地激发了国有企业潜在的活力和动力。这个时期，有计划地开发利用煤炭、建材资源的同时，泉上煤矿、薛城啤酒厂、枣庄市磁性材料厂、市二棉厂、雄狮集团、华众纸业等一批新兴企业陆续兴建，鲁南化肥厂研制的“德土古水煤浆加压气化工程”获国家化工部科技进步一等奖，“国家煤化工研究中心”在该厂建成。经过“七五”期间对各项改革措施的“巩固、消化、补充、完善”和不断的治理整顿，枣庄工业在比较宽松的经济环境中持续、稳定、协调发展，效益明显提高。乡镇企业发展较快，成为全市经济的半壁江山。工业投入明显加大，积蓄了发展后劲。1992年，工业总产值首次突破100亿元，达到127.71亿元，是1982年的9.3倍；1985年原煤产量首次突破1000万吨，达到1002.60万吨，到1992年达到1271.97万吨；1985年水泥产量首次突破100万吨，达到104.90万吨，到1992年达到415.13万吨。

经济体制改革不断深化，对外开放进一步扩大，认真贯彻落实《企业法》和《全民所有制工业企业转换经营机制条例》，突出抓了政府职能部门的放权和企业内部改革的深化。在搞好第一轮和第二轮承包的同时，259家区（市）属以上工业企业推行了三项制度改革，占企业总数的92%，47家企业进行了股份制试点。对严重资不抵债的企业进行了破产试点。流通企业全面推行四放开

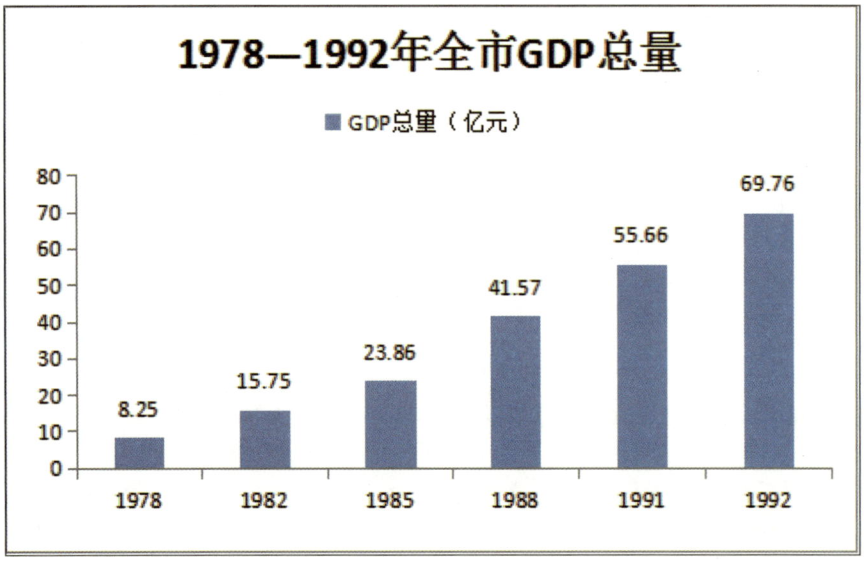

改革，部分国合商业小企业实行了“公有民营”。企业内部分配公开和双向承包的经验，受到省委、省政府的肯定，通过联合兼并，全市发展企业集团44家，其中紧密层的集团企业193家。农村改革在稳定家庭联产承包责任制的基础上，进一步完善统分结合的双层经营体制，大力发展庭院经济，不断壮大集体经济实力，推行农村社会化服务体系建设，加速农工商一体化。推进城乡共同发展的进程，计划、财税、金融、外贸、科教，以及住房、医疗和社会保障等改革都有新的进展，有些方面取得了显著成效。对外开放迈出新的步伐。相继建立了枣庄高新技术产业开发区和滕州、市中两个开放开发综合试验区。

基础设施建设成效明显，城镇面貌发生很大变化。到1992年底，枣薛一级公路、台儿庄公路大桥、台儿庄船闸工程即将完工。程控电话交换机容量达到18668门，开通了移动电话和无线传呼，实现了五区一市的自动联网。市驻地煤气气化率和热化率分别达到67%和17.9%，在全省居先进水平。城市综合开发和旧城改造有较大进展，进一步改善了城市形象和服务功能。各区（市）城市建设卓有成效，各具特色，提高了城镇的经济技术承载能力和辐射能力。全市城市卫生综合治理和“齐鲁杯”活动取得成效，两次被评为全国卫生城。

民主法制建设和社会主义精神文明建设取得进展，巩固和发展了安定团结的政治局面。重视和发挥各级人大及其常委会的作用，不断完善人民代表大会制度，加快了全市民主法制建设的进程。加强对人民政协工作的领导，积极搞好同各级民主党派和无党派人士的合作共事，认真贯彻党的民族、宗教、侨务政策，发展了新时期的爱国统一战线。坚持依法治市，深入推行全民普法教育，增强了全民法制意识。坚持不懈地加强社会治安综合治理，依法严厉打击各种犯罪活动，刑事案件发案率控制在总人口的万分之五以下，低于全国、全省的平均水平，社会治安综合治理工作得到中央和省委领导同志的充分肯定。以创建文明城活动为手段，广泛开展了群众性精神文明创建活动和双拥共建活动。党的宣传、新闻工作较好地发挥了动员、鼓舞、引导和鼓励作用。科技工作取得新的进展，科技进步在经济增长中的比重提高到37%。普通教育、职业教育、成人教育和高等教育四位一体教育体系初步完善，办学条件改善，教育质量提高。计划生育工作，坚持党政一把手亲自抓，负总责，逐级落实人口目标责任制，人口自然增长率控制在12‰以内。土地管理和环境保护工作成效显著，促进了社会的全面进步。文化、广播电视、卫生、体育、民兵预备役等其他各项事业取得新的进展。

（三）从1993年到2002年，是各项改革全面展开并取得重大突破，建立完善社会主义市场经济体制迈出决定性步伐，对外开放逐步向纵深发展的阶段

这一时期，邓小平南方谈话以后，国家出台了一系列促进经济发展的政策，农业结构调整逐步提到重要议事日程，部分乡村完成了新的原始积累。枣庄市委市政府做出了以深化改革为动力，推进农村经济产业化、服务社会化，大力发展社会主义市场农业的决定。农业生产经过连续几年的发展，已基本解决主要农产品的总量问题，开始向质量效益并重的“双高一优”（高产、高效、优质）农业转变，农产品的深加工转化开始起步，农民收入快速回升，年均递增13.3%左右。粮食总产量继1996年达到184.7万吨，1997年又实现了180.1万吨，是历史上的两个高产年。

进入90年代后，在稳定发展能源原材料工业的基础上，坚持走对外延扩大与内涵挖掘并举的路子。以煤炭和建材为主的工业支柱产业不断壮大，并正朝着深加工、精加工的方向迈进，新上了一批冶金、化工、轻纺、机械、电子、食品等加工制造工业，一批技术密集型企业成为新兴工业的生长点。在投资方式上，采取国家、集体、个人共同投资的灵活投资方式，内引外联，工业面貌发生了根本性变化，工业企业由建国初期的9家，发展到以国有企业为主，集体、私营等多种所有制，多种经济成分和多种经营方式并存的工业企业一千多家，形成了以煤炭、建材、纺织、化工工业为支柱，电力、机械、橡胶、造纸、卷烟、冶金、陶瓷等工业为重要组成部分，行业横跨33个行业大类，产品具有较大影响的完整工业体系。到1997年末，全市实现工业总产值354.90亿元，是1992年的2.8倍，为九五期间的进一步推进工业改革奠定坚实的基础。

1998—2002年，国民经济持续健康快速发展。综合经济实力跃上新台阶。2002年，全市生产总值达到313.9亿元，五年间年均增长10.9%。第一产业增加值达到45.75亿元，年均增长5.0%。枣庄市被列为全国庭院经济示范市，市农业高新技术示范园被命名为“山东省特色农业科技示范园”。第二产业增加值162.2亿元，年均增长12.6%。1999年以来，全市规模以上工业利税连续3年保持30%以上的增幅，工业企业亏损面下降至1990年以来的最低点。工业经济综合指数130.6%，比1997年提高48.99%。第三产业增加值105.9亿元，年均增长11.0%。社会消费品零售总额106.1亿元，年均增长9.3%。地方财政收入13.51亿元，年均增长8.8%，连续18年实现收支平衡。全市金融机构各项存款余额200.69亿元、贷款余额183.18亿元，分别比1997年增长69.1%和21.9%。经济结构调整迈出重大步伐。一二三产业比重由1997年的19.3∶47.8∶32.9调整为14.6∶51.7∶33.7，粮经比例由1997年的75.4∶24.6调整为53.4∶46.6，林牧渔业产值占农业总产值的27.9%。传统产业得到改善提升，高新技术产业发展步伐加快。旅游、金融保险、中介服务、信息产业等现代服务业不断发展壮大。所有制结构得到优化，非公有制经济增加值136.2亿元，纳税额12.67亿元，分别占生产总值、纳税总额的43.4%和55.8%，成为财政增收和吸纳就业的重

要渠道。

各项改革取得重大进展。国企改制取得阶段性成果，全市已有1745家乡镇属以上企业进行多形式改制，尽管改制有不到位、不规范的问题，但改制面达到99%。外地15家上市公司先后来枣庄市参与资本运作，累计投资达18.7亿元，一些困难企业借助外地强企扭亏脱困。丰源煤电、神工化工进入上市辅导期。全面推行农村税费改革，农民负担明显减轻，有序推进财税、金融、外贸、价格、流通、住房等改革，逐步形成了适应市场经济要求的运行体制。顺利完成了新一轮政府机构改革，减少行政审批事项55.6%，促进政府职能转变。

对外开放进一步扩大。全面动员开展招商引资，多形式、多渠道吸纳国内外资金，借助外力加快发展。成功举办了三场大型投资贸易洽谈会，有重点开展20余次赴外招商活动。多元化开拓国际市场，五年累计出口创汇6.81亿美元，年出口过百万美元的企业发展到27家。2002年全市进出口总额1.84亿美元，其中出口1.41亿美元。

重点项目建设成效显著。五年来全社会固定资产投资累计完成335.29亿元。工业企业技改投资完成81.7亿元，竣工项目936个，组织实施枣滕矿区、鲁化甲醇、大兴煤矿、金庄煤矿、新源热电等一批重点工业项目，工业发展后劲明显增强。交通、通讯、供电、水利、城市基础设施建设步伐加快。新建、改造公路重点工程18项，累计投资39.4亿元，全市新增公路里程318公里，改建二级以上公路486公里，京福高速公路建成通车。全市公路通车里程1925公里。投资7亿元完成京杭运河整治工程，辖区内主航道全部达到三级标准。农村电网改造完成投资7.49亿元，城乡居民生活用电实现了同网同价。岩马、马河水库除险加固等一批农田水利基本建设项目顺利实施，农业综合开发取得很大成绩。实施新一轮城市总体规划，全市城市建成区面积达到92平方公里，城市综合服务功能显著增强，城市化水平提高到40.2%。

各项社会事业全面进步。深入实施科教兴市战略，五年共取得科技成果847项，其中获得省级以上科技进步奖43项。实施科技推广项目694项，培育高新技术企业31家，市高新技术产业开发区和鲁南化工高科技园建设步伐加快。各级各类教育不断发展，素质教育扎实推进，教育质量明显提高。2002年高考本科上线人数达到3200人，是1997年的4.8倍。社会力量办学迅速崛起，固定资产投资达到6.8亿元。改革农村义务教育管理体制，中小学布局调整成效明显，危房改造基本完成。以枣庄师专为基础，优化高等教育配置，枣庄学院正在加紧筹建。努力稳定低生育水平，人口自然增长率控制在6‰以内。环境保护“一控双达标”如期完成，境内主要河流水质和城市大气环境质量明显改善。全面推进城镇医疗体制改革，农村卫生工作得到加强。文化事业繁荣兴旺，“精品工程”建设成绩突出。体育事业更加普及，枣庄两次被省政府授予“振兴山东体育突出贡献奖”，其他各项社会事业都取得了新成绩。

人民生活水平有了较大提高。2002年城镇居民人均可支配收入达到6493元，农民人均纯收入达到3097元，分别比1997年增长40.4%和28.9%。城乡居民储蓄存款余额达到140.15亿元，是1997年的1.7倍。全面推行住房货币化分配，城镇人均居住面积达到18.4平方米。建成了一批教育、医疗、文化、体育、商贸等公共服务设施，方便了群众生活。高度重视就业和社会保障工作，五年实现就业8.4万人，有3.9万名下岗职工实现再就业，社会保障体系基本建成，“两个确保”得到巩固，“三条保障线”制度逐步完成。

（四）从2003年到2012年，是各项改革全面纵深推进，经济社会实现跃升式发展、对外开放取得辉煌成就的崭新阶段

这一时期，枣庄市农产品供应短缺变为基本平衡、丰年有余，增加农民收入成为农村工作的核心，农业和农村经济发展进入了一个新的阶段。农业发展向高产、优质、高效、安全、生态转变，农业生产和经营逐步发展成为农林牧、种养加、产供销、农工商、农科教育有机结合的复合型经济结构。在前几年徘徊的基础上，农民人均纯收入从2004年开始，连续实现两位数快速增长，农民生活基本达到小康水平，实现了小康阶段性目标。

2003—2007年，经济实力显著增强。2007年，全市生产总值、地方财政收入分别完成922.53亿元，45.23亿元，年均增长16.6%、27.3%；人均GDP、人均财政收入分别是2002年的2.85倍和3.33倍。全社会固定资产投资完成395.24亿元，实现了翻两翻。金融机构本外币各项存款余额484.63亿元、贷款余额344.72亿元，分别比2002年增长141.5%、88.2%。农业农村经济长足发展。粮食总产和小麦单产分别比2002年增长52%、9.1%。市级以上农业龙头企业71家，农村专业合作经济组织599家。工业经济迅速发展。规模以上工业增加值、利税和利润分别完成483.85亿元、227.04亿元和125.19亿元，是2002年的5.3倍、6.6倍和9.9倍。规模以上企业1290家，五年来增加727家。高新技术产业产值占规模以上工业总产值比重提高到9.8%。服务业日趋繁荣。社会消费品零售总额年均增长17.6%。

改革开放取得重大进展。农村综合改革逐步深化，惠农政策全面落实，农业税全部取消。国有企业改革稳步推进，国有资产监管体制基本建立。国有粮食购销企业改革全面完成。财政、金融、投资、流通、事业单位等各项改革积极推进。市商业银行成功组建。所有制结构进一步优化。2007年，民营经济纳税额53.55亿元，是2002年的4.2倍，占全市税收总额的69.2%。招商引资成效显著，累计实际到位外来资金833亿元，年均增长33.5%；累计实际利用境

外资金 4.2 亿美元。累计完成进出口总额 20.9 亿美元，年均增长 26.6%。

城乡面貌发生深刻变化。城市化水平提高 6.5 个百分点，达到 47%。城市基础设施建设累计完成投资 72 亿元。光明大道、南方植物园等一批市政工程相继完成，市行政中心顺利西移。文明生态城创建和经济薄弱村帮扶活动初见成效。公路通车里程达到 6066 公里，是 2002 年的 3.15 倍。区（市）之间全部实现一级以上公路连接。南水北调韩庄段、湖东堤治理、枣庄港、台儿庄复线船闸等重点工程进展顺利。生态市建设全面启动，环境治理明显改善。森林覆盖率提高 6.4 个百分点，达到 30%。

社会事业全面进步。教育事业健康发展。中小学危房改造累计投入资金 2.5 亿元。枣庄学院创建成功，结束了枣庄没有本科院校的历史。科技创新能力不断增强，共取得市级以上科技成果 804 项。抗击“非典”全面胜利。疾病防控和医疗救治“两个体系”基本建立。城市社区卫生服务人口覆盖率达到 42%，新型农村合作医疗参合率达到 81.2%。文化事业繁荣兴旺，柳琴戏列入第一批国家级非物质文化遗产名录。群众体育活动蓬勃开展。计划生育管理服务水平明显提高，人口自然增长率控制在 6‰ 以内。精神文明创建活动深入开展，民主法制建设扎实推进。国防教育、民兵预备役工作不断加强，军政、军民更加团结。广播电视、新闻出版、知识产权、外事侨务、民族宗教、妇女儿童、老龄、残疾人、红十字、档案、人防、气象、地震等各项社会事业取得了新的成绩。

人民生活水平大幅提升。城镇居民人均可支配收入、农民人均纯收入 12585 元和 5161 元，年均增长 14.1% 和 10.7%。累计新增城镇就业 29.5 万人。累计征缴各项社会保险费 55.5 亿元。城镇职工基本医疗保险、养老保险覆盖面分别达到 71.5%、82.7%。城乡居民生活保障制度初步建立。城镇人均居住面积达到 31.8 平方米，城区新增供热面积 601 万平方米，城市燃气普及率达到 96%。基本实现村村通油路、村村通客车，84.9% 的自然村用上自来水，65% 的行政村开通有线电视。移动通信用户、互联网用户分别达到 169 万户、14.1 万户，私人拥有汽车 12.4 万辆。安全生产成效显著。“平安枣庄”建设扎实推进，社会秩序进一步好转。

2008—2012 年，主要经济指标迈上“三个新台阶”。2012 年，全市 GDP 突破 1500 亿元，达到 1702.92 亿元；地方财政收入突破 100 亿元，达到 116.37 亿元；城镇居民人均可支配收入突破 2 万元，达到 22960 元。经济结构实现“三个优化”。服务业增加值占 GDP 比重提高到 34.0%，地方财政收入占 GDP 比重提高到 6.8%，高新技术产业产值占比提高到 15.47%。可持续发展能力实现“三个跨越”。2008 至 2012 年，固定资产投资完成 3785.02 亿元，新建投资过 10 亿元的大项目 80 个，分别是上个五年的 2.9 倍、13.3 倍；万元 GDP 能耗下降 24.4 个百分点，降幅高于全国 3.9 个百分点；金融机构新增存贷比提高到 115.2%，居全省第四位，实现了资金流出地向资金流入地的转变。社会保障实现“三个提前全覆盖”。新农保、城镇居民养老保险在全省率先实现全覆盖，新农合提前一年实现全覆盖，初步实现了“老有所养、病有所医”。城市转型纳入国家战略，枣庄发展开创新局面。2008 年枣庄正式确立了“一个战略、三大战役”的工作思路。2009 年枣庄被国务院批准为资源枯竭城市转型试点市，省政府专门出台了《支持枣庄市做好资源枯竭城市转型工作的意见》，各项工作有了总纲，各行业发展呈现新气象，城市转型迈出具有里程碑意义的一步。累计获得中央、省扶持资金 14.8 亿元；成功通过国家转型评估，为享受新一轮政策资金扶持，为发展增添了强大动力。

全面推进国有企业改革，不断加大工业投资，积极开展招商引资，重点工业建设取得重大突破，工业规模和质量同步提高。从 2002 年起，在全市实施工业振兴计划，2003 年确定为“工业发展年”，党的十六大后，按照科学发展观要求，进一步确立了走新型工业化的思路，2005 年推出《关于大力实施“三个一批”战略的意见》等一系列推动工业经济发展的政策措施。进入“十一五”以来，市委、市政府贯彻落实中央宏观调控政策，进一步明确加快资源型城市转型，突出工业强市战略，工业经济渐进既好又快的持续、健康发展之道。工业经济成为支撑枣庄经济发展的主要力量。

打好以煤化工为突破口的工业转型战役，工业经济再创新优势。煤化工发展取得决定性胜利，鲁化、国泰、盛隆、海外积极扩张，引进新奥、韩国 SK、联想 3 个投资过百亿元的项目，全市煤化工总投资达到 532.8 亿元，是 2007 年前累计投资额的 8.4 倍，枣庄成为全国产品最多、规模最大、发展势头最强劲的煤化工基地之一。旋窑水泥产能五年翻了近两番，占全省的 31.3%。中小机床跻身全国产业集群品牌 50 强。枣庄成为全国三大锂电池生产基地之一。创新“一箱油”理念，实施小水泥、小火电“全国第一爆”，实现了经济发展与节能减排的双赢。2012 年，规模以上工业利税、利润均是 2007 年的 1.6 倍、1.6 倍。

打好以台儿庄古城重建为突破口的服务业发展战役，服务业跨入新阶段。文化旅游取得决定性胜利，成功走出以文化旅游推动城市转型的新路径。台儿庄古城重现世人，荣膺新世纪“齐鲁文化新地标”榜首，被确定为全国首个海峡两岸交流基地、首个国家文化遗产公园、首个国家非物质文化遗产博览园，通过 5A 级景区初评，已接待游客 240 万人次。“二日游”激活枣庄旅游，中国优秀旅游城市创建成功，枣庄由游客输出地变为游客输入地。2011 年，旅游综合收入是 2006 年的 3.8 倍。四大特色服务业繁荣发展，累计引进餐饮名店、星级酒店、商业名店、专业市场 126 家；服务业新增就业占全市新增就

业人数的80%，提供税收占地方税收比重提高到44.4%；创造了政府培育市场、市场拉动消费、消费带动投资、投资助推转型的“枣庄实践”，成为服务业发展的新模式。

打好以棚户区改造为突破口的新型城镇化战役，城市面貌发生新变化。城市建设攻坚战取得关键性胜利，中心城建成区面积达到115.3平方公里，城镇化率提高到50.1%。棚户区改造重塑城市形象，启动1100万平方米的棚户区及旧城改造，拆迁面积是建市以来的总和，25万市民将搬入新居。这五年新城完成投资95.9亿元，是上个五年的3.8倍。BRT覆盖薛城、市中、峄城、台儿庄和高新区，与高铁实现“零换乘”，通车里程全国最长；“数字枣庄”建设扎实推进，枣庄步入同城化发展新时代。代表山东迎接国家淮河核查取得第一名。森林覆盖率提高到29%，拥有国家级湿地公园5个、全国最多。省级历史文化名城、园林城市创建成功，“江北水乡·运河古城”成为枣庄的新名片。

改革激发“三农”活力，新农村建设迈出新步伐。在全国率先推行农村土地使用产权制度改革，规模经营土地26.8万亩，农民人均纯收入高于全国1420元，枣庄被批准为国家农村改革试验区。粮食产量稳步提高，首次实现“人均占有千斤粮”。集体林权制度主体改革全面完成。深入实施“双十双百”工程，促进了农村均衡发展。村镇建设累计投资207.2亿元，水利基础设施累计投资32亿元。建设改造农村住房17.3万户，基本实现村村通自来水、公路、有线电视和互联网，广大农民开始过上现代、殷实的新生活。

坚持打基础、谋长远，重大建设谱写新篇章。推进“一城、一库、一电、两院、四条路”九大基础建设，累计完成投资239.8亿元。台儿庄古城完成投资37亿元，建筑面积40万平方米；庄里水库开工建设；十电2×60万千瓦机组首台已报国家发改委核准；枣庄职业学院创建成功，依托鲁南煤化工工程技术研究院搭建项目平台；境内拥有两个高铁站，运河枣庄段通航能力提升一倍以上，枣庄成为鲁南交通新枢纽。

推进体制机制创新，改革开放实现新突破。政府机构改革稳步推进。国有资产监管体制初步建立。医药卫生体制改革进展顺利。在全国首创“钢结构资产抵押贷款”、大学生村干部创业信用联盟，设立农村合作银行、村镇银行，组建市商业银行和市担保公司。中国名牌、中国驰名商标和国家地理标志商标实现零的突破。实施定点招商，累计引进过亿元项目182个。2011年，万人个体工商户数达到411家，跃居全省首位；民营经济纳税额占税收总额的76.4%。

切实保障和改善民生，和谐社会建设取得新进展。每年办好100件惠民实事。城镇登记失业率控制在3.8%以内，五年新增转移农村劳动力35.1万人。累计征缴各项社会保险费132.7亿元。新建保障性住房1.85万套。高考优秀生万人比居全省前列，城乡教师工资实现统一标准发放。在全省率先实施“农民健康工程”，完成50所乡镇卫生院、66个社区卫生机构和1400所村卫生室规范化建设任务。文化惠民工程稳步推进，电视剧《铁道游击队》荣获全国“五个一”精品工程奖。成功承办十一届全运会部分赛事，群众性体育活动蓬勃开展，被命名为“全国健身秧歌城市”。“平安枣庄”建设深入推进，村（居）设立司法行政协理员的经验在全国推广。低生育水平持续稳定。全国双拥模范城创建通过验收。北川援建任务圆满完成。其他各项事业取得新成绩。

（五）从2013—2018年，经济步入新常态，是全面深化改革的阶段

十八大以来，枣庄认真学习贯彻十八大、十八届历次全会和十九大精神，深入践行习近平新时代中国特色社会主义思想，坚定不移贯彻中央和省委决策部署，始终在思想上行动上同以习近平同志为核心的党中央保持高度一致，着力稳增长调结构，抓改革促开放，办实事惠民生，经济发展总体平稳、稳中有进，社会事业全面进步。

这一时期，是枣庄经受住各种困难挑战，夺取改革发展新成就，为城市转型打下坚实基础的5年。全市上下在市委的正确领导下，主动适应经济发展新常态，千方百计抗下行稳增长、转方式调结构、抓改革惠民生，较好完成了“十二五”规划确定的主要目标任务。

综合实力再上新台阶。2017年，全市生产总值2315.91亿元，公共财政预算收入145.2亿元，固定资产投资1797.52亿元，社会消费品零售总额982.1亿元。金融机构存款余额、贷款余额，分别为1828.33亿元、1212.40

亿元。城镇、农村居民人均可支配收入分别达到29924元和14164元。产业转型迈出新步伐。顺利通过国家资源枯竭城市转型中期评估，三次产业比例调整为7.0：51.6：41.4。工业转型升级取得积极进展，非煤产业增加值占比达到88.4%；联想化工、薛城能源、华润三九等项目竣工投产，水泥、轮胎等传统产业市场化重组成效明显，新能源、新医药、先进装备制造等新兴产业快速发展，高新技术产业产值占比达到24.92%。服务业发展步伐加快，限上企业达到1257家，年交易额过亿元的专业市场发展到28家；创建为省乡村旅游示范市，台儿庄古城创建为AAAAA级景区，AAAA级景区达到12个；成功举办中国非遗博览会、世界石榴大会、年博会等节会活动。现代农业发展走在全国前列，农机化综合作业水平达到83%，整建制创建为国家现代农业示范区。

改革开放释放新活力。行政审批制度改革持续深化，“四清单一平台”运行体系基本建立，市级行政权力事项削减18.7%，非行政许可事项得到全面清理，激发了市场活力，市场主体达到27.6万家。市属工业企业改革改制基本完成，70家企业近4万名职工的遗留问题依法得到解决，市南工业区改革发展进入新阶段。财税体制改革有序展开，“全口径”政府预算体系全面建立，市级部门预决算和“三公”经费预决算全部公开，专项转移支付项目压减80%。金融改革取得突破，组建枣庄银行和枣庄农商银行，引进市外银行业金融机构4家。农村改革亮点纷呈，成功创建国家农村改革试验区，承包地“三权分置”等经验在全国推广。户籍制度改革破题，降低了农民进城落户门槛。招商引资和项目建设成效显著，2017年进出口总额、出口额达到101.06亿元、89.03亿元。引进培养“千人计划”、泰山学者等高层次人才12名。

城乡面貌发生新变化。完善城乡规划体系，编制完成新型城镇化发展规划、城市总体规划和各区（市）控制性规划，以及中心城区道路网、整体风貌等专项规划。2017年常住人口城镇化率达到57.32%。在新城，实施了总投资200多亿元的48个城建项目，市实验高中、实验小学、职业中专、市立医院新城分院、中医院、龙潭公园等建成启用，教育医疗、文体商贸体系基本形成。在老城，东西沙河治理工程全面竣工，解放路、胜利路等公铁立交建成通车，枣庄客运中心建成启用，中兴大道开工建设，整治背街小巷162条。抓好镇村建设，新型城镇化示范镇达到13个，100个村达到美丽乡村创建标准，城乡环卫一体化全覆盖通过省级认定。京沪高铁枣庄站、滕州东站和台儿庄复线船闸建成使用，枣临铁路、枣临高速公路竣工通车，枣庄港工程建设进展顺利；公路里程达到8574公里，BRT通车总里程全国最长。

生态建设呈现新亮点。创建成为国家森林城市，建成环中心城区绿道200多公里，新增造林面积65万亩。全力打好水污染防治攻坚战，代表山东省参加迎淮核查，取得淮河流域和全国九大流域“双第一”。铁腕治理大气污染，全面完成建成区567台燃煤锅炉“煤改气”和6.3万辆黄标车淘汰任务，秸秆禁烧和治超治限工作走在全省前列。下大气力淘汰落后产能，关闭全部立窑水泥生产线和30万吨以下小煤矿，关停“小火电”机组8台，提前一年完成“十二五”节能目标，“一黑一灰”的煤城形象渐行渐远。狠抓生态修复，治理破损山体、废弃矿井矿坑、采矿塌陷地3万亩，关闭露天采石场82家、储煤场244个，新增省级以上湿地公园11个、森林公园5个。

社会事业取得新进步。坚持每年办好一批惠民实事。企业退休人员养老金实现“十三连增”，城乡居民基本医疗保险、基本养老保险完成并轨，基础养老金实现翻番。新建改建中小学标准化校舍169万平方米、幼儿园29万平方米，校舍楼房率保持全省前列，学前三年入园率提高到84%；3个区（市）通过国家义务教育发展基本均衡县验收。扎实推进县级公立医院综合改革，改扩建医疗卫生设施38万平方米，每千人拥有医疗机构床位数比“十一五”末增加47%。新建市、区（市）福利中心5处、社区老年人日间照料中心160处、农村幸福院264处、农村社区服务中心360个。大运河中河台儿庄段列入世界遗产名录。信访维稳工作扎实有效，食品药品监管体系逐步完善，安全生产形势持续稳定。荣获全国双拥模范城和全省首批“四德”工程示范市称号。其他各项事业也都取得新进展。

二、经济社会发展实现全面跃升

经过改革开放40年的发展，枣庄始终坚持改革开放与经济社会发展相结合，从农村到城市，从微观到宏观，从对内搞好到对外开放，经济、社会、政治、文化各个领域都取得了令人瞩目的成就。全市经济迅猛发展，综合实力实现跃升，经济与社会、资源、环境等各方面的协调发展能力增强，人民生活摆脱贫困，由温饱、总体上实现小康逐步向全面小康迈进，全市经济社会发展站在了新的历史起点上。

（一）经济总量不断扩大，产业结构不断优化

改革开放以来，枣庄经济发生了翻天覆地的变化。GDP总量，从1978年的8.25亿元，40年来不断取得突破，1994年突破100亿元，达到114.96亿元；2004年突破500亿元，达到509.89亿元；2008年突破1000亿元，达到1087.64亿元，2015年突破2000亿元，2017年达到2315.91亿元，比1978年增长279.72倍，按可比价格计算年平均增长12.4%。

改革开放以来，枣庄人均GDP由1978年的300元，连续跨越500元、1000元、5000元、10000元、50000元五个台阶，2017年达到59110元，比1978年增长196.0倍，年均增长14.5%。

改革开放以来，一、二、三产业增

加值占GDP的比重由1978年的37.2∶51.2∶11.6调整为2017年的7.0∶51.6∶41.4，第一产业下降30.2个百分点，第二产业上升0.4个百分点，第三产业提高29.8个百分点。三次产业从业人员比例调整为27.1∶28.7∶44.1。第一产业、第二产业从业人员逐年下降，逐渐向第三产业集中。

改革开放以来，随着经济的快速健康发展，枣庄财政收入规模日益扩大，收入增长较快，有力支撑了全市经济社会的发展。1978年财政收入仅有1.26亿元，1993年突破5亿元，达到5.56亿元，1998年突破10亿元，达到10.28亿元，2011年，突破100亿元，达到100.12亿元，2017年，枣庄地方财政收入达到145.20亿元，是1978年的115.2倍，年均递增12.9%。1979—2017年，地方财政收入累计突破1000亿元，达到1373.13亿元，平均年收入35.2亿元。全市财政支出由1978年的0.64亿元增加到2017年的245.11亿元，1979—2017年，地方财政支出累计2197.74亿元。

（二）农业增速平稳，农产品产量不断增加

改革开放以来，枣庄始终把农业放在国民经济和社会发展的优先位置，认真贯彻执行党在农村的各项方针政策，不断深化农村改革，积极推进农业结构战略性调整，大力发展市场农业，农业的基础地位得到不断巩固和加强，农业和农村经济发生了历史性的变化，农民生活水平显著提高，农村各项事业全面进步。2017年，全市粮食总产量达到170.0万吨，油料总产量8.83万吨，蔬菜总产量480.42万吨，水果总产量24.64万吨，水产品总产量9.4万吨，比1978年分别增长1.1倍、7.6倍、12.6倍、4.6倍、57.8倍；肉类总产量23.57万吨，比1979年增长6.7倍。2016年，农林牧渔业总产值达到325.37亿元，是1979年的62.8倍，年均增长11.5%。

（三）工业经济快速发展，实力显著增强

枣庄，作为中国近代工业发祥地之一，乘着改革开放的航船，劈波斩浪，走过了不平凡的40年。这40年，是枣庄工业从规模到质量发生翻天覆地巨变的40年，并创造了前所未有的辉煌成果。

全市工业经济实现高速增长，1978—2017年，工业总产值由9.27亿元，增加到3489.56亿元，增长375.4倍，年均增长16.4%；其中规模以上工业总产值由8.77亿元，增加到3039.72亿元，增长345.6倍，年均增长16.2%；从业人员由11.17万人增加到69.18万人，增长5.2倍；企业个数由1978年独立核算的543户，增加到2017年规模以上企业1264户。

40年来，枣庄许多关系国计民生的工业产品产量跨越增长，在全省乃至全国都占有重要地位。1978年至2017年，焦炭产量由123.33万吨增加到487.27万吨；发电量由5.17亿千瓦时增加到110.69亿千瓦时；水泥由25.32万吨增加到2522.65万吨；机制纸及纸板由1.27万吨增加到159.14万吨；卷烟由17.08万箱增加到2015年的22.70万箱；饮料酒由0.50万千升增加到30.94万千升。

工业经济高速增长的同时，工业效益显著提升，利润利税快速增长，积累稳步增加。全部规上工业企业实现利润由1978年的0.82亿元增加到2017年的193.59亿元，增长235.1倍，年均递增15.0%，实现利税由1978年的1.74亿元增加到2017年的289.91亿元，增长165.6倍，年均递增14.0%。为社会创造了大量财富，为工业经济的扩大再生产创造了必要条件。

（四）交通事业蓬勃发展，基础设施日渐完善

改革开放以来，是枣庄交通事业取得最快发展的历史时期，40年来，枣庄交通工作坚持改革、发展和服务于、先行于经济建设的方针，以加快公路和港航建设为突破口，以调整运力结构为重点，以增强场站服务功能为依托，以强化行业管理为保证，交通事业发生了历史性的巨变，在国民经济发展中起到了先行和先导的作用。

2017年，全市公路通车里程由1978年的960公里增加到8574.3公里，其中高速公路163.7公里，一级公路418.6公里，二级公里771.3公里，三级公路585.0公里，四级公路6574.5公里，形成了以高速公路、国省干线公路为主骨架，以县、乡、村道为依托，干支相连、遍及城乡、布局合理、四通八达的现代公路网络。

港航建设取得新进展。2017年，枣庄辖区内河航道里程93.9公里，分布综合港口4处，码头长度1987米，泊位30个，吞吐量达到731万吨。

（五）投资规模不断扩大，投资结构不断优化

改革开放以来，枣庄紧紧抓住工业化、城市化、现代化加速推进的机遇，着力加大工业、基础设施建设等领域的投资力度，大力优化投资环境，狠抓项目建设和招商引资，全市固定资产投资保持稳定增长，为经济持续健康发展奠定了坚实的基础。

随着全市经济社会发展逐步驶入快车道，各行各业对投资的需求日益加大，多项重大公共基础设施项目陆续开工建设，工业技术改造和产业升级步伐明显加快，房地产行业快速发展，极大地刺激了全市固定资产投资的快速发展。

固定资产投资规模由1978年的1.21亿元发展到2017年的1797.52亿元，投资总量累计突破1万亿，达到14076亿元，年平均增速达21.5%。

投资主体日益多元。非国有投资逐渐占据主导。1978年国有经济单位固定资产投资1.16亿元，占全部投资的95.9%。随着改革力度逐步加大，枣庄投资主体发生了深刻变化，2017年全市非国有投资占固定资产投资的比重达82.5%，比1978年提高了78.4个百分点。

改革开放以来，固定资产投资占GDP的比重逐年上升，由1978年的

14.7%上升到2017年的77.6%，提高62.9个百分点，投资已成为目前枣庄经济增长的第一动力。

房地产业迅速崛起，居住条件明显改善。随着城市化进程的不断加快和九十年代中期住房制度改革的逐步推进，枣庄房地产业进入突飞猛进的发展时期，特别是“十五”以后，枣庄房地产业进入一个快速发展阶段，成为推动投资增长的一大亮点。住房建设规模不断扩大，一批设施配套、生活便利、环境优雅的住宅小区相继建成，为装点美化城市、改善人民群众的住房条件和居住环境、促进相关产业发展发挥了重要的作用。房地产投资由2001年的7.3亿元提高到2017年的168.17亿元，年均增长速度达21.7%。在房地产业快速发展的带动下，全市绝大多数居民圆了改善住房条件的梦，城镇居民人均住房面积也由15.7平方米提高到40.5平方米。

（六）服务业总量跃升，消费品市场迅速崛起

改革开放以来，服务业增加值由1978年的0.96亿元扩大到2017年的958.69亿元，年均增速14.5%，高于同期GDP年均增长2.1个百分点。占GDP比重由1978年的11.6%提高到41.4%，提高了29.8个百分点。2017年服务业对经济增长的贡献率为47.0%，比1978年提高21.6个百分点。

改革开放以来，作为拉动经济增长三驾马车之一的消费，在经济发展中起到了重要的支撑作用，并正在从国民经济的从属产业逐步发展成为国民经济的先导产业。

2017年，枣庄实现社会消费品零售总额982.14亿元，比1978年的2.97亿元净增加979.17亿元，是1978年的330.7倍，年均增长16.0%。

改革开放前，枣庄的商品市场网店稀少，行业不全，店铺门面狭窄，设备简陋，规模较小。经过40年的快速发展，全市商品市场规模不断扩大，从业人员大量增加，商品网店遍及全市城乡，商品服务设施的功能也在不断完善，服务效能大幅提高。

市场供给总量不断充裕。40年来，市场总体上保持了持续发展的运行态势，从20世纪90年代以后，市场总体逐步呈现出供给充裕状态，各类商品品种丰富，质量、档次大大提高。农业保持了连年丰收，国家通过提高农副产品收购价格，进一步调动了农民生产积极性，“菜篮子”工程取得实效，上市农副产品不论在质量上、档次上都有很大提高，充分满足了城乡居民生活需求。工业生产也保持了快速增长势头，市场上吃、穿、用等各类商品更加琳琅满目。

（七）教育条件明显改善，教育事业长足发展

改革开放以来，枣庄大力实施科教兴国战略，城乡教育条件逐步改善，义务教育取得实质性突破。

高等教育发展从无到有，高校学生人数快速增长。1978—2017年，普通高等院校由当初刚刚设立的1所专科院校发展为本科院校1所，专科院校2所，实现了本科院校零的突破。高校在校生人数由1978年的189人增加到35933人，招生人数由122人增加到11816人，毕业人数由无到有增加到9700人。高等教育快速发展，为枣庄经济社会发展提供了越来越多的高素质人才。

高中教育规模显著扩大，中等职业教育蓬勃发展。1978年至2017年，枣庄高中学校由58所变为25所，学校资源逐渐集中，规模显著扩大，在校生人数由15553人增加到73661人，招生人数由6815人增加到24156人，毕业生人数由7036人增加到24024人。中等职业教育和技工学校由4所发展到现在的27所，在校人数由1248人增加到61524人，招生人数由630人增加到19137人，毕业生人数由151人增加到19467人。中等职业教育的蓬勃发展，为枣庄经济社会发展提供了充足的高技能人才。

义务教育得到全面发展。1978—2017年，初中由82所整合发展到102所，在校人数由50938人增加到125267人，招生人数由22437人增加到46378人，毕业生人数由22773人增加到39396人；小学由1191所整合发展为503所，在校生人数由182199人增加到358126人，招生人数由40746人增加到61476人，毕业生人数由31183人增加到47608人。义务教育资源得到了整合优化，九年义务教育得到全面普及。

（八）卫生事业获得全面发展，医疗水平显著提升

改革开放以来，枣庄卫生事业蓬勃发展，医疗卫生机构数量快速增长，医疗卫生资源得到进一步优化利用，人民享有的医疗卫生条件日趋完善，逐步实

现了“病有所医”的目标。

财政对卫生事业投入力度不断增加。2017年，市财政医疗卫生与计划生育支出260828万元，是1978年文教卫生事业经费1065万元的245倍。平均每人占有卫生事业经费665.3元，比1978年的4.1元提高了661.2元。

卫生事业机构数量大幅增加。2017年末，卫生机构数量达到2525个，比1978年的208个增加了2317个。其中，医院数由20个增加到78个，乡镇卫生院及街道卫生院由43个增加到48个，诊所、卫生所和医务室由116个增加到434个，妇幼保健院由5个增加到7个。

卫生事业机构容纳量显著提高。2017年末，卫生机构床位数达到22622床，比1978年的2921床增加了19701床，每万人拥有床位数达到57.7床，比1978年的11.3床增加46.4床。其中，医院床位数由1966床增加到16813床，诊所、卫生院及街道卫生院床位数由482床增加到3384床。

卫生事业人员得到不断充实。2017年末，卫生事业人员数达到32627人，比1978年的4938人增加了27689人。其中卫生技术人员数由3914人增加到25319人，每万人拥有卫生技术人员数由15.1人增加到64.6人，执业医师数由1527人增加到9536人，护士数由1094人增加到11638人，药剂人员由434人增加到1154人。

（九）城市建设日新月异，服务保障水平不断提高

改革开放以来，枣庄不断加大各项城市建设投资，拓展城市空间，加强城市基础设施和重要公共设施建设，积极开展旧城更新和新区建设，强力推进城中村和棚户区改造，大力改善城市人均环境，各区（市）城市规模快速扩张，城市品质不断提升，城市功能进一步增强，“鲁南门户”城市形象得以迅速提升。通过高强度、高质量推进了一批基础设施和公益事业建设，中心城和新城区建设快速推进，同城化步伐进一步加快。2017年，枣庄城镇化率达到57.32%，城镇人口达到224.71万人。建成区面积达到212.78平方公里。

枣庄通过实施一大批城市道路、园林绿化、城市供水、排水和污水处理、燃气、垃圾处理等重点项目建设，城市服务功能得到大幅提高，城市承载能力和保障水平得到进一步改善。到2017年末，城市用水普及率达到99.6%；燃气普及率达到99.6%；污水处理率96.0%；人均公园绿地面积14.6平方米，建成区绿化覆盖率40.11%，生活垃圾处理率达到100%。

（十）居民收入大幅增加，生活水平不断提升

改革开放以来，随着国民经济持续、稳定、快速发展，城乡居民收入呈现较快增长，居民生活质量进一步提高，消费热点不断涌现，生活消费呈现新的特点。2017年，枣庄城镇居民人居可支配收入为29924元，比1978年增长85.2倍，年均增长12.1%，农村居民人均可支配收入由1978年的131元（农民人均纯收入）增加到2017年的14164元，增长107.1倍，年均增长12.8%。

收入结构呈现多元化。随着社会分工不断细化，投资就业机会增加，居民家庭经营性净收入和财产性收入从无到有，成为家庭居民收入的重要组成部分。2017年城镇居民人均经营净收入达到4000元，占可支配收入的13.4%；财政性收入达到1603元，占可支配收入的5.4%。农村居民非生产性纯收入由1978年的19元，增加到2017年的1286元，增加了66.7倍，年均增长11.4%。

收入的不断增加，使居民消费观念发生了变化，逐步由数量型向质量型转变，由满足温饱型向舒适、享受方面转变，由物资性为主消费向物资和精神消费并重的方向转变，吃的讲营养，穿的讲时尚，用的讲品牌，住的讲宽敞。2017年，枣庄城镇居民人均消费支出17247元，比1980年的379元增长了44.5倍，其中食品烟酒支出5067元，食品烟酒支出占消费支出的比重由1980年的53.6%下降到2017年的29.4%。农村居民生活消费支出9345元，是1982年的40.0倍，其中，食品烟酒支出2876元，食品烟酒消费支出占生活消费支出的比重下降到30.8%。

高档耐用消费品从无到有，进入寻常百姓家。消费热点从70年代“三转一响”（自行车、手表、缝纫机、收音机），到80年代“电视机、冰箱、录音机、洗衣机”再到90年代四大件“摩托车、大哥大、计算机、BP机”以至当今的消费热点（房子、车子、手提电脑、珠宝）。2017年城镇居民人均住房面积达到40.5平方米，每百户拥有汽车52辆、电脑96台。农村居民住房面积达到38.0平方米，每百户拥有摩托车72辆、手机221部、空调77台。

改革开放40年，是枣庄坚持深化改革开放与促进经济发展相结合，解放思想，开拓进取，抢抓机遇，加快发展的40年；是枣庄以经济建设为中心，勇于创新发展思路和发展路径，工业化、城市化、市场化和信息化互相促进、取得长足发展的40年；是枣庄坚持改革、发展、稳定协调推进、经济持续快速健康发展与社会事业全面进步相协调，不断跨上新台阶、开创新局面的40年；是经济发展速度结构质量效益协调推进，发展质量和水平提升的40年；是全面小康社会建设不断向前推进，综合实力全面增强、人民群众广泛享受发展成果的40年。经过40年的发展，枣庄经济实力显著增强，城乡面貌发生巨大变化，社会事业全面进步，民生状况持续改善，人民生活水平显著提高，在全面建成小康社会上迈出了坚实的步伐，站在新的历史起点上，为全面建成小康社会奠定了坚实的基础。

三、经验和启示

改革开放40年来，枣庄发生了翻天覆地的变化，经济和社会发展所取得的成绩为世人所瞩目。回顾40年的发展历程，走过的道路艰难曲折，有成功的经验，也有失败的教训，但更多的是

启示：

1. 必须始终坚持解放思想。解放思想是我们党的一大法宝，是推进改革开放、促进经济社会发展的活力源泉。不解放思想，就不能冲破习惯定势，不能冲破陈旧观念和主观偏见的束缚。思想解放的程度有多高，发展的空间就有多大；什么时候思想观念有了大的解放，什么时候就会迎来大的发展。思想观念的转变是前提性、根本性的转变。在经济社会发展的每一个时期，每一个阶段，都必须把解放思想摆到领先位置。

2. 必须始终坚持以经济建设为中心。经济建设是一切事业的基础，发展是党执政兴国的第一要务。目前枣庄人口多、经济总量小，只有发展才是摆脱落后的唯一选择。只有牢牢把握经济建设这个中心，才能适应不断变化的客观形势，做出符合实际的正确决策，促进经济社会发展。在新阶段，只有继续坚定不移地以经济建设为中心，研究制定适合枣庄实际的发展思路，才能实现科学发展、和谐发展、又好又快发展。

3. 必须始终坚持深化改革。改革是利益格局的重大调整，在实践中要从全局高度，把握好重点、时机、节奏。坚持在发展中推进改革，以改革促进发展，把中央和省里精神与枣庄实际紧密结合起来，创造性地开展工作，努力在结合中出思路、出特色、出成效。改革是发展的原动力，深化改革，创造性地落实中央和省委的重大决策，是实现富民强市、跨越发展的必由之路。

4. 必须始终坚持扩大开放。枣庄经济总量小，自我发展能力不强，为实现跨越发展，必须坚持对外开放。充分利用国内外两种资源、努力开拓国内外两个市场，巧借外力，为我所用，引进经验、引进人才、引进资金，是跨越发展的有效途径。

5. 必须坚持统筹兼顾。推动社会和谐进步，在保持经济加快发展的同时，要更加注重加大对农村基础设施建设和教育、文化、科技、卫生等各项社会事业的投入，不断提高城乡居民生活水平，着力形成统筹城乡发展的有效机制。

6. 必须坚持以人为本。要把实现好、维护好、发展好人民群众的根本利益作为一切工作的出发点和落脚点，千方百计为群众办实事、办好事，让人民群众在发展中得到实惠，把蕴藏在群众中的积极性和创造性引导到全面建成小康社会上来，努力在全市形成全心全意共谋科学发展的良好氛围。

回顾历史，改革开放 40 年来枣庄市经济社会发展成就巨大，展望未来，前景灿烂。枣庄正处在全面建成小康社会，向基本实现现代化迈进的重要时期。站在新的发展起点，枣庄市既面临良好机遇，也面临严峻挑战。全市上下要认真贯彻落实中央各项方针政策，正确把握经济社会的发展方向，以习近平新时代中国特色社会主义思想为指导，转变经济发展方式，进一步做好产业结构优化升级、资源型城市转型、服务业发展、节能减排等工作，解放思想、锐意进取、创新图强，努力保持经济又好又快发展。

审稿人：沈道坦
撰稿人：张 磊

枣庄市林业改革发展综述

林业既是一项重要的公益事业，又是一项重要的基础产业，具有生态、经济和社会多种功能，不仅承担着生产生态产品、维护生态安全的重要职责，而且承担着生产物质产品、保障林产品供给的重要使命，在防御生态灾害、改善生态状况、增进民生福祉等方面发挥着不可替代的作用。改革开放以来，枣庄市委、市政府认真贯彻落实党、国家、省关于加快林业发展的一系列方针政策，不断深化以集体林权制度和分类经营改革为重点的各项林业改革，大力推进林业体制、机制创新，扩大对内、对外开放，枣庄市国土绿化步伐明显加快，生态环境显著改善，林业产业快速发展，生态文化体系初步构建，林业的生态经济文化功能日益彰显，枣庄林业实现了持续快速健康协调发展，取得了重大成就。

一、林业改革开放历程

（一）改革开放起步，加强森林保护、恢复发展（1978—1985 年）

认真贯彻落实党、国家关于植树造林的一系列政策，组织开展全民义务植树，制止乱砍滥伐，推行林业生产责任制，实行领导绿化责任制，林业生产得到恢复发展。

1. 主攻“四旁绿化”和农田林网化

十一届三中全会以后，伴随着党和国家工作重点转移，林业建设步入正常轨道。党和政府就植树造林问题，相继出台了一些政策，如《全国人民代表大会关于开展全民义务植树运动的决议》《关于大力开展植树造林绿化祖国的通知》《中共中央关于加快农业发展若干问题的决定》《中共中央国务院关于大力开展植树造林的指示》等。1977—1980 年的 4 年间，林业部连续 4 次召开华北、中原和全国平原绿化会议。在全国和全省平原绿化会议精神的推动下，枣庄市林业建设的重点，由 70 年代初期、中期的治山整地造林，逐步转向平原农区，以育苗为重点，以“四旁”绿化和农田林网化为主攻方向。1978 年 3 月 16 日，枣庄市在台儿庄区马兰公社召开全市平原绿化现场会，市、区、社三级干部到会 320 多人，台儿庄区从新沂县调进德杨、健杨、大官杨苗 80 万株，一个春季建成农田林网 8 万亩；枣薛、枣峄两条主干公路同期亦完成绿化。滕县 1978 年 3 月组织界河、龙阳、东郭、夏庄、冯卯、店子 6 处公社，在东西长 45 公里、南北宽 10 多公里的北岭集中一个月时间，栽枣 44.7 万株，初步建成了滕县北岭红枣基地，使大枣树发展到 94.7 万株。进入 1979 年，以点、片、网、带相结合的平原绿化体系，在滕西、枣南部分平原农区已见雏形。1979 年 3 月，台儿庄区彭楼公社栽水杉 1.74 万株、杨树 3.8 万株，建成了号称“万亩水杉林网”，长达 40 公里的胜利渠。经连续 3 年的奋战，峄城和台儿庄两区同年春季已基本完成了绿化。同年冬季，滕县岗头公社郁郎、岗头两管区植桐 3 万株，建成农桐间作 1.2 万亩。到 1980 年底，全市平原农区的农田林网化面积已达到 109.8 万亩，占适宜林网化面积的 70% 以上；桐粮间作达到了 2.3 万亩。

2. 制止新形势下的乱砍滥伐

自 1980 年起，全市农业生产普遍推行大包干责任制，将集体的土地承包给农户经营。在推行农业生产责任制的过程中，一些地方对山林实行承包到户的责任制后，林业专业队解体，部分基层干部撒手不管。自 1980 年下半年起，一些地方刮起了一股新的乱砍滥伐风，1981 年达到顶峰，成片的山林、平原农区的果园、桑园、农田林网、农林间作树木，相继遭到严重破坏。贩运倒卖木材，毁林开荒，强占国营山林，破坏森林资源的情况非常严重。据 1980 年末台儿庄区毁林较重的 43 个大队统计，砍掉大小果树、林木 11.7 万株，破坏农田林网 8 万余亩。1980 年 11 月，滕县官桥公社中洪林大队，由于大队干部带头砍伐山林，造成哄抢山林 200 多亩，砍掉林木果树 8800 多棵，扒毁护林房 6 间，经济损失 4.1 万元；1981 年 8—9 月，滕县党山公社黄庄大队哄抢山林 1000 多亩；1982 年，东沙河公社向阳山大队 500 多亩山林被一抢而光。滕县 1980 年前后发生大小毁林案件 50 多起。1980 年 9 月 11 日综合 6 处国营林场报告，自 1976 年以来共毁林 210 万株，其中徐庄林场毁林 100 多万株；生产队侵占林地 1480 亩；乱牧毁林 1.8 万亩；殴打护林人员 91 人次。

新的乱砍滥伐风引起了枣庄市各区、县和公社各级领导的重视。1980 年 12 月 19 日，枣庄市政府为贯彻国务院《关于坚决制止乱砍滥伐森林的紧急通知》精神，向各区（县）下达了传真电报《关于坚决制止乱砍滥伐林木的紧急通知》；各区（县）先后发布了护林布告，下达了通知，林业和公、检、法等司法机关联合办案，公社领导亲自抓护林。1981 年 8 月 5 日，台儿庄区侯孟公社蒋庄大队干部对护林撒手不管，导致群众哄抢侧柏幼树 1360 棵，公社领导干部亲自赴蒋庄查处，每棵罚款 3 元或 10 斤小麦全部兑现，并责令村支部书记写出书面检查，利用有线广播向全公社公开检讨，很快刹住了毁林风。滕县林业局、检察院、公安局、法院于 1982 年在向阳山大队召

开了全县毁林的反面现场会，对参与哄抢的首要分子分罪行轻重，给予逮捕法办、行政拘留和经济罚款，促进了全县护林工作的开展。

3. 推行林业生产责任制

1980年枣庄市农村推行家庭联产承包责任制后，滕县店子公社宅子沟、峄城区萝藤公社董流井等地相继出现了承包山林的林业专业户。1981年冬至1982年春，枣庄在全市范围内开展了“稳定山林权属，划定自留山滩，确定林业生产责任制”（简称林业“三定”）的工作，实施林木确权发证，稳定了林业政策。1983年“中央一号文件”下达后，荒山开发性承包专业户在枣庄市开始出现。滕县店子公社刘西山村农民刘清学承包荒山百亩，当年基本完成绿化。枣庄市林业局认真总结刘清学的包山经验，1984年1月在峄城区金陵寺乡西高皇庙村试点并获得成功，1984年5月又在该区万亩荒山乡——棠阴乡进行大面积试点。取得经验后，利用麦收前和夏种后秋收前的两个农事空闲季节，在全市范围内开展了以户包为主的荒山开发性承包，并且向平原“四荒”发展，把荒山、荒滩、沟渠路旁、村头村旁等一切能够植树的地方和林地、果园承包到户。1984年秋收之前，台儿庄、峄城、薛城、山亭4个区基本完成，滕县和市中区于同年冬基本完成。1985年春进一步抓了承包扫尾工作。至此，全市林业承包经营面积79.2万亩，承包主体共有16672个。其中百亩左右的林业专业户4318户，承包面积45.7万亩；以农为主兼营林业的重点户11624个，承包25.29万亩；联合体652个，承包8.129万亩。此为林业的“两户一体”。全市宜林山滩和已退耕还林两者面积109万亩，其中“两户一体”承包经营面积占72.7%；自留山滩8.9万亩，占8.1%；乡村集体林场0.87万亩，占0.8%；国营林场职工承包经营面积11.7万亩，占10.7%；其他责任制形式8.33万亩，占7.6%。

枣庄山林承包的主要形式是以户为主的大包干，其次还有少量的专人看护及村户联营、户栽户有等形式。承包期，山林一般30—50年，果园一般10—15年。承包面积，山林承包1户百亩左右，果园承包1户15—20亩。基本方法是：勘察面积，测定树木株数及产量，落实提留，签订承包合同，实行公正，由区、县政府颁发使用证，做到合同书、公证书、使用证“三证”到户。有转让、继承权。荒山绿化一般规定3—5年，提前绿化者给予奖励，到期完不成者，按亩罚交水土流失费。多数地方搞了退耕还林，实行以肥养瘦，以下养上，荒山、荒滩、林木、果树一起包。在优惠待遇上，许多乡镇、村规定了免交提留、免出义务工、免除农业税，帮助解决物资上山建房，提供资金和贷款，无偿扶持种苗等办法，使承包户安心定心，解除了怕变的思想，极大调动了植树造林的积极性。1984—1987年，全市连续4年造林面积均在10万亩以上，比承包前增长1倍以上；经济林面积发展速度空前加快，果园承包户经济收入大幅度增加，标志致富的“万元户”相继涌现。

4. 全民义务植树兴起

1979年2月23日，第五届全国人民代表大会常务委员会第六次会议根据国务院的提议，决定3月12日为我国的植树节。枣庄市革命委员会于同年3月6日下达了《关于大力开展植树造林的通知》，号召全市广大干部群众，以实际行动迎接中华人民共和国成立后第一个植树节，提出每人每年至少植3—5棵树。齐村区是全市的重点山区，3月12日上阵5万人，1天植树50万株。1981年12月13日，第五届全国人民代表大会第四次会议审议并通过了《关于开展全民义务植树运动的决议》，从此，植树造林成为我国公民应尽的义务。1982年2月27日，全国绿化委员会宣布成立；国务院颁布了《关于开展全面义务植树运动的实施办法》。同年2月26日，枣庄市绿化委员会成立，3月6日，枣庄市第八届人大常委会第十二次会议原则批准枣庄市政府拟订的《关于开展全民义务植树运动的实施方案》。各区、县也提请人大审议发布了关于开展全民义务植树运动的实施方案、办法、意见、细则等，还先后建立了区、县绿化委员会，搞了义务植树的试点，广泛开展了宣传活动，并把植树节和每年春季的义务植树活动有机结合起来。枣庄市和各区、县主要领导人带头参加了义务植树。1982年，全市有89万人履行义务，占应尽义务人数的66%，植树237万株；其中城镇植树35万株，绿化道路8000米，营造绿篱2.2万平方米，建设绿地10万平方米。台儿庄区参加义务植树人数达12.1万人，植树65万株，人均5.6株，被评为先进单位，在山东省全民义务植树工作会议上做了典型发言。

城镇的义务植树，主要围绕城镇驻地的重点绿化工程开展。农村的义务植树，一是以乡镇为单位，统一规划，一造一座山，一栽一条路，将任务落实到村，集中领导，集中劳力，集中时间，组织义务植树。二是以资代劳，以乡镇为单位，提取农民绿化费，一般每人每年1—3元，统一使用，重点安排。1983年后，全市有80%的乡镇提取了绿化费。

1989年6月5日，枣庄市政府发布《枣庄市机关、企事业单位义务植树实施办法（试行）》，市级领导绿化点正式建立。枣庄市委、市纪委、市人大、市政府、市政协、军分区、矿务局七大家的25位市级领导同志与市直驻地单位，在山亭区、市中区、峄城区10处有山乡镇建立了“领导办点、部门义务植树与当地农民植树三结合”的10个市级领导绿化点。枣庄市直88个部门、275个单位在10个领导绿化点建立了175个义务植树基地，总面积近10万亩，次年，全国绿化委员会向全国推广。

5. 实行领导绿化责任制

枣庄市实行领导绿化责任制始于1984年，主要形式有两种，一种是任期目标责任制，一种是领导亲自负责一项绿化工程。1984年3月，中共台儿庄区委、区人民政府做出了《关于奋战

两年基本实现平原绿化的决定》，区领导与所辖10处乡（镇）党委、人民政府的主要负责人签订了绿化任期目标责任状。这是枣庄市第一个党政领导“任期绿化目标责任状”。1985年6月24日，中共山亭区委、区人民政府召开全区林业专业户表彰大会，宣布了《关于加快林业发展的决定》，重申了“以林为主”的山区建设方针，区委、区政府分别与14处乡（镇）党委书记、乡（镇）长签订了3年完成荒山造林和疏残林改造18.7万亩，基本实现全区荒山绿化的责任状。随后，大部分乡镇又与村签订了同类形式的责任状，把绿化任务落到了各级领导的肩上。

实行领导亲自负责一项具体绿化工程，是由市级领导率先做起的。1985年开始酝酿，1986年市、区（县）、乡（镇）三级林业部门在工程选定、现场勘查、制定方案、研究措施、落实任务等一系列准备工作就绪的基础上，枣庄市委、市纪委、市人大、市政府、市政协的13位领导带头承包，每人落实了一项绿化工程，明确提出了绿化标准和完成时间，每年由市绿化委员会组织检查1—2次，结果通报全市，共落实荒山绿化8座，造林面积6200亩，沟路渠1000公里。全市5区一县党委、纪委、人大、政府、政协、武装部、组织部、农工部等86名区（县）级领导和354名乡（镇）领导，每人都落实了一项绿化工程，共落实山头145座，面积71320亩，沟路渠2613.9公里。市、区（县）、乡（镇）三级共有453名党政军领导人落实了绿化承包任务，共153座山头，面积77520亩，沟路渠3610.3公里。

到1985年底，全市林业用地面积132.6万亩，占全市总面积的19%。全市有林地面积为62.4万亩（用材林15.6万亩，防护林21.8万亩，经济林24.8万亩，薪炭林0.2万亩），农田林网、农林间作和“四旁”树木折实覆盖面积32.85万亩，森林覆盖率达到14%。全市林木蓄积量155万立方米。

（二）加强森林保护（1986—1990年）

随着经济体制改革的深入，木材市场逐步放开，在经济利益的驱动下，一些集体林区出现了对森林资源的乱砍滥伐、偷盗等现象，甚至一些国营林场和自然保护区的林木也遭到哄抢。面对森林资源出现的危机，党和政府高度重视，先后颁布了一系列林业保护政策。其中主要有《中共中央国务院关于制止乱砍滥伐森林的紧急指示》《中华人民共和国森林法》《中华人民共和国森林法实施细则》《中共中央国务院关于加强南方集体林区森林资源管理坚决制止乱砍滥伐的指示》、林业部《封山育林管理暂行办法》《国务院关于保护森林资源制止毁林开垦和乱占林地的通知》《中华人民共和国水土保持法》《国务院办公厅转发〈林业部关于当前乱砍滥伐、乱捕滥猎和综合治理措施报告〉的通知》等。

1985年枣庄市林业系统在全省率先建立了林业公安，在各国有林场建立了林业公安派出所，图为滕州市国有木石林场派出所

以上政策明确指出，保护森林、发展林业是我国社会主义建设中的一个重大问题，要正确处理当前利益和长远利益、经济效益和生态效益的关系。我国林业建设实行以营林为基础，普遍护林，大力造林，采育结合，永续利用。对森林的保护和管理必须加强，在任何时候都不能有丝毫放松。对乱砍滥伐应当随起随刹，绝不能手软。要彻底改变“木材生产为中心”的理念，坚决调减木材产量，给林业以休养生息的机会。这些政策措施对森林资源的保护，对林业的健康发展，起到了积极的促进作用。其中，《中华人民共和国森林法》及其实施细则的出台，标志着我国林业法制建设跨上了一个新的台阶。

1988年3月2日，枣庄市委、市政府发出《关于保护和发展林业资源的通知》，1989年7月14日，枣庄市政府下达《关于全面实行封山育林护林的通知》。1991年2月，枣庄市政府发布《枣庄市封山育林管理规定》。

（三）平原绿化和“八五”绿化双达标（1991—1995年）

1. 平原绿化达到林业部平原县绿化标准

枣庄市除山亭区属山区县以外，其余四区一市属于平原、半平原、部分平原县。根据上级要求，枣庄市积极开展了平原县绿化达标活动。1986年台儿庄区达到部颁平原县绿化标准，其余区（市）造林绿化取得了积极进展。1988年9月3日，枣庄市由市长与各区（市）长签订任期绿化目标责任状。此后，各区（市）长与所辖各乡镇长签订了责任状，层层制定了考核奖惩办法。这是枣庄市市长首次与各区（市）长签订任期绿化目标责任状。到1990年底，荒山造林、村镇绿化、林木覆盖率等几项指标，均已达到或超过了部颁标准。但农田林网化建设差距较大，全市只完成任务的45%。山东省政府要求峄城区、薛城区、滕州市1991年，市中区1992年必须达到部颁绿化标准。1990年11月，在山东省林业厅的指导下，枣庄市政府召集了有达标任务的区（市）委书记座谈会，会上充分讨论了实现农田林网化的重要性，与会人员纷纷表示，下定决心，完成达标任务。市中区委领导同志也表示“同舟过河”，提前一年实现达标。

11月底枣庄市政府制定了《枣庄市实现全市平原县绿化达标方案》。1991年是枣庄市实现平原绿化达标的最后一年，也是完成五年绿化责任状的第四年，枣庄市委、市政府决心提前一年完成任务，同时1991年山东省下达给枣庄市林业育苗2.1万亩的任务。这三项任务十分艰巨。为此，1991年3月3—4日，枣庄市委、市政府召开全市林业工作会议，将平原绿化达标、提前完成五年绿化责任状和林业育苗三项任务，采取“状中签状”的办法压在了各区（市）委书记、区（市）长、分管区（市）长、农委主任、林业局局长五个责任人的肩上，首次确定林业建设“五职责任人”，并逐级落实到乡（镇）、到村，逐级签订责任状。一是在全市范围内，第一次实行林业的一票否决权。即把1991年林业建设任务作为本年度枣庄市委、市政府考核区（市）、乡（镇）工作的主要指标之一，完不成任务的，一票否决，不能评为先进单位，责任人不能评为先进个人。二是缴纳风险抵押金。各区（市）、乡（镇）的5位责任人，向上一级政府缴纳风险抵押金，区（市）责任人每人交300元，乡（镇）责任人每人交200—300元不等。完成任务的退回，完不成任务的作为罚款。三是制定奖励政策。凡是在1991年内实现平原达标的区（市），经验收合格，枣庄市政府奖励区（市）政府奖金3万元，分别授予绿化责任人全市林业先进工作者称号，并发给奖金200元。凡是提前一年完成5年绿化责任状任务的，枣庄市政府奖励区（市）政府奖金5万元，分别给予绿化责任人记功一次，并发给奖金200元。凡是完成侧柏和杨树育苗的，给予责任人100元奖励。

这些措施出台后，区（市）、乡（镇）纷纷效仿，也采取了同样措施，甚至超过市里，实行重奖重罚。“林业要达标”成为各级领导干部的自觉行动，各级领导不仅定措施，抓发动，而且深入第一线，做过细扎实的工作。基本格局是区（市）领导包乡（镇）、乡（镇）领导包管区、机关干部包村、村干部与护林员包路包渠，完不成任务的不回机关。通过1991年一个春季的奋战，全市新建农田林网59万亩，改善补植52万亩，成片造林8.5万亩，“四旁”植树433万株。雨季荒山造林8万亩，成活保存率平均达到85%以上，4个区（市）绿化达标的几项指标均超过部颁标准。至此，全市平原绿化实现了部颁绿化标准。其中全市林木覆盖率达到15.5%；山区荒山造林达到70.1万亩，占宜林荒山面积的61%；小块宜林荒滩荒地基本造完林；农田林网（农林间作）化面积200万亩，占平原耕地面积的90%；村镇林木覆盖率达到38%。1992年2月下旬，枣庄市及市中区、薛城区、峄城区、滕州市达部颁平原绿化标准，荣获林业部授予的“全国平原绿化先进单位”。

1992年8月，枣庄市被评为山东省4个林业育苗先进市地之一，全年全市培育荒山绿化用侧柏苗过亿株。1992年，枣庄市政府被省绿化委员会评为“市长、专员绿化责任状五年总评先进单位”。

2. 提前2年实现山东省“八五”绿化达标

1991年4月2日，市委、市政府作出《关于坚持综合治理、加快荒山绿化的决定》。1991年4月23日，山东省委、省政府做出了《关于学习广东，奋战十年，绿化山东的决定》，提出“八五”时期栽上树，“九五”时期完善提高，十年绿化山东；印发了《山东省“八五”绿化标准和验收奖惩办法》。4月26日—5月11日，枣庄市林业局组织区（市）林业局负责同志赴广东考察学习荒山造林绿化经验，结合枣庄实际，研究讨论了落实省委、省政府《决定》的初步意见。6月8日，枣庄市林业局印发《关于建立“五年消灭宜林荒山联系点”的通知》，抽调31名工作人员，到30处山丘林业用地面积在1万亩以上的乡（镇）建立联地点，主要任务是抓好封山、育苗和造林3件大事。8月15日，枣庄市委、市政府召开了“全市五年栽上树十年绿化枣庄动员大会”，市委书记作了题为《全民动手，真抓实干，为实现五年栽上树十年绿化枣庄的宏伟目标而奋斗》的动员报告，指出“早干的早主动，晚干的就被动，不干绝不允许”！这次会议使与会同志受到很大震动，在全市引起了强烈反响。广大干部群众对实现“一年备足苗，两年消灭荒山，提前实现山东省‘八五’绿化标准”的目标，认识提高了，信心也大大增强了。1992年3月9日，枣庄市委、市政府隆重召开全市林业工作表彰动员大会，各区（市）、乡（镇）党委书记、政府分管负责人、农委主任、林业局（站）长，市、区（市）两级绿委会成员，市六大班子领导同志共500多人参加了会议。会议对完成1991年度林业任务指标的区（市）、乡镇进行了表彰奖励，对没有完成任务的两个区（市）、20个乡镇进行通报批评。1993年2月24—26日召开的全省林业工作会议上，枣庄市五区一市全面完成1992年成片造林、农田林网、农林间作三项任务，受到省委办公厅、省政府办公厅的通报表扬。

1991年，山亭区山东省沂蒙山区绿化工程启动。该工程建设年限为1991—1997年，山亭区1992年造林突破10万亩，受到山东省绿化委员会、山东省林业厅“一九九二年造林绿化成绩特别突出”的表彰奖励。山亭区造林任务23万亩，提前3年完成，1996年荣获“沂蒙山区造林绿化优质工程”。

1994年3月，市中、峄城、台儿庄三区，1995年3月山亭区，先后被省委、省政府授予“提前达到省‘八五’绿化标准先进单位”，同时给四区的书记、区长、分管区长记功，四个区林业局局长被授予“山东省林业劳动模范”。

1995年，台儿庄区侯孟乡后楼村、薛城区南常乡张庄村被全国绿化委员会、国家林业部评为“全国造林绿化千佳村”。1996年5月，由枣庄电视台、中央电视台影视部和山亭区委、区政府联合拍摄的纪实性电视剧《山爷》拍峻。山爷的原型是枣庄市山亭区水泉乡峪子村76岁的李奉田老人。他和74岁的老伴无儿无女，老两口为植树造林，挖山

不止，12年间将400多亩的卧牛石山变成了花果山，多次受到省、市的表彰。

（四）传统林业向生态林业转变（1996—2011年）

1996年3月9日，山东省林业工作暨省绿委第十四次全体（扩大）会议在济南召开。会议提出，要从传统林业向现代林业转移，实现全省绿化，建设大林业。

1. 大工程带动大发展（1996—2010年）

（1）淮河太湖流域防护林工程（1996—2000年）

1996年，枣庄市市中区、薛城区、峄城区、台儿庄区和滕州市被列入国家淮河太湖流域防护林体系工程建设范围。规划造林面积36万亩，5年内该工程共完成成片造林56.6万亩，净增森林面积40.4万亩，新建农田林网93.2万亩。一期建设范围内的区（市）森林覆盖率由1996年的20.52%提高到2000年的23.2%。

（2）长江中下游防护林二期工程（2001年—2010年）

2001年，枣庄市全部被列入国家淮河太湖流域防护林二期工程（后并入国家长江中下游防护林二期工程）建设范围。规划建设任务33784公顷，其中：人工造林5150公顷，封山育林2030公顷，飞播造林680公顷，低幼林改造5810公顷。2001—2010年，项目区共完成人工造林12674公顷，封山育林2045公顷，飞播造林1170公顷，低效林改造10533公顷。全市累计投入资金6869万元用于工程建设。其中中央基建投资1450万元，地方配套356万元。其他配套资金843万元。群众投工投劳90万个，折合投资4220万元。

（3）绿色通道建设工程（2001—2010年）

枣庄市的绿色通道建设规划始于1999年，仅把京福高速公路、206国道、枣（庄）—薛（城）一级路、韩庄运河等“三路一河”作为建设内容。建设标准为道路两侧各栽3行乔木林带，3—5公里范围内的农田林网。计划于2002年全部完成。2001年，山东省政府出台了《关于贯彻国发〔2001〕31号文件进一步推进全省绿色通道建设的通知》，要求各地尽快修订完善绿色通道建设规划。2001年3月6日，枣庄市政府下发了《关于加快全市绿色通道建设的实施意见》，对工程建设任务和目标作了明确要求。7月13日，枣庄市政府将《枣庄市绿色通道工程建设总体规划（2001—2010）》上报山东省绿化委员会办公室。根据规划，全市需绿化的县乡以上道路、大中型河渠共2700公里。绿色通道工程建设的主要内容包括道路征地范围内的绿化；征地范围外两侧林带建设；林带外各3公里范围内的农田林网、间作和山丘绿化；城区环城林带建设。林带建设宽度原设计标准为高速公路、国道两侧各30—50米，省道、铁路两侧各10—30米，县、乡路两侧各5—10米，河堤全部绿化。市驻地环城林带宽度为30—50米。同年9月12日，中共枣庄市委、枣庄市人民政府批转了枣庄市绿化委员会、市林业局制定的《枣庄市绿色通道重点工程实施方案》，确定以“七路一河一环”重点工程带动全市绿色通道工程建设。“七路一河一环”指的是：京福高速公路，104、206国道，枣木公路，枣薛一级路，店韩路，枣台复线，运河及环城林带。

在实施过程中，根据山东省政府建设绿色通道的一系列会议精神，以及适应林业发展新形势需要，2003年枣庄市对绿色通道林带宽度进行了调整：高速公路两侧各100米，国道、省道、铁路两侧各50米，县、乡道路两侧各30米，环城林带不低于100米。2002年底枣庄市成立了京福高速公路综合整治工作协调领导小组。2003年初，枣庄市委、市政府决定对京福高速公路等六条重点道路的绿色通道建设实行市六大家领导包路段绿化责任制，其中京福高速公路绿色通道建设由市委负责。2003年3月1日召开的万人全市春季植树造林电视动员会议上，市委书记又对京福高速公路等绿色通道建设作了全面部署。3月10日，枣庄市委、市政府召开京福高速公路枣庄段绿色通道建设会议，对高标准、高质量完成绿化任务进一步动员和部署。枣庄市委、市政府两办督查室先后两次组织人员对京福高速公路等六条重点道路的绿色通道建设情况进行督促检查，确保建设任务顺利完成。截至2005年底：京福高速公路、枣木、枣薛路、104、206国道、枣台复线、运河及环城林带已基本完成规划建设任务，建设林带长度299公里。京福路绿化带宽度为每侧100米，枣薛路和枣木路两侧绿化带宽度为每侧50米，206、104国道和枣台复线两侧绿化带一般为20米，部分地段达到50米。在市中区东、西、北三个方向建设了长18.8公里、50米宽的环城林带。

到2010年，全市共完成铁路绿化56公里，公路绿化1248公里，江河沿岸绿化632公里，合计1936公里，占宜绿化长度的94.7%；河湖库区绿化760公顷，占宜绿化面积的92.7%。

（4）平原绿化工程（2001—2010年）

滕州市、薛城区、市中区、峄城区和台儿庄区被列入国家平原绿化二期工程建设范围。枣庄市将平原绿化定位在“改善生态环境，发展农村经济”上，将平原绿化作为人工林木材生产的重要基地，平原地区国土安全的生态屏障，区域经济的重要支持，社会文明的重要基础。围绕农田林网、村镇绿化、绿色通道和产业基地四项建设重点，提出了“点上成景、线上成荫、面上成林”的总要求，大力发展生态经济兼用林。2001年3月，枣庄市委、市政府下发了《关于贯彻鲁发〔2001〕6号文件加快平原绿化工作的通知》，层层落实领导任期绿化目标责任制，把造林绿化任务的完成情况作为考核党政主要负责同志政绩的重要内容。枣庄市政府对各区（市）绿化规划实施情况进行年度核查，并兑现奖惩。各区（市）按照“明晰所有权，落实使用权，放开经营权”的原则，对农田林网、绿色通道林带建设采

取了以拍卖为主的承包形式，承包到户，使得群众造林、护林积极性空前高涨，部分地段年年栽树不见树的局面得到改变。2004 年，峄城区古邵镇对绿色通道和农田林网所栽树木以每株 10 元的起价公开拍卖，当地群众踊跃参与，最高竞价达每株 25 元，全镇一次性收取拍卖金 90 余万元。

2010 年底与 2000 年底相比：全市有林地面积由 3.89 万公顷提高到了 2010 年底的 7.78 万公顷；森林蓄积 10 年增加 291.42 万立方米；森林覆盖率从 10.98% 提高到 21.95%，10 年提高 10.97 个百分点，年均增加 1 个百分点；治理水土流失面积 4.08 万公顷，减少土壤侵蚀量 227.84 万吨；粮食产量增加 29297 万公斤。农田防护林与生态公益林、绿色通道及河流两岸防护林相结合，形成较完备的防护林体系，较好的减轻了风沙危害，保护了项目区的农田高产、稳产，改善了农业生产条件，减轻了自然灾害。

（5）枣庄市新城区大环境绿化工程（2001—2009 年）

枣庄新城区大环境荒山绿化是枣庄市委、市政府为适应市政府搬迁至新城而启动的重点绿化工程，范围为：东至店韩公路、南至郯薛公路，西至薛城大沙河、北至枣曹公路闭合区域内的所有荒山，涉及枣庄高新区的兴仁、兴城街道和薛城区的沙沟镇。2001 年 3 月 6 日，枣庄市政府批转了枣庄市绿化委员会、枣庄市林业局《枣庄市新城区大环境绿化工程规划实施方案》；3 月 8 日，枣庄市政府印发《枣庄市新城区大环境绿化工程标准和验收奖惩办法》，枣庄市绿化委员会印发《枣庄市新城区大环境绿化工程规划》；3 月 9 日，枣庄市政府召开新城区大环境绿化动员会议。2005 年 3 月 7 日下午，市委书记在市委常委会议室主持召开加快新城区大环境绿化专题会议，明确了枣庄高新区、薛城区和市直单位的分工和职责，要求加快绿化步伐。2005 年 11 月 21 日，枣庄市新城区大环境绿化工程建设指挥部制定了《枣庄新城区大环境荒山绿化标准和验收奖惩办法》，确定由枣庄市林业局、财政局、人事局组成验收组，对年度任务实行当年造林、11 月初验、次年春复验的办法进行验收，并兑现补助资金。

2003 年 8 月 4 日，中共枣庄市委组织部、枣庄市绿化委员会联合印发《枣庄市新提拔干部植纪念树实施办法》，规定新提拔的干部每人都要植 5 棵纪念树。2004 年 3 月 9 日，枣庄市首次营造干部纪念林。2005 年 3 月 9 日，枣庄市绿化委员会发出倡议，号召市直机关企事业单位开展为新城绿化捐资活动，至 6 月 13 日，共捐资 126.3 万元。

新城区大环境绿化全面实行专业队造林。推行了薛城区沙沟镇“1234”工程造林经验，将工程招投标和工程监理制度引入荒山绿化。三镇（街）年均组建专业队 25 支、500 余人。造林时间以春季造林为主，雨季造林为辅。春季造林全部栽植高度超过 1.5 米的营养袋大苗，雨季造林使用 2 年生以上优质壮苗。到 2009 年底，除薛城区沙沟镇部分山体外，光明大道两侧范围内的山体全面绿化，共绿化山头 32 座，新增绿化面积 8600 余亩。

山亭区国有徐庄林场一角

2007 年 7 月 23 日，枣庄市政府出台《枣庄新城区山林资源红线保护区规划》。对新城区 1.6 万亩山丘生态防护林资源实施永久性保护，任何单位和个人不得征占用。

（6）主要道路两侧可视山头绿化工程（2005—2007 年）

2005 年 7 月 8 日，枣庄市委、市政府印发了《关于加快主要道路两侧可视山头绿化的意见》，要求从 2005 年开始，利用三年时间，完成京福高速公路、枣木高速公路、206 国道等 9 条主要道路两侧可视山头的绿化美化，规划造林面积 15.6341 万亩，后调整为 12.6 万亩。枣庄市财政对验收合格的荒山造林每亩补助 50 元，疏林地补植每亩补助 25 元。由枣庄市纪委、市委组织部、人事局、财政局、林业局组成联合考核验收组，连续三年对全市可视山头绿化完成情况进行考核验收。经考核验收，2005—2007 年全市造林合格面积为 169764 亩，完成规划任务的 134.7%，其中，荒山造林合格面积 131235 亩，完成总任务的 139.7%；疏林地补植合格面积 38529 亩，完成总任务的 120.2%。

2006 年 8 月 9 日，枣庄市委宣传部、市绿化委员会召开荒山绿化先进人物新闻宣传协调会。会后，《枣庄日报》、枣庄市广播电台、枣庄市电视台分别开设“人物通讯”“荒山播绿人”“绿化英雄谱”宣传专栏，对 18 位基层干部和林业工作者进行了长达两个多月的宣传。

2. 发展特色林业产业（2003—2007 年）

2002 年 8 月 21 日，枣庄市委、市政府召开全市林果产业化工作会议。9 月 6 日至 11 日，枣庄市林业局成功举办全市林果开发经验巡回报告会。五区一市及枣庄高新区共组织 17 个乡镇（街道）的部分机关干部、工作点总支书记、村两委成员、林果专业大户和部分农民群众近 3000 人参加了报告会。2002 年 11 月 19 日，枣庄市委、市政府转发了枣庄市绿化委员会、市林业局《枣庄市

40万亩经济林和30万亩速生丰产林基地建设规划实施方案》，明确提出，规划用五年时间建设石榴、大枣基地各20万亩，杨树速生丰产林30万亩。到2007年，全市新发展石榴、大枣26.3万亩，建立速生用材林基地17万亩。“长红”牌大枣、“水泉”牌大樱桃、“徐庄”牌板栗荣获中国国际农业博览会名牌产品，创出了枣庄林果业的名牌。按照“一镇一色”、“一村一品”原则，大力发展林果专业镇、专业村，全市林果专业村发展到360个。全市木材总蓄积量达到465.7万立方米，有力带动了木材加工企业的快速发展。以中密度板、多层实木地板、果品加工为主的林果加工业达到600余家，年产值达6.7亿元。涌现出薛城捷利、奥翔、天顺，台儿庄宏润，市中区韦伦嘉禾等一批龙头企业。

3. 林业转向以生态建设为中心（2003—2011年）

（1）出台加快林业发展建设绿色枣庄的决定

2003年6月25日，中共中央、国务院出台了《关于加快林业发展的决定》，标志着我国林业以生态建设为主的发展战略基本确立。10月6日，枣庄市林业局在市委第14次常委会议上作了“关于贯彻中央《决定》、加快我市林业发展”的汇报。2004年2月25日，枣庄市委、市政府出台了《关于加快林业发展建设绿色枣庄的决定》，对今后全市林业发展的指导思想、基本原则与奋斗目标、重点工程、政策措施、组织领导等都做出了明确规定。全市森林覆盖率到2005年、2007年、2010年和2020年，分别达到27%、30%、34%和36%。

（2）签订领导任期绿化目标责任状

2004年2月27日，枣庄市委、市政府隆重召开全市林业工作表彰动员会议。市长与各区（市）长、枣庄高新区管委会负责人签订了任期绿化目标责任状（2003—2007年）。会议向全市38个绿化先进单位和46名绿化奖章获得者颁发了奖牌和奖品。2008年6月26日，枣庄市政府办公室对各区（市）5年来绿化责任状执行情况进行了考核通报。2003—2007年，全市完成荒山造林面积244805亩，是签状任务的141.5%；完成退耕造林面积519252亩，是签状任务的138.1%；新建和完善农田林网化面积870429亩，是签状任务的133.0%；新建绿色通道1962.4公里，完成签状任务的135.2%；新增封山护（育）林面积481807亩，完成签状任务的112.0%；全市林木覆盖率达到35%以上的村有1471个，完成签状任务的110.9%。

（3）建立森林生态效益补偿制度

落实森林分类经营制度，开展森林生态效益补偿试点。2001年山亭区24.6万亩生态公益林列入国家级补偿试点。2005年12月15日，枣庄市委、市政府在山亭区召开全市森林生态效益补偿暨森林防火工作会议。2005年，枣庄市级森林生态效益补偿试点正式启动，市财政安排50万元，按照国家统一标准建设10万亩市级生态效益补偿林。这在枣庄市林业建设史上尚属首次。2006年，区（市）级森林生态效益补偿启动。山亭区、台儿庄区、峄城区、市中区、滕州市及枣庄高新区共对15.6万亩公益林实行补偿。2006年底，全市生态公益林列入国家、省、市和区（市）四级补偿的面积达到83.8万亩，四级财政年补偿资金达419万元。

（4）市人大常委会出台加强林业工作的决议

2006年4月21日，枣庄市第十三届人民代表大会常务委员会第23次会议作出《枣庄市人民代表大会常务委员会关于加强林业工作的决议》。在枣庄市历史上是第一次。7月3日，枣庄市政府出台《贯彻市人大常委会〈关于加强林业工作的决议〉实施办法》。7月21日，山东省委宣传部、省文明办、省绿化委员会、省林业局在滕州召开全省“创绿色家园建富裕新村”行动启动现场会议。枣庄市在会上作了典型发言。2007年3月20—23日，枣庄市人大常委会组成7个组，对五区一市及枣庄高新区2003年以来林业发展情况进行全面视察，这在枣庄市历史上也是第一次。9月18日，滕州市被中央宣传部、中央文明办、全国绿化委员会、国家林业局授予全国“绿色小康县”称号，山亭区水泉镇田坑村、市中区孟庄镇峨山口村被授予“绿色小康村”称号，滕州市武玉发等25户家庭被授予全国“绿色小康户”称号。

（5）湿地公园从无到有（2006年至今）

枣庄市湿地公园建设始于2006年。

薛城区沙沟镇张庄村成为全国绿化千佳村

2006 年 8 月 6—7 日，由山东省林业局主办的第二届湿地保护与发展高层论坛在滕州盈泰宾馆举行。世界自然基金会主任李利锋以及来自国内的 10 余位专家学者参加论坛并发言。2007 年 1 月 10 日，滕州滨湖国家湿地公园（试点）经国家林业局批准成立，这也是山东省首家湿地公园；4 月 29 日，滕州滨湖国家湿地公园（试点）揭牌仪式在滨湖湿地公园举行。8 月 14 日，滕州滨湖国家湿地公园内江北最大水生植物园建成并举行隆重的开园仪式。2008 年，枣庄市林业局牵头成立了山东省第一个市级湿地公园总体规划评审专家委员会。2009 年 12 月 23 日，国家林业局批准台儿庄运河湿地公园为国家湿地公园试点，这是枣庄市第 2 家国家湿地公园。2009 年，是枣庄市湿地公园建设快速发展的一年，一年里分别批建省级、市级、县级湿地公园 2 个、4 个、11 个，湿地公园建设与湿地保护利用经验在全省推广。2011 年 3 月 25 日，国家林业局批复同意建设薛城区蟠龙河国家湿地公园（试点）。同日，枣庄市政府在山东省第一个颁布《枣庄市湿地公园建设管理办法》，从 2011 年 4 月 1 日起施行。2011 年 12 月 12 日，国家林业局批复同意建设山亭区月亮湾国家湿地公园（试点），2012 年 12 月 31 日，国家林业局批复同意建设市中区九龙湾国家湿地公园（试点）。2012 年底，全市国家级湿地公园（试点）达到 5 处。各试点国家湿地公园按照公园建设总体规划，认真组织实施，并在批准试点之日起 6 年内申请了验收。2016 年底，全市已有 4 处试点国家湿地公园通过国家林业局验收，成为正式的国家湿地公园，分别是：滕州滨湖国家湿地公园（2013 年 10 月 8 日）、台儿庄运河国家湿地公园（2014 年 12 月 31 日）、薛城区蟠龙河国家湿地公园（2015 年 12 月 31 日）、山亭区月亮湾国家湿地公园（2016 年 8 月 16 日）。各区（市）不断推动湿地公园晋升，截至 2017 年底，建成了 12 处省级湿地公园，1 处市级湿地公园。

4. 集体林权制度改革（2009—2011 年）

2008 年 6 月，中共中央、国务院出台了《关于全面推进集体林权制度改革的意见》，要求用 5 年左右时间基本完成明晰产权、承包到户的改革任务。枣庄市按照山东省委、省政府统一要求，2009 年将滕州市、山亭区作为集体林权制度改革试点县，一年时间完成了明晰产权、明确经营主体、确权发证的主体改革任务，共完成林地承包面积 55.2 万亩（其中新承包面积 16.2 万亩），占应承包面积的 98.9%，合同签订 23000 余份，勘界 57.6 万亩，已全部林权公示，调处林权纠纷 99 起，经费投入 251 万元。2010 年全市展开，2011 年经过山东省政府验收。2012 年后，林权登记转为日常工作，现在积极探讨林权抵押贷款、森林保险、森林资源评估、新型林业经营主体、林地流转、林地所有权、承包权和经营权“三权分置”等配套改革。

（1）主体改革

2009 年 2 月 16 日，枣庄市政府办公室转发了枣庄市林业局制定的《枣庄市集体林权制度改革工作方案》，3 月 13 日，市政府在枣庄召开了全市集体林权制度改革工作会议。会议强调要积极稳妥地推进集体林权制度改革试点工作，做到认识到位，领导到位，组织到位，制度到位，措施到位，资金到位，确保林改试点工作取得预期效果。2009 年 3 月 31 日—4 月 1 日，山东省集体林权制度改革试点工作培训班在滕州市举办。2010 年 2 月，枣庄市委、市政府召开了全市林业改革和发展工作会议，对集体林权制度改革工作做了重点部署，出台了《中共枣庄市委枣庄市人民政府关于深化集体林权制度改革推进现代林业发展的意见》。区（市）、乡镇按照省、市林改意见要求，制订深化林改工作的意见和实施方案。市、区（市）先后举办林改专业技术培训班 4 期，培训各镇街、村居林改技术骨干 4800 多人，利用农业短信平台播发林改手机短信 2 万条次；在地方报刊开辟《林改政策解读》专栏，每周两期，共刊登 30 期；编印《政策解读》《致区（市）林农的公开信》《明白纸》《林改工作流程》等资料 5 万多份；在各类媒体发表林改文章 34 篇，编发林改简报 26 期；出动林改宣传车 816 辆次，悬挂过路标 102 幅，张贴标语 700 多条，使广大群众真正关心林改、理解林改、支持林改、参与林改，齐心协力共同推进林改工作。2010 年滕州市被评为“全国林改典型县”，多次在全国集体林权制度改革现场会议上作典型发言。

（2）配套改革

推动林地使用权流转市场体系建设。枣庄市林地经营和林权流转主要有以下三大模式：一是林农间的流转。包括自发的随意方式和自觉的流转方式两种。自发的随意方式主要在亲戚朋友和邻里之间进行，以外出打工、年老弃荒为主因，流转面积较小、分散，口头为主，没有正式书面合同，常与托管方式相结合，很少有租金，这种方式在农村普遍存在，由于不办理林权证变更手续，很难统计；自觉的流转主要是指农户以扩大规模经营为目的，转让、转包本村的林地，用于苗木培育和高效经济林种植，常与自己承包的林地搭边经营，这种方式容易形成林农大户或家庭林场，比如山亭区北庄镇一对外出打工农民夫妻回乡租赁本村 130 余亩林地，办理了林权证，注册了林业家庭农场。二是林业专业合作社流转模式。从全市 331 家农民林业专业合作社注册形式看，发起人基本上是以林地入股，也有以林地、资金和技术同时入股，其他社员加入时，也以林地入股，通过林地经营流转，改变了单一、分散经营方式，实现了合作共赢，激发了林业资源潜力，实现了林权改革的目的。全市流转林地面积 6.7 万亩，主要涉及经济林产品与加工产品，如樱桃、长红枣、核桃、板栗、优质桃、花椒、山楂、茶、葡萄，金银花等中药材、花卉、苗木；储运、销售、技术物质服务和湿地、果园采摘游、农家乐等

服务类产品，比如山亭区月亮湾林业专业合作社省级示范社，通过流转林地（湿地）建立月亮湾省级湿地公园，并以月亮湾省级湿地公园为依托，开发果园采摘游、农家乐等服务类产品，效益比较明显。三是社会资本助推林地流转，实现多元化经营。以落实中央、省关于规范林权流转、积极引进社会资本注入林业的政策为突破口，枣庄市不断引进社会资本，助推林业发展。在林地经营权流转方面，一种是离退休人员、下岗职工等非农人员依法租用林业用地从事林业经营，主要从事中药材种植、种苗培育等。第二种是以企业为依托，出现了企业投资经营林地现象，一方面从林农手里流转林地，从事林业资源开发，发展林下经济和生态园建设，实现多种经营；另一方面，吸引周边农户来生态园打工。包括工程建设单位租用林地发展自用绿化苗木，有些企业引进本地稀有苗木，如映山红、杜鹃等，还有些企业实行双流转，既有林地流转，还流转林地周边农业用地，如台儿庄一乳业公司流转林地从事苗木经营，在流转农地上种植自用牧草，实行循环利用林地。

在滕州市确立为省级林地经营权流转证试点县后，为探索承包权、经营权的分置，同时促使民间私下林地、林木流转公开化，防止民间私下林地、林木流转带来的风险，加大了有关林地经营权流转的理论探讨，寻找政策和法律依据，存在的问题和对策，确保不出现政策偏差，为指导试点工作奠定基础。

推进以农民林业专业合作社、家庭林场等为经营主体的多元化，发挥林地的规模效益。2011 年枣庄市农民林业合作社达到 331 家，其中国家农民林业专业合作社示范社 2 家。入社林地面积 32.9 万亩，入社农户 4.25 万户，资产规模达 13.57 亿元，年产值 31.84 亿元，带动社会从业人员 16.47 万人，林业合作社已成为落实强林惠农政策的重要平台、发展生态林业的重要支撑、建设民生林业的重要途径。健全农村金融保障体系，推行森林保险体系建设。已完成林权抵押贷款登记 169 宗，累计林权抵押贷款 1.245 亿余元，林权抵押面积 20578 余亩，在贷款前指导咨询、贷款时价格评估、贷款后的抵押登记等方面提供服务。政策性森林保险实现零的突破，全市生态林投保 16 万亩。到 2015 年底，全市集体林业用地 186 万亩，已明晰林权面积 179 万亩，占应改面积的 96.2%。勘界面积 182 万亩，占应勘界的 97.8%。核发林权证 1.28 万本、面积 126 万亩，发放股权证 27.6 万本，面积 83.7 万亩。

（五）生态文明建设的主力军（2012 年至今）

2012 年 11 月 8 日，党的十八大在北京胜利召开。报告提出，要把生态文明建设放在突出地位，融入经济建设、政治建设、文化建设、社会建设各方面和全过程，努力建设美丽中国，实现中华民族永续发展。习近平总书记指出，在复杂的生态系统中，林业在维护国土安全和统筹山水林田湖综合治理中占有基础地位。习总书记多次强调，林业是事关经济社会可持续发展的根本性问题。

1. 创建国家森林城市（2012—2014 年）

2009 年，枣庄市被国务院列为华东地区唯一的资源枯竭型城市转型试点，2012 年 2 月 13 日，枣庄市委、市政府顺应广大群众的期盼，鲜明地提出了“生态立市”的发展理念，出台了《关于创建国家森林城市的决定》，把城市森林建设作为“生态立市”的有力抓手，启动了创建国家森林城市的工作。2012—2014 年，全市上下坚持“生态立市”不动摇，坚持以人为本抓创森，坚持科学规划引领、重点工程带动、创新机制驱动，实现了创森工作与经济社会发展的互促共赢，有力推动了枣庄的转型发展、科学发展。2014 年 9 月 25 日，在中国城市森林建设座谈会上，枣庄市被授予“国家森林城市”荣誉称号。

2. 国家森林城市十大提升工程建设（2015 年至今）

2014 年 12 月 15 日，枣庄市政府结合国家森林城市核验专家组提出的整改落实意见和本地林业生态建设实际，印发了《关于实施国家森林城市十大提升工程的意见》，决定从 2015 年开始，大力实施中心城区环城森林公园打造提升、荒山绿化攻坚、城乡生态绿色廊道建设。枣庄市委、市政府分别将国家森林城市十大提升工程列入市委常委会年度工作要点、市政府工作报告，2015 年列入政府百件惠民实事加以推进。2015 年 2 月 11 日，枣庄市委、市政府召开创建国家森林城市总结表彰暨“十大提升工程”动员会议，对国家森林城市十大提升工程建设以及冬春季造林任务进行了全面动员和安排部署，印发了《枣庄市 2015 年国家森林城市十大提升工程建设实施方案》。2016 年 3 月 16 日，枣庄市委、市政府召开了全市国家森林城市十大提升工程暨春季造林绿化推进会议，印发了《枣庄市 2016 年国家森林城市十大提升工程建设实施方案》。

2016 年 11 月 29 日至 30 日，由国家林业局、全国政协人资环委等单位主办的首届国际森林城市大会在深圳市举行。由国家林业局推荐，作为中国森林城市建设的代表，枣庄市作了题为“以森林城市建设推进绿色转型发展，着力打造自然生态、宜居宜业新枣庄”的典型发言。枣庄市森林城市建设的理念、做法引起了与会领导和国内外专家的一致好评和较大反响。

2017 年 2 月，中共枣庄第十一次党代会、枣庄市第十六届人民代表大会第一次会议先后召开，市委工作报告和政府工作报告明确提出了着力推动创新、开放、生态“三个跨越”，努力打造自然生态宜居宜业新枣庄的目标，并把深入实施国家森林城市十大提升工程、加快开展植树造林、推进国有林场改革、建设绿色生态廊道、加强山体保护等林业工作写入其中，为指导和做好全市林业工作提供了根本遵循。

2017 年 11 月 10 日，山东省人民政府出台了《关于开展“绿满齐鲁·美

丽山东”国土绿化行动的实施意见》。2018年 2月28日，枣庄市政府印发了《关于开展“绿满城乡·美丽枣庄”国土绿化行动的实施意见》，决定自2018年开始，利用3年时间统筹实施环城国家生态公园建设提升、城乡绿色生态廊道建设提升、森林生态修复与保护、退耕还果还林、森林质量精准提升和城乡绿化美化等六大国土绿化工程，新增、更新和低效林改造提升21.6万亩、森林抚育8万亩。2018年，枣庄市委将“绿满城乡·美丽枣庄”国土绿化行动列入市委常委会工作要点，枣庄市政府将“绿满城乡·美丽枣庄”国土绿化行动列入政府工作报告，环城国家生态公园建设提升被列入市政府惠民实事。市考核办、市政府督查室定期调度督导。“绿满城乡·美丽枣庄”国土绿化行动顺利推进。

二、改革开放取得的主要成就

（一）森林资源持续稳定增长

枣庄市有林地面积由1978年的92.65万亩增加到166万亩，增长了79.2%；林木蓄积量由54.4万立方米提高到552万立方米，增长了9倍；森林覆盖率由9%增加到24.2%，提高了15.2个百分点；94%以上的平原农田实现了林网化，主要公路、河流基本实现绿化美化。目前，以山区绿化为主体，以农田林网、路域、水系、沿海绿化为骨架，点、线、面相结合，乔、灌、花、草相搭配的比较完备的林业生态网络体系基本形成，全市生态环境显著改善。

（二）自然生态得到有效保护

建立健全了森林生态资源保护管理体制机制，强化了森林防火和林业有害生物防控基础设施建设。建成国家级森林火险因子采集站2处、瞭望台12个、护林房20个、森林防火物资储备库12处，购置森林防火指挥车、运兵车、水车10余辆，储备风力灭火机、消防水泵等各类扑火机具6500余套，建成了市、区联动的森林防火视频监控指挥系统；建成林业有害生物国家级中心测报点1个，省级测报点4个，市级测报点35个，连续3年年均完成飞机防治林业有害生物近120余万亩，全市无林业有害生物成灾面积，没有发生松材线虫病等重大疫情点。大力开展生物多样性保护，全市共建立野生动植物种源繁育基地8个，野生动植物保护管理站7个，自然保护区2个，无野生动植物较大伤亡事件；在市中区、峄城区分别建立了以青檀和石榴基因保护为主的种质资源保护基地，收集保护优质青檀品种119个，优质石榴品种282个。开展了湿地资源调查，实施湿地保护恢复工程，增加湿地资源面积，改善湿地水环境，颁布实施了《枣庄市湿地公园建设管理办法》，严格湿地公园的申报、规划、审批、建设、管理和保护，全市湿地总面积1.58万公顷，新建市级以上湿地公园18个，其中国家湿地公园4个、国家湿地公园试点1个、省级湿地公园12个、市级湿地公园1个。

（三）集体林权改革深入推进

开展并完成了集体林权制度改革试点任务和主体改革任务。滕州市被评为“全国林改典型县”“全国首批林业专业合作社典型示范县”，林改经验在全国推广。全市共完成林地确权134.78万亩，发放林权证6300份。深入推进集体林权制度配套改革，建立县级林权管理服务中心6个，流转林地14.86万亩，完成林权抵押贷款1.25亿元。大力发展现代林业专业合作组织，全市建立各类林业专业合作社331个，其中省级示范社37个，国家级示范社1个，提升了林业组织化程度，促进了林农增收。通过召开银林对接会，组织商业银行与林业企业、林业大户、林农交流对接，推进银林合作。探索金融支持林业发展新模式，开展政策性森林保险，确定了森林保险经办机构，2016年底参保林地总面积达到了22万亩。

（四）科技创新进展迅速

积极开展林业科技研究，选育和引进林果新品种。加强科技推广网络建设，通过建立科技示范基地和开展技术培训、送科技下乡等多种形式，大力推广树种选择与造林技术、林木良种快繁技术、高产优质栽培技术、森林病虫害防治技术等，取得了良好的社会、经济和生态效益。全市荣获山东省林业科技成果奖数量在2004年、2005年、2008年、2009年四次位居全省17市第一。2005年枣庄市林业局被评为全省林业科技工作先进单位。“常绿阔叶树种在山东引种及抗寒评价的理论与应用”等一批林业科技项目通过了省科技厅或市科技局组织的专家评审，全市有60多项林业科研成果荣获省林业科技成果奖和市科技进步奖，1项科技成果获得省科技进步奖。成功攻克了“石榴自动剥皮榨汁一体生产”“冬季石榴扦插”“平原石榴栽培”“石榴大规模温室速成育苗”等石榴种植和加工中的技术难题，并拥有多项国家发明专利。 与中国果蔬贮藏加工技术研究中心、南京林业大学等院所建立了产学研合作关系。“中国果蔬贮藏加工研究中心博士工作站”“山东果科所博士工作站”“山东省食品科学技术学会石榴分会”也先后在枣庄设立。成功选育了“秋艳石榴”“应秋红柿子”“运河红石榴”等一系列经济林果新品种。

（五）森林文化不断繁荣，生态文明道德观念深入人心

以自然保护区、湿地、森林公园、国有林场为依托，积极开展生态文化基础建设，搭建各种生态文化载体和展示平台，宣传普及生态文化，提高全社会生态文明意识。植树节、爱鸟周、世界湿地日、世界防治荒漠化和干旱日、野生动物保护宣传月等成为开展生态文化教育的重要节日，在全社会逐步树立起可持续发展理念、生态政绩观和生态伦理观，植绿、护绿、爱绿成为全社会自觉行动。依托国家森林城市创建工作，大力开展森林生态文化宣传和创作，出版发行了《枣庄市树市花》《枣庄市林业志》等一系列书籍，开展了作家采风活动、摄影比赛活动、创森知识竞赛活动、创森征文比赛活动等森林文化活动，在枣庄日报、中国绿色时报等开设了宣传专栏，在枣庄市电视台进行专题

宣传。建立了市、区（市）、乡镇三级义务植树基地，全民义务植树尽责率达到了90%。成功举办了山东省第五届花卉博览会，第一届、第二届世界石榴大会等。建设动植物展览馆、湿地博物馆、树木（花卉）园等20多处，生态教育基地100余处，其中国家级生态文明教育基地1处，省级生态文明教育基地5处，市级生态文明教育基地38处。各类生态文化宣传和科普活动开展、基础设施建设的不断加强，有效促进了森林生态文化繁荣，形成了全社会关注林业、支持林业发展的良好氛围。

（六）林业产业快速健康发展

林业一二三产业协调发展，二、三产业比重逐年提高，产业结构进一步优化，林业产业发展质量和经济效益显著提高。2015年，全市林业总产值首次突破100亿元，达到105.8659亿元。2017年全市各类经济林产品产量为405616吨，其中水果产量为345313吨，干果产量为26505吨；花卉种植面积2.44万亩，全市花卉企业达到89个，其中大中型企业5个；花农2751户；花卉从业人员17395人。依托18处湿地公园、15处森林公园，大力发展林业旅游与休闲产业。2017年吸引游客670万人次，收入124103万元，直接带动其他产业产值189496万元。

三、启示

枣庄林业40年巨变，最根本的是以中国特色社会主义理论为指导，从枣庄实际出发，坚持生态优先，解放思想、抢抓机遇、开拓创新，用发展的办法解决前进中的问题，走出了一条具有枣庄特色的林业改革发展之路。

1. 坚持生态优先，实现经济社会可持续发展。随着改革开放的不断深入，枣庄适时调整发展方式，把生态建设与经济建设摆上同等重要位置，加大投入，强力推进，生态环境明显改善，城市面貌发生翻天覆地变化，极大地推动了经济社会发展。更为重要的是，随着林业资源不断扩大聚集，释放出巨大的生态效益，涵养水源、保土、固碳、净化等生态功能迅速提升。据测算，全市森林土壤的蓄水量达到1亿吨以上，每年减少水土流失30余万吨；在生长旺季每天可吸收消耗13万吨二氧化碳、释放11万吨氧气；每年吸附粉尘量近300万吨，是裸露土地吸尘能力的75倍。实践证明，坚持生态优先战略是符合枣庄实际的，是完全正确的，应当坚持并将长期坚持。

2. 坚持以人为本，打造民生林业。40年来，枣庄林业以满足广大群众的需要为出发点和落脚点，不仅在改善生态环境中扮演重要角色，而且在满足人民生活诉求、增加生活幸福感上也有着举足轻重的作用。特别是近年推进城市林业建设，建成了一大批功能齐全、贴近群众生活的公共绿地，将森林引进城市，让城市拥抱森林，拉近了市民与森林的距离，创造了宜居宜业的和谐幸福家园，森林生态全民共建共享体系初步形成，森林文化不断繁荣。以人为本，才能真正实现林业价值，这将成为林业发展必须把握的方向。

3. 紧紧依靠群众，动员全社会力量，共建绿色家园。枣庄林业生态建设能够取得今天的重大成就，与人民群众的大力支持是分不开的。特别是近年掀起生态建设热潮，一些大户、村民自发集资建设苗圃、游园，还有许多市民自发组织起来，充当绿色志愿者，主动参与和维护绿化建设成果，收到了意想不到的效果。机关、工厂、企业、社区、学校等积极参与绿化美化，“读者林”“工人林”“记者林”“法官林”“军民共建林”“家庭林”等遍布全市各地。从家庭绿化到社区绿化，从校园绿化到单位绿化，从亲自动手植树种树到捐资认建认养绿地，无不体现了人民群众热爱家园，乐于绿化美化生活的炽热之情。实践证明，人民群众是林业发展的坚强后盾，也是力量之源。要充分调动人民的积极性和主动性，举全民之力共同绿化美好家园。

审稿人：郑　然

撰稿人：申国胜

台儿庄区农田林网化（2008年5月30日）

枣庄市国家森林城市建设历程及启示

党的十八大以来，生态文明建设纳入“五位一体”总体布局，生态文明理念逐渐上升为统筹谋划解决环境与发展问题的重大理论，建设和发展森林城市逐渐成为各级政府建设生态文明和美丽中国的生动实践。作为老工业基地、资源枯竭型城市，枣庄市认真贯彻落实习近平新时代中国特色社会主义思想，坚持“绿水青山就是金山银山”的发展理念，大力推进国家森林城市建设和提升，走出了一条具有枣庄特色的资源型城市绿色转型之路。

一、国家森林城市建设的历程

枣庄作为山东的“南大门”，是一座因煤而建、因煤而兴的资源型城市，煤炭、水泥长期占产业大头，在发展的同时，也带来了生态环境恶化等“后遗症”。特别是随着城市转型进入攻坚期，资源枯竭、环境容量不足的问题逐渐显现，经济社会发展与资源环境承载力不足的矛盾日益显现。为加快转型发展、改善生态环境，枣庄市委、市政府于2012年初启动了创建国家森林城市工作，经过三年的不懈努力，2014年9月枣庄被授予“国家森林城市”称号，而后于2015年启动了“国家森林城市十大提升工程”，开始了国家森林城市建设的新征程。

（一）国家森林城市创建工作的提出

党的十七届五中全会明确提出提高生态文明水平，绿色建筑、绿色施工、绿色经济、绿色矿业、绿色消费模式、政府绿色采购等不断得到推广，“绿色发展”被明确写入“十二五”规划并独立成篇。2011年底，中共山东省委、山东省人民政府出台了《关于建设生态山东的决定》，并将其作为贯彻落实科学发展观，加快转变经济社会发展方式，全面提升生态文明水平的重要举措。2012年初，枣庄市委、市政府按照上级党委、政府的要求，顺应广大群众对青山、绿水、新鲜空气的强烈期盼，立足枣庄经济社会发展的实际，提出了创建国家森林城市的目标。

2012年1月4日，全市经济工作会议召开，将争创“国家森林城市”列入了建设生态宜居枣庄的重要内容。

2012年1月5日，枣庄市政府市长办公会议召开，听取了枣庄市林业局关于创建国家森林城市的报告。会议决定，力争通过三五年的努力，最迟到“十二五”末，成功创建国家森林城市。随后，枣庄市政府正式向山东省林业局递交了创建国家森林城市的申请，并由山东省林业局转报国家林业局。

2012年1月29日，国家林业局宣传办公室复函山东省林业局，同意枣庄市创建国家森林城市，并要求枣庄市按照《国家森林城市评价指标》，“加强领导，健全机构，科学规划，加大投入，深入宣传，发动群众，扎扎实实做好各项创建工作”。市委副书记、代市长张术平于1月31日对枣庄市林业局《关于国家林业局批复同意我市创建国家森林城市的报告》作出批示：开局良好，任重道远。当务之急是谋划、实施好今春的造林绿化工作。请林业部门商农业、城建、水利等部门尽快拿出周密可行的工作方案，“两会”之后打响绿化战，开好头，起好步，为创建工作打好基础。

2012年2月4日，中共枣庄市第十次代表大会召开，明确提出建设“幸福新枣庄”的构想，并将创建“国家森林城市”作为打造“宜居城市”，加快城市转型的重要举措，列入全市经济社会发展的重要工作议事日程。

2012年2月9日，在枣庄市第十五届人大一次会议上的政府工作报告中，将成功创建国家森林城市列入了市政府五年工作目标。

在2012年枣庄市“两会”期间，人大代表、政协委员纷纷建言献策，提出创建国家森林城市方面的建议和提案，创建国家森林城市工作受到了社会各界的广泛关注和支持。如《关于建设枣庄中心城区环城森林公园的建议》和《关于创建国家森林城市的建议》等均被列为重点建议或重点提案。

国家森林城市创建目标的提出，成为了新时期枣庄市“生态立市”和绿色转型发展的重要标志。

（二）国家森林城市创建工作的启动

枣庄市各级各有关部门积极贯彻落实全市经济工作会议、十次党代会精神，按照国家林业局复函要求，顺利启动国家森林城市创建工作。

1月28日，第二十一次枣庄市政府常务会议召开，要求抓紧启动创建国家森林城市相关工作，尤其是要研究细化春季大规模植树造林计划，统一规划、标准、政策，落实到各区（市）、各部门。要求将创建工作与农业产业结构调整、城市绿化、水系绿化等相结合。

2月7日下午，枣庄市政府召开2012年创建国家森林城市植树绿化计划对接会议，对做好年度造林绿化工作提出了具体要求，并对各相关部门应承担的任务进行了分工。

2月10日晚，枣庄市政府2012年创建国家森林城市植树绿化方案落实专题会议。对该年度造林绿化工作进行了研究部署，明确了道路绿化、城市出入口节点绿化、新城区绿化、农田林网绿化、水系绿化、农村村庄绿化等六大造林绿

化工作重点，落实了任务分工，提出了"一文一图一表"的造林绿化工作落实办法。

2012年2月15日，枣庄市委、市政府在枣庄新城会展中心隆重召开了创建国家森林城市动员大会，成为市委、市政府在全市"两会"以后召开的第一个高规格会议。会上印发了《关于创建国家森林城市的决定》《关于加快林业产业发展的意见》，表彰了全市林业工作先进集体和个人，山东省林业局与枣庄市政府签订《关于合作共建省级现代林业示范市和国家森林城市的协议》。

创建国家森林城市工作的顺利启动，为各项创建工作的开展奠定了坚实基础。"创森"工作成为新一届枣庄市委、市政府的中心工作之一，成为全市一项重要的转型工程、民生工程、幸福工程。

（三）国家森林城市创建工作的规划与实施

枣庄市各级在创建国家森林城市动员大会召开以后，迅速掀起了创建工作的热潮。主要从以下几个方面展开：

1. 成立领导机构和办事机构

枣庄市委、市政府成立了"枣庄市创建国家森林城市工作领导小组"，领导小组下设办公室，办公室成立了综合宣传、规划计划、督查指导一组、督查指导二组和城市森林建设等五个工作组，并对各工作组职责分工进行了公布和细化。枣庄市林业局积极贯彻落实市委、市政府决定，抽调局机关和所属单位骨干力量，组建了"市林业局创建国家森林城市工作办公室"，实行集中办公，负责全市创建国家森林城市日常工作。枣庄市体育局、旅服委、交通局等单位认真落实枣庄市委、市政府要求，分别成立了"创森"和"环城森林公园建设"领导机构，各区（市）、各镇（街）也分别成立了创森工作领导机构，形成了上下一体的"创森"工作领导格局。

为加强创建国家森林城市重点工程或专项工作的协调指挥，相继以枣庄市政府名义成立"枣庄市抱犊崮景区旅游大道建设指挥部""枣庄市中心城区环城森林公园建设领导小组"等，以创建国家森林城市工作领导小组名义成立了"枣庄市2013年创森四大提升工程建设指挥部"和"创建国家森林城市重点工作若干指挥分部"等。枣庄市创建国家森林城市工作领导小组及其办公室根据实际情况进行了及时调整。

2. 编制总体规划

为推动创建国家森林城市工作的有序开展，结合"国家森林城市评价指标"，经枣庄市政府研究同意，由枣庄市创森办公室、枣庄市林业局牵头组织，于2012年3月中旬开始，委托国家林业局林产工业规划设计院开展了《枣庄市国家森林城市建设总体规划》(2012—2020年）编制工作。并结合枣庄实际，着手《枣庄市中心城区环城森林公园建设规划》《枣庄市中心城区环城森林公园绿道网络专项规划》和《枣庄森林城市形象色彩规划建议书》等规划的编制。

枣庄市委、市政府领导亲自到一线调研指导，通过专题会议、现场办公会等形式对森林城市规划、环城森林公园规划等提出要求。2012年3月12日，枣庄市委副书记梁宪廷听取枣庄市林业局关于2012年林业工作及"创森"工作情况汇报时强调，创建国家森林城市，要着力抓好规划和实施方案编制工作；3月23日，枣庄市委常委、副市长秦元祥主持召开专题会议，研究中心城区环城森林公园规划工作；6月14日，枣庄市委副书记、市长张术平主持召开现场办公会议，专题研究通往抱犊崮景区旅游大道及环城森林公园规划建设工作；枣庄市委常委、副市长秦元祥带队先后到威海、潍坊、增城、东莞、本溪、杭州、徐州、日照等地市考察学习国家森林城市、环城森林公园和绿道建设先进经验；9月25日，枣庄市委副书记、市长张术平主持召开专题会议，听取了规划编制单位关于《枣庄市国家森林城市建设总体规划》《枣庄市森林城市品牌与色彩规划》和《中心城区环城森林公园规划》等三项规划的汇报，对规划修改完善提出了明确具体的要求。

枣庄市创森办公室牵头，带领规划编制单位先后5次组织到现场调研，详细了解实地情况和区（市）建设需求，并广泛征集市直有关部门和各区（市）资料数据、意见建议。2012年4月24日，枣庄市政府召开创森总体规划编制座谈会，规划编制组专家与各有关部门单位负责人就枣庄市创森总体规划编制、基础资料收集等问题进行了深入、全面的交流讨论。

组织高规格规划评审，并获得与会专家领导高度认可。2012年12月8日，枣庄市国家森林城市建设总体规划评审会议召开。评审专家组一致认为，《枣庄市国家森林城市建设总体规划》《枣庄市森林城市品牌与色彩规划》和《中

2012年2月15日，市委、市政府隆重召开全市创森动员大会

心城区环城森林公园规划》等三个规划理念先进、思路清晰、资料翔实、目标明确、针对性和可操作性强，符合国家森林城市建设的相关政策、法规和标准，符合枣庄建设国家森林城市的发展战略要求，一致同意通过枣庄国家森林城市建设总体规划等三个规划的评审，并提出了一些指导性、建设性的修改意见建议。

枣庄市政府召开常务会议研究并通过国家森林城市等三项规划。2013 年 2 月 25 日，枣庄市政府第十八次常务会议召开，研究批准《枣庄市国家森林城市建设总体规划（2012—2020 年）》（含《枣庄市森林城市品牌与色彩规划建议书》）、《枣庄市中心城区环城森林公园总体规划（2012—2020 年）》和《枣庄市中心城区环城森林公园绿道网络专项规划（2013—2015 年）》等三项规划。经进一步修改完善，枣庄市林业局向枣庄市政府递交了《关于报批枣庄市国家森林城市建设总体规划(2012—2020 年）等三项规划的请示》，枣庄市政府批复同意实施三项规划，并要求枣庄市林业局牵头认真组织实施。为提高市民对创建国家森林城市的知晓率、支持率和参与度，枣庄市林业局研究制定了《2013 年度创森规划宣传方案》，通过新闻媒体宣传、BRT 站点宣传和巡回展出“三位一体”的宣传办法，对规划进行了广泛宣传。

3. 创森规划实施和重点工程建设

《枣庄市国家森林城市建设总体规划》（2012—2020 年）为枣庄市国家森林城市建设工作量身定制了森林生态体系、森林产业体系、森林文化体系、森林支撑体系等四大森林城市重点任务，明确了城市森林、镇村森林、通道森林、水系森林、山地森林、平原森林六大造林绿化重点工程和五大林业产业基地、五大生态旅游目的地等一系列重点建设工程项目，以重点工程项目建设带动国家森林城市创建工作开展，达到积点成线、积线成面的工作目标。

(1)组织编制年度计划和实施方案，细化分解“创森”工作任务。在编制“创森”各项规划的基础上，对照国家森林城市评价指标体系，对创森期间各项任务目标进行了梳理细化，结合工作实际，分年度研究编制并以枣庄市政府或枣庄市“创森”领导小组文件印发了《2012 年枣庄市创建国家森林城市造林绿化实施方案》《2013 年创建国家森林城市工作实施方案》《2013 枣庄市中心城区环城森林公园年建设实施方案》《关于 2014 年创建国家森林城市六大重点工程建设的实施意见》《2014 年创建国家森林城市工作实施方案》等实施方案，进一步明确年度各项创森任务目标和责任单位，确立了年度“创森”重点工程，细化了工作措施。其中：

2012 年度实施方案以造林绿化为主要内容，以通道森林、城市森林、水系森林、山丘森林、平原森林和镇村森林等六大森林建设为重点工程，确立通道森林重点建设项目 8 项、城市森林重点建设项目 33 项、水系森林重点建设项目 10 项、山丘森林重点建设项目 34 项、平原森林重点建设项目 6 项、镇村森林重点建设项目 158 项，细化分解造林绿化任务 12.33 万亩。

2013 年度实施方案进一步明确了科学创建、低成本创建的“创森”工作原则，提出了环城森林公园、造林绿化、林业产业、森林生态文化、森林资源保护和集体林权制度改革六大建设任务，分解造林绿化任务 21.9 万亩，确立造林绿化建设项目 175 项、其他创森重点建设项目 187 项，提出建设提升绿道 41.7 公里、建设环城森林大道 36.4 公里、其他环城森林公园建设重点项目 27 项。

2014 年度实施方案围绕国家核查验收，分解造林绿化任务 18.47 万亩，并将创森档案建设作为年度工作任务之一，确立中心城区环城绿道建设、城市绿化提升、荒山绿化、石榴园扩建、蟠龙河湿地公园建设、市中区东沙河综合整治及绿化提升、新城东西绿带等市级重点工程 7 项，确立区（市）级重点工程 447 项。

各区（市）、市直各有关部门单位也以制定实施方案、工作计划等不同形式对年度创建国家森林城市工作进行安排。年度实施方案的编制，进一步细化了工作任务目标，将森林城市建设总体规划变成了具体可实施的工程项目，并分解到区（市）、分解到部门，成为了指导年度创建工作的重要抓手。

（2）组织召开年度创建国家森林城市工作会议，安排部署年度重点创建工作。在 2012 年 2 月 15 日召开的“全市创建国家森林城市动员大会”上，印发了《2012 年枣庄市创建国家森林城市造林绿化实施方案》，细化分解了 2012 年度造林绿化重点工作任务。2013 年 3 月 4 日，枣庄市政府组织召开了“全市创建国家森林城市工作会议”。会议总结交流了 2012 年全市创森工作经验，表彰奖励先进单位和先进个人，安排部署 2013 年创森工作任务，印发了《2013 年创建国家森林城市工作实施方案》和《2013 年枣庄市中心城区环城森林公园建设实施方案》。2014 年 3 月 1 日，枣庄市政府组织召开“全市创建国家森林城市现场督导会议”。会上印发了《枣庄市 2014 年创建国家森林城市工作实施方案》，提出了年内成功创建成为“国家森林城市”的工作目标。年度“创森”工作会议的召开和实施方案的印发，有效分解细化了年度工作任务目标，安排部署了年度重点创建工作，为全年创建工作的顺利开展奠定了基础。

（3）实施“创森”重点工程项目，以点带面实施创建。

实施造林绿化重点项目，建设城乡一体化森林生态系统。枣庄市围绕“鲁南绿城，山水枣庄”的创建定位，立足山水相融的自然地理特点和组团式布局的城区特色，促进生物多样性保护，统筹推进城乡一体化森林生态体系建设。注重与调整农业产业结构、发展林果经济相结合，与城乡环境综合整治相结合，与城市建设相结合，与发展生态旅游相结合，大力组织植树造林，着力打造以城区绿地为核心，以水网、路网绿廊为

连接线，以环城森林公园为圈层，以村镇绿化为基点，以片区森林为保障的城乡森林生态系统，努力实现城区园林化、城郊森林化、道路林荫化、水系林带化、农田林网化、乡村林果化的目标。2012年，重点实施了“五纵三横”骨干道路绿化和水系生态廊道建设工程；2013年，重点实施了以环城森林公园凤凰绿道、抱犊崮旅游大道、石榴园扩建和枣临高速绿色通道为代表的四大创森工程；2014年，重点实施了中心城区环城绿道、新城东西绿带、蟠龙河湿地建设、东沙河综合治理等七大创森工程。相继实施祁连山路两高绿化带、新城东西绿轴、龙潭公园、薛城区城市森林公园、山亭区紫云湖公园、市中区东沙河绿化提升等城市森林重点项目74项，新增城市森林面积1582公顷；新建围镇林14个、围村林205个，新增镇村森林面积2828公顷；新建提升京台高速、店韩公路、206国道、枣台公路、枣曹公路等重点通道森林18条，新增通道森林面积3870公顷；实施滕州荆河、薛城区蟠龙河、峄城区大沙河、台儿庄区涛沟河等重点水系绿化项目40个，新增水系森林4957公顷；以成方连片荒山造林重点工程建设为重点新增山地森林11430公顷，实施黄风口、常山、双山等破损山体治理11处面积223公顷；实施平原100亩以上的片林项目48项，新增造林面积2856公顷，新增农田林网控制面积30020公顷，完善农田林网面积37747公顷，发展杨树用材林、苗林两用林和石榴、核桃等平原经济林面积7917公顷。

中心城区环城森林公园和绿道建设。根据枣庄市组团式城市结构特点，枣庄市政府规划建设了中心城区环城森林公园和绿道网络，并将其列为重要的公益性民生工程和创建国家森林城市的重点工程。根据规划，中心城区环城森林公园以中心城区（薛城区、市中区和峄城区）为核心，西起薛城区西环路，东到抱犊崮旅游大道，北以柴胡店省级森林公园——龟山风景区一线为界，南至郯薛路，横跨滕州、山亭、薛城、市中、峄城等5个区（市），东西长48.50公里，南北宽24公里，总面积32150公顷。环城森林公园建设实行分级、分部门负责相结合的建设责任制。

2013年初，枣庄市全面启动中心城区环城森林公园建设，市政府办公室印发了《2013年枣庄市中心城区环城森林公园建设实施方案》，明确山体绿化、骨干绿道、驿站、体育设施、旅游景点提升任务，并将凤凰绿道（中心城区环城森林公园南部山系北麓骨干绿道）作为年度创建国家森林城市四大重点工程之一，重点组织实施。规划建设的凤凰绿道东起西昌南路、西至长白山南路，全长27.8公里。凤凰绿道同时作为森林防火通道和封山隔离带，绿道以上山体作为环城森林公园重要的资源，全部实行封山，沿线建成封山隔离网26公里。为有效提升绿道沿线景观效果，在做好道路两侧绿化的同时，对沿线可视范围山体进行了绿化补植提升。投资100余万元，在绿道沿线建设集景观功能、导向功能、介绍功能于一体，功能完备的特色绿道标识系统。投资700余万元，建设杨林驿站、马场驿站、桃源驿站等6处驿站，建设休闲健身场所8处。

2014年，枣庄市加快中心城区环城森林公园建设步伐，启动了全长67.1公里北部青龙绿道建设。3月31日上午，枣庄市政府召开会议，专题研究中心城区环城绿道建设和管理工作，要求：一是由枣庄市林业部门负责，继续实施绿道沿线绿化和配套绿道标识等设施建设。二是由枣庄市旅服委和体育局负责，督导有关区（市）按照既定规划，加快绿道节点驿站、休闲健身等设施建设，提升完善绿道功能；三是由枣庄市城管局负责，把中心城区环城绿道纳入城市管理范围，作为城市园林进行综合管护，并督导有关区（市）抓好各自责任范围内绿道的管护；四是认真总结南部山系绿道建设的经验，按照既定规划，高标准建设好北部山系绿道；五是切实解决绿道两侧可视范围内的开山采石问题。国土资源、安监、公安等部门要加强协同配合，重拳打击非法开山采石现象，坚决遏制住乱挖滥采行为，使中心城区环城绿道长久发挥生态休闲作用。4月8日，市创森工作领导小组印发了《关于进一步加强环城绿道建设的意见》，要求各相关区（市）、单位认真贯彻落实专题会议精神，切实提高思想认识，严格建设标准，落实建设和管护责任，力求将环城绿道建设工程做成精品工程，以此推进“创森”各项活动的开展。

“创森”期间，全市投入中心城区环城森林公园和绿道建设资金4亿多元，绿化沿线山体2099.3公顷，森林抚育及改造8310公顷；新建山区骨干绿道162.31公里，沥青路面宽度6米（2米宽自行车道，4米宽自驾游车道）。结合“一园三镇五点”的乡村旅游发展规划，绿道沿线已建成6处休闲驿站。配套建设体育休闲设施15处，提升旅游景点13处。绿道沿线全部关闭露天开山采石，破损山体得到绿化治理；“人本创森”“人文生态”的理念得到充分体现，创森成果自然融入大众生活，“绿道畅游”“田园风光”成为枣庄市旅游休闲新时尚。城郊生态环境得到明显改善，为城区筑起一道绿色的生态屏障。

生物多样性保护工程建设。以湿地保护恢复、野生动植物保护为重点，实施了南四湖滕州滨湖湿地保护与恢复工程建设、蟠龙河湿地恢复工程、古运荷乡湿地保护恢复工程、城漷河和薛河湿地生态恢复工程，对河流湿地实施建设拦蓄和退耕还湿工程，合理调节水资源，增加水面积，减少河流断流，治理污染，营造护岸防护林带，下游建设绿色生态污水处理工程，净化水质，恢复湿地生态功能；对塌陷地湿地区实施引蓄水和退耕还湿工程，恢复植被，合理利用塌陷地，建设湿地保护和开发利用示范区；对库塘湿地加强水源地保护和流域综合治理，在库塘源头区域开展植被保护和恢复，进行流域水土保持林建设工程，营造乔灌草结合的混交林，提高植被覆

盖率，减少地表径流和泥沙淤积，防止水土流失。

蟠龙河湿地治理与绿化工程。先后投资 1.58 亿元，改造治理河道 15.11 公里，修建道路 18 公里，新建各类桥涵 18 座、橡胶坝 2 座、拦河闸 1 座，对河堤及外侧 30 米进行了绿化、美化，种植睡莲、芦苇、荷花、香蒲、鸢尾等水生生物 13 万株，栽植水生植物 3 万余株，建设水生浮岛 21 个，绿化人工岛 16 座，治理河道 58.6 公里，形成了 7000 亩水面、1 万亩人工湿地。

古运荷乡湿地保护恢复工程。累计投资 8000 余万元，扩大退耕还湿面积 1060 公顷，建设浅池藕 1000 余亩，发展水生植物 50 亩，疏浚清淤三支沟、四支沟、魏家沟等湿地河流 6000 余米，开挖水塘 200 余亩，栽植绿化植物 2 万余株、水生植物 3 万平方米，湿地生态明显好转，湿地面积逐渐扩大。

山亭区莲青湖湿地综合治理工程，投资 1200 万元栽植白蜡、雪松、樱花等各类绿化苗木 20 余万棵，铺设人行道花砖 5000 余平米，建设 20 公里休闲健身绿道。

枣庄市林业局于 2013 年印发了《枣庄市野生鸟类突发性疫源疫病应急预案（试行）》和《枣庄市野生鸟类疫源疫病监测方案》，设立了防控指挥机构、划分了监测预警分类和应急处理措施，以现有的 1 个国家级监测点、15 个市级检测点为平台，调整了监测站点、建立了监测队伍和日报告制度。先后建立野生动植物繁育救护中心 2 处，湿地监测站 5 个，鸟类给饲站 25 个，湿地及鸟类保护教育宣传馆（站）10 个，检查站 10 个。全市共查处破坏野生动植物案件 21 起，结案 21 起，警告 25 人，责令停产停业 4 家，在全社会逐步形成保护野生动植物、崇尚生态文明的良好风尚。

（4）林业产业体系建设。2012 年 2 月 13 日，枣庄市委、市政府出台了《关于加快全市林业产业发展的意见》，在全市实施林业产业发展“3558”战略和“223”工程，即：培育 30 个名优林产品品牌，发展五大产业基地，做强五大生态旅游目的地，打造 8 大加工制造业集群；扶持培育 200 个林业经济强村（年产值 500 万元以上），20 个林业经济强镇（年产值 5000 万元以上），30 个林业龙头企业（年产值 1000 万元以上）。

五大产业基地建设：采取造林补贴、贴息贷款等办法，鼓励发展平原用材林，新建以杨树为主的用材林基地 2000 公顷；着力抓好石榴、大枣、大樱桃、花椒、核桃、板栗、花椒、蓝莓、葡萄等名特优干鲜果品生产基地的发展，新发展核桃、石榴、大樱桃、蓝莓等名特优果品基地 9140 公顷，新增省级以上林果标准化生产基地 4 个、省级经济林标准化示范园 2 处；通过土地流转，吸引企业、合作社、大户等在枣台公路、台韩线、104 国道等沿线建设苗木、花卉基地，全市花卉苗木基地达到 4000 多公顷，6 个镇（街）被命名为“山东省苗木花卉百强镇”；采取“龙头企业 + 基地 + 大户 + 农户”等模式，引导农户组建林下合作社组织，建设林下经济基地，新发展生态防护林下养鸡 100 公顷、林下养鱼基地 1500 公顷、林下菌 120 公顷、林下种植和林下餐饮 500 公顷；大力发展野生动物驯养繁殖基地，发展环颈雉、珍珠鸡、火鸡、石鸡、贵妃鸡、元宝鸡、鹦鹉等特种珍禽养殖基地 100 公顷，发展野猪养殖基地 200 公顷，发展鸵鸟、孔雀养殖基地 60 公顷。

五大生态旅游目的地：大力发展以抱犊崮国家森林公园为龙头，其他森林公园为骨干的森林旅游；发展以滕州滨湖国家级湿地公园为龙头，其他湿地公园为骨干的湿地旅游；发展以峄城区冠世榴园为龙头的观花采果旅游；发展以滕州市龙泉花卉大世界为龙头，峄城石榴盆景园、山亭水泉奇石岭为骨干的花卉、盆景、奇石观赏采购旅游；发展以山亭区熊耳山为龙头，滕州市莲青山、山亭区鸡冠崮林场、龙门观林场、峄城区坛山林场等为骨干的地质生态休闲旅游。

2012 年 9 月 28 日—10 月 8 日，由山东省人民政府主办，山东省林业厅和枣庄市人民政府共同承办的第五届山东省花卉博览会在滕州市开幕。第五届山东省花卉博览会坚持“突出特色、带动产业、促进发展”的办会理念，突出“花开齐鲁·幸福滕州”节会主题，融入人文、科技、城建三大元素，是一届集展览展示、洽谈交易、文体活动、旅游观光于一体的省级花事盛会。据统计，花博会期间，主展馆参观人数达 50 多万人次；交易区参观、交易人数达 26 万人次，交易额达 2.2 亿元；签订花卉合

2014年7月19日，国家林业局组织核验枣庄市创建国家森林城市工作，市政府向核验组专家汇报工作情况

作项目26个，总投资16.2亿元。

2013年9月，枣庄市政府出台了《枣庄市全域乡村旅游工作实施方案》，以打造全省乡村旅游强市为目标，围绕“一园（枣庄市中心城区环城森林公园）三镇（滕州市滨湖镇、峄城区榴园镇、山亭区北庄镇）五点（台儿庄古城、微山湖湿地和古镇、冠世榴园、抱犊崮国家森林公园、熊耳山国家地质公园）”整体工作思路，以全域资源整合、规划引领、标准贯彻、宣传营销为抓手，加强设施建设，创新发展模式，着力打造新品牌、塑造新形象，生态旅游工作成果丰硕。同时，积极推动国家A级景区、国家农业旅游示范点、生态旅游示范区创建活动，山亭翼云石头部落、滕州“五朵金花”、峄城冠世榴园、台儿庄京杭运河十里荷花廊等一批重点乡村旅游项目加快推进。滕州市以“墨子鲁班故里、湿地红荷之都”为品牌，以融入“山水圣人”旅游圈为方向，2013年成功创建全省首批首个省级优秀旅游城市。台儿庄区2013年被美国有线电视新闻网（CNN）评为“中国最美水乡”。

（5）森林文化体系建设。与森林生态建设相结合，坚持传承历史文化与文化创新发展相互促进，规划建设一批主题文化场馆，开展森林生态宣传活动，强化枣庄市文化产业载体建设，增强旅游特色，丰富市民休闲生活，提升市民生态文明意识。2012年5月，枣庄市创建国家森林城市工作领导小组印发了《枣庄市创建国家森林城市宣传工作方案》，明确了国家森林城市宣传工作的目标任务，细化了责任分工。

大力建设生态文化主题场馆。规划建设枣庄市博物馆、李宗仁史料馆、中外酒瓶博物馆、红枣农业旅游区、铁道游击队影视城、北郊园林生态休闲景区、龟山旅游景区、牛郎山森林游憩景区、柴胡店森林公园、袁寨山森林公园等27处主题文化场馆。台儿庄古城森林文化馆，建筑面积约260平方米，分地球家园、林城枣庄、非遗展示、书画森林四个单元，成为宣传森林生态文化的重要场所。

大力发展义务植树基地和纪念林基地。将义务植树与生态工程建设、绿化模范单位创建结合起来，激励社会群体履行植树义务。全市新建各种义务植树基地11处，面积2055公顷。适龄公民义务植树尽责率达到95%。2012年3月，枣庄市委、市政府将市级领导绿化点调整到薛城区沙沟镇北部山区，绿化点包含大小14个山头，总面积303公顷。2012年植树节，在各植树点组织了万人支持创森签名活动。2012、2013、2014年，相继开展了“青春汇绿·幸福新枣庄”“青春汇绿·美丽枣庄”公益植树系列活动；“我与小树共成长”绿色环保行动；以学苑林、三八林、民建林、共青林、护士林等纪念林基地建设为重点，以栽植纪念树为主题的社会公益活动和“美在家庭”活动等。2014年，山亭区、台儿庄区、市中区、薛城区新建道路绿化采取市场化模式，将道路绿化和苗圃建设融为一体，由园林绿化公司出资育苗，自行管理，自行受益。滕州市下发了《关于继续深入开展绿地认建认养活动的通知》，对绿地认建认养工作实行终身负责制，确定责任单位一把手为第一责任人。2012年，市中区永安乡在当地新闻媒体上发出公开信，号召社会各界群众、团体、企事业单位等到辖区内认养荒山荒坡地栽植公益林。规定由认养人投资绿化所认养的区域，对所绿化的区域享有栽植权、管理权、收益权、冠名权等，市民当年认养荒山荒坡2000多亩，并栽植各种树木。

大力实施生态文化保护。以古树名木保护和市树市花保护推广为重点，提升森林文化内涵。2011年9月，枣庄市绿化委员会办公室、枣庄市林业局组织对枣庄市古树名木进行了普查，并进行了GPS定位，建立了古树登记卡，拍摄了电子照片，建立了文字和数字化的古树名木档案，枣庄市绿化委员会为所有散生古树名木制作了保护牌，进行挂牌保护。认真执行枣庄市政府制定的《枣庄市古树名木保护管理暂行办法》，落实管护措施，对其生长状况、保护工作等定期监测、分析，制定相应的技术措施，古树名木保护率达到100%。通过扩大种植面积和其他措施进一步保护、宣传市树市花文化；出版发行《枣庄市树市花画册》；在峄城区规划建设了石榴博览园。2013年9月，第一届世界石榴大会设计制作了石榴造型的会徽和石榴娃的吉祥物。2013年山东省第五届花卉博览会也设计制作了石榴造型的吉祥物“榴榴”。在山亭区店子镇建成了集览厅、红枣与营养保健、红枣与科学技术、红枣与民俗文化、红枣产业发展等为一体的枣文化博览中心，借助现代化科技手段，运用实物模拟、图片、雕塑、标本、沙盘、场景复原、多媒体等不同的方式，从长红枣的历史、品种、文化、药用、食用、木工雕刻等全方位、多角度对长红枣进行生动、形象、直观的展示。规划建设了占地33公顷的“百枣文化生态园”，主要建设结义园、母子树、观景台等20多个景点，成功打造了独具特色的枣文化基地。大力推广乡土树种造林，弘扬传承乡土文化，组织完成了林木种质资源调查工作，在市中区永安乡建设了鲁南乡土树种种质资源库，将乡土树种种植比例列入年度新增造林面积考核的重要指标。以侧柏、杨树、石榴、刺槐、桃、枣、核桃、板栗、樱桃、柿等为主的乡土树种种植比例，占全市有林地面积的98%以上。

大力开展生态文化宣传活动。枣庄市创建国家森林城市工作领导小组办公室成立了由枣庄日报社、枣庄市广播电视台、枣庄市林业局等单位4名专业人员组成的生态文化宣传组。在中国绿色时报、大众日报、枣庄日报、枣庄广播电视台开辟创森专题专栏，并通过创森知识竞赛、有奖征文、演讲比赛、采风活动、摄影大赛、书画活动等活动使创森工作深入人心。编印《市树市花画册》、创森宣传画册，开通创森专题网站、电子树木志网站。《中国绿色时报》头版、《大众日报》要闻版连续对枣庄市创森工作进行宣传报道。各区（市）编印了

创森工作简报或信息，部分区（市）开通了创森工作官方网站，在主要交通干线节点和城镇驻地显著位置，制作了大型创森宣传广告牌，悬挂创森宣传标语，组织开展了一系列有特色、有声势的宣传活动。市直部门、各区（市）、乡镇（街道）充分利用报纸、杂志、电台、电视台、大型广告牌、网络、宣传条幅、BRT 站台等载体，开展各种创森宣传活动，营造了浓厚的创森工作氛围。全市设立高炮型创森宣传牌 104 处，一般宣传牌 4696 个，墙体广告 4325 处，电子屏幕 2014 处。山亭区开展了“林业杯”创森新闻竞赛活动。枣庄市委宣传部加强了对创森宣传工作的组织领导；枣庄市政府办公室在政府门户网站发布创森信息；枣庄市林业局在枣庄日报开辟“创建国家森林城市在行动”专栏，在枣庄市电台播发创森公益广告，在中国绿色时报连续多期刊发枣庄创森专题，组织开展作家采风，与《抱犊》杂志合作刊发创森专题或专辑。委托枣庄市移动公司、联通公司、电信公司向广大市民发送了创森公益短信息。结合国家森林城市创建，以“文化科技卫生三下乡”“植树节”“爱鸟周”“湿地日”“环境日”“防火宣传月”等活动为载体，枣庄市林业局、市环保局、市科协、市文联、市直机关工委共举办市级生态科普活动 19 次，区（市）科普活动 22 次，有效地向公众传播植树造林、保护野生动植物、保护湿地、爱护环境、防火减灾等知识，普及了生态科普知识，在全社会形成了植绿、兴绿、爱绿、护绿的良好氛围。

（6）森林支撑保障体系建设。坚持“两手抓、两促进”，在加快森林城市创建工作的同时，增加林木种苗生产供应，加强森林资源保护，强化科技支撑，创新体制机制，有效增强了林业发展活力。

林木种苗生产。市、区（市）均建立了林木种苗管理机构，配备了专业专职工作人员，加强林木种苗行业管理。依托枣庄市优越的地理位置和得天独厚的气候条件，大力发展林木良种和苗木花卉产业。制定了《枣庄市苗木花卉产业发展规划 （2011—2015 年）》，着力构建以保证供应为核心、科技创新为先导、生产推广为主体、社会服务为保障的林木种苗生产供应体系。山亭区侧柏采种基地申报为国家级采种基地。峄城区建成了中国石榴种质资源圃，收集、保存世界各国的石榴品种达 282 个。滕州市投资 8000 万元，流转土地 500 余亩，建成了滕国花卉苗木繁育中心。依托枣庄市国有第一、二苗圃，滕州国有西岗苗圃，山亭区国有徐庄林场等 10 处国有场、圃，大量培养优良乡土树种。沿滕州鲁南花卉大世界、北留路、光明大道、市中区外环、206 国道，台韩旅游路、枣台公路等主干道路两侧，建设苗木、花卉、盆景生态走廊。全市各类苗圃总面积 6000 余公顷，年均出圃合格苗木 1 亿株以上。

加强林业有害生物防控。坚持“预防为主、科学治理，依法监管，强化责任”的林业有害生物防治指导方针，强化监测预报，全面实施物理防治、人工防治、生物防治、化学防治等相结合的综合防治战略，不断提高无公害防治率，积极开展生物防治，有效控制了病虫害的发生危害，切实保障了森林资源和生态环境的安全，巩固了造林绿化成果。开展市、区、乡镇三级林业有害生物监测预报网络建设，不断增加各级测报点数量，建立 1 个国家级中心测报点、4 个省级测报点、35 个市级测报点，对主要测报人员，市、区每年都开展测报技术培训。枣庄市林业局每年都印发关于认真搞好林业有害生物监测预报工作的通知，积极开展林业有害生物越冬基数调查，各区（市）基层监测点对美国白蛾等主要林业有害生物虫情监测结果实行日报告。积极开展了林业有害生物检疫测报标准站示范县建设工作，市、区（市）林业部门都建立了森林病虫害防治检疫站。印发《枣庄市重大林业食叶害虫防控实施方案》，明确全市防控工作的指导思想、防控的任务目标、技术措施、资金的筹划概算、组织保障。枣庄市政府与各区（市）政府及枣庄高新区、枣庄市公路局、枣庄市城市管理局等签订了《2014—2018 美国白蛾和松材线虫病等重大林业有害生物防控责任书》。各级林业部门严密组织，全市及时、有力、有序、有效、安全地实施飞机防治林业害虫近 400 万亩，成效非常显著。制定了《枣庄市“绿盾 2012”林业植物检疫执法行动检查方案》，在全市范围内积极组织开展了林业植物检疫执法行动，对引进、生产、经营、使用、仓储、运输林业植物及其制品的单位和个人，特别是生产、经营、使用木质包装材料的单位和个人，种苗、花卉生产单位，检疫执法单位、山亭区检疫检查站、滕州市、台儿庄区木材检查站进行了全面检查。全市共组织行动 14 次，出动执法人员 90 余人次，与相关部门联合检查 4 次，检查苗木花卉基地 47 个，产地检疫 1.5 万亩，检查苗木花卉 16 万株，检查涉木企业 134 家，检查木材 2200 立方米。

加强森林防火。按照“预防为主，积极消灭”的工作方针，枣庄市政府下发了《关于全面加强森林防火能力建设的实施意见》，对全市森林防火能力建设提出了具体要求和建设标准。枣庄市政府同各区（市）政府、枣庄高新区签订了《森林防火责任状》。采取枣庄市森防指成员单位包区（市），区（市）森防指成员单位包乡（镇），县级干部包重点林区，乡（镇）干部包有山村，村干部和护林员包山头地块的方式，确保各项森林防火责任落实到位。按照枣庄市政府有关要求成立了森林消防专业队伍，防火期内集中食宿、24 小时值班备勤，并配备了必要的交通、通信工具和灭火机具。同时，根据森林防火工作的实际需要，依托驻军、武警、消防、预备役和厂矿企业建立一定数量的森林火灾扑救预备队。枣庄市森防指办公室修订了《枣庄市处置较大森林火灾应急预案》，每年组织一次全市森林火灾扑救实战演练，进一步提升市（区）两级森防指的综合调度指挥能力、各级各部门的快速反应能力和森防指各相关成员

单位的协调配合能力。严格按照有关森林防火扑火物资装备建设标准，储备相应的森林防火物资装备，新购防火指挥车、运兵车及通讯车4辆、高压串联水泵8套、进口风力灭火机150台、多功能对讲照明扑火头盔20套、扑火服300套。对扑火机具等物资储备进行及时补充，定期维修保养或更换，确保能够随时调用。开展森林防火教育进学校、进村镇、进机关、进军营活动，切实加大森林防火宣传教育力度。枣庄市森林防火指挥部每年印发《枣庄市森林防火宣传工作方案》，对森林防火宣传工作进行安排部署。枣庄市林业局每年都印制数万元的森林防火宣传品，发放到广大人民群众手中；在《枣庄日报》开辟了森林防火宣传专栏；在枣庄电视台《枣庄安全》栏目，制作了森林防火专题宣传片，发出了“创建国家森林城市、树立文明祭祀新风”倡议书，引导广大群众自觉摒弃上坟祭祖烧纸钱、燃香烛、放鞭炮等陋习，树立现代文明的祭扫新观念；组织中小学生、社团等森林防火志愿者队伍，深入乡村、山头、田间开展森林防火宣传。全市组织开展赶大集活动75次，出动宣传车200余辆次，悬挂条幅400余条，发放宣传单10万余份、小学生防火宣传手册3000本、其他森林防火宣传制品500余份，林区几十万群众受到宣传教育。在枣庄警校举办了全市森林消防基层指挥员和专业扑火队员培训，市及各区（市）集中时间、集中人员，采取以会代训、战训结合等方式，积极开展森林防火业务培训20余场次。全市共投入培训资金15万余元，培训基层防火指挥员、乡镇林业站工作人员及护林员共1500余人次，实现了森林防火指挥员、基层工作人员培训率100%。加密进山路口、村镇驻地、林区道路两侧、墓地等重点部位森林防火固定标牌的设置，增加宣传标语数量，制作悬挂森林火险等级标识旗帜，建立健全重点林区全覆盖的宣传教育、预警体系。根据森林防火形势，适时发布了《禁火令》，除县级以上森林防火指挥机构批准的计划用火外，禁止任何单位和个人在森林内或距森林边缘500米范围内违规用火。在进山路口设置检查站，派专人把守，对进入林区人员进行检查登记，没收携带的火种；积极配合民政部门，推进公益性墓地规划和建设，调查统计林内散坟和林缘农田，进行登记造册，并同所有人签订森林防火责任书；各级林业及森林公安机关组织专人，对国有林场、森林公园、林区墓地等重点部位进行巡逻，加大依法治火力度，做到有烟就查、见火就罚，坚决消除或减少因人为原因引发的森林火灾。建设国家级森林火险因子采集站2处，为森林火险等级的预报提供了科学依据。本着“造一片林，建一处护林房，招一名护林员，签订一份管护合同”的原则，在全市建设了瞭望台11个，护林房173个，视频远程监控点12处，其中市中区实现了辖区内林区90%的视频监控率。充分利用河流沟壑、农田、耕地、湿地、岩石裸露地和公路、铁路等自然地物进行防火阻隔。对重点林区采取建设防火专用道路，开设生土防火隔离带的形式，达到阻隔重大森林火灾，及时扑救森林火灾的目的。枣庄市制定印发了《枣庄市中心城区环城森林公园南部山区森林防火阻隔系统建设方案》，按照立体防护与平面防护相结合、绿道同防火通道相结合的原则，在已建成的绿道基础上，建设了由生物防火林带、森林防火隔离网和防火隔离带组成的环城森林公园防火阻隔系统。

加强林政执法。枣庄市政府先后下发了《枣庄市贯彻落实＜山东省扬尘污染防治管理办法＞实施细则》《关停淘汰全市水泥立窑及3米以下水泥磨机实施方案》《枣庄市2012年储煤场综合整治工作实施方案》《枣庄市保护森林资源集中整治行动实施方案》，打出了生态保护的组合拳。2012年全市关闭露天采石场42家、储煤场178处；关停全部立窑水泥生产线，彻底结束了枣庄立窑水泥生产的历史。2013年全市关闭30万吨以下小煤矿9处、采石场25处、储煤场150处。2012年8月，枣庄市政府出台了《枣庄市公益性公墓管理办法》，禁止在耕地、防护林、特种用途林和距自然保护区、森林公园、湿地公园、城市公园、风景名胜区或文物保护区2000米以内等区域建造公益性公墓。依法取缔在林地内违法建设的散坟，并按照有关规定做好相关管理工作。2012年，枣庄市林业局制定了《全市林业系统“行政程序年”实施方案》，成立了以局长为组长的全市林业系统“行政程序年”活动领导小组，切实推进林业系统依法行政水平。制定了《关于规范行政处罚自由裁量权工作实施方案》，清理行政处罚51项，经细化后255项。通过规范行政处罚自由裁量工作，使林业行政执法更加公正透明，方便上级和群众的监督。开展“天网行动”“打击破坏野生动物资源违法犯罪专项行动”等一系列专项行动，积极协调公安、工商等部门，发挥部门合力，重拳出击，严厉打击破坏森林和野生动物资源安全的违法犯罪行为。枣庄市共集中开展联合执法检查活动22次，森保、森林公安、工商等执法人员检查农贸市场、酒店130多处、收缴野生动物256只，放生鸟类等48只，销毁野生动物死体160多只，收缴猎捕工具8套，处理12人。查处破坏野生动植物案件21起，结案21起，警告25人，责令停产停业4家。执法检查的同时发放宣传单5万多份，受教育群众30多万人次。全市森林公安出动警力560人次，车辆340台次，受理查处各类行政案件150起，刑事案件1起，行政处罚150人，行政罚款23.26万元。以区（市）为单位，编制县级林地保护利用规划。严格木材采伐审批程序，推行林木采伐公示制度，强化整个采伐过程的监督；严格实行木材采伐限额制度，控制违法采伐、乱砍滥伐等现象的发生；加强木材运输管理和木材经营加工管理，规范木材经营市场，加强对从事木材经营、运输加工的单位和个人的管理，依法健全各项经营手续；完善土地征占用审核审批制

度，制止和严查严处非法占用林地行为。

强化科技支撑。2012 年初，枣庄市政府与山东省林业厅签订了合作共建省级现代林业示范市和国家森林城市的协议，把枣庄作为省林业厅的“试验田”“桥头堡”，先行一步，共同推进国家森林城市创建。2012 年 5 月，枣庄市创建国家森林城市工作领导小组办公室、枣庄市林业局组织技术人员编制了《枣庄市创建国家森林城市技术规范》，指导造林绿化、苗木繁育、病虫防治、经济林无公害生产等工作。峄城区政府成立了中国石榴研究院，出版了《中国果树志·石榴卷》《第三届国际石榴及地中海气候小水果学术研讨会——摘要汇编（英文版）》《中国石榴产业高层论坛论文集》《第一届世界石榴大会——石榴题材器物集》《枣庄市花市树》等石榴论著，建立了中国石榴种质资源圃，研究了石榴根结线虫病绿色防控技术示范与推广、石榴新品种繁育与示范推广、微型观赏石榴种质资源及其利用研究等项目。2014 年 5 月，枣庄市政府与南京林业大学签订了校市全面合作协议。利用南京林业大学人才、科技聚集优势，建立科技成果转化平台，加速破损山体、智慧林业、森林抚育、城市绿化、种苗花卉、木材加工等领域科技成果转化，助推枣庄生态文明建设。以森林资源培育为基础，推广应用杨树集约定向培育技术。对本地特用的青檀进行了品种选育、对市花——石榴花活性成分萃取工艺进行研究，对园林绿化常用的木槿、紫薇种质资源进行了收集评价，对碧桃、海棠、辽梅进行了引种筛选与示范开发，对石灰岩山地黄栌造林进行了试验，对枇杷保护地容器栽培进行了技术研究。引导农民选用优质经济林品种，加快低产园改造和老品种改良，帮助林农树立以市场为取向，以效益为中心的高标准绿色果品种植理念，使林农真正成为高新科技成果的使用推广者。2013 年 4 月，完成了枣庄市木本植物资源清查及数字化树木志项目建设，枣庄市电子树木志网站建成并运行，收录了枣庄市木本植物资源 518 种（含变种、栽培变种），其中野生木本植物 191 种。每种植物均有形态、分布、用途、繁殖方法描述，并配有电子图片。

林业信息化建设。依托枣庄市政府网，建成了面向公众的枣庄林业门户网站。森林防火系统（含视频会议系统）实现了与山东省林业厅联网。枣庄市林业局与枣庄市政府、山东省林业厅之间，枣庄市森林公安局与山东省森林公安局、枣庄市公安局之间均建立了专线内网，实现了办公自动化，林业数据库开始全面建设，全市初步建立起以“三网一库”（内网、外网、专网、数据库）为基本构架的业务信息网络平台。安排专业人员加强网络与系统的日常维护与管理工作，“3S”（全球卫星定位系统 GPS、地理信息系统 GIS、遥感 RS）技术在森林防火、林地征占用、造林实绩核查工作中得到初步应用。与中国林科院资源信息所、北京东方泰坦科技有限公司等合作，对林业信息管理系统建设开展了前期调研，启动建设集森林城市综合管理、林业重点工程、森林资源林政、野生动植物保护、湿地公园、生态公益林、林业产业等于一体的枣庄市林业信息化管理系统，实现林业信息资源和数据的共享，提高管理水平和决策能力。

资金保障体系建设。建立起财政投入为主体、社会投入为基础的资金保障机制。从 2012 年起，市、区（市）、乡镇（街道）和有关部门把创森资金列入财政预算和部门预算，2012 年、2013 年和 2014 年，枣庄市财政先后列支 8000 万元、1 亿元和 1 亿元创森专项资金。山东省财政每年安排 1000 万元支持枣庄市创森。各区（市）、市直各有关部门出台创森扶持、激励政策 20 余项，有力保障了全市创森工作的顺利开展。各区（市）坚持政府主导、社会参与、市场运作、资金整合、多方联创的思路，采取财政支持一点、项目资金倾斜一点、镇街投入一点、承包户承担一点的办法，积极筹措创森资金。滕州市政府出台了扶持现代农业产业发展的意见，对发展经济林果成方连片 300 亩以上的，当年奖励 1 万元，挂果后再奖励 1 万元；荒山造林每亩补助 300 元，退耕还林每亩补助 200 元。薛城区拿出专项资金，对重点造林绿化工程和创建活动予以补助。山亭区制定出台了以奖代补奖励办法，拿出 500 万元专项资金作为创森绿化奖补资金。市中区对 300 亩以上集中连片退耕还林还果的每亩补助 300 元，荒山造林每亩补助 400 元，疏林地补植每亩补助 200 元，中幼林抚育每亩补助 100 元，森林管护每年每亩补助 10 元。峄城区对集中连片种植石榴 5 亩以上且达到建园成活标准的，区财政按规模分三档，每年每亩分别给予 200 元、300 元、400 元的奖补，连续奖补三年；鼓励使用地径 3 厘米以上大苗建园，对集中连片种植大苗石榴 5 亩以上的，除享受以上规模发展的奖补政策外，区财政再给予每年每亩 300 元的大苗奖补，连续奖补三年；同时，为确保新栽石榴幼树安全越冬，区政府决定在枣临高速两侧按标准完成挖沟起垄的，在 400 元 / 亩规模奖补的基础上再追加 300 元，连续奖补三年；枣临高速以外种植石榴地块按标准完成挖沟起垄的，在相应规模奖补政策的基础上再追加 200 元，连续奖补三年。台儿庄区对在规划区域内成方连片流转土地发展苗木花卉、果树达到一定规模的镇街，给予 10—20 万元的资金奖励。枣庄高新区对新建绿色通道，采取政府租地的方式造林，每年对农户进行长产补助。2012 年以来，全市累计投入创森资金 39 亿元，其中财政资金投入 24 亿元、企业和个人投入 12 亿元、其他投入 3 亿元。

协调共建体制建设。枣庄市创森领导小组、市绿化委员会在全市开展绿化模范乡镇、林荫单位创建活动；枣庄市林业、公安、民政、国土、安监、环保、工商、水利等部门广泛开展了保护森林资源集中整治行动，有效遏制了毁坏林地、林木案件的发生；枣庄市消防支队、安监等部门在森林防火工作中有效发挥

了自身职能；枣庄市直机关党工委、市绿化委员会联合向市直机关组织和党员发出了“为党旗增光、为创森添彩”倡议；枣庄团市委组织开展“青春汇绿幸福新枣庄”公益植树系列活动；枣庄市教育局组织开展绿色校园活动；枣庄市妇联、林业、教育等部门联合开展“我与小树共成长”绿色环保行动；枣庄市农业局加强农业有害生物监测，强化农药监管，严格植物检疫；枣庄市水利渔业、体育、旅服委等部门积极指导开展环城森林公园范围内的项目建设；枣庄市国土资源、农业综合开发办等部门具体指导开展破损山体治理和农田林网化建设；枣庄市住建、城管等部门，围绕新城区的绿化美化，重点实施了一批绿化提升工程，增加了城市绿量，提升了城市品位，京沪高铁沿线绿化、两高绿化、榴园旅游大道绿化、龙潭公园、东西绿带成为新城区的亮点；京台高速枣庄分公司进一步完善了高速公路绿化；枣庄市交通运输局成立了县乡道路林木绿化领导小组、创森宣传工作领导小组，落实了创森工作责任；枣庄市公路局制定了国省干线公路年度美国白蛾防控工作实施方案，加强了美国白蛾防控宣传和检疫监管，与路域环境综合整治相结合，加强了苗木补植，提升了绿化效果。滕州市直有关部门、群团组织和社会各界广泛开展了栽纪念树、造特色林和认建绿地、绿化荒山等植树活动；山亭区在全区中小学校开展了创森课堂教育，向干部群众发放了创森倡议书和征求意见表，聚全民之智、举全民之力推动创森工作开展；市中区全面发动辖区机关、企事业单位和各界群众自觉参与到创建工作中来，广泛组织万人创森义务劳动和全民义务植树活动，积极开展形式多样的植树活动。

4. 督导调度和考核奖惩

在枣庄市创建国家森林城市期间，枣庄市委、市政府主要领导、分管领导先后多次通过常务会议、专题会议、办公会议、现场会议、文件批示等形式督导调度创森工作开展情况。枣庄市委督查室、市政府督查室先后多次就创建国家森林城市工作进行专项督查，印发了《关于对创建国家森林城市工作进行专项督查的通知》等，并结合督查情况印发督查通报。枣庄市创森办公室建立了定期调度通报制度，对创森工作实行按月通报，对重点工程建设情况实行每周通报。

枣庄市人大常委会、市政协常委会连续三年将创建国家森林城市相关建议、提案列为重点建议和重点提案进行督办，有力地推动了国家森林城市各项工作开展，提升了国家森林城市建设的影响力。2012 年 10 月 25 日，枣庄市政协开展创建国家森林城市重点提案督办暨新城区大环境绿化调研活动。2012 年 11 月 20 日，枣庄市人大农业与农村委员会开展“国家森林城市”创建工作调研活动。2013 年 7 月 9 日，枣庄市第十五届人大常委会第九次会议，听取和审议通过了《关于全市创建国家森林城市工作情况的报告》，认为全市各级和有关部门深入贯彻落实枣庄市委、市政府《关于创建国家森林城市的决定》，加强领导，科学规划，创新机制，真抓实干，森林城市建设成效显著，指出了创建过程中存在的“部分单位和个人对森林城市建设的认识不足、个别荒山绿化进展较慢、林业产业效益较低、森林管护能力较弱”等问题，提出了“提高思想认识，营造浓厚氛围”“依托重点工程，强化生态建设”“加大扶持力度，提高产业效益”“强化管护体系，确保创建成效”等四条具体建议。

枣庄市委、市政府将创森工作纳入科学发展考核，建立考核奖惩机制。明确各区（市）党委、政府主要负责人、分管负责人，林业局、财政局、住建（城管）局局长；枣庄高新区管委会主要负责人、分管负责人，社会事业局、财政局、建设规划局局长；各乡镇（街道）党委、政府主要负责人、分管负责人，林业站、农业办公室、财政所主要负责人等“七职”责任人，农业、林业、财政、住建、城管、国土资源、交通运输、公路、水利渔业、农业综合开发等有关部门为创建国家森林城市责任单位。枣庄每年制定年度创森考核验收奖惩办法，并进行严格考核。2012 年，由枣庄市纪委牵头，枣庄市委组织部、人力资源和社会保障局、财政局、住建局、交通局、公路局、城市管理局、水利和渔业局、农业局、林业局、农业综合开发办公室等部门组成 7 个考核验收工作组，进行年度考核验收。2013 年，由枣庄市纪委、市委督查室、市政府督查室领导牵头，枣庄市林业局相关科站组成 3 个考核验收组，进行考核验收。由枣庄市创森工作领导小组印发考核验收通报，枣庄市政府根据验收结果兑现奖惩。枣庄市纪检监察部门和枣庄市委、市政府督查室加强调度督导，定期通报情况，跟踪问责问效。

重点工程观摩表彰。2012 年 4 月 21 日，枣庄市委、市政府召开全市创建国家森林城市重点工程观摩会议，按照创森精品工程评比标准对各区（市）、枣庄高新区的 14 个重点造林绿化工程进行评奖打分。最终，滕州市获得枣庄市创森 2012 年春季精品工程一等奖，台儿庄区、薛城区获得二等奖，市中区、枣庄高新区、峄城区、山亭区获得三等奖。2013 年 6 月 27 日，全市创森工作现场观摩会议召开。与会人员现场观摩了薛城区、高新区、市中区、峄城区中心城区环城森林公园绿道建设工程，峄城区石榴园扩建工程，枣临高速公路薛城段、峄城段绿化工程，市中区、山亭区抱犊崮旅游大道绿化工程，并对绿道工程建设情况现场打分测评。经综合评价，山亭区和峄城区获得一等奖，薛城区、市中区和枣庄高新区获得二等奖。两年累计发放以奖代补资金 5880 万元。

隆重表彰创森和林业生态建设先进单位和先进个人。2012 年全市创建国家森林城市动员大会上，枣庄市委、市政府表彰一批林业工作先进集体和先进个人，授予滕州市政府等 50 个单位为全市林业工作先进集体，给予程春常等 10 名同志记二等功奖励，给予孟祥磊

等25名同志记三等功奖励，给予张铁耀等55名同志嘉奖奖励。2013年3月，在2012年度创森考核的基础上，枣庄市政府表彰了一批创建国家森林城市工作先进集体和先进个人，授予滕州市人民政府等4个单位为2012年度全市创建国家森林城市工作一等奖，授予山亭区人民政府等3个单位为2012年度全市创建国家森林城市工作二等奖，授予滕州市林业局等33个单位为2012年度全市创建国家森林城市工作先进单位，给予刘涛等10名同志记二等功奖励，给予朱秋原等21名同志记三等功奖励，给予宋捷等44名同志嘉奖奖励。2015年1月，枣庄市委、市人民政府召开全市创建国家森林城市总结表彰暨“十大提升工程”动员会议，授予滕州市委、市人民政府等7个区（市）“创建国家森林城市工作先进区（市）”称号，授予枣庄市纪委(监察局)等52个单位“创建国家森林城市工作先进集体”称号，授予李红民等137名同志“创建国家森林城市工作先进个人”称号，并分别给予记二等功、三等功和嘉奖奖励。

滕州市采取三天一督导、一周一通报、半月一评比的办法，由市委、市人大、市政府、市政协分管领导挂帅，深入一线分线督导；出台了创森考核奖惩办法，对完成创森任务低于80%的单位，取消当年评先树优资格。薛城区主要领导亲自对创森工作进行跟踪督促、检查，对工作不到位、延误创森进程的单位实行一票否决。山亭区实行“一把手”负责制、一抓到底，每月召开创森现场推进会，查摆问题，限期整改，确保取得实效。市中区严格落实“区级领导帮包、乡镇负责实施、部门搞好服务”的工作机制，进行现场督导调度，定期召开党政联席会议。峄城区将创森工作作为一把手工程，定人、定责、定标准、定进度、定时限，做到工作责任全覆盖、管理无真空、创森无死角。台儿庄区实行30名县级领导和131个部门包帮镇街办绿化点机制，签订目标责任书，严格兑现奖惩。枣庄高新区主要领导专门对创森工作进行安排部署，督导调度，成立督导组，坚持一周一调度、一周一通报。

（四）国家森林城市核查验收

经过2年努力，2013年底枣庄市对照国家森林城市的申报标准、程序和要求进行了自查，各项指标基本达标。2013年12月13日，枣庄市人民政府向山东省林业厅递交了《关于申请对枣庄市创建国家森林城市工作考核验收的报告》，附件报告了枣庄市创建国家森林城市工作情况。2014年1月，国家林业局将枣庄市列入了2014年度国家森林城市核验城市。2014年4月30日，枣庄市委、市政府召开全市创建国家森林城市重点工作部署会议，枣庄市委办公室、市政府办公室印发了《关于做好迎接国家森林城市考核验收重点工作责任分工的通知》，枣庄市正式启动了迎接国家森林城市核查验收各项工作。

1. 深入开展国家森林城市自查

枣庄市创森领导小组办公室印发了《关于开展创建国家森林城市评价指标完成情况自查工作的通知》，要求各区（市）、枣庄高新区和市创森办有关成员单位对照“国家森林城市主要指标”深入开展自查，逐级上报自查结果。委托山东省林业监测规划院编制了《山东省枣庄市创建国家森林城市城乡造林绿化情况专项调查报告》，对枣庄市涉及国家森林城市评价指标的城乡造林绿化情况进行了详细的说明。委托枣庄市社情民意调查中心对创建国家森林城市市民知晓率、支持率、满意度情况进行了电话调查。委托枣庄市电视台编制了《枣庄市创建国家森林城市专题片》，对枣庄市创建国家森林城市工作开展情况进行了直观的介绍。枣庄市创建国家森林城市工作领导小组办公室根据自查情况，形成了《枣庄市创建国家森林城市工作自查报告》，对照国家森林城市评价指标，对指标完成情况进行了逐项说明；编制了《枣庄市国家森林城市建设总体规划实施情况报告》，对照《枣庄市国家森林城市建设总体规划（2012—2020年）》，对规划实施情况和重点工程项目完成情况进行了详细说明。

2. 收集整理创森档案

枣庄市创建国家森林城市工作领导小组办公室、枣庄市林业局抽调专人负责创建国家森林城市档案收集整理工作，各区（市）、各有关部门均明确了专人负责档案收集整理，在全市上下形成了一支素质高、作风硬的档案管理工作队伍。创建过程中形成的各类会议资料、文件、工作计划、实施方案、工作宣传、检查、督导、汇报、总结等材料、图片、音像等资料，实行专人管理。邀请市档案局专业人员，对全市创森档案收集整理工作进行业务指导，提高档案管理工作水平，确保全市创建国家森林城市档案的质量。制定下发《关于开展枣庄市创建国家森林城市档案收集整理工作的通知》，明确全市创建国家森林城市档案管理工作的目标、要求、步骤。所有档案资料全部建立电子档案，科学建立档案目录，实现了创森档案信息化管理。按照国家森林城市评价指标，梳理归档市级创森工作档案资料文件等821份共159卷，汇编《枣庄市创建国家森林城市资料选编》13册；梳理归档区（市）创森工作档案资料文件404卷，汇编区（市）《枣庄市创建国家森林城市资料选编》56册。

3. 打造重要节点，营造宣传氛围

精品点线片是国家森林城市创建成果的集中展示，是做好创森迎检工作的重要基础。枣庄市各级各有关部门按照“特色显著、景观美丽、环境优美、水平一流”以及文化主题鲜明的目标，重点打造了一批与国家森林城市评价指标相对应的重要节点，并科学合理设计考核验收路线，加强沿线环境综合整治，逐段、逐点、逐片落实责任，开展补植、整枝、除草、清杂等工作，优化环境卫生，畅通道路交通；围绕提升市民的知晓率和支持度，各级各有关部门单位集中开展大体量、立体式、全覆盖的创森宣传发动，沿重要交通干线加大了墙体标语宣传的数量和密度，在部分重要路段或节点设置创森宣传牌，城区公园、

森林公园、湿地公园等重要节点，设置了科普宣传栏、宣传牌。为贯彻落实枣庄市委办公室、市政府办公室《关于做好迎接国家森林城市考核验收重点工作责任分工的通知》，枣庄市创建国家森林城市工作领导小组办公室印发了《关于切实做好创建国家森林城市工作自查和精品线路打造的通知》，对重要节点、线路打造工作提出了要求。枣庄市政府、枣庄市创森领导小组办公室相继组织了3次模拟检查验收，重点指出了创建国家森林城市核验线路、节点存在的问题和不足，并督促区（市）和有关部门单位整改落实。2014年5月28—29日，枣庄市政府督查室会同市创森办组成3个联合督查组，对各区（市）、枣庄高新区贯彻落实全市创建国家森林城市重点工作部署会议精神情况、《国家森林城市考核验收重点工作责任分工》和《关于切实做好创建国家森林城市工作自查和精品线路打造的通知》两个文件落实情况进行督查，并开展了创建国家森林城市第一次验收模拟检查。6月23—25日，枣庄市政府组织4个检查组，对全市创森迎检工作进行了第二次模拟检查。7月7—8日，枣庄市创森办组织4个检查组，对综合考察组迎检线路、城市森林网络组迎检线路、城市林业经济和城市森林管理组迎检线路、城市森林健康和城市生态文化组迎检线路，进行了全面模拟检查。

4. 国家林业局组织现场核验

2014年7月15—19日，国家林业局组成核验组，由国家林业局宣传办公室副主任李天送带队一行9人，采取听取汇报、实地考察、调阅资料、随机抽样、问卷调查等方式，对枣庄市国家森林城市创建工作进行核查验收。7月15日，国家林业局组成的国家森林城市核验组进驻枣庄市，枣庄市委、市政府召开了创建国家森林城市工作汇报会。汇报会上，与会领导专家观看了枣庄市创建国家森林城市宣传片，听取了枣庄市创建国家森林城市工作情况汇报，查阅了枣庄市创建国家森林城市工作档案。汇报会结束后，核验专家组对照国家森林城市评价指标，分成综合组、专家一组（城市森林网络组）、专家二组（城市林业经济、城市森林管理组）、专家三组（城市森林健康、城市生态文化组）、社会调查组等5个工作组，分5条线路，利用7个半天对枣庄市国家森林城市工作进行了现场核验，全面了解了枣庄市经济社会和林业生态建设情况。

5. 核验专家组反馈核验情况

2014年8月11日，国家林业局以宣管字〔2014〕68号，将专家组对枣庄市国家森林城市建设核验意见反馈至山东省林业厅，并要求8月31日前将有关整改情况报送国家林业局宣传办公室。核验意见重点指出了城乡造林绿化设计、乡土树种开发与使用、荒山特别是石质山地与废弃矿山绿化、森林抚育和管理等四个方面存在的问题和不足，并提出了有针对性的意见建议。枣庄市政府高度重视，市委副书记、市长张术平和市委常委、分管副市长秦元祥分别就贯彻落实好专家组核验意见建议作出重要批示。枣庄市创建国家森林城市工作领导小组办公室组织各区（市）、市直各有关部门，对专家组指出的问题进行了认真研究，对有关建议进行了深入讨论，并在省林业厅有关领导、专家的指导下，形成了《枣庄市人民政府关于国家森林城市建设核验意见的整改报告》。

整改报告回应核验专家组反馈的问题和建议，提出了“以环城森林公园完善提升为突破，全面提高城乡造林绿化设计水平”“以良种繁育基地建设为重点，强化乡土树种开发利用”“以提高造林标准为抓手，加快推进荒山绿化和废弃矿山生态修复”“以基础设施建设为依托，加强森林资源抚育和管理”等四个方面共15条具体整改措施，并表态“将以国家森林城市核验和问题整改为新的起点，在国家森林城市建设总体规划框架和国家森林城市评价指标总体要求下，以更加开放的心态和理念，认真贯彻落实专家组提出的问题和整改建议，不断健全森林城市建设长效机制，延伸创建成果，把更多更好的森林奉献给城市，让森林更好地造福广大市民。”该整改报告，为下一步枣庄市国家森林城市提升各项工作开展奠定了基础。

（五）授予枣庄市“国家森林城市”称号

2014年9月22日，全国绿化委员会、国家林业局印发了《关于授予山东省淄博市等17城市“国家森林城市”称号的决定》，正式授予包括枣庄市在内的全国17个城市“国家森林城市”称号。9月25日，以“城市森林•民生福祉•美好家园”为主题的“2014中国城市森林建设座谈会”在山东省淄博市召开，会上对新授予国家森林城市的17个城市进行了授牌。作为资源枯竭型城市成功创建国家森城市的典型，枣庄市委副书记、市长张术平在座谈会上作了题为“从‘煤城’到‘绿城’的华丽转身”的典型发言。发言共分4个部分，分别以“转型发展的责任担当”为题，介绍了枣庄市创建国家森林城市的背景和现实需求；以“靠实干成就梦想”为题，从“绘制一张规划蓝图引领创森”“抓好一批示范项目带动创森”“建立一套有效机制保障创森”“培植一个产业链条助推创森”“形成一种社会氛围全民创森”五个方面，并结合实例，说明了枣庄市创建国家森林城市的历程；以“打造鲁南绿城、山水枣庄”为题，从“发展理念变新了”“农民腰包变鼓了”“城市天空变蓝了”“河流湖泊变清了”“转型脚步变快了”等5个方面，阐述了枣庄市创建国家森林城市产生的众多溢出效益；以“创森永远在路上”结题，对长期坚持抓好生态建设，推动绿色发展，促进“共建共享”进行了表态。张述平市长的发言在论坛上产生了强烈反响，尤其是枣庄市创建国家森林城市产生的溢出效益得到了与会领导专家的一致认可和高度评价。自此，枣庄市成为继威海、临沂之后山东省第3批国家森林城市。

（六）国家森林城市建设提升工

程——十大提升工程

森林城市建设只有起点、没有终点。为进一步提高全市造林绿化率、完善全市林业生态建设、提升国家森林城市建设水平，枣庄市委、市政府在成功创建成为国家森林城市的基础上，经过充分研究，于2014年12月15日，印发了《关于实施国家森林城市十大提升工程的意见》，决定从2015年开始，大力实施中心城区环城森林公园打造提升、荒山绿化攻坚、城乡生态绿色廊道建设、森林防火与保护体系建设、林业产业体系建设、湿地保护恢复、乡土树种培育推广、古树名木保护、森林生态全民共建共享、现代林业治理体系建设等国家森林城市十大提升工程。力争经过3—5年的努力，全面完成《枣庄市国家森林城市建设总体规划（2012—2020年）》，实现资源增长、生态优良、产业发达、文化繁荣、林农增收、山清水秀的发展目标。

2015年2月11日，枣庄市委市政府召开创建国家森林城市总结表彰暨"十大提升工程"动员会议。会上表彰了在创森工作中涌现的先进集体和先进个人，全面总结了创森工作经验，印发了《枣庄市2015年国家森林城市十大提升工程建设实施方案》，对国家森林城市十大提升工程建设以及冬春季造林任务进行了全面动员和安排部署。

2016年3月16日，枣庄市委、市政府召开了全市国家森林城市十大提升工程暨春季造林绿化推进会议，印发了《枣庄市2016年国家森林城市十大提升工程建设实施方案》。

2016年5月25—26日，全市春季造林绿化现场观摩会议召开。与会人员到五区一市、枣庄高新区的20多个春季造林绿化现场进行了观摩；各区（市）、枣庄高新区就春季造林绿化等工作作了交流发言；会议对认真贯彻市委、市政府领导的要求和下步林业工作作出安排。要求强化管护，巩固造林成果；超前谋划，做好雨季造林各项准备工作；围绕精准脱贫，推进林业产业发展；加强森林防火和林业有害生物防控等工作。

2016年8月23日至24日，国家林业局带领新华社、光明日报、经济日报、中国绿色时报等11家中央新闻媒体记者，山东省林业厅带领山东电视台、大众日报、齐鲁晚报等4家省级新闻媒体记者，组成采访团到枣庄市开展以"森林城市·森林惠民"为主题的森林城市建设采访活动。采访团一行先后深入滕州市、薛城区、市中区、峄城区和枣庄高新区，对枣庄环城国家生态公园绿道、湿地公园建设、森林公园建设、村庄绿化、水系绿化、荒山绿化、生态旅游等现场进行了实地参观采访。采访团成员纷纷表示要把枣庄在森林城市建设方面的工作经验和显著成效宣传出去。特别是枣庄启动实施国家森林城市十大提升工程，持续提升国家森林城市建设水平，十大提升工程建设投入大、标准高、覆盖广、效果好，值得借鉴和推广。

2016年11月29—30日，首届国际森林城市大会在深圳市举行。来自中国、德国、美国等40多个国家和国际组织的400多位专家、市长、城市林业工作者参加了会议。作为中国森林城市建设的代表，枣庄市作了题为"以森林城市建设推进绿色转型发展，着力打造自然生态、宜居宜业新枣庄"的典型发言。枣庄市森林城市建设的理念、做法引起了与会领导和国内外专家的一致好评和较大反响。

2017年8月29日，枣庄市政府在会展中心召开《国家森林城市十大提升工程建设情况》新闻发布会，枣庄市林业局介绍了枣庄市国家森林城市十大提升工程建设的主要情况。

随着国家森林城市十大提升工程的不断深入，枣庄市国家森林城市建设质量不断提升，枣庄环城国家生态公园、环城绿道、全域性绿色生态廊道、荒山绿化等林业生态建设取得了显著成效，枣庄作为国家森林城市建设的典型代表，引起了国家林业局、中央电视台、山东省林业厅、山东广播电视台等上级林业部门和中央及省级主流新闻媒体的热切关注。2017年7月23日，中央电视台大型电视政论专题片《将改革进行到底》的第六集《守住绿水青山》，播放了环城国家生态公园及绿道的内容和情景。随后，《山东新闻》又进行了报道，引起热烈反响。10月25日，《经济导报》刊印了《枣庄：啃下荒山绿化"硬骨头"交通干道植被全覆盖》的大篇幅文章，全面宣传报道了枣庄林业生态建设取得的新成效，"枣庄越变越美了，最大看点不是高楼大厦，而是绿水青山"成为了很多市民的共识。11月15日，国家林业局、中央电视台联合在全国100多个国家森林城市中选择9个城市作为国家森林城市的典型代表，枣庄市榜上有名，中央电视台《走遍中国》栏目枣庄森林城市专题片圆满完成了现场拍摄。

2018年3月12—16日，由国家林业局联合中央电视台制作的《森林城市》系列纪录片在央视中文国际频道《走遍中国》栏目播出，以枣庄环城国家生态公园绿道为开篇，用大量的有深度的镜头向全国的观众展示了枣庄林业生态建设和绿色转型发展取得的新成果，以及资源型城市生态建设的新形象，充分展现了枣庄环城国家生态公园绿道、湿地保护与修复、荒山绿化、古树名木保护、经济林产业发展等林业建设取得的丰硕成果，展示了枣庄森林城市建设的独特魅力，进一步提升了枣庄在全国的知名度、美誉度和影响力。

2015—2017年，十大工程进展良好。中心城区环城森林公园打造提升工程：枣庄环城国家生态公园（试点）得到国家林业局批复同意，凤凰绿道被评为"中国森林体验基地"。骨干绿道新建71公里，完善提升200公里；新建步道169条、休憩点176个；荒山绿化完成5.6万亩；青龙绿道标识系统完成；全线设立标识、标牌803个，靠近山体一侧新建隔离网40150米，完善10处驿站，新建1处科普馆。荒山绿化攻坚工程：全市完成荒山造林13万亩。封山育林完成6.8万亩。城乡生态绿色廊道建设工程：全市共新建和提升1334公里（其中完善

提升611公里）。森林防火与保护体系建设工程：全市森林防火视频监控系统建成并投入使用，设立远程视频监控点62个。新建固定防火宣传牌(碑)402个、林火消防水池106个，防火通道403公里，防火隔离网82公里，生物防火林带55公里，防火墙24公里，建设物资储备库16个。全市年均防控林业有害生物面积178.5万亩次，其中飞机防治107万亩。林业产业体系建设工程：共建经济林、种苗花卉、林下养鱼等基地7.5万亩，新建林业产业园12处。湿地保护恢复工程：薛城区蟠龙河、山亭区月亮湾两处国家湿地公园试点通过国家验收，中央财政补贴1200万元用于湿地保护与建设；全市新晋升5处省级湿地公园。全市建成湿地监测站10个，采取人工植树种草等措施恢复保护湿地4万亩。乡土树种培育推广工程：全市建成区（市）级乡土树种培育基地1万亩。古树名木保护工程：古树拍摄年度计划全部完成，并在枣庄电视台进行播放。市中区、山亭区、峄城区已完成3处珍稀濒危树种保护地建设，面积500亩。森林生态全民共建共享工程：全市区、镇义务植树基地累计1.7万亩。林业、妇联、团委、教育、工会等部门联合，已建一支17500人的绿色志愿者队伍。全市已建成森林文化廊道4处，文化广场2处，森林生态科普宣传19处，科普中心1处、长廊4处，科普基地3处，中小学生生态教育基地（鲁南乡土树种保护园）1处。现代林业治理体系建设工程：全市共开展森林保险22万亩，新建省级林业合作社示范社21家，市级林业合作社示范社40家。枣庄市森林资源动态监测管理信息系统开始投入运行。

二、国家森林城市建设的成效

国家森林城市创建和“十大提升工程”实施，有效增加了全市森林资源总量，提高了森林资源质量，形成了城区、近郊、镇村绿化有机统一，水网、路网、林网绿化纵横交错，生态林、产业林、景观林统筹共建的森林绿化新格局，全社会植绿、爱绿、护绿、兴绿蔚然成风，取得了中华人民共和国成立后林业发展的最高成就。

（一）森林网络基本形成

推进城市、通道、水系、山地、平原、村镇“六位一体”的城市森林网络建设，初步建立了以城区绿地为核心，以水网、路网绿廊为连接线，以环城森林公园为圈层，以村镇绿化为基点，以片区森林为保障的城乡森林生态系统。全市累计新增造林绿化面积62.6万亩，年均新增20.9万亩，为创森工作开展前年均造林面积的2—3倍；城区绿化覆盖率达到41.10%，城区人均公共绿地面积达到14.07平方米。在高速公路、国省道等交通干线，新建和提升高标准绿色通道700余公里，绿化道路1700余公里，道路林木绿化率提高到92.3%。水岸林木绿化率达到88.3%，城市重要水源地森林覆盖率达到了78.3%，城区内，乔木种植比例达到62.85%，街道树冠覆盖率达到32.01%，地面停车场树冠覆盖率达到33.79%，市民出门500米有休闲绿地，形成了功能齐全，布局合理、分布均匀、有机完整的城市绿地系统。借助道路绿化、水系绿化、山体绿化，建设环城林带，形成了森林围城的效果。中心城区环城森林公园建设，建成环城森林大道170公里，环城森林公园绿道近200公里，有效构建了中心城区的生态屏障。农田林网控制率达到了94%以上。森林网络将陆地森林生态系统和湿地生态系统连成一个有机整体，有效保证了市域内关键物种的迁徙需要。

（二）森林健康水平明显提高

侧柏、杨树、石榴、刺槐、桃、枣、核桃、板栗、樱桃、柿等优良乡土树种在植树造林中得到了广泛应用，乡土树种使用数量占总数量的97.5%。认真落实《枣庄市古树名木管理暂行办法》，严令禁止任何形式的破坏古树名木行为。认真落实《枣庄市人民政府封山令》《枣庄市山体保护条例》和《枣庄市封山育林管理规定》，减少人为干扰，有效提高了森林自然度水平，郊区森林自然度达

创建成效——农田林网护佑鲁南粮仓

0.65。大面积营造混交林，成功培育了乔、灌、藤、草相结合，接近自然植被类型的森林生物群落，建立野生动植物种源繁育基地8个，野生动植物保护管理站7个，自然保护区2个，在市中区、峄城区分别建立了以青檀和石榴基因保护为主的种质资源保护基地，收集保护优质青檀品种119个，优质石榴品种282个。开展以打击破坏森林和野生动植物资源违法犯罪为主的“森林卫士”“亮剑行动”和“绿盾2012”林业植物检疫执法检查等专项整治行动，保护了全市的森林资源，巩固了林业发展成果。大力开展飞机施药防治美国白蛾工作，主要森林病虫害成灾率有效控制在2.2‰以下，实现了林业有害生物“有虫不成灾”的目标。森林防火工作连续26年无较大以上森林火灾和人员伤亡事故，矿山综合治理取得新成效，“一园三区两线”（即环城森林公园、城市规划管理控制区、风景名胜区、地质地貌景观保护区和铁路、高速公路、国道、省道等重要交通干线两侧可视范围）以内砂石、石灰石开采和加工得到了全面禁止，粉尘污染明显减少。全市森林生态系统稳定性得到有效增强。

（三）林业产业水平有效提升

以打造全省乡村旅游强市为目标，围绕“一园三镇五点”整体工作思路，以全域资源整合、规划引领、标准贯彻、宣传营销为抓手，加强设施建设，创新发展模式，着力打造新品牌、塑造新形象，生态旅游工作成果丰硕，滕州滨湖国家湿地公园、抱犊崮国家森林公园、冠世榴园等森林湿地旅游项目受到全国游客的青睐，山亭翼云石头部落、滕州“五朵金花”、台儿庄运河国家湿地公园十里荷花廊等一批重点乡村旅游项目加快推进。运河人家、榴园人家、山乡人家、湿地渔家等乡村旅游品牌全面确立，主题口号和形象标识等整体策划工作全面完成。初步形成了以平原杨树为主的速生用材林基地，以石榴、大枣、大樱桃、花椒、核桃、板栗、柿子、甜桃等种植为主的名特优果品基地，以滕州市龙泉花卉大世界为龙头的“四沿六环”苗木花卉基地，以林下禽、林下渔、林下菌、林下中草药、林下餐饮业为特色的林下经济基地和野生动物驯养繁殖基地5大类型产业基地。山亭区成为“全国经济林之乡”，峄县石榴、柴胡店酥梨、徐庄板栗、店子长红枣、水泉火樱桃、阴平大枣等特色林果产品畅销大江南北。

成功打造滕州南部、薛城南部、台儿庄北部3大木材生产加工业集群，山亭店子、水泉、峄城中部3个果品加工业集群，市中、滕州2个家具木门制造业集群等8大林业产业集群。沿滕州鲁南花卉大世界、北留路、光明大道、市中区外环路、206国道，枣台公路、台韩公路等主干道路两侧，建设苗木、花卉、盆景生态走廊。全市国有、私营、个人、合作社等各种类型苗圃面积达到近10万亩，有效保证了全市绿化用苗的需要，苗木自给率达到了95.7%。全市林业产业和乡村旅游、生态旅游等融合发展，形成了以优质林果、苗木花卉、森林湿地旅游为主导的林业产业发展之路，2017年全市林业总产值突破100亿元，实现了大地增绿、环境增色、林业增效和农民增收的目的。

（四）森林文化不断繁荣

在坚持传承历史文化同时，与文化创新发展互促共进，依托现有的文化博物馆、古文化遗址、文物古迹、风景园区等文化场所，加快城市生态文化建设，展现枣庄市秀美风光、历史文化名城，增强森林旅游特色，丰富市民的休闲生活，逐步形成了以铁道游击队故乡、抗日战争纪念地为特色的“红”色文化，以“江北水乡、运河古城”为特色的“蓝”色文化和以山林城市为特色的“绿”色文化。依托博物馆、旅游风景区、城市公园等建设了一批主题文化场馆，充分展现运河文化、青檀精神、工业文化、墨子文化、红色文化、石榴和枣文化等丰富的文化内涵。全市动植物展览馆、湿地博物馆、树木（花卉）园等达到20多处，生态教育示范基地100余处。在市域范围内的森林公园、湿地公园、自然保护区和城市公园、游园绿地等地，建设了生态科普长廊、科普一条街等，广泛设置科普宣传栏、科普宣传牌，通过实物、照片、图表、模型、雕塑、全景画等形式，建设体验观光、休闲游憩、艺术创作等多种综合性的生态科普场所，让人们充分认识自然、了解生态。在市、区（市）、乡镇建立义务植树基地472处、总面积9752公顷，建立纪念林基地209处、总面积2142公顷，义务植树尽责率达到95%，个人和企事业单位认建认养绿地1528.4公顷。义务植树形式日趋多样，实际参加人数逐年增加，形成了良好的国家森林城市创建氛围。在《枣庄日报》、枣庄广播电视台开辟创森专题专栏，并通过创森知识竞赛、有奖征文、演讲比赛等活动使创森工作深入人心。《中国绿色时报》头版、《大众日报》要闻版连续对枣庄市创森工作进行宣传报道。公众对森林城市建设的支持率和满意度达到了95%以上。

创建成效——枣庄市山亭区的美丽风光

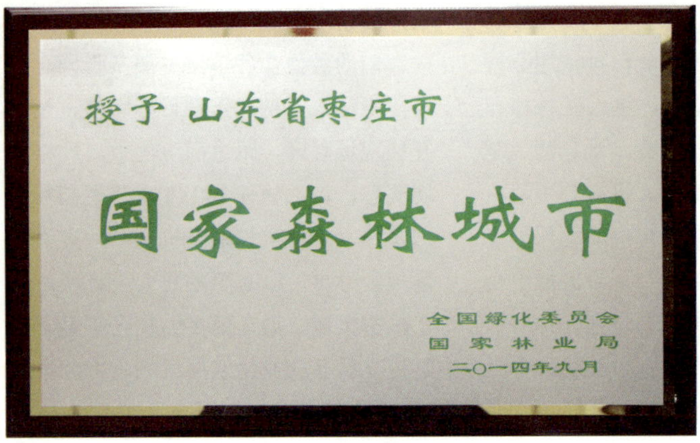

枣庄市获“国家森林城市”称号

城市近郊森林公园、湿地公园全部实现了免费对外开放，让市民呼吸新鲜空气，充分感受自然、享受自然。认真组织开展森林资源清查、县级林地保护利用规划、第二次湿地资源调查、种质资源清查、林业碳汇计量监测外业调查等工作，为全市现代林业建设提供决策依据，为全省资源清查提供数据。枣庄市森林资源动态监测管理系统建成并投入使用，新建成森林防火视频监控点 62 个、智能音视频卡扣 64 个，重点林区森林空气质量实现实时在线监测，林业信息化水平显著提升。

（五）林业管理水平明显提高

成立了枣庄市创建国家森林城市工作领导小组，并召开了全市创建国家森林城市工作动员大会，明确区（市）和乡镇（街道）“七职”责任人为创森工作联动责任人，落实了责任主体。枣庄市委、市人大、市政府、市政协主要负责人和分管负责人通过会议、视察、调研等形式强力推进。枣庄市政府每年组织一次创森重点工程现场观摩会议，有力促进各项工作开展。坚持部门联动，财政、规划、国土资源、水利渔业、农业、交通运输、住建、城管、旅服、体育等 30 个市直部门共同参与，协作配合，形成了全社会共建的创森工作大格局。抓住枣庄市列入国家农村改革试验区的机遇，充分利用集体林权制度配套改革政策，通过土地流转，发展核桃、黄桃等经济林，建设特色园林苗圃，初步建立了以圃代林、以果代林机制，促进了生态效益和农民致富增收的有机结合。积极向上级主管部门汇报沟通，争取立项资金。积极发挥自身主观能动性，将森林城市建设作为城市基础设施建设的重要内容，其建设资金纳入政府财政预算。区（市）、乡镇（街道）积极探索以资代劳、共建、捐建、认养、冠名等形式投入绿化建设，广泛吸引社会资金。创森期间，全市共投入资金 39 亿元，其中财政资金投入约 24 亿元、企业和个人投入 12 亿元、其他投入 3 亿余元。制定并完善了《枣庄市创建国家森林城市技术规范》，加强科技推广网络建设。

（六）综合溢出效应突显

在建设过程中，枣庄市通过政府主导、企业自律、群众参与，汇聚成绿色发展的强大合力，各级党政和广大干部对“绿水青山就是金山银山”“保护生态环境就是保护生产力、改善生态环境就是发展生产力”的认识更加一致，行动更加自觉。如，枣庄市在新城核心区域，规划建设了占地 300 多亩的龙潭公园和 500 多亩的带状森林公园。这些地块如进行商业开发，政府可以得到 10 亿多元的财政收益。枣庄市把它栽上树，建成了森林绿地，虽然财政收入减少了，但给市民留下了更多的绿色，为城市增添了更大的魅力。森林城市建设拉动林业经济全面发展，既有效增加了农民收入，也为扶贫开发探索了新途径。农民涉林收入年均增长达到 20% 以上，人均收入的 1/3 来自于绿水青山。环城绿道、沿河绿道将沿线景区景点、乡镇农村串珠成链，农民借势发展乡村旅游，经营观光采摘、休闲娱乐、民俗文化等多种形式的农家乐，形成了运河人家、榴园人家、山乡人家、湿地渔家、森林人家等一批乡村旅游品牌，建成省级旅游强镇 29 个、省级旅游特色村 60 个，枣庄被评为全省乡村旅游示范市。枣庄石榴、微山湖红荷湿地、蟠龙河湿地公园不仅成为展示枣庄地方特色的靓丽名片，也是农民增收的重要支撑。通过森林城市建设，枣庄的天更蓝了、水更清了、地更绿了。“蓝天白云、繁星闪烁”天数逐年上升，城市环境空气质量主要指标全年改善幅度位居全省前列。全市主要河流水质稳定保持三类水标准，连续两年获得全省水质改善一等奖；代表山东省迎接全国淮河流域水污染防治核查，荣获第一名。修复破损山体 20 余处，治理塌陷地面积 20 万亩，关闭 30 万吨以下小煤矿和采石场、储煤场 230 余处，“十二五”期间万元 GDP 能耗降低 20% 以下。在与绿色的相伴中，市民生态文明意识不断提升，自发组建“绿色联盟”“绿色志愿者”队伍，全民义务植树率达到 95%，全社会植绿、爱绿、护绿、兴绿蔚然成风。

三、国家森林城市建设的启示

（一）坚持以规划蓝图为引领

规划是发展理念的体现，是森林城市建设的龙头。枣庄市先后编制完善了国家森林城市建设总体规划、环城国家生态公园总体规划、绿色生态廊道规划、城市绿地系统规划以及形象色彩、绿道网络、森林公园、湿地公园等十几个专项规划，形成了以中心城区绿化为“魂”，以森林生态、森林产业、森林文化、森林支撑四大体系为“骨”，以城市、通道、水系、山丘、平原、镇村六大绿化系统为“体”的生态蓝图。按照“规划一步到位、实施分步进行”的总要求，确立了创建和提升森林城市近期目标和远期目标，成为了森林城市建设和提升的总指引。

（二）坚持以重点工程为带动

美好蓝图变为现实，必须有项目作为带动。按照“拓展城市生态空间、提升城市生活品味”的要求，兼顾绿色生态和游憩观光功能，实施一批精品工程，打造具有枣庄特色的“斑块——廊道”森林绿化景观。一是实施环城森林

公园建设工程。枣庄环城国家生态公园作为国家建设试点，规划总面积30余万亩，是山东省首个市级国家生态公园。项目以青龙山系、凤凰山系为骨架，依托200多公里的大小两条环线，将沿线国家、省级森林公园和旅游景区串珠成链，形成了环绕中心城区的绿色景观和生态屏障。二是实施绿色生态廊道建设工程。以“四沿”（沿路、沿河渠、沿湖、沿边界）和“四环”（环城、环镇驻地、环村、环水库）为主体，集休闲、旅游、经济、民生等元素于一体，完善道路绿化1700余公里，形成了纵贯城乡、互联互通的水网、路网、农田林网绿色生态廊道，构建了脉络清晰、纵横有序、郁郁葱葱的绿色森林网。三是实施森林、湿地建设工程。以良好的森林资源、湿地资源为基础，建成国家生态公园（试点）1处，建成国家森林公园3处、省级12处，建成国家湿地公园5处（含试点）、省级12处，既达到了涵养水源、保护物种等生态效应，又为市民休闲提供了好去处。四是实施植绿增绿工程。突出园林文化和植绿造景两大重点，在城市广泛种植高大乔木，在农村加强村旁、宅旁、水旁、路旁“四旁”绿化，140余个城市公园和街头游园、13个省级绿化模范镇（示范镇）、163个绿化示范村遍布城乡，保证市民出门500米有休闲绿地。

（三）坚持以资源管护为支撑

创建国家森林城市，必须一手抓植树造林，扩增绿量；一手抓森林资源管理，保护存量生态资源。枣庄市坚持在发展中保护、在保护中发展，着力增强森林生态系统稳定性。一是注重提高生物多样性。造林过程中注重优良乡土树种使用，提高成活率，降低造林成本，乡土树种数量占绿化树种使用数量的97%。坚持适地适树，将人工种植和自然生长相结合，培育乔、灌、藤、草相结合的森林生物群落。设立野生动植物种源繁育基地8个，野生动物保护管理站4个，自然保护区2个，区域生物多样性得到有效保护。二是强化林木管理养护。划定森林生态保护红线，全面落实养护管理措施，实行专人负责、专业养护，严厉打击各类破坏森林资源的违法犯罪行为。加强古树名木保护，启动古树名木立法保护，严禁移植天然大树进城。完善林业有害生物监测预警体系，建成森林病虫害管理信息系统，每年实施飞机防治林业有害生物100万亩以上。落实森林防火责任制，建成了市、区（市）联动的森林防火视频监控指挥系统，连续多年无较大以上森林火灾和人员伤亡事故发生。三是加强湿地资源保护。出台《枣庄市湿地公园建设管理办法》，公布了县级重要湿地名录，确定了市级重要湿地名录。通过退耕还湿、拦坝蓄水、采矿塌陷洼地引蓄水等措施，合理调节水资源，全市湿地总面积达到2.6万公顷。四是狠抓山体保护。出台《枣庄市山体保护条例》，对市域内的5000多座山体，全部建立名录、登记造册，实行了档案化管理，严禁开山劈石，加强生态保护修复。结合发展林果业和旅游业，对破损山体实行生态修复，努力让每座山体重现绿色、形成景观，实现经济效益与生态效益双赢。

（四）坚持以机制创新为保障

推进森林城市建设的过程，也是创新机制、破解难题的过程。一是建立责任落实机制。按照“一文一图一表”要求，明确了各区（市）、镇街和市直有关部门的责任，各单位主要负责同志是第一责任人，纳入年度目标考核，及时开展现场观摩，跟进问责问效，严格兑现奖惩，将“软任务”变成“硬指标”。二是建立多渠道投融资机制。注重按市场规则办事，以有限的财力为杠杆，拓宽融资渠道，撬动更多的社会资金。三是建立林业产业化发展机制。大力推广“林业专业合作社+基地+农户”产业化发展模式，盘活山区森林资源，发展以特色林果、苗木花卉、木材加工为主导的林业产业。用足用活国家农村改革试验区的政策，企业和大户通过流转土地13万亩发展经济林果，全市经济林种植面积达到86万亩，实现了大地增绿、生态增彩、林农增收。

巍巍抱犊崮记录着创森，滔滔运河水畅想着创森。枣庄在创森这部鸿篇巨著中，用如椽巨笔书写着从煤城到美城的演进，书写着枣庄生态立市的进程，书写着枣庄人民的幸福和未来。森林城市建设只有起点、没有终点，只有更好、没有最好。枣庄市将继续组织实施创森长远规划，深入推进国家森林城市十大提升工程，让更多的森林走进城市，让城市融入更广阔的森林。枣庄市将毫不放松地抓好生态建设，把好山好水好风光融入城市，让青山拥城、绿道环城、碧水绕城，让广大群众生活得更加舒心、有更多获得感。枣庄市将积极探索绿色发展、永续发展的长效机制，让自然生态、宜居宜业的城市形象更加立体、更加生动、更加多姿多彩。

审稿人：郑　然

撰稿人：龙滕周

绿色枣庄的建设历程与启示

2003—2007年，枣庄林业以《中共枣庄市市委 枣庄市人民政府关于发展林业建设绿色枣庄的决定》为抓手，以"点上成景、线上成荫、面上成林"为目标，实行大工程带动大发展战略，荒山绿化、退耕造林、镇村绿化美化、绿色通道与平原农田林网化、新城区大环境绿化取得了巨大进展。5年共完成荒山造林24.4万亩，质量和规模均创造了"八五"绿化达标之后又一个高峰。

一、建设历程

（一）出台《关于加快林业发展建设绿色枣庄的决定》，签订任期绿化目标责任状

2003年6月25日，中共中央、国务院出台了《关于加快林业发展的决定》，标志着我国林业以生态建设为主的发展战略基本确立。枣庄市林业局历时2个多月，十几易其稿，10月6日，在枣庄市委第14次常委会议上作了"关于贯彻中央《决定》加快我市林业发展"的汇报。2004年2月25日，枣庄市委、市政府出台了《关于加快林业发展建设绿色枣庄的决定》，对今后全市林业发展的指导思想、基本原则与奋斗目标、重点工程、政策措施、组织领导等都做出了明确规定。2004年2月27日，枣庄市委、市政府隆重召开全市林业工作表彰动员会议，市长与各区（市）长、高新区管委会负责人签订了任期绿化目标责任状（2003—2007年），将任务落实到了各级领导肩上。

（二）实施五大林业生态工程

1. 荒山绿化工程

以主要道路两侧可视山头绿化工程为带动，大力开展荒山绿化。2005年7月8日，枣庄市委、市政府印发了《关于加快主要道路两侧可视山头绿化的意见》，要求从2005年开始，利用三年时间，完成京福高速公路、枣木高速公路、206国道、光明大道、郯薛公路、店韩公路、北留公路、0九公路、枣（庄）曹（县）公路9条主要道路两侧可视山头的绿化美化，涉及五区一市和枣庄高新区39个乡镇（街道）、372个村（居、林场）、984个山头。规划造林面积15.6341万亩，其中荒山、疏林地营造生态公益林13.3815万亩，退耕还林地营造经济林2.2526万亩。后经研究决定，经济林不在验收补助范围，为此总规划任务减去22526亩；三年间又有9个乡镇（街道）因设立采石场、土地复垦项目调减造林规划7815亩，调整后的规划任务是12.6万亩。

各级党政对林业工作的重视程度普遍提高。2005年8月中旬，枣庄市委督查室、市政府督查室会同市林业局组成联合督查组，对枣庄市委、市政府《关于加快主要道路两侧可视山头绿化的意见》贯彻落实情况和全市雨季造林工作进行了专项督查。2005年，滕州市组织了由市委分管书记带队的5个督导组深入11个有山乡镇督促雨季造林。台儿庄区委、区政府出台了《关于加快全区荒山绿化的意见》。峄城区先后召开区委常委会议和区政府常务会议，确定把可视山头绿化作为区委、区政府为民办实事的几件大事之一来抓。薛城区印发了《薛城区2005年度荒山绿化任务标准》和《雨季造林紧急通知》，签订了《荒山绿化目标责任状》。市中区委、区政府出台了《关于加快主要道路两侧可视山头绿化的意见》，不定期印发全区雨季造林情况通报。山亭区委、区政府全面落实县级领导、区直各部门帮包乡镇（街道），科级干部包村，乡镇机关人员包山头的帮包责任制，明确任务、目标、责任奖惩，一包三年不变。

财政投入强度加大。枣庄市委、市政府给予荒山新造生态林每亩补助50元，疏林地补植每亩补助25元的市财政扶持政策，区（市）纷纷配套了补贴政策。峄城区按照1：1配套的同时，对侧柏育苗每亩补助1000元。市中区除按1:1配套外，财政拨出专款20万元，由林业局统一定购侧柏、花椒、石榴等苗木。山亭区对按标准完成的荒山每亩给予35元的奖补，疏林地补植以及新发展连片成方的经济林每亩给予20元的奖补。台儿庄区对按标准要求完成当年任务的镇，每亩奖补30元，奖补资金中的10%作为责任人的奖金。薛城区按树木成活给予每株0.65元补助。市中区西王庄乡除挖穴每个支付人工费0.2元，栽侧柏每株支付人工费0.15元外，再按绿化荒山每亩奖励村干部1元。枣庄高新区兴仁办事处则给予每株1元的补助。由于各级政府出台对荒山疏林地造林的激励政策，不少承包户或专业队先行垫付资金投入山区绿化，2005年雨季造林全市共投入1300余万元。2006年8月9日，枣庄市委宣传部、市绿化委员会召开荒山绿化先进人物新闻宣传协调会。会后，《枣庄日报》、枣庄市广播电台、枣庄市电视台分别开设"人物通讯""荒山播绿人""绿化英雄谱"宣传专栏，对18位基层干部和林业工作者进行了长达两个多月的宣传。

2005年，峄城区仅完成年度总任务的48.6%，荒山造林仅完成年度任务的14.2%，排名最后。2006年，峄城区背水一战，可视山头绿化取得新突破。雨季造林期间，峄城区委主要领导同志三次到造林现场检查指导工作，全区上

下拿出"背水一战"的决心和措施，确保完成荒山绿化任务。区委、区人大、区政府、区政协四大家抽调人员组成视察组，到全区五个镇（街）造林现场逐个山头地块检查造林进度和质量，并用摄像机把存在问题的新造林拍摄下来，反馈给相关责任人，责令限期整改。根据5个镇（街）造林完成情况排出名次，通报全区。榴园镇根据检查组反馈情况，对该镇出现造林质量问题的一村支部书记作出党内严重警告处分、扣发两月工资，村委班子成员扣发一月工资；镇包村干部扣发一月工资。7、8月份，区林业部门实行早7晚8作息制，全力以赴抓苗木调剂、栽植质量和栽后管护。他们冒酷暑，顶风雨，奔波在山峦丘陵之间，先后有8名同志中暑，3名同志摔伤，但没有一个叫苦，没有一个退缩。实行各级领导部门帮包责任制。区直各部门共帮包资金24.9万元，组织工作人员上山植树20余万株，绿化荒山1200亩。造林之初，区财政拿出100万元用于购买苗木，又拿出5万元用于荒山绿化育苗补助，每亩补助1000元。采取专业队工程造林，落实造林营林责任。全区共组建造林专业队伍126支，造林队员3000余人。2006年，峄城区雨季造林共栽植侧柏等苗木528万株，新造林和补植造林2.86万亩。在造林数量、进度和质量上，均是峄城区"八五"绿化达标以来最好的一年。

经考核验收，2005—2007年全市造林合格面积为169764亩，完成规划任务的134.7%。其中，荒山造林合格面积131235亩，完成总任务的139.7%；疏林地补植合格面积38529亩，完成总任务的120.2%。

2. 退耕造林工程

充分利用涝洼地、采矿塌陷地、绿色通道发展丰产（用材）林，利用山区坡耕地退耕造林。2002年8月21日，枣庄市委、市政府召开全市林果产业化工作会议。9月6日至11日，枣庄市林业局成功举办全市林果开发经验巡回报告会。五区一市及枣庄高新区共组织17个乡镇（街道）的部分机关干部、工作点总支书记、村两委成员、林果专业大户和部分农民群众近3000人参加了报告会。2002年9月开始，枣庄市林业局组织专业技术人员，历时3个多月，制订了40万亩经济林和30万亩速生丰产林基地建设实施方案，规划从2003年起，利用5年时间，再建设优质石榴、大枣基地各20万亩，把石榴、大枣两大特色产业做大做强；促进木材加工业发展。2002年11月19日，枣庄市委、市政府转发了枣庄市绿化委员会、枣庄市林业局《枣庄市40万亩经济林和30万亩速生丰产林基地建设规划实施方案》，明确提出，从现在开始规划用五年时间在山坡地、丘陵地建设石榴、大枣基地各20万亩，在沿湖、沿河、沿路地区集中连片发展30万亩速生丰产用材林。

各区（市）根据市场需求，坚持因地制宜，统一规划，涌现出一大批百亩园、千亩方、万亩林。到2007年，峄城区发展以石榴、大枣为主的经济林6.7万亩。山亭区实施"林海果园"战略，建成了火樱桃、长红枣等10大林果基地，形成了6个林果专业镇，48个林果专业村，全区新发展大樱桃4万亩，林果收入占农民人均收入的40%。台儿庄区实施造绿富民工程，发展丰产（用材）林5.2万亩。全市退耕造林面积超过1万亩的乡镇（街道）有24个，退耕造林面积32.6万亩，占全市退耕造林总面积的62.7%。其中营造经济林超过1万亩的镇街有8个，营造用材林超过1万亩的镇有5个。按照"一镇一色""一村一品"原则，大力发展林果专业镇、专业村，市林果专业村发展到360个。全市木材总蓄积量达到465.7万立方米，有力带动了木材加工企业的快速发展。以中密度板、多层实木地板、果品加工为主的林果加工业已达到600余家，年产值达6.7亿元。涌现出薛城捷利、奥翔、天顺，台儿庄宏润，市中区韦伦嘉禾等一批龙头企业。

3. 镇村绿化美化工程

2004年，枣庄市启动了区（市）级村庄绿化达标活动。薛城区把"村庄绿化达标"作为全区林业六大工程项目的重点，制定了村庄绿化率35%的达标标准。各乡镇每年确定5—10个村作为达标对象，签订目标责任书。区、镇出台一系列的鼓励政策，出资购买苗木无偿给村民栽植，大大促进了村庄绿化。到2007年，全区240个行政村，村庄平均绿化覆盖率达38%，有三分之一的村庄达到40%以上；有53个村建设围村林，面积6300余亩。2004年台儿庄区提出了利用三年时间绿化所有村庄的目标。充分利用村内一切可以利用的空闲地，按照"见缝插针"的原则栽植好

2004年3月9日，枣庄市首次组织新提拔干部营造纪念林

村内的四旁树，并利用村镇周围的鸡嘴地建立起环村林带。2007年，台儿庄区80%的村庄建起了环村林，折合林地3.2万亩，村庄绿化覆盖率已达到52.8%。2006年5月30日，枣庄市绿化委员会、枣庄市林业局决定在全市农村开展争创省级绿化示范村镇活动，辖区内绿化覆盖率要求达到下列标准：平原村25%以上，半平原半山区村35%以上，山区村50%以上。到2007年底，全市已有滕州市西岗镇、山亭区徐庄镇2个镇被命名为省级绿化示范镇；市中区孟庄镇峨山口村等26个村被命名为省级绿化示范村。

2007年12月，山亭区徐庄镇山区绿化

枣庄的绿化示范村在创建中形成了以下三种类型：一是果树专业村。此种类型的村庄多位于山区或半山区，立地条件较差，不适于农作物生长。一般以一种市场前景较好的果树为主，大力发展而形成产业。滕州市西岗镇马庙村在创建绿化示范村过程中，在村内街道和农户院内栽植了2000多株柿子，2007年结果，2008年全村柿子总产达14万斤，总收入10万元，户均增收350元。全市发展以葡萄、樱桃、石榴、大枣、柿子、桃等为主的果树专业村已达220个。二是用材林专业村。此种类型的村庄多位于平原地区，立地条件适宜用材林生长而大量种植，树种一般以杨树为主。薛城区常庄镇吴庄村1450人，总面积2400亩，全村有围村林630亩，人均0.43亩，250亩的村庄占地，栽植杨树16000株，覆盖面积150亩，2005年，该村集体伐树收入就达45万元。全市用材林专业村已发展到440个，主要集中在台儿区大部、峄城区东南部、薛城区西部、滕州市西部。三是文明生态村。此种类型的村庄是枣庄市委、市政府在2004年试点成功的基础上推广的，制定有相应的规划和建设标准。一般选择自然、人文环境较好，有一定的经济基础的村庄进行创建。村庄绿化的突出特点是园林化，绿化、美化水平较高。薛城区张范镇大甘霖村、滕州市洪绪镇龙庄村、市中区孟庄镇峨山口村等村庄，由村集体出资购买高档绿化苗木，对村内村外进行全方位高标准绿化美化，建设高标准围村林，开挖人工湖，修建亭台楼榭形成高标准农民公园。村内树木整齐，三季有花、四季常青，形成了花园式的绿色村庄。2007年有241个村达到市级文明生态村标准。

创建绿化示范村，农民群众既是受益主体，也是参与者、建设者。为此，各区（市）不断发现并总结推广来自基层的好做法、好经验，不断创新工作方法。滕州市对集体经济相对薄弱的村，推广了大坞镇大市庄村的“倒补法”，变“要”为“给”，一改往年村内搞公益事业向群众要钱要物的做法，每街选出群众公认的“街长”，街道硬化每户需出多少钱、多少工，全由街长负责落实，村干部负责督促指导，村集体把筹集的资金按户给予适当补助，从而增强了群众的“家园自建”意识，减少了干群矛盾，激发了农民创建热情。充分发挥党员干部的骨干带头作用，动员创建村党员干部从自身做起，说给群众听，做给群众看，带着群众干，每个创建村群众自愿捐资都在30万元以上。西岗镇政府投资1000余万元对文化广场、行政办公中心、沿河公园及六纵八横道路进行了绿化美化，以外环路为依托建成了环镇林带。级索镇投资300余万元建成了占地75亩的级翔植物园一处，栽植各种绿化树木50多种，2.8万株；建有级翔广场公园30亩。滕州市财政对每个创建村拿出6万元资金实行以奖代补，各镇街拿出不低于2万元的资金对创建村进行扶持。

4. 绿色通道与平原绿化工程

为推进《枣庄市绿色通道工程建设总体规划（2001—2010）》实施，2001年9月12日，中共枣庄市委、枣庄市人民政府批转了枣庄市绿化委员会、枣庄市林业局制定的枣庄市绿色通道重点工程实施方案，确定以“七路一河一环”重点工程，带动全市绿色通道工程建设。“七路一河一环”指的是：京福高速公路，104、206国道，枣木公路，枣薛一级路，店韩路，枣台复线，运河及环城林带。在实施过程中，根据山东省政府建设绿色通道的一系列会议精神，以及适应林业发展新形势需要，2003年对绿色通道林带宽度进行了调整：高速公路两侧各100米，国道、省道、铁路两侧各50米，县、乡道路两侧各30米，环城林带不低于100米。2003年初，枣庄市委、市政府决定对京福高速公路等六条重点道路的绿色通道建设实行市六大家领导包路段绿化责任制，其中京福高速公路绿色通道建设由市委负责。2003年3月1日，枣庄市委、市政府召开万

人全市春季植树造林电视动员会议，对京福高速公路等绿色通道建设作了全面部署。3月10日，枣庄市委、市政府召开京福高速公路枣庄段绿色通道建设会议，对高标准、高质量完成绿化任务进一步动员和部署。枣庄市委、市政府两办督查室先后两次组织人员对京福高速公路等六条重点道路的绿色通道建设情况进行督促检查。滕州市委、市政府主要领导对京福高速公路等绿色通道工程建设一天一调度，分管书记靠上抓，先后五次召开专题会议推动绿色通道建设。截至2005年底：京福高速公路、枣木、枣薛路、104、206国道、枣台复线、运河及环城林带已基本完成规划建设任务，建设林带长度299公里。京福路绿化带宽度为每侧100米，枣薛路和枣木路两侧绿化带宽度为每侧50米，206、104国道和枣台复线两侧绿化带一般为20米，部分地段达到50米。在市中区东、西、北三个方向建设了长18.8公里，50米宽的环城林带。

枣庄市对新增加的绿色通道用地视为林业用地，下桩定界，开挖界沟。对绿色通道建设占用的土地，采取从机动地中调整后再承包和返租倒包等方式进行，由村民委员会负责与承包者签定承包合同，明确管护责任。依法严格保护林权所有者的财产权，解决好绿化植树与占地的矛盾，维护其合法权益，调动群众造林积极性。沿线各区（市）按照“明晰所有权、落实使用权、放开经营权”的原则，采取竞标拍卖、分户承包等多种形式，彻底放开林地使用权，明确林木管理权和收益权，落实造林护林责任，巩固绿化成果。

绿色通道工程建设资金，实行财政补偿政策，以奖代补资金主要用于占地补偿，专项列支。台儿庄区委、区政府对各镇街新建绿色通道采取租地方式进行造林的，且成方连片50亩以上保存完好的，连续奖补10年，每年每亩奖补350元。市中区对绿色通道连续补偿三年，前两年每亩200元，第三年每亩100元。峄城区古邵镇对绿色通道所栽树木以每株10元的起步价公开拍卖，当地群众踊跃参与，最高竞价达每株25元，全镇一次性收取拍卖金90余万元。滕州市官桥镇把绿色通道新建林带承包到218户农民手中，做到产权到户，责任到人，管护到位。枣庄市财政对京福高速公路绿色通道所栽苗木每株给予0.7元的补助，市、区（市）、镇（街）先后拨出财政专款500万元，专门用于对京福路绿色通道工程的青苗补偿和苗木补助。

滕州市、薛城区、市中区、峄城区和台儿庄区被列入国家平原绿化二期工程建设范围。枣庄市将平原绿化定位在“改善生态环境，发展农村经济”上，提出了“点上成景、线上成荫、面上成林”的总要求，大力发展生态经济兼用林。2004年，枣庄市在平原绿化中，更加注重建立健全质量标准体系和责任追究制度。各区（市）坚持统一规划、统一苗木、统一栽植、统一管护，在栽植过程中坚持“三大一膜”的硬措施。大力推广使用生根粉、清水浸泡苗根、林粮油间作等技术，从而保证了造林质量大幅度提升。台儿庄区提出了“要像种粮食、种蔬菜一样种树”的思路，通过广播、电视、会议、培训班等多种形式，引导农民搞好施肥、灌溉、病虫害防治等丰产措施的落实。在丰产林和主要农田林网建设中全部选用107、2001等两年生杨树大苗，由专业队统一造林，保证林木快速生长，实现预期的效益。薛城区建立和完善了《苗木引进责任档案》和《林果栽植质量责任档案》，区林业局同区纪委、监察局联合下发了《关于对全区绿色通道和林果产业化基地等重点工程建设实行效能监察的通知》，对在工程建设过程中出现严重失误和造成损失的责任人，实行效能监察和责任追究，有力促进了各项工程的高标准、高质量建设。2005年，全市承包土地发展果树和速生林的农户共有11490户，成片造林8.2万亩，占总造林面积11.2万亩的73.2%，其中100亩以上的造林大户有58户，面积达1.1万亩。农户共投入资金2406万元，占全市总投入的70%。

2006年7月21日，省委宣传部、省文明办、省绿化委员会、省林业局在滕州市召开全省创绿色家园、建富裕新村行动启动现场会议

5. 枣庄市新城区大环境绿化工程

枣庄新城区大环境荒山绿化工程范围为：东至店韩公路、南至郯薛公路，西至薛城大沙河、北至枣曹公路闭合区域内的所有荒山，涉及枣庄高新区的兴仁、兴城街道和薛城区的沙沟镇。在2004年枣庄市委、市政府搬迁至新城前，总体绿化进展不快。2005年3月7日下午，枣庄市委召开加快新城区大环境绿化专题会议，决定调整新城区大环境绿化工程建设指挥部，明确了枣庄高新区、薛城区和市直单位的分工和职责，要求加快绿化步伐。2005年11月21日，枣庄市新城区大环境绿化工程建设指挥部制定了《枣庄新城区大环境荒山绿化标准和验收奖惩办法》，确定由枣庄市林业局、市财政局、人事局组成验收组，对年度任务实行当年造林、11月初验、次年春复验的办法进行验收，并兑现补助资金。

2003年8月4日，中共枣庄市委组织部、枣庄市绿化委员会联合印发《枣

庄市新提拔干部植纪念树实施办法》，规定新提拔的干部每人都要植5棵纪念树。2004年3月9日，枣庄市首次营造干部纪念林。市直各部门和枣庄高新区2003年新提拔副科级以上干部500多人，到新城区兴城办事处龟山植纪念树，营造干部纪念林。2005年3月9日，枣庄市绿化委员会发出倡议，号召市直机关企事业单位开展为新城绿化捐资活动，至6月13日，共捐资126.3万元，其中121个市级机关、市直部门和企事业单位个人捐资48.3万元，枣矿集团等9个中央、省、市大企业捐资78万元。

新城区大环境绿化全面实行专业队造林。推行了薛城区沙沟镇“1234”工程造林经验，将工程招投标和工程监理制度引入荒山绿化。“1234工程造林”经验，即：筹集一笔资金（启动资金）、建立两支队伍（工程队、监理队）、签订三个合同（造林、监理、管护合同）、把好四个关键（整地、壮苗、适时、抚育），整地及栽植质量普遍较高。三镇（街）年均组建专业队25支、500余人。造林时间以春季造林为主，雨季造林为辅。春季造林全部栽植高度超过1.5米的营养袋大苗，雨季造林使用2年生以上优质壮苗。枣庄高新区对立地条件差的巨山和袁寨山，分别采取9级和15级提水到山顶，解决苗木浇水难题。经过2005—2007年三年的集中绿化，到2009年底，除薛城区沙沟镇部分山体外，光明大道两侧范围内的山体全面绿化，共绿化山头32座，新增绿化面积8600余亩。枣庄市财政对验收合格的造林小班分树种给予每亩300—1000元的补助、对新建的51处护林房每处补助1万元。市财政累计补助资金650余万元。

2007年7月23日，枣庄市政府出台《枣庄新城区山林资源红线保护区规划》。对新城区1.6万亩山丘生态防护林资源实施永久性保护，任何单位和个人不得征占用。

（三）严格考核，兑现奖惩

枣庄市把各区（市）乡镇（街道）党委、政府主要负责人、分管负责人、林业主管部门主要负责人，枣庄高新区党委主要负责人、管委会分管负责人及主管部门主要负责人作为主要道路两侧可视山头绿化的责任人。把该项绿化任务完成情况，作为干部政绩考核、选拔任用和奖惩的重要依据。枣庄市还成立由市纪委、市委组织部、市人事局、市财政局、市林业局等机关部门组成的考核验收工作组，对主要道路两侧可视山头绿化单独考核奖惩。具体奖惩办法是：对于按标准要求完成当年任务的区（市）（含枣庄高新区，下同）和乡镇（街道），除按验收合格面积兑现以奖代补资金外，并对单位通报表扬，各区（市）可给予责任人荣誉和物质奖励；对完不成当年任务的，全市通报批评；对按时完成3年总任务的区（市）和乡镇（街道），授予全市荒山绿化先进集体称号，依据任务量和贡献大小分别给予责任人记二等功、三等功、嘉奖或授予枣庄市绿化奖章；对没按时完成3年总任务的，给责任人黄牌警告，不得提拔重用，并责令1年内完成欠账任务；对提前完成总任务的，授予全市荒山绿化先进集体称号，依据任务量和贡献大小分别给予责任人记二等功或三等功，对符合党政干部选拔任用条件的乡镇（街道）主要负责人优先考虑提拔重用。根据验收结果，枣庄市财政三年分别兑现以奖代补资金197.6万元、245.6万元、297.6万元。

2007年4月27日，市林业局与市中区林业局联合在光明广场隆重举行纪念爱鸟周开展25周年宣传活动

2007年12月，枣庄市政府组织对各区（市）绿化责任状执行情况（2003—2007年）进行了考核。

2008年6月27日，枣庄市委、市政府召开全市林业工作会议，对2003—2007年间涌现出的林业工作先进单位和先进个人进行了隆重表彰。授予滕州市等54个单位为2003－2007年度全市林业工作先进单位荣誉称号；给予刘玉冰等10名同志记二等功奖励，给予李健等27名同志记三等功奖励，给予郭启峰等53名同志嘉奖奖励。

二、绿色枣庄建设取得的主要成就

（一）五年来，林业发生了前所未有的深刻变化

确立了林业在生态建设中的首要地位和主体地位，在全面建成小康社会中不可替代的基础地位。林业不仅承担满足经济高速增长对林产品的需求，更承担着改善生态，促进人与自然和谐相处，开创生态文明的发展道路，维护生态安全的重大历史使命，实现了由毁林开荒向退耕造林的历史性转变。

（二）五年来，林业工作创造出“六个全市首次”

枣庄市委、市政府首次出台关于加快林业发展的决定，市人大常委会首次做出关于加强林业工作的决议，市政府首次对（新城区）山林资源实施红线保护，市纪委、市委组织部、市人事局、市财政局、市林业局首次联合考核验收造林任务完成情况，市委组织部、市绿化委员会首次组织营造干部纪念林，首次建立了市、区（市）级森林生态效益补偿制度。

（三）五年来，林业成绩体现为“四个显著提高”

一是全市造林绿化水平显著提高。2003—2007年，全市完成荒山造林面积244805亩，是签状任务的141.5%，质量和规模均创造了“八五”绿化达标之后又一个高峰；完成退耕造林面积519252亩，是签状任务的138.1%。新建和完善农田林网化面积870429亩，是签状任务的133.0%；新建绿色通道1962.4公里，完成签状任务的135.2%；新增封山护（育）林面积481807亩，完成签状任务的112.0%；全市林木覆盖率达到35%以上的村有1471个，完成签状任务的110.9%。二是森林资源管护能力显著提高。108万亩山丘林业用地基本封住。连续17年全市未发生大的森林火灾。各类林业采伐严格控制在年度森林采伐限额以内。各类毁林开荒、开山采石、乱占林地等违法行为得到有效遏制，维护了林区治安稳定和林农果农的合法权益。古树名木保护工作迈出一大步。建成省内唯一国家级湿地公园——滕州滨湖湿地公园。江北最大水生植物园填补了国家湿地公园建设水生植物园的空白。三是林业产业化程度显著提高。全市林业总产值达到18.9亿元，比2002年增长270%。新发展以石榴、大枣、大樱桃等为重点的经济林24.5万亩，新建速生用材林基地27.4万亩。全市林木蓄积量达到491.6万立方米，比2002年增长52%，果品产量达到35.5万吨，林果加工业年产值达6.7亿元。森林生态旅游业年接待国内外游客逾百万人次。四是林业科技支撑能力显著提高。近几年全市有50多项科研成果荣获省林业局和市科技进步奖，其中2004年、2005年连续两年获山东省林业局奖项位居全省17市榜首。

三、经验

（一）加大政策支持力度，是加快绿色枣庄建设的保障

枣庄市委、市政府出台了《关于加快林业发展建设绿色枣庄的决定》，建立健全了财政投入为主体、社会投入为补充的资金投入保障机制。区（市）财政采取以奖代补的方式对各镇（街）自主建设的项目进行评比、奖励。薛城区政府对长防林、主干道路与河流、商品林基地及景区绿化进行重点扶持，按标准完成任务的，除全额兑现工程资金外，再按照片林（20亩以上）每亩20元、主干道与河流两侧绿化（3行以上）每100米30元、新建林网每100米10元的标准奖励镇（街）五职责任人和部门主要负责人。台儿庄区委、区政府对各镇（街）新建的农田林网、绿色通道、成片造林、丰产林管理进行奖补：对新建的农田林网，每条新建林带连续长度在100米以上，宽度在2行以上，成活率在95%以上的，按每新建100米5元的标准进行奖励。对新建的绿色通道，每侧2行以上，两侧4行以上，新建连续长度在100米以上，成活率在95%以上的，按每新建100米10元的标准奖励；对新建的成片造林，包括经济林、围村林、围城林、堤滩林，成方连片面积在50亩以上，成活率在95%以上的每亩奖补20元；对丰产林实施速生丰产措施，按时追肥、除草、防治病虫害，且实施全园深翻成方连片200亩以上的，按每亩10元的标准进行奖励。峄城区政府对经济林建设按每亩30元的标准进行奖补。奖补政策的出台，有力地推动了植树造林工作的开展。

（二）加强领导，健全机制，创新措施，狠抓落实，是加快林业发展的根本保证

枣庄市委、市政府每年都召开春季、雨季造林和冬季森林防火会议，先后配套出台一系列文件，明确了林业建设的党政领导“五职责任人”。市人大每年都视察并审议一次林业工作，对造林绿化和森林资源管护进行强力监督指导。市政协对林业十分关注，给予大力支持。市、区（市）、乡镇（街道）三级层层

2007年春台儿庄区张山子镇万亩甜桃基地

签订任期绿化目标责任状，严格考核奖惩，为林业发展提供了强有力的保障。

枣庄在全市范围内采取竞标拍卖、分户承包、租赁经营、股份合作等多种形式，使得群众造林、护林积极性空前高涨，部分地段年年栽树不见树的局面得到改变。一是对平原地区乡村道路、河道、荒沟两侧集体林地的使用权实行拍卖，拍得者按要求造林，限期绿化。此种机制，实现了造林绿化投资结构的多元化和投资渠道的社会化，促进了非公有制林业的发展，使传统林业焕发了新的生机和活力。二是对于以生产路、田间渠道和农田排水沟为骨架构成的大网格林网，统一规划，由土地承包户按规划造林或由大户承包造林。三是对小网格林网和农林间作，实行“树随地走，谁栽谁有，合栽共有”。这些新机制推动了平原林业向规模化、集约化方向发展，已成为造林成活率最高、经营效益最好、最受群众欢迎的经营形式。四是积极利用煤矿塌陷地治理经费，在整理出的台田上建造用材林，台田下的水池养鱼，采取林鱼结合、林药结合、林菌结合等立体种植模式，改善生态环境、提高农民收入。

（三）大力推行工程造林，全面实行专业队植树，是提高造林质量的有效方法

实践证明，在造林绿化中尤其是生态公益林营造中，实行专业队植树和工程造林，能明显提高造林质量。一是由护林员当造林队长。山亭区、市中区、滕州市选择护林员当造林队长，由护林员组建造林队伍并开展技术培训，闲时挖坑整地，雨季适期植树，既护林又造林，既增加了收入，又提升了造林质量。二是承包造林。有的乡镇将造林工程承包给外乡、外区甚至外市的造林队，承包合同的核心是造林质量，以成活株数计算劳务报酬。这种承包造林的方式与前些年的集体组织造林相比，造林质量和成活率都有大幅度的提高。有的乡镇将荒山承包给个人或企业，签订合同，限期绿化。三是工程造林。薛城区、山亭区、枣庄高新区全面推行工程造林，严把提前整地、适时栽植、突出质量、加强管护四个环节，整地及栽植质量普遍较高。

（四）实施分类经营，建立林业发展长效机制，是加快林业发展的根本动力

将林业划分为公益林业和商品林业两大类，采取不同的管理体制、经营机制和政策措施。生态公益林以政府投资为主，多渠道筹集资金，努力加大投入。市、区（市）、乡镇三级财政资金投入生态林建设年均增加了30%。荒山造林、护林防火部分资金已列入市、区（市）财政预算。商品林面向市场，由经营者自主经营，政府给予必要扶持。全市通过采取竞价拍卖、承包、股份制等多种形式，放活商品林使用权，谁承包、谁投入、谁造林、谁管理、谁受益，调动社会各个方面发展林业的积极性，并对新发展的林果基地、农田林网等及时颁发林权证，进一步明晰林木产权，为广大承包户吃下“定心丸”。通过政策扶持，全市个体发展林业的积极性空前高涨，造林比重逐年增加，个体造林在经济林、用材林的发展上已占造林面积的90%左右。

（五）依法治林，强化森林资源管护，是加快林业发展的坚实基础

把森林资源保护和管理作为促进林业发展的重中之重，坚持不懈地开展以“四防”“四管”为主要内容的全方位森林资源管护工作，使绿化成果得到巩固和发展。一是加强林地征占用管理。依据枣庄市人大常委会《关于依法加强开山采石管理的决议》，各区（市）政府相继出台了依法加强开山采石管理的意见、实施方案、通知等，编制了山石资源开发利用规划，对开山采石企业和个体户进行了全面清理。二是加强封山护（育）林队伍及设施建设。枣庄市政府于2003年重新颁布了封山令和封山育林管理规定，区（市）设立封山令碑，乡镇设立封山界桩，村设护林员。全市新建护林房970处，封山隔离墙、道路466公里，立封山界桩19480根，封山碑2244块。依托森林生态效益补偿制度的建立，全市建立了1586人的专职护林员队伍。三是全面落实森林防火责任制。确定11月份为全市“森林防火宣传月”。森林防火期内，认真落实森林防火预案，严格执行领导带班、工作人员24小时值班制度，及时发现和处置森林火情。四是严厉打击破坏森林资源的违法犯罪行为。按照国家、省统一部署，相继开展了代号为“绿盾一、二号”“春雷”“绿剑”等专项行动，乱砍滥伐、毁林开荒、开山采石、乱占林地、破坏野生动植物等各类违法行为得到有效遏制，全市林区秩序稳定。

审稿人：郑　然

撰稿人：申国胜

枣庄市粮食流通体制改革的基本历程及启示

国以民为本，民以食为天，食以粮为先。粮食和粮食安全，历来是国富民安的基础之基础，粮食过去是、现在是、将来仍然是一种具有战略性的特殊商品，粮食问题始终是摆在我们面前需要考虑的头等重大问题。粮食流通对于调节粮食供求和保障国家粮食安全具有重要意义，粮食流通体制作为整个经济体制的重要组成部分，从缩小粮食计划管理范围、扩大市场调节比重，到全面放开粮食购销市场，在国家宏观调控下充分发挥市场机制在粮食资源配置中的基础性作用，逐步实现粮食购销市场化、市场主体多元化，初步建立起符合我国国情粮情、适应社会主义市场经济发展要求的粮食流通体制，为保护种粮农民利益、促进粮食生产稳定发展、保障国家粮食安全，发挥了十分重要的作用。回顾枣庄市改革开放以及粮食流通体制改革的历史过程，让我们心潮澎湃；展望粮食事业以及粮食安全的未来，让我们深感任重而道远。

一、粮食流通体制改革的主要历程

枣庄市位于山东省南部，是全国重要的粮食生产区和商品粮生产基地，粮食生产基础好，粮源充足，粮食品质好，现有耕地面积275万亩，常年粮食（小麦、玉米）播种面积维持在410万—430万亩，粮食总产维持在180万—200万吨。国有粮食购销企业每年收购量均在43.5万吨。2004年国家粮食购销市场化改革之后，逐步建立了统一开放的粮食市场体系，基本形成了粮食购销市场化、经营主体多元化的格局，粮食流通管理步入法制轨道，全市粮食行业持续健康发展，有力地促进了粮食生产、农民增收，保障了全市粮食安全。

枣庄市粮食流通体制改革大致经历了三个主要阶段。

（一）按照发展社会主义商品经济的要求，改革企业经营管理体制（1979—1992年）

1978年12月，中共十一届三中全会胜利召开。时隔不到半年，中共中央国务院在批转商业部《关于全国粮食局长会议情况的报告》的通知中，明确指出："一定要把粮食问题列入重要议事日程，放在国民经济的全局中统盘考虑，加强领导，切实把粮食工作抓紧抓好。"此后五六年中，中央一直在酝酿着粮食购销体制的重大变革，随着全党对计划经济和市场经济的认识转变，开始对实行30多年的统购统销政策进行改革。

1981年，枣庄市战胜了60年未有的特大干旱，夺得夏粮丰收。全市177万亩夏粮，平均单产390斤，总产6.9055亿斤，社员口粮（夏粮）全市人均168斤。集体扣留由于农村分配体制的变化而逐年下降，集体扣留占产量的比重由1979年的23%下降到1981年的18.5%。储备粮、饲料粮减少数量较大。是年，全市粮食征购入库实际完成3.0398亿斤，比省分配征购基数2.55亿斤，增购4898万斤。征购超过3亿斤，人均贡献130斤粮食，在枣庄市历史上是第一年。全省贡献1亿斤粮以上的县共有10个，枣庄市的滕县则是其中之一，全县贡献1.5024亿斤粮食。

1981—1984年，全市实行粮食购、销、调拨包干一定四年不变的政策，稳定了农村人民生活，完成了省政府所核定的全市购、销、调拨包干任务。省核定枣庄市销售包干基数21000万斤，按包干口径实际销售19699万斤，少销1301万斤。粮食包干购销差额5775万斤，当年购销差额10699万斤，比包干购销差额增加了4924万斤。1981年全市农村统销比1980年减少250万斤。

1982年，小麦遇到严重干旱，总产为6.4亿斤。6月25日，枣庄市在全省第一个完成了夏粮征购任务。台儿庄区人民踊跃交售爱国粮，除超额完成市原定1500万斤任务外，又完成了由滕县调减给台儿庄区的700万斤征购任务，全区人均贡献夏粮110斤。

1983年，为了适应农村普遍实行联产承包责任制后商品生产迅速发展和商品规模日益扩大的新形势，调整了农副产品购销政策。对农民完成征购、超购任务后的余粮，允许多渠道经营。除全市粮食部门积极经营外，商业、供销部门可以灵活购销，农民私人也可以经营。是年，省投资190万元，新建薛城面粉厂。日产面粉100吨，生产设备、工艺技术较为先进，于1985年元月投产。

1984年10月，中共十二届三中全会提出社会主义经济是有计划的商品经济的重要论断。市粮食局与各区、县粮食局签订了食品生产、经营合同。对基层实行层层包、层层保的办法，逐级落实承包责任制，严格执行奖罚规定。全市106个基层粮所，全都兼营粮油食品，从业人员达1259人，其中正式职工246人。有专用生产设备343台（件），总资产原值为44.42万元。日产能力80万斤，为国家创利润69.72万元，全年完成食品生产2081万斤。是年，全市粮食系统经济效益发生了历史性的转变，利润总额为572.25万元。其中食品多种经营利润76万元，饲料经营利润16万元，粮食加工工业利润220万元，议价经营利润152万元。

1985年，针对当时实行粮食统购

统销，粮食产量增加，但质量、品种不适应市场需求，农民“卖粮难”，影响粮食生产发展和农民收益提高等问题，党中央、国务院决定取消粮食统购，国务院决定粮食流通体制实行“双轨制”，即取消粮食统购，改为合同定购，合同定购粮食计划由国家确定，各省（区、市）按照国家确定的合同定购计划，逐级下达，通过同农民签订合同予以落实。取消粮食统购、实行合同定购，标志着实行了32年的统购统销制度开始逐步退出历史舞台。在实行“双轨制”过程中，为了逐步把政府行为与企业行为分开，鼓励企业改善经营管理，调动企业和职工经营积极性，枣庄市从实际出发，探索了许多改革模式和经验，其主要做法是：对政策性粮食实行统一经营，亏损集中管理，将粮食政策性亏损同企业正常经营盈亏划分开来，使基层国有粮食企业卸掉长期亏损的包袱，强化企业内部考核，增强职工勤俭节约、增收节支的责任感，为企业转换经营机制、参与市场竞争创造了一个宽松的环境。在“双轨制”推动下，枣庄市国有粮食企业按照市场经济规律要求开展多种经营，既减轻了国家财政负担，又搞活了粮食流通，促进了企业较快发展。1985年4月1日起，枣庄市定购的粮食品种主要是小麦和玉米，定购价格根据全省平均价格计算，在不突破“倒三七”比例（30%原定购价、70%原超购价）计价总水平的前提下确定。油料、油脂合同定购的品种主要是花生仁，定购价格按“倒四六”比例（40%原统购价、60%原超购价）计价。合同定购数量以外的粮油和不实行合同定购的其他粮油，农民可以自由处理。为鼓励农民种粮和交售粮食的积极性，对合同定购的粮食、油料实行“三挂钩”政策，即每交售100元钱的粮食，奖售平价标准化肥40公斤（其中优质化肥30公斤）、平价柴油3公斤；每交售50公斤花生仁，奖售平价优质化肥22.5—27.5公斤。以后各年视不同情况作相应调整。当年顺利完成省下达给枣庄市全年粮食1.75万吨、花生仁2000吨的合同定购计划。是年，全市粮食收购6.21亿斤，较1984年增加了3945万斤。全市议价粮油经营创历史最好水平，粮食系统食品生产经营4583万斤，完成年计划的106.6%；农村粮所生产经营2442万斤，比上年增加1723万斤；食品经营利润达174.96万元，较上年增加105.24万元，提高150.95%。全市与农村签订粮油定购合同55.33万户，定购粮食3.512亿斤，定购油料466万斤；实际收购粮食3.635亿斤，完成合同定购数的103.5%；收购油料462万斤，完成合同定购的99.5%。粮食经营大幅度增长，减亏增盈成绩显著，国家征购任务全面完成，全市粮食商业总经营量23亿斤，较1984年提高了32.5%。粮食转化按每人每月平均计算全省为4.7斤，枣庄市8.6斤，名列全省第一。由于经济体制和机构改革，粮食企业经济效益出现了中华人民共和国成立以来的最好水平。议价粮油销售实现利润352.14万元，食品业实现利润174.96万元，饲料业实现利润80.72万元，汽车运输实现利润16.51万元，粮油加工工业产值达2089万元，实现利润255.2万元。全市粮食系统共实现利润885.41万元。

1985年，枣庄市制粉业共50余家企业。其中粮食企业面粉加工厂5家，即枣庄市面粉厂、枣庄市粮油加工厂、枣庄市台儿庄粮食加工厂、滕县面粉厂、薛城面粉厂。从事制粉业的人员达373人。主要产品有标准粉、特二粉、等外粉，杂粮粉等。全市粮食系统制粉业固定资产为397万元，年生产能力为88964吨，实际产量为68269吨，制粉业总产值为2089万元，每年为国家创利税240.2万元。是年，全市粮食系统基层单位食品生产经营消灭了空白点，花色品种增加到160多个，中、高档食品大发展，经营方式灵活多样，社会效益、经济效益提高。在1985年底全省粮食系统食品展销会上，受到省委、省政府、省粮食局领导的好评。用于城镇供应的粮食共计1.6745亿斤。其中饮食业2221万斤，糕点业1154万斤，副食业102万斤，酿造业919万斤，事业粮140万斤。工业用粮价格全部放开，不再由国家补贴亏损。

1986年，省对枣庄市的粮油定购任务进行调整，全年粮食定购任务为15.5万吨，并增加国家委托代购2万吨，全年全市共收购粮食17万吨，完成合同定购的110%。1987年，粮食定购任务为14.4万吨，同时安排粮食收购“议转平”任务2.35万吨，实际共完成18万吨。当年实行定购粮食奖售政策。全市在实现粮食自给、购销平衡的前提下，采取“压销减购，以销定购”政策，完成全年13万吨粮食销售任务，完成粮食调出5.4万吨。

1988年，国家对粮油继续实施合同定购，并进一步完善了“三挂钩”政策。根据省里规定，完不成定购任务的要买议价粮补足，议购价高于定购价的部分，由地方财力负担。同时，继续实行“议转平”政策，粮食在定购价的基础上，

夏粮收购场景

由省财政每斤补贴六分四厘钱，不足部分由地方财力负担。枣庄市1988—1990年3年合同定购任务为每年14.4万吨。从1989年开始，国家供应统销粮油在城镇只保留居民口粮和事业供应两项，全市及时调升粮油收购价格，粮食收购量增加，库存增加，市场粮价稳中有降。是年，国家取消“议转平”计划，枣庄市根据省里要求继续实行，但差价补贴作了专项调整。

1990年，针对当时一些主产区出现农民“卖粮难”、粮食部门储粮难、产区和销区之间调销不畅的现象，国务院决定在完成国家粮食定购任务、敞开收购议价粮的基础上，建立国家专项粮食储备制度，成立国家粮食储备局负责管理国家粮食储备，各省（区、市）也逐步建立地方粮食储备，以保护农民粮食生产积极性，防备灾荒，调剂余缺，增强宏观调控能力，保证粮食市场供应和粮价基本稳定。

1991年，全市放开粮食经营，集体、个体、私营都可以经营和批发销售粮食。1992年，按照国家关于农产品流通改革的要求，适当缩小指令性计划，完善指导性计划管理，更多地发挥市场机制的调节作用。根据粮食购销价格情况和上级要求，按照“稳购活销”的原则，放开粮食销售市场，油料价格也全部放开。粮油销售市场和价格的放开，给粮油销售工作带来困难，但由于宣传得力，并采取适当补助措施，粮油价格基本平稳，当年粮油销售工作顺利完成。

1990—1992年，连续3年粮食丰收，全市粮食收购任务顺利完成。1991年、1992年全市的粮食定购任务均为每年14.7万吨，油料定购任务均为每年3500吨。1990年7月，市植物油厂、市饲料公司建成投产。市植物油厂日处理油料80吨，采用浸出法先进制油工艺。到1992年底，全市粮食系统有2个企业晋升为省级先进企业，有5个企业晋升为市级先进企业。粮油产品实行工厂、车间、班组“三检制”，严格推行产品质量合格证制度，不断提高产品合格率。面粉合格率由1986年的96%提高到100%。当年，全市共有3个企业被评为“全面质量管理八项要求达标单位”，有1个产品获部优称号，有2个产品被评为省优，有3个产品被评为省优良产品。同年，枣庄面粉厂与枣庄第二面粉厂合并为枣庄市面粉总厂。1992年，全市粮食系统实现工业总产值1.23亿元，粮油加工总量14.64万吨，实现利润1042万元。

（二）按照建立社会主义市场经济体制的要求，加快企业经营机制转换（1993—2003年）

从1991—1993年，国家开始尝试逐步对粮食双轨制度进行变革。1991年5月和1992年4月，国家两次提高城镇居民定量口粮的销售价格，不仅缩小了粮食价格的购销倒挂，而且缩小了粮食牌市差价，基本上实现了购销同价，为粮价的放开创造了重要条件。1992年初，国务院同意采取以“分区决策、分省推进”的方式来进一步促进粮食购销和价格体制改革，即放开粮食销售价格和销售市场，对粮食流通环节的补贴改为对消费者的直接补贴，国有粮食企业成为自主经营、自负盈亏的市场主体，枣庄市粮食销售价格全面放开。同年，邓小平南方谈话和党的十四大提出建立社会主义市场经济体制的总目标，推动粮食流通体制改革加快步伐。

1993年，全市粮食流通实行政策性经营和商业性经营“两线运行”的购销体制，粮食销售由放开到恢复计划供应，逐步走粮食商品化、经营市场化和在国家宏观调控下放开价格、放开经营、放开市场的“两化三放开”路子。因为在思想上、物质上准备不足，库存粮食管理政策不明确，宏观调控措施不完备，加上粮食减产，年底引发了粮价大波动。受此影响，全市粮油市场出现抢购现象，价格急剧上涨。由于积极采取限量限价销售政策，粮食部门与工商、物价等部门积极配合，对市场进行监督检查，平抑粮价和稳定市场，从而确保了普通粮食品种的供应和销售价格相对稳定。是年，全市粮油工业广泛开展以“代农储存、代农加工、品种兑换”为主要内容的粮油产品加工经营。粮办工业上项目、增品种，不断提高产品质量，改进装潢，重视广告宣传，提高市场占有率。是年，全市粮油销售分别为43.14万吨和1.41万吨，粮油工业总产值实现1.14亿元，粮食加工量实现13.63万吨，销售收入实现2.25亿元。

枣庄市粮食仓储物流中心鸟瞰图

1994年，为加强国家和地方政府对粮油市场的宏观调控，更好地发挥财政补贴作用，保证政策性收购资金不被商业性经营业务所占用，粮食部门实行“两条线运行”改革，即政策性业务和商业性经营分开，建立两条线运行机制。国有粮食企业承担的政策性业务实行财务分开、核算分开。通过分开核算，严格划分政策性业务费用和商业性业务费用，防止互相挤占也就是所谓的“彻底断奶”。国务院批准了财政部、国家计委、国家经贸委、内贸部、农业部、国家粮食储备局等六部门提出的《粮食风险基金实施意见》；组建了以经营农产品收购资金为主的农业政策性金融机构——中国农业发展银行；国务院发出深化粮食购销体制改革的通知，决定提高粮食定购价格，并提出了中央统一领导、地方分级负责的粮食管理原则和省、自治区、直辖市政府领导负责制。是年，全国市场粮价上涨，枣庄市大幅提高定购粮食的收购价格，其中小麦由原来每公斤0.65元提高到每公斤1.08元，提价幅度为66%；玉米由原来每公斤0.43元，提高到每公斤0.84元，提价幅度为95%。全市建立骨干粮店，承担居民和军粮等政策性粮油供应，并严格执行规定的供应价格。6月1日，又把小麦、玉米、稻谷三大粮食品种的销售价格纳入国家定价。同时为稳定市场、平抑粮价，又抛售部分储备粮，通过国有粮店公开挂牌销售和通过粮食批发市场销售，粮食市场又恢复一定的计划性质。全年销售粮食75.5万吨，完成粮食加工总量14.16万吨，油料加工4088吨，完成工业总产值1.38亿元，实现利润342万元。

1995年，国务院进一步强调坚持和完善省长、自治区主席、直辖市市长负责制，明确划分中央和地方粮食事权，搞好两级总量平衡；将粮食部门政策性业务和商业性经营分开。这一步粮食流通体制改革是在建立社会主义市场经济体制的大背景下进行的，长达40年的粮食统购统销制度彻底结束，从1955年开始发行给无数中国人留下难忘记忆的粮票进入收藏市场，并对全面放开粮食购销市场，在粮食歉收情况下加强粮食宏观调控，进行了探索和尝试。是年，定购粮食价格未作调整，但市场粮价继续上扬。为调动农民种粮积极性，枣庄市确定对农民交售定购以内的粮食，每50公斤按省定零售价格供应国产尿素5公斤，定购以外的坚持随行就市收购。是年，销售粮食52.6万吨，粮食加工总量16.2万吨，油脂7241吨，实现总产值1.91亿元，利润371万元。粮油产品除销售枣庄市和山东省外，畅销苏、豫、皖、沪、浙、闽等省市的几十个城市和地区。

1996年，中央决定从当年新粮上市起，进一步提高粮食定购价格，调动农民粮食生产积极性，粮食供给形势明显好转，但粮食系统销售下降，导致经营性亏损猛增，粮食财务挂账日趋增多，给各级财政、银行造成很大负担；粮食收购资金被挤占挪用现象相当严重，调销资金回笼缓慢，影响收购资金周转。针对这些情况，国务院决定要按照政企分开、储备和经营分开、中央与地方责任分开、新老财务挂账分开和完善粮食价格机制的原则，进一步深化粮食流通体制改革。是年，市场粮价仍居高不下，国家再次提高收购价格，小麦和玉米的定购价分别由原来的每公斤1.08元和0.84元提高到每公斤1.52元和1.26元，提价幅度分别为40.7%和53.7%。枣庄市定购任务仍维持上年度的14.4万吨，人均交售53公斤，全市定购任务完成较好。

1997年，继续实行按保护价敞开收购农民余粮，粮食流通部门只购不销或多购少销，出现库存严重积压的局面，进而形成购销价格和购销数量“两个倒挂”的突出问题。“两个倒挂”不利于粮食正常流通，粮食销售市场受到较大影响。当年销售粮食32.1万吨。

1998年，在党中央、国务院一系列政策措施作用下，粮食生产迈上新的台阶，粮食流通体制改革取得了一定进展，但粮食流通体制仍然没有摆脱“大锅饭”的模式。针对当时粮食流通体制仍然存在政企不分，国有粮食企业经营管理粗放、富余人员较多，同时又挤占挪用粮食收购资金，形成大量经营亏损和财务挂账，增加国家财政负担等问题，中央1号文件进一步明确了“四分开一完善”（即政企分开、中央与地方责任分开、储备与经营分开、新老粮食财务挂账分开和完善粮食价格机制）的改革原则。重点推进了“三项政策，一项改革”，即按保护价敞开收购农民余粮、粮食收储企业实行顺价销售、粮食收购资金封闭运行，加快国有粮食企业自身改革。在推进国有粮食企业改革中，重点是实行国有粮食收储企业的主营业务与附营业务分开以及富余职工下岗分流。枣庄市按照省、市政府“关于粮食企业改革政企分开和主附营业务分离”的要求，采取多种形式改制，从建立现代企业制度入手，实行一厂一策或一厂多策，激活粮办工业。改制后，企业产销两旺，职工全部得到安置，工资收入稳步提高，企业规模和效益逐步扩大。是年，粮油工业总产值实现19722万元，面粉、油脂、食品加工量分别为11.8万吨、1.4万吨和0.7万吨。是年，国务院办公厅发出进一步做好粮食购销和价格管理工作的补充通知，强调粮食流通体制改革工作重点是坚决贯彻敞开收购、顺价销售、收购资金封闭运行三项政策。当年，面对粮食库存过大，购销价格倒挂的局面，粮食部门敞开收购、顺价销售，资金封闭运行。枣庄市严格按照国务院颁布的《粮食收购条例》和《粮食收购违法行为处罚办法》，把粮食收购工作纳入法制化轨道，坚持按保护价收购农民粮食，并严格做到常年、常时挂牌收购；坚持以质论价，不压级压价；除农业税外，不代扣任何款项，决不给农民打“白条”。6月、8月，国务院先后发布《粮食收购条例》《粮食购销违法行为处罚办法》。11月，国务院印发当前推进粮食流通体制改革的意见，对落实“三项政策、一项改革”作

了进一步部署。为应对亚洲金融危机，确保按保护价敞开收购农民余粮政策的落实，国务院还决定利用国债资金进行大规模的粮库建设。

1999 年，取消地市间的粮食调拨，调减了定购任务，合理调整粮食收购价。全市粮食部门按照省、市下达的目标任务，把责任目标逐级细化到岗位和个人，改革完善了内部管理机制，制定压库粮食销售奖励办法，实行联销计酬责任制。各级粮食部门不断扩大粮食销售市场，并严格执行国家顺价销售政策，顺价销售粮食 20.5 万吨，占省分配压库促销任务的 202.4%。

2000 年，为促进农业和粮食生产结构调整，退出保护价收购的粮食品种范围进一步扩大，粮食收购渠道拓宽。枣庄市根据国家粮食政策及省政府的安排，每年粮食收购建议计划 27 万吨，其中定购任务为 13.5 万吨，保护价收购及市场价收购 13.5 万吨。是年，超额完成促销压库任务，粮食收购资金实现封闭运行，流通秩序良好，共收购粮食 36.12 万吨。

2001 年，粮食流通体制改革不断深化，销售市场进一步放开搞活，粮食销售除保障正常军需民食以外，较大程度地满足了粮食加工企业对粮食的需求，粮食销售量比上年有较大提高，共收购粮食 57.02 万吨。

2002 年，全市粮食市场销售价格一直低稳，又面临中国正式加入世贸组织对国内粮食市场的冲击。考虑到全市粮食储备量较大，储存时间较长，经市政府同意，进行部分抛售，加上正常的消费需求，粮食销售量大幅上升，当年销售 78.24 万吨。是年，枣庄市制订了分区（市）粮食购销建议计划，共计划收购 30 万吨，其中薛城区 2.5 万吨，市中区 1.1 万吨，山亭区 1.2 万吨，峄城区 7.1 万吨，台儿庄区 7.3 万吨，滕州市 10.8 万吨。全市实际收购粮食 62.87 万吨，粮办工业实现产值 2.76 亿元，产品销售收入实现 53028 万元，产品产量 12.3 万吨。

2003 年，粮食政策未作大的调整，粮食产量相对平衡，市场粮油价格在正常范围内波动。全市计划收购粮食 30 万吨，其中定购任务 13.5 万吨。为配合“非典”防治工作，根据省粮食局和市政府通知要求，印发了《防治“非典”期间粮食市场安全应急预案》，采取一系列粮食购进措施，确保粮食购得进、储得好，关键时刻调得动、用得上，保障粮食优质充量供应。全市完成粮食购进 58 万吨，其中保质保量完成定购任务 13.5 万吨。到 10 月，因受库存减少（1998 年以来最低）、需求增加等因素影响，全市粮食价格有所上涨，在一定程度上刺激了市场销售，全年销售量 74.14 万吨。

（三）按照粮食购销市场化改革要求，全面推进国有粮食企业改革和发展（2004 年至今）

2004 年，粮食购销完全市场化，受国家宏观调控政策，特别是支持“三农”政策和国际粮油市场价格影响，全市粮食价格有一定幅度的上扬，粮食购销市场呈现两旺态势。从 3 月下旬起，国有粮食企业库存进行统一管理，合理调度，严格控制外流，并组织得力营销人员，加大外购力度，确保有足够的粮油投放市场；会同工商部门下发了加强粮食市场准入和粮食市场监管的通知，在全市开展粮食市场专项整治活动，严厉打击不法粮食商贩哄抬物价、囤积居奇和无证经营等扰乱粮食市场行为，维护了正常的粮食流通秩序。是年，全市粮食购销企业共销售粮食 44.5 万吨，其他附营企业销售 45.5 万吨。全市粮办工业实现总产值 8.4 亿元，实现利润 392 万元，市直粮办工业企业完成工业增加值 611 万元。国有骨干粮食加工企业大力发展“订单农业”，以订单、入股等方式，推进粮食产业化经营，带动农民增收，促进企业增效。枣庄市内丰面粉有限公司、滕州东谷面粉有限公司年订单收购达 10 万亩，实现了农企双赢。在市场粮价异常波动期间，枣庄面粉有限公司、滕州东谷面粉有限公司被认定为政府直接调控的骨干粮食加工企业。

2004 年，国务院下发了《关于进一步深化粮食流通体制改革的意见》，决定全面放开粮食收购价格和收购市场，实行粮食购销市场化改革。为了适应改革需要，国家有关部门出台了一系列支持国有粮食购销企业改革的政策措施。国家发改委、国家粮食局等五部门下发了《关于印发进一步深化国有粮食购销企业改革的指导意见的通知》，提出了企业改革的重点是，妥善解决企业历史包袱，推进企业产权制度改革，大力开展粮食产业化经营，继续发挥国有粮食购销企业主渠道作用。同时山东省相继出台《山东省人民政府关于深化粮食流通体制改革的意见》《山东省人民政府关于深化国有粮食企业改革的意见》和《山东省人民政府办公厅关于印发山东省国有粮食购销企业改革实施方案的通知》。枣庄市先后出台了《枣庄市人民政府关于深化粮食流通体制改革暨国有粮食企业改革的意见》《枣庄市国有粮食购销企业改革实施方案》和《市政府关于全市国有粮食购销企业改革工作专题会议纪要》。此次国有粮食购销

枣庄市粮食储备库外景

企业改革，是自1953年全国粮食实行统购统销以来最彻底的一次改革，也是中华人民共和国成立以来粮食行业难度最大、工作力度最大、影响最为深远的一次变革。1963年，全市粮食系统共有干部、职工581人，到1983年二十年间，增加到2666人，而截止到2004年全市国有粮食企业改革时达到11199人。在全市国有粮食购销企业改革过程中，面对突如其来的“非典”疫情和三次粮价异常波动，作为粮食行政部门的枣庄市粮食局采取积极应对措施，强化粮食流通管理，保障了全市粮食安全，保证了改革顺利实施。积极借鉴省内外粮食改革的先进经验，结合枣庄市实际，立足于以人为本、职工优先，坚持全员置换、留去自愿的原则，采取“五个一批”（即自愿解除一批、择优聘用一批、内部退养一批、协议保留养老关系一批、逐步脱钩一批）的办法妥善解决了制约改革分流安置职工的一系列关键问题。按照省政府“企业自筹为主、各级财政适当补助”的要求，市、区（市）在财力有限情况下，共争取财政配套资金1820万元，企业自筹1850万元，加上省改革补助资金2327万元，全市共筹集粮改资金5997万元，用于粮食企业改革，有力地促进了人员分流工作。各项历史遗留问题得到了清理，相关配套政策得以落实，基本实现了有序改革、和谐改革、稳定发展的目标，得到了全市各级党委、政府的充分肯定，受到了广大职工的普遍赞许。粮食流通企业体制改革自2004年6月1日全面放开粮食收购市场开始启动，2005年实施攻坚，2006年基本完成，2007年完善提升。截至2006年9月，国有粮食购销企业政策性财务挂账34906.27万元全部剥离到企业隶属的区（市）级粮食行政管理部门集中管理，采取全员置换、留去自愿的原则妥善处理了职工的分流安置问题。

2004年5月26日，国务院颁布了《粮食流通管理条例》，规定国家鼓励多种所有制市场主体从事粮食经营活动，促进公平竞争。并规定依法从事的粮食经营活动受国家法律保护，将粮食市场发展纳入法制化轨道。同时，还明确了粮食价格主要由市场供求形成，国务院发展改革部门及国家粮食行政管理部门主要负责全国粮食的总量平衡、宏观调控和主要粮食品种的结构调整以及粮食流通的中长期规划。2005年经市级编制管理机构批准，市粮食局成立了监督检查科，是省内最早设立的监督检查科室。近年来，全市各级粮食部门为落实粮食新职能，积极筹措资金，配备了执法车辆、电脑、打印机、照相机、摄像机、录音笔等执法所必须的工具，执法工作开展得正常有序，粮食市场秩序良好，走在全省同行的前列。目前，经枣庄市法制办清理审核枣庄市粮食局具有执法主体资格，其他6个区（市）粮食局均为事业单位，由当地政府授权执法，以粮食行政管理部门的名义执法。全市5个区（市）跻身于全省粮食执法示范县单位，其中滕州市粮食局被评为全国粮食流通监督检查示范单位。

夯实粮食行政执法工作

2005年，全市粮食购销企业按照粮食市场化运行的要求，把握市场行情，创新收购方式，抢抓粮源，销售上实行即购即销、分购联销、外购外销等方式，在按国家和省、市政府规定保证合理库存的同时，适时销售52.2万吨，平抑了粮食市场，稳定了市场粮价。全市粮油工业完全实现市场化运行，多种经济成分、多种经营形式并存。粮食工业企业适应粮食市场化改革的要求，组建山东天宇集团等国有独资或国有控股（参股）公司制企业35家。市饲料公司、市植物油厂与四川通威集团合作生产15万吨饲料项目实施。当年市直工业总产值完成1.40亿元，产品销售收入实现1.39亿元，实现利税38万元，分别占目标任务的106%、108%和380%。粮油产品产销率实现101%，工业增加值实现493万元，占目标任务的107.2%。

2006年10月24日，经枣庄市政府同意，枣庄市人民政府办公室印发了《枣庄市粮食应急预案》。各区（市）分别制定出台了《粮食应急预案》，建立了综合性应急救援队伍，编写了《粮食应急预案简明操作手册》，建立健全了应急物资保障制度，储备粮油质量状况良好，质量指标综合合格率、宜存率都达到100%。与有关应急加工和应急供应企业签订了协议并授牌，全市按照粮食应急供应网点全覆盖的要求，结合当地实际，确保每个乡镇、街道（社区）至少有1个应急供应点。2008年10月28日，为确保全市粮食安全，为建设和谐社会提供有力保障，以进一步提高政府处置突发事件引发的粮食应急保障能力，完善粮食应急预案，市政府举行了粮食应急预案演练。枣庄市粮食储备库、枣庄国家粮食储备库、内丰面粉有限公司、市购物中心贵诚超市参加了演练。市委宣传部、市应急办等20个部门和单位的负责同志应邀观摩了演练活动。演练活动的目的是为了使相关部门了解和熟悉《枣庄市粮食应急预案》的启动程序，检验各应急环节的衔接能力和处置能力，找出存在的问题和薄弱环节，提高全市粮食应急处置的能力和水

平。是年，国有粮食企业实现销售收入8.6862亿元，综合经济效益1198万元。

2007年7月12日，《枣庄市地方储备粮管理办法》经市政府批准，以市政府令第116号公布，自2007年8月1日起施行。该《办法》包括总则、收购和储存、轮换、动用、法律责任和附则7个方面的内容。《办法》的颁布施行，标志着枣庄市地方储备粮管理工作开始步入法制化轨道，对于加强地方储备粮管理，确保地方储备粮质量良好、数量真实和储存安全，进一步增强政府的粮食宏观调控能力，维护全市粮食安全，具有十分重要的意义。是年，全市粮食系统粮食购销总量176.8万吨，其中托市收购小麦9.8万吨，居全省第三位；实现销售收入11.7亿元，同比增长3.1亿元，实现利润481万元。

2008年，以龙头企业为带动，大力推动县域粮食产业发展，加大投入，加强产学研联合，引进吸收新技术、新工艺，研究开发新产品，着力培植拳头产品，发展品牌经济，涌现出了以“全省十大粮食购销企业”枣庄市金丰粮油购销有限公司、台儿庄区粮油购销有限公司为代表的一批粮食购销经营企业和“全省十大粮油产业园区”枣庄市峄城区粮油产业园区、“全省十佳粮油食品快餐连锁企业”滕州市金利园粮油食品有限公司等一批全省先进典型。同时以招商引资为突破口，为粮食产业化发展注入新的活力。引进的市植物油厂、市饲料公司与四川通威饲料合作项目年产15万吨饲料生产线，共完成投资1600万元；峄城区粮食局引进了枣庄昕昌制粉有限公司投资6000万元、日加工处理小麦500吨的制粉生产线；天龙包装奶制品生产线建设投资3000多万元；滕州市粮食局引进的冷库、食品糕点等项目，实际利用外资达2600多万元，为下步粮食产业化发展注入了新的活力。是年，全市完成粮食购销总量224.9万吨，比去年同期增长25.9%，全行业实现销售收入10.7783亿元，比去年同期下降14.7%。

2009年，面对全球金融危机，针对影响粮食安全等诸多不利因素，全市投资3459万元，新建储备库仓容13万吨，新建和维修改造基层收纳库仓容3万吨。薛城区3万吨、峄城区2万吨地方储备粮库，台儿庄基层粮所新建和改造3万吨仓容。按照国务院和省、市政府的统一部署，坚持“在地原则”，落实“有仓必到，有粮必查，有账必核，查必彻底”，认真组织并做好清仓查库工作，对境内85家粮食仓储单位、625口仓垛逐一进行了全面检查，共检查粮食数量53.7万吨，查明枣庄辖区所存的中央储备粮、国家临时存储粮、地方储备粮、国有企业商品粮库存数量真实、质量良好、储存安全、管理规范，库贷挂钩及政策性补贴使用符合政策规定，市局荣获全省粮食系统清仓查库工作优秀奖。9月份，由市粮食局、市劳动和社会保障局等6部门共同主办的“粮食杯”首届全市职业技能大赛，取得了圆满成功。此次大赛是枣庄市粮食行业历史上规模最大、规格最高、规则最严的一次职业技能大比武，通过活动，锻炼了干部职工队伍，增强了团队意识，调动了广大干部职工学技术、强技能、增水平的积极性，为全市粮食事业发展增添了新的动力。是年，全市国有粮食经营企业粮食购销总量实现255.9万吨，同比增长14%；夏粮收购42.57万吨，同比增长31%，其中小麦最低收购价收购粮食34.27万吨，同比增长59%，收购总量位居全省第四位。国有粮食购销企业实现统算盈利，国有粮食企业实现销售收入9.6亿元，实现工业总产值11.1亿元，综合经济效益715万元。台儿庄区粮油购销有限公司和滕州市嘉禾粮油购销有限公司被省命名为“全省十大粮油购销企业”。国有粮食企业实现销售收入9.583亿元，综合经济效益715万元。

2010年，全市共投资1678万元，新建仓容6.75万吨。枣庄市粮食现代物流中心扩建项目总投资4890万元，争取国家补助资金300万元；枣庄市食用植物油仓储项目建设总投资780万元，争取中央预算内投资资金250万元。圆满完成2000户科学储粮试点工作，开展“放心粮油进农村、进社区”活动，全市放心粮油店发展到86家。全年共完成夏粮收购30.97万吨，其中托市收购11.9万吨，位居全省第二位；完成秋粮收购17.45万吨。国有粮食企业实现销售收入10.3786亿元，综合经济效益513万元。

2011年，共争取各类产业发展资金5182万元，中央和省级财政核销1998年6月以来新增粮食财务挂账29516万元，彻底解决困扰粮食企业发展的历史包袱。成功举办2011全国秋季粮油产销企业订货会暨中国·枣庄粮油食品博览会，吸引了国内外110多家粮油产销企业和2000余名客商参展参会，签署购销合同280万吨，投资项目合作协议18个，投资额6.48亿元。全市国有粮食购销企业累计收购小麦35.7万吨，完成计划的109%，收购总量位居全省第二位；粮食购销企业购销量完成93.2万吨，完成全年计划的266%；粮食经营总量完成303.4万吨，完成全年计划的152%。国有粮食企业实现销售收入11.3013亿元，综合经济效益447万元。

2012年，实施了5000户科学储粮示范仓项目，建成“放心粮油示范店”111家，其中新建25家。成功建设和重点培育了4家“放心粮油生产企业”和1处放心粮油配送中心。全年全市共投资2680余万元新建和改造仓容5.5万吨，全市粮仓总口数达到901口，总仓容量达到71.5万吨。总投资约500万元的“中国运河粮仓博物馆”圆满竣工，得到了各级领导及古城管委会好评，成为粮食文化建设一个新亮点。为推进枣庄市粮食仓储物流中心项目建设，打通“北粮南运”的物流通道，通过科学规划论证，按照高层次定位、高标准规划设计、高效率运作、高水平管理的要求，在鲁南铁水联运物流园区规划建设枣庄粮油仓储物流加工园区。该项目是按照国家

发改委、粮食局、财政部、《粮食现代物流发展规划》和《粮食流通基础设施“十二五”建设规划》及《粮食收储供应安全保障工程建设规划（2015—2020年）》建设的省、市重点项目。位于鲁南铁水联运物流园区，紧依枣庄港，规划占地面积248.5亩，由枣庄国家粮食储备库投资建设，总投资3.3亿元，全部建成后总仓容量为24万吨，可实现粮食交易量50万吨/年，粮油交易额10亿元/年，利税5000万元/年。8月份，市粮食局积极协调争取财政资金350万元回购市植物油厂5563.3万元债权（本金2330.5万元）、市饲料公司73.8万元债权（本金30万元），避免了国有资产流失，确保了企业生产和职工稳定，彻底解决了企业长期负债状况，从根本上解决了后顾之忧。是年，全市共收购小麦58.89万吨，其中托市收购36.84万吨，收购总量和托市收购达到历史以来最高水平，位居全省第二位。粮食购销总量343万吨，也实现了历史新突破，同比增长13.1%。国有粮食企业实现销售收入17.4989亿元，综合经济效益371万元。

2013年，按照国家和省局要求，全面启动“粮安工程”，编制了《枣庄市“粮安工程”建设规划（2013—2020年）》，实施淘汰一批、改造提升一批、新建一批“三步走”战略。积极争取省级全省县域重点仓房维修改造项目维修资金280万元。全市粮食系统实施推进项目16个，总投资3.21767亿元，同时启动枣庄国家粮食储备库退城进园项目。圆满完成市政府2013年100件惠民实事中市粮食局负责实施的三项工作任务。落实推广了4000户科学储粮示范仓建设任务，建设规模已累计达到11000户，培训农民科学储粮技术人员12000余人。大力实施“放心粮油工程”，全市“放心粮油店”已累计建成130家，培育和建设了4家“放心粮油生产企业”、3处放心粮油配送中心。推进“居民厨房工程”建设，培植发展放心快餐连锁店，新建“便民快餐示范店”5家。先后积极争取省财政厅“放心粮油工程”和“居民厨房工程”专项资金600万元。全年收购小麦48.8万吨，完成计划的120%，其中国有粮食企业收购36.1万吨，位居全省第三位。国有粮食企业实现销售收入11.6493亿元，综合经济效益270万元。

2014年，完成仓储设施建设投资6620万元，新增仓容10万吨。积极争取“危仓老库”维修改造资金2223万元，资金争取总额创历史之最，改造库点面貌焕然一新。推广科学储粮示范仓4000户；规范提升社区放心粮油店25家；新增便民快餐示范店20家、便民快餐网点60个。枣庄市粮油质量检测中心经国家粮食局考核合格，授权挂牌“山东枣庄国家粮食质量监测站”，正式纳入了国家粮食质量监督检测体系。具备19个品种152个常规粮食品质和卫生指标的承检能力，能够出具法律依据检验报告，填补了枣庄市粮食质量检验的空白，对保障枣庄及周边地区的粮油食品安全具有重要现实意义。由市粮食局和市摄影家协会主办的中国梦·大粮仓“鲁南粮仓杯”摄影大赛取得圆满成功，广大粮食干部职工和摄影爱好者积极参与，收到投稿作品400余幅，真实展示了枣庄粮食事业的发展历程，讴歌了广大干部职工热爱粮食事业、无私奉献的高尚精神。全市共收购小麦60.4万吨，比去年同期增加11.6万吨，其中国有粮食企业收购小麦44.18万吨，收购数量位居全省第三位，并在全省唯一启动小麦最低收购价执行预案。全年实现粮食购销总量320万吨，其中，国有及国有控股粮食企业实现粮食购销总量64万吨，完成轮换6.2万吨。实现粮油工业总产值44.33亿元，工业利税9963万元，利润5008万元。全市粮食企业全年实现销售收入10.4826亿元，实现利润335万元。

2015年，按照省粮食局、省财政厅《关于推进主食产业化发展实施意见》的要求，制定了《枣庄市粮食局2015—2017年度推进主食产业化发展规划》，力争用3年时间，逐步实现全市县域内主食加工、配送、销售的全覆盖。市政府2015年百件惠民实事放心粮油和居民厨房工程完成全部任务目标，新增了配送中心2处、示范店10家，规范提升粮油店20家，规范提升居民厨房工程示范店15家，新增1处主食厨房配送中心。全市累计争取各类政策性资金3600余万元，投入建设资金2.69亿元，拆除重建新建仓容20.6万吨，维修改造功能提升仓容25万吨。枣庄市粮食仓储物流中心项目争取国家发改委项目建设基金3300万元，以政府委托代建购买服务方式向农发行申请政策贷款1.6亿元，有效破解了资金短缺瓶颈。积极开展“数字粮食”建设，投资65万元在市粮食储备库建设了以“一个中心，一个平台，十大系统”为架构的示范工程。全年共收购小麦48万吨，其中国有粮食企业收购40万吨，占总收购量的83%，国有企业收购中，小麦托市收购19.63万吨，占国有企业收购量的49%，比去年同期增加16.8万吨。全行业实现销售收入10.81亿元，较上年度增长3.4%，实现利税800.67万元，较上年度增长60.7%，利润实现翻番。

2005年枣庄市粮食流通体制改革暨国有粮食企业改革文件

资产负债率70%，较上年度降低7个百分点，人均销售收入136.17万元，净资产收益率达到4.79%，收益超过同期银行贷款利息水平，实现历史性突破。

2016年，全市国有粮食企业有效仓容从2012年底的62万吨增长到2016年的95万吨，高大平方仓仓容从28.4万吨增长到65万吨，增长了128.8%。新增市级储备2万吨，全市地方储备粮实现各区（市）地方储备库和粮食收储中心承贷承储，滕州市、峄城区、台儿庄区和市级储备达到了集中储存。枣庄市粮食仓储物流中心项目建设已投资1.3亿元（包括政府政策性返还5830万元）。共投入建设资金5700万元，制作发放农户科学储粮示范仓17326个（2010年2000个，2011年5000个，2012年4000个，2014年4000个，2016年2326个），其中为贫困户发放6326个。全年累计收购小麦56.45万吨。其中：国有购销企业累计托市收购小麦19万吨，自营收购25.5万吨；其他社会主体收购11.9万吨。3月份，经多次沟通协调，积极筹资300万元，全面清偿回购枣庄市粮油批发市场1836万元债权，防止了国有资产流失，解决了企业后顾之忧。是年，全系统实现销售收入12.8亿元，较上年同期增长18.5%；实现利润896万元，较上年同期增长66%。全市粮食经济运行质量良好，粮食购销企业全面实现盈利，资产负债率66.5%，较去年同期70.7%降低了4.2个百分点；费用率12.5%，较去年同期14.7%降低了2.2个百分点；销售毛利率4.45%，人均销售收入达到161.20万元；净资产收益率达到5.68%，全面完成年初目标任务，主要指标实现了历史最好水平。

2017年，全市各类仓储维修改造项目、重建项目、新建项目累计完成投资4010余万元，粮食仓储能力全面提升。枣庄市粮食仓储物流中心项目已完成投资1.4亿元，申报2018年中央预算内粮食仓储物流项目建设资金3420万元。全市粮库智能化升级项目争取国家和省级建设补助资金1800万元，总投资2225万元，全市9个粮食储备库系统和35个基层收纳库系统基本建设完成。投入近200万元，在全市31个基层粮所（库）建设了一卡通出入库系统。积极协调省市相关部门，率先在全省启动小麦托市收购，全市共收购小麦60.91万吨，其中国有粮食企业收购43.6万吨，占总收购量的71%，国有企业收购中，小麦托市收购23.1万吨，占国有企业收购量的53%，比去年同期增加6.1万吨，小麦托市收购量位列全省第二位。完成招商引资3.6亿元，超额完成了市政府下达招商引资一亿元的目标任务。是年，全系统实现销售收入13.6亿元，实现利润861万元。全市粮食经济运行质量良好，粮食购销企业全面实现盈利，资产负债率65%，较去年66%降低了1个百分点；费用率9.56%，较去年9.47%降低了0.9个百分点；销售毛利率0.06%，人均销售收入达到61万元；净资产收益率达到0.05%，全面完成年初目标任务。

2014年12月31日国家下发《国务院关于建立健全粮食安全省长责任制的若干意见》。2015年11月3日国务院办公厅下发《粮食安全省长责任制考核办法》。2015年12月28日，山东省政府印发了《关于贯彻国发〔2014〕69号文件落实粮食安全省长责任制的实施意见》。为全面贯彻落实粮食安全省长责任制，按照《粮食安全省长责任制考核办法》，2016年12月23日，市政府召开全市粮食安全责任考核工作会议，审议并通过《枣庄市粮食安全责任考核工作方案》和《2016年度枣庄市粮食安全责任考核评分细则》，进一步明确部门责任分工，安排部署相关考核工作。会议进一步明确了地方政府在维护国家粮食安全上的事权与责任，按照国务院部署，国家对各省进行考核，省政府对市政府进行考核，市政府对区（市）政府考核，通过严格考核将各级政府保障粮食安全主体责任落到实处。在省政府对2016、2017年度粮食安全省长责任制考核中，枣庄市均取得了优秀等次。

二、枣庄市粮食流通体制改革取得的主要成就

总体看，枣庄市粮食流通体制改革的基本成效主要表现在四个方面：

（一）初步建立了比较健全完善的粮食市场体系、调控体系，粮食购销市场化条件下的经营管理架构基本形成

经过多年的发展，枣庄市初步形成了粮食收购市场、批发市场、零售市场、期货市场等多层次市场体系，国有、股份制、民营、个体等不同所有制性质市场主体从事粮食生产经营活动，灵活采用协商交易、竞价交易、网上交易等多种交易方式，在配置粮食资源、提高流通效率、调节粮食供求、保证市场供应、保护种粮农民利益等方面发挥了积极作用。一是粮食市场调控体系不断健全。在改革中，坚持统筹规划、合理布局原则，进一步整合有效资源，大力推进企业重组，以构建粮食购销主渠道为重点，大力推进“计划主渠道”向“市场主渠道”的转变。在粮食购销主渠道建设上，全市国有粮食购销企业一边加快自身改革，一边主动参与市场竞争，积极入市收购粮食，掌握粮源，发挥了粮食收购的主渠道作用。截至2017年底，全市共有国有粮食企业34家，其中，储备企业11家，购销企业19家，加工企业3家，其他企业1家。收储库点69个，分布在全市64个镇街，总仓容95万吨，占全社会仓容总量的72%。按照动态、静态的不同性质，强化购、销、存等各环节的管理，定期组织开展粮食库存检查，确保存储粮油数量真实、质量良好、储存安全、管理规范。各区（市）、市直属三个单位都具有了存储规模2.5万吨以上的中心粮库，并均获得了中储粮代储资格，实现了代储资格全覆盖。全市共创建市级规范化示范库5个，省级规范化示范库3个；2个全省十佳粮库；2个全国粮油先进库，枣庄市粮食储备库2015年被评为全国“四无粮仓”先进库。台儿庄区粮油购销公司、峄城区金丰粮油购销有限公司连续

多年被评为“全省粮油购销十大企业”，实现了粮食购销市场化和市场主体多元化这一粮食流通体制改革的目标。二是粮食应急保障更加有力。制定出台了市、区（市）级《粮食应急预案》，编写了《粮食应急预案简明操作手册》，建立健全了应急物资保障制度。制定了《枣庄市2015—2017年粮食应急体系建设实施方案》，争取省财政资金1050万元投资建设一批应急配送、加工、成品粮油储备、供应企业，应急粮食加工企业14家，供应网点发展到80家，应急配送中心14家，应急储运企业23家。建立完善35家粮食市场价格监测点（其中国家级价格监测点2家，省级33家），农户粮情调查点达283户，城镇粮情调查点125户。三是全市已建成“放心粮油店”140家，其中市级74家，区（市）级66家。严格执行军粮供应政策，不断优化提升服务水平，健全完善各类规章制度，积极推行军民融合发展新举措，市军供站持续保持“山东省社会化拥军窗口单位”称号。

（二）国有粮食企业“三老”历史包袱明显减轻，职工得到妥善分流安置

根据省政府的统一部署，在市委、市政府的正确领导下，全市各级各有关部门认真贯彻落实关于深化粮食流通体制改革的文件精神，精心组织，严格程序，规范操作，狠抓落实，全力推进国有粮食购销企业改革。改制前全市共有独立核算的国有粮食企业90家，其中国有粮食购销企业64家；共有职工11199人，其中国有粮食购销企业6278人。改制后新成立公司35个，重新返聘上岗399人。目前，全市64家国有粮食购销企业全面完成了改革改制，6278名国有粮食购销企业职工全部得到分流安置，其中领取经济补偿金459人，退休152人，内部退养（即距法定退休年龄不足5年的）479人，协养人员（即40、50人员或男工龄满30年、女工龄满20年）826人，协保人员（即每月领取生活费补贴100元者）4362人。6278人中除部分区（市）距法定退休年龄不足5年及40、50人员劳动关系未解除外，剩余5891人彻底与原企业解除了劳动关系，人事档案关系全部移交到劳动社保部门，“三老”问题得到妥善解决。坚持分类指导、有进有退的原则，改革后重新组建了滕州、台儿庄等一批国有独资的县域粮食购销龙头企业，承担并发挥粮食市场调控主渠道作用，促进了粮食流通稳步快速发展，粮食购销市场化构架基本形成。

（三）划转剥离粮食政策性财务挂账，彻底解决了困扰国有粮食购销企业多年的历史包袱

按照省财政厅等五部门《关于做好国有粮食购销企业政策性粮食财务挂账从企业剥离工作的通知》文件，枣庄市1992年4月1日至1998年5月31日期间的“新增粮食财务挂账”共计30715万元，1998年6月1日至2004年5月31日期间形成的粮食账务挂账5390.27万元。上述政策性亏损挂账全部剥离完毕，并按照省政府要求，已全部划转到市、区（市）粮食行政管理部门集中管理。办理资产抵押的，资产抵押关系已解除。

（四）粮食行政管理职能进一步加强

根据中共山东省委、山东省人民政府批准的《枣庄市人民政府机构改革方案》和《中共枣庄市委、枣庄市人民政府关于枣庄市人民政府机构改革的实施意见》，设置枣庄市粮食局，为市政府组成部门。各区（市）粮食局均被批准为参照公务员法管理的事业单位，成为具有行政执法主体资格的政府直属机构，实现了机构、编制、人员和经费“四落实”。根据粮食行政执法工作的需要，强化了粮食行政管理机关内设机构建设，市、区（市）经政府批准全部设立监督检查机构，全市共成立粮食行政执法大队6个，配备具有统一标志的执法专用车。市粮食局“一科三中心”（监督检查科、军粮供应中心、粮食质量检测中心、粮油统计信息中心）和区（市）粮食局“五个一”（一局、一监督检查科、一稽查队、一质量检测站、一执法车）建设为重点的粮食行政执法体系得到进一步巩固和完善，滕州市粮食局被评为“全国粮食流通监督检查示范单位”，5个区（市）被评为“全省粮食流通监督检查示范县”，为全市粮食依法行政和依法管粮奠定了坚实的基础。

三、枣庄市粮食流通体制改革的经验启示

（一）必须坚持党的领导，解放思想、与时俱进

习近平总书记反复强调，中国人的饭碗要牢牢端在自己手里，而且里面应该主要装中国粮。粮食流通体制改革历程和实践充分证明，只有坚持党的领导，解放思想、科学发展，才能推进粮食流通体制改革，走向科学发展的轨道。市场经济条件下，政府和市场是资源配置的两种方式或手段，二者相辅相成，互相促进。粮食流通体制改革必须坚持市场化取向，在政府宏观调控下充分发挥市场机制配置粮食资源的作用，市场能够解决的问题尽量让市场力量解决，以减少不必要的行政干预，提高粮食市场流通效率。深化国有粮食企业改革一直是粮食部门改革的一个重点。过去，国有粮食部门政企不分，企业机构臃肿，人浮于事，管理粗放，亏损严重，缺乏市场观念，靠吃“政策饭”的惯性很强。粮食部门在进入市场经济以后，普遍遇到了“小企业”与“大市场”的矛盾，无法适应市场需要。通过实行政企分开等一系列改革，使粮食企业逐步成为自主经营、自负盈亏的市场主体，在市场竞争中优胜劣汰，让真正有实力占领市场的优势企业脱颖而出，放手做大做强做久。在2004年枣庄市国有粮食企业改革过程中，市委、市政府，各区（市）委、政府对全市粮食流通体制改革工作给予了高度重视。为了加强对粮改工作的领导，市、区（市）都成立了以政府一把手任组长、常务或分管领导为副组长、相关部门主要负责人为成员的粮改工作领导小组，并下设办公室。各级党政多次召开党委常委会、政府办公会专

题会议，专门听取汇报和研究部署粮食改革工作。市长在市政府常务会和专题会上，多次听取粮食部门关于全市粮食流通体制改革和国有粮食购销企业改革情况汇报，并提出明确具体要求。2005年11月4日省市国有粮食购销企业改革电视电话会议结束后，市政府提出年底前基本完成全市国有粮食购销企业改革总体目标不动摇。要求各级各部门"认识必须到位，措施必须得力，责任必须落实"，进一步明确了各级政府主管负责同志是第一责任人、分管同志是直接责任人、主管部门的负责同志是具体责任人，从而加快了改革进度，保证了改革的如期完成。市政府先后4次从市粮改领导小组成员单位抽调人员组成督导组，到区（市）督导粮改工作。市粮食局党委也始终把粮改工作作为2005年工作的头等大事，工作中心之中心，确定一名副局长专职靠上主抓粮改工作，其他局领导分片帮包，实行严格的责任制，推动了面上工作扎实稳妥开展。可以说，正是因为有各级领导对粮改工作的高度重视，才使全市国有粮食购销企业改革工作得以顺利推进。

（二）必须把握住改革的出发点、落脚点

粮食流通体制改革的出发点是保护粮食主产区和种粮农民利益，落脚点是确保国家粮食安全。在过去计划经济时期，粮食是国家实行统购统销、凭票证供应的首要物资，结果越统越少，越少越统，根本无视价值规律和市场机制的作用，使粮食成了当时短缺经济下最紧缺的商品之一。改革开放以来，国家通过连续提高粮食收购价格、开放粮食集市贸易、允许粮食议购议销、放开粮食零售市场和取消粮油票证、全面开放粮食购销市场等一系列渐进式市场化改革措施，使市场机制在我国内外粮食资源配置中发挥基础性作用，从而基本理顺了粮食生产者、经营者和消费者之间的关系，开创了粮食工作的新局面。当前，如何促进粮食持续增产和农民稳定增收，既是确保国家粮食安全的关键所在，也是贯彻落实科学发展观、构建和谐社会的重要内容。实践证明，什么时候粮食政策和体制符合农民愿望和保护农民利益，农民种粮积极性就高，粮食产量就稳步增长，国家粮食安全才有保障；什么时候粮食政策和体制背离农民愿望和伤害农民利益，农民种粮积极性就受挫，粮食产量就会出现下滑，市场粮价出现大幅波动，对粮食流通体制改革产生不利影响。因而，积极稳妥推进粮食流通体制改革，必须始终把握住改革的出发点、落脚点，稳定、完善和强化各项支农强农政策，进一步调动地方政府重农抓粮和农民务农种粮积极性，确保国家粮食安全。

（三）必须充分发挥好职能部门主观能动作用

粮食部门充分发挥职能作用是粮食流通体制改革有条不紊进行的重要基础。枣庄市粮改工作之所以运行的比较顺畅和平稳，在很大程度上与粮食部门充分发挥主观能动作用、参谋助手作用和协调各方狠抓落实分不开的。近年来，国家通过储备粮吞吐平抑粮价，出台最低收购价托市收购保护农民利益，调整粮食进出口政策，出台产业政策等宏观调控措施，综合运用"看不见的手"和"看得见的手"调控粮食市场，有力地促进了粮食市场经营和宏观调控的有机结合。实践充分证明，排斥粮食市场的基础性作用"不活"，放弃对粮食市场的监管调控"会乱"，必须把两者有机结合起来，着力构建统一开放、功能完善、竞争有序、运转灵活的新型粮食市场体系，这是一条非常重要的成功经验。在改革过程中，为了准确掌握各方面的基础情况，各区（市）粮食局提前组织了对"老粮""老账""老人"的调查摸底，做了大量细致有效的基础性工作，争得了工作的主动权。粮食部门在粮改运行过程中的各个关键环节上，都能对形势作出比较准确的分析和判断，对遇到的问题及时向粮改领导小组和上级主管部门汇报，提出相应的解决办法，较好地发挥了参谋和助手作用。粮改是一项复杂的系统工程，不是仅靠粮食部门一家所能完成的，需要方方面面的配合。粮食部门作为这次改革的牵头部门，在充分发挥自身职能作用、完成大量基础性筹划和组织工作的同时，注意搞好纵向和横向的沟通协调，积极争取财政、劳动、审计等有关方面的支持和帮助，保证了各个环节运行顺畅。

（四）必须上下联动坚持一盘棋思想

各部门团结协作、紧密配合是粮改顺利进行的有力保证。在粮改的实施过程中，枣庄市各有关部门都能站在全局的高度，从维护改革的大局出发，不论是领导还是一般干部，每一位参与改革的同志都表现出了强烈的事业心和责任感，树立起一盘棋的思想，密切配合，协同作战，真正做到了一切以改革为重，一切服从于改革，一切服务于改革。为了做好解除劳动关系职工安置工作，区（市）劳动部门与粮食部门紧密配合，有些区（市）成立了托管中心，在较短的时间内就完成了职工身份的审核认定和接管、欠缴保费的清理核查等各种手续，稳定了职工情绪；财政部门充分发挥职能作用，积极做好粮改资金的协调、筹措和落实，加强对粮改资金使用的监管，做到专户储存、专款专用。除政府有关部门直接参与外，纪检、组织、宣传、人事、工会等部门也都全力配合，为全市粮食流通体制改革工作顺利开展营造了良好的外部环境。

"不革旧无以图新，不变法无以图存"，面对保障粮食安全日趋逼人的形势，全体粮食人将继续化数年为一日，朝乾夕惕、克尽厥职，与时俱进、革故鼎新，用全新理念引领粮食流通新发展，用深化改革破解粮食工作新难题，用奋力拼搏再造粮食工作新辉煌。

审稿人：刘春俊

撰稿人：张　磊

改革开放以来枣庄电力发展历程及经验

改革开放以来，随着体制改革稳步推进，经济社会快速发展，国网山东省电力公司枣庄供电公司（以下简称枣庄供电公司）在各个历史时期认真贯彻改革开放的一系列方针政策，紧密结合枣庄市经济建设、社会发展、改善民生等中心工作开展电力建设，提供优质电力服务保障，逐步实现了区域经济与社会协调发展，满足了枣庄地区经济社会和人民生活用电需求。

一、发展历程

中共十一届三中全会提出解决国民经济重大比例严重失调的要求，国家在经济上和政治上出现根本性好转，全国经济社会建设如雨后春笋般呈现蓄势待发的景象。枣庄市经济发展建设以突出工业强市、外向带动、民营经济、项目建设等为工作重点，深化改革、扩大开放、加快结构调整，获得了迅速发展，同时也给枣庄电力带来了发展机遇。从粉碎“四人帮”，结束“文化大革命”，拨乱反正纠正错误，再到改革开放发展国民经济，全面建设小康社会，最后深化改革努力实现中华民族伟大复兴中国梦近40年的沧桑巨变，枣庄电力经历了从小到大，从弱到强，从初级电网结构到建设坚强智能电网的发展过程。

（一）加强企业内部整顿，强化管理恢复电力建设（1978—1980年）

1978—1980年是“五五”计划最后三年，枣庄供电局按照上级电力部门要求，全面贯彻落实“八字”方针（调整、改革、整顿、提高），优化内部组织机构，重点加强基础管理的整顿治理。1978年成立滕县、薛城、峄城、台儿庄、齐村供电局，扩大供电服务管理区域。1979年增设组织科、保卫科、宣传科及人武部等部门，完善内部组织机构，修复改革开放前组织管理薄弱不足的问题。由于管理体制变更，徐州电网供电区域和管理权限发生变化，徐州电网的山东部分划入山东电网。1980年1月枣庄供电局划归山东省电力工业局管理，是山东省唯一直供直管地市级供电单位，形成区域供电和区域管理直通，避免发生跨省供电的不利因素。按照山东省电力工业局工作部署实行“安全第一”和“质量第一”的基本方针，枣庄供电局以生产为中心、管理为重点，提高经济效益为目的，开展“小指标”管理，推行经济责任制等一系列恢复生产和全面整顿工作，逐步扭转电力生产中的混乱局面。

三年期间，枣庄供电局逐渐加快建设步伐，1978年全社会用电量达到8.33亿千瓦·时（枣庄电网售电量7.24亿千瓦·时，其余为矿区自供电），其中农村用电量9.76%，工业用电量87.99%（主要是煤矿、化工用电）。1979年11月建成枣庄地区第一个220千伏夏庄变电站。至1979年枣庄市85个公社全部通电，68.7%的生产大队、70.6%的生产队用上了电。1980年，山东省电力工业局根据枣庄地区的农业用电情况，设立了农业发展基金，枣庄供电局专门成立农电科，落实这项利民政策，确保基金全部用于扩大农村电网供电范围和提高建设标准上，农电管理结构更加趋向合理。

（二）加快基础电网建设，促进地方经济改革开放（1981—1990年）

1981年全国五届人大第四次会议《政府工作报告》中提出加快电力生产和建设，以满足国民经济社会建设快速增长的需要。1981年至1990年是国家实施“六五”“七五”计划时期，枣庄市重点发展农业、工业和轻工业，继续对外扩大改革开放。为满足枣庄市经济发展用电需求，枣庄供电局加强电力设备基础建设和优化电网结构，对输变电设备进行大范围的新建、扩容、改造。这时期新建35千伏及以上变电站21座，新增变电容量66.24万千伏安、输电线路427.48千米。1986年11月为了满足滕县南部煤田用电需求，建成投运滕县地区第一座220千伏杜庙变电所，这标志着枣庄电网220千伏主网架，以十里泉发电厂和邹县发电厂为主供电源点的双端供电网络结构初步形成，区域供电更加安全、稳定和经济。“六五”计划实施后，国家基建形势空前有利，全国人大在修订“‘七五’计划（草案）”时指出，“能源工业的发展要以电力为中心，要积极发展火电”，此项政策推动了国家、企业、集体和个人等各方面办电的积极性，加快了电力发展步伐。1980年后枣庄发电厂、滕县发电厂、十里泉发电厂陆续划归山东电网，枣庄地区发电厂建设进入快速发展阶段。十里泉发电厂、十里泉热电分厂、滕县发电厂、枣庄北电厂、薛城发电厂、武所屯发电厂相继建成并网运行，枣庄电网总装机容量达到68.4万千瓦。1988年6月，枣庄供电局更名为枣庄电业局，为全面建设和提供优质电力服务赋予新的职能。

1982年以后，按照国务院关于切实整顿农电的指示精神，枣庄供电局加快了对全市高低压电网改造步伐。五年间，建成标准变电站15座、标准供电站48个、标准输电线路317.30千米、标准配电线路2688.15千米。到“七五”末，枣庄市6区（市）全部建成110千伏变电站和输电线路，枣庄电网拥有

1995年11月10日，山亭区徐庄镇邢山顶村最后一家农户通电，全市“户户通电”工程全面竣工

42座35千伏及以上变电站、变电总容量115.17万千伏安，61条输电线路，总长度913.10千米。1988年供电覆盖面不断扩大，农村用电量逐年增加，枣庄市6区（市）、85个乡镇、3091个行政村全部实现通电，是山东省第三个实现“村村通电”地区，农村用电户达到62万户，全市农户通电率87.9%。随着各区（市）电力供应的范围不断延伸，极大缓解工农业生产和人民生活用电的供需矛盾，对振兴当地经济提供了大力支撑。1990年全社会用电量19.02亿千瓦•时，其中，农业用电量2.59亿千瓦•时，工业用电量15.95亿千瓦•时，较1978年分别增长128%、220%、118%。此时建设虽然投入巨大，供电量大幅增长，但没有根本解决供需矛盾和用电紧张的问题，仍然实行电力市场计划经济。1985年，国务院针对电力建设不断投入造成电力企业亏损的不利局面，出台《关于鼓励集资办电和实行多种电价的暂行规定》。1987年国务院对电力工业进行体制性改革，提出“政企分开、省为实体、联合办电、统一调度、集资办电”指导意见，为中国电力改革指明了方向。

（三）强基固本提升素质，创建一流快速健康发展（1991—2000年）

20世纪90年代枣庄市大力推进改革开放，经济持续快速发展。枣庄电业局在工作中注重紧密结合枣庄市经济建设以能源、建材工业为支柱带动其他工业这一战略重点。按照山东省电力公司（山东省电力工业局1989年1月实体改制后更名）深化电力体制改革工作部署，枣庄电业局实施现代化管理，开展企业达标、争创全国一流供电企业，全面提高企业整体素质。1995年通过部级验收获得达标先进单位，1999年获得全国一流供电企业称号。“九五”（1996—2000年）计划是中国社会主义市场经济条件下第一个中长期计划，是一个跨世纪的发展规划。在实施期间全国电力建设遇到严重资金困难，电力发展陷入了困境。1996年，在枣庄市政府的大力支持下，枣庄电业局对电网投资、融资体制进行改革，制定了《110千伏公用输变电设施筹资建设管理办法》，由枣庄电业局先向建设项目注入资本金，其余建设资金向银行贷款，实行还本付息电价。资金解决以后，枣庄电业局重点加强与地方经济发展计划深度融合，科学分析与预测用电需求，根据枣庄市“九五”计划编制了《发展规划（1995—2005年）》和《枣庄市城市电网规划（1998—2010年）》，同时编制了《枣庄市城网建设改造规划》和《枣庄市农网建设改造规划》。计划通过三年时间，分别投资3.98亿（2000年增加到4.38亿）和5.8亿（1998年贷款额调整为5.98亿元），对枣庄市城区和农村电网进行大范围的改造。

由于历史原因，枣庄市农电管理、技术装备、农村用电水平与农村经济发展和人民生活用电需求增长仍然存在差距。1990年，枣庄市6区（市）农村用电设备容量仅34.57万千瓦。为改善农村供电紧张的状况，“八五”计划（1991—1995年）实施期间，枣庄电业局先后进行农网改造三类10千伏线路263.06千米、变压器106台容量1.7万千伏安。自1994年起，按照山东省电力公司统一部署，枣庄电业局认真贯彻落实《国家“八七”扶贫攻坚计划》《山东省“四五”扶贫攻关计划》，在全市推广实施互动标准化变电站和标准化线路建设，加快农村电网改造。1995年11月10日，枣庄市84.4万农村用户的“户户通电”工程圆满结束，成为山东省第十三个“户户通电”的地市。同年，积极探索供电站电价统收统管的新管理经验，1996年在全市推广，电价保持全省最低水平。1998年，根据国家开展城乡电网建设改造的决策，山东省计委批复改造申请计划。三年间，完成全市城区和农村电网输变电配套设施及3255个台区、3010个村大范围升级改造任务。经过对村级电网改造，线损率由改造之前22.99%降至12%；变损率由改造前5.31%降低至5%；10千伏线路线损率由改造前6.02%降至5.49%；用电量增加了9.7%；农网改造后线损降低和实行统收统管，全市农村平均到户电价0.64元/千瓦•时，电价降低0.08元/千瓦•时。1998年，滕州市全部实现电灌化，成为全省第一个农村电灌县。三年城网建设改造工程也在2001年全面竣工，完成投资4.38亿元，新建改造主变容量31.6万千伏安，10千伏及以上输配电线路425千米。此次城网和农网改造工程历时三年，极大改善了部分城区和农村电网中低压系统由于长期投资不足，电力实施老化严重的状

况，提高了城乡互供能力和用电安全可靠性。

随着枣庄市工业和城镇居民用电需求电量负荷的迅速增长，电网规模也在不断扩大建设，形成以城市供电为主，农村密集负荷区和工业大用户用电为辅的供电格局。针对主网架结构及供应经济性，自1991年开始着力完善220千伏供电网架、打开110千伏至220千伏电磁环网和输变配电网进行自动化控制。1994年对市中区城郊三个110千伏变电站实施无人值班试点改造，提高变电站的自动化控制能力。建成具有“三遥（遥控、遥信、遥测）”功能的电网调度自动化装置，提升变电站和调度的自动化系统，为枣庄电网自动化、智能化、实用化发展奠定基础。到“八五”末，经过电网建设后形成以十里泉发电厂为主电源，220千伏为主干网络，十里泉发电厂、杜庙环网供电，110千伏分区供电，35千伏布局较为合理的供电网架。枣庄电网拥有35千伏及以上变电站52座，变电总容量165.2万千伏安；35千伏及以上高压线路79条1015千米。

“九五”计划期间，枣庄电网建设飞跃发展，电力工程项目陆续建成投运，新增滕北、郭里集、阴平等35千伏及以上变电站13座，新增变电容量92万千伏安，其中仅220千伏变电站就增加了3座。到2000年底，枣庄电网拥有35千伏及以上变电站达到65座，变电总容量257.17万千伏安，比1990年增长123%；220千伏变电站增加到5座（1990年2座）；35千伏及以上输电线路116条1482.42千米，比1990年增长62%。枣庄电网基本形成了以夏庄变电站为地区枢纽变电站的220千伏主干环网。同时，结合220千伏建国变电站和市中区城网110千伏系统改造工程，解决了城网中的电磁环网和电源单一的问题，有效提高了电网的供电可靠性和系统稳定性。

1996年开展“三为”（为农业、为农村、为农民）服务活动和“农村电气化县”创建活动。1997—1999年6区（市）供电单位全部通过部级“三为”达标和“农村电气化县”验收。1998年全面加强客户服务功能升级，实行用电服务专业化管理，成立了枣庄电业局客户服务中心。在全市开展“优质服务年”和城市“一条龙”服务活动，建成6区（市）客户服务中心和83个乡（镇）服务站，覆盖全市供电营业区的服务网络。开通24小时服务电话，在全市增设营业厅，培养了一批专业电力服务人员，依托三级服务网络，受理客户报装业务，面对客户提供优质服务。按照国家“两改一同价”政策，1999年5月枣庄电业局实施了农电体制改革，对全市各乡镇供电站进行改制，撤销全市85个乡镇供电站合并成57个供电所，组建358个电工组，实行农村用电统一管理，电费进行统收统管。2000年全社会用电量47.94亿千瓦•时，比1990年增长152%，其中工业用电量增长151%，居民生活用电量增长426%，农村用电量增长112%。此时，枣庄电业局售电量也呈现高速增长达到38.91亿千瓦•时，比1990年增长101%。

（四）改革体制精准助力，实现经济发展双赢（2001—2010年）

2002年12月，国务院下发《电力体制改革方案》（电改“五号文”），提出“厂网分开、主辅分开、输配分开、竞价上网”的方针政策。2007年4月国务院再次发文《关于“十一五”深化电力体制改革的实施意见》，加快电力市场建设，深化农村电力体制改革试点，初步形成政府宏观调控和有效监管下的公平竞争、开放有序、健康发展的电力市场体系。国家电网公司在实践探索中，确立了“四个服务”（服务党和国家工作大局、服务电力客户、服务发电企业、服务经济社会发展）企业发展宗旨、“两个一流”（世界一流电网、国际一流企业）战略愿景、“一强三优”（电网坚强、资产优良、服务优质、业绩优秀）现代公司战略目标和“两个转变”（转变电网发展方式、转变公司发展方式）战略实施途径。枣庄电业局紧跟电力改革步伐，服务枣庄市经济社会发展，实现企业改革、电网建设、服务转型的平稳过渡和快速发展。

1. 推动企业体制改革，依法治企促进企业转型

“十五”计划是我国电力工业改革和发展的关键时期。伴随着开放性、竞争性电力市场的形成，企业面临的形势和任务正在发生深刻变化，电力发展过程中存在着各种矛盾和问题，同时面临许多机遇和挑战。解决这些矛盾和问题，把握机遇，迎接挑战，就必须把企业改革和发展放到大环境中去思考和定位，保持清醒的认识，在发展中驾驭形势，总揽全局，掌握主动。20世纪80年代

2005年12月30日，500千伏枣庄变电站建成投产运行，枣庄电网融入山东电网主网架，为枣庄经济社会发展提供坚强电力保障

2016年9月1日，枣庄市政府与国网山东省电力公司就共同推进枣庄坚强智能电网建设举行战略会谈，并签署合作协议

开始，中央政府打破独家办电格局，推行了一系列鼓励集资办电的政策。1985年，国务院出台了《关于鼓励集资办电和实行多种电价的暂行规定》，大量非中央政府投资主体进入电力行业，电力工业开始了第一轮改革。90年代随着国有企业向市场主体、经营实体转变，按照国务院电力体制改革政策，电力企业逐步实施政企分开改革。21世纪伊始，电力体制改革的步伐进一步加快，根据国务院批准的《电力体制改革方案》，对原国有电力企业——国家电力公司实行根本性重组。2002年，国家电网公司正式挂牌成立。同年10月，枣庄电业局更名为国网枣庄供电公司，所属5个区供电局更名为供电部（滕州供电局已于2000年改制为滕州供电有限责任公司）。更名后枣庄供电公司向枣庄市经贸委移交了12项电力行政管理职能，由管理型行政单位向服务型市场企业转变。主动融入地方经济建设、社会发展和供电服务，2005年4月高新区供电部正式揭牌，为枣庄市新城建设提供用电服务。

面对社会环境、市场环境和企业改革所带来的巨大变化，枣庄供电公司坚持依法治企，建立和完善与市场经济相适应的现代企业制度体系。全面加强基础管理工作，调整规范管理机构和岗位设置，理顺所属各部门、各单位的管理职能。加强劳动定员管理，合理控制用工数量，劳动定员管理实现总体达标。实施全员绩效管理，优化动态考评流程，强化系统培训，顺利实现绩效管理系统正式上线运行。推进预算精益化管理，积极应用标准成本成果，实施网络集中审核，严格控制预算外支出，财务各项指标实现可控、在控。坚定不移地实施电网发展工程和城网建设改造工程，优化电网结构，提高科技含量和管理水平。把创一流作为推进各项工作的主线和载体，自1999年成为国家电力公司一流供电企业之后，继续创建国际一流供电企业，依法治企强化管理。2003年，台儿庄供电部、山亭供电部被山东电力集团公司命名为省一流县供电企业，至此，基层供电单位实现建设省级一流供电企业“满堂红”。2004年国际一流60项考核指标达到48项，21项评价指标达到20项。通过依法治企规范管理，把企业发展规模、经济实力、经营业绩、管理素质、队伍建设等各方面提升到新的水平。

2. 加快建设坚强主网，助推经济提供优质电能

“十五”计划是新世纪实施的第一个五年计划，枣庄市深入贯彻党的十五大精神，提出解放思想，锐意改革，抢抓机遇，加快发展，经济发展实现第二步战略目标。枣庄电业局紧密结合枣庄市经济发展要求，以建设“一强三优”现代公司为目标，抓住山东省“连续三年双过千工程”和城乡电网建设改造的契机，加快电网建设。2001年实现全市110千伏及以上38座变电站无人值班，并同步实现变电站“三遥”，为建设智能电网奠定了基础。2002年8月12日，35千伏台儿庄张山子变电站建成投运，结束了枣庄市外网供电的历史。2004年售电量首次突破五十亿，全年完成54.08亿千瓦·时，同比增长12.43%。2005年12月30日，500千伏枣庄变电站投入运行，枣庄电网融入山东电网主网架，提高了安全可靠水平和输送能力，是枣庄电网发展史上的里程碑。

“十一五”规划时期是枣庄市全面建设小康社会的重要战略机遇期，也是建设坚强枣庄电网的关键时期。枣庄市基于资源优势，积极推进煤炭、煤化工等行业发展，对供电可靠性要求不断提高。枣庄供电公司以电网规划为指导，优化发展主干网，加快发展配电网，实现各级电网的协调发展。但是，快速发展也面临发展资金短缺、通道站点等资源紧张等困难。2006年11月，枣庄市人民政府与山东电力集团公司签署《枣庄电网“十一五”发展会谈纪要》为今后五年发展达成共识。枣庄市将电网规划纳入到地方经济发展规划、城市发展规划和土地综合利用规划中，着力解决土地资源节约，环境保护等问题，把枣庄电网建设成资源节约、环境友好、电网与电源协调的和谐电网。

“十一五”枣庄供电公司坚持优化发展输电网、侧重发展配电网、各级电网协调发展的原则，坚持基建与技改并举，提高电网整体质量，注重资源节约、环境友好，促进电网和谐发展。枣庄电网建设总投资28.5亿元，提前一年建成以500千伏省网为支撑，各区（市）220千伏为主电源的“三纵一环”主网架，110千伏双电源供电，35千伏电网

为补充的供电模式；220千伏线路实现平均传输距离降至25千米，110千伏线路平均传输距离降至10千米；220千伏电网容载比1.6—1.9，110千伏及以下电网容载比1.9—2.1；电网无卡脖子、窝电现象，电网潮流分布均衡合理，电网安全稳定、网架简明、层次清晰。至2010年底，枣庄电网35千伏及以上变电容量达到693万千伏安，输电线路2281千米，较“十五”末分别增长82.85%、31.55%；新建、改造10千伏线路765千米，城区线路“手拉手”率从72%提高到100%，S7系列及以下高耗能配变基本淘汰。枣庄供电公司经受了2008年国际金融危机、全市结构调整和节能减排等严峻挑战，效益实现稳定增长。至“十一五”末，枣庄供电公司售电量、资产总额、主营业务收入分别达到82.37亿千瓦•时、52.45亿元、42.27亿元，是“十五”末的1.47倍、2.13倍、1.79倍。

3. 推进城乡电网建设，改善城乡居民用电环境

2001年，国家为扶持西部大开发，当年年底决定实施二期农网改造工程。经过努力，山东省挤入全国计划，成为二期农网改造工程的12个省区之一。2002年，山东省计委继续批复了第二批农网改造计划，改造资金1.6亿元。2003年5月全部完成改造任务，经过农网二期改造后，农村供电可靠率达到99.4%，电压合格率达到95%，比农网改造前分别提高4.5%、7.8%，低压电网线损率由12%降至9.7%。农村电网供电能力显著增强，供配电容量充足，农村供用电条件根本改善，枣庄供电公司把农网改造工程真正做到了惠民工程。2003年枣庄供电公司启动了总投资3.1亿元县城电网建设与改造利民工程。通过两年的时间，县城电网供电可靠率达到99.987%，电压合格率达到99.31%，分别比改造前提高0.048和0.02个百分点，城镇居民用电环境得到极大改善。

枣庄供电公司积极贯彻落实国家“两改一同价”政策，2002年4月全市实现了城乡居民用电同价0.52元/千瓦•时，全市农村累积降低电价0.15元/千瓦•时，83万农村用电户受益，减轻农民负担3336.91万元。电价的降低极大促进了农民用电积极性，至2002年底，农民用电量达到2.35亿千瓦，比1998年改造前增长了31%，乡镇工业用电达到7.75亿千瓦，比1998年改造前增长了50.79%。2007年枣庄供电公司推出“新农村、新电力、新服务”农电发展战略，实施了以农村供电服务优质、电网资产优良为目标的“户户优”工程。2008年，投资2921万元，继续推进新农村电气化建设工程，建成3个电气化乡（镇）、65个电气化村。“十一五”末，经过十年运行的一、二期农网改造过的电力设备，已经不能满足农村用电高速增长的需求，村电网供电半径大，线路开始出现老化等现象，虽然经过多次农村电网改造，从整体上还是滞后于全市农村经济的发展。2000年4月，枣庄供电公司统筹城乡协调发展，在全省率先启动村级电网大规模升级改造，实施“村村强网”工程。

4. 大力实施彩虹工程，提升服务改变电力形象

“彩虹连着你我他，电力服务进万家”。2000年初，山东电力集团公司（1997年10月，在山东省电力公司基础上组建为集团公司）在全省供电系统实施“彩虹工程”，转变电力行业作风。2001年2月，枣庄供电公司举办“电力市场整顿和优质服务年”活动深入实施“彩虹工程”新闻发布会，在全市进行青春光明行“四季彩虹”集中宣传活动，向社会公开十项服务承诺，开辟“市民热线”和投诉监督电话。2002年，推出全市统一配备的电力服务抢修车，24小时值班服务。2003年城市和农村供电营业场所全部达到规范化服务标准，为客户提供“优质、方便、规范、真诚”的供电服务，承诺兑现率100%，客户满意率高于98%。2006年，全面推广使用95598热线电话，全天候24小时受理用电客户的诉求。

枣庄供电公司实施“一柜通”“一站式”便捷通道，多点和网络缴费渠道，为客户用电报装和电费缴纳提供了便利服务。城市客户实现“一户一表”管理和农村实行“三公开”（电价、电费、电量公开）、“四到户”（销售、抄表、

截至2018年，枣庄电网连续7年实现春节主网、配网、台区“零跳闸”

服务、收费到户)、"五统一"(统一电价、发票、抄表、核算、考核)服务，供电服务更加趋向规范。"一切以客户为中心，为客户提供终身服务"的理念在电力服务上逐步形成。"彩虹工程"实施丰富了企业文化内涵，诠释"追求卓越，服务真诚"企业精神。2006年，加快"一系统、四中心"建设，全面推进精细化服务，实现了市、区、乡、村四级城乡一体化和用电营销一体化管理。2007年95598系统在全省率先开通自动语音服务和短信催费服务。2010年在全省率先实现"一卡通"电力缴费，非现金缴费比例达到90.7%。

(五)强基提效争做最好，助力建设安康幸福新枣庄(2011年至今)

十八大的召开，我国的改革进入了新的历史阶段，中国的经济发展面临着全新的环境和挑战。供给侧结构性改革提出重点任务，去产能，补短板，提升基础设施、加强公共服务、培育发展新产业，推动经济社会发展强身健体。枣庄市作为国务院批准的东部地区唯一资源枯竭城市转型试点市，转换能源发展方式成为推进生态枣庄建设的必然选择，电力作为能源高效清洁利用的方式，对促进枣庄节能减排具有专业优势。

1. 加快电力主干网络建设，服务地方经济促进城市转型

2012年4月20日，山东省电力公司与枣庄市政府举行战略会谈，并签署《关于共同推进山东(枣庄)坚强智能电网建设战略合作协议》，"十二五"期间，山东省电力公司将全力支持枣庄资源型城市转型，全面加快枣庄坚强智能电网建设和城乡电网一体化发展。"十二五"末，枣庄供电公司以建设坚强智能电网为目标，积极落实电力建设项目，加快各级电网协调发展，累计完成电网投资45亿元。75项电网工程开工建设，2014年12月，枣庄第二座500千伏峄城变电站获得核准开工；2016年6月1日，济南—枣庄—临沂—潍坊1000千伏交流特高压输变电工程预审获批。2015年枣庄供电公司拥有35千伏及以上变电站114座，变电容量达到1187万千伏安、输电线路235条2977千米，较"十一五"末分别增长43.6%、28.7%。220千伏"三纵三横"主干网架初步建成，标志着枣庄主干网架迈向省内一流行列。着力解决中低压配网薄弱问题，全面打开县域电网投资渠道，累计新建改造10千伏及以下线路2713千米，为电力发展筑牢坚实的电网基础。枣庄供电公司资产总额、营业收入和利润分别比"十一五"末增长93.6%、30.9%和54.2%。

"十三五"前期2016—2017年，枣庄供电公司投资25.76亿元持续加大电网建设力度，投产35千伏及以上线路162千米，变电容量190万千伏安。枣庄山亭1000千伏特高压交流输变电工程开工建设，500千伏峄城输变电工程被列入全市重点项目，实现每个乡镇都有1座110(35)千伏变电站支撑，并基本达到了N-1方式下的高可靠性供电，构筑了枣庄地区500千伏南北互供、220千伏"三纵三横"的坚强网架。

2. 加强配电网络升级改造，优化电力设施提升供电质量

自2010年开始，五年间，枣庄供电公司共计投资27亿元实施配电网升级改造和"村村强网"工程，累计改造标准化用电村1178个，占全市行政村总量的58%；全市586条10千伏配电线路在全省率先实现了智能化、自动化管理，故障隔离时间缩短至1分钟。农村电网改造经历了"村村通""户户通""户户优"发展过程，再到全面梳理低电压、电能质量差、供电"卡脖子"等问题突出的用电薄弱村，按照"小容量、密布点、短半径、绝缘化"的原则，深入推进"村村强网"工程。到2013年全市建成新农村电气化县6个，电气化乡(镇)56个，全市电气化村县、乡(镇)比例达到100%，农村居民电压合格率达到98.39%。

2016年7月，枣庄供电公司在全省率先与6区(市)政府签署《关于共同推进小城镇(中心村)电网改造升级和"井井通电"工程合作协议》，共同推进全市430个小城镇(中心村)电网改造升级和2.23万眼机井通电项目。2016年，新增10千伏及以下配网投资12.48亿元，较2015年增加9.84亿元，其中2015年第二批、四批专项建设基金城镇配电网项目8.22亿元，2016年机井通电与小城镇(中心村)一、二、三批项目4.26亿元。共计改造标准化用电村1279个，完成5875眼机井通电及271个中心村新建改造，分别完成总量的40%和63%，进度全省第一。2017年投资4.9亿元，圆满完成1.3万眼机

2001年2月24日，枣庄供电公司开展"电力市场整顿和优质服务年"，深入实施"彩虹工程"集中宣传活动

井通电及141个小城镇（中心村）电网改造升级任务，惠及71万村民、219万亩农田，每年约减少农民灌溉支出3000万元。农网改造升级“两年攻坚战”全面告捷，农村配网供电可靠性不断提升，城区线路手拉手率由92.61%提高至100%，供电可靠率由99.78%提升至99.99%，全市配网建设标准化率、电网系统可靠率等指标全省第一，现存低电压用户比例全省最低。

3. 全面推进服务体系落地，持续提升供电优质服务水平

加快构建客户导向型“大服务”工作体系。在全市设置“网格化”抢修布点62个，推行一个报修、一张工单、一支队伍、一次到达、一次解决问题“五个一”标准化抢修，全市平均抢修时长31分钟，全省最快。积极推广自助交费终端、掌上电力手机APP等新型交费方式，在全市增设2891个交费点，枣庄城乡全部实现“十分钟交费圈”。持续优化业扩报装流程，低压报装接电时限缩短至48小时，高压业扩报装缩短至6.8个工作日。积极服务新能源发展，在全省首家创新推行“项目队列制”“一证受理”、居民免填单等特色服务。2015年4月，全市15.6万工商业客户惠享国家下调用电价格，当年累计减少电费支出1.02亿元。2016年，国家再次下调电价，全市大工业和一般工商业电价分别降低1.72分和3.49分，全年客户减少1.64亿元电费支出。

建立“大服务”管控中心，紧紧围绕高新技术产业开发区、鲁南高科技化工园区、滕州高铁新区、薛城循环经济产业园区等全市工业园区和重点项目建立常态沟通机制，实施“门对门”和“三定”（定人、定期、定制）服务，快速响应用电需求。围绕枣庄万达广场、枣庄市文体中心、鲁南数据中心、滕州玻璃工业园、瑞达化工、海之杰纺织等重点项目，及时解决用电业务问题，确保了各类项目的顺利实施。枣庄机场、枣庄抽水蓄能电站等项目用电规划，纳入枣庄市总体规划予以保护和实施。实行业扩全业务集约、全流程管控“两全管理”，严格用电项目“先接入，后改造”，高压客户电网环节平均时限6.5个工作日，同比提速35%。深入推进“模板化”窗口建设，全市61个营业厅模板化验收优秀率100%。建立“e来电”报修服务系统，实现一键报修、主动抢单、资源可视、双向互动，故障抢修时间同比缩短48%。

4. 主动服务社会利国惠民，全面彰显央企社会责任形象

深化“彩虹工程”，严格执行“三个十条”“三不指定”，认真兑现服务承诺，通过召开座谈会、发放征求意见书、参加电视台《热点对话》等媒体互动节目，广泛征求社会各界的意见和建议，自觉接受监督。主动担负社会责任，2008年南方雨雪冰冻灾害发生后，第一时间组织21名抢险队员、调配4部发电车和6辆汽车奔赴受灾最严重的湖南郴州桂阳县，连续奋战近一个月，辗转4000千米，有力保障了当地抗冰抢险指挥部和民生用电，并组织捐款27万余元。为支援汶川灾后重建，先后派出6名技术人员赶赴灾区，奋战40余天，圆满完成枣庄援川475套活动板房的电气安装任务。同时，组织干部员工捐款120余万元，其中540名党员缴纳抗震救灾特殊党费34.16万元。

枣庄供电公司将履行社会责任作为一切工作的出发点和落脚点，2008年首次明确提出推进社会责任管理工作，当年在全省供电企业中首家发布社会责任报告。成立社会责任委员会，强化全面社会责任管理，实行社会责任评估、评价和改进，促进社会责任能力和水平的提升。将社会责任理念融入最高决策过程——总经理办公会中，在各项重大决策中，以满足利益相关方的合理诉求为出发点，以实现经济、社会、环境综合价值最大化为目标导向，从源头推动社会责任融入运营过程，为开展全面社会责任管理提供基础和保障。2009年，成为全省首批社会责任评价试点单位；2011年成为山东省首批履行社会责任达标企业；2012年成为山东电力首家、国家电网公司系统27家全面社会责任管理试点单位，并在全省17个地市率先发布服务经济社会发展白皮书。

开展“五心同行”活动（让农村留守老人放心、让外出农民工安心、让留守儿童感受爱心、与学校联手教育同心、让更多员工激发善心），深入实施“红石榴计划”，实现从最初给予孩子物质帮助到更加注重精神关爱、形成了无私援助的强大合力。中央电视台、《工人日报》等中央主流媒体进行了系列报道。“红石榴计划”引起中国社科院的高度关注，2015年8月19日至24日，中国社科院就“红石榴计划”帮扶留守儿童活动进行课题立项调研，11月5日关爱留守儿童调研报告在《中国社会科学报》专题刊发，受到了社会各界的广泛赞誉。枣庄供电公司积极投入到服务社会、服务民生的工作实践中，彩虹党员服务队荣膺“国网十佳”，连续6年蝉联“全国实施用户满意工程先进单位”。

二、电力建设取得主要成就

改革开放40年期间，中国电力经历“集资办电、政企分开、厂网分开、新常态”四个发展阶段，枣庄供电公司也受到了巨大影响，同时也伴随着枣庄市改革开放取得的辉煌成就，为推进地方经济社会发展，提供优质电能和供电服务，实现电力建设与地方经济协调发展。

（一）快速推进电力建设，电网规模不断扩大

1978—2017年，枣庄地区全社会用电量由8.33亿千瓦•时增加到135.20亿千瓦•时，40年间增长16.23倍，客观反映了枣庄市经济社会持续发展的巨大需求。随着电网建设不断投入，企业资产规模扩大，1978年固定资产净值1728万元，2017年固定资产净值59.67亿元，固定资产净值增加59.50亿元，增长344倍。1978年售电量完成7.24亿千瓦•时，1980年突破10亿千瓦•时，1991年突破20亿千瓦•时，

2004年突破50亿千瓦·时，2011年实现过百亿目标。

1. 阶段性发展成效明显。1978年以来，枣庄供电公司依据各时期枣庄市国民经济和社会发展“五年”规划（计划）纲要，紧紧围绕枣庄市经济建设，持续加快电网建设。为适应区域经济社会高速发展，大力推进特高压电网和主干网架建设，1000千伏特高压枣庄站全面启动，500千伏峄城输变电工程正在紧张施工中，枣庄电网变电站数量突破100座，“三纵一环”主网架更加坚强，“三纵三横”主网架日臻完善，实现连续安全生产17周年。

第一个阶段（1979—1990年），“六五”“七五”期间，这一时期枣庄经济建设快速发展，枣庄电网迅速增强，1978年与1990年相比，35千伏及以上输电线路由25条756.7千米增加到61条913.1千米，分别增长了144%、20.7%；35千伏及以上变电站由16座增加到42座，增长了162.5%。1979年与1990年相比，变电总容量由78.99万千伏安增长到112.37万千伏安，增长了42.3%；地区供电量由9.06亿千瓦·时增长到20.31亿千瓦·时，增长了124.1%；售电量由8.22亿千瓦·时增长到19.33亿千瓦·时，增长了44%。

第二个阶段（1991—2000年），“八五”“九五”期间。到2000年底，枣庄电网共有35千伏及以上变电站65座257.17万千伏安，其中220千伏变电站5座7台变压器90万千伏安，110千伏变电站21座37台变压器113.25千伏安，35千伏变电站39座67台变压器53.92千伏安；共有35千伏及以上输电线路116条1482.42千米，其中220千伏线路12条516.75千米，110千伏线路34条400.79千米，35千伏线路67条546.73千米，已形成以220千伏为主网架、110千伏配套完善、35千伏布局合理的区域环网。

2010年启动“村村强网”工程

第三个阶段（2001年至今），“十五”以后，枣庄电网建设坚强主网、智能电网、一强三优现代公司，为枣庄市城市转型提供优质电力供应。“十一五”末，位于台儿庄区的220千伏叶庄输变电工程投运，枣庄南部电网由“十里泉电厂—青檀站—文峰站”的辐射型电网结构发展为“十里泉电厂—青檀站—文峰站—叶庄站—十里泉电厂”的环形电网结构，枣庄电网“三纵一环”过渡结构形成。2015年初，500千伏峄城输变电工程的落地建设为枣庄220千伏主电网的发展带来了机遇，提出并实施了220千伏“三纵三横”强网规划。“三纵三横”弥补了“三纵一环”电网布局的不足，使电网结构更加坚强。“十二五”以来，全面落实依托荆河新建、滨湖扩建、滕北扩建实现“北横”落地，依托峄城开工、邵楼投运打通“南横”通道，积极落实“中横”加强及延伸工程，依托八一电厂送出工程加强“中横”通道，并筹划“中横”通道向山亭区延伸规划。

2. 输变电工程建设快速推进。在电网输变电工程建设上，一次又一次“刷新纪录”，实现电网工程突破，推动电网规模发展。输电线路从1978年的25条增加到当前的288条，其中35千伏输电线路从19条增加到106条，110千伏输电线路从6条增加到128条，220千伏输电线路从0条增加到54条。变电站从1978年的16个增加到当前的111个，其中35千伏变电站从12个增加到41个，110千伏变电站从4个增加到57个，220千伏变电站从0个增加到15个。1979年4月，枣庄电网第一条220千伏输电线路宁夏线建成投运，是山东省第11个投运的220千伏输电线路；1979年，110千伏夏庄变电站增容，成为枣庄电业史上第一座220千伏（夏庄）变电站。2005年12月30日，500千伏枣庄变电站投产送电，枣庄电网正式融入山东电网主网架。2006年7月，枣庄首座资源节约型标准化变电站——110千伏峨山变电站建成，该工程电气设备布置紧凑，占地面积比普通的110千伏变电站少2.5亩。2011年，枣庄地区完成第一条配网自动化线路（市中）改造。2013年10月20日，枣庄地区提前72天完成全市499条10千伏线路配电自动化改造任务，在全省率先实现城乡配网自动化全覆盖，为城乡用电提供了良好服务。2015年3月，枣庄首次实施无人机跨京沪高铁施工，完成第一条220千伏跨高铁输电线路建设任务，充分体现了枣庄供电人优良的专业水平和良好的服务能力。2014年1月7日，自行设计、建设的智能变电

站——110千伏七彩变电站全站冲击送电成功。2015年12月18日，全省首座新一代智能示范站——110千伏级索变电站送电投产。

3. 新能源发电项目初具规模。随着经济社会快速进入一个新的发展阶段，资源与环境的压力也给电力系统带来新的挑战，利用新能源逐步替代传统能源进行发电将是今后电力工业发展的趋势。为此，枣庄供电公司积极探索发展新能源发电项目建设，目前已初具规模。2011年12月27日，山东省首个荒山光伏发电站并网专用35千伏输电线路全线竣工。2015年9月25日，枣庄地区最大的新型能源项目——中广核山亭300兆瓦风电场220千伏升压站正式竣工投运。2015年10月11日，枣庄地区首个"风光同场"型新能源项目——华电（台儿庄）新能源电厂，110千伏峰万线鹿荒华电T接线及鹿荒华电风电场一次冲击成功，顺利并入山东电网。2016年，枣庄地区新能源并网高速增长，新增分布式发电客户1566户，新增容量约20兆瓦，新增集中式电站4户，新增容量约160兆瓦；分布式电源发电量1122.9万千瓦·时，集中式电站发电量约为1.6亿千瓦·时；并网户数、容量同比增加千倍。2017年推行新能源管理与光伏扶贫政策融合，全市风电、光伏等新能源接入项目7784个，接入容量276.6兆瓦，同比增长5.6倍。

4. 电力发展纳入政府规划。当前，枣庄供电公司已将电网建设纳入地方发展规划，2012年4月20日，枣庄市政府与山东电力集团公司签署战略合作协议，在全省率先由市政府出台了《关于推进枣庄坚强智能电网建设的意见》，促进电网规划与城乡规划保持一致，电网建设更好地服务于城乡发展。2016年9月1日再次签署协议，携手共建枣庄坚强智能电网。

（二）城乡电网一体发展，供电保障不断增强

枣庄供电公司大力提升城乡配电网建设标准，建立实施调度、生产、营销三方联动，主网、配网两级联调机制，大力拓展居民电压质量监测覆盖范围，实现城乡居民电压合格率全省第一，1998年至今城乡居民电压合格率从99.05%提升至99.998%。1978年至今，枣庄地区配网配电自动化城乡覆盖率、线路手拉手率、绝缘化率从无到有、逐步发展完善，到2017年已实现配网配电自动化城乡覆盖率100%、线路手拉手率92%。健全运行管理制度，强化城市配电网抢修指挥平台建设，推行状态检修、带电作业、零点检修等措施，不断减少停电时间。利用联络互供开关对非故障区域快速送电，缩小故障后的停电区域，缩短停电时间，有效提高供电可靠性。

1. 配电网建设提速明显。2013年10月20日，枣庄建成山东最大直供区配电网，在全省首批实现配电自动化全区域覆盖；同年12月2日，终端在线数量达到6229台，排名全省第一。2014年12月4日，台儿庄黄庄村低压台区改造工程成为首个获得国网公司"农网百家工程"台区改造工程，位列2014年度全省配电台区工程第一。2015年4月26日，枣庄首个港口岸电示范项目正式投运。由于配电网建设成效明显，2016年5月26日，全省"一流配电网"建设现场会专门在枣庄召开，总结亮点、交流经验。

2. 电网覆盖面日益增大。1979年，枣庄市85个公社全部通电；当年，全省乡、镇通电率为84.20%。1990年4月，枣庄市行政村通电率达100%，是第三个在全省实现乡村全部通电的地市。1995年11月10日，海拔450米的山亭区徐庄镇邢山顶村通电，枣庄"户户通电"工程告捷，比计划要求提前一年完成。

3. 社会电气化程度明显提高。电力在经济社会中发挥着越来越重要的作用，电气化程度则是衡量经济发展与社会进步水平的重要标志之一。为此，枣庄供电公司不断加快电气化县、电气化村工程改造，不断提高城乡电网运维水平，保障社会持续可靠供电。1999年，枣庄建成全省第一个电气化排灌县——滕州电气化排灌县。2006年，实施京沪铁路电气化改造送电工程。2007年，市中区新农村电气化县建设在全市率先顺利达标，通过山东省经贸委和山东电力集团公司验收。2012年，台儿庄区新农村电气化县建设工作通过山东省经信委和山东电力集团公司考评验收。2013年，山亭区电气化县创建工作通过省电气化县创建考评组检查验收，标志着枣庄市实现新农村电气化建设全覆盖。至2017年底，枣庄地区社会用电量持续增长到135.20亿千瓦·时，城乡居民生活用电量为20.77亿千瓦·时，比1990年分别增长了6.85倍、29.16倍，标志着枣庄地区居民生活电器使用越来越多。

4. "春节不停电"彰显供电实力。自2012年春节开始，枣庄供电公司大力实施"春节不停电"计划，提前编制《春节保供电攻坚实施方案》《春节保供电工作手册》，确保枣庄电网以坚强可靠的电网结构和优质充足的电能质量，为枣庄经济发展与居民生活提供强力支撑。2018年春节期间，枣庄电网地区供电量最高2548万千瓦时，巡视变电设备1453人次、输电线路644人次、配电设备3212人次，实施抢修服务425人次，主网、配网和低压用电台区始终保持安全可靠运行，实现连续7年春节"零停电"，为全市418万人民提供优质供电服务。

5. 农村电网改造稳步推进。1998年开始，国务院决定加快农村电力体制改革，进行了城乡电网建设与改造工程，随之拉开了农网改造工程的序幕。枣庄供电公司积极服务于"三农"建设，大力实施"城乡一体化"改造工程，并取得显著成效。2010年4月统筹城乡协调发展，在全省率先推出村级电网大规模升级改造"村村强网"工程。2014年11月26日，全口径户均容量提升至1.93千伏安，位居山东省第一位。仅2010年以来，农网改造446项，资金

共投入13.51亿元，累计新建和改造10千伏线路1483.71千米，0.4千伏线路5281.11千米，配变3341台。2016年，枣庄农网改造升级中低压项目共138个，投入4.26亿元；新建及改造10千伏线路302.39千米，0.4千伏线路1603.45千米，安装变压器871台，进一步优化了农网结构。2017年投资1.4亿元，推进全市144个贫困村电网改造。

（三）围绕经济社会建设，提供优质高效服务

枣庄供电公司在全省率先开展城乡服务一体化建设，整合核心业务，优化工作流程，提升供电服务质量实现输配营、抢检运、抄核收、勘查验“四个一体化”，建成10分钟缴费圈、45分钟抢修圈、72小时居民报装圈“三个便民服务圈”。以实现城乡“电网建设同步、供电质量同质、服务品质同优”为总目标，创新实践“四化三圈两提升一示范”城乡一体化供电服务模式，基本形成城乡供电服务一体化新格局，实现了供电服务品质的新突破。通过不断优化电力服务形象，改变电力工作作风，实现连续6次行评“双第一”，连续两年荣获全国用户满意单位。

枣庄供电公司将“彩虹工程”作为行风建设的重要载体，坚持与时俱进，不断拓展新的理念，丰富发展新的内涵，最终形成一个保障、服务、监督、评价、奖惩“五位一体”的真诚服务系统—“彩虹工程”管理体系，成为枣庄地区家喻户晓的服务品牌。“彩虹工程”由开始时的临时运行机制，2003年转为常态运行，“彩虹工程”逐步体制化，行风建设纳入企业日常管理之中，与生产、经营工作同部署、同检查、同考核、同奖惩，为供电行风建设和优质服务提供了坚强的组织保障。

1. 开通客户服务电话，畅通便民服务渠道。2014年，国家电网公司对95598热线受理进行全业务上收，所有枣庄市客户供电诉求均由95598南方中心统一受理，电力客户可以通过拨打免费电话，随时办理报装接电申请、紧急报修、投诉举报、咨询查询等用电业务，实现了“只要您一个电话，其余的工作由我们来做”的服务目标。经过多年的匠心打造和精心维护，95598电力服务热线已成为电力客户信赖的“110”，遇到用电问题一个电话即可快速解决。截至2017年，95598热线累计受理故障报修328042件、投诉1060件，为枣庄经济社会发展和居民用电提供优质便捷服务。

2. 严格电力服务要求及时限。枣庄供电公司严格执行保证低压居民客户2个工作日内送电，低压非居民客户3个工作日内送电（有配套工程7个工作日），高压客户供电方案答复13个工作日，设计审查、中间检查、竣工验收及装表接电均为5个工作日，全力为经济社会发展及居民生活提供优质、快捷、高效服务。实施高压业扩客户现场勘查、确定方案“一次办结制”，低压客户勘查装表“一岗作业制”；构建阳光业扩平台，在全市61个供电营业厅普及“一柜通”服务窗口，业扩项目实行“一证受理”，居民客户申请“免填单”，前台一次受理率达到100%。实施报装接电专项治理，全面推广现场预约服务和一次办结业务模式，业扩报装接电时间压缩15%，高低压客户一次办结率分别达到50%、90%以上。

3. 为地区重点项目提供优质服务。自2010年10月枣庄开通BRT至今，枣庄供电公司通力配合，在BRT建设和运行过程中提供了电力设施及用电服务。针对新能源汽车的快速发展，科学推进充电桩建设，建成22处154个充电桩，解决居民交通出行的用电需求。京沪高铁于2011年6月30日正式开通运营，在高铁建设和运行过程中，立足服务社会、服务大局，积极开展送电施工，圆满完成了高铁用电工作任务。服务台儿庄古城用电，在被称为“天下第一庄”的台儿庄古城用电服务上，尽心尽力，确保可靠供电助推古城旅游升级。

（四）紧随经济社会发展，开展精神文明建设

新中国成立以后，在各时期经济社会发展阶段，枣庄供电公司牢固树立“人民电业为人民”和“四个服务”的企业宗旨，坚持文明行业创建植根电网建设。先后涌现出“齐鲁先锋”红石榴QC小组、感动枣庄十佳人物“彩虹天使”服务队、创先争优金牌团队“代理妈妈”群体等一大批先进典型，“红石榴”计划帮扶留守儿童调研报告在《中国社会科学报》专题刊发。

自1999年一直保持全国精神文明先进单位称号，所属各区供电单位保持省级文明单位称号。2000年荣获1998—1999年度国家电力双文明单位、2001年荣获全国五一劳动奖状、2005年（2007年）荣获全国用户满意企业、2007年荣获电力行业最具社会责任感企业、2009年荣获全国企业文化建设先进单位、2010年荣获全国电力行业最具社会责任感企业、2011年荣获全国模范劳动关系和谐企业、2011年全国三八红旗集体、2013年获全国优秀职工书屋等荣誉称号。

“代理妈妈”是枣庄供电公司开展精神文明建设的丰硕成果。2011年以来拥有志愿者535人，资助贫困、留守儿童830名，在全市建立18所“关爱留守儿童快乐成长活动站”。“代理妈妈”活动，得到了新华社、《光明日报》等媒体、国家电网公司、国网山东省电力公司和社会各界的赞誉，中宣部领导专门作出批示，要求做好枣庄供电公司“代理妈妈”群体感人事迹的宣传报道工作。2012年，在《光明日报》连续刊登7篇报道，介绍“代理妈妈”事迹。“代理妈妈”活动产生了巨大的反响，引起了强烈共鸣，成为山东电力典型之一。

（五）结合电力企业实际，增强履行社会责任

枣庄供电公司将社会责任理念融入“五大”体系，在“大规划”中，以追求经济、社会、环境综合价值最大化，与城乡发展规划相衔接，促进主配网全口径统一管理和同步发展。在“大建设”

中，以绿色环保、和谐发展为原则，创新沟通方式，畅通民事协调，保障电网建设全方位参与和顺利推进。在“大运行”中，强化政府主导和企业参与，在政府宏观调控的基础上，充分考量企业生产的用电需求，科学制定有序用电方案，实现调配控一体化的和谐统一。在“大检修”中，优化电网运维资源，统筹电网与客户设备“一条龙”检修，减少客户的停电时间，实现运维一体化、检修专业化，通过协作，确保客户的连续生产。在“大营销”中，坚持以客户为导向，率先实施城乡一体化，消除供电服务城乡差别，实现供电质量同质、服务品质同优。在全省率先实施城乡供电服务“四化三圈”建设，全面推进“输配营、抄核收、抢检运、勘查验”四个一体化，加快建设“村村强网”工程，建成城市10分钟缴费圈、城乡供电抢修45分钟服务圈、居民客户72小时报装圈。社会责任工作取得了显著成效，促成枣庄市政府与山东省电力公司举行坚强智能电网建设战略会谈，将枣庄坚强智能电网发展规划，纳入全市国民经济和社会发展规划、土地利用总体规划和城乡规划。

2008年开展全面社会责任管理以来，枣庄供电公司将社会责任理念融入企业发展战略、电网运营全过程和日常管理体系，编制发布年度社会责任实践报告，向社会展示枣庄供电公司在经济、社会和环境建设中的综合价值，荣获山东省首批履行社会责任达标企业。2012年5月，国家电网公司2012年全面社会责任管理试点工作座谈会在江苏无锡召开，对枣庄供电公司“村村强网”工程和“代理妈妈”活动，作为全面社会责任典型实践和传播案例给予充分肯定。至2017年连续9年发布《社会责任实践报告》，是山东省唯一一家地市级供电企业。

三、电力建设主要经验和启示

枣庄供电公司在改革开放40年进程中，不断在改革中探索，在发展中持续增加创新发展新动力。

（一）在改革开放中探索创新，为企业快速健康发展积累经验

改革是为了解放和发展生产力，推进市场化进程，更利于企业的快速发展。自改革开放以来，国家对电力工业进行四次重大改革，十七大再次对深化国有企业改革和垄断行业改革作出重要部署，电力体制改革继续深入推进。电力市场打破独家垄断，形成市场竞争和相互制约机制，是国家改革需要，是建立社会主义市场经济体制的必然要求，是中国改革开放大势所趋。在改革和发展的新形势下，面对瞬息万变的新情况、新问题，电力企业始终保持清醒头脑，牢固树立风险意识、危机意识、服务意识，高度重视科学决策和风险管控，准确作出判断和决策，统筹部署工作，有效地防范和化解各类风险，保证企业在改革中健康发展。电力企业改革越是深入，电力企业的安全稳定工作就越显得尤为重要，要坚持实事求是、与时俱进，克服和解决企业改革发展中可能遇到的问题。

创新是一个民族进步的灵魂，是一个企业持续发展的动力，是实现可持续发展的必然途径。在改革中推动持续创新，就必须彻底改变消极等待、无所作为的思想状态，超前思考，主动工作，坚决突破思想束缚。要站在更高层次、更大范围内吸收借鉴先进管理经验，坚决打破区域、行业观念，谋划企业更大发展；要主动适应电力体制改革新形势，坚决破除传统的电力系统观念，牢固树立面向市场竞争和依法供电的观念。枣庄供电公司以观念创新为先导，以体制创新推动机制创新，带动管理创新、技术创新、服务创新、学习创新，创出企业自己特色和亮点，全面提升持续创新能力和发展能力，持续推动改革深入实施。枣庄电力经历了107年的沧桑巨变，回顾历史，细看当今，展望未来，特别是改革开放40年以来枣庄经济社会的高速发展，实践证明必须坚定不移解放思想、转变观念、深化改革，才能促进地方经济社会建设和企业不断发展壮大。1987年至今，枣庄供电公司先后经历集资办电、政企分开、厂网分开、电网商业化运营、常态化运行和服务转型，在每个阶段的改革变化中，都实现了创新发展。因此，坚持深化改革，在改革中不断探索，在改革中强身健体，在改革中奋勇前行，企业实力才会不断增强，电网规模才能不断发展壮大。

（二）与地方经济发展同轨同行，助推城市快速转型健康发展

电力工业是国民经济建设和经济社会发展的基础产业，代表先进生产力，关系着国计民生。随着经济社会发展和人民生活水平的提高，电力企业承担着越来越重要的责任，是地方经济社会发展的“助推器”。电力企业发展和地方经济的大环境密切相关，地方经济运行状况会直接影响电力企业发展；没有地方经济的发展，也就谈不上电力企业发展；同时，电力企业的发展，又是保证和促进地方经济发展的必要条件，历史证明只有电力企业与地方经济协调发展才是可持续的。

枣庄供电公司作为公共事业性电力企业，坚持服务全市发展大局，把助推地方经济建设作为企业不变的宗旨和第一要务。在不同历史时期、不同发展阶段，实施电力建设过程中，坚持以地方经济建设和客户需求为导向，主动变换角色，由行政管理向供电服务转换，由被动服务向主动服务转变，紧跟枣庄市经济社会发展步伐，始终与地方经济建设保持同步同行。紧密结合枣庄市新城建设、煤化工集群、古城复建、BRT快速公交、京沪高铁枣庄站、新型城镇化建设、旧城改造、枣庄万达广场、峄州港等重点项目，超前规划电网投入，提前布局设点，为重点项目建设提供优质电力支持。深化“你用电，我用心”的服务理念，强化“哪里需要用电我们就把线路和变压器架设到哪里，我们就把供电服务延伸到哪里”服务意识，完善和建设坚强智能电网，全力协调发展各级电网，积极参与地方经济建设，客户供电不用“限行”，用户报装不用“限号”。

注重资源节约和环境保护，将节能降耗要求贯彻到电网建设运行的全过程，促进电网与社会和谐发展，助推枣庄市资源枯竭型城市快速转型。

（三）科学规划适度超前加快建设，电网发展服务地方经济发展

电力是现代文明的动力基础，是经济社会发展的先行官。提供安全、稳定和充足的电力供应，是地方经济健康稳定持续快速发展的重要前提条件。电网不仅连接枣庄市工农业生产和人民生活用电，电力的安全、可靠、优质还将影响社会各个层面的安全稳定。地方经济建设与电网建设两者之间如果没有进行有机结合，在一定程度上电网建设会严重影响和制约地方经济发展。改革开放以来，枣庄市经济社会高速发展，电源建设速度加快，整体布局发生结构性变化，枣庄电网面临着全市经济跨越式发展和电源结构急剧变化的双重压力。只有加快转变电网发展方式，提高发展质量，才能适应经济社会发展的需求，满足电力消费持续增长和电力送出的迫切需要。

保证电力的供需平衡一直是枣庄供电公司思考和解决的问题，在每个“五年规划”实施前期，枣庄供电公司与枣庄市政府有关部门进行充分沟通，依据《枣庄市国民经济和社会发展五年规划纲要》，科学编制《枣庄配电网五年规划》，充分融合地方经济发展实际需求，超前研究、超前筹措、超前运作，预留调整空间，增强区域用电灵活性。投入大量资金对电网进行扩建和技改，电网规模逐年扩大，供电范围不断延伸，供电可靠性、供电质量得到全面提升。“等电、限电、雷雨停电”已经成为历史;“人情电、关系电、权力电”也已经成为过去；“电老虎”也在实施彩虹工程、供电服务发生根本转变后不复存在。自 1998 年开始，在枣庄市政府的大力支持下，分阶段完成全市城区电网、农村电网和县城电网改造升级，枣庄城乡居民万家灯火更加闪耀明亮，城区霓虹更加璀璨炫丽。枣庄供电公司围绕保障和改善民生、发展实体经济，作出建设富庶、宜居、文化、活力、安康“幸福新枣庄”加快大项目建设和新型城镇化建设的重要部署，为工农业建设、经济社会发展和改善人民生活提供强大动力保障。

（四）依靠地方政府支持解决问题，服务大局主动承担社会责任

改革开放以后形成的市场机制对电力可持续发展具有调节作用，电力企业发展需要政策引导和法规界定；需要政府依据国民经济和社会发展规划制定促进符合电力科学发展的政策；也需要电力企业准确定位，主动服务地方经济建设。自 2006 年 11 月，枣庄市人民政府与山东电力集团公司签署《枣庄电网“十一五”发展会谈纪要》起，每五年举行战略会谈，共同谋划电力投资和地方经济建设。枣庄市经贸委先后四次组织编制《枣庄市节约用电有序用电方案》，科学组织企业错峰避峰，并充分利用需求侧监测主站系统开展技术限荷，确保了居民生活、重要客户和救灾物资生产企业用电。依靠政府解决电力建设中站点选址、线路走廊、施工建设、设施赔偿、青苗赔偿等实际困难，能够及时有效解决并达到事半功倍的效果。积极寻求政府支持，出台电力设施保护政策，维护电力设施环境安全。

企业发展受益于社会，更要感恩社会、回馈社会。枣庄供电公司牢固树立“发展公司、服务社会”的责任观，“红石榴”计划延续了 20 年时间的“代理妈妈”活动，由帮扶孤残儿童向关爱留守儿童拓展。在全市组建 7 支彩虹共产党员服务队，开展便民服务。主动承担履行社会责任给枣庄供电公司注入了崭新的发展动力，枣庄电网连续 7 年实现了春节“零停电”，6 次蝉联全市党风政风行风评议公用服务类、综合排名“双第一”，跻身枣庄市科学发展观综合考核先进单位、山东电力先进单位和先进基层党委“双先进”行列，荣获山东省富民兴鲁劳动奖状荣誉称号，彰显了央企社会责任形象。

审稿人：刘中涛

撰稿人：董忆枫　张祥艳

陈兴伟

改革开放历程中闪耀鲁南的明珠

40年的改革发展历程中，华电国际十里泉发电厂（简称十电），始终坚持以马克思列宁主义、毛泽东思想、邓小平理论、“三个代表”重要思想、科学发展观和习近平新时代中国特色社会主义思想为指导，积极倡导“以人为本、安全第一、效益至上”的企业宗旨，大力弘扬“务实创新、追求卓越”的企业精神，顽强拼搏，抢抓机遇，锐意进取，开拓创新，在改革发展的光辉历程中，形成了一条独具特色的转型发展之路，被誉为“鲁南明珠”。

一、历史背景

19世纪末，工业文明因电力工业的出现而攀上了一个新的高峰，它以摧枯拉朽之势扫荡着每一个农耕社会的角落。1879年，英国殖民者为了欢迎美国总统格兰特途经上海，在黄浦江畔外滩运来一架小型发电机，点亮了中国有史以来的第一盏电灯，这是中国土地上使用电能的开始。当清工部安装在仪鸾殿的第一台电灯照亮慈禧太后生命中最后一段旅程时，电力文明之火借洋务运动之势，在东方这块古老的土地上开始燃烧。从立德尔创办中国第一家发电厂到洋务运动催生起民族电力工业，仅仅十余年，公用电业相继在上海、广州、天津、汉口等租界建立，在这期间，民族电力工业开始形成，但是大部分电厂都控制在外商手中，辛亥革命后，爆发了第一次世界大战，民族工商业趁机发展壮大，江苏、浙江、广东、辽宁、湖北等地的大中城市纷纷兴办电业，到1927年国民政府定都南京，全国发电设备总容量已达40万KW以上，到1949年中华人民共和国成立时，全国发电设备装机容量达到了184.86万KW，山东省装机容量为13.56万KW，位居全国第六。20世纪六七十年代，中国电源建设的发展受到了前所未有的重创，电力工业开始严重缺电，国民经济发展受到严重制约考验，电力人与共和国一同经历了最困难的时期。而此时，位于山东省枣庄市市中区南郊的枣庄发电厂十里泉发电所正悄悄酝酿着一场改革发展的历史巨变。

二、历程

十里泉发电厂，一个伴随着改革开放的步伐发展起来的电力企业，在改革开放的浪潮中，一代代十电人挺立潮头，砥砺前行，以“咬定青山不放松”的决心和气概，以“做行业领先者”的气魄和态度，改革创新，激昂勇进，勇创火力建设和发展的新纪元、新征程，真正担当起了推动电力企业改革发展的时代重任。回眸其40年改革发展的历程，大致可以分为以下几个阶段：

（一）艰苦创业（1977—1990年）

1975年以前的枣庄市用电管理归属江苏徐州电业局管理，行政区域为山东省。由于电力投资跟不上，枣庄市未增加过装机容量。1975年全市总装机容量仅为5.75万千瓦，与枣庄的用电负荷相比相差接近10万千瓦，面对严重缺电局面，徐州电业局通过徐韩电网的大屯、韩庄电厂向枣滕地区送电3至5万千瓦，但仍不能缓和用电负荷紧张局面，严重影响了枣滕地区工农业生产和人民生活。

为尽快扭转枣滕地区电力被动局面，1977年8月6日，枣庄发电厂十里泉发电所2×12.5万千瓦扩建机组初步设计审查会议在枣庄市第一招待所隆重召开，会议讨论通过了初步设计审查方案。同年9月2日，国家计委批准枣庄发电厂十里泉发电所扩建工程，并以394号文下达十里泉发电所扩建任务书。1977年10月5日，刚从“文化大革命”的阴霾中走来的老一辈十电人，迎来了十电改革发展的第一缕曙光，山东省计委转发国家计委《关于同意建设黄岛电厂和十里泉发电所扩建工程的复文》，至此，扩建2台12.5万千瓦机组工程确定。

1977年10月26日，老一辈电力开拓者云集枣庄，共同研究商讨十里泉发电所扩建工程大计，最终选定了位于枣庄市南郊紧邻十里泉水源地，枣庄柏山断层与峄县断层之间相对稳定的规划区域，并极富前瞻战略性地预留出了东侧扩建区域，为后续十电的改革发展创造了条件。同年12月5日，在不毛之地的荒石滩上，十里泉发电所建厂指挥部隆重召开动员大会，“三通一平”正式开始。

1978年6月15日，施工单位云集工地，旗如林，人如潮，机声隆隆，十里泉电厂建设指挥部举行开工典礼，来自枣庄、滕县、临沂四县一市的15000名民工开进工地，一场万人建厂大会战正式拉开序幕。历经17个月紧张的建设、安装、调试，1979年11月4日，#1机组圆满完成72小时试运行，正式投入生产。而此时的中国刚刚走过十年“文化大革命”的历史曲折，走进社会主义现代化建设和改革开放的历史探索，经济基础较为薄弱，经济建设及电力发展仍然处于半瘫痪状态，社会仍然处于极度缺电状态。面对经济发展日益增大的电力缺口需求，面对各级政府对十电建成投产的殷切期盼，十电全厂干部职工以敢为人先、勇争第一的胆识，在极其艰苦的条件下，以一年一台机组的投运速度，于1983年10月22日圆

满完成5台机组的安装投产，整个工程时间短、质量好、投资省、见效快，均实现一次启动成功，#1、#2机组荣获水利电力部优秀设计、优秀施工奖，#3、#4机组经国家质量审定委员会审定荣获“银质奖章”，被评为国家优质工程。在1983—1988年期间，山东十里泉发电厂的发电量已占山东电网总容量的14.5%，成为当时山东省装机容量最大的火力发电厂，是山东电网连续五年的“排头兵”，被誉为鲁南明珠。

山东电力工业的快速发展与十里泉发电厂的建设经验，引起了电力高层的注意，对于当时急于寻找发展突破之道的电力工业来说，令人震惊和兴奋。1982年5月28日，水利电力部基建司派人到山东进行调研，总结山东经验，在全国推广。同年9月26日，水利电力部在十里泉发电厂召开全国电力基建座谈会。一时间，十里泉发电厂成为了当时中国火电建设发展学习的典范。

随着改革开放的持续纵深推进，党和国家的工作重心逐步转移到中国特色社会主义经济建设上来，企业管理越来越受到人们的重视。1982年底，中共中央、国务院颁布了《关于国营工业企业进行全面整顿的决定》，一场声势浩大的加强企业管理的工作在全国范围内展开，自此，也拉开了十电企业管理不断提升发展的序幕。1984年，十里泉电厂将全厂组织机构分为党务、行政、综合服务三大系统，统筹领导全厂生产经营工作，下设相关职能部室和生产、后勤车间。修订和健全完善了各项规章制度20种，管理制度27种，制定了《十里泉发电厂经济责任制考核办法》共194项636条。全厂设立360个岗位等级和408个岗位数。在健全各级岗位责任制基础上，制定了厂对车间、科室考核标准，使各项管理制度日趋完备。同时，还建立了职工代表大会制度，实行了企业的民主管理。按照革命化、年轻化、专业化、知识化的要求，调整了厂属各级领导班子。“安全第一”的方针得到进一步贯彻，电力安全生产工作得到了全面加强。通过企业整顿，还积极推行了各种经济承包责任制，兴办第三产业，增强了企业活力，提高了综合效益，使企业逐步实现了由单一生产型向一业为主、多种产业共同发展的多元化经营型企业转变，使电厂的面貌大为改观。1984年9月，经山东省电力工业局企业整顿验收团验收合格，水电部颁发了《山东十里泉发电厂企业整顿验收合格证书》。在1985年进行的第二次全国工业普查工作中，十电凭借先进扎实的管理水平和模式，荣获国家“工业普查先进单位”，被国家经委授予“全国设备管理先进单位”。

（二）稳定发展（1991—1999年）

进入20世纪90年代，中国火电建设以惊人的速度驶入了快车道，电力工业的改革，特别是电力投资体制的改革和集资办电政策的实施，极大地调动了地方、外资等各方面办电的积极性，电力工业空前发展。一批大容量、高参数的60万以上大机组成批傲然矗立在中华大地之上。而此时走过数十载风雨辉煌的十里泉电厂在改革发展的潮流中逐渐被这些新上机组赶超，“125电厂”这个曾让十电人引以为傲的名字，现在也失去了原有的意义，显得黯然失色。

1990年11月，能源部在苏州望亭发电厂召开全国火力发电厂管理工作现场会，会上提出了创办社会主义一流电力企业首先要实现安全文明生产双达标的要求。会后省电力工业局安排首批开展双达标企业中，十里泉电厂却落在了榜单之外。开展双达标工作是提高安全文明生产水平，提高企业经济效益，创办社会主义一流企业的必经途径。长期走在电力企业改革发展前沿的十电面对这情理之中而又意料之外的心理落差，主动加压、自我请战，立下了“达标我所求，不达誓不休”的决心与气魄。

1991年春，十里泉电厂创建安全文明生产双达标企业正式拉开帷幕。面对艰巨的创建任务，十电确立了以提高认识、强化措施、检查考核、巩固提高“四个阶段”开展双达标活动的路线，成立了组织机构，加强组织领导，明确责任目标，提出了全厂奋战13个月，决心实现安全文明生产创水平达标的奋斗目标。至1991年底，全厂包括离退休职工、家属已有1960人参加关于达标的动员报告。在省电力工业局验收前夕，针对部分干部职工中出现“自我感觉良好”等松劲情绪，及时提出“在我这里决不丢半分”“精雕细刻、确保省局一

1978年6月15日，施工单位云集工地，十里泉电厂建设指挥部举行开工典礼

次验收合格”的工作要求。在整个达标活动期间，还坚持每天三次广播、每周1期《十电厂报》、每周1期《双达标简报》，进行宣传教育发动。为进一步加强基础资料管理，下发了《关于设备台账、技术记录等基础资料管理办法的补充说明》，统一了规范和要求，先后制定和完善各种标准530种，整理完善各种图纸资料19000份，记录6861本，并为所有车间、班组配齐“三规十四制”，实现了工作标准化、制度化、规范化、程序化。

在整个达标活动中，全体职工白天拼命干，晚上加班干，星期天不休息，仅义务劳动就达8.7万个工作日。正是凭借十电人“达标我所求，不达誓不休”的执着与追求，企业在安全管理、设备治理、节能降耗、科技进步、文明生产、环境保护等方面取得大步实质性提升。功夫不负有心人，1992年3月6日，十里泉电厂以优异成绩一次通过能源部考评验收，成为全国“安全文明生产达标”企业，并且创造了供电煤耗、发电燃油、安全生产等7项全国同类型机组最好水平，被誉为：冒出来的模范，挤上来的先进。1992年至1995年，十里泉电厂连续四年保持双达标单位标号，并被电力工业部部长史大板誉为：“向社会主义一流电厂迈进的排头兵”，“全国火电厂学习的榜样”。

和时间竞走，才不会落后于时代。面对125兆瓦容量机组逐步被电力改革发展的历史车辙远远抛逐于尘封的历史尘埃，十电人没有故步自封停滞不前，而早在1984年便向山东省人民政府提出了扩建2台30万千瓦机组的申请。历经9年，十里泉电厂终于在1993年11月1日取得四期扩建工程的开工通知，同年12月20日，四期扩建工程正式开工建设。经过三年戮力奋战，1996年12月12日#6机组顺利完成“168”小时满负荷试运行，正式移交生产，1997年11月22日#7机组顺利移交生产，四期扩建工程正式竣工投产，十里泉发电厂也正式步入了百万大厂之列。两台机组分别于1997年和1998年被电力部、国家电力公司命名为“基建移交生产投产达标机组”，机组主厂房荣获电力部优质施工项目，1998年四期扩建工程获山东省“泰山杯”奖。

在一片赞誉声中，质朴奋进的十电人始终保持清醒头脑，把目标定在创建一流社会主义发电企业的更高标准上，并于1992年及时提出了“三年巩固提高、五年实现全国一流火力发电厂”的中长期规划，使电厂创一流工作掀起了新高潮。自此，十里泉电厂以“高、严、细、实抓管理，持之以恒创一流”的豪迈气概，开始了漫长的争创全国一流发电厂的征程。从1992年到1995年，不仅巩固提高了“双达标”成果，而且在绝大部分指标上达到全国一流火力发电厂的验收标准，但是由于125兆瓦机组除尘问题没有得到妥善解决，十里泉电厂创全国一流验收时间一再推迟。在这种情况下，全厂职工不仅没有因此而泄气退却，反而更加激发了争创一流的信心和热情。“横下一条心，决战创一流”已变为每个职工的实际行动。全厂分成125兆瓦机组电除尘改造、生产区和厂前区环境治理、300兆瓦机组投产达标、各项管理软硬件建设四个“战场”，创一流攻坚战全面展开。经过全厂干部职工长达八年坚持不懈地拼搏奉献，终于1998年底达到了全国一流火力发电厂的全部标准要求，于1999年4月通过国家电力公司验收并授予“一流火力发电厂”荣誉称号。

（三）创新提高（2000—2006年）

进入21世纪，节能降耗成为了电力改革发展追求的永恒主题，作为伴随着改革开放的春风成长起来的电力企业，十里泉电厂勇敢承担起了那份沉甸甸的神圣职责，将节能降耗作为企业生产经营的一项重要工作来抓。2001年12月，十里泉发电厂在全省电力行业率先成立了节能办公室，负责生产调度、经济运行、小指标竞赛、节能降耗工作，强化了节能减排监察职能，实现了从计划制定、计划实施到监督考核的闭环管理，为节能减排工作的开展提供了有力的组织保障。在不断完善节能减排机制，优化管理程序的同时，十里泉发电厂不断加大环保技改投入。从2001年开始，十里泉发电厂先后投资3200多万元，对7台机组的锅炉除灰系统进行了气力除灰改造，在7台锅炉电除尘器下安装了干除灰设备及粉煤灰分选系统和粗灰细研设备，实现了粉煤灰“零排放”，每年减少灰渣排放近80万吨。2002年又投资建设了日处理量为9600吨的污水处理站，处理后的污水作为循环冷却水使用，每年可减少污水排放180万吨。截至目前，十里泉发电厂所有机组均已完成超低排放改造，各项指标远远低于国家环保要求，所有机组环保技术指标均达到国内先进水平。

科学技术是第一生产力，不断进行技术创新是企业发展的永续动力。由于十里泉发电厂机组设备长期服役，且已进入衰老期，只有紧紧依靠科技进步，大力推动技术创新，不断引进国内外的先进技术装备和技术水平开展设备更新改造，提高企业技术创新能力，才能实现企业持续健康发展。再次面对改革发展的压力，十里泉发电厂从容不迫，以推进实现两个根本性转变为目标，以七台机组的全面改造为契机，全方位提高设备装备水平和技术档次，全面提高企业科学管理水平和职工队伍的整体素质，推动企业走上了体制创新、管理创新、技术创新的跨越式发展之路。自2001年开始，将#2机组由125MW成功增容改造为140MW机组以来，十里泉发电厂以每年一台的速度对#1、#3和#5机组进行了增容改造，通过改造，降低了煤耗，延长了机组寿命，焕发了机组青春，使机组的安全可靠性、可调性、经济性、等效可用系数和自动化水平提升了一个新的档次，对十电的改革发展产生了广泛而深远的影响，具有十分重大的意义。

2007年，十里泉发电厂逐步打破原有管理体制，把全厂相对分散的组织机构，整合成为运行、检修、燃料、多经、

物业和管理六大模块，进一步明确了各模块的工作职能。2008年，全厂进行了一次较大规模的组织机构调整，各模块内部组织机构进行了更深层次的调整和完善，形成了“大运行”“大检修”“大燃料”的管理格局，并打破了以往模块以队（部）为建制的分散管理模式，把各个队（部）的负责人充实到模块的管理部室任职，达到了打破专业界限、资源充分共享的目的。通过模块化整合的实施运作，能够更好地发挥出全厂整体化运作优势，使各模块真正形成一个团队，进一步提高了综合竞争力。

十电始终将加强班组建设作为增强企业核心竞争力、促进企业与职工和谐发展的重要途径之一，班建管理走过了一个“艰难困苦，玉汝于成”的路程，2004年，十电被中国电力企业联合会和能源化学工会全国委员会联合命名为“全国电力行业班组建设示范企业”。同时，还自行编写并出版了《现代电力企业班组管理》《班组管理案例100例》两本教材，对指导电力企业班组管理起到了良好的推动和示范作用。班建管理呈现出“一亮两强三过硬”和“三全两制一关怀”的特点。“一亮两强三过硬”即：班容班貌亮；基础建设强，创新意识强；思想素质过硬，专业技术过硬，安全效益过硬。“三全两制一关怀”即：班组建设全员参与，班建内容全方位覆盖，职能部室、单位班建负责人全过程指导；以经济责任制约束，由创新激励机制激发；给予人文关怀。同时，班组管理还注重发挥文化引领作用，以企业文化推进班组文化建设，实现了职工个人目标和企业发展目标的有机结合，有效促进了生产经营管理工作。

1983年10月22日，圆满完成5台机组的安装投产，十里泉电厂成为山东省装机容量最大的火力发电厂，被誉为“鲁南明珠”

时代的列车驶入新的轨道，社会的发展也对企业提出了更新、更高、更严的要求。2005年以来，国家对节能减排监督考核力度不断加大，分配电量的方式调整为按照节能、经济的原则，优先调度可再生的发电资源。十里泉发电厂抢抓战机，迎难而上，率先在国内进行了秸秆发电技术改造。2005年12月16日，改造后#5机组正式投产，新华社、中央电视台、人民日报等各大新闻媒体均对此进行了广泛的宣传和报道。它填补了国内秸秆发电技术的空白，开创了国内利用生物质能发电的先河，引起了很大反响。作为国内首例秸秆发电机组，不仅创造了国内利用生物质能发电的先例，更显现出潜在的巨大环境效益和社会效益，也为今后企业的可持续发展起到了很好的示范作用。

在改革开放的历程中，十里泉发电厂不仅创造了巨大的经济和社会价值，积累了宝贵的精神财富，同时也积淀了丰厚的文化底蕴。历经艰苦创业时期的艰难跋涉及稳定发展中“双达标”“创一流”的洗礼，企业形成了艰苦创业，无私奉献的创业精神；求真务实，埋头苦干的老黄牛精神；自我加压，敢为人先的进取精神；连续作战，敢打硬仗的拼搏精神；兢兢业业，热爱岗位的主人翁精神；厂兴我荣，厂衰我耻的集体主义精神；刻苦学习，精益求精的钻研精神；顾大局、识大体，全厂一盘棋的整体观念；纪律严明，令行禁止的良好作风；助人为乐，弘扬正气的高尚道德情操。经过提炼总结，形成了以“为家立身、为企立业、为国立本”为主要内容的“三立”文化理念体系，受到社会各界的广泛关注，被评为“山东省首批企业文化建设示范单位”，荣获“中国电力行业企业文化建设示范基地”称号，企业文化建设出现了质的飞跃，为后续企业改革发展提供了坚实的思想基础、不竭的精神动力和强大的文化支撑。

（四）新的征程（2007年至今）

充满活力的市场经济推动电源建设突飞猛进的发展，超临界、超超临界机组如雨后春笋般出现，140MW机组已然失去70年代独立鳌头的光环，显得黯然失色。而此时，随着人口的迅速增加，能源开发、消费和利用也急剧增加，大气变暖、雾霾等问题日益严重。面对减缓气候变暖、降低二氧化碳排放的巨大挑战与压力，作为世界煤电容量最大的国家，中国以煤为主的能源结构在2050年前不可能有根本性的改变。在这样的情况下，国家发改委在2006年提出了火电必须“上大压小”的电源建设政策，大力发展大型高效率、低排放超临界/超超临界600MW及以上机组。

2007年初，国务院下发了《国务院批转发展改革委、能源办关于加快关停小火电机组若干意见的通知》，大力推进“上大压小”工作。这对于刚刚完成增容改造，盈利能力较强的十电来说，无异于平地惊雷。殚精竭虑的十电人牢牢把握国家实施“上大压小”、节能减排这一难得的历史性机遇，将发展的渴望与关停的悲痛化作扩建两台660WM机组的动力，于2007年6月忍痛向华电集团公司和华电国际公司上报了《关于十里泉发电厂关停4×140MW机组及实施“上大压小”工作》的请示，自此十电走上了8年的核准之路。

2007年12月和2008年5月，十里泉发电厂按照山东省发改委和华电集团公司、华电国际公司的机组关停工作部署，先后关停了#3、#4机组和#1、#2机组，合计关停机组容量56万千瓦，并通过了国家发改委组织的现场核查确认。同时，十里泉发电厂积极协调

购买地方关停小火电机组容量合计4.12万千瓦，并通过了国家发改委组织的核查确认，作为“上大压小”扩建工程关停容量。

经过历任领导班子的争取与协调，十里泉电厂“上大压小”扩建项目得到了省市级政府、华电集团公司、华电国际公司的高度重视与大力支持，“上大压小”扩建工程#8机组于2013年3月18日取得国家发改委核准。在第二台机组获得国家能源局“路条”后，十电超前谋划，集思广益，多渠道跟踪了解国家及山东省政策对推进第二台扩建机组前期工作的影响，深刻分析工作中存在的差距和不足，剖析原因，制定切实可行的措施；针对项目核准存在的重点难点，十电不等不靠，积极协调，制定报批相关方案，以重点突破带动全局工作，确保项目核准整体向前推进。2015年10月22日，山东省发展和改革委员会下发了《关于华电国际十里泉发电厂“上大压小”2×660MW超超临界机组工程第二台机组项目核准的批复》。至此，历经8年多的不懈努力，电厂相继完成两台600兆瓦级超超临界机组的核准工作，为电厂的转型发展写下了浓墨重彩的一笔。

十里泉电厂“上大压小”扩建工程于2014年12月正式破土动工，自开工建设以来，十里泉电厂始终秉承“精益求精、追求完美、一次成优”的工作理念，以“四个策划”为引领，以“树标杆、保行优、创鲁班”为目标，科学统筹安全、质量、进度、造价之间的关系，持续加强工程对标管理与设计优化，针对主／再热蒸汽温度等21项重要指标、分步试运等39个关键工序，成立污染物排放、锅炉钢架安装等17个指标攻关小组、24个质量保证小组及620℃公关小组，全过程控制工艺质量。积极落实送出、铁路、灰场等配套条件，确保与主体工程协同建设、同步投运，实现投产即达标目标。2016年11月17日，“上大压小”扩建工程#8机组圆满完成168小时满负荷试运行，正式投产发电，再热气温达620℃，是全国同类型机组最高水平，同时也是全国首台兼具供热功能的高效超超临界机组。取得了水压试验、倒送电、扣缸、点火、冲转、并网、168试运“七个一次”成功，采用超净排放的技术路线，达到了燃机排放水平，实现了无视觉污染。2017年7月13日，继#8机组投产后，#9机组成功投产发电，“上大压小”扩建工程正式竣工投产，十里泉电厂自此走上了改革发展的新纪元。

2005年12月16日，率先在国内进行了秸秆发电技术改造

近年来，面对传统能源日益供需失衡、全球气候日益变暖的严峻局势，世界各国纷纷加大对新能源和能源新技术开发与利用的力度，新能源产能急剧扩大。面对机遇与挑战，十里泉电厂立足火电板块，积极抢滩新能源市场，加快构建清洁能源、热电联产的复合型产业格局，进一步拓展企业的经营领域。

2014年9月十里泉发电厂注册成立华电枣庄新能源发电有限公司，2015年12月台儿庄风电场25台2000KW风电并网发电，成为山东区域风电盈利的新标杆。与此同时，十里泉发电厂积极开展新能源项目储备，加强与各级政府的沟通协调，积极开拓枣庄及周边地区优质风光资源，探索发展分布式能源。目前，临沂兰陵县大仲村风电项目取得政府及上级公司立项批文，台儿庄一期光伏已完成并网验收，台儿庄风电二期正在进行施工准备。

为响应国家节能环保政策部署及枣庄市城市发展对集中供热的需求，立足当前，面向市场，十电不断加大供热市场开拓力度，着力形成枣庄市东部城区、西部城区、峄城区三线供热片区。经过系统的调研、统计，枣庄市中区尚有835万平方米尚未实现集中供热，其中，城区东部占360万平方米，2020年预计需供热采暖面积4255万平方米。随着枣庄市新城区城市建设的阔步向前，目前西部城区满足供热条件的建筑面积已达到1792万平方米。其中，集中供热普及率仅为41%，2020年采暖建筑面

#8、#9机组机房内景

积将达到3259万平方米，供热负荷缺口将进一步加大。为此，十电紧抓发展先机，积极抢滩，全力推动东西部城区供热管线建设，项目投运后，不仅能够满足东部城区集中供热，同时可为周边乡镇全面实现集中供热，是一项前瞻性的民生工程。届时将实现东西城区联通，热源互补，沿途城区四面拓展的发展格局。

三、取得的成就

40载的辉煌已写入历史，40年的十电却依旧充满生机和活力。40年来，十里泉发电厂始终坚持“以人为本、安全第一、效益至上”的企业宗旨和“改革、发展、管理、提效”的发展思路，发扬“务实创新，追求卓越”的企业精神和“高严细实，高效有序”的工作作风，解放思想，锐意进取，企业管理水平和综合素质不断提高，各项工作取得了显著成绩。

（一）经济和社会效益显著

十里泉发电厂建厂40年来，在各级政府和上级公司的领导支持下，在全体职工的共同努力下，企业经营管理从无到有，从小到大，实现了计划生产型到市场经营型的成功跨越，企业财务管理、经营承包、基础管理及燃料管理等机制日趋完善，企业资产由1983年的2.35亿元增加到2008年的39.25亿元，从2008年至今，资产和净收益率不断攀升，有效确保了资产的保值增值。多年来，十里泉电厂把提高经济效益作为企业经营管理的根本出发点和落脚点，坚持以安全生产为基础、以经济效益为中心，牢牢抓住电量、燃料、成本、费用等关键环节，不断强化“大经营”理念，开源节流、增收节支，取得了骄人的成绩，为地方经济发展做出了突出的贡献。建厂以来，历届领导班子都把关心职工生活、做好后勤服务作为一项重要工作来抓，实现了从“忧居”到“有居”，再到“优居”的嬗变，厂区、社区绿化达20万平方米，达到全国一流企业绿化标准，企业成为环境优美、风景如画、充满生机与活力的和谐、温馨家园。

（二）安全生产基础扎实

以本质安全型企业建设为目标，积极探索安全管理新模式。从“0123”安全管理模式，到安全生产的“五抓五重”，积极倡导“不放松一时，不疏忽一次”的安全理念，形成了“意识上，我要安全；氛围上，就得安全；技能上，我能安全”的安全共识。通过设备的改造与治理、状态诊断、点检制、“分田到户”和运行“万次操作无差错”竞赛等有效措施，保证了设备的健康运行。历届全国火电机组大赛中，参赛机组名列前茅。先后荣获全国安全文明生产创水平达标企业、全国设备管理先进单位、华电集团公司安全生产先进单位等荣誉。

（三）科技创新成果丰硕

在改革发展过程中始终贯彻科学发展观，坚持走安全生产与节能环保协调发展的新路子，实现了“节能、降耗、减排、增效”的多赢目标。完成对5台125MW机组和2台300MW机组技术改造，平均降低煤耗15克/千万·时，经济技术指标显著优化，自动化水平大幅提高；安装干除渣装置，建设废水处理回用工程，实现了废水、灰渣的零排放；建成投产了2台330MW机组脱硫工程，每年可减排二氧化硫1.9万吨；2005年12月16日，全国第一台秸秆煤粉混燃发电机组投产运行，每年可减少二氧化硫排放1500余吨；建成投产2台660MW机组，主要经济技术指标在全国处于领先水平，排放指标达到了燃机排放标准，对发展循环经济，减少污染物排放起到了示范性作用。先后获得全国电力工业环境保护先进单位、全国节能先进单位、山东省环保先进单位、山东火力发电厂环境保护技术监督先进单位、山东省花园式工厂等有关环保的荣誉称号。

（四）企业文化影响深远

十电人在不断拼搏奋进的道路上，既创造了巨大的物质财富，又积累了宝贵的精神财富，形成了“为家立身、为企立业、为国立本”的“三立”文化，经不断丰富完善，形成了以做行业领先者为主要内容的三立创新文化理念体系，成为十电人精神财富中的瑰宝。各具特色的责任文化、和谐文化、安全文

化、廉洁文化等单元文化，百花齐放的“学”文化、“形象”文化等分支文化，“三责”“四天”“四个凡是”的工作理念，锻造了企业基业长青的灵魂，营造了“少有所为、老有所养”的和谐氛围，为改革发展提供了不竭的精神动力和强大的文化支撑，使企业始终充满生机与活力。如今，“三立创新”文化理念体系已经渗入到十电人学习、工作、生活的每一个细节，成为推动企业快速、协调、可持续发展的强有力的文化支撑，营造出了一心干事业、齐心谋发展、同心促和谐的良好氛围。

四、经验与总结

华电国际十里泉发电厂是在中共十一届三中全会以后建设和发展起来的，是党的改革开放政策给电厂的生产经营管理注入了新的生机和活力，提供了良好的生存、发展和竞争的环境。经过近 40 年的探索实践，十里泉电厂不仅为国民经济的发展注入了无限动力，同时也积累形成了宝贵的改革发展经验。归纳起来有以下几点：第一，必须坚决贯彻中央部署，紧贴实际抓好落实，才能保证企业始终沿着正确道路奋勇前行。始终保持高度的政治敏锐性，第一时间学习传达党中央、国务院和有关部委、上级部门的决策部署，吃透精神，把握实质，结合实际，主动对接，创造性地抓好贯彻落实，在思想上、政治上、行动上始终与党中央保持高度一致，体现了央企的责任和担当。第二，必须坚持与时俱进，科学制定优化发展战略，才能牢牢把握发展主动权。紧跟国际国内形势和电力市场变革，从企业实际出发谋篇布局，根据形势变化及时完善企业发展战略，找准企业发展坐标，明确发展路径和重点，在工作上作出前瞻性、全局性安排，引导广大干部职工既埋头苦干，又抬头看路，保证了企业的持续健康发展。第三，必须主动深化改革，破除体制机制性障碍，才能最大程度地调动企业上下的积极性和主动性。坚持解放思想，注重问题导向，不等不靠，自我加压，下好深化改革先手棋，打出一系列改革“组合拳”，破除制约企业科学发展的体制机制障碍，增强企业发展活力。第四，必须强化内部管理，不断提升价值创造能力，才能在激烈的市场竞争中赢得优势。牢固树立价值思维理念，始终严控成本，深挖潜力，实施系列管理创新举措，增强盈利能力，以相对较少的资产创造了更大的经济效益，通过转型升级推动可持续发展。

抚今追昔，我们深切感受到，在十电 40 年的发展历程中，每一个发展阶段，每一个紧要关头，都承载着各级领导和社会各界的支持、关怀和厚望，蕴含着十电人拼搏奉献、奋勇争先的辛勤汗水。多年来全体十电人发扬敬业爱岗、无私奉献的优良传统，努力践行“为家立身、为企立业、为国立本”的企业文化理念，团结拼搏、真抓实干，创造了令人瞩目的业绩，推动企业沿着可持续发展的道路阔步前进。展望未来，已经进入两百万大厂行列的华电国际十里泉发电厂，在习近平新时代中国特色社会主义思想的指引下，企业改革发展一定能取得新的进展和成功，一个资产优良、管理高效、队伍精干、企业与职工协调发展的和谐美好新十电，正迈着坚定的步伐阔步走来，一颗承载着光荣与梦想的鲁南明珠，必将放射出更加璀璨夺目的光芒。

审稿人：张永密

撰稿人：于　朕

2017年7月13日，继#8机组投产后，#9机组成功投产发电，“上大压小”扩建工程正式竣工投产，十里泉电厂自此走上了改革发展的新纪元

山东泉兴能源集团有限公司发展历程、成就及经验

中共十一届三中全会以来，山东泉兴能源集团有限公司（以下简称泉兴集团）始终坚持把工作的重心放在安全生产、经营管理和项目建设上，随着企业的发展壮大，不断深化体制机制改革，在转型升级可持续发展上，迈出一个又一个坚实的步伐，实现了超常规跨越式发展。

一、历史背景

中共十一届三中全会坚持解放思想、实事求是的思想路线，作出了把工作重心转移到社会主义现代化建设上来的战略决策。为了进一步壮大枣庄市国有企业规模，1982 年 9 月，枣庄市委、市政府从枣庄矿务局抽调人员组建班子，筹备建设枣庄市泉上煤矿。于是，泉兴集团的第一批建设者们，在鲁南大地广袤的田野上，风餐露宿，手拉肩扛，艰苦创业，勤俭建矿，仅用 3200 万元国家投资建成了一座年产 30 万吨的中型煤矿，这就是泉兴集团的溯源。面对滚滚而出的乌金洪流，泉兴人没有陶醉；面对外部竞争日益激烈的市场，泉兴人没有彷徨；面对转型发展的阵痛与艰辛，泉兴人更没有退却，而是踏着改革开放的春风，描绘了一幅地方国有企业跨越式大发展的绚丽画卷。

二、建设发展历程

改革开放以来，在各级领导的亲切关怀下，在全体职工的辛勤努力下，泉兴集团从小到大，由弱到强，从单一煤炭开采发展成为以建材为支柱产业、以煤电为基础产业、以现代服务为辅助产业的大型企业集团。从泉兴集团改革发展的历程来看，大致可以分为四个阶段。

（一）艰苦创业，合力创建标准化矿井（1983—1997 年）

中共十一届三中全会指出：“现在我国经济管理体制的一个严重缺点是权力过于集中，应该有领导地大胆下放，让地方和工农业企业在国家统一计划指导下有更多的经营管理自主权”。1979 年 7 月，国务院先后颁布了《关于扩大国营工业企业经营自主权的若干规定》等 5 个文件。此时国企改革主要是调整国家与企业的关系，扩大企业自主权。在中国共产党第十二次全国代表大会上，胡耀邦同志在《全面开创社会主义现代化建设的新局面》的报告中指出：“坚持国营经济的主导地位和发展多种经济形式，正确贯彻计划经济为主、市场调节为辅的原则”。此时国企改革主要是为了实行政企分开。同年，中共十三大报告肯定了股份制是企业财产的一种组织形式。到 1987 年底，全国国有大中型企业普遍实行了承包制。1988 年 2 月 27 日，国务院发布了《全民所有制工业企业承包经营责任制暂行条例》。在改革开放初期，国家对国有企业出台了一系列激励政策，改革取得了非常显著的成效。改革进入 20 世纪 90 年代，人们认识到过去的改革偏重于单纯的扩权让利，而未能以转换企业经营机制为中心。1991 年 9 月，中共中央工作会议集中讨论了国有大中型企业活力问题，全面分析搞活国有企业的内外部因素，强调要转换企业经营机制。根据中央会议精神，经过近一年的调查研究，国务院于 1992 年 7 月颁布了《全民所有制工业企业转换经营机制条例》，明确界定了企业经营权、企业自负盈亏责任、企业和政府的关系、企业和政府的法律责任等内容。泉上煤矿的筹建上马正是契合了这一历史时期的改革发展潮流。

1. 艰苦创业甘奉献

在国家政策的激励下，枣庄市政

府从枣庄矿务局抽调人员筹建枣庄市泉上煤矿，就此拉开了泉上煤矿建设发展帷幕。1982年10月，枣庄市政府、市煤炭局有关领导听取并原则同意枣庄矿务局基建处关于泉上煤矿的初步设计方案后，迅速上报省煤炭局。同年11月，枣庄市政府在市煤炭局召开了筹建泉上煤矿的第一次业务会，研究确定了建矿技术原则，委托枣庄矿务局设计室编制方案。12月，山东省地方煤炭工业局批准了泉上煤矿的初步设计方案。1983年8月5日，滕县县政府主要领导主持召开了第一次土地征购会议;8月10日，在滕县西岗公社召开了落实征地工作会议，讨论了有关征地工作的具体事宜，并达成了先用后征的协议。同年12月底，泉上煤矿第一批招收的200名新工人报到，土建工程破土动工，泉上煤矿正式进入建设阶段。

建设者们带着上级领导的信任，带着全市人民的重托,凭着租来的几辆“金鹿牌”自行车和一辆旧吉普车，发扬煤矿工人特别能吃苦、特别能战斗的精神，从筹建大战打响的那一天起，凡是自己能干的事情绝不请别人，当天能完成的事即使加班加点也绝不拖到第二天。从干部到职工经常工作至深夜，却从未要过一分钱的加班费。随着矿建工作的全面展开，在各种材料吞吐量大而场地又极其狭窄的情况下，从主要领导到一般工人，不分职务高低，装卸车、整场地、铺管道都一起干，全矿上下义务劳动蔚然成风，仅1984年上半年，就自行架设了2公里的输电线路，安装了临时变电所和1500米长的供水管道，自己动手修筑了3公里长的场内临时公路。4吨重的绞车、2吨重的锅炉等大小300多台设备，也都是第一批建设者们靠着人拉肩扛运进工地。

2. 精打细算保矿建

在建设期间，国家大力压缩基本建设，经费相应减少。根据国家“调整、改革、整顿、提高”八字方针，枣庄市煤炭局经过审查初步设计，大幅修订了枣庄矿务局设计室提交的初步设计工程项目，调整了大部分民用建筑造价，使矿井总投资由原来的4700万元降为3000万元，吨煤投资也由原来的159.31元降为99.98元。虽然此时矿井总投资大幅降低，但又面临着各种原材料价格全面上扬。面对困难，泉上煤矿的建设者们处处精打细算，千方百计节约资金。在工程建设上，采取了“部分正式建筑临时用、临时工程永久用”的方法，节约了前期矿建资金200万元。在主副井施工中，原来计划采用的“井筒基岩段地面预注浆通过”改为“强行通过含水层，井筒到底后再注浆封水”，不仅节省了4个月的工期，而且又节资百万元。经过建设者们4年多的艰苦创业，到1988年5月，矿井初具规模，主副井提升系统、运输系统、一通三防系统、供电系统、通信系统等十四个生产系统及辅助设施、安全设施、环保工程建成并投入试运行，职工的生活福利设施也基本满足需要。

伴随着泉上煤矿党工团组织和各职能部门的建立健全，群众性技术比武和劳动竞赛的热潮风起云涌，“早期少投资、尽快建成效”的共识激励着老泉上人在各个施工会战中一展风采。在声势浩大的“双增双节”活动中，老泉上人千方百计修旧利废、自制配件，将用过的锚杆、道钉一个个捡起来回收复用，还利用喷浆回渗物浇灌水沟；自己动手预制水泥盖板和道板，利用废旧料自搞小型土建工程……节省一张纸、节省一滴油、节省一度电，体现着创业者高度的主人翁责任感，也昭示着泉上煤矿的希望所在。1985年，泉上煤矿在全省煤炭系统百日安全、全优竞赛活动中一举夺得“在建矿井竞赛第一名”。

3. 强化管理上台阶

为保持泉上煤矿稳步发展的势头，泉上煤矿确立了“以矿养矿，以煤兴矿”的发展思路。1988年5月1日试生产后，煤矿把1988—1989年作为创建标准化矿井阶段。依据标准，对已建工程缺什么补什么，对在建工程，不达标决不验收。采掘工作面坚持上尺、上线、上镐，柱子上号，工作面上牌板，采掘面工程质量均达到一级品标准，巷道、车场拉线喷浆也达到“三无一通畅”的要求。1989年8月，泉上煤矿代表队荣获省煤炭局在济宁落陵煤矿举行的全省地方煤矿掘进技术大比武第一名。1993年，山东省煤炭工业局组织出版《山东煤炭科技》地方煤矿科技成果专辑，泉上煤矿编写的《30121上工作面上分层提高开采上限技术研究报告》被收集入编，这也例证了泉上煤矿已经有过硬的技术来支撑企业的进一步发展。

泉兴矿业公司

为抓好安全这件“天字号”大事，泉上矿每年召开的第一个会议就是安全工作会议，下发的第一个文件就是安全目标管理文件，签订的第一份责任书就是安全生产责任书。1989 年 2 月，泉上煤矿创办了《安全信息简报》，重点宣传党的安全方针、政策、法规、政令，报道安全生产中的先进事迹及违章处理，以达到推动安全生产的目的。1990 年 5 月 24 日至 1996 年 5 月 24 日，泉上煤矿创出了连续安全生产 6 周年、累计生产原煤 249 万吨的佳绩。

管理是企业永恒的主题。从 1993 年起，泉上煤矿领导班子围绕强化管理这一主题，以改革促使各项工作不断走上新台阶。1992 年底下达了生产工区经济承包实施细则，对采煤工区实行“三包”“七保”，对掘进工区实行“三包”“六保”的经济承包法。模拟内部市场运行，打破原工资分级档案，实行了“三三四”工资制度，即安全、质量分别占职工收入的 30%，任务占 40%，安全累计浮动，质量优质加价，形成了质量开路、安全压阵、生产挂钩的管理新格局，有力地调动了干部职工的生产经营积极性，原煤产量、工程质量、经济效益大幅提高，各项主要经济指标位于全省乃至全国地方煤矿先进水平。为增强企业发展后劲，泉上矿还建设了一座年入洗原煤 30 万吨的洗煤厂，为实现企业的可持续发展做了大胆尝试。先后荣获了“煤矿部特级质量标准化矿井”“全国甲级通风矿井”等称号。

（二）依托煤炭生存，跳出煤炭发展（1998—2003 年）

党的十四大召开后，改革的主要内容是：逐步明确建立现代企业制度、国有企业战略性改组、解决国企亏损问题、股份制和公司制试点改造，发展资本市场。泉上煤矿积极顺应时代发展要求，在全市率先进行公司制改革，组建了山东泉兴矿业有限责任公司，激活了企业发展的动力。

泉兴集团按照“以煤为主，多业并举，依托煤炭生存，跳出煤炭发展”的思路，开始了第二次创业。由原来的单一煤矿发展成为泉兴矿业公司、大兴煤矿、泉兴港务公司、泉兴水泥公司、泉兴房产开发公司、兴鲁煤炭运销公司组成的企业集团，成为横跨枣庄五区一市，集煤炭水泥生产加工、房产开发、港口货运等为一体的国有大型企业。

1. 深化内部改革，探索发展新机制

1998 年前后，泉上煤矿大槽煤逐渐枯竭，主采区转向小槽煤，开采难度增大、成本上升，企业效益急剧下滑。为摆脱困境，1998 年 5 月 31 日，泉上煤矿下发了《枣庄泉上煤矿股份制改组工作步骤方案》，同年 12 月，矿党委一班人动员干部员工入股，在全市率先进行了公司制改革，枣庄泉兴矿业有限责任公司顺势成立。1999 年上半年，公司实施了“三项制度”改革，即改革人事制度，干部竞争上岗，26 名中层干部分流，实现了干部能上能下；改革劳动用工制度，实行岗位责任制，定岗、定员、定编，机关人员向生产工区分流 140 多人，实现了人员能进能出；改革分配制度，将档案工资封存，实行岗位技能工资制，“干什么活，拿什么钱”，实现了收入能高能低；最大限度地调动了干部员工生产经营积极性；大胆改革用车制度，所有公用车辆一律拍卖给职工，干部凭票用车，经验在全市推广，枣庄市委、市政府对泉兴矿业公司的各项工作给予了高度肯定。

1998 年 7 月，为盘活早期与市中区合资建水泥厂投入的 1000 万元呆滞资金，又投资 2338 万元，买断了年生产能力 20 万吨的原市中区水泥厂齐村二厂，注册为“枣庄市泉上煤矿水泥厂”，分流员工 230 多名，迈出了泉上煤矿转型发展的第一步。通过规范管理、人才充实、技术改造以及产品质量达标等，水泥厂逐步走上了正轨，并于 2000 年 1 月 3 日改制成为“枣庄泉兴水泥有限公司”。

2. 二次创业建大兴，接续矿井燃希望

1998 年，全国煤炭市场进入中华人民共和国成立以来的最低迷期，很多煤企陷入亏损之中。在这场持续时间最长的艰难跋涉中，泉兴矿业又面临着优质大槽煤开采基本枯竭、矿井接续迫在眉睫的多重困境。1999 年 8 月 13 日，市委、市政府明确大兴煤矿作为泉兴矿业公司的接续矿井。在一无资金来源，二无合法手续，以及煤炭市场持续低迷的情况下，泉兴矿业公司义无反顾地迈上了“卖血”建矿的艰难之路。11 月 8 日，大兴煤矿副井筒破土开掘。泉兴矿业党政班子跑省进京，顶着压力，冒着风险，历尽艰辛，于 2000 年 2 月 15 日办成了大兴煤矿《采矿许可证》，取得了合法身份。

俗话说：“万事无财莫举”。大兴煤矿矿井建设设计概算 12879.84 万元。为了保证大兴煤矿建设，泉兴人发扬“说尽千言万语、走遍千山万水、经历千难万险、吃尽千辛万苦”的“四千四万”精神，开源与节流并举，通过严格的财务和成本管理，从流动资金挤一点、变现固定资产折一点、清理欠款顶一点、利用闲置设备抵一点，挤出资金 2000 多万元；安排专人利用政策要一点等，几年来，共向上级争取无偿资金近 4000 万元；利用技术创新省一点，依靠技术的大胆创新，优化设计了矿井水平施工方案，修改后水平标高由原来的 -500 米提至 -406 米，两井筒减少深度 200 米，节约建设费用 360 万元，自行设计的矿井二期工程，节约投资 244 万元。困难时期，全体员工人人发扬节约一滴水、一度电、一厘钱的精神，把节省的每一分钱都用到了新矿的建设上。通过公开招标选择建设队伍，节约资金 821 万元。就是靠着泉兴人的节约精神，以及抢时间、争速度的干劲，仅仅 27 个月的时间，就建成了一座年产 30 万吨的现代化矿井，比计划工期提前 18 个月。

3. 实施集团化运作，跳出煤炭做大做强

2001 年 5 月底，泉兴矿业首次提出了“依托煤炭生存，跳出煤炭发展”

的发展思路。2001年10月，在大兴煤矿建设的同时，依托大兴煤矿紧靠京杭大运河300米的地理优势，投资200万元，建设了年吞吐能力50万吨的泉兴港务公司，实现了产、销、运一条龙格局。2002年3月14日，依托枣庄市开发建设新城的有利时机，投资500万元，成立了枣庄泉兴房产开发公司。2002年5月1日，泉兴房产开发公司开发的首期工程——泉兴公寓破土动工。截至2017年，房产公司已成功开发薛城泉兴公寓、枣庄兴文组团、峄城青檀商贸城、泉兴华庭等项目，累计近10万平方米。2002年9月6日，整体兼并了枣庄市地方煤田地质勘探队和枣庄煤炭供应公司，分流安置下岗职工37人，为社会稳定做出了积极贡献。

2002年12月8日，在充分酝酿、调查调研和分析论证的基础上，实施了"两个模拟"运作：在内部管理体制上模拟市场化运作，在组织结构上模拟集团化运作。模拟市场化运作，即实行链式管理法推行"购买式"管理，实现了企业内部与市场的直接接轨，生产成本大幅下降。模拟集团化运作，即山东泉兴矿业集团与分公司实行分离，集团总部迁入薛城，下设五个分公司。集团主要谋划发展、运作项目。下属公司的主要任务是抓好安全生产和经营管理。"两个模拟"的实施，收到了"放而不乱、管而不死、统而有序、分而有效"的预期效果。

2003年5月9日，设计年产200万吨的新型干法旋窑水泥生产线举行了隆重的奠基仪式，这是泉兴集团发展非煤产业迈出的重要一步。结合枣庄市煤炭和石灰石资源丰富的两大资源优势，泉兴集团的发展思路定位为走"煤——建材"之路，实现煤炭——水泥——余热发电——反哺水泥、发展相关产业的新的经营格局，将资源优势转化为经济优势，进而转化为竞争优势，形成产业链，培植主导产业，增强企业的核心竞争力。在这一时期，泉兴集团的发展已经具备了一定的规模和竞争实力，名列2003年枣庄市百强企业第十一名。同时，集团内部文化氛围逐步提升，2001年1月1日，企业内刊《泉兴矿业》正式创刊。

（三）"一体两翼"谋发展，打造循环产业链（2004—2011年）

2003年10月，中共十六届三中全会提出的《中共中央关于完善社会主义市场经济体制若干问题的决定》中指出，要建立归属清晰、权责明确、保护严格、流转顺畅的现代产权制度。2005年4月，中国证监会启动了股权分置改革试点工作。到2006年末，股权分置改革基本完成。

这一阶段国企改革的主要任务是：深化国有资产管理体制改革，健全现代企业制度，正确处理非公经济与公有制经济的关系，变革资本市场等。这一时期，泉兴集团按照"一体两翼"的发展思路，以煤炭为主体、以水泥和热电为两翼，在发展循环经济和实现可持续发展上做文章，形成集煤炭金属开采洗选、水泥加工、热电联产、房产开发、生物能源、港务物流、机床制造、商务酒店等多位一体、适度多元的综合经营格局。

1. 依托煤炭做强，大力发展水泥产业

进入21世纪，产业结构过于单一的格局已不能适应市场需要，在资源枯竭和转型加速双重挤压下，正在发生动能转换的新变化。泉兴集团在立足煤炭主业发展上，强抓接续矿井建设，确保了大兴煤矿顺利投产达产；在水泥产业的发展上建成了第一条2500吨/天新型干法熟料生产线。2005年初，泉兴集团的发展又到了一个十字路口，决心进一步做大煤炭，但资源难觅，发展水泥也遇到了前所未有的阻力和困难。面对困境，泉兴集团通过纵向分析和横向比较后，决定将枣庄煤炭和石灰石两大优势资源有效嫁接，淘汰立窑水泥厂，依托煤炭积累发展资金，继续做大新型干法水泥项目。2005年初，开工建设了第二条2500吨/天水泥熟料生产线，同年10月该线竣工投产。2007年3月，开工建设了第三条6000吨/天水泥熟料生产线，2009年3月该线点火投产。两条2500吨/天和一条6000吨/天旋窑水泥熟料生产线日产达到1.1万吨，具备了年产水泥500万吨的生产能力。2009年5月，成功收购安徽宿州明丽相山水泥公司55%股权，对其控股经营，形成了终端产品，闭合了水泥产业链。同时，大力发展节能减排项目，于2009年11月开工建设了水泥余热发电系统，一期工程于2010年10月底试车运行。2011年4月，又开工建设了100万吨/年水泥粉磨系统。2011年底，泉兴水泥产业的总产值、利税在集团所

泉兴水泥公司

占比例均超过 50%，成为泉兴集团发展的主要支撑，成为黄淮海地区较大的水泥熟料生产基地之一。

2. 低成本扩张，延伸产业链，实现循环发展

2008 年以来，面对国际金融危机带来的不利影响，泉兴集团迎难而上，抢抓机遇，化“危”为“机”，累计投入 5000 余万元，对泉兴、大兴两矿实施技改工程，提高机械化程度，核定年生产能力由 60（30+30）万吨提高到 84（39+45）万吨。投资 1000 万元建设了 30 万吨 / 年的大兴煤矿洗煤厂，实现原煤生产、精煤洗选一体化。结合枣庄煤炭资源枯竭、省内资源紧张的实际，抽调精干力量，先后 30 余次到内蒙古、新疆等 7 省区以及南非、蒙古等国家实地考察资源，寻求发展的新机遇。2010 年 10 月，与枣庄监狱签订协议，托管金庄生建煤矿生产，为煤炭板块的发展进一步积蓄力量。

同时，泉兴集团大力发展循环经济，实施低成本扩张，先后于 2008 年 8 月、2009 年 5 月、2010 年 11 月 分别投入 3600 万元、790 万元、1300 万元，成功收购处于低谷运营的枣庄南郊热电公司 60% 股权、安徽明丽相山水泥公司 55% 股权、滕州亿源煤矸石热电公司 60% 股权。南郊热电总资产 5 亿元，滕州亿源热电总资产 0.69 亿元，相山水泥总资产 0.7 亿元，收购完成后，泉兴集团新增资产总额 22.78 亿元，实现了国有资产的迅速膨胀。同时，对南郊热电、亿源热电控股经营，实现了一次能源向二次能源的延伸；对相山水泥控股经营，不仅完善了水泥产业链，而且扩大了皖北市场。电厂主要燃料为泉上煤矿的低质原煤以及两矿洗选副产品—中煤，电厂排出的粉煤灰又作为生产水泥的混合材，发电直供集团所属企业，“煤—热电—建材”大循环经济链初步形成，企业抵御市场风险能力显著增强。另外，投资收购四川丹巴县铜炉房金矿 75% 股份，迈出资源开发战略转移的关键性步伐，实现了由煤炭资源开发向其他矿产资源的拓展。

南郊热电公司

3. 围绕企业转型，拓宽融资渠道，发挥骨干带动作用

在企业改革的攻坚阶段，泉兴集团围绕企业转型发展，积极拓宽融资渠道，组织专业人员积极推进企业债券发行工作。按照市政府的统一部署，以鲁南（枣庄）投资有限公司和泉兴集团为主体发行了 15 亿元的企业债券。同时，紧紧围绕枣庄城市转型目标，发挥市直国有企业的带动作用，先后投资 600 万元参股市商业银行、投资 1000 万元参股市担保公司、投资 3000 万元参股运河古城开发公司。2008 年 7 月，开工建设了新城区第一家五星级酒店——枣庄开元凤鸣山庄商务公司，作为政务、商务接待中心。2011 年 5 月，按照枣庄市的安排，接管山东鲁南机床有限公司，先后投入 1.5 亿元。面对当时处于半瘫痪状态的“鲁南明珠”，以“三项制度”为抓手，强力推行了一系列的改革措施。针对产品技术、质量和服务升级提出了“产品精准、精稳、精美，服务及时高效”的品牌发展目标。在产品发展方向上，提出了“高端产品‘专、精、尖’特色化，主推主打产品批量化，传统普通产品适度成线作为良好补充”，更明确地解决了鲁南机床围绕市场“既保吃饭又加快发展”的问题。以用户需求为导向，在国产高端装备研制特别是产业化上下功夫，使鲁南机床 ZK 系列 6 代产品占领市场。同时，与日本、德国科研机构合作，研制的 TMC25 系列车削中心获中国数控机床行业最高奖项“春燕奖”。与华中科大等高校联合研发的“五轴联动电火花铣及超声复合加工机床”、数控伺服压力机等产品投放市场，使濒临破产的枣庄机床支柱企业起死回生。2012 年，按照枣庄市统一发展规划，鲁南机床整体转让滕州市国资局管理。

（四）转型跨越发展，开启建设“双百”泉兴新征程（2012 年至今）

2012 年以来，在国际国内宏观经济放缓、主要耗煤行业产品产量增幅回落、进口煤大幅增加、能源结构调整等多重因素的影响下，煤炭行业结束了近十年的超常发展周期。特别是 2014 年以来，一些历史遗留问题、快速发展时形成的新问题与积累的老问题相互交织，促使行业形势发生了较大变化，企业发展面临着严峻的考验。

每一个企业的发展都有自己的轨迹，每一个企业在发展到一定阶段后都会经历一次或多次抉择，才能突破自我茁壮成长。这一时期，泉兴集团改变固有的思维定式、发展方式和经营模式，以创新的理念突破发展“瓶颈”，紧紧围绕打造“双百泉兴，百年企业”战略，重整发展布局，立足保生存、保稳定、保发展，坚持抓重点、补短板、强弱项，逐步形成了拥有煤电、建材、现代服务为一体的大型国有企业。

1. 深化体制改革，全面提升企业内生动力

2012年底，泉兴集团按照现代企业制度要求，对整体产权架构进行理顺，实行母子公司分立，各子公司产权统一划转到集团，集团由法人联合体变更为法人实体，更名为“山东泉兴能源集团有限公司”。坚持“集权与分权”“授权与监管”“激励与约束”相结合的原则，遵循“一统三放三加强”的总体思路，按照“确定组织架构、明确部门职责、实施流程再造、定岗定责定编、修订配套制度、完善监督考核机制”六个步骤，实施了集团公司、子集团和直辖子（分）公司及其下辖子（分）公司三级管理；2014年以来，逐步完善了人力管理、财物管控、市场营销、目标管理、监督考核评价“五大体系”，逐级完善了党委会、职代会及“三会一层”议事规则，逐步形成规范高效的内部运行机制，深化了各公司经营管理自主权。

2. 集中优势资源，壮大水泥建材产业集群

针对枣庄地区水泥行业大而不强、布局分散、各自为战的实际，在市委、市政府及市水泥行业整合办公室指导下，泉兴集团积极寻求合作伙伴。自2012年12月与中联水泥集团共同出资组建山东泉兴中联水泥有限公司、搭建枣庄市水泥整合重组的战略平台以来，按照“政府主导、市场运作、整合资源、互惠共赢”的思路，收购了江苏金月建材和中润商混两家公司的整体股权，稳固了苏北市场；2013年5月、10月，分别并购重组了申丰水泥集团、泉兴水泥公司，推动了全市水泥市场格局的调整和效益提升。同时，注重上下游产业链延伸，2014年7月，开工建设了泉兴中联建材600万吨/年砂石骨料生产线，并将泉兴中联下属申丰水泥集团、泉兴水泥公司委托中国联合水泥淮海运营区经营，促进了淮海区域水泥市场的全方位协同。

从煤炭到水泥，泉兴集团实现了成功转型。2016年7月，泉兴集团全面接管了泉兴中联水泥所有子公司。接管后，面对欠费、欠工资、欠社保严重，导致生产难以为继的极端困难局面，全面优化管控模式，强力组建管理和营销团队，大力开拓市场，果断终止租赁粉磨站合同，多措并举释放产能，最大限度治亏创效、挖潜增效。同时发挥泉兴“集团化”优势，及时调配优质资源，支援三家水泥公司走出困境。当年减亏近3亿元，综合产能上升至全国水泥行业前二十位，位居全省水泥产能、效益前三位。近年来，泉兴集团立足“建链、补链、强链”这一思路，不断发展水泥建材全链条，2017年11月，投资4.29亿元成功收购设计年产熟料180万吨、水泥200万吨、余热发电7000万千瓦时的华沃（枣庄）水泥公司；乘势加快推进华沃水泥、沃丰水泥各400万吨废石分选骨料线项目建设；论证推进泉兴中联建材二线年产300万吨骨料线、500万吨机制砂项目以及新型建材装配式建筑构件项目。目前，水泥建材板块产值占集团总产值的五分之四，力争用3-5年时间，把建材板块全面建成布局结构优、规模体量大、延伸配套性好、支撑带动力强的现代产业集群。

3. 强推提档升级，巩固提升煤电产业集群

按照市政府提出围绕主业发展的要求，泉兴集团明确了“省内、省外并重，煤电开发与托管并举、产业提档升级先行”的发展思路，主动发挥煤炭产业人才、技术、管理方面集聚的优势，推进“轻资产”运作，巩固提升煤电产业集群。2013年8月，托管了金庄生建煤矿生产技术管理；2015年8月，全面托管了年产90万吨的山西安吉欣源煤业有限公司；2015年底，抢抓国家政策机遇，全面接管了金庄生建煤矿，有力支撑了煤炭产业发展。同时，加大煤炭资源考察储备，考察论证西部省区其他煤矿的托管，壮大煤炭主业规模。

近几年，为巩固提升煤电产业可持续发展能力，泉兴集团按照国家安全监管总局“机械化换人、自动化减人”的科技强安部署，努力克服泉兴矿业极薄煤层、大兴矿业大倾角等复杂不利的地质条件影响，强力推进提档升级，装备应用综采综掘，淘汰落后产能，先后投资1.5亿元基本完成了煤矿机械化、自动化、集控化、信息化“四化”合一。泉兴矿业12煤、16煤薄煤层机采，简化了工序，减少了人员，降低了劳动强度和材料费用，提高了安全系数和全员工效，增加单产30%以上，把一线工人真正从繁重、危险的薄煤层生产中解放出来，其经验在枣庄地方煤矿推广。大兴矿业公司2东303工作面综采工艺，解决了“三软”煤层及大倾角仰采开采的难题，降低了劳动强度，提高了生产效率，加大了安全系数，填补了国内大倾角“三软”仰采分层综采工艺的空白。紧紧围绕“绿色、低碳、循环”发展战略，推进南郊、亿源两热电公司提档升级。投资1.2亿元，技改升级脱硫脱硝除尘等超低排放系统；投资6000余万元建设了南郊热电市中新区供热首站和东线供热工程、滕州亿源洪绪工业园区供热工程，使两公司供热能力翻了一番，提升了热电比。不断完善煤电产业循环经济链，投资9000万元扩建南郊热电#3锅炉，同比#1、#2炉增加供电8000万千瓦时，年增消耗低热高硫煤10万吨。在亿源热电成功应用城市污泥掺烧发电工艺，实现了社会效益和经济效益的双赢。

4. 明确主攻方向，培育发展新兴产业集群

围绕转型发展，泉兴集团加快新旧动能转换步伐，一方面突出传统产业、优势产业建链、补链、强链；另一方面积极发展城市服务、商贸物流等现代服务业、新兴产业。以集团下属五星级酒店开元凤鸣山庄为平台，发挥队伍专业化优势，坚持“星级”服务品质与“大众化”消费理念，大力拓展城市服务业。自2015年初，先后接管了市机关食堂、市公交总公司食堂、市工行食堂、枣庄银行食堂；2015年8月组建了物业服务管理公司，成功接管了新老城市体育

中心、凤凰山东区、枣庄银行、阳光保险、鲁南大数据中心等项目，服务面积65万平方米。深入探索推进物流业发展的新模式，以打造辐射淮海地区大物流中心为目标，启动好内力，借用好外力，靠大联强，内部依托水泥、煤电两大产业优势，外部与大型煤企及设备生产厂家建立长期代理合作关系，搭建淮海地区煤炭、建材及生产设备物流平台。积极探索“医养结合”模式，进军康复养老产业。

5. 坚持创新驱动，助推动能转换提质提效

泉兴集团始终坚持创新驱动，强管理练内功深挖潜，靠内生动力对冲外部市场压力、激活发展潜力。推进机制创新，2016年6月，围绕内部运行机制改革，邀请专业管理咨询公司，在完成集团公司组织创新与变革、人力资源及财务管理调查诊断的基础上，先后以“变革与战略创新”“组织变革”“搭建高效团队”为主题举办了四期专题培训班，分别组织集团高管层、处室及各公司主要负责人进行封闭集训，梳理了部门职责与岗位说明书；深化“三项制度”改革，催生内生动力。

大力推进管理创新，不断改进原有链式管理管控机制，为老课题赋予新内涵。以推进内部管理全面市场化、信息化为总抓手，推动管理升级、降本增效，最大限度地下放经营管理权。在市内三矿率先建立了包含四级结算关系、五大市场主体、1万余种结算单价的内部市场化管理体系，使各基层单位不仅是生产、安全的主体，更是成本控制、经营管理和创新盈利的主体。

大力推进融资创新，针对水泥整合重组贷款规模巨大、水泥板块经营托管可调配年收入骤减、资金周转极端困难的局面，千方百计创新拓展融资渠道。利用泉兴AA级诚信评级优势，在枣庄首例委托渤海银行成功发行15亿元PPN；以南郊热电、泉兴中联为主体，分别发行3亿元中小企业私募债、2亿元并购私募债。同时，以申丰、泉兴水泥公司为主体，租赁融资4亿元。2014年累计替换贷款27亿元，净减少贷款2.9亿元；2015年净减少财务费用1.2亿元；2017年以来，连续偿还7.2亿企业债、2亿水泥产业并购私募债和3亿中小企业私募债；2018年8月，顺利偿还15亿元PPN。同时，积极优化融资结构，用足用活政策，为解决企业中长期资金链安全问题打下了坚实的基础，使企业步入良性发展轨道。目前，泉兴的负债率大大降低，实现了“输血”到“造血”的蜕变。

大力推进技术创新，组建技术研究中心、专业研究室、高技能创新工作室，完善管理及项目创新激励机制，大兴矿业采煤机内喷雾的改进与应用及泉兴水泥窑辅助传动装置改造、高压电机供油系统改造等3个项目获国家实用新型专利，泉兴水泥一种日产5000吨熟料生产线余热发电的优化方法及系统获国家发明专利。沃丰水泥李修启技师工作站被命名为“山东省技师工作站”，泉兴矿业马士顺高技能人才创新工作室、泉兴水泥张宝民劳模创新工作室通过市级验收命名。“张宝民劳模创新工作室”被省人力资源社会保障厅、省财政厅认定为齐鲁技能大师特色工作站，以点带面地促进了泉兴集团技术创新工作的提升。

6. 建塑企业文化，全面提升企业核心竞争力

企业文化是一个企业的灵魂。伴随企业发展规模的壮大，2012年6月，泉兴集团提出了“强化六种意识，倡导六种精神”，引导广大干部埋头苦干、干事创业。2013年初制定下发了“改进作风，厉行节约七条规定”，并集中开展了“干部作风建设年”活动。以“感恩、忠诚、责任、执行”为主题，分期分批轮训了423名管理人员，组织学习《责任胜于能力》一书。同时，按照“问题在下面、根子在上面”的要求，大力开展自查自纠活动，对查摆出的1562条问题建立个人台账，制定整改方案，实行公开承诺。集团及下属企业都成立了效能督查组，采取不定时间、不定路线、突击检查等方式，加大日常督导，全面整治“慵懒散蛮慢”五种不良现象，养成“爱岗敬业、甘于奉献，敢于负责、勇于担当，令行禁止、立说立行，善于学习、精益求精的作风，开拓创新、奋勇争先，廉洁奉公、勤俭节约”六种优良作风。

企业文化犹如一面鲜艳的旗帜，引领企业前进的方向。泉兴集团在企业内部大力倡导“三个坚信”，即坚信说到比做到重要、坚信信誉比金钱重要、坚信信心比黄金重要。围绕“三个坚信”，传承创新泉兴文化体系，加强理想信念和形势任务教育，引导各级管理人员和全体员工讲诚信、树形象、塑品牌。2018年5月，集团上下集中开展“解放思想、坚定信心，防止懈怠、担当作为”专题教育活动，各级管理人员学习研讨了《华为的冬天》等文章，以实际行动诠释弘扬新时代的泉兴精神、泉兴品质、泉兴力量。泉兴集团在企业爬坡过坎的攻坚阶段，吸纳应届大学毕业生和复退转军人300余人就业，员工收入年均增长10%左右，形成了互利共赢、和谐发展的良好局面。集团自2012年以来，连年被中诚信国际评为AA信用评价等级，荣获了“山东省企业文化管理十佳企业”“山东省文明单位”等多项荣誉。

三、建设发展取得的主要成就

35年来，泉兴集团在市委、市政府的正确领导与大力支持下，始终以守正出新、自我革新、变中求新的行动自觉，紧跟国企改革发展步伐，由单一煤炭企业逐步发展成为枣庄市直工业企业舰队的“主力舰”。

（一）企业规模不断发展壮大

在35年的发展历程中，泉兴集团始终伴随时代发展的脚步，果断抢抓机遇，坚持稳中求进的原则，采取控股、参股等灵活多样的方式，推进各产业的整合重组托管，最大限度地发挥整体协同效应，打造产业集群。泉兴集团现拥有煤电、建材、现代服务三大板块，下

辖山东泉兴矿业集团公司、枣庄大兴矿业公司、金庄煤矿、枣庄南郊热电公司（辖滕州亿源煤矸石热电公司）、山东泉兴中联水泥公司（辖山东泉兴水泥公司、山东申丰水泥集团公司、枣庄沃丰水泥公司、山东泉兴中联建材公司）、华沃（枣庄）水泥有限公司、泉兴物流中心、枣庄开元凤鸣山庄商务公司、枣庄开元凤鸣山庄商务公司枣庄分公司、泉兴物业服务公司、泉兴投资发展公司等二、三级公司23家，参股泉兴置业、枣庄银行、市担保公司等公司，已形成集资源开发、水泥加工、热电联产、物流货运、商务酒店、房产开发、城市服务、金融投资等多位一体、适度多元的综合经营格局。企业资产总额101亿元，年收入50亿元，利税近10亿元，员工8000余人。

（二）产业结构转型加快推进

泉兴集团以"卖血"精神筹建了大兴煤矿，实现了新老矿井和大槽煤的接续，也为日后其他产业的发展积蓄了力量。特别是2014年以来，泉兴集团紧紧围绕"双百泉业、百年企业"的目标，实施轻资产运作，确定"西进东扩"的战略。"西进"就是依托煤炭主业人才、管理、技术和设备集聚优势，到西部托管煤质好、有市场、开采条件简单的煤矿。目前已顺利托管山西安吉欣源煤矿年产90万吨矿井。同时，推进煤矿生产实现了由炮采炮掘工艺向综采综掘工艺的升级。"东扩"即充分利用开元凤鸣山庄的队伍专业化优势，进军城市服务业，投资少、见效快、吸纳富余人员就业。并依托枣庄老城区热力用户市场，加大对南郊热电环保技改升级投入，扩大供热比。立足建材板块资源、土地等固有优势及整体协同效应，加快推进骨料生产线项目、机制砂项目建设，加粗加长产业链，培育形成新的经济增长点。用足用活产业政策，论证推进回转窑协同处置飞灰固废、高端装配式建筑构件项目，推动新旧动能转换实现重大突破。通过项目拉动使非煤产业成为集团新的经济支撑，在安置就业、融资经营、服务生产、产业转型升级等方面发挥了重要作用。

（三）安全生产形势持续稳定

泉兴集团自创始以来，无论是创业阶段的举步维艰，还是转型发展时的严峻考验，都始终牢固树立"经济形势越困难越要抓好安全，抓不好安全将会更困难"的理念，突出抓好"双基"和质量标准化建设，以融合创新不断推进企业向稳向好发展。近年来，累计投入近2亿元提升煤矿装备机械化水平。水泥板块子公司技改投资2.2亿元，两热电公司技改投资9000余万元，实现了安全绿色生产。全面推行安全隐患市场化和层级网格化管理，融合企业网络、微信、飞信，搭建了全方位、全天候安全管理信息化平台。充分发挥技术研究中心、专业研究室以及首席工程师工作室、首席技师工作室的作用，加强全员技能培训，开展导师带徒、岗位练兵、大比武活动，实现了科技推动与管理升级、技能培训"三并重"，保持了安全形势持续稳定。

（四）经营管控能力明显增强

泉兴集团在发展壮大的历程中，始终积极稳妥地实施内部运行机制改革。持续深入推进了"三定"工作，大力推广大部室、大工区制，对老矿区采取自然减员一批、依规清退一批、新项目分流一批、内部调剂一批、自主创业一批、轮换培训一批"六个一批"措施，压岗控员提效。着力深化"三项制度"改革，在干部人事制度上，推行组织考察、公开招聘、竞聘上岗、轮岗制等选人用人机制。在劳动用工制度改革上，逐步实行双向选择、竞争上岗、业务外包以及轮岗制、待岗制、末位淘汰制等灵活用工方式。近年来，根据产业规模、行业特点和产权关系，按照专业化管理、集约化经营的思路，试行集团公司、专业化公司（子集团）、子（分）公司三级管理，逐步形成战略决策中心、利润中心、安全生产和成本中心三层级功能定位。最大限度地下放物资设备采购、产品销售等日常经营管理权；加强横向、纵向对标，以月度经营分析及日常巡查为载体，实施精准成本管控；规范物资采购工作流程，探索网络平台化规模采购，提高直供率；深入推进内部市场化，将信息化与市场化高度结合、有效融合，以信息化促进市场化，并借助信息化平台建立各公司库存联动查询机制，实现

开元凤鸣山庄

资源共享，减少资金占压，使下属公司不仅是安全生产的主体，更是成本控制、经营管理和创新创效的主体。

（五）干部员工素质不断提升

泉兴集团始终秉承“企业搭台，人尽其才”的人才理念，实施“人才强企”战略，全面落实“565”人才计划，坚持“三个依托”、培育“三类人才”。即依托各公司培训中心，培育从事一般技术操作的技术技能型人才；依托省市专业技能培训机构，培育从事特殊工种、关键岗位，掌握一门以上操作技能的复合技能型人才；依托大专院校，采取与大专院校联合办学、选拔优秀人才到高等院校深造等方式，培养从事生产经营管理、高层次知识技能型人才。同时，在错峰生产及集中检修时期，立足问题导向，分期分批组织班组长及以上管理人员、各级党组织书记进行封闭集训；对业务对口自主进修人员，集团在时间、精力、资金等方面对员工学习给予大力支持，鼓励员工自学成才，员工素质得到本质性提升，补齐了业务短板。优化人才引进环境，把企业发展所需的煤炭、水泥、电力、财务、化工等方面的人才作为培养和引进的重点，积极搭建工作有条件、创造有机遇、发展有空间、利益有保障的“四有”平台。完善人才评聘机制，每年坚持开展“首席工程师”“首席技师”“首席员工”和“技术能手”的评聘活动。采取民主推荐与组织考察相结合的方式，选拔后备干部，保持合适的数量和梯次，促进了后备干部的成长。

（六）党建工作扎实深入开展

从1984年8月，泉兴集团第一个党支部——泉上煤矿筹备处机关党支部成立，弹指一挥间，泉兴党组织已走过了34年的奋斗发展历程。历年来，泉兴集团积极探索企业党组织领导核心和政治核心作用发挥的有效途径，研究出台了党委会工作规则。切实加强各级党组织建设，目前已设立泉兴矿业公司等5家二级党委、南郊热电公司等4家党总支（含1家域外公司党总支），43个基层党支部，807名党员。近年来，先后组织开展党的群众路线教育实践活动、“三严三实”专题教育活动、“两学一做”学习教育，党员干部的党性修养有了明显提升。开展争创“四强四优”活动，突出抓好基层党建示范点和党员责任区、示范岗创建。完善党委中心组理论学习等20余项制度，促进了工作制度化、规范化。严格落实党风廉政建设“两个责任”和“一岗双责”，将党风廉政建设考核纳入经营目标管理考核体系，健全了安全专管、安全稽查、经营审计、纪检监察四支监督队伍，积极开展专项检查、效能督查活动，干部队伍和机关作风不断改进。

（七）企业核心文化融入人心

多年来，泉兴集团始终注重传承发扬企业传统文化，深入挖掘企业发展文化资源，积极改进泉兴核心文化体系，组织各公司、区队（车间）、班组分层级归纳提炼各具特色的个性文化，初步形成了以“双百泉兴、百年企业”愿景文化、“五个一”安全文化、“周提醒月专题”廉洁文化、“诚信双赢”经营文化、“三个坚信”团队文化等为内容的文化品牌，企业文化逐步深入人心、落地生根。注重发挥群团组织作用，强化民主管理，严格落实三级公开和职代会制度，畅通民管维权渠道。坚持把改善民生作为一切工作的出发点和落脚点。近年来，泉兴集团在资金异常紧张的情况下，千方百计筹措资金解决历史欠账及遗留问题，保证了员工工资和“五险一金”的及时足额发放、缴纳。更加关心员工生产生活，不断改善员工宿舍、食堂、澡堂管理，定期组织全员健康查体。申报煤炭荣誉职工1500余人、发放荣誉金400余万元。提高了内退人员工资标准，办理了全员意外伤害和大病救助医疗保险。施行“精准+亲情”帮扶救助，给困难员工家庭发放各类救助金、助学金300余万元；结对帮扶山亭区徐庄镇柳泉村及水泉镇乔峪村、赵岭村57户特困家庭，先后筹措资金300余万元，用于困难村修路、架桥、修缮学校以及发展特色农业经济。计划生育、治安保卫、工农关系等工作协调有序，企业呈现稳定和谐、心齐气顺的良好局面。

四、建设发展的经验和启示

35年的艰苦探索，泉兴集团不仅沐浴改革开放的春风催生了累累硕果，更是在砥砺奋进的历程中收获了宝贵的经验与启示，总结起来主要有以下几点：

（一）必须毫不动摇坚持党的领导

坚持党对国有企业的领导，是深化国有企业改革必坚守的政治方向、政治原则。正是因为中共十一届三中全会以来，党对国有企业大刀阔斧的改革让泉兴集团抓住机会，依托有利政策筹建泉上煤矿。20世纪90年代，又是在上级指示精神引领下，泉兴集团在全市率先进行了公司制改革，为泉兴集团的成立奠定了基础。一直以来，泉兴集团始终坚持把管党治党责任抓在手中、扛在肩上，在作风建设、干部管理、制度约束上全面从严从紧，扎实推动各级党组织在度危求进、推动发展中充分发挥政治核心作用、战斗堡垒作用，使泉兴在经济持续下行时期，始终保持了健康平稳的良好态势。面对经济新常态，泉兴上下必须毫不动摇地坚持党的领导，深入全面从严加强党的建设，为企业改革发展提供坚强政治保证。

（二）必须坚持解放思想勇于革新

国有企业改革的进程，就是思想不断解放的过程，也是理论不断创新的过程。只有破除旧思想，不断创新，才能将改革进行到底。30多年来，泉兴集团坚持问题导向，持续解放思想，破解制约发展的体制机制障碍和深层次问题。不论是泉上煤矿建矿初期面临资金紧张问题时改进施工方式，还是煤炭“黄金十年”结束后的多种融资渠道保资金链安全；不论是建立公司制还是集团化运作，泉兴集团的每一阶段、每一项决策、每一个改变都伴随着思想的转变。特别是近年来全面推进内部管理市场化、信息化，持续释放各类资源潜能，发展活力和内生动力。实践证明，在当前经济新常态下，单纯依靠要素资源投入的驱动已是“动力不足”，必须坚定

不移走创新驱动发展之路，更加注重发展质量和效益，坚决打赢提档升级、治亏创效攻坚战，才能使企业脱胎换骨、浴火新生。

（三）必须坚持坚定坚信发展战略

泉兴集团始终坚持“依托煤炭做强、跳出煤炭做大”的发展战略，坚定不移地推进传统产业提档升级，大力推进城市服务业，积极探索新兴产业。实践证明，这一战略完全符合国家产业政策导向，符合泉兴发展实际。近年来，面对经济新常态，泉兴集团仍然坚持战略自信不动摇、保持战略耐心不盲目，不打无把握之仗、不做急功近利之事、不投力所不及之资，全力以赴保安全、保生存、保民生，以稳为主、变中求新、新中求进、进中突破，战胜了难以想象的重重困难。实践再次告诉泉兴，坚定必胜的信心不动摇，坚定发展战略不动摇，就一定能在逆境中闯出一条产业结构日趋合理、质量和效益兼顾的可持续发展之路。

（四）必须坚持坚信信誉比金钱重要

泉兴集团在发展过程中突出抓好“诚信、互信、自信”建设，对外树形象，对内作示范，持续提升企业的社会形象和影响力，从而赢得社会各界的关注、认可、支持。每次面对异常紧张的资金周转关口，泉兴集团能利用泉兴AA级品牌屡屡融资成功，靠的就是企业的信誉。从西部煤矿主动要求泉兴集团托管，壮大煤炭主业，到进军城市服务业都取得了超预期的效果，靠的就是泉兴的信誉。实践告诉泉兴，只要时时重承诺讲信誉，就能赢得别人的信任，就能在危难之际走出困境。30多年来，各级领导干部以身作则，率先垂范，说到做到，干了一些实事，用实际行动赢得了员工群众的信任，汇聚了发展合力。实践告诉泉兴，只要我们说到做到，不放空炮，就能赢得广大员工的信任，就能为企业的改革发展集聚“正能量”。

（五）必须坚持以人为本和谐发展

企业改革要真正获得成功，改革结果切实得到巩固，归根到底要取得广大员工对改革的理解、支持、参与和认可。翻开泉兴文化手册，就非常醒目地看到“成就员工，回报社会”的企业宗旨。从泉上煤矿创始之日，泉兴集团始终依靠员工、尊重员工、关心员工，维护员工的合法权益，充分发挥员工的主力军作用，全面激发员工的创新创造热情。泉兴集团发展30多年来，从未拖欠工资、无待业待岗失业，实行了全员合同制、无临时工，而且工资待遇逐年提高，只要国家推行的职工待遇方面的政策，泉兴集团都会马上落实执行。不少干部职工的家属子女、亲朋好友都在泉兴安置就业，很多老泉兴的“三代人”都在泉兴工作。因此，广大员工理解企业、支持企业，始终与企业同舟共济、同甘共苦，用心血和汗水战胜了各种困难和挑战。实践反复证明，广大员工始终是泉兴建设发展的力量源泉。面对经济新常态，必须始终把员工放在心上，坚持发展为了员工、发展依靠员工、发展成果由员工共享，汇聚万众一心、推动发展的磅礴力量。

（六）必须坚持市场化发展方向

坚持市场化取向的改革，是我国经济体制改革应该始终坚持的方向，国有企业发展也不例外。30多年间，国有企业从政府行政机关的附属，逐步发展成为自主经营、自负盈亏、自我发展、自我约束的商品生产与经营者，并在国内市场的激烈竞争中发展壮大，呈现出较强活力和竞争力，关键在于始终坚持了市场化的发展方向，按照市场经济规律进行自主经营，通过市场竞争，逐步发展成为具有独立法人地位的市场主体。回首泉兴集团的改革过程，从本质上讲，就是适应了社会化大生产和社会主义市场经济的要求，寻找一条公有制与市场经济相结合有效途径的过程。2012年底，泉兴集团按照枣庄市政府的要求，与中联水泥集团联合组建了山东泉兴中联水泥有限公司，搭建了枣庄市水泥整合的平台，不但在错峰生产、市场协同、提升行业利益方面发挥了龙头引领作用，更是从体制和机制上强化了国有企业的市场主体地位，增强其市场化运作的适应力和自觉性。

35年的跨越式发展，泉兴集团已由单一煤矿经营发展成为多位一体、多元发展的综合经营格局。今后，泉兴集团将在习近平新时代中国特色社会主义思想指引下，在市委、市政府的正确领导与大力支持下，紧紧围绕枣庄城市转型和工业振兴目标，以百倍的果敢与决心、百倍的自信与从容、百倍的成熟与定力，站在新起点、践行新理念、展现新作为，为建设宜居宜业新枣庄奋力谱写好“泉兴篇章”。

审稿人：张　斌
撰稿人：徐元文　张长生
王鸿雁　房红梅
梁兴邦

目录

Contents

第三辑　市直篇

枣庄档案事业的发展历程综述

1978年12月，中共十一届三中全会胜利召开，开启了改革开放历史新时期。枣庄档案事业是枣庄改革开放的见证和忠实记载，是枣庄改革开放的信息资源和智慧宝库，全市档案部门紧跟改革开放的历史进程，以服务为主题，以发展为主线，全面加强档案业务各项建设，各方面工作取得了明显成绩。

一、枣庄档案事业的发展历程

（一）恢复整顿，改革开放起步（1978年12月至1982年8月）

1. 恢复机构，建立制度，为档案工作恢复整顿奠定基础

中共十一届三中全会召开后，全国工作的重点随之转移到经济建设上来，档案工作的重点也随之转移，开始了恢复、整顿、总结、提高阶段。1979年山东省档案工作会议提出恢复整顿档案工作。1978年中共十一届三中全会确定了以经济建设为中心、对外开放的指导方针，给档案工作注入生机和活力。1979年11月1日，恢复“文化大革命”期间撤销的枣庄市档案馆（局），为局馆合一体制，各区县也先后恢复了档案局、档案馆。恢复建立的档案馆、档案室结合自身实际情况，先后制定了档案的收集、整理、保管、保密、借阅、统计等规章制度，规范了档案工作。坚持推行文书部门立卷，实行“三集中、一统一”的立卷方法，有效地提高了文书立卷质量。档案工作网络的逐步建立，档案工作规章制度的逐步健全，为档案工作恢复发展奠定了良好的基础。

2. 明确职能，加强业务，档案服务功能逐步显现

1980年2月，中共中央、国务院批转国家档案局《关于全国档案工作会议的报告》中指出：“档案是历史的记录，是党和国家的宝贵财富。档案工作是一项很重要的专门事业，是实现社会主义现代化，开展历史研究，进行各项工作的必要条件，做好档案工作不仅是当前的需要，而且是维护党和国家历史真实面貌的重大事业。”《档案馆工作通则》规定档案馆是“保管档案资料的基地，各方面利用档案的中心”。档案馆工作职能的明确，为档案工作全面发展指明了方向，全市各级档案部门按照工作职能，迅速展开了档案业务工作。市和区县档案馆首先抓了档案的收集、整理和鉴定工作，在这个基础上实现了全市卷内文件系统化、文件分类、案卷标题拟制、案卷分类排列、全宗排列、卡片分类排列六个统一。在固定案卷位置的基础上，各档案馆除编制了案卷目录等书本式检索工具外，还编制了文件分类卡片和人名分类卡片等检索工具，实现了查找文件卡片化，大大提高了查找速度，降低了漏检率，为检索档案计算机化打下了基础。1980年3月，中共中央书记处决定开放历史档案，遵照这一指示和适应形势发展的需要，全市档案工作的重点转移到了为经济建设、文化科学教育建设及各项实际工作服务的轨道上。一方面抓紧进行收集、整理等基础工作，为开放历史档案做准备，一方面以开放历史档案为动力，促进档案馆的思想、组织和业务建设，使档案馆由封闭型向开放型的科学文化事业机构转变，开创档案工作的新局面，为经济建设、科学教育、文化建设、平反冤假错案等工作提供了大量有用的档案资料，解决了许多实际问题，受到了社会各方面的普遍重视。

（二）治理整顿完成，改革开放全面展开（1982年9月至1992年1月）

1. 改革机构，配备人员，档案工作网络不断加强

1984年11月，枣庄市档案局降为二级局，副县级单位，全市档案系统编制78人。1985年2月，中共中央、国务院批转下发了《关于调整我国档案工作领导体制的请示的通知》。中共山东省委、山东省人民政府于1985年6月发出了《关于认真贯彻中共中央、国务院〈关于调整我国档案工作领导体制的请示的通知〉的通知》。《通知》要求，市地、县档案局已撤销的应一律恢复；各市地、县档案局既是党的机构，又是政府的机构，列入政府编制序列，归各级党委和政府领导，以党委领导为主，日常工作分别由党委和政府的秘书长（县由县委和县政府办公室主任）领导；各市地、县档案局和档案馆的领导班子、相互关系等，可参照省档案局和省档案馆调整的原则精神，由各市地、县委和政府根据实际情况确定。省委、省政府的《通知》下发后，枣庄市认真贯彻《通知》精神，按照《通知》要求对档案局、馆进行了相应的调整。1989年8月，枣庄市档案局调整为局级机构，列入政府序列。1992年，全市档案系统人员编制由1985年的78人增为99人，其中市档案局（馆）19人。1992年，全市85处乡镇开展档案工作，在机构改革中处于相对稳定，市中区渴口乡、山亭区西集镇、滕州木石镇等档案工作得到了进一步加强。市档案局研究制定了《村级档案管理暂行办法》，各区（市）都据此不同程度地开展了试点工作。到年底，全市已建成村级规范化档案室101个。1987年起开展了企业档案管理升级工作。1990年，又在企业中开展了建立综合档案室的活动。1992

年，全市有68家企业建立了综合档案室，重点抓了大中型企业重点项目档案和用户信息档案的管理。

2. 建设档案馆，更新设备，档案服务水平不断提升

为更好地为党和政府以及社会各界提供档案服务，经中共枣庄市委批准，1985年在市中区文化中路枣庄市委院内建成枣庄市档案馆，建筑科学、布局合理，为档案的保管和利用提供了有利的环境。在档案搬进新馆的同时，更新了档案柜，配备了卡片柜和除湿、防盗等设备，改善了档案保管条件，提升了档案服务水平。自1985年市档案馆建成投入使用后，五区一市新型标准化的档案馆也相继建成，库房管理设备趋于标准化，到1992年全市七家综合性馆库房建设都达到了管理“八防”的专业要求，一改过去那种旧房子、木橱子、不符合专业标准的状况。

3. 创新机制，夯实基础，档案工作快速发展

开展达标升级，促进档案业务建设规范化。按照国家、省档案局要求，市档案局从1988年开展了对机关档案实行综合管理，建立机关综合档案室的活动，1990年又开展了机关档案工作定级升级工作。到1992年底，全市共建立机关综合档案室482个，占应建数的82%，有236个单位晋升为省二、三级先进单位。其中，市直机关已全部建立了机关综合档案室，有61个单位晋升为省二、三级先进单位。1990年滕州市档案馆晋升为省三级先进档案馆，1991年薛城、市中、峄城三个档案馆也通过了省三级先进档案馆的考评，滕州市档案馆晋升为省二级先进档案馆，1992年，市档案馆、山亭档案馆晋升为省三级先进档案馆。

4. 学习贯彻《中华人民共和国档案法》，大力推进依法治档

1988年1月1日，《中华人民共和国档案法》（以下简称《档案法》）正式实施，这是我国第一部档案工作法律，它的颁布实施结束了我国档案工作无法可依的历史，标志着我国档案事业从此进入依法管理的新阶段。按照国家及省档案局的统一部署，全市各级档案部门采取多种形式认真开展了深入学习，广泛宣传《档案法》。1990年11月，国家档案局发布实施《中华人民共和国档案法实施办法》以后，市档案局结合工作实际，研究制定了《枣庄市档案系统“二五”普法规则》，规定了全市档案部门从1991年至1995年的普法指导思想、任务和对象，制定了实施方法、步骤及验收标准。1992年初，市档案局与市普法办联合下发了《关于一九九二年深入贯彻执行〈档案法〉的意见（要点）》。确定以贯彻实施好《档案法》及《实施办法》为重点，健全档案法制建设，全市共举办以《档案法》为主要内容的骨干培训班8期，受训人员430余人。1992年，全市档案部门结合《档案法》颁布5周年和“二五”普法活动，开展了系列纪念活动，全市档案法制意识明显增强，依法治档工作稳步推进。

这一时期，全市各级档案部门坚持依法治档，不断提高档案法治水平；注意广泛收集各种门类的档案，大力丰富馆藏，适应信息社会的需要，多渠道多途径地开发档案信息；把档案馆作为档案工作的重点来抓，突出档案馆的科学文化事业性质，使档案工作的发展与政治经济文化科学事业的发展同步。通过全市档案人员的不懈努力，全市档案工作在恢复整顿中不断提高。

（三）适应社会主义市场经济，为建设小康社会服务（1992年1月至2002年11月）

1. 适应市场经济发展，持续完善档案部门职能设置

1996年12月27日，市档案局、市档案馆依据枣庄市委办公室文件《关于印发枣庄市档案馆、枣庄市档案局职能配置、内设机构和人员编制方案的通知》（下文简称《通知》）设立，为市委办公室领导的正县级全额财政拨款的事业单位，受权行使有关行政管理职能。内设办公室、业务指导科、档案管理科三个科室。2003年12月，经市编办批准，增设法规教育科。根据《通知》以及枣庄市机构编制委员会《关于调整枣庄市档案馆（档案局）内设机构的批复》规定，批准市档案局（馆）编制总额为18人，其中工勤人员编制2人。配备馆（局）长1人，副馆（局）长2人，科级领导职数4正3副。2008年，市委组织部、市人事局同意我局全部工作人员均参照公务员法登记管理。2015年，市委组织部批准设置职位16个，2017年市编办批准市档案馆编制为18人，目前编制内在职人员15人，社会化工勤2人，

2013年4月7日，中国抗日战争正面战场图片实物展在台儿庄古城举行开展仪式

2015年6月9日，枣庄市档案法规知识电视竞赛决赛现场

社会化辅助类公益岗3人。

2. 完善法规体系，深化依法治档取得新进展

为了深入贯彻《档案法》，提高全社会档案意识和档案法制观念，全市档案行政管理部门在大力宣传的同时，不断完善档案法规体系，提高依法治档能力。在《档案法》颁布十周年，《档案法》（修正）及《山东省档案条例》实施一周年之际，1996年7月5日第八届全国人大常委会第二十次会议通过了《关于修改〈中华人民共和国档案法〉的决定》，修改后的《档案法》，加大了执法力度，增强了可操作性，更加适应改革开放的新形势，进一步保证了《档案法》的有效实施。1997年6月，市档案局与市人大教科文卫委员会、市政府法制局联合下发了《关于在全市开展〈档案法〉执法情况检查的通知》，并成立了联合检查组对全市部分机关、企事业单位进行了重点检查，并将检查结果向省人大教科卫委员会、省法制局、省档案局做了书面汇报，收到了较好的效果。2001年7月5日，市档案局利用《档案法》修改并重新公布实施五周年之际，在全市范围内组织了大规模的宣传活动，在市驻地召开了动员大会，报纸、电台、电视台作了专题报道。

3. 加强档案资源建设，馆藏不断丰富

1992年，枣庄市档案馆馆藏由1985年75个全宗、9701卷增为130个全宗、24540卷，馆藏资料由1985年3427册增为10791册。机关档案室室存档案由55126卷增为145451卷。科技档案室由1985年的152个增为270个，并全部实行了综合管理，有202家企业档案在档案管理升级活动中，分别达到国家、省、市级先进标准，室存档案由1985年的24034卷册增为216772卷册，专兼职档案管理人员1985年共有274人，到1992年仅专职档案管理人员就配备402人。全市获得档案专业技术职称的人数由1985年的25人增为239人，其中包括获得中级以上技术职称的34人。

（四）坚持科学发展，服务和谐社会，迈进全面建设小康社会新阶段（2002年11月至2012年11月）

这一时期，全市档案工作持续健康发展，科学发展。各级国家综合档案馆馆藏资源进一步丰富，基础业务建设持续加强，依法治档能力显著提高，档案服务体系建设不断完善。

1. 新馆建成，市档案馆功能得到全面提升

2005年12月16日，市档案馆新馆隆重奠基。2008年11月27日，市档案馆开馆，档案馆搬迁工作得到了枣庄军分区、枣庄武警支队和市公安局大力支持，动用解放军及武警战士100多名，出动军车25车次，警车8车次帮助搬迁，仅用22天就完成了档案馆安全顺利搬迁的任务。新档案馆占地24亩、建筑面积达8760平方米、设计馆藏量50年，设施先进，功能齐全，新馆的建成使用标志着枣庄市档案事业进入了一个全新发展时期。

2. 积极参与服务全市重大活动、重大工程

2011年，市档案局成功承办了《枣庄建市50周年暨城市转型辉煌成就展》，制作展板66块，提供文字说明17000字，以丰富的史料和宽广的视角，全面、系统地反映了枣庄建市50年来的发展历程和辉煌业绩，观看人数达到3万余人，得到市委、市政府的充分肯定和社会各界高度评价。市档案馆主动做好台儿庄运河古城重建档案工作。省、市、区三级档案部门十分重视台儿庄运河古城重建档案工作。省局领导先后两次、市局领导多次到台儿庄指导古城奏疏展布展和古城重建档案馆建设工作。市档案局组织人员外出学习和征集奏疏档案，并抽调专人靠上配合古城博物馆的建设工作。台儿庄区档案局积极参与古城重建相关文物、档案资料的收集管理工作，目前共征集到民间实物13个类别、1233件，为古城重建奠定了文化史料基础。

3. 规范考核，推动档案管理水平不断提升

2005年按照山东省档案局要求，市档案局下发了《关于开展全市档案管理考核工作的通知》，在全市实行档案年检制度，推进全市档案管理水平的提高。全市有9个单位晋升为省特级档案室，18个单位晋升为省一级档案室，48个单位晋升为省二级档案室。2007年全市共晋升省特级档案馆（室）8家、省一级档案室12家、省二级档案室11家，超额完成了省档案局下达的任务。2008年全市综合档案馆全部通过了国家二级综合档案馆考评，成为全省为数不多的全部获得国家二级档案馆称号的市，得到省档案局领导的高度评价。在全市范围继续分级开展了档案馆、机关和企事业单位档案工作年度考核，全市有50个档案室晋升省级先进单位，其中省特级档案室6个、省一级档案室20个、省二级档案室24个。

4. 强化宣传，依法治档水平不断提升

2007年，围绕纪念《档案法》颁布20周年，市档案局举办了档案与法制知识有奖竞赛活动，开展了档案“五五”普法读书活动，档案工作者撰写读书心得200余篇；开展了征求《中华人民共和国档案法》修改意见活动，提出了修改方案；组织了庆祝《档案法》颁布20周年大型图片巡回展，共制作展板38张。市档案局及市中区、滕州市档案局被省档案局评为全省档案法制宣传工作先进集体。2014年，枣庄市档案局争取以市委市政府“两办”名义下发《关于进一步加强档案工作的意见》《关于加强全市重大活动档案管理工作的意见》和《关于加强和改进新形势下档案工作的实施意见》等文件，制定了《枣庄市档案馆收集档案范围实施细则（试行）》《幸福新枣庄建设档案工作示范镇（街）验收标准》和《幸福新枣庄建设档案工作示范村（居）验收标准》等规范性文件。枣庄市档案局结合本市实际，建立并完善市档案局档案管理行政处罚自由裁量权基准、市档案局权力清单以及部门责任清单。档案管理行政处罚自由裁量权基准共计10项，每项按照轻微、一般、较重、严重、特别严重5档进行对应处罚，配有档案管理处罚权力运行流程图，严格依法行政，依法治档。

5. 拓宽思路，新领域档案工作不断拓展

经济园区档案工作再上新台阶。2005年，全市9个高新区、经济园区1209家企业有731家建立了档案室，356家基本达到了规范化管理。枣庄市的经济园区档案工作经验在2005年下半年召开的全省高新开发区档案工作座谈会上进行经验交流。2006年全市9个经济园区建立档案室928个，建档率在70％以上，有634个档案室实现了规范化管理，利用档案解决土地纠纷、经济合同纠纷等经济案件22起，挽回经济损失180多万元，进行技术改造和新产品开发38项，产生经济效益6870万元。积极推进“三农”档案工作。2006年市档案局制发了《关于加强建设社会主义新农村档案工作的通知》，全市共建立村级档案室326个，整理归档各类农业农村档案4895卷、资料1637册。2007年与税务部门一起进一步规范了农村税费改革档案，与宣传部门共同建立了文明生态村、文明户创建活动档案，与城建部门共同建立了小城镇建设档案，与农业等部门联手建立了土地承包、流转档案。2007年11月8日，市档案局在薛城区陶庄镇召开了全市农业农村档案工作现场会，在全市迅速掀起了农业农村档案建设的高潮。全市共有70％的行政村建立了规范化综合档案室，新建和整理各类村级档案15000余卷。2011年开展了新农村建设档案工作示范县、示范乡（镇）、示范村创建活动。积极推进民生档案建设。2008年11月27日，全省民生档案工作会议在枣庄市召开。

（五）推进档案基础建设，强化档案事业管理，为决胜全面建设小康社会服务（2012年11月至今）

1. 加强档案事业管理，提高新形势下档案工作水平

2014年3月，中共中央办公厅印发《关于加强和改进新形势下档案工作的意见》，对新形势下如何加强和改进档案工作提出了明确而具体的要求。10月，山东省委办公厅、山东省政府办公厅印发《关于加强和改进新形势下档案工作的实施意见》，要求积极推进依法管档，加强档案馆建设，支持并规范社会力量参与档案事务，加强档案的接收、征集，尤其强化涉及民生、经济领域及重大活动的档案管理，为群众提供便捷高效的档案利用服务。为了贯彻国家和省委文件要求，2015年，中共枣庄市委办公室、枣庄市政府办公室印发了《关于加强和改进新形势下档案工作的实施意见》，为促进档案工作科学发展提供了抓手。

积极落实全省档案馆建设推进会精神，按照市委常委会关于加强全市档案馆建设的决议要求，召开了全市档案馆建设推进会，对抓好全市新馆建设进行部署、提出要求。区（市）综合档案馆新馆建设、市档案馆数字化改造写入了市政府工作报告。市委督查室、市政府督查室就档案馆建设多次进行督查。各区（市）党委、政府高度重视档案馆建设工作，滕州市将新馆建设列入惠民实事项目，薛城区、山亭区、台儿庄区将新馆建设列入了重点工程项目。2017年，市中区、台儿庄区、滕州市已顺利开工建设，纳入2018年新馆开工建设任务

2017年5月26日，枣庄市首届档案业务技能大赛决赛在市档案局成功举办

的峄城区、山亭区、薛城区正在按照计划推进。抓好档案执法检查整改工作。深入落实全省国家档案行政执法检查整改落实工作会议和省、市主要领导指示批示精神，通过争取列入市委常委会议题、召开全市整改落实推进会、印发整改方案、定期督导调度等措施，大力推进涉及枣庄市反馈意见的整改工作迅速落到实处。

2. 档案资源建设体系取得新突破

2012年开始，市档案馆把资源建设作为重点，广开征集渠道，丰富了案馆馆藏，实现了四个一批：一批市直机关档案接收进馆。制定了《枣庄市档案馆收集档案范围实施细则（试行）》，并下发了《档案接收名册》，集中接收100余家市直机关年限内档案11625卷、1732盒、31925件入库。一批重大活动档案接收进馆，共计80盒，25件。一批民生档案接收进馆，共计接收35886卷（盒）。一批珍贵历史记忆档案接收进馆。赴北京中央档案馆、第一历史档案馆、南京第二历史档案馆、广西、云南等地共收集档案图书资料53756卷，1293盒，31127件、1116册；口述声像档案8300余分钟；图片档案12692张，很多档案资料填补了枣庄市历史发展的空白。馆内设有档案查阅利用服务中心，枣庄城市发展、珍贵档案、民俗、书画等4个展厅、多媒体阅览室、计算机房等，为枣庄市电子信息查阅中心、现行文件利用中心、爱国主义教育基地。2017市档案馆成功创建省级中小学档案教育社会实践基地，成为全省第6个省级中小学档案教育社会实践基地。

3. 发挥优势，创新工作，为党委、政府中心工作服务

充分挖掘档案利用价值，精心整理馆藏档案，举办丰富多彩档案展览10余次，接待参观15万人次。其中“枣庄市城市转型暨建市50周年辉煌成就展”“枣庄市历史文化政治经济社会发展巡礼”“城市变迁大型图片展”“勿忘国耻——日军侵华史料图片藏品展”“中国抗战正面战场图片实物展”“永远不能忘却的记忆——枣庄市纪念全民族抗战爆发80周年图片展”等展览，宣传了枣庄的抗战历史文化，有效发挥了爱国主义教育基地作用。在台儿庄古城承建的《运河奏疏展馆》，成为台儿庄古城旅游文化的亮点，得到时任国家档案局局长、中央档案馆馆长杨冬权的高度评价。拍摄记录专题片、电视专题片近100集；2014—2016年与山东电视台联合制作《山东往事——档案背后的故事》枣庄部分，共播出40余集，社会反响良好。出版声像资料集《枣庄历史记忆》2集，配合国家档案局和中央电视台拍摄的纪录片《铁道游击队》《记忆——血战台儿庄》《枣庄生死较量》《震惊中外的火车大劫案》等影像资料，引起百姓普遍关注。从馆藏资料中整理出有关铁道游击队、台儿庄大战的相关图片、报纸、档案及视频资料，在《中国档案报》《齐鲁晚报》、山东档案信息网等媒介进行专题公布，提醒世人勿忘历史，警钟长鸣。

2017年5月26日，枣庄市首届档案业务技能大赛决赛在市档案局成功举办

4. 档案宣传工作影响力持续扩大

每年6月9日，全市举办大规模“国际档案日”宣传活动。2012年，市档案局承办了以“档案与文化建设”为主题的苏鲁豫皖四省毗邻地区档案工作经验交流会议，四省22个市的120多名档案局（馆）长来枣庄市考察，交流档案工作，协作发展。时任国家档案局局长杨冬权、副局长杨继波相继来枣庄视察，对市档案局工作予以充分肯定，对古城建设中注重发挥档案在文化旅游发展中的价值和作用给予高度评价。2015年，枣庄市档案局组织举办了全市档案法规知识电视竞赛，2017年举办全市档案业务技能大赛。改版“枣庄档案信息网”，开通“枣庄档案”官方微博、微信平台，及时公布工作动态信息。2017年，“枣庄档案”入选全国档案微信公众号年度百强，入选枣庄政务“十佳政务微信号”。枣庄市档案局被省档案局评为“全省档案宣传工作先进集体”。开展枣庄市首届“最美档案人”评选活动，全市各级各部门106名档案工作人员积极参与了推荐评选活动，通过微信平台推送候选人事迹，点击量达到460万，投票量111万，评出枣庄市首届“最美档案人”30名，编印《枣庄市首届“最美档案人”风采展》图书。

二、取得的成就

（一）档案管理机构设置逐步规范科学

40年来，档案事业发生了深刻的历史性变化：档案行政管理机构从党委的内设机构发展成为党委、政府直属的事业单位，再到参照公务员法管理的事业单位，局馆合一，履行档案事业行政管理和档案保管利用两种职能的档案行政管理体制日益完善；档案行政管理方

式，由单纯依靠行政手段向以法律手段为主，兼及行政手段、经济手段和宣传教育手段的转变；档案实体管理方法由手工管理向现代化、信息化管理转变；档案基础设施建设从无到有、从小到大、从落后到先进；档案基础业务逐渐规范化、标准化和科学化；档案馆的主体地位日益凸显，从“永久保管党和国家历史档案的基地”，到“一个基地、一个中心”，到“四位一体”，到“五位一体”，使档案馆社会功能不断拓展；档案利用从以政治斗争利用为主，向提供档案为社会各项事业服务，满足社会公众不同层次的权益维护、文化休闲等方向转变；档案工作服务领域从机关、企事业单位向农村、非公有制经济、城市社区、家庭建档不断拓宽。

（二）档案资源建设取得显著成就

改革开放以来，全市各级档案行政管理部门，始终坚持以不断提升服务水平为导向，大力加强档案资源建设。积极拓宽档案接收领域，加大档案征集和主动记录力度，优化馆藏结构，丰富馆藏内容，在档案资源建设方面取得显著成就。档案资源总量快速增长，基本达到馆藏内容丰富、门类齐全、结构合理的目标，满足社会各界利用档案资源的需求。到2017年底，枣庄市档案馆馆藏档案共229个全宗，18.6万卷（册），排架长度2000余米，包括文书档案、科技档案、专业档案、声像档案、实物档案等，其中中华人民共和国成立前档案111卷，全部为革命历史档案，中华人民共和国成立后档案共计124032卷。以件为保管单位档案41261件，排架长度445米，馆藏图书资料23817册，时间最早为1904年。另有录音录像带50盘，照片2723张。2010年9月晋升为国家一级馆，馆藏档案资料。

（三）健全档案法律法规体系，依法管档取得新成绩

1988年1月1日，《中华人民共和国档案法》开始实施，开启了依法管档的新时期。1990年，国家档案局发布《中华人民共和国档案法实施办法》，1996年，《山东省档案条例》发布实施，对档案机构及其职责、档案管理、档案开放、利用和公布、奖励与惩罚作了相应的规定，使枣庄市档案工作逐步形成了上有法律，下有规章，规定明确，操作性强，配套成龙的法规体系，成为档案事业发展的重要保障。随后，全市档案行政管理部门在大力宣传档案法律法规的同时，联合同级人大、司法等部门对此开展档案执法检查，促进档案法治观念的提高和法律意识的增强。依据《档案法》等法律法规制订了一系列的政策措施贯彻落实法规规定，促进档案法治建设不断发展。通过扎实有效的工作，形成了全社会档案法律意识强烈、法治观念浓厚、依法管档能力不断提高的良好的档案事业发展局面。

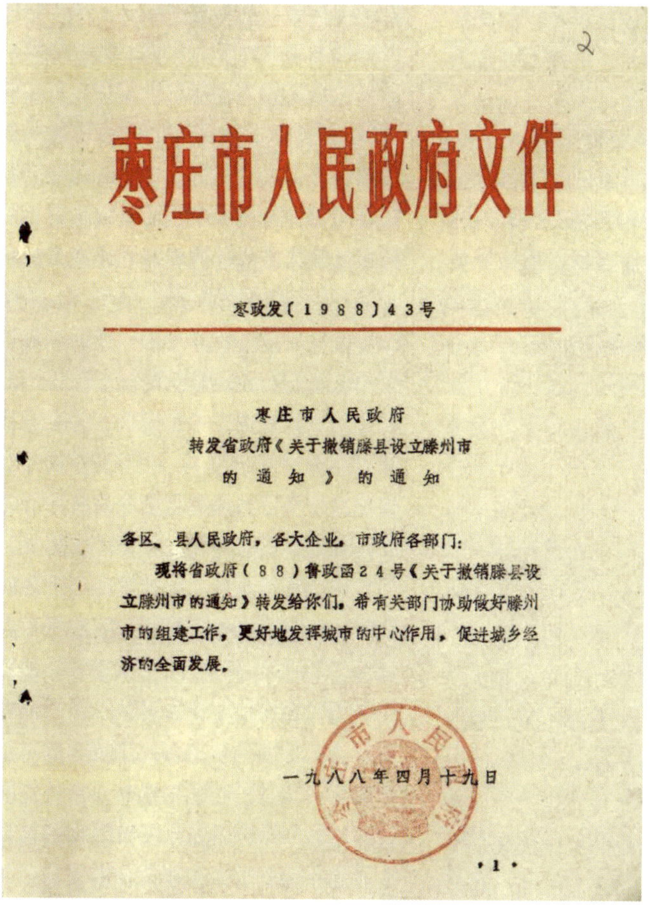
2

枣庄市人民政府文件

枣政发〔1988〕43号

枣庄市人民政府
转发省政府《关于撤销滕县设立滕州市的通知》的通知

各区、县人民政府，各大企业，市政府各部门：

现将省政府（88）鲁政函24号《关于撤销滕县设立滕州市的通知》转发给你们。希有关部门协助做好滕州市的组建工作，更好地发挥城市的中心作用，促进城乡经济的全面发展。

一九八八年四月十九日

·1·

枣庄市人民政府转发省政府《关于撤销滕县设立滕州市的通知》的通知

（四）强化档案服务功能，档案编研取得丰硕成果

随着社会的发展与进步，档案服务体系建设越来越受到各级档案管理部门的重视。2006年以来，枣庄市档案局（馆）不断加强档案编研工作，围绕党委、政府中心工作，在档案资政、档案服务社会等方面加大人力、物力、财力的投入，除根据市委、市政府要求编辑相应的资政参考、适时举办各种展览外，开始了档案史料丛书的编辑出版工作，编辑出版大型画册《辉煌50年》《机关档案业务指南》《企业档案业务指南》《枣庄档案精品》《档案述说——枣庄历史精彩回眸》《档案见证——图说枣庄抗战》《台儿庄大战中的滇军（60军）参战史实》《永远不能忘却的记忆——枣庄市纪念全民族抗战爆发80周年画册》《枣庄岁月留痕——档案资料选编（1960—1969）》《档案工作基本知识》、创刊并编发《枣庄档案》等图书、画册、参考资料10余种，80余万字，彰显了档案的价值和作用。

三、经验启示

（一）党委、政府的坚强领导是做好档案工作的根本

档案是历史的记录，是党和国家的宝贵财富，档案事业是维护党和国家历史真实面貌的重大事业。档案的性质决定了档案工作离不开党委、政府的领导。档案工作是一项服务性的工作，要积极主动为党委、政府的中心工作服务，为领导科学决策提供翔实有效、可供借鉴的历史参考资料，是档案部门的职责所

在。同时，档案事业要发展离不开党委、政府的支持。纵观枣庄档案事业改革开放发展的历程，无论是档案基础设施建设，还是档案业务建设都与党委、政府的支持密切相关。近年来，枣庄市档案局积极主动为党委、政府中心工作服务，编辑出版了大量可供领导参考的档案资料，为党委、政府领导决策和推进中心工作发挥了重要作用。积极争取党委、政府对档案事业发展的支持，先后争取资金1000余万元用于档案馆舍建设。各县市区档案部门也争取到数量可观的资金加快档案数字化建设，保证了全市档案数字化建设的稳步推进。将档案事业纳入本级政府国民经济和社会发展规划，为档案事业的科学、快速发展提供了保障。

（二）高素质的干部队伍是档案事业快速发展的保障

在推动全市档案事业发展进程中，高素质的人才队伍建设是不可或缺的技术支撑。改革开放以来，全市各级档案行政管理部门始终重视人才的培养和干部队伍建设，从市到各县市区档案局，每年都举办各种形式的档案培训班，根据各时期档案工作发展所需专业知识，按照理论结合实际的方法培训档案干部，年培训档案干部均在300人次以上，大幅提升了全市档案干部队伍的专业素养和工作能力。同时派出档案干部到大专院校和业务上级开办的档案专修班学习，加快档案干部知识更新。随着信息化技术的快速发展，互联网、大数据、云计算、物联网、移动应用等新技术的出现，智慧化已成为继工业化、电气化、信息化之后的新趋势，“智慧档案”建设已成为档案工作发展的新理念。为此，枣庄市档案局进一步加大档案干部的培训力度，分批次派出干部到大学和省档案局举办的培训班学习，为全市档案事业发展提供了强有力的人才保障。

（三）依法管档是档案事业快速发展的有效途径

改革开放以来，各级档案行政管理部门不遗余力的致力档案法治建设。自《档案法》实施，经过近30年的不懈努力，枣庄市已经形成了上有法律，下有规章，规定明确，操作性强，配套成龙的法规体系，依法管档已经有了强大的法律依据。市委市政府“两办”于2011年下发《关于进一步加强档案工作的意见》，2012年颁布《枣庄市重大活动档案管理办法》，特别是省两办40号文件下发后，市委市政府“两办”下发了《关于加强和改进新形势下档案工作的实施意见》，为档案工作开展奠定了坚实基础，目前困扰多年的难题取得突破性进展。全市各级档案管理部门不断增强依法管档的能力，加大执法力度，在法律授权范围内依法行政。大力宣传档案法律法规，不断提高全社会的档案意识和档案法治意识，营造档案事业良好的发展氛围。

（四）标准化、科学化、智慧化是档案事业快速发展的趋势

档案作为服务经济社会和人民群众的重要载体，实现智慧化管理和服务已成为档案事业发展的必然趋势。档案的智慧化包括档案的智慧采集、智慧管理、智慧服务、智慧保护、智慧指导与监督等多个方面。智慧采集就是利用新技术实现档案目录信息、内容信息、实体信息、利用信息、多媒体档案信息等各类档案资源的智慧收集，形成种类齐全、资源多元、内容丰富的档案资源库；智慧管理就是通过先进的技术手段，将档案实体信息、档案内容信息、档案管理信息、档案利用信息等关联起来，实现一个平台的综合信息感知；智慧服务就是以社会公众和社会组织为终端，依托互联网和移动网络建立覆盖广、途径多、花样新的档案信息服务体系；智慧保护就是利用大数据、云计算、云存储等新技术，以保护档案数据为目的，构建数据存储备份和迁移平台，确保档案数据安全；智慧指导与监督就是通过网络技术，实现档案归档、档案质量、档案业务等档案工作流程的全程管理，推动档案管理部门与相关部门的信息共享和业务协同。总之，以档案自动收集、智能管理、便捷服务、自主保护、全程监督为核心的智慧档案馆建设已成为档案事业发展的新模式。

审稿人：郭丽娜

撰稿人：宋东平

改革开放以来枣庄老干部工作的发展历程及成就、经验

中共十一届三中全会后，党中央、国务院陆续颁布文件，逐步推进干部离退休工作。1982年，中共中央正式颁发了《关于建立老干部退休制度的决定》，揭开了干部制度改革新老交替的序幕，标志着我国正式建立干部离退休制度。邓小平同志把它称作“在党的历史上值得大书特书”的一件事。枣庄市委老干部局于1984年4月经省编委批准设立。自设立以来，在市委、市政府的正确领导下，认真做好离退休干部工作，扎实走好每一步。老干部工作者们忠诚于党，履职尽责，赢得了广大老干部老同志的信任和支持，广大老干部老同志精神康乐、颐养天年，继续保持和发扬党的优良传统和作风，维护改革开放社会发展大局。全市老干部工作呈现着讲政治、顾大局、促发展、保稳定，敬老尊老、团结和谐、风清气顺的可喜局面。

一、改革开放以来的发展历程

据统计，枣庄市离休干部，1985—1992年为3711人，其中：实职地市级及相当者119人，包括享受市级待遇的107人；正副县处级及相当者1334人，包括享受县处级待遇的1176人。2005年12月31日，为2377人，其中：实职地市级及相当者60人，包括享受地市级待遇的50人；正副县处级及相当者867人，包括享受县处级待遇的724人。2017年12月31日，离休干部仅为908人，其中：享受地市级待遇的17人，享受县处级待遇的335人；而退休干部为24255人，其中：享受地市级待遇的60人，享受县处级待遇的1004人。枣庄市老干部工作大致可分为四个阶段：初创时期、探索规范时期、深化完善时期、全面发展时期。

（一）老干部工作初创时期（20世纪70年代至1982年）

我党的老干部工作可以追溯到20世纪50年代。1958年6月，中共中央下发《关于安排一部分老干部担任各种荣誉职务的通知》，正式提出了“老干部”概念。1964年，中央组织部设立老干部工作机构。中共十一届三中全会后，改革党和国家领导体制、彻底废除干部领导职务终身制迫在眉睫，党中央、国务院逐步推进干部离退休工作。

1978年4月，中共中央组织部成立了老干部管理局，并印发《中共中央组织部关于加强老干部工作的几点意见的通知》，要求各省区市都要建立专门的部门并有专门的人员负责这项工作。根据中央精神，当年山东省委组织部设立了老干部处。

20世纪70年代至1982年是枣庄市老干部工作初创时期。1976年1月，为了加强对退休干部的管理，枣庄市委成立市退休干部管理领导小组，下设办公室，为市直各部门退下来的县级干部进行服务，保证他们的政治待遇落实、组织生活、阅读文件、参加各种活动、报刊订阅、医疗保证等，配4名专职工作人员，事业单位编制。1978年，市委、市政府依据有关文件精神及退下来的老同志要求，市级财政拨出专款，在枣庄市市中区青檀路建设了枣庄市干部休养所（干休所），集中安置33名县级干部，市退休干部领导小组办公室迁入市干休所办公。随着干部新老交替，老同志的管理服务提到议事日程，中央出台了有关老干部政策，亟需专门组织设置进行落实。因此，各级党委组织部设置老干部科，市退休干部领导小组办公室工作人员职能转为管理服务干部休养，由市委组织部老干部科负责全市的离退休干部工作。区（市）各级党委组织部也陆续设置老干部工作科，落实老干部服务管理工作。1981年3月，峄城区委组织部设立老干部科，8月设立老干部工作领导小组。这一时期，全市老干部工作系统根据省委组织部印发的《关于离退休干部管理工作若干问题的暂行规定》要求，积极发挥职能作用，妥善安排老干部医、食、住、行和文化生活。

（二）老干部工作规范时期（1982—1990年）

1982年2月，中央颁布《关于建立老干部退休制度的决定》，这是党的历史上具有里程碑意义的事件，结束了我们党事实上存在的干部职务终身制，标志着我国干部离退休制度的正式建立，开启了我们党真正意义上的老干部工作。1982年2月至1990年8月，是枣庄市老干部工作探索规范时期。这一时期，在省委老干部局的领导下，在市委、市政府的关心重视下，枣庄市建立了老干部工作机构，搭建起了老干部工作体制、机制基本框架，制定出台了保障老干部政治待遇、生活待遇的一系列政策文件，为新老干部的顺利交替做了大量工作，推动老干部工作逐步走上制度化、规范化的轨道。

1. 确立老干部工作体制和领导机制。落实中共中央《关于建立老干部退休制度的决定》，实现干部队伍的新老交替是当时关系全局的重要工作。1983

年12月，省委、省政府下发《关于做好离休老干部工作若干问题的规定》，规范了我省老干部工作的工作体制、组织领导机制，作出了落实离休干部“两项待遇”的具体政策规定等。1984年4月，省编委印发设立枣庄市委老干部局的通知。为适应枣庄市离休老干部管理服务和组织他们发挥作用的需要，经市委研究决定，1985年3月，组建中共枣庄市委老干部局，列为市委的部、办级机构，归口市委组织部，同年，召开全市老干部工作座谈会，交流老干部工作经验，市委转发《枣庄老干部工作座谈会纪要》，并就老干部的政治待遇和生活待遇方面做了具体规定，采取了积极有效的措施，较好解决了老干部“两项待遇”中的一些实际问题。1987年，市委办公室下发了《关于做好离休干部工作的若干规定》，《若干规定》不仅比较全面系统地归纳了党中央、国务院和省委、省政府历年来关于老干部工作的政策规定，而且结合全市的实际情况，对其中的有关问题又作了更为明确、详细的规定。同时进一步理顺了管理体系，明确了对老干部实行分层管理、分级负责、原单位负责到底的原则，对老干部的各项工作实行社会承包、单位承包。这一时期，主要领导亲自过问、具体指导，制定文件政策，明确领导责任、工作机构、工作职责、经费等，对创立枣庄市老干部工作的基本框架和工作体系有着十分重要的意义。

2. 建立健全老干部工作机构。中共山东省委老干部局于1984年4月1日正式办公，当时设4个处室：联络服务处、医疗保健处、接待安置处、办公室。1985年3月正式组建中共枣庄市委老干部局，成为主管枣庄市老干部工作的职能机构，机关设办公室、服务科、安置科。主要任务是，贯彻中央和上级关于老干部工作的方针、政策和有关规定，做好检查督促工作，并协助有关部门安置照顾好退下来的老干部，积极组织他们发挥作用，使他们得以延年益寿、安度晚年。1986年起，各区（市）进一步建立健全了老干部工作机构，成立了老干部局，市直部门和一些企业、乡镇也充实加强了工作人员。到1987年，全市有专职工作人员93人，兼职工作人员290人。同时注重全市老干部系统自身建设和业务培训，1987年针对市直部门老干部工作人员新、业务素质差的实际状况，分批对市直部门政工科长，老干部工作专职干部普遍进行了一次培训。1988年，加强了局机关和干休所、活动中心工作人员的自身建设，从组织上保证了老干部工作的开展，并涌现出了一些为老干部做好服务和老干部余热生辉的典型。

3. 大批接受安置离休干部。1982年4月，国务院颁布《关于老干部离职休养制度的几项规定》，放宽了老干部离休条件，该文件下达后，一大批符合离休条件的干部从岗位上退下来，离休干部的安置工作，成了这一时期重要的工作。枣庄市认真做好离休干部接受安置工作，一是妥善安置、热情接待离休干部。1985年枣庄市离退休干部已达6997人（不包含省属单位），其中，离休干部2629人。1985年当年离休的干部465人，易地安置的22人，由外地来枣庄安置的16人，这部分老同志绝大部分都得到了较为妥善的安置。同时，还协助有关部门妥善安排了部分老干部逝世后的丧葬工作。二是成立干休所。枣庄市干部休养所于1978年成立，副县级全额预算事业单位，位于青檀北路123号，占地面积19.8亩，建筑面积464平方米，主要职责是：负责县级以上离休干部居住干休所的安置，负责住所离休干部及遗属的管理服务工作，协调有关部门落实管理范围内老干部的政治、生活待遇。建所初期共安置副县级以上离休干部33户，配备工作人员11人，设有办公室、医务室、水电管理科三个科室。1987年6月，设立滕县干部休养所。

4. 采取措施，保证新老顺利交替。随着大批老同志退下来，离退休干部作为一个新的组成部分出现在干部队伍中，作为一个新的群体出现在社会上。在市委、市政府领导的直接关注下，市委组织部、市委老干部局积极开展主题活动、广泛宣传老干部功绩，提高老干部和老干部工作的社会地位，强化新老干部间的团结，从而保证了新老交替的顺利进行。1988年开始，枣庄市采取多种形式广泛深入地开展“三尊重、三

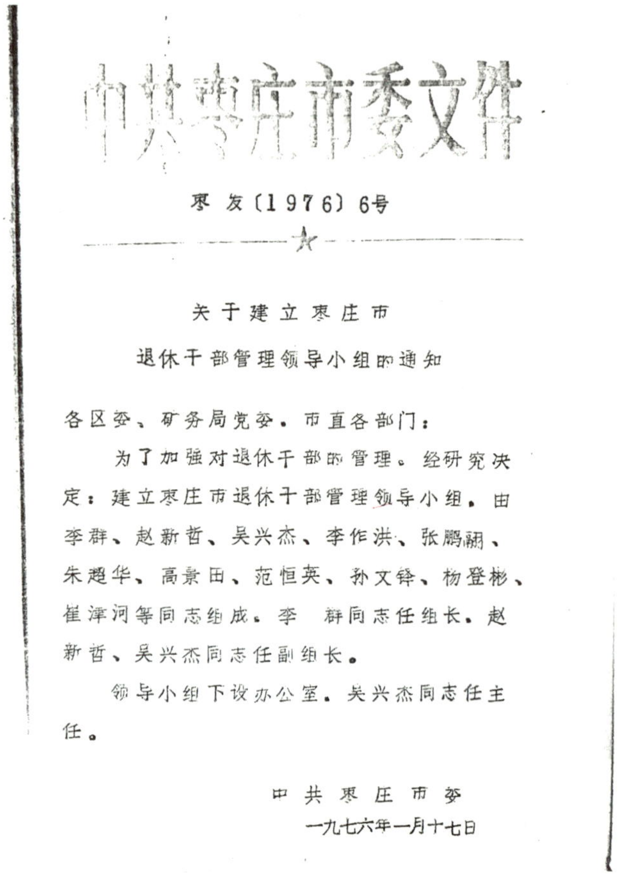
中共枣庄市委文件

枣发〔1976〕6号

关于建立枣庄市
退休干部管理领导小组的通知

各区委、矿务局党委、市直各部门：

为了加强对退休干部的管理，经研究决定：建立枣庄市退休干部管理领导小组。由李群、赵新哲、吴兴杰、李作洪、张鹏翮、朱趣华、高景田、范恒英、孙文铎、杨登彬、崔泽河等同志组成。李 群同志任组长。赵新哲、吴兴杰同志任副组长。

领导小组下设办公室。吴兴杰同志任主任。

中共枣庄市委
一九七六年一月十七日

1976年，市委成立市退休干部管理领导小组

维护”和尊老敬贤的宣传教育，大力宣传老干部历史功绩和先进事迹。

5. 规范“两项待遇”政策，狠抓落实。落实离休干部的政治待遇和生活待遇是老干部工作的最重要的职责。市委、市政府陆续出台文件规范、完善“两项待遇”。按照党中央国务院对老干部“政治待遇不变，生活待遇从优”的原则，1985 年，枣庄市委、市政府为 743 名离休干部提高了享受县处级和地市级“两项待遇”，市政府下发《关于做好离休干部医疗保健工作的通知》，同年开展全市老干部工作大检查。1987 年，市委组织部、市委老干部局、市人事局联合转发了市粮食局、商业局、物资局、交通局、卫生局、文化局、建委、供销社等八个部门《关于做好老干部社会优待和服务工作的意见》，并经常深入各部门督促检查落实情况，不断完善各项优待服务措施；根据省委老干部局 1986 年 91 号、92 号文件精神，为 1970—1977 年退休后改离休的部分县级以上干部补发了退休费，为部分低工资离休干部发了生活补助费；市委老干部局提出申请，经市委、市政府同意为符合条件的离休干部家属子女办理“农转非”。1988 年，在全市范围内开展了一次老干部工作全面大检查，调查到户、

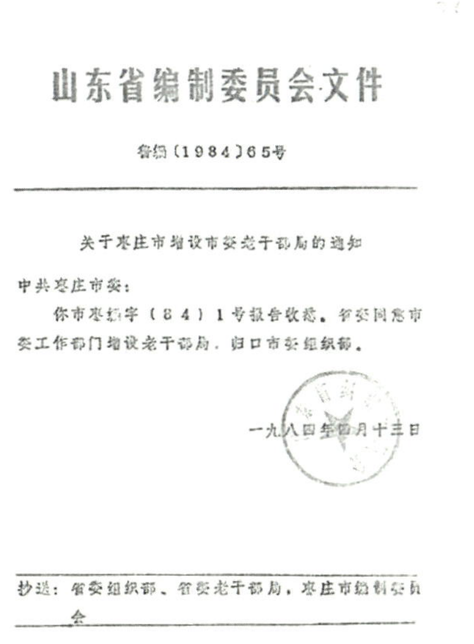
山东省编制委员会文件

鲁编〔1984〕65号

关于枣庄市增设市委老干部局的通知

中共枣庄市委：

你市枣编字（84）1号报告收悉。省委同意市委工作部门增设老干部局，归口市委组织部。

一九八四年四月十三日

抄送：省委组织部、省委老干部局，枣庄市编制委员会

1984年4月，省编委批准设立市委老干部局的通知

走访到人，对尚未落实问题督促有关单位制定改进措施。1989 年 4 月，印发《离休干部工资及各项补助标准》，对离休干部的工资及各项补助标准问题作了详细的规定和解决的办法；6 月，经市委同意，制定《离休干部易地安置审批建房费意见》，发至组织部、人事局、财政局及市有关领导。

6. 学习活动场所建设拉开序幕。省、市委出台关于做好离休干部工作的规定，鼓励各级建立离休干部活动场所。一是建立市老干部活动中心。枣庄市老干部活动中心始建于 1983 年 3 月，成立于 1984 年 9 月，是市委老干部局下辖的副县级全额预算事业单位，是全省最早建成的市级老干部活动中心。中心占地 14.6 亩，截至 2017 年底，建筑面积近 5000 平方米（含市委、市政府、东郊三个活动室）。主要职责：负责到该中心参加活动老干部的服务工作，组织老同志开展各种文体活动。设有阅览室、微机室、舞厅、乒乓球室、台球室、象棋室、麻将室、室外门球场、健身器等多种活动场地和设施，可同时容纳 500 余人活动。二是建立枣庄老年大学。1988 年，以枣庄市老干部活动中心为依托成立了枣庄老年大学，为正县级全额预算事业单位，是全市第一所老年大学，枣庄老年大学与枣庄市老干部活动中心合署办公，两块牌子，一套机构。老年大学主要职责：负责本校办学和日常管理工作。

7. 创新工作方法，建立工作制度。这一时期是老干部工作方法和制度的形成时期。全市老干部工作部门努力探索、大胆实践，创造积累了工作经验，形成了较为规范的工作方法和工作制度。制定了每年中秋春节两大节日，由市级财政支付费用，为离休干部提供节日食品的制度。坚持每年春节，由市级领导带队，走访县级以上离退休干部制度。在每年春节团拜会上，向离退休干部通报枣庄市的政治、经济等情况，并召开老干部座谈会，听取老干部的意见与建议，形成专题报告，报市委、市政府供决策参考。此外建立实行了老干部工作联络员制度、老干部工作检查制度、联系老干部制度等。

（三）老干部工作深化完善时期（1990—2008 年）

1990 年，中组部下发《关于进一步加强老干部工作的通知》，对做好转型期的老干部工作提出新的要求。在市委、市政府的领导、关心和重视下，枣庄市老干部工作努力适应社会主义市场经济体制和干部人事制度改革的需要，建立起保障离休干部生活待遇落实的“三个机制”，强化了老干部思想政治建设各项制度，老干部学习、活动、宣传阵地建设形成高潮，老干部工作从整体上得到进一步深化和完善。

1. 市委、市政府加强对老干部工作的重视和领导。市委高度重视老干部工作，1993 年后，经过市委老干部局的工作，每年的市委第一次常委会议，把研究老干部工作提到议事日程，并明确提出“单位负责人是老干部工作的第一负责人”，将老干部工作提到一个新的高度。1993 年 2 月，市委组织部、老干部局，市人事局、劳动局、财政局、卫生局联合转发了省委组织部等部门《关于进一步做好离休干部易地安置工作的通知》；8 月，市委下发了《关于进一步做好老干部工作的若干规定》，文件根据党中央、国务院和省委、省政府有关方针政策，结合新形势下枣庄市老干部工作的实际情况，从 8 个方面做了全面、详细的规定。1996 年，枣庄老年大学新校舍落成，同年，成立老干部工作领导小组，进一步加强对老干部工作的组织领导。1998 年，市委办公室、市政府办公室下发《关于进一步抓好老干部各项工作落实的通知》。2001 年 5 月，市委办公室印发《中共枣庄市委老干部局机构改革意见》，调整后老干部局设办公室、服务科、教育活动科、调研科 4 个职能科室，机关编制总额为 15 名。

2. 老干部工作面临的新情况、新问题。这一时期是社会主义市场经济

体制初创时期，社会保障机制尚未完善，离休干部待遇方面的某些政策与经济转型的改革发生碰撞，离休干部待遇落实出现了困难，老干部工作遇到了新的复杂情况。一是离休干部“两费”拖欠。受财政体制改革，部分企业破产、改制和医疗制度改革等因素的影响，从1989年开始枣庄市和其他地市一样，一部分欠发达地区和微利亏损企事业单位离休干部“两费”出现了拖欠现象，而且在随后的几年间，“两费”拖欠越来越严重。二是离休干部人数达到历史高峰，并且开始进入“双高期”。三是部分老干部思想上产生困惑，影响老干部队伍稳定。改革开放的新观念、新思想与部分老同志传统的观念发生碰撞，加上改革出现的一些问题，如生活待遇不落实、子女下岗、物价上涨等，造成老同志实际生活水平下降，影响老干部队伍的稳定。

3. 清欠“两费”，建立离休干部“三个机制”，确保生活待遇落实到位。落实离休干部生活待遇是老干部工作最基本最核心的工作任务。伴随着我国经济体制改革的曲折历程，从1990—2002年的12年间，清欠“两费”，建立和完善离休干部离休费保障机制、医药费保障机制、财政支持机制，成为这一时期全市老干部工作的重中之重。1994年5月，市委办公室下发《关于建立地市级老干部住院治疗报告制度的通知》，市委组织部、老干部局、市人事局、财政局联合下发《关于提高离休干部护理费标准的通知》，并根据上级文件规定，先后为1981年前军队移交政府安置的离休干部发放了防暑降温费、粮油价格补贴和军粮差价补贴，调整了服装费标准。1996年，按照有关文件规定，将1981年前军队交给政府安置享受军队离休干部待遇的离休干部上报省局批准，享受了部队离休干部待遇，每次提高生活待遇，除军队补贴的部分外，全部由地方财政支付。1996年10月，市委组织部、老干部局、市人事局、财政局、劳动局联合下发《关于给全市抗日战争时期参加革命工作的离休干部发放护理费的通知》，决定为抗日战争时期参加革命工作的离休干部发放护理费，标准为每人每月70元；市委组织部、市委老干部局、市人事局、市财政局联合下发文件，为老红军及遗属分别增加荣誉金和生活补贴，标准为老红军每人每月增加100元的荣誉金，没有工资收入的老红军遗属每人每月增加200元生活补贴。同年12月，市委办公室、市政府办公室签发《关于解决拖欠离休干部离休费、医药费问题的通知》的传真电报，要求各级党委、政府和部门把解决拖欠离休干部“两费”问题作为讲政治、维护稳定大局的大事来抓，确保在1997年1月底前全部解决拖欠老干部的离休费和医药费。1997年5月，市委老干部局与市委办公室督查科共同组成督查小组，深入重点单位，逐一落实拖欠“两费”的兑现，市委分管老干部工作的副书记召集拖欠离休干部“两费”的单位负责人开会，现场表态保证落实老同志的“两费”问题，有效地解决了老干部的后顾之忧。1999年，市委老干部局向各部门、各单位和离休老干部分别发放了100张《落实离休干部“两费”情况统计表》、400张《离休干部有关情况问卷调查表》，组织人员先后深入山亭区、峄城区、市经贸委等29个行政机关、企事业单位，召开35次老干部座谈会，走访了200余名企业离休干部，对“两费”拖欠状况进行专项调查，摸清了拖欠情况。2000年6月，市委、市政府两办发出《关于对离休干部“两费”落实情况进行督查的通知》，要求确保离休干部“两费”的落实。2001年6月，全市各级有关部门对易地安置在北京、上海、浙江、河北、陕西等10余个省、市、自治区的近200名离休干部进行了一次普遍走访，这次走访是在中国共产党成立80周年之际，按照市委、市政府的统一要求进行的。8月，召开区（市）老干部局局长会议，对省、市拟定的离休干部医药费统筹办法进行了讨论和修改。2002年，市里两次专门召开了全市“两费”清欠工作会议，对各区（市）及市直部门的清欠工作进行了全面部署。各级党政组织积极响应，投入1557.65万元用于解决离休干部的医疗费和特殊困难。市委老干部局会同市委办公室、市政府办公室3次组成督查组，对全市有拖欠的51个部门坚持月检查、季调度、半年通报，促进了全市拖欠“两费”的及时兑现。

建立“两费”保障机制和财政支持机制是解决老干部生活待遇问题的根本之举。2002年1月，市委召集组织、老干部、人事、劳动、卫生、财政、经贸委等七部门主要负责人会议，对市直离休干部“两费”保障机制和财政支持机制进行专题论证；8月，市委办公室、市政府办公室专门下发了《关于解决拖欠离休干部“两费”问题的通报》，进一步加大了对拖欠离休干部“两费”的清欠力度。市委老干部局会同有关部门，经过广泛调查研究和多次分析讨论及反复修改，报市委常委会研究同意，2002

1985年，召开全市老干部工作经验交流会

年4月，以市委办公室、市政府办公室的名义转发了市委组织部、市委老干部局、市经贸委、市财政局、市人事局、市劳动和社会保障局、市卫生局《关于落实离休干部离休费的意见》《枣庄市市直离休人员医药费统筹暂行办法》和《关于离休干部离休费、医药费财政保障工作的意见》，枣庄市离休干部“三个机制”正式建立，进一步完善了离休人员医药费统筹管理办法，扩大了机制覆盖范围和用药范围，增加了定点医院，设立了定点药店，调整了个人账户标准。2003年4月，市委老干部局召开离休干部“三个机制”专题会议，向各区（市）委老干部局长传达了全省建立和完善离休干部“三个机制”工作经验交流会议精神，随后各区（市）按照省市委的要求，全部建立了“三个机制”。由于市、区（市）党委、政府的高度重视，有关部门的配合努力，全市建立“三个机制”工作走在了全省的前列，受到省局的好评。“三个机制”的出台，从根本上保证了离休干部生活待遇的落实，彻底结束了离休干部“两费”拖欠、前清后欠的历史。

4. 加强离退休干部思想政治工作。随着改革深化、利益格局调整，社会热点和难点问题影响了老干部的思想情绪，离退休干部思想政治建设重要性和紧迫性凸显。市委组织部、老干部局以加强离退休干部党支部建设为重点，推动工作制度创新，典型引路，自我教育，引导老同志与党中央保持一致，成为社会稳定的中坚力量。一是建立老干部党支部制度。1990年5月，市委老干部局组织部分老党员参加市委党校举办的党建理论研讨班；同年9月，召开了市直老干部党支部工作经验交流会。1993年9月，首次举办老干部党支部书记培训班。1999年，市委老干部局与市委组织部联合下发《关于加强老干部思想政治工作的意见》。2000年6月，召开全市老干部党支部建设工作现场会，会上，市委组织部、老干部局联合下发了《枣庄市老干部党支部建设的若干规定》，各区（市）相继出台了加强老干部党支部建设的规定措施。2000年2月，在山东省老干部思想政治工作经验交流会暨老干部局长会议上，枣庄市山亭区区直机关老干部党支部介绍了先进事迹；6月，全市老干部党支部建设工作现场会在山亭区召开，会上，市委组织部、老干部局联合下发了《枣庄市老干部党支部建设的若干规定》。2003年4月，市委组织部、老干部局联合转发了中共山东省委组织部、老干部局《关于印发＜山东省离退休干部党支部工作暂行规定＞的通知》，对进一步做好新时期的老干部党支部建设提出了明确要求；同年“七一”期间，组织老党员参加了中国老年报社等四部门举办的“学习十六大精神和‘三个代表’重要思想知识竞赛”活动，在山东省17个地市中，唯枣庄市委老干部局获先进集体奖。2006年11月，市委组织部、市委老干部局联合印发《关于进一步加强和改进离退休干部党支部建设的意见》，进一步建立健全保持离退休干部党员先进性的长效机制，增强离退休干部党支部的创造力、凝聚力和战斗力。二是建立老干部党校。2004年6月，全省首批、全市第一家老干部党校——台儿庄区老干部党校成立，同年薛城区依托老年大学先后成立了老干部党校，进一步加大了对老干部党支部书记及其骨干的教育培训力度。2005年，老干部党校建设有了突破性进展，市和6个区（市）全部建立了老干部党校，在全省老干部工作总结表彰会上，枣庄市委老干部局被评为“老干部党校建设先进单位”。三是树立典型，评选区（市）离退休干部先进个人、先进支部。2003年，经市委组织部抽查，全市371个老干部党支部总体上能较好地发挥党支部的战斗堡垒作用。山亭区西集镇离退休干部党支部、市中区委老干部局离退休干部党支部，被评为“山东省离退休干部党支部先进集体”。截至2005年底，枣庄市先后有218个老干部党支部被评为枣庄市离退休干部党支部先进集体，有653名老干部党员先后被评为区以上优秀党员。

5. 发挥离退休干部作用。随着离退休干部不断增多，20世纪90年代，中央提出面向基层、面向社会、面向群众，让更多离退休干部在振兴经济、参政咨询、传承历史、服务社会、教育后代等方面发挥有益的作用。1999年，枣庄市拍摄的反映离退休老干部老有所为的专题片《挽住夕阳》，被山东省委组织部定为党员教育专题片向全省推广。2000年12月28—29日，山东电视台连续两次播出了枣庄市退休干部梁开顺同志自办图书馆的专题片《书痴老梁》。2001年7月，山东电视台记者专程到枣庄市，对离休干部蔡仙会开展群众性老年体育活动的事迹进行了深入采访和专题拍摄。2003年3月，省电视台《老友》栏目记者专程到枣采访枣庄市退休干部张惠林，并将其开展爱国主义教育的事迹拍成专题片。2004年2月，中央电视台《夕阳红》栏目，播出了枣庄市退休干部张惠林老有所为、发挥作用的电视专题片——《张惠林和他的纪实片》。全市按照自觉自愿、量力而行的原则，积极引导离退休干部发挥作用：一是参政议政。2000年4月，市委老干部局专门制定了《关于加强市直机关老干部联络员工作的意见》，市委聘请的联络员在深入区（市）、市直各部门调查、检查后，提出了全市老干部工作方面的重点问题，对老干部工作起到了重要指导作用。2003年6月，市委组织部、市委老干部局、市人事局联合发出通知，要求各级各部门认真组织离退休干部开展“解放思想、振兴枣庄”大讨论活动。广大离退休干部针对工业强市、招商引资、经济改革、两个文明建设等方面的问题，为各级党政献计献策，还有的老干部被聘为义务纪检员、特邀监察员，参与党风廉政建设、纠正行业不正之风、整顿农村党支部等活动。2004年，市委老干部局组织市直部分老同志就枣庄区域经济发展进行前瞻性研究，撰写了近20万字的论文，形成《枣庄经济发展初探》一书，该书收集了枣

庄市40多位离退休干部的理论文章、调研报告，内容包括工业、农业、科技、旅游、环保、民营经济、第三产业等十几个领域，全书共18.5万字，2004年6月由齐鲁音像出版社出版。二是教育传授。各级老干部工作部门重视、支持、服务、协调以老干部为主体的关心下一代工作，弘扬“五老”精神，重视发挥“五老”作用，坚持服务青少年的正确方向，推动关心下一代事业实现更好发展。三是社会公益。1998年洪涝灾害期间，老干部情系灾区人民，纷纷捐钱捐物，年逾八旬的老干部陈力之捐献人民币3480元和80件衣被，成为全市捐款最多的个人。在2003年全民抗击“非典”中，有400余名老干部主动捐献10万元钱物。四是经济科技服务。1991年，有组织、有领导地发挥老干部作用，大力开发庭院经济，注意发挥政治优势，1992年3月，专门召开了庭院经济工作会议，全市老干部庭院经济有了长足发展，取得了良好的社会效益和经济效益。2000年11月，市委组织部、老干部局、市人事局、市老龄委办公室联合举行老年人才市场成立暨首届老年人才交流大会。2001年10月，市委组织部、市委老干部局、市人事局、市老龄委办公室在市人才培训中心联合举办了第二届老年人才交流大会，有80余名老干部在人才市场上找到了用武之地，山东电视台先后4次播出枣庄市老有所为的电视专题片——《鲁南老年人才市场》。2002年，举办了枣庄市离退休干部老有所为事迹展览，展出51位离退休干部在工农业、文化教育等领域发挥余热的光辉典范。

6. 老干部学习、活动、宣传阵地建设掀起高潮。随着经济社会快速发展，离退休干部对精神文化生活的需求普遍增强。按照老年教育规划要求，全市各级党委、政府逐步加大对老年大学（学校）建设的投入。1990年，“颐寿园”建设落成。1992年，召开全市首次老干部活动室经验交流会，3个单位介绍经验，表彰了3个先进老干部活动中心、13个先进老干部活动室，把全市老干部活动室建设推向了一个新的水平。1995年，枣庄老年大学扩建工程破土，1996年，枣庄老年大学教学楼建成投入使用。1999年，经市编办同意，枣庄市老干部活动中心（枣庄老年大学）设办公室、教务科、文体科、管理服务科、市委机关老干部活动室、市政府机关老干部活动室，均为内部科级机构，可配备中层科级领导职数7人。2000年，成立枣庄老年大学山亭分校。2001年，市委老干部活动室在原址上重建后投入使用，设立枣庄市老干部活动中心东郊老干部活动室，并在此基础上成立枣庄老年大学东郊分校。为加快乡镇老年学校建设，市委老干部局专门下发《关于办好乡镇老年学校的通知》，各区（市）相继出台了关于加强本地乡镇（街道）老年学校建设的意见，全市掀起老干部活动、学习、宣传阵地建设高潮。薛城区委、区政府先后投资400万元，建起2000平方米的各类器材、电教设施配套和功能较完备的老年大学，并以老年大学为依托，创办了20所镇（村）老年学校；台儿庄区投资100余万元新建了教学楼；峄城区委、区政府拨款20余万元，为区老年大学配备了必要的教学设备和活动器材，一些条件好的乡镇（街）老年学校建起了图书阅览室和门球场。2000年，在薛城区召开了全市乡镇老年学校现场会。2005年，在市中区税郭镇召开了全市乡镇老年学校现场会，总结推广了学校开设农业科技课目，促进学校健康发展的先进经验。同年，在全市开展了争创“市级示范校”和“市级示范活动中心”活动，对全市达标的22家单位予以命名授牌，促进了教育基地规范化建设。

（四）老干部工作全面发展时期（2008年至今）

2008年以来，中央和省、市委对老干部工作的重视程度和要求越来越高。2008年3月，中组部、人社部下发《关于进一步加强新形势下离退休干部工作的意见》；2016年1月，中共中央办公厅、国务院办公厅联合印发《关于进一步加强和改进离退休干部工作的意见》，这两份文件对做好新形势下的老干部工作提出了纲领性的指导。党的十八大以来，以习近平总书记为核心的党中央高度重视老干部工作，习近平总书记多次就老干部工作作出重要论述、重要指示，习近平同志在党的十九大报告中要求，认真做好离退休干部工作。市委、市政府高度重视老干部工作，坚持将老干部工作放在全市工作大局中来把握、推进，全市老干部工作努力适应社会转型期的新要求，积极“转型拓面”，不断创新老干部工作的体制、机制和方法。

1. 老干部工作出现新特征。一是离退休干部数量快速增长、离退休干部群体明显扩大，已经成为一支重要的政治力量。截至2017年底，全市离退休干部总数达到25163人，退休干部达24255人。全国退休干部每年增加约6%，枣庄市增速约为7%，增长速度明显高于全国平均值。二是离退休干部在党的干部队伍中比例越来越大，老干部工作在组织工作和干部工作中的比重明显增大。三是离退休干部的群体代际更替加剧，服务管理工作日趋复杂。离休干部整体到了高龄期，退休干部队伍不断壮大，他们知识新、年纪轻，自我管理和参与社会活动的意识强烈，追求生活质量，精神文化需求广泛。

2. “转型拓面”，着力推动老干部工作创新发展。中组发〔2008〕10号文件下发后，老干部工作进入了转型期。工作对象由做好离休干部工作为主，转变为做好离休、退休干部工作。工作内容由落实好两项待遇为主，提升为让老干部享有一个幸福、安宁、有尊严的晚年，为中国特色社会主义伟大事业和党的建设伟大工程提供思想、政治和经验支持。为适应这一要求，一是健全完善工作制度。2008年起，逐步健全完善内部管理制度，建立局长办公会议制度，集体研究解决重大事项，并形成纪要存档；建立社会评价机制，积极争取市纪委的支持，每年专门拿出300张政

风行风评议票，作为老干部行评票；建立帮扶机制，建立了特困离休干部及遗属帮扶救助机制。2008年，根据市委、市政府下发的《关于印发全市党政机关2008年度目标考核和全市党政机关、窗口单位2009年度目标管理绩效考核意见的通知》，正式将老干部工作纳入全市目标管理考核体系。2009年，开通枣庄市委老干部局工作网站（www.zzlgbj.gov.cn），加强老干部工作信息化建设，进一步拓宽了交流渠道。为进一步推进新形势下老干部工作转型发展，2016年1月，中央制定出台了《关于进一步加强和改进离退休干部工作的意见》，同年，省里印发了《关于进一步加强和改进离退休干部工作的实施意见》。这两份文件是新时期老干部工作的重要指针，贯彻落实这两份文件精神成为新时期老干部工作的重中之重。市委对此高度重视，责成市委老干部局牵头成立文件起草小组，起草枣庄市《实施意见》。2016年12月，市委办公室、市政府办公室印发《关于进一步加强和改进离退休干部工作的实施意见》，为枣庄市做好新时期离退休干部工作提供了政策遵循。随后，各区（市）结合各自实际，认真贯彻落实《实施意见》。2017年4月，滕州市率先出台了《关于进一步加强和改进离退休干部工作的实施意见》。2017年7月，在省委组织的贯彻中央和省委关于加强离退休干部工作意见的督导检查考评中，省委督导组给予枣庄市充分肯定，评定为全省优秀。二是创新工作理念。2014年，提出推进老干部工作“五项工程”的主题思路，即“暖心工程”，传递党和社会对老干部的关怀尊重；“传承工程”，构筑优良传统代代相传的桥梁；“聚力工程”，汇聚同心同德、维护大局实现两个百年目标的强大合力；“余热工程”，搭建升华人生追求更高境界的新平台；“示范工程”，倡导引领老龄社会迈入科学文明健康养老的新形态。2014年，提出按照“稳定服务阵地，转变工作职能，扩大服务领域”思路稳步推进干休所转型。2016年5月，省局在枣庄市召开全省老干部工作转型发展会议，肯定枣庄市干休所转型的初步探索，明确提出将枣庄市干部休养所作为全省干休所转型发展试点。2016年，中共中央组织部老干部局《老干部工作情况交流》第30期刊发了枣庄市积极探索干休所转型发展的做法。三是调整机构职能。2013年3月，根据市编委《关于调整市关心下一代工作委员会办公室隶属关系的通知》，市关心下一代工作委员会办公室由团市委管理调整为市委老干部局管理。2016年，根据新时期离退休干部工作的需求，研究拟订推进机构职能和人员编制的调整工作方案，2017年5月，市编委印发《关于调整市委老干部局主要职责和内设机构等事项的批复》，调整市委老干部局部门主要职责，内设机构调整为：办公室、调研宣传科、组织指导科（加挂市离退休干部党工委办公室牌子）、政策协调科、教育活动科。积极稳妥推进市干休所转型发展，2017年5月，市编委印发《关于市干部休养所更名的批复》，“枣庄市干部休养所”更名为“枣庄市离退休干部服务中心”，内设机构调整为：权益保障科、人才服务科，新增事业编制4人，调整后，枣庄市离退休干部服务中心事业编制8名。

3. 采取措施，加强与老干部的沟通联系，破除代际隔阂，营造代际和谐。坚持向老干部通报情况制度，市委、市政府主要领导每年两次向老干部通报全市在两个文明建设、工农业生产发展、改革开放、招商引资、城区规划建设等方面的情况。市直和五区一市党政部门，坚持定期向老干部通报工作情况，涉及重大问题、重要情况随时进行通报。在实施重大决策前事先征求老干部的意见，遇到重大政治活动时邀请老干部参加。对离休干部提出的意见、建议，各级各部门建立了督办制度和回复制度。2014年，印发《关于完善落实在职人员联系离退休干部工作制度的通知》，各级在职领导干部每人至少联系本部门1名离退休干部，老干部工作人员至少联系本部门2名离退休干部。通过上门聊天、走访慰问、组织座谈、电话联系、看护探望等形式，与联系对象建立经常性的联系，及时了解掌握他们的思想现状、生活状况，帮助解决实际困难。2015年，创办《枣庄老干部》作为内刊杂志，打造离退休干部的学习宣传教育活动园地、正能量的传播阵地。截至2017年底，共印发6期，12000册。开展薪火传承系列活动，2015年6月，枣庄市首创开展以“铭记历史·薪火传承”为主旨，志愿服务老干部帮文代记大学生暑期社会实践活动，截至2017年，已连续开展了3年，近千名大学生参与其中，受教育长才干，激发了老同志和大学生两代人的情感融合，精神传承。拓宽交流渠道，建立老干部网上党支部，开设老干部之家网上枣庄党建平台。2016年，成立一支120余人的老干部骨干网络宣传员队伍，积极利用网上平台开展学习宣传沟通交流。

4. 把老干部作为党的执政资源加强建设。一是推广离退休干部党工委建设经验，理顺老干部党组织建设体系。2015年11月，根据市委《中共枣庄市委关于成立中共枣庄市委离退休干部工作委员会的通知》，依托市委老干部局成立中共枣庄市委离退休干部工作委员会（简称“市离退休干部党工委”），由11人组成，分别由市委老干部局相关负责同志和市直有关部门分管同志兼任。同年，根据市编委《关于调整市委老干部局机构编制事项的通知》，设立市离退休干部党工委办公室，配备正科级领导职数1名，市委老干部局机关增加行政编制2名，调整后，市委老干部局机关行政编制16名。截至2017年12月31日，市及六个区（市）均成立了离退休干部党工委，全市离退休干部党员14026人，建立党支部486个，组织制度健全，职责明确，工作开展有序。参照市委组织员工作制度，在老干部工作联络员职责的基础上，结合枣庄市老干部工作实际，创建推进离退休干

部组织联络员制度。2017年，印发《枣庄市离退休干部组织联络员管理暂行办法》，明确了组织联络员聘任要求和工作职责。2018年6月，召开市直离退休干部组织联络员座谈会，为首批市直离退休干部组织联络员颁发了聘书。印发《关于健全完善离退休干部党组织工作经费保障机制的实施意见（试行）》和《市离退休干部党组织书记工作补助发放管理暂行规定》等，保障了全市离退休干部党组织的工作经费和书记工作补助，进一步完善离退休干部党建工作体制机制。二是创新老干部党组织设置模式和活动方式，增强老干部党支部的活力和凝聚力。2009年，开展“离退休干部五好党支部”创建活动，确保活动有场所、工作有制度、学习有计划。同年，加强对离退休干部党支部活动经费的保障，在全市建立了50%党费留成制度。2015年，7个“五好”党支部和7名“五好”党员受到省委组织部、省委老干部局表彰。2018年，市委老干部局开展新时代离退休干部新型党组织建设试点工作，扎实推进新时代离退休干部党的建设。全市各级积极创新党组织建设新路子。薛城区建立老干部家庭党支部，经验在中组部刊登交流。滕州市探索“党组织+社团”党建模式，在活动协会、各类社团组织上建立党小组，把政治活动与文化娱乐体育活动相结合。三是开展凝心聚力促发展正能量活动，激发老干部与党同呼吸共命运的情怀。组织支援四川抗震救灾、全国非物质文化博览会、庆祝中华人民共和国成立60周年活动等。2017年5月，在全市离退休干部中组织开展“建言十九大”调研活动，通过问卷调查、走访座谈等形式，动员了全市800多名老同志参与线上线下问卷调查活动，分不同级别、不同层次召开了座谈会62场。老同志们发自肺腑、由衷而谈，高度评价了以习近平同志为核心的党中央自十八大以来取得的一系列建设成果，充分表达了对党的十九大召开的期盼。对59名老同志进行了专题访谈，并制作了访谈实录专题片上报省局，经省委老干部局推荐，老同志们的访谈实录陆续在中国老干部微信公众号、老干部之家网等媒体上刊登，推动了党的十九大精神深入宣传，在离退休干部中落地生根。四是加强社团建设，保证每个老干部都在组织中。截至2016年12月31日，全市离退休干部社团561个，其中80人以上186个，辐射带动5万余名老年人活动，在这些社团中，有86%以上的社团是由离退休干部牵头或直接组织的。

5. 努力让老干部过上幸福安宁、有尊严的晚年生活。一是提高老干部生活待遇，促进成果共享。按照中组部统一部署，枣庄市两次提高老干部生活待遇。提高了离休人员住院床位费报销标准，确定了与物价部门同步调整的长效机制。二是加大“双高期”服务力度。对老年大学、老干部活动中心、干休所进行提档升级，坚持硬件设施和软件机制并重。2009年，投资200余万元对枣庄老年大学、干休所房屋、供暖、供水等基础设施进行改造，使老干部学习活动场所焕然一新。市干休所创新管理机制，实行了物业化管理，优化了人居环境。枣庄老年大学启用了学员信息管理系统，初步实现了老年大学招生及教务管理工作自动化。同年，市委连续下发《关于成立市老年教育工作领导小组的通知》《关于聘任枣庄老年大学名誉校长的通知》《关于任命市委老干部党校职务的通知》3个文件，成立了市老年教育工作领导小组，加强了对全市老年教育工作的领导，充实了老年大学和老干部党校领导班子，为工作开展创造了良好条件。在全市推进离休干部社区服务“四就近”工作，针对离休干部的所需、所盼，推广了部门、单位、社区、家庭“四位一体”上下联动的老干部管理服务模式，探索利用社区资源为老干部提供社会化服务。2010年，召开全市离退休干部社区服务工作现场会；2017年12月，召开全市离退休干部社区养老工作现场推进会，推进建立健全现代治理管理养老服务体系。三是建立离退休干部特困帮扶救助机制。2009年印发了《枣庄市离休干部及遗属特殊困难专项救助办法》，市级财政每年列支专项资金30万元建立帮扶基金，用于补助和救济有特殊困难、患重大疾病的离休干部及遗属。目前全市市直和各区（市）建立了离退休干部特殊困难帮扶机制。四是大力提倡文化养老。积极顺应社会发展形势，把文化养老作为老干部工作转型发展的突破口，创新理念，打造品牌，把文化养老与实施“暖心、传承、聚力、余热、示范”五项老干部转型发展工程有机结合。确定每三年举办一次艺术节，空档年举办离退休干部健身益智系列运动会，通过制度性的安排，使老干部文化养老事业常态化、制度化、经常化，让更多的老干部、老年人享受到文化的滋养。2015年5—10月，举办了第一届枣庄市老干部文化艺术节，全市共收到书法作品197幅、绘画作品104幅、摄影作品232幅，总计演出100余场次，参演老同志近2万人次，受惠群众近10万人，历时5个月，市四大班子主要领导出席闭幕式并观看了汇报演出。2016年3—10月，举办首届全市离退休干部健身益智系列运动会，历时7个月，共举办了台球、乒乓球、够级、象棋、健身益智等10余个项目的60余场次比赛，3260名老同志参加了市级比赛角逐。2017年，举办第二届全市离退休干部健身益智系列运动会，市级共举办够级、象棋、健身益智等8个项目的50余场次比赛，1000余名老同志参加市级活动。通过系列运动会的形式，把广泛性、趣味性、普适性等适合老年人特点的要素注入老年体育健身、文明养生之中，推动文化养老的健康发展。2017年6月，召开全市离退休干部文化养老工作推进会，研究探讨了新形势下加强和改进文化养老工作的方向、思路和措施。

6. 学习活动阵地建设再上新台阶。随着退休干部的迅速增多和老干部精神文化需求的增长，老干部学习活动场所不足的矛盾越来越突出。枣庄市各级党

2015年，市领导参观首届老干部文化艺术节书画摄影展

政把老干部学习活动场所建设纳入经济社会发展的总体规划统筹考虑，加大投入，新一轮学习活动场所建设拉开帷幕。2009 年，在新城区新建两处老干部活动室，缓解了新城区老干部学习活动问题，并出台了《关于进一步加强新形势下老年教育工作的意见》，在规范办学、完善体系、保障权利、加强领导方面提出了指导性意见。同年，滕州市老干部活动中心建成投入使用，建筑面积 8300 平方米，投资 5000 多万元，是当时全省县级规模最大的老干部活动中心，成为全省老干部工作的亮点和标志。2011 年 10 月，市老干部活动中心、老年大学借用外力开始建设建筑面积 3858 平方米的枣庄市老干部活动中心综合楼，目前，仍在建设完善之中。2016 年 11 月，市委、市政府研究决定为老年大学、老干部活动中心划拨两处新场地共 10600 平方米，一处在新建的市体育场（面积约 8600 平方米），另一处在新建的市文化馆（面积约 2000 平方米），解决了新城老年大学和老干部活动中心的场地问题。体育场新场地拟作为枣庄老年大学校本部使用，将融教学、娱乐、健身于一体，通过加强面向全市老年人的办学、工作骨干的培训、文化活动展演平台的建设等工作，努力打造老干部工作和老龄工作的示范中心和教研中心，大力推动文化养老建设。文化馆新场地拟作为市老干部活动中心、市委老干部党校使用，用于市级老领导学习活动及市委老干部党校的培训工作。有关建设工作正陆续推进。

二、取得的成就

改革开放以来，在市委、市政府的坚强领导下，在各级党委、政府的重视支持下，各级组织、老干部工作部门坚持围绕中心、服务大局，辛勤工作、热情服务，全面落实党的老干部工作方针政策，扎实做好离退休干部工作，全市老干部工作走过了光辉历程，取得了显著成绩。

（一）实现“老有所依”，确立工作体制和组织机制

一是出台一系列文件指导老干部工作。1987 年市委、市政府印发《关于做好离休老干部工作的若干规定》，1993 年市委、市政府下发了《关于进一步做好老干部工作的若干规定》，2016 年，市委办公室、市政府办公室印发了《关于进一步加强和改进离退休干部工作的实施意见》，这一系列文件成为各个时期老干部工作的重要指针，为老干部工作指明了方向，提供了重要遵循。二是逐步完善离退休干部党组织建设，强化党组织功能。截至 2017 年底，枣庄市共有离退休干部党员 14026 人，其中离休干部党员 685 人，退休干部党员 13341 人；离退休干部党工委 7 个，党总支 35 个；离退休干部党支部 486 个，其中退休干部单建 103 个，离退休合建 274 个，与在职人员混建 100 个，其他形式 9 个；离退休干部党小组 566 个。推进离退休干部党工委建设，研究制定离退休干部党工委工作规章和运行机制，统筹推进全市离退休干部党建工作。探索离退休干部党建工作考核评价办法，将离退休干部党建工作纳入基层党建工作考核体系。不断强化离退休干部党组织政治功能和服务功能，精心设计活动载体，激发党组织活力。完善离退休干部党组织定期换届制度，探索建立支部活动经费保障、组织联络员制度和党支部书记工作补贴制度。三是逐步完善老干部工作体系，强化老干部工作队伍。自 1985 年市委老干部局成立以来，各级、各部门逐步建立老干部工作机构，配备专职老干部工作人员。30 多年来，各级老干部工作部门和老干部工作者，坚决贯彻党中央和省市委的决策部署，围绕全市工作大局，真抓实干、锐意进取、敢于担当、乐于奉献，以过硬的作风和用心用情的服务，让组织放心、让老干部满意、让人民群众认可。1994 年、1998 年、2003 年、2008 年、2013 年，市委老干部局被评为“全省老干部工作先进集体”；1997 年，被评为“全国老干部工作先进集体”；2006 年以来，三人被评为“全国老干部工作先进个人”；自 2013 年以来，全省未再进行评比表彰。截至 2017 年底，市委老干部局连续 11 年被评为市级文明单位，连续 8 年被评为省级文明单位，连续 15 年被评为“全省离退休干部调研宣传工作先进单位”。

（二）实现“老有所养”，清欠“两费”，完善“三个机制”

一直以来我们注重做好服务保障工作，坚持思想上关心、生活上照顾、精神上关怀，保持敬重之心，倾注关爱之情，多做务实之事。认真落实离退休干部的各项待遇，重点落实好离休干部离休费保障机制、医药费保障机制、财政支持机制，注意做好异地安置离休干部

服务管理工作，健全完善退休干部服务管理办法。多年来，每当上级出台有关离退休干部政策的文件，市委、市政府都给予高度重视，及时转发或制定相应的实施意见，市委常委会每年听取老干部工作情况汇报，每年召开工作会专门安排部署，并成立了老干部工作领导小组，具体指导帮助老干部局解决工作中遇到的实际困难。每逢重大节日，市领导亲自带队逐门逐户走访慰问、征求意见。全市普遍形成了关心老干部、尊重老干部、支持老干部工作的良好社会氛围。近年来，着眼老龄化社会大趋势和各地社会养老保障水平差异，进一步健全就近学习、就近活动、就近得到关心照顾、就近发挥作用的社区平台，积极探索“互联网+养老服务”模式，建立智能化养老服务载体，为老同志提供多样化养老服务。2005年，市委老干部局被评为“全省亲情服务年活动先进单位”;2006年，市委老干部局被评为“全省离退休干部‘三个机制’工作先进单位”；自20世纪90年代末，离退休干部信息统计工作开展以来，市委老干部局连续多年被评为“全省离退休干部信息统计工作先进单位”等。

（三）实现“老有所乐”，文化养老得到长足发展

一是以活动阵地建设为抓手。30多年来，枣庄老年大学和市老干部活动中心合署办公，认真贯彻落实中央和省市委关于老干部工作的各项方针政策，积极开创老年教育事业，组织引导好老干部参加活动，已形成1个中心（市中区振兴北路，2108平方米）和5个外设活动室（颐寿园活动室809平方米、老市委活动室500平方米、东郊活动室564平方米、新城东区活动室450平方米、新城西区活动室344平方米）的基本布局。此外，六个区（市）均设立了老干部活动中心，市检察院、市法院、市住建局、市交通局、市环保局、市气象局、市经信委、市总工会、市人防办、华电国际十里泉发电厂、国网枣庄供电公司等市直部门也设立了本单位的老干部活动室。2003年，枣庄老年大学被省委老干部局、省老年大学协会首批命名为“老年大学省级示范校”；2005年，枣庄老年大学被评为“全省老年教育工作先进集体”；2006年，市老干部活动中心被省委老干部局命名为“省级示范老干部活动中心”；2007年，枣庄老年大学被评为“全省老年教育宣传工作先进集体”；2009年，枣庄老年大学被中国老年大学协会授予“全国先进老年大学”；2011年，枣庄老年大学被省委老干部局、省老年大学协会授予“老年教育宣传工作先进单位”；2014年，枣庄老年大学被省委、省政府授予“全省老干部工作先进集体”；截至2017年底，枣庄老年大学和市老干部活动中心2次被评为“市级敬老文明号”，连续27年被评为“市级文明单位”。二是积极开展文体活动。积极引导、鼓励老干部根据自己的爱好、特长组建和参加各类文体组织，丰富老干部精神文化生活、展示老干部晚年风采。适应形势任务发展，提出要把老干部工作重心由物质养老转变到文化养老上来，把文化养老与组织建设、服务保障等作为老干部工作转型发展的重要切入点和突破口来抓，由点及面，逐步推开。把文化养老与实施“暖心、传承、聚力、余热、示范”五项老干部转型发展工程有机结合，初步走出一条“立足社区、发挥功能，政治引领、突出主干，点面结合、拓展提高，涵养身心、服务大众”的文化养老路子。

全省老干部工作先进集体奖牌

（四）实现“老有所为”，引导支持老同志发挥作用

坚持为党和人民事业增添正能量是老干部工作的价值取向，是必须长期抓好的政治任务。各级老干部工作部门坚持老干部工作的政治特色、党的特色，老干部阅读文件、参加重要会议、情况通报、走访慰问、参观考察等制度得到全面落实，形成了经常给老干部作形势报告，在任领导与老干部沟通思想等机制，把老干部的思想认识统一到党委政府工作中心上来，教育老干部坚定政治立场，保持清醒头脑，始终与党和国家同心同德，与市委保持高度一致，成为建设自然生态、宜居宜业新枣庄的一支重要政治力量。各级老干部工作部门坚持从实际出发，注重发挥离退休干部的政治优势、经验优势、威望优势，创新载体平台，综合施策发力，充分激活、凝聚和释放了正能量。近年来，各级老干部工作部门紧紧把握“体验美好生活、畅谈发展变化、展示阳光心态”这一主题，以老干部党支部为平台，一批老干部成为党的政策宣传员、群众矛盾调解员、制度落实监督员等，搭建了老干部与党和政府联络的桥梁。为引导激励广大离退休干部积极运用网络新媒体、新手段主动发声，净化网络环境，传递舆论正能量，组建了一批离退休干部网络宣传员队伍。以关工委、老科协等群团组织为平台，把一批有爱心、有责任心的老干部、老专家吸引过来，搞好传帮带，关爱青少年健康成长、促进农村经济的发展。2014年11月，枣庄市推荐的退休干部朱锡光在全国离退休干部“双先”表彰大会上，被中组部表彰为“全国离退休干部先进个人”。截至2016年

底，市关工委连续 6 次被中国关工委表彰为“全国关心下一代工作先进集体”，先后共有 52 个基层关工委和 104 名个人分别获得全国、全省关工委的综合性表彰。2017 年，市委老干部局被评为“全国关心下一代工作先进集体”。

三、经验启示

30 多年来的光辉历程告诉我们，老干部工作必须始终在党和国家工作全局中把握和推进，始终牢记广大离退休干部是党和国家的宝贵财富，是维护长治久安的重要政治力量，始终把“让党放心、让老同志满意、让人民群众认可”作为老干部工作的出发点和落脚点，始终以改革创新为动力，始终把制度建设作为提高工作水平的重要途径。做好老干部工作，要牢牢把握四个“更加注重”。

（一）做好离退休干部工作，要更加注重政治引领

思想政治工作是党的一切工作的生命线。习近平总书记指出，要激励广大老干部不忘革命初心，永葆政治本色，继续做全面从严治党的坚定支持者和模范践行者。老干部虽然离开了自己的工作岗位，但共产党人的政治属性没有变，党员第一身份的意识不能丢。要按照中央和省委关于全面做好离退休干部工作的要求，牢牢把握为党和人民的事业增添正能量的价值取向，以充分体现离退休干部特点和优势，更好地服务党委和政府工作为方向，激励广大离退休干部为全面建成小康社会，实现“两个一百年”奋斗目标和中华民族伟大复兴的中国梦贡献智慧和力量。要落实全面从严治党要求，深入细致做好思想政治工作，教育引导广大离退休干部和党员始终保持公仆本色，始终牢记党员身份，始终坚定理想信念，始终保持对党忠诚的政治品格，不断增强政治意识、大局意识、核心意识、看齐意识，自觉在思想上政治上行动上同以习近平同志为核心的党中央保持高度一致。

（二）做好离退休干部工作，要更加注重作用发挥

广大离退休干部具有丰富的政治智慧、工作经验和人生阅历，是党执政兴国的重要资源，是推进新时代中国特色社会主义伟大事业的重要力量。30 多年来，在全市离退休干部中深入开展为党和人民事业增添正能量活动，引导老同志充分发挥自身优势，力所能及地为党、为国家、为社会、为人民发挥余热、作出贡献，取得了很好效果。截至 2017 年底，枣庄市共有离退休干部 25163 人，其中退休干部 24255 人，占 96.4%，大多数身体健康，有愿望、有能力为全市发展贡献力量，他们的政治优势、经验优势、威望优势是助推发展的一支重要力量。做好老干部工作，要坚持不懈开展为党和人民的事业增添正能量活动，引导离退休干部保持老当益壮的健康心态和进取精神，践行社会主义核心价值观，传承党的优良作风，弘扬中华民族传统美德，传递向上向善的精神力量，影响和带动周围群众坚定不移听党话、跟党走，共同凝聚和释放正能量。

（三）做好离退休干部工作，要更加注重服务保障

加强服务保障，不断提高老同志满意度，是老干部工作的基础和立足点。做好老干部工作，要坚持思想上关心、生活上照顾、精神上关怀，保持敬重之心、倾注关爱之情、多做务实之事，依法保障离退休干部各项权益，满腔热忱为他们排忧解难，让广大离退休干部安心舒心暖心，安享晚年。目前，党的老干部，主要由离休干部和退休干部组成，两部分老同志的服务管理方向既有共同性、又有差异性。对离休干部要“更加注重做好服务保障工作”。对退休干部，要坚持统一领导、分工协作、分级负责、分类管理的原则，进一步完善退休干部管理服务办法。要加大对特殊困难离退休干部的帮扶力度，通过健全党内关怀机制、推进志愿服务和互助服务、纳入社会救助、拓宽帮扶资金渠道等办法，对身患重病、失能、高龄等有特殊困难且符合条件的离退休干部，给予更多关心照顾。

（四）做好离退休干部工作，要更加注重组织领导

无论是老干部、老党员，还是离退休干部党支部，都是党的干部队伍、党员队伍和基层党组织的重要组成部分。从本质上讲，老干部工作就是党建工作，加强党的建设必须加强老干部工作。无论是老干部、老党员，还是老干部党组织，在全市干部队伍、党员队伍和基层党组织中都占有相当大的比重。同时，广大老同志受党教育多年、为党工作多年，信念坚定、党性坚强、作风正派。推进新时代党的建设伟大工程，需要更好地把他们发动起来、组织起来、凝聚起来，在党的建设中体现更大担当、作出更大贡献。要充分发挥党工委、党总支、党支部战斗堡垒作用，采取“党组织 +”方式，发挥离退休干部党组织的强大凝聚作用，把广大离退休干部紧紧凝聚在党的周围，真正把党的宝贵财富转化为党依靠的政治力量，防止党的执政资源流失，这是做好老干部工作的关键所在。同时，老干部工作是党的组织工作和中国特色干部人事工作的重要组成部分，新形势下的老干部工作，只能加强不能削弱，只会加强不会削弱。做好老干部工作，要健全完善党委和政府统一领导，组织人事部门牵头抓总，离退休干部工作部门组织实施，有关职能部门各负其责，社会各方积极参与的工作机制。

审稿人：丁新胜　崔春华

撰稿人：王亚楠

不懈推进报业改革　逐步扩大主流舆论阵地

——改革开放以来枣庄日报社发展历程、成就和启示

《枣庄日报》从1958年6月创刊到现在，历经60年的风雨，紧跟时代步伐，不断改革，形成了自己的风格，已经成为一张党和政府满意、人民群众喜闻乐见、社会和市场认可、始终正确引导社会舆论的党委机关报，成为鲁南地区最具影响力的主流媒体。

回顾走过的历程，我们看到改革创新是枣庄日报社发展的源动力，枣庄日报社一直在探索中奋进，在改革中发展。

一、改革历程

改革开放后，枣庄日报社的发展大致经历了五个阶段。

（一）在拨乱反正和改革开放启动阶段，关于真理标准问题的讨论报道及时准确；大力营造四化建设的改革氛围（1978—1982年）

中共十一届三中全会召开后，中共枣庄市委、市政府顺应历史潮流，为转变观念、推动经济发展做了大量工作。《枣庄日报》及时传达党中央的声音，准确报道枣庄市委、市政府做出的重大决策及部署，真实反映人民群众在改革开放初期的精神风貌。

1. 拨乱反正方面。1978年《光明日报》发表特约评论员文章《实践是检验真理的唯一标准》后，当时的《枣庄日报》前身《枣庄通讯》冲破了长期以来“左”的错误思想束缚，于1978年6月6日在头版头条以半个版的篇幅刊登了《邓副主席精辟阐述毛主席实事求是光辉思想》的文章，并配发半个版的人民日报社论，在社会上引起极大的反响，对人们从“两个凡是”的思想禁锢中走出来起了一定的作用。此后刊登的《十一届四中全会公报》等文章，在我党拨乱反正的过程中作为见证者和党的喉舌，积极引导舆论。

2. 为建设四个现代化鼓与呼。中共十一届三中全会以来，全党工作的重点已经转移到社会主义建设上来。为调整国民经济结构，适应四化建设，迎接国民经济高速度全面发展的新时期的到来，为进一步加强枣庄市的宣传力量，使宣传工作更好地为四化建设服务，经省委批准，市委决定创办《枣庄日报》，1980年1月1日起发行，其前身《枣庄通讯》当日停刊。当时枣庄日报社仅有员工30人，却编发了大量围绕四个现代化建设，坚持四项基本原则，用党的路线、方针、政策武装群众的优质稿件，达到了动员全市人民同心同德，鼓足干劲，奋发图强，为实现四个现代化而努力奋斗的宣传效果。

期间，经济类稿件占了大部分，各类新技术投产、新生产线上马、新工厂运行等新闻比比皆是，反映了改革开放初期各行各业朝气蓬勃、欣欣向荣的气象。

（二）在改革开放全面展开阶段，报社多项改革工作集中开展（1983—1992年）

在这个历史时期，按照党的十二大精神，枣庄市开始有计划、有步骤地推进经济体制改革和经济项目建设，对外开放的力度逐步加大，经济发展速度逐步加快。面对社会上的各种思潮，《枣庄日报》能够始终坚持正确的舆论导向，起到稳定鼓劲的作用。同时适应事业发展需求和群众需求，在报社内部进行多项改革。

1. 当好喉舌，高唱主旋律，沿着正确的导向前进。《枣庄日报》始终把坚持党的基本路线，在政治上同党中央保持一致，坚持正面宣传为主的方针，保持正确的舆论导向，作为自己的首要任务。

1989年春夏之交，北京发生动乱，《枣庄日报》旗帜鲜明，立场坚定，迅速及时地宣传党中央的声音和重大活动，抵制和批判动乱和暴乱活动，以准确的判断和斗争策略，批判资产阶级自由化思潮，为稳定枣庄地区的局势，为坚持一个中心两个基本点做出了应有贡献。对此，《大众日报》老报人孙吴还专题撰文，赞扬《枣庄日报》在动乱期间旗帜鲜明地坚持报纸党性原则，成为稳定大局的舆论旗帜，受到市委、市政府领导的称赞和省委宣传部的高度评价。报社党委坚持不懈地在全社人员中进行强化党报意识的教育，努力使大家明确认识到，报纸版面是党和社会主义的舆论阵地，报纸上发表的每一篇稿件，稿件中的每一个观点，都要符合党的意图，党的观点。在指导性与服务性、可读性，社会效益和经济效益等新闻工作的基本关系上，毫不动摇地以正确导向为第一位。

报道枣庄市新成就、新经验、新事物，在宣传中保持数量，开拓深度，加强力度，形成合力。充分发挥地市报覆盖广，传播国内外新闻快的优势，不断强化时事宣传。对党的路线、方针、政策，对党和国家的重大决策，及时安排，迅速传达到群众中去。通过时事宣传，引导广大读者正确认识世界。如苏联解体，有人对社会主义信念有些动摇，《枣庄日报》就在时事版设立《社会主义建

设成就》专栏，编发了我国人民吃、穿、住、行的变化，让读者从中悟出了大道理，激励广大人民群众坚定支持改革信心。对重大国际事件，有时采取连续报道，使广大读者了解事件的真相及来龙去脉，深受读者的欢迎，并在全国地市报好时事新闻作品评选中连年获奖。1992年6月，由枣庄日报社承办，第三届全国地市报时事报道年会召开，百余家地市报、省报和特区报的总编辑等出席会议。这次会议对推动全国地市报时事报道工作开展起到了重要作用。

1991年，枣庄日报社组织的枣庄市首届广告模特大赛，有百余名佳丽参加了比赛。这个赛事集中体现了《枣庄日报》开拓创新，解放思想的魄力和敏锐的政治洞察力。

2. 不断进行新闻改革，提出新的办报方针，因势利导创办《枣庄日报周末刊》。中共十一届三中全会后，是我国新闻界积极探索、改革开放的活跃期，报业纷纷解放思想，冲破"左"的思想束缚，破旧立新，打破"十年动乱"造成的万马齐喑的沉闷局面，努力建设社会主义精神文明，繁荣文艺创新，满足人们对精神生活日益增长的需求。1985年春，报社党委遵循中央和省、市路线方针政策，为适应改革开放形势，紧密联系本地实际，提出了日报的办报方针和指导原则，即"坚持党报性质，吸收晚报特点，办出地方特色，体现时代特征"。在这一原则指导下，全体采编人员积极工作，大胆进行新闻改革。1987年3月枣庄日报社第一届编委会成立。当时全国兴起"办晚报热"和"办周末刊热"，1987年决定创办《枣庄日报周末刊》。1987年5月3日，《枣庄日报周末刊》面世，套红四开四版，每周六出版，作为新闻改革的内容和创办晚报的过渡和实验。

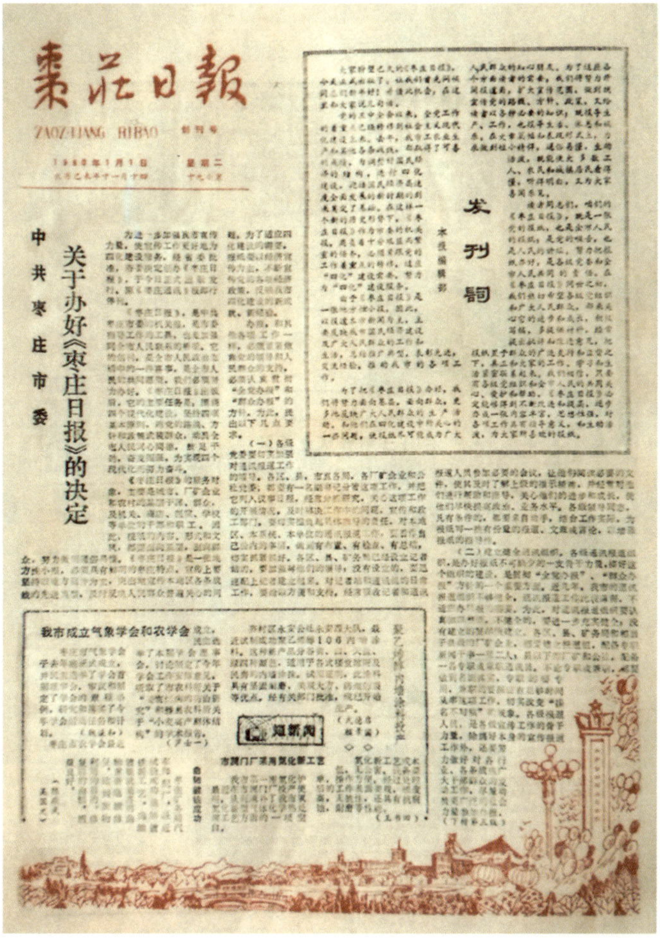
枣莊日報

ZAOZHUANG RIBAO 创刊号

1980年1月1日 星期二

关于办好《枣庄日报》的决定

中共枣庄市委

发刊词

我市成立气象学会和农学会

1980年1月1日，《枣庄日报》创刊号

《枣庄日报周末刊》是一份文化类报纸，又必须强调新闻性。20世纪90年代初，市场经济刚刚起步、新事物层出不穷，社会矛盾错综复杂，为了跟上时代的步伐，先后四次改版。围绕新闻热点开办《热点追踪》《新闻透视》栏目，整版刊发对房地产市场、人才市场、企业转型、下岗职工再就业、水资源节约等问题的深度报道和讨论。1991年，成功开展了"枣庄市十大景观""鲁南名吃"征文活动，群众参与度很广，成功评选出"万亩榴园""运河古镇"等八大景观，以及"枣庄羊肉汤""辣子鸡""菜煎饼"等十大地方小吃，对刚刚起步的枣庄市旅游文化起到了有力的推动作用。

3. 技术改革与经营意识萌芽。早期，枣庄日报的排版采用的是铅字排版，出版过程较慢，工作条件也较为艰苦。20世纪80年代，购进了当时先进的印刷机，生产效率大大提高。1990年，《枣庄日报》改为胶印，购置卫星地面接收站和激光照排设备，使排版更美观，印刷更清晰，报纸面貌为之一新。

为推动报社事业不断发展，同时逐步减轻市财政负担，枣庄日报社广开创收渠道。发挥印刷优势，引导大家改变"坐门等客"的旧习惯，树立市场经济观念，找米下锅，印刷零活产值连年上升。

4. 发行改革，取得突破性成效。1992年1月1日，《枣庄日报》由原来的邮局发行改为自办发行，使报纸到达读者手中的时间提前了近4个小时。不断完善发行机制，报纸订数一直稳定在5万份以上，发行密度大幅度上升，迅速跃居全省第二位。

（三）在改革开放系统推进阶段，与社会主义市场经济相适应的新闻改革是报社蓬勃发展的动力（1993—2002年）

在邓小平南方谈话、十四大精神的指引下，1993年10月召开的中共枣庄市第六次代表大会提出：要坚持"能快则快，能高则高，能大则大，能外则外，能好则好"的方针，不断推动枣庄国民经济持续、协调、健康发展，经济报道成为《枣庄日报》新闻报道的重头戏。报社采取多项改革措施促进了报社新闻宣传、发行、广告、印刷等业务的发展。

1. 转变思想观念进行新闻改革，把对外开放和推动经济建设作为报道的重头戏，把普通群众关心的问题作为焦点新闻做大做强。在这个历史阶段，《枣庄日报》把推动市县经济建设作为报道的重头戏，让经济报道在报纸上唱主角。

经济宣传用稿占上稿总量的70%，一、二版头条经济宣传占60%。如1993年开辟的专栏《来自亏损企业的报道》《来自市场的报告》连续发稿500余篇；专题《我为枣庄经济建设献计献策大讨论》《乡镇领导干部谈农村经济》等，有力地配合了市委、市政府的工作部署。开辟《农民致富典型连载》《村镇经济致富连载》等专栏，刊登大量农民致富经验事迹，在社会上起到一定的带头作用。

坚持改革开放是党的基本路线的一个重要内容，为报道枣庄市对外开放、招商引资的大动作，通过社论引导舆论，通过典型报道打气鼓劲。市委书记率代表团到香港参加经贸洽谈会，报社除了报道洽谈会动态及其自身取得的成果外，还开辟了《香港之行大家谈》专栏，连续发稿20多篇，引导广大干部群众换脑筋，开眼界，找差距，再掀开放大潮，再创开放大业，努力实现外向型经济的新突破。

作为市委机关报的《枣庄日报》，在贯彻为社会主义服务、为人民服务的办报方针时，也有一个认识逐步深化的过程。过去领导活动报道多，会议消息占版多，忽略为人民大众服务，读者意见大。报社转变思想观念，改进管理方式，把报道的焦点对准群众，对准读者，努力探求党报权威性、指导性与贴近性、大众性的完美结合。

转变新闻作风、深入基层，反映群众的呼声，设立周末热线电话，是报社新闻改革的着重点。枣庄日报社从1993年起连续推出了"鲁南大地行""记者周边行""记者百厂行"和"科技百业行"活动，这"四行"给《枣庄日报》带来了一股新风，在社会上产生了很好的影响。如1993年组织的"记者周边行"历时3个多月，记者骑自行车采访，途经五区一市33个乡镇，250个村庄，行程3000多公里，其中山路有1000多公里，深入1000多家农户，在《枣庄日报》发稿件100余篇，发内参稿件4篇，有4篇被省级以上报刊采用。报道具体、生动、真实地反映了周边农村的巨大变化、风土人情和新人新事新风貌，既锻炼了记者队伍，又在社会上树立了良好的党报新闻工作者形象。1994年，先后推出"廉洁勤政系列报道""政法战线普通人""文明单位采风""赶潮人""政治思想工作在农村"等系列报道，宣传了100多个典型的事迹，引起了好的反响。

1996年开办了《100个普通老百姓的故事》，之后又先后开辟了《寻访铁道游击队老战士》《老英模的故事》等专栏，基层干部、普通群众的事迹上了报纸，成了新闻人物，广大读者普遍反映很好。对人民群众深切关注的时政问题，如国企改革、下岗再就业、减负治乱、党风政风、干群关系等等，站在群众立场、群众观点上分析研究，从全局和政治的高度进行把握，使这些政治性、政策性很强的问题在平易的报道中得到恰当回答，引起了读者的共鸣，成为人民群众欢迎、党委政府满意的喉舌，1997年获得山东省"十佳报纸"称号。2002年6月，枣庄日报社组织记者开展"'三个代表'在枣庄"大型系列报道，中宣部新闻阅评组给予高度评价，省委宣传部新闻阅评组向全省发出阅评通报表扬。

把千方百计增加信息量作为新闻改革的着力点，引导编辑记者多写多编文短意深而又活泼生动的好新闻，在有限的版面上尽量为读者提供更多信息。报社规定：一般消息不超过800字，通讯不超过1500字。还开展了"头条短新闻大赛""现场新闻大赛"，在一版开辟《要闻简编》《圆点新闻》专栏，集中发表短小精炼的稿件。

2. 日报变大报，网络版、《新生活周刊》诞生，主流舆论阵地进一步扩大。1992年9月份，在基建任务重，缺乏办大报的经验，财力不足等诸多困难的情况下，报社党委带领全体同志奋力拼搏，克服种种困难筹备《枣庄日报》改版。1993年元月1日，《枣庄日报》由原来的四开四版小报扩为对开四版大报；1999年，枣庄日报社经省新闻出版局批准，出版规模由每日对开4版可扩版至对开8版。由于版面扩大、栏目增多，开拓了报道的深度和广度，《枣庄日报》的作用和影响日益扩大，受到市委、市政府领导的高度重视和广大群众欢迎。2000年1月1日，枣庄日报网络版出版，为读者提供了一种崭新的阅读方式。

枣庄日报社党委运用新机制探索都市生活类报纸的运营路子。2000年，创办《新生活周刊》，从各部室抽调4名人员，成立新生活编辑部，采取"采编经营一体化，承担全部经营风险"的办法运营。在发行黄金时期过去的背景下，依靠报社发行部门的帮助，《新生活周刊》面世之初取得了征订发行12000余份的好成绩。《新生活周刊》为单面彩报，为《枣庄日报》的彩色印刷当了马前卒。2002年，整合《枣庄日报周末刊》和《新生活周刊》改名《鲁南晨刊》，每日出版16个版。

至此，枣庄日报社初步形成了《枣庄日报》《鲁南晨刊》《枣庄日报》网络版的立体传播模式，主流舆论阵地得到了加强。

1992年起，枣庄日报社自办发行。图为发行员在分发报纸

3. 进一步开展人事制度改革，调动职工积极性。社会主义市场经济为我国报业的发展带来前所未有的机遇，使我国报业进入一个大发展的新阶段。为了抓住发展的机遇，调动干部职工的积极性，枣庄日报社进行了多次人事制度改革。

1995 年 5 月，先行在经营管理部门即广告部、发行部、印刷厂进行机制改革，实行干部竞争上岗，人员双向选择。

1997 年，枣庄日报社在总结吸取过去经验教训的基础上，针对提高报纸质量、壮大报业经济，酝酿讨论内部综合改革方案，先后选择几个局部岗位进行改革试点。试点结束后，又对采编体制和干部人事制度进行了全面改革，变过去僵化的采编合一体制为能调动积极性的采编分开体制，变中层干部任命制、终身制为竞争上岗、能上能下，变一般工作人员分配制为双向选择、择优上岗。奖金分配也由过去的平均主义、大锅饭改为奖勤罚懒、奖优罚劣。

1999 年 1 月，全面进行干部人事制度、职称评聘制度、工资奖金分配制度改革，中层干部竞争上岗，工作人员双向选择，并制定了“一岗双责”制度，要求报社各级领导要一手抓业务，一手带队伍。打破职称评聘终身制，在全市首家采用专业技术职务竞聘上岗的办法，再一次把改革推向高潮。

4. 报业成为一种产业，报业经营管理提到了重要议事日程，枣庄日报社成立三个公司。在改革进一步深化的阶段，报业成了一种产业，报纸成了一种特殊的商品，枣庄日报社也把报业经营管理提到了重要议事日程。这种变化，是和党领导的我们国家在政治上经济上全面改革紧密结合在一起的，是符合社会发展和时代前进潮流的。报纸的商品属性决定了报社必须按照市场经济规律对报业实行产业化经营。基于这种认识，枣庄日报社适时提出了“以办报为中心，办报经营两手抓”的口号，放下机关报的架子，准确把握报纸的商品属性和报业的经营特点，用全新的市场观研究和实践报业经营。除新闻宣传外，对报社的发行、广告、印刷等经营活动按企业的经营规律运作，不断完善经营承包责任制，推行效益工资制，挖掘内部潜力，开发报业经营新的增长点，促进了事业的发展。2001 年，打破原发行部、广告部和印刷厂的旧体制，组建了枣庄日报发行有限公司、广告有限公司、印务有限公司，实行新的经营体制和管理模式，拓展了业务，创新了机制，大大激发了活力，增加了创收，为报社的发展奠定了基础。

报业经济的发展，直接促进了办报水平的提高。报纸在每周七刊的基础上，每周新增《鲁南周末》《公安周刊》两张副刊，扩大了宣传效果。1997 年上半年，报社在原有二台轮印机和三台书刊印刷机的基础上，又投资近 400 万元，购入彩色照排印刷设备和对开书刊胶印机各一套，使报社印刷能力大幅度提高，报纸出版进入彩报的新阶段。

同时，报社的办公条件逐步得到改善，职工安居问题得到较好解决。

1996年枣庄日报社召开专栏新闻人物座谈会

（四）在全面建设小康社会的迈进阶段，枣庄日报困境中崛起（2003—2011 年）

进入新世纪，枣庄发展迈向新阶段。2003 年 4 月，中共枣庄市第八次代表大会召开，超前提出了“全面建成小康社会”的远大目标。这一时期，市委、市政府深入贯彻落实科学发展观，实现了经济发展指导思想的根本性转变，从千方百计加快发展跃升到城市转型。但是，从全球来看，网络媒体爆炸式发展，从国内看，晚报、都市报、行业报等各种新兴的纸媒飞速扩张，这对中小城市的党报冲击无疑是巨大的。此时，绝大部分地市党报在考虑如何突出重围。

1. 报业竞争加剧、新媒体冲击，传统媒体经营陷入困境，枣庄日报社新闻宣传却仍是盛花期。作为一家老的地市报社，人员多、设备差、底子薄、市财政投入不足等诸多问题阻碍着报社的发展。随着报业竞争加剧、广告分流、网络等新兴媒体崛起等报业发展共性问题的出现，导致报社财务出现亏损，从而使枣庄日报社一度走入困境，事业发展陷入低谷。

在举步维艰的情况下，新闻业务仍旧毫不放松，新闻宣传取得了突出的成绩，组织的社会活动层出不穷。

2003 年 5 月，“非典”疫情肆虐，枣庄日报社为了全面真实报道枣庄市疫情和全市各级各部门各行各业抗击“非典”的情况，组织明访组和暗访组两组记者采访。明访是报道各地的抗击非典的举措，暗访是查找在抗击非典中的漏洞。《枣庄日报》记者冒着生命危险奋战在抗击非典的第一线，长达一个月之久。明访组采写的大量稿件刊发在《枣庄日报》上，暗访组的稿件形成内参，出现在市委书记、市长的案头，篇篇得到批示。《理性对待疫区返乡人员》《防治非典　相关部门的协调配合至关重要》《假病人考验应急机制》等多篇内参被市长在抗击“非典”指挥部成员大会上宣读，以此指导抗击“非典”工作。全国抗击“非典”英雄山亭卫生局副局

长张普善因公牺牲在工作岗位的当天晚上，本报记者正在山亭区暗访，敏感地认识到这一典型对当时抗击非典工作的重要性，第一时间与新华社记者取得联系，及时形成新华社内参上报国务院。时任国务院副总理的吴仪批示给山东省委、省政府，要求大力宣传、学习张普善的英雄事迹。之后，《枣庄日报》在一版推出长篇通讯《生命防线》，全面介绍张普善的先进事迹，荣获当年山东省新闻奖一等奖。两名同志在抗击"非典"的报道中成绩突出，分别被市委、市政府记二等功、三等功。

《枣庄日报》积极服务经济发展大局。2001年以来，为配合中国枣庄国际石榴节投资贸易洽谈会的召开，《枣庄日报》精心策划，推出投洽会特刊，为宣传枣庄投资环境、展示企业形象、推动招商引资做出了积极贡献。2003年4月，为配合枣庄市城市转型，推进新型工业化，《枣庄日报》推出《大力推进新型工业化》特别报道，专栏基本固定在报心位置刊发，每一篇都配点评。获得省新闻工作者协会、省新闻学会名专栏一等奖，这是全省唯一一个短线专栏获此殊荣。报道共分《环境建设篇》《高新技术篇》《重点项目篇》《民营经济篇》4个篇章，统一采用新闻述评体裁，刊发报道30余篇，详细剖析枣庄工业发展现状以及面临的问题，并就发展方向做出探讨，社会反响剧烈，受到市委、市政府的表扬。

2004年，为营造浓厚科学发展氛围，鼓励企业进行技术创新，《枣庄日报》开设了《树立和落实科学发展观》专栏，抽调精干记者，对科学发展典型进行了深入采访。

枣庄日报社把关注社会问题，聚焦热点难点，反映群众呼声，服务百姓生活作为重点工作。在强大舆论影响的作用下，一大批与群众生活息息相关的问题得到了圆满解决，化解了矛盾，促进了和谐。比如《枣庄日报》《鲁南晨刊》连续组织记者采写的关于煤气质量、供暖问题、街道脏乱差问题基本都有回声；倾情弱势群体，多次报道帮扶贫困家庭儿童的"代理妈妈"活动，推动更多孩子得到社会关爱。在舆论推动下，"代理妈妈"在枣庄蓬勃开展，享誉全国，报社也伸出援手，与贫困孩子结成帮扶对子；报道身患重病的贫困女孩，热心读者为其捐款6万多元等等。2005年以来，共收到锦旗、表扬信百余封。

枣庄日报印务中心

2008年6月26日，中共枣庄市委隆重召开庆典大会，纪念《枣庄日报》创刊50周年，报社出版了《流金岁月——枣庄日报创刊50周年》大型画册和《枣庄日报创刊50周年珍藏版》。

2. 报社全面改革应对发展困局。2008年初，报社新一届党委班子认真积极寻求破解枣庄日报社发展的难题。组织人员赴江苏、河南等兄弟报社考察，学习外地报社先进办报和经营经验。立足报社实际，确立了"政治家办报，企业家经营，社会化服务，市场化运作"的办报理念，并决定在报社内部全面推行改革，努力实现报业发展的新突破。自2008年12月开始，分别从新闻宣传、广告经营、人事制度三个方面入手，本着分步实施、压茬进行、逐步推进的原则，大刀阔斧进行了综合改革。

（1）改革报纸版式，创新宣传方式，在打造核心竞争力上实现突破。社会瞬息万变，《枣庄日报》的版式和内容已不能满足读者日益增长的文化需要，也跟不上现代报业发展的步伐。根据新情况调整办报思路和报纸版式，改进宣传方式，适应读者新要求是报纸改革的重要内容。经过2个多月的改革酝酿，自2009年1月1日起，对《枣庄日报》和《鲁南晨刊》同时进行改扩版。

《枣庄日报》由对开4版改为8版，由黑白改为彩色，采用国际流行的"瘦报"报型，在宣传内容上分为A、B版两大板块。增加信息量，更加贴近群众和生活，突出本地新闻及时政、经济、社会新闻和反映国计民生的内容；增加宏观和中观新闻报道，压缩具体单位的一般性工作经验、行业部门业务性很强的会议活动报道；注重党报的理论优势，增加言论和评论报道，整体上融指导性、新闻性、服务性于一体。特色浓郁、个性鲜明，更好地成为传达党和国家声音、传递群众心声的喉舌，成为时代进步的号角。版式设计上，求新求变，着力突出庄重、大气、"浓眉大眼"的版面风格；在内容报道上，强化新闻立报，提倡短、新、活、快，力求大容量、宽视角，选取更为美观、更具视觉冲击力的新闻图片；在评论引导上，面对社会热点、难点问题，勇于亮明自身观点，发出主流媒体权威的声音，给广大读者以解释、启迪，并为其提供思考的空间；在舆论监督上，开辟了《阳光政务》和《枣庄民意通》等监督类栏目，对读者反映的民生问题或有关职能部门的作风问题等进行跟踪调查，督促相关部门及时整改，促进问题得到有效解决。省委宣传部新闻阅评曾多次对《枣庄日报》的报道给予充分肯定。

有效策划，提高报道质量。面对日益激烈的媒介竞争，枣庄日报社通过加强新闻策划，努力实现传播的规模效应。除了严格执行编前会、业务研讨会等制度外，增加了新闻报道策划会。围绕市

委、市政府阶段性的工作重心，重点组织策划了《科学发展、富民强市——深入开展学习实践科学发展观活动》《江北水乡·运河古城——全力推动枣庄二日游活动》《光辉足迹——纪念建党90周年异地采访报道》《积极创先争优，争做枣庄先锋》等一系列深度报道，有效提升了报纸的宣传实效，积极推进市委、市政府重大决策部署的具体贯彻、落实。

《鲁南晨刊》由每期12版改扩版为周一、二8版，周三、四16版，周五24版。改扩版后的《鲁南晨刊》坚持党报属性、服从新闻规律，参照媒体运作的成功经验，将传播的理念导入策划、采访、编辑、印刷、发行、广告六个环节中，强调真实性、权威性、服务性、必读性、影响力，办出有地域特点、有市民色彩、有意见引导作用、能吸纳广泛注意的新闻报纸。版面分为A、B、C三大板块，分别为综合新闻版、生活新闻版、文化新闻版。《鲁南晨刊》加大本地新闻比重，增加民生新闻、社会新闻的报道，做活、做精服务类信息，报纸可读性明显提高，发行零售量不断增加，影响力不断增强，得到了市民的喜爱和好评。

（2）改革广告经营方式，创新管理模式，在增加经营创收上实现突破。报社发展经营事业，广告是重点。近几年来，虽然不断完善广告部内部管理机制，深入挖潜，努力开拓，充分调动广告人员的工作积极性，但每年广告经营增幅不大。2008年底，借鉴兄弟报社的成功经验，对广告经营方式和管理模式进行了改革，收到了很好的效果。

一是整合人力资源，加大专业从事经营创收人员的比例，将部分既懂办报又懂经营的高素质人才充实到经营队伍中去。二是整合版面资源，给经营部门一定版面作为阵地，以宣传促经营，专门从事经营创收工作。三是根据当时的广告市场情况和报社人员状况，对广告市场进行细分。撤销广告公司，成立了12个创收业务部室。对12个部室正职实行了公开选聘，竞争上岗。通过民主测评，党委研究，确定广告经营部室正职人选，副职和工作人员由正职提出人选，呈报党委研究确定。四是加强风险管理，与经营部室正职签订了经营承包合同，并要求交纳一定数额的风险金，每月一调度，每季一考核，使报社经营运行出现良好态势，广告经营形势明显好转。仅2009年前两个月，在国际金融危机影响很大的情况下，报社广告经营总收入比2008年同期增长40%。

另外，依托资源，开展多种经营。一是培植发行物流产业。枣庄日报是全省较早告别邮局发行的报纸，经过20年的不断完善，现已建设成为完整、高效、独立的报纸发行网络。紧紧围绕发行网络做文章，做大发行之外的产业，以发行网络促创收，先后开展代发代投报刊业务、开发发行车体广告业务和DM广告业务，创办天然碧水业，开办读者俱乐部，从而开创了报业经济新的增长点。二是壮大印刷产业。枣庄日报社印务中心是省级出版物定点印刷厂、山东省印刷百强企业，拥有激光照排、双面彩色轮转印刷机、CTP电子出版系统等先进设备，2009年4月、7月，分别购进无锡宝南双面四色报业轮转胶印机和柯达金胜热敏计算机直接制版机，新设备投入使用后，不但每天6点左右就可印完所有报纸，而且大幅度提高了印刷质量。已成为本地区设备、技术、工艺最先进的印刷企业，报纸印刷质量在省报协评比中达到精品级水准。先进的技术设备和科学的管理方法让报社印刷厂在多变的市场竞争中，赢得了发展先机。三是有效延伸产业链条。以媒体为平台，做好品牌开发，拓展多元化经营。延伸产业链条，有助于整合报业现有资源，最大限度地发挥各种优势，发掘报业的增长潜力，推动其可持续发展。

记者深入基层采访

（3）改革人事分配制度，创新激励机制，在人力资源管理上实现突破。枣庄日报改扩版和广告经营改革涉及方方面面，除了调整内容格局和办报思路，更新观念，提高创收能力之外，还涉及完善内部机构和出版程序，改革人事管理制度，建立考核奖惩激励机制和严格把关的保障机制。报社党委在反复征求意见的基础上，结合报社实际，多次认真研究、议论，专门成立考核委员会；制订了《枣庄日报出版大纲》，就办报方针、指导思想、改版理念、版面安排、各版解读、采编机构及分工、版面规定、采编流程、稿费发放、考核机制等分别作出明确规定，努力确保报纸采编工作的延续性、规范性和高效有序。为调动全体员工的工作积极性，体现多劳多得、优稿优酬的原则，出台了《枣庄日报社岗位绩效薪酬方案》。同时，调整了内部机构设置，整合并重新设置了36个部室。按照德才兼备、重在实绩的原则，大胆提拔了一批能力强、表现好的中层干部，按照有利于团结、有利于提高工作效率、有利于办好报纸的原则，合理调配各部门的力量，效果十分明显。

3. 全面进军，多元发展，构建新媒体群落。为顺应数字时代的发展潮流，扩大媒体影响力，拓展报业新的经济增长渠道，枣庄日报社张开怀抱迎接新事

20世纪90年代，编辑们专心致志一丝不苟审阅纸质稿件

物，增强报业综合竞争力，积极构建以网站、楼宇电视为代表的新媒体群落，努力实现由传统报业向现代传媒的快速转型。

2005年12月，创建“枣庄日报视频联播网”，在五区一市部分重要办公楼宇、各大商场超市、中级酒店、医院、车站、休闲娱乐等高端人群出入场所和人流量高度密集场所设置。楼宇电视是枣庄市成立时间最早的视频广告发布媒体。2008年以后，加大了对楼宇电视的投入，专门成立了视频部，重新布局网点，网点遍布五区一市，周覆盖人群超过百万人次。

2007年5月，与枣庄移动公司联合，共同打造了以手机为媒介的资讯传播平台——枣庄手机报，实现了《枣庄日报》的跨媒体经营。

2008年2月29日，“枣庄日报小记者团”成立。枣庄日报小记者团活动，是由枣庄日报社、市教育局、市旅服委共同发起、组织的。小记者团以“参与实践、认识社会、锻炼自我”为宗旨，近万名小记者参加了报社组织的社会实践活动，成为枣庄市素质教育的一面旗帜。

全力打造门户网站。2010年2月5日，鲁南在线全新改版，提出“新闻立网、论坛活网、活动兴网、服务建网”的办网理念，致力于打造成为鲁南地区新闻资讯及服务类的门户网站。不仅开设了鲁南微博、鲁南博客、鲁南播客、鲁南图库、鲁南消费网、鲁南相亲网，还开设了时政性论坛——枣庄论坛和全市首家本土团购网站——枣团网。与此同时，为促进报网融合，实行报网一体化运作，在《枣庄晚报》开设了同名网络专版。

2011年1月1日，《枣庄民意通》网络问政平台正式在鲁南在线开通，这是枣庄市首个运用网络媒体技术和传播优势搭建的公众与政府部门交流沟通的问政平台。山东省纠风办在《纠正部门和行业不正之风简报》上全面介绍了《枣庄民意通》的成功做法和经验，并向全省推广。当时，鲁南在线已是枣庄市最大的网络新闻发布平台、公共信息服务中心和权威的对外宣传网络渠道，成为具有独立品牌价值的新兴媒体。

4. 弥合缺口，整合资源，成功创办晚报。自2009年以来，报社党委积极向上级新闻出版部门申报创办《枣庄晚报》。在直接申办新的晚报报号遇阻后，按照市委指示精神，创造性地提出，以整合枣庄市报刊资源为申办工作的切入点和侧重点，向国家新闻出版总署及时地再次提出了申请，将《枣庄广播电视报》变更为《枣庄晚报》，后获批。

2011年3月30日《枣庄晚报》正式创刊，结束了枣庄没有晚报的历史，圆了枣庄人民的晚报梦。《枣庄晚报》定为4开24版，主要在枣庄市辖区内发行。《枣庄晚报》与《枣庄日报》采取差异化办报方针，明确提出“关注民生、服务生活”的办报理念，立足“本土就是主流，贴近就是力量”的新闻诉求，所编发的新闻极具可读性、服务性和贴近性。此外，在经营管理上，晚报采取与日报错位经营的战略，在广告定价上更加灵活，优惠条件更加多样，有效吸引了更多的广告客户；在发行结构上面向家庭订户、进行靶向定位，以保证发行的精准、有效。

5. 强化品牌，提升媒体影响力。在努力提升办报水平的基础上，以媒体为平台，全力打造文化品牌，不断增强自身影响力。近年来，报社开展的“枣庄年度新闻人物评选”“枣庄日报小记者团”“全国高考山东·枣庄招生咨询会”“枣庄晚报读者节”等活动，已成为枣庄市知名的文化传播品牌，社会影响力仍在不断扩大。2009年12月，举办“2009枣庄首届十大年度新闻人物评选”活动，近30万人次参与投票，在全社会营造出热爱枣庄、建设枣庄的良好舆论氛围。

（五）在全面深化改革、全面建成小康社会的决胜阶段：形成媒体矩阵，主流舆论阵地进一步扩大，报业经营逆势上扬（2012年至今）

在这个阶段，从全球来看，传统媒体经营深陷困局，大批纸媒倒下。枣庄日报社如何立足、如何发展成了一个严峻的课题。按照“政治家办报、企业化经营、社会化服务、市场化运作”的工作思路，认真落实“新闻立报、特色强报”的办报理念，枣庄日报社主动转型升级、调整结构，克服了多年未有过的困难，全面提升舆论引导能力，传播和弘扬了社会主义核心价值观，为加快枣庄市城市转型、打造两大高地、建设幸福新枣庄营造了浓厚的舆论氛围。完成了新闻宣传、经营创收、产业发展、推进改革等多项重要而艰巨的任务。

1. 创新重大主题宣传形式，全媒体表达浓墨重彩、强势有力。枣庄市委、市政府在全面建成小康社会宏伟目标指引下，在习近平新时代中国特色社会主义思想指引下，紧紧围绕统筹推进“五位一体”总体布局和协调推进“四个全面”战略布局，坚持创新、协调、绿色、开放、共享的发展理念，加快推进创新、开放、生态“三大跨越”，精心谋划枣庄新型工业化、信息化、城镇化、农业

现代化道路，努力与全国、全省人民共同全面建成小康社会。枣庄日报社全媒体在宣传时突出主线，明确重点，牢记党报使命和责任，从以下五个方面做大做强正面宣传，着力形成团结奋进的主流舆论强势。

（1）深入贯彻走转改精神，民生新闻比重进一步加大。为推动新闻工作者切实将群众观点、群众路线体现在新闻宣传实践中，促进新闻单位深入基层、深入群众进一步制度化、常态化，中宣部、中央外宣办、国家广电总局、新闻出版总署、中国记协五部门2011年8月召开视频会议，在全国新闻战线组织开展“走基层、转作风、改文风”活动。枣庄日报社积极践行走转改精神，贴近大众，讲好百姓故事，体现党报温度。自2012年5月23日起，《枣庄日报》在要闻版开辟了《实施乡村文明行动　共建美好幸福家园》专栏，宣传报道枣庄市各级各部门在开展“乡村文明行动”中的先进经验和做法，以“营造新环境、培育新农民、倡导新风尚”，从而为推动建设“幸福新枣庄”这一基础工程、促进枣庄市社会主义新农村建设营造良好的舆论氛围。2012年7月5日，《枣庄日报》头版“走转改——记者在一线”专栏刊发了《为了大地的丰收——市中区税郭镇纪官庄村采访小记》一文，报道了市中区税郭镇抗旱保苗先进经验，成为“记者在一线”专栏的开篇。另外，《新春走基层》专栏开了近十年，连续推出记者春节期间深入农村、社区、企业和经济欠发达乡（镇），深入敬老院、福利院等基层一线的报道，宣传报道全市人民群众欢度新春的热烈喜庆景象。营造昂扬向上、团结和谐、热烈喜庆的节日气氛。2016年2月3日，枣庄日报社主要领导带领报社摄影记者和书法家齐聚峄城区榴园镇和顺庄村健身广场，为村民们拍摄全家福、挥毫题写春联，成为新春走基层的创新之举。

报社全媒体联动运作，加大力度通过新闻报道来帮助弱势群体，协调有关方面解决热点、难点问题，深受读者好评。从帮助菜农、果农销售积压农产品，到帮助特困户筹款看病呼吁社会救助，普通百姓成为新闻的主角。如《枣庄晚报》、微信公众号、《枣庄快报》共同推出的民生新闻《喜也是桃，忧也是桃，满树黄桃无人要……阴平桃农，流泪了！》，报道了峄城区阴平镇黄庄村和赵村村民果农因黄桃滞销陷困境的新闻。一经报道，广大读者迅速反应，纷纷留言献计献策。次日，果农褚先生告诉记者：“自从你们报道发出后，昨晚我的电话就响个不停……要不是有咱们枣庄日报社的关注与报道，真愁怎么卖！”通过爱心网络营销平台及市民的订购，两天的时间共计销售一万八千斤黄桃。

（2）为全市经济社会发展营造了舆论强势。紧贴市委、市政府关于经济社会发展的基本思路、总体要求，扎实做好新常态下的全市经济宣传报道工作。在《枣庄日报》要闻版开设了“加快新旧动能转换　推动枣庄创新发展”“优化营商环境在行动”“加强高端人才引进，服务企业转型升级”“创新发展看枣企”等专栏，刊发了《找准“切入点”、抢占“制高点”、寻求“突破点”，薛城区打出新旧动能转换“组合拳”》《占领行业制高点》《“厚道儒商”铸就新辉煌》《创新为了更美好的生活》等一批重头稿件，收到了很好的宣传效果。打造转型升级和经济文化融合发展高地、推进省会城市群经济圈和西部经济隆起带建设是枣庄市的重点工作，《枣庄日报》要闻版特别推出“打造‘两个高地’、建设‘幸福新枣庄’”专栏，分落实篇、国企篇、民企篇、金融篇、文化产业篇，进行集中报道；《枣庄日报》头版开设《科学发展　转变方式——经济建设巡礼》专栏，就枣庄市经济建设，特别是煤化工、制造业、服务业、棚户区改造、农村土地流转、创业促就业等方面所取得的成就进行系列报道。

20世纪90年代，枣庄日报社用上了当时先进的激光照排系统排版

十八大以后，为贯彻新发展理念，《枣庄日报》在要闻版推出了“推进‘五位一体’贯彻‘四个全面’——建设自然生态宜居宜业新枣庄”“招商引智”等重头专栏，推出深度报道《幸福生活，从这里启程——枣庄市实施农业脱贫攻坚纪实》《催热品牌源于强动力——枣庄市加快发展全域旅游纪实》《在创新中集聚强大能量——枣庄市工业经济转型升级发展记》《适应新常态　寻求新突破——枣庄市坚持创新导向提升对外开放水平述评》等稿件，在社会上产生了较大的反响。经济日报社专门派记者就枣庄市工业经济转型的经验做法进行了深入采访，2017年6月12日，《经济日报》在头版头条刊登了联合本报记者共同采写的《山东枣庄：巧借东风破题“创新驱动”》成就报道，全面介绍了枣庄市破解人才瓶颈、加快培育新动能，巧借东风破题“创新驱动”的成功经验，并为此专门配发了编辑短评《科技资源稀缺城市也能搞创新》。

为进一步加大全市脱贫攻坚宣传工作，报社采取多种形式集中宣传报道，在全市上下形成浓厚氛围。《枣庄日报》《枣庄晚报》、枣庄新闻网开办“精准扶贫”专栏，刊发的《省委书记来枣庄市

20世纪80年代初，采用的铅字排版技术

走访慰问城乡困难群众和生活困难党员老党员》《汇聚各界力量助推精准扶贫》等报道引起强烈反响。

（3）生态文明宣传强势。加强生态建设，将生态城市建设与创建国家森林城市以及环境综合整治有机结合起来，是十八大以来枣庄市的重点工作，有关枣庄市生态建设系列报道工作也是报社全媒体的重点工作。对枣庄市生态建设情况、国家南水北调治污考核暨淮河流域水污染防治核查、创建国家森林城市、全市城乡环卫一体化、创建全国卫生城市、全市大气污染防治等工作，在《枣庄日报》《枣庄晚报》、枣庄新闻网、枣庄快报微信公众号均开辟专栏进行系列报道、深度报道。比如《用铁的手腕淘汰落后产能》《让人们更多地看到蓝天白云》《市政府督导组夜查大气污染综合治理情况》《这“景致”，怎能是高铁旁的“枣庄风光”？》《靓丽山城展新姿》《生态枣庄科学发展全域旅游系列报道》等，形成了宣传报道的合力，从不同方面、不同角度介绍了枣庄市生态文明建设取得的成绩。批评性报道篇幅增加、力度增大，发挥了主流媒体的舆论监督作用，推进了环境治理。

中央环保督察是十八大以后习近平总书记亲自倡导推动的生态文明体制机制的一项重大改革举措。自2017年8月14日，中央环保督查组到山东督察至10月28日督察结束，报社按照市委宣传部统一部署，安排专人24小时保持联络，保证及时刊发相关信息，第一时间在《枣庄日报》要闻版重要位置刊登了省督查组联系电话和信箱，开辟《中央环保督查进行时》专栏，刊登枣庄市环境治理情况、各区市表态稿、领导带队夜查等稿件，为枣庄市进一步推进生态文明建设、绿色发展发挥了很好的鼓与呼作用。

（4）在党建、弘扬社会主义核心价值观和传统文化传承等工作的宣传力度加大。在党的建设方面，全媒体立体化大融合，突出做好了贯彻落实习近平总书记系列讲话精神、十九大精神、纪念建党90周年和长征胜利80周年等重大主题宣传报道工作、群众路线教育实践活动、“四德”工程建设等宣传工作。《枣庄日报》《枣庄晚报》、枣庄新闻网先后开设了《治国理政新思想新实践》《回顾“十二五”、展望“十三五”》《推进“五位一体”、贯彻“四个全面”——建设自然生态宜居宜业新枣庄》《六中全会精神解读》《红色堡垒强基础》《头雁领航作表率》《深化“四德”建设　弘扬时代新风》《落实两个责任、推进党风廉政建设》《“第一书记”在行动》等专栏，推出了《作风建设永远在路上——2015年全市落实中央八项规定精神工作综述》《迈向自然生态宜居宜业的枣庄“十三五”努力实现“十三五”良好开局》《凝心聚力　砥砺前行——枣庄市干群与省委宣讲团成员就学习贯彻六中全会精神互动交流记》等重头稿件，引导广大干部群众把思想和行动统一到中央和省、市委各项决策部署上来，在全市上下进一步凝聚了共识，激发了干劲，提振了信心。

为弘扬社会主义核心价值观，营造弘扬社会公德、倡导文明新风的舆论氛围，《枣庄日报》开设“平凡的感动”专栏，《枣庄晚报》城市版开设“身边的感动”专栏，日报、晚报均大量刊登《“讲文明　树新风”》公益广告。2013年3月21日，全市纪念毛泽东等老一辈革命家为雷锋同志题词50周年，开办《学雷锋　做枣庄好人》专栏，采访报道在枣庄市各条战线中涌现的学雷锋事迹，用平凡的故事展现道德的光芒，激励更多的人从自身做起，从小事做起，把先进典型的精神力量转化为践行雷锋精神的自觉行动，转化为加快城市转型、建设“幸福新枣庄”的强大动力。为认真贯彻习近平总书记关于厉行节约、反对浪费的批示，《枣庄日报》从2013年2月18日起在头版开设“厉行勤俭节约　反对铺张浪费”专栏。

传承优秀传统文化，枣庄日报社也做了大量工作。2012年9月第二届中国非物质文化遗产博览会在枣庄市台儿庄古城隆重举行，枣庄日报社成立了第二届中国非物质文化遗产博览会采访报道组，出版了《枣庄日报第二届中国非物质文化遗产博览会特刊》，重点宣传近年来枣庄传承和保护非遗的做法和经验；历时三个月评选出来“十佳非遗形象大使”“非遗形象少年”和“非遗形象宝贝”，多角度全方位宣传了会议盛况，为弘扬传统文化提供舆论支持。2013年枣庄日报社集中宣传了枣庄市全市庄户剧团繁荣发展的情况。

2. 建设融媒体矩阵，进一步拓宽主流媒体舆论阵地。经过逐步发展，尤其是21世纪以来新媒体建设加强，目前枣庄日报旗下媒体已形成《枣庄日报》《枣庄晚报》、枣庄新闻网、枣庄快报微信公众号、枣庄聚焦官方微博、枣庄头条APP、《信息周刊》等“两报一网两微一端一刊”的全媒体格局，媒体矩阵

2016年，枣庄日报新媒体的记者在采访

建设完成。

（1）枣庄日报成立区市记者站。2012年12月26日，根据枣庄市新闻宣传事业发展的要求，经市委宣传部、省新闻出版局批准，枣庄日报薛城记者站和枣庄日报滕州记者站正式挂牌成立。2017年，报社进一步加大了向区（市）深入延伸的步伐，又相继设立了枣庄日报峄城工作室、枣庄日报台儿庄工作室。记者站的成立，是枣庄日报社贯彻落实党的十八大精神、加强传播能力建设、更好地服务党委、政府的中心工作和该区域的广大读者的重要举措，工作室的设立不仅为各区（市）各项工作的开展营造了良好的舆论氛围，而且扩大了日报的发行量，并以此为报业经营寻找到了新的增长点。

（2）《枣庄日报》《枣庄晚报》再度改版。从2018年1月1日起，对《枣庄日报》《枣庄晚报》版式进行技术调整（将瘦报改为宽报），根据报纸纸张型号的更改，报头、报眉及稿件行文栏数也作相应调整。同时，《枣庄日报》明确办报宗旨为贴近、深度、主流、责任；明确要闻版和新闻综合版的思想定位、选稿原则，强化新闻策划、深度报道、版面设计、评论言论等关键点；开设了新栏目，调整版面主要内容；强化版面设计，提升版面美编意识，逐步形成《枣庄日报》颇具特色的统一的版面风格，进一步增强《枣庄日报》的公信力、引导力、传播力和影响力。

（3）上新采编系统，为媒体融合奠定基础。为了适应融媒体报道需要，2013年6月24日，日报晚报采编部门用上了新的北大方正采编系统工作。日报记者、晚报记者采写的稿件，均在同一平台呈现，实现了日报、晚报资源共享，为媒体融合奠定了基础。

（4）晚报力量进一步加强。2012年10月30日出资500万元注册成立了枣庄晚报传媒有限公司，并逐步建立起与现代传媒体制相适应的公司化运作机制和现代企业制度。2012年8月《枣庄晚报》招聘记者，择优录用15人，其中本科和研究生学历占95%。2013年1月1日，《枣庄晚报》全面改扩版为32版面。《枣庄晚报》与日报采取差异化办报方针，积极组织年轻记者到乡镇、到企业、到社区，不断深入基层，实地采访，采写出一批新闻性、可读性强，在社会上引起强烈反响的新闻稿件。积极推策划、做活动、打市场，在强内涵、提高度、拓深度上出实招、下功夫。2016年晚报不断巩固品牌栏目，重点做好了《热线》《民生》《社区》《城事》《声音》《第一眼》《生活那点事》《事件跟进》等专栏专版。《社区》版开设的《社区居民QQ群》栏目，首创读者记者编辑互动模式，将传统的纸质媒体的模式与互联网、微信、QQ平台结合了起来，让不少居民在社区居民QQ群里找到了知己，拉近了邻里关系。为配合枣庄三中60周年校庆，晚报委派3名记者赴北京、上海、青岛、潍坊、杭州等地市，采访了一大批枣庄三中精英学子，开设了《天南地北三中人》专版，共采写人物专题报道40余篇，全国各大知名报刊、杂志纷纷转载，受到全社会的赞赏和好评。

（5）新媒体建设卓有成效。将新媒体建设作为当前报社的重点战略，在推动媒体融合发展上进行了一系列探索。2013年5月8日，枣庄新闻网上线。2016年4月13日，为适应时代发展需求，枣庄日报社真正意义上的移动新媒体——枣庄发布（现更名为枣庄快报）微信公众号正式上线，5月9日，正式接管市政府官方微博——@枣庄发布。2018年初枣庄头条APP上线，标志着枣庄日报媒体矩阵的正式形成。

两微一端面向社会招聘编辑记者，基本学历为大学本科，按稿件阅读量考核，实行严格的末位淘汰制，保证了新媒体人才质量。

目前，报社依托直播设备、演播厅、无人机、手机电台等技术手段，按照纸媒、网站、客户端、视频新闻、音频节目的产品布局，实现文图和音视频结合的全媒体传播，形成一套完整的报纸、网站、掌媒、户外大屏等多种载体融合的媒体形式，给用户提供立体丰富的新闻产品选择。2016年10月6日，首次对"三中60周年校庆"进行全球微信直播，当日超过41万人次在线点播，在全市形成强烈震动。

两微一端平台定位为"关注民生，权威主流"，超过七成是原创作品，最突出的特点是快、新、强，基本都是当日新闻当日发，以发布民生类新闻为主，关注社会热点和焦点问题。同时，实行全媒体联动运作模式，积极引导舆情，开展舆论监督，利用党媒的强大影响力推动问题解决，弘扬了社会正能量。比如枣庄快报微信公众号一年发稿数量超过2000篇，其中，点击率超过1万的300多篇，超过10万的两篇，超过5万的8篇，超过3万的20多篇。利用原创新闻的强大优势，在枣庄境内形成了独树一帜的媒体形象。

截至2017年底，枣庄快报微信公众号粉丝量超过26万人，成为名副其实的枣庄第一大号，根据著名微信公众号数据测算平台"清博指数"大数据测

算，枣庄快报在全国65万个公众号中综合排名最高时达到3600多名，粉丝的粘性和活跃度很高，超过12万活跃粉丝。两微平台无论是品牌影响力还是关注度、阅读量，均创造了枣庄移动新媒体运作的奇迹。

3. 加大对上报道工作力度，扩大枣庄的美誉度。为进一步提高对上报道工作水平，正面宣传枣庄，树立枣庄的良好对外形象，2012年5月14日实施《枣庄日报社对上报道奖励暂行规定》《关于进一步加强对上报道工作的意见》对所有采访部室安排了对上报道采访任务，并坚持对上报道考核奖励制度，根据稿件刊登的媒体、版次、位置及字数，给予不同档次的奖励，有力地保证了对上报道的数量质量。2013年新华通讯社《内部参考》刊登了本报记者采写的《"煤城"枣庄着力打造产业集群促转型发展》《煤城枣庄打造南水北调清水走廊》两篇文章。《"煤城"枣庄着力打造产业集群促转型发展》一文，立足枣庄城市转型的特色之路，全面报道了枣庄市大力发展产业集群助推城市转型的做法、成效、经验，以及取得的成效。该文字数达3000字，是当期字数最多、分量较重的一篇报道，是上半年地市经验长篇报道屈指可数的几篇之一，新华社山东分社召开专题座谈会对此进行了表扬。《煤城枣庄打造南水北调清水走廊》从严控工业污染源，实施网监全覆盖；"三农"垃圾处理城乡一体化，城市污水管网分流化；创新绿色发展理念，倒闭产业结构调整三个方面介绍了枣庄市自2008年来，加大力度治理环境污染，调整产业结构，确保南水北调水质的经验、做法，对推介枣庄城市转型以及确保南水北调水质而取得的成功经验，提升枣庄知名度产生积极作用。

4. 报业经营坚持多元拓展，局部突破，大力推动报业经营和文化产业发展。

近年来，在全国报业发展举步维艰、经营收入普遍大幅下滑的严峻形势下，枣庄日报社全年广告经营总额连续下滑超30%，究其原因：一是2013年以来，报社是依靠二、三产业生存，二、三产业不行，报社也就无广告源；二是枣庄经济结构决定了广告量少。枣庄能源、水泥、煤炭、机床、电子制造业突出，外销为主，基本不需本地广告，有少量投放也是照顾关系行为；三是枣庄经济体量小，仅滕州就割占一半市场，而滕州又有《滕州日报》存在，因此，滕州广告源很少投到《枣庄日报》来；四是枣庄城市结构是卫星城布局，无中心城，除市中区60万人口外，薛城、山亭、峄城、台儿庄均小，且各区市都有各自小报和广电台，加上行政化收费的优势，广告源很难到枣庄日报社来。市直企业改制后所剩无几，广告源也较少。面对经济下行压力及多元媒介生态时代，报纸的盈利能力持续衰减，报业经营日益艰难。面对困境，报社党委以多元并举为战略，积极倡导活动营销、合作办报，推动会展经济新模式，拓展赢利新空间。

（1）广告经营的主体地位更加突出，广告市场得到进一步拓展。首先从人员上实行竞聘上岗，编辑、记者人人均可参与竞聘广告经营部室正职，享受正科级待遇，极大地扩大了用人范围，也拓宽了广告经营渠道。二是在广告管理上，把广告经营与广告管理分开，设立了广告管理中心，把好广告导向关、费用使用关、版面价格关等。三是机制灵活手段多样，使传统广告经营实现"三个转变"，即从版面创收向活动创收转变、从单纯业务发布向全程策划服务转变、从经营广告资源向经营行业资源转变。全市90%以上的市直部门单位购买了我们的新闻服务产品。目前在日报共合作创办19个行业部门专刊专版，在晚报共合作创办10个行业部门专刊专版，既满足了各部门各行业的宣传需求，又丰富了报纸版面，增强了可读性，同时提升了报社的经营效益，经营创收思路更活、更宽，宣传策划能力和服务水平不断提升。如2014年年底，与枣庄中原房产集团合作，采取集资建设别墅的形式共同开发房地产项目，向社会出售。在项目合作的短短一周内，项目通过广告宣传已售出50多套，同时也借此撬动了房地产行业广告市场。与厂家合作积极尝试商品直销。如在中粮大酒店举办了"韩国日用品、海参、珠宝直销汇"，利用休息日、节假日在报社大厅先后举办了"云南名贵特产三七、玛卡特卖会""日照甲子山绿茶读者专场内购会""烟台八仙口海参直销会"等8次现场直销活动，借此撬动了茶类、中草药、海产品等直销行业广告市场。

（2）积极开拓创新，发行经营实现新突破。近年来，报纸读者群受网络媒体、移动新媒体冲击，纸质媒体的发行受到严重影响，为此，发行部门重点在有效发行上下功夫，主攻报纸进家庭、进社区、进商户，增加重点社区报纸进家庭比例，《枣庄日报》《枣庄晚报》发行量实现稳中有升。2013年4月15—17日，全国自办发行会在枣庄召开，枣庄日报社发行公司被评为"2012年度全国自办发行先进集体"。至此，枣庄日报发行公司已连续6年获此殊荣。在做好主业的同时，发行公司积极规范队伍建设，从全市发行员中评选出60余名优秀发行员，与第三方劳务公司协调，为他们办理了社会养老保险和失业保险，稳定了发行队伍；抽出专人，全年对各乡（镇）进行末梢投递调查，有效地提高了发行质量；利用网络优势，积极开展多种经营业务，代发代投20余种报刊；投资10余万元对水厂机械设备依照国家食品药品标准进行全面改造，并获得国家批准的食品生产许可QS认证。

（3）印务中心加强内部管理，经济效益显著提高。在社会主义市场经济日益繁荣的阶段，印务中心彻底转变经营理念，消除满足于只靠印刷党报和坐门等客生存的落后观念，对内加强各项基础管理，对外广泛拓展业务市场，实行按业务量提成计酬的分配办法，广泛联系和承揽外来印刷业务。并对各个生产环节、各部门的材料消耗，制订了严格的消耗指标，辅以细致周密的检查、统

计，对节约和超耗情况严格奖罚，从而降低了生产成本，减少了费用支出。企业整体管理水平不断提高，各项经济指标均有较大幅度增长。《枣庄日报》《枣庄晚报》在全省报纸印刷质量评比中全被评为“精品报”。2015 年 4 月 1 日，大众报业集团在枣庄日报社印务中心成功设立《大众日报》分印点，这不仅使枣庄人能够看上当天的《大众日报》，更使枣庄日报印务中心优质的印刷质量、科学的管理方法得到了社会认可，所承印的《大众日报》《齐鲁晚报》在全省各地市印点印刷质量排名中均名列第 2。由于各项工作走在全省报业印务前列，被省报协授予“山东省报业印刷先进集体”称号。

（4）策划公益活动，打造文化品牌，拓展文化经营路子，增强报业发展的实力与后劲。积极参与市委、市政府号召的各种社会公益活动，为社会服务，为大众服务，为民生服务，以媒体为平台，全力打造文化品牌活动，树立《枣庄日报》的良好品牌形象。通过媒体搭台，经营唱戏、办报经营联动的方式，坚持整年搞活动，长流水，不断线，活动已成为枣庄日报社参与服务经济发展、撬动市场以及强化品牌塑造、带动报业经济发展的新龙头。从 2012 年至今，开展大大小小的活动达到 140 余场次，尤其是 2015 年以后基本是个个星期有活动、月月一场大活动。这些活动的开展，既树立了党报服务群众的品牌，又带动了报业经营，实现了政治效益、社会效益、经济效益的多丰收。2016 年、2017 年，通过活动创收均达到 100 多万元，单个活动创收 10 万—30 万元。

比如，枣庄日报社举办的枣庄年度新闻人物评选活动，已经连续开展了 6 届，评选出一批奉献社会、感动枣庄、影响未来的新闻人物，他们的事迹已成为激励全市人民弘扬时代精神、锐意改革进取、努力建设幸福新枣庄的典范。“唱响新枣庄网络春晚”、新春主题灯会、全市道德模范颁奖盛典、汽车展览会已成为枣庄日报社的品牌活动。

2016 年 3 月 29 日，中央电视台《新闻联播》在“开启生态之旅，体验绿色生活”专题新闻中报道了枣庄市 2016 年山亭冯卯乡村旅游文化节活动。这是由枣庄日报社牵头搭台成功举办的节庆活动，针对冯卯一山一湖一花的自然资源，报社组织专家，量身打造了“风情岩马湖·美丽乡村行”旅游节开幕式，旅游节设置摄影家采风、花海旗袍秀、绿色骑行、赏万亩桃花、岩马湖垂钓等丰富多彩的活动。活动当天，共有百余名国家、省市级媒体记者参与报道。现场 2000 多名游客参与了互动。为期三天的旅游节共接到游客 10 万多人。旅游节产生了持续的影响，枣庄周边临沂、济宁、徐州等地的众多游客慕名前来，影响甚大。

（5）会展经济持续发力，开启枣庄文化会展产业新局面。位于新城区的枣庄会展中心，总建筑面积 25600 平方米，分为会展区、会议区、办公区，自 2004 年建成使用，每年只用一次“两会”、一次春晚，资源闲置浪费率高。2016 年 12 月 9 日，在报社党委的努力下，市委、市政府研究正式将枣庄会展中心交给枣庄日报社管理运营。会展中心的接管，不仅为报社提供了举办车展、房展、家装节、年货会等展会活动平台，而且为枣庄日报社转型发展、融合发展、开创会展文化产业提供了全新平台。

应对传媒大变革要进行转型发展，会展产业对枣庄日报社来说就是突破口之一。2017 年，报社在会展中心先后举办了 40 余场次社会公益活动及会展展销活动，并承办了 5 场省市大型会议。众多社会公益活动的成功举办，不仅丰富了市民文化生活，提振了新城人气，更带动枣庄市会展、旅游、商贸及文化等相关行业的迅猛发展。会展中心已逐渐成为枣庄市新城区文化产业聚焦展示的交流中心。

二、取得的主要成就

创刊以来，《枣庄日报》作为城市发展的见证者、记录者和宣传者，有过坎坷，有过曲折，有过辉煌。历经 60 年发展，2017 年旗下已形成《枣庄日报》《枣庄晚报》、枣庄新闻网、枣庄快报微信公众号、枣庄聚焦官方微博、枣庄头条 APP、《信息周刊》等“两报一网两微一刊”的全媒体格局。

（一）始终坚持政治家办报，始终坚持正确的舆论导向，保证媒体的公信力；新闻宣传手段不断创新，扩大媒体的影响力

《枣庄日报》始终坚持马克思列宁主义、毛泽东思想、邓小平理论、“三个代表”重要思想、科学发展观、习近平新时代中国特色社会主义思想，牢牢把握正确的舆论导向，认真宣传贯彻党的路线方针政策，突出弘扬主旋律，为枣庄市两大文明建设营造了良好的舆论环境。在各个历史时期，《枣庄日报》均把坚持党性原则，坚持政治家办报，坚持团结、稳定、鼓劲和以正面宣传为主的方针，作为自己的首要任务，认真履行党报职责，当好党和人民的喉舌。

《枣庄日报》紧跟时代步伐，反映群众的心愿，不断进行新闻宣传改革，求特色，出精品，着力提高报纸的品位。不断强化导向意识，增加信息量，改革会议报道，关注群众。腾出版面，让来自基层、来自火热生活的鲜活新闻上头版上头条，增加报纸的贴近性。精心策划版式，注重图片运用，逐步美化报纸版面，形成了现有报纸版面——图文并茂、浓眉大眼的设计风格。做“靓”专版，调整专栏，以增强知识性，突出实用性，增强服务性。对读者喜爱的一些名牌专版，在保留的基础上加以提高。开辟了大量贴近社会、贴近读者的专刊、专栏，全方位为读者提供服务。实施精品工程，围绕不同时期的中心工作，积极组织策划深度报道，力求指导性、艺术性和可读性相结合，以高质量的精神产品，增强报纸的生命力。1987 年以来共有近 200 件新闻作品获得省级及省级以上一等奖，质量、数量始终保持在全省地市报前列。

（二）紧跟时代，不断拓展新闻宣

传渠道，建设媒体矩阵，主流舆论声势浩大

在不断深化改革的过程中，枣庄日报社逐渐壮大。

首先是《枣庄日报》顺应时代发展，多次改版。从周报到日报，从四开小报到对开大报，从黑白到全彩，从4个版到8个版。版面增加了，信息量增大了，党报的“四力”增强了。

其次是通过灵活的手段，成功创办《枣庄晚报》。作为党报的子刊，《枣庄晚报》的定位是“主流媒体，根植枣庄、前沿思维、服务市民、关注民生，报有价值的新闻，道有价值的信息”。《枣庄晚报》以百姓的视角关注社会、关注民生，把党和政府的关怀、普通百姓身上人性的光芒传播出去，和党报的阅读人群形成互补，主流舆论阵地得以迅速扩大。

第三是紧跟时代潮流，在互联网大潮中，投入人力物力建网站——枣庄新闻网、做视频——楼宇电视网；智能手机初级阶段时，又作了枣庄手机报。近几年，融媒体发展迅猛，《枣庄日报》的微信公众号枣庄快报以过硬的新闻采编能力用了极短的时间迅速突出重围，成为鲁南地区最大的最有影响力的公众号，以此为依托的《枣庄日报》客户端枣庄头条一上线就成果显著。至此，枣庄日报社媒体深度融合已然完成，媒体矩阵形成规模，主流媒体的舆论阵地实现了传统媒体和新媒体的全覆盖。

如今，枣庄日报社全媒体格局有利于积极发挥主流媒体优势，以重大主题报道为切入点和着力点，全媒体联动，融媒体发力，多元化传播，形成了强有力的舆论声势。

（三）改革探索，自办发行，拓宽渠道，增加收益

《枣庄日报》坚持以办报为中心，报纸宣传和经营管理两手抓，不断强化发展意识，努力壮大报业经济。目前，报社拥有先进的卫星地面接收系统、功能完备的电脑主板设备、激光照排和彩色胶版轮印设备。报纸自1992年自办发行以来，发行机制日臻完善，在枣庄地区实现了畅通无阻、运营灵活、无发送盲点的高质运作发行网络，发行密度连续多年一直位居全省前列，多次被国家和省有关部门评为宣传发行先进单位。报纸印刷质量连年获得全省优质称号，在全国首届中等城市党报编校质量抽查中获得优秀等次，是山东省首届“十佳报纸”之一。充分利用发行员渠道，开办水厂，增加经济效益。多次被评为报业发行先进集体、报业印刷先进集体。

（四）紧跟时代步伐，不断变换思路，丰富经营模式

改革开放以来，有十几年的时间，枣庄日报社报纸广告工作不断加强，广告队伍不断壮大，广告策划水平、服务水平不断提高，广告宣传手段不断改进，广告收入连年提高。后来，由于移动新媒体兴起，纸媒衰落，主要表现在广告营收“断崖式下跌”，生活类报纸发行量大幅下降，传统纸媒的舆论引导力、人才凝聚力和市场竞争力面临严峻挑战；报社内部报业经营单一，报社事业发展负担沉重、后劲不足、困难重重。

面对困境，报社党委不等不靠，主动发力，按照“深耕主业、多元并举、转型创新、融合发展”思路，以媒体融合建设为引爆点，推进新闻宣传创新，实现报业经营创新转型；全体员工众志成城，群策群力，取得了显著成绩。经营收入从单一的报纸广告不断拓展到多种经营，通过开办公司、开展活动等多渠道创收。报社先后被省报协授予山东报业创新发展奖、广告经营先进集体等荣誉称号。

（五）建设一支特别能战斗的新闻队伍

经过60年的艰苦创业，枣庄日报社从30人壮大到拥有职工近400人，高中级专业技术人员占较大比重的优秀的新闻队伍，积累了丰富的办报经验和管理经验。几十年来报社一直坚持用科学理论武装队伍，加强领导干部队伍建设，从严执行纪律，营造风清气正的选人用人环境。先后在全社开展了思想纪律作风整顿、创文明部室建文明单位等活动，努力提高新闻队伍素质。为保证新闻工作者队伍政治强、业务精、纪律严、作风正，报社党委始终把办好报纸和培养人才放在同等位置来抓，持续不断地在全体新闻从业人员中开展理想教育、新闻职业道德教育，认真学习重要理论，不断进行思想、作风、纪律整顿。开展“精品工程”活动和“宣传质量年”活动，实施名牌专栏战略，强化质量意识树立精品观念，坚持开展每天评报和好新闻评比活动，狠抓编校质量，重视报纸审读，使新闻工作人员的理论水平、政治水平和业务水平都有了明显提高。大刀阔斧地改革采编体制、干部人事制度和专业技术职务聘任制度，变编采合一为编采分开，变中层干部任命制和工作人员分配制为中层干部竞争上岗和工作人员双向选择，变专业技术职务终身制为竞争聘任制。同时，健全考核制度，实行激励约束机制，推行“一岗双责”、质量监督、责任追究和采编人员轮岗等制度。职称评聘、住房安置等措施全面调动了职工的积极性和创造性。改革开放以来，近百人（次）获得市级以上政府表彰嘉奖记功。

三、经验与启示

（一）必须坚持党性原则

作为市委机关报，《枣庄日报》清醒地意识到，必须永远把政治方向放在首位，牢牢坚持党性原则，牢牢坚持马克思主义新闻观，牢牢坚持正确舆论导向，牢牢坚持正面宣传为主。意识形态领域斗争的首要任务，就是用党的意志和主张占领意识形态阵地。比如在改革开放初期，拨乱反正是《枣庄日报》宣传的重中之重；在改革开放全面开展阶段，社会上各种思潮涌动，《枣庄日报》能够立场坚定，始终与党中央保持一致，在一定范围内起到了稳定思想，把思想统一到经济建设上来的作用；在改革开放系统推进阶段，大力宣传邓小平南方谈话，助力推动经济改革进程；在全面建设小康社会的迈进阶段，和谐发展是报道的主旋律……特别是在当前，进入

了新时代，准确理解把握习近平新时代中国特色社会主义思想，理解和把握党中央的战略意图，理解把握党和国家的大政方针政策，紧紧跟上市委、市政府的决策步伐，切实把市委、市政府的重大决策部署宣传好，把各级各部门及广大人民群众的生动实践和先进的思想观念用生动活泼的形式来表达。核心在于强化党报的主体责任意识，一要增强政治定力、大局观念、阵地意识和责任担当，做到守土有责、守土负责、守土尽责；二要强化制度建设，切实解决“错位”“缺位”等问题。

（二）始终坚持正确的舆论导向，围绕中心，服务大局，全面做好新闻宣传

严格按照中央、省市关于宣传工作的要求开展各项工作。根据市委、市政府的中心工作和重要任务，紧贴时政，紧跟党的路线、方针、政策，做好经济、政治、文化、社会、生态等的新闻宣传，对党和政府的重点工作、决策部署的宣传形成强势。始终坚持正确舆论导向，要切实提高党报意识形态的宣传报道工作，坚持用“时代的要求”来审视意识形态宣传工作，用“发展的眼光”来研究意识形态的宣传工作，用“改革的精神”来推动意识形态的宣传工作，始终坚持和不断巩固马克思主义在我国意识形态领域的指导地位。必须增强主动性、掌握主动权、打好主动仗，坚决打赢新闻舆论争夺战。

在改革开放的启动阶段，枣庄日报社宣传的中心工作就是拨乱反正和四化建设；在改革开放全面展开阶段，集中精力搞好经济建设是报道的重点；在改革开放系统推进阶段，社会主义市场经济的发展和进一步对外开放是工作大局；在全面建设小康社会的迈进阶段，和谐发展是宣传的重点；在全面深化改革，全面建成小康社会阶段，以习近平新时代中国特色社会主义思想为指导，宣传坚持贯彻新发展理念，要把这一理念贯穿到报道枣庄市发展全过程。

（三）新闻传播规律和舆论宣传要有机结合

强调新闻舆论工作的政治性，与尊重新闻规律并不矛盾。正如习近平总书记所提到的，“随着形势发展，党的新闻舆论工作必须创新理念、内容、体裁、形式、方法、手段、业态、体制、机制，增强针对性和实效性”。

新闻战线正在开展的“走基层、转作风、改文风”活动和“贴近实际、贴近生活、贴近群众”活动，是提高新闻报道质量、增强新闻说服力和影响力、满足群众新闻需求的一个重要途径。在枣庄市转型时期需要凝聚最广泛的共识，汇聚最强大的合力。枣庄日报社不仅主动设置议题，唱响主旋律，也在丰富报道内容、创新报道形式上下功夫，与时俱进。在长期的办报实践中，枣庄日报社始终坚持贴近实际、贴近生活、贴近群众，要求广大编辑记者多下基层、多到一线，转作风改文风，俯下身、沉下心，察实情、说实话、动真情，撰写有思想、有温度、有品质的新闻作品。报社领导带头、编辑记者踊跃参与“走转改”“新春走基层”等活动，开设了新春走基层、记者在一线、身边的感动等一批贴近基层和群众的栏目。为市民提供更多优质的文化产品、丰富的精神食粮，适应人民过上美好生活的新期待。努力提升党报宣传传播力、引导力、影响力和公信力，发出枣庄好声音。对热点敏感问题的宣传保持头脑清醒、政治坚定、正确分析、妥善引导。对突发事件、重大事故、重大案件的报道按规定要求进行，做到冷热有度，把握适当。对舆论监督，目的端正、摆正位置、把握时机、注重效果，提高了公信力。

（四）始终坚持改革创新

枣庄日报社积极从各个方面大胆创新，创新是生存之道，发展之路。

积极创新新闻报道形式，加强重大主题策划，加强重大活动宣传，开展规模化、系列化、深度化的宣传报道。

首先是新闻报道方法创新，坚持三贴近原则，坚持走转改原则，探索读者喜闻乐见的表达方法。其次是新闻报道媒体创新，媒体融合发展的路子还需不断探索，报业发展的平台还需进一步开拓，积极适应媒体格局深刻调整、舆论生态深刻变化的新形势，以“中央厨房”和“APP 移动客户端”现代传播体系建设为重点，将依托手机电台、直播设备、演播厅等技术手段，按照纸媒、网站、客户端、视频新闻、音频节目的产品布局，实现静动结合的全媒体传播，形成一套完整的一个产品、多个出口、多种载体融合的媒体形式，给用户提供多层次的新闻产品选择。再次，创新经营模式。要进一步完善广告经营制度，更加合理划分广告经营范围，进一步强化广告策划，拓展新的领域，促进广告经营取得较大突破。各经营部室要开拓经营思路，创新经营模式，继续巩固和完善原有创收渠道，大力挖掘和培育新的经济增长点，由单一经营向多元化发展，实现经营数量与质量双提升。

（五）始终坚持以人为本，努力贴近百姓

人才是事业发展的基石，加强队伍建设，提升新闻从业人员素质，加强全员思想政治建设，增强“四个意识”，确保队伍政治过硬、作风过硬。加紧引进培养适应媒体转型的复合型人才，提高应对竞争的能力和水平，在新闻宣传、深化改革、新媒体融合、促进机制创新等方面继续推进报业转型升级，全面实现报业转型发展、融合发展，宣传好枣庄社会发展和经济建设成就。在宣传上强调增加服务意识，要坚决防范与人民群众思想上淡漠、感情上疏远、行动上脱离，服务基层、服务群众意识不强等问题，全面提高办报质量和水平，以时代感强、形式新颖、内容丰富的报道内容来陶冶读者的情操。

审稿人：褚福干

撰稿人：刘玉华　张亚宁

枣庄市科普事业发展与成就综述

改革开放以来，枣庄市采取扎实有效措施，探索创新方式方法，大力促进科学技术的普及和推广，努力提高全民科学素质，为切实推动枣庄的经济建设、政治建设、文化建设和社会建设，做出了突出的贡献。

一、枣庄市科普事业发展历程

自改革开放以来，枣庄市委、市政府高度重视科普事业，工作力度逐年加大。市科协从完善机构设置、健全各项制度开始，到加强阵地建设，创新工作方法，在全社会广泛深入开展科学普及工作，不断提高全民素质，走过了一段不平凡的历程。大体可分为四个阶段：

（一）科普事业起步阶段（1981—1991年），各级科协完善机构设置，科普工作逐步展开

1981年9月15—17日，市科协召开第一次代表大会。会议选举产生了枣庄市科协第一届委员会委员50人，常委14人。

中共十一届三中全会以来，我国进入改革开放和社会主义现代化建设的新时期，工农业生产领域对作为第一生产力的科学技术的需求越来越强烈。自1981年起，为适应广大农民学科学、用科学的需求，枣庄市各级科协组织科技人员在集市上开展科普宣传活动，俗谓“科普赶集”，为提升农民科学素质、利用科学技术推动农业生产，起到了积极的作用。

1984年初春，峄城区曹庄乡科协把科普咨询服务由乡机关大院迁向集市，每逢集日，组织科技人员在集市上开展科普咨询活动，全年进行了92次，接待群众3.26万人次，解答科学技术问题2768条，为125名科技户登门或地头传授技术。1985年1月29日，《人民日报》刊登了曹庄乡“科普赶集”的新闻图片。同年4月20日，日中友好协会会长福田一郎（中文名字田志礼）从日本国来信祝贺，并将《人民日报》刊登的新闻图片裁下来，同时用中国书法写成赠言一起寄来。赠言：“枣庄姬路千里隔，鸿雁传书结友情。中国日本原是亲，两国人民心连心。长江水连富士山，世世代代友情存。”

为更好地推动科普工作开展，1984年5月，枣庄市科学技术协会与市科学技术委员会分设，独立工作。常设办事机构有办公室、科普部、学会部3个部室，另外还有咨询中心、培训中心2个事业单位。

1985年1月9—11日，市科协召开第二次代表大会。会议选举产生了第二届委员会，委员51名，常委13人。

1985年，枣庄市各区（县）和85个乡镇全部建立科协组织，并配备专职干部，建起了“组织、教师、资金、教材、场所”五落实的农民科普学校（或成人培训中心），占地总面积785亩，校舍1640间，教学实验基地1100亩，教学仪器5416件，图书43029册，专职教师221人，兼职教师448人。同时，建起村科普夜校2600个，学校共占地948亩，校舍3330间。全市形成有组织、有系统的科普网络，农村科普工作全面展开。

1986年12月，全市性各科学技术学会、协会、研究会发展到38个，会员3700人。在学会组织成员中有业务部门的领导参加理事会，办事结构设在有关业务局（即挂靠单位）内。全市区（市）、乡镇两级农村专业技术研究会、协会发展至256个，会员达11148人。

1989年，市科协开始在农村开展创建科普文明村镇活动。

1989年9月，投资400万元的枣庄市科技馆建成投入使用。

1991年9月6日，市科协召开第三次代表大会。会议选举产生了市科协第三届委员会，委员55名，常委18人。

截至1991年底，全市建起达标挂牌科普文明村201个、厂矿科协6个。

（二）科普事业系统推进阶段（1992—2002年），各项工作不断深入拓展，城乡居民科学意识持续提高

1993年，全市性各科学技术学会、协会、研究会发展到41个。

1994—1995年，枣庄市厂矿科协已发展至13个，开展技术咨询190多次，立项解决技术攻关、技术改造、竞赛项目237个，提出合理化建议579条，为企业增加直接效益580.5万元。

1996年机构改革后，科协机关在原来3个部室的基础上又增加了组织部，咨询中心的业务由学会部管理，培训中心合并到科技馆。

1996年，市科协组织有关学会和广大科技工作者，召开“京杭运河与鲁南经济开发发展”课题研讨会，并将会中建议和方案及有关论文精编成册，供上级部门决策参考。

1997年，市科协组织市级学会具有高、中级技术职称的200余人，先后两次到市中区周村乡、山亭区水泉乡开展送科技下乡大型活动，送去科普挂图、农业科技成果展板200块，发放科技资料5万余份，开展了丰富多彩的专家咨询、播放科技录像、科技电影等活动，深受农民欢迎。

1997年9月6日，枣庄市按省委宣传部、省科协统一部署举办的“科普宣传周”获得圆满成功。山东卫视拍摄

了专题节目，宣传报道了枣庄市农业科普工作成就。

当年，市科协和薛城区科协被省科协评为先进集体，3人评为先进个人。

1998年，市科协组织了3次大规模的送科技下乡活动，发放科技书刊1000余份，接待群众科技咨询500多人次。区、乡两级科协送科技下乡105次，赶科普大集95次，参加活动的科技人员达1800多人次。滕州市科协组织实施了市委、市政府提出的“三五”富民工程。结合科普实际，在农村开展了创建一百个科普示范村、一千个农研会、一万个科技致富户的“百、千、万”科普工程活动，以此带动农业经济全面发展。峄城区科协会同区委组织部举办村级干部培训班，每期增加2天科技讲座，共培训支书、村委会主任800余人。全市全年共举办培训班630期，引进新品种240个，推广新技术成果250项。

市科协与市委组织部、市人事局等部门联合开展了评选全市农村“科技大王”工作，有22人被评为枣庄市首批农村“科技大王”，其中1人获山东省第五届青年科技奖。1998年9月，市科协举办首届青年学术会议，众多理论水平较高、学术观点新颖的科技论文在会上交流。

1998年，全市有5个厂矿协会协作项目被列入全国“千厂千会协作行动”总汇。市煤炭学会与枣庄矿业集团第一机械厂科协组织开发的“KC—1型并列滑杆悬移放顶煤支架”一项成果，年创效益可达2000万元，该项目在全省厂矿企业“讲、比”表彰会上被评为优秀成果二等奖。

1999年，枣庄市深入开展科技下乡活动，印发科技书籍、刊物1万余册，发放科技明白纸20万份，放映科教电影350场次，制作科技展牌1200块，到各村巡展1次。组织18名农业专家组成“科技讲师团”，深入到20个乡镇、34个专业村和大棚基地进行科技讲座、技术咨询、现场指导。与妇联密切合作，聘请30余名农业专家学者，广泛开展了“科技快车”活动。全年共引进农业新技术100项，引进推广优良品种85个，全市农技协发展到420个。

2000年，枣庄市科普示范基地已发展到360多个，其中各级科协自办45个，共引进新技术100多项，推广优良品种78个，全市84个乡镇全部建立了党员电教培训中心，80%的村设立了党员电教室，全年举办各类科技培训班880期，培训党员和农村干部16万人次。薛城区被省科协命名为“山东省科普示范区”。

2001年，各类科普示范基地发展到1600多个，共引进新技术300多项，推广优良品种200多个。各级科协进一步加大科技培训力度，对村“两委”成员全部轮训一遍，有20%的党员干部达到农民技术员水平，30%的党员干部成为技术骨干或致富能手。滕州举办了大型科技帮带成果展，受到6万多名观众和中央、省、市领导的赞誉，中央电视台、山东电视台多次播放科技成果展的盛况。

滕州市鲍沟镇食用菌协会、薛城区陶庄镇果树技术协会、山亭区王永学果树研究协会、峄城区峨山乡蔬菜产销协会被省科协授予“全省先进农技协”称号。其中，山亭王永学果树研究协会，成为集培训、示范、推广、销售、服务于一体的民办科技实体，中央电视台《实话实说》栏目对此作了宣传报道。该协会与美国客商签订合作项目，成立中美合资世界优质果品研究繁育基地。

2000—2002年三年间，市科协动员组织企业科技人员开展“讲、比”活动和“四个一”（即为企业发展提供一条信息、引进一个项目、提出一条合理化建议、开发一个新产品或新技术）活动。活动期间，企业科协共完成科技攻关项目330个，参与技术改造197项，设计开发新产品、新工艺、新技术129项。山东十里泉电厂科协被省科协评为“先进厂矿科协”。

（三）科普事业全面展开阶段（2003—2012年），各项工作获得长足进展，科学技术得到普及，人民科学素质不断提高

2003年8月29日，枣庄市反邪教协会成立。

2003年10月，由市科协承办，市社科联、市园艺学会、市果树研究所协办的“中国枣产业化学术研讨会”召开，会上邀请了中国工程院院士束怀瑞、方志远等著名枣树专家作了学术报告。

2003年，在“送科技下乡”活动中，全市发放科技书籍、刊物1万余册，明白纸20万份，科教电影150场次。举办培训班200余期，培训党员、群众1

“环保流动课堂”进校园、社区

万人次。组织由10名农业专家组成的“科技讲师团”，深入到30个乡镇、40个专业村和大棚基地进行科技讲座、科技新咨询，现场指导。

2004年10月28—29日，市科协召开第四次代表大会。会议选举产生第四届委员会，委员61人，常委19人。

截至2004年底，全市性各科学技术学会、协会、研究会发展到43个，会员14200余人。

2005年12月29日，枣庄市老科技工作者协会成立。老科协由农业、工业、文化教育、卫生、煤炭等专业已离退休或接近离退休年龄的老科协工作者组成。会议选举产生第一届理事会，有理事42人，其中常务理事17人。

截至2005年底，全市性各科学技术学会、协会、研究会发展至45个。

2006年，市反邪教协会一届三次会议召开，总结反邪教工作，分析工作形势，确立下一步工作重点。

市科协与市教育局等部门共同举办了以“勇于探索，自主创新”为主题的全市青少年科技创新大赛，以及全市“太保产险杯”“智力七巧板”竞赛活动，并组织优秀选手代表参加了全省、全国竞赛。市老科协联合市老龄办、市保健办、市人寿保险公司开展了“人寿保险杯”“夕阳红营养健康行动计划”活动。

为做好科学普及、传播先进文化、提高市民素质，建设管理有序、文明祥和的新型社区，市科协按照枣庄市“四进社区”领导小组要求，牵头制定《枣庄市科教进社区活动实施方案》，积极开展丰富多彩的社区科普活动，购买和编制实用性强的科普挂图，发放到每个社区，组织专家、教授、学者和科普志愿者，举行科普讲座6次、科普展览6次、科普宣传2次，服务群众8万多人次。

当年10月，山东省科协来枣庄市检查指导“科普村村通”工作，在听取各区（市）“科普村村通”工作汇报和查看相关资料的基础上，又在每个区（市）随机抽查了10个行政村进行实地察看。考核组对枣庄市的科普宣传栏建设工作给予充分肯定和高度评价。

2012年11月7日，建言献策座谈会

2006年，枣庄市圆满完成中国科协部署开展的“一站、一栏、一员”“三个一”建设，切实加强了基层科普服务能力，逐步形成了农村科普工作的长效机制，在薛城区召开了“三个一”建设现场经验交流会。滕州市荆河街道西关小学、山亭区翼云中学、市立新小学、市中区回民小学被命名为“山东省科普示范学校”。

2008年3月，市科协与省市林业局在山亭区山城街道举办“科技下乡”活动，市科协协调科普大篷车一部，制作了“科学发展观”“预防疾病、健康生活”等科普展牌200多块，印制了农村最新实用技术、致富信息、外出劳务常识等科技手册2000余份、科普宣传画3000余张，组织了林学会、农学会、气象学会等6个涉农学会20余名科技专家现场咨询服务，累计捐款捐物8万余元，服务群众2万人次。

6月，市科协专门组织“科普村村通”工作检查。结果显示：全市科普宣传栏完好率达98%，科普内容更新及时，真正成了传播农村科普知识的坚强阵地。

6—9月，市科协联合市政协科教文卫委员会在市科技馆广场举办了“科技、文化、卫生消夏活动”，参加活动各类专家120多人次，发放科普宣传单3万多份，接受群众咨询2000多人次。

2008年，市科协先后与科技局等八部门联合举办了青少年科技创新大赛，12项科技创新项目荣获省级一、二、三等奖，3幅作品被推荐参加全国竞赛；与教育局等部门联合组织了“七巧科技”系列活动，3000余名青少年参与活动，市级竞赛参赛选手达400余名，183名选手获奖；开展了“科普报告百校行”活动，邀请中科院专家分别在枣庄技术学院、枣庄三中和薛城舜耕中学举行了科普讲座，5000余名师生聆听了讲座；联合市地震局等部门组织开展了防震减灾科普知识进校园，累计万余名师生参与了活动；联合环保局、卫生局、安监局在全市举办《节约能源资源、保护生态环境、保障安全健康》大型科普展览。

当年，“科普在线”专栏在《枣庄日报》开设，枣庄政务网设立“科普之窗”网页，宣传普及科学知识。省科协把市中区定为全省首批“科普社区通”试点单位。

同年，市科协制定《关于推进市级学会深化改革的实施意见》，在公路学会、气象学会、康复医学会进行了试点工作；制定《关于做好反邪教示范乡镇（社区）硬件工作的实施方案》；召开全市老科协工作会议；印发《关于进一步加强老科协工作者协会和反邪教组织建设的通知》。市中区永安乡和荣华里社区被省科协、省反邪教协会评为第一批全省“反邪教示范乡镇”和第四批全省“崇尚科学、反对邪教示范社区”。枣庄大兴矿业有限责任公司通防科防灭火车间和枣庄市晶典硅微粉有限公司硅微粉车间被省科协命名为“山东省科普车间”，市科协孔丽被评为全国“讲、比”活动优秀组织者。山亭区被省科协评为

"科普惠农示范县"，滕州市科普带头人孟宪鹏被评为先进个人。枣庄市的科普惠农工作，得到了中国科协的高度评价。

2009年初，市科协联合市教育局等部门举办了枣庄市青少年科技创新大赛，由于宣传到位，组织得当，参赛学校和人数再创新高。3月，山东省青少年科普报告百校行枣庄分会场活动在枣庄市成功举行。4月，市科协联合市委组织部、市人事局、市发改委等7家部门，启动了全市首届"十大杰出工程师"评选活动，并以此作为深化企业科协工作的突破口来抓，经过层层推荐和专家评审，共评出了10名杰出工程师和8名优秀工程师。6月，全市开展"未成年人思想道德建设测评迎检"工作，作为参与部门，市科协结合工作实际，组织专门人员负责分解任务，落实责任。

6月，市人大对全市贯彻实施《中华人民共和国科学技术普及法》《全民科学素质行动计划纲要》和《山东省科学技术普及条例》工作情况进行视察。视察组听取了市科协和区（市）政府关于科普工作开展情况的汇报，实地察看了部分学校、乡镇、村贯彻落实相关法律法规及科普工作开展情况，对全市科协和科普工作所取得的成绩给予充分肯定和高度评价。

7月27日至31日，市科协在全市组织开展了"科普车社区消夏科普活动周"活动，内容包括科普放映、科普车车载展品互动、《科学认知甲型H1N1流感》展览等。

9月19日，市委宣传部、市科协、市科技局、市环保局，市中区委、区政府共同举办的枣庄市暨市中区2009年"全国科普日"活动启动仪式在市中区全民健身中心举行。启动仪式现场布置为四个活动区域：主题展览区、科普互动体验区、科普专家咨询区和科普宣传区，共有2000余名群众参加了启动仪式和现场科普活动。此后，还在全市组织了为期一周的科普巡展活动。通过创新内容形式，培育科普活动亮点，科普活动的辐射面不断扩大，社会影响力不断提升。

10月，市科协联合市教育局、团市委举办了2009年青少年信息学奥林匹克竞赛，并选拔优秀选手参加了全省复赛。

10月，中国科协对2009年度全国科普活动站、科普宣传栏、科普员建设工作先进单位进行了表彰，枣庄市被评为全国科普"站、栏、员"建设先进单位。

11月，省反邪教协会组织示范街道、社区创建验收时，对枣庄市峄城区吴林街道创建工作给予充分肯定。

12月1日，市科学技术协会第五次代表大会召开。大会听取和学习了市委领导和省科协领导重要讲话，审议并通过枣庄市科学技术协会第四届委员会工作报告，审议并通过《关于执行中国科协章程的决议》，选举枣庄市科学技术协会第五届委员会，表彰枣庄市首届十大杰出工程师。

表彰优秀科技工作者证书及奖牌

2009年，《枣庄市区（市）级科协年度工作综合考核办法》《枣庄市科技新闻奖评选办法》等7项工作意见或方案先后出台，枣庄市组织开展了"十大杰出工程师"评选活动和第二届"淮海科学技术奖"评选等5项重点活动。市科协推进学科建设年活动、加强学会建设的做法，得到省科协领导的充分肯定和高度评价。

当年，市科协围绕"节约能源资源、保护生态环境、保障安全健康"这一主题，以文艺演出、发放资料的形式，开展灵活多样的科普活动。此次活动历时10天，深入全市多个镇街，共举行专场演出14场，发放节能环保科普宣传资料5.5万份，展示节能环保科普展板30块，受益群众6万余人。利用"五一"长假，集中开展了科普志愿服务活动，大力宣传"江北水乡、运河古城"文明礼仪知识及法律知识，共发放各类宣传材料和海报5300余份，接待咨询群众2000余人次。

枣庄市"站、栏、员"建设、"科普村村通"管护工作持续健康发展。在全面完成"站、栏、员"建设任务的基础上，工作重点由以建为主转向以用为主。为此，各级科协组织积极完善管理机制，探索将"站、栏、员"与"科普村村通"、农技协、科普基地、带头人有机结合的农村科普体系。上半年，对科普宣传栏进行了全面的检查和修复，进一步明确了管护人员，签订了新的管护协议，制定了"站、栏、员"的管理制度，积极组织农技协、科普基地利用"站、栏、员"开展科普活动。

当年，市老专家报告团在山亭区水泉镇开办了养鸭培训班，在峄城区古邵镇开办了果树管理、养猪养牛科普讲座，在薛城区邹坞镇、台儿庄区泥沟镇开办了养猪培训班，在市中区西王庄乡乱沟村大棚基地举办了西红柿病虫害讲座，在滕州市龙泉街道东村花卉基地举办了花卉种植讲座，在薛城区各镇街开展了"秋种送技术"系列活动。

2009年，台儿庄区水稻协会、滕州市级索镇级翔良种协会、峄城区底阁镇矿区塌陷地无公害产品养殖科普示范基地被评为"全国科普惠农兴村先进单位"，董续增被评为"全国农村科普带

头人”，薛城区被评为“全省科普惠农示范县”，山亭区王永学果业协会被评为“全省科普惠农示范工程先进单位”。

2010 年 3 月、5 月，枣庄市相继承办了全省科普暨地方“素质办”工作、全省青少年科技教育工作会议、全省老科协农业科技项目示范基地建设现场会。会议圆满成功，受到省科协领导和与会人员的肯定。枣庄市还开展了“科普进机关”“企业技能大比武”“实践科学发展观，关爱女性健康”等系列科普宣传活动。市中区科协的防震减灾知识竞赛、台儿庄区科协的“运河古城科普展”等宣传活动，成为枣庄市城区科普工作的亮点。枣庄市首届大学生科技节、全市青少年科技创新竞赛、“七巧科技”系列活动、“校园科普周”等活动也相继成功举办，在全市中小学生中掀起了爱科学、学科学、用科学的高潮。

当年，枣庄市建立市级科普惠农项目库，30 个项目被列入省科普惠农项目库。在国家科普惠农兴村计划和省科普惠农示范工程表彰中，市中区和 4 个农村专业技术协会、2 个科普示范基地和 3 个农村科普带头人分别获得国家和省表彰。滕州市有机马铃薯科普示范基地被省科协授予首批“山东省十大高效生态科普示范基地”荣誉称号。在全省科普惠农调研中，枣庄市科普惠农工作得到省科协的高度评价。在首届山东省青少年科技教育“春晖奖”评选中，薛城区奚仲中学校长侯安柱、市生物学会武杰、滕州市第一中学教师吕治华分别获得山东省“十大科技校长”“十大校外科技教育专家”和“十大科技教师”称号。

枣庄市抱犊崮国家森林公园、中国熊耳山地震科普馆、山东滕州微山湖湿地红荷风景区被省科协认定为“山东省科普教育基地”。在省科协、省财政厅启动的 2010 年“科普双百工程”试点工作中，中国熊耳山地震科普馆被评选为三星级“山东省科普教育基地”。市植保学会申报的《枣庄石榴园有害生物生态调控及绿色防控技术集成研究》项目被评为省科协 2010 年度学术活动重点项目。市公路学会开展了《农村公路养护管理评价体系研究（应用）》研究，该课题获中国公路学会科技一等奖、省科技进步二等奖、省公路学会科技一等奖。

崇尚科学、反对邪教走进校园

市科协联合市人力资源和社会保障局、市教育局等六单位成功举办了枣庄市首届大学生科技节，历时 3 个月，1200 余名大学生参加各类实践创新活动，共有 113 件参赛作品获奖；与市教育局联合在全市中小学生中开展了“青少年科技创新竞大赛”“青少年信息学奥林匹克竞赛”“枣庄市第五届‘七巧科技’系列活动”“科技馆进校园”“校园科普周”等活动。

在全国优秀科技工作者评选中，兖矿国泰化工有限公司副总经理孙永奎被评为“全国优秀科技工作者”；在省第二届“十大杰出工程师”评选活动中，枣矿集团的江卫获得省“十大杰出工程师”称号，孙永奎、吕运江被评为省“优秀工程师”；在第九届山东省青年科技奖评选中，枣庄职业学院高级讲师尹旭彬荣获青年科技奖。

为抓好企业科协组织建设，市科协主要领导带领班子成员和各部室负责人，到兖矿国泰化工有限公司等企业调研企业科协工作，就企业科协组织建设、厂会协作，发挥科技人员作用，为全市经济社会科学发展服务等话题，进行了广泛深入的座谈交流。各级科协和企业科协深入开展“讲、比”活动，组织开展了“科圣杯”职工技能大赛和企业技能大比武等。山东省华能线缆省级院士工作站成立。

全市 6 个区（市）全部成立了反邪教协会。其中，4 个区（市）核定了反邪教协会办公室的级别和编制。全市有 18 个乡镇（街道）和 46 个社区成立了反邪教协会。各区（市）全部建立了老科协组织，并在镇街、社区、企业建立老科协组织 133 个。各区（市）老科协大多争取了经费、办公场所，配备了相应的人员和车辆，为工作顺利开展提供了保障。

2011 年，在全国科普惠农兴村计划和全省科普惠农示范工程表彰中，枣庄市 6 个农技协、1 个科普示范基地和 2 个科普带头人分别获得国家和省表彰。枣庄市相继建成了鲁南国防科技城、滕州鲁班纪念馆、山亭区科技馆，在奚仲中学省级科普教育基地的基础上，组建了薛城区少年科学院。制定了《枣庄市科普教育基地认定办法》，认定、命名了 37 个市级科普教育基地。

滕州微山湖湿地红荷风景区、薛城区奚仲中学入选三星级“山东省科普教育基地”，峄城区吴林街道入选山东省“科普村村通”百强乡镇，枣庄学院科技创新协会、家电维修协会被评为“山东省优秀大学生科技社团”，薛城区陶庄镇科协主任张秀梅被中国科协评为优秀科技工作者。

同年，市公路学会、市消防协会、市抗癌协会按照《社团管理条例》和学会章程，成功进行了改选换届。

2012 年，市科协组织部分科技工作者，就事关全市经济社会科学和谐发

展的一些问题深入开展调查研究，提出科学合理的建议，编发了《建言献策》，为党委、政府决策提供参考。其中《关于加快枣庄市服务外包产业发展的调研报告》引起市委市政府的高度关注，时任副市长张兵做出重要批示，安排市科协配合政府职能部门研究制定实施方案和配套文件。市科协与市法院共同签署了知识产权司法保护合作备忘录，为广大科技工作者在知识产权司法保护方面提供了制度保障。

当年，枣庄市成功承办第 27 届山东省青少年科技创新大赛，枣庄选手获多项荣誉。在此后举行的第 27 届全国青少年科技创新大赛上，枣庄市选手喜获大赛组委会最高奖“中国科协主席奖”，这是山东省唯一获此奖项的选手。在山东省首届机器人大赛上，枣庄市代表队共获得一等奖一名、二等奖二名、三等奖三名，市科协被评为“优秀组织单位”。在“基层科普行动计划”表彰中，枣庄市 5 个农技协、1 个科普示范基地和 2 个科普带头人分别获得国家和省表彰。枣庄市 2 个社区被评为“全国科普示范社区”，3 个基地被命名为三星级“山东省科普教育基地”，2 个乡镇被评为“山东省科普村村通百强乡镇”，5 个基地入选“全国科普教育基地”。

同年，市科协联合市农业局出台《关于加快发展全市农技协组织的意见》；联合市财政局印发《基层科普行动计划实施方案》，市财政每年安排专项资金奖励和补助“基层科普行动计划”先进集体、先进个人；联合市教育局开展科普示范学校和科技教育校长、科技教师、校外科技教育专家评选活动；联合市教育局、市文明办、团市委等单位成立了枣庄市青少年科技教育协会，隆重表彰了枣庄市科普示范学校和首届枣庄市青少年科技教育“春晖奖”获奖单位和人员；联合市政协科教文卫委员会开展“科普消夏”活动；联合市委宣传部等五部门实施科普惠农进乡村、科普益民进社区、科普实践进校园、科学健康进机关、科技成果进企业的“科普五进工程”，努力营造了社会化大科普格局；组织了以“食品药品安全与公众健康”为主题的科普活动；举办了枣庄市暨薛城区 2012 年全国科普日活动启动仪式；联合市教育局承办了“山东省青少年科普报告百校行”枣庄分会场活动，邀请了中国科学院 3 位老科学家，举办 7 场青少年科普报告会；联合市教育局开展山东省“流动科技馆县县通”枣庄市巡展活动。

2012 年，枣庄市社区科普益民得到新发展。全市各级科协组织围绕民生抓科普，推动科普走进千家万户。编印了《环保知识篇》《健康知识篇》《生活常识篇》科普图书 5000 余册，发放给机关公务员和社会公众，引起了普遍关注和好评。峄城区徐楼社区建设了 40 多米的科普画廊，成立了科普艺术团，成为社区居民增长科普知识、汲取科学营养的有效载体，做出了影响和口碑。

当年，市科协被省科协评为全省科协工作先进集体，滕州市科协和山亭区科协荣膺全省“县级科协三十强”。枣庄市 5 家学会获得“全省百强县级学会”称号，市科协学会部被省科协评为“全省学会工作先进集体”。

（四）科普事业创新发展阶段（2013 年至今），全面深化改革创新，科普事业亮点频出

2013 年 1 月，市科协联合市委宣传部、市文联在薛城区沙沟镇举办了市科技、文化、卫生“三下乡”活动、发放科技明白纸 5000 余份、科普知识读本 1500 余册，赠送卫生药品 500 余份。

6 月，市科协在薛城区张庄村开展送科技送农资下乡活动，将 3 万余元的农药、化肥等农资物品免费发放给村民。

6 月，市科协、市老科协召开了枣庄市煤化工发展研讨会，组织煤化工行业老领导、老专家，探讨煤化工产业发展的金点子、好法子，为城市转型发展建言献策。市科协、市老科协将会议研讨情况整理成《关于枣庄煤化工发展研讨会有关情况汇报》上报市委、市政府，市主要领导做出重要批示，指出报告含金量很高，值得借鉴。

9 月，枣庄市开展了以“保护生态环境，建设美丽枣庄”为主题的 2013 年全国科普日活动。在 H7N9 禽流感防控、“全国防灾减灾日”“食品安全宣传周”等活动期间，市科协积极配合相关部门开展活动，组织科普展览、科普讲座，协调市电视台播放中国科协制作的科普节目，受到了广泛好评。

10 月，全国老科协政策调研与组织建设工作经验交流会在枣庄市召开，来自全国 34 个省、市、自治区的 180 余名代表出席会议。枣庄市在会上作了典型发言。与会代表实地考察了山东兖矿国拓科技工程有限公司、兖矿鲁南化

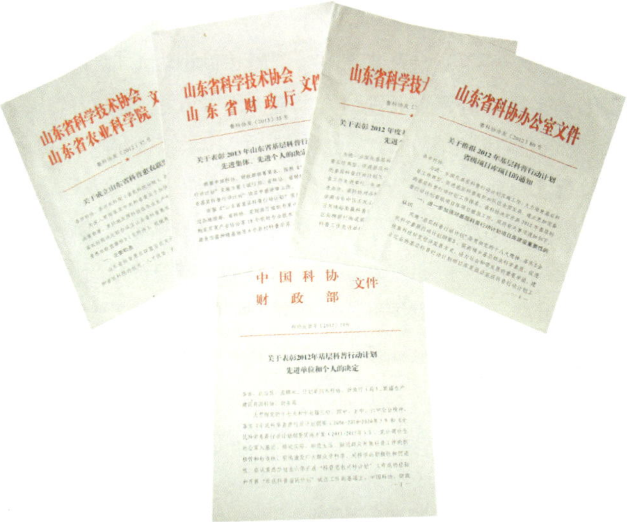

基层科普行动表彰文件

工有限公司、滕州正德康城农牧业科技示范园等老科协组织基地建设现场。枣庄市老科协组织建设和项目基地工作经验和做法，得到与会领导和代表的充分肯定。

同年，市科协出台《关于加强高新技术开发区、经济开发区、工业园区及所属企业科协组织建设的意见》等一系列推进基层科协组织建设的文件，加大基层科协组织建设力度；联合市财政局实施了枣庄市“基层科普行动计划”，在科普专项资金奖补上，实现了零的突破；联合涉农部门成立了枣庄市农技协联合会，组建了枣庄市科普惠农联盟；承办了“山东省青少年科普报告百校行”枣庄分会场活动；联合市教育局、团市委等部门举办了2013年枣庄市青少年科技创新大赛。在此后举办的山东省青少年科技创新大赛中，枣庄市代表队成绩优异。在第28届全国青少年科技创新大赛中，枣庄选手发挥出色，李颂同学的《“光影随行”放大器组合》获青少年创新成果竞赛项目一等奖。

在省级“科普双百工程”申报评选中，台儿庄古城、滕州市国防教育基地被命名为三星级“山东省科普教育基地”，山亭区北庄镇被评为“山东省科普村村通百强乡镇”。在全国和山东省“基层科普行动计划”中，台儿庄区绿色玉米产销协会等7个项目获得表彰。滕州市善南街道善国苑社区、市中区文化路街道立新社区获得全国“基层科普行动计划”表彰，台儿庄区运河街道华阳社区获得山东省“基层科普行动计划”表彰。兖矿国拓科技工程有限公司董事长、研究员丁辉入选省科协国家级科技思想库决策咨询专家库；兖矿鲁南化工有限公司叶盛芳被评为山东省优秀工程师。

2013年，市科协开展了城市社区科普工作状况调查，指导社区适应科普工作发展的新形势、新任务，充分挖掘自身资源开展科普活动。投资30余万元，对老城科技馆门前科普广场进行了整修改造，并建立起了高标准的科普画廊，推动了城区科普活动的开展。

当年，全市青少年科技创新成绩斐然。市科协承办了“山东省青少年科普报告百校行”枣庄分会场活动，联合市教育局、团市委等部门举办了2013年枣庄市青少年科技创新大赛，联合市教育局、市关工委举办了枣庄市第七届“七巧科技”系列竞赛活动，促进了青少年科学素质的提升。

为培养造就一批青年科技人才队伍，2013年，市科协联合市委组织部、市人社局开展了首届枣庄市青年科技奖评选活动。经基层推荐、评审小组审查、网络投票、专家评审委员会审定等环节，王宏栋等20名同志被授予首届枣庄市青年科技奖。活动进一步激发了广大青年科技工作者科技创新的热情，在全市营造了尊重科学、热爱科学、崇尚科学的浓厚氛围。市科协还组织开展了科技工作者状况调查，建设科技人才信息库，为发现和使用优秀人才提供保障。

2014年初，枣庄市在峄城区阴平镇组织开展了2014年科技文化卫生“三下乡”活动，举办主题展览、科普互动体验、农业科技专家咨询、医疗保健专家义诊、书画家为农民现场书写赠送春联等系列活动。

5月11日，枣庄市开展了“防灾减灾”科普知识宣传活动，以分发宣传资料、赠送科普书籍、布置展板、现场咨询等形式，面向社会公众普及防灾减灾基本知识和技能。针对领导干部和公务员科学素质提升，邀请王渝生教授作题为《领导干部必须具备的科学素质暨当代科技发展的态势与前瞻》的专题报告，市委、市人大常委会、市政府、市政协分管领导等各级领导干部和公务员共计300余人参加报告会。

枣庄市调整充实了市全民科学素质工作领导小组，全市6个区（市）相继调整了本级全民科学素质工作领导小组。6月，全民科学素质工作会议召开，制定下发了《枣庄市全民科学素质工作考核规范》和《2014年枣庄市全民科学素质工作计划》。市科协出台《关于进一步加强科普专项资金管理使用工作的通知》。

7月，枣庄市组织开展了“文化暖乡村电影下乡，在家门口看大片儿——大型公益电影文化惠民”活动，把科普电影送到百姓门口，不仅丰富了村民的业余文化生活，也潜移默化地提高了他们的科学素质。

7月25日，市科协在薛城区沙沟镇张庄村开展送科技下乡活动，邀请了农业专家，对石榴、小麦等100多位种植专业户开班集中培训，还深入田间地头，针对果农们生产中遇到的疑难问题，进行现场指导，解疑释惑。

9月18日，山东省县域流动科技

科普基地邀请外国专家进行技术指导

馆枣庄市巡展活动在滕州市汉画像石馆启动。

9月27日，全市校园数字科技馆小学生科普知识电视竞赛举行。

9月29日，由市科协、滕州市科协等单位共同主办的机床行业技术论坛召开，来自国家机床产品质量监督检验中心、鲁南机床公司、山东威达重工股份有限公司、滕州市三合机械股份有限公司、大地机床有限公司等企业的科技工作者作交流发言。

2014年，枣庄市先后组织开展了青少年科技创新大赛、“七巧科技”竞赛、科普报告百校行等活动。在2014年第29届全国青少年科技创新大赛上，枣庄市参赛选手获一等奖1项，二等奖2项。举办了首届青少年机器人大赛，获奖选手参加省级竞赛并获得优异成绩。针对未成年人科学素质提升，市科协联合市教育局开展了校园数字科普行动，为全市107所中小学安装建设校园数字科技馆。枣庄职业学院智慧机电科技社团、枣庄学院数学建模协会被评为“山东省优秀大学生科技社团”。

当年，认定、命名了10家枣庄市第二批市级科普教育基地，涉及自然环境、农业、林业、卫生、文化、教育、地震等多个领域。在全省率先完成“数字科普工程”建设安装任务，在全市城市社区、乡镇驻地、公共服务场所布设数字科普终端490台。市医学影像学研究会、市法医学会、市医院协会等学会按照学会章程进行了理事会换届。在当年的全国和山东省“基层科普行动计划”中，山亭区花生产业协会等14个项目获得表彰。

2015年，枣庄市先后在老城科技馆和市中区、山亭区举办了山东省县域流动科技馆巡展活动，全市流动科技馆巡展套数共133套，展品件数共300多件，累计受众人数达10万余人次。市科协在全市开展了“百会联百村”科普惠农行动，省科协要求将枣庄市做法在全省推广。

“科普基础设施拓展工程”项目申报工作进展顺利。滕州市鲁班纪念馆被评为三星级“山东省科普教育基地”，市青少年宫被评为四星级“山东省科普教育基地”。台儿庄古城、月亮湾国家湿地公园等7家单位被评为“全国科普教育基地”。山亭区翼云石头部落、中国（峄城）石榴博物馆等12家单位被评为“山东省科普教育基地”。

枣庄市组织开展了2015年青少年高校科学营活动，参加了中国海洋大学、西安电子科技大学等5所高校的科学营活动。在省第五届“七巧科技”竞赛和省青少年科技创新大赛中，枣庄市选手表现突出。在第30届全国青少年科技创新大赛上，枣庄市获一等奖2项、二等奖1项，再创历史新高。枣庄市开展了科普报告百校行活动，邀请中国科学院科普报告团6位专家，在全市中小学校举办了32场科普报告会。

2015年，市科协组织召开了全民科学素质工作会议，制定下发了《2015年全民科学素质工作计划》《关于开展2015年度提升全民科学素质考核工作实施方案》。市政府督查组对全市科学素质工作开展情况进行了专项督查。市委、市政府对全市全民科学素质工作先进集体和个人进行了表彰。

11月5日，市科协第六次代表大会在新城会展中心隆重召开，总结了市科协过去五年的工作，规划了市科协今后五年的发展蓝图，为科协事业今后五年持续健康发展奠定了基础。

在2015年国家级、省级“基层科普行动计划”评审中，枣庄市有4个农技协、3个科普示范基地、2名农村科普带头人、3个科普示范社区获奖，共获奖补资金200余万元，创历史新高。

市科协被中组部、中宣部、人社部、中国科协等九部委评为全民科学素质工作先进集体；被省委宣传部、省文明办、省科协等单位评为山东省文化科技卫生“三下乡”活动先进集体；被省科协、省教育厅等单位评为第30届山东省青少年科技创新大赛优秀组织奖；被市委、市政府评为全市全民科学素质工作先进集体。

当年，枣庄市社区科普大学总校成立，制定了《社区科普大学教学点建设标准》，面向离退休老年居民、城镇新居民、进城务工人员、社区待业人员以及青少年开展科普教育活动。

2016年，市委、市政府制定下发了《枣庄市人民政府办公室关于印发枣庄市全民科学素质行动计划纲要实施方案（2016-2020年）的通知》，为“十三五”期间科学素质工作指明了方向。针对四大重点人群，围绕六大基础工程，动员社会力量，组织开展了一系列形式多样、内容丰富的科普活动，促进了公众科学素质的提升。

全面推进“百会联百村”科普扶贫行动。市科协联合市财政局安排专项奖补资金120万元，对6个农村专业技术协会、12个农村科普示范基地、2名农村科普带头人、8个科普示范社区共28个项目进行扶持。随着“百会联百村”科普惠农行动深入推进，新发展农技协36个，建立科普示范基地26个，培养科普带头人28名，推广农业新技术31项，建成科普示范一条街8个，科普文化广场11个，科普书屋22个，举办科技培训、讲座211次，受众3万余人。在2016年国家、省级“基层科普行动计划”项目评审中，枣庄市获得国家级“基层科普行动计划”优秀农村专业技术协会4个，农村科普示范基地2个，科普带头人3个，科普示范社区3个；省级科普示范社区1个，共获奖补资金205万元。

6月26日，2016年全省助力地方创新驱动发展工程暨山东省“百名专家企业行”在枣庄市启动。启动仪式上，为助力工程牵头学会、示范区、科技协同创新服务站和院士专家工作站授牌，齐鲁工业大学、山东省科学院与枣庄市政府签订了战略合作和共建技术转移转化中心协议，进行了百名专家企业行活动项目签约。

为充分发挥科普大篷车流动科技馆的宣传展教功能，同时向辖区青少年普

及科技知识、科学思想、科学方法，丰富学生暑期生活，8月中旬，枣庄市科协组织开展了为期两周的“科普大篷车暑期夏令营”活动，为暑期纳凉的人们送去科普大餐。本次活动在各区（市）举办巡回展览，深入到广大市民当中，在全市营造浓厚的科普氛围，进一步调动广大人民群众参与科普、走进科学的兴趣和热情，提升广大人民群众科学文化素质。

2017年，深入开展“百会联百村”科普惠农行动。对第二批20个行政村进行技术帮扶，与帮扶村签订科普示范村共建协议，承担帮扶任务的农技协、涉农学会或专家与帮扶村签订技术支持服务协议，全年进村入户技术帮扶不少于12次。经过两年的发展，全市新发展农技协41个，建立科普示范基地37个，培养科普带头人36名，推广农业新技术151项，举办科技培训、讲座415次，受众5万多人次。

在首个“全国科技工作者日”即将来临之际，枣庄市市委、市政府在市政大厦报告厅举行庆祝首届“全国科技工作者日”表彰大会，对40名首届枣庄市优秀科技工作者进行了表彰，安排部署了今后一个时期科技创新工作。

枣庄市科学技术协会官方公众微信号“科普枣庄”在全国科技工作者日期间正式上线。“科普枣庄”的开通是枣庄市科协依托新媒体平台开展科学传播，拓宽“互联网+”科普惠民渠道，提升全民科学素质的重要举措。公众号设置有“科普中国、科技影院、科学探秘、科技达人、咨询服务、智慧枣庄”等栏目板块，涵盖工作动态、科技前沿、健康咨询、生活常识等内容。通过生动有趣、形式多样的编辑手段，将丰富的科普信息和优质科普资源与社会公众共享，促进公民科学素质的进一步提升。

枣庄市科技传播专家服务团成立。专家服务团由“医疗卫生专家组”“农业专家组”“工业专家组”“教育专家组”四个专家组共171人组成。枣庄市科技传播专家服务团的成立将成为枣庄市科学技术协会贯彻落实全国科技创新大会、两院院士大会、中国科协第九次全国代表大会精神的一项重要举措。

二、枣庄市科普事业发展主要成就

改革开放以来，围绕提高全民科学素质，推动科学技术的普及和应用，枣庄市深入实施五大重点人群科学素质行动与五项科普基础工程，细致谋划，改革创新，广泛开展各种行之有效的活动，推动全市科普事业不断上台阶、上水平，为枣庄经济社会持续健康发展，提供了源源不竭的动力。

（一）农村科普蓬勃开展

改革开放以来，枣庄市农村科普工作取得了显著成效。1985年，全市各区（县）和85个乡镇全部建立了科协组织，截至1991年底，全市建起达标挂牌科普文明村201个。薛城区常庄镇六炉店村养兔协会、峄城区曹庄乡马铃薯研究会、台儿庄区彭楼镇南洛村蔬菜研究会、滕州市界河镇张庄农技协等4个农技协被授予“全省先进农村专业技术协会”称号。滕州市被省科协命名为“山东省科普示范市”，薛城区邹坞镇、滕州市界河镇被评为“山东省科普先进乡镇”，市中区孟庄镇龚庄村，台儿庄泥沟镇前程村、峄城区古邵镇大王庄村、山亭区水泉镇下辛庄村被评为“山东省科普先进村”。

自从2015年市科协在全市开展“百会联百村”科普惠农行动以来，新发展农技协41个，建立科普示范基地37个，培养科普带头人36名，推广农业新技术151项，建成科普示范一条街8个，科普中国乡村e站4个，科普文化广场19个，科普书屋22个，科普宣传栏27余个，举办科技培训、讲座415次，受众5万多人次。通过“以点带面、榜样示范”，逐步建立了上下贯通、有效运行的农村社会化科普服务体系。

（二）社区科普如火如荼

一直以来，枣庄市社区科普工作如火如荼，极大提高了广大市民们的科学素质。全市各级科协组织开展“科普进社区、进街道、进学校”活动，先后制作各种科普常识展板近1000块，科技图书近万册，到居民小区、街道展览，开展市区科普日、科普周活动，并在市驻地主要街道、机关事业单位以及市公共场所巡回展览。在破除迷信、反对法轮功中，开展了“保障人权、反对邪教”万人签名活动。

市科协每年7—10月，在科技馆门前广场举办“科普消夏文化广场”，开展多种形式的科普宣传活动。从1996年至2003年，共开展活动近300场次，放映科教电影、录像200余部，文艺演出近百场，观众达百万人次，并举办了一系列的专题科技咨询活动，接受咨询群众数万人。各级科协还建设了科普街道、科普楼院、科普画廊。仅科普画廊1项，全市城区累计35处，总长度达500米。

枣庄市全面完成了“科普社区通”工作建设任务，全市15个街道339个社区，共建成科普宣传栏542个、科普活动站193个、科普学校158所，成立科普志愿者队伍207个，科普志愿者达8656人。

围绕构筑社会化科普工作格局，枣庄市重点推进社区科普大学建设力度。全市共开设社区科普大学46所，无数居民走进社区科普大学，学习身边的科学知识，有效推动了社区居民科学素养的提升。

（三）青少年科普广泛深入

枣庄市加强青少年科普力度。1983年滕县城关镇北关学校被先后评为“山东省青少年科技活动先进集体”和“全国青少年科技活动先进集体”。至1986年，全市参加全国、华东地区、山东省展出的青少年科技作品达9次137件，其中获奖38件。参加全国初中数学竞赛和山东省青少年计算机程序设计竞赛5次，获奖33人。

以提高学生科技素质为目的，枣庄市广泛开展内容丰富、形式多样的青少年科普活动，在小发明小创造、学科奥赛、青少年科技创新大赛等活动中都取得较好成绩，涌现一批高素质、跨世纪

的科技人才。

市中区建设路小学和枣庄市第十五中学被山东省科学技术协会和山东省教育厅命名为“山东省科学示范学校”，枣庄市第十五中学和滕州市实验小学被评为“全省青少年科普工作先进单位”。枣庄市第十五中学的武杰荣获“全省青少年科普先进工作者”称号，还被中国少年科学院授予“优秀科技辅导员”称号，应邀在全省青少年科普工作会议上做典型发言。

在第十七届山东省青少年科技创新大赛以及全国青少年科技创新大赛中，枣庄市选手获全国三等奖3名，获省一等奖3名、二等奖6名、三等奖13名；在第十八届山东省青少年科技创新大赛上，获二等奖1名、三等奖2名、优秀科技实践活动一等奖1名；科技幻想绘画一等奖2名、二等奖3名、三等奖6名。枣庄市第十五中学在科普教育活动中获全国奖项10余人次，获山东省奖项23人次，师生制作的《火山灾害防治和利用》《消除鼾声》电视节目，在中央电视台《周末异想天开》现场直播。

（四）企业科普深入人心

枣庄市通过加大企业科普力度，在广大企业中形成了尊重科学、热爱科技、通过技术研发提升效益的浓厚氛围。

在市科协与市经贸委联合于1991年组织科技人员开展的“讲理想、比贡献”竞赛活动中，3600余名科技人员参加，提出合理化建议638项，被采用355项，增加产值3930万元、利税1079万元；立竞赛项目218项，完成137项，创价值7743万元，增加利税2161万元。在“讲、比”活动中，枣庄矿务局、市橡胶厂、山东十里泉电厂先后被省科协、省经贸委授予“讲理想、比贡献”活动先进集体。十里泉电厂科协“1＃汽轮机高压隔板技术改造”项目推广实施后，年节煤1190吨，创经济效益42万元。截至1993年底，全市6个厂矿科协为企业创经济效益达亿元以上。

枣庄市各级科协部门还积极组织企业科技工作者开展科技攻关、科技建议等活动，服务企业自主创新，促进经济发展方式转变。据统计，2008年，全市各级企业科协有2000余名科技人员参与“讲、比”活动，提合理化建议近3000条，科技攻关1000余项，创经济效益近200万元，促进了企业的科技进步和技术创新。

（五）基础设施健全完善

经过改革开放以来不断的建设，枣庄市科普事业形成了健全完善的基础设施，为持续健康发展创造了良好的条件。

为增强群众科技意识，改善科技人员开展活动的环境条件，枣庄市投资400万元，建成总占地面积21亩、总建筑面积7000平方米的枣庄市科技馆。同时，稳步推进科技馆新馆建设，市科协已组织相关人员赴辽宁、山西、重庆、广州、武汉等地科技馆学习考察，完成了科技馆概念设计方案征集、专家设计论证、展区划分、监理工程招标等工作，新城科技馆正在建设中。

枣庄市还相继建成了鲁南国防科技城、滕州鲁班纪念馆、山亭区科技馆，在奚仲中学省级科普教育基地的基础上，组建了薛城区少年科学院。各类科技示范服务基地发展到1600多个，乡镇（街道）全部建立健全党员教育培训中心。

枣庄市顺利完成了“科普村村通工程”，2160个行政村建成科普宣传栏2247个，完成建栏任务的104%。在巩固科普网站和社区科普栏、科普活动站、科普学校等传统科普阵地的基础上，运用现代传媒等手段拓展社区科普平台，新建数字科普显示屏36个，在城市社区、乡镇驻地便民服务大厅和医院、车站等便民服务场所安装230余个数字科普终端，科普宣传实现由阶段性向常态化转变。

枣庄市城市社区、乡镇驻地、公共服务场所累计安装数字科普终端626台，401个社区建立社区科普活动室、科普宣传栏、电子科普屏等简易科普设施。

（六）科普人才彬彬济济

枣庄市在科普工作中重视人才的培养，形成了稳定而坚实的科普人才队伍。各级科协加大科技培训力度，多次对村“两委”成员进行全部轮训，相当一部分党员干部达到农民技术员水平，很多党员干部成为技术骨干或致富能手。

在老科协组织建设上，枣庄市不仅各区（市）全部建立了老科协，而且有条件的镇街、社区、企业也建立了老科协组织，全市各级老科协会员达1.2万多人。同时，通过个人自愿、组织推荐，组建了148人的市老专家科学报告团。报告团成员分布工业、农业、卫生、教育、金融等各个领域，分为工业、农业、

2013年8月6日，全市乡镇政协工作室规范化建设现场交流会在台儿庄召开

医疗卫生、教育、营养健康等五个分团。

枣庄市区（市）级科协组织不断巩固完善，镇（街）以下科协及群众性科普组织网络稳步发展。截至2017年底，全市共有市、区（市）两级学会133个，会员2.6万人，科技志愿者8000多人；各级老科协组织160个，会员1.5万人；各级各类反邪教协会80个，会员及志愿者6800人。全市累计发展企业、园区、高校等企事业科协36个，为枣庄市科技进步和创新提供了坚实的组织和人才保障。

（七）品牌活动影响巨大

在长期的科普事业发展中，枣庄市形成了一些在社会上影响巨大、反响良好的品牌活动，深受群众喜爱。

枣庄市“三下乡”“科技周”和“科普日”活动丰富多彩，深入人心。以2006年为例，全市先后组织科技下乡活动12次，科普讲座26次，举办了科普巡展60场次，举办科普知识培训班30期，发放科普资料2万份，播放科普录像80场，制作宣传展板500余块、宣传挂图1000余张、科普明白纸10万份，服务群众20万人次。

枣庄市努力打造“科普惠农”工作品牌。截至2008年，全市已发展各类农技协216个，创建科普示范基地149个，培养科普带头人360名，先后引进推广先进实用技术680余项，培育新品种500余项，辐射带动周边60万户农民，年产生直接经济效益2亿元。围绕“南水北果、东菜西牧”的产业布局，枣庄市加大科普惠农项目的创建、调整和充实力度，建立了优质专用粮、瓜菜、果品、畜牧、水产、花卉六大主导产业科普示范基地，涌现出了火樱桃、石榴、甜桃、长红枣、花椒、马铃薯、芸豆等优秀品牌和特色规模化产业，有效辐射带动了相关产业及区域经济的发展。目前，有50个农技协、40个科普示范基地、30个科普带头人列入市级科普惠农项目库。滕州市的有机马铃薯、台儿庄区的运河池藕、山亭区的火樱桃3个科普示范基地已成为全省高效生态农业的典型。

三、枣庄市科普工作的主要经验和启示

枣庄市科普事业在市委、市政府的正确领导下，在市科协的精心组织下，在各级科协组织的配合下，经过30多年的发展，取得了长足的进步。归纳科普工作的主要经验和获得的启示，主要有以下三点：

（一）健全工作机构，完善各项制度，建立科学机制

健全的工作机构，是保障各项事业有效运转的前提条件。完善的规章制度，是确保工作有规可依、奖优罚劣的标准规范。科学的运转机制，是提高工作效率、推动各项工作顺利完成的必要保障。市科协在合理科学设置内部机构的基础上，一直重视根据实际需要，随时建立相应的工作机构，完善各项制度，精心制定符合实际、切实可行的工作方案，建立合理有效的工作机制。

在深入开展学习实践科学发展观活动中，市科协党组成立了学习活动领导机构和办事机构，确定了学习实践活动主题和实践载体，制定了实施方案，召开市科协深入学习实践科学发展观活动动员大会，全面启动了机关及直属单位的学习实践活动。在这过程中，建立健全了《学习制度》《考勤制度》《补课制度》和《领导干部联系点制度》等四项规章制度，确定了五项实践活动和一处学习实践基地。在学习调研阶段，有实施方案、有学习制度、有活动园地、有培训辅导、有笔记展评、有理论测试、有心得交流、有调研课题、有调研成果、有实践基地，做到规定动作不走样，自选动作有创新。在整改落实阶段，制定《枣庄市科协领导班子成员分工负责整改项目安排表》，明确责任分工和时限要求。

根据工作需要和人员变动情况，枣庄市还及时调整全民科学素质工作领导小组组成人员，定期召开全市科学素质纲要领导小组会议和联络员会议，制定《枣庄市实施〈科学素质纲要〉工作要点》《枣庄市全民科学素质工作计划》《枣庄市全民科学素质工作考核规范》等。通过以上措施，形成全社会共同推动科学素质工作发展的良好局面。

在考评机制方面，市科协将省、市科协重点工作和创新工作量化分解到机关各部室、各直属单位，实行了月工作通报制度，督促抓好工作目标任务的落实。制定了枣庄市区（市）级科协年度工作综合考核办法，对区（市）级科协年度工作实行千分制考核，充分发挥了区（市）科协的积极性和创造性。

为加强基层科协组织建设力度，市科协出台了《关于加强高新技术开发区、经济开发区、工业园区及所属企业科协组织建设的意见》等一系列推进基层科协组织建设的文件。为推动科普教育基地健康快速发展，制定了《枣庄市科普教育基地认定办法》。枣庄市科协还成立社区科普大学总校，制定了《社区科普大学教学点建设标准》，面向离退休老年居民、城镇新居民、进城务工人员、社区待业人员以及青少年开展科普教育活动。

（二）注重作风建设，提高理论素质，打造坚强队伍

工作是靠人干出来的。只有一支意志坚定、作风优良、理论深厚、素质过硬的队伍，才能始终保持积极奋发的精神状态，创造理想优异的工作成绩。长期以来，枣庄市科协始终注意在机关内部及各级科协机构中，加强工作作风建设，督促全体人员提高理论修养和业务水平，打造坚强的人才队伍，推动各项科普工作的顺利开展。

市科协认真开展“为民、务实、清廉”和树立正确的“权力观”等教育活动，严格落实民主生活会、党员汇报思想等制度，制定出台了《枣庄市科协机关工作精细化管理的意见》《枣庄市科协党员干部谈话制度》等规章制度。坚持每月给党员发廉政短信，做到常提醒、常教育，确保机关人员思想道德的纯洁。安排人员深入所属各区（市）指导科协换届工作，进一步加强科协基层组织建设。

市科协全面落实党风廉政建设责任制，组织党员干部学习《廉政准则》和四项监督制度，开展“做勤廉表率、促科学发展”主题教育活动，严格落实民主生活会、党员汇报思想等制度。通过以上措施，机关作风建设不断加强，人员素质不断提高。

市科协注重机关效能提升，在机关中试行了“服务零距离、工作零差错、办事零障碍、形象零投诉”的“四零”服务理念，牢固树立“机关小，信心不能小；任务软，工作必须实”的工作理念，把开展活动与服务中心相结合，把软环境建设与创建文明高效机关相结合，把抓好班子建设与学习型机关的创建相结合，强化工作纪律，畅通信息渠道，明确任务目标，突出工作重点，做到上下联动，内外联动，机关作风建设扎实有效，各项工作运转有序。

为切实加强机关作风建设，市科协还通过深入开展“三严三实”专题教育活动等，开展专项整改，进一步增强了党组织的创造力、凝聚力和战斗力。

（三）充分解放思想，大胆改革创新，激发科普活力

枣庄市在科普事业发展中，不仅严格贯彻中央、省工作部署安排不走样，而且充分解放思想，大胆改革创新，摸索探讨新举措、新做法，极大激发了科普工作的活力。

枣庄市探索出了一条“不为我所有，但为我所用”的工作思路，跳出部门圈子抓科普基础设施建设，最大限度地整合利用现有的科普资源，实行部门联动，做到工作上互相支持，信息上互通有无，资金、设备上互相支援，资源上互相共享，最大限度地整合利用社会科普资源，解决了因科普经费不足而影响科普场馆、设施建设的问题，走出了一条符合枣庄市情的科普场馆共建共享的新路子。市科协对枣庄市具有一定教育科普功能的基础设施，对其功能进行充分拓展延伸，并根据科普工作要求进一步充实完善，滕州市鲁班纪念馆、科圣墨子纪念馆、微山湖红荷湿地博物馆、熊耳山地震科普馆等，成为普及科学知识、提高全民科学素质的良好场所。

为充分发挥广大科技工作者人才智力优势，市科协创造性地组织开展了“枣庄发展我有责，我为枣庄献计策”金点子征集活动。“金点子”的选题大至党政中心工作，小至百姓生产生活，一事一策，一事一议，不定框框，不拘形式。为鼓励广大科技工作者积极献计献策，活动设“金点子”特等奖 1 名、一等奖 3 名、二等奖 6 名、三等奖 10 名，对评出的获奖者予以重奖表彰。活动极大激发了科技工作者及专家学者为枣庄发展献计献策的积极性，征集了一大批涉及工业、农业、民生、科技、教育、卫生等领域的好意见、好建议。

在科普宣传中，枣庄市科协积极利用现代科学技术，加快推进科普信息化建设，取得了良好的效果。在全省率先完成了“数字科普工程”建设安装任务，城市社区、乡镇驻地、公共服务场所累计安装数字科普终端 626 台，建立社区科普活动室、科普宣传栏、电子科普屏等简易科普设施的社区共 401 个，占社区总数的 61.1%，使广大社区居民能够及时收听收看到科普节目。

市科协与联通、移动签订了共建协议，定期免费发送公益科普短信。滕州市科协开通了官方微博微信，每日更新内容，充分利用现代传媒手段，通过文字、声音、影像等多种方式，将实用的科普知识更生动、最快捷地向广大社会公众进行传播普及，对提高他们的科学素质，养成健康科学的生产生活方式，产生了积极的影响。

市科协还充分利用新闻媒体影响力大、覆盖面广的特点，在《枣庄日报》开设“科协动态”栏目，每月一期；在《枣庄晚报》开设“科普在线”栏目，每周一期；在枣庄电视台开设《枣庄科协》栏目，每月一期；在枣庄公众、新闻、教育三个频道播出。栏目以“面向基层、贴近百姓、启迪生活”为宗旨，以普及科学知识、宣传各级科协组织工作动态为内容，倡导科学理念，展示科协风采，让科普事业更好地惠及全市人民。

在市科协指导下，各级科协组织因地制宜，创新工作机制，涌现出了一大批好举措、好方法。为改变农民固守陈旧生产生活方式、对新技术采用积极性不高的情况，市中区科协组织养牛能手张士全、种植能手李为民等示范户们组成“游说团”，分别到每个乡镇，逐个村进行宣传。孟庄峨山口村民王光明过去粗放型养鸡，鸡蛋产量小，且鸡病时有发生，一年收入仅仅几千元，在养殖能手的亲身讲解下，他转变了思想，参加了养殖培训班，努力学习先进的科技知识，利用科学方法养鸡，一段时间后，其养殖规模逐渐扩大，王光明也全面掌握了孵化、防疫、配料、饲养一整套科学方法，现在拥有三千平方米的标准场房，蛋鸡 1.3 万只、肉鸡 2 万只，年纯收入 10 万余元。

因循守旧，故步自封，陈陈相因，只能限制住事业的发展壮大。枣庄市科协在科普工作中，充分以思想的解放推动工作的创新改革，新做法、新举措层出不穷，取得了显著的成绩。

审稿人：王绪彬

撰稿人：项　菲　孔　丽

王绍文

枣庄市社会科学事业发展历程与成就

枣庄社会科学事业始终以马克思列宁主义、毛泽东思想、邓小平理论、“三个代表”重要思想、科学发展观、习近平新时代中国特色社会主义思想为指导，全面贯彻党的基本理论、基本路线、基本方略，坚持“二为”方向和“双百”方针，坚持正确的政治方向、学术导向和价值取向，在服务改革开放、促进全市经济社会发展中具有不可替代的重要地位，广大社会科学工作者发挥了不可替代的重要作用，为枣庄经济社会发展作出了积极贡献。

一、社会科学事业发展历程

改革开放以来，枣庄市委、市政府高度重视社会科学事业。市社科联机构设立后，认真履行工作职责，不断完善工作机制，加强制度建设和平台建设，拓展社科普及阵地，健全社科普及工作网络，围绕发挥社会科学在“认识世界、传承文明、创新理论、咨政育人、服务社会”等方面的独特作用，创新社科普及工作内容、方式，广泛深入开展社科普及工作，着力提高公众社会科学和思想道德素质，提高公众人文社科素养，促进经济社会和人的全面发展。发展历程大体分为四个阶段：

（一）起步阶段（1983—1992 年），哲学社会科学事业随着拨乱反正和全面改革得到重新恢复和发展

1983 年 1 月 8 日，枣庄市社会科学界召开代表大会，民主选举产生了枣庄市社会科学联合会第一届委员会（简称社科联）。同时，组成社科联办事机构，隶属于市委宣传部。

11 月下旬，市社科联召开了学习中共中央文件和邓小平、陈云同志的重要讲话及清除精神污染的理论研讨会。12 月下旬，召开了纪念毛泽东同志诞辰九十周年理论座谈会。至 1983 年底，市社科联所属学会建立 8 个。

同年，创刊《枣庄社联通讯》，作为枣庄市社科界理论交流刊物。

1984 年 3 月 20—22 日，市社科联召开“关于人道主义和异化问题”理论讨论会。参加会议的部分社科联委员和学会负责人围绕主题展开了热烈的讨论。5 月份，在一轻、二轻系统组织开展了“关于经济体制改革”的调查，调查结束后写出两份调查报告和三份典型材料。

7 月 25 日，枣庄市编委下文，市社科联、社科所合署办公，事业编制 6 人。

8 月份，市社科联对企业改革中思想政治工作情况进行调查，写出 3 份典型材料。月底，为庆祝中华人民共和国成立三十五周年，与市委宣传部联合召开了理论研讨会，到会 42 人，收到理论文章 20 余篇。与会者从不同角度总结了中华人民共和国成立以来的伟大成就、基本经验和深刻教训。11 月中旬，召开了全市社会科学界学习《中共中央关于经济体制改革的决定》理论讨论会。到会 43 人，收到论文 23 篇。会后出版专辑《枣庄社联通讯》(1985 年第一期)。同时召开了社科联全委会，增补了社科联委员。

经中共枣庄市委批准，市社科联正式成立党组，内设机构办公室，并建立了党支部。

同年，市社科联进一步加强了学会的组织建设，至 1984 年底，全市共建各类学会、协会、研究会 15 个。

1985 年 8 月，参加市人大、市政协举办的纪念抗日战争和世界反法西斯战争胜利四十周年暨抗日战争台儿庄大捷四十七周年座谈会的筹备工作。组织社会科学理论工作者撰写论文 18 篇，并推荐代表参加了省历史学会召开的纪念抗日战争胜利四十周年理论座谈会。参加了苏、鲁、豫、皖毗邻九地市社科联召开的纪念抗日战争胜利四十周年学术研讨会的筹备工作。上述会议后，社科联编印了抗日战争胜利四十周年专辑。恢复编辑出版停刊近两年的《枣庄社联通讯》，相继编印三期，刊登各类理论文章、调查报告 29 篇。

同年，市社科联及所属学会积极组织会员开展理论研究和学会交流活动，写出各种理论文章 200 余篇，在国家和省市报刊发表理论文章 60 余篇。

1986 年初，受市政府委托，与市计委、市科协一同组织、筹备全市国土规划会议。组织有关学会参加会议，就国土规划问题进行了论证，提出了一些有价值的意见，得到市政府有关领导的肯定。

5 月份，按照市委的统一部署，与宣传系统一同在峄城开展了思想政治工作调查，在全市调查汇报会上作了交流。

8 月份，参加苏、鲁、豫、皖四省十四地市在连云港召开的第二次社科联联席会议。

9 月 25 日，应市保险公司邀请，与市科协一同研究协商，从法律、经济、化工、交通、机械、煤炭、林业等十几个专业聘请一批有代表性、在社会上享有一定声望的科技、法律、经济理论工作者 25 人，组成人民保险经营技术顾问团，充分发挥社会科学和自然科学工作者的作用，大力开展保险业务咨询，这在全省还是第一家。

12 月 4 日至 5 日，与乡镇企业局联合召开了乡镇企业理论讨论会。会上

15位同志就改变观念、正确认识商品经济，积极发展农村商品经济；物资部门如何支持农村商品生产，搞活流通渠道；农村金融要采取措施，支持乡镇企业的发展；如何加强乡镇企业的财务管理；关于联合体、合股经济的探讨；发挥各自优势，努力发展乡镇企业；乡镇企业的发展和战略对策等7个方面作了讨论发言。

同年，进行了社会科学成果授奖大会的筹备工作，经过半年的准备，各学会推荐论文100多篇参加评选。编辑出版《枣庄社联通讯》四期，刊登各类理论文章、调查报告等51篇。

1987年1月20日，与市委宣传部联合召开精神文明建设理论座谈会。30余人参加了会议，收到论文20篇。会议围绕精神文明建设的战略地位和基本指导方针以及贯彻“双百”方针和坚持四项基本原则的关系等问题进行了讨论。4月上旬，到山亭区城头乡西城头村对股份合作制企业作了调查，对其管理、分配及今后发展趋势作了研究分析，并对如何引导扶持其发展提出了建议。调查报告在《枣庄日报》发表。月底，枣庄市委召开（由市社科联具体筹备组织）坚持四项基本原则，反对资产阶级自由化理论讨论会。与会150余人，收到论文40余篇。会议围绕党的中心工作，紧密联系反对资产阶级自由化的斗争实际，对坚持四项基本原则，反对资产阶级自由化的理论问题进行了探讨。会后，论文结集出版《枣庄社联通讯》（增刊）。

7月底，与枣庄师专一同到滕州市界河镇、南沙河镇、鲍沟镇调查农村剩余劳动力的安排和存在问题，写出了“安排农村剩余劳动力几点建议”的调查报告，在枣庄工作研究上作了摘登。8月底，召开关于深化经济体制改革理论讨论会。市、区（市）经济主管部门的领导同志，部分企业的负责人和理论工作者共60余人参加了理论讨论会。会后，编辑出版了《枣庄社联通讯》（增刊）。

同年，按照省社科联的要求，组织参加山东省第三次社会科学优秀成果评奖活动。推选9项成果上报省社科联。编辑出版《枣庄社联通讯》四期（其中两期增刊），刊登各类理论文章、调查报告57篇。

1988年3月，与市委宣传部、市历史学会联合召开“纪念台儿庄大战五十周年学术讨论会”，近百人参加了学术讨论会。会后编辑出版《枣庄社联通讯》专集。这次会议消息，中央、省、市电台、电视台都作了报道。

5月7日，召开全市各学会、协会、研究会理事长（秘书长）联席会议，对学会工作提出了要求。

7月份，市委安排社科联负责组织“十一届三中全会理论研讨会”，共收到研讨论文72篇。9月份，与市经济体制改革委员会联合召开了厂长、经理学习、讨论生产力标准问题的座谈会。10月份，与市总工会联合召开了八一煤矿领导班子学习、讨论生产力标准问题的座谈会。

同年，编辑出版《枣庄社联通讯》五期（其中增刊一期），刊登各类理论文章、调查报告84篇。学会工作有了新发展，新建学会五个，学会组织发展到四十余个。

1989年1月，与市委宣传部、市党校联合召开纪念中共十一届三中全会十周年理论讨论会。与会者达100多人，收到论文60余篇。会上，与会者畅谈了中共十一届三中全会以来，我国改革开放、社会主义现代化建设取得的巨大成就，对如何坚持四项基本原则，反对资产阶级自由化、深化改革开放的理论与实际问题进行了探讨。2月19日，与市委宣传部联合召开中华人民共和国成立40周年理论讨论会，收到论文60余篇。会议畅谈了40年来我国社会主义事业取得的辉煌成就，总结经验教训，并就有关理论问题进行了探讨。20日，枣庄市社会科学优秀成果评选委员会、市社科联召开市社科界首次表彰大会，对评选出的59项社会科学获奖成果，8个先进学会和31名优秀学会工作者进行表彰奖励。

同年，市社科联参加了苏、鲁、豫、皖十四地市在淮阴召开的社科联联席会议。关于“残疾人工作和残疾人福利事业”的问题和“滕州市民族事业发展情况”两个调查报告被省有关刊物采用；新建学会七个；编辑出版《枣庄社联通讯》五期（其中增刊一期），刊登各类理论文章、调查报告84篇。

1990年6月2日，与市委宣传部、市历史学会联合举行“纪念鸦片战争150周年理论研讨会”。8月份，淮海经济协作区17地市（徐州、淮阴、连云港、

2015年5月22日，山东省暨枣庄市第十二届社会科学普及周开幕式在山亭区文化休闲广场举行

盐城、菏泽、济宁、泰安、临沂、枣庄、开封、商丘、周口、信阳、淮北、蚌埠、宿县、阜阳）社科联第六次协作会议在枣庄市举行。此次会议的主要议题是研讨关于深化和推进农村改革、推动农村经济发展的问题。各地市社联负责人，有关方面的专家、学者和部分实际工作者近70人参加了会议，收到论文25篇。

同年，编辑出版《枣庄社联通讯》五期（其中增刊一期），刊登各类理论文章、调查报告等118篇。

1991年1月10—11日，与市委宣传部、市直机关党工委、市历史学会联合举行纪念太平天国运动140周年学术讨论会和报告会。

3月20日，市社科联召开各学会秘书长（理事长）联席会议，传达贯彻省社联召开的市地社科联主席联席会议精神。

4月15日，市社科联组织所属11个学会负责人赴桂林参加学会工作研讨班，来自全国各地270多名学员参加了研讨班。集中围绕学会活动、学会管理以及如何加强社科联工作等若干理论问题和实际问题进行了专题研讨。5月29日，市民政局、市社科联、市文联联合召开第一批清理整顿社团工作会议。

6月25日，与市委宣传部、市党史办联合举办纪念建党七十周年党建党史知识竞赛活动。月底，与市委宣传部联合组织纪念建党七十周年优秀论文评选活动。编印了“中国共产党建党时期15个第一”的党史资料。

9月6日，与市委宣传部联合召开建党七十周年征文和推荐山东省优秀社科成果的评审委员会会议。从各学会推荐的48篇论文中评出庆祝建党七十周年优秀论文22篇；从各学会选定的17项社科成果中，评出3项报送省社科联参加省1990年社科优秀成果评奖。13日，与市委宣传部、市历史学会联合召开纪念“九·一八”事变60周年座谈会。19—21日，省社科联到枣庄市检查工作，并召开有关学会负责人参加的座谈会，听取社科联工作汇报，对枣庄市社科联和学会工作予以充分肯定，同时提出了一些指导性意见。

10月9日，与市委宣传部等有关部门单位联合召开纪念辛亥革命80周年座谈会。11月11—14日，市社科联参加了在安徽淮北市召开的淮海经济区社科联协作会议。

同年，编辑出版《枣庄社联通讯》六期（其中增刊两期），刊登各类理论文章、调查报告161篇。

1992年1月21日，市社科联召开所属学会（协会、研究会）负责人会议，传达贯彻省社科联召开的各地、市社科联主席联席会议精神。

5月15日，为做好全市第二次社会科学优秀成果评选工作，市社科联制定了全市社会科学成果奖有关标准，市委、市政府两办发出通知，对评奖的具体工作进行了部署。

6月20日，与市委宣传部联合召开“关于解放思想、深化改革、扩大开放”的理论研讨会，会议收到论文35篇。会议根据邓小平南方谈话精神，围绕改革开放和发展、转换企业经营机制、政府转变职能及其在现代化建设中的作用等问题展开了热烈讨论。8月份，与市委宣传部、市经委等单位联合召开“转换企业经营机制”理论研讨会，会议收到论文30余篇。集中围绕转换企业经营机制的重要性和必要性、基本途径以及当前亟待解决的问题，进行了研讨。

11月11日，召开枣庄市社会科学优秀成果评选会议，评出一等奖5项、二等奖12项、三等奖45项。14日，山东省第八次社会科学优秀成果奖评选会议在枣庄市召开，枣庄社科联推荐的三项成果，其中一项获省社科优秀成果三等奖。中旬，与市委宣传部、市体改委、市经济体制改革研究会联合召开了“发展社会主义市场经济”理论研讨会。就树立市场经济新观念，建立社会主义市场经济新体制的主要步骤，以及不断推进政治体制改革的步伐，使政府宏观调控机制符合市场经济新体制的要求等问题，进行了认真研讨。

同年，市社科联新建学会三个。至1992年底，市社科联下属学会（协会、研究会）发展到50个。编辑出版《枣庄社联通讯》四期（其中专集一期），刊登各类理论文章、调查报告等113篇。

（二）社会科学事业系统推进阶段（1993—2002年），哲学社会科学事业伴随着改革开放和现代化建设的深入发展进入新的发展阶段

1993年8月18日，与市委宣传部、市委党史办、市委党校联合召开了“枣庄市纪念毛泽东诞辰100周年理论研讨会”。有关部门负责人及部分学者、宣传教育理论工作者40人参加会议，会议收到论文20篇，评出一等奖3篇、二等奖4篇、三等奖5篇。

全年编辑出版《枣庄社联通讯》5期，刊登各类理论文章、调查报告160余篇。编撰《枣庄市社科联大事记》，重点记述1983—1992年十年间市社科联和所属学会的重要活动情况。至年底统计，市社科联共有所属学会52个，会员人数3800多人。推选的作品获山东省第八次社会科学优秀成果三等奖4项。

1994年4月18日，市委、市政府两办印发《关于调整枣庄市社会科学优秀成果评选委员会的通知》，调整后的评委会成员共有60名。同时，两办发出对《关于枣庄市社会科学优秀成果奖改按年度评选和调整奖金数额的请示》的复函，同意市社会科学优秀奖评选委员会意见，枣庄市社会科学优秀成果奖由两年评选一次改为一年评选一次，并增加了奖金数额。22日，召开学会秘书长会议，传达山东省社科联第三次社代会和省社科联召开的各市（地）社科联主席联席会议精神。5月17日，市社科联发出《关于整顿学会、协会、研究会的通知》，要求各学会要适时换届，调整充实学会领导人，秘书长、副秘书长不得缺位，促使其健全领导班子和日常办事机构，健全内部管理制度，正常开展学术活动，符合社团管理的要求。

9月22日，枣庄市第三次社会科学优秀成果评选会议召开，评出一等奖

4 项、二等奖 11 项、三等奖 40 项。推选的作品获山东省第九次社会科学优秀成果奖三等奖 2 项。

同年，经省新闻出版局批准，《枣庄社联通讯》改为《枣庄社会科学》，由季刊改为双月刊，全年共出版 6 期。

1995 年 3 月 10 日，召开各学会秘书长会议，各学会交流了工作经验和新年工作打算。

8 月 15 日，与市委宣传部、市历史学会联合召开了“纪念抗日战争和世界反法西斯战争胜利 50 周年”理论研讨会，20 余位史学工作者参加了研讨会，收到论文 23 篇。

11 月 5 日，向市委办公室、市政府办公室提出《关于调整和增补枣庄市社会科学优秀成果评选委员会成员的请示》，增补评委 12 人。

12 月 15 日，枣庄市第四次社会科学优秀成果奖评选会议召开，评出一等奖 3 项、二等奖 6 项、三等奖 26 项。推选的作品获山东省第十次社会科学优秀成果奖三等奖 1 项。

全年出版《枣庄社会科学》正刊 6 期、增刊 1 期，刊载各种理论文章 160 篇。

1996 年 1 月 24 日，与市委讲师团、市哲学学会联合召开“邓小平哲学思想”研讨会，收到论文 10 余篇。3 月 24 日，按照省社科联关于组织全省精神文明建设调研活动的要求，会同山亭区委宣传部组成联合调查组，对该区精神文明建设情况进行了全面调查，重点了解贫困山区开发过程中的两个文明建设同步发展的经验并形成调查报告上报省社科联。4 月 19 日，召开会议，讨论修改了《枣庄市第五次社会科学优秀成果评选工作实施细则》。

7 月 30 日，按照省社科联关于组织“山东精神”大讨论活动的要求，召开了“山东精神”座谈会，有关单位领导和部分学者 20 人进行了座谈。

10 月 11 日，与市委宣传部、市委党校、市历史学会联合召开了“纪念红军长征胜利 60 周年”理论研讨会，有关部门的领导、史学工作者 30 余人参加了会议。

11 月 6 日至 7 日，枣庄市第五次社会科学优秀成果奖评选会议召开，评出一等奖 2 项、二等奖 8 项、三等奖 37 项。推选的作品获山东省第十一次社会科学优秀成果奖三等奖 2 项。

全年出版《枣庄社会科学》6 期，刊载各类理论文章、调查报告等 120 余篇。

1997 年 4 月 28 日，按照省社科联关于进行企业调研活动的要求，组成调查组对鲁南机床厂在市场经济条件下如何加强企业管理工作进行了调查，后形成调查报告上报省社科联。5 月 27 日，与市委宣传部联合召开“社会主义道德建设理论研讨会”，各区（市）宣传部分管领导、大中企业代表及部分论文作者 60 余人参加了研讨会。研讨会共收到论文 51 篇，评出优秀论文 20 篇。6 月 24 日，与市委宣传部联合筹备，以市委名义召开了“香港回归”和“一国两制”理论座谈会。会议对香港回归的意义及回归后在中国共产党领导下的发展前景进行了深入讨论，并对“香港回归”和枣庄发展的机遇进行了探讨。全市有关单位的领导和理论工作者 100 余人参加会议，收到论文 40 篇。

9 月 25 日，枣庄市第六次社会科学优秀成果奖评选会议召开，评出二等奖 8 项、三等奖 33 项、一等奖空缺。推选的成果获山东省第十二次社会科学优秀成果奖三等奖 1 项。

全年编辑出版《枣庄社会科学》6 期，刊载理论文章、调查报告等 122 篇。

同年，按照市民政局的统一安排，对所属学会、协会、研究会进行整顿。

1998 年 4 月 9 日，与市委宣传部、市体改委联合召开“全市放开搞活中小企业理论座谈会”。部分区（市）体改委负责人、中小企业法人代表、经济理论工作者参加了座谈会。部分与会同志就如何深入贯彻十五大精神，适应市场经济发展要求，搞活中小企业作了重点发言，进行了广泛深入的探讨。

7 月 24—27 日，由省社科联组织的“全省纪念中共十一届三中全会 20 周年”理论研讨会在薛城区召开，市社科联向会议推荐的论文有 5 篇入选。

10 月 5 日，市委办公室、市政府办公室印发《关于调整枣庄市社会科学优秀成果奖评选委员会的通知》，调整后的评委会成员共有 75 名。12 月 3 日，枣庄市第七次社会科学优秀成果奖评选会议召开，评出一等奖 4 项、二等奖 8 项、三等奖 26 项。推选的成果获山东省第十三次社会科学优秀成果奖三等奖 1 项。22 日，与市委宣传部、市委党校、市委党史研究室联合召开了全市“纪念中共十一届三中全会召开 20 周年理论研讨会”。研讨会共收到论文 47 篇，从中评出优秀论文 25 篇。

全年出版《枣庄社会科学》4 期。

1999 年 5 月 4 日，与团市委、枣庄师专、市历史学会联合召开纪念五四运动八十周年理论研讨会，团干、史学教育工作者、论文作者 20 余名参加会议。评选出优秀论文 15 篇。

11 月 18 日，市委办公室、市政府办公室印发《关于调整枣庄市社会科学优秀成果奖评选委员会的通知》，调整后的评委会成员共有 67 名。22 日，枣庄市第八次社会科学优秀成果奖评选会议召开，评出优秀成果一等奖 3 项、二等奖 12 项、三等奖 36 项。推选的成果获山东省第十四次社会科学优秀成果奖三等奖 1 项。

下半年，与市委党史研究室、市历史学会联合开展了庆祝中华人民共和国成立五十周年征文活动，从征集的论文中评出 30 篇优秀论文。

同年，市社科联向省委宣传部、省社科联联合召开的庆祝中华人民共和国成立 50 周年理论研讨会推荐论文 16 篇，被采用 9 篇。编辑《枣庄社会科学人才名录》，出版《枣庄社会科学》1 期。

2000 年 3 月 30 日，市社科联被中共枣庄市委列为第三批“三讲”教育单位，开展了为期两个月的学习教育活动。4 月 27 日，市社科联召开“全市社科界治学经验交流会”，20 多位社科理论

工作者及市委宣传部的分管领导同志参加了会议。与会者交流了各自的治学心得，并就枣庄市社科理论研究的有关问题谈了看法，提出了意见建议。

5月14日，邀请部分专家学者和评委进行座谈，就枣庄市社会科学优秀成果奖评选工作的规范操作、奖级界定、奖项设置等问题，向与会同志征求了意见。

6月27日，组织召开“加强和改进思想政治工作理论研讨会”，邀请枣庄市部分学者和基层思想政治工作者，就如何立足现实、前瞻未来，做好新时期的思想政治工作进行了深入研讨。会议共收到论文35篇，从中评选出优秀论文22篇。

12月8日，枣庄市第九次社会科学优秀成果奖评选会议召开，评出一等奖3项、二等奖7项、三等奖28项。推选的成果获山东省第十五次社会科学优秀成果奖三等奖1项。

全年出版《枣庄社会科学》2期，刊载理论文章、调查报告44篇。根据市民政局要求，市社科联所属12个学会进行了资格登记。

6月23日，召集部分专家学者对“三个代表”理论研讨征集的论文进行评奖，评出一等奖3篇、二等奖9篇、三等奖14篇。29日，召开“全市社科界学习‘三个代表’重要思想座谈会”，有关部门的领导及理论工作者40余人参加会议。7月2—3日，到淄博市、潍坊市社科联考察学习。18日，市社科联到滕州市姜屯镇、峄庄乡调研黄姜、大葱、毛芋头出口外销事宜。20日，《枣庄社会科学》编务会议在峄城区委党校召开，会议就新形势下如何办好刊物进行了座谈。8月2日，市社科联领导到滕州市滨湖镇就农业产业结构调整进行调研。

10月21日，市社科联领导到市世界语协会调研指导工作。

11月8日，全市社会科学工作会议召开。9日，为配合12月4日全国法制宣传日活动，与枣庄日报社、市司法局联合举办了征文活动。14日，俄罗斯世界语协会一行2人到枣庄社科联拜访。16日，召开所属学会（协会、研究会）秘书长会议，传达全省社会科学工作会议精神，总结交流学会工作经验并安排近期工作。20—21日，以江川治邦为团长的日本和歌山县世界语访问团一行14人对枣庄进行友好访问。

12月5日，市社科联召开一届三次全委（扩大）会议，增补委员21名，履行了市委提名的社科联主席、副主席选举程序，通过了第二届会员代表大会筹委会名单。18日，枣庄市第十次社会科学优秀成果奖评选会议召开，评出一等奖2项、二等奖10项、三等奖28项。推选的成果获山东省第十六次社会科学优秀成果奖三等奖1项。

全年编辑出版《枣庄社会科学》6期，刊载各类理论文章、调查报告180余篇。

2002年1月4日，省社会科学院经贸学院陈贵斌副院长到市社科联指导工作。5日，临沂市社科联许政文主席、临沂市快星计算机信息有限公司李其平经理到市社科联，就来枣庄市投资合作项目进行考察洽谈。17日，召开会议，传达学习《关于加强哲学社会科学工作的意见》。

2月7—8日，中国策划研究院常务副院长陈国庆、中国策划研究院徐州策划中心主任王军一行到枣庄市就举办“策划研讨会”和招商引资进行考察。

3月7日，与市文明办在全市联合开展“公民道德建设理论研讨征文”活动，活动至11月底结束，共收到论文20多篇。26日，与市经济学会联合召开全市社科界部分专家学者参加的“劳动价值理论”学术研讨会。28—29日，中国策划研究院常务副院长陈国庆、浙江台州民营企业家冯跃进一行到枣庄市考察房地产开发项目。

4月1日，与市农业局在全市联合开展“农民增收理论研讨征文”活动，活动共征集论文50余篇。16日，韩国世界语协会国际交流部部长许星先生到枣庄市世界语协会进行访问交流。24日，与市图书馆学会联合开展“图书馆现代化建设研讨征文”活动。

5月25—26日，2002年山东省世界语协会工作会议在枣庄大酒店举行，各地市世协负责人20余人参加会议。

6月7日，召开市社科联一届四次全委扩大会议。14日，市委批准枣庄市社会科学联合会第二届委员会主席、副主席候选人人事安排，提交大会选举。17—19日，枣庄市社科联第二次代表大会在枣庄宾馆召开。本次代表大会共有代表155名。大会审议通过了一届委员会的工作报告，审议通过了新的《枣庄市社会科学界联合会章程》；选举产生了由马林等53人组成的市社会科学界联合会第二届委员会。19日，市社科联二届一次全委会在枣庄宾馆召开，选举产生了市社科联第二届委员会主席、副主席，表决通过了秘书长人选。枣庄电视台、枣庄人民广播电台、枣庄日报等新闻媒体对大会的盛况进行了跟踪采访和报道。29—30日，市社科联与市世界语协会负责同志到青岛会晤韩国世界语协会会长李仲崎、副会长李永秋和青岛世界语协会秘书长魏兵。

7月5日，召开直属学会秘书长会议，安排部署了学会会员登记和社团分支机构复查工作。19日，与市农业局共同召开“农民增收理论研讨征文”评奖会，共评出一等奖6项、二等奖8项、三等奖10项、优秀奖14项。

8月10日，与市青年联合会在全市联合开展“我为枣庄发展献计策”征文活动。中旬，“枣庄社会科学优秀成果丛书”之一《21世纪图书馆建设》一书印刷出版。20—26日，市社科联与市世界语协会负责同志应邀赴韩国汉城参加第三届亚洲世界语大会。

9月6日，与市劳动就业办公室联合举办“关注就业”征文活动。25—31日，市社科联领导赴昆明参加全国大中城市社科联第13次工作会议。会上，枣庄市计生协会、枣庄市世界语协会被评为全国先进社科学会。27日，省社科联副主席刘德龙到枣庄市参加“中国石榴文化研讨会暨省哲学学会年会”活动。

10月22日，市社科联与市教育局在全市联合开展“发展枣庄教育大家谈”征文活动。

11月21日，枣庄市第十一次社会科学优秀成果奖评选会议召开，评出一等奖2项、二等奖13项、三等奖40项。

12月8日，社科联领导参加市哲学学会召开的“学习十六大，贯彻十六大精神座谈会”。13日，召开所属社科学会秘书长会议。全市30多个学会秘书长参加会议，会上印发了社科类学会（协会、研究会）《关于深入学习贯彻十六大精神的通知》，要求各学会迅速掀起学习贯彻十六大精神的热潮。

2002年，新成立学会两个，出版《枣庄社会科学》8期。

（三）社会科学事业深入发展阶段（2003—2012年），哲学社会科学事业伴随着全面建设小康社会的步伐而进入一个全面振兴和繁荣阶段

2003年，全市社科界举办各类学术研究会（年会、座谈会）30余次，参加人数1100余人次：举办各类培训、咨询会20余次，市级以上报刊发表理论文章1300余篇，获市级以上优秀成果150项。加强了对各学会工作的联系与指导，配合市民政局对所属学会进行清理整顿，将原有的43个学会缩减为36个。市公共关系协会与市摄影家协会共同开展协会活动，出版刊物《时代采风》。全年出版《枣庄社会科学》6期，增刊1期。协助统计学会出版了《枣庄经济与社会问题研究》。协助做好《山东农业资政丛书》（枣庄卷）的编写工作。约请全国果树专家、国家农业部特约研究员汪景彦撰写了《“枣”业的发展和前瞻》。为庆祝市社科联成立20周年，编印了《枣庄社科联20年发展简史》一书。11月底，中国策划院在枣庄举办了山东省首届策划咨询论坛，传授加强企业文化建设，合理开发利用人力资源等方面的知识。聘请全国著名策划人贾楚到熊耳山国家地质公园、香港街和铁道游击队展览馆出谋划策。12月22日，召开枣庄市第十二次社会科学优秀成果奖评选会议，评出社科优秀成果一等奖3项、二等奖11项、三等奖26项。

2004年，编印出版了《践行“三个代表”文萃》一书，旨在用科学理论武装头脑，指导实践，推动工作，在全社会形成浓厚的学习氛围。围绕学习贯彻中央“三号文件”精神，召开了繁荣发展哲学社会科学座谈会。3月10日，与市委宣传部、市委党校联合举办了全市社科界学习贯彻中央《关于进一步繁荣发展哲学社会科学的意见》座谈会，与会30多位社科专家、学者就中央《意见》提出的新时期繁荣发展哲学社会科学的指导方针、发展目标、工作重点、队伍建设等方面的问题进行了深入座谈和热烈讨论，以《意见》为指导，努力推动全市社会科学事业的繁荣发展。按期出版了六期《枣庄社会科学》杂志，从内容到形式、从编辑水平到印发质量都有了新的改进和提高。加强社科队伍建设，建立了100人的社科人才库，基本掌握了全市社料人才的基本情况。

按照省委宣传部、省社科联的统一部署，4月24—30日，与市委宣传部联合举办了枣庄市首届社科知识普及周活动。这次普及周活动以“普及科学知识，弘扬科学精神”为主题。活动周期间，市电台、电视台和枣庄日报社对整个普及周的重要活动进行了跟踪报道，市电视台还邀请有关专家围绕树立和落实科学发展观制作了2期专题访谈节目。市属学会开展了社科知识咨询活动，接待群众咨询近1100人次。12月28日，举行了枣庄市第十三次社会科学优秀成果奖评选会议。根据评奖工作需要，提请市委、市政府对社会科学优秀成果奖评选委员会成员进行了调整，修订了枣庄市社会科学优秀成果奖评选办法，大幅度提高了奖金数额，其中著作类一等奖奖金由原来的1000元提高到5000元，文章类一等奖奖金由原来的300元提高到3000元。本次社科评奖共评出特别奖1项、一等奖1项、二等奖10项、三等奖21项，向省社科联推荐参评作品4项。

2005年，按照省委宣传部和省社科联的统一部署，5月21—27日，市委宣传部与市社科联开展了第二届社会科学普及周活动。本次普及周活动围绕树立和落实科学发展观，紧扣“繁荣社会科学，构建和谐社会”活动主题，举办了启动仪式和现场咨询服务，20多名社科专家学者就人们关心的问题开展义务咨询服务，接待咨询群众千余人次。邀请省社科联党组副书记、副主席包心鉴作了“以科学发展观为指导，构建社会主义和谐社会”的主题报告。市委、市人大常委会、市政府、市政协班子全体成员，市直各部门主要负责人和部分县级干部以及各区（市）分管领导共400多人参加了报告会。围绕中日关系、资源型城市转型、树立和落实科学发展观、构建社会主义和谐社会等人们普遍关心的问题，举办了5场专题讲座。开展社科知识百题竞赛活动。通过枣庄日报开辟专版刊登竞赛试题，社会各界踊跃参与，评出一等奖5名、二等奖15名、三等奖30名。与市电台联合举办了“市民热线”专题栏目，邀请市卫生局、市教育局、市国税局、市司法局的领导和专业人士走进直播间，现场解答市民提问。市委宣传部、市社科联被省委宣传部、省社科联同时授予社科普及先进单位，市社科联被省社科联评为全省先进社科联。

8月11日，与市委宣传部共同承办了由省委宣传部、省委党史研究室、省委党校、山东社科院、省社科联、省军区政治部、光明日报社、枣庄市委等部门和单位联合主办的全省纪念抗日战争胜利60周年理论研讨会。来自全省各市宣传部、党史研究室、党校负责人，省直有关部门和单位负责人及论文作者共102人参加了研讨会。研讨会共收到论文70多篇，其中枣庄入选论文3篇，1人作了大会发言。10月11日，省社科联在枣庄市船员培训中心召开了全省社科联工作经验交流暨“三项学习教育”会议，总结推广了枣庄市社科联落实科学发展观，开创工作新局面的经验，市

社科联在会上作了典型发言。

根据省社科联的改革措施，市社科联向市委提出修订社科成果评奖办法的建议。市委办公室、市政府办公室联合印发《枣庄市社会科学优秀成果奖评选办法》，规定社会科学优秀成果奖为市政府颁发的全市社会科学研究最高成果奖，规范了评奖标准、条件和程序，对社会科学优秀成果奖评选委员会成员进行了调整，建立了评委库，增加了评奖工作的公正性和权威性，调动了各学术单位、部门和社科专家学者申报评奖的积极性。12 月 22 日，按照新的评奖办法组织开展了第十四次社会科学优秀成果评奖工作，共评出特别奖 3 项、一等奖 2 项、二等奖 9 项、三等奖 15 项、向省社科联推荐参评作品 4 项。全年出版《枣庄社会科学》6 期。

2006 年 3 月 15 日，“齐鲁讲坛”枣庄分坛开坛仪式及首讲活动在新城会展中心举行。著名经济学家艾丰作《更新观念与加快经济发展》专题报告。艾丰的报告围绕为什么要更新观念、更新哪些观念和怎样更新观念，从理论的高度，哲学的深度，并结合改革开放和现代化建设的工作实际，深入浅出地进行了全面深刻的阐释，受到与会广大党员干部的热烈欢迎。

6 月 28 日，与市委宣传部联合在枣庄学院举行了 2006 年枣庄市社会科学普及周开幕式暨齐鲁讲坛枣庄分坛第二讲，报告主题为“科学发展中的你、我、他”。省社科联副主席、党组副书记包心鉴作了题为《如何科学地理解和把握科学发展观》的专题报告，报告深刻阐述了科学发展观的深刻内涵及主要特征、科学发展观提出对我国当前发展关键时期的重大意义、落实科学发展观与改革、发展的关系。全市社科工作者及枣庄学院部分师生 600 余人参加了会议。29 日，省社科联副主席、党组副书记包心鉴，市社科联主席马林参加了枣庄学院科研人员座谈会。30 日，市社科联主席马林做客枣庄电台就社科普及周的活动概况、采取的形式、内容等接受广大听众提问，深入浅出地宣传社会主义荣辱观。7月2日，制作了一档《面对面》电视讲座，枣庄学院党委副书记、副院长胡小林教授围绕构建学习型社会讲述中国学习思想史。

8 月 11—14 日，市社科联与韩国首尔世界语文化院联合在枣庄大酒店举办首届“国际世界语节”，利用世界语交流推动中韩两国文化艺术交流，50 余人参加了会议，到会韩国代表 20 人，其他国家代表 10 人，国内代表 20 余人。

12 月 28 日，召开枣庄市第十五次社会科学优秀成果评奖会议，评出社科优秀成果奖一等奖 2 项、二等奖 10 项、三等奖 28 项。全年出版《枣庄社会科学》杂志 6 期。

2007 年 5 月 22 日，社科普及周活动开幕式在市政大厦举行。著名思想教育艺术家和理论家刘吉作了题为《对中国改革开放社会经济发展的实践回顾与战略思考——关于构建和谐社会的几个重大问题》的专题报告，市委常委，市人大常委会、市政府、市政协领导班子成员，枣庄军分区司令员等领导参加了报告会。报告会全面、系统地分析和阐述了中国改革开放以来，经济社会发展实践中的若干重大问题，对于推动枣庄市经济社会又好又快发展具有很强的指导意义和现实意义。

5 月 24 日，省社科联党组书记、副主席、民俗学专家刘德龙研究员在枣庄学院作了题为《社会转型期我国民俗文化现状及其发展趋势》的专题报告。报告从民俗文化、民俗文化现状、民俗文化发展趋势的展望和预测、保护和开发民俗文化资源的对策措施等四个方面，对当前民俗文化研究的现状、民俗在现实社会生活发挥的作用，民俗文化在整个社会主义先进文化建设中的地位和作用、民俗与现代化的关系、民俗文化今后的发展趋势等文化热点问题做了深入浅出的阐述。

11 月 16 日，与市委宣传部联合举办“齐鲁讲坛—枣庄分坛”高端讲座，省委宣传部副部长徐向红作了题为《深化文化体制改革促进文化产业发展》的报告。

积极指导、参与学会活动。4 月，由市社科联、市广播电视局、市演讲朗诵学会主办，共青团滕州市委、滕州市广播电视局等单位承办的首届中华 56 个民族青少年演讲大赛山东（枣庄）地区选拔赛启动，来自全市各界的满、回、朝鲜、蒙古及汉族选手共 400 多名报名参赛。6 月 2 日，在滕州市广播电视局演播厅举行了决赛，产生一等奖 4 名、二等奖 6 名、三等奖 11 名。8 月 2 日，获奖选手代表山东省参加了在云南昆明

2016年4月7日，枣庄市社会科学界第三次代表大会在开元凤鸣山庄召开

举行的由《演讲与口才》杂志社、中华演讲学会主办的全国首届中华56个民族青少年演讲大赛，获得团体一等奖、优秀组织奖。为促进中外文化交流，10月19—21日，与市世界语协会联合举办了第二届（枣庄）国际世界语节，来自韩国、西班牙及国内代表共80余人参加了本次世界语节。

圆满完成了枣庄市第十六次社会科学优秀成果奖评奖工作，共评出一等奖2项、二等奖10项、三等奖26项。全年出版《枣庄社会科学》6期，刊发了一大批观点新、层次高、有深度的理论文章，受到广大读者的好评。

2008年5月21日，举办了枣庄市社科普及周暨齐鲁讲坛枣庄分坛活动启动仪式。邀请省委原副书记、省政协原副主席王修智作了题为《齐鲁文化与山东人》的主题报告。同时，还组织开展了社科知识"进企业、进社区"活动。薛城区临城办事处组织社科专家走进社区，接受社区企业和居民的咨询，讲解人文社会科学知识，发放宣传资料千余份。社会科学普及周活动期间各类讲座直接听众达2000多人次，讲座成为社会科学走进百姓的桥梁。

认真组织好齐鲁讲坛枣庄分坛讲座，充分利用讲坛阵地，大力普及社科知识。5月份，邀请著名战略管理家、高级咨询师、清华大学继续教育学院副院长崔国文作《宏观经济与企业运营》主题演讲，部分企业350余人听取了讲座。11月18日，与市委宣传部联合举办了《枣庄企业发展论坛暨齐鲁讲坛枣庄分坛》，邀请山东大学现代传播研究所教授、山东大学企划研究中心副主任马春明作了《企业危机应对战略》的专题报告。各区（市）委宣传部分管部长、企宣科长，高新区政工部分管负责人等200余人参加。2008年，市社科联被省委宣传部、省社科联授予2008年山东省社会科学普及周活动先进单位，2名工作人员被评为山东省社会科学普及周活动先进个人。

出台《枣庄市社科界学会管理办法（暂行）》，明确了学会组织建设的各项规定，使学会建设走上规范化轨道。组织召开了全市社科界学会秘书长座谈会，对学会建设提出了明确要求，学会建设有较大进展。市演讲朗诵学会主办的《枣庄演讲》刊物正式出版。市企业发展研究会举办向汶川地震灾区募捐活动，共捐款、捐物折合人民币11万余元。组织开展创建规范化学会活动，促进学会在政治思想建设、组织建设、学术理论建设、工作环境建设、档案管理等方面上水平。

12月30日，召开枣庄市第十七次社会科学优秀成果奖评选会议，评出一等奖1项、二等奖11项、三等奖19项。全年出版《枣庄社会科学》6期。

2009年5月23日，在枣庄职业学院举行了2009年枣庄市社科普及周启动仪式。邀请省社科联原副主席、山东大学博士生导师包心鉴作了"马克思主义中国化的最新理论成果——中国特色社会主义中的战略思想"的主题报告，300多人听取了报告。5月24日，市委宣传部、市社科联、枣庄科技职业学院在该院举行深入学习实践科学发展观专题报告会，500人参加了报告会。普及周期间，市图书馆学会组织开展了丰富多彩的宣传活动和读书活动，取得了良好的社会效果；市演讲朗诵学会为配合本次社科普及周活动，在市立医院举行了枣庄市首届"卫生杯"全市青年"科学发展、振兴中华、建设富裕文明和谐新枣庄"主题演讲大赛；枣庄学院举办了3场社科报告会。

8月29日，与市委宣传部等单位联合举办了齐鲁讲坛枣庄分坛高端讲座，邀请北京师范大学教授、博士生导师、艺术与传媒学院副院长、中国讲坛第一人于丹教授作了《国学·智慧——论语》的报告。市党政领导及市直部门负责人、各区（市）宣传部长及社会各界热爱国学人士1000多人聆听了讲座。9月19日，市企业发展研究会在广厦宾馆举办企业和谐文化建设高端讲座。邀请北京蓝图策划院张良教授作了题为"企业和谐文化建设"的报告。为庆祝中华人民共和国成立60周年，9月23日，与市委宣传部联合召开庆祝中华人民共和国成立60周年理论座谈会。11月18日，与市委宣传部联合召开了全市社科界学习十七届四中全会精神座谈会。与会代表对中共十七届四中全会在迎来伟大祖国60华诞、改革开放走过30个年头的重要历史时刻，全面总结党执政60年来自身建设的丰富实践，深刻分析新时代党的建设的新形势和新任务的伟大意义给予了高度评价，并结合自身工作对全会精神的学习谈了心得体会。

所属学会认真落实《枣庄市社科界学会管理办法（暂行）》要求，依法依章程积极开展活动。9月23日，为向中华人民共和国成立60周年献礼，区域经济学会编纂的《祖国颂》枣庄市书画篆刻摄影精品集出版。25—27日，市社科联与市世界语协会在枣庄大酒店成功举办第三届（枣庄）国际世界语节，本届世界语节的主题是"游江北水乡、读运河古城"，来自法国、日本的世界语者及国内代表80余人参加了活动。市国学教育促进会积极开展"弘扬国学、传承薪火"公益活动，全年共举办国学公益活动8次、国学讲座6次。

圆满完成了枣庄市第十八次社会科学优秀成果奖评选工作。评出特等奖2项、一等奖2项、二等奖8项、三等奖24项。

2010年5月23日，与市委理论报告会相结合，举办了齐鲁讲坛枣庄分坛高端讲座暨2010年社科普及周启动仪式。邀请中央党校组织部部长、经济学教授赵长茂做了题为《中国宏观经济的几个问题》的专题讲座。市委常委，市人大常委会、市政府、市政协、市纪委、枣庄军分区领导班子成员及市直各部门县级领导干部300余人参加了报告会。围绕本届社科普及周活动"构建学习型社会，建设经济文化强市"这一主题，联合各高校、所属学会（协会、研究会）开展系列讲座、社科专家基层行、论坛、专题研讨会、理论专家笔谈等活动。5

月29日，市企业发展研究会与众人众咨询管理有限公司联合举办了《创建学习型组织，打造高绩效团队》大型讲座活动。特邀北京大学领导力研究中心刘大星教授结合枣庄经济社会发展现状进行科学的指导分析。为促进"江北水乡•运河古城"建设，更好地为全市经济发展提供智力支持，枣庄市企业发展研究会、齐鲁中兴银山金石社和会员单位一行前往台儿庄进行调研，针对古城建设、枣庄二日游及民俗文化的传承发展提出了建设性意见。市榴园文化研究会举办了"石榴文化论坛"活动。来自北京、济南、烟台、枣庄市的专家、学者、社科工作者共100余人参加了论坛活动。北京市委党校、山东大学、烟台奇山文化研究会及枣庄市24名专家、学者，向大会提交了26篇有价值的学术论文，最后，经由7名专家学者组成的评审团评定，评出一等奖1名、二等奖3名、三等奖5名。枣庄职业学院举办了"枣庄市首届大学生科技节"活动，共收到学生制作实物作品36件，撰写科技论文50篇，另外还邀请山东省总工会技协办主任王振宇作了《创新思维与发明技法》的技术讲座。市中老年科学养生健身学会及市易经学会联合开展健康、养生进社区免费咨询、培训等活动，向广大群众介绍科学养生的方法，发放各种资料487份，解答群众提出的有关科学养生方面的咨询276人次。市演讲朗诵学会举办"卫生杯"演讲比赛暨全国演讲大赛山东（枣庄）地区选拔赛，组队参加了在广东韶关举办的第26届《演讲与口才》全国演讲大赛，来自全国20多个省市（自治区）的100多名选手参加了本次大赛，枣庄市代表队夺得一等奖1名、二等奖2名、优秀奖11名，1名选手还被大赛组委会授予特别奖。本次社科普及周活动中的社科专家基层行及理论专家笔谈活动被省社科联评为优秀项目予以表彰奖励。

为进一步推动学习型党组织和学习型社会建设，加强社科理论普及工作，提升市民人文素养，根据市委宣传部的统一安排，市社科联具体承办了"枣庄市民大讲堂"活动，10月29日，枣庄市民大讲堂启动仪式在新城会展中心举行，著名演说家李燕杰教授到会作"怎样使你的人生更精彩，塑造美的心灵"主题演讲，1000余名听众参加了本次活动。全年共举办三期枣庄市民大讲堂。

12月16日，召开枣庄市第十九次社会科学优秀成果奖评选会议，评出二等奖12项、三等奖25项，一等奖空缺。

2011年5月10日，在市政大厦报告厅举办山东省暨枣庄市社会科学普及周开幕式，邀请山东大学经济学院常务副院长、教授胡金焱作了《宏观经济金融形势与结构调整》的报告，并为省社科联命名的"省级社会科学普及教育基地"——"台儿庄大战纪念馆"和"山东大学滕州市墨子研究中心"授牌。围绕"宣传'十二五'规划服务科学发展"社科普及周活动主题，组织开展各种科普活动。与枣庄学院联合开展纪念建党90周年学术讲座活动；市易经学会和市中老年科学养生健身学会组织专家针对健康、养生等问题，在广场、社区进行免费咨询、培训活动；市区域经济学会组织专家学者送科普知识进企业，为企业发展献计献策；市社科联、市演讲朗诵学会联合举办"卫生杯"全市青年普通话大赛；市公共关系协会举办庆祝建党90周年、建市50周年大型文艺晚会。

12月27日，召开枣庄市第二十次社会科学优秀成果奖评选会议，评出二等奖13项、三等奖36项。

根据《关于申报2011年度社科普及重点项目的通知》要求，枣庄市社科联推荐的《节令农时诗书画》，经省社科联科普部和省社科联学术委员会初评和专家组终评，被列为2011年山东省社科联社科普及重点项目，并全额资助出版。该书的出版，填补了我国民俗文化没有系列七言独体诗的空白。

2011年共举办9场枣庄市民大讲堂活动和1场高端讲座。创建了枣庄市社科联网站，成为《枣庄社会科学》杂志外的又一社科宣传交流平台。

2012年5月，在省级社科普及教育基地——台儿庄大战纪念馆与省社科联联合举办2012年山东省暨枣庄市社会科学普及周开幕式。开幕式结束后，举办全省"理论大众化"巡回展，40块展板集中展示我党成长历程、理论创新及民生热点等问题，对党新时期政策方针作了更好解读。围绕"提升公众人文素养，推动幸福新枣庄建设"活动主题，组织国学、易经、养生健身、金融、教育等学会开展现场义务咨询活动，为群众答疑解惑，免费赠送图书、宣传材料等300余份。同时，各所属学会结合自身实际，发挥各自优势，举办报告会、免费业务培训、下基层调研、专家笔会、学术交流、经典诵读等各类活动20余场次，参与人数达5000余人，使社科普及活动更加深入人心。被省社科联授予全省社科普及周活动先进集体。

2012年，按照省委宣传部《关于加强县（市、区）社科联建设的意见》要求，市委宣传部、市社科联高度重视区（市）社科联建设。市委宣传部及时转发省委宣传部《关于加强县（市、区）社科联建设的意见》，并对落实好省委宣传部《意见》、抓好区（市）社科联建设提出明确要求。12月21日，台儿庄区社科联召开成立大会，成为枣庄市第一个区级社科联组织。滕州、市中、峄城也相继批出机构、人员编制，进入机构组建阶段。

加强学会管理，就所属社团管理问题与市民政部门进行沟通和协调，并结合市民政局年检工作对所属社会团体进行重新统计、登记。

12月26日，召开枣庄市第二十一次社会科学优秀成果奖评选会议，评出一等奖2项、二等奖13项、三等奖42项。

全年举办7场枣庄市民大讲堂活动和3场专题讲座。

（四）社会科学事业创新发展阶段（2013—2017年），全面深化改革，社会科学事业实现创新发展

2013年5月24日，在枣庄职业学

院与省社科联联合举办了2013年山东省暨枣庄市社科普及周开幕式。邀请山东师范大学文学院副院长孙书文作《刚健笃实，辉光日新——以文化创新推动中国梦的实现》高端讲座。举办“放飞中国梦”主题展，600余人参加活动。区（市）社科联、所属学会也结合活动周主题同期呼应，开展了形式新颖、内容丰富的社科普及活动。

基层社科联建设取得新进展。2013年，6个区（市）均完成社科联机构编制批复和人员配备，市中区社科联召开了成立大会。

加强社科普及教育基地建设。为鼓励和支持枣庄社会力量开展社科普及活动，积极组织社科普及基地的申报、验收确认工作。2013年，与市委宣传部联合命名第二批10个“市级社会科学普及教育基地”；铁道游击队纪念园等3处通过省级社科普及教育基地验收。

对学会实行动态管理。按照“健全学会体系，提高整体质量”要求，坚持有进有出原则，深入调研，了解掌握所属学会在理论研讨、学术交流、科普咨询等方面的活动开展情况，指导学会依法依章程开展工作。加强与民政部门社团登记管理机构沟通，结合年检工作，对所属学会进行重新统计、登记，对不符合要求、结构不合理、研究范围相似、开展工作不正常等存在问题的学会进行整改、整合。

加强社科联网站建设。将枣庄社科联网站并入山东社科网，并被枣庄政务网列入枣庄网络群导航系统，增大市社科网传播覆盖面，点击率和阅读量不断增加。强化网络动态管理，科学设置页面栏目，及时更新丰富网页内容，增大信息传播量，较好发挥理论宣传网络阵地作用。

12月31日，召开枣庄市第二十二次社会科学优秀成果奖评选会，议评出一等奖3项、二等奖20项、三等奖49项。推选的成果在山东省第27届社科优秀成果奖评选中获4项奖项。其中，一等奖1项，三等奖3项，尤其是在一等奖上实现零的突破，曹胜强《现代国际关系史：世界体系的视阈（专著）》获一等奖。

2013年共举办9场枣庄市民大讲堂活动和4场专题讲座。枣庄社科联的工作得到省委宣传部、省社科联的充分肯定，2013年，被省委宣传部、省社科联评为“2013年度山东省社会科学普及工作先进单位”；被省社科联评为“全省先进社科联”；齐鲁大讲坛——枣庄市民大讲堂被评为“齐鲁大讲坛优秀分坛”。

2014年5月份，在枣庄学院与省社科联联合举办2014年山东省暨枣庄市社科普及周开幕式。邀请中国石油大学马克思列宁主义理论研究所所长张荣华作《关于社会主义核心价值观几个问题的思考》高端讲座。举办“图说社会主义核心价值观”主题展，参加活动600余人。各区（市）、高校和学会根据市里的统一安排，除统一主题、统一时段、统一宣传做好规定动作外，还结合各自特点，精心选择自选动作，组织开展各具特色的社科普及活动。

开创工作新领域，组织开展应用课题研究工作。为引导和推动全市社科界坚持问题导向，加强应用对策研究，特别是注重加强对重大现实问题的理论研究，更好地服务于全市工作大局，为各级党委、政府科学决策提供智力支持，2014年报市委领导同意，设立市社科联应用研究课题，制定课题管理办法。围绕市委、市政府中心工作和转型发展实际，重点在产业结构调整、经济文化融合、生态文明建设等领域确立一批研究课题，经专家评审，最终确定2014年度应用研究课题立项28项。其中，资助项目12项，自筹项目16项。2015年对立项课题进行了结项评审鉴定，向市委、市政府呈送结项课题4项，2项得到市领导批示；编印成果汇编，向社会推介推广，促进了成果的转化。

基层社科联积极发挥职能作用，工作有声有色。滕州市社科联与滕州市科协联合开展科普进社区服务月活动、暑期科普电影放映月活动、食品安全宣传周、反邪教“四进”等社科知识宣教活动；市中区社科联与多个单位联合开展道德大讲堂、“理论热点面对面”咨询服务、市民学校等活动；薛城区社科联与铁道游击队影视城合作完成建设红色旅游大区的调研报告，并相继开展“全民读书节”和“书香文化节”活动；峄城区社科联开展“感念亲恩，传承孝道”——走进镇街系列活动和“2014年峄城区传承中华孝道公益论坛”活动；台儿庄区社科联举办齐鲁大讲坛台儿庄分坛固定讲座80余场，开展“中国梦”系列

山东省暨枣庄市第十三届社会科学普及周开幕式于2016年5月20日在市中区广播影视总台举行

宣传活动；山亭区社科联配合有关部门举办以“弘扬中华传统文化，做有道德的人”为主题的首届公民道德教育大型公益论坛，参加人数3000多人。枣庄学院社科联于2014年5月正式成立并开展工作。

按照省社科联的部署要求，积极开展社科普及示范工程建设。台儿庄区、峄城区坛山街道办事处、峄城区榴园镇贾泉村分别被评为山东省首批社会科学普及示范区、示范街办和示范村。山亭区市民中心、枣庄市实验学校被命名为第七批“山东省社会科学普及教育基地”。

充分发挥《枣庄社会科学》杂志和社科联网站宣传平台作用，认真做好中共十八届三中、四中全会精神和习近平总书记重要讲话精神的宣传贯彻。在《枣庄社会科学》杂志开设“群众路线大家谈”和“学习贯彻十八届四中全会精神”专栏，及时刊发理论文章，宣传党的方针政策和决策部署。

以服务带动管理，促进社科类社团工作正常化规范化。通过对学会工作的走访调查、召开座谈会、发放调查问卷征求意见等形式，了解学会工作开展过程中的困难和对社科联工作的意见建议，做好调研沟通，采取重点指导、分类管理的方法，不断增强学会的生机与活力。市演讲朗诵学会举办“我的中国梦”主题演讲比赛及大型诗歌朗诵会，学会各活动基地开展分区赛及经典诵读主题活动；市孔子文化研究会组织孔子学堂学员及家长着汉服背诵论语，游“三孔”活动；市国学教育促进会举办20余场国学大讲堂活动，并组织枣庄市部分作家向市图书馆捐赠图书作品；市榴园文化研究会围绕市社科联应用研究课题项目进行沿运“四带”建设情况调研；市中老年健康养生学会在社区进行健康、养生方面问题的咨询。

根据工作需要，报市委、市政府同意，对社科成果评奖专家评委库进行了较大范围的调整。12月18日，召开枣庄市第23次社会科学优秀成果奖评选会议，评出一等奖3项、二等奖18项、三等奖47项。

2014年，在充分调研的基础上，积极回应广大市民的关切，全年举办枣庄市民大讲堂活动12期。

2015年5月22日，与省社科联联合举办2015年山东省暨枣庄市社科普及周开幕式。开幕式上，围绕“宣传贯彻十八届四中全会精神，推进法治山东建设”活动主题，组织20多个单位制作了40余块图文并茂的法制宣传展板，现场演出普法宣传柳琴戏《忠厚人家》；举办了普法咨询面对面服务；省社科联向山亭区山城街道部分村民赠送《图说法治山东》《山东省社会科学普及条例》等书籍；邀请山东大学法学院教授、博导肖金明为山亭区政法系统干警作了《全面推进依法治国理论与实践创新》的法治专题报告；在枣庄日报整版刊登了《山东省社会科学普及条例》。各区（市）、高校和学会围绕活动周主题开展了各具特色的社科普及活动，共组织讲座、培训40余场次，收到了良好社会效果。

基层社科联组织建设取得长足发展，工作成效显著。峄城区、山亭区、薛城区分别于1月20日、28日和29日召开了成立大会。区（市）社科联积极主动参加市社科联组织的社科普及周、应用研究课题申报、社科评奖等活动，同时各自开展了丰富多彩的社科知识宣传普及活动。市中区社科联和区委宣传部联合举办全区宣传思想文化干部、社科工作者培训班；薛城区社科联和区委宣传部、区教育局共同举办全民阅读书香节活动，开展读书演讲比赛；峄城区社科联在幸福驿站和鹭鸣山庄社区开展公益讲座；山亭区社科联深入各中小学，邀请中小学法制副校长举办法制教育报告会，邀请农村遵纪守法模范到乡村通过现身说法的形式开展普法教育；台儿庄社科联围绕理论政策、文化建设、文明礼仪等主题，举办固定和流动讲坛，组织发动广大机关干部、师生、市民参与社会科学普及知识竞赛答题活动。

社科普及示范体系不断扩大。在省社科联实施的社科普及“十百千”行动计划中，峄城区被省社科联命名为山东省社会科学普及示范区；峄城区坛山街道办事处、山亭区山城街道、薛城区邹坞镇被命名为山东省社会科学普及示范乡镇（街道）；峄城区榴园镇贾泉村等16个村被命名为山东省社会科学普及示范村（社区）。滕州市国防科技教育基地、海峡两岸大学生艺术交流基地、中华石榴文化博览园、翼云石头部落、薛城区奚仲中学被省社科联命名为第八批“省级社科普及教育基地”，铁道游击队纪念园被评为“省级优秀社科普及教育基地”。

发挥政治引领作用，切实做好学会工作。对所属学会党员情况全面摸底，抓好新社会组织党建工作，发挥基层党组织的战斗堡垒作用，把好学会工作的政治方向。市榴园文化研究会开展孝道文化知识专题讲座；市国学教育促进会举办国学知识系列讲座；市演讲朗诵学会举办中国梦公益巡讲团成立仪式暨全市巡讲首场报告会及“诚信与法制”演讲比赛；市孔子文化研究会开展传统文化节目表演、古琴表演和古诗词联吟等。

认真落实从严管党治党责任，扎实开展“三严三实”专题教育活动。在《枣庄社会科学》杂志开设了“三严三实专题教育”和“党建工作”专栏，及时刊发理论文章，宣传党的方针政策和决策部署。

11月18日，召开枣庄市第24次社会科学优秀成果奖评选会议，评出一等奖2项、二等奖13项、三等奖39项。

秉承“传播社科知识，提升人文素养”的宗旨，全年举办市民大讲堂12讲，内容涉及政治历史、建设发展、家庭教育、国学经典、企业执行力等多个方面，听众达4000余人，被省社科联评为“齐鲁大讲坛优秀分坛”。

2015年，被省委宣传部、省社科联评为“2014—2015年度山东省社科普及先进单位”，被市精神文明建设委

员会评为“市级文明单位”，被市委宣传部评为“全市理论宣讲工作先进单位”。在省社科联组织的纪念抗日战争胜利70周年书画摄影展暨第二届社科界人文艺术作品大赛中，获一等奖1名、二等奖1名、三等奖5名，被评为“组织工作先进单位”；在山东省第二届“梦想起航”少年儿童人文艺术作品大赛中，获一等奖4名、二等奖1名、三等奖5名、优秀园丁奖4名。

2016年4月6—7日，枣庄市社会科学界第三次代表大会在开元凤鸣山庄召开。大会审议通过了上一届委员会工作报告和修改社科联章程的决议，选举产生新一届委员会，表决通过了秘书长人选。

5月20日，与省社科联联合举办了以“树立五大发展理念，让我们生活更美好”为主题的2016年山东省暨枣庄市社科普及周开幕式。开幕式上省社科联、省新闻出版广电局为市中区群众代表赠送了科普读物，表彰了在“身边事、市中情”百姓宣讲比赛中获奖的单位和选手，举行了树立新理念、共创新生活——百姓宣讲团汇报宣讲，宣讲采用了演讲、舞台剧、文艺演出等形式，用百姓视角、百姓语言讲述百姓故事，形式新颖，内容丰富，利用群众喜闻乐见的方式使社科普及深入人心。各区（市）社科联、高校及所属学会共举办各类社科普及活动40余场次。

积极开展应用课题研究。重点围绕市委、市政府提出的着力推动创新、开放、生态“三大跨越”，加快构建现代产业、新型城镇、社会治理和民生保障“四个体系”，统筹推进经济建设、政治建设、文化建设、社会建设、生态文明建设和党的建设，打造自然生态、宜居宜业新枣庄等方面进行选题，共有34项课题获得立项，结项30项，精选六项课题以社科成果专报的形式呈报给市委、市政府，较好地发挥了社科界在应用研究方面的积极作用，为党委、政府科学决策提供智力支持。

社科普及示范体系不断拓展。山亭区被省社科联命名为山东省社会科学普及示范区；市中区文化路街道、滕州市滨湖镇被命名为山东省社会科学普及示范乡镇（街道）；峄城区榴园镇朱村、市中区雷村等8个村被命名为山东省社会科学普及示范村(社区)。台儿庄古城、贺敬之文学馆、市博物馆、抱犊崮国家森林公园、枣庄学院红色文化展馆被省社科联命名为第八批“省级社科普及教育基地”。

区（市）社科联充分发挥职能作用，积极开展工作。市中区社科联成立百姓宣讲团，在全区共开展20场专题讲座，宣传身边的道德模范，倡导社会主义道德风尚，弘扬中华优秀传统文化，在广大干部群众中营造了崇德、向善、爱美的良好氛围。薛城区社科联在周营镇举行了2016年文化、科技、卫生三下乡活动，举办了免费义诊、发放科普资料、艺术家现场送春联送福字、送戏曲歌舞过大年等活动。峄城区社科联举办社会科学宣讲员培训班，对120余名来自全区各镇街及区直各部门的社科宣讲骨干进行了专业的培训；开展了国学系列讲座、峄城历史文化展、石榴文化宣传普及家长讲堂等一系列活动，取得了较好效果。山亭区社科联结合本区实际，与区教育局、环保局等部门联合开展了“环保教育进校园、进农村”和“保护环境，从我做起”社会实践活动，2400余人参加了本次活动，以实际行动保护自己的家园。台儿庄区社科联把社科知识编排成文艺节目在区府前广场、运河街道华阳社区、六处镇（街）村居等进行巡演，开展丰富多彩的非物质文化展演活动，通过百姓喜闻乐见的方式把社科知识带到老百姓身边。

学会通过开展活动，彰显活力。市演讲朗诵学会与枣庄农商银行振兴支行联合举行“两学一做”主题演讲比赛，并选拔获奖选手参加全国演讲比赛，夺得团体一等奖；市孔子文化研究会举办了“孔子文化公益年会”和“论语100”夏令营等颇具传统文化特色的活动；市国学研究促进会在长征胜利日举办了“纪念红军长征胜利80周年书画笔会”活动。

发挥平台作用，积极开展理论宣传。在《枣庄社会科学》杂志开设了“两学一做”学习教育和“党建工作”专栏，及时刊发理论文章，宣传党的方针政策和决策部署，推进“两学一做”学习教育常态化制度化。

11月17日，召开枣庄市第25次社会科学优秀成果奖评选会议，评出一等奖1项、二等奖14项、三等奖42项。

全年举办10期枣庄市民大讲堂活动和2个专场，听众达4000余人。

2016年，被省精神文明建设委员会命名为“省级文明单位”。

2017年5月7日，与省社科联联合成功举办了以“树立崇德向善风尚，建设文明幸福家庭”为主题的2017年山东省暨枣庄市社科普及周。普及周活动期间，区（市）社科联、高校及所属学会共组织讲座培训30余次。

继续开展应用课题研究工作。共有57项课题获得立项，结项52项。其中评定为优秀等次11项、良好等次32项、合格等次9项，对优秀等次的结项课题进行了资助。开展的《枣庄市县市区社科联组织建设研究》被山东省社科联列为2017年度市社科联专项课题；与市委宣传部联合开展的《班墨文化产业化研究》，被列为2017年度山东经济社会发展委托课题；推荐的《特色小镇视阈下的红色旅游资源挖掘与保护实践性研究——以枣庄市山亭区凫城镇打造红色旅游特色小镇为例》被列为2017年度山东省社科联年度课题。与市委宣传部联合开展的《中国共产党执政自信研究》，该成果全文在《理论学习》刊发，《人民网》全文转载。

社科普及示范体系进一步扩大。滕州市被省社科联命名为山东省社会科学普及示范区；峄城区阴平镇、市中区垎塔埠街道被命名为山东省社会科学普及示范乡镇（街道）；山亭区水泉镇杨庄村等6个村（社区）被命名为山东省社会科学普及示范村（社区）。按照省社

科联关于加强社科普及教育体系建设的要求，市社科联于10月27日命名滕州市龙泉街道等10个乡镇（街道）为枣庄市社科普及示范乡镇（街道），台儿庄区涧头集镇新河涯村等15个村（社区）为枣庄市社会科学普及示范村（社区）。台儿庄战史陈列馆、冯卯库区移民文化博物馆、滕州市鲁班纪念馆被省社科联命名为“山东省社会科学普及教育基地”，贺敬之文学馆被评为“山东省优秀社会科学普及教育基地”。这些社科普及基地和示范单位结合自身实际，发挥各自优势，开展了丰富多彩的社科知识普及活动，在全市社科普及工作中发挥了重要作用。

打牢社科普及工作基础，基层社科联组织实现全覆盖，工作有序开展。滕州市社科联于2017年9月1日召开了成立大会，至此，枣庄市五区一市全部成立了社科联并召开了成立大会。滕州市社科联举办了优秀传统文化专题讲座、历史文化图片校园巡展、最美滕州人先进事迹巡回报告会，组织滕州日报小记者开展了“明礼守法、崇德向善”系列活动，举办了“善文化三字经”经典诵读仪式，向青少年倡导科学、文明、绿色、健康的生活理念和生活方式，培育形成良好的家风。市中区社科联在各乡镇街道开展“美在我家”主题报告会巡回宣讲；举办了社会主义核心价值观进校园启动仪式；启动了小手拉大手文明一起走活动。薛城区社科联配合区教育局在舜耕中学举办了“中国梦·党在我心中”演讲活动。台儿庄区社科联与区委宣传部联合举办了社科优秀图书展销活动，免费赠送社科书籍、发放社科普及宣传材料，组织专家学者与公众面对面交流；举办了“树崇德向善风尚·读书伴成长”主题读书活动、“激情红五月，古城看非遗”展演活动；开展文艺活动下乡演出，在丰富农村精神文化生活的同时，宣传党的惠农政策，普及社科知识，倡树崇德向善风尚，建设文明幸福家庭。峄城区社科联开展了枣庄市生态城市建设路径研究和峄城石榴盆景产业专题调研，举办了石榴文化专题宣传展览；举行了传承好家风好家训宣讲活动，通过好家风铸就好作风、好民风、好社风，指导市民养成健康、科学、文明的生活方式，人人争做城市文明的倡导者、传播者和实践者。山亭区社科联开展社科图书进农村活动，向全区省、市级社科普及示范村的农家书屋赠送“新农村新生活”培训教材系列读本400册；举办了“文明家庭”事迹报告会；开展传统文化进农村、进校园活动。

坚持服务与管理并重，促进学会健康发展。按照市委宣传部的要求，开展哲学社会科学人才队伍建设专项调研和所属社会科学类社会组织情况调研活动。召开了学会工作座谈会，学习贯彻党的十九大精神，对学会学习贯彻党的十九大精神及学会工作开展，特别是学会党建工作提出了明确要求。严格把关，落实学会重大活动报告制度。按照《枣庄市社会科学界联合会关于进一步加强哲学社会科学报告会、研讨会、讲座、论坛、培训等活动管理的通知》要求，学会（协会、研究会）组织举办（或承办）的重大学术活动，须经主管或挂靠部门单位同意并由市社科联审批后报市委宣传部备案方可举办。市演讲朗诵学会举办了演讲与口才专题讲座；市榴园文化研究会针对石榴盆景特色产业、青少年思想道德教育现状问题、后申遗时代枣庄运河保护与开发、国学中的家训、学国学，树立正确幸福观等题目组织社科专家进基层开展专题调研；市孔子文化研究会举办国学教育专题讲座和培训。

2017年根据工作需要，报经中共枣庄市委办公室、枣庄市人民政府办公室批准，调整了社科评奖专家评委库。12月11日，召开枣庄市第26次社会科学优秀成果奖评选会议，评出一等奖4项、二等奖15项、三等奖44项。

全年共举办市民大讲堂7期和1个专场，内容涉及党的十九大精神宣讲、健康生活、家庭教育等方面，听众达3000余人。

2017年，被全国大中城市社科联工作会议主席团评为“全国先进社科组织”，被省委宣传部评为全省理论宣讲先进单位，被市委宣传部评为全市理论宣讲先进单位，继续保持了“省级文明单位”荣誉称号。

二、社会科学事业发展主要成就

改革开放以来，市委、市政府高度重视社会科学工作，作出一系列重要决策部署，为全市社会科学事业的繁荣发展指明了前进方向，提供了坚强保障。在市委、市政府的正确领导下，在省社科联和市委宣传部的精心指导下，市社科联团结和带领广大社会科学工作者，在理论武装、决策咨政、社科普及、组织建设、学会管理和平台建设等方面做了大量富有成效的工作，社会科学事业工作在发展中创新，在创新中提升，为全市经济社会发展作出了积极贡献。

（一）坚持正确方向，理论武装扎实推进

全市社科界高举中国特色社会主义伟大旗帜，全面贯彻落实中央和省、市委一系列重大决策部署，不断增强“四个意识”，坚定“四个自信”。中央、省、市召开重要会议和作出重大部署后，市社科联充分发挥社科界联系面广、辐射力强的优势，通过召开座谈会、撰写理论文章、编发《枣庄社联通讯》及《枣庄社会科学》杂志等方式，及时开展具有特色、富有成效的理论宣传和理论宣讲活动，把党和政府的声音传播到千家万户，在推进科学理论大众化、服务全市经济文化建设中发挥了重要作用。全市各级社科联组织在思想上、政治上、行动上始终与党中央保持高度一致，组织动员广大社科工作者解放思想、开拓进取、求真务实、苦干实干，确保全市社会科学事业始终沿着正确的方向前进，为全市干部群众全面贯彻落实中央、省、市重大理论和战略部署起到了示范引领和理论先导作用。

（二）坚持问题导向，应用对策研究成果丰硕

全市社科界围绕经济建设、政治建设、文化建设、社会建设、生态文明

建设和党的建设中的重大理论和现实问题，围绕市委、市政府确定的主题主线，深入开展多层面、全方位的应用对策研究，取得了一批有理论见地和实践意义的高水平研究成果。2010年以来，社科研究课题有4项获得国家级立项，51项获得省部级立项。2014年开始，市社科联开展了应用课题研究，共立项119项课题。《枣庄市对接山东省西部经济隆起带建设研究》《借力资本市场推动枣庄市企业发展的思考和建议》《关于金融纠纷的调研报告》《中国农村普惠金融目标实现路径研究——基于枣庄市土地流转改革案例的分析》《关于加快枣庄市“两大高地”建设的建议》等19项研究成果，被省、市有关领导批示，为省、市工作决策提供了重要参考，为推进地方经济社会发展贡献了智慧和力量。2017年，与市委宣传部联合开展的《中国共产党执政自信研究》，该成果论文在《理论学习》刊发，《人民网》全文转载。自1989年市委、市政府设立枣庄市社会科学优秀成果奖评选以来，至2017年已具体组织开展了26次评奖活动，共评出等次奖项1200多项。同时，积极推荐枣庄市社科成果参评省部级社科成果奖评选，共获山东省社科优秀成果等次以上奖项28项，获教育部高校人文社科优秀成果奖16项。社科成果评奖工作的开展较好地发挥了社科评奖的引导、激励和带动作用，推动了枣庄市社科研究整体水平的提升。

（三）坚持开放合作，学术研讨交流活动广泛开展

全市高校、党校、社科类社会组织、民间团体及有关科研机构，立足枣庄、研究枣庄、推介枣庄，采取走出去与请进来相结合的办法，积极参加和主动举办论坛、研讨会、报告会等各类学术活动130余次，开展对外学术交流50余次。山东社科论坛——文化产业与文化事业协调发展研讨会、鲁南抗战精神学术研讨会、农村金融改革研讨会等先后在枣庄成功举办，为促进区域经济和地方特色文化发展提供了科学的理论支撑。国内首家世界语博物馆在枣庄学院建成，第十届全国世界语大会在枣庄召开，连续举办5届（枣庄）国际世界语节，为展示枣庄经济文化发展成就、推动世界语运动在中国的发展作出了贡献。

（四）坚持“三贴近”原则，社会科学普及成效显著

认真贯彻实施《山东省社会科学普及条例》，发挥自身优势，着力搭建平台，深入开展内容丰富多彩、形式多种多样、群众喜闻乐见的社会科学普及活动，形成了党委政府领导、宣传部门组织协调、社科联组织积极推动、各有关部门密切协作的社会科学普及工作格局。2004年以来，连续举办14届社会科学普及周活动，每年围绕一个主题，坚持贴近实际、贴近生活、贴近群众，通过举办讲座、咨询服务等社科普及活动，让社科知识进基层、进群众。打造社科普及品牌，倾力办好“枣庄市民大讲堂”。“枣庄市民大讲堂”自2010年创办以来，累计举办64期市民大讲堂和25个场次的专题讲座，依托社科人才优势，畅谈百姓关注话题，惠及广大人民群众，受到社会各界广泛好评。加强社会科学普及教育基地建设，整合资源，利用各类学校、文化场馆、公共场所积极开展社科普及，全市共有省级社会科学普及教育基地20处，其中全国优秀社会科学普及教育基地2处，省优

2017年5月7日，山东省暨枣庄市第十四届社科普及周开幕式在枣庄市第一中学新校举行

秀社会科学普及教育基地2处。枣庄社科联还分两批次命名了13处市级社科普及教育基地。按照省社科联关于开展社科普及“十百千”示范体系建设的要求，枣庄社科联严格标准要求，认真组织申报，目前全市共有4个区（市）、7个镇（街道）、30个村（社区）被省社科联命名为社科普及示范单位；枣庄社科联还按照省社科联的统一要求，2017年，命名了第一批市级社科普及示范镇（街道）10个、社科普及示范村（社区）15个。市社科联紧紧依靠各区（市）社科联督促抓好示范单位自身建设，积极开展各具特色的社科普及活动，较好发挥了示范辐射作用。经过多年的努力探索，形成了利用刊物、网站、论坛、大型活动开展社科普及工作格局，打造了《枣庄社会科学》、枣庄社科网、“枣庄市民大讲堂”和社科普及周等具有枣庄特色、群众喜爱的社科普及品牌。

（五）坚持管理服务并重，学会工作健康发展

市社科联业务主管的学会是社科联工作的重要组织基础和依托，是团结和联系广大社会科学工作者的主要渠道。市社科联始终牢牢把握社科类社会组织发展的正确方向，按照加强管理、服务指导、规范发展的思路，制定并完善学会管理办法，与民政部门联合开展社团年检、换届选举和学会成立的审查和指导，确保了社科类社会组织的健康发展。加强社科类社会组织党建工作，在符合建立基层党组织条件的社科类社会组织中按上级党组织的要求和组织程序建立了党支部。各所属社科类社会组织结合自身特点，积极参与市社科联组织开展的应用对策研究、社会科学普及等工作，同时依靠自身优势，积极主动作为，组织开展专题讲座、公益咨询等活动，打造亮点品牌，社会组织活力得到有效释放。

（六）坚持强基固本，社科联系统自身建设不断加强

深入开展党的群众路线教育实践活动、“三严三实”专题教育和“两学一做”学习教育，社科联系统党员干部的理想信念和宗旨意识进一步增强。认真落实省委宣传部、省社科联《关于加强县（市、区）社科联建设的意见》，五区一市全部成立了社科联组织，健全了社科联组织网络，扩大了社会科学工作的覆盖面，实现了社会科学工作向基层的延伸，为枣庄市社会科学事业的长远发展打下了坚实的组织基础。各区（市）社科联精心组织贯彻落实省、市工作部署，立足基层，履职尽责，为全市社科事业的发展做出了应有贡献。

在党委、政府的重视支持和社会各界的支持下，近年来市社科联的工作取得显著成绩，获得多项荣誉。2005年，被省委宣传部、省社科联评为“社科普及先进单位”，被省社科联评为“全省先进社科联”；2008年，被省委宣传部、省社科联评为“山东省社会科学普及周活动先进单位”；2013年，被省委宣传部、省社科联评为“2013年度山东省社会科学普及工作先进集体”，被省社科联评为“2012—2013年度山东省先进市社科联”，枣庄市民大讲堂被省委宣传部、省社科联评为“齐鲁大讲坛优秀分坛”；2015年，被省委宣传部、省社科联评为“2014—2015年度山东省社科普及先进单位”，枣庄市民大讲堂被省社科联评为“齐鲁大讲坛优秀分坛”，被市委宣传部评为“全市理论宣讲工作先进单位”；2016年，被省精神文明建设委员会命名为“省级文明单位”；2017年，被省委宣传部评为“全省理论宣讲先进单位”，被全国大中城市社科联工作会议主席团评为“全国先进社科组织”。

审稿人：张思春
撰稿人：时光义

枣庄残疾人事业发展的历程、成就及经验

中共十一届三中全会以来，随着改革开放不断深入，国民经济不断发展，社会不断进步，残疾人事业呈现勃勃生机。枣庄市残疾人联合会1990年批准成立，残疾人事业纳入市委、市政府工作全局，纳入经济社会发展总体规划。在各级党委、政府高度重视和关心下，各项惠残政策陆续出台，残疾人康复、教育、就业、保障、宣传、文体等工作得到进一步加强，基层组织建设进一步夯实，扶残助残社会氛围日益浓厚，越来越多的残疾人回归主流社会，共享社会发展成果。

一、基本历程

（一）残疾人事业初始阶段（1980年1月至1989年12月）

改革开放以来，党和政府高度重视残疾人工作，1987年组织开展了全国残疾人抽样调查工作，将残疾人社会保障工作列入“七五”经济社会发展总体规划之中。根据全国抽样调查结果推算，枣庄市有12.7万残疾人，占全市总人口的3.6%，涉及全市近五分之一的家庭。在市委、市政府的领导下，枣庄市残疾人就业、教育、康复等工作陆续开展。

1. 残疾人组织开始建立，筹措资金为残疾人办实事。1980年1月，枣庄市召开了盲人、聋哑人第一次代表大会，选举产生了枣庄市盲人聋哑人协会。1984年进行了换届选举，召开了全市第二次盲人聋哑人代表大会，之后，滕州市、薛城区、峄城区、台儿庄区相继成立了盲聋哑协会或盲聋残人协会，66%以上区（市）建立了残疾人自己的组织，搭起了党和政府联系广大盲聋哑人的桥梁。深入开展“建家做友”活动，1987年枣庄市盲人聋哑人协会被全省评为盲人聋哑人先进之家。1987年成立了枣庄市残疾人福利基金会筹备领导小组，以多种形式向社会进行了募捐。这些残疾人组织在配合有关部门发展残疾人就业、教育、康复和募集金等方面，做了许多卓有成效的工作，为组建市残疾人联合会奠定了基础。1985年，加拿大残疾运动员汉森来枣庄市募集资金，社会各界解囊相助，共在枣庄市募集资金13万元。1987年底至1988年初，市残疾人福利基金会筹委会共募集资金45万元，并拿出20余万元盖起了一栋700平方米的残疾人宿舍楼，有十名盲人职工及受训聋儿（聋儿陪护家长）搬进新居。为5名残疾职工及亲属等11人办理了农转非，为残疾人牵线搭桥，有200多对盲聋哑人喜结良缘，制定了盲人免费乘市内公交政策。

2. 开展残疾人教育，安排一批残疾人劳动就业。全市办起弱智辅读学校（辅导班）87处，888名弱智儿童入学就读。滕州市政协委员彭开友、王增元集资举办残疾人技工学校。部分残疾人积极参加业务中专、电大、函大学习，努力提高自身素质。在国家优惠政策的扶持下，多渠道、多层次安置残疾人劳动就业。全市各类福利企业发展到111处，年产值4209.7万元，实现利润448.14万元，从业人员3408人，其中安置残疾人1274人，残疾人占从业人员的37.4%，职工收入年年增加，社会效益越来越好。为解决盲人就业难的问题，1981年成立了枣庄市按摩诊所，后发展到1所、4个按摩点。安置17名盲人按摩员就业。1983年曾被评为全国的先进单位，并更名为枣庄市按摩医院。枣庄市按摩医院10年间累计接诊4449人，按摩228594人次，治愈率和经济效益逐年提高。

3. 残疾人康复工作引起重视，宣传文体工作活跃。市委、市政府对残疾人工作日益重视，要求各级党组织和各级政府，加强领导，采取措施，解决残疾人的实际困难。1988年1月，建立枣庄市聋儿语言听力康复中心，开展聋儿康复工作，训练聋儿24人，达到三级康复2名，跃入全省前列。全市建起康复医疗点4个，康复治疗209人，其中小儿麻痹矫治44人，治疗白内障165人。为更好地开展防盲治盲工作，市卫生局牵头专门成立了市防盲治盲指导小组。台儿庄区民政局、卫生局联合抽调眼科医生，深入乡镇农村，对全区盲人进行普查。《枣庄日报》、枣庄电台、枣庄电视台等新闻单位，共报道残疾人工作、生活等方面的稿件221篇，被全国级新闻单位采用52篇，被省级新闻单位采用64篇，广泛宣传了残疾人工作的开展。于1985年、1987年举办了两届市伤残人运动会，组织参加全省聋哑人乒乓球、篮球和省伤残人运动会。在全省伤残人运动会上，共获奖牌51枚，打破3项全国纪录。枣庄市伤残人运动员田家胜、孙印龙在全国第二届伤残人运动会上夺得金牌2枚，铜牌2枚，破2项全国纪录。全国伤残人田径、游泳锦标赛中，枣庄市伤残人运动员田家胜一举夺得3个第一名，1个第二名，为山东省、枣庄市争得了特殊荣誉。组织参加省盲人音乐录音评比和全国首届盲人音乐会，枣庄市盲人宋新田演奏的软弓京胡“百鸟朝凤”，被全国知名音乐家评为“绝技”。1987年，市民政局、市文化局、市盲人聋哑人协会举办了义演。通过这些活动，残疾人事业逐步得到社会的重视，越来越多的人理解、尊重、关怀残疾人，关心帮助残疾人的社

会风尚正在逐步形成。

（二）残疾人事业全面发展阶段（1990年1月至1996年12月）

各级党委、政府积极推进残疾人事业发展，组建市、区（市）、乡镇残联，开展全市残疾人调查登记工作，以三项康复为抓手推动残疾人康复工作全面开展，认真贯彻落实《中华人民共和国残疾人保障法》，加强残疾人宣传文体工作，组织开展“全国残疾人助残日”等系列宣传活动，走访慰问贫困残疾人。

1. 组建各级残联，逐步加强残疾人组织建设。市委、市政府高度重视残疾人事业发展，1990年4月市编委批准同意建立枣庄市残疾人联合会，为副县级单位，事业编制15人，由市民政局代管，计划和经费单列，内设办公室、基金部、康复部三个内设机构。1990年7月，市政府成立枣庄市残联筹备工作领导小组，开始组建工作。1990年11月17—18日，召开全市残疾人第一次代表大会。1990年12月，五区一市都分别成立了残联，山亭、滕州、薛城设专职理事长，其他区由民政局副局长兼任理事长。各区（市）共增加残疾人专职干部编制23个。1991年1月16日至4月10日，全市90个乡镇（街道）残联全部完成组建工作，并配备或招聘了专职干部。到1991年12月，市、区（市）和乡镇（街道）残联人员编制128个，配备专兼职干部111人。1994年4月26日，枣庄市政府成立了由32个市直部门组成的枣庄市政府残疾人工作协调委员会，明确了各成员单位的职责分工和工作制度，负责残疾人事业发展的综合协调。1993年，市残联建立残联机关党支部和工会组织，进一步加强党对残疾人事业发展的领导。1994年6月，各区（市）也都成立了政府残疾人工作协调委员会。1994年11月底前，乡镇（街道）、村（居）、大型企业和残疾人集中的单位分别成立了政府残疾人工作协调委员会或残疾人协会（小组），全市形成了自上而下的残疾人组织体系。1995年3月，全省基层残疾人工作会议和第六次残联工作会议在滕州市召开，会议肯定了枣庄市基层残联工作取得的成绩。滕州、峄城、山亭、台儿庄、薛城等区（市）残联由副科级升为正科级。1996年，根据中央和省、市委机构改革精神，进一步理顺残联各方面工作关系，为残联系统机构改革做好相关准备。

2. 开展全市残疾人调查登记工作。1991年11月26日，枣庄市残联召开了全市残疾人调查登记会议，学习《中国残疾标准》，安排部署残疾人调查登记工作。1992年4月，全市残疾人调查登记工作圆满结束。全市已查明各类残疾人69990人，全部建档立卡。其中视力残疾8172人，听力语言残疾16147人，肢体残疾25507人，智力残疾6382人，精神残疾9161人，多重残疾4621人。有劳动能力的残疾人33650人，占残疾人总数的48%。

2006年8月27日，在枣庄市残疾人综合服务中心举办枣庄市聋儿康复师资培训班

3. 以三项康复为抓手推动残疾人康复工作全面开展。为提高残疾人生存质量，以白内障复明、聋儿语训、儿麻矫治为重点逐步推动残疾人康复工作全面开展。1990年，成立枣庄市残疾人三项康复工作领导小组，负责康复工作综合协调等。1992年6月，五区一市全部成立聋儿语训学校。以滕州东郭医院为试点探索社会化、开放式、综合性精神病防治康复模式，被中残联充分肯定。中残联将滕州市作为全国精神病防治康复试点县之一。1993年，成立市残疾人康复工作技术顾问组。分别在市立医院、市北坛医院设立了低视力康复门诊，在市盲校开设了市低视力分类教学班。1993年5月，全国精神病防治康复工作试点县（市）现场会在滕州召开，推广社会化、开放式、综合性精神病防治康复新模式。1994年，将枣庄市残疾人三项康复工作领导小组更名为枣庄市残疾人康复工作办公室，残疾人康复业务领域由“三项康复”拓宽到低视力康复、社区康复、智残儿童康复、肢残人康复、精神康复等八项内容，建立残疾人用品用具供应服务站1所，残疾儿童康复站3个，社区康复站7个，开展精神病流行学调查。全国康复工作办公室、财政部、中残联、中国康复研究会、中国聋儿康复中心和省残联领导多次到枣庄检查指导工作。市聋儿听力语言康复训练中心被定为中国聋儿康复中心全国联系点；台儿庄区聋儿语训工作得到联合国儿童基金会的肯定；滕州市残疾人社区康复工作位列全国33个试点县(市)的首位。1990年至1996年，共实施白内障复明手术5133例，儿麻矫治手术1021例，聋儿语训423人，配发低视力助视器110件，肢残人康复73人，智力残疾儿童康复78人，举办智残儿童家长培训班4期，培训家长385人次，特需人群服用碘油99710人。

4. 认真贯彻落实《中华人民共和国残疾人保障法》，制定优惠政策，加强残疾人文体工作。1990年12月28日第七届全国人民代表大会常务委员会第十七次会议审议通过了《中华人民共和国残疾人保障法》。为认真贯彻落实《中华人民共和国残疾人保障法》，市、区（市）、乡镇（街道）政府立足本地，积极制定地方性配套政策，出台实施了

一系列残疾人优惠政策（规定）。1991年，市委宣传部、市司法局、市民政局、市法制办等部门制订了宣传、贯彻《中华人民共和国残疾人保障法》的工作方案。5月，枣庄市政府召开市、区两级宣传、司法、民政、法制办、政府办公室等部门联席会议，组织开展系列宣传活动。1992年，台儿庄区制定出台了“双十二条”优惠政策，其经验在全国推广；滕州市出台《残疾人乘车给予票价优惠的通知》。1994年4月，枣庄市颁布了《枣庄市实施〈中华人民共和国残疾人保障法〉办法》，枣庄司法局、工商行政管理局分别印发了《关于积极为残疾人提供法律服务的通知》和《关于扶助残疾人搞好生产经营的通知》。1995年，在全国首次举办了残疾人保障法知识电视竞赛活动。市和区（市）人大分别组织了保障法执法人大代表视察活动。

5. 加强残疾人宣传文体工作，组织开展“全国残疾人助残日”等系列宣传活动，走访慰问贫困残疾人。深入广泛宣传社会主义人道精神，为残疾人事业发展营造良好社会环境。1990年成立枣庄市残疾人业余艺术团。1993年4月，在枣庄市经济广播电台开通了残疾人专题栏目《生命之光》，11月成立了枣庄市残疾人事业新闻贸促会。拍制残疾人宣传专题片，《生命的努力》获全国首届专题片展播二等奖，《心中那一片绿叶》获全省优秀专题片一等奖，《生命之光》栏目获第二届全国经济广播电台残疾人栏目一等奖。组织参加山东省第三、第四届残疾人运动会。在山东省第三届残疾人运动会上，肢残运动员田家胜打破3项全国纪录。1991年起，每年全国助残日期间，都制定宣传工作方案，设立宣传街道（点），印发宣传资料，走访慰问贫困残疾人和残疾人工作机构。1992年，在第二个“全国助残日”前后，组织开展了中华人民共和国成立以来第一次在全市范围内走访慰问残疾人活动，全市各级共组派慰问团（组）1042个，走访残疾人家庭49280户，发放慰问款149360元，为残疾人办好事、做实事3083件。

6. 举办经济实体，推进残疾人劳动就业。残联举办经济实体，是全面深化体制改革的产物。按照“围绕服务办实体，办好实体促服务”的精神，1992年开始，市、区（市）残联把举办经济实体列入工作议程。1992—1996年，全市残联系统举办经济实体21个，安置人员579人，其中残疾人249人。1995年，全市开展了就业年龄段内的残疾人就业从业情况调查，查明16—44岁女残疾人、16—49岁男残疾人共计43702人，其中就、从业人员17939人，占41.1%。

（三）残疾人事业持续高速发展阶段（1997年1月至2006年12月）

抓住机遇，深化市、区（市）、乡镇残联机构改革，加强残联组织建设，进一步提高干部队伍素质。开展全市残疾人状况摸底调查工作，全力推动残疾人康复、教育、就业、扶贫、宣传、文化、体育持续快速发展。

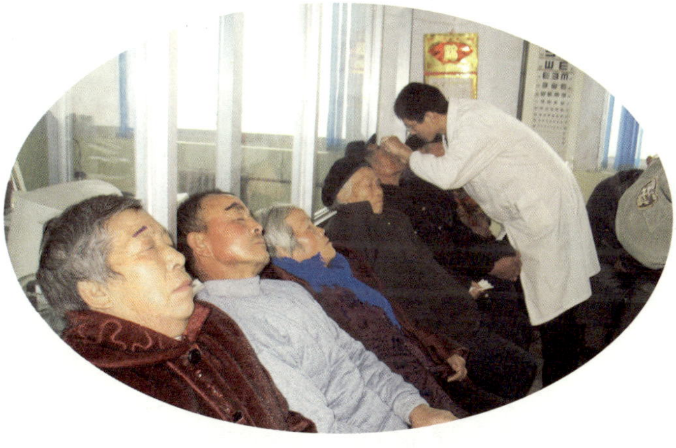

2008年1月14日，省白内障复明四号车为贫困白内障患者做术前检查工作

1. 积极稳妥地做好市残联机构改革，不断加强残疾人组织建设。枣庄市委、市政府进一步加强对残疾人事业的重视和支持，下发了《关于印发枣庄市残疾人联合会机构改革方案的通知》，调整了管理关系和规格，确定了残联的职能，市聋儿听力语言康复训练中心划归市残联管理。市残联为正局级单位，由市政府领导同志联系，内设科室为办公室、组织宣传部、康复部、教育就业部，人员编制增加到20个。1999年1月，市残联开始参加和受领市委、市政府及部门的会议和文件。经市编委批准，1998年12月，建立了市残疾人用品用具供应服务站，1999年，市按摩医院成建划归市残联领导；2000年1月建立了市残疾人劳动服务部。至此，市残联所属事业单位4个。根据《中国残疾人联合会章程》，于1998年和2003年进行了两次换届，各级残联组织得到进一步加强。至2000年，区（市）残联规格全部调整为正科级，市、区（市）残联计划、经费、人事和业务工作关系全部理顺，乡镇（街道）残联全部配备专（兼）职理事长，全市三级残联专兼职干部163人。2003年，成立了枣庄市盲人协会、聋人协会、肢残人协会和智残人、精神病残疾人亲友协会等5个残疾人专门协会。乡镇级残联、残疾人服务社、助残志愿者联络站“三位一体”的组织机构基本建成。2006年，全市65个乡镇全部配备残联理事长，255个社区居委会和2246个村委会大多建立了残疾人协会或小组。各级残联逐步建立健全工作制度，提升了工作质量和效率，残疾人工作者树立“人道、廉洁、服务、奉献”的服务宗旨，为全市残疾人事业持续快速发展提供了组织保障。

2. 开展残疾人状况摸底调查工作。残疾人状况底数不清，直接影响残疾人事业的发展。2004年，枣庄市政府残疾人工作协调委员会印发《关于对全市残疾人状况进行摸底调查的通知》，要求全面深入基层、入户见人，逐人逐项落实调查任务，规范建档立案。调查工作历经4个月，进一步掌握了全市各类残疾人的人数、分布、年龄结构、致残

原因以及康复、教育、就业、扶贫、危房改造、婚姻、家庭和参与社会生活等需求情况。全市建档立卡残疾人总数为133796人，占全市总人口近3.68%，比原来统计数字多出7000多人（原来为12.7万人）。其中：听力残疾26252人；言语残疾5851人；盲2765人；低视力17661人；肢体残疾59221人；智力残疾12434人；精神残疾9885人；持证残疾人17658人；城镇残疾人20055人；农村残疾人113741人。调查分析显示：有康复需求的残疾人73932人；有培训需求的残疾人42172人；有扶助和就业需求的残疾人14770人；无住房残疾人4399人；全市农村残疾人家庭人均年收入在贫困线（625元）以下的有46271人；城镇残疾人家庭人均月收入在200元以下的有8771人。

3. 以“人人享有康复服务”为目标，残疾人康复工作业务不断拓展。先后印发了枣庄市残疾人康复工作“九五”“十五”实施方案。“九五”期间，枣庄市被全康办定为精神病防治康复工作市。1997年，市政府办公室下发了《枣庄市精神病防治康复工作实施意见》，成立了枣庄市精神病防治康复工作领导小组和技术指导顾问组。1997年3月，全省精神病防治康复试点工作现场会在枣庄召开。1998年12月，枣庄市代表山东省成功接受国家精防康复检查验收。2000年起，每年组织开展“全国爱耳日”活动，宣传防聋治聋知识，为群众免费检测听力，为部分贫困听力残疾人捐赠助听器。2002年5月，举办聋儿早期干预工作培训班，邀请中聋专家培训了聋儿早期干预工作骨干，组织开展新生儿期听力筛查。组织开展“视觉第一中国行动”和“长江新里程计划”，为贫困白内障患者免费实施复明手术，为肢残人装配假肢。2002年，实施中国残联公益金项目，为贫困聋儿提供免费验配助听器和康复训练服务、为贫困精神病患者提供免费门诊服药和住院医疗康复。2003年1月，枣庄市委、市政府办公室印发《关于进一步加强残疾人康复工作的意见》；2005年6月，市残联被增补为市政府新型农村合作医疗协调委员会成员单位，为贫困残疾人实施大病医疗救助。2005年9月，市残联、市卫生局联合下发《关于进一步将残疾人社区康复纳入城乡基层卫生服务的意见》，残疾人康复工作不断加强。2006年，开展贫困残疾儿童摸底调查，部署“听力重建、启聪行动”，启动聋儿人工耳蜗植入术；制定《枣庄市贫困残疾儿童康复救助工程实施方案》《贫困残疾儿童康复救助工程管理办法》，实施贫困聋儿、脑瘫、智残、孤独症儿童康复救助工程。加强康复机构建设，依托医疗、特教等社会资源，分别设立了枣庄市低视力康复门诊、低视力定点眼镜店、脑瘫儿童康复中心、智障和孤独症儿童康复中心。市、区（市）分别设立5类残疾康复技术指导中心，在乡镇（街道）、村（居）建立残疾人社区康复站。据不完全统计，1997年至2006年期间，枣庄市已对近3万名各类残疾人进行康复，取得了明显成效。实施白内障复明1.83万例，其中为贫困白内障患者免费实施复明手术1140名；为639名低视力患者配戴了助视器，培训低视力儿童家长138名；对865名聋儿进行了康复训练，培训聋儿家长1107名，免费捐赠助听器145台；训练智残儿童833名；训练脑瘫儿童130名；训练肢残者898名；装配普及型小腿假肢196例；用品用具供应2.8万件；装配矫形器617件；为麻风畸残患者实施手术100例，发放辅助用具任务1046件，康复训练291名；特需人群补碘22万人次；全面开展精神病防治康复工作，对2.5万名精神病人实施了“社会化、综合性、开放式”的康复服务。

2013年11月12日，在枣庄希望电脑学校举办残疾人职业技能大赛电子装配与测试比赛现场

4. 启动残疾人保障金征收工作，扎实推进残疾人教育就业工作。《枣庄市实施分散按比例安置残疾人就业办法》出台后，1997年市政府先后召开三次大型会议，重点部署分散按比例就业工作；对121家市直单位和省属以上驻枣单位进行调查，新安置残疾人16名，46家单位按规定上缴残疾人就业保障金21万元，正式启动了残疾人就业保障金征收工作。2001年，以政府令的形式印发了《枣庄市按比例安排残疾人就业办法》，委托市残联对安置残疾人就业达不到比例且不缴纳保障金的单位可申请法院强制执行。2004年，市政府办公室印发《关于由地税部门代收残疾人就业保障金有关问题的通知》；2004年8月，市残联、市地税局、市财政局、中国人民银行枣庄支行联合印发《枣庄市残疾人就业保障金征收管理办法》，残保金征收可通过地税代收、财政代扣、残联执收等三种方式实现。通过不断加强残保金征收工作，有力促进了按比例安置残疾人就业工作，按比例安置残疾人就业985人。市本级残保金征收额度由开始每年20余万元突破至300余万元。2006年全市残保金征收880余万元。在一定程度上为残疾人事业发展提供了资金支持。加强残疾人教育培训工作，全市残疾儿童少年教育纳入义务教育管理范围。1998年市政

府残疾人工作协调委员会制定了市直机关、团体及事业单位考取大中专的残疾学生报销学费的政策。制定了枣庄市残疾学生学费减免的有关规定，2003年9月起，全市中小学的残疾学生一律免收学费。开展了救助困难失学残疾儿童“春雨行动”，积极做好大、中专残疾考生入学服务工作，对考取大、中专院校的贫困残疾学生实行救助，救助残疾学生36人，补助学费13万元。全市通过按比例安排、扶持集体就业和个人从业以及推荐安置就业，共使54519名残疾人就业或从业。其中农村残疾人46059人，城镇残疾人4118人，个体从业3338人，按比例安排残疾人就业1004人。加强了残疾人职业技能和实用技术培训，共举办各类培训班107期，培训各类残疾人6583人，其中农村残疾人5268人，城镇残疾人1315人。

5. 扶持贫困残疾人脱贫，探索残疾人保障工作。各级党委、政府重视残疾人扶贫工作，通过康复扶贫、基地扶贫、帮包带扶、志愿助残等形式，帮助残疾人脱贫。1997年，山亭区组织开发残疾人家庭养兔扶贫项目被列为省级推广项目，以桑村镇张宝村为基地，带动周边6个乡镇53个行政村510户残疾人家庭，兔存栏量达3.3万只。滕州市、薛城区开展残疾人小额低息贷款扶贫试点工作。1999年3月，市政府在山亭区召开现场会，推动全市残疾人扶贫攻坚工作。各区（市）、各部门开展形式多样的扶贫工作，建立残疾人扶贫基地，制定帮扶优惠政策和措施，扶持贫困残疾人5.6万余人，1997—2003年，落实贫困残疾人康复扶贫贷款540万元。制定优惠政策减轻残疾人负担。2001年为残疾人减免“三提五统”310余万元、义务工90多个。2003年在农村税费改革中，为3.4万名残疾人减免税费194.1万元。2004年启动农村贫困残疾人危房改造工作，2004—2006年，共为279户贫困残疾人家庭实施危房改造。其中台儿庄区共为132户贫困残疾人危房实施改造，2006年实现残疾人无危房户区。2004年起，每年春节期间组织开展贫困残疾人走访慰问活动，共投入资金180万元，走访8600户贫困残疾人。全市共建扶贫基地26个，直接安排300余名农村残疾人就业，带动500余名残疾人从业。

6. 深入学习宣传残疾人保障法，加强残疾人宣传文体工作。几年来，各级政府将残疾人事业纳入国民经济和社会发展计划，摆上议事日程，加强领导，综合协调，形成了“政府主导，残联协调，部门配合，社会各界广泛支持，残疾人自强奋斗”的工作局面，促进了残疾人事业与社会经济协调发展。为做好《残疾人保障法》的学习宣传，每年的全国助残日、全国爱耳日、国际聋人节、国际盲人节、国际残疾人日等重大节日期间，全市上下围绕活动主题，组织开展了有一定规模和声势的学习宣传活动。新闻宣传部门充分发挥舆论宣传主渠道的作用，大张旗鼓地宣传残疾人保障法。《枣庄日报》、电台、电视台播发助残新闻，制作“助残”专版，市经济广播电台开办了每周一次的《生命之光》残疾人专题节目，在全社会增强了依法发展残疾人事业，依法维护残疾人合法权益的良好社会氛围。积极开展残疾人文体活动，在全国、全省组织的每届文艺会演及体育比赛中获得了良好成绩，在山东省残疾人运动成绩中一直保持全省前六名。特奥运动发展迅速，全市有特奥运动员244名，建立了特奥运动员人才库。成功地承办了全省首届残疾人青少年游泳训练营集训。

2014年3月20日，为全市50名脑瘫儿童免费适配了矫形器

（四）残疾人事业科学发展阶段（2007年1月至2017年12月）

市委、市政府高度重视关心残疾人事业，逐年加大对残疾人事业的资金投入，将残疾人工作重点项目纳入政府公共财政的预算，使残疾人事业经费投入的增长率与财政收入的增长率相协调，有力改善了残疾人的生活状况。特别是党的十八大以来，枣庄市残疾人事业发展取得了长足进步。

1. 法规政策逐步完善落实。近年来，市委、市政府相继出台涉及残疾人基层组织建设、生活保障、托养服务、养老保险等政策法规，为残疾人事业发展提供了有力政策保障。出台《关于加快推进残疾人事业发展的实施意见》，强调了新形势下发展残疾人事业的重要意义，明确了总体要求，对加强残疾人医疗康复、残疾预防、生活保障、教育就业、改善对残疾人服务等方面做了具体的规定。出台《枣庄市残疾人优惠扶持规定》，在残疾人最关心的教育、康复、就业、生活保障和参与社会的环境条件等方面，明确了残疾人应享受的权利，规定了各方面应承担的责任，使残疾人能够享受到基本的保障，改善残疾人的生存发展环境，促进残疾人事业与经济、社会协调发展。2012年，相继出台《枣庄市残疾人事业“十二五”发展规划》《关于加快推进残疾人社会保障体系和服务体系建设的实施意见》两个文件，将加快推进残疾人社会保障体系和服务体系建设以及残疾人康复机构建设作为发展

目标。2017年，出台《关于印发枣庄市残疾人事业发展“十三五”规划的通知》，把加快推进残疾人小康进程作为枣庄市全面建成小康社会决胜阶段的重点任务。

2. 残疾人社会保障水平不断提高。各级残联按照“普惠加特惠”的原则，采取重点保障和特别扶助、一般性制度安排和专项制度安排相结合的保障措施，积极推动将符合条件的残疾人作为重点对象纳入城乡社会保障体系，确保残疾人应保尽保。自2003年起，全市对城镇低保重度残疾人每人每月给予50元生活补贴；2010年起，该项惠残政策将全市农村低保重度残疾人涵盖在内；2015年，城乡低保重度残疾人生活补贴提高至80元。2014年，市残联制定出台对年龄在16—59周岁且无生活自理能力的一级智力、精神和肢体残疾人每人每月发放60元护理补贴政策，2015年，护理补贴政策救助范围扩大至二级重度智力、精神和肢体残疾人，同时护理补贴提高至80元。截至2017年，“两项补贴”政策顺利落实，6.7万人次残疾人从中受益。

3. 残疾人康复服务覆盖面不断扩大。近年来，共为13000余名贫困白内障患者免费实施复明手术；2008年，圆满完成省级白内障无障碍市创建任务，成为全省第三个创建成功的市；2011年，被中国残联授予“全国白内障无障碍市”荣誉称号；为5000多名精神病患者提供免费服药、住院医疗康复救助；残疾儿童抢救性康复训练2300多人次，重度听障儿童免费实施人工耳蜗抢救性康复救助和免费康复训练，发现一例、抢救一例；建设各类残疾儿童康复机构23个；免费培训各类残疾人康复协调员1800多人，建设康复示范站50个；10万余名残疾人得到不同程度的康复服务。

4. 残疾人综合服务设施建设稳步推进。2014年启动市残疾人综合康复中心建设，项目一期预计总投资为4661.86万元，占地30亩，建筑面积12852平方米。2014年2月13日，第一次市城乡规划会确定枣庄市残疾人康复中心选址；7月18日，市发改委批复，同意市残疾人综合康复中心建设项目立项。目前已完成康复1、2、3号楼的建设，内外墙砖装饰装修接近尾声，空调、电梯正在安装。2016年9月，市编委批复设立了市残疾人综合康复中心，为市残联直属正科级事业单位，暂定公益二类，人员编制30个；11月25日，市编办批复同意市残疾人综合康复中心公开招聘事业编制人员14人。按要求，残疾人综合康复中心主要开展综合康复、聋儿语训、脑瘫、智力残疾、孤独症儿童康复训练及辅助器具适配等业务。

5. 残疾人就业成效显著。多年来，坚持把多形式，多层次，多渠道安排残疾人就业，稳定福利企业残疾职工，鼓励社会各单位按比例安排残疾人集体从业和个体从业摆在重要位置，扶持盲人创业、就业得到社会认可；按比例安排残疾人就业工作，不断拓宽工作覆盖面，残保金征收工作从刚开始征收的第一年由残疾人就业服务中心工作人员到各单位上门征收40余万元，到2005年实施财政代扣、地税代收220万元，再到现在实施财政代扣、地税征收。特别是2013年以来，征收金额由880万元上升到2017年度的1400余万元，实现“五连增”，为残疾人事业的发展做出了积极的贡献。同时，积极开展残疾人就业服务，以残疾人实用技术培训为抓手，共举办各类培训班400余期，培训残疾人1万余人次，培育省级优秀基地30余处。推进残疾人就业、创业，全市新增残疾人实名制就业3000余人。

6. 扶贫攻坚有力推进。自2015年提出脱贫攻坚计划以来，枣庄市未脱贫残疾人1150余人，多数丧失劳动能力，其抵御风险能力更差，脱贫难度更大，是脱贫攻坚战中难啃的硬骨头。

市残联按照“一个中心、两个精准、四项工作、六项措施”的工作原则，全力抓好助力残疾人脱贫攻坚工作。截至目前，共有23810名低保残疾人以及35076名重度残疾人纳入两项补贴发放范围。实施“阳光家园”计划。核拨资金367.5万元，由各区（市）残联向托养服务寄宿制机构、日间照料机构及能为处于就业年龄段的智力、精神和重度肢体残疾人提供居家服务的机构或组织购买托养服务，共服务各类残疾人3730人次。近年来，与人社部门联合举办残疾人专场就业招聘会5期，走访登记事业残疾人家庭2361户，为2575名贫困残疾人办理失业登记，将462名贫困残疾人纳入年度实名制培训计划，帮助685名登记失业贫困残疾人实现就业。深入实施《威海市—枣庄市残疾人扶贫协作实施方案（2016年—2018年）》，实施贫困残疾人助行工程，向符合条件的建档立卡重度残疾人发放轮椅400辆；实施家庭无障碍改造项目，为符合条件的63户贫困边缘和建档立卡残疾人家庭实施无障碍改造，其中建档立卡45户。每年春节期间，积极筹措资金，购买面、油、棉服、煤气灶具等生活必需物资，集中走访了全市危房改造户320户、贫困残疾人家庭520户及部分残疾人集中就业单位等。各区（市）残联均开展了走访慰问活动，据统计，全市共筹集资金530余万元，走访贫困残疾人家庭16000余户，社会效益显著。

7. 宣传文体工作精彩纷呈。市委、市政府十分重视残疾人事业宣传工作，始终把宣传残疾人事业列为全市宣传工作的重要内容。在市广播电台开办了每周两档的《生命之光》专题节目，在市电视台开播了《共享阳光》手语新闻综合栏目。2010年4月起，与枣庄日报社联合开办了《春天的事业》专版，每月一期，在残疾人与社会之间架设起息息相通的桥梁。每年的全国助残日、盲人节、聋人节等重大节日，全市围绕主题组织开展宣传、咨询、服务活动，大力宣传残疾人事业，宣传残疾人自强不息和社会各界扶残助残典型，营造扶残助残的良好社会风尚。

建立残疾人优秀运动员的培养、选

拔、输送、激励机制。近年来，在国际、国内重大残疾人体育赛事上，枣庄市运动员共夺得金牌24枚、银牌23枚、铜牌15枚。省政府两次授予枣庄市“发展残疾人体育事业突出贡献奖”。刘磊、王乐正在2008年北京残奥会上力挫群雄，取得了一枚金牌、一枚铜牌、一个第四名的优异成绩，实现了枣庄市在残奥会上奖牌零的突破，为国家、省、市争了光彩。省政府授予刘磊“山东省劳动模范”光荣称号；给予王乐正记一等功奖励。在2012年第14届伦敦残疾人奥运会上，枣庄市选手刘磊、王乐正分别获得了一枚金牌、一枚铜牌的优异成绩。省委、省政府授予市残联“振兴残疾人体育事业突出贡献奖”。在2016年巴西里约第十五届残奥会上枣庄市优秀运动员刘磊又勇夺72公斤级举重金牌，这也是我省在里约残奥会上获得的唯一一枚金牌。

8. 普法维权措施有力。针对残疾人多样性、类别化的需求特点，全市各级残联不断健全信访维权机制，完善领导干部接访工作制度，广泛开展残疾人法律法规宣传，增强全社会依法保障残疾人权益意识，依法维护残疾人合法权益，促进社会和谐稳定。

通过政协提案、政府督查等方式，积极协调相关部门，全市39个A级及以上景区全部对残疾人免费或优惠开放，确定市宏通驾校为残疾人学驾驶的定点机构。对《山东省实施〈中华人民共和国残疾人保障法〉办法》中规定的残疾人免收电视初装费、减半交纳基本收视维护费、减半收取移动通信工具信息费等一系列优惠政策，分别由主管部门牵头与市残联联合行文，作了进一步的明确。自2015年12月3日起，全市残疾人实现了免费乘坐市内公交车。

2016年开通了枣庄市12385残疾人服务热线，为残疾人提供“不出门、一站式”的咨询服务，促进社会稳定。积极协调市人社局、市财政局组织开发了12385残疾人服务热线话务员、档案管理员、综合协调员5个公益性岗位。热线工作人员对所有来电均一一进行耐心、热情、规范解答处理，残疾群众满意率达100%。

二、取得的成就

（一）残疾人社会保障体系基本框架初步确立，残疾人保障水平大幅提升

依托“精准扶贫”，农村危房改造、两项补贴制度衔接和残疾人专项扶贫等措施，为2256户农村贫困残疾人家庭修建住房或进行了危房维修改造，各级残联对全市1600余户农村贫困残疾人家庭住房进行了重新核实，共有196户贫困残疾人家庭住房被确定为危房，全部纳入了住建部门危房改造系统。扶持6900户农村贫困残疾人就业，使8400名残疾人掌握1至2门发展生产的实用技术。累计向困难残疾人发放6.7万人次生活补贴和护理补贴。落实重度残疾人参加居民基本养老保险和基本医疗保险由当地政府为其代缴或补助保险费政策。实施“阳光家园”计划，残疾人托养服务体系基本框架初步建立。

2015年11月，残疾运动员集训

（二）残疾人服务机制逐步完善，为残疾人提供服务的能力切实加强

一是积极推动信息化和综合康复中心建设。开展残疾人基础信息核查工作，完成10万余名残疾人的信息调查和录入。不断增加市残疾人综合康复设施服务内容。2014年启动市残疾人综合康复中心建设，项目一期预计总投资为4661.86万元，占地30亩，建筑面积12852平方米。目前，已进入全面装修阶段。二是稳步推进康复工作。以残疾人“人人享有康复服务”工作为抓手，不断拓宽康复工作领域，建立了0—6岁残疾儿童抢救性康复救助制度。为肢体残疾人免费安装假肢420例；适配矫形器800多例；残疾儿童抢救性康复训练2300多人次；肢体残疾儿童矫治手术100多例；为听障残疾人免费配发助听器500多台；为170名重度听障聋儿免费安装人工耳蜗；免费配发基本型辅助器具7000多件，为近10万人次提供了康复服务。三是扎实开展教育培训就业工作。实施扶残助学工程，帮助1100余名残疾学生和贫困残疾人家庭子女顺利完成学业。落实“三免一补”政策，残疾儿童义务教育入学率稳步提升。开展残疾人职业技能和实用技术培训。培育省级优秀基地30余处。推进残疾人就业、创业，全市新增残疾人实名制就业3000余人。

（三）残疾人事业宣传、文化体育工作力度不断加大，助残社会环境明显优化

加强残疾人事业新闻宣传促进会建设，建立了稳固的市、区（市）、乡镇（街道）三级残疾人事业宣传工作队伍。每年召开全市残联系统宣传（信息）工作会议。积极组织参加全省残疾人事业好新闻评选活动，多次获奖。推动基层残疾群众文化深入开展，全市各类公共文化设施普遍对残疾人开放并提供便利服务，乡镇、社区、特殊教育学校、福利企业纷纷建立了残疾人文化活动基地。市图书馆设立了盲文及盲人有声读物图书室；市宣传、文化、出版部门积极扶持和推广反映残疾人和残疾人事业的图书、音像、报刊及影视作品。把残疾人

2017年6月15日，在市政大厦二楼东会议室召开市政府残工委（扩大）会议，会上向残奥会冠军刘磊颁发奖金

运动员培训纳入残疾人职业技能培训计划，制定优秀残疾人运动员上学、就业、保险、表彰奖励等有关政策。广泛开展适合残疾人的群众性体育活动。枣庄市残疾运动员多次代表省、国家参加体育赛事并获优异成绩。

三、经验启示

（一）增加经费投入，着力加强残疾人康复业务工作

将更多的康复项目纳入基本医疗保险支付范围，提高支付标准。做好残疾人参加社会医疗保险和医疗救助的衔接工作，凡纳入低保范围的残疾人申请参加居民基本医疗保险的，对其个人应缴部分给予全额资助。对经相关保障制度补助后个人负担医疗费用仍有困难的特困残疾人，给予医疗救助，并逐步提高救助标准。开展残疾预防宣传教育，倡导早期干预和早期康复训练。建立多部门联动的0—6岁残疾儿童筛查、报告、早期康复教育、家长培训和师资培养的工作机制，鼓励和支持幼儿园、特殊教育学校实施残疾儿童融合式学前康复教育。实施残疾人康复工程，加强基层康复站建设和康复人才的培养。以建立社区康复站为基础，以家庭为依托，发挥医疗机构、特殊教育学校、残疾人集中就业单位的作用，建立健全社会化的残疾人康复服务网络，提供康复服务。组织实施白内障复明手术，依靠卫生、民政等部门开展精神病防治康复工作，特别是对重症精神病患者进行防治康复。

（二）提升服务水平，加快残疾人“脱贫奔康”进程

一是提高残疾青少年受教育水平。实施全纳教育，构建布局合理、学段衔接、普职融通的特殊教育体系。全面提高残疾儿童少年义务教育普及水平，实施“一人一案”培养，为不能到校就读的残疾学生提供送教上门或远程教育等服务。实施“扶残助学”项目、“励志助学”项目，适当提高残疾学生及困难残疾人家庭子女资助标准。二是大力促进残疾人就业。以就业培训为手段，以按比例就业和集中就业为重点，积极开发公益岗位，拓宽就业渠道，鼓励残疾人自主创业。落实“党政机关、事业单位及国有企业带头安置残疾人”规定，逐步建立按比例安排残疾人就业岗位预留机制。开展用人单位按比例安排残疾人就业公示工作，探索超比例安排残疾人就业用人单位奖励机制。三是加快残疾人脱贫步伐。围绕建档立卡贫困残疾人家庭，紧紧抓住精准识别和脱贫解困两个关键环节，大力实施六项保障工程，切实发挥残联组织在脱贫攻坚大局中的应有作用，全力配合党委政府及有关部门如期打赢脱贫攻坚战。四是提升残疾人社会保障水平。完善保障政策，确保符合条件的城乡残疾人应保尽保。落实好生活补贴和护理补贴政策，不断提高保障水平，探索建立以残疾等级为标准的补贴制度。按照规范化建设要求，争取在“十三五”期间至少建设1所市级残疾人托养中心。健全残疾人托养服务体系，为就业年龄段智力、精神和重度肢体残疾人提供康复、护理、能力训练等服务。深入实施“阳光家园”计划，逐步提高补贴标准。

（三）强化事业宣传，努力营造良好社会氛围

一是强化舆论宣传工作。围绕“全国助残日”“国际残疾人日”等重要活动和重点工作，开展多种形式宣传活动，形成规模效应，努力形成理解、尊重、关心、帮助残疾人的社会风尚。二是实施无障碍改造工程。推行城市道路和建筑物无障碍设施建设，贯彻实施《城市道路和建筑物无障碍设计规范》，在城市道路和重要建筑物新建、改建和扩建中，以及在居住区建筑中，把残疾人无障碍设施建设纳入建设规划，规范设计，严格落实，努力营造“平等、参与”的无障碍环境，为残疾人出行提供良好的外部环境。三是积极推动残疾人优惠政策落实。将残疾人优惠政策落实工作纳入党委、政府工作大盘子，通过人大视察、政府督查、政协协商等活动，专门讨论分析、解决残疾人优惠政策落地问题。

（四）注重人才培养，努力加强残联干部队伍建设

将残联干部队伍建设纳入当地干部队伍和人才队伍建设整体规划，加大培养、使用和交流力度。加强基层残疾人工作者队伍建设，选聘好残疾人专职干事，切实解决好工资待遇问题。重点选拔聘用优秀大学生从事残疾人工作，将基层残联专职干事作为公益岗位安排优秀残疾人。

审稿人：张光忠
撰稿人：李　玲　徐　可

改革开放以来枣庄市政府法律顾问制度建设的历程、成效及经验

政府法律顾问制度是伴随着社会主义法制建设而逐步确立、发展和深化的。中共十一届三中全会后，随着改革开放的深化和社会主义市场经济体制的建立，我国的法治建设稳步推进，政府的行政行为逐步被纳入法律规范的轨道，政府法律顾问制度逐渐成为建设法治政府的重要措施之一。枣庄市是山东省探索实践政府法律顾问制度较早的市之一，尤其是党的十八大之后，枣庄市政府法律顾问制度成功走出了枣庄模式，取得了显著成效，在全省乃至全国都有一定的影响力。几年来，江苏省、河南省、贵州省及青岛、潍坊等多个省市20余批次160余人学习借鉴。《焦点访谈》《法制日报》《山东新闻联播》等各级媒体宣传推广。认真总结枣庄市政府法律顾问制度建设的成功经验，对落实依法治国基本方略，建设中国特色新型智库，实现到2020年基本建成法治政府奋斗目标有着重要意义。

一、枣庄市政府法律顾问制度建设的历程

（一）探索和初步建立阶段

中共十一届三中全会后，随着我国政治经济体制改革及社会主义法制建设的深入推进，各级政府面临的行政事务日益复杂，同时作为民事主体参与各类经济活动也越显频繁，除加强政府法制建设外，外聘律师、专家学者担任法律顾问也越来越多。山东是在全国较早开展这项工作的省市。1985年以前，律师担任法律顾问的单位主要局限于企业、事业单位、社会团体、其他组织和公民，政府法律顾问基本上处于空白。1986年3月，省政府办公厅批转了省工商局、经委、外经委和司法厅联合呈报的《关于加强企业法律顾问工作意见的报告》，极大地促进了企业法律顾问工作的开展。1987年，山东省开始开展律师担任政府法律顾问工作，一定程度上促进政府法制建设，提高政府领导决策的民主化、科学化、法制化水平。1988年1月，省政府办公厅下发《关于聘请法律顾问的通知》，确定法律顾问的联络工作由省政府法制局负责，从而确立了政府聘请、政府法制机构具体负责的政府法律顾问运作模式，标志着山东省政府法律顾问制度的建立。1991年6月，省政府办公厅印发《山东省依法行政五年规划》，在落实依法行政的保证措施中明确提出“充分发挥政府法律顾问的作用”。2004年国务院印发《全面推进依法行政实施纲要》，明确规定，各级政府和政府各部门的法制机构是各级政府和政府各部门在依法行政方面的参谋、助手和法律顾问。文件的出台，为我国政府法律顾问制度建设提供了强大的原动力。政府法律顾问制度实施以来，为了保证工作有序开展，切实发挥作用，全省多数地方政府和部门都在探索和开展中进一步规范完善，相继制定了岗位责任制、首席顾问负责制度、集体研究讨论制度、工作质量检查制度等等，逐步把政府法律顾问工作纳入规范化、制度化和法律化的轨道。

1990年，枣庄市成立市政府法制办公室，正县级，定编17人，内设法规科、执法监督科、复议应诉科和秘书科，全面负责市政府的法制行政工作。各区（市）也相继成立了政府法制工作机构，政府法制机构的设立为建立政府法律顾问制度奠定了基础。在省政府的示范带动下，枣庄市的法律顾问工作逐步推开。2000年7月15日，滕州市政府法律顾问团成立。2007年5月，为提高依法行政水平，充分发挥专家学者在政府工作中的法制咨询和参谋作用，枣庄市政府聘请了崔少华等3名律师担任市政府法律顾问。期间，各级行政机关根据工作的需要，相继聘任律师开展工作，提供法律服务。这一时期，法律顾问较好地发挥了3个方面的职能作用：一是为政府宏观决策提供法律服务，帮助建立宏观调控体系。二是为密切政府与群众的联系做了大量工作。三是接受委托，代理参加诉讼、调解、仲裁活动，通过法律途径妥善解决各类纠纷。

多年的实践充分证明，推动法律顾问工作向普遍化、规范化、制度化方向发展，顺应了党政机关依法执政、依法行政的需求，顺应了经济社会发展和基层人民群众对法律服务不断增长的需求，顺应了法律服务业自身的发展规律，具有很强的生命力和广阔的发展前景。政府法律顾问制度的建立和实施，对于促进各级政府及其部门依法行政、加快法治政府建设产生了积极影响。

（二）全面建立阶段

2013年11月，中共十八届三中全会通过《关于全面深化改革若干重大问题的决定》，强调“普遍建立法律顾问制度”，把建立“法律顾问制度”作为国家治理体系和治理能力的一项重要内容。2014年5月，省政府办公厅印发了《关于建立政府法律顾问制度的意见》，对政府法律顾问工作作出全面部署，要求各市政府应当在2014年9月

底前，各县（市、区）政府在12月底前，普遍建立政府法律顾问制度。枣庄市委、市政府高度重视，积极跟进、认真落实，推进并创新政府法律顾问工作机制。

1. 坚持制度先行，搭建起政府法律顾问制度的基本框架

枣庄市坚持以党的十八大、十九大和习近平新时代中国特色社会主义思想为指导，认真贯彻落实省政府办公厅《关于建立政府法律顾问制度的意见》和省政府法制办的部署要求，紧紧围绕市委、市政府中心工作，立足全市改革发展稳定大局，加强领导，科学谋划，创新举措，确保实效，坚持“建、用、管”三位一体，扎实推进政府法律顾问工作，取得了显著成效，得到了省、市领导的充分肯定。

枣庄市将建立制度作为首要环节，坚持高标准、严要求，科学谋划、精心推进。市政府先后两次召开常务会议研究部署建立政府法律顾问制度工作。2014年4月15日，市政府召开全市政府法制工作会议，对全面建立政府法律顾问制度作出安排。7月21日，发布《关于建立枣庄市法律专家库和选聘市政府法律顾问的公告》，向社会公开选聘政府法律顾问。通过公开招聘、综合评定等方式，在全省范围内选定73名律师、学者为市政府法律专家库成员，经实地考察、政审、公告、公示等程序，报市政府同意后择优选聘崔少华等22人为市政府法律顾问。同时，从市直政法和执法部门遴选5名有多年行政工作经验和深厚法律知识功底的专家型人才担任特邀法律顾问。9月22日，市政府举行第一届市政府法律顾问聘任仪式，这标志着枣庄市政府法律顾问制度正式建立。为加强对政府法律顾问工作的领导，11月3日，市政府印发《关于成立枣庄市法律顾问委员会的通知》，成立分管副市长为副组长，相关部门主要负责人为成员的枣庄市法律顾问委员会，指导推进全市政府法律顾问的开展推进。委员会办公室设在市政府法制办，具体负责政府法律顾问的联系、管理、聘任、组织等日常工作。

较以往与外地市不同，枣庄市政府法律顾问制度建立了“政府法律顾问+法律专家库”工作模式。此次聘任的顾问，来自省内高校和多个律师事务所，专业和研究方向涉及宪法、行政学、民商法、经济法、金融法等多个方面，涵盖了枣庄市经济社会建设中可能涉及的法律领域，切实解决了以往法律顾问来源单一、覆盖面不足等问题，充分体现了“智库”特点。实现了“统一购买、统一管理、统一服务”运行模式。即：市政府采用政府集中购买服务的方式，由财政统一支付法律顾问报酬。受聘顾问统一由市法制办管理，所有法律服务事项由市法制办根据律师专业特长进行指派。制度建立后市政府各部门、各人民团体原则上不再单独聘请法律顾问，所需法律服务统一由法律顾问提供。这种“三个统一”可复制、可推广的新模式，得到了省政府的充分肯定并专题进行调研总结。在2015年12月3日召开的全省政府法律顾问工作会议上，枣庄市作大会典型发言。各区（市）也按照省、市部署和要求，于2014年底前建立起不同模式的政府法律顾问制度并组织开展工作。全市共聘任法律专家库成员155名。

2. 加强工作指导，市、区（市）、镇（街）三级政府普遍建立法律顾问制度

2014年，省政府作出“加快推进各级政府及党政机关聘请法律顾问工作”的决定。2015年2月4日，全省政府法制工作会议要求“建立党政一体法律顾问制度”。市委、市政府高度重视，认真落实会议精神。5月15日，市委下发《关于建立党政一体法律顾问制度的通知》，要求市、区（市）两级以政府法律顾问制度为依托，全面建立党政一体法律顾问制度，努力拓展法律顾问服务领域，由单纯服务政府及政府工作部门，向全面服务党委、人大、政协和各人民团体拓展和延伸。市委明确要求，市级各部门（单位）原则上不再单独聘请法律顾问，工作中需要法律服务的，由市政府法制办统一安排，所需经费由市财政予以保障。6月，市、区（市）两级政府法律顾问全部实现向党委、人大、政协和各人民团体拓展和延伸，在全省率先建立党政一体法律顾问制度。2016年3月9日，市政府法律顾问委员会办公室印发《关于建立镇（街）党政一体法律顾问制度的通知》，在市、区（市）全面建立党政一体法律顾问制度的基础上，将工作向基层延伸。《通知》下发后，各区（市）以镇（街）综治办或司法所为依托，明确专门机构和人员，具体负责党政一体法律顾问的聘任、联络、组织、协调等日常工作，并出台配套工作制度，不断提升法律顾问管理规范化水平。自此，枣庄市基本实现了市、区（市）、镇（街）党政一体法律顾问制度全覆盖，法律顾问制度体系更加成熟定型。

3. 规范日常管理，督促和引导法律顾问高效规范履职尽责

2014年10月，中共第十八届四中全会作出《关于全面推进依法治国若干重大问题的决定》，进一步明确提出：“积极推行政府法律顾问制度，建立政府法制机构人员为主体、吸收专家和律师参加的法律顾问队伍，保证法律顾问在制定重大行政决策、推进依法行政中发挥积极作用。”习近平总书记2015年在省部级主要领导干部学习贯彻党的十八届四中全会精神全面推进依法治国专题研讨班上的讲话中指出：“谋划工作要运用法治思维，处理问题要运用法治方式，说话做事要先考虑一下是不是合法，把握不准的就要查一查党纪国法是怎么规定的，还可以请法律专家、法律顾问帮助把把关。”如何健全政府法律顾问队伍、完善政府法律顾问工作机制，体现政府法制机构的主体地位、发挥外聘法律顾问的积极作用，成为这个阶段各级政府解决的首要课题。

枣庄市以规范日常管理为抓手，强化管理机制，建立起政府法律顾问管理、监督、考核评价机制，充分激发政府法律顾问的工作积极性和创造性，有

效防止了政府法律顾问“聘而不用”和“过度使用”两种错误倾向，以实际工作成果凝聚了改革共识。2014年7月14日，为进一步明确法律顾问服务事项、健全工作流程，枣庄市人民政府办公室制定了《枣庄市人民政府法律顾问工作细则》，对市政府法律顾问参与重大涉法事务的工作程序和法律建议的提出、审核、采纳、反馈等作出具体规定，有效确保了政府法律顾问制度的规范化运行。为加强对法律顾问的考核监督，建立了法律顾问值班或坐班制度，制定了《枣庄市人民政府法律顾问工作考核办法》，实现了对政府法律顾问的实时动态评价，建立了法律顾问考核评价机制。建立政府法律顾问服务台账和工作档案，实行一案一卷，翔实反映法律顾问履职、遵守工作纪律、履行保密义务等情况，并以此为依据，建立起法律顾问更新退出机制。密切与政府法律顾问的工作联系，组织编印了市政府法律顾问和法律专家库成员名录，创建了“枣庄市政府法律顾问”微信群，通过多种渠道发布法律顾问工作动态，通报最新进展，宣传特色亮点，为各级各部门健全完善法律顾问制度提供了鲜活示范。

2015年4月，省政府办公厅下发了《关于进一步做好重大行政决策合法性审查工作的通知》，对开展合法性审查的承办机构、审查范围、工作程序等作出了具体规定，明确将政府法律顾问进行法律咨询论证，作为政府法制机构合法性审查的方式之一，建立了法律顾问参与重大行政决策合法性审查的工作机制。枣庄市积极跟进，出台了《枣庄市人民政府重大行政决策程序规定》等规定，对重大行政决策合法性审查的范围、标准、程序等进一步细化，创新政府法律顾问参与机制，拓展了法律顾问服务范围。为更好地贯彻《枣庄市人民政府重大行政决策程序规定》，降低政府重大决策法律风险，出台《枣庄市政府法律顾问列席市政府相关会议实施办法》，健全法律顾问列席市政府全体会议、常务会议和专题会议制度，对政府法律顾问列席市政府相关会议的类别、内容、程序和要求做出明确规定，为发挥政府法律顾问的参谋助手作用，依法履职提供重要遵循。这些工作举措实现了专业法律知识与日常行政事务的有机衔接，保障了法律服务质量。

为拓宽工作视野，提升服务水平，2015年11月2—6日，在中国人民大学举办专题培训班，对市、区（市）共计50余名政府法律顾问进行集中培训，取得了良好效果。2017年9月11日，枣庄市法治政府建设暨政府法律顾问履职能力提升培训班在西南政法大学开班。各区（市）、枣庄高新区管委会法制办主要负责人，市直有关部门负责人，市政府法律顾问共60余人参加。培训期间邀请西南政法大学知名教授讲解我国经济形势、依法行政和法治政府建设、突发公共事件应急管理等方面的知识内容，对于进一步提升枣庄市领导干部和政府法律顾问的履职能力具有重要现实意义。

4. 加强工作机构建设和经费保障，为全面履行好组织、联络、协调职责提供坚实保障

为保证政府法律顾问工作的正常有序开展，各级政府不断从机构、经费等方面加大保障力度。2014年11月，在市政府法制办设立专门办公室，成立正科级事业单位——市政府法制服务中心，新增事业编制4名，具体负责党政一体法律顾问的聘任、联络、组织、协调等日常工作，财政拨付政府法律顾问工作专项经费50万元。各区（市）也成立专门机构，市中区、台儿庄区等设立了法制服务中心，增加人员编制，全面负责党政一体法律顾问工作。峄城区每年拨付50万专项经费，用于政府法律顾问工作，极大地促进了工作的开展。

（三）巩固完善阶段

2016年5月，中央办公厅、国务院办公厅印发《关于推行法律顾问制度和公职律师公司律师制度的意见》，明确要求：2017年底前，中央和国家机关各部委，县级以上地方各级党政机关普遍设立法律顾问、公职律师，乡镇党委和政府根据需要设立法律顾问、公职律师。提出了到2020年全面形成与经济社会发展和法律服务需求相适应的中国特色法律顾问、公职律师、公司律师制度体系的目标任务。山东省委、省政府迅速贯彻落实。2016年3月2日，省委举行聘任仪式，聘任冯军等5人担任省委法律顾问，聘任于向阳等30人担任省委法律专家库成员。省委书记姜异康向5名省委法律顾问颁发聘书。中共山东省委正式建立了省委法律顾问制度，采取了“法规室+法律顾问+法律专家库”工作模式。在省委的示范带动下，省委各部门和各市党委也普遍建立了法律顾问制度。

1. 党政一体法律顾问制度建设有序推进

为发挥法律顾问在服务市委依法治市中的作用，枣庄市委深入贯彻落实十八届四中全会“完善党委依法决策机制”的要求。2017年3月29日，市委印发《中共枣庄市委办公室关于聘任市委法律顾问的通知》，本着科学、精简、统一、高效的原则，坚持人员组成不变、管理体制不变、运行模式不变，在全面建成政府法律顾问制度的基础上，决定聘任崔少华等25名同志为市委法律顾问，崔少华为市委首席法律顾问。党政一体的法律顾问制度的建立，为市委和群团组织依法决策、依法办事提供有力支撑和必要服务，加筑了“安全网”。

2. 顺利完成市政府法律顾问换届工作

根据《枣庄市人民政府法律顾问工作规则》规定，法律顾问每届聘期2年。2016年9月，市政府第一届法律顾问聘任到期。为保证工作连续性，市法律顾问委员会办公室严格按照《枣庄市人民政府法律顾问工作考核办法》规定，在全面总结市政府法律顾问任期工作情况的基础上，结合服务部门的意见，从履职尽责、工作业绩、服务效果、服务形象等方面，对所聘法律顾问进行公开、公平、公正的评价考核，确定考核成绩。

根据考核成绩，对3名考核不称职的不再推荐为第二届法律顾问。9月18日，市政府举行第二届市政府聘任仪式，会议全面总结市政府第一届法律顾问工作情况，研究部署第二届法律顾问工作。结合工作实际需要，第二届市政府法律顾问的人数由22人增加至25人，分别来自省内高校和多个律师事务所。各区（市）政府也陆续开展换届工作，确保法律顾问工作的连续性和有效性。

3. 相关工作机制得到进一步健全

财政保障机制逐步完善。政府法律顾问制度采用政府集中购买服务的方式，所需经费由财政予以保障。为了规范法律顾问经费的管理、使用，提高资金使用效率，根据《预算法》等规定，2014年12月17日，市法制办与市财政局联合制定了《枣庄市人民政府法律顾问工作报酬支付办法》，从保障制度、费用标准、支付程序等方面对法律顾问报酬作出具体规定。《办法》明确规定：法律顾问报酬包括基础服务报酬和诉讼业务报酬。基础服务报酬根据日常考核结果支付，诉讼业务报酬根据案件标的计算支付。将法律顾问考核结果与费用标准挂钩，极大地调动了政府法律顾问的工作积极性，提高了工作效率，优化了服务质量。随着依法治国基本方略的实施推进，依法执政、依法行政的意识深入人心，各级各部门办事依法、遇事找法、解决问题用法、化解矛盾靠法的法治环境逐步形成，政府法律顾问的工作量越来越大，为党委、政府、部门提供的法律服务范围越来越广，从诉讼案件代理、合同审查到重大决策把关、矛盾纠纷化解等。针对这一情况，结合工作实际需要，2016年9月19日，市法制办与市财政局重新修订该《办法》，提高了法律顾问的报酬支付标准。

动态管理制度健全。建立了法律顾问服务事项办理情况评价反馈机制，对法律顾问提供的法律服务质量及时跟进。由接受服务单位根据具体涉法事务的办理，从专业知识、服务态度、办事效率、职业道德等方面作出评判，作为法律顾问费用支付和工作考核的重要依据。为每名法律顾问建立了履职档案，实行“一案一卷”和“一人一档”并行，留存法律顾问提交的书面法律建议，将法律服务事项审批（通知）、推荐人选请示、工作委派单、承办事项材料、费用支付凭证、法律顾问的书面法律建议、服务质量反馈等材料存入档案，实现履职过程“全程留痕”。严格落实工作保密制度，与每名法律顾问签订保密承诺书，存入个人档案。依托枣庄政府法制网，建立市、（区）市、镇（街）政府法律顾问数据库，推动探索建立法律专业人才共享机制。

4. 政策宣传工作成果丰硕

枣庄市党政一体法律顾问制度从建立初，坚持“建、管、用”三位一体，市、区（市）、镇街三级覆盖，紧紧围绕全市中心工作，全力服务党委政府重大决策，全力服务经济社会发展，全力服务法治政府建设，全力服务维护社会稳定，发挥了积极作用，取得了显著成效。几年来，各级新闻媒体先后对“枣庄模式”的法律顾问制度宣传推广。2015年2月12日，《法制日报》以《枣庄给政府法律顾问开出成绩单——购买法律服务破解“聘而不用”难题》为题，对枣庄市法律顾问工作进行专题报道。8月19日，省政府办公厅专程来枣庄市调研总结法律顾问工作。12月3日，在全省政府法律顾问工作会议上做典型发言，介绍工作经验和做法。2016年1月26日，中央电视台焦点访谈以“法治政府怎么建”为题，对枣庄市法律顾问工作及政府法制工作作了报道。9月29日，山东电视台《新闻联播》在头条新闻专题报道枣庄市政府法律顾问工作。2018年2月7日，《枣庄日报》以《新时代新任务新作为枣庄市政府法制工作全面提质增效创新》为题，从组织领导、政府立法、执法监督、复议应诉、法制服务等八个方面，对全市政府法制工作进行了总结宣传。

二、枣庄市政府法律顾问制度建设的成就

（一）建立了体系完善的法律顾问制度

政府法律顾问制度建设的关键在于制度设计的理念创新，枣庄市在全省率先打造“政府法律顾问+法律专家库”工作模式，有效解决了法律顾问来源单一、专业力量不强、覆盖面不足的问题，对引领和推进全省政府法律顾问工作起到了良好的示范作用。完善的法律顾问制度体系，实现了政府法律顾问全覆盖，实现了资源共享，保障了这项制度协调高效运转。注重政策宣传，凝聚社会共识，强化了党委依法执政、政府依法行政意识。市法律顾问委员会办公室逐步健全政府法律顾问的参与机制、管理机制、效力机制，形成了系统、统一、稳定、规范的政府法律顾问规则体系，既有效克服了“聘而不用”“顾而不问”、流于形式的不良弊端，又有效预防了不当使用、过度使用、浪费智力资源的错误倾向，政府法律顾问制度发挥作用的空间越来越大。

（二）形成了高效运转的服务体系

理顺管理体制和健全有效运转的工

2016年1月26日，中央电视台《焦点访谈》对枣庄市政府法律顾问工作宣传报道

作机制是政府法律顾问制度规范发展的保障。枣庄市采取政府聘请、政府法制机构具体负责的运作模式，形成了科学的法律顾问队伍，既理顺了政府法律顾问工作的体制机制，确保各项工作的顺利进行，又有利于发挥政府法制机构主体作用，培养内部法律人才，与外聘的政府法律顾问形成"内脑"与"外脑"的合作优势。

制度建立之初，使用政府法律顾问的启动程序，主要有赖于各级各部门领导法治意识的强弱。法治意识比较强的，主动要求政府法律顾问参与决策、合同审查、重要案件的处理；法治意识相对较弱的，则存在"顾而不用""顾而不问"的现象，制度变成"摆设"。随着制度的不断完善和运行，在法律顾问参与哪类法律事务、在何时参与、法律意见的适用等程序上，逐步形成了较为完备的制度。市政府法律顾问列席常务会议逐步制度化、常态化，从一开始参与少，逐步转变为常参与、多参与。政府法律顾问制度逐步从"要我用"转化为"我要用"，工作程序从"宽、松、软"转变为"严、实、硬"。

2015年，市法律顾问委员会办公室健全各项制度，明确政府法律顾问工作的流程、范围和职责，用制度来保障法律顾问能够而且必须参与到政府依法行政工作中，让法律顾问真正成为政府依法行政的监督员、审核员。对重大行政决策，重要规章和规范性文件的起草，重要合作项目洽谈，重大涉法涉诉案件等，明确让政府法律顾问参与，减少法律顾问使用的随意性。对法律顾问的法律建议高度重视和尊重，对法律建议予以采纳的，及时向法律顾问反馈法律建议的采纳情况，没有采纳的，也予以说明理由，有针对性地提升服务质量和水平。认真执行动态管理和更新退出机制，对积极参加活动、作用发挥良好的法律顾问和专家库成员，给予肯定和奖励，对无正当理由不参加会议活动、不提供法律意见的坚决辞退，有效实现了政府法律顾问的"能进能出"、合理更新，政府法律顾问队伍不断优化。

（三）特色新型的智库作用充分发挥

政府法律顾问制度的生命力在于作用的发挥，枣庄市各级政府法律顾问积极服务政府依法行政全过程，充分发挥了参与政府决策的法律智库作用、助力经济发展的推动作用、维护社会稳定的减压作用和传递法治正能量的宣传作用，政府法律顾问成为枣庄市法治政府建设的一张亮丽名片，得到了党委政府和人民群众的认可。枣庄市致力于将政府法律顾问队伍打造为政府重大决策特色新型智库，使之成为政府用法治思维和法治方式推进改革、促进发展的重要参谋助手，为法治政府新型智库建设提供了宝贵经验。

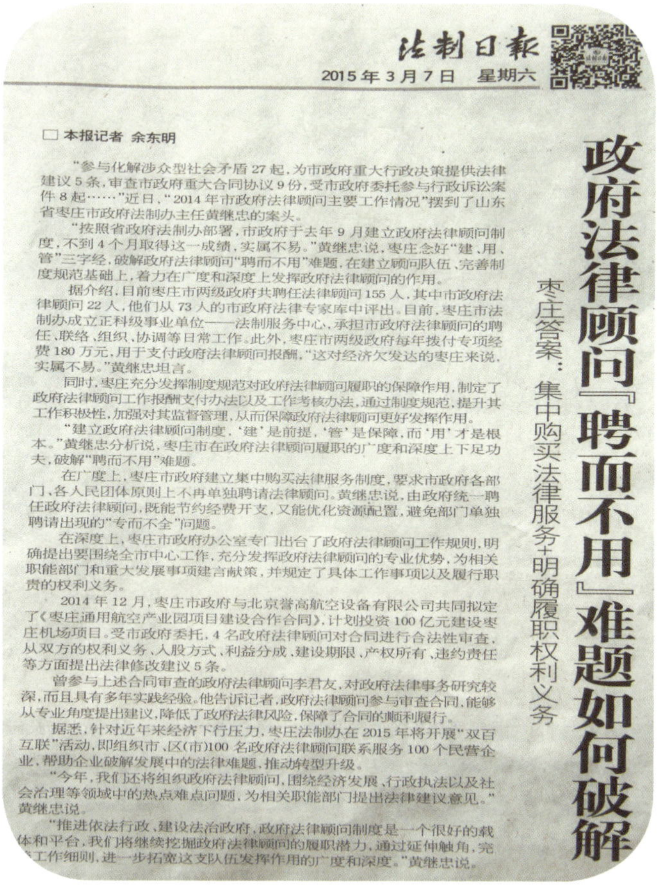
法制日报

2015年3月7日　星期六

政府法律顾问『聘而不用』难题如何破解

枣庄答案：集中购买法律服务+明确履职权利义务

□ 本报记者 余东明

"参与化解涉众型社会矛盾27起，为市政府重大行政决策提供法律建议5条，审查市政府重大合同协议9份，受市政府委托参与行政诉讼案件8起……"近日，"2014年市政府法律顾问主要工作情况"摆到了山东省枣庄市政府法制办主任黄继忠的案头。

"按照省政府法制办部署，市政府于去年9月建立政府法律顾问制度，不到4个月取得这一成绩，实属不易。"黄继忠说，枣庄念好"建、用、管"三字经，破解政府法律顾问"聘而不用"难题，在建立顾问队伍、完善制度规范基础上，着力在广度和深度上发挥政府法律顾问的作用。

据介绍，目前枣庄市两级政府共聘任法律顾问155人，其中市政府法律顾问22人，他们从73人的市政府法律专家库中评出。目前，枣庄市法制办成立正科级事业单位——法制服务中心，承担市政府法律顾问的聘任、联络、组织、协调等日常工作。此外，枣庄市两级政府每年拨付专项经费180万元，用于支付政府法律顾问报酬。"这对经济欠发达的枣庄来说，实属不易。"黄继忠坦言。

同时，枣庄充分发挥制度规范对政府法律顾问履职的保障作用，制定了政府法律顾问工作报酬支付办法以及工作考核办法，通过制度规范，提升其工作积极性，加强对其监督管理，从而保障政府法律顾问更好发挥作用。

"建立政府法律顾问制度，'建'是前提，'管'是保障，而'用'才是根本。"黄继忠分析说，枣庄市在政府法律顾问履职的广度和深度上下足功夫，破解"聘而不用"难题。

在广度上，枣庄市政府建立集中购买法律服务制度，要求市政府各部门、各人民团体原则上不再单独聘请法律顾问。黄继忠说，由政府统一聘任政府法律顾问，既能节约经费开支，又能优化资源配置，避免部门单独聘请出现的"专而不全"问题。

在深度上，枣庄市政府办公室专门出台了政府法律顾问工作规则，明确提出要围绕全市中心工作，充分发挥政府法律顾问的专业优势，为相关职能部门和重大发展事项建言献策，并规定了具体工作事项以及履行职责的权利义务。

2014年12月，枣庄市政府与北京誉高航空设备有限公司共同拟定了《枣庄通用航空产业园项目建设合作合同》，计划投资100亿元建设枣庄机场项目。受市政府委托，4名政府法律顾问对合同进行合法性审查，从双方的权利义务、入股方式、利益分成、建设期限、产权所有、违约责任等方面提出法律修改建议5条。

曾参与上述合同审查的政府法律顾问李君友，对政府法律事务研究较深，而且具有多年实践经验。他告诉记者，政府法律顾问参与审查合同，能够从专业角度提出建议，降低了政府法律风险，保障了合同的顺利履行。

据悉，针对近年来经济下行压力，枣庄法制办在2015年将开展"双百互联"活动，即组织市、区(市)100名政府法律顾问联系服务100个民营企业，帮助企业破解发展中的法律难题，推动转型升级。

"今年，我们还将组织政府法律顾问，围绕经济发展、行政执法以及社会治理等领域中的热点难点问题，为相关职能部门提出法律建议意见。"黄继忠说。

"推进依法行政、建设法治政府，政府法律顾问制度是一个很好的载体和平台，我们将继续挖掘政府法律顾问的履职潜力，通过延伸触角，完善工作细则，进一步拓宽这支队伍发挥作用的广度和深度。"黄继忠说。

2015年3月7日，《法制日报》宣传报道枣庄市政府法律顾问工作

1. 把好重大行政决策"法律关"，推进政府依法行政

自市政府法律顾问制度建立以来，市政府法律顾问参与市政府常务会议和专题会议，围绕产业结构调整、产业转型升级、社会事业和民生保障、重要战略合作协议、重要经济项目等关系经济社会发展全局的重点工作，从合法性、可操作性和潜在的法律风险等方面提供咨询和法律意见，从源头把控法律关口，有效降低了决策的法律风险。市委、市政府作出重大决策，均邀请法律顾问参与研究论证，积极吸收法律顾问提出的合理化建议，保证了依法、科学、民主决策。2014年以来，各级法律顾问先后参与参加专题会议、常务会议、全体会议等重大决策事项研究会议600余次，提出合理化建议2300余条，实现了法律风险防控关口的前移。例如，庄里水库建设是枣庄市一项重点工程，库区涉及18个村，上万人需要搬迁安置，工程量大、涉及人数多，如不能妥善处理将会影响工程进度，并且带来巨大的不稳定因素。工作前期，法律顾问积极介入、提前参与，在制定搬迁安置方案制定时，对征地补偿政策和移民安置方式多次论证分析，提出多项法律建议意见，消除了大量潜在风险，得到相关部门的充分肯定，为工程的顺利进行和社会的稳定起到了积极的推动作用。

2. 服务政府立法等制度建设，保障了重大改革于法有据

重点工作立法先行，是枣庄市近年来推进改革创新、改善民生的一个重要特点。市政府法律顾问在参与政府立法

论证、规范性文件审查等过程中，充分发挥熟悉法律法规、了解法律实务的特长，积极建言献策，有效提升了制度建设质量，实现了立法和改革决策相衔接。立法权下放后，政府法律顾问积极参与市政府立法的立项、起草、审查和调研论证等环节，提高了地方立法的可操作性和可执行性。《枣庄市制定地方性法规条例（草案）》《枣庄市山体保护条例（草案）》《枣庄市城市地下管线管理办法》《枣庄市文物保护管理办法》《枣庄市饮用水水源地保护条例》《枣庄市实施台儿庄古城保护管理条例办法》等等，这些法规规章无不凝聚了政府法律顾问的心血和汗水，为推动地方立法工作健康发展作出了重要贡献。

3. 参与重大法律事项的论证和服务，法律顾问由“消防员”向“守门员”转变

法律顾问是优化营商环境的重要力量，是党委政府运用法治思维和法治方式推进经济发展的有力助手。政府法律顾问积极参与政府职能转变、权力下放、证照合一等有关政策调整，对重大合作、重大协议等进行法律审查，对政府重大投资、招商引资项目进行法律论证，提出专业性意见建议，规避招商引资过程中可能出现的法律风险，体现了政府法律顾问的高度社会责任感，实现了应有的社会价值。2014 年以来，各级法律顾问累计参与枣庄机场建设等政府重大经济项目、招商引资谈判 1400 余起，制定审核各类经济合同 1940 余份。仅市政府法律顾问就谈判 230 次，审核协议合同 340 余份，参与涉及投资金额过千亿元。市政府连续两年召开政府法律顾问服务经济建设工作恳谈会，“面对面”解决全市经济发展中遇到的法律难题，汇聚形成推动经济发展的强大合力。积极开展“双百互联”活动，即组织全市 100 名政府法律顾问联系对接 100 家重点民营企业，结对帮扶，送法上门，帮助企业出实招、破难题、解实忧。“双百互联”活动开展以来，法律顾问共为企业提供法律咨询 2650 次，提出法律建议 845 条，修改合同协议 622 份，举办法制讲座 100 余场次，化解矛盾纠纷 327 起，维护了企业的合法权益，取得了良好的法律效果和社会效果，得到了省、市领导的高度肯定。省政府向全省总结推广枣庄市经验做法，要求各级政府法制机构认真学习借鉴。

4. 参与矛盾纠纷化解，积极维护社会稳定

经济社会的健康发展，离不开和谐稳定的环境。针对经济社会快速发展过程中产生的各类不稳定因素、各方面矛盾，政府法律顾问勇于作为、敢于担责，积极参与涉法涉诉信访事务的处理，行政诉讼、行政复议、行政调解案件的办理，最大限度将矛盾纠纷化解在萌芽状态，架起了沟通政府与社会的桥梁。滕州市自从法律顾问制度建立以来，定期组织法律顾问参与领导干部信访接待活动，取得了良好的效果。法律顾问作为沟通政府与社会的桥梁，参与涉法事件调处，有利于加快实现地方治理体系和治理能力的现代化。2014 年以来，各级法律顾问参与企业破产改制、土地征收、拆迁安置、进京非访等重大涉法事项调处 960 余次，办理行政复议、行政应诉、信访案件论证等 1400 余件，避免了社会矛盾的激化。

5. 积极开展法治宣传与法治理论研究，为法治政府建设传递法治正能量、提供理论支持

法治政府建设理论研讨既是一种调查研究，也是推进法治政府建设的重要抓手。市政府法律顾问牢固树立“创造思维、提供思想”的工作理念，积极开展法治宣传和理论研究，弘扬了法治精神，展示了良好形象，从理论上助推法治政府建设。为贯彻落实中央、省、市《法治政府建设实施纲要》精神，加强政府法制理论研究，形成理论与实践的良性互动，深入推进依法行政，加快建设法治政府。2016 年 11 月，枣庄市面向各级各部门、政府法律顾问公开征集优秀论文，经过组织专家学者层层筛选，评选出优秀论文 20 篇，多位法律顾问撰写的论文获奖。2017 年 3 月 10 日，举办全市法治政府建设理论研讨会，组织获奖作者作交流发言。通过开展此次征文活动，产生一批具有借鉴价值的理论研究成果，对于指导工作实践、加快法治政府建设起到很好的促进作用，全市上下形成了良好理论研究氛围。

2017 年 6 月 16 日，市政府举办首期法治政府建设大讲堂活动，邀请市委、

2015年12月11日，组织召开政府法律顾问服务经济建设工作恳谈会

市政府首席法律顾问、市律师协会名誉会长、山东龙头律师事务所律师崔少华作专题辅导。崔少华以《提高应诉能力 促进依法行政》为题，以全国、全省和枣庄市的典型案例为素材，从事实认定、证据规则、法定程序、法律适用和依法履职等五个方面，认真总结了常见行政诉讼案件的特点，深入剖析了行政机关败诉的原因，结合工作实际提出了行政机关防范败诉风险的三条路径，对行政机关依法行政具有很强的针对性、指导性和实践性。举办以“建设法治政府·法律顾问在行动”为主题的法治政府建设大讲堂系列宣讲活动，既是法律顾问制度工作的延伸，也是推进依法行政、建设法治政府的重要载体，对提高行政机关工作人员运用法治思维和法治方式深化改革、推动发展、维护稳定的能力和水平，加快形成办事依法、遇事找法、解决问题用法、化解矛盾靠法的良好法治氛围起到有力的推动作用。

三、主要经验启示

（一）正确的指导思想和良好的组织保障是做好政府法律顾问工作的前提

中共十八届三中全会作出“普遍建立法律顾问制度”决策部署后，市委、市政府高度重视，将政府法律顾问制度建设作为全面深化改革和加快法治政府建设的重要抓手，统筹谋划，扎实推进，从法律顾问制度初创到体制机制完善、高效运转等，都给予了高度重视。为推动工作的全面开展，市委连续三年将政府法律顾问制度建设情况、工作机制健全情况、作用发挥情况等纳入对各（区）市经济社会发展综合考核体系，强化考核结果运用，有效推动了各项工作的落实。市法律顾问委员会办公室按照市委、市政府的部署要求，尽心履职、积极作为，坚持制度先行，创新设计理念，准确界定职责，构建了系统完备、切合实际的制度体系，为全市政府法律顾问工作的开展起到了良好的示范和引领作用。从全市情况来看，在各级党委、政府重视下，法律顾问专项经费列入财政预算，专款专用，足额保障。这既是对法律顾问工作的肯定，也是对这项制度的支持，为法律顾问工作的深入开展提供了坚强的物质基础。

（二）健全的工作机制和规范的日常管理是做好政府法律顾问工作的基础

枣庄市通过不断健全参与机制、管理机制和考核机制，切实提升政府法律顾问工作的专业性、独立性和高效性。一是完善运行机制，确保工作开展的规范高效。坚持以事前防范和事中控制法律风险为主、事后法律补救为辅的原则，分别将政府法律顾问参与重大涉法事务的启动程序、工作范围、工作程序、工作规范等予以细化完善，明确了法律顾问履行服务职责的程序，规定了登记、分办、申请回避、形成书面法律建议、审核报送等具体环节，不断将流程转化为规程，将要求转化为标准，将原则转换为程序，增强了规范性，减少了随意性。二是多措并举，加强政府法律顾问的日常管理。从法律顾问的聘任、管理、使用到考核监督，都坚持做到制度先行。按照“谁聘用、谁管理”的原则，各级政府法制机构切实肩负起外聘政府法律顾问日常管理的责任，相继出台了一系列切合实际的制度文件，有效提升了工作效率和服务质量，为政府法律顾问的履职尽责和日常工作的规范管理提供了保障。三是强化责任，创新督促机制。枣庄市在法律顾问制度建设中，始终把创新工作方式、方法作为推动法律顾问工作的重要抓手，把创新寓于日常工作之中，把创新寓于工作实践中。为加强日常考核，建立了政府法律顾问服务台账和工作档案，实行“一案一卷”和“一人一档”并行，实现了履职过程“全程留痕”。为加强对法律顾问履职情况的监督，建立健全了绩效考评、诚信档案、保密档案等制度，并及时作出综合评定，评定结果作为评优、续聘的重要依据，真正做到能者上、庸者下。

（三）提供及时服务和培训指导是做好政府法律顾问工作的保障

在为党委、政府、部门提供法律服务中，法律顾问委员会办公室严格履行工作程序，及时向法律顾问提供背景资料，认真审查法律顾问提出的意见建议，确保按时完成工作任务。同时，法律顾问委员会办公室通过培训、召开座谈会等形式，帮助法律顾问了解行政机关的组织结构、运行模式、管理要求和行政程序，熟悉政府行政管理流程和规律，提升了处理政府法律事务的能力。定期向法律顾问传递党委、政府重点工作、关注问题及中长期规划等信息，让专家了解实际需求和服务方向。

（四）坚持政府法制机构的主体地位和主导作用是切实发挥政府法律顾问制度优势的关键

法律顾问委员会办公室设在政府法制机构，由政府法制机构负责法律专家库的建立和政府法律顾问的选聘、联络、组织、协调、管理等具体工作。这切合了政府法制机构是“政府的参谋、顾问和助手”的工作性质和工作特点，既能够保证政府法制机构在法律顾问制度中的主导地位和主体力量，又能够适当借助外脑，发挥法律专家的积极性、主动性。法律顾问提供法律服务原则上由政府法制机构组织或者派遣，提供的书面法律意见经政府法制机构审核，由政府法制机构提供全面的法律意见。这种工作方式，在尊重法律顾问劳动成果的同时，经过政府法制机构的审核把关，确保法律顾问提供的法律服务符合政策方向和法律规定。通过制度运行，各级政府逐渐形成以内为主、以外为辅、内外结合的法律顾问工作格局，能够充分发挥政府法制机构工作人员主体作用，充分发挥专家学者的专业优势，为党委、政府提供全面的法律服务。同时，政府法制机构通过转送相关工作资料、传递工作信息、支付工作报酬，为法律顾问履行职责提供了及时的服务和有力的保障。

审稿人：周　鹏

撰稿人：任成永

机关事务管理体制改革历程和成就

“枣庄市机关事务管理局”（2016年9月30日前为“枣庄市市直机关事务管理局”）组建于2004年5月，是隶属于市政府的正县级财政拨款事业单位。主要职能配置：拟定市级机关事务管理服务工作规划和规章制度并组织实施；负责市级机关房地产管理；负责市级机关集中办公区、职工住宅区规划、建设、分配及水、电、暖（空调）供应、物业管理服务；负责全市公共机构节能监管工作。

建局以来，枣庄市机关事务管理局在市委、市政府的正确领导下，牢记为党和政府的中心工作服务、为机关干部职工服务、为人民群众服务的宗旨，按照管理科学化、保障法制化、服务社会化的要求，强化服务意识、责任意识和改革创新精神，认真贯彻落实市委、市政府决策部署和各项工作任务，紧紧围绕市委、市政府的中心工作，不断提高保障和服务能力，较好地完成了各项机关事务管理和后勤服务保障工作任务。同时，适应建立和完善社会主义市场经济体制的需要，自觉服从和服务于改革发展大局，积极转变职能、深化各项改革、完善管理体制、转换运行体制、健全保障制度、改进服务方式，坚持与时俱进、开拓创新、锐意改革，积极推进机关事务管理体制改革，按照精简高效、降低成本、优化服务的原则，坚定不移地走社会化的路子，在机关后勤服务保障社会化改革、机关职工住宅区管理体制改革，公务用车改革等方面取得了重大突破，反响良好，成效显著，为枣庄市的经济社会发展做出了应有的贡献。

一、改革历程回顾

改革开放使我国成功实现了从高度集中的计划经济体制到充满活力的社会主义市场经济体制，从封闭半封闭到全方位开放的伟大历史转折。地方行政后勤体制改革，始终是伴随着经济体制改革和行政体制改革的不断深入和发展逐步展开的。而后勤体制又是行政体制的重要组成部分，后勤体制改革是地方政府行政体制改革的配套改革，机关事务工作也实现了历史性的转变，即机关事务管理体制逐步由计划型向市场型转变，管理机制逐步由单纯行政化向经济、行政和法律综合型转变，管理方式逐步由粗放型分散管理向集约化集中统一管理转变。枣庄市机关后勤体制改革经历了从局部的、单项的探索到全面的、系统的推进过程。我们对机关后勤工作的定位、内在逻辑关系以及机关后勤改革规律性的认识，到改革方向、目标的确立，也经历了由浅入深的过程。

（一）改革方向和目标的确立

中华人民共和国成立以后，我国的政府机关后勤工作沿用了战争时期的供给制，并在高度集中的计划经济体制环境中形成了独特的政府机关后勤管理体制，这种传统的管理体制，在管理服务机构的设置及职能定位、管理模式和理念、资金保障和供给方式等方面，都与计划经济条件下的机关工作运行需求相适应，其运行模式的突出特点是，行政化管理、福利型保障、封闭式运行。几十年的实践证明，这种管理体制，在解放初期及以后一段时间里，确实发挥了很好的作用。

但是，传统的管理方式是政府主导下的行政化管理，而且是政府管了自己既管不了又管不好的事情，管理模式与市场经济运行机制极不适应。随着市场经济体制的逐步完善，这种体制的弊端日益显现了出来。主要有以下几点：一是机构重叠、职能混乱、工作效率低。行政化的机关后勤管理体制，采取的是封闭式的自我管理、自我服务的模式，承担了许多办社会的职能，服务设施设备齐全，服务项目繁多。由于机关后勤保障只为本级党委、政府服务，大机关办大后勤，小机关办小后勤，各级后勤管理机构层层设立，自成体系。机构设置及职位岗位根据各自的需要设置，随意性大，既抓管理，又搞服务，事无巨细，眉毛胡子一把抓，导致机构设置交叉重叠，后勤人员队伍庞大，人浮于事，工作效率低下。例如原枣庄市委机关服务中心（1997年成立），负责当时的市委机关办公区和职工住宅区的后勤管理服务工作。这个服务中心机构设置规格为副县级财政拨款事业单位，内设办公室、行政科、保卫科、车管科、伙管科五个科级单位。在企业只需一个班组或业务科室承担的工作，在党政机关却要设一个县级单位来负责，这种不切实际的高配，只能使工作分工复杂化，职能交叉，领导层次增加，工作中推诿扯皮，人浮于事。再如市机关事务管理局管理的5个市级机关职工住宅区，共3000余户，总建筑面积约30万平方米。这5个职工住宅区各设有一个正科级事业单位负责管理服务工作。实施社会化改革前，5个住宅区共有正式在编的管理人员20人。而应聘管理这5个职工住宅区的两个物业公司，总共才5个行管人员。而且除了管这5个住宅区外，这两个物业公司还承包了29万平方米的学校园区和商品房小区的物业管理工作。机构设置虚高、管理人员队伍庞大，带来的只能是工作效率低下。如有的机关住宅区，服务项目实行委托承包管理后，管理人员无事可干，管理科只好把承包出去的

治安管理、卫生保洁、绿化管理和维修服务等管理服务项目再分给这些人监管，使物业公司凭空多了几个顶头上司，给物业公司正常的工作带来了严重的干扰。二是公共资源浪费严重。由于行政化、福利型、封闭式的管理模式，既缺乏成本意识也没有经费使用上的奖惩激励机制，却又独揽人力物力财力资源的配置使用权。这种垄断性的管理方式使机关后勤管理工作没有竞争造成的外部压力，也缺乏改善管理、增加效益的内在动力，公共资源浪费严重，财政负担大。一方面，后勤管理服务人员队伍庞大。从直接为机关和领导服务的打字员、收发员、勤务员、机要交通员，到从事具体服务项目的食堂炊事员、托儿所保育员、水电暖维修工及锅炉房司炉工等一应俱全。上述人员全是行政或事业编制，一律由政府供养，财政负担沉重。例如一个市级机关职工住宅区，建成面积约 6 万平方米，物业管理服务项目均实行了对外承包管理，但这个住宅区管理科仍有多名全额事业编制的管理人员，其工资总额占到该小区一年物业管理承包费的 56%。另一方面，占用财政资金数额大。例如市机关事务管理局管理的五个市级机关职工住宅区，在社会化改革前每年都需要市财政拨付数百万元的资金用于管理服务工作。由于缺乏成本意识和奖惩措施，经费使用铺张浪费、大手大脚的情况非常严重。例如一个职工住宅区的冬季供暖，一个供暖季就亏损了近百万元。上述公共资源配置上的浪费，不仅带来了沉重的财政负担，也造成了诸多不良的社会影响。三是管理服务质量差。行政化的机关后勤管理体制，管理方式简单落后，缺乏先进的管理理念和严谨规范的工作程序、工作标准；管理人员大多是从工人岗位上成长起来的，其管理能力、经营能力、技术能力不足，技术单一；分配上实行平均主义大锅饭，难以调动职工干事创业的积极性。上述体制上的弊端，影响了机关后勤管理工作效率和服务水平，明显不适应日益现代化的机关事务管理工作的要求。在机关办公区的管理方面，封闭式的自我服务模式，远远不能满足机关多元化的办公需求和不断更新的现代办公设施设备的保障需要，办公场所的先进设施设备，如电梯、空调、消防、监控等，需要专业技术人员管理和维保。在机关职工住宅区的管理方面，单位直接管理的职工住宅区，管理方式落后，管理服务人员素质较差，工作质量水平低。而仅仅实行了委托管理的职工住宅区，由于没有全面实施社会化物业管理，没有建立业主自治管理体系，管理人员还是属于单位，他们往往只注重对上级领导机关负责，不重视住户的意愿和诉求。这种形式上社会化、实质上行政化的管理方式，导致监管机制不健全，监管措施流于形式，再加上人浮于事、效率低下，管理服务工作质量难以保证。

2016年6月，公务用车封存工作

总之，随着我国经济体制和行政体制改革的不断推进，传统机关后勤管理体制的弊端逐渐显现，行政管理体制改革和政府机构改革的相继展开，对机关事务管理和后勤服务体制的改革与发展提出了新的要求。

1983 年 6 月，中央书记处第 70 次会议专门就机关后勤改革的有关问题进行了研究，明确提出机关服务工作要逐步企业化、社会化。同时还提出了三步走的思路，即：后勤服务同机关工作分开；打破部门界随，按地区联合；逐步过渡到社会化。这是机关后勤服务社会化问题首次被正式提出来。而将后勤服务工作社会化写入文件是 1989 年。1989 年 3 月 4 日，国家机构编制委员会会议召开，讨论并批准了国务院机关事务管理局提出的《关于中央国家机关后勤体制改革的意见》。《意见》提出，机关后勤体制改革是机构改革的一项重要内容，改革的最终目的是实现后勤服务工作社会化。而 1994 年 7 月 18 日发布的《国务院关于深化城镇住房制度改革的决定》提出的“发展房地产交易市场和社会化的房屋维修、管理市场”的改革措施，则为机关职工住宅区管理服务工作社会化进一步提供了政策依据。1998 年 12 月 30 日，国务院办公厅转发的国务院机关事务管理局、中央机构编制委员会办公室《关于深化国务院各部门机关后勤体制改革意见》中，把坚持管理科学化，服务社会化确定为改革的方向，把逐步建立和完善与社会主义市场经济体制和国民经济发展水平相适应的机关后勤保障体制作为改革的目标。1999 年 11 月 5 日，朱镕基总理在接见出席全国机关事务工作协会第二次代表大会暨机关后勤改革座谈会的代表时指出：“机关事务工作也要深化改革，要坚持管理科学化，保障法制化、服务

社会化的方向”。此后，机关后勤“管理科学化”“服务社会化”和“保障法制化”便成为机关事务管理体制改革的方向和目标。

枣庄市机关后勤管理体制改革，是从推行机关后勤服务保障社会化开始的。枣庄市机关后勤服务“社会化”改革的提法，首次出现在1995年出台的《枣庄市深化城镇任务制度改革实施意见》。《实施意见》提出了发展社会化房屋维修、管理市场的要求，成为机关职工住宅区管理推向社会的重要政策依据。在机关后勤管理工作中首次实行社会化改革，是1998年市级机关职工住宅区——东郊小区建成投入使用时。在枣庄市委办公室《关于成立东郊小区物业管理服务中心的报告》中，确定了东郊小区管理服务工作“必须坚定不移地坚持社会化物业管理方向，积极探索机关宿舍区管理工作新路子。除对小区整体功能有重大影响的项目外，能承包经营的管理工作一律承包出去，管理人员要尽可能地少”。2004年组建枣庄市直机关事务管理局时，“市直机关后勤改革工作领导小组”提出了机关后勤改革应逐步推进机关物业管理工作社会化、市场化的总体思路，并在拟定机关事务管理局“三定方案”时遵循了“有利于提高工作效率、有利于理顺工作关系、有利于建立科学用人机制、有利于逐步实现机关行政后勤工作的管理规范化、服务标准化、运作市场化”的基本原则。至此，枣庄市机关后勤管理体制改革的总体思路基本形成，改革的方向、目标和原则初步确定。

（二）改革的发展过程

枣庄市的机关后勤改革大体上经历了四个阶段。

1. 改革探索的初级阶段（1978—1992年）

随着经济体制和行政管理体制改革的不断深入，枣庄市的机关后勤单位开始结合自身的特点，从节约经费开支、改革过时规章，奖勤罚懒等方面进行了一些改革尝试。如在后勤用工方面，由完全用正式工转为开始使用个体私营公司参与设备维修和运行管理工作，机关招待所、宾馆实行成本核算，机关托儿所向社会开放等，改变了过去那种单纯依靠行政管理、不计成本、不讲核算的平均主义、大锅饭的运行格局。

2. 改革的逐步推进阶段（1993—2002年）

1993年11月，中共十四届三中全会通过了《关于建立社会主义市场经济体制》的决定，1994年7月，国务院出台了《关于深化城镇住房制度改革的决定》，1998年12月，国务院办公厅转发《关于深化国务院各部门机关后勤体制改革意见》。在上述一系列改革文献的指引下，枣庄市的机关后勤改革工作开始逐步推进。一是机关后勤服务单位开始了企业化、经营性管理，或结合自身的特点实行各种形式的承包经营责任制。如市委办公室1992年9月组建了万力集团总公司，其下属的万力大酒店实行对内服务和对外经营的运营模式。1993年，市委办公室组建了市委机关劳动服务公司，将市委机关托儿所、门市部等纳入服务公司实行经营性管理。1997年，结合机构改革，市委、市政府、市人大、市政协分别组建了机关服务中心，其中市委机关服务中心，市政府机关服务中心为副县级事业单位，市人大、市政协机关服务中心为正科级事业单位。组建机关服务中心，实现了机关后勤管理职能和服务职能的分离。1999年，市级机关职工住宅区——东郊小区建成投入使用，这是枣庄市最后一个房改房机关职工住宅区。东郊小区的管理服务工作，在推行社会化方面作了许多尝试，如服务项目实行承包委托管理，推行居民自治管理等，取得了很好的效果。由于机关后勤服务工作具有为本级党委、政府服务的特点，纵向没有隶属和业务指导关系，因此，没有全国统一的改革政策和文件。这一阶段机关后勤改革进展明显滞后于其他领域的改革，特别是1997年实施了以组建服务中心（行政改事业）为主要内容的改革后，直到2004年，枣庄市的机关后勤改革，除了东郊小区作出了一些社会化尝试外，基本处于停滞不前的状态。

3. 改革的全面展开阶段（2003—2011年）

改革开放内容和原则更加明晰，配套措施更加完备，管理职能得到加强。机关办公区、职工住宅区管理服务改革全方位展开。

2004年，市委第31次市委常委会议研究决定组建“枣庄市市直机关事务管理局”，这是枣庄市机关后勤管理工作的一项重大改革，是枣庄市机关事务工作的新起点。对实现机关事务工作的“管理科学化、服务社会化、保障法制化”起到了巨大的推动作用。

2004年起，市直机关事务管理局管理的5个市级机关职工住宅区——市委宿舍区、市政府宿舍区、东郊小区、凤凰山东区、凤凰山西区，全部参照东郊小区的做法，推行物业管理社会化，物业管理服务工作全面实行了委托管理。

2004年6月，新城市级机关集中办公区的设备管理和保洁服务项目，通过政府采购中心招标对外承包。随后新城区会展中心、市档案局办公楼、市信访局办公楼、市直机关事务管理局综合服务楼的物业管理工作也通过招标承包给了专业公司管理。

2004年7月，新城市级机关办公区机关食堂开业，实行承包经营。

2011年11月，枣庄市政府下发了《关于进一步加强物业管理工作的意见》，要求党政机关、事业单位的非住宅项目的后勤管理向社会化物业管理转制，通过公开招标的方式选聘物业服务企业，实施物业管理。

4. 改革的深入发展阶段（2012—）

这一时期是机关事务改革和发展的攻坚阶段，改革取得多方面的实质性突破：

2014年3月1日，市直机关事务管理局印发《市级机关办公区、宿舍区物业管理服务质量标准》。这个标准是

枣庄市机关后勤管理出台的第一份促进物业管理服务规范化、标准化的指导性约束性文件，为物业管理服务项目招标、签订承包合同、检查考核物业公司工作及有关科室、中心年度工作考评提供了依据。

2014年6月1日，枣庄市委办公室、市政府办公室印发《枣庄市党政机关国内公务接待管理细则》。该管理细则是市机关事务管理局与市财政局等部门共同制定并负责解释。文件明确规定市机关事务管理局是全市党政机关国内公务接待管理部门，负责制定完善全市党政机关国内公务接待管理制度和有关标准，指导、协调全市党政机关国内公务接待工作。2015年2月12日，市委办公室、市政府办公室又印发了《枣庄市党政机关国内事务接待管理细则》补充规定，对公务接待标准和程序作了进一步完善。

2015年9月21日，枣庄市市直机关事务管理局、市财政局、市住房和城乡建设局、市人力资源和社会保障局联合印发了《关于推进市直单位职工住宅区物业服务社会化的意见》，决定在市直机关单位全面推行职工住宅区物业服务社会化。

2016年5月9日，《枣庄市公务用车制度改革实施方案》出台，并于2016年6月底前全面完成了全市党政机关公务用车制度改革。

2016年9月30日，经枣庄市机构编制委员会批准，“枣庄市市直机关事务管理局”更名为“枣庄市机关事务管理局”，为推进机关事务统一集中管理体制奠定了基础。

（三）改革的主要举措

机关事务工作包括“管理”和“服务”两个方面。2004年1月，温家宝总理在国务院机关事务管理局的《工作总结》上作了“管理、保障、服务、廉洁、务实、高效、贯彻始终、蔚然成风”的重要批示。2008年4月，国务委员兼国务院秘书长马凯对温总理提出的“管理、保障、服务”三者之间的逻辑关系作了进一步的阐述：“机关事务工作管理是基础，服务是核心，保障是目标。”做好机关事务工作，必须正确区分“政务”和“事务”的关系，“机关事务”和“机关后勤”的关系，“管理职能”与“服务职能”的关系，按照政务与事务职责分开，管理职能与服务职能分开的原则，走管理科学化、服务社会化、保障法律化的路子。改革开放以来，特别是2003年之后，枣庄市根据建立社会主义市场经济体制和政府机构改革的要求，积极推进机关事务管理科学化、服务社会化、保障法制化，出台了一系列重大的改革措施，取得显著成效。在管理体制上，初步实现了管理和服务两个职能分开，并由传统的微观管理向现代化的宏观管理、科学管理转变；在服务方式上，实现了从行政化、福利型向专业化、经营型的转变；在运作模式上，实现了由封闭式，粗放型向社会化、集约型的转变。

1. 逐步深化实施机关后勤管理体制改革

《机关事务管理条例》对机关事务管理工作的管理职能作出明确规定，包括“经费管理、资产管理、服务管理”三个方面。地方行政后勤管理体制的运行过程，实质上也就是后勤服务的提供进程。《条例》同时规定：县级以上人民政府应当推进本级机关事务的统一管理，各机关应当对本机关的机关事务实行集中管理。集中统一管理体制是落实职能任务、实现科学管理的体制保障。集中，就是对同级政府机关的资源进行集中管理；统一，就是政府机关各部门、各单位的机关事务工作实行统一政策、统一制度、统一标准。集中统一管理，可以加强机关后勤服务设施建设的宏观调控，充分利用现有资源，避免重复建设。集中统一管理体制，是一种政府行政管理优化资源的配置，减少能源浪费，提高公共财政使用效益的最佳途径和管理方式。

枣庄市在机关事务工作中十分注重发挥管理职能的基础性作用，强化管理监督措施。按照建立集中统一、权责明确的管理体制的思路和要求，在优化职能配置和完善管理机制上，不断取得进展、管理科学化水平逐步提高。

1997年机构改革时，把后勤服务职能、机构、人员编制从行政序列分离，交给机关服务中心承担。

在职能定位上，明确了机关事务工作是政府自身建设和内部治理的组成部分，是保障政府运转、降低行政成本的行政管理工作；在工作职责上，明确管理、保障、服务是机关工作的重要内容和基本职责，阐明服务是核心、管理是基础、保障是目标的内在逻辑关系；在工作主线上，明确了建设节约型机关是机关事务工作的主线，是贯穿机关事务工作的永恒主题；在工作重心上，明确了管理科学化和保障法制化是机关事务工作科学发展的先导和基础，要通过科学管理和依法保障推进服务社会化，实现机关事务工作的持续健康发展。

一是科学合理地设置机构。2004年9月，中共枣庄市委第31次常委会研究决定设立枣庄市市直机关事务管理局，为市委、市政府所属财政拨款的正县级事业单位，其职责主要有：研究拟定市级机关事务管理服务工作的规划和规章制度并组织实施；负责市级机关房地产管理和集中统一建设、管理，管理市级机关办公用房；负责市级机关集中办公区、职工住宅区水电暖等能源供应、物资装备管理、安全保卫和环境卫生工作等。2008年10月1日《公共机构节能条例》施行后，2009年2月12日，市直机关事务管理局增设了节能管理科，负责全市公共机构节能工作的监督和管理。2016年9月30日，枣庄市市直机关事务管理局更名为枣庄市机关事务管理局，承担起了管理市级机关事务工作和指导各区（市）机关事务工作的职能。

二是不断强化机关事务管理职能。2004年6月，枣庄市新城区行政中心建成投入使用。搬迁新城区后，绝大部分市直部门单位的办公楼集中建在约3平方公里的区域内。市委、市政府、市

人大、市政协机关及部委办局更是集中在0.5平方公里范围内的三座办公楼内办公，形成市级机关集中办公区。搬迁新城集中办公给机关事务的统一、集中管理创造了良好的条件和机遇。

新成立的市直机关事务管理局，与时俱进，紧抓机遇，大力推进市直机关事务集中管理，在统一政策、权事集中、资源统筹、管理和服务职能分离、服务项目放开搞活的同时，进一步强化管理职能，大力推行市级机关事务的统一管理和各部门单位机关事务工作的集中管理。实施统一管理的项目主要有：市直机关办公用房的建设、分配、调剂以及即将实行的办公用房统一权属登记和统一维修养护工作；对市直部门单位及各区（市）的公共机构节能工作进行统一指导和监督管理；对全市的公务接待实行统一标准；《枣庄市机关事务管理办法》正在拟定中，以加强对全市各区（市）的机关事务工作的指导。集中管理方面主要有：机关集中办公区的物业管理工作由市机关事务管理局实施集中管理，不再由市几大家分头实施；多个单位同在一个办公楼办公的，物业管理工作由该办公楼的承建单位组织实施，费用由各用房单位分摊等。

2. 认真贯彻《公共机构节能条例》

节约资源是一项基本国策，建设节约型社会是党中央、国务院的重大战略部署。党政机关是资源消费的重要部门，也是国家各种资源的管理者。加强节约型机关建设，具有重要的现实意义和广泛的社会影响。

2008年7月23日，国务院第18次常务会议通过了《公共机构节能条例》，自2008年10月1日起施行。《公共机构节能条例》，是中华人民共和国成立以来第一部全面系统规范公共机构节能工作的专门法律，是《节约能源法》的重要配套法律。它的实施是公共机构依法节能的重要标志，对于推进公共机构节能，降低机关事业单位运行成本具有十分重要的意义。《公共机构节能条例》把公共机构的节能降耗工作单列出来加强监管，并赋予了机关事务管理部门监督管理公共机构节能工作的职能，这是机关事务管理工作的一项重大改革。

市委、市政府对公共机构节能工作非常重视，市委书记、市长多次对“节能周”和“能源紧缺体验日”活动作出批示。市编办在编制十分紧张的情况下为市机关事务管理局增设了节能科。几年来，在市委、市政府的坚强领导下，在市节约能源资源管理办公室的指导下，市机关事务管理局广泛宣传《节能法》和《公共机构节能条例》，认真落实公共机构节能工作责任，积极组织开展创建节约型公共机构等活动，真抓实干，注重实效，全市公共机构节能工作取得了显著成效。

一是建立和完善监管组织体系。2009年12月，市政府成立了“枣庄市公共机构节能工作领导小组”，由市政府常务副市长任组长，市直机关事务管理局局长任副组长。在市公共机构节能领导小组的统一要求下，各区（市）相继建立了由政府常务副区（市）长任组长的公共机构节能领导小组。为做好全市机关及市直部门的节能工作，各市直机关单位均设立了节能联络员，负责本单位的节能降耗和能耗统计工作。市、区（市）两级及市直部门的公共机构节能工作责任落到了实处。

二是积极开展创建节约型公共机构活动。2012年12月1日，市直机关事务管理局、市财政局、市节约能源办公室联合印发《枣庄市创建节约型公共机构工作方案》，部署“十二五”期间在全市开展创建节约型公共机构活动。通过创建活动，建立起科学、规范的节约能源、资源体系，单位建筑面积和人均能耗指标大幅度降低。活动方案要求：“自2011年起，年人均能耗和年单位建筑面积能耗，要分别逐年降低，且降幅不低于3.2%和2.6%的标准;到2015年，公共机构人均能耗要比2010年下降15%，单位建筑面积能耗比2010年下降12%”。创建活动内容主要有：建筑节能、节能技术和节能产品推广，节水和资源循环利用，可再生能源应用，加强公务用车管理，绿色消费和管理监督7个方面。2017年1月23日，市机关事务管理局印发《枣庄市公共机构节约能源资源“十三五”规划》，要求“实施节约型公共机构示范单位创建工作，创建5个国家级示范单位，5个省级示范单位，推动市级、区（市）级示范单位创建工作，实现‘县县有示范单位’的目标”。通过活动创建出了一批管理方式精细、能源资源利用高效、崇尚勤俭节约、践行绿色低碳的节约型公共机构。2012—2013年创建了第一批示范单位，其中1家国家级公共机构节能示范单位（枣庄市住房和城乡建设局），2家省级公共机构节能示范单位（枣庄市人民检察院、滕州市市直机关事务管理局）；2014—2015年创建了第二批示范单位，其中2家国家级公共机构节能示范单位（枣庄职业学院、滕州市市直机关事务管理局），1家省级公共机构节能示范单位（滕州市中心人民医院）。2017—2018年，正在创建第三批节约型公共机构示范单位，其中3家国家级公共机构节能示范单位（枣庄市机关事务管理局、枣庄市妇幼保健院、枣庄市第三中学），3家省级公共机构节能示范单位（枣庄科技职业学院、枣庄市第四十一中学、枣庄市实验幼儿园）。2015年创建了1家节水型公共机构示范单位（枣庄职业学院）、2016年创建了3家节水型公共机构示范单位（枣庄市教育局、枣庄市立医院、枣庄市精神卫生中心）。2017年，创建了2家节水型公共机构示范单位（枣庄市机关事务管理局、枣庄市第三中学）。根据《2015年度枣庄市能效领跑者活动推进方案》，创建了1家“能效领跑者”（滕州市中心人民医院）。根据《2016年度枣庄市能效领跑者活动推进方案》，创建了1家“能效领跑者”（枣庄职业学院）。

三是认真组织能源短缺体验活动。自2004年起，每年的6月份，市机关事务管理局都结合省市开展的“节能宣

传周”活动，组织全市公共机构开展“能源短缺体验日”活动。“能源短缺体验日”活动一年一个主题，通过“停开小轿车、办公楼停开电梯、空调、照明灯”等方式，让机关工作人员切身感受能源短缺给工作、生活造成的重大影响和带来的不便，增强能源忧患意识、依法节能意识和自觉节约意识，自觉养成良好的节约习惯，从小事做起、从自身做起，积极参加节约型机关创建活动。

四是坚持依法节能，认真制定公共机构节能工作规划。以《公共机构条例》《山东省公共机构节能管理办法》为依据，枣庄市先后制定和出台了《枣庄市公共机构节能“十二五”规划》《枣庄市公共机构节能“十三五”规划》《枣庄市人民政府关于贯彻落实〈山东省公共机构节能管理办法〉的实施意见》《枣庄市“十二五”公共机构节能考核评价办法》《枣庄市公共机构节能管理制度》《枣庄市公共机构节能联络员工作制度》等文件，使公共机构节能工作有法可依、有章可循。

五是认真做好能耗统计工作。为加强对公共机构能耗的监测和管理，2009年市直机关事务管理局印发了《关于在全市公共机构中实行能源消耗统计制度的通知》，在全市公共机构中实行能耗统计制度，逐步建立和完善公共机构节能年耗考评体系、奖惩体系。公共机构能源消耗统计项目主要有三项：电力消耗情况、自来水消耗情况和供暖（制冷）热力消耗情况。能耗统计工作实行“季报制”，每季度初（10日前）报送上季度能耗数据。2017年组织完成全市1170家公共机构名录库建设并更新维护，实现了对五区一市统计全覆盖，同时加强了能耗统计业务培训，完善了计量器具的配备和管理，建立了数据会审制度，建成了公共机构节能监测平台，报送数据的数量、质量比“十一五”期间有明显增长。目前全市可对23栋公共机构建筑共计72.48万平方米进行实时动态监测，提高了节能管理的科学化水平。

六是开展能源审计。为加强对重点用能单位监测，定期开展能源审计工作，“十二五”期间，联合市住建局共对60个公共机构，累计60万平方米建筑面积开展了能源审计，为后续节能管理和改造提供了基础资料。

七是强化节能措施。加强用能系统和设备运行系统管理，推行低成本、无成本节能措施；设置能源管理岗位，实行能源管理岗位责任制；积极推广合同能源管理方式；按标准配备公务用车，严格执行车辆报废制度，推行审车能耗核算制度。

3. 积极推进机关后勤服务社会化

经过多年的探索和实践，枣庄市机关事务管理服务工作社会化改革不断推进。尤其在机关办公区后勤保障服务、机关职工住宅区物业管理和公务用车管理三个方面，社会化改革有了突破性进展，取得了显著成效。

枣庄市机关后勤保障服务社会化改革主要包括机关办公区服务保障工作，机关职工住宅区物业管理工作，公务用车保障工作三个方面的内容。

（1）机关办公区服务保障社会化改革全面实施。市级机关集中办公区位于新城区，是市委、市政府、市人大、市政协机关及各部委办局办公的地方，占地约0.5平方公里（含市政广场）。市级机关集中办公区有市政大厦、市人大办公楼、市政协办公楼、综合办公楼和会展中心5栋办公楼，总建筑面积约8.6万平方米。

市级机关集中办公区后勤保障服务的社会化改革举措主要有三个方面：

一是将能委托、承包经营的服务项目推向社会。搬迁新城前，市几大家机关的水电暖供应、设备设施管理、卫生保洁、安全保卫、机关食堂及文印服务等保障服务项目，大多数还是由机关服务中心直接管理，由正式职工或机关招用的临时工操作。搬迁新城后，市机关事务管理局会同市几大家办公室，通过市政府采购中心对市直机关集中办公区的设备管理、卫生保洁、安全保卫、机关食堂运营项目进行公开招标。经过招标，设备管理和卫生保洁项目承包给了山东鲁能物业公司；安全保卫承包给了枣庄市聚鑫保安公司；机关食堂承包给了餐饮公司（经过三轮承包后，目前由枣庄市开元凤鸣山庄有限公司经营）。原市委食堂、市政府食堂予以撤销。原负责市级机关的文印服务的市委、市政府文印室实行承包经营，各部委办局不再单独设文印室。

二是将通信设施、电梯、消防系统及报刊收发工作交给专业单位管理。在办公大楼建设期间，通信设施已由电讯部门实施配套建设，办公楼投入使用后由移动、联通、电讯部门直接管理。电梯、消防系统属于特种设备，由机关事务管理局经过招标委托专业公司实施特保。原市委、市政府收发室合二为一，交给报社、邮政局管理。

三是引入社会力量为机关服务。如会务、会议礼宾服务由礼仪公司、宾馆提供服务人员等。

机关后勤保障服务社会化改革，使机关后勤服务的专业化、标准化服务能力进一步加强，工作效率大大提高，而且满足了机关办公的多元化需求。

（2）机关职工住宅区物业管理社会化改革取得突破性进展。枣庄市有5个市级机关职工住宅区，分别是市委宿舍区、市政府宿舍区、东郊小区、凤凰山东区、凤凰山西区。上述5个住宅区的基本情况如下：市委宿舍区，位于老城区，建于1982年，住户300户，房改房小区，原由市委机关服务中心管理；市政府宿舍区，位于老城区，建于1972年，住户560户，房改房小区，原由市政府机关服务中心管理；东郊小区，位于老城区，建于1998年，住户424户，房改房小区，原由东郊小区物业管理服务中心（隶属于市委办公室）管理；凤凰山东区，位于新城区，建于2006年，住户416户，商品房小区，建成后由市机关事务管理局直接接管；凤凰山西区，位于新城区，建于2006年，住户1110户，商品房小区，建成后由市机关事务管理

局直接接管。市级机关搬迁新城办公后，老城区三个市级机关住宅区移交给了市机关事务管理局统一管理。

枣庄市机关住宅区管理服务工作社会化改革，起始于20世纪90年代，1994年全国城镇住房制度改革的全面实施，对机关住宅区管理体制的改革起到了巨大的推动作用。

1994年7月18日，国务院下发的《关于深化城镇住房制度改革的决定》提出改变国家、单位统包的做法，实行国家、单位、个人三者合理负担的住房建设投资体制；改变各单位建设、分配、维修、管理住房的体制为社会化、专业化运行的体制；改变住房实物福利分配方式，实行货币工资分配为主的分配方式。建立经济适用房和商品房供应体系、住房公积金制度、住房信贷体系、房地产交易市场和发展社会化的房屋维修、管理市场。城镇住房制度改革的主要任务是：推行住房公积金制度，推进租金改革，出售公有住房，发展房地产交易市场和社会化的房屋维修、管理市场，加快经济适用房建设。其中向职工出售自住公有住房是房改的关键环节和重要举措。

全国城镇住房制度改革，对机关住宅区产生了巨大影响。"出售公有住房"，使公有住房产权性质和权属发生了变化，住户由住房"使用人"变为"产权人"，拥有了对住房的占有、使用、收益和处分权；而单位则不再是住房的产权人，失去了对已出售公有住房的分配、调整和处置权。房屋产权的私有化和随之而来社会化的房屋维修、管理市场的兴起，促使机关住宅区管理体制逐渐发生变化。

市级机关职工住宅区管理服务工作的社会化改革，经历了探索试行、全面展开和关键性突破三个阶段。

改革的第一阶段（1998年之前），是对职工住宅区管理服务社会化改革的探索、试行阶段，主要是在东郊小区进行的。

东郊小区1998年建成投入使用，是枣庄市最后一处按房改政策分售的市级机关住宅区，管理单位为新成立的"东郊小区物业管理中心"（正科级差额事业单位），开始隶属于市委办公室，后移交给了市机关事务管理局。

东郊小区物业服务中心成立之初，由市委副秘书长任组长的"东郊小区物业管理工作筹备小组"就按照房改政策的要求，确定了东郊小区管理工作必须"坚定不移地坚持社会化物业管理方向，积极探索机关宿舍区管理工作新路子。除对小区整体功能有重大影响的项目外，能承包经营的管理工作一律承包出去，管理人员尽可能地减少"。促使东郊小区采取了不同于其他机关住宅区的管理模式，以"规范化管理、标准化服务、市场化运作"为指导，在管理服务工作中采用了社会化物业管理的一些做法。首先，管理机构精干。"筹备小组"本着精干、高效、务实的原则，只为东郊小区物业管理中心配备了7名工作人员，总人数比当时的市委宿舍区、市政府宿舍区减少70%以上。同时，将卫生保洁、安全保卫、房屋维修等服务项目分别委托给保洁公司、保安公司和房管处管理，将食堂承包给万力大酒店经营，没有安排一个正式职工。其次，建立了居民民主管理体系。经过小区全体居民的推选，27个住宅楼选出了各自的楼长，然后从楼长中又推选出了7位德高望重的老领导组成"东郊小区管理服务工作顾问委员会"。顾问委员会实际上起到了业主委员会的作用。楼长和顾问委员会成员，既是住户的代表，又是小区管理服务中心与住户之间的联络员；既代表住户的利益，对小区管理服务工作有监管指导的责任和权力，同时也承担着组织动员住户、调解邻里矛盾的义务，在小区管理中发挥了巨大的作用。第三，开展了创建文明小区活动。通过开展"文明卫生楼""文明卫生户"评选活动，在住户中倡导爱党爱国、遵纪守法，崇尚科学、移风易俗，邻里和睦、守望相助新风尚。还定期举办居民书画展、象棋比赛、文艺会演和居民春节团拜会等，既丰富了小区的文化生活，又促进了住户间的联络交流，增进了友谊。

2016年6月，枣庄市领导检查公务用车封存工作

精干、高效的管理机构、先进的管理方式及有效的监督指导措施，有力促进了各项管理服务工作的开展。东郊小区管理人员把全心全意为住户服务作为宗旨，敬业爱岗，努力为住户创造舒适的居住环境、良好的生活条件和方便快捷的优质服务。这种强烈的服务意识和负责态度，赢得了住户的高度赞扬，同时也加深了管理人员与住户的感情。资料显示，在每年两次由顾问委员会组织的居民评议中，居民对小区管理人员和服务工作给予了很高的评价，最好的一

次小区管理中心6名工作人员的满意率均为93.5%，各项管理服务项目的满意率在90%以上，其中居民评议满意度最高的安全保卫项目，“值勤效果、服务态度、着装仪表”三个分项满意率平均98%，其中“服务态度、着装仪表”两项满意率100%。同时，管理服务人员与居民的关系十分融洽，多次出现中秋节居民给保安队员送月饼、春节期间居民自发看望慰问保安队员，保安队员有病住院，顾问委员会领导和楼长代表前往看望等感人场面。这与社会上存在的黑物业、恶保安及物业人员与小区业主水火不相容的情况形成鲜明的对照。在管理工作中，东郊小区认真贯彻落实各项管理规定，实施规范化管理。根据小区住户领导干部多、级别高这一特殊情况，坚持制度面前人人平等，坚持严格管理、严格要求，做到“在服务工作中把居民当作领导对待，在管理工作中把领导当作居民看待”，对乱搭乱建、乱扯乱挂、乱写乱画及饲养家禽家畜等违反管理规定的行为及时坚决制止，使小区环境优美、秩序井然、楼房整洁干净。

东郊小区物业管理服务中心通过优质服务赢得了住户的赞扬和支持，通过规范化管理维护了小区的良好环境和秩序。由于工作成绩突出，东郊小区物业管理中心于1999年、2000年、2001年连续三年被市委、市政府评为“先进集体”，2001年被省建设厅评为“花园式小区”，并于2002年起先后被评为市级、省级“文明单位”并保持多年。获得如此殊荣，在枣庄市市直科级事业单位中是唯一的一个。

当然，尽管东郊小区管理服务工作若干年里确实取得了优异的成绩，管理服务工作中进行了一些创新和改革，在机关住宅区物业管理社会化方面作了积极的探索和实践，特别是居民自治管理体系的建立并取得了显著成效，成为亮点。但东郊小区管理工作所进行的改革主要是管理方式上的尝试，而且是以不损害机关干部的既得利益为前提条件的，从根本上讲，仍属于“行政化、福利型”模式。例如：7名管理人员由财政供养，管理经费全部由财政拨付，住户每月只需交2元垃圾袋钱；在管理手段上仍通过出台禁止性规定来约束住户的不规范行为。尽管如此，东郊小区的管理模式已有了社会化物业管理的雏形，其在物业管理社会化方面所作的创新和实践，对机关职工住宅区管理体制改革具有指导和借鉴意义，它证明了社会化物业管理方式在机关职工住宅区是可行的，是卓有成效的。

改革的第二阶段（2014—2015年），是机关住宅区社会化改革全面展开阶段。这一阶段的主要特点是：东郊小区的管理服务模式在5个市级机关住宅区全面推行。例如，5个住宅小区相继建立了“顾问委员会”“绿化委员会”“楼长”等居民自治组织，各种物业管理服务项目均实行了委托管理或承包经营等，老城3个住宅小区还将居民供电系统移交给了电业部门直接管理。通过管理服务方式的改革，小区管理服务质量得到提升。

但是，与东郊小区一样，第二阶段的改革仍是管理服务方式上的改变，其行政化、福利型的性质仍没有实质性的变化。

改革的第三阶段（2016年至今），机关住宅区社会化改革进入了攻坚克难和取得突破性进展阶段。

2015年9月份，市机关事务管理局、市财政局、市住建局、市人社局联合印发了《关于推进市直单位职工住宅区物业服务社会化的意见》和《关于枣庄市市直机关事业单位职工住宅物业服务补贴发放办法的通知》两个文件，从2016年1月1日起实施。这两个文件的下发并实施，标志着枣庄市市直机关职工住宅区物业管理社会化改革迈出了关键性一步，进入了一个新的发展阶段。这次改革是枣庄市机关事务管理工作的一件大事，意义重大。2015年10月30日，枣庄市财政局、市直机关事务管理局，市人力资源和社会保障局、市住房和城乡建设局联合印发《枣庄市市直机关事业单位职工住宅物业服务补贴发放办法》。《办法》规定从2016年1月1日起，向市级党政机关、人大、政协、法院、检察院、民主党派、群众团体以及市属事业单位的在职、离退休人员发放职工住宅区物业服务补贴。同时，单位不再支付或报销住宅物业服务费。这两个文件的下发并实施，标志着枣庄市市直机关职工住宅区物业管理社会化改革迈出了关键性的一步，进入了一个新的发展阶段。

全面实行社会化物业管理后，机关职工住宅区的各项物业管理服务项目全

2014年6月10日，市政大厦举办全国低碳日活动

部实行委托管理和承包经营，各种专业设施设备交给专业经营单位负责管理和维修、养护，业主依据《物权法》和《物业管理条例》的有关规定，通过民主的方式及业主大会、业主委员会的组织形式，参与、协商并共同自主管理小区公共事务，实现业主的自我管理、自我服务、自我约束。

（3）公务用车制度改革取得突破性进展。2016年5月9日，市委办公室、市政府办公室印发《枣庄市公务用车制度改革实施方案》，在全市各级党政机关全面推行公务用车制度改革，并按照中央和省部署有序推进事业单位、国有企业和国有金融企业公务用车制度改革。车改方案要求通过改革，实施公务出行便捷合理、交通费用可控、车辆管理规范透明、监管问责科学有效，基本形成符合市情的新型公务用车制度。

公务用车制度改革的主要任务是：

一是改革公务交通保障方式。改革各级党政机关公务用车实物供给方式，取消一般公务用车，保留必要的机要通信、应急、特种专业技术用车和符合规定的一线执法执勤岗位用车、调研接待用车及其他车辆。改革后市级党政机关参改人员在枣庄市驻地（即薛城区、枣庄高新区）范围内普通公务出行方式由公务人员自行选择，实行社会化提供，适度发放公务交通补贴。区（市）公务交通补贴保障范围由各区（市）按照有关规定确定。公务交通补贴保障范围要与本地区差旅费保障范围搞好衔接。

规范事业单位、国有企业和国有金融企业职务待遇和业务消费，对原符合车辆配备条件的岗位和人员，逐步按规定纳入改革，改革后不得再配备车辆；对保留的必要的国有企业、国有金融企业经营用车和事业单位用车实行集中管理；取消与经营和业务保障无关的车辆。事业单位、国有企业和国有金融企业公务用车制度改革要与年薪制、岗位津贴及国家相关财务管理制度等统筹考虑、相互衔接。

二是合理确定党政机关公务交通补贴标准。综合考虑全市各级党政机关公务出行成本、经济发展水平、社会承受能力、辖区面积、自然地理环境、公务出行次数和距离、行政级别和实际承担的工作职责等因素，按照节约成本、保证公务、便于操作的要求，公务交通补贴划分7个补贴层级，每人每月的公务交通补贴标准为：地市级正职1690元、地市级副职1560元、县处级正职1040元、县处级副职960元、乡科级正职650元、乡科级副职600元，科员、办事员和机关工勤编制人员500元。

三是妥善安置司勤人员。各级党政机关根据车改后的实际需要，合理设置司勤人员岗位，在现有在册正式司勤人员中，采取公开、平等、竞争、择优的方式确定留用人员。对未留用的在册正式司勤人员，原则上以内部消化为主，通过内部转岗、开辟新就业岗位、提前离岗等措施妥善安置；对其他未留用的司勤人员，做好聘用合同或劳动合同的终止、解除工作，并依法进行经济补偿，维护其合法权益，相关必要支出由同级财政部门安排专项经费予以保障。各级人力资源和社会保障部门会同有关部门组成工作组，负责指导参改单位做好司勤人员工作，确保改革平稳推进。

四是公开规范处置公务车辆。取消的公务用车，由各级相关职能部门统一规范处置。通过制定处置办法，遵循公开公平、集中统一、规范透明、避免浪费的原则，公开招标选聘评估、拍卖机构，通过公开拍卖等方式公开处置。处置工作按照封存停驶、鉴定评估、移交车辆、公开拍卖、收入上缴、核销账务六个步骤进行，收入扣除有关税费后全部上缴国库。

枣庄市公务用车改革工作2016年6月30日基本结束，7月1日起参加车改的党政机关工作人员开始领取公务交通补贴。同时，参加车改单位除部分实物保障用车、机要通信和应急用车和接待调研用车外，其余车辆一律上交机关事务管理局予以封存，共封存1105辆。

市机关事务管理局通过公开招标，选聘了枣庄“奚仲”和“浩瑞”两个机动车鉴定评估公司对封存的公务用车进行评估，并通过公开招标选聘徐州“华信”和济南“金诺”拍卖公司，在“淘宝网”和“中国拍卖协会网络拍卖平台”上进行拍卖。公车拍卖于9月4日—10月14日分五次进行，参拍车辆632辆，流拍1辆，成交631辆，成交率99.68%。成交车辆总评估为1088.96万元，总成交价为2271.95万元，溢价率达108.63%，实现了国有资产的大幅增值，得到了市领导充分肯定和社会各界一致好评。

五是建立和完善公务用车管理和保障制度。建立区域内公务出行的保障制度。市驻地范围内（薛城区、高新区）普通公务出行方式，由公务人员自行选择，实行社会化提供，适度发放公务交通补贴；市内其他地区出行，优先选用公共交通，按市级机关差旅费管理办法报销交通费用；一般公务出行不得使用保留车辆，由公共交通保障；应急等特殊公务经批准使用保留车辆，但不再报销交通补贴。建立市政公务用车平台。委托市公交公司，成立了枣庄市公务车管理平台。平台现有应急机要通信车46辆，接待调研车11辆，执法用车9辆（未启用），共计66辆。重点保障未分配机要通信、应急车辆部门（单位）的机要、应急用车需要。目前已实现了用车人网上申请、领导网上审批、平台审核通过的用车流程顺畅实施；并能够对车辆使用情况实施监控。建立市场服务体系。建立社会化服务平台，按车辆出租的方式提供服务。2016年12月8日，市机关事务管理局通过政府采购选定枣庄公交安顺汽车有限公司为参改单位和参改人员出行提供有偿服务。该公司在新城行政中心、新城国运花园和光明东路客运换成中心设立三个汽车租赁点，备有轿车和商务车50辆供租用。为方便机关人员出行，市政府还计划由政府财政出资购置部分公共电动车、公共自行车，在办公区域间设立电动车、自行车自取点，实行刷卡取车，解决一线工

作人员近距离出行难的问题。建立公车使用管理监管机制。采取抽签或暗查方式，由纪检部门牵头，对各部门（单位）落实车改情况进行检查，对违反纪律的个人或单位负责人严肃处理。

二、改革的成效

（一）机关事务管理科学化取得新进展

1. 管理科学化水平得到提升

机构设置的优化，使机关事务管理体制更加科学合理，避免了部门之间行政后勤管理机构的重复设置。成立市直机关事务管理局后，原市委、市政府设的副县级机关服务中心予以撤销，市人大、市政协机关的后勤管理服务工作职能也转到了机关事务管理局。市委、市政府、市人大、市政协的机关事务工作由市机关事务管理局实施集中管理、统一运作，使市几大家后勤管理服务工作各自为政、标准不一的状况得到了根本改变，工作关系更加顺畅，工作效率更高了。同时，市几大家的后勤管理服务人员大部分划转到了机关事务管理局，并且严格控编使用，按照逐年递减的办法，压缩人员编制。2016 年 9 月 30 日，市直机关事务管理局更名的同时，空余的 26 个编制交回市编办，全额事业编制由 51 个减为 25 个，使机构更加精简，人浮于事的状况得到进一步改善。

2. 减少了办公资源分配上的“苦乐不均”

机关事务的集中统一管理使机关事务工作更加高效、更加规范有序，尤其是在资产管理、办公用房管理等方面随意性大大减少了。例如，枣庄新城行政中心建设时，有些“条件”好的市直部门将办公楼建的体量很大，除本单位干部职工的办公用房很宽裕外还有剩余，而“条件”差的单位，有的租用、借用办公用房，有的筹资购买办公用房，办公用房十分紧张。针对这一情况，按照市委、市政府的部署，2008 年 7 月，市机关事务管理局会同市监察局、市人事局，对市直机关 25 个部门单位的办公用房进行了全面清理。在认真审核编制、职级的基础上，严格按照国家《党政机关办公用房建设标准》逐个审核确定各部门单位的办公用房，并将剩余的办公用房收回进行统一调配。这次清理办公用房，共清出超标准建（购）办公用房 1 万余平方米，为 10 个租、借办公用房的单位解决了办公用房。仅市财政局办公楼就清理出了超标建筑面积 2952 平方米，成建制地为市审计局、市旅游局、市外经贸局、市贸促会、市仲裁委 5 个单位解决了办公用房。办公用房的统一调剂分配不仅缓解了机关单位办公用房紧张的状况，消除了机关单位在办公用房使用上“苦乐不均”的现象，而且大大节省了办公用房建设资金。仅 2008 年清理办公用房，就节省建房资金 4600 余万元。2015 年 1 月至 2018 年 8 月，按照中央和省、市委的要求，市直机关事务管理局先后多次牵头对市直各部门单位的办公用房进行了清理腾退，共清理出超标准办公用房 30843.74 平方米，为市统计局、市文广新局、市法制办等 23 个单位解决了新增办公用房 8500.03 平方米的需求，使办公用房资源得到了有效使用，市直机关单位的办公用房需求全面得到满足。除办公用房调剂分配严格执行有关规定和标准外，在办公家具、办公用品的配置上也做到了统一采购、统一分配标准。如 2004 年为市委、市政府、市人大、市政协市级领导配置办公室桌椅、沙发及为上述几大家机关会议室配置会议桌椅、音响设备时，通过政府采购中心集中采购，统一型号标准、统一式样、统一价格，改变了过去那种市几大家办公室为领导服务各显神通、各自为政的做法，避免了公共资产分配使用上的“苦乐不均”。

（二）节约机关建设成效显著

经过全市上下的共同努力，枣庄市公共机构节能工作取得了显著成效：一是人均综合能耗下降，能源资源利用效率提高。2017 年，全市上报统计的公共机构（共 1144 家）总计电消耗量 22717.27 万千瓦时，水消耗量 1058.10 万吨，原煤消耗量 2.10 万吨，天然气 931.38 万立方米，汽油量 757.12 万升，柴油量 271.85 万升，热力 64.21 万吉焦，其他能源 377.4 吨标准煤。2017 年，全市公共机构人均综合能耗 188.58 千克标准煤 / 人，单位建筑面积能耗 11.79 千克标准煤 / 立方米，人均用水量 22.39 立方米 / 人。与 2010 年相比，人均综合能耗下降 37.43%，单位建筑面积能耗下降 13.05%，人均水耗下降 22.28%。二是能源消费构成比例调整，能源消费结构日趋优化。2010 年以来，全市公共机构能源消费构成比例中，电

2014年6月10日，市政大厦举办全国低碳日活动

力所占比例稳步提升，煤炭消费比例逐年降低；天然气消费基本呈现逐年上升的趋势。2017年公共机构能源消费结构中，电力占35.93%，原煤占19.24%，天然气占15.91%，燃油占14.44%，热力占28.12%，其他占0.48%，与2010年相比，电力比重上升了12.08个百分点，原煤比重下降了13.1个百分点，天然气比重上升了0.94个百分点。

由于工作成绩突出，“十一五”期间，枣庄市市直机关事务管理局荣获“十一五”山东省节能先进单位，记集体二等功；“十一五”全市节能降耗工作先进单位。枣庄市住房城乡建设局被评为山东省“十一五”公共机构节能工作先进集体；枣庄市机关事务管理局节能管理科梁梦晓荣获“十一五”山东省公共机构节能先进个人，记三等功。

“十二五”期间，枣庄市市直机关事务管理局、滕州市市直机关事务管理局、枣庄市卫生和计划生育委员、峄城区政府办公室被评为山东省“十二五”公共机构节能工作先进集体；枣庄市市直机关事务管理局节能管理科梁梦晓、枣庄市公安局后勤处时均峰、枣庄市教育局办公室徐鹏、枣庄职业学院后勤处栾长伟被评为山东省“十二五”公共机构节能工作先进个人。

枣庄市市直机关事务管理局荣获枣庄市“十二五”节能降耗工作先进集体；节能管理科梁梦晓荣获枣庄市“十二五”节能降耗工作先进个人，记二等功，何凯荣获枣庄市“十二五”节能降耗工作先进个人，记嘉奖。

2017年，被枣庄市节能减排工作领导小组授予“2017年度枣庄市十大节水型单位”。

（三）社会化改革取得新突破，运行机制更加完善

推行物业管理社会化改革，使机关办公区、职工住宅区的管理服务工作效率更高了，服务质量更好了，而且大大节省了资金，减少了浪费。尤其是机关职工住宅区实施物业管理社会化和业主自治管理后，优越性充分体现。

1. 市场化运作机制使物业管理工作效率和服务质量大大提升。市场化运作提高了物业管理工作效率和工作质量。业主用物业费购买物业公司提供的服务，物业公司通过提供服务获得利润并得以生存和发展。优胜劣汰的机制和对利润的追求，促使物业公司强化责任意识、竞争意识和忧患意识，靠效率谋生存，以质量求发展，通过优质高效的管理服务获得业主的认可。例如：维修人员有求必应、认真负责；收费人员态度热情，文明礼貌；楼梯及楼梯间窗户每周湿保洁一次，干干净净，楼道积存了多年的小广告被全部清除，楼道焕然一新等。住户感到小区内道路更干净了，花草树木和绿地更整洁了，居住环境前所未有的好。

2. 经营性管理减少了浪费。经营性管理靠提高经营管理水平和劳动生产率获得利润，力求以最少的消耗，生产出最多的适应市场需求的产品。对利润的追求迫使物业公司在管理服务工作中加强成本核算，实施精细化管理，最大限度地避免和减少浪费，把应收的费用全部收上来，把该省的费用坚决省下来。例如新的物业公司接管小区后，十分重视节能降耗，为了减少“跑冒滴漏”和违规使用，给所有没有计量表的水电用户装上了计量表，并按表收费，有效地减少了浪费。经营性、专业化运行，彻底扭转了大手大脚、铺张浪费的状况，使单位运行成本大大降低。例如，从今冬运行两个多月的情况来看，2015年供暖季亏损的两个市级机关职工住宅区，一个已由亏损30多万扭亏为盈，一个可望由亏损近百万元变为收支持平，突显了经营性管理带来的巨大效益。

3. 实行业主自治，住户当家做了主人。目前枣庄市5个市级机关住宅区全部依法选举成立了“业主委员会”，业主自治组织体系初步建立。业主开始参与物业公司的选聘、服务质量标准和物业费收费价格的确定等事项，并对物业公司履行服务合同的情况进行监督。各小区业主委员会的成员忠实代表业主利益，认真负责地管理小区事务，尽心尽责、坚持原则、公道正派，不计较个人得失，表现出了极高的思想境界和奉献精神，令人敬佩。业主自治管理体系的建立，使居民真正当家做了主人。行政化管理体制下，单位是管理者，是房屋的产权人，住户只是房屋的使用人，而这个使用权还是单位给的，单位以行政手段管理住户，住户是被管理者且没有选择管理的权力。实行社会化物业管理后，居民拥有了对物业管理服务工作的话语权，特别是有了选聘物业公司、监督物业服务质量的权力，不仅使居民增强了主人翁责任意识，而且通过参与管理小区公共事务增强了自律意识，由过去被动消极地接受管理变为积极主动地参与管理，自觉自愿地遵守各项管理规约，形成了自我管理、自我服务、自我发展的良好机制。

审稿人：王琪琳

撰稿人：王琪琳　刘玉臣

枣庄物价改革历程、成就及启示

价格是经济运行状况的综合反映，是不同经济主体之间利益分配的主要手段，是各种生产资料配置的基础工具，也是国家宏观调控的杠杆和社会稳定的政策载体。改革开放以来，随着经济体制改革的不断深入，在由计划经济向市场经济转变的过程中，价格监管体制、形成机制都发生了深刻转变。逐步建立了以市场为主的价格机制，价格杠杆作用在经济社会发展中日益增强，价格监管和公共服务能力不断提升，部门职能作用得到明显发挥，保持了良好的市场价格秩序和物价总水平的基本稳定。

一、价格改革历程

1978年12月，中共十一届三中全会作出了经济体制改革的决定，同时也拉开了价格改革的序幕。1978年以来，枣庄市价格改革工作大体可分为三个阶段：

（一）第一阶段：改革计划价格体制时期（1979—1991年）

这一时期的价格改革，主要是通过有计划的调整或者放开部分产品价格，逐步理顺价格关系，引入市场调节成分。

按照中央统一部署，1979年先后提高了粮食、油料、棉花、生猪等18种农副产品价格，枣庄市农产品收购价比1978年总体提高了17.9%，其中小麦提高29.4%，花生提高26.3%、生猪提高31.25%。同时调整了煤炭、化肥、水泥等部分生产资料价格。

在按照中央部署进行价格体系改革的同时，市委、市政府结合枣庄市实际，大胆进行地产工业品和公用产品价格改革，采取了三个方面的举措：一是于1981年对地方煤炭完成调拨计划后的产品实行议价，事实上开创了价格“双轨制”的先河，为枣庄地方经济发展积累了资金，提供了后劲；二是1982年放开城镇市场蔬菜价格，鼓励农民进城卖菜，打响了价格的市场调节和流通体制改革在山东省的第一枪；三是于1981—1982年先后决策建设了城市管道煤气和集中供热工程，其价格由价格主管部门按照成本和居民承受能力确定。

1982年国务院颁布实施《物价管理暂行条例》，在价格形成机制和管理体制方面，中央对地方下放部分价格管理权限，分批放开小商品价格和部分农产品价格，探索对部分机电产品试行浮动价，允许企业在国家规定的幅度内自主灵活定价，对部分生产资料产品实行“双轨制”价格。中共十三大确定经济体制改革的目标是建立有计划的商品经济体制，明确提出价格改革的目标是逐步建立少数重要商品和劳务价格由国家管理，其他绝大多数商品和劳务价格由市场调节的制度。价格改革的重点是以市场为取向，转变价格形成机制，进一步解决管理体制集中过多、统得过死的问题。价格的形成遵循调放结合、以放为主的思想。

为了打破高度集中的价格管理体制，枣庄首先向企业放权，1982—1985年，全市三类工业品价格全部放开由生产经营者自主定价；1985年起，生产资料价格实行“双轨制”，计划内由政府定价，计划外由企业自主定价，同时日用工业消费品，如自行车、电冰箱、手表、电视机、收音机等逐步放开实行企业自主定价。农副产品收购除国家收购计划外，其余的产品价格全部放开。全市于1988年放开了副食品价格。在大量放开商品价格的同时，也对计划内工农业产品价格进行了适度提高。到1991年底，枣庄市地产工业品中政府定价部分（包括政府定价和指导价）占23.8%，市场调节价部分占76.2%；全市社会商品零售总额中政府管价部分占13.83%，市场调节部分占86.17%，初步形成了政府定价、政府指导价，市场调节价三种价格形式并存的价格管理形式，价格形成机制也由单一的计划定调转变为计划调节与市场调节并行的机制。

（二）第二阶段：初步建立社会主义市场价格体制时期（1992—2000年）

从1992年开始，我国价格改革步伐明显加快，国家物价局修订了价格管理目录，放开了除少数重要的关系国计民生商品外的所有商品价格，实现生产资料双轨价格向市场价格并轨，形成绝大部分商品以市场形成为主的机制。1992年2月，放开了居民生活用煤销价，同年11月，放开了城镇居民粮食统销价格，结束了30多年城市居民定量定价供应粮食的历史。1994年取消了生产资料价格双轨制，除了极少数垄断性、资源性较强的产品价格外，全面放开生产资料价格，由市场调节定价。由于新一轮经济增长迅速启动，价格改革步伐太快，与之相配套的宏观调控机制建设滞后和在物价工作指导思想上犯了轻视和削弱市场价格管理职能的错误。在投资、消费双膨胀的推动下，引发了1994—1995年的新一轮通货膨胀。1998年5月1日，《中华人民共和国价格法》正式实施，以此为标志，价格管理真正走上法制化轨道。1999年放开了棉花市场和价格，到2001年底，市场调节价在零售商品中占96%，农产品收购中占93.9%，生产资料出厂价中占87.6%。经过这一阶段的改革，由市场形成价格的机制已经确立，社会主义市场经济已经初见端倪。

（三）第三阶段：逐步完善社会主义市场价格体制时期（2001 年至今）

党的十六大提出，“完善社会主义市场经济体制”，是 21 世纪头 20 年经济建设和改革的主要任务之一。这一阶段改革重点是及时推进价格主管部门职能转变，明确价格工作的职能定位是“定规则、当裁判、搞服务”，将价格工作重心从直接制定、调整具体商品和服务价格方面，转移到完善价格形成机制、价格调控体系、重点领域价格改革、价格公共服务、价格监管体系等方面。中共十八届三中全会通过的《关于全面深化改革若干重大问题的决定》中指出：完善主要由市场决定价格的机制。凡是能由市场形成价格的都交给市场，政府不进行不当干预。推进水、石油、天然气、电力、交通、电信等领域价格改革，放开竞争性环节价格。政府定价范围主要限定在重要公用事业、公益性服务、网络型自然垄断环节，提高透明度，接受社会监督。完善农产品价格形成机制，注重发挥市场形成价格作用。继续整顿和规范市场价格秩序，打破行业垄断和地区封锁，促进形成统一、开放、竞争、有序的市场体系。加强市场规则和法规建设，完善行政执法、行业自律、舆论监督、群众参与相结合的市场价格监管体系。以中共十八届三中全会做出全面深化改革总体部署为标志，国务院和山东省政府都对深化价格改革做出了总体要求。紧紧围绕使市场在资源配置中起决定性作用，充分发挥政府的监管作用，维护良好的市场秩序，积极服务经济发展和社会民生。2012 年以来，特别是通过深化审批制度改革和推行“权力清单”“责任清单”制度，强化简政放权，规范政府市场监管。正确处理政府和市场关系，既充分发挥市场决定性作用，又做好政府监管服务，基本形成以市场决定价格为主的价格机制。围绕大局，服务群众，强化事中事后监管，为经济社会发展创造良好的生产经营环境、投资环境和消费环境。2014 年底，国务院、山东省相继出台价格改革方案，对加快推进价格改革进行了部署安排，枣庄市提出了贯彻落实意见，取消、下放一批价费审批事项，缩小政府定价范围。一方面，按照市场经济规律放开符合市场竞争条件的全部商品和服务价格；另一方面，加强对市场价格行为的监管，维护良好的市场价格秩序。2015 年 10 月 15 日，中共中央、国务院印发了《关于推进价格机制改革的若干意见》，这是第一次以党中央、国务院名义就价格改革出台的专门文件，是在经济发展进入新常态的重要历史时期党中央、国务院对价格机制改革做出的总体谋划和系统部署，是当前和今后一个时期推进价格机制改革的纲领性文件，为我国进一步深化价格机制改革指明了方向。

1. 完善价格调控体系。2002 年 8 月 1 日，《山东省定价目录》颁布实行。国家计委和国务院有关部门定价的商品和服务项目由 1992 年的 141 种减少为 13 种，山东省由 1992 年的 77 种（类）减少到 15 种(类)。2015 年新修订的《山东省定价目录》，保留 11 大类 59 项政府定价项目，放开了 127 项政府定价项目，缩减率 67%，2016 年，印发《枣庄市定价目录清单》和《枣庄市制定行政事业性收费标准项目清单》，先后放开药品价格等 120 项政府定价项目，明确界定市、县（区、市）两级定价项目共 11 类 54 项，其中市级 32 项、县级 22 项，以价格信号促进市场竞争和资源优化配置，释放社会投融资活力。2015 年春季开始开展马铃薯目标价格保险，现已连续开展了 6 季，累计参保 122.22 万亩次，参保率超过 90%，缴纳保费约 1.58 亿元，省价格调节基金给予保费补贴近 1.1 亿元，发生理赔 1.59 亿元，平均赔付率达 100.6%。有效发挥了目标保险稳定市场价格、保障薯农收益的作用，助推了马铃薯产业绿色高效发展。省物价局两次全省试点工作座谈会均在枣庄召开，省政府研究室来我局专题调研，并在《决策参阅》上以《马铃薯目标价格保险为薯农保“价”护航》为题专文介绍了枣庄市的经验做法。2014 年，创建了“枣庄·价格通”网站和“掌上价格通”手机客户端，填补了山东省民生商品（服务）价格信息网站的空白。与市物价局门户网站和微信公众平台形成价格信息的“集散地”“价格通”每天更新 35 万个品种的商品和服务价格信息，物价局门户网站每天更新 80 余个品种的农副产品价格，微信公众号每天更新鲁南蔬菜批发市场蔬菜价格指数和 50 余种蔬菜批发价格。2017 年，将监测工作与信息发布有机结合，依托各级政务信息形成对内发布平台，与国内权威价格监测机构建立了信息共享合作机制，编发《枣庄市重要商品价格监测旬报》，及时向市委、市政府主要领导及上级部门进行报送。

2. 深化重点领域价格改革。面对错综复杂的经济、价格形势和价格改革进入深水区的新情况，枣庄始终把握好改革的节奏、时机和力度，着力推进重点领域改革攻坚。在气价改革上，枣庄始终不断加强天然气价格管理。2007 年，枣庄市城市天然气工程建成后，由中石油“西气东输”管道冀宁线供应，居民生活用气（含学校教学和学生生活用气）为每立方米 2.35 元；2015 年，枣庄市实现了非居民用管道天然气存量气和增量气销售价格并轨；2016 年 1 月 1 日起，为深化资源性产品价格改革，促进城市公用事业的可持续健康发展，提高居民节约意识，实施了居民用气阶梯价格制度。在水价改革上，2003 年，在综合考虑社会各方面承受能力的前提下，对城市供水价格、水资源费进行了合理调整；2007 年，再次调整城市供水价格，将服务业与工业、行政事业用水价格并轨，同时调整了污水处理费标准，居民生活用水综合水价为 2.30 元 / 立方米；2015 年按照国家和省要求，为节约水资源，调整全市水资源费标准，并制定居民生活用水阶梯水价制度，自 2016 年 1 月 1 日起实施。2016 年 10 月将污水处理费管价权限下放至区（市）人民政府，2017 年各区（市）将污水处理费标准调整至国家规定标准，自 2018

年1月1日起执行。在医药价格改革上，1992年前，医药（包括中草药）价格实行政府定价。随着市场经济体制的逐步确立和价格改革的不断深入，至1996年，除极少数药品的价格外，绝大部分药品价格放开，市场药价一度出现普遍上涨现象。自1996年起，国家开始对药品管理体制进行改革。药品价格实行中央管理价格目录和省管理价格目录。2012年，对4174项医疗服务项目价格进行了规范，全面实行基本药物制度，全市基层医疗机构实现药品零差率销售。2012年出台县级公立医院医药价格改革方案，薛城区作为首批示点，取消药品加成，调整医疗服务价格，破除“以药养医”，2014年滕州市作为第二批县级公立医院医药价格改革示点。2015年，全面放开药品价格。2016年，推进城市公立医院综合改革，取消药品加成，并按照“总量控制、结构调整、有升有降”的原则，对全市城市公立医院医疗服务价格进行结构性调整，县级公立医院全部实现药品零差率销售，同时放开131种市场竞争充分、个性化需求强的医疗服务价格。2017年，枣庄市推行了125个按病种收费医药价格改革。在教育收费改革上，从2002年开始，山东省物价局将市及市以下所属普通高中和中等职业学校的学生学费、住宿费、代收费项目的收费标准，授权各市管理。2007年，全面免除了义务教育阶段学杂费。2015年，枣庄全面取消高中教育择校费。在环保价格改革方面：2004年出台城市生活垃圾处理费制度，2008年出台了医疗垃圾处理收费制度。

3. 完善价格监管体系。价格监督检查是政府价格管理不可分割的重要组成部分，依法治价是政府管理价格的基本方略。枣庄市逐步建立起以政府监督为主，社会监督、企业内部监督和社会舆论监督为辅的覆盖全社会的价格监督检查网络。一是每年各有侧重，开展价格和收费专项检查。围绕民生热点问题，开展医药、教育、旅游、房地产等价格专项检查，维护群众合法价格权益；围绕服务经济社会发展，开展涉企、涉农、涉进出口环节收费专项检查，开展成品油、电力、交通、邮政等生产资料价格专项检查，降低生产经营成本，为经济发展营造良好的价格环境；加强市场价格行为监管，严肃查处价格欺诈、不执行明码标价、哄抬物价等价格违法行为，重点整治电视购物、网络购物等新兴行业的价格行为，维护市场价格秩序；稳步推进反价格垄断执法实践，围绕驾校、保险、制药、电信等领域开展反垄断调查，有效促进市场公平竞争。自2010年来，全市共查处790件价格违法案件，实施经济制裁2890万元。二是大力清理整顿涉企收费，每年向社会发布《山东省行政事业性收费项目目录》，2013年以来，省级行政事业性收费项目由原来的87项缩减为12项，年减轻企业负担约10亿元；放开44项政府管理的经营性服务收费，规范服务价格管理，实行清单管理。取消和暂停了清理涉及煤炭、原油、天然气相关收费和基金，降低了涉进出口、检验检疫等一大批收费标准，枣庄市年减轻社会各方面负担2000多万元，发展环境进一步优化。三是2001年10月，枣庄开始在全市推行价格和收费公示制度。通过设立公示栏、公示牌、公示墙等形式，向社会公布价格收费项目、标准等相关内容。枣庄市按照国家、省统一部署，先农村后城市，在全市范围内逐步推行涉农、医疗机构、教育等行业的价格和收费公示制度，逐步实现收费审批合法、收费政策透明、社会负担减轻的总体目标。截至2005年，全市价格和收费公示率达到95%，有64个乡镇（街）、2113个行政村、2200个涉农收费单位全部实行公示制度，设立监督站116个，聘请义务价格监督员336名。四是随着改革的不断深化，枣庄市各级政府物价部门努力探索推进经营者价格诚信建设的新途径，把开展“物价、计量信得过”活动和实行明码标价制度、企事业单位物价员制度等相结合，不断丰富经营者价格诚信建设工作内容。始终坚持把价格监管关口前移，强化价格自律，全市各级物价部门召开价格政策提醒会200余次，先后提醒告诫各行业协会和主要粮油副食品、液化气、电煤、特殊年份抗震救灾物资、乳品等生产经营企业严格遵守价格法律法规，加强了生产经营者的价格自律意识，同时也增强了广大消费者的维权意识。五是2007年5月，枣庄市物价检查所成立价格举报中心，专门负责价格举报工作。2001年5月，按照国家计委办公厅《关于开通全国统一价格举报电话号码的通知》要求，枣庄市在全市范围内开通12358价格举报热线，2014年，枣庄市12358价格举报管理信息系统在全省率先使用移动4G网络，由市局统一调度，按照属地原则，就近处理举报案件，为举报人提供电话、传真、网上、移动终端等多种价格咨询和举报方式，已经形成网上投诉、电话投诉、热线投诉、来人投诉四位一体的价格举报投诉体系，畅通了群众维权渠道，及时维护了群众价格权益。

2016年全省蔬菜目标价格保险试点工作座谈会

二、价格改革取得的主要成效

作为经济体制改革的重要组成部

2015年全市居民用水阶梯价格听证会

分，价格改革率先启动并始终走在改革开放的前列。经过40年的艰苦努力，枣庄市价格改革取得了显著成绩，主要由市场决定价格的机制已经基本建立，价格管理和价格调控手段逐步健全，价格法制体系基本确立。价格改革的顺利实施和不断推进，为建立和完善社会主义市场经济体制，促进枣庄市经济发展和社会和谐发挥了重要作用。

（一）打破了高度集中的价格管理体制，适应社会主义经济体制要求的新的价格管理体制基本确立，促进了市场繁荣

改革开放之前，绝大多数商品价格由政府决定，经过40年的市场化取向改革，原来高度集中的计划价格体制发生了根本性转变，由政府定价或实行政府指导价的商品和服务价格已减少到3%以内，即97%以上的商品和服务价格已经放开由市场形成，2016年价格主管部门管理的价格（包括政府定价和政府指导价），已减少为59项，市场机制在商品和服务价格形成中已经占据主导作用。这说明以市场形成为主的价格机制已经基本建立起来，市场机制在资源配置中的基础性作用得到充分发挥。以市场形成为主的价格机制，使各种经济主体可以根据市场供求、成本变化和宏观经济情况自主决定和调整价格，从而较好地发挥价格配置资源、调节分配、平衡供求和进行核算的功能，带动了经济结构的调整，对整个市场经济体制的建立起到了推动作用。2017年，枣庄社会消费品零售总额达982.1亿元，是1978年的327.4倍。

（二）基本理顺了主要商品和服务的比价关系，促进了经济健康发展，推动了人民生活水平不断提高

40年价格改革的一个重要内容就是围绕如何使价格由不合理逐步转变为合理化来进行的。2016年，枣庄农林牧渔业总产值325.4亿元，是1979年的62.6倍，价格改革大幅度提高了农产品收购价格、基础工业产品价格、第三产业价格，彻底扭转了严重扭曲的价格结构，理顺了不合理比价关系。目前的价格体系总体上能够反映市场经济条件下商品供求和成本状况，体现了经济发展的要求，使价格活力得到加强，有利于经济机构的调整，促进了经济的持续快速健康发展。2017年，枣庄农民人均可支配收入14164元，1978年农民人均纯收入为131元，人民生活水平大大提高。

（三）初步建立了适应社会主义市场经济的价格调控体系，促进了价格总水平基本稳定

放开价格并不是撒手不管，还须由政府进行宏观调控，这已形成人们的共识，并在价格改革中进行了积极的探索。过去那种以行政控制为主的旧的调控体系已经打破。逐步完善价格调控手段，改进调控监管方式，实现了由行政手段为主向法律手段和经济手段为主、行政手段为辅的转变，实现了由直接管理为主向间接管理、调控为主的转变，实现了由直接定价为主向规范价格行为、当好裁判为主的转变。认真落实调控目标责任制，建立了覆盖全市的价格监测信息网络和应急监控机制，逐步完善了价格预警系统；建立了粮食风险基金制度、价格调节基金制度、生猪价格调控预案、蔬菜目标价格保险制度和低收入价格联动机制；依法实施了临时价格干预措施和紧急措施，平抑了几次大的价格波动，使大多数年份价格总水平保持了平稳运行。改革开放40年来，全市居民消费价格指数年平均上涨4.4%，特别是自1997年建立和完善社会主义市场价格体制以来至2017年，全市居民消费价格指数年平均上涨1.6%，全市有效的宏观调控保持了物价总水平的基本稳定。

（四）加强了价格法制建设，推进了依法治价进程

认真落实了《价格法》及其配套价格法规规章，保证了价格行政执法有章可循、有法可依，推进了依法治价进程。在政府价格决策方面，实行了成本监审、价格听证、集体审议、专家评审和政务公开等制度，基本建立了以“公众参与、公开透明、加强监督”为特征的较为完备的政府价格科学决策机制。在价格执法方面，严格执法程序，对重大价格违法案件实行了案审委员会集体审理制度，促进了公正执法。制定了价费审批、管理、服务等工作规范，使各项工作都规范有序地进行。多次清理价格和收费政策文件，有力地保证了枣庄各项价格政策措施合法有效。梳理价格行政执法依据，加强价格执法监督，规范了价格行政执法行为，提高了行政执法效能。同时，大力开展价格法律法规宣传工作，增强了全社会的价格法律意识。

（五）建立完善了价格监管服务体系，优化了经济社会发展环境

随着价格改革的逐步深入，97%以上的商品和服务价格已完全放开，价格监管的任务越来越艰巨，越来越重要。全市价格监管队伍不断发展壮大，市、区（市）都建立了价格监督检查所，市物价局自2008年价格监督检查所升格为价格监督检查局，为副县级单位，力量不断加强，已初步形成了监管政府定价、政

府指导价与监管市场调节价并重，价格监管与价格服务并重的价格监督检查体制。成本调查和监审、价格认证等机构逐步健全，为加强价格监管提供了保障。大力开展清费治乱减负工作，加大价格监管力度，重点对涉企收费和医疗、教育、电信、游览参观点门票等民生价格开展监督检查，严厉打击价格违法行为，严肃了价格法纪，优化了发展环境，促进了经济社会协调发展，有效地维护了生产者、经营者和消费者三者的合法权益。

三、枣庄价格改革的经验

在推进价格改革过程中，枣庄物价始终坚持按照经济规律办事，坚持正确的改革方向，积累了丰富的经验。

（一）坚持循序渐进，理顺价格关系

渐进改革，稳步推进，是价格改革的显著特点和基本经验。价格改革关系经济社会发展的方方面面，不能一蹴而就。在我国这样一个长期受计划经济体制影响、经济基础薄弱、各方面承受能力较弱的国家进行大规模的价格改革，国际上没有先例可循，只能“摸着石头过河”。因此，我们采取了“积跬步，致千里”的渐进方式，既坚持改革，又量力而行。通过对改革的认识不断深化，逐步确立了主要由市场形成价格机制的正确改革目标，市场机制在资源配置中基础性作用日益增强，为发展生产，保障商品和服务供应，满足人民不断增长的物质文化需要奠定了坚实基础。在推进价格形成机制改革的同时，及时调整价格管理职能，逐步从过度干预转向适度干预、从直接监管转向间接监管，将价格工作重心从定调价为主转到加强改进宏观调控、完善相关法律法规和加强垄断行业、公共产品及公益性服务行业产品价格监管上来。

（二）坚持统筹协调，把握改革时机

价格是市场经济的核心，也是调节经济利益最明显的经济杠杆。统筹各方，协调配套，是40年价格改革过程中始终坚持的重要原则。一是统筹兼顾各方面的利益关系。在运用价格手段促进经济发展时，要统筹兼顾，考虑社会各方面的承受能力，在考虑企业发展的同时，要考虑价格变动对群众生活的影响，特别是低收入群体的承受能力，尽量减轻改革带来的负面影响。如在计划经济时期提高副食品价格时，采取了直接给职工发放补贴的做法，解决价格上涨对群众生活的影响。在市场经济时期，建立了物价补贴联动机制、完善了保基本价格改革机制等托底民生价格政策，充分考虑低收入群体的承受能力。二是与其他改革配套推进。价格改革如果过度超前，不仅会遇到更多的困难，达不到预期目标，而且可能面临政治和社会风险；如果明显滞后，又会影响其他领域改革的推进。只有与其他改革协调配套，才能保障改革顺利推进。如医疗服务价格的改革与医药卫生体制改革协同推进，统筹考虑价格改革与财政、卫生、医保政策的配套衔接，确保医疗服务价格改革稳步实施。40年来，枣庄按照这一原则开展价格工作，各项价格的改革，社会反映总体比较平稳，得到了广大群众的理解和认可。三是把握改革时机。价格改革关系经济社会发展的方方面面，不能一蹴而就。在改革过程中，要注重审时度势，综合考虑宏观经济形势、市场供求情况、社会心理预期，正确选择改革时机，合理把握改革力度。

2017年枣庄市公平竞争审查工作联席会议

（三）坚持依法治价，发挥价格职能

依法治价是市场经济健康发展的客观要求，是依法治国的重要内容，是价格工作的首要原则。只有坚持依法治价，才能保证价格工作始终代表最广大人民群众的利益，只有依法治价才能充分发挥价格职能作用。自1998年5月1日《价格法》实施以来，枣庄物价部门认真贯彻实施《价格法》及其配套法规规章，建立完善了重大价格事项集体决策、公众参与、专家论证和跟踪评估等机制，加强成本监审，完善价格听证制度和政府定价行为规则。建立了价格预警防范、应急处置、举报受理、市场监管、专项治理、社会监督、经营者自律、部门协作联动等新型价格监管制度体系；全面推行行政权力清单和责任清单制度，确保法定职责必须为、法无授权不可为，用完善的法治体系优化运行机制，更好地履行价格管理职责。依法治价推进了政府价格决策的规范化、科学化，提高了价格行政执法效能，促进了价格改革的稳步推进。

（四）坚持改革创新，顺应价格形势

改革创新是推动工作、加快事业发展的不竭动力。改革开放40年来，枣庄价格工作始终坚持改革创新，逐步完善价格监控、价格管理、价格服务等工作机制，不断创新和改进价格监管方式，稳步推进价格改革，树立了适应时代要求的改革创新理念，取得了价格改革工作的根本突破，为促进枣庄经济社会发展做出了积极贡献。当前，经济社会发展日新月异，价格领域的新情况、新问题、新矛盾层出不穷，价格工作必须克服思维定式、行为惯性和路径依赖，不断解放思想，更新观念，通过改革创新，探索新思路、新方法，采取新举措，破解工作难题，才能开创价格工作新局面。

审稿人：李敦科

撰稿人：张　慧

枣庄市煤矿双基建设历程、成就及启示

枣庄煤炭开采历史长，生产条件复杂，是百年老矿区。从建立煤矿管理机构的1973—2001年，平均每年发生事故30起、死亡人数39.5人、百万吨死亡率为8.95，3人以上事故几乎每年都有发生。枣庄市煤矿“双基”建设活动自2002年开展以来，始终坚持把握机遇、量力而行、典型示范、分类指导、专项攻坚、总体推进的工作原则，历经14年征程，其间经过三轮34次大型现场会的推动，实现了三次大跨越，形成了枣庄煤炭“双基”理念，塑造了全市煤炭行业新形象。自“双基”建设开展以来，煤矿安全生产工作实现了根本性好转，事故起数下降90.7%、死亡人数下降74.9%、百万吨死亡率下降88.3%。煤矿安全生产工作的实践经验，让全市煤炭行业深刻认识到抓好煤矿基层基础工作的极端重要性，坚定持续不断抓“双基”的信念，形成了长年强力推进“双基”建设的工作格局。

一、“双基”建设历程

（一）起动阶段（2000—2002年）

煤炭工业是一个特殊行业，井下生产现场开采条件复杂多变，随着工作场所不断移动，安全隐患也不断产生，只有通过动态性安全监管工作，紧跟工作现场的变化，实施连续不间断的监管，才能及时发现隐患，及时采取措施将其消灭在萌芽状态。

枣庄市煤炭局通过对全市地方煤矿事故的统计分析发现，引发煤矿事故的外因多是现场不具备安全生产条件，内因是基层干部违章指挥、工人违章作业等，而这往往又与职工安全素质低、自我保安意识差、安全监控设施不完善有直接关系。对此，市煤炭局决定在今后地方煤矿安全生产管理工作中进一步加强煤矿基层和基础（即：“双基”）安全管理，不断提高矿井的技术管理水平、安全装备水平和职工的安全素质，建立健全监管和监控双重安全保障网络，促进煤矿安全管理“由静态向动态、由检查型向制度型、由经验型向科学型”的三个转变，实现管理的重心下移、关口前移，从源头上消除事故隐患，有效防止违章事故的发生，确保煤矿的安全生产。

加强地方煤矿基层和基础安全生产管理，主要内容就是首先加强基层监督工作，形成可靠的基层安全监督网络。要求各办矿乡镇进一步健全完善煤矿安全管理站，充实合格的驻矿安全督察人员；在开办两处以上煤矿的乡镇中实行安全监管、开采计划、施工图纸、技术管理人员、职工培训和技术管理人员工资发放的“六统一”管理方法；区（市）煤炭管理部门参与对矿级管理干部的选拔、任命和考评，能够及时建议撤换不称职的矿长和技术负责人；煤矿形成从矿长、副矿长、安全科长、安全检查员到每位职工的安全管理工作体系，成立以安全矿长为主的矿井安全监督管理中心，设立专职安全管理区队长和班组长，健全安全检查员、安全区（队）长、安全班组长基层安全监督网络，实行定岗、包干、全过程、全方位监督管理矿井生产现场的安全；规范煤矿招用工制度，强制煤矿为职工办理意外伤害保险和支付保险费，确保干部职工队伍的稳定。其次是加强基础管理工作，形成科学的基础监测保障网络。区（市）煤炭管理部门、各煤矿加强煤矿技术人员和技术工作的管理，加强矿井生产计划的管理，严禁矿井超通风能力生产；加强矿井技术资料的管理，达到以技术管理促进安全管理的目的；加强对安全隐患的科学监测，配齐安全设施、安全检测设备，完善安全生产的保障系统；加大煤矿安全投入，按规定标准提取安全技措资金。同时要加大煤矿干部职工安全技术教育力度，强化干部职工的安全意识，通过全面扎实的工作，提高矿井的安全程度。

2002年6月9日，枣庄市煤炭局起草了《关于加强全市地方煤矿基层和基础安全生产管理工作的意见》，在经过组织有关矿井讨论后，率先在全省正式行文下发。各区（市）煤炭管理部门也分别成立了以主要负责人任组长的“双基”工作领导小组，通过试点推广、督促检查、检查验收等工作，全市煤矿“双基”建设工作正式拉开序幕，同时也是在全省煤炭系统率先开展了煤矿安全生产“双基”建设活动。

（二）推动阶段（2002—2006年）

2002年6月20日，市煤炭局在市中区留庄煤矿召开了全市煤矿安全生产管理经验交流会议。总结交流和推广了煤矿安全生产管理的经验。留庄煤矿、陶庄镇防备煤矿作了经验介绍，市中区煤炭局、滕州市煤炭管理工业办公室、陶庄镇政府、泉兴矿业有限公司、王晁煤矿、赵坡煤矿作了经验书面交流。会议传达了市煤炭局《关于加强全市地方煤矿基层和基础安全管理工作的意见》。会议指出：要进一步把安全生产工作重心下移，抓好煤矿“双基”工作，抓好区队、班组建设，是实现安全生产“治本之策”，要抓出成果、抓出实效、抓出新的经验。会议之后，市煤炭局在全市推广了市中区留庄煤矿、泉兴矿业公司等单位的“双基”建设经验。

2002年，市煤炭局制定下发了《关于加强全市地方煤矿安全仪器仪表管理

的通知》，制定了安全仪器仪表管理“十项”管理规定，并加强人员培训，规范了安全仪器仪表的管理。7月23日至26日，举办了全市地方煤矿安全仪器仪表管理、使用、维护培训班。各区（市）煤炭管理部门安全生产负责人、安全科长及全市地方煤矿安全矿长、具体负责安全仪器仪表管理、使用和维护的人员等120多人参加了培训。

2002年10月17日，全省煤矿安全工作会议在枣庄滕州召开。与会人员听取了枣庄市留庄煤矿“双基”建设情况汇报，并参观了留庄煤矿“双基”建设安全管理现场。会议认为，在当前新的形势下，枣庄市各级党委、政府高度重视煤矿安全工作，各级煤炭管理部门都以不同形式予以了保留，为下一布煤矿安全管理工作打下了坚实基础。会议同时认为，在当前煤炭管理部门工作经费严重不足、工程技术人员十分缺乏，部门管理职能呈弱化趋势的情况下，枣庄市煤炭局不是怨天尤人、乱发牢骚，而是以积极的工作态度，以强有力的工作措施，使全市煤矿安全管理工作扎实推进。尤其是通过调查、论证、研究形成的《关于加强全市地方煤矿基层和基础安全管理工作的意见》，内容丰富，操作性强，对当前煤矿安全管理工作具有很强的现实性、针对性和实用性，现已在全省范围内进行了推广；另外，枣庄市煤炭局高度重视煤矿安全管理队伍建设，近期组织专门人员对区（市）煤炭管理部门的基本情况进行调查摸底，形成了《区（市）煤炭管理机构亟待加强》的调查报告，上报市委、市政府，引起了市委书记的重视，并亲自作了批示，这必将促进煤矿安全管理工作的有效开展。同时，会议对留庄煤矿的“双基”建设以及安全管理做法及经验给予了充分肯定。

2002年10月28日，市煤炭局为更好地促进全市煤矿“双基”工作，根据有关法律、法规和行业规范的规定，在充分征求基层单位意见的基础上，下发了《关于对全市地方煤矿“双基”工作进行考核验收的通知》，制定了《枣庄市地方煤矿“双基”工作考核验收办法》及《枣庄市地方煤矿“双基”工作考核标准》，明确了百分制量化考核标准和矿井定期自查、区（市）局全面验收、市局重点抽查验收的考核制度，以及严格的奖惩措施。文件还要求对“双基”工作不达标的煤矿，限于一个月内达标，仍不达标的将下达停产整改指令并通报批评，取消年终评选先进的资格。11月份，市煤炭局组织开始了全市煤矿“双基”建设验收工作。

2002年，经过严格的考核验收，全市共有泉兴公司等16处矿井获得“双基”安全管理规范化矿井称号。第一批达标矿井名单：留庄煤业有限公司、恒瑞煤业有限公司、官地煤矿官桥井、利民煤业有限公司黄贝井、郭庄矿业有限公司、金达煤炭有限公司、薛城煤矿、陶庄镇防备煤矿、陶庄镇六号煤矿、陶庄镇镇西煤矿、南石镇十号煤矿、山东丰源煤电股份有限公司赵坡煤矿、山东丰源煤电月份有限公司北徐楼煤矿、王晁煤矿有限公司、西集镇张庄煤矿、泉兴矿业集团泉兴分公司。

2003年3月，为进一步推动“双基”建设工作的深入开展，将“双基”工作能够抓在手上、落到实处，市煤炭局又将2003年定为全市“双基”工作建设年，并根据2002年考核验收中取得的经验和存在的不足，对考核验收标准作了全面的修改、完善，充实了考核内容、细化了考核标准、明确了考核方法，采用煤矿月度自查、区（市）局季度考核、市局年度验收的三级考核验收体制。修改后的《枣庄市煤矿“双基”安全管理规范化标准》共分基层和基础两大项，八个分项，总共40条考核内容。新标准学习借鉴了淄博市博山区“两金一薪”制度，推广了在去年考核过程中发现的煤矿现场行之有效的成熟做法，如实行安全结构工资制、建立安全诚信档案等，并根据各考核项目的重要程度，优化调整了部分项目的分值，增加了强化现场“一通三防”、防治水为重点的安全监管和排查治理重大隐患等内容，突出了以“五个一”安全宣教工程为核心的企业安全文化建设，结合地方煤矿特别是乡镇煤矿区队科室等办公场所简陋、办公条件简单、技术资料杂乱无章等实际情况，强调了技术科室、区队会议室、培训中心、调度室等地点的软、硬件建设，加强了图纸交换、作业计划审查、技术资料建档等技术管理措施。新标准的实施必将更加有力地促进枣庄市煤矿的安全生产工作。

2003年4月，为加快“双基”建设改制步伐，市煤炭局下发了《关于加

2006年10月，第一届煤矿职工技术大比武

快煤矿“双基”安全管理规范化建设的通知》。文件要求，一是要进一步提高煤矿“双基”安全管理规范化建设重要性的认识。二是着重加强煤矿“双基”安全管理规范化建设工作的领导。三是认真做好《枣庄市煤矿“双基”安全管理规范化标准》的学习和落实。四是切实抓好“双基”规范化矿井规划和建设工作。总体要求全市煤矿所有生产矿井年底要全部实现“双基”安全管理规范化；所有基建矿井要从建矿之初就要严格按照《标准》进行规范化试运行工作，试生产之时必须实现规范化。具体安排是区（市）办生产矿井必须在上半年实现规范化建设，乡镇煤矿11月底前要全部实现规范化建设。届时不能实现规范化的矿井要严格依照考核办法进行处罚。

2003年6月，市煤炭局用市场经济的手段推动安全生产工作，在全市地方煤矿推行“5.3.2”结构工资制。所谓“5.3.2”是煤矿工资结构中的工资项目比例，即在干部职工每月的工资总额中，安全工资占总额的50%，质量工资占总额的30%，产量工资占总额的20%。这样增加了安全和质量在职工工资总额中的比例，全面体现了“运用经济杠杆抓安全”的工作指导原则，可以充分发挥经济制约机制在煤矿安全生产管理中的作用，符合“双基”安全管理规范化标准的本质要求。“5.3.2”结构工资主要应用于煤矿生产、技术、机电科室及为其服务的其他辅助科室、区队的全体人员。而煤矿矿长、副矿长仍实行与安全直接挂钩的年薪制，专职安全监督管理工作人员（包括安全科长、专职安全检查员）实行100%的安全岗位定额工资。

2003年9月，省煤炭局下发了《关于印发〈山东省煤矿安全“双基”建设工作及考核评级暂行办法〉的通知》，省级“双基”建设达标标准正式出台。

2003年10月13日，市煤炭局为进一步提高全市煤矿技术管理水平，从根本上促进煤矿安全生产，制定了《枣庄市煤矿总工程师任职资格审查暂行规定》，为建立健全全市煤矿技术管理体系奠定了基础。文件要求，一是要求各区（市）煤炭管理部门都要设一名负责煤矿技术工作的总工程师，配足采煤、通防、地测、机电等具有大专以上学历的专业技术人员，强化和规范煤矿的技术监管工作。煤炭年产量在100万吨及以上的区（市）煤炭管理部门应至少配备12名工程技术人员；煤炭年产量在100万吨以下的区（市）煤炭管理部门应至少配备8名工程技术人员。二是煤矿必须建立以总工程师为核心的技术管理体系，配备总工程师，并分别配备专门负责矿井通风和防治水工作的副总工程师。安全管理、生产技术、机电管理、地质测量等业务科室和采、掘、通风等区队必须设置齐全，科室、区队必须配足工程技术人员。各煤矿配备具有中专以上学历的专业工程技术人员应不少于职工总人数的3%。三是重视煤矿工程技术人员的待遇问题，营造宽松的工作环境，消除后顾之忧，减少人才流失。并要求区（市）煤炭管理部门总工程师要享受副局级待遇，煤矿总工程师要享受副矿级待遇，其他工程技术人员要享受与其职称相适应的待遇。文件同时要求，煤矿总工程师和通风、防治水副总工程要在2003年11月底前配齐，其余工程技术人员最迟在2004年3月底前配齐。

2004年初，省煤炭局对全省煤矿“双基”建设先进单位进行了命名表彰，枣庄市泉兴矿业有限责任公司、留庄煤业有限公司、郭庄矿业有限责任公司、曹庄煤炭有限责任公司、金达煤炭有限责任公司、张山子煤业有限责任公司、山东丰源煤电股份有限公司赵坡煤矿、山东丰源煤电股份有限公司北徐楼煤矿榜上有名。

2004年5月28—29日，市政府召开了全市煤矿安全生产“双基”建设工作会议，正式掀起第一轮“双基”建设热潮，也是之后3年内15次“双基”建设现场会的第1次，具有里程碑的意义。会议首先组织与会人员到枣矿集团柴里煤矿和滕州市曹庄煤炭有限公司、丰源煤电集团赵坡煤矿现场参观学习了安全生产“双基”建设现场。29日下午，在滕州市滕州饭店召开主题大会。会议宣读了市政府办公室下发的《关于进一步加强全市煤矿安全生产“双基”建设工作的通知》。会议在充分肯定了柴里煤矿、曹庄煤炭有限责任公司和赵坡煤矿在安全生产“双基”建设方面的经验和做法后强调要求，实行每两个月选择两个矿，市里召开一次由市领导参加的“双基”建设现场督查会，严格督促工作进度。对年底完不成“双基”建设任务的煤矿，要实施停产后进行建设等强制性措施。会议同时对今后一个时期“双基”建设重点工作进行总体部署，对今后集团公司董事长和煤矿矿长安全生产业绩考核制度、各级领导干部下井带班制度、安全生产数字化监控网络体系建设、安全监管网络体系建设、采掘机械化建设、矿级领导干部任职资格管理制度、煤矿企业内部安全管理体系建设、技术人员及职工队伍建设、科技装备建设等的出台和实施指明了方向、明确了目标。

此次会议后，至2006年底，市政府在2年8个月的时间，相继在37处煤矿召开了15次大型“双基”建设现场推进会。期间，市委书记3次亲自参加“双基”建设现场会议，多次深入井下现场视察指导“双基”建设改制。市人大、市政协领导每次都出席会议，每次都坚持下井视察指导“双基”工作。自此，全市煤矿“双基”建设工作进入一个快速发展的跨越时期。

2004年10月，市煤炭局撰写的《着力加强“双基”建设促进煤矿安全生产》论文，荣获山东省煤炭行业协会“创新成果型一行业省级贰等奖”，并颁发了山东省煤炭行业管理现代化优秀成果奖励证书。

（三）巩固阶段（2006—2010年）

2007—2009年，市煤炭局提出了“双基”建设新目标，全市煤矿除计划关闭

矿井外全部达到市级标准，省级“双基”建设先进单位力争达到40%以上。同时，制定了中小型现代化矿井建设的指导意见和达标创建表彰，修改了《全市煤矿“双基”建设考核办法和达标标准》，发起了“双基”建设回头看、努力创建中小型现代化矿井的号召，以区队班组建设为重点，以提高装备水平为关键，推动“双基”建设进一步向人性化、规范化、制度化、精细化、科学化、现代化方向发展，促进煤矿“双基”建设工作实现由点线达标到全面达标、由静态达标到动态达标、由被动达标到主动达标的转变，全市煤矿“双基”建设又迈出了一个崭新的步伐，又掀起了新一轮的建设高潮，煤矿基层基础工作实现了质的飞跃。

为进一步推动“双基”建设工作继续深入开展，2007年3月，市煤炭局根据国家、省有关加强煤矿安全基础管理工作指导意见和市政府要求，制定下发了《关于在全市煤矿开展深化“双基”工作推进“两型三化”矿井建设活动的通知》，从3月份开始到年底，在全市煤矿开展深化“双基”工作、推进“两型三化”矿井建设活动。活动总体思路：按照“两型三化”（安全高效型、本质安全型，基础管理精细化、技术装备现代化、人员培训制度化）矿井的基本要求，认真学习借鉴外地、外行业成熟经验和具体做法，以“双基”和质量标准化工作为载体，以操作无失误、设备无隐患、质量无缺陷、系统无梗阻、管理无盲区、安全无事故为目标，结合各自实际，依靠科技进步，进行自主创新，逐步形成适应自身发展的人、机、环境、制度和谐统一的本质安全高效型的生产体系，促进全市煤炭工业又好又快发展。活动目标：核定生产能力30万吨/年以上的煤矿还要达到《山东省加强大中型煤矿安全基础管理工作实施意见》中的有关规定。重点内容：开展深化“双基”工作、推进“两型三化”矿井建设活动，在以下五个方面实现新突破：1、以规范从业资格、劳动定员管理、班组工作程序、职工劳动行为和提升职工心理素养、操作技能、协作能力为重点，创建规范化区队班组，实现人员本质安全化；2、以提高生产和安全技术装备及维护水平为重点，实施“科技兴安”战略，实现设备设施本质安全化；3、以质量标准化、隐患排查与治理和现场定置、保洁管理为重点，创建文明作业环境，实现作业环境本质安全化；4、以简化优化各大系统、完善生产流程、防控重大灾害为重点，实施生产系统优化改造，实现生产系统本质安全化；5、以健全全员、全过程等级考核评价和落实业务保安责任制为重点，实施精细化管理，实现管理制度本质安全化。要求各区（市）煤炭局要按照分类指导、分批实施的原则，逐个煤矿组织现场推动会。市煤炭局将选10处典型矿井适时召开现场会。同时，在活动过程中还将举办“两型三化”矿井建设理论与实践培训班，并及时总结发布各煤矿典型做法，指导煤矿建设。对没有技改改扩前景的年核定能力9万吨及以下煤矿要按照《枣庄市关闭矿井监督管理办法》，制定矿井关闭方案，按程序逐步予以关闭。对已列入关闭计划的煤矿要加大监控力度，防止胡扒乱采，坚决如期关闭。

2007年6月，省煤炭局对原《山东省煤矿安全生产“双基”建设工作标准及考核评级暂行办法》进行了修订，形成了《山东省煤矿安全生产“双基”建设标准及考核评级办法》。7月，市煤炭局下发了《关于在全市煤矿开展“‘双基’回头看、贯彻新标准”活动的通知》，要求全市煤矿对照省煤炭局“双基”建设新标准，深入开展“‘双基’回头看、贯彻新标准”活动，全面查找不足，彻底整改存在问题，推进“双基”建设再上新水平，加快向“两型三化”矿井迈进的步伐，确保全市煤矿长治久安。

为进一步深化煤矿“双基”工作，提升矿井现代化装备和管理水平，2008年9月，市煤炭局下发了《关于推进全市煤矿现代化矿井建设的指导意见》，提出了以采掘机械化、控制自动化、管理信息化、队伍专业化、质量标准化建设为主要内容，努力推进安全高效、装备先进、管理科学、素质优良、科技领先和文明和谐的现代化矿井建设进程的指导意见。2009年6月又制定了《枣庄市煤矿现代化矿井建设标准及考核办法》，明确了具体的中小型现代化矿井建设标准。全市煤矿“双基”建设进入了一个新层次。

2007—2009年，由于安全形势变好、办矿政府领导班子调整、部分矿井负责人更换等种种原因，兼之市外煤炭资源开发、非煤产业投入等力度的加大，同时受国际金融危机影响，煤矿安全投入资金萎缩，“双基”建设力度不同程度弱化，部分矿井开始出现了回潮、停滞甚至滑坡迹象。一是有些办矿单位认为，现在煤炭市场好了，该向煤矿多要点利润了，“双基”建设只是形式，象征性地搞搞就行了，因而态度消极、不冷不热。二是有些煤矿企业主要负责人认为，自己单位房子刷了、井下整了，与其他省市地方煤矿比，“双基”建设已经搞得相当不错了，维持现状就可以了，因而沾沾自喜，不思进取。三是有些矿井分管领导和中层干部认为，通过“双基”建设，与自己单位以前的工作相比较，有了很大的变化，已经很好了，因而盲目自满、夜郎自大。四是部分乡镇煤矿认为，与地方国有大矿相比，资源条件比不上、技术人才比不上、职工素质比不上，建设“双基”难度很大，因而悲观失望、裹足不前。这些想法都是极其错误的。2007年山家林井田“4·9”突水事故、2009年发生的大甘霖二号煤矿“4·17”侥幸透水事故，就说明这一现象的严重性问题，也从反面证明了“双基”建设的重要性。如不迅速采取有效措施，继续加大“双基”建设力度，全市煤矿安全生产形势势必受到极大影响。

煤矿“双基”建设在新的阶段需要实现新的发展。实践证明，“双基”建设是煤矿强基固本的一剂“良药”。作

为煤矿“双基”的发起地，没有理由放慢“双基”建设步伐。特别是，自2006年底全市所有煤矿轮流召开“双基”建设现场会以后，国家和省又出台了一系列加强煤矿安全监管、强化基层基础工作的政策措施，各地煤矿迅速掀起“双基”建设热潮，并通过积极探索、大胆创新，创造出不少新的经验和做法，大有后来居上之势。枣庄市煤矿与前几年相比，机械化装备水平、自动化控制程度均有所提升，原有的“双基”标准已明显滞后于煤矿的发展，有些方面甚至落后于先进煤矿的要求。因此，必须开展“双基”建设回头看活动，全面推行“双基”建设新标准，进一步推动“双基”建设不断巩固、深化和提升，保持枣庄市煤矿在“双基”建设方面的领先水平，不断推动全市煤矿安全生产再创好成绩、再上新水平。

2009年8月12日，为进一步深化全市煤矿“双基”建设，推进现代化矿井建设步伐，市煤炭局、滕州市煤炭局和全市核定生产能力21万吨/年及以上煤矿的矿长和安全矿长一行40人，到枣矿集团付村煤矿考察调研。考察团分组参观了付煤公司井下3401采煤工作面、12采区轨道巷掘进工作面和地面安全文化长廊、安全质量股份公司、井口美食驿站、井口职工入井安全确认、生态养殖场、物资供应中心服务大厅、教培中心（实训基地）、富美膳园（职工食堂）等地点。考察团一行对付煤公司的精细化管理模式、人性化管理理念、亲情化管理方法、团队化班组建设、实效化培训方式和现代化装备水平等方面给予了高度评价。

2009年8月21—22日，为进一步深化全市煤矿“双基”建设，推进现代化矿井建设步伐，市煤炭局、有关区（市）煤炭局分管副局长、有关煤炭企业负责人一行21人，到新泰市汶南煤矿考察调研。考察团分组参观了井上下采掘现场，听取了汶南煤矿安全管理典型经验介绍。考察团一行对汶南煤矿“以德立矿、以安立家、以责立身”的独具特色的“三立”企业文化体系建设，精细化、实效化、人性化的安全管理和教育方式，以及不断加大投入努力提高现代化、机械化和自动化装备水平，大幅度降低职工劳动强度，积极改善井下劳动作业环境等做法留下了深刻的印象。考察团认为，汶南煤矿作为年核定生产能力25万吨的小型煤矿，在企业文化、安全管理和现代化建设等方面，认识到位，态度积极，特别是充分结合自身实际，创新和探索了许多切合实际、简便易行的好做法、好经验，值得各煤矿企业认真学习借鉴。

2005年3月17日，煤矿工程技术人员进修班开学典礼举行

2009年9月19日，市煤炭局为继续保持巩固“双基”建设成果，持续深化创新“双基”建设内涵，扎实推进安全高效、装备先进、管理科学、素质优良、科技领先和文明和谐的现代化矿井建设进程。在广泛调研并征求意见的基础上，结合国家、省和市关于煤矿安全基层基础建设的指导意见，以夯实煤矿安全基层基础工作、提升矿井现代化装备和管理水平、打造职业化从业队伍为重点，以管理精细化、队伍职业化、质量标准化、矿井现代化为主要目标，对“双基”建设进行了重新修订，下发了《关于在全市煤矿深入开展“双基”建设回头看活动的通知》，在全市煤矿开展“双基”建设回头看活动。新修订的标准兼容了省局建设标准和枣庄市煤矿安全管理经验，内容更全、更新，要求更高、更严，也更具人性化、精细化、规范化、科学化、现代化特点。2009年9月至2010年底，按照用机械化改造传统生产方式，用信息化改造传统管控方式，用职业化改造传统队伍建设方式，持续巩固提高办矿水平的工作思路，组织开展了第二轮共12次大型“双基”建设回头看现场会，促进了煤矿“双基”建设工作由点线达标到全面达标、由静态达标到动态达标、由被动达标到主动达标的转变，达到了初步具备现代化管理特征的目标。

2009年9月22—23日，市政府在滕州市金达煤矿、刘村煤矿召开全市煤矿第一次“双基”建设回头看会议。会议同时确定今后每月选2至3处矿井召开一次全市煤矿“双基”建设回头看现场会议。2009年11月11—12日，市政府在市中区中泰集团朝阳煤矿和留庄煤矿召开全市煤矿“双基”建设回头看暨冬季安全生产工作会议。2009年12月10—11日，市政府在峄城区赵坡煤矿、北徐楼煤矿召开全市煤矿第三次“双基”建设回头看会议。

（四）提升阶段（2011年至今）

为深刻吸取防备煤矿“7.6”事故、

2004年5月28日，全市煤矿安全生产“双基”建设工作会议召开

朝阳煤矿“11.17”事故教训，扭转全市煤矿安全生产被动局面，持续改进和完善煤矿基层基础工作，全面创新和丰富“双基”建设内涵，市煤炭局研究下发了“双基”建设提升活动方案，并从2013年3月至今，按照以“双基”建设为统领、各单项建设纵深推进，全面提升煤矿现场管理和装备水平的工作思路，组织开展了第三轮共7次大型“双基”建设提升活动现场会。通过第三轮的推动，全市煤矿正确应对当前严峻的经济形势，危中求机，化危为机，坚定信心，科学应对，不断改善煤矿安全生产环境，整体推进机械化、标准化、信息化、职业化四大建设，大力提升了矿井安全保障能力。

二、取得的主要成果

（一）煤炭生产实现了由分散向集约转变

通过“四个一批”结构调整战略实施，取得了显著成效。截至2017年末，全市境内煤矿生产能力由1999年的603万吨/年，提高至836万吨/年，增长幅度达38.6%；平均单井规模由4.75万吨/年，提升至52.25万吨/年，提高了近10倍。“四个一批”战略改变了多级办矿、体制混乱、小矿较多、管理落后的状况，矿井规模结构不断优化，实现了原煤生产集约化。

（二）矿井装备实现了由传统向科学转变

充分利用“双基”建设和现代化矿井建设的良好契机，督促指导全市煤矿制定安全生产投入规划和年度计划，引导企业加大投入，积极采用新技术、新工艺、新材料、新设备。截至2017年末，全市煤矿高档普采工作面、综采工作面分别达到10个和10个，掘进装载机械化程度达到90%以上，3煤矿采煤机械化程度达到78%以上，架空乘人装置程度达到50%,安全避险“六大系统”、降雨量电子自动观测系统、主提升自动化控制系统、主排水远程集控系统全部达到100%，15处煤矿建成工业以太环网。全市煤矿防灾抗灾能力进一步增强，以采掘机械化、系统自动化、管理信息化为标志的现代化矿井水平显著提升。

（三）安全监管实现了由粗放向系统转变

在队伍建设上。由于市委、市政府对煤矿安全生产的高度重视，建立健全市煤炭局、区（市）煤炭局、驻矿安全督查站三级监管监察机构，在全省率先建立起较完善的煤矿安全监管机构体系。在制度建设上。“双基”建设、中小型矿井现代化建设、煤炭职业化队伍建设等制度填补了行业空白，走在了全省、全国的前列。在管理创新上。结合枣庄煤矿实际，推广应用了安全生产网格化管理法、“两项”许可管理法、手指口述操作法，总结推广了一批以金达煤矿“六步骤”班组工作法为代表的现场管理方法，总结形成了“五级六线”监管工作机制，建立了以大型活动促投入上水平的监管工作制度。

（四）煤炭工业实现了由单一向多元发展转变

通过实施大集团战略、煤与非煤并重发展战略，全市境内外生产规模达到300万吨/年以上的煤炭企业集团已发展到4家，全市地方煤炭企业开办规模以上非煤项目30多家，形成了煤炭开采、洗选加工、建材热电、机械制造、港航运输、精细化工、旅游餐宿和城建开发等多业并举、多元化经营格局。截至2017年末，全市地方煤炭企业主要非煤产值31.97亿元，产值比重达到60%。同时，各大集团大力实施“走出去”发展战略，到外地开发煤炭资源。共在市外开办、托管煤矿项目25个，煤炭可采储量8.29亿吨，是市内现有煤炭资源储量的4倍；总设计生产能力将达到1871万吨/年，是市内煤矿的2倍多。非煤产业迅速壮大和境外“枣煤基地”的初步形成，为煤炭工业可持续发展提供了重要支撑与可靠保障。

三、经验启示

（一）领导高度重视是抓好安全生产的关键

枣庄市煤矿安全生产工作之所以取得较好成效，各级领导的重视起到了至关重要的作用。历届市委、市政府始终把安全生产作为事关枣庄发展稳定的大局来认真对待，一贯高度重视。市委、市政府领导时刻心系煤矿安全生产，在多个关键时期的果断决策和一以贯之的重视推动，明确要求将煤矿安全生产作为政府执政要务之一来抓紧抓好，把“双基”建设持之以恒地开展下去，成为煤矿安全发展的根本政治保证。在市委、市政府领导的精神感召和亲自带动下，各级各有关部门不遗余力抓安全，新闻媒体及社会各界高度关注安全，矿工家

属情系安全，煤炭系统广大干部职工更是责无旁贷、全力以赴抓好安全，全市上下形成了“党委领导、政府监管、行业管理、企业负责、社会监督”的安全生产新格局，营造了良好的安全生产政治氛围、社会氛围及人文氛围，有力促进了枣庄市煤矿安全生产形势的持续稳定发展。

（二）严格监督管理是抓好安全生产的重要手段

枣庄市结合实际，先后出台了一系列监督管理制度，持续加强现场管理，取得了较好的实效。如薛城区“2·11”事故后，市政府带领市煤炭局等部门多次到薛城区进行调研、召开现场座谈会，指导薛城区构筑了煤矿“三级三线”安全监管体系，并在全市建立了统一管理、统一调配、统一考核的24小时驻矿督查制度。为督促煤炭管理部门落实好政府安全监管责任、督促煤炭企业集团法人代表和煤矿矿长落实好企业安全生产主体责任，从2004年起，在全市实行了煤炭管理部门主要负责人行业监管业绩和煤炭企业集团法人代表及煤矿矿长安全生产业绩年度考核制度，并采取考核结果全市通报、抄送当地党委政府、奖惩兑现的措施，强化了部门和企业主要负责人抓现场管理、落实安全资金投入的责任心。为深刻吸取防备煤矿“7·6”事故教训，严厉打击违法违规生产行为，制定了枣庄市煤矿安全生产禁令，切实加强了全市煤矿安全生产管理。为认真落实国办发〔2013〕99号、鲁政办发〔2014〕4号文件，制定了枣庄市贯彻落实意见，使各部门各负其责，建立健全了煤矿安全长效机制。这些制度措施的制定出台，及时全面落实了国家、省政府的工作要求，强化了煤矿现场安全管理，提高了各级各部门、煤矿企业管理干部的工作责任心，保障了各项安全措施落到实处。

（三）保证安全资金投入是抓好安全生产的基本要求

通过加大安全生产宣传教育力度，强化安全生产意识，枣庄市上下在安全资金投入上统一了思想，形成了共识，把“花钱买教训”转变到“花钱买安全”上来，各级各部门十分重视监督引导煤矿加大资金投入，各煤矿企业主动引进先进的技术装备，并通过“双基”现场会推动等形式，保证该花的钱一分都不能少，该上的先进设备一样也不能打折扣，该增加的安全设施一天也不能拖，平均每年总投入都要在1亿元左右。正是由于全市煤矿充分认识到安全与生产投入的必要性和重要性，舍得花钱，尤其是优先保证了安全方面的投入，各煤矿都加快了装备升级进程，不断改善生产生活环境，减轻了工人劳动强度，为矿井安全生产奠定了坚实基础。

（四）提高从业人员素质是抓好安全生产的坚实基础

先进的装备需要人来操作，完善的制度需要人来落实，煤矿干部职工队伍素质的高低一定程度上制约着安全生产发展。基于以上认识，建立健全了煤矿各级从业人员资质准入标准，严格审查任职资格，从源头上淘汰素质差的人员；狠抓安全宣传教育与企业安全文化，提高职工思想素质；狠抓全员安全培训与技能竞赛活动，提高职工技能素质；狠抓继续教育与知识更新培训，提高职工文化素质。同时，通过委托培养、定向招生、联合办班等形式，培养了一大批现代化煤矿技术管理人才。这一系列措施，促进了煤矿职工素质的提升，保证了煤矿安全生产工作的顺利开展。

审稿人：郑仰昕

撰稿人：岳耀绘　王英明

　　　　刘家强

王晁煤矿

枣庄教育事业改革发展的历程、成就及经验

改革开放以来，枣庄教育事业坚定不移地贯彻党和国家的教育方针政策，坚定不移地实施“科教兴市”战略，坚定不移地服务地方经济社会发展，不断深化改革、扩大开放，经过全市广大教育工作者的辛勤努力，取得了令人瞩目的辉煌成绩，实现了前所未有的大发展和历史性跨越。

一、枣庄教育发展和改革的进程

改革开放以来，枣庄教育大致可以分为四个阶段：

（一）拨乱反正，枣庄教育发展步入正轨（1977—1985年）

这一时期，教育领域的“拨乱反正”，最重要的有两个方面：一是1977年11月，《人民日报》发表文章正式否定了“四人帮”炮制的否定知识分子和十七年教育路线的“两个估计”；二是恢复已经中断了十年的高等学校统一考试招生制度，在全社会重新树立了尊重知识、重视教育的风气。枣庄市各级党政为消除“左”倾错误影响，调整了各级教育部门和学校的领导班子，将富有革新精神的骨干教师提拔到各级领导岗位，落实知识分子政策，纠正冤假错案，提倡尊师重教，从而清除了教育事业发展的重大障碍，为整顿和振兴枣庄教育创造了安定团结的政治局面。

这一阶段，枣庄教育工作认真贯彻“调整、改革、巩固、提高”的方针，恢复、整顿的主要内容包括：

1977年11月，成立枣庄市招生委员会，恢复大中专招生文化考核制度。

1978年2月，枣庄市教师进修学院建立，并开办教师培训班。

1978年8月，枣庄市委召开全市教育工作会议，贯彻全国、全省教育工作会议精神，重点是搞好教育整顿，提高教学质量。

1979—1986年，进行农村中小学校舍改造，累计7年间，共投资11269万元，其中干部群众集资占93%，新建校舍32850间，总建筑面积27.83万平方米，经省检查验收合格，成为省内率先完成农村校舍改造工作并且受省表彰的四个地市之一，全市结束了农村学校“黑屋子、土台子”的状况。

1980年5月，为贯彻全国教育工作会议精神，着重解决国民经济与教育结构失调的问题，市政府召开全市教育工作会议，提出对中等教育结构进行进一步调整。全市增办了一批职业技术学校，部分完全中学相继改办为农技中学或附设职业高中班。

1980年6月，枣庄市教育学会成立。

1981年4月，枣庄市委、市政府召开全市文教工作会议，着重研讨改造中等教育结构，提高教育质量问题。当年，全市高中由112处减为51处，有6处高中改办农业技术中学，城镇中学增办职业高中班。

1981年6月，枣庄市委、市政府召开全市职工教育会议，在全市开展了职工文化、技术补课教育和提高干部文化业务和政治素质教育。

1981年12月，枣庄市政府向全市912名从事教育工作30年以上的教职工，颁发了纪念章和光荣证书。

1982年12月，枣庄市教育系统平反冤假错案工作结束。

1983年12月，枣庄市教育局发出《关于在教育战线抵制和清除精神污染的通知》，各校深入开展五讲四美三热爱活动、读书活动和向张海迪学习的活动。

1984年10月，全市教育行政领导机关和学校领导班子调整、选拔大批有干劲、有业务专长的骨干担任领导职务。

（二）全面开展教育体制改革（1985—1993年）

1985年5月，《中共中央关于教育体制改革的决定》颁布，成为指导这一时期教育改革和发展的纲领性文献，是新时期教育的真正起点。《决定》提出与“以经济建设为中心”的政治路线相一致的新的教育方针，即“教育必须为社会主义建设服务，社会主义建设必须依靠教育。”为贯彻落实这一方针，枣庄市委、市政府于1986年3月下发了《关于贯彻中共中央关于教育体制改革的决定的意见》(以下简称《贯彻意见》)，提出了分阶段有步骤地实现九年制义务教育、大力发展中等职业技术教育、切实加强教师队伍建设、多渠道增加教育经费和投资、切实加强对教育工作的领导等方面的举措，在诸多方面都引领了今后全市教育改革发展的方向。主要抓了五个方面的工作。

1. 启动了实施九年义务教育的历史任务。《贯彻意见》中指出，“实施九年制义务教育，分小学和初中两个阶段。”并明确要求在1998年前实现九年制义务教育。随后，枣庄市人大常委会于1986年12月通过了《枣庄市实施义务教育法方案的决议》，市政府于1987年2月印发了《枣庄市实施义务教育法方案》，以行政立法的方式，明确要求全市各乡镇分三批至1998年全部实现九年义务教育，并明文规定了实施义务教育的有关法律责任。在《枣庄市教育事业十年规划和“八五”计划》中，则明确提出了九十年代基础教育的主要任务是实现九年义务教育。1979年，全市小学适龄儿童入学率仅为79.9%，

从1987年贯彻实施义务教育开始，至1991年底，全市已经实现初等义务教育的乡镇占80%，正在实施初级中等义务教育的乡镇占38%，义务教育实施的速度居全省上游，为全面实现九年制义务教育创造了有利条件。这期间，围绕“普九”工作开展，实施了城镇中小学校舍改造，1989年至1992年间，全市累计投资10610万元，新建校舍21.83万平方米，维修改造校舍21.1万平方米，46所城镇学校全部实现规模、校舍、校园、操场和课桌凳“五达标”，在全省第一个完成城镇校舍改造任务。

2. 调整基础教育管理体制。落实中央“把发展基础教育的责任交给地方”的指示，“对中小学实行分级办学、分工管理的体制。市举办并主管市区中学、示范性的实验小学、幼儿园和聋哑学校；区县负责举办并主管高中和完中、实验小学、实验幼儿园；乡镇负责举办和主管初中、中心小学和中心幼儿园；村负责小学、幼儿园的兴办，主管幼儿园，协助乡镇管理好小学。”随后，一大批学校的管理体制进行了调整，通过对中小学管理权限的逐级下放，明确了地方政府发展基础教育的责任，调动了区（县）、乡（镇）、村各级办学的积极性。

3. 改革中等职业技术教育结构。《贯彻意见》要求，“七五”期间，全市普通高中要控制发展，着重发展中等职业技术教育，力争1990年各类中等职业技术学校在校生占高中阶段在校生总数的58%。自1985年起，对中等教育结构进行了改革和调整，将部分中学改办成职业（技术）学校、职业中学、农业中学；广开学路，发动各行各业举办职业技术学校；改革普通高中的课程，逐步增设职业（技术）教育课；努力办好中等专业学校；积极发展和办好技工学校。截至1991年，全市共有各类职业技术学校30所（其中，职业高中8处、职业中专4处，4所职业中专均达到省级重点职业中专标准），在校生20297人，占整个高中阶段招生数的58%，超过省均水平。1993年，职业教育落实“大家办”方针和“先培训，后就业”政策，出现了在政府统筹下，全市各行业、企事业单位和社会各界共同举办职业教育的热潮。

4. 着力扩增教育经费和教育投资。《贯彻意见》中提出，“全市上下都要舍得拿出钱来办教育。”“各级政府对教育拨款的增长要高于财政经常性收入的增长，并使按在校学生人数平均的公用费用逐年增长，国拨经费的年递增率不低于10%；市、区、县的机动财力，每年至少拿出15%用于教育；乡镇财政主要用于教育。”1986年后，全市坚持以财政拨款为主，多渠道筹措教育经费，逐年增加教育投入，确保教育事业健康发展。从1986年起，枣庄市在农村开征教育费附加，确定农村教育费附加控制在人均纯收入的2%以内；1988年10月，枣庄市政府下发了《关于依靠社会集资改造公办中小学校舍的意见》，号召各部门、各界人民为发展教育、振兴枣庄而踊跃捐资，在全市形成了“人民教育人民办”的捐献热潮。勤工俭学工作也有了快速发展，开展勤工俭学的学校比例一度达到99%。至1992年底，全市预算内教育经费9878.8万元，是1985年的3.4倍，年均递增18%。

枣庄市实验学校

5. 有效加强师资队伍建设。《贯彻意见》中提出了诸多的师资队伍建设举措，包括：大力加强师范院校和教师进修学校的建设、开办高师专科和中师自学考试、教师培训提高工作实行分级负责制、建立教师考核制度、提高教师的社会地位和生活待遇、建立教师荣誉称号制度、民办教师实行工资制等，基本构建了全市师资队伍建设的框架。从1985年9月10日第一个教师节起，市政府定期举行庆祝和表彰大会，对优秀教师、优秀教育工作者等进行表彰，市领导在教师节、春节期间带队走访慰问基层教师形成惯例，尊师重教的风气在全市范围内逐步形成。自1988年起，根据省统一部署，开始实施教师编制管理。自1987年起，开始中小学教师技术职务评定工作，设中学、小学、中职三个评审系列，在2.3万名中小学公办教师中，评出中级以上职称教师3292名。1985年后，开始实施以职务工资为主的结构工资制，公办教师人均月工资由60.05元提高到76.46元；1986年实行工资改革，中小学教师享受教龄津贴；1987年，中小学、幼儿园教师工资普遍上浮10%。同时，统筹解决民办教师问题。1985年时，全市有民办教师12280人，约占中小学教师总数的44.8%。1986年，根据省里统一部署，对1985年8月31日前在岗任教的民办教师进行统一登记注册，并发给“民办教师任教证书”，开始执行对解决民办教师问题的“关、转、招、辞、退”五字方针，不再招收录用新的民办教师，民办教师数量逐年减少。

1989年，经济出现滑坡，枣庄市政府明确规定，紧缩其他开支，确保教

育经费，因而并未影响教育。1989年5—6月，北京发生的动乱和反革命暴乱波及枣庄，市委、市政府未雨绸缪，专门召开由大中专学校和市直有关部门负责人参加的座谈会议，要求旗帜鲜明地反对动乱，加上教育部门的教育得力、疏导及时，枣庄市各级各类学校基本处于平稳状态。

（三）“教育产业化”和教育飞速发展（1993—2003年）

这一时期，邓小平南方谈话和党的十四大明确提出了在我国建立社会主义市场经济体制的目标，要求加快改革开放和现代化建设步伐，整个社会对教育提出了新的要求，希望教育担当起培养创新人才和民族复兴的重任。为贯彻国家和省里部署，1994年12月，枣庄市委、市政府印发了《枣庄市实施中国教育改革和发展纲要的意见》，提出了到20世纪末全市教育发展的目标和任务，其中的多项举措产生了深远影响，成为指导这一时期枣庄教育改革和发展的纲领性文件。比如：明确提出实现“两基”是整个教育事业发展的重中之重，必须优先予以保证；区（市）政府对基础教育特别是义务教育负有主要责任，乡镇政府是实施义务教育的主体；落实国家和省里部署，首次正式提出教育投入要落实“三个增长”，全市财政性教育经费占国民生产总值的比例到20世纪末要达到4%，财政预算内教育经费支出占财政总支出的比例要尽快达到22%以上；开辟了新的教育经费筹资渠道，决定从1995年开始开征义务教育费、职业教育经费等“四项教育费”，并通过《枣庄市人民政府关于增加教育投入若干问题的通知》予以明确。同时，还提出了建立以政府办学为主体、社会各界参与办学的新体制，非义务教育段学生上学缴纳部分培养费，开展民办教师分流，坚决制止拖欠教师工资，成立枣庄市人民政府教育督导室等举措，均成为这一时期内的重要标志性工作。

这一时期的枣庄教育，全面贯彻中央教育方针，突出抓了四个方面的工作。

一是落实中央提出的教育“低重心”发展战略，“两基”成为发展主线。在1992年9月10日召开的全市教育工作会议上，印发了《枣庄市实现初级中等义务教育（八年）规划表》，提出到1993年实现初等义务教育，到1998年实现九年义务教育。1993年4月26日召开的全市教育工作会议上，确定全市义务教育发展的总体目标是：1997年全市实现八年制义务教育，通过“五·三”学制到“五·四”学制的过渡，到1999年全面实现九年制义务教育；在这次会上，市委、市政府确立了“依法实施义务教育，大力发展职业教育和成人教育，努力发展高等教育”的工作思路，标志着“两基”工作全面启动。1993年—1994年春，全市集中开展了大规模扫盲工作，累计扫除青壮年文盲11.9万人，非文盲率达到95%以上。1994年5月，经省政府验收，枣庄市成为山东省第一个基本扫除青壮年文盲的地市，由此“两基”重点转向“普九”工作。1993年，市中区率先通过省政府“两基”验收，成为全省首批实现“两基”的县区；1997年6月，全市五区一市全部通过省政府“两基”工作评估验收，达到了省“两基”验收的最基本标准，成为全省第11个实现“两基”的地市。1998年后，“两基”工作转入“普九”巩固提高阶段，全市突出学校布局调整、薄弱学校改造、规范化学校创建、现代教育技术推广和义务教育“八改九”学制改革五大工作重点，中小学布局趋于合理，规模效益明显提高，义务教育实施水平全方位提高。2002年，按计划平稳完成了小学学制“五改六”，枣庄市真正实现了“普九”。到2005年时，全市五区一市全部通过省政府“两基”复评验收，成为鲁西南地区率先完成此项工作的市。

二是大力推行“教育产业化”，社会力量办学（民办教育）从无到有、快速发展。以1992年中共中央和国务院颁发的《关于加快发展第三产业的决定》为标志，教育由“上层建筑”被重新定义为“社会生产力”的一部分，纳入了第三产业，教育逐渐走上了一条被舆论称为“教育产业化”的特殊发展路径。与此相适应，1994年2月，市教委同意市中区新兴篷布轧钢厂提出的《关于申办私立华夏中学的报告》，同年滕州市教委同意由滕州华夏文化促进会创办、滕州一中承办滕州市育才中学，由此，社会力量办学在全市迅速兴起。从1997年起，《社会力量办学条例》在全市得到有效落实，社会力量办学不断发展壮大，办学形式更加多样，除了独资、民办公助外，还有股份制、公办民助、国有民办等；办学主体趋向多元化，既有企事业单位、集体、社会团体办学，也有公民个人办学；投入形式既有国办民助，也有股份合作、个人独资等。2000年12月28日，市政府专门召开全市引资办学动员大会，印发了《关

山亭区实验幼儿园

于加快发展社会力量办学的若干政策规定》和《关于加快发展社会力量办学的实施意见》，制定了一系列优惠扶持政策，还提出要高看一眼、厚爱一层，如允许民办学校自主招生、自主招聘教师等。至2003年时，全市民办和国办民助、国有民办等形式的学校（含幼儿园）达到190所。在当时的条件下，社会力量办学的发展，有效地增加了教育投入，增加了教育资源的供给总量，增加了教育供给方式的多样化和选择性，缓解了财政投入不足、公办教育规模有限的矛盾，为更多的青少年提供了接受教育、选择学校的机会，促进了全市教育事业的发展。

三是素质教育扎实推进，呈现出全面展开、重点突破的态势。从20世纪90年代初，枣庄市就提出了实施素质教育的要求，1999年11月印发的《中共枣庄市委枣庄市人民政府关于深化教育改革全面推进素质教育的意见》，则标志着在国家推进、全面展开的大形势下，实施素质教育迅速成为全市教育工作的主题。落实德育的首要地位，坚持以“五爱教育”为主线，以行为规范教育为重点，以课堂教育为主渠道，实施了“五心教育”“崇尚科学、拒绝邪教”教育、“两情一史”教育、国土教育、文明礼仪教育、心理健康教育等专项教育和各类社会实践活动，建成了较为完整的德育工作体系，确定了一批德育基地，增强了德育工作的针对性和实效性。坚持以教学为中心，以学生为主体，体现“面向全体、全面发展”的素质教育要求，不断加大教改力度，先后推出了“双十”教改模式和“自主创新”教学模式，有效提升了教育教学质量。认真落实《学校体育工作条例》《学校卫生工作条例》和《全国学校艺术教育总体规划》，要求学校严格执行课程方案，在开齐课程、开足课时的同时，开展了多种形式的群体活动和竞技比赛，并形成了长期坚持的一系列体育、艺术比赛，有效促进了广大学生身体素质和美育水平的提高。与此同时，在招生考试、教学监测、教育评价等方面实施了一系列改革。1993年开始，实施了学校办学水平督导评估制度；1997年改革了学生评价办法，小学取消百分制；1998年开始取消小学毕业会考制度，实行初中学校“划片招生、就近入学、免试直升”的办法；1999年起，推行中考改革，实行“一评二挂，一考多取”的办法，同时增加实验操作、教育信息技术技能考试和音体美特长加试，加大了素质教育的导向力度，初步形成了素质教育的宽松环境和导向机制。

2014年，“全面改薄”工程全面启动。图为山亭区山城街道中心小学师生正在使用“全面改薄”工程中新配备的多媒体设备

四是各级各类教育无论在规模、数量，还是在发展速度等方面，都实现了飞速发展。对中小学布局（主要是农村中小学）进行了两轮较大规模的调整。第一轮是在省“两基”验收前，为贯彻实施九年制义务教育法，实施了中小学设点布局调整，到1997年底，全市小学由1985年的1571所调减到1191所，减少了380所；校均在校生规模由226人增加到359人。初中由1985年的198所调整到155所，减少了43所；校均在校生规模由536人猛增到1469人。第二次调整是在省“两基”验收以后，为适应小城镇建设总体规划的实施和中小学生源变化情况，自1998—2010年，进行了持续十多年的中小学布局调整工作，到2010年底，全市小学调减到603所，比1997年减少588所；初中调减到121所，比1997年减少34所。通过两轮学校布局调整，撤并了一大批条件较差的农村小学和教学点，通过集中配置教学资源，有效推动了农村学校办学条件的改善，农村学校的规模效益得到提高，农村教师队伍建设和整体水平进一步加强。大力改善城乡学校基本办学条件，1993—1997年，全市投入约4.94亿元，新建校舍98.8万平方米，维修校舍30.2万平方米；1998年至2001年，全市结合学校布局调整、薄弱学校改造、创建规范化学校和危房改造等工作，投入资金4.69亿元用于学校基本建设，新建校舍面积20.6万平方米，相继建成了滕州一中新校、薛城舜耕中学、枣庄三中西校等一批规模较大、设施先进的高标准学校，进一步掀起了学校建设的高潮。1996年，《中华人民共和国职业教育法》颁布，职业教育逐步纳入法制化轨道，跨地区、跨行业多种形式的联合办学进一步发展，至1997年时，全市有各类职业学校（含普通中专、技工学校）49所，在校生增加到5.2万人，占整个高中阶段招生人数的比例达到64%，高于省均7个百分点，职业教育发展达到高峰；随后，职业教育由重规模发展转向重质量提高上来，实施了调整学校布局，优化专业结构，加强重点学校建设，推行“双元制”教学等一系列举措，到2003年底，全市各类职业学校由最高时的51所调整为38所，在校生规模3.9万人。学前教育落实“以政府办园为示范、社会力量办园为主体，公民个人办园为补充”的原则，着力构建区（市）、乡（镇）、村三级办园网络。1995年，率先在全省完成区（市）实验幼儿园、乡镇中心

2015年8月，滕州市生源地信用助学贷款办理现场

幼儿园建设任务，70% 的行政村建起村级幼儿园；2000 年，市政府召开全市“两基”巩固提高暨学前教育工作会议，提出各区（市）、乡（镇）应充分利用中小学布局调整后腾出的校舍改建幼儿园，加快幼儿园建设；2003 年底，全市幼儿园达到 1244 所（含各保教点），其中省级“十佳园”1 所、省级示范幼儿园 18 所，全市在园幼儿总数 6.5 万人。

（四）落实科学发展观，强化教育质量和教育公平（2003 年至今）

这一时期党中央提出了以人为本的科学发展观，对教育领域提出了优先发展、科学发展、又好又快发展的要求，提高教育质量成为教育工作的重点，促进教育公平也成为国家的基本教育政策目标。尤其是从 2003 年下半年起，教育部开始高调批评“教育产业化”思路，对农村教育、义务教育、教育公平的关注逐渐取代了此前以数量、规模、速度为主的追求。

1. 着力消除“教育产业化”影响。从 2006 年 1 月 1 日起，全面停止了对新的改制学校和新的改制学校收费标准的审批。2007 年，对公办学校举办的“校中校”“校中班”进行重点清理，对涉及的 11 所改制学校进行了清理规范，滕州一中新校等 4 所学校改为公办学校，7 所学校改为民办学校。2008 年，按照《山东省教育厅关于进一步做好义务教育阶段改制学校清理工作的通知》，以按照民办机制运行的国有民办、民办公助学校，有社会资金参与的新建学校，公办学校参与举办的非公有性质学校等为重点，对义务教育阶段改制学校进行了进一步清理。随着“以县为主”义务教育管理体制的建立完善，全市全面实施了农村义务教育经费保障机制改革，义务教育实现了由“人民教育人民办”到“义务教育政府办”的根本转变。2006 年 11 月，市政府印发了《枣庄市农村义务教育经费保障机制改革实施方案》，明确提出，自 2007 年春季开学起，全部免除农村义务教育阶段学生学杂费；落实省定生均公用经费标准；对农村义务教育阶段贫困家庭学生免费提供教科书并补助寄宿生生活费；对享受城市最低生活保障政策家庭的义务教育阶段学生实行“两免一补”，免费九年义务教育得到全面落实。2007 年，全市投入 1.42 亿元，免除了城市义务教育阶段学杂费；投入 3261 万元，免费向全市义务教育阶段学生提供了国家及地方课程教科书，真正实现了免费九年义务教育。与此相对应，2004 年后，全市社会力量办学的重点逐步向优质普通高中和学前教育调整。随着免费九年义务教育的实现，2008 年，新时代学校终止办学，2009 年华夏中学终止办学，社会力量办学进入了规模缩减、规范发展的历史阶段。

2. 大力推动县域义务教育均衡发展。2005 年，教育部发出《关于进一步推进义务教育均衡发展的若干意见》，促进义务教育均衡发展迅速成为全市上下的共识，也成为贯穿这一阶段的主要任务目标。早在 2003 年 12 月，市政府下发了《关于加快农村教育改革与发展的决定》，从提高普及九年义务教育成果、继续深化教育教学改革、完善“以县为主”的农村义务教育管理体制、积极发展农村职业教育和成人教育、加快农村教育信息化建设、加快推进农村中小学人事制度改革、为农村教育事业的发展创造良好的外部环境七个方面，做出了细致的安排部署，为发展农村教育、促进城乡教育均衡发展奠定了坚实基础。2014 年，市政府办公室下发了《关于推进县域义务教育均衡发展的实施意见》，从教育机会均衡、师资队伍均衡、教育资源配置均衡、教育质量均衡四个方面提出了具体标准，并要求各级政府特别是区（市）政府认真落实推进义务教育均衡发展的法定职责，到 2015 年全市所有中小学达到省定基本办学条件标准，2016 年前达到义务教育发展基本均衡县标准并通过国家评估认定，县域义务教育发展进入了历史快车道。截至 2017 年底，市中区、峄城区、滕州市、台儿庄区、薛城区、山亭区相继通过国家义务教育发展基本均衡县验收，全市义务教育均衡发展迈入历史新阶段。

这期间，作为促进教育均衡发展的重要举措，一大批教育惠民工程相继实施。2001—2010 年全市实施了中小学危房改造工程，累计投入资金 4.36 亿元，新建校舍 38.52 万平方米、维修校舍 11.25 万平方米。2007—2010 年实施了农村中小学“三亮三改”（即墙壁亮、黑板亮、电灯亮、改食堂、改宿舍、改旱厕）工程，2009—2014 年实施了“211 工程”（即热水、热饭、取暖、改厕），累计投入资金 1.14 亿元，基本解决了农村中小学师生在校“喝热水、吃热饭”问题，部分学校冬季取暖和改厕治污问题也得到同步改善。2010—2013 年，全市实施了校舍安全工程，累计投入资金 11.97 亿元，新建、重建校舍 93.8 万平方米，全市约三分之一的校舍实现旧貌换新颜，校舍楼房率提高到 92%，位居全省第一。2013—2016 年，实施了农村义务教育校舍标准化建设工程，累计完成投资 11.79 亿元，新建校舍 95.66 万平方米。2014 年，立足“保

基本、兜网底”，以改善村小学和教学点办学条件为重点，启动了“全面改薄”（全面改善义务教育薄弱学校基本办学条件）工程，截至2017年底全市校舍建设竣工面积82.74万平方米，设备购置完成投资3.3亿元。2015年12月，市政府办公室印发了《枣庄市解决城镇普通中小学大班额问题实施方案》，要求利用两年时间，新建改扩建中小学校222所，新增校舍面积179.7万平方米，基本解决大班额问题，截至2017年底累计完成投资58.29亿元，新建改扩建学校竣工216所，竣工校舍面积199.21万平方米。经过一次又一次、投入不等、规模不等、标准不等的建设和改造，中小学办学条件在整体上有了根本改观，及时消除了D级危房，彻底告别了“土房子、土台子、土孩子”的“三土”面貌。

坚持市直学校的示范引领作用。尤其是2004年政务中心搬迁至新城后，市委、市政府着眼中心城区建设，实施了新城区市直学校一条龙建设和老城区市直学校做新做靓工程。自2007年起至2017年底，在新城区，先后新建了市实验学校、市实验幼儿园新城园、市实验高中、市实验小学、市职业中专、市特教学校，累计完成投资9.7亿元，新增建设用地622亩，新建校舍26.9万平方米，逐步形成了从幼儿园、小学、初中、高中到职教、特教的完善教育体系，有效助推了新城区人气聚集。在老城区，累计完成投资1.7亿元，实施了枣庄三中西校扩建、枣庄十五中东西校重建及市实验幼儿园幼教集团组建等工程，有效扩增了老城区教育资源总量，满足了人民群众对优质教育资源的迫切需求。同时，立足市直教育发展实际，先后完成了解放路学校组建、枣庄三十中和枣庄十五中合并、新时代学校分流、枣庄三中东校撤并等工作，市直学校布局得到进一步优化。

3. 深入推进素质教育实施。全市对教育质量、素质教育的关注提升到了一个新的阶段。2005年，在基本完成1999年制定的“三年赶超周边，五年达到全省中等水平”目标的基础上，提出了教育教学质量“第二次跨越”的目标。2007年，市政府转发了《山东省人民政府关于深入贯彻〈中华人民共和国义务教育法〉大力推进素质教育的意见》，明确要求以科学发展观统领教育事业发展全局，端正办学指导思想，改进和创新人才培养模式，把教育工作发展的思路转到以内涵发展为主、注重提高质量的轨道上来。以此为标志，全市上下以规范办学行为为切入点，掀起了实施素质教育、提高教育质量的新高潮。

4. 建立完善的学生资助体系。2003年12月，市政府转发《省教育厅等部门关于开展经常性助学活动意见的通知》，确定从2004年起设立义务教育阶段贫困学生助学金和免费提供教科书专项资金，并建立经常性助学活动联席会议制度，逐步构建了涵盖义务教育、普通高中、学前教育、中职教育等各学段的贫困学生资助体系，这是除了免除城乡义务教育学杂费之外，促进教育公平的又一重大举措。至2017年，义务教育家庭困难学生除免除学杂费、课本费外，对农村家庭经济困难寄宿生按照资助面不低于30%，小学1000元/年、初中1250元/年的标准补助生活费；普通高中对家庭经济困难在校生按照资助面不低于10%、平均2000元/年的标准发放国家助学金；学前教育对普惠性幼儿园3—5岁在园幼儿按照资助面不低于10%、平均1200元/年的标准发放助学金；中职教育除实行公办学校免学费政策外，对一、二年级涉农专业全部学生和非涉农专业家庭经济困难学生，按照2000元/年的标准发放国家助学金；家庭经济困难高校在校生及新生，可根据需要办理生源地信用助学贷款，每生每年最高可贷8000元。2017年，全年共为5万人次各级各类学生发放奖、助学金6000余万元，为9965名大学生发放生源地信用助学贷款7524万元，有效保障了家庭经济困难学生的平等入学权利。

5. 大力发展职业教育和学前教育。作为教育发展的两个“短板”，职业教育和学前教育得到了高度重视。

在职业教育方面。2003年12月，市政府下发了《关于大力推进职业教育改革与发展的意见》，要求以中等职业教育为主体，积极发展初等和高等职业教育，使初、中、高等职业教育相互衔接并与其他教育相互沟通、协调发展，对建立并完善“分级管理、地方为主、政府统筹、社会参与”的职业教育管理体制、实施就业准入制度、落实职业教育专项经费政策、建立职业教育联席会议制度等，均提出了具体要求。同年，为优化整合中等职业教育资源配置，对一批规模小、条件差的学校进行调整，撤、并、转职工学校12所，整合普通中专、职业中专7所，中等职业学校由51所调整为38所。2004年起，加快了

2016年枣庄市中学生田径运动会开幕式现场

2016年11月10日，山东省职业院校技能大赛（中职组）酒店服务赛项比赛现场

规范性和示范性中职学校建设，实施了市职业中专迁建工程，新建了薛城区职业中专、台儿庄区职业中专、山亭区职业中专，实习实训条件显著改善。2005年，下发了《中共枣庄市委枣庄市人民政府关于大力发展职业教育的决定》，职业教育迎来了加快发展的政策机遇，重点学校建设不断加快。2013年，市政府下发了《枣庄市人民政府关于加快建设现代职业教育体系的意见》，提出要树立“大职业教育”系统培养观念，到2020年基本形成以高等职业教育为龙头、中等职业教育为主体、学校教育和社会化培训为补充的现代职业教育体系的发展目标。

在学前教育方面。2009年，市政府转发了市教育局等十部门关于加快发展学前教育的意见，确定了地方负责、分级管理和分工负责的学前教育管理体制，要求建立学前教育工作联席会议制度和学前教育督导制度，学前教育进入了快速发展的历史新时期。2011年印发了《枣庄市学前教育普及工程(2011—2015年)》，提出实行“市统筹、县为主、县镇共同实施”的学前教育管理体制，建立公共财政为支撑的财政保障机制，推行“城区集团化、镇村一体化”办园，全面构建“政府办园为主导、社会参与、办园成本合理分担、城乡全覆盖”的公益性、普惠性学前教育服务体系。2015年印发了《枣庄市第二期学前教育三年行动计划(2015—2017年)》。2011—2017年，全市累计投入资金6.6亿元，新建改扩建幼儿园近458所。其中47所乡镇中心幼儿园实施建设，全市乡镇中心幼儿园建设率达86.7%，省级认定通过率达100%；晋升省级示范性幼儿园及以上类别88所，占比12.4%。完成72所省定贫困村幼儿园建设任务，新增学位5177个，为更多贫困地区适龄儿童提供了学前教育机会。

在此过程中，市委、市政府贯彻“三个增长”要求，多举措增加教育投入，保障教育优先发展，提高教育质量，促进教育公平，教育公共政策的转变和调整不断深入。

二、枣庄教育发展的辉煌成就

改革开放以来，在枣庄历届党委、政府和教育工作者的不懈努力下，坚持“科技兴市”和教育优先发展战略，枣庄教育由小变大、由弱变强，办学规模和办学水平实现了历史性的跨越，国民教育体系日臻完善，办学条件和质量效益快速提升，教育综合服务功能日趋强化，教育对经济社会发展的贡献率显著提高，基本满足了人民群众的多层次优质教育需求。

（一）中小学教育

城乡办学条件显著改善，免费九年义务教育全面实现，踏实迈出了实施素质教育、推动均衡发展的新步伐。从1986年全国人大颁布《义务教育法》起，市委、市政府即提出了分三步走，至1998年实现九年义务教育的目标。经过多年坚持不懈的努力，到1997年，全市顺利实现“两基”；2002年，随着小学学制“五改六”的完成，全市真正实现“普九”；2007年，“两免一补”政策实施，全市实现免费九年义务教育，是枣庄市教育发展史上伟大的历史性跨越。学校校容校貌发生了彻底改观，无论是城区，还是乡村，见到的是一所所美丽整洁的校园，一幢幢雄伟壮观的楼房，一间间窗明几净的教室，一排排标准崭新的课桌，不仅实现了“校校无危房、班班有教室、学生人人有桌凳”的目标，幻灯片、录音机、投影仪、多媒体等越来越多的现代化教学设备走进学校，走进教室，被运用到了教学中。同时，特殊教育得到快速发展，基本构建了以特殊教育学校为骨干，以随班就读为主体，以送教上门为补充的特殊教育格局。截至2017年底，全市现有小学503所，在校学生35.81万人，全市小学适龄儿童入学率100%、巩固率99%，分别比1979年（入学率79.9%、巩固率88%）时提高20.1%、11%；全市现有普通初中102所，在校学生12.53万人，初中适龄儿童入学率达到99.99%，比1985年（入学率为56.35%）时提高43.64%。除实现免费九年义务教育目标外，初中升高中升学率明显提高，截至2017年底，全市普通高中25所，在校学生7.37万人，初中毕业生升入普通高中的比例提高到61.32%，比1992年（升学率为15.17%）时提高46.15%，为广大青少年提供了更多进一步深造的机会。

表 1：1980—2017 年枣庄市小学教育发展情况一览表

年份	学校数（所）	班级数（个）	招生数（人）	毕业生数（人）	在校生数（人）	教职工数（人）
1980 年	2431	—	—	—	417228	16365
1985 年	1571	9358	78948	61790	354602	15006
1990 年	1354	8969	74040	58181	328624	17169
1995 年	1270	10495	110113	70015	447559	20222
2000 年	1085	10085	41360	60103	418531	21800
2005 年	827	8112	46132	70511	307698	19434
2010 年	582	6524	44295	48341	264515	36751
2015 年	520	7054	65746	37687	324937	18694
2016 年	515	7537	62250	42588	345015	19020
2017 年	503	8077	61476	47608	358126	19217

表 2：1985—2017 年枣庄市初中教育发展情况一览表

年份	学校数（所）	班级数（个）	招生数（人）	毕业生数（人）	在校生数（人）	教职工数（人）
1985 年	198	—	34046	29988	106171	—
1990 年	199	2095	41518	33528	116222	7088（专任教师）
1995 年	153	2654	63872	43240	162929	8837
2000 年	33	900	86047	64461	233157	11442（专任教师）
2005 年	148	3246	64405	66631	198392	10953（专任教师）
2010 年	108	2464	46180	53452	140642	9494（专任教师）
2015 年	99	2181	37164	41589	116914	11161
2016 年	100	2177	41629	40187	118136	11420
2017 年	102	2428	46378	39396	125267	11842

表 3：1985—2017 年枣庄市普通高中教育发展情况一览表

年份	学校数（所）	班级数（个）	招生数（人）	毕业生数（人）	在校生数（人）	教职工数（人）
1985 年	22	—	4123	3330	11878	—
1990 年	22	273	5711	4401	15847	1014（专任教师）
1995 年	24	412	9902	5699	24639	1352
2000 年	24	700	18271	9709	42416	2130（专任教师）
2005 年	34	1329	26406	25924	81246	4095（专任教师）
2010 年	27	1319	25162	27702	77762	4306（专任教师）
2015 年	26	1244	24676	26453	74463	7028
2016 年	25	1292	25030	25642	73698	7069
2017 年	25	1400	24156	24024	73661	7311

（二）学前教育

管理体制不断完善，实现学前三年教育基本普及，进入了内涵发展、普惠发展的新阶段。1989 年以前，全市托幼组织由市妇女联合会管理，市教育局对各类幼儿园负有业务指导的责任。为理顺学前教育的领导关系，从 1990 年起，全市学前教育转交给教育部门统一管理。经过多年发展，全市学前教育管理体制不断完善，幼儿园准入、收费、安全、教研等管理制度逐步健全，实施了幼儿园登记注册、年检及升级确类制度，启用了全市学前教育机构统一标识，多次开展了无证办园专项整治，幼儿园保教工作更加规范。不断加强教学研究，提升治理能力和保教质量，幼儿园“小学化”现象得到遏制。学前教育财政性投入不断加大，2017 年全市财政性学前教育经费投入 2.06 亿元，占财政性教育经费的比例为 3.93%。学前三年教育基本普及，截至 2017 年底，全市注册幼儿园数为 711 所，其中公办及公办性质幼儿园（以下简称公办园）555 所，

民办园164所，分别占园所总数的77%和23%。全市注册幼儿园在园幼儿10.5万人，学前一年入园率为99.5%，学前三年入园率提升至86%。办学品质不断提升，大力推行"城区集团化、镇村一体化"办园模式改革，先后组建幼教集团8个，组建市、区级幼儿园结对联盟体66个，75%的乡镇推行了镇村一体化办园；省级示范性幼儿园达到85所，省级十佳幼儿园3所，市级二类及以上幼儿园达到302所，学前教育先进乡镇增至13个。

表4：1985—2017年枣庄市幼儿教育发展情况一览表

年份	园所数（所）	班级数（个）	学前三年在校生数（人）	教职工数（人）
1985年	660	1036	33800	2024
1990年	1436	1978	68264	2775
1995年	1607	3444	153164	5621
2000年	1641	2683	72216	4636
2005年	486	2255	65767	2471
2010年	634	2378	83013	4343
2015年	710	2981	97384	6456
2016年	720	3063	94505	6919
2017年	711	3068	92537	6790

说明：表中2003年之前园所数统计数据含各保教点

（三）职业教育

现代职业教育体系日臻完善，服务地方经济社会发展的目标更加明确，成为枣庄教育事业的半壁江山。改革开放后特别是进入新世纪以来，市委、市政府把发展职业教育放在更加突出的位置，确立了大力发展职业教育的方针。全市现有高等职业学院2所，技师学院2所，技术学院1所，中等职业学校18所，有乡镇（街）职成教中心56所，各类培训机构近300家，建有机械电子、数控技术、现代制造业、旅游服务、互联网产业、健康养老6个职教集团，基本形成了以高等职业教育为龙头、中等职业教育为主体、城乡社区教育中心和各类培训机构为依托，与基础教育相沟通、与经济社会发展需求基本适应的现代职业教育体系。重点学校建设成效显著，按照省政府提出的"每个县都建成一所省级规范化学校"的要求，加大示范性和规范化中职学校建设，截至2017年底，全市建成国家级千所示范项目建设学校2所，国家级重点中等职业学校9所，省级规范化建设项目学校5所，基本形成了"1—2所全国示范性中等职业学校为龙头，3—5所省级规范化中职学校为骨干"的中职学校整体布局框架。其中，枣庄理工学校（薛城区职业中专）成功创建国家中职改革发展示范校，并被列入首批省级中职示范校建设项目学校；市职业中专通过了国家中职改革发展示范校省级评估。突出特色品牌专业建设，围绕全市重大产业集群和战略性新兴产业发展需求，多次进行专业设置调整，形成了服务现代装备制造、电子信息、现代服务业等支柱产业发展的15大类40个专业，建成省级品牌专业8个、市级品牌专业10个。大力推进校企合作，推广项目教学和案例教学，推行"理实一体化""教学做一体化"人才培养模式，中职人才培养质量稳步提高，以职业技能大赛和文明风采大赛为标志，自2009年至2017年，累计在职业院校技能大赛中，荣获全国大赛一等奖4项、二等奖10项、三等奖11项，荣获省级大赛一等奖11项、二等奖31项、三等奖109项；在中职学校"文明风采"大赛上，58件作品荣获全国一等奖，153件作品荣获省级一等奖，形成了全市职业学校"文有文明风采、武有技能大赛"的新格局。中职学校每年向社会输送中、高级专业技术人才2万余人，年实施各类职业技能培训10万人次，职业教育发展惠及千家万户，为提高城乡劳动者就业能力做出了贡献，适应和服务全市经济社会发展的能力显著增强。

表5：1990—2017年枣庄市中等职业教育发展情况一览表

年份	学校数（所）	招生数（人）	毕业生数（人）	在校生数（人）	教职工数（人）
1985年	22	3794	2326	7698	807
1990年	23	4250	4013	13116	1067
1995年	24	11153	8065	25852	1284
2000年	28	4680	6963	17062	1319

续表

年份	学校数（所）	招生数（人）	毕业生数（人）	在校生数（人）	教职工数（人）
2005 年	31	18558	11948	47284	3518
2010 年	21	17572	15860	48035	3118
2015 年	18	17113	12154	49790	2097
2016 年	18	19499	14883	50462	2185
2017 年	18	14603	14026	48736	2163

说明：统计数据不含技工学校。2012 年前统计数据包括各行业创办的职业学校

（四）教师队伍

改革开放以来，教师队伍水平明显提升，教师待遇和社会地位不断提高，教师成为社会最受羡慕的职业之一。这期间，全市教师队伍的专业化水平不断提升。实施了教师资格制度。自 1996 年开始实施教师资格制度，2002 年全面开展教师资格认定工作，2015 年实施教师资格证考试改革，打破教师终身制且五年一审，全市 32882 名教师完成了教师资格首次注册。实施了教师编制管理。全面落实省里制定的关于中小学校、公办幼儿园、中职学校、特教学校编制标准，2016 年，全市核定中小学教师编制 32710 人。2015 年开始推行中小学教师县管校聘管理改革，推动建立县域内教职工编制总量控制、动态调整的机制。实施了教师职务制度。1992 年后，实行教师职称评定和职务聘任制度，1998 年实行评聘分开；2008 年，全市改革职称评审办法，将教师业务水平、业绩、能力、师生评价等多元素列入评审内容，向教学一线倾斜，《中国教育报》对此进行报道。2012 年，中小学职称统一为一个系列，2013 年首次试评正高级教师，全市 5 人通过评审。这期间，民办教师问题得到平稳化解。按照“关、转、招、辞、退”的方针，民办教师总数逐年减少，2003 年全市最后一批民办教师转为公办教师，“民办教师”作为教师队伍的特殊群体退出教育历史舞台。2014 年，根据省里意见对 2002 年 12 月 31 日前在农村中小学任教的原民办代课教师进行登记并发放教龄补助，同年 1.2 万人领取教龄补助。这期间，全市教师待遇不断提高。2009 年，根据《市政府办公室转发市人事局等部门关于义务教育学校绩效工资的实施意见的通知》，开始试行绩效工资制度。同年，全市统一了城乡教师工资发放标准。教师的正常增资制度逐步完善，1997 年至 2017 年，历经 2006 年、2014 年 2 次教师工资标准的较大提高，2017 年全市中小学教师月平均工资约为 7000 元，与 1985 年相比提高了 80 多倍。这期间，全市教师队伍素质稳步提升。建立并完善了教师补充机制，每年通过公开招考方式补充教师成为常态，教师年龄和学历结构持续得到优化和改善，高学历教师比例逐年增加。名师名校长队伍不断壮大，近十年，全市累计培养齐鲁名师 15 人、齐鲁名校长 12 人，枣庄名师 57 人、枣庄名校长 43 人；10 人被表彰为全国优秀教师、优秀教育工作者，50 人被表彰为全省优秀教师、优秀教育工作者；42 人获评省级特级教师，80 人获评市级特级教师；涌现出了全国教书育人楷模陆繁伟、国家“万人计划”领军人才于伟利等一大批优秀教师代表。全面推行“四制”（完善校长负责制、教职工聘任制、岗位目标责任制和等级工资制）改革，实施校长、教师城乡交流计划，推行中小学校长职级制改革，落实中小学教师全员培训，职业教育“双师型”教师建设不断加强，教师队伍整体素养显著提高，基本形成了一支“师德高尚、业务精湛、结构合理、充满活力”的高素质教师队伍。

（五）经费保障

各级政府贯彻教育优先发展战略，不断加大财政教育投入，加大对教育经费的管理，逐步形成并完善了“以财政投入为主，多渠道筹措教育经费”的教育投入体制。落实教育经费“三个增长”要求，逐步提高市、区（市）两级财政支出中教育经费支出所占的比例，2017 年，全市公共预算教育支出达到 50.97 亿元，是 1985 年 2876.9 万元的 177 倍。不断提高义务教育生均公用经费标准，农村小学、初中生均公用经费标准分别达到 710 元、910 元，与 1991 年的 10.5 元、50 元相比，分别提高了 67.6 倍、18.2 倍。同时，制定了高中段教育生均公用经费拨款标准每生每年 900 元，特殊教育生均公用经费标准提高到 6000 元，并按照每生每年 2800—4500 元的标准对公办中等职业学校全日制有正式学籍在校不同专业学生核拨公用经费；对学生规模不足 100 人的村小学和教学点按 100 人核定公用经费。

市委、市政府立足枣庄实际，不断拓宽教育经费筹集渠道。一是教育费附加。自 1986 年起开征，1992 年后征收力度不断加大。1992 年至 2001 年，全市征收拨入教育部门城市教育费附加 1.48 亿元、征收农村教育费附加 4.1 亿元。二是四项教育费。自 1995 年起开征，当年征收 111.9 万元，1999 年达到 463.2 万元。三是教育事业性收费。包括学费、杂费、教育成本费等，收费标准多次进行调整。2007 年时，全部免除了城乡义务教育学生学杂费。四是教育捐资、集资。这是具有鲜明时代特征的教育筹资渠道，自 1986 年到 2001 年间，全市累计捐集资收入 3.54 亿元，其

中1996年全市集资办学风气达到高潮，捐资、集资金额1.42亿元，占当年教育总投入的27%。五是学校勤工俭学。自1980年步入正轨，1985年后每年提取用于教育事业经费的利润逐年提高，1993年时达到976.7万元；1998年后，随着市场经济发展，校办企业市场竞争力明显减弱，全市勤工俭学收入下滑。六是其他教育投入。包括：1993年决定从城市维护费、城市配套费和控购商品附加费中提取一定比例资金用于教育；2008年开通了城市基础设施配套费，每平方米20元用于教育；2011年开通了“两个10%”政策，每年从市及区（市）土地出让纯收益和地方分成的彩票公益金中各提取不低于10%的比例用于教育。这些投入渠道，有效补充了政府财政拨款的不足，对推动全市教育事业发展、改善学校办学条件，起到了显著的作用。

三、枣庄教育发展和改革的经验

改革开放以来，枣庄教育无论在体制机制、规模数量、还是教育质量、整体层次等方面，都取得了令人瞩目的成就，也累积并形成了一些基本经验。

（一）坚持科教兴市，将教育摆在优先发展战略地位

市委、市政府提出了科教兴市、人才强市战略，“投资教育，就是投资未来”的理念，成为全市上下的共识。各级党委政府始终将教育摆在优先发展的战略地位。1979年以来，市委、市政府每年都要召开全市教育工作会议，认真分析发展形势，研究存在问题，提出有效措施，加强薄弱环节，有效推动了全市教育事业发展。在此过程中，市委、市政府全面落实党的教育方针政策，不断明确各级政府办学责任。1988年，市政府与各区（市）长签署了发展教育事业的任期目标责任书，正式把教育工作列为各级党委政府最基本的任务之一。2004年起，明确将教育工作纳入到区（市）党政领导的政绩考核中，进一步明确了各级政府发展教育的责任。在2011年印发的《枣庄市中长期教育改革和发展规划纲要（2011—2020年）》中，市委、市政府再次强调，“要把优先发展教育作为贯彻落实科学发展观的基本要求，切实保证经济社会发展规划优先安排教育发展、财政资金优先保障教育投入、公共资源优先满足教育和人力资源开发需要。”在每个教育发展的关键节点，市委、市政府均高度重视，主要领导亲自挂帅，及时研究、解决重点难点问题，确保了发展任务目标的顺利达成。为贯彻落实《义务教育法》，1986—1991年间，市委、市政府先后召开专题会议12次，下达有关义务教育工作的文件14个，组织34次督导检查。1996年全市“普九”进入攻坚时期，确立了市委、市政府、市人大、市政协等领导帮包区（市）制度，年内先后4次召开全市“普九”工作调度会。为解决城镇普通中小学大班额问题，市政府主要领导亲自担任领导小组组长，与区（市）长签订了目标责任书，建立了联席会议和联合办公制度，实施了周调度、周通报、月督查机制，对整体进度落后的区（市）进行了约谈，有效改变了部分考核数据全省落后的尴尬局面。

（二）坚持依法治教，不断强化教育督导的职能作用

认真做好《中华人民共和国教育法》《中华人民共和国义务教育法》《中华人民共和国教师法》《中华人民共和国职业教育法》等教育法律法规，以及省相关办法条例的贯彻落实工作，出台了《枣庄市实施义务教育法方案》等系列落实方案，通过设立宣传月、宣传周等活动开展普法宣传，使各类教育法律法规的基本精神深入人心。在各级各类学校均实行了党务政务校务公开制度，落实了教代会制度，随着2014年实施的学校章程建设，完成了“一校一章程”的建设目标，为学校依法执教、依法治校提供了依据。在依法治教的过程中注重依法督导，尤其是设立枣庄市人民政府教育督导室以来，市和区（市）教育督导机构充分发挥“督政”和“督学”的双重职能，不断完善对政府及其职能部门，以及中小学幼儿园的督导评估机制，相继建立完善了对职业教育的督导评估制度、责任督学责任区制度、对区（市）教育发展水平和教育质量监测制度、专兼职教育督导员队伍，教育督导职能得到强化，在普及九年义务教育、义务教育管理体制的建立完善、“两基”巩固提高、学校安全、教师工资发放、危房改造、农村教育发展、统一城乡教师工资发放标准、校舍危房改造等工作中发挥了重要作用，有效推动了教育重点难点工作的突破。尤其是1999年市政府对区（市）教育工作实行年度目标责任制，年终由市政府教育督导室进行检查考核，将考核结果纳入对区（市）政府整体工作量化考核之后，在推动区（市）政府依法履行办学主体责任，落实国家关于财政教育投入、农村中小学教师工资、控制辍学、推动县域义务教育均衡发展等政策方面发挥了重要作用，促进了全市教育事业的健康协调发展和整体发展水平的稳步提升。

（三）坚持正确方向，努力办好人民满意的枣庄教育

全面贯彻党的教育方针，落实立德树人根本任务，发展素质教育，推进教育公平，培养德智体美全面发展的社会主义建设者和接班人。始终坚持育人为本，德育为先。有效发挥课堂的主阵地、主渠道作用，把社会主义核心价值观教育融合到课堂教学中，融入国民教育全过程，引导学生树立正确的世界观、人生观、价值观、荣辱观。始终坚持以人为本，全面落实素质教育政策。坚持面向全体学生，促进学生的全面发展，努力办好每一所学校，不断促进人才培养模式的创新。始终坚持促进教育公平。把促进教育公平作为教育发展的基本政策，不断改善农村学校、薄弱学校基本办学条件，缩小城乡办学差距，促进县域内义务教育均衡发展。不断完善贫困学生资助体系，建立了覆盖各学段的家庭经济困难学生资助体系，确保没有一名学生因贫困而失学。完善进城务工人员随迁子女、农村留守儿童关爱体系，实施特殊教育提升计划，使广大人民群

众子女都能学有所教，享有良好的教育。始终坚持以人民满意为出发点和立足点，从群众最需要的地方做起，从群众最不满意的地方改起，针对教育乱收费、滥发教辅材料、违规择校、教师有偿家教等教育热点难点问题，持续开展了专项整治活动，取得了良好的社会成效，塑造了良好的教育形象，2007—2013年，教育在全省社情民意调查中连续6年在所调查的部门中列第一名，在市政风行风评议中连续7年列服务行业前两名。

（四）坚持改革创新，不断增强教育系统的生机活力

回顾改革开放以来枣庄教育发展的历程，每一次重大突破、每一个重要进步，无不与解放思想、改革创新息息相关。没有解放思想、改革创新，就没有教育事业的快速发展和辉煌成就。不断深化教育体制改革。1985年落实中央关于教育体制改革的决定，1993年增强了区（市）、乡（镇）对教育的统筹决策权，依靠人民群众办教育，有效激发了基层办学活力。1994年，市委、市政府积极鼓励社会力量办学，有效增加了教育资源总量，促进了义务教育的快速普及，成为基础教育发展新的增长点。进入21世纪以来，逐步建立完善“以县为主”义务教育管理体制，加大对教育的投入力度，自2007年春季开学起，全面实行免费义务教育，从此，全市义务教育实现了由“人民教育人民办”到“义务教育政府办”的根本转变，迎来了枣庄教育发展进程中财政投入最大、惠民举措最多、办学条件改善、教育形象改善的历史时期。不断深化学校管理机制改革。从1992年起，市教育局直属学校带头开展“四制”改革，随后扩大至所有中小学校，1999—2001年，经过三轮内部管理体制改革，全市竞聘教师10.76万人、落聘3539人，辞退代课教师2110人，逐步建立了教育内部与市场经济相适应的新的用人机制和分配制度，为教育发展注入了新的活力。不断深化课堂教学改革。坚持向课堂要质量的理念，先后实施了整体改革实验、“双十”教改实验课题、自主创新教学模式、特色品牌建设、优秀教案评选转化等一系列教学改革，不断优化课堂教学模式，提高课堂教学效能，有效提升了教育教学质量。

（五）坚持抢抓机遇，科学决策促进教育的快速发展

始终强化危机意识、机遇意识，始终把握时机、抢抓机遇，促进了教育事业的快速发展。1986年，国家和省提出分步骤、分阶段实施九年义务教育的任务，全市抓住这次机遇，各级党委政府、人民群众节衣缩食、无私奉献，经过长达12年的艰苦努力，到1997年完成“普九”任务，在枣庄市教育史上竖起了一座不朽的丰碑。1988年，省里提出城镇中小学校舍改造工程，市委、市政府抓住机遇，广泛动员，掀起了依靠社会集资改造公办中小学校舍的热潮，广大干部职工踊跃捐款，在全省第一个完成了所辖区（市）的城镇中小学校舍改造任务。2010年，在国家提出破解“入园难”问题之后，市委、市政府超前规划，在全省率先启动了学前教育普及工程，拿出3000万元专项用于学前教育，随后又连续启动了两期学前教育三年行动计划，到2017年时，学前三年入园率比2010年提高了24个百分点，有效解决了“入园难、入园贵”问题，实现了跨越发展。党的十八大以后，抓住国家和省全面改善基础教育办学条件的历史机遇，集中开展了解决大班额问题、“全面改薄”、县域义务教育发展基本均衡县创建、农村义务教育校舍标准化建设、公办幼儿园所建设，完成了校舍安全工程、“211工程”等一系列教育惠民工程，实现了全市范围内办学条件的显著提升，为基础教育迈向更高水平的优质均衡发展奠定了坚实基础。

（六）坚持提高质量，作为枣庄教育发展的核心布局

质量是教育工作的生命线，没有高质量的教育，发展就失去了生命。改革开放以来，枣庄教育工作始终将教育质量作为核心工作来抓，将德、智、体、美各项教育有机统一在教育教学活动之中，扎实促进学生的全面发展和素质提升，教育教学质量不断提高。在此过程中，正确处理了四个关系。一是正确处理了实施新课程改革与提高教育质量的关系。新课程改革更关注每一个学生的个性特点和终身发展，而提高教育质量的根本目的是提高学生的整体素质和适应社会发展的能力，两者目标一致。二是正确处理了推进素质教育与提高教育质量的关系。实施素质教育的最终目标是促进学生德智体全面发展，抓质量的宗旨是提高学生的综合素质，提高教育质量既是实施素质教育的本质要求，更是提高办学水平的客观需要。三是正确处理了规范办学行为与提高教育质量的关系。规范办学行为，开齐开好课程，开展阳光体育运动，减轻学生过重课业负担，有利于规范教学行为，遵循教育规律，实现减负担、高质量的目标。四是正确处理了提高质量与追求升学率的关系。升学率是检验教育教学质量高低的一项重要指标，没有升学率，就没有好的社会评价和社会效益，办学就会失去竞争力。需要理直气壮抓升学，但必须摒弃片面追求升学率的错误做法，倡导在遵循教育规律的前提下，关注学生全面发展，着力提高课堂教学效能，进而提高升学率，让更多的枣庄学子拥有更多的深造机会，接受更加优质的教育。正是这种理念的深入贯彻，全市教育教学质量保持了持续稳步提升，各学段学生的巩固率、转化率、合格率和优秀率稳步提高，高考本科录取人数从1992年的618人，逐步增加到2001年的2648人，至2017年时，高考本科录取人数达到9828人，本科录取率提高到39.6%。

审稿人：郝荣平

撰稿人：杜松保　周　楠

枣庄市审判执行工作改革发展历程及经验启示

中共十一届三中全会以来，全市法院在市委的正确领导和上级法院的有力指导下，始终坚持公正司法、司法为民，忠诚履行审判职能，依法维护公平正义，锐意进取，开拓创新，为枣庄市的改革开放、经济建设和社会稳定做出了重要贡献。

一、审判执行工作改革发展历程

人民法院是伴随着新中国的诞生而建立和发展起来的。在很长一个时期里，由于历次政治运动的影响，人民司法工作曾一度受到严重破坏，直到1978年，中共十一届三中全会确立“解放思想、实事求是”的思想路线，开启改革开放的历史新时期，人民司法工作才重新恢复生机。改革开放，这场中国历史上从未有过的大变革，在极大推动生产力发展的同时，也极大增强了人民群众的法治观念，激发了人民群众的司法需求。在这样一个历史大背景下，全市法院经历了恢复、发展、跨越三个阶段，审判执行工作取得了历史性的大发展。

（一）恢复（1978—1983年）：正本清源走向法治

1967年，“文化大革命”开始，全市两级法院先后被撤销，刑民审判工作由公安军管会负责。直到1973年5月，各法院才逐渐恢复办公。粉碎“四人帮”后，全市法院开始拨乱反正，全面复查纠正冤假错案，同时坚持“一手抓工作、一手抓建设”，审判工作重新步入正轨。

1. 刑事审判工作。人民法院审判工作的恢复是从复查纠正冤假错案开始的。1978年4月，最高人民法院召开第八次全国人民司法会议，提出了按照“全错的全平、部分错的部分平、不错的不平”原则，处理刑事申诉案件，纠正冤、假、错案。同年11月召开的第二次全国刑事审判工作会议，研究和部署了全面复查“文化大革命”期间判处的刑事案件。按照系列部署，全市法院开始全面复查纠正冤假错案。1978年4月，枣庄市中级人民法院（以下简称枣庄中院）向辖区人民法院发出通知，要求对纯属和非纯属反对“四人帮”、林彪、陈伯达及拥护邓小平而被判刑的案件，做一次全面系统的复查。1979年1月，全市两级法院分别成立共计100多人参加的复查班子，开始对“文化大革命”中判处的各类刑事案件进行全面复查。1979年9月，枣庄中院成立复查案件验收组，对全市法院复查工作进行全面检查验收。至1983年，复查纠正工作基本完成。

2. 经济审判工作。随着经济体制改革的不断深入，产生的利益冲突越来越多，各类经济纠纷不断增加。1979年7月1日，五届全国人大二次会议通过的人民法院组织法明确规定：最高人民法院、高级人民法院、省辖市和省、自治区辖市的中级人民法院设立经济审判庭。1980年，枣庄中院在原有民庭的基础上，增设经济审判庭，专门审理经济纠纷案件。1980年9—10月，枣庄中院下辖的6个基层法院相继增设经济审判庭。至此，全市两级法院均设立了经济审判庭，完成了经济审判的初创阶段。1983年9月，六届全国人大二次会议根据形势的发展，对人民法院组织法进行了修改，决定各级人民法院普遍设置经济审判庭。全市法院又根据这一部署，进一步完善经济审判制度，规范审判流程，经济审判得到进一步发展。

（二）发展（1983—2006年）：健全机构规范审判

1983年7月，枣庄中院办公地点从中心街人民路迁至龙头路18号，开启了法院发展的新阶段。这一时期，通过不断充实法官队伍、完善机构设置、健全工作机制，全市法院的司法观念、审判机构、审判组织、审判方式等均得到快速发展。

1. 立案工作。1998年以前，人民法院科学、规范的立案机制还没有建立起来，绝大多数案件基本上由各业务庭和人民法庭自收、自审。1998年，枣庄中院在山东省高级人民法院的指导下，按照最高人民法院“三个分立”的要求，开始探索立案改革，并于1999年在全市法院建立了“大立案”的工作机制，实现了统一立案、统一收费、统一排期、统一送达。随后，全市法院依托信息技术，推行了网上立案、传真立案、电子邮件立案等远程立案方式，提高了立案工作的现代化水平。立案工作的发展，促进了公开审判制度的落实，提高了审判质量和工作效率。

2. 刑事审判工作。1979年7月起，严重刑事犯罪突出，人民群众惶恐不安，强烈要求公安、司法机关采取有力措施，严厉打击刑事犯罪分子。面对严峻的治安形势，从1983年至1986年，1996年至1999年，2001年至2003年，我国先后开展了三次“严打”整治斗争。全市法院按照上级统一部署，坚持“严打”方针不动摇，突出打击重点，强化打击力度，依法从严从重从快审理侵害人民群众生命财产的重大恶性犯罪，有

力震慑了各类犯罪分子，维护了社会正常秩序。改革开放给经济建设带来了活力，但由于各种因素的影响，走私、制售伪劣商品、虚开增值税专用发票等经济犯罪活动迅速蔓延。为此，1982 年 3 月，最高人民法院发出通知，要求各级法院把打击经济领域的犯罪活动作为头等任务，抓紧抓好。全市法院及时响应，积极参与整顿规范市场经济秩序工作，依法审理合同诈骗、非法经营等破坏社会主义经济秩序的犯罪案件，为国家、集体挽回了大量经济损失。在“严打”和严惩严重经济犯罪的同时，全市法院开始加大惩治腐败的力度。1984年，枣庄中院在原有刑庭的基础上，增设刑事审判第二庭，审理贪污、受贿、挪用公款等职务犯罪案件，有力推动了反腐败工作的深入开展。全市法院还在刑事审判工作中注意更新观念，严格贯彻落实宽严相济的刑事政策和无罪推定、罪刑法定原则，确立“控辩式”刑事审判方式，实行公开审判制度，增设简易审判程序，完善第二审案件的庭审方式，改革死刑的执行场所与执行方法，最大限度地实现刑事审判惩治犯罪和保障人权的职能作用，刑事审判的质量和效率得到显著提高。

3. 民商事审判工作。1993 年 11 月，中共十四届三中全会作出《关于建立社会主义市场经济体制若干问题的决定》，对中国的经济发展产生了重要影响。也正是在这个阶段，由于经济高速发展，经济交往日益增多，经济纠纷也大量增加，民商事审判进入快速发展的时期。面对案件数量急剧增加和新类型案件不断涌现的情况，全市法院不断开展机构、机制和工作方法的创新。1993 年，枣庄中院设立经济纠纷调解中心；1995 年 3 月，撤销调解中心，增设经济审判第二庭。同时，枣庄中院开始在全市法院探索推行经济审判“一步到庭”审判方式，提高了经济审判的质量和效率。枣庄中院先后审理了全市第一起破产案件——枣庄市童装厂破产案件、“百年老矿”枣庄煤矿破产案等一大批有较大影响的案件，有力促进了全市经济的快速健康发展。20 世纪 90 年代，最高人民法院认为，从审判理论来看，原来的机构设置已经不能适应形势发展的需要，于是，大民事审判格局应运而生。2001 年，枣庄中院撤销经济审判庭，设立民事审判第一庭、民事审判第二庭、民事审判第三庭、民事审判第四庭，经济审判从此更名为民商事审判，审判范围也由婚姻、家庭、侵权纠纷拓展到经济合同、房地产、知识产权、企业改制、破产、劳动争议、金融证券以及涉外海事海商等经济文化生产的各个领域，对保护合法财产，维护男女平等、婚姻自由的婚姻家庭制度，推动改革开放和社会主义市场经济的发展做出了重要贡献。

4. 行政审判工作。1982 年，《中华人民共和国民事诉讼法（试行）》第三条确立了中国行政诉讼法律制度。1987 年，枣庄中院设立行政审判庭，开始受理行政诉讼案件。1989 年，《中华人民共和国行政诉讼法》颁布，标志着行政审判成为与民事审判、刑事审判相并列的三大诉讼制度之一。行政审判工作从无到有，从小到大，经历了不平凡的发展历程。一直以来，全市法院忠实履行宪法和法律赋予的行政审判职责，认真贯彻执行行政诉讼法，行政诉讼的受案范围不断扩大。目前，行政审判已由最初的公安、土地等领域扩展到所有的行政管理领域，案件种类达到 50 多种，有力地维护了公民、法人和其他组织的合法权益，为推进社会主义民主和法治建设、促进改革开放发挥了重要作用。

5. 执行工作。中华人民共和国成立后的很长一个历史时期，人民法院实行的是审执合一的机制。改革开放以后，随着社会经济的不断发展，人民法院的审判、执行任务日益繁重，审执合一的机制越来越不适应社会形势的发展。1993 年，枣庄中院设立执行庭，开始实行审执分离。1999 年 7 月，中共中央下发《中共中央关于转发〈中共最高人民法院党组关于解决人民法院“执行难”问题的报告〉的通知》，拉开了执行工作全面改革的序幕。2000 年 1 月，最高人民法院《关于高级人民法院统一管理执行工作若干问题的规定》的出台，标志着执行管理体制改革在全国范围内正式启动。自此，人民法院实现了执行管理体制从分散到统管，执行工作机构从单一到复合，执行权运行机制从集权到分权的变化。按照这一部署，2001 年，枣庄中院成立执行局，下设执行一庭、执行二庭，工作中不断创新执行工作方法，完善执行联动、联席会议等制度，深入化解执行难题，最大限度地实现胜诉权益。

2017年8月12日，市中区人民法院开庭审理一起黑社会性质犯罪案件

6. 审判监督工作。1987年，枣庄中院设立告诉申诉审判庭，审理告诉、申诉案件，加强审判监督，处理人民来信，接待人民来访。1998年，枣庄中院撤销告诉申诉审判庭，设立审判监督庭，审理申诉、申请再审案件，补充救济了当事人的合法权益，同时审理减刑假释案件，促进了罪犯改造。

（三）跨越（2006年至今）：改革创新再创辉煌

2006年10月，枣庄中院办公地点随市驻地改变迁至新城光明大道1959号。以此为契机，全市法院开始对软、硬件进行全面升级，开启了现代化管理的新历程。这一时期，审判机构、审判组织基本健全完善，全市法院重点围绕发展抓改革创新，承担了人民陪审员制度改革和行政诉讼管辖改革试点工作，扎实推进司法责任制改革和审判方式改革，推动审判执行工作再上新台阶。

1. 完善审判机构和管理制度。为适应新时期工作需要，全市法院结合审判执行工作实际，调整增设了部分审判机构。以枣庄中院为例，立案工作方面，于2007年增设了信访办公室（立案二庭），处理群众来信来访；刑事审判工作方面，于2007年增设了刑事审判第三庭，审理涉及未成年人的刑事案件，于2013年设立了未成年人案件综合审判庭，并将涉及未成年人的各类案件调整至该庭审理；民事审判工作方面，于2012年增设了民事审判第五庭，并调整了各民庭的收案范围；行政审判工作方面，于2012设立了赔偿委员会办公室，审理国家赔偿案件；执行工作方面，于2012年增设了执行三庭。各基层法院也相应作出了调整，全市法院审判机构基本健全完善。2010年开始，全市法院重点在审判管理上下功夫，着力提高审判质效。全市两级法院相继成立了专门的审判管理机构——审判管理办公室，制定实施有关审判管理的规范性文件，形成了制度化、规范化的审判管理体系。

2. 人民陪审员制度改革。人民陪审员参与庭审能够充分体现司法的公开、司法的民主，人民陪审员制度还是民众对司法监督的重要环节，有利于防止司法腐败、确保司法公正，提升司法的广泛性和透明度。中共十八届三中、四中全会对人民陪审员制度改革提出了新要求。2013年10月，枣庄中院被最高人民法院确定为全省唯一的试点中院，授权开展人民陪审员制度改革试点工作。2013年底，市委全委会把人民陪审员制度改革试点工作纳入全市总体改革框架。2014年初，市委、市政府专门出台《关于加强人民陪审员工作的意见》，对推进陪审工作进行安排部署。试点中，枣庄中院实施了人民陪审员“倍增计划”，全市法院人民陪审员数量由2011年初的174名增至1115名；建立了“双随机”参审机制，保障人民陪审员均等参审；设立了“陪审员工作室”“驻社区工作室”，服务人民陪审员“一职多能”。这些制度机制的建立，有效提高了管理水平，推进了人民陪审工作的科学发展。2015年5月，根据中央深改组审议通过的《人民陪审员制度改革试点方案》和全国人大常委会《关于授权在部分地区开展人民陪审员制度改革试点工作的决定》，峄城区人民法院被授权开展新一轮人民陪审员制度改革试点工作，重点探索实行人民陪审员不再审理法律适用问题，只参与审理事实认定问题的参审模式。两次试点工作，枣庄法院创造了许多可复制、可推广的经验，展示了人民陪审员制度改革的“枣庄样本”。

枣庄中院法官到企业调研，为企业提供司法帮助

3. 行政案件管辖制度改革。经山东省高级人民法院指定，最高人民法院批准，枣庄法院自2013年4月起开展了行政一审诉讼案件管辖制度的改革试点工作。2013年12月31日，枣庄市委十届五次全体（扩大）会议把管辖试点工作列入枣庄市全面深化改革的整体部署，作为“法治枣庄”建设的重大改革举措加以推进。管辖试点分为两个阶段，第一阶段从2013年4月到2016年4月，为相对集中管辖，基层法院受理的一审行政诉讼案件由试点前的六个基层法院集中到滕州市人民法院和市中区人民法院统一审理，即将原由滕州、山亭、薛城法院管辖的案件集中由滕州市人民法院管辖，将原由市中、峄城、台儿庄法院管辖的案件集中由市中区人民法院管辖。滕州市人民法院和市中区人民法院自身所在行政区域案件不适宜管辖的，通过枣庄中院指定的方式实现交叉管辖。自2016年4月起，开始了第二阶段试点，即在第一阶段相对集中管辖的基础上推行了以“当事人选择权为核心”的跨行政区域管辖行政案件，把辖区滕州、山亭、薛城（含高新区）作为一个团组，市中、峄城、台儿庄作为一个团组，在相对固定的行政区域“团组”内，赋予当事人选择管辖法院的权利。即当事人愿意选择在本辖区法院起诉的，由其所在辖区法院受理；当事人不愿意在本辖区法院起诉的，可根据方案确定的“相对集中”的行政区域，选

择“团组”其他法院起诉，实现跨行政区域管辖。试点成果得到了山东省高级人民法院的肯定，将在全省法院推广。

4. 司法责任制改革。党的十七大报告提出“要深化司法体制改革”。习近平总书记指出，司法责任制改革是全面深化司法体制改革必须牢牢牵住的“牛鼻子”。2016 年 10 月开始，全市法院开始全面铺开司法责任制改革，通过考试、考核、考察工作程序，经省法官、检察官遴选委员会遴选和省法院党组研究决定，遴选出员额法官 313 名；按照“员额法官+法官助理+书记员”的模式，组建审判执行团队 250 个；对未入额的 484 名政法专项编制人员完成分类定岗工作，其中审判辅助人员 408 名，司法行政人员 76 名；规范新型审判权运行机制，推动落实“让审理者裁判，由裁判者负责”。

5. 审判方式改革。2014 年，中共十八届四中全会审议通过了《中共中央关于全面推进依法治国若干重大问题的决定》，提出要推进以审判为中心的诉讼制度改革。为贯彻中央有关要求，最高人民法院、最高人民检察院、公安部、国家安全部、司法部于 2016 年 10 月联合发布了《关于推进以审判为中心的刑事诉讼制度改革的意见》。全市法院按照系列部署，积极推动以审判为中心的刑事诉讼制度改革，推进庭审实质化，完善庭审规程和辩论规则，提高证人、鉴定人出庭作证率，通过开庭的形式，在控辩双方在场的情况下，对指控被告人有罪的证据，逐一举证、质证，做到事实证据调查在法庭，定罪量刑辩论在法庭，判决结果形成在法庭，充分发挥庭审在保障诉权、认定证据、查明事实、公正裁判中的决定性作用。《决定》还明确提出，“健全社会矛盾纠纷预防化解机制，完善调解、仲裁、行政裁决、行政复议、诉讼等有机衔接、相互协调的多元化纠纷解决机制”。2015 年 10 月 13 日，十八届中央全面深化改革领导小组第十七次会议审议通过了《关于完善矛盾纠纷多元化解机制的意见》，矛盾纠纷多元化解机制，从法院系统的多元化纠纷解决机制的制度体系，上升为国家治理体系和治理能力现代化的战略行动。全市法院积极搭建诉非对接平台，做好案件分流、诉前调解、委托调解、司法确认等工作，保障和支持人民调解等组织充分发挥职能作用，形成化解矛盾纠纷的整体合力，台儿庄区人民法院被确定为全省“多元化纠纷解决机制改革示范法院”。

法官把执行款送到行动不便当事人家中

二、审判执行工作主要成就

（一）服务大局成效突出

全市法院始终牢牢树立正确的大局观，坚持围绕大局履职尽责，坚持一切工作必须围绕党中央和各级党委决策部署来进行，自觉融入大局、服务大局、保障大局，努力为全市社会稳定和经济发展营造良好的法治环境。

1. 为“平安枣庄”建设做出了应有贡献。平安是老百姓解决温饱后的第一需求，也是最基本的发展环境。在各个时期，全市法院始终坚持充分发挥刑事审判职能，依法严惩各类违法犯罪，有力维护了国家安全和社会稳定。尤其是党的十八大以来，全市法院积极响应平安建设号召，依法严惩危害国家政治安全、经济安全和社会稳定的各类刑事犯罪，审结一审刑事案件 14124 件，判处罪犯 18726 人，保持了对犯罪的高压态势。其中，依法维护国家政治安全特别是政权安全、制度安全，审结暴力恐怖、邪教犯罪案件 42 件，判处罪犯 73 人；依法严惩严重危害公共安全、社会治安犯罪及黑恶势力犯罪，审结杀人、绑架、抢劫等严重暴力犯罪以及盗窃、抢夺、诈骗等多发性侵财犯罪案件 3806 件，判处罪犯 5271 人；依法严惩破坏社会主义市场经济秩序犯罪，审结集资诈骗、合同诈骗、非法吸收公众存款等犯罪案件 364 件，判处罪犯 640 人；依法惩治腐败犯罪，审结贪污贿赂、渎职犯罪案件 589 件，判处罪犯 668 人。全市法院坚持正义，惩恶扬善，以法律之剑为广大人民群众构筑起了平安的生活环境、安全的经济环境和网络环境。

2. 为经济高质量发展提供了优质服务。全市法院紧紧围绕经济快速、高质量发展的部署和要求，充分发挥商事审判职能，仅 2012—2017 年，就审结一审商事案件 65583 件，标的额 199.2 亿元，保障了交易秩序，维护了金融安全；积极延伸司法服务，研究制定了服务自然生态宜居宜业新枣庄建设的意见、金融消费纠纷诉调对接实施细则等百余项服务措施，用法治手段推进新旧动能转换、供给侧结构性改革，助力经济转型升级，为经济发展提供优质的司法服务和保障。

3. 为营造有利于发展的法治环境做出了积极努力。全市法院围绕构建和谐稳定的社会秩序，加强判前释法、文书说理、判后答疑工作，努力使当事人服判息诉。围绕提升群众法治素养，加强法治宣传，充分发挥司法的教育、评价、指引和规范功能，通过巡回开庭、就地审理、以案说法、发布典型案例等

方式，教育引导当事人及群众自觉尊法学法守法用法。

（二）司法为民扎实有效

全市法院牢固树立以人民为中心的发展思想，努力满足人民群众日益增长的司法需求，不断提升人民群众的获得感、幸福感、安全感。

1. 民生权益得到有力保障。全市法院积极回应民生诉求，快立快审快结涉农民工案件，依法保障劳动者合法权益；坚决打击危害食品药品安全、制售假冒伪劣产品等犯罪行为，推进“食安枣庄”建设；依法打击环境污染行为，守护“青山绿水、蓝天白云”；坚持保护相对人合法权益与支持行政机关依法行政并重，妥善化解行政纠纷。仅2012—2017年，全市法院就审结一审民事案件90857件、一审行政诉讼案件3239件。

2. 执行难题得到有效破解。早在1999年，人民法院就开始探索解决执行难的有效措施。2016年，最高人民法院作出“用两到三年时间基本解决执行难问题”的决策部署。全市法院按照这一要求，强化规范执行、阳光执行、执行保障、监督管理，通过开展涉民生、涉党政机关执行案件专项清理活动，建立完善失信被执行人信用惩戒制度，加大对拒执犯罪的打击力度等措施，执行质效得到显著提升。自2016年1月至2018年7月，全市法院受理执行实施案件23523件，实际执结案件13507件，实际执结率57.42%，其中有财产可供执行案件12883件，实际执结12061件，有财产可供执行案件实际执结率为93.62%。有力维护了当事人的胜诉权益。

3. 服务群众工作水平得到显著提升。全市法院不断完善便民诉讼措施，设立诉讼服务中心，开通12368诉讼服务热线、网上律师服务平台、智能机器人法律咨询平台，推行网上立案、假日办案，增设便民服务站、巡回审判点，建立了“互联网+”诉讼便民体系，群众诉讼更加便捷；彰显司法人文关怀，近五年，就为经济困难当事人减免缓诉讼费1410万元，为特困当事人提供司法救助770万元。

（三）改革创新效果显著

全市法院坚持以创新为引领，以改革促发展，有力提升了管理水平和审判质效。

1. 审判管理走向成熟。全市法院坚持问题导向，不断深化流程管理，对立案、分案、开庭、结案、归档等环节进行全程动态监控，实现了无缝隙监管；强化质量监管，组建法官专业会议，对疑难复杂案件提出咨询意见供合议庭参考，正确处理法官依法独立裁判与院庭长监督管理的关系，确保放权不放任；提升办案效果，依托人民陪审员网络，加强诉调对接，构建全程、全员、全方位调解体系，全市法院一审民商事案件调解撤诉率达到了50%以上。

2. 审判质效显著提升。通过推行人民陪审员制度改革试点工作，全市法院人民陪审员参审率达到了90%左右，位居全省法院前列。通过推行行政案件管辖制度改革试点工作，既促进了司法公正，又方便了群众诉讼，司法权威得到显著提升。通过推进司法责任制改革，90.5%的力量安排到办案一线，司法人力资源配置更加合理，团队办案效能更加高效。2017年，全市法院一审民商事案件调撤率、一审裁判正确率、一审服判息诉率分别达到了46.3%、98.2%、90.5%。

（四）法院自身建设持续加强

全市法院坚持全面从严、严字当头、实字拖底，持续加强自身建设，队伍的整体素质不断提高。

1. 政治素质过硬。全市法院牢牢抓住政治建设不放松，尤其是党的十八大以来，认真学习贯彻党的十八大、十八届历次全会和十九大精神，深入学习习近平新时代中国特色社会主义思想，推动“两学一做”学习教育常态化制度化，严守政治纪律和政治规矩，强化“四个意识”，坚决维护习近平总书记党中央的核心、全党的核心地位，坚持维护党中央权威和集中统一领导；把抓好党建作为最大的政绩，以党章为根本遵循，严格落实民主集中制、“三会一课”制度，设立党建文化长廊、党员示范岗，开展党员活动日、宪法宣誓、重温入党誓词等活动，中院被命名为市直机关党建工作样板党组织；认真落实意识形态工作责任制，加强法院传统媒体、网络新媒体阵地建设和管理，传播正能量，唱响主旋律，旗帜鲜明反对和抵制意识形态领域错误思潮，引导干警强化“四个自信”，铸就绝对忠诚的政治品格。

2. 履职本领高强。全市法院大力

法院探索完善矛盾纠纷多元化解机制，聘任特邀调解员调解案件

枣庄中院首批员额法官进行宪法宣誓

实施司法本领提升工程，开展庭审观摩、法官教法官等活动，加大培训力度，干警司法专业能力进一步加强。加快智慧法院建设，建成高清科技法庭105处，运行审判云平台，启用公务外呼、电子送达、电子签章等系统，办公办案网上运行，全市法院运用信息科技手段提高审判质效能力进一步增强。持续正风肃纪，强化“一岗双责”，加强日常监督管理，强化信访举报和案件查办工作，干警司法行为更加文明规范。

3. 法院品牌响亮。一直以来，全市法院坚持忠诚履职、开拓进取，打响了枣庄法院品牌。枣庄中院先后荣获“全国优秀法院”“全国精神文明建设工作先进单位”“全国法院文化建设示范单位”等多项国家级荣誉和“全省人民满意政法单位”“振兴枣庄立功单位”等百余项省、市级荣誉。6个基层法院全部荣获“全省优秀法院”荣誉称号。同时，全市法院还涌现出了“全国审判业务专家”“全国法院先进个人”等一大批先进典型。全市法院基层基础建设、减刑假释案件远程视频和信息化办案等工作走在了全省乃至全国法院前列。

三、审判执行工作经验和启示

改革开放以来，全市法院审判执行工作得到了持续发展，取得了显著成绩。总结改革发展的基本经验，主要体现在以下几个方面：

（一）始终坚持党对法院工作的绝对领导，确保正确的政治方向

党的领导是中国特色社会主义最本质的特征，是社会主义法治最根本的保证。只有在党的领导下依法治国、厉行法治，人民当家做主才能充分实现，国家和社会生活法治化才能有序推进。一直以来，市委始终高度重视法院工作，定期听取法院工作汇报，协调推进法院工作开展。全市法院也毫不动摇坚持党的领导，坚定不移贯彻中央和省、市委决策部署，不折不扣落实向党委报告工作制度，先后就基本解决执行难、司法责任制改革等工作专题向市委作了汇报。正是始终将法院工作置于党的绝对领导之下，才确保了法院工作始终沿着正确方向前进，不断取得发展进步。

（二）始终坚持以人为本，努力满足人民群众日益增长的司法需求

改革的目标是人民的福祉，习近平总书记指出：“人民对美好生活的向往，就是我们奋斗的目标。”法院工作的改革发展，也必须为了人民、依靠人民、造福人民。长期以来，全市法院牢固树立以人民为中心的发展思想，着力解决人民群众日益增长的司法需求与人民法院工作发展不平衡、保障群众权益不充分之间的矛盾，深入开展“民心工程”活动，落实立案登记制度，加强立案信访窗口建设，妥善处理涉及民生的各类案件，真正落实为民举措，真诚倾听群众呼声，真实反映群众愿望，真情关心群众疾苦，努力做到司法为民、亲民、便民、护民，让人民群众深切感受到了人民司法的温暖。

（三）始终坚持公正司法，努力让人民群众在每一个司法案件中感受到公平正义

习近平总书记强调“全面推进依法治国，必须坚持公正司法，公正司法是维护社会公平正义的最后一道防线”。市委在贯彻依法治国，推进依法治市过程中，旗帜鲜明地支持法院依法独立行使审判权，为法院审判执行工作创造了良好的外部环境。全市法院坚持准确把握司法职能定位，更加注重实体公正、程序公正、形象公正，正确处理严格司法与热情服务的关系，依法公正办理各类案件，积极做好法治宣传工作，不断提升审判质量、效率和效果，努力做到天理、国法、人情有机统一，人民群众对司法的满意度不断提高，司法公信力不断提升。

（四）始终坚持改革创新，不断为法院工作发展注入生机与活力

科学的理论是改革顺利推进的思想保证。改革的进程，就是思想解放的过程，就是理论创新的过程。改革开放以来，市委坚持解放思想，实事求是，与时俱进，将实践作为检验真理的唯一标准，不断推进理论创新、思想创新和体制创新，全力支持人民法院创新改革发展。市委先后把人民陪审员制度改革试点工作、行政诉讼集中管辖试点工作纳入全市总体改革框架，并出台了相关意见，予以支持保障。全市法院在市委的领导下，坚持问题导向，培育历史眼光，顺应发展潮流，不断增强工作预见性、主动性，抓重点、补短板、强弱项，在解决问题中推动工作发展，在改革创新中激发发展内生动力，推动法院工作实现了新的发展进步。

审稿人：吴修国　周永恒

撰稿人：田始峰　秦　汉

职务犯罪侦防工作历程、做法及经验启示

党的十六大以来，全市两级检察机关职务犯罪侦防部门按照高检、省院和市院党组的工作部署，立足检察职能，服务大局，扎实深入开展查办和预防职务犯罪工作，为全市的经济发展和社会稳定做出了应有的贡献。

一、职务犯罪侦防历程

（一）积极开展查办和预防职务犯罪工作，初步建立惩治和预防腐败体系（2003—2007年）

党的十六大报告强调“必须要旗帜鲜明、毫不动摇地把反腐败斗争深入进行下去”，提出要“加强教育，发展民主，健全法制，强化监督，创新体制”。胡锦涛总书记强调，“在坚决惩治腐败的同时，更加注重治本，更加注重预防，更加注重制度建设”。2003—2007年，枣庄市检察机关坚决贯彻党中央和省、市委关于反腐败的指示部署，以强烈的政治意识和对党和国家事业高度负责的精神，不断加大工作力度，始终保持了惩治和预防腐败的强劲势头。

1. 突出查办有震动、有影响的职务犯罪大要案。全市检察机关共立查各类职务犯罪嫌疑人832人，提起公诉875人（含以往积存数），法院已判决699人。严肃查办领导干部滥用职权、贪污贿赂、失职渎职大要案。按照省院的安排，依法查办了20起厅级、县级干部贪污受贿重大犯罪案件。省院领导指出，交给枣庄的案件，办的认真细致，证据扎实，效果很好，办案质量和水平在全省是一流的，体现了枣庄检察干部队伍的高素质。市院直接立查了市地税局21起县级干部职务犯罪案件，昭示了党和政府惩治腐败的坚强决心。严肃查办国家工作人员利用审批权、司法权、行政执法权谋取私利案件。全市检察机关查办严重损害国家和群众利益的犯罪案件98件。市民经委原生产力促进中心主任兼职称办主任朱某某等，利用职称评审培训和发证权的职务之便，违规办理假工程师、假助理工程师专业资格证书500余份，从中收受贿赂。立案查处后，得到了群众的广泛赞誉。严肃查办国企人员贪污、挪用、私分国有资产案件。枣矿集团公司设备管理中心计划员翟某某利用负责整个集团矿用设备采购的职务便利，数次收受经销商贿赂112万元后，高价购入矿用设备，给企业造成巨大损失，被判处有期徒刑15年。枣庄东美织造有限公司原总经理兼党委书记郑某某在企业改制中，虚报注册资本、变造国家公文，诈骗和非法处置查封财产，给国家造成损失117万余元，引发职工多次集体上访，破坏了当地的社会稳定。检察机关果断立案查处后，迅速平息了上访，维护了社会稳定。依法查处基层组织工作人员职务犯罪案件。原市中区光明路街道办事处东龙头社区党支部书记佘某某、主任王某某等3人涉嫌贪污公款及挪用20万元土地出让金，引发百余村民多次集体赴省上访，严重影响了基层稳定，检察机关从快介入立案查处后，及时反馈并作了大量说服解释工作，迅速平息了上访，化解了矛盾，有效维护了村民的合法权益。

2. 始终追求办案的法律效果、政治效果和社会效果的有机统一。正确把握科学发展、社会和谐对反腐败工作的要求，坚持文明办案和人性化执法。讯问犯罪嫌疑人时，靠法律政策教育感化，不侮辱人格，不变相刑讯逼供；搜查取证时，充分尊重犯罪嫌疑人家属的合法权益，不恶意执法，不株连无辜；询问证人时，选择适当的时间、地点和方式，不干扰工作，不影响声誉；到发案单位调查时，充分考虑正常的工作和生产经营秩序，不随意开警车，不轻易查封冻结企业账目和银行账户，最大限度地帮助挽回经济损失，最大限度地降低可能带来的负面影响。五年来，通过办案，依法为国家和企业挽回经济损失6300余万元。坚持从促进和谐发展出发，认真贯彻“一要坚决、二要慎重、务必搞准”的原则，准确区分罪与非罪、违法与违纪的界限，做到该惩治的坚决惩治，该保护的依法保护，能挽救的尽力挽救，努力营造和谐的社会环境。依据法律政策，对63名犯罪数额不大、认罪态度好的关键岗位人员和业务技术骨干，依法宽缓处理；为47名受到错告、诬告的领导干部和企业负责人澄清了问题，保护了干事创业的工作热情。2006年，在查办市医疗卫生系统商业贿赂案件时，严格掌握法律政策界限，本着打击少数、挽救多数的原则，对少数犯罪数额大、医德差、口碑坏、影响大的行政管理人员予以严肃查办；对大多数专家、主任以及普通医务人员，给予教育挽救、限期退赃悔过的机会，有效避免了“专家抓了、牌子砸了、人心散了、医生跑了”的不良后果，实现了打击犯罪与转变医风、降低药价、保障正常就医效果的统一。

3. 更加注重治本，积极探索有效预防腐败的实现形式。着力促进从源头上治理腐败，努力使干部少犯错误，改革少受损失，社会增加和谐。坚持警示教育防患未然，采取建立警示教育基地、举办廉政图片展览、创作警示戏曲、拍摄教育片等形式，开展法制宣传教育621次，受教育人数达23.2万余人（次），增强了国家工作人员的廉洁自律意识；

坚持案中建议促整改，针对发案单位存在的问题，提出检察建议259份，协助建章立制583项。认真研究职务犯罪的特点规律，选择经济热点部位和职务犯罪高发行业，与教育、卫生、国土、建筑、金融等26个行业部门联合开展了系统预防，深入全市126个投资亿元以上重大建设项目开展了同步预防，全面推行了行贿犯罪档案查询工作，努力构筑“不想犯、不能犯、不敢犯”的职务犯罪预防机制。薛城区院紧密结合全区社会主义新农村建设实际，开展了预防职务犯罪进乡镇街村活动，在各乡镇街和190多个行政村党支部设立了职务犯罪预防办公室和联络员，形成了覆盖全区农村的三级预防职务犯罪网络，新华社记者专门进行了采访。根据市委安排市院筹建了“枣庄市预防职务犯罪协会和研究会”，有力地推动了全市预防腐败体系的建设。

（二）把反腐倡廉建设放在更加突出的位置，深入开展全面推进惩治和预防腐败体系建设（2008—2012年）

党的十七大报告提出，“要以完善惩治和预防腐败体系为重点加强反腐倡廉建设”，并且把反腐倡廉建设同党的思想建设、组织建设、作风建设和制度建设并列起来，成为党的五大建设的重要组成部分。枣庄市检察机关认真贯彻落实党中央指示精神，在中纪委、高检院和省院的关心支持下，不断加大查办和预防职务犯罪工作力度，坚决推进反腐败斗争深入开展，坚持惩治与预防相统一，着力营造廉洁高效的政务环境。2008—2012年，共立查各类职务犯罪嫌疑人683人，提起公诉684人（含积存数），法院已判决644人（含积存数），案件质量居全省前列。

1. 突出办案重点，严厉查办党政机关领导干部贪污贿赂、滥用职权、失职渎职犯罪。五年共立查此类案件216人，其中县处级干部31人，厅级以上干部4人。浙江省委原常委、省纪委书记王某某（副部级），农业部动物卫生与流行病学中心原主任李某（正厅级），中石化集团企业改革部原副主任余某某（副厅级），青岛交通委原助理调研员崔某某（正县级），枣庄市国土资源局原党组成员、矿产储备中心主任彭某某（正县级），枣庄市航运局原副局长郝某某（副县级），滕州市人大常委会原副主任王某某（副县级），枣庄市薛城区原副区长王某某（副县级），枣庄市高新区兴仁街道办事处原党委书记孙某某（副县级），枣庄市峄城区建设局原局长张某某，滕州市南沙河镇原党委书记张某，滕州市城管局原副局长吴某等一批严重腐败分子被严肃查处，有力震慑了犯罪，昭示了党反腐败的坚强决心。

2. 围绕服务企业经营发展，依法查办国企管理人员贪污、受贿、私分国有资产。查办国企人员贪污受贿、侵吞国有资产犯罪案件161件，其中案值50万元以上18件，500万元以上11件。新汶矿业集团有限责任公司原董事长郎某某（正厅级）、原总会计师潘某某（副厅级）和山东能源集团原副总经理孙某某（副厅级）等10人，收受巨额贿赂并贪污、挪用、私分公款，涉案金额超亿元。省院交办后，市检察院迅速组织力量依法查处，为国家挽回了巨额损失，得到了省委、省院的高度评价。枣矿集团信息化调度中心原副主任陈某利用负责集团信息化工程招投标、施工验收以及工程款结算的职务便利，大肆受贿427万元，高价购入信息化设备和系统软件，造成了国有资产大量流失，立案查处后，查一案、管一片，有效保障了国有资产的安全运行。

3. 严惩司法腐败，严查法院、公安、司法行政工作人员贪赃枉法、徇私舞弊等职务犯罪。先后查办了枣庄市公安局枣西分局原副局长高某某滥用职权、贪污受贿案；台儿庄区法院法官王某某等民事枉法裁判、执行民事判决裁定滥用职权案等典型案件，促进了依法行政和严格执法，有效维护了司法公信度。

4. 突出查办危害能源资源和生态环境渎职犯罪、“涉农”职务犯罪、商业贿赂犯罪和重点领域职务犯罪。认真贯彻中纪委、中政委、高检院等《关于加大惩治和预防渎职侵权违法犯罪工作力度的若干意见》，大力推进渎职侵权检察工作，依法查办了枣庄市中区国土资源局原副局长张某某滥用职权案。薛城防备煤矿原矿长王某某、山东安泰煤业有限公司东井煤矿原矿长杨某某等5人大肆受贿160余万元，玩忽职守采购劣质矿用设备，导致矿难发生，多人死亡。检察机关积极协助党委、政府做好矿难处理工作，并立查了事故背后的7起职务犯罪案件。在全国检察机关“深入查办危害能源资源和生态环境渎职犯罪专项工作电视电话会议”上，市院作为全国市级院唯一代表作典型发言。

5. 注重标本兼治、“关口”前移，最大限度预防和减少职务犯罪。按照党委建立健全惩治和预防腐败体系工作部署，通过建立警示教育基地、举办法制讲座、播放警示教育片等形式，深入开展个案、系统和专项预防工作，为推动从源头治理腐败发挥了积极作用。协助党委在换届和干部提拔晋升前集中开展警示教育，受教育干部6.8万人（次）。与市税务、交通等126个部门建立了预防职务犯罪协作机制，强化对重点岗位和关键环节的防控管理。全面实行预防

2015年11月，市检察院在新城会展中心举行预防职务犯罪警示教育展览

职务犯罪年度报告制度，向党委、人大提交报告21份，参与矿山地质环境治理等重点工程同步预防117次，提出预防检察建议251件。提供法律咨询和行贿犯罪档案查询5271次，建议取消了15个单位的投标资格，促进了诚信体系建设。为使警示教育实现触动思想、震撼灵魂的目标，在省检察官培训学院枣庄分院建成启用了设计新颖、内容独特的室外警示教育基地。创新预防职务犯罪“三色预警”机制，新华社《高管专供》《内参选编》刊发后，中共中央政治局常委、中纪委书记贺国强等领导批示肯定，中纪委专程派员到枣庄调研。在全国首推数字化预防新机制，全省检察机关现场会在滕州市院召开。

（三）“把权力关进制度的笼子里”，全面推进惩治和预防腐败体系建设（2013年至今）

十八大报告再次重申：“反腐倡廉必须常抓不懈，拒腐防变必须警钟长鸣。”习近平总书记强调：“我们要坚定决心，有腐必反、有贪必肃，不断铲除腐败现象滋生蔓延的土壤，以实际成效取信于民。”枣庄市检察机关坚决贯彻中央、省市委反腐决策部署，坚持“老虎、苍蝇一起打”，以打促防，坚决清除干部队伍中的害群之马，侦防工作有了新起色、新发展、新亮点。

2013年，坚持惩治、预防两手抓，全力遏制腐败犯罪。一是加大办案力度。全年共立查职务犯罪案件120件133人，其中，贪污贿赂犯罪97件101人，渎职侵权犯罪23件32人。提起公诉124人，法院已作出有罪判决111人，实刑判决40人，12人被判处10年以上有期徒刑。立查的新汶矿业集团有限责任公司原董事长郎某某、原总会计师潘某某贪污、受贿案，二人一审分别被判处死刑缓期两年执行和无期徒刑。二是开展专项工作，注重办案效果。着力查办发生在群众身边、损害群众利益职务犯罪和危害民生民利渎职侵权犯罪，共立查侵吞、骗取征地、拆迁补偿款、新农合资金、农机和家电下乡补贴等职务犯罪56人，追回惠民资金1000余万元。三是着力预防职务犯罪。加强职务犯罪原因分析和对策研究，撰写年度和专项预防报告16篇，为党委政府决策提供参考。向发案单位、预防共建单位提出预防检察建议23件，提供行贿犯罪档案查询1049次。开展“预防文化建设年”活动，市院预防职务犯罪警示教育基地共接待120余家党政机关、国有企业和基层单位8600余人次接受警示教育，被高检院命名为全国检察机关“百优”预防职务犯罪警示教育基地。

2014年，注重强化源头治理，坚持惩防并举。全年共立查职务犯罪案件131件131人，其中突出查办党委政府关注、社会影响恶劣的职务犯罪大要案113件。立查了省院交办的山东省国际贸易集团副总裁陈某某（副厅级）特大贪污、受贿、挪用公款案，兖矿集团兖州煤业公司机电副总工程师黄某某（正处级）受贿案，山东滕建投资集团有限公司副总经理高某受贿案等大要案。工作中，严格规范办案程序，严格执行逮捕职务犯罪嫌疑人审批、讯问全程同步录音录像、看审分离、证人送回等制度规定，确保办案安全。同时，不断完善预防职务犯罪年度报告制度，向发案单位和相关部门提出防控风险、完善制度的建议89件，对143项重点工程建设和政府采购项目招投标进行现场咨询服务和监督。对“两委”换届等重点工作开展警示教育、廉政风险预警防控等活动62次。开展预防职务犯罪警示教育活动278场次，受教育人员达15900余人次。

2015年，坚持苍蝇、老虎一起打，全力遏制腐败犯罪。加大查办案件力度。立查职务犯罪案件144件153人。其中，立查大要案123人，县处级以上人员7人。同时，加大追逃追赃力度，依法追缴赃款赃物170余万元，缉捕在逃重大职务犯罪嫌疑人5人。工作中，严格规范办案程序，严格执行逮捕职务犯罪嫌疑人审批、讯问全程同步录音录像和看审分离等制度，确保办案安全。严查危害民生民利腐败犯罪。高度重视查办发生在群众身边、损害群众切身利益、严重影响党群干群关系的腐败案件。立查社保、教育、就业等领域职务犯罪82人。立查乡镇国家工作人员利用职权坑农、害农职务犯罪28人，立查基层村干部贪污、挪用各类国家涉农补贴职务犯罪45人。其中，立查农村危房改造补助资金领域的职务犯罪16人，挽回经济损失200余万元。着力预防职务犯罪。坚持打防并举，重在预防，严格落实预防职务犯罪年度报告、预防检察建议、专题报告等制度，分析重点行业、重点领域职务犯罪发案特点和规律，发出检察建议89件，帮助相关单位建章立制、堵塞漏洞、完善内部管理机制。组织预防职务犯罪警示教育活动87场次，受教育人员达8000余人次。

2016年，紧紧围绕中心、服务大局，积极参与整顿和规范市场经济秩序，深入开展检察官联系大项目活动，全面落实预防特派员制度，扎实推进国土保护与食品药品安全、打击虚假诉讼专项活动，大力查办民生领域职务犯罪，有力地服务了经济社会发展大局。审查批捕932件1243人，起诉1504件2166人，立查中石化山东分公司原总经理冯某（正厅级）受贿案、枣庄市农业局原局长马某（正县级）滥用职权、受贿案等职务犯罪案件112件119人，组织预防职务犯罪警示教育活动46场次，开展“法治照亮农村，廉洁促进和谐”专题预防职务犯罪活动，认真抓好惠农扶贫领域职务犯罪专项预防工作。着力强化诉讼监督，监督立案72件，追捕、追诉128人；不起诉38人；纠正漏犯151人。市院办理的孙某故意杀人案由死缓改判立即执行，先后获评全省、全国检察机关“优秀刑事抗诉案件”。全市18个派驻基层检察室年内全部被省院评定为“一级派驻基层检察室”。扎实开展“两学一做”学习教育，全面推开以司法责任制为核心的检察改革，不断强化学习培训和人才建设，持续提升能力水平，努力打造过硬队伍，30个集

体和个人受到市级以上表彰。

2017年，市检察院新一届党组明确了“以党建带队建促业务”的发展思路，坚持以党建为载体，以创新为引领，以公正为核心，以改革为动力，以“人人是检察形象，案案是公正载体”为目标，各项工作都有了新的进步。坚持把党建作为最大的政绩，先后制定出台多项新的规章制度，完善党建工作制度网络；用把“党性、全局、规矩、责任、团结”五个放在心上统一思想意识；广大干警的政治觉悟不断提高，思想境界不断提升，心系党组织，争做合格共产党员，已成为自觉行动。党建工作的做法，被上级机关多次肯定。制定出台《关于充分发挥检察职能服务和保障生态文明建设的意见》等26项服务措施。持续深化“五进两服务”大走访活动，化解了诸多社会矛盾，赢得了群众的广泛认可，拉近了与群众的距离。严惩各类刑事犯罪，批准逮捕1480人，提起公诉2875人；强化刑事诉讼监督，监督立案40件，监督撤案26件，追捕追诉228人，不捕不诉870人，依法提出抗诉25件。司法体制改革平稳推进，“三类人员”全部定岗到位，办案质量办案效率明显提高；全力支持配合国家监察体制改革，人员转隶顺利；市人大常委会开展了对全市侦查监督工作的视察，市政协常委会听取了全市职务犯罪预防工作情况的通报。确立“视人人为人才，为人人搭平台”人才培养理念，制定《全市检察人才培养规划》，搭建人才培养阶梯；作风建设提供发展保障，实现了基层院巡察全覆盖，创新“廉政宣誓”制度、廉政联络员等制度机制，带动作风建设全面好转。各级领导同志先后多次听取检察工作汇报、莅临检察院视察工作，13次对检察工作作出批示肯定。50多名个人和20多个集体受到市级以上表彰，市检察院被评为2017年度平安枣庄建设先进集体和全市经济社会发展综合考核先进集体，并继续保持“全国文明接待示范窗口”称号和省级精神文明单位称号。

二、职务犯罪侦防工作的主要做法

（一）加强组织建设，积极有效地促进侦防工作健康开展

一是坚持领导带头办案，实行一把手工程。长期以来，办案作为检察工作一把手工程的观念深入人心，两级院检察长把反贪工作摆在重中之重，从领导精力、人员配备和装备建设等方面重点倾斜。坚持检察长、分管检察长亲自参与到具体的办案工作中，既当指挥员，又当战斗员，与干警一起加班加点，昼夜奋战，做到问题在一线发现，工作在一线落实，成效在一线体现。检察长亲自抓，将主要精力放在自侦工作上，不仅做到全面调度，整体掌控，还亲自督办、直接指挥重点案件的办理工作。分管自侦工作的副检察长靠上抓，对每一起案件都亲自研究制定初查和侦查方案，亲自参加审讯、亲自审阅每一份重要的案件材料，确保办案工作富有成效地开展。二是突出办案重点，正确把握查办案件的主攻方向。依据不同时期中央工作重点，认真开展了查办商业贿赂职务犯罪、涉农职务犯罪、党政机关领导干部职务犯罪、破坏环境资源职务犯罪等一系列专项工作，反贪工作始终做到了紧贴中心，积极作为，用心用力，服务大局。着力开展好专项工作，把查办破坏能源资源、生态环境和查办城镇建设领域贿赂犯罪、涉农职务犯罪专项工作放在突出位置来抓，采取更为有效的措施，重点查办一批有震动有影响的专项工作案件；着力强化对政府投资安全的司法保护力度，重点查办重大工程建设、公共资金使用、公共资源配置、公共项目实施等领域和环节发生的职务犯罪案件，促进经济平稳较快发展；着力强化服务新农村建设力度，重点查办农村基础建设、支农惠农政策落实、扶贫开发、农村土地承包经营权流转、土地整理等领域中的涉农职务犯罪案件，维护农民群众的切身利益，更好地保障和促进新农村建设；着力解决人民群众反映强烈的执法不严、司法不公、司法腐败问题，重点查办司法人员贪污贿赂、徇私枉法、枉法裁判等职务犯罪案件。三是加大办案力度，着力查办影响大、震动大的大要案。始终咬住大要案不放松，进一步加大查办职务犯罪力度，集中精力查办职务犯罪大案要案，果断查办一批在全市和当地有重大影响、有相当震动的典型大要案。持续保持办案高压态势，办案数量始终稳定在省院下达最低工作目标上。按照省院“由数量规模向质量效果”战略调整要求，不断创新工作思路，转变办案重点，提升理性思维，自觉将办案重点放在党委政府关注、群众反映强烈，社会危害严重的大案要案上，大要案比例始终处在全省先进行列。

（二）加强规范建设，确保案件质量和办案安全

全市两级检察机关始终坚持以提高侦查水平为目标，认真研究职务犯罪新的特点和规律，重点围绕取证难、突破难等问题进行了积极的研究与探索，形成了一些比较成熟的侦查理论成果和经验，从而对促进侦查工作水平的进步和提高，产生了积极的推动作用。一是加强秘密初查，有效解决突破难的问题。在开展初查中，采用灵活的初查方法，做到材料审查与必要调查相结合；隐蔽身份、意图和放开初查视野、时间、手段相结合；快速突破与长期经营、待机而动相结合的方式方法，针对案件的不同情况和特点，把功夫下在“12小时”之外，多从外围着手，展开秘密调查，灵活运用各种计谋，待获取一两笔犯罪证据后，及时进入正常的侦查程序，不受“12小时”的困扰。二是树立全面收集证据的观念，全面提升案件质量。始终坚持重证据、重调查取证，不轻信和过于依赖口供，注意完善以侦结率、公诉率、判决率为核心内容的自侦案件质量立体监测体系，严格规范干警在立案侦查、调查取证、讯问搜查、采取强制措施、执行办案期限等诉讼活动中的执法行为，力争案件在法律规定的时限内办结，努力促进反贪办案工作朝着合法、高效的方向发展。三是建立和完善侦查办案机制，进一步规范侦查活动。

紧密结合枣庄当地实际，以省院《侦查工作若干规定》等为蓝本，进一步修改完善了一系列侦查工作制度，以制度创新，促工作创新，解放思想，大胆探索，努力提高突破案件的能力。四是严格文明执法，确保安全办案。在办案任务十分繁重的情况下，在制定侦查计划和工作方案时，把安全防范的措施和要求通盘考虑进去，做到责任明确，设施完善，制度严格。到目前为止，全市已经连续多年在办案中没有发生任何犯罪嫌疑人自杀、自伤、逃跑等事故，做到了警钟长鸣，万无一失。

（三）加强侦查一体化建设，提升整体办案能力

一是大力开展专项侦查活动。2003年以来，市院每年抽调基层院干警100余人次，组成多个专案组统一组织调度，多条战线同时行动，开展集中攻坚，连续组织指挥查处了涉及医疗卫生系统等窝案、串案，顺利完成了省院交办的系列案件，不仅保证了案件顺利查处，也在实战中检验办案水平。二是灵活交办、参办。采取交办的方式，将案件线索或市院直接立案侦查的重大案件或窝串案中的部分涉案人员交由管辖权的基层院查办，或根据案件需要指定异地管辖，切实把办案资源向基层倾斜，有效解决了各基层院案源不足、办案资源严重不平衡的局面。对纳入侦查一体化范围的案件，检察机关采取参办的方式，直接纵向派员或异地横向派员参与联合办理。三是加强跟踪督办。对重大案件，采取挂牌督办、发督办函或直接派员督办的形式，逐级确定督办人和督办直接责任人，从线索初查、立案到侦查终结进行全程跟踪调度，全程指导督办，最大限度地保证督办案件达到预期效果。四是进一步加强“两库”建设。在线索管理数据库建设上，固定专人对举报线索进行审查登记，统一管理建档。在侦查人才库建设上，坚持统一规划、重点储备的方针，健全了三级侦查人才库，定期对原有人员进行科学有序的清理和调整，将一大批专业型人才聚合到侦查人才库中。

（四）加强机制建设，有效推进侦防工作长效机制

一是创新科学发展目标落实机制。按照省院的要求，进一步完善以办案力度、质量、效率、效果相统一为目标的自侦办案工作考评办法，实现工作目标具体化、任务落实经常化，把功夫用在平时上，从机制层面保障各项工作目标落实。二是创新线索发现、管理和侦破机制。加强案件线索的管理和应用，构建起集群众举报、自主发现、相关部门移送为一体的案源网络。进一步改革办案工作模式，全面推行讯问犯罪嫌疑人全程同步录音录像，提高审讯、取证和运用科技手段办案的水平，增强突破案件和获取证据的能力。三是创新对下指导机制。市院在坚持深入基层指导、总结推广经验，召开调度会、现场会等行之有效的指导方法的基础上，进一步创新对下指导方式方法，增强指导的针对性和有效性，善于发现和分析职务犯罪新的动向和领域，引导基层院拓宽办案领域，加大对基层院查办的重大案件或干扰阻力大的案件指导力度，及时总结、推广工作经验，发现、树立典型，用典型经验推动全盘工作创新发展。四是建立侦防一体化工作机制。牢固树立政治意识、大局意识、服务意识和民本思想，认真贯彻宽严相济刑事司法政策，坚持查办案件与服务科学发展并行、惩治犯罪与保护干事创业并重、打击犯罪与减少对抗维护稳定并举，进一步规范执法行为，讲究执法方式方法，增强执法效果。

（五）加强队伍建设，不断提高侦防队伍的综合素质

五年来，紧紧抓住队伍建设这个关键和根本，坚持一手抓业务，一手抓队伍，以“不出事、会干事、干成事”为目标，努力打造一支政治过硬、纪律严明、作风优良、业务精通、党委放心、人民满意的反贪队伍。一是以教育活动为载体，确保队伍树立正确的执法观。始终把树立正确的执法观作为加强队伍建设的重要目标，以开展好各种教育活动为抓手，引导干警树立正确的人生观、权力观、利益观，进一步转变执法观念，改进执法作风，牢固树立“立检为公、执法为民”的执法观，进一步增强严格执法、公正执法和廉洁自律意识，筑牢拒腐防变的思想防线。二是强化侦防技能的培养。多年来，为加快专业人才和精英人才的培养步伐，按照“干什么、练什么；缺什么、补什么”的原则，大力开展岗位练兵、办案技能竞赛等活动，在干中学，在学中干，边办案边提高，边学习边提高，努力向办案实践和业务培训要战斗力，着重在侦查信息、侦查谋略、侦查手段等方面实现突破，着力提高干警发现犯罪能力、初查能力、讯（询）问能力、收集和固定证据能力、运用侦查谋略能力、追逃追赃能力、运用现代科技的能力和正确贯彻宽严相济刑事司法政策的能力。三是加强办案纪律学习和作风建设。突出管理重点，切实在人、车、酒、办案纪律、安全等关键环节上下功夫、用气力、出实招，杜绝了违法违纪问题的发生。

三、职务犯罪侦查的经验和启示

（一）必须坚持党的领导，坚持中国特色社会主义理论，保证反腐倡廉正确方向

在中国，没有任何政治力量能够代替中国共产党的反腐败领导地位。坚持共产党的领导，有利于确立正确的反腐倡廉指导思想、基本原则、领导体制和工作机制，做出符合国情的反腐倡廉战略决策和工作部署；有利于有效地动员和组织全党、全社会的力量反对腐败，使反腐倡廉工作始终沿着正确的政治方向平稳健康地向前发展。必须坚持“党委统一领导、党政齐抓共管、纪委组织协调、部门各负其责、依靠群众的支持和参与”的领导体制和工作机制。与此同时，我们党必须坚持用中国特色社会主义理论来指导反腐倡廉的实践。中国特色反腐倡廉理论是随着中国特色社会主义事业的发展和反腐倡廉工作的深入而逐步发展和完善的。坚持用中国特色

社会主义最新理论成果指导反腐倡廉实践，反腐倡廉建设就能够保持正确的方向，始终充满生机和活力。

（二）必须围绕党和国家的工作大局、围绕发展这个执政兴国的第一要务开展工作

反腐倡廉工作既是党的建设的重要组成部分，也是国家工作的重要方面，必须适应经济体制的深刻变革，社会结构的深刻变动，利益格局的深刻调整，思想观念的深刻变化，把反腐倡廉工作寓于建设中国特色社会主义的伟大事业中，寓于党的建设的新的伟大工程中。一方面，要更加自觉地深入市场经济领域，解决党风政纪方面妨碍改革和建设的突出问题，优化经济社会发展环境，促进市场体系的完善和市场秩序的规范；另一方面，要树立科学的发展观，通过反腐倡廉建设，惩恶扬善，调动广大人民群众的积极性，使反腐倡廉建设与经济社会建设相互促进、良性发展。历史证明，加强反腐倡廉建设必须充分认识和把握新形势、新任务对党的作风建设提出的新课题、新要求，只有围绕中心，抓住问题的实质和关键，才能抓出实效，这也是我党反腐倡廉建设的一条宝贵经验。

（三）必须坚持反腐倡廉工作方针，完善惩治和预防腐败科学体系

反腐倡廉工作是一项系统工程。坚持标本兼治、综合治理，惩防并举、注重预防的方针，是经过多年的艰辛探索形成的。对从源头上防治腐败，对党的建设的新的伟大工程，对中国特色社会主义建设，具有重要意义。要以改革创新的精神完善惩治和预防腐败体系，坚持与中国特色社会主义事业总体布局相适应，把反腐倡廉工作融入经济建设、政治建设、文化建设和社会建设之中；坚持惩治和预防两手抓、两手都要硬，始终保持惩治腐败的强劲势头，在坚决惩治腐败的同时，更加注重治本，更加注重预防，更加注重制度建设，努力拓展从源头上防治腐败工作领域。习近平总书记在第十八届中央纪律检查委员会第二次全体会议上强调：“要加强对权力运行的制约和监督，把权力关进制度的笼子里，形成不敢腐的惩戒机制、不能腐的防范机制、不易腐的保障机制。”2013年8月，中央政治局会议审议通过《建立健全惩治和预防腐败体系2013—2017年工作规划》，明确提出在坚决惩治腐败的同时更加科学有效地防治腐败。

（四）必须把反腐倡廉寓于各种改革和措施之中，坚持从源头上预防和解决发生腐败问题

各类腐败现象的滋生蔓延，主要是因为其权力运行的体制、机制和制度中存在漏洞和缺陷。解决体制机制问题的核心就改革创新，把反腐败工作寓于各项改革和措施之中，坚持用改革的办法解决腐败现象发生的深层次问题。习近平总书记多次强调，制度问题更带有根本性、全局性、稳定性、长期性。要科学有效地反腐防腐，关键是要健全权力运行制约和监督体系，让人民监督权力，让权力在阳光下运行。要改革党的纪律检查体制，完善反腐败体制机制。要强化制约，科学配置权力，形成科学的权力结构和运行机制。要强化监督，着力改进对领导干部特别是一把手行使权力的监督，加强领导班子内部监督。要强化公开，依法公开权力运行流程，让广大干部群众在公开中监督，保证权力正确行使。各项改革举措要体现惩治和预防腐败要求，同防范腐败同步考虑、同步部署、同步实施，堵塞一切可能出现的腐败漏洞，保障改革健康顺利推进。“要老虎苍蝇一起打”，全面推进惩治和预防腐败体系建设，提高反腐败法律制度执行力，让法律制度刚性运行。

（五）坚持群众路线，发展社会主义民主，建立健全完善的党内外民主监督机制

开展反腐败斗争必须依靠人民群众，动员群众，把群众发动起来，造成一定的声势，以达到彻底揭露和打击一切腐败现象，教育全党和人民的目的。与此同时，要在党的领导下发展社会主义民主，加强党内监督、法律监督、行政监督、群众监督和舆论监督，尤其要扩大基层民主，保证人民直接行使民主的权利。要建立健全群众举报、办事公开、民主评议等重要制度，充分调动人民群众的积极性，保证他们依法行使民主监督的权利。建立健全完善的党内外民主监督机制，充分发挥各级党的代表大会、纪律检查委员会和各民主党派对党的监督作用，最大限度地抑制腐败现象的发生。

（六）必须依法从严惩治腐败，加大打击力度，保持惩治腐败的强劲势头，用党风廉政建设和反腐败的实绩取信于民

习近平总书记说：“反对腐败、建设廉洁政治，保持党的肌体健康，始终是我们党一贯坚持的鲜明政治立场。党风廉政建设，是广大干部群众始终关注的重大政治问题。”党风廉政建设的核心问题是密切党同人民群众的血肉联系。必须坚持以人为本的执政理念，在制定和执行政策的过程中，把群众呼声作为第一信号，把维护群众利益作为第一目标，把让群众满意作为第一标准，把维护和发展人民群众的根本利益作为反腐倡廉建设的出发点和落脚点，坚定“群众利益无小事”的政治立场和政治态度。进一步密切党和政府同人民群众的血肉联系，充分体现立党为公、执法为民的要求。严肃党纪国法，坚决查办违纪违法案件，是反腐倡廉的重要任务，也是惩治腐败的重要手段。面对一些党员干部作风不正问题依然严重，违纪违法案件在一些地方和部门继续呈多发态势，极少数领导干部特别是高中级干部违纪违法案件影响恶劣，损害群众利益的问题依然比较突出的现状，必须始终坚持依纪依法从严惩治腐败，加大打击力度，保持惩治腐败的强劲势头，依照党纪国法，坚决查处各类违纪违法案件，坚决惩处腐败分子，以实际行动取信于民。

审稿人：孙　恒
撰稿人：时　文　郑浩然
　　　　蔡　民　刘　栋

枣庄公安机关打击经济犯罪服务经济社会发展的举措及经验

20 世纪 90 年代，随着我国改革开放的深入发展，各类经济犯罪活动层出不穷，严重扰乱了市场经济秩序。1997 年《中华人民共和国刑法》修改颁布，公安机关承担起了打击经济犯罪、护航经济发展的新任务。枣庄市公安局按照法律规定和公安部、省公安厅的统一要求，健全机构，积极履职，在市委、市政府的领导下，有效打击了各类经济犯罪活动，为规范市场经济秩序、服从服务于全市经济发展和社会稳定做出了积极贡献。

一、公安机关打击经济犯罪服务经济社会发展的工作历程

1997 年 3 月，全国人民代表大会审议通过了新修订的《中华人民共和国刑法》，对“破坏社会主义市场秩序犯罪”“妨害社会管理秩序罪”等部分作了明确规定，新增了涉税、金融、妨害公司（企业）管理秩序和侵犯知识产权等经济犯罪，赋予了公安机关打击经济犯罪的重要职责。从 1997 年至今，枣庄公安机关打击经济犯罪、服务经济社会发展工作，大致可分为以下四个阶段：

（一）完成职能转换，建立专业侦查机构，承担起打击经济犯罪的重要任务（1997—2002 年）

1. 接手五类经济犯罪侦查权。1995 年 4 月 5 日，公安部下发了《关于调整经保局、刑侦局对经济犯罪案件管辖分工的通知》，将金融诈骗、财税诈骗等五类经济犯罪案件划归经保部门管辖。枣庄市公安局及时调整和明确了经保部门对部分经济犯罪案件的管辖权，下放了绝大部分列管单位，将工作重心由过去的以内部单位安全防范为主向打击经济犯罪转移。原市公安局二处（经济文化保卫处）加挂经济文化保卫支队牌子，下设金融犯罪侦查大队和涉税犯罪侦查大队，职能由管理向打击转换。1998 年 1 月，最高人民法院、最高人民检察院、公安部等六部委发布《关于刑事诉讼法实施中若干问题的规定》，就检察机关和公安机关对刑事案件的管辖分工等具体问题作出了解释或规定，再次明确涉税等经济犯罪案件由公安机关管辖。1998 年 3 月，按照公安部、国家税务总局《关于严厉打击涉税犯罪的通知》要求，市、区两级公安机关驻国、地税办公室成立，开展了涉税犯罪信息收集、控制以及协税护税工作。1998 年下半年，在国、地税部门的大力配合下，先后侦破了提某、褚某虚开增值税专用发票案，薛城区硫磺厂偷税案等一系列涉税犯罪案件，迈出了枣庄市公安机关主动打击涉税犯罪的第一步。1999 年 4 月，立查了张某、宋某等虚开增值税发票案，价税合计达 1 亿余元，涉税额 1000 余万元，拘留、逮捕犯罪嫌疑人 12 名，查补入库税款、罚款 180 余万元，没收非法所得 60 余万元。

2. 成立经济犯罪专业侦查机构。为适应打击经济犯罪工作的需要，1998 年 9 月，公安部发出《关于公安部内设机构及名称等问题的通知》，组建经济犯罪侦查局，并要求各级公安机关成立相应机构，承担起打击经济犯罪、护航经济发展的任务。1998 年 12 月，为理顺经济犯罪侦查工作，市公安局向市编委写出报告，申请成立专业机构。1999 年 7 月，经市委常委会研究决定，批准市公安局二处升格为经济犯罪侦查支队（副县级），下设五个正科级队、室，编制 70 人，各区分局成立副科级建制的经济犯罪侦查大队（在 2006 年的全市公安机关机构改革中升格为正科级）。1999 年 12 月，市、区两级公安机关经济犯罪侦查部门正式成立，人员编制全部到位，全市经济犯罪侦查工作走上了专业化的道路。2000 年 3 月，枣庄市公安机关在全省率先成立了经济犯罪举报中心，接受社会各界群众的报案、举报、咨询，当年即接到举报线索 360 余起，受理立案 190 余起，破案 40 余起，为国家、集体和个人挽回经济损失 2000 余万元。

3. 规范案件管辖和办理程序。1998 年 11 月，公安部印发《公安部刑事案件管辖分工》，明确经侦部门管辖 8 大类 74 种经济犯罪。山东省公安厅据此发文，全省公安经侦部门管辖《中华人民共和国刑法》及其《修正案》规定的 9 大类 89 种经济犯罪罪名。主要覆盖《中华人民共和国刑法》分则第三章大部及第二章、第五章、第六章部分，分别涉及走私（假币）罪，妨害对公司企业管理秩序罪，破坏金融管理秩序罪，金融诈骗罪，危害税收征管罪、侵犯知识产权罪、扰乱市场秩序罪、职务侵占罪、挪用特定款物罪等罪名。为切实规范、加强经侦工作，市公安局制定印发了《关于加强经济犯罪侦查工作的意见》和《枣庄市公安局办理经济犯罪案件暂行规定》，对加强经侦基础业务建设、理顺案件分工和部门管辖关系等问题提出了明确要求，对案件管辖范围和办理案件的有关制度做出了明确规定。

4. 迅速履行打击经济犯罪职责。

全市经济犯罪侦查部门成立后，迅速履行打击职能，先后破获了一批影响较大的案件，引起了良好的社会反响。1999年底，立查了枣庄市租赁拍卖行集资诈骗案，该案主要犯罪嫌疑人王某等人自1993年以来，利用挂靠在市残联的枣庄市租赁拍卖行，采用公开方式非法高息吸储，后演变为集资诈骗，先后从4900余名群众手中集资累计2亿余元，至案发时造成损失6000余万元。2000年3月，在公安部经侦局直接指导下，枣庄市破获了邵某制售假硬币案，查缴假币成品、半成品30余万元。该案中，犯罪嫌疑人邵某自1999年10月起伙同他人制造一元假硬币出售，后将机器转移到枣庄，先后在峄城区坊上乡农场、薛城区张范乡3号煤井，利用从浙江发来的切割好的圆形钢铁毛坯，压制为成品后运往南方，共生产假一元硬币44万余元，非法获利20余万元。当年，市公安局经济犯罪侦查支队获得“全国打击假币犯罪联合行动先进集体”称号。这些重特大案件的及时侦破，有力打击了经济犯罪分子的嚣张气焰，保障了枣庄市经济建设和社会发展的顺利进行，同时也锻炼了队伍，为今后打击经济犯罪积累了丰富的斗争经验。

5. 组织经济战线严打整治斗争。2001年4月至2002年底，全市公安机关按照党中央、国务院及公安部的部署，组织开展了为期两年的严打整治斗争。在抓好打黑除恶、治爆缉枪的同时，以经侦部门为主力军，组织开展了严厉打击经济犯罪、整顿和规范市场经济秩序工作，圆满完成了严打第三条战线的工作任务。严打斗争中，全市公安经侦部门共立查经济犯罪案件278起，涉案总价值15698万元，破案225起，抓获犯罪嫌疑人256名，挽回经济损失3205.9万元，沉重打击了各类经济犯罪，维护了全市市场经济秩序的稳定发展。期间，组织开展了打击金融票证犯罪集中行动，破获了陈某集资诈骗案等金融犯罪案件14起；组织开展了打击涉税犯罪专项斗争，破获涉税犯罪案件22起，价税合计6349.52万元，挽回税款损失503万元；开展了“百日追逃”集中行动，采用上网通缉、架网守候、外出追捕等手段，抓获在逃经济犯罪嫌疑人26名。

（二）适应形势需要，打击突出经济犯罪，整顿和规范市场经济秩序（2003—2008年）

我国加入世贸组织后，为适应经济全球化、经济信息化及经济犯罪多发的新形势，更好地服务经济社会发展，全市公安机关与时俱进、积极应对，不断加强经济犯罪侦查工作，规范市场经济秩序，较好地维护了全市经济的健康、稳定发展。此阶段，市场经济处于调整、完善期，各类经济犯罪活动集中涌现和爆发，全市公安机关从自身职责任务出发，会同有关单位，对金融、市场等各个领域的违法犯罪活动进行了打击整治，初步整顿、规范了全市的市场经济秩序。

1. 推动建立打击传销违法犯罪的工作机制。传销活动自20世纪90年代初进入枣庄市，通过逐步发展演变，至2000年前后，对全市的经济发展和社会安定产生了较大影响。2003—2004年，传销活动在全市进入高峰期，大量外地传销组织和人员进入枣庄，引发了一系列的社会问题，虽然各级公安机关付出巨大努力，但传销活动一直打而不死、驱而不散、遣而不返。2005年8月，国务院颁布的《直销管理条例》和《禁止传销条例》两部法规，明确了县级以上人民政府及公安、工商机关打击传销的职责。市公安局结合枣庄市情况，向市政府报送了《关于严厉打击取缔传销和变相传销活动的意见》，建议将打击传销工作纳入社会治安综合治理，实行一票否决。2006年12月1日，市政府召开打击传销工作会议，印发了《关于贯彻鲁政办发〔2006〕77号文件严厉打击传销活动的通知》，明确了各级各部门在打击传销工作中的责任，要求按照“属地管理”的原则，组织开展好打击传销专项行动。2007年1月，市社会治安综合治理委员会在1号、2号文件中，把打击传销工作纳入了社会治安综合治理，年终对区（市）、乡镇（街办）进行考核，实行一票否决。各区（市）认真落实文件要求，将打击取缔传销、创建“无传销社区”的工作责任落实到了“两委”（村民委员会、居民委员会）、“两所”（派出所、工商所）。全市公安机关按照市综治办的要求，依靠社区民警，大力开展“五个一”工程，即派发“一张联系卡”、建立“一个信息网络”、发放“一封公开信”、签订“一份责任书”、构建“一个监督网”，提高了预防、发现传销活动的能力。市中区、薛城区部分辖内传销活动较为突出的街道办事处，从有关单位和部门抽调人员组成“打击传销小分队”，采取逐门逐户清查的方式，对传销活动进行整治，教育、遣散参与人员；辖区派出所、工商所跟上工作，处理违法人员，处罚出租房主，形成部门联动、各司其责、打防并举、标本兼治的打击整治传销新格局。这一时期，公安机关先后会同工商部门组织开展打击传销专项行动35次，解救行动150余次，取缔非法传销组织30余个，捣毁传销窝点1100余处，教育遣返人员6万余人。同时，对涉嫌犯罪的传销组织及人员进行了严厉打击处理。2006年5月，市公安局经侦支队侦办了公安部督办的“丹碧蔻”化妆品非法经营案，逮捕、移诉了4名主要犯罪嫌疑人，在中央电视台“新闻联播”栏目播出。经过不断打击治理，线下“拉人头式”传销活动在枣庄市基本绝迹。

2. 对非法集资活动进行第一波次集中打击。20世纪90年代以来，各类非法集资活动比较突出，涉及地域广，人员多，资金量大，不仅严重破坏了金融和市场经济秩序，也侵害了广大群众的切身利益，并由此引发了大量社会不安定因素，成为危及社会稳定和经济发展的重大隐患。这一时期，范围波及全国的“万里大造林”“未来农业”等非法集资案件集中爆发，给党委政府办理、处置此类案件敲响了警钟。枣庄市以租

赁拍卖行非法集资案为开端，陆续爆发了以张某、陈某、陆某等人非法吸收公众存款案为代表的一批大要案件。如安徽腾达亿利机电动力科技有限公司自2006年8月至2007年7月间，以集资入股为名，许以年息30%至50%，在滕州驻地向260余人（次）非法吸收公众存款，资金1000余万元。市公安局经侦支队对该案立案侦查，抓获吴某、张某等涉案人员7名，并参与指导资产处理等后续工作，切实维护了集资群众利益。2007年10月，山东济正保健品连锁销售有限公司非法集资案发，该公司在枣庄市设有6家分支机构，涉及群众数百人，影响持续长达10年之久。针对上述非法集资活动，全市公安经侦部门进行了持续不断的打击，并在党委、政府领导下，全力做好追赃挽损和群体性事件预警、处置工作，保障了全市社会经济的稳定发展。

3. 遏制金融票证诈骗犯罪的高发势头。金融票证诈骗案件多发于21世纪初。2000—2005年，伪造、变造金融凭证、票据犯罪活动较为突出，犯罪分子利用高科技手段伪造、变造银行存单、存折、支票、汇票，到金融营业网点提现、贴现，给金融机构造成了重大损失。这一时期，全市各级公安经侦部门共开展金融犯罪专项打击4次，办理金融票证诈骗案件40余起，为银行业金融机构挽回和避免了大量经济损失。“严打”整治斗争期间，全市公安机关主动出击，先后侦破了省公安厅督办的李某系列票据诈骗案、曹某票据诈骗案等一批重、特大金融票证案件，沉重地打击了经济犯罪分子的嚣张气焰，有效地遏制了此类犯罪的上升势头。2004年3月，中国建设银行台儿庄区支行职工王某伙同他人，以“大头小尾”的方式，伪造了一张底联为30万元、客户联为3000万元的企业定期存单，并以此作抵押，在城市信用社开发区办事处骗取3000万元的承兑汇票，到农业银行枣庄分行市郊办事处贴现，诈骗资金约2700余万元。该案是枣庄市金融机构历史以来发生的最大一起经济犯罪案件，经过市、区两级公安机关的共同努力，涉案损失全部追回。

4. 整治商贸领域的合同诈骗犯罪活动。市场经济建立之初，合同诈骗犯罪作为一种新兴事物，在经济犯罪中占有的比例较大，具有发案多、损失大、欺骗性强和案情复杂的特点。犯罪分子往往利用合法成立的公司、企业作掩护，以签订、履行经济合同为诱饵，制造假象，设置陷阱，大肆骗取巨额钱财，并极力以经济纠纷的假象来掩盖其合同诈骗的实质，逃避法律制裁。合同诈骗犯罪的增多、蔓延，不仅给国家、企业和个人造成了巨额的经济损失，还严重践踏了市场经济的诚实信用原则，严重扰乱了社会主义市场经济秩序。全市公安机关以经济犯罪举报中心为窗口，通过多种宣传形式向社会承诺，对此类案件属于公安经侦部门管辖的优先处理，不属于公安经侦部门管辖的，协助联系主管部门解决。同时，对现有的案件线索进行梳理，凡涉及外商投资企业的合同诈骗等案件，组织专人进行调查，需要立案的，尽快办理，净化了枣庄市的招商引资环境。2004年11月11日，山东绿宝石榴产品有限公司与我省某单位签订7963万元的建设工程施工合同，诈骗其保证金70万元。公安经侦部门迅速侦破此案，并查明了犯罪嫌疑人徐某、赵某假冒台商，在枣庄市注册台资企业，以建立厂房、公寓为名，对外发包工程，诈骗广东、江苏、陕西、上海、辽宁39家受害单位和个人300余万元的犯罪事实，及时消除了社会影响。2006年，滕州市盛昌制砖机械厂和汇玉数控机械厂以推销砖机优惠销售、搞装机试点推广、以旧换新、预付部分货款、余款分期付清等优惠条件为诱饵，诱骗山东、河南、江苏、湖北、陕西、河北、安徽等地100余家客户签订砖机购销合同，骗取货款130余万元。2007年6月7日，滕州市公安局及时打掉了这两个合同诈骗团伙，抓获并逮捕犯罪嫌疑人22名。

2016年6月30日至7月1日，多警种联动，“夏雷行动”成功收网

5. 侦办了一批涉及全国范围的涉税大要案件。改革开放后，枣庄市经济总量逐年提升，各种经济实体急剧增加，一些不法分子和企业为了追求暴利，利用经济体制转型期出现的漏洞，大肆进行涉税违法犯罪，偷逃国家税款，严重影响了税收秩序。为净化税收征管环境，全市公安、国税、地税、财政等部门联合行动，针对偷逃税款、制售假发票、虚开增值税专用发票、骗取出口退税等违法犯罪活动进行了严厉打击。这一时期，全市公安机关积极挖掘线索，立查、侦破了20余起部督大要案件，有力地打击了涉税违法犯罪活动。2004年3月，市公安局经侦支队成功侦破了全市第一起部督涉税大案，犯罪嫌疑人叶某

利用枣庄市聚源金属回收中心，在无实际经营业务的情况下，指使他人虚开废旧物资销售统一发票，共向全国114家单位虚开发票1186份，涉及山东、江苏、北京、天津等10省（市）25个地市，总金额3.04亿元，造成国家税款流失3000余万元。2004年7月8日，公安部、国家税务总局在青海省西宁市召开协调会，通报了各地公安机关侦查的系列虚开增值税发票案件，将这批互有关联的案件定名为“夏都”专案，其中部分发票的源头即为山东省枣庄市。市公安局成立专案组对该案立案侦查，历时近半年时间，查清了王某、朱某等人虚假注册枣庄市瑞帮经贸有限公司等5家企业，向全国23个省（区、市）的281家单位大肆虚开增值税发票近3亿元的基本事实，并将主要犯罪嫌疑人全部抓获到案。以上两案被公安部列为2004年度全国十大税案。根据枣庄市契税征收领域偷、逃税款严重的情况，市、区（市）公安机关先后派员会同财政部门进行清理、整治，共清缴欠税500余万元，为保障地方财政收入增长做出了积极贡献。全市公安机关在抓好打击、整治的同时，还按照上级要求，做好了“金华”“南宫”等全国性大要案件的协查、协办工作，配合查证了多起全国、全省性的涉税大案，提供了大量的证据材料，给侦办案件的外省市公安机关提供了有力支持。

6. 集中调查和打击了农村“两委”人员职务犯罪。村支书、村主任等作为农村基层党组织和群众自治组织的带头人及骨干力量，在办理公共事务和公益事业，带领广大农民发展经济中起到了十分重要的作用。随着社会经济发展和新农村建设的不断推进，一些人员却利用职务便利为自己谋取利益，因职务侵占、挪用公款等引发的职务犯罪呈现出上升的趋势，影响了社会的稳定。公安机关接手经济犯罪案件管辖权后的一个时期，出现了群众集中上门反映“两委”人员职务犯罪现象，主要涉及职务侵占、挪用资金、受贿、财务不公开、吃喝费大幅超支、私设小金库等方面，公安机关本着“群众利益无小事”的原则，对举报线索认真对待，积极核查，最大限度地解决群众诉求。市、区（市）公安机关针对账目公开、土地转让、出租和土地、山林承包等热点问题，以及对农村经济犯罪的反映、利益受到侵害后将采取的诉求方式等方面，分别对本辖区内经济发达、欠发达及贫困落后的农村开展分类调查，调查走访4个区（市）10个乡镇的群众1100余名，了解掌握了群众关心的农村经济问题及基本情况，抓住了主要矛盾，为有目标、有针对性地打击此类犯罪奠定了基础。这一阶段，全市公安机关根据群众举报和纪检监察部门移交线索，先后办理“两委”人员职务经济犯罪案件70余起，打击处理涉案人员110余名，维护了村集体及村民的合法权益，有效化解了矛盾、维护了稳定。

（三）完善体制机制，提高深挖打击能力，保障市场经济健康有序发展（2009—2012年6月）

2008年下半年，美国次贷风波引发的国际金融危机席卷全球，对我国经济也造成了一定的冲击和影响，各种诱发经济犯罪的因素增多，经济犯罪呈现逐步高发态势，涉及的领域扩大。为此，市公安局按照省公安厅的工作部署，积极改进经济犯罪侦查工作体制，于2009年10月将经侦部门承担的经济文化保卫工作移交给国保、治安部门，经侦部门专职负责打击工作，在经侦支队下设了执法监督大队、经侦情报大队，进一步提高了公安机关预防、发现和打击经济犯罪的能力。同时，狠抓基层基础业务建设，坚持综合治理方针，有力打击了各类突出经济犯罪活动，护航经济发展。

1. 组织专项行动，实施定向打击，取得突出战果。一是组织开展了打击假币犯罪“09行动”（2009年1—11月）。2009年1月，针对假币违法犯罪活动高发，可能严重危害国家金融秩序的严峻形势，公安部在全国范围内组织开展了为期10个月的打击假币犯罪“09行动”。行动中，公安机关、人民银行及各银行业金融机构分工负责，密切配合，对假币违法犯罪活动进行了全方位的预防和打击。各金融营业网点一旦发现持有、使用假币3张以上的人员，立即采取措施上报，各公安派出所调整了工作和警力部署，确保在银行临柜人员报警时第一时间赶到现场，建立起覆盖全市的情报网络，对出现的假币现案进行及时、有效处理。全市公安机关按照“挖源头、缴假币、打团伙、端窝点”的总体思路，先后组织了两次攻坚战，动员全警参与，共立查持有、使用假币案11起，抓获违法犯罪嫌疑人员14名，收缴假币101.3万元。行动结束后，市公安局召开新闻发布会，展示打击成果，有效震慑了犯罪。在市反假货币联席会议的统筹协调下，全市公安经侦部门对假币犯罪开展了持续不断的严厉打击，为人民群众创造了安全放心的货币流通环境。2010年，枣庄市与周边地区建立了苏鲁豫皖周边市地打击假币联席会议工作机制，打击假币工作转入常态化、经常化。在建立假币收缴、快速反应联动机制的同时，强化线索收集、研判，连续破获了一批二次加工、销售大量假币的案件。二是组织开展了打击银行卡犯罪“天网2011”行动（2011年全年）。2011年，全市公安机关按照公安部、省公安厅统一部署，组织开展了打击银行卡犯罪“天网2011”行动，共立查银行卡犯罪案件26起，破案22起，涉案总金额15812.4万元，打击处理违法犯罪人员10名，收缴涉案银行卡299张，捣毁刷卡套现窝点5处，收缴违法POS机25台。全省打击信用卡犯罪“天网—2011”专项行动打响后，市公安局经侦支队根据掌握的线索，当日即破获了王某、朱某非法经营案，查获POS机10台，银行卡145张，存折88张，打响了我省“天网—2011”专项行动第一枪，受到公安部贺电表彰和市委、市政府领导批示表扬。该案中，犯罪嫌疑人王爱民、朱国丽自2008年以来，先后利用

枣庄市钧源煤炭有限公司、金轮贸易有限公司等七家公司名义，从枣庄市工商银行、中国银行、建设银行申领POS机10余部从事非法套现活动，涉案金额达1.2亿元。三是组织开展了打击侵犯知识产权和制售假冒伪劣商品犯罪“亮剑行动”（2010年11月至2011年底）。全市共立查侵犯知识产权和制售伪劣商品犯罪案件44起，破获各类案件40起，抓获犯罪嫌疑人83名（其中上网逃犯4名），捣毁生产窝点53个，打掉批发销售团伙26个，涉案价值8100余万元，挽回损失1860余万元。2011年1月，围绕假冒伪劣春耕农资犯罪，开展打击“三假”（假种子、假农药、假化肥）活动，查获各类假农药、假种子案件3起，涉案价值38万元；围绕食品安全，侦破一批非法经营、销售假冒注册商标的商品和销售伪劣产品案，捣毁假冒娃哈哈、亲亲八宝粥等生产窝点3个，查获仿冒乳味饮料成品3万余箱，未装箱成品及外包装6万余件；围绕日本震后食盐抢购风潮开展摸排，2011年10月，破获特大非法经营食盐案件，抓获犯罪嫌疑人3名，捣毁生产窝点1处，销售窝点6处，查获工业用盐29吨。四是组织开展了缉捕经济犯罪逃犯“清网行动”。为进一步维护法律权威，最大限度的抓获逃犯，切实推进网上追逃工作的深入开展，根据公安部、省公安厅关于开展“清网行动”的部署要求，2011年5月26日至12月15日，全市公安机关组织开展了声势浩大的缉捕网上在逃犯“清网”行动。至行动结束，全市84名往年在逃经济犯罪嫌疑人共到案78名，清网率达到92.86%，超额完成了省公安厅制定的清网率85%的目标，位列全省前茅。

2. 围绕重点行业，开展治理整顿，规范市场秩序。在保险行业，2012年6月，市公安局与市保险行业协会建立了打击保险诈骗犯罪联络员制度，签署了《打击保险诈骗合作备忘录》，成立了反保险诈骗工作站，建立相关章程和制度，建立完善常态化的信息沟通交流机制，通过召开联席会议、互通情报信息等方式，拓展信息沟通交流的内容、形式、途径和方法，达到资源共享、优势互补。期间，全市立查保险诈骗案件21起，打击处理违法犯罪嫌疑人员35名，挽回和避免经济损失500余万元；侦办了保险公司从业人员挪用资金和职务侵占类犯罪案件13起，打击处理违法犯罪嫌疑人员15名，避免和挽回经济损失300余万元。在证券行业，公安机关与有关部门密切配合，集中开展互联网金融风险专项整治，严密防范、严厉打击证券期货领域的犯罪活动，坚决维护资本市场秩序和金融管理秩序。2009年12月，市公安局侦破了杭州欧翰公司非法经营黄金期货案。经查，2008年8月至2009年12月，犯罪嫌疑人魏某以他人名义注册成立香港恒诚黄金集团有限公司、杭州欧翰投资管理有限公司，购买了黄金交易、行情分析管理等系统软件，设立网站，对外声称香港恒诚黄金集团公司具备黄金期货经营资格，通过网上聊天等方式发展客户参与炒黄金期货交易，非法经营数额达1200余万元，涉及枣庄市投资人员144名。2010年以来，农产品类期货平台和文物、邮币卡实物交易平台兴起。全市也出现了以炒金乡大蒜等为标的物的电子交易平台。一些平台的经营内容、模式缺乏监管，有的涉嫌经济犯罪。如设立在市中区的山东国兴电子商务有限公司，于2011年2月自行设立交易平台，在没有实际交易的情况下，利用虚假交易账号、虚假资金在该公司交易盘面操纵价格、对冲期货合约，并采用当日无负债制度对客户强行平仓从中牟利，涉案金额累计高达3.5亿余元，给投资人造成损失4200余万元，造成投资人多次信访。2012年5月，市中公安分局及时查办了该案，化解了这一金融风险。

3. 打击“两虚一逃”犯罪，净化市场环境，保护民营经济发展。虚报注册资本、虚假出资、抽逃出资（合称“两虚一逃”）是一些皮包公司、涉嫌经济诈骗犯罪、涉税犯罪人员常用的手段。这些人在资金不足的情况下，通过中介机构借用他人资金注册公司，为其可能进行的犯罪活动作掩护，严重扰乱了市场经济秩序，破坏了社会诚信体系。全市公安经侦部门成立以来，针对“两虚一逃”活动，会同工商行政管理机关开展了清理整治和打击工作，共立案90余起，有效净化了市场经济环境，推动了社会诚信体系建设。2010年6月，犯罪嫌疑人吕某与他人共同商议接手枣庄福特4S店，并由吕某办理公司注册事宜。吕某通过中介公司垫资1000万元，骗取工商注册登记。2010年8月24日，资金进入到吕某等股东账户进行验资后，又转出归还中介公司，并支付了10万元代理费用。2012年上半年，该公司由于无资金、管理混乱等原因，销售业务被重庆长安汽车公司总部中止，给部分预交车款户、装修公司、股东等造成巨大损失。市公安局经侦支队对吕某等人虚报注册资本案立案侦查，后吕某被判处有期徒刑三年。在开展打击整治的同时，为推动地方经济发展，对存在“两虚一逃”行为，但主观上不存在违法犯罪故意，注册后经营情况良好的企业，公安、工商机关采取慎重态度，予以区别对待，尽量不对其立案调查或采取查封、注销等措施，规范、保护了民营企业的发展。期间，市公安局出台了《关于促进全市经济稳定、良性发展的八条指导意见》，对公安机关在打击经济犯罪过程中执行宽严相济政策、确保执法质量作出了具体规定，规范执法行为，杜绝执法偏差，实现侦查办案法律效果、政治效果和社会效果的统一。“八条意见”中，明确要求公安机关避免对“两虚一逃”类案件打击面过宽，要准确把握一般违法犯罪行为与虚报注册资本、虚假出资、抽逃出资犯罪的界限，严格犯罪构成要件，根据违法情节、涉案金额和危害后果进行综合评判，避免打击面过宽。

4. 打击非法经营食盐、烟草活动，保护国家专营市场。食盐、烟草是国家专营行业，对国家和地方的财政税收

具有非常重要的意义。一些违法犯罪人员为牟取私利，往往铤而走险，从事非法经营活动。为保护食盐、烟草专营市场，自2002年起，市公安局成立了驻市盐务局、市烟草专卖局公安办公室，派驻民警开展工作，与驻在单位联合执法，进行专项整治，净化盐业、烟草市场环境。2011年3月，日本福岛核电站泄漏事故发生后，引起了市民抢购食盐风潮，并导致大量劣质工业盐流入市场。针对这一情况，市公安局、市盐务局成立联合检查组，对全市食盐经营网点进行清查，规范网点2000余个，取缔300余户，端掉了1个非法加工、经营假冒食用碘盐的窝点，当场查缴非法盐产品15吨。公安、烟草部门联合执法，开展非法经营烟草市场整治工作，共查办案件15起，收缴香烟价值300余万元。

（四）围绕中心工作，坚持打防并举，全力护航经济发展、维护社会稳定（2012年7月至今）

党的十八大召开后，我国经济进入转型期，国家积极推动加强供给侧改革，通过去产能、去库存、去杠杆、增强持续增长动力，在金融改革、淘汰落后产能、清理僵尸企业等一系列改革深入推进过程中，长期积累的经济矛盾和社会问题集中显露并相互叠加，一些领域经济风险加速酝酿并积聚升级，经济犯罪活动进入新一轮的高发期。围绕打击突出犯罪、防控经济风险及维护社会稳定，全市公安机关积极采取应对措施，开展了“打、防、管、控”工作，进一步完善了经济犯罪侦查工作机制。

1. 以专项行动为抓手，对各类经济犯罪活动实施精准打击。2012年5—11月，全市公安机关按照公安部统一部署，组织开展了打击经济犯罪“破案会战”，共立查各类经济犯罪案件1516起，破案714起，涉案值22亿元，避免、挽回损失5.2亿元，抓获违法犯罪人员1340名，移送起诉661案1514人，立案、破案、打击犯罪嫌疑人数和移送审查起诉率大幅提高，取得丰硕战果。2013年，组织开展了打击侵权假冒犯罪、打击传销犯罪和打击整治发票违法犯罪三个专项行动，共立案352起、破案159起（其中公安部督办案件5起），抓获违法犯罪人员453名，移送起诉142名，核查发起集群战役18起，收网5起。2014年，组织开展了以侵权假冒犯罪、假发票、传销、假币、保险诈骗、非法集资、银行卡套现、证券期货犯罪等八类经济犯罪为重点的专项打击工作。2014年，共立查各类经济犯罪案件371起，涉案值5.2亿元，挽回损失4200余万元，抓获违法犯罪人员419名，移送起诉146人，破获部督案件4起，发起集群战役3起，成功收网1起。成功收网“8·22特大虚开增值税发票案”集群战役，价税合计达6亿余元，受到公安部经侦局贺电表彰。2015年，以非法集资问题专项整治行动、“猎狐2015”、打击侵犯知识产权犯罪、打击黄金票、打击地下钱庄等专项行动为重点，立查各类经济犯罪案件330起，涉案金额95423万元，挽回损失13826.52万元，抓获违法犯罪人员435名，缉捕、劝返境外经济犯罪嫌疑人3名，移送起诉161人。在“猎狐2015”专项行动中，枣庄市提前半年将3名境外在逃经济犯罪嫌疑人缉捕、劝返到案，成为全省第一个“无境外经济犯罪逃犯市”。2016年，全市公安经侦部门以各类专项行动为抓手，实施重点打击，战果显著。共立查经济犯罪案件303起，刑拘犯罪嫌疑人273名，涉案价值7.84亿元，挽回损失7228万元。相继侦破了涉税金额达20亿元的“8·27”虚开增值税发票案、方某等特大制造交通事故保险诈骗案、“6·06”全市第一起伪造假币案、“6·17”特大跨境非法经营地下钱庄案。2017年，组织开展了“云端2017”“猎狐2017”专项行动，全年共立查经济犯罪案件253起，涉案价值2.7亿元，避免和挽回损失9800余万元，打击处理违法犯罪人员360余名；发起全国集群战役34起。8月29日，对“8·18”特大组织领导传销案统一收网，现场抓获包括该传销组织骨干人员36名，捣毁传销窝点10处，扣押涉案车辆2部、电脑12台、银行卡60余张，扣押、冻结涉案资金6000余万元。缉捕外逃吉尔吉斯斯坦逃犯1名，继续保持了枣庄“无境外经济犯罪逃犯市”称号。与澳门警方开展警务合作交流，携手打击地下钱庄犯罪，“6·17”非法经营案受到省、市领导批示表扬，分别有1个集体和1名个人受到公安部、中国人民银行和国家外汇管理局联合表彰。2018年上半年，组织开展了“云端2018”“猎狐2018”

2016年7月，枣庄市首起网络销售假烟案集群战役开展集中收网行动

专项行动，立查各类经济犯罪案件56起，涉案价值1132万元，挽回经济损失4060万元。1月16日，峄城公安分局经侦大队立查一起网络传销案件，于2月25日集中行动，一举抓获涉案人员14名，冻结资金池资金、相关犯罪嫌疑人赃款8亿余元。市公安局经侦支队、山亭公安分局经细致工作，劝返外逃菲律宾的经济犯罪嫌疑人郑某，并于5月18日押解回国，受到省公安厅贺电表彰。

2. 以维护稳定为目标，做好涉众型经济犯罪预防控制工作。近年来，随着“互联网+”和“大众创业”口号的提出，网络经济活跃，经济犯罪呈现“网络化、智能化、移动化、非接触性”等特点，P2P、C2P等互联网金融业态发展迅猛。但这些平台的设立门槛、运营规则及行业监管缺失，存在风控能力弱、易突破合规经营尺度等诸多问题。一旦处置应对不当，极易引发区域性、系统性风险，并可能会迅速传导到社会稳定领域，甚至诱发社会政治风险，直接威胁政治安全和政权安全。一些涉众型经济犯罪因涉及人员多，采取多种手段表达诉求。2010年以来，以民间借贷、投资担保、入股分红及P2P平台为表现形式的非法集资犯罪活动呈上升态势，并逐步暴露出来。枣庄市比较大的有易尔易、夏而、恒泰等非法集资案，全国性案件涉及枣庄市的有“E租宝”“昆明泛亚”“上海大大”等，参与群众多次上访，严重影响社会稳定。为切实维护全市金融秩序和社会稳定，市公安局在市“打非办”的领导下，在加强查处力度的同时，多次组织开展调研活动，先后向市委、市政府上报了《近年来枣庄市非法集资犯罪调查分析》《全市非法集资及风险状况分析》《枣庄市互联网金融领域风险调查》等调研材料，引起了市主要领导的高度重视，批示有关部门制定相关措施加以预防、应对。市打非办按照山东省人民政府《关于印发山东省打击和处置非法集资工作操作流程（试行）的通知》，建立了“属地管理”的工作机制。市、区（市）公安机关建立了针对非法集资活动的风险防控和情报机制，制定了处置突发事件预案，做好了应急处突准备，确保了近年来全市未发生影响大的因非法集资引发的群体性事件。2011年以来，传销活动由线下向网络转移，隐蔽性更强，涉及面更广。针对这种情况，全市公安机关加大情报导侦力度，利用“大数据”和警务协作，对网络传销活动进行深度打击。2015年6月，“心未来互联平台”以响应国家移动互联网时代大众创业、万众创新政策为噱头，承诺加入的会员到其指定场所购物消费可获得100%报销为诱饵，以拉人头的方式骗取会员加入。该组织共在全国发展会员159万人，设立各类销售终端6100余家，其中在枣庄市设立“心未来生活馆”“心未来超市”40余家，案发后已全部倒闭。全市公安机关按照公安部、山东省公安厅的统一部署，做好了会员的稳控工作，无一人参与串联进京上访。

3. 以整顿市场秩序、保障民生为方向，连续出击，打击侵权假冒犯罪活动。自2010年“亮剑”行动以来，全市公安机关连续不断地组织开展了打击侵犯知识产权专项行动，取得了突出成效，有效保护了知识产权所有者的权利和群众的合法权益。在2013年的打击侵犯知识产权和制售伪劣商品犯罪专项行动中，全市公安机关组织开展了“三大战役”：一是集中开展了为期3个月的“保护知识产权，打击假冒品牌”专项行动，一举打掉了5家销售假冒国际知名品牌奢侈品窝点，捣毁售假窝点8处，涉案金额达1.5亿元。二是立足全市实际，把打击制售假冒伪劣种子、农药、化肥等危害粮食安全和农民利益的犯罪作为重中之重，破获假种子、假化肥、假农药等犯罪案件8起，打掉犯罪团伙11个，捣毁生产、销售、储存窝点23个，查缴涉案假农资价值1.3亿元。三是对危害人民群众生命健康安全的假药案件进行集中打击，成功破获网络贩卖假药案11起，立查各类假药案件25起，打掉制假团伙9个，捣毁制假售假窝点59处，查获假药500余个，品种2100余万件，涉案价值达1.7亿余元。2014年，全市共立各类侵犯知识产权犯罪案件15起，破案5起，部督案件1起，核发集群战役1起；2015年，全市共立侵犯知识产权案件12起，涉案金额1.38亿元，发起并成功收网侵权类集群战役3起，侦办部督案件3起。市公安局经侦支队破获了涉案金额达3000余万元假冒名牌运动鞋案，并发起全国集群战役。山亭分局相继破获销售假劣农资案和假药案，查获伪劣玉米种子100余吨，查获价值500余万元的假药一宗。2015年6月12日，滕州市公安局“5·20”网上销售假冒注册商标的假洋酒案集群战役收网，捣毁制假生产、销售、仓储窝点9处，抓获犯罪嫌疑人18人，缴获制假设备多宗、缴获假冒“芝华士系列、杰克丹尼、轩尼诗、马爹利系列”等十多个品牌的假洋酒4630瓶，包装、商标标识及半成品6.8万件，涉案总价值3600余万元。

4. 以加强部门协作，推动“两法衔接”为手段，形成打击经济犯罪合力。2012年6月，在市公安局的推动下，市政府办公室印发了《关于建立经济犯罪侦查工作部门协作机制的通知》，要求加强公安机关与行政执法机关的联系，建立健全宣传防范、信息共享、案件移送、执法协作、调查研判五项部门协作机制，最大限度地减少经济违法犯罪对国家、集体和个人财产造成的损失，最大限度地减轻经济违法犯罪对经济安全和诚信环境带来的危害，为“幸福新枣庄”建设保驾护航，开启了枣庄市“两法衔接”共同打击经济违法犯罪的新篇章。全市公安经侦部门按照第三次全国经济犯罪侦查工作会议思路，确立了以情报导侦、合成作战为主要内容的专项打击和集群战役侦查模式，进一步加强经济犯罪侦查工作，与行政执法部门密切协作，携手打击侵权假冒犯罪、涉税犯罪等经济犯罪活动，为全市的经济发展和社会稳定做出了突出贡献。主动加强与行政执法部门和企业、行业协

会的协作机制建设，增强打击经济犯罪的工作合力。2012年“破案会战”期间，全市公安机关先后与30个行政执法单位、13家金融单位和32家企业行业协会签定协作配合文件及备忘录。2013年底，全市公安机关充实了驻国税、地税、财政、盐务、烟草及保险协会联络员，进一步加强了部门协作。2016年8月24日，为深入落实中央《深化国税、地税征管体制改革方案》，按照公安部、省公安厅统一要求，市公安局派驻市国税局、地税局联络机制办公室正式揭牌，公安、税务机关形成了常态化、制度化、规范化的派驻工作机制，为新形势下开创三部门在信息共享、联合办案、调查取证等方面协作配合的新局面提供了强有力保障。

5. 以创新警务模式、强化基层基础为保障，做好经济犯罪预警防控工作。2014年，为扎实推进经侦基层基础工作，全市公安经侦部门围绕“打”（经济犯罪小案件办理、逃犯追捕）、“防”（经济犯罪预警防范宣传）、“管”（经侦情报信息采集、经嫌单位及人员管理）、“控”（重点企业基本状况、单位人员职务犯罪）四个方面，全面推出了“啄木鸟警务”，依托“啄木鸟警务信息平台”“啄木鸟警务e通平台”“啄木鸟警务预警平台”“啄木鸟警务协作平台”四大平台，将经侦工作触角延伸到基层、延伸到社区。“啄木鸟警务”侧重以预防企业、单位职务犯罪为主，强化对企业的分层次管理，对经营状况好、效益佳的企业、缴税大户，采取主动扶持、靠前服务的方式，为企业发展铺路搭桥；对经营状况一般的，采取跟进服务、协助发展的方式，为企业解决难题、扭转局面；对那些存在违法经营，制假、售假或者有拖欠职工工资、破产跑路嫌疑的，超前工作、及早预防、重点管控、适时打击，取得了良好效果。突出“啄木鸟警务”情报信息收集功能，要求社区民警在进村居、入厂企时，注重收集经济犯罪线索和企业经营状况，了解掌握基层村居、企业的经济犯罪动态。对通过治安清查、日常工作发现的可能引发社会稳定的非法集资、传销等涉众型案件，及早预防、重点管控，确保发现在雏形、化解在初期、稳控在当地。在有条件的派出所建设“啄木鸟警务警示厅”，将经侦部门办理的各种类型案件成果及涉及企业、村干部犯罪、日常防范知识，通过实物、展板、图片、视频等形式集中展示，联合纪委、检察、行政执法等部门，组织“两委”人员、辖区群众、厂企负责人及财务、销售人员参观，预防职务经济犯罪。通过“啄木鸟警务”与行业协会、社团组织及有影响的领域主管或代理等对接，定期开展走访式服务，互通信息、解疑释惑，为打击经济领域的犯罪手段提供技术和物力支撑。实现了对各领域经济犯罪的动态掌控、涉众涉稳案件的提前预警，提高了服务效能。

二、公安机关打击经济犯罪服务经济社会发展的主要成效

（一）有效遏制了经济犯罪向社会安全和稳定领域传导

经济犯罪尤其是非法集资、传销等涉众型犯罪，因涉及人员多，资金量大，易引发群体性事件和社会稳定问题。全市公安机关始终将维护稳定工作放在首位，做好风险研判和突发事件预案，对涉众型经济犯罪进行及时、有效地打击和处置，确保了未发生影响稳定的大问题，未出现串联到省进京上访事件，有效维护了全市的社会稳定大局。在打击非法集资方面，坚持“属地管理、露头就打、处置在先”和“追赃挽损并重”原则，大要案件发案数量、涉及范围及群体性事件规模逐步下降。以影响较大的几起集资案件为例：1999年案发的枣庄市租赁拍卖行集资诈骗案，涉及人员达到4906名（户），资金2.14亿元，参与群众以租赁拍卖行挂靠在市残联、政府应负监管责任为由，多次聚集到市委上访，人员最多时达到近2000人。2010年案发的山东易尔易投资担保有限公司非法吸储案，涉及参与人员495名（户），资金8759万元，聚集上访人员规模约200人左右；2012年案发的山东夏而投资发展有限公司，涉及参与人员455名（户），资金1.56亿元，聚集上访规模较小，诉求已转到要求政府和公安机关追缴和返还涉案资金为主。在打击传销方面，2006年前后，枣庄市的非法传销和变相传销的组织共有50余家，窝点遍布市中、薛城、滕州城区，单场次聚集人员最多达到2000余人，外地传销参与人员涉嫌非法限制人身自由、聚众斗殴、盗窃、抢劫等治安、刑事案件多发，群众反映强烈。2007年3月29日，市中区公安、工商部门在联合执法过程中，曾遭到上百名传销人员围攻，致部分人员受伤、车辆损坏，影响恶劣。经过近10年不间断的打击治理，此类传销活动在枣庄市已经禁绝，枣庄成为传销“高地”。2016年3月，山东省工商局、山东省公安厅联合发文，授予枣庄市“无传销城市”称号。

（二）有效打击了各类金融犯罪活动，保障了金融安全

金融是国家经济的命脉。全市公安机关一直将打击金融犯罪工作放在重要位置，对扰乱金融管理秩序的假币、银行卡犯罪及票据诈骗、贷款诈骗等金融诈骗犯罪进行了持续不断的打击，营造了良好的金融生态环境。一是建立了打击假币犯罪的长效工作机制。经过2000年的打击制贩假币联合行动和“09行动”，对制贩、运输假币违法犯罪活动进行了打击治理，建立了苏鲁豫皖周边地市打击假币犯罪联席会议机制，堵塞了假币犯罪在我省由南向北的过境通道。先后破获了全市首起制造假硬币、假纸币案，引起了群众关注和良好的社会反响。2014年以来，全市公安机关连续三年组织开展假币查缴活动，假币市场存量呈逐年下降趋势。二是实现了对金融票证类犯罪的精准打击。21世纪初，金融票证的使用进入高峰期，由于管理及鉴定水平滞后，伪造、变造金融凭证、票据的犯罪活动较为突出，加之银行内部人员存有违规操作、出具金融票证等问题，给金融机构造成巨大损

失。仅2001年，全市就发生此类案件12起，涉案金额达1239万元；2005年，枣庄市发生了两起特大金融凭证诈骗、违规出具金融票据案，涉案金额达人民币3000万元、美金890万元。全市公安机关重拳出击，此类案件的发案率大幅下降，2010—2016年，全市仅发生2起金融票证诈骗案件。三是形成了对银行卡犯罪的高压严打态势。银行卡犯罪在金融犯罪中占比最高，全市公安经侦部门成立后，对信用卡诈骗、破坏信用卡管理秩序犯罪进行了持续不断的打击。2010年以前，主要是打击信用卡诈骗犯罪，查办了大量恶意透支信用卡案件，给银行业金融机构挽回巨额损失；2010年后，着重打击了POS机刷卡套现、窃取他人信用卡信息、盗刷他人信用卡、网上买卖银行卡信息等违法犯罪活动，共立查案件1115起。在2015年度打击银行卡套现犯罪“白鹤行动”中，滕州市公安局先后侦破了“3·14非法经营案”“3·20非法经营案”等一批银行卡犯罪案件，打掉POS非法套现团伙2个，扣押POS机14部，银行卡120张，涉及套现资金4500余万元。同时，各级公安机关通过发布预警提示、案例宣传等方式，提醒金融单位和社会公众加强信用卡使用安全防范，收到了良好的社会效果。四是惩治和预防了银行从业人员职务经济犯罪。21世纪初，金融机构工作人员利用熟悉银行操作流程和工作的便利条件，钻管理上的漏洞，违规违法向关系人发放贷款收取好处费、内外勾结贷款诈骗、进行账外操作和挪用储户资金出具假存单等犯罪频发，仅2005年至2007年，全市就发生金融机构内部人员职务经济犯罪23起，涉及金融机构内部人员35名，涉案金额1.01亿元，给银行造成了重大损失和不良影响。公安机关在侦查破案的同时，通过以案释法、发放防范建议书等方式，预防和减少了此类犯罪的发生。

（三）有效规范了市场经济秩序，维护了企业和群众合法权益

市场秩序稳定是市场生产经营主体合法交易的前提，全市公安机关严厉打击各种扰乱市场秩序的违法行为，保障了市场经济的公平运行，服务了枣庄市经济发展。21世纪初，市场经济活跃，“皮包公司”盛行，商贸领域的合同诈骗案件多发，严重扰乱了市场经济秩序。最初是沿海省市的犯罪嫌疑人以公司名义与枣庄市煤炭、水泥企业签订供销合同，或是收货后低价转卖潜逃，或是以质量不达标为由拒不付款。随着市场经济的逐步深化，合同诈骗发展到不仅限于商品购销范围之内，出现了利用货物运输合同、加工承揽合同、加工回收合同、技术开发合同进行诈骗的案例。对于此类犯罪活动，枣庄市公安机关及时予以打击，积极为受害企业、个人挽回损失，全面整顿、规范了市场经济秩序。侵权假冒行为也是市场经济的一颗“毒瘤”，在2009年以前，枣庄市出现的侵权假冒产品主要是一些农村作坊生产的奶制品、乳饮料类，调制灌装后冒充名牌企业产品出售。2010年后，随着网络销售行业的兴起，流入枣庄市的侵权假冒产品类别和数量猛增。为此，全市公安机关按照公安部、省公安厅的部署，连续组织开展了“亮剑行动”等三次大规模的打击行动，围绕“打大、打多、打深、打精”的目标，深度挖掘案件线索，全力侦办大要案件，突出集群战役攻坚，先后针对涉农类（假农药、假种子、假化肥）、食品药品类（假烟酒、假饮料、假牛羊肉和假药品等）、侵权类（假冒名牌水泥、油漆、变压器等）关系国计民生的重大犯罪活动，以及制售假冒奢侈品（名牌箱包、手表等）犯罪发起了猛烈攻势，重拳整治市场秩序，取得了重大战果，有力地维护了品牌企业的合法权益和人民群众的生命、财产安全。

（四）有效净化了税收征管环境，保障了财政税收收入增长

全市公安机关与国、地税部门密切协作，根据发票犯罪职业化暴露出的共同特征和信息，充分利用公安、税务信息系统，将不正常企业纳入工作视线，主动发现涉税犯罪线索，将事后查找目标转变为事前锁定目标进行控制，掌握打击涉税犯罪工作的主动权。通过派驻联络员、召开联席会议等方式，研究加强警税协作、拓展案源的新措施。建立了纵向指导、横向协作的信息交换网络，在全市范围内形成了以公安、税务为主导，各部门联合参战、齐抓共管的良好

2016年8月24日，市公安局派驻国、地税联络机制办公室揭牌仪式举行

局面。特别是2012年以来，在公安部部署开展的“破案会战”和“打击整治发票违法犯罪专项行动”中，全市公安、税务机关以“营改增”试点行业虚开、骗税犯罪和制售假发票犯罪为重点，严厉打击各类涉税犯罪，取得了显著战果。其中2013年8月立查的王士金特大虚开增值税专用发票案，累计开出4030份，金额3.96亿元，税额6738万元，价税合计4.63亿元。2016年6月30日，市公安局针对“8·27”特大虚开增值税专用发票、骗取出口退税案开展了“夏雷行动”，一举从我省济宁、潍坊、滕州以及福建泉州、江苏扬州等三省五地抓获涉案人员26名，刑拘犯罪嫌疑人19名，扣押涉案车辆、账目、税控机、发票等一宗。该案涉及山东、福建、广东、浙江、江苏、江西、上海等多个省市100多家企业，价税合计近20亿元。2005年8月，市公安局向财政局派驻民警，联合打击偷逃契税违法犯罪活动，维护枣庄市契税征管秩序。自2006年起，公安、财政、土管、监察部门联手，全面开展了契税领域专项整治活动，契税征收额度同比增加60%，有力地保障了地方财政收入和经济发展。

（五）有效服务了企业生产经营，推动全市经济健康有序发展

1997年以来，按照大力整治国有企业及周边治安秩序的工作要求，枣庄市各级公安机关不断加大打击力度，巩固、完善防范成果，强化重点要害部门保卫，积极推动警企共建，对国有大中型企业实行挂牌服务，为企业解决热点难点问题，确保了国有大中型企业的安全，为国有企业改革和发展营造了良好的内外部治安环境，省公安厅于2000年在枣庄市召开现场会推广。全市公安机关进一步增强服务意识，抓好了“四个深化”，即深化警企共建，密切了与企业的联系；深化知识产权保护，严厉打击假冒注册商标、侵犯知识产权等侵害企业的不法行为；深化为民营企业经营者维权服务，保护民营企业的合法权益和正常的经济利益；深化法律服务进厂企活动，增强职工的法律意识。协调金融单位统一更换了报警器400余台，增加了夜间红外防盗功能，并与市局指挥中心联网，确保了金融安全。会同其他警种，开展了校园及周边治安秩序整治活动，严厉打击了侵害师生人身、财产安全的违法犯罪行为，强化了学校安全保卫工作，并结合“五个一”工程，在部分学校设立了“法制课堂”，增强了师生的自防自卫能力。2012年底，公安部推广了东营市公安局“三个延伸”工作机制，要求各级公安机关在规模以上企业建立经侦工作联络室，推进常态化宣传防范服务，跟进企业保护，加强企业监管，实现从“事后侦办”到“事前预防”的转变，推进经侦工作向企业延伸。全市共在41家规模以上企业建立了经侦警务联络室，基本覆盖与经侦工作联系较为紧密的行业、部门，通过发布风险建议书、召开警企联席会议及送法上门等活动，提供了有效的经济犯罪预警防范服务。依法打击侵害企业利益的合同诈骗、职务侵占、挪用资金等经济犯罪活动，及时追赃挽损，保护企业的正常生产经营活动。

三、打击经济犯罪服务经济社会发展的经验和启示

（一）必须依靠党委政府的领导和支持

无论从经济犯罪的性质特点或是从经侦工作尤其是侦办重特大经济犯罪案件的实践来看，没有党委、政府和上级公安机关的关心、领导和支持，是难以顺利开展和深入进行的。枣庄市公安机关对有关打击经济犯罪重要工作部署、重要行动和重特大案件的查办，以及在执法办案工作中遇到的困难和问题，都及时请示、汇报，积极争取得到党委、政府的重视和支持，给予帮助解决或协调，为防范、打击经济犯罪创造良好的外部环境。如打击传销工作，正是因为有了党委政府的支持，确立了“属地管理”和“一票否决”机制，才形成了各负其责、齐抓共管的良好局面。在打击非法集资工作方面，2015年6月8日，市政府召开全市打击非法集资和其他金融犯罪工作会议，传达省打击和处置非法集资工作领导小组会议精神，分析全市金融犯罪形势，安排部署防范、打击非法集资及其他金融犯罪工作，提出了打击处置非法集资工作“五坚持五突出”（即，坚持抓住重点，突出打早打小；坚持分类处置，突出监管防范；坚持依法依规，突出惩戒效力；坚持疏堵结合，突出标本兼治；坚持部门协作，突出责任落实）的要求，有力推动了打击处置工作的深入开展。

（二）必须服务经济发展和社会稳定大局

发展经济是党和国家的中心任务，公安机关必须以党的十九大精神为指引，深入学习贯彻习近平新时代中国特色社会主义思想，增强“四个意识”，坚定“四个自信”，主动作为，履职尽责，全力为经济建设保驾护航，不能有丝毫动摇。同时，打击经济犯罪是一项涉及面广、政策性、法律性很强的工作，一些案件处理稍有不慎，就会对社会稳定和经济发展产生负面影响。因此，必须十分注意并善于运用政策和法律妥善处理可能引发的各种矛盾和问题；必须正确处理打击经济犯罪与维护稳定的关系，正确处理打击经济犯罪和保护经济发展的关系。举例来说：公安机关办理一起非法集资案件，涉及一个有500名职工的私人企业法人代表，需要采取强制措施。如果对其刑事拘留，可能该企业就会停产甚至破产，500名工人面临失业，他们的家人就会生活无着，进而就可能引发一些不安定因素。因此，在打击经济犯罪工作中，必须积极寻找法律效益、社会效益和经济效益的结合点，在严格公正执法的前提下，最大限度地保护当事人的合法经济利益和市场经济运行秩序，而不能顾此失彼。同时，必须依法处理好打击与保护的关系，做到该打击的坚决打击、该保护的依法保护，主动服务地方经济发展，通过及时查处社会反响强烈，经济损失巨大的涉

众型经济案件，尽力消除可能诱发的不稳定隐患和负面影响，做到打击与稳定并存，真正做到为经济健康发展保驾护航，实现政治效果、法律效果和社会效果相统一。

（三）必须维护企业和群众的合法权益

打击经济犯罪的最终目的，是维护所有市场主体的权利、义务和利益。全市公安机关始终把群众同意不同意、答应不答应、满意不满意作为衡量工作的第一标准，始终把党政领导关注、社会反映强烈、经济损失巨大的各类大要案件作为工作重点，组织优势警力，采取多种措施和手段，及时控制犯罪嫌疑人和赃款赃物，做到快立、快破，严厉打击犯罪分子，切实保护群众的合法权益。随着经济发展和法治化进程的加快，各类市场主体和有关行政执法、经济管理部门及社会各界群众，对公安经侦部门的需求也在不断更新变化。比如2013年全市公安机关打击侵权假冒犯罪专项行动开展以后，公安机关与企业、行业协会加强沟通，并采取上门授课、发布预警提示等方式，到相关企业宣讲政策法律，提供预警服务，有效激发了各类市场主体的知识产权保护意识。英国国际洋酒协会、公牛电器有限公司、三九药业集团公司、山东帝豪酒业集团等20余家国际、国内及本地企业看到了公安机关保护知识产权的决心和力度，主动上门联系维权打假事宜。随着公安机关对预防经济犯罪宣传力度的加大，群众的投资风险和自我保护意识不断提高。向经侦部门上门举报、网络问政、电话咨询的群众日益增多，有的甚至在与他人签订合同、投资借贷之前，会向公安经侦部门征求意见，以降低风险。

（四）必须坚持“打防并举”的工作思路

公安经侦部门在坚持严厉打击经济犯罪的同时，还要做好防范犯罪的文章。全市公安经侦部门在办理案件的同时，非常注重发现经济运行中存在的漏洞，及时反馈有关主管部门，争取最大限度地减少或避免损失。通过加强部门协作、实施“啄木鸟”警务，落实“打、防、控、建”等各项措施，形成了有效的经济犯罪防控体系。实践中，积极探索、建立经济犯罪的防控体系和机制，对在侦查破案中发现的问题及时发布警方建议，提醒有关部门弥补工作中存在的漏洞和薄弱环节，提高防范、控制经济犯罪的能力。还应充分发挥派出所的优势，通过建立经侦信息员等制度，使经侦工作积极向基层延伸，既可及时搜集掌握情报信息，又可在其协作配合下积极有效地开展经济犯罪的打防工作。积极探索加强经济犯罪预警提示工作，在执法办案中，从防范的视角出发，注意发现易被不法分子利用的政策空隙或监管漏洞，积极向有关行政执法、行业监管部门及金融机构发出预警提示或整改建议书，以引起重视，堵漏补缺。积极探索开展企业经营风险防范预警活动，建立风险研判评估机制，引导企业自觉排查、主动规避经营风险；建立与重点行业主管部门、协会组织服务企业协同共商机制，拓展预警防范范围和效应。

（五）必须提高履职能力和专业化水平

全市公安机关始终把维护经济安全作为经侦工作发挥作用的根本点和出发点，坚持以服务实战、服务基层、服务群众为引领，以完善经济犯罪防控体系建设为载体，推进经侦警务实战化、基础信息化、执法规范化、队伍正规化，提升了保障经济社会平稳发展的能力水平。市公安局按照“信息警务”和“情报导侦”的工作要求，建设了高标准的经侦情报研判中心、技术中心，完善经侦情报平台应用模块，围绕“人员调查、资金调查、物证调查”三个重点环节，全面深化应用机制，通过信息化推动经侦重点单位、重点线索和重点人员综合研判、预警流转、在线防控等工作的流程化、规范化。运用可疑交易线索核查和资金查控技术，对重大案件的账户和交易信息进行梳理分析，逐步形成账户串并、交易对比、性质甄别、流向图绘制等专业技术；创新账户查控协作，建立手续简化、服务实战的账户紧急查控、批量查询和冻结等工作制度，不断完善资金查控工作程序，充分发挥专业职能优势服务实战，特别是在打击电信诈骗等犯罪中发挥了积极作用。全市公安经侦部门积极加强素质能力和执法规范化建设，通过专业培训、执法资格考试、干练结合、旁听庭审、工作交流等方式，提高队伍执法能力，并实行网上“一条龙”办案工作模式，以深化执法质量考评为载体，健全完善执法工作规范化考核机制，严格落实执法过错责任追究机制，切实保障了经侦执法工作的深入开展，为更快、更好地打击经济犯罪、服务经济发展奠定了基础。

审稿人：马运葆

撰稿人：李春光　李卓明

改革开放以来枣庄民政事业发展的历程、成就及经验

改革开放以来，枣庄民政事业实现历史性跨越。近40年来，伴随着改革开放事业的发展，民政工作作为社会建设、社会管理和公共服务的重要组成部分，始终牢记“解决民生、落实民权、维护民利”根本职责，紧紧围绕改革发展稳定大局，解放思想，开拓创新，形成了制度不断创新、领域不断拓展、事业不断壮大、作用不断增强的发展格局，有力保障了人民群众基本生活权益和民主政治权利，着力提升了社会公共服务水平，充分发挥了维护社会稳定、促进社会公平、推动社会进步的重要作用。

一、枣庄市民政工作发展历程

（一）在拨乱反正的形势下重整民政（1978—1982年）

1978年5月，国家恢复成立民政部，民政工作迎来了历史性的转机。从此，民政工作沐浴着改革开放的春风重整旗鼓、扬帆远航！改革开放初期，全市民政系统认真贯彻落实中共十一届三中全会精神，在全面恢复民政工作的基础上进行了开创性、探索性的改革。

1. 在政权建设方面。随着广大农村普遍推进家庭联产承包责任制，原来的生产大队、生产队两级组织失去依托，逐渐瘫痪，农村基层管理出现了一定程度的无序和混乱状态。在省统一部署下，枣庄市积极探索村民自治的有效形式，这对开展政治生活的拨乱反正、加强基层政权建设、调动人民群众建设社会主义的积极性，产生了积极作用。

2. 在优抚安置方面。1980年，开展了优抚对象普查工作，查清了优抚对象的底数，使各项优抚政策得到了落实，为恢复调整优抚政策打下了基础。同时，改变了以前以临时补助为主的做法，将烈属和复员军人补助款的60%—70%用于定期定量补助，使绝大部分经费转为“人头费”，定期定量补助工作初步实现了规范化。对农村义务兵家属实行了普遍优待。规范了烈士褒扬工作，接收安置了大批退伍兵和伤病残军人。从1981年起，军队离休退休干部成批移交地方政府，民政部门开始承担军休安置服务管理工作。

3. 在农村扶贫和救灾救济方面。1979年、1983年，按照省里统一部署，两次对全市农村五保对象进行调查登记。做好抗灾救灾工作，保障受灾群众基本生活，帮助恢复和发展生产。1981年1月24日，市政府批转了市民政局《关于烈军属、五保户、困难户生产安排情况和今后意见的报告》，安排部署相关困难群体生产生活保障工作。

4. 在社会福利方面。1980年将社会救济院全部改称社会福利院，明确了社会福利院收养对象和收养方针，社会福利事业逐步走上了健康的发展轨道。

5. 其他方面。1979年，济宁地区滕县划归枣庄市管辖。全市各级民政部门接待和处理了大量来信来访，婚姻、殡葬等工作均取得了重要进展。

（二）在全面改革开放中拓展民政（1983—1992年）

1982年10月召开的党的十二大，提出了全面开创社会主义现代化建设新局面的宏伟纲领，吹响了建设中国特色社会主义的时代号角。中共十二届三中全会作出了《中共中央关于经济体制改革的决定》，开始打破传统的计划经济体制，把率先在农村发起的改革推向城市和各行各业。1987年10月召开的党的十三大，提出了社会主义初级阶段理论，确立了党的基本路线。民政系统顺应全面改革开放的新形势和新要求，全面拓展民政工作，基本职责包括“政权建设的一部分、社会保障的一部分、行政管理的一部分”，民政工作的群众性、社会性、多元性不断增强，为维护社会稳定、促进经济建设作出了积极贡献。1984年5月15日，市政府印发文件，要求以改革精神开创民政工作新局面。文件要求：一是抓紧搞好政社分开，建立乡政府的工作。二是加快扶贫步伐，适应农村经济迅速发展的新形势。三是大办乡村福利院，做好“五保”供养工作。四是狠抓殡葬改革，提高火化率。五是积极发展城镇社会福利事业，妥善安置城镇盲聋哑残疾人员就业。

1. 开拓了民政工作新领域。根据全面改革开放的要求和社会主义初级阶段的基本国情，新的工作领域不断拓展，民政工作职能日益丰富和强化。

探索建立农村社会养老保险制度。按照省民政厅部署，全市各级民政部门积极争取党政领导支持，在成功试点的基础上，市政府于1992年11月11日发出《关于认真搞好农村社会养老保险工作的通知》，并于同月28日召开了全市农村社会养老保险工作会议，提出全市农村社会养老保险要在年底普及到每一个村庄，基本建立起农村社会养老保险制度。截至1992年底，全市各区（市）、乡（镇）、村的投保面均达到100%，投保人数105万人，投保率达到82%，收缴保费2300万元。在民政部召开的全国农村社会养老保险工作会议上，市中

区受到表彰。

开启了城市社区服务工作。根据上级要求，结合工作实际，制定了全市社区服务工作三年规划，提出城市社区服务的理念，大力开展社会服务，全市共建社区网点3171个，方便了城市居民的物质文化生活，为拓展社会福利服务领域开辟了新路子。

社会福利有奖募捐开始发行。为弥补国家财政对社会福利事业投入不足，国家民政部于1987年创立并发行了社会福利有奖募捐券，开启了新中国公益彩票的历史先河。1990年，中国福利彩票在枣庄落地生根。至1991年，全市有奖募捐工作取得了较好成绩，全年销售奖券172万元，完成计划的181%。至此，福利彩票走入了百姓的生活，福利彩票发行一直保持稳步发展，通过发行销售福利彩票所筹集的社会福利基金成为发展社会福利事业的重要力量。

开始履行社会团体归口登记管理职能。1990年，根据省民政厅、省人事局、省编委联合下发的《转发民政部、人事部〈关于贯彻执行“社会团体登记管理条例”的通知〉》要求，及时建立了社团管理机构，选配了专职工作人员。采取边培训边工作的方法，开展了对全市社会团体调查摸底工作。经调查，全市共有社会团体6795个，其中市级141个，区（市）级188个，乡镇级342个，村级6124个，参加社团总人数达392217人。通过登记管理和舆论宣传，扭转了社团发展失控局面。1991年，对全市社团进行了清理整顿、复查登记，其中不予登记作自动解散处置的115个。全市社团清理整顿工作顺利结束转入正常管理。通过1991年和1992年的社团清理整顿和复查登记，基本上理顺了社团登记管理机关、业务主管单位和社团三者之间的关系，确立了社团分级双重管理体制和民政部门统一管理体制，全市社团管理工作初步走上法制化轨道。

婚姻登记、地名工作归口民政部门管理。1985年，婚姻登记由城市街道办事处或乡镇人民政府办理重新归口民政部门管理。1986年3月，民政部发布重新修订的《婚姻登记办法》，全市各级民政部门认真贯彻执行，婚姻登记工作规范化水平不断提高。1989年，省民政厅、省司法厅下发通知，确定自1990年1月1日起，所有离婚登记均由民政部门办理。1988年，地名工作归口民政部门管理，全市地名工作在改变隶属关系后，脚踏实地稳步发展。编辑了地名图书，指导各区（市）编写了地名录、地名志等资料。

2. 在各项传统业务中全面推进改革。全市各级民政部门围绕中心、服从大局，不断改革工作体制机制，不断丰富工作内容，民政事业不断发展壮大。

2004年，全国首个“福彩小学”宝山福彩小学揭牌

配合农村经济体制和政治体制改革，各级民政部门积极参加了废除人民公社制、设立乡镇政府的工作。在1983年4月市中区齐村公社（原齐村区）、台儿庄区泥沟公社进行试点的基础上，1984年有序推进了政社分开、建立乡政府的工作，并探索了村民自治的组织形式，在全市范围内推广建立了自我管理、自我教育、自我服务的基层群众性自治组织——村民委员会，农村基层政权建设有了突破性进展。至1986年，全市共有镇32个，乡52个，街道办事处5个，居民委员会116个，村民委员会3079个。

双拥优抚安置工作在改革中不断发展。1991年12月10日，省委、省政府、省军区在济南隆重举行双拥模范城（县）命名大会，薛城区荣获“双拥先进区”称号。1992年，全市军民团结携手，同呼吸、共命运、心连心，开创了双拥工作的新局面。在12月省委、省政府、省军区命名表彰全省双拥模范先进单位和个人的活动中，枣庄市荣获“双拥先进市”称号，滕州市荣获“双拥模范市”称号，薛城区工商局、市中区孟庄乡、驻薛中国人民解放军54953部队荣获“双拥模范单位”称号，有3人获省级先进个人称号。1992年7月，枣庄市召开了双拥工作命名表彰大会，有17个先进单位、34名先进个人受到表彰。双拥工作的广泛开展，促进了优抚安置工作整体水平的提高。优抚对象优待金标准逐年大幅度提高，扶持优抚对象解三难、奔小康工作稳步推进，军地两用人才开发使用率达到90%以上，初步形成了国家、社会、群众相结合的优待抚恤制度。

殡葬改革工作在巩固中有了明显提高。1988年的5月、7月和12月，市民政局三次召开专门会议部署殡改工作，制定落实了具体工作措施。1990年，市委、市政府将殡改工作列入重要议事日程，作为评选先进单位、考核干部政绩的一项重要内容，实行“一票否决”。加强了殡葬服务网络建设，全市共建立红白理事会3301个，婚丧服务队2793个。增加了殡葬服务设施，方便了群众。1992年，以政府令的形式颁布了《枣庄市殡葬改革管理暂行办法》，使殡改工作走上了法制化发展轨道。经过努

力，1992年，全市火化率达到99%以上，彻底摘掉了火化落后的帽子。在巩固提高火化率的基础上，各级政府开展了查处丧葬封建迷信品和平除坟头、制止发大丧出大殡的现象，提倡文明节俭办丧事，取得了明显成效。

残疾人工作开创了新的局面。1988年，市成立了残疾人福利基金会筹委会，共筹集资金44万元。成立了市聋儿语言听力康复中心。1990年，成立了市、区两级残疾人联合会，开始了乡镇残联的组建试点工作。1992年，进行了全市残疾人普查登记，残疾人三项康复工作进展顺利。

积极兴办农村敬老院，农村五保供养工作不断得到加强。1984年，全市共有农村敬老院70处，集中供养老人768位，全市近12000名五保老人生活得到保障。1992年，全市共有乡镇敬老院85个，其中有40个被评为省级文明院，有79个乡镇形成了以乡镇福利院为中心的五保供养服务网络，使集中供养和分散供养的五保老人有了基本的物质生活和精神生活保障。

福利生产工作稳步推进。1984年5月16日，经市编制委员会批准，设立市社会福利公司，为市民政局下属事业单位。从1987年起，全市大力推进乡镇“一厂”（社会福利厂）、“一院”（敬老院）、“一会”（救灾扶贫储金会）建设，福利机构的数量呈现快速增长。全市福利企业，由1987年的56处、年产值1819万元，增加到1992年的121处、年产值8829万元。

做好救灾救济工作。1982—1992年，枣庄市干旱、洪涝、风雹、病虫等自然灾害频繁发生，给农业生产、工矿企业、公共设施等造成严重破坏。这一时期，枣庄市救灾工作实行生活救济与生产扶持相结合，无偿救济与部分有偿扶持相结合，并逐步探索引进保险机制，实行救灾与保险相结合的办法，年均发放救灾救济资金300万元。在农村广泛建立了救灾扶贫互助储金会、储粮会等互助合作组织，积聚民间力量，壮大救灾实力。

推进行政区划调整和地名管理工作。至1985年，全市辖5区（市中区、薛城区、峄城区、台儿庄区、山亭区）1县（滕县），5个街道、32个镇、53个乡。1988年3月7日，国务院批准撤销滕县，设立滕州市。1989—1990年开展了地名补查和资料更新工作。

（三）在社会主义市场经济的大潮里创新民政（1993—2002年）

中共十四届三中全会作出《中共中央关于建立社会主义市场经济体制若干重大问题的决定》，明确了建立社会主义市场经济体制的框架和任务。市场经济体制的建立，极大地促进了生产力的发展，同时也带来了诸如下岗、失业等新的社会问题，为民政工作提出了新课题。在国务院召开的第十次全国民政会议上，将民政工作的职责、作用定位于解决社会问题，调节社会矛盾，促进社会公平，依法维护和保障人民群众基本生活权益，维护社会稳定，为党的中心任务服务。在国务院召开的第十一次全国民政会议上，提出民政工作要更好地为广大人民群众服务，为最需要帮助的困难群众服务，为改革发展稳定的大局服务。为适应市场经济体制的要求，按照上级统一部署，结合工作实际，枣庄市民政工作探索建立了政府主导、部门协作、社会参与的民政工作机制，以及与之相适应的管理运行体制，扎实开展社会救助和社会福利、基层民主政治建设、服务军队和国防建设、管理专项社会事务等各方面工作，切实保障了人民群众基本生活权益和民主政治权利。

1. 启动城市、农村居民最低生活保障工作。为了解决下岗、失业人员的基本生活，在前期试点的基础上，至1997年底，市及各区（市）全部出台了城市低保制度建制文件，标志着城市居民最低生活保障制度在全市全面建立和实施，织起了保障城市居民基本生活的最后一道安全网，成为有中国特色社会保障体系的重要组成部分，为深化国有企业改革创造了条件，拉开了社会救助体系建设的序幕。枣庄市低保制度建设初期，重点做了四个方面工作：一是在救助范围上，提高了救助覆盖面，真正体现出“最后一道防线”的作用；二是逐步完善管理办法，规范和完善了工作程序；三是狠抓配套优惠政策的制定和落实，走与社会互助相结合的路子；四是探索建立保障对象随家庭收入的变化而实施调整、保障标准随经济发展逐步提高的动态管理机制。普遍建制以后，全市城市低保工作在探索中逐步走向规范和完善，实现了应保尽保并逐步走上规范化、制度化、科学化、信息化管理的轨道。1999年，开展了城镇困难居民家庭生活状况摸底调查，同时按照上级“全省保障标准提高30%，达到110元—208元”的要求，进一步加大了保障力度。2001年，组织对基层困难家庭进行了全面核查。严把审核审批关，重点解决漏保问题，纠正“年龄段、财产段”等土政策，对审核后的低保对象及时发放了低保证。2002年，严格落实上级“按照实际收入核算城市贫困居民家庭收入”的政策，将家庭实际人均收入低于当地保障标准而未予以保障的相关人员及时认定资格并纳入保障范围。

在加快推进城市居民最低生活保障制度建设的同时，枣庄市按照“城乡联动、整体推进”和“低标准、广覆盖”的原则，于1996年同步启动了农村最低生活保障制度建设，至1998年底，全市基本建立起农村低保制度，保障资金由区（市）、乡（镇）、村三级分担，保障资金发放采取粮款结合的办法进行。农村低保制度是适应农村改革的形势，借鉴城市居民最低生活保障制度的模式，对农村传统救济制度的发展和创新。农村税费改革以后，由于保障资金来源发生变化，村级承担的保障资金基本中断，全市农村低保制度进行了适度调整，转而实行农村特困户定期定量救济。

2. 积极推进社会福利社会化。中共十一届三中全会后，枣庄市不断开辟

老年人福利服务工作新领域，有力推动了老年人、残疾人等社会福利服务事业的快速发展，初步形成了政府投入为主、社会力量参与、福利机构自主运营的社会福利事业发展新格局。1995年，根据省民政厅《山东省民政事业发展"九五"计划和2010远景目标纲要》要求，枣庄市广泛发动社会力量，开展了以烈军属、老年人、残疾人、婚丧改革服务和便民利民为主要内容的社区服务工作。1999年，开展了社会福利社会化试点工作，探索走家庭养老、社区照顾和机构收养相结合的路子，取得了良好成效。2001年9月，开展了"社区老年福利服务星光计划"项目试点，并有计划、分步骤地组织实施。2002年5月，首批"星光计划"项目完成，至2004年，全市共完成"星光计划"项目114个，其中街道设施7个、社区居委会设施38个、乡镇敬老院45个、老年公寓24个，总投资6134万元。

3. 大力推进城市社区建设。1990年1月1日，《中华人民共和国城市居民委员会组织法》施行。1991年至1992年，枣庄市积极开展贯彻实施《中华人民共和国城市居民委员会组织法》试点工作，在宣传发动、换届选举的基础上，逐步在居民委员会的民主政治建设、社区服务、社会治安综合治理和居办经济等方面加强探索和实践。1992年，开展了居民自治示范活动。1998年开始，把居委会建设纳入社区建设的范畴和轨道，进一步加强居委会规范化建设，建立健全组织，规范工作制度，健全完善居民公约、居民会议、居委会成员岗位责任制等制度。自2000年起，全市城市居委会名称陆续加冠"社区"二字。整个90年代，在城镇化、城市化不断加快的形势下，枣庄市积极推进社区服务工作，发动和依靠社区力量开展具有社会福利性质的便民利民服务，提高了居民生活质量。1992年10月，省民政厅在枣庄召开全省社区服务工作经验交流会，枣庄市等9个单位作了经验介绍。市委、市政府把社区服务作为城市经济起飞、经济发展的战略性工作来抓，建立各级工作机构，层层制定社区服务规划，建设了一大批起点较高的社区服务基础设施，并把与企业共建引入社区服务。至1994年，全市共建起区、街、居三个层次的社区服务中心20余处，各类服务网点4500余处，成立居民互助协会141个，发展会员2.5万余人。同年12月，在上海召开的全国社区服务工作经验交流会上，市民政局作了题为《搞好街企共建，发展社区服务》的发言。1995年，省民政厅部署开展了创建社区服务"示范城区"活动，枣庄市市中区作为全省8个试点单位之一。1997年，在全省社区服务现场经验交流暨表彰大会上，市中区被命名表彰为"全省社区服务示范区"。2002年，通过召开社区建设会议，出台相关文件等形式，深入推进城市社区建设示范活动，不断调整社区规模，完善社区组织和社区设施，优化社区干部及社区工作者队伍结构，逐步形成了新的社区工作机制，确定了地方党委和政府领导、民政部门牵头、有关部门配合、社区居民和社会力量广泛参与的社区建设工作体系，社区成为治安、卫生、文化、就业、养老等工作服务到基层的重要载体。

2012年10月25日，高标准建设的枣庄市儿童福利院整洁的儿童房间

4. 健全社会组织管理体制。1992年5月15日，省出台《山东省实施〈社会团体登记管理条例〉办法》，枣庄市及时抓好学习、贯彻，社团管理工作进入稳步发展提高阶段。全市各级社团管理部门坚持依法行政、科学管理，全面完成了社团的重新登记、进一步清理整顿，特别是做好气功类社团的专项清理整顿工作，积极培育与发展行业性社团和农村专业经济协会，开展了社团规范化建设活动和管理信息化建设工作，加强了社团党建、年检、执法查处等一系列工作，确保了社团健康有序发展，在全市经济社会发展和政治文化建设中发挥了积极作用。

5. 社会福利企业改制转型。从1987年全市大力推进乡镇"一厂、一院、一会"建设起，至1997年的10年间，全市社会福利企业实现了较快发展。1999年9月，随着改革开放的不断深入和社会主义市场经济的不断发展，省民政厅、省体改委等6部门印发了《山东省社会福利企业改制工作若干意见》，全面部署福利企业改制工作。为此，枣庄市采取先行试点、总结经验、稳步推进的方法，对全市福利企业进行股份制、划归、划转等多种形式的改革、改制。社会福利企业改制后，由于部分福利企业设备陈旧、技术落后、产品单一、资金匮乏，竞争力大大低于一般企业；部分福利企业残疾人就业措施落实不到位，致使全市福利企业数和残疾人就业人数呈逐年下降趋势。在落实对社会福利企业的扶持政策，促进福利企业良性发展的同时，着重加强了残疾职工合法权益维护工作，控制残疾职工失业，确保任何形式的改制都不能牺牲残疾人合法权益，使他们的基本生活得到了有效保障。

6. 救灾工作机制不断调整创新。随着社会主义市场经济体制的逐步完善，全市救灾工作机制也随之不断进行

调整和创新。1996年，在全市推进救灾工作分级管理改革。1999年，重新明确了救灾款的使用范围，停止救灾扶贫周转金制度，停止救灾款用于扶贫支出，停止救灾保险试点，农村基层互助储金会、储粮会逐步取消。

7. 其他各项民政工作均有显著进步。建立健全了以民主选举、民主决策、民主管理、民主监督为基本内容的村民自治制度，村民自治工作进入了新的发展阶段。双拥工作不断发展，1995年11月6日，在全省基层双拥工作经验交流暨第三届双拥模范城县命名表彰大会上，滕州市、薛城区被命名表彰为全省双拥模范县（市、区）；1999年，在全省第四届双拥模范城县命名表彰大会上，市及滕州市被命名表彰为全省双拥模范城，薛城区被命名表彰为全省双拥模范区。加强重点优抚对象抚恤补助工作，在保持和发扬传统的基础上不断改革创新，逐步完善优抚制度建设，形成了比较规范完整的工作制度和体系，优抚保障能力不断提高；2002年，根据农村税费改革的实际，将原来由乡镇统筹解决的优待金改为区（市）级财政预算列支。1998年起，通过教育引导退役士兵转变择业观念、加强就业技能培训、加大自谋职业保障金投入力度等措施，大力引导退役士兵自谋职业，探索推进城镇退役士兵安置改革。适应全市经济社会事业快速发展的实际情况，积极、稳妥推进了撤乡设镇、撤镇设立街道办事处的工作，至2001年，全市共减少乡镇30个，减少比例达33%（其中乡减少90%），共设14个街道办事处，42个镇，5个乡，这一时期为建镇的高峰期。2002年8月11日，国务院办公厅下发通知，要求暂停撤乡建镇工作。做好行政区域界线勘定工作，根据上级统一部署参与勘定了相关的苏鲁界线，至2001年，界线全部贯通并完成测绘任务。1997年，省颁布《山东省婚姻登记管理办法》，自当年1月1日起，县级以上民政部门主管本行政区域内的婚姻管理工作，并承办婚姻登记，对偏远乡镇实行定点定期巡回登记；至年底，枣庄市基本完成婚姻登记管理体制改革任务，实现由区（市）以上民政部门集中办理婚姻登记。根据省民政厅统一部署，自2001年3月1日起，由市民政局承办大陆一方户籍在本市辖区的涉华侨、港澳台和出国人员的婚姻登记、双方自愿的协议离婚及相关出证工作；自2002年5月1日起，由市民政局承办大陆一方户籍在本市辖区的涉外国人的婚姻登记及相关出证工作。1999年1月19日，《山东省殡葬管理规定》发布施行，枣庄市结合自身实际，出台了具体实施办法，进一步推动了殡葬管理法制化进程。

（四）在和谐社会的建设中发展民政（2003—2012年）

这一时期，全市各级民政部门坚持以邓小平理论和“三个代表”重要思想为指导，认真学习贯彻科学发展观，坚持以民为本、为民解困、为民服务的民政工作宗旨，履行解决民生、落实民权、维护民利的基本职能，发挥维护稳定、促进和谐的作用，完善覆盖城乡全体居民的社会救助体系、灾害应急救援体系、社会福利服务体系、优抚安置保障服务体系、地名公共服务体系等工作体系，推动民政事业又好又快地全面发展，充分发挥了民政工作在构建社会主义和谐社会中的重要基础作用。

1. 围绕保障民生，进一步建立健全覆盖城乡、制度健全、相互衔接的新型社会救助体系，实现了低保制度城乡全面覆盖，五保供养实现了从集体互助共济向财政保障为主的制度性转变，医疗救助制度从无到有迅速铺开，流浪乞讨人员救助管理实现从强制性收容遣送向自愿受助、无偿救助的历史性变革。2003年，为解决农村困难群众的生活问题，各级进一步加强了农村低保工作，提高了对农村困难群众的救济水平。至2005年底，取消了特困户定期定量救济的过渡性措施，全面建立了农村低保制度。至2006年，全市基本建立了以最低生活保障制度为主体、社会互助制度为辅助、临时救济和配套优惠政策为补充的城乡一体的社会救助制度。2007年，枣庄市实现了城乡医疗救助制度的全面建制。“十一五”期间，城市低保标准由每人每月163元提高到220元，月人均补差由50元提高到135元；农村低保标准由每人每年700元提高到1200元，月人均补差由20元提高到75元。至2010年，全市城市低保对象5.7万人，保障率4.6%，居全省第一；农村低保对象11.5万人，保障率4.4%，达到全省同类市水平。农村五保实现由集体供养向以财政供养为主的转变，五保对象由18312人增加到19336人，集中供养率由62%提高到71.6%，五保集中供养标准由每人每年2000元提高到2200元，分散供养标准由每人每年1200元提高到1400元。

2. 建立健全灾害应急响应机制、灾害信息管理机制、救灾款物保障机制、救灾社会动员机制、救灾综合协调机制，提高以队伍支撑、科技支撑和设施支撑为重点的减灾救灾能力。2008年，市政府颁布了《枣庄市自然灾害应急预案》，成立了枣庄市自然灾害应急领导小组。全市建立了三级响应应急体制，及时发布救灾预报信息。2008年5月12日，四川汶川特大地震灾害发生后，举全市民政系统之力做好支援地震灾区抗震救灾工作，在应急救援阶段各级民政部门和慈善机构共接收捐款6804.67万元，接收捐赠物资折款123.41万元。

3. 大力发展以扶老、助残、救孤、济困、赈灾为重点的社会福利事业，实现了孤儿救助从养教到全面健康发展的转变。“十一五”期间，加快推进社会福利机构建设，全市建成大型城市老年养老服务机构6处，拥有床位1200多张。部分街道、社区也分别建设了一些不同层次老年福利服务机构，用于满足城市老人入住的需求。扶持发展福利企业，全市26家福利企业安排1600多人就业，其中残疾人660多名。组织实施“明天计划”和“重生行动”，为贫困家庭唇腭裂和城乡低保家庭先天性心脏病

儿童实施免费手术。2012年10月25日，设计床位406张的市儿童福利院建成并正式启用。努力做好福利彩票发行工作，销量和增幅在全省的位次不断攀升，为社会福利事业发展提供了有力的资金支持。“十一五”期间累计销售各类福利彩票10.8亿元，年销量逐年创造新高。

4. 深化改革，完善优抚安置政策，建立优抚安置的保障机制，完善优抚对象抚恤补助制度，实现了义务兵家属优待金由社会统筹向财政列支的转变，积极健全扶持退役士兵就业政策措施，切实保障军休干部政治生活待遇。以开展创建双拥模范城活动为抓手，广泛深入地开展了科技、文化、社区等拥军活动，巩固了军政军民团结。2003年，在全省第五届双拥模范城县命名表彰大会上，枣庄市及滕州市继续保持全省模范城荣誉称号，市中区、薛城区被命名表彰为全省双拥模范区。2006年、2010年，枣庄市连续两届成功创建省级双拥模范城。2008年，抚恤定补优抚对象医疗保障工作制度化建设取得了突破，市及各区（市）均出台了优抚医疗保障办法，同时出台了实施细则。2010年，建立了优抚住房保障制度，对于城镇重点优抚对象在购买经适房时，予以优先安排、单独摇号等优先照顾。推进优抚事业单位阵地建设，2010年1月17日，经市机构编制委员会批准成立市荣军康复医院，为市民政局所属正科级财政拨款事业单位。2004年，台儿庄烈士陵园投资400万元进行了改造扩建，10月26日，全省陵园建设现场会在枣庄市召开，向全省推广了枣庄市的烈士陵园建设经验。2008年6月17日，省委、省政府和省军区在滕州市烈士陵园举行骨灰安放仪式，悼念在抗震救灾中牺牲的成都军区某陆航团战士张鹏烈士。2008年至2013年，全市烈士纪念设施管护管理工作取得显著成效，累计投资2.9亿元，将台儿庄烈士陵园改扩建为台儿庄战史陈列馆；将滕州烈士陵园进行整体搬迁，建设鲁南人民抗日武装起义纪念馆；投入资金近1000万元，对全市零散烈士纪念设施进行了集中迁建、集中管理。继续实行“三公开、一监督”的城镇退役士兵安置办法，鼓励退役士兵自谋职业，大部分退役士兵实现了第一次就业。2004年，在全省退役士兵安置工作经验交流暨安置工作会议上，总结推广了枣庄市的“供需见面、双向选择，保障退役士兵第一次就业”的典型经验。

5. 建立完善慈善组织网络，唱响“携手慈善、共创和谐”的时代旋律，慈善事业得到快速发展。2007年4月市慈善总会成立，各区（市）也相继成立慈善总会，另外有62个乡镇（街道）建立了慈善分会，800个村级组织建立了慈善工作联络站，全市慈善组织网络体系逐步建立完善。自2007年起，通过组织开展“慈心一日捐”等活动募集善款，并利用慈善捐款积极组织实施了“情暖万家”“朝阳助学”“夕阳扶老”“爱心助残”“康复助医”等救助工程，收到了良好的社会效果。

6. 围绕发展民主，完善城乡群众自治制度，深化民主实践，大力推进村务公开、民主管理；开始了农村社区建设，建设富裕、民主、文明、和谐的新型农村社区；在全面推进城市社区建设的基础上试点开展了和谐社区建设。按时完成村委会直选工作，全市2104个行政村均实行了村民自治和村务公开民主管理制度。在第九届村委会换届选举工作中，枣庄市实施的“一村一届一名大学生”工程，进一步优化了村级班子的知识和年龄结构，作为典型经验和创新做法在全省得到了推广和学习。全面推进城市社区建设，实现了社区工作“有钱办事、有地方办事、有人办事”的目标。农村社区建设稳步推进，自2008年开始农村社区建设试点工作，按照“多村一社区”“一村一社区”模式建设农村社区服务中心。至2010年，全市已运行的农村社区服务中心309个，覆盖行政村1230个，58%的行政村达到了农村社区建设的全覆盖。

7. 围绕服务社会，按照培育发展和管理监督并重的原则，加快建立与经济社会发展水平相适应的社会组织管理体制与服务机制，增强了社会组织服务社会的功能，拓展了社会组织服务社会的空间。“十一五”期间，加快培育行业协会、农村专业经济协会和社区社会组织。全市已登记的各类社会组织近1500个。深入开展社会组织规范化建设和民办非企业单位诚信建设活动，加大对非法和违法社会组织的执法查处力度，社会组织的布局、结构不断优化，服务社会的作用得到进一步发挥，先后有16个社会组织分别被表彰为全国、全省先进社会组织。加强社会组织党的建设，采取单独、联合、挂靠等方式，建立党组织319个，党组织在新社会组织中的组织覆盖扩大到22.1%。

8. 提高专项社会行政事务的服务水平。边界管理工作卓有成效，彻底解决了枣庄市与临沂市关于抱犊崮顶的争议，抱犊崮顶全部划归枣庄市管理，枣庄市依法治界、边界管理预警及矛盾解决机制工作成为全省学习和推广的典型。勘定了4条省界、23条县界共806.07公里的行政边界线，其中有4条被评为省优秀成果奖。实施了“地名公共服务工程”，在2004年4月召开的全国地名工作会议上，枣庄市作了“以标准化为目标，以信息化为手段，加快地名公共服务体系建设步伐”的典型交流。2012年9月12日，山东省人民政府批准撤销枣庄市薛城区张范镇，设立张范办事处；撤销山亭区凫城乡，设立凫城镇，这次调整使枣庄市城镇化建设又迈上一个新台阶，经调整后全市64个乡镇办的布局变为：街道办事处18个、乡2个、镇44个。依法规范婚姻登记工作，全市7个婚姻登记处全部通过省里的检查验收，婚姻登记员持证上岗率达100%，完成了婚姻登记管理向婚姻登记服务的转变。加大殡改力度，通过强化组织领导、健全考核奖惩、建立长效机制等一系列扎实有效的措施，火化率稳定保持在98%以上，各殡葬服务单位基础设施条件有了较大改善，

殡仪服务质量明显提高。进一步规范收养登记工作，实现弃婴收养由社会送养向福利机构集中送养的根本性转变。建设社会工作人才队伍和社会志愿服务体系，积极组织参加全国社会工作者职业水平考试，有力推动了社会工作专业化、职业化。2003年，全市按照上级部署，摘掉收容遣送站牌子，成立枣庄市救助管理站，及时转变思想观念，调整工作思路，实现业务工作由强制收容遣送向自愿受助、无偿救助的全面转型，每年救助城市生活无着的流浪乞讨人员1000多人次。2005年11月，枣庄市福利彩票销售管理中心正式挂牌成立。

（五）在全面建成小康社会的征程中提升民政（2013年至今）

党的十八大首次提出全面建成小康社会的同步发展新指标，党的十九大又提出了中国特色社会主义进入新时代的重大政治论断，这些重大理论创新成果都为民政事业改革发展指明了方向， 提出了新的更高要求。2013年以来，全市民政系统坚持以科学发展观为指导，深入推进“惠民、效能、和谐”民政建设，自觉践行“善心善意做善人，善言善行干善事”工作理念；尤其是去年以来，全市民政系统全面学习贯彻党的十九大精神，以习近平新时代中国特色社会主义思想为指导，按照“民政为民、民政爱民”工作要求，围绕中心、服务大局，强化措施、狠抓落实，始终坚持以人民为中心的发展思想，顺应人民群众对美好生活的向往，牢牢抓住保障和改善民生这个关键环节，坚定不移地为“困难群体、优抚群体、特殊群体”办好事、解难事、做实事，实现了让市委、市政府放心，让人民群众满意的较好效果。

1. 社会救助体系建设更加完善。全市社会救助体系不断完善，在城乡低保、五保集中供养、医疗救助、临时救济等与民生息息相关的工作上取得了实效。一是强化政策制度保障。先后以市政府名义出台《关于建立物价上涨与提高困难群众生活补贴和保障标准联动机制的通知》《枣庄市居民家庭经济状况核对办法》《关于加强和改进最低生活保障工作的实施意见》《关于印发自然灾害应急预案的通知》等一系列政策性文件；2015年，以市政府令形式出台《枣庄市社会救助办法》；联合市直有关部门先后下发了规范城乡低保工作、完善城乡医疗救助制度、落实低保家庭教育救助等指导性文件，构建了强有力的政策保障体系。二是提高城乡低保水平。市政府连续6次提高城乡低保标准，2016年，城市低保标准提高到每人每月440元；2017年，农村低保标准提高到每人每年3900元，特困人员供养标准提高到每人每年5070元。截至2017年底，全市城市低保对象达到2.9万人，农村低保对象达到8.7万人。在扩面提标的同时，对低保申请渠道、审核审批、调查公示等环节作了进一步规范，努力实现了应保尽保、普惠于民。2014年11月13日，经市编委批准，枣庄市社区服务中心更名为枣庄市居民家庭经济状况核对中心，为市民政局所属正科级公益一类事业单位，依托该中心建立起跨部门、多层次、信息共享的救助申请家庭经济状况核对机制。2013—2018年，连续开展了低保对象清理核查专项行动，推进了社会救助规范化建设。全市累计支出城市低保金6.8亿元，月保障标准由260元增加到440元，人均月补助水平由190元增加到323元；累计支出农村低保金8.9亿元，年保障标准由1500元增加到3900元，人均月补助水平由95元增加到170元。三是做好“五保”供养服务工作。累计投入资金3300余万元，对40个乡镇敬老院进行了升级改造。全面推行了敬老院等级评定制度，树立典型，以点带面，推动“五保”供养服务水平整体提升。截至2016年，全市共有镇级敬老院60处，其中15处为全国三星级敬老院，38处为省一级敬老院。全市各级累计支出农村“五保”供养资金2.47亿元。至2017年底，全市共有农村特困人员15667人。四是提升医疗救助水平。进一步扩展救助病种，取消城乡低保对象和农村五保供养对象大病医疗救助病种限制；提高救助比例，住院医疗费用在医疗保险机构报销后，低保和五保对象个人实际负担费用按不低于60%给予救助，最高救助资金达1万元。建立完善“一站式”医疗救助结算平台，为困难群众治病报销提供便捷、高效、规范服务。全市累计支出资金1.28亿元，资助参保参合和救助城乡困难群众43.6万人次，大病人均医疗救助水平由2017元提高到3996元。五是加强临时性救助及灾害应急救助工作。做好城乡低保家庭高等教育新生入学救助工作，累计救助低保家庭大学本科新生2625人，发放救助资金1050万元。建立了临时救助制度，对低保边缘家庭和因突发事件造成临时生活困难的群众给予及时救助，全市支出临时救助资金1370万元，救助困难群众3697人次，人均救助金额达3705元。建立了社会救助和保障标准与物价上涨挂钩联动机制，先后3次启动物价联动，累计为64.6万人次的城乡低保、农村五保和优抚对象发放3196.7万元物价补贴，有效缓解了因物价上涨对城乡困难群众基本生活带来的影响。健全完善了灾害管理机制，防灾减灾救灾能力进一步提升，投入救灾应急资金3727万元，

2012年2月27日，枣庄市首次荣膺“全国双拥模范城”荣誉称号

累计救助受灾群众32.9万人次，14个社区被授予“全国综合减灾示范社区”称号。

2. 养老服务体系建设实现新突破。2012年，全市总人口394.83万人，其中60岁以上老年人达53.33万，占比13.5%，全市已经进入人口老龄化的阶段，而且老龄化的局势日益加剧。为积极顺应养老服务的社会需求，全市各级民政部门不断加强养老服务设施建设，创新养老服务机制，初步形成以居家养老为基础、社区养老为依托、机构养老为补充的社会养老服务体系。截至2017年底，我市共有运营养老机构90家，床位数1.1万个，日间照料中心95家，农村幸福院332家。一是完善政策体系，推进养老服务业可持续发展。先后以市委、市政府名义出台了《枣庄市社会养老服务体系建设规划（2011—2015年）》《关于加快社会养老服务体系建设的意见》《关于建立枣庄市社会养老服务体系建设联席会议制度的通知》《关于加快发展养老服务业的意见》《关于支持社区居家养老服务的若干意见》等文件，加大对养老服务业发展的政策支持。进一步简政放权，把养老机构设立许可下放到各区（市）。二是整合服务资源，大力推进社区居家养老服务。整合社区内老人服务场地设施、人力和服务资源，将社区照料和医疗护理、家政服务、志愿服务等有机结合，使老年人不出社区，便可享受到优质养老服务。有4个区（市）建设了居家养老服务信息平台，以信息化网络为纽带，为老年人提供高效便捷的配餐、医疗等服务。三是积极探索创新，提升社会养老服务质量和水平。探索公办养老机构社会化运营的路子，面向社会提供符合市场需求的优质养老服务。在保障散居城镇“三无”人员基本生活的同时，实施了区（市）政府购买基础生活照料服务。为80周岁以上低保老年人发放了高龄津贴，为生活长期不能自理经济困难老年人发放了每月60元的护理补贴。出台《关于加强全市养老护理员培训工作的意见》，采取分级负责的原则，加强对初、中级养老护理员培训，市财政对中级养老护理员培训给予每人1000元的财政补贴。

3. 城乡社区和基层政权建设有序推进。以创新社区治理和服务为目标，以构建社区治理与服务机制和完善基层民主自治制度为重点，推进社区治理平台不断夯实、社区治理保障不断强化、社区治理服务不断优化，社区居民生活质量和幸福指数显著提升。一是城乡社区政策体系更加完善。先后以市委、市政府名义制定出台了《关于加强和改进城市社区居民委员会工作的意见》《关于印发枣庄市社区服务体系建设规划（2013—2015年）的通知》《关于推行“四社联动”创新社区治理的实施意见》等社区建设指导性文件，为社区治理和服务创新提供政策保障。二是城市社区建设工作取得显著成效。社区综合服务设施更加完善，建成了一批镇、街级的社区综合服务中心，平均建筑面积1100平方米；全市按照城市社区服务中心建筑面积不低于300平方米、文体活动广场不低于600平方米的标准进行改造提升，城市社区综合服务设施覆盖率达到99%。依托街道和社区公共服务平台，推动开展了“十进社区”活动。社区建设投入保障机制初步建立，城市社区居委会成员的生活补贴和办公经费列入市区两级财政预算。建立完善以社区为平台、社会组织为载体、社会工作专业人才为支撑、社区志愿者为补充的“四社联动”机制，构建社区治理新格局。三是农村社区建设工作取得显著进展。全市农村社区规划布局更加合理，结合城镇化发展需要，先后两次对全市农村社区规划进行修订，全市总体规划492个农村社区，其中“一村一社区”建设模式141个，“多村一社区”建设模式351个（其中新型农村社区65个），总投资3.6亿元。农村社区服务设施实现广覆盖，新建、改建农村社区服务中心486个，平均建筑面积675平方米。依托农村社区服务中心平台，构建新型农村社区服务体系，使村民足不出村在自己生活的家园里实现就近学习、就近就医、就近活动。四是基层民主建设取得较大成效。先后顺利完成第十届、第十一届、第十二届村（居）委会换届选举。通过换届，一大批符合“讲政治、重公道、有本领、会服务、口碑好”“一好三强”选人标准和党员群众满意的优秀人才选进村、社区“两委”班子，村干部队伍结构进一步优化，整体功能进一步增强，有力地推动了基层民主政治建设的进程。村务公开工作规范有序，强化“四议两公开一监督”工作法，大力推动村（居）公开工作向制度化、标准化方向发展。五是社区社会工作取得新进展。2014年3月，成立了枣庄市第一家专业社会工作者协会——枣庄市社会工作者协会，市级社工服务机构建设实现零突破。以市政府名义出台《“枣庄和谐使者”选拔管理办法》，“枣庄和谐使者”在管理期间，名单纳入市高层次人才库，每人每月享受市政府津贴600元。组织相关人员积极参加全国社会工作者职业水平考试，截至2017年底，全市已累计有233人取得相关资质。

4. 社会组织登记管理更加规范。坚持以培育发展为重点，以提高登记效率为动力，积极开展社会组织直接登记，加大扶持资助社会组织力度，认真实施社会组织评估，努力提高社会组织党建覆盖率，全市社会组织呈现出蓬勃发展的良好局面。一是严格社会组织执法监督工作。认真组织开展社会组织年检，实施网上申报，方便了群众办理，提高了工作效率。2014年，与组织部门密切配合，清理在行业协会商会类社会组织兼职（任职）领导干部132人次，督促辞去在社会团体中兼职290人次，注销行业协会2家，撤销行业协会1家，办理法定代表人变更6家。二是加大培育发展公益组织力度。对行业协会商会类、科技类、公益类、城乡社区服务类社会组织实行直接登记。推进市及区（市）分别建立社会组织孵化园（基地）、社会组织服务中心，建成市社会组织孵

化园。推进社会组织等级评估工作，对于达到AAA等级的社会组织，优先作为政府部门委托职能和购买服务的对象。三是抓好社会组织党建工作。加强社会组织党建宣传和党建理论的研究，推动党建工作促进社会组织健康发展。将建立和健全基层党组织工作放在首位，积极组建新的党组织。对新成立的社会组织，具备组建条件的，及时协助组建，在社会组织成立登记时同步推进党建工作；在社会组织评估工作中，把是否建立党组织作为重要的参评条件之一，真正做到在业务工作中全方位推进社会组织党建工作。

5. 双拥优抚安置工作深入开展。一是优抚对象合法权益得到充分保障。认真落实抚恤和生活补助标准自然增长机制，2013年以来连续5次提高抚恤和生活补助标准，年均增幅达15%。按时核拨补助资金，全面实行社会化发放，确保了重点优抚对象的抚恤和生活补助金及时足额发放。及时将5类人员共计1.1万多人纳入重点优抚对象范围，发放定期生活补助。累计发放义务兵家庭优待金1.14亿元。全面建立和实施新型优抚对象医疗保障制度，将重点优抚对象全部纳入城乡基本医疗保障体系，参保参合率达到100%。建立优抚对象医疗费用“一站式”即时结算平台，为优抚对象就医提供便捷服务。协调住建、发改、财政等部门，在经适房、廉租房、公租房分配以及危房改造、灾后重建等方面，优先照顾优抚对象，累计为1437名重点优抚对象解决了住房困难。市荣军康复医院与枣庄市立二院联合承办优抚对象康复疗养工作，年门诊人数3256人次，年住院人数277人次。二是全面实现零散烈士纪念设施集中管理保护。争取中央财政资金3337万元、省财政资金240万元，对全市所有烈士陵园实施维修改造，新建烈士陵园4处，烈士纪念设施总体面貌发生了翻天覆地的变化。截至2017年，全市共有县级以上管理的烈士陵园8处，达到了每一个区（市）都有自己的烈士陵园；其中，国家级重点烈士纪念设施保护单位1处、省级重点烈士纪念设施保护单位4处。全市累计投入2.99亿元，对5500多个散葬烈士墓和85个散葬烈士纪念设施全部实施了集中管护。2014年9月30日，枣庄市首个烈士纪念日公祭活动在市烈士陵园隆重举行。三是双拥共建工作成效显著。2012年，枣庄市首次成功创建“全国双拥模范城”，实现历史突破；市及滕州市、薛城区、山亭区、市中区被表彰命名为“全省双拥模范城”。2016年，枣庄市再次荣获“全国双拥模范城”荣誉称号。广泛开展为军烈属悬挂“光荣军属”“光荣烈属”牌活动，动员社会力量为困难优抚对象送温暖献爱心，在全社会营造了尊重优抚对象的浓厚氛围。四是切实做好退役士兵和军休干部安置工作。全面落实城乡退役士兵自主就业一次性经济补助发放工作。本着“政府主导、个人自愿、城乡一体、免费培训”的原则，累计培训退役士兵7159名。按照公开、平等、竞争原则，将安置考试考核成绩、安置计划、挑岗选岗全面公开，按照考试考核成绩排名自主挑选岗位，较好完成了退役士兵安置任务。军休干部政治和生活待遇全面落实。

6. 专项社会事务管理服务水平明显提高。一是区划地名管理工作取得新进展。做好行政区划调整工作，建制乡减少2个，镇增加1个，新增街道办事处1个，行政区划布局进一步优化。截至2015年，全市共有46个镇，18个街道。2012年，颁布实施了《枣庄市地名管理办法》。以地名网站、触摸屏为主要内容的地名信息化服务体系建设取得新的进展。深化平安边界创建活动，建立健全界线管理长效机制，切实维护边界地区长期和谐稳定。按照国家、省统一部署，启动枣庄市第二次全国地名普查工作，进一步完善地名公共服务体系，提高地名公共服务能力。二是婚姻殡葬工作实现新突破。先后以市委办公室、市政府办公室名义出台《关于党员干部带头推行殡葬改革的实施意见》和《枣庄市党员干部违反殡葬改革有关规定责任追究办法》，全面形成党委领导、政府负责、部门协作、党员干部带头、全社会共同参与的殡葬改革工作机制。深入开展规范殡葬服务专项行动，建立殡仪馆服务项目和收费清单，落实“两公开一自愿制度”，确保殡葬服务规范、公开、透明。全面落实惠民殡葬政策，为城乡低保对象、五保对象和重点优抚对象免除基本殡葬服务费用。加强婚姻登记机关规范化、标准化、信息化建设，有6处婚姻登记处完成“全国3A级婚姻登记机关”等级验收。三是福利慈善事业得到新提升。加强流浪乞讨救助管理，推进市、区（市）、乡镇（街道）、村（居）四级救助服务网络建设，开展“流浪孩子回校园”专项行动，街面基本无流浪未成年人。为低保家庭先天性心脏病儿童实施免费手术治疗，6年累计治愈患儿662名。全面落实孤儿福利待遇，为孤儿、困境儿童足额发放基本生活费。为困难残疾人和重度残疾人及时足额发放生活补贴和护理补贴。枣庄福彩始终高举“扶老、助残、救孤、济困、赈灾”的公益大旗，严格遵循“安全运行、健康发展”的发行方针，全市福彩销售进入高位运行、稳中求进态势，累计销售额达到28.38亿元，2017年销售额较2011年增长30%以上。全市慈善组织网络进一步完善，善款募集渠道不断拓宽，慈善资源日益丰富。共筹集慈善资金1.08亿元，组织开展了以“情暖万家”“朝阳助学”等五大品牌救助工程为主要内容的一系列救助活动，支出善款9559.2万元，惠及城乡困难群众近40万人。

二、取得的成就

在改革开放伟大进程中，枣庄市民政工作顺应深化改革新形势、新要求，在实践中继承，在继承中探索，在探索中开拓，使传统的民政工作焕发出新的生机活力，形成了富于时代气息的工作新格局。

（一）改革开放发展和升华了民政工作理念

解放思想、更新观念既是开启改革开放的历史起点，也是促进改革开放的强大动力。在民政事业发展中，以解放思想为先导，通过对历史经验的总结，对职能作用的定位，对发展规律的把握，不断创新民政工作理念，拓展了民政事业的发展道路。早在新中国成立初期，民政工作就确立了“上为中央分忧、下为百姓解愁”的工作理念，阐明了民政工作所具有的组织群众、服务人民、密切党和人民血肉联系的本质特征。改革开放之初，从政权建设、社会保障和行政管理的高度总结了民政工作的性质和任务，提出了发挥社会稳定机制作用的重要论断。随着社会主义市场经济体制的改革目标的确立，民政工作鲜明提出了“为人民群众服务、为困难群众服务、为改革发展稳定大局服务”的重要思想。进入新世纪，改革开放进入新的发展阶段，民政工作与时俱进，从加强社会建设和管理的全新高度，进一步提升和发展了一系列重要理念。着眼于维护人民群众的基本生活权益和民主政治权利，促进社会公平、社会稳定和社会进步发展，将民政功能定位于铸造社会平衡稳定机制，在构建社会主义和谐社会中发挥重要基础作用；按照全面建设小康社会和社会主义和谐社会奋斗目标的新要求，树立“以民为本、为民解困、为民服务”的核心工作理念，由此阐明新时期民政工作本质属性；将解决民生、落实人民群众的生存权和发展权作为民政工作的首要任务和最终目标，强化了“解决民生、落实民权、维护民利”的核心职责；适应加快政府职能转变，建设服务型政府的新形势，确立了民政工作“惠民、效能、和谐”的核心要求；从履行职责、不辱使命、提高素质、开拓创新的高度，提出了“善心善意做善人，善言善行干善事”的工作理念和铸造民政工作者为民、务实、清廉的核心素质的要求。理念的创新和发展，使民政工作的使命更加坚定、思路更加清晰，目标更加明确，并以此为动力，统一思想，凝聚力量，指导实践，不断拓展民政事业的发展道路。

（二）改革开放推动了民政工作体制机制创新

改革开放与体制机制创新具有高度的一致性。伴随着改革开放的伟大进程，全市各级民政部门围绕党委政府高度重视、社会普遍关注、人民群众迫切要求解决的突出问题，通过改革消除制约事业发展的体制机制障碍，通过制度创新构建有利于科学发展的体制机制。以社会福利、社会捐助、社会优待、社会慈善为先导，以社区建设、村务公开等工作为突破口，改革系统内单一封闭运行的工作模式，推进民政工作在政府主导下向社会化方向迈进，加大社会力量参与支持发展民政事业的力度；根据民政事业发展的总体规划和经济社会发展的不同实际，建立了“分级实施，各负其责，上下配合，相互协调”的工作体制，注重激发和调动基层民政部门的积极性，增强了民政系统的上下合力；深化民政事业管理体制改革，进一步理顺民政行政机关与事业单位的职能定位，大力推行政事、政社和政企分开，纠正了民政行政机关职能越位、缺位和错位的偏差；进一步强化各级政府对于民政事业主导、投入和监管职能，加强相关部门的协调配合，完善了“政府主导、部门协作、社会参与”的民政工作机制；通过修订工作规则，制定并实施社会听证、专家咨询、公告发布、舆论监督和公众参与的办法，建立健全了民主决策、科学决策和依法决策的机制。与此同时，通过深化改革和扩大开放，进一步创新和完善了城乡社会救助配套制度衔接、重大灾害抗灾救灾减灾综合协调、村民居民自治、社会组织登记管理、优抚标准自然增长、退役士兵安置、社会福利慈善事业发展等各项重点业务工作的运行机制。体制机制的改革和完善，理顺了工作关系，清除了发展障碍，激发了工作活力，为开创民政工作新局面，实现民政事业全面、协调和可持续发展奠定了坚实基础。

（三）改革开放促进了民政事业的发展壮大

改革开放新的伟大革命，极大激发了广大人民群众的创造性，极大地解放和发展了社会生产力，为民政事业发展奠定了雄厚的物质基础；民政工作理念的提升发展和体制机制的改革创新，极大地增强了民政事业的发展活力。在改革开放的推动下，新时期的民政工作对象由特定群体向全体城乡居民拓展，工作目标从主要保障困难群众基本生存向保障全体公民的生存发展权利和民主政治权利转变；工作重心从以农村为主向城乡并重转变；工作方式从重管理审批向管理和服务并重转变；工作机制从以政府为主向政府主导和社会参与相结合转变；工作手段从以行政手段为主向行政、法律、经济手段并重转变。改革开放深刻改变了民政事业的发展进程，促进了民政事业的发展壮大。

社会救助工作成效显著。为了适应“效率优先、兼顾公平”的要求，逐步建立健全社会救助体系。全面建立城乡最低生活保障制度，形成了保障城乡困难群众基本生活长效机制。将农村五保对象纳入了财政保障范围，实现了由集体互助向公共财政保障的转变。医疗救助制度建设在农村和城市普遍推开。建立城市生活无着流浪乞讨人员救助制度，实现了从强制收容遣送向自愿受助、无偿救助的重大转变。

灾害应急救援能力显著提高。制订和完善了自然灾害救助应急预案，健全了分级灾害应急救助指挥体系，强化了重大灾害抗灾救灾减灾综合协调机制。健全了灾害救助资金投入和监管机制，除对特大自然灾害实施有效的应急救助外，还实施了转移安置、临时生活救助、灾后倒房重建和春荒生活救济，切实保障了受灾群众基本生活。

社会福利事业快速发展。加快发展以扶老、助残、救孤、济困为重点的社会福利服务事业，老年福利服务开始由补缺型向适度普惠型转变。建立健全了养育、医疗、教育相结合的新型孤儿救助制度，实现了孤儿救助从单纯养教到

全面健康发展的重大制度转变。社会福利事业形成了以居家为基础、社区为依托、机构为补充的发展格局，显著改善了老年人、残疾人、孤儿生活福利服务，同时为社会提供了不同层次、不同形式的福利服务，开始满足人民群众日益增长的福利需求。

基层民主组织建设全面推进。在农村以村民自治为着力点，在城市以社区建设为载体，积极打造文明祥和的新型社区。不断完善民主选举、民主决策、民主管理、民主监督的各项制度，积极落实社区服务政策措施，加强社区服务机构建设，合理整合和充分利用社区资源，组织和引导卫生、科技、教育、劳动、文化、法律等服务进社区，推动建立社区志愿者注册制度，逐步完善城乡基层服务和管理网络，全面推进城乡基层民主政治建设，党领导下的充满活力的城乡基层自治机制基本形成。

社会组织管理工作进一步加强。坚持培育发展与监督管理并重，积极完善扶持发展政策，分类规范和引导社会组织服务社会，初步形成了门类齐全、层次不同、覆盖广泛、与经济社会协调发展的组织体系，形成了党委领导、政府负责、依法监管的管理格局和分级登记、双重管理的管理体制，较好地发挥了反映公众诉求、激发社会活力、推进公益事业发展的作用。

优抚安置制度逐步完善。严格落实抚恤优待政策，确保了优抚对象的合法权益。加快推进退役士兵安置改革，探索建立"经济补偿、扶持就业、重点安置、城乡一体"的安置制度，逐步从安置就业向技能培训，扶持就业和自谋职业方向转变。积极完善军休人员管理服务，明显提高了军休服务水平。深入开展双拥创建活动，巩固了军政军民团结。

专项社会行政事务工作水平显著提升。体现为民服务理念，着力提升专项社会行政事务管理和服务水平。对行政区划进行了审慎调整，优化了乡镇设置，整合了发展资源，促进了区域协调发展。实施了地名公共服务工程，婚姻登记服务进一步规范，殡葬改革稳步推进，殡仪服务水平有新的提高。

三、民政工作改革发展的经验

经过近40年的不懈探索和奋斗，枣庄市民政工作积累了许多宝贵经验，必须以之作为做好新形势下民政工作的重要原则长期坚持，并在实践中不断丰富发展。

（一）必须始终服从服务于经济社会发展全局

围绕中心、服务大局，是民政部门的光荣传统，也是做好民政工作的关键所在。民政部门只有紧紧围绕党和国家不同时期的中心任务履行职责，始终紧密结合党和国家各个阶段的重大发展战略推进工作，始终坚持在全局中谋划，在大局下行动，才能找准方位、赢得地位、发挥作用。新时期、新形势下的民政工作必须紧紧围绕全面建成小康社会和实现中华民族伟大复兴的中国梦的宏伟目标，坚持以习近平新时代中国特色社会主义思想为指导，进一步增强"四个意识"，坚定"四个自信"，坚持全面从严治党，坚持以人民为中心的发展思想，主动融入改革发展稳定的大局，找准切入点、结合点、着力点，切实抓好党委政府高度重视、社会普遍关注、群众热切期盼的工作。

（二）必须始终突出保障和改善民生的发展主题

民政工作业务多元、头绪复杂，突出主题至关重要。民政乃为民之政，民政之要在于为民。为民解困，是党和政府重点关注、感情所系，也是民政工作职责所在、使命所系。只有始终坚持"以民为本、为民解困、为民服务"的核心理念，认真履行"解决民生、落实民权、维护民利"的核心职责，优先安排民生工作、着力解决民生问题，切实把困难群体、特殊群体和优抚群体的基本生活保障好，努力使人民群众特别是困难群众有更多的获得感，民政工作才能得到社会的认可、人民的肯定。

（三）必须始终坚持走政府主导和社会参与相结合的发展道路

推动民政事业发展，需要各种资源的大聚合、多方力量的大联动，尤其要在党的坚强领导下，实现政府主导和社会参与的有机结合。必须正确认识和履行市场经济条件下的政府职能，加快推进民政领域政府职能转变，全面落实政府在民政工作的建章立制、规划协调、财政投入、政策引导、行政监管等方面的主体责任。同时，必须正确引导、多方发动社会组织和社会公众以各种形式参与到民政事业发展中来，壮大民政的社会资源。

（四）必须始终坚持以改革创新推进民政事业的发展

改革创新是推动民政事业发展的强大动力，是民政事业兴旺发达的必由之路。必须主动适应不断发展变化的新形势、新情况，坚持用改革的办法、创新的思维解决民政事业发展中的困难和问题。加强改革攻坚，着力推进民政理论创新、政策创新、制度创新和工作创新，加快建立健全与社会主义市场经济相适应的民政工作体制机制，不断焕发民政事业的生机和活力，实现民政事业可持续发展。尊重基层的首创精神，鼓励和引导有条件的基层单位先行先试、大胆探索，用实验取得经验，用典型带动全局。

（五）必须把固本强基、提升能力作为民政工作的必要保证

建设一支品德高尚、素质优良、业务精通的民政干部职工队伍，是做好民政工作的根本保证；加强基层基础、改善装备条件，是做好民政工作的必要前提。民政工作直接服务于人民群众特别是困难群体，各级民政部门只有时刻重视加强自身建设，提高干部队伍的综合素质，转变工作作风，改进工作方式，真心实意为群众解难事、做好事、办实事，民政工作才能真正履行为民解困、为民服务的职责，民政事业才能确保可持续发展。

审稿人：李　勇

撰稿人：萧　飞

枣庄市社会救助工作的发展历程、成就及经验

改革开放以来，枣庄市经济和社会事业都有了快速发展，城乡人民生活水平得到了大幅提高。同时，由于自然灾害、社会变革、疾病等因素影响，一些人失去了生活来源，成为社会弱势群体，导致社会各阶层之间财富和收入差距拉大，贫富悬殊。为适应社会主义市场经济体制的变迁，枣庄市传统社会救助制度逐步发展为以最低生活保障（以下简称“低保”）、农村五保供养为核心，以医疗救助、教育救助等专项救助为辅助，以临时救助、社会帮扶为补充的覆盖城乡的新型社会救助体系。新型社会救助体系的建立，不仅强化了政府责任，而且从根本上改变了社会救助制度的理念，实现了从人性关爱到维护权利的转变，凸显了政府在维护公民基本生活安全方面的责任。在救助功能上已经开始从“生存保障”向“生活保障”转变，在保障困难群众基本生活权益、维护社会稳定等方面发挥了重要作用。

一、枣庄市社会救助工作发展历程

社会救助是指国家和社会根据相关法律和政策的规定，对由于各种原因导致缺乏生活来源而自己无力维持最低生活水平，并陷入基本生活困境的人，提供物质援助的社会保障制度。改革开放以来，枣庄市的社会救助事业进入全新时期，历经波澜，逐步建立了新型社会救助体系，初步实现了社会救助制度的法制化、规范化和体系化，实现了济贫理念由“救济”向“救助”的转变，为今后枣庄市社会救助事业的稳步发展奠定了基础。回顾枣庄市社会救助工作的发展历程，大体可以分成三个阶段。

（一）恢复发展阶段（1978—1998年）

中共十一届三中全会以后，我国社会主义现代化建设事业进入新的历史时期，民政工作得到党和政府的高度重视。1978年5月，民政部正式恢复成立，设置农村社会救济司、城市社会福利司分管农村和城市社会救济工作。这一时期的社会救济工作得到较快的恢复和发展。总体上看，这一时期的社会救济制度具有过渡性特征。1993年以后社会救助这一概念逐步取代社会救济概念，并迅速成为枣庄市最早建立和发挥制度效能的社会保障项目。

1. 五保供养制度迅速发展。农村贫困救济是这一时期社会救济工作的重点。一是对农村常年生活困难的特困户、孤老病残人员和精减退职老职工，按季度或按月给予固定数额的救济金或救济粮，对其他贫困人口则通过灾民荒情救济的方式给予临时救济；二是1994年1月23日，国务院颁布了《农村五保供养工作条例》，明确五保供养经费从“村提留或乡统筹”中列支；三是通过开发式扶贫改善农村贫困状况，开展了有计划、有组织、大规模的农村扶贫开发。据统计，1986年，全市救济灾民9197户44626人，发放灾民生活救济费20.1万元；救济精简退职职工1152人，发放精简退职费38.8万元；救济农村孤老残幼（五保户）7800人，发放救济费127.6万元；救济贫困户7619户33970人，发放贫困户救济费35.1万元；扶持贫困户7727户36320人，发放扶贫资金222.65万元，3056户13936人脱贫，脱贫率39.5%。其中，五保供养制度是唯一延续至今、较为成熟的农村社会保障政策。

农村五保供养制度是我国农村保障制度的重要组成部分，是一项有中国特色的社会保障制度。枣庄市农村五保制度起步较早，始于1956年。当时农村实现农业合作化后，按照上级党组织要求，所有农业社对生活没有依靠的鳏寡孤独社员实行了“五保制度”，即保吃、保穿、保烧（燃料）、保教（少年、儿童）、保葬。随着人民公社体制和集体经济的瓦解，村级公益金的提取面临根本性的困难，严重威胁了五保供养的物质基础，使农村五保供养工作面临着巨大的挑战。

为适应农村改革发展的需要，切实做好五保供养工作，1982年民政部下发了《关于开展农村五保户普查工作的通知》，山东省民政厅也专门下发文件，对全省五保普查工作进行部署。根据民政部、山东省民政厅的通知要求，枣庄市以公社为单位，对全市五保户进行了全面普查。普查结果显示，全市登记五保户11802人，其中老人11143人、残疾人542人、孤儿117人，比普查前增加了420人。通过普查，摸清了底子，建立了档案，签订了协议，制定了具体供养标准，并将五保证发放到户，为五保供养逐步走向由乡镇统一提留和举办敬老院创造了条件。

1984年山东省人民政府颁布了《山东省农村五保工作暂行规定》，对五保供养经费问题予以明确规定，“供给五保户的粮、款等费用，以及支付给敬老院工作人员和分散五保护理人员的报酬一般应以乡、镇为单位统一筹集，统筹使用”。1985年，枣庄市五保户的供养开始由各村供给向乡镇提留统一供给发展。至1987年，有32个乡镇实行五保供给乡镇统一提留、统筹，占全市乡镇总数的37.6%。

1984年，随着农村经济体制改革的深入，五保供养工作开始向乡镇敬老

院集体供养方向发展。为了规范和发展敬老院，推动集中供养，枣庄市大力兴办乡镇敬老院，积极探索走集中供养与分散供养相结合，以集中供养为主的路子。在对老旧敬老院进行改建扩建的同时，对18处乡镇敬老院进行了搬迁新建，使农村敬老事业有了新发展，有力地促进了农村“两个文明”建设。1985年12月，省民政厅在枣庄市召开了全省农村敬老院工作经验交流会，枣庄市向大会介绍了兴办敬老院的经验。敬老院在扩大规模的同时，院办经济也得到了较大的发展，1986年，全市敬老院实现利润达13万元，走出了一条以副养院，以实业补事业的新路子。截至1987年，全市五保户11734人，乡镇、村两级敬老院263处，其中乡镇办83个，村办180个，收养五保老人4140人，占全市五保老人总数的35.3%。敬老院建设已初见成效，王庄、邳庄、陶庄、永安、齐村、木石、洪绪等乡镇敬老院实现五配套（游艺室、医务室、浴室、花园、生产基地）。截至1994年8月，全市有40处乡镇敬老院被评为省级文明院，有51处被授予市级“管理先进单位”称号。据统计，1994年全市全年新入院五保对象400人，入院率达到49.4%。为推动枣庄市五保供养工作和敬老院建设的不断发展，1996年10月，枣庄市民政局印发了《枣庄市开展评选全市模范敬老院活动实施意见》，在全市开展评选模范敬老院活动，促进了敬老院建设与管理工作再上新水平。1997年1月，山东省民政厅印发了《关于命名济南市平阴镇等72处乡镇敬老院为“山东省模范敬老院”的决定》，枣庄市峄城镇敬老院、峄庄乡敬老院、张山子镇敬老院、渴口乡敬老院、张范乡敬老院、左庄乡敬老院等6处敬老院被命名为“山东省模范敬老院”。

2. 城乡低保制度初步建立。最低生活保障制度，是我国社会保障体系的重要组成部分，在保障困难居民生活方面发挥了积极作用。枣庄市的城市低保工作起步于1996年。进入90年代，由计划经济体制向市场经济体制转型的过程中，出现了一批失业人员和下岗人员。这些人中有一部分“政府管不上、企业靠不上、家庭顾不上”，生活陷入了困境。这部分城镇困难人员的生活状况引起了各级领导的高度重视。1993年6月，上海市率先在全国建立了城镇最低生活保障制度。民政部在总结上海经验的基础上，在1994年5月召开的第十次全国民政会议上，明确将“对城市社会救济对象逐步实行按当地最低生活保障线标准进行救济”列入“民政工作今后五年乃至21世纪末的发展目标”。1996年，山东省民政厅印发了《关于加快建立城市居民最低生活保障线制度的意见》。为使枣庄市城市居民最低生活保障线制定的切实可行，同年，枣庄市在市中区对居民生活状况进行了全面调查。在此基础上，提出枣庄市城市居民最低生活保障线方案，由市政府审定后，确定了枣庄市城市居民最低生活保障线为每人每月100元，保障对象为城区驻地的纯居民和三无对象，自1997年1月1日起实施。枣庄市城市最低生活保障制度正式确立。

中共十一届三中全会以后，我国社会主义现代化建设事业进入了新的历史时期，作为拨乱反正的一项重要工作，农村低保制度的建设也得到了党和政府的重视。1994年，第十次全国民政工作会议确定了“在农村初步建立起与经济水平相适应的层次、标准有别的社会保障制度”的任务，根据会议精神，各地在做好农村五保供养工作的基础上，积极探索建立针对农村特殊困难群众的长效救助机制。当年，上海市和山西省阳泉市在全国率先开展了农村最低生活保障的试点。1996年1月召开的全国民政厅局长会议首次明确了改革农村社会救济制度，积极探索农村低保制度的任务。会议提出，在经济发达的农村地区要开始研究探索建立农村低保制度，并把这项工作列入了当年的工作重点。1996年12月，民政部办公厅印发了《关于加快农村社会保障体系的意见》，提出“凡开展农村社会保障体系建设的地方，都应该把建立最低生活保障制度作为重点，即使标准低一点，也要把这项制度建立起来。”为尽快建立起与枣庄工作实际相适应的农村低保制度，1997年7月，枣庄市民政局下发了《关于开展农村最低生活保障基本情况调查的通知》。在深入调查的基础上，1997年12月，枣庄市政府印发了《枣庄市农村居民最低生活保障暂行办法》，于1998年1月1日起施行。枣庄市农村居民最低生活保障制度正式建立。《办法》规定“凡在枣庄市范围

2008年5月21日，向四川地震灾区运送救灾物资

内居住，并具有枣庄市农村常住户口的居民，家庭人均收入低于生活保障线者，均列为保障对象，农村最低生活保障线标准，由各区（市）根据本地农民基本生活需求、经济状况和财政承受力确定，并随着经济发展和物价指数变化适时调整。全市原则定为600元/年人，各区（市）参照这一标准上下浮动，但最低不能少于500元/年人。所需保障资金由区（市）、乡（镇）、村三级按比例承担，各级承担比例由各区（市）自定。”

（二）新型社会救助体系的建立和发展阶段（1999—2006年）

以最低生活保障为核心的新型社会救助制度，是改革开放以来党和政府在解民忧、惠民生上建立的开创性、标志性制度之一，是党和政府重视民生、改善民生的具体体现。这项制度的建立，为数以千万计的困难群众提供了制度化的救助渠道，初步保障了他们的基本生活。2000年9月，枣庄市政府办公室下发了《转发市民政局等部门制订的枣庄市社会救助对象优惠政策的通知》和《关于进一步加快全市社会救助制度建设的通知》，在全市迅速掀起社会救助工作的新高潮。

1. 低保救助面进一步扩大，基本实现应保尽保。1997—1998年初，国有企业改革进入攻坚阶段，下岗职工、失业人员的生活保障成为各级党政领导十分关注的焦点问题。1999年，国务院和山东省民政厅先后下发文件，要求将城市低保保障范围扩大到全体非农业人口。1999年，山东省民政厅、山东省总工会下发了《关于开展城镇困难居民家庭生活状况摸底调查的通知》，为推动全省城镇居民最低生活保障制度建设向纵深发展，决定在全省开展一次城镇居民最低生活保障对象摸底调查工作。在调查摸底的基础上，2001年10月1日起，《山东省城市居民最低生活保障条例》实施。为进一步健全完善枣庄市最低生活保障制度，2002年2月1日，枣庄市政府印发了《枣庄市城市居民最低生活保障办法》，凡本市行政区域内，持有常住非农业户口的居民，户月人均收入低于最低生活保障标准的，可享受最低生活保障。保障资金支付采取分级负担的方式，由市、区（市）两级财政分别承担。《办法》将城市居民最低生活保障制度纳入了法制化发展轨道，标志着枣庄市城市居民最低生活保障制度从探索试点部分保障阶段进入全面推广实施应保尽保阶段。2005年12月，印发了《枣庄市农村居民最低生活保障办法》，将农村最低生活保障线标准提高到700元，所需保障资金由市、区（市）、乡（镇）财政三级按3：4：3比例承担。2006年，枣庄市保障城市低保对象6.2万人，年发放低保金3776万元，月人均补助水平达到50元；保障农村低保对象3.2万人，年发放低保金793万元，月人均补助水平达到20元。

2. 农村五保工作实现历史性转变。五保供养经费是五保供养工作顺利开展的关键。2000年以来，随着我国农村税费改革试点工作的推进，农村五保供养资金渠道随之调整。2002年在全国全面推开的农村费改税改革，取消了过去的“村提留、乡统筹”。为落实温家宝总理关于“完善农村五保户生活保障制度，确保供养资金”的指示，2004年，民政部、财政部、国家发展和改革委员会下发了《关于进一步做好农村五保供养工作的通知》、山东省人民政府办公厅下发了《关于进一步加强农村五保功能供养工作的通知》，将五保供养经费改集体供养为财政为主供养。为落实国家和省工作要求，适应农村税费改革形势，枣庄市结合工作实际，于2005年12月25日，印发《枣庄市农村五保供养工作办法》，明确规定“五保对象的供养费用，由省、市、区（市）、乡（镇）四级财政按2：2：3：3的比例负担。五保供养标准实行动态管理，随农村经济发展和各级财力的变化适时作出调整。”自此枣庄市农村五保供养经费纳入了财政预算，五保供养服务机构建设纳入了当地经济社会发展规划，供养资金有了稳定、可靠的来源，农村五保供养事业实现了从农村集体福利向现代社会保障的转型，“应保尽保”“按标施保”基本实现，供养标准基本上达到当地村民平均生活水平、自然增长机制逐步建立，农村五保供养工作走上长效发展的轨道。

与此同时，枣庄市敬老院建设管理实现新跨越。1999年7月，枣庄市民政局转发了《山东省民政厅关于实行乡镇敬老院等级管理的通知》，在全市掀起一个敬老院“二次创业”的新高潮，努力提高入院率，加强院务管理，配齐

2017年8月4日，工作人员深入市中区永安镇低保户家中走访

必要的生活服务设施，增强院办经济实力，提高院民生活水平。改善院容院貌惠民地区开展了争创“文明敬老院”活动，有5处敬老院被评为省级“文明敬老院”。为适应农村税费改革形势，枣庄市紧紧抓住民政部“星光计划”第三期项目重点支持农村五保供养服务机构建设的有利时机，2004—2006年，全市共投入敬老院建设资金1.4亿元，新建敬老院房屋1297间，新增床位2597张，完成维修改造房屋3085间。2006年8月，开展了枣庄市五保供养工作专项督察，促进了五保供养政策的全面贯彻落实。特别是9月16日，山东省民政厅观摩团对枣庄市敬老院建设工作进行了一次全面的观摩指导，实地察看了山亭区、峄城区和枣庄高新区等10处乡镇敬老院建设情况。山东省民政厅及有关地市领导对枣庄市乡镇敬老院建设工作给予了充分肯定。截至2006年底，枣庄市有农村五保供养对象18312人，其中集中供养11340人，分散供养6972人，供养率为60%。五保供养对象的分散供养标准每人每年不低于1200元、集中供养标准每人每年不低于2000元。建设敬老院178处，其中乡镇敬老院56处、村办敬老院122处，敬老院床位总数达到11824张。

3. 医疗救助试点工作有序开展。看病就医是困难群众面临的突出问题。为解决这个问题，2003年民政部、卫生部、财政部联合下发《关于实施农村医疗救助的意见》，揭开了医疗救助制度建设的序幕。2004年9月29日，温家宝总理在国务院第65次常务会议上提出了要重点帮助解决城乡特困群众看病难、子女上学难的问题，加快制定建立城市医疗救助试点方案的要求。吴仪、回良玉等领导同志也对城市医疗救助工作给予高度重视。党中央、国务院的一系列指示、要求和部署，为建立城市医疗救助制度试点工作指明了方向。在农村，党中央、国务院也十分重视农村困难群众的医疗救助工作。2002年10月，党中央、国务院印发了《关于进一步加强农村卫生工作的决定》，《决定》在明确要求各级政府积极引导农民建立大病统筹为主的新型农村合作医疗制度和医疗救助，并规定：“医疗救助对象主要是农村五保户和贫困农民家庭。”为切实解决困难群众看病难问题，山东省委、省政府于2003年2月印发了《关于进一步加强农村卫生工作的决定》，山东省政府办公厅于2006年9月30日印发了《山东省人民政府办公厅转发省卫生厅等四部门关于做好特困患者医疗救治工作的意见的通知》等文件。为将党中央、国务院和省委、省政府的工作要求落到实处，枣庄市从2005年起，在全市开展城乡医疗救助试点工作，至2006年五区一市全部建立城乡医疗救助制度。医疗救助工作的开展，顺应了时代和社会发展的需要，反映了困难群众的迫切要求和愿望，是落实“三个代表”重要思想，树立科学发展观，构建和谐社会的重大举措。2006年，枣庄市累计救助城乡困难群众19873人次，发放医疗救助资金397万元。

（三）新型社会救助体系建设完善阶段（2007年至今）

党的十八大以来，党中央、国务院对保障和改善民生、完善社会救助体系、加强社会救助工作提出了更高要求。习近平总书记指出，保障和改善民生是一项长期工作，没有终点站，只有连续不断的新起点；只要还有一家一户乃至一个人没有解决基本生活问题，我们就不能安之若素。李克强总理强调，要重点保障基本民生，编织一张兜住困难群众基本生活的安全网，确保网底不破，保障他们的基本生存权利和人格尊严，避免陷入生存窘境，防止冲击社会道德和心理底线。枣庄市按照上级工作部署，不断完善以低保为核心的新型社会救助体系，在城乡低保之外，努力推动五保供养、医疗救助、教育救助、临时救助等救助制度的发展，努力为困难群众打造一张能够保障其基本生活的社会安全网。

1. 低保保障能力持续提高。一是保障制度不断完善。2009年5月，枣庄市民政局、枣庄市财政局出台了《关于对城市居民最低生活保障对象实行分类施保的通知》，要求对全市因老、幼、病、残等原因造成特殊困难、明显影响基本生活的城市低保对象实行分类施保，并根据困难程度，在已核定补助数额的基础上，适当增加补助金额，更好地保障了特殊困难城市低保对象的基本生活权益。6月，为进一步完善社会保障体系，确保城乡低保居民生活水平不因物价上涨而降低，枣庄市政府办公室印发了《关于建立物价上涨与提高困难群众生活补贴和保障标准联动机制的通知》，切实保障了城乡低保对象的基本生活。2013年2月，为规范社会救助工作中的居民家庭经济状况核对工作，切实提高政府救助的准确性和公信力，根据国家和省有关规定，结合枣庄实际，枣庄市政府印发了《枣庄市居民家庭经济状况核对办法》，办法的实施为社会救助制度的实行提供了真实可靠的事实依据。2014年11月13日，经市编委批准，枣庄市社区服务中心更名为枣庄市居民家庭经济状况核对中心，为市民政局所属正科级公益一类事业单位，依托该中心建立起跨部门、多层次、信息共享的救助申请家庭经济状况核对机制。2014年3月，枣庄市政府为深入贯彻落实山东省政府2013年10月12日印发的《关于贯彻落实国发45号文件加强和改进最低生活保障工作的实施意见》精神，进一步规范枣庄市城乡居民最低生活保障管理，印发了《关于加强和改进最低生活保障工作的实施意见》，就切实加强和改进最低生活保障工作提出了具体意见。2014年，枣庄市民政局、枣庄市财政局印发了《最低生活保障工作绩效评价办法》，建立绩效考核机制，将社会公众和低保对象对低保工作满意程度测评结果作为对低保工作评价内容的一个重要方面。2015年6月1日，枣庄市开通了“12349”社会救助服务热线，实现窗口救助和热线救助相结合，进一步畅通了救助渠道。二是低保专项治理

活动取得实效。2014年5月，山东省民政厅按照山东省委第86次常委会议和省委教育实践活动领导小组第13次会议部署，专门制定《开展“阳光低保”专项行动方案》，决定按照“组织发动、公开承诺；核查公示、规范备案；建章立制、巩固提高”的步骤，从2014年5月初到9月底，在全省集中开展“阳光低保”专项行动，通过上下联动着力解决低保工作中的错保、漏保、骗保和人情保、关系保等问题，以实际行动取信于民。2014年5月7日，全省动员会议召开后，枣庄市迅速行动，对全市“阳光低保”专项行动进行了全面部署。制定了《枣庄市2014年度低保对象集中复核实施方案》，对低保对象进行100%入户复核，对不符合条件的人员全部进行了清退，核查结果向村“两委”成员和党员群众代表通报并张榜公示。组织全市民政系统干部职工和村（居）“两委”班子成员共计1.1万余人签署了不干预低保的承诺书并在民政网站上进行公示，接受社会监督。枣庄市民政局印发了《关于开展全市民政系统党员干部和村（居）“两委”班子成员对直系亲属享受低保情况自查自纠的通知》，从市民政局机关干部做起对全市民政系统工作人员和村（居）“两委”班子成员本人及其直系亲属已享受低保待遇的进行全面登记、统计，经核查家庭实际收入和财产状况确实符合低保条件可继续享受保障。对不符合低保条件的，一律清退。5月26日，在枣庄技术学院举办了全市民政干部专题培训班，对《社会救助暂行办法》和省、市低保政策进行了全面解读，对专项行动进行了再动员再部署。区（市）及乡镇（街道）民政干部200多人参加了培训，进一步统一思想，增强了做好工作的信心和决心。5月27日，枣庄市民政局下发了《关于建立低保备案制度的通知》，从2014年6月1日起，在全市实行低保经办人员及村（居）“两委”班子成员近亲属享受低保备案制度。全市镇(街)、村(居)全部安装低保专用公示栏，对低保对象进行长期公示。为确保专项行动落到实处，枣庄市民政局建立局领导包区（市）制度，每个县级干部重点联系一个区（市），成立了7个工作组进行5次专项督查和调研，研究措施，破解难点，确保专项行动有效落实。专项行动中，全市共清退低保对象4692人，同时将核查中发现的2989人符合低保条件的困难群众纳入了保障范围。三是保障水平不断提高。2007年9月，枣庄市政府出台了《关于进一步做好农村最低生活保障工作的意见》，把枣庄市农村最低生活保障标准提高到每人每年800元，要求将年人均纯收入800元以下的农村贫困人口全部纳入保障范围，实现应保尽保。2008年4月，枣庄市民政局和市财政局联合下发了《关于进一步提高城乡补助水平妥善安排当前困难群众基本生活的通知》，要求枣庄市城市低保对象从2008年元月起每人每月给予25元的临时补助。同年7月份开始，为缓解成品油涨价等因素对低保户家庭造成的影响，枣庄市城市低保每人再增加15元的补贴。市政府高度重视枣庄市城乡困难群众的基本生活，多次将城乡低保提标工作列入了市委、市政府为民办的100件实事，实行目标管理，进行年度考核。2012年，枣庄市农村低保标准达到中部地区水平，得到了省厅的充分认可。5月4日，枣庄市在全省城乡低保提标工作视频会议上作了典型性发言。2007—2016年，枣庄市年发放低保资金由6789万元增长到3.3亿元，增长率386.1%；低保对象由14.1万人增长到15.3万人，增长率8.51%。枣庄市城市低保标准由2007年每人每月163元提高到2016年的440元，增长率169.9%；人均月补差由57元提高到295元，增长率417.5%。枣庄市农村低保标准由2007年每人每年800元提高到2016年的3400元，增长率325%；人均月补差由31元提高到157元，增长率406.5%。

2. 乡镇敬老院建设管理再上新台阶。为全面改善农村五保供养服务设施条件，2007年市政府再次将五保供养工作列入为农村群众做的十二件实事，枣庄市乡镇敬老院建设也成为新农村建设的亮点工程。2007年12月4日，全省敬老院建设总结表彰大会召开，对枣庄市的敬老院建设工作给予高度评价。枣庄市山亭区、峄城区被评为全省敬老院建设工作先进县；高新区兴城街道敬老院等4处敬老院被评为全省模范五保供养机构。2012年为贯彻落实上级工作要求，9月份印发了《开展“社会养老服务体系建设推进年”活动暨“敬老爱老助老工程”实施方案》的通知，加大推进社会养老服务政策创制，实施“敬老爱老助老工程”七大计划，分别是阳光计划、月光计划、霞光计划、星光计划、幸福计划、爱心护理工程、助康工程。

在不断提高敬老院硬件服务设施的基础上，为进一步提升管理服务水平，2013年年初，市政府将敬老院等级评定列入了百件惠民实事。为落实好惠民实事，枣庄市民政局联合市财政局下发了《关于开展乡镇敬老院等级评定工作的通知》，制定了等级评定标准。经对全市乡镇敬老院综合评定，评出市一级敬老院18个、市二级敬老院12个，市财政为此下拨260万元奖励资金，在全市树立起一批基础设施好、服务质量高的敬老院先进典型，全市敬老院管理服务水平得到大幅提升。

截至2016年12月，全市有五保供养对象17162人，其中集中供养10523人、分散供养6639人，集中供养率达到61.3%。五保供养标准分别为：集中供养每人每年4600元、分散供养每人每年3500元。全市共有镇级敬老院60处，其中15处为全国三星级敬老院，38处为省一级敬老院。

3. 医疗救助制度的建立和完善进入新阶段。一是健全完善医疗救助制度。枣庄市医疗救助制度建立初期，主要采取大病救助和定点医疗机构优惠减免方式。为进一步提高医疗救助的普及性，丰富救助内容，2012年6月，枣庄市民政局、枣庄市财政局、枣庄市卫

生局、枣庄市人力资源和社会保障局出台了《枣庄市城乡医疗救助办法》，对医疗救助政策进行了调整和完善，基本形成了以一次性大病比例救助、门诊救助、资助城市低保对象参加居民医保、资助农村低保、五保对象参加新农合、定点医院优惠减免的“五位一体”救助和服务体系。二是提高救助标准和服务水平。2013 年，在全市建立医疗救助“一站式”即时结算平台，对低保、五保对象开展“一站式”即时医疗救助，救助报销比例达到 50% 以上。2016 年大病救助全面取消了病种限制，对重点救助对象不设起付线，救助比例由 60% 提高到 70%，最高封顶线不低于 10000 元。2016 年全市累计支出 2688.3 万元救助资金，救助困难群众 93986 人次，其中救助门诊和住院困难群众 6639 人次，有效缓解了城乡困难群众看病难、看病贵问题。三是探索建立重特大疾病救助制度。2016 年 10 月 18 日，枣庄市政府办公室转发市民政等部门《关于进一步完善医疗救助制度全面开展重特大疾病医疗救助工作的实施意见》，对做好医疗救助工作提出了具体要求。该《意见》明确提出要进一步完善城乡医疗救助制度，适度扩大救助对象范围，明确救助内容，规范救助程序，与相关社会救助、医疗保障政策衔接配套，保障城乡困难群众基本医疗权益。要求各县区在评估、总结试点经验基础上，于 2016 年底前全部建立重特大疾病医疗救助制度，全面开展重特大疾病医疗救助工作。

4. 临时救助工作全面开展。临时救助制度，是指政府依法对符合规定条件的由于各种特殊原因造成的突发性、临时性生活困难的家庭，给予非定期、非定量的生活救助的一项社会救助制度。临时救助制度的开展，使社会救助这张社会安全网更加密实，能够惠及更多的困难群众。一是全面建立临时救助制度。临时救助是一项传统的民政业务，改革开放以后，尤其是随着低保制度的发展，临时救助工作一度受到削弱，“低保户”逐渐成为一些临时救助项目的瞄准对象，而一些因为突发事件造成生活困难的非低保家庭却难以纳入到社会救助“安全网”之中。因此，迫切需要建立健全临时救助制度。2015 年 1 月，为妥善解决城乡困难群众的突发性、临时性生活困难，完善社会救助体系建设，枣庄市民政局、枣庄市财政局联合印发了《枣庄市临时救助暂行办法》，并对枣庄市临时救助目标及原则做了具体规定。枣庄市在全省 17 市率先建立健全临时救助制度，为“救急难”工作奠定制度基础。2015 年 7 月，民政部、财政部下发《关于在全国开展“救急难”综合试点工作的通知》，市中区被确定为全国“救急难”综合试点单位。二是建立市级应急救助基金。随着基本医保覆盖面的扩大和保障水平的提升，人民群众看病就医得到了基本保障，但仍有极少数需要急救的患者因身份不明、无能力支付医疗费用等原因，得不到及时有效的治疗，造成了不良后果。为切实解决这部分患者的急救保障问题，进一步健全多层次医疗保障体系，2013 年 2 月 22 日，国务院办公厅印发了《关于建立疾病应急救助制度的指导意见》，提出在省市两级分级设立疾病应急救助基金，医疗机构不得以任何理由拒绝施救患者。枣庄市政府办公室于 2016 年下发《关于建立疾病应急救助制度的通知》，设立市疾病应急救助基金，对在全市行政区域内发生需要急救的急重危伤病，但身份不明或无力支付相应费用的患者，医疗机构对其紧急救治所发生的费用进行救助。疾病应急救助基金通过财政投入和社会各界捐赠等多渠道筹集。自枣庄市应急救助基金建立以来，市级财政已累计筹集资金 665 万元。三是临时救助能力进一步加强。截至 2014 年 12 月，枣庄市 64 个镇（街）全部设立“一门受理、协同办理”救助窗口，打通了社会救助“最后一公里”，为困难群众求助开辟了“绿色通道”。市、区（市）两级按照“一个办法、一个机构、一个平台”的“三个一”工作要求，全面建立跨部门、多层次、信息共享的核对机制，为准确认定救助对象、合理确定救助金额提供依据。2017 年全市累计救助临时困难群众 5531 户次，发放临时救助资金 393.7 万元。

2017年12月7日，市中区光明路街道召开低保家庭民主评议会议

5. 教育救助成效显著。为进一步健全完善社会救助体系，保障枣庄市城乡低保家庭子女接受高等教育的权利，2010 年，枣庄市民政局、枣庄市财政局下发了《关于实施城乡低保家庭高等教育新生入学救助办法的通知》，决定从 2010 年起，在全市开展城乡低保家庭高等教育新生入学救助。救助对象为

枣庄市城乡居民最低生活保障家庭中参加当年全国普通高等教育入学考试，经山东省教育考试院高等学校招生办公室正式录取的全日制本科教育大学新生（考取师范、军校等专业免交学费的学生不享受此项救助）。每人一次性救助4000元。其中省级救助2000元，市级救助1000元，区（市）救助1000元。每年8月20日前，符合救助条件的低保家庭高考录取新生向户籍所在地街道办事处（镇人民政府）提出申请，并填写《山东省高等教育新生入学救助申请审批表》。经街道办事处（镇人民政府）审核，符合救助条件的，于8月31日前报区（市）人民政府民政部门审查审批。经审批，符合救助条件的，于9月10日前发放救助金，并将救助名单报市民政局备案。享受教育救助的低保家庭高考录取新生，在领取救助金后，在开学一个月内，将学校开具的收费证明寄回户籍所在地的区（市）民政部门备案。2010年以来，全市有3273名贫困大学新生得到了救助，每人救助4000元，累计发放救助资金1309.2万元。低保家庭大学新生入学救助制度的建立，有效缓解了困难群众上学难问题，促进了社会公平。

二、取得的成就

改革开放以来，特别是2007年以来的10年间的时间里，枣庄市社会救助制度由传统社会救济发展为新型社会救助体系，在最低生活保障、五保供养、医疗救助、临时救助等方面均取得了很大成绩，是枣庄市社会保障制度适应市场经济体制的必然结果。所取得的成效主要体现在三个方面：

（一）在改革中发展，实现“三统筹”

2015年5月15日，枣庄市政府颁布了《枣庄市社会救助办法》，自7月1日起施行。《办法》是枣庄市第一部统筹各类社会救助制度的行政法规，首次将救急难、疾病应急救助、临时救助等方针政策纳入法制安排，是统筹构建社会救助制度体系的标志，具有重大现实意义和深远历史意义，标志着社会救助迈入法制化、制度化、规范化运行的轨道，为社会救助制度统筹提供了依据。一是救助群体范围实现统筹。《枣庄市社会救助办法》第四条规定，“本市居民凡符合本办法规定的要件，均有平等获得救助的权利。社会救助应当按照实际情况合理进行，不因信仰、性别、社会身份等采取差别式或优先的待遇”。二是各项救助制度实现统筹。打破城乡二元结构带来的制度设计限制，建立城乡一体的最低生活保障、特困人员供养、医疗救助、临时救助和大学新生救助等社会救助制度，统一管理方式、资金筹集、机构队伍、监督监察等，从制度上实现城乡统筹发展，为民生保障城乡一体化奠定制度基础。配套实施了医疗救助、临时救助、低保家庭大学新生救助、廉租房补贴、水电减免等政策，有效地缓解了城乡困难群体的生活压力。三是救助资金管理实现统筹。各项救助资金统一由枣庄市财政局调配使用，采取“民政核定对象，财政核拨资金、银行直达个人账号”的办法，实行社会化发放。2017年，全市累计发放城乡低保资金、农村五保供养资金、临时救助资金、医疗救助资金4.7亿元，全部通过银行或邮政储蓄、农村信用社直达救助对象个人账户。

（二）在发展中创新，实现“三突破”

一是社会救助理念实现新突破。传统社会救济比较强调家庭或者单位的责任，政府承担的责任主要是灾荒等紧急状态下的救济。这种救济更多的是从慈善、关爱的角度出发，体现的是君主“体恤”臣民的善举，以及社会成员之间互助共济的伦理道德。新型社会救助在继承传统美德的基础上，更加注重宪法赋予公民在“年老、疾病或者丧失劳动力的情况下，有从政府和社会获得物质帮助的权利”，强调从维护公民基本权利的角度来看待、开展社会救助工作。从“救济”到“救助”，一字之差，不仅大大提升了社会救助的政治地位，强化了政府责任，而且从根本上改变了枣庄市社会保障制度的理念，实现了从人性关爱到维护权利的转变。二是社会救助制度设计实现新突破。在制度设计上，从碎片化的分散状态，转变为体系化的制度设计，系统构建了综合型社会救助制度体系；从部门分割转变为部门统筹协调。在城乡发展统筹上，由城乡分割、城乡二元制度设计，向统筹城乡发展转变。在参与主体上，由以政府组织开展社会救助项目为主，向政府主导下的政府和社会协同配合转变，鼓励社会力量积极参与社会救助。总体上看，枣庄市社会救助制度的改革与发展，满足了贫困群体的基本需求，缓解了社会主义市场经济体制建立和发展进程中的社会矛盾，在很大程度上解决了贫富分化、分配不公带来的社会问题，促进了社会公平和社会团结。三是社会救助内容实现新突破。传统社会救济制度以救济生存为主要目的，在内容上大都体现为实物救助，如衣被、粮食、生活用品等。从本质上讲，低保救助是一种收入救助，或者说是收入保障，与传统的实物救助有着本质的区别。最低生活保障虽然也强调“最低生活水平”，但由于其收入保障的性质，在保障的功能上已经开始从“生存保障”向“生活保障”转变，这是对传统社会救助的重大突破。

（三）在创新中转型，实现“三转变”

一是救助标准由传统决策向机制决策转变。社会救助各项政策、救助标准的确定，由过去的部门协商、政府批准的传统决策形式，转变为与城乡居民人均收入水平直接挂钩、同步增长。二是救助管理工作由粗放型向精细型转变。在救助对象认定上，由传统的查看生活状况转变为入户调查测算和经济状况核对；在救助内容上，由单一的生活救助转变为包括医疗、教育等在内的综合性救助；在救助方式上，由单纯的发放救助金、救助物品转变为技能培训促进救助对象再就业的积极救助；在救助金的发放上，由乡镇代发转变为社会化发放，减少了中间环节，方便了群众。三是救助主体由政府单一救助向社会多元化救助转变。将政府财力向民生保障重点倾

斜的同时，积极吸引社会力量，初步形成“政府主导、部门联动、社会参与”的多元化救助体系。

三、经验与启示

改革开放以来，枣庄市社会救助的发展，经历了从传统救济到现代救助两个完全不同的阶段。实现了社会救助从政府恩惠到政府责任、从单一济贫到综合救助、从无法可依到有章可循、从“输血”到“造血”的巨大转变。枣庄市的社会救助工作的发展表明，社会救助乃是兜底安全网，是社会稳定的基石，建立社会救助要立足本地实际，发展社会救助要量力而行、循序渐进。

（一）困难起步、大胆创新

由传统单一救助向现代社会救助体系转变的过程中，恰逢枣庄城市经济发展面临着转型。这一时期，枣庄有几十万职工下岗、保险基金没有积累、转制资金没有着落等诸多因素使得枣庄社会保障和救助制度改革一度陷入困境，社会救助体系建设面临着新的挑战，正是在这种困境中，枣庄市积极开拓、大胆创新，结合下岗职工多，资源枯竭型城市转型任务重的现状，提出了“低标准、广覆盖”的生存型低保救助工作思路，将失业工人最大限度的纳入救助范围，保障其基本生活。推出了一系列措施，有些措施在全省首创，有些措施试点后作为成功经验在全省范围推广：建立了低保审批咨询服务网络系统，开展网上申请、受理有效提高低保工作效率和管理水平。开展申请低保家庭经济核对工作，有效规范低保工作的运行。建立起与城镇居民医疗保险、新型农村合作医疗制度相衔接，覆盖城乡、政策互联、制度互补的医疗救助体系，医疗救助工作实现了城乡一体、同步结算。

（二）紧抓机遇、主动建设

从2009年以来，国家出台多项财政政策促进资源枯竭型城市转型，并提出要探索建立促进资源型城市可持续发展长效机制。枣庄市紧抓机遇，充分利用国家优惠政策，消化历史遗留问题，改变社会救助体制长期以来单一模式，逐步建立了以城乡低保为主，慈善救助为辅，资金来源多元、制度规范的社会救助体系。在此过程中，枣庄市逐渐由前期的被动等待国家优惠政策变为积极主动参与建设，市、区（市）两级财政联动，及时出台多项配套扶持措施：市财政在2009年仅启动城镇居民大病救助工作追加经费700多万元。同年建立了基本生活必需品价格上涨与困难群体生活补助联动机制。至2016年，枣庄市先后3次启动物价联动，累计为64.6万人次的城乡低保、农村五保和优抚对象发放3196.7万元物价补贴，有效缓解了因物价上涨对城乡困难群众基本生活带来的影响。2013年枣庄企业捐助善款1100万元用于社会救助。各级财政的大力投入加快了社会救助工作的发展速度，官民结合、政企结合的机制真正改变了原有的社会救助制度，为确立多层次、社会化的制度安排打下基础。

（三）由点及面、步步深入

枣庄市社会救助制度发展路径可总结为：先城镇后农村，先无业后有业，先分步推进后统筹实施。继城市低保开展之后，农村低保政策、大病救助政策、困难家庭子女助学政策、失独老人养老帮扶政策、被征地农民养老救助政策陆续出台。这些措施的出台促进了枣庄救助体系由单一的生存型救助向关爱型、普惠型救助模式发展。城市里的救助范围不仅仅是纯意义上“三无”老人，而是向失独老人扩展。农村不仅仅是“五保”对象，而是向被征地后生活困难农民的扩展。困难低保家庭不仅仅保障基本的生活物质，而是发展到保障其子女上学。从中可以看出，社会救助制度改革从一点出发逐步扩大面积，深入到各类困难群众。在此过程中试点先行，在试点中发现问题及时修正，直至政策比较健全时再推广，避免冒进带来的损失。单项政策发展到一定时期后，再整体推进，做到稳中有序，制度间互为补充、层次分明，最终整个救助体系将城市与农村、有业与无业、有收入与无收入居民全部容纳其中，筑牢了城乡居民“病有所医、老有所养”的“安全之网”。

（四）救助促就业、发展保民生

枣庄社会救助制度改革的重心，改革的出发点也始终以促进就业、保障民生为目的。围绕这一目的，枣庄市积极发展服务业和第三产业，通过发展和城市转型为贫困下岗职工解决更多的就业岗位。全市每年新增就业10万人左右。城市转型效果初显，就业人员数量逐步增加，社会救助工作的压力得到缓解。枣庄的社会救助和就业政策相互促进，使枣庄居民的就业、生活、社会救助形成良性循环。社会救助保障困难居民基本生活的同时，也解除了劳动力在不同所有制间流动的后顾之忧，从本质上促进了就业。就业人员数量的增加使枣庄城市低保人数一度从6.3万人，降到了3.6万人。救助人数的减少，又使得枣庄的救助标准有较大的提高。枣庄社会救助体制改革逐步进入良性发展轨道。

总体上看，改革开放以来枣庄市社会救助制度的改革与发展，满足了困难群众的基本需求，缓解了社会主义市场经济体制建立和发展进程中的社会矛盾，在很大程度上解决了贫富分化、分配不公带来的社会问题，促进了社会公平和社会团结。“十三五”时期是全面建成小康社会，实现第一个百年梦想的决胜阶段。社会救助事业承载着困难群众的新要求、新期待。在新的历史条件下，新时期民政工作者将准确把握社会救助事业发展面临的新形势、新使命，问题导向，深化改革，精准发力，补齐短板，为建设自然生态宜居宜业新枣庄作出应有的贡献。

审稿人：李　勇

撰稿人：杜　红　郭　威

枣庄坚持完善和发展农村基层自治制度的实践、成效及经验启示

农村基层自治制度建设，是党领导广大农民群众在政治、经济、文化和社会生活领域直接行使民主权利的制度建设和实践活动。改革开放以来，枣庄市农村基层民主政治制度日益完善，组织载体日益健全，内容不断丰富，形式更加多样。广大农民广泛参与民主选举、民主决策、民主管理、民主监督，农村基层党组织领导的充满活力的村民自治机制日趋健全，广大农民群众正在农村这一广阔天地里依法管理自己的事情，创造自己的幸福生活。

一、农村基层自治制度的历史进程

改革开放以来，枣庄市农村基层自治制度建设的历程总体上可以划分为“四个阶段”：

（一）自发开启阶段（1978—1987 年）

20 世纪 70 年代后期，家庭承包经营成为继土地改革之后中国农村的第二次革命性变革。由于这一经营方式使农民由公社这种国家性的地方经济政治共同体迅速回归到家庭组织中，农民开始自发地以各种方式极力突破公社体制的限制，村民自治开始萌生。中共十一届三中全会后，在广大农村普遍推行的家庭联产承包责任制，极大地解放了农村生产力，也使农村生产方式和分配方式发生了根本变化，原来负责组织农民统一生产、统一分配的生产大队、生产队两级组织失去依托，逐渐瘫痪，生产队作为基本核算单位的职能开始分解，生产经营职能主要转向农户。在全市农村生产、管理结构这一历史性转变中，许多地方失去了为广大农民群众生产、生活提供服务的功能，农村社会管理出现了一定程度的无序和混乱状态。为适应当时的改革需求，全市的农村相继进行了积极的探索和创造，一些地方农民自发地创造了自我管理的村民自治形式，当时称为“村管会”，后改为“村民委员会”，主要任务是维护社会治安，调解民间纠纷，管理本村公共事务和公益事业。1982 年，“村民委员会”这一基层群众自治组织形式写进了宪法，规定了村民委员会的性质、设立、组成人员的产生方法、机构设置、主要任务以及与基层人民政府的关系等问题，确立了基层群众自治的原则和方向，为村民自治的存在、发展和有关法律法规的制定提供了根本依据。1983 年 11 月，省委、省政府制定并下发了《山东省政社分开建立乡政府工作方案》，省人大常委会也作出了《关于村民委员会建设中几个问题的决定》。1984 年市委、市政府根据中央和省文件精神，在试点的基础上，有步骤地开展政社分开、建立乡政府的工作，至 1985 年全部完成社改乡，并对 85 个乡镇领导班子进行了调整；同时，以现有生产大队为基础建立村民委员会的工作也有序推进，填补了人民公社解体后农村社会事务管理上的权力真空，为稳定社会发挥了积极作用，从 1983—1985 年，全市普遍建立了村民委员会，截至 1986 年，全市建立村民委员会 3079 个。村民委员会作为农村基层群众自治组织，在乡政府的指导下，直接管理村里的各项自治事务。

（二）自觉探索阶段（1988—1998 年）

1987 年 11 月，全国人大常委会通过了《中华人民共和国村民委员会组织法（试行）》。民政部于 1988 年初设立了基层政权建设司，枣庄市编制委员会于 1987 年 6 月 5 日，批复设立基层政权科。迅速在全市推进村民自治，建立村民选举示范单位，并重新定义了村民自治的核心内容，把“自我管理、自我教育、自我服务”扩充为“民主选举、民主决策、民主管理、民主监督”。1988 年，枣庄市政府下发了《关于贯彻〈村委会组织法〉的通知》，认真抓好乡、村干部的培训工作。选择 5 个乡镇进行实施村委会组织法的试点工作，村委会由主任、副主任、委员 3—7 人组成，任期 3 年，下设人民调解、治安保卫、公共卫生、计划生育委员会和村民小组，市十届人大常委会四次会议听取和审议了试点情况汇报。在试点的基础上，全市普遍开展了村民委员会的组织建设、制度建设和民主政治建设，不断完善村民自治制度。1992 年，市民政局印发《枣庄市 1992—1995 年开展居民自治示范活动规划》。

1988—1995 年，全市先后组织完成第一至第四届村民委员会换届选举工作，村民参选率达 90% 以上，选举工作程序、方法逐步完善。1993 年 4 月 22 日，市政府依据《村委会组织法（试行）》颁布实施了《枣庄市村民委员会选举办法》，在第四届选举中，采取“六个统一”的做法，即统一程序、统一选票、统一表格、统一验收、统一发证、统一建档，使这项工作走上更加规范的轨道。经过部署发动、组织实施和检查验收阶段，全市 3124 个村民委员会，有 3049 个依法民主直接选出了新一届村民委员会，选举成功率占 98.36%。

1989 年，根据省民政厅《关于开展创建模范乡镇政府和模范村（居）民

委员会活动的通知》精神，全市通过抓示范活动，推进村民自治全面发展。在省厅下发《关于表彰村民自治先进县市和乡村街居先进集体及个人的决定》，滕州市南沙河镇被评为“齐鲁乡镇之星”；薛城区薛城镇古井村、峄城区峄城镇张店村、山亭区西集镇西集村、滕州市级索镇姚庄村村民委员会被评为“山东省模范村民委员会”；刘丙堂、郭万英、吴成华、刘怀明等被评为“山东省优秀村民委员会主任”；市中区矿区街道被评为“齐鲁街道之星”；市中区中心街街道办事处马宅子居民委员会被评为“山东省优秀居民委员会”；徐学义被评为“山东省优秀居民委员会主任”。

（三）发展完善阶段（1999—2008年）

1998年11月，九届全国人大常委会第五次会议正式修订颁布《中华人民共和国村民委员会组织法》，为村民自治工作提供了法律保障，标志着村民自治逐步进入法制化、规范化、程序化轨道。经过多年的创新发展，枣庄的村民自治工作已经基本走上规范化、法制化的轨道，民主选举不断规范完善、民主决策不断深化发展、民主管理不断加强规范、民主监督逐步完善提高，为推进新农村建设，促进全市农村经济社会发展发挥了重要作用。

1. 村级民主选举制度不断规范。从1998年至2008年，全市顺利完成了第七、八、九届村委会换届选举工作。每次换届，市、区（市）、乡镇都成立专门的换届选举领导机构，配备熟悉农村工作、熟悉法律法规的人员组织指导换届工作。换届前，召开会议，下发文件，并举办选举骨干培训班。换届期间，各地利用多种媒体和宣传手段，对村委会换届选举的程序、方法、步骤等进行宣传。严格按照《中华人民共和国村民委员会组织法》和《山东省村民委员会选举办法》的规定，重点把好村民选举委员会的推选关、选民登记关、候选人提名关和选举大会的组织选举关。各级注意做好信访工作，及时、妥善地解决村民信访问题。选举结束后，县、乡民政部门及时指导新一届村委会建立经济管理、治安保卫、民事调解、计划生育等下属委员会，并合理划分村民小组，推选村民小组长，健全共青团、妇联等组织。为加强村委会的制度建设，指导各地认真执行法律政策规定，帮助新一届村委会对原有规章制度进行修订、补充和完善，重点加强以民主决策、民主管理、民主监督为主要内容的村级民主制度建设。2000年1月5日，市民政局会同市妇联下发《关于贯彻落实民政部民发〔1999〕14号和全国妇联厅字〔1999〕23号文件的通知》，此通知对落实《中华人民共和国村民委员会组织法》关于“村民委员会成员中，妇女应当有适当的名额”的规定提出了具体要求，对于加强和推进基层妇女参政工作具有重要的指导意义。

2. 村务公开民主管理不断加强。20世纪80年代初期，枣庄市部分乡村定期或不定期进行村务公开活动。《中华人民共和国村民委员会组织法》实施后，村级民主制度成为一项经常性制度逐步建立、发展、完善。2000年2月，为深入落实中共十五届三中全会精神，贯彻实施《村委会组织法》，枣庄市下发了《关于进一步修订规范村委会规章制度的通知》，对修订规范村委会规章制度工作作了全面动员、部署，并提出了明确的修订要求，这项工作的开展，进一步巩固了第六届村委会换届选举成果，加强了村委会组织、制度建设，促进了农村改革、发展、稳定。2004年，枣庄市村务公开协调领导小组成立，协调领导小组办公室设在市民政局。同年9月，市委、市政府召开全市村务公开民主管理工作会议，传达、学习中办发〔2004〕17号文件和省工作会议精神。会议要求：各级党委政府要加强组织领导，保证村务公开民主管理工作的全面落实，采取切实有效的措施，推动村务公开民主管理向深度和广度延伸。总的工作目标是：2004年起步，在规范制度上做文章；2005年完善，在健全机制上下功夫；2006年发展，在创新提高上出成效。经过三年努力，把全市村务公开民主管理工作提高到一个新水平。会后，市纪委、市委组织部、市民政局、市财政局、市农业局、市司法局、市计生委联合下发了《关于在全市农村进一步强化村务公开民主管理的实施意见》，全市村务公开民主管理工作走上了有序、规范、快速发展的轨道。这项工作在全市农村中普遍展开，村务公开工作在农村“两委”班子中已基本形成共识。全市有2170个行政村全面开展了村务公开工作，占全市农村总数的98%。山亭区成立了由组织部门牵头、有关部门参加的村务公开检查组，每月定期抽查各村的村务公开情况，薛城区常庄镇的村务公开工作积累了比较成熟的经验，在全省会议上作了发言。峄城区推行“两个一”工程，被评为全省“村民自治模范区”。滕州市大坞镇建立了村务重大事项审批制度和审批程序，此经验在全省会议上作了书面交流。

2015年12月，山亭区山城街道沈庄社区居委会举行换届选举大会

2006年，山东省第十届人民代表大会常务委员会第十九次会议通过《山东省村务公开条例》，条例按照中央要求结合山东农村实际，充分吸收了各地开展村务公开民主管理的成功经验和做法，使全省村务公开民主管理走向了法制化轨道。根据市领导关于进一步加强和规范枣庄市村务公开的要求，枣庄市民政局成立了《枣庄市村务公开办法》起草小组，在市民政局党组的领导下开始《枣庄市村务公开办法》起草工作。近3个月来，起草小组搜集、整理了大量的有关村务公开的资料，多次召开研讨会，广泛征求了村民和村民委员会、村党支部和乡镇政府的意见，反馈意见达200余条。在上述工作的基础上，起草小组对草案进行了反复修改完善，并经市民政局局长办公会讨论报市政府批准，形成了《枣庄市村务公开办法》。办法共二十四条，分别对政府相关部门在村务公开工作中的职责、村务公开的内容及时限，村务公开监督小组的作用发挥以及村务公开的保障措施等方面作了规定。一是规范了公开内容。公开的内容主要围绕群众普遍关心和涉及群众切身利益的重点、热点、难点问题，既要相对稳定，又要根据形势任务变化和农民的要求，及时调整充实。二是规范了公开时间。以县为单位，统一规定公开时间。财务收支情况要每月公开一次，其他村务办理情况至少每季度公开一次，涉及农民利益的重大问题以及群众关心的重要事项要及时公开。三是规范了公开程序。公开前，村委会要提出具体方案；公开中，村务公开监督小组要对公开方案进行审查，经村“两委”联席会议讨论决定后，通过公开栏进行公开；公开后，村“两委”成员要认真听取群众反映，解答群众提出的有关问题。四是规范了公开配套制度。选好村务公开监督小组并切实发挥作用；实行民主决策，村务大事由村民当家做主；健全集体资产管理制度；落实村干部民主评议、目标考核、离任审计和过错责任追究等制度，使村务公开逐步走上规范化、科学化的轨道。

（四）村民自治全面提升阶段（2009年至今）

1. 修订和完善农村村民自治配套法律法规

党的十七大将“基层群众自治制度”首次写入党代会报告，正式与人民代表大会制度、中国共产党领导的多党合作和政治协商制度、民族区域自治制度一起，纳入了中国特色政治制度范畴。2010年10月28日，第十一届全国人民代表大会常务委员会第十七次会议对《中华人民共和国村民委员会组织法》做了修订。修改后的组织法完善了村民选举委员会的组成和推选程序，增加了选民登记的内容；对村民会议、村民代表会议、村民小组会议的职责作了细化，完善了民主议事制度。此外，该法还进一步强化了村民的监督机制，完善了村务公开制度，增设了村务监督机构和村务档案制度，并对村委会成员任期和离任审计制度等作了完善。这部法律为村民自治建设、发展农村基层民主、维护村民合法权益提供了法律保障。

2011年1月14日，山东省第十一届人大常委会第二十一次会议修订通过了《山东省村民委员会选举办法》，共8章41条。这次修改的主要内容是，明确了村民委员会换届选举的时间、保证村民委员会中有妇女成员、参加选举的村民登记、提名产生候选人、对贿选等违法行为的查处等。同时，就加强党的领导、村级财务审计、村委会延期换届、村委会成员的退出机制和降低罢免门槛等方面做了细化。另外，还对村民委员会的议事规则、委托投票、当选人员的回避、另行选举、职务终止、补选程序、财务审计、行政责任、选举经费保障等进行了补充和完善。

村务公开栏

2012年11月29日，山东省第十一届人民代表大会常务委员会第三十四次会议修订《山东省实施〈中华人民共和国村民委员会组织法〉办法》，自2013年1月1日起施行。实施办法根据农村新形势的需要作了较大调整或补充，一是增加了“村改居”的法律适用和责任追究的内容，分别对村民选举委员会、村民委员会、村民会议、村民代表会议、村务监督委员会和乡镇人民政府涉及村民自治方面的工作做了相关规定，明确了各自职责、不当决定的纠正主体和违反法律、法规规定应承担的法律后果，对推进村民依法自治和政府依法行政，将产生积极作用。二是进一步完善基层民主选举、民主监督方面的内容，着重提出了建立村务监督委员会等制度设计。三是进一步完善基层民主管理、民主决策方面的内容，规范村民代表会议职责，提出村级会计由乡镇人民政府经管部门委托代理服务。另外，实施办法对原办法个别章节和名称做了调整；对村民会议向村民代表会议授权程序、村财审计、村务监督委员会成员资格自然终止的条件及村级档案管理等其他方面也做了相应规定。

枣庄市按照《村民委员会组织法》《居民委员会组织法》《山东省实施〈村民委员会组织法〉办法》和《山东省村务公开条例》等法律、法规和政策规定，

结合枣庄实际，出台了《关于进一步深化和规范村（居）务公开工作的实施方案》《枣庄市村（居）务公开目录》等文件。着重指导村（居）制定完善《村民自治章程》《村规民约》《村民代表会议制度》《村两委议事制度》《党员民主生活会制度》《财务管理制度》《三务公开制度》《财务审计制度》《述职述廉制度》《村级事务民主决策制度》等一系列村级规章制度，从而形成农村基层组织管理和村民自治的科学、完整、效能的制度体系，从制度上明确村“两委”和村干部的责、权、利。避免在“三务”公开问题上个人说了算等问题，切实做到有法可依、有章可循，实行依法治村。

2. 村民委员会换届选举工作更加规范

枣庄市按照新修订的实施办法和选举办法，指导全市成功完成了第十届、第十一届和第十二届村委会换届选举。第十二届村民委员会换届选举于 2017 年 12 月开始，2018 年 4 月基本结束。在第十二届村民委员会换届选举中，全市始终坚持加强党的领导、充分发扬民主和严格依法办事有机统一，整个换届过程稳妥、有序、顺利。至 2018 年 4 月 22 日，全市 2528 个村（居）委会换届选举全部圆满完成，按期换届率 100%，一次成功率 99.2%。一大批“讲政治、守规矩、重品行、有本事、敢担当”的优秀人才进入村委会班子，班子成员素质能力明显提高、年龄结构明显优化、整体功能显著增强，书记、主任“一人兼”比例达到69.6%，比上一届明显提升。为保证换届选举的顺利进行，印制、发放村委会成员当选证书 9000 份。指导基层做好新一届村务监督委员会、人民调解、治安保卫、公共卫生与计划生育、民政等村委会下属组织建设，推选产生新一届村民代表、村民小组长，做好新老班子交接。对于村民委员会换届选举，市委、市政府高度重视，树立了大抓基层、全面过硬的鲜明导向。坚持“书记抓、抓书记”，不折不扣落实全省村、城市社区“两委”换届选举工作视频会议精神，在亲力亲为中传递压力、夯实责任。成立了村“两委”换届选举工作领导小组，相关市直单位负责人任成员，抽调素质高、业务强、作风硬的同志组建了办公室。市委召开常委会听取全市村、城市社区“两委”换届选举准备情况汇报；市委领导深入五区一市就换届工作开展专门调研，听取区（市）准备情况汇报。坚持书记亲自作部署，区（市）、镇（街）党委书记亲自召开动员会议，认真履行领导责任。坚持党委书记联系帮包制度，区（市）委书记分别帮包各自最薄弱的镇（街），65 个镇（街）书记分别帮包最薄弱的村，一级抓一级，层层抓落实，将领导干部帮包落到实处。区（市）委书记认真履行“第一责任人”职责，亲自过问、掌控全局，听取每个镇（街）换届准备情况汇报，带头开展调研，亲自研究换届工作方案，定期调度进展情况，解决有关问题，推进“两委”换届工作顺利开展。镇（街）党委书记认真落实“直接责任人”责任，靠在一线指挥，集中精力把工作抓细抓实，特别是有效防范和处置影响换届选举的各类事件；亲自研究换届人选，亲自与落选的村干部谈心谈话，理顺情绪，消除顾虑，促进新老班子顺利交接。

2018年2月1日，滕州市鲍沟镇薛岩前村委会换届选举现场

3. 村务公开民主管理有章可循

2008 年 7 月，市委办公室下发《关于调整枣庄市村务公开协调领导小组组成人员的通知》，领导小组办公室设在市民政局。2010 年国家新修订的村委会组织法颁布实施以来，市及各区（市）普遍修订完善了《村务公开目录》。各地结合村民自治实践和新形势下村民自治工作新特点，规范村级组织建设、村民权利义务、经济管理、社会秩序和精神文明建设等方面的行为，把村民关心的各项村务经村民会议或村民代表会议讨论通过后，及时纳入村民自治章程和村规民约之中，使之成为干部群众共同遵守的行为准则。据统计，目前全市 98.5%的村修订了村民自治章程和村规民约。同时，进一步明确了村级组织和村民在村民自治工作中的地位和责任，理顺了各种组织之间的关系，形成了职责清晰、权责分明、高效运行的村级管理运行机制，村民参与村级事务管理的自觉性和主动性得到极大提高。

进一步规范村务公开内容、形式、时间和程序。在村务公开内容上，明确为党务公开事项、政务公开事项、财务公开事项、事务公开事项以及群众要求公开的其他事项。重点将村级财务收支、筹资筹劳、集体“三资”管理、农村集中居住区建设、农村经济组织成立运行、土地征用补偿分配、计划生育、低保救助、印章使用、一事一议财政奖补项目等纳入公开内容。在村务公开形式上，坚持实际、实用、实效的原则，在便于群众观看的地方设立固定的村（居）务公开栏，公开栏规格不小于 10 平方米。充分依托村（居）务公开栏和“农廉网”，结合广播、网络、“明白卡”、电子信息屏、电子触摸屏、民主听证会、村民代表会等其他有效形式进行辅助公开。滕州市统一制作更换新的村务公开栏，已投入使用标准公开栏 600 多块，新式公开栏设计既美观、大方又经济实用，而且公

开全面，很大程度上提高了各村公开的积极性，同时带动了其他村居制作公开栏的热情。在村务公开的时间上，以区（市）为单位统一规范。按照公开事项的性质实行年度公开、季度公开、月公开、即时公开。一般的村务事项每季度至少公开一次，涉及农民利益的重大问题以及群众关心的事项及时公开。推进村务事项从办理结果公开，向事前、事中、事后全过程公开延伸。在村务公开程序上，村（居）民委员会依照法规和政策的有关要求提出公开的具体方案；村（居）务监督委员会对方案进行审查、补充、完善后，提交村（居）党组织和村民委员会联席会议讨论确定；村（居）民委员会通过村（居）务公开栏等形式及时公布。群众对公布的内容有疑问，可以口头或书面形式向村（居）务监督委员会投诉，也可以直接向村（居）党组织、村（居）民委员会成员询问，村（居）务监督委员会或村级组织应在10日内予以解释和答复；村（居）民委员会对村（居）务公开资料整理归档。

根据《全国村务公开协调小组关于深入开展村务公开民主管理示范单位创建活动的通知》统一部署，枣庄市积极开展村务公开民主管理示范单位创建活动。2011年5月，市村务公开协调领导小组办公室下发《关于深入开展村务公开民主管理示范单位创建活动的通知》，明确示范单位创建活动目标任务、方法步骤和工作要求。各地把示范单位创建活动作为推进农村改革发展的重要载体，加强领导，强化措施，制定方案，精心组织。许多地方积极培育典型，注重发挥典型带动作用，尊重群众的首创精神，探索推进工作落实和体制机制创新，涌现出一批好的典型。在创建活动中，真抓实干，积极探索，勇于创新，涌现出一批先进典型，创造了一些好的经验。市中区、滕州市被省民政厅确定为“全省村务公开民主管理示范单位”。通过这一活动，进一步推动了村务公开民主管理的制度创新，提升了整体工作水平。

扎实推进村务公开民主管理“难点村”治理工作。2009年以来，枣庄市认真贯彻落实中纪委、中组部、民政部等12部委《关于开展村务公开和民主管理“难点村”治理工作的若干意见》和2010年11月“西安会议”精神，加强领导，强化措施，精心组织，推动村务公开民主管理“难点村”治理工作扎实开展。市委、市政府高度重视“难点村”治理工作，把它作为推进农村改革发展的重要任务，作为深入学习实践科学发展观活动和创先争优活动的配套性工程，列入全市农业农村重点工作，纳入社会事业发展和科学发展年度考评体系。市纪委、市委组织部、市民政局等9部门联合下发《关于认真做好村务公开和民主管理“难点村”治理摸底和试点工作的通知》，制定《关于开展村务公开和民主管理“难点村”治理工作的实施意见》，明确治理工作目标任务、方法步骤和有关要求。同时，明确了市村务公开协调领导小组成员单位在“难点村”治理工作中的职责分工，形成齐抓共管格局。市、区（市）、乡镇三级普遍建立领导干部抓“难点村”治理工作责任制。区（市）、乡镇（街道）两级党委书记是“难点村”治理工作的第一责任人和直接责任人，加强领导，亲力亲为，从抓村“两委”班子建设和解决群众最关心最现实的利益问题入手，开展“难点村”治理工作，形成了上下联动、部门协作、齐抓共管的整体工作合力。截至2011年9月底，全市19个“难点村”全部得到治理转化，提前完成三年规划治理任务。

2012年3月，省民政厅在潍坊市召开全省村务公开民主管理工作会议和“村改居”工作座谈会，枣庄市市中区作了典型发言。

4. 加强村级民主监督制度落实

民主监督是村民自治的重要内容，也是村党组织领导的充满活力的村民自治机制的重要保障。《中共中央办公厅国务院办公厅关于健全和完善村务公开和民主管理制度的意见》下发以来，村务管理的监督制约机制不断完善。2011年5月，省委办公厅、省政府办公厅下发了《关于在全省农村实行村委监督委员会制度的意见》，2012年9月，中央纪委、中央组织部、民政部印发了《关于加强村级民主监督工作的意见》，提出了加强村务监督机构的建设和开展民主评议工作的要求。2013年2月，市委办公室、市政府办公室印发《关于进一步加强和规范农村村务监督委员会工作的意见》的通知、《枣庄市村务监督委员会工作规程（试行）》的通知，对村务监督委员会的性质、届期、组成、监督内容、规则、程序和途径都做了相应规定。全市各级以“三个到位”为引领，推动村务监督委员会科学化、制度化和规范化建设。一是组织机构落实到位。各区（市）专门成立了办事机构，具体负责村务监督工作的综合协调和业务指导。各镇（街）按照有人员、有牌子、有印章、有办公场地、有工作制度、有会议记录的“六有”要求，推进设施建设，目前全市90%以上行政村都达到了“六有”标准。同时对村监委成员选举与村“两委”换届同步举行，一批政治素质好、群众公认度高、工作责任心强的村民被选为村监委成员，夯实了基层组织基础。二是机制制度完善到位。为保障村监委有序开展工作，完善了《村务监督委员会议事规则》《村党支部、村民委员会、村务监督委员会联席会议制度》《村务监督委员会跟踪督查制度》等14项制度，明确村监委及各成员的主要职责、权利义务和工作程序。同时，建立村监委成员年度考核、“双述双评”制度，有效调动了村监委成员工作的积极性。三是监督作用发挥到位。紧紧围绕村级五项重点工作（党务村务公开、财务公开、村民议事、村民监督和矛盾调处），积极发挥村务监督委员会监督作用。强化村务公开监督。明确村务监督委员会负责监督党务、村务、财务公开的全过程。强化“三资”管理监督，村务监督委员会成员全程参与村（居）资产、资源、资金的清查、摸底和登记，加强对

资金、资产、资源管理的监督。强化村级决策监督，村务监督委员会对村“三重一大”事项实行决策前、中、后全程监督。强化工程项目监督，凡涉及道路硬化、设施建设等村级工程项目和经营性项目的，村务监督委员会均全程参与、跟踪监督，对工程顺利实施和维护群众利益发挥了积极作用。截至2014年底，全市已有2283个村建立了村务监督委员会，占应建总数的100%。共选举产生村监委成员8675人，平均每个村3.8人。

村干部任期和离任经济责任审计是新时期党和国家提出的一项新要求。主要包括两种具体形式：一是任期内经济责任审计，二是离任经济责任审计。离任审计包括村民委员会成员任期届满、罢免、辞职、职务终止等离开本岗位所进行的经济责任审计。一般应当先审计后离任，未经审计，不得解除任职期间的经济责任。审计的主要内容包括：本村财务收支情况；本村债权债务情况；政府拨付和接受社会捐赠的资金、物资管理使用情况，如转移支付资金、退耕还林资金、扶贫资金等的管理使用情况；本村生产经营和建设项目的发包管理以及公益事业建设项目招标投标情况；本村资金管理使用以及本村集体资产、资源的承包、租赁、担保、出让情况，征地补偿费的使用、分配情况；本村五分之一以上的村民要求审计的其他事项。村民委员会成员的任期和离任经济责任审计，由县级人民政府农业部门、财政部门或者乡、民族乡、镇的人民政府负责组织，村民委员会成员任期届满或离任时必须审计。审计结果应当在本村公布，其中，村民委员会成员届中离任经济责任审计结果，应当自其离任之日起三十日内完成并公布；村民委员会成员届满离任经济责任审计结果，应当在下一届村民委员会选举之前完成并公布。其中离任经济责任审计结果应当在下一届村民委员会选举之前公布。

在枣庄市第十一届村民委员会换届选举工作准备阶段，市委组织部会同市农业局、市财政局、市民政局、市监察局、市审计局下发了《关于开展村干部任期和离任经济责任专项审计工作的通知》，全力以赴开展经济责任专项审计，突出抓好重点村、难点村审计工作，给群众一个明白，还干部一个清白。在审计工作中，全市发现有违纪违规问题的干部130人，其中移交司法机关处理的44人；审计查出违纪违规金额1961.41万元。滕州市坚持选情研判先行，组织开展了村级班子“四色研判”工作，对照村级班子运行状况、党员队伍结构、党群干群关系、宗族派性斗争等10条研判参考指标，逐村进行研判，建立工作台账，按照“绿、蓝、橙、红”四个类型，对村级班子分类定级、分类施治。薛城区针对村级财务审计工作中存在的不足，各镇街制定整改措施，对问题村干部采取退赔违纪金、通报批评、撤职等处分，实现了“审计一村、警示一片、教育一方”的作用。

5. 加强城乡社区协商民主制度探索

党的十八大以来，以习近平同志为核心的党中央高度重视基层协商民主建设，对发展基层协商民主作了重要部署，提出了明确要求，强调要按照协商于民、协商为民的要求，大力发展基层协商民主，重点在基层群众中开展协商。凡是涉及群众切身利益的决策都要充分听取群众意见，通过各种方式、在各个层级、各个方面同群众进行协商。

2015年7月，中共中央办公厅、国务院办公厅印发《关于加强城乡社区协商的意见》，提出了加强城乡社区协商的重要意义、指导思想、基本原则和总体目标，到2020年，基本形成协商主体广泛、内容丰富、形式多样、程序科学、制度健全、成效显著的城乡社区协商新局面。意见围绕“协商什么、和谁协商、如何协商、协商成果如何运用”等问题，合理确定协商内容，坚持广泛协商，明确协商主体和牵头组织，保证城乡居民、相关组织和群体、各利益相关方广泛参与；拓展协商形式，健全协商平台，保障基层群众用习惯的方式解决身边的事情；明确协商程序，促进协商规范有序开展；运用好协商成果，建立协商成果的采纳、落实和反馈机制，确保协商取得实效。

为贯彻落实中共中央办公厅、国务院办公厅《关于加强城乡社区协商的意见》，省委办公厅、省政府办公厅印发《关于加强城乡社区协商的实施意见》。2016年7月1日，市委办公室、市政府办公室印发了《关于加强城乡社区协商的实施意见》的通知。各区（市）在总结基层工作实践的基础上，相继出台了《关于建立村（居）民议事会制度的实施意见》《关于加强城乡社区协商的实施意见》《“五位一体”提升工程推进方案》等文件，有针对性地提出了落实意见，从而高效、有力地推动枣庄市城乡社区协商工作落到实处。从2016年起，枣庄市开展试点工作，建立城乡议事协商机构，拓宽民主协商渠道，为党组织领导下的城乡基层自治机制注入活力，城乡社区协商制度已成为基层广大群众点赞的“民心工程”。建立协商机构。以城乡社区为单位建立议事协商委员会，在村（社区）党组织领导和村（居）委会指导下开展工作。滕州市92个城市社区全面推行党组织领导下的，居委会、业主委员会、物业公司和“两代表一委员”（人大代表、居民代表和政协委员）共同参与、各司其职、各负其责的“五位一体”基层民主协商机制。搭建协商议事场所。充分利用社区服务中心现有资源，为居民协商议事提供场所。薛城区以镇（街）为单位统一风格、统一标识，28个村（居）民议事示范村打造规范的村（居）民议事厅，配备桌椅、电视、电子表决器、电脑、录音录像、麦克风、音箱等设备。细化协商内容。从村（居）民自治实际出发，将涉及城乡公共利益的重大决策事项、关乎基层群众切身利益的热点敏感问题等纳入协商范畴。市中区推行“村民说事”制度，将村集体收益分配、集体资产处置、房屋拆迁改造、困难群体救助、环境卫生

清理、乡村道路硬化等村（居）民反映强烈、迫切要求解决的问题纳入“说事”内容。拓展协商形式。基层社区在坚持村（居）代表会议制度的前提下，结合参与主体情况和具体协商事项，开展了村（居）民议事协商会、联席会、决策听证会、民主评议会等形式的协商。比如台儿庄区运河街道华阳社区严格落实“五会制”，即民主恳谈会、民主听证会、民主协调会、民主决策会、民主评议会。今年以来，针对小区管理，环境治安问题开展了5次以上的恳谈会、协调会。通过业主委员会、楼长、单元负责人和居委会共同商议，成立了“我爱我家服务社”，服务内容由居民共同参与，大家共同管理，有效维护了群众切身利益，促进了社区和谐稳定。

2015年10月，在省政府召开的全省城乡社区治理和服务创新工作会议上，滕州市在城市社区全面推行党组织领导下的，居委会、业主委员会、物业公司和“两代表一委员”（人大代表、居民代表和政协委员）共同参与、各司其职、各负其责的“五位一体”基层民主协商机制；薛城区以镇（街）为单位统一风格、统一标识，28个村（居）民议事示范村打造规范的村（居）民议事厅等做法在会上进行交流。

二、农村基层自治制度建设的基本成就

枣庄市农村基层自治制度建设的成就主要体现在中共十一届三中全会召开之后。自改革开放以来，特别是《中华人民共和国村民委员会组织法（试行）》颁布之后，枣庄市农村基层民主政治建设紧紧围绕探索和发展村民自治，农村基层民主建设取得了巨大成就，促进了农村的改革与发展，巩固了农村基层政权，有力地推动了社会主义新农村建设。

（一）推行民主选举，健全农村自治组织，推进了农村民主进程

经过村民自治实践，农民群众的民主意识、参与意识、法制意识不断增强，民主选举作为农村基层民主政治建设的重要环节，已经在广大农村生根发芽。一是村民认识不断提高。随着农村基层民主的推进，广大村民的民主意识逐步提高。由过去的“事不关己，高高挂起”，开始转变为对如何组织好换届选举，防止各种非组织行为的出现，选好人、用好人、得实惠提出更高要求。二是广大基层干部的民主观念也发生了根本性的转变，由过去的“为民作主”转变到“由民作主、为民服务”；由以往的上级“任免村干部”转变为引导村民正确运用民主权利，由村民直接“选举村干部”；基层干部领导对农村工作的领导方法由过去的定指标、下任务等简单的行政手段，转变为支持和保障村民依法自我教育、自我管理、自我服务，实现了政府行政管理与村民依法自治的良性互动。三是程序规定越来越严格。新修订的村委会组织法进一步明确了村委会成员候选人资格条件、增加了选民登记的有关规定、规范了村民选举委托投票行为、明确了对村民委员会成员的罢免程序等。经济责任审计、选举委员会产生、选民登记、委托投票、提名候选人、选举大会组织、选举结果的确定等都有章可循，尽可能地减少了人为因素的影响，压缩了操纵选举的空间。四是换届选举质量越来越高。一大批政治素质高、文化水平高、群众威信高和发展能力强、协调能力强、服务能力强的“三高三强”型人才选进村委会班子。同时，妇女当选率也取得历史性突破。各地采取专职专选、优先当选等办法，提高妇女参选、当选率。各级严明换届纪律，严格法律程序，畅通信访渠道，建立限时办结制度，群众集体访、越级访数量大幅减少。群众普遍反映换届选举平稳有序，风气正、质量高、效果好。五是推进了社会主义政治文明建设。实行村民自治，发展农村基层民主，提高了农民群众政治素质和管理能力，使广大农民群众依法享有的广泛的民主权利得到切实保障，为推进社会主义民主政治建设夯实了基础，为扩大社会主义民主提供了一个稳固平台。实行村民自治，确保人民群众依法直接行使民主权利，激发群众有序参与政治的积极性，让群众在实践参与中得到锻炼，对于整个社会主义政治文明的建设与发展有着极其重要的意义。

（二）实行民主决策，调动群众参与热情，促进了农村经济发展

民主决策普遍推行，村民“当家做主”的地位得到巩固。根据《中华人民共和国村民委员会组织法》有关规定，村级民主决策的基本形式是村民会议和村民代表会议。凡是与群众利益密切相关的事项，如村土地集体承包和租赁、集体资产处置、村干部报酬、村公益事业经费筹集等，都实行民主决策，不能

6类服务制度展示牌

由个人或少数人决定。未经村民会议或村民代表会议讨论决定，任何组织或个人擅自以集体名义借贷、变更或处置村集体的土地、山林、设施等，均为无效。否则，造成的损失由责任人承担，构成违纪的给予党纪政纪处分，涉嫌犯罪的移交司法机关依法处理。各地在普遍建立村民会议和村民代表会议制度基础上，根据当前农村新形势、新任务，不断探索村级民主决策的新途径，切实维护了村民人身权利、民主权利和合法财产权利。切实做好民主决策，推进村民自治发展，切实采取行之有效的方式。一是进一步提高了村干部的民主法制素质。村干部是村民自治的组织者，也是参加者、落实者。在村民自治中，村民委员会发挥着非常重要的作用，他们的民主法制素质如何，是能否搞好科学决策的关键。村干部认真学习、领会《中华人民共和国村民委员会组织法》等相关法律法规的精神实质，提高民主法制意识，牢固树立依法治村的理念，树立对村民会议或村民代表会议负责的理念。注意转变工作作风，密切联系村民群众，有事同村民群众商量。广泛听取村民的意见，注意在实践中提高和培养自身的民主决策能力，使决策做到民主化和科学化，切切实实为广大群众谋利益。二是进一步提高了村民的民主意识。村民作为村级民主决策的主体，他们的民主意识对于民主决策起着至关重要的作用，因此就需要提高村民的民主意识，解决农民文化水平低、法制素养差的问题。利用科技下乡活动，以带动村民致富为契机，给村民传授文化知识，提高村民的文化水平和致富能力。加大对村民民主法制的宣传力度，利用人民群众喜闻乐见的形式，强化其全局观念、集体观念和法制观念，树立平等、公正、合作的民主精神，树立正确的参政议政观念。同时，加大对村级民主决策、村务公开中违法事件的查处力度，树立法律的威严，为发展农村基层民主培养合格的主体。三是进一步规范了分层民主决策制度。对于村委会如何进行直接民主决策，村民委员会组织法对村民会议、村民代表会议作了原则性规定，在实践中，广大村民根据当地的生产生活实际，在不违背法律精神的情况下，对直接民主决策的内涵和形式，进行了扩充、丰富，形成了村委会会议、村民小组会议、部分村民会议、村民代表会议到全体村民会议的分层决策机制，日常事项由村委会集体讨论决定，一般事项由村委会同党支部共同研究决定；涉及部分农户的事项，由村委会召集所属范围的村民开会决定；涉及一个或几个村民小组的事项，由村民小组或村民小组联组召开会议，所属村民小组全体村民讨论决定；村民会议通过授权形式由村民代表会议讨论决定某些重要事项；法律规定的、涉及全体村民利益的事项，则由全体村民会议讨论决定。村民委员会应当制定各种会议的议事规则和程序，使直接民主决策进一步规范化、程序化。通过村委会的实践，对一些成熟的做法和制度，可以逐步通过地方立法来规范，或者对国家法律加以修改完善，使村民自治中的直接民主决策更趋法制化。

（三）完善民主管理，健全民主管理机制，提高了农村治理水平

民主管理有章可循，村民参与村级事务管理的积极性极大提高。2010年新修订的村民委员会组织法颁布实施以来，全市各区（市）普遍修订完善了《村务公开目录》。一是建立健全干部群众共同遵守的行为准则。各地结合村民自治实践和新形势下村民自治工作新特点，规范村级组织建设、村民权利义务、经济管理、社会秩序和精神文明建设等方面的行为，把村民关心的各项村务经村民会议或村民代表会议讨论通过后，及时纳入村民自治章程和村规民约之中，使之成为干部群众共同遵守的行为准则。二是健全村级民主管理机制。进一步明确了村级组织和村民在村民自治工作中的地位和责任，理顺了各种组织之间的关系，形成了职责清晰、权责分明、高效运行的村级管理运行机制，村民参与村级事务管理的自觉性和主动性得到极大提高。三是治理体制机制不断创新。加强和创新社会治理，充分发挥社区的平台作用，整合社会组织的资源优势、社工人才的专业优势和社区志愿者的服务优势，推行社区、社区社会组织、社会工作专业人才、社区志愿者“四社联动”，发挥基层各类组织各类力量协同作用，实现多元参与、共同治理，实现由“政府做”向“大家做”的转变，由政府单一管理向社区各类组织、社工、志愿者、辖区企事业单位、社区居民广泛参与、协商共治的转变，进一步激发社会活力，提升了社区治理和服务水平。

（四）规范民主监督，加大自治督查力度，维护了农村社会稳定

经过长期的探索，枣庄市农村基层民主监督取得显著成效。一是全面加强村务监督委员会建设。认真贯彻落实中央12部委联合下发的《关于进一步加强村级民主监督工作的意见》，规范村务监督委员会成员产生方式，明确村务监督委员会职责。二是完善村级经济责任审计和财务审计监督制度。协调各级农村集体资产和财务管理指导部门，加强集体“三资”管理、债权债务管理、土地补偿费管理、“一事一议”筹资筹劳管理等专项审计，把审计重点由集体财务向集体“三资”管理拓展。全面落实了村干部任期届满和离任经济责任审计制度。三是完善民主评议制度。各地通过村民会议、村民代表会议等形式，广泛开展村干部勤廉双述、村民询问质询、村民民主评议活动，加强对村委会成员、村集体经济组织班子成员及其他由村民或集体承担误工补贴的村务管理人员的民主评议和监督，并将民主评议和考核结果与村干部的使用和补贴标准直接挂钩。四是进一步规范村务公开内容、形式、时间和程序。在村务公开内容上，明确为党务政务公开事项、财务公开事项、事务公开事项。坚持实际、实用、实效和因地制宜、群众明白的原则，确定村务公开形式。除以村为单位设立固定防雨的村务公开栏、意见箱之外，全市各地积极探索采用数字电视、

广播、网络、民主听证会等其他有效形式进行村务公开。按照公开事项的性质实行年度公开、季度公开、月公开、即时公开。一般的村务事项每季度至少公开一次，涉及农民利益的重大问题以及群众关心的事项及时公开。推进村务事项从办理结果公开，向事前、事中、事后全过程公开延伸。在村务公开程序上，由村委会依照法规和政策的有关要求，提出公开的具体方案；村务监督委员会对方案进行审查、补充、完善后，提交村党组织和村委会联席会议讨论确定；村委会通过村务公开栏等形式及时公布。群众对公布内容有疑问的，可向意见箱投意见书，也可以口头或书面形式向村务监督委员会投诉。村务监督委员会应当对群众反映的问题及时进行调查，经查实后督促村委会重新公布。五是促进了农村社会稳定和社会进步。通过开展村民自治，把选人、议事、管理、监督的权利真正交到了农民的手中，探索了一条化解农村社会矛盾、解决农村社会问题的有效途径。农村社会自我调适冲突的机能大大增强，许多在农村的多发易发的社会矛盾在当地得到及时化解，促进了社会稳定与社会进步。

三、农村基层自治制度建设的经验启示

（一）坚持党的领导是农村基层自治制度建设的前提

扩大基层民主，实行村民自治是一项复杂而艰巨的工作，也是一项系统工程。在推进基层民主过程中，加强党的领导，是由我们党的执政地位和领导作用所决定的。党的领导是推进村民自治的根本保障，是解决村民自治中各种矛盾和问题的关键。在村民自治中，充分发挥农村基层党组织的领导核心作用，充分发挥农村基层党组织的战斗堡垒作用，充分发挥广大党员的先锋模范作用，提高基层队伍的民主管理能力，确保村民自治始终坚持正确方向。以党建引领基层民主治理创新，始终坚持党在农村村民自治中的领导核心地位，加强基层党的建设、巩固党的执政基础，健全党在农村的组织体系，发挥好党员干部在基层民主建设中的骨干作用，人民当家做主才能充分实现。党的统一领导和依法办事，是扩大农村基层民主必须坚持的两条基本原则。一方面要坚持以党内民主带动基层人民民主，以保障权利、激发活力为根本，充分发挥农村基层党组织的领导核心作用，积极领导和推动村民自治，保证和支持农民群众依法行使民主权利，探索完善党组织领导的基层民主自治机制，并努力使党的领导贯穿于民主选举、民主决策、民主管理、民主监督的全过程；另一方面，又要改善党的领导，改变传统的思维模式、领导方式和工作方法，鼓励广大党员和党支部成员以平等的身份参加村委会竞选和村务管理，充分发挥党员先锋模范作用，推动村民自治不断发展。同时，必须协调村党支部和村委会的关系。村民自治后农村出现的两套领导班子——村委会和村支部如何协调，是一项十分重要的工作。党在国家政治生活中的领导地位，是由我国社会发展的历史和现行的国家体制决定的，在基层民主决策中党支部的领导核心作用如何发挥，“把关定向”怎样落实到具体工作中，需要在深入探索的基础上加以把握。党支部要加强自身建设，维护和支持村民委员会在村民自治中的法律地位和决策地位，监督村民委员会召开好村民会议、村民代表会议，做到主动领导不观看、把关定向不包办、带头执行作模范、监督保障促实现，尽量摆脱事无巨细的工作方式，发挥党支部在农村思想政治工作上的优势，保证党的政策和国家法律在农村的贯彻落实，带领群众实现党在农村的根本目标。根据《中华人民共和国村民委员会组织法》，村党支部和村民委员会的关系必须进一步明确，村党支部在农村处于领导核心地位，对村委会工作实施政治领导。而村委会应维护村党支部的核心作用，一些事关社会稳定、经济发展的重大事项，应及时给村支部请示汇报，争取党支部的支持。党支部要积极支持村委会的工作。《中华人民共和国村民委员会组织法》要求，凡涉及村民利益的重要事项必须由村民会议或村民代表会议民主决策。在实践中，要逐步实现“为民做主”向“让民做主”的转变。

（二）调动农民参与热情是农村基层自治制度建设的基础

农村基层是各种利益关系的交汇点，各种社会矛盾的集聚点，加强社会建设的着力点和党夯实执政根基的支撑点。村民是依法自治的主体和力量源泉，村民依法自治制度是保证人民当家做主的根本政治制度。没有群众参与，村民自治建设就成为一纸空谈，村民的意愿和共识就无法汲取凝聚。必须坚持自治建设为了人民、依靠人民、造福人民、保护人民，以保障人民根本权益为出发点和落脚点，保证人民依法享有广泛的权利和自由、承担应尽的义务，维护社会公平正义，促进共同富裕。长期以来，枣庄市注重引导农村干部牢固树立农村农民群众主体意识，充分信任、依靠农民群众，充分尊重农民群众的意愿，不断建立和完善群众参政议政的决策、管理和监督机制，充分发挥农民群众自我管理、自我教育、自我服务的主体作用，较好地落实了农民群众的知情权、决策权、参与权和监督权。同时，村民自治的主体是农民，农民关心、支持、参与决定村民自治的成效。因此，把解决好群众最关心、最直接、最现实的利益问题作为出发点和落脚点，紧密围绕关系人民群众切身利益尤其是难点热点问题，首先实行群众自治，通过发扬民主，集思广益，共同管理，妥善处理各种利益关系，积极化解各种矛盾，使村民自治，在促进基层经济社会发展，促进人民生活改善，促进社会和谐中发挥重要作用。

（三）勇于探索创新是农村基层自治制度建设的关键

要发扬全市在村民自治方面探索创新的优良传统，围绕加强和创新基层社会管理，在村民自治建设方面不断研究新情况、解决新问题，创造新经验。要

把推进村民自治同深化农村改革、新农村建设和农村社区建设紧密结合，不断充实村民自治实践内容，丰富村民自治实践形式，把村民自治实践融入各项农村工作之中，使之相得益彰，相互促进。从客观上来说，在城市化加速推进的过程中，农村出现了空心化，这种空心化不仅仅包括政治、经济、文化，也包括基层治理。大部分青壮年劳动力都外出了，农村精英流失了，村民参与自治力度不够。因此，扩大村民自治平台，提高村民自治参与度，发现和培育新生力量，就成为目前提高农村基层治理水平、提升村民自治质量的重点工作，也是难点工作。随着社会主义市场经济建设的不断深化，村民自治本身也出现了一些新的变化，目前也面临着诸多挑战。要允许各地探索不违背自治原则又能体现各地特点的自治制度，因地制宜地发展形式多样的村民自治模式。只有立足于本地具体实情的自治制度才能紧密契合农民的日常，才有利于自治行为的习惯化、生活化。要认真研究和探索村民参与村级民主管理的有效形式。要适应经济社会发展的要求，不断丰富民主形式，创新民主内容。要紧紧围绕这些问题进行深入的探讨和实践，力求从农村改革发展稳定的全局出发，不断推进理论和体制、机制的创新。要注意从农村经济社会发展的阶段性特征出发，深入研究村民自治的特点、规律和发展趋势，努力增强工作的预见性、主动性和创造性，不断取得新成效。同时，尊重群众的首创精神、尊重基层的创造，用发展的思路和改革的办法，不断推进村民自治实践、理论、制度和机制创新。注重发现和培育各类先进典型，及时总结和推广经验。深入推进农村社区建设，结合村委会换届选举，稳妥推进社区内行政村合并，实现以农村社区为单元开展治理和服务工作，逐步实现一社区一村（居）民委员会。不断推进农村协商的展开，分层次建立协商制度，规范协商程序，丰富协商形式，大力开展城乡社区协商示范点建设，推动城乡社区协商制度化、规范化、程序化。村民自治作为一种折中性的区域性社会自治，其职能有限，也受掣于既有制度环境。为了充分发挥村民自治的作用，可以允许各地探索不违背自治原则又能体现各地特点的自治制度，从法律和政策上鼓励各地立足于本地具体情况，创新基层治理机制，因地制宜地发展形式多样的村民自治模式。只要不侵害国家权力，不侵害个人权利，具体用哪一种模式来自治应该交给村庄自己来选择，这才是真正的自治。除了继续完善村民自治制度之外，准确定位村民自治的职能与权责，明晰村委会与各种相关组织、机构之间的关系，改善村民自治的外部环境，也十分重要。增强村级自治组织的服务功能，除了处理好“两委”关系、政社关系，还有一个重要方面就是要正确处理好与社会组织的关系。自治组织要善于与社会组织合作，使用专业功能处理日常事务，产生有效配合，并在与社会组织的磨合中不断提高自身的服务能力。在培育村民自治素养方面，自治组织要加强公共服务体系建设，提升公共文化服务水平。既要从中国优秀传统文化中汲取基层社会治理养分，又要将社会主义核心价值观融入居民公约、村规民约，重视发挥道德教化作用，培养具有公共精神的新型农村居民。

（四）完善村民自治法规制度是农村基层自治制度建设的保障

加强社会主义法治建设已成为国家治理的一个重要方法，是推进国家民主政治建设的坚实保障，发展民主必须同健全法制相结合。在农村进行基层民主建设的今天，必须加强村民自治的法律、法规和制度章程的建设，完善村民自治的配套措施，实现村民治理的法制化、规范化、程序化。村民自治是一种大规模的、广泛的群众参与活动，更需要不断完善与村委会组织法相配套的法规，并以法律法规为依据，指导基层健全各项制度。因此，在推进村民自治实践中，始终要把村民自治与法规建设、制度建设相结合，把完善村民自治的配套法规、建立健全相关的村民自治制度作为重要任务来抓，使民主在法制的范围进行。一是完善村民自治的法律法规和村民自治制度。根据村委会组织法规定，《山东省村务公开条例》尽快修订出台相应的配套法规政策。二是严格落实村民自治的法律规定。村民自治作为一种法律制度，如何使其应然状态转变为实然状态，并在实然状态中发挥法律制度本身最大价值，这就需要法律得到普遍遵守和严格的落实。村民作为村民自治的主体，培养自身主人翁观念和民主法制观念，积极参与村级民主实践活动。政府在自治制度中主要职责是，制度创新、制度的严格落实。三是结合新形势新变化，以区（市）为单位，进一步修订完善《村务公开目录》，把党务村务、财务、事务等群众关心的事项纳入村务公开内容。四是完善村民自治的配套制度。村民自治是一个复杂的治理过程，会涉及有关农民生活发展的方方面面。农村集体土地征收征用补偿制度，利益如何合理的分配等也是关系到农民的切身利益。五是规范完善民主决策、民主管理、民主监督制度。修订完善村民自治章程、村规民约、村民会议和村民代表会议议事规则、财务管理制度、村集体“三资”监管等办法。建立完善村务监督委员会、村级经济责任审计和财务审计监督制度、民主评议制度，切实保障基层群众知情权、决策权、参与权和监督权。同时，城乡基层是宣传和普及法律法规的重要阵地，是培育居民群众法治意识和守法习惯的重要平台。在推进基层自治建设过程中，要充分尊重村民主体地位，尊重群众首创精神，引导农民群众自觉守法、遇事找法、解决问题靠法，激励广大农民群众做尊法守法的表率，切实增强村民法治观念。

审稿人：李　勇

撰稿人：王一平

枣庄市预算改革历程、成就及启示

改革开放以来，枣庄市财政部门按照中央和省市党委、政府的统一部署和上级财政的要求，坚持与时俱进，不断改革创新，在财政体制和预算管理方面进行了一系列重大改革，财政体制更加完善，调动了各级增收节支的积极性；预算编制水平逐步提升，初步建立了公开透明的预算制度。

一、预算改革历程

（一）枣庄市财政体制改革历程

1. 经济转型时期的“分灶吃饭”财政体制（1979—1992年）

1978年12月，中共十一届三中全会召开，做出了改革开放的重大战略部署，开辟了我国社会主义现代化建设的新时期。为解决国家对企业、中央对地方“管得过多、统得过死”的问题，财税体制改革以“放权让利”为突破，以“利改税”和财政管理体制改革为主要内容，以规范国家与企业、中央与地方的分配关系为目标，旨在调动企业和地方建设社会主义现代化的积极性。作为整个经济体制改革的突破口，财政体制改革拉开序幕。

“划分收支，分级包干”的体制。1979年我国对工商税制进行了一次全面改革，改革的核心是实行“利改税”。在此基础上，从1980年开始在全国大部分地区实行“分灶吃饭”的体制，主要是按照经济体制规定的隶属关系，划分中央和地方财政的收支范围，收入方面实行收入分类分成，支出方面按企事业的隶属关系划分；按照划分的收支范围，核定调剂收入分成比例、地方上缴比例、中央定额补助等收支指标，原则上五年不变。按照核定的指标，地方以收定支，自求平衡，多收可以多支，少收相应少支。1979年，省对枣庄市实行“超收分成”的办法，超收部分40%留给枣庄市。1980年省对枣庄市实行“划分收支，分级包干”财政管理体制。收入方面，市地所属企业的收入、所得税、地方税、农业税和其他收入，归地方财政。支出按事权范围划分——原则上以1979年决算实际收入和1979年省核定的支出预算指标为基数，支大于收，不足部分省定额补助，并按每年5%的比例递增，5年不变。1982年省对枣庄市财政体制改按收入“总额分成”办法。根据省政府文件规定，省调整枣庄市收支基数。收入以1979年收入为基数，上收薛城焦化厂、市运输公司的收入和商业提高利润留成比例减少的收入，加进工商税12485万元，调整后1982年收入基数为13213万元，支出在1979年4467万元的基础上，上划气象事业费和公社财政助理员经费等，调整后支出基数为5087万元。

1985年实行“划分税种、核定收支、分级包干”财政体制。1984年第二步“利改税”完成，国家财政收入由利税并重转向以税为主，国家与企业、中央与地方间的分配关系发生了很大变化。中央与地方基本按“利改税”后的税种重新划分中央与地方收入，财政收入分为中央财政固定收入、地方财政固定收入、中央和地方共享收入三类。从1985年起，省对枣庄市实行“总额分成加增长分档分成”的包干办法。在总额分成的基础上，收入增长部分，增幅在8%以内的，按总额分成比例分成；增幅在8%以上至15%的，增长分成10%；增幅在15%以上的，在保证上交中央分成收入后，全留枣庄市。1986年，烟草企业上划中央，省对枣庄市财政体制作了调整，由原分成45%，改为“收入全留，定额补助”，定补276.5万元。

1988年实行中央、地方大包干财政体制。实行“划分税种、核定收支、分级包干”体制后，财政运行出现新问题，中央财政收入占全国财政收入的比重连续下降，为此，1988年国务院出台了《关于地方实行财政包干办法的决定》，对各省分别实行不同形式的包干办法，包括收入递增包干、总额分成、总额分成加增长分成、上解额递增包干、定额上解、定额补助等。1988年，由于13种小税划作地方固定收入，省调整了对枣庄市包干基数。一是把已上划未调整的企事业单位调整进基数；二是把13种小税收入抵顶支出。

枣庄市对各区（市）区别不同的情况，因地制宜，制定了不同的财政体制。同时，枣庄市财政认真实施“抓两头，带中间”战略，在政策上、资金上支持各区（市）经济发展。对条件较好的市中区、薛城区、滕州市实行了“定额上交、比例递增、超收分成”的体制；对峄城区，在体制上、资金上支持其自费改革；对经济基础较差的台儿庄区、山亭区实行“收入全留，定额补助”的财政体制。

党的十四大以前，在整个经济体制改革“摸着石头过河”的大背景下，财政改革虽然在一定程度上适应了当时改革发展的总体需要，却不可能走向清晰的、与市场经济体制相适应的体制目标。“利改税”过程中形成高税率、多优惠、松管理的工商税制，难以为市场主体构筑起成为相对独立经济实体的外部边界；财政管理体制频繁变动，多种体制并存，难以解决体制的规范性、透明化问题。同时，“分灶吃饭”的财政体制缺陷非常明显，收支指标的核定缺乏客观性，“鞭打快牛”和“机会主义”并存。

但“分灶吃饭”的财政体制却是我国财政体制从集权的国家建设型财政向分权的公共财政转变的有益探索，具有过渡特征。

2. 社会主义市场经济体制下的“分税制”财政体制（1993 年至今）

1992 年 10 月，党的十四大提出建立社会主义市场经济体制的改革目标。财政体制改革是关系整个经济体制改革的重大举措，也是当时财政、金融、投资、计划、外贸五大改革的中心环节。在党中央、国务院的领导下，1994 年确立了分税制的财政体制，政府间财政关系调整实现了从传统的财力集分转向制度创新，奠定了适应市场经济基本要求的中央地方财政关系框架基础，成为整个经济体制改革的突破口。

1994 年实行分税制财政体制。分税制改革的主要内容：一是按照中央政府和地方政府的“基本事权”，划分各级财政的支出范围。中央财政主要承担国家安全、外交和中央国家机关运转所需经费支出；调整国民经济结构、协调地区发展、实施宏观调控所必需的支出，以及由中央直接管理的事业发展支出；地方财政主要承担地方各级政权机关运转所需经费支出，以及本地区经济、事业发展所需支出。二是根据财权事权相统一的原则，合理划分中央和地方收入。按照 1994 年税制改革的税种设置，将维护国家权益、实施宏观调控所必需的税种划分为中央税；将与地方经济社会发展关系密切、适宜地方征管的税种划分为地方税；将涉及经济发展全局的主要税种划分为中央与地方共享税。三是与分税办法相配套，分别建立中央和地方两套税务机构分别征税。国家税务局负责征收中央固定收入和共享收入，地方税务局负责征收地方固定收入。四是保证各级既得利益，税收返还承认现状，分别确定税收返还的数额。中央财政对地方税收返还数额以 1993 年为基期年，按照 1993 年地方实际收入，以及税制改革和中央地方收入划分情况，核定 1993 年中央从地方净上划的收入数额，并以此作为中央对地方税收返还基数，保证地方既得财力。1994 年以后，中央对地方的税收返还在 1993 年基数上逐年递增，递增率按全国增值税和消费税平均增长率的 1：0.3 系数确定，即上述两税全国平均每增加 1%，中央财政对地方的税收返还增加 0.3%。

1994 年，根据中央、省统一部署，枣庄市政府《印发＜关于实行分税制财政体制的意见＞的通知》，明确了枣庄市对区（市）的分税制财政体制。

市级财政收入：一是中央级、省级驻枣企业缴纳的增值税的 25% 部分（不含电力、滕州卷烟厂缴纳的增值税）及其营业税（不含保险、银行营业税）；二是市级企业缴纳的增值税的 25% 部分，营业税，城市维护建设税（市驻地以外的市级企业的城市维护建设税在企业驻地缴纳），市级企业所得税、上缴利润及亏损补贴，城镇土地使用税、印花税（不含中央、省级以及五区、滕州市企业缴纳的部分），个人所得税、土地增值税、契税，房产税，投资方向调节税，车船使用税以及征收排污费、城市水资源费、教育费附加及其他收入等。

五区及滕州市财政收入：区（市）级企业上缴的增值税的 25% 部分，营业税，城市维护建设税，城镇土地使用税、印花税（不含中央、省、市级企业缴纳的部分），个人所得税，企业所得税、上缴利润及亏损补贴，固定资产投资方向税，房产税，车船使用税，契税，遗产税和赠予税，土地增值税，农牧业税，农业特产税以及其原属于区（市）的各项收入。

市与区（市）共享税收入：（1）耕地占用税为市与区（市）共享收入，市级分享 30%，区（市）分享 70%。（2）资源税为市与区（市）共享收入，市级分享 60%，区（市）分享 40%。

从 1994 年 1 月 1 日起，市对各区（市）按新体制运行。但对市中区、薛城区、滕州市三个老体制上解区（市）包干上交递增比例由 8% 调减为 7.5%；对山亭区、峄城区、台儿庄区三个补贴区，仍实行定额补助。

分税制财政体制理顺和完善。1994 年分税制财政体制实施后，根据中央和省改革精神，结合枣庄市实际，其间对财政体制不断加以理顺和完善。

1996 年，枣庄市政府下发了《关于完善分税制财政体制有关问题的通知》，将耕地占用税由市级原分享 30%，全部下放给区（市）和乡镇，市级不再分享。将资源税由原市级分享 60%，区（市）分享 40%，调整为市级分享 40%，区（市）分享 60%。上划驻区（市）的市级及市级以上企业税收，以上划企业 1995 年税收为基数，返还基数，市级分享收入增量。

2002 年，枣庄市政府下发了《关于调整上解区（市）包干上交递增比例的通知》，将市中区、薛城区、滕州市三个区（市）包干上交递增比例，由 7.5% 调减为 5%。

2002 年，实施所得税收入分享改革，按市场经济原则，将企业所得税由按企业隶属关系划分改为中央、地方统一按比例分享。市政府下发了《关于印发〈枣庄市所得税、营业税收入分享改革方案〉的通知》，从 2002 年 1 月 1 日起，对企业所得税和个人所得税收入实行中央、省与市或区（市）按比例分享。对地方营业税收入实行省与市或区（市）按比例分享。所得税分享范围和比例：中央、省下划枣庄市的企业所得税〔不含区（市）农村信用社、城市信用社等非银行金融企业所得税和滕州卷烟厂所得税〕；改革前属市级收入的企业所得税；改革前属市级收入的个人所得税。以上所列为中央、省、市的共享收入，具体分享比例为：2002 年中央分享 50%，省级分享 10%，市级分享 40%；2003 年中央分享 60%，省级分享 8%，市级分享 32%。个人所得税省级暂不参与分享，具体分享比例为：2002 年中央分享 50%，市级分享 50%；2003 年中央分享 60%，市级分享 40%。在枣庄市设有分支机构，跨地区经营、集中缴库企业的所得税，在省财政与市财政

之间进行分配，区（市）不参与跨地区分享。中央下划的区（市）农村信用社、城市信用社等非银行金融企业所得税；改革前属区（市）级收入的企业所得税（滕州市包括中央下划的滕州卷烟厂所得税）和个人所得税，为中央、省、区（市）共享收入。具体分享比例为：2002年中央分享50%，省级分享10%，区（市）级分享40%；2003年中央分享60%，省级分享8%，区（市）级分享32%。个人所得税省级暂不参与分享，2002年中央分享50%，区（市）级分享50%；2003年中央分享60%，区（市）级分享40%。营业税分享范围和比例：山东省高速公路经营企业集中缴纳的营业税、城市维护建设税及教育费附加为省级收入，上缴省级财政。其他地方营业税实行省与市以下共享，分享比例为，省级20%，市以下80%。省下划枣庄市的营业税（电力等四大部门营业税和银行营业税）以及改革前属市级收入的营业税，为省财政与市财政共享收入。分享比例为，省级20%，市级80%。改革前属区（市）级收入的营业税，为省财政与区（市）财政共享收入。分享比例为，省级20%，区（市）级分享80%。

2005年，市政府下发了《关于进一步完善市以下财政管理体制有关问题的通知》，主要内容是：一是理顺个人所得税分享体制。从2005年1月1日起，将原属中央与省级共享的储蓄存款利息个人所得税（中央60%、省级40%），按照现行财政体制和属地原则下划到市或区（市），与原属中央和市及市以下共享的个人所得税（中央60%、市及市以下40%）一并实行中央、省、市或区（市）按比例共享。分享比例为：中央60%、省级15%、市或区（市）25%。其中：(1)市级分享范围：市工行、市农行、市中行、市建行及直属营业部（办事处、分理处）汇总缴纳的利息所得税；市城市信用社、市邮政局汇总缴纳的利息所得税。(2)区（市）分享范围：各区（市）工行、农行、中行、建行汇总缴纳的利息所得税；各区（市）城市信用社、农村信用社、邮政储蓄机构汇总缴纳的利息所得税。二是完善原体制补助政策。从2005年起，将山亭、峄城、台儿庄三个区的原体制补助，并入各区增值税、消费税（简称“两税”）税收返还基数，增幅与各区上缴的“两税”增幅挂钩，按1∶0.3系数确定。三是进一步明确部分企业收入归属问题。根据现行财政体制执行中存在的问题，为保持财政体制的统一和规范，对部分企业收入归属问题作了进一步明确。从2005年1月1日起，将市中、山亭、峄城、台儿庄四个区在滕州市境内所建煤矿缴纳的增值税，由原缴入市级国库年终再结算返还上述区级财政，改为由市国税局按月调整到上述有关区级国库入库，不再反映市级收入。对泉兴矿业集团公司在滕州市、峄城区境内所建煤矿以及枣庄市烟草公司、滕州市网通公司（包括农话营业税）缴纳的税收，按以下规定分享：增值税（25%部分）、营业税（80%部分）、企业所得税(32%部分)、城镇土地使用税、印花税、土地增值税属市级收入；城市维护建设税、教育费附加、房产税、车船使用税、个人所得税（25%部分）、契税属区（市）级收入；资源税属市与区（市）共享收入，市级分享40%，区（市）分享60%。

2007年，调整电力行业税收预算管理体制。为贯彻落实省政府办公厅《关于理顺完善财政分配关系的通知》精神，2007年10月，经市政府同意，市财政局下发了《关于贯彻鲁政办发〔2007〕70号文件有关预算管理问题的通知》，从2007年1月1日起执行。主要内容是：（1）华电国际电力股份有限公司十里泉发电厂缴纳的增值税25%部分和企业所得税40%部分，为省与枣庄市级共享收入。增值税分享比例为：省级15%，市级10%；企业所得税分享比例为：省级24%，市级16%。(2)华电滕州新源热电有限公司缴纳的增值税25%部分和企业所得税40%部分，为省与滕州市共享收入。增值税分享比例为：省级15%，滕州市10%；企业所得税分享比例为：省级24%，滕州市16%。对利用外市关停小火电机组容量指标新上的电厂（机组）名单，由省财政厅会同省发展改革委员会认定，缴纳的增值税25%部分和企业所得税40%部分，市以下分别按5%和8%的比例分享。(3)原属省级收入范围的电力辅助企业（非电力生产企业）缴纳的增值税25%部分，为枣庄市级财政收入。具体企业包括：华电国际山东物资有限公司十里泉分公司、山东鲁能物资集团有限公司枣庄供电物资分公司、山东电力宏源供电检修有限公司枣庄分公司、山东十里泉电力实业公司、枣庄力源电力印刷有限公司、枣庄天力发展集团有限公司。(4)枣庄供电公司及所属供电部缴纳的增值税25%部分和企业所得税40%部分，为省级收入。(5)利用风能、太阳能、生物质能等可再生能源进行电力生产的企业缴纳的增值税25%部分，为市或区（市）级收入。

2012年，枣庄市继1994年分税制财政体制改革，对区（市）财政体制又作了一次重大改革。随着枣庄市经济社会发展特别是城市转型战略的实施，现行企业和财政管理体制存在的弊端日益显现，主要表现在：企业重组、改制、联合等日益增多，投资主体呈现多元化，难以按企业隶属关系划分收入，造成税收混级混库，影响基层为企业服务的积极性；区域之间相互争夺税源，导致税收征管资源浪费；有的区（市）和乡镇财政收入结构不合理，影响对县域经济发展状况的客观评价。因此，2012年3月，市政府下发了《关于下划部分市属以上企事业单位税费收入的意见》，改革完善了市对下财政体制，主要内容就是在采取收入属地征管的基础上，核定基数，增量分享，建立收入增长激励机制。具体内容是：一是下划收入，核定基数。市级除保留部分企业税费附加收入以外（实行跨地区经营，集中核算和统一纳税的企业保留市级），其余企业税费附加收入全部下划区（市），实行属地征管入库，并以2011年收入决算数为基数，核定各区（市）上解基数158127万元（含原属基金收入的地方

教育附加和地方水利建设基金），其中：市中区37470万元，薛城区40328万元，峄城区3569万元，山亭区286万元，台儿庄区4598万元，滕州市61935万元，高新区9941万元。二是建立收入共享机制。下划到区（市）的企事业单位税费附加收入，连同原属区（市）的税费附加收入，一并纳入市与区（市）收入共享范围，按收入增量实行比例分享，市级分享30%、区（市）分享70%。三是建立共享收入增长激励机制。为调动区（市）加快经济发展和组织收入的积极性，市级建立共享收入增长激励机制。从2012年起，对区（市）共享税费附加收入增幅在18%—25%以内的增量部分，按市级分享的60%给予奖励；增幅超过25%以上的增量部分，市级给予全额奖励相关区（市）。

市政府《关于下划部分市属以上企事业单位税费收入的意见》下发后，根据市政府安排，为壮大县域财政收入规模，2012年9月，对此《意见》作了进一步修改和完善，市财政局、市国税局、市地税局、人民银行枣庄市中心支行联合下发了《关于调整全市银行业和枣庄烟草有限公司有关税收入库级次的通知》，从2012年1月1日起，全市银行（包括工行、农行、中行、建行、农发行、邮政储蓄银行、枣庄银行）上缴的营业税以及枣庄烟草有限公司上缴的增值税和企业所得税，扣除中央和省级分成部分后，由原缴入市级国库，暂调整为按属地缴入区（市）级国库。本次市级新增的下划收入，只涉及入库级次调整，平时缴入区（市）级国库，年终由相关区（市）据实上解市财政，不纳入市与区（市）共享收入范围。

2013年，结合省对下财政体制改革，枣庄市对财政体制又作了进一步完善。2013年7月，省政府下发了《关于进一步深化省以下财政体制改革的意见》，决定从2013年起，调整完善省以下财政体制，简化省市收入划分，理顺政府间分配关系，形成利益共享、风险共担、分税分成、规范统一的财政分配体制。为贯彻落实鲁政发〔2013〕11号文件精神，结合市政府《关于下划部分市属以上企事业单位税费收入的意见》的有关内容，市政府对市以下财政体制作了进一步调整和完善，主要内容是：一是下划省级部分收入。自2013年起，将省级分享的一般营业税、企业所得税、个人所得税，以及石化企业增值税，电力生产企业增值税和企业所得税，国家开发银行山东省分行、高速公路和铁路运输企业城建税和教育费附加，全部下划市县，作为市县财政收入，属地征管、就地入库。对省级下划的收入，以2012年决算数为基数，每年由市县定额上解省财政。其中下划枣庄市收入基数65230万元，其中市级3835万元，市中区10789万元，薛城区7505万元，峄城区4440万元，山亭区3098万元，台儿庄区5123万元，滕州市26126万元，高新区4314万元。二是建立统一规范的省市税收增量分享机制。自2013年起，省对增值税、营业税、企业所得税、个人所得税4个主体税种，以及资源税、房产税、城镇土地使用税、土地增值税、耕地占用税、契税6个资源财产类地方小税，比核定的2012年收入基数增长部分，省里统一分成15%。其中，耕地占用税2013—2015年省级暂不分成。省级分享的税收，年终由市和区（市）通过体制结算上解。三是调整矿产资源专项收入省级分成政策。自2013年起，将省属及以上采矿权人缴纳的矿产资源补偿费省级分成比例由70%统一降低到50%，将煤炭资源探矿权、采矿权价款收入省级分成比例由40%降低到30%。四是完善出口退税省市分担机制。自2013年起，对市县负担出口退税比上年增长部分，省级补助比例由25%提高到50%，其中对西部地区的补助比例统一提高到70%（枣庄市属于西部经济隆起带规划范围，享受西部地区的补助政策）。对区（市）负担出口退税比上年增长部分，在省级补助提高到70%的基础上，市级再给予补助10%。五是对省级因体制改革从财政困难区（市）集中的税收收入给予全额返还。2013—2015年，对省级因体制改革从财政困难区（市）集中的收入给予全额返还。财政困难县按上年全省县级基本财力保障机制增量补助资金保障范围确定，实行“有进有出、动态调整”（目前，枣庄市只有山亭区属于财政困难县）。六是对省级分享税收增长15%以上部分给予返还。2013—2015年，对省级分享各市的增值税、营业税、企业所得税、个人所得税、资源税、房产税、城镇土地使用税、土地增值税、契税收入，以市为单位计算比上年增长超过15%以上部分，给予全额返还，对已享受省级集中收入全额返还政策的财政困难区（市），不再重复计算返还。七是对县级税收收入上台阶给予奖励。为支持各地整体提升县域经济综合实力，2013—2015年，省级以每5亿元为一个台阶，对税收收入规模首次迈上新台阶，且税收收入增幅和税收比重达到一定要求的区（市）给予奖励。具体办法由省财政厅另行制定。八是强化财政收入质量考核和政策约束。为促进各地努力提高收入质量，改革后各市纳入省级分享范围的增值税、资源税、房产税、城镇土地使用税、土地增值税、契税等税收收入，不得低于核定的基数和上年执行数，且增长幅度不能低于本地区当年公共财政收入增幅，否则省级将按照“就高”原则对其差额进行扣解。九是降低市与区（市）收入增量分享比例。自2013年起，将市级收入增量分享比例由30%降低到25%。

2015年，为充分调动区（市）完成收入预算，增加税收收入，提高税收比重的积极性，同时也考虑到有些地方先征后返数额较大，实际可用财力不足，基层财政比较困难，经市政府主要领导同意，2015—2017年市级暂不分享区（市）当年共享收入增量，也不计入今后增量上解基数。除省级分享15%的共享税收增量外，市级当年应分享的增量部分，全部留给区（市），主要用于兑现乡镇增资支出，缓解基层财政压力。

2017年，山东省人民政府印发了《山东省水资源税改革试点实施办法的通知》，明确我省从2017年12月1日起实施水资源税改革试点；2018年山东省人民政府印发了《关于环境保护税收入划分有关问题的通知》，确定从2018年1月1日起实施环境保护税改革。为贯彻落实省改革精神，市政府下发了《关于水资源税和环境保护税收入划分有关事项的通知》，主要内容：一是水资源税改革试点期间，全市征收的水资源税分成比例为：省级20%、市级10%、区（市）级70%；二是自2018年1月1日起，全市区域内所有企业事业单位和其他生产经营者缴纳的环境保护税收入分成比例为：省级30%、市级10%、区（市）级60%。原市级征收排污费的企业，自2018年1月1日起下划至区（市）属地征收管理，按照2015—2017年缴纳的排污费三年平均数核定上解基数，自2018年起每年上解市财政，其中，市中区上解基数121万元、滕州市上解基数572万元。三是水资源税、环境保护税省、市分成部分，预算执行中作为区（市）级收入，实行属地征管、就地缴库，年终通过体制结算分别上解省、市财政。

“营改增”改革情况。自2013年8月1日起，按照中央统一部署，枣庄市正式启动“营改增”改革，先后在交通运输业、部分现代服务业及邮政电信业进行了试点。在前期试点的基础上，2016年“营改增”全面扩围。根据中央统一部署，从2016年5月1日起，将建筑业、房地产业、金融业、生活服务业等四大行业纳入“营改增”试点范围。中央相应调整了增值税收入过渡性划分办法，即增值税分成比例由原来的中央与地方75：25改为50：50；改征增值税和营业税分成比例由原来地方100%，改为中央与地方50:50。按照《山东省人民政府关于印发全面推开营改增试点后调整省以下增值税收入划分过渡方案的通知》和《枣庄市人民政府关于进一步深化财政体制改革的意见》有关规定，为理顺全面推开营改增试点后市与区（市）增值税收入分配关系，2016年8月，市政府下发了《关于印发全面推开营改增试点后调整市以下增值税收入划分过渡方案的通知》，自2016年5月1日起执行，具体内容：（1）以2014年为基数核定市级返还和区（市）上缴基数。（2）所有行业企业缴纳的增值税均实行中央与地方按50：50比例分享。（3）市级保留的石油、石化、保险、证券、移动通信、联通、电信、铁通、邮政等企业增值税（含改征增值税）地方分享部分，继续作为市级财政收入。（4）除市级保留企业外的一般企业增值税地方分享部分，继续纳入省、市与区（市）共享收入范围，增量部分按照省、市与区（市）15：25：60的比例分成。其中，省、市级分成部分，预算执行中作为区（市）财政收入，属地征管、就地缴库，年终由区（市）通过体制结算上解省、市财政。（5）全市银行业（不含农商行、村镇银行）营业税以及改征的增值税、枣庄烟草有限公司增值税和企业所得税地方分享部分，仍按属地缴入区（市）级国库，年终由区（市）据实上解市财政，并从计算省、市共享收入增量分享中扣除。（6）中央从区（市）上划的收入，市级通过基数返还方式补助区（市），确保区（市）既有财力不变。另外，为支持欠发达地区加快发展，做好与2013年市级深化财政体制改革政策衔接，2016—2018年，对省级因2013年体制改革从财政困难区集中的税收收入继续给予全额返还。且在过渡期内，省级暂不参与分享区（市）耕地占用税。

出口退税改革情况。2004年，中央按照“新账不欠、老账要还、完善机制、共同负担、推动改革、促进发展”的原则，改革出口退税负担机制，建立了由中央与地方共同负担出口退税的新机制。从2004年起，以2003年中央出口退税实退指标为基数，对超基数部分的应退税额，由中央和地方按75：25的比例共同负担。建立新的出口退税机制后，中央欠退税中影响地方财政的一块资金，中央将负责偿还地方，地方可以用于安排出口退税，而且老账由中央负责解决，将来不再发生新欠后，地方也不再为退税贷款贴息。自2005年1月1日起，对超基数部分的应退税额，改按中央和地方92.5：7.5的比例共同负担。市和区（市）出口货物退增值税中地方应负担的超基数7.5%部分，年底通过“出口退税专项上解支出”科目上解省财政。自2006年1月1日起，对各市（不含青岛）出口退税地方负担比上年增加部分，省财政负担25%。市财政在省财政负担25%的基础上给予适当补助。2010—2012年省对枣庄市负担的出口退税比例，较上年增长15%以内部分省级继续负担25%，增长15%以上部分省级负担50%。自2014年起，对市县负担出口退税比上年增长部分，省级全部负担。2015年2月26日，国务院下发了《关于完善出口退税负担机制有关问题的通知》，自2015年1月1日起，出口退税（包括出口货物退增值税和营业税改征增值税出口退税）全部由中央财政负担，地方2014年原负担的出口退税基数，定额上解中央。

（二）枣庄市预算编制改革历程

1. 传统预算编制方式阶段（1979—1998年）

1999年以前的传统预算基本按下列办法编制，存在许多不足之处：一是预算编制较粗。政府向同级人大提交的财政预算草案，是收入按类别、支出按功能编制的，收支只列到大类，比较粗放，没有落实到具体部门和项目，预算透明度低。二是预算编制时间较短。预算编制多采取代编方式，编制时间短，基础工作不扎实，预算经人大批准以后，才将预算细化到具体单位和项目，在时间上难以保证及时批复预算、拨付资金，影响单位正常用款。三是预算编制内容过于简化。无法正确反映预算资金使用的全貌，造成预算监督缺乏依据。四是预算编制方法不科学。在资金分配和预算安排上，基本沿用“基数加增长”的办法，对单位经费实行切块包干，难以

做到公平、合理。五是预算编制不完整。只重视预算内财力安排，对预算外财力统筹不够，政府预算内容不完整，导致预算内外资金“两张皮”。预算外资金虽然纳入财政专户管理，但基本采取列收列支方式，政府基本无法统筹调剂。往往是财政预算内经费正常保证，单位预算外支出随意安排，乱发补贴、奖金，铺张浪费严重，不仅容易引发腐败行为，而且造成单位之间苦乐不均。

2. 预算编制改革探索阶段（1999—2010年）

主要是实行预算内外资金结合，试编部门预算。部门预算是政府各部门依据国家有关政策规定及其行使职权的需要，由基层预算单位编制，逐级上报、审核、汇总，经财政部门审核后提交立法机关依法批准的涵盖部门所有收入和支出的综合财政计划。从1999年起，枣庄市市级打破沿袭多年的预算编制基数法，实行“存量不动、增量调节”的预算编制方法，按照“存量优化、增量调节、预算内外统筹”的原则，对支出结构进行较大幅度的调整，实行预算内外资金结合，试编综合预算，是全省较早实行综合预算的市。2001年，在进一步完善综合预算的基础上，按照“综合预算、零基预算”方法，选择市教育局、市广播局等7个部门试编部门预算；2004年，市级全面试编部门预算，并将市林业局、环保局、市残联三个部门的预算提交市人代会审议；2005年将提交市人代会审议的部门预算增加到10个，建立了预算信息查询系统，在人代会各代表团驻地设立信息查询点，现场接受代表咨询和上机查阅，并协助代表打印部门预算。从2006年起，提交市人代会审议的部门预算增加到20个。枣庄市预算安排的细化程度和透明度大大增强，市人大代表、政协委员对预算安排普遍满意，评价较高。

3. 建立完善“全口径”政府预算体系阶段（2011年至今）

从2011年起，枣庄市市级开始向市人代会提交一般公共预算、政府性基金预算、国有资本经营预算、社会保险基金预算四本预算，在实践中不断充实完善，逐步将政府收支全部纳入预算管理，建立健全定位清晰、分工明确、有机衔接、互为补充的“全口径”政府预算体系。2015年1月1日起，新修订的《预算法》正式施行，要求政府的全部收入和支出都要纳入预算管理，都处于预算的约束之下，意味着从法律层面，预算外资金的概念正式取消，这是实行全口径预算管理、建立现代财政制度的基本要求；明确了政府预算体系，预算包括一般公共预算、政府性基金预算、国有资本经营预算、社会保险基金预算。政府性基金预算、国有资本经营预算、社会保险基金预算应当与一般公共预算相衔接。建立了跨年度预算平衡机制，市级设立了预算稳定调节基金。根据《国务院关于深化预算管理制度改革的决定》和《财政部关于完善政府预算体系有关问题的通知》的有关要求，加大政府性基金预算与一般公共预算的统筹力度。一是全面清理规范政府性基金项目，将用于提供基本公共服务以及主要用于人员和机构运转的既有基金项目收支转列一般公共预算；二是对继续纳入政府性基金预算管理的支出，加大与一般公共预算支出的统筹安排使用。政府性基金预算安排支出的项目，一般公共预算可不再安排或减收安排。从2015年1月1日起，将地方教育附加、文化事业建设费、残疾人就业保障金、从地方土地出让收益计提的农田水利建设和教育资金、转让政府还贷道路收费权收入、育林基金、森林植被恢复费、水利建设基金等11项基金收支转列一般公共预算，将市级国有资本经营预算收入的10%调入一般公共预算，统筹满足社会民生需要。从2016年1月1日起，将政府住房基金、水土保持补偿费、无线电频率占用费3项政府性基金收入，转列一般公共预算收入。从2017年1月1日起，将新增建设用地有偿使用费、南水北调工程基金、烟草企业上缴专项收入等三项基金转列一般公共预算，并统筹使用。将政府债务分类纳入预算管理，将一般债券纳入一般公共预算管理，将专项债券纳入政府性基金预算管理，分别编制预算调整方案，提请本级人大常委会审查批准，接受人大监督。

在预算编制方法上，市财政局按照“分工负责、高效有序”的原则，成立预算编制办公室，相关科室和人员共同参与预算编制。其中：预算科牵头组织部门预算编制工作，拟定预算编制工作方案，制定预算支出标准定额，拟定部门预算表格以及预算编制通知，具体负责编制基本支出预算；各部门预算归口管理科负责项目支出预算初审，提出项目预算安排建议，汇总后报预算编制办公室统一审核；资产管理科具体负责市直机关事业单位车辆编制数、实有数以及其他资产配置情况的审核；财政监督局负责提供财政监督检查和审计检查信息，核实单位结余结转情况，与国库科提供的市直单位项目资金分年度结余情况进行比对，分清结余资金性质；政府采购管理办公室在部门预算确定后，会同预算科统一编制政府采购预算；非税收入管理局负责与部门预算管理科室衔接，编制非税收入计划，并提供给预算编制办公室，以便与财政拨款统筹安排用于基本支出或项目支出。另外，国有资本经营预算以企业科为主，会同预算科共同研究确定。预算编制办公室成员各司其责，形成有机统一的整体，推动预算编制工作“专业化、标准化、精细化”。

二、预算改革取得的主要成就

改革开放以来，立足经济社会发展大局，财政体制通过不断调整与制度创新，较好地处理了地方各级政府、政府与企业以及部门间的分配关系，有效地调动了各方积极性，推动了经济社会发展，尤其是1994年实施分税制改革以来，探索建立了符合社会主义市场经济要求的新财政体制、新财政模式以及新财政运行机制，利益调节机制日趋完善，各级财政实力显著增强，财政保障能力不断提高，预算编制质量和水平不断提

升，有力支持了枣庄市经济社会发展。

（一）适时改革完善财政体制，在不同历史时期促进了枣庄市经济建设与发展

在改革开放初期，实行“分灶吃饭”财政体制，初步建立了利益激励机制，有效调动了各级地方政府当家理财的积极性和主动性，而且在1981—1990年，国家通过减税让利增加了国营工交企业自有财力，夯实了枣庄市经济发展的基础。在建立健全社会主义市场经济体制阶段，随着分税制财政体制的健全与完善，财政管理体制再分配功能逐步显现，财力均衡效果日益明显，极大地促进了经济社会协调发展，推动了社会和谐与科学发展。在推进供给侧结构性改革时期，落实减税降费措施，全面实施“营改增”，增值税一般纳税人购进的货物、服务均可以抵扣。特别是原增值税纳税人购入不动产、支付货款利息等不能抵扣的支出，在改革后取得增值税专用发票，便可进行抵扣，税收负担大大减轻。由于增值税是“环环抵扣、增值征税”，“营改增”后计税依据减小，由全额变为增值额，消除了多环节交易的重复征税，有利于促进枣庄市第三产业发展。

（二）建立了财政收入稳定增长机制，枣庄市财政实力显著增强

财政体制改革的历程，实际上是由财政高度集中向分级分权转变的历程，也是财政管理日益科学化、规范化的历程。一方面，充分调动了地方发展经济、培育财源的积极性；另一方面，财政管理水平不断提高，财政参与国民收入分配的力度不断加强，从而将财政收入的增长建立在稳定可靠的基础上。1979年，全市财政收入仅为1.27亿元，1992年已达到3.96亿元。实行分税制以来，财政收入更是进入一个快速增长的轨道，全市财政收入从1993年的5.56亿元增加到2017年的145.2亿元。

（三）理顺了政府与企业的关系，促进现代企业制度建立

推进财政体制改革，是正确处理国家与企业关系的制度基础，也是深化企业改革的前提保障。“利改税”初步理顺了国家与企业的关系，赋予了企业更多的财务自主权，1994年，与分税制改革相配套，我国建立了符合市场经济要求的新税制，从而规范了国家与企业之间的利益分配。各级政府不再干预企业的生产经营活动，企业实行自主经营、自负盈亏、自我约束，加快了“产权明晰、责权明确、政企分开、管理科学”的现代企业制度的建立步伐。

（四）建立完善了转移支付制度，均衡地区间财力差距

1995年起，市对财力薄弱的区（市）实施了过渡期转移支付；2002年实施所得税分享改革后，统一为一般性转移支付；从1999年开始，安排了调整工资转移支付资金；2005年开始，对县乡实行“三奖一补”财政奖补转移支付制度。逐步建立完善了县级基本财力保障制度，陆续设立了保障性转移支付、激励性转移支付、均衡性转移支付等。从2009年开始，枣庄市享受中央和省资源枯竭城市转移支付，到2017年，枣庄市累计争取中央和省资源枯竭城市转移支付41.6亿元，对枣庄市化解社会管理和公共服务等方面的历史欠账、完善社会保障体系、加强环境保护与生态修复、加快公共基础设施建设、推进棚户区改造和产业转型等方面起到了重要作用，大大缓解了枣庄市财政压力。根据经济社会发展的阶段性目标要求，为配合实施中央宏观政策目标和推动重大改革，枣庄市新增了一些专项转移支付项目，如对农村税费改革、社会保障制度建设专项补助等，初步建立了比较规范的专项转移支付体系。

（五）支持了其他经济领域体制改革，公共财政特征日益显现

财政体制改革始终站在经济体制改革的前沿，有力促进了从高度集中的计划经济体制到充满活力的社会主义市场经济体制的历史转变。尤其是1994年以来，财政体制率先向适应市场经济要求的分税制转变，带动了金融、投资、计划、外贸等相关领域改革，加快建立健全社会主义市场经济体制。而且，随着财政收入稳定快速增长，财政公共性特征日趋明显，财政对农村农业、社会保障、教育、医疗卫生、扶贫等事业的投入大幅度增长。在公共财政的有力推动下，其他领域的经济体制改革取得重大进展，突出表现在五个方面：一是建立了“四免除、四补贴”制度，即免除农业税、牧业税、特产税、屠宰税，对种粮、良种、农机、农资进行补贴；二是建立健全了社会保障制度；三是建立并不断完善了城乡居民最低生活保障制度；四是建立了城乡居民医疗保险制度；五是建立健全了农村义务教育经费保障机制。2017年，全市一般公共预算用于民生方面的支出达到181.9亿元，民生支出占比为74.2%，各项民生政策得到有效落实。

（六）政府预算管理不断加强，“全口径”政府预算体系初步建立

1994年以来，国家对预算外资金的管理不断加强，预算管理的资金范围随之不断扩大。1995年，枣庄市在全省率先进行了预算外资金管理制度改革，市政府出台了《枣庄市预算外资金管理实施办法》，同年12月31日，枣庄市收费管理局挂牌成立（1999年，更名为“枣庄市预算外资金管理局”）。预算外资金作为政府财政资金的重要组成部分，在促进城市基础设施建设、增加教育科技投入，缓解财政困难、保持社会稳定等诸多方面发挥了重要作用。2004年《财政部关于加强政府非税收入管理的通知》发布以来，政府非税收入管理范围进一步扩大，作为预算工作重点管理的政府非税收入已逐步纳入预算管理。按照中央统一部署，2007年枣庄市启动了政府收支分类改革，建立了包括收入分类、支出功能分类和支出经济分类在内的一套完整、规范的政府收支分类体系。新的政府收支分类不仅涵盖了原政府预算收支科目中的一般预算、基金预算和债务预算收支，而且还纳入了社会保险基金收支和财政专户管理的预算外收支，形成了“体系完整、

反映全面、分类明细、口径可比、操作简便”的政府收支分类。建立并完善了一般公共预算、政府性基金预算、国有资本经营预算、社会保险基金预算有机衔接的“全口径”政府预算体系，统筹运作政府财力，市级在全省率先编制四套预算，并全部提交市人代会审议，预算的完整性、透明度明显增强。

（七）政府预算编制更加科学，部门预算编制更加完善

改革开放初期，政府预算编制主要沿用“基数加增长”的方法，采取按资金性质“切块”的方式编制。经过多年的改革实践，各级实现了人员支出按政策，日常公用支出按定额，项目支出根据轻重缓急滚动安排的预算编制方法，初步建立了“预算内外资金综合运筹机制、基本支出定额保障机制、重点项目投入保障机制、预算支出绩效考评机制”，部门经费配置得到进一步均衡，重点事业发展得到较好保障。启动市级部门预算编制改革后，在部门收入预算编制范围稳步扩大的基础上，依托“金财工程”，建立了市级“项目库”，修订完善了部门单位日常公用经费分类定额体系，进一步提升了预算管理精细化水平。市级部门收入预算已细化到具体性质和类别；支出预算细化到人员支出预算、日常公用支出预算、业务类、发展类及投资类项目支出预算；政府采购预算细化到具体采购支出项目，各类预算之间统筹衔接，进一步规范预算编制、审核、审批程序，完善了预算编制、执行、监督相分离的预算管理机制。

（八）预决算信息公开迈出新步伐，公开透明预算制度初步建立

逐步扩大预算信息公开范围，细化公开内容，更加注重公开的完整性和时效性，除涉密信息外，所有使用财政拨款单位的预决算信息都按规定公开，并同步公开本部门职责、机构设置、预决算数据增减变化情况说明，并对专业性较强的名词进行解释。2014年市本级、台儿庄区、峄城区、山亭区公开了2014年部门预算、2013年“三公”经费决算和2014年“三公”经费预算；滕州市公开了2014年部门预算，峄城区按照要求公开了公务接待经费情况。从2015年起，市级和各区（市）全部公开了政府总预决算、汇总“三公”经费预决算，及除涉密信息外的所有部门的部门预决算。同时，各级财政积极督促相关资金使用部门推进专项资金信息公开，在财政门户网站上及时动态公开社会保障、医疗等民生政策和办理指南，有效提升了财政工作透明度。

三、预算改革的经验和启示

预算改革30多年的历程，给我们留下了许多宝贵经验。预算改革之所以取得累累硕果，最根本的在于坚决贯彻了党中央和省市党委、政府的统一部署，在于深刻把握了市场经济的基本内涵，在于准确把握了渐进式的改革原则，在于把握了稳中求进的工作总基调。认真总结预算改革的历史经验，对于正确认识和把握当前财政经济形势，科学确定财政体制和预算编制改革的未来方向都具有十分重要的意义。

（一）正确把握财力与财权的集中程度，是财政体制改革的核心

财力与财权集中程度关系到中央与地方、地方各级政府以及政府与企业之间的分配关系，是整个财政体制的核心。40年来，枣庄市财政体制不断调整与完善，尽可能保持市与区（市）政府财权与事权相匹配，财权与财力的适度集中或下移都较好地体现了当时经济社会发展的要求。如通过“包干制度”适度下放财权与财力，充分调动地方与企业的积极性。随着社会主义市场经济体制的建立，迫切要求增强政府宏观调控能力，解决好工业化国家经济成长阶段发展不平衡、收入差距扩大等问题，要求提高中央财政收入的比重，1994年分税制体制适应了上述要求。根据实际情况，适时调整中央和地方出口退税分担办法，调动了地方政府支持外向型经济发展和企业出口的积极性。针对市场经济体制改革的不断深化，企业重组、改制、联合等日益增多，投资主体呈现多元化，难以按企业隶属关系划分收入，区域之间相互争夺税源等问题，2012年枣庄市及时改革完善财政体制，实施税收属地征管、增量比例分享，建立了收入稳定增长机制和激励机制，大大调动了区（市）培植财源和组织收入的积极性。

（二）由频繁的集分交替转向制度创新，为财政体制改革提供制度保障

从1979年开始实施“划分收支，分级包干”，到1988年实行中央地方大包干财政体制等，在集权和分权交替的不稳定状态下，容易导致地方任意减免税等短期行为，分税制改革更加注重机制转换与制度建设，大大提高了财力分配的透明度和规范性，明晰了地方各级政府之间的利益界限，促进了各级政府的理财思路从短期“博弈投机”转向长期“增收节支”。1994年分税制财政体制的实施，尤其是2012年市对下财政体制改革，实行税收属地管理、就地入库，有利于壮大县域经济规模，大大调动了区（市）培植财源和组织收入的积极性，各级政府在狠抓财政收入的同时，也强化财政支出管理，从而保证了地方财政收入持续快速增长。

（三）统筹财政体制改革与经济体制改革，为财政体制改革创造政策环境

财政体制改革的顺利推进，得益于经济体制改革和其他各项改革创造的良好政策氛围，财政体制改革与经济体制的协调推进，确保了财政体制改革的政策效果。一方面，财政体制改革成为经济体制改革的突破口。分税制财政管理体制的建立，规范了政府间分配关系，为市场经济体制奠定了中央与地方财政关系框架基础；而且，公共财政通过调整支出结构，加大支持力度，保障了各项改革的顺利推进，如社会保障体系的建立与完善，推进了国有企业改革；公共财政为推进科技教育体制改革、医疗卫生体制改革也提供了有力保障。另一方面，计划、金融、投资、价格、外贸等领域的改革，与财政体制形成合力，形成和完善了社会主义市场经济体

制的基本要素，不仅为财政体制改革提供了丰富的理论和实践经验，也为财政体制改革成果的落实提供了有效的政策工具。

（四）坚持渐进式原则，是财政体制改革的基本方略

财政体制改革涉及利益调整、关系资源重新配置，坚持渐进原则、实行稳步推进，是财政体制改革得以顺利实施的基本经验。1994年分税制改革在我国财政体制改革史上具有里程碑意义，是财政体制的一项重大制度创新。为确保改革的稳步实施，分税制改革初期尽可能保留了各级既有的利益格局，主要侧重收入增量的调节，确定合理的分享比例，而且随着经济形势的发展变化，坚持与时俱进，不断对分税制体制加以调整与完善。如逐步实现各级政府责权利的有机结合和财权与事权的统一，促进资源合理配置和产业结构优化；逐步完善转移支付制度，中央对地方转移支付力度不断加大。财政体制的渐进改革不仅保证了财政收入稳定增长，而且保持了中央与地方以及地方各级政府间财政关系的基本稳定，避免了因体制变动造成的财政收支大起大落问题，财政收支关系更加科学、合理。

（五）适应市场经济体制的要求，是推进财政体制改革的基本前提

改革开放30多年，市场导向的经济体制改革框架日益清晰，财政体制也通过制度变革为社会主义市场经济体制的确立创造了条件。分税制改革以市场化为取向，尊重市场机制在资源配置中的基础性作用，深入研究了市场经济中政府、企业各自的职能作用和活动范围。在政府与企业关系上，明确了政府“国有资产出资人”与“社会公共管理者”两大身份。随着分税制改革进行的“税利分流”，清晰界定了政府出资人和管理者两种身份，财产和政治两种权力，利润和税收两种收入，从而建立了规范的国家与企业间分配关系，有力推动了现代企业制度的建立，也为各种所有制企业走向共同繁荣奠定了制度基础。

（六）坚持与时俱进、勇于创新，是预算编制改革的关键

改革开放以来，特别是新修订的《预算法》实施以来，财政改革取得显著成效，初步建立了与社会主义市场经济体制相适应的公共财政制度体系，作为公共财政制度基础的预算管理制度，特别是预算编制改革，一直是不断发展与完善的，适应了不同时期的经济发展水平。改革开放初期，预算管理改革只是局部的调整和完善，预算的传统思维方式和管理方法还没有从根本上突破，还带有较强的计划色彩，存在着“越位”和“缺位”问题。根据社会主义市场经济的要求，必须坚持与时俱进，通过深化改革逐步完善。凡属政府职能范围内的收支活动都要纳入政府预算，发挥政府预算对财力分配的主导作用。预算管理作为财政管理的核心，必须尽快构建社会主义市场经济下的公共财政模式，支持和促进其他领域改革的深入。2010年以来，各级财政围绕建设发展型财政、民生型财政、创新型财政、绩效型财政、阳光型财政建设，勇于创新，大胆改革，对延续几十年的传统预算管理动手术，不单是改进管理方式、方法，更是权力的再分配、利益格局的大调整和资源的重新配置。对部门单位所有资金全部纳入政府预算，收支统管，规范、透明地分配，财政内部各主管科室不管账户、不留机动，全部分配到部门和项目，增强了约束力，财政部门勇于自我革命，实现了理财观念的重大转变：即由计划经济分配资金模式向社会主义市场经济模式转变，按市场经济要求抓规范；由重资金分配轻资金管理向依法加强监管转变，更加关注财政资金的安全高效。目前，枣庄市政府预算体系更加完整，预算编制更加规范透明，预决算公开已成常态，法治财政理念不断增强，全面规范、公开透明的现代财政制度初步建立。

审稿人：孟繁浩
撰稿人：孙中礼　孙　敏
高焕民

枣庄市住房公积金制度发展基本历程与成就

据统计，截至2018年6月底，枣庄市住房公积金使用稳步增长，全市住房公积金实缴单位2428个，实缴人数21.70万人，历年累计归集金额238.17亿元，累计提取金额128.14亿元，缴存余额110.03亿元，累计发放贷款153.08亿元（其中包括贴息贷款16.08亿元），个人住房公积金贷款扶持的家庭达71275户，贷款余额93.20亿元，个贷率84.70%。归集额、贷款额等绝对指标处全省中上游水平，增长幅度位居全省前列，资金运行平稳、安全，利用效率高。

一、枣庄市住房公积金制度的发展历程

住房公积金制度是住房制度改革的产物，也是经济体制改革的重要组成部分，是由国家、集体、个人三者共同负担解决住房问题的一种筹资机制。随着经济的快速发展和社会改革的不断深化，职工住房商品化、市场化进程加快，住房消费水平亟待提高，政府保障房建设和市场商品房供应体制日益多元化，住房公积金制度也在改革中不断发展。

1992年4月，枣庄市编制委员会批准设立枣庄市住房资金管理处（隶属市财政局），为副科级事业单位，编制15人，下设综合科、会计科、住房资金管理科，负责住房公积金等房改资金的归集、核算管理。1992年7月，中共枣庄市委印发《关于印发枣庄市城镇住房制度改革实施方案的通知》，要求“推行住房公积金制度”，标志着住房公积金制度正式在枣庄启航。

（一）探索试点阶段（1992年7月至1995年10月）

探索试点阶段是枣庄市住房公积金制度发展历程中的最初阶段。这一阶段的主要标志是枣庄市住房制度改革方案的纷纷出台，且方案中都包括了建立住房公积金制度的相关内容。

这一阶段，伴随着全国城镇住房制度改革在探索中全面启动，住房公积金制度作为房改的一项配套政策，也相应纳入枣庄市的住房制度改革方案之中。尽管当时的具体操作方法各区（市）不尽一致，但方向是明确的。各区（市）按照属地化原则，根据各自实际情况研究制定各自的房改方案，经市级人民政府批准后施行。在执行中，住房公积金制度仅仅作为房改中的一个方面、一项内容而出现。各区（市）在制定住房制度改革方案的同时，对涉及的许多深层次理论问题、重大政策问题和具体实践问题都没有过多深入，只是按照“在探索中工作、在工作中探索”“摸着石头过河”的改革思路，进行了大胆探索和积极尝试。由于各区（市）政府的高度重视、房改和住房资金管理行业工作者的求真务实，积极努力，使住房公积金这一新生事物在很短的时间里，就成为当时人们街谈巷议的主要话题，从而使住房公积金制度的推广普及在短期内得到了迅速展开。

在探索试点阶段，国家出台的影响较大的重要文件有：1994年7月18日《国务院关于深化城镇住房制度改革的决定》；1994年11月23日，财政部、国务院住房制度改革领导小组、中国人民银行出台《建立住房公积金制度的暂行规定》，枣庄市对上述文件进行了及时转发和执行。这两个文件的出台，极大地鼓舞了住房公积金管理工作者，为枣庄市住房公积金事业进入全新的发展时期扫除了障碍，因而在住房公积金发展史上具有重要的里程碑意义。

住房公积金制度发展的探索试点阶段，主要表现出以下几个特点：

1. 围绕房改方案开展广泛深入的宣传动员活动是其工作的重点。这一阶段的中心工作是对包括住房公积金制度在内的住房制度改革方案进行宣传和动员，房改部门采取举办业务培训班、组织力量下工厂、进矿区、走机关、奔学校、入社区等形式，深入实际开展调查研究，广泛征求广大干部职工意见，听取普通群众的想法和建议，进而调整房改的总体方案，修改实施细则，不断完善制度设计。与此同时，有的区（市）还通过印发宣传材料、解答政策疑难问题、抓住机关事业单位和重点企业以点带面等方式，使各级领导干部和职工群众对这一改革中的新生事物，由不理解到理解，由漠不关心到积极支持，最后不经意又成为房改和住房公积金政策的义务宣传员。通过广泛深入的宣传动员，使住房制度改革和住房公积金制度做到了家喻户晓，人人皆知。

2. 住房公积金与房改工作紧密联系，相互交融。这一阶段，住房公积金管理工作与住房制度改革工作紧密相连，业务相互交融，人员互为一体。在总体盘子中，把住房公积金管理工作视作房改业务的一项附属工作对待，许多日常工作以房改为中心进行安排，住房公积金管理并没有形成自己独立的工作体系。

3. 管理机构不健全，业务操作不规范。这期间，各区（市）的住房公积金管理机构大多是临时机构，没有单独编制，看似管理正规的也只是与房改实行两块牌子，一套人马，合署办公的格局。对外基本上称为住房制度改革委员会办公室，简称“房改办”，很少用到

住房公积金管理机构的名称。而且这一阶段的住房公积金管理机构，名称也极不统一，“住房基金管理中心”“房改资金管理中心”“房改基金管理中心”等都是这一阶段常用的名称，很少有直接使用“住房公积金管理中心”名称的。由于机构不健全，其工作人员大多也是临时借用的人员。个别区（市）即使有正式编制也都极为有限，临时借调人员几乎占据多数岗位。

由于正式人员较少，同时工作又处于起步阶段，国家关于住房公积金管理方面的操作性文件也不多，在属地化原则下，关于住房公积金管理的具体做法五花八门，各行其是，很难谈得上规范和统一。业内相互学习，取长补短是这一阶段推进工作的主要做法。当时的住房公积金管理，有的在房改部门自行管理，有的在财政部门同住房补贴一并管理，其业务大多是全权委托给银行房地产信贷部办理，住房公积金管理机构几乎失去了管理的主动权，丧失了主动地位，在有效管理方面变成了旁观者，对住房公积金业务的规范和管理听从、受制于银行房地产信贷部。这期间的住房公积金管理完全借鉴于金融机构的管理模式，没有自己独立的做法。银行也把住房公积金管理当作招揽储蓄，吸收存款的一个极好平台抓住不放。这期间由于忽视住房公积金的规范化问题，使一些地方银行房地产信贷部与住房公积金管理部门，出现压票、押汇、账账不符等现象。而且这些现象在个别区（市）甚至还相当普遍。在此期间，住房公积金的使用量较小，主要用途是重点支持单位建设住房，把有限的资金投放到住宅的生产领域，具体用于单位集资建房贷款、安居工程开发建设项目贷款，此外，就是购买国债，个人购房贷款业务在这一阶段尚未开展。

4. 业务工作基本在探索中开展。作为住房金融改革的试点阶段，住房公积金管理行业没有成熟的管理办法、管理经验，各项业务工作基本都是在探索中启动、开展。枣庄市是省财政厅住房公积金管理的试点城市，探索出台了包括住房公积金管理和核算在内的财务管理办法和会计核算办法，在全省财政系统推行、试用，为规范管理住房公积金奠定基础。银行房地产信贷部在这一阶段的支持作用也极为明显。当时各银行成立的房地产信贷部，负责房地产行业的信贷业务，专门办理住房公积金业务。银行房地产信贷部为住房公积金管理机构和房改办适当提供了一些办公条件。对住房公积金制度的推广普及和快速建立，发挥了十分重要的作用。这一阶段的住房公积金管理工作，主要是开拓工作局面，推动制度的建立，重点在于归集资金，建立健全各项业务管理规范。由于归集的资金总量较小，资金使用还没有成为工作的重点。总体上看，这一阶段是在艰难困苦中度过的，是创业阶段，是对住房公积金管理工作的探索和启动阶段。

5. 住房公积金缴存比例较低，月缴额较少。刚开始推行住房公积金制度，许多企业担心增加生产经营成本，影响企业利润而心存顾虑。一些依靠财政供养的行政事业单位，因经费预算资金未能包含住房公积金，而担心年终预算超支，在建立住房公积金过程中等待观望，止步不前，给住房公积金制度的普遍建立带来一定压力。为此，这一阶段实行较低的缴存比例，基本实行两个3%的缴存比例，即职工个人和其所在单位分别按工资额的3%缴存，目的是先建立起来，以后再逐步提高。由于缴存比例低，加上当时职工平均工资不高，个人每月的住房公积金缴存额仅有十几元，高一点的也就是几十元。比例低，月缴存额少是这一时期的明显特征。其主要原因，一是较低的缴存比例对企业的生产经营成本和行政事业单位的预算支出不会造成较大影响，便于普及推广；二是较低的缴存额对职工的正常生活不会造成大的影响，因为当时的工资收入都较低，比例过高个人也难以承受。实践证明，起步阶段较低的缴存比例，对住房公积金的迅速推广和普遍建立产生了良好的推动作用。

（二）全面建立阶段（1995年10月至2003年12月）

全面建立阶段的标志是国家规范性文件和枣庄市相应文件的出台，时间为1995年至2003年。经过第一阶段的探索试点，国家在全面总结全国各地实践经验的基础上，及时出台了相关的政策作为全行业的规范性文件，用以指导全国的住房公积金管理工作，并正式提出了全面建立住房公积金制度的要求，与此同时，枣庄市也相继出台了相应的规范性文件并进行实施，这标志着枣庄市住房公积金管理事业进入了一个全面建立的历史发展时期。1996年国务院办公厅转发了国务院住房制度改革领导小组《关于加强住房公积金管理的意见》，进一步充分肯定了住房公积金制度对改善城市居民住房条件，促进房地产市场的快速发育和逐步完善，推动我国社会主义改革开放事业发展方面的积极作用。

1. 实施职工住房货币化分配改革。按照国家、省有关住房制度改革有关文件精神，枣庄市人民政府印发了《枣庄市职工住房货币化分配实施方案》的通知，自1999年1月1日起，取消住房实物分配，逐步实现货币化分配。在推行住房公积金制度的基础上，建立住房补贴和一次性住房资金补偿，对原房改房进行产权过渡，使得住房制度改革实现质的跨越。

2.《住房公积金管理条例》出台。为加强住房公积金的管理，维护住房公积金所有者的合法权益，促进城镇住房建设，提高城镇居民的居住水平。1999年4月，国务院颁布《住房公积金管理条例》，明确了住房公积金的管理原则、管理机构、缴存使用条件、监督和处罚等规定，住房公积金制度开始进入法制化、规范化的发展轨道。2002年3月，《国务院关于修改〈住房公积金管理条例〉的决定》公布，对住房公积金的定义更加规范准确，对管理机构及其职责进一步明确，对住房公积金的缴存、提取和

使用及其监督等作了详细规定。《条例》指出，住房公积金制度是我国重要的一项住房保障制度，具有强制性、互助性、保障性。住房公积金是单位及其在职职工缴存的长期住房储金，实行专户存储，归职工个人所有，是住房分配货币化、社会化和法制化的主要形式。单位和职工个人必须依法履行缴存住房公积金的义务。住房公积金的管理实行“管委会决策、中心运作、银行专户存储、财政监督”的原则。

全面建立阶段的主要特征是：

1. 住房公积金业务迅速发展，其独立性逐渐显现。一方面，由于国家出台了一系列方针、政策，消除了人们对建立住房公积金制度的疑虑。尤其是《建立住房公积金制度的暂行规定》出台后，使社会各界不再把建立住房公积金制度当作地方政府自己的“土政策”而变得不再有所轻视。各企事业单位把建立住房公积金制度，当作国家经济体制改革中的一项重要任务加以落实。在遇事要有红头文件的年代里，国家文件无疑有着极高的象征和更加权威的地位，这对已经建立或正在建立住房公积金制度的单位，无疑是一颗定心丸。《建立住房公积金制度的暂行规定》，标志着国家正式建立住房公积金制度的开始，因而在我国住房公积金发展史上翻开了具有重要意义的崭新一页。这期间，住房公积金事业与房改业务并驾齐驱，共同发展。原来没有完全建立住房公积金制度的企业单位，在此期间都得到了普遍建立。

2. 管理机构得以规范，专职人员成为工作主体。国务院住房制度改革领导小组《关于加强住房公积金管理的意见》由国务院办公厅转发后，枣庄市在机构编制、单位级别、工作职责等方面都重新给予了明确。管理机构有了正式编制，有了正式工作人员。这期间最为明显的变化，就是住房公积金管理机构与房改办成为一个具有正式建制的单位，与体改、房管、建设、财政等相关部门一样，成为政府部门的组成机构，开始出现在政府序列之中。正式工作人员逐渐取代临时人员，成为工作中的主体，业务工作从此得以迅猛发展。

3. 缴存比例和月缴存额逐渐提高。随着政策宣传的力度加强，人们对住房公积金制度的认识逐渐变得清晰起来，一些效益好的企业和经济承受能力强的单位，纷纷要求提高住房公积金缴存比例。相比探索阶段的抵触情绪，这一愿望无疑是人们对住房公积金制度认识上的突变，说明部分单位和职工对住房公积金制度有了正确认识，人们的思想观念向着有利于深化改革的方向转变。借此机会，枣庄市当机立断，出台措施，允许经济负担能力强的单位在保持生产经营顺利进行的前提下，执行较高的缴存比例。这样，单位住房公积金缴存比例就由原来的3%和5%两个档次，变成了5%－12%之间由单位任选的缴存比例，缴存单位有了更大的选择范围，住房公积金制度的推广普及迅速展开。

（三）发展和完善阶段（2003年12月至今）

2002年3月，国务院颁布了《国务院关于修改〈住房公积金管理条例〉的决定》，对原《住房公积金管理条例》作了相应的修改，进一步规范了住房公积金的监督、决策和管理机构。同年5月，国务院下发《关于进一步加强住房公积金管理的通知》就进一步加强规范住房公积金管理提出明确要求。一是调整和完善住房公积金决策体系。在设区城市设立住房公积金管理委员会，作为住房公积金管理的决策机构；二是规范住房公积金管理机构设置。每个设区城市设立一个住房公积金管理中心，负责本行政区域内住房公积金的管理运作。住房公积金管理中心是直属城市人民政府的不以营利为目的的独立的事业单位；三是规范住房公积金银行专户和个人账户管理，对受委托办理住房公积金业务的银行提出规范要求；四是强化住房公积金归集，加大个人贷款发放力度，简化个人住房公积金委托贷款手续，加强贷款风险管理；五是健全和完善住房公积金监督体系；六是加强组织领导，严肃法纪，切实维护住房公积金缴存人的合法权益。按照上述要求，枣庄市于2003年12月对辖区住房公积金管理机构进行了调整。

1. 成立住房公积金决策机构。为推进枣庄住房公积金管理制度改革，加强对住房公积金的监督管理，2002年9月，枣庄市人民政府按照国务院和山东省有关要求，成立枣庄市住房公积金管理委员会，委员按照三个三分之一原则由25人组成，履行枣庄市住房公积金管理的决策职能。第一届管委会主任由时任枣庄市人民政府副市长担任，现任管委会主任为枣庄市委常委、常务副市长。“枣庄市住房公积金管理委员会办公室”挂牌在市住房公积金管理中心，管理中心党组书记、主任兼任管委会办公室主任。

2. 组建成立枣庄市住房公积金管理中心及机构沿革。2003年12月，以现有的枣庄市住房资金管理中心和各区（市）住房资金管理机构为基础，组建枣庄市住房公积金管理中心。枣庄市住房公积金管理中心为市政府直属的正县级事业单位。配备主任1名，副主任2名，专职纪检书记1名，实行全额预算管理。同时，建立了中共枣庄市住房公积金管理中心党组。各区（市）设业务经办网点，为市住房公积金管理中心的办事机构，正科建制。全市住房公积金实行“统一管理、统一制度、统一核算”。在滕州设立分中心，其他区设立管理部，其机构、人员及业务均接受市中心领导。市中心内设综合科、管理科、贷款科、会计科和稽查科五个科室。核定编制50人〔市中心19人，六个区（市）31人〕。2007年11月，枣矿集团自行管理的公积金按归属地方管理政策进行了调整，并在枣矿设立了分中心，编制6人。2009年11月因管理工作需要，报经市编办同意，在单位机构设置数不变的前提下，中心科室由原来的五个调整为三个，并在市中区和新城区各新设立一个分理处（正科级），分理处

人员在原单位人员中调配，以方便新城、市中区市直单位公积金缴存职工办理公积金相关业务。2014 年增设信息科（客服中心），2015 年增设高新区管理部。全中心人员编制为 52 人。

3. 市住房公积金管理中心主要职责：编制、执行住房公积金的归集、使用计划；负责记载职工住房公积金缴存、提取、使用等情况；负责全市住房公积金核算；审批全市住房公积金提取、使用；负责全市住房公积金保值和归还；编制全市住房公积金归集、使用计划执行情况的报告；承办枣庄市住房公积金管理委员会决定的其他事项。

二、主要成就

截至 2018 年 6 月底，全市住房公积金实缴单位 2428 个，实缴人数 21.70 万人，累计归集金额 238.17 亿元，累计提取金额 128.14 亿元，缴存余额 110.03 亿元，累计发放贷款 153.08 亿元，贷款余额 93.20 亿元，个贷率 84.70%。归集额、贷款额等绝对指标处全省中上游水平，增长幅度位居全省前列，资金运行平稳、安全，利用效率高。住房公积金受益人数近 30 万人，形成了强大内需，成为广大职工群众改善居住条件的重要渠道，有力促进了房地产及其相关产业的快速健康发展，为“去库存”发挥了积极的促进作用，为积极推进实现“住有所居”，促进房地产及地方经济发展、构建和谐社会做出了重要贡献。

（一）大力支持住房建设，完善住房保障体系

房改初期，国家政策允许使用住房公积金支持经济适用房和单位职工住房建设。之后，住房公积金使用重点转向支持职工个人购房，特别是在安居房建设购建过程中，住房公积金为广大职工提供了稳定的购房资金来源。在住房保障方面转向重点支持廉租住房建设和政府保障房建设。住房公积金增值收益逐年增长，特别是自 2012 年以来，住房公积金增值收益由 2012 年的 1.20 亿元增加到 2017 年的 1.24 亿元，年均增长 3.33%，累计实现增值收益 10.29 亿元，上交市财政城市廉租住房建设补充资金 6.37 亿元，为政府保障性住房建设和为困难无房职工发放住房补贴做出了积极贡献，体现了住房公积金取之于民，用之于民，服务政府，贡献社会的社会效益和经济效益。

（二）以扩面为重点，在乡镇、民营企业推行住房公积金制度

广泛建立住房公积金制度，让更多职工群众享受到住房公积金制度的实惠，是国家建立住房公积金制度的初衷，也是《住房公积金管理条例》赋予住房公积金管理者的职责。归集扩面是住房公积金制度的立足之本、运作之基，没有归集就没有提取和贷款，住房公积金制度就不能持续发展。因此，住房公积金管理部门将扩面工作作为重中之重，通过上门宣传，签订目标责任书，以点带面、政府推动、部门联动等方式，强化扩面归集工作。

1994 年枣庄市推行住房公积金制度，各区（市）的行政事业单位、部分大型国有企业基本都开设了住房公积金账户。乡镇没有实行房改，也未建立住房公积金制度。随着住房制度改革的深入，住房供应体系逐渐实行市场化、货币化，住房公积金的作用越来越突出。但是大部分区（市）、乡镇由于受财力影响，一直不能为职工建立住房公积金制度，致使工作在乡镇最基层的职工不仅没有享受到房改的优惠，更是游离在住房公积金制度之外。民营企业由于起步晚、发展慢、法律意识淡薄，职工维权意识差，对住房公积金认识不到位，建立住房公积金制度的意愿普遍较低，所以，大部分也没有建立住房公积金制度。2008 年，各区（市）管理部、分中心深入各镇（街），采取召开座谈会、发放宣传单等形式，宣传建立住房公积金制度的重要性和必要性，提高单位和职工对住房公积金的认知度。随后，镇（街）中小学、卫生院职工陆续建立了住房公积金制度。2010 年 7 月全市各乡镇均建立住房公积金制度，实现了全市行政事业单位职工住房公积金全覆盖。

2013 年，枣庄市住房公积金管理中心出台了在单位聘用人员和进城务工人员中建立住房公积金的办法，住房公积金覆盖范围进一步扩大。

2013 年，启动企业扩面工作推进工程，做出“以点带面，政府推进，部门联动，全面攻坚”的工作安排，科学推进扩面工作，争取在 1 至 3 年内全市民营企业扩面工作实现大突破。各区（市）管理部、分中心积极争取政府支持，将住房公积金管理工作纳入市政府

枣庄市住房公积金2004－2017年度增值收益情况分析

单位：亿元

年度	2004	2005	2006	2007	2008	2009	2010	2011	2012	2013	2014	2015	2016	2017
提取廉租住房建设补充资金	0.002	0.004	0.01	0.06	0.21	0.54	0.45	0.40	0.98	1.00	1.24	1.47	0.89	0.74
增值收益	0.04	0.08	0.12	0.12	0.28	0.62	0.55	0.54	1.20	1.23	1.45	2.65	1.34	1.24

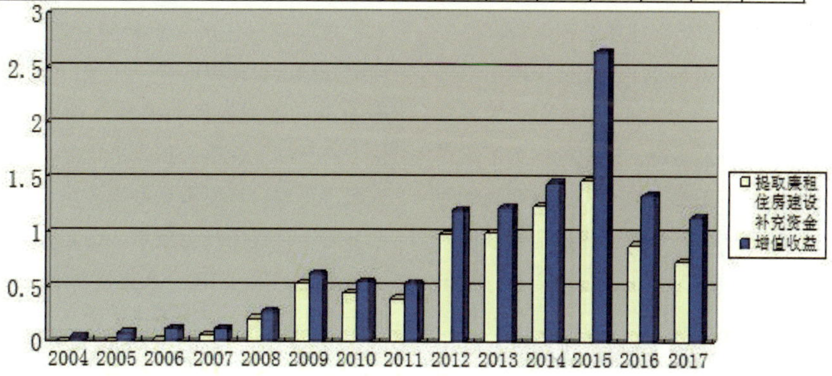

工作报告，把各级各单位为职工建立住房公积金制度作为党委政府为民办实事内容纳入政务督查考核内容。同年，市住房公积金管理中心积极与市工商管理局建立职能部门联动机制，把住房公积金缴存情况列入“重信誉、守合同企业”评比活动，实行一票否决，推进住房公积金扩面工作。通过一系列措施，2013年当年新增缴存职工17962人，扩面工作取得显著成效。

（三）住房公积金归集缴存情况

住房公积金作为职工家庭购房积累的专项储金，体现住房公积金缴存人的既得利益和职工住房消费实际支配能力的是住房公积金缴存基数和单位的缴存比例。住房公积金制度从内容设计到合理运用，是职工家庭收入的一项重要组成，也是房地产市场平稳、健康、稳定发展的有力阀门。住房公积金年缴存额由2004年的1.56亿元增加到2016年的28.37亿元，年均增长27.34%；缴存余额由2004年的5.87亿元增加到2016年的96.45亿元，年均增长26.27%。严格落实国家“控高保低”政策，适应经济发展水平和房地产市场职工需求，逐步规范、调整住房公积金缴存基数和比例。各单位的住房公积金缴存基数都能按要求及时调整为最新工资基数，住房公积金缴存比例也由单位、个人各5%逐年调整，当前主要比例为单位、个人各12%。财政供给人员主要比例为单位12%、个人12%。

2012年归集住房公积金19.28亿元；2013年归集住房公积金22.15亿元；2014年归集住房公积金24.44亿元；2015年归集住房公积金24.68亿元；2016年归集住房公积金28.37亿元；2017年归集住房公积金22.70亿元；2018年6月底归集住房公积金19.80亿元。累计缴存额约238亿元。

（四）住房公积金使用情况

为推进住房分配货币化改革，缓解职工个人购房资金困难问题，积极探索个人住房公积金贷款业务。随着住房公积金规模的扩大，考虑到职工收入、住房价格、房地产市场等因素，贷款限额由每人5万元，逐次调整为10万元、15万元、20万元、30万元和双职工家庭50万元。公积金贷款审批实行分级管理和审贷小组集中审批模式，贷款担保方式由最初的信用担保、置业担保公

枣庄市住房公积金2004—2018年上半年公积金缴存情况分析

单位：亿元

年度	2004	2005	2006	2007	2008	2009	2010	2011	2012	2013	2014	2015	2016	2017	2018
缴存额	1.56	2.51	3.29	4.01	7.10	9.19	11.21	15.09	19.18	22.15	24.44	24.68	28.37	32.70	19.80
缴存余额	5.87	7.87	10.35	13.19	23.62	30.50	39.05	50.18	62.22	73.80	84.20	89.36	96.45	105.40	110.00

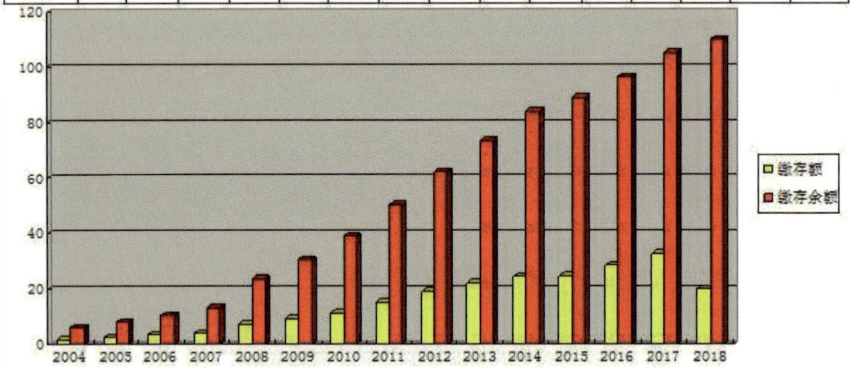

枣庄市住房公积金2004—2018年上半年贷款情况分析

单位：亿元

年度	2004	2005	2006	2007	2008	2009	2010	2011	2012	2013	2014	2015	2016	2017	2018
当年放贷额	0.65	1.06	2.42	2.50	3.10	6.12	6.29	11.09	12.74	17.04	17.74	22.18	16.10	21.01	10.90
贷款余额	1.37	1.80	3.51	5.60	6.92	11.37	15.51	24.17	33.59	46.02	58.23	72.78	78.79	88.60	93.20

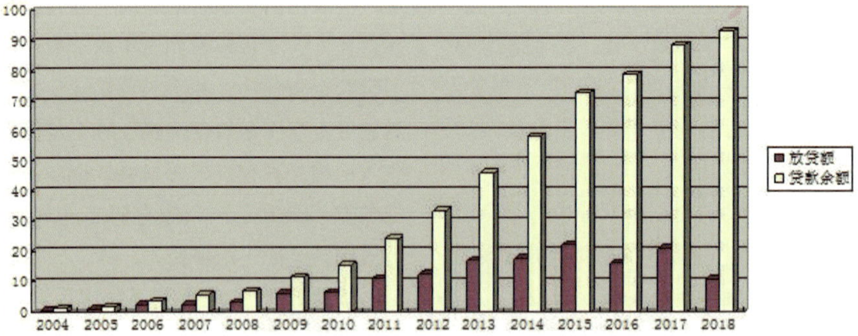

枣庄市住房公积金2004—2018年上半年提取情况分析

单位：亿元

年度	2004	2005	2006	2007	2008	2009	2010	2011	2012	2013	2014	2015	2016	2017	2018
购房提取	0.13	0.19	0.39	0.54	0.48	0.85	0.93	1.30	2.05	2.51	2.93	6.24	5.58	18.90	11.30
离退休提取	0.11	0.19	0.24	0.28	0.65	0.68	0.81	0.90	1.56	2.46	3.62	3.26	3.81	3.95	1.98
当年提取额	0.30	0.50	0.82	1.17	1.65	2.31	2.65	3.96	7.24	10.61	14.00	19.52	21.28	23.70	15.10

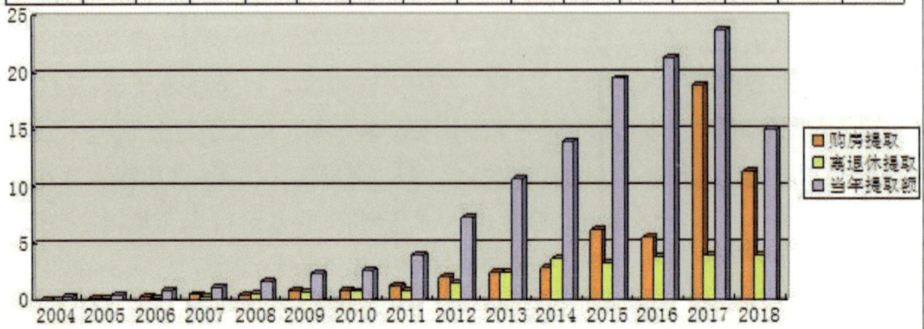

司担保，扩展为信用担保、担保公司担保、房产抵押担保和房产抵押加开发商阶段性担保等多种担保方式，业务承办银行也由最初的工行和建行扩展至工、农、建、中、交五家银行32个网点。不断完善住房公积金提取政策。制度建立之初，住房公积金提取主要以支持职工自住购房、离退休提取为主。为充分发挥其保障作用，逐步放宽了提取使用条件，在全省率先实行了偿还个人住房贷款、公积金对冲还款、租赁住房以及直系亲属购房提取住房公积金等惠民政策措施，有力地支持了职工改善居住条件，为打造宜居宜业新枣庄做出了积极贡献。

截至2018年6月底，全市累计提取金额128.14亿元。2004—2011年，全市住房公积金提取比例相对稳定，基本保持在65%左右的增幅。2012年，随着全市房地产市场的升温，职工提取住房公积金的需求增加，全年共提取住房公积金达7.24亿元，用于购房消费提取达2.05亿元，比上一年度分别增长82.83%、57.69%，创历年提取新高。伴随着住房公积金新政策的不断出台，房地产市场趋于相对平稳，公积金缴存职工提取公积金幅度又逐渐趋于平稳，以平均约35%的增幅保持平稳增长。

（五）资金运用及风险防控

枣庄市住房公积金管理中心高度重视资金管理，一直将资金风险防控作为重中之重，确保资金安全保值增值。一是加强内部控制，不断完善提取、贷款资金使用预警机制，建立重大会计事项联签制度、大额资金管理使用和零余额账户管理等制度和办法；二是完善业务流程，规范账户管理，严格资金审批和拨付程序，加强骗提骗贷行为的防范和承办银行以及担保公司的监管，确保资金安全，逾期贷款率一直为零；三是强化理财理念，提升资金收益率。通过积极开展住房公积金贷款业务、协议存款和定期存款等方式，合理配置运用资金，谋求收益最大化，并按规定提取廉租房建设补充资金，积极支持市、区（市）各级政府保障性住房建设。全市住房公积金事业克服经济下行、存款利率倒挂等不利因素，保持了平稳发展势头，资金运用经济效益、社会效益在全省名列前茅。

（六）建章立制，释放政策红利

枣庄市住房公积金管理中心认真贯彻国务院《住房公积金管理条例》，切实加强住房公积金管理，秉持“取之于民、用之于民、造福于民”的工作原则，严格按照《关于进一步加强住房公积金管理的意见》等规范性文件的要求，保障了住房公积金工作顺利开展。同时，加强政策研究，对公积金管理进行前瞻性探索，许多经验和建议得到上级部门的认可。

提取方面：一是逐步扩大使用范围。公积金提取范围由《住房公积金管理条例》规定的六类10项，扩大至目前的十一类23项。目前枣庄市住房公积金缴存人父母、子女购房、缴纳物业费、房租费和住宅专项维修资金等情形均可提取住房公积金。二是降低提取门槛。住房公积金缴存人本人或父母、子女购房，提取住房公积金的时间为取得购房有效凭证一年内延长到三年内；偿还住房贷款提取住房公积金时可累计计算还款额度；职工租赁住房提取时不再提供收入证明和税控发票等材料。提取条件的放宽，受到了广大缴存职工的欢迎，有效提升了职工消费能力。

贷款方面：一是不断降低贷款门槛。申请贷款的缴存期限由设立住房公积金账户并连续缴存12个月，缩短为正常缴存6个月。同时降低首付款比例，购买首套普通自住住房的，最低首付款比例由30%降低为20%；对拥有1套住房并已结清相应购房贷款的职工家庭，再次购买普通自住住房的，最低首付款比例降低为20%；二是提高贷款额度，延长贷款年限。住房公积金贷款额度由5万元，调增至50万元（双方缴存50万元，单方缴存30万元）；贷款期限由当初最长10年延长至30年，贷款年龄放宽至退休后5年；三是增加贷款品种，全方位满足职工贷款需求。贷款担保种类在最初的担保公司担保贷款、自然人保证贷款基础上，增加了房产抵押贷款、开发商阶段性担保贷款等多种方式，并推行用房产抵押或担保公司担保替换保证人担保等措施。2007年开展了商业银行住房贷款转公积金贷款业务；2013年，开展了异地缴存公积金贷款业务，被住建部在全国推广。2015年底在全省率先开展了住房公积金贴息贷款业务，仅2016年一年就发放贴息贷款10亿元，有效缓解了中心流动资金风险，促进了房地产市场健康发展，得到了省住建厅的充分肯定和大力推广。通过一系列措施，全方位满足职工贷款需求，保证刚性消费需求，促进了住房公积金贷款业务迅速发展，有力地支持了职工改善居住条件和居住环境，促进了房地产市场发展和城镇化建设。

（七）加强作风建设，树立部门良好形象

枣庄市住房公积金中心党组始终以提升服务为目标，以资金安全为核心，以抓班子带队伍为总抓手，严格落实党风廉政建设责任制，狠抓制度落实，确保干部清正廉洁、机关风清气正，为打造“聚万家金圆安居梦”枣庄住房公积金品牌提供坚强有力的政治保障，2016年成功创建为市级文明单位。

1. 加强组织建设。2004年1月，枣庄市委批准设立枣庄市住房公积金管理中心纪检组。2004年4月成立中心机关党总支，下设四个支部，并通过公开推选方式产生各环节领导班子，完善组织体系，夯实党建基础。

2. 加强党风廉政教育。把反腐倡廉学习教育贯彻于住房公积金管理工作的全过程，严格落实学习制度。积极开展示范教育、警示教育和岗位廉政教育，采取观看电教片、领导干部上廉政党课、参观廉政教育基地等多种形式进行集中教育，增强廉政教育实效。

3. 持续提升服务效能。开展重点岗位廉政教育活动，聚焦“四风”问题查找，以整风精神开展教育实践活动，

不折不扣落实中央“八项规定”，扎实开展“厉行勤俭节约、反对铺张浪费”活动，促进机关正文风、改会风、转作风、树新风。巩固机关效能提升，开展“转变作风、提高效能、优化环境”三位一体的教育实践活动。完善民主决策程序，对事关群众切身利益的重大事项实行公示、咨询制度，健全“三重一大”决策制度。认真听取群众的意见建议，督促党员干部加强党性锻炼，进一步密切党群干群关系，在每年度的市党风政风行风评议中都能取得较为优异的成绩，树立了良好的部门形象。

4. 认真做好廉政风险防控工作。积极开展廉政风险防控管理，深入分析岗位职责、业务流程、关键环节、外部影响等因素，着眼权力运行的重点领域、重点部位和关键环节，通过住房公积金提取审批、印章保管使用、住房公积金账户设立、贷款受理审批发放回收、会计业务处理、固定资产管理等18个风险点的岗位人员、风险等级及可能性危害等全面查摆，准确划分，并实行动态管理，有效规范权力运行，努力打造阳光政务。

5. 历年荣获各项荣誉。2012年，山东省住房和城乡建设厅授予“示范窗口单位”；枣庄市机关党的建设“三级联创”活动领导小组授予2012-2013年度“机关党建工作红旗集体”称号；中共文化路街道委员会、文化路街道办事处授予2013年度、2014年度“先进单位”；2015年，中共枣庄市委市直机关工作委员会授予“先进基层党组织”、“机关先锋岗”；2016年，获中共枣庄市委、枣庄市政府“2016年度全市经济社会发展综合考核进位奖”、枣庄市精神文明建设委员会“2016年度文明单位”称号、西城分理处继续保持“省级青年文明号”，滕州分中心、东城分理处继续保持“市级青年文明号”，东城分理处年度内被评为“工人先锋号”；2017年，获中共枣庄市委、枣庄市人民政府“2017年度全市经济社会发展综合考核先进集体”荣誉称号；市中心被山东省精神文明建设委员会评为“省级文明单位”、获中共枣庄市委市直机关工委授予“枣庄市直机关基层党建示范点”荣誉称号、“全市优秀机关党建品牌”称号等。

审稿人：谢绍学

撰稿人：孔祥立

枣庄市农业综合开发发展历程与成就

一、概述

1988 年初，我国经济改革进入改革开放第十个年头，农业和农村经济的发展出现了新的问题，农业和农村的自然条件特别是农业基础设施严重落后，严重制约了粮食的增产、增收，为了解决农业发展出现的一系列困难和问题，国务院决定设立农业综合开发资金，专项用于农业开发。当年枣庄市把农业开发既黄淮海平原农业开发列入“七五”后三年农业发展规划，1991—1993 年既“八五”前三年，继续实施黄淮海平原农业开发。1994 年枣庄市黄淮海平原农业开发转为枣庄市农业综合开发。从 1994 年起，山东省农业综合开发办公室对土地治理和产业化经营项目建设计划按年度下达。

（一）开发机构的设立

1988 年根据国务院设立农业开发资金，专项用于农业综合开发工作的需要，枣庄市被划入黄淮海平原农业开发地区之一。随即枣庄市、区（市）政府相应成立了以分管市长、区（市）长为组长，市直、区（市）直有关部门主要负责人为成员的黄淮海平原农业开发领导小组，并设立了办事机构。为了解决枣庄市农发办有机构无编制的问题，市委常委会研究决定设立枣庄市农业综合开发办公室，挂靠市农业委员会，为正县级单位，行政机构，事业编制，定编 15 人，人员从相关部门抽调。滕州市、峄城区农业综合开发办公室，已正式列编，为正科级单位，配备了政治素质高、事业心强、懂业务、会管理的工作人员。

1990 年 12 月，枣庄市农业委员会向市政府报送《关于设立枣庄市农业综合开发办公室的请示》，拟将枣庄市黄淮海平原农业开发办公室和枣庄市贫困地区经济开发办公室“两办”合并，对上不变，设立枣庄市农业综合开发办公室。1992 年 2 月，枣庄市编制委员会下发了《关于建立市农业综合开发办公室的通知》，明确为正县级事业单位，挂靠市农业委员会，下设土地开发项目管理科、多种经营开发项目管理科和扶贫开发科，编制 13 人。1992 年 3 月，市政府明确农业综合开发办主要职能是：1、制定全市农业综合开发总体规划和年度计划；2、主管黄淮海平原农业开发；3、主管山区和贫困地区的经济开发；4、综合协调世界银行贷款项目的实施；5、为农口兴办服务实体争取立项和资金。

1992 年，由于利用世界银行贷款加强灌溉农业一期项目要求国内财政资金必须配套，当时国内财政资金紧张，没有能力另拿一块资金进行配套，只能用已有的开发资金作为配套资金使用，市中区不是一期世行项目区，因而省农业开发办从 1992 年起不再给市中区安排计划，从此，市中区退出农业综合开发项目区。

1994 年 12 月，枣庄市农业综合开发办公室确定单位类型为全额预算管理。下设办公室、土地开发项目管理科、多种经营开发项目管理科，编制 13 人。1996 年 10 月机构改革，市农业委员会改称枣庄市人民政府农业办公室，市农业综合开发办公室挂靠枣庄市人民政府农业办公室。

1998 年 2 月，枣庄市政府以《关于将枣庄市山亭区列入农业综合开发项目区的请示》上报省农业综合开发办公室，省农业综合开发办转报国家开发办，1998 年 6 月，国家农业综合开发办批复同意。至此，滕州市、台儿庄区、山亭区、薛城区、峄城区为枣庄市农业综合开发项目区。

2001 年 4 月机构改革，市政府农业办公室与市农业局合并，组建市农业局，市农业综合开发办公室调整为副县级事业单位，由农业局管理。2001 年 6 月，枣庄市农业综合开发办公室由副县级事业单位恢复为正县级事业单位，隶属于市政府领导，下设办公室、土地开发项目管理科、多种经营开发项目管理科，编制 13 人。同年 8 月设立党组。2008 年 8 月，枣庄市农业综合开发办公室改为参照公务员法管理的事业单位。枣庄市农业综合开发办公室下设办公室、土地开发项目管理科、多种经营开发项目管理科，编制 13 人。下设滕州市、台儿庄区、山亭区、薛城区、峄城区为枣庄市农业综合开发项目区。

2010 年 11 月，国家农业综合开发办公室下文正式批复同意枣庄市市中区恢复国家农业综合开发项目县。至此，枣庄市下辖五区一市均为枣庄市农业综合开发项目县。

2012 年机构改革，枣庄市农业综合开发办公室归口隶属枣庄市财政局管理，党组独立。下设办公室、土地开发项目管理科、多种经营开发项目管理科。

（二）农业综合开发的高标准要求

枣庄市作为黄淮海平原的组成部分，是全国农业综合开发的重点区域，其 6 个区（市）先后被国家列为农业综合开发项目区。农业综合开发是中央政府为保护、支持农业发展，改善农业生产条件，优化农业和农村经济结构，提高农业综合生产能力和综合效益，设立专项资金对农业资源进行综合开发利用的活动。

枣庄市农业综合开发以提升农业

综合生产能力和农业产业竞争力、实现农业增效、农民增收、农村富裕、社会经济可持续发展为主线，以保障国家粮食安全和促进农民增收为基本任务，以推进农业“两大基地、四化进程”为主要抓手，充分发挥农业综合开发在现代农业和社会主义新农村建设中的重要作用，加强规划区农业基础设施建设，改善农业生产条件和农民生活环境，提高农业综合生产能力；促进农业结构调整，推动农业产业化经营，提高农业综合效益，增加农民收入，为全市农业和农村经济发展做出重要贡献。农业综合开发坚持：

一是突出开发重点。在资金投向上，重点向粮食主产区倾斜；在项目安排上，重点突出中低产田改造和产业化龙头企业；在产业选择上，重点突出优质粮产业和畜牧产业。

二是突出优势农产品的产业化。以优势农产品的产业化为主线，统筹安排各类项目和资金，加强生产基地和加工基地建设，积极完善产业化经营机制，培植有市场竞争力的优势产业，促进优势农产品产业带的形成。

三是突出规模开发。土地治理项目按流域或灌区集中连片统一规划，集中力量打造粮食生产核心区。产业化经营项目，对具有明显竞争优势和增长潜力的粮食、畜牧、蔬菜等农产品加工、种植养殖基地项目集中扶持、连续扶持，与土地治理项目紧密结合，联手培植新的经济增长点。

四是突出资源和能源节约。以提高资源利用效率和项目科技含量为核心，依靠科技进步，大力推广节水、节地、节能、节材技术，促进资源综合利用，发展循环经济，努力形成节约型的经济增长方式。

五是坚持因地制宜，实事求是。一切从当地资源条件出发，从当地农民的要求出发，从市场需求出发，讲实效，重实绩。

六是坚持高起点、高标准开发。积极采用新技术、新材料、新工艺，坚持高起点规划，高标准设计，努力建设一批科技含量高、示范带动作用强的项目。

七是坚持竞争开发。完善农业综合开发绩效考核机制，实行奖优罚劣，鼓励工作创新，提高农业综合开发活力。

八是突出综合效益。既要努力提高粮食等主要农产品的综合生产能力、确保国家粮食安全，又要积极推进农业结构调整，支持发展优势农产品，创造条件增加农民收入；既要努力改善农业生产条件，又要加强农村环境保护，确保农业的可持续发展；既要努力提高生产力水平，又要促进农业生产关系改善，推进农业增长方式、经营方式转变，努力实现经济、社会、生态效益的有机统一。

（三）农业综合开发项目管理

农业综合开发项目管理共分四个阶段，即前期准备阶段→申报批复阶段→项目实施阶段→验收管护阶段。

1. 前期准备阶段

农业综合开发项目的前期准备是指项目申报前的准备工作，包括制定开发规划、建立项目库、编制项目可行性研究报告等。制定开发规划。各级农发机构根据国家农业综合开发政策和本地区经济社会发展中长期规划，编制农业综合开发规划及阶段性开发方案。农业综合开发规划一般每五年编制一次。建立项目库。地方各级农发机构根据国家农业综合开发扶持政策、扶持重点和本地区农业综合开发规划及阶段性开发方案，建立项目库，并实行动态管理。编制可行性研究报告。项目申报单位向当地农发机构申报下一年度项目时，应当提交项目申请和项目可行性研究报告等材料，并对申报材料的真实性负责。

2. 项目申报审批

项目原则上一年一定。各区（市）农发机构按照分配资金额度，依据专家对可研的审查情况，确定拟立项项目，组织编制初步设计（实施方案）。

3. 项目实施阶段

项目计划一经省、市批复下达后，各区（市）应及时组织项目实施单位按照经市级农发机构批准的项目实施方案组织实施，施工单位应严格按照设计图纸施工，不得擅自调整建设地点、规模、标准和主要建设内容。

4. 项目竣工验收管护

土地治理项目竣工后，项目实施单位应当逐项检查实施方案完成情况，及时编报项目竣工决算，做好项目竣工验收前的准备工作。项目实施单位应当依照《基本建设财务规则》有关资产交付管理的规定及时办理资产交付，并根据资产交付情况明确管护主体。土地治理项目管护主体应当建立健全各项运行管护制度，明确管护责任、管护内容和管护要求，保证项目工程在设计使用期限内正常运行。

二、枣庄市农业综合开发规划与实施

（一）投资概况

自 1988 年开始，枣庄市实施黄淮海平原农业开发，到 2017 年止，全市实施农业综合开发总投资达到 193321.8 万元，财政资金 125775.7 万元，农业专项贷款 3260 万元。其中，土地治理项目（内资部分）建设总投资 97992.1 万元，其中财政资金 82760.4 万元，项目实施 223 个（次），改造中低产田和高标准农田 236.8 万亩；利用世界银行贷款加强灌溉农业（外资部分），治理灌溉面积 78.725 万亩，完成项目总投资 27973.6 万元，其中财政资金 16935.1 万元。产业化扶持项目总投资 67356.1 万元，其中财政资金 28102.2 万元，农业专项贷款 3260 万元，企业自筹资金 35993.9 万元。扶持多种经营项目、龙头企业及科技示范推广项目 62 个、产业化经营财政补贴项目 120 个、贷款贴息项目 40 个，高标准农田建设模式创新试点项目 1 个。

（二）枣庄市农业综合开发主要分为六个发展阶段：

最初以土地治理项目为主，随着土地治理项目下达产业化项目。自 1994 年以后国家农业综合开发实行按年度下达开发计划，产业化经营项目与土地治理项目分开下达年度计划。

1. “七五”后三年黄淮海平原农业开发项目

1988—1990 年枣庄市第一期项目

枣庄市把农业综合开发列入“七五”后三年农业发展规划，按照省开发办安排，枣庄市黄淮海平原农业开发具体建设农田水利改造、小麦高产技术开发、夏玉米高产栽培等项目建设 28 个，计划投资 1956 万元，其中财政资金 1192 万元；实际完成投资 1956 万元，其中财政资金 1192 万元，开发面积 93 万亩，项目涉及滕州、薛城、峄城、台儿庄、市中五个区（市）。

2. 农业综合开发发展灌溉除涝面积十年规划与实施

根据山东省水利厅和水利部文件的要求，根据枣庄市黄淮海平原开发区具体情况，制定枣庄市黄淮海平原开发区计划，即编制农业综合开发发展灌溉除涝面积十年规划和“八五”计划。

“八五”期末有效灌溉面积发展到 179.58 万亩，其中新增灌溉面积 44.02 万亩，改善灌溉面积 95.27 万亩，扣除由于工程老化损坏等原因而减少的 23.15 万亩，纯增有效灌溉面积 20.87 万亩。总投资 15526 万元。其中，农业开发资金 3500 万元。

计划“八五”期末除涝面积达到 101.95 万亩，其中 3—5 年一遇标准的 51.26 万亩，5—10 年一遇标准的 50.69 万亩。新增除涝面积 18.45 万亩，改善除涝面积 21.26 万亩。总投资 3860.8 万元，其中，农业开发资金 1500 万元。

“九五”期末有效灌溉面积发展到 192.49 万亩，其中新增灌溉面积 27.2 万亩，改善灌溉面积 58.1 万亩，扣除由于工程老化损坏等原因而减少的 14.29 万亩，纯增有效灌溉面积 12.91 万亩。总投资 11914 万元。其中，农业开发资金 4900 万元。

计划“九五”期末除涝面积达到 103.98 万亩，即将易涝面积全部治理完毕，且全部达到 5—10 年一遇标准。新增除涝面积 2.03 万亩，改善除涝面积 35.63 万亩。总投资 3154.9 万元，其中，农业开发资金 2100 万元。

枣庄市黄淮海平原开发区有 5 万亩以上灌区 5 处，总设计灌溉面积 91.14 万亩，在有效灌溉面积中具有举足轻重的作用。在“八五”计划中，以上 5 处灌区计划发展灌溉面积 63.08 万亩，其中新增灌溉面积 26.51 万亩，改善灌溉面积 36.57 万亩。工程总投资 14658 万元。在“八五”计划中，总投资 8100 万元。除胜利渠灌区是利用外资、农发和水利资金共同建设外，其他全靠水利和农发资金来完成。农业开发资金 2820 万元，水利投资 5280 万元。

（1）1991—1993 年枣庄市第二期黄淮海平原农业开发项目

按照国家、省黄淮海平原农业开发办公室的要求，枣庄市黄淮海平原农业开发办公室完成了《枣庄市“八五”前三年黄淮海平原农业开发任务书》的编报，“八五”前三年的任务以枣庄市“七五”后三年开发工作经验教训为借鉴，坚持综合利用资源，实行综合投入，采取综合措施，进行综合治理，集中连片，开发一片，成效一片；坚持以增产粮棉油等农产品产量，增强农业科技发展后劲，改造中低产田，推广农业科技成果，从实际出发，因地制宜注重生态效益的提高。

1991—1993 年，枣庄市三年实施中低产田改造项目 13 个。总投资 3091 万元，其中财政资金 1826 万元，共改造中低产田 21.8 万亩。

（2）1994—1996 年枣庄市第三期农业综合开发项目

从 1994 年起，山东省农业综合开发办公室对土地治理和产业化经营项目建设计划按年度下达。第三期土地治理项目类型分为中低产田改造、小流域生态治理、高标准农田建设等 12 个。投资规模 2572 万元，其中财政资金 1826 万元。实际完成 2572 万元，财政资金 1826 万元，共改造中低产田 11.9 万亩。

（3）1997—1999 年枣庄市第四期农业综合开发项目

土地治理项目建设类型分为：中低产田改造、小流域生态治理、高标准农田建设等 7 个。三年项目计划总投资 2025 万元，其中，财政资金 1319 万元；实际完成投资 2025 万元，财政资金 1319 万元，银行贷款 1400 万元，共改造中低产田 11 万亩。

3. 农业综合开发“十五”规划与实施

按照国家农业综合开发“十五”规划基本思路和山东省农业综合开发“十五”规划意见（即“十五”规划开发建设任务和投资规模安排），枣庄市农业综合开发土地治理五年开发规模 40 万亩，投资规模 16000 万元。多种经营项目按土地治理项目投资规模的一半编制，即 8000 万元。科技项目按土地治理和多种经营项目投资规模的 10% 编制，即为 2400 万元。

枣庄市各区（市）2001—2005 年农业综合开发任务及投资统计表

单位：万亩、万元

项目 \ 地区		滕州	山亭	薛城	峄城	台儿庄	合计
土地治理项目	任务	15	4	6	7	8	40
	规模	6000	1600	2400	2800	3200	16000
多种经营项目资金规模		3000	800	1200	1400	1600	8000
科技项目资金规模		900	240	360	420	480	2400

（1）枣庄市农业综合开发区域类型：

一类是山前冲积平原农业综合开发区：薛城区、峄城区、滕州市、台儿庄区。

一类是鲁中丘陵开发区：山亭区

（2）枣庄市农业综合开发高中低产田资源状况：

一类是山前冲积平原农业综合开发区：耕地面积366.8万亩。其中高产田121.8万亩、中产田135.8万亩、低产田109.2万亩。

一类是鲁中丘陵开发区：耕地面积98.7万亩。其中高产田40.2万亩、中产田34.7万亩、低产田23.8万亩。

（3）枣庄市待开发的“四荒”资源状况：

四荒面积52.2万亩。其中荒地15.8万亩、荒山27.5万亩、荒滩4.5万亩、荒水4.4万亩。

（4）2000—2002年枣庄市第五期农业综合开发项目

土地治理项目建设类型分为：中低产田改造、砂石山治理、高标准农田建设等3个。三年完成总投资827万元，其中，财政资金596万元。实际完成投资827万元，财政资金596万元；共改造中低产田1万亩、沙石山开发治理0.6万亩；项目在山亭区建设。

（5）2003—2005年枣庄市第六期农业综合开发项目

土地治理项目建设类型为：中低产田、建设优质蔬菜基地、优质稻藕基地、优势农产品基地和农业生态工程项目15个。项目计划投资7751万元，其中，财政资金5799万元；实际完成投资7751万元，其中，财政资金5799万元；开发土地20.61万亩，其中中低产田13.96万亩，建设优质蔬菜基地3.05万亩，优质稻藕基地1.0万亩，优势农产品基地1.5万亩，农业生态工程项目0.5万亩。

4. 农业综合开发“十一五”规划与实施

按照国家和省农业综合开发总体部署和枣庄市实际，制定枣庄市农业综合开发“十一五”规划。

（1）主要任务：

以粮食主产区为重点，改造中低产田41.5万亩，治理小流域面积4.5万亩。基本建成高标准农田和优势农产品生产基地。

扶持产业化经营项目23个，扶持各类农产品加工企业17家，带动农民参与产业化经营开发，推动农产品基地建设。

扶持18个农民合作组织（专业协会、农民用水者协会等）努力提高农业生产组织化水平、农村经济产业化水平和项目运行管护水平。

（2）建设目标

按照枣庄市农业发展战略布局要求，建设20万亩优质强筋小麦、专用玉米生产基地，4.4万亩优质花生生产基地，3.7万亩专用地瓜生产基地，1.5万亩大枣生产基地，2万亩优质水稻生产基地，2万亩优质蔬菜生产基地。重点扶持优质粮、畜牧、蔬菜、林果产业化。

（3）2006—2010年枣庄市“十一五”农业综合开发项目

土地治理项目连续五年实施中低产田改造、科技推广项目建设等30个；总投资19084.5万元，其中，财政资金15512.4万元，实际完成投资19084.5万元，财政资金15512.4万元，改造中低产田25.1万亩。

5. 农业综合开发“十二五”规划与实施

按照国家和省农业综合开发总体部署和枣庄市实际，制定“十二五”农业综合开发规划。

（1）主要任务

以粮食主产区为重点，规划治理土地面积30—40万亩，其中建设高标准农田20万亩，改造中低产田40万亩，治理小流域2—3万亩。

（2）建设目标

按照枣庄市农业发展战略布局，“十二五”及2020年期间改造治理土地面积90—98万亩，建设高标准农田10—12万亩。重点扶持粮油、畜牧、蔬菜种植加工产业化，大力促进农业标准化与组织化建设，使规划区成为全市农业结构调整、科技进步、产业化经营的带动区，现代化、外向型农业的先行区，社会主义新农村建设的示范区。

规划区综合生产能力显著提高。经过改造治理的中低产田全部建成高产、稳产、节水、无公害、高效农田。新增综合生产能力折粮16000—16750万公斤。

规划区可持续发展能力显著提高。规划区生态环境明显改善，水土流失、各类残留污染、水资源紧缺等环境危害得到根本好转。

规划区科技推广能力显著提高。规划区配套完善镇农技综合服务站50个，完善服务设施，提高服务能力，从优质专用品种的区域化布局、规模化生产、专业化种植、规范化栽培入手，建立标准化生产基地，基本实现农业生产的现代化。

规划区主导产业和优势农产品生产基地基本形成。农业生产结构显著改善，农产品生产向无害化方向发展，经济效益大幅度提高。规划区形成以优质专用粮食和绿色食品蔬菜生产为主的主导产业。

（3）2011—2015年枣庄市“十二五”农业综合开发项目

2010年11月，枣庄市市中区进入国家农业综合开发项目县，枣庄市实现农业综合开发项目县全覆盖。全市范围的中低产田改造项目、高标准农田建设项目和科技推广项目建设等74个；计划投资42604.6万元，其中财政资金39850万元，开发面积38.14万亩。

6. “十三五”前两年实施项目

按照“十三五”规划要求和目标任务，配合国家和省农业综合开发总体安排，2016年、2017年农业综合开发土地治理实施高标准农田建设项目；产业化经营项目在原有财政补贴和贷款贴息项目的基础上，增加了高标准农田建设模式创新试点项目，探索新的开发模式。

全市高标准农田建设项目（其中，新型经营主题项目6个）及小流域治理

项目41个，计划投资规模18081万元，其中财政资金14840万元，开发面积13.65万亩，项目涉及滕州、薛城、峄城、台儿庄、山亭和市中六个区（市）。

枣庄市土地治理项目历年项目汇总表（1988—2017）

单位：万亩、万元

年度	项目个数	面积	计划总投资	其中财政投资	实际完成总投资	其中财政投资
合计	223	236.8	97992.1	82760.4	97992.1	82760.4
1988	15	38	295	281	295	281
1989	13	55	830	403	830	403
1990			831	508	831	508
1991	5	7.8	1053	614	1053	614
1992	4	7	1016	603	1016	603
1993	4	7	1022	609	1022	609
1994	4	3.7	703	494	703	494
1995	4	4	711	550	711	550
1996	4	4.2	1158	782	1158	782
1997	4	5	943	639	943	639
1998	2	5	850	522	850	522
1999	1	1	232	158	232	158
2000	1	1	270	180	270	180
2001	1	0.3	271	201	271	201
2002	1	0.3	286	215	286	215
2003	5	6.05	1727	1355	1727	1355
2004	5	5.95	2737	2024	2737	2024
2005	5	8.61	3287	2420	3287	2420
2006	4	2.5	928	742	928	742
2007	4	3.7	1446.5	1156	1446.5	1156
2008	4	3.3	1825	1460	1825	1460
2009	11	9.6	9219	7786	9219	7786
2010	7	6	5666	4368.4	5666	4368.4
2011	8	5.7	5545.6	5199	5545.6	5199
2012	14	9.08	8922	8297	8922	8297
2013	14	7.62	9061	8517	9061	8517
2014	22	8.95	10344	9670	10344	9670
2015	16	6.79	8732	8167	8732	8167
2016	25	7.12	9871	9010	9871	9010
2017	16	6.53	8210	5830	8210	5830

（三）利用世界银行贷款加强灌溉农业项目（外资部分）

利用世界银行贷款加强灌溉农业，治理灌溉面积78.725万亩，完成项目总投资27973.6万元，其中财政资金16935.1万元。

1. 利用世界银行贷款加强灌溉农业二期项目（以下简称世行二期项目），建设期为五年(1998—2002年)。在滕州、

台儿庄、峄城、薛城四个区（市），共改造中低产田60万亩，实际完成项目投资19623万元，其中中央财政资金（世行资金）5735万元，省财政资金3807万元，市财政资金690万元，县级财政资金1196万元，自筹8195万元。

2. 利用世界银行贷款加强灌溉农业三期世行项目（追溯期计划），项目总投资814.6万元，其中财政资金94.2万元，项目涉及滕州、薛城两区（市），改造中低产田1.83万亩。

3. 利用世界银行贷款加强灌溉农业三期项目，总投资7536万元，其中世行贷款2918.2万元，省财政配套1584.9万元，枣庄市配套303.3万元，项目区（市）财政配套606.5万元，自筹2123.1万元，计划用三年时间（2006—2008）改治土地面积16.895万亩。

枣庄市利用世行贷款加强灌溉农业项目统计表（1988—2013）

单位：万亩、万元

年度	项目名称	单位	地点	面积	计划总投资	其中财政投资	实际完成总投资	其中财政资金
合计	—	—	—	78.725	27973.6	16935.1	27973.6	16935.1
1998—2002	世行二期项目	滕、台、峄、薛	项目区乡镇	60	19623	11428	19623	11428
2006—2008	世行三期项目	滕州、薛城	项目区乡镇	18.725	8350.6	5507.1	8350.6	5507.1

完成主要建设内容：开挖疏浚沟渠160公里，建支排水沟66.3公里，建斗农排水沟94公里；修沙石路132公里，土路96公里；改良土壤8850亩；建农田林网3240亩。开挖疏浚沟渠252万立方米，衬砌渠道122.4万平方米，建桥、涵、闸、渡槽等建筑物4765座，新建、维修机电排灌站48座，新打、修复机电井1872眼，铺设低压管道3048公里，架设输电线路218.9公里，修田间生产路2105公里，购置运行维护设备52台（套）；平整土地22万亩，深翻土地土壤改良18万亩；过路及进地涵洞2141座；配套机泵1118台套，新建机井房818座购置大中型农业机械2432台（件）；购置埋设380V低压电缆246公里，购置安装变压器15台；农艺节水示范推广533公顷，新建小型蓄水工程278座；建设农田林网1135公顷；建仓库等建筑物17634平方米，晒场6600平方米；购置设备仪器34台（套）、运输车辆8台；建县级农技推广机构建筑物4620平方米，购置仪器273台（件）；建乡镇农技服务站化验室、培训室等建筑物14360平方米，晒场8025平方米，改造乡镇农机服务站建筑物2100平方米；建设苗圃0.83万亩，防护林15.3万亩，购植保机械800台；建立病虫害综合防治示范面积1100公顷，绿色农产品基地建设示范推广面积300公顷；优势农产品标准化生产技术培训15人月；建设农田防护林网70公顷（折实），植树60千株；建设农民专业合作社试点1个。新建苗圃6公顷。完成国内培训1621人月，国内考察110人月。购置办公设备120台套、车辆15台。

（四）产业化经营项目建设

从1988年到2017年，全市农业综合开发产业化经营项目总投资67356.1万元，其中财政资金28102.2万元，农业专项贷款3260万元；企业自筹资金39253.9万元。

1. 农业综合开发多种经营项目建设

1988年，枣庄市开始实施黄淮海平原农业开发多种经营项目建设。到2008年当年，实施农业综合开发多种经营项目53个，投入资金31437.5万元，其中财政资金12233万元，银行贷款1860万元，企业自筹11378.5万元。

2. 农业综合开发重点扶持龙头企业项目建设

2001年枣庄市农业综合开发开始重点扶持农业产业化龙头企业，产业化龙头项目建设计划随年度计划下达。到2005共扶持农业龙头企业5个，投资总规模5698万元，财政资金2834万元，企业自筹资金2864万元。重点扶持了山东鲁南牧工商联合公司4个龙头企业项目，总投资达到5038万元，财政资金2383万元。先后建设了2001年的鹅肥肝产品生产项目，总投资888万元（农业专项资金458万元，企业自筹资金430万元），建肉鹅饲养舍棚4万平方米，进行了鹅肥肝加工车间技术改造。2003年绿色肉兔产业化开发投资1600万元（农业专项资金525万元，企业自筹资金1075万元），建种兔场、标准养殖示范场及冷库5000平方米，改造兔肉食品加工车间1000平方米，购设备3台。2004年出口肉鸡熟食加工投资1260万元（农业专项资金700万元，企业自筹资金560万元），扩建熟食车间5400平方米，购1000吨冷库制冷设备、鸡肉熟食加工设备设施等。2005年有机蔬菜出口创汇深加工投资1290万元（农业专项资金700万元，企业自筹资金590万元），建车间6970平方米、1000平方米冷藏库、1500平方米保鲜库各一座、670平方米制冷机房及附属设施、3800平方米蔬菜加工车间，有机蔬菜基地建设。增加出口创汇1700万美元。

2002年又在滕州市投资建设了马铃薯脱毒种薯产业化开发投资660万元（农业专项资金451万元，企业自筹资金209万元），新建组培设施1200平方米，新建病毒检测体系、良种恒温库，新建脱毒马铃薯防虫网室繁育基地500亩。

3. 农业综合开发科技项目建设

1997年枣庄市农业综合开发实施科技示范项目，先后建设4个科技项目，总投资2605万元，财政资金1695万元，企业自筹资金910万元。一是1997年菌糠饲料示范建设，投资170万元（其中农业专项资金20万元，企业自筹资金150万元），实施了菌糠饲料科学配方技术开发及配套喂养技术示范推广。二是2002年建设生物蛋白饲料技术示范项目，投资155万元（其中农业专项资金95万元，企业自筹资金60万元），集中建设“产学研”结合示范场，购置部分饲养示范设备。三是2002—2004年实施了国家农业综合开发峄城科技推广综合示范项目，总投资2220万元（其中，中央财政资金600万元，省财政资金504万元，市财政资金72万元，区财政配套资金144万元，企业自筹资金700万元），实际完成投资2220万元，财政资金1520万元。项目分三年实施，主要围绕蔬菜（花卉）、石榴、波尔山羊，分四部分内容进行建设。四是2003年在滕州市万亩夏玉米高产新品种产业化开发投资60万元，农业专项资金60万元，推广夏玉米高产新品种产业化开发1万亩。

4. 农业龙头企业贷款财政贴息项目

2008年国家开始新增农业龙头企业贷款财政贴息项目，当年枣庄市5家企业获得政府财政贴息293万元，到2017年底全市农业龙头企业贷款贴息项目40个，贴息总额2908万元。

5. 产业化经营财政补贴项目

2009年农业综合开发产业化经营项目实施财政补贴，到2017年底共实施财政补贴项目120个，总投资31090.6万元，财政资金12581.2万元，企业自筹资金18509.4万元。

6. 农业综合开发高标准农田建设模式创新试点项目

2017年实施了农业综合开发高标准农田建设模式创新试点项目，当年投资1920万元。其中，财政资金1680万元，自筹资金240万元。

枣庄市产业化经营项目历年项目汇总表（1988—2017）

单位：万亩、万元

年度	项目个数	贷款贴息	计划总投资	其中财政投资	实际完成总投资	其中财政投资
合计	181	40	67356.1	28102.2 贷款3260	65334.1	26080.2 贷款3260
1988	1	—	70	16	70	16
1989	1	—	130	36贷94	130	36贷94
1990	1	—	869	34贷91	869	34贷91
1991 1993	1	—	111	86贷25	111	86贷25
1994	2	—	2090	贷250	2090	贷250
1995	3	—	416	20贷100	416	20贷100
1996	2	—	2100	贷400	2100	贷400
1997	6	—	1843	333贷900	1843	333贷900
1998	2	—	2521	贷1400	2521	贷1400
1999	2	—	178	118	178	118
2000	4	—	946	354	946	354
2001	4	—	2575	810	2575	810
2002	7	—	3312	1573	3312	1573
2003	7	—	3739	1620	3739	1620
2004	4	—	2655	1540	2655	1540
2005	3	—	1983	1100	1983	1100
2006	3	—	1900	1000	1900	1000
2007	4	—	1444.5	800	1444.5	800
2008	3	5贴息293	2848	1786	2848	1786
2009	4	—	2478	500	2478	500
2010	6	5贴息263	3033	1145.2	3033	1145.2

续表

年度	项目个数	贷款贴息	计划总投资	其中财政投资	实际完成总投资	其中财政投资
2011	7	6 贴息 239	2358.6	853	2358.6	853
2012	5	9 贴息 551	1967	1387	1967	1387
2013	7	8 贴息 544	2670	1487	2670	1487
2014	17	1 贴息 132	5552	2368	5552	2368
2015	18	—	5976	2380	5976	2380
2016	28	4 贴息 494	5141	2696	5141	2696
2017	29	2 贴息 392	6450	4060	6450	4060

三、取得的成就

枣庄市实施农业综合开发30年来，在市委、市政府的领导和省农业综合开发办公室指导下，农业综合开发工作取得了显著成效：

一是有效改善了农业生产条件，提高了农业综合生产能力。

土地整理完成工程量：维修、加固小型水库8座；建拦河坝98座，排灌站351座，新打、修复机电井3751眼；新修整修排水沟、修防渗渠、开挖疏浚渠道、衬砌渠道合计3427.64公里；铺设地下管道、埋设塑料管合计2826.23公里；新建、维修排灌站、提水站502座；建拦河闸、坝137座；建桥涵闸2851座；渠系建筑物8943座；架输电线路645公里；购仪器设备、农用动力机械、农业机械等2743台套；购玉米套种点播机9850台；造林6.4万亩、植树300万株，购苗木738.7万株；新建农田林网136.93万亩；改良土壤15.59万亩；建良种基地2.3万亩、建良种仓库6485平方米、良种晒场9135平方米、建玻璃温室950平方米；配套田间建筑物8508座；修建机耕路3699公里；培训农民科技人员289220人次；示范推广21.63万亩。

产业化经营项目完成工程量完成土建面积57912平方米；建厂房、车间66971平方米；购置各种仪器设备7900台套；建温室大棚12210亩；建设仓库12930平方米、晒场26800平方米；建冷库、低温库13500万吨；新扩藕田3000亩及配套农田设施等；改建石榴标准化基地21000亩等；扩建2万吨变性淀粉生产线及设备、扩建万吨农产品储藏、加工车间等；建两座千顿立筒仓配套设施等；安装6万升葡萄酒设备设施等；高档出口产品加工技改设备，购置加工设备及检验检测设备等。

项目区的农业基础设施建设得到了进一步加强，农业生产条件得到了根本改善，项目区的农业综合生产能力得到了明显提高。

二是促进了农业产业结构调整，推动了优势农产品基地建设。1988—2017年：农业综合开发项目区实现了粮食亩增产约150公斤以上，亩增收入350元，项目区人均增收320元以上；新增和改善灌溉面积114.69万亩，新增和改善除涝面积59.48万亩，新增节水灌溉面积75.19万亩，年节水量11196.61万立方米，增加农田林网防护面66.46万亩，增加机耕面积22.5万亩，扩大良种种植面积23.61万亩，优质农产品种植面积88.2万亩，优质粮食种植面积85.77万亩，粮食增加32199.5万公斤，油料增加1348.7万公斤，项目区直接受益农户689782户，项目区直接受益农业人口2169600人，项目区直接受益农民纯收入增加总额37421.5万元。农业综合开发通过改善农业基础设施，项目区由原来“靠天吃饭”的中低产田，变成了“田成方、林成网、旱能浇、涝能排、沟路渠、桥涵闸、井泵房、机电管相配套”的高产稳产田，有效地改善了项目区生产条件，为农业结构调整奠定了坚实基础。薛城区周营镇是枣庄市三期世行项目区，通过项目实施，配套完善了水利基础设施，解决了水浇条件，形成了薛城区最大的无公害绿色蔬菜种植基地，创立了“铁佛”品牌，成立了铁佛蔬菜产销合作社。滕州市的界河、姜屯、羊庄形成了马铃薯、黄姜、绿色甘草蓝生产基地。台儿庄建成了高产高效的“三水”农业（水稻、水田藕、水产养殖）基地。山亭区“长红枣”基地产生了巨大的规模效益。

三是扶持壮大了龙头企业，加快了枣庄市农业产业化进程。枣庄市农业综合开发以全面提高农业产业化经营水平为方向，以提高农业整体素质和效益为目标，大力培育农业主导产业，扶持农业产业化龙头，大大加快了枣庄市农业产业化进程。开发30年来，枣庄市先后扶持了山东莺歌食品公司等30多家龙头企业（农民专业合作社），实施建设了86个产业化经营项目、33个贷款贴息项目，初步形成了“市场+基地+农户”“企业+基地+农户”的现代农业生产模式，培育了马铃薯、优质专用小麦、优质稻藕、长红枣、花生酱、地瓜枣、食用菌、石榴酒、优质淀粉，鸡、兔、生猪养殖等优势产业。完成了土建面积57912平方米；建厂房、车间66971平方米；购置各种仪器设备7900台套；建温室大棚12210亩；建设仓库12930平方米、晒场26800平方米；建冷库、低温库13500万吨；新扩藕田3000亩及配套农田设施等；改建石榴标准化基地21000亩等；扩建2万吨变性淀粉生产线及设备、扩建万吨农产品储藏、加

工车间等；建两座千顿立筒仓配套设施等；安装6万升葡萄酒设备设施等；高档出口产品加工技改设备，购置加工设备及检验检测设备等。

四是改善了农业生态环境，促进了农业可持续发展。农业综合开发通过山水田林路综合治理，改善了农业生产和农民生活条件；通过生态项目建设，减少了水土流失；通过农田林网建设，为农业生产筑起了绿色屏障，使项目区生态环境得到了有效保护。项目区内中低产田全部建成了高产、稳产、节水、高效农田。全面实现了农田园林化，农药化肥施用标准化，灌溉节水化，水土流失、各类残留污染等环境危害得到根本好转。

五是提高了农业市场化水平，项目区农民增收明显。农业综合开发通过改善农业生产条件，提高了农业综合生产能力，促使农民增产增收；通过加强基础设施建设和农业科技示范项目建设，支持和引导农民调整增收；通过多种经营和龙头企业项目建设，提高农民进入市场的能力，扩大农副产品加工增值，带动农民增收。据统计，二十多年来，项目区新增粮棉油等主要农产品17188万公斤，新增农业总产值3.8亿元，项目区粮食亩产提高200公斤左右，项目区人均增收300元以上。

农业开发产业化项目实现：干鲜果增加3183.5万公斤，蔬菜增加4886万公斤，肉增加588万公斤，加工转化农产品56482万公斤，农产品交易额188063.5万元，新增总产值190028.1万元，新增增加值133218.3万元，直接受益农户数727760户，直接受益农业人口2461993人，直接受益农民收入增加额263407.2万元，新增就业人数25036人，全市产业化经营项目累计实现产值356008万元，新增利税49031.79万元。

2009—2017年产业化经营贷款贴息项目实现加工转化农产品88329万公斤，农产品交易额257441万元，新增总产值320439万元，新增增加值135634万元，新增利税39773万元，直接受益农户数，516656户，直接受益农业人口1627515人，直接受益农民收入增加额89281万元，新增就业人数110250人，新增农村劳动力就业人数27518人，推进了农业产业化发展，取得了显著的社会效益。

30年时间，农业开发战线上一代一代开发人，走过了多少风风雨雨，经历了多少艰难困苦，仍然前仆后继。他们走过了不少的弯路，也总结出很多的经验，创造和发明了不少的新成果。今天，当我们重新翻阅当年的档案，仿佛看到当年的开发人带着时代的使命，劳苦拼搏，不断进取，夺取了一个又一个的胜利。今天，我们站在枣庄农业综合开发的新起点上，深感责任重大，我们要接过老一辈开发人的责任和重担，踏上新征程，再创新辉煌。

审稿人：李良军

撰稿人：孟庆超

枣庄市就业创业工作改革发展历程、成就及启示

中共十一届三中全会以来，枣庄市就业工作在省、市委的正确领导下，坚持以服务经济建设为中心，不断解放思想，深化改革，全市就业创业工作取得了令人瞩目的成就，枣庄市就业局势保持了整体稳定，为经济社会发展大局做出了积极贡献。

一、改革开放历程

（一）改革开放起步阶段（1979—1985年）

这一阶段，主要是实施劳动部门介绍就业、自愿组织起来就业和自谋职业相结合的就业方针，改革统包统配就业制度。期间，面临全市待业青年人数不断增加，安置任务不断加重的形势，大力宣传党中央关于“劳动部门介绍就业、自愿组织起来就业和自谋职业”三结合的就业方针，把集体经济和个体经济作为安置待业人员的主渠道，积极扶持待业青年网点发展壮大，树立“只要有劳动岗位和工资收入就是就业”的新观念，从而，缓解就业压力，同时发展了经济。

（二）确立市场就业阶段（1986—1994年）

结合国有企业改革，有步骤地推行劳动合同制度，初步确立劳动者与用工单位的市场主体地位和双向选择机制。1981年枣庄市成立劳动服务公司。1987年，印发《待业职工管理工作试行意见》，明确了待业职工的范围及登记、管理、转移办法。在各区（市）及市直劳动服务公司建立职工待业保险机构，并且开始收取职工待业保险基金。1988年，为缓解就业压力，组织八八年度从业青年文化统考，实行择优安置。1989年，开展劳动服务公司创办十周年纪念活动，并与电视台联合制作了专题片。开始对各级劳动服务公司、社、站等实行分级管理，明确中央、省、市属单位的待、从业青年由市劳动服务公司直接管理。组织市直及中央、省属单位待、从业青年（人员）及登记。1990年5月，市劳务市场办公室改称为职业介绍所。1991年开展对多子女待业困难户调查登记工作。开始实施安置城镇待业人员办企业有关税收优惠政策。1994年，提出“国家政策指导下的市场就业”的方针，积极开展职业介绍，强化职业介绍机构建设。

（三）实施再就业阶段（1995—2001年）

在结构调整和经济转型的大背景下，配合国企改革的深化，实施再就业工程，实现国有企业富余劳动力的平稳转移，进一步推进枣庄市就业制度改革。1995年出台《枣庄市企业招用职工规定》。开始实施“再就业工程”，安置失业职工、富余职工、破产和困难企业职工。1996年实行劳动就业服务工作目标责任考核。加大就业制度改革力度。全面启动再就业工程。全市职业介绍所统一更名为职业介绍中心。1997年10月，对全市再就业工作先进集体16个和先进个人5名予以表彰。1998年，市委先后下发了《关于进一步做好失业下岗职工再就业工作的意见》《关于进一步做好企业下岗职工基本生活保障和再就业工作的通知》，对进一步做好国有和县以上集体企业下岗职工基本生活保障和再就业工作提出意见，市委、市政府确定成立枣庄市下岗职工基本生活保障和再就业工作领导小组，领导小组设在市劳动局。1998年10月14日枣庄市劳动局、经贸委、财政局、教委、统计局、总工会联合下文《关于规范企业职工下岗行为和加强再就业服务中心建设有关问题的通知》要求。按规定组建企业再就业服务中心，企业不建再就业服务中心的，不得安排职工下岗。1999年1月22日国务院颁布了《失业保险条例》，扩大了其适用范围，并把“待业”正名为失业。2001年2月9日市劳动保障局下发文件提出下岗职工社会保障“三线”提前并“两线”，并作出具体部署。2001年2月，枣庄市劳动服务公司更名为“枣庄市劳动就业办公室”。

（四）实施积极的就业政策阶段（2002—2012年）

制定实施积极的就业政策，全面落实《就业促进法》，在解决好下岗失业问题的同时，建立起面向城乡所有劳动者的促进就业体制机制。2002年9

2016年5月24日，全市创业园区建设现场观摩会

月，市委、市政府召开全市就业工作会议，明确了今后一段时期，就业工作的目标任务和扶持政策等，就业工作步入了崭新的发展阶段。2002 年将原来的“待业保险科”更名为“失业保险科”。2003 年 3 月 24 日市委、市政府下发《关于进一步做好就业工作的决定》，提出从 2003 年至 2005 年，力争用 3 年时间，实现城镇就业 14.5 万人，其中帮助下岗失业人员再就业 3.7 万人；转移农村富余劳动力 15 万人，城镇登记失业率控制在 4% 以内。2003 年 5 月 27 日市政府公布枣庄市就业再就业工作领导小组成员名单，领导小组办公室设在市劳动保障局。2005 年，市政府召开了第一次就业再就业工作联席会议，建立了就业再就业联席会议制度，明确了各部门在就业再就业工作中的责任。2010 年“枣庄市劳动就业办公室”更名为“枣庄市人力资源服务中心”至今。2012 年，成功举办枣庄市首届枣庄创业大赛，并获得山东省创业大赛优秀组织奖。

（五）实施积极的创业政策阶段（2013 年至今）

大力实施就业优先战略，推进就业体制机制创新，实施全民创业、万众创新，完善并落实各项创业优惠政策，全市就业工作开创新局面，为建成更高水平小康社会开启新征程。2013 年 12 月 30 日召开了全市创业创新工作会议，对创业工作进行了安排部署。出台了《关于促进创业带动就业的意见》，从 2014 年至 2018 年，每年安排 2000 万元作为市级创业带动就业扶持资金，将市级担保基金增加到 1 亿元，并大幅度提高了创业补贴、培训补贴及小额担保贷款额度；市政府出台了《关于做好 2014 年全市普通高等学校毕业生就业创业工作的通知》和《枣庄市人民政府关于进一步做好新形势下就业创业工作的意见》等促进就业创业的一系列政策文件，连续 13 年对区（市）政府就业目标任务完成情况进行年度考核，齐抓共管、合力推进的大就业工作格局已基本形成。

2016年12月1日，枣庄市人力资源社会保障局发放援企稳岗补贴

大力实施就业援助政策。出台了《关于印发＜枣庄市公益性岗位开发管理办法＞的通知》《关于印发＜枣庄市就业援助办法＞的通知》，每年春节前的一个月在全市组织开展“就业援助月”专项活动，开展“一对一”的就业援助服务，2003—2016 年，全市共帮助就业困难人员实现就业再就业 30173 人，其中安置公益性岗位就业 5438 人，企业吸纳就业困难人员就业 856 人，灵活就业 28779 人，就业援助措施发挥了积极作用。

2017年7月29日，滕州市大学生创业园区组织活动

为推进农民工工作，以市政府名义出台了《关于进一步做好新形势下农民工工作的意见》，就提高农民工就业能力、依法保障农民工劳动权益、推进农民工公共服务均等化，以及农民工城镇落户和土地问题等提出了明确要求。

大力搭建创业载体。2014 年市人社、财政下发了《关于印发枣庄市实施创业孵化基地和创业园区项目管理办法的通知》《关于印发〈枣庄市创业带动就业扶持资金管理办法〉的通知》两个创业配套文件，对创业专项资金的筹集与使用、市级创业园的认定等都做出了明确的规定，在枣庄市建立了完善的创业政策扶持体系。山亭区豆制品创业园、滕州春兰创业孵化基地被省厅认定为 2014 年度省级创业示范园区和创业孵化基地，滕州市农副产品物流中心大学生创业园被省厅认定为 2014 年度省级大学生创业示范园区。同时启动了首次市级创业园区认定工作，共认定枣庄新昌商贸创业园等七家为 2014 年度市级创业示范园区。2015 年，枣庄市实施就业优先战略，在全省地市率先出台了《枣庄市人民政府关于进一步做好新形势下就业创业工作的意见》和《枣庄市人民政府办公室关于印发枣庄市推进就业优先战略工作方案的通知》两个文件，制定下发了《关于建立建设项目和重要政策就业联动机制的意见》。枣庄创业大学挂牌成立，全面开展创业教育、创业培训、创业实训、创业服务和创业孵化等服务。2016 年，滕州振兴玻璃城创业园、薛城农民工返乡创业园被评为省级创业示范园区。枣庄创业孵化中心等 7 家被认定为 2016 年度市级创业示范园区和市级大学生创业示范园区。2017

年，结合新形势新任务，市政府出台了《关于助推新旧动能转换做好就业创业工作的意见》，围绕聚焦新旧动能转换积极扩大就业、优化人力资源供给、释放高校毕业生人才红利等五个方面提出了十七项具体政策措施。2018 年 6 月 6 日，枣庄市委办公室、市政府办公室出台了《关于进一步引导和鼓励高校毕业生到基层工作的实施意见》，确保高校毕业生下得去、留得住、干得好、流得动，真正发挥其在促进基层经济社会发展中的作用。2017 年，枣庄市鲁南网商谷创业园创业孵化基地被认定为省级创业孵化示范基地，台儿庄软件与服务外包产业园被认定为省级大学生创业孵化示范基地，枣庄创业大学被认定为省级示范创业大学。滕州市跨境电商创业创新园等 6 家园区被认定为市级创业示范园区。2018 年，枣庄市电子商务创业园、滕州市龙振生态农业产业园被评估认定为省级创业示范平台。目前全市有省级创业示范平台 11 家，市级 21 家。开展了枣庄市第三、四届创业大赛，以及枣庄市“十大大学生创业之星”“十大返乡农民工创业之星”评选活动。王琛等 10 人获得“枣庄市十大大学生创业之星”称号，姜瑞东等 10 人获得“枣庄市十大返乡农民工创业之星”称号。

大力实施技能培训，提升培训质量。2016 年总计培训 30196 人（其中组织就业技能培训 26044 人，完成年度计划的 100%，组织创业培训 4152 人，完成年度计划的 103%），参加培训的各类劳动者合格 30063 人，合格率为 99%；参加培训人员中取得初级以上职业资格证书的 23112 人，占合格人员的 89%；参加培训人员中实现就业 24684 人，实现创业的 2699 人，培训后就业创业率为 90%。

加大创业担保贷款发放力度。实行“贷款政策一次性告知、贷款资料一次性核实、贷款考察一次性进行、贷款审批一次性办结、贷款额度一次性提高、贷款发放一次性到位”的“六个一”服务模式，2016 年，全市共发放贷款 2.07 亿元，全市发放创业担保贷款连续 3 年突破 2 亿元。2017 年，全市新增创业担保贷款 1.65 亿元，落实贴息资金 560 万元，直接扶持 860 人创业，带动就业 5653 人。落实一次性创业补贴和岗位开发补贴 118 人，补贴资金 108.6 万元。深入开展大学生创业引领计划。各级通过设立创业指导中心、法律援助中心、创业项目评估中心，组建创业导师专家志愿团和创业项目库，邀请各行业、领域专家免费开设创业培训班，定期举办交流座谈会，实施“一对一”帮带等措施，积极帮助大学生创业。2014 至 2016 年，共引领 3012 名大学生创业。积极办好枣庄创业大学。枣庄创业大学 2015 年 12 月 4 日揭牌，自运营以来，按照“边培训、边建设、边发展、边完善”的办学思路，积极开展高质量的创业培训。2016 年，已开展各类培训班次 27 次，已扶持创办各类创业实体（含电商、微商和个体工商户）273 个，带动从业人员 500 余人。2017 年，开展培训 91 期次，培训 3842 人，培训创业 538 人，带动就业 1614 人。

2016年10月20日，枣庄市第三届创业大赛颁奖

一是失业保险促就业功能充分体现。实施援企稳岗、扩大失业金支出等一系列失业保险促进就业政策，1999 年开始，失业保险费率为 3%，2015 年降为 1.5%，2017 年 1 月 1 日降为 1%。使用失业保险金帮助企业稳定就业岗位，2009 年，枣庄市出台了《关于减轻企业负担稳定就业局势有关问题的通知》，允许困难企业在一定期限内缓缴失业保险费，2010 年枣庄市劳动局、财政局、地税局、国税局四部门联合转发省厅《关于进一步做好减轻企业负担稳定就业局势有关工作的通知》的文件，当年全市为 90 家困难企业 34912 名职工支付稳岗补贴 6712 万元，为 727 户企业 132435 名职工减征失业保险费 4474 万元。2012 年减征失业保险费 1046.7 万元，2013 年减征失业保险费 1127.3 万元，2014 年减征失业保险费 1858 万元，2015 年为全市 399 家企业发放稳岗补贴 4268.9 万元，惠及职工 12.2 万人，减征失业保险费 10844 万元。2016 年支出稳岗补贴 4012.76 万元，惠及企业 384 户，职工 104776 人，减征失业保险费 15997 万元。二是失业人员失业保险各项待遇逐年提高。1990 年待业救济金按每人每月 35 元发放，1999 年提高到 195 元，到 2015 年提高到 900 元，2016 年 6 月 950 元，2017 年 11 月至今 1030 元，保证了失业人员失业期间的基本生活。三是失业保险信息化建设不断完善。2011 年，全市均已使用了失业保险待遇支付系统，2012 年扎实推进失业保险征缴和信息化建设工作，实现了利用核心平台二版征收失业保险费，建立了计算机管理的失业保险个人缴费记录，将企业缴费记录到个人，缴费情况一目了然。2013 年，在全面应用劳动 99 三版事业管理模块儿的基础上，搞好失业保险基础数据采集和整理录入，建设完善失业保险待遇支付系统信息数据库，失业保险待遇支付台账书和微机查询书达到 96% 以上。

公共就业服务能力进一步提升。2013 年以来，枣庄市先后出台了《关

于进一步规范就业失业登记管理服务工作的通知》《关于全面实施城乡统一就业失业登记制度的通知》《关于印发〈枣庄市就业失业登记管理办法〉的通知》，实行城乡统一的就业失业登记制度，推进公共就业服务重心下移，全面推进公共就业服务均等化和信息化，不断提升就业服务能力和服务质量。目前，枣庄市在市、区（市）两级开办了以公共职业介绍为窗口的综合性服务场所，基层公共就业服务平台实现了全覆盖，以市、区（市）、街道（乡镇）、社区四级公共服务网络为依托，针对就业困难人员、农民工、高校毕业生等，组织开展就业援助月、春风行动、民营企业招聘周等专项活动促进各类群体就业再就业。目前，全市共有公共就业服务机构1425家，工作人员2120人，每年办理求职登记近2万人次，就业登记4.5万人次左右。

二、改革开放取得的主要成就

（一）就业创业组织领导及政策支持体系不断完善

市政府先后成立了全市就业工作联席会议、农民工工作联席会议，连续八年将新增城镇就业、农村劳动力转移就业、大学生就业和创业带动就业列入政府工作百件惠民实事。

（二）就业援助

2002年以来，全市开始实施对就业困难人员的就业援助政策，最初的扶持政策主要是在社区开发公益性岗位优先安排，并提供社会保险补贴和岗位补贴。后来，扶持政策逐步扩展到了政府开发的公益性岗位、帮助灵活就业的就业困难人员稳定就业、鼓励企业吸纳就业困难人员就业。建立健全就业援助制度体系，落实就业援助帮扶措施，在明确对象范围和主要扶持政策的基础上，依托公共就业服务机构，实施有针对性的就业援助，帮助就业困难人员提升就业能力、畅通就业渠道，各级公共就业服务机构按照登记认定、岗位援助、技能培训、跟踪服务等流程，帮助就业困难人员尽快实现就业再就业。

（三）就业培训

围绕推动实现更高质量就业，坚持提升技能、服务就业、终身培训的原则，统筹利用各类职业培训资源，建立面向城乡全体劳动者的终身职业培训体系，大力实施“加强就业培训提高就业与创业能力五年规划”，完善政府补贴与培训成本、培训质量和就业效果挂钩的动态调整机制，努力实现“培训一人、就业一人”和“就业一人、培训一人”的目标，不断规范完善就业培训服务，显著提升就业培训质量。通过实施政府采购程序，培训能力建设取得新突破，2016年底招标认定定点培训机构55家，进一步打破地域限制、部门限制。创新培训规范模式，率先推出定点培训机构星级评估制度，并通过枣庄就业网向社会公示星级定点培训机构名单；改革实名管理措施，强化抽查机制，对出勤率低于90%的培训机构给予黄牌警告，对出勤率低于80%的培训机构给予红牌警告，坚决取缔违规班次；提高师资培训能力，促进培训质量的提高，聘请知名专家，成功举办枣庄市创业引领者专项活动暨创业培训讲师大赛；加强调查研究，做到有针对性地开展培训工作，在全市范围内开展了职业培训需求调查、培训成本调查和企业市场需求调查工作，对企业、劳动者、培训机构的需求方向有了更为深入的了解，为合理推动校企合作，营造三方共赢打下了良好的基础。

2016年4月20日，招聘会现场

（四）创业工作深入开展

创业是富民之源，创业是最积极的就业。近年来，枣庄市深入贯彻落实党和国家大众创业、万众创新决策部署，不断完善和深入落实各项创业政策，为创业实体和创业者提供优质高效创业服务，枣庄市创业工作取得明显成效。加大创业载体建设。通过召开全市创业园区建设现场观摩暨培训工作会议、组织创业园区成立枣庄众创联盟、赴创业园区开展实地指导等措施，积极鼓励各级建设创业孵化基地或创业园区。

（五）加强大学生就业服务

一是全面实施高校毕业生实名登记服务。对回枣未就业毕业生实名登记，48小时内至少向其提供一次就业指导服务。二是加大高校毕业生就业援助力度。将零就业家庭、农村贫困户、城乡低保家庭以及残疾等就业困难的高校毕业生列为重点帮扶对象，实施“一人一策”重点帮扶。2016年，全市购买公益性岗位共计1071人，其中扶持零就业家庭、低保家庭等就业困难高校毕业生就业120人，占公益性岗位总数的11%。三是设立高校毕业生就业服务窗口。开辟绿色通道，为自主创业的高校毕业生办理人事代理并缴纳社会保险等，让自主创业的高校毕业生轻装上阵，无后顾之忧。四是加大宣传力度。根据新的就业创业政策，我们编制了《枣庄高校毕业生就业服务指南》，就毕业生关心的报到、落户、组织关系转移、改派、创业、就业服务等问题进行了重新修订，并发放到每一个回枣大学生的手中，使毕业生及时了解就业创业政策、招聘信息、服务经办流程等信息，提高政策知晓度，在全市营造关心、支持、促进离校未就业毕业生就业的良好氛围。

（六）就业市场建设及就业服务

建立统一规范的人力资源市场，促进人力资源合理流动和有效配置。就业服务市人力资源市场的载体，连接劳动者和用人单位，满足双方的需求，直接为促进就业服务。20 世纪 90 年代后期以来，全市大力加强劳动力市场科学化、规范化、现代化建设，建立起公共就业服务制度。

三、经验与启示

（一）坚持实施就业优先战略，把就业创业工作作为市委、市政府主要工作来抓，连续 13 年对区（市）政府就业目标任务完成情况进行年度考核，制定下发了《枣庄市人民政府办公室关于印发枣庄市推进就业优先战略工作方案的通知》，将市场就业导向、经济转型升级需求和劳动者就业创业意愿有机结合起来，充分整合利用各类资源，进一步优化就业结构和就业环境，全面提升就业管理服务水平，推动就业体制机制创新，实现就业增长与经济增长趋势相一致、就业结构与产业转型升级要求相适应、就业质量与各类群体的就业创业意愿相契合。

（二）发展是硬道理，解决就业问题归根结底要靠发展经济。近年来，枣庄市把稳定和扩大就业作为经济运行合理区间的下限，加快发展吸纳就业能力强的产业和企业，通过落实国家规定的暂免征收增值税、营业税和减半征收企业所得税等税收优惠政策鼓励小微企业、服务业等吸纳就业，积极通过经济发展促进就业。近年来，枣庄市经济发展始终保持了较高速度的增长，为新生劳动力提供了充分的就业岗位，确保了全市就业局势的基本稳定。

（三）坚持市场导向，通过劳动力市场促进就业创业。始终坚持“市场调节就业、政府促进就业”的原则，充分发挥人力资源市场配置的基础性作用，每季度发布市场供求分析报告，引导用人单位自主用人和劳动者自主择业，实现供求双方相互选择，人找市场、求职找市场的观念已经在广大用人单位和劳动者中确立，市场配置人力资源已经被整个社会接纳，人力资源配置的市场化程度不断提高。

（四）把创业作为就业工作的重点来抓，实现以创业带动就业。创业是最积极的就业，从 2013 年底以来，枣庄市各级人社部门积极贯彻落实国家大众创业、万众创新决策部署，把创业作为就业工作的重点来抓，出台了促进大众创业的各项优惠政策，设立了创业带动就业专项资金，开展了创业示范平台认定，扩大了创业担保贷款规模，每两年举办一次创业大赛，并且组织开展了首届枣庄市十大大学生和农民工创业之星评选，所有这些都标志着枣庄市就业工作由向以就业困难人员为主的被动就业向以鼓励创业为主的主动就业转变，就业工作开辟了新天地。

（五）坚持以人为本，通过搞好就业服务促进就业再就业。2005 以来，枣庄市不断强化促进就业的责任，以人民利益为重，切实改善服务，为人民群众顺利实现就业再就业提供方便，不断调整产业结构增加就业岗位，制定实施积极的就业政策，消除就业的体制性和政策性障碍，完善就业服务体系，加强对公共就业服务的指导和监督，提高公共就业服务的质量和效率。2015 年，枣庄市出台了《枣庄市人民政府关于进一步做好新形势下就业创业工作的意见》，大力推进公共就业服务标准化建设，提升服务的均等化、精细化和专业化水平。深入开展“半小时公共就业服务圈”建设，推进充分就业社区、创业型社区、数字就业社区建设，打造充分就业型、创业创新型、智慧就业型、标准服务型的“四型”就业社区，通过不断提升就业服务，帮助劳动者实现更高质量的就业。

审稿人：褚志高

撰稿人：张海港　汤国华

7年6月13日，就业与人才服务政策宣传进校园

改革开放以来枣庄城市总体规划发展的历程、成效及经验

中共十一届三中全会以来，枣庄市在省、市委的正确领导下，坚持以经济建设为中心，不断解放思想，深化改革，经济和社会事业都取得了令人瞩目的成就。作为组团式新兴工业城市，随着人口和社会经济的发展，枣庄市城市面积不断扩大，人口也迅速增加，全市常住人口由272.25万人增长到392.03万人，城市建成区面积从不足20平方公里发展到196.72平方公里。

改革开放初期，枣庄市作为新兴的资源型工矿城市，与许多计划经济时期的老工业基地一样，资源开发在前，城市建设在后，城市规划对城市建设的调控作用不够。但随着城市建设步伐的迅速加快，枣庄市煤炭基地重心的西移，城市吸纳能力和辐射作用呈现出减弱趋势，使得城市布局调整迅速提上议事日程，城乡规划也得到了高度重视，获得了群众更多的关注。城市总体规划作为城乡规划的基础性、纲领性规划，也在城市建设的不同阶段发挥了重要的作用。

一、城市总体规划历程

改革开放以来，枣庄市先后编制了五版城市总体规划。1978年编制了第一版枣庄市城市总体规划；1980年编制了第二版枣庄市城市总体规划，该版规划于1984年经山东省人民政府批复；1990年编制了第三版枣庄市城市总体规划；1997年编制第四版枣庄市城市总体规划，该版规划于1999年经山东省人民政府批复；2004年编制第五版枣庄市城市总体规划，该版规划于2016年经国务院批复。对枣庄市城市发展比较有影响的是获得上级批复的三版总体规划，基本情况如下：

（一）80版枣庄市城市总体规划（1980—2000年）

根据中央〔1978〕13号文件，枣庄市的城市规划修订工作，在省、市各级领导的关心下，山东省规划设计院于1980年9月初步完成城市总体规划，确定规划期限为1980—2000年。

1. 城市性质和规模。规划确定枣庄市是“以发展煤炭、电力、建材为主的工矿城市”。规划至2000年，枣庄（市中区）、薛城区、峄城区、台儿庄区四个主要城镇总人口为30万，用地30.5平方公里。其中，枣庄（市中区）是以煤炭、电力工业为主，相应发展建材、陶瓷工业的城市，人口规模要严格控制，远期人口为15万，总用地为15平方公里；薛城区是枣庄市远期的政治、文化中心，总人口为8万人，总用地8平方公里；峄城区是枣庄市蔬菜基地，是以农副产品加工为主的小城镇，远期人口为4万人，总用地为4平方公里；台儿庄区是发展农副产品加工和航运事业的小城镇，远期总人口为3万人，总用地为3.5平方公里。

2. 城区发展方向定位。市中区，对旧区应予以控制使用，不再搞新建筑；新区要实行综合开发、统一建设。薛城区，是枣庄市远期的政治、科技和文化中心，枣庄市的建设重心应逐步转移到薛城新区，并严格执行规划。峄城区，以发展旧区为主。台儿庄区，应以利用旧区为主，适当向西发展。

3. 道路交通发展规划。铁路方面，根据济南铁路局和铁道部第三设计院的意见，结合城市规划和建设的实际情况，远期规划枣庄到临沂的铁路出线应从邹坞附近接轨，平行薛枣铁路向东在枣庄市西沙河以西，向南至峄城到临沂，在安排城市建设时，应给站场留有建设发展余地。针对十里泉电厂铁路专用线对城市建设的影响，远期规划时改为西线接轨，在新规划火车站接轨向东往十里泉电厂。远期规划的西沙河车站，为客货运站和编组场，原旧市区的枣庄车站改为货运站和煤炭专用站。

公路运输方面，近期规划对外交通建设一条城市外环路，把对外交通和过境交通引向城市外围。外环路与远期规划的枣庄（市中区）至薛城区的快速公路相接。规划建设一条枣庄（市中区）至薛城区的对外快速公路，位置于十里泉工业区南部，沿峄城区城水泥厂的北部向西至薛城区。枣庄长途汽车站远期迁西沙河火车站北侧；市一、二汽车运输公司迁至城市的边缘，靠近工业区、仓库和铁路车站，货运联系方便，对外公路与城市道路相衔接处，在适当位置布置停车场，并设置必要的公共服务设施。

总体规划实施情况。本版规划工作范围的重点是枣庄市区，同时对峄城区、台儿庄区的总体规划提出了初步方案和意见，基本适应了改革开放以后城市大规模发展建设的需要，一改枣庄茅棚杂乱、街道狭窄的集镇形象，对枣庄市城市发展产生了深远的影响。本版规划实施期间，枣庄市“五区一市”的行政格局逐步建立，1983年11月撤销齐村区，新设山亭区；1988年3月经国务院批准，撤销滕县，建立滕州市（县级）。城市道路建成20条，近30.2公里，其中高

级道路 11.34 公里，干道网密度为 2.4 公里 / 平方公里。铁路有薛枣支线，可直达徐州。长途客车行驶于菏泽、济宁、临沂、青岛、徐州等地。特别指出的是，本版规划即提出了“拟定薛城为枣庄市远期政治文化中心，市直机关逐步由枣庄迁至薛城”的远期规划目标，并指导了枣庄市城市格局的演变。

（二）97 版枣庄市城市总体规划（1997—2010 年）

为适应枣庄市社会经济发展要求，正确引导与控制城市各项建设活动，科学合理地建设现代化城市，根据《中华人民共和国城市规划法》、建设部《城市规划编制办法》和《山东省新一轮城市总体规划编制暂行技术规定》等法律法规，于 1997 年 12 月由山东省城乡规划设计研究院编制完成本版城市总体规划。规划期限为 1997—2010 年。

1. 城市性质和规模。山东省重要的能源、建材和煤化工基地，鲁南地区重要的中心城市。规划至 2010 年，人口 97 万人，用地 97 平方公里。其中枣庄（市中区）38 万人，用地 38 平方公里；薛城区 25 万人，用地 25 平方公里；峄城区 12 万人，用地 12 平方公里；台儿庄区 15 万人，用地 15 平方公里；山亭区 7 万人，用地 7 平方公里。

2. 城区发展方向及职能定位。枣庄（即指市中区），城市用地向西发展，形成一城六组团的布局结构；薛城区，城市用地以向东发展为主，适当向南向北延伸，控制向西发展，形成两区、两组团的布局结构；峄城区，城市用地沿 206 国道东侧发展，以向南发展为主，适当向西向北延伸，以大沙河为界，形成新老两个城区；台儿庄区，城市用地以向西向北发展为主，适当向东延伸，以大沙河为界，形成一心、两区、五组团；山亭区，城市用地以向西发展为主，并加强与桑村镇的联系。

各区主要职能：市中区，枣庄市的中心城市，全市的政治、经济、文化中心，重要的能源、建材基地。薛城区，煤炭开发和高新技术产业基地，交通枢纽。峄城区，建材和农副产业加工基地，以万亩榴园为主体的风景旅游区。台儿庄区，港航与农副产品加工基地，以河港特色为主体的旅游城市。山亭区，建材与农副产品加工基地。

3. 城区空间布局特点。在市区范围内形成五区分散布局的组群式城市。

市中区城区采用组团式布局，以道路、河流为界，形成“一城、两区、三轴线、四组团”的城市用地布局结构。一城：指枣庄中心城区，居住人口 36 万—37 万人。两区：以西昌路和西沙河为界分为东区和西区，东区以现状城区为依托，完善、调整用地布局，包括老城（指君山路以北地区）和原规划新区，主要由老城的商业和居住区、新区北部（君山路至大众路之间）的生活居住综合区和新区南部（大众路至十里泉路间）的工业仓储区组成，共规划居住人口 24 万—26 万人。西区依托东城新发展的城区，为今后十五年左右重点建设地区，范围为君山路以南、新规划西外环以东，十里泉路以北和西昌路以西，包括枣庄开放开发综合试验区，规划城市建设用地 12 平方公里，由北部的行政、商业、文化娱乐综合中心区（人民路至文化路间）、中部生活居住区（人民路至汇泉路间）和南部的工业仓储区（人民路至十里泉路间）组成，共规划居住人口 10 万—12 万人。光明路、解放路和规划 B3 路为三条主要轴线，光明路、解放路为城市的发展轴线，B3 路为新城城市的景观轴线。现齐村、渴口、郭里集、西王庄驻地规划为四个综合组团，共居住 8 万—9 万人。

《枣庄市城市总体规划（2011—2020年）》通过部际联审会议现场

薛城区城市用地以铁路和道路为界，形成“一个中心、二条轴线、四个片区”的用地布局结构。“一个中心”由商贸信息中心、文化娱乐中心、行政中心、对外交通中心等构成的城市公共设施中心。“二条轴线”为泰山路和长江路两条时代发展轴线。“四个片区”即以京沪铁路、长江路、光明路为界，将城市用地有机划分为三部分，形成城市的四个片区，包括北区、中心区、南新区和西部产业区。

峄城区采用组团布局，以大沙河为界形成“一城两区、两个发展轴”的结构布局形式。一城：指峄城区驻地，规划人口 12 万人。两区：以沙河为界分为东区、西区，东区为老城区，西区为新区（包括建成部分），两个发展轴以桃花路和承水路为城市发展景观轴。

台儿庄区采用组团式布局，以自然干道和自然河流为界，形成“一个中心、两个区、三条绿带、五个组团”的用地布局结构。一个中心指城市的中心地区，仍放在老城区，由金融、商贸中心、港航旅游服务中心、文化娱乐中心等构成（行政中心迁往新区）。通过改造整治及调整用地性质，使其真正发挥中心区的作用。两个区指港航工业区及运河风景区，港航工业区指月河排灌站下游和闫浅排灌站上游、台儿庄港口及港口加工工业区集中设置的地方；运河风景区主要包括运河生活岸线段、月河公园、大战纪念馆等地，主要以绿化、观赏、文化娱乐设施为主。三条绿化带即大沙河、涛沟河、运河沿河自然绿化风景带。五

个组团：即围绕城市中心布局的五大功能组团，分别是旧区生活组团、西部生活组团、北部生活组团、邳庄工业组团、彭楼仓储组团。

山亭区形成山城一体的城市形态和“一个中心、二条轴线、三条绿带、四个组团”的用地布局结构。一个中心指城市的中心地区，由商业区、文教卫生区、行政办公区和文化娱乐中心构成，通过府前路、建设路和富川路等将四个区联为一体。二条轴线是富川路为南北向发展轴线，是城区内一条主要“望山”路。府前路为东西向发展轴线。三条绿带指流经城区及其周围的三条河流绿化风景带。四个组团为围绕城市中心区布局的四大功能组团，分别是山亭镇组团、工业区组团，西北居住组团和东北居住组团。

4. 道路交通发展规划。规划城市以提高综合运输能力和技术等级为重点，改造公路、修建铁路、开发水运，形成布局合理、结构完善、四通八达的交通运输网。铁路方面：在加快货运专用线及纺织站建设的同时，重点建设枣庄至临沂铁路，做好枣庄（市中区）至台儿庄赵墩铁路的准备工作，尽快开辟陇海铁路连接的通道，公路方面：形成“三纵、三横、一连”为骨架的公路网。三纵为北京至福州高速公路，平邑至徐州大二级公路，费县至徐州大二级公路。三横是费县至微山大二级公路，苍山至微山一级公路，兰陵至薛城大二级公路。一连为济宁至连云港公路，拟建汽车专用线和大二级公路。逐步实现市、区及各区（市）之间高速贯通，提高区、乡、镇之间的公路技术等级，公路等级路达到65千米/百平方千米。枣庄(市中区)、薛城区、滕州市驻地建设快速外环路，减少过境交通对城区的干扰，妥善处理好公路与城市道路的衔接。水运方面搞好京杭运河的治理，提高航道标准，建成二级航道，长年通航1000吨级轮驳船，扩建台儿庄港和滕州港，统一规划沿岸港口，集中建设较大港，年吞吐能力各达到500万吨以上，配套建设港口附属设施，尽快实现港口装卸自动化。

5. 总体规划实施情况。本版总体规划确定的城市性质、用地发展方向、总体布局对枣庄城市的发展建设起到了较好的指导和控制作用，是一版承上启下的总体规划，拉开了枣庄市城市建设的大构架，城市规模不断壮大，城市整体景观面貌有了较大的改观。1998年以来，城市道路建设成绩显著，五区加强了对城市道路高标准的建设和改造。市中区建设形成了主次干道、布局合理、交通便捷的城市道路系统，搭起了城市发展的骨架。连接薛城区与市中区的主要交通通道光明大道拓宽，枣曹路完成改建；枣庄新城和高新区新修道路逐步拉开城市框架。2004年，枣庄市委、市政府以及大部分市直机构搬迁至新城，薛城成为枣庄市新的政治和文化中心。

（三）10版枣庄市城市总体规划（2011—2020年）

本版枣庄市城市总体规划修编的背景与动因，可概括为转型期社会下的转型期城市发展建设的需求。在宏观层面上，国家提出了全面协调可持续发展的科学发展观，提出了建设和谐社会的战略目标。这些都要求城市规划和建设要有新变化、新突破、新发展。为此，枣庄市人民政府于2004年委托山东省城乡规划设计研究院开展本版城市总体规划修编，2010年形成成果上报，于2016年10月21日获得国务院正式批复，规划期限为2011—2020年。

1. 城市性质及规模。山东省重要的现代煤化工、能源、建材和机械制造基地，新兴科技创新基地，鲁南地区中心城市之一。规划至2020年，市区总人口148万人，其中，中心城区城市人口为120万人，台儿庄城区城市人口为15万人，山亭城区城市人口为13万人。规划城市建设用地170平方公里，其中中心城区城市建设用地138平方公里，台儿庄城区城市建设用地17平方公里，山亭城区城市用地15平方公里，人均城市建设用地指标控制在115平方米。

2. 城区空间结构及职能定位。在市域范围内规划形成“一主、一副、两轴、两区”的市域城镇空间结构，即以中心城区为主，以滕州城区为副，依托京沪、鲁南两条区域发展轴，加强城区与周边乡镇的联系，强化中心城东、西城区和滕州城区的互动，形成枣薛滕城镇密集区，提升发展台儿庄城区、山亭城区两个片区。

中心城区分为东西两个城区，由薛城区、高新区组成西城区，由市中区和峄城区组成东城区，两城区之间以农田、林地为生态隔离带，加强中心城区南部万亩榴园及山体的培育和保护，形成“双城拥山”的中心城区空间布局结构。按照完善城市功能，突出城市特色，保护城市生态环境的原则，确定中心城区发展方向为“两翼集聚、轴向组团式发展”，引导东、西城区沿光明大道主要交通轴线相向发展，两城区之间保留农田、林地。

台儿庄区按照完善台儿庄城区功能，着力打造“江北水乡、运河古城”，保护城市生态环境的原则，积极改善老城区，引导城区主要向北、向东拓展。规划台儿庄城区形成“两轴、双心、四区”的空间布局结构。两轴指沿月河展开的历史文化轴，沿兰祺河贯穿新老城区的城市发展轴。双心指老城区商业文化中心和新城区行政中心。四区指老城区、新城区、开发区和文化产业区。

山亭区按照“产业带动、集中布局、轴向发展”的原则，完善老城区功能，引导城区沿府前路和抱犊崮路两条轴线东西拓展，适度发展西部工业园区，突出城区特色，保护城区生态环境。规划山亭城区形成“一心、两轴、三团”的空间布局结构。一心指沿府前路和玄武路形成集行政办公、商业服务、文教体卫为一体的城区公共管理与公共服务设施中心。两轴指沿府前路形成的生活发展轴，沿抱犊崮路形成的产业发展轴。三团指中部核心综合组团、西部工业园区组团和东部休闲居住组团。在此基础上，进一步明确了各行政区的职能定位。

3. 道路交通发展规划。构筑“便捷、安全、高效、生态、多元”的一体化市域综合交通体系。加强枣庄市东西方向的对外联系，向东加强与日照出海口的联系，向西跨过南四湖，拓展西部腹地；以高速公路、高铁、城际铁路等现代化交通支撑枣滕城镇密集区的快速发展；以枣庄中心城区和滕州城区为重点，完善市域综合交通体系，促进城乡统筹发展。

公路方面：高速公路规划由京台高速（G3）、枣木高速（G83）、枣临高速（G38）、枣菏高速形成环放式市域高速公路系统总体格局。干线公路构建郯薛路、枣曹路、齐陶路、枣济公路、韩台路市域东西向干线公路联系通道，104国道、206国道、新345省道、枣徐公路和店韩路市域南北向干线公路联系通道。

铁路建成由京沪客运专线和京沪、枣临普通干线铁路构成的铁路网络。预留枣济城际轨道交通。民用航空方面依据《山东省中长期综合交通发展规划》，预留枣庄市支线机场。港口和内河航运提高京杭运河枣庄段至二级航道标准；整合内河港口，形成一港四港区六个作业区，提高港口吞吐能力。重要交通廊道方面规划建设枣曹路、光明大道、世纪大道东西向交通廊道和枣徐公路、店韩路、206国道南北向交通廊道。

4. 城市总体规划实施情况。这一时期是枣庄市城市建设大发展的时期，本版总体规划合理调整城市性质，加强市区城乡协调发展。针对枣庄市组团城市的特点，增加了市区城乡协调发展规划，包括中心城区和台儿庄城区、山亭城区的统筹协调一体化发展，台儿庄城区、山亭城区的发展指引、小城镇的分区指导等，促进城乡区域空间的统筹有序健康发展。优化和强化了中心城区，上版总体规划由枣庄（市中城区）、薛城（薛城城区）组成枣庄中心城区，本版《总体规划》按照集聚集约发展、完善城市功能，突出城市特色，优化城市布局的原则，整合薛城、市中、峄城三城区，集聚发展，形成枣庄市中心城区。强化了城市自然资源生态环境和历史文化资源保护。增加空间开发管制内容，划定禁建区、限建区、适建区，明确禁止和限制开发的区域范围，增加城市“四线”（水体蓝线、绿化绿线、历史文化保护紫线、基础设施黄线）控制内容。同时对历史城区、历史文化街区和历史地段、文物古迹、历史建筑制定保护规划并完善了相关专项规划。

二、城市总体规划发展主要成效

随着历版总体规划内容的不断深化细化，体现了较好的适应性。在引领和指导改革开放以来枣庄城市建设发展过程中，发挥了重要作用，在明确城市发展战略目标、推动城市空间升级、指导城市基础设施改造、提升城市生态环境等方面，符合不同阶段城市发展需要，与国民经济社会发展规划、土地利用总体规划等进行了有效的衔接。

特别是近10年以来，在城市总体规划指导下，枣庄市紧紧围绕城市发展的战略定位和主导方向，坚持创新驱动、生态优先，以加快推进新型城镇化为主线，以优化城市空间布局、提升城镇特色、统筹城乡一体化发展等为重点，加大规划战略研究、加强城市设计、促进多方参与、严肃规划实施，探索建立科学编制、依法实施、严格监管的城乡规划工作体系，切实发挥规划引导调控作用，向着自然生态、宜居宜业的城市发展目标迈进。

一是优化调整了城乡空间格局。在总规指导下，相继完成了《枣庄市新型城镇化规划（2015—2020年）》、滕州市城市总体规划以及各乡镇总体规划的编制，开展了枣庄市大新城用地功能布局研究、中心城区整体风貌规划研究、蟠龙河新城段和沿线地块景观规划研究等，完成枣滕一体化发展战略研究。推进了控制性详规全域覆盖，完成了综合交通、中心城区道路网、城市整体风貌、河湖水系等专项规划，健全完善了近期建设规划、重点片区城市设计、市政公用专业专项规划，使城乡规划体系进一步完善，为规划审批提供科学依据，做到了规划先行统筹推进。城市形态基本实现了从“分散式组团城市”到“一主（中心城）一副（滕州）两区（台儿庄、山亭）多点”的有机结构演变。推动中心城空间形态由分散型越来越向紧凑型转变，对新城空间用地、功能整合、道路连接、河湖水系布置、生态优化等进行统筹规划，中心城区建成区面积由2013年的108.5平方公里扩展到138平方公里，全市城市建成区面积达196.7平方公里。调整优化产业布局，逐步引导全市产业布局形成“三区三心、一带多点”格局，按照建设节约型社会的要求，构筑以煤化工、能源、建材和现代农业为基础；高新技术产业和先进制造业为龙头；旅游业、物流业等现代服务业为支撑的产业结构，产业布局实现错位发展、定位更加明确。

二是基础设施体系基本建成。依据城市总体规划，编制综合交通、道路网、给水、排水、供热、燃气、电力、通信、加气站、消防、综合管廊、公共交通等30多个专项规划，完善了专项规划体系，市政基础设施公共服务水平稳步提升。区域共建共享有序推进，惠及更多城乡居民，超前规划城市道路网，构建由快速路、主干路、次干路和支路组成的城区道路网络系统；合理布局对外道路和城市出入口，延伸城市空间，增强城市辐射力和吸引力；按照能源资源节约要求，规划以大型热电联产机组为热源的集中供热系统，保障了城市供热稳定；按照“气化枣庄”战略，稳妥推进“镇镇通”燃气工程；提升城乡电网规划布局，规划期内构建1000千伏特高压电源、传统电源和新能源电源的多元化电源结构，实现500千伏南北互供，220千伏“三纵四横”，110千伏主备兼顾，规范高效的智能电网；按照“智慧城市”建设要求，统筹全市通讯基站规划布局，推动移动通信产业与城市的全面、协调、可持续发展全面深入融合，为下一步“5G”网络构建奠定了基础；合理规划综合管廊，为架空线路入廊、消除城

市“蜘蛛网”提供依据；加快“公交都市”建设，合理规划公交线路和站点，基本实现BRT五区一市（B6线在建）全覆盖；积极推进轨道交通规划建设，构建组团之间的快速联系，推进组团融合，促进全域一体化发展。

三是扎实推进旧城改造更新。生态环境和公共设施建设成效显著，借大规模棚户区改造、保障性住房建设之机，重新梳理城市肌理和功能分区，同步配套了一大批学校、医院、商业布局等公共服务基础设施，努力实现公共服务设施均等化，减少出行距离，增强社区活力，加大城市公共绿地和广场等公共空间，积极推行小街区、密路网，打破主次干道商住围合方式，注意重要界面的天际轮廓线，再造城市新景观。

四是城市规划生态品质显著提高。改革开放以来，枣庄市加大了城市特色、生态文明的规划研究力度，编制了《枣庄市中心城区整体风貌规划研究及形象提升规划》，结合枣庄市自然地理条件、历史文化传统以及现实发展情况，综合确定中心城区“鲁南绿城，山水枣庄”的形象定位；完成了新一轮《枣庄市城市绿地系统规划》，以建设国家园林城市为目标，采用点线面相结合的绿地系统营造方法，规划形成分布合理、有机系统、整体协调的城乡绿色开敞空间系统，协助指导枣庄市于2016年成功创建国家园林城市；在此基础上，还编制了《中心城河湖水系专项规划》，深入梳理城区及周边山水关系，引入海绵城市思想，通过对河流景观的综合整治以及河流水体的生态修复，重点打造“碧水绕城”工程，优化和提升城市水生态环境。

《枣庄市城市总体规划（2011—2020年）》专题汇报会

三、城市总体规划发展的经验

枣庄市城市总体规划修编，既符合枣庄市经济社会发展的实际，也是枣庄城市建设发展的需要。回顾改革开放的不平凡历程，积累的经验弥足珍贵，获得的启示尤为深刻。总结近10年来城市总体规划发展的基本经验，主要体现在以下几个方面：

（一）只有坚持改革创新，才能不断更新城市总规修编的理念

改革开放、发展经济、城市发展，其本身就充满了探索和实践，没有什么现成的模式可以遵循。枣庄改革开放的经验证明，解放思想、改革创新就是解放生产力；思想解放的程度有多高，发展的空间就有多大；什么时候重视创新创造，什么时候就会迎来大的发展。在改革开放的各个历史时期，枣庄城市规划工作遵循经济社会发展规律，认真把握制定不同时期城市发展战略、优化空间格局、调整产业布局，提升城市的承载力。回顾改革开放之初，枣庄是一座年轻的城市，于1961年建市，当时城市人口不足2万人，城区面积1.4平方公里，房屋破旧，市政设施简陋，城市街道狭窄，土质路面，宽窄不一，弯曲不直，是一个煤灰遍城、缺树少绿、经济单一的小城。“一个岗楼一个兵，一把花生吃全城，污水遍地流，十路九不通”是对当时城市建设状况的一种戏说。改革开放以来，尤其是进入21世纪以来，枣庄市经济社会发展和城市建设加快推进。40年光阴飞逝，30年阔步前行，昔日的城市已经成为尘封的记忆，回顾历史，我们不难发现，枣庄市的城市化进程与历次城市规划的引领、控制密不可分。枣庄市的产业发展从传统的资源型产业向现代化工业和服务业转型，城市空间结构由分散布局向中心集聚与空间重构转型，环境景观由传统的“黑、白、灰”矿业城市向“青山拥城、绿道环城、碧水绕城”和生态宜居城市转型。每一次总体规划的编制，都带来一次城市发展的跨越，也让生活在这座城市的居民更具认同感、归属感及幸福感。

（二）只有坚持把握形势，才能制定符合实际的城市规划战略策略

纵观枣庄市中心城区的发展建设，可以看出，其发展建设长期以来是以市中区为单中心、各区分别发展的分散式组团模式，但随着市行政中心搬迁至薛城，城市发展建设重点的西移，形成了现状东西城区并举的中心城格局，随着多年持续发展，城市框架基本拉开，“双城拥山”的城市格局基本显现。但是，作为全市中心来看，还存在着首位度不高、中心地位不强，产业定位重合、第三产业发展水平不高，生态压力加大、城乡融合发展程度较低等问题。为解决这些问题，结合当前一个时期枣庄市城市发展目标，有针对性的制定了产业、空间和可持续发展的三大策略。产业发展方面以山东省新旧动能转换重大工程为契机，推动传统产业升级，大力发展高新技术产业，制定全域统筹的产业发展规划，引导区（市）差异化定位、特色化发展；空间拓展方面，努力打造区域辐射中心，促进中心城区集聚发展，集聚发展薛城、市中、峄城三城区及枣庄高新区，形成中心城区，重点培育高新技术产业开发区、城市转型产业示范园区（含枣庄经济开发区）、薛城工业园区、峄城工业园区，加强产城融合，提升集聚能力，积极构筑枣滕城镇密集区，加快枣滕一体化发展，作为区域城镇化发展的核心地区和区域辐射中心。可持续发展方面，加强城乡环境保护，

文化传承，构建区域生态安全格局，加大污染防治力度，加强枣庄历史文化名城的保护与管理，正确处理城市社会经济发展和历史文化遗产保护的关系，贯彻落实“乡村振兴”战略，统筹推进工业化和农业现代化、新型城镇化。

（三）只有坚持放眼未来，才能推动城市总体规划引领城市科学发展

按照党的十九大报告精神对城乡规划工作的要求，下一步枣庄市将更加遵循城市发展规律，推动城市从外延扩张式向内涵提升式转变。大力推进“多规合一”，精准城市定位，加强战略研究，开展城市总体规划实施评估和修编；坚持“生态优先”理念，开展城市双修规划编制，优化山水生态格局；大力提升城市空间品质，保护传承历史文化，开展中心城城市更新研究，实施鲁南产学研协同创新示范区城市设计；延续城市特色，突出城市精神，按照“东部高新产业区、西部现代商贸区、南部产学研协同创新区、北部生态休闲区、中部行政服务区”发展布局，优存量、拓增量、提质量，把新城打造成为全市对外开放窗口、科创孵化摇篮、区域交通枢纽、文教康养高地，持续提升大新城的首位度，同时推动中心城一体化加快发展，为推动建设自然生态、宜居宜业新枣庄提供强有力的规划支撑。

（四）只有坚持与时俱进，才能确保城市总体规划不断创新发展

在全面建成小康社会决胜阶段、中国特色社会主义进入新时代的关键时期，开展新一轮城市总体规划编制，积极融入山东省“新旧动能转换重大工程”，全面研究近年来枣庄城市发展遇到的新情况新问题，科学确定未来一个时期的城市发展战略、目标和定位，坚持“开门编规划”，努力提高规划编制技术水平，切实做到“一张蓝图绘到底”。重点贯彻好以下三个方面的内容：一是时代的新要求，深入把握发展规律，找准城市定位，切实做到科学规划，围绕推动生态文明建设、实施乡村振兴战略、区域协调发展战略部署，真正做到“一张好的蓝图一干到底”。二是改革的新方法，合理划定城市开发边界、基本农田和生态保护用地，促进落实“多规合一”，完成数字规划平台一张图应用子系统的整体功能布局，完善公众参与制度，利用微博、微信和传统媒介等多种渠道，在规划编制全过程充分倾听群众意见。三是发展的新定位，把创新摆在全市经济社会发展全局的突出位置，把握好城市战略定位、空间格局、要素配置，综合部署各项建设，做到服务保障能力同城市战略定位相适应，人口资源环境同城市战略定位相协调，城市布局同城市战略定位相一致。

（五）只有坚持以人为本，才能体现城市规划的根本目的

人民群众是改革开放的主体，他们既是改革开放的受益者，也是改革开放的实践者和推动者。党的十八大以来，以习近平同志为核心的党中央高度重视城市和城市化工作，提出了“一个尊重、五个统筹”的城市工作基本思路，其中一项就是统筹“政府、社会、市民”三大主体。枣庄市委、市政府审时度势提出了建设自然生态、宜居宜业新枣庄的目标。城市规划工作也必须要围绕这个目标，把以人为本放在首位，通过规划引导，让群众直接受益。坚持以人民为中心的发展思想，坚持人民城市为人民，坚持把赢得广大市民对城市的认同、满足人民群众对美好生活的向往、回应好各方对自身利益的诉求，作为衡量城市工作的主要标准。一是要保护好城乡生态环境。把资源环境承载力作为促进经济社会与生态环境协调发展的必要条件和重要基础，合理确定人口规模，选择科学的战略实施途径，合理分配各类城市发展战略资源。二是要科学合理安排城乡空间布局。坚持城乡统筹、全域覆盖。深刻认识枣庄的生态优势、资源禀赋、历史文脉，科学划定“三区三线”空间格局，厘清山水林田湖与城市的关系。三是要健全好公共服务设施。基于枣庄人口发展特征，坚持以人为核心的发展思想，推进完善城市市政基础设施、公共服务设施、城市安全设施等的建设，建设十五分钟社区生活圈与乡村社区生活圈。四是要统筹好交通设施。区域交通层面，推动区域交通设施协同发展，建设区域性交通枢纽，完善综合交通运输通道，充分发挥内河航运、铁路货运、公路转运优势，推进铁水联运、公铁联运。城市交通层面，提升城市公共交通服务水平，完善轨道交通线网、城市快速交通系统，规划布局换乘便捷的综合交通枢纽；完善宜居、安全的慢行交通；明确道路网密度、公共出行率等建设目标。五是彰显城市魅力特色。提升城市形象，彰显城市魅力，打造城市品牌，保护自然山水格局和历史遗存，打造彰显历史文化、地方特色、时代风貌的城市形态和全域魅力空间体系。以治理“城市病”为突破口，进行生态修复和城市修补，塑造“青山拥城、碧水绕城、绿道环城”的城市特色景观风貌。

在全面建成小康社会的征程中，在习近平新时代中国特色社会主义思想指引下，新一轮枣庄城市总体规划修编工作将始终坚持以人为本的执政理念，把实现好、维护好、发展好最广大人民群众的根本利益作为推进改革开放的出发点和落脚点，切实做到改革开放为了人民、依靠人民，改革开放成果由人民共享，最广泛地征求企业群众意愿，高标准高水平高质量完成总体规划编制工作，为推动枣庄转型发展、加快新旧动能转换提供强有力的规划支撑。

审稿人：吕凤仪
撰稿人：渠向东　董雪莉
孙　杨　姜齐楹

枣庄市城市建设历程、成就及启示

枣庄市位于山东省南部，东与临沂市平邑县、费县、苍山县为邻，南与江苏省铜山、邳州市接壤，西濒微山湖，北与济宁市的邹城市毗连。地形略呈平行四边形，东西最宽56公里，南北最长96公里，总面积4572平方公里，占全省总面积的2.89%。改革开放以来，在历届市委、市政府的带领下，本着高起点规划、高标准建设、高效能管理的原则，以完善城市功能、方便群众生产生活为突破口，加大资金投入，加快城市基础设施建设步伐，各项城市建设事业得到飞速发展，取得巨大成就。城市建成区面积由1978年的不足10平方公里扩大到212平方公里，城区人口增加到140.27万人，城市基础设施水平、群众生活居住质量都有了很大提升，先后创建成国家森林城市、国家园林城市、国家环保模范城市等，昔日煤城逐渐蜕变成为自然生态、宜居宜业新枣庄。

一、城市建设历程

枣庄的城市建设大致分为三个重要历史阶段：

（一）城市稳步发展期（1961—2004年）

1961年枣庄市改建为省辖地级市；1979年国务院批准滕县划归枣庄市管辖，1988年撤县建市，设立滕州市；1983年成立山亭区，枣庄市组团式城市格局形成：辖5个区（市中、薛城、峄城、台儿庄、山亭），1个县级市（滕州市），17个街道办事处，44个镇，3个乡。城市建设投入力度逐步加大，城市市政基础设施建设不断深入推进。1964年成立枣庄市自来水公司、1982年成立枣庄市煤气公司，1982年枣庄市热力总公司成立，1997年第一座城市污水处理厂—惠营污水处理厂建成运行。为使城市建设有规可依，1978年编制枣庄市城市建设总体规划后，多次进行规划修编。1990年编制《1991—2000年枣庄市城市总体规划》，1999年山东省人民政府批准《枣庄市城市总体规划》，确定枣庄市行政中心在薛城，即依托薛城区、枣庄高新技术开发区和枣庄矿业集团驻地建设新城区。随着经济社会发展和城市人口的增加，原有的城市格局已经不能满足城市建设发展需要，1999年7月经省政府批准，最终确定了以枣（庄）—薛（城）中心城为核心，东西扩展、相向对接、两极膨胀的建设思路，划定了三区合一的组团式城市发展格局。

城市市政公用事业逐步发展起来。城市公共供水始建于1964年枣庄市自来水公司，2000年正式更名为枣庄市供水总公司，担负着保障枣庄市中心城区工业生产、居民生活的供水任务。20世纪80年代，城市规划区内水资源量远远不能满足城市生产生活需求，城市供水供需矛盾突出。1987—1990年，实施了周村水库供水工程，提升了城市供水能力，周村水库成为市驻地供水量最大的城市供水水源地。20世纪90年代，随着城市的不断发展和人口的骤增，供水矛盾再次显露，供水能力严重不足，城市供水面临巨大压力，需开辟新的供水水源来彻底解决供需紧张的局面。城市管道燃气始于1982年，枣庄市煤气公司筹建，1984年10月，薛城焦化厂向枣庄供气，燃气公司投放运营，枣庄市成为全省第一家用上管道煤气的城市。1997年，实施了26.5公里的光明路枣薛煤气管道主干管线复线建设，全面增强抵御意外事故能力。1999年，枣庄市煤气公司更名枣庄市燃气总公司，增加管道液化石油气的经营业务，供气种类由单一的管道人工焦炉煤气发展成管道人工煤气、区域性管道液化石油气、轻烃气、瓶装液化石油气多种气源的供气格局。城市集中供热在枣庄市起步于改革开放10年以后，1989年枣庄市热力公司始建，以蒸气为热源，服务小部分城区内有条件的居民小区。城市污水处理设施在20世纪末在枣庄市始建，1994年枣庄污水处理工程正式开工，1998年枣庄市污水处理厂建成运行，该厂是枣庄市建成投产最早的污水处理厂，设计处理规模为日处理能力7万吨，现已更名为枣庄市惠营污水处理厂，主要服务区域为市中区城区东半部、面积约24平方公里，服务人口约30万人。之后，2002年，滕州市第一污水处理厂建成，设计处理规模为8万吨/日；2003年，薛城区污水处理厂建成运行，处理规模4万吨/日。总体来说，2004年以前，枣庄市城市市政公用事业仍处于发展起步阶段。

城市框架逐步扩大时期大约在2000年左右，市委、市政府以“拉开城市框架、拓展城市空间”为指导思想，迅速掀开一幅城市建设的工笔画，各区（市）城市规模逐步加大。滕州市1996—2000年间新建绿地43万平方米，完成了善国路、平行路、龙泉路、南环路、北辛路等城区道路美化亮化工程，实施了火车站广场改造工程，新修龙泉路、南环路、北辛路、府前东路等城区道路。薛城区1986年对黄河路全面进行了扩建改造，城区主干道路标准得到提升。山亭区完成了香港街、长江路等近30公里的城区道路建设，形成了八纵八横的城区环状路网框架，1995年建设太清湖，新建了迎熙门、世纪宝鼎、“世纪之光”等城市

标志建筑和雕塑。市中区基础设施配套不断完善，开元大街、阳光嘉园、文苑小区等大批居住小区相继竣工，吉品商业街、中天步行街、东方商贸园等一批城乡市场陆续建成使用，城市供水、煤气、集中供热等公用设施服务范围不断扩大。在此期间，峄城区将城区内仙台路、坛山路、桃花路、榴园路等总计1.5万平方米路面进行了扩修改造。高新区基础设施建设起步于2003年，遵循高起点规划、高标准建设，把政府和市场作用融合在一起，实施循环性市场运作法，实施全区“七通一平”工程，基础设施建设进展迅速，2004年开工建设武夷山路、深圳路、浦东路、宁波路、长白山路、复元六路等11条主次干道并竣工通车，总里程约30公里，同步建设了122座桥涵、60公里排水管网，基本形成路网纵横交错、四通八达的格局。

（二）城市建设快速发展期（2004—2012年）

2004年6月，枣庄市机关驻地正式迁至新城，行政中心区正式建成投入使用，全新的城市框架初步形成。2005年11月，新一轮《枣庄市城市总体规划》（文本纲要）编制完成，2007年编制了《2007—2020年枣庄市城市总体规划》，城市建设主要任务和目标逐步得到明确，新的总体规划将枣庄市定位为山东省重要的能源、建材和煤化工基地，鲁南城市带中心城市之一，标志着枣庄进入一个以中心城市为龙头，带动区域经济、社会发展的新阶段。2004年到2012年，建成区面积增加了103平方公里，城市人口增加了40.4万人，城市用水普及率由81.3%提高到99.45%、城市燃气普及率由78.6%提高到99.5%，每平方公里城市排水管道密度由5.55公里提高到7.83公里，城市污水集中处理率由28.88%提高到92.76%，人均公共绿地面积由7.44平方米提高到14.29平方米，建成区绿化覆盖率由31.45%提高到40.01%，道路面积由2122万平方米提高到3097万平方米。滕州市、薛城区、市中区同步开展的新区建设，拉开了城市发展框架，城市建设进入快速发展期。一大批城市建设项目建设完成，广大市民享受到新世纪的枣庄带来的优美环境和便捷生活。

城区路网框架快速扩大。这段时期，大量城市道路新建、改造项目付诸实施，光明大道、黄河路、长江路、黑龙江路、西昌路、鑫昌路、西坛路、德仁路等一大批道路工程相继建成交付使用，文化路、光明路、长江路、钱江路贯通工程建成通车，大量道路建设使薛城区、高新区路网对接进一步加快，城市道路的通达性、便捷性进一步提升。

新城建设成为枣庄全新的行政中心和文化中心。新城行政中心的建设全面推动了中心城区纵深发展，市直各部门办公设施相继建成投入使用，建成办公面积约60万平方米。教育、医疗、商贸、住宅等服务配套设施逐步完善。新城实验学校、枣庄职业学院、试验幼儿园、枣矿中心医院建成投入使用。市委党校开工建设，新城中医医院基本建成；20万平方米的天衢物流中心建成运营，6万平方米的舜天国际大厦商贸设施建成投入使用，11万平方米的翰景名座购物广场内外装饰基本完成。京沪高铁枣庄站及站前广场建成投入使用，枣庄迈入“高铁时代”。启动建设了40万平方米的大型文化体育设施—枣庄市民中心。

各区（市）城市基础设施建设继续加快。建成了市中区光明广场、东湖公园、滕州市龙泉广场、薛城区奚仲广场、新城南方植物园、山亭丰泽湖公园、峄城坛山公园等，城区公园由22个增加到35个，增幅为1.6倍，居民生活环境不断得到改善，城市生态和城市功能得到极大改善。创建完成省级园林城市，开展了国家森林城市、国家园林城市创建工作，建成区绿化覆盖面积增加3450公顷，增幅达2倍多。2005年，高新区全面实施了光源路、复元四路、复元六路、泰国工业园环路等城区主干道，高新区供水、供电、供热、供气、排污、通信等配套工程建设，投入1.2亿元实施城市综合整治工程，全面提升城区绿化、亮化、美化水平，建设一批集休闲、娱乐、健身于一体的景观工程。

城市市政公用事业加速发展。实施了城市供水挖潜改造，配套建设了丁庄水源地和十里泉水源，实施了峄城至市中区1.5万吨应急引水工程和东、西城供水贯通一期工程，城市供水能力大幅提升，完成城市供水户表改造4万余户。在这一时期，城市燃气进入清洁时代，实施了人工煤气置换天然气工程，累计改造用户9万余户，城市燃气普及率提高了20个百分点，天然气置换工程让全市所有的城区居民全部用上了天然气这一洁净、高效的清洁能源，人工煤气正式退出了历史舞台。城市污水处理设施建设进入全面建设时期。2006年滕州市人民政府与深圳水务集团有限公司正式签订滕州市污水处理厂TOT转让协议，更名为滕州市深水深滕污水处理有限公司，主要处理城区生活污水和工业废水，以荆河截污系统为主，是国家淮河流域水污染治理和山东南四湖流域水污染综合防治工程之一，国家南水北调东线工程治污的重点项目。2007年枣庄市汇泉污水处理厂建成投入运行，设计规模为4万吨/日，配套污水管网27.4公里，主要服务范围为市中区西部及枣庄市经济开发区；同年，山亭区污水处理厂试运行，设计规模为处理污水2万吨/日，服务面积12.87平方公里，服务人口11万；5月，台儿庄区污水处理厂竣工，处理规模4万吨/日。2008年，滕州市第二污水处理厂建成投入试运营，处理能力8万吨/日。2009年，薛城区新城污水处理厂建成运行，处理规模2万吨/日，是枣庄市最后一座实施一级A升级改造的城市污水处理厂。2010年，峄城区污水处理厂实施市场运营，处理规模为4万吨/日。在此期间，全市累计建成了9座城市污水处理厂，污水日处理能力42万吨/日，污水集中处理率增幅达3.2倍。在这一时期，城市供热事业也得到全面、迅速地发展，2004年枣庄市第一台高温水锅炉投入使用，热源的规模不

枣庄新城全景

断加大，相应的供热配套设施建设也紧跟其后，各市区先后实施了集中供热管网工程新建改造工程，台儿庄区、山亭区、滕州市与中心城区同步加快了城区供热设施建设，管网覆盖面不断扩大。自2004—2012年，城市供热设施建设累计完成投资约17.8亿元，供热管网由78公里增长到390公里，集中供热面积由580万平方米增长到1645万平方米，居民生活质量大幅度提升。

（三）城市建设提质发展期（2012年至今）

在市委、市政府“新城做靓、老城做新”思路的带动下，在更高的层面上全面翻开城市建设的新篇章，《枣庄市城市总体规划（2011—2020年）》经一系列修编后，2016年经国务院批准实施。城市总体规划重新编修后，构建了全新的城市发展战略，确定了产业发展战略是提升传统产业、大力发展高新技术产业，空间拓展战略是打造区域辐射中心、促进中心城区集聚发展，可持续发展战略是加强城乡环境保护，促进城乡统筹发展。新的城市总体规划注重城乡一体、统筹发展，在《总体规划》确定的3069平方公里城市规划区范围内，实行城乡统一规划管理。加强城中村和城乡接合部整治与改造，城镇基础设施、公共服务设施的建设应当统筹考虑为周边农村提供服务。根据市域内不同地区的条件，重点发展县城和基础条件好、发展潜力大的重点镇，优化村镇布局，加强对村镇建设的指导，促进农业产业化和农村现代化。推动中心城区和台儿庄城区、山亭城区一体化发展。

新的城市总体规划合理控制了城市规模。到2020年，中心城区常住人口控制在120万人以内，城市建设用地控制在138平方公里以内。根据枣庄市资源、环境的实际条件以及《总体规划》确定的城市空间布局，划定城市开发边界，加强边界管控，促进城市紧凑布局。增强城市内部布局的合理性，提升城市的通透性和微循环能力。坚持节约和集约利用土地，严格控制新增建设用地，加大存量用地挖潜力度，合理开发利用城市地下空间资源，提高土地利用效率。

在枣庄市域范围内，构建市中一薛城一滕州复合中心，培育京沪城市发展轴和鲁南城市发展轴，形成“十”字形空间架构。按照完善城市功能，突出城市特色，保护城市生态环境的原则，确定远期中心城发展策略为“两翼集聚、轴向组团式发展”。即积极发展中心城西城区和东城区，引导东、西城区沿光明大道主要交通轴线相向发展，结合两城区之间的水源地核心区和采煤塌陷地进行组团式布局。西城区：西城区位于店韩路、郯薛路、枣曹路和潘龙河围合区域。规划重点是加强枣庄新城和高新技术开发区的建设，在枣庄新城集中建设以市级行政办公、商务会展、文化娱乐、体育等为主导功能的城市中心，与环境优美、设施齐全的居住区有机结合，形成现代化新城区；积极吸引高新技术、高效能、无污染的新兴工业向高新技术开发区集聚。规划西城区人口规模控制在55万人，城市建设用地控制在66平方公里。东城区：东城区位于东环路以西，明泉路以东，市中区南部区界与北部山体之间。规划重点是疏解老城、优化用地结构、改造提升环境、强化商业

城市建设——薛城全景图

城市建设——文化西路大桥

城市建设——新城一角

服务功能，同时结合枣庄经济开发区，发展建设现代制造工业。规划东城区人口规模控制在50万人，城市建设用地控制在49平方公里。峄城组团：峄城组团位于东环路以西，孙庄、韩楼村以东，峄城北部区界与枣岚高速公路之间。规划重点是完善组团功能布局，大力发展特色旅游业及相关产业。规划峄城组团人口规模控制在12万人，城市建设用地控制在12平方公里。张范组团：张范组团位于光明大道两侧，以现状张范镇驻地为基础，发展一类工业和部分生活居住。规划重点是加强光明大道两侧的发展建设。规划张范组团人口规模控制在3万人，城市建设用地控制在5平方公里。

2012年以来，随着棚户区改造、旧城更新、新城建设、东西对接城市发展战略的实施，一大批完善城市功能、提升城市形象的重点基础设施的兴建、投入运营：2012年建设了跨越三区的榴园大道工程、市中区西沙河治理工程、薛城区城南路网建设、新城集中供热调峰热源厂建设等重点项目；2013年建设了市中区南郊首站及配套供热管网工程、天然气转换工程、新城龙潭公园、祁连山路带状公园、滕州市杏坛广场和秀美荆河综合治理工程等重点项目；2014年实施了枣庄市中心城供水工程、市中区东沙河治理峄城区坛山森林公园工程、台儿庄区行政新区建设、滕州市污泥焚烧发电项目和城区南线高温热水供热工程等重点项目，滕州市城区第三污水处理厂建成投入试运营，总规模14万吨/日，一期建设规模6万吨/日；2015年建设了市中区齐陶路、山亭区北留路、枣庄市城市生活垃圾焚烧发电工程、薛城区城市森林公园、全市城市裸露土地绿化工程、枣庄市餐厨废弃物无害化处理项目、滕州市弘道公园和北辛植物园等重点项目；2016年建设了市中区中兴大道和青檀路公铁立交桥、“气化枣庄”工程、城区集中供热工程、山亭开发区路网及配套工程、滕州市高铁新区建设和市民公园、滕州市城乡燃气一体化工程、滕州市垃圾焚烧发电工程等重点项目。

枣庄的城市化建设进入提质发展期，环境变得更加优美、服务能力进一步提升、城市功能进一步完善，城区配套不断升级，人居环境不断得到改善。

二、城市建设成就

（一）城市规划指明城市发展方向

新的总体规划定位了枣庄市的城市发展目标是保持经济和社会持续、健康、稳定发展，结合资源枯竭型城市的转型，构建科技创新型和生态宜居型新枣庄，枣庄市在全省的定位是山东省重要的现代煤化工、能源、建材和机械制造基地，新兴科技创新基地，鲁南地区中心城市之一，要发挥山东省南部门户、区域性交通和信息枢纽、物资集散地、科技创新和现代制造业基地和特色旅游城市的城市功能。要靠拢和融入京沪区域发展轴，以开放的姿态，加强区域内外城市间的竞争与合作，进一步提高枣庄城市竞争力；借助山东西部经济隆起带发展的政策优势和沿海产业转移契机，加强与半岛蓝色经济区高端制造业基地的合作，发挥枣庄劳动力优势、水资源优势、

交通区位优势，积极承接东部发达地区的产业转移；寻求与济宁、临沂、徐州等近邻城市的分工合作、联动发展。

在新的城市总体规划中明确了全新的空间拓展战略：打造区域辐射中心，促进中心城区集聚发展。构筑枣滕城镇密集区，作为区域城镇化发展的核心地区和区域辐射中心，重点加强枣庄新城区、高新技术产业开发区、城市转型产业示范园区（含枣庄经济开发区）和滕西产业区的发展建设，培育新兴产业，转型升级传统产业；整合薛城、市中、峄城三城区，集聚发展，形成中心城区，重点培育高新技术产业开发区、城市转型产业示范园区（含枣庄经济开发区）、薛城工业园区、峄城工业园区的发展，加强西城区的发展建设，产城融合，提升集聚能力，壮大中心城区人口和空间规模。逐步形成“一主、一副、两轴、两区”的市域城镇空间结构和市域中心城市—市域次中心城市—县（区）域中心城镇—重点镇—一般镇五级城镇等级结构体系。

（二）城市路网建设成就显著

20世纪80年代，枣庄市全面加大了对市驻地城市道路建设的投资力度，市驻地新建了光明路、文化路、振兴路、龙头路、建设路等城区主要道路，依托这些道路城区，商业蓬勃发展。90年代，文化西路、光明西路、龙头西路、枣薛复线等道路相继建成，同时大修了解放南路、君山路、十里泉路，拓宽改建了青檀中路，改建了西昌路，城区的道路框架基本形成。1996年，青檀路被评为省优、市优工程，首次荣获山东省市政工程协会“泰山杯”奖。进入21世纪，城市道路建设向着高标准、高质量方向发展，2000年实施了文化路、光明路东西贯通工程，新建了光明东路、文化东路，并与城区东外环接通，城区道路形成网络。2001年，枣庄市全面启动新城建设，近十多年间新城道路建设突飞猛进，长白山路、武夷山路、民生路、和谐路、太行山路、祁连山路、黑龙江路、松花江路、海河路、黄河路、金沙江路、长江路等一大批城市主干道相继建成交付使用，构筑了新城区“六纵六横”的主干路网及完备的支路相结合的道路路网系统。截至目前，新城已累计建设道路36条，里程63公里，新城路网框架不断扩展、路网结构不断完善，新城道路的建设加快了市中区、薛城区、高新区路网的互联互通，提升了城区间的道路交通能力。21世纪以来，除了市驻地路网建设的丰硕成果，各城区的路网建设也取得了举世瞩目的发展成就，市中区西部新区建设和122条城区背街小巷整治、薛城区城南路网建设、台儿庄区古城配套道路建设和城区道路改造、滕州市高铁新区路网建设、棚户区改造配套道路建设，一大批新建道路及配套设施相继建成并投入使用。截至2017年底，枣庄市城市道路总长度1857公里，城市道路面积3499万平方米，人均城市道路面积24.95平方米，比1978年提高了18.26平方米。道路不断变宽、配套不断完备、安全标识全面强化、交通组织更加合理，道路建设使人民群众生活幸福指数不断提升，城市人居环境更加宜居宜业。

2010年9月28日，枣庄市人民政府举办“枣庄市城市转型论坛”

（三）城市服务能力和保障水平不断提高

多年来，枣庄市通过实施城市供水、燃气、热力、排水和污水处理等重点项目建设，城市服务功能得到大幅度提高，城市承载能力和保障水平得到进一步改善。

城市供水。进入21世纪，随着城区的扩大和市驻地的西迁，城市公共供水设施建设力度不断加大，中心城区供水一体化工程、羊庄水源地建设工程相继建成投产，城区供水管网不断延伸，截至2017年底，全市已累计建成城市水厂17座，公共供水日供水能力41.1万立方米，累计建成供水管网2619公里，城市用水普及率达到99.7%。

城市燃气。进入21世纪以后，枣庄市燃气总公司与中石油签订了为期20年的天然气供气合同，全面启动城区天然气置换工程。经过多年的努力和建设，城市燃气管道长度由691公里增长到2538公里，用气人口由2000年的37.8万到2017年底的128.6万人，燃气用户总数已达48.9万户，城市燃气普及率达99.7%。

城市供热。截至目前，城市供热管网已增长到2074公里，集中供热面积达到3916万平方米，集中供热普及率达到67%。先后实施了中心城东西区供热管网新建改造工程、枣庄南郊热电公司建设项目、居民小区二次管网改造、十里泉电厂引热工程、新城集中供热调峰热源厂建设和管网配套工程、市中区南郊首站及配套供热管网工程、滕州市南线高温热水管网建设工程等一系列供热工程，城市冬季供热状况逐步得到改善，城市冬季宜居水平得到切实提高。

城市排水。截至目前，枣庄全市

枣庄城区鸟瞰图

已共有10座城市污水处理厂建成运行，总处理能力51万吨/日，运行规模达到49万吨/日，配套建设污水管网896公里，各污水处理厂规范达标运行，出水水质稳定达到GB18918—2002一级A排放标准，2017年城市污水集中处理率达到96.65%。

（四）城市生态环境明显改善。近20年来，枣庄市环卫设施、绿化靓化工作有了长足的发展

污水垃圾处理。为改善城市环境质量，实现污水达标排放，城市污水垃圾处理设施建设再上新台阶，截至2017年，全市10座城市污水处理厂累计年处理污水总量达到12134万吨，利用再生水3857万吨，城市污水集中处理率达到96.65%；全市5座城市生活垃圾无害化填埋场，包括2座生活垃圾焚烧发电厂、1座餐厨垃圾处理厂、一座医疗废弃物处理厂，垃圾无害化处理能力2840吨/日，2017年全年处理城市生活垃圾53.3万吨，城市生活垃圾无害化处理率达到100%。

城市生态绿化。在城市绿化美化上，编制完成了绿地系统规划，制定并实施了《枣庄市城市绿化管理办法》，印发了《关于实施城市绿线管制和绿色图章制度的通知》，规范绿化建设市场，全面提升城市绿化整体水平。同时，不断加大城市绿化建设力度，城区公园、游园绿地、带状公园不断涌现，特别是进入21世纪以来，绿化建设进一步加快，全市公园个数由22个提高到68个，建成区绿化覆盖面积由2916公顷增长到8423公顷，人均公园绿地面积由6.89平方米提高到14.5平方米。城市生态绿化状态不断改善，城市人居环境水平不断提高，各城区绿化重点项目的贡献不可磨灭，市中区光明广场、东沙河公园、西沙河公园、东湖全民健身公园，薛城区临山公园、奚仲广场、沿河公园、森林公园，新城南方植物公园、翠竹谷公园、龟山公园、东西绿带、龙潭公园，峄城区坛山公园、鹭鸣湖公园，台儿庄区运河湿地公园，山亭区太清湖公园、双山公园、紫云湖公园、丰泽湖公园，滕州市荆河公园、秀美荆河上善公园、龙泉植物园、弘道公园，一大批城市公园绿地相继建成，市民就近就可以享受到城市绿肺带来的美丽景色和怡人心情，城市宜居水平得到切实提高。

（五）中心城和新城建设取得重大进展

中心城和新城区建设快速推进，同城化步伐进一步加快。城市快速公共交通（BRT）、中心城供水一体化工程、气化枣庄等一批重大建设项目相继完成并投入运营。京沪高铁枣庄站前广场、新城区枣庄市民中心、薛城区枣庄火车站片区、市中区枣庄火车东站片区等重要公共和基础设施项目相继建成。枣庄市新城作为枣庄市行政、文化、政治中心，自2001年5月正式开工建设以来，已累计完成投资约210亿元，建成区面积已达到14平方公里，城市配套服务设施相继完善，枣庄职业学院、新城实验学校、实验幼儿园、枣矿中心医院、枣庄市中医医院、枣庄妇幼保健院、新城实验高中相继建成使用，新城的凝聚力、带动力不断增强。随着城市路网的互联互通，城市发展框架不断扩大，中心城一体化发展不断加快，自光明大道、枣曹路相继建成以后，市中区文化西路、西昌路、汇泉路、人民路等道路建设逐步完善了光明大道东首的路网结构，新城区复元三路、长白山路、祁连山路、黄河路、珠江路、黑龙江路、金沙江路等道路建设逐步完善了光明大道西首的路网结构，中心城路网框架建成了主次干道布局合理、交通便捷的城市道路系统，全面搭起了城市发展的骨架。

三、城市建设的启示

（一）解放思想是前提

从脏乱差的煤城到自然生态的新枣庄，从仅有7平方公里的建成区到中心城建设，无不是敢想、敢试、敢闯、敢干的结果。在经济不发达、财政资金欠缺、项目稀少、人才不足的小城市，在面临土地、资源、环境的制约的情况下实施城市建设，关键在解放思想。面对百舸争流、千帆竞发的激烈竞争形势，思想随着政策转，观念跟着市场变，只要对发展有利，就积极去试、大胆去闯，敢为天下先，真正创造性地开展工作。

（二）政府主导是关键

城市建设的稳步发展，政府主导至关重要。在发展过程中，只有领导层认识到位，做好顶层设计，才能明确发展的方向、重点和路径。通过政府主导和领导强力推进，能够充分发挥一个地方的资源禀赋优势，更好地利用自然资源、挖掘文化资源、借力人脉资源、激活行政资源，真正把规划布局、基础建设、资金投入、生态保护、资源开发以及长远利益与近期利益的兼顾、经济效益与社会效益的统一统筹起来，最终形成生机勃勃的发展局面。

（三）有效运作是路径

城市发展的成效很大程度取决于运作水平的高低。新城和各区市新区建设，无不是结合国家政策，大胆尝试、科学运作，通过政府融资、招商引资、社会资本介入、企业筹集等多种方式筹集资金。新城基础设施建设通过枣庄市新时代城市基础设施有限公司融入大量资金，有效缓解了财政资金压力；大力推进公用行业改革，城市污水、垃圾处理设施通过BOT、TOT、BT等方式建设运营；枣庄煤气公司通过与中国华润合作，引入大量优良资金用于燃气设施建设，城市燃气供应保障能力进一步增强。

审稿人：王仁善

撰稿人：张丽娟

棚户区改造工作实践与探索

加快棚户区改造，是中央作出的重大决策部署，是一项重大民生和发展工程，也是资源型城市转型的重要抓手。枣庄市认真落实党中央、国务院和省委、省政府的各项决策部署，把棚户区改造作为全市各级党委、政府的“一号工程”，把群众的所需、所求、所盼始终装在心里，以棚改改善民生、促进就业、带动服务业发展，让老百姓得到了更多实惠，增强市民对城市的认同感、归属感、满足感，真正实现了宜居宜业。2010年以来，全市各级各界同心协力，在棚户区改造方面做了一些有益的实践与探索，累计投入700余亿元，改造各类棚户区住房14万余套，解决了近50万困难群众居住生活问题。

一、棚户区改造工作历程

改革开放以来，特别是近二十年以来，枣庄的城市建设速度空前加快，城市规模、品位、功能、面貌等方面都有大幅度提升，城市人居环境发生了深刻变化。但是，由于产业布局和历史形成的原因，人居环境的发展不均衡，部分城市居民和矿区居民没有充分享受到改革开放和发展的成果。截至2009年底，全市还有集中成片棚户区140个、7.5万户、30万居民，建筑面积545万平方米(连同旧城改造共1100万平方米)。这些棚户区多是低矮潮湿的危房简屋，基础设施条件极差，环境十分恶劣。有的一家4口挤在不到10平方米的小瓦屋;有的“集体宿舍”单间挤住着一家人;甚至还有一间十几平方米的平房，由屋顶处竖下一道墙，分为朝阳和背阴两间，两家人“对腚”居住，被人称作“对腚房”。有人把棚户区生活概括为“四难”:吃水难、排污难、取暖难、如厕难，形容是“晴天一身土，雨天两脚泥；外面下大雨，屋里下小雨；冬天冰窟窿，夏天火炉子”。在经济快速发展、城市建设步伐不断加快的今天，一面是高楼大厦，一面是简陋的棚户区，两者形成巨大反差。居民对改善居住环境的期盼和呼声日益高涨。

中央高度重视棚户区改造工作。2009年，国家出台了一系列关于棚户区改造的方针政策，要求从2010年起，用5年时间在全国“消灭”棚户区。2009年8月8日，国务院在哈尔滨召开推进城市和国有工矿棚户区改造工作座谈会；9月25日，国务院召开全国资源型城市与独立工矿区可持续发展及棚户区改造工作座谈会。时任中共中央政治局常委、国务院副总理李克强出席并作重要讲话。李克强指出，资源型城市及独立工矿区是我国重化工业的摇篮，为建立我国独立完整的工业体系、推进国民经济发展做出了重要贡献。经过长期开发，不少资源型城市和矿区资源逐步枯竭，普遍出现了接续产业跟不上、就业困难、生态环境严重破坏、社会保障负担重等问题。这既是历史遗留的问题，也是我国推进现代化进程、建设和谐社会迫切需要解决的问题。资源型城市转型和棚户区改造是扩内需、调结构的重要内容和巨大潜力源泉，不仅可以改善生活，而且能够创造巨大的需求，带来一举多得的效应。加大棚户区改造力度，是推进资源型城市及工矿区转型发展的重要抓手，也是解决城市“二元结构”矛盾的切入点。为进一步推进棚改工作，住房和城乡建设部等五部委印发了《关于推进城市和国有工矿棚户区改造工作的指导意见》，明确了各项政策。按照中央部署，山东省政府也连续召开会议部署棚户区改造工作，要求从2010年起用三年时间，基本完成棚户区改造任务，切实让广大人民群众共享发展成果。为贯彻中央和省委、省政府部署要求，顺应广大人民群众期盼，市委市政府审时度势，把改善群众住房条件作为头号民心工程，通过实施棚户区改造，加快解决城镇居民特别是中低收入家庭的住房困难，实现住有所居；以此统筹区域经济社会协调发展、和谐发展。

2009—2016年，枣庄市棚户区改造工作大致可以分为以下四个阶段：

(一)调研并制定计划阶段(2009年1月—2009年12月)

2000年以来，枣庄的城市建设速度空前加快，城市规模、品位、功能、面貌等方面都有大幅度提升，城市人居环境发生了深刻变化。但是，由于产业布局和历史形成的原因，人居环境的发展不均衡，部分城市居民和矿区居民没有充分享受到改革开放和发展的成果。在经济快速发展、城市建设步伐不断加快的今天，一面是高楼大厦，一面是简陋的棚户区，两者形成巨大反差。居民对改善居住环境的期盼和呼声日益高涨。

1. 摸底调研。2007年12月，枣庄市政府印发《关于加快推进棚户区改造和旧住宅区整治的实施意见》。《意见》的出台对于推动全市棚户区改造和旧小区整治工作起到了积极作用，但当时主要工作重心是在旧小区整治，棚户区改造进展缓慢。2009年，国家出台《关于扎实推进城市和国有工矿棚户区改造工作的指导意见》和《2009——2011年城镇保障性住房建设规划》两个文件，棚户区改造的政策机遇千载难逢。同时，棚户区改造是实施保障性安居工程

的重要内容，也是展示资源枯竭型城市转型的最直观表现。按照2007年棚户区的定义、标准，枣庄市棚户区面积占全省棚户区改造面积的40%。根据2009年3月全国住房保障工作会议和建设部的要求，棚户区的概念扩展延伸到城市危旧房，枣庄市棚改面积大大增加，棚户区改造任务更加艰巨、复杂和繁重。国家提出5年改造完城市和国有工矿棚户区，但山东省要求3年内全省都要完成改造任务，必须要有强有力的手段和措施全力推进。2007年出台的《意见》在制度设计上存在一些问题，在改造的责任主体、目标任务、优惠政策、奖惩机制等方面不明确、不到位，操作性不强，没有很好兼顾属地政府、开发企业和拆迁户的利益，造成各区（市）积极性普遍不高，推进速度不快。因此急需在对棚户区改造工作全面摸底调研的基础上，进一步出台新的棚户区改造政策性文件。为此，2009年7月，市政府研究室、市财政局、市国土局、市房管局的有关负责人赴日照、威海、烟台、淄博进行考察学习，在此基础上认真学习研究湖南、吉林、辽宁等省的做法，形成了《关于我市棚户区改造情况的调研报告》。与此同时，市委政策研究室也对全市棚户区情况进行深入调查和研究，形成《关于我市棚户区改造情况的调查》，市委主要领导作出批示，为加快推动这项工作打下了坚实基础。

2. 出台指导性文件。在前期调研的基础上，2009年9月，枣庄市委、市政府出台《关于进一步加快推进棚户区改造的意见》，明确了改造范围、责任主体和改造标准，制定了融资、土地、规费、税收、拆迁安置、住房保障等6项政策，成为棚户区改造工作3年攻坚阶段总的政策依据和抓手。一是进一步明确了属地政府是棚户区改造的责任主体。二是建立了联席会议制度，推行联席会议制度和定期调度会制度有利于减少多部门交叉过程中产生的推诿扯皮，及时解决问题，提高办事效率。三是在融资方面采取可先行拨付土地方式。由政府批准成立棚户区改造公司，棚户区改造公司根据棚户区改造项目立项批准文件，申请土地使用权划拨，由国土资源部门报市政府批准，将收回的土地使用权划拨给棚户区改造公司。划拨土地使用权经批准后，区政府负责调度资金组织拆迁补偿安置工作，实行资金封闭运行。项目拆迁安置补偿完毕后，由棚户区改造公司申请，国土资源部门报市政府批准，依法组织土地供应。政府棚户区改造公司依法用划拨土地使用权证进行抵押融资。采取这种融资模式，解决了棚户区改造前期的资金问题，为各区（市）棚户区改造资金的解决提供了有效途径。四是在财税、土地政策方面采取更加优惠政策。明确了房地产企业参与棚户区改造偿还原拆迁面积房屋部分，暂不征收营业税、城市维护建设税、教育费附加；采用属地纳税，确定好合理的分成比例，总体上市级税收不仅不会减少，还会有大幅增加。五是明确市中区土地收益全部返还。按照枣庄市当时净地出让价格，土地出让金去除国家必须提取部分，余下的已所剩无几，而地方还承担着基础设施配建和拆迁稳定等工作。土地收益返还有利于提高属地工作积极性。六是明确安置房的面积可以适当提高，明确了对枣矿集团的棚户区改造工作属地政府要积极作为，承担起支持、配合、协助的责任。枣矿集团承担着全市60万平方米、涉及12508户居民的棚户区改造任务和4401户廉租房建设任务。《意见》作为棚户区改造工作3年攻坚阶段总的政策依据和抓手，明确了强有力的推进机制，增强了各相关单位的责任意识，充分调动各方积极性，建立了切实可行的激励推进机制，成为枣庄棚户区改造的制度保障。

3. 编制3年行动计划。根据棚户区划定标准，2009年10月，枣庄市进行了系统摸底。根据摸底结果，枣庄市编制了2010——2012年3年棚户区改造行动计划：2010年，全市第一批棚户区改造拆迁55个项目，拆迁房屋建筑面积312万平方米，拆迁户数32243户。其中，市中区计划21个改造拆迁项目、拆迁12083户、85.78万平方米；薛城区计划4个改造拆迁项目、拆迁5132户、47.62万平方米；枣庄高新区计划2个改造拆迁项目、拆迁1760户、21.7万平方米；峄城区计划7个改造拆迁项目、拆迁4101户、47.81万平方米；台儿庄区计划2个改造拆迁项目、拆迁1980户、22.5万平方米；山亭区计划4个改造拆迁项目、拆迁1795户、12.29万平方米；滕州市计划7个改造拆迁项目、拆迁2604户、64.02万平方米。

2011年，全市计划改造城市和国有工矿棚户区共67个项目，改造面积351.82万平方米，改造户数33552户。其中，城市棚户区49个项目，改造面积322.87万平方米，改造户数26294户；国有工矿棚户区18个项目，改造面积28.95万平方米，改造户数7258户。其中，枣矿集团18个项目、7258户、安置房建设面积96.6万平方米；市中区18个项目、8684户、安置房建设面积327.7万平方米；山厅区9个项目、2763户、安置房建设面积76.2万平方米；滕州市11个项目、6550户、安置房建设面积366.2万平方米；台儿庄区4个项目、1830户、安置房建设面积54.5万平方米；峄城区4个项目、1167户、安置房建设面积38.3万平方米；薛城区3个项目、5300户、安置房建设面积118万平方米。

2012年，全市计划改造棚户区54个项目，征收房屋面积298.3万平方米，征收户数27964户，安置房建设27964套，竣工8389套。具体为：滕州市计划改造11个棚户区项目，征收58.5万平方米、3103户，安置房建设3103套，竣工931套。薛城区计划改造12个棚户区项目，征收29.8万平方米、2353户，安置房建设2353套，竣工706套。山亭区计划改造6个棚户区项目，征收27.12万平方米、3605户，安置房建设3605套，竣工1082套。市中区计划改造5个棚户区项目，征收72.13万平方

米、6436户，安置房建设6436套，竣工1931套。峄城区计划改造5个棚户区项目，征收35.39万平方米、2447户，安置房建设2447套，竣工734套。台儿庄区计划改造4个棚户区项目，征收28.68万平方米、1860户，安置房建设1860套，竣工558套。高新区计划改造3个棚户区项目，征收128万平方米、2675户，安置房建设2675套，竣工802套。枣矿集团计划改造5个棚户区项目，征收15.79万平方米、3983户，安置房建设3983套，竣工1195套。市直（破产）企业计划改造3个棚户区项目，征收9.89万平方米、1502户，安置房建设1502套，竣工450套。

4. 召开动员大会。为进一步统一思想，动员全市各级各部门提高对棚户区改造的思想认识，2009年11月6日，枣庄市委、市政府召开全市棚户区改造动员大会，成立了市棚户区改造领导小组指挥部，隶属市棚户区改造工作领导小组。会议从历史、民生、发展、社会四个方面论证了棚改的重要性，统一了各级干部的思想认识。会议指出，棚户区群众特别是矿区职工，曾经为枣庄的建设发展作出了巨大贡献，必须解决他们的民生困境。通过棚户区改造拉动投资，带动消费，盘活存量土地，增加政府财政收益。通过棚户区改造，从多个层面提高居民的幸福感和满意度，有效化解上述不稳定因素，促进社会和谐稳定。枣庄市棚户区改造领导小组指挥部负责指导全市及各区（市）、枣矿集团棚户区改造规划和棚户区改造片区详细规划，棚改各项措施、方案的拟定，督导建设工程质量监督、施工进度、安全管理的检查和综合验收，棚改资金的支配和棚改工作的考核奖惩等工作。棚户区改造工程指挥部下设纪检效能监察、规划设计指导、拆迁安置督导、工程建设管理、资金协调筹措、综合计划推进、土地供应保障、信息宣传报道7个工作组。

（二）强化机制建设进入攻坚克难阶段(2010年1月—2012年12月)

全市棚户区改造动员大会召开后，棚户区改造在全市迅速掀起高潮，各区（市）、枣矿集团以及市直有关部门迅速行动，在完善政策体系、强化组织领导、加大征收拆迁、加快工程建设推进等方面逐步深入发力，建立并逐步完善了“市区联动、以区（市）为主、部门协作、合力推进”的工作机制，打响了为期3年的棚户区改造攻坚战。在棚户区改造的带动下，城市建设工作进入崭新阶段。

1. 进一步完善棚改政策管理体系。2010年是枣庄棚改3年攻坚战的开局之年，围绕项目规划、用地管理、金融服务、房屋拆迁、司法保障等，2010年4月至8月，枣庄市委、市政府相继出台了《关于进一步加强拆迁工作的意见》《关于建立棚户区改造项目行政许可审批绿色通道的通知》《关于加强棚户区改造用地管理的通知》《关于印发枣庄市城市和国有工矿棚户区改造规划(2010—2012年）的通知》等20多个文件，健全和规范了政策体系。具有突破性和可操作性的优惠政策主要是：

融资政策。充分发挥市级融资平台的作用，通过转借形式为各区（市）提供资金支持。推行“土地+控规”招商运作模式，实行“拆迁出资人”等办法，引进国内一线品牌及优质房地产开发企业参与棚户区改造。设立市级财政专项奖补资金，对棚户区改造完成好的区（市）(包括枣矿集团)，给予一定数额的资金奖励。2010年市级财政共列支棚户区改造奖补资金3000万元。

土地政策。对棚户区改造范围内的安置房、廉租住房、基础设施及公益事业所需建设用地，执行经济适用住房政策，实行划拨供应。规划为经营性用地的，全部纳入政府土地储备，以招标、拍卖、挂牌方式供应，实行净地出让。将棚户区改造安置作为条件，实施国有土地招标、拍卖、挂牌出让，并可直接抵扣因拆迁、安置、补偿等所产生费用。对棚户区改造所产生的土地出让金纯收益，全部返还当地政府，用于应由政府承担的小区基础设施建设。对棚户区改造项目内零星的集体土地转为国有建设用地的，及时完成土地性质转变手续，确保项目的整体开发。

规费政策。棚户区改造项目一律免收城市基础设施配套费等各种行政事业性收费和政府性基金，经协商可以低于国家、省、市规定的50%标准收取经营性收费。

税收政策。棚户区改造项目实行独立核算，实现的税收地方分成部分，留归项目当地政府；纳税确有困难的房地产开发企业，按规定审核批准后可减免房产税和城镇土地使用税；以划拨方式取得的土地使用权部分免收土地契税；棚户区居民因拆迁而重新购买的普通住房价款未超出拆迁补偿款的，免收契税。

拆迁安置政策。《枣庄市城市房屋拆迁管理实施办法》明确了拆迁补偿下限，各区（市）根据各自经济发展情况和拆迁现状，分别出台了“拆一还一”“容积率补偿”等倾斜政策，做到拆迁补偿因地制宜。通过棚改一次性解决改造范围内的低收入住房困难家庭住房问题，将拆迁房屋不足46平方米的多层房屋最低按46平方米进行无偿回迁安置，高层不足49平方米的，按49平方米进行回迁安置，且回迁房屋具有完全产权。有的区（市）还采取了奖励住房面积或免收物业费等措施，解决了居民选择高层住宅的后顾之忧；在新建小区中按照房屋总面积4‰的比例，建设经营用房，经营收入用于物业服务。

特惠政策。根据特事特办原则，对枣矿集团远离城市的工矿区的棚改，除享受其他区（市）优惠政策外，实行土地增减挂钩政策，置换土地1000亩到城市近郊区建设；将枣矿集团住房公积金纳入全市统一管理，其增值收益扣除计提公积金贷款风险准备金和管理费等费用后的余额，全额拨付给枣矿集团，用于廉租住房建设；枣矿棚户区改造项目一律免收城市基础设施配套费等各种行政事业性收费和政府性基金，棚户区改造安置房建设和通过收购筹集安

置房源的，执行经济适用住房的税费优惠政策。此外，市行政审批服务中心于2010年1月设立棚改项目行政许可窗口，专门受理棚改项目的资料审核办理、承诺时限从受理之日起计算，办理时限要比法定时限缩短70%以上。

2. 新理念引领棚改推进。2011年3月1日，全市棚户区改造工作会议召开。会议强调了棚户区改造的重大意义，同时指出要围绕解决“城市经济”缺乏明确定位和具体思路、规划水平滞后、棚改标准不高等问题，突出三个方面重点：一是市场。在棚改过程中要尽可能植入“市”的要素，按照规模大致分为三个层面：第一，城市综合体；第二，商业街区；第三，邻里中心。二是规划。在规划上要着重把握好三点：交通优先、突出特色、功能配套。在棚户区改造中，要把交通放在第一位来考虑，像BRT的对接、公共停车场等问题，都要提前规划；要紧扣三个方面突出棚户区改造的特色：一是天时。针对枣庄地处南北过渡带的特点，突出“北雄南秀”的建筑风格。二是地利。注重与周边环境有机融合，因地制宜、因事制宜、因景制宜。三是人和。注重与历史人文相结合，形成独特的文化内涵。在棚改规划上，要引入现代城市生活理念，体现绿色、节能、环保的要求，合理利用可再生能源、节能新材料；要完善学校、幼儿园、医院等各项配套设施，建设更多的小广场、小绿地，为市民提供更为便利舒适的生活条件。三是标准。要从三个方面着力加以解决棚改工作标准不高的问题：第一，注重发挥政府的主导作用。要把握好群众受益、政府收益、开发企业利益的平衡点，充分体现政府的规划意图，确保把棚户区改造这件好事办好。第二，提升工作境界。各级干部要加强学习、调研、思考，认真研究城市经济的内涵，把握城市发展规律，让“旧区”变“新区”、“城市建设”变“城市经济”。第三，提高开发档次，多引进一些实力强、品味高的开发商。

3. 新概念指导规划编制。2010年5月，市政府组织编制了中心城区棚户区改造控制性详细规划和各改造建设项目修建性详细规划，用于指导棚改工作，加强对重点地段、重点区域的控制。一是把棚户区改造规划与新一轮城市总体规划相衔接，对城市肌理和功能分区重新梳理，引入城市综合体、邻里中心等新概念，与建设低碳城市、完善住房保障体系、发展现代服务业、保护历史文化有机结合起来，推动城市转型发展。本着“重点地段提升示范、一般地块配套完善”的原则，编制棚改地块控制性规划，严格控制开发强度、退让红线等指标容量。对棚户区范围内的仓储、工业用地实行退二进三，综合考虑学校、医院、道路等公共基础设施的合理布局，最大限度地保障公共设施建设，推进城市资源优化整合，统筹区域发展。二是棚户区改造着重在城市产业布局、带动经济发展、完善基础设施配套上做文章，在此基础上编制棚改地块控制性规划，对开发强度、退让红线等指标作出容量控制。重点地块的修建性规划和城市设计，由市政府统一委托国内名家大院编制；区级各改造建设项目的修建性详细规划，由各区（市）组织编制或项目实施主体单位进行编制，市政府负责指导和审批。在规划的编制水平方面强调棚改项目的规划设计，应由乙级以上规划设计单位承担，可以采取聘请或招标、邀标等形式组织高水平设计力量编制。棚改规划实施后，中心城区同步新增道路133条，停车场65个、118万平方米，城市绿地298万平方米，中小学和幼托设施52个、建筑面积42.5万平方米。《枣庄市中心城区棚户区改造规划》荣获2010年度山东省优秀规划设计一等奖。

4. 纵深推进房屋征收拆迁工作。2011年2月，枣庄市政府根据国务院《国有土地上房屋征收与补偿条例》和有关规定，结合本地实际，制定了《关于进一步规范国有土地上房屋征收与补偿工作的意见》。这也标志着枣庄市成为《国有土地上房屋征收与补偿条例》实施后，省内第一个出台意见规范国有土地上房屋征收与补偿工作的城市，为全市棚户区改造征收工作衔接和政策延续争取了主动。《意见》制定完善了拆迁安置、征收补偿、税费减免等一系列优惠政策，将政策着力点向中低收入家庭倾斜，明确了征收补偿下限。在《意见》的规范约束下，全市棚户区改造房屋征收工作稳步快速向纵深推进，主要工作特点有：一是明确职责，凝聚合力。坚持“无偿拆违、有偿拆迁”，国土、规划部门依法对全市已建违法违章建筑进行认定，提出具体处理意见，城市管理部门据此作出限期拆除决定，凡属党政干部、机关单位自建的违法违章建筑，一律自行拆除，违者追究相关人员责任；坚持“谁主管、谁负责”，电信、电力、广电、国防光缆、供水、燃气、热力等管线单位实行“谁的资产谁迁移”，积极支持和主动参与棚改拆迁工作。二是完善服务，阳光操作。坚持高效审批和合力攻关，国土、规划、住建、公安、人力资源等部门在2—5天完成许可审批、户籍转移等项工作，市财政局在2个工作日内完成政府投资项目的征地拆迁资金的核拨、支付，存入国土部门在财政开设的专用账户。各征收主体在征收现场做到“十公开”，即公开征收政策依据、公开征收补偿方案、公开工作流程、公开入户丈量结果、公开评估机构、公开新旧房屋补偿标准、公开奖励标准、公开安置房屋建设标准、公开救助救济条件、公开举报电话，全程接受社会监督。三是依法办事，精细管理。注意做到政策标准执行的一致性、稳定性严肃性，坚持公平公正，征收拆迁一个标准、一个程序、一套制度，做到一把尺子量到底，最大限度维护群众合法权益。建立一支相对稳定的拆迁工作队伍，建立严格的工作规程和工作制度，全面落实拆迁过程中思想工作、工作程序、适用政策、补偿标准“四到位”。坚持“司法服务到一线”，各级司法部门成立拆迁矛盾调处小组，全程监控拆迁现场可能发生的问题和突发性事件，使矛盾纠纷

在第一时间、第一现场得到及时有效控制。在推进强拆程序的过程中，始终坚持协调为主、个案强拆为辅，实现了和谐、有序、高效拆迁。各征收主体在坚持原则的前提下，方法灵活，措施得当，房屋征收取得了又好又快的效果。薛城区实行“快签快拆、以拆促签”，燕山路、火车站分别仅用46天、24天完成了22.6万平方米和25万平方米的拆迁量；作为当年全省单体最大的棚户区改造项目，新华街一期1200户、27万平方米只用15天就完成了征收。峄城区探索实施了灵活掌握、适合实际的拆迁补偿办法，鼓励以房换房，容积率补偿大约在0.9左右，实现了较低成本拆迁。台儿庄古城一期拆迁工程涉及9000人，仅用26天就全部拆完。整个古城2平方公里、拆迁2万多居民没有出现一例上访。2012年6月7日，全国住建系统住房保障和国有土地房屋征收补偿信息公开工作电视电话会议召开，枣庄市作为全国唯一地级市作了典型发言，“房屋征收补偿十公开”政策被住建部信息简报刊发，在全国推广。

5. 全过程监督检查棚改进程。2011年5月25日，市纪委、监察局制定并印发了《全市棚户区改造项目全过程监督检查的实施意见》。5月26日，市纪委召开全市棚户区改造项目全过程监督检查动员会议，指导各级各部门对全市棚户区改造项目进行全过程监督检查工作。《意见》规定：各级纪检监察机关要围绕棚户区改造项目运作中的关键环节和容易出现的问题，明确监督检查重点，及时跟进，全程参与，严格检查。监督检查的主体为：市纪委驻市棚改办效能监察办公室会同市纪委执法监察室负责对棚户区改造重点项目、关键环节进行不定期监督检查；区（市）纪委监察局负责对棚户区改造项目进行全过程监督；市、区（市）棚改办负责对棚户区改造项目具体业务的监督和管理；发挥人民群众的监督作用，受理群众投诉和举报。监督检查采取专项检查与日常监督相结合、组织监督与群众监督相结合的方式进行。监督检查工作主要突出以下几个重点：一是加强对规范推进机制情况的监督检查。二是加强对法定建设程序执行情况的监督检查。三是加强对棚户区改造工作进度情况的监督检查。四是加强对维护群众利益情况的监督检查。五是加强对棚改工程项目管理情况的监督检查。在监督检查过程中，枣庄市及时提出改进工作的意见和建议，采取下达监察建议书的方式，督促问题整改，落实整改责任和整改时限，确保整改到位、不留隐患，确保棚户区改造工作顺利推进。严明工作纪律，对贯彻落实政策措施不力，不履行或不正确履行职责的，对不作为、乱作为、慢作为的领导干部和工作人员，对项目建设过程中决策失误、监管不力、失职渎职等行为，依据《枣庄市棚户区改造、拆迁、拆违和农村住房建设工作问责暂行办法》等有关规定进行约谈和责任追究。严肃查处在土地征收、棚改项目实施和资金使用过程中索贿、受贿、贪污、挪用、挤占、私分等行为，严肃查处在项目投资中弄虚作假、违规操作等行为，严肃查处不作为、乱作为、慢作为和损害群众利益行为。对于违纪违规行为，根据有关规定进行政纪党纪处理，涉嫌犯罪的移送司法机关依法进行处理。

6. 着力加强重点项目建设。台儿庄古城是结合棚改打造的一个文化旅游龙头项目。历史上的台儿庄，既是运河古城，又是大战故地，曾云集了各地富商巨贾，荟萃了我国南北多种样式的建筑，不幸毁于1938年的炮火，留下了53处弹痕累累的古墙、古屋和3华里古运河、古驳岸、古码头、古船闸，形成一大片简陋的棚户区。2006年，上海绿房子房地产公司准备投资6亿元进行棚户区改造，是台儿庄有史以来最大的城建项目。市政府经研究认为，如果单纯搞房地产开发，原有的文化遗存可能遭到破坏，政府也只能获得一次性收益。但如果借助棚改，把古城打造成文化龙头项目，不仅可以改善当地百姓居住环境还能传承保护历史文化，同时带动全市文化旅游业的发展，促进就业富民、推动转型发展。为此，及时叫停这个房地产项目，在充分调研论证的基础上，作出了古城重建的决策。为解决资金难题，市内5家国有煤矿各拿出10万吨原煤、相当于4亿元资本金，组建古城投资公司，通过市场化运作启动了古城重建。2013年8月，台儿庄古城重建竣工。重建的台儿庄古城占地2平方公里，总建筑面积16万平方米。经过3年考证策划和3年建设运营，古城已成为国家文化遗产公园、国家非物质文化遗产博览园、海峡两岸交流基地，被评为AAAAA级景区，年接待游客超过300万人，累计接待游客1800多万人，门票累计收入6.5亿元。此外，台儿庄古城作为全国首个海峡两岸交流基地，在两岸关系和平发展进程中发挥了积极作用。

市南工业区是枣庄市直老工业企业聚集区，3平方公里的土地上，分布着19家市属以上企事业单位，其中市直工业企业7家、职工6600多人，他们曾经为枣庄经济社会发展作出过重要贡献，见证了本市工业发展的历程。但在经济转型过程中，企业大多停产破产，职工大量下岗失业，厂房废弃、宿舍破旧、发展停滞、民生困难。对此，市政府决定拿出5亿元转型资金，启动市南工业区改造，将棚改与企业改革结合起来，努力变包袱为财富。先后做了三项工作：第一，靠改革解决历史遗留问题。通过实施市属工业企业下放，将企业的资产、人员整体移交市中区，依法进行破产清算，改制一个、终结一个、清偿一批。6家市属企业完成破产终结，6000多名职工的历史遗留问题基本解决。第二，靠创新重新焕发企业生机。规划建设了16平方公里的城市转型示范园，推动老企业“退城进园”，通过设备更新、技术改造、引进战略合作者实现转型升级。城市转型示范园进驻企业5家、安置就业1000余人。第三，整合拓展城市发展空间。抓土地、传统工业要素和服务业的整合，拓宽城市框

架，彰显城市特点，打造城市发展的“发动机”。积极发展健康养老、文化创意、电子商务等现代服务业，吸引各类创意人才和中介事务所、服务外包机构进入，建设“文化创意产业园区”。

薛城燕山路项目是2010年全市棚户区改造重点项目之一，总占地面积340亩，征收改造总投资18亿元。2010年3月启动，用46天完成了1241户居民以及12家企事业单位的搬迁，拆除房屋22万平方米，随即启动了回迁安置工程、商住小区及道路配套建设。该区域道路于2012年11月高标准建成通车，贯通了临山路、永兴路、黄河路，一举解决了制约城市发展多年的老大难问题。小区按照较高标准进行配套建设，绿地率达到41%，使脏乱差的形象旧貌变新颜。燕山路回迁安置工程对施工企业实行全国招标，最终选定2个国家特级和1个国家一级施工资质企业进行建设。为将棚户区改造与提升城市业态、发展城市经济、加快城市转型相结合，在燕山路棚户区回迁安置区域打造了特色商业街区——鑫街。该特色商业街区全长420米，宽35米，总投资1.6亿元，建筑面积2万平方米，集购物、休闲、餐饮、娱乐于一体。通过改造，该区域居民人均住房面积由棚改前的不足15平方米提高到30平方米，基本实现户均2套回迁房、170平方米，是改造前的2倍；建成、在建和已审批的11层以上高层建筑是棚改前的52倍；发展品牌名店296家，商贸企业达到187家，分别是棚改前的5.3倍、11.5倍。

滕州荆西商贸城位于滕州市城区西部，是始建于20世纪80年代的小商品贸易集散地，辉煌一时。多年来，由于业态提升滞后，市场硬件始终停留在马路大棚的初级阶段，交通拥堵、摊位拥挤、市场管理混乱等问题非常突出，严重阻碍了商贸业健康发展，成为典型的“脏乱差”，西部城区居民期盼拆迁改造的愿望十分强烈。棚改启动以来，按照“大旅游、大市场、大物流、大商贸”的思路，高起点定位、高标准布局，请专家、聘高手，从项目选址、立项、规划到实施等各个环节，都坚持反复研究、科学论证、精心组织，打造精品、铸造品牌。同时，建设宜居住宅小区，实现居民就近安置。回迁安置区总规划用地面积约355亩，总规划建筑面积约83万平方米，新建回迁安置用房35栋，回迁安置居民3946户，实现了棚户区居民“出棚上楼”，极大改善了群众的居住环境，使荆西区域真正成为汇集商机、集聚人气、适宜人居、散发活力的创业者乐园和宜居幸福家园。

经过三年攻坚克难，持续推进，全面完成预定计划：2010年，省政府下达枣庄市棚户区改造任务35060套，约占全省棚改任务的37.8%，该年度实际开工建设安置房35211套，完成省下达任务的104%；2011年，省政府下达枣庄市棚户区改造任务37619套，约占全省棚改任务的33%，该年度实际开工建设安置房41238套，完成省下达任务的109.6%；2012年，省政府下达枣庄市棚户区改造任务27964套，约占全省棚改任务的21%，该年度实际开工建设安置房28066套，完成省下达任务的100.4%。

（三）工作重心由拆建转变到安置阶段(2013年1月—2015年12月)

2013年6月26日，国务院总理李克强主持召开国务院常务会议，研究部署加快棚户区改造，促进经济发展和民生改善。会议决定，在过去5年大规模改造棚户区取得显著成效的基础上，此后5年再改造城市和国有工矿、林区、垦区的各类棚户区1000万户，其中2013年改造304万户。经过2010年至2012年3年的棚户区改造攻坚，枣庄棚户区改造开工项目比较多，在建工程量比较大，建设资金、建设周期、设施配套、建设手续等问题导致回迁安置压力比较重。2013年初，市委、市政府研究决定，大规模棚户区改造暂时告一段落，全市棚户区改造工作重心向加快回迁安置转移。从枣庄棚改的实践来看，主要有先安置后拆迁、货币化安置、依法签订征收安置协议后边拆边建设安置用房三种形式。棚户区改造的回迁小区大多为高层建筑，建设周期一般在36个月以上，2013年开始进入回迁安置高峰时段。

为切实加快回迁安置房建设，市、区（市）两级政府坚持就近安置、就地安置和异地安置等多种方式、多渠道加快棚户区安置房建设和回迁。工作中在三个方面做到了“特别注意”：

特别注意合法公正。回迁安置方案和具体的操作办法，都在充分征求意见的基础上，通过公开、公示、通知等方式，让群众参与回迁安置工作，确保各个环节置于群众监督之下，最大限度地争取群众理解和支持。主要程序：一是认真搞好数据比对。以征收搬迁所签订的协议为基础，在每个项目回迁安置前，对回迁档案、房屋数据、协议顺序号、腾空顺序号与电子档案，提前一个月采取封闭式数据核对，对联系方式、拆迁顺序号进行再核对，确保通讯畅通、数据准确。在此基础上，根据回迁协议约定面积，按照就近靠档的原则，对回迁居民划分回迁区间，形成汇总表、分项表、区间表，进行数据、总数二次核对，确保数据统一、准确无误。二是认真拟定回迁选房方案。在仔细分析房源基础上，按照就近靠档原则，划分房源区间，使房源与回迁居民合理对接，既保证居民有充足的可选房源又不会造成随意挑选、跨面积选，保障回迁选房的科学性、合理性。三是严格执行回迁选房流程。被征收居民回迁选房前，提前一周在当地报纸、电视台、政府网站等媒体和网站刊登播放回迁公告，并安排人员逐户进行电话通知，联系率和通知率确保100%。同时对回迁顺序号、房源信息、回迁区间等情况进行公示，发放明白纸、选房须知等资料，让回迁居民熟知程序、明晰政策。设立回迁选房入场区、候选区、

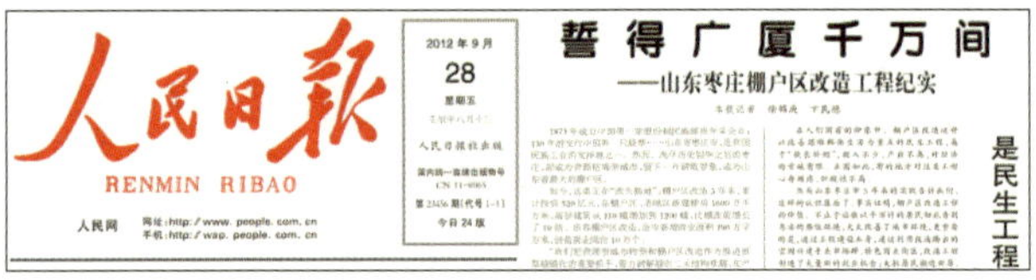
人民日报

RENMIN RIBAO

人民网 网址：http://www.people.com.cn 手机：http://wap.people.com.cn

2012年9月 28 星期五

今日24版

誓得广厦千万间

——山东枣庄棚户区改造工程纪实

是民生工程

2012年9月28日，人民日报刊登枣庄棚改工作

正选区、签约区、公示区，并在各区域设立选房公示图，每选一户由工作人员进行房源标注、动态更新。被征收户选房严格按照审核确认、发放入场券、预选、正选、签订协议、结算的工作流程实施。居民选房过程中，纪委、司法等单位全程监督，选房现场全程录像备查。

特别注意人居环境。对实施回迁安置的棚户区改造住宅小区，积极开展物业管理，打造“智慧社区”，全面提升管理水平。通过社会公开招标选聘物业管理公司进行小区物业管理，同时组建成立业主委员会，由社区党支部牵头建立居民议事会，制定环境卫生、治安防范、公益建设、设施管护等“一事一约”“一事一议”公约，赋予广大居民对社区管理事项的知情权、参与权和监督权。设立了社区邻里守望站，推行“单元工作法”，建立“居民五色台账”，填写“近邻情况一览表”，统一制作成“邻里守望联络卡”，做到“一家有难，大家帮忙”。借助移动网络、互联网平台，搭建了“智慧党建”“智慧民生”“智慧医疗”“智慧计生”四大系统，建设了电子阅览室、智慧健康、三维地图、二维码信息标识、双向互动数字电视、门禁停车系统网、智慧社区手机终端、事事为民呼叫中心等服务平台。通过提供远程低保申报、党员分类数据库、居民信息二维码标识、健康远程监控、三维便民地图等功能，形成全覆盖、立体型、智能化的智慧社区服务网络体系。

特别注意就业支撑。在棚户区改造中，不仅建设了大批回迁安置住宅，同时也为劳动就业提供了广阔空间。所有棚改项目应按照房屋总建筑面积的3‰配套建设社区服务、物业管理和居民公共活动用房，在新建小区中按照房屋总面积4‰的比例建设经营用房，其产权归全体业主所有，经营收入用于物业服务等支出；利用租赁收入解决特困家庭的住房、供暖和物业费补助；通过小区物业管理设施设备运行维护来扶持社区服务业，吸纳再就业人员，解决生活后顾之忧。

2013年以来，棚户区改造居民进入回迁安置的集中时期，棚改工作重心转移到确保老百姓回迁安置上来，各项工作平稳有序向前推进。由于量大面广线长，这一类安置需要做大量工作。三类安置方式，2013—2015年累计回迁安置6.8万户居民。

（四）掀起新一轮棚户区改造高潮阶段（2016年1月至今）

2016年3月21日，国务院召开全国棚户区改造工作电视电话会议，对进一步做好今年及今后几年棚户区改造工作作出了安排部署。早在全国棚户区改造工作电视电话会议之前，2015年12月11日，枣庄市委常委会议就召开了专题会议，研究全市棚户区改造工作。会议提出四点要求：一要思想认识到位；二要工作措施到位；三要政策支持到位；四要保障力量到位。会议要求，广泛发动群众，做好群众工作，为共同推进棚改工作营造和谐稳定的社会氛围。2016年3月30日，市政府召开全市棚户区改造推进会，调度当前棚户区改造的进展情况，动员大家进一步解放思想，坚定信心，抢抓机遇，全力推动全市棚改工作高效开展。会议指出，当前加快推进棚户区改造机遇难得，政策窗口期时间较短，中央和省配套这么多政策贷款、奖补资金，是很重要的机遇。各区（市）、枣庄高新区、枣矿集团，一定要站在讲政治、讲大局的高度，把思想统一到中央、省和市委、市政府的决策部署上来，切实增强工作责任感和紧迫感，加大改造规模、加快推进速度、加大资金投入，抢抓机遇、攻坚破难，举全市之力把这件大事、实事、民心事办好、办实、办出成效，确保枣庄市棚改工作继续走在全省全国前列。

为加快全市棚户区改造工作，建设自然生态、宜居宜业新枣庄，2016年1月，根据市政府安排部署，市政府研究室、市住建局联合市规划局、财政局、国土局、发改委、人防办、消防等部门组成联合调研组，就棚改工作进行了专题调研。调研组深入项目现场查看并听取汇报，组织区（市）有关部门、棚改项目开发单位进行座谈交流，广泛征求深化棚改工作的意见和建议。市委、市政府在上述调研的基础上，于2016年6月21日印发了《关于深化棚户区改造工作的意见》。

《意见》主要从多渠道筹集资金，提升开发建设平台实力水平，精简审批要件、优化审批程序，依法推进征收安置，保障棚改建设用地，加快设施配套和综合功能完善，加快推进货币化安置，积极化解历史遗留问题，清理收费事项、落实优惠政策九个方面深入推进棚户区改造工作。一是多渠道筹集资金。规定各区（市）、高新区、枣矿集团要设立棚改专项资金，用于亟需实施改造且难以通过市场化运作的棚改项目。抓住国家实施棚改政策性信贷扶持机遇，用足用好国家开发银行、农业发展银行棚改专项贷款和其他金融产品，适时做好利用住房公积金贷款支持城市棚户区改造安置住房建设工作。二是提升开发建设平台的实力水平。鼓励支持有实力的国有房地产开发企业积极参加棚户区改造，成为市场主体，成为棚改主导力量。鼓励支持国企通过股权收购、资产重组等办法接手半拉子、烂尾楼棚改项目，加快项目开发建设。三是精简审批要件，优化审批程序。实行并联审批，“一个窗口”对外，统一受理、审查申报材料，出具审批意见。凡与棚改相关的审批权限，只要上级没有明确要求的，尽量下放到区（市），充分发挥区（市）的主观能动性。四是依法推进征收安置。按照国家规定实施房屋征收拆迁，依法维护群众合法利益。对无正当理由拒不签订房屋征收补偿协议且具备法定强制执行条件的房屋征收部门及时启动司法强制执行程序，报区（市）政府依法申请人民法院强制执行（枣矿集团项目由属地政府负责）。五是确保建设用地供应。棚改应坚持土地集约节约利用原则，通过改变土地现状用途、优化用地布局、提高建设强度等方式，提高土地使用效率和城市综合承载能力。六是加快设施

枣矿集团新远大公司旧貌

新远大公司新远花苑

配套和综合功能完善。积极争取和利用好中央预算内基础设施配套奖补资金，对棚改集中区，要提前或同步推进周边道路及公共交通、供水、供电、供气、供热、消防、通讯、污水与垃圾处理等市政基础设施建设，为群众生产生活创造便利条件。七是加快推进货币化安置。货币化安置必须充分尊重棚户区居民的意愿，由棚户区居民自愿选择、自主决定安置方式，不搞“一刀切”，在充分尊重居民意愿的原则下，采取货币化安置和实物安置（产权调换）结合的方式安置棚改居民。八是积极化解历史遗留问题。市政府建立协调推进机制，统筹处置棚改项目房产办证遗留问题。研究出台《枣庄市处理棚改项目房产办证遗留问题实施细则》，明确相关政策、解决措施、工作流程、时间节点、处理范围。九是清理收费事项，落实优惠政策。棚改安置房面积免收城市基础设施配套费（含教育设施配套费）、人防地下室异地建设费、新型墙体材料专项基金等行政事业性收费和政府性基金。施工图审查费、档案整理费、房产测绘费、规划技术服务费、环境检测费，可以低于国家、省、市规定的50%标准收取。

《意见》的出台意义重大。一是有利于简化办事流程，明确优惠扶持政策。《意见》进一步优化了审批程序，进一步为承担棚改任务的开发主体解压，促进棚改项目快速推进；进一步明确了优惠扶持政策，对减免费用和税收进一步细化，减免申报和审核进一步规范。二是有利于依法推进征收拆迁，加快棚户区居民回迁安置。《意见》明确了公检司法城管等部门要积极介入棚户区改造征收拆迁工作，依法支持基层政府或者行政机关对于滞迁户的强制搬迁。三是有利于基础设施配套建设。《意见》明确要积极争取和利用好中央预算内基础设施配套奖补资金，提前或同步推进棚改项目市政基础设施建设，为群众生产生活创造便利条件。四是有利于提高棚改货币化安置，消化存量商品住房。《意见》进一步明确了货币化安置的基本原则、激励引导措施和安置房源建设管理，并配套出台了《枣庄市人民政府办公室关于加快棚改货币化安置的实施意见》，详细制定了货币化安置市级给予每户两万元补贴的申请拨付流程。

2018年3月，为深入贯彻落实省、市关于棚户区改造工作的系列决策部署，在前期充分征求各级各部门意见的基础上，经市政府同意，建立了枣庄市棚户区改造联席会议制度，在枣庄市房地产市场调控联席会议基础上，增加棚户区改造议事职能，调整充实为枣庄房地产市场调控（棚户区改造）联席会议。主要职责是贯彻落实国家和省委、省政府以及市委、市政府关于棚改工作的决策部署；研究制定配套政策；协调推进工作中的征收拆迁、手续办理、融资等难点工作；督导检查各责任主体政策落实、计划实施情况；总结推广先进经验等。同年5月，市棚改办召集市直有关部门、区（市）和具体参与棚户区改造的相关企业，进行深入座谈调研，研究梳理了棚户区改造项目建设手续办理相关流程，印发了《棚户区改造项目建设手续办理明细手册》，切实提高工作效率，缩短办事时限，畅通项目手续办理绿色通道。

燕山路改造前后

二、棚户区改造的主要成效

枣庄市认真落实党中央、国务院和省委、省政府的各项部署，以棚改改善民生、促进就业、带动服务业发展，让老百姓得到了更多实惠，增强市民对城市的认同感、归属感、满足感，真正实现了宜居宜业。2010年以来，累计投入700余亿元，改造各类棚户区约14万套，解决了近50万困难群众居住生活问题。棚改工作的龙头带动和溢出效应充分彰显，不仅体现在民生和城市面貌的改善上，还体现在城市转型的方方面面。

1. 新型城镇化不断加快。2017年，与棚改前相比，枣庄高层建筑从110幢增加到1500幢，增长了13倍；幼儿园、养老院、文化活动场所均翻了两番以上；新增供气10万户、供暖面积900万平方米，新增道路160条、城市绿地390万平方米，城镇化率提高7个百分点。通过棚户区改造，老城区形成东、西沙河两大生态景观带；打造火车站城市门户示范区、三角花园商贸示范区、商务金融综合体示范区、工业记忆保留示范区等六大示范区，人均公共绿地增加2.5平方米。结合棚改，全市主要道路通上了快速便捷的BRT，至2016年通车里程达到200公里、全国最长，有力地解决了组团城市的同城化问题和集聚力问题。棚改全部完成后，枣庄市城镇化率达到60%以上，快速公交覆盖各城区。森林覆盖率达到83.6%，2015年被命名为国家森林城市，主要人均指标跃居山东省中上游，跻身淮海经济区前列，在全国率先实现资源枯竭城市成功

转型。

2. 服务业发展不断加速。城市是三产的载体。通过棚改，腾出了 7000 余亩土地用于城市建设，新增商业面积 190 万平方米，专业市场、超市等比重增长了 3 倍多，全市个体工商户数连续多年居全省首位，每年新增就业 10 万人左右；2012 年以来，三产增加值占 GDP 比重年均提高 2 个百分点，固定资产投资平均增幅超过 30%。除台儿庄古城外，市中区二手车交易市场，滕州干杂海货市场、真爱商城、伦达商贸城，山亭 TOD 城市综合体等，既拉动了服务业、促进了就业，也带动了区域经济发展，可谓“名利双收”。同时，棚改也带动了机械加工、建筑建材、交通运输、冶金制造、物业管理、社区服务业等 60 多个相关产业的同步发展，拉动了住房消费，实现了投资拉动效应。

3. 工业转型升级不断提速。城市转型需要培植接续替代产业，关键要落到项目上。新形势下，招商引资不是拼政策，而是拼产业、城市功能、营商环境等方面的配套。通过棚户区改造，极大提升了城市功能，环境的改善也吸引了一批大项目，像煤化工产业，新奥、联想、韩国 SK、日本 JFE、伊藤忠等 500 强企业纷纷落户，枣庄成为全国最大的新型煤化工基地之一。同时，在机械制造、锂电新能源、玻璃等产业方面也有众多项目开工建设。2015 年，全市在建新建过 10 亿元项目 63 个，是 2008 年的 5 倍。

4. 干部群众凝聚力不断增强。抓棚改，不仅要看经济指标、城市面貌的变化，还要看群众有没有持续受益、干部作风有没有进一步转变。这些潜在的财富，对一个地方的发展，更有持久性、更具决定性。通过棚改，群众得到了实惠，增强了对城市的认同感、归属感、满足感，真正实现了安居乐业，对政府满意度不断提高；干部得到了锻炼，推动科学发展、转型发展的能力和水平进一步提升，这些都是无形的、永久的财富。

三、棚户区改造的经验和启示

总结这几年棚户区改造的基本经验，主要体现在以下 5 个方面：

（一）着眼城市长远发展，将棚户区改造上升到城市转型发展战略。作为东部地区唯一的资源枯竭城市，枣庄市抢抓机遇，将棚户区改造作为城市转型的重要突破口，通过高起点规划实施，与发展文化旅游和解决困难职工再就业有机结合，致力于打造资源枯竭城市转型的成功范例，实现老工业基地率先振兴、资源枯竭城市率先崛起。例如，初具规模的台儿庄古城，就是由昔日的破旧棚户区改造恢复而建，已经打造成文化旅游精品和旅游综合体，并位居齐鲁文化新地标之首，可以说是棚户区改造的成功范例。

（二）始终坚持以人为本，将棚户区改造作为改善困难群众居住条件和建设“自然生态宜居宜业城市”的重要抓手。在推进棚户区改造过程中，始终把解决困难群众“住有所居”作为首要目标，通过大规模、高标准的棚户区改造，结合发展文化旅游，既改善了城市面貌，解决了棚户区居民的居住困难问题，又推动了服务业的繁荣发展，解决了棚户区居民的就业问题，最终实现富民安居。同时，通过棚户区改造，逐步解决“历史欠账”，改善人居环境，增强市民的认同感、归属感、安定感、满足感，让市民普遍感到城市宜居宜业、地域文化独特、生活品质良好、生态环境优美、社会文明安全，社会福利及保障水准较高，拥有平实的幸福感。

（三）注重传承历史文脉，将棚户区改造作为打造城市特色的重要契机。在实施棚户区改造过程中，注重从培育城市文化、发展城市特色的角度出发，保护开发好历史文化资源。对一些有历史意义的遗迹和珍贵的历史街区、代表枣庄不同历史年代的建筑物、建筑群等进行有效保护，做到“拆保兼顾”。对历史建筑，采取“修旧如初”的方式进行二次改造，与新社区融为一体，保持城市历史的记忆。同时，结合棚户区改造片区的地形地貌，实施“有机更新”，对文化基因、民俗元素等进行挖掘、创新、利用，赋予棚改高层次文化内涵，凸现枣庄城市特色。

（四）着眼体制机制创新，将市场运作作为破解棚户区改造资金瓶颈的有效手段。注重发挥各级党委、政府的政治优势和组织优势，由政府主导规划、拆迁、补偿安置、设施配套建设。在政府主导的基础上，发挥市场机制的作用，牢牢把握好群众受益、政府收益和开发赢利的结合点。市委、市政府制定优惠政策，将原本市级应得的财税、土地收益等全部让利于区（市）政府，减免有关收费，以吸引市场投资主体参与棚户区改造。各级政府利用融资平台，融取启动资金，并推行“土地 + 控规”招商运作模式，引进国内一线品牌房地产开发企业参与棚户区改造。

（五）引导群众广泛参与，把棚户区居民满意与否作为棚户区改造成功的唯一标准。始终把群众放在第一位，注重树立群众的主人翁地位，引导群众广泛参与，棚改工作得到了群众的积极拥护。在具体实施过程中，各级带着责任、满怀感情抓棚改，每个棚户区片区的改造规划都进行了公示，充分征求棚户区居民的意见。在城镇房屋拆迁（征收）和补偿安置方面，最大限度地让利于民，赢得了人民群众的理解和支持。自 2010 年以来的五年间，完成棚户区拆迁 7 万余户，近 1000 万平方米房屋征收拆迁，没有出现群体性上访和突发恶性事件。市里制定的《枣庄市棚户区改造工作考核办法》，也将群众是否满意作为棚户区改造考核的唯一标准，由于征收拆迁部署周详，工作细致，房屋拆迁这个“天下第一难”得到有效化解，使棚改工作始终处在和谐氛围中。

审稿人：康宝奇

撰稿人：李厚兴　李铭戟

在改革开放中不断前进的枣庄村镇建设

自改革开放以来，枣庄村镇建设认真贯彻落实党的方针政策路线，紧扣发展大局，坚持民生优先，创新体制机制，探索新思路新路径，走出了具有枣庄本地特色的村镇建设发展路子。

一、村镇建设发展历程

村镇建设所走过的历程，大致经历了四个发展阶段：

（一）村镇建设稳健起步（1978—1992年）

1981年，枣庄市设乡村建设领导小组，市城乡建设委员会设乡村建设科，具体领导全市乡村建设。

1982年，枣庄市人民政府印发《关于切实解决滥占耕地建房问题的通知》。枣庄市城乡建设委员会开始对农村建房进行规划，要求按规划合理布局安排建房、修路。

1983年，枣庄市人民代表大会常务委员会第八届全委会第十六次会议讨论通过《枣庄市村镇建房用地管理暂行办法》。各区县根据《办法》规定，结合实际情况制定具体实施细则，规定村庄规划由村民委员会组织技术人员编制，报经乡镇政府批准后执行。

（二）村镇建设全面展开（1992—2002年）

1992年初，枣庄市城乡建设委员会将乡建科改为村镇建设管理处，同时成立枣庄市村镇建设服务中心，下设村镇建设设计室和综合开发公司，对规划、建设、管理及建筑材料供应等实行配套服务。至年底，各区市和部分乡镇也设立了村镇建设服务机构，开展各项服务工作。

1992年2月25日，枣庄市奔小康村镇建设工作会议召开。会议印发了《全省村镇建设“十百千”评选活动计划》《关于建立村镇建设社会化服务体系的意见》《关于加强农村建筑市场社会化服务体系的意见》《枣庄市村镇建设管理暂行办法》等5个文件，解决了多年来村镇建设无法可依的问题。根据国务院和省市政府关于解决农村建房“标准不高水平高，造价不高质量高，面积不大功能全，占地不多环境好”的要求，狠抓了“小康屋”的建设试点，全面建成小康屋200余户，23000平方米。同时，按照省政府统一部署，全市积极开展村镇建设“十百千”活动，峄城区被评为山东省村镇建设先进县（区）；西集镇、安城乡、陶庄镇、阴平镇、鲍沟镇、渴口乡、界河镇、底阁镇被评为山东省村镇建设新型乡镇；全市还有40个村被评为山东省村镇建设明星村。

1993年9月，根据建设部和省建委关于开展《村庄和集镇规划建设管理条例》宣传月活动的通知精神，市委宣传部、市建委、市司法局联合召开了全市宣传贯彻《村庄和集镇规划建设管理条例》宣传月活动大会。市人大副主任李庆山同志在枣庄电视台举行了答记者问；市政府副市长汪纪戎同志在枣庄日报发表了“宣传贯彻《条例》，推动村镇建设再上新水平”的署名文章。同时，在枣庄日报发表6篇文章，印发单行本1万本，《条例》布告0.5万张，宣传提纲1万份。为调整完善重点村镇建设规划，市建委聘请省有关院校为山亭区水泉半湖乡、薛城区的南石乡、张范乡驻地调整完善了总体规划、工业小区规划、一条街规划和风景区规划。为了提高村镇建设的整体水平，制作了优秀单体设计35个、模型14个，供村镇建设单位选用。

1994年初，市委、市政府为了进一步发展全市农村经济建设的大好形势，加快农民奔小康的步伐，提出了要在两、三年内基本实现村村通柏油路，村村通电话，户户通电、户户通自来水的“四通”奋斗目标。市建委、市村镇建设部门为加强村镇建设法制建设、规范村镇建设市场，根据国务院《村庄和集镇规划建设管理条例》和山东省〔1994〕8号文件等法规、政策，拟定下发了《枣庄市关于加强小城镇建设实施意见》《枣庄市村镇建筑队伍管理办法》等文件，进一步理顺了村镇规划建设主管部门和主管部门的关系，明确了在建制镇和乡驻地规划区内一律执行《城市规划法》，实行“一书两证”制度。在一般村庄则严格执行国务院《村庄和集镇规划建设管理条例》，实行村镇建设选址意见书制度。并在山亭区组织了规划定点放线下管一级的实点。对全市等级外的施工队伍实行登记注册，把民房和村镇建设零星工程纳入正常管理轨道。

1996年，全市大力推进小城镇建设试点工作，70个属于村镇建设部门管理的乡镇，有24个镇先后被列为国家、省、市小城镇建设试点镇。为改善农村居住条件，提高居住环境质量，5月，枣庄市第一处农民公寓在滕州市龙阳镇史村动工兴建。该农民公寓总体规划面积为4.6万平方米，共400余套。

1998年，根据省政府的统一部署，枣庄市继续开展村镇建设“十、百、千”活动。市建委会同区（市）有关部门，对前两次曾受到过省政府表彰的区（市）、乡（镇）和村庄进行了全面复查验收。当年通过考核和参加全省评比，薛城区被评为1998年度村镇建设“十、百、千”活动先进区，滕州市岗头镇等6个镇被评为全省村镇建设新型乡镇，

五区一市的39个村庄被评为全省村镇建设明星村庄。在省政府召开的全省建设工作会议上，分别受到了省政府或省人事厅、省建委的隆重表彰。

2000年2月29日，为推动省级中心镇建设，省政府将枣庄市属税郭、桑村、涧头、阴平、陶庄、大坞、西岗、东郭、官桥等9个建制镇，列为全省优先发展的中心镇后，市建委会同各区（市）人民政府，在中心镇总体规划的调整和单体建筑的设计等方面给予了积极的指导和帮助，推动了9个中心镇的规划建设。

2001年5月17日，市政府公布市中区齐村镇、薛城区周营镇、山亭区西集镇、峄城区古邵镇、台儿庄区泥沟镇、滕州市界河镇等9镇为市级小城镇重点建设镇。

2002年4月22日，为提高农村住宅设计的整体水平，市建委会同市科技局联合印发了《关于举办第二届优秀农村住宅设计评选活动的通知》，其中7个方案在全省设计评选中，占全省获奖总数的六分之一，受到了省建设厅的通报表彰。9月26至27日，全省中心镇建设工作会议在枣庄宾馆召开。会上，与会代表先后听取了省建设厅杨焕彩厅长的讲话，枣庄市建委、费县建委、定陶县陈集镇、莘县朝城镇政府等9家单位做的典型发言；现场参观了薛城区陶庄镇、滕州市西岗镇和张汪镇大宗村等三个示范村镇的建设情况；观摩了“全省农村优秀住宅设计竞赛获奖作品展”和《蓬勃发展的枣庄小城镇》电视专题片。10月，经国家体改委审核批准，将西岗镇列为全国小城镇综合改革试点镇。

（三）村镇建设纵深发展（2002—2011年）

2002年11月2日，省建设厅公布了陶庄等30个中心镇为全省中心镇建设示范镇。

2003年6月16日至20日，按照省建设厅《关于对全省中心镇进行动态管理考核的通知》，市里对9个中心镇进行了动态管理考核。9月底，与市电视台、枣庄日报社联合举办了“庆国庆中心镇、重点镇建设巡礼”活动，对全市村镇建设，尤其是中心镇、重点镇建设进行了专题报道，提高了枣庄小城镇建设和中心镇、重点镇建设的知名度。为继续加强村镇规划修编和完善，11月20日至23日，陶庄镇、西岗镇、官桥镇、涧头集镇的总体规划通过了省规划评审委员会的评审，至此，全市九个中心镇的总体规划修编已全部完成。为了便于管理和分类指导，把全市46个乡镇分成了不同类型进行试点建设。下发了《关于在村镇建设中做好防控非典型肺炎工作的通知》，要求各区（市）乡镇在抗击“非典”的过程中，进一步加强村镇环境卫生工作，加强对村镇建筑工匠和建筑施工工地人员的管理，共同把抗击“非典”的各项工作做好。两次举办全省小城镇建设管理人员培训班，提高了有关人员的业务素质和管理水平。转发了省建设厅《关于规范城市基础设施配套费（小城镇部分）收取办法的通知》，进一步规范了小城镇基础设施配套费的收费标准。

2004年，委托省、市规划设计部门编制了10个小城镇总体规划，55个村庄规划，80多项详细规划和专业规划，小城镇详细规划覆盖率达到30%以上，中心镇详细规划覆盖率达到46%以上。由市建委、市人事局、市国土资源局、市规划局等部门组成联合考评组，对区（市）、中心镇、重点镇及上述镇所辖的1—2个村庄三年来开展小城镇建设争创卫星杯活动的情况进行了全面、认真的考评，确定五区一市和10个乡镇为先进单位。会同市物价局、财政局制定了《枣庄市城市基础设施配套费（小城镇部分）收取管理办法》，进一步规范

滕州西岗镇香舍里社区航拍

了城市基础设施配套费（小城镇部分）的收取和管理。依法加强村镇建设管理，建立了建筑质量和生产安全责任人制度；严格实行省统一制定的“一书两证”（《建设工程规划许可证》《建设用地规划许可证》《项目选址意见书》）制度，集镇和村庄严格实行《村镇规划选址意见书》和开工申请审批制度；加强了村镇房地产综合开发力度，为部分乡镇办理了房地产开发资质；重点小城镇的环境综合治理和小城镇特别是中心镇、重点镇各项政策的落实。

2005年，为适应经济社会和城市化快速发展，枣庄市委托山东省城乡规划研究院编制完成了《枣庄市小城镇发展布局规划》，并通过“镇乡撤并”和“镇村改街居”等行政区划调整，现有乡镇47个，其中国家重点镇2个，省级中心镇9个，市级重点镇9个，中心村177个，初步形成了市—区（市）城区—重点镇—中心镇—一般乡镇—中心村—基层村的合理的结构体系，村镇建设无序零乱的态势得以逐步扭转，随意性得到遏制，布局逐渐趋于合理。

2006年，枣庄市委、市政府印发了《关于进一步加强村镇建设工作的决定》，对村镇建设进行了全面部署。先后组织召开了全市社会主义新农村建设工作会议、全市社会主义新农村规划建设会议等专题会议，专门研究和推动村镇建设，出台了《关于加快社会主义新农村建设的意见》配套文件，使新农村建设的指导体系更加完备、工作体系更加健全。5月下旬，会同国务院发展研究中心农村部举办了社会主义新农村建设研讨会，专题研讨加快新农村建设的政策措施，有力地促进了全市社会主义新农村建设。枣庄市建设委员会和滕州市建设局被评为全省村镇规划建设先进单位。8月10日，市政府召开了全市村庄环境综合整治工作会议，安排部署了村庄环境综合整治工作，制定下发了《全市村庄环境综合整治实施方案》，市政府拿出专项整治补助资金100万元，以村庄规划为龙头，以环境整治为重点，坚持高起点规划建设、多形式宣传发动、大投入整治提高、硬措施保障实施，迅速掀起开展村庄环境综合整治工作的热潮。8月31日至9月2日，鲁苏省际边界地区城乡环境综合整治管理人员培训班在枣庄市召开，鲁苏省际边界5地市相关负责人、边界村庄村支部书记200余人参观了官桥镇太平庄村、南沙河镇前辛章村、西集镇武庄村、西王庄乡前小湾村、陶庄镇胡庄5个村庄。12月21日至22日，全省村庄整治现场观摩会在枣庄市召开，全省17个地市、67个县（市、区）村镇建设负责人以及92个省级村庄整治试点村支部书记等200余人参加了会议。

2007年，出台了《关于进一步做好村庄环境综合整治工作的通知》《枣庄市“十百千”新农村建设示范活动方案》等村镇建设指导性文件，推动村镇建设管理日趋完善，为统筹城乡发展营造良好的环境。市中区西王庄乡、滕州市南沙河镇、滕州市洪绪镇、滕州市鲍沟镇先后委托枣庄市城乡规划设计研究院和山东省城镇规划设计研究院编制总体规划并通过专家评审。

2008年，为加快枣庄市社会主义新农村建设，促进全市村镇建设又好又快发展，在全市开展了“十镇百村千户”新农村建设示范活动，确定了18个乡镇、162个示范村和1623个示范户作为“十百千”示范活动的争创单位。加强村镇建设综合开发力度，滕州市、山亭区、市中区还相继开发建设了龙庄新村、西城头、东仓、税郭滨河、永安社区、金鑫社区、侯庄新村等一大批农村新型社区，改善了近3万户群众的住房条件，整合土地8000余亩，既改善了农民住房条件，又解决了二、三产业发展用地难的问题，成为全市社会主义新农村建设的亮点。山亭区城头镇、市中区永安乡、台儿庄区邳庄镇委托枣庄市城乡规划设计研究院和山东省城镇规划设计研究院编制总体规划并通过专家评审。

2009年，以“双十双百”工程建设为抓手，着力加大农村基础设施建设力度，乡镇总体规划编制16个，村庄建设规划编制102个，村庄整治本年新增171个，启动农村住房建设6.36万户，改造危房1.56万户，新建、改造农村公路430公里，新增农村有线电视用户3.2万户、太阳能热水器2.1万台、户用沼气池3万个，为422个行政村安装了体育设施。

根据山东省委、省政府批准的《枣庄市人民政府机构改革方案》和《中共枣庄市委枣庄市人民政府关于枣庄市人民政府机构改革的实施意见》，设立枣庄市住房和城乡建设局，内设村镇建设科，承担规范村镇建设、指导全市村镇建设的责任。拟订村庄和小城镇建设政策并指导实施；指导农村住房建设和危房改造工作；指导小城镇和村庄人居生态环境的改善工作；推进新型城镇化建设；指导中心镇建设工作。

（四）村镇建设步入新阶段（2012年至今）

2012年，省政府印发《关于开展“百镇建设示范行动”加快推进小城镇建设和发展的意见》，在全省范围内开展“百镇建设示范行动”。8月，省政府办公厅印发《关于公布全省“百镇建设示范行动”示范镇名单的通知》，滕州市西岗镇、薛城区陶庄镇、峄城区古邵镇、台儿庄区涧头集镇、山亭区桑村镇入选省“百镇建设示范行动”示范镇。在省里确立第一批5个省级示范镇基础上，市里扩大试点范围，另确立木石镇等5个特色镇为市级示范镇，采取“5+5”模式推进。第二批新增7个省级示范镇明确后，又确定采取“12+1”模式，将木石镇继续作为市级示范镇重点支持。

2012年，山东省首次纳入中央农村危房改造扩大试点范围，枣庄市也于当年启动了这项工作，共完成中央下达枣庄市扩大农村危房改造试点任务1090户。市住房城乡建设局被省政府授予“2012年度全省农村住房建设与危房改造先进集体”。

2013年8月，为贯彻落实党的十八大提出到2020年全面建成小康社

会、建设“美丽中国”和市十五届人大二次会议提出建设“美丽乡村”的要求，改善农村生产条件、生活质量和生态环境，市政府办公室印发《关于开展“美丽乡村”建设的实施意见》，全面实施计划“美丽乡村”建设，计划从2013年开始，全市共选取100个村庄作为“美丽乡村”创建试点，力争通过3年努力，到2015年底全市100个村庄通过考评验收，全市“美丽乡村”建设整体水平有明显提高。自2016年起，在总结创建试点工作经验基础上，继续有计划分步骤地对其他村庄进行分类、分批整治改造建设，逐步使“美丽乡村”建设转入常态化。

2015年11月，省委办公厅、省政府办公厅印发《关于深入推进农村改厕工作的实施意见》，在全省范围内开展农村无害化卫生厕所改造。为贯彻落实中央和省委、省政府关于加强农村改厕工作的决策部署，切实改善农村生产生活条件，提升农村人居环境，加快新农村建设，2016年1月，市委办公室、市政府办公室印发了《关于深入推进农村改厕工作的实施意见》，对枣庄市农村改厕工作进行安排部署，计划到2018年年底，对全市46个镇镇域内39.69万农户进行无害化卫生厕所改造，基本实现全市农村无害化卫生厕所全覆盖。同时，枣庄市将完成11.03万户农村改厕纳入2016年市政府惠民实事，全面实施了农村改厕工作。

2017年，市委办公室、市政府办公室印发了《关于印发＜枣庄市创建特色小镇实施方案＞、＜枣庄市创建美丽宜居村庄实施方案＞的通知》，全面开展市级“十镇百村”创建活动。

二、取得的主要成就

在长期的建设发展中，枣庄市村镇建设取得了阶段性的发展成果，主要体现在新型城镇化、小城镇建设、农村新型社区建设、农村住房建设和危房改造、农村厕所改造和农村人居环境改善等方面。

（一）新型城镇化建设实现高质量发展

全市新型城镇化建设作为扩大有效投资、激活消费需求、培育增长动能的“主阵地”和“加速器”的作用充分发挥，“规划整合、功能契合、产城融合、生态耦合、改革聚合”的“五合”总体思路基本确立，人口集聚、空间优化、产城融合、设施建设、环境提升、服务均等、文化传承、精细管理等八大行动稳步实施，实现了新型城镇化与新型工业化、农业现代化的互促共进。2017年底，全市常住人口城镇化率57.32%，户籍人口城镇化率47.02%。积极争取省级新型城镇化政策支持，枣庄大城市试点、滕州中等城市试点、滕州市省级新型城镇化综合试点、西岗镇新型城镇化综合试点等列入省级新型城镇化扶持范围。

（二）小城镇建设硕果累累

贯彻落实省政府“百镇建设示范行动”决定部署，全市推动小城镇建设发展的扶持政策、体制机制得到创新完善，高规格部署、高起点规划、高标准激励、高效能集聚、高效率跟进的推进措施强有力落实，推进新型城镇化示范镇建设，打造全省经济强镇、区域重镇和文化旅游名镇，培育功能完善小城市的工作目标取得了明显成效。西岗镇、级索镇在省政府2013年度省级示范镇考核中，位列全省前20名，示范镇建设整体工作继续保持全省第一方阵。2014年，西岗镇、级索镇分别位列全省示范镇年度考核第4名、第19名。12个省级示范镇GDP完成476亿元，固定资产投资完成277.4亿元，地方财政收入完成22.7亿元，农民人均纯收入1.5万元，实施过千万元项目124个，示范镇作为县域经济次中心的地位作用不断增强。西岗镇新生小城市、市中区税郭镇重点示范镇、山亭区徐庄休闲慢游小镇、滕州市滨湖微山湖湿地古镇、峄城区古邵港航物流小镇等列入省级重点和特色小镇创建培育。滨湖镇纳入全省首批行政管理体制改革7个试点镇之一，西岗镇、级索镇、滨湖镇、陶庄镇、邹坞镇、桑村镇、城头镇、北庄镇、税郭镇、古邵镇、榴园镇、涧头集镇等12镇被列为全国重点镇。税郭镇获全国、全省“宜居小镇”称号。店子镇、北庄镇获全国特色景观旅游名镇称号。店子镇、城头镇获全省宜居小镇称号。

（三）农村新型社区建设农村危房改造步入常态化

农村新型社区已逐渐成为推进城乡一体化进程和建设社会主义新农村的重要载体，“气上楼、水治污、暖入户、饮水达标、环卫保洁市场化物业化”等工程顺利推进，社区管理和服务功能充分发挥，传统农村生活方式正从思想观念、行为方式、社区管理等方面向现代城市生活方式转变。截至目前，全市新建农村新型社区128个，建成省级农村新型示范社区4个，市级农村新型示范社区39个，其中86个社区、近10万居民被纳入城镇化管理。紧紧围绕“住房安全有保障”工作目标，累计争取各级财政补助资金2.53亿元，帮助16420个农村贫困户解决安全住房。其中，改造建档立卡贫困危房5196户，行业脱贫攻坚扎实推进。

（四）农村厕所改造惠民工程普遍实施

2016年全市共完成农村无害化卫生厕所改造13.03万户，占全年目标任务的118.17%，覆盖850个村，5篇工作信息先后被《中国建设报》《全省农村无害化卫生厕所改造工作信息》刊登，让广大农户彻底告别了旱厕之苦，用上了“质量过硬、方便使用、节水环保”的无害化卫生厕所，改善了农村生产生活条件，增强了广大农户民生福祉，农村改厕工作成效明显，得到群众普遍认可。

（五）农村人居环境水平不断提升

美丽乡村创建成效显著，滕州市西岗镇东王庄村等100个村达到创建标准，被市政府授予“枣庄市美丽乡村”荣誉称号，峄城区榴园镇北孙庄村等3个村被评选为农业部“美丽乡村”创建试点。农村生活污水治理稳步推进，216个行政村对生活污水进行处理，建

有排水管道沟渠长度4879公里，58个农村新型社区建设污水处理设施，日处理污水能力达到1.98万吨，滕州市“全国农村生活污水治理示范县”建设有序开展。传统村落保护和美丽宜居村庄示范建设扎实推进，6个村庄列入全国传统村落目录，21个村庄入选省级传统村落目录，10个村分别入选省级宜居村庄、特色景观旅游名村。

三、启示

一分耕耘，一分收获。枣庄市村镇建设不断壮大发展的历程，得益于体制机制健全、规划科学引领、政策措施支持和以民为先理念落实等条件，对今后工作开展有一定的启示借鉴作用。

（一）强有力的组织领导，体制机制的健全完善，有利于形成上下联运一盘棋格局

枣庄市村镇建设的实践表明，顶层设计是工作推进的重要保障。如：村镇建设作为新型城镇化的重要组成部分，在市级新型城镇化考核和市科学发展观综合考核中占有一定比重。市城镇化工作领导小组由市委书记、市长担任组长，市委副书记、常务副市长等9名市级领导任副组长，49个市直部门和各区（市）主要负责人为成员，定期召开会议，集中沟通协调、研究措施、破解难题。以上体制机制，建立健全了“市总体协调、区（市）级总体负责、镇级直接负责、村级具体负责”的责任体系，形成了各级党委政府齐抓共管、相关部门群策群力、广大群众积极参与的良好局面，为加快推进村镇建设提供了坚强组织保障。

（二）规划体系的建立完善，是科学指导村镇建设的重要保障

枣庄市村镇建设的实践表明，充分发挥规划引领作用有利于推进工作开展。如：市城乡规划委员会，统筹推进国民经济社会发展规划、土地利用规划、城乡规划、环境保护规划以及产业、交通、能源等多项规划相互协同、融合发展。市城乡规划委员会议联席审议制度，严格执行规划评审、重大项目专家论证、项目批后跟踪管理、规划执法巡查等规定，确保把规划蓝图变为美好现实。加大村镇规划编制力度，提高镇总体规划、镇控制性详细规划、村庄建设规划的覆盖率，有效指导了村镇建设健康有序进行，促进了城乡统筹和新农村建设。

（三）建立完备的政策支持体系，是推动小城镇建设科学有序发展的关键

市里出台的《关于加快推进新型城镇化的意见》《关于加快小城镇建设的实施意见》《关于做好小城镇建设工作的通知》《枣庄市特色小镇创建实施方案》等一系列政策文件，从财政扶持、税收优惠、土地供给、权限下放、人事安排等方面给予小城镇发展政策红利大力支持。小城镇建设联系帮包制度由一名副市级以上领导联系和一个市直部门帮包一个特色小镇，明确了财政资金和土地指标奖补政策，集中优势资源，优先扶持发展，使特色小镇真正发挥示范引领作用。以上政策措施，通过政府引导、政策推动，大力招商引资，使镇域内和周边乡镇的企业向园区集聚，承接大中城市的产业、资金、技术转移，为走出“一镇一品一特色”的发展路子、提升小城镇综合承载能力提供了强有力的政策支持。

（四）坚持民生优先，紧抓群众期盼热点难点，是村镇建设长效发展根本所在

枣庄市村镇建设实践表明，只有不断回馈广大群众对改善生产生活条件的热切期盼，大力改善农村人居环境，补足农村基础设施短板，缩小城乡基础设施差距，村镇建设工作才能在经济社会进程中不断向前推进。如：枣庄市村镇建设工作着眼群众需求，从群众最关心、最急需的问题着手，统筹推动基本公共服务和基础设施向镇村延伸，统筹做好农村无害化卫生厕所改造、农村危房改造、农村生活污水治理，农村地区冬季清洁供暖等工作大力提升村镇人居环境质量水平，积极推动生态宜居宜业新枣庄建设进程，得到广大群众的普遍认可。

审稿人：胡夫海

撰稿人：王永刚　梁牧晨

薛城常庄镇西姚山社区(金泰嘉园)一期安置社区

枣庄市住房制度改革历程、成就及启示

1991年，枣庄市根据国家、省住房政策，从实际出发，积极探索，开拓创新，在认真进行调查测算的基础上，开始全面深化住房制度改革，经过25年的改革实践和艰辛工作，已经实现了最初设定的“住房商品化和社会化”的改革目标，建立起了与社会主义市场经济体制相适应的城镇住房新制度。

一、住房制度改革历程

1996—2005年是枣庄市房改与住房保障建设发展最快、成效最为显著的十年。十年来，枣庄市房改工作由单项改革逐步向系统化配套改革推进，积极探索房改新思路、新方法，不断调整、改进住房供应政策，始终坚持以解决中低收入家庭住房为宗旨，逐步实施了以公房出售、住房公积金制度、租金改革、公房售后维修、住房资金管理、安居工程、经济适用房建设为内容的系统化配套改革，初步建立了住房货币化分配制度，完善了面向高中低不同收入层次的住房供应及保障制度，住宅保障体系建设取得了显著成就，居民居住水平得到了明显提高，开创了住房保障制度建设的新局面。纵观枣庄市住房制度改革的历程，主要经历了以下四个重要的发展阶段：

（一）调查摸底，酝酿方案

1988年，国务院召开第一次全国住房制度改革工作会议，推出《关于在全国城镇分期分批推行住房制度改革的实施方案》。首先，实施提租补贴、租售结合，实行维修费、房产税等5项因素组成的成本租金；其次，随着工资调整，逐步将住房补贴纳入工资，计入成本，并将租金提高到包含8项因素（成本租金加土地使用费、保险费和利润）的市场租金。1991年6月，国务院发出《关于继续积极稳妥地进行城镇住房制度改革的通知》，要求将现有公有住房租金有计划、有步骤地提高到成本租金；在规定住房面积内，职工购买公有住房实行标准价。11月，国务院下发《关于全面进行城镇住房制度改革的意见》，确定房改的总目标是：从改革公房低租金制度入手，从公房的实物福利分配逐步转变为货币工资分配，由住户通过买房或租房取得住房的所有权或使用权，使住房作为商品进入市场，实现住房资金投入、产出的良性循环。

住房制度改革，是经济体制改革的重要组成部分，涉及每个人的切身利益，关乎社会稳定。为积极稳妥地推进这项改革，1991年，按照国家和省市安排部署，枣庄市住房制度改革办公室组织人员，先后调研了其他城市较有代表性的房改方案，汇编了《全国住房制度改革方案选编》。通过借鉴和吸取其他地区的工作经验和做法，为枣庄市住房制度整体方案的制定出台奠定了良好的理论基础。1992年，枣庄市政府印发了《枣庄市房改办公室关于房改调查测算的工作方案》，组织开展全市房改基础数据的调查，经过调查测算，全市城市居住总人口47.62万人、职工总人数32.59万人，职工工资总额6029万元，标准工资总额3263万元，公房总面积529万平方米，居住公房户人数27.19万人。还通过问卷形式，在全市范围内5000多名各类人员中，就住房制度改革问题进行深入地征询、调查，结果表明，绝大多数被调查者赞成房改，认为住房制度改革是经济体制改革的重要组成部分，有利于逐步实现住房资金的良性循环，不断改善城镇居民的住房条件；有利于调整消费结构和产业结构；有利于房地产业、建筑业以及其他相关的产业的发展。通过以上调查，基本摸清了全市城镇的房情、民情，掌握了制定房改实施方案的第一手资料。

同时，充分利用新闻媒介和各种宣传舆论工具，大造房改声势，加深群众对房改的认识程度。市广播电台开辟了《午间话房改》专题，播出房改宣传稿件；市委宣传部《枣庄宣传》、枣庄出版社《时代通讯》也刊登了房改文章；枣庄日报社开辟了《房改纵横》《房改热线》《房改金融》等专栏；市电视台亦作了专题报道，播出了五集房改专题片《居之谋》，形成了全社会关注房改、期望房改的良好舆论氛围。

在此基础上，拟定了《枣庄市城镇住房制度改革实施方案》讨论稿，印发万余份交全市人民讨论。在省房改部门的指导帮助下，通过广泛征求各界意见、多方论证、反复修改，最终形成了一个比较可行的枣庄房改方案，明确提出了枣庄市房改的阶段目标、改革原则及提租补贴、超标加租、推行公积金、收取保证金、优惠卖房、集资合作建房、建立住房基金等七项改革内容，获得了市人大常委会的通过。1992年6月12日，枣庄市政府将枣庄市房改方案呈报省政府，1992年7月23日，《枣庄市城镇住房制度改革实施方案》获省房改领导小组正式批准。至此，枣庄的房改实施工作在全市全面推开，并随着时代的发展而逐步深入改革。

（二）配套推进，实施房改

主要是通过提高租金和公房出售方式，加快存量住房的改革。

一是适当提高公有住房租金，可以促进资金的良性循环和公有住房出售，从1992年房改方案出台之日起，全市

公房租金标准按维修费一项因素计租，即使用面积每平方米平均0.32元。同时修订了枣庄市现行的计租办法，按照房屋的结构类别、质量和设施，不同的环境区域、楼层、朝向等因素确定房屋的租金标准。1995年10月4日，《枣庄市深化城镇住房制度改革的实施意见》印发，相应制定了《枣庄市提高公有住房租金暂行办法》。按照国家和省市的具体规定，枣庄市公有住房标准租金提高到每平方米使用面积0.84元。不同结构、类别的公有住房基本租金标准也相应提高。同时规定对民政部门确定的优抚对象、老红军、抗日战争、解放战争参加革命工作离退休职工实行减、免政策。

1997年6月8日，《关于提高公有住房租金的通知》下发。市政府确定自1997年7月1日起，枣庄市公有住房执行新的租金标准。枣庄市住房委员会办公室制定了《关于一九九七年提高房屋租金标准的几项有关规定》，一是基本租金等级。按照住房现有分类，各种住房的基本租金分别为：砖混结构一等1.33元、砖混结构二等1.15元、砖木结构一等1.33元、砖木结构二等1.15元、简易结构1.00元。二是调整因素及标准和超标加租，仍按原文件执行。2000年1月27日，《关于调整房改租金及售房价格标准的通知》再次提高了租金标准，即砖混一等准成本租金2.33元、砖混二等准成本租金2.00元、砖木一等准成本租金2.33元、砖木二等准成本租金2.00元，简易结构准成本租金1.50元。提高公有住房租金，分四步进行，租金改革健康有序地发展，向商品租金迈进，对公房出售起到了促进作用。

二是稳妥地出售公有住房。出售公有住房是深化房改的重要手段，是转变住房观念的良好途径。枣庄市在认真调查研究、测算售房价格的基础上，制定了切实可行的房改政策，努力促使能够出售的公有住房尽量出售。自1994年开始出售公有住房，先后4次调整提高了售房价格。1994年房改售房标准价为每平方米建筑面积414元，1995年549元，1997年7月1日起执行632元，2000年2月1日起执行798元，房改售房价格逐步提高。由于加强了组织领导，深入到各企事业单位讲解房改知识，加大了宣传力度，使广大干部职工认识到，买房是经济社会发展的客观要求，通过算账比较，认为买房合算，激发了干部职工房改的积极性，从而使枣庄市的房改售房工作积极稳妥地进行。截至1999年，全市共出售公有住房71764套，其中：市直部门出售公有住房30840套，归集售房款3.2亿元，公房出售率为94%，跨入全省先进行列。审批住房补差单位68个，884人，补差金额198万元；审批住房补偿单位52个，488人，补差金额316万元。滕州市出售公有住房21000套；山亭区出售公有住房2724套；薛城区出售公有住房5100套；市中区出售公有住房6300套；峄城区出售公有住房3500套；台儿庄区出售公有住房2300套。

（三）取消福利分房，建立住房货币分配新制度

1998年7月，国务院发布《关于进一步深化城镇住房制度改革加快住房建设的通知》，宣布从同年下半年开始全面停止住房实物分配，实行住房分配货币化，首次提出建立和完善以经济适

薛城京福花园小区

用住房为主的多层次城镇住房供应体系。调整住房投资结构，重点发展经济适用住房，加快解决城镇住房困难居民的住房问题。新建的经济适用住房实行政府指导价，按保本微利原则出售，其成本包括征地和拆迁补偿费、勘察设计和前期工程费、建安工程费、住宅小区基础设施建设费、企业管理费、贷款利息和税金等7项因素，原则上企业管理费不超过2%、开发利润不超过3%，使中低收入家庭有能力承受。对不同收入家庭实行不同的住房供应政策。对最低收入家庭，由政府或单位提供廉租住房，以发放租赁补贴为主，实物配租和租金核减为辅。中低收入家庭购买经济适用住房等普通商品住房。对高收入家庭购买、租赁的商品住房实行市场调节价。截至1998年底，全国已经全面停止实物分房，城镇住房制度发生了一次根本性的转变。1999年，枣庄市出台了《枣庄市职工住房货币化分配实施方案》，标志着枣庄市住房实物福利制度的终结和住房货币化分配新制度的建立。住房货币化分配新制度主要包括三个方面的内容。

一是建立健全公积金收缴制度。从1999年起，职工个人和单位住房公积金缴交率应不低于5%。建立和健全职工个人住房公积金账户，进一步提高公积金的归集率。

二是实行住房补偿。对1998年12月31日以前未按房改成本价（含标准价）购买住房的职工家庭（不含农民合同制职工和计划内临时工），由夫妇双方所在单位分别计算一次性住房补偿，作挂账处理，待购房时一并兑现。夫妇一方无正式工作的职工家庭，其住房补偿按有工作的补偿额增加50%计算。已去世职工的配偶购买公有住房，去世职工的住房补偿按其生前的职务、工龄等因素计算。未婚和离异未再婚职工购买公有住房，只计算本人的住房补偿。对1998年12月31日前购房时所购住房面积达到本人应享受面积标准的，按当时实际购房面积的差数给予补差，由单位在职工换购住房时抵交房款。

三是发放住房补贴。从1999年起，对在职职工（不含农民合同制职工和计划内临时工）按月工资基数（不包括各种地方性补贴）的一定比例发放住房补贴，1999年度住房补贴的比例为20%。

《实施方案》同时对公有住房出售、出租，住房金融、住房建设、公有住房售后上市交易等也进行了规范。为确保住房货币化分配在全市全面推开，相继出台了《枣庄市已购房改房上市交易管理试行办法》《枣庄市城镇廉租住房管理暂行办法》《枣庄市人民政府办公室关于调整房改租金及售房价格标准的通知》《枣庄市关于实施住房货币化分配标准的通知》《枣庄市职工住房货币化分配实施细则》。为住房分配货币化的顺利实施打下了坚实的基础。截止到2007年底，公积金缴存单位1983个，21.3万名职工，累计归集交缴公积金23亿元。住房分配货币化新制度在枣庄市逐步建立和完善。

（四）建立和完善住房保障制度，实现住有所居民生目标

2003年以来，中央一方面继续推进住房制度改革，一方面加大对房地产市场的调控力度。国务院先后颁发“前国八条”“后国八条”“国六条”等一系列文件，提出在高度重视稳定住房价格工作，稳定住房价格（特别是普通商品住房和经济适用住房价格）的同时，加快建立和完善住房保障制度。在稳定房价方面，重点发展满足当地居民自住需求的中低价位、中小套型普通商品住房。对居住用地和住房价格上涨过快的地方，适当提高居住用地在土地供应中的比例，着重增加中低价位普通商品住房和经济适用住房建设用地供应量。在建立住房保障制度方面，加快城镇廉租住房制度建设，稳步扩大廉租住房制度覆盖面。各城市人民政府要将土地出让净收益的一定比例用于廉租住房建设，各级财政也要加大支持力度。同时，将经济适用住房严格控制在中小套型，严格审定销售价格，依法实行建设项目招投标，实行申请、审批和公示制度。枣庄市委、市政府高度重视住房保障工作，坚持把解决城镇中低收入住房困难家庭的住房问题作为改善民生和促进发展的大事，2005年以后，随着形势和政策的变化，住房制度改革又增加了新的内容，就是逐步建立和完善住房保障制度，为住房困难的中低收入家庭提供住房保障公共服务。

一是调查摸底低保家庭住房情况。2005年下半年以来，根据国家和省里的要求，枣庄市加大了廉租住房制度建设方面的工作力度，按照建设部、民政部关于开展城镇最低收入家庭住房情况调查的部署，组织400余人的调查员队伍，历时两个多月，在全市认真开展了以城镇低保家庭为特定对象的住房情况调查，全面摸清了枣庄市13735个低保家庭的住房、经济现状和对住房的基本需求，建立了住房保障对象档案数据库。该数据库将根据每年对低保家庭的年度审核结果进行调整，适时更新，以确保数据的真实可靠，为枣庄市廉租住房制度建设奠定了坚实的基础。

二是不断完善住房保障政策。依据国家及省有关政策规定，枣庄市政府于2006年8月27日出台了《枣庄市城镇最低收入家庭廉租住房管理办法》和《枣庄市城镇最低收入家庭廉租住房管理工作实施细则》，为实施住房保障提供了政策依据。为适应新形势下的住房保障工作实际，更好地解决城镇中低收入家庭住房困难，又相继出台了《枣庄市人民政府关于贯彻鲁政发〔2007〕74号文件切实解决城市低收入家庭住房困难的实施意见》；2008年出台了《枣庄市经济适用住房管理办法》《关于调整全市廉租住房保障范围和租赁补贴发放标准的通知》《枣庄市棚户区改造、拆迁、拆违和农村住房建设工作问责暂行办法》《枣庄市廉租住房实物配租管理办法》《枣庄市公共租赁住房管理办法》等一系列政策，进一步完善了枣庄市城镇住房保障的政策体系，为住房保障工作的顺利开展创造了有利的环境。同时，

建立自上而下的住房保障体系。成立了市、区（市）保障性安居工程建设领导小组，明确了各级、各有关部门的职责，构建了自上而下的住房保障管理体系和机构，保证了信息传达顺畅、反馈及时。

2014年，根据国家和省关于公廉并轨的有关要求，参照国务院即将出台的《城镇住房保障条例》《山东省人民政府办公厅关于贯彻国办发〔2011〕45号文件进一步加强保障性安居工程建设和管理的意见》，对实施公廉并轨工作进行调研，出台了《枣庄市城镇住房保障管理办法》，以适应新形势下的住房保障工作实际，更好地解决城镇中低收入家庭住房困难。《管理办法》着重对申请条件、联审机制、审批程序、分配方式、后期管理、公廉并轨、市区职责等关键问题，作了进一步规范和明确。《管理办法》的出台施行，实现了通过提高保障房标准、放宽住房保障准入条件、加大退出力度，实行公廉并轨，强化属地管理，确保保障性住房分配及时、运营规范、管理有序、群众满意，将住房保障工作推向新的水平。

三是制定住房保障专项规划。2011年，枣庄市以市政府办公室的名义出台了《枣庄市住房保障“十二五”专项规划（2011—2015年）》。对“十二五”时期枣庄市保障性安居工程的指导思想、基本原则、保障对象、保障目标和保障规划布局予以明确。2015年，“十三五”住房保障规划纳入枣庄市“十三五”住房发展规划，按照“十三五”住房发展规划要求，到2020年，枣庄市需要再保障城镇居民5.27万户、17万人，即达到覆盖面25%的要求。

四是加快保障性住房建设。2007年，随着《国务院关于解决城市低收入家庭住房困难的若干意见》和《廉租住房保障办法》的出台，枣庄市开始逐步出台完善住房保障等相关政策，形成了以廉租住房、公共租赁住房、经济适用住房、棚户区改造住房为主要内容的分层次、多形式的住房保障体系，住房保障工作逐步步入规范化轨道，城镇中低收入家庭的住房条件得到明显改善。

对保障性安居工程，在土地出让、资金奖补、税费减免、征收补偿等方面，严格落实保障性安居工程各项优惠政策，为项目顺利推进创作良好环境。尤其是在棚户区改造方面，枣庄市研究制定了在全省乃至全国都较为优惠的政策。截至2018年7月底，全市累计建设经济适用住房、公共租赁住房44230套，累计竣工44230套，累计分配入住44000套；累计发放廉租住房租赁补贴2485户。2007年—2015年，枣庄市紧紧围绕贯彻落实中央和省关于保障性安居工程建设管理的一系列决策部署，把保障性安居工程建设作为全市一项战略性任务，年年列入年度政府“百件惠民实事”和“民生工程”，重点督导，稳步推进，做到了工作机制健全、政策落实到位、项目建设依规有序，圆满完成或超额完成各年度建设计划任务。2010年起，各类棚户区改造纳入保障性安居工程，截至2018年，全市共实施棚户区改造项目249个，开工建设安置房192695套、基本建成160884套。

五是规范住房保障审核、分配、清退等管理程序。严把申报、准入审核关。规范保障性住房申请、审核和购（租）程序，建立了“纵横”两个工作机制。即，纵向的“市街居四级审核三级公示”机制，横向的“相关部门财政、民政、房管、公安、社保、工商、税务、金融等联动配合”机制。认真组织实施保障房分配，邀请人大代表、政协委员、行风监督员以及纪检监察部门、新闻媒体全过程监督公证，整个办理过程规范、公开、透明，切实做到分配政策、分配程序、分配房源、分配对象、摇号过程、摇号结果“六公开”。

加强动态监管，完善退出机制。加强住房保障的信息化管理，完善保障性住房和保障对象档案并实行动态监管和退出制度，每年组织房管、民政、财政、公安、街道办事处、居委会、物业管理等部门采取查档取证、入户调查、邻里访问以及信函索证等方式，对已经纳入住房保障的家庭实行入户动态核查，了解保障家庭收入、人口及住房变化等情况，按照“一户一档”的要求，建立并完善保障家庭动态档案，凡是不再符合保障条件的，坚决清退。市、区两级建立保障对象基础信息数据库，逐户建立档案，及时更新住房保障档案，通过定期复核严把后续管理关口，实现住房保障与档案的动态化管理。

强化信息公开。为切实保障人民群众的知情权、参与权、监督权，全力建设“幸福新枣庄”，枣庄市积极拓展公开内容，不断创新公开形式强化信息公开力度，主动接受社会监督。一是建立“三项制度”，使信息公开工作常态化。落实领导责任制，成立了各级住房保障信息公开领导小组，定期听取工作汇报，指导住房保障信息公开工作；建立工作协调制，建立了政府领导，住建牵头，民政、财政、公安、社保、工商、税务、金融等相关部门分工配合的工作协调机制，及时研究解决信息公开中出现的问题；建立调度考核制，以信息公开作为重点，定期督导检查，并将其作为年终考核保障性安居工程任务的重要指标。二是把握“三个节点”，使住房保障信息公开透明。每年年初，及时将保障性安居工程建设详细内容通过各类媒体向社会公布；加大分配管理信息公开力度，及时将分配政策、分配程序等信息向全社会公布；保障性住房分配结果除在第一时间现场公示外，还在报纸增设专刊，在获得分配家庭所在街道（社区）张贴公布。为确保被保障对象住上“放心房”，所有保障性住房单体楼栋均设置了永久性工程标识牌，注明了设计、开发、施工和监理单位等信息。

二、住房制度改革主要成效

（一）拉动经济增长

1998年是房改取得关键性突破的一年，同年7月，为促使住宅业成为新的经济增长点，按照国务院发布《关于进一步深化城镇住房制度改革加快住房建设的通知》要求，枣庄市从1998年下半年开始停止住房实物分配，逐步实

行住房分配货币化。稳步推进住房商品化、社会化，逐步建立适应社会主义市场经济体制和城镇住房新制度；加快住房建设，使住宅业成为新的经济增长点，不断满足城镇居民日益增长的住房需求。

（二）改变了居民住房消费观念

住房制度改革，提出了住房商品化的概念，通过公房出售，使广大城镇居民树立了住房商品化的意识，特别是1998年停止住房实物福利分配，逐步实行住房分配货币化制度以后，城镇居民的住房消费观念发生了更加根本性的转变，住房商品化进程加快，住房需求得到释放，促进了房地产市场规模迅速扩大。

（三）保障性住房建设得到了迅速发展

党的十九大报告指出“房子是用来住的”。加快建立多主体供给、多渠道保障、租购并举的住房制度，让全体人民住有所居。1998—2018年，全市建设经济适用住房、公共租赁住房44230套，总建筑面积323.3万平方米，投资规模58.2亿元。制定了廉租住房、公共租赁管理办法，落实了资金来源，建立了保障对象档案和申请、审批、退出制度。截至2018年，实物分配保障房44000套，累计发放租赁住房补贴2485户，保障中低收入家庭4.4万户、11余万人；城镇居民住房保障覆盖率达到21.1%，圆满完成了十二五末城镇居民住房保障覆盖率达到20%的目标。城镇居民居住条件得到了较大的改善，实现了低保和低收入家庭的应保尽保。

（四）稳定和抑制住房价格

停止住房实物分配以后，住房价格一直是社会普遍关注的问题，住房价格上涨过快直接影响城镇居民家庭住房条件的改善，影响金融安全和社会稳定，甚至影响整个国民经济的健康运行。自2004年，枣庄市房价呈现快速攀升，房价上涨明显过快。2007年8月，国务院发布《关于解决城市低收入家庭住房困难的若干意见》（以下简称24号文），指出“住房问题是重要的民生问题”，要切实加大解决城市低收入家庭住房困难工作力度，把解决城市低收入家庭住房困难作为政府公共服务的一项重要职责，加快建立健全以廉租住房制度为重点、多渠道解决城市低收入家庭住房困难的政策体系。根据24号文，枣庄市建立健全了以廉租住房、经济适用住房和公共租赁住房为主的住房保障体系，破解房价快速上涨与城镇居民购买力不足的矛盾，在一定程度上有效稳定和抑制了房价的快速上涨。

三、住房制度改革的启示

（一）住房制度改革是政府的基本职能

在城市住房制度演变的过程中政府始终占据主导地位。一是政府不断学习总结经验，引导城市住房制度的变迁。在计划经济时代政府通过接管、投资建设等方式建立起低租金实物配给的住房制度；在由计划经济向市场经济转轨期，政府通过总结实践经验以及学习国外的经验，建立住房市场供应体系；在市场经济发展期，政府运用宏观政策理念，建立起廉租住房、经济适用住房、公共租赁住房、普通商品住房和高档住房的多层次住房供应体系。二是政府通过自身改革来推动城镇住房制度演变，实现了由原来的政企不分到建设服务型政府的转变，政府从市场经济的参与者转变为市场调控者，并担负起住房保障的责任。

（二）住房制度改革是经济增长的启动器

1998年的住房制度改革，单位以很低的价格，将住宅的产权转让给个人，这就使很多人一夜之间财产倍增。房改将几十年积累下来的财富在短时间内猛烈地释放出来，整个社会的实际财富在短短的几年，成千上万亿地剧增。这一制度改革对整个国民经济革命性的影响，房地产增长之猛烈，持续时间之长，超乎所有人的预料。与此同时，房地产在国民经济的地位迅速提高，对经济增长的拉动作用也越来越大。在中国经济中还没有任何一个单一的部门可以像房地产业一样，对宏观经济的增长产生如此大的影响。一方面解决了经济低谷阶段就业和产能过剩的压力；另一方面，为下一阶段经济起飞，积累存量资产。特别重要的是，可以大幅增加不景气周期里的社会稳定性。

（三）解决居民住房需要财政金融政策的强力支持

解决我国“夹心层”居民的住房问题，离不开财政金融政策支持。由于市场机制固有的缺陷以及住房的准公共产品属性，中低收入群体的住房问题无法依靠市场机制来解决，政府在推动住房制度商品化、社会化的同时，应支持“夹心层”居民解决住房问题，资金支持是关键，而政策性住房金融制度（包括融资、担保和公积金制度等）在住房保障制度中发挥着十分重要的作用。

（四）需要进一步完善住房保障体系

城镇住房问题主要集中在中低收入群体买不起房，而租房市场尚不完善，这既有中国人“居者有其屋”的传统意识因素，又有住房有效供给不足的原因。还存在着政府与市场关系、住房金融体系、财政补贴、保障房供给等一系列问题。

1. 政府应重点构建健康的房地产市场，稳步推进住房“双轨制”。房地产市场不能简单采用行政手段打压，否则，未来较长时间内房地产市场对整体经济的带动作用将会减弱，带来的负面影响不可估量。因此，应该构建更加健康的房地产市场，更好地带动相关产业发展。应该尊重市场规律，政府调控作用不容忽视，更应进一步发挥市场在资源配置中的基础性作用。一是实行分层竞争，稳步推进住房“双轨制”改革。分类解决不同收入群体的住房问题，改善类和奢侈类住房应该完全市场化；中低收入群体尤其是“夹心层”群体需依靠政府组织和协调来保障基本居住需求。二是深入认识政府与市场关系，发挥市场的基础性作用。两类住房问题的

实质是正确处理政府与市场边界的关系，发挥“两只手”的不同作用。

2. 提倡“人人有房住”，而不是“人人有住房”。城镇住房供需矛盾的原因一方面是供给不足，另一方面是需求的结构性矛盾。很大一部分改善性需求和投资性需求挤占了合理需求，造成价格虚高。但是，从城镇居民的需求看，对房屋自有率要求太高。因此，应逐步改变传统思维，以租房应对过渡期的房屋短缺问题。同时，由政府提供更多的出租房保障供给。

3. 保障房短期以“补砖头”为主，长期以“补人头”为主。通过税收补贴、贷款利率补贴等形式，对保障房建设提供政策优惠，激励私营部门提供保障房。中央政府、地方政府和私营部门、社会部门密切配合，中央政府主要负责制定政策，保障财政投入，地方政府负责具体实施，并调动其他部门积极性。另一方面，长期看，当住房供需矛盾逐渐缓解时，政策重点应以“补人头”为主，针对需求降低中低收入家庭租住成本。“补砖头”和“补人头”在各个时期应有侧重，互为补充，不能“一刀切”，要因地制宜。

4. 保障房供给应“建”与“管”并重，提高保障效率。为低收入群体供给保障性住房，政府责无旁贷，而完全靠政府自建自管不是明智选择。首先，完全依靠政府力量，财政可持续问题令人担忧，当前地方财政的保障房支出压力尤其大。因此，应通过完善政策，支持一些非营利组织和市场力量积极参与保障房建设与管理。其次，保障房建设需要有低收入群体参与决策，否则不能贴近他们的真实需求。再次，保障房建设的合理规模是以城镇人口为基数，还是以常住人口为基数，必须因地制宜，需要解决好结构性问题。最后，重视一些配套制度建设，扩大保障房建设的资金来源，更多地撬动社会力量共同推动保障房供给。保障房的进入和退出机制必须严格、合理，真正让低收入群体享受到实惠。

审稿人：郑李青

撰稿人：许恩海　马洪丽

鹭鸣山庄

枣庄市城市管理的探索与发展

枣庄市城市管理工作发端于20世纪70年代，经过30多年的改革发展，在城管执法体制机制改革、城乡环卫一体化、创建园林城市等方面取得一系列成果，队伍建设得到了长足进步，为优化城乡环境，建设自然生态宜居宜业新枣庄做出积极贡献。

一、枣庄市城市管理发展的基本历程

（一）系统推进阶段（20世纪70年代至2003年）

枣庄市城市管理工作起步于20世纪70年代，其中，园林绿化事业发展较早。1974年成立了枣庄市园林管理处，当时全市整体绿化水平较低，共有40亩的苗圃地，主要工作是道路绿化、苗圃管理和对单位庭院绿化工作进行技术指导，绿化资金的投入主要靠政府财政拨款。1976年扩建了枣庄市人民公园，并对市民开放，作为枣庄市第一个综合性公园，它的建成标志着枣庄市园林事业发展的开始。

进入20世纪80年代后，园林绿化工作在继续抓好普遍绿化的同时，逐渐将重点转移到公共绿地建设上来。一方面在全市范围内大力新建公园和绿地，这期间先后建成的公园有：枣庄市儿童乐园、滕州市荆河公园、薛城区临山公园；街头绿地有：文坛游园、供电局街头绿地、三角花园绿地；居住区绿地有：一村游园、二村游园、三村游园、中心游园等。另一方面在全市范围内实行了门前三包（包卫生、包秩序、包绿化）制度，与各沿街单位签订责任书，极大地调动了单位植绿、护绿的积极性，绿化事业得到了较快发展，光明中路成为全市第一条设计水平较高、景观效果好的标志性道路，城市面貌发生了较大变化。

进入20世纪90年代以来，随着人们对园林绿化事业认识的不断提高，园林绿化工作的范围也在逐渐扩大。为加强城市绿化管理工作，枣庄市政府于1999年9月成立了市政市容管理局，为枣庄市建委下属的副县级差额事业单位，主要负责市政、园林绿化、市容和环境卫生、城市防汛等建设管理工作，内设办公室、综合管理科、城市防汛办公室等3个科室，管辖市市政工程管理处、市园林管理处、市城市生活垃圾处理中心场。2004年5月，经枣庄市机构编制委员会批准，枣庄市市政市容管理局更名为枣庄市市政园林管理局，仍为市建委所属财政补贴的副县级事业单位，内设办公室、综合管理科、环卫科和城市防汛办公室4个科室，管辖市市政工程管理处、市园林管理处、市城市生活垃圾处理中心。同年12月，经枣庄市编办批准，增设枣庄市广场和光明大道管理办公室，作为市市政园林管理局内设科级机构。

枣庄市城市管理行政执法工作启动于20世纪80年代，1983年1月枣庄市人民政府从市建委下属企事业单位中抽调人员，成立城市管理办公室，主要负责市驻地（市中区）城市市容秩序管理，征收人行道占用费。市政、园林、规划、房产、环卫监察等专业执法职能，仍分散在市政工程管理处、园林管理处、规划管理处、房产管理处等市建委下属事业单位。1987年4月，枣庄市人民政府撤销城市管理办公室。1987年5月1日，市中区人民政府成立城市管理办公室，承担原市人民政府城市管理办公室职责，主要负责城市市容秩序管理，征收人行道占用费。市政、园林、规划等专业执法，仍由各单位独立行使。随着机构改革的进行，市中区人民政府城市管理办公室和市中区环卫局合并，成立市中区市容环卫局，将城管执法与环卫保洁结合起来。市驻地（市中区）一些创城、夺杯、迎检等大型活动由市中区代市里负责，由此造成了市里的大活动贯彻不下去，落实不了，执行不到位的尴尬局面。鉴于此，1992年11月，市建委按照“枣编发〔1992〕11号”文件要求，将分散在市政工程管理处、园林管理处、规划管理处的三个专业执法队伍，集中起来成立枣庄市城市管理监察大队，为副县级事业单位，行使市政设施、园林绿化、城市规划、市容环卫、公用事业等方面的监督、检查和管理职能。1998年，更名为枣庄市城建监察支队，行使原市城市管理监察大队职能，同时对区（市）城建监察业务工作进行指导。市里的创城、迎检等大型活动一般由城建、工商、文化、环保、公安等多部门临时组成联合执法队伍负责，但日常执法依然是各负其责。“七八顶大盖帽，管不住一顶破草帽”，就是对这一时期城市管理中相关部门多头执法遭遇尴尬局面的形象比喻。

（二）全面建设小康社会的迈进阶段（2004年至2010年7月）

2003年12月，按照山东省人民政府批复，枣庄市人民政府决定开展相对集中行政处罚权工作。2004年1月19日，枣庄市城市管理行政执法局正式挂牌成立，同时，撤销市建委所属的枣庄市城建监察支队，成立市城市管理行政执法监察支队，隶属市城市管理行政执法局，核定编制50名，主要负责对全市城市管理行政执法队伍的依法行政情况进行检查、监督，查处城市管理行政执法中的不作为行为；担负着市容环卫、

城市规划、城市绿化、市政管理、环境保护、工商管理、公安交管等7个方面的67项行政处罚权。支队下设执法监察大队，行使市级行政处罚权，对市中区8条主干道和市新城区全面实施城市管理行政执法工作。随后，各区（市）、枣庄高新区相继成立城市管理行政执法机构，开展了城市管理相对集中行政处罚权工作。2006年5月，市城市管理行政执法局将市中区8条主干道的城市管理行政执法权全部移交市中区人民政府，市城市管理行政执法监察支队仅对市新城区及光明大道实施城市管理行政执法工作。2008年8月，按照《中共枣庄市委组织部枣庄市人事局关于同意枣庄市城市管理行政执法监察支队张军等参照公务员法管理登记的批复》要求，支队工作人员过渡为参照公务员法管理的事业编制。2009年12月，枣庄市机构编制委员会办公室印发《关于调整市城市管理行政执法监察支队机构编制的批复》，同意撤销市城市管理行政执法监察大队，将支队内设机构调整为办公室、法规宣传科、户外广告管理办公室、执法一大队、二大队五个职能科室（队）。新的体制机制给城市管理行政执法事业带来了新的生机活力，全市城市管理系统在市委、市政府的坚强领导下，在社会各界的大力支持下，紧紧围绕全市重大节会、省级卫生城市创建、省级文明城市创建、旅游道路沿线综合整治、棚户区改造等事关城市转型、项目建设、民生改善的中心工作，奋力拼搏，扎实苦干，先后组织了城市管理示范街创建、城市管理上水平竞赛等活动，城市管理水平和队伍规范化水平显著提高。以2005年为例，全市城市管理系统积极开展城市环境综合整治，使枣庄市的城市面貌焕然一新。一是拆罚并举，以拆为主，违法建设得到遏制。随着城市化进程的加快，违法建设和乱搭乱建也进入了高发期，特别是城乡接合部、重要路段两侧成了重灾区。针对这一现象，全市城市管理部门把规划执法作为工作的重中之重，确定了“全员抓规划、重点抓规划”的工作思路，立足一个“早”字，加大监控力度，对违法建设做到早发现、早制止、早处理，用足用活现有法律法规所赋予的行政强制措施，及时采取填埋基槽、查封施工器械等强制措施，把违法建设消灭在萌芽状态。对于重点地段和城市规划区内的违法建设立足一个“拆”字，坚决予以拆除。经过一年的努力，共拆除违法建设72300平方米，拆除各类广告牌匾31240块，规范大型单立柱广告461块，大型楼顶广告698块，总面积50000余平方米，共查处乱贴乱画人员174人，移送公安机关26人，捣毁假证窝点9个，关停电话号码146个。对于“占道经营”、露天烧烤经营者与执法人员采取“打游击”的方式进行经营，执法人员采用错时执法、延长执法时间的方式进行整治，共疏散安置马路摊点18200余处，取缔露天烧烤2400余处。采取日常执法与集中整治相结合的方式，对建筑工地夜间施工噪声、卡拉OK噪声和其他未经批准、不按规定使用高音喇叭的流动宣传车等声响装置产生的噪声污染进行了整治，共清理取缔噪声污染源4480余处。开展车辆乱停乱放整治。召开由政府职能部门、人大代表、沿街业户、出租车司机参加的规范东城区解放路机动车乱停乱放座谈会，就解放路能否设置停车场征求意见，广大与会人员一致要求以解放路为试点，设置停车场，并“以点带面”全面推开。开展了城市管理行政执法集中宣传与整治月活动，坚持“执法、宣传两轮驱动”，通过开辟宣传栏、编发信息简报、出动宣传车、设立宣传点、举办专场文艺演出和知识竞赛等多种形式，宣传开展相对集中行政处罚权的重要性，宣传工作职能，宣传与综合执法相关的法律法规，宣传“公正文明、执法为民”的执法理念，为开展执法工作营造了良好的社会环境。整个宣传月期间，共发放宣传单51000份，张贴公告、倡议书、公开信15600余份，悬挂宣传条幅2282幅，解答群众询问12万余人次。充分发挥电视、广播、报纸等媒体的作用，大力宣传城市管理行政执法工作。共在国家级、省市级媒体上发表文章300余篇。主要负责人走进市人民广播电台直播间，接听热线电话，解答群众反映的热点难点问题，现场办公，解决了听众举报投诉的问题，拉近了政府与群众的距离，宣传了城市管理行政执法工作。

2017年12月12日，第五届全国城市园林绿化数字化管理工作座谈会在枣庄市召开

这一时期，枣庄市市政园林事业实现了向做大做强迈进。一是市政工程建设实现历史新突破。2004年是市政工程建设发展最快，经济运行质量最好的一年，各项经济技术指标均创历史最高水平，累计完成投资约1.15亿元，较2003年增长近2倍，其中完成计划外投资近1亿元，约占全年投资额的85%。市政基础设施维护工作力度进一步加大，设施完好率有较大提高。园林绿化工程全年完成产值900万元，栽植各种乔木1万多株、花灌木120万株，创历史最好成绩。二是规划先行，引领城市园林绿化建设。根据城市总体规划、枣庄市的区位特点和发展要求，按照建设山水园林城市的奋斗目标，编制了《枣

庄市绿地系统规划》，于2008年10月通过专家组评审论证，2008年12月市政府批复实施，并依法纳入城市总体规划，进一步明确了城市绿化建设的指导思想、目标任务以及加快绿化建设的措施，成为指导城市园林绿化事业发展的纲领性文件。为增加绿地面积，还市民以绿色空间要求，坚持规划增绿、拆违建绿、拆墙透绿的原则，主干道沿街单位透墙增加绿色空间，如山亭区山城街道的府前大道改造，2008年度获山东省人居环境范例奖。2006年在对市中区东沙河、峄城区大沙河、滕州市荆河、薛城小沙河的治理中，沿两岸建设了宽度不一的绿化带，改善了城市大环境，突出了枣庄山水城市的特色，一座滨湖城市的生态景观初步显现，形成了点上景做靓、线上绿有荫、面上林成片的绿化体系。三是提升城乡环境。大力整治城乡环境，2005年至2010年，全市共投入综合整治资金12.1亿元，集中解决了群众反映强烈的脏乱差问题，建设和改造了一批展示城市形象、提升城市品位的精品工程，东城区、新城区、高新区三区建设协调推进，“一线二片连东西”的亮点工程相继建成，蓝天、碧水、绿荫的生态园林型现代城市框架初步形成，城乡面貌有了新的改观，被省里评为综合整治先进城市。

（三）全面深化改革，全面建设小康社会的决胜阶段（2010年7月至今）

2010年7月，枣庄市人民政府推行新一轮机构改革，撤销枣庄市城市管理行政执法局，组建市城市管理局，将市市政园林管理局整体划归市城市管理局管理。由此开启了管罚结合，集市政、园林、环卫、执法一体的大城管局时期。2012年3月，枣庄市委、市政府印发《关于理顺中心城区规划建设管理体制的意见》，进一步强化区级政府在城市建设管理的主体责任，全面实施城市管理属地化。2012年5月，市城市管理局将新城区及光明大道城市管理行政执法权全部移交薛城区、市中区人民政府，市城市管理局负责对全市城市管理进行业务指导、监督、协调，负责全区域和重大执法活动的组织，将枣庄市市园林管理局承担的具体建设管理权限下放到属地区管理，枣庄市市政工程管理处、枣庄市园林管理处、枣庄市城市生活垃圾处理中心三个单位随着事权的下放一并移交属地区管理，市、区（市）城管执法体制进入新阶段。2013年3月，经市机构编制委员会办公室批准，市市政园林局内设的市广场和光明大道管理办公室更名为园林规划管理科，由此，市市政园林局内设5个职能科室调整为办公室、综合管理科、环卫科、城市防汛办公室、园林规划管理科。2013年，枣庄市人民政府下发了《关于进一步加强城市管理工作的实施意见》，2016年，枣庄市政府办公室印发了《关于开展城市管理三年提质行动的实施意见》，有力地推动了城市管理工作的开展。

2010年至2016年，全市城管系统先后开展了“转作风，提效能，构建人民满意城管”，以及“治懒、治庸、治误”作风建设活动，以打造人民满意城管为目标，狠抓城管执法文化建设，深入推进体制机制转变，全面提升城管执法工作业绩，城管执法督导考核、组织协调的监察效能进一步提升，有力促进了城管执法工作的创新发展。一是大力开展城市环境综合整治。从市容市貌、规划执法、建筑渣土、户外广告、环境卫生、道路交通、居民小区等方面入手，制定完善具体的精细化管理标准，实施了城市环境综合整治考核活动，落实“门前五包”责任制，提升净化、绿化、亮化、美化水平，实现了城市管理向定量、动态、实时、精细转变，打造了干净、美丽、有序的城市环境。二是打造园林绿化精品名片。按照市委、市政府“老城做新、新城做靓”的要求，大力种植乡土树种，合理利用城市的山、河、湖等自然地貌，建成了一大批园林精品工程，如新城市政广场，南方植物园，龟山公园，翠竹谷，滕州府前广场，光明大道复线工程绿化；市中区西昌路、光明东路、文化东路、檀光游园、光明西路；山亭世纪大道、新源路，峄城承水路、福兴路，薛城长江路等道路绿化。三是认真履行城市防汛工作职责。编制《枣庄市城市防洪应急预案》，明确了组织体系和职责，分析各区（市）防汛薄弱环节，提出应对措施，构建了洪涝灾害防御体系。编制《枣庄市中心城区城市排水（雨水）防涝综合规划（2014—2020）》，为加强设施建设、管理创新、综合控制等工作提高城市排水防涝能力指明了方向。2016年，依托市数字城管系统初步建立防汛调度平台，具备实时监测防汛重点部位能力。

大沙河游园

2017年以来，全市城市管理系统以贯彻落实中央关于城市管理执法体制改

革的指示为遵循，牢固树立“为人民管理城市”的理念，打造“服务为先”的工作模式，积极推进智慧城管建设，深入倡导“721”工作法，开展了“市容环境百日会战”，启动了国家生态园林城市创建，有力地促进了经济社会发展。

二、主要成就

（一）城管执法体制改革有了新突破

在多地考察学习的基础上，枣庄市城市管理局起草了《枣庄市关于推进城市执法体制改革改进城市管理工作报告》《枣庄市深化城市管理执法体制改革实施方案》《枣庄市城市管理局机构改革方案》等一报告二方案，方案明确实行“大城管”格局，负责行使住房城乡建设领域法律法规规章规定的全部行政处罚权和环境保护管理、工商管理、交通管理、水务管理、食品药品监管等方面的部分行政处罚权。2017年2月，枣庄市委办公室、枣庄市人民政府办公室联合印发了《枣庄市推进综合行政执法体制改革方案》，滕州市率先完成试点任务，各区、枣庄高新区综合行政执法体制改革任务已基本完成。2017年12月，中共枣庄市委、枣庄市人民政府联合印发了《枣庄市深化城市管理执法体制改革实施方案》，各区（市）、枣庄高新区城市管理执法体制改革进入推行阶段。全市城管系统正在积极构建全民参与、齐抓共管的“大城管”“大执法”工作格局，实现权责明晰、服务为先、管理优化、执法规范、安全有序的城市管理目标，推动城市管理走向城市治理，促进城市运行高效有序，切实提升城管队伍形象和人民群众的满意度。

城管执法机制建设再上新台阶。探索、完善了四个方面的机制创新。一是职能配置上，构建了管理、执法、服务三位一体的工作职责，形成了心往一处想、劲往一处使的团结工作局面。二是队伍组合上，实现了管理队伍、执法队伍、公安保障队伍的联合执勤，排除了各自为政的后顾之忧。三是管理区域上，建立了市局、区（市）局、街道（乡镇）分局（城管执法办）属地化管理模式，

南方植物园

充分调动了基层的积极性与创造性。四是执法监督上，构筑了内部督查、外部监督、自我约束的监督管理体制，让管理与执法在阳光下运行。

（二）城管执法工作业绩取得新成效

一是综合治理餐饮油烟。以市城管委办公室的名义印发了《关于开展城区餐饮油烟露天烧烤综合治理的实施意见》，对城市不同区域实行分类管理，将城区划分为严管区、严控区、规范区三类，督查督办有据可依。仅2016年，全市建立餐饮油烟、露天烧烤管理台账1700多家，其中，重点治理区域内的1036家餐饮业户有885户完成了油烟净化设备的安装使用或专用排放管道的升级改造，其余151户也已经下达整改通知，取缔违规露天烧烤270余处、大排档摊点450余处，引导露天烧烤、大排档摊点退路进店、进场经营580余户。二是构建违法建设防范体系。以市人民政府的名义印发了《关于进一步加强城乡规划管理行政执法工作的意见》，明确了各级各部门的工作职责，建立了一系列工作机制，提出了具体工作要求。建立了市、区两级城管部门负责人参加的城市违法建设治理工作会议制度，定期通报全市工作开展情况，督促指导快速有效地查处违法建设。建立城市违法建设治理回访制度，组建查办回访领导小组，加强对重大案件当事人的处置后回访，了解核实案件查处的基本情况，形成了既利于快速查处又强化监督审核的规划执法执行体系。三是规范管理建筑垃圾。成立了全市建筑垃圾集中整治办公室，制定下发了建筑垃圾管理规范性文件，以市人大建筑渣土专题询问为契机，对全市建筑垃圾实行统管统运、扎口管理。会同公安交警、交通运输等部门开展夜间联合执法行动。建立全市在建工地全部管理台账，批准10家建筑垃圾处置特许经营公司，对388辆运输车辆进行了密闭化改装，有效防治了城区扬尘污染。四是户外广告实施目标管理。在充分掌握全市户外广告资源底数的基础上，每年初与各区城管局签订户外广告管理目标责任书，明确管理目标、责任，进一步规范户外广告资源有偿使用费征收秩序；夏秋两季，联合市安监局、市工商局对全市户外广告设施安全情况进行了专项督导检查，形成督查通报反馈区（市）整改，户外广告设置管理步入规范化发展轨道。目前，已逐步实现了在餐饮油烟治理、城市规划执法、建筑垃圾监管、户外广告管理等方面督导检查的常态化。

（三）成功创建省级园林城市、国家园林城市

2006年，为构建和谐优美的人居环境，做精做特做美城市，彰显鲜明的

城市特色，枣庄市委、枣庄市人民政府提出创建省级园林城市的战略目标。2008年，为提高城市绿量，在抓好城市绿化景观的同时，把居住区的绿化美化作为“民心工程”来抓，努力营造“人与自然和谐共存”的绿化环境，在全市范围内组织了“万株树木进社区”活动。2009年，又开展了“绿染城市，绿进社区”活动，由市人民政府出资统一采购大规格优质苗木，并派出技术人员做指导，由各居民小区栽植管理，确保树木成活。通过这些活动的开展，使城市的生态环境得到进一步改善。围绕打造“江北水乡•运河古城”城市品牌，突出“古城、河道、山体、湿地”的城市自然特色，高起点规划、高标准建设、高效能管理，市区绿化一年一变样，三年大变样，实现了超常规、跨越式发展。2009年12月16日，经山东省人民政府批准，枣庄市被正式命名为山东省园林城市。城市绿化覆盖率、建成区绿地率、人均公园面积三大绿化指标均超出了省级园林城市的指标要求。2010年，市政府提出创建国家园林城市，秉持“以绿为轴、布绿为先、节约为旨、服务民生”的创建理念，致力打造“鲁南绿城•山水枣庄”城市名片。通过全市上下各级各有关部门4年多的不懈努力和广大市民的积极参与，顺利通过材料审查、问卷调查、实地考察和综合评审四个环节关于对创园8大类64项指标的各项考核，成绩突出，获得考核组高度赞赏。2016年1月15日，经住建部批准，枣庄市被正式命名为“国家园林城市”，至此枣庄市创建国家园林城市各项工作取得圆满成功。

（四）城乡环卫一体化建设取得显著成效

2013年8月16日，全市召开城乡环卫一体化建设现场推进会议，市城乡环卫一体化建设领导小组办公室按照枣庄市委、市政府工作要求，精心组织，周密部署，明确任务，狠抓落实，加快推进城乡环卫一体化进程，城乡环卫一体化各项工作任务稳步推进，环境卫生整治工作明显好转，“脏、乱、差”现象逐步消除。全市城乡环卫一体化建设工作，以健全城乡垃圾收运处理体系为主线，着力实施了城乡环境专项整治工程、薄弱村庄道路硬化工程、环卫作业市场化工程、资金投入精准化工程、考核评价全量化工程、宣传引导广覆盖工程“六大工程”，成功实现城乡生活垃圾收运处理体系全域覆盖，实现了每村都有保洁员、每村配备垃圾箱（桶）、每镇（街）一座中转站。2015年，集中开展了涉农自然村存量垃圾清理、“三线”环境整治活动，环境卫生面貌得到较大改观；全市城市生活垃圾无害化处理率为100%（城乡生活垃圾无害化收运处理率95%）。实施薄弱村庄道路硬化精准帮扶工程，集中人力、物力、财力对环卫一体化建设薄弱村庄进行村庄容貌整治帮扶工作。采取定向帮扶的形式，市级财政给予每村4万元补贴用于薄弱村庄道路硬化，重点解决百姓出行难问题。薄弱村庄硬化工作成为枣庄市环卫一体化工作亮点，以“政府出资改善居民生活环境”的做法在山东省环卫一体化建设工作中是首屈一指的，开创了“以硬化道路促村庄净化，以惠民实事解百姓之忧，以环卫一体化带动城乡一体”的工作新思路。

实施了环卫精细化保洁，2015年，市区两级投入近4000万元集中采购90部环卫作业车辆，用于城区道路清扫保洁，切实提升了枣庄市城区道路机械化水平，道路机械化清扫、洒水率达到85%以上，2016年底，有4条城市道路被山东省评定为全省深度保洁示范路，全力推进环卫作业市场化工程，采取“政府出资购买公共服务”的方式，由各区（市）主导，以镇（街）为单位，逐步将镇村环卫保洁作业进行市场化托管，全市镇（街）市场化运作率超过90%。

枣庄市已建成并运行垃圾中转站129个，垃圾处理厂8个，垃圾转运车88台，垃圾清运车253辆，全市日均垃圾收运、处理量达2838吨；全市拥有城区公厕432座、镇村公厕970座；拥有村级保洁员9199人、配备村级垃圾收集车8536辆、垃圾箱体5843个、户用垃圾桶52万个；全市3203个涉农自然村庄实现村内道路硬化面积2801万平方米、绿化面积1630万平方米、美化面积2899万平方米，照明设施86945盏，全市各级累计投入15.64亿元。在2015年下半年全省城乡环卫一体化群众满意度调查中，在全省17个设区城市中位列第8名，在2016年上半年的满意度调查中排名第5，为枣庄市历次省级城乡环卫一体化群众满意度调查中取得的最好成绩和名次。2015年底和2016年上半年枣庄市顺利通过了山东省、国家城乡环卫一体化全覆盖认定，成功申报成为省级铁路沿线治理第一批验收市，特别是枣庄市市中区被国家住建部确定为全国首批农村生活垃圾分类和资源化利用示范区，标志着枣庄市城乡生活垃圾处理工作得到了国家和省级的充分肯定和较高期望。

（五）市政园林基础设施建设有了新提升

通过开展创建全国卫生城市、城市人居环境综合整治、规划执法监察和城市“五化”等活动，城市建设管理工作取得了长足的进步，城市市容面貌发生了很大变化，改善了城市的生态环境，净化了城市市容环境。在改善城市面貌、树立城市形象的同时，也为市民提供了一个舒适、清洁、优美的生活环境。枣庄是全省最早的省辖市之一，枣庄作为资源型老工业城市“因煤而兴”，在过去几十年的发展历程中，经济和社会各项事业都取得较快发展，但与一些发达地市相比又有明显不足，特别是城市基础设施建设的滞后性，严重影响了全市经济的发展。对此，已引起了市委、市政府的高度重视，并采取了一系列行之有效的措施，城市管理得到进一步强化，市容市貌有了很大的改观。

实施了一批道路改造建设工程。从青檀路工程开始，先后改造建设了西昌路、光明东路、文化东路及光明广场。文化东路、光明东路、光明广场等工程

项目中，都以一流的质量、一流的速度按期完成，使一大批“断头路”得到了疏通，一大批不毛之地得到了绿化、美化，城市面貌大为改观，赢得了全市上下的普遍信任与认可。创出了多项省、市、国家级优质工程，其中光明广场、西昌路工程荣获全国市政工程质量最高奖——“金杯奖”。

为解决影响居民生产、生活的防洪排水问题，利用银行贷款实施了光明路立交桥泵房改造、市政府宿舍院内排水改造、亚细亚至东沙河排水改造等7项防洪排水工程，保证了城市的安全度汛和人民群众的生命财产安全。

为提高市驻地市容环境卫生质量，环境卫生工作全面实行“五定”责任制，做到垃圾随产随清，车走地净，城市主干道“牛皮癣”得到了有效遏制。大力推行垃圾袋装化收集，强化建筑垃圾统一管理和清运，解决了垃圾围城问题。同时为改善城市生态环境，提高垃圾无害化处理水平，建设了日处理600吨生活垃圾的城市生活垃圾处理工程。

提高城市亮化水平，城市路灯灯明率保持在96%以上，在光明广场安装了四组喷泉灯，新建了标准较高的文化东路路灯，重点抓了市驻地六个主干道路交叉路口的亮化工程，有条件的单位新安装了礼花灯、霓虹灯、轮廓灯，使城市亮化水平有了较大提高。

对报刊亭、电话亭、冷饮亭等城市资产的经营管理进行了有益的尝试，在市驻地主干道两侧统一规划设计、定点制作标准较高、式样美观的综合亭，公开向社会拍卖经营权，还将彻底改变单一的政府投资模式，允许社会资金投资入股城市市政公用项目，鼓励社会经济组织和个人参与改造市政公用存量资产，用经营城市的手段开发市政公用潜在资源。

枣庄市坚持高标准建设、高效能管理，深入开展城市环境综合整治活动，切实解决影响城市环境的脏乱差问题，使城市绿化、净化、亮化、硬化、美化“五化”工程上了新台阶，规范了城市经营秩序、交通秩序、环境秩序，拆除违章搭建、净化城市空间环境，提升城市品位，突出城市特色，树立城市形象。

（六）城市管理队伍建设有了新加强

始终把领导班子的思想建设、作风建设和组织建设放在重要位置，并倾注了大量精力，塑造了一支有能力、有道德、有纪律的干部职工队伍。结合业务工作，认真开展党的先进性教育、党的群众路线教育、“三严三实”学习教育、“两学一做”学习教育等活动。采取党员干部“领学”、业务“自学”、观看专题片、听专题报告、参观红色教育基地等多种行之有效的方式，确保了学习教育抓出特色、学出成效。进一步增强党员干部政治意识、大局意识、核心意识、看齐意识，强化了宗旨观念和先锋模范作用。同时，认真做好机关效能监察和社会服务承诺工作，明确办事机构和办事人员，做到了事事有回音、件件有落实。积极开展行风评议活动，并将行风评议与政务公开活动结合起来，落实到具体工作中。

城管执法文化建设有了新推进。一是抓学习，提升文化素养。通过不断创新学习方式、完善学习制度、丰富学习内容，强化教育培训。坚持“请进来”抓理论、强业务，请专家教授培训法律法规知识；“走出去”组织干部职工到外地学习交流，借鉴先进经验，加快培育城管执法素养。二是抓宣传，营造文化氛围。积极开展城管法律法规和城管文化宣传“进社区、进街巷、进校园、进家庭”宣传活动。积极支持新闻媒体全程参与城管执法重大活动，广泛宣传报道执法一线的先进人物和先进事迹。积极发挥城管标志、执法装备、业务窗口、城管网站等设施建设作用，进一步把城管文化融入执法各个环节和全过程。三是抓载体，丰富文化内涵。开展了演讲比赛、知识竞赛、文体比赛等活动，搭建文化活动交流平台。开展创先争优活动，形成学先进、争先进、赶先进的文化氛围。通过开展城管救济救助活动，体现了城管人文关怀。

三、主要经验

（一）牢固树立为人民管理城市的理念

以为人民管理城市为本，把为人民管理城市作为一切工作的出发点和落脚点，把建设让人民满意城市作为检验和衡量城市管理工作的根本标准，全面提高城市管理科学化水平。实现“为城市管理人民”到“为人民管理城市”的根本转变，确立了方便人民是现代城市管理的根本出发点、人民满意是现代城市管理的最高价值的共识。

1. 打造服务为先的工作模式。以保障和改善民生为城管工作的出发点、落脚点，围绕便民、利民、惠民开展城市管理工作，赢得群众的认可支持；把城市看成是综合性、开放性、动态性的有机体，统筹兼顾各方面群众的关切，调动一切可以调动的治理主体，形成齐抓共管的工作格局，推动城市管理工作的全面、协调、可持续发展。

2. 强化社会治理理念。顺应城市化进程加速和市民社会雏形显现的趋势，探索建立“以法制为规范、以行政为主导、以社会自治为基础”的城市治理手段体系，坚持系统治理，加强党委领导，发挥政府主导作用，鼓励和支持社会各方面参与，实现政府治理和社会自我调节、居民自治良性互动；改变过去的管理、控制思维，强化调控、引导、服务意识，建设服务型城管；与相对人，以及相关单位、社会组织、社区，建立自主表达、协商对话、平等参与的合作型伙伴关系，发挥他们在城市管理中的主体作用。

3. 坚持走城市管理的群众路线。树立一切为了群众，一切依靠群众的群众观点，明确市民是城市的主人，城市管理的目的是为了百姓民生，而不仅仅是市容形象；运用从群众中来，到群众中去的工作方法，问计于民，问需于民，构建人民城管、群众城管；坚持把党的路线方针政策变为群众的自觉行动，调动市民群众参与城市管理。

（二）城市管理体制机制改革是城市管理发展的关键

1. 整合各方力量，构建大城管格局。成立了以市长任主任，市直相关部门负责人、区长任成员的城市管理委员会。城市综合管理委员会作为决策指挥机构，负责确定城市管理的目标任务、工作计划、考核办法等，区作为责任主体承担辖区内城市管理事务，街道和社区作为基础组织负责落实辖区内环境卫生、市容整治等工作。规范组织机构，健全“两级政府、三级管理、四级网络”组织体系，科学设置内设机构、派出机构，整顿不合理的机构设置。这种职责明确、权限分明的管理体制，发挥了城市管理局在城市管理中的主管职能部门作用，调动了社会各界力量，充分体现了“党委领导、政府负责、社会协同、公众参与”的社会管理体制和原则。

2. 推进城管进社区，做实社区第四级网络，夯实城市管理基层基础。以社区居委会为依托，搭建综合服务平台，向下延伸服务触角，做人民群众的贴身人、贴心人，遏制住管理乱象的根源。下移重心，提高乡镇执法管理服务效能。落实网格化管理，推行责任区制度，发动群众参与城市管理。在社区设立宣传栏，定期开展法律法规宣传活动，培养社区居民的“城市主人翁”意识，引导他们自觉爱护城市的一草一木，自觉同破坏市容环境秩序的行为做斗争，从点滴做起，争当文明市民，全市上下形成了“人人爱城市，人人管城市”的良好氛围。

3. 推行人性化执法。探索管理、执法和服务三位一体的“721”工作法，努力做到用服务手段解决70%的问题，用管理手段解决20%的问题，用执法手段解决10%的问题，实现了城市管理由粗暴转向文明、由处罚转向服务、由突击转向长效。将人性化管理与严格执法有机融合起来，打造管理、执法和服务三位一体的人性化城管机制，实现了城市管理方式的三大转变。一是由粗暴执法转变为文明执法。强化“民生为先、换位思考、真诚服务”的职业意识，确立“完成、完好、完美”的工作标准，执法人员上门为管理对象送服务、送法律、送政策、送指导，每个城管人员出门就上班，带着满腔热情、深厚感情提供人性化、柔性化、理性化执法服务，做到执法“行动快、效果好、有回音”，实现了执法行为和执法人员形象的根本转变。二是由执法就是处罚转变为以服务保障执法。改变过去以罚为主、以堵为主的执法方式，采取关口前移、服务在先、先疏后管的方法解决城市管理中的顽疾，最大限度防止矛盾激化。

4. 推进城市管理数字化、精细化、智慧化。建设数字化城管运行平台，综合运用现代信息技术和移动通信技术，借力智慧城市建设，整合有关数字资源，搭建数字城管平台，变粗放管理为精细管理，变被动管理为主动管理，提高城管工作效率和标准率，提升百姓满意度。

（三）打造一支优秀的城管队伍是城市管理发展的保障

一是加强教育培训。建立教育培训考评机制，将政治学习、业务培训、军事训练、职业道德、礼仪教育纳入制度化轨道，解决能力、效率、理念、作风问题。加强对协管员的教育、培训、管理，全面提高队伍综合素质；加强城管行业文化建设，总结提炼积极向上的城管文化，提高行业凝聚力、职业归属感。二是坚持依法行政。加快城市管理立法进程，完善行政执法程序，规范执法自由裁量权，加强对行政执法的监督，全面落实行政执法责任制和执法经费由财政保障制度，做到严格规范公正文明执法，杜绝暴力执法、野蛮执法、以罚代管现象。严把人员入口关，未取得执法资格的人员不得从事执法工作，规范协管员队伍的管理，畅通法律救济渠道，建立公众利益和诉求表达机制，保护相对人权利。

审稿人：孙传标

撰稿人：张传民　沈　非

李　允　崔　杰

枣庄交通运输事业的发展历程、成就及经验

"经济发展，交通先行"。

改革开放以来，是枣庄交通运输事业发展最快的历史时期。30多年来，在市委、市政府正确领导下，在社会各界的大力支持下，全市交通运输工作积极围绕服务经济社会发展大局，坚持改革创新、快速发展，不断加快交通基础设施建设，强化行业管理，有效推动了枣庄经济社会健康快速发展，留下了宝贵的经验和启示。

一、枣庄交通运输事业的发展历程

枣庄地区历史悠久，交通事业源远流长。据史书记载，公元前21世纪，奚仲被夏禹封于薛（今滕县张汪镇黄殿岗一带），任车正；公元前473年和公元前334年，诸侯两次会于徐州（今滕县南），这从侧面反映出当时枣庄地区交通便利。随着时代的变迁，交通运输事业得以不断发展，特别是改革开放以来，交通运输事业受到历届市委、市政府的高度重视，每年都投入大量资金用于交通基础设施建设，特别是1998年以后，国家实施积极的财政政策，大幅度增加了交通基础设施投资力度，枣庄市交通基础设施建设得到了快速发展。

（一）交通运输事业起步发展阶段（1978—1997年）

1. 国省干线公路方面：中华人民共和国成立之初，枣庄市仅有几条干线公路，通车里程为25公里，全部为土路，公路缺桥少涵，路基狭窄，技术状况差。经过30年的发展，到1978年，枣庄市公路通车里程960公里。改革开放之初，公路建设按照省政府提出的"交通必须先行，交通必须打通，交通必须适应"的方针，明确职责，理顺关系，调整政策，呈现出良好发展势头。到1985年，全市有各类公路71条，总长1111.35公里。1986年以来，注重落实"普及与提高并重、以提高为主"的方针，重点修筑断头路、破损严重的老油路和三级以下的路段。至1990年改建二级公路130.9公里，新增公路里程169.8公里。1994年，公路建设实施了向高等级公路为主的战略转移，调整和制定了新的公路建设指导思想、规划目标和政策措施。至1997年，全市公路通车里程达1606.6公里，按道路等级划分，一级公路74.2公里，二级公路483.1公里，按道路类别划分，国道107.6公里，省道545.1公里，县乡道及专用公路分别为540.4公里、382.2公里、31.3公里。

2. 港航方面：京杭运河枣庄段主航道全长43公里，西自韩庄闸出微山湖顺流东下，流经枣庄市的峄城区、台儿庄区至涛沟河口的苏鲁省界。民国初期，韩庄运河严重淤塞，韩庄运河遂成为季节性通航河道。新中国成立后，为了下泄南四湖洪水和排除两岸洪涝，从1958年开始至1972年共进行了7次续建和扩大治理工程。到1978年，建有台儿庄、刘庄2座六级船闸，年单向通过能力250万吨；拥有港口4处，25个100吨级码头泊位。1983年和1992年，又先后两次续挖航道，使之达到了六级航道标准，可通航100吨级船舶，使沉寂多年的枣庄段运河的水上运输得以逐步恢复发展，进而逐步形成了以枣庄段运河为骨干的东线航道。该段航道在台儿庄以上借助伊家河通航，航道底宽15米，水深2米，弯曲半径50米；台儿庄以下底宽20米，水深2米，弯曲半径180米。航道断面浅窄，等级标准低。随着社会经济的快速发展，船舶运力的不断增加，作为六级标准的刘庄与台儿庄船闸，严重影响港口的吞吐能力。

1988年12月13日，为解决台儿庄至大王庙段卡脖子航道，保证运河运输畅通，经国家计划委员会和交通部批准修建台儿庄二线船闸，并作为应急工程实施台儿庄至大王庙18.5公里三级航道工程。1989年，经国家计划委员会和交通部批准，在韩庄运河（台儿庄—大王庙）航道开挖工程建设的同时，于台儿庄船闸南韩庄运河右岸大堤内侧的滩地上新建二级标准船闸一座，并于1995年投入使用，台儿庄船闸的兴建是枣庄段运河发展史上的重要一页，成为京杭运河基础设施建设的全新起点。随着该项工程完工，韩庄运河上的台儿庄通航枢纽不仅完全形成，而且规模扩大。

1992年11月，交通部、水利部又批准建设韩庄运河台儿庄至大王庙航道及防洪工程，按三级航道和20年一遇防洪标准设计，主要工程项目包括主航道扩挖、两岸堤防加固。对主航道沿原航道拓宽挖深，局部裁弯取直，设计河底高程17米，底宽50米，可通航1000吨级驳船。由于该段航道在山东境内为6.5公里，其他部分属江苏中运河段，为便于工程施工管理，经交通部、水利部共同协商，由交通部拨款3000万元，水利部淮河水利委员会具体实施。工程于1994年6月开工，1996年5月竣工。至此，韩庄运河航道台儿庄以下区域存在数十年的卡脖子问题，除310国道公路桥通航净空不够的问题尚未得到彻底解决外，大部分航道已达到三级标准。"九五"和"十五"期间，为使韩庄运河航道全线畅通以后适应运量不断增加的客观需求，1993年12月9日，国家计委批复了《京杭运河（济宁至徐州）续建工程济宁至台儿庄段可行性研

究报告》，整个工程包括航道、船闸、桥梁、港口和通信5大门类。该段航道开挖自微山湖口至台儿庄节制闸上，开挖总长度近38.5公里，按三级标准施工，在原航道断面基础上进行加深、加宽。韩庄至万年闸段河底高程为25.6米（废黄河高程），底宽104米，边坡1：2，通航保证率可达95%。工程土方总量12.66万立方米，总投资1.83亿元。工程于1995年11月18日开工，1996年7月8日，河槽扩大主体工程竣工，至此京杭运河枣庄段全线贯通。

3. 铁路方面：中华人民共和国成立初期，枣庄境内建有津浦铁路、薛枣铁路以及10余条专用线通往各大厂矿企业，辖区内线路总长87.62公里（不含专用线）。京沪铁路（原津浦铁路）兴建于1908年，1912年10月16日建成通车。枣薛铁路（原为临枣铁路）东起枣庄，西与京沪线薛城站接轨，全程31.12公里，是1911年津浦铁路北段总局为运中兴煤矿有限公司煤炭而修建，1957年移交徐州铁路分局，开展客运业务。专用铁路方面，枣庄多数专用铁路在六七十年代发挥了巨大作用，随着市场经济的发展，专用铁路运输逐渐被废弃，目前，依然在使用的有十里泉电厂运煤专用线、官柴运煤专用线、官木铁路专有线、枣庄矿业集团各煤矿运煤专用线、液化专用线等。到1997年，枣庄辖区有过境京沪铁路1条，薛枣铁路1条，专用线31条，京沪铁路自滕州市界河镇入境，经界河站、滕州站、南沙河站、官桥站、井亭站、枣庄西站、沙沟站，至薛城区沙沟镇出境，全长56.5公里。薛枣铁路东起枣庄站、经山家林站、邹坞站，西至枣庄西站与京沪铁路接轨，全长31.12公里。京沪铁路、枣薛铁路为枣庄市辖区及周边地区旅客、货运提供了快捷、安全、便利的服务。

4. 农村公路方面：改革开放初期，全市农村交通条件普遍较差。大量乡镇和村庄都不通公路，少数几条通部分乡镇的道路基本为土路。到1985年，全市共有区县公路38条、乡镇公路16条，总里程557.35公里。公路站负责农村公路建设、管理和养护等，养路费用主要来自于农民“三提五统”交通建设费和拖拉机养路费，养护资金和设备严重匮乏，仅仅能满足沙土路面一般保养，这一时期农村公路建设的主要任务是重点解决“通”的问题。伴随着改革开放的不断深入，经济社会快速发展，市委、市政府积极转变公路交通发展思路，调整农村公路发展方针，采取以工代赈、交通扶贫等一系列政策措施，逐年加大对农村公路建设的投资力度。自20世纪90年代初，随着“四通工程”的逐步开展，农村公路得到了较快发展。

5. 道路运输方面：改革开放之初，1978年，全市客货运输车辆共计4175辆，完成公路客运量287.2万人、客运周转量9602.2万人公里，完成公路货运量1197万吨、货运周转量19537万吨公里。随着交通基础设施的逐渐完善，道路运输能力也在不断增加，运输市场逐渐走向繁荣。到1997年，全市共有客货运车辆9843辆，成公路客运量2701万人、客运周转量132496万人公里，完成公路货运量3216.9万吨、货运周转量245539万吨公里。

（二）交通运输事业全面快速发展阶段（1998年至今）

1. 公路方面：1998年起，国家实施积极的财政政策，加大基础设施建设力度，促进公路建设持续快速发展。一级路从无到有，由少到多，高速公路实

京台高速枣庄新城互通立交

现突破。1998年12月30日，206国道万年闸公路大桥建成通车。2000年12月，枣（庄）木（石）高速公路改建通车，北留公路滕州至王晁段、店韩公路山亭北段、206国道与京福路连接线及光明大道、枣徐公路枣庄城区段、光明东路、文化东路通车。2001年3月20日，郯（城）薛（城）公路枣庄段改建工程开工。2002年4月1日，市委、市政府先后举行206国道枣庄东段、枣（园）徐（州）公路枣台段和新（泰）枣（庄）公路枣庄段改建工程开工仪式。2003年开工建设的枣薛复线拓宽改造工程（光明大道），实现了新老城区的快速对接，为枣薛经济带开发建设打下了坚实基础。2004年竣工的枣薛线、枣济线、枣徐线、平滕线4项改建改造工程于2006年通过了省厅公路局验收，全部被评为优良级工程，实现了优质高效的目标。2006年，实现了市到区（市）之间由一级以上高等级公路互连互通。2007年，206国道营子至涧头集段改建工程的竣工，标志着境内路段全部达到一级公路的标准。2008年，率先在全省实现了干线公路消灭了三级路的目标，形成以新老城区为中心的新“半小时经济生活圈”。2008年以后，交通基础设施投资进一步加大，公路里程和技术等级都获得长足发展，特别是枣临高速公路（S38），全长88.6千米，西接京台高速公路，东联京沪高速公路两条高速大动脉，总投资35.5亿元，于2013年全线通车，打通了枣庄出海大通道。枣木高速公路东延工程，全长24.35公里，总投资25.3亿元，于2016年底开工，该项目建成后，将在枣庄境内实现京台、枣临、枣木三条高速公路的互联互通，形成枣庄中心城区的高速公路环线。截至2017年底，累计完成投资7.03亿元，占总投资的28%，红线内拆迁工作已完成99%。枣菏高速枣庄段工程，主线工程，全长约31公里，工程估算约25亿元。京台高速至微山县城连接线工程，全长11.2公里，工程估算约11亿元。截至2017年底，累计完成投资6.8亿元，

京杭运河台儿庄船闸

主线征地拆迁完成99%，微山连接线征地拆迁已启动。新台高速枣庄段工程，枣庄市境内75.8公里，其中新建50.2公里，利用枣木高速东延段14.7公里，利用枣临高速段10.9公里。枣庄段概算投资约50亿元。计划2020年建成通车，建设工期36月。2017年12月29日在市中区枣庄东枢纽位置举行动工仪式。京台高速枣庄段改扩建工程，项目可研报告编制完成并已提交省交通厅进行审查，省交通厅出具了行业审查意见。社会稳定风险评估、环境影响评价报告、规划选址等各项前期工作正在按计划有序推进。

2. 港航方面：1999年12月，韩庄运河中游的万年闸枢纽工程竣工，并于月底举行了韩庄运河全线通航仪式。为了增加京杭运河枣庄段主航道的通过能力，确保南水北运主航道的畅通，2006年12月，台儿庄复线船闸开工建设，设计年通过能力2200万吨，总投资约2.24亿元，于2012年通过竣工验收。该项目的建成，进一步完善了区域综合交通运输体系，对于京杭运河主航道的排堵保畅，确保内河南北水运主通道的畅通，发挥了不可替代的作用，同时也开创了京杭运河山东段二级船闸双线运行的先例。《枣庄港总体规划》于2013年底获省政府批准实施，按照规划枣庄港区将形成“一港四区六作业区”的发展格局，即台儿庄、峄城、滕州和薛城四大港区，规划期内将建成各类货运泊位123个，全市港口吞吐能力将达到8190万吨。其中，峄城港区魏家沟作业区#1-#6泊位工程已建设完成正式投入运营；台儿庄港区马兰屯作业区#1-#6通用泊位工程已完成交工验收投入试运营；滕州港区滨湖作业区#1-#6通用泊位工程建设已启动，预计2018年底可完成主体工程建设。薛城港区薛城作业区通用泊位工程港口岸线已获批复，初步设计已批复，施工图设计工作结束，正在进行开工前的准备工作。另外，台儿庄港区涧头集作业区#1-#6通用泊位工程、滕州港区西岗作业区#1-#6通用泊位工程、滕州港区滨湖作业区#7-#11通用泊位工程都已明确项目投资主体，前期工作在积极开展。全市着力开展京杭运河枣庄段二级航道整治工程和万年闸复线船闸工程。京杭运河枣庄段航道三级升二级工程，该项目建设以马兰大桥为界分为上下两段实施，于2016年6月获批准立项，2017年10月对初步设计进行了批复，计划2018年12月开工建设。万年闸复线船闸工程于2016年8月9日开工建设。建设规模为国家Ⅱ级标准船闸，设计年单向通过能力2900万吨，概算总投资6.6亿

京沪高铁枣庄站

元。截至 2017 年底，累计完成工程产值 3.75 亿元，占工程总量的 53%，防洪大堤工程土方填筑完成，206 国道桥改造工程施工全部完成，土方工程累计完成 68%。

3. 铁路方面：枣临铁路，1996 年 4 月省计委批复立项，2003 年重新编制了预可行性研究报告，2005 年省发改委将枣临铁路列入了“十一五”期间开工建设项目。2006 年 1 月，“枣庄西站”改名为“枣庄站”，“枣庄站”改名为“枣庄东站”。同年 4 月，枣庄火车站新站房暨站前广场建成启用。2008 年，枣临铁路被铁道部纳入“十一五”铁路建设规划，2008 年 12 月开工建设，于 2012 年 11 月建成通车。枣临铁枣临铁路西起京沪线井亭站，东至兖日线的朱保车站，途经枣庄市薛城区、高新区、市中区、峄城区，临沂市兰陵县、兰山区，线路全长 119.51 公里，枣庄至朱保新建铁路正线 85.78 千米，其中利用井洪联络线及薛枣线改造长度有 33.73 千米。枣临线经枣庄市境内 57.05 千米，其中既有线改造 33.73 千米，新建 23.32 千米。线路标准为国铁Ⅱ级、单线、全封闭电气化铁路，设计时速为 120 千米 / 时，以货运为主，兼营客运。2016 年 5 月 15 日，枣临铁路开通客运列车。枣临铁路由铁道部和山东省及社会资本采用多元化投资模式组建的合资铁路公司负责项目建设。总投资 30.02 亿元。

京沪高铁是国家重点实施的客运专线，途经枣庄市四个区（市），全长 86.77 公里，涉及沿线 14 个乡镇 96 个村庄，征用土地 4052 亩，拆迁面积 27.7 万平方米，总投资近 100 亿元。按照市委、市政府确定的“山东第一、全线最优”的工作目标，枣庄市积极协调施工环境，创造施工条件，率先完成了房屋拆迁、土地征用报件手续、三电迁改，做到了全线最优。2010 年 12 月 3 日，在京沪高铁枣庄至蚌埠间的先导段联调联试和综合试验中，国产“和谐号”CRH380A 高速动车组最高运行时速达到 486.1 公里，再次刷新世界铁路运营试验最高速。站房作为单体工程，面积由 3000 平方米增加到 10000 平方米，总投资 1.7 亿元，于 6 月 30 日与京沪高铁同步投入使用。同时，京沪高铁枣庄西站成功更名为枣庄站，既有线京沪铁路枣庄站更名为枣庄西站。

4. 枣庄机场：枣庄民用机场西集场址位于枣庄市山亭区西集镇南侧，处于枣庄市的中心地带，距离枣庄新城区直线距离约 15 千米，距离老城区直线距离约 15 千米，距离滕州市直线距离约 28 千米。机场规划为民用支线机场，兼顾通用航空需求。枣庄民用机场于 2017 年 2 月 25 日被国家列入《全国民用机场布局总体规划》“十三五”新建项目，是枣庄市“十三五”期间的重点建设项目，对于打造水陆空综合交通运输体系，方便人民群众出行，促进经济社会发展，提高对外开放水平具有重要意义。2017 年 9 月 7 日，中国民航局正式对枣庄民用机场选址进行了批复，同意将西集场址作为山东枣庄民用机场的推荐场址。这也标志着枣庄民用机场项目前期工作取得重大进展，为建成通航奠定了重要基础。

5. 农村公路方面：2000 年，交通部、国家计委联合下发《关于印发加快农村公路发展若干意见的通知》，确立了“以服务于发展农村经济，不断提高农民的物质文化生活水平为宗旨”的发展思路。2002 年底，全市公路里程达 1925.1 公里，其中县道里程 597.8 公里，乡道里程 394.8 公里，专用公路 64 公里，农村公路发展格局初步形成。2003 年以后，农村公路进入大投入、大发展阶段。根据国务院提出的建设社会主义新农村的部署，交通运输部提出了“修好农村路，服务城镇化，让农民兄弟走上油路和水泥路”的工作目标，对投资结构进行重大调整，实施了“东部地区通村、中部地区通乡、西部地区通县”工程。2006 年，交通部出台《农村公路建设管理办法》，指出“农村公路建设的技术指标应当根据实际情况合理确定”，同时，“十一五”期间，全面启动了农村公路建设“十一五”规划，国家又提出“五年千亿元”工程，全国农村公路建设进入了快速发展轨道。枣庄市政府不断加大资金投入，在全市范围内大力实施“村村通”工程，农村公路建设迎来了历史性机遇，进入了快速发展的新时期。“村村通”工程实施以来，共新改建农村公路 5662.2 公里，农村公路网络化初步形成。随着“村村通”工程逐步深入，全市农村公路里程迅速增加，养护管理任务日趋繁重，先期建设的农村公路也有部分出现了严重病害，农村公路养护管理成为农村公路工作重点，农村公路

发展由“重建轻养”阶段转入到“建养并重”阶段。这一时期农村公路里程增长趋缓，路网规模趋于平稳，养护管理需求显著增加，为适应这一变化，枣庄市积极探索创新农村公路管理养护体制和运行机制，建立了政府主导，资金、人员、责任、考核、奖惩“五个落实”的长效机制，实现了农村公路养护管理的常态化、规范化。党的十八大以来，认真贯彻落实习近平总书记关于把农村公路建好、管好、护好、运营好的重要指示批示精神，先后在全市范围内实施了村级道路网化工程、农村公路生命安全防护工程和村居道路“户户通”工程等，随着一系列重大工程的稳步实施，枣庄市农村公路发展进入了服务全面建成小康社会的新阶段，迎来了农村公路发展的新时期。

6. 道路运输方面，随着交通基础设施的不断完善，道路运输业迅猛发展，全市公路运力不断增加，运输市场走向繁荣，多种经济成分并存、协调发展，运输经济实力逐渐提高。截至2017年底，全市营业性机动车共发展到41312辆，其中营业性客车467辆，营业性货车40845辆。现有道路客运企业8家，客运班线244条；公交企业13家，公交车2793辆；出租汽车客运企业18家，出租车1539辆；危险品运输企业13家，危险品运输车362辆；五级以上客运站48个，货运站29个；机动车维修业户269户，A级汽车综合性能检测站8家；机动车驾驶员培训学校共27家，从业资格证培训学校4所，共有教练车2164辆，教练员2209人。全市道路运输从业人员共8.08万余人。2017年共完成公路旅客运输量2497万人、旅客周转量177236万人公里；货运量6288万吨、货物周转量1500703万吨公里。运力结构不断优化，新能源车辆和清洁能源车辆比重逐渐增加。全市共有新能源车辆3310辆，其中新能源公交车1590辆，双燃料出租车1539辆，新能源客车125辆，新能源货车56辆。纯电动公交车得到了快速发展，投入运营的纯电动公交车已达1350辆，行业节能减排成效明显。

二、枣庄交通运输事业发展主要成就

（一）快速公交BRT发展走在全国前列

2010年8月2日，枣庄市首条BRT线路B1线顺利开通运营。截至2016年底，枣庄市已开通BRT主线5条（B1—B5）、支线2条（T1、T2）、专线1条（B10）。目前，枣庄BRT已实现市辖区全面覆盖、互连互通，通车总里程达到148.5公里，日均客流量约6万人次，成为全国最长的BRT运行线网，加上规划建设中的B6线，BRT通车总里程将达180公里，日均客流量将超过15万人次，实现市域全覆盖。

BRT开通运营以来，充分体现了“快、准、捷、廉、好”的特点：道路专用，信号相对优先，保证了“快”，普通公交时速10—15公里，枣庄BRT平均时速45公里，达到了地铁时速；运营管理科学高效，确保了“准”，BRT准点率达到99%，跟地铁不相上下；除个别线路外，BRT线路均实行2元一票制，便宜低廉的票价，加之长达70公里的免费换乘里程，在财力许可的前提下做到了最大程度地让利于民，体现了“廉”；线路衔接合理、换乘方便、四通八达，突出了“捷”；低碳环保、安全舒适、服务优质，提升了市民的幸福感，实现了“好”。以B1线为例，开通前该线路日均客流量8000人次，开通后达5万人次，高峰期达7万人次，充分展示了BRT巨大的吸引力，得益于BRT的积极影响，市民群众对公交的满意度由原来的75%提高到现在的91.5%。

枣庄市BRT的发展大大提升了市民出行的便捷度，促进了不同城区间的居民流动，实现了五区公共资源共享；加快了公共服务均等化进程，依托BRT建设，枣庄市先后完成了103条城乡客运线路公交站改造；此外，BRT的建设还有效拉动了文化旅游产业及服务业的发展，依托B10线，古城快速牵手高铁，为台儿庄古城打造国际知名旅游目的地提供了有力的交通保障。

枣庄市BRT的建设既结合了本地组团城市的地域特点，又有效发挥了其比较优势，得到了业界同行和交通运输部的充分肯定，并被交通运输部以简报专刊形式在全国推广。“枣庄BRT”被评为“中国道路运输领袖品牌”，获颁“公共交通城镇一体化发展奖”；基于枣庄BRT开展的“枣庄快速公交建设运营关键技术研究”课题荣获中国公路学会科学技术奖二等奖。

1. 结合市情特点，明确以BRT为龙头的公交发展战略

由于资源型城市的特殊性，枣庄形成了典型的组团式城市格局，各城区相距较远，人口规模都不大，城市建设区域分离、资源分散，人气、商气难以聚集，中心城区很难壮大，极大制约了城市发展水平和居民生活质量的提升。发展大运量公共交通，缩短各城区时空距离，实现组团城区资源共享、一体发展，成为亟待解决的问题。纵观各种运输方式，轻轨、地铁等不仅工程造价高，且建设工期长、运营费用大。作为资源枯竭型城市，枣庄财力相对较弱，难以承担巨额投资。相对而言，BRT造价低、见效快、灵活性强的特点最符合枣庄实际，要实现同城化，在公众出行上发展BRT是必然选择。为此，市委、市政府于2006年做出了发展BRT的决策部署，是当时全国最早提出规划建设BRT的城市之一。

2. 坚持“四个优先”，确保BRT发展战略顺利实施

一是规划优先，确保线网布局合理。市财政投入专项资金，委托上海同济城市规划设计研究院编制了《枣庄市城市公共交通规划》。为确保规划科学合理、操作性强，由交通部门牵头，规划、住建、国土、环保、财政、公安等相关部门提前介入，充分吸纳合理意见。规划不仅涵盖BRT，还包含城际公交、城区公交和城乡公交一体化，BRT、城际公交连接城区，普通公交服务各城区内部，

城乡公交通达乡镇，实现全域覆盖、服务城乡。

二是路权优先，确保BRT运行畅通。随着私家车激增，城市道路拥堵日益加剧，给公交车辆的畅通运行带来极大困难。开通BRT，设置专用道，重新分配城市路权，最多只占用道路交通资源的三分之一，给占多数的无车群众使用，体现了社会公平。为此，枣庄市BRT线路全部设置专用车道，实行标线隔离、路权专用。同时，为确保BRT专用路权不受侵扰，沿线设置高密度视频监控设备和电子警察抓拍系统，及时查处违规车辆。

三是信号优先，保障BRT通行速度。枣庄BRT主要用于组团城区的快速连接，平均里程达30公里，沿途交叉口较多，难以保障快速通行。为此，采取红灯早断、绿灯延时的方法，减少BRT车辆等候红灯和通过路口的时间，最大限度地保证了快速和准点。信号优先不是绝对优先，而是相对优先，其基本原则是“照顾快速公交，兼顾其他车辆”，以确保其他车辆、行人通行安全和整个路网的交通流顺畅。

四是政策优先，确保顺利建设运营。一方面，将BRT建设资金、运营亏损纳入财政预算，优先予以保障，另一方面，在城市规划、用地保障、设施建设、交通管理等方面全力支持BRT发展，全市的城市规划建设和道路改造，原则上要主动对接、充分考虑公交发展的需求，与公交场站、站点同步设计、建设和使用。

3. 立足政府主导，全力推进BRT工程建设

BRT建设涵盖征地拆迁、管线迁改、交通配套设施建设、站台施工等内容，涉及多个部门、区（市），可以说是一项复杂的系统工程。为此，我们在政府主导的框架下实行分工负责，确保了工程建设的顺利实施。

一是加强领导，明确职责。市政府将BRT建设列为“一把手”工程，主要领导亲自过问，对线路走向、站点设置、道路改造等具体事项提出明确要求；成立专门领导小组，由分管副市长任组长，相关部门负责人为成员；设立领导小组办公室，负责工程建设的组织协调、调度督导；市直有关部门及沿线区（市）政府根据职能划分和属地原则，负责具体工程建设任务。

二是建章立制，狠抓落实。建立三项制度，切实加强对工程建设的检查考核。一是督查制度。由市监察局牵头，会同市政府督查室，加强对工程进展情况的督促检查。二是建立调度专报制度。由领导小组办公室定期对工作进展情况调度汇总，提出主要问题和工作建议，报政府参阅、决策。三是严格行政问责。对因施工组织不力或推诿扯皮，贻误工作进度、未能按时完成任务的，严肃追究相关人员的责任。

三是加强引导，营造环境。由宣传部门牵头，采取人物访谈、实景报道、现场咨询、图片展览等群众喜闻乐见、易于接受的方式引领社会舆论，展现社会对BRT工程的关注和认识；通过交通咨询投诉热线、网络、报纸等载体，对群众提出的站点设置、施工组织、专用车道使用管理及信号优先等方面的疑问及时释疑解惑，让群众了解BRT、关心BRT、支持BRT，为工程建设营造良好的舆论氛围。

4. 强化运营管理，提升BRT发展综合效益

建设是基础，运营是关键。为确保运营管理规范，通过实行低票价、加强运营组织、提高换乘便捷性、强化管理服务改革等措施，实现BRT快速准时、便捷换乘、安全舒适、服务优质。在换乘方面，为充分发挥BRT快捷、方便的特点，在BRT线网重要的换乘节点先后建设了联通换乘中心、复元五路换乘站、陶庄换乘站，乘客在这3处换乘站可通过地道、天桥等方式实现不同线路之间的双向免费换乘，在此基础上，对现有BRT及普通公交线路进行了调整，开通BRT新能源换乘线15路、25路、35路，投入车辆42部，最长换乘运行里程达70余公里。通过调整，枣庄市老城区主干道基本实现全覆盖，BRT线路和换乘线路在联通换乘中心免费接驳换乘，进一步提高了BRT运行效率。在服务方面，推行“准航空式”服务标准，对驾驶员、站台服务及后勤管理人员进行全封闭式军事化训练，聘请专家进行服务礼仪、服务技巧等方面的培训，员工统一着装，站立式服务，普通话导乘，受

到社会各界和广大乘客的一致好评。为打造低碳、绿色公交，枣庄市所有BRT车辆及免费换乘车辆均为新能源或清洁能源汽车。目前，BRT温馨服务品牌已成为枣庄市公交优质服务的一面旗帜。

（二）城乡公交一体化快速发展，城市乡村公共交通服务均等化加速推进

枣庄市坚持公交优先发展理念，统筹谋划推进城乡公交一体化，稳步实施城乡客运班线公交化改造，大力建设BRT快速公交，逐步形成城乡公交与城市公交有效衔接、普通公交与快速公交换乘便捷的公交网络，越来越多的农民群众与城里人一样，享受到了公交带来的便捷与实惠。截至2017年底，全市累计改造农村客运班线98条，64个镇（街）、2238个行政村开通了城乡公交，城乡公交镇（街）通达率100%、行政村通达率98.5%，成为全省第二个实现城乡公交镇（街）全覆盖的城市。目前，全市已基本形成以BRT快速公交为骨干、城区公交为主体、城际公交为补充、城乡公交为拓展的覆盖全域、衔接顺畅、换乘便捷、四通八达的公共交通网络体系。

1. 突出规划引领，促进城乡互联互通。枣庄市聘请同济大学对市中心城区公共交通发展进行了全面规划，确立了快速公交为骨干、城区公交为主体、城际公交为补充、城乡公交为拓展的公共交通发展规划体系。各区（市）按照建设“大公交”的理念，遵循科学合理、适度超前的原则，均高标准编制了城乡公交发展规划，优化公交线网布局，统筹公交资源配置，公交运营范围由城区向所有乡镇、村居延伸，逐步实现城乡互联互通、一体发展。如：滕州市聘请清华大学编制了城乡公交一体化规划，分年度、分阶段将城际和城区至各乡镇、大型工矿区、行政村及旅游景点的客运班车改造为公交化运营，形成以市区为中心、辐射周边、功能齐全、设施完善、换乘方便、服务规范的城际、城市、城镇、镇村“四位一体”的公交运营网络。山亭区与同济大学合作，编制了公交线路规划，计划到2020年底基本形成城区、乡镇、村居三级公交运营网络。

2. 突出因地制宜，平稳推进客运班线公交化改造。按照先急后缓、企业运作的办法，宜通则通、宜改则改，切实维护原个体业主的合法权益，平稳推进城乡客运班线公交化改造。对新开通的公交线路，选择群众需求大、对原有客运班线影响小的线路。如：山亭至店子公交线路，公交公司购置车辆投入一次性到位，按期顺利开通。对影响现有客运班车较多的线路，根据经营期限情况，采取补偿+奖励的办法，分期分批促使个体业主逐步退出市场。如：滕州市对原个体业主的车辆残值、预期经营效益、人员安置费用、退出奖励等进行评估，由公交公司按照评估总价给予补偿，财政以奖代补形式补贴50%，顺利完成20条线路、109辆个体中巴车的收购，没有出现一起越级上访事件。

3. 突出公益属性，惠及广大城乡居民。城乡客运班线公交化改造后，全部实行公司化运营，统一调度管理、统一票价制度、统一规范服务、统一运行班次，原来老旧、拥挤的小中巴更新为天然气节能公交大客车，票价普遍比改造前降低50%以上，使群众享受到安全便捷、优质高效的公交服务。通到家门口，抬腿就上车，出门坐公交已成为群众出行的首选。如：滕州至微山湖红荷湿地景区的城乡公交，覆盖姜屯、大坞、滨湖等7个镇街、30多万群众，改造前只有1条线，出行很不方便，改造后变为2条主线、3条支线，设置公交站点130处，票价从9元降为3元，持公交IC卡还能享受9折优惠，高峰时每天客运量9600人次，比开通前增加6000人次，群众真正体会到了坐公交的省钱、省心、省时。

4. 突出资源盘活，拓宽融资渠道。山亭、峄城、台儿庄区在财力紧张的情况下，通过盘活公交资源，拓宽融资渠道，吸引社会资本投入公交行业，用最少的财政资金，办最大的利民实事。如：山亭区在公交站点建设中，财政不投一分钱，由广告公司投资建设，通过出让广告位的方式，回收资金；同时通过站点冠名等方式，筹集部分运营资金，减少财政投资。峄城区采取免费出让停车场地的方式，引进枣庄汽运公司投资运作城乡公交，顺利开通峄城至底阁等6条城乡公交线路。

（三）农村公路建设成效显著，由“村村通”向“户户通”延伸，管理养护工作形成农村公路管理养护“枣庄模式”

改革开放以来，枣庄市农村公路发展大致可以分为三个大的阶段：一是普及阶段，改革开放至2002年间，农村公路得到了较快发展，农村公路里程不断增加，农村交通环境得到初步改善；二是大投入、大发展阶段，2003至2009年间，枣庄市实施了农村公路“村村通”工程，全市农村公路建设不断加快，养护管理水平全面提升，开创了农村公路管理养护的“枣庄模式”，显著改善了农村运输条件和发展环境；三是全面提升阶段，2009年以来，全市先后开展了“全省村级公路网化示范县”创建、农村公路生命安全防护工程、村居道路“户户通”工程、“四好农村路”建设及三年集中攻坚行动，农村公路通达深度进一步提升，路网功能和质量得到全面提升。截至2017年底，全市农村公路总里程达到了7643.1公里，公路密度187.87公里/百平方公里。乡镇和建制村通沥青（水泥）路率均达到100%，农村公路的通达深度、覆盖广度进一步提高，路网结构进一步优化，服务“三农”的作用进一步突出，为全面建设小康社会的总体目标奠定了坚实的交通基础。

1. “村村通”工程建设

2002年底，国家作出了全面启动农村公路建设的重大决议，2003年开始，枣庄市委、市政府积极响应国家号召，紧紧抓住国家大力支持农村公路建设的大好机遇，下达了一系列关于“村村通”油路有关文件和实施方案，并成立了枣庄市“村村通”工程建设领导小组。枣庄市把“村村通”作为“一号工程”，

列入各级各部门年度考核的重要内容，科学编制“村村通”建设规划和具体方案，推行联系帮扶制度，组织开展“村村通”示范镇街和示范路创建活动。推行例会调度制度，对工程情况三天一调度，一周一通报，督促进度，抓好质量，形成了市、区（市）、乡镇、村四级联动的修路格局。在“村村通”建设中，枣庄市政府打破“有多少钱、修多少路”的惯性思维，树立“修多少路，筹多少钱”的胆识和气魄，坚持“大家的事情大家办，自己的道路自己建”，创造性地提出了“五个一块”即：上级财政补一块，地方财政贴一块，村集体一事一议筹一块，社会各界捐一块，帮包单位赞助一块的多渠道筹融资办法。并对经济条件好、群众积极性高的区（市）、镇街优先安排修路计划，对进度快、质量好的工程，给予适当的奖励。在各级各部门共同努力下，枣庄市农村公路建设取得了突破性飞跃式进展。

2. 农村公路网化工程

2011 年，省委、省政府对全省农村公路发展做出了新的指示，省交通运输厅和财政厅按照指示精神，决定从 2011 年开始，在全省范围内开展“全省村级公路网化示范县”活动，目前已经分两批共创建示范县 74 个，累计投入资金 185 亿元。2016 年，全省又组织开展了第三批村级公路网化示范县建设活动。

2011 年滕州市被确定为全省首批村级道路网化工程示范县，2013 年峄城区又被确定为全省第二批村级道路网化工程示范县，共投入资金 6.6 亿元，新改建村级道路 1800 公里，提升了农村公路网通达深度，有力促进了农村经济社会发展，得到了社会各界广泛认可。2016 年，经过积极争取，枣庄市剩余的市中、薛城、山亭和台儿庄四个区全部纳入了全省第三批村级道路网化工程示范县，计划投资 2.92 亿元新改建村级公路 760 公里。

3. 村居道路“户户通”工程建设

2016 年 10 月 8 日，枣庄市政府办公室印发了《全市村居道路“户户通”建设实施方案》，坚持政府主导、分级负责、分类规划、全面推进、突出特色，科学编制建设计划，明确了建设目标任务：投资 14.2 亿元新建道路 6200 公里（按四级路标准折算），2018 年底前全面实现村居道路户户通。截至 2017 年底，全市累计完成 2203 个自然村居 4706 公里“户户通”建设任务，完成总村居数的 63.5%、总里程数的 71.3%。

4. 农村公路安全生命防护工程

2014 年，国务院下发《国务院办公厅关于实施公路安全生命防护工程的意见》，在全国实施公路安全生命防护工程。枣庄市委、市政府高度重视农村公路安全生命防护工程建设工作，将农村公路安全生命防护工程作为一项重要的民生工程来抓，在 2015 年 7 月召开了全市农村道路交通安全管理暨公路安全生命防护工程工作会议，制定下发了《关于贯彻国办发〔2014〕55 号文件实施公路安全生命防护工程的实施意见》，成立了农村公路安全生命防护工程领导小组；2015 年 10 月、12 月市政府两次召开全市农村公路安全生命防护工程工作推进会议。截至 2017 年底，全市共完成农村公路安全生命防护工程 759 公里，完成投资 1.8 亿元，农村公路安全和服务水平迈上了新的台阶。

5. 农村公路管养“枣庄模式”

枣庄市交通运输部门高度重视农村公路的管理养护工作。2004 年，以 99 号政府令的形式在全省率先出台了《枣庄市农村公路管理办法》，将村道一并纳入农村公路的管养范围，明确了“县道县养、乡道乡养、村道村养”的管理模式。枣庄市交通运输局积极探索，通过政府主导，建立了市、区（市）、乡镇、村四级农村公路管养体系，形成了资金、人员、责任、考核、奖惩“五个落实”的长效机制，在全国引起巨大反响，被誉为“枣庄模式”，实现了农村公路养护管理的常态化、规范化。自 2002 年起，先后开展了“县乡公路养护管理策略研究”“农村公路养护管理研究”“农村公路养护管理评价体系研究”“农村公路路政管理评价体系关键技术研究与集成平台开发应用”“农村公路安全保障技术系统化研究与应用”等农村公路专题研究课题，并取得了一系列突破性成果，农村公路养护管理系列课题三次获得省部级科技进步一、二等奖。河北省、福建省、南昌市、合肥市等 20 多个省市先后到枣庄考察学习，包括中央人民广播电台《新闻与报纸摘要》在内的多家媒体进行了广泛和深度报道。2010 年 10 月 27 日，第二届世界农村公路大会在济南召开，枣庄市受邀作专题报告，

公交通村，百姓自发燃放鞭炮庆祝

"枣庄模式"获得与会专家高度评价，走出山东，走向全国、走向全世界。

(1)政府主导，强力推进农村公路养护管理体制改革。市政府出台了《关于农村公路管理养护体制改革的实施意见》，建立市、区（市）、乡（镇）、村四级农村公路养护管理体系，明确了长期稳定的筹资渠道，各区（市）政府作为农村公路养护管理的责任主体，落实人员和资金，明确责任。2008年，市交通局正式设立枣庄市农村公路管理处（正科级事业单位），负责全市农村公路管理养护工作；2012年，市农村公路管理处又被市政府升格为副县级事业单位。同时，各区（市）都设立了区（市）农村公路管理处，机构规格均明确为正科级事业单位，乡镇设立农村公路管理站，由乡镇政府副科级领导干部兼任站长，副站长由乡镇交管所长担任。全市范围内形成了结构清晰、职责明确的机构体系和管理架构，使农村公路养护管理工作真正达到"有钱办事、有人管事"。

(2)"五个落实"，构建农村公路养护管理长效机制

一是畅通筹资渠道，落实养护资金。枣庄市把农村公路养护管理费用纳入地方财政支出范围，确定分级补助政策。其中，市统筹本级预算，按照县道每年每公里2000元，乡道每年每公里1500元，村道每年每公里1000元，大桥每年每座3000元，中桥每年每座2000元，小桥每年每座1000元的标准，安排财政资金进行养护管理。各区（市）及乡（镇）政府统筹财政预算，按照县道每年每公里不低于5000元、乡道每年每公里不低于4000元，村道每年每公里不低于2000元的标准，安排财政资金进行日常保养，并负责落实养护大中修工程配套资金。枣庄市成为山东省首个从市级财政中列支专项资金用于农村公路养护管理的城市。

二是健全运行机制，落实养护人员。配齐配强农村公路养护管理人员，市、区（市）、乡（镇）农村公路管理机构的负责人由本级政府会同交通运输部门选任，专职工作人员从交通运输局部门内部调剂或通过公开招考录用。上述人员工资待遇，由原渠道或同级财政负担，不挤占农村公路养护专项资金。在此基础上，以行政村为单位每3公里选配1名养路员，不足3公里的按每行政村1名选配。养路员上岗实行岗前培训和严格的资格审查制度。

三是理顺管理体制，落实养护责任。枣庄市在建立四级农村公路管理体系的基础上，进一步明确养护管理人员的责任，逐路段对养路员养护管理的县道、乡道和村道进行界定，明确养护管理范围，建立档案，设立养护责任牌，明确标准和监督电话。按照农村公路养护规范，养护工程由乡（镇）农村公路管理站上报区（市）农村公路管理处，经交通运输部门批准后组织实施。其中，大中修工程实行招投标，并进行合同管理，交通运输部门负责质量监管；小修工程和道路病害处理由区（市）农村公路管理处养护中心负责；日常保养由养路员负责。市政府办公室下发了《关于开展农村公路管理养护月活动的通知》，将每年10月定为农村公路养护管理月，营造了浓厚的社会氛围。村委会将村道纳入村级公共财产，把维护路产路权条款列入"村规民约"，设置限宽限高设施。

四是强化目标管理，落实动态考核。枣庄市将农村公路养护管理工作列入了政府年度目标综合考核。市政府与区（市）政府、区（市）政府与乡（镇）政府、乡（镇）政府与村委会分别签订农村公路养护管理工作目标责任书，村委会与养路员签订合同书，进行严格的量化考核。市政府办公室专门下发了《关于开展农村公路管理养护目标考核工作的通知》，对区（市）农村公路养护管理工作实行动态考核，确保各项措施落实到位。在此基础上，市交通运输局与市农村公路管理处、各区（市）交通运输局分别签订目标责任书，将农村公路养护管理工作纳入行业年度考核目标，作为衡量行业工作的重要依据。为加强日常考核监督，客观、真实地反应乡（镇）农村公路养护管理工作，充分发挥乡（镇）交通管理所的作用，其在路政巡查同时，负责辖区农村公路养护管理工作监督考核，并将监督考核结果作为对养路员兑现待遇和奖惩的重要依据。

五是严格责任追究，落实奖惩制度。在实施严格考核的基础上，科学合理地运用考核结果，每年年底及时将农村公路养护管理考核结果上报市考评办，计入对区（市）政府年度综合目标得分，作为市委、市政府奖惩的依据。同时，市交通运输局在行业层面，对区（市）交通运输局的农村公路养护管理工作目标完成情况进行综合考核，评定等次，兑现奖惩。

三、经验启示

（一）以交通强市理念为指导，坚持交通基础设施发展适度超前，不断优化调整交通基础设施布局

回顾总结改革开放以来全市交通运输改革发展所取得的辉煌成就，根本原因是在市委、市政府的正确领导下，坚持以科学发展观统领全局，坚持"三个服务"，即以"服务于经济社会发展全局，服务于社会主义新农村建设，服务于人民群众安全便捷出行"的原则，从交通运输是国民经济基础产业和服务性行业的实际出发，坚持交通基础设施发展适度超前的原则，提前思考、统筹谋划、超前发展，一大批符合国家发展战略、投资重点和方向的重大项目和重大工程实现落地、开工，不仅较好地满足了经济社会发展需求，在全社会形成了"经济发展、交通先行"的广泛共识，另一方面，通过项目的实施，一个涵盖公路、水路、铁路、航空多种运输方式，层次多样、快速便捷的现代交通运输网络加速形成，为推动经济社会长远发展打下了坚实基础。

（二）坚持以人为本，凸显行业服务属性，建设便民、利民、惠民交通

把人民群众利益放在第一位，以便民、利民、惠民作为交通运输工作的出发点和落脚点，进一步强化服务意识和宗旨意识，不断提升服务水平，努力解

决人民群众关心的突出问题，为人民群众提供了品质更优、效率更高的交通运输服务。

一是大力推进以快速公交（BRT）为代表的公共交通发展。通过贯彻落实公交优先发展战略，以快速公交（BRT）建设为龙头，枣庄市不断加强站场等基础设施建设，加快公交车辆更新，实行低票价、推进智能公交建设，着力解决公交发展滞后、换乘不便、速度不快、服务不优等问题。通过一系列工作的开展，有效提升了公交服务水平，增强了公交吸引力，使人民群众出行更便捷、换乘更方便，愿意乘公交、更多乘坐公交。

二是全力做好农村公路建设、管理、养护，并向“户户通”延伸。农村公路是农村地区主要的交通基础设施，关系到农民生产生活和农村经济社会发展。通过实施有效地管理养护，保障了农村公路的完好畅通，在此基础上，近年来，枣庄市又积极实施了村（居）道路“户户通”工程，将道路硬化逐步由“村村通”向“户户通”延伸，着力解决服务群众“最后一米”的问题，计划于2018年底前全面完成全市所有自然村村内道路硬化。

三是统筹城乡发展，大力实施城乡公交一体化。城乡公交一体化是实现城乡交通网络、衔接、畅达的民生工程，对于统筹城乡发展，构建城乡均衡、资源共享的公共交通服务体系具有重大的战略价值与现实意义。近年来，枣庄市按照“以人为本、民生优先”的发展理念，明确城乡公交一体化发展的公益属性，统筹协调城市公共交通、城乡客运和镇村公交发展，打破城乡交通二元结构体系，推进公共交通资源的全域覆盖、城乡共享。目前，城乡公交乡镇通达率达到100%，公车公营率100%，较好地满足了城乡居民便捷、舒适、安全出行的需求。

四是深入开展农村公路安全生命防护工程。农村是公路安全的薄弱环节，农村公路安全生命防护工程是农村道路交通安全的重要保障。按照“以人为本、安全发展”的理念，枣庄市开展了农村公路安全生命防护工程，全市计划实施里程3659公里、村级道路建设7246公里、改造140座危桥，通过不断完善安全设施，依法强化综合治理，全面提升公路安全水平，切实维护人民群众生命财产安全。

（三）坚持创新发展，不断提高交通运输管理和服务水平

交通运输行业经过60余年的发展，取得了显著的成绩，但也存在、积累了一些制约和影响交通运输长远发展的困难和难题，要解决这些难题就必须进一步解放思想，拓宽发展思路，转变发展方式，通过体制机制创新、科技创新、政策创新和管理创新等，逐步破解发展难题，即坚持走以创新促发展的道路。枣庄市交通运输部门坚持以创新推动工作，注重发挥在品牌建设上的优势，走出了一条观念创新与实践创新相互促进的科学发展之路。枣庄交通在全国先后创造了源头管、路面查、事后追踪处理“三位一体”治超长效机制、农村公路管理养护政“枣庄模式”、交通监察人员任职资格管理、BRT快速公交规划建设、村居道路“户户通”等一系列管理、建设品牌和经验。这些经验、品牌的创建不仅极大地推动了工作，促进了交通运输行业的发展，也大大提高枣庄交通的知名度，为枣庄交通的长远发展提供了空间和发展机遇。

当前，枣庄市正处于全面建设小康社会的关键时期，下一步，全市交通运输发展将继续坚持适度超前的原则，加快推进基础设施建设，大力构建综合运输体系，不断提高交通运输供给能力和服务水平，满足经济社会快速发展的需求；另一方面，加快转变发展方式，着力推进科技创新和信息化建设，实现公路、铁路、水路、民航等多种运输方式协调发展，建设一个安全、高效、绿色、现代化的综合运输体系。

审稿人：张永刚

撰稿人：冯　超

枣庄快速公交BRT

枣庄市农村公路发展历程及经验

农村公路是指纳入农村公路规划并按照国家和省技术标准修建的县道、乡道和村道，是农村重要的公益性基础设施，是农村经济社会发展的基础条件。“要想富，先修路”“公路通、百业兴”等社会共识已经成为农村公路在农村经济社会发展和广大农民生活中重要作用的集中体现和经验总结。尤其是党的十八大以来，党中央、国务院对农村公路工作高度重视，习近平总书记先后多次就农村公路发展作出重要批示指示，要求进一步把农村公路建好、管好、护好、运营好。发展好农村公路事业，需要充分认识做好农村公路建管护运的重要意义，总结把握农村公路发展的客观规律和发展方向。

一、农村公路发展历程

改革开放以来，枣庄市农村公路经历了从无到有，从少到多，从普及到提高的过程。回顾全市农村公路发展历程，大体可以分为三个大的阶段。

（一）农村公路发展普及阶段（1978—2002年），农村公路里程不断增加，农村交通环境得到初步改善

1978年，枣庄市公路里程只有960公里，其中沥青路面481公里，晴雨通车里程557公里，其他路段晴通雨阻。公路等级很低，大量乡镇和村庄都不通公路，少数几条通部分乡镇的道路基本为土路。1985年，全市仅有县区公路38条、乡镇公路16条，总里程557.35公里。公路站负责农村公路建设、管理和养护，养路费用主要来自于农民“三提五统”交通建设费和拖拉机养路费，养护资金和设备严重匮乏，仅能满足沙土路面一般保养，这一时期农村公路建设的主要任务是重点解决“通”的问题。随着改革开放的不断深入，经济社会快速发展，各级政府采取以工代赈、交通扶贫等一系列政策措施，逐年加大对农村公路建设的投资力度。自20世纪90年代初，随着“四通工程”的逐步开展，农村公路得到了较快发展。2002年底，全市农村公路里程达1056.6公里，其中县道里程597.8公里、乡道里程394.8公里、专用公路64公里，农村公路发展格局初步形成。

（二）农村公路发展大投入、大发展阶段（2003—2011年），实施农村公路“村村通”工程，建立农村公路管理养护机制

在国家实施新农村建设的大背景下，各级各部门加大了农村公路资金投入，全市农村公路建设步入了快速发展的新阶段。农村公路建设不断加快，养护管理水平全面提升，显著改善了农村运输条件和发展环境。

1. 贯彻落实上级政策，加快农村公路建设。2003年，交通部提出了“修好农村路，服务城镇化，让农民兄弟走上油路和水泥路”的建设目标。省政府颁布《山东省人民政府关于实施全省农村公路改造工程的意见》，枣庄市政府提出了农村公路建设向纵深发展的目标，先后出台了《关于加快实施“村村通油路”工程的意见》《枣庄市“村村通油路”工程实施办法》等文件，全面部署、加快推进全市农村公路“村村通”工程建设工作。

2. “村村通”建设过程和工作举措。2002年底，国家作出了全面启动农村公路建设的重大决议。枣庄市委、市政府积极响应国家号召，紧紧抓住国家大力支持农村公路建设的大好机遇，下达了一系列关于“村村通”油路文件和实施方案，成立了枣庄市“村村通”工程建设领导小组。各区（市）也迅速行动，制定了“村村通”工程实施方案，成立了区（市）“村村通”工程领导小组。枣庄市把“村村通”列入各级各部门年度考核的重要内容，科学编制“村村通”建设规划和具体方案，推行联系帮扶制度，组织开展“村村通”示范乡镇和示范路创建活动。实行例会调度制度，对工程三天一调度、一周一通报，督促进度和质量，形成了市、区（市）、乡镇、村四级联动的建设格局。在“村村通”建设中，枣庄市政府提出了“五个一块”，即上级财政补一块、地方财政贴一块、村集体一事一议筹一块、社会各界捐一块、帮包单位赞助一块的多渠道筹融资办法。对经济条件好、群众积极性高的区（市）、乡镇优先安排修路计划，对进度快、质量好的工程给予奖励。在各级各部门共同努力下，枣庄市农村公路建设取得了突破性进展。通过“村村通”工程建设，农村公路建设进入了快速发展的新时期。“村村通”工程共新改建农村公路5662.2公里，农村公路网络化初步形成。

3. 农村公路管理养护模式的探索与建立。随着农村公路里程的快速增加，农村公路养护需求与养护能力之间的矛盾日益凸显。2004年枣庄市政府出台了《枣庄市农村公路管理办法》，将村道一并纳入农村公路的管养范围，明确了“县道县养、乡道乡养、村道村养”的管理模式。市交通运输部门积极探索，通过政府主导，建立了市、区（市）、乡镇、村四级农村公路管养体系，形成了资金、人员、责任、考核、奖惩“五个落实”的长效机制，实现了农村公路养护管理的常态化、规范化。市交通局开展的《农村公路养护管理研究》课题

通过省级专家鉴定。

（1）政府主导，强力推进农村公路养护管理体制改革

2007年初，枣庄市交通局在薛城区实施了农村公路养护管理体制改革试点，制订了《农村公路管理养护体制改革实施方案》及实施细则。枣庄市政府出台了《关于农村公路管理养护体制改革的实施意见》，要求建立市、区（市）、乡镇、村四级农村公路养护管理体系，明确了长期稳定的筹资渠道。各区（市）政府作为农村公路养护管理的责任主体，落实人员和资金，明确责任。2008年，枣庄市交通局设立枣庄市农村公路管理处（正科级事业单位），负责全市农村公路管理养护工作；2012年，枣庄市农村公路管理处升格为副县级事业单位。同时，各区（市）均设立了区（市）农村公路管理处，机构规格为正科级事业单位，乡镇设立农村公路管理站，由乡镇政府副科级领导干部兼任站长，副站长由乡镇交管所长担任。

（2）"五个落实"，构建农村公路养护管理长效机制

一是畅通筹资渠道，落实养护资金。枣庄市把农村公路养护管理费用纳入地方财政支出范围，建立健全以政府投入为主的稳定资金渠道，确定了分级补助政策。市统筹本级预算，按照县道、乡道、村道每年每公里2000元、1500元、1000元，大桥、中桥、小桥每年每座3000元、2000元、1000元的标准，安排财政资金用于农村公路的养护补助。各区（市）及乡镇政府，统筹财政预算，按照县道、乡道、村道每年每公里分别不低于5000元、4000元、2000元的标准，安排财政资金用于农村公路的日常养护，并负责养护大中修工程配套资金。枣庄市政府明确由交通运输部门会同财政部门共同监管农村公路养护资金，区（市）、乡镇设立农村公路养护资金专户，实行"专户存储、专款专用"，审计部门定期对农村公路养护资金使用情况进行专项审计。

二是健全运行机制，落实养护人员。配齐配强农村公路养护管理人员，市、区（市）、乡镇农村公路管理机构的负责人由本级政府会同交通运输部门选任，专职工作人员从交通运输局部门内部调剂或通过公开招考录用。上述人员工资待遇，由原渠道或同级财政负担，不挤占农村公路养护专项资金。在此基础上，以行政村为单位每3公里选配1名养路员，不足3公里的按每行政村1名选配。养路员上岗实行岗前培训和严格的资格审查制度。

山亭区徐庄镇西七里河村村级公路网化工程

三是理顺管理体制，落实养护责任。枣庄市在建立四级农村公路管理体系的基础上，进一步明确养护管理人员的责任，逐路段对养路员养护管理的县道、乡道和村道进行界定，明确养护管理范围，建立档案，设立养护责任牌，明确标准和监督电话。按照农村公路养护规范，养护工程由乡镇农村公路管理站上报区（市）农村公路管理处，经交通运输部门批准后组织实施。其中，大中修工程实行招投标，并进行合同管理，交通运输部门负责质量监管；小修工程和道路病害处理由区（市）农村公路管理处养护中心负责；日常保养由养路员负责。

四是强化目标管理，落实动态考核。枣庄市将农村公路养护管理工作列入了政府年度目标综合考核。市政府与区（市）政府、区（市）政府与乡镇政府、乡镇政府与村委会分别签订农村公路养护管理工作目标责任书，村委会与养路员签订合同书，进行严格的量化考核。枣庄市政府办公室专门下发了《关于开展农村公路管理养护目标考核工作的通知》，对区（市）农村公路养护管理工作实行动态考核，确保各项措施落实到位。市交通运输局与各区（市）交通运输局签订目标责任书，将农村公路养护管理工作纳入行业年度考核目标，作为衡量行业工作的重要依据。

五是严格责任追究，落实奖惩制度。在实施严格考核的基础上，科学合理地运用考核结果，每年年底将农村公路养护管理考核结果上报市考评办，计入对区（市）政府年度综合目标得分，作为市委、市政府奖惩的依据。同时，市交通运输局在行业层面，对区（市）交通运输局的农村公路养护管理工作目标完成情况进行综合考核，评定等次，兑现奖惩。

（三）农村公路发展全面提升阶段（2012年至今），加强"四好农村路"建设，为建设交通强国、决胜全面小康奠定坚实的交通基础

党的十八大以来，党中央、国务院

对农村公路工作高度重视，习近平总书记站在党和国家事业发展全局的高度，三次对农村公路发展作出重要指示。“要进一步把农村公路建好、管好、护好、运营好，逐步消除制约农村发展的交通瓶颈，为广大农民脱贫致富奔小康提供更好的保障。”“交通建设项目要尽量向进村入户倾斜。”“从实施乡村振兴战略、打赢脱贫攻坚战的高度，进一步深化对建设农村公路重要意义的认识，聚焦突出问题，完善政策机制，既要把农村公路建好，更要管好、护好、运营好。”习近平总书记关于“四好农村路”的重要指示是农村公路发展的根本遵循，为交通运输发展指明了前进方向。

枣庄市委、市政府深入贯彻党的十八大、十九大和习近平总书记对农村公路的重要批示指示精神，进一步加快推进农村公路建管养运协调可持续发展，为适应建设交通强国、服务乡村振兴战略和助力决胜全面小康的更高要求，2018年5月，枣庄市政府出台《枣庄市人民政府关于进一步做好“四好农村路”工作的实施意见》，部署开展“四好农村路”三年集中攻坚专项行动，启动实施村居道路“户户通”工程、农村公路安全隐患动态排查整治工程、路网提档升级工程、自然村庄通达工程、路面状况改善工程和运输服务提升工程等“六大工程”；坚持典型带动、示范引领，创建“四好农村路”示范县、市级示范镇和精品示范美丽公路环线，着力打造“四好农村路”精品工程；强化资金筹措，建立农村公路投入分担机制，按照与省级奖励相同标准，制定出台“四好农村路”市级奖励政策。进一步增强农村公路工作的责任感、使命感和紧迫感，着力推进“四好农村路”工作高质量发展，全力打赢三年集中攻坚战。枣庄市农村公路发展进入了服务决胜全面建成小康社会的新阶段，迎来了农村公路发展的新时期。

1. 农村公路管理养护年活动

为进一步提升农村公路养护质量和管理水平，枣庄市以科学发展观为统领，2012-2014年，在全市范围内开展为期3年的农村公路管理养护年活动。成立了管理养护年活动领导小组，制定并下发了《枣庄市管理养护年活动实施方案》。活动期间，全市农村公路共完成投资11.6亿元，新建、改造农村公路2084公里，建成农村公路示范乡14个、示范路90条439公里。实现了“五个到位”和“四个提高”。“五个到位”即：管养责任落实到位、机构人员配备到位、制度制定执行到位、资金筹措管理到位、监督检查考核到位。“四个提高”，即：提高管养能力、提高路况水平、提高服务质量、提高群众满意度。同时，将农村公路绿化造林活动与创建国家森林城市相结合，有序推进绿化工作，引导科学合理种植行道树，抓好植树造林活动后序管理工作。

滕州市洪绪镇白龙湾村户户通道路

2. “四好农村路”建设

（1）村居道路“户户通”工程。2015年，枣庄市政府印发了《关于改善农村人居环境的实施意见》，要求进一步改善农村交通运输条件，推进村庄道路由“村村通”向“户户通”延伸。农村公路特别是村级道路作为解决民生需求的基础性、先导性设施，是打通服务群众最后一公里的重要任务，是全面建成小康社会和建设社会主义新农村的必然要求。2016年，枣庄市政府办公室印发了《全市村居道路“户户通”建设实施方案》，明确建设目标任务为：投资14.2亿元新建道路6600公里，2018年底前基本实现全市3471个自然村居的道路“户户通”。为保障方案顺利实施，重点采取了以下措施：一是加强组织领导定责任。市里成立村居道路“户户通”建设指挥部，负责统筹全市“户户通”建设工作，指挥部办公室设在市交通运输局，具体负责牵头实施，市直有关部门按照各自职责全力配合。各区（市）作为“户户通”建设实施的责任主体也成立了相应工作机构，各乡镇具体负责组织实施。二是多渠道筹资保投入。采取政府购买金融服务的办法，加大政府公共财政对农村基础设施的投入。三是加强项目管理保质量。认真履行基本建设程序，严格项目法人制、项目评审制、招投标制、施工许可制、工程监理制、合同管理制、交竣工验收制等工程建设制度。按照“因地制宜、因村施策、科学规划、兼顾长远”原则，根据不同村落规划布局、巷道宽度等，科学制定具有针对性的建设方案，铺设沥青、石板、方砖、鹅卵石、块石等特色路面，既满足了出行需求，又凸显了村庄生态特色。四是强化督导考核保进度。层层分解落实了“户户通”工程建设任务，同时采取定期检查、重点巡查、随机抽查、明察与暗访相结合等方式进行督导督查，建立半月一调度、一月一总结及公示通报制度，定期公布工程建设进展情况。截至2018年9月，完成村居道路硬化里程5966公里，2994个村居实现了“户户通”。

（2）农村公路安全生命防护工程。随着农村公路的建设发展，道路安全问题也日趋显现，部分农村公路安全隐患仍比较突出。枣庄市委、市政府高度重视农村公路安全生命防护工程建设，严

格落实上级安排部署和工作要求，将农村公路安全生命防护工程作为一项重要的民生工程来抓，按照“消除存量、不添增量、动态排查”的要求，积极组织、加紧推进。2015年7月，召开了全市农村道路交通安全管理暨公路安全生命防护工程工作会议，制定下发了《关于贯彻国办发〔2014〕55号文件实施公路安全生命防护工程的实施意见》，成立了农村公路安全生命防护工程领导小组。2015年10月、12月，市政府两次召开全市农村公路安全生命防护工程工作推进会议。各区（市）政府也相继召开专题会议、下发文件，成立了相应的领导小组和办事机构，进行安排部署。市交通运输局制定下发了《关于实施公路安全生命防护工程的实施方案》，召开会议安排部署并积极进行隐患排查；联合市公安局共同认定县乡道路隐患排查结果，建立隐患台账。市安委会加大对防护工程建设的监督管理，定期进行督导。严格落实专业排查、专业设计、专业施工要求，大力整治农村公路安全隐患，全市上下形成了共同推动公路安全生命防护工程建设的合力。在投资1.8亿元全面完成全市759公里县乡公路安全生命防护工程建设的基础上，枣庄市政府印发《关于组织开展全市公路安全隐患排查整治工作的通知》，将村级公路纳入安全隐患排查整治范围，在全省率先启动实施了村级公路安全隐患排查整治，共排查村级公路6204公里，排查出隐患总里程1760公里；截至2018年9月，已累计完成整治1564公里，占计划整治总里程的88.9%。同时，建立农村公路安全隐患动态排查整治工作机制，充分考虑道路交通事故成因和特点，实施农村公路安全隐患动态排查整治，持续做好农村公路安防设施管理、维护和增设工作，有效降低因公路隐患造成的交通事故，有效解决县道、乡道、村道“安全一体化”的问题。

（3）路网提档升级工程。实施村级公路网化示范工程。2011年，滕州市被确定为全省首批村级道路网化工程示范县，2013年，峄城区被确定为全省第二批村级公路网化工程示范县，滕州市和峄城区共投入资金6.6亿元，新改建村级道路1482.5公里，显著提升了农村公路网通达深度，有力促进了农村经济社会发展，得到了社会各界广泛认同。2016年，经过积极争取，将薛城区、市中区、山亭区和台儿庄区全部纳入了全省第三批村级公路网化工程范围。一是加大地方配套资金投入力度。积极将配套资金纳入年度财政预算，同时采用一事一议、社会捐助等筹资方式，保障建设资金需求。二是多措并举保障工程质量。严格建设标准，认真执行公路工程建设、验收等标准规范，对具有干线功能或通客车功能的村级公路，有条件的适当加宽。严格建设程序，严格执行国家规范及行业标准，所有项目均采取“项目法人制、项目招投标制、合同管理制、社会监理制”四制管理。三是完善绿化、安保等配套工程。结合村级公路网化工程示范县创建活动，搞好道路沿线绿化，切实改善农村公路路域环境和村容村貌，全面提升农村公路发展速度和路网优化水平。截至2018年9月，已完成760公里第三批网化工程的主体工程建设，积极完善附属设施，解决“村头一公里”和“村内一条街”问题。实施“窄路基路面”提升工程。计划利用三年时间新建改造通村公路580公里，重点推进320公里县乡公路提升工程，逐步消除“油返砂”路面，保证每个行政村有等级公路通达，全市的区域中心村、中心社区以及具备条件的行政村拥有一条路面宽度6米以上的公路通达。截至2018年9月，已开工建设“窄路基路面”提升工程143.2公里，占本年度238公里建设任务的77%。

（4）自然村庄通达工程。实施农村公路扶贫工程。枣庄市交通运输局积极贯彻市委、市政府加快农村扶贫开发的实施意见，科学制定交通扶贫实施方案，认真落实脱贫攻坚的任务措施，行业扶贫工作取得良好效果。一是加强领导，明确任务。为加强对行业扶贫工作的组织领导，确保交通行业扶贫工作有序开展，全面完成计划目标，市交通运输局成立了由主要领导任组长，分管领导为

山亭区徐庄镇省定扶贫工作重点村石嘴子村扶贫路

副组长，局有关科室为成员的领导小组，负责扶贫事项规划、计划安排、进度调度、指导服务、情况通报等。二是扎实推进，成效初显。深入调查，科学规划，严格建设标准，认真做好前期工作。市交通运输局召开业务会议布置扶贫路建设项目需求排查工作，各单位组织专业技术人员逐村进行实地调查，确保计划数据精准。三是严格落实责任。各单位切实加强领导，对目标任务进行分解落实，制定具体的施工进度计划，确保责任人明确，责任意识到位。自2012年以来，全市交通运输部门先后组织开展“千村公路扶贫”工程、农村公路精准扶贫专项行动、农村公路精准扶贫提升工程等活动，全市五区一市及枣庄高新区共47个镇（街）的345个行政村被省、市确定为扶贫工作重点村，其中，省定扶贫工作重点村214个，市定扶贫工作重点村131个。截至2018年9月，交通运输部门累计建设扶贫路1056公里，显著解决农村交通基础设施“一起走”的问题。实施自然村庄通达工程。进一步推动农村公路网络向自然村居延伸，计划利用三年时间新建改造村级公路1228公里，路面宽度一般不少于6米。提升自然村庄通达工程建设标准，严格按照有关规范要求设置一定宽度的硬路肩。截至2018年9月，已开工建设自然村庄通达工程264.9公里，占本年度394公里建设任务的67%。

（5）路面状况改善工程。实施农村公路养护大中修工程。在建立农村公路市、区（市）、镇（街）、村（居）四级管养体系和市、区（市）财政投入机制的基础上，各区（市）、枣庄高新区制定农村公路养护发展规划，按照每年实施养护工程里程比例达到农村公路总里程7%的要求，安排实施养护大中修和预防性养护工程，计划利用三年时间实施养护大中修工程1820公里，改造提升路网整体路况服务水平，消除路网主要路径中的“瓶颈路”和简易铺装路面。截至2018年9月，已开工实施养护大中修工程263.8公里，占本年度424公里改造任务的62%。实施农村公路危桥改造工程。实行农村公路桥涵动态排查，对危桥开展集中整治。根据农村公路桥梁使用状况，计划利用三年时间重点处治全市现有农村路网主要路径上的96座危桥，健全完善危桥动态排查整治机制，推动路网中危桥比例呈逐年下降趋势，保障农村公路安全通行。截至2018年9月，已开工改造危桥15座，占本年度24座危桥改造任务的63%。

（6）运输服务提升工程。推进城乡交通运输一体化建设，积极稳妥推进实施农村客运公交化改造，不断优化城乡公交线网布局。计划利用三年时间建设客运站点2004个，保证行政村全部通公交，并设有1个候车站点，农村客运公交化改造比例达到100%，为城乡经济社会协调发展提供有力保障。截至2018年9月，已开工建设客运站点371个，占本年度755个客运站点建设任务的49%。同时，统筹利用交通运输、农业、商务、供销、邮政等资源，推进区（市）级物流中心、镇级服务站和村级服务点建设，促进区（市）、镇、村三级农村物流节点网络化。

市交通局农村公路专题研究课题获奖证书

二、农村公路发展成就

改革开放四十年来，在市委、市政府正确领导下，全市农村公路建设实现了跨越式发展。

（一）路网结构明显改善。2003年以来，新增农村公路6586.5公里；截至2017年底，全市农村公路总里程达到了7643.1公里，农村公路优良路率达到68.32%。镇（街）和建制村通沥青（水泥）路率均达到100%，农村公路的通达深度、覆盖广度进一步提高，路网结构进一步优化，服务“三农”的作用进一步突出。

（二）养护管理逐步加强。坚持建养并重，牢固树立“建设是发展，养护管理也是发展，而且是可持续发展”的理念，深化农村公路养护管理体制改革，将村道纳入政府公共管理范围，加大养护资金投入，落实养护责任，取得了重要进展。

（三）安全保障稳步提升。实施了农村公路安全生命防护工程和危桥改造，全面设置安防设施和警示标志标识，农村公路安全状况明显改善。

（四）农村客运成效明显。大力发展农村客运，努力实现“路通车通”，确保农村客运线路“开得通、留得住”。全市乡镇和建制村通公交率分别达到100%和99.5%，绝大部分农民在家门口就能方便乘坐客运班车。农村客运线路和城市公交衔接更加顺畅，城乡公交一

体化稳步推进。

（五）科技进步成果显著。市交通运输局先后开展了“县乡公路养护管理策略研究”“农村公路养护管理研究”“农村公路养护管理评价体系研究”“农村公路路政管理评价体系关键技术研究与集成平台开发应用”“农村公路安全保障技术系统化研究与应用”等农村公路专题研究课题，分别获得省部级科技进步一、二等奖。

三、经验启示

农村公路建设取得的成就，得益于中央、省、市的正确领导，得益于区（市）、镇（街）的高度重视，得益于广大农民群众的积极参与。回顾农村公路的发展历程，主要经验有四个方面：

（一）坚持“实事求是、尽力而为、量力而行、好中求快”的建设原则。“实事求是”就是在全市农村公路发展规划的框架下，针对不同区（市）的经济基础和发展状况，制定不同的发展目标和建设重点。“尽力而为”就是在指导思想上千方百计去创造条件，加快农村公路的建设，拓宽融资渠道，发挥各方面的积极性参与建设。在具体建设推进上坚持“量力而行”，从农村公路的客观实际出发，从当地经济条件出发，合理地确定发展规模和速度，不加重农民负担，处理好速度与质量、规模与效益的关系，做到“好中求快”。

（二）坚持依靠政府强力推进和社会各界广泛参与。农村公路建设涉及各级政府和多个部门，必须紧紧依靠各级政府的重视和支持，依靠人民群众的广泛参与，动员全社会的力量，使农村公路建设从部门行为转变为政府行为，从行业行为转变为社会行为，这是全市农村公路得到快速发展的重要经验。在资金筹措上，形成“政府投入引导，农民筹资投劳，社会广泛参与”的多元化投资体制。中央及省对农村公路建设给予补助，地方各级政府通过财政预算和融资贷款等多种渠道筹集资金，同时积极动员企业、社会团体和个人自愿捐资修路。

（三）坚持质量第一的发展原则。工程质量是农村公路的生命线。完善的质量管理制度，健全的质量保证体系，才能使农村公路建设质量得到有效保证。同时重视科学研究和新技术、新工艺应用，采取沥青再生技术、碎石化技术、喷锚技术等，较好地解决了农村公路大中修工程中的环境保护、资源节约、质量保证和成本管控等问题。

（四）坚持建设、管理、运输并重的发展思路。在加强农村公路建设的同时，加强农村公路养护管理，把发展农村客运作为服务群众的重要抓手和切入点，加快城乡交通运输一体化进程，使农民能够享受与城市居民同等的出行服务。

回望枣庄市农村公路发展历程，尽管取得显著建设成效，但仍存在发展不平衡不充分、整体服务质量有待提升等问题，农村公路距离广大人民群众对美好出行的需要还有不小差距。习近平总书记关于“四好农村路”的重要指示是农村公路发展的根本遵循，为交通运输发展指明了前进方向。在新的起点上，枣庄市农村公路工作将以习近平新时代中国特色社会主义思想为指导，坚持服务“三农”和保障民生的正确方向，紧紧围绕决胜全面建成小康社会的宏伟目标，以“四好农村路”建设为统领，加快推进三年集中攻坚专项行动，大力实施“六大工程”，持续提高农村公路的质量和安全水平，更好的服务乡村振兴战略，全面助力建设交通强国。坚持深化农村公路管理养护体制改革，为农村公路高质量发展和农村交通运输协调可持续发展提供体制机制保障。大力发展城乡公交和农村物流，不断推进城乡交通一体化和农村客货运输发展。进一步把农村公路建好、管好、护好和运营好，为建设自然生态宜居宜业社会主义新枣庄作出新贡献。

审稿人：孙开森　张大鹏

撰稿人：邵明亮　李　辉

王东亚

山亭区翼云旅游路安全生命防护工程

枣庄市农业机械化发展历程、成就及经验

改革开放以来，全市农机化系统广大干部职工在市委、市政府的坚强领导下，农业机械化事业发展取得了辉煌的成绩。农业机械所有制由国家、集体所有向个体所有转变，农业机械经营由自用为主向市场化服务转变，农业机械化发展机制从“官办”向“民办”再向“民办官助”转变，机械化已成为农业的重要生产方式、促进农业规模化生产的重要因素，在实现农业现代化进程中发挥着极其重要的推动作用。

一、发展历程

回顾改革开放以来枣庄市农业机械化发展历程，概括起来可归纳为两个阶段。

（一）市场探索阶段（1978—2004年）

1. 调整发展战略。20世纪50年代中期，毛泽东主席提出“农业的根本出路在于机械化”，并制定了到1980年全国基本实现农业机械化的奋斗目标；1966—1978年国务院先后3次召开全国农业机械化工作会议，并为实现这一目标做了规划和部署，采取了一系列行政手段推进措施，动员了全国人民为之奋斗，形成了全国性的农业机械化运动。枣庄市逐步建立了国家、集体所有制的公社拖拉机站、村农机队，有的生产组也建立了农机队，发展了大批拖拉机等基本的农业生产工具，主要从事集体土地的耕耙、播种及运输作业，逐渐建立了比较完善的农机管理服务体系。

从1979年开始，枣庄市开始实行农村家庭联产承包责任制，土地由原来的集体统一经营转变为自主的家庭承包经营，极大地激发了农业生产者的积极性，也使农业机械化的发展环境和条件发生了根本性的改变，分散的小规模经验与高效的机械化生产之间出现了突出的矛盾，给农业机械的使用带来了不少的具体问题，甚至有的地方把农业机械整机拆成零件分给各家各户，曾一度出现“包产到户，农机无路”的尴尬局面。

2. 改革农机所有制。1979年9月，中共十一届四中全会提出了“因地制宜，有选择性地发展农业机械化”的方针，对农业机械化的方针战略做出了重大调整。为适应农村经营体制改革新形势，落实好中央的方针战略，在具体工作实践中，全市农机部门干部职工采取了一系列的改革跟进措施，调整农业机械化发展重点。针对当时公社拖拉机站、村农机队普遍存在的“吃大锅饭”、职工积极性不高的问题，改革推行了责、权、利相结合的国有、集体机械承包制。一是集体承包。即公社、村、队把拖拉机等农业机械承包给农机站、队、组经营，农机站、队、组每年向公社、村、组交纳一定的提留和机械折旧费，实行自主经营，独立核算，自负盈亏。在一些经济水平比较高、企业发达、大部分劳动力已经转入第二、三产业的地方，则采取农机队集体承包农业机械和土地的方法，实际上是专业化的机农合一的农业队。二是包机到人。一般是集体只规定承包期限和应交纳的承包费，由承包人自主经营。不少社、队还规定承包人要完成集体分配的农田机耕任务，保证机具技术状态完好，做到安全生产，叫作“一包钱，二包田，三包机况，四包安全”。这种形式由于农民基本上不需要数额较大的一次性投入，花钱不多，收入较高，因而发展很快。三是作价处置。随着改革的深入，经营农机效益的提升及机械的老化，国家、集体机械逐步作价处置，变为个人所有。到1984年前后，全市国有、集体所有的拖拉机等农业机械基本处置完毕，仅保留部分国有、集体农业机械开展经营活动，如台儿庄区邳庄农机站一直经营到20世纪90年代中期。

全市农机部门因势利导，逐步把工作重点转移到解放农村劳动力、促进农业增产增收和帮助农民勤劳致富上来，注重选择适宜农村家庭联产承包责任制经营方式的小型、廉价、经济、实用的农业机械进行示范、推广，曾一度出现的“包产到户，农机无路”的尴尬局面得到有效破解，再度出现新的“农机热潮”，主要是小型拖拉机及配套的牵引犁耙、小麦脱粒机、播种机和半机械化玉米套种耧等，逐步开始替代人力、蓄力耕翻、播种、压场或拉耧播种等高强度农业生产。这时在山前平原地带，一些多行播种机、小麦割晒机、牵引式联合收获机也有所发展；1977—1983年，滕州市东郭、西岗、大坞、级索、姜屯等公社拖拉机站引进动力22千瓦的丰收—1100型复式脱粒机；市农机局引进部分2BX—3、2BX—4及一些6行、10行播种机，嘉祥、牟平产4GL—1.4、4GW—1.7型稻麦割晒机进行试验示范，并投资在市农机一厂、薛城区农机厂试制4GL—1.4、4GW—1.7型稻麦割晒机110台，加上省里分配的4GL—1.4割晒机15台，共发展125台；同时，在滕州市、市中区还分别引进1台东风—5型小麦联合收获机、配套80马力的牵引式玉米收获机进行试验示范。

“农机未到，培训先行。”1974年，滕县农机化培训学校由省政府投资建成；市级及薛城区、峄城区、台儿庄区、齐村区尚没有专门的培训机构，主要是以局的名义通过举办各种农机业务短期训练班的方式，对在职干部进行岗位继

续教育，重点是基层乡镇农机站负责人的轮训，就农机结构、基本原理、使用技术、维修等知识进行培训，同时组织开展村、队农机人员培训；1980年枣庄农业学校（现并入枣庄职业学院）设立了农机专业课程，专门设立农机化专业，培训农村实用人才。1982年，省农机局下发《地、县农机训练班改为农业机械化学校的通知》，台儿庄区、峄城区、薛城区相继在省政府的扶持下分别建立了农业机械化培训学校，齐村区区划改制成山亭区后也建立了农业机械化培训学校。为适应农村联产承包责任制的普遍推行和农业的全面发展，农机化的服务范围、经营形式等也发生了很大变化，农民农机技术培训也出现了四个转变：一是改变自上而下分配学员的办法，实行公开招生，自愿报名，统一考试，择优录取；二是改变单一的培训办法，采取灵活多样的办学形式，实行集中培训和分散培训相结合；三是改变过去单纯培训拖拉机手的做法，广开学路，扩大培训面，只要是农村需要的人才都可以培训；四是改变过去免费培训改向学员适当收取一定学费。1983年，农牧渔业部下发《全国县级农业机械化学校章程》，规定了县级农业机械化学校主要为农村培训拖拉机驾驶员、农用汽车司机、农机修理工、农机管理人员、农民农机技术人员、农机具的使用操作人员以及林、牧、副、渔和社队企业机械的使用、维修人员并负责有关农机技术的咨询工作的职能。至此各区（市）均建成了农机化培训机构，职责进一步明确。通过改革，全市农机人员的培训已沿着新的轨道向前迈进，在提高农机队伍的个体和群体业务素质发挥了重要作用。

改革开放前，公社拖拉机站一般都设有维修车间，主要承担机械的保养及简单的维修。由国家投资在全市先后建设了滕州市、台儿庄区、齐村区三处国营拖拉机站及部分拖修厂，在从事农业机械化生产的同时，主要承担基层拖拉机站的大修业务；改革开放后，随着农民投资购买农业机械的兴起，以个体私营为主的农机维修专业户如雨后春笋般迅速发展壮大，农机维修形成了以县级拖拉机站、拖修厂经营管理为主，逐步转变为国家、集体（合作）、个体多种农机维修经营并存的社会化维修体制的新格局。

在机务管理上，进一步改变了原有的公社、村、组管理模式，在全市积极推行了对农业机械统一指挥、统一使用、统一检修、统一结算等“四统一”管理方式，并于1983年召开全市农机管理先代会进行推广交流，会议还通过了《致全市农机管理战线全体人员的倡议书》，在全市开展了区与区、社与社、站与站的挑战竞赛活动。改革开放后，各级按照1978年农林部印发的《农村人民公社农业机械机务管理规章》，市、区（市）农机部门分别设立了专职安全监理员，拖拉机驾驶员由县级以上农机部门考核合格发放田间驾驶证，取得田间驾驶证后方可报考领取公路（机动车）驾驶证；公社拖拉机站设兼职监理员和安全检查员。1979年2月市农业机械安全监理站正式成立，主要是配合交通、公安共同做好农用拖拉机及驾驶员的管理。1981年，按照农业机械部《关于拖拉机重大事故的通知》和《农业拖拉机及驾驶员安全监督管理规章》，与交通、公安部门加强协作，共同开展了机手及农机安全监理人员的培训，明确了农机部门的拖拉机管理、驾驶员管理、违章处理、事故处理等职责。

在这个时期，市、区（市）农机销售公司也相继建立。全市农机管理、监理、推广、培训、供应、维修等覆盖全市、遍布城乡、比较健全的农机化支持保障服务网络基本建成。到1983年底，市、区（市）均设有农机管理机构，公社农机管理站51个，建成县级农业机械化培训学校5所，公社拖拉机站40个，农机公司5个，50%的公社和20%的生产大队建立了农机维修点；全市共拥有拖拉机8001台，收获机299台，播种机965台，脱粒机10722台，其他配套机具2.9万台；土地机耕面积196.7万亩，占耕地面积的63.3%，农作物机播面积39.4万亩，占种植面积的7.9%，

20世纪80年代和2018年麦收景象

机收面积 7.5 万亩，占种植面积的 1.5%。

3. 有选择地发展农业机械化。首先开展农业机械承包经营的农户，尝到了改革开放带来的红利，成为农村发家致富的带头人，开始尝试着自行投资购买经营农业机械，冲破了像拖拉机这样的农业生产资料不允许个人经营的禁区，引起了社会的极大反响。1983 年，中共中央印发《当前农村经济政策的若干问题》，1984 年国务院颁发《关于农民个人或联户购买机动车船和拖拉机经营运输业的若干规定》，允许农民私人购买拖拉机和用拖拉机进行经营性运输业务，这两项“松绑”政策，彻底冲破了生产资料不允许个人所有的禁区，农民由此获得了自主购买、经营使用农业机械的权力，从此国家、集体、农民个人和联合经营、合作经营等多种形式经营农业机械的局面开始出现，农民逐步成为农机化投资、经营的主体，代表着一个新的以民办农业机械化为主要特征的时期的到来。

这一阶段，市、区（市）农机部门从复杂、劳力众多、经济发展水平不高的实际出发，并根据国家政策的调整，枣庄市提出了有步骤、有选择地发展农业机械化的方针，实行机械化、半机械化、手工工具并举，人力、畜力、机电动力并用的原则，根据当地的实际情况推广适宜机具和技术。全市各地以小型拖拉机为主的动力机械及配套的耕耙机械、脱粒机械快速发展，农忙时从事农田耕耙作业，农闲时从事运输作业，收到了良好的社会和经济效益。受利益的驱动，私营农业机械保持了强劲的发展势头。到 1986 年底，全市乡村农户共私营拖拉机 11655 台，占当年全市拖拉机保有量的 80.8%；拥有小麦脱粒机 13000 台，小麦机械化脱粒率达到 90%，但随着后期小麦联合收获技术的推广应用，小麦机械化脱粒逐步退出历史舞台。

1984 年国务院颁发的《关于农民个人或联户购买机动车船和拖拉机经营运输业的若干规定》，对农用拖拉机的检验、报户、发牌证；驾驶人员考试考核、上道路行驶等作了明确规定。1984 年 4 月，农牧渔业部颁布《农用拖拉机及驾驶员安全监理规章》，明确县级以上农机部门设立农机安全监理专门机构，属国家行政机关。到 1984 年底，区（市）农机安全监理站相继成立，并根据改革需要，乡镇拖拉机站、农机服务站合并成农机管理服务站，设有专门的农机安全监理员，自此，全市农机安全监理网络正式建成。

简易的玉米播种机

精量免耕播种机

伴随着农业机械经营方式的不断演变，农业机械管理机制也不断变化。1978 年 8 月 1 日，山东省农业机械公司枣庄分公司由市供销社划归市农机局领导，后划归省农机局管理；1984 年 1 月 1 日，市委、市政府决定撤销枣庄市农业机械管理局，建立枣庄市农业机械服务公司。

4. 市场与计划并行。1986 年以后，国家对农机化的政策进行了逐步的调整，实行了鼓励使用农业机械的优惠政策，分配平价柴油供应农村，以降低农民使用农业机械的成本，形成了农业机械化“计划 + 市场”的运作机制。从 1986 年到 1994 年第三季度结束，每年省分配枣庄的计划内平价柴油约 1.4 吨，其中包括农用救灾和专项用油，每吨柴油与市场差价从起初的 300 元到后期的 1500 元不等。根据各地农用动力机械动力及土地面积进行合理分配。市、区（市）、乡镇农机部门分别成立农用柴油计划分配领导小组，对省分配的农用平价柴油指标按季节逐级下达，重点保障种植业特别是粮食主产区的种植机械化生产用油，推行的是农机作业合同制，实行机、油、田三挂钩的办法，优先安排农机化新机具、新技术推广、农机培训、高效农业、旱作农业、农业开发、机械植保、秸秆还田等专项用油。1990 年前，农用柴油计划由市农机局会同市石油公司联合下达分配计划，农用柴油由市石油公司、区（市）支公司及供销社发展供应；1990 年后，涉农乡镇农机站投资全部建设了农机加油站，农用计划柴油改为全部由农机部门供应。到 1995 年时，全市农机加油站达到 78 处。

1989 年 9 月，市政府下发《关于加强基层农机管理服务组织建设的通知》；1990 年 4 月，市政府下发了《枣庄市发展农机化事业的若干规定（试行）》，对全市农机化事业的发展提出了明确要求和政策措施。在这期间，全市各级农机部门认真贯彻落实市政府文件

精神，组织在全市深入了“铁牛杯”竞赛活动，积极利用农用计划平价柴油的扶持政策，积极引导农民群众及基层农机服务组织，大力推广应用适宜的高效动力机械及配套机具和技术，减轻农民劳动强度，促进农业增产增收，先后在全市推广了小麦精少量播种、小麦旱田机械沟播、机械收获、玉米半机械化密植套种等机械化农业增产技术，列入市科委农业十大科技成果推广项目，其中玉米秸秆还田机械技术示范推广、机械化综合培肥地力列入市科委、市财政局农业科技开发项目，并在部分区（市）承担了部、省农业丰收计划项目；滕州市、台儿庄区、峄城区分别获全省“铁牛杯”竞赛金、银、铜奖。

在小麦生产机械化方面，主要是在抓好机械耕整地的基础上，重点改变人力拉耩子播种的问题，积极推进小麦播种机械化，重点是小麦精播机，主要组织推广2BL—9A型半悬挂谷物播种机，2BL—11A型谷物播种机和2BX—9A型半悬挂半精播机和2BJ—6型精播机，2BJM—6—Ⅱ型精播机；到1994年全市拥有小麦精播机4200台，当年完成精少量播种小麦117.5万亩。为解决人工收割、运输、压场、脱粒等分段收获小麦时间长、体力劳动繁重的问题，在全市示范推广了平度、高密产4GL—140型小麦割晒机，适宜山区丘陵作业的4GL—100型手扶割晒机等机型，到1994年全市拥有各类小麦割晒机4300台，当年实现小麦割晒面积145.5万亩；为一次解决小麦收获问题，从1991年开始，在市中区、滕州市率先引进背负式联合收获机进行示范；1992年，市农机局引进40台在全市推广；1994年夏，市农机局利用平价柴油补助的方式，首次大量引进推广上海向明、江苏南通、广西桂林产小麦联合收割机，当年发展133台，在全社会引起较大反响，得到了各级党政领导的充分肯定和社会各界的普遍好评；到1995年，全市各类背负式小麦联合收获机达到300台，当年完成小麦联合收获面积156万亩，占小麦种植面积的65%。

在玉米生产机械化方面，主要是改变原来的人工点播套种为主的播种方式，从1988年开始，引进试验人、畜力套种耧，开展玉米密植套种机械化技术推广；到1989年，在全市得到大面积使用，到1991年猛增到14212台；到1993年达到16000台，主要机型为龙口产2BX—1型和章丘产2BY—1型玉米套种耧，能够密植、套种和追施颗粒化肥。玉米套种耧的推广和普遍应用，保证了玉米适时、适墒种植，缓解了三夏抢收、抢种时间，达到了合理密植种植要求，提高了玉米产量；市农机局还于1990年引进玉米铁茬点播机3台进行试验，为今后玉米直播、机收技术推广奠定了基础。

在小麦联合收获技术的推广应用取得较快发展的同时，玉米机收成了当时制约全市农业机械化事业发展的一个重要“瓶颈”，为解决这一难题，市农机部门1987年开始，从黑龙江省赵光机械厂引进了4YW—2型牵引式玉米收获机，在滕州市洪绪乡龙庄村进行了试验，该机可一次完成玉米的摘穗、剥皮、秸秆粉碎还田等作业项目，但由于当时价格较高，一家一户经营的土地面积较小等原因，没有得到较好的推广使用；1990年后，全市陆续推出了4YW—1型和4YW—1A型单行玉米收获机，但因效率不高、作业质量较差未能推广。同时，在1986年，市农机局还在河北省赵县农机修造厂引进了2台JQ150型玉米秸秆还田机，通过在市中区王林村召开现场会进行示范推广，1987年、1988年又采取政策扶持方式，组织推广了JQ—150型、4FY—1型、4F—70A型玉米秸秆还田机73台。为保障农业机械作用的正常发挥，各级也不断加强了农机维修网点的管理及发展，到1995年全市农机维修网点达到1054个，年维修能力达到24万台次，基本保障了农机小修不出乡镇、大修不出区市。

随着农村经营体制的不断改革和完善，农业机械化的规范管理及推进工作也逐步走向规范化、法制化管理的轨道。1986年国务院下发《关于改革道路交通管理体制的通知》后，拖拉机实行由农机部门委托管理，农业部据此修订一系列章程，农业机械管理机构也得到进一步加强。1988年11月，枣庄市编制委员会下发34号文件，将枣庄市农业机械服务公司改为枣庄市农业机械管理局，副县级机构。根据上级文件要求，市公安局、市农机局联合下发了《关于农用拖拉机委托管理问题的通知》，文件界定了“专门从事农田作业的拖拉机及其驾驶员由农机部门负责管理；凡上道路行驶的专门从事运输和既从事农田作业又从事运输的拖拉机及其驾驶员，由公安机关按机动车辆进行管理”。“各级农机监理部门实施委托管理，各级公安机关进行监督检查。”1989年8月25日至30日，由各区（市）公安部门管理的拖拉机及驾驶员档案向农机部门进行了移交，农机部门共接收拖拉机7958台，拖拉机驾驶员17550人；1989年9月起，农机部门开展换发新的拖拉机号牌（山东04—XXXXX）、行驶证和拖拉机驾驶证。新证件用打字机制作，加盖公安、农机两部门印章，由交警队现场配合塑封，截止到次年3月，全市共换发拖拉机驾驶证18895套，进入了拖拉机及驾驶员委托管理阶段。

在委托阶段，全市农机系统开始实施拖拉机的牌证管理及拖拉机驾驶员考核、发证、安全教育等，要求“以乡镇为单位，每月组织拖拉机驾驶员进行一次安全教育。”每名拖拉机驾驶员执有一本《拖拉机驾驶员安全考核证》，每月参加安全学习教育都将记录在考核证内，驾驶员参加年度审验时，必须同时提供驾驶证和安全考核证，否则不予年审。月度安全教育制度的实施，不仅增强了拖拉机驾驶员的安全生产意识，也增强了法制观念，对维护农机安全生产形势长期稳定起到极大的促进作用。1994年7月1日，《山东省农业机械安全监督管理办法》施行，规定明确了农机部门负有对“拖拉机及其配套农具（含

拖车)、联合收割机、内燃机和脱粒机、粉碎机、铡草机等农副产品加工机械”的监管责任,并对“拖拉机、联合收获机、脱粒机实行牌证管理”,明确了公安机关有权对委托的拖拉机安全技术检验、驾驶员考核和核发道路行驶牌证等事项进行监督、检查职责,明确了县级农机监理机关作为行政处罚的主体,可以对违反办法的11种行为做出处罚;并对农机监理机关工作人员执行公务时,必须携带证件、佩戴标志等提出了要求。为贯彻落实好《山东省农业机械安全监督管理办法》,市政府于1994年6月召开全市《山东省农业机械监督管理办法》新闻发布会,就学习、宣传、贯彻《办法》进行安排部署,并把7月份定为《办法》宣传月,组织了《办法》知识竞答活动。随后《山东省农业机械管理条例》《山东省农业机械事故处理办法》陆续颁布实施,市政府又专门召开会议进行传达贯彻,“农机一《条例》两《办法》”的实施使全市的农业机械化事业步入了法制化管理轨道。1996年9月,按照全国统一部署,对全市拖拉机统一审核换发了“九二”式拖拉机号牌(山东D—XXXXX);1997年6月,取消农用拖拉机驾驶员实习证,1998年4月,对全市拖拉机驾驶证进行统一换发,驾驶证有效期由原来的4年改为6年。并不断强化农机执法队伍建设,到1998年全市农机系统先后有285人通过公共法律、专业法律培训、考核,领取了省政府统一颁发的行政执法证件。

为加强农机科技教育,1989年12月,经市编办批复成立了枣庄市农业机械化培训学校,主要职能是负责指导各区(市)农机化学校规范化建设、农机驾驶操作人员的技术培训,承担全市农机驾驶员考试和基层农机管理人员的培训等工作,并建设了办公室、教室、学员宿舍、食堂等于一体的面积720平方米的三层教学楼一座,从1990年始至1994年间,重点对全市85个乡镇农机站人员分期分批开展集中更新业务知识培训工作,每年免费培训基层管理人员200余人次。1988年9月,农业部和省农机局分别下发《关于开展评估“四有”农机化技术学校活动的通知》,市农机局按照农业部和省农机局要求,本着缺什么补什么的原则,进一步加大了“四有”(有独立配套的培训基地,有一支素质好、数量足的师资队伍;有适应教学需要、比较先进的教学设备,有办学经费并财务独立)农机校建设的力度,全市先后新建、改造培训场地2100平方米,购置教学设备170余万元,新增教练车7部,教学设备31台(件);至1992年6月,市、五区一市农机化培训学校全部通过省级验收。到此,全市7处农机校共有教职工49人,其中教师28人,全市具备了年培训拖拉机驾驶员1500人以上,培(复)训各类农机从业人员3万人以上的能力。市级农机校具备了培训全市乡镇基层农机管理人员的教学条件,部分区(市)还进行了联合举办中等成人学历教育的探索。此间,通过积极主动地与市教委职教办沟通,经市教委检查验收,逐步将6处区(市)农机化学校逐步都纳入成人中等教育渠道。1991年7月,峄城区农机化学校联合区教委试办了一期40人为期两年的农机中专班。1995年至1996年,市农机化培训学校与山东工程学院在薛城区农机化学校联合举办了农机经营管理(农业机械化)专业业务大专班、本科班,学制均为三年,两年共招收学员91名。同时,为充实农机化事业队伍,市农业机械化培训学校从1992年开始连续6年举办工作2年以上乡镇农机站实践经验人员理论培训班,向省农业机械化学校输送枣庄籍乡镇农机技术人员52名。各级依托各农机化培训学校师资及技术力量,重点开展了适宜当时实际的农机化新技术培训及农机驾驶培训,平均年培(复)训各类农机人员3万余人次。

马铃薯机械化收获作业

5. 市场强劲拉动时期。随着全市农机化服务的社会化、市场化进程进一步加快,并经过1994、1995年引导群众自发组织小麦联合收获机开展跨区作业的探索,进一步激发了农民群众争相购买农业机械的热情。从1996年起,以开展小麦跨区作业农机社会化服务为主要特征的农机化发展阶段到来。小麦联合收获跨区作业服务模式的兴起,极大地提高了机械利用率,大幅度提高了联合收割机的经济效益,成为农业生产的亮点和农民收入新的增长点。在小麦联合收获跨区作业的利用带动下,机耕、机播等其他生产环节的跨区作业也在部分地区开始起步,各类小麦收获机械在政策引导和市场的强力拉动下实现快速发展。

为保障农机跨区作业的顺利进行,国家六部委和省农机局、省公安厅、省交通厅每年都联系下发了小麦联合收获跨区作业通告,印制农机跨区作业证件,由各县级农机部门对证件齐全的联合收获机械进行核发;从1996年开始,全市农机部门每年都要组织本市作业机械到河南、安徽、江苏、河北、天津及胶东地区开展“南征北战”“东进西出”跨区作业,2002年春和2006年秋季,市农机局分别在薛城区、山亭区

举办了全市小麦、玉米跨区作业出征仪式。全市平均每年组织省级跨区作业队12个，跨区作业机械数量由起初的400台左右，到后来高峰期时的2000台左右，枣庄机械跨区作业最远达到四川、黑龙江；每年也引进1000—2000台外地作业机械来枣庄，以弥补本市机械不足。跨区作业内容也由小麦收获逐步扩展到耕地作业、玉米机收、水稻机收等。市农机局先后多次被国家六部委评为跨区作业先进单位，各区（市）也相继被评为全省农机跨区作业先进单位。

这个时期，全市各级农机管理机构也一度得到加强。在1996年机构改革中，市农机局列入市政府43个组成部门之一，一级行政公务员管理单位；2001年机构改革时，市农机局改为二级事业单位，增设了农机监督管理科（挂农机科技质量科牌子），明确了十项工作职能，首次将农业航空和设施农业内容纳入农机部门职责，将农用运输车纳入牌证管理内容。各区（市）农机机构也做出了相应调整。1996年农机跨区作业的兴起，部门职能的加强，全市农机化事业呈现加速发展态势，各项农机化新机具、新技术得到了广泛应用。1996年夏秋，市农机局在全市实施了以小麦收获和播种为重点的“金镰计划”和“三播工程”（即精播、半精播、沟播），提出了计划利用三年的时间，每年推广小麦联合收割机200—300台，更新小麦播种机2000—3000台，三年后全市小麦联合收获机保有量突破1000台，小麦播种机保有量达到1万台，满足全市不同地块、不同地力条件的机播需要。当年市、区（市）、乡镇三级财政投入补贴资金110余万元，新推广小麦联合收割机318台，推广各类播种机3500台，其中精播机1500台。三年全市共新增小麦联合收割机967台，到1999年全市小麦收获机总量达到1200台，各类播种机总量达到1.1万台。1999年，市政府出台《关于加快全市农业机械化事业发展的意见》，提出了跨世纪农机化发展目标和措施，并随着跨区作业的不断深入，小麦割晒机趋于淘汰，自走式小麦收获机快速发展。2000年，市农机局又在市中区、薛城区、峄城区、山亭区设立了覆膜精播试验，积极探索玉米铁茬直播和联合收获技术。到2003年底，全市农机总动力已达到183.9万千瓦，拥有拖拉机3.4万台，小麦联合收获机2702台，玉米联合收获机58台，各种机引配套农具7.3万台（套）；完成土地机耕面积282万亩，小麦机播面积124.7万亩，小麦机收面积125.1万亩，世代相传的落后生产工具和“面朝黄土背朝天”的劳动方式，正在被机械化生产所代替，“耕地不用牛，收割不用愁，播种不用人拉耧”，这一农民多年的梦想，在枣庄大地逐渐变为现实。

为保障农机化新技术的规范应用，从1994年起全市各级农机部门以实施“绿色证书”（农民技术资格证书）为重点，高度重视基层农机化技术人才培训，努力打造一批适宜农机化新技术应用的带头人；根据农业部《关于组织送教下乡开展千万农机手培训活动的通知》要求，结合“绿色证书”工程的实施，各农机化培训学校积极组织教职工深入基层开展“三下乡”活动，把拖拉机驾驶员、联合收割机手以及职业技能鉴定培训和新技术培训等同步进行，每年1000余个，至2004年通过考试合格者共核发放绿色证书达5000余个，累计培训拖拉机驾驶员15207人，其他各类农机手20余万人次。

机械的快速增长，也为农业安全生产带来了一定的隐患。为加强对拖拉机等农业机械的安全管理，1996年9月至1997年6月，在全市启用了拖拉机“九二”式号牌（山东D—XXXXX），市农机局组织了7部宣传车深入到85处乡镇2500个行政村进行广泛宣传，全市累计换发“九二”式新牌证19306套，换牌率为95%，另换发农田牌1300套。并按照“硬件上规模，软件上水平，技能大比武，工作创一流”的创建工作要求，组织开展了“文明监理，优质服务”示范窗口创建活动，先后投资建设区（市）6处农机监理大厅，健全完善了各项规章制度，推行了限时办结制、一次性告知制等，公开了办事制度和办事程序、收费项目、收费标准和监督栏，公开接受社会监督；为全市246名专兼职监理员统一办理了全国的农机监理证，并通过“听、看、查、比”的方式，对各区（市）的创建工作进行了互促互比，滕州市、薛城区农机安全监理站分别荣获全国“文明监理，优质服务”示范窗口称号。按照省局《关于开展拖拉机及驾驶员专项治理的联合通告》，先后开展了打击“黑车非驾”、整治农机“三无”现象行动，针对“拖拉机无牌、驾驶员无证，拖拉机及驾驶员不参加检审”现象及各类农机违法违规行为进行广泛宣传教育和严厉的整治，除农机安全隐患，在全市保持了较好的农机安全态势，为农业和农村经济发展创造良好的安全环境。从2001年开始，全市农机监理机构按照改革后的管理职能，对拖拉机变形运输车纳入管理，先后办理牌照手续5000余台。各级农机管理部门把健全农机化服务网络作为重点工作来抓，一手抓基层农机管理，一手搞农机修理、配件供应等农机化服务工作，为农机经营者服务。

（二）依法行政推进阶段（2004年至今）

2004年，《农业机械化促进法》《道路交通安全法》相继颁布实施，随后《山东省农业机械化促进条例》等配套的相关规章和规范性文件相继出台，农业机械化进入了法制化推进及安全监管、法制化监管的新时期。

《农业机械化促进法》《山东省农业机械化促进条例》适应了农业农村经济发展的新形势和农机化发展的新需要，从农机化发展的社会环境、科研开发、质量保障、推广应用、社会化服务、扶持措施和安全监督管理以及法律责任等方面都作了明确规定，建立起了符合社会主义市场经济要求的，促进农机化发展、规范农机管理工作的法律制度体系，

巩固和发展了农机化在农业、农村经济乃至经济社会发展中的应有地位，为依法管机、依法兴机提供了强有力的法律保障和良好的法制环境。从2004年起，中央每年出台的1号文件分别对农业机械化的发展提出明确要求，对农民及农业生产经营组织购买农业机械国家予以30%的补贴，极大地调动了广大农民群众购买农业机械的积极性，有力地促进了全市农机化事业的发展；为加强农业机械市场规范管理，保护农机生产者、销售者、使用者的合法权益，2003年市政府颁布《枣庄市农业机械市场监督管理办法》；2006年，市政府又出台《关于促进农业机械化又好又快发展的意见》等文件，提出了当前和今后一个时期全市农机化发展的指导思想、工作目标、主要任务及政策扶持等，确立了"立足大农业，发展大农机，服务新农村"发展战略，通过实施农业机械化创新示范工程，推动了农业机械化的技术创新、机制创新、管理创新、服务创新，使全市农机化事业呈现出全面协调、规范快速发展的良好局面，为粮食增产、农业增效、农民增收，为现代农业和建设社会主义新农村做出了历史性的贡献。

从《农业机械化促进法》颁布实施以来，全市落实的农机购置补贴资金逐年增加，从2004年的20万元增加到2017年的7350万元，补贴方式由原来的"全价购机"逐步改变"差价购机"，补贴机械由原来的中小型为主转变为大型高效复式机械为主，补贴范围也由单一的机械补贴向报废更新、深松作业补助延伸；实施农机购置补贴政策以来，全市农机部门明确补贴重点，强化廉政教育，并通过广泛宣传、政策公示、组织报名、认真审核、合理确定补贴对象、验货发放等各个环节的规范实施，补贴政策得到圆满实施，各类适宜农业机械快速发展。2004—2017年，全市共落实中央农机购置补贴资金6.2亿元，共补贴各类农业机械7.7万台；实现了全市小麦生产全程机械化、玉米生产基本机械化的目标，并由粮食生产机械化向经济作物生产及农村其他各业机械化延伸。

1. 小麦玉米全程机械化。重点转向小麦从种到收机械化技术集成模式研究。在继续巩固精播作业的同时，推广指夹式、气吸式、信息化及集成精量播种、分层施肥、深松旋耕整地等技术的小麦宽幅精量播种机械、小麦深松施肥免耕播种机械、小麦分层施肥种肥同播机械等。市农机局研究制定了《全市保护性耕作机械化技术推广"十一五"发展规划》和《实施方案》，并通过设立示范村、示范镇，深入开展机械化保护性耕作技术大培训及示范演示，小麦播种新技术得到广泛应用。补贴政策的拉动、跨区作业的带动、利益的驱动，小麦联合收获机械由背负式向大型高喂入辆自走式发展，背负式小麦收获机逐步淘汰。积极响应市委、市政府秸秆禁烧及综合利用的工作部署，全市农机部门充分发挥行业技术优势，在充分论证和深入试验的基础上，从2009年起率先在全省推广应用了小麦秸秆粉碎还田技术和灭茬技术，利用两年时间，采取中央、市级财政资金累加补贴的方式，对全市小麦联合收获机全部加装秸秆粉碎还田装置，小麦秸秆切碎还田率达到90%以上。为彻底解决农民群众焚烧麦茬问题，从2013年在全省率先引进小麦灭茬机在峄城区进行灭茬试验，随后在全市大面积推广应用，并建立了小麦"播种精准化、收获低留茬、秸秆细粉碎、匀抛洒"的集成、配套、规模应用技术体系。2017年，全市完成小麦机械化灭茬面积113万亩。机械化生产在秸秆禁烧及综合利用中的广泛应用，受到了各级党政领导的充分肯定及农民群众的广泛好评。2009年，市党政领导多次深入作业现场检查视察，安徽及临沂等省内同行多次到枣学习考察，市农机局连续多年被评为全市秸秆禁烧及综合利用先进单位。

为破解玉米收获机械化这一瓶颈，自1990年开始在全市推广玉米标准化直播（玉米种植行距为60厘米），以符合玉米收获机械作业条件。到2014年，全市玉米标准化直播率达到了98%以上。2000年，全省实施玉米机收"3413计划"，先后在枣庄设立沙沟、城头、级索等5个示范点进行推广；2003年、2006年、2008年，在全市分别实施了以玉米机收为重点的"3626"绿色计划、"玉联工程"和"跨越计划"，并积极借鉴小麦跨区作业成功经验，通过外出考察、组织玉米机收跨区作业，达到了玉米收获机械化快速发展的目的。2010年、2012年市政府又分别下发关于加快推进玉米生产机械化的通知，市农机局、市财政局联合制定玉米秸秆综合利用试点财政（奖）补实施方案，市财政列支专项资金采取"以奖代补"方式对玉米收获秸秆还田作业进行奖补，随后又在全市实施玉米机收秸秆还田"提升计划""机械化沃土工程"等，市财政列支专项资金逐年增加，其中2016—2018年累计达3100万元，主要是通过设立示范乡镇的方式进行奖补。一系列政策的实施，全市玉米机收实现了由初级阶段向高级阶段的新跨越，玉米机收—秸秆还田—深松整地—小麦免耕播种"一条龙"作业模式得到了大面积应用。2017年，全市玉米机收秸秆还田面积达到192.5万亩。同时玉米烘干、植保也实现了新的发展，现全市粮食烘干设备已达68台套，年烘干能力40万吨，无人植保飞机74架，粮食生产正由耕种收主要环节机械化向耕、种、植保、收、秸秆还田、烘干全程机械化转变。

大力发展经济作物、林业等生产机械化，先后在滕州市、山亭区通过实施农机科技创新项目，马铃薯、花生生产机械化快速发展，全市马铃薯耕种收综合机械化水平达到74%，花生耕种收综合机械化水平达到35%，林业植保机械化取得新的进展，农副产品初加工基本实现机械化。

2. 农机安全生产监管。2004年5月，《道路交通安全法》的颁布实施，法律授权农业机械主管部门对上道路行驶的拖拉机登记、检验、核发牌证和对拖拉

机驾驶员考试、发证的职责。农用运输车按低速载货汽车划归公安部门管理，结束了公安部门委托农机部门管理拖拉机的历史，农机部门和公安部门对拖拉机和农用运输车的管理职能以法律的形式予以规范。2004年6月，国务院印发《对确需保留的行政许可审批项目设定行政许可的决定》，“联合收获机及驾驶员牌证核发”被设为行政许可，由农业机械行政主管部门行使许可权。随后农业部又先后公布《拖拉机驾驶证申领和使用规定》《拖拉机登记规定》《联合收获机及驾驶人安全监理规定》；2006年6月，国务院把农业机械安全纳入全国安全生产13个重点行业和领域；2007年国家安委会第一次向地方政府下达农业机械安全事故控制指标；2009年国务院发布《农业机械安全监督管理条例》。一系列农机安全法律法规的颁布实施，进一步强化了农业机械安全监督管理工作。

为全面贯彻落实《道路交通安全法》赋予农机和公安部门的法定职责，2005年2月，市农机局、市公安局在市交警支队联合举办了拖拉机变型运输机移交仪式，农机部门管理拖拉机变型运输机档案5000余份移交给公安部门，结束了农机部门对拖拉机变型运输机管理的历史。为依法履行农机部门对农业机械的安全监督管理责任，根据农业部和省农机局统一部署，自2005年4月起在全市启用了全国统一拖拉机、联合收割机号牌（鲁04—XXXXX）及驾驶员牌证、登记证书、检验标志，换发期限为两年，换发期间新旧牌证同时有效。并于当年8月，在市中区召开全市拖拉机号牌集中换发现场会，拉开了全市拖拉机号牌集中换发工作的序幕。在换发工作中，各级注重加大《道路交通安全法》《农业机械化促进法》和农业部规定的宣传力度，通过深入基层一线、进村入户等多种形式的服务活动，促进农机新牌证换发。到2007年底，全市累计核（换）发农机牌证13473套，累计核（换）发农机驾驶证9443套，圆满完成拖拉机、联合收割机新牌证换发工作。

为进一步强化农业机械安全监理队伍建设，2002年11月，在市农校举办了全市农机安全监理执法技能大比武活动，组织开展了农机安全理论知识抢答、执法手势、队列比赛等活动；2004年，为纪念《山东省农业机械监督管理条例》和《山东省农业机械安全监督管理办法》实施十周年及《道路交通安全法》的颁布实施，市农机局组织全市50名农机执法人员集中在从军分区教导队开展了为期一个月的封闭训练，并提出了在全省开展农机监理技能大比武活动中“争一保二底线三”的奋斗目标。在4月18日、24日举办的全省农机法规知识竞赛、监理队伍正规化建设汇报大会上，在全省农机系统取得了法规知识竞赛第一名、执法技能训练竞赛第三名、综合奖第一名的优异成绩。在工作中，高度重视在执法过程的规范应用，相继完善了全市重特大农机事故应急处理预案，市农机局先后在滕州市、峄城区、台儿庄区、山亭区进行演练，进一步提高农机监理人员实际处置能力。在“十一五”“十二五”期间，在全市深入开展了“平安农机”创建活动，通过强化安全教育、健全安全监管制度、组建农机安全监管网格，落实农机生产经营者安全主体责任、排查农机安全隐患，并深入开展系列道路交通“平安行·你我他”、超限超载、农机安全隐患大排查等集中整治活动，2009年、2013年，联合安监、公安下发《关于加强农机安全生产工作的通知》，连年开展了对农业机械无牌、无证、无检验现象的整治。2016年，实施农机监理免费政策，并联合有关部门实施了机加油优惠、通讯优惠、储蓄优惠及保险政策，极大地调动了农民群众参与安全生产的积极性，减少了农机事故的发生，保障了农机安全生产形势稳定好转。2004年9月，薛城区首创全省“平安农机”示范县，随后滕州市、台儿庄区、峄城区、山亭区先后创建为全国“平安农机”示范县，并创建全省“平安农机”示范乡镇46个，占全市涉农乡镇数量的80%。

3. 农机社会化服务。不断加强新型农机经营主体培育，农机大户、农机维修网点快速发展。个体农机销售企业、农机跨区作业中介组织逐步做大做强，2006年春季市农业机械化促进会成立，各区（市）促进会也相继设立。

2006年《农民专业合作社法》颁布实施后，农机合作社成为了新时期社会化服务组织建设和发展的重要组成部分。全市农机部门一手抓建设引导，一手抓规范化管理，以发展农机专业合作社等新型农业经营主体为重点，促进了新型农机服务组织的蓬勃发展，服务能力明显增强，服务领域进一步扩大，经营效益稳步提高。2013年，相继出台了关于促进农机合作社的“两意见、两办法”（即：市政府办公室《关于创建农机农艺融合“百社十区”的实施意见》，市农机局、市财政局、市国土资源局、市规划局《关于加快推进农机合作社发展的意见》，市人民银行、市农机局《枣庄市农业机械设备抵押贷款管理暂行办法》《枣庄市农机合作社市级示范社认定管理暂行办法》），在全省率先就破解合作社用地、规划、资金扶持、信贷等发展难题进行了积极有效地探索；2015—2016年，市农机局又相继制定了全市农机合作社规范管理办法及市级示范社分级管理办法，对全市农机合作社进行统一标示，为农机合作社这一社会化服务平台的发展营造了良好社会氛围和政策支持。同时，积极探讨农机合作社土地流转、土地托管、合同作业、订单作业等服务模式，提高农机规模化作业水平的同时，制定出“合作社+”新的发展理念，积极以农机合作社为载体，大力发展农机维修中心、农机“4S”店、基层技术培训基地、新技术推广基地等，促进农机合作社融合发展。2006年《农业机械维修管理规定》颁布实施，进一步明确了农机维修资格审批、维修业务分类分级管理、农机维修日常管理、维修质量监督检查等四项制度，把《农机维修技术合格证》作为

行政许可条件；依据农机维修及投诉管理规定，与工商、质监部门联合聘任的部分农机质监人员，并结合每年“3·15”消费者维权日，在全市深入开展“农民满意农机产品”评定和“星级文明农机维修网点”创建等活动，规范农机市场秩序，维护农机生产者、消费者、使用者权益。一系列的措施，加快了农机服务市场化、专业化、产业化进程，已成为农业社会化服务发展的突出亮点和农民持续增收的重要渠道，在全市已经形成了以农机合作社为龙头、农机专业大户为骨干、农机户为基础、农机中介组织为纽带的新型农机社会化服务组织框架。到2017年底，全市各类农机社会化服务组织达到6万个，其中农机合作社发展到338家（部级、省级、市级农机合作社分别达到8个、13个、33个），维修网点160个（星级文明维修网点21个），农机销售企业34个，农机生产企业从无到有发展到5家，农机户61358个。

为强化对农机科教培训及鉴定投诉工作的指导与管理，经市编办批准同意，2011年成立了市农机质量鉴定投诉站、2014年市农业机械化培训学校更名为市农机科教指导站，均为财政全额拨款的公益一类事业单位。按照《山东省县级农机化规范化建设管理办法》，进一步加强区（市）农机校基础设施建设、师资力量建设，对全市37名农机校教师资格证书进行了复核和集中业务培训，多次举办全市农机化学校教师教学观摩比赛；认真贯彻落实农业部《拖拉机驾驶培训管理办法》，健全完善学员学籍档案，完善培训内容，严格考试程序，保证办学质量。2004年，6处区（市）农机化学校全部达到规范化学校建设指标，其中3处为“山东省农机规范化建设示范学校”，3处为“山东省农机规范化建设学校”，并逐步确定为“阳光工程”培训基地，其中1处为“农村现代远程教育成员单位”，1处为“全国农机职业技能培训鉴定示范基地”；2013年，6处农机化学校再次被命名为“山东省农机规范化建设示范学校”，其中1处被评为“山东省农机规范化建设重点学校”，全市年农机培训能力达到3万余人。

二、工作成就

改革开放以来，全市农业机械化事业取得了持续快速发展，在农业生产和农村经济建设中发挥了极其重要的作用，在农业现代化建设过程中起到了领头羊的作用。主要有以下几点：

（一）农机装备和作业水平大幅提高，已成为增强农业生产农村经济建设中坚实的物质基础

据初步统计，到2017年全市农机总动力已达到290万千瓦，拖拉机保有量达到3.7万台，是1978年的12倍，其中大中型拖拉机达到2.4万台，占保有量的65%；100马力以上的大型拖拉机发展到5000台；联合收割机从无到有发展到1.2万台，且大喂入量小麦收获机、多行玉米收获机快速发展；高效复式精准播种机、深松深耕机、秸秆粉碎还田机、高效植保机等发展迅速，各类配套机具达到11.8万台，是1978年的125倍，农机配套比由1978年的0.3：1提高到现在的3.2：1，农机装备结构进一步优化。到2017年底，全市农作物耕种收综合机械化水平达到84%。其中小麦综合生产实现了全程机械化，综合机械化水平达99%；玉米生产综合机械化水平达97%；马铃薯生产综合机械化水平74%，花生生产综合机械化水平35%，设施农业、林果业生产机械化不断推进。全市的农机作业领域由粮食作物向经济作物，由大田农业向设施农业，由种植业向养殖业、农产品加工业全面发展，由产中向产前、产后延伸，顺利实现了农业机械化由初级阶段向中级阶段转变，并迈入了农业机械化的高级阶段。

（二）农业机械化科技创新能力不断增强，农机化节本增效新技术得到普及应用

改革开放以来，全市农机部门积极引进、消化、吸收国内外先进的农机化生产技术，先后在全市组织试验示范了土地深耕、小麦玉米精播、半精播、沟播、点播、分段收获、联合收获、秸秆还田、保护性耕作及马铃薯、花生播种、收获及滴灌等设施农业技术，并通过先后实施“三播工程”“金镰计划”、秸秆还田奖补、机械化生态沃土工程等项目，适宜枣庄农业种植特点且技术成熟的保护性耕作、精量播种、化肥深施、高效植保、秸秆还田、深松整地等农机化新技术应用面积不断扩大，集收获、耕整、播种于一体的机械化复式作业应用范围扩大，农业抢收抢种能力和农业综合生产能力进一步增强。

玉米机收秸秆粉碎还田

（三）农机社会化服务组织日益壮大，成为发展现代农业主力军

改革开放以来，全市农机大户、农机合作社、农机协会、农机中介、农机维修网、农机销售等新型农机社会化服务组织不断涌现，经营效益稳步提高。到2017年，全市各类农机社会化服务组织达到757个，农机户6.1万个，农机合作社338个，农机维修点160个，农机销售企业34个，农机生产企业5个，农机化从业人员11.5万人，农机社会化服务领域进一步拓展，并呈现出组织形式多样化、服务方式市场化、服务内容专业化的显著特征，农机土地流转、托管经营、订单作业及承包服务等服务方式，满足了农业生产和农民的迫切需要，成为农业生产主要力量，促进了农村劳动力大力转移，从事二、三产业。2017年全市农机社会化服务经营收入达到20亿元以上，农机服务的收入份额对农民增收的贡献率逐步提高，催生了越来越多的种植大户、家庭农场，已成为当代新型职业农民的代表，致富奔小康路上的带头人。

三、工作经验

（一）政策扶持是关键

改革开放后，无论是20世纪90年代前后计划平均柴油的供给，还是《农业机械化促进法》的实施，或是国家农机购置补贴等扶持政策，都充分调动广大农民群众购机用机的积极性，全市农机化事业的快速发展得益于计划平均柴油的供给、国家农机购置补贴、报废更新、深松作业补助及系列农机科技创新项目的实施；得益于市委、市政府的高度重视及各级财政支持，正是有这些系列惠农政策的实施，才有效化解了一些制约农机化发展"瓶颈"，为全市农机化持续健康发展提供了政策支持，提供了有力保障。

（二）市场需求是动力

随着国家改革开放不断深入，社会化经济快速发展及农村劳动力外出务工，无论是改革开放初期的"包产到户，农机无路"到改革农机经营承包制，从改革农机经营承包制到国家允许自主经营农业机械，还是农机跨区作业的兴起及自主组建农机服务组织，及单一的农机作业到机艺融合技术的应用、促进农业增产增效作用的发挥，无一不是市场的拉动和利益的驱动，引领农民群众投资经营农业机械、应用农业机械。可以说，市场的需求带动了农业机械化事业的发展，农业机械化事业的快速发展也进一步促进了农村经济的发展。

（三）人才队伍是保障

在历次政府机关改革及机构精简中，每次都予以保留，始终保持了全市较为完善的市、区（市）、乡镇农业机械化管理和技术支撑体系，依法履行政策实施、规划指导、监督管理、协调服务等职能，并建立了完善的农机管理、监理、推广、科技教育、修配管理、质量投诉等各类管理和服务组织，形成了多层次、多功能、多形式的推广体系和比较完整的技术服务网络、农机安全监理网络、修配管理网络、科技培训网络，造就了一大批基层以掌握农机化技术为主的新型职业农民及服务组织，已成为农业机械化科技成果转化为农业现实生产力的中坚力量，是农业机械化事业组织和人才保障。

（四）依法行政是根本

《农业机械化促进法》《道路交通安全法》颁布实施及配套规章的出台，从科研开发、生产流通、质量保障、推广使用、社会化服务等方面制定了依法促进措施，涵盖了农机管理、安全监理、质量鉴定、农机维修等领域，各级农机部门认真实施这些农机化法律法规，坚持依法促发展、依法管机、依法用机、规范服务，为全市农机化发展创造了一个长期的、稳定的发展环境和法律保障，这是加快农机化事业发展的根本保障。

（五）社会化服务是基础

改革开放以来，农业机械化发展从农民自主经营农机、有机户为无机户作业，到联户合作经营，从开展跨区作业到经营土地、开展订单作业、承包作业等规模化生产，都是坚持以市场为取向的农机社会化服务，从而也推进了农机大户和农机合作社等各类农机服务组织的快速发展，开展农机社会化服务，提高了农机共同利用，提高了农机经营效益，加快推进农机服务产业化进程，保障农机化事业的可持续发展。

审稿人：荆　敏
撰稿人：魏艳秋　徐　健
张立光　李善新
刘　辉　沈印国
刘　旭　李　旭
李　超

无人植保机

枣庄气象事业改革发展回顾

改革开放以来，在枣庄市委、市政府和中国气象局、山东省气象局的领导下，枣庄市气象现代化建设得到了快速发展，气象监测、预报、服务能力得到明显提高，服务领域不断拓宽，文明创建工作硕果累累，实现了枣庄市气象事业发展的历史性跨越。

一、气象事业发展史

（一）机构历史沿革

1986 年枣庄市气象局位于市中区周庄村东岭向阳岭。随着城市建设的发展，2005 年 11 月 9 日气象台及行政办公随市政府搬迁至新城行政中心。气象观测站也于 2006 年 12 月经山东省气象局同意，整体搬迁至市中区石岭路振兴村驻地。枣庄市气象局先后经历了枣庄市气候站、枣庄市气候服务站、枣庄市气象台、枣庄市革命委员会气象局，于 1980 年 6 月正式更名为枣庄市气象局。管理体制由受济宁地区气象台指导、受当地革命委员会领导，到目前隶属山东省气象局管理，实行由上级气象部门与地方政府双重领导，以气象部门领导为主的管理体制。人员状况也由建站之初的 3 人发展到目前共有在职职工 72 人。现已初步建成适合现代气象业务发展需要的人才队伍。

（二）改革与发展（1986—1999 年）

1. 气象业务

综合气象观测。1987 年随着科技现代化的发展，引进了 PC1500 单板机，并逐步投入气象观测业务使用，1988 年正式投入使用，至此，小图报编报由手工编报变为 PC1500 微机编报，实现微机处理审核观测报表，气象报表制作由手工抄写改为微机打印，地面气象观测报表质量明显提高。同年，配备了 PC 系列微机并安装了 AHDM4.1 的测报软件。1985 年和 1986 年，雷达参与全省组网观测，在观测数据回波大于 10 分贝的情况下要求每小时发报 1 次。1987 年以后，市气象局雷达不再参与全省雷达组网，主要为本地短时预报和人工增雨服务。1999 年，雷达进行数字化改造，由模拟信号变为数字信号。

气象信息网络。80 年代初期，气象站只能利用收音机收听周边气象台站播发的天气预报和天气形势。气象资料由无线电单边带接收，通过电传打字机收报、人工填图以及气象图片传真机直接接收分析各类天气图表。1993 年，建立了省、市气象局专用话路，组建甚高频电话天气会商系统。1994 年，全省气象系统建成了广域网。市、区（市）气象局开始进行微机联网。1997 年 12 月，气象信息卫星综合应用业务系统（9210 工程）安装调试成功。1999 年，安装 PC—VSAT 小站。

天气预报。20 世纪 80 年代初，短期天气预报制作以手工绘制天气图为基础，运用天气学方法和模式指标方法制作。80 年代中期至 90 年代末，开展融合数理统计、卫星云图、数值天气预报产品应用和模式预报等。中期天气预报也是如此，20 世纪 80 年代初依靠天气周期划分方法及数理统计的方法。短时临近预报从 80 年代末期开始为重点服务用户提供该预报。

农业气象。开展农作物生育状况观测，及农作物物候观测。1989 年始，编写全年气候影响评价；进行农业气象条件分析、农业气象灾害监测与分析、主要作物产量气象预报、关键农时季节的农业气象专题服务、灾害性和转折性天气的农业气象专题分析以及土壤墒情报告等。90 年代通过卫星遥感进行干旱监测、植被覆盖检测等。应用 GIS 等高新技术开展农业气候资源分析与区划。制作发布农业气象旬月报、农业干旱监测预测信息，墒情、农业气象周报、二十四节气农业气象信息、麦收秋收气象服务、季年和作物农业气象条件分析、特色农业气象服务等情报服务产品。制作发布小麦、棉花和花生等适宜始播期预报、主要农作物（小麦、玉米、棉花和全年粮食）产量预报、主要农业病虫害预报。

2. 气象服务

公众气象服务。随着经济社会的发展和人民生活水平的不断提高，天气信息在人们的生产、生活中扮演着越来越重要的角色。20 世纪 80 年代，天气预报主要通过电台、报纸等新闻媒体每天 3 次向社会公开发布。1987 年建立电视气象影视制作系统，1989 年建立气象警报系统，面向有关部门、乡（镇）、村、农业大户和企业等每天 4 次开展天气预报警报信息发布服务。

决策气象服务。改革开放以来，决策气象服务工作能力不断得到加强，服务领域不断拓宽，服务效益不断增大，主动、及时、准确的气象服务为各级领导机关和有关部门科学决策提供依据，得到了各级党政领导的高度评价。改革开放初期，决策气象服务的方式主要以口头汇报、电话、传真的方式向党政领导、机关和有关部门报告。80 年代后，定期制作旬、月、季天气过程预报及短期气候趋势预测，以书面形式印发。90 年代，逐步发布《重要天气报告》《气象内参》《气象信息与动态》《春播期天气预报》《汛期（6—9 月）气候趋势预报》《麦收期天气预报》等决策服务产品。

专业气象服务。气象专业服务是气

象部门根据国民经济各行业、各部门和社会团体、个人对气象服务的特殊需要而提供的专门服务。随着气象服务工作的发展和改革开放、经济建设的需要，从 1983 年起，首次开展了专业有偿气象服务工作，服务的对象主要是容易受到天气影响和气象灾害的单位，有砖瓦厂、粮食储晒、建筑行业、煤炭和电力行业，服务的方式是电话和信函。1986 年，增加了铁岭制造的气象警报预报发射设备及发射台，为一些部门配备气象警报接收机。专业气象服务单位不断增加，主要包括公路、铁路运输以及公共事业单位，极大地推动了当地的经济建设和发展。

1988 年，枣庄市气象局与市广播电视部门合作，先后在枣庄市广播电台和市中广播电台开办了气象预报栏目。1998 年 7 月 1 日五区一市的天气预报通过传媒向全市人民广播，市气象局同时成立了影视中心，专门从事这项业务。时至今日，这项业务已经成为枣庄市人民生活中的一件不可缺少的重要组成部分，播出质量不断得到提高。

1989 年警报接收机推广到了乡镇一级，同时建立了各村的警报服务网络，警报接收机除了作为预报预警工具之外，各个乡镇还可以利用气象信息及时布置和安排生产。发挥了一机多能的作用，部分自然村也布上了警报接收机，一些单位还上了警报接收的自动转发设备，较好地发挥了气象信息和气象设备现代化的作用。1988—1989 年全市共有警报接收机 600 余部，各（区）市局也都上了气象警报发射装备，气象警报预报服务进入了高峰期。

1995—1996 年，通讯传输领域 BB 机和手机有了一定程度的发展，新的传输手段的出现，使得广播发射被动接受式的警报接收机服务业务，由于技术含量赶不上时代的发展，开始走下坡路，应用客户大幅度缩小。在此情况下不得不又重新开始信函和电话答询等多种形式的服务方式，以对前者进行补充，其中预报服务内容也有了一定程度的补充、完善和提高，气象学会还为此出版了书籍《气象致富 100 例》。为稳定专业服务市场、满足客户需求发挥了良好的作用。

1995 年，专业气象服务又开拓新的服务项目，枣庄市气象局与电信局合作，开发了 16800121 电话天气预报答询栏目，为客户即时接受气象信息进一步提供了方便。

（三）气象现代化建设成就辉煌（2000—2017 年）

1. 气象业务快速发展

预报预测系统向精细化迈进。

短期、中期预报技术得到快速发展。进入 21 世纪，短期天气预报制作已发展到以数值天气预报为基础，以人机交互处理系统为平台，综合应用卫星云图、天气雷达信息、数理统计和模式预报等多种技术方法。中期天气预报主要以国家气候中心以及山东省气候中心的中期数值预报产品为基础，结合枣庄市中期数值预报模式做出预报。

短时临近预报得到迅速发展。2012 年，引进了灾害性天气短时临近预报预警系统（SWAN），并完成了该系统的本地化。利用该系统提供的产品进行连续跟踪监测。并依托 SWAN 系统优化短时（0—12 小时）临近（0—2 小时）业务，该系统可以对雷达、卫星及实况数据进行自动化分析，并可以实现服务产品的制作功能，极大地缩短了预报人员分析—制作—发布短时临近预报的时间周期，从而为决策人员、社会公众应对突发性、灾害性天气预留了更加充裕的时间。

精细化预报能力明显提高。2013 年，精细化预报时空分辨率进一步提高。依托基本天气预报业务，以数值预报产品解释应用技术提高精细化天气预报水平，预报空间分辨率达到 9 公里，时间分辨率 0—48 小时预报达到逐 3 小时，48—216 小时预报达到逐 6 小时。

专业预报能力不断拓实。为了拓展提高预报产品的应用领域，拓展服务面，进一步加强了对生态环境监测资料的开发，先后拓展了穿衣指数、舒适度、大气污染指数、紫外线指数空气质量等环境预报业务。

地面气象观测逐步自动化。2003 年 1 月 1 日，开始采用自动遥测设备对温度、气压、湿度、雨量、风向、风速等观测项目进行对比观测。2004 年 1 月 1 日正式以自动观测数据为准，基本实现值班无纸化操作。随着中国气象局业务领域的拓展，按照省局统一部署，2002 年底酸雨、紫外线，2014 年气溶胶，三项特种观测正式在本市投入使用，为枣庄市大气化学的分析、研究奠定了基础。目前，全市初步建成了综合气象观测网，主要包括 5 个国家级自动气象站和 51 个区域气象观测站，3 个 GPS/MET 观测站，1 个 FY—2 中规模接收站；建成农业气象、大气成分等专业气象监测网；建成 1 个移动气象台；建成省—市、市—县的基于 SDH 技术的气象广域网络系统和 5 个中国气象局气象数据卫星单向广播系统；建成省—市自动站故障维修远程视频指导系统。综合气象观测体系得到不断完善。

1986年的枣庄市气象局业务办公楼

信息网络业务得到快速发展。2003年6月份，省—市SDH宽带建成使用。同年12月，市—区（市）VPN宽带投入业务运行。2004年7月，省—市可视化会商系统建成使用。2008年6月，市—区（市）可视化会商系统建成使用。目前，已建成省—市双20M的气象广域网，市—县双10M专线网络，3条100M的专用网络，实现千兆网络到桌面。

农业气象开展决策服务　2005年建立农业气象灾害预警信息系统，在关键农业气象时节，根据需要为政府及相关的决策部门提供服务信息。

2. 气象服务现代化能力不断提升

公众气象服务现代化水平不断提高。2000年开通“121”（2004年6月改号为“12121”）天气预报电话自动答询系统。2001年利用手机短信每天2次发布气象信息，2005年开通了小灵通气象短信。2006—2008年，在全市安装气象电子屏51块。2008年起，建立“枣庄气象网”，发布农业、气象、政务等各类信息。同年开展气象灾害评估和灾害预报服务。全面承担突发公共事件预警信息的发布与管理，为多个部门发布，涉及交通安全、矿业生产、公共卫生、供电停电、地质灾害、农业病虫害等突发公共事件预警。

近年来，枣庄市的公众服务领域不断拓展，服务产品的种类不断增加，公众气象服务产品变得更加丰富生动、更加贴近百姓生活。在传统的天气、风、气温等常规要素天气预报和灾害性天气预警预报的服务基础上，目前已衍生出一系列的生活气象指数预报，为居民提供个性化服务。天气预报更加精细化，在预报时效上，不仅有12小时、24小时、48小时预报，还增加了双休日及五日天气预报服务；天气预报的次数也由过去的每天3次，发展到如今的每天6次。在气象信息发布方式上，完善了12121天气预报自动答询系统、电视、广播、手机短信、报纸、电子显示屏、手机客户端、微信公众号、新媒体及现场服务等公众气象服务平台，多渠道向公众发布气象信息。社会公众对气象服务满意度不断提高，气象服务的社会影响不断扩大，社会效益日益显著。

枣庄市气象局综合办公楼（2005年至今）

决策气象服务得到各级党政领导的高度评价。2000年后，遇有重大灾害性天气，提前预警，并以传真或邮件形式发往决策部门。同时更新了决策服务短信号码库，将防汛指挥部各成员单位主要负责人加入号码库中，截至目前，号码库内人员名单由40多人增加至600余人。

2008年，决策气象服务内容大幅度增加，服务产品主要包括：预警信号、重要天气预报、气象服务专报、人工增雨简报等。决策服务产品由每年20余期，增至200余期。在“两会”“市运会”“全国十一运会”“全国第二届非博会”“全国第三届智运会”“枣庄·国际马拉松比赛”等重大活动中，应急防御和保障能力得到了很大的提升。通过专题、专报的形式向市委、市政府提供科学依据，服务效益显著，受到市委、市政府的好评和表彰。

2013年，为有效应对重污染天气，提高城市大气重污染预测预警和应急响应能力，与市环保局召开协商会，双方就信息共享、技术合作、联合会商、信息发布等机制进行了沟通，对基于AQI的城市空气质量预报技术方法的研发工作进行了交流，明确了大气重污染应急响应启动程序。并于同年11月1日起联合开展空气质量预报，11月10日起联合开展重污染天气监测预警工作。同年12月4至8日，我国中东部地区经历了近年以来范围最大、持续时间最长、影响最为严重的雾霾天气过程。危害人民健康生活，严重影响了交通运输。对此，市气象局、市环保局首次联合开展对雾霾天气的分析总结，并于12月9日上午向市委、市政府及相关部门报送了《决策气象服务专报——12月4至8日雾霾天气分析及未来天气预测》。

2015年，邀请国土局、环保局、交通局、林业局、武警支队、广播电视台、联通公司等部门召开气象应急联动座谈会议。会上，市气象局介绍了近几年来全市气象服务情况、气象灾害应急联动情况，以及近几年来与各部门合作情况。与会代表对近年来气象部门提供的服务表示感谢，就本单位联防联动情况进行了阐述，针对本行业特点提出许多有针对性的气象服务需求和建议，并就国家预警发布系统部门预警信息接入情况和气象预警信息绿色通道建立情况进行了探讨。最终决定市国土、环保、交通、林业等部门预警信息将通过国家预警发布系统发布。

专业专项气象服务领域不断拓宽。2000年为进一步扩充信息内容，市气象局对“121”气象电话自动答询系统进行改造、完善，建立了60路线路支撑的枣庄市气象121自动答询平台，使之可随时为社会各界提供12小时、24小时、48小时、双休日及五日天气预报，并开展了穿衣指数、舒适度、大气污染指数、紫外线指数等环境预报服务，成

为枣庄市气象局又一直接面向客户的服务窗口。同年，又分别完成了移动公司、联通公司手机用户121的接入。2000年底，针对人们对医疗健康气象预报不断提高的生活需求，与网通合作，新上了16822122人体医疗健康气象平台，2001年初正式使用，深受各界欢迎。

2001年，随着无线通讯业务日新月异，手机已经进入千家万户的形势，在山东省率先与联通公司合作，开办了手机气象短信息业务，进一步方便了群众，该项业务的开展，在社会上引起轰动，并在全省推广。到目前为止，已经开通了移动、联通等多家合作的手机移动气象站业务。

2004年3月，市气象局再次对“121”气象电话自动答询系统进行改造、完善，相继开通了铁通、中国电信等气象电话自动答询系统。从2004年10月1日起，原121号码升位改为12121，面对社会各个方面开展服务。

2004年春，市气象局针对重点企事业单位网络终端气象服务的需要，开发研制了网络终端云图预报即时更新显示界面，为专业服务增添了新的光彩。

2005年随着新城行政区的搬迁，专业专项气象服务硬件建设得到较大提升，影视虚拟演播室的建成，影视节目质量得到较大提升，“12121”平台的升级改造，线路的拓展较好地解决了拨打线路拥挤的瓶颈问题。

2012年“12121”平台的换型，2014年高清虚拟演播室的投入使用拓展了枣庄专业专项气象服务渠道。

2016年，枣庄市气象局“枣庄气象”手机客户端正式运行，实现了公众用户直通式服务，决策服务及时便捷。通过管理平台实时更新气象信息和根据公众需求不断添加新内容，公众与决策服务用户可以通过该客户端实时查看气象预报、预测、预警信息，直接了解天气的影响范围。使服务对象在第一时间掌握天气信息，从容应对灾害性天气。

2017年继续不断完善专业气象服务体系。开展滕州马铃薯、峄城石榴等

枣庄市气象局人工影响天气指挥沙盘

特色农业气象服务。联合国土、环保林业和农业等部门开展地质灾害风险预警、重污染天气预警、森林火险等级预报和灾情调查。为枣庄机场选址和滕州光伏发电项目申报提供气象资料分析和气候可行性论证，开展枣庄机场预可研阶段人工观测。

3. 气象防灾减灾

为完善气象防灾减灾工作机制、发布系统、组织体系、科普宣传等重点工作。进一步健全“政府主导、部门联动、社会参与”的气象防灾减灾机制，目前，各级政府均成立气象灾害防御领导小组，强化气象灾害防御规划和应急预案编制或修订实施。经过近几年的不断努力，现已基本完善国家突发事件预警信息发布系统、气象信息发布绿色通道，实现了气象信息发布手段融入各类公共服务信息平台，确保气象预警信息“发得出、收得到、看得懂、用得上”。不断完善城乡基层气象防灾减灾组织体系，加强气象信息服务站和信息员队伍建设，推动基层气象防灾减灾工作融入式发展。加强气象科普宣传，推进防灾减灾知识进农村、进社区、进企业、进学校，并纳入领导干部培训内容，不断增强气象防灾减灾意识和能力。市政府修订印发了《枣庄市人民政府办公室关于建立全市灾害性天气预报预警预防协调联动工作机制的通知》，建立了市级气象防灾减灾联席会议制度，充分体现地方政府在气象防灾减灾中的主导作用。部门联动机制更加高效，与国土、水利、林业、农业、交通、环保、旅游、电力、通讯等部门广泛开展合作，现已建立健全了信息共享机制，畅通了气象灾害预警信息发布与传播渠道。社会参与范围更加广泛，气象信息员队伍达到2433人，在基层防灾减灾工作中发挥着重要作用。

2017年7月，提请市政府印发了《关于进一步加强气象灾害预警信号发布和传播工作的通知》。理顺预警信号全网发布流程，明确规定了气象预警信号由市政府应急办通知各通信运营企业、新闻媒体及新媒体，施行全网无偿发布，较好地解决了气象灾害预警“最后一公里”问题，为公众快速采取灾害应对措施赢得宝贵时间。

4. 人工影响天气

枣庄市人影工作始于20世纪90年代末。1999年成立枣庄市人工增雨领导小组，并同时成立枣庄市人民政府人工增雨办公室，购置WR—98型发射架一部，走出了枣庄市人工影响天气工作的第一步。2000年，又增加WR—98型发射架一部。2010年，购置车载天气雷达一部。目前，全市六个市（区）可在全市范围内同时开展人工增雨工作，拥有火箭发射装置12部。2014年，为更好地开展人影工作，投资近150万元，建成了人影指挥中心的业务平面。2014年10月，人影指挥中心建设项目全部竣工，该项目包括了大屏幕系统以及沙盘系统2个部分。人影沙盘系统集成了本市地形显示、炮点分布显示、自

动站雨量显示、炮点作业状态显示等多种功能，为全省首家建成该系统的地级市。另外，还引进了作业信息上报系统、综合信息管理系统。该指挥平台已经成为集决策指挥、作业上报、库存统计等多种功能的业务平台，为科学、合理、高效的指挥人影作业提供了平台支撑。2017 年在山亭区新建枣庄市首个人工影响天气燃烧炉，该设备具有作业成本低、指挥环节少、不受空域限制等优点，为防灾减灾、农业增产以及森林防火起到了积极的作用。目前全市各级人影管理和作业指挥人员 19 名、火箭作业操作人员 54 名（其中 8 人兼任指挥人员），人才队伍建设得到不断加强。自 2009 年以来，全市地面人工增雨作业共发射火箭弹 1400 余枚，累计增加降水 3.7 亿立方米，取得了显著的社会经济效益，为全市增雨抗旱、增加水资源、夏粮增收做出了积极贡献。2013 年受到山东省人民政府防汛抗旱指挥部和山东省人工影响天气工作领导小组通报表彰。

二、改革发展成就

30 多年来，我们锐意改革、开拓创新，探索气象事业发展道路，积极推进气象部门领导管理体制的改革，“气象部门与地方政府双重领导，以气象部门领导为主”的气象工作领导管理体制及“双重计划体制和相应的财务渠道”，极大地调动了地方发展气象事业的积极性，为气象事业发展提供了重要保障。“公共气象、安全气象、资源气象”的新时期气象事业发展理念，为加快建设气象现代化体系，着力建立适应防灾减灾和应对气候变化需求的现代气象业务体系，为气象事业长远发展奠定了重要的政策基础。

30 多年来，不断探索调整气象事业结构，不断完善气象事业运行机制。建立气象行政管理、基本气象业务、气象科技服务与产业“三部分”的气象事业结构战略性调整。不断探索并深化气象业务技术体制改革，建立了由气象综合探测系统、气象信息网络系统、基本气象信息加工分析预测系统和综合气象服务系统“四大功能块”组成的气象基本业务系统的格局；2005 年启动了以“多轨道、集约化、研究型、开放式”为目标的气象业务技术体制改革。

30 多年来，克服各种困难，坚定不移地推进气象现代化建设，目前，全市已经建成由 5 个国家级地面自动气象站、51 个区域气象观测站、3 个单雨量站、11 个自动土壤水分观测站、1 个设施农业观测站和 1 个气溶胶观测站组成的全市地面观测站网，实现了地面气象观测由人工观测向自动观测的转变；开展了大气成分、酸雨、沙尘暴、雷电等专业气象监测业务。实现了气象通信业务从手工作业到广泛采用计算机的历史性跨越，气象通信从莫尔斯电码人工通信到计算机终端自动化通信，再发展成为计算机网络通信。进入新世纪，又加速建设全市地面宽带网络，极大地提高了气象信息网络的整体水平，实现了全国天气预报可视化会商。新一代气象信息综合分析处理系统（MICAPS）和数值预报产品的广泛应用，使枣庄市气象预报预测业务实现了由传统的人工分析为主的定性分析预报方式向以数值预报产品为基础、以人机交互处理系统为平台、综合应用多种技术方法的自动化、客观化和定量化分析预报方向的重大变革，中期数值预报业务系统的正式业务运行，使中期天气预报可用时效延长到 7 天，气象预报预测精细化程度和准确率大幅提升。专业专项气象预报预测业务发展迅速，气象预报预测业务已由单一天气预报发展为目前的短期气候预测、气候变化预估、农业气象、大气成分、人工影响天气以及空气质量等级、地质灾害气象等级、森林草原火险气象等级等专业专项业务。

30 多年来，面对国民经济社会快速发展对气象服务日益增长的需求，广大气象工作者主动面向农业、交通、水利、国土、卫生、旅游等各行各业，以及森林防火、安全生产、应急保障、国防建设等，不断拓展气象服务领域，不断丰富气象服务产品，气象服务已涵盖经济社会发展的各行各业。气象服务信息发布方式多样化，包括广播、电视、报纸、电话、手机、网络、电子显示屏、微博微信、手机 APP 等。依靠科技进步，不断提高气象服务质量和水平，气象服务效益不断提高。台风、暴雨、干旱、高温、寒潮、沙尘暴、暴风雪、雷电、雾等重大气象灾害的防御能力明显增强，气象灾害造成的经济损失占国民经济总产值的比例逐年下降。人工影响天气工作不断加强，科技水平不断提升，作业规模不断扩大，作业队伍不断壮大，成为防灾减灾、缓解水资源短缺等的重要手段

枣庄市气象局视频会商系统

之一。我们努力构建“政府主导、部门联动、社会参与”的气象灾害防御工作机制，重大自然灾害的应急气象保障体系初步形成。

30多年来，培养和引进了一批相关专业的科技人才，形成了一支以大气科学专业为主体，电子、通信、遥感、农林、环境生态、管理等多种专业有机融合的气象人才队伍，气象人才队伍的知识层次明显提高，具有硕士学位的人数明显上升，大学本科以上学历的人员比例达66%，具有中高级职称人员已达51%。通过加强继续教育和岗位培训，开展岗位练兵和技术竞赛，提高了一线技术人员的业务技能水平，人才队伍的知识层次、专业结构和整体素质得到了明显提高。

三、经验和体会

（一）气象服务是气象事业的本质要求

必须牢固坚持以服务引领气象事业改革发展创新的理念不动摇，始终把提高天气气候预报预测准确率作为气象工作重要着力点，始终把为地方经济社会发展提供优质、特色气象服务放在第一位，正确处理好“有为才能有位，有位必须有为”的辩证关系。

（二）现代化建设是气象事业的立业之本

必须牢固坚持气象现代化建设不放手，加强顶层设计，统筹建设规划，坚持不懈地提高气象现代化水平，为气象事业发展奠定坚实的基础。

（三）发挥政府部门积极性是事业发展的重要因素

必须牢固坚持双重领导、以部门领导为主的领导管理体制和相应的双重计划财务体制优势不改变，积极争取地方各级政府及相关部门的关心和支持，加大对气象事业的政策倾斜和资金投入，加快发展地方气象事业。1992年5月，国务院印发的《国务院关于进一步加强气象工作的通知》以及山东省人民政府印发的《山东省人民政府关于进一步加强气象工作的通知》，为山东省各级气象部门双重计划财务体制的建立提供了决策依据。各区（市）气象部门积极行动，与地方政府、财政部门协商，建立完善了从省到市、县的三级双重计划财务体制。近年来，省政府又先后印发《关于贯彻国发〔2006〕3号文件加快山东省气象事业发展的意见》《山东省人民政府关于贯彻国办发〔2007〕49号文件进一步加强山东省气象灾害防御工作的意见》，枣庄市也及时印发了《枣庄市人民政府关于进一步加快气象事业发展的意见》等多个指导气象事业发展的文件，为气象事业发展提供了强有力的政策支持，形成了各级各部门关心、支持、发展气象事业良好环境。

（四）改革创新是推进事业发展的不竭动力

必须牢固坚持“以改革促发展、以创新求发展”的思维不松懈，不断推进体制改革、机制创新，以改革创新的精神研究解决发展中的新情况和新问题，加快推进现代气象业务体系建设，开创气象工作新局面，开辟气象事业新境界。

（五）科技和人才支撑体系建设是事业发展的关键环节

必须牢固坚持人才队伍建设和科技创新能力建设不松劲，坚持不懈实施“人才强局”战略，提升全员职工的综合素质。倡导“坚忍不拔、顽强奋发”青檀精神，调动全体气象职工的工作积极性；持之以恒实施“科技兴气象”战略，着力解决科研和业务结合、成果转化和资源共享等体制性障碍，不断提升气象科技水平和气象业务科技含量。

（六）气象科技服务是事业发展的有力支撑

必须牢固坚持公共气象服务方向，发展气象科技服务不走样，把气象科技服务社会效益放在首位，以理念的转变带动发展思路、发展模式、发展措施的落实，加快发展气象科技服务，并完善气象科技服务反馈基本业务的长效机制，为气象事业发展提供有力的资金支撑。

（七）气象法规建设是事业发展的重要保证

必须牢固坚持气象法制建设不放松，不断优化气象事业发展环境，不断强化气象行政管理职能，为气象事业发展提供法治保障。实践证明，每一部气象法律法规的出台都会促进气象事业有一个较大的发展。

改革开放以来，是枣庄气象事业取得辉煌成就的30多年，是气象预报预测能力大幅度提升的30多年，是为全市防灾减灾、促进经济社会科学发展提供优质气象服务的30多年。全市气象工作者正在深入学习贯彻党的十九大、省第十一次党代会精神，进一步解放思想，坚持改革开放，全面加强气象防灾减灾能力建设，为保障枣庄经济社会又好又快发展做出更大贡献。

审稿人：王洪源

撰稿人：崔　辰　慈　航

　　　　张宗磊

改革开放以来枣庄招商引资工作的基本历程、成就及经验

改革开放以来，枣庄的对外开放进入了一个新的阶段，对外开放各项事业实现了全方位、宽领域、多层次的历史转折，招商引资已成为全市经济社会发展的重要推动力量。特别是近年来，枣庄市委、市政府高度重视招商引资工作，把招商引资作为新常态下推动枣庄经济社会发展的主要工作来抓，实现新旧动能转换的重要举措。不断创新思路，强化措施，招商引资成效显著，经济外向度不断提高，为促进枣庄经济社会发展做出了一定的贡献。

一、改革开放以来招商引资工作基本历程

改革开放以来，枣庄市招商引资工作经历了一个从无到有、从不断摸索到逐步完善的过程。

（一）招商引资萌芽阶段（1988—2000年）

在利用外资方面，1986年之前枣庄市利用外资很少，到1985年底全市累计利用地方外汇和外汇贷款仅1711.3万美元。1986年枣庄市被国务院批准为对外开放城市，当年引进第一家外资企业。1988年，枣庄市对外经济贸易委员会成立，是在原枣庄市经济委员会职能分离出来的正县级行政单位，其职能是负责全市进出口贸易和利用境外资金管理的政府组成部门。1989年，西方一些发达国家对我国实施经济制裁，外经贸、利用外资遭受重大影响。1992年，邓小平南方谈话后，枣庄市同全国一样掀起改革开放热潮，利用外资实现快速增长，同年随着省政府下放外商投资企业审批权，全市批准成立三资企业114家，实际利用外资1992年比1991年翻了接近一番，1993年突破千万美元，此后连续四年每年以1000万美元左右的速度增长，1996年达到5000美元。共有美国、泰国、日本、韩国等地的客商到枣庄投资合作兴办企业，随着外商投资企业的逐步增多，成立了“枣庄市外商投资企业协会”。1994年，枣庄市市长秦尧基率政府代表团赴新加坡开展招商，这是枣庄市历史上第一次由市政府主要领导率团赴境外开展的招商活动。

1997年爆发的亚洲金融危机，枣庄市外资主要来源日本、韩国、新加坡等地，经济受严重冲击，导致此后几年枣庄市利用境外资金也呈现连年低迷状况。

（二）招商引资起步阶段（2000—2004年）

2000年1月26日，市委、市政府召开全民招商引资动员大会，并设立枣庄市招商局，首次提出枣庄以外就是外，借助外力发展枣庄的理念，并由此带动了省、市级经济开发区快速发展的局面。

举办活动方面。2000-2004年连续举办五届中国（枣庄）国际石榴节暨经贸洽谈会，邀请境内外客商，围绕宣传枣庄、推介枣庄、走进枣庄开展有效招商，签订了一大批投资项目，对枣庄市发展起到了很大的推动作用。在请进来同时，走出去赴温州、东莞、泉州、厦门、南京、深圳、福州、宁波等发达地区举办招商会，签订了一些投资项目。境外赴日本、韩国等地开展经贸活动，特别是2003—2004年市委、市政府主要领导率团赴韩国开展招商，并在韩国设立枣庄市政府驻韩办事处，掀起了枣庄市对韩招商的高潮，2003年12月22日枣庄市在韩国汉城举办的招商活动，参会客商近300人，签订合同、协议46项，合同、协议金额34.59亿美元。

出台政策方面。2001年底中国加入WTO，枣庄市出台了《关于加快实施“走出去”战略的通知》，2003年市委、市政府出台《关于进一步加强招商引资工作的意见》《中共枣庄市委关于进一步解放思想 凝聚力量抢抓机遇奋力赶超加快现代化建设步伐的决定》，并出台了《关于进一步改善招商引资软环境的决定》《枣庄市招商引资优惠政策》以及《招商引资奖励暂行办法》等文件，在优化营商环境、财政税收、收费、土地和其他方面为投资者提供优惠条件，全市招商引资工作发展提供了政策保障。

人才引进和培养方面。一是面向全国引进博士、硕士研究生，并给予相应的职务待遇和资金补助；二是为加强对韩国和日本的招商，市委、市政府从全市选派28名年轻干部赴韩国釜山大学历时半年学习韩语，从全市选派13名年轻干部赴日本东京浅草学院历时半年学习日语，并从外地引进韩语、日语人才。滕州市则面向全国先后引进20多名日语、韩语人才充实到党政机关、事业单位，这些人才的引进和培养为枣庄市对韩国、日本招商提供了人才保障，打下了坚实的基础。

奖励兑现政策方面。2003年为贯彻市委、市政府《关于进一步加强招商引资工作的意见》，市招商局、市人事局、市财政局、市监察局四部门联合出台了《关于进一步落实专业招商工作的

通知》，出台了极其优惠的招商引资政策和激励措施，实行机关和国有企事业单位全员招商，在全市固定 1000 名以上专业人员专门从事招商，其中市直部门 360 名（经济部门按在编人数 10% 确定招商人员，其他部门按在编人数的 5% 确定招商人员），市级财政每年拨付 300 万元招商引资经费。对贡献突出的人员从经济上、政治上、荣誉上、家属子女工作安排上给予奖励和倾斜；2002—2003 年，仅市直奖励招商引资项目 160 个，奖励金额 963.6 万元，各区（市）、枣庄高新区也有不同的资金奖励，有些区（市）对招引金额过千万元的项目还安排一名直系亲属到事业单位工作。

市委办公室、市政府办公室、市政协办公室、市招商局等 20 个单位连续 4 年获得枣庄市招商引资先进单位称号。

招商引资成果方面。2000—2004 年共签约千万元以上项目 723 个，到位资金 319 亿元，到位资金每年都有 10% 以上的增长。主要项目有宁波腾龙不锈钢有限公司不锈钢制品生产项目，青岛啤酒集团收购薛城区南极洲啤酒项目，华润纸业二期三期项目，北新集团石膏板项目、海之杰服饰生产项目、香港街开发项目，这些项目的落地，有力地推动了枣庄市一、二、三产业的发展。

2017年7月30日，北京招商周活动中市领导带队参观考察三一集团

2004 年底，市外经贸局和市招商局合并为市外经贸局（招商局），旨在整合全市招商资源，实行一个口对外，招商引资走向了稳步发展的阶段。

（三）招商引资整合发展阶段（2005—2012 年）

1. 机构设置变化

2005 年合并后的外经贸局(招商局）负责全市境内外招商引资规划、招商活动的策划、组织、项目的落地、通报、招商项目存在问题的处理协调等工作。

2009 年根据省改革方案，组建市商务局，将市对外经济贸易合作局（市招商局）的职责、市经济贸易委员会的机电产品进出口管理职责、市服务业办公室的内贸管理职责，整合划入市商务局。不再保留市对外经济贸易合作局（市招商局)。全市境内外招商引资规划、招商活动的策划、组织、实施、项目的落地、通报、招商项目存在问题的处理协调等工作同时划入商务局。

2. 招商引资方式转变阶段

一是把招商引资和招商选资结合起来。市委、市政府指出：枣庄市对外开放的关键性措施，就是招商引资。招商引资是实现经济又快又好发展的必由之路和快捷之路。关于招商引资，要引“大、高、外、洁”的项目，“大”就是大规模，“高”就是高科技，“外”就是外向型，“洁”就是洁净环保。提倡要把招商引资和提高经济外向度结合起来，不要“拾到筐子就是菜”，要选好项目、没有污染的项目、附加值高的项目。要把招商引资和调整优化经济结构结合起来，培植经济发展后劲，培植我们的税源，这样才有地方税收，这就是发展决定财税。二是推行专业化招商方面。2008 年后，枣庄市政府提出，要改变以往“大呼隆”招商方式，尽量不举办大型招商活动，而是加强对自身优势、招商对象、产业形势等方面的研究，实行“小分队”招商、专业招商、登门招商，使招商工作更有针对性和实效性；着力突出了对日韩“两国”、港台“两地”、浙粤“两省”的招商，不间断地组织招商小分队，瞄准大企业、大集团和有效客商开展招商。三是推动企业招商和产业招商方面。期间市政府办公室先后下发了《关于大力推进企业招商的实施意见》和《关于开展产业招商的实施意见》旨在推动企业招商和产业招商向纵深发展，招商队伍更加专业化，部门招商更加产业化。如在发展煤化工方面，制定了“稳定尿素，做大甲醇，做深醋酸，储备开发二甲醚、烯烃”的发展策略，积极扩张鲁化、国泰、盛隆、海化等企业，引进新奥、韩国 SK、联想等煤化工和精细化工大项目，标志着枣庄市煤化工行业在引进世界 500 强和民营企业 500 强方面实现突破。截止到 2011 年底全市煤化工总投资达到 532.8 亿元，是 2007 年前累计投资额的 8.4 倍。

（四）招商引资转型发展阶段（2012 年至今）

这一时期枣庄对外开放更加注重高水平双向开放，特别是国家“一带一路”、山东省“两区一圈一带”等战略提出后，枣庄市积极抢抓机遇搭“顺风车”、借船出海，更加主动地参与地区和国际经济贸易合作。

1. 以培育 265 产业集群为突破口，招商引资跃上新台阶

枣庄市进一步完善招商引资体制机制，着力在培育产业集群方面下功夫，以煤化工、装备制造、文化旅游、现代

服务业、战略性新兴产业等九大产业，由市经信委、旅服委、招商局、食药局、农业局等部门各自承担1-2个产业招商组，从产业规划编制、到外出招商、项目落地实行一个市级领导、一个市直部门、一套班子、一支招商队伍外出招商，如煤化工行业，在已经成功招引新能凤凰化学、联泓新材料的基础上，又新招引日本JFE、韩国OCI公司两家化工行业世界500强公司。并同潍焦集团签约了总投资65.2亿元的50万吨煤焦油深加工、20万吨煤气综合利用、16万吨炭黑、5.5亿立方米煤制气工程后续项目、邹坞铁路货场及物流中心5个项目。2015年全市化工产业拥有规模以上企业138家，实现主营业务收入412.8亿元，实现利税25.3亿元，其中利润11.5亿元，成为枣庄市重点打造的2个千亿级产业集群之一。

在锂电新能源行业方面，围绕锂电产业链开展招商，招引了中材锂膜、辽宁比克、丰元锂电、鹏翔光电、海蒂新能源等企业，形成了枣庄市从锂电正极材料、负极材料、电解液、锂电隔膜、电芯、动力电池比较完整的产业体系，全市锂电企业产值每年以20%以上的增长，2017年，全市7家规模以上锂电生产企业实现总产值11.03亿元，同比增长21.5%，高于全市平均增速7.3个百分点。

2. 以直接引进与柔性引进相结合，招才引智实现新飞跃

一是共建合作平台。近年来市政府先后与北京中医药大学签订了共建北京中医药大学第四临床医学院、与浙江大学共建浙大山东工业研究院、与北京理工大学共建鲁南工业技术研究院、与北京航空航天大学合作设立机床创新研究院、与清华大学合作建设孵化器2.0科技产业园、与中科院签署战略合作协议、与常州大学签订全面科技合作协议、与中国计量大学等学院签署战略合作协议。二是重视人才引进和培养，市委、市政府2014年发布招才引智计划，实施产业创新类、科技创业类、学术研

2014年7月15日，市领导率团参加山东香港周活动

究类三项英才集聚工程，入选枣庄市英才计划的项目一次性给予50万至100万的经费支助。对入选国家“千人计划”“特支计划”和泰山产业领军人才后，再给予一次性补助100万元。创业人才创办企业的实际到位资金达到500万元以上的，或省外“千人计划”“特支计划”专家来枣庄市创办企业的，给予创业启动资金100万元。采取直接引进与柔性引进结合，引进了一批枣庄急需紧缺的高层次人才，共引进和培养千人计划、“万人计划”、泰山学者等高层次人才70名，确定首批“枣庄英才”24人。

3. 以完善体制机制为抓手，激发招商引资新动力

一是以科学考核为导向。2015年以来，市委、市政府将各区（市）、枣庄高新区招商工作纳入全市科学发展综合考核体系，实施30分的考核分值，2017年为突出大项目招商，对区（市）和市直部门完成任务好的，实施20分加分制，当年，市直部门有30多个单位完成了招商引资任务。二是表彰先进集体和先进个人。对完成招商引资好的区（市）和个人，授予招商引资先进单位和先进个人，并给予一定的资金奖励。三是实施高层推动机制。每年根据项目进展情况，科学筛选全市招商引资重点推进的30—50个项目，实行市领导帮包，及时了解、解决项目建设生产过程中遇到的问题，通报项目相关进展情况，这项措施，受到了企业的好评。

二、改革开放以来招商引资工作取得的成就

全市招商引资工作紧紧围绕“转型升级和经济文化融合发展高地”的奋斗目标，以培育全市主导产业为方向，不断创新思路，强化措施，各项工作都取得了新的进展。

（一）招大引强取得新进展

实施引央企、国企、名企战略，重点瞄准京津冀、长三角、珠三角重点区域和国内外500强、大型央企民企、科研院所，开展定点定向招商、登门招商，着力引进产业龙头项目。五年间，共引进世界和全国500强企业项目55个，目前在枣庄市有中铁投资集团、中铁置业集团、中铁总公司、中国建材集团、葛洲坝集团、中国电建、国投控股、中国机床总公司、山东能源集团、兖矿集团、华润集团、华电国际、中广核、杭萧钢构、深圳能源、联想集团、新奥集团、日本JFE公司、韩国OCI株式会社等大企业在枣庄市均有投资。如联想控股滕州化工基地项目由联想控股有限公司投资兴建，位于鲁南高科技化工园区，占地1750亩，包括总投资35亿元山东神达化工有限公司甲醇制烯烃项目和总投

资38亿元山东昊达化学有限公司乙烯衍生物项目。总投资60亿元的中材科技锂电膜材料项目，一期投资10亿元，已于2016年3月份开工，未来将打造全国最大的锂膜材料生产基地。

（二）产业招商取得新突破

以“265”产业集群培育为带动，以构建现代产业体系为目标，以培育各具特色、核心竞争力强的产业体系为目标，重点突出煤化工、装备制造、新型建材、战略性新兴产业等特色优势产业发展，努力招引产业龙头企业和骨干项目。2015年全市新开工外来固定资产投资5000万元以上项目中，八大产业集群项目122个，占所有新开工项目的67%。2016年全市新开工外来固定资产投资5000万元以上项目中，工业类项目128个，占所有新开工项目个数的63.3%，其中，煤化工及精细化工类项目19个，机械制造类项目25个，建材类项目24个，纺织服装类项目20个。服务业项目61个，占所有新开工项目个数的30.1%。2017年度全市新开工外来投资5000万元以上项目中，工业类项目126个，占所有新开工项目个数的60.5%，其中，煤化工及精细化工类项目8个，机械制造类项目29个，建材类项目40个，纺织服装类项目11个。服务业项目65个，占所有新开工项目个数的31.25%。目前薛城循环经济产业园、鲁南高科技化工园区、滕州鲍沟镇玻璃产业基地等产业集群已初步显现。

（三）招才引智激发新活力

主动加强与高等院校、科研院所以及大企业、大集团的战略合作，与北京中医药大学共建北京中医药大学第四临床医学院、与浙江大学共建浙江大学枣庄工业技术研究院、与北京理工大学共建鲁南工业技术研究院、与北京航空航天大学合作设立机床创新研究院、与清华大学合作建设孵化器2.0科技产业园、与中科院合作共建新材料技术创新与产业化基地、与常州大学签订全面科技合作协议、与中国计量大学签署战略合作协议使枣庄市与高等院校共建产学研平台实现了新突破。引进千人计划专家魏彦君博士投资设立的山东威智医药有限公司，到2016年底，员工近500人，其中本科及以上学历员工占三分之一以上。实现了从供应硼烷产品和手性原料药，到为老百姓提供更实惠的成品药，再到一些治疗领域取得重大突破。

（四）新业态、新经济初步显现

如枣庄高新区互联网小镇，截至2017年底，已注册企业200余家，入住运营企业50家，常驻人员1500人，成功招引中铁移动、繁星优选、跨境电商、浙大工业研究院、阳光财险、创客帮、中托金融等公司，并成为枣庄学院、枣庄技师学院学生实训基地。阳光保险呼叫中心计划已在枣庄市招收4000人，台儿庄泰盈呼叫中心已招收500人，服务中国移动、阿里巴巴、京东等大公司。乘山东省第四届互联网大会东风在枣庄市成功召开，摩拜单车、OFO单车、永安单车等在全市已布点，恒天易开共享新能源汽车正在做前期工作。

2015年3月31日，市委、市政府召开全市招商引资工作会议，安排部署招商引资工作

三、主要经验启示

自改革开放以来，特别是2012年以来，枣庄市招商引资工作一步一个脚印，一年一个新台阶，尤其是近几年来，招商引资突飞猛进，取得了全省瞩目的成绩，2017年在省发改委对全省17地市的统计排名中位列全省第10位。连续两年在全市科学发展综合考核中获得业务分满分或超过满分。这些成绩的取得，得益于市委、市政府的正确领导，得益于全市上下的共同努力，得益于“请进来”与“走出去”招商引资活动所取得的显著成绩。

（一）只有凝神聚力，才能促进招商引资实现大发展

市委、市政府高度重视招商引资工作，把招商引资作为新常态下推动枣庄经济发展的主要工作来抓，连续三年高规格召开全市对外开放暨招商引资工作会议，市委、市政府主要领导亲自参会，制定出台了《枣庄市人民政府关于深化产业招商工作的意见》《关于印发枣庄市深入推进产业招商实施办法》等系列重要文件，各级、各部门都积极“动起来”“走出去”，全市上下逐步形成了谈招商、议招商、抓招商的浓厚氛围。近几年，市政府领导亲自率队分别赴日本、韩国、北京、台湾、香港、上海、杭州、加拿大、墨西哥、美国等地开展招商推介活动，开展点对点招商，拜访了百余家知名企业，共签约项目近百个，同时，推进了一批在谈项目、洽谈了一批意向项目，取得了显著成效。调整充实了市招商委成员，形成“7+8+20”工作模式，突出各区（市）、枣庄高新区7个招商主体，成立8个重点产业招商工作组，市直20个专业招商引资引智部门单位，

2017年5月24日，长三角招商周活动中市领导带队参观考察绿地集团

形成了全面发动、上下联动的全员招商工作合力。

（二）只有精准发力，才能促进资金项目硕果盈枝

一是立足招大引强，紧盯世界500强、知名央企、大型民企、行业500强等，抢抓产业梯度转移和央企基地战略转移的契机，围绕其投资方向量身打造和编制项目，结合市内企业，利用其客商信息资源优势，强力推进以商招商，盘活资源，强强联合，切实做大做强传统优势产业。切实推进了一批大项目落地。二是明确重点区域招商。仔细研判国内外经济形势，吃透国家各项政策，在项目建设和产业培育上做文章，针对重点区域开展推介宣传，深化合作领域，主动对接京沪产业转移，深化与港台、日韩、欧美等地的务实合作，进一步加快对外开放步伐。

（三）只有突出产业招商，才能促进产业集聚优势凸显

突出优势产业招商。以培育各具特色、核心竞争力强的产业体系为目标，重点突出煤化工、装备制造、新型建材、战略性新兴产业等特色优势产业发展，努力招引产业龙头企业和骨干项目。

推动产业优化升级。充分依托煤化工、机械机床、纺织服装等传统产业有计划性地开展精准招商，引进关联企业，推动产业优化升级。重点瞄准央企、国企及行业领军企业，主动出击，着力引进基地型、龙头型、集群式的大项目。加快推进联泓新材料、薛城百亿循环经济产业园、鲁南铁水联运、滕州玻璃城等项目建设，通过招商引资促进产业提升，发挥产业集群效益，提高相关产业整体竞争力。以“265”产业集群培育为引领，每年都围绕新型化工、装备制造、新能源、新医药、节能环保等产业开展项目包装策划，编制和储备一批招商引资项目，不断积蓄经济社会发展后劲。

（四）只有积极搭建平台，才能促进招商活动顺利开展

主动融入“一带一路”。针对“一带一路”国家和地区开展重点招商活动。现已形成了境外“主攻日韩，突破港台，开拓欧美澳”、境内“立足鲁南，承接京沪，对接江浙粤”的招商区域格局。主动“走出去”招商。多次赴广州、深圳、北京、上海等地进行点对点招商，赴日本、韩国开展友好交流及经贸考察活动，赴加拿大、墨西哥、美国开展招商引资及经贸考察活动，宣传推介了枣庄，签约了一批重点招商项目、储备了一批招商资源。

（五）只有不断优化环境，才能促营商环境日渐提升

一是坚持加大基础设施建设，完善投资硬环境。狠抓园区基础设施建设和园区改造升级，根据园区功能合理布局，实现园区“腾笼换鸟”，对传统产业优化提升，强化顶层设计、功能划区，进一步完善园区总体规划和基础设施建设，支持园区建设标准厂房及多层厂房，提高园区配套功能，增强园区招商引资吸引力、竞争力和高端产业转移承载力。二是建立制度，改善投资环境。坚持把招商引资和投资环境的改善作为扩大固定投资规模的基础。建立市领导帮包制度，市级领导分别联系一批重点招商引资项目，对企业在推进过程中出现的问题，及时发现，及时解决；建立外来投资者联席会议制度和知名企业家座谈会制度，定期召开会议，讨论解决在项目建设、经营环境等方面出现的各类问题，对企业实行全程跟踪服务。三是宣传推介，加强软环境建设。采取多种形式，充分利用新闻媒体，广泛宣传全市经济建设取得的成绩、资源优势、区位优势、发展潜力、投资环境等，吸引客商前来投资；构建诚信的投资环境，在用足、用活、用好国家政策的基础上，尽可能满足投资者的合理要求，并且做到诚信、守诺；建立和完善招商引资服务体系，为外来投资者提供优质、高效的服务。成立专门机构，向外来投资者提供全程服务，及时帮助外来企业协调解决生产经营中遇到的困难和问题，做到以商招商。

（六）只有强化考核，才能促进体制机制日臻完善

建立完善的目标责任制。科学制定全市招商引资工作目标，将招商引资目标分解下达到各区（市）、枣庄高新区、各重点产业招商小组、相关市直产业招商部门，形成各尽其能、全员招商的整体合力。2016年，市委、市政府决定将招商引资纳入区（市）科学发展观考核体系，设定分值30分，2017年除对区（市）设定分值30分以外，又对市直部门有任务的部门和区（市）设定加分20分，极大地调动了招商引资积极性。

审稿人：岳增波

撰稿人：徐以亮　潘　璐

枣庄市贸促会改革开放综述

枣庄市贸促会是1993年10月经市政府批准成立的，全称是“中国国际贸易促进委员会枣庄市委员会”，同时使用“中国国际商会枣庄商会”牌子。现有9名人员编制（其中工勤编制1名，领导班子1正2副）和3个内设机构(办公室、招商招展部、贸易投资促进部)。是党领导的群团组织和政府领导联系的贸易投资促进机构，是由枣庄市经济贸易界有代表性的人士、企业和团体组成的亦官亦民的对外经贸组织，是党和政府联系经贸届人士、企业、团体的重要纽带，是境内外工商界开展经贸交流合作的重要桥梁，是促进开放型经济发展和服务对外开放大局的重要力量。五区一市均设立分支机构。

市贸促会成立之初，于市外经贸局合署办公，当时的名称为“中国国际贸易促进委员会枣庄市支会（中国国际商会枣庄商会)”，2004年9月市外经贸局与招商局合并时，贸促会从外经贸局分设出来，设独立党组，办公地点在振兴路91号，2006年4月，更名为“中国国际贸易促进委员会枣庄市委员会(中国国际商会枣庄商会)”，2008年3月搬迁到新城，办公地点在市财政局大楼三楼。先后召开过三届会员代表大会，现有会员企业300多家，常务理事以上单位100多家，行业涉及纺织、建材、化工、机械、造纸、食品、贸易等10多个领域。

一、基本任务

枣庄市贸促会基本任务主要有：出展办展、招商引资、对外联络与交流、涉外法律服务、代言工商、会员管理与服务等。

（一）开展同世界各国、各地区经济贸易界、商协会和其他经贸团以及有关国际组织的联络工作，邀请和接待外国经济贸易界人士和代表团组来访，组织枣庄市经济贸易、技术代表团、企业家代表团出国访问和考察，参加有关国际组织和它们的活动；组织、参加或与外国相应机构联合召开有关经济贸易技术合作和法律方面的国际会议。

（二）代表枣庄参加国际展览会的活动，参加世界博览会，赴国外参加国际贸易博览会。

（三）安排和接待国外来枣举办的经济贸易或技术展览会，主办国际专业性或综合性展览会，组织并主办国际博览会；协调枣庄市有关方面接待外国来枣经济贸易与技术展览会。

（四）办理国际经济贸易和海事仲裁事务；出具中国出口商品原产地证明书；代办国际商事证明书、使馆认证和ATA单证册；为到国外从事临时出口活动的公司、企业或个人出具有关单证册，并对其提供担保。

（五）代理枣庄市企业在国外或外国公司和个人在中国的商标注册和专利申请，办理有关工业产权和知识产权的咨询、争议及技术贸易等业务。

（六）开展国内外经济调查研究和经济贸易信息的搜集、整理、传递和发布工作，向枣庄市有关企业和机构提供经济技术合作和贸易方面的信息和咨询服务及国内外公司、企业的资信调查服务；联系、组织中外经贸界的技术交流活动；组织对外经济贸易洽谈。

20多年来，枣庄市贸促会随着国家体制改革和对外开放的不断发展，也经历了从无到有，从小到大的发展历程，特别是近几年来，面对世界经济复苏乏力，我国经济发展进入新常态等一系列深刻变化，市贸促会勇于担当、主动作为，深化改革、突出重点，做活机制、搭建平台，对外联络、招商引资，发挥“亦官亦民”“四位一体”的体制优势和“全市贸促工作一盘棋”的系统优势，坚定不移贯彻新发展理念，坚定不移落实市委、市政府决策部署，坚定不移深化改革放大功能，努力把贸促会打造成为全市经贸界的重要生力军，为全市经济社会发展、结构性供给侧改革和新旧动能转换做出了积极贡献。市贸促会连续3年荣获枣庄市对外开放先进单位，多次获山东省贸促会发展进步先进单位、系统建设先进单位、招商引资先进单位;2005、2017年度市级文明单位、2007年度市级文明机关、2017年度全市经济社会发展综合考评进位奖等荣誉称号。多人多次获得全市对外开放先进个人、招商引资先进个人，市委市政府三等功、嘉奖等。

二、会展经济

会展产业是现代服务业的重要组成部分，是支撑国际化都市经济的先导产业。贸促会始于展览、成于展览，组织和参加境内外博览会是贸促会的主要职责，是发展会展经济不可替代的生力军。枣庄市贸促会充分发挥职能作用，积极开展组展办展，搭建会展平台，大力开展贸易投资促进工作。

（一）积极调研，为政府献计献策

为了加快枣庄市的产业转型升级，进一步做大做强会展经济，更好的服务全市经济社会发展的大局，根据枣庄市城市转型“三大战略”的整体要求，2013年初市政府将市政协关于发展枣庄市会展经济的提案批转市贸促会办理，市政府调研室将《促进枣庄市会展经济跨越发展对策研究》专项调研课题交给贸促会。市贸促会积极调研、重新

定位，结合枣庄市实际，结合提案提出了《关于加快发展枣庄市会展经济，促进城市转型的建议》和《关于加快会展业发展的意见》的报告。2016 年 9 月，市贸促会联合市政协港澳台侨民族宗教委员会、市工商联开展了会展业发展情况的调研视察活动。同省内会展业发达地区进行了沟通交流，并赴临沂市、潍坊市和淄博市实地考察、专题调研，参观了“第 7 届中国（临沂）国际商贸物流博览会”和“2016 中日韩产业博览会”，实地考察了展馆建设，听取了发展会展经济的经验介绍，学习了会展业发展的先进经验做法，指出了枣庄市会展业的优势和不足，提出了发展枣庄市会展业的对策和建议，并通过市政协以提案的方式向市委、市政府反映。

（二）承办了两届国际锂电产业博览会，实现枣庄市自办展零的突破

为进一步促进枣庄市锂电新能源产业的发展，扩大“锂电新能源基地”的规模和影响，逐步将高新区锂电新能源产业打造成区域集群，争创国家优势产业聚集区知识产权集群管理试点，增强国际竞争力，推动枣庄市城市转型，报经省、市政府同意，市贸促会于 2013 年和 2014 年承办了两届中国（枣庄）国际新能源·锂电产业博览会，两届博览会共设立室内特装展位 37 个，标准展位 150 多个、室外展位 100 多个，邀请参展商 300 多人、采购商 350 人，展出品种 500 多个，展出面积 25000 多平方米。吸引了包括加拿大特瑞国际科技有限公司、丹麦锂平衡公司、美国东方 X 变化商务国际控股咨询集团、法国步若珂贸易商行、波兰中欧投资集团、深圳比亚迪、深圳比克、北京国电、北京七星、上海世龙科技、深圳陆地方舟等 360 余家国内外著名企业参展，展会期间到会观众人数约 2.2 万人次。有 60% 以上的参展企业实现了现场签约。枣庄市参展企业中共签订合作意向 15 个，金额 1.2 亿元，达成投资合作意向 6 个。

（三）积极组织企业参加境内外展览

近几年来全市贸促系统先后在境内主办、协办、承办了各类展会 20 多场次，展会面积 30 余万平方米；完成境外参展项目 100 多个，参展企业 500 多家，参与了中国（枣庄）针织文化衫交易会、第二届中国非物质文化遗产博览会、中国（枣庄）二手车博览会、世界石榴大会等活动的主办和协办。组织带领企业参加了美国纽约国际成衣、服装面料及家用纺织品展、德国科隆国际食品展、德国法兰克福消费品展、欧洲精细化工展、俄罗斯联邦轻纺展、德国汉诺威工业博览会、中日韩产业交流会、中国（广饶）国际橡胶轮胎暨汽车配件展、缅甸山东名品展、中国·绥芬河国际口岸贸易博览会、鲁台经贸洽谈会等境内外知名展会，山东（济南）台湾名品博览会，枣庄市共有企业通过参展签订了供货合同和合作意向，合同金额 10.6 亿美元。

2015年9月，枣庄市山亭区和华沙的思达拉帕比克区在双方政府代表见证下，签订了互惠合作协议

三、对外交流与合作

（一）圆满完成 2015 意大利米兰世博会山东周系列活动

根据山东省政府办公厅印发的《2015 年意大利米兰世博会中国馆山东周工作方案》和山东省贸促会有关通知精神，结合枣庄市实际，枣庄市组织了 8 人经贸代表团于 9 月 15 日至 24 日参加了米兰世博会期间举办的山东活动周系列活动，并访问意大利、荷兰、波兰三国的地方政府、贸促机构和商会团体，同三国的农业、食品、农产品及相关行业举行洽谈，开展经贸投资助推会、企业展洽对接会等系列经贸活动，取得了丰硕的成果，共签订或达成贸易进出口协议 20 多项，意向金额 730 多万欧元，境外投资项目 1 个，金额 150 万欧元，吸引外资项目 2 个，金额 620 万欧元。枣庄市的山亭区政府和华沙的思达拉帕比克区政府签订了互惠合作协议。

（二）承办了省贸促会“投资泰国”活动

应枣庄市广大企业的要求，市贸促会积极联络山东省贸促会、泰国投资促进委员会（BOI），于 2016 年 7 月 18—20 日在枣庄市举行“投资泰国”双向说明会及座谈考察活动，泰国投资促进委员会上海办事处主任、泰王国驻上海总领事馆投资领事瓦查丽·延塔妮围绕“泰国——亚洲枢纽，机遇无限”的主题，分别就泰国环境、人口、自由贸易协定签订情况以及在泰经商主要成本、赴泰投资的税收鼓励政策等展开介绍。会上，来自全市的 48 家企业代表分别就投资、融资、用人等多个方面，针对纺织、化工、机械等多个行业与泰国投资促进委员会一行进行了交流互动。说明会后，瓦查丽女士实地考察了枣庄市的枣庄新远大实业有限公司、山东智赢门窗系统有限

公司、八亿橡胶有限公司、山东润品源有限公司等 16 家企业，并进行了双向交流。活动获得了枣庄市企业的高度认可，并表示了强烈的投资愿望。

（三）积极围绕实施一路一带战略，加强同东盟联络

市贸促会组织带领枣庄市 5 家企业于 2016 年 9 月 6—13 日赴泰国、斯里兰卡进行招商推介和贸易洽谈活动，先后拜访了泰国投资促进委员会、泰国开泰银行。实地调研了一站式投资服务中心（OSOS）。参加了在曼谷举办的泰国农业机械展览会，赴泰国罗勇工业园区实地调研，举办了中泰企业对接洽谈会。泰国重要经贸团体、官方代表和中泰两国企业家共 30 余人参加了洽谈交流。在斯里兰卡期间，拜会了斯里兰卡出口发展局、斯里兰卡华人华侨联合会和斯中经济文化协会。同泰国和斯里兰卡的农业、食品、农产品、光伏、纺织及相关行业举行了洽谈，取得了丰硕的成果，共签订或达成贸易进出口协议 8 项，意向金额 180 多万美元；境外投资项目 1 个，金额 800 万美元；合资项目 1 个，金额 100 万美元。

（四）加强了同非洲的经贸交流与合作

2016 年 11 月上旬，市贸促会组织相关会员企业赴尼日利亚、南非、赞比亚三国，进行经贸洽谈和考察，先后拜会了三国投资促进、工业发展部门，了解了非洲投资环境和政策，拜会了三国公路、交通等基础设施建设部门，推动枣庄市承包工程企业参与非洲基础设施互联互通工程；拜会了三国使馆和经商处，推进枣庄市产能过剩企业与各使馆经商处的合作关系；在尼日利亚，带领枣庄市优势外贸企业参加 2016 年尼日利亚（拉各斯）中国商品展；在南非、赞比亚举办了双边经贸合作推介会，双方就工业、农业、资源开发、基础设施建设等项目进行洽谈交流，推动双向投资和贸易合作。枣庄市的骏驰纺织、瑞宇蓄电池、运达机床等企业参展，共接见客户 300 余人次，达成贸易合同意向

2017年9月，市贸促会与哈萨克斯坦投资合作局签署合作备忘录

1000 多万美元。山东雄狮公司拟承担南非约翰内斯堡开发区样板写字楼的太阳能光伏幕墙项目，并设立非洲生产基地，该项目建成后将作为南非政府的样板工程进行全国推广。此次出访，进一步促进了枣庄市与非洲的经贸交流与合作，为枣庄市外向型企业搭建了对外贸易及经济合作的平台。

（五）抢抓“一带一路”战略机遇，积极融入国家对外开放大格局

为加强枣庄市企业与中亚地区和欧洲的贸易投资和经贸往来，全面融入、有效对接、共建共享“一带一路”发展机遇，市贸促会带领枣庄市企业一行 8 人于 2017 年 9 月 5—14 日赴哈萨克斯坦、乌兹别克斯坦和德国参加了阿斯塔纳世博会山东活动周系列活动，并进行招商推介和贸易洽谈活动，拜访了多家投资促进机构、工业园区和经贸团体，同农业、食品、光伏、皮革、建材及相关行业举行了洽谈，开展了 3 次经贸投资助推会、企业展洽对接会等系列经贸活动，取得了丰硕的成果。共签订或达成贸易进出口协议 5 项，意向金额 480 多万美元；友好合作备忘录 2 个；合资项目 1 个，金额 2040 万美元；考察当地工业品市场和农产品市场 5 次。枣庄市贸促会与哈萨克斯坦投资合作局签署了合作备忘录。同乌兹别克斯坦中国贸易协会建立了友好合作关系，商定了定期会晤制度，并签订了合作备忘录。此次活动和取得的成果丰富了山东周的活动内容，推动了与包括哈萨克斯坦在内的世界各国的交流合作，为山东周的圆满成功做出了重要贡献。为此山东周组委会专门为枣庄市政府发来感谢信。后续的合同落实工作也在积极跟进中。

四、招商引资和招才引智

自 2013 年起，市委、市政府将贸促会列为产业招商主要部门，下达了每年完成 1 亿人民币或 1000 万美元的招商任务。为圆满完成任务，市贸促会实行招商责任制，采取主动上门、蹲点招商、网上招商、以商招商等各种形式，广泛开展内引外联，推进招商引资和招才引智工作，几年来，会领导带领相关人员，先后赴欧美、中东、非洲、东盟、南美、中亚、日韩、港澳台等地以及京津冀、珠三角和国内经济发达城市等地开展项目推介和招展活动，接待了来自全球 6 个国家的近百人次来枣开展经贸洽谈和考察，国内的 500 强企业和大型集团公司的代表 150 多人次。洽谈成功了一批项目落地。

（一）围绕服务枣庄市对外开放大局，积极打造跨境电子商务平台

经多次努力，市贸促会同济南综合保税区就在枣庄市设立进口商品销售基地和跨境电子商务平台达成了协议，他是由济南综合保税区发展中心、山东共建电商科技服务有限公司、枣庄市裕鲁商贸有限公司三方共同出资 3000 万元兴建的，是济南综合保税区“十百千”战略工程的重要项目，是鲁南地区第一

家国际商品展示交易中心。一楼开办实体店，二楼设立跨境电子商务平台，三楼计划设立韩国美容整容馆。目前该项目一期工程济南综合保税区国际商品展示交易中心枣庄分中心已开业运营，法国、德国、俄罗斯、南非、西班牙、澳大利亚、日本、韩国、泰国、马来西亚等16个国家的1000余种商品，并将逐步扩大到五大洲30多个国家的近万种商品。产品范围包括食品、红酒、化妆品、母婴用品、干鲜果等6大类，所有商品进入我国海关后，由济南综合保税区直接供货，减少了中间环节，保证了商品货真价实，为枣庄市消费者实现足不出市，购遍全球提供便利。

（二）积极搭建投融资服务平台

市贸促会同北京天九幸福控股集团公司多次协商，并邀请天九集团的核心层多次到枣庄市考察，初步达成了在枣庄市投资协议。先后组织了五区一市贸促会及企业家代表，在北京参加了为期3天的第108届、110届杰出华商投资洽谈会，广泛接触来自全国各地杰出华商，同全国参会企业家进行了广泛的合作洽谈，并与天九集团初步达成了在枣庄市的投资协议。尽快落户枣庄高新区互联网小镇，为枣庄市企业投融资提供便利。

（三）抓好招商引智

通过国家贸促会驻美代表处积极争取美国美中技术创新与发展中心组织的11名国际著名大学博士团到枣考察调研，并与市人社局一起联合举办了“智慧枣庄”海外高层次创新人才枣庄行活动，为枣庄市招商引智做出了积极努力。

2017年9月，乌兹别克斯坦东海国际贸易有限公司投资1000万美元与山东快安铝模科技有限公司签订合作项目

（四）正在洽谈引进投资29.4亿元人民币的龙工场跨境电商特色小镇项目

该项目依托大龙网跨境电商全球资源，联合昆吾九鼎投资有限公司与管理机构—九鼎投资、大唐电信旗下的大唐网路共同合作。以跨境电商为产业特色，集跨境电商产业、物流产业、旅游文化、城市生活等功能要素，是产业与功能发展的新型功能区。互联网小镇将设立企业聚集区、跨境商贸核心区、跨境双创孵化基地和配套服务区，使枣庄市企业零距离加入全球市场，享受全球化红利。

（五）乌兹别克斯坦东海国际贸易有限公司投资1000万美元与山东快安铝模科技有限公司合作项目成功签约

该项目总计投资2040万美元，主要生产经营范围是：建筑铝合金模板生产、销售、租赁、维修；建筑铝合金模板工程施工、劳务；仓储、物流服务。预计年产铝模板10万平方米，40%销往境外。

五、涉外法律服务

（一）强化法律服务，支持企业开展国际化经营

涉外法律服务和出证认证工作是市贸促会的又一主要服务手段，多年来，严格依法签证，规范服务程序，深入推行岗位责任制、首问负责制，不断提高服务水平。组建办证企业QQ群，方便与企业进行交流；向300家企业发放“致企业的一封信”，宣传市贸促会出证认证工作；积极拓展ATA单证册业务；推行企业端CA数字证书的使用，在目前为82家企业已经办理并使用的基础上加大宣传，使企业可以在保护信息资源的前提下更安全的申请货物的原产地证；积极推行Eco试点，让企业足不出户在企业端便可获得证明书，使申办企业实现即时提交、即时通过、即时获得；从2013年起减免了原产地证书的办理费用。2013年来，市贸促会共签发一般原产地证明书17847份；优惠原产地证书719份；代办国际商事证明书4879份；代办领事认证600多份；办证企业注册数达到395家。

2017年9月，市贸促会带领枣庄市企业在乌兹别克斯坦拜会撒马尔罕州长，并同塔伊拉克区区长巴哈德及当地企业家洽谈推介

2017年6月27日，“一带一路”与跨境电子商务创新发展专题培训会在枣庄大酒店举行

（二）成立办事机构

为了更好地体现贸促会为地方经济服务的职能，发挥台儿庄古城融南汇北辐射苏鲁豫皖交通地理优势，更加有效地加强枣庄市与全省乃至全国贸促系统的法律服务、贸易仲裁等方面的联系、交流与合作，2012年8月，市贸促会报经省贸促会同意，申请在枣庄市台儿庄古城设立“中国国际经济贸易仲裁委员会山东办事处台儿庄联络处”，作为中国国际经济贸易仲裁委员会在苏鲁豫皖地区培训、会议、开庭审理等工作基地，不仅可为枣庄市的涉外企业经济纠纷提供国际贸易仲裁，并且还可以辐射到苏豫皖等周边地区。2012年12月，获得了中国国际经济贸易仲裁委员会的批复，并在台儿庄古城举办了揭牌仪式及涉外法律风险防范暨国际商事仲裁培训会。山东省涉外企业代表、法务人员、律师及部分贸仲委仲裁员共计300多人参加了会议。

六、服务会员企业

（一）加强与会员企业的沟通联系，深入开展调研工作

为进一步加强贸促会系统为企业服务，体现贸促系统“代言工商、服务工商”的职能作用，多年来，先后100余次到全市贸促系统及重点会员企业进行调研，征求企业对贸促工作的意见和建议，对企业存在的困难和问题能现场解决的就现场解决，解决不了的则向有关部门反映协助解决；开展了“企业对外投资情况及意向调查”、设立投资环境监测服务中心（站、点）；通过发放问卷、访谈、现场考察、数据收集，完成了枣庄市企业对外投资现状及经营情况调研，并将调研报告上报省贸促会和市政府；每季度开展一次全市中小企业运行情况调研，形成常态化，并将调研结果及时分析上报。

（二）创新服务的办法和手段

为方便快捷地服务企业，提高办事效率，市贸促会建立了会员企业服务联系群，加入了省贸促系统国际联络群、山东贸促一家人群和山东省市贸促群。设立了移动短信平台，与300家会员企业和外贸出口企业实现了手机办公、网上办公、短信直达。五年来，利用QQ群、贸促会网站和移动短信平台，共向会员企业发送展会信息、行业动态、业内资讯840多条，拉近了贸促会与企业的距离。

（三）同山东省贸促会联合举办了“链式合作项目对接座谈会议”

2014年6月20日，山东省贸促会连佳军副会长带领我省山东山水集团、山东能源集团、润峰集团、环保、能源、矿山机械制造、电力等相关领域的10多家企业同枣庄市的枣矿集团、中联水泥、泉兴集团、潍焦集团薛城能源公司等大型能源、环保相关上下游企业进行交流，对企业资金不足、采购成本大、销售不畅等实际问题开展了座谈，在帮助企业更经济、更有效的找到适合的资源来实现战略目标方面取得了实质性进展。

（四）成立专业商会

根据枣庄市食品企业抱团发展的需要，市贸促会于2015年成立了以山亭区食品龙头企业为主体的枣庄市食品商会，发展了56家会员企业，为推动区域合作、促进食品经济发展提供了有效平台。

（五）为企业提供培训服务

2014年，市贸促会举办了出证认证和涉外法律培训班，聘请了省贸促会涉外法律专家讲课，来自五区一市和枣庄高新区的涉外企业100多人参加了培训；2016成功举办了2016年跨境电子商务培训班。主要培训内容为电子商务发展现状与趋势、传统企业如何与电商产业整合、实现电商转型落地和外贸托管、跨境电子商务的特点和运营模式等，由我省著名跨境电子商务专家进行主讲和实际操作介绍，来自全市贸促系统干部职工和涉外企业共计100余人免费参加了培训。2017年举办了“一带一路”与跨境电子商务创新发展培训班。对枣庄市100多家涉外企业进行“一带一路”与跨境电子商务创新发展专题培训活动。培训班还吸引了全国近百家企业参加。

新思想引领新时代，新作为创造新辉煌。枣庄市贸促会在新的征程中，将更加紧密团结在以习近平同志为核心的党中央周围，深入学习贯彻习近平新时代中国特色社会主义思想和党的十九大精神，在市委、市政府的坚强领导下，不忘初心、牢记使命，开拓创新、埋头苦干，不断开创贸促工作新局面，为枣庄市扩大对外开放和新旧动能转换贡献力量！

审稿人：王占军
撰稿人：沙雪雷

枣庄旅游业发展历程、成就及启示

旅游业是改革开放的产物，旅游业随改革而兴，靠开放而活。30多年来，枣庄的旅游业伴随着改革开放的逐步深入，从无到有，从小到大，日益发展壮大成为枣庄国民经济的支柱产业。枣庄在改革开放以前，旅游基本上没有起步，20世纪80年代，枣庄旅游业开始兴起，但这时候的旅游业仅仅限于外事接待和政务交往，真正起步是从90年代以后，专门成立了枣庄市旅游局，全市旅游业发展步入了快车道。

经过近30多年的培育和发展，枣庄市已经有了一批高品位的旅游景区，形成了集“吃住行游购娱”旅游六要素于一体的、初具规模的旅游产业体系。同时，旅游业的发展，也有力地带动了交通、运输、宾馆、餐饮、通讯、娱乐等相关产业的发展，在扩大内需、拉动经济增长和提高人民生活质量、解决就业问题等方面，都日益发挥着重要的作用，有力地拉动了枣庄经济建设和社会事业的繁荣。

一、枣庄旅游业发展历程

改革开放后，枣庄旅游业发展大致经历了四个阶段。

（一）旅游萌芽起步阶段（1978—1989年）

20世纪70年代开始，枣庄大力发展建材行业，但无论是煤炭，还是建材行业都是资源消耗型产业，具有不可再生性，污染严重；资源型产业受国家宏观调控以及市场的影响波动较大。工业中传统产业如建材和采矿业所占比重过大，产品不具有竞争优势，产业和产品结构都需要改善。工业结构调整的难度很大。此外，受资金、技术、人才、体制等诸多因素影响，根本改善工业企业总体经济效益不佳的局面也需要较长时期。在这种大背景下，枣庄旅游开始了萌芽发展。1981年开始筹建枣庄市第一家旅游涉外定点饭店——枣庄宾馆，位于市中区东郊，文化东路11号，隶属于枣庄市委接待处，是全民所有制事业单位。占地450亩，总建筑面积1.8万平方米，有客房127间，床位320张，大小餐厅30多个，以鲁菜经营为主要特色。1983年10月枣庄宾馆正式开业。

1985年，全市有饭店、餐馆多达8142家。

（二）旅游产业发育阶段（1989—2005年）

1. 管理机构建立方面。1989年10月枣庄市旅游局成立，与市政府外事办公室合署办公，内设旅游科，两个班子一套人马。1998年10月，枣庄市旅游局正式分离出来，独立成为全市旅游行业主管部门，被定为全额拨款的事业单位，负责全市旅游行业管理、监督、指导工作。旅游局内部机构在几次变化后，经过调整、充实形成四个职能科室：办公室、质量规范管理科、质量监督科、规划管理科。1993年以后相继建立的局直属企业有枣庄旅游公司、枣庄旅行社、文体商社、海南办事处，分别在2004年到2005年上半年采取买断、股份制等形式进行了改制。各区（市）旅游局也先后组建成立。2005年5月27日，滕州市旅游局独立设置。峄城区旅游局前身是区旅游处，1994年3月改为区旅游局。台儿庄区旅游局的前身为区老干部服务中心，1996年6月台儿庄区旅游局正式成立。山亭区的旅游工作一直由政府办公室代管，2001年7月正式成立旅游局。薛城区的旅游工作一直由区政府办公室代管。2004年9月正式成立旅游局。市中区旅游工作在旅游局成立前由区政府办公室代管，2003年9月正式成立旅游局。

2. 旅游规划编制方面。1990年7月，枣庄市旅游局（与市外事办合署办公）委托天津南开大学编制了《枣庄市旅游产业规划》。1990年到2001年期间，枣庄地区的旅游资源开发工作基本上是按此规划进行的。1999年，制定了《关于尽快发展旅游业的意见》，作为枣庄市发展旅游业政策法规依据。2000年按照山东省旅游局的要求又委托山东大学旅游系的王德刚教授编制《枣庄市旅游发展总体规划》，历时一年，于2001年10月完成。10月中旬由北京大学、中国旅游学院、中国旅游报、曲阜师范大学、山东师范大学等单位的专家学者来枣庄进行了评审。2002年枣庄市人大批准实施。在编制《枣庄市旅游发展总体规划》的基础上，《铁道游击队纪念园建设方案》《滕州湿地红荷旅游区规划》《龙阳旅游区规划》等一大批景区景点建设详规的编制出台，使景区建设纳入了科学、规范化管理轨道。同时，在遵循系统规划、市场导向、优化环境、配套协调原则的基础上，编制了《枣庄市旅游品牌战略实施纲要》《枣庄市红色旅游建设方案》，推动了各区（市）旅游经济的发展。依据《枣庄市旅游发展总体规划》，高起点、高标准、高质量，规划实施“吃、住、行、游、购、娱”旅游六要素，以发展独具特色的青檀—石榴文化、北辛文化、运河文化、湿地文化、名人文化和红色旅游文化的优势资源为重点，合理配置旅游产品结构和旅游产业体系。在红色旅游资源开发方面，枣庄作为铁道游击队的故乡，台儿庄大战旧地，按照科学发展观的要求，稳步推进，有序开发。

3. 重点景区建设方面。至2005年底，峄城冠世榴园风景区、抱犊崮国家森林公园风景区、台儿庄大战遗址风景区、滕州古文化风景区、滕州红荷湿地风景区、铁道游击队纪念园风景区、莲青山自然生态风景区、龟山风景区等重点景区基本建设成形，全市可供参观游览的自然、人文景观26处。峄城冠世榴园风景区。1992年被列为山东省首批旅游区，2001年被上海大世界基尼斯总部认证为“基尼斯之最”，因而被誉为“冠世榴园”。2003年被批准为AAA级景区。抱犊崮国家森林公园风景区。自1996年起，枣庄市加大了对景区内资源的开发，修建了市区通往抱犊崮森林公园景区的道路，并开通了旅游专车。1997年，抱犊崮森林公园内的百鸟园一期工程开工建设。2000年，抱犊崮景区建成了登崮顶的天梯及崮顶的“天台坊”“揽月亭”。2005年抱犊崮国家森林公园成为国家AAAA级景区，并被首批纳入国家级农业生态旅游示范点。熊耳山国家地质公园。2001年12月被国家批准为国家地质公园。2004年5月新建地质博物馆。台儿庄大战纪念馆。1993年4月开馆。被中宣部命名为全国中小学爱国主义教育基地，为全国百个爱国主义教育示范基地之一。李宗仁史料馆，1999年建于台儿庄大战时老火车站旧址。李宗仁第三任夫人胡友松被聘为该馆的名誉馆长。滕州古文化风景区。墨子国际研究中心建于1994年。滕州汉画像石馆1996年9月16日建成开馆。滕州红荷湿地风景区，该景区于2001年开发建设。2002年，滕州红荷湿地风景区投资500多万元修建了码头、停车场、综合服务设施和道路等景区基础设施。铁道游击队纪念园风景区。铁道游击队纪念碑于1995年8月建成。铁道游击队摄影基地2004年9月29日破土动工，2005年1月19日竣工。龟山风景区。1997年开始开发，2001年2月正式对外开放。

4. 旅游市场开拓方面。2003—2004年，按照“政府主导，部门联合，整体包装，统一宣传”的指导思想，组织了“解放思想走进香港”旅游宣传专列和“铁道游击队故乡旅游赴三峡”宣传专列，组团参加赴澳大利亚、新西兰、韩国、日本、中国台湾、新加坡旅游推介会，大力开拓远程景区市场。2004年，全市开始打造薛城铁道游击队、台儿庄大战旧址、抱犊崮115师驻地3个红色旅游景区和台儿庄大战红色旅游景区——薛城铁道游击队红色旅游景区——滕州红荷湿地景区、抱犊崮红色旅游景区——峄城万亩榴园景区——薛城铁道游击队景区、滕州古文化旅游区——薛城铁道游击队红色旅游景区——市中铁道游击队遗址区——台儿庄大战旅游区3条精品旅游线路。2004年枣庄被列入全国12个重点红色旅游景区的苏鲁皖中心区。在全国30条红色旅游精品线路中，枣庄被列入济南—济宁—枣庄—临沂—连云港线路中，铁道游击队纪念园、台儿庄大战纪念地被列入100个全国重点支持的红色旅游项目。同时枣庄市与井冈山、西柏坡、延安一起被国家旅游局确定为全国重点调度的20个红色旅游城市。

5. 旅游企业发展方面。旅行社。1992年5月，枣庄市第一家旅行社——枣庄中国旅行社成立，隶属于枣庄市政府侨务办公室。2001—2004年，全市先后成立了28家旅行社。2003年，以枣庄旅行社为主吸纳资金，合资成立了枣庄第一家股份制性质的国际旅行社。2004年，原枣庄榴园旅行社变更为枣庄康辉旅行社。2005年全市旅行社数量达到35家。

旅游汽车公司。枣庄旅游汽车公司成立于2000年3月，隶属枣庄汽运公司。2005年，公司有7辆豪华大巴，6辆中巴，3辆面包车，为全市会务接待、商务、旅游和全市35家旅行社提供服务。旅游船公司。枣庄市运河旅游船公司成立于1988年8月，山东省旅游局投资30万元购置1艘“沿枣旅游一号”旅游船。公司主要经营内容是观运河风景。旅游饭店。1994年底全市有涉外定点饭店18家。1995年2月，批准薛国大酒店为三星级饭店，是枣庄市第一家三星级饭店。1996年12月，批准枣庄大酒店为三星级饭店。2005年底全市有12家星级饭店，其中，四星级饭店1家，三星级饭店3家，二星级饭店6家，一星级饭店2家，总床位达到2142张。

（三）旅游产业快速成长阶段（2006—2010年）

从2006年起，枣庄市把发展文化旅游产业作为资源枯竭型城市转型的重点战役，作为就业富民的根本途径，作为转方式、调结构的重要举措，着力把

2009年7月，上海至枣庄旅游包机首航

文化旅游培育成服务业跨越式发展的先行产业、城市转型的战略产业、科学发展的支柱产业，努力实现由“卖资源”向“卖文化”的转变，枣庄旅游业快速发展崛起。

1. 明确枣庄旅游发展战略。2007年10月17日，在市委、市政府领导下，召开了全市首届旅游业发展大会。这次大会是枣庄历史上规格最高、规模最大的一次会议。在这次大会上，规划了今后枣庄旅游发展蓝图和发展战略。枣庄旅游发展总战略：以运河为文脉，以水为魂，构建枣庄的旅游核心竞争力。总体发展框架是：规划开发建设62平方公里的微山湖湿地，以原生态的湿地保护和开发，将该景区建设成为枣庄旅游的龙头；把台儿庄5.2平方公里的城区作为大景区开发建设运河古镇，整合现有的台儿庄大战纪念馆、李宗仁史料馆、贺敬之文学馆、清真寺、战史陈列馆等景区资源，叫响“江北水乡•运河古城”的旅游品牌，把该景区作为枣庄旅游的龙尾；通过抬起龙头，扬起龙尾，带动冠世榴园风景区、抱犊崮国家森林公园、熊耳山国家地质公园、铁道游击队文化园、盈泰温泉度假村为龙身的休闲度假旅游。

2. 实现旅游发展体制机制创新。一是在全国率先成立了枣庄市旅游和服务业发展委员会，开创了将旅游作为转方式、调结构先行产业的先河。撤销原市旅游局和服务业办公室，成立了枣庄市旅游和服务业发展委员会，进入政府行政序列，“市旅服委”成为市政府三大综合部门之一。旅游部门和服务业办公室合并升格为“委员会”的，枣庄是全国第一家。二是培育壮大市场主体，推进所有权和经营权分离，让有实力的大景区、大企业接管景区管理。抱犊崮、熊耳山两大景区实施整合，整体移交给华邦集团公司；冠世榴园青檀寺移交给福兴集团；仙坛山温泉小镇移交给中翔集团。组建成立了台儿庄古城投资有限公司、微山湖湿地集团、汉诺庄园酿酒有限公司、中兴山水旅游开发有限公司、

2012年12月28日，首届中国春节旅游产品博览会

奚仲文化旅游开发公司、洪山口旅游开发有限公司等企业集团。全市大型景区全部完成企业化改制，市场化一步到位。至此，枣庄基本完成了“涉旅、涉服”产业要素的市场化趋向改革。三是市场监管机制。2010年7月，枣庄市成立了市旅游监察支队，为正科级财政拨款事业单位，编制15名，标志着枣庄市旅游质量监管、执法工作进入了一个新的发展阶段。

3. 旅游宣传促销实现新突破。2007年创意实施了旅游宣传促销“十千百工程”，推出“春溢枣庄”“水韵枣庄”“榴香枣庄”“温暖枣庄”为主题的市场宣传促销活动。围绕上述工作思路，2007年4月1—4日，成功举办了首届“春溢枣庄”千家旅行社会盟活动、8月份举办了第四届（滕州）红荷节、9月份举办了第八届中国枣庄国际石榴节、12月份举办了中国•盈泰温泉文化旅游节。2008年1月起，枣庄旅游形象宣传首次登陆中央电视《朝闻天下》、山东卫视新闻频道等高端媒体。相继以“微山湖畔又见千年古城台儿庄”“天下第一庄”“枣庄二日游”为主题词，在中央电视台《朝闻天下》《新闻30分》《海峡两岸》等黄金时段及全国百家地方电视台进行了5秒、10秒、30秒的宣传广告投放。

4. 重点景区建设突飞猛进。2007年1月1日盈泰生态温泉度假村露天温泉于正式对外营业。微山湖湿地红荷旅游区（微山湖公园）投资2000万元兴建了湿地激情漂流二期工程、风雨码头和水生植物园。2007年4月29日，山东省第一个国家湿地公园——滕州滨湖国家湿地公园举行揭牌仪式。2007年微山湖湿地公园、盈泰温泉度假村晋升为国家AAA级景区；熊耳山国家地质公园由AA级景区晋升为国家AAA级景区，被评为国家崩塌开裂典型地震遗址；冠世榴园风景区晋升为国家AAAA级景区。2008年滕州微山湖湿地公园、台儿庄大战纪念馆和滕州盈泰温泉度假村3个景区晋升为国家AAAA级景区，墨子纪念馆、汉画像石馆和莲青山景区晋升为国家3A级景区。2008年4月8日，在庆祝台儿庄大战胜利70周年活动上，枣庄市正式宣布启动台儿庄古城重建，被山东省政府列为100项重点工程之一。重建的台儿庄古城，规划面积2平方公里，包括11个功能分区、8大景区和29个景点，规划设计总建筑面积37万平方米，容积率约0.9。按照“大战故地、运河古城、江北水乡、时尚生活”的定位，遵循“存古、复古、创古”的理念，依托古运河和大战遗址两个全国重点文物保护单位，以及国家级湿地

公园、国家级水利风景区等丰富的自然人文景观，将保存下来的大战遗址、古城墙、古码头、古民居、古街巷、古商埠、古庙宇、古会馆等历史遗产科学地进行修复，再现当年“商贾迤逦，入夜，一河渔火，歌声十里，夜不罢市”的繁盛景象。

5.“枣庄二日游”全面启动。2009年，围绕“建立渠道、完善功能、规范市场”三大重点，结合“提高游客过夜率、拉动综合消费”关键点，在全国率先策划施行了“全方位宣传、全社会参与、全领域监督、全过程管理”独具枣庄特色的“枣庄二日游”活动。主要内容包括：一是成立市级领导机构。市里组建成立枣庄二日游活动领导小组，领导小组办公室设在市旅游和服务业发展委员会，负责对全市二日游活动中的具体工作和任务进行统一协调、调度和督导。从全市有关部门抽调优秀干部充实到领导小组，参与二日游工作。把全市二日游游客50万人的目标任务进行了细化，全市6个区（市）、枣庄高新区和市财政局、市公安局、市交通局、市卫生局等51个市直部门共58个责任单位都承担了一定量的二日游宣传促销、组织客源的指导性任务。各责任单位分别对口承包在山东、河北、河南、安徽、江苏、浙江、陕西等省重点城市及北京、上海、天津等直辖市，全国66个客源城市区域内的二日游促销任务。二是把景区打包优惠推出，以整体价格优势撬动市场、开辟输入渠道。二日游活动把全市包括台儿庄古城、微山湖湿地公园、冠世榴园、盈泰生态温泉度假村、台儿庄大战纪念馆、抱犊崮国家森林公园、熊耳山国家地质公园、铁道游击队纪念园、汉诺庄园等13处精品景区打包推出，供游客选择。其中台儿庄古城为必选项目。温泉套餐中，系列温泉产品可以选其一；山类套餐中，在抱犊崮国家森林公园、熊耳山国家地质公园中可以选其一。枣庄二日游活动套票基准定价为140元/张。100人以下团队和散客购票价格为套票基准定价140元/张。100人（包含100人）以上团队购票价格为套票基准定价的折扣价。三是加大奖励力度，刺激市场渠道的建立和巩固。加大二日游旅游专列、旅游包机、旅游大巴车队、旅游自驾车队奖励力度。对从指定客源城市向枣庄市发送500人以上（含500人）旅游专列的外地组团旅行社，每次给予最高5万元的奖励；对一次从指定客源城市组织100人以上（含100人）旅游包机的外地组团旅行社，每次给予最高0.6万元奖励；对外地组团旅行社一次从同一客源城市组织400人以上（含400人）旅游大巴团队来枣庄市旅游，每次给予外地组团社最高2万元奖励；对一次从同一客源城市组织50辆以上、不少于140人的自驾车队，每次给予外地组团社最高0.3万元奖励。对每家外地组团旅行社累计向枣庄市输送枣庄二日游活动游客量达1000人以上（含1000人）4000人以下的，按每人3元奖励；4000人以上（含4000人）1万人以下的，按每人5元奖励；1万人以上（含1万人）的，按每人6元给予奖励。

（四）旅游产业迅猛发展阶段（2011年至今）

2011年以来，枣庄旅游业发展紧紧围绕“一大战略、三大战役”，以“大旅游、大产业、大发展”为目标，不断强化责任意识，创新工作思路，旅游业规模、档次和效益得到了全面提升，进入全面发展壮大阶段，日益成为枣庄市转方式、调结构、加快城市转型的重要推动力。

1. 市场宣传开拓。围绕打造“天下第一庄”旅游品牌，以“古城台儿庄——一个寻梦的地方”“东方古水城英雄台儿庄”为主题词，在央视一套朝闻天下、央视四套海峡两岸、香港翡翠台、香港凤凰卫视、台湾东森、山东卫视等黄金时段连续三年进行了旅游形象广告投放。2011年着力打造了中国·枣庄首届旅游批发商大会、海峡两岸龙舟邀请赛、首届中国（枣庄）国际篷客文化节等节会活动100余个；开展了好客山东休闲汇、“幸福枣庄·温暖古城”好客山东贺年会；承办了全国春节文化座谈会、全国红色旅游培训班、全省行进中的高铁旅游营销大会、“高铁旅游与枣庄实践高层峰会”。推出“枣庄旅游年卡”，启动了枣庄人游枣庄活动。2012年举办了枣庄旅游营销合作大会，签订大型旅游批发商、旅游专列合作协议39个；成功举办第三届春节文化论坛暨首届中国春节旅游产品博览会。2014年在全市开展旅游品牌培育工程，对枣庄市旅游线路产品设计、特色街区、特色名店、旅游商品及设计进行了评选，评出枣庄旅游商品及设计创新金奖2个、银奖5个、铜奖10个、优秀奖15个；枣庄“十佳”旅游线路10条、优秀线路10条；枣庄10条特色街区和100家特色名店。2015年起，围绕“元旦、春节、元宵节”三大节点，打造“贺年游、贺年宴、贺年礼、贺年乐、贺年福”五大贺年产品，连续三年推出了三届“福乐枣庄”贺年会系列活动，打造了“到最有年味的古城过大年”节事品牌。2016年组织举办了中国运河产业枣庄峰会、京杭大运河城市旅游推广联盟年会等系列主题活动。2017年山亭区、台儿庄区、峄城区在央视《朝闻天下》分别做了“生态枣庄、长寿山亭”“台儿庄古城，一个寻梦的地方”和“生态枣庄、冠世榴园”形象宣传。举办了2017年第二届“好客山东·福乐枣庄”贺年会、2017年首届“鲁风运河”美食节、庆祝5·19中国旅游日等节庆活动。承办了第五届世界摄影大会枣庄行有关活动。借助威海与枣庄结对帮扶契机，举办了“威海--枣庄万人游”活动。

2. 旅游资源开发建设。2011年台儿庄古城完成建筑面积20万平方米，累计投资达37亿元，净资产已达153亿元，顺利通过国家AAAAA级景区初评。台儿庄古城被确定为全国首个海峡两岸交流基地、首个国家文化遗产公园。2012年台儿庄古城完成2平方公里的核心景区建设。2013年台儿庄古城重建全面竣工，省人大常委会通过了

台儿庄古城保护条例，被美国CNN推荐为“中国最美水乡”；古城文化产业园、非遗博览园建设加快推进。2011年滕州微山湖湿地公园建成陆上精品荷花湿地游、水上微山湖岛屿游两大旅游板块，总投资15亿元的北部商务服务区中的客服中心、大型停车场等重点工程已建成使用。总投资100亿元的滕州微山湖古镇项目开工建设。2013年微山湖古镇一期建成开放，微山湖旅游规划展馆开馆接待游客。2011年年总投资8.6亿元的山亭翼云石头部落完成规划论证，并通过专家评审。2013年山亭翼云石头部落核心区建成开放。2014年山亭翼云石头部落一期完工并正式运营。2015年山亭翼云石头部落晋升国家AAAA级景区。2013年实施抱犊崮—熊耳山景区AAAAA整合提升工程；启动冠世榴园景区AAAAA提升创建工程，计划用五年时间“再造一个冠世榴园”。台儿庄运河湿地景区通过国家AAAA级旅游景区验收。2014年抱犊崮115师抗日纪念园顺利开园。2015年全市共创建国家AAAA级景区1家、AAA级2家、AA级5家，A级景区总数位列全省第六位。2016年编制完成《枣庄市全域旅游发展五年行动计划》(2016—2020年)。实施微山湖红荷湿地旅游区、抱犊崮国家森林公园·熊耳山国家地质公园争创国家AAAAA级旅游景区。2017年制定下发《关于做好全域旅游发展工作的通知》，明确了做好全域旅游发展工作的目标任务和责任分工，建立起全域旅游工作调度机制，全面推进全域旅游发展。台儿庄全域旅游“五全模式”成为典型，得到旅游业界的广泛认可，在第三届国家全域旅游推进会上作为典型经验进行了书面交流。抱犊崮国家森林公园、杨峪风景区获评第四批省级原生态旅游景区。

3. 乡村旅游发展。深入贯彻落实山东省旅游局《关于转发〈山东省乡村旅游业振兴规划（2011—2015）〉的通知》，2011年构建了以农业观光、民俗文化、乡村体验、美食采摘为内涵的枣庄乡村旅游发展框架，滕州“五朵金花”、山亭万亩火樱桃、峄城象山农家乐等一批重点乡村游项目进展顺利；滕州微山湖湿地旅游区成功申报省级乡村旅游发展重点单位。2013年，制定下发《全域乡村旅游工作实施方案》，以“一园三镇五点”为重点，全域化布局乡村旅游。南部山系绿道6处旅游驿站完成主体工程。滕州“五朵金花”、山亭月亮湾湿地、峄城工府山农家乐等重点项目加快推进。结合新型城镇化建设，全面启动滨湖、榴园、北庄等重点镇的规模化乡村旅游点“改厨改厕”工程，共涉及26个村341户，完成率达

2017年5月18日，庆祝2017年中国旅游日暨“文明旅游幸福枣庄”活动启动仪式在铁道游击队纪念园广场举办

到90%以上。枣庄市被评为全省乡村旅游示范市。峄城榴园镇被评为全省乡村旅游示范镇，薛城张庄村被评为全省乡村旅游特色村，山亭翼云石头部落被命名为全省乡村旅游示范点。2014年大力发展全域乡村旅游。出台了全域乡村旅游工作实施方案，召开了乡村旅游现场观摩会，市财政列支专项资金扶持乡村旅游发展。开展了枣庄市旅游业五年行动计划和区（市）乡村旅游规划编制工作。围绕“一园三镇五点”，依托环城绿道建设，规划建设了11处旅游驿站或游客中心，打造环城市乡村旅游游憩带，构建全域乡村旅游发展新格局。积极推进“双改工程”，完成双改297户。确定乡村旅游培训基地10个，培训各类人员2200人次。组织38名乡村旅游带头人赴台湾参加乡村旅游学习考察活动。2015年制定印发了《2015年枣庄市全域乡村旅游重点工作任务分解表》，全力推进乡村旅游实现快速发展。全面推进环城市游憩带项目建设，获得省级环城游憩带资金500万元，建成12处旅游驿站，环城游憩带建设初具规模。山亭、滕州省级乡村旅游改革试点区、省级全域化旅游改革试点县工作全面推进。培育运河人家、湿地渔家、石榴人家、山乡人家、森林人家等乡村旅游品牌。探索公司+合作社+农户的经营方式，实现乡村旅游发展模式创新。2016年初下发了《2016年枣庄市全域乡村旅游重点工作任务分解表》，全力推进乡村旅游发展。创建省级旅游强乡镇4个、特色村17个、农业旅游示范点15个、工业旅游示范点1个、精品采摘园20个、开心农场10个、星级农家乐75个、省休闲农业和乡村旅游示范县1个、省休闲农业与乡村旅游示范点1个、齐鲁美丽田园1个。枣庄乡村旅游直通车发车150余班次，输送游客1.1万人。立足旅游产业发展实际，大力实施旅游扶贫“八项计划”。借助5·19中国旅游日，

组织召开了枣庄市乡村旅游提质与旅游精准扶贫推进会。2016年全市省定28个扶贫重点村通过发展乡村旅游实现脱贫422户、977人。推进威海枣庄旅游扶贫协作工作，扶贫工作扎实有序推进。2017年全国贫困地区旅游扶贫培训班在我市成功举办。枣庄市被确定为“全国旅游扶贫培训基地”。湖沟旅游合作社入选国家“合作社+农户”旅游扶贫示范项目。山亭区兴隆庄乡村旅游示范带被省旅发委推荐为全国乡村旅游发展的典型。2017年全市新增省级旅游强乡镇达到3个、特色村24个、国家级省级农业旅游示范点6个、精品采摘园10个、好客人家星级农家乐12家、开心农场5个。

4. 旅游饭店。2011年全市重点推进了50个星级酒店、快捷酒店、家庭旅馆建设，全市旅游定点饭店达到119家，床位数累计12243张；投资4.2亿元滨江国际大酒店、投资3.8亿元的金悦国际大酒店、投资2.8亿的元春之声大酒店等重点项目已基本竣工。2012年全市旅游定点饭店达到141家，总床位数19015张；引进了锦江之星、格林豪泰、银座佳驿、汉庭等13家商务快捷连锁酒店，填补了枣庄市知名连锁快捷酒店发展的空白。2013年新增月亮湾度假酒店、银都大酒店、微山湖又一村宾馆3家三星级饭店；新增鲁国人家大酒店、力源宾馆、天马宾馆、白云宾馆4家二星级饭店；新批准绿色饭店1家（鲁南警官培训中心）。2015年制定出台了我国首例市级民宿评定的地方标准——《枣庄市鲁南乡村民宿评定标准（试行）》，并在国家工商总局成功注册“鲁南乡村民宿”品牌。2016年新评定鲁南民宿7家。2017年全市已发展民宿107家，其中鲁南乡村民宿达到11家。葫芦套山水云间、石嘴子山舍、仙坛山温泉小镇等7家民宿被山东省旅发委评定为四星级精品民宿。枣庄翼云湖柜族部落被评为金星级文化主题饭店，成为枣庄首家文化主题饭店。

5. 旅行社和导游队伍。2011年全市旅行社（分社）65家，新增16家，其中全国大型旅行社设立分社10家，新增港中旅、银座旅游、百事通、青岛招商国旅、安徽夕阳红、山东华纳国旅等6家全国大型旅行社来枣设立分社。全市地接导游589人。制订出台了《枣庄市地接导游员管理办法》《枣庄市导游员星级评定管理办法》《枣庄市导游员分类管理暂行规定》《社会导游服务指南》《旅游应急手册》《旅游预订合同》。2012年全市新增旅行社12家，达到77家；拥有持卡导游753人。2013年新增旅行社（分社）4家，总数达到81家；实施导游大培训工程，完成各项技能人才培训3000余人，持卡导游员达到842人。2014年新增旅行社4家、分社3家，总数达到88家；枣庄康辉旅行社通过国家旅游局出境游许可资质。2015年以来在全市连续两年开展了“儒风运河、德润枣庄”枣庄市金牌导游员、美德游客等五项文明旅游系列评选活动。2016年12月6日，枣庄市导游协会成立大会暨第一届会员代表大会顺利召开，审议通过了《枣庄市导游协会章程（草案）》等材料，选举产生了枣庄市导游协会会长、副会长、秘书长及理事成员。

6. 旅游交通设施。2011年开通了枣庄高铁站、枣庄老城区通往台儿庄古城的BRT及滕州市通往古城的直通车；开通徐州、临沂、济宁、邳州、滕州至台儿庄古城5条旅游快线；在枣庄高铁站规划建设建筑面积3000平方米的枣庄游客集散中心；改造或新建50个星级旅游厕所；在主要交通节点、景区设置完善旅游标识牌48处；建成开通了微山湖湿地红荷旅游路、莲青山旅游路、翼云湖旅游道路等通游道路。2013年市旅游集散中心投入运营。神州自驾车租赁、徐州观音机场城市候机楼成功入驻集散中心；在道路节点、景区设置完善旅游标识牌52处；全市共新建提升旅游厕所20个。2015年制定了《枣庄市乡村旅游道路引导标识设置方案》，在全市范围布局安置旅游道路引导标识牌400余块。组织开展全域旅游厕所革命，将全市城乡公厕、商超厕所、旅游厕所、交通集散点厕所、加油站厕所、乡村旅游点等6类厕所纳入全域旅游厕所建设管理范围，全力打造全域旅游厕所革命示范市。成立了全域旅游厕所革命示范市创建工作领导小组，统筹推进全域旅游厕所建设工作。市委办公室、市政府办公室印发了《枣庄市全域旅游厕所革命示范市建设工作实施方案》，组织召开了全域旅游厕所革命示范市建设工作动员会议。建立了信息报送制度和督导考核制度，及时了解建设进度和存在的问题，确保全面完成各类厕所建设任务。2015年通过省里验收各类厕所340座，其中新建186座、改建154座。2015年11月份，省政府在我市召开了全省旅游厕所建设管理现场会。全域旅游厕所革命列入2016年市政府20件惠民实事之一。2016年新建改建旅游厕所919座，完成了全省全域旅游厕所革命示范市建设任务。国家旅游局组织开展“百城万众厕所文明宣传大行动”活动，山东省的启动仪式在枣庄举行。

开展旅游道路引导标识提升工程，在2015年设置400块的基础上2016年再增设了200块。加快推进“智慧旅游”建设，在BRT站内及游客市民密集处布置安装16个旅游触摸屏查询终端，为游客出游提供即时、准确的参考信息。研发和使用乡村旅游班车集群调度系统APP和全域旅游厕所APP，设计、制作全域旅游厕所分布图，进一步方便了市民和游客。2107年圆满完成“厕所革命三年计划”任务，新建、改建旅游厕所1334座，全市厕所开放联盟单位达到398家，建立完善了旅游厕所建设管理长效机制，“小厕所、大民生”不断提升旅游环境。围绕全域旅游大数据分析平台建设，完整组建了以信息发布、咨询投诉、行政审批、指挥调度、团队审核、安全监管、体验互动等七大系统为支撑的全市“智慧旅游云”系统。智慧旅游触摸屏综合信息发布系统建设完成，在BRT站内及游客市民密集处布置

安装16个旅游触摸屏查询终端，开发了旅游交通、厕所分布APP。旅游视频监控调度平台不断完善，已与山东省旅发委产业运行监测和应急指挥平台实现全面对接。

7. 旅游商品开发。2012年组织38件作品参加省第十届旅游商品设计大赛，荣获金奖2名、银奖3名，铜奖4名、优秀奖六名，山东省旅游商品十佳品牌1名及优秀组织奖。

2015年组织旅游商品企业参加第二届“到山东最想买的100种特色旅游商品”评选活动，枣庄市共有石榴系列产品、长红枣系列产品、鲁班锁系列产品、大战1938系列酒、滕州微山湖咸鸭蛋等5个系列的旅游商品入选第二届“山东100”。滕州鲁班天工木艺有限公司获评“山东省旅游商品研发基地”。组织参加“第十三届山东省旅游商品创新设计大赛系列活动评选”，全市共推荐34件作品，其中28件实物类作品，5件设计类作品，1名民间手工艺制作大师。经评选，共获大赛铜奖1个、优秀奖2个，最佳组织奖1个。鲁班锁工艺系列获得2015中国旅游商品大赛铜奖，这是枣庄市首次获得国家旅游商品大赛奖项。2016年组织参加“山东省首届新品牌旅游商品评选暨第十四届山东省旅游商品创新设计大赛”。滕州鲁班天工木艺有限公司的“圣匠鲁班”鲁班锁系列旅游商品获“2016首届山东省新品牌旅游商品”称号。《邹坞条编系列》、《台儿庄古城胜迹复原图邮册》分别获得大赛铜奖和优秀奖。

二、枣庄旅游业发展成绩

改革开放以来，依托得天独厚的旅游资源，伴随着枣庄经济的快速发展和人民生活水平的迅速提高，枣庄旅游业经历了从起步到繁荣的30多年发展历程，取得了令人瞩目的成就，旅游业规模、档次和效益得到了全面提升。枣庄由旅游输出地转变为旅游集散地和目的地，改变了山东省“东热西冷”的旅游发展格局，“运河在这里重现”成为山东旅游六大名片之一。枣庄旅游已成为鲁南苏北区域旅游发展的龙头，成为枣庄市转方式、调结构、加快城市转型的重要推动力和经济新的增长点。

（一）大旅游发展氛围逐步形成

近年来，枣庄市把旅游产业作为经济社会发展的重要支柱产业来培育。各级党委、政府不断加大对发展旅游业的支持力度，市、区（市）普遍出台了具体政策和措施，均编制或完善了相应的旅游发展规划，形成了旅游发展的大区域格局。如2007年10月，市里专门召开了全市首届旅游发展大会，进一步统一了全市上下的思想认识，打响了发展文化旅游的战役。为支持枣庄市旅游产业发展，市政府成立了“枣庄二日游领导小组”，由市长任组长，市委、市政府领导担任副组长，市政府各部门领导担任小组成员。领导小组明确了枣庄旅游业发展实施方案和任务分工。各部门通力合作，各司其职，形成了发展旅游业的合力。例如，针对主要客源地游客交通问题，市发改委、交通局多方努力，2010年以来，增开了北京、上海、杭州、南京等5市到枣庄的旅游专列。可以说，近年来枣庄全社会对旅游产业的认识和重视达到了一个新的高度，为旅游产业发展创造了良好环境，营造了“大抓旅游、抓大旅游”的浓厚氛围。

（二）旅游综合带动力逐步增强

一是游客接待总量逐年递增。如2000年枣庄旅游全年接待量199.4万人次，2005年已达450.38万人次，五年间增长了1.25倍。而2015年旅游接待量激增到1822.77万人次，与2000年相比，增长了9倍多。二是旅游总收入不断增长。如2000年枣庄旅游总收入不到10亿元，仅为8.577亿元；2005年旅游综合收入突破20亿元，达到23亿元，比2000年增长了近3倍，增长速度达18%以上。2013年突破百亿大关，达到111.59亿元；2015年达到133亿元，与2005年相比，十年间翻了6倍多。四是促进了产业结构调整。发展旅游业有效带动了全市交通运输、商业、餐饮服务业的发展，提高了现代服务业在国民经济中的比重，促进了产业结构调整。如2009年，枣庄市旅游业收入占GDP比重达到4.9%，比2006年提高2.1个百分点。五是缓解了就业压力。通过发展旅游业吸纳了各层次的劳动力就业，特别是吸纳了大量资源型行业下岗职工就业。目前，枣庄市旅游业直接就业人数近5万人，为相关行业提供就业岗位达10万人，有效缓解了社会就业压力。

三是旅游产业要素快速发展。通过开展“创A升级”活动，进一步增强了枣庄市旅游产品的吸引力。按照“大战故地、运河古城、江北水乡、时尚生活”的定位，高标准实施了台儿庄古城重建，着力打造国内外知名的旅游目的地。重建的台儿庄古城，荣膺新世纪“齐鲁文化新地标”榜首，被确定为国家首个海峡两岸交流基地、首个国家文化遗产公园。自2010年“五一”试运营以来，累计接待游客1900万人次。截至2016年全市拥有A级景区50家，其中AAAAA级1家、AAAA级12家，旅行社75家，星级酒店23家。建成开通了微山湖湿地红荷旅游路、莲青山旅游路、翼云湖旅游道路、熊耳山旅游道路等旅游道路，启动抱犊崮旅游道路规划建设，改造提升了山亭汉诺路、台儿庄运河北堤路等道路的旅游配套功能。全面巩固了台韩线、郯薛线、206国道及景区旅游道路环境综合整治成果。2009年，全市旅游大巴数量不足3辆，目前达到了109辆。在全市主要道路节点、景区设置完善旅游标识牌48处。开通了枣庄高铁站、老城区通往台儿庄古城的BRT，实现了高铁站与台儿庄古城的无缝衔接。成功开通徐州、临沂、济宁、滕州至台儿庄古城4条旅游快线。徐州观音机场枣庄候机楼建成运营，徐州—台北航班由每周2班增加到7班。围绕重点旅游景区和线路，规划建设一批公共停车场、自驾车和房车营地，发展城市、景区慢行绿道，健全住宿、餐饮、娱乐、购物、车辆维护、安全救援、自行车租赁等服务功能，完善“最后一公

里”旅游交通标识，推动自驾游健康发展。坚持以人为本理念，从细节和小事入手，注重旅游设施配套，推行个性化服务，让游客乘兴而来、满意而归。特色名吃店近千家，辣子鸡、羊肉汤等6种地方特色美食入选“山东100道美食”。开展“旅游惠民月”活动，推动更多城市公园、博物馆、纪念馆、爱国主义教育基地、公共体育运动场馆等免费开放或设立免费开放日，推广景区旅游年卡和一日游、多日游等优惠卡，让更多市民享受到旅游带来的无限乐趣。旅游“小厕所”反映的是“大文明”、折射的是“大形象”。作为全省唯一的全域旅游厕所革命示范市，枣庄市把旅游厕所革命与农村改厕工作统筹推进，按照卫生、简约、实用、环保的标准实施1259座旅游厕所新建、改建。规划建设了总长200多公里的中心城区环城绿道，将沿线景点串珠成链，科学布局休闲驿站、农家乐、采摘园、游步道等，加强旅游驿站服务管理，打造环城游憩带精品工程。健全部门协同联动的旅游应急处置机制，确保游客安全有序旅行。以“智慧城市”建设为引领，大力发展“智慧旅游”，启动包括电子政务、工业、电子商务、智能交通、食品安全和环保等在内的云工程建设，实现旅游大数据共建共享，为文化旅游产业发展插上互联网的翅膀。

四是乡村旅游蓬勃发展。枣庄市乡村旅游产业起步较晚，但发展速度相对较快，特别是2013年以来呈现蓬勃发展态势，形成了一定的产业规模。政府主导推动乡村旅游发展。2013年9月，市政府制定出台了《枣庄市全域乡村旅游工作实施方案》，对乡村旅游工作指导思想、工作目标、重点任务、政策支撑、保障措施等进行了明确。每年度年初召开全市旅游和服务业大会，对乡村旅游重点工作进行安排部署。

以项目建设夯实发展基础。围绕“一园三镇五点”整体工作思路，以乡村旅游大项目建设为支撑点，创造良好的乡村旅游发展基础条件。完成200公里的旅游绿道、11处旅游驿站和枣庄旅游集散中心建设，环城游憩带初具规模。强化标准激发发展活力。贯彻落实乡村旅游标准化，积极推进“改厕改厨”工程，严格执行《乡村旅游服务规范》《省级旅游强乡镇评定标准》《旅游特色村评定标准》《好客人家农家乐等级划分与评定》等标准规范，以点带面、点面结合，不断提升乡村旅游发展活力。2013年、2014年全市两批“双改”验收合格538户，累计培训乡村旅游人才3200人次，有力推动了乡村旅游发展。培育品牌创新发展模式。运河人家、湿地渔家、石榴人家、山乡人家、森林人家等5大乡村旅游品牌培育初具规模，推动了发展模式的创新。制定推出了评定标准、认定程序，并逐步实现了与好客人家农家乐并轨挂牌管理。如滕州市成立了滨湖湿地渔家乡村旅游专业合作社，山亭区成立了月亮湾湿地旅游合作社，探索“公司+农户”的经营方式，实现了发展模式创新。2013年被评为全省乡村旅游示范市的基础上，2015年成为全省全域旅游厕所革命示范市。目前全市共拥有国家级乡村旅游模范村4个、模范户2户、金牌农家乐25个、致富带头人21人。省级旅游强乡镇33个、省级旅游特色村77个、国家级省级农业旅游示范点68个（国家级6个）、精品采摘园39个、好客人家星级农家乐334家、开心农场21个，国家级省级休闲农业与乡村旅游示范点9个。乡村旅游示范县1个、示范镇4个、示范村4个。好客山东最美村镇3镇2村，发现山东最美旅游风情小镇6镇1村。

五是旅游市场培育日渐完善。拓展游客市场，不仅要有好的景区，还要有好的营销渠道。枣庄瞄准国内重点客源城市，集中开展宣传促销，实现了政府培育市场、市场拉动消费、消费带动投资、投资助推转型的目标。在枣庄旅游业发展的初级阶段，特别是2009年前，枣庄景区培育不够成熟，游客渠道没有建立，市场主体严重缺位，枣庄还是一个典型的游客输出地。为培育旅游市场，枣庄围绕“建立渠道、完善功能、规范市场”三大重点，把主要景区打包推介，用价格杠杆撬动旅游市场，面向全国80多个重点客源城市开展集中宣传促销，创新开展了“枣庄二日游”活动。“枣庄二日游”开展三年来，全市接待游客量年均增长26%，旅游综合收入年均增长29%。定期向枣庄市输入客源的旅行社达到500家，与枣庄有着战略合作关系的旅行社达到1500余家，枣庄的客源输入渠道逐步巩固，市场的力量充分显现。在国内首创旅游地接权和市场经营权拍卖模式，与康辉、中旅等大型旅游集团成功开展战略合作，加大旅游市场营销力度。市内各主要景区，都组建了专业化的市场营销队伍，加强营销体系建设，切实发挥“主力军”作用。随着市场机制作用的进一步发挥，枣庄的旅游步入了层次提升、功能完善、活力增强的良性发展轨道。在央视一套、央视四套等黄金时段及全国百家地方电视台进行旅游形象广告投放。2009年以来，在人民日报、光明日报等国家级、省市级近500种报刊投放软文、同业广告10万余篇次，在全国80多个客源城市重要节点位置设置广告牌近500个、车体广告520辆（班次），在北京、济南、上海、南京等15个京沪高铁站设立广告牌、LED彩屏、灯箱广告70处。成功举办各类有影响力、有吸引力的节会活动100余个，有力促进了枣庄旅游的持续升温。引导主要景区组建专业化市场营销队伍，加强营销体系建设。拓展微博、微信、微电影等新媒体营销，与百度、谷歌、途家、携程、淘宝、去哪儿等主要旅游电子商务运营商开展合作，利用二维码技术推进旅游产品进网络，扩大宣传营销效应。

六是旅游接待能力不断提升。目前全市定点旅游饭店数量达到142家，较2009年增加了115家；床位数量达到18397张，较2009年增加了16012张。引进了如家、锦江之星、格林豪泰、银座佳驿、汉庭等13家商务快捷连锁酒店和开元、温德姆、君廷国际等国内外

知名高端品牌管理集团，填补了枣庄市知名连锁快捷酒店及高档品牌管理酒店发展的空白。全市四星级酒店5家，三星级酒店12家，在建四星级以上酒店10家、商务酒店30家；旅行社（分社）达到70家，比2009年增加了25家，增长55.6%。推进滕州鲁南休闲娱乐美食城、市中区文化广场美食街、峄城坛山美食街等特色美食街建设，加大道北羊肉汤、枣庄辣子鸡等老字号菜品开发力度，形成了“运河人家”系列枣庄特色餐饮品牌。推动鲁班渔村、1818美食广场等餐饮企业集团化发展，引进了澳门豆捞、永和豆浆等知名餐饮旗舰店。发挥枣庄处于京沪高铁中间点的优势，规划建设建筑面积3000平方米的高铁站枣庄旅游集散中心，设立游客接待、旅游票务、12301呼叫、旅游信息调度、旅游电子商务五个中心，具备信息咨询、散客预订、导游管理、商品销售等十大功能，打造鲁南地区乃至高铁沿线的旅游公共服务综合平台；在五区一市配套建设6个游客集散中心，形成广覆盖、网络化的游客服务体系。重点推进三角花园、枣庄西站站前广场等商业片区改造，全力打造核心商圈及城市综合体。融合本地民俗文化，推出了贵诚七珍坊等系列特色旅游商品。石榴、长红枣、咸鸭蛋、杂粮等特色农副产品销售火爆，带动了农民增收和食品加工、物流配送等相关产业发展。

七是旅游服务质量全面提升。以开展“旅游服务质量提升年”活动为抓手，组织开展全市导游大赛、枣庄二日游定点酒店高端培训班、旅游饭店服务技能大赛、旅行社计调员培训班等系列培训活动，全面提高旅游窗口单位和从业人员服务水平。突出抓好导游人才队伍建设，实施导游大培训工程，编写《枣庄旅游地接手册》，出台《枣庄地接导游员管理办法》，建立导游员激励机制，实行动态化管理。导游数达到731人，比2009年增长了2倍多。在全市旅游行业推行《枣庄二日游活动旅游服务标准》，引导景区、酒店、旅行社等旅游企业规范经营，强化质量监督，提升接待水平。建立旅游市场舆论监督、日常检查和随机暗访机制，严厉打击二日游市场运作违规行为及“黑社”“黑车”“黑导”，有力保证了旅游市场健康有序发展。

三、枣庄旅游业发展的启示

（一）发展旅游业是推动经济结构调整的战略选择

旅游业是转方式、调结构的战略产业、先行产业和支柱产业。旅游业的发展没有排他性，而是具有极强的产业融合性。抓旅游和抓工业并不矛盾，不是非此即彼的关系，而是共融互促的关系。旅游业能够产生强大的市场倒逼效应和叠加效应，发展旅游，不是要不要发展的问题，而是必须发展、如何发展好的问题。

（二）各级重视是加快旅游业发展的前提

旅游业的发展涉及方方面面，不是一家部门能够做的事情，需要各级的共同支持和参与。在旅游发展的初级阶段，就像一辆正在“爬坡”的车，动力不够怎么办？就需要坐在车上的人一起推，齐心协力。枣庄这几年旅游业发展快的因素是多方面的，但最重要的因素是领导重视。领导重视是旅游业快速发展的关键，是根本保证。从一定意义上讲，领导的重视程度决定着旅游业的发展速度。领导重视旅游发展，充分体现在旅游发展过程中的政府主导作用。什么是政府主导？政府主导就是按照政府的发展战略和指导思想发挥政府在资源配置中的作用，在市场经济条件下按照市场规律科学配置资源，推动市场化运行进程和运行质量（如水系资源、森林资源的配置整合、道路的规划建设等）；就是通过制定政策、资金投入、完善设施等创造环境以引导发展方向；就是主导阶段性的工作重点，引导各方力量的转移方向和时机。政府主导不是政府包揽，也不是政府主干，更不是政府主财。在旅游业发展的初级阶段，政府主导的提法往往会引起争议。但随着旅游业发展的成熟和深入，这种争议会被一种共识所取代，即在任何时候旅游业的发展都需要在政府主导下进行。现在包括国外，美国、英国、韩国、日本、新加坡都是政府营销。发展旅游、营销旅游政府主导是必然，只是特定时期采取的方式和力度不同而已。只有在政府的主导下，形成发展合力，旅游市场才能率先启动、显现效益，带动市场主体的积极主动参与。

（三）打造精品景区是加快旅游业发展的核心内容

原国家旅游局局长邵琪伟同志说：“适应旅游发展新趋势，提升旅游供给水平，要在建设旅游精品上下功夫”。景区景点是旅游业链条上的基础链条，有了景区景点才有旅游业的展开。景区景点又以其品位和特色不同程度地吸引和打动着游客。全国各地能构成资源并形成旅游景点的地方很多，但对游客的吸引力却大不相同。枣庄旅游起步并不算早，有些景点也只有五年左右的开发经营时间，却被人称为是旅游业界的一匹“黑马”，迅速叫响国内外。近年来，全国有150多个县以上参观考察团莅临枣庄学习考察旅游业发展。枣庄在景区景点建设中的做法也引起了大家的共同关注和极大兴趣。原因是枣庄已经或正在把景区景点建设成具有较强吸引力的精品景区景点。发展旅游业，景区是基础；有无竞争力，管理是关键。在景区建设中，枣庄还努力做到边建边管，让游客在看到景区的第一眼时，就有一种美的感觉。所以，建好一个景区就应该同时管好一个景区，巩固好建设和完善的成果，让游客始终对景区有一种好感。在制订景区建设方案时，就从交通、安全、卫生、服务等软硬件多方面提出高标准。游客普遍认为，走近枣庄旅游，感到景观美、环境美，服务人员和蔼可亲，景区服务设施完善，游客服务中心服务内容丰富，景区地面无烟头纸屑，没有痰迹污垢，水面没有漂浮物，栏杆不见灰尘，车辆停放有序，商位摆设整齐，服务人员彬彬有礼；走进市区，街

道宽敞亮丽，楼房鳞次栉比，游园绿地相连，游客感觉舒服，心旷神怡。

（四）旅游业发展的重要手段是科学营销

营销旅游就是营销城市，旅游形象就是城市形象，要不断创新旅游营销方法，加大营销力度。一句话，营销营销再营销，旅游营销没有过头的时候。从事旅游经营最关心的问题是：如何在短时间内形成较高的知名度，如何才能做到花最少的钱取得最佳的宣传效果？对此，枣庄的作法是抓好营销，用科学的方法大力度宣传促销。而营销旅游就是营销城市，就是提高城市知名度。正是基于这种认识和因素，枣庄旅游得到了全市上下的共同关注和大力支持。当然旅游宣传促销是旅游部门的重要职责，必须以积极的态度，创新的手法，吸引世人的目光，追求最佳的效果。旅游经济是知名度经济，是注意力经济，知名度越高，越有吸引力，经济效益就越好。为了获取宣传促销的最大效益，枣庄认真分析了旅游市场形势，认为中国旅游业快速发展了二十多年，如今的中国旅游市场已不再是由几家旅游景区独领风骚了，而是形成了全面竞争、整体推进的局面。近年来，为了叫响枣庄旅游品牌，提高枣庄旅游的知名度和市场竞争力，枣庄一直把科学的宣传促销作为工作重点常抓不懈，并视营销为一种文化创意活动，不断创新营销方法，加大营销力度，建立全方位、多层次、宽领域、高密度的营销网络。

（五）旅游业发展的灵魂是提升服务质量

游客出游质量的高低不在于游览了什么地方，而在于游客在出游过程中身心是否都得到最大的愉悦。服务好一位游客，就是培养了一名义务宣传员。所谓优质服务，就是服务质量的最佳奉献，是能最大限度地满足服务对象的合理要求。通过投入优质服务，推销旅游产品，换回经济效益。枣庄在发展过程中，有一个很深刻的体会，就是游客出游质量的高低，不完全取决于游的是什么地方、什么景区。而取决于游客的身心是否同时得到了最大的愉悦。因为旅游产品不同于商场的商品，对游客而言，精神需求大于物质需求，游客是通过体验服务来欣赏、比较、评判、选择购买旅游产品的。一流的服务会让游客产生美好的体验和长久的回味，并将这种美好体验和他人一起分享，成为最具效果的宣传广告，从而提高产品的社会效果。也就是说，粗放的服务会让产品失色，优质服务能让产品增值。枣庄发展旅游最终还要面向国际市场，从整体上讲，我们国家绝大多数景区硬件建设并不比国外的景区逊色，逊色的是服务质量。所以必须下大功夫抓好旅游服务。为了确保全方位给游客提供优质服务，枣庄面向全社会公开提出了“不让一位游客在枣庄受委屈”的服务承诺，并告诉游客“假如您把枣庄当作一家宾馆，我们就是这家宾馆的服务员，让您享受到上帝的待遇；假如您把枣庄当作一个家庭，我们就是这个家庭的保姆，让您有一种做主人的尊严”。全市深入开展“旅游服务质量提升年活动”，不断推动旅游服务工作向规范化、人性化、个性化方向发展。

（六）旅游业发展最大的收获是锻炼了干部、培育一支高素质的人才队伍

城市转型，产业要先转型；产业要转型，干部要先转型。枣庄市旅游业取得的显著成果极大地解放了思想，改变了观念，打开了思路，培养了干部，增强了全市上下抢抓机遇谋发展的紧迫感和责任感。同时，旅游发展实践中枣庄得出一条结论：只有一流的员工队伍，才能有一流的服务质量。枣庄旅游这几年能获得多项荣誉，是因为培育了一支具有较高素质的旅游从业人员队伍。一支素质高、作风好的队伍，可以提升一个景区、一座城市的形象，可以促进旅游业的快速发展。

审稿人：黄国清

撰稿人：张　勇

台儿庄古城元宵节

枣庄审计工作发展历程及经验

30多年来，枣庄审计从最初简单的财政财务收支审计发展到经济责任、政策落实跟踪审计，从账目基础审计发展到计算机、大数据智慧审计，始终恪守民本审计理念，依法履职尽责，取得了骄人的成绩，为促进枣庄经济社会发展发挥了积极作用。

一、发展历程

（一）机构初创、边干边摸索时期（1984—1993年）

中共十一届三中全会后，国家实行经济体制改革和对外开放，政府审计工作越来越受到重视。根据1982年12月4日修订的《宪法》第91条规定，枣庄市于1984年2月成立了枣庄市审计局。市审计局建立初期，编制为25人，内设工业交通审计科，财贸基建审计科，行政事业单位审计科和办公室。机构初成，随即在全市试行审计，重点对行政事业单位的财务收支和工业企业、商业、粮食、供销及物资企业的经营效益情况实施审计。从1986年开始，全面推行审计，重点审计的内容和任务有：①查处违反财经纪律问题和重大经济违法案件，维护改革的经济环境；②审计教育经费和罚没收入、区（市）财政税务、乡镇财政税务以及大中型工业企业、商业、物资企业；③对行政事业单位实行定期审计制度；④对厂长（经理）进行离任审计和企业承包经营责任审计。

在既无理论指导，又无成熟经验借鉴的情况下，枣庄市各级审计机关坚持“勤于思考、大胆实践、勇于创新”的工作精神，边实践，边总结，边提高。这一时期，枣庄审计机关围绕企业承包、财政金融、专项资金开展审计，同时开展内部控制评价试点和审计科研工作。自1984年市审计局成立至1993年上半年止，全市共审计单位3709个，其中工业交通企业958个，商粮企业626个，行政事业单位1267个，财政税收单位162个，查出违纪违规金额32279万元，损失浪费金额5115万元，促进增收节支10631万元。

1. 宏观着眼，微观入手，充分发挥审计高层次监督作用

（1）企业承包经营经济责任审计

1986年开展厂长（经理）经济责任审计，1988年初开始推行企业承包审计。制定了《枣庄市全民所有制工业企业承包经营经济责任审计实施细则》（以下简称《细则》），有效地推动了工作的开展。认真探索和研究承包审计工作的组织、审计范围、审计内容、审计程序和方法以及档案管理等内容，1990年8月制定了《枣庄市全民所有制工业企业承包经营经济责任审计工作规程》（以下简称《规程》），对企业承包审计的全过程、分段式审计模式及其具体的审计内容、审计程序等作了明确规定。

为了解决企业承包审计时间紧、任务重与审计力量不足的矛盾，实行国家审计和内部审计分工负责，国家审计机关紧紧抓住重点企业，按照《细则》和《规程》的规定在一个承包期内按年度进行连续审计，对企业经营者的主要经济责任履行情况进行客观评价。企业承包审计的深入开展，有效促进了《全民所有制工业企业转换经营机制条例》的贯彻落实，为对企业的奖惩兑现提供了可靠依据，得到了市委、市政府及有关部门的充分肯定。自建局以来，截至1993年上半年止，全市各级审计机关共完成承包经营经济责任审计单位504个，审计资金总额910274万元，查出违纪违规金额7370万元，其中应上缴财政358万元，已追缴入库355万元，促进增收节支2041万元。

（2）财政金融审计

财政、金融部门是国民经济的专业管理部门，搞好财政、金融审计是发挥高层次监督作用的重要方面。1985年枣庄市开始实行财政决算审计，审计计划采取“两年审一次，一次审两年”的方式，把管辖范围内的地方财政收支纳入审计的常年监督范围；同时，在审计工作中，对财政、税收管理比较混乱的，根据审计需要有目的、有重点地向企事业单位延伸，把诸如截留收入、虚列支出等问题查深、查透。枣庄市金融审计工作始于1988年，审计范围是市直国有银行。在金融审计中，根据工作需要对各单位存在的隐瞒收入、偷税漏税、违反外汇管理规定、挪用信贷资金等严重违纪、违规问题进行了查处。各级审计机关共审计财税单位162个，金融单位61个，审查资金总额233747万元，查出违纪违规问题3887万元，增加财政收入1072万元。对于维护地方财政秩序，保障资金畅通，发挥了重要作用。

（3）专项资金审计

这一阶段，枣庄市各级审计机关紧紧围绕经济工作中心，积极开展农田水利资金、农业发展专项资金、财政支农周转金、菜地基金等资金审计20项，共审计单位248个，审计专项资金总额149027万元，查出违纪违规金额597万元，应上缴财政金额14万元，对于较严重的违纪问题罚款1.3万元，有效地制止了挤占挪用、虚列转移等违纪违规行为，保障了专款专用，促进提高了资金使用效益。

（4）专项审计和审计调查

枣庄市较早开展了专项审计调查

工作。对市委、市政府关心的重要问题进行专项审计调查，初步探索了审计调查的路子。审计调查作为一种新的审计工作方式得到了省审计厅的肯定，不久在全省推广。1989 年对枣庄市水泥企业承包经营情况进行审计调查，1990 年对工业企业消费基金进行专项审计调查，1992 年对市经贸委、商业、粮食、供销企业的潜亏情况进行审计调查，1994 年对公有民营、股份制企业经营情况、党政机关兴办实体进行审计调查。

枣庄市各级审计机关共开展各项审计调查 153 项，调查单位 2346 个，提交审计调查报告 191 篇，被地方党政领导或有关部门批示、批转 26 篇，被上级审计机关采用 6 篇。在开展审计调查中，注重从日常审计工作中捕捉和发现经济生活中带有苗头性、普遍性的问题开展审计调查；注重根据调查目的确定调查方式、调查对象和调查范围；审计调查所取得的证据按照审计程序进行审计取证，以保证审计调查的客观性、公正性和严肃性。1992 年对市委、市政府领导关心的企业潜亏问题，组织审计力量对全市 16 个行业、443 个国营企业潜亏情况进行审计调查，基本摸清了国营企业的潜亏状况，分析了潜亏的原因和危害，提出了解决和避免潜亏问题的对策和建议，为地方政府进行宏观决策提供了可靠依据。

2. 内部控制评价试点

1991 年 6 月、1992 年 4 月，枣庄市审计局两次组织全市各级审计机关及部分内部审计机构的 156 名审计人员，组成 14 个试点组，采取集中培训、内外结合、梳理典型、以点带面的工作方法，分别对鲁南化肥厂、枣庄市百货大楼等不同行业、不同级次、不同类型、不同规模的 12 户国营企业、事业单位进行了内部控制评价试点工作。试点表明，内部控制评价在审计工作中具有广泛的适用性，它不仅可作为科学的审计方法运用于财务收支审计工作中，而且内部控制也是经济效益审计的重要内容；它不仅适用于企业单位，而且也适用于事业单位；不仅可作为一种审计方法，用以保证审计质量，提高审计效率，而且也可作为这一项审计工作单独进行。枣庄市的经验做法得到了有关领导和专家的肯定和好评。1991 年 11 月参加了审计署在淄博召开的内部控制评价研讨会并在会上作了经验介绍。1992 年 6 月省审计厅在枣庄市召开了内部控制评价经验交流会，枣庄市审计局作了典型经验介绍，得到了兄弟地市局的赞同。两年的试点工作，不仅使更多的审计人员熟悉了内部控制评价的程序、方法，而且对内部控制评价的应用进行了有益的探讨，为日后的推广应用奠定了坚实的基础。

3. 审计科研

理论是行动的先导。市审计局自成立之初，就十分重视审计科研工作。坚持边干边摸索，在审计实践中不断总结工作经验，有重点地组织审计科研活动，这一阶段取得了突出成绩。1988 年承担的省级重点科研课题《关于企业承包经营经济责任审计的理论与实践》获山东省审计科研优秀成果一等奖，同时荣获山东省社会科学优秀成果三等奖。该课题分两个阶段对企业承包经营经济责任审计的基本内容、基本程序和方法及

2008年8月9—13日，枣庄市审计局在市国家公务员培训中心举办《现场审计实施系统》培训班

2010年4月9日，枣庄市审计局举办审计法实施条例培训班

责任控制等方面进行深入系统的研究，提出了以多层反馈控制原理为基础的全过程分段式审计模式，有效地指导了企业承包经营经济责任审计实践。1990年承担的《审计质量控制研究》对审计质量的基本概念、审计质量的运行规律、控制机制、控制模式及控制程序和方法进行了全面系统的研究，提出了较为先进的审计质量控制理论，填补了国内审计质量控制研究的空白，对规范审计行为、提高审计质量发挥了重要作用。该课题荣获山东省审计科研优秀成果一等奖，同时获得山东省社会科学优秀科研成果三等奖。

在开展审计科研活动的同时，市审计局针对审计工作的热点、难点问题，积极开展工作研究。这一时期，对于深化企业审计以及如何发挥审计高层次监督作用等急需解决的工作问题，进行了深入研究，先后撰写了《关于审计工作法制化、制度化、规范化的研究》《充分发挥审计较高层次监督作用》《关于两个延伸的探讨》《加强和改进企业审计，促进企业转换经营机制》等论文，有效指导了工作的开展。这些研究成果在省内及淮海经济区有关会议上获得好评，大部分文章得到发表。

4. 内部审计和社会审计

自1986年起，在审计机关的组织推动下，各委、办、局和大中型企业普遍建立了内部审计机构，由本部门主要负责人领导，负责本单位和所属单位的财务收支及其经济效益的审计。随着经济社会的发展，内部审计队伍不断壮大，截至1992年底，全市共有内部审计机构322个，内部审计人员730人。这一时期，审计单位（项目）8820个，查出违规违纪、违规金额8506万元，促进增收节支511万元，查出万元以上贪污案11起，根据审计结果有19名责任人移送司法机关处理。在对内审工作的指导上，主要从四个方面入手，一是坚持以审促建和分类指导的工作方法，推动内审机构的建立和工作的开展；二是积极培养典型，以点带面，如鲁南化肥厂、枣庄市第二棉纺织厂等先进经验，为内审机构工作的开展树立了典范；三是推行内审工作例会制度，经常交流工作情况和经验；四是建立内审工作联系点制度，传播了好经验，鼓舞了积极性。

中共十一届三中全会以后，枣庄市多种经济成分、多种经营方式的经济组织先后出现，有许多会计、审计的查证和咨询业务需要中介机构提供服务。由此，社会审计业务逐步开展。1988年，枣庄市的社会审计组织开始逐步建立，至1995年共建立7个审计事务所，配备和聘用专业技术人员123名，主要开展工商企业注册资金的验证和年检。1988年6月，枣庄市审计事务所成立，后变更为枣庄市审计师事务所。

枣庄市审计事务所成立后，接受各级审计机关、各级政府部门和企事业单位和个人的委托，承办审计查证和咨询服务等业务。1990年，开展了集体企业审计；1991年进行了基建项目决算审计；1994年，开展了资产评估业务。至此，全市的审计事务所业务开展已较为齐全，主要涵盖工商企业注册资金验证和年检，集体企业审计、国有企业审计查证、基建项目决算鉴证和资产评估。

市审计局坚持“不失时机、加强指导，勇于开拓，大力发展”的工作方针，不遗余力地推动社会审计事业的不断发展。首先，积极争取有关部门的大力支持，协调和理顺有关方面的工作关系，为社会审计工作的开展创造良好的外部条件；其次，建立社会审计联系制度，创造广泛的社会基础；再次，对区（市）审计事务所实行由区（市）审计局和枣庄市审计事务所双重管理制度。第四，坚持勇于开拓进取的精神，不失时机地创新工作领域。如在1989年开始酝酿集体企业审计问题并积极争取市政府领导的重视与支持，1990年初批转了市审计局的报告，从而使集体企业的审计工作，由市政府作出了规定，并对审计程序和方法进行了有益探讨。最后，建立健全各项管理制度和工作规程。比如《集体企业审计实施细则》《建安工程决算审计鉴证工作规程》《注册资金验证工作规程》《咨询服务工作规程》和《业务、财务管理制度》等，这些规章制度有效规范了社会审计行为。

这一时期，枣庄市社会审计事务所完成审计查证项目1268个，查证资金总额356193万元，集体企业审计26户，审计资金总额14615万元，建筑工程决算鉴证469个，原决算金额11495万元，审减额1616万元，审减率14.06%；注册资金验证735户，验证资金总额285289万元；咨询查证单位38个，查证资金总额44794万元。

（二）承上启下、审计初步规范化时期（1994—1998 年）

1994 年，对国家审计机关来说是一个特殊的年份，当年 8 月 31 日第八届全国人民代表大会常务委员会第九次会议通过了《中华人民共和国审计法》，这标志着国家审计进入了发展的规范化阶段。

1994 年至 1998 年，全市审计机关按照《中华人民共和国审计法》的相关规定，依法审计，取得了较好的审计成效。这一阶段始终坚持审计工作为经济建设服务的指导思想，有力推动了审计工作的健康发展。

1. 预算执行审计

《审计法》第十七条规定：地方各级审计机关分别在省长、自治区主席、市长、州长、县长、区长和上一级审计机关的领导下，对本级预算执行情况和其他财政收支情况进行审计监督，向本级人民政府和上一级审计机关提出审计结果报告。枣庄市于 1996 年成立了财政审计协调综合小组，首次并全面开展本级预算执行审计，以规范预算管理和提高财政资金使用效益。一方面狠抓了对地方政府的财政收支审计，采取“两年审一次，一次审两年”的工作方法，把地方财政收支纳入了常年审计监督范围，促进了地方财政工作的健康发展。另一方面，按照《审计法》和《山东省本级预算执行审计暂行规定》的要求，认真开展了本级预算执行审计。市政府批转了《市审计局关于认真搞好本级预算执行审计工作的报告》。市、区（市）两级审计机关把本级预算执行审计作为各项工作的重中之重，加强领导、精心组织，认真实施。突出对财政预算执行、重点部门单位预算执行和预算外资金的审计，突出对重点部门、重点单位、重点行业的审计。坚持依法审计、实事求是，“一审二帮三促进”，分工协作、逐级负责制的原则。注重搞好年内审计与年度终审计的结合，“上审下”与“同级审”相结合，财政专业审计与其他专业审计相结合，促进本级预算执行审计的全面深入进行。这一期间，全市共审计 241 个单位，查出各类违规金额 18074 万元。通过本级预算执行审计，基本摸清了预算执行的实际情况，揭示了预算执行审计工作中存在的问题，提出了针对性较强审计建议，有效地促进了预算管理，为政府加强对财政工作的领导和人大对财政工作的监督，提供了真实依据，得到了人大政府的充分肯定。

2. 企业审计

围绕企业加强管理，提高效益，做到四个注重，注重资产、负债和损益审计，为企业的健康发展献计献策；注重厂长（经理）离任审计，为有关部门考察和使用企业干部提供依据；注重经济责任审计，推动企业经营目标的认真履行。这一期间共完成企业审计 1109 个项目单位，查出违规金额 102731 万元。

3. 行政事业审计

在财务收支审计的基础上，认真审查行政事业单位的预算执行情况，突出对综合经济管理部门和执法部门的审计，突出对重点问题的审计，如乱摊派、乱收费、乱罚款、违控购置、奢侈浪费等。共完成行政事业审计 669 个项目单位，查出违规金额 24867 万元，促进规范了行政事业单位财务管理，提高了党风廉政建设水平。

4. 专项审计

共开展专项审计 64 项，为加强专项资金的管理，产生了积极作用，促进了行政事业的健康发展。这一期间共开展审计调查 103 项，涉及单位 880 个，为党政领导干部决策提供信息依据。

5. 审计管理

改进审计工作的组织、管理和技术方法，引入了内部控制机制，建立审计执法责任制等一整套加强审计质量控制的规章制度及其配套措施，保障了审计工作质量。加强了审计信息宣传工作，扩大了审计影响。审计档案管理工作迈上新台阶，档案室升为一级，被省审计厅评为先进单位。审计科研工作取得丰硕成果，相继完成《经济效益审计研究》《审计质量控制研究》《审计质量控制概论》等科研课题和专著，并获得省审计厅审计科研一等奖。其中，《审计质量控制概论》一书，由中国审计出版社出版，弥补了国内空白，得到了好评。

6. 内部审计

截至 1997 年底，全市共建内审机构 414 个，配备内审人员 829 人。五年共审计 14344 个项目，纠正违规金额 62838 万元。全市共建立审计事务所 7 个，配备从业审计人员 150 人，完成委托事项 27620 项，促进提高经济效益 14852 万元，为委托单位挽回经济损失 17028 万元。完成基建决算审计鉴证

2010年12月28日，枣庄市审计局举办全市审计系统2011年元旦文艺会演

3557个，审计总金额197380万元，审减额40928万元，审减率为20.7%。完成验资年检21026户，核减虚假注册资金296825万元。资产评估工作有了进一步发展。

（三）稳步推进、审计效果提升时期（1999—2007年）

根据枣庄市审计实际情况，市审计局制定了全市审计工作的长期目标和短期发展计划。前期，针对审计工作不稳、水平不高的问题，提出了"一年打基础，两年求发展，三年上台阶"的工作目标。在此基础上，又提出了"围绕一个中心，实施三项工程，创造五个一流"的工作目标，即紧紧围绕经济建设中心，认真开展"审计质量、审计执法和审计形象"三个工程年活动，努力创造一流的审计工作成绩，一流的审计质量，一流的审计队伍，一流的审计工作环境和一流的审计形象。

1. 审计业务

随着经济建设和改革开放的不断深入，审计的范围越来越广泛，审计在促进经济社会发展中的作用越来越明显。为使有限的审计资源发挥更大的职能作用，始终坚持"全面审计、突出重点"的工作方针，在总体规划上，以财政资金的流向为主线，狠抓对重点部门、重点单位和重点项目的审计；在具体项目上，以财务收支为主线，狠抓对重点问题的审计，坚持有所为有所不为；在工作安排上，以上级审计机关或授权的审计项目和党委政府安排的任务为重点，并放到重要位置，认真组织实施。这一时期，共完成审计项目3227个，查出违规金额166亿元。

（1）预算执行审计

预算执行审计是审计机关的永恒主题。审计机关始终把预算执行审计作为审计工作的主题，精心组织，认真实施。这一时期共审计预算单位606个，通过预算执行审计进一步摸清了财政家底，纠正了预算执行中存在的不真实、不合法、不规范的问题，严肃查处了私设"小金库"、挪用专项资金和挥霍浪费等问题。对市级财政收入、支出结构、工资政策兑现和财政债务状况等问题，进行了专题调查，为人大、政府进一步加强财政工作提供了依据。市、区（市）两级审计机关受政府委托向人大常委会作关于预算执行审计工作的报告，普遍得到好评。

（2）财政决算审计

1998年以来，市审计局分别对滕州、市中、峄城、台儿庄等区（市）政府不同年度的财政决算进行审计，共查处违规金额1亿元，客观上促进了地方政府对财经法规的认真贯彻执行。

（3）重点工程审计

相继对光明广场、东郊小区、市新华书店、市污水处理厂、西昌路建设等工程项目进行跟踪审计，严肃查处了高估冒算、损失浪费等问题，节省了国家资金，促进提高了投资效益。

（4）专项资金审计

主要对农业水利资金、企业基本养老保险基金、教育费附加、计划生育费等专项资金进行了审计，摸清了有关资金的管理和使用情况。

（5）经济责任审计

1999年5月24日，中央办公厅、国务院办公厅印发关于《县级以下党政领导干部任期经济责任审计暂行规定》。至此，国家审计进入了对权力运行领域的监督。2001年6月，枣庄市成立了枣庄市经济责任审计办公室，各区（市）相继成立经济责任审计办公室，主要负责对党政主要领导干部及国有企业主要负责人任期经济责任履行情况进行审计。截至2005年，全市共对988名党政机关、事业单位负责人和企业法定代表人进行了离任审计，共查处违规金额203195万元。

这一时期，虽然领导干部经济责任审计处于起步阶段，但枣庄市审计机关也查出了一些严重问题，移交了一些犯罪线索，促进和规范了权力的行使。比如，2001年薛城区审计局对该区纺织机械厂原法人代表任期经济责任履行情况进行审计，发现该厂原法人代表涉嫌经济犯罪问题，该案件涉及该厂厂级干部2人，中层干部12人，涉案金额152万元。

2. 人、法、技建设

在"人"的建设方面，以提高审计人员的思想、业务素质为目标，加强了对审计人员的思想政治教育，着力提高审计人员的思想、理论水平和贯彻党的路线、方针和政策的自觉性。加强对审计人员的廉政教育，要求审计人员严格遵守各项廉政制度和审计现场纪律，加大督促检查，促进廉洁从审。加强职业道德教育，促使每个审计干部爱岗敬业，事业心、责任感普遍增强。加强了业务培训，一是有组织、有计划地对审计人员进行后续培训，采取走出去、请进来的方式，举办不同类型的辅导班、培训班，深入学习审计知识和相关知识。二是鼓励自学。大力倡导审计人员充分利用业余时间进行业务知识自修，鼓励考取高级、中级审计师等职称，审计人员整体素质得到提高。

在法制建设方面，一是注重机关管理制度建设。相继制定了学习制度、会议制度、财务管理制度和审计人员岗位责任制、政务公开制度、财务管理制度、审计人员廉政责任制等，强化机关管理、改变工作作风。二是注重业务管理制度建设。相继制定了审计组长负责制、审计质量检查、审计文书格式、审计工作全面汇报、审计集体定案、审计回避、审计责任追究等制度，有效防止了审计工作中的盲目性和随意性，为提高审计质量提供了制度保障。

在技术建设方面，一是注重理论研究，在对实践中取得的成功经验进行深入总结和理性思考，以更好地指导实践。这一时期，有多篇理论文章在省厅获奖，同时针对新形势下的审计工作面临的问题，进行认真探索和研究，承担的《经济责任审计的理论思考》《审计风险的防范》等课题，获得省厅好评。在审计理论上的不断探索，促进了审计人员观念的不断转变，并有效指导了审计实践。二是积极引进现代审计，促进审计技术

方法的推广和使用。三是大力推行计算机审计，节约了审计资源，提高了审计效率。

（四）深化改革、求新求变时期（2008—2011 年）

2008 年以来，市审计局结合枣庄审计实际情况，适时提出了“两推一创”的工作思路：“大力推行计算机审计、大力推行绩效审计，争创优秀审计项目”。在这一工作思路的指导下，审计工作的重点转移到对审计技术方法、审计类型和审计项目质量上的探索和研究上，不断加强审计业务培训，探索开展集中整训，枣庄审计由求常、求稳向求新、求变的方向转变。

1. 审计业务

（1）财政预算执行审计

这一时期，进一步强化“财政审计大格局”理念，加大了揭示和反映体制机制层面问题的力度，注重检查预算管理方面的漏洞和缺陷，积极督促审计查出问题的整改落实。预算执行审计以重点部门、重点项目和重点资金为抓手，着重关注部门预算收支两条线、国库集中支付等改革措施的落实效果。全市共审计预算执行部门 292 个，查出各类问题金额 20.5 亿元。市级预算执行审计，既揭露反映问题，又提出建议措施，完善制度，促进整改，当年查出问题整改率达 100%，市人大、市政府对审计情况和结果给予充分肯定。各区（市）向同级人大常委会所作的预算执行审计工作报告普遍受到好评。同时，还对峄城区、薛城区政府和 16 个乡镇政府财政决算进行了审计，对政府债务情况进行了初步审计调查。

（2）新增投资和重点建设项目审计

2008 年 9 月，国际金融危机全面爆发后，中国经济面临硬着陆的风险。为了应对这种危机，中央于 2008 年 11 月推出了进一步扩大内需、促进经济平稳较快增长的十项措施。审计机关及时跟进，加强了对新增投资和重点项目的审计。2009 年，开展了新增中央投资、省扩大内需重点建设项目调控资金、对口援建北川县小坝乡、电力二期农网和县城电网改造、全市中小学校舍安全工程、新城建设等重大投资项目的审计（调查）。市审计局成立了扩内需促增长政策落实审计工作领导小组，组织全市 50 名审计人员及时跟进、全程参与，对中央三个批次 110 个投资项目的建设管理和资金使用情况进行了审计调查，审计资金总额 10.8 亿元，坚持做到了边审计、边整改、边规范、边提高。2011 年，进一步加大了对新增投资和重点建设项目审计的力度，组织实施了扩内需重点项目专项检查、工程建设领域突出问题专项治理、台儿庄古城重建项目跟踪监督等工作，对全市农村住房建设改造和 77 个中小学校舍安全工程实施跟踪审计（调查），揭示了部分项目进展缓慢、配套资金不到位、工程结算不实等问题，提出了严格执行基本建设程序、强化质量意识、规范资金管理的建议，促进了项目的顺利实施。山亭区成立了政府投资审计办公室，薛城区印发了《政府投资项目审计监督办法（试行）》，市中区“三审制”投资审计模式得到推广应用。

2012年9月14日，枣庄市审计局举办纪检监察讲堂活动

（3）专项资金审计和审计调查

这一时期，民本审计理念得到进一步强化。围绕党委政府关心、人民群众广泛关注的问题，开展专项资金审计和调查，重点关注资金使用效益。全市共审计调查单位 181 个，查出违规金额 13.96 亿元。主要开展了财政转移支付资金、慈善捐赠资金、社会保障资金、住房公积金、土地出让金、村村通自来水工程、新型农村合作医疗基金以及农村社会养老保险基金、农村药品监督网和药品供应网建设、地方政府性债务审计、公办普通高中债务情况、世行贷款农业灌溉三期等专项资金和项目审计。2009 年，对全市社保五项基金连审三年，纠正历史挪用社保基金 6352.16 万元，清欠以前年度拖欠社会保险费 2.86 亿元。时任市委书记刘玉祥同志对农村药品监督网和供应网建设审计情况作出重要批示，指出“民心工程要好事办好”，市政府召开专题会议，研究“两网”建设工作。2011 年对建筑企业养老保障金的审计，查出 45 个项目欠缴养老保障金 1828 万元，在维护农民工权益、完善征缴机制等方面发挥了积极作用。

（4）地方金融机构和国有企业审计

围绕规范金融监管和防范风险，确保国有资产安全完整有效，主要开展了对市企业信用担保公司、市民营企业信用担保公司、枣庄市商业银行、世行灌溉农业三期外资公证、东沙河城建环保二期项目绩效等金融机构或贷款项目的审计。2011 年对枣庄市商业银行资产

负债损益情况的审计，关注信贷资金结构和投向，揭示了潜在的金融风险，提高了金融企业的管理水平。围绕深化国有企业改革，重点关注国有资产安全开展企业审计，全市审计机关共对72家企业进行了审计，查出违规资金2.6亿元。主要开展了对市热力总公司的效益审计、市直11户国有（控股）企业资产负债损益、市粮食储备库等企业的审计。2011年对市热力总公司的绩效跟踪审计，查出资产负债损益不实和潜在损失1552.8万元，分析了亏损原因，提出了严格供热计量、加强成本管理、建立供热原料储备、推进技术改造等建议，在促进加强热源管理、提高供暖质量方面取得较好效果。

（5）经济责任审计

2008年3月，枣庄市制定了《枣庄市领导干部任期经济责任审计暂行办法》，对于进一步加强和规范枣庄市的经济责任审计工作，切实加强对领导干部的监督管理，推进廉政建设奠定了制度基础。期间，围绕对权力的制约和监督，稳步推进领导干部和国有企业负责人的经济责任审计。全市审计机关共对821个单位835名领导干部进行了任期经济责任审计，查出违规金额29.2亿元。在审计工作中，关注重大经济决策事项，关注负债状况，注重评价领导干部经济决策能力和经济管理水平。着力于推进经济责任审计规范化建设，2009年，市审计局制定了经济责任审计对象分类管理办法，滕州市委组织部、滕州市审计局联合印发了《关于加强干部监督实行任中审计的意见》，前移监督关口，增强了审计监督的针对性和时效性。积极开展区（市）、乡镇（街办）党委、政府主要负责人同步审计，2011年，在台儿庄区和市中区原区委书记、区长同步审计中，实行“1+N”方式，与财政决算、养老保险基金、建筑业养老保障金审计和调查相结合，提高了审计效能。建立联席会议制度并召开联席会议办公室会议，明确成员单位工作职责，完善了经济责任审计工作协作机制。

（6）内部审计

认真贯彻落实《山东省内部审计工作规定》，突出抓好对内部审计工作的管理和指导。2009年，召开了市内审协会第二次会员代表大会暨二届一次理事会，完成了市内审协会换届工作。2011年，成功承办全省内部审计师协会秘书长会议和中国内审协会通联工作会议，有4个单位、6名内审工作者受到省内审协会表彰。截至2011年末，全市已建立内审机构305个，配备内审人员608名；共审计单位（项目）2352个，查出损失浪费金额4848万元，建议给予行政处分15人，提出建议被采纳8522条，促进增加效益6.62亿元。

2. 审计管理

重点加强审计法制化、规范化、信息化“三化”建设。在法制化、规范化建设上，在认真执行新修订的《审计法》和审计署6号令等法律法规的同时，进一步加强了制度建设，先后起草、制定《枣庄市领导干部任期经济责任审计暂行办法》《目标考核管理办法》等各项制度办法，促进了审计法制化、规范化水平的进一步提高。2008年，市审计局制定了2008—2009年审计工作发展规划，修订完善了30余项管理制度，聘请了法律顾问。2011年，修订完善《审计项目质量控制操作规程》，统一业务文书模板。在信息化建设上，2007年市局开通了审计视频会议系统，通过视频会议系统参加全省审计业务会议和审计管理会议，节约了行政成本，有的区（市）在总结使用现场审计实施系统经验的基础上，广泛运用计算机审计，部分区（市）开通了互联网门户网站，搭起了审计机关联系社会、服务社会的平台。全力推进信息系统办公，推行无纸化办公，行政和业务公文基本实现网上流转。在人员培训上，2009年，首次开展全员集中整训，举办财政、投资、绩效审计理论与实务等专题培训班7期，当年培训人员达300余人次，通过审计署计算机中级考试人数实现“零”的突破。在创先争优上，积极开展绩效审计、计算机辅助审计、优秀审计项目评选活动。这一时期，枣庄市有12篇AO应用实例入选省级AO应用实例库，获省级优秀实例奖、审计署AO实例应用奖8篇，审计署AO实例鼓励奖5篇。市审计局评出优秀审计项目72个，受表扬项目45个，并将检查结果直接进入年度目标考评得分。全面落实党风廉政建设责任制，完善廉政风险防控机制，对大型审计项目实施廉政跟踪监督，连续三年实现零复议、零违纪、零投诉。积极参加政风行风热线，行评被评为满意单位。加强基层党组织建设，实行了党务、政务公开，开展了廉政征文、演讲比赛等活动，多名同志分别被评为“优秀党务工作者”和“百佳学习型党员干部”。

（五）夯实基础，稳扎稳打时期（2012—2015年）

2012年以来，根据审计工作发展的新情况、新问题和新形势，市审计局审时度势提出了“质量立审、廉洁促审、文明保审、科技强审”的工作思路。质量立审，着重在依法依规审计、加强质量控制和全面落实审计执法责任制上下功夫，着力提高审计项目的质量；廉洁促审，落实“主体责任”，党组书记履行好“第一责任人”职责，强化廉政教育和制度的落实，加强监督检查。文明保审，加强作风建设，践行文明审计，深化创先争优，提升文明创建水平。科技强审，创新审计人才培养机制，创新审计资源管理，创新大数据下审计技术应用。通过强化“四审”着力打造枣庄审计品牌和形象。

1. 审计业务

这一时期，全市审计机关共审计单位1762个，查出各类违规金额93.93亿元，管理不规范金额441.59亿元，促进增收节支36.16亿元，提交审计工作报告、信息被采用、批示836篇（次），提出审计建议被采纳4663条，促进被审计单位制定整改措施651项，建立健全规章制度40项，审计移送违法违纪案件线索和主管部门处理事项14件。

（1）重大项目审计

坚持全市审计“一盘棋”，组织、选派、抽调审计干部300余人（次）参加审计署、省审计厅统一组织的大型审计项目，圆满完成了地方政府性债务审计、土地出让收支和耕地保护审计、财政存量资金审计、省管领导干部经济责任审计、高速公路收费政策及发展能力专项审计等重大审计任务；对稳增长、促改革、调结构、惠民生、防风险22个方面60多项政策措施落实情况进行持续跟踪审计，推动了中央、省、市资金、项目和政策落地生根。

（2）稳增长政策落实跟踪审计

2014年8月以来，全市审计机关把稳增长、调结构、促发展作为审计监督的重点，主要实施了保障性安居工程、精准扶贫、重大水利工程建设及农村饮水安全、社会救助等12项政策措施落实情况跟踪审计。其中，保障性安居工程审计，针对项目建设管理、资金使用、住房分配等方面的问题提出针对性的审计建议100余条；对省定扶贫县山亭区精准扶贫政策落实情况的审计调查，揭示了金融扶贫试点工作未开展，精准扶贫项目进展慢，资金拨付不及时及违规管理等问题，提出了加强和改进精准扶贫的建议。

（3）民生资金和项目审计

坚持民本审计理念，组织开展保障性安居工程、中小学校舍安全工程、十一运场馆建设、社会救助、养老服务业、农村饮用水安全、县级公立医院改革等专项资金审计项目，关注群众反映的焦点、热点和难点问题。城镇保障性安居工程跟踪审计清退不符合条件享受保障房待遇居民157户；十一运场馆建设项目（滕州奥体中心）跟踪审计累计核减建设资金5066.02万元，中小学校舍安全工程跟踪审计审减工程造价2611.67万元。

（4）财政审计

坚持预算执行审计与专项资金、经济责任、财务收支审计相结合，关注专项转移支付、存量资金盘活、政府性债务等问题，促进财政资金高效使用。全市共完成预算执行审计单位253个，延伸审计单位145个，查出滞留闲置资金35.22亿元，未按规定征收缴纳收入19.05亿元，未按规定纳入预算管理金额24.55亿元。开展对区（市）、镇街财政决算149个，查出未按规定征收缴纳收入10.76亿元，违规改变项目计划和资金用途6.87亿元。

（5）企业和地方金融审计

揭示经济社会运行中的风险隐患，全市共开展企业审计112个，查出少缴税金9.2亿元；开展地方金融审计8个，查出违规经营金额35.13亿元。加强对泉兴集团、丰源集团、辰龙集团等企业国有资本运营及绩效、企业资产负债损益情况的审计，维护了国有资产安全。对农村商业银行信贷业务风险管控情况的审计调查，促进了农商银行持续健康发展。

（6）领导干部经济责任审计

重点关注中央八项规定精神贯彻落实、重大经济决策部署执行，“三公”经费和会议培训费使用、津补贴发放、机构编制管理和执行等情况，全市共审计734人，其中离任审计667人、任中审计67人，查出违规金额14.5亿元、管理不规范金额90.49亿元。在山亭区开展了村居干部经济责任审计试点工作，积极推动经济责任审计全覆盖。

2. 审计管理

（1）推行质量立审

全面落实审计执法责任制，依法、按规矩和程序审计，严格跟踪审理，确保审计结果真实可靠，确保审计工作经得起法律检验。2012年以来，有6个审计项目获得全省优秀表彰，评选出全市优秀项目60多个。2015年审计移送违法违纪案件线索和主管部门处理事项14件。

（2）推行廉洁促审

落实全面从严治党和党风廉政建设主体责任，深化教育、完善制度、严格监督，抓好廉政建设责任制、岗位廉政风险防控、干部廉政档案检查和廉政谈话“三查一谈”制度的落实，完善32名科级干部廉政档案。认真落实中央八项规定精神，严格执行审计工作纪律，审计队伍的思想政治素质进一步提升，纪律和规矩意识进一步增强。

（3）推行文明保审

加强作风建设，深入开展党的群众路线教育实践活动和“三严三实”专题教育，突出问题导向，践行文明审计，市局、山亭区审计局连续保持省级文明单位，其余五个区（市）局实现市级文明单位全覆盖。

（4）推行科技强审

创新审计人才培养，加强计算机审计技能培训，全市141名审计人员通过审计署AO认证考试，35名业务骨干获得计算机审计中级证书，7名同志获得审计署、省审计厅计算机审计能手。创新资源管理，推动全市审计人力资源、审计资源的大融合。创新信息化技术应用，累计有20余篇AO应用实例、计算机审计方法获得审计署、省审计厅表彰，2015年完成财政、地税、公积金审计数据管理平台建设，归集行业数据1T，编制审计方法260多个，为实现“智慧审计”打下基础。

（六）改革创新，审计新常态时期（2016—2018年6月）

国家治理的需求决定着国家审计的方向和重点。在全面建成小康社会、全面深化改革、全面推进依法治国、全面从严治党的时代背景下，2015年11月，中共中央办公厅国务院办公厅印发《关于完善审计制度若干重大问题的框架意见》及相关配套文件的通知（中办发〔2015〕58号），审计工作进入新的发展时期，呈现出“高定位、全覆盖、一盘棋、智慧化”等新常态特征。“十三五”时期，中央和省、市委“十三五”规划建议强调，要实现发展目标，破解发展难题，厚植发展优势，必须牢固树立和贯彻落实创新、协调、绿色、开放、共享的发展理念，提高发展质量和效益。2018年5月23日，习近平总书记主持召开中央审计委员会第一次会议，强调改革审计管理体制，组建中央审计委员

会，是加强党对审计工作领导的重大举措。审计机关紧跟国家治理需求，深化审计“供给侧改革”，将审计重心转移到服务“五大发展”上来，认真履行管党治党政治责任，努力建设信念坚定、业务精通、作风务实、清正廉洁的高素质专业化审计干部队伍，忠诚依法履职尽责，为自然生态宜居宜业新枣庄建设作出积极贡献。

1. 审计业务

2016 年至 2018 年 6 月，全市审计机关认真贯彻落实市委、市政府和省审计厅的工作部署，依法忠诚履职，共审计单位 588 个，查出违规金额 68.4 亿元，促进增收节支 12.1 亿元，审计后挽回（避免）经济损失 308 万元，提交审计报告、信息被采用批示 117 篇（次），审计建议被采纳 984 条，促进被审计单位制定整改措施 28 项，移送处理事项 20 项，已处理处分 22 人。市审计局被市委、市政府授予“六五普法先进集体”荣誉称号，被山东省档案局评为山东省档案工作科学化管理先进单位。

（1）预算执行审计

强化绩效审计理念，全市共完成预算执行审计 151 项，结合部门单位领导干部经济责任审计，延伸审计单位 102 个。加大财政收入状况审计调查力度，通过大数据分析和重点核实，查出房地产、制造业等 46 户企业欠税 1.08 亿元。坚持审计查处与督促整改、提高绩效并重，重点关注“三公”经费执行情况、中央八项规定及其实施细则精神贯彻落实情况，落实省、市、县三级联动财政数字化审计部署，首次开展扶贫办、编办、人力资源社会保障局、食品药品监督管理局四个行业系统预算执行和绩效管理情况审计，提高财政管理科学化和资金使用的绩效水平，2016 年、2017 年两年查出问题全部督促整改到位。市人大、市政府对审计情况和结果给予充分肯定。各区（市）向同级人大常委会所作的预算执行审计工作报告普遍受到关注和好评。同时，对台儿庄区、山亭区、滕州市人民政府财政决算情况实施审计，着力加强区（市）级财政资金管理，促进提高财政管理水平。

（2）稳增长政策落实审计

组织实施了全市稳增长、促改革、调结构、惠民生、防风险政策措施落实情况跟踪审计，对减轻和公平企业税负、促进内贸流通健康发展，社会救助、发展养老健康服务业，“简政放权、放管结合、优化服务”，水环境保护和污染防治，鼓励社会投资、金融支持实体经济等政策措施落实情况进行了全面审计，揭示了存在的问题，分析了问题产生的根源，推动了资金落实、项目实施、政策落地，促进了重大决策部署的贯彻落实。

（3）民生资金项目审计

坚持民本审计理念，主要实施了扶贫专项资金、保障性安居工程、医疗保险基金、解决普通中小学大班额问题等资金项目的审计。扶贫审计调查结果得到较好运用，市扶贫开领导小组办公室联合市财政、审计等部门出台了《关于鼓励区（市）改革扶贫项目资金管理办法的指导意见》，促进加快扶贫项目审批和资金拨付进度。保障性安居工程跟踪审计开展六年，共查出项目管理不到位 102 个，清退不符合条件享受保障房待遇居民 157 户，促进完善住房保障管理机制文件 10 项。医疗保险审计对医保基金管理使用、信息平台共享建设、医保改革等方面提出了具体的审计建议。城镇大班额问题审计调查针对审计发现的问题，提出多方位解决资金、加强师资建设等审计建议，积极助推化解我市城镇大班额问题。

（4）地方国有企业、金融机构和外资公证审计

围绕推动国有企业健康发展、金融稳定，全市共开展企业和地方金融审计 39 个，查出主要问题金额 78.9 亿元。对丰源集团、福兴集团和宇兴旅游开发有限公司等企业的审计，查出主要问题金额 19.46 亿元，关注公司法人治理结构、创新驱动和转型升级能力等问题，市审计局与市国资委联合出台了《关于加强市管企业审计监督工作的意见》，有效推进了国有企业优化重组和改制工作。对枣庄市融资担保有限公司和山东至能投资担保有限公司，枣庄农商银行的审计调查，分别关注了资产负债损益情况及信贷业务风险管控情况，促进了地方金融机构的持续健康发展。股权投资引导基金运营和管理情况专项审计调查，查出未吸引社会资本、未能发挥引导基金撬动社会资本作用的问题。对石嘴子水库、农村能源生态建设、枣庄洼地治理等 3 个利用世行或亚行外资情况进行了财务收支和外资公证审计，促进

2017年9月1日，枣庄市审计局参加第21轮政风行风热线节目

了外资安全有效利用。

（5）政府投资审计

全市共完成投资审计项目17个，报审金额4211万元，审定金额3484万元，审减金额727万元，审减率17.26%。主要实施开展了庄里水库建设、南水北调续建配套（滕州供水单元）、农村饮水安全等重大项目工程审计，市民中心工程、城市污水处理绩效、滕州市采煤塌陷地综合治理绩效情况审计（调查）。坚持边审计、边征求意见，边提出报告、边督促整改，针对项目建设、程序执行不规范，资金使用效益不高等问题提出了审计建议，审计的宏观性和建设性作用得到较好发挥。

（6）经济责任审计

加强市、区（市）委组织部授权的领导干部经济责任审计，全市共完成领导干部经济责任审计项目275个，促进增收节支3631万元，提出审计建议被采纳446条，向党委政府、纪检监察机关移交案件线索5件，被肯定和重用的领导干部200余人。经济责任审计结果进入了领导决策，推动我市出台《关于严禁用公款支付个人手机套餐费用的通知》《关于进一步加强工会经费收支管理的通知》等文件，促进了相关制度和机制的完善。市审计局对6名省审计厅授权的省管领导干部进行了审计，全力配合省审计厅做好对市中、峄城、山亭、枣庄高新区4个区党政主要负责人的同步审计。在对滕州市原党政领导干部经济责任审计中，推行“领导干部经济责任审计+”审计模式，加强与自然资源资产、政府投资、政策跟踪、专项绩效等审计项目的融合，实行统一进点，协同审计，共用资料、共享成果，“一体化审计”成为市、县两级审计机关整合资源、实现集中力量办大事的新探索、新模式。总结推广山亭区村居干部审计试点工作经验，在全市开展村居干部经济责任审计。

（7）领导干部自然资源资产离任审计

认真落实市委办公室、市政府办公室《关于开展领导干部自然资源资产离任审计试点工作的实施意见》部署要求，坚持精准选点，2017年在滕州市开展审计试点工作。加强技术创新，在全省率先运用地理信息系统大数据技术推进审计实施；强化成果开发，组织讨论、研究、编写《地理信息系统审计运用操作指南》，在2018年台儿庄区党政领导干部经济责任审计和自然资源资产审计中，进一步提升方法运用的实效性，提供了可复制性、可操作性的审计范本。《大众日报》《中国审计报》分别以《一把手离任，先交绿色账单—枣庄运用大数据对领导干部进行自然资源资产离任审计》《借力大数据慧眼识真相》为题进行经验报道。

2. 审计管理

坚持审计管理服务于审计一线、服务于审计工作的总体思路，坚持“三立四抓”，以审计精神立身、以创新规范立业、以自身建设立信，抓纪律守规矩，抓业务强质量，抓协作提效能，抓作风树形象，强化党建创先、项目创优、技术创新、文明创建四个方面的工作，建设政治机关、廉洁机关、法治机关、文明机关，着力提升全市审计工作水平。

（1）坚持党建创先

把抓好党建作为最大的政绩。牢固树立政治意识、大局意识、核心意识、看齐意识，全面落实从严治党主体责任，深入开展“两学一做”学习教育，结合审计机关实际情况，推出上门送学、进点领学、专家助学、考试测学等四种学习方式。实施“强基层、铸铁军”工程，开展“大学习、大调研、大改进”活动，审计干部的党员意识、公务员意识和审计人员意识进一步增强。

（2）坚持项目创优

把审计质量作为审计工作的生命线。严把审计项目质量关，安居工程审计等4个审计项目进入省级审计工作报告；财政收入状况审计调查等7个审计项目获得省厅通报表扬；审计结果得到较好运用，李峰市长对村居干部经济责任审计、促进内贸流通健康发展政策落实情况的跟踪审计、预算执行审计工作报告作出批示；《审计调查发现我市部分企业欠税问题较为严重》专题要情得到市政府领导同志的批示，引起了财税部门的高度重视。有关领导干部经济责任审计结果进入了领导决策，推动了相关制度和机制的完善。

（3）坚持技术创新

把技术创新作为提升审计效能的重要手段。实施大数据集中分析、分散核查，参与完成了省、市、县三级联动财政数字化审计，实现了审计集中分析，问题线索市、县两级分散核查。在对4个区党政主要负责人开展同步审计时，专门设立数据分析组，通过数据关联分析等方法找出疑点，大大提高了审计效率。完成了对市财政信息系统的专项审计调查。派员参加省厅计算机审计中级学习，全市计算机审计中级通过40余人。开展全员集中整训，重点学习大数据技术、地理信息技术在审计业务中的应用，抓好“金审工程”三期建设，推进信息化建设，逐步开启传统方法和现代技术的主动融合，为实现“智慧审计”打下了基础。

（4）坚持文明创建

按照“全覆盖、上层次、求突破、创品牌”的要求，积极开展文明单位创建活动。突出审计文化特色，开展富有审计行业特色的文化活动，满足广大审计干部精神文化需求。注重共建共享，通过全员共创，广泛参与，共享精神文明建设成果，增强干部职工的事业归属感和自豪感。市审计局，滕州市、山亭区、市中区、峄城区等4个区（市）审计局继续保持省级文明单位，2017年薛城区、台儿庄区两个区审计局新创建为省级文明单位，全市审计机关实现“省级文明单位”全覆盖，提升了文明创建的水平。

二、主要经验

过去的30多年在审计事业发展史上是极不寻常的，枣庄审计从无到有，从小到大，从默默无闻到拥有较大影响，审计在发展理念、审计内容、社会影响、队伍建设、技术手段等方面都实现了质

的飞跃。30多年风雨，30多年征程。枣庄审计取得的以下经验需要引起我们重视和传承。

（一）审计理念的与时俱进是推动审计事业持续发展的行动指南

30多年来，从“三个代表”“科学发展观”，到“四个全面”战略布局的协调推进，党中央、国务院和省委、省政府和市委、市政府对新形势下完善审计制度、加强审计工作提出明确要求，为审计事业发展指明了方向、绘就了蓝图、提供了保证。始终围绕中心、服务大局，坚持正确的政治方向，加强科学理念引导，正确认识、主动适应、积极引领审计“新常态”，形成了指导审计实践的规律性认识：一是审计监督站在了“党和国家监督体系重要组成部分”“实现国家治理现代化的基石和重要保障”的高定位、新起点上，使命更加光荣，任务更加艰巨；二是审计触角延伸到所有法定对象，有重点、有步骤、有深度、有成效的审计全覆盖上升为新的工作要求；三是“一盘棋”工作格局逐步形成，各方面积极性、创造性得到充分调动，监督合力进一步凝聚；四是“智慧化”建设进程加快，为审计插上腾飞翅膀；五是机遇与挑战并存，强化问题导向、锐意改革创新成为实现审计新跨越的必由之路。

（二）审计内容的深化拓展是不断满足基层治理需求的必然选择

30多年来，全市审计机关进一步围绕中心，突出重点，审计内容不断朝着推动完善国家治理的方向转变。一是从关注合法合规性为主向更加关注绩效和资金背后的权力运行转变。审计不仅要关注财政资金用得对不对，还要看用得好不好；不仅要关注单个部门预算执行情况，还要从行业角度对部门职责履行进行评价；不仅要关注地方和部门单位行政“一把手”经济责任履行情况，还把同步审计拓展到高校、科研院所和国有企业。二是从资金资产审计向政策审计、自然资源资产审计拓展。更加关注政策推进落实中的不作为、慢作为、乱作为，以及以牺牲可持续发展为代价的资源毁损浪费行为，更加注重秉持客观历史辩证原则，审慎稳妥地处理改革发展中的新情况新问题。三是从微观局部审计向宏观全局性审计转变。大项目审计逐渐成为常态，国家审计、社会审计、内部审计空前融合，审计反映情况揭示问题从局部点上逐步扩大到全局面上，审计的宏观性、整体性、建设性进一步增强。

（三）审计影响力的显著提升是审计职能作用有效发挥的关键所在

30多年来，各级党委政府不断给审计机关交任务、压担子，社会公众在热点焦点问题上也盼望听到审计声音。先后参与了地方政府性债务、社会保障资金、土地出让收支、扶贫资金、城镇医保和新农合医疗基金等重大审计项目，既贴近受众需求，又形成了一批叫得响、立得住的审计成果，提交的报告信息被批示采用26752篇次，有力服务了宏观决策，促进建立健全规章制度1396项，审计建设性作用进一步彰显。同时，审计结果公告制度初步形成，制定了《枣庄市审计结果公告试行办法》，不仅公开审计结果，还公开整改情况。通过政务网或审计门户网站公开一年一度的预算执行审计工作报告，加强正面引导，回应公众关切，审计影响力进一步扩大，社会各界对审计的认可度越来越高。

（四）审计队伍活力的持续迸发是审计事业健康发展的动力源泉

30多年来，全市审计机关始终坚持把队伍建设作为事业发展的根本，着力打造忠诚、干净、尽责、担当的审计干部队伍，干部队伍结构不断优化，精气神和战斗力不断提升。一是队伍“入口”和“出口”更加畅通。通过公开招考，注入新鲜血液，充实审计力量；开展内部轮岗交流，丰富知识结构，优化资源配置；积极做好审计干部推荐提拔和输出交流工作，拓宽人才成长渠道；完善干部选用机制，树立鲜明导向，让想干事的人有机会、能干事的人有舞台、干成事的人有地位。二是练兵平台更加宽广。以重大审计项目为平台，积极参与省市县三级联动、混合编组，强化审前针对性培训和实践传帮带，促进实战技能迅速提升。三是作风锤炼更加有力。深入开展“三个代表”、科学发展观、党的群众路线教育实践活动和“三严三实”“两学一做”专题教育，增强践行审计人员核心价值观的思想自觉和行动自觉，广大审计干部面对急难险重任务，豁得出，顶得上，敢碰硬，把一个个“不可能”变成了“可能”，展示出审计铁军的良好精神风貌。

（五）审计技术手段的突破升级是推进审计全覆盖的制胜法宝

30多年来，全市审计机关始终把技术创新运用作为推进审计转型升级、实现全覆盖的有效途径，审计查证方法、组织方式发生深刻变革。一是覆盖财政、地税、社保、工商等行业数据的全省审计数据系统初步建成，数据归集和分析实现常态化。二是跨行业跨系统关联分析逐步深化，在金融审计中综合运用信贷、工商、税收等多行业数据进行立体化分析，数据综合分析处理能力显著提升。三是“总体分析、分散核查”的数字化审计方式广泛应用。全市审计机关以数据大集中为基础开展系统研究，以审计重点为坐标精确扫描定位，以疑点分析结果为导向指引分散核查，助推了全市审计一体化进程。

审稿人：丁祥军

撰稿人：江庆玉

枣庄市体育事业改革发展历程和成果综述

在社会主义各项伟大事业中，体育事业占有极其重要的地位，它是社会主义精神文明的重要窗口之一，是国家、地区综合实力的体现，是中华民族精神的展现。中国共产党十一届三中全会以来，枣庄市体育事业在中共枣庄市委的领导和指引下，团结带领全市人民改革开放，继往开来，与时俱进，历经40年的奋斗历程，开创了具有枣庄特色的体育事业发展之路，取得了令人瞩目的成就。

一、改革开放发展历程

中共十一届三中全会以来，中国经济体制、政治体制开始试水改革，以此为基础的社会改革全面启动，建立在国家统一局面下的中国体育发展方式开始有所变化，并逐步形成了具有明显“双轨制”特色的体育发展方式。这一时期的体育发展方式选择，是建立在对进一步的体育发展的目标有着更为清晰的认识基础之上的选择。在邓小平同志“发展才是硬道理”的核心思想指导下，中国体育发展在追求“量”的同时，也强调对“质”的追求，并开始尝试从社会发展中汲取力量。在完成政治需要的情况下，尝试社会力量和市场手段的借助，这同样是和当时的整体社会发展趋势有关。首先，从全国当时的政治要求来看，这一时期的主要任务，体育自然也不能例外；再者，当时的经济体制从计划经济体制向市场的转型为体育发展带来了体制上改动的空间，也为体育发展奠定了基础。

随着市场经济的深入推进，计划经济下的政府主导型体育发展方式不能适应体育的发展节奏，对体育发展出现边际效用下降的趋势。为适应市场经济对体育发展的要求，枣庄市体育发展方式自1978年开始逐步转变，根据市场经济下体育发展方式转变的历史事件划分，枣庄市体育发展历程大致可分为以下几个阶段：

（一）群众体育发展历程

1. 恢复发展阶段（1978—1985年）

自1976年10月“文化大革命”结束后，群众体育步入了恢复和发展的新阶段。原国家体委提出的工作方针是以学校体育为重点，积极加强对职工体育的指导。1978年4月，三部委（教育部、国家体委、卫生部）联合下发了《关于加强学校体育卫生工作的通知》，1979年5月三部委在扬州召开了全国学校体育卫生工作经验交流会，着重讨论了学校体育工作，提出恢复和加强学校体育工作的制度化。大力推行《国家体育锻炼标准》的达标活动，使学校体育恢复到“文化大革命”以前的水平。

2. 调整发展阶段（1985—1995年）

1985年，枣庄市体委制定了《关于体育体制改革的决定》，进一步明确指出，实现群众体育发展社会化转变。指出：“体育是全民的事业，各行各业的体育工作应由其主管部门主要负责。各系统、各行业建立各自的体育联合会或体协，分别在有关部门领导下开展活动。各级体委对各部门和团队的体育工作，加强统一领导、协调和监督”。由此，在“要有利于推动各部门、各行业和群众团体认真搞好本系统体育工作”的改革目标下，枣庄市体委对群众体育管理进行了调整。

城市出现群众自发形成的各类体育活动锻炼点和一些民营的体育活动室；老年人、残障人体育活动开始兴起，社区体育活动开始出现，群众参与体育活动呈现出目标多元化和内容多样化的发展趋势。

农村体育实现了新突破：(1) 争创体育先进县促进了农村体育设施的改善。(2) 在基层竞赛日益活跃的基础上，产生了农民自己的运动会。(3) 于1989年成立了枣庄市农民体育协会。

3. 改革发展、完善阶段（1995年至今）

自改革开放以来，1993年《国家体委关于深化改革的意见》重申了80年代群众体育发展的总体思路：群众体育实行国家办和社会办相结合并以社会化为突破口，调动社会多渠道、多层次、多形式办体育的积极性的方针。枣庄市体委按照这一方面，采取了一系列行之有效的措施，形成了社会性的群众体育组织网络，出现了市、区（县）、街道（乡镇）体育社团的层次结构，基本覆盖了全市城乡的广大地区。家庭和个人体育健身消费日渐成为时尚，这主要反应在人们体育消费支出的快速增长上。

（二）竞技体育发展历程

中共十一届三中全会以后，国家的工作重心发生转移，体育工作也在“调整、改革、整顿、提高”新八字方针的指导下进行了工作重心的调整。在1979年的全国体育工作会议上提出：必须及时、果断地从过去集中精力抓政治运动转到抓体育业务工作上来，转型攀登世界体育高峰上来。体育战线工作重点的转移就是要把注意力集中到高速度发展体育事业上，以适应实现四个现代化的需要。将加速提高我国运动技术整体水平作为今后一个时期内体育工作的重要任务，形成了改革开放以来我国竞技体育的第一个发展战略——竞技体育优先发展战略。

1. 优先发展战略下的枣庄竞技体

育体制和机制

竞技体育优先发展战略是依据当时枣庄体育发展的现状，针对枣庄竞技体育要走向世界这一历史任务，基于对体育与经济关系以及社会分工理论认识的基础上形成的。首先，恢复了“文化大革命”期间受到严重破坏的组织管理体制，重新强调三结合的社会分工形式，确立了群众体育由各行业、各部门进行主抓，而竞技体育由政府进行直接的组织与管理、以政府投资为主、以社会参与为补充的发展模式。竞技体育的发展得到了来自于政府的制度性保障，从而使竞技体育优先发展战略的实施有了坚强的后盾。其次，调整了项目布局，以在省级及以上运动会获得优异成绩为宗旨，根据枣庄市竞技体育项目发展不均衡的实际情况，集中优势、突出重点、优化结构，将60年代确定的10个重点项目调整为13个，并充分发挥山东省运动会竞赛的杠杆作用，带动各区（县）竞技项目的发展。“由枣庄市体委组建代表全市最高水平的枣庄市代表队，由各区（县）组建‘代表队’，从1980年起，按4年一个周期制定赶超省级先进水平的指标，培养能在省级及以上运动会上争金夺银的选手。”第三，在训练体制方面，按照“思想一盘棋、组织一条龙、训练一贯制”的原则，恢复并确立了以优秀运动队、业余体校和学校业余训练运动队为基础的层层衔接的训练网络，加强了对竞技体育后备人才的培养，优化了人才的培养体系，形成了枣庄竞技体育持续发展的长效机制。第四，在竞赛体制方面，按照“国内练兵、一致对外”的原则，调整了市运会的竞赛体制，按照省运会的比赛项目，对市运会比赛的项目设置进行了调整，使市运会的设项向省运会靠拢，开始与国家竞赛体系接轨。

枣庄市体委按照上述布局和要求，经过20世纪80年代初期的调整，枣庄市竞技体育的发展焕发出勃勃生机。

中共中央在1984年10月5日下发了《关于进一步发展体育运动的通知》，要求全党全社会都要重视加强体育工作，进一步发展全民族的体育运动。要充分利用国家政治局面安定，经济状况好转，人民群众对发展体育运动有着强烈要求的大好时机，把体育运动更快地搞上去，在本世纪内把我国建设成体育强国，以增强全民族的体质，强国强民。

为了贯彻中共中央的指示，枣庄体委在总结枣庄体育发展的经验与教训的基础上，于1986年下发了《枣庄市体委关于体育体制改革的决定》。对枣庄市的体育体制改革的必要性和紧迫性做了深入的分析，从10个方面入手，全面推进枣庄市体育事业在管理体制、训练体制、竞赛体制与体育科技体制等方面的改革。确立了以社会化为突破口，以竞赛和训练改革为重点的新的改革思路，并且明确了“以革命化为灵魂，以社会化和科学化为两翼，实现体育腾飞”的新的战略指导思想。1987年9月，枣庄市体委在全市体育发展战略讨论会上提出了：“以青少年为重点的全民健身战略和以奥运会为最高层次的竞技战略协调发展”的指导方针。在1989年全市体委主任会议上提出了指导全市体育事业发展的方针——群众体育与竞技体育协调发展战略。

1992年邓小平南方谈话和党的十四大确立了建立社会主义市场经济体制的改革目标。建立在计划经济体制下的体育体制和运行机制在社会主义市场经济体制下出现了诸多的不相适应的情况，严重束缚了我国竞技体育事业的进一步发展。随着全球化进程的加速，竞技体育国际化趋势日益显著，因此急需建立一个适应社会主义市场经济体制的体育体制。1992年11月中旬，在广东中山召开的全国省市体委主任座谈会指出：“体育改革不是对原有体制和运行机制的细微末节进行修修补补，而是按照社会主义市场经济的要求和现代体育运动的发展规律，对原有体育体制进行根本性的变革，是社会主义体育的自我完善，其根本目的是进一步坚定我国体育的社会主义方向，加快体育发展的步伐”。为了贯彻落实“中山会议”的精神，枣庄市体委在1993年6月20日下发了《枣庄市体委关于深化体育改革的意见》，开始了以竞技体育为核心的体育体制的改革和运行机制的转换，从而形成了20世纪90年代枣庄体育改革的基本思路：改变原来在计划经济体制下单纯依赖政府和主要依靠行政手段办体育的高度集中的体育体制，建立与社会主义市场经济体制相适应，符合现代体育运动规律，政府调控，依托社会，有自我发展活力的体育体制和良性循环的运行机制，形成政府办与社会办相结合、

2016年枣庄市第六届全民健身运动会暨“车联网 轱辘杯”全国跆拳道俱乐部邀请赛

集中与分散相结合的格局。最终是要实现两个根本转变，即实现由计划经济体制下的体育体制向社会主义市场经济体制相适应的体育体制转变，由单一的计划配置体育资源向市场配置体育资源为主的体育体制转变。国务院于1995年颁布了《全民健身计划纲要》和《奥运争光计划纲要》，表明了国家对落实群众体育和竞技体育协调发展战略的积极态度。1995年8月颁布的《中华人民共和国体育法》中第二条指出："体育工作坚持以开展全国健身活动为基础，实行普及与提高相结合，促进各类体育协调发展。""这样群众体育与竞技体育的'普及与提高相结合'以及'协调发展'战略思想完成了从思想到政策、法规、法律的演进过程。"由此，枣庄市群众体育和竞技体育协调发展战略经过了从计划经济体制到市场经济体制的转变过程，并且经历了80年代和90年代两次体育改革的洗礼，确定了一直到21世纪初期的体育发展目标。

2.20世纪90年代体育改革过程中竞技体育的体制和机制

20世纪90年代枣庄体育改革是以对内搞活、对外开放为方针，推进体育发展的科学化和社会化，为在20世纪末将枣庄市建设成体育强市创造各种有利条件。竞技体育的改革要在加强体委同一部署、领导的前提下，走社会化发展的道路。第一，管理体制改革。改革过分集中由体委办体育的状况，健全、恢复县一级体委的建制，应发挥体委在体育事业发展过程中的领导、监督和协调的作用；协调体委同基层体育协会的关系，发挥体育协会在体育发展中的职责作用，可根据实际情况将部分体育协会办成半权力半咨询的机构，并加强体委的领导作用。第二，训练体制改革。拓宽人才的培养渠道，在保证运动水平的前提下，以贯彻、落实奥运战略为基点，鼓励各行业、厂矿、建立高水平运动队，丰富人才的培养体系；以奥运会为最高利益，继续调整好项目布局，对优势项目和潜优势项目集中优势力量、优化结构、加大投入、分类管理，保证在省级以上运动会上取得骄人的成绩；加强对体育科研的投入力度，实现科研、教学、训练一体化，充分发挥体育科研为运动训练和运动竞赛服务的职能作用，依靠体育科学技术的进步迅速提高运动技术水平。第三，改革教练员的任用制度。各运动项目实行主教练负责制。教练员要通过竞聘上岗。第四，竞赛体制改革。继续强调"市内练兵，一致对外"的指导思想，对运动竞赛实行分级管理、分类比赛制度，强化竞争机制，杜绝"假、毒、黑"现象；市运会设项继续以奥运项目为主，参赛主体扩展到行业体协；竞赛组织参与主体社会化，调动社会各方面办体育的积极性。

通过改革，全市竞技体育快速发展，取得了巨大成绩。

3.20世纪90年代至21世纪前期体育改革过程中竞技体育的训练体制和竞赛体制的改革

20世纪90年代的体育改革是枣庄市的体育事业要走生活化、普遍化、社会化、科学化、产业化和法制化的道路。竞技体育按照国际化、社会化、产业化、科学化和法制化的方向，建立与社会主义市场经济体制相适应的体制和良性的运行机制。

运动项目训练采用了集中式、集中和分散式及分散式相结合的方式：鼓励各行业、企业办高水平运动队，强调运动人才培养的社会化和多元化；实行有偿训练并逐渐扩大范围，用以补充训练经费的短缺；根据项目的重要性进行重点投入和有限投入，非奥项目以社会投入为主；进一步加强体育科研与运动训练的结合，重视应用性研究，切实发挥体育科技对提高运动成绩的推动作用；打破人才流动壁垒，促进体育人才的社会流动。竞赛体制改革。建立适应社会主义市场经济的竞赛体制，发挥社会的资金优势，推进竞赛的产业化发展，搞好竞赛的市场经营；改革市级运动会的举办时间和计分方法，使竞技体育在改革体制和转换机制方面迈出重要一步。另外，此次改革加强了运动员保障制度的建立，为运动员解决了很多后顾之忧。

20世纪90年代至21世纪前期的枣庄体育改革是针对国家建立社会主义市场经济的举措而展开的。围绕《奥运争光计划纲要》推进的竞技体育改革，使枣庄的体育运动技术水平突飞猛进，取得了累累硕果。这种训练和竞赛体制沿用至今。

（三）农村体育发展历程

1.农村体育的调整发展阶段（1978—1993年）

进入1976年后，"文化大革命"结束后，全国各行各业开始了拨乱反正的工作，体育系统也着手重新建立和恢复体育的管理组织和机构。到1979年初，全市的体育组织管理系统开始恢复日常工作。这标志着全市农村体育也进入了一个自我恢复和发展的新阶段。

1978年11月，国家体委在湖北省黄陂县召开了县体育工作调查会。这次会议起草了《做好县的体育工作的意见》，里面不但明确了县级体育工作任务、工作方法和工作作风等问题，还具体要求全国各地要积极有步骤地开展农民体育。同年12月在中共十一届三中全会上通过的《农村人民公社工作条例（实行草案）》里明确提出了"开展业余文艺体育活动，活跃社员的文化生活"的要求。随着国民经济发展的不断向好，枣庄市体委按照国家体委在1979年制定下发了《关于进一步加强群众体育工作的意见》，提出在新的形势下，体育要及时实现工作重心的转变，即要从过去的抓政治运动向抓体育业务工作转移，要集中精力发展体育事业，同时还指出开展农村体育活动要"从实际出发"，并在指导原则上实现了向20世纪60年代提出的"坚持业余、自愿、小型、多样和勤俭节约"原则的"回归"。

1982年11月，国家体委、文化部、共青团中央联合召开了新的全国农村体育工作会议。这次会议制定了新时期农村体育的工作方针、任务和措施。会议再次强调，"农村体育是我国体育事业

的重要组成部分，也是农村文化建设的一个重要方面，是关系八亿农民身心健康的大事”。借着这股东风，枣庄市体委要求“各区（县）体委要重视和加强农村体育工作，区（县）体委要着重抓好农村体育工作，积极主动地同有关部门配合，加强业务指导和培训体育骨干”。提出了农村体育在组织建设和领导分工方面的要求，即“各级政府在制定农村经济和社会发展计划时，要把发展农村体育事业列入，并根据实际情况，做出比较长远的规划，经常督促检查，保证贯彻落实”。1983 年 2 月，枣庄市政府要求各级政府加强领导，从实际出发，积极地、有步骤地把农村体育文化活动开展起来。1984 年 12 月，枣庄市体委按照国家体委制定的《体育先进县的标准和评选办法》，从 1985 年开始在全市开展创“体育先进县”活动，在随后的 1987 年、1988 年中，连续两年对全市体育先进县及农村体育积极分子进行了全市表彰，从而使枣庄市农村体育的发展目标更加具体化，将枣庄市农村体育又向前推进了一步。

1986 年经国务院批准，首次成立了中国农民体育协会，农村体育开始有了自己的协会组织，各省（自治区、直辖市）也相应建立起各自的农民体育协会。1988 年 10 月在北京举行了第一届全国农民运动会。受此影响和带动，枣庄市的各种体育社团如雨后春笋般地出现，社团和乡镇主办体育活动的次数不断增多，并已经在很高的程度上超过了区（县）体委所开展的体育活动，逐步形成了全社会共同办体育的局面。1990 年开始，枣庄市农民体协在全市推行了“百万农民健身活动”，更是将农村基层地区的体育活动推向了新的高潮，农村体育进入了以政府主导下的全面社会化发展阶段。这三件农村体育工作中的大事件标志着枣庄市农村体育已经迈入了新的发展阶段，农村体育已经形成了自己的组织体系和活动内容，拥有较好的发展基础。

2. 农村体育的改革发展完善阶段（1993 年至今）

（1）改革开放初期的农村体育

20 世纪 90 年代初，我国的市场经济体制改革已经开始不断向纵深进行发展，1992 年邓小平南方谈话后，人们抛开了对“姓资还是姓社”问题的争议，中国进入了全面社会主义市场经济建设时期。

枣庄市的体育事业也在这一时期迎来了探索与改革紧密结合的发展阶段。1993 年 4 月，《国家体委关于深化体育改革的意见》颁布，指明了体育事业改革的必要性，强调改革要“坚持社会化方向，加快群众体育的发展”，并要求“大力发展社区和乡镇体育”，为枣庄农村体育深化改革提供了依据。

随后，农村体育的改革和发展进入了一个更快速的发展阶段。1995 年国务院正式颁布了《全民健身计划纲要》，成为农村体育在内的群众体育事业的纲领性文件。《纲要》明确提出要将“提高农民的体质与健康水平是农村社会发展的一项重要的内容，充分发挥村民委员会和各级农民体育协会的作用，并与文化站协同配合，做好农村体育工作。继续开展评选体育先进县活动，推动农村体育的发展”。同时，确立了四年举办一届全国农民运动会的竞赛制度。同年 8 月，《中华人民共和国体育法》颁布，其中规定“县级以上地方各级人民政府体育行政部门或者本级人民政府授权的机构主管本行政区域内的体育工作。县级以上各级人民政府应当将体育事业经费、体育基本建设资金列入本级财政预算和基本建设投资计划，并随着国民经济的发展逐步增加对体育事业的投入”，“农村应当发挥村民委员会、基层文化体育组织的作用，开展适合农村特点的体育活动。”至此，枣庄市农村体育工作不但有法可依，而且还搭建起了自己的竞赛平台。特别是《中华人民共和国体育法》和《全民健身计划纲要》的颁布实施，为农村体育发展设定了制度框架，既提供了制度保障，同时也为农村体育的发展提供了宏观层面的指导。随后，枣庄市农村体育发展更是在制度建设和实践操作上迈上了一个新的发展高度。

2000 年 12 月 15 日，国家体育总局印发了《2001—2010 年体育改革与发展纲要》，里面再次提出要确立起以乡镇为重点的农村体育发展战略。2002 年颁布的《中共中央国务院关于进一步加强和改进新时期体育的意见》中，也再次表明了对农村体育发展的关注，明确指出“注重区域体育、城乡体育共同发展，加大对农村体育事业发展的支持力度。”同年，国家体育总局又联合农业部共同下发了《农村体育工作暂行规定》，里面对农村体育工作的基本任务、组织管理、物质保障、体育活动开展进行了详细的规定与说明，不断使体育工作具体化、详细化。基于现实的需要，枣庄市体育局将 2004 年群众体育工作的主题定为“农村体育年”，提出了“新体育、新农村、新生活”的口号，并在广大农村地区开展以“体育场地设施、体育健身指导和体育科普知识”为内容的“体育三下乡”活动。2004 年，共青团枣庄市委、枣庄市体育局联合组织开展“体育三下乡青年中心行动”，进一步加大农村体育工作的力度，加快了农村体育发展步伐。

（2）社会主义新农村建设中的农村体育

2005 年，中共十六届五中全会提出了建设社会主义新农村的重大决定。第十届全国人大四次会议批准通过了《中华人民共和国国民经济和社会发展第十一个五年规划纲要》，里面明确提出“推动实施农民体育健身工程”。里面强调指出各级财政要增加对农村文化发展的投入，加强县文化馆、图书馆和乡镇文化站、村文化室等公共文化设施建设。

在新农村建设的大背景下，枣庄市体育局于 2006 年 4 月制定下发了《关于实施农民体育健身工程的意见》，这也成为枣庄市在新时期推动农村体育发展在制度建设方面的一项重大举措。该

《意见》要求各级体育部门将实施“农民体育健身工程”建设作为今后相当长一个时期体育工作的一项重要任务，并在全市范围正式启动。这对农村体育发展的影响十分巨大。

2009年8月30日，《全民健身条例》发布，自10月1日起施行。该条例的出台，再一次从法律的高度对农村体育活动的开展进行了规范，进一步完善了国家对包括农村地区在内的广大人民群众参与全民健身的合法权益的保障。2010年3月，国务院办公厅颁布《加快发展体育产业指导意见》，也提出要“切实加强城乡公共体育设施的建设和管理，提高设施综合利用率和运营能力，充分发挥公共体育设施在提供社会体育服务、满足群众体育需求方面的作用。”枣庄市体育局按照《条例》《意见》的要求对各区（市）体育局进行了具体部署和指导。

（四）职工体育发展历程

1. 恢复、发展阶段（1978一1992年）

1978年9月，国家体委转发了《关于加强城市体育工作的意见》，要求厂矿、机关、经贸、企业、科技等单位开展以广播体操为主的形式多样的体育活动，力争做到每天半小时体育锻炼，受到各级单位和职工的重视与响应。1979年2月在北京召开的职工体育工作会议指出：“全党工作着重点转移后，职工体育工作必须把注意力集中到加速实现四个现代化服务方面来，职工体育工作为实现四个现代化服务，是通过增强职工体质来实现的”。此时期职工体育开始把注意力集中在加快四个现代化建设服务上来。随后受洛杉矶奥运会中国代表团实现零的突破，女排姑娘“三连冠”的影响，全社会掀起了前所未有的体育热。在1985—1990年间，枣庄市总工会、枣庄市妇联、枣庄市体委曾在全市范围内举行过工人运动会、职工冬季长跑竞赛、职工足球赛、职工健身七项锻炼标准和“百日锻炼迎亚运”等活动。截至1989年，职工参与体育活动的人数占职工总数的30%。不少行业和企业自办或联办业余体育学校。这一时期枣庄职工体育进入良好发展阶段，不仅使职工从参加体育活动中体会到了快乐，而且对增强职工体质和促进精神文明建设都起到了巨大作用。

2. 低速发展阶段（1992年至今）

在市场经济的压力下，企业注重经济效益，开始精简机构，工会体育管理人员首先被压缩，工会组织不健全，以前若干个人干的工作由现在的一两个人负责，职工不能再占用工作时间进行体育锻炼。随着生活水平的提高，职工价值取向多样化，体育场地被出租占用，使得职工体育开展难度增大。

通过对全市职工体育发展历程的回顾可以看出：枣庄市职工体育的发展受社会经济、政治等外界因素的深刻影响，社会变化不仅影响到开展职工体育的资源与条件等“硬环境”，而且影响到职工体育的目标、内容、组织、机制等“软环境”。在计划经济时代，形成了较为成熟的职工体育发展模式，建立了较为健全的职工体育组织，职工体育活动比较正常，且出现了一些高潮。当时的职工体育活动在内容上也比较适应职工的体育兴趣与需求，开展得比较顺利。但是，也要看到计划经济时期的职工体育在相当程度上依靠行政命令实施，具有一定的强制性，对启发职工内在的体育动机不够，在活动时间上也常常占用生产劳动的时间，与企业的生产功能有一定的冲突。随着中国社会向市场经济体制的转变，中国经济所有制形式由全民所有制和集体所有制两种，发展成现今的以公有制经济为主体，多种经济成分并存的所有制形式，企业不再有办社会的义务，集中于企业的生产功能，这使得枣庄市职工体育的组织形式、活动内容、经费来源等方面都发生了较大变化。这些变化对职工体育提出了新的挑战。

（五）学校体育发展历程

1. 第一阶段（1978—1982年）

“文化大革命”结束后，枣庄市的学校体育开始拨乱反正。1978年3月国家教育部颁布《十年制小学体育教学大纲》和《十年制中学体育教学大纲》，重申了学校体育教学的主要任务是增强学生体质。尤其是1979年扬州会议提出：“学校开展体育，卫生工作的根本目的，在于增强学生的体质”。1979年，国家教育部、国家体委发布了《中小学体育工作暂行规定》（试行草案）和《高等学校体育工作暂行规定》（试行草案），有明确定位了学校体育的基本任务是增强体质，使学生掌握体育的基本知识和运动技能。这一时期是枣庄市体育工作者对学校体育工作进行重新反思和深入认知的时期，他们对原有的学校体育价值去向进行了较为理性的探讨，基本确立促进学生的全面身心协调发展应该建立在体质和技能等基础上，同时注重学生的兴趣、心里主观感受等的教育价值取向，客观上形成了注重学生体质发展和技术技能传授的学校体育价值的主流。

2. 第二阶段（1982—1992年）

中国社会主义经济和各项事业在这一时期快速发展。在这良好的发展势头下，学校体育也在这一时期得到了长足的发展。1984年10月，中共中央发布了《关于进一步发展体育运动的通知》，指出要把我国建成体育强国，要增强全民族的体质，强国强民。1988年8月全国学校体育卫生工作会议提出学校体育的根本目的是：促进学生身心健康成长，增强学生体质，为培养德、智、体全面发展的合格人才服务，为提高中华民族的身体素质打下良好基础。这一时期枣庄市学校体育的改革与发展处于加速阶段。指导思想上强调贯彻体育工作面向全体学生，以增强学生体质为主，以普及为主，以经常锻炼为主，在增强体质的同时，积极开展课余体育训练。

3. 第三阶段（1992—1999年）

这一时期《中华人民共和国教育法》《中华人民共和国体育法》《深化教育改革全面推进素质教育的决定》等要求，教育行政部门和学校应当将体育作为学校教育的组成部分，造就‘有理想，有道德、有文化、有纪律’的德、智、体、

美等全面发展的社会主义事业建设者和接班人。

这一时期，为适应社会主义市场经济和全面推进素质教育的要求，枣庄市学校体育处于改革广泛深入地开展阶段。《中华人民共和国教育法》《中华人民共和国体育法》《中国教育改革和发展纲要》《全民健身计划纲要》以及《关于深化教育改革全面推进素质教育的决定》的颁布和实施，使学校体育工作的法规、制度进一步完善，学校体育工作走上了法制管理轨道，同时也明确规定了学校体育培养全面发展人才的角色。

4. 第四阶段（1999年至今）

1996年6月《中共中央国务院关于深化教育改革全面推进素质教育的决定》中指出：学校要树立健康第一的指导思想，切实加强体育工作，使学生掌握基本运动技能，养成坚持锻炼身体的良好习惯。

2001年，新课标所倡导的体育思想是"健康第一"。2006年12月的《关于进一步加强学校体育工作，提高学生健康水平的意见》提出，"采取坚决有力措施，把加强学校体育工作作为今后一个时期实施素质教育的重要窗口。"2007年5月7日，《中共中央国务院关于加强青少年体育增强青少年体质的意见》颁布，其中强调指出，"增强青少年体质、促进青少年健康成长，是关系到国家和民族的大事。""健康第一"的教育指导思想已经成为当下学校体育的主要指导思想，且全市各界也越来越重视学生的体质健康问题。如今，"健康第一"的体育思想已贯穿于全市各级各类学校体育工作的过程中，取得了优异的成绩。

二、改革开放取得的主要成果

（一）群众体育工作蓬勃发展

全民健身活动蓬勃开展。中华人民共和国成立后，枣庄市矿区群众体育活动一直走在全省前列。进入80年代，为发展体育运动，增强人民群众身体健康素质，不断加强群众体育工作的组织管理。1985年开始组织举办枣庄市运动会，到2016年已经举办了八届市运会，规模不断扩大。1995年，枣庄根据实际研究制定了《枣庄市1996—2010年体育事业发展远景规划》，2003年8月，枣庄市委、市政府颁布《关于进一步加强和改进新时期体育工作的意见》，2004年2月市政府根据新形势的发展，颁布了《枣庄市2004—2008年体育发展规划》，枣庄市体育事业发展走进新的机遇期。市体育局每年组织一次元旦全民健身万人长跑、元宵节登山比赛和重阳节老年人登山活动。

全市元旦万人长跑、春节够级比赛、清明节登山比赛、全民健身月活动、端午节运河龙舟大赛、薛城汽车越野拉力赛已成为每年的惯例。这些活动的开展，提高了群众的健康意识，引导更多群众主动参与健身活动，现在枣庄市经常性参加体育锻炼的人口比例由1978年的17.6%，发展到现在的65%。

城乡体育健身设施不断完善。20世纪80年代到90年代中期，枣庄市大型体育设施建设陆续上马。90年代中期，枣庄市已经具备承办国家单项运动项目竞赛和省级综合性运动会的硬件体育场馆设施。据2004年全国第五次体育场地普查统计，枣庄市有32种类型体育场地2800多个，占地面积2572036.5平方米，人均占活动场地9.779平方米，体育场地建设面积1661427.8平方米，人均占0.503平方米。2004年枣庄市拿出体育彩票公益金，开展"体育健身器材进社区"工作，拉开了实施全民健身工程的序幕。2005年在全省率先完成了全市所有街道办事处都建设体育健身园的任务，在各区（市）建设了一批文化健身广场，为城镇居民健身锻炼搭建了平台。2006年枣庄市还规划建设了滕州市荆河三沿河健身园、薛城区临山体育公园、台儿庄区月河健身公园、山亭双山公园健身广场、峄城承水沿河健身园和高新区高科技广场等七处区（市）级全民健身中心；建设一处市级全民健身公园（枣庄新城区龟山健身公园）；建设一处省级全民健身中心（枣庄市西郊全民健身中心，占地800亩，2006年纳入省"一点三线"全民健身工程）；建设一处国家级青少年户外健身基地（熊耳山一抱犊崮地质公园青少年户外健身营地）。2008年枣庄市开展"体育进农村"工作，在全省率先组织实施农民体育健身工程，为每一个行政村建设一块混凝土标篮球场，配备一副标准篮球架和2张室外乒乓球台。农民体育健身工程2010年又新建500个行政村，覆盖了全市1829个行政村，行政村覆盖率达到87%。2009年为筹办全国第十一届运动会跆拳道和女子足球比赛，滕州市建设了新体育中心，该体育中心占地600亩，总投资约4.2亿元，2010年，新建了占地980亩的枣庄全民健身中心、占地600亩的滕州体育中心和占地2000亩的杨峪体育公园赛车场。峄城区规划的文体中心开始动工，滨河健身公园被纳入省体彩公益金资助的全民健身工程。台儿庄区建成了4000平方米综合体育场馆、400米塑胶跑道的田径场。还争取省体育局扶持资金，建设了5个全民健身特色工程，在9个街道办事处、乡镇建设了省体育局规划的"一点三线"全民健身工程——镇街文体中心。截至2010年，全市有32种类型体育场地2800多个，占地面积350万平方米。

2010年以开展全国第三次国民体质检测为契机，指导广大群众科学健身。针对市机关、企事业单位、社区、幼儿园及晨练、晚练点的人群，采用随机抽样方式，对年龄从3岁到69岁，分为幼儿、成年和老年三个组别、72个年龄段的人群进行了体质监测。为取得科学数据，对全市3600市民进行了抽样体质监测，监测的全部数据都充实到山东省体育局和枣庄市国民体质监测系统数据库，为实施全民健身计划、提高群众身体素质提供了科学依据。为加强社会体育指导员队伍建设，不断健全群众体育社会化服务体系，依托枣庄学院创建了山东省社会体育指导员培训基地，可培训一级和二级社会体育指导员。

体育组织逐步完善。各区（市）都设立了体育局、体育总会、老年人体育协会。截至2011年，共培训社会体育指导员5196人，建立健身活动站点2089个；至2013年，市级单项运动协会增至36个；各级各类社会体育指导员6800人。各区（市）都成立了全民健身工作领导小组。大部分乡镇、街道都配备了专、兼职体育工作人员。

经过2014年、2015年、2016年三年不断地完善各级体育组织建设，目前在市民政部门注册的单项体育协会43个、俱乐部27个；在各区（市）民政部门注册的单项体育协会和俱乐部55个，各级体育指导员达到9277人，占总人口的2.1‰，形成了以市、区两级体育行政部门为中心，以各级体育组织为依托，以社会体育指导员为骨干、遍布城乡、社区健身站点为载体的全面健身组织网络。

健全了全民健身服务体系。1978年至21世纪初，枣庄市各级党政切实加强了对体育工作的领导，党委、政府有专人分管体育工作，把体育事业纳入经济和社会发展总体规划，枣庄市群众体育工作服务体系建设不断加强，五区一市都建立了体育总会和老年人体育协会，组织网络逐步健全。2004年以来，全民健身服务体系建设实现了历史性突破，成立了20个单项运动协会，市体育局每年都组织大批社会体育指导员培训班，几年来我们培训了3261名社会体育指导员，他们一直活跃在全市1782个健身站点，为全民健身活动做出了积极贡献。2005年至2006年，枣庄市开展了历时两年的第二次国民体质监测，形成了7.8万字的国民体质分析报告。针对枣庄市国民体质存在的问题，撰写了5千余字的论文，向市委、市政府和上级业务部门提出了对策和建议。2007年经山东省体育局批准，我们在山亭、峄城、台儿庄建设了国民体质监测站，目前五区一市全部建起了国民体质监测站。

2011年，为进一步增强群众体育赛事的引导示范作用，积极承办国家级和省级群众体育赛事，助推文化旅游业发展。全年共举办国家级及以上级别的赛事14项；省级比赛6项。枣庄市武术代表队参加2011年台湾世界杯国际少林武术大赛荣获全能冠军1个；单项冠军4个。第六届香港武术比赛，山东省有25人参赛，滕州市作为“全国武术之乡”应邀派出24名选手代表山东参赛，获金牌36枚、银牌28枚、铜牌22枚。获柔体旋级术集体项目冠军，团体第6名。同年，在山东省第一届全民健身运动会上，枣庄市共派出196名运动员参加了20个单项比赛，经过了5个月的紧张比赛和激烈角逐，获6个一等奖、20个二等奖、29个三等奖和20个体育道德风尚奖。是年，山东省传统武术比赛，枣庄市代表队荣获团体总分第一名。山东省第七届农民运动会象棋比赛，枣庄市代表队获得男子慢棋、男子快棋、女子快棋3枚银牌。

2012年，《枣庄市政府工作报告》中提出要在200个行政村实施农民体育健身工程，并列为“100件惠民实事”，实际完成了260个村、居的工程建设，使农民体育健身工程覆盖了2369个行政村，其中包括102个“双千工程”帮扶村、43个山东省体育局“千村扶贫健身工程”帮扶村。枣庄市体育局被国家体育总局授予“2009—2012年度全国群众体育先进单位”。

2013年被山东省体育局授予“群众体育工作贡献奖”“山东省第三届全民健身运动会优秀组织奖”“体育道德风尚奖”。成功创编了全国第六套健身秧歌，并在全国推广。

2014年对公共体育设施实现了低收费或免费开放。老城区体育中心各个体育设施自该年度一月份起免费对社会开放，每周开放35小时以上。为扩大开放，2014年又投入了170万元建设了笼式足球场、篮球场，对网球馆进行了改造，增设了6块羽毛球场地。通过投入扶持资金的引导，推动27所学校体育设施向社会开放。

枣庄市新城文体中心

2015年完成了新城区体育中心建设工程。该中心主要包括主体育场、游泳馆、体育馆及地下商业区等。主体育场可容纳3万余人，体育馆容纳5000人，游泳馆容纳2000人，可满足承办省级赛事和国内单项赛事的需要。

2016年，在全市300个村、居投放了体育设施；在58个贫困村实施了行业扶贫健身工程，建成了城区15分钟健身圈。

经过近40年的建设，枣庄市体育场地、健身设施条件得到了改善，完善了公共文化服务体系建设，推动了群众体育社会化、生活化，使人民群众真正享受到了社会经济发展的成果，推动了社会主义和谐社会建设。市体育局连续四届（16年）被国家体育总局评为“全国群众体育先进集体”荣誉称号。滕州市、薛城区、台儿庄区分别被国家体委授予第一批、第四批“全国体育先进县”和“全国武术之乡”，有11个街道是省或全国的全民健身先进单位、体育先进社区，67.1%的乡镇是全国、省、市群众先进单位。

（二）竞技体育不断实现新突破

20世纪五六十年代，枣庄市竞技体育设有田径、篮球、乒乓球、排球、足球等项目，整体竞技体育水平，尤其是枣庄矿区在山东省、华东地区乃至全国煤炭系统都位于先进行列，“文化大革命”期间受到较大干扰，各级体育组织瘫痪，体育工作基本处于停滞状态。1978年恢复和健全了各级体育领导机构，在保持原有的一些项目的同时，又新上了一批新的运动项目，如武术、游泳、射击、举重、拳击、拳道、跆拳道等并取得了一定成绩。1988年3月6日，枣庄市从内蒙古聘请摔跤教练员银山来市中区体校任教，枣庄市增添了摔跤项目。1990年7月，从济南聘射箭教练员赵远征来市中区体校任教，为枣庄市增添射箭项目。到2008年全市有田径、游泳、举重、射箭、武术套路、散手、摔跤、柔道、跆拳道、空手道、乒乓球、篮球、足球、羽毛球等竞技体育项目。1986年前后，各区、市业余体育中学纷纷成立，教学、训练逐步走入规范化管理，竞技体育水平不断提高，取得了骄人的成就，培养出了武术、100米跨栏、竞走、中长跑、铁饼、游泳等多名世界冠军。近5年来，枣庄市体育事业得到进一步发展，枣庄籍运动员在国际、国内重大比赛中共获得国际级金牌17枚，国家级金牌30枚，省级金牌225枚，先后2人2次打破世界纪录，3人6次打破亚洲纪录，10人17次打破全国纪录。市现有市、区（市）两级竞技体校5所，担负着培养、输送优秀体育后备人才的任务。共有专职教练员114名，适龄运动员1000余人。先后向省级以上体育院校、专业队输送150名后备苗子。

（三）体育产业不断壮大

受计划经济制约，我国体育产业发展较晚，市场化程度很低。近几年枣庄市致力于培育开发体育市场，推进体育产业加快发展。一是认真培育体育中介产业，为体育事业募集补充经费，主要是加强体企联姻，为各项体育活动争取冠杯、冠名。二是积极开展体育产业市场调查，引导培育体育外围产业。目前，枣庄市有体育服务业经营场所200余家，注册资金超过6000万元，从业人员近万人。体育场馆3300余个，面积近210万平方米。体育经营服务、培训项目60余项。体育用品、体育器材制造企业4个，年生产总值超过1.5亿元。三是重点加强体育彩票工作的管理和销售。经过15年的发展，特别是2000年发行电脑彩票以来，枣庄市体彩全面实施“决胜终端”战略，体彩终端机规模达到200台以上，彩票市场占有率逐年攀升，解决了近600人的社会就业。2009年7月25日，枣庄市体彩年销售额突破一亿元，这在枣庄市体育产业发展史上具有划时代意义的里程碑。枣庄市体育彩票公益金主要用于落实全民健身计划和奥运争光计划，以及体育场馆的维修、设备更新和体育扶贫工作，开辟了一条满足人民群众体育健身需求的新渠道。汶川大地震后，枣庄市即开型赈灾体育彩票共筹集100余万元公益金用于汶川地震灾区的恢复建设。

2010年枣庄市体育彩票销售总额达到1.72亿元；2011年销售总额达到2.37亿元；2012年销售总额3亿元；2013年销售总额2.99亿元；2014年销售总额3.35亿元；2015年销售总额为6.63亿元；2016年销售总额达到8.5亿元。

（四）多次成功承办了省级以上运动会

1996年10月承办了山东省第十八届运动会；2007年举办了中国·枣庄城市体育舞蹈（国标舞）公开赛、全国老年门球精英赛暨中日韩门球挑战赛；承办了山东省全民健身月活动启动仪式和群众体育精品展示、山东省太极拳剑扇化比赛。

2008年5月在滕州举办了全国第世界“农信杯”华夏弈友围棋联赛，来自日本、韩国及全国23个省、市的围棋高手参加了比赛。6月，在薛城区举办了全国第三届“奚仲·育苗杯”少儿围棋精英赛；10月举报了全国拔河精英赛。

2009年，举办了全国第11届运动会跆拳道和女子足球比赛。

2010年，围绕城市转型积极承办国家和省级以上群体赛事20多项。

2011年，全市共举办国家级以上级别的赛事14项，举办的省级赛事有6项。

2012年全市共举办国际性赛事3项，国家级赛事12项，省级赛事10项。枣庄市承办的2012年亚洲国际象棋团体锦标赛有13个国家和地区的21支代表队参加，被世界棋联、亚洲国际象棋联合会盛赞为最完美的一届比赛。承办的山东省第二届全民健身运动会开幕式、闭幕式及系列赛事，赢得了省政府和省体育局领导的充分肯定。通过这些精品赛事，不仅有力地促进了相关体育项目在枣庄市的普及，而且有效地宣传推广了枣庄，扩大了枣庄的知名度。通

过举办赛事，锻炼了队伍，赢得了举办更多更高层次赛事的机会。

2013年举办国家级以上比赛26项。

2014年承办了23项省级以上赛事活动，举办了国际赛事活动4项；国家级赛事活动9项；省级赛事活动10项。

2015年承办了第三届全国智力运动会、全国女子足球联赛、中国滕州微山湖湿地马拉松赛、台儿庄环运河马拉松比赛、中国台儿庄河钓大赛、中国枣庄梅山山地自行车公开赛。

尤其是成功承办了第三届全国智力运动会。

2015年9月12日至22日，枣庄市成功承办了第三届全国智力运动会。全国智力运动会是国家体育总局主办，以智力运动项目为主的全国综合性运动会。这届智运会在枣庄市举行，是首次由非省会城市独立承办全国性运动会；也是枣庄建市以来承办的规模最大、规格最高的全国性综合赛事。第三届全国智力运动会共设围棋、象棋、国际象棋、桥牌、五子棋和国际跳棋6个大项56个小项，还把起源于山东的够级纳入表演项目。来自全国31个省、自治区、直辖市，5个计划单列市、11个行业体协以及香港、澳门的49个单位报名参赛，参赛总人数3200人。此外，包括棋牌文化博览会参会人员、新闻记者、团部官员、国内外观摩人员等，赛会总规模约6000人，盛况空前。

三、改革开放以来体育发展道路取得的经验和启示

（一）社会稳定和经济发展是枣庄体育发展的基本前提

30多年来，枣庄市体育事业发展的一条最重要的结论就是：体育作为一种上层建筑，其发展的前提高度依赖于国家的政治稳定和经济发展。在前30年虽然体育事业取得了一定发展，但由于极“左”路线的干扰，长期处于政治运动不断、经济发展起伏状态，尤其是十年“文化大革命”时期，不仅国家和社会陷于长期动乱和无序状态，且经济濒临崩溃边缘。在这种背景下，体育要想获得正常发展是不可能的。而改革开放38年来，枣庄市政治稳定、经济发展、社会进步，为体育的发展提供了必不可少的前提和基础。事实证明，枣庄市体育获得巨大成就的基本前提，就是必须维护国家的社会稳定和促进经济发展。

（二）正确的指导思想是枣庄体育快速健康可持续发展的保证

30多年来，不管风云如何变幻，枣庄体育的根本目标和任务是不变的，这就是增强人民体质，提高全民素质。可以看到，30多年来历任中共枣庄市委、枣庄市人民政府的领导人的讲话、指示及市委、市政府有关体育工作的文件，都坚持了体育的这一根本任务和目标。这也成为枣庄体育发展道路最重要的核心内涵和最鲜明的表现特征。枣庄市体育事业之所以能够穿越38年来的时代风云，克服重重困难，获得巨大发展，最重要的就是坚持了体育的根本任务和目标。今后枣庄体育也必然要根据这一根本任务来确定未来的发展方向和制定相应的发展策略。

（三）体育事业发展必须服从于国家利益

中国体育发展道路相对于国外大多数国家体育的鲜明特点之一，就是国家和政府对体育事业进行直接领导并大量投入。中国的社会主义国家性质决定了国家将“发展体育运动，增强人民体质”作为一项基本的国策和各级政府的一项重要工作加以高度重视并予以政策和财政的支持。从这一角度来讲，无论是枣庄市的竞技体育、群众体育，还是学校体育等等，其费用基本上是政府来支付的，并占用了大量行政资源和其他国家公共资源。因此，枣庄的体育事业必须是为人民服务的，必须服从于国家的利益。30多来，枣庄体育在各个历史时期都出色地完成了国家和人民赋予的任务和职责。尤其是改革开放以来，枣庄籍运动员在历届奥运会、亚运会上顽强拼搏，为国争光，取得了举世瞩目的巨大成就，极大地激发了全市人民的爱国主义热情，振奋了民族士气，提高了民族凝聚力。事实证明，枣庄市体育事业的发展只有将人民利益和国家利益放在第一位，才能有正确的前进方向和发展目标。

（四）正确处理政府与社会在体育发展中的作用与关系是体育健康可持续发展的需要

体育发展的经验表明，要迅速提高运动技术水平，在奥运会等重大国际赛事中取得优异成绩，就必须充分利用社会主义制度能够集中力量办大事的优势，在一定时期内利用政府的行政力量，集中有限的财力、人力和物力来优先发展竞技运动。这是竞技体育得以在短短时间内实现奥运金牌“零”的突破和在北京奥运会上夺取金牌总数第一的基本原因。但另一方面也要看到，经过30多年来的建设，尤其是改革开放40年的巨大发展，随着国家综合实力的提高和经济社会的发展，体育发展的基础与条件较之改革开放前30年不可同日而语。进入21世纪后，体育社会化和产业化已经初具规模，一个由政府、社会、企业、学校等构成的多元化体育格局正在形成。原党和国家领导人胡锦涛在北京奥运会表彰大会讲话中指出，“体育事业发展活力在于改革创新。要适应社会主义市场经济不断发展的新形势，适应全面建设小康社会的新要求和各族人民过上更好生活的新期待，以改革创新精神不断创新体育发展体制，拓宽体育发展渠道，增强体育发展活力，夯实体育发展基础。要发展体育产业，引导更多社会力量兴办体育，促进体育事业和体育产业协调发展”。事实证明，体育必须坚持发挥举国体制的作用与推动全社会办体育互相补充。一方面，要继续坚持和完善“举国体制”；另一方面，必须在新的形势下大力推动全社会的参与和促进体育产业的发展从而建构体育新的发展格局。

（五）各类体育协调发展是全民健身战略的要求

38年来体育发展的经验表明，虽然在各个时期体育发展的重点不一样，

但是，必须坚持各类体育在总的发展方针上的协调与平衡，否则就会出现偏差。一方面发展群众体育，增强人民体质、提高全民族的健康水平，尤其是促进青少年的身体健康是社会主义体育事业的本质特征和首要任务；另一方面，发展以奥运会为最高层次的竞技体育，展示中华民族敢于拼搏、敢于胜利、争创一流的气概，振奋民族精神、增强凝聚力，并通过观赏高水平体育赛事为人民群众提供良好的娱乐方式与精神享受，是现代体育的重要职责和功能。虽然枣庄体育在各个历史阶段的发展侧重点有所不同，在一定时期可能优先集中有限的财力、物力侧重于发展某一方面。如20世纪80年代初，在基础差、水平低，国家投入有限的情况下，枣庄体育实行了竞技体育优先的战略，为运动员在奥运会、亚运会等重大赛事中取得优良成绩提供了保障。但是，在20世纪90年代，尤其是进入21世纪后，枣庄体育开始努力实现竞技体育与群众体育的协调发展，实行了以竞技体育带动群众体育，以全民健身作为竞技体育发展基础的战略，从而使群众体育和竞技体育开始进入更加平衡发展的阶段。2008年北京奥运会成功举办后，在科学发展观的指导下，枣庄体育在坚持以增强人民体质、提高全民族身体素质和生活质量这一基本目标下，促进群众体育和竞技体育的协调发展，并使之成为体育发展的一条基本原则和长期任务。枣庄体育已经走过了30多年的曲折而辉煌的历程。在这30多年中，枣庄体育走出了一条具有中国特色的体育发展道路，并取得了举世公认的巨大成就。枣庄体育30多年的发展道路是一个整体。改革开放以来，枣庄体育一方面依据前30年奠定的体制基础取得了巨大成就；另一方面，也在不断地探索新的历史条件下改革与发展的道路。枣庄体育30多年的发展历程是一笔极为宝贵的遗产。必须认真总结过去30多年体育发展的经验和教训，面向未来，勇于改革，才能真正为实现党和国家领导人提出的“由体育大国向体育强国迈进”的新目标做出枣庄体育人应有的贡献。

（六）党和政府对体育事业的重视和关心是发展枣庄市体育事业的根本保证

枣庄体育的发展，体现了中共枣庄市委和枣庄市人民政府对体育事业的重视、关心和支持，从某种意义上来看，体育自身的发展也在体现着社会主义制度的优越性和以人为本的价值观。以枣庄农村体育改革开放发展阶段的考察和分析为例，可以发现一条脉络清晰的演进轨迹，并表现出以下特点。

1. 纵观不同历史时期下枣庄市农村体育发展的特点，便不难发现只要有党和政府的坚强领导，农村体育就发展的好，反之亦然。从中华人民共和国成立初期开始，毛泽东、朱德、贺龙等党和国家的领导人就给予了体育事业极大的关心，在这种领导人的直接带动下，体育事业被纳入政府的议事议程。体育事业的组织机构也由最早的团中央管理，转变为国家体委集中管理，贺龙元帅更是亲自担任了原国家体委主任。村体育的产生和发展，无时无刻不与党和政府的领导紧密相连。在枣庄市农村体育发展的几次高峰中，都是政府带头制定发展计划，组织农民群众参与体育竞赛活动，如20世纪80年代中期开始执行的《全国体育先进县的标准和评选办法》，极大地带动了基层农村体育事业的建设，使体育成为展示农村社会主义精神文明建设的窗口。应该说，充分发挥党的领导和政府的主导作用是农村体育发展的重要保证，是确保农村体育资源获取、政策支持的主要途径。

2. 因地制宜是农村体育发展的关键。从早期的农村体育发展指导思想来看，“区别对待、分类指导、普遍提高、重点扶持、以点带面、逐步发展”均在不同程度上反映了农村体育要因地制宜开展的要义。

农村体育的发展离不开党和政府的支持其核心政策的制定是一个自上而下的过程。因此，尤其要注意在开展农村体育活动时，要坚决避免“闭门造车”式的发展，出台的政策要经受得起农村实践的考验，而非个别官员的喜好。特别是在当今农村社会发生巨大变化的情况下，开展农村体育活动的初衷是让广大农民群众安居乐业、强健身体，享受体育进步带来的乐趣，而不是将其作为相关利益群体的政绩工程。

3. 制度化、法律化是农村体育发展的趋势。在我国社会不断朝着民主、法制目标迈进的过程中，农村体育自身的发展也体现了这一发展趋势。如果说中华人民共和国成立时农民体育的蓬勃兴趣得益于党和国家领导人的高度重视，那么后来随着《体育运动十年发展纲要》《做好县的体育工作的意见》《关于进一步加强群众体育工作的意见》《关于深化体育改革的若干意见》《全民健身计划纲要》《中华人民共和国体育法》和《全民健身条例》等一系列重要法规文件的出台，则从制度层面保证了农村体育的运行，规定了广大农民群众依法享有体育权利。

随着我国法制建设的不断完备，在市场经济转轨的过程中，政治体制也在进行改革。政府的管理方式也更加的民主和透明，其模式正在由“全能型政府”向“有限政府”转移，公共服务型政府也不再是教科书上的空洞理论，而是落地生根，在实践中蓬勃发展。为此，农村体育的管理也需要与时俱进，用制度管理来代替人本管理，用法律来确保农村体育的重要地位和生存空间。

（七）坚持群众体育的基础地位，切实将群众体育纳入城乡社会规划

1982年在第五届全国人大五次会议修订通过的《中华人民共和国宪法》中再次强调：“国家发展体育事业，开展群众性的体育活动，增强人民体质”。

自20世纪80年代以来的社会化改革，出现了多种所有制办体育的现象，特别是体育彩票的发行与彩票收益金的合理使用，促进了枣庄体育，特别是群众体育的基础设施建设。在体育彩票公益金的引导下，枣庄市各级政府匹配了

相应投入，在公园、广场、江河湖畔，修建了各具特色的体育主题公园、体育文化广场、居家工程、健身长廊和健身苑等。大大方便了群众参加体育健身，改善了全民健身的基础条件。

20世纪90年代初期。在总结群众体育发展经验和教训的基础上，1995年，枣庄市认真贯彻国务院正式颁布的《全民健身计划纲要》《全民健身计划纲要》，对群众体育的组织领导、目标任务、实施步骤都做出了明确规定。目前，每5年一次的国民体质监测已形成制度。近年来，枣庄市按照国家体育总局和山东省体育局的指示精神，先后按照国家体育总局颁布的《国民体质测定标准》《青少年体质健康标准》《普通人群体育锻炼标准》为不同年龄人群的体质检测和体育锻炼细化了指导方法，保证了群众体育发展与体育事业和社会发展同步前进。

《中华人民共和国体育法》明确指出“体育事业应当纳入国民经济和社会发展计划”。《全民健身计划纲要》规定：“体育场地设施要纳入城乡建设规划。落实国家关于城市公共体育设施都要向社会开放”。《中华人民共和国城市规划法》规定：城市居住区体育活动用地每1000人/200—600平方米，建筑面积不少于100—200平方米。这些法律或行政法规规定，为依法治体奠定了基础。

（八）建场地、建组织、建法规、开展活动、引导消费将是今后一段时期群众体育工作的主要任务。

建场地：体育场地设施是人民群众从事体育活动的基本条件。群众体育事业是一项全民事业，作为一项关系全市人民体质与健康的事业，无疑带有很强的公益性。建设和改善群众体育活动的环境和物质条件，就是要促进全社会形成崇尚体育健身、参与体育健身的环境氛围。

建组织：体育组织是开展体育工作的重要保证。建设全民健身组织网络体系。是构建面向群众的多元化体育服务体系的重要环节。随着人们体育需求的不断增长。群众体育活动正在逐步从松散、无组织的状况发展成为有计划、有组织的活动，走向系列化的发展方向。目前枣庄市群众体育的组织化程度有待于进一步提高。以《体育法》和《全民健身计划纲要》为依据；以运动健身项目为主线；以区域站点为基础；以学校、社区、乡镇为重点；以群众体育指导员为骨干；以属地管理、自愿参加为原则；以非营利为主体；以体育法规制度为保障；以不同人群参与为特色；以社会化为方向；以体质监测体系为亮点，形成纵向相对各方有交流，覆盖面广、包容量大、网络化的群众体育组织框架。

建法规：法规制度建设是群众体育持续、快速、健康发展的重要保障。许多发达国家对大众体育的基本原则、基本制度与行政制度，都用法律条款来控制、监督与调节，更为有效的是制定专门的相关法规。主要有大众体育组织形式、场地规划管理、活动内容和经费筹集等一系列的配套法规。

开展活动：广泛开展各种各样、科学文明健康的体育活动是群众体育工作的重要内容。“开展群众性的体育活动”是宪法对体育工作的基本规定。《中华人民共和国体育法》也规定：“体育工作要坚持以开展全民健身活动为基础”。

引导消费：北京成功举办2008年奥运会对枣庄市扩大体育消费需求，提升国民体育健身意识，引导和激发大众的体育消费行为发挥了重要作用。体育消费在后奥运时代在全社会形成热点。在体育消费额和体育消费人口数量快速增长的同时，居民消费结构也将发生一定的变化。人们要参加体育运动，作为前提条件必须拥有配套的运动装备。所以，在未来十到20年内，随着全市体育人口的增加，实物型体育消费总额必定继续增加。引导人们为增强体质与健康投资，促进人们的体育消费，发展体育产业。群众“花钱买健康”“请人吃饭不如请人出汗”的事实已经说明了人们的体育投资意识正悄然兴起，人们已经不再将体育消费视为单纯的和被动的消费，而是对未来健康有回报的一种体育投资。随着人们体育需求意识的逐渐提高，体育消费与投资需求将会成为全市人民群众的一种稳定生活方式中的重要内容。

审稿人：李中虎

撰稿人：潘恩国

枣庄市承办全国智运会　书写体育事业新篇章

第三届全国智力运动会于2015年9月12至22日在枣庄市举行。这是枣庄建市以来承办的规模最大、规格最高的全国性综合赛事。枣庄市创出了非省会城市独立承办全国性运动会的先例，书写出体育事业的崭新篇章。

全国智力运动会是我国继全运会、城运会、全国体育大会等综合性运动会之后，又一个由国家体育总局主办、以智力运动项目为主的全国性运动会。枣庄市委、市政府把第三届全国智力运动会承办工作作为一项重要政治任务来抓，于2013年3月全面启动了筹备工作，在国家体育总局和山东省体育局的指导下，确定了组织筹备的基本原则和工作框架方案。市政府确定了“全民智运、魅力智运、精彩智运、真情智运、平安智运、高效智运”的办赛理念。执委会制定了详尽的工作方案和筹备工作计划，形成的汇编材料近300页，提高了智运会办赛工作的规范化、制度化水平。

为期11天的赛会期间，办赛、参赛各有关单位紧密团结、精诚合作，求真、务实、出色、高效地完成了全部赛程，奉献了一场精彩、圆满、平安、节俭的体育文化盛典，赢得了社会各界的广泛赞誉。

一、承办历程

（一）第三届全国智力运动会申报阶段（2012年10—11月）

2012年下半年，枣庄市体育局从有关方面获悉，国家体育总局确定第三届全国智力运动会将于2015年在山东省举办，具体承办城市正在酝酿中。便向市政府提出了申请承办第三届全国智运会的建议。此议得到了市领导的重视和支持。同年10月25日，枣庄市政府正式致函山东省体育局，申请承办第三届全国智运会。

枣庄市政府在函中提出，全国智力运动会是以智力运动项目为主的全国性运动会。由于枣庄市棋牌类运动项目群众基础较好，组织大型体育赛事经验丰富，拟申请承办该项赛事。枣庄市自20世纪90年代以来，多次承办全国性的桥牌、象棋、围棋、国际象棋、国际跳棋比赛，积累了棋牌类大型智力赛事活动组织接待工作的丰富经验。2012年5月，枣庄市承办了2012年（中国·枣庄）亚洲国际象棋团体锦标赛，共有13个国家和地区的近200名棋手参赛，出色的赛事组织和接待工作，赢得了国家体育总局、亚洲国际象棋联合会、世界国际象棋联合会的高度评价。枣庄市是全国健身秧歌城市、中国新兴赛车城市，大型赛事运营经验丰富，成功承办过省第十八届运动会、省第二届全民健身运动会开、闭幕式。近5年每年平均承办国家级以上级别的大型赛事达7项以上。连续7年举办全国健身秧歌展示大赛，连续6年举办世界舞蹈总会亚洲分会积分赛、全国国际标准舞公开赛；连续4年举办中国枣庄汽车场地越野锦标赛、汽车拉力锦标赛；连续4年举办由中国大陆、港澳台及国外选手参加的运河龙舟邀请赛；连续3年举办全国女子足球联赛、全国男子足球联赛季前赛；第十一届全运会承办了跆拳道和女子足球两项比赛，被十一运组委会评为“优秀赛区”。近年来，枣庄市大力加强城市建设，在新城区规划了建市以来最大的城市公共服务设施——文化体育中心，成为鲁南地区规模最大的体育场馆设施。枣庄市宾馆服务业发展迅速，服务水平不断提高，二星级酒店2家，3星级酒店15家，4星级酒店5家，现有及在建5星级酒店10家。这些设施一流的体育场馆和宾馆酒店，完全可以满足赛事活动比赛场所和食宿的要求。

2012年11月14日，山东省体育局复函枣庄市政府，同意枣庄市承办第三届全国智运会，并希望枣庄市按照智运会申办和筹办工作的要求，全面做好各项工作，将智运会办成一届具有山东文化特色的体育盛会。

（二）第三届全国智力运动会筹备阶段（2012年12月至2015年9月）

第一，筹办组织动员。在以国家总局副局长冯建中、山东省副省长王随莲为主任的第三届全国智运会组织委员会中，枣庄市委副书记、市长李峰，枣庄市委副书记梁宪廷，分别担任执行主任和副主任。接着，枣庄市成立了枣庄市承办第三届全国智运会组织委员会和第三届全国智运会组织委员会执行委员会。同时，第三届全国智运会组织委员会执行委员会设立了由枣庄市市直有关部门主要负责人任主任或部长的17个办事机构。

2015年4月3日，枣庄市召开承办第三届全国智力运动会动员会议。会议指出，承办大型体育赛事，有利于带动基础设施建设、文化繁荣和旅游服务业同步发展，有利于促进全民健身运动开展、打造充满运动时尚的活力城市，有利于提高社会文明程度、提升城市美誉度和竞争力。全国智力运动会是枣庄市建市以来举办的级别最高、规模最大的体育赛事，也是全国综合性运动会首次在非省会城市举办。目前，经过全市各级各部门的共同努力，各项筹备工作有条不紊向前推进，组织保障不断加强，场馆建设进展顺利，社会宣传持续升温，取得了阶段性成效。今天距离智运会开

幕还有 162 天的时间，各项筹备工作已经步入最后冲刺阶段，时间紧、任务重，标准高、责任大。各级各部门各单位要按照职责分工，立即行动起来，迅速进入作战状态，全力以赴打赢智运会筹备工作的攻坚战。陈泽兰、徐大义在讲话中对枣庄市承办第三届全国智运会情况给予了肯定，并希望枣庄市抓住机遇、统一谋划，发挥优势、突出特色，抓好组织、领导、计划、责任、保障“五落实”，确保各项筹备工作有序顺利推进，真正呈现一届“规范、精彩、节俭、多元、共享”的智力运动盛会。

第二，确定赛区，建设和完善比赛场馆。2014 年 6 月初，国家体育总局棋牌管理中心副主任范广升一行 5 人，专程来到枣庄市考察第三届全国智力运动会办赛条件。考察组肯定了枣庄市所做的准备工作，同时就竞赛场馆设施建设和接待工作提出了要求。2014 年 10 月 14 日，第三届全国智力运动会筹备工作会议在枣庄召开。枣庄市体育局长渠玉桥汇报了项目设置、赛事规模和赛区安排。会议确定，比赛除设置围棋、象棋、国际象棋、桥牌、五子棋、国际跳棋 6 个大项正式比赛项目外，还设置了 1 个在山东省普及率较高、在全国较有影响力的表演展示项目——够级游戏。会议根据比赛项目规模和特点，以及接待能力，确定了本届智运会在枣庄新城设置主赛区，在滕州、台儿庄设置分赛区。把总部设在新城开元凤鸣山庄，新闻中心、媒体中心、信息处理中心功能设在金尊国际酒店。后来，第三届全国智运会组织委员会执行委员会根据情况变化，决定将够级比赛的场地改到峄城区的东方怡园。

第三届全国智运会确定在枣庄市新城体育中心为主赛场后，在枣庄市委、市政府的高度重视下，体育中心加快了建设速度。枣庄市政府主要领导多次到现场办公，检查工程进度和工程质量。与此同时，枣庄市多次召开专题会议，研究比赛场馆、接待宾馆的初选，对拟用比赛场馆和接待宾馆进行了深入细致的调研，初步确定了比赛场馆。并按照第三届全国智运会预测人数、床位数 1∶1.3 的比例，初步确定了接待宾馆。有关方面很快完成了接待宾馆酒店的谈判、认定和合同签订工作。第三届全国智力运动会执委会还与滕州市政府、台儿庄区政府、峄城区政府分别签订了委托承办责任书，进一步明确了责任。

枣庄市以 2015 年 9 月为节点，倒逼进度，统筹考虑体育中心配套设施和环境建设，把相关设施设备配套完善，切实保证信息网络、水电工程、体育工艺等基础设施建设，达到一流的质量，经得起历史的检验。滕州市、台儿庄区、峄城区等分赛场的比赛场馆也认真开展配套设施完善改造工作，确保满足比赛需要。智力运动项目比赛对网络信息工程有着较高要求，市经信委牵头几家电信部门，按照办赛要求，认真做好接待场所、比赛场馆的线路铺设、设备安装工作。2015 年 6 月初，各项工程全部竣工，并能满足大型活动、竞赛表演、电视转播、新闻发布等技术要求。市委接待处和市旅服委一方面落实对口接待，由相关区市和市直各部门一对一服务；一方面与定点接待酒店签署协议，指导他们完善硬件设施改造，培训服务人员，提高服务水平。

第三，舆论先行，营造浓厚智运气氛。枣庄市各级宣传新闻单位以“全民智运、魅力智运、精彩智运、真情智运、平安智运、高效智运”为智运会宣传的总切入点，积极开展“当好东道主、办好智运会”主题宣传活动。枣庄市委宣传部牵头成立新闻宣传部，下设综合协调组、媒体服务组，制定了详细的媒体宣传、社会宣传、赛场宣传、棋牌活动推广等宣传工作方案，细化了工作职责。确定了智运会宣传工作的指导思想，以“弈动齐鲁风，智绘中国梦”为主题，展示“好客山东”新风貌，打造“智慧枣庄”新形象，开展多角度、立体式、全方位的宣传，积极打造媒体宣传工作立体平台。他们发挥传统媒体和新媒体立体交叉的宣传优势，在枣庄日报、枣庄晚报、枣庄新闻网、枣庄广播电视台、枣庄体育网等媒体先后开通了智运会专栏和倒计时牌。开通了第三届全国智力运动会官网、微博和微信；建立了智运会新闻中心。枣庄市有关单位全力营造第三届全国智力运动会的社会氛围，在新城市政广场、枣庄高铁站出口矗立了智运会宣传牌，在光明大道两侧和新城环市政道路安装近 2000 块道旗；在北京南站设立 2 块智运会宣传牌；交通部门分别在公交车、BRT、出租车的车体张贴了宣传车贴；通过市场运作，在光明大道、城区主干道路口和高速路出口

2015年9月12日，第三届全国智运会开幕式上的文艺表演

处制作了三面高炮宣传牌；在全市100余部电梯内制作了智运会宣传牌。同时着力构筑宣传工作新载体。借助运动会文化元素的设计，作为宣传工作的发力点。组委会面向全国征集智运会会徽、吉祥物、主题宣传口号、开闭幕式创意运行方案；组织召开了3次新闻发布会，在社会上形成了一波又一波的舆论关注点。

第四，借助活动，推动智运热。尤其是借助智运会倒计时300天、倒计时199天、倒计时100天嘉年华，市场开发合作系列签约仪式，枣庄市第五届全民健身运动会，“三棋进校园”“棋牌运动进社区”“棋牌进乡镇”“棋牌进连队”“棋牌进厂矿、企业”“棋牌进机关”系列活动，扩大了智运会宣传工作的受众群。

2014年11月16日是第三届全国智力运动会倒计时300天纪念日，市政府举行第三届全国智力运动会倒计时300天启动仪式。这标志着枣庄市体育工作进入智运会进行时，智运会各项筹备工作全面展开。2015年2月25日上午，第三届全国智力运动会倒计时牌揭幕仪式在枣庄市政广场举行。倒计时牌揭幕时显示距离第三届全国智力运动会开幕还有199天。同日，台儿庄古城、滕州市体育中心和薛城区临山广场也竖起了第三届全国智力运动会倒计时牌。2015年6月4日，第三届全国智力运动会倒计时100天嘉年华暨第三届全国智力运动会官方网站上线仪式在枣庄市体育中心体育馆隆重举行。第三届全国智力运动会组委会执行委员会成员单位负责人及社会各界群众2000余人参加活动。100天嘉年华活动从此开始。随后，进行了民鼓、体育舞蹈、健身秧歌等文体活动表演。期间，组委会向枣庄市立新小学、峄城区实验小学和渴口乡中心小学捐赠了300副棋具；为会徽、吉祥物、主题宣传口号征集活动获奖人员进行了颁奖。

为迎接第三届全国智运会的召开，枣庄市体育局筹划举办了一系列棋牌类体育赛事活动，推广智力运动，宣传智运会。他们结合智运会赛事推广工作，印发了枣庄市第五届全民健身运动会工作方案和规程，将围棋、象棋、国际象棋、够级等项目列为枣庄市第五届全民健身运动会的竞赛项目，成立了枣庄市社会体育指导员协会。与枣庄市教育局联合下发了关于《在学校开展象棋、围棋、国际象棋推广活动的实施方案》的通知，让更多的人了解智运、参与智运。据统计，共举办了山东省国际象棋少年个人冠军赛、枣庄市中小学国际象棋团体锦标赛、枣庄市围棋俱乐部联赛等近50项赛事推广活动。其中2015年枣庄市迎智运象棋公开赛，邀请全国象棋特级大师柳大华现场观看指导，并进行了1对12人的象棋车轮大战，取得了很好的社会效果。

第三届全国智力运动会执委会为丰富智运会文化内涵，彰显齐鲁文化和枣庄文化的深厚底蕴，于2015年3月10日面向社会公开征集智运会会徽、吉祥物。

2015年3月25日，第三届全国智力运动会执委会面向社会公开征集主题口号。

2015年5月9日，第三届全国智运会组委会执委会邀请专家组成评审委员会，应征作品由专家评委会本着公开、公正、公平的原则，从199件会徽作品、62件吉祥物作品和近2万条主题宣传口号中评选产生。公证机关全程参与评选监督，终评结果报大会组委会审定通过。并在第三届全国智运会官网、山东省体育局网站、枣庄市政府网站、枣庄体育网站及新闻媒体上公布。专家和社会各界对最终确定的作品给予高度评价。认为灵动精巧、紧扣主题、富有内涵，质量较高。

第三届全国智力运动会会徽由枣庄市云鹏广告有限公司设计。造型灵感来源于“鲁班锁”和“中国结”。造型直观上呈现了枣庄历史名人鲁班发明的鲁班锁；凸显了代表结绳记事时代中国古老智慧的“中国结”；中间部分车轮毂代表了夏禹时期枣庄的重大科技发明“奚仲造车”的典故，同时代表了棋类运动中的棋子“车”。色彩上采用体现体育主题的五环颜色：蓝、黄、黑、绿、红，整个标志由4个竞技人形组成，条块伸缩有度，动感十足，充满激情四射的张力和活力。

吉祥物的设计者枣庄市云鹏广告有限公司，其构思是以枣庄盛产的石榴为设计元素，红色基调，象征吉祥如意、红红火火。吉祥物起名为“棋棋”代表棋牌文化，与齐鲁的“齐”字谐音，点明了本届智力运动会的举办地为山东枣庄。同时，“棋棋”身穿水纹服，体现了枣庄地处运河沿线，微山湖滨的富水文化特色。“棋棋”面带微笑，造型活泼可爱，也预示着第三届全国智力运动会的圆满成功。

主题宣传口号为“弈动齐鲁风，智绘中国梦”。由李雪晶创作。口号从儒家文化为代表的齐鲁文明入手，突出东道主山东省的人文魅力。从某种程度上讲，齐鲁之风也就是智慧之风，大而言之，“智”就是中华民族之智。因此，作品在立意上提升至国家复兴的高度，意即汇聚全民之智，共同描绘民族复兴的美好愿景，进而实现中国梦。

第五，市场开发，争取社会各界支持智运会。第三届全国智力运动会市场开发工作原定由北京联众公司买断，在智运会第二次新闻发布会时，联众公司单方面推迟了协议的签订，后通知组委会退出智运会的市场开发工作。2015年5月20日，第三届全国智力运动会组委会决定，将智运会市场开发工作交由智运会执委会市场开发部重新启动。此时，距智运会开幕还剩三个多月的时间，这不符合运动会市场开发的规律。但是，开发部的全体同志没有退缩。他们临危受命，接受挑战。他们紧急组织人员外出学习，到了刚刚成功举办山东省第二十三届运动会的济宁市学习，然后邀请了山东省体育产业发展服务中心的刘益民主任和山东省棋牌管理中心马军鸣主任到枣庄进行指导。经过各方面

分析论证，合理地确定了赞助商分为两个层级——合作伙伴和赞助商，并科学地设定合作伙伴和赞助商赞助金额。

为了提高市场开发的效率，第三届全国智运会市场开发部采取了三种方式，一是组建招商团队，枣庄市范围内自己来做；二是通过网络、报纸、电视全国范围招来的南京招商代理，山东省以外的全国市场开发由他们来做；三是在枣庄招了三家招商代理，给他们签订的协议是枣庄市以外、山东省以内的开发权；另外，还通过山东省产权交易中心的平台进行招商、宣传。经过各方面的共同努力，最终，山东八一轮胎制造有限公司、山东祥和乳业有限公司、山东达尔文有限公司、台儿庄古城有限公司等6家企业，成为第三届全国智运会合作伙伴；山东北钛河陶瓷有限公司乾唐轩、山东惠誉文化传媒有限公司、潍坊高崖仙月葡萄酒酿造有限公司等23家企业，成为第三届全国智运会赞助商。累计创收530万元（含物），为智运会提供了资金支持。

（三）第三届全国智力运动会承办阶段（2015年9月12日—2015年9月22日）

第一，开幕式热烈，闭幕式节俭。2015年9月12日，第三届全国智力运动会在枣庄市新城文体中心开幕。

刘鹏在致辞中讲到，本届智运会是在体育战线深入贯彻落实习近平总书记系列重要讲话精神和党的十八大、十八届三中、四中全会精神，解放思想，开拓创新，全面深化体育工作改革，开创体育强国新局面的特殊历史条件下举行。赛会的组织结构、办赛模式、组织理念和内容形式均按照中央对于体育事业的改革要求进行了切实有效的调整和创新。

在欢快的音乐声中，开幕式文体表演《智绘中国》给全国观众奉献了一场美轮美奂的视觉盛宴。从彰显枣庄智慧文明的奚仲造车到方寸沙盘止楚攻宋，从抗战名城杀敌报国到智力运动助推文明城市建设。尽情演绎了博大精深、源远流长的齐鲁文化和枣庄红色文化，充分突出了智力运动会的文化内涵，让观众从中领略到中华体育精神和棋牌文化的独特魅力，以及中国人民反抗法西斯扬威不屈的民族精神。参加演出的830多名演员，都是来自枣庄市的大学、中学、小学和体育社团团体，年龄最大的81岁，最小的只有5岁。既体现了“还体育以本色，还舞台于群众”的原则，又诠释了“节俭办会同样壮观”的理念。

2015年9月22日下午，第三届全国智力运动会在枣庄闭幕。本着节俭的原则，举行了简短的闭幕式。闭幕式上颁发了体育道德风尚奖、优秀赛区等奖牌。同时，进行了会旗交接仪式。下届智运会主办方浙江衢州的代表从枣庄代表手中接走了会旗。

国家体育总局棋牌运动管理中心党委书记杨俊安发表致辞：他说，本届智运会以“弈动齐鲁风　智绘中国梦”为主题，竞赛组织顺畅、后勤保障得力，赛会内容丰富、活动形式多样，有力地促进了棋牌项目高水平竞技与全民健身普及的协调发展，充分体现了“全民参与、全民共享”的办赛理念。这是一届公平、公正、文明、精彩、祥和、成功的智运会，这是一届汇聚全国人民热情，彰显智力运动魅力，展现齐鲁大地风采的智运会。智慧、勇敢的枣庄人民用棋牌运动之笔再次在华夏大地上续写了中国智力运动发展的新篇章。

第二，赛事有条不紊，取得圆满成功。第三届全国智力运动会设围棋、象棋、国际象棋、桥牌、五子棋和国际跳棋6个大项56个小项，还把起源于山东的够级纳入表演项目。来自全国31个省、自治区、直辖市，5个计划单列市、11个行业体协以及香港、澳门的49个代表团参赛，参赛总人数3200人。经过11天角逐，各项比赛圆满结束。39个代表团获得第三届全国智力运动会体育道德风尚奖，枣庄新城、滕州、台儿庄、峄城四个赛区获得优秀赛区奖。

第三，棋牌文化博览会展现棋牌文化魅力。2015年9月13日，第三届全国智力运动会棋牌文化博览会在枣庄市台儿庄会展中心拉开帷幕。从9月13日起至9月19日，文博会围绕棋牌文化展示、棋牌产业展示、棋牌互动活动、棋牌专业论坛四项内容陆续展开。同时，这届文博会还延续“展现内涵、彰显魅力、普及大众、促进发展”的理念，着力为参加文博会的棋牌棋具厂商、培训机构、行业代表以及广大群众打造一个学习、交流、沟通、互动的文化盛会。兼具趣味性和公益性的棋牌互动活动是本届文博会的一大亮点。众多棋牌名人轮班坐镇与现场群众展开丰富的互动和

第三届全国智运会开幕式上的文艺表演极富齐鲁风韵

交流，共举办9大项约35场活动，包括车轮大战、盲棋大战、枣庄业余棋手趣味活动、五棋挂盘讲解和桥牌趣味普及、棋牌名手、书画笔会及书画表演、棋牌知识趣味问答等精彩纷呈的活动。开幕式后，棋牌名家叶江川、华学明、郭莉萍、王彦亲临现场与棋迷朋友进行了棋牌名手公益签赠活动。

9月19日，第三届全国智力运动会棋牌文化博览会圆满落幕。国家体育总局棋牌运动管理中心向博览会的承办单位枣庄市体育局、台儿庄区人民政府和台儿庄古城管理委员会颁发了“最佳组织奖”并赠送书画作品；向参与本次活动的10家支持单位颁发了“突出贡献奖”；向在棋牌文化推广、展示、交流活动中表现突出的8家参展厂商颁发了“最佳展示奖”；向8名志愿者颁发了优秀志愿者证书。

二、承办成就

（一）办出了一届精彩纷呈的赛会

第三届全国智力运动会是枣庄承办的规模最大、规格最高的全国性体育盛会。在省委、省政府的正确领导和智运会组委会、国家体育总局、省体育局的有力指导下，全市上下齐心协力、攻坚克难，倾力做好赛会筹备工作，圆满完成了各项承办任务。本届智运会围绕打造“全民、魅力、精彩、真情、平安、高效”六个智运，以“弈动齐鲁风、智绘中国梦”为主题，共设立7项比赛，尤其是将在山东省普及率较高、在全国较有影响力的够级游戏列入表演展示项目，获得市民广泛好评。共有来自全国的49个代表队、200余家厂商机构参赛参会，赛会总规模达到6000多人，为历届之最。成功组织了开幕式、闭幕式和棋牌文化博览会等重点活动，为全国人民奉献了一场体育文化盛宴。

山东围棋选手周睿羊代表参赛运动员宣誓

（二）办出了一届展现枣庄市接待水平的赛会

接待服务细致到位，对每位来宾实行全过程全方位对口接待，受到参会各方一致称赞。交通运输便捷顺畅，设立3条公交专线，调度70余辆公交车、50余辆出租车专程为赛会服务，满足了观赛和采访需要。安全工作万无一失，打造了坚实牢固的安全壁垒，保障了食品药品卫生安全。

（三）办出了一届影响深远的赛会

全国人大常委会原委员长吴邦国同志亲笔题写主题口号以致祝贺。在北京举行了2次新闻发布会，提高了枣庄的知名度和影响力。通过本届智运会的举办，促进了枣庄市体育竞赛表演、体育广告、体育技术培训等业态的快速发展，培育了新的经济增长点。促进了新城文体中心建设，带动城区公共体育设施进一步完善，提升了城市品位和档次。锻炼了干部队伍，积累了承办国家级大型活动的经验，进一步激发了全市人民干事创业、加快发展的热情。

国家体育总局棋牌中心党委书记杨俊安（中）在闭幕式上交接会旗

三、经验启示

（一）领导重视是关键

枣庄市委、市政府非常重视第三届全国智力运动会承办工作。早在2013年3月全面启动了筹备工作。2014年、2015年连续两年把承办工作列入“百件惠民实事”，成立了枣庄市承办组委会及组委会执行委员会，组建了由相关部门牵头的17个办事机构。市政府确定了“全民智运、魅力智运、精彩智运、真情智运、平安智运、高效智运”的办赛理念。执委会制定了详尽的工作方案和筹备工作计划，形成的汇编材料近300页，提高了智运会办赛工作的规范化、制度化水平。智运会筹备过程中，

枣庄市委领导多次听取工作进展情况汇报，到场馆建设工地和开幕式排练现场召开会议，对工作提出具体要求。市长多次到省政府、国家体育总局汇报工作，出席新闻发布会，并主持召开筹备工作动员大会、市政府专题会议、筹备工作调度会议，统一思想认识，研究解决问题，安排部署工作。市人大还把智运会承办列入2015年重点视察工作，对筹备工作进行了专项督导视察。从而确保了各项筹备工作扎实推进。

（二）营造氛围是基础

智运会初定，舆论已先行。从枣庄日报、枣庄晚报、枣庄新闻网、枣庄广播电视台、枣庄体育网等媒体的智运会专栏和倒计时牌，到第三届全国智力运动会官网、微博和微信；从新城市政广场、枣庄高铁站出口矗立的智运会宣传牌，光明大道两侧和新城环市政道路的2000块道旗，到在北京南站设立的智运会宣传牌；从交通部门分别在公交车、BRT、出租车车体张贴的宣传车贴，到城区主干道路口和高速路出口处制作的高炮，以及楼宇宣传牌，枣庄要承办智运会和枣庄一定要办好智运会，逐渐成为市民的共识。与此同时，枣庄面向全国征集会徽、吉祥物、主题宣传口号，吸引全国人民聚焦枣庄，关注智运会。推出的会徽“鲁班锁—中国结”、吉祥物“榴娃·棋棋”、主题宣传口号“弈动齐鲁风，智绘中国梦”在全国掀起了轰动效应。利用智运会倒计时300天、200天、100天、智运会比赛休息日，组织棋牌国手和棋牌爱好者的互动竞赛；开展了“三棋进校园”“棋牌进社区”“棋牌进乡镇”“棋牌进连队”“棋牌进厂矿企业”“棋牌进机关”等“六进”系列活动，扩大了智力运动普及面，在不同领域宣传智运会，提高了智运会的社会认知度。

（三）同心协力是保障

枣庄市成功承办第三届全国智运会，向国家体育总局和全国人民交了一份优秀的答卷。这是与全市各级各部门各行业同心协力，密切配合分不开的。筹备工作之初，枣庄市政府与国家体育总局棋牌运动管理中心签订了《第三届全国智力运动会委托承办工作责任书》，为落实责任书明确的各项承办工作，枣庄市政府分别与滕州市、峄城区、台儿庄区签订了委托承办责任书，针对赛事和棋牌文化博览会承办任务，明确了工作职责、任务要求、完成时限和事权划分，保证各项筹备工作落实到具体单位、具体人。执委会充分发挥统筹协调作用，下设了办公室、接待服务部、竞赛部、志愿者服务部、城市环境治理部等17个部室，这些部室由所涉及的45个市直单位的分管领导担任部长、副部长。各部门各司其职，为智运会的高效、圆满运转，提供了有力保障。广大市民响应组委会“迎智运，争做文明有礼枣庄人”的倡议，积极投身到“当好东道主，办好智运会”活动中来，义工联盟、社会体育团体等纷纷以各种形式参与智运会志愿服务工作，展示了良好的精神风貌和文明素养，展现了当代枣庄人的风采。

（四）节俭办赛是方向

第三届全国智运会组委会执委会精细制定经费预算、严格控制经费支出，不为财政添负担、不让赛事留骂名，不仅没有影响赛事的精彩，反而更凸显了全民动员、社会办赛的优势和特色。在竞赛组织方面，所有竞赛器材、设备都本着“能借不租，能租不买”的原则，基本是从其他单位借用或租赁；选调的裁判员基本实现本土化，节约了成本，培养了枣庄市的裁判队伍；在活动组织方面，开幕式没有烟火表演，演员不请大腕儿，不选用专业演员；严格规范运动员、裁判员和工作人员行为，树立了风清气正的赛风赛纪。所有这些，顺应了节俭办赛的大气候。

审稿人：李中虎

撰稿人：孙全晖

第三届全国智力运动会开幕式现场

枣庄市仲裁事业发展历程、成就及经验

《中华人民共和国仲裁法》自1995年9月1日施行，标志着我国现代仲裁法律制度正式建立。1998年10月28日，枣庄仲裁委员会挂牌办公，开启了枣庄仲裁事业的崭新篇章。伴随着改革开放进程，枣庄仲裁事业从无到有、从小到大，经历了困难重重而又卓越辉煌的发展历程，在历届市委、市政府正确领导下，立足于服务经济建设大局，公正及时地化解经济纠纷，为规范市场秩序、维护公平正义、维持和谐稳定发挥重要作用，为枣庄市经济社会发展做出了应有贡献。回顾仲裁改革发展的光辉历程，总结仲裁改革发展的宝贵经验，站在新的历史起点上加快推进仲裁事业科学快速发展，不断开创仲裁事业新局面，促进经济长期较快发展和社会和谐稳定、率先全面建成小康社会、加快建设美丽幸福新枣庄，具有重大现实意义和深远的历史意义。

一、仲裁事业发展的历程

总体回顾发展脉络，按照各个时期表现出来的不同特点，枣庄仲裁事业的发展历程可以划分为三个阶段。

（一）由无变有，仲裁成立，艰苦创业（1998年12月至2003年12月）

仲裁创业初期，面临人手少、经费不足、办公条件差等困难，最大的困难是社会认知度差。第一代仲裁人白手起家、自力更生，克服重重困难，为开创仲裁事业付出了巨大心血，打下了稳固基础，各方面工作有了良好开端。这一时期完成了机构建设，组建了第一批仲裁员队伍，建立了《仲裁暂行规则》《仲裁收费办法》《仲裁员守则》等一系列基本制度，并完成了早期的《中华人民共和国仲裁法》（以下简称《仲裁法》）宣传普及工作。

1. 市委、市政府高度重视，以强有力措施支持重建仲裁机构。1998年，枣庄市政府研究决定，枣庄市将重新组建统一的仲裁机构，成立枣庄仲裁委员会，时任枣庄市副市长魏绍水担任主任。枣庄市政府《关于印发枣庄仲裁委员会章程的通知》，明确枣庄仲裁委员会的业务范围、机构设置、工作职责、换届流程及办案要求等项工作。市政府对枣庄仲裁委员会的章程、组成、仲裁员选聘等重大问题作出系列决策部署，为1998年10月28日机构挂牌成立做了充足的准备工作。创业初期，市政府协调解决了办公经费、场所及车辆等实际问题，帮助新生的仲裁机构度过了初期的困难阶段。同时，为保证仲裁的独立性，除帮助协调和解决仲裁机构遇到的重大问题外，党和政府一贯坚持对仲裁自身工作不干预的原则，不插手具体案件的办理。

2. 抓制度建设，建立牢固的工作基础。依据《仲裁法》，结合仲裁实际，枣庄仲裁委从制定仲裁规则、仲裁办案程序规范入手，建立了一整套规章制度。枣庄仲裁委员会第一次全体会议审议通过《枣庄仲裁委员会仲裁规则》《枣庄仲裁委员会仲裁员守则》《枣庄仲裁委员会仲裁收费办法》《枣庄仲裁委员会首批聘任仲裁员名册》。《章程》和《仲裁规则》是仲裁委工作运行的基本遵循，保障了仲裁工作正常运转。制订了《学习制度》《例会制度》《考勤制度》等十一项内部管理制度，力求高标准起步，用制度管人管事。枣庄仲裁委员会的基本制度框架初步形成，使仲裁工作尽快运转起来，并迅速步入良性发展轨道。

3. 大力宣传《仲裁法》，积极推行仲裁制度。大造声势，从零做起，克服重重困难，向社会传播仲裁知识，让社会知晓仲裁、了解仲裁，进而利用仲裁解决矛盾纠纷。宣传第一步，首先让更多的市直部门单位知道仲裁，1998年至1999年，枣庄仲裁委员会分别召开了有金融、保险、商业等10余个部门的仲裁工作座谈会。1999年8月26日，在枣庄宾馆举办了纪念《仲裁法》实施四周年座谈会。1999年5月25日，依托工商行政管理系统在滕州、台儿庄、薛城设立3个派出机构。2000年8月，枣庄市人民政府举办第六次新闻发布会，就枣庄仲裁委员会成立2年来贯彻实施仲裁法及人们关心的有关仲裁问题回答了各新闻单位记者的提问。这些做法有效地扩大了仲裁的社会影响力，起到了较快地推行仲裁制度的积极作用。

4. 建立了一支适应仲裁工作需要的仲裁队伍。建立一支团结进取、精干高效、公正廉洁的仲裁员队伍，是事业成败的关键，枣庄仲裁委成立之初，即把队伍建设作为头等大事来抓，高标准选拔人才，及时开展业务培训，大力加强队伍管理。1999年1月6日，举行仲裁员证书颁发仪式，向首批仲裁员颁发聘书。1998年11月28日，举办仲裁法报告会暨仲裁员培训班，各区市分管领导、首批仲裁员、联络人共300余人参加了培训。全国人大常委会法工委民法室段京连、国务院法制办协调司三处黄新华分别作了《仲裁法》辅导报告、《中国仲裁的现状与前瞻》。1999年3—5月先后举办三期仲裁联络员培训班。2002年3月，枣庄仲裁委员会秘书处举办枣庄仲裁书记员业务培训班，邀请枣庄市中级人民法院民事审判庭庭长进行业务授课。

（二）仲裁事业稳步推进（2003年

12 月至 2012 年 12 月）

这一时期，历任领导准确把握仲裁工作方向，加强机构规范化建设，坚持不懈地宣传推行仲裁制度，千方百计加强联络，努力为仲裁发展争取良好的社会环境，为仲裁大发展积蓄了重要力量。

1. 狠抓案件办理，提高办案效率。解决经济纠纷是民商法赋予仲裁委员会的主要职责，为了更好地履行职责，充分发挥仲裁优势，依法保障当事人合法权利，枣庄仲裁委员会严格把好案件受理关，公正及时地审理仲裁案件，努力提高办案质量和效率，不断规范办案流程，落实科学组庭、分类审理等办案制度，坚持快捷受理、按期结案、止纷定争、案结事了。2001 年以来，枣庄仲裁委重点抓“三率”，对案件实行庭前先行调解，使当事人对裁决的自动履行率达到了 65% 以上，调解书的自动履行率达到 80% 以上，快速结案率达 95%，仲裁的特色和优势得以体现。在改进自身工作的同时，加强与人民法院的联系，协调仲裁管辖、仲裁协议效力的认定、财产证据保全、撤销和执行等方面存在的问题，优质高效地办理了一大批仲裁案件，仲裁解决纠纷的积极作用开始有效发挥。

2. 狠抓宣传推行，努力提高仲裁的社会影响力。枣庄仲裁委通过“12•4”法制宣传日上街宣传、开展免费法律咨询、在报纸开设仲裁问答专栏、深入企业走访宣传等多种形式，普及仲裁知识，提高社会仲裁意识，扩大仲裁的社会影响力和知名度。同时，加强与有关部门的协调配合，做好专项推行，2006 年、2008 年分别成立了保险行业仲裁调解中心、医疗纠纷调解中心，为拓展仲裁制度服务领域做出了积极贡献。

3. 全面建章立制，加强案件规范化管理和机构规范化建设。制定了《仲裁员管理办法》《仲裁员守则》《错案责任追究试行办法》《枣庄仲裁委员会廉洁办案制度》等 20 余项办案制度。同时，推行政务公开，将枣庄仲裁办工作职责、受案范围、收费标准、服务承诺、监督举报电话等向社会公开，主动接受社会监督。

（三）大发展阶段（2009 年 12 月至今）

2013 年以来，枣庄仲裁委提出了“强班子、带队伍，改进宣传推行方式方法、强化仲裁员管理，深化仲裁办案质量和效率，努力提高仲裁公信力”的工作思路，仲裁发展进入快车道，呈现出科学快速发展的新局面，受案数和标的额连年高速增长。

1. 加大宣传力度，扩大社会影响。为加强对宣传推行工作的领导，2009 年 8 月，枣庄仲裁委新设发展联络科，主要职责就是仲裁宣传推行。深入企业直接宣传，加大常规性宣传力度，上街开展现场法律咨询服务，在报刊刊登仲裁宣传文章，全面维护枣庄仲裁官方网站运行，实现了多维度、全天候宣传。定制了精美宣传手册《画说仲裁》和仲裁宣传手提袋。同时，加强了与市内相关行业协会、市属重点企业、市直有关部门单位、各市区的联系与沟通，通过召开工作座谈会、定期走访、联合行文、设立派出机构等形式，不断延展仲裁服务领域和范围。与市工商局联合行文，引导和鼓励企业规范合同文本，主动选择仲裁，宣传仲裁制度。与市住建局联合发文，在住房建设领域联合推行仲裁法律制度，打开了市场空白。借力“互联网 +”，实现仲裁业务提质增效。枣庄仲裁委积极运用互联网思维改进仲裁工作，将互利网技术应用于案件办理、内部管理和宣传推行等项工作，实现办案宣传信息化。购买案件管理系统，立案、缴费、组庭、开庭排期、审核把关全部仲裁流程均通过网络运行。

2. 健全机制，规范仲裁员管理。首先是严把仲裁员选聘关，先后建立和逐步完善了仲裁员聘任、遴选和仲裁员公示的各项制度，对仲裁员实行动态管理，对热心仲裁事业、业务品德好的人，及时纳入仲裁员队伍，对那些对仲裁不热爱、对仲裁发展帮助不大、特别是那些表现不好的仲裁员，及时清理出仲裁员队伍。二是建立首席仲裁员队伍，按照专业知识、道德修养、驾驭庭审能力、综合协调能力等标准，确定 17 名首席仲裁员，由主任优先指定使用。三是开展“优秀仲裁员”评比活动，表彰奖励优秀仲裁员，彰显典型示范作用。实行责任追究机制，对承办案件出现质量问题或出现被撤销、不予执行的情况，一律追究仲裁员责任，扣减报酬，情形严重者予以除名。四是仲裁员培训高端化，与中国政法大学联合举办仲裁员业务素质提升高级研修班，聘请国内知名专家学者对仲裁员进行理论培训和庭审训

1998年10月28日，枣庄仲裁委员会成立大会召开

练，取得良好成效，引发热烈反响，成为枣庄仲裁委历年来仲裁员培训规格最高、规模最大、反响最好的一次。

3. 严格案件管控，优化办案流程。先后制定了《仲裁员办案规范》《枣庄仲裁委立案工作规定》《关于加强仲裁审限管理的若干规定》《鉴定程序规定》《仲裁文书制作规范》等 20 多项工作制度。2013 年对《仲裁规则》进行了修订，把仲裁案件从立案到结案的全过程用制度加以规定，规范了案件管理，提高了案件审理效率。调整内部机构设置，优化人员组合，规划办案流程，把立案、送达等业务工作全部纳入一个科室进行规范化服务，使办案流程更加科学、高效、合理。实行仲裁文书由仲裁书记员、业务科长、分管领导三级审核的制度，在案件质量把关上，实行仲裁书记员、仲裁员、分管领导“三把关”的案件审核程序，确保每起案件在程序上和实体上合法公正。加强卷宗文书质量管理。在单位内部卷宗评查和仲裁书记员互评的基础上，每季度邀请市法院法官对文书进行评查，案卷质量得到了有效保证。定期开展积案集中清理。对已超审限和立案两个月未审结的案件进行集中清理，解决了部分疑难案件久拖不决的问题。为仲裁庭配置了同步显示系统和开庭信息 LED 屏，加强了庭审提醒监督，案件审理更加规范，避免出现记录错误。

2011年8月17日，枣庄仲裁委员会秘书处党风廉政建设巡查工作会议召开

二、工作成就

（一）仲裁业务快速发展，不断提升仲裁公信力

1998 年 10 月到 2017 年 12 月 31 日共受理各类民商事案件 3730 件，涉案标的额近 21 亿元。1998 年枣庄仲裁委员会改革成立不久，没有仲裁受案；1999 年仲裁立案 19 件，2000 年仲裁立案 44 件，2001 年仲裁立案 58 件，2002 年仲裁立案 41 件，2003 年仲裁立案 34 件，2004 年仲裁立案 53 件，2005 年仲裁立案 71 件，2006 年仲裁立案 75 件，2007 年仲裁立案 73 件，2008 年仲裁立案 152 件，2009 年仲裁立案 210 件，2010 年仲裁立案 310 件，2011 年仲裁立案 399 件，2012 年仲裁立案 283 件，2013 年仲裁立案 305 件，2014 年仲裁立案 306 件，2015 年仲裁立案 317 件，2016 年仲裁立案 321 件，2017 年仲裁立案 659 件。从各年度受理案件数量走势可见，案件数量总体是上升趋势，但是总量不大，还有很大提升空间。

（二）办案质量和效率不断提高，仲裁公信力显著提升

案件审理井然有序，年度平均审结率达 80% 以上，案件审理平均审限由早期的两个月缩短到 50 天，快速结案率和自动履行率分别达到 93.5% 和 94.1%，被撤销和不予执行的案件比例控制在 1% 以内。案件调解和解率不断提升，调解率保持在 60% 以上，实现了从过去以裁决为主，到现在裁决与调解共同发挥作用的新转变。办案社会效果良好，对于劳务纠纷、房屋买卖集体案件等一批社会涉及面广、影响重大的案件作出妥善处理，避免了大规模信访事件发生，对于维护社会和谐稳定作出了积极贡献。

2014年4月18日，全体人员到山亭开展寻访革命遗迹教育

（三）枣庄市仲裁社会认知度和影响力显著提升，越来越多的经济主体主动选择仲裁

枣庄仲裁委多年来持之以恒开展宣传推行，广泛加强社会联络，仲裁无人知晓的局面得以扭转，更多的市民和市场主体知道了仲裁，了解了仲裁的优势，并积极运用仲裁化解经济纠纷。随着仲裁事业发展和宣传工作推进，知道仲裁职能、了解仲裁优势的人越来越多，相当一部分市场主体对商事仲裁与劳动仲裁、与法院的区别有了大概的了解。经常有遇到法律纠纷的市民打电话咨询仲裁，很多市民通过网络搜索仲裁知识或

2018年2月12日，领导班子到帮包贫困户家中走访

关注枣庄仲裁网站，有的企业邀请仲裁工作人员上门送法，普及仲裁法律知识，更多的政府部门单位了解仲裁，积极配合和支持仲裁工作，越来越多优秀法律工作者和各行业专家学者申请成为枣庄仲裁委员会仲裁员，越来越多的企业和个人在格式合同中增加仲裁条款或在签订合同时主动约定仲裁。

三、经验总结

回顾枣庄仲裁20年的发展历程，之所以取得显著成绩，在于历届领导和仲裁工作者始终对仲裁事业发展保持深刻而清醒的认识，坚持正确的发展方向，把握准确的工作定位，使枣庄仲裁始终沿着正确的轨道快速发展，归纳起来主要有以下几点。

（一）办案质量关系仲裁事业成败，是仲裁工作的生命线

仲裁是当事人自愿选择的纠纷处理方式，公正快捷地办理案件，妥善地维护当事人的合法权益是仲裁工作的基本要义。办好案件是最好的宣传，办案优质高效，才能充分发挥仲裁经济快捷的优势，才真正具备社会公信力。枣庄仲裁委员会始终紧紧抓住办案质量这根生命线，将其摆在全部工作的首要位置，注重发挥仲裁经济、快捷、保密、灵活的特点优势，坚持“春风化雨、润物无声”的服务理念，通过健全办案制度、优化办案流程、程序严格把关、严格审限管理、案件运行数字化、提高仲裁员和仲裁书记员业务素质等举措多管齐下，确保每起案件经得起法律和实践检验，并打造一批精品案件，形成了办案快捷、审核严谨、案件质量逐年提高的良好局面，赢得了经济主体的普遍认可，受案类型和范围逐步扩大，受理案件数和涉案标的额逐年增长，仲裁公信力全面提升。

（二）建设一支高素质的仲裁专家队伍，是仲裁事业的强大支撑

仲裁员是仲裁工作的实践者，其首要职责是裁决案件、化解矛盾、定纷止争，也是仲裁制度的宣传者，既代表仲裁机构形象，又可以利用自身在专业领域的影响引导约定仲裁。根据《仲裁法》规定，担任仲裁员需要具备较高的专业条件和经过严格的聘任程序。枣庄仲裁委员会在经贸、法律、建设工程等领域共聘用166名专家担任仲裁员，既有长年从事经济工作的专门人才，也有教学科研机构的专家学者；既有长期从事法律实务的专业人士，也有研究和熟悉市场经济的专家和企业家。这些仲裁员了解经济，熟悉法律，专业精通，职业操守比较严谨，能够较好地运用法律规定和市场经济的商业惯例和行业规则妥善解决经济纠纷。

（三）融入市场经济是关键，充分发挥仲裁制度的优势

仲裁是市场经济的产物。仲裁就是组织市场经济的专家、按照市场经济的规律、采用市场经济的办法、解决市场经济的纠纷，来满足市场经济的需求。枣庄仲裁委员会遵循市场经济规律，不断创新仲裁工作机制，紧紧围绕党委和政府的中心工作，从维护改革、发展和稳定的大局出发，树立市场理念，在观念、体制、管理等方面不断创新，深入调研本地市场仲裁需求和仲裁发展潜力，深入了解市场、融入市场、培育市场和服务市场，找准仲裁工作的切入点和作用增长点。办案模式上坚持“去诉讼化”，最大限度体现仲裁自身特点，坚持调解优先、能调则调，引导双方当事人变对抗争讼为协商解决争议，努力为当事人继续合作创造条件。广泛吸收各领域权威专家成为仲裁员，将商业管理和行业规则作为裁决依据，从而使仲裁工作的专业性、灵活性、快捷性水平不断提高。

（四）自力更生、开拓创新，是实现跨越发展的不二法门

仲裁创业初期，枣庄仲裁委面临人手少、经费不足、办公条件差等困难，社会认知度差的问题在相当长的一个时期难以扭转，第一代仲裁人不等不靠、自力更生，艰苦创业、踏实工作，依靠主观努力克服客观困难，在较短的时间使仲裁工作步入正轨，为仲裁事业发展奠定了坚实基础。在我国，建立社会主义市场经济条件下的仲裁制度是一项开拓创新的工作，只有不断更新理念，开拓创新，自我加压，不断完善，才能不断推进仲裁工作新发展。在新时期新阶段，面对社会利益错综复杂、矛盾纠纷日益突出、办案专业性越来越高等新情况新问题，新一代仲裁人创新思路、积极作为，开始了二次创业，迎来了仲裁事业的大发展。在今后的发展道路中，枣庄仲裁委将继续坚持自力更生，扎实工作，敢为人先，开拓创新，推动仲裁工作再上新台阶。

审稿人：李修凡

撰稿人：侯钦征

枣庄市供销社发展历程、成效及经验启示

1978年以来，在党和政府的领导下，枣庄市供销社坚持为农服务宗旨，在增强为农服务能力、促进城乡物资交流、保障市场供给等方面做了大量工作，但是受到市场经济的冲击，供销社农业社会化服务工作由于体制原因，基础较差发展缓慢，没有形成成熟的农业社会化服务体系。从2005年开始，枣庄市供销社从农村经济发展的需要、从建立社会主义市场经济体制要求、从供销合作社自身改革的迫切需要出发，顺应转变农业发展方式、建设现代农业的新趋势，坚持“农民外出打工，供销社给农民打工”的理念，以土地托管为切入点推进服务规模化，以为农服务中心为依托打造“3公里土地托管服务圈”，积极构建综合性、规模化、可持续的农业社会化服务体系，趟出了以全程农业社会化服务推动农业现代化的新路子。2017年，枣庄市供销社被人力资源社会保障部、中华全国供销合作总社联合授予“全国供销合作社系统先进集体”荣誉称号，被山东省人力资源社会保障厅、省供销合作社联合社、省公务员局联合授予“全省供销合作社系统先进集体”荣誉称号。

一、发展历程

从2005年开始，随着全市供销社服务功能逐渐完备、经营网络逐渐完善，农业社会化服务体系建设开始有了新的发展，从发展历程上看，大致可分为以下三个阶段：

（一）起始阶段（2005—2010年）

自2005年开始，枣庄市供销社通过理顺组织体制、强化服务功能、完善经营机制、加强监督管理和给予保护扶持等五个环节，以基层社为重点，采取切实有力的政策措施，使供销合作社真正体现农民合作经济组织的性质，真正实现为农业、农村和农民提供综合服务的宗旨，真正成为加强党和政府与农民密切联系的桥梁和纽带。

1. 加强基层建设。2005年3月4日，省委农村工作领导小组办公室、省财政厅、农业厅、供销社、农业开发办及相关部门召开座谈会，就推进农村合作经济组织发展进行了专门研究。会议要求供销社着力解决品种和质量问题，组织实施农产品标准化生产。2005年5月26日，枣庄市供销社为加强基层供销社建设，夯实供销社发展基础，积极领办创办专业合作社，制定下发了《枣庄市供销社关于建立基层工作联系点的通知》，要求各基层联系点要进一步增强紧迫感、责任感，紧紧围绕新一轮农村经济的发展，贴近“三农”，扎扎实实做好各项工作，积极主动地参与到农村经济发展的热潮中，真正有所作为，不断谋求基层社的发展壮大。2006年3月16日，枣庄市供销社下发《关于转发全国总社〈关于加快发展基层供销合作社全面参与社会主义新农村建设的意见〉的通知》，要求进一步加强基层组织建设，积极参与社会主义新农村建设。2006年5月25日，枣庄市供销社下发《关于进一步加快发展农村合作经济组织积极参与社会主义新农村建设的意见》，要求全市供销社一是选准能人，二是因势利导发展合作经济组织，三是引导乡村两级干部积极领办农村合作经济组织，四是动员基层供销社积极参与发展农村合作经济组织，五是搞好农村合作经济组织负责人培训。2007年3月22日，枣庄市供销社下发《关于进一步强化措施，大力发展农村合作经济组织的意见》，要求全市供销社大力发展农村合作经济组织，巩固提升合作经济成果。2007年6月29日，枣庄市供销社下发《关于做好〈农民专业合作社法〉宣传贯彻工作的通知》，要求全市供销社迅速行动、广泛宣传培训，切实将《农民专业合作社法》的基本精神深入各级干部和农村千家万户。

2. 建立现代农村经营服务体系。2009年11月17日，国务院下发《关于加快供销合作社改革发展的若干意见》，要求供销社着力强化农村现代流通服务体系建设、增强供销合作社服务功能、加强供销合作社组织建设。2010年2月20日，枣庄市供销社制定下发了《关于建立农村现代经营服务体系做好2010年全市供销社工作的意见》，要求全市供销社大力推进农村现代经营服务新体系建设、全面加强供销社组织体系建设。

3. 探索开展大田作物托管。2010年10月11—12日，全省供销社大田作物服务创新暨基层启动现场会在汶上县召开，会上要求全省供销社推广汶上经验，积极开展大田作物托管服务。2010年10月18日，为贯彻全省供销社大田作物服务创新暨基层社启动现场会，枣庄市供销社制定下发了《关于认真贯彻全省供销社大田作物服务创新暨基层社启动现场会的通知》，要求全市供销社结合实际，探索创新，深入开展大田作物托管试点工作。

4. 积极探索发展农资业务。2006年12月11日，我国履行入世承诺，化肥市场全面对外开放，允许国外的企业在中国从事化肥批发、零售和分销业务。2009年8月24日，国务院发布《关于进一步深化化肥流通体制改革的决定》，取消对化肥经营企业所有制性质的限制，允许具备条件企业、个体工商

户等市场主体进入化肥流通领域，参与经营，公平竞争，至此我国农资市场进入全面放开的市场经济阶段。在此过程中，枣庄市供销社系统农资经营阵地、基层经营网点受到很大的冲击，形成了供销系统农资经营企业、工厂自销、农业“三站”、个体商贩并存的多渠道经营的格局。在此背景下，枣庄市供销社系统积极转变发展思路，运用市场化思维经营运作，实现了由过去的单一行政命令、硬性调拨向互惠互利、联合合作的关系过渡。枣庄市供销社下发了《关于发挥行业协会作用加强农资市场监管的意见》《关于授予枣庄市农资行业“放心单位”“放心店”称号的决定》《关于做好当前农资经营推进基层社发展的通知》等文件。

5. 建设农产品经营服务体系。2008年10月12日，山东省供销社召开全省供销社系统建设农产品经营服务体系工作会议，要求供销社选准产品，精心建设好示范园，发展标准化生产基地，开拓市场渠道，拓展增值空间。枣庄市供销社以创建品牌为目标，以标准化生产为核心，以专业合作经济组织为依托，与农民及相关经营主体共同建立从生产到市场终端的新型农产品经营服务体系。2009年2月18日，枣庄市供销社下发《关于推进“四个体系”建设更好服务“三农”的意见》，要求全市供销社坚持为农服务的办社宗旨，积极实践科学发展观，以“一个网络、两个平台”为中心，创新和推进农村现代流通体系、农产品经营服务体系、农村社区服务体系、供销社组织体系等“四个体系”建设，以服务规范化、经营市场化、手段现代化，改造提升各类经营服务组织，全面构筑农村新型经营服务体系，使之成为促进“三农”经济发展的核心力量。

（二）发展阶段（2011—2014年5月）

自2011年开始，枣庄市供销社在市委、市政府的领导和山东省供销社的精心指导下，农业社会化服务体系建设开始步入正轨，恢复发展基层供销社，领办创办农民合作社，壮大社有企业实力，开展大田作物生产经营服务、党建带社建村社共建和信用互助业务，积极发展覆盖全程、综合配套、便捷高效的农业社会化服务。

1. 推进现代农业服务规模化。2011年5月6日，全省供销社推进大田作物生产服务创新现场会在济宁市汶上县召开，会议要求要选择当地主导产业作为服务对象，整合内部资源充分延伸服务链条，全力推动大田作物生产服务再上新水平。2013年2月，《中共中央、国务院关于加快发展现代农业进一步增强农村发展活力的若干意见》中提出鼓励发展全程托管服务，促进农业先进适用技术到田到户。枣庄市供销社依托基层供销社和领办的农民合作社，通过提供农资、种子、农机等资源，为农民进行耕种管收部分生产环节的服务，对大田作物经营服务工作进行了初步探索。2013年9月27日，枣庄市供销社召开推进现代农业服务规模化现场会议，会上总结推广汶上土地托管经验，研究部署全市供销社系统开展现代农业服务规模化工作，下发了《枣庄市供销社关于推进现代农业服务规模化工作的意见》，进一步明确了指导思想、目标任务和工作措施。为推动土地托管工作，枣庄市供销社与枣庄市水利和渔业局联合下发《关于做好小型农田水利设施工程建设工作的意见》，与枣庄市农业局、枣庄市农业机械管理局联合下发《关于推进农业服务规模化工作的意见》，共同推进农业服务规模化，实现资源共享，优势互补，形成了“供销主导、多方参与、统一运作、合同管理、政府支持”的运作模式。全市供销社系统立足实际，由基层社和领办的农民合作社组成的生产服务队，重点围绕耕、种、管、收、加、贮、销等环节提供产前、产中、产后规模化服务，对不同服务需求的土地针对性地开展“菜单式”半托管和“保姆式”全托管，发挥自身优势，整合服务资源，创新服务方式，扩大服务面积，趟出了一条符合枣庄“人多地少”实际、顺应现代农业发展需要的为农服务新路子。

2. 积极探索党建带社建村社共建。2013年9月17日，全省供销社推进党建带社建村社共建工作会议在临沂市召开，安排部署任务，进一步在全省推进党建带社建村社共建工作。枣庄市供销社下发《枣庄市供销社关于开展党建带社建村社共建工作的实施方案》，实施以“共建一个服务型党组织、共建一家农民专业合作社、共建一支生产服务队、共建一个农村社区综合服务平台、共建一支人才队伍、共建一个利益链接机制”为主要内容的“六个一”工程，主动参与到农村基层组织建设中去，着力构建基层供销社、村“两委”、农民合作社、资金互助组织的“四位一体”新机制，推进现代农业服务规模化，促进基层服务型党组织建设，加快构建农业社会化服务体系。2014年2月12日，市委办公室、市政府办公室转发《市供销社关于做好新形势下农村基层“党建带社建村社共建”工作的意见》，文件要求进一步发挥各级供销社服务农民生产生活的主导作用，在全市范围内开展党建带社建村社共建，加强农村服务型党组织建设，拓展服务功能，增加村集体收入。区（市）供销社进一步争取领导支持，相继下发党建带社建村社共建文件，推动全系统党建带社建村社共建工作开展。

3. 加快发展农资经营服务。供销社的农资经营经历过曲折的发展之路，由过去的独家经营、专营到市场放开初期下的线断网破，再到买方市场的多元化经营。全市供销合作社系统浴火重生，从恢复经营，到创新经营业态，发展连锁经营，再到新型化肥经营服务体系。组建培育龙头企业，加快连锁化发展进程。通过联合与合作，与自身无能力组建公司的区社合作，成立区直分公司或子公司，再由区（市）社连同基层社建立乡镇、农村或者社区直营店和加盟店，推动连锁发展。推动放心农资下乡，联合打响供销系统农资品牌。由滕州丰谷农资公司、山亭丰泽农资公司、市中农

资公司等农资龙头企业搞好农资联购分销，加大联采业务量，最终降低农民购置成本。创新经营方式，丰富服务内容。依托区直农资公司和各地区物流配送中心，结合当地需求，做好乡镇和村级化肥直供，方便农民快捷使用，减少流通环节。不断丰富服务内容，将单一农资销售店打造成能提供农资培训、农技咨询等服务项目丰富的农资一站式服务个体，实现在一线在基层在田间测土配方，结合当地土质和农作物，开展各类化肥配方，从市场需求角度供应各类实用、优惠农资。

4. 探索信用互助业务。2012 年，山东省供销社下发《关于推进农村信用合作融资服务体系建设的意见》，要求全省供销社积极开展农村信用合作。2012 年 5 月 5 日，枣庄市供销社制定下发《全市供销社农村信用合作融资服务体系建设实施方案》，要求全市供销社在领办的实力较强的农民合作社内部，探索开展信用互助业务，加强监督管理，防范金融风险。

5. 大力发展农村现代流通服务体系。2011 年 3 月 16 日，枣庄市供销社制定下发《2011 年全市供销社工作意见》，要求深化社有企业改革发展。2013 年 3 月 7 日，枣庄市供销社出台《关于以新型城镇化为引领加快全市供销社经营网络建设的意见》，要求围绕中心城区、区（市）驻地、小城镇、新型农村社区“四个层面”，建设日用品现代经营网络、农资经营服务网络、农产品购销网络、再生资源回收利用网络“四大网络”，打造以中心城区、区（市）驻地主力店为龙头、大型社区和乡镇直营店为骨干、新型农村社区网点为基础的城镇化现代流通服务网络体系。

6. 加强基层组织建设。2013 年 3 月，枣庄市供销社下发《关于实施四联四推加快供销社基层组织建设的意见》，要求将供销社基层组织建设成为当地农业社会化服务的骨干力量、农村现代流通的主导力量、农民专业合作的带动力量。为加强对系统农民专业合作社的指导、扶持和服务，提高农民进入市场的组织化程度和农民专业合作社的运营质量，助推枣庄市农业现代化发展，枣庄市供销社下发《关于发挥供销社优势推进农民专业合作社发展的意见》，指导全系统领办创办农民合作社。2013 年 12 月，全省供销社基层工作电视会议在济南市召开，会议指出，要积极构筑基层供销社、村“两委”、农民合作社、资金互助组织“四位一体”的新机制，全力推进现代农业服务规模化、党建带社建村社共建、参与城镇化建设和社有企业改革发展四条主线，探索全省“一张网”“一条龙”“一个社”的实现形式。2014 年 3 月 3 日，枣庄市供销社下发《关于加强基层工作的实施意见》，要求全系统围绕构建农村新型经营服务体系总体目标，按照“改造自我、服务农民”的总要求，坚持“为农服务、市场导向、开放办社、联合合作、增强实力”的原则，遵循山东省供销社“1234”的工作思路，以健全组织体系、改造经营网络、管理运营资产、强化服务功能、壮大人才队伍为工作重点，构筑基层供销社、村“两

2013年7月，滕州供销社土地托管服务现场

委”、农民合作社、资金互助组织“四位一体”工作机制，把基层组织打造成自主经营的实体、为农服务的载体和农民合作经济组织的联合体，全面提升服务新农村建设的能力和水平。

（三）完善阶段（2014年6月至今）

从2014年6月开始，枣庄市供销社按照《枣庄市供销合作社综合改革试点实施方案》要求，坚持为农务农姓农，突出体制机制改革、服务规模化、流通现代化、农村合作金融四项重点任务，实施实体性合作经济组织、农业服务规模化、农村现代流通、农村合作金融、党建带社建村社共建、新型农民社员素质提升“6项创新提升工程”，努力打造服务农民生产生活的生力军和综合平台，形成了一批可复制、可推广的“枣庄模式”，2016年底顺利完成供销社综合改革试点任务。

1. 加快体制机制创新。2015年3月23日，中共中央、国务院下发《关于深化供销合作社综合改革的决定》，要求建立综合性规模化可持续的为农服务综合平台。枣庄市供销社以县级供销社为依托，组织专业和区域性农民合作社联合社，组建县级农民合作社联合社，为事业法人，实行“一个机构、两个牌子”，加快推进县域农民合作社整合发展。6个区（市）社全部成立了县级农民合作社联合社。滕州市供销社成立供销山合资产经营有限公司，稳步推进资本运作与资产运营，确保社有资产保值增值。2017年7月30日，山东省供销社在滕州召开全省供销社深化改革现场推进会，枣庄市综合改革经验被复制推广。枣庄市供销社、滕州市供销社被国家人社部、全国总社评为先进集体，滕州、峄城土地股份合作社与农民融合共生，在密切与农民利益联结方面创出新模式；发展完善农民合作社及其联合社61家，山东省供销社在滕州市委党校设立培训基地；山亭区供销社规划建设酱油公社和供销社史料陈列馆。枣庄市供销社系统规范发展农民合作社，提升农民合作社联合社，壮大基层供销社，完善“3控3×6+1”运营机制，构建起综合化、规模化、可持续的为农服务体系，在乡村振兴中发挥供销社的独特作用。

2. 建设为农服务中心，大力开展农业服务规模化。2015年5月29日，山东省农业厅与山东省供销合作社联合社联合发布《关于加快推进农业社会化服务发展的意见》，加大新型农业生产经营服务主体培育力度，创新服务体制机制，全面提升为农服务水平。2015年9月23日，中共山东省委、山东省人民政府下发《关于深化供销合作社综合改革的实施意见》，要求供销社以土地托管为切入点，加快推进现代农业服务规模化。围绕耕、种、管、收、加、贮、销等农业生产环节，大力推广“保姆式”“菜单式”等多种形式的托管服务模式。2015年9月24日，全国供销合作社农业社会化服务暨综合改革试点现场推进会在山东省高密市召开，总社党组书记、理事会主任王侠要求，各地要大力推广土地托管服务模式，因地制宜探索符合不同地区实际的服务模式，根据自身实力和服务能力，开展全程托管或主要生产环节的托管服务。要加快培育壮大服务主体，组建专业化的农业服务企业，打造基层为农服务平台，形成网络化的托管服务体系，解决服务“最后一公里”问题。2016年1月8日，枣庄市供销社和枣庄农村商业银行股份有限公司联合下发《关于深化合作　更好服务“三农”的通知》，文件要求双方共同加强为农服务中心建设、共同推进农村电子商务发展、共同打造农村现代流通服务体系、共同推进农村信用互助业务发展、共同支持农村合作经济组织做大做强。2016年4月6日，中共枣庄市委、枣庄市人民政府下发《关于深化供销合作社综合改革的实施意见》，要求全市供销社系统开展土地托管服务，深入推进农业全程社会化服务。2016年4月8日，汪洋副总理在《土地托管大有可为——临沂、枣庄两市供销合作社开展农业社会化服务情况的调查报告》上作出批示“供销社进行土地托管，是农业适度规模经营的积极探索，值得重视”，对枣庄市供销社土地托管工作予以肯定。枣庄市供销社建设为农服务中心26处，扩大土地托管面积，完善为农服务中心运营模式。2017年8月23日，全省供销社水肥一体化现场推进会在烟台市牟平区召开，会议要求全省各级供销社要借鉴先进地区经验做法，推广水肥一体化激发农业服务规模化活力，提升丘陵山区服务规模化水平，为推进全省农业供给侧结构性改革做出新的贡献。2017年8月29日，全省供

2014年，滕州供销社丰谷农资公司土地托管服务队

销社农业补充商业保险推进会议在枣庄召开，会议要求以土地托管为依托，紧密结合相关业务的开展，扎实推进农业补充商业保险工作。2017年9月6日，全省供销社农业服务体系建设现场会在潍坊安丘召开，会议要求全省供销社系统要以“3控3×6+1”为核心，着力推进县域农业服务体系“一体化”建设运营。2017年9月30日，枣庄市供销社召开全市供销社推进农业社会化服务体系建设会议，就开展水肥一体化、农业补充商业保险、建设农业社会化服务体系工作进行了部署。枣庄市供销社系统推进土地托管服务向纵深发展，重点抓好“两个延伸、两个提升”扩大托管规模，服务方式由农业生产服务向推动一二三产业融合发展、推进农业“新六产”提升，大力推广应用农业新技术，充分释放规模化服务与规模化经营“两个潜力”。加快建设为农服务中心建设，实行农业专业化、系列化、规模化全程服务，按照最佳效益规模，打造服务半径3公里，辐射面积3—5万亩的“3公里土地托管服务圈”。规范运营县级农业服务公司，统筹推动县级农业服务公司与乡镇农民合作社联合社共同建设运营为农服务中心，努力将农业服务公司构建为综合性规模化可持续为农服务体系的中枢，使其成为实施乡村振兴战略的重要阵地。

3. 推进党建带社建村社共建。2014年11月3日，全省供销社党建带社建村社共建工作经验交流会在济南召开。2015年6月5日，全省供销社加快推进现代农业服务规模化现场会在菏泽市郓城县召开，会议要求坚定不移推进供销社、村“两委”、农民合作社和信用互助社“四位一体”工作机制，借助开展第二批党的群众路线教育实践活动的重要时机，扎实推进党建带社建村社共建，进一步加快形成农业农村发展强大合力，集中解决好当前农业发展中的服务、组织、经营和资金保障等方面的难题。2015年7月1日，山东省供销社党组书记、理事会主任侯成君专程赴枣庄市山亭区枣店香大红枣种植专业合作社，看望基层党员群众，并就“党建带社建、村社共建”工作进行调研。山亭区社“两带一帮”“两培一推”做法在全省推广。山亭枣店香大红枣种植专业合作社在市委基层党建工作会议上作典型发言。2015年10月20日，枣庄市供销社下发《关于深入开展党建带社建村社共建工作的实施意见》，要求全市供销社丰富内容，完善机制，加快构建“四位一体”服务机制，加快实施“两带一帮、两培一推”工程，共同打造为农服务综合平台。2017年3月10日，山东省供销社召开对接“第一书记”助力脱贫攻坚工作会议，要求各市供销社要积极对接第一书记，助力脱贫攻坚。2017年5月3日，枣庄市供销社下发了《枣庄市供销社对接“第一书记”助力脱贫攻坚任务清单》，要求各区（市）社积极对接“第一书记”，共建发展项目，助力脱贫攻坚。

4. 规范农村信用互助业务。2015年1月29日，山东省人民政府办公厅下发《关于印发山东省农民专业合作社信用互助业务试点方案和山东省农民专业合作社信用互助业务试点管理暂行办法》的通知，文件下发后，枣庄市供销社积极对接市金融办，争取政策扶持。2015年9月11日和11月4日，枣庄市供销社先后举办两期全市供销社信用互助业务规范化建设培训班，枣庄市供销社财务审计科、合作指导科讲解了信用互助业务规范化工作的相关问题，推进全系统信用互助规范化建设，争取试点颁证。为规范信用互助业务，枣庄市供销社制定下发《农民合作社信用互助会计核算办法》和《农民合作社信用互助财务管理制度》，受到山东省供销社和枣庄市金融办的充分肯定。2015年6月30日至7月1日，山东省新型农村合作金融试点工作座谈会在枣庄召开，与会人员参观了滕州级翔果菜专业合作社。原山东省省长郭树清对枣庄市供销社的经验做法给予充分肯定，称其“带了个好头，起到了示范作用”，并要求在全省推广。2015年7月13日，全市新型农村合作金融试点工作座谈会在滕州召开，要求供销社坚持因地制宜、规范有序和风险可控的原则，成熟一批，发展一批，循序渐进，稳步推进，使之逐步走上规范化轨道。要积极对接金融部门，做好资格认定，完善运营规则，搞好业务培训。要完善信用互助模式，在入股资金的管理上推广认缴制、实缴制，在信用互助的运行上，推广滕州市社“四四八”模式。2015年8月4日，山东省供销社在滕州召开了全省供销社农民专业合作社信用互助业务规范工作现场观摩座谈会，滕州市供销社作了典型发言。2015年11月3日，山东省供销社在枣庄市召开全省供销社信用互助业务规范化管理座谈培训会，枣庄市供销社作了典型发言。2016年8月17日，山东省地方金融监督管理局《关于印发山东省农民专业合作社信用互助业务试点监管细则的通知》，指出要加强对信用互助业务监管，防止发生金融风险。枣庄市供销社对全系统开展4次信用互助业务的农民合作社业务检查，发现问题要求立即整改，确保信用互助业务安全稳妥运行，切实发挥作用。同时，加强对开展信用互助业务的合作社社长及从业人员的业务培训，提升了信用互助业务能力。2017年1月16日，山东省金融工作办公室下发《关于认真做好新型农村合作金融试点完善提高阶段工作的通知》，文件要求各市要积极推动试点创新，努力提高试点成效，不断完善日常监管。2017年7月3日，山东省金融工作办公室下发《关于进一步做好新型农村合作金融试点工作的通知》，文件要求各市进一步扩大试点覆盖面，不断改进合作托管服务。2017年9月22日，全省供销社信用互助业务试点工作推进会议在泰安召开，会议要求充分发挥供销社信誉好、带动力强、组织健全等优势，主动担当责任，积极务实作为，抓住试点工作扩面提质机遇，要坚持问题导向，按照试点工作时间和要求，进一步增加供销社系统信用互助试

点资格认定数量，规范提升全省信用互助业务水平。枣庄市供销社按照“设立自愿、合作互助、规范运营、风险自担”的原则，积极稳妥地开展农村信用合作信用互助业务。

5. 构建农资经营服务体系。2015年，中共中央、国务院，山东省委省政府相继出台《关于深化供销合作社综合改革的决定》，文件明确要求：创新农资服务方式，推动农资销售与技术服务有机结合，加快农资物联网应用与示范项目建设。充分发挥供销合作社科研院所、庄稼医院、职业院校在农业技术推广和农民技能培训中的积极作用。积极承担政府向社会力量购买的公共服务。全市供销社系统深入贯彻落实《关于深化供销合作社综合改革的决定》精神，结合自身实际，培育壮大农资市场主体，加快连锁化步伐，创新服务方式，丰富服务内容，提升服务能力，扎实推进农资企业转型发展。拓展规模化、全程化、个性化服务，充实服务内容，聚合社会服务资源，拓宽服务广度和深度，努力覆盖农资供应、配方施肥、农机作业、统防统治、收储加工等农业生产全过程，推动农资销售服务与技术指导、生产作业、产品加工、市场营销等服务相结合，形成规模化、系列化、标准化的服务体系。推进“互联网+农资”建设，6个区(市)供销社均在省供销社“供销e家”设置“e服务板块”,线上提供土壤检测、配方施肥、飞防作业、土地托管、农资销售、深耕作业、播种作业、灌溉作业、农技培训、农情气象等服务项目。依托为农服务中心、测土配方施肥站、庄稼医院、各类种植专业合作社、土地股份合作社、村两委等一线服务载体，深度介入土地托管，为农户提供放心、安全、高效农资服务。2015年，市政府办公室下发《高毒农药统一经营和储备实施意见》，由供销社负责政府储备和归口经营。全市供销社建成运营全市高毒农药质量安全追溯信息平台，建设2处高毒农药配送中心、43处高毒农药定点经营单位。

6. 推进流通现代化，为农民生活提供全方位服务。2014年12月1—2日，全省供销社综合改革试点现场推进会在临沂、潍坊召开。会议要求加快发展农村现代流通，要加快发展电子商务，积极发展冷链物流和生鲜配送，推广“网订店取”“网订店送”等新型配送模式，促进线上线下融合发展，搭建上下一体为农服务信息综合服务平台。2016年9月，全省供销社县域电子商务现场推进会在龙口召开，要求各市供销社要围绕“商品供应链、农业产业链、生活服务链”打造县域电商发展生态，充分发挥供销社经营服务体系和组织体系优势，通过大量认真细致的工作，把各项电商业务发展起来。各级供销社要夯实基础支撑、加强联合合作，优化发展环境、激发创新动力，从而实现全省供销社的互利共赢。枣庄市供销社已拥有各类直营、加盟店3260余家，在全省率先形成覆盖全市的日用品经营“一张网”、服务“一条龙”格局。培育了山东贵诚集团、市果品公司、滕州三兴物流、滕州丰谷农资、山亭富源、台儿庄家乐佳等一批主营业务突出、网络覆盖面广、品牌知名度高、行业带动力强的龙头企业，增强了实力，提高了影响力。山东贵诚集团以实体店为支撑，建设“贵诚e购”区域性电商平台，建设179个村级服务站。枣庄市民政局下发《2016年度全市农村社区服务中心建设任务的通知》，市供销社加快建设农村社区服务，每年都列入市政府“百件惠民实事”，共发展完善社区服务中心167处，为农民提供日用品、文体娱乐、养老幼教、就业培训等多样化服务。2017年5月10日至12日，中华全国供销合作总社党组成员、理事会副主任杨衲一行先后实地考察了枣庄市供销社贵诚集团薛城邻里中心、滕州购物中心调研，要求枣庄市供销社充分利用好传统网络优势，积极对接总社供销e家，加快发展农村电商网络，切实解决好统一配送问题，逐步建立起农村现代流通服务体系，实现为农服务的“零距离”“全覆盖”。

7. 发挥供销社行业优势，做好扶贫工作。2016年5月19日，全省供销社全面参与脱贫攻坚工作会议在济南召开，推广了枣庄市山亭区供销社村社共建中开展的带小户、带散户和帮扶贫困户脱贫的经验。根据枣庄市委、市政府《关于加强农村扶贫工作的实施意见》和山东省供销社《关于全面参与精准扶贫精准脱贫工作的实施意见》，结合供销社工作特点，枣庄市供销社制定下发了《关于全面参与精准扶贫精准脱贫工作的实施意见》。2016年5月25日，为贯彻落实省社和市委、市政府扶贫开发工作精神，切实抓好精准扶贫、精准脱贫工作，枣庄市供销社下发了《关于成立精准脱贫工作领导小组的通知》，制定下发了《关于全面参与精准扶贫精准脱贫工作的实施方案》，文件要求全市供销社要发挥行业扶贫优势，通过利益联结、定向帮扶、就业安置、创业扶持等途径，增强脱贫攻坚的实效性，全面参与脱贫攻坚。2017年9月28日，全省供销社脱贫攻坚现场推进会在菏泽市鄄城县召开，会议要求要强化打赢脱贫攻坚战的责任担当，坚持精准发力，确保帮扶底数到户到人、帮扶措施到位、帮扶效果明显，确保如期完成系统脱贫任务。2017年11月17日，全省供销社脱贫攻坚工作座谈会在济南召开，会议要求全省供销社坚持精准导向，牢固树立精准理念，拿出绣花功夫，着力落实各项扶贫措施，做到精准发力、精准施策，确保帮扶工作全程精准。要围绕核实后的数据和人员，以第三方评估为导向，以倒逼推动工作做实做精准为目标，真正做到识别精准、政策供给精准、措施精准、数字精准。全市各级供销社充分发挥供销社行业特点和系统优势，深入实施供销扶贫工程，将精准扶贫、精准脱贫纳入供销社经营服务体系中，以经营服务项目推动扶贫、带动脱贫，积极开展生产性综合服务、电商帮扶等扶贫措施，统筹整合扶贫资源，不断提高脱贫攻坚精准度和脱贫质量。2017年12月，枣庄市供销社按照《市委办公

室市政府办公室印发〈关于开展全市扶贫领域腐败和作风突出问题专项治理的工作方案〉的通知》要求，认真开展全系统扶贫领域自查自纠、监督检查工作，发现问题立即整改，积极助力枣庄市脱贫攻坚工作稳步推进。2018年2月27日，枣庄市供销社召开全市供销社扶贫作风问题专项治理部署动员会议，会议学习了习近平总书记在四川成都打好精准脱贫攻坚战座谈会上的讲话，传达学习了《市扶贫开发领导小组关于印发〈枣庄市扶贫领域作风问题专项治理工作方案〉的通知》精神，宣读了市社《供销社实施〈枣庄市扶贫领域作风问题专项治理工作方案〉的方案》，要求全市供销社进一步强化工作措施，切实抓好供销社扶贫作风问题专项治理。市供销社将利用一年的时间持续不断抓作风建设，推动扶贫领域作风明显改善，促进脱贫攻坚各项政策措施全面落实，确保如期完成脱贫攻坚目标任务。2018年3月27日，枣庄市供销社下发《2018年枣庄市供销社扶贫工作意见》，要求全市供销社进一步提高政治站位，精准帮扶，强化扶贫资金和项目管理，切实打赢打好脱贫攻坚战。

二、取得成效

（一）基层组织建设方面

截至2017年底，全市供销社共领办创办农民合作社802家，其中全国示范社2个，省级和市级示范社27个，成立了72个镇级和区域性农民合作社联合社，全市64个基层社启动恢复重建，开辟了经营项目和自营业务，经济实力明显增强，重点培育了10个标杆社。发展共建村744个，共建项目1332个，帮助村集体实现收入2369万元。

（二）农业服务规模化方面

截至2017年底，土地托管面积达77万亩，其中全托管面积12.9万亩，全市已建设39处为农服务中心，组建了6家县级为农服务公司，实现了区（市）为农服务公司的全覆盖。

（三）农村现代流通方面

截至2017年底，全系统拥有各类直营、加盟店3260余家，在全省率先形成覆盖全市的日用品经营“一张网”、服务“一条龙”格局，设立了169个村级电商服务站，区（市）供销社全部成立了电商公司，实现了全市线上线下融合发展，共建设、发展完善社区服务中心167处。

（四）农资经营服务方面

截至2017年底，全市供销社系统共有833家农资直营加盟店，156个庄稼医院，配肥机34台。构建了县有龙头公司（配送中心）、乡镇有直营店（配送站）、村有直营点、加盟店的三级农资经营服务体系。2017年全系统销售各类农资19.3万元，其中化肥100万吨，农药1403吨，农膜1130吨。全市供销社系统农资销售额为117亿元。

（五）探索为农服务新需求方面

截至2017年底，全系统9家专业合作社参加农业补充商业保险，总面积7000亩，保额900万元。全系统累计培训各类农村社员和新型职业农民6万人次。全系统开展信用互助的合作社达到38个，入户社员4286户，提供互助资金、贷款担保1.1亿元，其中获得金融部门资格认定书的16家。已在21贫困村共助力帮扶1054户、2528名农村贫困人口。

三、经验启示

（一）聚合优势，推进农业服务规模化

以密切与农民的组织和利益联结为核心，按照强化合作、农民参与、为农服务的要求，领办创办农民合作社，依托基层社、县级社自下而上组建农民合作社联合社。把土地托管作为构建农业全程社会化服务体系的切入点，全面推进服务规模化。规范完善土地托管模式，扩大土地托管规模，依靠科技增产节支提效。以为农服务中心为载体，建设和运营为农服务中心，成立为农服务公司，整合涉农资源，搭建农业全程社会化综合平台，打造系统服务品牌优势，形成为农服务强大合力。

（二）党建带社建，村社共建

适应新时期农业发展转型和农村基层服务型党组织建设需要，以构筑基层供销社、村“两委”、农民合作社、信用互助组织“四位一体”合作机制为抓手，以“第一书记”为纽带，以发展共建项目为核心，落实省社提出的以“3控3×6+1”为核心内容的H型双线运行机制，深入推进村社共建，密切与农民的利益联系，拓展服务领域。通过共建服务型党组织，共建农民合作社，共建农村社区服务中心，共建生产服务队，同时探究共建发展新路径，围绕土地股份合作发展村社共建，对接第一书记，与精准扶贫工作结合，形成强村固基、富民兴社的长效机制。山亭区供销社创造的“两带一帮、两培一推”经验被省社认可并推广。在推进“党建带社建村社共建”实践中，滕州供销社结合大田作物托管，在西岗镇东王庄村创新开展“股份式”土地托管模式，推行“保底＋分红”的利益联结机制和“农业职业管理人”制度，有效带动了村集体经济发展和农民增收致富，获得了农民群众的欢迎和党委政府的认可。截至目前，全村1050亩土地实现了整建制托管，年为村集体增加收入10余万元，为农民增收236万元，2017年7月全省供销合作社深化改革现场推进会在滕州召开，与会人员参观了东王庄村社共建现场，其经验在全省推广。

（三）率先建成现代流通“一张网”

围绕流通现代化的发展目标，以“现代流通创新工程”建设为载体，以资源整合、要素集聚为手段，培植发展壮大社属流通主体，打牢了服务基础。积极运用现代流通方式和经营手段，实施城乡一体化发展，坚持龙头带动，开展联合合作，优化网络布局，畅通流通渠道，形成了业态多样化、经营连锁化、管理规范化的流通网络。同时，全力打造“线上营销、线下成交”“线下体验、线上交易”的经营模式，促进传统业务与新型业态深度融合，建立起了以市、区（市）为中心、乡（镇）为骨干、村居为终端，

便捷高效、城乡一体、双向流通、便民惠民的现代流通“一张网”，实现全市城乡经营服务网络全覆盖。

（四）全面推广农村信用互助“四四八”模式

按照“设立自愿、合作互助、规范运营、风险自担”的原则，依托优势合作社，谨慎选择项目，积极开展农民信用互助业务。坚持因地制宜、规范有序和风险可控和试点先行、循序渐进的原则，加强监管，完善互助资金高效运行。滕州市社探索形成了“坚持四项原则，规范四项内容，完善八步流程”的“四四八”工作机制，促进了系统信用互助健康可持续发展，在全系统得到推广。

（五）涉农资源“五个整合”，提升为农服务水平

抓住先试机遇，主动争取，与市财政局、农业局、商务局、农业开发办等部门密切合作，协调农业、农机、经管、财政、金融、保险、有关镇街等资源，联合农机手、农机大户、农机合作社等社会力量，大力推进涉农资源“五个整合”，即：整合涉农项目，集中力量办大事；整合涉农服务，构建为农服务主渠道；整合涉农资金，提高涉农资金使用效益；整合涉农政策，确保强农惠农政策精准落地；整合涉农组织，提升农民组织示范和带动能力。同时，充分发挥供销社系统“服务规模化 + 农民组织化”的优势，全面推行“合作社 + 贫困户”模式，通过利益联结、定向帮扶、就业安置、创业扶持等途径，推进精准扶贫、精准脱贫。全市供销社共帮扶 1054 户、2528 名农村贫困人口实现脱贫，“五个整合”植厚了供销社为农服务优势，形成了协同服务农民的机制。省委改革办、市委改革办都对枣庄市做法充分肯定，“五个整合”的涉农经验做法，被山东省委、枣庄市委全面深化改革领导小组办公室《改革动态》予以刊发。

审稿人：孙　波

撰稿人：郝　龙

2016年9月，建设运营中的为农服务中心

枣庄市烟草专卖管理工作发展历程回顾

1982年1月1日，中国烟草总公司正式成立，标志着我国烟草行业进入了全新的发展时期。全国烟草行业在党中央、国务院的正确领导下，深入贯彻落实科学发展观，强化专卖管理，不断深化改革着力科技创新，加强队伍建设，充分发挥全体干部职工积极性、主动性、创造性，实现了行业持续健康发展。为保证国家财政收入、维护消费者利益作出了积极的贡献。

一、机构设置历程

1982年9月，山东省烟草公司枣庄分公司成立，辖滕县卷烟厂、烟叶经理部、销售经理部和市中、薛城、山亭、峄城、台儿庄区支公司8个企业。1984年2月，成立枣庄市烟草专卖局，与山东省烟草公司枣庄分公司合署办公。1993年3月至1995年7月，枣庄烟草专卖局体制改革，实行专卖局、烟草公司、卷烟厂“三块牌子一套机构”。1995年7月至1998年1月，以山东省烟草公司枣庄分公司、滕州卷烟厂、山东省烟草公司济宁分公司为核心企业组建鲁南烟草集团，并实行政企分开，枣庄市烟草专卖局独立办公。1998年1月，鲁南烟草集团与颐中烟草集团合并，设立颐中（枣庄）有限公司与枣庄市烟草专卖局合署办公。1998年8月至2000年1月，改制为山东枣庄烟草有限公司与枣庄市烟草专卖局合署办公。2005年8月，区（市）分公司改称营销部。2012年5月，山东枣庄烟草有限公司设立枣庄泰山壹伍叁贰物联商贸有限公司。

二、烟草专卖制度和管理体制建立完善

中共十一届三中全会以后，我国进入改革开放和社会主义现代化建设新时期。针对烟草生产经营的特殊性，国家对烟草行业实行特殊的改革政策，建立和实行统一领导、垂直管理、专卖专营的国家烟草专卖制度和管理体制，为烟草行业沿着正确方向发展奠定了根本的制度基础和体制保障。1993年1月，因国务院专门下发《关于进一步加强烟草专卖管理的通知》，要求各地区、各部门、各行业都必须认真贯彻执行《烟草专卖法》进一步强调指出“实践证明，实行烟草专卖是我国一项成功的改革政策，必须毫不动摇地继续贯彻执行”。

（一）全面提升卷烟营销方面

1. 全面发展阶段（1985—2011年）

1985年，销量达9.91万箱，比1979年销量上升35%。

1992年，全市共销售卷烟12.3万箱，其中滕产卷烟10万箱。完成卷烟销售额1.5亿元，实现利税573万元。

1993年，销售卷烟26.97万箱，其中滕产卷烟23.3万箱，销售收入2.7亿元，实现利税12777万元。

1994年重构卷烟销售网络，减少销售环节。全系统先后建立批发网点41处，其中下伸网点31处，卷烟销售量占总销量的50%以上。全年卷烟销售232278箱。

1995年，加强自批网点建设，全系统共建下伸自批网点148个，网点卷烟销售量已占全系统总销量的85.2%。销售卷烟23.4万箱，商业企业实现利税3310万元。

1996年，销售卷烟237702箱，其中滕产烟229864箱，调省外6354箱，实现利税20719万元。

1997年，卷烟销售7.64万箱，实现销售收入26348万元、利税2321万元。

1998年，销售各类卷烟7.58万箱。

2000年，针对市境内销售档次偏低的实际，扩大高档烟销售，改善了卷烟销售结构比例。全年销售卷烟83089箱，完成销售收入31907万元，实现利润554万元。

2001年，实行了以市烟草公司“统购分销”、区（市）烟草分公司“访送管”（走访零售户、送货到户、专卖管理）为内容的经营机制转换。由市烟草公司配送中心打码到条，区（市）分公司打码到盒。坚持“三级配送”制度。全年累计销售卷烟83978箱，销售收入完成38878万元，实现利税3777万元。

2002年，全市销售卷烟10.08万箱，全年共实现销售收入4.73亿元，实现税利4540万元。

2003年，全市销售卷烟11.22万箱，全年共实现销售收入5.3亿元，实现税利5886万元。

2004年，销售卷烟10.4万箱，实现销售收入7.97亿元。5月，五区一市分公司实现了电话订货，形成45个座席的集中电话访销中心。

2005年销售卷烟10.8万箱，比上年增长2.95%。年社会人均销量7.62条，完成销售收入87266万元，比上年增长28.07%。实现利税15897万元，比上年增长59.9%。其中利润11763万元，比上年增长63.94%。

2006年，全市销售卷烟57.05亿支（11.41万箱），全年共实现销售收入112785万元，实现税利19604万元。

2007年，全市销售卷烟12.5万箱，全年共实现销售收入14.2亿元，实现税利3.25亿元。

2008年，全市共销售卷烟66.02亿支（13.2万箱），共实现销售收入165899万元，实现利税40767万元。

2009年，全市共销售卷烟67.28亿支（13.46万箱），实现销售收入185522万元，实现利税43254万元。

2010年，一是坚持以市场为导向，按照“控制大户、培育中户、扶植小户”的要求，重新科学划分客户群分类标准，实现投放策略、投放节奏的优化；细分市场，精准营销，引导消费向重点骨干品牌集中，增强枣庄市场对重点骨干品牌的吸引力。二是加强品牌培育工作，按照“品牌发展上水平”的总体要求和“532”“461”品牌发展战略，施行“减五类，控四类，抓三类，提二类，稳一类”的营销策略。在扩大品牌覆盖率的基础上，以“上柜”促进“动销”，有效拉升了销量和结构。全年总量同比增长2.18%，其中一类增长48.1%，二类增长42.1%，三类增长27.8%，四类下降14.8%，五类下降16.1%。三是加大工商协同营销力度，进一步密切上海、云南、江苏等七大中烟公司业务关系；积极促销鲁产卷烟，开展了“泰山”品牌“上餐桌、进房间”活动，有效拉升了鲁产品牌的市场份额。全年鲁产烟一二三类同比增长106%，其中一类增长132%，二类增长243%，三类增长103%。四是狠抓零售终端建设，针对“空白点”扩展客户群体，零售户数量由年初的13985户达到了目前的14608户，对地段好、门店好、能力强、诚信好的客户配备智能终端机，发放柜台、背柜，提升零售终端展示形象；开展“优秀线路”评选活动，对前30名奖励、后20名帮扶，对100名优秀零售客户进行了表彰；全市客户满意率均达到90%以上，为卷烟经营工作奠定了有力的基础保障。

2011年，充分发挥市场对“532”“461”的基础引领作用，以打造“名牌市场”为核心，狠抓卷烟经营不放松。一是加强规范经营，卷烟市场秩序明显改善。全市系统结合开展“讲责任、讲奉献、讲纪律，促进规范经营”活动，深入推进“严格规范大讨论”，认真抓好法律法规教育培训，真正使规范自律入耳、入脑、入心、入行；加强卷烟市场整治，严厉打击涉烟违法行为，为零售户创造了规范的市场环境。广大零售户严格遵守专卖法律法规和有关规定，自觉做到诚信守法经营，并积极配合烟草部门，联手维护市场秩序。二是完善货源投放政策，零售户满意度明显提高。完善货源投放办法，合理投放货源。把握市场需求，把握投放节奏，努力克服非市场因素，积极组织适销对路货源，为满足消费创造条件。建立货源投放公示制度和管理办法，实现了货源投放“阳光操作”，基本做到了公平公正、相对合理。三是扎实开展零售户致富工程，不断加强零售终端建设。市局始终坚持将这项工程作为转方式、调结构的重要切入点。在全省率先注册成立并有效运行卷烟零售商协会，充分发挥了协会在零售客户规范经营、稳定价格、维护权益等方面的积极作用，提升了广大卷烟零售商的盈利水平。加快推进卷烟零售网上订货、零售终端形象店建设，为零售户提供更快捷、更便利的营销服务。全面启动零售户培训工程，联合山东中烟对全市1600名零售客户分15批进行了专项培训，有效扩大了品牌宣传力度。探索建立零售客户帮扶机制，积极与金融机构合作，试行零售客户小额融资，为经营资金短缺的零售客户提供方便、快捷、低成本的小额贷款，提高了客户卷烟经营的积极性。创新举办了“卷烟商品陈列展示大赛”，为终端形象建设注入了新的动力，广大零售客户参与建设更加主动、更加积极，取得了良好成效。四是扎实开展百县“泰山”联谊活动，不断加大“泰山”品牌培育力度。“泰山”卷烟品牌作为鲁产卷烟，在枣庄市场占有很大的市场份额，对枣庄市烟草业发展和零售户的盈利情况有着很大的影响。市局在全省创新提出“共同营销”的理念，牢固树立“一家人、一盘棋”的思想，与山东中烟共同深化信息共享、市场调研、品牌培育、终端建设、客户服务等五个方面培育泰山品牌的合力，全面建立战略合作伙伴关系，推进深层次营销，实现了由“协同”到“共同”的转变。积极与山东中烟合作，大力争取市政府的支持，详细策划，精心组织，成功召开了市、县两级“活动启动会议”，拉近与地方政府、单位、企业关系，大力提升了泰山品牌社会认知度、美誉度。制订了《泰山品牌上柜率提升意见》，对“泰山”品牌上柜情况进行月督导、周调度；选择具有一定标杆效应，带动作用大、辐射能力强的零售客户作为泰山的定点经销户，统一柜台、背柜，统一陈列展示，泰山品牌的市场动销率不断提升。同时我们深入开发、挖掘集团消费、婚庆消费、旅游消费三方面的泰山品牌销售能力和水平，有效扩大了泰山品牌的市场份额和消费影响力。“泰山”品牌卷烟在枣庄市场得到茁壮成长。

2. 稳步提升阶段（2012—2017年）

2012年，深入开展“品牌培育工程”。一是继续做好重点品牌上柜工作。年初，市局（公司）按照重点品牌工作要求，先后转发了《山东省烟草专卖局（公司）关于深入开展“重点品牌上柜提升”活动的通知》、印发了《枣庄市烟草专卖局（公司）2012年卷烟品牌培育工程实施方案》，制定了每月重点规格卷烟上柜目标，将工作目标细化分解到每一条访销线路、户，实行上柜情况周通报、月对比工作制，有效提高了一线工作人员的积极性和创造性。二是发挥品牌培育前沿阵地作用。为进一步加强客户资料真实性管理，市局（公司）重新制定了《客户资料维护管理规定》，并严格要求各营销部按时上报变动客户信息，认真核实新增客户的信息资料，按时在CRM系统维护。市局（公司）每月在网站公布各单位未呼通客户原因及整改措施，确保呼叫成功率每月均在99%以上。市局（公司）在全市范围内的每个街道、乡镇选取一户零售户（共64户）作为零售终端形象店，在峄城石榴园、薛城铁道游击队影视城、滕州高铁站台等旅游景区和公共场所设立了16户鲁产卷烟示范店，宣传推介鲁产卷烟，开

展鲁产卷烟形象展示，此项工作的开展受到了国家局、省局（公司）领导的充分肯定和点名表扬。三是创新开展“两个推广”工作。8月份开始，市局（公司）每月选取培育泰山品牌的贡献度、成长度和配合度在前八十名的零售客户进行网上通报表扬，以此提高零售客户培育鲁产卷烟的积极性。同时，市局（公司）与浪潮公司积极合作，在“135”系统中植入“客户月度商定量”专栏，将重点品牌月度客户商定量录入系统，使其销售执行情况实时在“135”系统中显示；将月度客户经营指导书移入“135”系统，方便客户经理有的放矢的为零售客户开展经营指导服务工作。截至2012年11月底，全市共有网上订货户为12184户，网上订货率为72.44%。深入开展“零售户致富工程”。一是强化货源投放。采取客户群投放与定点投放相结合的方式，充分考虑全市225户困难户实际，增加货源投放客户群至113个，按照“均衡投放、稍紧平衡”的原则，有效利用计算机自动计算分配货源、月度货源公示、日跟踪货源投放等形式，形成了“紧俏货源精确选点、顺销品牌科学铺面、投放数量层级分明、投放类别全面覆盖”良好局面。二是为零售客户提供融资服务。2012年市局（公司）在去年为753户零售户提供融资服务（总融资金额为1.28亿元）的基础上积极联络中国银行，进一步扩大了贷记卡和小额贷款等融资服务覆盖范围。三是为零售户经营提供多种便利服务。市局（公司）先后分三次对全市零售客户的手机号码进行统计汇总，与移动公司合作开通了短信平台，对全市零售客户发送手机短信，实施每日电结金额提醒、相关通知发布等服务；积极与银行系统协调联系，为零售客户办理透支卡，并进行培训，截至目前，共开展培训27场次，培训营销人员和零售客户1266人；在送货车上安装移动POS机，方便零售客户缴纳货款，极大地提升了电结率和电结成功率。深入开展“非烟物流工程”。一是强化组织领导。市局（公司）成立以主要负责人为组长，分管负责人为副组长，各基层单位主要负责人及相关科室负责人为成员的非烟物流工作领导小组，负责全市系统非烟物流工作调度、协调与监督。二是强化宣传引导。充分利用各种宣传方式，宣传非烟物流建设目的、服务承诺与发展优势，进一步发掘零售户销售潜力，增强“非烟物流工程”社会认知度，确保非烟物流建设扎实高效推进。三是强化监督考核。通过日调度、周总结、月考核的方式及时关注非烟物流工作动态，有效解决影响非烟物流建设发展的关键问题，总结规范发展措施，奖惩激励一线干部职工，为非烟物流建设顺利发展提供坚实基础。截至目前，枣庄泰山壹伍叁贰物联商贸公司已完成公司本体和四家直营店注册；引进并成立两家德州扒鸡店；完成省局（公司）5%零售客户的铺货目标；对具有地方特色的“美果来”石榴汁、“红荷花”真空咸鸭蛋、山亭的红薯粉产品，设计了枣庄1532公司专用包装；制作了“泰山之巅1532”VIP消费一卡通，并在每个直营店配备刷卡系统。

2013年，市局（公司）按照“卷烟上水平”的总体要求，不断夯实各项基础工作，提升品牌培育的能力，实现了市场、客户、品牌的共同成长。截至11月，累计销售卷烟141152箱，同比增加2.44%，预计全年销售卷烟14.8万箱，其中鲁产卷烟销售62770，同比减幅2.04%；实现单箱销售额26260元，同比增幅3.26%；实现毛利8.487亿元，同比增幅2.42%。（1）品牌培育更加求实。一是深入贯彻落实“精准营销、精准投放”的营销理念，结合客户实际地理位置、规模大小和零售业态划分客户群，对现有客户群进行精简优化，将原有113个客户群精简为54个，最大程度满足市场需求，提高客户满意度、忠诚度。二是发挥婚庆、集团、旅游等特类市场的消费引领作用，开展温泉文化旅游节、国际石榴节、湿地红荷节、运河文化餐饮节、枣庄美食节、国际机床博览会等多形式、多层次、多组合的事件营销活动，重点强化重点品牌卷烟品牌在特类市场的发展，推进了名优品牌卷烟销售工作。三是以全面把握消费者的现实需求和潜在需求为目标，深入开展市场调研，了解重点品牌需求，并深入调研所选品牌的卖点、特点，制定下发《卷烟品牌培育现状分析与发展思考》、“七匹狼”“金圣”和“长白山”的品牌培育方案，明确“引一退一”品牌管理办法，对计划退出和长期滞销的36个品牌规格进行了清库销售，进一步营造了有支撑品牌、替代品牌、培育品牌组成的阶层性培育格局。截至目前，共计退出“黄鹤楼（硬大彩）”“娇子（硬龙凤珍品）”“熊猫（硬时代版）”等18个卷烟规格。四是利用信息采集系统、问卷调查、实地拜访、电话回访等形式收集低焦卷烟市场反馈信息，制定切实可行的品牌培育实施方案，不断挖掘潜在需求，加强低焦油卷烟品牌形象的塑造和传播，扩大了低焦品牌知名度。（2）终端建设更加务实。一是以终端陈列资源为依托，扎实开展“泰山”“黄鹤楼”和“七匹狼”的明星线路评选活动

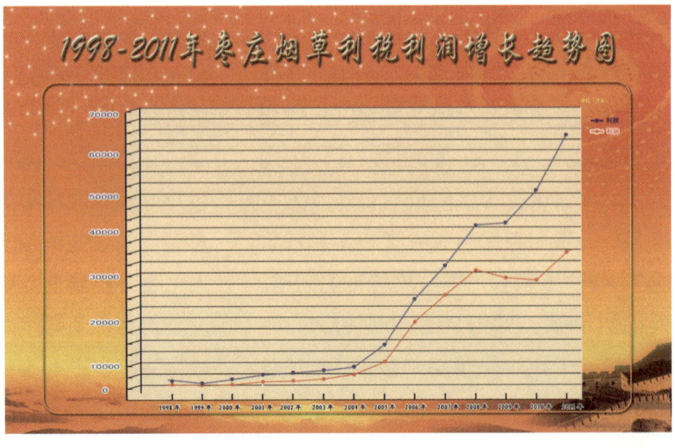

1998—2011年枣庄烟草利税利润增长图

和22户示范户店铺文化打造，开展一对一服务方案设计，全面优化服务措施，以点带面、逐步展开，带动提升整体卷烟市场。二是按照“自愿参与、自主经营、自我发展”的原则，扎实开展客户经理“驻店营销”，深入开展店面形象设计、店堂环境优化、卷烟陈列指导、品牌宽度设定、合理库存指导、信息系统安装等全程跟踪，帮助零售户分析市场、挖掘潜力，找准经营优势，深度挖掘销售潜力，不断增强零售户自主经营、自我发展能力。三是迅速贯彻落实全省农村市场开发暨品牌培育工程现场会后精神，制定《枣庄市烟草专卖局（公司）农村市场开发实施方案》，并会同山东中烟共同进行了农村市场开发系统的上线论证工作。目前，本系统正在进行开发设计，将于近期进行试运行。四是每月选取培育泰山品牌的贡献度、成长度和配合度在前八十名的零售客户进行网上通报表扬；在新商盟网站上发布泰山、玉溪（庄园）、黄山（红方印）、金圣（软红）等卷烟品牌的产品信息、产品图片和品牌文化宣传片。五是根据零售客户地理位置、销售规模、消费群体等因素，对零售客户进行分类、分批次及一对一指导，进一步增强培训的针对性，提升培训效果，提升零售户品牌培育的技巧与水平。（3）亲情化服务更加扎实。一是发挥基层营销部的主观能动性，围绕“均衡投放、稍紧平衡”的货源投放原则，通过“月度商定总量”和新指标分解方式相结合的方式，提高指标分解的合理性，进一步优化了货源供给，满足了零售客户的实际需求。二是制订《枣庄市烟草专卖局（公司）零售客户融资服务提升方案》，协调农业银行、中国银行、邮储银行等金融机构合作，为零售客户提供无担保小额融资和无息贷款服务，解决零售客户资金周转难的问题。截止11月底，共为2317户零售客户办理了贷记卡，占全市总户数的16.75%。三是进一步建立健全完善困难零售户帮扶档案，明确老、弱、病、残、特分类标准，梳理致困原因，并按照大、中、小的客户类型，开展货源倾斜投放，制定针对性帮扶措施，普及营销前沿知识，不断增强困难零售户自主经营、自我发展能力。四是持续开展“困难零售客户送春风”“真情助学”“班子成员结对帮扶”等活动，充分发挥“金叶阳光”作用，专项救助贫困弱势卷烟零售客户。1月24日，与市民政局、市慈善总会联合召开枣庄市“金叶阳光”慈善助困大会，为89名困难零售客户，每人发放600元慈善助困帮助金；8月30日，召开“金叶阳光”慈善助困基金“泰山1532”助学仪式，向20名困难学子每人发放2000元的助学金；开展“春雨”行动，全市系统员工自发捐款46000元，对98名“老、弱、病、残、特”困难卷烟零售户开展资金帮扶，进一步树立了责任烟草的良好社会形象。

2014年，枣庄市局（公司）在省局（公司）党组和市委、市政府的正确领导下，以党的十八大和十八届三中、四中全会精神为统领，以党的群众路线教育实践活动为动力，紧紧围绕枣庄烟草“全省一流，全国先进”的发展定位，坚持打基础、抓规范，着力上水平、增后劲，提高发展质量，在行业改革发展迎来换档期、步入新常态的新形势下，取得了良好工作成效。坚持抓规范，企业管理水平得到提升。始终把严格规范作为加快实现枣庄烟草一流发展步伐的重要保障，从卷烟经营、内部管理两个方面提升规范能力。一是狠抓卷烟经营规范。以市场化取向改革为契机，以理顺经营机制为突破口，解决规范经营的企业内部根源问题。6月份启动卷烟营销机制转型工作试点，全面优化货源投放、订单采集、客户分类、卷烟配送、客户经理职能转型等5个业务模块，取消客户经理的销量与结构考核指标，改为主要考核卷烟品牌上柜率、再购率以及零售客户满意度，引导客户经理着力培育品牌、提升服务质量，帮助零售户提高经营能力和盈利水平。引入第三方评价体系，获取以零售客户为代表的社会各界的真实评价，确保降低卷烟经营风险，将提高零售客户满意度的工作要求落到实处。通过改革，业务流程由过去“推销”转变成现在“拉销”，由过去层层分指标、压任务转变为现在市场需求拉动，由过去以经营任务为中心转变成现在以客户满意度为中心，按照市场真实需求组织和投放货源，从经营机制上确保了规范发展。加强内部监管，发挥内管派驻办的职能作用，持续开展规范经营专项整治行动，深入卷烟市场明察暗访，强化经营流程日常监管，健全责任追究制度，规范经营工作机制不断完善，有效防范了不规范行为的发生。2014年，市局（公司）适时调整工作策略，不断完善企业资源配置方式，提升全市各项工作的质量和规范程度，努力保持经济运行的良好态势。1—11月份，累计销售卷烟137985箱，同比减少2.24%；累计单箱销售额27114元（含税），同比增长2.63%；累计实现销售额37.4亿元，同比增长0.33%；累计毛利81690万元，同比增长0.39%；累计三项费用支出21074万元，同比增长4.95%，其中可控费用1996万元，同比下降6.86%；累计实现利税74906万元，同比减少1.66%；累计实现利润41125万元，同比减少1.82%。

2015年，市局（公司）系统紧扣枣庄烟草持续稳定协调发展的工作定位，坚持深化内部改革，突破固化格局。（1）扎实推进“市场化取向改革一步到位”，着力在创新营销模式上求突破。一是按照“始于消费、终于消费”的原则，建立涵盖7项客户经理工作职责、27项工作事项、6个流程、67个流程控制要点和相关标准的“职责、事项、流程、标准”，并利用客户经理移动办公系统开展服务情况评价和二维码扫码签到模块，进一步推动客户经理职能回归。二是开展“抓基础、抓规范、抓到位”活动，通过自查、复查，“狠抓基础，摸准情况、做实工作、抓好规范，在做实做真做细做精上下功夫”。三是全面消除订单人为因素干扰，“自下而上”的采集市场真实需求、逐月定制采购计划、分批次

组织货源购进，最大程度实现品牌发展与终端盈利、市场消费的有机对接。四是实施30个档位客户的动态管理，并按照公示货源、确定周单规格投放量、运算紧俏规格单客户分配量环节工作，进一步提升了有效货源的差异化、精准化订购水平。五是制定《信息采集点消费者积分兑奖活动方案》，通过信息采集客户、消费者有奖消费回馈的方式，进一步加强采集工作引导。六是按照基层提报、市场调研、品牌分析、流程审批、工商协同、清库销售六个步骤，圈定清退规格目录，逐步形成了以品牌为核心、结构调整为主线的市场资源配置模式。七是突出细支卷烟结构拉升作用，拓展双喜（硬经典）、黄金叶（金满堂）为主的广东、河南中烟公司等部分重点品牌规格，增强品牌市场需求契合度，1—11月份，市局（公司）销售细支卷烟1610箱，同比增长175.90%。（2）扎实推进“卷烟规范经营一步到位”，着力在提升监管效能上求突破。一是细化“一步到位”方案，特别是在开展自查方面，由省局（公司）7个工作环节，37条自查内容，细化至9个工作环节，78条自查内容，并制定自查配档表，各环节查出问题35项，现正积极整改；制定《违反〈规范卷烟经营六条禁令〉处理规定实施细则（试行）》，对规定的32项违规事项进单位、进部门、进岗位和处罚标准的延伸、加重。二是层层召开“一步到位”动员会、专题会、研讨会，组织巡回培训，全面传达、解读“一步到位”部署，使全体员工学深、学透、学懂，切实明白应该做什么、什么不能做，确保思想上认识到位，行动上落实到位。三是在加强日常监管的基础上，抽调人员组织成专门力量，每日深入零售户进行实地走访检查，截至目前共检查送货线路83轮次，发现涉嫌违规线索零售户138户，下发《内部专卖监督管理违规线索督办单》38份，督办单限时整改上报率100%，送货到位率100%；将“订单预警率”和“有效预警按时完成率”两个指标纳入考核，订单预警率由年初的22.13%降低至18.7%。四是开展“双线双查”，即市级销售、专卖部门每天分别从信息系统筛选异常订单客户；县级营销、专卖部门分别入户登记库存、了解卷烟流向、排查有无异常问题，组织逐一约谈，并与订单异常户签订“依法依规经营承诺协议”，实施到户监管。五是严肃案件追溯，对发生的案件一律追究责任单位和责任人的责任，今年来共对49人进行了责任追究，其中免职1人，待岗3人，调离工作岗位5人，解除劳动合同2人。

2016年，在夯实营销基础上精准发力，着力稳销量、强调控、育品牌、优服务。

稳销量。开展“走基层、访终端、进农村”调查活动，调查全市2984个最小行政单位，涉及了全市常住人口364.8万人，户籍人口392.4万人，查找到空白点353个。开展民俗市场调研活动，形成了《民俗市场调研报告》，初步摸清婚庆和白事市场的消费底数，找出了消费区域之间的差异和着力点。适时引进金圣（硬滕王阁）、泰山（战神）寻找新的增长点和填补市场盲点。落实省局（公司）“加大卷烟促销力度，加大市场开发和消费引导”的工作要求，协同各工业企业联合开展了卷烟促销活动，开展婚庆促销活动22场次，新品社会品调研互动1次，定点户投放维护活动3次。依托企业微信公众号面向零售客户开展终端陈列评比、新品上市介绍、真假卷烟鉴别、防掉包小贴士等系列营销活动40次，累计活动参与人数超过101576人次。加大适销卷烟及重点品牌的货源衔接力度，做好在销售卷烟的工商衔接、货源组织，缓解结构提升压力，上半年退减协议8447箱，增补协议1103箱，协议执行率99.14%。

强调控。牢牢牵住卷烟销量这个“牛鼻子”，实施“三按照、两错位、一策略”，推进卷烟消费结构优化升级，即按照“存销比、卷烟价格指数、专销结合信息”三项指标，“同价位错时、错位投放”价位段重合且相互影响品牌、“错周投放”部分畅销品牌、“一户一策”投放部分顺销品牌。针对库存长期高位运行，建立库存预警机制，7—10月份平均月末库存7935箱，环比上半年平均月末库存减少605箱，减幅7.08%。

育品牌。推进重点品牌上柜月度考核和品牌培育流动红旗活动，建立以品牌上柜提升为指引，零售客户按档位考核高宽度为抓手的品牌培育常态化机制，扎实推进重点品牌的上柜率提升工作。顺应消费需求梯次升级的大趋势，深入研究开发城区、农村市场，压缩四类卷烟在城区的投放、引导农村四五类卷烟消费群体改变消费上移，1—10月份五类卷烟销售8400箱，同比减幅21.54%。按照“百家争鸣、程序完备”发展思路，继续加强细支烟培育，充分发挥其“黑马”作用，1—10月份销售细支卷烟2863箱，同比增加1341箱，增幅88.10%，单箱值43649元，高于平均单箱值（26944元）16705元。在品类布局方面进一步推动“倒金字塔”型品类布局，对价格执行不到位的主销品牌（规格）进行品类提升、推动零头价位向整价位品牌（规格）转移，引入19个新规格（驳回2个规格），退出29个规格。

优服务。扎实推进“消费者在哪里，我们就到哪里”卷烟营销活动，利用“五比、五定”分析法开展解决问题点活动，明确差距发生在哪条线路、哪个品牌（规格）、哪个零售客户、哪个时间节点和差距的程度。截至10月底查找营销问题点178个，解决156个。开展主题思想大讨论活动、开展月度大讲堂活动、推广客户经理“10+7”工作法，通过解放思想、专项培训、工作指导等方式，持续增强一线营销人员的现代经营意识和经营能力。开展终端资源调查，截至10月底已完成11489户的终端资源评价工作，占全市总客户数量比例达到89.44%。与邮储、中行、农行等银行进行对接，为全市689名零售客户办理了贷记卡，合计融资金额达到1735.5万元。

2017年，在省局（公司）党组的正确领导下，在历届班子打下的良好基

础上，枣庄市局（公司）认真落实“抓基层、打基础、强管理、重创新”工作部署和“实真细精”工作要求，大力夯实思想基础、作风基础和工作基础，全力推动枣庄烟草后发快进转型发展，经济运行保持了向好态势。1-11月份，销售卷烟10.58万箱，增幅居全省第4位，预计全年11.39万箱，同比增长2.90%；实现单箱销售额27856元，增幅居全省第6位，预计全年27398元，同比增长2.29%；实现利税6.6亿元，增幅居全省第7位，预计全年6.79亿元，同比增长4.66%。终端建设、服务站建设、价格自律小组建设稳步推进，开展了“零售客户星级管理”“终端提升月”等活动，全市21个基层服务站中12个通过了标准化验收，建设价格自律小组209个。品类布局、货源投放趋于合理，针对利群（新版）、南京（炫赫门）等主销、紧俏卷烟，引入了5个替代规格，四、五类卷烟同比减少7个规格。

（二）全面提升专卖管理方面

1. 健全完善方面（1984—2009年）

1984年2月，枣庄市烟草专卖局成立，负责卷烟市场的专卖管理，1985年，建立了专卖检查员制度。1986年起全市各区先后设立烟草专卖局。同年9月，市烟草专卖局联合税务、工商部门成立整顿卷烟市场领导小组，开展市场整顿，停业自行经营卷烟的9个批发点，取缔了无证批发的单位和个体17户，无证经营户34个，对峄城、台儿庄查获得96件违章卷烟给予没收处理，共处理违章单位和个人案件达414起，罚款8153.95元，没收冒牌烟、霉变烟折金额1.354万余元。

1985年共发放专卖许可证10453份，其中批发许可证65分，零售许可证10388份，占应办证的98%以上。

1987年4月，市烟草专卖局、济宁烟草专卖局、滕县卷烟厂、滕县卷烟二级调拨站建立烟草专卖联合检查网，整理卷烟流通渠道，严格执行卷烟销价格，纠正行业不正之风，做到联产、联销、联营，特别对两地市边沿乡镇有权互相检查。

1988年专卖管理实现网络化，全市共挂牌建站72处，聘兼职专卖管理检查员182人，密报员72人，分布于重点乡镇和交通要道，形成纵横交错专卖检查监督网。全年共查获违章案件1483起，省内倒流烟2500箱，省外计划外烟7600箱，假冒烟61箱，没收1617箱，上缴罚款11.198万余元。1988年10月11日起，对领取烟草专卖许可证的企业进行烟草专卖年度检查，时间为每年度的12月1日至次年度的3月31日。

1989年，市烟草专卖局在滕州烟酒糖茶批发市场设立滕州市检查站。同年，增设张汪经委批发点、荆西卷烟批发支部。全年共查处违章案件2734起。

1990年枣庄市开始执行卷烟准运证使用制度，即从省外计划购进卷烟须持市专卖局、分公司介绍信带协议书或合同到省公司营销经理部开具准运证。品种仅限放开13种名烟，有效期1个月至45天，过期作废。

1991年6月，烟草专卖许可证分为烟草专卖生产企业许可证、烟草专卖批发企业许可证、烟草专卖零售许可证和特种烟草专卖经营企业许可证。

1993年，专卖管理工作的重点从路查夜截转移到市场管理，并在滕西市场设立专卖管理办公室、卷烟批发部。

1996年，联合济宁市烟草专卖局，开展打假打私和打击违法经营活动。

1999年，专卖执法人员正式穿着行政执法服装。

2004年，取消特种烟草专卖经营企业许可证，对其管理纳入烟草专卖零售许可证。

2005年，建立了联合执法长效机制，认真落实“一计二打三追四考核五并重”。

2006年，市局与各区（市）局签订专卖执法责任书，形成“一把手负责、部门各尽其职、各方齐抓共管”的专卖管理工作格局。

2007年，全市统一规模专卖管理所。

2008年，在各有关部门密切配合下，开展全市集中整治货运站和高档卷烟经营场所非法经营烟草制品专项行动。

2009年，枣庄市局从健全完善专卖管理体制机制入手，积极争取地方党委政府的大力支持和各有关部门的大力协作，进一步巩固了专卖执法党委、政府统一领导，各部门密切配合、齐抓共管的“大专卖、大执法”格局。

2. 狠抓市场方面（2010—2017年）

2010年，一是转方式，监管重点由“外”向“内”。全体专卖人员把80%精力投入到自身市场监管上，严厉打击各类违法经营行为，切实净化了辖区市场。年内销毁假冒卷烟1700余件，市场标值540余万元，有效震慑了涉烟违法犯罪分子。二是优化执法环境，开展联合执法。建立由市综治办牵头的整顿和规范烟草市场秩序联席会议制度，建立公安、工商等部门联合执法机制，与莱芜市局签订“联动协作意向书”，与济宁市局联合建立区域协作工作机制。三是开展“利剑行动”，加大高档卷烟经营场所的监管力度，加大道路运输环节的整治力度，严厉打击非法运输卷烟活动。2010年成功告破了两起符合公安部、国家烟草专卖局标准的网络案件，其中滕州局“8·26”案件，被国家局、公安部列为挂牌督办案件。2010年累计查获涉烟案件3488起，移送案件764起，其中五万元以上大要案32起，查扣卷烟2311件，总案值840万元，查获假冒卷烟657件，涉假标值135万元。依法惩处涉烟违法人员98人，其中拘留98人，逮捕34人，判刑34人。

2011年，继续坚持以“优化执法环境、完善体制机制，突出工作重点、加强队伍建设”的工作思路，狠抓专卖管理不放松，市场净化率和市场占有率得到大幅提升。一是继续转变监管方式。在去年由“外”向“内”转变的基础上，坚持用90%的精力抓专卖，专卖人员全力抓市场，全面加强专卖管理工作，市场控制力进一步增强。坚持每月对市场综合情况进行抽查，对持证经营、市场

净化、文明执法等情况进行重点检查，并及时反馈、整改，规范了卷烟市场秩序。二是完善卷烟市场治理机制。不断巩固和完善“党委政府统一领导，综治部门组织协调，烟草部门具体负责，有关部门齐抓共管”的综合治理机制，积极开展卷烟市场联合执法专项整治，进一步加大对非法经营卷烟大户、非法销售网络的侦破力度，健全区域卷烟打假协作机制，始终保持烟草市场整治高压态势，严厉打击各类涉烟违法犯罪活动。不断健全完善联合执法办案协作机制，形成了部门之间配合密切、行动协调、保障有力的工作格局。公检法、工商、邮政、烟草等部门加强了大要案件督办和侦破和追刑力度，定期召开工作通报会议，互通情况，分析形势，解决问题，逐步形成了抓住有价值的线索，上追下查，一挖到底，对历史非法经营大户和查获的大要案件进行统一梳理和排查，全面切断假烟流通渠道，确保精准打击，卓有成效地开展了烟草市场整治行动，严厉打击了各类涉烟违法犯罪活动，有效净化了辖区烟草市场。三是加强专控体系建设。根据体系建设要求，制订实施方案，加强组织领导，明确专人负责，强化责任、加强培训和督导，保证了专控系统的正常运行。并在运行中坚持做到“四个关注”，即：关注辖区卷烟市场动态；关注案件经营；关注重点零售户；关注重点品牌上柜和动销。及时掌握卷烟市场变化规律，在市场监管中寻找线索，净化市场。通过专控体系信息系统，打假破网工作由过去被动等线索向主动找线索转变，实现了由粗放型向数字型的转化，市场治理效果日益凸现。四是积极开展市场治理整顿。继续把“打大户、破网络”工作摆在突出位置，全面加强市场监管，取得明显成效。今年以来，全市共查获各类涉烟违法案件 2341 起，查扣各类卷烟 1371 件，案值 415 万余元，其中假冒卷烟 438.7 件，涉假标值 123.3 万元；破获达到国家局、公安部标准的网络案件 3 起；抓获涉案人员 94 人，依法拘留 63 人，逮捕 27 人，判刑 26 人。五是加强专卖基层基础工作。为加强稽查分队基础建设，结合优秀县级局创建活动和两绩制考核办法，出台了《稽查分队综合考核实施方案》，在全市 22 个专卖管理稽查分队，开展评先树优“比、学、赶、超”活动，掀起了提升专卖管理基础工作水平的高潮。6 月份，在市检察官培训学校举办了由 260 余人参加为期 3 天的专卖执法人员培训班，进一步提高了专卖执法人员依法行政、规范办案水平。

2012 年，根据国家局、省局专卖管理整体工作部署，市局（公司）继续坚持“优化执法环境、完善体制机制、突出工作重点、加强队伍建设”的工作思路，不断转变市场监管方式，深度夯实专卖工作基础，扎实推进打假破网和队伍建设为主的各项专卖管理工作，维护了良好的市场秩序，取得了良好成效。2012 年，全市共查获各类涉烟案件 1968 起，其中，5 万元以上案件 9 起，

2007年，枣庄市峄城区烟草专卖局第一专卖管理所揭牌

破获符合公安部、国家烟草专卖局标准的网络案件3起，查获卷烟1098.56件，总案值366.47万元；刑事拘留48人，逮捕10人，判刑14人，捣毁贩藏假烟窝点1个，有力打击了涉烟违法犯罪行为。一是加强责任目标管理考核，卷烟打假打私取得较好成效。为强化落实目标责任制，市局与各区（市）局签订了《2012年度专卖管理工作目标责任书》，将查处大要案指标和经营网络案件任务进行了分解部署。在确保完成公安部、国家烟草专卖局标准网络案件的基础上，结合枣庄市实际，制订了枣庄市网络案件标准，纳入考核范围。同时，将查获3万元以上大要案纳入绩效考核，有力促进了目标任务的完成。2012年，破获符合公安部、国家局标准网络案3起：滕州“2·22”销售假冒注册商标的商品网络案件，涉案金额300余万元，传唤涉案人员21人，刑事拘留20人，逮捕3人。查获卷烟机一台，原辅材料一宗；薛城区局“4·04”非法经营假冒卷烟网络案件，查实涉案金额211万余元，涉案人员27人，刑事拘留17人（其中逮捕10人、取保候审7人，判刑11人），查实下线7人，没收扣押车辆3部；市中区局“9·14”非法经营假冒卷烟网络案件，涉案假冒卷烟814万支，涉案金额120.84万元，刑拘3人，逮捕3人，传讯涉案人员10人。二是加强市场监管，严厉打击涉烟违法活动，市场净化率、市场控制力明显提升。充分发挥联合执法优势，强化与公安、工商等部门的联系，集中开展了清理整顿名烟名酒店和礼品回收店专项活动、打击道路交通和物流环节涉烟违法犯罪专项行动，严厉打击非法收购、倒卖、走贩私等涉烟违法犯罪行为，有效遏制了不法商户的售假行为，保持了烟草市场整治的高压态势。三是大力开展普法宣传活动，营造良好执法氛围。充分利用各种媒体媒介进行普法宣传，通过市电台《每周烟草执法报告》栏目报道专卖执法和打假打私情况；利用市纪委效能监察部门举办的《阳光政务热线》栏目宣传有关政策，解答广大消费者提出的关于卷烟打假打私方面的问题；同时，通过组织开展“3•15”“12•4”“法律五进”等法制宣传活动，强化宣传讲解涉烟法律法规，进一步提高了消费者、卷烟零售户、人民群众的知法、守法和社会监督意识，营造了良好的执法环境。四是创新管理方式，专卖管理水平不断提升。建立了全市专卖执法指挥中心，利用先进的信息手段，对全市专卖执法力量实施统一调度、统一指挥；与联通公司合作，开发了卡口道路监控系统，利用监控系统实施双向车道全方位、全天候24小时不间断对206国道张山子卡点和京福高速鲁苏卡点进行监控，对列入数据库的黑名单车辆自动报警，进一步提高了打击涉烟违法活动的准确性和实效性。

2013年，根据国家局、省局专卖管理整体工作部署，市局（公司）坚持以集中整治烟草市场秩序为主线、以严厉打击各类涉烟违法行为为重点，加强对卷烟销售经营场所、储存场所的监督检查，始终保持市场整治高压态势，在公、检、法、工商、海关等执法部门的大力支持帮助下，加大涉烟违法犯罪的打击力度，市场秩序良好。截至11月份，全市共查获涉烟案件1705起，移送案件178起，其中五万元以上大要案11起；查获卷烟748.99件，总案值418.47万元，查获假冒卷烟6.66件，假冒烟标值4.14万元。拘留28人，逮捕12人，判刑32人。破获符合公安部、国家烟草专卖局标准的网络案件2起。

（1）综合治理更加严厉。一是围绕“端窝点、断源头、破网络、抓主犯”工作重点，制定《枣庄烟草专卖局对滕州卷烟厂内部专卖管理监督实施办法》《枣庄市烟草专卖局关于对滕州卷烟厂报废、废弃等烟草专卖品销毁处置监督办法》等文件，加强辖区工业企业的监管，落实废弃烟草专卖品有关规定，严防制假活动的转移、渗透。二是围绕打击非法收购、倒卖、运输卷烟作为的工作重点，扎实开展打击卷烟非法流通，名烟名酒店、礼品回收店集中整治，雪茄烟市场专项整治等专项行动，对查获的涉烟案件上追下查，全力破获辖区内的涉烟非法经营网络。三是进一步细分边缘地区农村卷烟市场，加大边界地区的管理力度，采取错时检查、集中突查等有效措施，确保市场治理取得更明显成效，杜绝专卖管理上的“真空地带”。四是围绕“六个严禁、一个严控”、卷烟打码到条、规范卷烟经营各项规定、“天价烟”及卷烟过度包装等工作，全面部署开展严格规范工作全面自查整改活动，按照“哪级查出的问题哪级处理”的原则，从思想、作风、管理、执行能力等方面深挖根源，健全制度、完善机制、优化程序、规范流程，切实筑牢严格规范“生命线”。

（2）联合打假机制更加严懔。一是加大联合执法机制建设，先后与市打私办签订了年度卷烟打私工作责任书，与市公安局经侦支队完善了打击涉烟犯罪协作机制，并积极参与公安机关的“双打”专项行动，进一步构建了“治安牵头，刑侦、技侦、交警、网安、经侦等多警种参与”的涉烟案件侦办机制，实现了重要信息共享、重大案件提前介入。二是与鲁南七地市建立完善了区域烟草打假协作机制、与湖北咸宁市局签署协作机制意向书，进一步落实线索移交、案件串并、跨省行动、区域协作等工作制度，积极营造各方密切配合、行动迅速快捷、技术支持有力的跨区域协作工作格局。三是各稽查分队通过与辖区公安派出所、工商所召开联席会议，建立基层执法协作联动机制，构建全方位、立体化的烟草市场监管防控网络，有效打击涉烟违法犯罪和非法经营活动。

（3）许可证管理更加严格。一是按照“横到边，纵到底，不留空当，不留死角”的要求，成立由专卖、内管、市场等部门组成检查组，对全市1.4万持证卷烟零售户许可证号、许可证有效期、负责人、经营地址等基本信息进行了逐家入户核查，进一步提高了零售许可证的含金量。活动中，全市共2955户卷

烟零售户退出卷烟经营业务，未发现虚拟客户。二是通过印发明白纸、换证培训和集中座谈讨论等形式，严格履行宣传、告知义务，切实发挥辖区内每一位零售户对换证政策的知情权，告知换证需提交的相关材料及办理程序，提高广大零售户的满意度、理解度和支持度。三是坚持以“公正透明、严格规范，高效便民、热情服务”为宗旨，强化工作人员热情服务意识，采取上门服务与电话相结合的方式，提醒零售户到期及时办理；针对老弱病残的零售户，组织专卖人员登门收集延续材料；采取“两线并行”的方式，确保了延续工作准确高效的开展。

（4）依法行政更加严戥。一是以烟草产品质量安全为中心，组织专卖执法一线员工开展卷烟鉴别检验培训，并注重培养基层质检骨干，积极开展各项检验检测工作，为专卖执法工作提供坚强的证据支撑。截至11月底，枣庄质检小组共出具检测报告1558份，检测各类卷烟3944牌次，送检率（剔除无证经营移交工商的）100%，鉴定结果准确无误。市中、薛城质检小组顺利通过省局审查验收，进一步提升了枣庄市局“法治烟草”建设水平，增强了社会公信力。二是以“以人为本、执法为民”的执法理念，坚持“打疏管服、刚柔相济”的工作方针，制定了“七个制度、一个办法”，为“柔性执法”工作全面推进奠定基础。三是积极配合外部监督主体的监督活动，如行风政风热线，拓宽社会监督方式和渠道，强化监督效果。深入开展执法回访与执法满意度调查，全年共发放执法满意度调查表360余份，及时解决社会大众反映的突出问题，维护了行业良好执法形象。

2014年，以专项行动为抓手，提升卷烟市场综合整治成效。抓住互联网、邮政快递、物流货运站等物流渠道和繁华街区、名烟名酒店、礼品回收店以及宾馆、酒店、娱乐场所等重点区域，在开展节日市场专项整治和打击互联网、物流快递渠道犯罪活动专项行动基础上，开展了以“维护良好的卷烟市场秩序、维护良好的卷烟价格秩序”为主题的“双维行动”，有效打击了非法卷烟经营行为。1至11月份，共查获各类涉烟案件3800起，同比增长119.7%；查获卷烟1668件，同比增长120%；总案值495万元，同比增长29%。以案件经营为关键，提升打假破网能力。紧紧依靠地方党委政府，加强与公、检、法、工商等部门联合，建设信息共享平台，建立联席会议制度，落实案件移送制度，完善部门协作机制，优化执法环境。加强对基层县级局的指挥协调，加强督办和区域协同，提升打假合力。加强案件经营，认真分析案件信息，追根溯源，形成以案找案，以货找人、以人串网的打假格局。1—11月份共刑事拘留涉烟违法人员15人，逮捕7人，判刑3人。市中区“3·07”销售假冒卷烟网络案件已通过省打网办审查，认定达到公安部、国家烟草专卖局网络案件标准。破获市标网络案件4起。以规范流通渠道为目的，提升许可管理水平。与工商管理部门建立合作机制，定期排查无证经营行为，对不符合许可条件的无证户劝说退出直至清理取缔。建立许可证监管工作机制，定期清理一户多证、人证不符、证址不符、证照不符、有证无店以及停业等各类不规范户，打牢发展的市场基础。截至11月底，全市共有持证零售户13511户，信息真实有效。

2015年，认真研究专卖管理工作新情况、新特点，探索新的有效途径和措施，提高市场监管水平。截至11月份，全市共查获各类涉烟案件2248起，查获卷烟2977.96万支，总案值741.46万元，刑事拘留涉烟违法人员19人，逮捕4人，判刑2人。联合检查市场共出动执法人次60112次，出动检查车辆13914台次。开展专项整治，全面规范烟草市场秩序。一是以“元旦”“春节”市场监管为重点，部署为期100天的“百日行动”。期间，全市共查获各类涉烟案件793起，查获卷烟593.34万支，总案值175.15万元。二是成立“齐鲁之盾”专项行动领导小组，认真开展“沿边沿海卷烟市场集中整治行动”“社会市场集中整治行动”“交叉检查集中整治行动”“节日市场集中整治行动”“零售市场集中整治行动”“涉烟违法犯罪分子集中打击整治行动”，构筑起市场监管立体防线，有效遏制了各类违法经营行为的发生，截至11月底，专项行动共查获各类涉烟案件980起，查获卷烟2190.26万支，总案值487.66万元，刑事拘留涉烟违法人员12人，逮捕1人，判刑1人。

1. 加强市场监管，全面规范零售户经营行为。开展零售客户约谈活动，重点宣传烟草行业法律法规知识，登记敏感牌号卷烟库存，增强客户守法经营理念，截至目前共排查、约谈有重点嫌疑零售户98户。利用信息系统平台每日查询异常订单，共筛选、下发“订单特别异常户”名单11267户，各区（市）局对“订单特别异常户”卷烟购进数量、销售时间、购买数量、累计销售情况、库存情况等进行实地核查监管，切实强化对卷烟经营的事前、事中、事后的监督。

加强专卖考核，全面提升专卖执法水平。制定《枣庄市烟草专卖局专卖管理工作考核办法》，突出考核基础管理、管理绩效、专项工作，督促各单位“做实、做真、做细、做精”专卖管理基层。制定《枣庄市烟草专卖局专卖管理重点工作专项考核办法》，月度下达、考核、通报有效稽查任务，兑现考核奖励，进一步调动稽查一线人员工作积极性；实施网络案件任务分解，市局分管领导、专卖科副科级以上干部（含挂职）加强办案指导和督导协调，加大破网、追刑工作力度，始终保持卷烟打假打私高压态势。

2. 强化道路稽查，严厉打击涉烟违法行为。围绕守好“山东南大门”工作重心，联合公安局治安支队、高速交警成立高速联合执法办公室，加强道路查堵拦截，密切关注货运站、物流中心非法运输卷烟动向，严厉打击非法运输卷烟涉烟违法活动。高速联合执法办公

室成立以来查获涉烟案件14起，查获卷烟46.44万支，查获案件总值66.90万元。

2016年，在专卖管理监督上精准发力，着力破网络、打大户、查乱码。

破网络。积极向市委、市政府汇报，市政府召开会议，专题研究加强烟草市场专卖管理事项；市委、市政府组织召开全市整顿与规范烟草市场秩序工作会议，部署开展全市烟草市场集中整治行动；市委办公室、市政府办公室印发了《关于进一步整顿和规范烟草市场秩序的实施意见》的通知。坚持真打、硬打、狠打，积极开展全市卷烟市场治理“齐鲁之盾（2016）”专项行动，查获5万元以上大要案24起，查获卷烟583.22万支，案值607.68万元。坚持堵源肃渠，开展全市烟草市场集中整治行动、加强高速稽查，查获卷烟933.61万支，烟丝35.52吨，总案值661.35万元；加强物流快递环节稽查，查获5万元以上案件3起，获假冒伪劣卷烟4.9万支，总价值24.5万元，坚决落实好省局（公司）关于守好山东南大门的部署要求。加大网络案件查办和抓捕追刑力度，破获滕州市“12·8”、市中区“12·26”、台儿庄区“3·06”等6起销售假冒卷烟案件，破获真品卷烟网络案件9起，极大地震慑了涉烟违法犯罪分子。

打大户。今年以来，市局（公司）辖区一定程度上出现了控、销、囤等非法经营大户，直接控制卷烟市场价格、组织分销各种假私非卷烟及真烟非法流通、恶意囤积紧俏卷烟压榨市场资源，严重扰乱正常的市场秩序，侵害零售户及消费者利益，恶化了市局（公司）与广大卷烟零售户休戚与共关系，针对这一问题，市局密切关注所涉及卷烟零售户库存情况和掌握敏感牌号销售动向，提高打击精准度，截至11月1日，利用信息系统平台共筛选“订单特别异常户”17400户。全市梳理违法大户2121户，按照宽严相济、教育和打击结合的原则，确定打击1475户，已打击1005户，取消经营资格2户，暂停经营24户。

查乱码。积极宣传乱码卷烟的违法性质和法律责任，查获乱码卷烟2528.34万支。狠抓“预警处理”和投诉举报工作，处理预警信息20178条，预警率较去年下降8.8%，有效筛选率较去年提升1.83%。强化同级监管，向同级业务部门转发《规范卷烟经营事项督办通知函》167份。处理全市各类投诉举报咨询电话105次，及时率为100%，投诉举报处理满意率为100%；2015年顾客综合满意度为90%，高于全省平均水平。建立健全真烟外流案件追溯制度，严格执行卷烟外流责任“倒查”“追查”和考核奖惩机制，推动真烟非法流通从“遏制”向“根治”转化。市局（公司）被行业上级通报的真烟非法流通数量同比下降30.3%，案值同比减少33.6%，涉及零售户同比下降38.9%。

2017年，全市专卖管理工作认真贯彻落实国家局和省局（公司）决策部署，以“抓基层、打基础、强管理、重创新”为引领，以“两抓两促”为抓手，以“提升自身市场控制力”为目标，深入开展卷烟市场集中整治，不断夯实专卖基层基础建设，努力提高专卖管理工作新高度。1-11月份，全市共查获各类涉烟案件814起，查获卷烟934.23万支，总案值876.36万元。查获烟叶、烟丝29.35吨，总案值139.47万元。烟机2台，案值0.23万元。全市行政拘留3人，刑事拘留57人，逮捕18人，判刑23人。破获符合公安部、国家烟草专卖局标准的网络案件5起。

1、不断完善联合执法协作机制。一是完善执法机制，密切市综治办、打私办、打假办和各执法部门关系，进一步巩固和发挥市综治委整顿和规范烟草市场领导小组作用。综治部门充分发挥统领全局、协调各方的职能优势，切实加强组织协调。公安部门充分发挥治安牵头、多警种协作配合机制的作用，扎实做好涉烟刑事案件侦办工作。检察院、法院等部门在法律允许的范围内，加快涉烟犯罪案件的批捕、起诉、审判速度，切实提高执行效率，依法及时惩处涉烟违法犯罪分子。打私、工商、交通、邮政等部门密切关注各自领域的涉烟犯罪动向，积极开展联合整治行动。各级各部门间的工作关系进一步密切，协作机制进一步完善，协作配合逐步实现规范化、制度化、长效化。二是深化协作力度，1月13日，与工商行政管理局、公平交易局召开工商、烟草联合打击涉烟非法经营行为联席会议，联合下发了《联合打击涉烟非法经营行为工作办法》，不断加强协调配合，进一步健全完善工商、烟草联合打击涉烟非法经营行为工作制度，对查获的涉烟案件按照“各司其职、各负其责”的原则依法处理，严厉打击非法经营烟草专卖品行为，确保烟草市场经营秩序规范稳定。

2、不断强化烟草市场整治工作力度。一是以“齐鲁之盾”（2017）专项行动为重点，全面开展市场整治。坚持把“守土有责、守土尽责、守土负责”三条原则贯穿到“齐鲁之盾”专项行动的各个环节，以“两抓两促”为重要抓手，立足眼睛向内，实现“三个转移”，即：将专卖管理重心转移到提升自身市场净化率上来，把专卖指标导向转移到深挖市场潜力导向上来，把专卖工作方法转移到精耕市场上来，不断强化自身市场整治力度，提升市场控制水平。专项行动期间，全市共出动执法人员8700余人次，出动执法车辆3200余台次，对所有零售户以及物流、快递、景区等区域、场所、人员进行了摸底排查。各级执法部门在各自领域开展全面检查，重点对象开展反复检查，营造了烟草市场高压态势，保障了行动实效。专项行动开展以来查获五万元以上大要案26起，查获卷烟426.87万支，查获案件总值648.13万元，极大地震慑了涉烟违法犯罪行为。二是加大道路稽查环节检查力度。联合市治安支队、高速交警成立高速联合执法办公室，对鲁苏高速卡点，实行24小时不间断封堵检查。抽调台儿庄、峄城烟草局稽查大队对206张山子卡点开展道路稽查。同时，在主要道口、重要路段实施布控，加大对道路运

输环节的整治力度，加强道路查堵拦截。1-11月份，道路稽查环节共查获各类涉烟案件33起，查获卷烟391.84万支。三是密切关注新型领域涉烟违法犯罪动向，充分发挥与公安、交警、工商、交通等部门联合执法检查的作用，加大对辖区货运站、物流、快递等运输枢纽的监控、检查力度，及时遏制涉及邮政、运输等领域的涉烟违法犯罪行为。2017年物流快递环节共查获非法运输案件63起，查获卷烟19.73万支。四是强化重点区域、环节监管。公安、工商、烟草等部门联合，打破作息时间和检查规律，采取“暗访、交叉、错时”等检查方法，对可能销售违法卷烟的重点区域、地段，如人员密集街区路段、农村市场、集贸市场、物流货运站、宾馆酒店等娱乐场所进行全方位监管，确保无死角、无盲区。密切关注红白喜事、建筑工地、个体工厂等特类市场卷烟消费情况，进行调查摸底，加强监管，摸清卷烟主要来源，确保货源渠道的合法性。五是加强卷烟市场监管督查考核。各级专卖人员联合执法部门采取错时错位、弹性工作制等方式加大市场日常监管力度。市烟草专卖局由专卖部门和专项考核组每月开展一次市场监管检查，对卷烟市场进行不打招呼、明察暗访相结合的市场检查，并将检查结果纳入月度绩效考核，始终保持市场日常监管的高压态势。六是狠抓内部规范经营，严防“灯下黑”。针对个别内部人员参与不规范经营的行为，市局始终坚持“零容忍”，在广泛宣传教育的基础上，制定了严格考核制度，并成立专项检查组，对发现的违规线索一查到底、绝不姑息。2017年共对9起外流案件进行了查处，对25名内部员工落实了责任追究。

3、不断强化烟草零售终端管控力度。一是加强许可证管理。根据《卷烟零售点合理布局指导意见》，及时修订完善零售点合理布局规定，取消于法无据的内容，放宽和规范市场准入，精简和优化行政审批。制定了《烟草专卖许可证后续监管办法》，开展卷烟零售许可证专项清理工作，组织全市专卖稽查人员对零售客户进行全面排查统计，对“无效证、休眠证、空壳证”等情况进行深入排查，确定需要清理的零售户名单。针对违法违规使用零售许可证行为的零售户，严格按照法律法规的有关规定，及时做出停业、歇业、注销行政处罚等决定，有效提升了行政许可监管水平。2017年共清理无证等零售户128户，其中新纳入89户，依法清理39户。二是积极开展零售户“拓荒工程”。根据市场调查存在的空白点、空白村（居）、小区等情况，对符合办证条件的予以办证，吸收优质客户资源，纳入销售网络。营销部门制定新办证、入网零售客户服务标准，开展营销指导及个性化服务。强化农村卷烟零售户的办证管理，确保每个自然村至少有一户卷烟零售户。截至2017年11月底，全市累计新办零售许可证667户。三是扎实开展依法严管违法违规卖烟大户专项行动。建立了对卷烟违规经营零售大户的监管机制和辖区内零售大户档案，核实了违规经营零售大户的销售能力，加大了对名烟名酒店违规违法经营行为的打击力度。加大对涉嫌“二次批发、左右价格、扰乱市场”卷烟行为的卷烟零售户的查处力度，根据其实际卷烟销售需求调整供货量，并将其作为市场检查和暗访的重点对象。通过一次违规实施暂停供货、二次违规取消经营资格、重点监管等一系列措施，卷烟零售大户非法批发、售假贩私等违法违规销售卷烟行为明显减少。2017年以来共暂停供货188户，取消经营资格8户。

4、不断拓宽普法渠道强化法制宣传教育。一是开展“不忘初心牢记使命、两抓两促向我看齐”主题实践活动，充分发挥基层党组织战斗堡垒作用和广大党员先锋模范作用，带动全体干部职工抓基础工作和卷烟营销，促进工作业绩位次前移；抓专卖管理和内部规范，促进市场控制力迅速夯实。在此基础上，制定了《枣庄市烟草专卖局专卖监督管理工作提升实施方案》，将专卖管理重心转移到市场监管和零售客户监管上，努力提升自身市场控制力。二是制定《枣庄市零售客户诚信管理办法》《枣庄市烟草专卖人员诚信服务工作办法》，根据零售户守法经营情况、卷烟购销行为情况，科学界定守信和失信行为，制定信用评价标准，建立烟草信用档案和激励惩戒机制。按照“双随机一公开”要求，及时将卷烟零售户信用信息报送到政府网站进行公示，全面规范零售户经营行为，营造零售市场主体依法经营、诚信经营的良好环境。三是充分利用“3•15”“6•29”等法律宣传日，开展法律法规宣传活动，设置宣传站点，通过悬挂横幅、摆放宣传展板、设立真假烟展示台、公示打假举报电话等形式，向消费者和零售户宣传烟草专卖法律法规、真假烟鉴别知识，提醒广大卷烟零售户、消费者增强法律意识。四是落实法律“六进”活动，积极开展送法进社区、进互联网、进校园、进物流快递企业活动，通过张贴宣传标语、印发宣传资料、专人答疑解惑等形式，进一步提高广大群众的守法意识和识别、预防犯罪的能力。

三、改革开放烟草行业取得的主要成就

改革开放以来，枣庄市局（公司）坚决贯彻中央、省决策部署，紧密结合烟草行业实际，在不同时期有针对性地提出了行业发展指导方针，有力推动了行业持续发展。在行业组建初期，面对计划经济条件下卷烟产品相对短缺状况，坚持“满足消费、增加积累”方针，全面加强生产经营管理，努力改善市场卷烟供应，促进了行业效益快速增长。进入20世纪90年代，在卷烟产品由卖方市场向买方市场转变情况下，坚持贯彻“控制总量、提高质量、调整结构、增加效益”和“狠抓基础、稳中求进”指导方针，努力抓好卷烟限产压库、产品结构调整和市场整顿规范工作，较好实现了由“产量速度效益型”向“质量结构效益型”转变。进入新世纪以来，根据烟草行业内外部环境发展变化，明

确提出“新世纪头十年特别是近3—5年是烟草行业发展至关重要的时期，能否抓住时机、抓紧工作，关系到中国烟草的前景和希望”。根据这一判断，着眼于提高中国烟草整体竞争实力，提出了“做精做强主业、保持平稳发展”基本方针和“深化改革、推动重组、走向联合、共同发展”主要任务，着力抓好完善体制机制、优化资源配置、加快结构调整、全面提升水平，全面推进传统烟叶生产向现代烟草农业转变、传统烟草商业向现代卷烟流通转变、传统工厂制向现代企业制度转变，努力转变发展方式，全面建设现代烟草。2010年明确提出“卷烟上水平”基本方针和战略任务，全面推进品牌发展、原料保障、技术创新、市场营销、基础管理上水平。在党中央、国务院坚强领导下，在各地、各部门大力支持下，通过全体职工共同奋斗，彻底改变了烟草行业长时期存在的企业结构散、市场秩序乱、管理水平低、经营效益差的状况，全新的现代烟草产业体系基本建立，行业改革发展取得了显著成绩。

四、改革开放以来烟草行业的经验

改革开放以来，全体烟草人不懈努力、奋力前行。烟草行业广大干部职工积极探索，开拓创新，走出了一条烟草专卖制度下努力发挥市场机制作用、保持行业持续健康发展的新路子。这一不平凡历程值得我们去重温，其间做法和经验值得我们认真总结，尤其是烟草专卖制度和管理体制需要不断坚持和完善，以更好地把握行业发展规律，指导行业发展新的实践，推动行业新的发展。

1. 必须始终坚持“控制总量、稍紧平衡”调控方针，把发展建立在扎实工作基础和可靠市场基础之上。有计划组织“两烟”生产经营是《烟草专卖法》的明确要求，也是行业持续发展的重要保证。在卷烟生产上，20世纪90年代针对产大于销和部分小烟厂严重超产现象，国家局、总公司坚决贯彻中央关于限产压库决策部署，全面开展限产压库检查，全面加强对小烟厂管理，切实维护卷烟计划严肃性，有力促进了行业良好发展。进入新世纪以来，坚持以市场为导向，把价格作为调控的第一信号，按照市场需求和稍紧平衡原则安排计划、组织生产，充分运用信息化手段，加强对卷烟计划执行情况检查落实，使卷烟产销保持协调平衡良好状态。实践证明，“控制总量、稍紧平衡”是保持行业持续健康发展的成功经验，也是今后必须始终坚持的方针。行业发展必须尊重市场、适应市场，必须严格管理、加强调控，必须着眼全局、顾全大局，共同营造良好市场环境，把发展建立在可靠市场基础和扎实工作基础之上，实现行业持续稳定协调发展。

2. 必须始终把深化改革作为推动行业持续健康发展强大动力，努力使专卖体制下烟草行业充满生机与活力。烟草实行专卖体制是改革的产物，同时也需要通过不断深化改革来加以巩固和完善。国家局、总公司成立之初，就高度重视专卖管理体制的建立完善，为深化行业改革奠定了坚实体制基础。在改革发展进程中，始终把深化改革作为行业工作重要任务，成功实施卷烟价格改革，由国家定价转向为企业定价，提高企业适应市场能力。在地市级层面深化烟草内部管理体制改革，理顺内部关系，增强发展动力。近年来，在坚持专卖制度前提下，积极推进市场取向改革，精心组织省级公司工商管理体制分开，营造公平竞争市场环境，构建适度竞争体制机制。全面理顺资产管理体制，积极探索现代企业制度建设，董事会制度不断健全完善。大力推进企业组织结构调整，确立地市级公司营销主体地位，具有法人资格卷烟工业调整减少到30家。深化用工分配制度改革，建立有效激励和约束机制，充分调动了全体员工积极性、主动性、创造性。通过采取一系列改革措施，增强了行业发展动力和活力。实践证明，行业30多年发展靠的是改革，要不断解决行业发展中遇到的新的矛盾和问题，保持行业持续健康发展，还是要紧紧依靠改革。改革是推动行业发展的强大动力。

3. 必须始终把科技进步作为推动行业持续健康发展重要支撑，努力提高自主创新能力和科技发展水平。30多年来，全行业紧紧依靠科技进步、自主创新，有力促进了发展质量和效益不断提高。加快行业发展方式转变，促进烟草产业转型升级，实现行业持续健康发展，靠的仍然是技术进步、自主创新。按照“环境一流、手段一流、人才一流、成果一流”的要求，继续高度重视行业创新体系建设。深化科技管理体制改革，大力推进课题制和首席专家制度，建立更加有效的激励机制，激发科技人员创造创新热情。瞄准国际一流水平，跟踪世界前沿技术，解放思想，拓宽思路，在重点领域和关键技术上取得重大突破，全面提高行业技术创新水平。

4. 必须始终把“严格规范”作为保持行业持续健康发展的生命线，建立良好的生产经营秩序。烟草是特殊的产品，实行的是特殊的管理体制，因此，要把加强管理、严格规范、注重自律摆在行业各项工作重中之重，建立良好的生产经营秩序。国家局、总公司成立初期，坚持把制止卷烟降价竞销、全面整顿批发渠道作为重要任务，随后相继进行了整顿烟叶收购秩序、狠抓限产压库促销、规范卷烟交易秩序、清理自由批发市场等多方面整顿治理工作。自1999年以来，持续开展烟叶流通、卷烟体外循环、财经秩序等专项治理整顿，目前仍在着力接进“规范工程按资、物资采购、宣传促销活动”和“深入开展办事公开、民主管理”两项工作。实践证明，在实行专卖管理体制下，严格规范始终是保持行业持续健康发展的生命线。当前，在社会主义市场经济体制不断完善、行业发展面临压力和挑战不断加大情况下，必须更加重视严格规范工作。进一步提高思想认识，切实做到思想上更加重视，行动上更加自觉，措施上更加有效。进一步完善以规范“两烟”生产经营为基础、以财务审计监督为关

键、以加强对领导干部监督为重点、以纪检监察再监督为保障的内部监管基本格局，构建内部监管长效机制。进一步健全制度，完善程序，严格规范权力运行，努力打造阳光烟草，使行业发展建立在更加严格规范基础之上。

5. 必须始终把树立“两个至上”共同价值观作为推进行业持续健康发展的重要保证，全面提高干部职工队伍整体素质。保持行业持续健康发展，关键在人，在于队伍素质全面提高，在于各级领导班子坚强有力。通过30多年的努力，行业干部职工队伍素质明显提升，为行业持续健康发展提供了有力保证。面对新形势、新任务，我们更加重视加强队伍建设。深入开展“两个至上”“三个始终”“五种意识”教育实践活动，坚定理想信念，树立正确价值追求，坚持务实工作作风，始终把维护烟农利益、零售客户利益、行业基层员工利益放在心上，牢固树立责任意识、忧患意识、公仆意识、民主意识、创新意识，切实解决精神懈怠、能力不足、脱离群众、消极腐败危险，始终保持满腔热情、富有激情、充满智慧、奋力创新良好精神状态。深入抓好干部职工教育培训，全面开展专业技术职务评聘和职业技能鉴定工作，为广大员工提供良好成长通道和发展空间，培养一支高层次、高技能、高素质人才队伍。

6. 必须始终坚持“共同发展”原则，努力实现行业持续协调共同发展。妥善处理各方面利益关系，充分调动各方面积极性，努力实现共同发展，是保持行业持续健康发展根本所在。30多年来行业改革能够顺利推进，正是坚持了“共同发展”原则，形成了推动改革发展强大动力。要克服前进中各种矛盾和问题，我们仍要坚持“共同发展”这一重要原则，统一思想，齐心聚力，共同奋斗，努力实现新的发展目标任务。坚持以人为本、关注民生，更加注重维护广大烟农利益、零售客户利益和行业基层员工利益，为他们提供更加良好服务，进一步夯实行业发展的基础。高度重视老少边穷地区烟草产业发展，大力支持重点品牌加快发展，为促进地区经济发展、社会和谐发挥更加积极作用。十分注重行业内部烟叶、卷烟生产和流通协调发展，努力形成互为支撑、共同促进良好发展氛围。

烟草行业走过的30多年历程，与改革开放同步，与时代发展同行。30多年的改革发展成果，凝聚了几代烟草人的艰辛努力，我们必须倍加珍惜；面向行业未来发展，广大干部职工肩负重任，我们必须加倍努力。全行业干部职工要深入学习贯彻党的十九大精神，深入学习贯彻习近平总书记系列重要讲话，牢固树立“两个至上”行业共同价值观，坚定信心，团结奋进，开拓创新，扎实工作，为全面完成“十三五”开局之年行业改革发展目标任务、实现行业持续健康发展不懈奋斗，为保证国家财政收入、维护消费者利益作出新的努力和贡献。

审稿人：刘婉春

撰稿人：高　瑞

1999年，枣庄市烟草专卖执法标志服着装仪式

青岛海关驻枣庄办事处促进枣庄市经济社会发展的历程、成就及经验

青岛海关驻枣庄办事处是国家设立于枣庄市的进出境监督管理机关，隶属于中华人民共和国青岛海关，基本任务是监管进出境运输工具、货物、物品，征收关税和其他税、费，查缉走私，并编制海关统计，对外承担通关监管、保税监管、税收征管、打击走私、海关稽查、知识产权海关保护、进出口统计等主要职责。青岛海关驻枣庄办事处成立于1997年9月19日，负责枣庄市五区一市的海关业务，内设办公室、通关科、监管科。青岛海关驻枣庄办事处成立以来，在海关总署和青岛海关的正确领导下，在枣庄市委、市政府的关心支持下，各项工作保持了良好发展势头，坚持把好国门，做好服务，有力促进了枣庄市外向型经济的发展。

一、青岛海关驻枣庄办事处筹建历程

枣庄市是山东省的南大门，1986年被国务院列为对外开放城市，在枣庄市委、市政府的正确领导下，不断加快改革开放步伐，外资外贸迅速发展，建立海关成为枣庄市外向型经济发展的现实需要，1989年3月10日，枣庄市政府《关于设立枣庄海关的请示》报省政府和青岛海关，由外贸委承担申报工作，由于多种原因，工作未果而停止。1992年4月27日重新启动申报工作，市政府《关于设立枣庄海关的请示》重报省政府和青岛海关，也由于各种原因，工作停止。1993年2月13日，市政府《关于申请设立青岛海关驻枣庄办事处的请示》上报省政府和青岛海关，同时，根据工作需要，市政府决定由市政府办公室抽调人员承担此项工作，在市委、市政府主要领导的亲切关怀下，枣庄市设立海关机构进展顺利。1993年3月17日，山东省政府《关于设立青岛海关驻枣庄办事处的函》呈报国家海关总署，抄送青岛海关，使这项工作有了突破性进展。在1994年全市经济工作会议上，原市委书记郭振山同志对建立海关机构提出时限要求，秦尧基市长亲自挂帅出征，同年5月31日，青岛海关《青岛海关关于设立青岛海关驻枣庄办事处的请示》呈报海关总署，11月6日，枣庄赴北京汇报工作，11月8日下午，海关总署黄汝凤副署长会见了张万青副市长一行，表示，“本着迅速开展工作，能干事的原则，简化程序，尽快批下去”。11月18日，枣庄到青岛海关汇报具体筹建事宜，12月15日，枣庄市宣布成立海关筹建领导小组，1995年1月14日，海关总署正式批准设立青岛海关驻枣庄办事处，明确了规格、编制和管辖范围，至此，机构审批工作全部完成。1995年3月，青岛海关驻枣庄办事处筹备处成立。

市政府非常重视枣庄海关的建设，第53次、58次市长办公会专题研究海关的建设问题，审定实施方案，根据市委、市政府“庄严宏伟、规模适中、气派不小、功能不少、现代风格，成为枣庄城市建设的一个景点”要求，选定省设计院方案，于1995年6月18日在市中区兴华路10号奠基建设。1996年6月，青岛海关发布招考简章，从枣庄市机关事业单位招录工作人员，完成了人员招考、选调、培训工作，1997年8月进入开关筹备阶段，9月19日举行隆重的开关典礼，同年10月15日，顺利完成与济宁海关的业务交接，并正式办理海关业务。

青岛海关驻枣庄办事处在两年筹建过程中，按照市委、市政府部署，积极争取青岛海关支持，为枣庄的进出口业务做了大量工作：一是在国家优惠政策调整前，充分把握时机，在市领导支持下，完成了“80万吨机焦”和“三德食品工程”的输入微机备案工作，货值达亿元。二是为企业排忧解难，妥善解决了二棉厂的核销问题，减少损失1200余万元；帮助二棉协调进口棉花1000多吨，增加了效益，搞活了企业。完成了鲁南化肥厂118.36万元的退税工作，帮助解决市污水处理厂索赔设备问题，为企业节约资金几十万元。三是为发展外向型经济当好参谋助手。由于不了解政策，华众纸业有限公司进口的涂布白板纸拟按20%缴纳关税，经现场实地调查后合法降低了税率，一次为企业节约税款1400余万元。主动帮助枣庄大酒店讲解政策，为其进口保龄球节约税款200余万元。四是为经济社会发展做出了贡献。在市领导支持下，多次往返于青岛、济南、济宁，帮助市卫生局办理科研用品设备，简化程序，完成几百万美元的设备进口任务。1997年10月正式办理业务后至年底，两个多月时间，监管进出口货物1700多吨，进出口货物总值4874万美元，征收关税63万元，减免关税、进出口环节代征税3696万元，加工贸易合同备案68份，备案总值995万美元，核销合同50多份，核销总值734万美元。

二、青岛海关驻枣庄办事处促进枣庄经济发展的主要措施

1997年，青岛海关驻枣庄办事处

成立以来，按照海关总署“促进为主”的工作方针和青岛海关“参与、服务、开放、宽松”四个意识，全力支持枣庄市的对外开放和发展。1999年，全国海关关长会议上确立了“依法行政，为国把关”新的工作方针，青岛海关驻枣庄办事处牢固树立法治意识和把关意识，严打走私犯罪，用新的工作方针统一思想，指导行动。2002年1月，全国海关关长会议重新确立了“依法行政，为国把关，服务经济，促进发展”的十六字工作方针，青岛海关驻枣庄办事处在这一工作方针指导下，坚持“抓特色、创品牌”的工作思路和“小关要有新作为、小关要有新特色、小关要有新贡献”的工作理念。准确把握“把关”与“服务”平衡点，全力服务枣庄市外向型经济发展。

（一）不断深化通关作业改革

改革开放以来，枣庄市外经外贸迅速发展，1997年全市进出口总值1.45亿美元，同比增长55.2%，其中进口6768万美元，同比增长48%，出口7750万美元，同比增长61.9%。传统的海关业务监管模式已无法适应新形势的需要，1998年，海关总署做出了关于建立现代海关制度的决定，明确提出建立以“电子海关”为目标的通关作业改革，是建立现代海关制度的中心环节和突破口。青岛海关驻枣庄办事处以此为契机，重新设计通关作业流程，做到严密监管与快速通关相统一，作为试点海关，于1998年8月，成功上线运行H883/EDI5.0现代海关业务信息化管理系统，使审单作业、物流监控和职能管理三大系统成为一个有机整体，实现了进出口通关作业的电子化处理。2001年，为支持山东中西部地区外向型经济的发展，加速口岸进出口货物疏运、集港，青岛海关印发《青岛海关对口岸直通进出口货物的监管办法》，青岛海关驻枣庄办事处抓住有利时机，根据企业需求，多方协调，2005年枣庄华润纸业有限公司废纸直通场站获批设立，结束了枣庄市没有海关监管场站的历史，2005年青岛海关驻枣庄办事处监管进出口货物41413吨，同比增长74倍，监管集装箱4145标箱，同比增长50倍。2011年，海关总署印发《推动海关通关作业无纸化改革工作方案》，2012年印发《海关分类通关改革实施方案》，建立以企业守法管理为核心的通关作业流程，实施“低风险快速放行”“低风险单证审核”和“高风险重点审核”三种作业方式。青岛海关驻枣庄办事处积极实践，争取政策尽快落地，惠及企业，截至2017年底无纸化通关率达98%，低风险报关单实现24小时内快速放行，通关效率大幅提升。为服务“一带一路”战略，助推“丝绸之路经济带”沿线国际物流大通道建设、实现与“21世纪海上丝绸之路”有效对接，2015年3月，海关总署印发《2015年深化区域通关一体化改革工作方案》，提出实现“丝绸之路经济带”海关区域通关一体化，同月，青岛海关印发《青岛海关丝绸之路经济带海关区域通关一体化改革实施方案》，明确改革内容、改革步骤和责任分工。驻枣庄办事处主动跟进改革步伐，在5月1日，实现丝绸之路经济带九省区（山东、河南、陕西、山西、甘肃、宁夏、青海、新疆、西藏）通关一体化。2017年6月，海关总署发布关于推进全国海关通关一体化改革的公告，同年7月，进口通关一体化改革在枣庄市落地，10月，出口通关一体化改革在枣庄市落地，枣庄市外贸企业可自主选择在注册地海关或货物实际进出境地海关办理申报、纳税、查验放行手续，枣庄市国际物流大通道已经形成。

（二）助推加工贸易增长

加工贸易是指经营企业进口全部或部分原辅材料、零部件、元器件、包装物料，经过加工或者装配后，将制成品复出口的经营活动，包括来料加工和进料加工。来料加工是指进口料件由境外提供，经营企业不需要付汇进口，按照境外企业的要求进行加工或者装配，只收取加工费，制成品由境外企业销售的经营活动。进料加工是指进口料件由经营企业付汇进口，制成品由经营企业外销出口的经营活动。加工贸易在全市进出口总量中占有相当份额，2017年全市加工贸易进出口总值达26亿元人民币，同比增长19%，高于全省平均增幅14个百分点，占全市外贸进出口总值的26%。为促进加工贸易转型升级，青岛海关驻枣庄办事处积极落实国务院简政放权要求，根据《国务院关于取消和下放一批行政审批项目的决定》，取消加工贸易手册备案（变更）、外发加工、

2010年，枣庄市第一家公用型保税仓库正式投入运营

深加工结转、余料结转、核销、放弃核准等6项行政审批，简化办事流程。按照海关总署关于加工贸易“管精、管少、管好”的工作要求和《青岛海关关于开展加工贸易无纸化作业改革的通知》部署，自2015年8月1日起，对备案资料库设立（变更）、外发加工、深加工结转、内销征税、电子化手册核销、电子账册变更、电子账册预报核、电子账册正式报核8项不涉及商务部门批文及监管证件业务实施单纯电子化审核，企业办理业务不再提交纸面单证。根据商务部、海关总署2016年第45号公告，自2016年9月1日起，取消了加工贸易业务审批，商务部门不再签发《加工贸易业务批准证》《加工贸易保税进口料件内销批准证》等。根据海关总署、商务部2017年第33号公告，自8月1日起，取消加工贸易银行保证金台账制度，标志着实行22年的加工贸易保证金台账制度正式退出历史舞台。为最大限度方便企业办理业务，青岛海关驻枣庄办事处设立内部核批事项清单，对加工贸易手册设立等业务实行经办关员直接办理制，大大提高了办事效率。

（三）强化企业管理

随着国家政策和海关管理理念变化，企业管理共经历了分类管理和信用管理两个不同时期，两种政策在促进枣庄市外贸企业管理方面均发挥了重要作用。根据中国海关强化后续管理，实现监管前伸后移，缓解现场通关压力的目标，1999年6月，《中华人民共和国海关对企业实施分类管理办法》正式实施，设置A、B、C、D四个管理类别，对企业实施动态的分类管理，不同类别的企业实行不同的监管措施。2001年，根据外贸发展实际情况，又对符合放宽标准的有关企业分类进行了调整，增加AA类企业。为促进企业诚信守法自律，营造公平有序进出口环境，2004年，海关总署开始实行“红黑名单”企业制度，青岛海关驻枣庄办事处积极跟进，对红名单企业实行便利通关措施，对黑名单企业强化重点监管。2005年10月，施行《青岛海关客户联络员管理办法》，为建立海关与守法企业的新型合作伙伴关系，2006年8月起，建立诚信企业管理制度，对在进出口经营活动中依法遵守海关的有关法律法规，诚实守信，管理规范，内控机制健全，愿意配合海关诚信管理的进出口企业实行诚信管理，签订《共同推进贸易守法管理合作备忘录》，设立海关诚信企业客户联络员。枣庄市山东腾达不锈钢制品有限公司（原滕州腾达不锈钢制品有限公司）成为首个诚信企业。2013年，海关总署印发《关于开展海关企业协调员试点工作的通知》，决定建立企业协调员制度，2014年青岛海关驻枣庄办事处关企合作委员会建立，与8家重点外贸企业签订合作备忘录，一对一配备企业协调员，解决企业通关疑难问题。

为了推进社会信用体系建设，保障贸易与安全便利，建立进出口企业信用管理制度，2014年12月，《中华人民共和国海关企业信用管理暂行办法》及其配套制度《海关认证企业标准》正式施行，标志着海关对企业的管理由分类管理过渡为信用管理。青岛海关驻枣庄办事处以此为契机，大力推进枣庄市进出口企业诚信体系建设，将进出口企业划分为高级认证企业、一般认证企业、一般信用企业和失信企业，分别适用不同管理措施。此外，为适应国务院统一社会信用代码改革工作，自2015年10月起，枣庄市企业可使用统一社会信用代码办理海关注册手续。截至2017年底，全市共有高级认证企业2家，一般认证企业36家，一般信用企业1700家，进出口信用管理体系初步建立。

（四）深化综合治税

税收征管是海关传统四大职能之一，1980年海关恢复征收关税和进口环节代征税以来，海关税收在国家财政收入体系中的地位和作用不断提升，“十二五”时期，青岛海关驻枣庄办事处共征收税款3.05亿元，为国家财政做出了贡献。此外，“十二五”时期，共为企业减免税款2804.3万元，有力支持了枣庄市经济发展。

为实现税款应收尽收，青岛海关驻枣庄办事处坚持依法征管，依托科技手段，建立职能监控、多岗位融合的综合税收征管体系，确保国家税款安全。2012年4月，在全市进出口企业内全面推广海关税费电子支付系统，企业无须再在海关和缴款银行之间来回奔波，只要轻点鼠标即可网上查询并完成各种税费的支付。2015年，在全市企业中推行汇总征税，实现由“逐票审核、先税后放”向“先放后税，汇总缴税”的转变，降低了企业流动资金压力和物流

2010年，青岛海关驻枣庄办事处向枣庄市红十字会捐赠物资

成本。2017年，在全市范围实行自报自缴税收征管模式，进出口企业在向海关申报时，可以利用申报系统海关计税服务工具自行计算税款，并向海关申报，在收到海关系统回执后，可以自行办理缴纳税款手续，企业在缴纳税费方面由被动变为了主动，提高了通关效率。

减免税是海关对符合条件的进出口货物减征或者免征进出口环节代征税，是海关支持经济社会建设的重要手段。为促进枣庄市经济转型升级，青岛海关驻枣庄办事处积极落实国家减免税政策，以山东丰源轮胎股份制造有限公司为例，现场指导解决该公司减免税设备问题，该公司共进口设备44台套，共计减免税1400余万元，有力支持了企业生产线升级换代，2017年该公司进出口总值已跃进全市首位。

2014年，青岛海关驻枣庄办事处协调员制度合作备忘录签署仪式

（五）保持打击走私高压态势

1998年，党中央国务院召开全国打击走私工作会议，做出组建专职打击走私的缉私警察队伍等3项重大决定。青岛海关驻枣庄办事处坚决贯彻落实党中央、国务院决策部署，坚持“打防结合，综合治理，突出重点，坚持不懈”的打私工作方针，针对走私形势的新特点和新动向，加大打击力度，确保全市外向型经济安全有序稳定。2010年，共立案查处行政违规案件8起，移交刑事案件线索2起，案值2.28亿元，涉税4456万元，其中总署Ⅰ级挂牌督办案件1起，青岛海关驻枣庄办事处被评为“青岛海关2010年缉私工作先进单位”。2012年组织开展“国门之盾”专项行动，办结行政违规案件5起；2013年组织开展“绿篱”专项行动，全力打击洋垃圾走私，查发涉嫌倒卖许可证案件2起，案值4400余万元。2014年组织开展“绿风”专项行动，全力打击粮食、冻品、食糖、棉花等农产品走私违规行为，共查处行政违法违规案件5起，案值370.83万元。2015年组织开展了“五大战役”，全面深化“绿篱”“绿风”“紫光”“春雷”“守卫者”战果，全年共行政立案14起，案值1987.11万元，在青岛海关缉私绩效考核中，大要案绩效居第1位。2016年组织开展了“国门利剑2016”专项行动，在农产品走私、偷逃税走私、骗退税活动等方面予以重点打击，全年共行政立案5起，案值863万元。

青岛海关驻枣庄办事处还扎实推行“两简”案件办理模式改革，实现简易程序案件当场办结，简单程序案件5个工作日办结，极大提高了办案效率。以科技手段助推缉私反哺监管，充分运用缉私反哺监管平台，为深度实施全员打私提供保障。开展执法活动“大起底、大清理、大检查”，每半年进行一次行政案件执法检查，切实提高办案质量，把案件办成经得起时间检验的铁案。探索推进自律管理工作，突出企业在守法管理中的主体地位。

（六）积极服务枣庄新旧动能转换

主要负责同志带队深入6区（市）21家外贸企业实地调研，与各区（市）政府、商务部门及43家外贸企业进行座谈交流，提出了5大方面19项具体措施，形成6篇专题调研报告。研究出台服务枣庄新旧动能转换的11条措施，制定了为企业提供“一对一”个性化服务的规定，为全市30家重点外贸企业配备海关首席顾问，提供全方位服务。主动对接争取，支持枣庄市依托青岛港枣庄内陆港区建设多式联运海关监管场站，为企业沿丝路扩大东西双向开放开辟低成本通道。

三、青岛海关驻枣庄办事处促进枣庄经济社会发展主要成就

改革开放以来，青岛海关驻枣庄办事处在青岛海关和枣庄市委、市政府的正确领导下，深刻把握世情、国情、省情、市情、关情的变化，因势而谋、因势而动、因势而进，围绕实现发展目标、破解发展难题、厚植发展优势，探索发挥海关职能作用新举措，不断开拓服务大局、兴关强市的新境界，为全市对外开放做出了贡献。

（一）全市外贸总量不断增长

1997年青岛海关驻枣庄办事处开关以来，紧密围绕枣庄市委、市政府中心工作做好文章，全力支持全市对外贸易发展，进出口规模不断扩大。1997年全市进出口总值1.45亿美元，其中进口6768万美元，出口7750万美元。由于受东南亚金融危机影响，1998年，全市外贸进出口总值出现断崖式下跌，当年实现进出口总值10025万美元，同比下降30.8%，进口仅2878万美元，出口7147万美元。此后，全市对外贸易逐渐回暖，对外贸易规模不断扩大，2007年，全市对外贸易进出口总值突破5亿美元大关，达6.4亿美元，其中

2012年，远通纸业（山东）有限公司直通场站获批设立

出口5.4亿美元，进口1亿美元。2011年，全市对外贸易进出口总值突破10亿美元大关，达10.67亿美元，其中进口2.23亿美元，出口8.44亿美元。2014年进出口总值达14.4亿美元，其中出口突破10亿美元大关，达11.54亿美元。2015年全市外贸进出口总值达15.9亿美元，比1997年增长近10倍。2017年，全市外贸进出口总值达100.2亿元人民币，首次突破百亿元大关，全市对外贸易发展步入了快车道。从进出口企业数量看，全市外贸企业数量由开关之初的35家增加到2017年底1738家，外贸主体不断扩大。

（二）贸易便利化水平不断提升

青岛海关驻枣庄办事处为打造最具竞争力、影响力的通关环境，不断推进通关便利化改革，构建起了更加适应现代物流特点的便捷、高效、安全的“一站式”通关模式。全面实施全国海关通关一体化改革，企业可选择任一海关办理通关手续，截至2017年底，进口货物通关时间压缩至1.93小时，出口货物通关时间维持在0.3小时左右。按照“三互”大通关建设要求，与国税系统联网，出口退税不再签发纸质报关单，实现电子化快速办理，枣庄市出口企业退税效率提升。深化通关作业无纸化改革，通关作业无纸化率达98%，高于全省平均水平。落实国务院推进“双随机、一公开”部署，查验实施“随机布控、随机派员”，随机布控率达90%以上。深入推进关检合作“三个一”，实现货物通关“一次申报、一次查验、一次放行”，降低通关成本。建立行政审批“单一窗口”，实行流程公开制、限时办结制，行政审批效率大幅提升。简政放权，建立责任清单，优化30余项内部核批程序，报关单审核等26项业务由经办关员直接办理。落实“互联网+通关”理念，企业信息注册、行政审批实现全程网上办理，通关状态可通过“青岛海关12360”微信平台查询。

（三）内陆物流通道得到畅通

为打通路途远、陆路运费高等制约内陆地区外向型经济发展最大的物流“瓶颈”，青岛海关驻枣庄办事处积极走访各区市政府和外贸企业，宣传推介海关政策，打造内陆外贸物流平台。2005年，枣庄华润纸业有限公司废纸直通场站获批设立，结束了枣庄市没有海关监管场站的历史。2012年，远通纸业（山东）有限公司直通场站获批设立，每年可为企业节约成本200余万元。保税仓库是指经海关核准的专门存放保税货物的专用仓库，可以为外贸企业有效节省滞港费，降低通关成本，减少资金占用，特别是在进口资源战略储备上的主动性、灵活性将会大大提高，2010年，枣庄市第一家公用型保税仓库——滕州隆盛物流公用型保税仓库正式投入运营，2012年，峄州物流园区公用型保税仓库投入运营，枣庄市外贸物流大通道初步形成。

四、在工作中形成的主要经验和启示

回顾青岛海关驻枣庄办事处成立以来参与、服务枣庄经济社会发展的历程，在工作中主要有如下几点经验和启示：

（一）必须坚持围绕中心、服务大局

要紧紧围绕国家、省市决策部署，主动融入、主动参与、主动思考、主动作为，提升海关在服务枣庄市经济社会发展大局中的融入度、贡献率和表现力，这是做好海关工作的前提。青岛海关驻枣庄办事处既是垂直管理部门，同时也是政府职能部门，必须坚决贯彻落实党中央国务院决策部署和省市党委政府工作需求，以主人翁的姿态，主动融入地方经济社会发展的大局中，涉及海关业务的，做到不推卸、不拖延、不敷衍，主动认领，真抓实干，抓出成效，在海关工作与地方工作一体化发展当中，更好地履行海关职责。

（二）必须坚持依法行政、把好国门

依法治国是我国基本治国方略，2014年10月，中共十八届四中全会通过《中共中央关于全面推进依法治国若干重大问题的决定》，对依法治国进行全面部署。依法行政是依法治国的重要内容和建设法治政府的必然要求，青岛海关驻枣庄办事处作为行政执法部门，必须坚持依法行政，按照法治政府建设的标准，全面提升海关各项工作的规范化水平，对外履职要依法遵法，对内管理更要有规有矩，树立标准意识、规矩意识和程序意识，在各个方面都要严格遵程序、重标准、卡规定、合时宜、不越矩。把好国门是海关立身之本，必须认真履行《中华人民共和国海关法》赋予的职责，筑起对外开放的钢铁长城，

着力维护全市开放型经济发展秩序，营造公平有序的进出口环境。

（三）必须坚持问题导向、深化改革

回顾服务枣庄市经济社会发展历程，每一次的跨越都离不开改革，只有改革才能推动事业不断进步，才能让人民群众更有获得感。问题导向是改革的牛鼻子，要以改革解决问题，以问题推动改革。面对把关与服务、速度与效益、数量与质量等各种关系，青岛海关驻枣庄办事处提出坚持问题导向，解放思想、转变观念、深化改革，先后实现了丝绸之路经济带区域通关一体化、全国通关一体化等历史跨越，取消多项行政审批，为企业松绑减负，海关服务经济发展的效果得到彰显。

（四）必须坚持防好风险、带好队伍

队伍是事业的基石，是做好一切工作的根本保障，青岛海关驻枣庄办事处历来高度重视风险防控工作，狠抓廉政制度建设和廉政文化建设，不断加强党风廉政建设和反腐败工作，严密防范执法、管理、廉政三大风险，开关 20 年来，未发生一起廉政问题，队伍团结稳定。把队伍能力建设列为关级重点工作，组织开展岗位练兵、以干代训、跟班学习等多种形式培训，队伍综合素质得到有效提升，先后获评省级文明单位、省反走私先进集体、全市科学发展综合考核先进集体等各项荣誉 60 余项。

当前，我国已经进入全面建成小康社会决胜阶段，党的十九大提出形成全面开放新格局。海关总署将实施创新强关、改革强关、法治强关、人才强关的强关战略，构建大开放、大安全、大通关、大协同的“四大”格局。青岛海关将坚持政治建关、改革强关、依法治关、实干兴关，建设“一流强关”。枣庄市委、市政府提出实施“开放跨越”战略。面对新形势、新要求，青岛海关驻枣庄办事处将调整心态、摆正位置、提高站位、选好角度、加大力度，着力在补齐短板、破解难题上下功夫，在服务大局、把好国门上见真章，努力实现大作为，做出大贡献。

审稿人：陈如江

撰稿人：王诗强　郜振民

1997年9月19日，青岛海关驻枣庄办事处举行开关典礼

枣庄市金融体制改革的基本历程及经验启示

金融是现代经济的核心，枣庄市金融体制改革是以市场化为基本线索而展开的。改革开放以来，在枣庄市委、市政府的正确领导下，枣庄市各银行业金融机构紧紧围绕全市经济发展战略部署，积极深化改革，强化创新，优化服务，金融运行机制日益完善，金融体系更趋健全，银行业资金实力和服务能力持续增强，初步形成了适应市场经济体系发展的金融体制框架。在实现自身快速发展的同时，银行业金融机构还为全市经济结构升级和城市转型提供了充裕的资金支持，成为推动全市国民经济和社会发展的重要力量，经济金融良性互动格局不断强化。

一、金融体制改革的历程

1948年12月1日，中国人民银行正式组建成立。这是我国社会主义金融事业的开端，标志着新中国金融体系的诞生，新中国的金融事业已经发展到一个新阶段。之后，通过合并解放区银行、没收并改组官僚资本银行、取缔外资银行的在华特权、改造私人银行与钱庄，以及建立农村信用社组织等途径，新中国金融体系逐步建立起来。1949年11月1日，枣庄驻地设立中国人民银行台枣支行，下辖苍山县、麓水县、费县、兰陵县、峄县、临城县、邳县、枣庄人民银行办事处。到1952年国民经济恢复时期结束时，我国已经建立了以人民银行为核心，在人民银行统一领导下的几家专业银行和其他金融机构并存的金融体系格局；对各类金融机构实行了统一管理，有效调控了市场货币供求。

枣庄市金融体制改革从1978年真正开始。1979年10月，邓小平同志提出“要把银行作为发展经济、革新技术的杠杆，要把银行办成真正的银行”，从而开始了恢复金融、重构金融组织体系的工作。30多年来的金融改革，遵循了一个以市场为取向的、渐进化的改革逻辑，改革的巨大成就体现在从整体上突破了传统的计划金融体制模式，基本建立起一个符合现代市场经济要求的市场金融体制模式。枣庄市金融体制改革主要经历了四个主要阶段：

（一）金融体制改革准备和起步阶段（1978—1984年）

1978年以前，全国实行“大一统”的银行体系，只有中国人民银行一家。1979年1月，中国人民银行滕县支行由济宁中心支行划归枣庄市支行领导。是时枣庄市下辖5区1县，中国人民银行枣庄市支行下辖台儿庄区、薛城区、峄城区、齐村区办事处、滕县支行和市行营业部6个人民银行机构。1979年，全国金融改革正式启动，人民银行在部分地区着手改革“统存统贷”的信贷资金计划管理体制，金融机构从一元化转向多元化，按产业设置专业银行，出现了以产业分工为主要特征的专业银行机构。

1979年5月，农业银行和人民银行两行分设。1980年1月起，市及区县人民银行内均采取两套账务，农业银行实行单独核算，同年10月份两行机关分设。

1981年8月，中国银行枣庄支行成立，作为指定的外汇专业银行，统一经营和集中管理全市的外汇业务。

1983年，国务院发布《关于中国人民银行专门行使中央银行职能的决定》，确立了人民银行的性质与地位，即：作为发行的银行、政府的银行、银行的银行，是领导和管理全国金融事业的国家机关。1984年，人民银行发布了《信贷资金管理试行办法》，并决定由“统存统贷”的信贷资金计划管理体制改革为“统一计划，划分资金，实贷实存，相互融通”的办法，人民银行与各国有专业银行的资金往来由计划指标分配关系改为借贷关系。使人民银行完全摆脱了具体银行业务，专门行使中央银行职能，成为专门从事金融管理、制定和实施货币政策的政府机构。

1984年1月24日，中国工商银行枣庄市支行成立。与人民银行枣庄市支行是一个机构，两个牌子。1984年12月1日，工商银行枣庄市支行与人民银行分开办公。原人民银行的工商信贷、城镇储蓄等业务，由新建的中国工商银行枣庄市分行接办。1985年1月1日，中国人民银行枣庄市支行改组为中国人民银行枣庄市分行，专门行使中央银行职能。至此，中央银行制度的基本框架初步确立。

1985年4月27日，“中国人民建设银行枣庄市中心支行”更名为“中国人民建设银行枣庄市分行”。1988年4月，建设银行枣庄市分行房地产开发经营公司成立。6月2日，建设银行枣庄市分行信托投资公司成立。1996年2月26日，中国人民建设银行枣庄市分行改为“中国建设银行枣庄市分行”。

枣庄市农村信用社成立于1954年，是成立最早的地方合作金融组织。50多年来，农村信用社历经体制变迁，但服务于地方经济发展的壮志豪情始终不渝，在支持农村经济发展中始终发挥着金融主力军作用。1972年，同农业银行合署办公。至1985年1月，全市共有农村信用社网点85处，信用代办站达到1625个，信用站进村率达到了50%。在这个阶段，金融体系和结构出现了显

著变化，最主要地表现在实行金融机构多元化，打破传统制度一统天下的组织结构，建立了二级银行制度的框架。四大专业银行业务严格划分，分别在工商企业流动资金、农村、外汇和基本建设四大领域占据垄断地位。

（二）转变与探索阶段（1985—1996 年）

1985 年 1 月 1 日起，中国人民银行枣庄市分行履行中央银行的宏观调控职能。中国人民银行枣庄市分行根据总行授权，执行货币政策、防范化解金融风险、向社会提供金融服务。特别是 1995 年 3 月 18 日，通过了《中华人民共和国中国人民银行法》，至此，中国人民银行作为中央银行以法律的形式被确定下来。这部中央银行法赋予中国人民银行两大职能：一是在国务院领导下制定并执行货币政策，稳定货币币值，促进经济发展；二是对金融机构实施监督管理。中央银行法明确规定，中国人民银行在国务院领导下有权独立地执行货币政策，不受其他政府部门、地方政府、社会团体和个人干扰，也就是说赋予了中央银行相对独立与集中性的金融领导权。同时，还规定中国人民银行不得对政府财政透支。这个规定应当看作是中国建立具有真正意义上的中央银行制度的重要一步。在这一时期，金融组织机构发展日趋多元化，并在组织制度上实行了创新。一批非银行金融机构快速发展。

1984 年后，农村信用社建立了县级信用联社，调整农业银行与信用合作社的关系，改变了农村信用社“既是集体金融组织，又是农业银行的基层机构”的格局。1994 年 6 月末，农村信用社完成了同中国农业银行的分设，五区一市都成立了农村信用合作社联合社，截至 1994 年底，全市共有 6 家农村信用联合社。1996 年 10 月，按照国务院《关于深化农村金融体制改革的通知》要求，农村信用社与中国农业银行脱离行政隶属关系，枣庄市设立了枣庄市农村金融体制改革领导小组办公室，下设综合组、会计组、业务组、监保组，承担对全市农村信用社的管理、指导、协调、服务职能。农村信用社的行业管理实际上由中国人民银行负责。农村信用社改革的重心转向恢复其合作制性质。各农村信用社以改革为动力，不断提高经营管理水平，较好服务了全市农村经济发展。

城市信用社是金融体制改革过程中产生和发展起来的地方金融机构，在促进城乡经济发展、服务中小企业和个体私营经济等方面发挥了积极作用。1985 年，枣庄金融系统内成立了三家城市信用社。同年，人、工两行分设时划归枣庄市工商银行管理。1985 年至 1989 年，随着枣庄经济体制改革的发展，带动了城乡集体和个体私营经济的迅速发展，为城市信用社的繁荣提供了外部环境。枣庄境内城市信用社性质的金融机构除枣庄市人民银行中心支行下辖的枣庄银行学校实验银行外，枣庄市工商银行在五区一县分别设立了挂靠各支行的城市信用社。市中区人民政府牵头成立市中区城市信用社。枣庄市政府成立了市城市信用社中心社。从 1994 年下半年起，中国人民银行开始酝酿在城市信用社基础上组建城市商业银行。1995 年 9 月，国务院下发了《国务院关于组建城市商业银行的通知》，枣庄地区的城市信用社进入规范重组阶段。1995 年，市中区城市信用社开始在业务上接受人民银行的指导管理，隶属市中区人民政府科级编制。1996 年枣庄银行学校下辖的实验银行更名为枣庄光大城市信用社。

1993 年 12 月 25 日，国务院做出关于金融体制改革的决定，实行政策性银行与商业银行分离的金融组织体系。1994 年，国家把四大国有专业银行的政策性业务正式剥离出来，同时成立了国家开发银行、农业发展银行和进出口银行这三大政策性银行。1996 年 10 月中国农业发展银行枣庄市分行正式成立，专门为“三农”提供政策性金融服务。

同时，各金融机构积极开展了一系列金融产品及服务创新，金融服务地方经济发展的能力得到明显增强。1986 年，枣庄市各国有商业银行相继开展了票据承兑及贴现业务。1991 年，市工商银行在全市率先成立了国际业务部和房地产信贷部，开始为企业和居民提供国际金融和住房消费信贷业务，金融服务领域进一步拓展。1992 年，中国银行枣庄分行开办国际结算业务，方便了企业对外贸易的资金结算，创造了良好的经济及社会效益。1993 年，各国有商业银行相继组建了信用卡业务部，开办了信用卡业务，较好满足了居民住房、汽车等消费需求。1995 年颁布《商业银行法》，要求商业银行以“效益性、安

2006年9月13日，农村信用社改革首批专项中央银行票据兑付新闻发布会

全性、流动性”为经营原则，实行“四自”的经营机制——自主经营、自担风险、自负盈亏、自我约束，并且以其全部法人财产独立承担民事责任。四大国有专业银行逐步完成了改组成国有独资商业银行的过程，专业银行商业化也进入了实质性的实施阶段。

枣庄市形成了以人民银行为领导，中国农业发展银行、工商银行、农业银行、中国银行、建设银行、保险公司、信用社、信托投资公司、证券公司、融资公司、信誉咨询评估公司等多层次、多样化金融机构并存和分工协作的金融体系，竞相增设机构，争办新业务，枣庄地区金融业呈现出空前繁荣发展的新局面。

（三）调整和充实阶段（1997—2003年）

在这一阶段，各金融机构积极适应市场经济变化，转变经营理念，推进扁平化管理，完善网点和机构布局，强化内部管理和业务竞争，现代银行管理体制基本建立。

一是金融机构积极转变经营机制，市场化的经营理念更为深入。1998年，国有商业银行改革又进一步深化：改革和完善国有商业银行资本金补充机制以及呆账、坏账准备金提取和核销制度；扩大贷款质量5级分类法的改革试点；全面实行资产负债比例和风险管理；加强中央财政对国有商业银行的支持，通过发行2700亿元特种国债筹措资金，以增加国有商业银行的资本金；对国有商业银行的某些贷款实际用于财政支出的部分予以补救或改变；将现行金融会计制度中不符合金融业谨慎原则的内容加以修正，实行商业银行资产负债比例管理、风险管理和加强内部控制的制度建设，金融管理制度向市场化迈出了重要一步。

市工商银行、农业银行、中国银行、建设银行在完成从国有专业银行向国有商业银行的转变后，积极转变经营理念，加快机构整合，开展信贷产品与业务创新，强化内控制度建设和风险管理，信贷运行效率与运行质量进一步提高。中国工商银行枣庄分行在2000年后对机构、网点布局进行了调整，按照总行、省行“减员增效”的政策，分流富余人员，网点布局趋于合理。中国农业银行枣庄分行1999年共撤销余额100万元以下的代办点603个。2001年，按照面向市场、服务客户的原则，对分支行的机关内部机构进行了调整，推行了“双聘制”改革，2003年5月，成功实施城区扁平化管理改革，对城区24个直管营业机构实行了组织管理“六统一”和会计核算“五集中”，顺利实现了新旧组织体系的转换。1999—2000年，中国银行枣庄分行为适应新形势的要求，也加快了改革的进程，实施压缩机构、精减人员、提高效益的战略，通过合并市行科室，裁撤辖内网点，大大增强了银行运营活力。

2016年7月8日，全市金融扶贫工作座谈会

二是金融组织机构体系更为完善。随着城市信用社在全国范围内大规模建立，为加强管理，1988年8月中国人民银行颁布《城市信用合作社管理规定》，提高了城市信用社的设立条件，注册资本由10万元提高到50万元。1998年10月，国务院办公厅转发了中国人民银行《整顿城市信用社工作方案的通知》，要求清产核资，摸清资产负债状况和风险程度，选择不同方式处置和化解风险。1989年上半年，根据中央治理整顿的精神，中国人民银行组织了对城市信用社的清理整顿工作。1990年到1991年清理整顿期间，各地控制了新设机构的规模，对经营不善的城市信用社予以撤并。1992年清理整顿工作结束，我国经济进入高速发展时期，各行各业申办城市信用社的要求非常强烈。这一期间，城市信用社的数量急剧扩大，在绝大多数县（市）都设有城市信用社。自1993年下半年开始，中国人民银行大力清理整顿金融秩序，总行责令各省分行自1993年7月1日起一律停止审批新的城市信用社，已下达但未用完的指标暂停使用，同时对越权超规模审批城市信用社的问题进行清理。这一精神贯彻之后，绝大多数地方都没有审批新的城市信用社。2000年10月人民银行下发《关于对城市信用社整顿工作进行全面检查及进一步推进整顿工作的通知》，明确采取保留、改制、合并重组、收购、组建城市商业银行和撤销等六种分类处置方式。枣庄市境内的城市信用社，千方百计保留机构，分类进行处置。其中，滕州、薛城、峄城、山亭境内的城市信用社划归农村信用联社，市中区的部分城市信用社亦被农村信用联社收购。

1995年9月7日国务院发布《关于组建城市合作银行的通知》，决定自1995年起在撤并城市信用社的基础上，在35个大中城市分期分批组建由城市企业、居民、和地方财政投资入股的地方股份制性质的城市合作银行。之后，组建范围又扩大到35个大中城市以外的地级城市。2001年6月1日，在枣庄光大城市信用社、枣庄市城市信用社中心社和市中区城市信用社重组的基础上，收购被撤销的台儿庄城市信用社、开发区城市信用社，由枣庄市财政局、

枣矿集团、兖矿集团、鲁南化肥厂等九家企业法人及城市信用社内部员工共同入股，成立枣庄市第一家股份制性质的金融机构——枣庄市城市信用社，具备了“准商业银行的性质”，2001年12月26日挂牌营业。

1997年6月，按照《中国人民银行关于进一步做好农村信用社管理体制改革工作意见》要求，在人民银行枣庄市中心支行设立农村合作金融监管科，同枣庄市农村金融体制改革领导小组办公室合署办公。

三是人民银行的中央银行职能进一步强化。1993年，党的十四届三中全会通过的《中共中央关于建立社会主义市场经济体制若干问题的决定》，以及《国务院关于金融体制改革的决定》都指出，“人民银行的分支机构为总行的派出机构，应积极创造条件跨行政区设置”。1995年3月，《中国人民银行法》明确规定，“中国人民银行根据履行职责的需要设立分支机构”。1997年亚洲金融危机爆发促使中央启动改革。1997年11月，党中央、国务院在北京召开历史上有重要意义的全国金融工作会议，会议决定，“为了有效实施货币政策，切实加强对金融业的监督管理，要尽快改变中国人民银行分支机构按行政区划设置的状况，有计划、有步骤地撤销中国人民银行省级分行，在全国设立若干跨省、自治区、直辖市的一级分行，重点是加强对辖区内金融业监督管理。”同时，“成立中共中央金融工作委员会、中央金融纪律检查工作委员会和金融机构系统党委。”1998年10月，国务院向各省、各部委批转了《人民银行省级机构改革实施方案》。该《方案》决定撤销全国省级分行，在9个中心城市设立分行。在不设分行的省会城市设立省会城市中心支行。其中，分行主要职责是对辖区内金融机构的业务活动进行全面的监督管理。省会城市中心支行除继续履行原市分行职责外，增加承担原省级分行在国库经理、支付清算、现金发行和金融统计等业务中的管理汇总工作。1998年10月，根据省分行要求，撤销了峄城区支行、山亭区支行，调整后，枣庄辖内仅有滕州市支行、薛城区支行、台儿庄区支行三家县支行级人民银行机构。同年11月，中国人民银行枣庄市分行改称中国人民银行枣庄市中心支行，根据总行授权，履行执行货币政策、维护金融稳定、提供金融服务等职能。2003年12月，第十届全国人大常委会第六次会议通过了《关于修改〈中华人民共和国中国人民银行法〉的决定》。这次修改《中国人民银行法》，主要是为了适应中国人民银行职能的调整和金融监管体制的改革，是在银行业监督管理委员会分设的背景下，中国金融体制改革不断深化的表现。修改后中国人民银行的职责被调整为制定和执行货币政策、维护金融稳定和提供金融服务三个方面。这次修改，从法律上分清了中国人民银行和银监会的职责，为这两个机构依法行政提供了法律依据，同时为银行业的进一步发展留下了空间。

（四）银行业深度发展阶段（2004年至今）

在这一阶段，全市银行业进入了快速发展期，银行业经营机制改革不断深化，金融组织体系不断完善，金融机构的经营活力和金融效率得到进一步释放，存贷款保持了平稳较快增长，有力促进了全市产业升级和经济转型。

一是各银行积极深化经营机制改革，银行经营活力显著增强。2004年8月份，农业发展银行总行确定枣庄农发行为全国农发行综合发展试点单位，枣庄市农发行认真做了各项准备工作。11月份，农发行总行正式批复了市行的综合改革方案，市行改革试点工作正式启动。

各国有商业银行也积极适应市场变化，转换经营理念，为银行顺利实施股份制改造、建立现代银行管理制度奠定了良好基础。2004年8月，中国银行股份有限公司枣庄分行成立，成为全市第一个实现股份制改造的银行业分支机构，2005年10月14日，中国建设银行上市公开招股正式拉开帷幕，10月27日正式在香港主板市场上市，首次公开发行264.9亿H股。建行在四大国有商业银行中率先完成上市。2006年6月1日，中行在香港溢价发行112亿美元，成为当时全球第四的IPO。2006年10月27日，工商银行A+H股在上海证券交易所和香港联交所成功上市，成为中国证券发展史上具有里程碑意义的标志性事件。2010年6月9日，中国农业银行股份有限公司（首发）获通过。至此，四大国有银行全部完成上市。银行业经营活力显著增强，逐步进入快速发展轨道。

2003年6月，国务院印发了《深化农村信用社改革试点方案的通知》指出，深化农村信用社改革，要以邓小平理论和“三个代表”重要思想为指导，以服务农业、农村和农民为宗旨，按照“明晰产权关系、强化约束机制、增强服务功能、国家适当支持、地方政府负责”的总体要求，加快农村信用社管理体制和产权制度改革，重点解决好两个问题：一是以法人为单位，改革信用社产权制度，明晰产权关系，完善法人治理结构。二是改革信用社管理体制，将信用社的管理交由地方政府负责。2003年11月，枣庄市深化农村信用社改革工作全面启动。按照此要求，中国人民银行印发了《农村信用社改革试点专项中央银行票据操作办法》和《农村信用社改革试点专项借款管理办法》，经测算2002年末实际资不抵债额，全市农村信用社可获得扶持资金支持为60353万元，全部为专项中央银行票据。经过市中心支行、市银监分局及各农村信用联社的共同努力，2004年全市六家联社的专项票据分二期全部发行，共置换不良贷款51830万元，置换历年亏损挂账8523万元。2006—2007年，六家联社先后顺利通过中央银行票据兑付，获得专项票据资金6.04亿元，通过农村信用社改革及专项中央银行票据的发行，使全市农村信用社资本充足率不断提高，农村合作社经营包袱得到大大减

轻，不良贷款实现“双降”，内控制度建设明显加强，法人治理结构进一步完善，支持“三农”成效显著，经营效益不断提高，标志着全市农村信用社改革取得重大阶段性成果。

为进一步完善公司治理结构，各农村合作社积极推动银行化进程，2011年10月，在滕州农村信用合作社的基础上，滕州农村商业银行正式挂牌开业，成为鲁南地区首家农村商业银行。2013年8月，启动了全市五区农合机构（台儿庄农商行、恒泰合行、峄城联社、山亭联社、市中联社）整合组建枣庄农商银行工作，改革设计、推进有力。2014年9月，在原台儿庄农村商业银行、恒泰农村合作银行等5家农村合作金融机构的基础上，新合并设立了枣庄农村商业银行，至此枣庄所有农村信用社合作社全部规划到商业银行范畴，农村合作金融机构运行机制不断健全，发展潜力大大增强。

经过多年的艰苦努力，2007年7月，枣庄市城市信用社组建枣庄市商业银行工作圆满完成，2012年6月，枣庄市商业银行更名为枣庄银行，并开始在市外布设网点，枣庄市城市金融发展步入新的阶段。

根据国务院金融体制改革的总体安排，在改革原有邮政储蓄管理体制基础上，2007年3月中国邮政储蓄银行有限责任公司正式成立。2008年3月，邮政储蓄银行枣庄市分行正式成立，积极面向中小企业、“三农”提供金融服务，标志着邮政储蓄银行向现代银行机构的迈进，进一步促进了全市银行业的发展和银行体系的完善。

二是积极开展金融产品与服务创新。全市银行业金融机构紧紧围绕全市经济社会发展需求，积极开展多层次、多领域的金融产品及业务创新，金融服务范围由先前简单的存、贷、汇等发展到现在多样化、个性化、专业化的金融服务，较好挖掘了区域金融潜力，金融发展的深度和广度得到不断拓展，为全市经济社会发展提供了较为充裕的资金支持。特别是2004年以后，随着金融市场需求的不断变化，各银行业金融机构金融创新步伐不断加快，各种信贷创新、代理业务、理财服务等业务品种不断丰富。特别是全市各金融机构以高度的社会责任感积极强化金融产品创新，围绕“三农”、中小企业等经济薄弱环节和下岗失业、贫困人口等弱势群体的资金需求，努力改善金融服务，挖掘金融潜力，在全国首创了钢结构厂房抵押贷款业务，成为中小企业融资的新渠道。积极探索农村土地产权资本化路径，形成了独具特色的农村土地经营权抵押贷款的“枣庄模式”，在全省乃至全国都形成了一定的社会影响，较好解决了“三农”发展面临的资金难题。

三是现代银行体系基本建立。2004年7月26日，山东省农村信用社联合社批准成立山东省农村信用社联合社枣庄办事处，在省联社的授权范围内，履行对全市农村信用社的管理、指导、协调服务职能。2005年12月，全市六家农村信用联社一级法人改革完成，全部挂牌开业。截止到2006年底，经过网点撤并和优化组合，全市辖属六家农村信用联社，6个营业部、74个信用社、125个信用分社（储蓄所），网点遍布城乡。各农村信用社以改革为动力，不断提高经营管理水平，2011年后，滕州农村商业银行、枣庄农村商业银行相继挂牌成立，重点服务中小企业及“三农”业务发展。另外，全市经济的快速发展吸引了更多域外商业银行在枣庄的网点布局，2011年1月，济宁银行在滕州设立分支机构，2013年10月，济宁银行枣庄分行成立，成为首家来枣设立分支机构的域外金融机构。2012年12月，交通银行枣庄分行入驻枣庄，2016年10月，交通银行滕州支行正式开业。青岛银行、日照银行、威海商业银行相继在枣庄设立分支机构，积极服务于地方经济发展；2011年，中国建设银行发起设立的全省第一家村镇银行—滕州建信村镇银行落户枣庄，专门为中小企业和“三农”提供融资服务。截止2017年末，枣庄市共设有银行业金融机构15家，初步形成了以中国人民银行枣庄市中心支行、枣庄银监分局为领导，各国有大型商业银行为主体，政策性银行、城市商业银行、农村合作金融机构等为补充的种类齐全、功能互补、竞争充分的现代银行业金融体系，为推动全市经济社会平稳较快发展奠定了良好基础。

四是银行监管体系发生重要变化。1986年，中国人民银行枣庄市分行专门设立金融监管科，对辖内金融机构实施金融监管。1988年，枣庄地区乱设金融机构网点，1989年开始清理整顿。1997年11月，原来由人民银行监管的证券业务划归中国证监业监督管理委员会统一监管；1998年11月，中国保险业监督管理委员会正式成立，人民银行也不再担负监管保险市场的职能。2003年4月，中国银行业监督管理委员会正式成立，人民银行从最后一项担负监管银行业的职能中脱了出来。至此，人行不承担任何具体金融业务监管职能，而是在国务院领导下，强化制定和执行货币政策职能，更好地独立发挥货币政策在宏观调控和防范与化解金融风险中的作用。枣庄市金融监管体制也发生重大变化，一是将保险机构监管职能交由保监会负责；二是典当行监管职能交由枣庄市经贸委负责；特别是2003年12月31日，根据国家金融改革要求，按照修订后的《中国人民银行法》《银行业监督管理法》，除保留一些与人民银行职责相关的监管职能外，将其他对金融机构的监管职能划转中国银行业监督管理委员会枣庄监管分局。作为中国银监会的派出机构，其主要职责是对辖内银行业金融机构和非银行业金融机构的设立、变更、退出、业务经营活动及高级管理人员的任职资格进行监督管理；同时，对辖内非法设立银行业金融机构和非法从事银行业金融业务活动的违法违规行为进行监管和查处。人民银行除业务监管外，其他职能交由新成立的枣庄市银监分局专门行使银行业监管职能，

重点规范监管操作流程，创新监管办法，突出服务意识，强化内控监管，监管效绩明显。至此，银行业、保险业、证券业实现了分业监管。

2004 年至今，全市银行业在中国人民银行枣庄市中心支行、中国银行业监督管理委员会枣庄监管分局的有效监管下，经营日益稳健，金融稳定工作机制得到进一步强化，各监管组织之间相互合作，加强监管协调，这使监管内容不断演进，监管效率不断上升，对金融领域风险隐患努力做到早研判、早发现、快预警、快处置，较好维护了金融秩序和社会稳定。

二、巨大成就

30 多年以来，伴随着国家经济与金融体制改革的步伐，枣庄市金融体制发生了重大的变化，银行的经营管理水平不断提高。各金融机构在积极防范风险、加快自身有效发展的同时，充分发挥金融对国民经济发展的杠杆作用。尤其是近年来，为适应国家产业结构调整和银行商业经营的需要，各金融机构大力调整和优化信贷结构，积极支持全市经济战略调整和重点项目建设，加大了对能源、建材、煤化工等行业和产业的介入和支持力度，为促进全市经济发展做出了重大贡献。

（一）支持经济社会发展成效显著

改革开放以来，全市银行业金融机构牢固树立“枣庄发展我发展”的经营理念，紧紧围绕全市经济发展战略，积极筹措资金，加大信贷投入，金融支持领域不断拓展，充分发挥了金融对全市经济发展的杠杆支撑作用，成为推动全市经济社会较快发展的重要力量。从支持“菜篮子”工程、“米袋子”工程到支持农业产业化发展、农村基础设施建设和社会主义新农村，从支持煤炭、水泥等传统产业发展到支持新型工业化、新兴产业和第三产业发展，从单纯支持经济发展到扶持经济薄弱环节和弱势群体，履行社会责任，加大对去产能、去库存、去杠杆、降成本、补短板五大任务的支持力度，不断加大对实体经济发展的信贷支持力度，为促进全市经济社会发展做出了重要贡献。2017 年末，全市金融机构各项存贷款余额分别为 1828.33 亿元、1212.4 亿元。一是强化精准引导。研究制定了改进金融服务和外汇管理支持全市经济发展意见、支持工业稳增长调结构增效益等 23 个信贷指导意见，引导金融机构大力调整优化信贷结构，加大对全市转调创重点领域和薄弱环节的信贷支持力度。加大再贷款、再贴现等货币政策工具运用力度，成立再贷款申贷委员会，争取支农、支小再贷款额度 13.3 亿元，全年累计发放支农再贷款 7 亿元、扶贫再贷款 3000 万元，再贴现 6030 万元，信贷资源向“三农”和小微企业倾斜力度不断加大。二是强化精准对接。全面推行中小微企业主办银行制度，印制《中小民营企业信贷产品宣讲推介手册》，金融机构与中小微企业建立“一对一”新型合作关系，10 家银行机构与 67 家中小企业建立了主办银行关系，授信总额 10.5 亿元，年度累计发放贷款 8.14 亿元。加大与发改委、经信委、商务局等部门协作配合，组织开展各级各类别的银企对接和项目推介。开展“金融服务企业百日行”活动，下发通知要求各银行机构无遗漏、全对接，累计走访 237 家企业进行“一对一”对接。在薛城召开“金融工作暨政银企合作推进会议”，各金融机构与 23 家企业达成协议贷款 29.5 亿元。三是强化精准试点。率先在全省召开“两权”抵押贷款试点工作会议，引导金融机构出台“两权”抵押贷款管理办法，推动滕州市、台儿庄区政府出台风险补偿基金管理办法。建立“两权”抵押贷款专项统计制度，总行调统司专程来枣庄座谈调研，对相关做法给予肯定。开展 2 次“两权”抵押贷款专题督导，加快推进确权颁证、抵押贷款发放等工作，2017 年累计投放“两权”抵押贷款 14588 万元。台儿庄区创新推出“结对融”信贷模式，累计为 69 位农户授信 483 万元。四是强化精准扶贫。组织开展了“建立一整套考评机制、创新一揽子信贷产品、培育一大批示范项目、组织一系列扶贫宣传”“四个一”活动，按月调度扶贫工作进展情况，对 12 家县域涉农金融机构开展 3 轮次督导。制定下发金融扶贫融资对接方案等制度办法，扎实推动融资对接、扶贫百日攻坚等工作，引导金融机构创新推出“信保扶贫贷”“惠农易贷”“光伏扶贫贷”等扶贫专属信贷产品。截至年末，全市金融精准扶贫贷款余额 6.53 亿元。

2015年11月12日，全市重点外贸企业贸易融资银企对接活动

（二）银行业公司治理结构得到完善

经过 30 多年的改革发展，枣庄市

银行业计划经济下的体制机制得到了深刻变革，各银行积极适应市场化的经营理念，实施精细化管理，强化业务创新和信贷流程再造，市场竞争日趋充分，现代化、国际化的商业银行经营管理体制基本确立。通过体制创新、机制创新、经营创新和深化内部改革，实现了脱胎换骨似的根本转变，在管理方式上，实行扁平化管理，统一授权方式，制度约束力、风险控制力及对外服务竞争能力进一步增强，内部运行更加规范、顺畅、协调、有序，各项业务步入良性循环的快车道。以提高效益和资产质量为重点，不断深化内部机制改革，实行科学的激励约束和绩效考核机制，能上能下、能进能出的用人机制和合理、有效的薪酬分配机制不断完善，广大银行职工的工作积极性得到有效激发；部分地方性金融机构积极引进战略投资者开展股份制改造，建立了较为完善的公司治理结构，管理与决策的科学化水平不断提升。流程银行建设得到有力推进，业务流程不断优化，资金运行效率显著提升，经营能力和经营效益持续改善。

（三）辖区经济金融稳定运行

中国人民银行枣庄市中心支行认真履行贯彻落实货币信贷政策、维护辖区金融稳定、改善金融服务的职责，紧紧围绕“一个中心”，把握“三个重点”，即以存款保险制度的组织实施为工作中心，以金融风险监测、金融稳定重大事项报告、稳健性评估为基本点，扎实推进金融稳定工作，牢牢守住区域不发生系统性金融风险的底线。一是认真做好存款保险各项工作。依托投保机构压力测试、季度运行分析、存款保险风险评级等手段，加强投保机构风险监测分析，及时掌握投保机构真实经营状况。认真做好辖区投保机构存款保险风险评级、费率核定、保费收缴与存款保险现场核查等工作。积极开展存保业务培训和存保知识宣传，组织开展“深化存款保险机制建设促进经济金融健康发展”劳动竞赛活动。二是强化风险监测分析与应对处置。加强对辖区经济发展、结构调整和转型升级等方面情况的跟踪分析，对辖区金融领域风险隐患进行排查，配合做好非法集资专项整治活动；跟踪监测煤贸风险状况，密切关注实体经济存在的不良贷款、担保圈等风险隐患，特别是产能过剩行业、房地产、地方政府性债务等领域风险排查。三是落实重大事项报告制度。创新编制《重大事项“零报告”月报表》，及时了解银行业金融机构重大事项报告情况；组织银行业金融机构重大事项报告业务培训，建立了《重大事项信息联络员制度》。四是做好防范和打击非法集资宣传。组织全辖银行业金融机构依托辖区金融机构网点、柜台、设立专门的咨询台，运用短信平台，播放LED电子宣传屏等形式，开展防范打击非法集资宣传活动。加强与市金融办、公安局等枣庄市打击和处置非法集资工作领导小组成员单位的沟通联系，共享非法集资信息，防范非法集资案件和民间借贷等外部风险向银行领域传导扩散。四是加强信息反馈。深入部门、银行、企业、农村开展调查研究，完成了20多项专题调研和临时调研工作任务，为领导决策提供了有效的信息支持。

（四）银行金融服务水平不断提升

改革开放以来，枣庄市银行业始终坚持金融为区域经济服务的基本指导方针，不断转变经营理念，创新服务手段，服务的宽度和广度不断深化，银行业服务地方经济发展和居民生活的功能进一步提升。金融业务由原先仅有的存、贷、结算扩展到现在复杂的业务结构体系，各种金融衍生品种也相继出现。从负债业务上看，出现了3、6、9个月等不同期限的定期存款、委托存款、信托存款等新品种。从资产业务看，出现了抵押贷款、质押贷款、按揭贷款等品种。在中间业务上出现多功能的信用卡，设计更加丰富的理财产品等。从金融工具上看，主要有国库券、商业票据、短期融资债券、回购协议、大额可转让存单等资本市场工具，这一方面丰富了金融业务，为人民生活提供了便利；另一方面，也完善了价格形成机制，推动市场化程度进一步提高。强化对经济的信贷支持，银行业提供的贷款总量始终占全社会资金需求量的70%以上，银行业仍是企业融资的主要渠道，积极推进了全市产业升级和结构转型。同时，各银行主动适应经济发展和金融需求的变化，努力提供便利化、多样化、个性化的金融产品，金融创新不断取得新进展。城乡支付环境不断优化，各商业银行拓展金融IC卡行业应用，实现金融IC公交闪付、医疗记录、工会保障一卡多用，涉及全市31条公交线路，6条BRT线路，惠及人口240万人；现金流通环境不断优化。开展全额清分冲刺年活动，95%银行营业网点实现现金全额清分。人民币1元券硬币化工程进展加快，布放硬币清分机、纸硬币兑换机30台。深化鲁豫苏皖毗邻县域反假合作机制建设，构建起条块结合、区位协同、联动响应、群防群治反假货币合作机制，做法被国务院反假办《反假工作简报》采用，《金融时报》报道。开展电信网络新型违法犯罪整治活动，全市银警联动“紧急止付”3笔，挽回损失12.5万元。国库管理服务范围持续拓展，创新开办屠宰办人员补助资金直接支付。完成辖区各级国库“营改增”及配套财税体制改革任务。上线国库收支报表核对管理系统，帮助税务部门完成“金税三期”换版。组织辖区金融机构做好国债发行，2017年累计销售401992万元。充分发挥银行业在宏观调控中的独特功能，在历次宏观调控中有效发挥了金融杠杆作用，有力促进了全市经济的平稳较快发展，推动了经济结构调整和经济发展方式的转变，银行业作为金融业的主体，在国民经济发展中的核心作用显著提升。

（五）各项金融改革稳步推进

枣庄市各金融机构继续深化金融改革，为金融业务发展、助推地方经济转型提供了新的动力。2016年，中国人民银行枣庄市中心支行率先在全省召开“两权”抵押贷款试点工作会议，引导金融机构出台“两权”抵押贷款管理办

法，推动滕州市、台儿庄区政府出台风险补偿基金管理办法，2017年累计投放“两权”抵押贷款14588万元。中国工商银行枣庄分行大力发展分期付款、POS收单、基金、保险等零售业务，大零售口径全年实现中间业务收入1.5亿元，占全行中间业务收入的73.3%，大零售业务转型发展成果凸显。中国建设银行枣庄分行通过融资租赁、投行业务、新型跨境贸易融资、国际融资等多种融资方式满足企业资金需求。2017年，该行通过新型融资累计融通资金超过12.5亿元，办理承兑11.9亿元、贴现近7亿元。中国邮政储蓄银行枣庄分行积极开展扶贫对接工作，通过落实融资需求对接走访、量身定制扶贫小额新产品、开发“光伏扶贫”等方式做好精准扶贫工作，对接客户29户，对接率在79%，累计发放1635万元，带动贫困人口脱贫的各类经营主体累计放款1635万元。威海商业银行枣庄分行正式对外营业，全市多元竞争、错位发展的金融组织体系进一步完善。

（六）银行业资金实力明显增强

从资产规模上看，1978年全市银行业资产规模仅数亿人民币，截至2017年末，全市银行业资产总量达到2038.78亿元。各银行积极利用国家各种优惠政策，大力剥离核销等化解不良资产，银行资产质量得到明显改善提高。信贷风险管控能力也得到明显提升。从资产质量看，枣庄市银行业不良贷款率由先前的30%左右下降到2017年末的2.18%，多数国有商业银行不良贷款率控制在2%左右，接近或达到国际先进银行的平均水平。从盈利水平看，从改革开放到20世纪末，受多种因素影响，银行业长期处于亏损经营状态，2000年以后，各银行积极加强信贷管理，不断积累优质信贷资产，风险管理机制不断完善，在满足重点项目贷款的同时，积极发放小额农贷和个体私营企业贷款，优化信贷结构，在压缩逾期贷款、盘活贷款存量、提高信贷资产质量等方面取得了显著的成绩，银行经营效益稳步提升。截至2017年末，全市银行业金融机构实现盈利18.7亿元。从资本充足率上看，枣庄市银行业由原来的资本严重不足甚至为负值，发展到目前8%的资本充足率平均水平，为化解信贷风险提供了充裕的资金保障。

2016年9月9日，全市“金融服务企业百日行”活动推进会暨金融服务集中宣讲会

（七）社会信用体系不断完善

我国社会征信体系也得到了前所未有的发展。1997年，“银行信贷登记咨询系统”开始筹建。2002年，初步建成投入运行。2004年初，人民银行加快了个人信用信息基础数据库的建设。2005年4月，枣庄市正式启动企业资信评级，按照济南分行关于组织开展企业资信评级工作的部署和要求，人行枣庄中支密切联系辖区实际，紧紧依靠地方党政，多方争取理解支持。按照“行政引导、市场主导”的原则和“商业银行推荐、企业自愿申请”的运作模式，印发了《枣庄市企业资信评级实施方案》，全市优秀企业率先参加资信评级，产生了良好的社会反响。社会信用环境建设不断实现新突破，农村、中小企业征信数据库实现“双达标”，采集上传11.5万户农户和6.3万户企业信用信息。推广应收账款融资服务平台，成交19.8亿元。个人信用报告自助查询实现全覆盖，自助查询率超过95%。受理信用查询12.22万余笔，处理异议投诉40笔，查处金融机构违法和不规范查询行为，保护信用信息主体权益。征信体系建设与社会信用制度的发展有效降低了银行不良贷款比率。

三、宝贵经验

40年来，枣庄市银行业实现发展的最大动力在改革，最大的亮点也是改革。枣庄市银行业改革开放40年来的风雨历程表明，党中央、国务院关于银行业改革的一系列重大决策是完全正确的。在这个伟大的历史进程中，全市各银行业金融机构立足市情，积极学习借鉴先进经验，解放思想，开拓创新，积累和形成了一些宝贵的经验。

（一）必须加强政府的主导作用

政府的推动对于金融改革的加快进行至关重要。40年的金融改革，是适应建立和完善社会主义市场经济体制的需要，同时政府的推动也加快了金融改革的步伐。政府精心组织，创造良好的经济环境，及时采取一系列政策措施，才能保证金融改革的顺利进行。如2014年，枣庄市印发了《枣庄市人民政府关于加快推进全市金融改革发展的实施意见》，强调在充分发挥信贷市场融资主渠道的同时，更加注重资本市场的直接融资，促进保险业健康发展和民间借贷规范发展。2016年，枣庄市直接融资取得重要突破，丰源股份成功挂牌新三板，枣庄本土企业上市实现零突破。实践证明，政府部门各项经济、金融改革措施及时到位，不仅能够推动金融改革深入发展，而且建立了良好的经济、金融协调运行机制，在制度上巩固了改革成果。

（二）必须坚持市场化的改革方向不动摇

枣庄市金融部门成绩的取得得益于改革。改革是认识、思考和解决问题的基本出发点。只有通过市场化改革完成

资源配置效率的提升，从而为全市金融业发展续接出新的活力。特别是在当前经济增速下行压力加大，以及金融系统性风险的扩延都表明，传统的发展模式已不可持续，未来只有依靠市场化的改革，才能进一步激发经济活力。只有坚持市场化的金融改革方向，才能进一步释放金融活力，挖掘金融潜能，有效分散金融风险，为实体经济转型和发展提供强有力的金融支持。始终不渝地坚持市场化的改革方向，是枣庄银行业40年来得出的最宝贵经验。

（三）创新是金融发展的根本动力和重要手段

自1985年以来，枣庄金融事业最鲜明的特点是锐意改革，不断创新。创新是优化金融资源配置、提升金融市场运作效率的关键。40年来，枣庄市银行业始终把金融创新作为稳健发展的根本动力，大力营造有利于创新的体制机制环境，将创新渗透在银行业发展的各个阶段、各个环节、各个方面。经济新常态下，银行业的转型已成为大势所趋，银行业必须在科学研判经济金融形势的基础上选择与之适应的转变方式，以适应客户变化的需求，拓展更广阔的发展空间，提升综合实力，提供特色化、差异化、个性化的金融服务。要顺利完成这些转型，需要银行创新管理理念，创新服务流程，创新产品体系，以不断的创新促进转型的发展。改革开放以来，枣庄银行业的快速发展始终伴随着创新这条主线。实践证明，创新是发展之源，这一条必须坚定不移、毫不放松。

金融稳定是金融改革与发展的重要前提。40年的经验教训反复证明，如果金融稳定出了问题，可能在短时间内将长期不懈努力获得的金融发展改革成果毁于一旦，可以说金融体系的稳定是压倒一切的重要任务。特别是近10多年来，枣庄银行业取得快速发展的基础在于信贷风险的有效管控，包括银行部门自身的风险管理机制的优化和监管部门监管体制的完善。金融业在改革与发展过程中，必然会遇到一些困难和问题。改革创新要容忍风险，但不是放任风险，更不是无视风险。要监测风险、识别风险，在试错过程中允许出现风险个案，但一定要守住不发生系统性风险、区域性风险的底线，为金融改革和创新创造良好的金融环境。

（四）要重视加强和改善金融监管

金融越是发展，就越要加强金融监管。国内外正反两方面的经验和教训一再告诫我们，只有重视加强和改善银行业的监管，才会有银行业的稳健发展。银行监管职能从中央银行分离出来以后，我国不断改革原有的监管体制，建立健全银行监管的法律法规体系，完善和更新银行监管理念，优化银行监管的技术和方法，努力培养思想政治过硬、业务素质较高的专业化监管队伍，走出了一条中国特色的银行监管道路，银行监管的有效性显著增强。正是因为加强和改善了银行监管工作，我国银行业成功化解了曾经面临的金融风险，保持了平稳、健康的发展态势。在任何时候，任何情况下，银行监管工作只能加强，不能削弱，这是从实践中得出的宝贵经验。

经过40年的改革开放，全市银行业已步入健康发展的轨道，基本建立起了一个高效的强有力的金融组织系统，信贷资产结构更趋合理，资金营运更为安全高效。展望未来，枣庄银行业既面临着许多难得发展机遇，又面临许多严峻挑战。站在历史的新起点，枣庄银行业发展前景广阔，前途远大。

审稿人：王　森

撰稿人：邢衍栋

2014年8月21日，中央七大媒体圆满完成“金融支持家庭农场”枣庄站的宣传采访工作

枣庄市银行监管工作发展历程及成就经验

枣庄银监分局自2003年12月31日成立以来，紧紧围绕市委、市政府和山东银监局党委决策部署，以维护银行业安全稳健运行和促进经济持续健康发展为己任，坚持依法监管、严格监管、廉洁监管，践行“管法人、管风险、管内控、提高透明度”和为民监管理念，按照“准确分类、提足拨备、做实利润、资本充足”的持续监管思路，着力构建银行业风险防范长效机制，提高资产质量，壮大发展实力。深入贯彻党的十八大、十九大、全国金融工作会议等重要会议精神，以习近平新时代中国特色社会主义思想为指导，增强“四个意识”，坚定“四个自信”，不断提升监管能力和水平，引领全市银行业全面深化改革，推动了银行业持续稳健发展，保护了金融消费者合法权益，促进了全市经济金融协调发展，为全市新旧动能转换贡献了金融新动能。

一、全市银行业监管历程

开局之初，针对枣庄市银行业历史包袱重，发展速度慢，风险隐患大的实际，引领银行业确立了“在发展中提高，在提高中发展，经济发展促进金融发展”的理念，倡导审慎稳健经营，消除畏难情绪。经过十余年不懈的努力，全市银行业经营状况发生了根本性的变化，各项经营指标和监管指标大幅度提升。

（一）银行业深化改革阶段，现代银行制度基本确立（2004年1月至2012年12月）

枣庄银监分局以助推全市银行业深化改革转型为己任，不断提升服务实体经济的水平和防范金融风险的能力，增强银行业综合竞争实力，夯实银行业服务实体经济微观基础。

1. 农村信用社改革。枣庄银监分局成立之初，全市6家农联社，有几家还在全省133家联社中综合排名居后10位，个别信用社不良贷款占比较高，农村信用社整体亏损，经营包袱十分沉重。枣庄银监分局将农村法人机构的监管列为重点，抓改革、控风险、促发展。

坚持用商业银行的标杆引领农村信用社发展。制定实施了《农村合作金融机构良好银行创建指标完成情况通报制度》，创新了《橙色风险通报制度》，引领农信社按照银行标准加快发展。在具体工作中，区别对待，分类监管，进行入社，靠前指导，主动帮助联社整改问题，经过不懈的努力，全市农村信用社全部还清动用的人民银行存款准备金，拿到并兑付了中央银行专项票据资金。截至目前，全市农村合作金融机构公司治理、内部控制、经营管理、资本规划、风险控制、盈利能力、资产质量实现了质的提升，整体面貌发生巨大变化，服务三农、服务全市经济发展的能力进一步提高。

成熟一家改制一家，推进农村合作金融机构银行化改革。指导薛城联社加快改革步伐，加大股权改造力度，筹建农村合作银行。2008年12月13日，枣庄市第一个农村合作银行——枣庄恒泰农村合作银行挂牌成立，成为在第二轮改革中全省第一家开业的农村合作银行。恒泰农村合作银行的成立，对于枣庄市整个农村信用社系统的改革起到了示范带动作用。2011年10月，滕州农联社改制滕州农村商业银行开业，2012年11月，台儿庄农联社改制台儿庄农村商业银行开业。

整合组建枣庄农村商业银行，实现枣庄农信事业历史新突破。枣庄银监分局适时启动了全市五区农合机构（台儿庄农商行、恒泰合行、峄城联社、山亭联社、市中联社）整合组建枣庄农商银行工作。首先，政府主导，政策支持，积极协调，争取市委、市政府的大力支持，通过政府支持和市场化运作处置不良贷款，消化了历史包袱，为改革创造了条件。第二，吸纳股金，优化股本。指导筹建小组认真把好股东准入关，鼓励民间资本入股，共募集股金15亿元，优化了股本结构。第三，监管引领，依法设立。全过程指导监督，顺利完成了前期法律准备、股金募集、清产核资、评估及验收等工作，各项监管指标均达到了农商银行准入标准。枣庄农村商业银行挂牌。

2. 城市信用社改革。以筹建枣庄市商业银行为契机，全面提升城信社的发展活力。向城信社派驻监管组，严格对照筹建城市商业银行的标准筹建。同时，依靠政府支持，积极做好增资、清收贷款、剥离不良资产等工作，协调市政府确保各项优惠政策的到位，加快了城商行筹建步伐，2007年7月，枣庄市商业银行挂牌成立。商业银行成立后，指导其完善“三会一层”公司治理架构，搭建全面风险管理框架，科学制定发展战略和资本规划，明确市场定位，优化网点布局，先后设立了滕州、薛城、台儿庄支行，市内其他区（市）支行正在筹建，服务覆盖面不断延伸和扩大。2012年6月，枣庄市商业银行改名为枣庄银行，发行了“幸福卡”，服务领域、业务渠道得到拓宽和丰富，社会影响力不断扩大。

3. 银行业分支机构改革。2007年左右，工商银行、农业银行、中国银行、建设银行、交通银行等国有控股大型商业银行基本完成了股份制改革，相继在

资本市场上市，股权结构得到优化，现代银行制度基本确立，银行业分支机构面貌也发生了根本性变化，治理机制不断完善，服务水平有效提升，内控管理得到加强。2008年3月，中国邮政储蓄银行枣庄分行经山东银监局批准正式挂牌成立。为夯实发展基础，确保稳健经营，枣庄银监分局积极引导邮储银行实施观念、队伍、经营、管理四个转型，帮促其逐步树立现代商业银行经营理念，并指导其开展好小额贷款工作，到2017年底，业务网点超过100家，为农村金融服务注入了新鲜活力。

4. 银行业机构体系改革。枣庄银监分局通过引进新的银行机构，加强全市银行业组织体系建设，不断完善机构体系，为全市银行业不断注入新鲜血液。2011年12月，中国建设银行在山东省控股的第一家村镇银行—滕州建信村镇银行新设开业；2012年12月，交通银行枣庄分行开业；全市银行业机构体系不断丰富，市场活力得到提升。

5. 银行业服务和队伍建设。高管人员的任职资格考试、审核，以及日常履职考核，促进了银行业金融机构高管队伍素质的提高，进一步改善了银行业经营管理，有力地推动了银行业的快速发展。加强银行业员工队伍建设，重点解决银行发展服务中存在的高管人才不足、基层员工素质不高、基础服务设施不足、服务品牌不突出的问题，进一步增强了辖内银行业的金融服务能力和水平。在着力抓好地方法人机构改革的同时，枣庄银监分局指导市工商银行、农业银行、中国银行、建设银行围绕股份制改革完善经营机制，提升风险管理能力；农业发展银行经营转型得到有效推进。全市银行体系进一步完善，支持经济发展的功能更加全面。

（二）银行业全面深化改革阶段，深化改革、服务实体经济、防控金融风险并驾齐驱取得显著进展(2013年至今)

1. 支持实体经济方面。枣庄银监分局积极引导全市银行业认真贯彻落实国家宏观调控政策，有扶有控支持实体经济，优化金融资源配置和信贷结构调整，采取了“保”“压”“推”“放”等一系列措施，坚持有所为有所不为，解放思想，抢抓机遇，助推全市促进经济结构战略性调整和经济发展方式转变。

（1）全力助推新旧动能转换。枣庄银监分局成立了分局主要负责人任组长的领导小组，负责辖区银行业新旧动能转换工作的统筹指导，形成协同推进工作合力，制定了《枣庄辖区银行业支持全市新旧动能转换重大工程工作实施方案》《支持全市“265”产业转型升级规划方案》，从市发改委对接获取全市重点建设项目、新旧动能转换项目库项目清单，推送给银行业机构，督促银行业机构针对性做好金融支持工作。分局积极汇报，发挥地方政府参谋助手作用，市政府修订印发了《枣庄市银行业机构支持地方经济发展考核奖励办法》，调高银行支持新兴产业的考核比重，“政银保”贷款业务范围扩大到所有新兴产业，在产业引导基金下设新兴产业发展引导基金，对新兴产业贷款进行贴息。发挥银行业监管专业优势，全力支持市政府争取设立普惠金融发展试验区，会同市政府领导到银监会、山东银监局汇报，争取指导和支持。配合市金融办形成了《枣庄市建设国家级普惠金融改革试验区工作方案》，提出推动新型农村合作金融试点、建设普惠金融服务中心、设立普惠金融专营机构、设立普惠金融研究机构等试点内容，目前，试验区创建工作有序推进。

（2）深入组织银企精准对接。枣庄银监分局组织全市银行业开展走访“增提创”主题年，将新旧动能转换纳入“六类分策”管理，如，2017年内已走访企业1166个次，各项贷款较年初新增93.86亿元，是2016年同期增量的5.2倍。辖区银行机构通过制定对接方案、与政府签订战略合作协议等方式，做好支持新旧动能转换的政策、项目和资金储备。如，2017年9月，中国银行山东分行与枣庄市政府签订了战略合作协议，致力于为全市新旧动能转换提供全方位金融支持。枣庄银行与市知识产权局签订合作协议，设立科技特色支行，推出专利权质押贷款，科技创新企业贷款余额1.91亿元。

（3）推动经济结构调整升级。全市项目贷款实现快速增长。同时，枣庄银监分局组织银行机构签订了《银行业银团贷款合作公约》，进一步加大对大型项目的信贷支持力度，为有效促进银行间的合作和信贷结构的优化，更好地支持全市重点项目建设夯实了基础。压缩不符合国家政策的信贷投放，枣庄银监分局持续督促全市银行业积极压缩和退

2016年11月，山东省农村信用社联合社、枣庄市政府、枣庄银监分局、滕州市政府联合召开滕州农商银行改革发展会议

出“高耗能、高污染、高排放”行业，践行绿色信贷，支持淘汰落后产能。组织开展了100余次较大规模的现场检查，严查贷款违规进入股市、楼市和不符合国家产业、环保政策的行业、企业、项目，确保了信贷投放的正确方向。

（4）强化小微企业金融服务。枣庄银监分局既注重保护银行业金融机构服务小微企业的内在积极性，又注重完善监管政策，推动出台财政、税收等配套支持政策；既注重鼓励中小银行发展成为服务小微企业的特色银行，支持大中型银行创设小微企业专营中心、特色支行，健全小微企业金融服务机构体系，又注重推动构建风险定价、独立核算、贷款审批、激励约束、人员培训和违约信息通报等机制，完善小微企业专业化服务的运营机制。经过不懈努力，小微企业金融服务已经从个别小型银行单打独斗发展到银行业系统整体推进，从银行机构单兵独进转变到银行业、监管部门、地方政府和有关部门协同推进，从银行信贷业务的从属补充地位提升到整体发展战略的核心组成部分。小微企业贷款增速已连续数年高于全部贷款平均增速，小微企业金融服务覆盖面持续扩大，服务质量和效率显著改善，为活跃市场经济、充分吸纳就业发挥了重要作用。全市银行业小微企业贷款保持稳健增长势头，整体实现增速、户数和申贷获得率“三个不低于”监管目标，截至2017年，小微企业贷款余额410.54亿元，较年初增加47.86亿元，较好地满足了小微企业融资需求，有力地支持了小微企业发展，对社会创业就业、丰富市场层次、增加税收发挥了积极作用。

（5）持续改善“三农”和扶贫金融服务。以担保瓶颈的突破为切入点，引导辖内银行与农村专业合作社、信用担保商会等新型组织加强合作，拓宽贷款担保渠道，创新抵（质）押方式，在解决贷款担保难方面做了大量工作。完善土地流转“枣庄模式”，创新土地使用权抵押贷款，及时跟进研究落实金融服务问题。加大对相关银行业机构“三农”金融服务的监督指导力度，全面开展“金融服务进村入社区”“阳光信贷”“富民惠农金融创新”三大工程，“三农”贷款环境有了新的改善，有力地支持了“三农”经济发展和枣庄国家农村改革试验区建设。深化扶贫办、人民银行、银监分局三方联席会议机制，健全扶贫贷款统计考核机制，推动小额扶贫信贷包干责任落地实施。推行网格化精准扶贫模式，实行责任化管理和一对一精准扶贫，加大对教育扶贫、光伏扶贫、电商扶贫、旅游扶贫等的金融支持，借力EAST系统提升精准扶贫成效。

（6）践行以人民为中心的思想。有力保护银行业消费者合法权益，会同公安等部门合力打击电信网络诈骗，建立打击治理电信网络新型违法犯罪工作市级联席会议制度，开展打击治理电信网络新型违法犯罪集中宣传月，推进涉案账户网络查控平台建设，保护人民群众财产安全。强化金融知识宣传和信访投诉办理，部署银行营业网点金融知识宣传，建设宣传功能区和示范网点，发挥宣传主阵地作用，组织开展3·15金融知识宣传、金融知识进万家，指导辖区每家银行机构确定一个网点为宣教工作标杆网点，建设消保宣传栏，充实和更新折页、展板等宣传资料，利用电子显示屏、液晶电视、多媒体触摸屏、自助设备等开展宣传，扩大宣传教育受众面。组织参加省广播电台“阳光政务热线”、市纪委和广播电台“政风行风热线”节目，接听、办理群众来访来电，着力提高银行业消费者自我保护意识，努力看好人民群众“钱袋子”，做让国家和人民放心的“看门人”和“守夜人”。

2. 防控金融风险方面。防范风险是金融工作的生命线，也是维护金融稳定、促进经济持续健康发展的根本要求。枣庄银监分局认真践行管风险理念，坚持在处置风险中健全持续发展的长效机制，坚持在化解风险中把握科学发展的战略机遇，坚持在稳健发展中前瞻动态地防范化解风险隐患，推动全市银行业消化历史包袱，构建了较为健全完善的风险防控机制。

（1）突出顶层设计，构建现代银行风控体系。实施逆周期监管政策，夯实“以丰补歉”的风险抵御防线，加强对资本水平和质量的监管，约束商业银行信贷扩张冲动和短期行为，提高银行体系的风险抵御能力。督促辖区银行业明确董事会、高管层、监事会的风险责任，从注重传统信贷风险转变到同时兼顾表内外关联风险、外部风险传染；从被动应对处置风险转变到前瞻管理防控风险。督导健全风险识别、监测、评估、预警体系，动态开展压力测试和风险排查，银行业风险防控的内生动力明显增强。

（2）强化审慎监管，防控重点领域风险隐患。枣庄银监分局坚持问题导向，细化风险分类，实施不同的盯防战略。盯牢案件风险，坚持案件风险季度排查，按季召开案防例会、每年组织两次案防知识考试，开展案防培训，建立问题台账，强化违规问责。会同市公安局举办银行业安全评估工作培训班，组织银行业机构高管人员案防知识考试，组织案防工作评估，实施银行从业人员处罚信息登记，建立了“灰名单”制度。盯细大额授信风险，开展了大额授信风险排查，督促建立与民间借贷等的防火墙。通过约见谈话、风险提示等方式，传导监管压力，督促提高精细化管理水平。建立了大型客户债权人联席会议制度，指导及时核销不良，避免拨备、不良“双高”局面。盯住声誉风险，按季组织声誉风险排查，制定了舆情管理办法，建立了舆情监测队伍，24小时不间断开展舆情监测。盯紧信息科技风险，重点强化法人机构信息科技风险防控，督促加强信息科技风险治理体系建设，建立灾备中心，加强业务连续性管理。

（3）有效防控地方政府融资平台、房地产等领域风险。地方政府融资平台贷款方面，枣庄银监分局坚持不增加地方债务风险，又考虑地方建设实际，分类处置、逐步化解，落实“逐包打开、逐笔核对、重新评估、整改保全”的清

理要求，开展“分解数据、四方对账、分析定性、汇总报表、统一会谈、现场检查”工作，严格执行“降旧控新”要求，不仅控制住了平台贷款的总量增长，有效满足重点项目“保在建、保续建、保完工”的合理资金需求。房地产贷款方面，坚决贯彻落实国家房地产调控政策，出台差别化住房信贷政策、规范土地抵押、实施房地产企业“名单制”管理等一系列政策措施。按照风险可控、商业可持续原则，支持保障性安居工程建设。辖区地方政府融资平台贷款、房地产贷款风险整体可控。

（4）实施“紧盯式”监管，有效防控地方法人机构流动性风险。枣庄银监分局成立后，针对部分银行存贷款比例过高，流动性风险隐患突出的问题，定期约见高管人员谈话，了解存贷款和支付缺口情况，通过建立压力月度测试和备付金旬报制度，及时掌握资金头寸变化情况，督促其抓存调贷，留足备付，防范风险。在“紧盯式”监管下，有效化解了城市信用社风险，并成功组建了枣庄银行；全市农村信用社主要监管目标不断改善。有效防控了流动性风险隐患，维护了银行业安全稳定运行。

3. 提升监管能力方面。银行业是经营风险的行业，我们是监管经营风险行业的部门，必须增强同风险赛跑意识，并且要跑在前面、赢得主动、占领先机。这就要求我们一以贯之加强学习、研究政策、提升能力、科学管理，打造过硬本领，努力做到风险早识别、早发现、早报告、早处置，确保不失职、不渎职。

（1）以“风向标”为参考，加强市场准入监管。枣庄银监分局共受理银行业机构及其网点许可事项申请1200余件，加大对机构网点的优化整合力度，提高单个网点效益，并建立了定期回访和跟踪监测制度，较好地实现了机构及网点市场准入滚动、持续监管。枣庄银监分局组织高管人员任职资格考试1100余次，核准任职高管人员1100多人。银行机构及其网点的新设和调整，进一步整合了银行业务经营资源，优化了资源配置。

（2）以“管风险”为核心，加强非现场监管。组织开展了主监管员试点工作，制定了主监管员考核办法，发挥主监管员在第一时间发现问题、解决问题的能力，“预警式、管控式、紧盯式”等行之有效、具有特色的监管方式逐步形成，通过非现场监管，有效防范了集中度、流动性、票据和信用等风险。枣庄银监分局的做法被银监会人事部专刊予以转发。

（3）以“有效性”为目标，提升现场检查质量。作为曾经单设现场检查办公室的分局，枣庄在现场检查的专业化上进行了积极的探索。制定实施了《现场检查人员考核管理暂行办法》等制度；实施了人员集成管理，着力培养了一批现场检查骨干；实施了全面的后评价，落实了检查责任；改进进点会谈方式、内部反馈方式以及现场与非现场的对接方式，提高了现场检查的针对性、有效性和规范性。

（4）持续优化内部管理。邀请法律专家做依法行政专题培训，加强全员法治学习。发挥法律审查、法律咨询功能，严把依法行政关口。落实现场检查新规，加强全流程管理和质量控制。深化现场检查EAST系统应用，提升监管工作的科技含金量。加强重点工作督办落实，开展政务筑基活动，修订实施分局信息、舆情、公文、督办、值班等系列内部管理办法。加强财务管理，严肃财经纪律。开展保密教育和检查，牢守保密工作底线。深入开展文明创建活动，丰富职工文体生活，提振员工精气神。

（5）着力提升监管质效。持续加强学习，深入研究政策，加强调查分析，强化EAST、信用风险地图、非现场监管等信息系统应用，善学善用新思维新思路新观点，解决实际监管工作中的新问题新矛盾，做到守土有责、履职尽责。要坚持风险为本，切实发挥非现场监测风险雷达作用。要优化检查方式，落实“双随机一公开”要求，强化过程控制与科技运用。落实“简政放权、放管结合、优化服务”要求，严格遵循程序，提升市场准入质效。

4. 银行业组织体系建设方面。改制后的枣庄银行、枣庄农商银行、滕州农商银行现代金融企业制度得到确立，公司治理机制更趋健全，自我约束、自我发展能力得到提升，综合实力迈上新台阶。2013年以来，枣庄银行济宁分行、菏泽分行陆续开业，“走出去”工作取得了积极成果。2013年10月，济宁银行枣庄分行开业，2014年，青岛银行枣庄分行开业，2015年，日照银行枣庄分行开业，2016年，威海市商业银行枣庄分行开业，全市银行业机构数据达到15家，新机构的设立对于拓宽信贷投放渠道，提升金融服务水平，服务地方经济金融协调发展具有积极作用。

二、全市银行业改革发展成绩

2003年以来，分局监管工作多次受到市委、市政府主要领导的肯定和赞扬。获得并保持了“省级文明单位”的荣誉称号，被市委、市政府授予“发展民营经济突出贡献单位”“国家安全工作先进单位”荣誉称号，被市总工会授予“先进职工之家”和“信得过基层工会”称号。

（一）全市银行业综合实力、风险抵御和盈利能力稳步提高

枣庄银监分局制定落实银行业风险防控工作意见实施方案，坚持季度分析例会制度，及时研判风险形势；组织风险排查，摸清风险底数；加强应急能力建设，修订银行业突发事件应急预案；共建政银企风险防控机制，凝聚全市防控化解金融风险合力。建立信用风险防控目标责任制，开展“安全稳定隐患排查治理专项活动”，努力维护银行业安全稳定大局。综合采取一系列政策措施，开展“三违反”“三套利”“四不当”等多个专项治理，在防风险、治乱象、补短板、促改革、强服务等方面取得新的进展，银行业资金脱实向虚的势头得到初步遏制，风险和合规意识持续增强，服务实体经济的质效不断提升，在促进银行业高质量发展的同时，推动建立和

完善现代企业制度，增强经济中长期发展的可持续性，为全市经济社会平稳健康发展创造了良好的金融环境。2017年末，全市银行业各项存款余额1811亿元；各项贷款余额1212亿元；银行业风险整体可控，全年累计实现净利润18.32亿元，保持了稳健发展态势。

（二）地方法人银行机构发展态势良好，资产质量提高，整体实力持续增强

2003年来，全市农村合作金融机构加大资本金补充力度，消化历史挂亏，不良贷款水平大幅下降，风险逐步化解，风险抵御能力不断提高。不良贷款的下降、拨备覆盖率的提高、风险抵补能力的增强，为银行业稳健发展奠定了坚实基础，有效维护了金融稳定和社会安定。同时，全市不良贷款的剥离核销，甩掉包袱，降低风险，腾出贷款空间，增强信贷投放实力，全力支持地方经济发展。

（三）守住了不发生系统性、区域性金融风险的底线

建局以来，枣庄银监分局实施名单制管理、台账式监管等方法，积极防范顶冒名贷款、房地产贷款、产能过剩、大额授信风险、流动性、信息科技等领域风险隐患，加大真实性监管力度，做到了风险早识别、早暴露、早化解，提高了监管前瞻预判能力，守住了不发生系统性、区域性金融风险的底线。

三、经验启示

（一）坚持党对银行业改革发展和监管工作的领导

深入学习贯彻十九大关于新时代党的建设总要求，认真贯彻银监会、省局党委关于全面从严治党的部署，以政治建设为统领，以坚定理想信念宗旨为根基，以调动全员积极性、主动性、创造性为着力点，全面推进分局党的政治建设、思想建设、组织建设、作风建设、纪律建设，把制度建设贯穿其中，不断提升分局凝聚力、战斗力、向心力。枣庄银监分局不断提高内部管理科学化、规范化水平，进而提高监管有效性。把深入学习宣传贯彻党的十九大精神作为首要政治任务，认真落实习近平总书记关于学懂弄通做实的重要指示，兴起了学习热潮，研究制定工作方案，通过收听收看十九大开幕式盛况、党委中心组学习、十九大精神培训班和专题党课、邀请专家授课、“三会一课”、个人自学、配发学习资料等方式，组织分局全员学原文、悟原理。严格落实党建责任，落实党委主体责任，召开三十余次党委会研究部署党建工作，制定全面从严治党责任清单、意识形态责任清单和负面清单，签订党建责任书，开展支部党建督导检查，层层压实党建责任。落实纪委监督责任，党委多次听取纪委工作汇报，及时调整纪委委员，加强党风廉政建设考核。强化制度建设，印发实施规范支部主题党日、规范发展党员、加强纪检监察干部队伍建设的四个意见。扎实推进“两学一做”学习教育常态化制度化，开展党委书记上专题党课、纪委书记上廉政课、班子成员上党课、党支部书记讲党课、普通党员微党课等“五课”，做好四个专题研讨，开展支部规范化建设暨达标创优活动。严格发展党员程序，加强班子建设，组织党委中心组集中学习，坚持班子每周碰头会制度，严格执行“三重一大”集体决策等要求，建立分局班子成员联系党支部和基层银行机构制度，加强干部队伍建设，强化青年员工培养，发挥青年生力军作用。加强党风廉政建设，扎实开展“勇于担当　履职尽责”和“恪尽职守　严肃履职”专题活动，建立干部廉政档案，开展廉政风险排查。严格落实中央八项规定精神和办公用房、公务用车、接待管理等规定。坚持每季度开展“五个一”（廉政教育、党规党纪学习、廉政知识测试、纪检干部培训、纪委会议），拍摄廉政文化宣传片，弘扬廉政文化。

（二）紧紧围绕市委、市政府关于银行业改革发展的决策部署

枣庄银监分局加强向市委、市政府的汇报，引起了市委、市政府对金融工作前所未有的重视，为银行业改革发展和监管营造了良好外部环境。市委、市政府成立了主要负责人任“双组长”的全市防控化解金融风险领导小组，分管副市长任副组长，各区（市）党政主要负责人，市发改委、经信委、财政局、人民银行、银监分局、金融办、法院、检察院等部门负责人为成员，加强对全市防控化解金融风险工作的统一领导和组织协调。建立联席会议机制。会同市政法委、公安、法院、检察院和金融办建立联席会议机制，加强信息交流共享。分别召开金融管理部门、银行机构、企业参加的三个层面的政法机关“服务规范保障全市金融市场健康发展”调研座

2017年1月，银监会组织《人民日报》、中央电视台等16家中央媒体到枣庄采访银行业支持供给侧结构性改革情况

2017年2月，枣庄银监分局组织召开全市银行业监督管理工作会议

谈会，联合赴银行业机构调研，形成调研报告服务市委、市政府领导决策，形成改革发展合力。

（三）紧紧围绕服务实体经济根本要求深化改革发展

银行业是一个服务行业，要有“端盘子”的服务精神；能否为实体经济发展提供有效支持、能否为客户提供更好的银行服务，是衡量银行改革成果的最重要的标准。枣庄银监分局着力引导银行业回归本源，服从服务于经济社会发展，把为实体经济服务作为出发点和落脚点，全面提升服务效率和水平，把更多金融资源配置到经济社会发展的重点领域和薄弱环节，更好满足人民群众和实体经济多样化的金融需求。优化结构，完善金融市场、金融机构、金融产品体系。坚持质量优先，引导金融业发展同经济社会发展相协调，促进融资便利化、降低实体经济成本、提高资源配置效率、保障风险可控。全市银行业立足市场定位，紧密结合全市经济社会发展战略，大力支持重点项目建设，着力发展普惠金融，改善小微企业、“三农”、金融扶贫等领域金融服务，加大对供给侧结构性改革的支持力度，深入推进“三去一降一补”，切实发挥债委会作用，实现企业、政府和银行“三方共赢”。利用金融科技，依托大数据、云计算、人工智能等新技术，创新服务方式和流程，整合传统服务资源，联动线上线下优势，提升整个银行业资源配置效率，以更先进、更灵活、更高效地响应客户需求和社会需求。

近年来，枣庄银监分局党委认真总结文明创建工作的经验，完善“文明单位”创建规划，充分发挥党的基层组织、工会、共青团的作用，以活动激发活力，组织了参观革命教育基地、庆祝党的生日、革命歌曲演唱会、趣味运动会、局庆活动等一系列文明健康的活动；建立了“五必访”和“四关注四定时”制度，突出营造“家”的亲和力，推动了各项工作的有效开展。分局先后被市委、市政府和山东省文明委授予“全市经济社会发展综合考核先进集体”“全市银行业支持地方经济发展先进集体”“省级文明单位”称号；多人次获省局系统“青年岗位能手”“监管标兵”等荣誉，被地方党政记功或嘉奖。文明创建活动的有效开展，极大了增强了干部职工的团队精神和集体荣誉感，推动分局精神文明建设取得了新的成效，开拓了文明创建的新局面。

成绩，代表着过去，未来，是更大的舞台。“长风破浪会有时，直挂云帆济沧海”，枣庄银监分局将以习近平新时代中国特色社会主义思想为指导，全面贯彻落实党的十九大、中央经济工作会议、全国金融工作会议精神，认真贯彻市委、市政府和山东银监局党委决策部署，坚持党对金融工作的集中统一领导，坚持稳中求进工作总基调，认真落实新发展理念，按照高质量发展的要求，以供给侧结构性改革为主线，聚焦深入整治银行业市场乱象，加强监管能力建设，紧紧围绕服务实体经济、防控金融风险、深化金融改革三项任务，坚决打赢防控化解重大金融风险攻坚战，维护全市银行业安全稳定运行，提高金融结构适应性，为推动全市经济高质量发展、建设现代化经济体系贡献金融新动能！

审稿人：马天奎

撰稿人：隋　民　张京和

改革开放以来
鲁南中联的发展历程、成就及经验

中共十一届三中全会以来，伴随着全国改革开放的步伐，鲁南中联水泥有限公司（以下简称鲁南中联或公司）在上级组织和地方政府的大力帮助下，在全体干部员工的拼搏努力下，不断解放思想、更新观念、深化改革、大胆创新、适应形势、推动发展，开创了国有企业改革的历史新篇章，奏响了老国企低谷腾飞的华美乐章。

一、公司历史背景及基本情况

鲁南中联是国家重点扶植的大型水泥集团之一中国联合水泥集团旗下的核心企业，是中国建材股份有限公司（HK3323）上市体成员企业。公司拥有3条新型干法水泥生产线，日产熟料10000吨，同时全资控股菏泽中联水泥有限公司。是全国水泥行业中首家通过ISO9001质量体系、ISO14001环境管理体系、ISO10012计量体系三项国际认证的企业。

鲁南中联水泥有限公司的前身——鲁南水泥厂于1984年立项为国家“七五”重点建设项目，是我国自行设计、主机设备国内制造、采用国际先进的窑外分解技术、第一个同时拥有两条日产2000吨新型干法生产线的大型现代化水泥企业。工厂始建于1987年4月，1991年5月建成投入试生产，1994年3月通过国家正式验收，当年生产水泥达到130万吨的设计能力，曾被国家建材局誉为水泥干法生产的一面旗帜，在我国水泥行业产生过重大影响。在项目建设初期，由于国家的投资政策发生了根本性的变化，5.7亿元的拨款全部改为贷款，鲁南水泥厂便成为一个靠全额贷款兴建的零资本金企业，截至1993年底竣工决算时，各种借款已达7.49亿元。巨额贷款的本息如同滚雪球般愈积愈多，到1998年底，负债总额达到12.42亿元，而资产只有8.41亿元，资产负债率达147.65%，造成公司生产经营难以为继，陷入困境。后经国家国务院批准，1997、1998年两次列入国家兼并计划，作为国家经贸委实施多家兼并单位的一个试点，最终于1999年由中国建材集团（中国新型建筑材料集团公司）、山东省国际信托投资公司、中国建筑材料及设备进出口公司、合肥水泥研究设计院等单位采用承债方式联合兼并，成立了多元投资主体的山东鲁南水泥有限公司。

由于兼并后享受国家政策免除利息3.8亿元，使资产负债率降到44.71%，抛开了沉重的债务包袱，为公司发展创造了有利的条件。中国新型建筑材料（集团）公司联合兼并公司后，成立了中国联合水泥集团有限公司，公司成为其子公司。公司每条生产线分别由两套直径3.5×10米中卸式原料磨系统、带窑外分解炉的四级预热器及直径4×60米回转窑的烧成系统、两套直径3.8×12米闭路水泥粉磨系统等主机组成。公司年生产普通硅酸盐水泥能力为150万吨。1995年10月，利用窑尾余热建成了一套采用中低温补燃锅炉的余热发电系统，装机功率为12000千瓦时。

1998年，鲁南水泥与砼检验室揭牌仪式举行

2004年10月，根据组建中国建筑材料股份有限公司并在境外发行股票和上市的整合重组方案，经中发国际资产评估有限公司评估，山东鲁南水泥有限公司进行公司分立，将原山东鲁南水泥有限公司的优良资产注入中联股份，成立中联鲁宏水泥有限责任公司，2006年更名为鲁南中联水泥有限公司，其余资产保留在山东鲁南水泥有限公司（存续公司）。按照国资委和中国建材集团的要求，2011年公司对存续公司改革改制，进行了资产处置和人员分流。

二、公司发展历程

纵观公司发展大致分为六个阶段：

1. 积极筹备，开工建设（1981—1989年）

20世纪五六十年代，为了满足社会主义建设的迫切需要，我国新建一大批以湿法窑为主的大中型水泥生产线。在引进先进技术和设备的基础上，到60年代末，已经能够依靠自己的力量

制造出较高水平的 q3.0×145 米湿法窑和 qp4.0×60 米的半干法立波尔窑。随着“文化大革命”结束，国家走出动荡走向改革，加之国外悬浮预热技术的诞生，使水泥行业迎来了新的发展时期，国家先后从国外引进熟料预分解窑新型水泥生产线，于河北、安徽和新疆等地兴建新型水泥厂。1980 年 7 月 16 日枣庄市人民政府向山东省人民政府报送了《关于报批年产 120 万吨水泥厂项目建议书的报告》；同年山东省人民政府向国家计委、国家进出口委转报了枣庄市关于采取补偿贸易方式建设大型水泥厂的报告；1981 年 4 月 16 日，枣庄市长办公室会议研究决定成立山东省鲁南水泥厂筹建处；1983 年 8 月 26 日，国家计划委员会下发了《关于鲁南水泥厂可行性研究报告和设计任务书的批复》；同年 10 月，鲁南水泥厂工程建设领导小组成立。1984 年 8 月 24 日，为确保工程建设顺利完成，国家建材局将国家直属企业鲁南水泥厂下放给山东省。1985 年 8 月 30 日，山东省委、省政府正式组成鲁南水泥厂工程建设指挥部。1987 年 7 月 4 日，国家计委正式批准

1984年，技术人员对厂区选址进行地质勘探

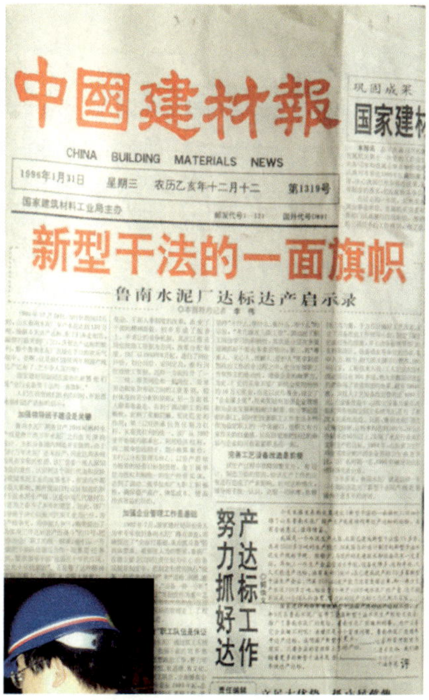

中國建材報
CHINA BUILDING MATERIALS NEWS
1996年1月31日 星期三 农历乙亥年十二月十二 第1319号
国家建筑材料工业局主办

新型干法的一面旗帜
——鲁南水泥厂达标达产启示录

努力抓好达产达标工作

1996年1月31日，《中国建材报》对鲁南水泥厂达产达标工作给予高度评价

鲁南水泥厂开工建设。7 月 24 日，鲁南水泥厂被列为国家“七五”重点建设项目。至此，由我国自行设计、制造、施工的两条日产 2000 吨熟料的现代化新型干法生产线的建设全面开工。1988 年 3 月 1—2 日，经中共山东省建筑材料工业局委员会批准，中共鲁南水泥厂工程建设指挥委员会设办公室、组织部、宣传部并于 4 月底进入机构运转。经山东省建筑材料工业局批准，工程建设指挥部处室机构由暂设的七处两室调整为 12 个处室车间，并于四月底进入机构运转。同年 3 月 16 日，本厂技工 206 人，组成的 8 个培训队，分赴牡丹江、冀东、邯郸、五〇一、耀县、江西、柳州七个水泥厂和西安仪表厂进行为期 3 到 6 个月的岗位培训。3 月 18 日－3 月 20 日，中国建材装备公司和北京长城水泥装备公司在公司召开设备成套工作会议，全国建材行业的 40 多个厂家负责人出席了会议。3 月 24 日，总工程师张化民率出国培训小组一行 15 人，赴丹麦、英国进行为期两个月的技术培训。3 月 27—28 日，鲁南水泥厂工程建设领导小组在滕州市召开第二次扩大会议，省政府、国家计委、国家建筑材料工业局、中国建造及省府有关部门、枣庄济宁市和滕州市、邹县政府的负责人参加了会议。1989 年 4 月 22 日，山东省建材局党委批准鲁南水泥厂机构设置方案，根据工程建设和生产准备需要，指挥部设办公一室等 18 个处室（车间）。6 月 15 日，山东省政府办公厅正式成立鲁南水泥厂，为部直供省直属企业，由省建材局管理，按大型一类企业配备干部。9 月 4 日，由于施工单位和指挥部的共同努力，11 万伏总降变电所正式建成试运转，并移交送电，成为鲁南水泥厂第一个交工项目，从此，矿山破碎、粘土矿破碎至烧成系统陆续试车。为全厂试车生产打下坚实可靠的基础。9 月 21 日，国家原材料投资公司、国家建材局联合在公司召开全国建材基础计划座谈会，会上指挥部介绍了工程建设的经验和体会。10 月 1 日，中共山东省委组织部批复建立中共鲁南水泥厂委员会，党的隶属关系不变。

2. 艰难创业、扩大影响（1990—1995 年）

公司是在江西万年初步成功之后，国家投资建设的日产 2000 吨两条改进型生产线，1990 年 5 月 3 日，中共山东省委发文批准成立鲁南水泥厂党委领导班子。同年 6 月 28 日，公司召开“迎点火、保投产”誓师动员大会。9 月 29 日，一号窑点火烘窑，10 月 1 日投料，实现了一次点火投料成功的目标。12 月 29 日，装运车间包装出合格的袋装水泥，至此，一号窑全线拉通。1991 年 5 月 25 日 3 点 15 分 2# 窑点火，16 点 55 分投料，一次试车成功生产出质量合格的熟料。同年 5 月 29 日，决定从 1991

年7月份开始试行《鲁南水泥厂试生产期间经济责任制试行方案》，进入试生产阶段。1992年春天，邓小平南方谈话又一次使全党解放了思想，把改革开放推上了新的历史高度。同年3月，公司与省建材局签订“九二年承包经营合同”。6月22日，公司与供销处签订经营承包合同。7月24—25日，“八五”全国重点科技攻关项目——鲁南水泥厂中低温余热发电工程可行性研究审查会议，通过了可行性研究报告。提出加强设备管理要严格落实《设备三级管理实施细则》和“巡检、润滑、紧固、擦拭”的八字方针。1994年，在公司正式交付国家验收前夕，国务院副总理邹家华为我厂作了“坚持不断用先进技术和严格管理武装企业”的题词。1995年11月22日，经过600余名建设者的艰苦奋斗，“八五”全国重点科技攻关项目——鲁南水泥厂中低温余热电厂联合启动调试成功。这一项目的成功，不仅为企业带来了可观的经济效益，并将填补国内新型干法水泥工艺节能技术及余热利用的空白。

在取得成绩的同时，公司在当时也存在一些不足和问题。投产之初，由于缺乏员工培训，同时水泥生产线也存在设备和工艺方面的问题，直到1994年水泥生产量才达到设计能力。随着公司的发展，影响力也逐步提升，公司在巩固原有市场占有率的同时，还积极向周边市场渗透，进一步提高了产品的市场影响力，公司的盈利能力和市场占有率将逐步提升。在这期间，由于国家扩大基础设施建设规模，引起经济过热，水泥销售市场形势看好，公司水泥更是供不应求。良好业绩的取得也同时掩盖了许多问题和不足，因此这一阶段公司是以生产为导向的，缺乏对水泥市场的调查研究和用户及环境分析，忽视了公司的总体战略研究。而且从公司建立的那一刻起，生产组织就带有明显的传统经济色彩。根据生产工艺流程将各生产工序分为单独的生产运作单元，每个生产业务单元又按各自所需配备各类专业及维修人员，同时为便于生产组织的统一管理，又建立了企业一级的生产管理部门及专业维修单位。生产组织结构庞大，职责重复，人员过多，造成生产组织的重复与被动。生产组织各单位各自经营管理本生产工序的任务与资源，生产管理部只靠简单的生产任务计划组织各单位的生产经营活动，没有统管整个生产系统生产和协调的能力，也就造成企业不能根据市场的需求和变化及时组织和协调自己的生产和经营任务。

3. 激烈竞争、夹缝生存（1996—1999年）

在这一阶段，全国采用窑外分解技术的新型干法水泥生产线发展迅速。

从初期的30条激增到114条，我国的水泥年生产量也达到了5.3亿吨，水泥市场由卖方市场成为买方市场，供大于求。特别是公司地处周边水泥企业较多，仅枣庄市水泥年生产能力就达1300万吨且90%为低质低价的立窑水泥，农村市场全部被其占领。对于高质高价的旋窑水泥，在100公里范围内，南有淮海巨龙，生产能力为100万吨；北有曲阜金塔王、泗水大宇，这两家水泥公司水泥生产能力达370万吨。公司面对这种竞争态势，既要与小厂争夺农村市场，又要与大厂争夺工程类市场，生存十分艰难。严峻的现实使公司开始认识到如果仍然还躺在计划经济的怀抱里，企业的状况恐怕将每况愈下，甚至有可能倒闭破产，因为企业的生存发展要靠自身内在素质的提高和对市场的变化及时做出反应。这时公司虽然在一定程度上加强了企业基础管理工作和提高市场营销能力，但从总体来看，公司仍然是机构臃肿，员工还没有真正树立起市场意识。在这一阶段，公司市场占有率、销售增长率几乎都是负增长，也使公司再次背上了沉重的债务包袱，同时也错过了难得发展的机遇。1998年2月19日，公司成立鲁南水泥厂企业改制办公室，以保证改制工作的顺利进行。同年3月11日，公司成立鲁宏实业开发公司，撤销鲁南水泥厂多种经营办公室。9月2日，中国建筑新型建筑材料公司与我厂联合成立鲁南水泥厂兼并工作领导小组，原鲁南水泥厂兼并改制办公室撤销。11月20日，公司在北京与中国建筑新型建筑材料公司等四家公司正式签署了《联合兼并协议》。12月16日，公司同中国建筑新型建筑材料公司、中国建筑材料及设备进出口公司、合肥水泥研究设计院分别签订了中国建设银行债权、债务转移协议书。12月16日，全国企业兼并破产和职工再就业工作领导小组将鲁南水泥厂列入《1998年全国企业兼并破产和职工再就业工作计划》。1999年初，公司（原鲁南水泥厂）改制成立“山东鲁南水泥有限公司”，并于9月17日登记注册。同年1月，董事会批准成立了公司首届领导班子。公司进入了新的发展时期。

1998年，安装窑筒体

4. 创立品牌，扩充规模（1999—2006年）

1999年6月30日，公司改制为多元投资主体的有限责任公司，由中国联合水泥集团有限公司和山东省国际信托投资公司控股。第二次创业兼并

1989年，安装预热器

后的公司甩掉了沉重债务包袱的同时，认真总结了经验教训。新成立的公司领导班子集中全体员工智慧，一致认为要想在市场经济的大潮中站稳脚跟，必须深化企业内部改革，建立与现代企业制度相适应的内部竞争机制，树企业形象，创造名牌产品。1999年下半年开始，公司首先组织精干人员走访用户，进行市场调研，捕捉消费者的真正需求，预测其发展趋势。在此基础上，公司决定开发新产品，保留原品牌“鲁宏”，推出国际品牌“盖泽”；并于1999年底公司对两条2000t/d生产线进行一系列的技术改造，使原来每条2000t/d生产线生产能力达到2300t/d，年产量由130万吨提高到150万吨，向生产规模要效益。2001年12月底，国家建筑材料测试中心鲁南水泥与混凝土检验室挂牌成立，标志着公司的质量管理又上了一个新台阶。2002年初，公司进行了内部改革，二级单位由15个精简为11个，同时又进行了薪酬绩效改革，初步形成了与现代公司制要求相适应的薪酬体系。在这个阶段，公司先后邀请多位知名专家来公司授课，并多次开展学习型组织研习班，公司进入了全面创建时期。2002年5月下旬，公司同管理咨询公司合作，提出了鲁南公司的愿景是“国民建设的基石，水泥行业的典范，价值展现的舞台。”并逐步完善构建起全新的企业文化。2003年集团董事长来公司视察时，对公司的发展给予了较高评价，称公司是一个有思路、有激情、有作为的团队，是一个有创新、有活力、有前景的企业，并提出了公司要快速发展和做价值型企业、样板型企业的要求。至此公司迎来了文化、业绩的双丰收。2003年4月12日，公司投资建设的菏泽中联水泥有限公司投产后，公司年产能达到200万吨。2004年12月底和2005年8月底，随着公司本部5000t/d水泥熟料生产线和菏泽中联水泥有限公司三期100万吨扩建工程的先后点火、投产，公司产能达到了500万吨/年。同时配套建有纯低温余热发电系统，年发电一亿余千瓦时。与此同时，公司的体制也发生了根本的变化，如何适应这种竞争的市场形势，需要公司进行重大的变革，尤其是内部的“基因再造”。让老国企焕发新生机，踏上第二次创业的里程。

5. 集团上市，管理输出（2006—2010年）

中国建材股份有限公司于2006年3月23日在香港联交所挂牌上市（股票代码：HK3323）。在“资本运营+联合重组”两个轮子的驱动下，上市后仅4个月的中国建材以“蛇吞象”的方式重组了徐州海螺，启动重组列车。在资本市场、行业协会的指导帮助下，中国建材选择市场化程度高、竞争激烈、整合呼声高且区域内没有龙头企业的淮海经济区、东南经济区、北方地区和西南地区，通过发展中联水泥、组建南方水泥、北方水泥、西南水泥，10年间共重组了900多家水泥企业，形成完整的水泥业务战略架构，从无到有，从小到大，不靠新建，减量发展，一跃成为产能规模第一的世界水泥大王，创造了世界水泥发展史上的奇迹。

中国建材所开展的水泥业务联合重组，不仅使自身的水泥业务规模迅速扩大，也推动了我国水泥产业结构调整，为水泥行业提供了一种靠存量联合扩大规模、靠管理协同创造价值的新型企业成长方式。在中国建材的带动下，在行业协会和企业的共同努力下，今天我国水泥产业格局已经发生了深刻变化：行业集中度大幅提升，盈利能力达到历史最好水平。公司作为其中的一分子为集团输出数十名高级管理人员，为并购企业带去了鲁南管理模式，为集团快速发展贡献了力量，并被誉为水泥行业的黄埔军校和集团的人才基地。

公司自2009年起，先后三年着手对公司2#熟料生产线、1#熟料生产线及配套的余热发电机组等项目进行节能减排技术改造。

公司2#熟料生产线改造。改造后，产能由日产2300吨达到日产3000吨以上，电耗较技改前下降17kwh/t，标煤耗较技改前下降23kg/t，实物煤耗较技改前下降30kg/t。在借鉴2#回转窑改造成功的基础上，公司于2011年初对1#窑也实施了节能减排技术改造，

2003年，建设3#生产线

2011年6月28日1#窑一次性点火成功。现在两条窑日产量均达到3000吨左右，比设计产量高700吨，各项消耗指标均有大幅度降低。同时，1#、2#熟料生产线生料制备系统在国内率先使用辊压机终粉磨系统，改造后工序电耗月度平均达到15.22kwh/h，比球磨机降低6—8kwh/h，比立磨降低2—3kwh/h。

6. 管理整合，强身健体（2011—2015年）

随着集团快速成长，如何将所属的80多家企业"拧成一股绳"，形成企业集团发展合力，成为集团做强路上的"拦路虎"。2011年上半年，中国联合水泥在全面总结集团先进生产企业管理经验的基础上，对水泥行业生产企业的组织机构进行了调研，设计出集团生产企业组织管理机构，并根据各部室的职能划分进行了统一的岗位设置。2011年第三季度，中国联合水泥把统一设置的生产企业组织机构在淮海运营管理区、山东运营管理区、河南运营管理区、内蒙古运营管理区和邢台中联共计12个生产企业中进行试点，并计划在2011年年底之前在中国联合水泥所属80多家企业中全部推行完毕，从而实现中国联合水泥属下的所有生产企业组织机构的统一。

公司根据中国联合水泥集团公司对熟料基地专注水泥和成本中心的定位，按照现代企业制度的要求，在进一步规范和完善法人治理结构的基础上，进行了管理整合，本着"精干、高效"的原则，公司自2011年8月5日起对行政机构进行了调整，设立九部一室，分别为矿山部、熟料部、水泥部、设备保障部、生产品质部、物资供应部、资产财务部、行政人事部、党群工作部、安全环保办公室。

2011年3月2日，1#、2#线配套纯低温余热发电项目汽轮发电机组一次并网发电成功。1#、2#线配套纯低温余热发电项目改造后总装机容量10兆瓦，1#线窑尾SP炉投运后，台时产量稳定在9500千瓦时以上，为公司节约电价0.39元/千瓦时。

2012年底，鲁南中联建设一条年产200万吨机制砂石骨料的现代化砂石生产线，总投资3500万元，矿石采用鲁南中联矿山的废弃石灰石及尾矿。可年产15～24毫米骨料55万吨，5～14毫米骨料20万吨，0.75～4毫米砂108万吨，0～75微米粉料17万吨。

2013年10月，鲁南中联进行了水泥磨节能降耗技术改造工程。节能减排技术改造项目完成后可实现企业资源综合利用、能源节约、环境保护和可持续发展，同时也使企业生产设备状况达到了一个新的水平，起到了降本增效，增强企业竞争力的作用，企业的经济效益得到了显著的提高。

7. 再次创业，延伸产业（2016年至今）

2016年初，公司积极参与"一带一路"建设，发挥公司技术人才多的优势，实施走出去战略，先后参与了阿尔及利亚、哈萨克斯坦等国家水泥企业的安装和运维管理。

2016年4月，公司克服种种困难，分别实现了水泥立磨连续生产、水泥立磨—球磨同步生产的阶段性目标和水泥立磨—球磨同步避峰生产的最终目标，水泥立磨连续两个月试生产成功，不但为公司赢得了荣誉和效益，而且为中国水泥行业的发展做出了贡献，积累了丰富的经验。4月份共生产水泥14.33万吨，其中立磨生产水泥8.50万吨，占总产量的59.32%，已实现P·042.5水泥全部由立磨生产。立磨P·042.5水泥台时稳定在150吨/时左右，水泥电耗28千瓦时/吨左右，电耗较球磨机降低了10千瓦时/吨以上，电力成本降低至少6元/吨。

2016年4月，公司实现了生产熟料35.01万吨，发电1286.18万千瓦时，水泥14.33万吨，各项产量指标均达到了近几年来同期最高水平，为公司全年利润目标的完成奠定了坚实的基础。

2017年上半年，根据集团要求，分别对滕州、邹城和菏泽三家商品混凝土公司进行托管，总产能规模达到1000万立方米。

2018年上半年，公司实施产业链延伸，在集团内首家建起水泥制品公司，形成了水泥、熟料、骨料、商品混凝土、技术服务和水泥制品六大门类的大型全建制水泥企业，构建完成了产业链生态闭环。

三、改革开放取得的主要成就

1. 提供学习经验，促进行业转型升级

在过去改革开放中，我国经历了高速增长阶段，解决了"有没有"的问题。改革开放初期，我国工业水平比较落后，建材行业也是一样。那时，水泥行业还以湿法窑、立窑等落后产能为主，公司作为第一条我国自行设计、主机设备国内制造的新型干法生产线，为国内水泥行业提供了鲁南经验，促进了水泥行业转型升级，进一步带动整个行业向深层次变革。

2. 创新学习方法，创建学习型组织

公司提出了用学习之道来应对竞争与开放的快速发展与变化，为此，公司在中国水泥行业中首家开展了以构筑共同愿景、团队学习为切入点的学习型组织创建，成为山东省学习型组织十大创建示范基地。

3. 重塑企业文化，促进企业提档升级

公司还不断引进国内先进的管理理念，让员工快速"转轨"。不仅如此，公司不仅在理念上有了新的指导，也通过制订行为规范，培育员工规范的职业行为，从而提升公司员工的综合素质，打造公司的强势文化。逐步形成了公司的"以理念和价值观为核心的精神文化；以创新和高效为精髓的组织文化；以制度与自律的结合为准则的行为文化；以打造市场第一为目标的品牌文化；以创造价值为宗旨的营销文化；以系统思考为追求的学习文化；以绿色家园为蓝图的环境文化；以精细化运作为基准的管理文化；以快速发展为愿景的

1987年12月，鲁南水泥厂召开开工建设誓师大会

战略文化”。在工作职场规范方面，公司生产相关单位率先开展了以“整理、整顿、清理、清洁、素养”为主要内容的5S管理活动。在整个生产的业务单元做到了对职场进行及时清理，工作台物品文件整齐、清洁，使原来脏乱差的现场大为改变，过去想也不敢想的提升机岗位全部被评为了全优设备。CIS的导入、观念的转变，均取得很大的成功。企业的认同感，团队的荣誉感，学习的使命感，在员工身上有了前所未有的体现。公司在企业文化建设中还通过举行升旗、晨颂仪式来进一步树立员工的职业人形象和公司的品牌意识，每周一进行升旗仪式和晨颂活动，员工在公司办公楼前，伴随着雄壮的国歌，鲜艳的五星红旗、集团旗帜和公司旗在注目礼下缓缓升起，员工大声地进行朗诵。通过这项活动进一步增强了员工对祖国、对企业的热爱、加深了员工对公司价值观的认同和理解。

4. 深入开展暖“心”活动，精心构筑服务高地

公司始终本着“以人为本，心系员工福祉”的理念，本着为员工谋福利、办实事的原则，积极组织开展帮扶救助、健康查体、夏日送清凉、冬季送温暖、金秋助学和涉老服务工作，受到广大员工的广泛欢迎和好评。同时，企业效益的好转，使公司注重提高员工工作生活环境。近年来投入资金，用于厂区绿化、生活区改造、优质水进家、道路修复、环境美化等几十件实事、好事。

四、改革开放的经验和启示

31年的风雨历程，鲁南中联不仅收获了改革开放的辉煌成就，也积累了宝贵的经验和启示。归结起来主要有以下几点：

（一）解放思想，转变观念

思想是行动的先导，只有开放的思想才能有效地指导各项事业的发展。所谓解放思想，就是要使自己的思想认识，随着不断发展的客观实际的变化而变化，敢于打破习惯势力和主观偏见的束缚，勇于探索和实践，致力于研究新情况，解决新问题；公司每次改革都先从思想入手，企业的改革发展每一个阶段、每一项决策、每一步进展，都伴随着思想的转变。从以指令为中心的运行机制到市场充分竞争的运行机制，从责任制的考核方式到“联产联责计酬”，从企业文化缺失到强势企业文化注入都体现出解放思想、转变观念的重要性。应该承认习惯思维和惯性作用的影响是巨大的，几年、十几年的按部就班，必然形成习惯思维，而受惯性思维定式的作用，思想观念也不可能立即刹车、变轨，由此可能会造成一些员工的“腿脚”已经迈进新体制，而“脑袋”却停留在旧体制，想问题干工作仍然想当然于以前的想法和做法。因此，在企业改革发展的道路上，就要敢于打破原有的条条框框，自己把自己的饭碗摔碎，从零做起的勇气，打破原有固化的管理制度，使企业发展同员工的利益息息相关，只有这样，才能全体上下一心，众志成城，攻坚克难，更快推动企业发展。

（二）资源整合，强基固本

市场经济条件下，产业结构调整是“看不见的手”。对社会资源的优化配置。也是优势资源向优势企业聚集的过程。企业的优势在哪里，首先来自企业内部资源的整合，只有自强才会不息。公司在改制后整合企业文化阶段围绕“凝结众力。超越无限”的核心理念，以“企业命系市场”的经营理念强化客户导向，市场导向，全面整合企业文化资源。员工的思想统一了，市场竞争观念增强了，危机意识提高了，为企业发展奠定了坚实的思想基础。同时还尝试不断深化企业劳动、人事和分配三项改革引入了竞争机制。员工危机意识大大增

1995年，全国新型干法水泥生产经验交流会在鲁南水泥厂召开

1990年6月，鲁南水泥厂召开试生产誓师大会

强。实现了双向选择，择优上岗；彻底打破铁交椅，真正实现了管理者能上能下，能高能低；在分配制度方面，实现了由岗位技能工资向绩效薪酬的过渡，企业的激励机制得到进一步完善。基本做到了吸引人才，留住人才，用好人才的人力资源管理的三部曲，为企业发展奠定了坚实的人力资源保障。存量资产是企业发展的物质基础，盘活存量资产，充分发挥存量资产的功效是企业发展的基础。公司在改制之初，对企业的低效资产进行了剥离。组建了山东盖泽实业有限公司，实现了存量资产的优化配置，促进了产业结构的调整，提升了企业的竞争能力。

（三）对标管理、苦练内功

一切企业从事生产经营活动的目的就是盈利，实现利润的最大化。对于正处于微利时代的现在大部分水泥企业来说，利润微小的同时还要实现快速扩张，不实行低成本运营就难以生存，可谓成本决定存亡。但降低成本绝不是压榨员工工资待遇，延长工作时间，而是系统分析与研究，从采购成本，生产成本，管理成本，营销成本，物流成本等全方位加以合理科学管控，切实降低成本。对标管理是寻找和学习最佳管理案例和运行方式的又一种管理方法。哪里有管理，哪里就有经验，就有值得学习借鉴的东西，就可以开展对标，只要能够改善经营管理业绩、提升自身能力。既可以同行业对标，如各项指标对标、技术工艺对标、装备水平对标等，又可以跨行业对标，如理念对标、观念对标、管理方式方法对标等；依据对标内容、对标标杆、对标目标等，结合自身实际情况，从最迫切、最关键、最薄弱的问题和环节入手，研究谋划对标实施方案，制定对标具体措施及行动计划。实施方案中不仅有组织、有目标，更要有具体对标内容、对标标杆；措施要具体，有分析、有对策，针对性强，可操作；行动计划要明确时间要求、目标要求，有路线图和时间表，分阶段、定标准、有考核。并将精细化管理理念融入到实施方案、措施和行动计划之中。

一个个历史的标高，一次次艰难的探索，一幅幅奋斗的图景，勾画出了“两个一百年”的宏伟奋斗目标和实现中华民族伟大复兴的历史任务。尽管前进道路上会遇到各种艰难险阻，鲁南中联将紧密地团结在以习近平同志为核心的党中央周围，高举新时代中国特色社会主义伟大旗帜，在开拓中前进、在创新中发展，努力用热情和智慧谱写发展的新篇章。

审稿人：张桂革

撰稿人：张桂革　陈　军

1987年开工建设前，鲁南中联原始地貌

兖矿鲁南化工有限公司
改革开放以来的发展历程成就及经验

兖矿鲁南化工有限公司是兖矿集团下属全资企业。2012年5月由兖矿鲁南化肥厂、兖矿国泰化工有限公司和兖矿国泰乙酰化工有限公司整合而成。注册资本47.55亿元，公司占地3935亩，现有资产总额104亿元，年销售收入60亿元。产品总产能282万吨，其中醋酸80万吨、尿素60万吨、甲醇56万吨、醋酐10万吨、聚甲醛4万吨、醋酸乙酯20万吨、醋酸丁酯15万吨、丁醇15万吨、复合肥20万吨、硫磺2万吨。甲醇、醋酸为山东省名牌产品，尿素为中国名牌产品。醋酸产能位居全国前列，多项指标被认定为国家标准。公司住所：山东省滕州市木石镇，法定代表人：刘强。公司共有在岗员工2920人，全部为全民所有制身份职工。

一、改革发展历程

建企50年来，鲁南化工人牢记煤化工发展历史使命，怀抱在鲁南建设大化肥、大化工的梦想，聚精会神搞建设，一心一意谋发展，历经三次创业，加强改革改制，实施重组整合，推动企业从无到有、发展壮大，走出了一条自力更生、艰苦创业、持续发展的不平凡道路。

（一）历史背景

兖矿鲁南化肥厂（以下简称鲁化）前身为山东鲁南化肥厂，1966年7月，国家为解决南粮北调问题和发展山东农业，经国家计委批准建设山东鲁南化肥厂，是我国第三个五年计划期间兴建的全国八个中型氮肥厂之一，也是山东省当时的四大重点工程之一。厂区位于山东省滕州市木石镇落凤山西侧，东面靠山，西面、南面开阔，距滕州市17公里，距枣庄市30公里。工程于1967年7月15日破土动工，相继前来参加工程建设的施工队伍有三千多人。当时的条件非常艰苦，“落凤山下尽脏灰，砖头瓦块一大堆，就着馒头喝凉水，火车来了用人推”，就是当年建设者们工作环境和生活状况的真实写照。1969年12月12日，当时的济南军区司令员、省革委会主任、省重点工程会战指挥部总指挥杨得志、省革委会副主任穆林到厂视察，充分肯定了建厂工作取得的成绩，他们的鼓励和关怀有力地促进了工程建设和投产速度。装置建成后，与同期建设的另外几家中氮肥一样不能正常生产，鲁南化肥厂工程技术人员通过组织净化攻关，攻克了净化脱硫堵塔和触媒使用寿命短等一系列“卡脖子”的技术难题，经过两年多土建施工转入设备安装，累计完成投资5000万元，于1972年9月正式投产，一期工程期设计为年产6万吨合成氨、11万吨尿素生产能力。建厂初期，围绕“学大庆”“赶两兰”，在全厂开展了“三老四严、四个一样”活动，企业管理达到了当时化工企业领先水平，1977年4月被评为全国化工学大庆百面红旗先进集体，副厂长贺国强同志代表鲁化出席了在大庆召开的表彰大会。1977年12月，鲁化在全国同类型氮肥厂中第一家达到6万吨/年合成氨设计能力。在化工部组织的全国同类型厂厂际竞赛评比中，鲁化获得优胜红旗单位称号。

靠艰苦拼搏和技术攻关，通过第一代建设者的艰苦创业、爬坡拉练，使鲁化在同期建设的8个同类型厂中，第一个建成、第一个投产、第一个达到设计生产能力。鲁化在后来的发展中不断成长壮大，成为鲁南煤化工生产、科研和人才培养“三大基地”，被誉为“中国新型煤化工的摇篮”，成为当时全国化工行业的一面旗帜，这些都离不开以老一辈鲁化人奠定的基础和为之付出的心血与汗水。

（二）坚持科技创新提升核心竞争优势，引领煤化工技术发展（1978—1998年）

面对全国化工行业普遍出现的净化技术不过关的“卡脖子”问题，组织实施净化攻关，成功研发了无毒脱炭新工艺，攻克了净化难关，奠定了鲁化在全国化工行业排头兵位置。1978年，鲁化与曲阜师范学院共同开发的“采用阳离子交换法生产碳酸钾新工艺”，所研发的新技术、新工艺，填补了我国化工生产的多项技术空白，改变了全国碳酸钾行业的生产历史，两项攻关成果获全国科学大会奖并在全国推广。1979年12月，鲁化生产的“喜鹊牌”碳酸钾产品荣获山东省优质产品称号。经过净化攻关和填平补齐，到1990年已经形成年产9万吨合成氨、14万吨尿素的生产能力。

1983年国家决定引进美国德士古公司水煤浆加压气化技术在鲁南化肥厂建设工业性示范装置，并列入国家重大节能科技攻关项目及山东省重点建设工程，整个工程分两部分，即：德士古气化工程和与气化配套建设的新净化、合成氨加工装置工程，设计能力为年产合成氨8万吨、尿素13万吨。德士古气化工程于1983年批准设计任务书，采用购买软件包及少量关键设备仪表与国内配套相结合的方式进行建设，由于资金原因，1987年才开始部分土建施工，1989年4月正式全面动工。在中央和省、市领导及专家们的关怀指导下，在

设计、科研、建设施工单位的配合下，于1992年基本建成，1993年4月投料试车，5月生产出合格的合成氨产品，8月生产出合格的尿素产品；1994年3月通过国家级生产考核，6月通过国家级技术鉴定，1995年达到装置的设计能力，尤其是1998年1月至3月28日的运行中，气化炉单炉单系统连续运行77天5小时32分，已达到德士古气化炉单系统长周期运行的世界水平。新系统的达产、超产，标志着我国现代煤化工技术已跨入世界前列。

1997年，为进一步发挥德士古气化装置的技术优势，国家计委批准建设二期接续工程，总投资5.6亿元，该项目主要是利用德士古二期工程富余的设备能力和预留的气化炉框架，年增合成氨5.5万吨，尿素9万吨，甲醇10吨，改变鲁南化肥厂单一生产尿素产品的局面。项目自1998年7月全面开工建设，于2000年6月18日生产出了合格的甲醇产品。接续工程建设的特点是：1.投资多：工程总投资5.6亿元，是鲁化建厂以来所有项目投资最多的工程；2.规模大：项目的建设，包括新上一套1.4万立方米的制氧空分装置，一台德士古气化炉，一套与10万吨甲醇装置相配套的净化、合成及精馏系统，以及相应的公用工程。3.技术含量高：项目采用德士古技术生产的水煤气配以耐硫交换、NHD脱硫脱碳净化、国内开发的低压合成和三塔精馏技术。从空分到甲醇净化、合成及精馏，无论设备选型、流程确定、装置配套，还是在DCS控制操作等方面，都达到了国内最先进的水平，部分工艺达到了国际先进水平。4.建设工期短：在建设过程中，空分土建、安装比计划提前了近8个月，试车比常规减少了6个月；甲醇土建、安装比计划提前5个月，从单体试车到化工投料试车仅用了4个月时间，整个工程建设周期之短，开车之顺，创造了全国同类型装置建设的最高水平。5.节约投资：通过招投标形式，为企业节约资金6000万元，通过合理组织各类试车，节省开车费1000万元，通过加快工程项目建设，节约投资2000万元。6.工程优良：该项目的工程质量被山东省化工厅建设质量监督站评为优良工程，同时被省计委推荐为重点项目建设示范工程。

1983年11月12日，山东省化工厅命名鲁化为“无泄漏工厂”“清洁文明工厂”。

20世纪90年代以来，鲁化围绕“学吉化”推进管理体制创新，开展了“学吉化、爱鲁化，比贡献、争排头”“生产上水平、管理上台阶、企业上等级、优质高产创效益”活动，创新了具有鲁化特色的管理模式，“远学吉化，近学鲁化”在山东化工行业蔚然成风。1990年7月21日，鲁化被化工部授予“国家二级企业”称号。

1991年，引进的德士古水煤浆加压气化技术改变并拓宽了合成氨生产原料路线，获得国家科技进步一等奖。

（三）坚持三项制度改革谋发展，企业管理水平上台阶（1998—2000年）

随着市场竞争的加剧，鲁化在计划经济条件下形成的资本结构不合理，冗员过多，产品结构单一，企业办社会负担沉重等问题，造成企业竞争力差，抗风险的能力差；再加上保守落后的经营思想、管理理念、组织机构、人事及分配制度等，导致企业机构臃肿、管理滑坡、人浮于事、亏损严重，至1998年初几乎到了破产的边缘。枣庄市委、市政府领导高度重视，1998年5月初，派工作组进驻鲁化，在调查了解和掌握情况的基础上，提出了“从改革领导班子、实行干部竞争上岗着手，对鲁化进行全面改革整顿”的意见。

新一届班子上任后，以扭亏为重点，狠抓基础管理；以改革为动力，积极转换经营机制，稳妥地推进干部人事、劳动用工、分配制度改革，实现了观念和机制的深刻变革，加快项目建设，努力调整产品结构，企业面貌发生了显著变化。全厂职工在党委、厂部的领导下，以改革为历史机遇，集中精力抓脱困，短短一年的时间，企业扭亏脱困和两个文明建设都取得了令人鼓舞的成绩，向各级领导交了一份满意的答卷。

一是进行机构和干部人事制度改革。1998年下半年，新领导班子制定了机构人事制度改革方案，对全厂中层干部实行了公开选聘、竞争上岗。通过大胆改革，行政管理单位和部门由原来的58个压缩为29个，厂级干部由原来的28人压缩到11人，中层干部由原来的400多人压缩到不足200人，减少了51%，初步解决了机构臃肿、人浮于事的弊端，实现了管理岗位向精干高效职

公司大门

能转变，激活了机制，稳定了局面。

二是实施劳动用工制度改革。鲁化当时的生产规模和自动化装置水平，3000名职工就能满足生产需要，而实际有6300多名职工在岗，超员严重。在这种情况下，1999年采取内退、待岗轮训等方式，内部分流待岗476人，办理内退1175人，清理各类临时工637人。1998年以来冻结了人员的调入工作，在岗人员控制在了较合理的水平。

三是进行分配制度改革。在全厂范围内实行了目标责任承包和费用指标承包，拿出工资总额的40%进行二次分配，一举打破了"大锅饭"。2000年实行封存全部档案工资、以效益决定工资发放的改革办法，更好地调动各单位生产经营的积极性。

通过改革，企业管理水平上了一个大台阶。把学邯钢、学海尔、学亚星作为企业实现扭亏脱困的保证措施，实行成本倒逼、节奖超罚，降低了生产成本。以财务管理为中心，转换了经营机制。强化资本运营，建立了"三统一分"的财务管理机制，较好地发挥了财务管理的指导、控制作用；同时完善了企业内部市场，实现了物流和资金流的有效控制，缓解了资金严重不足的困难局面。

2000年与1997年相比，在尿素销售价格每吨下降343.76元、增资减收因素高达9000万元的困难条件下，2000年合成氨、尿素、碳酸钾、NHD单位完全成本每吨分别比1997年降低213.18元、144.66元、1679.04元、2637.34元；单位制造成本每吨分别比1997年降低158.87元、112.23元、1387.36元、2109.60元。三年来净减亏2.97亿元，企业总资产由1998年的9.17亿元发展到16亿元。

2000年，与华东理工大学合作开发的对置式多喷嘴新型气化炉研制成功，达到国际领先水平，实现了我国洁净煤技术的重大突破，荣获中国石化协会科技进步特等奖。

（四）坚持抢抓机遇助推发展，企业规模实力持续提升（2000—2012年）

一是抓住兼并重组的机遇。通过以上改革，企业面貌发生了显著变化，但由于诸多方面的因素，企业经营仍处于十分困难的境地，至1999年底已累计亏损达2.1亿元。为彻底解决亏损局面，经山东省人民政府批准，1999年12月30日，由兖矿集团有限公司对鲁化实施了承债式兼并，企业更名为兖矿鲁南化肥厂。这次兼并是全省经济生活的一次重大事件，引起了社会各界的关注。兼并以来，在省、市领导的关怀和支持下，特别是枣庄市委、市政度和兖矿集团主要领导正确决策和强有力的推动下，至2002年，企业负债率由1998年底的99.4%降低至50%；落实兼并政策办理停息挂账本金44630.40万元，享受停免息22577万元，省经营基金本金转股1.2亿元，免息6000万元。实践证明，兼并这一决策是非常正确的，不仅解决了鲁化的生存问题，并为企业下一步的大发展创造了决定性的条件，为鲁南化工调整产业结构，推动煤化工发展奠定了基础。

加入兖矿集团以来，鲁南化工开始了第三次创业发展历程。作为集团公司煤化工产业生产经营、科技研发、人才培养"三大基地"，成功研发了新型气化炉、粉煤加压气化、费托合成煤间接液化等技术，累计向集团公司各新建煤化工项目输送管理、技术和高技能人才2700余人，有力支撑了枣庄市、滕州市、兖矿集团煤化工产业的快速健康发展。

二是抓住鲁南化工高科技化工园建设机遇。为积极实施"科技兴企"战略，加强科技创新，大力发展煤化工高新技术及其产业，努力构筑地方经济特色，根据国家和省、市有关文件精神，依托兖矿鲁南化工建设鲁南高科技化工园区，地点位于滕州市木石镇。于1999年9月明确了化工园的区域规划、职能范围、中心任务和发展方向，并上报山东省人民政府。2000年4月5日，省政府批复同意将鲁南化工高科技园列入省级高新技术产业开发区，享受省级高新技术产业开发区的优惠政策，要求鲁南化工根据园区建设规划的要求积极实施。

为加强对化工园区的领导，枣庄市成立以市委副书记、市长任组长的领导小组，鲁南化工部分领导担任成员，办公室设在兖矿鲁南化工。化工园管委会领导干部的委任和聘任，受鲁南化工和枣庄市人事部门的双层管理。

化工园区地域规划在滕州市木石镇内以鲁化为中心向四周发展，规划面积为10平方公里，经过多年的发展，初步形成以鲁南化工为中心的化工产品基地。化工园区的设立，为枣庄市和兖矿集团的化工项目落地、生存发展奠定了发展基础。

三是抢抓政策调整机遇，加快实施项目建设，实现了装置生产多元化。为实施煤化工发展战略，走有中国特色的以煤为原料，采用先进技术生产甲醇、醋酸及下游产品，兖矿集团先后于1999年8月、2001年7月开展"兖矿集团有限公司鲁港合资大型煤化工装置年产20万吨醋酸工程""兖矿集团有限公司鲁港合资建设日处理1000吨煤新型气化炉及配套工程"研讨会。2002年3月28日，山东省计委正式批准立项20万吨醋酸和新型气化炉及配套工程项目。2002年8月30日，兖矿国泰化工有限公司在枣庄市工商行政管理局登记注册，注册资本93000万元，其中兖矿集团有限公司出资69750万元，占注册资本的75%，国泰煤化控股有限公司（CATHAY COALCHEM HOLDINGS LTD）出资2812万美元（相当于23250万人民币），占注册资本的25%，公司性质为中外合资。工程于2003年6月28日正式开工建设，2005年11月16日建成投产。

2007年12月4日，国泰公司一期年产20万吨醋酸和日处理1000吨煤新型气化炉及配套工程被评定为"国家优质工程奖"，这是国家设立优质工程奖26年来，我国煤化工系统、煤炭系统和山东省首次获得金奖，填补了我国煤化工领域、煤炭领域和山东省空白，对

于提升枣庄市、兖矿集团、鲁南化工形象具有重大而深远的意义。

从 2002 年 10 月开始，按照“细分管理单元、量化考核指标、责权利相统一”三个要素，分“严、细、精”三个阶段，制订了“十万个细节”，在“成本、现场、技术”等十个方面深入推进精细管理，《以“十万个细节”为基础的精细化管理》课题荣获山东省企业经营管理科学创新成果一等奖。

2004 年，粉煤加压气化技术中试装置通过科技部验收，鲁化成为世界上唯一同时拥有水煤浆加压气化和粉煤气化两项具有自主知识产权气化技术的企业。

2005 年 7 月，公司承担的国家科技部“863”攻关课题—中国第一台日处理 1000 吨煤新型气化炉一次投料成功，荣获国家科技进步二等奖。

2006 年，公司在系统运行安全稳定的情况下，投资 10968 万元进行扩产改造，使得 20 万吨 / 年醋酸和 CO 制备装置生产能力提高到 30 万吨 / 年。

2007 年 7 月 11 日，工商登记成立兖矿国泰乙酰化工有限公司，注册资本 94962 万元，是由兖矿集团有限公司出资设立的国有独资有限责任公司。

2007 年 8 月 2 日，公司年产 30 万吨醋酸、10 万吨醋酸乙酯项目开工建设，总投资 18 亿元，2008 年 10 月建成投产。

2007 年初率先推行经济目标责任考核，将公司全年各项工作目标进行量化、细化，采取横到边、纵到底的分级联挂方式，分解到各部室、车间、班组、岗位、个人，严格考核方案的落实，结合运行情况不断修订和完善，考核效果比较明显，员工积极性和创造性进一步提高。

2008 年，按照集团公司要求，高标准推进四大活动，同时创新推行“5S”管理，开展现场管理样板企业创建活动，持续推进全面预算管理、全面质量管理和品牌建设等各项管理。

2009 年，率先推行对标管理，初步确立 6 大类、27 项、76 个对标指标体系，同时全面启动流程再造，优化主要业务流程，建立高效率、信息化工作平台。2008、2009 年，在全国甲醇企业开工率只有 30%，醋酸企业开工率只有 65%，九成以上煤化工企业亏损的情况下，鲁南化工不仅保持连续安全稳定运行，同时保持了稳产高产。

2008 年 5 月 28 日，鲁化举行 10 万吨 / 年醋酐项目奠基仪式，2010 年 7 月项目建成投运。

2009 年 7 月 9 日，依托鲁化建设的山东省危险化学品鲁南安全生产应急救援中心正式成立，被山东省安全生产监督管理局认定为首批山东省重点行业领域事故防范技术研究中心。

2012 年 2 月 23 日，举行 15 万吨 / 年丁醇项目开工仪式，2013 年 7 月 7 日，产出合格产品。

2012 年 2 月 27 日，4 万吨 / 年聚甲醛项目开工奠基，2013 年 12 月 13 日，装置打通全部流程，产出聚甲醛产品。

从 2006 年 1 月到 2012 年，鲁南化工累计投资 48 亿元，先后开工建设了原料及动力结构调整、醋酐、聚甲醛、丁醇、新型肥料等项目。2013 年 5 月 7 日，10 万吨 / 年醋酸丁酯项目荣获煤炭行业优质工程和“太阳杯”工程质量奖。

公司在多年发展中，在引进先进技术的同时注重消化吸收并加以创新，先后承担了两项国家“863”攻关课题：多喷嘴对置式新型水煤浆气化技术和煤气化发电与甲醇联产关键技术的研发与示范，多喷嘴对置式新型水煤浆气化技术已获得 11 项国家专利，该技术的稳定性、经济适用性和先进性已远远超越国外气化技术，标志着我国已经拥有了完全自主知识产权的煤气化技术并具备了与国外气化技术竞争的实力，是我国煤气化发展史上重要的里程碑，荣获国家科技进步二等奖和中国石化协会科技进步特等奖。该技术成功工业化并商业推广以来，已成功向国内多家企业及美国等发达国家实施技术转让。煤气化发电与甲醇联产关键技术是把新型气化炉、甲醇生产和高效的燃气—蒸汽联合循环发电系统结合起来，既有化工产品和高发电效率，又有极好的环保性能，是一种发展前景良好的洁净煤电、气化技术，该技术被中国石化协会授予科技进步一等奖。甲醇低压羰基合成醋酸技术，是兖矿集团与原化工部西南化工研究院共同研发、具有世界领先水平的醋酸合成工艺，已获得我国知识产权局的专利技术认证。该技术的研发成功，打破了跨国公司对我国该技术领域的垄断局面，将极大地促进我国自主知识产权醋酸合成技术的柔性和延展性，同时对我国醋酸及下游产品的发展起到积极促

国家“十五”期间“863”攻关课题——多喷嘴对置式新型气化炉

中国首套具有自主知识产权的甲醇低压羰基合成醋酸装置

进作用。2006年起，该技术已多次成功向国内企业实施技术转让，为我国民族醋酸工业的发展掀开了崭新的一页。

2008年，公司新型煤气化技术成功实现对美国最大的炼油公司VALERO公司的技术转让，实现了自中华人民共和国成立以来我国首次向美国等发达国家出口大型化工成套技术，表明了具有我国自主知识产权的大型煤气化技术开始走向世界，参与国际竞争。

（五）坚持扭亏脱困不放松，实施重组整合和亏损企业治理，公司步入转型发展新里程（2012年至今）

一是实施重组整合。2012年5月，为实现鲁南园区资源协同与一体化发展，兖矿集团有限公司将鲁南化肥厂、兖矿国泰化工有限公司与兖矿国泰乙酰化工公司三家企业重组整合为一家，公司规模、产品当量进一步壮大，步入了提档升级、转型发展新里程。

2016年10月12日，国家工商行政管理总局核准兖矿鲁南化工有限公司名称，枣庄市工商局下发了《企业名称变更核准通知书》；2016年11月4日，兖矿集团有限公司批复同意兖矿国泰乙酰化工有限公司的公司名称变更为兖矿鲁南化工有限公司，并完成工商登记变更工作，公司注册资本94962万元。

2016年11月4日，兖矿集团有限公司批复同意兖矿鲁南化工有限公司作为收购主体收购国泰煤化控股有限公司持有的兖矿国泰化工有限公司25%的外资股权。2016年12月14日，兖矿国泰化工有限公司由中外合资企业变更为内资企业。

2017年2月15日，兖矿集团有限公司批复同意兖矿鲁南化工有限公司吸收合并兖矿国泰化工有限公司。2017年4月11日，兖矿国泰化工有限公司注销，兖矿鲁南化工有限公司注册资本增加到18.79亿元。

2017年5月28日，总投资5.3亿元的气体净化升级改造项目开工建设，在改造提升传统工艺、淘汰落后产能的同时，实现了产品多元化、集群化发展。

2017年6月，公司第一个精细化工项目4万吨/年聚甲醛装置通过技术攻关，日产突破120吨，熔融指数稳定在9±0.5指标内，全面实现达产达效目标，各项指标达到行业一流水平。

2017年7月14日，集团公司回复《关于鲁南化工生产装置布局优化调整的批复》：鲁南化工公司承接鲁南化肥厂的部分资产和负债，鲁南化肥厂承接鲁南化工公司的部分资产和债务，按照“人随资产走”的原则，鲁南化工公司只保持所必需的生产经营人员，鲁南化肥厂保持所需经营性人员、离岗人员、内退人员等其他全部人员，优化了鲁南化工的资产负债结构。

2018年1月5日，引入兴业银行资金18.06亿元，对鲁南化工公司进行阶段性持股，公司注册资本增加到36.85亿元。

2018年2月11日，兖矿集团有限公司同意将对兖矿鲁南化工有限公司10.7亿元的债权转为股权，公司注册资本增加至47.55亿元，

二是坚持体制创新。公司始终将体制机制创新作为增强企业软实力，实现管理自我超越的有效渠道和载体，通过实施管理创新，保持了行业竞争比较优势。

从2016年开始，全面推行内部市场化，制定了内部市场化实施细则、组织网络图、定额管理办法、价格管理办法、计量管理办法、经济活动分析管理办法、检查考核办法、仲裁管理办法。实现对生产车间按照“收入－支出＋奖罚＝工资”进行结算。对新型肥料、聚甲醛、亚砜实行事业部制管理，自主经营、独立核算，结算工资与产品产量、消耗、产品质量指标挂钩考核，根据利润完成情况进行工资结算。对车间所辖班组根据公司下达的生产经营预算指标进行指标分解，实行日清日结，严格按照产品产量、物料消耗及结算价格进行收支结算。对各岗位个人实行工时验收考核，实行班清班结，严格按照工作质量和工作表现结算工资，按照“结算工资＝工作量收入＋创效收入＋奖罚”模式进行结算。在内部市场化运行基础上，推行市场化、平台化、园区化发展新模式，整合内外部优势资源，引入外部资本，通过合资合作方式进行新项目建设，实现了内外部协同发展。

三是推进和谐鲁化建设。从2017年开始，围绕“五个鲁南”建设，组织开展“传承50年精神、共筑鲁南腾飞梦”系列活动，着力打造“幸福鲁南”，职工归属感、幸福感进一步增强，营造了幸福、和谐、平安、健康的良好文化氛围。

截至2017年底，兖矿鲁南化工

有限公司资产总额104亿元，负债总额41.72亿元，其中银行负债降低至41.30亿元，资产负债率为40.12%，实现了优质性经营资产整合，改善了企业资产负债结构，为鲁南化工的发展奠定了基础。

二、改革开放取得的主要成就

鲁南化工在枣庄市委、市政府、兖矿集团和历届党政班子的正确领导下，全体干部职工充分发扬老一辈建设者“艰苦创业、协力攻关、科技兴厂、体制创新”四种精神，凝心聚力、奋发图强，攻坚克难、锐意进取，各项事业取得显著成绩。鲁南化工在各级领导的亲切关怀下，通过全体干部职工的不懈努力，企业发展取得了长足进步。从拥有单一尿素产品的氮肥企业，发展成为拥有合成氨—尿素—复合肥、甲醇—甲醛—聚甲醛、醋酸—醋酐—醋酸酯等多条产业链的大型综合型化工企业，实现了几代鲁化人的大化肥梦、大化工梦。

主要工作呈现以下8个方面的亮点：

生产经营创出近年来最好水平。优化生产组织，装置实现安稳长满优运行，2017年全年产品总产量达到247.88万吨，同比增加9.29万吨，比力争增产2.38万吨；实现销售收入58.21亿元，同比增收4.09亿元，比力争增收0.71亿元。主要经济指标是建厂以来最好的一年。

安全环保迈上新台阶。经受了史上最为严峻的环保风暴考验，通过了中央、省、市各级环保督查验收。开展安全环保清洁文明百日攻坚专项行动，15个车间通过清洁文明达标验收，安全清洁生产水平显著提升。通过了国家安全生产标准化一级企业复查验收，获得山东省“双体系”建设样板企业荣誉称号。

内部市场化建设再上新水平。聚甲醛、亚砜、新型肥料事业部运转高效，实现了人财物、产供销一体化管理，产品增收创效成绩突出。编制内部市场化标准模板，在集团公司化工板块推广应用。

备受关注的技改项目取得新突破。对醋酐、聚甲醛技改方案统筹论证，分步组织实施。聚甲醛完成第一阶段脱挥提质改造，产品质量达到国内领先水平，实现120吨/天满负荷生产；在醋酐大釜稳定运行基础上，完成大小釜并联升级改造，产量稳定在300吨/天。系统解决了长达4年和7年制约两装置安全稳定长周期运行的诸多问题，实现了达产、达质、达效，由“亏损点”变为“利润源”，同比增效1.5亿元。

卫生防护距离不足问题得到彻底解决。以非常之举突破非常之事，针对历史形成、长期未能实质性突破、影响企业安全发展的卫生防护距离不足问题，积极与滕州市政府协调磋商，确定了由企业垫资、市政府承担本息并主导搬迁方式，顺利完成企业周边三个村庄723户居民搬迁，彻底解决了卫生防护距离不足的问题，为公司新旧动能转换营造了良好的发展空间。

“去杠杆”实现历史性突破。加快推进资产重组整合，完成鲁南化工吸收合并公司、鲁南化工与鲁南化肥厂资产重组，2012年鲁南化工整合重构的部署要求真正落地实施，实现了轻装上阵，具备了与国内一流企业同台竞技的优势。

新旧动能转换开启新引擎。确立鲁南化工新型煤化工企业发展定位，走煤化工与石油化工融合发展道路，以干煤粉气化技术统领新旧动能转换，梯次推进净化、热电、气化系统升级改造，加快旧动能淘汰和新能源、新材料、高端精细化工新动能项目实施。总投资5.3亿元的净化系统节能升级改造项目开工建设，进入全面安装阶段，热电升级改造、聚甲醛二期项目可研报告上报审批。

和谐企业建设呈现新气象。深入开展“五个企业”创建，以新公司挂牌为契机，组织建企50周年系列活动，回顾公司50年发展历程，增强职工荣誉

感、自豪感，激发干事创业内生动力。深化“两学一做”专题教育，党支部战斗堡垒、党员先锋模范作用发挥突出，员工岗位创效热情高涨，风气正、人心齐，美丽厂区呈现文明和谐新景象，公司保持了“省级文明单位”称号。

三、改革开放的经验和启示

鲁南化工 50 多年来从无到有、从小到大所走过的创业历程，从一个侧面映射出我国化工工业自力更生、艰苦奋斗的发展史。50 多年来，鲁化人以“爬坡拉练”的艰苦奋斗精神和敢于第一个“吃螃蟹”的开拓创新意识，推动了鲁南化工的长足发展，一直走在全国同行业的前列。鲁南化工生产建设的发展历史，是几代鲁化人艰苦奋斗，推动鲁化从一个胜利走向新胜利的创业史。奋斗就会有艰辛，艰辛孕育新的发展。鲁南化工五十多年的光辉历程，凝聚了几代鲁化人艰辛的努力；也正是依靠几代鲁化人的不懈奋斗，使鲁南化工得以在各种困难和挑战中不断获得新生和发展。

一是充分利用政策。党的十九大提出“深化国有企业改革，培育具有全球竞争力的世界一流企业”的新要求，明确了国有企业改革发展总体目标、核心任务和关键举措，为企业改革发展指明了方向，提供了根本遵循。中央经济工作会议将深化供给侧结构性改革作为社会经济高质量发展的八项重点工作之一，明确了加大政策配套力度，加快破除无效供给，深化僵尸企业处置，推动传统产业优化升级等措施；山东省委、省政府将国企改革提到前所未有的高度，“国企改革十条意见”等一系列文件陆续出台，改革深度、力度、广度空前；兖矿集团将鲁南化工作为本部重点发展的化工企业和重点培育的高新技术企业，确立了打造鲁南化工高端化工园区发展定位，明确了高端化、园区化、精细化的发展方向；公司领导班子始终将发展作为第一要务，积极研判国家宏观经济走势，抢抓政策调整机遇，加快实施项目建设，实现了装置生产多元化。

二是倡导自主创新，增强企业核心竞争力。始终将科技创新作为建厂之路、兴厂之策，凝全厂之智，聚全厂之力，持续推进技术创新。公司采用多项自主研发并具有我国自主知识产权多喷嘴气化炉的高新技术，这些高新技术开发成功后，形成了具有公司特色的专有技术。公司新型煤气化技术和醋酸合成新技术多次实现商业化技术转让，打断了国外对我国高新化工产品的技术垄断，创造了鲁南化工自主品牌，为枣庄市、兖矿集团化工产业的发展奠定了良好基础。

三是始终坚持以人为本。倡导文化引领，丰富各时期企业文化内涵，增强职工凝聚力、向心力，形成上下一体、和衷共济、攻坚克难的强大合力。创业初期，面对“文化大革命”的喧嚣干扰，鲁化人发扬“守孤岛”精神，关起门来一心一意搞建设，夺取了净化攻关会战的全面胜利，走在了全国化工企业的前列，并逐渐形成了艰苦创业、协力攻关、科技兴厂、体制创新“四种精神”，成为鲁化人传承至今的宝贵精神财富。进入新世纪、新阶段，以兖矿集团有限公司“天地人和”企业文化为指导，建立起安全、管理、廉洁、美德“四位一体”阳光责任文化体系，引导广大职工紧紧围绕企业愿景，牢记企业使命，积极投身企业改革发展新征程。

四是积极应对危机，强化内部管理。2008 年以来，受国际金融危机影响，公司主要产品市场持续低迷，企业效益急剧下滑。面对严峻的经济形势，鲁南化工认真落实中央、省、市应对金融危机的各项方针政策，把严峻经济形势造成的危机作为转变发展方式，推动企业转型升级，提高企业管理水平的重要转机，果断采取多项措施，强化内部管理，使得公司在 2008 年以来严重的国际国内经济形势下保持不败，并保持了良好发展势头。

“十三五”期间，鲁南化工又将迎来中国煤气化技术新的重大变革，鲁南化工将创新实施中国第一套四喷嘴对置式干煤粉加压气化技术，配套建设 120 万吨 / 年甲醇、30 万吨 / 年己内酰胺和 30 万吨 / 年燃料乙醇项目。“十四五”期间，公司还要建设 26 万吨 / 年聚碳酸酯、20/45 万吨 / 年 PO/SM 联产等新项目，将鲁南化工打造成为高端精细化工和新旧动能转换示范园区。“十三五”“十四五”期间，是鲁南化工改革发展第一个 50 年收官、第二个 50 年起步的历史交汇期，也是全面推行新旧动能转换、重塑鲁南化工辉煌的重要战略机遇期。鲁南化工将牢牢抓住难得的历史机遇，加快推进“技改提升、资产重组、关闭退出、发展壮大”一系列举措落地实施，推动企业做优做强，到“十四五”末总产能达到 500 万吨 / 年，总资产 300 亿元，销售收入 300 亿元，年盈利能力 20 亿元，实现跻身国内化工行业 100 强和主板上市两大目标，为打造百年企业奠定坚实基础。

审稿人：李　庆

撰稿人：马晓勇